KB057942

최신 개정된 의료법 및 서식·사례에 의한

의료
민사·형사
소송총람

감수 : 김태균
편저 : 이창범

의료분쟁 준비절차	의료사고 소송 각종 판례
의료소송 서류작성례	의료배상책임 보험제도
구체적 질문 답변형식	최신법령과 관련판례

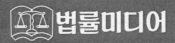

법률미디어

개정증보판을 내면서

"건강을 잃으면 모든 것을 잃는다."는 말이 있듯이 아프지 않고 건강하게 사는 것은 인간 모두의 소망입니다. 그러나 이러한 소망에도 불구하고 평생 병에 걸리지 않고 건강하게 사는 것만큼 힘든 일도 없을 것입니다. 인간은 태어나서 죽음에 이르기까지 일생을 살아가는 동안 여러 가지 질병에 시달리고 또 이를 극복해 가면서 생활하고 있습니다. 원시시대부터 인류가 진화함과 동시에 각종 질병도 여러 가지 형태로 발전하여 이를 이겨내기 위한 의료기술 및 의료기기도 다양하게 개발되었습니다.

'청진기 하나'에 의지하던 시대에서 CT, MRI 등 각종 첨단 의료기기가 범람하는 시대의 변화가 말해 주듯 현재의 의료기술은 점차 발달하여 다양해지고 첨단화되어 가고 있으며, 환자들의 의료 지식에 대한 접근성 또한 날로 높아지고 있어 고난이도 의료분쟁이 지속적으로 증가하고 있습니다. 또한 의료사고는 의료행위의 특성상 실체를 정확하게 파악하기 쉽지 않아 이에 대한 판단이 어려울 뿐만 아니라, 환자측과 의료인측사이의 무너진 신뢰로 인하여 양 당사자의 입장과 상황을 이해시키는 것이 매우 어려운 실정입니다.

모든 국민이 질병으로부터의 고통받지 않고 건강하고 행복하게 살 수 있는 기틀 마련을 목표로 1963년도부터 시행되던 의료보험제도가 정착되면서 질병의 예방 및 치료를 위해 누구나 쉽게 병원을 찾는 것이 이제는 일상화 되어 가고 있습니다. 특히 고령화 사회로 접어들면서 여러 가지 질병에 시달리고 이에 따라 의료기술도 무궁한 발전을 거듭하게 되어 이제는 거의 모든 질병을 고치게 되어 100세 시대에 접어들게 되었습니다.

의료기술의 무한한 발전에도 불구하고 질병을 치료하다가 일어나는 의료사고는 날이 갈수록 다양하게 발생하여 이로 인한 분쟁이 수없이 쏟아지고 있어 이를 해결치 못하고, 법원에 소송을 제기하여 소송 기간 장기화 및 소송비용 과다로 인한 환자의 부담도 날로 증가하고 있고, 의료진의 방어진료 등에 따른 의료비 상승 및 의료자원 낭비를 초래하고 있는 것이 현실정입니다.

이 책은 다양한 의료사고 및 분쟁에 대하여 제1편에는 의료사고 분쟁과 해법을, 제2편에는 의료소송과 서식 사례를, 제3편에는 의료소송·분쟁 질의응답을 각 진료 과별로 분류했으며, 제4편에는 의료 관련 법령들을 체계적으로 수록하였습니다. 이러한 자료들은 대법원의 종합법률정보에 나타난 판례와 법제처의 생활법령정보, 한국의료분쟁조정중재원에 나타난 상담사례 및 판례를 취합하여 엮어 누구나 이해하기 쉽게 정리하였습니다,

이 책이 여러 가지 의료사고로 고통을 받고 있는 모든 분과 의료분쟁 소송을 담당하는 법조인 및 신체적 건강을 책임지는 많은 의료종사자들에게 많은 도움이 되리라 믿으며, 열악한 출판시장임에도 불구하고 흔쾌히 출간에 응해주신 법문북스 김현호 대표에게 감사를 드립니다.

편저자.

주요참고문헌

〈단행본〉

김장환 외	『의료와 법』		
김 형 배	『민법학 강의』	신조사	2003
김선욱 외	『의료와 법』	법무법인 세승, 씽크스마트,	2013
이 광 식	『손해배상 나홀로 소송』	한국손해배상학회	2001
김　　성	『손해보험론』	한국보험공사, 보험연수원	1982
이 재 상	『형법 총론』	박영사	2004
	『형법 각론』	박영사	2004
범 경 철	『의료분쟁소송』	법률 정보센터	2003
정 준 현	『교통사고의 법률대응』	항법사	1996
한 문 철	『교통사고 현장 대처법부터 소송절차 마무리까지』	청림출판	2001

〈논문〉

박 광 섭	업무상과실치사상죄의 피해자 측면에 관한 연구		
	한국 피해자학회 4권		1996
김 주 상	손해액 산정과 라이프니츠식 계산법	사법연수원논집	3호
유 원 규	근친개호로 인한 손해배상	민사판례연구9	1989
정 인 희	맥브라이드 노동능력 상실 평가에 관견	한국 배상학회논문집	1992

각종단체

보건복지부	www.mohw.go.kr
	☎ 129
보건의료정책	
한국소비자원	www.kca.go.kr
	☎ 02)3460-3000
의료 관련 법률 조언	
소비자 시민모임(소시모)	www.cacpk.org
	☎ 02)739-3441
의료사고 상담	
YMCA 시민중계실	http://consumer.ymca.or.kr
	☎ 02)733-3181
법률상담	
국민보험심사평가원	www.hire.or.kr
	☎ 02)705-6114
의료서비스 과다청구, 허위창고 신고상담	
국민건강보험공간	www.nhic.or.kr
	☎ 1577-1000
진찰 내용 조회 서비스, 민원상담	

차 례

제2편
의료소송 ·· 411

제2장 내과 ·· 666

제7장 피부과, 비뇨기과, 이비인후과 ···················· 898

제1편
의료사고 분쟁과 해법

제1장
의료사고 일반(一般)에 관하여

　환자로서는 일단 치료 도중 예기치 못한 사고가 발생하면 전문적인 진료 내용에 대한 지식이 부족하고 의료사고에 대한 증거 수집이 어려워 아예 이에 대해 다툴 생각을 하지 못하는 경우가 있다. 따라서 어떠한 점이 문제인지 밝히지도 못한 채 병원과 불합리하게 합의를 하거나 억울한 신체상 정신상의 손해를 아예 배상받지 못하는 일이 종종 발생한다. 그리고 결국 생각해내는 것이 병원 건물 앞에서 자신의 억울함을 호소하는 시위를 한다든가 급기야는 병원 측에 폭력을 행사함으로써 분풀이를 하는 극단적인 해결방법을 택하는 것이다.

　또한, 의사로서는 일단 진료 도중 환자가 예상치 못한 상태에 이르게 되면 이를 무조건 의료사고로 몰아붙여 의사를 범죄자 취급하고 심지어는 폭행행위를 일삼는 환자와 보호자 앞에서 속수무책이 되기 쉽다. 그래서 자신의 잘못과 무관하더라도 병원의 이미지나 자신의 의사로서의 명예를 생각하여 성급히 합의를 해주거나 무리한 피해자의 요구를 들어주는 억울한 일이 생길 수도 있다.

　이렇게 볼 때 의료사고와 이에 대한 법률적 해결방법을 정확하게 알아보는 것은 환자의 입장이나 의사의 입장이나 모두 필요한 일이라고 할 수 있다.

　따라서 이하에서는 의료사고의 실제적 해결방법을 알기 위한 기초지식으로 과연 의료행위와 의료과오, 의료사고 및 의료소송의 의미가 무엇이며, 의사와 환자가 법적으로는 어떠한 지위에 있는 것인지를 간단하게 살펴보도록 한다.

제1절
의료사고, 의료과오, 의료소송이란 무엇인가?

1. 의의

1) 의료행위

① 의료사고와 관련된 개념을 살펴보기 위하여 알아둘 가장 기본적인 개념은 '무엇이 의료행위인가?' 하는 점이다.

의료행위의 의의에 대하여 의료법 제12조는 '의료인이 행하는 의료, 조산, 간호 등 의료기술의 시행'이라고 한다. 판례는 그 내용을 조금 더 구체적으로 서술하여 '의료인이 의학의 전문적 지식을 기초로 하여 경험과 기능으로써 진찰, 검안, 투약 또는 외과수술 등 질병의 예방이나 치료행위를 하는 것'으로 정의하고 있다.[1] 그러나 의료행위의 실질적 내용은 의학 및 의료기술의 발달과 사회의 일반적인 시각에 따라 변화할 수 있다. 과거에 우리 대법원은 성형수술이 질병의 예방 또는 치료행위가 아니므로 의학상 의료행위에 속하지 않는다고 하였으나, 지금은 코 높이기 등 성형수술도 의료행위에 해당한다고 판시[2]한 점을 비추어 보면 이를 알 수 있다.

② 의료행위라 함은 의학적 전문지식을 기초로 하는 경험과 기능으로 진료, 검안, 처방, 투약 또는 외과적 시술을 시행하여 하는 질병의 예방 또는 치료행위 및 그밖에 의료인이 행하지 아니하면 보건위생상 위해가 생길 우려가 있는 행위를 의미한다(대법원 2004.10.28. 선고, 2004도3405 판결 등 참조).

③ 의료법 제17조 제1항 본문은 의료법에 종사하고 직접 진찰한 의사가 아니면 처방전을 작성하여 환자 등에게 교부하지 못한다고 규정하면서 제89조에서는 위 조항 본문을 위반한 자를 처벌하고 있을 뿐, 위와 같이 작성된 처방전을 교부받은 상대방을 처벌하는 규정이 따로 없는 점에 비추어, 위와 같이 작성된 처방전을 교부받은 자에 대하여는 공범에 관한 형법총칙 규정이 적용될 수 없다고 보아야 한다(대법원 2011.10.13. 선고, 2013도6287판결 참조).

---

1) 대법원 1972.3.28. 선고, 72도 342 판결
2) 대법원 1974.2.26. 선고, 74도 1114 판결

④ 의료법 제25조 제1항에서 말하는 '의료행위'라 함은 의학적 전문지식을 기초로 하는 경험과 기능으로 진찰, 검안, 처방, 투약 또는 외과적 시술을 시행하여 하는 질병의 예방 또는 치료행위 및 그 밖에 의료인이 행하지 아니하면 보건위생상 위해가 생길 우려가 있는 행위를 의미한다(대법원 2009.10.15. 신고, 2006도6870 판결 등 참조).

2) 의료사고

의료사고란, 의료기관에서 환자를 피해자로 하여 진단, 검사, 치료 등 의료의 전 과정에서 발생하는 인신사고 일체를 포괄하는 개념이다.[3] 반드시 치료과정에 발생한 사고만을 의미하는 것이 아니라 개인병원에서 아이가 뒤바뀐 경우[4]나 정신병자가 병실을 탈출하다가 떨어져 사망하는 경우[5] 등 병원의 관리체계의 문제로 일어나는 일체의 사고를 포함한다. 그러나 의료사고가 있다고 하여 항상 의료과오가 있는 것은 아니다.

3) 의료과오

의료과오란 의사가 환자를 진료하면서 당연히 기울여야 할 업무상 요구되는 주의의무를 게을리하여 사망, 상해, 치료지연 등 환자의 생명, 신체의 완전성을 침해한 결과를 일으키게 되었으면 의사의 주의의무 위반에 대한 비난 가능성을 말한다.[6] 즉, 의사가 자신의 의료업무상 필요한 주의의무를 위반하여 발생하였을 때만이 의료과오 때문인 의료사고가 되는 것이다.[7]

1. 민법 제166조(소멸시효의 기산점)
   ① 소멸시효는 권리를 행사할 수 있는 때로부터 진행한다.
   ② 부작위를 목적으로 하는 채권의 소멸시효는 위반행위를 한 때로부터 진행한다.
2. 민법 제167조(소멸시효의 소급효)
   소멸시효는 그 기산일에 소급하여 효력이 생긴다.
3. 소멸시효의 기산과 변론주의의 적용(대판94다35886)
4. 의사의 치료비 채권의 소멸시효 기산 전(개개 진료행위의 종료시)(대판2001다52568)
5. 보험청구권의 소멸시효의 기산점(대판2000다31168, 대판2004다19104)

---

3) 신현호, 의료소송총론, 육법사, 1997, 31면
4) 서울지법 1996.9.18., 94가합101443
5) 대판 1993.9.14. 93다21552
6) 신현호, 위의 책, 33면
7) 여기에 고의에 의한 의료행위를 포함하는 견해도 있으나 고의에 의한 신체침해 행위는 그 자체로 이미 의료행위가 될 수 없다고 할 것이다.

4) 의료분쟁·의료소송

의료사고가 발생하여 이에 대해 의사 측과 환자 측이 다투게 되는데 이러한 일체의 다툼을 의료분쟁이라고 한다. 즉, 이 개념은 반드시 의사에게 과실이 있을 것을 요구하는 것도 아니며, 반드시 재판이라는 절차를 통하는 경우만을 뜻하는 것도 아니다. 그리고 의료분쟁 중에서 특히 소송이라는 수단을 이용하는 경우를 의료소송이라고 한다.

5) 오진과 의사의 고의, 과실

진단은 의료의 시발(始發) 행위로써 사진, 문진, 청진, 타진, 촉진 및 각종검사 또는 시험의 성적을 종합하여 그 병상의 성상을 판단하는 것을 말하는바, 진단의 정확성은 진료의 성공 관건이다. 의사의 진단이 객관적인 질환의 실체와 합치하는 것이 이상적이겠으나 아무리 의술과 의료기기가 발달한다 하더라도 인체의 불가예측성으로 오진의 완전한 배제는 현실적으로 가능하지가 않다. 의학적으로 오진이라 하여 법률적으로 바로 과실이 인정되는 것은 아니고, 의사가 진단 시 평균적 주의를 다하였느냐, 즉 일반의학 상식을 기준으로 하여 그러한 병환을 조기에 발견하는 것이 객관적으로 가능한가 아닌가를 고려하여야 할 것이다. 대체로 병이 조기에 해당할 때, 환자의 협력부족 경우, 진단이 곤란한 질병 및 응급환자이면 오진한 의사에게 과실을 인정하기 어려울 것이다.

(1) 어쩔 수 없는 오진

병이 초기에 해당할 때 어떤 질병(특히 감염증 또는 염증)을 막론하고 초기에는 잠복기 무증상기(無症狀期)가 있으므로 이 시기에 진찰 또는 검사는 질병진단에 도움이 되지 못한다. 협력부족 환자로부터 현재의 병에 관한 적절한 정보를 얻지 못한다면 아무리 명의(名醫)라도 진단은 곤란한 것이다. 특히 문진(問診)이 질병진단에 결정적인 역할을 하는 경우, 환자가 부지중 또는 고의로 협력하지 않으면 오진을 범하지 않을 수 없을 것이다.

○ 임상병리 검사(혈액, 조직, 수액, 뇨, 분 등)를 실시하였음에도 감별이 곤란한 경우

○ 응급환자이여서 일일이 검사하여 그 결과를 기다릴 시간적인 여유가 없는 경우

○ 희귀한 질병이거나 기형 또는 특이체질, 다른 질병과 병합된 경우 일일이 검사하여 그 결과를 기다려 치료할 시간적인 여유가 없는 경우

○ 진료장소의 특수성

(2) 과실을 인정하는 오진

과실이 인정되는 오진은 어떤 임상적인 증상이 있을 때 그 증상적 사실만을 믿고 이를 확인(검사를 통한)치 않으므로 야기된 오진이다. 예를 들어 족부를 타박 당한 환자를 임상적 진찰만으로 좌상으로 치료하였으나 후일에 골절임이 판명된 경우에 의사의 태만, 즉 부주의로 과실이 인정된다.

6) 오진(誤診) 대처법

(1) 오진은 왜 생기는가?

서울대학병원은 오진 원인이 50% 이상 진료기록의 불충분에 있다고 했다. 쉽게 말해 환자 측에 문제가 있다는 얘기이다. 그럼 history만 충분하면 오진이 없다는 말인가? 물론 오진의 책임이 환자에게도 있지만, 지나치기로 하자. 오진의 종류에도 여러 가지가 있다.

첫째, 장기의 진단이 틀리는 경우

따지고 보면 어처구니없는 일이지만, 실제로 종종 있는 일이다. 예컨대 폐렴인데 충수염(맹장염) 수술을 하는 경우가 그것이다. 특히 어린이들에게는 우측 폐렴으로 맹장부위가 아플 때가 가끔 있기 때문이다.

둘째, 장기는 맞았지만 병명을 오진하는 경우

예컨대 만성 신염으로 진단했는데 시체 해부 결과 만성 신우신염으로 판명되는 경우가 그것이다.

셋째, 악성 종양

이른바 암의 경우에도 X-ray 판독 소견이나 임상증세는 위암으로 나타났는데 시체 해부 결과는 원발소(原發巢)가 간에 있는 경우이다.

(2) 의료사고 대처법 8가지

1. 의료사고 전문 변호사와 상의하라

2. 병원을 옮길 때에는 의사 추천이 아닌 환자 스스로 결정하라

3. 사인을 밝히기 위해서 부검은 꼭 해야 한다.

4. 담당의사에게 설명을 요구하라

5. 환자의 의무기록을 확보하라

6. 신중한 합의를 해라(섣부른 합의 X)

7. 사고 경위서를 작성하라

8. 소멸시효에 주의하라(민법 제766조)

7) 판례

(1) 의료인이 과실이 있다고 본 경우

① 대법원 1989. 7. 11 선고, 88다카26246 판결

일반외과전문의인 갑이 환자 을을 치료함에 있어 방사선 사진상에 나타나 있는 선상골절상이나 이에 따른 뇌실질내출혈 등을 발견내지 예견하지 못하여 을을 제때에 신경외과 전문의가 있는 병원에 전원시켜 확정적인 진단 및 수술을 받을 수 있는 필요한 조치를 취하지 아니한 경우 그러한 조치를 취했을 경우의 구명율이 50퍼센트라면 특별한 사정이 없는 한 갑의 과실과 을의 사망과의 사이에는 인과관계를 인정함이 상당하다.

② 대법원 1990.12.11. 선고 90도694 판결

전신마취에 의한 개복수술은 간부전을 일으키고 간성혼수에 빠지게 하기도 하는데 특히 급만성간염이나 간경변 등 간기능에 이상이 있는 경우에는 90퍼센트 이상이 간기능이 중악화하고 심한 경우에는 사망에 이르게 하는 것으로 알려져 있어 개복수술 전에 간의 이상 유무를 검사하는 것은 필수적이고, 피해자의 수술시에 사용된 마취제 할로테인은 드물게는 간에 해독을 끼치고 특히 이미 간장애가 있는 경우에는 간장애를 격화시킬 위험이 있으므로 이러한 환자에 대하여는 그 사용을 주의 또는 회피하여야 한다고 의료계에 주지되어 있으며 이 사건 사고당시 의료계에서는 개복수술 환자의 경우 긴급한 상황이 아닌 때에는 혈청의 생화학적 반응에 의한 간기능검사를 하는 것이 보편적이었다면, 응급환자가 아닌 난소종양환자의 경우에 있어서 수술주관의사 또는 마취담당의사인 피고인들로서는 난소종양절제수술에 앞서 혈청의 생화학적 반응에 의한 검사 등으로 종합적인 간기능검사를 철저히 하여 피해자가 간손상 상태에 있는지의 여부를 확인한 후에 마취 및 수술을 시행하였어야 할 터인데 피고인들은 시진, 문진 등의 검사결과와 정확성이 떨어지는 소변에 의한 간검사 결과만을 믿고 피해자의 간상태를 정확히 파악하지 아니한 채 할로테인으로 전신마취를 실시한 다음 이 사건 개복수술을 감행한 결과 수술 후 22일만에 환자가 급성전격성간염으로 인하여 사망한 경우에는 피고인들에게 업무상과실이 있다 할 것이다.

③ 대법원 1992.5.12. 선고 91다23707 판결

분만중 태아가 뇌손상을 입고 두개강내출혈이 생겨 뇌성마비가 발생한 경우에 있어 출산을 담당한 의사에게, 통상의 주의력을 가진 산부인과 의사라면 아두골반불균형상태 또는 경계아두골반불균형상태의 가능성이 있음을 의심할 수 있다고 보이는데도 이러한 가능성을 전혀 예상하지 아니하여 이에 대한 대비를 하지 아니하였고, 분만 2기에 있어 5분마다 한번씩 측정하여야 할 태아심음측정을 4회나 하지 아니한 채 만연히 통상의 질식분만의 방법으로 분만을 진행시키다가 뒤늦게 아두골반불균형 또는 이와 유사한 상태의 경우에는 피하여야 할 시술방법인 흡인분만의 방법을 무리하게 계속하여 태아를 만출시킨 의료상의 과실이 있다고 한 사례.

④ 대법원 1997.5.9. 선고 97다1815 판결

환자가 병원에 처음 내원하여 진료를 받을 때 이미 화농성 폐렴 증세를 보이고 있었으나 그 증상이 뚜렷하지 아니하여 이를 위염과 신경증으로 진단하여 그에 대한 처방을 하였고, 그 후 상복부 통증이라는 새로운 증상까지 나타나 다시 병원에 찾아오게 된 경우, 진료의사로서는 처음의 진단과는 다른 질환일 가능성에 대한 의심을 갖고 좀 더 정밀한 진단을 하여야 함은 물론, 과민성이 있는 환자에게는 부작용으로 인한 쇼크나 호흡억제를 일으킬 수 있는 약물을 투여할 경우에도 사후 세심한 주의와 관찰이 필요함에도 불구하고, 만연히 앞서 진단하였던 결과에 따라 별다른 검진도 없이 약물을 투여하였고, 약물을 투여한 후에도 안정하도록 하여 부작용이 없는지를 확인하지도 아니함으로 인하여 과민성 쇼크가 발생하여 환자가 사망하였다면, 진료의사는 이로 말미암아 발생한 모든 손해를 배상할 책임이 있다고 한 사례.

⑤ 대법원 1997.8.29. 선고 96다46903 판결

피해자에 대하여 1, 2차 수술을 시행하여도 피해자의 심장에 아무런 문제가 없었으며, 심전도검사 결과도 정상으로 나타났고, 병원에 혈관조영술 등 정밀검사를 시행할 설비가 없었다고 하더라도 전신마취 후 심근경색이 재발하면 치사율이 매우 높고, 피해자에게는 당초부터 심근경색이 있다는 의심이 있었으며 이 때문에 심질환을 위한 치료제를 투여하였다면 막상 심전도검사 결과로는 정상으로 나타날 가능성이 있으므로, 척추마취 아닌 전신마취를 실시하는 3차 수술을 시행함에 있어서는 그 수술이 반드시 필요한 것이라고 하더라도 시급히 하여야 할 것이 아닌 이상 다른 병원에 의뢰하여서라도 정밀검사를 거쳐 심장질환 여부를 확인한 다음 하여야 할 것인데도 병원의 마취과 의사는 정밀검사 없이 성급하게 전신마취를 한 것이라 할 것이고, 이를 두고 병원이 현재의 의학수준 및 당시 임상의학분야에서 실천되고 있는 의료행위의 수준에 비추어 필요하고 적절한 진료조치를 다하였다고 볼 수는 없으므로 이는 병원의 의료과실에 해당한다고 한 사례.

⑥ 대법원 1998.2.27. 선고 97다38442 판결

체육실기시험으로 앞·뒤 구르기를 하고 난 직후부터 흉부 통증을 느끼기 시작하여 상당 기간 흉근염좌의 치료를 받고 난 후에도 계속하여 흉부 통증을 호소하여 왔으며 치료를 종료한 상황에서 훨씬 전에 발생한 외상에 의한 제4흉추 진구성 압박골절이 진단되고 제3·4흉추가 유합되어 있으며 그로 인하여 흉부동통 및 척추운동 제한의 장해가 남은 것으로 판명된 경우, 달리 특별한 사정의 주장·입증이 없는 한 위 환자는 앞·뒤구르기 과정에서 제4흉추 압박골절을 당하였던 것으로 추정함이 상당하므로, 그 환자를 진료한 의사로서는 진료 당시 일단 흉추골절에 대하여도 의심을 가지고 그에 관한 정밀한 진단을 실시함과 아울러 그에 합당한 치료 방법을 시행함으로써 흉추골절로 인한 후유장해의 발생을 회피하여야 할 주의의무가 있었다고 보이고, 만일 필요한 적절한 조치를 취하였을 경우 위와 같은 후유장해의 발생을 막을 수 있었음에도 그러한 조치를 취하지 아니한 채 치료 가능한 기간이 경과하였거나 취해서는 안 될 조치를 취하는 바람에 위와 같은 결과가 발생한 것이라면, 그 진료에 관여한 의사들이 자신이 처한 의료환경, 위 환자의 특이체질 기타 구체적 상태 등으로 인하여 그러한 조치를 취하지 아니한 특별한 사정에 관하여 납득할 만한 이유를 제시하고 이를 입증하지 않는 한, 그 의료상의 과실과 결과 사이의 인과관계는 사실상 추정되어 해당 의사들에게 그로 인한 손해배상책임을 지울 수밖에 없다.

⑦ 대법원 1999.6.11. 선고 99다3709 판결

정상분만의 방법으로 출산한 신생아가 거대아로서 좌상완신경총마비 증세가 나타난 경우, 분만 직전까지 산모와 태아 모두 정상 상태였던 점, 위 증세는 정상분만에 의하여 거대아를 출산할 때 나타날 확률이 높은 점, 위 증세 발생에 다른 원인이 개재되었을 가능성이 없는 점 등에 비추어 위 증세는 담당 의사가 임신 당시 정기진찰 및 산전

검사를 통하여 태아가 거대아인 점과 산모의 골반 크기를 예측하고 제왕절개수술 등 적절한 대비책을 강구하지 못한 과실로 인하여 발생한 것으로 추정된다고 본 사례.

⑧ 대법원 2000.1.21. 선고 98다50586 판결

제왕절개 수술을 받은 후 이상증세를 보인 임산부를 방치하여 폐전색증으로 사망케 한 경우, 의료과실을 인정하면서도 폐전색증의 진단이나 사전 예방이 용이하지 않은 점 등을 참작하여 손해배상책임을 40퍼센트로 제한한 사례.

⑨ 대법원 2003.11.27. 선고 2001다2013 판결

임산부가 예정내원일보다 앞당겨 단기간에 2회에 걸쳐 내원하여 심한 부종 등을 호소하면서 임신중독증을 염려하는 것을 듣고도 기본적인 검사인 체중측정과 소변검사조차 시행하지 아니하고 별 이상이 없다는 진단을 내린 의사와, 급격한 체중증가와 혈압상승에도 불구하고 즉시 입원치료를 하게 하지 않고 앞서 진찰한 의사의 부실한 진단결과와 당일 1회의 간단한 검사결과만에 의존하여 저염, 고단백식사만을 권유한 채 만연히 귀가케 한 병원장에게 태반조기박리로 인한 신생아의 사망에 대하여 공동불법행위책임을 인정한 사례.

⑩ 대법원 2022. 3. 17. 선고 2018다263434 판결

의사가 진찰·치료 등의 의료행위를 할 때에는 사람의 생명·신체·건강을 관리하는 업무의 성질에 비추어 환자의 구체적인 증상이나 상황에 따라 위험을 방지하기 위하여 요구되는 최선의 조치를 할 주의의무가 있다. 의사의 주의의무는 의료행위를 할 당시 의료기관 등 임상의학 분야에서 실천되고 있는 의료행위의 수준을 기준으로 삼되, 그 의료수준은 통상의 의사에게 의료행위 당시 일반적으로 알려져 있고 또 시인되고 있는 이른바 의학상식을 뜻하므로 진료환경과 조건, 의료행위의 특수성 등을 고려하여 규범적인 수준으로 파악해야 한다. 여러 명의 의사가 분업이나 협업을 통하여 의료행위를 담당하는 경우 먼저 환자를 담당했던 의사는 이후 환자를 담당할 의사에게 환자의 상태를 정확하게 알려 적절한 조치를 할 수 있도록 해야 한다. 특히 환자가 병원에서 검사나 수술을 받는 과정에서 넘어지는 등의 사고가 발생하였다면 담당 의사는 이러한 사정을 고려하여 환자의 건강유지와 치료를 위한 주의를 기울여야 하고, 담당 의사가 바뀌는 경우 나중에 담당할 의사에게 이러한 사정을 알려 지속적으로 환자의 상태를 살필 수 있도록 해야 한다.

(2) 의료인이 과실이 없다고 본 경우

① 대법원 1980.3.25. 선고 79다2280 판결

의사가 세밀한 조사없이 청진, 촉진, 흉곽촬영등의 진단방법만으로 환자의 질환을 위종양이나 위궤양으로 속단하여 개복수술을 하였으나, 그 질환이 확진하기 어려운 대장결핵성 임파선염으로 판명된 이상, 위 개복수술로 인하여 원고에게 어떠한 손해가 발생하였다고는 볼 수 없다.

② 대법원 1984.4.24. 선고 82도1882 판결

외상성 장파열과 장폐색증은 조기감별이 어려울 뿐 아니라 복부통증을 호소하는 피해자에 대한 조기진단에 나타난 모든 자료 특히 엑스선 촬영결과에 특기할 만한 점이 없으며 복벽강직증상과 반사통을 호소하지 아니하므로 피해자를 일단 급성위확장 및 마비성 장폐색증으로 진단하고 이에 대한 대증요법을 시행하면서 확진을 위하여 계속 외과적 관찰을 하여 온 피고인의 소위는 통상 의사에게 요구되는 진단방법과 그 증상에 대한 통상의 치료방법을 사용하였다 할 것이어서 피고인에게 과실이 있다고 단정하기 어렵다.

③ 대법원 1984.7.10. 선고 84다카466 판결

이완성 자궁출혈은 급성대출혈로서 30분 내외에서 3시간 사이에 2,000내지 3,000씨씨 이상의 출혈을 하게 된다는 것인 바 임신부가 낙태수술 후 계속 출혈이 된 것이 아니라 간헐적으로 3회에 걸쳐 출혈이 있은 경우에 산부인과 전문의가 1차 출혈시에 이완성 자궁출혈임을 미리 알아 차려 조치하지 아니하여 임신부가 사망하게 된데 대해 그 진료상 과실이 있다고 하려면 적어도 1차 출혈현상이 위와 같은 급성대출혈임을 짐작케 할 정도의 것임이 전제되어야 할 것이므로 1차 출혈의 상황에 관하여 다만 통상보다 과도한 출혈이 있었다는 것만으로는 1차 출혈이 급성대출혈을 짐작케 할 정도의 것임을 수긍할 수 없으니 진료상 과실을 인정할 수 없다.

④ 대법원 1995.4.25. 선고 94다27151 판결

교통사고 환자가 복통을 호소하는 외에 다른 외상이 없는데도 혈압이 극히 낮아, 담당의사들로서는 수혈을 통하여 환자의 혈압을 정상으로 끌어 올림으로써 위급한 상황을 넘겨 어느 정도 시간을 확보하게 된 상태에서 내출혈을 의심하고 그 출혈원인을 규명하기 위하여 한밤중에 자택에 있던 비뇨기과 과장까지 병원으로 나와 복강천자와

방광 및 신장에 대한 특수검사를 실시하고, 그래도 이상이 발견되지 아니하자 정밀검사를 위하여 초음파검사를 하려 하였던 시점에서 환자가 갑자기 호흡곤란 증세를 일으키기 시작하여 급히 개복수술을 하여 본 결과, 하대정맥 및 총장골동맥 파열로 인한 과다출혈로 결국 사망한 것이라면, 이는 그와 같은 상황에서 통상 의사들에게 요구되는 극히 정상적인 진료활동이라 할 수 있고, 이와 달리 환자가 외형상 위독한 상태가 아닌데도 각종 검사기법을 통한 원인규명을 생략한 채 내출혈의 원인을 밝혀내기 위하여 환자나 가족의 동의도 없이 새벽 2시 30분경부터 5시 30분 경사이의 인적·물적 조건 아래에서 개복수술부터 시행하도록 요구하거나 이를 기대할 수는 없으므로, 담당의사들에게 즉시 개복수술을 시행하여 내출혈의 원인을 밝혀내고 이를 치료하지 못한 의료과실이 있다고 볼 수 없다고 한 사례.

⑤ 대법원 1997.7.22. 선고 95다49608 판결

백내장 수술 후 일단 정상으로 회복되었다고 보이는 환자가 그 후 검진 당시 비문증을 호소하기는 하였으나 이는 후초자체박리의 경우뿐만 아니라 안구 내 출혈, 안구 내 염증 등을 원인으로 하여 발생하며, 당시는 통상 예상되는 후유증 발생기간인 수술 후 6개월이 이미 경과한 시점이고 환자의 시력이나 안압 등의 상태도 망막박리 등 백내장 수술로 인한 후유증의 징후가 있는 것으로 볼 수 없는 상황이었으므로, 의사의 위 검진이 오진이라거나, 위 검진 당시 망막박리를 판단하기 위한 검사를 시행하지 아니한 것이 과실이라고 단정하기 어렵고, 나아가 그러한 진단 결과나 망막박리를 판단하기 위한 검사를 하지 아니한 것이 환자의 시각장애를 초래한 직접적인 원인이 되었다고 단정할 수도 없다고 본 사례.

⑥ 대법원 1999.6.11. 선고 98다33062 판결

임산부에 대한 상담과 각종 검사 등을 통하여 태아의 기형을 의심할 만한 아무런 징후가 발견되지 아니하였고, 초음파검사상으로도 태아의 왼쪽 손목 이하 발육부전을 발견하는 것이 용이하지 아니한 점 등에 비추어 의사가 태아의 위와 같은 기형을 발견하지 못하였다고 하여 곧바로 의사에게 어떠한 주의의무 위반이 있다고 단정하기 어렵다고 한 사례.

⑦ 대법원 2003.1.10. 선고 2001도3292 판결

내과의사가 신경과 전문의에 대한 협의진료 결과 피해자의 증세와 관련하여 신경과 영역에서 이상이 없다는 회신을 받았고, 그 회신 전후의 진료 경과에 비추어 그 회신

내용에 의문을 품을 만한 사정이 있다고 보이지 않자 그 회신을 신뢰하여 뇌혈관계통 질환의 가능성을 염두에 두지 않고 내과 영역의 진료 행위를 계속하다가 피해자의 증세가 호전되기에 이르자 퇴원하도록 조치한 경우, 피해자의 지주막하출혈을 발견하지 못한 데 대하여 내과의사의 업무상과실을 부정한 사례.

⑧ 대법원 2006.12.7. 선고 2006도1790 판결

산모의 태아가 역위로 조기분만 되면서 태아가 난산으로 인하여 분만 후 사망한 사안에서, 비록 조산 위험이 있기는 하였으나 산모에게 분만진통이 있었다고 단정하기 어려워 그와 같은 상황에서 내진이나 초음파검사 없이 경과를 관찰하기로 한 산부인과 의사의 행위를 진료행위에 있어서 합리적인 재량의 범위를 벗어난 것이라고 보기 어려울 뿐만 아니라 일반적으로 산부인과 의사에게 요구되는 주의의무를 위반한 것이라고 보기는 어렵다고 한 사례.

⑨ 대법원 2015. 10. 15. 선고 2015다21295 판결

의사가 환자에 대하여 부담하는 진료채무는 환자의 치유라는 결과를 반드시 달성해야 하는 결과채무가 아니라, 치유를 위하여 선량한 관리자의 주의를 다하여 현재의 의학수준에 비추어 필요하고도 적절한 진료를 할 채무 즉 수단채무이므로, 진료의 결과가 만족스럽지 못하다고 하여 바로 진료채무의 불이행으로 추정할 수는 없다. 그리고 의료행위의 결과 후유장해가 발생한 경우, 그 후유장해가 당시 의료수준에서 최선의 조치를 다하더라도 당해 의료행위 과정의 합병증으로 나타날 수 있는 것이거나 또는 그 합병증으로 인하여 2차적으로 발생할 수 있는 것이라면, 의료행위의 내용이나 시술 과정, 합병증의 발생 부위와 정도, 당시의 의료수준과 담당 의료진의 숙련도 등을 종합하여 볼 때 그 증상이 일반적으로 인정되는 합병증의 범위를 벗어났다고 볼 수 있는 사정이 없는 한, 그 후유장해가 발생하였다는 사실만으로 의료행위 과정에 과실이 있었다고 추정할 수 없다(대법원 2008. 3. 27. 선고 2007다76290 판결 등 참조).

또한 의료행위는 고도의 전문지식을 필요로 하는 분야에서 이루어지는 것으로서 전문가가 아닌 일반인이 의사의 의료행위의 과정에 주의의무 위반이 있는지, 그 주의의무 위반과 손해의 발생 사이에 인과관계가 있는지를 밝혀내는 것이 매우 어려운 특수성이 있으므로, 수술 도중이나 수술 후 환자에게 중한 결과의 원인이 된 증상이 발생한 경우 그 증상의 발생에 관하여 의료상의 과실 이외의 다른 원인이 있다고 보기 어려운 간접사실들이 증명되면 그러한 증상이 의료상의 과실에 기한 것이라고 추정할 수 있다. 다만 그 경우에도 의사의 과실로 인한 결과 발생을 추정할 수 있을 정도의 개연성이 담보되지 않는 사정들을 가지고 막연하게 중한 결과에 대하여 의사의 과실과 인과관계를 추정함으로써 결과적으로 의사에게 무과실의 증명책임을 지우는 것까지 허용되는 것은 아니다(대법원 2012. 10. 11. 선고 2011다100138 판결 등 참조).

⑩ 대법원 2015. 2. 26. 선고 2013다27442 판결

갑이 의사 을에게서 우측 액와부에 척골신경으로부터 기원하는 양성 종양인 신경초종을 제거하는 수술을 받은 후 우측 손가락에 근위축 증세 등이 나타난 사안에서, 갑이 수술 전에는 우측 상지의 운동 및 감각 기능이 모두 정상이었으나 수술 직후부터 우측 손가락 끝마디의 감각 이상을 호소하였고, 을이 수술하면서 메젠바움 가위와 전기소작기 등을 사용하였다는 사정들은 갑의 신경 손상에 대한 을의 의료과실을 추정할 수 있을 정도의 개연성을 갖춘 사정들이라고 보기 어렵고, 신경 손상이 수술과정에서 불가피하게 발생한 것으로 볼 여지가 많거나 의료상의 과실 이외에 갑에게 현재의 근위축 등의 증상을 초래할 다른 원인이 없다고 단정하기 어려운데도, 위와 같은 개연성이 담보되지 않는 사정만으로 을의 과실 및 인과관계를 추정하여 손해배상책임을 인정한 원심판결에 법리오해 등의 잘못이 있다고 한 사례.

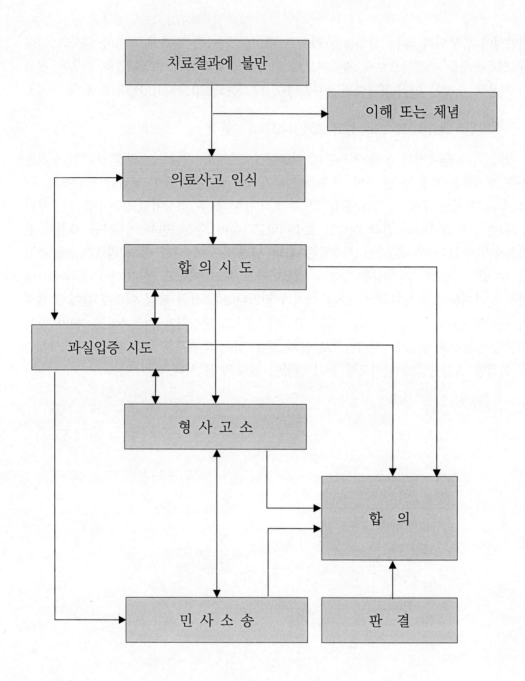

〈의료분쟁의 진행과정〉

2. 특징

1) 의료행위의 특징

의료사고의 해결과 관련하여 여러 가지 문제가 발생하는 이유는 의료행위 자체가 특수한 성질을 가지기 때문이다. 예를 들어 누군가의 운전상의 과실로 피해자가 발생하여 이에 대한 다툼을 해결하는 경우와 비교해보면 그 특징이 쉽게 드러난다.

우선 의료행위는 매우 전문적인 행위이다. 운전행위 때문인 손해배상을 청구하기 위해서는 가해자의 운전에 어떠한 문제가 있었고 그 때문에 재산상, 정신상의 손해가 발생하였다는 것은 상식적으로 이해가 가능한 일이다. 그러나 의료행위는 고도의 전문성을 가지고 있기 때문에 어떠한 치료행위가 무슨 의미가 있는지, 또 어떠한 결과를 발생시킬 수 있는지를 일반인은 쉽게 알 수 없다.

그리고 의료행위는 병원이라는 한정적인 공간과 시스템 내에서 일어나는 행위이기 때문에 일반적으로 공개되지 않는다는 특징을 가진다. 즉, 수술실 안에서 무슨 일이 일어나고 있는지, 환자의 치료가 구체적으로 어떤 과정을 통하여 이루어지는지 등을 환자로서는 쉽게 알 수가 없다.

또한, 의료행위는 'A라는 질병을 해결하는 방법 = B라는 의료행위'와 같은 공식이 성립하지 않는다. 즉, 의사로서는 구체적인 사안에 따라 B, C, D…. 라는 치료방식 중 한 가지를 자신의 판단으로 선택할 수 있다. 따라서 어떠한 의료행위가 질병의 치료를 위하여 정당한 것이었는지는 다양한 각도에서 판단되어야만 한다.

2) 의료과오의 특징

의료과오를 판단하기 위해서는 두 가지 측면에서의 검토가 필요하다고 한다.[8] 그 중 하나는 현재의 의학수준과 의료수준이라는 측면에서이고 또 하나는 환자에 대한 설명의무라는 측면이다. 즉, 의료과오라고 하기 위해서는 우선 의료 기술적인 판단이 필요하며 또한 환자에게 설명을 다하였느냐는 규범적인 판단이 필요하다.

---

8) 조희종, 의료과오소송, 법원사, 1996, 39면

3) 의료분쟁·의료소송의 특징

의료사고에 대하여 다툼이 생긴 경우, 위에서 살펴본 것과 같은 의료행위, 의료과오의 특징 때문에 다른 법적 분쟁과 비교되는 특징이 나타난다. 특히, 민사소송이 제기될 경우 의료행위의 전문성 때문에 환자가 의사의 과실이나 인과관계 등을 다른 소송의 수준으로 입증하는 것은 거의 불가능하여서 증명책임을 완화해주는 노력이 행해지고 있다. 이에 관해서는 이후에 자세히 살펴보도록 한다.

제2절 의료사고 발생 시 일반적 대처방법

1. 환자 측

1) 섣부른 감정적 대응을 자제하라

우선, 의료사고가 발생하면 환자나 그 보호자로서는 매우 놀라고 당황하여 감정적으로 대처하게 되기 쉽다. 그러나 사고 발생 직후의 섣부른 대처는 이후 계속되는 합의나 소송과정에서 환자 측에게 불리하게 작용하는 경우가 많으므로 일단 냉정하고 침착한 자세를 유지하는 것이 무엇보다 환자 측에게 필요한 일이다.

따라서 억울한 자신의 상황을 알리고자 하는 마음에 병원 측을 비방하는 전단을 돌린다거나, 병원 앞에서 시위한다거나, 담당 의사를 찾아가 욕설을 하며 주먹을 쓰는 일은 결코 해서는 안 될 일이다. 이러한 행동들은 의료사고 자체의 해결을 어렵게 함은 물론 환자 측이 다른 범죄(예를 들어 업무방해죄, 명예훼손죄, 폭행죄 등)의 가해자가 되는 불상사를 낳을 수 있기 때문이다.

2) 전문가를 찾아가라

우리나라 사회에서는 법조인이나 법조 관련 기관이 일상과는 멀리 있는 것으로 느끼는 것이 일반정서이다 보니 의료사고가 발생하여도 전문가를 찾기보다는 주변 사람들을 위주로 조언을 구하는 경우가 많다. 그러나 사고(事故)의 성격상 의료사고에 대한 분쟁을 해결하기 위해서는 전문적인 지식이 반드시 필요하므로 자체적으로 해결하려고 노력할 것이 아니라 관련 전문가를 찾아야 할 것이다.

가장 대표적으로 생각해 볼 수 있는 것이 변호사 사무실을 찾는 것이다. 요즘에는 변호사의 업무도 특화되어 있어 의료사고를 전문적으로 다루는 변호사들이 많으므로, 이들을 찾아 사건을 상담해 보는 것이 사건 해결을 위한 빠른 방법이 될 것이다.

또한, 의료사고 관련 단체를 찾는 방법도 생각해 볼 수 있다. 대표적인 기관으로 '의료소비자 시민 연대9)'를 들 수 있는데 이 기관은 의료사고와 관련한 의료적, 심리적, 법적상담을 하고 있다. 그리고 '의료사고 가족 연합회10)'는 의료사고를 당한 피해

---

9) 의료소비자 시민연대의 홈페이지 주소는 www.medioseo.or.kr 전화번호는 02-525-7250번이다.
10) 의료사고가족연합회의 홈페이지 주소는 www.malpractice.co.kr 전화번호는 02-3462~4043번이다.

자는 중심으로 하여 형성된 단체로 의료사고와 관련한 기본적인 상담을 하고 있으며, 피해자 측에서 도움이 될 만한 자료를 안내하고 있다. 그 외에도 필요한 경우 각종 의료자료 분석을 전문으로 하는 회사 등을 이용할 필요도 있을 것이다.

3) 진료기록을 확보하는 데에 온 힘을 다해라

이후 의료사고에 대한 다툼이 소송으로 진행되는 경우는 말할 것도 없고 의사와의 합의를 통하여 문제를 해결하고자 할 때에도 환자로서는 진료기록을 확보하는 것이 가장 기본적인 조치이다.

환자가 진료기록부를 확보하는 방법으로는 첫째, 병원 측에 진료기록에 대하여 복사신청을 하는 것을 생각해 볼 수 있다. 의료법 제21조 제1항에서는 '환자는 의료인, 의료기관의 장 및 의료기관 종사자에게 본인에 관한 기록(추가기재·수정된 경우 추가기재·수정된 기록 및 추가기재·수정 전의 원본을 모두 포함한다. 이하 같다)의 전부 또는 일부에 대하여 열람 또는 그 사본의 발급 등 내용의 확인을 요청할 수 있다.'고 규정하고 있고, 후단에서는 '이 경우 의료인, 의료기관의 장 및 의료기관 종사자는 정당한 사유가 없으면 이를 거부하여서는 아니 된다.'고 규정하고 있다.

만약, 병원이 이를 이행하지 않으면 500만원 이하의 벌금에 처하게 된다(의료법 제90조). 또, 법원에 증거보전신청을 해 두는 방법도 생각해 볼 수 있다. 민사소송법 제375조에 의하면 판결절차에서 지정된 기간까지 증거조사의 시기를 늦추면 증거를 조사하기 불가능하거나 곤란하여질 염려가 있을 때에는 미리 그 증서를 조사하여 그 결과를 보전하도록 하는 증거보전을 신청할 수 있다.

그리고 소비자원에 조정신청을 하는 경우, 소비자원에서는 의료기관에 진료기록 등의 자료 및 정보를 제공해 달라고 요청할 수 있다(소비자기본법 제78조).

2. 의사 측

1) 과실이 인정되면 원만한 합의를 위해 노력하라

'정당한 합의'라면 이는 반드시 의사뿐 아니라 환자 측에서도 가장 효과적인 해결수단이 될 수 있다. 소송이라는 절차는 다른 수단을 통하여 해결할 수 없으면 택하게 되는 방법으로 시간적으로나 경제적으로 많은 에너지가 있어야 하는 일이다. 물론 의사 자신의 책임을 회피하기 위해서 무리한 합의를 시도할 것을 권하는 것은 결코 아니며,

전문가와 상담 후 적절한 조건에서 합의할 것을 전제로 한다는 의미이다. 만약, 합의가 제대로 이루어지지 않았다면 소송에 앞서 조정을 신청하는 것도 생각해 볼 수 있다.

2) 함부로 진료기록에 손을 대지 마라

일단은 진료도표를 포함한 각종의 진료기록이 의사의 수중에 있으므로 문제가 발생하면 여기에 손을 대고 싶은 유혹을 느끼게 되는 것은 사실이다. 그러나 함부로 여기에 손을 댔다가는 자신의 과실 이상으로 책임을 져야 하는 불상사가 발생할 수도 있다.

민사소송법 제350조에 의하면 '당사자가 상대방의 사용을 방해할 목적으로 제출의무가 있는 문서를 폐기하거나 이를 사용할 수 없게 하면 법원은 그 문서에 관한 상대방의 주장을 진실한 것으로 인정할 수 있다.'고 규정하고 있다.

3) 역시 전문가를 찾아가라

대형 병원의 경우, 의료사고에 관한 전담부서가 있고 병원 측의 변호사도 있으므로 이 부분이 크게 문제가 되지 않는다. 그러나 개인 개업 병원의 경우, 환자 측에서 전문가를 찾지 않고 지인들의 조언을 구하는 것처럼 의사 측에서도 주변의 의사들에게 자문하여 이를 해결하려는 경우가 있다. 특히 의사로서는 법적인 분쟁으로 나아가는 것을 꺼려 변호사를 만나는 일을 주저하게 된다. 그러나 의료소송이라 하여도 역시 소송과 관련한 전문가는 변호사이다. 의료사고에 관하여 전문적으로 다뤄온 변호사들과의 상담을 통해 사고에 대한 정확한 법적 판단을 기초로 하여 해결방법을 모색하는 것이 가장 빠르고 효과적인 방법이 될 것이다.

4) 환자의 폭력행사 시 적극 대처하라

의료사고가 발생하면 환자 측이 병원시설에서 시위하거나 담당 의사를 폭행, 협박하는 경우가 종종 있다. 이러면, 병원 측은 병원이 소란해지고 진료에 방해된다고 하여 경찰에 신고할 것이 아니라, 의료진을 폭행한 데 대한 진단서를 끊거나 시위 때문인 기물파손의 사진을 찍어 증거를 확보한 후 고소하도록 한다. 그렇지 않다면 경찰도 적극 개입하지 않고 여기에 환자는 더욱더 과격한 방법으로 대응하게 되어 환자 측과의 감정의 골만 깊어지게 될 뿐이다.

제3절
의사와 환자의 법적 지위

1. 의사와 환자의 의료계약상 법률관계

1) 의료계약의 의의

환자가 의사에게 진료를 의뢰하고 의사가 그 요청에 응하여 치료행위를 개시하는 경우에 의사와 환자 사이에는 일정한 법률관계가 성립한다. 따라서 의사는 이 법률관계에 근거하여 환자에 대한 의료행위를 할 수 있게 되며, 보통 의사의 환자에 대한 의료행위에서 계약관계가 성립한 것으로 본다.[11] 이러한 의사와 환자 사이의 계약을 의료계약 혹은 치료계약이라고 한다.

2) 법적 성질

의료계약의 법적 성질에 대해서는 견해가 대립하고 있다. 현재 우리나라의 다수설은 위임계약(당사자의 일방이 상대방을 신뢰하여 어떠한 일의 처리를 수탁하고 이를 상대방이 수락함으로 성립되는 계약)설을 취하고 있고, 소수설은 무명계약(우리 민법이 명문으로 규정하지 않은 특수한 성질을 가진 계약)설을 취하면서 의료계약을 하나의 전형계약(典型契約)으로 하는 입법론(민법전에 '의료계약'이라는 명문의 계약형태를 규정하자는 주장)을 검토하자는 의견이 있다.[12]

우리 대법원은 1988. 12. 13 선고 85다카1491 판결에서 '의사가 환자에게 부담하는 채무는 질병의 치유와 같은 결과를 반드시 달성해야 하는 결과채무가 아니라 환자의 치유를 위하여 선량한 관리자의 주의의무를 가지고 현재의 의학 수준에 비추어 필요하고 적절한 진료를 다해야 할 채무 이른바 수단채무'라고 판시하여 의료계약을 위임계약으로 보고 있다.

그러나 일반적으로 성형수술, 치과 치료 혹은 특정 수술 등에서 치료계약은 치료행위로 일정한 결과의 직접적 발생을 그 내용으로 하므로 도급계약(당사자 일방이 어느

---

11) 석희봉, 법률연구(연세대), 1983, 165면
12) 김천수, 진료계약, 민사 법학 한국민 사법학회 제15호, 1997, 170면

일을 완성할 것을 약정하고 상대방이 일의 결과에 대한 보수지급을 약정하는 계약)으로 이해13)하고 있다.14)

3) 계약상 의사(醫師)의 의무

① 진료의무

가. 진료의무와 주의의무15)

의료계약의 중심적 내용은 의사의 환자에 대한 진찰·처치·주사·투약·수술·마취 등 진료행위의무이다. 그러나 의사는 진료 당시 합리적인 의사(意思)가 갖는 의학지식과 기술로써 적절한 진료를 해야 할 의무를 부담할 뿐이지 병을 완치시켜야 할 의무까지 부담하는 것은 아니다.16) 따라서 만일 의사가 필요한 주의의무를 다하여 의료행위를 하였다면 비록 예기치 않은 나쁜 결과가 발생하였다 할지라도 의사는 책임을 지지 아니한다. 여기서 바로 의사의 '주의의무'가 문제되는데, 주의의무는 먼저 인적으로 의사 자신의 개인적 사정에 따라서 결정되는 것이 아니고, 통상의 일반적인 의사가 할 수 있는 정도의 주의를 기준으로 결정된다. 또한, 의사의 주의의무의 범위는 그 당시의 의학지식 및 기술에 의하여 정해지는 것이다.

의사의 주의의무에 대해 대법원은 1998.2.27 선고 97다38442 판결에서 「의사가 진찰·치료 등의 의료행위를 함에는 사람의 생명·신체·건강을 관리하는 업무의 성질에 비추어 환자의 구체적인 증상이나 상황에 따라 위험을 방지하기 위하여 요구되는 최선의 조치를 하여야 할 주의의무가 있고, 의사의 이와 같은 주의의무는 의료행위를 할 당시 의료기관 등 임상의학 분야에서 실천되고 있는 의료행위 수준을 기준으로 판단하여야 하며, 특히 진단은 문진(問診)·사진(絲診)·촉진(觸診)·청진(聽診) 및 각종 임상결과 등의 결과에 터 잡아 질병 여부를 감별하고 그 종류, 성질 및 진행정도 등을 밝혀내는 임상의학의 출발점으로서 이에 따라 치료법이 선택되는 중요한 의료행위이므로 진단상의 과실 유무를 판단하면서는 그 과정에서 비록 완전무결한 임상진단의 시행은 불가능하다고 할지라도 적어도 임상의학 분야에서 실천되고 있는 진단 수준의

---

13) 이렇게 이해하면 의료계약은 수단채무가 아니라 특정 결과를 반드시 달성해야 하는 결과 채무가 된다.

14) 서광민, 민사법학, 1990.8, 330면

15) 이에 대해서는 이후 민법 제750조 요건 중 '과실' 부분에서 더 자세히 검토한다.

16) 대법원은 1998.12.13. 선고 85다카1491 판결에서 「의사가 환자에게 부담하는 채무는 질병의 치유와 같은 결과를 반드시 달성해야 하는 결과채무가 아니라 환자의 치유를 위하여 선량한 관리자의 주의의무를 가지고 현재의 의학 수준에 비추어 필요하고 적절한 진료를 다해야 할 채무 이른바 수단채무라고 보아야 하므로 진료의 결과를 가지고 바로 진료채무불이행 사실을 추정할 수는 없으며」라고 판시하였다.

범위 내에서 그 의사가 전문 직업인으로서 요구되는 의료상의 윤리와 의학지식 및 경험에 터 잡아 신중히 환자를 진찰하고 정확히 진단함으로써 위험한 결과발생을 예견하고 그 결과 발생을 회피하는 데에 필요한 최선의 주의의무를 다하였는지를 따져보아야 하고, 아울러 의사에게는 만일 당해 의료기관의 설비 및 지리적 요인 기타 여러 가지 사정 때문에 진단에 필요한 검사를 할 수 없는 경우에는 특별한 사정이 없으면 당해 환자로 하여금 그 검사를 받을 수 있도록 해당 의료기관에 전원을 권고할 의무가 있다.」고 판시하였다.

나. 계약 자유의 원칙 적용 여부

진료계약 역시 사적인 계약이므로 사법의 대원칙이라 할 수 있는 '계약자유의 원칙'을 그대로 적용할 수 있을지 문제된다. 다시 말하면 의료계약을 체결하면서 의사와 환자가 '어떠어떠한 상황에서만 치료한다.'라던가 '의사가 치료만 해주면 발생하는 문제에 대해서는 절대로 묻지 않는다.' 등과 같이 진료의무를 제한할 수 있는가 하는 문제이다.

그런데 이후 살펴볼 것처럼 의료법 제16조는 진료의 요구를 정당한 이유 없이 거부할 수 없도록 하고 있으므로 이 범위 안에서는 의사와 환자가 사적인 합의를 하였더라도 그 합의의 법적인 효과는 제한된다고 하겠다. 이것은 진료계약이 다른 사적 계약들과 달리 사람의 생명과 신체라는 중대한 법익을 다루고 있기 때문에 특별히 법률에서 사적 자치의 범위를 제한하고 있는 것이다.

② 설명의무

이는 아래에서 목차를 바꾸어 설명한다.

4) 계약상 환자의 의무

① 환자의 진료협조의무

의사가 환자를 진료하는 데에 환자의 협조는 필수적이다. 따라서 환자는 의사가 최선의 진료를 할 수 있도록 그 지시에 따르고 협조하여야 할 의무가 있으며 이러한 의무를 환자의 진료협조의무라고 한다. 이는 의료계약상 당연한 법정 의무이며, 만일 환자가 이 의무를 이행하지 아니하면 의사는 환자와의 의료계약을 해지할 수도 있다. 그리고 의료사고가 발생하였다 하더라도 환자의 진료협조의무 위반 때문이라면 의사는 손해배상책임을 부담하지 아니하거나 손해배상부담이 감경될 수도 있다.

그리고 의사의 진료에 협조하여야 하는 것은 환자 본인뿐 아니라 보호자도 마찬가지이다. 대법원[17]도, 「민법 제763조·396조에 의하여 불법행위 때문인 손해배상의 책임 및 그 금액을 정함에서 피해자의 과실을 참작하도록 한 취지는 불법행위 때문에 발생한 손해를 가해자와 피해자 사이에 공평하게 분담시키고자 함에 있다고 할 것이므로 피해자의 과실에는 피해자 본인의 과실뿐 아니라 그와 신분상, 사회생활상 일체를 이루고 있다고 볼 수 있는 관계가 있는 자의 과실도 피해자 측의 과실[18]로서 참작되어야 한다.」라고 판시하여 보호자가 의사에게 협조하지 않은 경우에도 환자가 협조하지 않은 것과 같은 효과를 인정하였다.

② 환자의 진료비 지급의무

일반적으로 환자 측은 의사에게 진료비를 지급할 의무를 부담한다. 원래 민법상 위임계약은 돈을 지급하지 않는 무상인 것이 원칙이지만, 의료계약은 일반적인 관행상 돈을 지급하는 유상으로 이루어진다.[19] 판례 역시 「사회통념 또는 거래 관행상 보수를 지급하기로 되어 있을 때에 보수지급 및 그 액수에 관하여 명시적약정을 하지 아니하였다 하더라도 무보수로 한다는 등 특별한 사정이 없으면 응분(應分)의 보수를 지급할 묵시적 약정이 있는 것으로 보아야 한다.」고 판시하였다.[20]

5) 의무 위반 시 효과

의사가 진료의무를 제대로 수행하지 않거나 설명의무를 소홀히 한 경우, 민법 제390조에 의하여 손해배상을 청구할 수 있다.

그러나 환자의 진료협조의무는 이를 위반하였다고 하여 의사가 손해배상을 청구할 수 있는 것이 아니라, 이를 위반하여 손해가 생기면 의사의 책임을 깎아주거나 없애주는 역할을 한다.

---

17) 대법원 1993.5.25 선고 92다54753 판결
18) 이후 민법 제750조에서의 '과실상계'에서 자세히 살펴본다.
19) 김형배, 민법학 강의, 신조사, 2003, 1159면
20) 대법원 1982.9.14. 선고 82다125 판결, 대법원 1993.11.12. 선고 93다36882 판결 참조

2. 의사의 법률상 의무

1) 형법상의 주의의무

> 제268조(업무상 과실·중과실치사상) 업무상과실 또는 중대한 과실로 사람을 사망이나 상해에 이르게 한 자는 5년 이하의 금고 또는 2천만원 이하의 벌금에 처한다.

① 의의

업무상 과실을 쉽게 설명하면 '의사로서 해야 할 주의의무를 다하지 않는 것'이라고 할 수 있다. 특히 의사의 치료 경우에는 사람의 생명과 신체에 대한 중대한 결과가 뒤따를 수 있고 환자는 의사의 판단에 따를 수밖에 없다는 점에서 엄격한 주의의무가 인정[21]되는 것이다.

② 내용

주의의무는 민사책임상에서도 요구되는 것이므로 형사상의 주의의무와 어떻게 다른지 의문이 생길 수 있다. 이 두 가지 주의의무 모두 의사로서 요구되는 주의를 다하지 아니하여 이를 알지 못하고 행위를 하는 심리상태[22]를 말한다.

그러나 민사상 책임에는 '손해의 배상'을 위한 것이고 형사상 책임은 '형벌 부과의 필요성'을 위한 것이라는 차이를 생각해 보았을 때에 형사책임에서 더욱 고도의 주의의무가 요구된다고 볼 수 있을 것이다. 따라서 형사상 주의의무 위반이 인정되면 민사상 주의의무 위반이 인정되는 경우가 많은 것이나 그[23] 반대로는 항상 그러한 것이 아니라 하겠다.

2) 의료법상 의무

① 진료의무

> 제15조(진료거부 금지 등) ①의료인 또는 의료기관 개설자는 진료나 조산 요청을 받으면 정당한 사유 없이 거부하지 못한다.

② 진단서 작성·교부의무

> 제17조(진단서 등) ①의료업에 종사하고 직접 진찰하거나 검안(檢案)한 의사[이하 이 항에서

---

21) 이재상, 형법각론, 박영사, 2003, 80면
22) 김영규, 의료사고의 생활법규, 제일법규, 1997, 45면
23) 구체적인 법조문은 부록 중 의료법 부분을 참고한다.

는 검안서에 한하여 검시(檢屍)업무를 담당하는 국가기관에 종사하는 의사를 포함한다], 치과의사, 한의사가 아니면 진단서·검안서·증명서를 작성하여 환자(환자가 사망하거나 의식이 없는 경우에는 직계존속·비속, 배우자 또는 배우자의 직계존속을 말하며, 환자가 사망하거나 의식이 없는 경우로서 환자의 직계존속·비속, 배우자 및 배우자의 직계존속이 모두 없는 경우에는 형제자매를 말한다) 또는 「형사소송법」제222조제1항에 따라 검시(檢屍)를 하는 지방검찰청검사(검안서에 한한다)에게 교부하지 못한다. 다만, 진료 중이던 환자가 최종 진료 시부터 48시간 이내에 사망한 경우에는 다시 진료하지 아니하더라도 진단서나 증명서를 내줄 수 있으며, 환자 또는 사망자를 직접 진찰하거나 검안한 의사·치과의사 또는 한의사가 부득이한 사유로 진단서·검안서 또는 증명서를 내줄 수 없으면 같은 의료기관에 종사하는 다른 의사·치과의사 또는 한의사가 환자의 진료기록부 등에 따라 내줄 수 있다.

② 의료업에 종사하고 직접 조산한 의사·한의사 또는 조산사가 아니면 출생·사망 또는 사산 증명서를 내주지 못한다. 다만, 직접 조산한 의사·한의사 또는 조산사가 부득이한 사유로 증명서를 내줄 수 없으면 같은 의료기관에 종사하는 다른 의사·한의사 또는 조산사가 진료기록부 등에 따라 증명서를 내줄 수 있다.

③ 의사·치과의사 또는 한의사는 자신이 진찰하거나 검안한 자에 대한 진단서·검안서 또는 증명서 교부를 요구받은 때에는 정당한 사유 없이 거부하지 못한다.

④ 의사·한의사 또는 조산사는 자신이 조산(助産)한 것에 대한 출생·사망 또는 사산 증명서 교부를 요구받은 때에는 정당한 사유 없이 거부하지 못한다.

⑤ 제1항부터 제4항까지의 규정에 따른 진단서, 증명서의 서식·기재사항, 그 밖에 필요한 사항은 보건복지부령으로 정한다.

③ 비밀 준수 의무

제19조(정보 누설 금지) ① 의료인이나 의료기관 종사자는 이 법이나 다른 법령에 특별히 규정된 경우 외에는 의료·조산 또는 간호업무나 제17조에 따른 진단서·검안서·증명서 작성·교부 업무, 제18조에 따른 처방전 작성·교부 업무, 제21조에 따른 진료기록 열람·사본 교부 업무, 제22조제2항에 따른 진료기록부등 보존 업무 및 제23조에 따른 전자의무기록 작성·보관·관리 업무를 하면서 알게 된 다른 사람의 정보를 누설하거나 발표하지 못한다.

② 제58조제2항에 따라 의료기관 인증에 관한 업무에 종사하는 자 또는 종사하였던 자는 그 업무를 하면서 알게 된 정보를 다른 사람에게 누설하거나 부당한 목적으로 사용하여서는 아니 된다.

④ 기타 의무

이 외에도 태아의 성감별행위금지 의무, 진료기록 보존의무, 변사체 신고의무, 과대 광고 금지의무 등 의료제도 및 의료행위 일반에 관하여 의료법상 각종 의무가 부과되고 있다.

3. 의사의 설명의무

1) 의의 및 기능

설명의무란 의사가 환자에게 진단결과나 치료방법, 예후(豫後), 부작용 등을 충분히 설명해주고, 환자는 이를 제대로 이해한 후에 자율적인 결정으로 자신에 대한 의료행위를 승낙한 경우에만 의료행위가 정당성을 가질 수 있다는 이론이다. 즉, 사람은 누구나가 스스로 자기의 행위를 결정할 수 있는 권리가 있는데, 만약 충분한 의사의 설명이 없다면 자기의 행위를 결정하는 전제조건이 모자란 것이어서 의사의 행위가 정당하지 못하게 된다는 것이다.

의료소송에서 설명의무이론은 위와 같이 윤리적, 헌법적 근거가 있으며 실무상으로는 환자 측이 부담하는 입증상의 어려움을 줄이기 위해서 판례상 형성, 발전되어왔다.

2) 법적 성질

설명의무가 환자의 유효한 승낙을 얻기 위한 단순한 윤리적인 의무인가 또는 법률상 의무인가에 대해 학설의 다툼이 있다. 일부의 견해는 의사의 설명은 환자의 동의 유효조건이라고 보고, 따라서 의사의 불충분한 설명은 환자의 동의를 무효로 하여 의사는 민사상 책임을 부담한다고 한다.

또 하나의 견해는 설명의무위반을 불법행위 또는 채무 불이행상의 주의의무로 파악하는 학설이다. 즉, 설명의무를 다하지 않으면 과실이 있다고 보아 배상책임을 인정하게 되는 것이다. 대법원의 태도도 이러한데, 이에 관해 살펴보면 다음과 같다.

대법원은 「의사로서는 성형수술이 그 성질상 긴급히 필요하지 아니하고 성형수술을 하더라도 외관상 다소간의 호전이 기대될 뿐이며 다른 한편으로는 피부이식수술 때문인 피부제공 처에 상당한 상처 때문에 후유증이 발생할 가능성이 있음을 고려하여 수술 전에 충분한 검사를 거쳐 환자에게 수술 중 피부이식에 필요하거나 필요하게 될 피부의 부위 및 정도와 그 후유증에 대하여 자세한 설명을 하여 준 연후에 그의 사전 동의를 받아 수술에 임하였어야 할 업무상 주의의무가 있음에도 이에 이르지 아니한 채 막연한 두피이동설 및 식피술 등의 수술에 대한 동의만 받았을 뿐 양 넓적다리부의 피부이식에 관한 내용 및 그 후유증에 대하여 구체적으로 설명하지 아니하고 수술에 이르렀다면 이 사건 성형수술로 피해자가 입은 피해는 의사의 위와 같은 주의의무를 다하지 아니한 과실 때문이라고 할 것이다.」라고 판시하였다(대판 1987.4.28., 86다카1136).

3) 설명의 범위

설명의 범위나 그 필요성은 의사의 재량에 달린 것이 아니라, 의사는 처치수단의 선택이나 처치에 따른 위험, 그리고 질병에 대한 진단과 예후(豫後) 등에 대해 모두 설명하여야 한다. 설명의 대상은 크게 치료설명, 진단설명, 경과설명, 위험설명의 네 가지로 나눌 수 있다.

치료설명이란 의사가 건강관리, 행위준칙, 식이요법 및 일정한 약품의 효능 등 치료에 대해 설명하는 것을 말한다. 그리고 진단설명이란 진단소견에 대하여 환자에게 정보를 주는 것을 말한다. 또한, 경과설명이란 치료에 대한 대략적인 설명이다. 즉 치료행위의 종류, 중요성, 범위, 실행, 고통에 대하여 주지시키는 것이다. 환자에게 질병을 치료하지 않고 내버려두면 어떤 결과를 가져오게 되고 치료를 받는다면 어떠한 상태로 치유될 수 있는가에 대한 설명도 경과설명에 속한다. 이는 의사가 수술 시 잘못을 범할지도 모른다는 가능성에 대한 설명에 속한다. 의사의 수술 시 잘못을 범할지도 모른다는 설명은 불필요하지만, 성공의 가능성은 설명의 대상이 된다. 또한, 처치방법에 선택의 여지가 있는 경우, 예컨대 수술요법, 약물치료, 방사선치료 중 어느 것을 선택할 것이냐는 점이 문제되면 각 방법의 결과나 성공률에 대하여도 설명하여야 한다.

의사는 치료수단에 부수하여 나타나는 위험에 대해서도 설명하여야 한다. 이를 위험설명이라고 하는데, 계획된 치료수단이 확실하고 가능한 결과, 일어날 수 있는 부작용, 실패의 위험 및 치료실험의 위험에 대한 설명을 그 내용으로 한다. 위험설명은 특히 구체적인 상황에서 실제로 결정적이기 때문에 중요하다.[24]

4) 설명의 형식

① 설명의 주체

설명의 주체는 원칙적으로 자기책임으로 치료행위를 하게 되는 의사이다. 반드시 처치의사가 직접 환자에게 할 필요는 없으나, 적어도 처치하기 전에 환자가 충분한

---

24) 설명이 법적으로 문제되는 경우도 주로 이러한 위험설명 때문이다.

설명을 들었는가를 확인하여야 한다. 그러나 예컨대 어려운 수술에서와 같이 의사와 환자 사이에 신뢰관계가 중요시되는 경우에는 다른 동료의사를 통해서 설명하는 것보다는 시술자가 직접 설명할 필요가 있다.

② 설명의 시기와 방법

환자에 대한 설명은 특별한 형식이 필요하지는 않다. 말25)로 해도 되고 글로 써도 된다. 최근에는 서면에 의한 양식을 통하여 설명을 대신하기도 하지만 서면에 의한 설명은 환자 개개인의 구체적 정황을 맞추기가 어려워서 우선 서면으로 알리더라도 이후에 말로써 다시 확인하는 것이 바람직하다. 소송 실무상으로도 환자로부터 양식에 의한 동의를 받더라도 적절한 시기에 그에 따른 설명이 이루어졌다는 입증이 없는 한, 반드시 의사에게 유리한 증거로 인정되지 않는다. 성공적이고 만족스러운 치료의 결과를 위해서는 무엇보다도 의사와 환자 간에 대화를 통해 신뢰관계를 형성하는 것이 필요하므로, 의사의 구두(口頭)에 의한 설명은 그만큼 의미가 있다.

설명은 적절한 시기에 하면 되고, 너무 일찍 설명하여 환자에게 과중한 심적 부담을 줄 필요는 없다. 설명의 시기는 무엇보다도 처치방법의 긴급성과 처치에 따른 위험도에 따라 결정하여야 하고, 미리 행해진 승낙 또는 거부도 원칙적으로 유효하다. 말하자면 수술 도중 수술부위의 확대 등이 필요한 경우, 의사가 이러한 상황에 대해서도 미리 설명하고 이에 대해서 환자의 승낙을 받아 두었다면 이것도 유효한 설명행위이다.

5) 환자의 동의

① 동의의 주체

동의의 주체는 원칙적으로 의사의 설명을 듣는 환자이다. 그러나 환자가 동의하기 위해서는 의사의 설명을 이해할 수 있는 일정한 능력이 필요하다. 따라서 구체적인 치료행위의 의미와 범위를 알고 그 치료행위에 대하여 찬성과 반대를 할 수 있는 능력이 미성년자나 정신질환자에게도 있다면 스스로 동의하는 것도 가능할 것이다.

---

25) 의사로서 설명이 단지 구두로 이행될 때에는 그것을 환자기록부에 상세히 기록하는 것이 법적으로 문제될 때를 대비하여 바람직하다. 기록 시에는 특수한 건강상의 문제를 지닌 구체적인 환자에 대한 설명을 기록하는 것이 중요하다. 그러나 설명 대화를 녹음 또는 녹화하는 것은 신뢰하고 충분한 대화를 나누는 데 심리적으로 부적절하고, 비밀유지에 위반될 수 있으므로 추천할 만한 것은 아니라고 하겠다.

② 동의의 방법

원칙적으로 환자의 동의는 치료행위 전에 이루어져야 한다. 동의의 형식은 중요치 않으며, 외부에서 인식할 수 있는 방식이면 된다. 동의는 원칙적으로 담당의사에게 해야 하며, 철회할 수도 있다.

6) 설명의무 위반의 효과

설명의무를 게을리한 채 시행된 의료행위는 의학적, 의료기술상의 관점에서 보는 평가와는 무관하다. 예를 들어 의사가 행한 치료행위가 의학적, 의료기술상으로는 아무런 문제가 없다 하더라도 환자의 동의를 받지 않고 치료를 하면 환자의 인격권을 침해한 의료행위라 하여 그 자체로 위자료 청구에서 손해배상책임이 인정되는 것이다.

그러나 실제의 의료과오소송에서는 환자가 설명의무 위반의 문제를 의료기술상의 문제와 함께 주장하는 형태로 나타나는 경우가 많다.

따라서 법원은 판결에서, 설명의무 자체 때문인 위자료의 문제와 설명의무 위반을 전제로 한 의사의 과실에 의한 손해의 배상 문제라는 두 관점 모두를 판단하고 있다.[26]

이에 대한 대법원의 판시를 살펴보면 「의사가 설명의무를 위반한 채 수술 등을 하여 환자에게 사망 등의 중대한 결과가 발생하면 환자 측에서 선택의 기회를 잃고 자기결정권을 행사할 수 없게 된 때에 위자료를 청구할 수 있고, 이 경우에는 의사의 설명결여나 부족으로 선택의 기회를 상실하였다는 사실만을 입증함으로써 충분하고, 설명을 받았더라면 사망 등의 결과는 생기지 않았을 것이라는 관계까지 입증할 필요는 없으나, 그 결과 때문인 모든 손해를 청구하는 경우에는 그 중대한 결과와 의사의 설명의무위반이나 승낙취득과정에서의 잘못과의 사이에 상당인과관계가 존재하여야 하고, 그 경우 의사의 설명의무 위반은 환자의 자기결정권이나 치료행위에 대한 선택의 기회를 보호하기 위한 점으로 보아 환자의 생명, 신체에 대한 의료적 침해과정에서 요구되는 의사의 주의의무 위반과 동시할 정도의 것이어야 한다」고 하였다.

7) 설명의무의 면제

그렇다면 의사는 어떠한 특수한 경우라도 설명의무를 지는 것인가? 학설과 판례 등에서는 다음과 같은 경우에 설명의무의 면제를 인정해주고 있다.

---

26) 이에 대한 자세한 예는 제4장 판례 부분에서 살펴본다.

① 제정법에 따라 의사에게 강제치료의 권한을 준 경우

② 위험성이 가볍거나 발생 가능성이 적은 경우

③ 환자가 의사의 설명을 들을 기회를 포기한 경우

④ 긴급사태로 승낙을 얻을 수 없는 경우

⑤ 설명하는 것이 환자에게 악영향을 미쳐서 치료상 불합리가 발생하는 경우

8) 설명의무에 대한 판례

의사는 응급환자의 경우나 그 밖에 특별한 사정이 없는 한 환자에게 수술 등 인체에 위험을 가하는 의료행위를 할 경우 그에 대한 승낙을 얻기 위한 전제로서 환자에게 질병의 증상, 치료방법의 내용 및 필요성, 발생이 예상되는 생명, 신체에 대한 위험과 부작용 등에 관하여 당시의 의료수준에 비추어 환자가 의사결정을 함에 있어 중요하다고 생각되는 사항을 구체적으로 설명하여 환자로 하여금 수술 등의 의료행위에 응할 것인지 스스로 결정할 기회를 가지도록 할 의무가 있다.

이와 같은 의사의 설명의무는 의료행위가 행해질 때까지 적절한 시간적 여유를 두고 이행되어야 한다. 환자가 의료행위에 응할 것인지를 합리적으로 결정할 수 있기 위해서는 그 의료행위의 필요성과 위험성 등을 환자 스스로 숙고하고 필요하다면 가족 등 주변 사람과 상의하고 결정할 시간적 여유가 환자에게 주어져야 하기 때문이다. 의사가 환자에게 의사를 결정함에 충분한 시간을 주지 않고 의료행위에 관한 설명을 한 다음 곧바로 의료행위로 나아간다면 이는 환자가 의료행위에 응할 것인지 선택할 기회를 침해한 것으로서 의사의 설명의무가 이행되었다고 볼 수 없다. 이때 적절한 시간적 여유를 두고 설명의무를 이행하였는지는 의료행위의 내용과 방법, 그 의료행위의 위험성과 긴급성의 정도, 의료행위 전 환자의 상태 등 여러 가지 사정을 종합하여 개별적·구체적으로 판단하여야 한다(대법원 2022. 1. 27. 선고 2021다265010 판결).

제2장
의료사고와 민사소송

제1절 민사상 손해배상의 전체 체계

1. 개관

민사상의 책임을 크게 둘로 나누어 보면 채무불이행책임(민법 제390조)과 불법행위책임(민법 제750조)이라고 할 수 있다. 이 중 채무불이행책임은 앞에서 살펴본 '진료계약'과 같이 당사자 사이의 계약으로 발생한 채권, 채무를 제대로 이행하지 않을 때 발생하는 책임이다.

또 한편, 불법행위책임은 계약관계에 있지 않더라도 가해자가 고의, 과실을 가지고 한 행위가 손해를 일으켰을 때 발생하는 책임이다.

그렇다면 의료과오는 어떠한 책임이 문제될까? 의료과오의 경우, 진료계약이라는 계약관계가 있었기 때문에 채무불이행책임이 인정되는 예도 있으며, 의료과실 때문에 환자에게 손해가 발생하였기 때문에 불법행위책임이 인정되는 예도 있다. 그리고 이 두 가지 모두에 해당하면 판례는 두 청구권의 경합을 인정하고 있다. 그런데 의료사고의 실제에서 일반적인 경향을 살펴보면 아직도 채무불이행책임보다는 불법행위책임으로 손해배상을 청구하는 경우가 훨씬 많다.

이 책에서는 채무불이행책임과 불법행위책임에 관한 자세한 내용은 생략하기로 하며, 실제 의료사고에서 문제되는 요건들을 중심으로 하여 민사상의 손해배상책임에 대한 대략의 내용을 이해해보도록 한다.

2. 민사상 손해배상책임의 성립요건(민법 제750조 위주로)

제750조(불법행위의 내용) 고의 또는 과실로 인한 위법행위로 타인에게 손해를 가한 자는 그 손해를 배상할 책임이 있다.

의료사고 때문인 손해배상책임의 발생요건을 살펴보는 데에 채무불이행 책임과 불법행위책임을 굳이 나누어야 할 필요는 없을 듯하다. 따라서 대체로 의사의 과실, 위법성, 손해의 발생, 인과관계를 요건으로 한다고 할 수 있다.

1) 의사의 과실(주의의무 위반)

의사의 주의의무에 관해서는 '의사의 계약상 의무' 부분과 관련하여 대체로 살펴본 바 있다. 불법행위에서 요구되는 의사의 주의의무도 크게 다르지 않다. 의사의 주의의무의 내용은 크게 결과를 예견할 의무와 그 예견한 의무를 회피할 의무로 나뉜다.

의사의 과실을 판단하기 위해서는 의학의 수준이나 의료제도, 의료 환경이나 환자의 특이체질 등 여러 가지 자료를 종합적으로 검토하여 '사회생활상 의사에게 요구되는 주의의무를 게을리 하였는지'를 결정하여야 할 것이다.

2) 손해의 발생

의료사고에서의 손해란 환자가 기대하였던 치료효과에 반하여 나타나는 결과를 말하는 것으로 환자의 부상이 더욱 악화하였다던가, 이 때문에 사망하였다던가 하는 결과이다.

3) 인과관계

의사의 과실에 의한 치료행위가 있고 환자의 생해, 사망이라는 결과가 발생하였다고 해서 항상 의사에게 책임이 있는 것은 아니다. 즉, 환자에게 안 좋은 결과가 발생했지만, 그것이 의사의 과실에 의한 것이 아니라면 그 손해를 의사로 하여금 부담하게 해서는 안 되는 것이다. 여기에서 대법원은 '상당한 인과관계가 있을 것'을 요구한다.

그런데 특히 의료사고에는 이 인과관계를 입증한다는 것이 쉬운 일이 아니므로 인과관계의 입증과 관련된 특수한 입증이론이 도입되고 있는 바, 이는 '민사소송제기 시 주의하여야 할 점'에서 자세히 알아본다.

4) 주의의무에 대한 판례

의사가 진찰·치료 등의 의료행위를 할 때에는 사람의 생명·신체·건강을 관리하는 업무의 성질에 비추어 환자의 구체적인 증상이나 상황에 따라 위험을 방지하기 위하여 요구되는 최선의 조치를 할 주의의무가 있다. 의사의 주의의무는 의료행위를 할 당시 의료기관 등 임상의학 분야에서 실천되고 있는 의료행위의 수준을 기준으로 삼되, 그 의료수준은 통상의 의사에게 의료행위 당시 일반적으로 알려져 있고 또 시인되고 있는 이른바 의학상식을 뜻하므로 진료환경과 조건, 의료행위의 특수성 등을 고려하여 규범적인 수준으로 파악해야 한다.

여러 명의 의사가 분업이나 협업을 통하여 의료행위를 담당하는 경우 먼저 환자를 담당했던 의사는 이후 환자를 담당할 의사에게 환자의 상태를 정확하게 알려 적절한 조치를 할 수 있도록 해야 한다. 특히 환자가 병원에서 검사나 수술을 받는 과정에서 넘어지는 등의 사고가 발생하였다면 담당 의사는 이러한 사정을 고려하여 환자의 건강유지와 치료를 위한 주의를 기울여야 하고, 담당 의사가 바뀌는 경우 나중에 담당할 의사에게 이러한 사정을 알려 지속적으로 환자의 상태를 살필 수 있도록 해야 한다(대법원 2022. 3. 17., 선고, 2018다263434, 판결).

3. 사용자책임과 이행보조자책임

제756조(사용자의 배상책임) ①타인을 사용하여 어느 사무에 종사하게 한 자는 피용자가 그 사무집행에 관하여 제삼자에게 가한 손해를 배상할 책임이 있다. 그러나 사용자가 피용자의 선임 및 그 사무감독에 상당한 주의를 한 때 또는 상당한 주의를 하여도 손해가 있을 경우에는 그러하지 아니하다.
② 사용자에 갈음하여 그 사무를 감독하는 자도 전항의 책임이 있다. ③전2항의 경우에 사용자 또는 감독자는 피용자에 대하여 구상권을 행사할 수 있다.

제391조(이행보조자의 고의, 과실) 채무자의 법정대리인이 채무자를 위하여 이행하거나 채무자가 타인을 사용하여 이행하는 경우에는 법정대리인 또는 피용자의 고의나 과실은 채무자의 고의나 과실로 본다.

병원 또는 의사는 환자에 대한 의료행위를 위하여 의사, 간호사, 의료기사 등 의료인이나 의료요원을 피용자 또는 이행보조자로 사용할 수 있다.

병원 또는 의사가 사용자로서 불법행위에 의한 책임을 부담하는 경우에는 민법 제

756조 제1항 후단에 의하여 면책 가능성이 인정되는 반면에, 계약적 의사책임에서는 이행보조자의 고의, 과실이 채무자인 병원 또는 의사의 고의, 과실로 되고 면책 가능성이 인정되지 않는다.

4. 전원책임과 공동불법행위책임

제760조(공동불법행위자의 책임) ①수인이 공동의 불법행위로 타인에게 손해를 가한 때에는 연대하여 그 손해를 배상할 책임이 있다.
② 공동 아닌 수인의 행위중 어느 자의 행위가 그 손해를 가한 것인지를 알 수 없는 때에도 전항과 같다.
③ 교사자나 방조자는 공동행위자로 본다.

전원이라는 것은 담당의가 동일 의료기관 내의 의사가 아닌 다른 의료기관 소속의 의사로 변경되는 경우를 의미한다. 전원은 전의와 후의가 소속하는 기관이 달라서 담당의의 개인 책임이 문제가 되는 경우뿐만 아니라 그 사용자책임이 문제되면 전의와 후의 어느 의사의 의료행위 범위 내에서 의료과오가 야기되었는지 문제된다.

전의가 후의에 환자를 전송한 경우는 전의에게 일정한 정보제공의무가 인정되는 동시에 후의에도 환자에 대한 문진의무의 내용으로 전의의 존재나 치료내용에 관하여 확인하여야 할 의무를 인정할 수 있다. 환자에게 손해를 일으킨 의료과오가 전의와 후의 가운데 어느 의사의 의료행위에 기인하는지를 확인할 수 없는 경우에 전의와 후의는 민법 제760조에 의형 연대하여 손해배상책임을 부담한다.

제2절 손해배상의 내용

1. 손해의 의의 및 종류

1) 재산적 손해

일단 의료사고가 발생하면 금전적인 손해가 발생하게 된다. 그리고 재산적 손해 중에서도 사고 때문에 피해자의 재산이 '직접' 감소하게 된 손해(예를 들어 장례비) 등을 '적극적 손해'라고 하고, 사고 때문에 원래 얻을 수 있었던 이익을 얻지 못하여 발생하는 손해(예를 들어 장래에 받을 임금 등)을 '소극적 손해'라고 한다. 이 소극적 손해를 보통 '일실이익(逸失利益)'이라고도 한다.

2) 정신적 손해

의료사고가 발생하여 생긴 손해 중에 금전으로 평가할 수 없는 손해를 정신적 손해라고 한다. 우리가 흔히 위자료(慰藉料)라고 알고 있는 것이 바로 이 정신적 손해이다. 그런데 우리 민법은 손해배상을 금전으로 하도록 하고 있으므로 결국 이 정신적 손해도 금전으로 배상되게 된다. 즉, 의료사고로 손해를 입은 피해자는 적극손해, 소극손해(일실이익), 위자료라는 3개의 손해를 합산한 금액을 배상받게 된다.

2. 의료사고 때문인 사망에 대한 손해의 산정 방법

1) 적극손해

① 사망 시까지 치료비·입원비

의료사고 때문에 병이 악화하여 치료를 받다가 사망한 경우, 그 치료에 들어간 비용은 적극손해에 해당한다.

② 장례비

사망사고에서 특히 문제되는 적극적 손해는 장례비이다. 장례와 관련하여서는 묘지비, 묘비석, 매장비용, 사망광고비 등 다양한 비용이 지출될 수 있는데 이는 피해자와 유족의 사회적 지위, 생활형편 등 여러 가지 상황에 따라 달라질 수 있다. 따라서 손해배상청구가 가능한 것은 이 여러 가지 상황을 고려하여 상당한 금액 내로 한정되게 된다.

장례와 관련하여서는 '건전 가정의례의 정착 및 지원에 관한 법률'이 규정하고 있는데 이 법률에서 벗어난 범위의 비용에 대해서는 보통 상당성이 없다고 보는 것이 판례의 태도이다. 그래서 실무상으로는 실제 지출된 금액의 여하를 불문하고 사회적 상당성의 범위 내로 제한하여 점차 그 금액이 정액화되고 있는 현실이다.

2) 소극손해(일실이익)

① 일실이익(逸失利益)의 의의

일실이익은 피해자가 살아있었다고 가정했을 때, 얻을 수 있었던 예상이익이라고 할 수 있다. 의료사고 손해에서 적극적 손해는 실제로 지출된 비용이므로 이를 산정하는 데에 큰 어려움이 없는 편이다. 그런데 '장래에 얻을 수 있었던 이익'인 일실이익을 어떻게 산정하는가 하는 문제는 여러 가지 요소들이 복잡하게 고려, 참작되어야 하므로 그 산정이 좀 더 복잡하다.

② 산정방법

사망의 일실이익 = (월평균 현실소득액-생계비) X 취업가능월수

기본적으로 일실이익은 월평균 현실소득액에서 생계비를 제외한 금액을 취업할 수 있는 월수에 곱하면 산출된다. 즉, 이 사람이 살아 있었다면 취업 가능한 기간 동안 돈을 벌었겠지만, 그 기간 동안 생계비로 지출하기도 하였을 것이므로 생계비를 제외하는 것이다. 이 계산에 필요한 소득액, 취업가능 기간(가동기간) 등의 구체적인 계산은 아래에서 살펴본다.

③ 가동기간

가. 의의

일실이익을 산정하는 데에 가장 중요한 요소는 이 사람이 언제부터 언제까지 이 직업에 종사하여 평균 월급을 받을 수 있었는가 하는 점이다. 이것이 가동기간의 문제로 가동 기간을 확정하는 데에는 직업별 상황이 고려된다.

나. 가동 개시 연령

사망한 사람이 어린아이라면 이때부터 일실이익을 산정하여서는 안 된다. 왜냐하면,

그 아이가 실제로 소득활동을 하는 것은 일정한 나이에 이르러서야 가능하기 때문이다. 그래서 원칙적으로는 만 19세 성인이 된 시기부터 개시 나이로 본다. 하지만 우리나라 남자는 성인이 되어서 2년 이상의 기간을 군 복무를 하여야 하므로 명백한 면제 판정을 받을만한 사유가 있지 않은 한 만 22세를 가동 개시 나이로 보면 될 것이다.

다. 가동 연한

몇 살까지를 가동연한으로 보느냐에 대해서 명백하게 정하고 있는 법률규정이나 통계자료는 없다. 그러나 실무상으로는 그동안의 판례에 의해서 인정된 가동연한을 근거27)로 하여 구체적 사안에서 가동연한을 정한다.

과거에는 일반적인 육체노동자나 농촌 노동자에 대하여 경험칙상 만 55세 정도를 가동연한이 끝나는 시기로 보았다. 그러나 현재에는 평균 수명이 연장되면서 만 60세 정도를 가동연한으로 보는 것이 일반적인 판례의 태도이다.

그리고 정년이 정해져 있는 공무원이나 회사원 등은 법령, 회사의 사규(社規) 등에서 정해진 정년까지를 가동 연한으로 본다. 그러나 정년을 넘어서도 사실상 취업하여 근무하고 있었다면 정년이 연장되었다고 보고 일실이익을 계산하는 것이 판례의 태도이다.

또한, 특수한 직업은 같거나 유사한 직종의 일반적인 가동기간의 종료시기까지를 소득활동이 가능한 것으로 보고 있다. 지금까지 대체로 판례가 인정하여 온 직업별 가동연한은 다음과 같다.

라. 가동 일수

월급을 받으면 문제가 되지 않으나 일용 노동자와 같이 일당을 받는 경우 이를 월급으로 환산할 때 가동 일수가 문제 된다. 대법원은 농업 노동 및 일반 노동은 월 30일 중 25일을 가동할 수 있다고 본다.

---

27) 법률의 규정이 건강진단, 예방접종, 검역조치, 격리치료 등을 강제하고 있는 때에는 환자 기타 그 대상자의 승낙은 배제된다. 형사소송법, 모자보건법, 가축전염병예방법, 결핵예방법, 마약법, 사회보호법 등이 그 예이다.

기존 판례에서의 직업군별 가동연한	
만 60세까지 인정	거의 대부분의 직업군 (디자이너, 특수자동차운전원, 다단계판매원, 행정서사, 암자 경영자, 건설회사 기술사, 목공, 양말제조업자, 개인사업자, 개인회사 전무, 개인회사 이사, 배차원, 식품소매업자, 보험모집인, 가스도소매업자 등)
만 35세까지 인정	다방종업원, 유흥주점종업원(대법원 91다9596), 골프장캐디 (서울고법 2002나24906)
만 40세까지 인정	프로야구선수, 프로운동선수(대법원 91다7385), 가수(서울고법 87나1236)
만 55세까지 인정	채탄광부(대법원 67나933) 사진사(대법원 75다2278) 건축보조사(대법원 80다54) 미용사(대법원 81다35) 중기 정비업자(대법원 83다카1297) 간호학원강사(대법원 79다1861) 약사(대법원 80다934) 법인 대표이사(대법원 92다24431)
만 65세까지 인정	63세까지 인정(대법원 2003다20176, 대법원 96다49360) 65세까지 인정(대법원 96다46491) 치과의사 한의사 의사(97다58491) 소설가
만 70세까지 인정	법무사 목사 변호사 승려

④ 소득액

가. 의의

일실이익을 산정하기 위해서는 '사건 당시'를 기준으로 하여 실제 소득을 산정하여야 한다. 그러나 장래에 수익이 증가할 것이 상당한 정도로 확실하게 예측되는 객관적인 자료가 있으면 장차 증가할 수익도 일실이익을 산정하는 데에 고려된다고 보는 것이 판례의 태도이다.

나. 일정한 급여 소득자

일정한 월급을 받는 급여 소득자는 '임금'이 소득액이 된다. 그런데 이 '임금'의 범위에 대하여 근로기준법은 '사용자가 근로의 대상으로 근로자에게 임금, 봉급, 기타 여하한 명칭으로든지 지급하는 일체의 금품'이라고 하고 있으므로 기본급뿐만 아니라 각종 수당이나 상여금 등 모두가 임금에 포함된다고 볼 수 있다.

다만, 기본급을 제외한 수당이나 상여금 등은 실제 성격이 사실상 계속적, 정기적, 일률적으로 지급되는 것이어야 한다(대판 1976.10.16., 76다502 판결).

즉, 상여금 지급이 일종의 후불임금적 성격을 띠는 것이라면 임금으로 볼 수 있으나 회사가 경영실적 등을 참작하여 호의로 제공하는 것이라면 장래에 발생할 것이 확실한 것이 아니므로 임금에서 제외되는 것이다. 몇 가지 판례를 살펴보면 다음과 같다.

□ 경찰관은 대민활동비, 시간 외 수당은 외근 및 파출소 경찰관에게만 지급되는 것으로 이는 대외근무활동에 실제 소요되는 경비의 성격을 가지므로 월보수액에서 제외하였다(대판 1990.7.24., 89다카 14639).

□ 한국전력공사 직원의 시간외근무수당, 휴일근무수당, 연월차 휴가보상금은 계속 정기적으로 지급되는 것이 아니라는 이유로 일실이익 산정의 기초로 하지 않는다(대판 1990.8.28., 89다카25110).

만약, 승진이 예상되는 경우 이것도 일실이익에 고려하여야 할 것인지 문제 된다. 대법원은 '불법행위 때문에 노동능력을 상실한 급여소득자의 일실이익은 원칙적으로 노동능력상실 당시의 임금수익을 기준으로 산정할 것이지만, 장차 그 임금수익이 증가할 것이 상당한 정도로 확실하게 예측할 수 있는 객관적인 자료가 있을 때에는 장차 증가할 임금수익도 고려되어야 한다.'고 하여 회사의 정해진 급여체계 등을 참작하도록 하였다. 이에 관한 판례는 다음과 같다.

□ 피해자가 주한 미군 한국인 여자 직원으로 근무하다가 사고를 당하면 사고 후 변론종결일 이전에 주한 미군 직원들의 급료가 일률적으로 인상된 경우 그 인상된 임금을 기준으로 일실이익을 산정하였다(서울고법 1990.4.26., 89나 29575 판결).

□ 원고는 사고 당시 경찰공무원으로 근무하고 있었는데 사고 후 공무원의 보수규정과 수당규정이 개정되어 봉급 및 제반 수당이 인상되었거나 새로운 수당이 신설된 경우 그러한 증가도 임금을 기준으로 일실수입을 산정함이 타당하다(서울고법 1990.7.24., 89다카 14639 판결).

또한, 급여소득자라면 퇴직 시 퇴직금을 받게 되어 있으므로 이를 일실이익에 포함할 것인가 하는 문제가 제기된다. 물론 퇴직금도 일실이익의 대상이 된다. 일실이익에 포함되는 퇴직금은 정년퇴직금(사고 당시의 직장에서 입사 시로부터 정년에 이르기까지의 기간에 대한 총 퇴직금을 사고 당시 기준으로 현시가로 계산한 것)에서 사상 때문에 현실로 받은 퇴직금을 제하고, 거기에 법정이자를 합산하여야 한다. 이 경우에도 중간 이자는 빼야 한다.

다. 사업자

사업소득자의 일실이익 산정은 급여소득자보다 어렵다. 왜냐하면, 총매출액 자체도 정확하게 확장하기 어려울 뿐 아니라 확장한다 하더라도 뺄 경비가 많기 때문이다. 따라서 구체적 사례에서는 소득액을 담당 세무서에 신고한 소득금을 기초로 계산하거나 대체고용비를 기초로 계산하거나 통계소득을 기초로 계산하는 등의 다른 방법이 사용된다. 각각의 예에 대한 판례의 태도를 보면 다음과 같다.

□ 세무서 신고 소득금 기초 - 12평 정도의 사무실을 임치하여 구청 앞에 설계보조사 등을 두고 10여 년간 설계도면의 작성 등 건축설계 사무처리를 하였는데 사고 전 3년간의 담당세무서에 신고한 소득금을 기초로 한 사례(서울고법 1987.4.30., 87나330 판결)

□ 대체고용비 기초 - 약 7년간 용산 청과물시장에서 채소판매상에 고용되어 있다가 약 7평의 점포에서 채소도매상을 개설, 가락동 농산물센터에서 야채류를 사 부근 주민 또는 음식점에 배당해 주는 방법으로 영업하고 월평균 매출액이 10,000,000원 정도 되는 사안에서 대체고용비 월 700,000원을 인정한 사례(서울고법 1988.5.4., 87나4821 판결)

라. 전문직 연수생의 경우

현재 직업을 가지고 있지 않거나 혹은 매우 박한 월급을 받고 있다 하더라도 장래 전문가로서의 직업을 가지는 것이 확실한 경우, 일실이익을 산정할 때 어떻게 고려하여야 할 것인지 문제 된다. 예를 들어 의과대학을 졸업하고 인턴이나 레지던트 과정에 있다던가, 사법시험에 합격하여 사법연수원에 다니고 있는 사람의 경우가 그러하다. 이러한 경우는 단순히 장래의 고수익을 기대할 수 있는 의과대학생이나 고시준비생과는 달리 객관적으로 그것이 확실히 기대되므로 이를 당연히 고려한다. 이 경우 일반적으로 그 전문직의 초임보수 또는 직종별 임금실태조사 보고서상의 통계소득을 인정한다. 이에 관한 판례는 다음과 같다.

□ 사고일부터 레지던트 과정까지는 레지던트 종사자로 얻을 수 있는 수입을 기준으로 하여 산정하고, 이후 군복무기간 동안은 군의관으로서 얻을 수 있는 수입을 기준으로 하여 산정하고, 군 복무를 마친 후에는 비록 전문의가 될 가능성이 100%에 가깝다 하더라도 이를 인정하지 않고 의사면허 취득 이후부터 군복무를 마칠 때까지의 기간 의사로 얻을 수 있는 수입을 기초로 하여 일실이익을 산정하며 65세까지의 기간 동안 의료업에 종사할 수 있다(대판 1998.4.12., 87다카1129 판결).

마. 무직자, 미성년자, 가정주부

우선 무직자나 미성년자는 현재 소득이 있다고 할 수 없지만 그렇다고 장래에도 수입이 없다고 단정 지을 수 없다. 그렇다고 막연하게 그의 장래 희망직업이나 학력 등을 기초로 예상수입을 계산할 수도 없는 노릇이다. 따라서 원칙적으로 도시지역에 거주하는 사람은 대한건설협회에서 발간하고 있는 월간 건설물가상의 도시 일용노동자노임을, 농촌 지역에 거주하는 사람은 농협중앙회에서 발간하고 있는 농협 조사 월보상의 농촌 일용노동자노임을 기준으로 한다(대판 1990.4.10., 88다카22315 판결). 미성년자, 학생 등에 대하여도 무직자와 마찬가지로 장래의 최저수입이라 할 수 있는 노동임금 상당의 수입은 인정하여야 하므로 도시 일용노동자노임 또는 농촌 일용임금을 기초로 산정한다. 다만, 실업계 고등학생이나 재학 중 국가기술고시 합격자에 대해서는 예외적으로 관련 기술 직종의 통계임금을 적용할 수도 있다.

가정주부의 경우, 대법원은 보통 노임 정도의 수입이 있을 것으로 추정한다. 즉, 무직자나 미성년자와 같이 농촌 일용임금이나 도시 일용노동자노임을 기초로 하고 있다. 그러나 전업주부가 아닌 겸업주부는 임금 외에도 가사노동에 대한 대가를 따로 가산해줘야 할 것이나 실무상은 이를 따로 인정하는 경우가 거의 없다.

⑤ 공제액

피해자가 사망한 경우, 사고 때문에 살아 있었더라면 얻을 수 있었던 소득을 잃게 되었지만, 살아 있었더라면 지출했어야 할 비용 등은 지출하지 안헸 되었다. 따라서 일실이익 신청에는 일정 비용을 빼야 한다.

가. 생활비

기본적인 생활비는 공제되어야 한다. 그 기준에 대해서 대체로 재판 실무에서는 수입의 30% 또는 3분의1 정도를 생활비로 보고 있다. 그러나 이는 구체적인 사안에 따라서 조금씩 차이가 있을 수 있다.

일체의 세금 역시 공제되어야 하는지 문제된 바 있으나 대법원이 소득세 등 각종 세금액을 빼지 아니한 금액이라고 판단한 이래 세금은 빼지 않고 있다.

나. 중간이자

중간이자 공제란 피해자가 예상되는 총 수입액을 일시금으로 배상받을 때, 이 금액에 대해 일정한 이자가 발생하여 오히려 이득을 보는 것이 되므로 이를 일실이익에서 빼는 것을 뜻한다.

중간이자는 빼는 방식으로는 라이프니츠[28) 방식과 호프만 방식 두 가지가 있는데, 라이프니츠 방식은 복리계산이고 호프만 방식은 단리계산이다.

□ 라이프니츠 방식 : $X = A(1-r)$

□ 호프만 방식 : $X = A(1-nr)$

  X = 공제 후 금액, A = 일실이익, n = 연수, r = 이율

실제로 법원은 호프만 방식에 의하는 경우가 많으나 라이프니츠 방식에 의하여도 문제는 없다.

3) 위자료

위자료는 불법행위 때문에 입은 정신상의 손해를 금전으로 보상하는 것이다. 의료사고로 환자가 사망한 경우 우리 판례는 피해자에 대하여 위자료가 인정되면 이것이 상속인들에게 상속된다고 본다. 그리고 민법 제752조에 의하여 피해자의 직계존속, 직계비속과 배우자는 자신 고유의 위자료청구권을 가진다. 또한, 민법 제752조 범위의 친척이 아니더라도 피해자와 긴밀한 관계에 있었던 사람은 자신의 정신적 고통을 입증하면 위자료를 배상받을 수 있다.

---

28) 실무상 쓰이는 자료로는 재경원조사통계국에서 발표한 '한국인의 생명표', '각 세대 별기 대여 자랑표', '한국통계연감' 등이 있다(신은주, 의료과오사건의 손해배상액산정 실무, 행법사, 1996).

4) 신체장애 등급과 노동능력 상실률

가. 제1급(100%)

1. 두 눈이 실명된 자
2. 씹는 것과 언어의 기능을 고칠 수 없는 자
3. 정신에 현저한 장해가 남아 항상 간호가 있어야 하는 자
4. 흉복부 장기에 현저한 장해가 남아 항상 간호가 있어야 하는 자
5. 반신불수가 된 자
6. 두 팔을 팔꿈치 관절 이상에서 상실한 자
7. 두 팔의 기능이 고칠 수 없는 자
8. 두 다리를 무릎관절 이상에서 상실한 자
9. 두 다리의 기능이 고칠 수 없는 자

나. 제2급(100%)

1. 한 눈이 실명되고 다른 눈의 시력이 0.02 이하로 된 자
2. 두 눈의 시력이 0.02 이하로 된 자
3. 두 팔을 손목관절 이상에서 상실한 자
4. 두 다리를 발목관절 이상에서 상실한 자

다. 제3급(100%)

1. 한 눈이 실명되고 다른 눈의 시력이 0.06 이하로 된 자
2. 씹는 것 또는 언어의 기능이 고칠 수 없는 자
3. 정신에 현저한 장해가 남아 종신토록 노무에 종사하지 못하는 자
4. 흉복부 장기의 기능에 현저한 장해가 남아 종신토록 노무에 종사하지 못하는 자
5. 두 손의 수지를 모두 상실한 자

라. 제4급(90%)

1. 두 눈의 시력이 0.06 이하로 된 자
2. 씹는 것과 언어의 기능에 현저한 장해가 남은 자
3. 고막 전부의 결손이나 그 외의 원인 때문에 두 귀의 청력을 전혀 상실한 자
4. 한쪽 팔을 팔꿈치 관절 이상에서 상실한 자
5. 한 다리를 무릎관절 이상에서 상실한 자
6. 두 손의 수지가 모두 폐용된 자
7. 두 발을 '리스프랑'관절 이상에서 상실한 자

마. 제5급(80%)

1. 한 눈이 실명되고 다른 눈의 시력이 0.1 이하로 된 자
2. 한쪽 팔을 손목관절 이상에서 상실한 자
3. 한 다리를 발목관절 이상에서 상실한 자
4. 한쪽 팔의 기능이 고칠 수 없는 자
5. 한 다리의 기능이 고칠 수 없는 자
6. 두 발의 발가락을 모두 상실한 자

바. 제6급(70%)

1. 두 눈의 시력이 0.1 이하로 된 자
2. 씹는 것 또는 언어의 기능에 현저한 장해가 남은 자
3. 고막 대부분이 결손이나 그 외의 원인 때문에 두 귀의 청력이 귓바퀴에 접하지 아니하고서는 큰 말소리를 이해하지 못하는 자
4. 척추에 현저한 기형이나 현저한 운동장애가 남은 자
5. 한쪽 팔의 3대 관절 중의 2개 관절이 폐용된 자
6. 한 다리의 3대 관정 중의 2개 관절이 폐용된 자
7. 한 손의 5개의 수지 또는 무지와 시지를 포함하여 4개의 수지를 상실한 자

사. 제7급(60%)

1. 한 눈이 실명되고 다른 눈의 시력이 0.6 이하로 된 자
2. 고막의 중등도의 결손이나 그 외의 원인으로 두 귀의 청력이 40센티미터 이상의 거리에서는 보통 말소리를 이해하지 못하는 자
3. 정신에 장애가 남아 경이한 노무 이외에는 종사하지 못하는 자
4. 신경계통의 기능에 현저한 장해가 남아 경이한 노무 이외에는 종사하지 못하는 자
5. 흉복부 장기의 기능에 장애가 남아 경이한 노무 이외에는 종사하지 못하는 자
6. 한 손의 무지와 시지를 상실한 자 또는 무지나 시지를 포함하여 3개 이상의 수지를 상실한 자
7. 한 손의 무지와 시지를 상실한 자 또는 무지나 시지를 포함하여 3개 이상의 수지를 상실한 자
8. 한 발을 '발목뼈관절' 이상에서 상실한 자
9. 한쪽 팔에 가관절이 남아 현저한 운동장애가 남은 자
10. 한 다리에 가관절이 남아 현저한 운동장애가 남은 자
11. 두 발의 발가락이 모두 폐용된 자

12. 외모에 현저한 추상이 남은 자

13. 양쪽의 고환을 상실한 자

아. 제8급(50%)

1. 한 눈이 실명되거나 한 눈의 시력이 0.02 이하로 된 자

2. 척추에 운동장애가 남은 자

3. 한 손의 무지를 포함하여 2개의 수지를 상실한 자

4. 한 손의 무지와 시지가 폐용된 자 또는 한 손이 무지나 시지를 포함하여 3개 이상의 수지가 폐용된 자

5. 한 다리가 5센티미터 이상 단축된 자

6. 한쪽 팔의 3대 관절 중의 1개 관절이 폐용된 자

7. 한 다리의 3대 관절 중의 1개 관절이 폐용된 자

8. 한쪽 팔에 가관절이 남은 자

9. 한 다리에 가관저링 남은 자

10. 한 발의 5개의 발가락을 모두 상실한 자

11. 비장 또는 한쪽의 신장을 상실한 자

12. 전신의 40퍼센트 이상에 추상이 남은 자

자. 제9급(40%)

1. 두 눈의 시력이 0.6 이하로 된 자

2. 한 눈의 시력이 0.06 이하로 된 자

3. 두 눈에 반맹증·시야 협착 또는 시야 이상이 남은 자

4. 두 눈의 눈꺼풀에 현저한 결손이 남은 자

5. 코가 결손이나 그 기능에 현저한 장해가 남은 자

6. 씹는 것과 언어의 기능에 현저한 장해가 남은 자

7. 고막 전부가 결손이나 그 외의 원인 때문에 한 귀의 청력을 전혀 상실한 자

8. 한 손의 무지를 상실한 자 또는 시지를 포함하여 2개의 수지를 상실한 자 또는 무지와 시지 외의 3개의 수지를 상실한 자

9. 한 손의 엄지손가락을 포함하여 2개 이상의 죽지를 상실한 자

10. 한 발의 엄지발가락을 포함하여 2개 이상의 죽지를 상실한 자

11. 한 발의 발가락이 모두 폐용된 자

12. 생식기에 현저한 장해가 남은 자

13. 정신에 장애가 남아 종사할 수 있는 노무가 상당한 정도로 제한된 자

14. 신경계통의 기능에 장애가 남아 종사할 수 있는 노무가 상당한 정도로 제한된 자

차. 제10급(30%)

1. 한 눈의 시력이 0.1 이하로 된 자
2. 씹는 것 또는 언어의 기능에 장애가 남은 자
3. 14개 이상의 치아에 대하여 치과 보철을 가한 자
4. 고막 대부분의 결손이나 그 외의 원인 때문에 한 귀의 청력이 귓바퀴에 접하지 아니하고서는 큰 말소리를 이해하지 못하는 자
5. 한 손의 시지를 상실한 자 또는 무지와 시지 이외의 2개의 수지를 상실한 자
6. 한 손의 무지가 폐용된 자 또는 시지를 포함하여 2개의 수지가 폐용된 자 또는 무지와 시지 바깥귀 3개의 수지가 폐용된 자
7. 한 다리가 3센티미터 이상 단축된 자
8. 한 발의 엄지발가락 또는 그 외가 4개의 발가락을 상실한 자
9. 한쪽 팔의 3대 관절 중의 1개 관절이 기능에 현저한 장해가 남은 자
10. 한 다리의 3대 관절 중의 1개 관절이 기능에 현저한 장해가 남은 자

카. 제11급(20%)

1. 두 눈의 안구에 현저한 조절 기능장애나 현저한 운동장애가 남은 자
2. 두 눈의 눈꺼풀에 현저한 운동장애가 남은 자
3. 한눈의 눈꺼풀에 현저한 결손이 남은 자
4. 고막의 중등도의 결손이나 그 외의 원인 때문에 한 귀의 청력이 40센티미터 이상의 거리에서는 보통 말소리를 이해하지 못하는 자
5. 척추에 기형이 남은 자
6. 한 손의 중지 또는 약지를 상실한 자
7. 한 손의 시지가 폐용된 자 또는 무지와 시지 이외에 2개의 수지가 폐용된 자
8. 한 발의 엄지발가락을 포함하여 2개 이상의 죽지가 폐용된 자
9. 흉복부 장기에 장해가 남은 자

타. 제12급(15%)

1. 한 눈의 안구에 현저한 조절기능장해 또는 현저한 운동장애가 남은 자
2. 한 눈의 눈꺼풀에 현저한 운동장애가 남은 자
3. 7개 이상의 치아에 대하여 치과 보철을 가한 자
4. 한 귀의 귓바퀴의 대부분이 결손난 자
5. 빗장뼈·앞가슴뼈·늑골·어깨뼈나 엉덩뼈에 현저한 기형이 남은 자

6. 한쪽 팔의 3대 관절 중의 1개 관절의 기능에 장애가 남은 자

7. 한 다리의 3대 관절 중의 1개 관절의 기능에 장애가 남은 자

8. 장관골에 기형이 남은 자

9. 한 손의 중지 또는 약지가 폐용된 자

10. 한 발의 둘째발가락을 상실한 자 또는 둘째발가락을 포함하여 2개의 발가락을 상실한 자 또는 셋째발가락 이하의 3개의 발가락을 상실한 자

11. 한 발의 엄지발가락 또는 그 외의 4개의 발가락이 폐용된 자

12. 국부에 완고한 신경증상이 남은 자

13. 외모에 추상이 남은 자

파. 제13급(10%)

1. 한 눈의 시력이 0.6 이하로 된 자

2. 한눈에 반맹증·시야 협착 또는 시야 이상이 남은 자

3. 두 눈의 눈꺼풀이 일부에 결손이 남거나 속눈썹에 결손이 남은 자

4. 한 손의 소지를 상실한 자

5. 한 손의 무지의 지골의 일부를 상실한 자

6. 한 손의 시지의 지골이 일부를 상실한 자

7. 한 손의 시지의 말관절을 굴신할 수 없는 자

8. 한 다리가 1센티미터 이상 단축된 자

9. 한 발의 셋째발가락 이하의 1개 또는 2개의 발가락을 상실한 자

10. 한 발의 둘째발가락이 폐용된 자 또는 둘째발가락을 포함하여 2개의 발가락이 폐용된 자 또는 셋째발가락 이하의 3개의 발가락이 폐용된 자

하. 제14급(5%)

1. 한 눈의 눈꺼풀 일부에 결손이 남거나 또는 속눈썹에 결손이 남은 자

2. 3개 이상의 치아에 대하여 치과 보철을 가한 자

3. 팔의 노출면에 손바닥 크기의 추한 흔적이 남은 자

4. 다리의 노출면에 손바닥 크기의 추한 흔적이 남은 자

5. 한 손의 소지가 폐용된 자

6. 한 손의 무지와 시지 외의 수지의 지골의 일부를 상실한 자

7. 한 손의 무지와 시지 외의 수지의 말관절을 굴신할 수 없는 자

8. 한 발의 셋째발가락 이하의 1개 또는 2개의 발가락이 폐용된 자

9. 국부에 신경증상이 남은 자

3. 의료사고에 따른 손해배상

1) 의료사고로 말미암은 전체 손해액의 확정

의료사고로 말미암은 손해배상금 또는 합의금을 산출하기 위해서는 먼저 외형상의 손해액을 확정해야 한다. 의료사고 때문에 발생하는 민법상의 손해배상 형태는 적극적 손해, 소극적 손해, 위자료 등으로 나누어진다. 전체 손해배상액을 계산하는 방식은 아래와 같다.

{(적극적 손해 + 소극적 손해) × (1 - 환자의 과실 비율)} + 위자료

2) 적극적 손해

적극적 손해라 함은 의료사고 때문에 존재하던 이익이 없어지거나 감소하는 것으로서, 치료비의 지급을 위하여 재산이 감소하거나 부담하게 된 채무를 말한다(예를 들어, 치료비, 개호비, 장례비 등). 적극적 손해를 계산하는 방식은 다음과 같다.

치료비 + 개호비 + 장례비

의료사고를 당해 의료인에게 손해배상 청구를 할 때에는 치료비, 개호비, 장례비 등의 적극적 손해 부분과 일실이익, 일실 퇴직금 등의 소극적 손해, 위자료 등을 합산하여 손해배상금을 계산하게 된다. 환자가 재판에서 승소하더라도 환자가 주장하는 손해배상금 전부가 인정되는 것은 아니다. 재판장은 환자의 과실비율, 환자의 노동능력 상실률 등을 포함하여 전체 손해배상을 조정한다.

4. 의료사고로 상해를 입을 시 손해배상액의 산정

피해자 상해의 경우에도 기본적으로 손해액을 산정하는 방법은 사망의 경우와 유사하다. 다만, 적극 손해에서는 장례비가 없는 대신 치료비가 포함되고, 소극손해에서는 가동연한 전 기간이 아니라 치료 때문에 소득활동을 하지 못한 기간의 일실수익만을 인정한다. 그리고 만약, 치료가 끝난 후에도 후류증이 남아 과거와 같은 수익활동을 할 수 없다면 '노동능력 상실률'이라는 것을 계산하여야 하는 점이 다르다.

1) 치료비, 개호비(가정병간호비)

① 치료비

의료사고 때문에 발생한 상해에 드는 치료비는 당연히 재산적 손해 중 적극 손해에 해당하여 배상액에 포함된다. 그러나 모든 진료비가 그런 것은 아니고 사고와 상당인 과관계가 있는 치료를 위한 비용만을 사고 때문인 적극적 손해로 본다. 따라서 사안마다 판단해 보아야 하겠으나 대체로 일반적인 입원비, 진단비, 통원치료비, 약값 등은 배상액에 포함되겠지만, 특실 입원료, 특진료 등에서 일반 치료비와의 차액만큼은 배상액에 포함되지 않는다.

② 개호비

가. 의의

의료사고 때문에 환자가 혼자서 거동이 불편한 경우 다른 사람의 도움이 있어야 하는데, 다른 사람으로부터 받는 간호 및 도움을 개호(介護)라고 하고 여기에 드는 비용을 개호비(介護費)라고 한다. 일반적으로 간호인이나 호스피스라고 하는 사람이 대표적인 간호인이다.

나. 인정 여부

누군가가 환자를 간호하였다고 하여 항상 개호비가 손해액으로 인정되는 것은 아니다. 대체로 거동할 수 없는 척수마비 환자, 식물인간, 어린아이 등에게는 개호비를 쉽게 인정해주며, 이런 경우가 아니더라도 부상의 정도에 따라 개호비가 인정된다.

또 과거에는 가족이 개호인인 경우, 이는 가족으로서의 당연한 의무라고 하여 개호비를 인정해주지 않는 경우가 있었으나, 오늘날에는 개호의 필요성이 인정된다면 가족이 개호하였어도 개호비를 인정하고 있다.

구체적으로 개호가 필요한가에 대한 유무 및 그 정도는 상해 또는 후유장해의 부위, 정도, 피해자의 연령, 치료기간 등을 종합하여 판단한다.

다. 산정기준

개호인 비용은 특별한 사정이 없으면 대호를 필요로 하는 기간의 통상 도시(또는 농촌) 여성 일용 임금으로 인정된다(대판 1982.11.23., 82다카1079 판결). 그 이상의 일당을 주고 전문 개호인의 개호를 받았다 하더라도 사실상 법원에서 인정되는 개호비는 여성 일용 임금에 한정되는 경우가 대부분이다.

또한, 특별한 사정이 없다면 개호인은 성인 여자 1인으로 충분하다고 본다. 그러나 감정인의 특별한 의견이 있다면 성인 여자 2인, 또는 성인 남자 2인의 개호를 인정할 수도 있다.

2) 일실수익

① 일반적일 때

일반적인 부상사고는 일실이익의 산정방법은 사망사고의 방법과 같다. 즉, 치료기간 동안 수익활동을 하지 못하여 생긴 평균 월 소득액에 소득이 불가능하였던 기간을 곱하여 산출하면 된다.

② 후유증이 남은 경우

가. 노동능력 상실의 의미

일정 기간 치료를 받고 완전하게 완쾌가 되어 사고 전과 다름없이 모든 활동이 가능하다면 일실손해의 계산은 간단하게 끝날 수 있다. 그러나 만약, 치료가 끝난 후에도 후유증이 남아 전과 같은 정도의 직업 활동을 할 수 없다거나 아니면 아예 아무런 노동을 할 수 없게 되었다면 단지 치료 기간의 일실수익 배상만으로 끝나서는 안 된다. 따라서 사고 전과 대비한 노동력 상실률을 계산하여 일실이익을 산정하여야 한다.

나. 노동능력 상실률의 산정 및 결정

얼만큼의 노동력 상실이 있었느냐는 사안에 따라 전문가인 의사의 감정을 받아 정해지지만, 일반적으로 맥브라이드 표나 산재보험법상의 신체장애등급표 등 객관화된 자료를 이용한다.

법원이 노동능력상실률을 결정하면서 대법원은 '감정인의 감정 결과는 법관이 사실인정에 관하여 특별한 지식과 경험이 필요한 경우 이를 이용하는 데 불과한 것이고, 궁극적으로는 피해자의 제조건과 경험칙에 비추어 규범적으로 상실률을 결정하여야 하는 것'이라고 밝히고 있다(대판 1989.3.14., 86다카2731 판결).

3) 위자료

의료사고 때문에 정신적인 고통을 입은 피해자에 대해서는 위자료가 인정된다. 그리고 위자료를 산정하는 데는 피해자의 재산상태, 피해자의 생활상태, 피해자의 직업, 사회적 지위, 연령, 피해자의 과실 유무 등이 종합적으로 고려되어야 할 것이다.

5. 손익 상계

1) 의의

　의료과오로 말미암아 피해자가 손실을 봄과 동시에 이익을 받는 수가 있다. 이를 손해배상에서 제하고 배상하는 것을 손익상계라고 한다.

2) 대상

　손익상계 대상의 가장 대표적인 예는 생활비이다. 즉, 의료과오로 사망한 경우에 피해자는 장래 얻어야 할 수입을 잃게 되지만 그 반면 장래 생활비의 지출을 면하게 된다.

　이 경우 얻을 수 있는 수입에서 생활비를 뺀 나머지 금액이 손해가 되는 것이다. 이 외에도 환자의 상해나 사망으로 각종 보험금이나 사회보장제도상의 급여(예를 들면, 산재 보험금여, 유족연금, 유족보상금 등)를 받은 경우, 이 금액을 손해배상액에서 빼야 하느냐가 문제 된다. 이에 대해서는 보험금 및 각종 사회보장제도 상의 급여가 법적으로 어떠한 성질의 것이냐에 따라 공제 여부가 각각 달라진다. 판례 중에는 산업재해보상보험법상 지급된 요양보상, 유족보상, 장례비 등에 대하여는 근로기준법 제81조의 규정취지로 보아 손익상계가 불가능하다고 판시한 것이 있다.

6. 과실상계

1) 의의

　의사의 과실뿐만 아니라 거기에 환자의 과실도 겹쳐서 손해가 발생하거나 확대된 경우 손해부담의 공평이라는 입장에서 가해자가 부담할 배상액을 낮추게 된다(민법 제396조). 이를 과실상계라고 한다.

2) 피해자의 과실

　여기서 말하는 피해자의 과실이란 손해배상책임의 성립요건의 경우와 같이 엄격한 의무위반이 아니고 부주의 때문에 손해의 발생을 조장할 정도면 충분하다.

　또 피해자 본인에게 과실이 없는 경우에도 피해자의 과실과 동일시할 수 있을 정도로 밀접한 관련이 있는 사람(예를 들어 부모)의 과실을 '피해자 측의 과실'이라고 하여 과실상계를 할 수도 있다.

3) 법원의 판단

과실상계에 관한 것은 법원의 전권사항으로 당사자가 이를 주장하지 않더라도 피해자 측에 과실이 있을 때에는 법원은 이를 참작해야 한다. 그리고 피해자의 과실여부 및 그 정도에 관하여는 사실심의 전권사항이므로 그 비율 등에 불만이 있다고 하여 그것만을 이유로 상고할 수는 없다.

7. 구체적 실례

위에서 살펴본 손해의 종류를 기초로 하여 실제로 손해배상액을 산정한 예는 다음과 같다.

사례1 | 광주고법 2003.1.8. 선고 2001나3848

1. 사건 개요

제왕절개수술로 태아를 분만한 산모가 마취회복과정에서 폐혈전 색전증으로 사망한 사안에서, 산부인과와 마취과 수련의 등이 수술 후 마취회복과정에 있는 산모를 내버려둠으로써 폐혈전 색전증의 발병사실 또는 그 가능성을 감지하지 못하고, 그에 대한 조속한 진단 및 응급치료의 시기를 놓쳐 산모가 사망하였다고 하여 해당 수련의와 이들을 지휘, 감독할 사용자인 담당 과장의 공동불법행위책임을 인정한 사례이다. 이 때 제왕절개수술 자체의 위험도, 망인의 발병이 갑자기 진행되어 의사들이 이를 예상하거나 방지하는 데 어려움이 있었던 점 등 제반 사정을 고려하여 피해자 측의 요인을 30%로 보아 의사들이 배상하야 할 책임의 범위를 70%로 제한했음.

2. 일실수입

(1) 성별 : 여자
  · 사고 당시 나이 : 32세 11월
  · 가동연한 및 가동 일수 : 60세가 될 때까지 324개월, 매월 23일씩

(2) 생계비 공제 : 수입의 3분의 1

(3) 가동능력에 대한 금전적 평가 : 1996년 기준 성인 여자의 보통 인부의 도시 일
   용노동자 노임인 1일 금 34,005원

(4) 계산 : 34,005원 × 23 × 2/3 × 204.7727 호프만 수치 = 금 106,770,533원

3. 책임의 제한(책임비율:70%)

(1) 망인의 일실수입손해 금 106,770,533원 × 0.7 = 금 74,739,373원

(2) 장례비 금 2,000,000원 × 0.7 = 금 1,400,000원

4. 위자료

(1) 망인 : 금 20,000,000원

(2) 원고 김재홍 : 금 10,000,000원

(3) 나머지 원고들 : 각 금 3,000,000원

5. 상속관계

(1) 상속인 및 상속비율
  · 원고 김재홍 : 3/11
  · 나머지 원고들 : 2/11

(2) 상속재산 : 금 94,739,373원(망인의 재산상 손해금+위자료)

(3) 상속금액의 계산
  · 원고 김재홍 : 금 25,838,010원(금 94,739,373 × 3/11)
  · 나머지 원고들 : 금 17,225,340원(금 94,739,373 × 2/11)

6. 결론

피고들은 각자 원고 김재홍에게 금 37,238,010원(상속분 금 25,838,010원 + 장
례비 금 1,400,000원 + 위자료 금 10,000,000원), 나머지 원고들에게 각 금
20,225,340원(상속분 금 17,225,340원 + 위자료 금 3,000,000원) 및 위 각 금액에
대하여 이 사건 사고일인 1996.7.21.부터 피고들이 그 의무이행의 존재 여부와 범위
에 관하여 항쟁함이 상당하다고 인정되는 이 판결 선고일인 2003.1.8.까지는 민법에

서 정한 연 5%의, 그 다음 날부터 모두 갚는 날까지는 소송촉진 등에 관한 특례법 소정의 25%의 각 비율에 따른 금액을 지급할 의무가 있다.

사례2 | 서울중앙지법 2000.9.27. 선고 98가합62447

1. 사건개요

생략

2. 일실수입

(1) 성별 : 남자

· 사고 당시 나이 : 34세 4개월

· 가동연한 : 60세가 될 때까지

(2) 가동능력에 대한 금전적 평가 : 주식회사 자재과 대리로 근무하면서 월 평균수입은 금 1,715,000원, 퇴직 이후는 도시일용 보통 인부로서 월 금 733,106원

(3) 가동능력상실률 : 51%(우안의 실명을 고려)

(4) 계산 : 사고일인 1998.1.9.부터 입원, 치료종결일인 1998.7.4.까지 5개월간 금 1,715,000원 × 4,9384 호프만 수치 = 금 6,352,017원

· 그 다음 날부터 만 55세가 되는 2019.12.31.까지 258개월간 금 1,715,000원 × (177.3271-4.9384 호프만 수치) × 51% = 금 150,779,776원

· 그 다음 날부터 만 60세가 되는 2024.9.5.까지 56개월간 금 733,106원 × (202.6374-177.3271 호프만 수치) × 51% = 금 9,463,117원 (합계 = 금 166,594,910)

3. 개호비

· 일상생활에 적용하기까지 1인 개호, 그 이후에는 1/2개호 인정

· 1999.5. 기준 도시 일용 노임 1일 금 33,323원

· 2000.9.9.부터 위 적용기간인 입원, 치료 종결일 다음 날부터 3년째 되는 2001.7.4.까지 9개월간 금 33,323원 × 30 × (37.778 − 29.9804 호프만 수치) = 금 7,796,082원

· 그 다음 날부터 위 생존기대기간까지 412개월간 금 33,323원 × 30 × 1/2 ×

(240-37.7789 호프만 수치) = 금 101,079,655원 (합계 금 101,859,257원)

4. 기타 손해

(1) 기왕 치료비 : 금 6,864,191원

(2) 보조 구비손해 : 금 92,946원

5. 책임 제한(책임비율:60%)

(일실수입손해 금 166,594 + 기왕 치료비 금 6,864,191원 + 보조 구비손해 금 92,946원 + 개호비 금 101,859,257원) × 60% = 금 165,246,782원

6. 위자료

금 20,000,000원

7. 결론

피고는 원고에게 합계 금 185,246,781원(책임제한에 의한 손해 금 165,246,782원 + 위자료 금 20,000,000원) 및 이에 대하여 이 사건 불법행위일인 1998.1.9.부터 이 사건 판결 선고일인 2000.9.27.까지는 민법에서 정한 연 5%, 그 다음 날부터 모두 갚는 날까지는 소송촉진법에 관한 특례법 소정의 연 25%의 각 비율에 따른 지연손해금을 지급할 의무가 있다.

사례3 | 서울중앙지법 2000.9.21. 선고 99가합5828

1. 사건개요

생략

2. 일실수입

(1) 성별 : 남자
- 사고 당시 나이 : 41세 8개월
- 가동연한 : 60세가 될 때까지

(2) 가동능력에 대한 금전적 평가 : 1998년 현재 5년 경력의 상점 및 시장 판매인의 노임 상당 월 금 1,444,651원

(3) 가동능력상실률 : 39%(감정일로부터 3년간 좌측 표재성엉덩이 신경손상 및 좌측 요배부 근육위축)

(4) 재산 : 금 1,444,651원 × 0.39 × 82.0328 호프만 수치 = 금 46,218,418원

3. 위자료

금 2,000,000원

4. 결론

피고는 원고에게 위 금 48,218,415(일실수입손해 금 46,218,418원 + 위자료 금 2,000,000원) 및 이에 대하여 불법행위일 다음 날로 원고들이 구하는 1995.1.20.부터 이 판결 선고일인 2000.9.21.까지는 민법에서 정한 연 5%, 그 다음 날부터 모두 갚는 날까지는 소송촉진 등에 관한 특례법 소정의 연 25%의 각 비율에 따른 지연손해금을 지급할 의무가 있다.

사례4 | 서울민사지방법원 1994.6.8. 선고 92가합71883

1. 사건개요

생략

2. 일실수입

(1) 성별 : 남자

· 사고 당시 나이 : 20세 8개월

· 기대여명 : 43년(평균 기대여명은 45.58~50년이나 원고는 이 사건 후유장해로 약 5년 정도의 기대여명 단축이 예상된다.)

· 가동연한 : 대학교를 졸업하고 군 복무를 마치는 26세가 되는 때부터 60세가 될 때까지

(2) 가동능력에 대한 금전적 평가 : 사고 당시 고려대학교 법학과 3학년 1학기 재학 중. 1991년도 직종별 임금실태주사보고서 기준 대졸 이상 학력, 경력 1년 미만, 나이 25세 또는 29세인 남자의 소득수준인 월 금 630,208원

(3) 가동능력상실률 : 58% (맥브라이드 장해등급표 Head, Brain, Spinal cord

IX-3항에 해당)

(4) 계산 : 26세가 되는 1994.11.14.부터 60세가 될 때까지 408개월

   금 630,208원 × 0.58 × (260.6542 - 56.6281 호프만 수치) = 금 74,575,750원

3. 위자료

금 15,000,000원

4. 결론

피고는 원고에게 금 89,575,750원(일실수입 금 74,575,750원 + 위자료 금 15,000,000원) 및 이에 대한 이 사건 사고일인 1989.7.25.부터 이 사건 판결 선고일인 1994.6.8.까지는 민법 소정 연 5%, 그 다음 날부터 모두 갚는 날까지는 특례법 소정의 연 25%의 각 비율에 따른 지연손해금을 지급할 의무가 있다.

사례5 | 서울중앙지법 1995.6.14. 선고 93가합31417

---

1. 사건개요

생략

2. 일실수입

(1) 성별 : 남자

· 사고 당시 나이 : 36세

· 기대여명 : 34.5년

(2) 경력 및 직업 : 1983.9.5. 학교법인 K학원의 전신인 학교법인 S학원 소속의 D고등학교 체육교사로 임용되어 재직하다가 1988.3.23. 위 K학원(당시 S학원) 소속의 S대학교(당시 K대학) 교직원으로 임용되어 이 사건 사고 당시 위 S대학교 행정직 8급으로 재직하고 있었다.

(3) 정년 : 6급 이하 행정직의 정년은 K대학 인사규정 제32조 제2항, 제33조에 의해 55세가 되는 날이 속하는 해의 학기 말인 2011.8.13.이 되나 원고들이 구하는 바에 따라 2011.3.3.까지로 인정한다.

(4) 정년까지의 기대수입

· 본봉, 각종 수당, 보조비의 합계 금 1,066,725원

· 가족수당 : 배우자 및 18세 미만의 자녀 등 부양가족 1인당 월 금 1,5000원씩을 받는다.

· 기여금의 공제 : 사립학교 교직원은 사립학교교원연금법 제2조 제1항 제4호, 제44조, 같은 법 시행령 제3조 제1항 제2호, 제4항의 규정에 따라 그 보수월액(월 급여에 기말수당, 정근수당, 장기근속수당, 직무수당의 연 지급 합계액을 12월로 평균한 금액을 합한 금액)의 1,000분의 55에 해당하는 기여금을 내야하는 바, 위 인정 사실에 의하면 위 망인의 사망 당시 위 보수월액은 금 832,100원이므로 그 55/1000인 금 45,766원을 위 급여액에서 뺀다.

(5) 정년 이후의 기대수입

· 1994년 기준 도시 일용노동에 종사하는 보통 인부의 노임

· 1일 금 22,300원, 2011.3.4.부터 60세가 될 때까지 월 25일씩

(6) 가동능력상실률 : 15%

(7) 생계비 공제 : 수입의 1/3

(8) 계산 : 사망일인 1992.10.27.부터 2002.5.31.까지 115개월간

(금 1,066,725 + 45,000 - 45,788) × 85/100 × 2/3 × 93.7931 = 금 56,655,106원

그 다음 날부터 2011.3.3. 까지 57개월간

(1,066,725 + 15,000 - 45,766) × 85/100 × 2/3 × 155.9021 - 124.1894) = 금 18,616,732원

그 다음 날부터 60세가 되는 2016.3.3. 까지 60개월간

22,300원 × 25 × 85/100 × 2/3 × (185.2966 - 155.9021) = 금 9,280,525원

(합계 : 금 102,654,679원)

3. 일실퇴직금

금 9,745,049원(사립학교교원연금법 제42조 및 이에 의하여 준용되는 공무원연금법, 같은 법 시행령에 따름)

4. 위자료

 (1) 망인 : 금 15,000,000원

 (2) 원고 박○숙 : 금 10,000,000원

 (3) 원고 김○은, 김○아 : 각 금 2,500,000원

5. 상속관계

 (1) 상속인 및 상속비율

  · 원고 박○숙 : 3/7

  · 원고 김○은, 김○아 : 각 2/7

 (2) 상속재산 : 금 127,399,728원(일실수입 + 일실퇴직금 + 위자료)

 (3) 상속금액의 계산

  · 원고 박○숙 : 금 54,599,883원(금 127,399,728 × 3/7)

  · 원고 김○은, 김○아 : 금 36,399,922원(금 127,399,728 × 2/7)

6. 결론

   피고는 원고 박○숙에게 금 66,099,883원(금 54,599,883원 + 위자료 금 10,000,000원 + 장례비 금 1,500,000원), 원고 김○은, 김○아에게 각 금 38,899,922원(금 36,399,922원 + 위자료 금 2,500,000원) 및 위 각 금액에 대하여 이 사건 사고일인 1992.10.27.부터 피고들이 그 의무이행의 존부 및 범위에 관하여 항쟁함이 상당하다고 인정되는 이 판결 선고일인 1995.6.14.까지는 민법에서 정한 연 5%를, 그 다음 날부터 모두 갚는 날까지는 소송촉진 등에 관한 특례법 소정의 25% 의 각 비율에 따른 금액을 지급할 의무가 있다.

사례6 | 대구지방법원 2013.9.27. 선고 2011가단64222

1. 판결요지

  - 피고는 원고 윤○○에게 11,886,477원, 원고 ○○성, ○○민, ○○숙, ○○영, ○○화 에게 각 4,576,923원 및 위 각 금원에 대하여 2011.6.8.부터 2013.9.27.까지는 연 5%, 그 다음날부터 다 갚는 날까지는 연 20%의 각 비율로 계산한 금원을 지급하라.

- 원고들의 각 나머지 청구를 기각한다.

- 소송비율 중 1/3은 피고가, 나머지는 원고들이 각 부담한다.

- 제1항은 가집행할 수 있다.

2. 청구취지

피고는 원고 윤○○에게 29,108,771원, 나머지 원고들에게 각 12,692,307원 및 위 각 금원에 대하여 2011.6.8.부터 이 사건 소장 부본 송달일까지는 연 5%, 그 다음날부터 다 갚는 날까지는 연 20%의 비율로 계산한 돈을 지급하라

3. 이유

1) 기초사실

가. ○○열은 아래에서 보는 바와 같이 피고가 운영하는 병원(이하 '피고병원'이라 한 다)에 내원하여 치료를 받던 중 사망한 자(이하 ○○열을 '망인'이라 한다)이고, 원 고 윤○○는 망인의 처, 나머지 원고들은 망인의 자녀들이다.

나. 망인은 2011.6.1. 16:00경(이하, 날짜는 생략하고 시각만 표시한다) 경남 창녕군 대지면 대창주유소 앞길에서 오토바이를 타고 가다가 넘어지는 사고를 당하여 18:31경 창녕서울병원 응급실을 경유하여 20:10경 피고 병원 응급실에 내원하였 다. 내원 당시 망인의 활력징후는 혈압 147/95mmHg, 맥박 94회/분, 호흡 20회 /분, 체온 37.1℃, 산소포화도 95%로서 안정적이었다.

다. 망인의 의식수준에 관하여 창녕서울병원 의료진은 혼미상태(stupor, 의식은 있으나 말을 걸어온 외부에서의 자극에 대해서는 반응하지 않는 상태. 상당히 강한 자극 에만 반응하며 능동적, 신체적, 정신적 움직임은 부족)로 평가하였고, 피고 병원의 응급의학과, 흉부외과 의료진은 기면상태(drowsy, 수면상태에 빠지려는 경향이 심 한 것으로서 상당히 강한 자극을 주면 깨어남)로 평가하였다. 한편, 피고 병원 신 경외과 의료진이 평가한 망인의 글래스고 혼수 척도(Glasgow Coma Scale, 이하 'GCS'라 한다) 점수는 E2V1M4로서 통증자극을 주면 눈을 뜨거나 몸을 움츠리나, 소리는 내지 못하는 상태였다.

라. 피고 병원 의료진은 20:30경 망인의 뇌, 안면부, 흉부 및 복부에 대한 CT검사를 통해 우측전두엽 대뇌고랑 지주막하 출혈, 이마, 안검, 좌측 턱 부위연조직 부종과 피하공기증, 사골, 양측상악골과 비골강 출혈, 다수의 안면골절 등이 있음을 확인 하였다. 당시 망인의 뇌출혈은 소량이었고, 부종도 경미하였으나 안면부 골절, 혈 열상 등으로 인하여 코와 입에서 다량의 피를 계속 흘리는 상태였다. 이에 피고 병원 의료진은 지혈을 위하여 망인의 비강에 거즈로 패킹을 하고, 비강캐뉼라를

통해 분당 4ℓ의 산소를 주입하였다. 한편, 망인에 대하여 20:50경 실시한 동맥혈 가스분석결과 혈중이산화탄소는 40.7%, 혈중산소는 64%, 산소포화도는 92.5%이었다.

마. 피고 병원 성형외과 의사는 22:43경 에피네프린과 1% 염산리도카인을 혼합하여 국소 마취를 한 후 망인의 찢어진 왼쪽 이마 부위와 턱 부위 봉합 수술을 시행하였고, 이어 피고 병원 이비인후과 의사는 23:25경 2% 염산리도카인으로 국소마취를 하고 혀열상 봉합수술을 하였다.

바. 한편, 망인이 호흡곤란 및 통증으로 인하여 힘들어하며 몸을 심하게 뒤척이자 피고 병원 의료진은 망인을 진정시키기 위하여 전신마취유도제인(etomidate-lipuro 10mg)을 23:31경 1회, 23:45경 1회 각 주사하였다.

사. 그런데, 23:00경 혈압 160/80mmHg, 맥박 130회/분, 호흡 25회/분이었던 망인의 활력징후가 23:50경 혈압 100/60mmHg, 맥박 47회/분으로 떨어지더니 23:52 망인에게 심정지가 발생하였다. 이에 피고 병원 의료진은 망인에 대하여 심장마사지를 실시하고, 23:54경 교감신경흥분제인 에피네프린을 투여하는 등 심폐소생술을 실시하였다. 망인은 심정지가 일어 난지 8분 정도 지난 후인 6.2. 00:00경 혈압 100/60mmHg, 맥박 150회/분으로 회복되었고, 피고 병원 의료진은 망인의 심장박동이 재개되자 00:03경 기관 삽관을 하고, 00:14경 인공호흡기를 연결하였으며, 22:30경 기관절개술을 시행하였다.

아. 그러나 망인에게 이미 저산소성 뇌손상이 발생하여 망인은 2011.6.8. 11:00 사망하였다.

〔인정근거〕 다툼 없는 사실, 갑 1, 2, 6, 7호증을 1 내지 7호증(각 가지번호 포함), 이 법원의 ○○대학교 병원장, 대한의사협회장에 대한 각 진료기록감정촉탁결과, 변론 전체의 취지

2) 손해배상책임의 발생

(1) 기도 확보 미조치 과실

가. 당사자들의 주장

가) 원고들의 주장

망인은 입과 코의 계속적인 다량 출혈로 호흡곤란증세를 보였고 의식이 저하되어 스스로 기도를 유지하는 데 어려움이 있었고, 더군다나 호흡저하를 유발할 수 있는 진정제까지 주사되었으므로, 피고 병원 의사들로서는 망인에게 기관 삽관을 하는 등 기도 확보 조치를 철저히 취했어야 하는데, 이를 제대로 하지 아니한 과실이 있다.

나) 피고의 주장

　　당시 망인의 구강 및 비강에서 출혈이 다량으로 일어나고 있는 상황이어서 지혈조치가 가장 우선적으로 필요하였기 때문에 피고 병원 의료진은 거즈로 비강을 패킹하고 출혈이 일어나는 열상에 대한 봉합술을 먼저 시행하였고, 망인의 의식은 지속적으로 대화 가능한 수준이었고 산소포화도가 정상수치여서 심정지가 발생할 때까지 응급으로 기도를 확보하여야 할 필요가 없었으며, 다량의 출혈로 인해 기도확보를 위한 시야확보가 어려웠고, 망인은 뇌출혈 있는 고혈압 환자로서 기관을 삽입하거나 기관절개술을 할 경우 혈압 상승으로 인한 재출혈, 뇌압상승 가능성이 있었으므로, 피고 병원의료진이 망인에게 기관 삽관이나 기관 절개술을 하지 아니한 것은 의사의 합리적 재량 범위를 벗어나지 아니한 것으로서 과실이라 할 수 없다.

나. 판단

　　위 인용증거들과 갑 8호증의 1,2, 을 8, 9호증의 각 기재에 변론 전체의 취지를 종합하여 인정되는 다음과 같은 사정들, 즉 ① 기관 삽관이 필요한 경우는 의식저하, 기도분비물의 증가, 기도 내 출혈, 이물질, 종괴, 부종 등으로 인해 기도가 유지되지 않아 숨을 쉬기 어려운 경우인데, 망인의 경우처럼 안면부 골절로 인한 비강출혈이 코 뒤로 넘어가 구강으로 흐르고, GCS가 7점에 지나지 않을 정도로 의식이 저하되어 기도를 스스로 보호할 수 있는 능력이 감소되어 있는 경우에는 출혈이 구강을 통해 식도로 넘어가면서 기도를 막거나 폐로 흡인이 될 수 있으므로, 기관 삽관과 같은 전문적인 기도 유지술을 적극적으로 시행해야 할 필요성이 있는 점, ② 그런데 피고 병원 의료진은 망인의 심정지 발생 시까지 비강캐뉼라를 통해 산소를 공급하는 것 이외에 기도확보를 위한 다른 조치는 하지 않았는데, 망인의 안면부골절 및 비강출혈 때문에 비강캐뉼라를 통한 지속적인 산소공급에도 불구하고 망인에게 산소가 효율적으로 공급되지 않았을 가능성이 많은 점, ③ 중증의 외상성 뇌손상이 있는 경우 의식 저하로 인한 혀나 후두개의 기능 저하로 기도 폐쇄가 발생할 가능성도 높고, 혀 열상 봉합술을 위한 혀 부위 국소마취가 그 위치에 따라 기도유지에 영향을 줄 수도 있는 점, ④ 더군다나, 병원 의료진이 혀 열상 부위의 국소마취 이후 망인에게 추가로 주사한 etomidate-lipuro는 의식을 저하시킬 수 있는 진정치료제로서 망인과 같이 중증 외상성 뇌손상이 동반된 고령의 환자에게 투여하게 되면 의식이 더 저하되어 호흡조절기능의 약화로 인해 무호흡 상태가 발생할 수 있으므로 이 같은 약을 투여할 경우에는 환자의 의식 상태와 호흡 상태를 평가한 후 기도유지를 위한 조치를 반드시 시행하여야 하는데, 망인에 대하여 내원 직후 GCS가 중증 뇌손상에 해당하는 7점으로 평가되었음에도 불구하고 피고 병원 의료진은 위 진정치료제를 주사하면서 망인에 대한 의식 상태나 호흡 상태에 관한 객관적 평가를 다시 한 바 없는 점, ⑤ 망인은 2차례에 걸쳐

etomidate-lipuro를 투여 받았는데, 첫 번째 투여 시에는 정상적으로 깨어났으나 두 번째 투여 후 몇 분이 지나지 않아 혈압이 감소하면서 심정지가 발생한 점, ⑥ 당시 호흡곤란이나 심정지를 유발할 정도의 심각한 뇌부종 기타 심정지의 원인이 될 만한 다른 증상은 없었던 점, ⑦ 기관 삽관은 기도유지를 위한 튜브를 구강을 통해 성대를 지나 기관에 삽입하는 것이기 때문에 안면부골절, 아래턱뼈골절 등이 있는 경우 상대적으로 어렵고, 망인은 비강출혈, 혀 열상 등으로 구강 내에 혈액이 고여 있을 가능성이 있고 이는 시술자의 시야를 막아 삽관을 어렵게 할 수도 있기는 하지만, 그렇다고 하여 망인의 상태가 기관을 삽관하는 것이 불가능한 것이 아니었고, 실제로도 망인에게 심정지가 일어난 이후인 6.2 00:03경 망인에게 기관을 삽관한 사실, ⑧ 기관 삽관의 합병증으로는 기도 삽관의 실패로 인한 기도유지확보의 실패, 구역반사자극으로 인한 심한 서맥, 무수축 발생, 구토와 폐흡인 발생, 치아 및 구강손상, 뇌출혈 등으로 인해 뇌압이 상승되어 있는 환자의 경우에는 뇌압 상승, 뇌출혈의 악화 등이 문제될 수 있으나, 이러한 문제점들은 적절한 처치 및 뇌압을 증가시키지 않고 평균 동맥압을 감소시키지 않는 약물의 사용을 통해 해결 가능할 뿐만 아니라, 이러한 협병증보다 기도유지가 되지 않았을 때 발생하는 호흡부전으로 인한 저산소성 뇌손상 등의 문제점이 더욱 심각한 점 등을 종합하면, 망인에 대한 혀 열상 봉합술 시행 당시 망인의 의식이 상당히 저하되어 스스로 기도를 유지하기가 어려운 상태여서 기도유지를 위한 적극적 조치가 필요하였음에도 불구하고, 피고 병원 의료진은 비강캐뉼라를 통해 산소를 주입하는 것 이외에 기도확보를 위한 다른 조치를 취하지 아니하였을 뿐만 아니라 망인의 의식수준을 고려하지 않고 호흡부전을 초래할 수 있는 진정치료제를 투여한 과실로, 망인에게 호흡부전 및 그에 따른 심정지를 유발하여 망인을 저산소성 뇌손상으로 사망에 이르게 하였다고 봄이 상당하다.

(2) 경과관찰을 소홀히 한 과실

가. 원고들의 주장

피고 병원 의사들은 혀 열상 봉합술 중 모니터 계기에 나타나는 망인의 혈압수치를 수시로 관찰하고 혈압 이상 시 이에 대한 적절한 조치를 하여야 함에도 이를 소홀히 하여 망인의 혈압이 감소하는 것을 인식하지도 못하는 등 경과관찰을 소홀히 하여 혈압감소, 호흡부전에 대한 적절한 조치를 조기에 하지 못한 과실이 있다.

나. 판단

23:00경 혈압 160/80mmHg, 맥박 130회/분, 호흡 25회/분이었던 망인의 활력징후가 23:50경 혈압 100/0mmHg, 맥박 47회/분으로 떨어지더니 23:52 망인에게 심정지가 일어난 사실은 위에서 본 바와 같고, 을 1호증의 10의 기재에 의하

면, 23:00부터 23:50 사이에 망인의 활력 징후가 기록되지 않은 사실은 인정되나, 갑 2호증, 을 1 내지 5호증(각 가지번호 포함)의 각 기재에 변론 전체의 취지를 종합하여 인정되는 바와 같이 피고 병원 의료진이 이마와 혀 열상 봉합술을 시행하면서 망인의 활력 징후에 대하여 계속 점검하였고, 망인의 혈압이 갑자기 떨어지며 심정지가 오자 바로 심장마사지를 시행하고, 에피네프린을 주사하는 등 응급조치를 시행한 점에 비추어 위와 같은 사실만으로는 피고 병원 의료진에게 망인의 경과관찰을 소홀히 한 과실이 있다고 보기 어렵고, 달리 이를 인정할 증거가 없다. 따라서 원고들의 이 부분 주장은 이유 없다.

(3) 심정지 발생 직후 기관 삽관 등 응급조치를 지연한 과실

가. 원고들의 주장

망인에게 심정지가 발생된 이후에도 그 즉시 기관 삽관 등 응급조치를 바로 시행하지 아니한 과실로 망인의 저산소성 뇌손상이 심화되었다.

나. 판단

망인의 심정지는 23:52에 발생하였고, 피고 병원 의료진은 그로부터 11분이 지난 6.2 00:03경 망인에 대하여 기관 삽관을 시행하였고, 22:30 기관절개술을 시행한 사실은 위에 본 바와 같다. 그러나 이 법원의 대한의사협회장에 대한 진료기록감정촉탁결과에 의하면, 심폐소생술에서 가장 중요한 것은 흉부압박을 통해 심박동을 회복시키는 것이기 때문에 통상심폐소생술 중 호흡보조는 앰뷰배깅으로 하고 기관 삽관은 자발혈액순환이 회복된 후에 시행되는 점, 피고 병원 의료진은 망인에 대하여 심정지를 발견하자 바로 심장마사지와 에피네프린 주사 등을 통해 심장박동 회복을 시도하였고, 자발적 심박동이 회복되자 바로 기관 삽관을 시행한 사실 등이 인정되는 바, 위 인정사실에 의하면 피고 병원 의료진이 망인의 심정지 발생 직후 기관 삽관을 하지 않은 것에 어떠한 잘못이 있다고 보기 어렵다. 따라서, 원고들의 이 부분 주장도 이유 없다.

(4) 망인의 사망 원인과 관련한 피고의 주장에 대한 판단

가. 피고의 주장

피고는 망인의 심정지 발생원인은 뇌출혈 및 뇌부종이었고, 심정지로 인하여 저산소성 뇌손상이 발생한 것이므로, 피고 병원 의료진이 망인에 대한 기도확보조치를 제대로 하지 못한 과실이 있었다고 하더라도 그 과실과 망인의 저산소성 뇌손상 사이에는 인과관계가 없다는 취지의 주장을 한다.

나. 판단

살피건대, 갑 2호증, 을1 내지 5호증의 각 기재, 이 병원의 ○○대학교 병원장, 대한의사협회장에 대한 각 진료기록감정촉탁결과에 변론 전체의 취지를 종합하여 인정되는 다음과 같은 사정들, 즉 당시 망인의 뇌출혈은 소량이고, 부종은 경미하여 호흡부전이나 심정지를 유발할 정도는 아니었던 점, 망인의 심정지의 원인으로 추정되는 호흡부전은 망인의 뇌손상의 진행으로 인한 의식 저하로 인하여 생겼을 가능성도 있지만, 위에서 본 바와 같이 진정치료제 투여, 출혈 및 안면부골절로 인한 기도 폐쇄 등으로 인하여 발생될 수 있는 상황이었던 점, 피고 병원 의료진은 etomidate-lipuro를 2차례에 나누어 주사하였는데, 두 번째 주사한 직후 망인의 활력징후가 떨어지며 심정지가 온 점 등을 종합하면, 피고 병원 의료진의 기도확보 미조치 과실과 망인의 호흡부전, 그로 인한 심정지 사이에 상당인과관계가 존재한다고 할 것이다. 따라서 피고의 위 주장은 이유 없다.

(5) 책임의 제한

다만, 앞서 본 증거들에 의하여 인정되는 다음과 같은 사정들, 즉 망인은 이미 뇌손상으로 인하여 의식 저하가 있었고, 망인의 이러한 상태가 호흡부전으로 인한 심정지 및 그로 인한 저산소성 뇌손상에 상당히 기여했을 것으로 보이는 점, 당시 망인의 안면부 다발성 골절 등으로 인하여 구강 및 비강으로 다량의 출혈이 있어 기도 확보가 매우 어려운 상태였던 점, 심정지 이후 피고 병원 의료진이 나름대로 최선의 응급조치를 다한 것으로 보이는 점 등은 이 사건 의료사고의 경위 등과 함께 피고가 배상하여야 할 손해액을 산정함에 있어 참작하는 것이 손해의 공평, 타당한 분담을 그 지도원리로 하는 손해배상 제도의 이념에 부합한다고 할 것이므로 이를 참작하기로 하여 피고의 책임비율을 30%로 제한한다.

3) 손해배상의 범위

(1) 기왕치료비
· 원고 윤○○가 2,570,310원 지출

(2) 장례비
· 장례비로 지출한 것으로 인정되는 14,335,700원 중 원고 윤○○가 청구하는 범위 내인 500만원

(3) 책임의 제한
가. 피고의 책임 : 30%
나. 계산 : 2,271,093원(= 7,570,310원 × 30%)

(4) 위자료

가. 참작사유 : 망인의 나이 및 원고들과의 관계, 이 사건 의료사고의 경위 및 결과, 이 사건 변론에 나타난 제반 사정

나. 결정금액 : 망인 2,000만원, 원고 윤○○ 500만원, 원고 ○○성, ○○민, ○○숙, ○○영, ○○화 각 150만원

(5) 상속관계

원고 윤○○가 3/13, 나머지 원고들이 2/13의 비율로 망인의 재산을 상속

〔인정근거〕 다툼 없는 사실, 갑 4, 5호증(각 가지번호 포함)의 각 기재, 변론 전체의 취지

(6) 소결론

피고는 원고 윤○○에게 재산상 손해 및 위자료 합계 11,886,477원 = 재산상 손해 2,271,093원 + 망인의 위자료 상속분 4,615,384원(= 2,000만원 × 3/13) + 본인 위자료 5,000,000원, 나머지 원고들에게 각 4,576,923원 = 망인의 위자료 상속분 각 3,076,923원 (= 2,000만원 × 2/13) + 본인 위자료 1,500,000원 및 위 각 금원에 대하여 이 사건 의료 사고 발생일 이후로서 원고들이 구하는 망인 사망일인 2011.6.8.부터 피고가 이행의무의 존 부 및 범위에 대하여 항쟁함이 상당한 이 판결 선고일인 2013.9.27.까지는 민법이 정한 연 5%, 그 다음날부터 다 갚는 날까지는 소송촉진 등에 관한 특례법이 정한 연 20%의 각 비율 로 계산한 금원을 지급할 의무가 있다.

4) 결론

그렇다면, 원고들의 청구는 위 인정 범위 내에서 이유 있어 일부 인용한다.

사례7 | 서울서부지방법원 2015.1.23.선고 2014나2536

1. 판결요지

- 제1심 판결을 다음과 같이 변경한다.

가. 원고에게, 피고 4, 피고 5는 연대하여 86,437,255원, 피고 1, 피고 2, 피고 3은 피고 4, 피고 5와 연대하여 위 돈 중 각 21,609,313원과 각 이에 대하여 2014. 3. 5.부터 2015. 1. 23.까지는 연 5%, 그 다음날부터 다 갚는 날까지는 연 20% 의 각 비율로 계산한 돈을 지급하라.

나. 원고의 피고들에 대한 나머지 청구를 각 기각한다.

- 소송총비용은 피고들이 부담한다.

- 제1항의 금원 부분은 가집행할 수 있다.

2. 청구취지

원고에게 피고 4, 피고 5는 연대하여 86,935,450원, 피고 1, 피고 2, 피고 3은 피고 4, 피고 5와 연대하여 위 돈 중 각 21,733,862원과 각 이에 대하여 2014. 3. 5.자 청구취지 및 청구원인 변경신청서 송달 다음날부터 항소심 판결 선고시까지는 연 5%의, 그 다음날부터 다 갚는 날까지는 연 20%의 각 비율로 계산한 돈을 지급하라 (원고는 당심에서 지연손해금 청구를 일부 감축하였다).

3. 청구취지

(1) 원고

제1심 판결 중 아래에서 지급을 명하는 부분에 관한 원고 패소 부분을 취소한다. 원고에게, 피고 4, 피고 5는 연대하여 82,184,100원, 피고 1, 피고 2, 피고 3은 피고 4, 피고 5와 연대하여 위 돈 중 각 주1) 20,546,025원과 각 이에 대하여 2008. 2. 16.부터 제1심 판결 선고일까지는 연 5%의, 그 다음날부터 다 갚는 날까지는 연 20%의 각 비율로 계산한 돈을 지급하라(원고가 당심에 이르러 지연손해금 청구를 일부 감축함으로써 항소취지도 그 범위 내에서 감축되었다).

(2) 피고들

제1심 판결 중 피고들 패소 부분을 취소하고, 위 취소 부분에 해당하는 원고의 청구를 모두 기각한다.

4. 이유

1) 인정사실

(1) 의료계약의 체결 및 치료 경과

가. 원고는 연세대학교 의과대학 세브란스병원(이하 '원고 병원'이라 한다)을 운영하고 있다. 피고 1, 피고 2, 피고 3, 피고 4는 원고 병원에서 치료를 받다가 사망한 소외 1의 자녀들이고, 피고 5는 피고 2의 남편으로 소외 1의 사위이다.

나. 소외 1은 거주지 인근 병원에서 폐렴이 의심된다는 진단을 받자, 2008. 2. 16. 원고 병원에 내원하여 원고와 의료계약(이하 '이 사건 의료계약')을 체결하고, 원고 병원 호흡기내과에 입원하였다. 이때 피고 4는 소외 1의 보호자로서, 피고 5는 연대보증인으로서, 소외 1과 연대하여 원고에게 이 사건 의료계약에 따른 진료비를 지급하기로 약정하였다.

다. 소외 1이 2008. 2. 18. 폐암 발병 여부를 확인하기 위해 원고 병원에서 기관지내시경을 이용한 폐종양 조직 검사를 받던 중, 과다 출혈 등으로 심정지가 발생하였다. 이에 원고 병원 의료진은 심장마사지 등을 시행하여 심박동기능을 회복시키고 인공호흡기를 부착하였으나, 소외 1은 저산소성 뇌손상으로 지속적 식물인간상태(persistent vegetative state)에 빠졌다.

라. 소외 1은 위와 같이 지속적 식물인간상태로, 원고 병원의 중환자실에서 인공호흡기를 부착한 채로 항생제 투여, 인공영양 공급, 수액 공급 등의 보존적 치료를 받았다.

(2) 연명치료 중단소송

가. 소외 1(피고 4가 특별대리인으로 선임되어 소송을 진행함)과 자녀인 피고 1, 피고 2, 피고 3, 피고 4는 2008. 6. 2. 원고를 상대로 연명치료장치제거 등을 구하는 소송(서울서부지방법원 2008가합6977, 이하 '연명치료 중단소송'이라 한다)을 제기하였는데, 2008. 6. 11. 위 소장이 원고에게 송달되었다.

나. 위 법원은 2008. 11. 28. 피고 1, 피고 2, 피고 3, 피고 4의 청구를 기각하고, 소외 1의 청구만을 받아들여 '피고(이 사건 원고)는 소외 1에 대하여 인공호흡기를 제거하라'는 판결을 선고하면서, 청구의 성질상 가집행의 선고는 붙이지 않았다(이하 '연명치료 중단판결'이라 한다).

다. 이에 원고가 불복하여 항소를 제기하였으나 2009. 2. 10. 항소기각판결이 선고되었고(서울고등법원 2008나116869, 역시 청구의 성질상 가집행의 선고는 붙지 않았다), 원고가 다시 상고하였으나 2009. 5. 21. 대법원에서 상고기각판결(대법원 2009다17417 전원합의체 판결)이 선고되어 1심 연명치료 중단판결이 그대로 확정되었다.

(3) 인공호흡기 제거와 사망

원고 병원 의료진은 2009. 6. 23. 10:30경 확정된 연명치료 중단판결에 따라 소외 1에게 부착된 인공호흡기를 제거하였으나, 소외 1은 그 후에도 자발호흡으로 연명하다가 2010. 1. 10. 사망하였다.

(4) 진료비 내역

가. 이 사건 의료계약에 따른 진료개시일인 2008. 2. 16.부터 소외 1이 사망한 2010. 1. 10.까지 총 진료비는 87,119,853원이고, 미납진료비는 86,969,850원이다.

나. 소외 1 및 피고 1 등이 연명치료 중단소송을 제기한 2008. 6. 2.부터 연명치료 중단판결이 확정된 2009. 5. 21.까지 인공호흡기 유지비용은 1,237,398원이고,

그 다음날부터 인공호흡기를 제거한 2009. 6. 23.까지 인공호흡기 유지 관련 환자 본인부담금은 발생하지 않았다.

다. 소외 1의 진료과정에서 발생한 선택진료비는 총 5,336,032원인데, 그 중 2008. 2. 18.자 조직생검과 관련된 선택진료비는 34,400원(= 기관지경 검사의 선택 진료비 28,665원 + 기관지경 생검비의 선택 진료비 5,735원)이다.

라. 소외 1은 2009. 6. 23. 상급병실로 전실되었는데, 소외 1이 사망할 때까지 발생한 상급병실 사용료는 66,690,000원이다.

(5) 상속관계

소외 1이 2010. 1. 10. 사망함에 따라 자녀인 피고 1, 피고 2, 피고 3, 피고 4가 소외 1의 권리·의무를 각 1/4 상속 지분 비율로 포괄승계하였다.

[인정 근거] 다툼 없는 사실, 갑 1, 2호증, 갑 3호증의 1 ~ 3, 갑 6호증의 1 ~ 3, 갑 7, 8호증의 각 기재, 변론 전체의 취지

2) 청구원인에 관한 판단

위 인정사실에 의하면, 특별한 사정이 없는 한 원고에게, 피고 4, 피고 5는 이 사건 의료계약의 연대보증인으로서 연대하여 진료비 86,935,450원[= 86,969,850원 - 34,400원(2008. 2. 18.자 조직생검과 관련된 선택진료비 34,400원), 원고는 스스로 2008. 2. 18.자 선택진료비를 공제한 나머지 진료비를 청구하고 있다], 피고 1, 피고 2, 피고 3은 소외 1의 상속인으로서 피고 4, 피고 5와 연대하여 위 86,935,450원 중 각 상속지분에 해당하는 금액인 21,733,862원(= 86,935,450원 × 1/4, 원 미만 버림)과 각 이에 대한 지연손해금을 지급할 의무가 있다.

3) 피고들 주장에 관한 판단

(1) 설명의무위반 등 채무불이행, 불법행위로 확대된 진료비 청구 금지 주장

가. 주장의 요지

원고는 소외 1에게 기관지내시경검사의 필요성, 검사를 하지 않을 경우의 오진확률, 검사에 따른 폐출혈, 뇌손상 등의 위험성 등에 대한 설명을 하지 않았을 뿐만 아니라, 과잉검사결정, 시술상 과실, 응급처치상 미숙, 선택진료계약 위반 등의 채무불이행 내지 불법행위를 저질렀다. 원고는 소외 1에 대한 조직생검 중 선량한 관리자의 주의의무를 다하지 아니한 탓으로, 기관지 내 혈관을 손상하여 대량출혈을 발생시켜 저산소성뇌손상을 입게 하였고, 이후에는 식물인간상태로 연명하기 위한 치료 또는 보존적 치료만을 계속해 왔다. 따라서 소외 1이 조직생검을 받은

2008. 2. 18.부터 사망한 2010. 1. 10.까지 행하여진 치료행위는 진료채무의 본지에 따른 것이 되지 못하거나, 위와 같은 채무불이행 또는 불법행위로 인하여 확대된 손해전보의 일환으로 행하여진 것에 불과하므로, 피고들에게 위 기간 동안의 진료비를 청구할 수 없다.

나. 관련 법리

의사가 환자에게 부담하는 진료채무는 질병의 치료와 같은 결과를 반드시 달성해야 할 결과채무가 아니라 환자의 치유를 위하여 선량한 관리자의 주의의무를 가지고 현재의 의학 수준에 비추어 필요하고 적절한 진료조치를 다해야 할 채무 즉 수단채무라고 보아야 할 것이므로, 위와 같은 주의의무를 다하였는데도 그 진료 결과 질병이 치료되지 아니하였다면 치료비를 청구할 수 있으나, 의사가 위와 같은 선량한 관리자의 주의의무를 다하지 아니한 탓으로 오히려 환자의 신체기능이 회복불가능하게 손상되었고, 또 위 손상 이후에는 그 후유증세의 치유 또는 더 이상의 악화를 방지하는 정도의 치료만이 계속되어 온 것뿐이라면 의사의 치료행위는 진료채무의 본지에 따른 것이 되지 못하거나 손해전보의 일환으로 행하여진 것에 불과하여 병원 측으로서는 환자에 대하여 그 수술비 내지 치료비의 지급을 청구할 수 없다(대법원 1993. 7. 27. 선고 92다15031 판결).

다. 설명의무위반 관련 주장에 관한 판단

갑 4호증, 갑 5호증 1, 2의 각 기재에 의하면, 소외 1과 피고 1, 피고 2, 피고 3, 피고 4(소송도중 소외 1이 사망하여 나머지 피고 1 등 소송을 수계함)가 원고를 상대로, ① 기관지내시경검사 결정상의 과실, ② 기관지내시경검사 시술상의 과실, ③ 응급처치상의 과실, ④ 선택진료의무위반, ⑤ 기관지내시경검사 합병증에 관한 설명의무위반, ⑥ 기관내삽관, 인공호흡기 부착에 관한 설명의무위반, ⑦ 과잉진료에 따른 신체훼손, 인격권 침해, ⑧ 중환자실 격리에 따른 가족관계 단절, ⑨ 소외 1의 연명에 관한 기대권 침해, ⑩ 표현의 자유 침해를 주장하며 손해배상청구 소송(서울서부지방법원 2009가합9133, 이하 '의료소송'이라 한다)을 제기한 사실, 1심 법원은 원고 병원 의료진의 ④ 설명의무위반, ⑤ 기관지내시경검사 합병증에 관한 설명의무위반만을 인정하여, 피고 1 등에게 합계 40,000,000원의 위자료만을 인정하고, 나머지 청구는 모두 기각한 사실, 이에 피고 1 등이 항소하였으나(서울고등법원 2011나12875) 항소기각판결이 선고되어 1심 판결이 그대로 확정된 사실을 인정할 수 있다.

그러나 나아가 기관지내시경검사 시행 과정에서 의료상 과실을 인정할 아무런 증거가 없는 이 사건에 있어서, 원고 병원 의사의 설명의무위반과 소외 1에게 발생한 대량출혈 및 이에 따른 저산소성 뇌손상 후 사망이라는 결과 사이에 상당인과

관계가 있다거나 그것이 의료적 침습과정에서 요구되는 의사의 주의의무위반과 동일시할 정도에 이르렀다고 보기는 어려우므로(의사의 설명의무위반을 인정하면서도 치료비 청구와 관련하여서는 의사의 진료채무가 본지에 따른 선량한 관리자로서의 주의의무를 다했다고 판단할 수 있다. 대법원 2001. 11. 9. 선고 2001다52538 판결 참조), 피고들의 이 부분 주장은 이유 없다.

라. 선택진료의무위반 관련 주장에 관한 판단

갑 4호증, 갑 5호증의 1, 2의 각 기재에 의하면, 소외 1은 기관지내시경검사를 신청하면서 원고 병원 호흡기내과 의사 겸 교수인 소외 2를 주치의 및 시술의사로 선택하였으나, 2008. 2. 18. 원고 병원으로부터 시술의사 변경에 관한 통지를 받지 못한 상태에서 원고 병원 호흡기내과 의사 겸 강사인 소외 3으로부터 기관지내시경검사를 받은 사실, 피고 1 등이 제기한 위 의료소송에서 원고 병원의 선택진료의무위반과 설명의무위반이 인정되어 피고 1 등에게 합계 40,000,000원의 위자료가 인정된 사실을 인정할 수 있으나, 나아가 소외 3의 기관지내시경검사 시술상의 과실을 인정할 아무런 증거가 없는 이 사건에 있어서, 위 선택진료의무위반과 소외 1에게 발생한 대량출혈 및 이에 따른 저산소성 뇌손상 후 사망이라는 결과 사이에 상당인과관계가 있다거나 그것이 의료적 침습과정에서 요구되는 의사의 주의의무위반과 동일시할 정도에 이르렀다고 보기는 어려우므로, 피고들의 이 부분 주장도 이유 없다.

마. 나머지 채무불이행, 불법행위 관련 주장에 관한 판단

위에서 본 바와 같이 피고 1 등이 원고를 상대로 제기한 의료소송에서 선택진료의무위반, 설명의무위반을 이유로 한 위자료 이외에 나머지 청구는 모두 기각된 사실을 인정할 수 있는바, 원고 병원 의료진이 소외 1을 진료함에 있어 피고들이 주장하는 것과 같은 의료과실이 있었다거나, 선량한 관리자의 주의의무를 위반하였음을 전제로 한 피고들의 이 부분 주장도 이유 없다.

(2) 설명의무위반과 진료계약상 의사표시 하자 주장

가. 주장의 요지

진료계약은 개별적 진료행위마다 체결되어야 하므로 개별적인 의사의 합치가 있어야 한다. 진료계약 체결 당시 환자에게 진료방법의 내용, 필요성, 발생이 예상되는 위험 등에 관하여 충분한 설명을 하지 않았다면 이는 환자의 자기결정권을 침해한 것으로서, 그 진료행위는 진료계약의 내용에 포함되었다고 볼 수 없다. 이후 설명하지 않았던 중대한 결과가 발생하여 원고 병원이 이에 대한 의료행위를 하였더라도 이는 진료계약이 성립되었다고 보기 어려워 이에 대한 진료비를 청구할 수 없다.

나. 판단

피고들의 주장과 같이 설명의무위반의 점만으로 진료계약이 성립되지 않았다고 볼 수 없고, 원고 병원 의료진이 소외 1에 대한 기관지내시경검사를 시행하면서 의료과실이 있었다거나, 선량한 관리자로서의 주의의무를 위반하였다는 점을 인정할 아무런 증거가 없으므로, 피고들의 이 부분 주장은 이유 없다.

(3) 과실상계와 관련된 진료비 청구 금지 주장

가. 주장의 요지

의료과실로 인한 손해배상청구 소송에서 공평의 원칙상 과실상계(혹은 책임 제한)가 이루어졌다고 하더라도, 손해전보 등에 해당되는 진료비에 관하여는 병원이 환자 측의 과실비율에 해당하는 진료비를 청구할 수 없다.

나. 판단

피고들은 원고에게 의료과실이 있음을 전제로 이 부분 주장을 하고 있으나, 위에서 본 바와 같이 원고 병원 의료진에게 의료과실이 있다거나, 선량한 관리자의 주의의무 위반이 있었음을 인정할 아무런 증거가 없으므로, 피고들의 이 부분 주장은 나머지 점에 관하여 더 나아가 살펴 볼 필요 없이 이유 없다.

(4) 의료계약 해지 관련 주장

가. 주장의 요지

소외 1이 2008. 2. 18. 원고 병원에서 기관지내시경을 통한 조직생검 중 대량출혈이 발생하여 저산소성뇌손상을 입고 식물인간상태에 빠지자, 피고들은 원고 병원에 지속적으로 치료중단 및 퇴원을 요청하였으나, 원고 병원은 이를 거절하였다. 이에 피고 측은 연명치료 중단소송을 제기하게 되었는바, 위 연명치료 중단소송 소장이 원고에게 송달된 2008. 6. 11. 이 사건 의료계약을 해지되었다고 할 것이므로, 원고는 그 이후에 발생한 진료비를 청구할 수 없다.

나. 판단

가) 먼저 소외 1을 제외한 나머지 피고들이 원고와 의료계약을 체결하였다고 인정할 증거가 없으므로, 피고들 자신이 이 사건 의료계약을 해지할 수 있음을 전제로 한 주장은 나머지 점에 관하여 더 나아가 살펴 볼 필요 없이 이유 없다.

나) 다음으로, 소외 1이 이 사건 의료계약을 해지하였는지에 관하여 본다.

위에서 본 바와 같이 소외 1은 2008. 2. 18. 원고 병원에서 기관지내시경을 통한 조직생검 중 대량출혈이 발생하여 저산소성뇌손상을 입고 식물인간상태에 빠졌다. 소외 1과 피고 1 등은 원고를 상대로 연명치료 중단소송을 제기하였는데, 소외 1의 소송은 아들인 피고 4가 특별대리인으로 선임되어 진행되었다. 1심 법원은 2008. 11. 28. 소외 1의 청구만을 받아들여 원고에게 소외 1에 대한 인공호흡기를 제거할 것을 명하였고, 이에 원고가 항소, 상고를 하였으나 각 항소기각판결, 상고기각판결이 선고되어 2009. 5. 21. 연명치료 중단판결이 확정되었다. 한편, 갑 6호증의 1 ~ 3의 각 기재에 의하면, 연명치료 중단판결의 근거는, ① 회복불가능한 사망의 단계에 이른 후에 환자가 인간으로서의 존엄과 가치 및 행복추구권에 기초하여 자기결정권을 행사하는 것으로 인정되는 경우에는 특별한 사정이 없는 한 연명치료의 중단이 허용될 수 있고, ② 환자의 사전의료지시가 없는 상태에서 회복불가능한 사망의 단계에 진입한 경우에는, 환자의 평소 가치관이나 신념 등에 비추어 연명치료를 중단하는 것이 객관적으로 환자의 최선의 이익에 부합한다고 인정되어 환자에게 자기결정권을 행사할 수 있는 기회가 주어지더라도 연명치료의 중단을 선택하였을 것이라고 볼 수 있는 경우에는 그 연명치료 중단에 관한 환자의 의사를 추정할 수 있는데, ③ 소외 1의 경우 회복불가능한 사망의 단계에 진입한 것으로 판단되고, 소외 1의 일상생활에서의 대화 및 현 상태 등 여러 사정을 종합하여 볼 때 소외 1이 현재의 상황에 관한 정보를 충분히 제공받았을 경우 자신에게 현재 시행되고 있는 연명치료를 중단하고자 하는 의사가 있었을 것으로 추정된다는 것이었다. 1심 법원은 소외 1의 청구를 인용하면서도 청구의 성질상 가집행 선고를 붙이지 아니한다는 점을 판결 이유에 명시하였고, 항소심 법원은 판결의 성질상 확정을 기다려 집행함이 상당하다는 이유로 가집행 선고를 붙이지 아니하였다.

위와 같은 경위에 비추어 보면, 소외 1의 해지의사표시의 효력 발생 시기는 소외 1이 회복불가능한 사망의 단계에 진입하였는지 여부, 연명치료 중단에 대한 소외 1의 추정적 의사를 인정할 수 있는지 여부에 관한 판결이 확정된 때, 즉 대법원 판결이 선고된 2009. 5. 21.이라고 봄이 상당하다. 또한 위 연명치료 중단소송과 연명치료 중단판결을 통하여 추정되는 소외 1의 의사는 이 사건 의료계약에 따라 행해지는 일련의 진료행위 중 인공호흡기를 제거하여 자연스러운 죽음을 맞이하고자 하는 의사로 해석되므로, 해지로 인하여 원고 병원이 중단하여야 할 진료행위는 인공호흡기 부착에 한정된다고 할 것이고, 그 이외 연명에 필요한 최소한의 생명유지를 위한 진료(인공영양공급, 수액공급, 항생제 투여 등, 위에서 본 바와 같이 소외 1은 2009. 6. 23. 인공호흡기를 제거한 후에도 자가호흡으로 연명하다가 2010. 1. 10. 사망하였다)와 병실사용에 관한 부분은 의료계약이 유지된다고 봄이 상당하다.

따라서, 2009. 5. 21. 이전의 진료비 부분에 관하여는 의료계약이 유효하므로 피고들은 모든 진료비를 지급할 의무가 있고, 2009. 5. 22.부터 발생한 진료비 부분에 관하여는 피고들이 인공호흡기 관련 비용에 한하여 지급책임을 면할 뿐이고, 나머지 진료비를 지급할 의무가 있다. 그런데 위에서 본 바와 같이 2009. 5. 22.부터 인공호흡기를 제거한 2009. 6. 23.까지 인공호흡기 유지 관련 환자 본인부담금은 발생하지 않았으므로, 결국 피고들의 이 부분 주장은 이유 없다.

(5) 공제 주장

가. 선택진료비

가) 피고들은 먼저, 관련 의료소송에서 원고 병원의 선택진료의무위반이 인정되었으므로 해당 선택진료비는 공제되어야 한다고 주장한다.

살피건대, 위에서 본 바와 같이 피고 측이 제기한 의료소송에서 원고 병원 의사의 선택진료의무위반, 설명의무위반으로 인하여 위자료가 인정되었으나, 원고가 이 사건 소송에서 해당 선택진료비를 스스로 공제한 후 나머지 진료비만을 구하고 있으므로, 결국 피고들의 위 주장은 이유 없다.

나) 피고들은 다음으로, 2008. 7. 23. 서면으로 선택진료 해지의사표시를 하였으므로, 그 이후의 선택진료비는 공제되어야 한다고 주장한다.

살피건대, 갑 9호증, 을 1호증의 1, 2의 각 기재에 변론 전체의 취지를 종합하면, 소외 1의 사위인 소외 4와 소외 1의 아들인 피고 4가 2008. 7. 23. 특진의사를 일반 진단의로 변경해 달라는 내용으로 선택진료 해지 신청을 하였다가, 2008. 8. 8. 피고 1이 다시 선택진료를 신청하였고, 2009. 3. 2. 피고 4가 선택진료를 신청하였으며, 그 이후로도 계속 피고 측에 의해 선택진료가 신청된 사실, 선택진료가 해지된 2008. 7. 23.부터 다시 신청되기 전날인 2008. 8. 7.까지 선택진료비는 합계 498,195원인 사실을 인정할 수 있다. 따라서 위 선택진료비 498,195원은 공제되어야 하므로 피고들의 이 부분 주장은 위 범위 내에서 이유 있고, 나머지 주장은 이유 없다.

나. 상급병실 사용료

피고들은, 원고 병원이 피고 측에서 상급병실 사용을 요청한 사실이 없음에도 임의로 중환자실에서 상급병실로 전실하였으므로, 상급병실 사용료는 공제되어야 한다고 주장한다.

살피건대, 갑 9호증의 기재에 변론 전체의 취지를 종합하면, 소외 1의 아들이자 보호자인 피고 4가 2009. 6. 23. 상급병실 사용 신청을 하여 소외 1이 상급병실인 1인실로 옮겨진 사실을 인정할 수 있으므로, 피고들의 위 주장은 이유 없다(피고들은 원고가 형식상 요청하여 상급병실신청서에 서명을 해 준 것일 뿐이라고 주장하나, 이를 인정할 증거도 없다).

(6) 연명치료 중단판결 확정 후 치료비 관련 주장

가. 주장의 요지

원고 병원은 연명치료 중단판결이 대법원에서 확정된 후에도 원고 병원은 연명치료를 중단하지 않았고, 피고들의 지속된 인공호흡기 제거 및 호스피스병원으로 전원 요구를 거절하였으며, 2009. 6. 23. 소외 1을 1인실로 옮겨 인공호흡기를 제거한 후 방치하였다. 따라서 대법원에서 연명치료 중단판결이 확정된 2009. 5. 21. 이후의 치료비는 일체 청구할 수 없다.

나. 판단

연명치료 중단판결이 2009. 5. 21. 대법원에서 확정되었고, 원고 병원 의료진이 그로부터 약 1달여가 지난 2009. 6. 23. 소외 1에 대한 인공호흡기를 제거한 사실은 위에서 본 바와 같다.

그러나 앞에서 본 바와 같이 연명치료 중단판결을 통하여 추정되는 소외 1의 의사는 이 사건 의료계약에 따라 행해지는 일련의 진료행위 중 인공호흡기를 제거하여 자연스러운 죽음을 맞이하고자 하는 의사로 해석되므로, 해지로 인하여 원고 병원이 중단하여야 할 진료행위는 인공호흡기 부착에 한정된다고 할 것이고, 그 이외 연명에 필요한 최소한의 생명유지를 위한 진료(인공영양공급, 수액공급, 항생제 투여 등)와 병실사용에 관한 부분은 의료계약이 유지된다고 봄이 상당하다.

그런데 2009. 5. 22.부터 2009. 6. 23.까지 인공호흡기 관련 환자 본인부담금이 발생하지 않았고, 인공호흡기를 제거하기 위해서는 환자의 안전을 고려하여 인공호흡기 제거를 위한 준비과정이 필요한바, 원고 병원이 인공호흡기를 제거하는 과정에 어떠한 잘못이 있었다거나, 부당하게 진료비 등 이득을 얻기 위해 인공호흡기 제거를 지연하였다고 볼만한 사정이 없고, 인공호흡기를 제거하고도 소외 1이 자가호흡으로 연명하다가 2010. 1. 10.경 사망한 점에 비추어 인공호흡기 제거 지연으로 인하여 소외 1의 생명이 연장되어 치료비가 증가된 것이라고 단정할 수도 없다. 또한 원고 병원은 인공호흡기를 제거한 소외 1의 연명에 필요한 최소한의 생명유지를 위한 진료를 계속하였으므로, 소외 1을 방치하였다고 볼 수 없다.

결국 피고들의 이 부분 주장도 이유 없다.

(7) 따라서 원고에게, 피고 4, 피고 5는 연대하여

진료비 86,437,255원(= 86,935,450원 - 선택진료 해지 기간 동안 선택진료비 498,195원), 피고 1, 피고 2, 피고 3은 피고 4, 피고 5와 연대하여 위 86,437,255원 중 각 상속지분에 해당하는 금액인 21,609,313원(= 86,437,255원 × 1/4, 원 미만 버림)과 각 이에 대하여 2014. 3. 5.자 청구취지 및 청구원인 변경신청서가 송달된 다음날인 2014. 3. 주2) 5.부터 당심 판결 선고일인 2015. 1. 23.까지는 민법이 정한 연 5%의, 그 다음날부터 다 갚는 날까지는 연 20%의 각 비율로 계산한 지연손해금을 지급할 의무가 있다.

5. 결론

그렇다면, 원고의 피고들에 대한 청구는 위 인정범위 내에서 이유 있어 인용하고, 나머지 청구는 이유 없어 기각할 것인바, 제1심 판결은 이와 일부 결론을 달리하여 부당하므로 원고의 항소를 일부 받아들여 제1심 판결을 변경하기로 하여 주문과 같이 판결한다.

제3절
소송에 의하지 않는 민사 분쟁 해결방법

1. 합의(화해)

사실 모든 유형의 분쟁에서 당사자 간의 의견 교환을 통하여 일정한 결론을 이루어 내는 방법은 양 당사자 모두에게 가장 좋은 해결 방법이다. 의료사고는 화해가 이루어지는 비율이 다른 사건에 비해 높은 편이라고 한다.

그러나 상당수는 이해관계가 충돌하고 분쟁해결과정에서 악감정이 심화되어 합의에 따른 문제해결을 하지 못하고 다른 수단을 찾게 되는 것이다.

2. 조정

1) 조정의 의의

(1) 의의

조정이라는 것은 분쟁의 당사자가 아닌 공정한 처지에 있는 제3자가 협상을 이끌어 결론을 내리도록 하는 분쟁해결방법이다. 그러나 이는 민사소송과 같은 법적 구속력이 없어서 당사자들이 이에 따라주지 않을 때 결국은 소송의 단계로 나아가게 된다.

소송은 분쟁을 명확히 해결해주는 장점이 있지만, 패소하는 쪽의 손실이 크고 시간도 오래 걸릴 뿐만 아니라 비용도 많이 드는 단점이 있다. 이에 비해 조정제도는 당사자 간에 감정 대립을 줄일 수 있고 시간과 비용을 절약하는 장점이 있으나, 이미 말한 바와 같이 강제성이 없다는 단점이 있다.

(2) 의료사고분쟁조정(의료사고 피해구제 및 의료분쟁 조정 등에 관한 법률)

① 목적(제1조)

② 적용대상(제3조)

③ 한국의료분쟁 중 재원의 설립(제6조)

④ 조정중재원의 업무(제8조)
 - 의료분쟁의 조정, 중재, 및 상담
 - 의료사고감정
 - 손해배상금 대불
 - 의료분쟁과 관련된 제도와 정책의 연구, 통계작성 교육 및 홍보
 - 그 밖의 의료분쟁과 관련 대통령으로 정하는 업무

⑤ 조정 중재원에 의료분쟁 조정위원회 설치(제19조, 제23조)

⑥ 의료사고 감정단의 설치(제25조, 제26조)

⑦ 조정의 신청자격(제27조 제1항, 제2항)
 - 당사자의 법정대리인, 배우자, 직계존비속 또는 형제자매
 - 당사자인 법인의 임직원
 - 변호사
 - 당사자로부터 서면으로 대리권을 수여받은 자

⑧ 조정신청이 각하(부적법하여 신청이 그 내용판단 없이 받아들여지지 않음을
   의미)되는 경우
 - 이미 해당(제27조 제3항)
 - 제27조 제7항
 - 제27조 제8항

⑨ 의료사고의 조사(제28조 제1항, 제2항, 제3항)

⑩ 조정결정(제33조)

⑪ 배상금의 결정(제35조, 제36조 제3항)

⑫ 조정의 효력(제36조 제4항)

⑬ 의료분쟁 소송과의 관계(제40조)

⑭ 중재절차(제43조, 제44조)

⑮ 손해배상금의 대불제도(제47조 제1항)

⑯ 업무상과실치상죄에 대한 특혜(중재법 제31조, 제51조)
 - 판사, 검사 등 법률가들로 구성관 의료분쟁조정위원회를 도입하여 이를 준사법 절차화하고, 피해자가 소송과 조정을 선택적으로 활용할 수 있도록 규정했다.
 - 중재원 산하에는 사고의 과실유무와 인과관계를 규명하는 의료사고 감정단과 실질적인 조정역할을 담당하는 의료분쟁조정위원회가 함께 설치된다.
 - 감정부에는 법조인 2명(검사 1명은 필수), 의사 2명, 그리고 소비자 단체 1명으로 구성한다. 감정부는 사고가 발생한 병, 의원을 방문해 문서나 물건, 조사를 하고 열람, 복사할 수 있다.

(3) 의료분쟁 조정법

① 취지 및 목적
 - 형사 처분특례 도입
 - 무과실 의료사고 보상도입
 - 입증책임 의료인에게 전가

2) 법원에 의한 조정

우선 민사조정법에 따라 법원이 조정하는 경우를 생각해 볼 수 있다. 민사조정은 당사자의 신청이나 법원의 직권에 의하여 절차가 개시되며 당사자가 합의하게 되면 조서를 작성하고, 그 효력은 확정판결과 같이 된다. 민사조정에는 조정판사에 의한 강제조정결정이 인정되는데 이에 대한 이의신청이 있으면 사건은 소송으로 진행하게 된다.

3) 의료분쟁조정위원회의 조정

2011년 의료사고 피해구제 및 의료분쟁 조정 등에 관한 법률이 제정되었고, 이 법의 제정 목적은 의료분쟁의 조정 및 중재 등에 관한 사항을 규정함으로써 의료사고로 인한 피해를 신속·공정하게 구제하고 보건의료인의 안정적인 진료환경을 조성한다는 것이다. 이 법에 의해서 의료분쟁조정위원회가 설립되어 환자 측은 경제적 시간상으로 어려움이 많은 소송절차를 거치지 않고도 피해를 보상받을 수 있고, 의료인은 병원점거 때문인 명예손상이나 복잡한 소송절차를 거치지 않고 의료분쟁을 해결할 수 있다는 점에서 바람직한 제도로 평가되었다. 그러나 조정이 강제되어 있지 않을 뿐만 아니라 국민의 신뢰성도 낮고 조정기간도 길다는 단점이 있다.

4) 한국소비자원의 조정

환자 역시도 의료 서비스를 이용하는 소비자로서 소비자기본법에 따른 적용을 받을 수 있다. 한국소비자원에서는 소비자(환자 측)의 피해구제청구가 있으면 당사자에 대하여 피해보상에 대한 합의를 권고할 수 있으며(소비자기본법 제57조), 피해구제청구를 받은 날로부터 30일 이내에 합의가 이루어지지 아니할 때에는 바로 소비자분쟁조정위원회에 분쟁조정을 요청하고 그 결정에 따라 처리하여야 한다(소비자기본법 제58조). 한국소비자원의 피해구제 처리절차 중에 법원에 소를 제기한 당사자는 그 사실을 한국소비자원에 통보하여야 하며, 한국소비자원은 당사자의 소제기 사실을 알게 된 때에는 지체 없이 피해구제절차를 중지하고, 당사자에게 이를 통지하여야 한다(소비자기본법 제59조).

당사자가 분쟁조정의 내용을 수락하거나 수락한 것으로 보는 때에는 그 분쟁조정의 내용은 재판상 화해와 동일한 효력을 갖는다.

제4절
민사소송 제기 시 알아두어야 할 점

1. 주의점

결국, 합의나 조정이 성립하지 않으면 민사소송을 제기하게 된다. 이러한 소송은 당사자가 손해배상성립 또는 불성립에 필요한 사실을 얼마나 잘 입증하느냐 하는 문제로 요약할 수 있다.

따라서 소송진행 과정에 필요한 절차를 지키면서 자신에게 유리한 증거를 확보할 수 있는 적절한 조치들을 해야 하므로 아래에서는 이를 살펴보도록 한다.

한 가지 민사소송 제기 시 주의하여야 할 점은 환자로서는 아무리 소송을 잘 수행하여 결국 승소판결을 받더라도 의사에게 재산이 없거나 재산을 미리 은닉, 처분해두었다면 집행과정에서 굉장한 곤란을 겪을 수 있다는 점이다. 따라서 환자 측이 민사소송을 제기할 때 본안소송 전에 의사의 재산에 대하여 가압류를 해 두는 것이 현명한 방법이라 하겠다.

2. 진행과정에 따른 소송서류 작성하기

1) 환자 측

민사소송은 환자 측이 손해배상소장을 법원에 제출함으로써 개시된다. 손해배상소장을 작성할 때에는 사고의 개요 및 피고의 과실을 잘 적시하고 앞서 살펴본 방법으로 손해배상액의 범위를 산정하여 기재하여야 한다. 소장이 접수되면 법원은 변론기일을 잡기에 앞서 당사자 사이에 문제되는 점을 서면으로 주고받아 쟁점을 정리하도록 하고 있다. 따라서 법원으로부터 준비서면서가 도착하면 환자 측은 의사 측의 답변서를 검토하여 준비서면을 작성하게 된다. 그런데 민사소송에서 가장 중요한 것은 자신의 주장에 맞는 증거를 얼마나 정확하게 댈 수 있느냐 하는 점이다. 따라서 의사 측에 주로 집중된 증거자료를 얻기 위해서 다음과 같은 서류를 작성하여 증거를 확보하여야 한다. 우선 (진료기록에 대한) 문서제출명령신청서를 법원에 제출하여 진료기록부 일체를 확보할 수 있다.

그리고 사고 때문인 환자의 피해 정도를 알아보기 위해서는 신체감정촉탁신청서를 작성하여 제출하여야 한다. 이 절차는 손해의 정도를 입증하는 데에 반드시 필요한 절차이다.

또한, 의료사고의 내용은 의학적인 지식이 있어야 하는 전문적인 내용이 많으므로 의사협회나, 의과대학, 연구소 등에 사실조회신청을 할 필요가 있다.

2) 의사 측

환자 측이 제기한 손해배상청구소송에 대한 소장이 도달하면 의사 측에서는 이 소장이 송달된 날로부터 30일 이내에 답변서를 제출하여야 한다. 만약 이를 제출하지 않으면 스스로 과실을 인정한 것으로 보아 법원은 그대로 판결을 내릴 수 있다.

앞서 본 환자의 경우와 마찬가지로 의사 측도 변론기일에 앞서 준비서면을 통하여 자기 뜻을 정리하게 된다. 그리고 환자 측의 주장에 대하여 의사 역시 자신에게는 과실이 없다는 점을 입증하여야 하므로 진료기록감정신청, 사실조회신청, 신체감정신청 등을 할 수 있다.

3. 입증활동의 문제

1) 증명책임의 의의

앞에서 언급한 것처럼 민사소송에서 승패를 좌우하는 것은 어느 쪽이 얼만큼 자신의 주장을 뒷받침할 수 있는 증거를 대서 이를 입증하였는가 하는 점이다. 그런데 이러한 입증을 누가 하여야 하는가, 즉, 적극적인 입증이 없다면 불이익을 당하게 되는 것이 어느 쪽인가 하는 문제가 생기게 되며 이를 '입증책임(증명책임)'이라고 한다.

증명책임을 누가 지느냐에 관해서는 채무불이행 책임을 주장하느냐 불법행위책임을 주장하느냐에 따라 달라진다. 그런데 증명책임에서 제일 문제가 되는 불법행위에서 '과실'에 대한 증명책임을 원칙적으로 피해자가 지게 된다.

2) 증명책임의 완화

그런데 의료사고의 특성상 환자 측이 의사의 과실을 입증한다는 것은 결코 쉬운 일이 아니다. 특히, 가해행위와 손해 사이의 인과관계가 있다는 점은 전문적이고 비공개적으로 행해진 의료행위의 특징에 비추어 환자 측에서 입증하기가 매우 곤란한 것이다.

여기에서 등장한 것이 의료사고는 인과관계의 입증을 완화해주는 대법원이 취하고 있는 방법이다. 즉, 의료사고와 관련하여서는 환자 측이 여러 가지 정황사실의 종합에 의한 추정을 통하여 의사 측의 과실과 인과관계에 대하여 그 개연성이 있다는 점을 입증하면 일단 과실과 인과관계가 있다고 추정되고, 의사 측에서는 적극 과실과 인과관계가 없음을 입증하지 못하는 한 책임을 인정하게 하는 것이다.

3) 입증방해의 문제

의료사고에는 소송에서의 증거로 삼을 수 있는 대부분 진료자료를 의사 측이 가지고 있기 때문에 의사 측에서는 이를 환자 측이 증거로 삼을 수 없도록 방해할 수 있다. 이를 입증방해라고 한다.

우리 대법원 판례는 이러한 입증방해는 공평과 신의성실에 어긋남으로 '법원은 이를 하나의 자료로 하여 자유로운 심증에 따라 의사 측에 불리한 평가를 할 수 있다.'고 판시하고 있다. 따라서 입증방해가 있는 경우 그 사실만으로는 증명책임이 의사 측에게 전환되는 등의 효과는 없지만, 판사가 자유로운 심증을 통하여 이를 의사 측에 불리한 자료로 삼을 수 있다.

4. 사실오인 주장에 대하여

의료법 제82조에 규정된 안마는 '국민의 건강증진을 목적으로 손이나 특수한 기구로 몸을 주무르거나, 누르거나, 잡아당기거나, 두드리거나 하는 등의 안마·마사지 또는 지압등 각종 수기요법과 전기기구의 사용, 그 밖의 자극요법에 의하여 인체에 대한 물리적 시술을 하여 혈액의 순환을 촉진시킴으로써 뭉쳐진 근육을 풀어주는 등에 이를 정도의 행위'라고 풀이하여야 한다(대법원 2009.5.14. 선고 2007도5531 판결, 2004.2.13. 선고 2002도3518 판결 참조).

의료법 제90조, 제22조 제2항은 '의료인이나 의료기관 개설자'를 범죄의 주체로 하는 신분범이다. 또한, 의료법 제22조에서 진료기록부 등의 작성 및 보존의무를 규정하고 있는 취지는 진료를 담당하는 의사 자신으로 하여금 환자의 상태와 치료의 경과에 관한 정보를 빠뜨리지 않고 정확하게 기록, 보존하여 이를 계속되는 환자의 치료에 이용하도록 함과 아울러 다른 의료관련 종사자들에게도 그 정보를 제공하여 환자로 하여금 적정한 의료를 제공받을 수 있도록 하고, 의료행위가 종료된 후에는 그 의료행위의 적정성을 판단하는 자료로 사용할 수 있도록 함에 있다.

제3장
의료사고와 형사소송

제1절
형사책임의 전체 체계

1. 개관

지금까지 살펴본 민사상의 책임은 환자에게 발생한 손해를 어떻게 배상할 것인가 하는 문제였지만 앞으로 살펴볼 형사상의 책임은 의사의 행위에 대한 법적인 비난이 형벌을 부과할 정도의 것인가 하는 문제이다.

우선, 형법은 원칙적으로 '고의'를 가지고 범한 범죄를 벌하지만, 예외적으로 당연히 해야 했을 주의의무를 소홀히 하여 바람직하지 못한 결과를 발생시킨 경우인 '과실범'의 경우에도 벌하는 경우가 있다. 바로 업무상 과실치사상죄가 그 예이며 의료사고 때문인 의사의 형사책임은 대부분 이 죄가 문제 된다.

또한, 의료법에서도 일정한 의사의 의무위반에 대하여 형벌을 부과하는 규정을 두고 있다.

2. 업무상 과실치사상죄

형법 제268조(업무상과실·중과실 치사상) 업무상과실 또는 중대한 과실로 사람을 사망이나 상해에 이르게 한 자는 5년 이하의 금고 또는 2천만원 이하의 벌금에 처한다.

1) 의사의 주의의무위반(업무상 과실)

이에 대해서는 앞서 의사의 의무와 관련하여 살펴본 바 있다. 따라서 자세한 설명은 생략한다.

2) 상해, 사망의 결과

이 범죄는 사람의 생명과 신체를 보호법익으로 하는 범죄이다. 따라서 의료과오가 있었다고 하더라도 특별한 상해나 사망의 결과가 발생하지 않았다면 이 죄는 문제 되지 않는다.

3) 인과관계와 객관적 귀속

피해자의 사망이나 상해라는 결과는 가해자의 의료행위로 '인한 것' 이어야 한다. 따라서 의사에게 의료과실이 있었어도 다른 원인으로 피해자가 사망한 경우와 같이 인과관계가 인정되지 않으면 의사에게는 업무상 과실치사상죄가 성립하지 않는다.

3. 기타 의료법상의 형사책임

의사의 의무에 관하여 규정하고 있는 의료법에서도 이 의무를 위반하였을 때 형벌에 처하도록 하는 규정을 두고 있다.

1) 5년 이하의 징역이나 5천만원 이하의 벌금(의료법 제87조의2)

면허증 대여, 진료방해, 의사에 대한 폭행·협박 등

2) 3년 이하의 징역이나 3천만원 이하의 벌금(의료법 제88조)

환자의 개인정보 유출, 환자를 의료기관이나 의료인에게 소개·알선·유인하는 행위 및 이를 사주하는 행위 등

3) 2년 이하의 징역이나 2천만원 이하의 벌금(의료법 제88조의2)

태아 성 감별 행위

4) 1년 이하의 징역이나 1천만원 이하의 벌금(의료법 제89조)

진료거부 금지 등

5) 500만원 이하의 벌금(의료법 제90조)

의료기관에서 나오는 세탁물을 신고되지 않은 곳에서 처리한 경우, 기록열람 거부 등

제2절 형사소송 제기 시 알아두어야 할 점

1. 주의점

형사소송은 민사소송과 달리 피해자와 가해자 사이의 소송이 아니라 검사와 가해자 사이의 소송이다. 즉, 형사소송에서 피해자는 소송의 당사자가 아니라 의사와 검사만이 소송의 당사자가 되는 것이다.

따라서 민사소송과 같이 피해자 측이 소송에 대비하여 준비해야 할 부분이 많지 않다. 다만, 형사고소를 통하여 수사의 단서를 제공할 수 있을 뿐이다.

그러나 의사 측에서는 형벌의 부과로 전과자가 될 수도 있는 문제이기 때문에 형사소송 절차를 잘 알고 적절한 대처 방법을 알아 두어야 할 필요성이 매우 크다고 하겠다. 그러나 대부분 절차와 관련하여서는 전문가인 변호사의 도움을 기초로 하여야 할 것이다.

따라서 아래에서는 형사 절차의 진행 과정을 간단하게 살핀다.

2. 형사 절차의 진행 과정

1) 수사단계

(1) 고소

고소란 범죄의 피해자가 일정한 관계에 있는 고소권자가 수사기관에 대하여 범죄사실을 신고하여 범인의 처벌을 구하는 의사표시를 말하는 것이다. 의료사고의 피해자는 고소장[29]을 작성하여 검찰에 제출하면 된다. 그러나 고소만으로는 특별한 법률적 효력이 있는 것이 아니고 수사기관에 대하여 수사를 촉구하는 의미가 있다.

일단 고소장이 접수된 이후, 환자 측과 의사 측이 원만한 합의를 하게 되면서 환자 측이 의사를 처벌하기를 원하지 않는 경우가 있다. 이때에는 고소를 취하한다는 내용의 고소취하서[30]를 작성하여 검찰청에 제출하면 된다.

---

29) 부록 중 서식 참조
30) 부록 중 서식 참조

(2) 피의자신문·참고인조사

수사단계에서 수사기관은 피의자를 불러서 진술을 들을 수 있는데 이를 피의자신문이라고 한다. 또한, 피의자가 아닌 자에 대하여도 진술을 들을 수 있는데 이를 참고인조사라고 한다. 이 두 절차는 임의수사의 방법이다.

(3) 구속과 구속적부심사청구·보석허가청구

피의자(또는 피고인)가 죄를 범하였다고 의심할만한 타당한 이유가 있고 주거가 불명확하거나 도망칠 우려가 있을 때에는 구속할 수 있다.

그리고 구속영장에 의하여 구속된 피의자는 이 구속의 적부에 대하여 법원에 심사를 청구할 수 있다(구속적부심사청구서).

또한, 피의자 측에서는 보증금의 납부를 조건으로 구속의 집행을 정지하고 석방하도록 보석을 청구할 수 있다(보석허가청구서).

2) 공판단계

(1) 공소의 제기

수사결과 검사가 범죄의 혐의가 상당하다고 판단하여 공소를 제기하게 되면 법원은 이를 판단하여야 하므로 형사재판 절차가 진행된다.

(2) 피고인신문·증인신문

피고인신문은 피고인에 대하여 범죄가 공소한 사실과 그에 관련한 사항에 대하여 법정에서 신문하는 절차이다. 그리고 증인신문이란 피고인 이외에 어떤 사실을 체험한 증인에게서 그에 관한 진술을 얻는 증거조사 절차이다.

(3) 최종변론과 판결의 선고

피고인신문과 증거조사가 끝나면 검사의 구형과 피고인의 최후진술이 있게 되며, 이를 종합하여 법원에서는 판결을 선고하게 된다.

3) 항소와 상고

제1심판결에 대하여 승복할 수 없는 경우에는 판결 선고로부터 7일 이내에 제1심법원에 항소장을 제출하여 항소를 제기할 수 있다. 그리고 제2심판결에 대하여도 승복할 수 없는 경우에는 7일 이내에 상고장을 원심법원에 제출하면 된다. 대법원은 상고이유서에 포함된 사유[31])에 관해서만 심판한다.

---

31) 1, 2심과 같이 사실관계에 관한 모든 문제를 다툴 수 있는 것이 아니라 법적인 문제가 형사소송법의 상고 이유에 해당할 때 이에 대하여만 다툴 수 있다. 그래서 1, 2심을 사실심이라고 하고 상고심을 법률심이라 고 한다.

제4장
의료배상책임보험제도

제1절
의료배상책임보험제도의 개념

1. 의의

의료배상책임보험은 손해보험사에서 판매하고 있는 상품으로 의료행위 중 또는 이후에 의사의 과실 때문인 제3자(환자)의 신체나 생명에 대하여 피보험자인 의사가 법률적 손해배상책임을 부담함에 따라 입게 되는 손해를 보상하는 보험을 말한다. 여기서 제3자는 입원환자와 외래환자이며, 피보험자는 의사, 간호사, 레지던트, 인턴, 의료기사 및 기타 의료 관련 종사자이다.

2. 의료배상보험제도의 등장 배경과 현황

1) 의료사고에 대한 주요 환경 변화

우선, 의료기술 및 의료서비스 고급화와 의료사고의 증가를 의료배상책임보험이 필요하게 된 첫 번째 요인으로 들 수 있다. 최근 의료기술의 발달로 환자의 생명을 구하는 사례가 증가하는 것과 더불어 이전에는 없던 부작용이나 위험 역시 증가하여 불상사를 가져올 가능성이 높아지고 있기 때문이다.

다음으로 국민의 권리의식 향상을 그 등장 배경으로 들 수 있다. 현대 민주사회에서 국민의 권리의식이 고양됨에 따라 환자들도 진료 중 발생한 사고에 대해서는 팔자소관이라는 식의 안이한 생각에서 벗어나 이에 대해서도 법 제도에 호소할 필요가 있다는 생각을 하게 되었다. 이러한 의식의 변화는 사소한 권리침해에 관한 문제도 법에 호소하여 보상받고자 하는 경향과 함께 급격히 의사의 책임을 강화하는 방향으로 확산되고 있는 것이다.

최근 대법원 판례에서도 이러한 경향을 반영하여 "의사가 환자에게 적절한 조처를 하지 않아 치료시기를 놓치거나 잘못된 조처를 했을 때 의사는 의료환경, 환자의 특이체질 등 이해할만한 이유를 제시해야 한다."고 판시하였다.

그리고 의료배상책임보험 등장의 가장 큰 원인으로 위험관리의 부재를 들 수 있겠다. 현재 대부분의 국내 의료기관에서는 의료사고위험에 대비한 적절한 배상방안이 강구되어 있지 않아서 실제 의료사고 발생 시 일관된 대책이 마련되지 못하고 있다. 의료사고에 대한 대책으로 아래에서 살펴볼 대한의사협회에서 운영하고 있는 공제제도가 있기는 하나, 보상한도의 비현실성(1계좌당 1,000만원, 최대 3계좌)으로 인해 급격히 고액화하고 있는 판결금액 및 피해자들의 보상욕구를 충족시키지는 못하고 있을 뿐만 아니라 작은 위험은 보상하고 큰 위험은 병원과 의사 개인의 부담으로 남겨두어 공제사업의 기본취지에 맞지 못하고 있는 것이 현실이다.

2) 대한의사협회의 의료배상공제조합

대한의사협회 의사공제회는 의료법 제28조에 따라 1981년 11월부터 병·의원 개설의사, 근무의사(봉직의) 등을 대상으로 의사배상책임 공제사업을 하고 있다가 2014년 10월 의료배상공제조합으로 명칭을 변경하여 운영하고 있다.

공제조합은 의료배상공제, 상호공제, 화재종합공제 제도를 운용하고 있다. 이 중에서 의료배상공제란 병(의)원에 근무하는 의사의 의료행위로 인해 발생할 수 있는 법률상 손해배상책임에 대비한 보험성 상품으로서, 조합원은 안심하고 의료행위를 행하며, 의료배상공제조합은 조합원에게 양질의 보험서비스를 제공하여 고액 위험을 담보하는 공제상품이다. 의료배상공제의 특징은 ① 신속하고 합리적인 해결책을 마련하고, ② 의료분쟁 발생 시부터 보상까지 전담직원이 ONE-STOP 서비스를 제공, ③ 의료분쟁으로 인한 민사소송이 제기되는 경우 의료배상공제조합이 지정한 신뢰할 수 있는 전문변호사의 법률지원 제공, ④ 다른 보험사와 구별되는 신속하고 적극적인 사건처리 및 합의를 지원하고 있다는 것이다.

3) 의료배상책임보험제도의 운용현황

국내외 손해보험회사에서는 1997년 3월부터 종합병원 및 의료계 종사자들을 위한 의료배상책임보험을 개발, 판매하기 시작하였고, 1999년부터는 활성화 단계에 들어가기 시작하였다. 2001년 6월 말 기준 110개 종합병원과 산부인과, 내과, 정형외과, 가정의학과, 피부과, 일반외과, 신경외과, 마취과 등의 개원 협의회를 중심으로 3,500여 명의 개원의사가 이 보험에 가입하기에 이르렀고, 연간 100억원 이상의 보험료가 의료과실 사고를 위한 보험준비금으로 보험회사에 적립되어가고 있다.

그러나 2001년에도 여전히 손해보험회사에서 파는 의료배상책임보험에 전체병원과 개원의 중에서 약 17%만이 가입하고 있어 여전히 상당수의 병원과 의사들은 의료분쟁발생 시 정신적 피해와 경제적 손실에 무방비 상태로 놓여 있다고 하겠다.

제2절 의료배상책임보험의 내용

1. 보상하는 손해

보험회사는 보험 증권과 그에 첨부된 특별약관의 규정에 따라 피보험자가 보험기간에 담보조항에 해당하는 사고 때문에 타인으로부터 손해배상청구가 제기되어 법률상 배상책임을 부담함으로써 입은 손해를 보상한다. 이때 의료과실 배상책임 담보조항에서 보험회사는 피보험자(의사와 병원)가 수행하는 의료행위와 관련하여 과실에 의해 타인의 신체에 장애를 입혀 발생하는 의료사고를 보상한다.

그러나 보험 증권상에 소급담보 일자가 기재되어 있으면 소급담보 일자 이전 또는 보험기간 이후에 발생한 사고에 대한 손해는 보상하지 않는다.

2. 보상하지 않는 손해

① 보험계약자와 피보험자의 고의로 생긴 손해

② 피보험자와 타 인간의 손해배상에 관한 약정으로 가중된 손해배상책임

③ 벌과금 및 징벌적 손해에 대한 배상책임

④ 무면허 또는 무자격자의 의료행위로 생긴 손해에 대한 배상책임

⑤ 피보험자의 친족에 입힌 손해에 대한 배상책임

⑥ 피보험자의 지시에 따르지 아니한 피보험자의 피용인이나 의료기사의 행위로 생긴 손해에 대한 배상책임

3. 보상하는 범위

의료배상책임보험에서 보상하는 피보험자의 손해는 크게 '피보험자의 피해자에 대한 손해배상금'과 '피보험자가 의료사고의 처리에 지출한 비용'으로 구분된다.

① 피보험자의 피해자에 대한 법률상 손해배상금

② 피보험자가 지출한 아래의 비용

- 손해의 방지 또는 경감을 위한 일체의 수단을 취하기 위해 지급한 필요 또는 유

익한 비용

- 제3자로부터 손해의 배상을 받을 수 있으면 그 권리의 보전 또는 행사를 위한 필요한 절차를 밟는 데 지급한 필요하고 유익한 비용

- 피보험자가 미리 회사의 동의를 받아 지급한 소송비용, 변호사비용, 중재, 화해 또는 조정에 관한 비용

기타 선택사항에 대해서는 특별계약 조항에 의해 다루어진다.

① 일반배상책임 담보조항

② 경호비용 담보 특별계약

③ 초빙의 및 마취의 담보 특별계약

④ 형사방어비용 담보 특별계약

⑤ 관습상의 비용 또는 형사합의금 담보 특별계약

⑥ 벌금 담보 특별계약

⑦ 외래진료 휴업손해 담보 특별계약

⑧ 방어업무대행 특별계약

⑨ 의료사고 때문인 폭행 및 악의적인 파괴행위 담보 특별계약

4. 보고연장담보기간

자동 보고연장담보기간이라 함은 보험계약이 해지되거나 보험기간 만료 후 보험계약이 갱신되지 않았을 때 적용되는 조항으로 보험종료 후 일정 기간 내에 발생하는 손해배상청구를 담보해주는 내용이다.

자동 보고연장담보기간은 보험기간 만료일로부터 60일간이며, 보험기간 만료일부터 5년간은 보험 증권 상의 소급 담보 일자부터 보험기간 만료일 이후 60일 이내의 기간에 보험회사에 통지된 사고에 대하여 손해배상청구가 제기된 경우에만 적용된다. 또한, 이 자동보고연장담보기간은 그 손해배상청구를 보상받을 수 있는 보험에 가입하지 않았거나 다른 보험의 보상한도액이 모두 소진되었을 때에만 보상하게 된다.

5. 보상한도액의 설정

국민소득의 증가, 국빈 법의식의 향상 및 의료보험제도의 확대 등은 배상한도액의 고액화를 가져왔고 손해배상청구의 빈도를 증가시켰다. 따라서 의사나 병원 역시 실질적이고 합리적인 보상이 가능한 수준으로 보험가입 보상한도액을 설정할 필요가 있다. 이는 단순히 의사나 병원의 자위수단으로서만이 아니라 불의의 사고나 선의의 피해자인 환자와 고객들에게 충분한 보상수단을 마련해주기 위해서도 필요한 것이다.

1) 병원규모에 따른 적절 보상한도액

800병상 이상의 대형종합병원 : 1청구당 3억원, 연간 총 한도 8억원 이상

중소형 병원 및 지방 의료원 : 1청구당 1·2억, 연간 총 한도 5억원 내외

2) 보상한도액의 설정에 영향을 미치는 요인

① 병원의 규모 및 의상의 수

② 진료과목

③ 과거 또는 최근의 평균 및 최대 보상금액 추이

6. 자기부담금의 설정

의료배상책임보험의 보험료는 피보험자(의사와 병원)가 부담하는 자기부담금이 클수록 인하되는 구조로 되어 있으므로 지나치게 낮은 금액을 설정할 때 보험회사는 피보험자가 위험을 부담할 의지가 전혀 없는 것으로 판단하여 높은 보험료를 부과할 수밖에 없으며 이는 의사나 병원으로서도 경제적이라고 볼 수 없다. 따라서 합리적인 수준의 자기부담금 금액의 설정은 계약자인 의사나 병원으로서는 의료서비스의 질적 개선에 힘쓰도록 할 수 있으며 보험회사의 입장에서는 계약자에 대한 신뢰감을 가짐으로써 요율 수준의 인하를 가져올 수 있다는 장점이 있다.

7. 의사와 병원 배상책임보험의 보험료 산출 시 주요 고려 요소

보험료산출시 다른 보험과 마찬가지로 보험회사에서 제시하는 설문서를 작성하여 보험료율을 산출하는데, 주로 고려하는 요소는 다음과 같다.

① 5년간 사고발생내용(소송, 합의 건 모두 포함)

② 병원 연감(병원의 의료장비, 병상 수, 외래 및 입원환자 수, 매출액 등)

③ 의료진 내용(진료과목별 전문의, 레지던트, 인턴, 간호사, 마취사, 의료기사 등)

제3절 의료배상책임보험제도의 개선방안

1. 문제점

앞서 살펴본 바와 같이 의료사고에 대한 대책으로 의료배상공제조합과 의료배상책임보험은 양분되어 있다. 따라서 1천만원을 초과손해에 대하여 본 의사배상책임보험에서 처리되고 있으나, 보상기준 처리방식 등이 서로 달라서 계약자 및 보상처리의 운영상에 혼란이 있다.

그리고 의료배상책임보험에 대한 필요성에 대해 상당 정도 여론이 형성되어 있음에도 아직 의료배상책임보험의 전반적인 강비율은 매우 저조한 편이다.

2. 개선방안

위와 같은 문제점에 관해서 법정책임, 의료정책에 의한 다양한 각도의 개선방안이 요구된다. 이에 대해서는 다음과 같은 활성화 방안이 논의될 수 있다.

1) 보험강제가입제도의 도입

의료배상책임보험제도를 강제보험 방식으로 할 것인지에 대해서는 많은 논란이 있을 수 있다. 다만, 자동차보험과 같이 책임보험과 종합보험으로 나누어 책임보험에 대해서는 강제보험으로 하는 방안은 꽤 설득력이 있는 것으로 생각한다.

2) 의료사고의 피해자를 위한 기금 마련

우리나라 건강보험은 전 국민을 대상으로 시행되고 있다. 따라서 의료보험법에 의료사고 관련 기금조성을 위한 위험부담료를 산정하는 방안도 기금마련을 위한 하나의 방안이 될 수 있다. 또한, 의사 외에도 의료행위의 큰 부분을 담당하고 있는 제약회사나 의료기 제조회사로부터 기금을 마련하는 방안도 생각해볼 수 있겠다.

제4절
구체적 사고사례로 살펴본 의료배상책임보험
(치과 관련 사고를 중심으로)

사례1 | 비트팩스 약제사고 건

1) 장소

서울, 2002년

2) 내원경위

진료자 A는 아래턱 우측 제1 뒤어금니에 통증이 있는 관계로 치료를 받기 위하여 내원하였다.

3) 설명내용

아래턱 우측 제1 뒤어금니 타진과 찬물, 더운물 반응 시 통증을 호소하여 신경치료가 필요함을 설명하였고, 신경박수 후에도 통증 등을 계속 호소하여 치근단부위에 비트팩스 투입이 필요함을 설명하였다.

4) 민원내용

피보험자가 아래턱 우측 제1 뒤어금니에 약물을 투입하는 과정에서 약물투여 잘못으로 통증이 지속하며 아래턱 구찌 부에 감각마비 증상이 발생하여 통증을 완화하고 감각회복을 위하여 건강한 사람의 치아인 아래턱 우측 제1 뒤어금니를 이 뽑은바, 의사는 이에 관한 모든 책임을 지고 치료비 일체 및 육체적, 정신적 고통에 따른 위자료 등을 배상하여야 한다.

5) 처리결과

비트팩스 약품이 과잉 충전된 아래턱 우측 제1 뒤어금니는 통증이 지속하는 관계로 이 뽑았으며, 아래턱 우측 제1 앞어금니-제1 뒤어금니의 4본 브리지를 지대 치료한 국소의치 장착이 필요하며, 보철치료비용은 진료자의 여명을 고려하여 10년 주기로 인정, 손해액을 산정하여 합의금 제시 370만원에 합의종결하였다.

사례2 | 설명의무 위반 건

1) 장소

부산, 2001년

2) 내원경위

진료자 A(남아, 8세)는 아래턱 우측 제2 유구치에 급성치주염이 생겨 치료를 받기 위하여 피보험자 B의 치과의원에 내원하였다.

3) 설명내용

통증의 원인과 치료방법 및 지속적인 치료의 필요성에 대하여 설명하였다.

4) 민원내용

최초 피보험자 치과의원을 내원할 당시 단순 충치증상에 대한 치료를 시작하였으나, 최초 진료 이후부터 A는 통증과 함께 볼까지 부어오르는 증상이 발생하였고, 이에 대하여 B는 일주일 동안 같은 처치를 시행해 오던 중 증상이 더욱 악화한 바, 조기에 적절한 항생치료가 시행되지 않아 증상이 악화하였으며, 현재 아래턱 우측 제2 유구치는 잇몸까지 완전히 제거된 상태로 앞으로 잇몸이식수술 및 인공치아 직립, 턱 성장 불균형에 따른 치료, 얼굴 성형수술 등이 요구되는 상황인 바, 의사는 이에 대한 치료비 일체 및 위자료 등의 손해를 배상해야 한다.

5) 의료심사 결과

조기에 적절한 항생제 투여가 시행되지 않아 증상이 약화하였다고 A측이 주장하여 이에 대한 자료를 토대로 검토한바, 이 사안은 담당의가 진료내용 및 처치 등에 있어서는 문제점을 발견할 수 없다. 다만, 치료 초기에 환자를 치료함에서 자신의 의학 수준이나 설비 등을 고려하여 능력을 벗어났다고 판단될 때 환자를 치료할 수 있는 다른 의료기관으로 조속히 이송하여야 하는 의사의 전원의무를 소홀히 한 것으로 판단된다.

6) 법률자문 결과

본 건 사고의 경우 피보험자의 진료내용이나 처치에서 의료상의 직접적 부주의는 없었던 것으로 보이며 의료심사결과 또한 진료 및 처치에서 문제점은 없다고 판단하고 있다. 다만, 피보험자는 의사로서 큰 병원에 전원을 권고하는 등의 전원의무 및 증상에 대한 자세한 설명의무를 충실히 이행했다고는 볼 수 없다. 즉, 의사에게는 만일 당해 의료기관의 설비 및 지리적 요인 기타 여러 가지 사정 때문에 진단에 필요한 검사를 할 수 없는 경우에는 해당 의료기관에 전원을 권고할 의무가 있는바, 피보험자의 전원의무 위반 때문에 진료자가 적절한 치료를 받지 못하고 이 때문에 증상이 악화하였다면 피보험자는 증상악화 탓인 손해를 배상할 책임이 있다. 이 사건 사고 때문에 진료자에게 영구적인 장해가 예상되지는 않으나 사고 경위, 피보험자의 부주의, 진료자의 나이, 성별, 장기적인 치료가 있어야 하는 악화한 증상 등을 고려하면 위자료로는 금 300만원 정도가 적절하다고 생각한다.

7) 처리결과

B는 A의 어머니와 2002년 300만원에 합의하고 사건을 종결하였다.

사례3 | 보철물 관련 건

1) 장소

서울, 2001년

2) 내원경위

진료자 A는 상악우측 제2 뒤어금니를 타(他) 치과의원에서 치료 도중 내원하여 치료 후 Gold Crown을 장착하였고, 아래턱 우측 제1, 2대 구찌 Procelain을 Gold로 교체하기 위하여 내원하였고, 피보험자 B의 치과의원에 내원하기 전 타 치과의원에서 치료받은 사실이 있었다.

3) 설명내용

아래턱 우측 제1, 2대 구치의 충치가 심하므로 만일 통증이 발생하면 신경치료를 하여야 하며, Bridge를 Cement로 하지 않고 관찰하기로 하였다.

4) 민원내용

보철물을 제거하는 과정에서 진료자 A의 치아를 보호하며 제거하여야 하는데 B는 어떠한 조치나 마취도 없이 고리와 망치 같은 기구만을 이용하여 치아가 뽑힐 정도로 뼈와 치아에 엄청난 충격을 10여 차례 가하여 보철물을 제거하였으며, 무책임한 의료행위 과정 때문에 치아가 손상될 가능성이 있다.

인상 체득 후 신경치료 없이 보철물을 씌우기 위해 치아를 삭제하고 치료하는 과정 중에 신경을 잘못 건드리면서 치아에 금이 가는 손상을 입었거나 이후 계속된 통증이 유발되어 재차 방문 시 신경 치료하는 과정에서 치아에 손상을 입었을 것으로 판단된다.

치아를 치료하면서 필요하다고 생각되는 가장 기본적인 X-ray 촬영을 하지 않았고, 치료 전 치료내용에 대하여 설명을 하지 않았으며, 환자의 동의도 충분히 구하지 않은 상태에서 치료가 진행한 점이 인정되므로 의사는 이에 대한 수술비용 등 치료비용 일체 및 위자료 등에 대한 손해배상금으로 1,200만원을 청구하였다.

5) 의료심사 결과

인상체득 후 신경치료 없이 보철물을 씌우기 위하여 치아를 삭제하고 치료하는 과정 중에 신경을 잘못 건드려 치아에 금이 가는 손상을 입혀 계속된 통증이 유발된 것으로 진료자가 주장하여 민원이 제기된 사안에 대하여 검토한바, 치료과정에서 문제 되는 부분은 적절한 시기에 X-ray 촬영을 하지 않아 환자의 불신을 가져온 점은 담당의 과실로 인정되며, 또한 그 결과가 위험한 상황일 경우에는 그 위험으로부터 환자를 회피시켜야 하는 의무가 있음에도 이에 대한 제반의무를 소홀히 한 부분이 인정된다.

6) 처리결과

진료자 A는 아래턱 우측 제1, 2대 구찌 Cracked tooth의 상병으로 다른 치과병원에서 신경치료를 시행 받았으나 치아가 수직으로 금이 간 상태이며, 예후가 불량하여 발생이 예상되는 상황으로서 진료자의 나이 등을 고려할 때 틀니치료는 부적합하다고 생각하여 손해지급액을 산정하여 기여율 50%를 고려하여 350만원에 합의 종결함(치료비 250만원, 위자료 100만원)

사례4 | 사망사고 건

1) 장소

부산, 2004년

2) 내원경위

진료자 A(5년 3개월)는 보호자와 함께 치과 치료를 받기 위하여 피보험자 치과의원에 내원하였다.

3) 배상청구

진료자 A가 신경치료를 시행 받는 과정에서 수면치료 중 사망하였으므로 피보험자 B가 의료과오를 인정하고 배상을 해야 한다는 취지의 청구

4) 치료내용

치과의사는 진료자가 유아인 관계로 수면치료를 하기위해 곧바로 진료자를 진료의 자에 눕힌 상태에서 의료용 기계를 이용하여 이산화질소와 산소를 환자에게 흡입시켰으며, 리도카인을 이용하여 아래턱 좌측 부위에 침윤마취를 하고 입벌리개, 러버댐을 장착한 후 아래턱 좌측 제1, 2 유구치에 대해 신경치료를 시행하였다. 신경치료를 시작하면서 진료자에게 가래가 많이 있는 것이 확인되어 보호자에게 진료자가 감기에 걸렸는지 확인하였고, 진료자가 울며 움직여 직원 2명이 진료자의 머리와 다리를 잡고 치료를 하였으나 진료자가 깨어나지 않아 긴급히 동 건물에 있는 피부과, 이비인후과에 협조 요청을 하여 가슴마사지 등을 실시하였고, 의식이 없는 것을 감지하고 담당 119구급대에 신고하여 인근 대학병원으로 후송하여 심폐소생술을 시행하였으나 당일 사망하였다.

5) 부검결과

사인은 트리처클린스증후군으로 환자의 마취상태에서 적절한 호흡을 유지하지 못하여 일어난 저산소혈증으로 추정됨

6) 처리내용

치과이사는 본인의 의료과오를 인정하고 유족 측과 1억 2천만원에 합의를 한 상태이며, 본 건 의료과실 여부에 대해서는 현재 부검감정서를 토대로 법률자문을 요청할 예정임

사례5 | 면책 건

1) 장소

충남, 2000년

2) 내원경위

진료자 A는 치주염이 심하고 상악우측 제2 뒤어금니 및 아래턱 우측 가운데 이는 상실 상태였으며 아래턱 좌측 어금니가 흔들리고 아파서 이를 뽑기 위하여 내원하였다.

3) 설명내용

X-ray 상의 아래턱 좌측 제1 뒤어금니를 가리키면서 치아가 뿌리까지 썩고 뼈도 많이 녹아 흔들리고 있으며, 아래턱 좌측 제2 앞어금니, 제1, 2대 구찌 모두 뼈가 많이 녹아 있는 상태로서 전반적인 치주염 상태임을 설명하였다.

4) 민원내용

피보험자가 아래턱 좌측 제1 뒤어금니 이 뽑기 전 X-ray 필름을 보여주면서 설명 및 확인을 시켜주었다면 이를 뽑지 않았을 것이나 아무런 설명 없이 요구하지 않은 치아인 아래턱 좌측 제1 뒤어금니를 이 뽑았으니 이에 대한 임플란트 치료비용을 요구하였다.

5) 처리결과

진료자는 피보험자가 아래턱 좌측 제1 뒤어금니를 뽑는 것에 대해 설명을 듣고 특별한 이의 없이 동의하였다.

사례6 | 보철물이 기관지로 넘어간 것

1) 장소

인천, 2001년

2) 내원경위

진료자 A는 산악좌우 측 가운데 이에 metal crown 상태이고 상하악수 측 제1 뒤어금니와 아래턱 좌측 제1 뒤어금니는 이 뽑은 상태에서 상하악 전반에 대해 보철수복 치료를 받기 위하여 내원하였다.

3) 민원내용

진료자 A는 피보험자 B로부터 아래턱 좌측 제1 앞어금니~제1 뒤어금니 LFG제거

후 계속 기침 및 구역질이 나오는 증세가 있어서 기왕 병력인 천식이 재발한 것으로 알고 자택 부근 인근 내과를 방문하여 치료를 받아오던 중 내과의사의 권유로 흉부 X-ray 촬영을 한 결과 보철물이 기관지에 있는 것을 확인하고 2001년 6월 5일 B 치과의원에 내원하여 이에 관한 책임을 져야 한다고 주장하였다.

4) 진행내용

진료자는 내과의사로부터 진료의뢰서를 발급받아 종합병원에 입원하여 이물제거수술을 받고 퇴원하였다.

5) 처리결과

피보험자는 내과의사로부터 아래턱 좌측 제1 앞어금니~제1 뒤어금니 LFG를 제거할 때 Crown 반쪽이 기도로 넘어갔으나 의사가 인지하지 못하고 진료자에게 상병을 발생케 하였으므로 피보험자의 의료행위상 주의의무를 다하지 못한 점이 인정되어 관계 자료를 검토한 후 손해금액을 산정하여 300만원에 합의 종결하였다.

사례7 | 기관지와 폐 사이에 치아가 넘어간 건

1) 장소

서울, 2000년

2) 내원경위

진료자 A(5세 남아)는 상악좌측 제1 유구치에 동요 도가 있는 관계로 어머니와 함께 이를 뽑기 위하여 내원하였다.

3) 민원내용

A의 어머니가 내원하여 피보험자 B에게 A가 상악좌측 제1 유구치 발치 이후 계속 기침을 하여 소아청소년과에서 4일분의 감기약 처방을 받았으나 계속 기침을 하여 이상함을 느껴 자택 인근 내과에서 흉부 X-ray 촬영을 받은 결과 기관지와 폐 사이에 치아가 있는 것이 확인되었다고 주장하며 폐 및 목 부위에 상처가 생겨 폐렴을 비롯하여 후유장해가 발생할 수 있으며 치아를 삼킨 후 4~5일 동안 의사는 전혀 관리관찰을 제대로 하지 않았으므로 진료자의 증세를 더 악화시킨 점을 인정하고 모든 책임을 져야 하며, 치료 일체 및 육체적, 정신적 위자료 등의 배상을 해야 한다고 주장하였다.

4) 진행내용

B와 A의 어머니는 내과에서 진료의뢰서 및 X-ray 필름을 발급받아 A를 대학병원 응급실로 후송 조치하였다. 소아외과와 이비인후과에서 X-ray 촬영 및 심전도검사, 혈액 소변 검사를 시행 받고 당일 입원하였으며 이비인후과 주치의의 집도하에 진료자의 기관지와 폐 사이에 있던 치아를 전신마취 후 기도 내시경 시술을 통해 제거하였다.

관계 자료를 검토하여 손해금액을 산정하여 300여만 원에 피보험자의 추가부담 700만원 총 1,000만원에 합의 종결하였다.

제5장
구체적 판례로 살펴본 의료사고

제1절 산부인과

사례1 | 대법원 2003.11.27. 2001다2013 판결

1. 사건의 내용

임산부 A는 병원장 B가 운영하는 산부인과 병원의 의사인 C에게서 진찰을 받아오고 있었다. 그런데 임신 28주가 지나서 두통과 부종이 생기자 진찰을 받았는데, 그때 이미 체중이 20일 전보다 3kg이나 증가[32]하였다. 그런데도 C는 혈압측정결과 정상수치가 나오자 더 이상의 의심을 하지 않고 A에게 2주일 후 진찰을 받으라고만 말하였다. 이후 A는 증세가 더 심해지자 병원장인 B를 찾아 진찰을 받았는데 그때에는 고혈압, 단백뇨 반응이 나타났다. 그러나 B는 A에게 안정을 취하고 1주일 후에 내원하되 증세가 심해지면 입원하라고만 말하고 A를 귀가시켰다. 다음날 A는 하혈을 일으켜 내원하였는데 이미 태반조기박리, 양막 조기파수로 태아의 생명이 위급한 상황에 이르렀고, 응급 제왕절개술을 실시하여 신생아를 분만시켰으나 위 신생아는 10여 분 뒤 사망하였다.

2. 판시사항

[1] 의사의 의료행위에서 주의의무의 내용 및 진단상의 과실 유무의 판단 기준

[2] 임신성 고혈압(임신중독증)을 의심할 만한 징후가 있는 임산부를 진찰한 의사와 병원장에게 태반조기박리 때문인 신생아의 사망에 대하여 공동불법행위책임을 인정한 사례

3. 판결요지

[1] 의사가 진찰, 치료 등을 함에는 사람의 생명, 신체, 건강을 관리하는 의료행위의

---

[32] 임산부의 체중이 1개월에 2.7kg 이상 증가하면 임신중독증을 의심할 만하다는 것이 의학계의 일반적인 의견이다.

성질에 비추어 환자의 구체적인 증상이나 상황에 따라 위험을 방지하기 위하여 요구되는 최선의 조치를 하여야 할 주의의무가 있는바, 따라서 진단상의 과실 유무를 판단하면서는 해당 의사가 비록 완전무결한 임상진단의 시행은 불가능할지라도 적어도 임상의학 분야에서 실천되고 있는 진단 수준의 범위 안에서 전문직업인으로서 요구되는 의료상의 윤리와 의학지식 및 경험에 기초하여 신중히 환자를 진창하고 정확히 진단함으로써 위험한 결과 발생을 예견하고 이를 회피하는 데에 필요한 최선의 주의의무를 다하였는지를 따져보아야 하고, 진료상의 과실 여부는 그 의사가 환자의 상태에 충분히 주의하고 진료 당시의 의학적 지식에 따라 환자에게 발생 가능한 위험을 방지하기 위하여 최선의 주의를 기울여 진료하였는가에 따라 판단되어야 한다.

[2] 임산부가 예정 내원을 보다 앞당겨 단기간에 2회에 걸쳐 내원하여 심한 부종 등을 호소하면서 임신중독증을 염려하는 것을 듣고도 기본적인 검사인 체중측정과 소변검사조차 시행하지 아니하고 별 이상이 없다는 진단을 내린 의사와 급격한 체중증가와 혈압상승에도 즉시 입원치료를 하게 하지 않고 앞서 진찰한 의사의 부실한 진단결과와 당일 1회의 간단한 검사 결과에만 의존하여 저염도, 고단백식 사만을 권유한 채 만연히 귀가케 한 병원장에게 태반조기박리 때문인 신생아의 사망에 대하여 공동불법행위책임을 인정한 사례

4. 검토

대법원은 이 판례에서 의사의 과실을 판단하는 기준으로 '적어도 임상의학 분야에서 실천되고 있는 진단 수준의 범위 안에서 전문직업인으로서 요구되는 의료상의 윤리와 의학지식 및 경험에 기초'할 것을 제시하였다.

A의 증상이 임신중독증을 충분히 의심하게 할 만한 이 사안에서 C는 혈압 및 체중측정은 물론이고 요단백검사를 하여 임신 후반기의 산모에게 발생할 가능성이 높은 임신성 고혈압 여부에 대한 보다 세심한 진단 및 경과관찰을 해야 했다. 또한, B는 A의 증상과 내원경위, 체중 및 혈압 등의 수치 및 변화상태 등을 종합하면 A의 증상을 임신중독의 위험한 상태로 판단하여 반복적인 검사 등 세심한 경과관찰과 산모 및 태아상태의 돌발적인 변화에 대한 응급처치가 가능할 수 있도록 즉히 입원치료를 하게 해야 했다.

따라서 이를 행하지 않은 B와 C는 민법 제760조 제1항(수인이 공동의 불법행위로 타인에게 손해를 입힌 때에는 연대하여 그 손해를 배상할 책임이 있다.)의 공동불법행위자로서 책임을 져야한다.

1. 사건의 내용

의사 B는 산모 A에 대한 사전 진찰에서 요당에 약 양성의 반응이 있었으므로 당뇨병에 대한 기왕력이나 가족력을 조사하고 임신성 당뇨검사를 해야 했음에도 이를 하지 않았다. 그리고 이후 B는 태아의 분만을 유도하던 중 태아 C가 거대아[33]여서 산모의 골반에 태아의 어깨가 끼었고 결국 태아는 어깨에서 팔로 내려오는 위 팔 신경 총에 손상을 입었다.

2. 판시사항

[1] 의사의 환자에 대한 진료상 주의의무의 내용 및 진단상의 과실 유무의 판단 기준

[2] 의사의 의료행위에서 주의의무의 기준이 되는 의료수준의 의미 및 그 평가 방법

[3] 피해자 측에서 의료상의 과실 있는 행위를 입증하고 그 결과와 사이에 의료행위 외에 다른 원인이 기재될 수 없다는 점을 증명한 경우, 의료상의 과실과 결과 사이의 인과관계 추정 여부(적극)

[4] 산모가 산전 소변검사 결과 요당 약 양성 반응을 보이는 등의 사정이 있었는데 이에 대해 별다른 조치를 하지 않은 채 질식분만 방식으로 분만을 유도하던 중 태아가 거대아인 관계로 연납난산을 하게 되어 태아에게 위팔 신 경총 손상이 발생한 경우, 산부인과 의사에게 손해배상책임을 인정한 사례

3. 판결요지

[1] 의사가 진찰, 치료 등의 의료행위를 하는 경우 사람의 생명, 신체, 건강을 관리하는 업무의 성질에 비추어 환자의 구체적인 증상이나 상황에 따라 위험을 방지하기 위하여 요구되는 최선의 조치를 하여야 할 주의의무가 있고, 의사의 이와 같은 주의의무는 의료행위를 할 당시 의료기관 등 임상의학 분야에서 실천되고 있는 의료행위의 수준을 기준으로 판단하여야 하며, 특히 진단은 문진, 사진, 촉진, 청진 및 각종 임상검사 등의 결과에 터를 잡아 질병 여부를 감별하고 그 종류, 성질 및 진행 정도 등을 밝혀내는 임상의학의 출발점으로서 이에 따라 치료법이 선택되는 중요한 의료행위이므로, 진단상의 과실 유무를 판단하는 데에는 비록 완전무결한 임상진단의 시행은 불가능할지라도, 적어도 임상의학 분야에서 실천되고 있

---

33) 대략 4,000~4,500gm 이상

는 진단 수준의 범위 안에서 해당 의사가 전문직업인으로서 요구되는 의료상의 윤리와 과학지식 및 경험에 터를 잡아 신중히 환자를 진찰하고 정확히 진단함으로써 위험한 결과를 예견하고 그 결과 발생을 회피하는 데에 필요한 최선의 주의의무를 다하였는지를 따져 보아야 한다.

[2] 인간의 생명과 건강을 담당하는 의사에게는 그 업무의 성질에 비추어 위험방지를 위하여 필요한 최선의 주의의무가 요구되고, 따라서 의사로서는 환자의 상태에 충분히 주의하고 진료 당시의 의학적 지식에 따라 그 치료방법의 효과와 부작용 등 모든 사정을 고려하여 최선의 주의를 기울여 치료하여야 하며, 이러한 주의의무의 기준은 진료 당시의 이른바 임상의학의 실천에 의한 의료수준에 의하여 결정되어야 하나, 그 의료수준은 규범적으로 요구되는 수준으로 파악되어야 하고, 해당 의사나 의료기관의 구체적 상황을 고려할 것은 아니다.

[3] 의료행위에 관하여 주의의무 위반 때문인 불법행위 또는 채무불이행 때문인 책임이 있다고 하기 위해서는 의료행위상 주의의뭉 위반, 손해의 발생 및 주의의무 위반과 손해발생 사이 인과관계의 존재가 전제되어야 함은 물론이나, 의료행위가 고도의 전문적 지식이 있어야 하는 분야이고 그 의료의 과정은 대개 환자 본인이 그 일부를 알 수 있는 외에 의사만이 알 수 있을 뿐이며, 치료의 결과를 당성하기 위해 의료기법은 의사의 재량에 달려 있기 때문에, 손해 발생의 직접적인 원인이 의료상의 과실로 말미암은 것인지 아닌지는 전문가인 의사가 아닌 보통사람으로서는 도저히 밝혀낼 수 없는 특수성이 있어서 환자 측이 의사의 의료행위상 주의의무 위반과 손해발생 사이의 인과관계를 의학적으로 완벽하게 입증한다는 것은 극히 어려운 일이므로, 의료사고가 발생하였을 때 피해자 측에서 일련의 의료행위 과정에서 저질러진 일반인의 상식에 바탕을 둔 의료상의 과실이 있는 행위를 입증하고 그 결과와 사이에 일련의 의료행위 외에 다른 원인이 개재될 수 없다는 점, 이를테면 환자에게 의료행위 이전에 그러한 결과의 원인이 될 만한 건강상의 결함이 없었다는 사정을 증명한 경우에는, 의료행위를 한 측이 그 결과가 의료상의 과실로 말미암은 것이 아니라 전혀 다른 원인으로 말미암은 것이라는 입증을 하지 아니하는 이상, 의료상 과실과 결과 사이의 인과관계를 추정하여 손해배상책임을 지울 수 있도록 증명책임을 완화하는 것이 손해의 공평, 타당한 부담을 그 지도 원리로 하는 손해배상제도의 이상에 맞는다.

[4] 산모가 산전 소변검사 결과 요당 약 양성반응을 보이는 등의 사정이 있었는데 이에 대해 별다른 조처를 하지 않은 채 질식분만 방식으로 분만을 유도하던 중 태

아가 거대아인 관계로 연납난산을 하게 되어 태아에게 위팔 신 경총 손상이 발생한 경우, 산부인과 의사에게 손해배상책임을 인정한 사례

4. 검토

이 사인의 판시 상에서는 이 책의 앞에서 살펴본 의료사고에서 의사의 주의의무나 환자에 대한 증명책임의 경감에 대한 대법원의 일반적 관점이 자세히 나타나 있다. 이 사건에서는 산모의 소변검사 결과 당뇨가 의심된다면 의사로서는 이에 대해 조처를 해야 했음에도 아무런 조처를 하지 않았기 때문에 의사에게 과실을 인정하였다. 그리고 사안에서는 다음과 같은 인과관계를 필요로 한다.

① B가 A의 임신성 당뇨 상태에 있게 된 것을 진단해 내지 못하였고, ② B의 임신성 당뇨로 인해(적어도 다른 원인과 함께) 거대아를 출산하게 되었고, 이 때문에(적어도 다른 원인과 함께) 어깨뼈 난산이 되었으며, ③ B가 거대아 출산과 어깨뼈 난산을 예견하지 못함으로써 제왕절개술이 아닌 질식분만 방법을 택하게 되었고, ④ 그 어깨뼈 난산 과정에서 피상완전신경총 손상이 발생하였다.

그런데 인과관계는 원고들이 입증하여야 하는 것이 아니라 피고인에게 증명책임이 전환되어 있으므로, 피고는 적어도 그 인과관계를 이루는 사실 중 어느 하나의 부존재를 입증하여야만 그 책임을 면하게 되는데 이 사안에서는 아무것도 입증되지 않았으므로 B가 책임을 면할 수 없다고 본 것이다.

사례3 | 대법원 1999.6.11. 98다22857 판결

1. 사건의 내용

자신의 아이가 기형일 것을 평소 염려하던 A는 산부인과 의사 B에게 기형아 검사를 하여 달라고 요구하였다. 이에 B는 초음파검사에 의하여 태아가 정상이라고 판단하였고 서울에 있는 기형아 전문검사기관인 이원임상검사센터에 기형아 검사를 의뢰하여 그곳에서 AFP검사(모세혈청 단백질 검사)를 받은 결과 정상수치 범위 내인 23.43ng/ml로 나왔다. 그 이후에도 계속 장애 여부를 묻는 산모 A에게 B는 정상이라고 답해주었다. 그런데 태어난 아이 C는 다운증후군이었다.

2. 판시사항

[1] 다운증후군이 모자보건법상의 인공임신중절사유에 해당하는지 여부(소극) 및 의사가 기형아 판별확률이 높은 검사 방법을 제대로 설명하지 아니하여 다운증후군에 걸린 아이를 출산한 것이 부모의 낙태결정권을 침해한 것이라고 할 수 있는지(소극)

[2] 장애를 갖고 출생한 것 자체를 법률적인 손해로 볼 수 있는지(소극) 및 장애를 갖고 출생함으로 인하여 치료비 등 비용이 정상인보다 더 소요되더라도 그 장애 자체가 의사를 포함한 누구의 과실에 기인한 것이 아닐 경우, 추가로 드는 비용을 장애아 자신이 청구할 수 있는 손해로 볼 수 있는지(소극)

3. 판결요지

[1] 의사가 기형아 판별확률이 높은 검사 방법을 제대로 설명하지 아니하여 임산부가 태아의 기형 여부에 대한 판별확률이 높은 검사를 받지 못한 채 다운증후군에 걸린 아이를 출산한 경우, 모자보건법 제14조 제1항 제1호는 인공임신중절수술을 할 수 있는 경우로 임산부 본인 또는 배우자가 대통령령이 정하는 우생학적 또는 유전학적 정신장애나 신체질환에 있는 경우를 규정하고 있고, 모자보건법시행령 제15조 제2항은 같은 법 제14조 제1항 제1호의 규정에 따라 인공임신중절수술을 할 수 있는 우생학적 또는 유전학적 정신장애나 신체질환으로 혈우병과 각종 유전성 질환을 규정하고 있을 뿐이므로, 다운증후군은 위 조항 소정의 인공임신중절사유에 해당하지 않음이 명백하여 부모가 태아가 다운증후군에 걸려 있음을 알았다고 하더라도 태아를 적법하게 낙태할 결정권을 가지고 있었다고 보기 어렵다. 따라서 부모의 적법한 낙태결정권이 침해되었다고 할 수 없다.

[2] 인간 생명의 존엄성과 그 가치의 무한함에 비추어 볼 때, 어떠한 인간 또는 인간이 되려고 하는 존재가 타인에 대하여 자신의 출생을 막아줄 것을 필요로 할 권리를 가진다고 보기 어렵고, 장애를 갖고 출생한 것 자체를 인공임신중절로 출생하지 않은 것과 비교해서 법률적으로 손해라고 단정할 수도 없으며, 그 때문에 치료비 등 여러 가지 비용이 정상인보다 더 소요된다고 하더라도 그 장애 자체가 의사나 다른 누구의 과실로 말미암은 것이 아닌 이상 이를 선천적으로 장애를 지닌 채 태어난 아이 자신이 청구할 수 있는 손해라고 할 수는 없다.

4. 검토

일반적으로서는 의사가 장애 여부를 제대로 알려주지 않아 산모가 낙태여부를 고려하지 못하였으므로 산모의 낙태결정권이 침해되었다고 생각할 수 있다. 또한, 태어난 아이도 장애를 가졌더라면 태어나지 말았어야 하였는데 평생을 고통 속에서 살게 되었으므로 손해를 있었다고 생각하는 사람도 있을 것이다. 그러나 이 사건에서 우리 대법원은 다운증후군인 것을 알았다 하더라도 이는 낙태사유가 아니므로 낙태 결정권은 침해되지 않았다고 보았다. 또한, 모든 생명은 존귀한 것이므로 태어나지 않은 것에 비해 장애아로 태어난 것이 손해라고 판단할 수도 없다고 하였다.

사례4 | 대법원 1996.10.17. 96다10449 판결

1. 사건의 내용

둘째 아이를 가진 임산부 A를 의사 B가 진찰한 결과, 제왕절개술이 필요하다고 판단되어 입원하도록 하였다. 이에 A는 가족계획을 이유로 불임수술까지 함께 해 달라고 요구하였고, B도 이를 받아들였다. 그런데 A가 예정보다 빨리 진통을 하게 되자 퇴근한 B를 대신하여 의사 C가 제왕절개술을 하게 되었다. 그러나 이 수술 과정에서 불임수술을 함께 시술하지 않았고 이후에도 B와 C 모두 A에게 이 사실을 알리지 않았다. 얼마 후, A는 셋째 아이를 출산하였다.

2. 판시사항

불임수술계약의 불이행 때문에 원치 않는 아이를 출산한 경우, 출산비 및 위자료 외의 양육비, 교육비에 대해서는 생명권 존중과 친권자의 자녀부양의무에 비추어 손해가 아니라고 본 사례

3. 판결요지

불임수술계약의 불이행 때문에 원치 않는 아이를 출산한 경우, 출산비 및 위자료 외의 양육비·교육비에 대해서는 생명권 존중과 친권자의 자녀부양의무에 비추어 손해가 아니라고 본 사례

4. 검토

우선 이 사안에서 대법원은 B와 C가 불임수술의 청약을 이의 없이 받아들임으로써 A와 불임수술에 관한 의료계약은 성립되었다고 할 것이므로, 이 계약의 불이익 때문에 A부부가 입은 손해를 배상할 책임이 있다고 보았다. 그런데 그 손해배상의 범위와 관련하여서는 다음과 같이 판단하였다(출산비와 위자료만 인정).

가. 출산비 : 이 사건 채무불이행으로 말미암아 셋째 아이를 출산하게 되어 지출하게 된 출산비용은 이 사건 채무불이행 때문인 통상의 재산상 손해라고 할 것이다.

나. 위자료 : 이 사건 채무불이행으로 말미암아 A가 자신의 의사에 반하여 임신·출산하게 되어 위 임신기간 및 출산과정에서 심한 정신적 고통을 받게 되었고, 남편 역시 가족계획에 반한 아내의 임신 및 출산 때문에 심한 정신적 고통을 입게 되었음을 경험칙상 인정할 수 있다.

다. 양육비 및 교육비 청구에 관한 판단 : A가 원치 않은 임신 때문에 출산하게 되어 앞으로 그를 양육하고, 교육하게 됨으로써 A부부가 양육비 등을 부담하게 되는 것이 과연 이 사건 채무불이행 때문인 '손해'에 해당하는가의 점에 관하여는 다음과 같이 판단하였다. 우선, 헌법 제10조가 천명하고 있는 개인의 생명권 존중 및 기본적 인권 보장의 원칙을 고려할 때, 비록 원치 않은 임신으로 출생한 자(子)라 할지라도 그자의 생명권은 절대적으로 보호되어야 할 가치로서 부모의 재산상 이익에 우선하여야 한다고 보아야 한다. (만일 반대로 해석하여 제3자가 채무불이행 때문에 아이의 생명을 탄생시키게 함을 법적 비난의 대상으로 삼아 그 제3자에게 손해배상의 형식으로 제재를 가한다면 이는 실질적으로 우리 헌법 정신에 반하는 것이 될 것이다.)

또한, 위부모의 친권을 근거로 한 미성년의 자(子)에 대한 부양의무(민법 제913조)는 원칙적으로 이를 면제받거나 제3자에게 전가할 수 있는 성질의 것이 아니라 할 것이므로 비록 원치 않은 임신으로 출생한 자(子)라고 할지라도 부모는 일단 출생한 자에 대하여는 부양의무를 면할 수 없다 할 것이고, 따라서 자의 출생 및 그 때문인 부양의무를 '손해'로 파악할 수는 없다 할 것이다.

사례5 | 서울민사법원 1996.9.18., 94가합101443 판결

1. 사건의 내용

A는(남편 B) C병원에서 D를 출산하였으나 신생아실에서 아이가 뒤바뀌어 D′를 자신의 아이로 알고 데려와 양육하였다. 그런데 D′가 자라면서 부부 중 아무와도 닮지 않자 A와 B 사이에 불화가 계속되어 이들은 협의이혼에 이르게 되었다. 그런데 이를 계속 이상히 여겨 친생자 여부에 관한 감식을 의뢰한 결과 둘 모두와 친생자 관계가 없다는 것이 판명되었다.

2. 판시사항

병원 측의 과실로 신생아가 뒤바뀐 경우, 친생자 아닌 자를 양육해온 자에 대한 병원의 손해배상 범위에 관한 사례

3. 판결요지

병원 측의 과실로 신생아가 뒤바뀐 경우, 그 병원에 대하여 친생자 아닌 자를 자신의 친생자로 잘못 알고 양육해 온 부부에 대한 정신과 치료비, 위자료 배상의무를 인정하고, 그 밖에 양육비, 친생자 수색비, 친생자를 찾기 위한 광고비 및 인건비, 유전자 감식비, 호적 정정 비용, 가족융화비 등에 대해서는 배상의무를 배척한 사례

4. 검토

병원 측의 관리소홀 때문에 신생아가 서로 뒤바뀌어 세월이 한참 흐른 후에야 이 사실이 밝혀지게 되는 사건을 종종 언론보도를 통해 접할 수 있다. 이에 대하여 대법원이 인정한 손해배상의 범위는 다음과 같다.

가. 가계지출비 : 이는 D′가 아니라 그의 친생자 D를 양육했더라도 당연히 지출했어야 할 비용일 뿐 아니라, 친생자 D를 양육한 사람이 A와 B에게 양육비를 청구하고 있는 생황도 아니므로 인정할 수 없다고 하였다.

나. 친생자수색비 : 이 부분에 대해서는 이를 인정할만한 증거가 충분하지 않다는 이유로 부정하였다.

다. 호적정정비 : 〃

라. 가족육아비 : 〃

마. 정신과 치료비 : (1)이 부부는 D′가 친생자가 아님을 알고 이 때문에 불안과 우울 반응의 증상이 나타났고 그 정신과적 치료를 위해서는 앞으로 6개월간 개인치료 및 가족치료가 필요한 사실을 인정할 수 있기 때문에 치료비 상당액은 인정하였다.

바. 위자료 : 병원 측의 과실 때문에 부부는 그 친생자 아닌 D′를 그 친생자로 잘못 알고 10년 가까이 양육하고, 그 과정에서 위 사실이 밝혀져 남편이 처를 의심하는 등 가정불화 끝에 이혼과 재결합을 하는 우여곡절을 겪었고, 부부는 아직 그 친생자 D를 찾지 못하고 있으며 그럼에도 병원 측이 그 친생자 추적에 전혀 협조하지 않고 있는 사실, 부부가 이 때문에 심한 불안과 우울증에 빠지게 된 사실이 있으므로 병원 측은 부부의 이 때문인 정신적 고통을 금전적으로나마 달래 줄 의무가 있다 하였다.

1. 사건의 내용

임산부 A가 몸에 이상을 느껴 병원을 찾았는데 의사 B는 초음파검사를 할 당시 이미 그 태아가 사망한 상태에 있었음에도 불구하고 단순한 유산기가 있는 것으로만 판단하였으며, 보호자에게도 태아의 정확한 상태를 상세히 설명하지 아니하고서 별 이상이 없다고 말하였다. 이에 임신 이상이 없다고 진단을 받았다는 말을 들은 다른 병원의 의사 C는 이 말만을 듣고 소파수술을 시행하였다. 그런데 C는 패혈증의 가능성을 예견할 수 있었으나 패혈증의 감염 여부를 알아보기 위한 기본적인 검사를 한다거나, 소파수술 이후 패혈증에 대비한 관찰 및 검사를 시행하고 그 증세에 따라 신속한 처치를 해야 했음에도 이러한 조처를 하지 아니하여 결국 A가 사망하였다.

2. 판시사항

[1] 피해자가 계류유산 때문인 소파수술을 받은 후 패혈증으로 사망한 사안에서 의사의 의료상 과실을 인정한 원심판결을 수긍한 사례

[2] 의료상 과실과 손해발생 사이의 인과관계에 대한 증명책임의 완화

3. 판결요지

[1] 피해자가 계류유산 때문인 소파수술을 받은 후 패혈증으로 사망한 사안에서 의료상 과실을 인정한 원심판결을 수긍한 사례

[2] 일반적으로 의료행위는 고도의 전문적 지식이 있어야 하는 분야로서 그 의료의 과정은 대개 환자 본인이 그 일부를 알 수 있는 외에 의사만이 알 수 있을 뿐이고 치료의 결과를 달성하기 위한 의료 기법은 의사의 재량에 달려 있기 때문에, 손해발생의 직접적인 원인이 의료상의 과실로 말미암은 것인지 아닌지는 전문가인 의사가 아닌 보통사람으로서는 도저히 밝혀낼 수 없는 특수성이 있어서 환자 측이 의사의 의료 행위상의 주의의무 위반과 손해의 발생과 사이의 인과관계를 의학적으로 완벽하게 입증한다는 것은 극히 어려우므로, 환자가 치료 도중에 사망한 때에 있어서는 피해자 측에서 일련의 의료행위 과정에서 저질러진 일반인의 상식에 바탕을 둔 의료상의 과실 있는 행위를 입증하고 그 결과와 사이에 일련의 의료행위 외에 다른 원인이 개재될 수 없다는 점을 증명한 때도 있어서는, 의료행위를 한 측이 그 결과가 의료상의 과실로 말미암은 것이 아니라 전혀 다른 원인으로 말미암

은 것이라는 입증을 하지 아니하는 이상, 의료상 과실과 결과 사이의 인과관계를 추정하여 손해배상 책임을 지울 수 있도록 증명책임을 완화하는 것이 손해의 공평, 타당한 부담을 그 지도 원리로 하는 손해배상 제도의 이상에 맞는다.

4. 검토

이 사건에서는 초음파 검사 당시 미리 태아의 사망을 확인하지 못한 의사와 소파수술 후 패혈증에 대한 각종 조처를 하지 않은 의사 모두에게 과실을 인정하였다.

또한, 앞에서 살펴본 것과 같이 의료사고에는 피해자의 증명책임이 완화된다는 것도 확인하고 있는 사건이다.

사례7 | 서울민사지방법원 1994.8.24. 93가합80648 판결

1. 사건의 내용

만 39세 여성 A씨는 직장에서 시행하는 건강진단검사를 받던 중 자궁암 검사도 함께 받게 되었는데 담당의사, 간호사가 검사하면서 A씨의 처녀성 여부를 확인하지도 않고, 또 처녀막 손상 가능성 등을 설명하지 않은 채 검사를 시행하여 처녀막 파열상을 입었다.

2. 판시사항

건강진단 시의 처녀막파열에 대하여 의사와 간호사의 설명의무 위반에 따른 위자료 청구를 인정한 사례

3. 판결요지

건강진단검사의 목적으로 자궁암 검사를 담당한 의사 또는 간호사로서는 피검사자의 처녀성 여부를 확인하고 자궁암 검사의 시행방법, 이 때문인 처녀막의 손상 가능성 등을 설명하여 피검사자가 검사를 받을 것인가의 여부를 선택할 수 있도록 할 주의의무가 있음에도 이를 게을리한 채 처녀에 대하여 위와 같은 설명 없이 자궁암 검사를 하여 위자료청구를 인정한 사례

4. 검토

이 사안에서 A는 이른바 '질 내 세포도말 표본채취법'으로 자궁암 검사를 받았는데 이 방법은 처녀막 파열이라는 결과를 당연히 수반하고 또한 당시의 상황이 자궁암 검사가 반드시 필요한 긴급상황도 아니었다. 그런데도 담당의사와 이를 시행한 간호사

는 아무런 설명을 해주지 않아 피해자는 이를 모르고 검사를 받았고, 그 결과 처녀막이 파열되었으므로 의사와 간호사는 설명의무위반에 따른 승낙권의 침해와 이 때문인 의료상의 잘못 때문인 손해를 배상하여야 할 것이다.

사례8 | 전주지법 2012.8.29. 선고 2012나2821 판결

여성에게 있어서 출산은 새로운 생명을 탄생시키는 고귀한 행위인 반면에 극심한 진통과 분만을 위하여 분비되는 호르몬의 영향으로 인하여 정신적, 육체적으로 쉽게 통제할 수 없는 상태에 놓이게 되고, 신체의 중요부위를 타인에게 노출하게 될 뿐만 아니라 분만과정에서 수반되는 배변 등의 생리적 현상을 조절할 수 없게 된다는 점에서, 분만과정에 보호자나 제3자가 입회하는 경우 산모의 수치심을 자극하여 정신적 침해가 발생할 수 있다.

따라서 산모는 자기결정권에 따라 실습 중인 학생들을 비롯한 제3자에게 자신의 분만과정을 공개할 것인지에 대한 선택권을 가지고, 분만과정에 의료진이 아닌 제3자를 참관하게 하려는 의료진은 산모나 가족들에게서 타인의 참관에 대한 동의를 얻어야 하며, 그 전제로서 사전에 산모 등에게 참관하는 사람의 지위, 참관의 목적 및내용 등에 대하여 설명하여 참관을 허용할 것인지 선택할 수 있도록 할 의무가 있다(전주지법 2012.8.29. 선고 2012나2821 판결).

[1] 산모가 의료진이 아닌 제3자에게 자신의 분만과정을 공개할 것인지에 관한 선택권을 갖는지 여부(적극) 및 산모의 분만과정에 의료진이 아닌 제3자가 참관하기 위한 요건(산모나 가족의 동의)과 그 전제로서 의료진이 부담하는 설명의무의 내용

[2] 대학병원이 아닌 일반병원의 경우, 학생들이 산모의 분만과정에 참관하려면 산모의 명시적 동의가 있어야 하는지 여부(적극) 및 그 동의를 얻는 방법

[3] 대학병원이 아닌 일반 산부인과 병원에서 아이를 출산한 산모 갑과 그녀의 남편 을이 분만 담당의사 병을 상대로 자신들의 동의 없이 병원에서 실습하던 학생들을 분만과정에 참관시킴으로서 자기 결정권이 침해되어 정신적 고통을 받았다는 이유로 위자료 지급을 구한 사안에서 갑은 병에 대하여 자기결정권의 침해에 따른 위자료의 지급의무가 있고, 을에 대하여는 지급의무가 없다고 한 사례

1. 사건의 내용

여성 A가 통증을 호소하며 과거에 임신한 경험이 없고 40여 일간 하혈하였다고 하자 의사 B는 일단 자궁근종으로 판단하여 산부인과 전문의에게 별도의 자문을 구함이 없이 외과의사 C에게 혹이 만져지는 것으로 보아 수술을 하여야 할 것 같다고 말하였다. 또한, A에게도 병명을 자궁근종으로 알리며 이미 약물로서 치료할 수 있는 단계를 넘었고 이에 대한 치료는 오직 자궁제거수술 밖에 없다고 말하여 A는 위 수술을 시행하기로 하였다. 그러나 수술 이후 조직 검사 결과 A의 병명은 만성 자궁 외 임신이었던 것으로 판명되었고 A(자녀 없었음)는 아이를 낳을 수 없게 되었다.

2. 판시사항

자궁적출수술에서 환자로 하여금 의사 진단상의 잘못이 없었다면 당연히 설명 들었을 내용을 설명 듣지 못한 채 수술승낙을 하게 하였다면 의사가 설명의무를 다하지 못함으로써 환자의 승낙권을 침해한 과실이 있다고 한 사례

3. 판결요지

자궁적출수술에서 진찰 당시 자궁외임신에 의한 증상이라고 볼만한 사정이 있었고 진찰의사 자신도 자궁외임신의 가능성을 생각해보기까지 하였음에도 자궁에 혹이 만져진다고 하여 자궁근종이라고 진단하고 더 이상의 더욱 정밀한 확인검사를 하지 아니한 잘못으로 자궁외임신임을 알지 못함으로써 결과적으로 환자로 하여금 위와 같은 진단상의 잘못이 없었다면 당연히 설명 들었을 내용을 설명 듣지 못한 채 수술승낙을 하게 하였다면 의사가 설명의무를 다하지 못함으로써 환자의 승낙권을 침해한 과실이 있다고 한 사례

4. 검토

자궁근종이라는 진단에 대해 정밀한 확인검사를 하지 않은 것은 물론 수술 시행 중 간단한 검사를 통하여(병명은 모르더라도) 자궁 전체를 끄집어낼지, 혹만을 끄집어낼 것인지는 판단할 수 있음에도 이를 행하지 않은 것(이 병원에는 그러한 장치가 없었다고 한다.)은 어떻게 보더라도 의사의 과실이다.

더구나 피해자가 아직 자녀가 없는 여성이라는 점에서 자궁 적출에 관한 판단과 설명은 더욱 주의하여야 할 필요가 있었다.

사례10 | 대법원 1984.7.10. 84다카466 판결

1. 사건의 내용

의사는 환자 A의 낙태수술 요청을 받고 진찰한 결과 A가 저혈압이고 빈혈이며 심장이 약한 것으로 진단되었으나 낙태수술에는 큰 위험성이 없다고 판단하여 다음날 낙태수술을 하였다. 그런데 수술 후 혈압이 최고 80, 최저 60 정도로 떨어지고 통상보다 과도한 출혈이 있었고, 의사의 조치로 일단 지혈이 되었으나 또다시 심한 출혈이 발생하였다. 이에 의사는 그때야 이완성 자궁출혈인 것으로 판단하고 자궁수축제 및 지혈제를 계속 주사하여 자궁마사지 방법으로 압박조치를 함과 동시에 인공호흡(산소호흡기는 고장으로 사용불능이었다.)을 하고 종합병원으로 이송준비를 하였으나 차량 수배가 늦어져 종합병원으로 이송 도중 A는 실혈과다로 사망하였다.

2. 판시사항

[1] 빈혈, 저혈압이며 심장이 약한 임산부가 16주 정도 된 태아의 낙태수술 후 이완성 자궁출혈로 사망한 경우 수술행위와 사망간의 상당인과관계 유무

[2] 낙태수술 후 임부의 자궁출혈이 통상보다 과도하였다는 사실만으로 이완성 자궁출혈을 미리 알아내지 못한 진료상 과실 인정 가부

3. 판결요지

[1] 일반적으로 이완성 자궁출혈을 일으키는 원인은 신체의 빈약, 지궁질병, 임신중독, 쌍생아, 양수과다증, 고혈압 등 여러 가지 원인이 있을 수 있다는 것이므로 위 망인의 건강상태와 태아의 성장 정도가 이완성 자궁출혈의 원인이 된 여부를 판단하려면 먼저 위 망인의 빈혈의 정도, 저혈압의 수치 및 심장기능의 정도를 보다 구체적으로 파악한 후 이러한 신체조건과 태아의 성장 정도에 비추어 과연 이완성 자궁출혈을 일으킬 가능성이 있는지를 밝혀보아야 할 것이며, 막연히 추상적으로 위 망인의 빈혈이 고저혈압이며 심장이 약하다는 사실과 태아가 16주 되었다는 사실만 가지고 곧 이완성 자궁출혈의 원인이 되었다고 단정할 수는 없다. 결국, 위 망인의 건강상태와 태아의 성장정도가 이완성 자궁출혈의 원인이 되었다고 단정하기 어려운 이상, 피고가 수술을 거절하지 아니하고 내과 전문의에 의한 부작용 유무의 확인을 거침없이 수술을 시행한 행위와 위 망인의 사망과 사이에 상당인과관계가 있다고 볼 수 없다.

[2] 이완성 자궁출혈은 급성 대출혈로서 30분 내외에서 3시간 이내에 2,000내지 3,000CC 이상의 출혈을 하게 된다는 것인바 임산부가 낙태수술 후 계속 출혈이 된 것이 아니라 간헐적으로 3회에 걸쳐 출혈이 있으면 산부인과 전문의가 1차 출혈 시에 이완성 자궁출혈임을 미리 알아차려 조치하지 아니하여 임산부가 사망하게 된데 대해 그 진료상 과실이 있다고 하려면 적어도 1차 출혈현상이 위와 같은 급성 대출혈임을 짐작하게 할 정도의 것임이 전제되어야 할 것이므로 1차 출혈의 상황에 관하여 다만 통상보다 과도한 출혈이 있었다는 것만으로는 1차 출혈이 급성 대출혈을 짐작케 할 정도의 것임을 전제할 수 없으니 진료상 과실을 인정할 수 없다.

4. 검토

민사상 손해배상책임을 인정하기 위해서는 상당인과관계가 필요하다는 것을 앞에서 살펴보았다. 그런데 이 사건에서는 환자의 건강상태와 태아의 성장 정도가 이완성 자궁출혈의 원인이 되었다고 단정하기 어려워서 수술행위와 환자의 사망 사이에 상당인과관계를 인정할 수 없어 의사에게 책임이 없다고 보았다.

또한, 의사가 미리 이완성 자궁출혈을 판단하지 못한 것이 과실인지를 검토하면, 다만 통상보다 과도한 출혈이 있었다는 것만으로는 1차 출혈이 급성 대출혈을 짐작케 할 정도는 아니었으므로 두 번째 출혈에야 이를 판단한 것만으로 의사의 과실을 인정할 수 없다고 한 것이다.

사례11 | 대법원 2015.10.29. 선고, 2013다89662 판결

1. 판시사항

[1] 임상시험 단계의 의료행위에 대한 의사의 설명의무의 내용

[2] 의사의 설명의무 위반으로 위자료뿐만 아니라 재산상 손해의 배상까지 구하는 경우, 요구되는 설명의무 위반의 정도 및 설명의무 위반행위와 결과 사이에 인과관계가 있음을 증명하여야 하는지 여부(적극)

2. 이유

상고이유(상고이유서 제출기간이 지난 후에 제출된 상고이유보충서 기재는 상고이유를 보충하는 범위 내에서)를 판단한다.

3. 상고이유 제1, 2점에 대하여

의사는 의료행위를 하기 전에 환자에게 질병의 증상, 치료방법의 내용과 필요성, 발생이 예상되는 위험 등 당시의 의료 수준에 비추어 상당하다고 인정되는 사항을 설명하여 줌으로써 환자가 그 필요성이나 위험성을 충분히 비교해보고 그 의료행위를 받을 것인지 여부를 선택할 수 있도록 할 의무가 있고, 특히 그러한 의료행위가 임상시험 단계에서 이루어지는 것이라면 해당 의료행위의 안전성과 유효성(치료효과)에 관하여 시행 당시 임상에서 실천되는 일반적·표준적 의료행위와 비교하여 설명할 의무가 있다(대법원 2010.10.14. 선고, 2007다3162 판결 등 참조).

원심은, 이 사건 시술은 시행 당시 임상시험 단계에 있는 수술이었으므로, 피고로서는 통상의 침습적인 의료행위에서 요구되는 수준의 일반적인 설명뿐만 아니라 이 사건 시술이 아직 임상적인 치료에 의하여 안전성과 유효성(치료효과)이 확립되지 않은 의료행위라는 점까지 설명할 의무가 있음에도, 원고에게 "드물게 석회화가 발생할 수 있거나 재발, 상피세포 재생지연 등의 부작용이나 합병증이 생길 수 있다."라는 정도의 통상적인 설명만을 하고 수술에 대한 동의를 받은 사실을 인정할 수 있을 뿐, 이 사건 시술에 대하여 안정성과 유효성(치료효과)이 아직까지 증명되지 않았으며 그에 관하여 안과의학의 임상경험에 기초한 합의가 없는 상태라는 설명까지 하였다고 인정할 증거가 없으므로, 피고는 이 사건 시술에서 요구되는 설명의무를 다하지 아니하였다고 판단하였다.

원심은 위와 같은 판단은 앞서 본 법리에 따른 것이므로, 거기에 상고이유 주장과 같이 설명의무에 관한 법리를 오해하거나 논리와 경험의 법칙을 위반하여 사실을 오인한 잘못이 없다.

4. 상고이유 제3점에 대하여

가. 원심은, 피고의 설명의무 위반에 따른 이 사건 시술의 시행과 시술 후 원고가 겪게 된 감염성 공막염, 공막 석회화, 공막의 얇아짐과 포도막 비침 등의 증상 사이에 인과관계를 충분히 인정할 수 있다고 판단하면서, 원고가 호소하는 위 증상은 환부에 대한 관리소홀 또는 원고의 열악한 작업환경 때문에 새롭게 발현한 것일 뿐 이 사건 시술과 인과관계가 없다는 피고의 주장을 배척하였다. 기록에 비추어 살펴보아도, 원심의 위와 같은 판단에 상고이유 주장과 같이 인과관계에 관한 법리를 오해하거나 논리와 경험의 법칙을 위반하여 사실을 오인한 잘못이 없다.

나. 의사가 설명의무를 위반하고 수술 등을 하였으나 나쁜 결과가 발생한 경우에 환자

가 선택의 기회를 잃고 자기결정권을 행사할 수 없었다고 하며 위자료뿐만 아니라 그 결과로 인한 재산상 손해의 배상까지 구하는 경우에는, 그 설명의무 위반이 구체적 치료과정에서 요구되는 의사의 주의의무 위반과 동일시할 정도의 것이어야 하고, 그러한 설명의무 위반행위와 나쁜 결과 사이에 인과관계가 있음을 증명하여야 한다(대법원 1996.4.12. 선고, 95다56095 판결 등 참조).

원심은, 이 사건 시술은 원고가 위중한 건강침해 상황에서 이를 치료하기 위한 목적보다는 만성적인 안과질환에 따른 생활의 불편을 덜고 미용상의 개선효과를 거둘 목적에서 이 사건 시술이 효험이 있다는 소문을 믿고 피고로부터 위 시술을 받게 된 점을 감안할 때, 만일 원고가 피고로부터 이 사건 시술이 임상의학에서 평가받고 있는 정확한 실태에 관한 설명을 제대로 들었다면 이 사건 시술을 받지 않았을 것으로 인정할 수 있다고 보아, 원고의 위자료 청구뿐 아니라 치료비 청구도 인용하였다.

원심의 위와 같은 판단은 앞서 본 법리에 따른 것으로, 거기에 상고이유 주장과 같이 손해배상의 범위에 관한 법리를 오해한 잘못이 없다.

5. 결론

그러므로 상고를 기각하고, 상고비용은 패소자가 부담하기로 하여, 관여 대법관의 일치된 의견으로 주문과 같이 판결한다.

사례12 | 대법원 2020. 8. 13. 선고 2017다248919 판결

1. 판시사항

갑이 소음순 비대칭 교정을 위해 을이 운영하는 산부인과의원에 내원하여 상담을 마친 후, 소음순성형과 성감질성형에 동의하는 취지의 수술동의서를 작성하였는데 을이 갑에게 소음순성형술, 음핵성형술 등을 시행한 사안에서, 갑이 작성한 수술동의서 중 '소음순성형' 부분에는 소음순수술과 관련된 내용만 기재되어 있을 뿐 음핵성형술과 관련된 아무런 내용도 기재되어 있지 않은 점에 비추어 을이 갑에게 음핵성형술에 관하여 설명의무를 이행하였다고 볼 수 없다고 한 사례

2. 이유

상고이유를 판단한다.

3. 상고이유 제1점에 관하여

가. 의사는 환자에게 수술 등 침습을 가하는 과정이나 그 후에 나쁜 결과가 발생할 개연성이 있는 의료행위를 할 때, 응급 환자인 경우 등과 같이 특별한 사정이 없는 한 진료계약상의 의무 또는 침습 등에 대한 승낙을 얻기 위한 전제로 환자나 법정대리인에게 치료방법의 내용과 필요성, 예상되는 위험이나 부작용 등에 관하여 당시의 의료수준을 고려할 때 상당하다고 판단되는 사항을 설명함으로써 환자로 하여금 필요성과 위험 등을 충분히 고려한 후 해당 의료행위를 받을지를 결정할 수 있도록 할 의무가 있다. 설명의무는 침습적인 의료행위로 나아가는 과정에서 의사에게 필수적으로 요구되는 절차상의 조치로서, 특별한 사정이 없는 한 의사 측에 설명의무를 이행한 데 대한 증명책임이 있다(대법원 2007. 5. 31. 선고 2005다5867 판결, 대법원 2014. 12. 24. 선고 2013다28629 판결 등 참조).

의사가 환자에게 위와 같은 사항을 설명하지 않은 경우에도 만약 환자가 설명을 들었더라도 의료행위에 동의하였을 것이라고 인정되는 경우에는 의사가 설명을 하지 않은 데 대한 책임을 지지 않는다는 이른바 '가정적 승낙에 의한 면책'은, 환자의 승낙이 명백히 예상되었던 경우에만 예외적으로 허용된다(대법원 1999. 4. 15. 선고 92다25885 판결, 대법원 2015. 10. 29. 선고 2014다22871 판결 등 참조).

나. 원심판결 이유와 기록에 의하면, 다음과 같은 사실을 알 수 있다.

1) 원고는 2012. 11. 17. 소음순 비대칭 교정을 위해 피고가 운영하는 산부인과의원(이하 '피고 의원'이라 한다)에 내원하여 피고로부터 소음순성형, 요실금수술, 질성형 등의 수술을 추천받았다.

2) 피고가 원고에게 수술을 시행하기 전에 작성한 진료기록에는 피고가 그린 해부학 그림과 함께 LCR(음핵성형술), LRL(소음순성형술), ALR(요실금수술), OLR(성감레이저 질성형), MLR(매직레이저 질성형), M-Sling Stem VR(줄기세포 질성형), PHT(음모이식), 질입구 교정술 등의 용어가 기재되어 있다.

3) 피고와 상담을 마친 원고는 피고 의원의 직원인 소외인과 함께 수술동의서를 작성하였는데, 위 수술동의서에는 '요실금수술, 성감질성형, 소음순성형, 임플란트질성형, 줄기세포질성형'의 5가지 수술이 부동문자로 기재되어 있다. 원고가 작성한 수술동의서에는 소음순성형과 성감질성형에 동의하는 취지의 체크 표시가 되어 있다.

4) 피고는 원고에게 소음순성형술, 음핵성형술, 사마귀제거술, 매직레이저 질성형술, 성감레이저 질성형술 등을 각 시행하였다.

다. 위와 같은 사실관계를 앞서 본 법리에 비추어 살펴보면, 아래와 같은 이유로 피고가 원고에게 음핵성형술에 관하여 설명의무를 이행하고 원고가 위 수술에 동의하였다고 볼 수 없다.

1) 피고가 원고를 상담하면서 작성한 진료기록에는 소음순성형, 질성형, 음핵성형, 레이저 질성형 등 여러 수술 용어가 기재되어 있지만, 이는 일반적인 수술 방법에 관하여 설명한 것으로 보일 뿐이고, 피고가 원고에게 수술 내용과 부작용 등에 관하여 구체적으로 설명의무를 이행하고 동의를 받았는지 여부는 원고가 작성한 수술동의서를 기준으로 판단하여야 한다.

2) 원심은 수술동의서에 기재되어 있는 소음순성형술에 음핵성형술이 포함되어 있다고 보아 피고가 음핵성형술에 관하여도 설명의무를 이행하였다고 판단하였다. 그러나 소음순과 음핵은 해부학적으로 다른 신체부위이고, 일반적으로 소음순성형술에 음핵성형술이 포함되어 시행된다고 볼 자료도 없다. 또한 원고가 작성한 수술동의서 중 '소음순성형' 부분에는 소음순수술과 관련된 내용만 기재되어 있을 뿐 음핵성형술과 관련된 아무런 내용도 기재되어 있지 않으므로, 피고가 음핵성형술에 관하여도 설명의무를 이행하고 원고가 이에 동의하였다고 단정할 수 없다.

3) 원심은 '피고가 소음순, 음핵 등 해부학적 용어나 수술명칭을 명확하게 구분하지 않은 채 설명을 하였고, 원고가 위와 같은 용어에 익숙하지 않아 음핵성형술에 동의하지 않았다고 주장한다'는 취지로 판단하였다. 그러나 의사인 피고는 수술을 시행하기 전에 환자에게 수술 내용과 방법, 후유증 등에 관하여 명확히 설명하고 동의를 받아야 한다. 원고가 작성한 수술동의서에는 음핵성형술이 기재되어 있지 않을 뿐만 아니라 피고가 수술명칭을 명확하게 구분하지 않은 채 원고에게 설명하였다면 피고가 설명의무를 제대로 이행한 것으로 볼 수 없고, 원고의 이해부족 등을 탓하여서는 안 된다.

4) 원고는 당초 소음순 교정과 요실금 치료를 위해 피고 의원에 내원한 점, 소음순 교정을 위해 음핵성형술이 반드시 필요하다고 볼 자료가 없는 점 등을 고려하면, 원고가 피고로부터 음핵성형술에 관해 상세한 설명을 들었더라도 위 수술에 동의하였을 것이라는 점이 명백하다고 볼 수도 없다.

라. 그럼에도 원심은 판시와 같은 이유로, 피고가 원고에게 음핵성형술에 관하여도 설명의무를 이행하였다고 보아 피고의 설명의무 위반을 원인으로 한 손해배상책임을 인정하지 않았다. 이러한 원심의 판단에는 의사의 설명의무에 관한 법리를 오해하여 판결에 영향을 미친 위법이 있다. 이를 지적하는 상고이유는 이유 있다.

마. 다만 원심은 수술동의서에 표시된 성감질성형술에 매직레이저 질성형술이 포함되어 있어 원고가 동의한 것으로 볼 수 있고, 피고가 원고에게 사마귀제거술에 관하여 설명의무를 이행하였음을 인정할 증거는 없으나 사마귀는 소음순성형 과정에서 제거되어야 할 것으로 원고도 이에 동의하였을 것으로 보인다고 판단하였다. 위와 같은 원심의 판단에는 상고이유와 같이 의사의 설명의무에 관한 법리를 오해한 위법이 없다.

4. 상고이유 제2점에 관하여

가. 불법행위 또는 채무불이행으로 입은 정신적 피해에 대한 위자료 액수에 관해서는 사실심법원이 여러 사정을 참작하여 전권에 속하는 재량에 따라 확정할 수 있다 (대법원 2018. 11. 15. 선고 2016다244491 판결 등 참조).

나. 원심은, 피고가 이 사건 수술 당시 원고의 소음순을 과도하게 절제하고, 질 부위를 과도하게 축소한 과실로 원고에게 외음부 위축증 및 협착, 골반통 등을 발생하게 하여 손해를 배상할 책임이 있다고 보고, 원고의 성별과 나이, 이 사건 수술상 나타난 의료과실의 내용 및 경위, 이 사건 의료과실 이후의 사정 등 여러 사정을 참작하여 위자료 7,000,000원을 인정하였다. 원심판결 이유를 관련 법리와 기록에 비추어 살펴보면, 위와 같은 원심의 판단에 상고이유와 같이 위자료에 관한 법리를 오해하는 등으로 판결에 영향을 미친 위법이 없다.

5. 결론

그러므로 원심판결의 원고 패소 부분 중 위자료 부분을 파기하고, 이 부분 사건을 다시 심리·판단하도록 원심법원에 환송하기로 하여, 관여 대법관의 일치된 의견으로 주문과 같이 판결한다.

사례13 | 대법원 2011. 11. 24. 선고 2009다70906 판결

1. 판시사항

[1] 환자가 이미 알고 있거나 상식적인 내용까지 의료진이 설명하여야 하는지 여부(소극) 및 환자가 위험성을 알면서도 스스로의 결정에 따라 진료를 거부한 경우, 설명의무 위반에 대하여 의료진의 책임을 물을 수 있는지 여부(원칙적 소극)

[2] 갑이 임신 29주 무렵 호흡곤란 등으로 을 병원에 내원하여 진료를 받으면서 흉부 방사선촬영과 분만실 입원을 거부하였는데, 호흡부전으로 인한 심정지 발생 후 응급제왕절개술을 받아 신생아 가사 상태의 여아와 사망한 상태의 남아를 출산하였으나 여아도 치료를 받던 중 사망한 사안에서, 제반 사정상 을 병원 의료진에게 설명의무 위반이나 진료상 과실이 있다고 볼 수 없다고 한 사례

2. 이유

상고이유를 판단한다.

3. 상고이유 제1, 2, 3점에 관하여

가. 환자는 헌법 제10조에서 규정한 개인의 인격권과 행복추구권에 의하여, 생명과 신체의 기능을 어떻게 유지할 것인지에 대하여 스스로 결정하고 의료행위를 선택할 권리를 보유한다. 따라서 환자는 스스로의 결정에 따라 의료진이 권유하는 진료를 동의 또는 거절할 권리가 있지만 의학지식이 미비한 상태에서는 실질적인 자기결정을 하기 어려우므로, 의료진은 환자의 증상, 진료의 내용 및 필요성, 예상되는 위험성과 함께 진료를 받지 않을 경우 예상되는 위험성 등 합리적인 사람이 진료의 동의 또는 거절 여부를 판단하는 데 중요하다고 생각되는 사항을 설명할 의무가 있다(대법원 2010. 3. 25. 선고 2009다95714 판결 등 참조).

한편 이러한 의료진의 설명은 의학지식의 미비 등을 보완하여 실질적인 자기결정권을 보장하기 위한 것이므로, 환자가 이미 알고 있거나 상식적인 내용까지 설명할 필요는 없고, 환자가 위험성을 알면서도 스스로의 결정에 따라 진료를 거부한 경우에는 특별한 사정이 없는 한 위와 같은 설명을 하지 아니한 데 대하여 의료진의 책임을 물을 수는 없다. 그리고 이 경우 환자가 이미 알고 있는 내용인지 여부는, 해당 의학지식의 전문성, 환자의 기존 경험, 환자의 교육수준 등을 종합하여 판단할 수 있다.

나. 원심판결 이유 및 기록에 의하면 다음의 사실을 알 수 있다.

(1) 약 10년간 간호사로 근무한 경험이 있는 원고 1(1964년생)은 1999. 7.경 결혼한 후 4회의 유산을 반복하다가, 2004. 5.경 체외수정 및 배아이식으로 세쌍둥이를 임신하였는데, 임신 9주 무렵 절박유산(threatened abortion)으로 약 5일간의 입원치료를 받은 이래 한양대학교병원(이하 '피고 병원'이라 한다)에서 진료를 받아 왔다. 원고 1은 임신 11주 무렵 그 중 한 태아를 자궁 내에서 자연유산으로 잃었고, 임신 15주 무렵인 2004. 8. 8. 배를 가리고 흉부 방사선촬영을 받은 후 2004. 8. 10. 유산 방지를 위한 자궁경부봉축술을 받았다.

(2) 원고 1은 임신 29주 무렵인 2004. 11. 14. 18:40경 피고 병원 응급실에 내원하여 '5일 전부터 생긴 호흡곤란, 빠른 호흡, 기침 및 콧물 증상' 등을 호소하였는데, 당시 활력징후는 혈압 130/80mmHg, 맥박수 72회/분, 호흡수 20회/분, 체온 36.8℃이었고, 누울 때 호흡곤란이 악화되는 증상이 있었다.

(3) 피고 병원 의료진은 19:05경 원고 1에 대하여 2ℓ/분의 속도로 산소를 공급하였고, 동맥혈가스분석검사 결과 pH 7.488, PaO_2(산소 분압) 73.7mmHg, SaO_2(산소포화도) 97%, $PaCO_2$(이산화탄소 분압) 25.4mmHg, HCO_3(중탄산염) 18.8mmol/ℓ로 저산소증에 대한 보상기전으로 과호흡이 유발되고 있는 상태였다.

(4) 피고 병원 내과의사 소외 1은 19:24경 원고 1에 대하여 흉부 방사선촬영(Chest

X-ray) 처방을 하였으나, 원고 1은 임신부라는 이유로 거부하였고, 피고 병원 간호사가 19:50경에도 흉부 방사선촬영을 권유하였으나 원고 1은 같은 이유로 거부하였다.

(5) 원고 1은 19:54경 시행된 동맥혈가스분석검사 결과 pH 7.451, PaO$_2$ 52.9㎜Hg, SaO$_2$ 87.6%, PaCO$_2$ 28.3㎜Hg, HCO$_3$ 19.3mmol/ℓ로 저산소증이 심화된 상태였고, 피고 병원 의료진은 원고 1에 대하여 벤튜리마스크를 이용하여 12ℓ/분의 속도로 산소를 공급하였다.

(6) 피고 병원 산부인과의사 소외 2는 21:20경 원고 1에 대하여 응급실 내의 초음파기기로 쌍태아의 심박동을 확인한 후, 태아심음 모니터링과 진통억제를 위하여 분만실 입원의 필요성을 설명하고 입원장을 발부하였으나, 원고 1은 21:25경 산과보다 호흡기 쪽에 심각한 문제가 있다는 이유로 일반 병실이 아니면 퇴원하겠다고 하면서 분만실 입원을 거부하였다.

(7) 원고 1은 22:00경 산소포화도가 48%까지 하락하자 비로소 흉부 방사선촬영에 동의하였고, 이에 피고 병원 의료진은 흉부 방사선촬영을 시행한 결과 울혈성 심부전 및 폐부종이 의심되는 증세를 확인하고, 22:15경 위 원고에게 이뇨제인 라식스(lasix)를 주사하는 한편 22:17경 기관 내 삽관(intubation)을 한 후 인공호흡기를 연결하였다.

(8) 그러나 원고 1은 22:25경 호흡부전으로 인한 심정지가 발생하여 심폐소생술을 받아 22:28경 심박동이 회복되기는 하였지만, 그 후 응급제왕절개술을 받아 22:50경 출산을 한 결과, 여아인 소외 3은 1분 아프가 점수 1점, 5분 아프가 점수 2점으로 신생아 가사 상태였고, 남아는 분만 당시 이미 사망한 상태였다.

(9) 원고 1은 이후 상태가 호전되어 2004. 12. 7. 피고 병원에서 퇴원하였고, 소외 3은 저산소성 허혈성 뇌손상으로 피고 병원 및 서울대병원에서 치료를 받던 중 2006. 5. 30. 사망하였다.

(10) 호흡곤란을 호소하는 임신부의 경우 그 증상은 폐부종뿐만 아니라 폐색전증, 심장질환 등 다른 원인에 의해서도 발생할 수 있고, 폐부종이라도 그 원인은 폐질환, 심장질환, 신장질환 등 원인이 다양하고 그에 따라 치료방법이 달라질 수 있으며 태아에 미치는 영향도 고려하여야 하기 때문에, 임신부의 호흡곤란 원인을 감별하기 위해서는 활력징후 측정과 흉부 방사선촬영, 동맥혈가스분석검사, 심전도 등이 기본적으로 시행되어야 하고, 아울러 태아의 상태를 파악하기 위해서 초음파검사, 태아심음 모니터링 장치를 이용한 태아심박동 측정이 필요하다.

(11) 한편 임신부의 경우에도 꼭 필요한 경우에 선별적으로 방사선촬영을 하는 것은 금기가 아니다. 임신부에게 호흡곤란이 있더라도 방사선촬영 사진과 같은 객관적 증거에 의한 진단을 내리기 이전에 임상 증상만으로 이뇨제를 투약하는 것은 전해질 이상, 탈수, 태반 혈류 감소 등으로 태아나 임신부에게 위험할 수 있으므로, 확진 이전까지는 이뇨제를 투여하는 것도 신중하게 하여야 한다.

다. 위 사실관계를 앞서 본 법리에 비추어 살펴보면, 원고 1은 호흡곤란 등의 원인을
진단하기 위한 기초검사인 흉부 방사선촬영부터 거절하였는바, 위와 같은 검사를
하지 못하여 호흡곤란에 적절하게 대처하지 못할 경우 산모 및 태아의 상태가 나
빠질 수 있다는 것은 기본적인 의학지식을 갖추고 있는 경력 10년의 간호사인 원
고 1로서는 상당한 정도로 이해하고 있었을 것으로 보인다. 또한 피고 병원 의료
진은 수회에 걸쳐 흉부 방사선촬영 등을 권유하고 나아가 태아심음 모니터링 등을
위하여 분만실 입원도 권유하였지만 원고 1이 이를 모두 거부하여 실행하지 못한
경과에 비추어, 위와 같은 진단검사 등이 필요한 이유에 대하여 위 원고의 이해정
도에 상응한 설명은 있었을 것으로 보인다. 이러한 사정과 더불어 원고 1의 과거
진료경력과 피고 병원 진료 당시에 보인 태도, 그리고 이 사건 변론과정에서 주장
한 내용 등을 종합하면, 원고 1은 피고 병원 의료진이 권유한 흉부 방사선촬영 등
을 거부할 경우 발생할 수 있는 위험성을 알았거나 피고 병원 의료진으로부터 설
명을 들었음에도, 흉부 방사선촬영이 태아에 미칠 위험성 등을 고려하여 스스로의
결정에 따라 거부하였다고 판단된다.

또한 위와 같이 환자가 의료진이 권유하는 진료의 필요성과 그 진료 또는 진료거
절의 위험성을 인식하면서 스스로의 결정에 따라 진료를 거절한 경우, 의료진으로
서는 환자의 선택권을 존중할 수밖에 없고, 그 환자가 임신부여서 그 진료거절로
태아에게 위험이 발생할 우려가 있다고 해도 이는 마찬가지라 할 것이다.

한편 원고 1이 피고 병원에서 진료를 받을 당시 보인 호흡곤란 증상의 원인은 여
러 가지가 있을 수 있고, 폐부종이라도 그 원인에 따라 치료방법이 달라질 수 있
으며, 이뇨제가 태아에 나쁜 영향을 미칠 수도 있다는 점 등을 고려하면, 피고 병
원 의료진이 원고 1에 대한 흉부 방사선촬영 등 기초적인 검사를 하지 못한 상태
에서 폐부종을 정확히 진단하지 못하였거나, 이뇨제를 투여하지 않았다고 하더라도
이를 잘못이라고 보기는 어렵다.

결국 피고 병원 의료진에게 설명의무 위반, 진료상 과실이 있다고 볼 수 없고, 또
한 원심이 원고 1의 협력의무 위반 등을 이유로 피고 병원 의료진의 폐부종 진단
및 치료 지연 등 과실 주장을 배척한 판단에는 설명의무 위반 주장을 배척한 판단
도 포함되어 있다고 볼 수 있으므로, 원심판결에 상고이유 주장과 같은 설명의무
위반, 진료상 과실에 관한 법리오해, 판단누락 등 위법은 없다.

4. 상고이유 제4점에 관하여

원심이 그 판시와 같은 이유로 피고 병원 의료진에게 기관 내 삽관을 지체한 과실
을 인정할 수 없다고 판단한 조치는 수긍할 수 있고, 거기에 상고이유 주장과 같은
진료상 과실에 관한 법리오해 등의 위법이 없다.

5. 상고이유 제5점에 관하여

원고들의 이 부분 상고이유는 피고 병원 의료진의 과실과 원고들의 손해 사이의 인과관계를 인정하지 않은 원심판결에 잘못이 있다는 취지이나, 앞에서 본 바와 같이 피고 병원 의료진의 과실을 인정할 수 없다는 원심의 판단이 정당한 이상, 원심의 인과관계에 관한 판단은 판결 결과에 아무런 영향을 줄 수 없으므로, 이 부분 상고이유는 더 나아가 살펴볼 필요 없이 이유 없다.

6. 결론

그러므로 상고를 모두 기각하고 상고비용은 패소자들이 부담하는 것으로 하여 관여 대법관의 일치된 의견으로 주문과 같이 판결한다.

> **사례14 |** 서울고법 2011. 3. 8. 선고 2010나17040 판결

1. 판시사항

[1] 의료법 제22조, 제23조에서 의료인에게 진료기록부 등을 작성하도록 한 취지와 진료기록부 기록의 상세성 정도 및 의사 측이 진료기록을 성실히 작성하지 않음으로 인하여 진료경과가 불분명하게 된 데 따른 불이익을 환자 측에게 부담시킬 수 있는지 여부(소극)

[2] 신생아가 출생하여 3일 만에 사망한 사안에서, 의료진이 분만 중 산모와 태아에 대한 감시, 관찰을 세심하게 하지 않은 상태에서 태아곤란증에 대한 적절한 조치 없이 무리하게 질식분만을 시행함으로 인하여 신생아가 사망에 이르게 되었다고 보아 위 의료진 사용자의 손해배상책임을 인정한 사례

2. 이유

1) 기초 사실

이 법원이 이 부분에 관하여 설시할 이유는, 제1심판결문 3쪽 (3)항의 '원고 ○○○'을 '원고 2'로 정정하는 이외에는 제1심판결 이유 해당 부분 기재와 같으므로, 민사소송법 제420조 본문에 의하여 이를 그대로 인용한다.

2) 손해배상책임의 발생

가. 당사자들의 주장

1) 원고들의 주장

△△△△병원 의료진은 의사가 아닌 간호사를 통하여 분만을 위해 입원한 원고 2에 대한 내진을 시행하였고, 간호사가 의사의 지시도 없이 원고 2에게 자궁수축제인 옥시토신을 투여하게 하였으며, 분만 중 태아심박동수 및 자궁수축 감시를 세심하게 하지 못하였을 뿐만 아니라 태아곤란증을 의심할 수 있는 상황에서 아무런 조치를 취하지 않았고, 출생 직후에도 제1심 공동피고 서울대학교병원으로의 전원 조치를 지연하는 등의 과실이 있으며, 이러한 과실로 인하여 원고들의 신생아(이하 '망아'라 한다)가 저산소성 허혈성 뇌손상을 입어 사망에 이르게 되는 결과가 발생하였으므로, 피고는 △△△△병원 의료진의 사용자로서 그로 인하여 원고들이 입은 손해를 배상할 책임이 있다.

2) 피고의 주장

망아가 분만 중 태아곤란증을 겪었다고 보기 어렵고, △△△△병원 의료진에게 의료상의 과실도 없을 뿐 아니라 망아의 사망과 사이에 인과관계가 있다고 하기도 어렵다.

나. 의료처치상의 과실 유무 등

그렇다면 이 사건에서는 망아가 과연 태아곤란증을 겪었는지, 태아곤란증을 겪었다고 한다면 △△△△병원 의료진에게 이를 예견하고 회피할 수 있었음에도 그 주의의무를 다하지 못하는 등의 잘못이 있는지, 태아곤란증과 △△△△병원 의료진의 과실 사이에 인과관계가 있는지 여부가 쟁점이므로, 차례로 본다.

1) 관련 법리

가) 의사가 진찰·치료 등의 의료행위를 함에 있어서는 사람의 생명·신체·건강을 관리하는 업무의 성질에 비추어 환자의 구체적인 증상이나 상황에 따라 위험을 방지하기 위하여 요구되는 최선의 조치를 행하여야 할 주의의무가 있고, 의사의 이와 같은 주의의무는 의료행위를 할 당시 의료기관 등 임상의학 분야에서 실천되고 있는 의료행위의 수준을 기준으로 판단해야 한다(대법원 2000. 7. 7. 선고 99다66328 판결 등 참조).

나) 의료행위에 있어서 주의의무 위반으로 인한 불법행위 또는 채무불이행으로 인한 책임이 있다고 하기 위해서는 의료행위상 주의의무의 위반, 손해의 발생 및 주의의무의 위반과 손해발생과의 사이에 인과관계가 존재하여야 함은 물론이나, 의료행위가 고도의 전문적 지식을 필요로 하는 분야이고 그 의료의 과정은 대개의 경우 환자 본인이 그 일부를 알 수 있는 외에 의사만이 알 수 있을 뿐이며, 치료의 결과를 달성하기 위한 의료기법은 의사의 재량에 달려 있기 때문에, 손해발생의 직접적인 원인이 의료상

의 과실로 말미암은 것인지 여부는 전문가인 의사가 아닌 보통인으로서는 도저히 밝혀낼 수 없는 특수성이 있어서 환자 측이 의사의 의료행위상의 주의의무 위반과 손해발생과 사이의 인과관계를 의학적으로 완벽하게 입증한다는 것은 극히 어려운 일이므로, 의료사고가 발생한 경우 피해자 측에서 일련의 의료행위 과정에 있어서 저질러진 일반인의 상식에 바탕을 둔 의료상의 과실이 있는 행위를 입증하고 그 결과와 사이에 일련의 의료행위 외에 다른 원인이 개재될 수 없다는 점, 이를테면 환자에게 의료행위 이전에 그러한 결과의 원인이 될 만한 건강상의 결함이 없었다는 사정을 증명한 경우에 있어서는, 의료행위를 한 측이 그 결과가 의료상의 과실로 인한 것이 아니라 전혀 다른 원인에 의한 것이라는 입증을 하지 아니하는 이상, 의료상 과실과 결과 사이의 인과관계를 추정하여 손해배상책임을 지울 수 있도록 입증책임을 완화하는 것이 손해의 공평·타당한 부담을 그 지도원리로 하는 손해배상제도의 이상에 맞는다(대법원 2005. 9. 30. 선고 2004다52576 판결 등).

다) 의료법 제22조, 제23조에 의하여 의료진의 진료기록 작성의무가 부과되어 있는데, 이와 같이 의료인에게 진료기록부 등을 작성하도록 한 취지는 진료를 담당하는 의사 자신으로 하여금 환자의 상태와 치료의 경과에 관한 정보를 빠뜨리지 않고 정확하게 기록하여 이를 그 이후 계속되는 환자치료에 이용하도록 함과 아울러 다른 의료기관 종사자들에게도 그 정보를 제공하여 환자로 하여금 적정한 의료를 제공받을 수 있도록 하고, 의료행위가 종료된 이후에는 그 의료행위의 적정성을 판단하는 자료로 사용할 수 있도록 하고자 함에 있으므로, 의사는 진료기록부에 환자의 상태와 치료의 경과 등 의료행위에 관한 사항과 그 소견을 환자의 계속적인 치료에 이용할 수 있고 다른 의료인들에게 적절한 정보를 제공할 수 있으며, 의료행위가 종료된 이후에는 그 의료행위의 적정성 여부를 판단하기에 충분할 정도로 상세하게 기록해야 하고(대법원 1997. 8. 29. 선고 97도1234 판결, 대법원 1998. 1. 23. 선고 97도2124 판결 등 참조), 우리나라의 개인병원들이 진료기록부를 작성하면서 중요사항이나 특이사항이 있을 때만 그 진료 결과를 기재하고 진료 결과가 정상적인 경우에는 기재를 소홀히 하는 것이 관행처럼 되어 있다고 하더라도 이러한 부실기재 행태는 잘못된 것임이 분명하므로, 이를 가지고 바로 의료과실을 추정할 수는 없다고 하더라도, 의료법 제21조에 의하여 환자 등의 진료기록에 대한 열람권 등이 인정되기까지 한 이상, 의사 측이 진료기록을 성실히 작성하지 않음으로 인하여 진료경과가 불분명하게 된 데 따른 불이익을 환자 측에게 부담시키고 그와 같은 상황을 초래한 의사 측이 유리한 취급을 받아서는 안 된다 할 것이다.

2) 망아가 태아곤란증을 겪었는지 여부

위 1.항의 인정 사실에 앞서 든 증거들 및 당심의 서울아산병원장에 대한 사실조회 결과를 더하여 인정할 수 있는 아래에서 드는 사실과 아래 4)항에서 드는 사정들을 종합하여 보면, 망아는 ㉮ 출생 후 1시간 20분 후쯤 측정한 동맥혈가스분석검사

결과 pH가 7.087로서 대사성 또는 호흡·대사 혼합성 산혈증이 있었고, ㉮ 출생 후 아프가 점수가 △△△△병원 의료진에 의하여 1분 5점, 5분 8점으로 평가되었으나 이는 분만 직후의 망아의 상태 등에 비추어 지나치게 주관적이고 낙관적인 것이며, ㉯ 출생 후 경련 등 신생아 신경학적 후유증이 계속되었고, ㉰ 호흡부전 등 호흡기 기능장애뿐 아니라 뇌 위축성 변화 등의 기능장애가 수반되었으며, ㉱ 원고 2나 망아에게서 외상, 혈액응고장애, 감염, 유전적인 요인을 찾아보기 어려운 사실이 인정되므로, 망아는 분만과정 중의 저산소증으로 인한 허혈성 뇌손상 즉, 태아곤란증을 겪었다고 볼 수밖에 없다.

① 출생 당시 망아의 상태는 태변착색은 없었으나 울음소리, 반응과 움직임이 약하고 산소포화도가 70~80%에 불과하여 △△△△병원 의료진이 망아에게 바로 산소공급 및 구강, 비강 흡인을 시행하였음에도 여전히 산소포화도가 80~90%로 낮게 측정되자, 10:40경 산소공급을 위하여 기관삽관술을 시행한 다음, 이후의 치료를 위하여 제1심 공동피고 서울대학교병원으로 전원되었다.

② 망아의 출산 직후 주증상은 초기 울음이 없고 청색증이 관찰되어 인공호흡을 실시하였으나 증세 호전이 없어서 기관삽관된 상태로 산소 투여를 받으며 당일 11:40경 위 서울대병원으로 전원되었는데, 그 의료진은 11:43경 전원된 망아에게 호흡곤란과 청색증의 증상을 확인하고, 중환자실로 입원시킨 후 인공호흡기를 부착하는 등의 조치를 취하였으나, 12:15경 망아의 양쪽 다리에서 신생아의 경련 중 비특이적 경련 모습의 하나인 자전거 타는 듯한 움직임 소견이 관찰되었고, 혈액검사 결과 심한 대사성 산증, 간효소 수치 상승, 크레아틴 키나아제 및 젖산탈수효소가 심각하게 증가되었으며, 혈색소 저하, 혈뇨 소견이 관찰되었고, 뇌 CT 검사상 간뇌와 소뇌를 제외한 모든 대뇌반구에 광범위한 저음영과 뇌부종 소견을 보이는 뇌사의 양상을 확인하였다.

③ 망아에 대해 처음으로 시행된 동맥혈가스분석검사 결과 pH 7.087, 이산화탄소분압 54.4mmHg, 산소분압 33mmHg, 염기부족 14mmol/L으로 망아는 주산기가사에 의한 것으로 추정되는 심한 대사성 및 호흡성 산증 상태였다.

④ 당시 망아의 저산소성 허혈성 뇌증의 단계(그 정도에 따라 1, 2, 3단계로 나눈다)는, 약한 모로(Moro) 반사, 경련 및 간헐적인 무호흡 등의 증상으로 판단할 때 제2단계 이상에 해당하고, 항경련제 등의 치료에 반응하지 않아서 잘 조절되지 않는 경련 발작, 지속적인 핍뇨(소변량의 감소) 및 다기관 기능부전증이 동반되고 있는 상태였다.

⑤ 자궁수축 이후에 태아심박동수가 분당 120회 미만으로 반복하여 감소하면 태아곤란증이 의심되고, 만일 자궁수축 이후 1분에 100회 미만의 심박동이 있었다면 다음 수축 전에 120-160회로 회복되더라도 태아곤란증이 확실한데, 2007. 12. 7. 17:20경 주치의인 소외 1을 대신한 당직의 소외 2에 의한 진단시 태동검사상 규칙적인 자궁수축이 있으면서 내진상 자궁경부가 2cm 개대되고, 자궁경관의 60%가 소실된 상태였다.

⑥ 분만 제2기의 평균시간은 원고 2와 같은 초산부의 경우 평균 50분, 경산부의 경우 평균 20분인데, 옥시토신이 투여된 경우이고 별다른 사정이 없었음에도 이 사건의 분만 제2기는 2007. 12. 8. 08:40에 시작하여 망아의 만출 시점인 10:23경까지 1시간 43분가량이 소요되어 통상의 경우보다 상당히 길었다.

⑦ 2007. 12. 7. 20:40경 태아의 심박동이 분당 70회 이하로 떨어진 적이 있고, 다음날 05:15경에는 원고 2가 태아의 심박동이 느껴지지 않는다고 △△△△병원 의료진에게 호소한 적이 있으며, 원고 2가 2007. 12. 8. 09:45경 너무 힘들다며 △△△△병원 의료진에게 수술을 해 달라고 요구하였는데, 그 무렵 원고 1은 분만실에 들어온 △△△△병원 간호사 소외 3에게 심박동 기계가 70~80일 때가 있었다고 말한 적이 있다.

⑧ △△△△병원 의료진은 망아의 아프가 점수를 1분에 5점, 5분에 8점으로 평가하였으나, 아프가 점수는 본래 주관적인 것으로 소아과 의사나 마취과 의사의 채점에 비하여 산부인과 의사의 채점이 항상 높아 신빙성이 낮다고 평가되고 있고, 이 사건에서의 △△△△병원 의료진의 평가도 출생 직후 망아의 상태에 비추어 객관적인 것이라고 보기는 어렵다.

⑨ 2007. 12. 7. 16:30경 산모인 원고 2가 교통사고를 당하여 △△△△병원에 입원하여 초음파검사를 받은 결과 태아 및 태반에 이상이 없음이 확인되었으며, 망아 출생 전 태아상태의 망아에 대해 시행된 다운증후군, 에드워드증후군 및 개방성 신경관결손 위험도 검사 결과 모두 음성으로 나온 것을 비롯하여 산전 선별검사 및 신경관결손 선별검사 결과 등 출생 이전 원고 2와 망아에 대한 산전 진찰 과정에 특이소견이 없었고, 양수의 태변착색이 없었고 흉부 방사선 소견도 정상이었으며, 2007. 12. 8.과 그 이후의 방사선 사진에서도 폐에 이상이 없는 것으로 판독되었고, 신생아 패혈증을 포함한 주산기 감염 여부를 확인하기 위해 망아의 혈액을 채취하여 실시한 혈액배양검사도 음성이었으며, 원고 2가 임신 36주에 헤르페스(Herpes) 감염 치료를 받은 적이 있어 망아의 혈청을 통해 Herpes simplex IgM Ab(항체) 검사를 시행한 결과도 음성, 망아에 대한 Rubella IgM Ab, CMV IgM Ab, Toxoplasma Ab IgM 검사 결과 역시 모두 음성으로서 유전적인 요인, 감염이나 기타 감염 소견이 없는 것으로 확인되었다.

⑩ 위 서울대학교병원에서의 부검 결과 망아는 체중 3.25kg에 건강한 편으로 특별히 선천적으로 무슨 장애가 있거나 한 상태는 아니었다.

3) 간호사에 의한 내진 및 옥시토신 투여의 잘못이 있는지 여부

앞서 든 증거들에 변론 전체의 취지를 더하여 보면, △△△△병원 간호사가 원고 2에 대한 내진을 시행하여 자궁경관의 개대정도, 소실률, 태아하강도 등을 측정하고, △△△△병원 간호사 소외 4 등이 2007. 12. 8. 06:00부터 09:40까지 사이에 주치의인 소외 1이 없는 상황 아래 등에서 8차례에 걸쳐 직접 옥시토신을 투여한 사실은 인정되지만, 위와 같은 간호사의 내진행위나 옥시토신 투여행위는 △△△△병원 의사들의 일반적인 지도·감독 또는 투여 지시에 따라 이루어진 것이어서 이를

무면허의료행위라고 보기 어려울 뿐만 아니라, 무면허로 의료행위를 한 경우라도 그 자체가 의료상의 주의의무 위반행위는 아니라고 할 것이어서 당해 의료행위에 있어 구체적인 의료상의 주의의무 위반이 인정되지 않는다면 그것만으로 불법행위 책임을 부담하지는 않으므로(대법원 2002. 1. 11. 선고 2001다27449 판결, 대법원 2010. 10. 14. 선고 2007다3162 판결 등 참조), 이 부분 주장은 받아들이기 어렵다.

4) 태아곤란증을 의심할 수 있는 상황에서 내진 등을 제대로 하지 않고 무리하게 옥시토신을 투여한 잘못이 있는지 여부

위에서 인정한 사실들과 앞서 든 증거들에 의하여 인정할 수 있는 아래의 사정들을 종합하여 보면, △△△△병원 의료진은 분만 중 태아심박동수 및 자궁수축 감시 등을 세심하게 하였더라면 망아가 태아곤란증을 겪고 있음을 의심할 수 있는 상황임에도 이를 제대로 이행하지 않은 상태에서 만연히 옥시토신을 투여하고, 그 투약량을 늘려가며 태아곤란증에 대한 적절한 조치 없이 무리하게 질식분만을 시행한 잘못이 있다 할 것이다.

① 분만을 시행하는 의사는 태아심박동수 측정과 함께 내진으로 자궁경부 소실 및 개대 정도, 태아하강도, 양막 파열 여부를 직접 관찰해야 하고, 내진은 2~3시간마다 시행하되, 아두가 진입되지 않은 상태에서 양막이 파열될 경우 즉시 내진을 시행하여 제대압박 및 제대탈출 여부를 확인해야 하는데, 이 사건의 경우 양막이 2007. 12. 8. 08:00경 파열되었으나, 그 후인 08:40경에 측정된 태아하강도는 0이었다.

② 원고 2가 2007. 12. 7. 금요일 16:30경에 당한 교통사고 때문에 걱정이 되어 급히 분만을 위해 입원을 하게 된 것이고, 임신 중 교통사고는 조산, 뇌성마비의 한 원인임에도 불구하고, 공교롭게도 주말 오후에 입원한 바람에 같은 날 17:20경 위 소외 2가 원고 2를 내진하고, 태아심박동수가 70회 이하로 떨어짐에 따라 20:40경과 20:45경 위 소외 2가 내진을 한 이후 다음날인 2007. 12. 8. 09:00 위 소외 1이 출근을 하여 내진을 하기까지 △△△△병원 의사들 가운데 원고 2를 내진한 사람은 없고, 옥시토신 투여 전후를 통하여 그 사이 내진은 소외 5 등 간호사들에 의하여 모두 시행되었다 (피고는 같은 날 21:00경 주치의인 소외 1이 잠시 출근하여 원고 2를 진찰하였다고 주장하고 있지만, 진료기록상 이에 대한 기재를 찾아볼 수 없다).

③ 이와 같은 상황에서 △△△△병원 의사(진료기록상 소외 2인지 소외 1인지 분명하지 않다)가 지시한 바에 따라 간호사 소외 4가 2007. 12. 8. 06:00 원고 2의 자궁수축력이 떨어지는 것을 보고 평소 해오던 것처럼 4gtt의 옥시토신을 투여한 것을 시작으로, 06:20분 8gtt, 06:40분 12gtt, 07:00분 16gtt, 08:00분 20gtt, 08:40분 20gtt, 09:20분 24gtt, 09:40분 24gtt까지 총 8차례에 걸쳐 간호사 소외 4, 3, 6, 7이 차례로 옥시토신을 투여하였다.

④ 옥시토신을 사용하는 경우, 산모 및 태아에게 자궁 과다수축, 수분저류, 자궁파열, 산

모의 저혈압, 자궁 과다수축으로 인한 태아심박동 양상의 변화 등의 부작용이 발생할 수 있기 때문에, 자궁수축의 빈도, 강도, 지속시간 및 태아심박동수를 세심하게 관찰해야 하고, 고위험 임신의 경우와 마찬가지로 분만 제1기에는 매 15분마다, 분만 제2기에는 매 5분마다 태아심박동 양상을 확인하도록 권고되고 있다. 아울러 태아심박동 양상에 근거한 태아곤란증의 진단은 매우 제한적인 의미를 가질 뿐이므로, 이를 방지하기 위해서는 산모와 태아의 전체적인 상태를 면밀히 관찰하는 것이 중요하다.

⑤ 그런데 △△△△병원 의료진은, 산모에 대한 자궁수축의 빈도, 강도, 지속시간은 거의 측정한 바 없고, 태아심박동수도 위 1.의 가. (4), (5), (6)항 기재와 같이 분만 1기에는 20분 내지 1시간 간격으로, 분만 2기 들어서도 20분 내지 30분 간격으로 확인하였을 뿐이며, 현재 2007. 12. 7. 16:50경, 18:30경, 20:50경과 다음날 05:30경, 07:10경의 비수축성검사 결과(NST)지만이 남아 있고, 그 사이의 태아심박동수의 양상을 확인할 수 있는 진료기록은 남아 있지 않다.

⑥ 분만 도중 안심할 수 없는 태아심박동양상이 의심되는 경우 옥시토신 등 자궁수축제 투약을 중지하고, 임산부의 체위를 변경시키며, 수액공급을 증가시키고, 안면마스크를 통해 분당 8~10ℓ의 산소를 공급해야 하며, 이러한 조치에도 불구하고 효과가 없을 경우에는 가장 빠른 방법으로 즉각적인 분만을 시도해야 한다.

⑦ 옥시토신으로 자궁수축을 자극하기 전에 산도가 아두의 크기에 적당하고 아두가 굴위를 취하여 최소의 직경으로 산도에 적응하여 통과할 수 있는지의 여부를 규명하기 위해 ㉮ 대각결합경이 11.5cm 이상으로서 정상, ㉯ 골반의 양측벽이 평행 상태, ㉰ 좌골극이 예리하게 돌출하지 않은 경우, ㉱ 천골의 굴곡도가 편평하지 않은 경우, ㉲ 치골하각이 좁지 않은 경우(90~100도), ㉳ 아두가 중간 골반까지 하강하여 진입상태이거나 또는 손바닥으로 자궁저부를 압박하여 태아두가 골반강의 입구를 통과하는 경우의 각 기준에 맞는지 여부를 확인해야 한다.

5) 분만 직후부터 전원시까지의 과정에 과실이 있는지 여부

△△△△병원 의료진이 2007. 12. 8. 10:40경 전원결정을 내리고도 거리가 2.09km로서 소요시간이 6분에 불과한 제1심 공동피고 서울대병원에 같은 날 11:43경에야 망아를 전원한 사실은 위 1.항의 인정 사실 및 갑 15의 기재에 의하면 이를 인정할 수 있으나, 위 1.항에서 인정한 사실 즉, 같은 날 10:23경 출생한 신생아의 울음소리, 반응과 움직임이 약하고 산소포화도가 70~80%에 불과하여 △△△△병원 의료진이 산소공급 및 구강, 비강 흡인을 시행하였음에도 산소포화도가 여전히 80~90%로 낮게 측정되자 10:40경부터 기관삽관술을 시행하여 산소를 공급한 후 인근에 있는 위 서울대병원으로 전원한 사실에다가 10:40경이라는 시각은 △△△△병원 의료진이 기관삽관술을 시행하기로 결정한 시각일 뿐이고, 기관삽관술 실시와 산소공급, 전원결정과 보호자에 대한 설명, 이송시간 등을 감안하여 보

면, 앞서 인정한 사실만으로는 전원조치가 지연된 것이라고 보기는 어렵다.

다. 소결

위 1.항의 인정 사실과 2.의 나. 2), 4)항의 인정 사실들을 종합하여 보면, △△△△병원 의료진이 분만 중 태아심박동수 및 자궁수축 감시 등 산모와 태아에 대한 감시, 관찰을 세심하게 하지 않은 상태에서 만연히 옥시토신을 투여하고, 그 투약량을 늘려가며 태아곤란증에 대한 적절한 조치 없이 무리하게 질식분만을 시행함으로 인하여 망아에게 태아곤란증이 발생하였거나 어떤 경위로 발생한 태아곤란증이 돌이킬 수 없을 정도로 심각한 지경에 이르러 사망에까지 이르게 되었다고 봄이 상당하므로, 피고는 △△△△병원 의료진의 사용자로서 그로 인하여 원고들이 입은 손해를 배상할 책임이 있다.

라. 책임의 제한

다만 앞서 인정한 사실들과 위에서 든 증거들에 의하여 인정되는 사정들 즉, 일반적으로 실시되는 태아심박동수의 측정만으로 태아곤란증을 정확하게 진단하기는 어렵고, 현대의학의 수준으로도 태아곤란증 여부를 정확하게 예측하는 것이 불가능한 점, 망아의 태아심박동수가 분만 직전까지 비교적 정상적인 양상을 보여서 태아곤란증을 겪고 있음을 예견하기가 쉽지 않았을 것으로 보이는 점, 분만 전후의 저산소증이 뇌성마비를 일으키는 인자이기는 하나 그 확률은 15 내지 20% 정도로 알려져 있고 뇌성마비가 원인 불명인 경우가 많으며, 정상분만 과정에도 태아곤란증이 발생할 수 있는 점, 원고 2에게 계류유산의 전력이 있고, 분만 바로 직전 교통사고를 당하였으며, 분만 36주 5일 무렵에 헤르페스 감염치료를 받은 적이 있어 이 사건에서도 다른 원인이 개재되었을 가능성을 배제할 수 없는 점 등을 감안하여, 피고의 책임비율을 20%로 제한한다.

3) 손해배상의 범위

이 사건 의료사고로 말미암아 망아와 원고들이 입은 재산적, 정신적 손해액의 산출근거, 지출비용, 계산내역과 그 액수는 아래와 같다(다만 월 12분의 5%의 비율에 의한 중간이자를 공제하는 단리할인법에 따라 이 사건 의료사고 당시의 현가로 계산하고, 계산의 편의상 원 미만 및 월 미만은 버린다).

가. 망아의 일실수입

1) 인정 사실 및 평가 내용

가) 주거생활권 : 도시지역인 용인시

나) 가동능력에 대한 금전적 평가 : 원고들이 구하는 바에 따라 2008년 상반기 도시일용 노동에 종사하는 보통인부의 노임인 1일 60,547원

다) 가동능력 상실률 : 100%

라) 기대여명 : 사고일로부터 75.54세

마) 가동기간 및 가동일수 : 망아가 생존하였을 경우 군복무를 마치는 2029. 12. 8.부터 60세가 될 때까지인 2067. 12. 7.까지 456개월간 월 22일씩

바) 생계비 공제 : 수입의 1/3

[인정 근거] 현저한 사실, 경험칙, 갑 4, 5호증의 각 기재, 변론 전체의 취지

2) 계산 : 137,228,451원

1,332,034원(60,547원 × 22일) × 2/3 × 154.5326(720개월의 호프만지수 332.3359 - 264개월의 호프만지수 177.8033)

나. 장례비(원고들) : 300만 원

[인정 근거] 현저한 사실, 경험칙, 갑 6호증의 기재

다. 책임의 제한

1) 책임제한 비율 : 20%

2) 계산

가) 일실수입(망아) : 27,445,690원(137,228,451원 × 20%)

나) 장례비(원고들) : 각 300,000원(3,000,000원 × 20%)

라. 위자료

1) 참작한 사유 : 망아와 원고들의 나이, 가족관계, 재산 및 교육정도, 이 사건 의료사고의 경위 및 결과, 기타 변론에 나타난 여러 사정

2) 결정금액

망아 : 1,000만 원

원고들 : 각 500만 원

마. 상속관계

1) 망아의 재산상속인 및 상속비율 : 부모들인 원고들 각 1/2

2) 상속금액 : 18,722,845원[37,445,690원(일실수입 27,445,690원 + 위자료 1,000만 원) / 2인]

바. 소결

따라서 피고는 △△△△병원 의료진의 사용자로서 원고들에게 각 24,022,845원 (상속분 18,722,845원 + 장례비 30만 원 + 위자료 500만 원) 및 이에 대한 이 사건 의료사고일 이후로서 원고가 구하는 2007. 12. 11.부터 피고가 그 이행의 무의 존부 및 범위에 관하여 항쟁함이 상당하다고 인정되는 당심판결 선고일인 2011. 3. 8.까지는 민법 소정의 연 5%, 그 다음날부터 갚는 날까지는 소송촉진 등에 관한 특례법 소정의 연 20%의 각 비율로 계산한 지연손해금을 지급할 의무가 있다.

3. 결론

그렇다면 원고들의 이 사건 청구는 위 인정 범위 내에서 이유 있어 이를 일부 인용하여야 할 것인바, 제1심판결은 이와 결론을 달리하여 부당하므로, 원고들의 항소를 일부 받아들여 제1심판결의 원고들 패소 부분 중 위에서 지급을 명한 금원에 해당하는 부분을 취소하고 피고에게 위 금원의 지급을 명하고, 원고들의 나머지 항소는 이유 없어 이를 모두 기각하기로 하여 주문과 같이 판결한다.

제2절 신경외과

1. 사건의 내용

A는 심한 어지럼 증세 등으로 응급실을 통하여 입원하였다. 이 병원 소속 신경과 의사 B는 A에 대한 문진 및 사진 결과 뇌경색으로 진단하여 항 혈소판제를 투여하였고, 그 다음 날 실시한 뇌 자기공명영상(MRI)촬영 결과 우측 소뇌에 다발성 소강성 뇌경색이 나타나고 어지럼 검사에서 중추 신경성 어지럼이 의심되었다. 그리고 뇌혈관의 이상 여부를 확인하기 위하여 뇌혈관조영술 검사를 하던 중 A가 갑자기 두통을 호소하여 검사를 중단하였다. 그러나 A는 이미 의식을 잃었고 몇일 뒤에 사망하였다.

2. 판시사항

[1] 의사가 의료행위를 함에서 취하여야 할 주의의무의 정도와 그 기준이 되는 대상

[2] 수술 도중 환자에게 사망의 원인이 된 증상이 발생한 경우, 증상 발생에 관하여 의료상의 과실 이외의 다른 원인이 있다고 보기 어려운 간접사실들을 증명하는 방법으로 위 증상이 의료상의 과실을 근거로 한 것으로 추정할 수 있는지(적극) 및 위 같은 경우에도 의사에게 과실이 없음의 증명책임을 지울 수 있는지(소극)

[3] 심한 어지럼증으로 입원한 환자가 뇌경색의 진단을 받고 뇌혈관의 이상 여부를 확인하기 위해 뇌혈관조영술 검사를 받던 중 뇌경색으로 의식을 상실하였다고 하더라도, 중한 결과가 의사의 시술 상의 과실 때문으로 추정하기 어렵다고 한 사례

[4] 의료행위에 따르는 후유증과 부작용의 위험발생 가능성이 희박하다고하여 의사의 설명의무가 면제될 수 있는지(소극) 및 자세한 설명의무의 범위

3. 판결요지

[1] 의사가 진찰·치료 등의 의료행위를 함에는 사람의 생명·신체·건강을 관리하는 업무의 성질에 비추어 환자의 구체적인 증상이나 상황에 따라 위험을 방지하기 위하여 요구되는 최선의 조처를 하여야 할 주의의무가 있고, 의사의 이와 같은 주의의무는 의료행위를 할 당시 의료기관 등 임상의학 분야에서 실천되고 있는 의료행위의 수준을 기준으로 삼되 그 의료수준은 통상의 의사에게 의료행위 당시 일반적으로 알려졌고 또 시인되고 있는 이른바 의학상식을 뜻하므로 진료환경 및 조

건, 의료행위의 특수성 등을 고려하여 규범적인 수준으로 파악되어야 한다.

[2] 의료행위는 고도의 전문적 지식이 있어야 하는 분야로서 전문가가 아닌 일반인으로서는 의사의 의료행위의 과정에 주의의무 위반이 있는지 그 주의의무 위반과 손해발생 사이와 인과관계가 있는지를 밝혀내기가 극히 어려운 특수성이 있으므로 수술 도중 환자에게 사망의 원인이 된 증상이 발생하면 그 증상 발생에 관하여 의료상의 과실 이외의 다른 원인이 있다고 보기 어려운 간접사실들을 입증함으로써 그와 같은 증상이 의료상의 과실을 근거로 한 것으로 추정하는 것도 가능하다고 하겠으나, 그 경우에도 의사의 과실 때문인 결과발생을 추정할 수 있을 정도의 개연성이 담보되지 않는 사정들을 가지고 막연하게 중한 결과에서 의사의 과실과 인과관계를 추정함으로써 결과적으로 의사에게 과실이 없음의 증명책임을 지우는 것까지 허용되는 것은 아니다.

[3] 심한 어지럼증으로 입원한 환자가 뇌경색의 진단을 받고 뇌혈관의 이상 여부를 확인하기 위해 뇌혈관조영술 검사를 받던 중 뇌경색으로 의식을 상실하였다고 하더라도, 중한 결과가 의사의 시술 상의 과실 때문으로 추정하기 어렵다고 한 사례

[4] 의사의 설명의무를 그 의료행위에 따르는 후유증이나 부작용 등의 위험발생 가능성이 희소하다는 사정만으로 면제될 수 없으며, 그 후유증이나 부작용이 치료행위에 전형적으로 발생하는 위험이거나 회복할 수 없는 중대한 것이면 발생 가능성의 희소성에도 설명의 대상이 되며, 이 경우 의사가 시술 전 환자의 상태 및 시술 때문인 합병증으로 사망할 가능성의 정도와 예방 가능성 등에 관하여 자세한 설명을 하여 주지 아니하였다면 설명의무를 다하였다고 할 수 없다.

[5] 의사가 설명의무를 위반한 채 수술을 시행하여 환자에게 중대한 결과가 발생하였다는 것을 이유로 결과 때문인 모든 손해를 청구하는 경우에는 그 중대한 결과와 의사의 설명의무 위반이나 승낙취득 과정에서의 잘못과의 사이에 상당인과관계가 존재하여야 하며, 그때의 의사의 설명의무 위반은 환자의 자기결정권이나 치료행위에 대한 선택의 기회를 보호하기 위한 점에 비추어 환자의 생명, 신체에 대한 구체적 치료과정에서 요구되는 의사의 주의의무 위반과 동일시할 정도의 것이어야 한다.

4. 검토

이 사안에서 의사 B의 혈관조영술의 시술방식이 잘못되었다는 입증은 없으므로 시술상 과실이 있다고 볼 수는 없다. 또한, 혈관질환을 앓는 환자가 혈관조영술을 시술받고 그 합병증으로 사망에 이를 확률은 연구 결과마다 다르지만 대체로 1% 내외로

알려져 있다. 그리고 혈관조영술 직후 환자상황에 악화한 경우 그것이 혈관조영술의 합병증인지 아니면 기존 질병의 악화인지 판명하기가 어려운바, 이 사건에서는 이미 중증의 뇌경색 증세를 보이는 A의 체내에서 혈전 등이 떨어져 나와 혈류를 따라다니다가 기저동맥을 막을 가능성이 있다. 이러한 사실에 비추어 혈관조영술과 사망 사이의 상당인과관계는 부정된 것이다.

사례2 | 대법원 2003.11.27. 2001다20127 판결

1. 사건의 내용

A는 귀에 발생한 양성종양의 일종인 청신경초종의 진단을 받고 제거수술을 받기 위하여 병원에 입원하였다. 그리고 초종 제거수술을 받은 후 A가 세균성 뇌막염 증세를 보이자 의사 B는 이를 치료하였는데 그 도중 뇌실내출혈, 뇌실의 심한 팽창, 뇌의 압박과 함께 수두증이 발견되었고 결국 A는 사망하였다.

2. 판시사항

[1] 의료행위상의 주의의무 위반으로 인한 손해배상청구에서 의료상의 과실의 존재 및 의료상 과실과 결과 사이의 인과관계에 관한 입증책임을 완화하는 경우 의료과정에서 어떠한 주의의무 위반의 잘못이 없어도 손해배상책임을 인정할 것인지 여부 (소극)

[2] 청신경초종 제거술을 받은 환자가 수술중의 감염으로 인한 뇌막염치료를 받아 증세기 호전되다가 원인을 알 수 없는 뇌실내출혈 및 이에 별방한 수두증으로 사망한 사실만으로는 의사의 과실을 인정할 수 없다고 한 사례

3. 판결요지

[1] 의료행위상의 주의의무 위반으로 인한 손해배상청구에서 피해자 측에서 일련의 의료행위 과정에 있어서 저질러진 일반인의 상식에 바탕을 둔 의료상의 과실 있는 행위를 입증하고 그 결과와 사이에 일련의 의료행위 외에 다른 원인이 개재될 수 없다는 점, 이를테면 환자에게 의료행위 이전에 그러한 결과의 원인이 될 만한 건강상의 결함이 없었다는 사정을 증명한 경우에는 의료상 과실과 결과 사이의 인과관계를 추정하여 손해배상책임을 지울 수 있도록 인증책임을 완화할 것이나, 이 경우에도 일련의 의료행위 과정에 있어서 일반인의 상식에 바탕을 둔 의료상 과실의 존재는 환자 측에서 입증하여야 하는 결과 의료과정에서 어떠한 주의의무

위반의 잘못을 인정할 수 없다면 그 청구는 배척될 수밖에 없다.

[2] 청신경초종 제거술을 받은 환자에게 수술중의 감염으로 인한 뇌막염이 발생하였지만 집도의사가 사고 당시 일반적인 의학수준에 비추어 볼 때 수술로 인한 감염을 막기 위하여 필요한 조치를 다하였다고 볼 여지가 있는 반면 환자는 위 감염으로 인한 뇌막염과는 무관하게 원인을 알 수 없는 뇌실내출혈 및 이와 병발한 수두증 등의 합병증으로 사망하였다면, 막연하게 망인에게 수술중의 감염으로 뇌막염이 발생하였다는 사실만 가지고 사망이라는 중한 결과에 대하여 집도의사에게 감염방지의무를 게을리 한 과실을 인정할 수 없다고 본 사례

4. 검토

이 책 앞에서 살펴본 것처럼 환자에게는 증명책임이 완화되나(예를 들어 환자에게 의료행위 이전에 그러한 결과의 원인이 될 만한 건강상의 결함이 없었다는 사정을 증명한 경우에는 의료상 과실과 결과 사이의 인과관계를 추정하여 손해배상책임을 지움), 이 경우에도 의료행위 과정에서 일반인의 상식에 바탕을 둔 의료상 과실의 존재는 환자측에서 입증하여야 한다. 따라서 의료과정에서 어떠한 주의의무 위반의 잘못을 인정할 수 없다면 그 청구는 배척되어야 한다.

이 사건을 살펴보면 ① 의사는 뇌막염을 비롯한 질병의 감염을 방지하기 위하여 입원 당일부터 수술 전까지 계속 항생제를 투여하였고, 수술 중 항생제를 식염수에 섞어 수시로 수술부위를 씻었으며 수술 후에도 계속 항생제를 투여하였다. 그리고 ② 수술 도중 노출되는 수술 부위에 공기 중에 있는 세균의 침입으로 감염이 발생할 수 있는 확률은 이 병원은 1% 정도에 불과하였다. ③ 한편 이 의사가 뇌막염을 진단한 후 3세대 항생제로 바꾸어 처방함으로써 뇌막염의 증세가 호전되고 있었는데 갑자기 원인을 알 수 없는 뇌실내출혈이 발생하면서 두두증이 함께 발생하였고 피해자는 그 후 혼수상태에서 벗어나지 못하고 마침내 사망에 이르렀는데, 뇌막염으로 뇌실내출혈이 발생한 사례는 아직 보고된 바 없었다고 한다.

대법원은 이와 같은 제반 사정을 인정하고, 이에 의한다면 의사로서는 의학 수준에서 기대되는 모든 주의의무를 다하였다고 볼 수 있고 달리 피해자들의 과실에 관한 입증도 없으므로 의사 B의 책임을 인정할 수 없다고 한 것이다.

1. 사건의 내용

윌슨 씨 병을 앓고 있는 A에게 B는 D-페니실아민을 처방하면서 이 약을 주제로 설명하였다. 그러나 A는 이 약을 제대로 복용하지 않았고 B가 정해준 날짜에 치료하러 오지도 않았다. 얼마 지나지 않아 A의 중상은 더욱 악화되었다.

2. 판시사항

[1] 의사의 설명의무의 내용 및 그 범위

[2] 의사의 윌슨(Wilson) 씨 병을 앓는 환자에 대한 그 병의 치료과정과 치료약제의 투약에 관한 설명의무 위반이 문제 되지 않는다고 한 사례

3. 판결요지

[1] 의사는 긴급한 경우나 다른 특별한 사정이 없으면, 의약품을 투여하기 전에 환자에게 질병의 증상, 치료방법의 내용과 필요성, 예상되는 생명·신체에 대한 위험성과 부작용 등 환자의 의사결정을 위하여 중요한 사항을 설명함으로써 환자로 하여금 투약에 응할 것인가의 여부를 스스로 결정할 기회를 가질 수 있도록 하여야 하지만, 환자에게 발생한 중대한 결과가 투약 때문인 것이 아니거나 환자 스스로 결정이 관련되지 아니하는 사항에 관한 것일 때에는 설명의무 위반이 문제가 되지 아니한다.

[2] 윌슨(Wilson)씨 병을 앓는 환자의 병세가 악화한 것은 그 치료약제의 부작용 때문이 아니고 환자가 의사의 처방을 무시하고 약을 복용하지 아니하고 지정된 날짜에 진료도 받지 아니하는 등 효과적으로 치료가 이루어지지 아니하였기 때문이므로, 의사가 환자에게 그 병의 치료과정과 치료약제의 투약에 관하여 상세한 설명을 하지 아니한 것을 잘못이라고 볼 수 없다고 한 사례

4. 검토

이 사안에서 환자의 상황이 악화한 것은 의사가 치료과정이나 이 치료 약 D-페니실아민에 대하여 설명의무를 다하지 않아서가 아니라 환자가 의사의 지시에 제대로 따르지 않았기 때문이다. 즉, 환자가 앞에서 살펴본 진료협조의무를 소홀히 하였기 때문에 환자의 병세 악화에 의사는 책임지지 않아도 되는 것이다.

1. 사건의 내용

A는 허리에 통증이 있고 오른쪽 팔 근육이 저리고 힘이 없어 이를 치료하기 위하여 의사 B를 찾았다. B는 A의 상태가 물리치료로 해결될 수 있는 것이 아니라 하여 전방 목등뼈 융합술을 시행하였다. 이후 A에게는 사지가 마비되는 증상이 나타났다. 한편 소송이 진행되자 B는 진료기록을 자신에게 유리하게 고쳤다.

2. 판시사항

[1] 환자 측에서 우선 일련의 의료행위 과정에서 저질러진 일반인의 상식에 바탕을 둔 의료상의 과실 있는 행위를 입증하고 그 결과와 사이에 의료행위 외에 다른 원인이 개재될 수 없다는 점을 증명한 경우, 의료상의 과실과 결과 사이의 인과관계를 추정할 것인지 여부

[2] 의사의 전방 목등뼈융합술 시행 이후에 사지 부전 마비증세가 의사의 시술 과정에서의 잘못 때문에 초래된 것으로 추정된다고 한 사례

[3] 의사 측의 진료기록 변조행위를 입증방해행위로서 의사 측에서 불리한 평가를 하는 자료로 삼을 수 있는지 여부

3. 판결요지

[1] 일반적으로 의료행위에서 그 주의의무 위반 때문인 불법행위 또는 채무불이행 때문인 책임이 있다고 하기 위해서는 일반적일 때와 마찬가지로 의료행위상 주의의무의 위반, 손해의 발생 및 주의의무의 위반과 손해의 발생과의 사이 인과관계의 존재가 전제되어야 하고 이는 이를 주장하는 환자 측에서 입증하여야 할 것이지만 의료행위가 고도의 전문적 지식이 있어야 하는 분야이고, 그 의료의 과정은 대개 환자 본인이 그 일부를 알 수 있는 외에 의사만이 알 수 있을 뿐이며, 치료의 결과를 달성하기 위한 의료 기법은 의사의 재량에 달려 있기 때문에 손해 발생의 직접적인 원인이 의료상의 과실로 말미암은 것인지 아닌지는 전문가인 의사가 아닌 보통사람으로서는 도저히 밝혀낼 수 없는 특수성이 있어서 환자 측이 의사의 의료행위상의 주의의무 위반과 손해의 발생과 사이의 인과관계를 의학적으로 완벽하게 입증한다는 것은 극히 어려우므로, 환자가 치료 도중에 하반신 완전마비 등 사지부전마비증상이 발생함에 있어서는 환자 측에서 우선 일련의 의료행위 과정에

서 저질러진 일반인의 상식에 바탕을 둔 의료상의 과실 있는 행위를 입증하고 그 결과와 사이에 일련의 의료행위 외에 다른 원인이 개재될 수 없다는 점, 이를테면 환자에게 의료행위 이전에 그러한 결과의 원인이 될 만한 건강상의 결함이 없었다는 사정을 증명한 때에 있어서는, 의료행위를 한 측이 그 결과가 의료상의 과실로 말미암은 것이 아니라 전혀 다른 원인으로 말미암은 것이라는 입증을 하지 아니하는 이상, 의료상 과실과 결과 사이의 인과관계를 추정하여 손해배상책임을 지울 수 있도록 증명책임을 완화하는 것이 손해의 공평·타당한 부담을 그 지도원리로 하는 손해배상제도의 이상에 맞는다.

[2] 의사의 전방 목등뼈융합술 시행 이후에 나타난 환자의 사지 부전 마비증세가 의사가 시술 과정에서 수술기구 등으로 환자의 전면척추 동맥 또는 신경근 동맥을 과다압박 또는 손상하게 하여 척수 혈류장애를 가져왔거나, 또는 환자의 제6 또는 제7목등뼈부위의 척수를 손상한 잘못 때문에 초래된 것으로 추정된다고 한 사례

[3] 의료분쟁에서 의사 측이 가지고 있는 진료기록 등의 기재가 사실인정이나 법적 판단을 함에서 중요한 역할을 차지하고 있는 점을 고려하여 볼 때, 의사 측이 진료기록을 변조한 행위는, 그 변조이유에 대하여 상당하고도 합리적인 이유를 제시하지 못하는 한, 당사자 간의 공평 원칙 또는 신의칙에 어긋나는 입증방해행위에 해당한다 할 것이고, 법원으로서는 이를 하나의 자료로 하여 자유로운 심증에 따라 의사 측에게 불리한 평가를 할 수 있다.

4. 검토

우선, 수술 전후를 통하여 원고에게 척수위축 때문인 하반신 마비를 가져올 만한 특별한 원인이나 증상이 관찰되지 아니하고, 척수 또는 전면척수 동맥이 수술 중 외과적인 원인에 의하여 손상되면 운동마비, 척수 또는 전면척수 동맥이 수술 중 외과적인 원인에 의하여 손상되면 운동마비, 감각장애 등의 증상을 일으킬 수 있는 것이라고 할 때 A의 사지 부전 마비증세는 B가 시술과정에서 초래된 것으로 추정할 수 있다.

그리고 의사 측의 진료기록은 의료분쟁에서 가장 중요한 증거이다. 그런데 의사가 이를 변조하였다면 이는 '입증방해'행위로서 법원은 이 사실을 의사 측에 불리하게 사용할 수 있으며 사전에서도 의사의 잘못을 인정하는 이유 중 하나가 되었다. 따라서 앞서 살펴본 것처럼 의료사고 발생 시 의사 측은 함부로 진료기록에 손을 대는 일이 없어야 할 것이다.

사례5 | 대법원 1983.11.22. 83다카1350 판결

1. 사건의 내용

A는 반측성안면경련증[34]을 치료하기 위하여 의사 B에게 좌측두부의 소뇌 혈관과 안면신경의 접합 부분을 분리하는 수술을 받았는데 수술 후 안면 경련 증세는 다소 호전되었어나 좌측 하지의 부전 마비증세가 발생하였다.

2. 판시사항

[1] 추정사실을 추인하는 전제요건사실을 심리하지 않고서 한 사실 추정의 적부

[2] 수술환자 중 피해자와 같은 부작용이 없었다는 사실 등만으로 의사의 치료상 과실 추정 가부

3. 판결요지

[1] 반측성안면경련증의 치료를 위한 뇌수술 때문에 발생하는 후유증인 하지 부전 마비의 발생 원인으로는 '소뇌 혈관이나 뇌간의 손상', '환자의 전신적인 혈관장애'. '환자의 특이체질'의 세 가지를 예상할 수 있는데, 피해자에게 그 원인의 하나인 전신적 혈관장애가 없었다는 사실 외에 '환자의 특이체질'이 구체적으로 어떠한 체질을 말하는지 밝히고 피해자의 체질이 그에 해당하는지를 심리 판단함이 없이 피해자에게 전신적 혈관장애가 없었다는 사실만으로 바로 그 후유증의 발생이 집도의사가 수술하면서 피해자의 소뇌 혈관이나 뇌간에 손상을 가함으로 인한 것으로 추정할 수 없다.

[2] 이 사건 수술의사가 반측성안면경련증 수술방법을 습득, 시술한 이래 피해자에게 이르기까지 수술한 40명의 반측성안면경련증 환자 중 이 사건과 같이 팔·다리의 부전마비 부작용이 발생한 것은 피해자가 처음인 사실, 일반적으로 본 건 수술의사 정도의 뇌간수술을 집도할 수 있는 의료상 기술을 가진 신경외과 의사라면 통상 세심한 주의를 기울이면 뇌수술 과정에서 소뇌 혈관이나 뇌간을 손상함이 없이 시술할 수 있다는 사실만으로 피해자의 하지 부전마비의 후유증이 좌측경부의 소뇌 혈관과 안면신경의 접합 부분을 분리하는 뇌수술의사의 과실에 기인한 것으로 추인할 수 없다.

---

34) 얼굴의 반쪽이 자신의 의지와는 관계없이 경련을 일으키는 질환으로 안면신경이 분포하는 얼굴 근육에 간헐적이고 돌발적으로 수축이 일어나는 운동기능 항진 증상

4. 검토

이 사안의 판시사항은 의사의 과실을 추정하기 위한 조건을 설명해주고 있다. 즉, 이 사건의 마비증상을 일으키는 데에는 3가지 원인이 있는데 나머지 둘을 검토하지 않은 채 한 가지 원인이 아니라는 것만으로는 과실을 추정하는 전제 조건이 충족되지 않는다고 보았다. 또한, 일반적으로 이 수술에서 마비증상이 발생하지 않는다는 것은 과실추정의 전제가 되지 못한다.

사례6 | 부산고등법원, 당직의사 주의의무 강조 판결

1. 사건의 내용

후두부 출혈 환자 CT촬영 안 한 의사 40% 책임의료사고

2. 판결

재판부는 급성 뇌격막 하출혈의 경우 적시에 수술등 적절한 자료를 받는다 하더라도 사망률이 50%이상인 점 등 제반사정을 고려해 당직의 B씨의 책임범위를 40%로 제한한다.

사례7 | 대구지방법원 2022. 4. 5. 선고 2019가단123691 판결

1. 주문

1. 피고는 원고에게 62,531,260원 및 그 중 45,821,359원에 대하여는 2018. 1. 2. 부터 2022. 4. 5.까지는 연 5%, 그 다음날부터 완제일까지는 연 12%의, 나머지 16,709,901원에 대하여는 2020. 9. 9.부터 2022. 4. 5.까지는 연 5%, 그 다음날부터 완제일까지는 연 12%의 각 비율에 의한 돈을 지급하라.
2. 원고의 나머지 청구를 기각한다.
3. 소송비용 중 40%는 원고가, 나머지는 피고가 각 부담한다.
4. 제1항은 가집행할 수 있다.

2. 청구취지

피고는 원고에게 100,885,434원 및 그 중 64,099,758원에 대하여는 2018. 1. 2. 부터 2020. 9. 7.자 청구취지 및 청구원인 변경신청서 송달일까지 연 5%, 그 다음날

부터 완제일까지 연 12%의 각 비율에 의한, 나머지 36,785,676원에 대하여는 2020. 9. 7.자 청구취지 및 청구원인 변경신청서 송달 다음날부터 완제일까지 연 12%의 비율에 의한 돈을 각 지급하라.

3. 이유

1) 인정사실

가. 원고는 2017. 11. 17.부터 2018. 1. 2.까지 피고 운영의 C병원(이하 '피고 병원'이라 함)에서 좌측 둔부에 발생한 화상 치료를 받던 중, 패혈증, 뇌수막염, 골수염 및 경막외 농양 등의 피해가 발생하였다.

나. 원고는 2017. 10. 24.경 전기장판 사용으로 인해 좌측 둔부에 화상을 입고 2017. 11. 17. 화상 전문 치료병원인 피고 병원에 내원하였다.

다. 피고 병원은 원고에게 표피, 진피, 지방층까지 손상된 3도 화상으로 진단하고 2017. 11. 19.부터 입원치료를 시작하였다.

라. 피고 병원은 2017. 11. 21. 원고에게 가피 절제술을 시행하는 과정에서 병변부위에 2개의 농양 주머니를 확인하였다. 수술 후 반복적인 항생제 치료에도 불구하고 원고의 화상 병변 부위 농양에 호전 반응이 없자 피고 병원은 2017. 11. 28., 2017. 12. 6. 두 차례에 걸쳐 농양제거수술을 시행하였다. 1차 수술 사진상으로 만성염증에 의한 농양의 전형적인 육안 소견에 부합하고, 2차 수술 사진상 만성염증과 일부 급성염증의 혼합으로 의심되며, 육안적 소견으로 이때 전신감염증 발생이 우려된다고 판단하기에는 무리가 있는 것으로 감정되었다.

마. 원고의 입원 초기 일반적인 혼합 항생제 병합요법으로 치료하다가 치료에 반응이 없자 2017. 11. 30.부터 3세대 항생제인 '세프트리악손주'를 투여하였고, 이후 환자상태가 악화된 2017. 12. 29. 혈액, 창상, 소변, 중심정맥 주입관에 대한 세균배양 및 항생제 감수성검사를 의뢰하고 결과 나오기 전인 2017. 12. 30.부터 항생제 '반코마이신'을 사용하기 시작하였다. 위 혈액 세균배양 검사 결과는 2018. 1. 8.에 나온 것으로 보고되어 있다. 결과적으로 보면 '세프트리악손주'를 사용하고 2주 정도 되었을 때 주6) 창상의 호전이 없었다면 이때 창상에 대한 세균 동정 및 배양 검사, 항생제 감수성검사를 시행했으면 하는 아쉬움을 감정의는 피력하였다.

바. 2018. 1. 8. 검사 결과, 원고의 3개 혈액 검체 중 1개에서, 창상 검체, 중심정맥 주입관 검체에서 각 메티실린 내성 황색포도알균(Methicillin-Resistant Stapylococcus Aureus, 약칭 'MRSA')이 동정 배양되었고, 반코마이신, 테이코플라닌 등의 항생제에 감수성이 있으나 페니실린 계열에는 내성이 있는 것으로 확인되었다. 따라서 '세프트리악손주'는 검출된 황색포도알균에는 효과적이지 않았다.

다만, 황색포도알균이 피고 병원내원 전부터 존재했는지, 입원 도중 감염된 것인지, 그렇다면 그 시기는 언제인지 확인되지 않았다.

사. 원고의 위 MRSA 감염원이 어디인가에 대한 추론은 다양하나 창상에서 전신으로 전파되었다는 추론이 가장 합리적이다. 원고는 2017. 12. 27.부터 고열 및 허리 통증을 호소하였고, 다음날부터는 범혈구 감소증(WBC 1700, RBC 2,790,000, plt 55,000), 감염수치 상승(CRP 34.6), X-ray 검사상 폐부종 소견 등이 나타났으며, 2017. 12. 30.경에는 고열(38.5도), 의식저하, 주8) 섬망의 증상이 나타났다.

아. 위 '사'항과 관련하여 입원 기간 임상 경과와 각종 검사 결과를 종합하면, 전신감염에 의한 패혈증이 제일 먼저 의심되는 상황으로 판단된다. 따라서 각종 검체에 대한 세균배양 검사를 시행하고 결과 통보 받기 전 반코마이신으로 항생제를 교체한 것으로 추정된다. 이때 상급병원으로의 전원 여부는 당시 상황을 잘 아는 담당 의사의 판단이 가장 중요하므로 감정의가 그 언급하기는 어렵다고 회신하였다.

자. 피고 병원은 2017. 12. 27.부터 2018. 1. 2.까지 원고에게 세균배양 검사와 항생제 교체 외에 대증 치료를 시행하였고, 이 기간 전원이 불가능한 상태(금기증)에 해당하지 않았으므로 상급병원으로의 전원은 가능하였다고 회신하였다.

차. 원고는 2018. 1. 2. 13:00경 D대학교 E병원 응급실에 내원하였는데, 당시 의식저하를 주소로 하였고, 활력징후로는 미열(37.3도) 이외에 비교적 안정적이나 의식저하가 있어 검사에 어려움이 있는 상태이며, X-ray 검사상 폐부종 또는 폐렴이 의심된다는 소견이었다.

카. 위 E병원 의료진은 원고에 대하여 제4, 5 요추 감염성 척추염, 제4, 5 요추 경막외 농양, 세균성 뇌수막염, 패혈증, 마미총증후군, 화상, 심부전 등으로 감염내과, 신경외과, 심장내과, 성형외과 등에서 치료하였는데, 성형외과에서 괴사조직 절제후 피판술, 신경외과에서 제4, 5 요추 후궁 부분 절제술, 제5 요추 후궁 절제술, 농양 배액술 및 세척술 등의 수술적 치료를 시행하였다.

타. 원고에 대한 신체감정결과는 별지 '신체감정서' 기재와 같은데, 요·천추부 통증 및 운동제한의 장해가 남을 것으로 사료되며 척추고정술에 의한 요통 및 요·천추부 운동제한은 영구적인 장해로서 노동능력상실률은 33%로 감정되었다.

파. 이 사건 화상 관련 의학 지식은 다음과 같다.

 1) 화상의 깊이로 분류하면, 표피의 일부만 손상을 받은 1도, 표피의 아래층인 진피의 일부가 손상을 받은 2도, 진피의 전부와 진피 아래층인 피하 지방층까지 손상을 받은 3도, 피하지방 아래 인대, 근육, 뼈까지 손상을 받은 4도 화상으로 분류한다. 여기서 2도 화상은 다시 표재성(얕은) 2도와 심재성(깊은) 2도 화상으로 분류하며, 화상전문가들은 표재성과 심재성 사이의 중간 2도를 별도로 분류하기도 한다.

2) 1도 화상의 경우 통증 완화나 착색 예방 조치 이외에 특별한 치료가 필요하지 않은 경우가 많고, 표재성 2도 화상은 적절한 화상 드레싱으로 치유되는 경우가 대부분이며 심각한 반흔(흉터)을 남기지 않고 대개 2주 이내에 치유된다. 반면 심재성 2도화상은 경우에 따라 가피(다양한 원인에 의해 손상된 피부조직이 괴사되어 진피층에 붙어 있는 것)가 형성되기도 하고 가피절제술이나 피부이식술 같은 수술적 치료를 요하기도 한다. 3도 이상의 화상은 가피절제술이나 피부이식술 같은 수술적 치료를 요하는 경우가 대부분이며, 4도 화상은 경우에 따라 변연 절제술, 피판 작성술 또는 단계적 피부이식술 등의 고난이도 수술적 치료가 필요한 경우도 많다.

[인정 근거] 갑 1 내지 갑 10, 이 법원의 대한의사협회 의료감정원에 대한 진료기록 감정촉탁결과, 이 법원의 F대학교 의료원장에 대한 신체감정촉탁결과, 변론 전체의 취지

2) 손해배상책임의 발생

가. 책임의 근거

앞서 본 각 증거와 위 인정사실을 종합하여 알 수 있는 바와 같이, 3도 이상 화상에서 가장 흔하고 주의해야 할 합병증은 창상 감염인바, 매일 드레싱이 불문율과 같은 원칙이고 창상 감염의 위험성이 없다고 판단될 때까지 매일 감시가 이루어져야 한다. 창상 감염의 위험성이 있다고 판단되는 경우 내원 시에 세균동정 검사를 시행하고, 이후 상처에 이상이 없는 경우 주기적인(약 1주 간격)으로 세균동정 검사를 시행하다가 창상 감염이 의심되는 경우 즉각 다시 시행하는 것이 바람직하다. 그런데 피고 병원은 앞서 본 바와 같이 원고가 패혈증 등에 걸릴 때까지 창상 감염(위 각 수술로 인한 것을 포함함)에 대한 감시의 주의의무를 게을리 한 것으로 판단된다. 즉, 2017. 11. 30.부터 3세대 항생제인 '세프트리악손주'를 투여하였으나 창상에 대한 호전이 없었음에도 주기적으로 창상 감염에 대한 감시를 하지 않고 만연히 동일한 항생제만 계속 투여하다가 이후 환자 상태가 악화된 2017. 12. 29.에야 비로소 창상에 대한 세균 동정 및 배양 검사, 항생제 감수성검사를 시행하기에 이르렀는바, 이는 피고 병원이 선량한 관리자의 주의의무를 다하여 필요하고도 적절한 치료를 해야 하는 의사로서 진료계약상 채무를 해태한 것으로 볼 수밖에 없다.

나. 책임의 제한

다만, 국민건강보험공단의 원고에 대한 요양급여내역에 의하면, 원고는 2009. 9. 1. G병원에서 요통, 요추부 증상으로 치료를 받은 이래 화상을 입었다는 날(2017. 10. 24.) 이후로서 2017. 10. 31.까지 H병원에서 척추협착, 요추부 등의 증상으로 치료를 받기까지 무려 2257회에 걸쳐 신경뿌리병증을 동반한 요추 및 기타 추간판장애, 좌골신경통 요추부, 중등도 우울에피소드, 손목 및 손의 2도 화상, 몸통

전체의 3도 화상, 재발성우울장애현존 중등도 등의 증상으로 치료를 받은 과거병력이 확인되고, 특히 I마취통증의학과의원의 원고에 대한 진료기록(갑 14)에 의하면, 원고는 2010. 11. 6. 좌골신경통-허리엉치 부위 등의 증상으로 치료를 받은 이래 피고 병원에서 치료를 받기 전인 2017. 11. 10.까지 수백 차례에 걸쳐 복합부위통증증후군 좌골신경통-허리엉치 부위, 척수병증을 동반한 기타 척추증, 요추부, 관절통 등(엉덩이를 제외한 모든 부분)의 연조직염, 대퇴신경의 병변, 척골신경의 병변 등 많은 증상으로 치료를 받았으며, 또한 J의원이 송부한 원고에 대한 진료기록에 의하면, 원고는 2009. 10. 5. 신경뿌리병증을 동반한 허리척추뼈 및 기타 추간판 장애 증상으로 치료를 받은 이래 피고 병원에서 입원치료를 받기 전인 2017. 11. 14.까지 복합부위통증증후군, 신경뿌리병증을 동반한 요추 및 기타 추간판 장애 등의 증상으로 수백 차례에 걸쳐 치료를 받은 과거력이 확인 될 뿐만 아니라 피고 병원 의무기록사본증명서(갑 2)에 첨부된 진료기록에 의하면, 원고는 2015년에는 K대학교병원에서 복합성통증증후군, 2011년에는 G병원에서 섬유근통, 2016년에는 L병원에서 허리디스크, 2016년에는 H병원에서 통풍 등의 증상으로 각 치료를 받은 과거병력이 확인되는바, 손해의 전부를 피고에게 배상하게 하는 것은 공평의 이념에 반한다 할 것이므로, 피고의 책임은 상당할 정도로 제한되어야 할 것이고, 원고의 나이, 피고가 이 사건에 이른 경위, 위 사정들을 모두 감안하면, 피고의 책임비율을 60%로 정함이 상당하다.

3) 손해배상의 범위

가. 일실수입 및 치료비 등
별지 '손해배상 청구금액' 기재와 같다.
[인정 근거] 갑 1 내지 갑 14, 이 법원의 F대학교 의료원장에 대한 신체감정촉탁 결과, 변론 전체의 취지

나. 위자료
1) 참작 사유 : 이 사건 각 수술 경위, 피고 병원 의료진의 치료 과정 및 과실정도, 원고의 나이, 직업, 치료 경과, 후유장해 정도 등 이 사건 변론에 나타난 여러 사정
2) 결정 금액 : 20,000,000원

다. 소결론
그렇다면 피고는 민법 제756조의 사용자책임 내지 채무불이행책임에 따라 원고에게 손해배상 62,531,260원(36,709,901원 + 5,821,359원 + 20,000,000원) 및 그 중 45,821,359원에 대하여는 2018. 1. 2.부터 피고가 이행의무의 존부 및 범위에 관하여 항쟁함이 상당한 이 판결 선고일인 2022. 4. 5.까지는 민법이 정한 연 5%, 그 다음날부터 완제일까지는 소송촉진등에관한특례법이 정한 연 12%의,

나머지 16,709,901원에 대하여는 2020. 9. 7.자 청구취지 및 청구원인 변경신청서 송달 다음날인 2020. 9. 9.부터 피고가 이행의무의 존부 및 범위에 관하여 항쟁함이 상당한 이 판결 선고일인 2022. 4. 5.까지는 민법이 정한 연 5%, 그 다음날부터 완제일까지는 소송촉진등에관한특례법이 정한 연 12%의 각 비율에 의한 지연손해금을 지급할 의무가 있다.

4. 결론

그렇다면 원고의 청구는 위 인정범위 내에서 이유 있어 이를 인용하고 나머지 청구는 이유 없어 이를 기각하기로 하여 주문과 같이 판결한다.

사례8 | 청주지법 2019. 8. 19. 선고 2017가합202415 판결

1. 주문

1. 피고는 원고에게 234,327,504원 및 이에 대하여 2016. 11. 16.부터 2019. 8. 19.까지는 연 5%, 그 다음 날부터 다 갚는 날까지는 연 15%의 각 비율로 계산한 돈을 지급하라.
2. 원고의 나머지 청구를 기각한다.
3. 소송비용 중 25%는 원고가, 나머지는 피고가 각 부담한다.
4. 제1항은 가집행할 수 있다.

2. 청구취지

피고는 원고에게 306,554,706원 및 이에 대한 2016. 11. 16.부터 이 사건 소장부본 송달일까지는 연 5%의, 그 다음 날부터 다 갚는 날까지는 연 15%의 각 비율로 계산한 돈을 지급하라.

3. 이유

1) 기초 사실

가. 당사자들의 지위

피고는 충북 보은군 (주소 생략)에 있는 ○○○○병원(이하 '이 사건 병원'이라 한다)을 운영하는 의료법인이고, 의사 소외 1은 이 사건 병원에서 근무하던 신경외과 전문의이며, 망 소외 2(이하 '망인'이라 한다)는 2016. 11. 16. 이 사건 병원에서 의사 소외 1로부터 진료를 받은 사람이고, 원고는 망인의 아들이자 유일한 상속인이다.

나. 망인의 디클로페낙 과민반응

망인은 2009년 무렵 △△△△병원에서 심혈관계 질환의 일종인 심근경색 진단을 받아 스텐트(혈관을 확장하는 구조물) 시술을 받은 후 심근경색 치료제를 장기간 복용하고 있었고, 또한 예전에 □□□ 내과에 내원하여 진료를 받으면서 의사로부터 '소염진통제인 디클로페낙(diclofenac) 약물에 대하여 몸에 부작용이 있다'는 말을 들음과 함께 항상 주의하라며 손글씨로 'diclofenac(디클로페낙)'이라고 적힌 쪽지[갑 제11호증의 3(을나 제3호증의 2와 같다). 이하 '이 사건 쪽지'라 한다]를 받아서 평소에 이를 가지고 다녔다.

다. 의사 소외 1의 망인에 대한 진료 경과

1) 망인은 2016. 11. 15.경 오른쪽 발목을 다쳐 2016. 11. 16. 13:30 무렵 이 사건 병원에 내원하였다. 위 병원의 신경외과 전문의 소외 1은 망인을 진찰하고 엑스레이 촬영 등 검사를 한 다음 오른쪽 발목 부위 인대손상으로 진단하고, 같은 날 14:26 주사약으로 비스테로이드성 소염진통제(NSAID)의 일종인 '디클로페낙' 성분의 주사제 '로페낙-주 2ml(디클로페낙 나트륨)'를, 먹는 약으로 엔클로페낙정(아세클로페낙), 에페신정(에페리손염산염), 케이비피드정(레바미피드)을 처방하였다.

2) 위와 같은 의사 소외 1의 처방에 따라 이 사건 병원의 간호사인 소외 3은 망인에게 '유니페낙' 2cc를 근육주사하였는데, 의사 소외 1이 망인에게 처방한 로페낙과 간호사 소외 3이 실제로 망인에게 주사한 유니페낙은 모두 디클로페낙 나트륨을 주성분으로 하는 비스테로이드성 소염진통 주사제로 성분은 동일하고 제품명만 다르다.

3) 망인은 이 사건 병원에서 위와 같이 주사를 맞은 후 처방약을 조제하려고 병원 가까이에 있는 ◇◇◇ 약국에 가서 약사에게 이 사건 쪽지를 보여주면서 '처방전에 있는 약과 위 쪽지에 적힌 약의 성분이 같은지'를 묻고, 약사가 성분이 거의 비슷하다고 하자, '나는 이 약을 먹으면 큰일 난다'고 말하면서 동행하였던 망인의 동거인 소외 4와 함께 처방전 변경을 위하여 위 병원으로 되돌아갔다.

4) 망인은 오른쪽 발목을 다친 상태여서 걸음이 느렸으므로 소외 4가 먼저 이 사건 병원으로 돌아가 의사 소외 1에게 망인의 디클로페낙 부작용에 관하여 말하고 있는 사이에, 망인은 소외 4에게 전화하여 '주사에도 그 약이 있었나 보다. 지금 신호가 온다'고 말하였고, 같은 날 14:36 무렵 위 병원 응급실로 가게 되었다.

라. 망인의 사망 및 부검 결과

1) 망인은 같은 날 그 무렵부터 이 사건 병원 응급실에서 전신경직 및 호흡곤란 증세를 보여 디클로페낙 과민반응에 대한 약물 투여 및 석션카테터, 기관내삽관술, 심폐소생술, 제세동술 및 전기적 심조율전환, 산소흡입 등의 처치를 받았으나, 같은 날 16:11 무렵 심근경색 및 과민성 쇼크 의증으로 사망하였다.

2) 망인에 대한 부검 결과 사인은 디클로페낙에 의한 아나필락시스(Anaphylaxis) 쇼크(과민성 쇼크)로 추정되었다.

마. 의사 소외 1에 대한 형사사건 경과

　　의사 소외 1은 2018. 2. 7. 망인의 사망에 관하여 대전지방법원 천안지원에 업무상과실치사 혐의로 기소되었으나, 의사 소외 1이 2018. 11. 17. 사망함으로써 그 무렵 위 형사사건에 대하여 공소기각결정이 내려졌다.

바. 관련 의학지식

1) 유니페낙은 디클로페낙을 주성분으로 하는 주사제(상품명)이며, 류머티스양 관절염, 퇴행성 관절질환, 강직성 척추염 등의 질환과 외상이나 수술 후 발생하는 염증과 통증 등의 조절 목적으로 사용되는 약제이다. 유니페낙은 비스테로이드성 진통소염제에서 발생하는 다양한 부작용을 발생케 할 수 있으며 드물게 쇼크 증상(흉통, 냉한, 호흡곤란, 사지마비감, 혈압저하, 부종, 발진, 가려움 등)과 위장관 증상으로 소화성 궤양, 위장출혈, 식욕부진, 구역, 구토, 복통, 설사, 혈액학적 이상으로 과립구 감소, 혈소판 감소, 빈혈, 재생불량성 빈혈, 용혈성 빈혈, 출혈경향 등을 발생하게 할 수 있다. 또한 기타 피부 증상, 간기능에 대한 장애, 급성신부전, 천식 발작, 발진, 두드러기 등 과민 증상과 두통, 졸음, 현기, 불면, 신경과민, 저림, 착란, 환각, 경련, 이명, 혈압상승·저하, 심계항진, 빈맥 등의 증상을 유발할 수 있다.

2) 유니페낙은 직접적으로 사망에 이르게 하는 부작용은 거의 없으나 매우 드물게 발생하는 아나필락시스 쇼크(과민성 쇼크)에 의한 사망사고는 의학계에 보고된 바 있다.

3) 유니페낙의 위와 같은 부작용 중 주요 부작용인 위염, 위궤양, 신기능 저하 등은 대부분 약물 투여의 중단과 적절한 치료로 회복 가능한 부작용이다. 다른 비스테로이드성 진통소염제와 안전성을 비교한 연구에 의하면, 유니페낙은 전 세계적으로 연간 760만 명이 보편적으로 사용하는 약물이며, 15개국에서는 비스테로이드성 소염제 중 가장 많이 처방되는 약물에 해당하고 동일한 효과의 다른 약제와 유사한 안전성을 지닌다고 평가된다.

4) 디클로페낙에 의한 아나필락시스 반응(과민성 쇼크에 의한 사망 등)의 경우 위 약이 1974년 개발되어 사용되기 시작한 이후 아직 국내외의 정확한 발생률이 의학계에 보고되어 있지 않으나 매우 드물게 발생하는 것으로 추정된다. 1993년 사우디아라비아에서 45세 남성이 디클로페낙 근육주사 투여 15분 후 아나필락시스 쇼크가 발생하여 심폐소생술을 하였으나 사망한 사고가 학계에 보고된 최초의 사례이고, 2001년 인도에서 디클로페낙의 경구 투여 후 발생한 아나필락시스 쇼크로 사망한 9세 여아의 증례보고가 있다. 프랑스의 경우 2002년부터 2012년까지 약물 알레르기 감시 체계를 통해 총 9례의 환자가 보고되었으며, 대만의 경우 1997년부터 2005년까지 9년간 동일 약물로 총 4례의 환자가 발생하였다고 보고되었다. 지금까지 국내의 경우 총 3례의 보고가 있는데 2004년 60세 여자와 67세 남자 환자가 다른 알레르기 질환 없이 디클로페낙에 아나필락시스 반응을 보여 보고되었고, 2005년 66세 여자에서 발생한 1

례가 의학회에 보고되었다.

5) 아나필락시스는 즉시형 과민반응이 전격적으로 진행하는 질환으로 발생을 예측하는 것은 불가능하나 국내의 경우 약물에 의한 아나필락시스가 가장 많고 대부분 비스테로이드성 진통소염제, 항생제, 방사선 조영제에 의해 발생하는 만큼 해당 약물을 처방하는 경우 약물이상반응의 과거력을 확인하여야 하고, 만약 동일성분에 약물이상반응이 있었다면 다른 성분의 대체약을 처방하여야 한다. 심장질환이 아나필락시스 반응의 발생을 증가시키지는 않으나 심장질환자의 경우 아나필락시스가 발생할 경우 예후가 불량할 수 있다.

6) 유니페낙의 사용상 주의사항은 다음과 같다.

1. 경고 2) 심혈관계 위험: 이 약을 포함한 비스테로이드성 소염진통제는 중대한 심혈관계 혈전 반응, 심근경색증 및 뇌졸중의 위험을 증가시킬 수 있으며, 이는 치명적일 수 있다. 투여 기간에 따라 이러한 위험이 증가될 수 있다. 심혈관계 질환 또는 심혈관계 질환의 위험 인자가 있는 환자에게는 더 위험할 수도 있다. 의사와 환자는 이러한 심혈관계 증상의 발현에 대하여 신중히 모니터링하여야 하며, 이는 심혈관계 질환의 병력이 없는 경우에도 마찬가지로 적용된다. 환자는 중대한 심혈관계 독성의 징후 및/또는 증상 및 이러한 증상이 발현되는 경우 취할 조치에 대하여 사전에 알고 있어야 한다.

2. 다음 환자에는 투여하지 말 것

7) 이 약의 성분에 과민증이 있는 환자

8) 이 약이나 아스피린 또는 다른 비스테로이드성 소염진통제에 의하여 천식, 두드러기 또는 다른 알레르기 반응 병력이 있는 환자(이러한 환자에서 비스테로이성 소염진통제 투여 후 치명적인 중증의 아나필락시스 반응이 드물게 보고되었다)

3. 다음 환자에는 신중히 투여할 것

4) 고혈압 환자

5) 심기능부전 환자

7) 과민증의 병력이 있는 환자
   [인정 근거] 다툼 없는 사실, 갑 제1 내지 7호증, 갑 제11호증의 2 내지 6, 11, 12, 13, 14, 16, 19, 27, 31, 갑 제12호증, 을나 제3호증의 2, 을나 제7호증의 각 기재, 변론 전체의 취지

2) 손해배상책임의 발생

가. 의사 소외 1의 망인에 대한 사망 결과를 예견하고 회피할 의무 위반
   일반적으로 특정 약제를 주사받거나 복용한 환자가 체질에 따라서는 그 부작용으로 인하여 그 약제 사용으로 인한 치료목적을 달성하지 못하고 심각한 신체기능의 장애를 입거나 심지어 생명까지 잃게 될 우려가 있다는 사정이 의학계에 알려져

있다면, 해당 약제를 처방하여 주사하게 하거나 복용하게 하는 의사로서는 그 환자의 과거병력 및 과거 의약품의 사용 내역, 그 의약품 사용에 따라 겪게 된 증세 등에 관해 문진이나 기타의 방법으로 상세히 조사한 후 해당 약제를 처방하여 주사하거나 복용케 하여도 문제가 없을 것이라는 확실한 진단이 있기 전에는 함부로 해당 약제를 주사하거나 처방하는 행위를 삼가야 한다. 나아가 의사로서는 해당 약제를 처방하거나 주사하게 하기 전에 환자에게 혹시나 발생할지도 모를 부작용에 관하여 미리 대비하는 조치를 취하여야 하고, 해당 약제를 주사하거나 복용하도록 한 후에는 사후 관찰을 하고 의학적으로 기대되는 적절한 사후치료를 다하여야 할 주의의무가 있으며, 해당 약제가 일반적으로 사용되는 통상적인 약제라거나 환자의 사망과 같은 치명적인 부작용이 매우 드물다는 사정만으로 그와 같은 주의의무가 면제되는 것은 아니다[의사로부터 페니실린 주사와 스트렙토마이신 주사를 처방받아 주사를 맞은 환자가 주사를 맞은 시점 무렵 곧 사망한 사건에 관한 대법원 1976. 12. 28. 선고 74도816 판결 및 위 사안과 유사하게 결핵환자에게 스트렙토마이신을 주사하여 위 환자로 하여금 아나필락시스 쇼크(anaphylactic shock) 과민반응 중 제1형으로 주사를 맞은 시점 무렵 곧 사망한 사건에 관한 대법원 1990. 1. 23. 선고 87다카2305 판결을 참조하여 위 법리를 도출함]. 의사에게는 위와 같은 주의의무 이행으로 특히 환자가 사망하는 중대한 결과를 예견하고 회피할 의무가 있다고 해야 할 것이다.

이 사건에 관하여 보건대, 앞서 인정한 바와 같이 망인은 2009년 무렵 △△△△병원에서 심혈관계 질환의 일종인 심근경색 진단을 받아 스텐트(혈관을 확장하는 구조물) 시술을 받은 후 심근경색 치료제를 장기간 복용하고 있었는데, 디클로페낙 성분이 있는 유니페낙의 경우 중대한 심혈관계 혈전 반응, 심근경색증 및 뇌졸중의 위험을 치명적으로 증가시킬 수 있으며, 심혈관계 질환 또는 심혈관계 질환의 위험 인자가 있는 환자에서는 더 위험할 수도 있어, 의사는 이러한 심혈관계 증상의 발현에 대하여 신중히 모니터링하여야 한다는 것이다. 아울러 디클로페낙에 의한 아나필락시스 반응의 경우 해외에서 사망사고가 수 건 발생한 것으로 의학계에 보고되어 있고, 국내에서도 2004년 이후 총 3례의 아나필락시스 반응 보고가 있다는 것이다.

그런데도 의사 소외 1은 망인의 과거병력 및 투약력을 문진이나 기타 방법으로 파악하지 않은 채 만연히 디클로페낙 성분의 '로페낙-주 2ml'를 근육주사하도록 처방하는 잘못을 저질러 14:26경 디클로페낙 성분의 유니페낙 주사를 맞은 망인으로 하여금 이 사건 병원 응급실에 있다가 약 1시간 40분 만인 16:11경 사망하게 하는 중대한 결과를 발생케 한 것이다(갑 제11호증의 19).

이에 대하여 피고는 의사 소외 1이 진료 당시 망인이 복용하던 약과 과거력에 대하여 질문하였지만 망인이 이에 아무런 답변을 하지 아니하였다고 주장하고 있으나, 앞서 본 증거들 및 갑 제11호증의 20, 21의 각 기재에 변론 전체의 취지를 보태어 보면, 망인은 이 사건 발생 이전인 2012. 1. 무렵 ☆☆의원에서 진료를 받으면서는 디클로페낙 성분에 부작용이 있다는 진술을 하여 그 내용이 진료 전산기록에 참고사항으로 기록된 적이 있는 사실, 이 사건 병원에 진료를 받으러 갔을 때에도 예전에 의사로부터 받은 이 사건 쪽지를 지갑에 넣어 가지고 있었던 사실, 망인은 앞서 본 바와 같이 이 사건 병원에서 디클로페낙 성분의 주사를 맞은 다음 바로 처방약을 타러 인근 약국에 갔을 때 약사에게 지갑에 들어있던 위 쪽지를 보여주면서 처방전에 있는 약과 위 쪽지에 적힌 약의 성분이 같은지 여부를 묻고, 성분이 거의 비슷하다는 답변을 듣자 '나는 이 약을 먹으면 큰일 난다'고 말하고, 약국을 나서면서 '주사 맞은 게 그건 아닌지 모르겠네'라 말하며 병원으로 되돌아 간 사실 등을 인정할 수 있는바, 이에 비추어 볼 때 망인은 의사 소외 1로부터 진료를 받을 당시 자신이 디클로페낙에 과민한 체질이라는 사실을 잘 알고 있었다고 할 것인데, 그러한 망인이 의사 소외 1로부터 진료를 받으면서 복용하던 약과 과거력에 대한 질문을 받고도 묵묵부답하였을 것으로는 생각하기 어렵다. 피고의 위 주장은 받아들일 수 없는 주장이다.

그러므로 위 소외 1은 자신의 잘못된 주사약 처방으로 인해 망인이 사망하는 중대한 결과를 예견하고 이를 회피하여야 할 주의의무를 위반하였고, 피고는 그 사용자로서 망인에게 위 소외 1의 과실에 의한 손해를 배상할 책임이 있다고 하겠다.

나. 의사 소외 1의 설명의무 위반

1) 관련 법리

의사는 반드시 병을 완치시켜야 할 의무를 부담하는 것은 아니라 할지라도 최선의 주의로써 병을 치료하기 위한 충분한 조치를 다할 의무가 있고, 환자에 대한 수술은 물론, 치료를 위한 의약품의 투여도 신체에 대한 침습을 포함하는 것이므로, 의사는 긴급한 경우 기타의 특별한 사정이 없는 한, 그 침습에 대한 승낙을 얻기 위한 전제로서 환자에 대하여 질환의 증상, 치료방법 및 내용, 그 필요성, 예후 및 예상되는 생명, 신체에 대한 위험성과 부작용 등, 환자의 의사결정을 위하여 중요한 사항에 관하여 사전에 설명함으로써 환자로 하여금 수술이나 투약에 응할 것인가의 여부를 스스로 결정할 기회를 가지도록 할 의무가 있고, 이러한 설명을 하지 않은 채 승낙 없이 침습한 경우에는, 설령 의사에게 치료상의 과실이 없는 경우에도 환자의 승낙권을 침해하는 위법한 행위가 되며(대법원 1994. 4. 15. 선고 92다25885 판결 참조), 또한 설명의무는 침습적인 의료행위로 나아가는 과정에서 의사에게 필수적으로 요구되는 절차상의 조치로서, 그 의무의 중대성에 비추어 의사로서는 적어도 환자에게 설명한 내용을 문서화하여 이를 보존할 직무수행상의 필요가 있다고 보이고, 의사가 그러한 문서에 의해 설명의무의 이행을 입증하기는 매우 용이한 반면, 환자 측에서 설명의무가 이행되지 않았음을 입증하기는 성질상 극히 어려운 점 등에 비추어, 특별한 사정이 없는 한 의사 측에 설명의무를 이행한 데 대한 증명책임이 있다고 해석하는 것이 손해의 공평·타당한 부담을 그 지도원리로 하는 손해배상제도의 이상 및 법체계의 통일적 해석의 요구에 부합한다(대법원 2007. 5. 31. 선고 2005다5867 판결 등 참조). 또한 의사의 설명의무는 그 의료행위에 따르는 후유증이나 부작용 등의 위험발생 가능성이 희소하다는 사정만으로 면제될 수 없으며, 그 후유증이나 부작용이 당해 치료행위에 전형적으로 발생하는 위험이거나 회복할 수 없는 중대한 것인 경우에는 그 발생 가능성의 희소성에도 불구하고 설명의 대상이 된다고 보아야 할 것이다(대법원 2002. 10. 25. 선고 2002다48443 판결 참조).

2) 판단

살피건대, 의사 소외 1이 디클로페낙 성분의 주사제 처방 전에 망인이나 그 보호자에게 위 투여하는 주사제로 인한 부작용 및 합병증, 다른 치료방법 및 치료하지 않을 경우의 예후 등에 대한 설명을 하였음을 인정할 아무런 증거가 없다. 그러므로 피고는 위 소외 1의 사용자로서 그러한 설명의무를 위반한 소외 1의 주사제 처방으로 망인이 입은 손해를 배상할 책임이 있다.

다. 이 사건 병원 경영진의 주의의무 위반

앞서 본 바와 같이 망인의 사망은 의사 소외 1이 망인의 과거병력이나 약물사용 내역 등을 문진 등의 방법으로 확인하지 아니한 채 만연히 사망이라는 치명적 결과에 이를 수 있는 디클로페낙 성분의 주사제를 처방한 탓에 기인한 것이다. 그런데 이 사건의 경우 의사인 소외 1 개인의 책임만을 물을 수는 없는 사정도 있다고 보인다. 즉, 피고가 운영하는 위 소외 1의 소속 병원인 이 사건 ○○○○병원 경영진으로서도 적절하게 병원 운영시스템을 마련함으로써 내원한 환자에게 정형화된 문진표를 작성하게 하거나 처방한 약물의 부작용을 환자에게 설명해주는 문서를 비치, 작성하여 교부하거나, 간호사 등 위 병원 소속 직원들로 하여금 환자의 과거병력이나 약물사용 내역 등을 물어 이를 진료의사나 주사처치 간호사에게 전달하게 하는 등으로 진료 및 주사처치 시스템을 운영하였어야 한다고 하겠다. 그렇게 함으로써 이 사건의 망인처럼 단지 발목 부위 인대손상을 치료할 목적으로 의사 및 의료시스템을 신뢰하고 이 사건 병원을 찾았다가 갑자기 그날로 비명횡사하여 삶을 마감하게 되는 환자가 발생할 가능성을 줄이거나 없애야 할 주의의무가 병원 경영진에 있다고 하지 않을 수 없다. 시술한 의사 개인의 책임을 묻는 데 그쳐서는 안 되고, 그러한 주의의무를 병원 경영진 내지 운영자에게 부과해야만 신뢰할 만한 의료시스템에 기초하고 있는 안전한 나라를 만들 수 있다고 해야 한다. 그러므로 피고는 이 사건 병원 경영진이 위와 같은 주의의무를 게을리하여 망인에게 입힌 손해를 그 사용자로서 배상할 책임도 져야 한다고 하지 않을 수 없다.

[병원을 경영함에 있어 쉬우면서도 간단하고 작은 치료과정상의 점검 항목을 만들어 이를 의사 등 병원 소속 직원들이 준수하게 하는 것만으로도 많은 의료상의 과실행위를 방지할 수 있으며 그에 따라 병원운영 비용도 크게 절감할 수 있다. 이 법원은 해당 ○○○○병원 경영진에게 다음과 같은 참고 자료를 읽어 볼 것을 권고한다. 예컨대 미국 미시간주 집중치료실 의료종사자들에 대해 중심정맥삽입관(central venous catheter, CVC)을 환자에게 삽입할 때 1. 의사는 비누로 손을 씻을 것, 2. 환자의 피부를 소독약으로 소독할 것, 3. 환자 전신에 살균된 천을 덮을 것, 4. 살균처리된 마스크, 모자, 가운, 장갑을 착용할 것, 5. 살균된 붕대를 삽입관 쪽에 부착할 것 등의 사소하고 쉬우며 간단한 점검항목이 기재된 check-list를 만들어 준수하게 한 결과 삽입관(catheter) 오염비율이 4%에서 0%로 줄었으며, 조사기간 동안 1,500여 명의 환자 목숨을 살리게 되었음과 아울러 2억 달러나 되는 비용을 절감했다고 한다. Robert Maurer, 『The Spirit of Kaizen』(2013), p. 55; Jane Brody, "A Basic Hospital To-Do List Saves Lives", New York Times, January 22. 2008.]

라. 주의의무 위반과 이 사건 사고 발생 사이의 인과관계

앞서 살펴본 사정들에 비추어 보면, 망인은 이 사건 병원 경영진이 마련한 적절한 진료 프로세스 운영시스템에 따라 의사 소외 1이나 기타 의료인력으로부터 과거병력이나 복용하던 약에 관하여 적절한 방식과 내용으로 된 질문을 받고 그 부작용에 관하여 충분한 설명을 들었더라면 위 의사에게 이 사건 쪽지를 보여주었을 것이고, 그에 따라 의사 소외 1로부터 디클로페낙 성분의 약이 처방되지 않을 수 있었음을 인정할 수 있다. 그리고 망인의 사망원인이 디클로페낙에 의한 아나필락시스 쇼크로 추정됨은 앞서 본 바와 같으며, 달리 망인의 사망에 다른 원인이 개입되었다고 볼만한 사정이 없다. 그러므로 이러한 이 사건 병원 경영진 및 의사 소외 1의 과실과 망인의 사망 사이에 인과관계가 있음을 넉넉히 인정할 수 있다.

이에 대하여 피고는 망인의 사망은 망인이 기왕에 앓고 있던 심장질환 등이 경합한 결과라고 주장하나 갑 제3, 4호증, 갑 제11호증의 31, 을가 제4호증, 을나 제7, 8호증의 각 기재만으로는 피고의 주장을 인정하기에 부족하고 달리 이를 인정할 아무런 증거가 없으므로 피고의 위 주장은 이유 없어 받아들이지 않는다.

마. 소결론

따라서 피고는, 의사 소외 1이 망인에게 디클로페낙 성분의 주사제 처방 전에 망인이나 그 보호자에게 위 투여하는 주사제로 인한 부작용 및 합병증, 다른 치료방법 및 치료하지 않을 경우의 예후 등에 대하여 문진하지 않고, 필요한 설명을 하

지 아니한 과실로 망인이 유니페낙 주사를 맞아 디클로페낙에 의한 아나필락시스 쇼크로 사망하게 한 불법행위에 대하여 의사 소외 1의 사용자 내지 이 사건 병원 경영진의 사용자로서 망인의 사망으로 인한 손해를 배상할 책임이 있다.

3) 손해배상책임의 범위

아래에서 별도로 설시하는 것 이외에는 별지 손해배상액 계산표의 각 해당 항목과 같고, 계산의 편의상 원 미만 및 월 미만은 버린다. 현가 계산은 월 5/12%의 비율에 의한 중간이자를 공제하는 단리할인법에 따라 이 사건 사고 당시의 현가로 계산하고, 호프만 수치는 소수점 넷째 자리까지만 계산한다. 당사자의 주장 중 별도로 설시하지 않은 것은 배척한다.

가. 망인의 일실수입: 188,326,476원

1) 망인의 인적사항: 남자, 사망 당시 53세 11개월 11일(생년월일 생략)

2) 소득: 도시일용노동에 종사하는 보통인부의 노임단가, 월 22일 노동
원고는 망인이 사고 당시 농촌지역에 거주하였다며 농촌일용노임의 적용을 주장하나, 망인의 사망 당시 직업이 대리운전기사였던 점, 망인이 달리 농지를 소유하였거나 농업에 종사하였다고 인정할만한 아무런 증거가 없는 점, 망인의 거주지역이 행정구역상 '면'에 해당한다는 사정만으로 망인이 장차 농업에 종사하리라고 인정하기에 부족하고 달리 이를 인정할 증거가 없는 점 등에 비추어, 도시일용노임을 기준으로 삼는 것이 타당하다.

3) 가동연한: 65세
피고는 망인이 사망 당시 협심증, 고혈압, 심근경색, 내당능장애(경계성 당뇨병) 등의 질환을 앓고 있어 망인의 기대여명은 일반인의 평균여명보다 12년 내지 23년가량 적고, 망인은 2009년과 2016년 약을 규칙적으로 먹지 않아서 규칙적으로 복용할 것을 권고받은 사실이 있는 등 고혈압 및 심혈관계 질환 등에 대한 치료를 게을리하였으며, 망인의 직업이 대리운전기사인데 망인의 질환에 비추어 야간에 다른 사람의 차량을 직업적으로 운전하는 일을 하기에 적합하지 않으므로 망인의 가동연한이 65세에 미치지 못한다고 주장한다.
살피건대, 을 제4 내지 7호증의 각 기재만으로는 망인이 앓고 있던 질환 때문에 망인의 기대여명이 피고의 주장과 같이 일반인의 평균여명보다 적다거나 망인의 가동연한이 65세에 미치지 못한다는 사실을 인정하기에 부족하고 달리 이를 인정할 증거가 없다. 또한 비록 대리기사 업무가 주로 밤에 손님의 차량을 운행하여야 한다는 점에서 심리적·체력적 부담이 없지 않다 하더라도 손님의 요청을 받아 귀가를 도와주는 것으로 비교적 단시간·단거리 운전을 여러 번 반복하는 업무인바, 이는 버스, 택시, 화물차 등과 같이 장시간·장거리 운전을 하는 다른 직업운전과는 업무형태가 달라서, 직업운

전이 심혈관 질환에 위험요인이 된다는 일반적인 연구 결과(을 제8호증)만으로 망인의 가동연한이 65세에 미치지 못한다고 단정하기도 어렵다. 따라서 피고의 위 주장은 받아들이지 아니한다.

4) 생계비: 수입의 1/3

나. 원고의 재산상 손해: 장례비 5,000,000원

다. 책임의 제한

앞서 든 증거들에 의하여 알 수 있는 다음과 같은 사정, 즉 유니페낙은 보편적으로 사용되는 약물이고, 동일한 효과의 다른 약제와 유사한 안전성을 지닌다고 평가되며 대부분의 부작용은 약물의 중단과 적절한 치료로 회복 가능한 수준인 반면, 아나필락시스 쇼크에 의한 사망사고는 매우 드물게 발생하는 점, 망인은 앞서 본 바와 같이 자신이 주의하여야 할 약물 이름이 적힌 이 사건 쪽지를 평소 가지고 다녔고 이 사건 진료 시에도 위 쪽지를 지갑에 넣어 소지하고 있었으며 이 사건 발생 이전에도 다른 병원에서 진료를 받으면서 디클로페낙 성분 부작용이 있다는 말을 들은 적도 있는 등 자신의 디클로페낙 과민 체질에 대하여 잘 알고 있었으므로 진료를 받는 과정에서 의사 소외 1에게 자신의 질병, 증세, 병력, 체질 등 당해 진료에 필요한 사항을 적극적으로 고지할 필요도 있었다고 보이는 주2) 점, 기타 이 사건 변론에 나타난 여러 사정을 참작하여 피고의 책임범위를 85%로 제한한다.

따라서 망인의 사망으로 인한 재산상 손해에 대한 피고의 책임 부분은 망인의 일실수입 160,077,504원(= 188,326,476원 × 85%) 및 원고가 지출한 장례비 4,250,000원(= 5,000,000원 × 85%)이 된다.

라. 위자료

1) 참작사유: 이 사건 사고의 발생 경위와 결과, 망인의 나이, 가족관계, 기타 이 사건 변론에 나타난 여러 사정들

2) 인정 금액
   망인: 50,000,000원
   원고: 20,000,000원

마. 상속관계

1) 상속대상금액: 210,077,504원(= 일실수입 160,077,504원 + 망인의 위자료 50,000,000원)

2) 상속인: 원고

3) 원고 상속금액: 210,077,504원

바. 소결론

따라서 피고는 원고에게 234,327,504원(= 상속대상금액 210,077,504원 + 장례비 4,250,000원 + 원고의 위자료 20,000,000원) 및 이에 대하여 망인의 사망일인 2016. 11. 16.부터 피고가 그 이행의무의 존재 여부나 범위에 관하여 항쟁하는 것이 타당하다고 인정되는 이 사건 판결 선고일인 2019. 8. 19.까지는 민법에서 정한 연 5%의, 그 다음 날부터 다 갚는 날까지는 소송촉진 등에 관한 특례법에서 정한 연 15%의 각 비율로 계산한 지연손해금을 지급할 의무가 있다.

4. 결론

그렇다면 원고의 청구는 위 인정 범위 내에서 이유 있어 인용하고, 각 나머지 청구는 이유 없어 기각하기로 하여 주문과 같이 판결한다.

[[별 지] 손해배상액 계산표: 생략]

제3절 성형외과

1. 사건의 내용

　피해자는 가해자의 병원에 찾아와 미인대회에 출전하고자 하는데 이마와 턱을 높이고 눈 쌍꺼풀 수술을 하고 싶다며 턱과 이마 부위에 실리콘 보형물을 삽입하는 수술과 눈 쌍꺼풀 수술을 받았다. 그 뒤 아무 이상 없이 활동하던 피해자가 재수술을 원하자 의사는 이후 발생할 수 있는 부작용에 대한 자세한 설명 없이 추가교정수술을 해 주었다. 그런데 이후 턱부위에 삽입된 실리콘이 대각선으로 이동하기 시작하여 실리콘 보형물이 입안 내로 일부 돌출되었고, 실리콘을 삽입하면서 머리 부위에 생긴 5cm의 흉터에 부분적으로 머리털이 재생되지 않게 되었다.

2. 판시사항

[1] 의사의 설명의무

[2] 후유증·부작용 등의 위험발생 가능성이 희소한 경우, 의사의 설명의무가 면제될 수 있는지(소극)

[3] 의사의 설명의무 위반을 이유로 위자료만을 청구하는 경우와 전 손해를 청구하는 경우의 입증사항

[4] 성형수술행위의 의료행위성 여부(적극) 및 성형수술을 담당하는 의사에게도 환자에 대한 설명의무에 관한 법리가 적용되는지 여부(적극)

[5] 성형수술을 담당한 의사의 설명의무 위반 때문인 위자료의 배상을 인정한 사례

3. 판결요지

[1] 일반적으로 의사는 환자에게 수술 등 침습을 과하는 과정 및 그 후에 나쁜 결과 발생의 개연성이 있는 의료행위를 하는 경우 또는 사망 등의 중대한 결과 발생이 예측되는 의료행위를 함에 있어서 응급환자의 경우나 그 밖에 특별한 사정이 없으면 진료 계약상의 의무나 위 침습 등에 대한 승낙을 얻기 위한 전제로서 당해 환자나 그 법정대리인에게 질병의 증상, 치료방법의 내용 및 필요성, 발생이 예상되는 위험 등에 관하여 당시의 의료수준에 비추어 상당하다고 생각되는 사항을

설명하여 당해 환자가 그 필요성이나 위험성을 충분히 비교해 보고 그 의료행위를 받을 것인가의 여부를 선택할 수 있도록 할 의무가 있다.

[2] 의사의 설명의무는 그 의료행위에 따르는 후유증이나 부작용 등의 위험발생 가능성이 희소하다는 사정만으로 면제될 수 없으며, 그 후유증이나 부작용이 당해 치료행위에 전형적으로 발생하는 위험이거나 회복할 수 없는 중대한 것이면 그 발생 가능성의 희소성에도 설명의 대상이 된다.

[3] 의사가 설명의무를 위반한 채 수술 등을 하여 환자에게 예상치 못한 피해를 주는 등의 중대한 결과가 발생함에 있어서, 그 결과 때문인 모든 손해를 청구하는 경우에는 그 중대한 결과와 의사의 설명의무위반이나 승낙취득 과정에서의 잘못과의 사이에 상당인과관계가 존재하여야 하며, 그 경우 의사의 설명의무위반은 환자의 자기결정권이나 치료행위에 대한 선택의 기회를 보호하기 위한 점에 비추어 환자의 생명·신체에 대한 의료적 침습 과정에서 요구되는 의사의 주의의무위반과 동일시할 정도의 것이어야 할 것이지만, 환자 측에서 선택의 기회를 잃고 자기결정권을 행사할 수 없게 된 데 대한 위자료만을 청구하는 경우에는 의사의 설명 결여나 부족으로 선택의 기회를 상실하였다는 사실만을 입증함으로써 충분하고, 설명을 받았더라면 사망 등의 결과는 생기지 않았을 것이라는 관계까지 입증할 필요는 없다.

[4] 의료행위라 함은 의학적 전문지식을 기초로 하는 경험과 기능으로 진찰·검안·처방·투약 또는 외과적 시술을 시행하여서 하는 질병의 예방 또는 치료행위 및 그 밖에 의료인이 행하지 아니하면 보건위생상 위해가 생길 우려가 있는 행위를 의미한다 할 것이고, 성형수술행위도 질병의 치료행위의 범주에 속하는 의료행위임이 분명하므로, 이러한 성형수술 과정에서 의사가 환자에게 침습을 가하는 것에 대하여도 의사의 환자에 대한 설명의무에 관한 법리가 마찬가지로 적용된다.

[5] 성형수술을 담당한 의사의 설명의무 위반 때문인 위자료의 배상을 인정한 사례

4. 검토

요즘 들어 미용 성형수술이 매우 성행하고 있으며 이 사건과 같이 한 번만이 아니라 몇 번씩 성형수술을 반복하는 사례가 늘고 있다. 따라서 성형수술을 하고자 하는 사람으로서 성형수술을 가볍게 생각하는 경향이 있다. 그러나 성형수술 역시 엄연한 의료행위로 이를 위해서는 다른 의료행위와 마찬가지로 정당한 의사의 설명의무가 따라주어야 한다. 사안은 바로 이러한 설명의무를 의사가 다하지 못한 데 대하여 의사의 책임을 인정한 것이다.

1. 사실관계

피고들은 각각 성형외과 병원장과 그 병원 상담실장이고, 원고는 성형수술을 받은 사람인데 상담실장이 병원 홍보를 목적으로 원고의 동의 없이 인터넷 카페에 마치 자신의 사연인 듯한 게시글과 눈부분을 모자이크 처리한 상태로 원고의 성형 전후 사진을 게시하였다가 이 사실을 알게 된 원고의 항의에 따라 게시글과 사진을 삭제하였고, 상담실장은 위와 같이 글과 사진을 게시한 범죄사실로 약식 기소되어 정보통신망 이용촉진 및 정보보호 등에 관한 법률위반(명예훼손)죄로 벌금 50만원의 약식명령을 받았다.

2. 손해배상의무의 발생

위 사실관계에 의하면, 상담실장은 원고의 동의 업싱 자신이 원고인 것처럼 원고의 성형 전 외모에 관하여 사회적 가치 내지 평가가 침해될 가능성이 있는 내용의 글을 게시하고, 원고의 성형 전후의 얼굴 사진을 사회 통념상 원고임을 알아볼 수 있게 하는 정도로 수많은 사람이 접속할 수 있는 인터넷 카페에 게시함으로써 원고의 명예와 초상권을 침해하는 불법행위를 하였고, 이로 인하여 원고가 상당한 정신적 고통을 입었을 것임은 경험칙상 명백하므로 상담실장은 금전적으로나마 이를 위자할 의무가 있고, 병원장은 상담실장의 사용자로서 상담실장이 사무집행에 관하여 원고에게 가한 손해를 상담실장과 함께 배상할 책임이 있다.

3. 손해배상의 범위

원고 사진의 눈 부분을 모자이크로 처리한 점, 게시한 글의 내용은 상담실장이 지어낸 것으로 원고에게 해당하지 않는 부분이 있는 점, 원고의 항의를 받고 상담실장이 사과하고 바로 삭제한 점 등의 사정이 있으나, 한편 인터넷 카페에 게시한 기간이 5개월 전후로 짧지 않고 카페회원이 적지 않은 점, 모자이크 처리를 하더라도 아는 사람이 보면 원고임을 알 수 있는 정도의 사진인 점, 병원홍보를 목적으로 게시한 점, 게시한 글의 내용도 마치 원고가 작성한 것처럼 되어 있고 성형 전 원고의 외모에 대하여 이를 비하하는 표현이 포함된 점, 원고가 당시 20대의 여성이었던 점 등 이 사건 변론에 나타난 모든 사정을 종합하면, 이 사건 명예훼손 및 초상권 침해로 피고들이 원고에게 배상하여야 할 위자료 액수는 1,500만원으로 본다.

의사 갑이 운영하는 성형외과에 상담실장으로 근무하던 을이 병원 홍보 목적으로 수술환자 병의 동의 없이 인터넷 카페에 병의 수술 전, 후 사진과 게시글을 올린 사안에서, 을과 사용자인 갑의 병에 대한 손해배상 책임을 인정한 사례

사례3 | 대법원 1994.12.27. 94다35022 판결

1. 사건의 내용

불완전 구순열(일명 언청이) 환자인 방위병 A는 군의관 B에게 수술을 받기로 하였다. 그런데 별일 없을 것이라고 가볍게 믿은 B는 주사 후 위 망인의 상태를 잘 살피지 아니한 채 곧바로 수술부위 절개를 시작한 잘못으로 절개 후 뒤늦게 출혈이 매우 적고 혈압이 급강하는 것을 발견하고, 응급조치를 취하여 혈압과 맥박이 회복되었으나, 그 때 발생한 심정지 때문인 급성폐부종, 요붕증, 저산소성 허혈성 뇌증으로 결국 A는 사망하였다.

2. 판시사항

군의가 소속 방위병에 대하여 불완전 구순열(언청이) 교정수술을 시행하다 의료과실로 사망하게 한 행위에 대하여 국가배상책임을 인정한 원심판결을 수긍한 사례

3. 판결요지

군의가 소속 방위병에 대하여 불완전 구순열(언청이) 교정수술을 시행하다 의료과실로 사망하게 한 행위에 대하여 국가배상책임을 인정한 원심판결을 수긍한 사례

4. 검토

군대라는 특수한 집단 내라 하여서 의료사고에 관한 법리가 달라지는 것은 하나도 없다. 따라서 이 사건과 같이 의학적으로 널리 알려진 사실에 대해서 주의를 기울이지 않으면 당연히 군의관에게 과실이 인정된다.

사례4 | 대법원 1987.4.27. 86다카1136 판결

1. 사건의 내용

가해자들은 피해자가 유아시 입은 화상 때문에 생긴 두부 모발결핍 부분에 대한 성

형수술을 위하여 두피이동술, 모발이식술, 식피술(피부 이식술)의 처치가 필요하다는 설명을 하였다. 그리고 피해자로부터 막연한 두피이동술 및 식피술 등의 수술에 관한 동의만 받았을 뿐 양 넓적다리부의 피부이식에 관한 내용 및 그 후유증 등에 대하여 구체적으로 설명하여 주지 아니하고 수술을 하였다. 그런데 이 때문에 원고의 왼쪽 넓적다리부에 상처가 발생하여 수술 후 상당기간 통증을 겪음과 동시에 장래 호전되기 어려운 색소 이상 및 피부 흉터 등의 후유증이 남게 되었다.

2. 판시사항

성형수술을 하기 전에 의사로서 환자에게 하여야 할 자세한 설명의무를 다하지 아니한 과실이 있다고 한 사례

3. 판결요지

의사로서는 성형수술이 그 성질상 긴급히 필요하지 아니하고 성형수술을 하더라도 외관상 다소간의 호전이 기대될 뿐이며 다른 한편으로는 피부이식 수술 때문인 피부 제공처에 상당한 상처 때문인 후유증이 발생할 가능성이 있음을 고려하여 수술 전에 충분한 검사를 거쳐 환자에게 수술 중 피부이식에 필요하거나 필요하게 될 피부의 부위 및 정도와 그 후유증에 대하여 자세한 설명을 하여준 연후에 그의 사전 동의를 받아 수술에 임하였어야 할 업무상 주의의무가 있음에도 이에 이르지 아니한 채 막연한 두피이동술 및 식피술 등의 수술에 관한 동의만 받았을 뿐 양 넓적다리부의 피부이식에 관한 내용 및 그 후유증 등에 대하여 구체적으로 설명하여 주지 아니하고 수술에 이르렀다면 이 사건 성형수술로 피해자가 입은 피해는 의사의 위와 같은 주의의무를 다하지 아니한 과실 때문이라고 할 것이다.

4. 검토

보통 흉터나 화상 흔적 등을 가지고 있는 사람 중에는 거기에 콤플렉스를 가지고 있어 이를 치료하는 방법이 있다고 하면 앞뒤 따지지 않고 치료를 받으려는 경우가 있다. 그러나 이 역시 수술에 해당하는 의료행위이고 따라서 정확한 수술의 내용과 발생할 수 있는 후유증 등에 대하여 자세히 설명을 듣고 수술을 선택하여야 한다.

이 사안은 이러한 환자의 선택권이 설명의무 위반 때문에 침해되었으므로 의사에게 배상책임이 있다고 보았다.

1. 사건의 내용

원고는 2017. 11. 17.부터 2018. 1. 2.까지 피고 운영의 C병원(이하 '피고 병원'이라 함)에서 좌측 둔부에 발생한 화상 치료를 받던 중, 패혈증, 뇌수막염, 골수염 및 경막외 농양 등의 피해가 발생하였다.

2. 주문

1. 피고는 원고에게 62,531,260원 및 그 중 45,821,359원에 대하여는 2018. 1. 2. 부터 2022. 4. 5.까지는 연 5%, 그 다음날부터 완제일까지는 연 12%의, 나머지 16,709,901원에 대하여는 2020. 9. 9.부터 2022. 4. 5.까지는 연 5%, 그 다음날부터 완제일까지는 연 12%의 각 비율에 의한 돈을 지급하라.
2. 원고의 나머지 청구를 기각한다.
3. 소송비용 중 40%는 원고가, 나머지는 피고가 각 부담한다.
4. 제1항은 가집행할 수 있다.

3. 청구취지

피고는 원고에게 100,885,434원 및 그 중 64,099,758원에 대하여는 2018. 1. 2.부터 2020. 9. 7.자 청구취지 및 청구원인 변경신청서 송달일까지 연 5%, 그 다음날부터 완제일까지 연 12%의 각 비율에 의한, 나머지 36,785,676원에 대하여는 2020. 9. 7.자 청구취지 및 청구원인 변경신청서 송달 다음날부터 완제일까지 연 12%의 비율에 의한 돈을 각 지급하라.

4. 이유

1) 인정사실

가. 원고는 2017. 11. 17.부터 2018. 1. 2.까지 피고 운영의 C병원(이하 '피고 병원'이라 함)에서 좌측 둔부에 발생한 화상 치료를 받던 중, 패혈증, 뇌수막염, 골수염 및 경막외 농양 등의 피해가 발생하였다.

나. 원고는 2017. 10. 24.경 전기장판 사용으로 인해 좌측 둔부에 화상을 입고 2017. 11. 17. 화상 전문 치료병원인 피고 병원에 내원하였다.

다. 피고 병원은 원고에게 표피, 진피, 지방층까지 손상된 3도 화상으로 진단하고 2017. 11. 19.부터 입원치료를 시작하였다.

라. 피고 병원은 2017. 11. 21. 원고에게 가피 절제술을 시행하는 과정에서 병변부위에 2개의 농양 주머니를 확인하였다. 수술 후 반복적인 항생제 치료에도 불구하고 원고의 화상 병변 부위 농양에 호전 반응이 없자 피고 병원은 2017. 11. 28., 2017. 12. 6. 두 차례에 걸쳐 농양제거수술을 시행하였다. 1차 수술 사진상으로 만성염증에 의한 농양의 전형적인 육안 소견에 부합하고, 2차 수술 사진상 만성염증과 일부 급성염증의 혼합으로 의심되며, 육안적 소견으로 이때 전신감염증 발생이 우려된다고 판단하기에는 무리가 있는 것으로 감정되었다.

마. 원고의 입원 초기 일반적인 혼합 항생제 병합요법으로 치료하다가 치료에 반응이 없자 2017. 11. 30.부터 3세대 항생제인 '세프트리악손주'를 투여하였고, 이후 환자상태가 악화된 2017. 12. 29. 혈액, 창상, 소변, 중심정맥 주입관에 대한 세균배양 및 항생제 감수성검사를 의뢰하고 결과 나오기 전인 2017. 12. 30.부터 항생제 '반코마이신'을 사용하기 시작하였다. 위 혈액 세균배양 검사 결과는 2018. 1. 8.에 나온 것으로 보고되어 있다. 결과적으로 보면 '세프트리악손주'를 사용하고 2주 정도 되었을 때 창상의 호전이 없었다면 이때 창상에 대한 세균 동정 및 배양 검사, 항생제 감수성검사를 시행했으면 하는 아쉬움을 감정의는 피력하였다.

바. 2018. 1. 8. 검사 결과, 원고의 3개 혈액 검체 중 1개에서, 창상 검체, 중심정맥 주입관 검체에서 각 메티실린 내성 황색포도알균(Methicillin-Resistant Stapylococcus Aureus, 약칭 'MRSA')이 동정 배양되었고, 반코마이신, 테이코플라닌 등의 항생제에 감수성이 있으나 페니실린 계열에는 내성이 있는 것으로 확인되었다. 따라서 '세프트리악손주'는 검출된 황색포도알균에는 효과적이지 않았다. 다만, 황색포도알균이 피고 병원내원 전부터 존재했는지, 입원 도중 감염된 것인지, 그렇다면 그 시기는 언제인지 확인되지 않았다.

사. 원고의 위 MRSA 감염원이 어디인가에 대한 추론은 다양하나 창상에서 전신으로 전파되었다는 추론이 가장 합리적이다. 원고는 2017. 12. 27.부터 고열 및 허리 통증을 호소하였고, 다음날부터는 범혈구 감소증(WBC 1700, RBC 2,790,000, plt 55,000), 감염수치 상승(CRP 34.6), X-ray 검사상 폐부종 소견 등이 나타났으며, 2017. 12. 30.경에는 고열(38.5도), 의식저하, 주8) 섬망의 증상이 나타났다.

아. 위 '사'항과 관련하여 입원 기간 임상 경과와 각종 검사 결과를 종합하면, 전신감염에 의한 패혈증이 제일 먼저 의심되는 상황으로 판단된다. 따라서 각종 검체에 대한 세균배양 검사를 시행하고 결과 통보 받기 전 반코마이신으로 항생제를 교체한 것으로 추정된다. 이때 상급병원으로의 전원 여부는 당시 상황을 잘 아는 담당의사의 판단이 가장 중요하므로 감정의가 그 언급하기는 어렵다고 회신하였다.

자. 피고 병원은 2017. 12. 27.부터 2018. 1. 2.까지 원고에게 세균배양 검사와 항생

제 교체 외에 대증 치료를 시행하였고, 이 기간 전원이 불가능한 상태(금기증)에 해당하지 않았으므로 상급병원으로의 전원은 가능하였다고 회신하였다.

차. 원고는 2018. 1. 2. 13:00경 D대학교 E병원 응급실에 내원하였는데, 당시 의식저하를 주소로 하였고, 활력징후로는 미열(37.3도) 이외에 비교적 안정적이나 의식저하가 있어 검사에 어려움이 있는 상태이며, X-ray 검사상 폐부종 또는 폐렴이 의심된다는 소견이었다.

카. 위 E병원 의료진은 원고에 대하여 제4, 5 요추 감염성 척추염, 제4, 5 요추 경막외 농양, 세균성 뇌수막염, 패혈증, 마미총증후군, 화상, 심부전 등으로 감염내과, 신경외과, 심장내과, 성형외과 등에서 치료하였는데, 성형외과에서 괴사조직 절제후 피판술, 신경외과에서 제4, 5 요추 후궁 부분 절제술, 제5 요추 후궁 절제술, 논양 배액술 및 세척술 등의 수술적 치료를 시행하였다.

타. 원고에 대한 신체감정결과는 별지 '신체감정서' 기재와 같은데, 요·천추부 통증 및 운동제한의 장해가 남을 것으로 사료되며 척추고정술에 의한 요통 및 요·천추부 운동제한은 영구적인 장해로서 노동능력상실률은 33%로 감정되었다.

파. 이 사건 화상 관련 의학 지식은 다음과 같다.

1) 화상의 깊이로 분류하면, 표피의 일부만 손상을 받은 1도, 표피의 아래층인 진피의 일부가 손상을 받은 2도, 진피의 전부와 진피 아래층인 피하 지방층까지 손상을 받은 3도, 피하지방 아래 인대, 근육, 뼈까지 손상을 받은 4도 화상으로 분류한다. 여기서 2도 화상은 다시 표재성(얕은) 2도와 심재성(깊은) 2도 화상으로 분류하며, 화상전문가들은 표재성과 심재성 사이의 중간 2도를 별도로 분류하기도 한다.

2) 1도 화상의 경우 통증 완화나 착색 예방 조치 이외에 특별한 치료가 필요하지 않은 경우가 많고, 표재성 2도 화상은 적절한 화상 드레싱으로 치유되는 경우가 대부분이며 심각한 반흔(흉터)을 남기지 않고 대개 2주 이내에 치유된다. 반면 심재성 2도화상은 경우에 따라 가피(다양한 원인에 의해 손상된 피부조직이 괴사되어 진피층에 붙어 있는 것)가 형성되기도 하고 가피절제술이나 피부이식술 같은 수술적 치료를 요하기도 한다. 3도 이상의 화상은 가피절제술이나 피부이식술 같은 수술적 치료를 요하는 경우가 대부분이며, 4도 화상은 경우에 따라 변연 절제술, 피판 작성술 또는 단계적 피부이식술 등의 고난이도 수술적 치료가 필요한 경우도 많다.

[인정 근거] 갑 1 내지 갑 10, 이 법원의 대한의사협회 의료감정원에 대한 진료기록 감정촉탁결과, 이 법원의 F대학교 의료원장에 대한 신체감정촉탁결과, 변론 전체의 취지

2) 손해배상책임의 발생

가. 책임의 근거

앞서 본 각 증거와 위 인정사실을 종합하여 알 수 있는 바와 같이, 3도 이상 화상

에서 가장 흔하고 주의해야 할 합병증은 창상 감염인바, 매일 드레싱이 불문율과 같은 원칙이고 창상 감염의 위험성이 없다고 판단될 때까지 매일 감시가 이루어져야 한다. 창상 감염의 위험성이 있다고 판단되는 경우 내원 시에 세균동정 검사를 시행하고, 이후 상처에 이상이 없는 경우 주기적인(약 1주 간격)으로 세균동정 검사를 시행하다가 창상 감염이 의심되는 경우 즉각 다시 시행하는 것이 바람직하다. 그런데 피고 병원은 앞서 본 바와 같이 원고가 패혈증 등에 걸릴 때까지 창상 감염(위 각 수술로 인한 것을 포함함)에 대한 감시의 주의의무를 게을리 한 것으로 판단된다. 즉, 2017. 11. 30.부터 3세대 항생제인 '세프트리악손주'를 투여하였으나 창상에 대한 호전이 없었음에도 주기적으로 창상 감염에 대한 감시를 하지 않고 만연히 동일한 항생제만 계속 투여하다가 이후 환자 상태가 악화된 2017. 12. 29.에야 비로소 창상에 대한 세균 동정 및 배양 검사, 항생제 감수성검사를 시행하기에 이르렀는바, 이는 피고 병원이 선량한 관리자의 주의의무를 다하여 필요하고도 적절한 치료를 해야 하는 의사로서 진료계약상 채무를 해태한 것으로 볼 수밖에 없다.

나. 책임의 제한

다만, 국민건강보험공단의 원고에 대한 요양급여내역에 의하면, 원고는 2009. 9. 1. G병원에서 요통, 요추부 증상으로 치료를 받은 이래 화상을 입었다는 날 (2017. 10. 24.) 이후로서 2017. 10. 31.까지 H병원에서 척추협착, 요추부 등의 증상으로 치료를 받기까지 무려 2257회에 걸쳐 신경뿌리병증을 동반한 요추 및 기타 추간판장애, 좌골신경통 요추부, 중등도 우울에피소드, 손목 및 손의 2도 화상, 몸통 전체의 3도 화상, 재발성우울장애현존 중등도 등의 증상으로 치료를 받은 과거병력이 확인되고, 특히 I마취통증의학과의원의 원고에 대한 진료기록(갑 14)에 의하면, 원고는 2010. 11. 6. 좌골신경통-허리엉치 부위 등의 증상으로 치료를 받은 이래 피고 병원에서 치료를 받기 전인 2017. 11. 10.까지 수백 차례에 걸쳐 복합부위통증증후군 좌골신경통-허리엉치 부위, 척수병증을 동반한 기타 척추증, 요추부, 관절통 등(엉덩이를 제외한 모든 부분)의 연조직염, 대퇴신경의 병변, 척골신경의 병변 등 많은 증상으로 치료를 받았으며, 또한 J의원이 송부한 원고에 대한 진료기록에 의하면, 원고는 2009. 10. 5. 신경뿌리병증을 동반한 허리척추뼈 및 기타 추간판 장애 증상으로 치료를 받은 이래 피고 병원에서 입원치료를 받기 전인 2017. 11. 14.까지 복합부위통증증후군, 신경뿌리병증을 동반한 요추 및 기타 추간판 장애 등의 증상으로 수백 차례에 걸쳐 치료를 받은 과거력이 확인 될 뿐만 아니라 피고 병원 의무기록사본증명서(갑 2)에 첨부된 진료기록에 의하면, 원고는 2015년에는 K대학교병원에서 복합성통증증후군, 2011년에는 G병원에서 섬유근통, 2016년에는 L병원에서 허리디스크, 2016년에는 H병원에서 통풍 등의 증상으로 각 치료를 받은 과거병력이 확인되는바, 손해의 전부를 피고에게 배상하게 하는 것은 공평의 이념에 반한다 할 것이므로, 피고의 책임은 상당할 정도로 제한되어야 할 것이고, 원고의 나이, 피고가 이 사건에 이른 경위, 위 사정들을 모두 감안하면, 피고의 책임비율을 60%로 정함이 상당하다.

3) 손해배상의 범위

가. 일실수입 및 치료비 등

별지 '손해배상 청구금액' 기재와 같다.

[인정 근거] 갑 1 내지 갑 14, 이 법원의 F대학교 의료원장에 대한 신체감정촉탁결과, 변론 전체의 취지

나. 위자료

1) 참작 사유 : 이 사건 각 수술 경위, 피고 병원 의료진의 치료 과정 및 과실정도, 원고의 나이, 직업, 치료 경과, 후유장해 정도 등 이 사건 변론에 나타난 여러 사정

2) 결정 금액 : 20,000,000원

다. 소결론

그렇다면 피고는 민법 제756조의 사용자책임 내지 채무불이행책임에 따라 원고에게 손해배상 62,531,260원(36,709,901원 + 5,821,359원 + 20,000,000원) 및 그 중 45,821,359원에 대하여는 2018. 1. 2.부터 피고가 이행의무의 존부 및 범위에 관하여 항쟁함이 상당한 이 판결 선고일인 2022. 4. 5.까지는 민법이 정한 연 5%, 그 다음날부터 완제일까지는 소송촉진등에관한특례법이 정한 연 12%의, 나머지 16,709,901원에 대하여는 2020. 9. 7.자 청구취지 및 청구원인 변경신청서 송달 다음날인 2020. 9. 9.부터 피고가 이행의무의 존부 및 범위에 관하여 항쟁함이 상당한 이 판결 선고일인 2022. 4. 5.까지는 민법이 정한 연 5%, 그 다음날부터 완제일까지는 소송촉진등에관한특례법이 정한 연 12%의 각 비율에 의한 지연손해금을 지급할 의무가 있다.

5. 결론

그렇다면 원고의 청구는 위 인정범위 내에서 이유 있어 이를 인용하고 나머지 청구는 이유 없어 이를 기각하기로 하여 주문과 같이 판결한다.

1. 사건의 내용

원고 김○은은 2019. 8. 2. 신가병원에서 피고 김○영으로부터 비염, 축농증 치료를 위한 비중격교정술, 비밸브재건술, 하비갑개점막하절제술과 함께 실리콘 보형물을 이용한 코성형술(이하 '이 사건 1차 수술'이라 한다)을 받았고, 같은 달 6. 퇴원하였다.

2. 주문

1. 피고들은 공동하여 원고 김○은에게 137,461,972원, 원고 김○철, 김○자에게 각 5,000,000원 및 각 이에 대하여 2019. 8. 2.부터 2021. 10. 15.까지는 연 5%의, 그 다음날부터 다 갚는 날까지는 연 12%의 각 비율로 계산한 돈을 지급하라.

2. 원고들의 나머지 청구를 기각한다.

3. 소송비용 중 1/5은 원고들이, 나머지는 피고들이 각 부담한다.

4. 제1항은 가집행할 수 있다.

3. 청구취지

피고들은 공동하여 원고 김○은에게 179,966,833원, 원고 김○철, 김○자에게 각 10,000,000원 및 각 이에 대하여 2019. 8. 2.부터 이 사건 소장부본 송달일까지는 연 5%의, 그 다음날부터 다 갚는 날까지는 연 12%의 각 비율로 계산한 돈을 지급하라.

4. 이유

1) 기초사실

가. 당사자들의 관계

원고 김○은은 피고 김○영으로부터 코 수술을 받은 환자이고, 원고 김○철, 김○자는 원고 김○은의 부모이며, 피고 김○영은 피고 이○영이 운영하는 광주 광산구 소재 ○○병원에서 피고 이○영에게 고용되어 근무한 이비인후과 의사이다.

나. 이 사건 수술의 경과

1) 원고 김○은은 2019. 8. 2. 신가병원에서 피고 김○영으로부터 비염, 축농증 치료를 위한 비중격교정술, 비밸브재건술, 하비갑개점막하절제술과 함께 실리콘 보형물을 이용한 코성형술(이하 '이 사건 1차 수술'이라 한다)을 받았고, 같은 달 6. 퇴원하였다.

2) 원고 김○은은 같은 달 12., 14., 24. 경과 관찰 및 드레싱을 위해 병원을 방문하였고, 피고 김○영에게 코의 불편감을 호소하였다.

3) 원고 김○은은 2019. 9. 2. 한쪽 코에서 손가락 한마디 크기의 거즈가 빠져 나온 것을 발견하여 그 다음날인 2019. 9. 3. 이를 가지고 병원을 방문하였고, 아울러 피고 김○영에게 코의 통증과 부종을 호소하였다. 이에 피고 김○영은 원고 김○은을 입원시킨 후 3일간 항생제 치료를 하였으나, 증상이 호전되지 아니하자 2019. 9. 6. 염증제거 및 보형물 삽입과 코성형수술(이하 '이 사건 2차 수술'이라 한다)을 실시하였고, 원고 김○은은 같은 달 11. 퇴원하였다.

4) 그 후 원고 김○은은 경과 관찰을 위해 수차례 병원을 방문하였는데, 피고 김○영에게 '코 끝이 들려 있다. 코가 안 좋다. 우측 코 입구 위쪽에서 진물이 나는 것 같다'는 등의 증상을 호소하였고, 2019. 12. 12.에는 '1주일 전부터 코에서 냄새가 나고, 당기고 아프며, 우측 코 위에서 진물이 나는 것 같다'고 호소하였다. 이에 피고 김○영은 원고 김○은을 입원시키고 같은 달 17.까지 항생제 치료를 하였으나, 증상이 호전되지 않자 같은 달 18. 염증 제거 및 코 보형물 제거 수술(이하 '이 사건 3차 수술'이라 한다)을 실시하였고, 원고 김○은은 2019. 12. 17. 퇴원하였다. 그 후 원고 김○은은 2020. 1. 8. 피고 김○영으로부터 진물이 나는 수술 부위를 봉합하는 일차봉합술(이하 '이 사건 4차 수술'이라 하고, 이 사건 1차 내지 4차 수술을 통틀어 '이 사건 수술'이라 한다)을 추가로 받았다.

5) 이 사건 수술 이후 원고의 코에는 심각한 '구축된 짧은 코 변형'이 발생하였는바, 외형상 코가 짧아 보이고 콧구멍이 들려 보이며 전반적으로 수축되어 보이는 상태가 되었다.
[인정근거] 다툼 없는 사실, 갑 제2, 3, 5, 6호증, 을 제1, 2호증의 각 기재, 이 법원의 고려대학교 구로병원장에 대한 신체감정촉탁결과, 변론 전체의 취지

2) 손해배상책임의 발생

가. 당사자의 주장

1) 원고의 주장

이 사건 1차 수술 이후인 2019. 9. 2. 원고 김○은의 코에서 손가락 한마디 정도 크기의 거즈가 나왔는바, 피고 김○영은 이 사건 1차 수술 과정, 또는 수술 후 드레싱처치 당시 수술 부위에 이물질이 남아 있는가를 확인하고 이를 제거하여야 할 주의의무가 있음에도 이물질인 거즈를 그대로 남겨둔 과실로 원고 김○은에게 염증이 발생하게 하였고, 이로 인하여 결국은 원고 김○은에게 구축된 짧은 코의 변형이 발생하게 만들었다. 따라서 피고 김○영은 원고 김○은을 치료한 의사로서, 피고 이○영은 피고 김○영의 사용자로서 원고들이 입은 손해를 배상하여야 한다.

2) 피고의 주장

이 사건 1차 수술 후 원고 김○은에게 발생한 염증 반응은 실리콘 보형물에 대한 이물반응이라고 할 것이고, 달리 이 사건 1차 내지 4차 수술 과정에서 피고 김○영에게

어떠한 과실이 있다고 할 수 없으므로 원고들의 주장은 부당하다.

나. 판단

1) 의료행위는 고도의 전문적 지식을 필요로 하는 분야이고 그 의료 과정은 대개의 경우 의사만이 알 수 있고 환자 본인은 그 일부를 알 수 있을 뿐이며, 치료의 결과를 달성하기 위한 의료기법은 의사의 재량에 달려 있기 때문에, 손해 발생의 직접적인 원인이 의료상 과실로 말미암은 것인지는 전문가인 의사가 아닌 보통인으로서는 도저히 밝혀낼 수 없는 특수성이 있어서 환자 측이 의사의 의료행위상 주의의무 위반과 손해 발생 사이의 인과관계를 의학적으로 완벽하게 입증한다는 것은 극히 어려운 일이므로, 의료사고가 발생한 경우 피해자 측에서 일련의 의료행위 과정에서 저질러진 일반인의 상식에 바탕을 둔 의료상 과실이 있는 행위를 입증하고 그 결과와 사이에 일련의 의료행위 외에 다른 원인이 개재될 수 없다는 점, 이를테면 환자에게 의료행위 이전에 그러한 결과의 원인이 될 만한 건강상 결함이 없었다는 사정을 증명한 경우에는, 의료행위를 한 측이 그 결과가 의료상 과실로 말미암은 것이 아니라 전혀 다른 원인으로 말미암은 것이라는 증명을 하지 아니하는 이상, 의료상 과실과 결과 사이의 인과관계를 추정하여 손해배상책임을 지울 수 있도록 입증책임을 완화하는 것이 손해의 공평·타당한 부담을 그 지도원리로 하는 손해배상제도의 이상에 맞다(대법원 2003. 1. 24. 선고 2002다3822 판결 등 참조).

2) 이 사건에 관하여 보건대, 이 사건 1차 수술 후인 2019. 9. 2. 원고 김○은의 한쪽 코에서 손가락 한마디 크기의 거즈(이하 '이 사건 거즈'라고 한다)가 빠져 나온 사실, 당시 원고 김○은은 코의 통증과 부종 등의 증상을 겪었고 이에 피고 김○영은 염증 치료를 위해 원고 김○은을 입원시키고 항생제 치료를 한 사실, 그러나 증상이 호전되지 아니하자 피고 김○영은 이 사건 2차 수술을 실시하였고, 약 3개월 후 다시 이 사건 3차 수술을 실시하였으며, 약 20일 후 수술부위의 봉합을 위한 이 사건 4차 수술을 실시한 사실은 앞서 본 바와 같다.

여기에 위 인정사실에 앞서 든 증거들 및 변론 전체의 취지를 더하여 알 수 있는 다음과 같은 사정 즉, ① 이 사건 거즈는 이 사건 1차 수술 당시 또는 수술 이후 처치(드레싱) 과정에서 사용된 거즈로, 상당기간 원고 김○은의 코 내부 수술 부위에 잔존하고 있었던 것으로 보이는 점(다만 수술 당시에 사용된 거즈인지 수술 이후 처치과정에서 사용된 것인지는 불분명함), ② 이 법원의 신체감정의는 '통상적으로 코성형술을 시행한 이후 초기에 이유 없이 농양이 생길 가능성은 낮고 이물질이 남아 있는 경우에 농양이 발생할 가능성이 매우 높다는 것을 고려하면 거즈로 인해 농양이 생겼을 가능성은 높다고 사료된다'고 회신한 점, ③ 원고 김○은은 이 사건 1차 수술 이후 지속적으로 코의 불편감을 호소하였고, 거즈 발견 시점에는 염증 반응(통증과 부종 등)을 강하게 호소하였는바, 이에 따라 피고 김○영 역시 거즈 발견 직후 염증 치료를 시작한 점, ④ 원고 김○은은 이 사건 2차 수술 이후에도 지속적으로 코가 안 좋다, 진물이 난다는 등의 증상을 호소하다가 2019. 12. 12. 냄새나고 아프고 진물난다는 증상을 재차 호소하였으며, 이에 피고 김○영은 다시 항생제 치료 후 이 사건 3차 수술에 이르렀는바, 이 사건 1차 수술 이후의 원고 김○은의 염증 반응이 이 사건 2차 수술로 완전히 치유되었다가 별도의 원인(실리콘 보형물에 대한 이물반응)에 기해 다시 발생하여 이 사건 3차 수술에 이르게 된 것이라고 단정하기 어려운 점, ⑤ 이 법원의 대한 의사협회 의료감정원장에 대한 진료기록감정결과에 의하면, 진료기록감정의는 비강 내 거즈로 인해 생긴 염증이 코성형 수술 부위로 파급되어 보형물 주변에 염증반응을 일으킬 가능성을 완전히 배제할 수 없다고 하면서도, 수술 후 20여일이 지난 상태면 보통 절개부위는 다 아물기 때문에 비강의 염증이 절개부위를 통해 보형물 주변에 염증을 일으켰을 가능성은 그리 높지 않다고 회신하였으나, 이 사건 거즈가 피고의 주장과 같이 2019. 8. 24. 이루어진 드레싱 처치 시부터 잔존한 것인지, 그 이전 시점부터 잔존한 것인지 불분명한 이상 수술 후 20여일이 지난 상태에서 거즈가 잔존하였음을 전제로 한 위 판단 부분은 그대로 받아들이기 어려운 점, ⑥ 또한 위 진료기록감정의는 거즈가 이 사건 1차 수술 당시 코에 남아서 이 사건 2차 내지 4차 수술을 일으킨 염증반응의 원인이 되었다고 보는 것은 부적절하다고 회신하기도 하였으나, 이는 이 사건 1차 수술 당시 거즈를 코 내부 피부 조직 안에 두고 봉합한 채로 수술을 마쳤을 경우를 가정한 답변으로, 수술 당시 혹은 그 후 처치 과정에서 거즈가 환부에 부착된 상태였을 경우까지 전제한 답변으로 보이지는 않는 점, ⑦ 원고 김○은에게 발생하게 된 '구축된 짧은 코 변형'의 상태는 코 내부 구조물(연골, 피하지방 등)이 감염 등에 의한 염증 반응에 의해 파괴되고 치유되는 과정에서 조직이 오그라들면서 발생한 현상으로, 원고 김○은에게 발생한 위와 같은 일련의 염증 반응과 이에 대한 이 사건 2 내지 4차수술이 그 원인이라고 할 것인 점, ⑧ 달리 원고 김○은에게 발생한 일련의 염증 반응에 원고 김○은의 코에 잔존하던 거즈가 영향을 주지 않았다고 볼 만한 뚜렷한 증거가 없는 점 등을 종합하여 보면, 피고 김○영은 원고 김○은에 대하여 이 사건 1차 수술 및 그 후 사후 처치 과정에서 수술 부위에 이물질(이 사건 거즈)을 제거하지 않은 과실이 있고, 이로 인하여 원고 김○은의 수술 부위에 염증 반응이 일어나 이 사건 2차 내지 4차 수술에 이르게 되어 결과적으로 원고 김○은에게 '구축된 짧은 코 변형'의 상태가 발생하게 되었다고 봄이 상당하다.

따라서 피고 김○영 및 피고 김○영의 사용자인 피고 이○영은 공동하여 위와 같은 과실로 인해 발생한 원고들의 손해를 배상할 책임이 있다.

3) 손해배상책임의 범위

아래에서 별도로 설시하는 것 이외에는 별지 손해배상액 계산표의 각 해당 항목 기재와 같고, 계산의 편의상 기간은 월 단위로 계산함을 원칙으로 하되, 마지막 월 미만 및 원 미만은 버린다. 손해액의 사고 당시의 현가 계산은 월 5/12푼의 비율에 의한 중간이자를 공제하는 단리할인법에 따른다.

[인정근거] 다툼 없는 사실, 갑 제7호증의 기재, 이 법원의 고려대학교 구로병원장에 대한 신체감정촉탁결과, 이 법원에 현저한 사실, 변론 전체의 취지

가. 일실수입

1) 인적사항 : 별지 손해배상액 계산표의 '기초사항'란 기재와 같다.

2) 소득 및 가동기한 : 도시지역 보통인부의 일용노임(월 가동일수 22일) 기준, 가동기한은 65세로 본다.

3) 후유장해 및 노동능력상실률

- 2019. 8. 20.부터 2019. 8. 21.까지 : 100%(원고 김○은의 총 입원일수를 감안하여 입원 종료일을 2019. 8. 21.로 보고 위 시점까지 노동능력상실율을 100%로 인정)

- 2019. 8. 22.부터 2065. 06. 15.까지 : 추상장애 12% 영구장애

원고 김○은은 성형외과 추상장해로 인해 신체감정결과(국가배상법상 추상장해 12급 13호 적용)에 따라 15%의 노동능력을 상실하였다고 주장한다.

살피건대, 불법행위로 인한 후유장애로 말미암아 외모에 추상이 생긴 경우에 그 사실만으로는 바로 육체적인 활동기능에는 장애를 가져오지 않는다 하더라도 추상의 부위 및 정도, 피해자의 성별, 나이 등과 관련하여 그 추상이 장래의 취직, 직종선택, 승진, 전직에의 가능성 등에 영향을 미칠 정도로 현저한 경우에는 그로 인한 노동능력상실이 없다 할 수는 없으므로 그 경우에는 추상장애로 인하여 노동능력상실이 있다고 보는 것이 상당하고(대법원 2004. 10. 15. 선고 2003다39927 판결 참조), 위에서 든 각 증거 및 변론 전체의 취지에 의하여 인정되는 추상의 부위 및 정도, 원고의 나이 등에 비추어 그 추상이 장래의 취직, 직종 선택, 승진, 전직에의 가능성 등에 영향을 미칠 정도로 현저하다고 봄이 상당하다. 다만, 국가배상법 시행령에 규정된 노동능력상실률은 국가배상사건에 대한 정책적 고려가 반영된 것으로서 맥브라이드 장해평가표보다 상대적으로 장해율이 높게 책정되어 있다고 볼 수 있는 점, 맥브라이드 장해평가표에 의하면 외모 추상에 의한 노동능력상실은 인정되지 않는 점, 노동능력상실률을 정하기 위한 보조자료의 하나인 의학적 신체기능장애율에 대한 감정인의 감정결과는 사실인정에 관하여 특별한 지식과 경험을 요하는 경우에 법관이 그 특별한 지식·경험을 이용하는 데에 불과한 것이며, 궁극적으로는 법관이 피해자의 연령, 교육 정도, 노동의 성질과 신체기능 장애 정도, 기타 사회적·경제적 조건 등을 모두 참작하여 경험칙에 비추어 규범적으로 노동능력상실률을 결정할 수밖에 없는 점(대법원 1999. 3. 23. 선고 98다61951 판결 등 참조), 원고 김○은의 피해 부위나 피해 정도, 원고 김○은이 향후 치료를 받을 경우 감정 당시의 상태보다 호전될 가능성을 배제할 수 없는 점 등을 종합적으로 고려하여 추상장해로 인한 장해율을 12%로 인

정한다.

4) 일실수입 계산 : 별지 손해배상액 계산표의 '일실수입 합계액'란 기재와 같다.

나. 기왕치료비 : 별지 손해배상액 계산표의 '기왕치료비'란 기재와 같다.

다. 향후치료비 :

1) 콧대 재건술 등 수술비 및 치료비 : 24,850,000원

2) 구체적인 계산 : 이 사건 변론종결일 다음날인 2021. 7. 3. 치료비를 지출하는 것으로 보고 사고 당시의 현가로 환산하면 별지 손해배상액 계산표의 '향후치료비'란 기재와 같다.

라. 책임의 제한

수술 과정에서의 위험을 완전히 배제하는 것은 불가능하고, 여러 요인으로 수술 후 염증 반응이 일어날 가능성이 존재하는 점, 그밖에 이 사건 수술에 이른 경위, 피고 김○영의 과실의 정도 등 이 사건 변론에 나타난 여러 사정들을 종합하여, 피고들이 배상할 손해액을 산정함에 있어 피고들의 책임을 90%로 제한하기로 한다.

마. 위자료

이 사건 수술로 인해 발생한 원고 김○은의 피해의 정도 및 부위, 원고 김○은의 나이, 직업 등 제반사정을 참작하여 원고 김○은에 대한 위자료를 30,000,000원으로 정하고, 원고 김○은의 부모인 원고 김○철, 김○자에 대한 위자료를 각 5,000,000원으로 정한다.

바. 소결론

따라서 피고들은 공동하여 원고 김○은에게 137,461,972원, 원고 김○철, 김○자에게 각 5,000,000원 및 각 이에 대하여 이 사건 최초 수술일인 2019. 8. 2.부터 피고가 그 이행의무의 존부나 범위에 관하여 항쟁함이 타당한 이 판결 선고일인 2021. 10. 15.까지는 연 5%의, 그 다음날부터 다 갚는 날까지는 소송촉진 등에 관한 특례법이 정한 연 12%의 각 비율로 계산한 지연손해금을 지급할 의무가 있다.

5. 결론

그렇다면, 원고들의 청구는 위 인정범위 내에서 이유 있어 이를 인용하고, 나머지 청구는 이유 없어 이를 기각하기로 하여 주문과 같이 판결한다.

제4절 정형외과

사례1 | 대법원 1996.6.25. 94다13046 판결

1. 사건의 내용

A는 교통사고 때문에 좌측족관절부 좌멸창 등의 상해를 입고, 정형외과 의사 B에게 치료를 받게 되었다. B는 A를 초진한 그 좌측슬하부의 전위나 골절된 경비 골 등을 잡기 위하여 그 수술방법으로 석고붕대에 의한 외 고정술의 방법을 선택하여(고정술로는 골절 부위에 재고정물을 삽입하는 방법, 반깁스하는 방법, 도수정복(손으로 뼈를 잡아 맞추는 것) 후 외 고정술을 실시하는 방법 등이 있다.) 이를 실시하였다. 이후 상처 부위에서 진물이 계속되고 조직이 괴사하자 B는 A에게 조직괴사에 대응하여 필요한 검사나 치료를 할 수 있는 병원으로는 종합병원밖에 없다고 하면서 종합병원으로 전원할 것을 권유하였다. 그러나 B는 종합병원이 아닌 개인병원으로 전원하였고 9일이 지나서 상태가 악화하자 비로소 종합병원을 찾았다.

2. 판시사항

[1] 의사의 진료방법 선택의 재량과 의료과실 판단 방법

[2] 의사가 피부조직괴사에 대한 치료를 위하여 종합병원으로 전원할 것을 권유하였으나 환자가 이를 듣지 아니하여 증세가 악화한 경우, 의사의 과실을 부정한 원심판결을 수긍한 사례

3. 판결요지

[1] 무릇 의사는 진료함에서 환자의 상황과 당시의 의료수준 그리고 자기의 전문적인 지식과 경험에 따라 생각할 수 있는 몇 가지의 조치 중에서 적절하다고 판단되는 진료방법을 선택할 수 있고, 그것이 합리적인 재량의 범위를 벗어난 것이 아닌 한 진료의 결과를 놓고 그 중 어느 하나만이 정당하고 그와 다른 조처를 한 것에 과실이 있다고 말할 수는 없다.

[2] 의사가 환자나 그 가족에게 상처 부위의 조직괴사에 대응하는 데 필요한 검사나 치료를 할 수 있는 병원으로는 종합병원밖에 없다고 설명하면서 종합병원으로 전원할 것을 권유하였다면 그것으로 의사로서의 진료상의 의무를 다하였다 할 것이고, 거기서 나아가 그 환자나 가족들이 개인의원으로 전원하는 것을 만류, 제지하

거나 그 환자를 직접 종합병원으로 전원하여야 할 의무까지 있다고 할 수는 없다고 하여, 환자가 그 권유에 따르지 아니하여 증세가 악화한 데 대한 의사의 과실을 부정한 원심판결을 수긍한 사례

4. 검토

의사에게 진료의 방법으로 선택할 수 있는 것이 여러 가지가 있으면, 어떠한 방법을 택할지는 의사의 재량에 달린 것이다. 즉, 의사가 선택한 수단이 의료법칙이나 경험칙상 불합리한 것이 아니라면 비록 좋지 않은 결과가 발생하였다 하더라도 그 선택을 의사의 의료과오라 할 수는 없다. 따라서 사안에서 B가 혈액순환 장애 때문인 향후의 조직괴사 내지 2차 감염의 가능성을 고려한 결과 내고정물을 삽입하는 방법은 불가능하고, 그렇다고 하여 반깁스를 하는 방법은 골절 위의 안정성을 얻기 어렵다고 판단하여 외고정술의 방법을 선택한 것이라면 이는 합리적인 재량 행사라고 보아야 할 것이다.

또한, 의사의 의무는 전원이 필요한 환자에게 이를 설명, 권유하는 것까지이지 더 나아가 이에 따르지 않는 환자에게 전원을 강제할 것까지 요구되는 것은 아니라 하겠다.

사례2 | 대법원 1993.7.27. 92다15031 판결

1. 사건의 내용

A는 척추결핵에 대한 치료를 위하여 병원을 찾았고 의사 B의 집도하에 척추 전방 유합술을 시술받았으나 그 직후부터 제7 등뼈 이하 하반신이 마비되는 증상이 나타났다. 그 후 A는 2회에 걸친 재수술을 받았음에도 결국 회복되지 못하였다.

2. 판시사항

[1] 의사의 척추 전방 유합 수술 후에 나타난 환자의 하반신 완전마비증세가 의사의 과실 때문에 초래된 것으로 추정된다고 한 사례

[2] 피해자가 종전 직장에서 종전과 같은 수입을 얻고 있는 경우 신체적 기능장애 때문인 재산상 손해의 인정 가부

[3] 의사가 선량한 관리자의 주의의무를 다하지 못하여 의료사고가 발생하면 그 수술비나 치료비의 지급을 청구할 수 있는지

3. 판결요지

[1] 의사의 척추 전방 유합 수술 후에 나타난 환자의 하반신 완전마비증세가 의사의 과실 때문에 초래된 것으로 추정된다고 한 사례

[2] 불법행위 때문인 일실이익손해를 피해자의 노동능력상실률을 인정 평가하는 방법에 따라 산정할 때 피해자가 후유증에도 종전과 같은 직장에서 종전과 다름없이 수입을 얻고 있다고 하더라도 달리 특별한 사정이 없으면 피해자가 신체적인 기능의 장애 때문에 아무런 재산상 손해도 입지 않았다고 단정할 수는 없고, 또한 피해자가 사실심의 변론종결 시까지 종전 직장으로부터 종전과 같은 보수를 받았다고 하더라도 그것이 사고와 상당인과관계에 있는 이익이라고는 볼 수 없어 가해자가 배상하여야 할 손해액에서 그 보수액을 뺄 것은 아니다.

[3] 의사가 환자에게 부담하는 진료채무는 질병의 치료와 같은 결과를 반드시 달성해야 할 결과채무가 아니라 환자의 치유를 위하여 선량한 관리자의 주의의무를 가지고 현재의 의학 수준에 비추어 필요하고 적절한 진료조치를 다해야 할 채무, 즉 수단채무라고 보아야 할 것이므로 위와 같은 주의의무를 다하였는데도 그 진료 결과 질병이 치료되지 아니하였다면 치료비를 청구할 수 있으나, 의사가 위와 같은 선량한 관리자의 주의의무를 다하지 아니한 탓으로 오히려 환자의 신체기능이 회복 불가능하게 손상되었고, 또 위 손상 이후에는 그 후유병세의 치유 또는 더 이상의 악화를 방지하는 정도의 치료만이 계속되어 온 것뿐이라면 의사의 치료행위는 진료채무의 본지에 따른 것이 되지 못하거나 손해전보의 목적으로 행하여진 것에 불과하여 병원 측으로서는 환자에 대하여 그 수술비나 치료비의 지급을 청구할 수 없다.

4. 검토

이 사안에서는 의사의 과실에 대한 손해배상액의 범위가 문제되었다. 즉, B는 손해배상 중 일실이익 산정에 의하면 피해자의 노동능력상실에 대한 대가가 계산되는데 A는 수술 전과 후 똑같은 직장에서 똑같은 일을 하고 있으므로 이를 배상할 필요가 있느냐고 주장한 것이다. 그러나 법원은 일단 장애가 발생한 사실이 있으므로 노동능력을 상실되었고 따라서 피해자가 특이하게 같은 일을 하고 있어도 손해는 발생한 것이라고 보았다. 또한, 의사의 진료과실로 손해가 발생하였고 그 때문에 추가적인 진료비가 들었으므로 B가 A에게 수술비나 치료비를 청구할 수는 없다고 보았다.

사례3 | 대법원 1993.1.26. 92다4871 판결

1. 사건의 내용

A는 B의 과실 때문인 교통사고에서 좌측넓적다리부 분쇄골절 등의 상해를 입었다. 그리고 B의 병원에 입원하여 2회에 걸쳐 수술을 받은 결과 골유합상태가 양호하여 조만간 퇴원해도 무방하다는 권유를 받을 정도로 환부가 치유되었으나, B의 물리 치료상의 과실 때문에 제대로 유합되었던 골절부위가 다시 골절되었다.

2. 판시사항

교통사고 때문인 상해의 치료 중 의사의 과실 등으로 증상이 악화하거나 새로운 증상이 생겨 손해가 확대된 경우 확대손해와 교통사고 사이에 상당인과관계가 있는지(한정적극)

3. 판결요지

교통사고 때문에 상해를 입은 피해자가 치료를 받던 중 의사의 과실 등 때문인 의료사고로 증상이 악화하거나 새로운 증상이 생겨 손해가 확대된 경우 특별한 다른 사정이 없는 한 그와 같은 손해와 교통사고 사이에도 상당인과관계가 있다고 보아야 하므로, 교통사고와 의료사고가 각기 독립하여 불법행위의 요건을 갖추고 있으면서 객관적으로 관련되고 공동하여 위법하게 피해자에게 손해를 입힌 것으로 인정된다면, 공동불법행위가 성립되어 공동불법행위자들이 연대하여 손해를 배상할 책임이 있다.

4. 검토

교통사고 가해자가 민법 제750조의 요건을 다 충족하면 불법행위 때문인 손해배상 책임을 진다. 그리고 의사가 과실 때문에 의료사고를 내면 역시 민법 제750조의 요건을 충족하면 손해배상책임을 진다. 그리고 이 두 사람은 서로 관련하여 피해자에게 손해를 발생시킨 것이므로 '공동불법행위자'가 되고, 따라서 연대하여 손해를 배상해야 한다.

1. 사건의 내용

원고는 2010년경 요통으로 인한 신경성형술을 받은 이래로 수년간 요통과 방사통 등으로 여러 보존적 치료를 받아오다 2013. 11. 28. 피고 병원에 첫 내원하여 L4/5(요추4-5번)와 L5/S1(요추5번-천추1번) 추간판 탈출증으로 진단받고, 당일과 2013. 12. 18. 2회에 걸쳐 CT 유도 신경치료를 받았다. 그러나 다시 증상이 악화되어 2015. 5. 28. 좌측 엉덩이 통증과 좌측 허벅지 뒤쪽으로 종아리 뒤 발뒤꿈치, 새끼발가락의 저린감과 당김, 우측 허리 통증 등 증상으로 피고 병원에 내원하였고, 수술을 위해 2015. 6. 3. 입원하였다.

2. 주문

1. 제1심판결 중 피고들에 대하여 68,644,288원과 이에 대하여 2015. 6. 4.부터 2020. 10. 14.까지는 연 5%의, 그 다음 날부터 다 갚는 날까지는 연 15%의 각 비율로 계산한 돈을 초과하여 지급을 명한 피고들 패소 부분을 취소하고, 그 취소 부분에 해당하는 원고의 피고들에 대한 청구를 각 기각한다.
2. 원고의 부대항소와 피고들의 나머지 항소를 각 기각한다.
3. 소송총비용 중 40%는 원고가, 60%는 피고들이 각 부담한다.

3. 청구취지, 항소취지 및 부대항소취지

1) 청구취지

피고들은 공동하여 원고에게 131,696,734원과 이에 대하여 2015. 6. 4.부터 소장 부본 송달일까지는 연 5%의, 그 다음 날부터 다 갚는 날까지는 연 15%의 각 비율로 계산한 돈을 지급하라.

2) 항소취지

제1심판결 중 피고들 패소 부분을 취소하고, 그 취소 부분에 대한 원고의 피고들에 대한 청구를 각 기각한다.

3) 부대항소취지

제1심판결 중 아래에서 지급을 명하는 금액에 해당하는 원고 패소 부분을 취소한다. 피고들은 공동하여 원고에게 23,042,656원과 이에 대하여 2015. 6. 4.부터 이 사건 제1심판결 선고일까지는 연 5%의, 그 다음 날부터 다 갚는 날까지는 연 15%의 각 비율로 계산한 돈을 지급하라.

4. 이유

1) 인정 사실

가. 피고 1은 의사인 피고 2를 고용하여 '(병원명 생략)(서울강남 본원, 이하 '피고 병원'이라 한다)'을 운영하고 있다.

나. 원고는 2010년경 요통으로 인한 신경성형술을 받은 이래로 수년간 요통과 방사통 등으로 여러 보존적 치료를 받아오다 2013. 11. 28. 피고 병원에 첫 내원하여 L4/5(요추4-5번)와 L5/S1(요추5번-천추1번) 추간판 탈출증으로 진단받고, 당일과 2013. 12. 18. 2회에 걸쳐 CT 유도 신경치료를 받았다.
그러나 다시 증상이 악화되어 2015. 5. 28. 좌측 엉덩이 통증과 좌측 허벅지 뒤쪽으로 종아리 뒤 발뒤꿈치, 새끼발가락의 저린감과 당김, 우측 허리 통증 등 증상으로 피고 병원에 내원하였고, 수술을 위해 2015. 6. 3. 입원하였다.

다. 피고 2는 원고에게 표준적 수술법인 감압술 및 수핵 제거술(OLD 혹은 OLM, 전신마취 후 경막의 뒤로 들어가서 현미경으로 직접 보면서 병변을 제거하는 수술)을 권하였으나, 가족들이 반대한다는 이유로 원고가 완강히 거부하는 바람에 2015. 6. 4. 경막외 내시경하 신경감압술(SELD, 국소마취 후 경막의 앞으로 들어가서 카테터를 경막외로 투여하여 영상증폭장치를 보면서 병변을 제거하는 수술, 이하 '이 사건 1차 수술'이라 한다)을 시행하였다.

라. 그런데 이 사건 1차 수술 직후 원고가 좌측 엄지발가락과 좌측 발목에 힘을 줄 수 없는 증상을 보이자, 피고 2는 2015. 6. 5. 원고의 요추5번-천추1번 부위에 감압술 및 수핵 제거술(이하 '이 사건 2차 수술'이라 한다)을 시행하여 남아 있던 디스크를 더 제거하였다.

마. 원고는 이 사건 2차 수술 후 통증이 감소하고 물리치료를 통해 좌측 발목과 엄지발가락 부위 등의 근력이 다소 호전되었으나, 현재 족관절 신전근의 근약증으로 인한 족하수(신경 손상 등으로 근육이 약화되어 발목을 들지 못하고 발등을 몸 쪽으로 당기지 못하며 발이 아래로 떨어지는 증상)의 후유장애가 남아 있는 상태로, 좌측 발목에 힘이 들어가지 않아 발이 끌리고 잘 넘어지며, 넘어지지 않기 위해 좌측 발목에 단족보조기를 착용하고 있다.

[인정 근거] 다툼 없는 사실, 을 제1호증의 1 내지 12, 제6호증의 1 내지 4 각 기재, 제1심 ○○대학교 △△병원장의 신체감정 결과 일부, 제1심 □□의료원장의 진료기록 감정 결과 일부, 변론 전체의 취지

2) 손해배상책임 발생

가. 이 사건 1차 수술 중 과실 유무

1) 의료행위는 고도의 전문적 지식을 필요로 하는 분야로서 전문가가 아닌 일반인으로서는 의사가 의료행위의 과정에 주의의무를 위반하였는지 여부나 그 주의의무 위반과 손해발생 사이에 인과관계가 있는지 여부를 밝혀내기가 극히 어려운 특수성이 있다. 따라서 하지마비 증상이 전혀 없던 환자에게 수술 직후 하지마비 장애가 발생하였다면, 수술 과정에서 의료상의 주의의무 위반으로 인하여 하지마비 장애가 발생하였음을 추정할 수 있는 정도의 개연성이 담보되는 간접사실들을 입증함으로써 수술 직후에 발생한 하지마비 장애가 의료상의 과실에 기한 것이라고 추정하는 것이 가능하다(대법원 2011. 7. 14. 선고 2009다54638 판결 등 참조).

2) 위 인정 사실에다 앞서 든 각 증거와 갑 제8호증의 1 기재에 변론 전체의 취지를 종합하여 인정되는 다음과 같은 사정을 종합하면, 피고 2가 이 사건 1차 수술을 시행하는 과정에서 요추5번 신경근을 과도하게 견인 또는 압박하거나 레이저를 잘못 조사하여 요추5번 신경근을 손상시킴으로써 원고에게 족하수라는 후유장애가 발생한 것으로 추정할 수 있다. 따라서 피고 2는 직접 불법행위자로서, 피고 1은 피고 2의 사용자로서 공동하여 원고에게 후유장애로 인한 손해를 배상할 책임이 있다.

① 원고가 이 사건 1차 수술 전날인 2015. 6. 3. 피고 병원에 입원할 때까지 원고에게는 좌측 엉덩이 등의 통증과 좌측 발목과 좌측 엄지발가락에 약간의 근력저하(Grade 4) 외에 요추5번-천추1번의 신경 손상이나 신경근병의 증상이 없었다.
원고는 이 사건 1차 수술 직후 좌측 발목과 좌측 엄지발가락의 굽히기 근력이 Grade 2로 대폭 저하되었다.

② 원고의 후유장애인 족하수는 일반적으로 신경 손상이나 신경병증 등과 관련하여 발생한다. 발목과 발을 지배하는 신경근이 바로 이 사건 1차 수술 부위인 요추5번의 신경근이다.

③ 피고 2는 2015. 11. 20. 원고에게 후유장애가 발생한 이유에 관하여 직접 설명하면서 '마지막에 에너지가 과했던 것 같다', '마지막에 더 뚫으려다가 튄 것 같다'는 취지로 말하였다.

④ 피고들은 이 사건 1차 수술 직후 촬영한 MRI 영상이나 이 사건 2차 수술 과정에서 신경근 및 경막 손상이 관찰되지 않았으므로 이 사건 1차 수술 중 직접적인 신경 손상은 없었다고 주장한다.
그러나 신경근을 둘러싼 경막 손상이 보이지 않는다고 해서 신경근 손상이 없다고 단정할 수 없다. 더욱이 MRI 영상만으로는 신경 손상 여부를 정확히 알 수 없고, 이 사건 2차 수술과정에서 피고 2가 원고의 신경 손상을 미처 발견하지 못하였을 가능성도

배제할 수 없다.

⑤ 피고들은 원고의 후유장애가 기왕증인 추간판 탈출증으로 인해 발생한 신경 주위 유착에 기인한 것이고, 통상적인 합병증일 뿐이라고 주장한다.

그러나 원고의 기왕증이 후유장애에 기여한 부분이 있다면 이는 책임의 범위 영역에서 고려하여야 하고, 달리 원고의 후유장애가 원고의 기왕증으로 인한 불가피한 결과임을 인정할 근거가 미약하다.

한편 피고 2가 원고의 기왕증을 정확히 파악하고 있었음에도 불구하고 원고에게 이 사건 1차 수술이 국소마취하에 진행되는 간단한 시술임을 강조하여 설명한 점도 이 사건 1차 수술이 제대로 시행되었을 경우 통상적으로는 족하수라는 후유장애가 발생하지 않았을 것임을 시사한다.

나. 설명의무 위반 여부

원고는 피고 2가 이 사건 1차 수술 전 원고에게 국소마취 후 진행되는 주사요법과 비슷한 시술로서 매우 안전하다고만 강조하였을 뿐, 신경 손상 합병증이 발생할 수 있다든지, 다리에 마비가 와서 영구적인 운동신경장애가 생길 수 있다는 설명을 하지 않았다고 주장한다.

그러나 을 제1호증의 7 기재에 변론 전체의 취지를 종합하면, 피고 2는 2015. 6. 4. 08:20경 원고에게 이 사건 1차 수술의 방법과 목적, 그리고 특별한 부작용이 없는 안전한 시술이나 드물게 신경계 손상(1% 이내) 등의 합병증이 발생할 수 있음을 설명한 사실이 인정된다.

원고가 입은 후유장애도 신경계 손상에 포함되므로 원고의 설명의무 위반 주장은 받아들이지 않는다.

3) 손해배상책임 범위

가. 노동능력상실률 평가기준

1) 의의

불법행위로 신체기능의 일부를 침해당한 피해자의 일실이익 손해를 계산하는 방식과 관련하여 우리나라 손해배상 실무는 평가설에 따라 사고 당시 직업에 따른 소득을 정년까지 산정한 뒤 노동능력상실률을 곱하는 방식으로 하는 것이 보통이다.

이때 노동능력상실률은 단순한 의학적 신체기능장애율이 아니라 피해자의 연령, 교육 정도, 종전 직업의 성질과 직업경력, 기능숙련 정도, 신체기능장애 정도 및 유사직종이나 타 직종의 전업가능성과 그 확률 기타 사회적, 경제적 조건을 모두 참작하여 경험칙에 따라 정한 수익상실률로서 합리적이고 객관성이 있는 것이어야 하고, 노동능력상실률을 정하기 위한 보조자료의 하나인 의학적 신체기능장애율에 대한 감정인의 감정 결과는 사실인정에 관하여 특별한 지식과 경험을 요하는 경우에 법관이 그 특별한 지식, 경험을 이용하는 데 불과한 것이며, 궁극적으로는 앞서 열거한 피해자의 제 조건과 경험칙에 비추어 규범적으로 결정할 수밖에 없다(대법원 1992. 5. 22. 선고 91다39320 판결, 대법원 2002. 9. 4. 선고 2001다80778 판결 참조).

2) 장애평가방식

가) 우리나라의 경우

우리나라에서 장애를 평가하는 방법은 크게 장애등급표를 이용하여 등급을 정하는 방식과 구체적인 장애율을 산출하는 방식으로 나눌 수 있다.

산업재해보상보험법 시행령의 [별표]와 국가배상법 시행령의 [별표](신체장애를 14등급으로 나누는 것은 산업재해보상보험법 시행령과 같으나, 각 등급별로 노동능력상실률을 표시하고 있는 점이 다르고, 장해의 분류와 등급이 서로 불일치하는 경우도 적지 않다)가 전형적인 장애등급표 방식이며, 군인연금법, 공무원연금법, 국민연금법, 자동차손해배상 보장법 등 일반적으로 공익적 목적을 갖는 법률들은 장애등급방식을 채택하고 있다. 장애등급방식은 동종·대량 사건의 신속처리, 주관성·자의성의 배제, 장애를 입은 사람 간의 공평·균형, 예측 가능성에 의한 분쟁의 예방 등의 장점이 있으나, 기준이 강한 구속력을 발휘하여 개별 사안의 개별성이 무시되는 경직적인 운용이나 획일적인 처리에 빠지기 쉽고, 정액화가 결국 저액화를 가져올 우려가 있다는 비판이 있다.

한편 손해배상 실무에서 주로 이용되는 맥브라이드 평가표와 미국의학협회 기준 및 대한의학회 장애평가기준은 모두 장애율방식을 채택하고 있다. 장애율방식은 일반인이 구체적인 내용을 이해하기 어렵다는 단점이 있지만, 개별 사안마다 장애를 정확하게 분석할 수 있다는 장점이 있다.

현재 신체감정 실무를 보면, 법원이 감정의에게 피해자의 장애가 맥브라이드 평가표의 어느 항목에 해당하는지를 찾아 노동능력상실률을 산정해 줄 것을 요구한 후 감정서 기재 자체의 모순이나 불합리한 점이 없으면 감정 결과를 그대로 수용하는 것이 일반적이다.

간혹 맥브라이드 평가표에 없는 장애 항목의 경우 국가배상법 시행령 [별표], 미국의학협회 기준 그리고 대한의학회 장애평가기준 등이 그때그때 이용되고 있다. 한편 이러한 기준들은 각각 그 산정기초 및 체계와 상실률 등에 차이가 있으므로 서로 참작할 수는 있어도 혼용할 수는 없지만, 상이한 부위에 발생한 장애는 서로 다른 기준에 의하여 평가한 후 중복장애율을 산정하는 것이 가능하다(대법원 1990. 4. 13. 선고 89다카982 판결, 대법원 1997. 5. 30. 선고 97다4784 판결 참조).

나) 외국의 경우

① 영국, 독일

재산상 소극적 손해의 본질론과 관련해서 우리가 기본적으로 평가설(가동능력상실설)

을 따르는 것과 달리 영국과 독일은 차액설(소득상실설)에 따라 인신사고 피해자의 소득손해(loss of earnings, Erwerbsschaden)를 평가하므로, 피해자의 사고 전후 소득 변화를 증명하는 방식을 통하여 소득상실을 인정하고 있고, 우리처럼 노동능력상실률을 따로 판단하지는 않는 것으로 보인다. 다만 양국 모두 위자료 산정 시에는 신체손상 정도를 반영하고 있다.

② 미국

미국은 평가설에 입각해서 상해를 전후하여 실제로 감소한 소득(lost earnings)이 아닌 수입능력 상실(lost earning capacity) 또는 상해로 인해 소득활동에 투입할 수 없었던 시간(lost time)을 손해배상 대상으로 보지만, 구체적인 산정방법에 있어서는 우리와 큰 차이가 있다.

후유장애가 없었다면 장래 얻을 수 있는 수입에서 피해자가 갖는 후유장애의 정도를 가지고 취업할 경우 얻을 수 있는 수입을 뺀 것이 일실이익이 되는 것이다.

장애가 있는 사람들은 취업 직종이나 영역이 제한되고, 가동기간도 그렇지 않은 사람들에 비해 짧아지기 때문에 장래 일실이익은 현재보다 상당히 감소하게 되고 그 차액이 바로 손해가 된다.

이와 같은 판단을 함에 있어 사실인정권자인 판사 또는 배심원이 증거에 의해 우선 의사 등 전문가가 감정한 피해자의 신체 영구장애를 기초로 피해자의 직업의 성질, 피해자의 직업능력, 피해자가 신체장애로 인해 기존의 직업능력을 다할 수 없게 된 정도 등을 종합적으로 고려하여 산정하게 되는데 의학전문가를 통해 얻는 신체장애 항목을 판결에 구체적으로 드러내지는 않는 것으로 보인다.

의학전문가들이 견해를 제시할 때 근거로 삼는 것은 주로 미국의학협회 기준이다. 이는 미국의학협회(American Medical Association, AMA) 산하 신체장해등급위원회가 1958년부터 1970년까지 72명의 전문의가 발표한 13개 신체부위 및 장해에 관하여 1971년 'Guides to Evaluation of Permanent Physical Impairment'라는 단행본으로 발간한 것으로, 1984년에 개정판이 나온 이후 2008년 제6판까지 발간되었다.

미국의학협회 기준은 미국 대부분의 주에서 채택되고 있고, 캐나다, 호주, 뉴질랜드, 남아프리카 등지에서도 사용되고 있으며, 몇몇 유럽국가에서도 이 기준을 변형하여 사용하고 있다.

각 장애 분야별로 다양한 방법에 따라 각 계열의 수치를 구한 후 소정의 방법으로 합산하여 최종적인 일상생활능력 저하를 평가하는 방식을 채택하고 있어, 의도적으로 직업을 배제한 순수한 의학적 장애율을 평가하는 기준으로서 기능한다(별도의 요청이 있는 경우 의사가 직무능력이나 직무제한에 관한 검토의견을 낼 수는 있다고 한다).

그런데 그 내용이 지나치게 방대해서 일반인이 이해하기 어렵고, 경우에 따라서는 의료진도 해석 및 적용에 난점이 있어 미국의사협회는 추가로 해설서(Transition to the AMA Guides Sixth, The guides casebook)를 발간하여 보충하고 있다. 이러한 문제점을 고려하여 작전수행 중 상이를 입은 군인처럼 동종 다량의 처리가 필요한 분야에서는 별도의 기준을 정하고 있기도 하다.

③ 일본

일실수익 평가와 관련해서 일본의 최고재판소는 원칙적으로 차액설의 입장에 있고 평가설의 입장도 반영하는 것으로 평가되기는 하지만, 구체적인 하급심의 실무는 우리의 하급심 실무와 큰 차이가 없는 것으로 보인다.

그러나 노동능력상실률 자체를 판단하는 방식은 다르다. 일본에서는 우리의 산업재해 보상보험법에 해당하는 노동자재해보상보험법의 시행규칙 [별표] 제1장해등급표에서 규정하고 있는 제1급에서 제14급의 등급과 노동기준국장통첩 소화32(1957년) 7. 2.자 제551호에 의한 노동능력상실률의 상실률표를 산재사고, 교통사고, 의료사고로 인한 손해배상소송은 물론이고 공보험과 사보험에서도 널리 이용하고 있다.

④ 중국

중국은 차액설이나 평가설이 아닌 독특한 방식으로 일실수익을 산정하는데 중국학자들은 중국의 입법이나 법원이 취하고 있는 제3의 이론을 '생활수입원상실설'이라고 칭한다.

중국의 소송실무는 후유장애에 대한 손해배상의 근거를 상해 전후의 수입 차액에 두지 않고, 피해자가 후유장애로 노동능력을 상실하면 그로 인하여 생활수입원을 상실하게 되므로, 배상하여야 할 것은 피해자가 후유장애로 인하여 상실한 생활비라고 본다. 따라서 가해자가 배상할 내용은 일실이익이 아니라 피해자의 생활보조비이고, 생활보조비의 표준은 피해자가 상실한 실제 소득이 아니고 현지 주민의 기본 생활비가 기준이 된다.

노동능력상실률이나 장애등급에 대한 통일적 표준은 없고, 보통 '공상 및 직업병으로 인한 장해정도 감정 표준' 또는 '교통사고 피해자의 장해 평정'을 참조하여 정한다.

3) 맥브라이드 평가표

가) 개념

맥브라이드 평가표란 미국 오클라호마 의과대학 정형외과의 맥브라이드 교수(Earl D. McBride, 1891~1975)가 저술한 'Disability Evaluation and Principles of Treatment of Compensable Injuries'의 표 14(Table 14), 표 15(Table 15)를 말한다. 1936년 초판 발행 이후 1963년 6번째 개정판을 끝으로 절판되었는데, 현재 우리 신체감정 실무에서 노동능력상실률 평가기준으로 널리 사용되는 맥브라이드 평가표는 이 마지막 개정판에 수록되어 있다.

맥브라이드 평가표에 의해 노동능력상실률을 평가하기 위해서는 먼저 표 15에서 신체장해부위별 직업계수를 찾은 다음, 표 14에서 신체장해와 직업계수에 따른 노동능력상실률을 확인하면 된다.

나) 문제점

맥브라이드 평가표는 원전에 명백한 오기라고 볼 수 있는 부분이 존재하고, 마지막 개정판이 출간된 이후 의료기술이 크게 발전함에 따라 불가피하게 여러 변형이 가해진 상태로 이용되고 있다.

구체적인 이유를 보면, 오늘날 1960년대에는 존재하지 않던 CT, MRI 등과 같은 영상진단기기가 보편화되고 새로운 수술 기법과 재료가 보급되면서, 같은 유형의 사고와 손상을 입어 의학적 처치를 받은 환자의 상태가 맥브라이드 평가표가 작성되었던 시점과 비교하면 현저한 차이가 있는 경우가 많다.

또한 동태적인 의학 특성상 환자를 진단하고 평가하는 방법에도 변화가 있어 맥브라이드 평가표가 포섭하지 못한 많은 장애유형이 발생하고 있다.

그리고 맥브라이드 교수가 정형외과 의사여서 정형외과 부분은 비교적 자세하게 규정되어 있지만, 다른 분야는 매우 추상적으로 기술되어 있는 데다가, 각 항목에서 사용하는 용어의 정의나 이와 관련한 해설이 없어 감정의의 개인적인 견해나 주관에 크게 좌우될 수밖에 없는 영역이 광범위하게 존재한다.

그리하여 맥브라이드 평가표를 참조한 감정 결과가 나오더라도 유사한 상황에서 유리한 감정 결과가 있었던 다른 감정례를 제시하며 반론을 제시하는 당사자들이 많아 하급심의 혼란을 가중하는 요인으로 작용하고 있는 형편이다.

그리고 장애가 영구적인지 일시적인지 구별하지 않고 있는 점, 장애판정에 관한 준용 규정이 없어 판정 자체가 곤란한 경우가 발생하는 점, 한 부위의 장애가 관점을 달리하면 두 개 이상의 장애로 될 수 있는 경우가 있어 중복 평가될 우려가 있는 점도 간과할 수 없는 오류이다.

50여 년 전 절판된 맥브라이드 평가표 원전을 구하는 것 자체가 쉽지 않은 것도 문제이다. 법원도서관, 국회도서관, 국립중앙도서관에서도 원전을 보유 장서로 두고 있지 않고, 신체감정을 오래전부터 담당해오던 개별 병원의 몇몇 의국에서만 보유하고 있는 상황이다. 우리나라를 제외하고는 맥브라이드 평가표를 사용하는 나라가 전 세계에 단한 나라도 없어 외국에서 입수하기도 어렵다.

그래서 많은 경우 맥브라이드 평가표를 번역하고 그 과정에서 수정을 가한 변형본들을 참조하는 상황인데, 변형본들은 번역과정에서 오역된 부분이 있고, 경우에 따라서는 원전에서 정한 수치를 특별한 이유제시 없이 변경하는 경우도 있으며, 심지어 항목 적용을 위해서 원전에서 요구하지 않았던 추가적인 요건을 부가하는 경우도 있다.

실제 감정을 담당하는 의사들도 원전을 그대로 적용할 경우 실제 신체 상태에 비추어 보았을 때 과잉배상이라고 할 부분이 많아, 노동능력상실률은 유지하면서 한시장애를 적용하거나, 영구장애로 보면서 감산준용을 하는 감정 실무가 예전부터 내려오고 있다. 이는 적절한 보상이라는 목적에 부합하는 불가피한 조치라고 볼 수도 있으나 통일된 기준이 없어 유사한 신체 상태라도 감정의에 따라 그 결과가 달라지는 심각한 문제가 발생한다.

구체적으로 들여다보면, 표 14에는 수치로 표현된 항목도 있지만, 추상적으로 정도에 따라 장애율을 정하고 있는 부분도 적지 않다. 특히 신경계와 관련한 항목에서 이러한 빈도가 높은데, 두부·뇌·척수 항목의 VII, VII, IX항에서 "minor, moderate, major, extreme"이라는 용어를 사용하여 장애율을 정함에 따라 적용에 있어 많은 다툼이 발생하고 있다. 각 경우에 주어지는 장애율의 차이가 큰 데 반하여 위 용어가 구체적으로 무엇을 의미하는지는 표 14뿐만 아니라 이 표가 수록된 책 전체를 읽어보아도 찾을 수 없기 때문이다.

이에 관하여 자동차보험 진료수가분쟁심의회에서 펴낸 맥브라이드 장해평가방법 가이드가 항목별 요건을 제시하고 있으나, 전체적으로 낮은 항목으로의 적용을 유도하고, 맥브라이드 평가표가 작성되던 당시에는 존재하지 않던 검사방법에서 양성 결과를 요구하는 등 문제점이 있다.

한편 맥브라이드 평가표를 옹호하는 입장에서는 맥브라이드 평가표가 의학적 '장해율'을 먼저 구한 다음, 100여 종 이상의 직업에 따른 직업계수를 적용하여 '노동능력상실률'을 도출할 수 있으므로 우월한 평가방법이라고 주장한다.

그러나 맥브라이드 평가표(표 15)에 규정된 297개 직업들은 1960년대 미국의 사회환경이 그대로 반영된 것이어서 대부분 육체노동분야에 한정되고 지식정보사회인 현대 한국사회의 직업양태와는 큰 간극이 있다. 그 결과 실제 사건에서는 대부분 일반 옥내근로자(Laborer: Common: Inside) 혹은 일반 옥외근로자(Laborer: Common: Outside)로만 단순 구별하여 직업계수를 적용하고 있는 실정이다.

4) 대한의학회 장애평가기준

가) 제정 및 개정 경위

'대한의학회 장애평가기준(해설과 사례 연구)'에 기술된 발간사는 제정이유를 다음과 같이 밝히고 있다.

"우리나라 법원에서 이루어지고 있는 신체 관련 손해배상은 아직도 1960년대에 만들어진 낡은 기준을 어깨너머로 자율학습한 일부 의사들에 의해 장애 유무와 정도가 평가되고 있다. 주로 육체노동에 의해 돈을 벌었던 시대의 특정 장기의 장애가 개인용 컴퓨터와 인터넷을 이용한 지식정보사회의 장애와 같을 수 없다.

또한 그동안 의료기술의 발달과 각종 사회 환경의 변화로 일상생활이나 사회생활에 불편한 정도 역시 크게 달라졌으나 이러한 변화를 전혀 반영하지 않고 50년도 넘은 낡은 다른 나라의 기준을 지금까지 사용하고 있다는 사실은 정말 부끄러운 일이다.

대한의학회는 보건복지부와 함께 이런 낡은 기준을 우리나라 여건에 맞는 새 기준으로 바꾸는 일을 2007년부터 시작해서 2011. 9. 마침내 대한의학회 장애평가기준(해설과 사례 연구)을 출판하였다."

그런데 대한의학회 장애평가기준 초판은 '근골격계' 항목에서 심각한 오류가 발견됨에 따라 널리 이용되지 못하였고, 이를 바로잡기 위하여 2013년 대한의학회 주관으로 정형외과학회, 대한신경외과학회, 대한재활의학회 등이 공동으로 개정 작업을 진행하게 되었다.

그 과정에서 '뇌신경계' 항목도 수정이 필요하다는 요청을 반영하여, 대한신경정신의학회, 대한신경외과학회, 대한신경과학회, 대한재활의학회 등도 개정 작업에 참여하였고, 2016년 개정판인 '대한의학회 장애평가기준과 활용'이 발간되었다.

나) 특징

대한의학회 장애평가기준(Korean Academy of Medical Science Guides for Impairment Evaluation, KAMS Guides)은 가장 과학적이라는 평가를 받고 있는 미국의학협회 기준을 기본모형으로 삼아 맥브라이드 평가표의 장점을 취합하고 단점을 보완하여 장애율과 노동능력상실률을 산정하는 방식을 정립하였다.

무엇보다 객관성 확보에 주안을 두고, 주관적 증상에 의한 판단을 줄이기 위해 객관적 징후와 검사소견에 따라 항목별로 점수를 매기고, 그 점수를 이용하여 장애정도를 평가하는 방법을 개발하였다.

우리나라 장애인지도와 장애인 이동시설과 같은 장애 환경, 의료 환경을 고려하는 한편 주기적인 개정을 통해 추후의 변화에 대응하여 현실성을 보완할 수 있도록 하였다.

그리고 대한의학회 홈페이지에서 누구나 무료로 내려 받을 수 있는 창구를 열어두고 있어 대중적인 접근이 용이하다.

장애율을 먼저 구한 후 여러 직업의 직업계수를 적용하여 최종적인 노동능력상실률을 도출하는 맥브라이드 평가표 방식을 따르면서도, 오래된 맥브라이드 평가표의 항목을 보완하기 위하여 미국의학협회 기준과 유사하게 장애항목을 중추신경계, 정신 및 행동, 청각, 후각 및 평형 관련, 시각, 언어, 심장, 호흡기, 소화기, 신장, 비뇨생식기, 종양혈액, 내분비, 근골격계, 외모피부(의학적으로 평가하기 어려운 치과 장애와 한의학적 장애는 제외) 분야로 나누고, 각 분야별로 평가표를 제시하기에 앞서 총론적으로 평가에 있어서 유의할 사항을 설명하고 각 항목에 있어서도 구체적인 지시와 유의사항을 포함하고 있다.

이러한 방식을 통하여 도출한 장애율에 우리나라 표준직업분류(6차 개정, 2007)를 기초로 한 직업군(1,206개의 세세분류)의 노동능력상실지수를 적용하여 최종적인 노동능력상실률을 산정할 수 있다.

다) 평가절차

① 장애율 평가

② 장애 발생 전 직업군 선정

③ 장애 신체부위와 장애 종류에 따른 장애계열 선정

④ 직업에 따른 노동능력상실지수 선정

⑤ 장애율과 노동능력상실지수를 이용하여 노동능력상실률 평가

⑥ 필요한 경우 노동능력상실률 병산

5) 이 법원이 대한의학회 장애평가기준을 채택하는 이유

앞서 본 맥브라이드 평가표의 많은 문제점들로 인하여 우리나라를 제외하면 맥브라이드 평가표가 발간된 미국은 물론이고 세계 그 어디에서도 맥브라이드 평가표를 적용하여 장애를 평가하고 있는 예를 찾을 수 없다.

대한의학회 장애평가기준 초판의 오류를 바로잡은 개정판이 발간된 지도 3년 이상 지났고, 이후 개정판 내용에 명백한 오류가 발견되지 않았음에도, 아직도 우리 법원은 맥브라이드 평가표를 원칙적인 평가기준으로 사용하면서 간혹 맥브라이드 평가표에 없는 장애항목의 경우에만 대한의학회 장애평가기준을 적용하는 등 소극적인 활용에 그치고 있는 실정이다.

그러나 과학적이고 현대적이며 우리나라 여건에 잘 맞는 대한의학회 장애평가기준이 마련된 지금 낡은 맥브라이드 평가표를 계속 붙들고 있어야 할 아무런 필요도 합리적인 이유도 찾을 수 없다.

국가배상기관에서 배상액수를 정하기 위한 행정 편의적 기준인 국가배상법 시행령 [별표]나 순수한 의학적 장애율 평가기준에 불과한 미국의학협회 기준이 대안이 될 수 없음은 물론이다.

대한의학회 장애평가기준은 맥브라이드 평가표의 장애율 산정에 관한 불균형과 누락을 시정하고, 현실적인 우리나라 직업분포에 맞는 노동능력상실지수를 설정한 합리적이고 체계적인 기준임이 분명하다. 이제부터라도 이를 통일적인 기준으로 삼아 노동능력상실률을 평가함이 마땅하다.

나. 손해배상액 산정

1) 재산상 손해

가) 소극적 손해: 62,880,355원

① 인적사항: (생년월일 생략) 남자(여명종료일 2067. 12. 19.)

② 소득 및 가동연한: 만 65세가 되는 날(연월일 생략)까지 도시일용노동에 종사하는 보통 인부의 노임(현재 무직)

③ 노동능력상실률

㉮ 평가기준: 대한의학회 장애평가기준

㉯ 적용 결과

- 척추장애 2-1)-(3) 요추부 해당 전신장애율 12%와 무직 등 기타 직업군(999) 해당 노동능력상실지수 5를 적용하면 원고의 후유장애로 인한 노동능력상실률은 18%가 된다.

- 이에 반하여 이 법원의 ○○대학교 △△병원장(제1심 신체감정인)에 대한 2019. 6. 28.자 사실조회 결과 중 원고의 후유장애가 대한의학회 장애평가기준의 '말초신경장애'에 해당함을 전제로 후유장애로 인한 노동능력상실률이 16.7%라고 평가한 부분이 있다. 그러나 대한의학회 장애평가기준에 의하면 '말초신경장애'는 근전도 검사로 특정 말초신경의 이상이 확인된 경우 적용하기에 더 적합한 항목이고, 오히려 '척추장애' 항목에서 척추 수술과 관련되어 족하수가 잔존한 사례를 예시로 들고 있는 점에 비추어 볼 때 원고의 후유장애는 '척추장애'로 봄이 타당하므로, 위 사실조회 결과 부분은 채택하지 않는다.

㉰ 기왕의 장애: 불인정

- ○○대학교 △△병원장에 대한 제1심 신체감정 결과와 이 법원의 각 사실조회 결과에 의하면, 원고에게 기왕의 장애는 없었던 것으로 보인다. 이에 반하여 제1심의 □□의료원장에 대한 진료기록감정 결과 중 이 사건 1차 수술 전 원고가 근력 약화로 인해 수술이 불가피한 상태였다는 점만을 근거로 원고에게 기왕의 장애가 있었고 맥브라이드 평가표에 의할 때 기왕의 장애로 인한 노동능력상실률이 30%에 이른다는 부분은 채택하지 않는다. 수술 전 검사에서 약간의 위약이 확인된 것만으로 원고에게 고정적인 장애가 있었음을 인정하기 어렵기 때문이다.

㉱ 기왕증 기여도: 인정

- 원고의 기왕증인 추간판 탈출증이 후유장애 발생에 기여한 정도를 50%로 평가할 수 있으므로, 결국 이 사건 1차 수술상 피고 2의 과실로 인한 원고의 노동능력상실률은 9%[= 18% × (100% - 50%)]가 된다.

- 이에 반하여 이 법원의 ○○대학교 △△병원장에 대한 각 사실조회 결과 중 이 사건 1차 수술 전 원고의 좌측 하지 근약증과 그에 해당하는 이학적 검사 내용이 없으므로 원고의 기왕증과 후유장애 사이에는 아무런 인과관계가 없다고 판단한 부분이 있다. 그러나 원고의 2014. 6. 3.자 입원기록지에 "Motor ADF 5/4, GTDF 5/4"라고 기재되어 있는 점에 비추어 볼 때, 이 사건 1차 수술 전 이학적 검사가 실시되었고, 원고의 좌측 하지에 일부 근력 약화가 확인되었음이 분명하므로 위 각 사실조회 결과 부분은 채택하지 않는다.

[인정 근거] 다툼 없는 사실, 이 법원에 현저한 사실, 이 법원 전문심리위원들에 대한 의견조회 결과를 포함한 변론 전체의 취지, 경험칙

나) 적극적 손해: 4,175,005원

① 기왕 치료비: 피고 병원 진료비와 약값 합계 6,018,910원

② 향후 보조구비

- 원고는 현재 보행기능의 개선을 위해 단족보조기의 사용이 필요한데, 단족보조기의 가격은 500,000원이고 그 수명은 5년이다.

- 변론종결일 다음 날인 2020. 7. 23.부터 이를 지출하는 것으로 보아 기대여명까지 단족보조기 비용을 이 사건 사고 당시 현가로 환산하면 2,331,100원이 된다.

③ 계산

- 기왕증 기여도 50%를 감안하면 최종적인 적극적 손해액은 4,175,005[= (6,018,910 원 + 2,331,100원) × (100% − 50%)]이 된다.

[인정 근거] 다툼 없는 사실, 갑 제2호증의 4 내지 20, 제3호증의 1, 2 각 기재, 제1심 ○○대학교 △△병원장의 신체감정 결과 일부, 변론 전체의 취지

다) 책임 제한: 80%

피고 2의 의료상 과실 정도와 이 사건 1차 수술에 내재하는 위험성 및 피고 병원 의료진이 이 사건 1차 수술 이후 경과 관찰 과정에서 기울인 노력의 정도, 특히 피고 2가 표준적 수술법을 권유하였음에도 원고가 이를 거절하고 직접 이 사건 1차 수술법을 택한 점 등 이 사건 변론에 나타난 여러 사정들을 종합하여 보면, 피고들의 손해배상책임을 80%로 제한함이 타당하다.

2) 정신상 손해

원고의 나이, 직업, 건강상태, 이 사건 1차 수술의 경위와 결과, 후유장애 정도 등 이 사건 변론에 나타난 여러 사정을 종합적으로 고려하여, 위자료 액수를 15,000,000원으로 정한다.

다. 소결

따라서 피고들은 공동하여 원고에게 68,644,288원[= 재산상 손해 53,644,288원 (= (62,880,355원 + 4,175,005원) × 80%) + 정신상 손해 15,000,000원]과 이에 대하여 이 사건 1차 수술일인 2015. 6. 4.부터 피고들이 그 이행의무의 존부 및 범위에 관하여 항쟁함이 타당한 이 판결 선고일인 2020. 10. 14.까지는 민법이 정한 연 5%의, 그 다음 날부터 다 갚는 날까지는 소송촉진 등에 관한 특례법 제3조, 소송촉진 등에 관한 특례법 제3조 제1항 본문의 법정이율에 관한 규정 부칙(2019. 5. 21.) 제2조 제1항에 의하여 구 소송촉진 등에 관한 특례법 제3조 제1항 본문의 법정이율에 관한 규정(2019. 5. 21. 대통령령 제29768호로 개정되기 전의 것)이 정한 연 15%의 각 비율로 계산한 지연손해금을 지급할 의무가 있다.

5. 결론

그렇다면 원고의 피고들에 대한 청구는 위 인정 범위 내에서 이유 있어 각 인용하고, 나머지 청구는 이유 없어 각 기각하여야 한다. 이와 결론을 일부 달리한 제1심판결 중 피고들에게 위 인정 금액을 초과하여 지급을 명한 피고들 패소 부분은 부당하므로 취소하고, 그 취소 부분에 해당하는 원고의 피고들에 대한 청구를 각 기각하며, 원고의 부대항소, 피고들의 나머지 항소는 모두 이유 없어 각 기각한다.

사례5 | 서울고등법원 2018. 1. 25. 선고 2014나2038089 판결

1. 사건의 내용

원고는 2011. 10. 6. 걸을 때 불편하고, 오래 서 있기 힘든 증상과 오른쪽 다리의 통증 등을 호소하면서 피고 병원에 내원하였는데, 피고 병원 의료진이 2011. 10. 19. 원고에 대하여 시행한 요추 MRI검사 결과, 요추 제4-5번 심한 척추관협착증, 경추 제5-6번 추간판탈출 및 척수압박 의증, 요추 제3-4번 디스크 팽윤 소견이 관찰되었다. 원고는 당시 피고 병원 의료진으로부터 관상동맥이 막혀 있으니 심장에 대한 치료가 필요하다는 설명을 듣고, 개흉관상동맥우회로술, 좌측쇄골하동맥우회로술(이하 '이 사건 수술'이라 한다)을 먼저 시술받은 후 요추협착증에 대한 수술을 받기로 하였다. 피고 병원 의료진은 2011. 12. 1. 원고에 대하여 이 사건 수술을 시행하였는데, 이 사건 수술 당시 전신마취를 위하여 기관삽관을 시행하였다.

2. 주문

(1) 원고의 항소와 당심에서 확장된 청구를 모두 기각한다.

(2) 항소비용(당심에서 확장한 청구로 인한 소송비용 포함)은 원고가 부담한다.

3. 청구취지 및 항소취지

[청구취지]

피고는 원고에게 532,782,305원 및 이에 대하여 2011. 12. 1.부터 이 사건 소장 부본 송달일까지는 연 5%의, 그 다음날부터 다 갚는 날까지는 연 20%의 각 비율에 의한 금원을 지급하라[원고는 당초 제1심에서 소극손해 164,859,728원, 적극손해 291,454,956원, 위자료 42,000,000원 합계 498,314,684원 및 이에 대하여 2011.

12. 2.부터 2014. 2. 20.자 청구취지 및 청구원인변경신청서 부본 송달일까지는 연 5%의, 그 다음날부터 다 갚는 날까지는 연 20%의 각 비율에 의한 금원의 지급을 구하다가, 당심에 이르러 소극손해 269,108,675원, 적극손해 238,673,630원, 위자료 25,000,000원 합계 532,782,305원 및 이에 대하여 2011. 12. 1.부터 이 사건 소장 부본 송달일까지는 연 5%의, 그 다음날부터 다 갚는 날까지는 연 20%의 각 비율에 의한 금원의 지급을 구하는 것으로 청구취지를 확장(소극손해 및 지연손해금) 및 감축(적극손해 및 위자료)하였다].

[항소취지]

제1심판결을 취소한다. 피고는 원고에게 428,533,358원 및 이에 대하여 2011. 12. 2.부터 2014. 2. 20.자 청구취지 및 청구원인변경신청서 부본 송달일까지는 연 5%의, 그 다음날부터 다 갚는 날까지는 연 20%의 각 비율에 의한 금원을 지급하라.

4. 이유

1) 기초 사실

가. 당사자들의 지위

피고는 ○○○○병원(이하 '피고 병원'이라 한다)을 운영하는 법인이고, 원고는 2011. 12. 1. 피고 병원에서 개흉관상동맥우회로술, 좌측쇄골하동맥우회로술을 받은 후 사지마비의 손상을 입은 사람이다.

나. 원고의 내원 경위 및 이 사건 수술의 시행

1) 원고는 2011. 10. 6. 걸을 때 불편하고, 오래 서 있기 힘든 증상과 오른쪽 다리의 통증 등을 호소하면서 피고 병원에 내원하였는데, 피고 병원 의료진이 2011. 10. 19. 원고에 대하여 시행한 요추 MRI검사 결과, 요추 제4-5번 심한 척추관협착증, 경추 제5-6번 추간판탈출 및 척수압박 의증, 요추 제3-4번 디스크 팽윤 소견이 관찰되었다.

2) 원고는 당시 피고 병원 의료진으로부터 관상동맥이 막혀 있으니 심장에 대한 치료가 필요하다는 설명을 듣고, 개흉관상동맥우회로술, 좌측쇄골하동맥우회로술(이하 '이 사건 수술'이라 한다)을 먼저 시술받은 후 요추협착증에 대한 수술을 받기로 하였다.

3) 피고 병원 의료진은 2011. 12. 1. 원고에 대하여 이 사건 수술을 시행하였는데, 이 사건 수술 당시 전신마취를 위하여 기관삽관을 시행하였다.

다. 이 사건 수술 이후 퇴원까지의 경과

1) 이 사건 수술 직후인 2011. 12. 2. 01:00경부터 원고에게 양하지를 잘 움직이지 못하고, 상지 어깨는 움직일 수 있으나 손가락을 구부리거나 펴지 못하는 증상이 발생하

였고, 피고 병원의 신경과, 신경외과 협진 결과 원고의 증상은 경추 제5-6번 추간판탈출로 인한 척수병증으로 인한 사지부전마비로 확인되었다.

2) 이에 피고 병원 의료진은 원고에게 헤파린요법, 스테로이드 대량요법, 필라델피아 보조기 유지 등의 치료를 시행하였고, 2011. 12. 5. 원고에 대하여 경추 제5-6번 전방 경부감압유합술(이하 '2차 수술'이라 한다)을 시행하였다.

3) 원고는 2차 수술 이후 피고 병원 의료진들로부터 보존적 치료 및 재활치료를 받다가 2012. 2. 29. △△△△병원으로 전원하였다.

라. 원고의 현 상태

원고는 제1심에서의 신체감정 무렵인 2012. 11. 28. 당시 양측 손의 섬세한 기능 장애 및 양측 하지의 근력 저하 등의 사지마비, 배뇨 시 잔뇨가 남는 신경인성 방광 등의 후유장해로, 이동에 제한을 받고 휠체어로 이동하여야 하며 개인위생, 목욕, 용변 등 일상생활에서 1인의 지속적인 도움을 요하는 상태이다.

[인정 근거] 다툼 없는 사실, 갑 제1, 2호증, 을 제1호증의 각 기재, 제1심의 가톨릭대학교 서울성모병원장에 대한 신체감정촉탁결과, 변론 전체의 취지

2) 주장 및 판단

가. 이 사건 수술 과정 중 경추 부위에 관한 보호의무 위반 여부

1) 원고의 주장

이 사건 수술 전 원고에 대한 MRI검사 결과 원고에게 경추 제5-6번 부위의 추간판탈출증이 발견되었는바, ① 피고 병원 의료진으로서는 이 사건 수술은 일반적으로 흉부 거상 및 두부하강 체위를 취하므로 경추부의 과신전을 당연히 예상할 수 있어 이 사건 수술 전 원고의 경추 제5-6번에 대한 추가검사(경부 척수증에 대한 수부 grip and release 검사, 호프만 반사, 인버티드 라디알 반사 등)를 실시하여 원고가 호소하는 증상이 요추협착증 때문인지 경추부 척수증 때문인지를 감별진단하고, 이러한 검사 결과 경추부 척수증의 병적 반사가 확인된 상태라면 마취 및 수술 시 과신전에 특별히 주의하였어야 하며, ② 피고 병원 의료진은 이 사건 수술 전 원고의 경추 제5-6번 추간판탈출증을 고려하였어야 함에도 원고의 증상을 간과하거나 경추부의 이상을 확인하지 않은 상태로 별다른 주의의무를 기울이지 아니한 채 기관삽관을 시도하는 과정에서 원고의 목을 과신전하고, ③ 기관삽관 이후 수술 과정에서는 적절한 자세를 유지하여 경추부위에 압박이 가해지지 않도록 주의하였어야 함에도, 기관삽관 이후 약 10시간의 수술 동안 경추부 감압을 위한 자세 변경 없이 과도한 신전을 계속 유지함으로써 원고의 척수신경 손상을 초래함으로써 경추부 척수병증을 유발하였다.

2) 판단

가) 관련 법리

의료행위는 고도의 전문적 지식을 필요로 하는 분야로서 전문가가 아닌 일반인으로서는 의사의 의료행위의 과정에 주의의무 위반이 있는지의 여부나 그 주의의무 위반과 손해 발생 사이에 인과관계가 있는지 여부를 밝혀내기가 매우 어려운 특수성이 있으므로 수술 도중 환자에게 중한 결과의 원인이 된 증상이 발생한 경우 그 증상 발생에 관하여 의료상의 과실 이외의 다른 원인이 있다고 보기 어려운 간접사실들을 증명함으로써 그와 같은 증상이 의료상의 과실에 기한 것이라고 추정하는 것도 가능하다고 하겠으나, 그 경우에도 의사의 과실로 인한 결과 발생을 추정할 수 있을 정도의 개연성이 담보되지 않는 사정들을 가지고 막연하게 중한 결과에서 의사의 과실과 인과관계를 추정함으로써 결과적으로 의사에게 무과실의 증명책임을 지우는 것까지 허용되는 것은 아니다(대법원 2015. 2. 26. 선고 2013다27442 판결 참조).

나) 이 사건 수술 전 추가검사를 시행하지 않은 과실 여부

(1) 앞서 본 인정사실, 앞서 든 증거들 및 제1심의 순천향대학교 서울병원장(마취통증의학과), 대한의사협회장(정형외과)에 대한 각 진료기록감정촉탁결과 및 각 사실조회결과, 당심의 순천향대학교 서울병원장(신경외과)에 대한 각 진료기록감정촉탁결과에 변론 전체의 취지를 종합하면, 원고가 이 사건 수술 전에 경추부 관련 증상을 호소한 바 없음에도 이 사건 수술 직후인 2011. 12. 2. 원고에 대한 경추부 MRI검사에서 경추 제5-6번 추간판탈출과 경부 척수부위의 압박 소견이 확인되고 원고의 사지마비 증세가 나타난 사실, 피고 병원 의료진이 이 사건 수술 전 원고에 대한 MRI검사 결과 경추 제5-6번 추간판탈출 및 척수압박 의증을 진단하고도 이에 대한 문진, 시진, 촉진, 청진을 하였는지에 관한 기록은 존재하지 아니하는 사실, 위와 같은 MRI검사 결과상 이상증상이 의심되고 치료가 필요하다면 추가적인 영상 검사는 필요하다는 것이 의학적 소견인 사실은 인정된다.

(2) 그러나 다른 한편으로 위 법리에 비추어 이 사건을 살피건대, 앞서 든 증거들 및 갑 제4, 5호증(가지번호 포함, 이하 가지번호 있는 것은 가지번호를 포함한다)의 각 기재에 변론 전체의 취지를 종합하여 인정되는 다음의 사실 및 사정들에 비추어보면, 피고 병원 의료진이 이 사건 수술 전 원고에 대하여 경추부 MRI 촬영 등 추가검사를 반드시 시행하였어야 한다고 단정하기 어려워 이에 대한 과실이 있다고 보기 어렵고 달리 이를 인정할 증거가 없다. 원고의 이 부분 주장은 이유 없다.

① 원고는 피고 병원에 내원할 당시 오른쪽 다리의 위약감 등을 주증상으로 호소하였을 뿐 경추부 관련 증상을 호소한 적이 없고, 피고 병원이 MRI검사 결과 나타난 원고의 경추 제5-6번 추간판탈출증 소견에도 불구하고 위 증상에 대한 치료를 계획하지 않을 정도로 원고의 경추부 관련 증상은 경미하였던 것으로 보인다[당심의 순천향대학교 서울병원장(신경외과)에 대한 각 진료기록감정촉탁에 답변한 감정의(이하 '순천향대학교 신경외과 감정의'라 한다)도 이 같은 진단은 적절했다는 소견이다].

② 제1심의 대한의사협회장(정형외과)에 대한 진료기록감정촉탁에 답변한 감정의(이하 '대한의사협회 정형외과 감정의'라 한다)는 이 사건 수술 전 원고에게서 경추 5-6번 간 추간판탈출증 및 일부 척수압박 소견이 발견되기는 하였으나, 원고가 피고 병원에 내원하여 호소한 내용을 고려하면 경과관찰을 하는 것이 타당하다는 소견을 제시하였고, 순천향대학교 신경외과 감정의도 '척추질환의 경우 증상이 없는 경우 검사를 통하여 진단하는 screening 검사는 권유되지 않는다'는 취지의 소견을 제시하였다.

③ 제1심의 순천향대학교 서울병원장(마취통증의학과)에 대한 진료기록감정촉탁에 답변한 감정의(이하 '순천향대학교 마취통증의학과 감정의'라 한다)도 전척수동맥 혈류차단에 의한 척수경색 발생을 알 수 있는 방법은 운동/감각유발전위 검사인데, 이 사건 수술과 같은 관상동맥우회술의 경우에는 일반적으로 운동유발전위 검사를 시행하지 아니한다는 의학적 소견을 밝혔다.

다) 기관삽관 시 원고의 경추부위를 과신전시킨 과실 여부

(1) 앞서 본 인정사실, 앞서 든 증거들 및 갑 제16호증의 기재에 변론 전체의 취지를 종합하면, 원고가 이 사건 수술 전에 경추부 관련 증상을 호소한 바 없음에도 기관삽관을 이용한 전신마취하의 이 사건 수술 직후인 2011. 12. 2. 원고에 대한 경추부 MRI 검사에서 경추 제5-6번 추간판탈출과 경추부 척수부위의 압박 소견이 확인되고 원고의 사지마비 증세가 나타난 사실, 경추부 척수증은 척추관 내 척수가 이용할 수 있는 공간의 부족으로 발생하는데 경추부 척수증을 일으키는 원인으로는 외적 압박, 동적 척수압박 등을 들 수 있고, 경추를 과신전하게 되면 후궁 사이의 간격이 좁아지면서 황색인대가 중첩되어 척추관이 좁아지므로 일반적으로 기관삽관을 하는 과정에서 무리하게 목을 과신전시키는 경우에는 척추관협착증 및 추간판탈출증을 악화시킬 수 있어 기관삽관을 시도하는 의사는 환자의 과거 병력, 경추부 척추질환 유무, 나이 등을 충분히 고려하여 기관삽관 과정에서 최대한 과신전을 피하여야 하는 사실, 이러한 경우 목을 조작하지 않고도 쉽게 삽관할 수 있는 굴곡경을 사용하거나 맹목 경비 기관삽관 내 삽관법을 이용하여 기관삽관을 시도하여야 하고, 불가피하게 과신전이 이루어졌다고 하여도 즉시 자세를 교정하여 척수부위로 지속적으로 압박이 가해지는 것을 예방하여야 하는 사실, 피고 병원 마취과 의사는 이 사건 수술 당시 원고에 대하여 경추부위 신전을 예방하기 위한 별도의 조치를 하지는 않았던 사실은 인정된다.

(2) 그러나 다른 한편으로 위 법리에 비추어 이 사건을 살피건대, 앞서 든 증거들에 변론 전체의 취지를 종합하여 인정되는 다음의 사실 및 사정들에 비추어보면, 기관삽관을 통한 전신마취하의 이 사건 수술 후 발생한 원고의 악결과만으로는 피고 병원 의료진이 기관삽관 과정에서 일반적으로 요구되는 주의의무를 위반하여 원고의 목을 과신전시켜 원고에게 경추부 척수병증이 발생하였다고 인정하기에 부족하고, 달리 이를 인정할 증거가 없다. 원고의 이 부분 주장은 이유 없다.

① 피고 병원 의료진은 이 사건 수술 마취 전 2차례에 걸쳐 원고의 상태를 파악하였는데, 원고의 개구 및 목 신전에 별다른 이상이 없었고, 이 사건 수술을 위한 수술실 입실 당시에도 원고의 목과 치아에 문제가 없어 기관삽관에 별다른 어려움이 없었던 것으로 보인다.

② 피고 병원 의료진이 작성한 마취 전 환자방문기록지에는 이 사건 수술 전 MRI검사 결과 확인된 경추 제5-6번 추간판탈출증과 관련한 내용이 기재되어 있지 아니한 사실은 인정되나, 제1심의 순천향대학교 서울병원장(마취통증의학과)에 대한 사실조회에 답변한 감정의[제1심의 위 병원장에 대한 진료기록감정촉탁(마취통증의학과)에 답변한 감정의와 동일하므로 이하 위 감정의도 '순천향대학교 마취통증의학과 감정의'라 한다]는 이 사건 수술 전 MRI검사 결과 확인된 원고의 증상이 경미하고 특별한 이상증상도 없었으므로 피고 병원 의료진이 기관삽관 시에 척수병증의 발생을 예견할 수 없었고, 기관삽관을 위한 일시적인 신전(기관삽관에 별다른 어려움이 없었음은 앞서 본 바와 같다)이 있었더라도 그로 인해 척수병증이 발생할 가능성은 거의 없다는 취지의 소견을 밝혔는바, 설령 피고 병원 의료진이 원고의 경추 제5-6번 추간판탈출증을 확인하지 않은 채 기도삽관을 시행하였더라도 기도삽관 시의 일시적 신전 때문에 원고의 척수병증이 발생하였다고 보기 어렵다.

③ 순천향대학교 마취통증의학과 감정의에 의하면, 급성 경추손상 환자에 대해서는 경추손상을 악화시키지 않기 위해서 경추 보호대의 뒷부분을 착용한 채 삽관하거나, 광봉 또는 비디오 기관삽관장치 등을 이용하여 목을 신전시키지 않고 삽관하는 방법을 추천하지만, 경미한 경추부 추간판탈출증의 경우 반드시 위와 같은 방법을 사용해야 한다는 근거가 없고, 경추부 추간판탈출증 환자가 수술을 받더라도 경추가 크게 불안정하지 않은 이상 일단 맥킨토시 후두경을 이용한 삽관을 시도하는바, 피고 병원 의료진이 후두경을 이용하여 원고에 대한 기도삽관을 시도한 것은 일반적 범주를 벗어나지 않은 적절한 행위였다고 보인다.

라) 이 사건 수술 중 과신전을 예방하기 위한 조치를 실시하지 아니한 과실 여부

(1) 원고가 이 사건 수술 전에 경추부 관련 증상을 호소한 바 없음에도 이 사건 수술 직후인 2011. 12. 2. 원고에 대한 경추부 MRI검사에서 경추 제5-6번 추간판탈출과 경부 척수부위의 압박 소견이 확인되고 원고의 사지마비 증세가 나타난 사실은 앞서 본 바와 같다.

(2) 그러나 다른 한편으로 위 법리에 비추어 이 사건을 살피건대, 앞서 본 인정사실, 앞서 든 증거들, 을 제4호증의 기재, 당심의 순천향대학교 서울병원장(흉부외과)에 대한 각 진료기록감정촉탁결과, 당심의 대한의사협회장(대한흉부외과학회)에 대한 각 사실조회결과에 변론 전체의 취지를 종합하여 인정되는 다음의 사실 및 사정들에 비추어보면, 위와 같은 원고의 악결과만으로는 피고 병원 의료진이 이 사건 수술 중 원고로 하여금 부적절한 자세를 유지하도록 하는 등의 과실로 원고에게 경추부 척수병증이 발생

하였다고 인정하기에 부족하고, 달리 이를 인정할 증거가 없다. 원고의 이 부분 주장은 이유 없다.

① 이 사건 수술 중 원고에 대하여 시행된 흉부거상 및 두부하강 자세는, 경추부가 저절로 신전되어 경추에 외력이 가해질 수 있어 척수압박이 의심되는 경추 추간판탈출증이 확인된 원고에 대하여는 가능한 피하여야 한다는 것이 당심의 순천향대학교 서울병원장(흉부외과)에 대한 각 진료기록감정촉탁에 답변한 감정의(이하 '순천향대학교 흉부외과 감정의'라 한다)의 의학적 소견이기는 하나, 이 사건 수술을 위해서는 흉부거상 및 두부하강의 자세가 필수적인 데다가 원고와 같이 경추부 증상을 전혀 호소하지 않았고 검진상 특별한 이상이 없었던 환자에 대해, 실제 수술에서 환자의 퇴행성 정도에 맞추어 정확하게 경추부 신전의 정도를 조절한다는 것은 현실적으로 어렵고, 이 사건 수술 등에 있어 환자의 경추부 과신전을 줄여주는 어떠한 특별한 방법이나 명확한 가이드라인 또는 권고사항 등은 존재하지 아니한다는 것이 당심의 대한의사협회장(대한흉부외과학회)에 대한 각 사실조회에 답변한 감정의(이하 '대한의사협회 흉부외과 감정의'라 한다)의 소견인바, 피고 병원 의료진에게 이 사건 수술 시 위와 같은 자세로 인한 원고의 사지마비라는 악결과를 회피할 수 있는 가능성을 기대하기 어렵다.

② 또한, 이 사건 수술 동안 경추에 가해지는 심한 외력을 최소화하기 위해 척수가 눌리지 않도록 경추부의 과신전을 예방하는 자세를 잘 잡아야 하고 간헐적 이완 등의 처치를 할 의학적 필요성이 인정된다고 하더라도(순천향대학교 신경외과 감정의의 소견), 이는 일반적인 의학 소견에 불과하고(위 감정의도 아래와 같이 수술 자세 등에 대하여는 피고 병원 의료진의 과실로 판단되는 부분이 없다고 답변하였다) 실제이 사건 수술 과정에서 원고의 경추부 과신전을 예방하기 위해서는 흉부거상을 통한 흉부견인을 최소한으로 유지하거나 머리 밑에 융포나 베개 등을 받쳐서 목이 과신전이 되지 않도록 하는 방법만 있을 뿐인데, 흉부견인의 정도에 따라서는 수술 시야가 협소해져 수술상의 어려움이 예상되므로 그 적절한 정도를 조절하는 것이 현실적으로 어려울 것으로 보이고, 피고 병원 의료진이 이 사건 수술 중 머리 밑에 융포를 받쳐 준 조치는 적절하여 수술 자세 등에 대하여는 과실로 판단되는 부분이 없다는 것이 순천향대 마취통증의학과 및 신경외과 감정의들의 공통된 소견이다.

③ 순천향대학교 신경외과 진감의는 목이 과신전(추간판에 외력이 증가하는 자세)된 상태에서 이 사건 수술과 같이 10시간 이상 수술이 지속되는 경우 기존의 추간판탈출증이 악화될 가능성이 있을 것으로 판단된다고 하면서도 '원고의 경우 앙와위 자세로 10시간 수술 후 추간판탈출증이 악화될 가능성은 낮고, 그 자세에서 추간판에 가해지는 외력은 미미할 것으로 판단된다'는 소견을 밝혔는바, 전자의 소견은 경추부 환자에 대한 추간판탈출증 악화의 일반적 가능성을 제시한 것에 불과하다고 보인다.

④ 제1심과 당심의 진료기록감정촉탁 및 사실조회에 답변한 감정의들은 공통하여 '이 사건 수술 전 원고의 경추부에 특별한 증상이 없었고 검진상 이상소견이 없었으며 이 사건 수술이 특별한 이상소견 없이 적정한 시간 내에 끝마쳐졌기 때문에 피고 병원 의료진으로서는 추간판탈출증이 발생될 것을 예측할 수 없는 상황이었는바, 이 사건 수술 후 원고의 경추 제5-6번 추간판탈출에 따른 척수병증은 불가항력적이고 불가피한 합병증'이라는 소견을 밝혔다.

⑤ 대한의사협회 정형외과 감정의와 순천향대학교 흉부외과 감정의는 이 사건 수술(마취 포함)과 원고의 현 장해 사이에 인과관계가 일부 인정된다는 소견을 밝히고 있으나, 이는 피고 병원 의료진의 의료과실 여부와는 별개로 원고의 현 장해가 이 사건 수술 이후 나타난 결과이므로 연관이 있다는 의미일 뿐이고, 순천향대학교 마취통증의학과 감정의도 '이 사건 수술 중이나 후에 의료진의 치료 과정에서 과실은 없었고, 이 사건 수술이나 마취 조작이 현 장해의 원인이 되었다 하여도 치료 행위에 문제가 있었다고 볼 수 없다'는 동일한 취지의 소견을 밝혔다.

나. 2차 수술 지연 여부

1) 원고의 주장

피고 병원 의료진으로서는 이 사건 수술 직후 원고에게 사지마비 증세가 발생하였고, 2011. 12. 2. MRI 촬영 결과 경추 제5-6번 추간판탈출로 척수를 압박하는 소견을 확인하였으면 48시간 이내에 응급으로 감압술을 시행하였어야 함에도, 이로부터 3일이 지난 2011. 12. 5.에야 비로소 2차 수술을 실시하여 원고에게 척수신경 영구손상으로 인한 영구적 사지마비라는 장애를 발생시켰다.

2) 판단

가) 인간의 생명과 건강을 담당하는 의사에게는 그 업무의 성질에 비추어 보아 위험방지를 위하여 필요한 최선의 주의의무가 요구되고, 따라서 의사로서는 환자의 상태에 충분히 주의하고 진료 당시의 의학적 지식에 입각하여 그 치료방법의 효과와 부작용 등 모든 사정을 고려하여 최선의 주의를 기울여 그 치료를 실시하여야 하며, 이러한 주의의무의 기준은 진료 당시의 이른바 임상의학의 실천에 의한 의료수준에 의하여 결정되어야 하고(대법원 1997. 2. 11. 선고 96다5933 판결 참조), 의사는 진료를 행함에 있어 환자의 상황과 위와 같은 의료수준 그리고 자기의 지식경험에 따라 적절하다고 판단되는 진료방법을 선택할 상당한 범위의 재량을 가진다고 할 것이고, 그것이 합리적인 범위를 벗어난 것이 아닌 한 진료의 결과를 놓고 그 중 어느 하나만이 정당하고 이와 다른 조치를 취한 것은 과실이 있다고 말할 수는 없다(대법원 2007. 5. 31. 선고 2005다5867 판결 참조).

나) 앞서 든 증거들에 의하면, 이 사건 수술 후 원고에게 사지마비의 증세가 나타났고, 그 원인은 원고의 추간판탈출에 따른 척수압박이었던 사실, 급성 추간판탈출로 인한

척수 압박, 중증신경 압박 증세가 발생할 경우 응급감압술의 적응증에 해당하고, 이러한 경우 증세가 발생한 후 24~48시간 이내에 감압술을 시행한다면 영구적인 척수손상을 막을 수 있다는 것이 대한의사협회 정형외과 감정의와 순천향대학교 신경외과 감정의의 의학적 소견인 사실, 피고 병원 의료진인 2011. 12. 5.에야 원고에 대한 2차 수술을 시행한 사실은 인정된다.

그러나 다른 한편으로 위 법리에 비추어 이 사건을 살피건대, 앞서 든 증거들에 변론 전체의 취지를 종합하여 인정되는 다음의 사실 및 사정들에 비추어보면, 당시 피고 병원 의료진이 수술의 위험성을 고려하여 약물치료를 통하여 위험성을 감소시킨 후 2차 수술을 진행한 것은 의학적 지침에 부합하는 적절한 치료행위로서, 진료방법 선택의 합리적인 범위를 벗어났다고 보기는 어려워 2차 수술을 지연한 과실이 있다고 보기 어렵고, 달리 이를 인정할 증거가 없다. 원고의 이 부분 주장은 이유 없다.

① 대한의사협회 정형외과 감정의는 원고의 경우 이 사건 수술 후 항응고 요법을 시행 중이었으므로, 급성 추간판탈출로 인한 척수압박에도 불구하고 무조건적인 수술은 생명에 영향을 줄 가능성이 높아, 2011. 12. 2. 원고의 증상을 확인한 후 스테로이드를 투여하면서 마비 증상의 호전을 기다리다가 2011. 12. 5.에야 2차 수술을 시행하였다고 하여 그 수술이 지연되었다고 보기 어렵고, 2차 수술 시기와 그 예후의 인과관계는 예측하기 어렵다는 소견을 밝혔다.

② 또한, 순천향대학교 신경외과 감정의도 '2차 수술과 같은 응급감압술의 경우 수술적 치료가 가능한 경우'를 전제로 '24~48시간 이내의 응급감압술 시행이 권고되므로 2011. 12. 2. 10:00경 MRI 촬영 결과 확인된 진단에 따라 원고에 대한 감압수술을 시행하는 것이 바람직하고, 기왕증인 경추 제5-6번 추간판탈출증이 악화되어 척수압박이 진행된 시점은 사지마비가 확인된 2011. 12. 2. 01:00경 이전으로 추정되므로 2차 수술은 48시간 이후에 시행되어, 2차 수술의 지연을 확인할 수 있다'는 소견을 밝히면서도, '응급수술의 경우는 환자가 전신마취하에 수술적 치료가 가능한 상태이어야 하며 수술적 치료가 위험이 높은 경우 수술이 불가피하게 지연될 수 있는데, 당시 원고의 경우 심장수술 직후라 항응고요법이 유지되는 경우로 응급감압술은 생명유지에 위험성이 높아 진행이 어려운 상태로 판단되고, 심장이 안정화되지 않은 상태에서 응급감압술을 시행할 경우 심장기능의 저하가 우려되어 척수허혈로 기존 신경증상이 악화될 가능성이 높다'는 의학적 소견을 제시하였다.

③ 나아가 피고 병원 의료진은 이 사건 수술 후 원고의 사지부전마비가 확인되자 헤파린요법(heparinization)과 스테로이드 대량요법(steroid pulse therapy), 필라델피아 보조기(brace) 유지 등의 보존적 치료를 시행하면서 전신상태와 신경상태의 회복을 경과관찰하다가 2차 수술을 시행하였는바, 순천향대학교 신경외과 감정의는 '원고의 경우 응급감압술의 위험성이 높은 경우로 위험성을 낮추기 위한 약물치료 후 수술적 치료를 시행하여야 하므로, 피고 병원의 치료 과정은 의학적으로 적절하

다'고 판단된다는 소견을 제시하였고, 실제 아래 표(생략) 기재와 같은 이 사건 수술 직후부터의 원고에 대한 근력평가 내용에 비추어보면, 피고 병원 의료진의 스테로이드 대량요법 등의 처치에 따라 원고의 사지부전마비 상태가 일시 호전되기도 하였다.

④ 피고 병원 의료진은, 원고가 이 사건 수술 전 증상이 없는 추간판탈출증이었고 위와 같은 스테로이드 대량요법 등의 처치에 따라 원고의 상태가 일시 호전되기도 하였으므로, 이 사건 수술 후의 증상이 척수신경의 허혈로 인한 것인지, 디스크로 인한 압박인지를 쉽사리 단정하기 어려웠을 것으로 보인다.

다. 설명의무 위반 여부

1) 원고의 주장

가) 피고 병원 의료진은 이 사건 수술 전 추간판탈출증이 확인된 원고에게 이 사건 수술 또는 기관삽관으로 추간판탈출로 인한 척수신경 압박으로 사지마비의 악결과가 발생할 수 있음을 충분히 설명하고 원고가 치료방법 및 시기를 선택할 수 있도록 하였어야 함에도 이를 설명하지 아니하였다.

나) 또한, 피고 병원 의료진은 이 사건 수술 후 응급감압술의 필요성이 확인되었다면 원고가 2차 수술의 필요성 및 시기를 결정할 수 있도록 이에 관한 설명을 하였어야 한다.

2) 판단

가) 일반적으로 의사는 응급환자의 경우나 그 밖의 특별한 사정이 없는 한, 환자에게 수술 등 인체에 위험을 가하는 의료행위를 함에 있어 그에 대한 승낙을 얻기 위한 전제로서, 당해 환자에 대하여 사전에 질병의 증상, 치료 방법의 내용 및 필요성, 예후 및 예상되는 생명, 신체에 대한 위험과 부작용 등에 관하여 당시의 의료수준에 비추어 상당하다고 생각되는 사항을 설명함으로써 환자로 하여금 수술이나 투약에 응할 것인가의 여부를 스스로 결정할 기회를 가지도록 할 의무가 있고, 이와 같은 의사의 설명의무는 그 예상되는 생명, 신체에 대한 위험과 부작용 등의 발생가능성이 희소하다는 사정만으로는 면제될 수 없으며, 위험과 부작용 등이 당해 치료행위에 전형적으로 발생하는 위험이거나 회복할 수 없는 중대한 경우에는 그 발생가능성의 희소성에도 불구하고 설명의 대상이 된다고 보아야 하나(대법원 1998. 2. 13. 선고 96다7854 판결 참조), 의사에게 당해 의료행위로 인하여 예상되는 위험이 아니거나 당시의 의료수준에 비추어 예견할 수 없는 위험에 대한 설명의무까지 부담하게 할 수는 없다(대법원 1999. 9. 3. 선고 99다10479 판결 참조).

나) 앞서 든 증거들, 갑 제15호증, 을 제1호증의 각 기재, 제1심의 순천향대학교 서울병원장(마취통증의학과), 대한의사협회장(정형외과)에 대한 각 사실조회결과에 변론 전체의 취지를 종합하여 인정되는 다음의 사실 및 사정들 즉, 피고 병원 의료진은 이 사건 수술을 시행하기 전 원고로부터 수술동의서와 전신마취 동의서를 받으면서 이

사건 수술과 마취의 목적, 방법, 예상되는 위험 및 합병증 등을 설명하였고, 신경계 합병증으로 뇌경색, 뇌출혈, 되돌이 후두신경 손상, 횡경막신경 손상 등 신경학적 이상의 발생가능성에 대하여 설명한 점, 일반적으로 무심폐기 관상동맥우회술, 좌측쇄골하동맥우회술을 시행하는 경우 경추부 척수병증으로 인한 사지마비의 발생 가능성에 관하여 설명하지는 않는 점, 원고가 평소 경추부 관련 증상을 호소한 바 없고 이 사건 수술 전 경추부에 대한 치료는 계획되지 않았을 정도로 그 증상이 경미하였던 점, 원고와 같이 자각증상 없는 경추부 관련 질환 환자에게 경추부 척수병증으로 인한 사지마비가 발생하는 것은 매우 이례적이어서 원고의 현 장해 상태는 이 사건 수술에서 통상 예견되는 합병증의 범위를 벗어난다는 것이 제1심과 당심의 진료기록감정촉탁 및 사실조회에 답변한 감정의들의 공통된 소견인 점 등에 비추어보면, 피고 병원 의료진은 원고에게 이 사건 수술과 관련하여 예상되는 위험 및 합병증에 관하여 당시의 의료수준에 비추어 상당하다고 보이는 사항에 관한 설명의무를 다한 것으로 보이고, 경추부 척수병증으로 인한 사지마비는 이 사건 수술에서 통상 예견되는 합병증의 범위를 벗어난 것으로서 설명의무의 대상이 되지 아니한다고 할 것이다. 원고의 이 부분 주장은 이유 없다.

다) 또한, 앞서 든 증거들에 의하여 인정되는 다음의 사실 및 사정들, 즉 피고 병원 의료진은 이 사건 수술 후 원고에게 신경학적 이상이 발생한 후 원고 및 보호자에게 원고의 현 상황에 대한 설명을 한 것으로 보이는 점, 앞서 본 바와 같이 원고의 당시 상황에 비추어 그 수술 시기를 결정하는 것은 피고 병원 의료진의 고도의 의학적 판단에 따른 것으로서, 원고에 대한 2차 수술 시기의 선택에 어떠한 과실이 있다고 보기도 어려운 점, 척수손상의 특성상 응급감압술을 시행한다고 하더라도 영구장해를 반드시 피할 수 있는 것도 아니어서 원고가 영구장해의 가능성이 여전히 높은 상황에서 생명을 담보로 한 2차 수술을 응급으로 시술받는 것을 선택하였을 것이라고 보기도 어려운 점 등을 종합하면, 피고 병원 의료진에게 2차 수술의 필요성 및 시기 등에 관한 설명의무 위반의 과실이 있다고 보기 어렵다. 원고의 이 부분 주장도 이유 없다.

4. 결론

그렇다면 원고의 이 사건 청구는 이유 없어 이를 기각하여야 할 것인바, 제1심판결은 이와 결론을 같이하여 정당하므로 이에 대한 원고의 이 사건 항소와 당심에서 확장된 청구는 이유 없어 이를 모두 기각하기로 하여, 주문과 같이 판결한다.

제5절 흉부외과

사례1 | 대법원 1995.1.20. 94다3421 판결

1. 사건의 내용

A는 심장수술을 위하여 B의 병원에 입원하였다. B는 개심수술을 시행하기에 앞서 A에게 그 수술 후에 뇌색전 등의 부작용이 따를 수도 있다는 점에 대하여 설명을 하지 아니한 채 수술을 시행하였고 그 결과 B에게는 뇌전색증이 나타났다.

2. 판시사항

[1] 의사의 일반적인 설명의무

[2] 후유병·부작용 등의 위험발생 가능성이 희소한 경우, 의사의 설명의무가 면제될 수 있는지

[3] 뇌색전의 후유병은 발생빈도가 높지는 아니하여도 개심수술에 따른 전형적인 부작용의 하나로서 그 후유병 발생의 위험은 수술을 받지 않으면 생길 것으로 예견되는 결과와 대체 가능성 차선의 치료방법 등과 함께 환자 본인에게 설명해 주어야 할 사항이라고 본 사례

[4] 원적 치료를 위해서는 개심 수술을 시행할 수밖에 없고 또 환자가 개심수술을 받을 생각으로 입원하였다는 사유만으로 이른바 가정적 승낙에 의한 설명의무 면책이 허용될 수 있는지

[5] 의사의 치료특권의 차원에서 설명의무가 면제되어야 한다는 주장을 배척한 사례

[6] 의사의 설명의무위반 때문에 위자료만을 청구하는 경우와 모든 손해를 청구하는 때도 있어서, 그 설명의무위반과 결과 사이에 상당인과관계가 존재하여야 하는지 아닌지

3. 판결요지

[1] 일반적으로 의사는 환자에게 수술 등 침습을 가하는 과정 및 그 후에 나쁜 결과 발생의 개연성이 있는 의료행위를 하는 경우 또는 사망 등의 중대한 결과 발생이 예측되는 의료행위를 하는 경우에서 응급환자의 경우나 그 밖에 특별한 사정이 없으면 진료계약상의 의무나 침습 등에 대한 승낙을 얻기 위한 전제로서 당해 환

제5장 구체적 판례로 살펴본 의료사고 **207**

자나 그 법정대리인에게 질병의 증상, 치료방법의 내용 및 필요성, 발생이 예상되는 위험 등에 관하여 당시의 의료수준에 비추어 상당하다고 생각되는 사항을 설명하여 당해 환자가 그 필요성이나 위험성을 충분히 비교해보고 그 의료행위를 받을 것인가의 여부를 선택할 수 있도록 할 의무가 있다.

[2] '1'항과 같은 의사의 설명의무는 그 의료행위에 따르는 후유증이나 부작용 등의 위험발생 가능성이 희소하다는 사정만으로 면제될 수 없으며, 그 후유증이나 부작용이 당해 치료행위에 전형적으로 발생하는 위험이거나 회복할 수 없는 중대한 것이면 그 발생 가능성의 희소성에도 설명의 대상이 된다고 보아야 할 것이다.

[3] 대동맥판막치환 등의 개심수술 후 후유증으로 나타나는 뇌손상의 빈도는 명백한 신경학적 장해가 있는 경우는 0.5 또는 1%이나, 혼돈이나 지적기능의 장애까지 포함되면 8또는 10%에 이르는 등 환자에게 나타난 뇌색전의 후유증은 그 발생빈도가 높지는 아니하여도 개심수술에 따르는 전형적인 부작용의 하나이고, 환자가 실제로 수술의 결과 우측상하지 불완전마비, 실어증, 지능저하, 성격변화 등의 개선 불가능한 장해를 입게 된 것이어서 그 위험의 정도도 회복하기 어려운 중대한 것이라면, 이와 같은 후유증 발생의 위험은 그 수술을 받지 않을 때 생길 것으로 예견되는 결과와 대체 가능한 차선의 치료방법 등과 함께 환자 본인에게 진지하고 자세하게 설명해 주었어야 할 사항이라고 보지 않을 수 없다고 한 사례

[4] 환자가 의사로부터 올바른 설명을 들었더라도 수술에 동의하였을 것이라는 이른바 가정적 승낙에 의한 의사의 면책은 의사 측의 항변사항으로서 환자의 승낙이 명백히 예상되는 경우에만 허용된다 할 것인데, 환자의 심장질환에 대한 근원적인 치료를 위해서는 가까운 장래에 대동맥판막치환, 상행대동맥확장 및 좌측 주관 상동맥 입구확장 등의 개심 수술을 시행할 수밖에 없고 또 환자가 그와 같은 개심수술을 받을 생각으로 병원에 입원하였다는 사유만으로는 환자가 수술에 수반될지도 모르는 부작용까지 고려하여 여러 가지로 대처할 선택의 가능성을 모두 배제하고 그 수술을 승낙했을 것이 명백하다고 추정하여 환자 자기결정권의 침해를 부정할 수는 없다.

[5] 의사의 설명이 환자로 하여금 의학지식 및 기술상 합리적인 진료행위를 비합리적인 근거로 거부하게 하는 결과를 가져올 염려가 있다고 할 수 없고, 또 의사의 후유증 위험에 대한 설명이 환자를 직접 위태롭게 하는 신체적, 정신적 반응 또는 치료목적을 좌절시키는 반응을 일으킬 염려가 있었다고 인정할 만한 증거를 찾아볼 수 없으므로, 위와 같은 염려가 있었음을 전제로 하여 이른바 의사의 치료특권

의 차원에서 설명의무가 면제되어야 한다는 주장은 받아들일 수 없다고 한 사례

[6] 의사가 설명의무를 위반한 채 수술 등을 하여 환자에게 사망 등의 중대한 결과가 발생함에 있어서 환자 측에서 선택의 기회를 잃고 자기결정권을 행사할 수 없게 된 데 대한 위자료만을 청구하는 경우에는 의사의 설명결여나 부족으로 선택의 기회를 상실하였다는 사실만을 입증함으로써 충분하고, 설명을 받았더라면 사망 등의 결과는 생기지 않았을 것이라는 관계까지 입증할 필요는 없다고 할 것이지만, 그 결과 때문인 모든 손해를 청구하는 경우에는 그 중대한 결과와 의사의 설명의무위반이나 승낙취득 과정에서의 잘못과의 사이에 상당인과관계가 존재하여야 하며, 그 경우 의사의 설명의무위반은 환자의 자기결정권이나 치료행위에 대한 선택의 기회를 보호하기 위한 점에 비추어 환자의 생명·신체에 대한 의료적 침습 과정에서 요구되는 의사의 주의의무위반과 동일시할 정도의 것이어야 한다.

4. 검토

이 사건에서는 설명의무에 관한 여러 가지 문제점이 제기되었다. 의사 B는 환자 A에게 심장수술이 반드시 필요하며 A도 심장수술을 하기 위해서 병원에 온 것이므로 자세한 설명이 필요 없다거나, 뇌색전이 심장수술로 발생하는 빈도가 높지 않아서 설명할 필요가 없다거나, 뇌색전의 가능성을 알릴 때 환자에게 심리적인 부담을 주어 이를 면제하여야 한다거나 하는 등의 이유를 들어 뇌색전에 대한 설명의무가 없음을 주장하였지만, 대법원은 이러한 이유는 설명의무가 필요 없는 어떤 상황에서도 해당하지 않는다고 본 것이다.

다만, 배상 범위가 문제되는데 설명의무 위반 그 자체로 위자료를 인정하는 데에 문제가 없으나, 발생한 손해 전부를 배상하기 위해서는 역시 상당인과관계의 입증이 필요하다. 그런데 위 수술 자체에서는 B의 과실을 입증할 수 없고 또한 위 개심수술에 앞서 A에게 설명의무를 다하였다 하더라도 A가 반드시 그 수술을 거부하였을 것이라고 단정할 수 없다는 점 등을 보면, 의사의 위 설명의무 위반과 그 수술 후에 나타난 뇌색전과의 사이에는 상당인과관계가 있다고 보기는 어려워서 전 손해에 대한 손해배상은 인정되지 않는다.

1. 사건의 내용

　A는 진료를 받은 결과 불안정성 협심증, 다발성 관상동맥협착증이 있는 사실이 확인되어 의사 B와 상의한 끝에 관상동맥 우회술을 시술받았다. 그러나 그 회복과정에서 심장마비증세가 발생하자 의사 B는 재개흉하여 혈종을 제거하여 출혈이 의심되는 부위를 봉합하는 수술을 시행하여 A의 심장기능은 완전히 회복되었다. 그러나 위 혈종의 압박으로 온 심장마비증세로 대뇌에 산소공급이 중단됨으로써 저산소성 뇌기능장애를 가져와 A는 의식을 회복하지 못하다 합병증이 겹쳐 사망하였다.

2. 판시사항

[1] 의사의 설명의무

[2] 의사의 설명의무 위반 때문에 위자료만을 청구하는 경우와 모든 손해를 청구하는 때도 있어서 설명의무 위반과 결과 사이 상당인과관계의 존재 여부

3. 판결요지

[1] 일반적으로 의사는 환자에게 수술 등 침습을 가하는 과정 및 그 후에 나쁜 결과 발생의 개연성이 있는 의료행위를 하는 경우 또는 사망 등의 중대한 결과 발생이 예측되는 의료행위를 할 때에 있어서 응급환자의 경우나 그 밖에 특별한 사정이 없으면 진료계약상의 의무 또는 위 침습 등에 대한 승낙을 얻기 위한 전제로서 당해 환자 또는 그 가족에게 질병의 증상, 치료방법의 내용 및 필요성, 발생이 예상되는 위험 등에 관하여 당시의 의료수준에 비추어 상당하다고 생각되는 사항을 설명하여 당해 환자가 그 필요성이나 위험성을 충분히 비교하여 그 의료행위를 받을 것인가 여부를 선택할 수 있도록 하는 의무가 있다.

[2] 의사가 위 '1'항의 설명의무를 위반한 채 수술 등을 하여 환자에게 사망 등의 중대한 결과가 발생하면 환자 측에서 선택의 기회를 잃고 자기결정권을 행사할 수 없게 된 데 대한 위자료만을 청구하는 경우에는 의사의 설명결여나 부족으로 선택의 기회를 상실하였다는 사실만을 입증함으로써 충분하고, 설명을 받았더라면 사망 등의 결과는 생기지 않았을 것이라는 관계까지 입증할 필요는 없으나, 그 결과 때문인 모든 손해를 청구하는 경우에는 그 중대한 결과와 의사의 설명의무 위반이나 승낙취득 과정에서의 잘못과의 사이에 상당인과관계가 존재하여야 하며,

그 경우 의사 설명의무의 위반은 환자의 자기결정권이나 치료행위에 대한 선택의 기회를 보호하기 위한 점에 비추어 환자의 생명·신체에 대한 의료적 침습 과정에서 요구되는 의사의 주의의무 위반과 동일시할 정도의 것이어야 한다.

4. 검토

이 사안 역시 앞서 살펴본 사안과 논점이 유사하다. 이 사안에서 역시 설명의무 위반이 인정되고 따라서 이에 대한 위자료의 배상을 인정하는 데에는 별 문제가 없으나, 이 때문인 전체 손해를 배상받기 위해서는 상당인과관계에 관한 입증이 있어야 한다. 그런데 이 사건에서는 다발성 관상동맥협착증을 치료함에서 그 치료방법의 선택과 그 수술시기가 적정하였고, 시술과정에서도 의료상의 과실이 없으며, 위 설명의무를 다하였다 하더라도 A로서는 심근경색 등 때문인 불완정성 협심증을 앓으면서 언제 닥칠지 모르는 죽음을 기다리는 외에는 관상동맥 우회술을 선택할 수밖에 없었던 점에 비추어 위 설명의무의 위반과 그 수술 후에 일어난 심장마비 및 뇌 손상과의 사이에는 상당인과관계가 없다고 보이므로 전체 손해에 대한 배상을 인정할 수는 없다고 한 것이다.

사례3 | 대법원 2008. 4. 10. 선고 2007다75396 판결

1. 판시사항

[1] 의사가 의료행위에 관하여 부담하는 주의의무의 정도 및 판단 기준

[2] 패혈증의 원인균인 엔테로박테리아에 감염된 환자가 항생제 투약 등의 치료를 받던 중 사망한 사안에서, 의사가 위 세균에 대한 항생제감수성검사 결과 감수성이 있다고 나타난 항생제 대신에 동일 계열의 다른 항생제를 계속 투약한 것만을 가지고 의료상의 과실이 있다고 단정할 수 없다고 한 사례

2. 이유

상고이유에 관하여 본다.

1) 피고 2의 상고이유에 관하여

민법 제760조 제1항에 규정한 공동불법행위를 구성하려면 반드시 불법행위를 한 가해자간에 통모 또는 의사의 공통을 필요로 하지 않으나 권리침해에 대하여 객관적으로 공동 원인이 있어서 가해자 각자의 행위와 이로 인하여 발생한 손해와의 사이에

인과관계가 있어야 한다(대법원 1963. 10. 31. 선고 63다573 판결 등 참조).

원심판결 이유에 의하면, 피고 2는 신경외과 전문의로서 소외인의 혈전 및 색전제 거술을 시행하기 전까지 치료하였고, 그 이후에는 흉부외과 전문의인 피고 3이 소외 인을 치료하였던 사실과, 소외인의 상처 부위 감염에 대하여 세균 배양검사 및 항생 제 감수성 검사를 의뢰하고 그 검사 결과에 따라 이미페넴(imipenem)의 투약을 처 방하였다가 이를 취소하는 조치를 취한 것은 피고 3이라는 사실을 알 수 있으므로, 피고 3이 소외인의 상처 부위 감염에 대하여 한 치료에 관하여 피고 2에게 공동불법 행위자로서 책임을 지우려면, 피고 2가 그 치료 과정에 객관적으로 공동의 원인을 제 공한 사정이 인정되어야 한다.

그럼에도 불구하고, 원심은 피고 3이 소외인의 상처 부위 감염에 대하여 한 치료 과정에 피고 2가 어떻게 관여하였는지에 관하여 아무런 설시도 하지 아니한 채, 위 치료에 관하여 피고 3 외에 피고 2에게도 책임이 있다고 판단하였는바, 이와 같은 원 심판결에는 공동불법행위 내지 과실책임주의에 관한 법리를 오해하여 판결 결과에 영 향을 미친 위법이 있다고 할 것이며, 같은 취지의 피고 2의 상고이유는 이유 있다.

2) 나머지 피고들의 상고이유에 관하여

의사가 진찰·치료 등의 의료행위를 함에 있어서는 사람의 생명·신체·건강을 관리하 는 업무의 성질에 비추어 환자의 구체적인 증상이나 상황에 따라 위험을 방지하기 위 하여 요구되는 최선의 조치를 행하여야 할 주의의무가 있고, 의사의 이와 같은 주의 의무는 의료행위를 할 당시 의료기관 등 임상의학 분야에서 실천되고 있는 의료행위 의 수준을 기준으로 판단하여야 할 것이다(대법원 2000. 7. 7. 선고 99다66328 판 결 참조).

원심은, 소외인의 하지에 괴사가 확인되고 오한, 발열 등의 증세가 나타나자 피고 3 이 패혈증을 의심하고 다음날 바로 세균 배양검사 및 항생제 감수성 검사를 의뢰하는 한편 자신의 경험에 비추어 적절하다고 생각되는 항생제를 투여한 부분에 관하여는 패 혈증 예방을 위하여 상당한 조치를 취하였다고 인정하는 한편, 세균 배양검사를 한 지 3일이나 지나서 검사 결과가 나왔고 세균배양검사 결과로 균주가 광범위한 항생제에 대한 내성을 가진 엔테로박터클로아케로 확인되자 그에 대한 감수성의 가능성이 있는 메로페넴(meropenem)과 이세파신을 투약하였지만 감수성 검사 결과 감수성을 가지는 것으로 판명된 이미페넴을 투여하지 않은 점을 의료상의 과실로 판단하였다.

그러나 의료 경험칙상 동일 계열 항생제는 동일한 특성을 가지고 있어 동일 계열 항생제를 사용하더라도 동일한 약리작용을 얻을 수 있다고 봄이 일반적인데, 이 사건 기록에 의하면 이미페넴과 메로페넴은 모두 카바페넴 계열의 항생제임을 알 수 있으므로, 앞서 본 법리에 비추어 보면 이미페넴과 메로페넴이 동일 계열의 항생제임에도 별도로 항생제 감수성 검사를 시행하여야 한다고 볼 만한 사정이 없는 한 항생제 감수성 검사 결과 엔테로박테리아에 이미페넴에 감수성이 있다고 나타났다고 하더라도 이미페넴 대신 메로페넴을 계속 투약한 것만을 가지고 의사에게 요구되는 치료에 관한 주의의무를 위반할 정도의 과실이 있다고 단정할 수 없고, 또한 세균 배양검사 내지는 항생제 감수성 검사 결과에 소요된 기간을 구체적인 과실의 근거로 삼으려면 그 검사에 소요되는 통상적인 기간을 먼저 심리하고 이에 비추어 이 사건 검사 결과가 지연되었는지 여부 및 지연된 정도를 심리하여야 하며 검사 결과가 나올 때까지 상당한 일자가 소요되었다는 사정만으로는 과실이 있다고 단정할 수 없다 할 것인바, 원심의 판단에는 의료상의 경험칙 내지는 의료행위의 주의의무에 관한 법리를 오해하여 심리를 그르침으로써 판결에 영향을 미친 위법이 있다 할 것이다. 이를 지적하는 위 피고들의 상고이유는 이유 있다.

3) 그러므로 나머지 상고이유에 관하여 더 나아가 살펴볼 필요 없이 원심판결 중 피고들 패소 부분을 파기하고, 이 부분 사건을 대구고등법원에 환송하기로 하여 관여 법관의 일치된 의견으로 주문과 같이 판결한다.

사례4 | 서울지법 2003. 10. 29. 선고 2002가합15080 판결

1. 판시사항

[1] 의료행위와 의료행위 후 발생한 악결과 사이에 인과관계가 추정된다는 점만으로 의료행위상의 과실을 추정할 수 있는지 여부(소극)

[2] 수술 후 창상감염이 발생한 경우, 그 사실만으로 의료진의 과실을 추정할 수 있는지 여부(소극)

[3] 의사로부터 의료행위의 합병증 등에 대하여 설명을 듣고 의료행위에 동의하였는데 의료행위 후 그 위험성이 실현된 경우, 의료진의 과실이 추정되는지 여부(소극)

2. 이유

1) 기초사실

[증거] 다툼 없는 사실, 갑 제1호증 내지 갑 제3호증, 갑 제8호증, 갑 제10호증 내지 갑 제34호증(각 가지번호 포함)의 각 기재, 이 법원의 한양대학교병원장, 삼성서울병원장에 대한 각 진료기록감정촉탁 결과, 변론 전체의 취지.

가. 당사자의 신분

원고 1은 서울대학교병원(이하 '피고 병원'이라 한다)에서 심장판막수술을 받은 후 사망한 소외인의 남편이고, 원고 2, 원고 3은 소외인의 자녀들이며, 피고는 피고 병원을 운영하는 자이다.

나. 피고 병원의 치료 경과

(1) 소외인은 1979. 임신 후부터 호흡곤란을 느끼던 중 1983. 2.경부터 심계항진이 있어 시행한 초음파검사에서 승모판협착증과 폐고혈압이, 심혈관조영술 검사상 승모판협착증과 삼첨판폐쇄부전증이 진단되어 1983. 7.경 피고 병원에서 인공조직판막을 이용한 승모판막치환술과 삼첨판막륜성형술을 시행받았다.

(2) 소외인은 2001. 3.경 다시 호흡곤란이 발생하였는데, 당시 빈혈이 있어 빈혈에 대한 치료를 받았으나 2001. 8.경 다시 호흡곤란이 악화되어 같은 해 9. 2. 피고 병원에 입원하여 시행한 심혈관조영술 검사상 인공판막이 노후화되어 승모판협착증이 재발하였다는 진단을 받고, 같은 달 8. 흉부외과로 전원되었다.

(3) 피고 병원 의료진은 2001. 9. 8. 수술의 필요성과 전신마취에 의한 폐렴, 인공심폐기에 의한 뇌경색, 출혈, 감염의 위험성 등에 대하여 설명하고 수술동의서를 받았다.

(4) 피고 병원 의료진은 2001. 9. 10. 08:50경부터 14:40경까지 소외인에 대하여 승모판막치환술을 시행하고 흉곽에 배액관을 삽입한 후 수술부위조직을 세척한 후 수술부위를 봉합하고 소외인을 중환자실로 옮겼는데, 수술 전인 06:00경 및 수술 후 항생제인 시프로베이를 12시간마다 주사하였다(이 법원의 삼성서울병원장에 대한 진료기록감정촉탁 결과, 의무기록의 기재 중 2001. 9. 10.자 의사처치명령서 수술 전 처치 7항 'Cycin 200㎎ inj(Ciprofloxacin) 1bag [ivs] q 12h 6A/Y' 부분).

(5) 소외인의 체온은 2001. 9. 10. 수술 직후 저체온을 보여 따뜻한 공기를 준 후 20:30경 38.5℃, 22:00경 38.3℃까지 올랐으나 찬 팩으로 식힌 이후 회복되었고, 같은 달 11. 22:00경 소변량이 줄고 체온이 37.7 내지 38℃까지 올라 이뇨제인 라식스를 2회 주사맞은 후 시간당 소변량이 40-70㎖로 회복되었으며, 23:00경 체온이 38.6℃였다.

(6) 피고 병원 의료진은 소외인의 체온이 2001. 9. 12. 01:20경에도 38.1℃로 나오자 01:50경 혈액배양검사를 시행하였고, 이후 소외인의 소변량이 감소하면 신장조합액이

나 라식스 등으로 교정하였으며, 9. 11. 23:15경부터 소외인의 맥박이 150회/분 정도로 발작성심실상성빈맥(PSVT, paroxysmal supraventricular tachycardia)을 보인 후 계속된 간헐적인 빈맥에 대하여 아데노신 등의 약제와 전기충격요법 등으로 대증요법을 시행하였다.

(7) 피고 병원 의료진은 2001. 9. 12. 시행한 혈액배양검사 결과 같은 달 15. 메티실린 내성황색포도당구균(MRSA)이 배양되는 것으로 나오자 당일부터 항생제를 반코마이신으로 교체하고, 같은 달 16. 감염내과에 협진을 의뢰하였다.

(8) 피고 병원 의료진은 2001. 9. 17. 시행한 흉부컴퓨터단층촬영(CT)검사 결과 종격동에 액체가 고여 있는 소견을 확인하여 종격동염으로 진단하고 23:30부터 다음날 01:40까지 감염이 의심스러운 조직을 절제하고 베타딘으로 세척하는 변연절제술을 시행하였고, 내과에서는 흉부외과의 협진에 대하여 반코마이신을 투여하다가 균이 계속 배양되면 경식도 초음파를 시행하여 종괴가 없는 것을 확인한 후 테이코플라닌으로 교체할 것을 권유하였다.

(9) 피고 병원 의료진은 2001. 9. 18. 소외인의 흉관으로 많은 양의 배액이 계속되고 심낭압전의 증상이 있어 22:00경 흉골을 열고 혈종을 제거하였으나, 이후에도 소외인은 혈압이 계속 떨어지면서 치료에 반응하지 않고 결국 다음날 22:45경 사망하였다.

다. 급성신부전(ARF, acute renal failure)

(1) 급성신부전에 의해 소변이 나오지 않는 원인으로는 신전성(신전성) 신부전, 신실질성(신실질성) 신부전, 신후성(신후성) 신부전이 있다.

(2) 신전성 신부전은 신장으로 가는 혈류량의 감소로 인한 신부전으로서, 수술 후 출혈이나 배액으로 인한 혈액량의 감소나 위장관에서의 설사나 구토 등으로 인한 수분부족, 화상이나 오한, 열사 등으로 인한 피부에서의 수분소실로 인한 수분부족, 심혈관계의 부전으로 인한 심근경색이나 심장압전 등에 의해 발생한다.

(3) 신실질성 신부전은 신장 자체의 부전으로 인한 신부전으로서, 급성 신장염, 전신성 홍반성 낭창, 다발성 관절염, 급성박테리아심내막염, 용혈성빈혈증후군, 간질성 신장염, 급성 악화성 감염, 신장의 혈관질환, 대동맥수술이나 외상으로 인한 혈류역학적으로 시작된 급성신부전과 급성 신독성신장기부전 등으로 인해 발생한다.

(4) 신후성 신부전은 신장에서 걸러진 소변이 신경성 기능적인 폐쇄나 신장 이후의 요도나 요로 혹은 방광 등의 협착이나 암 등에 의한 폐쇄 등으로 인하여 발생한다.

라. 발작성심실상성빈맥(PSVT)

(1) 빈맥은 심장의 박동수가 100회/분 이상으로 나타나는 경우를 말하며, 빈맥의 원인이 심실 위쪽에 있는 상심실성 빈맥은 보통의 경우는 120회/분 이상으로 나타나고 PSVT에서는 대개 150-210회/분 정도로 나타난다.

(2) PSVT는 기질성 심장질환 즉 만성 심근허혈, 급성심근경색, 심근증, 류마티스성 심장 질환 등에서 잘 동반되어 나타나며, 그 외에도 약 42%에서는 정상심장에서 나타날 수 있으며, 급성으로는 약 12%에서 발열, 패혈증, 심근염, 외상, 대사장애에서도 동반되어 나타날 수 있다.

마. 창상감염 및 MRSA 감염

(1) 봉합사나 대체기구 등의 이물질이 있는 경우 실험적 감염을 일으키는 데 필요한 포도 상구균의 투입량이 감소하는 반면, 외과적 무균술이란 수술 환경에서 균을 완전히 제 거할 수 있는 것이 아니고 감소시키는 방법이므로 외과적 무균술을 철저히 실시하여도 균감염을 완전히 예방하는 것은 불가능하다.

(2) 만성 심부전증과 같은 만성 질환은 비특이적인 면역력의 저하를 초래하여 정상인보다 감염의 감수성이 증가될 수 있으며, 재수술시나 수술시간이 길어지는 경우 창상감염의 빈도가 증가한다.

(3) MRSA는 병원 내 감염의 주요 병원균이 되었는데, 대개 감염된 환자나 보건담당자에 의해 유입되며, 이후 감염전파의 주된 경로는 의료인의 손인데, 과거에는 MRSA에 의 한 감염은 병원에서만 발생하는 것으로 생각되고 있었으나, 근래에는 병원 밖에서 발 생하는 감염증에 대한 보고가 증가하고 있고, 환자 자신의 피부나 코에 MRSA가 상재 화되어 있는 환자의 경우 수술 후 창상감염, 폐렴의 발생률이 높다.

(4) 수술 후 24시간 내에 발생하는 열의 대부분은 무기폐에 기인하고, 창상감염이나 복부 내 농양은 수술 후 5-10일이 경과해서야 확인이 가능하지만, 이런 환자들도 수술 후 아주 초기에 열을 동반할 수 있으며, 수술 후 발생하는 열은 일차적으로 외부 세균에 의해서 발생하는 것으로 간주하고 그 균의 치료와 동정에 초점을 맞추어야 한다.

(5) 수술창상은 균이 풍부한 회음부 등을 절개하지 않는 아주 깨끗한 창상, 회음부 등을 절개하는 깨끗한 창상, 대장절제술 등의 약간 오염된 창상, 장천공 등으로 인한 오염 된 창상으로 구분하는데, 아주 깨끗한 창상의 창상감염률은 1% 미만, 깨끗한 창상의 창상감염률은 1-2% 정도이다.

(6) 포도상구균은 감염의 대표적인 외부원인이므로, 아주 깨끗한 창상과 깨끗한 창상에서 발생하는 포도상구균에 의한 감염의 빈도는 수술실의 소독상태나 수술절차의 무균성에 대한 잣대로 사용된다.

(7) 감염에 노출될 위험성이 큰 경우에 감염을 예방하기 위하여 항생제를 처방하는 것을 예방적 항생제 투여라 하는데, 예방적 항생제의 사용이 가장 많은 경우는 수술과 관련 하여 수술 직전, 수술시간이 긴 경우에는 수술 중에도 항생제를 투여함으로써 혈중 농 도와 조직 농도를 충분히 높여 수술실공기, 수술팀피부, 환부를 오염시킬 수 있는 환 자 자신이 갖고 있는 세균을 박멸하기 위한 것이다.

2) 주장 및 판단

가. 수술과정상의 과실이 추정된다는 주장에 대한 판단

(1) 원고들의 주장

소외인은 수술 전 감염의 증상이나 면역력 지하의 소견도 없었는데 수술 후 수술 부위와 일치하는 종격동에 MRSA 감염이 되었고, 창상감염의 경우 MRSA 감염은 외부에서 유입된 균에 의한 것이므로, 피고 병원 의료진의 과실로 소외인이 MRSA에 감염된 것으로 추정된다.

(2) 인과관계가 추정되는 경우의 과실의 추정 여부

모든 의료행위에는 그 의료행위 자체에 수반되는 악결과의 위험성이 있지만, 환자가 자신의 질병 등 현상태로 인한 부담과 의료행위로 얻을 수 있는 이익이 위와 같은 의료행위상의 위험으로 인한 부담보다 더 크다고 판단하여 의료행위상의 위험을 감수하고 의료행위를 받는 것이므로, 의료행위로 인한 악결과가 있다는 이유만으로 의료행위를 행한 의료진에게 그 책임을 지우는 것은 의료행위의 시행 자체를 과실로 인정하는 것에 불과하여 인정할 수 없다 할 것인데, 이른바 ① 의료행위와 악결과 사이의 시간적 근접성, ② 의료행위의 시행부위와 악결과 발생부위의 근접성, ③ 타원인의 불개입성, ④ 통계적 빈발성 등은 모두 의료행위와 악결과 사이의 인과관계를 인정하기 위한 간접사실들에 불과하므로, 의료행위로 인한 악결과가 발생한 경우 그 악결과가 당연히 의료행위상의 과실로 인한 것이라고 볼 수 없는 이상 의료행위와 악결과 사이의 시간적 간격이나 발생부위가 근접하다거나, 의료행위가 이루어진 부위와 악결과가 발생한 부위가 일치하였다거나, 의료행위 이전에는 악결과가 발생할 건강상의 결함이 없었다는 등의 사유만으로는 의료행위상의 과실을 추정할 수 없다.

(3) 창상감염과 과실의 추정 여부

일반적으로 손해배상책임을 지우기 위하여는 주의의무위반, 손해의 발생 및 주의의무위반과 손해의 발생 사이에 인과관계의 존재가 전제되어야 하므로, 손해가 피고측의 과실로 발생한 것으로 보이지만 그 행위가 피고의 배타적 지배하에 있는 범위 내에서 발생한 경우 구체적인 행위 자체를 입증하기 곤란하므로 원고측에서 그 손해가 누군가의 과실이 없이는 통상 발생하지 않는 것으로서, 피고의 배타적 지배하에 있는 사람 또는 시설에 의하여 발생하였고, 원고의 과실경합이 없었다는 점을 입증하는 경우 구체적인 과실행위의 입증이 없어도 피고의 과실을 추정할 수 있다 할 것인바, 병원 내 감염이 주로 의료인의 손에 의해 이루어진다거나 그 창상이 아주 깨끗한 창상이어서 창상감염의 빈도가 낮다 하더라도, 수술실 입구에 손을 씻을 세면대가 갖추어져 있고 수술실에서 바로 간호사가 손을 닦을 수건을 준비하고 있는 등의 수술준비절차에 비추어 수술실에서 무균조작이 이루어지지 않을 가능성은 극히 낮다 할 것이고, 창상에 봉합사가 한 조각 남아있더라도 세균의 최소감염량이 1/10,000 이하로 감소하는 반면

외과적 무균술이란 수술 환경에서 균을 완전히 제거할 수 있는 것이 아니고 감소시키는 방법에 불과하므로 외과적 무균술을 철저히 실시하여도 균감염을 완전히 예방하는 것은 불가능하다는 점에 비추어 창상감염이 발생하였다는 사실만으로는 의료진의 과실을 추정할 수 없다(아주 깨끗한 창상과 깨끗한 창상에서 발생하는 포도상구균에 의한 감염의 빈도가 수술실의 소독상태나 수술절차의 무균성에 대한 잣대로 사용된다는 것은 창상감염률의 상대적인 비교에 의해 무균성을 상대적으로 판단할 수 있다는 취지일 뿐 아주 깨끗한 창상에 발생한 포도상구균 감염이 의료진의 과실에 의한 것이라는 절대적인 판단과는 전혀 별개의 것이다).

(4) 설명을 듣고 동의한 부작용의 발생과 과실의 추정 여부

의사의 설명의무는 질병의 증상, 치료방법의 내용 및 필요성, 발생이 예상되는 위험 등에 관하여 당시의 의료수준에 비추어 상당하다고 생각되는 사항을 설명하여 당해 환자가 그 필요성이나 위험성을 충분히 비교해 보고 그 의료행위를 받을 것인가의 여부를 선택할 수 있도록 하기 위하여 인정되는 것인바, 의사로부터 설명을 듣고 수술에 동의한 경우에는 그와 같은 위험의 발생을 감수하고 수술을 받겠다고 결정하였다 할 것인데, 그러한 위험성이 현실화된 경우 이에 대하여 의사의 과실을 추정하는 것은(의료행위에 따른 위험이 의료행위가 아닌 전혀 다른 원인에 의한 것일 리가 없을 뿐 아니라 환자의 프라이버시를 침해하지 않고는 의료행위의 과정 전반에 과실이 없었음을 입증할 방법도 사실상 없다) 환자가 감수한 위험을 의사에게 다시 전가하는 것이 되므로 환자가 설명을 듣고 동의한 위험성이 현실화되었다는 사정만으로는 의사의 과실을 추정할 수 없다.

(5) 판단

살피건대, 소외인의 종격동염이 승모판막치환술에 기인한 점은 인정되나(다만, 만성 심부전증과 같은 만성 질환은 '비특이적인' 면역력의 저하를 초래하여 정상인보다 감염의 감수성이 증가될 수 있으며, 재수술시나 수술시간이 길어지는 경우 창상감염의 빈도가 증가한다는 사실에 비추어 소외인에게 면역약화의 '특이적인' 소견이 없었다는 이유만으로 창삼감염의 요인이 없었다는 점이 인정되는 것은 아니다), 수술과 창상감염과의 인과관계가 인정된다는 사정만으로는 수술과정상의 과실을 추정할 수 없을 뿐 아니라, 창상감염이 발생하였다는 사실만으로 과실을 추정할 수도 없고, 설명을 받고 동의한 부작용이 발생한 사실만으로 수술과정상의 과실을 추정할 수 없다는 점은 앞서 본 바와 같으므로 원고들의 위 주장은 어느 모로 보나 이유 없다(또한, 원고가 주장하는 바와 같이 소외인과 같이 수술시간이 긴 수술일수록 감염의 위험이 높아지므로 더욱 과실을 추정하기 어렵다).

나. 수술 전 및 수술 중 항생제를 투여하지 않은 과실이 있다는 주장에 대한 판단

(1) 원고들의 주장

수술과 관련하여 수술 직전 창상감염의 위험을 줄이기 위하여 예방적 항생제를 투여하

며, 감염의 위험성은 수술시간에 비례하여 증가하고 수술의 말기에 혈중 항생제 농도가 0에 이르면 창상감염의 빈도가 증가하므로, 수술시간이 길어지는 경우 수술 중에도 항생제를 투여하여야 하는데, 피고 병원 의료진은 수술 전이나 수술 중 소외인에게 항생제를 투여하지 않았다.

(2) 판단

살피건대, 피고 병원 의료진이 수술 중 소외인에게 항생제를 주사하지 않은 사실은 인정되나, 수술 전에도 항생제를 주사하지 않았다는 증거가 없어 앞서 인정한 사실만으로는 피고 병원 의료진의 과실을 인정하기 부족하고, 오히려 수술 직전인 2001. 9. 10. 06:00경 항생제인 시프로베이를 주사한 사실, 시프로베이는 12시간마다 정주하는 사실, 소외인의 수술은 같은 날 14:40경 종료된 사실은 앞서 인정한 바와 같고, 이러한 사실에 감수성 있는 항생제치료에도 악화되는 감염 등의 특별한 사정이 없는 한 항생제를 통상의 용량 이상으로 증량시킬 필요성이 없으리라는 점을 종합하면 피고 병원 의료진은 소외인에게 적절한 감염예방조치를 취한 것으로 보이므로 원고들의 위 주장도 이유 없다.

다. MRSA 감염에 대한 조치가 지체되었다는 주장에 대한 판단

(1) 소외인에게 감염의 증상이 있었음에도 이를 간과하였다는 주장에 대한 판단

(가) 원고들의 주장

소외인은 수술 다음날인 2001. 9. 11. 밤부터 소변량이 줄었고, 심박수가 증가하였으며 발열이 있는 등 패혈증의 증세가 나타났음에도 불구하고 감염에 대한 적극적인 치료를 하지 않았다.

(나) 판단

살피건대, 소외인이 2001. 9. 11. 밤부터 소변량이 줄고 심박수가 증가하였으며 발열이 있었던 사실, 패혈증이 있는 경우 ARF나 PSVT가 나타날 수 있다는 사실은 앞서 인정한 바와 같으나, 이러한 사실만으로는 수술 후 ARF나 PSVT의 증상이 나타난 환자를 패혈증으로 판단하고 치료하여야 한다고 보기 부족하고, 오히려 급성신부전은 신전성 신부전, 신실질성 신부전, 신후성 신부전으로 나누는데, 신전성 신부전은 수술 등 혈액량의 감소나 수분감소를 초래하는 상황에서 주로 발생하고, 신실질성 신부전은 다양한 원인에 의해 발생하는데 그 중에는 급성박테리아심내막염이나 신전성 신부전의 악화가 있다는 사실, PSVT는 기질성 심장질환이 있는 경우에 주로 나타나고 약 42%에서는 정상심장에서 나타날 수 있으며, 급성으로는 약 12%에서 발열, 패혈증에서도 동반될 수 있는 사실, 피고 병원 의료진은 소외인의 ARF나 PSVT에 대한 대증요법 외에도 바로 다음날 혈액배양검사를 시행한 사실은 앞서 인정한 바와 같은바, 이러한 사실을 종합하면, 피고 병원 의료진이 소외인의 각 증상에 대하여 수술 자체로 인하여 발생할 수 있는 증상일 가능성이 가장 큰 것으로 보아 대증적인

요법을 시행하는 한편 감염의 가능성도 완전히 배제할 수는 없으므로 다음날 혈액배양검사를 시행한 것은 정당한 조치였다고 보는 것이 상당하므로 원고들의 위 주장도 이유 없다.

(2) 반코마이신의 처방이 지연되었다는 주장에 대한 판단

(가) 원고들의 주장

수술 후 초기심내막염의 경우 코아귤라아제음성포도상구균(CNS, Coagulase Negative Staphylococcus)이 33-38%로 가장 많고, 이 균주들의 70-80% 이상이 MRSA이므로 감염이 의심되는 즉시 반코마이신을 투약하였어야 함에도 불구하고, 피고 병원 의료진은 2001. 9. 15.에 이르러서야 소외인에게 반코마이신을 투약하였다.

(나) 반코마이신 투약시기상의 과실 여부

먼저, 피고 병원 의료진에게 감염이 의심되는 즉시 반코마이신을 처방할 의무가 있는지에 대하여 살피건대, 원고 자신의 주장에 의하더라도 수술 후 초기심내막염 중 MRSA에 의한 것은 30% 정도에 불과할 뿐 아니라 최근 내성균의 증가로 심각한 문제를 야기하고 있다는 점, 특히 MRSA는 반코마이신이나 테이코플라닌 외에는 감수성 있는 항생제가 없으므로 더욱 내성균의 발현을 억제할 필요가 있으므로 반코마이신의 사용에 각별한 주의를 요한다는 점 등을 고려하면, MRSA에 의한 감염이 확진되기 전에 더구나 경험적 항생제 치료제제로 반코마이신을 선택한다는 것은 공중의 보건에 심각한 위험을 초래할 수 있으므로 혈액배양검사에서 MRSA가 배양된다는 것을 확인한 후 반코마이신을 처방한 것은 정당하다고 보여지므로 원고들의 위 주장은 이유 없다(원고들은 또한 피고 병원 의료진이 소외인의 신기능이 악화된 이후에 뒤늦게 반코마이신을 처방함으로써 정상적인 12시간마다의 투약이 아니라 72시간마다 투약할 수밖에 없게 되었고 이와 같이 소량을 투약하게 됨으로써 치료효과가 극감하였다고 주장하나, 약제의 효과는 투입량에 비례하는 것이 아니라 혈중농도에 비례하는 것이고, 신기능이 악화된 환자에게 투약간격을 늘리는 이유는 신장으로 배설되는 약제의 경우 시기능이 악화된 환자는 배설능력이 떨어지므로 정상적인 투약간격을 유지하면 오히려 지나치제 높은 혈중농도를 유지할 수 있으므로 적절한 혈중농도의 유지를 위해 투약간격을 늘리는 것인바, 투약간격이 늘어났다고 하여 치료효과가 극감한다는 주장 자체도 이유 없다).

(3) 감염내과에 대한 협진의뢰가 지연되었다는 주장에 대한 판단

(가) 원고들의 주장

피고 병원 흉부외과 의료진은 소외인이 2001. 9. 11.부터 감염증상을 보이고 있음에도 같은 달 16.에서야 비로소 감염내과에 협진을 의뢰하였다.

(나) 판단

살피건대, 감염의 가능성이 있는 환자에 대한 검사와 치료는 통상적인 의사라면 누구

나 시행할 수 있다 할 것이므로 감염의 가능성이 있다고 하여 무조건 감염내과에 의뢰할 의무가 있다고 보기 어렵고, 통상적인 검사로도 감염을 확진하기 어려운 때, 통상적인 치료에도 반응하지 않을 때, MRSA 등 특수한 감염으로 인하여 반코마이신 등 특수한 약물을 사용하게 될 때에는 반드시 감염내과에 의뢰하여야 한다고 볼 것인데, 피고 병원 흉부외과 의료진이 소외인에게 감염의 가능성만 있던 단계에서 직접 혈액배양검사를 시행하고 소외인의 혈액배양검사에서 MRSA가 배양되자 반코마이신을 투여하면서 감염내과에 협진을 의뢰한 것은 정당하므로 원고들의 위 주장도 이유 없다.

가사 감염의 의심만 있으면 무조건 감염내과에 협진을 의뢰해야 한다고 하더라도 감염내과 의사들로서도 감염 여부와 원인균에 대한 진단이 내리지 않은 상태에서 처방을 할 수는 없다 할 것이고(피고 병원에서도 종격동염의 진단까지 확인한 후 협진 의뢰에 대하여 회신하였다.), 발열이 있은 후 시행한 혈액배양검사는 2001. 9. 15.에야 비로소 나왔으며, 감염내과에 대한 협진결과도 반코마이신을 계속 투약하다가 경우에 따라 테이코플라닌으로 교체하자는 것으로서 흉부외과 의사들의 조치와 다를 바 없으므로 발열 즉시 감염내과에 협진의뢰를 하지 않은 것으로 인하여 부적절한 진료를 받은 바 없으므로 인과관계도 부정된다.

3. 결론

그렇다면 피고 병원 의료진의 과실로 소외인이 사망하였음을 전제로 한 원고들의 청구는 더 나아가 살필 필요 없이 이유 없으므로 주문과 같이 판결한다.

제6절 신경정신과

사례1 | 대법원 2002.8.27. 2001다19486 판결

1. 사건의 내용

A는 인지장애, 기억력장애 등을 보여 B의 병원에 입원하여 치료를 받던 중 수차례에 걸쳐 넘어져 머리를 다쳤다. 그리고 그 이후에 A는 노인성 치매증상을 보였다.

2. 판시사항

[1] 정신병원에서 입원 치료받던 고령의 정신병환자가 병원 의사의 관리소홀로 넘어져 두부외상을 입고 그 후 치매증상을 보이게 되었으나, 그 두부외상이 그 환자의 치매증상에 영향을 미친 것은 아니라고 한 사례

[2] 피해자 측에서 의료상의 과실 있는 행위를 입증하고 그 결과와 사이에 의료행위 외에 다른 원인이 개재될 수 없다는 점을 증명한 경우, 의료상의 과실과 결과 사이의 인과관계 추정 여부(적극)

[3] 정신병원에서 입원 치료받던 고령의 정신병환자가 병원 의사의 관리소홀로 넘어져 두부외상을 입고 그 후 치매증상을 보이게 되었으나, 그 환자에게 사고 이전에 이미 치매를 표상하는 기질적 정신장애의 증세가 있었으므로 의사에게 진료상의 과실이 있다고 하더라도 현재 환자의 치매 증세와 사이에서 인과관계가 추정되지 않는다고 한 사례

3. 판결요지

[1] 정신병원에서 입원 치료받던 고령의 정신병환자가 병원 의사의 관리소홀로 넘어져 두부외상을 입고 그 후 치매증상을 보이게 되었으나, 치매는 상당히 많은 원인에 의한 광범위한 병변의 행동적 표현으로서 비교적 전체적인 인식기능의 손상이 일어나는 것이기 때문에 치매가 발생하려면 뇌질환 등에 의하여 광범위한 뇌의 손상이나 기능장애가 생겨야 하며, 일반적인 치매는 서서히 만성적으로 진행한다는 점 등에 비추어, 그 환자의 치매증세는 위 사고 훨씬 이전부터 서서히 진행되기 시작하여 현재에 이르러 그 증세가 완전히 고착된 것이고, 위 사고는 이러한 치매증상의 발전 과정에 우연히 개재된 사고로서, 위 사고 때문인 두부외상은 후유증을 남기지 않고 자연 치유되었고, 위와 같이 발전하고 있는 치매증상에 영향을 미

친 것은 아니라고 한 사례

[2] 의료행위의 고도의 전문성과 재량성 때문에 환자 측이 의사의 의료행위상의 주의의무 위반과 손해의 발생 사이의 인과관계를 의학적으로 완벽하게 입증한다는 것은 극히 어려우므로, 의료사고는 피해자 측에서 일련의 의료행위 과정에서 저질러진 일반인의 상식에 바탕을 둔 의료상의 과실 있는 행위를 입증하고 그 결과와 사이에 일련의 의료행위 외에 다른 원인이 개재될 수 없다는 점, 이를테면 환자에게 의료행위 이전에 그러한 결과의 원인이 될 만한 건강상의 결함이 없었다는 사정을 증명한 때에 있어서는 의료행위를 한 측이 그 결과가 의료상의 과실로 말미암은 것이 아니라 전혀 다른 원인으로 말미암은 것이라는 입증을 하지 아니하는 이상, 의료상 과실과 그 결과 사이의 인과관계가 추정된다.

[3] 정신병원에서 입원 치료받던 고령의 정신병환자가 병원의사의 관리소홀로 넘어져 두부외상을 입고 그 후 치매증상을 보이게 되었으나, 그 환자에게 사고 이전에 이미 치매를 표상하는 기질적 정신장애의 증세가 있었으므로 의사에게 진료상의 과실이 있다고 하더라도 현재 환자의 치매 증세와 사이에서 인과관계가 추정되지 않는다고 한 사례

4. 검토

의료사고에 의한 손해배상을 인정하려면 의료과오와 손해 사이에 상당인과관계가 인정되어야 하며 살펴본 바와 같다. 즉, 이 사안에서는 B의 관리소홀 때문에 A가 넘어진 것과 A의 노인성 치매증상 사이에 상당인과관계가 인정되어야 한다. 그런데 A는 이미 고령의 노인으로 사건 전에도 치매를 의심케 하는 증상들이 있었기 때문에 인과관계를 인정할 수 없다.

사례2 | 대법원 1993.9.14. 93다21552 판결

---

1. 사건의 내용

A는 편집성 정신분열 증세를 보여 B의 정신병원에 입원하였다. 그런데 증세가 호전되자 집안형편을 걱정하며 수시로 퇴원을 요구하던 A는 신경정신과 병동 출입문을 박차고 뛰어나가서 9층 병동 신축공사장의 가로막힌 합판문을 넘어뜨리고 공사장 연결통로를 약 32m 뛰어가다가 병원 2층 옥상으로 떨어져 뇌타박상 등으로 사망하였다.

2. 판시사항·판결요지

정신분열증으로 정신병원에 입원 중 자살한 망인의 과실을 70%로 본 원심판결을 파기한 사례

3. 검토

사안에서 수시로 퇴원을 요구하는 A가 탈출하지 못하도록 하여야 할 주의의무가 있음에도 이를 다하지 못한 B의 과실은 인정된다. 그런데 사건 당시 A는 완전한 의사결정능력을 보유하고 있다고 볼 수 없다 하더라도 자신의 신체에 대한 위험성 등은 판별할 수 있는 정도의 의사능력은 갖추고 있었다고 할 것이므로, 병원의 지시를 무시하고 위 병동을 탈출한 후 무리하게 위험한 곳으로 진행하다가 추락사한 데에는 A에게도 과실이 있었다고 할 것이다. 그리고 그 과실은 B의 손해배상책임을 면하게 할 정도에는 이르지 아니하고 다만 손해배상책임을 정함에서 70% 정도로 과실을 참작할 수 있다고 본 것이다.

사례3 | 대법원 1991.5.10. 91다5396 판결

1. 사건의 내용

B의 병원에 입원하여 치료를 받고 있는 정신질환자 A가 자살할 것을 암시하며 계속해서 자해를 시도하여 손목에 상처를 입자 의료진은 탄력붕대를 감아주었다. 그리고 다음날에 A는 의사나 간호사와의 대화와 식사를 거부하며 계속 자해적인 태도를 보였으나, 간호사 등은 A를 병실에 그대로 남겨 둔 채 다른 환자를 데리고 산책하러 나갔다. 혼자 남은 A는 탄력붕대를 창문 철망에 묶고 목을 매달아 자살을 하려다가 병원 직원에게 발각되어 생명은 구하였으나 이 때문에 저산소성 뇌손상을 입게 되었다.

2. 판시사항

[1] 입원 중인 전환장애환자의 자살기도 사고에 대하여 의사, 간호사 등의 관찰 감독상의 과실을 인정한 사례

[2] 정신연령 2 또는 3세 정도의 기질성 치매와 사지의 강직성 마비 등의 후유증이 남아 대소변을 가리지 못하고 스스로 식사 및 보행 등도 하지 못하는 피해자에게 성인 남자 2인의 간호가 필요하다고 본 사례

[3] 생존기대기간 동안 필요한 입원치료비에 식대가 포함된 경우 일실수입손해에서 통

상의 식비를 빼야 하는지 여부(적극)

3. 판결요지

[1] 입원 중인 전환장애환자의 자살기도 사고에 대하여 의사, 간호사 등의 관찰 감독 상의 과실을 인정한 사례

[2] 정신연령 2 또는 3세 정도의 기질성 치매와 사지의 강직성 마비 등의 후유증이 남아 대소변을 가리지 못하고 스스로 식사 및 보행등도 하지 못하는 피해자에게 성인 남자 2인의 간호가 필요하다고 본 사례

[3] 피해자가 생존기대기간 동안 계속 병원에 입원하여 있어야 하고 그 식대가 광의 의 입원치료비에 해당하여 가해자가 이를 배상하여야 한다면 피해자의 생존기대기 간까지의 일실수입을 산정하면서는 그가 지출할 통상의 식비는 빼야 한다.

4. 검토

정신병원으로서는 환자의 자해와 자살을 방지하여야 할 주의의무가 있고 이 사건에 서는 이를 다하지 못하였으므로 손해배상을 인정하였다. 그리고 구체적 손해배상액을 산정하면서 성인 남자 2인에 대한 가정병간호비를 포함하였고, 입원비에 포함된 식비 는 뺐다.

사례4 | 서울고등법원 2016. 1. 28. 선고 2015나31713 판결

1. 주문

1. 제1심판결의 재산상 손해 부분 중 아래에서 추가로 지급을 명하는 금원에 해당하는 원고 패소 부분을 취소한다. 피고는 원고에게 97,347,229원 및 이에 대하여 2004. 3. 23.부터 2016. 1. 28.까지는 연 5%의, 그 다음날부터 다 갚는 날까지는 연 20% 의 각 비율로 계산한 돈을 지급하라.

2. 원고의 나머지 항소 및 피고의 항소를 각 기각한다.

3. 소송총비용은 이를 3분하여 그 2는 원고가, 나머지는 피고가 각 부담한다.

4. 제1항의 금원지급 부분은 가집행할 수 있다.

2. 청구취지 및 항소취지

1) 청구취지

피고는 원고에게 3,419,920,748원, 환송 전 원고 2, 원고 3, 원고 4, 원고 5에게

각 100,000,000원 및 각 이에 대하여 2004. 3. 23.부터 이 사건 소장 부본 송달일 까지는 연 5%의, 그 다음날부터 갚는 날까지는 연 20%의 각 비율로 계산한 돈을 각 지급하라.

2) 항소취지

가. 원고 및 환송 전 원고들

제1심판결 중 아래에서 지급을 명하는 금원에 해당하는 원고 및 환송 전 원고들 패소 부분을 취소한다. 피고는 원고에게 2,416,344,052원, 환송전 원고 2에게 80,000,000원, 환송 전 원고 3, 원고 4, 원고 5에게 각 90,000,000원 및 각 이 에 대하여 2004. 3. 23.부터 이 사건 소장 부본 송달일까지는 연 5%의, 그 다음 날부터 갚는 날까지는 연 20%의 각 비율로 계산한 돈을 각 지급하라.

나. 피고

제1심판결 중 피고 패소 부분을 취소하고, 위 취소 부분에 해당하는 원고 및 환송 전 원고들의 청구를 모두 기각한다.

3. 이유

1) 환송 후 당심의 심판대상

환송 전 당심판결에 대하여 원고가 피고를 상대로, 피고는 원고 및 환송 전 원고들 을 상대로 각 상고한 결과(환송 전 원고 2, 원고 3, 원고 4, 원고 5는 상고하지 않았 다), 대법원이 환송 전 당심 판결 중 재산상 손해에 관한 원고 패소 부분만을 파기환 송함으로써 환송 전 당심판결 중 재산상 손해에 관한 원고 패소 부분을 제외한 나머 지 환송 전 원고 2, 원고 3, 원고 4, 원고 5에 관한 부분과 원고의 나머지 위자료에 관한 부분은 이미 확정되었으므로, 환송 후 당심의 심판대상은 원고의 청구 중 파기 환송된 재산상 손해 부분에 관한 원고 패소 부분에 한정된다.

2) 기초사실

다음 각 사실은 당사자 사이에 다툼이 없거나, 갑 제1 내지 6호증의 각 기재, 제1 심의 대한의사협회에 대한 진료기록감정촉탁결과, 제1심의 강동성심병원장에 대한 신 체감정촉탁결과에 변론 전체의 취지를 종합하여 인정할 수 있다.

가. 당사자의 지위

피고는 종합병원 기타 의료기관의 설립 및 운영 등을 목적으로 하는 재단법인으로 서울아산병원(이하 '피고 병원'이라고 한다)을 설립·운영하고 있고, 원고는 2004. 3. 23. 피고 병원에서 경추부 추간판탈출증 등을 치료하기 위하여 척추 신경근 차단술을 시술받은 사람이다.

나. 원고의 내원 및 수회에 걸친 경막외 신경 차단술 시행

1) 원고는 1998년경부터 양팔 바깥쪽과 왼쪽 목 부위에 저린 증상이 있었으나 별다른 치료를 받지 않다가 2003년 7월경부터 통증이 심해지기 시작하자 같은 해 8. 5. 피고 병원 정형외과에 내원하였고, 각종 검사 결과 '경추 제5-6번 척추증 및 좌측 제5번 경추근 병증'이라는 진단을 받았다.

2) 원고는 그 후 다른 의료기관에서 견인치료, 물리치료 등을 받았으나 통증이 계속되자 2004. 2. 25. 피고 병원 정형외과에 다시 내원하였다. 피고 병원 정형외과 전문의 소외 1은 원고에게 피고 병원 통증클리닉(이하 '통증클리닉'이라 한다)에서 척추신경근 차단술 시술을 받을 것을 권유하였다.

3) 원고는 같은 해 3. 2. 통증클리닉에서 시행한 MRI검사 결과 경추 제4-5번 추간판탈 출증, 경추 제5-6번, 제6-7번 추간판부분탈출증, 퇴행성 관절로 인한 척추공간협착 등의 소견이 확인되었고, 신경전도검사 결과 경추 제5번 좌측 신경근증 소견을 보였다. 이에 원고는 같은 날 피고 병원 마취과 전문의 소외 2로부터 경부 경막외 신경 차단술(C-ESI; Cervical-Epidural Steroid Injection)을 시술받았다.

4) 원고는 피고 병원에서 2004. 3. 9. 재차 전항 기재와 같은 경막외 신경 차단술을 받고, 같은 달 16. 좌측 견갑상 신경 차단술을 받았다.

다. 이 사건 시술 경위 및 호흡곤란 증상의 발생 등

1) 피고 병원 의료진은 위와 같은 시술에도 불구하고 원고의 통증이 계속되자 2004. 3. 23. 14:10경 통증클리닉에서 경추 제5번의 신경근 차단술(C5-root block)을 시행하였는데, 우선 조영제 0.5㎖를 주입하여 X선 투시상 신경근의 해부학적 모양과 양상 등을 확인하면서 바늘을 추간공의 후방 아래쪽 횡돌기 홈통을 목표로 삽입한 후 스테로이드제(triamcinolon 20mg)와 국소마취제(lidocaine 1cc)가 들어있는 주사기를 연결한 다음 위 약제를 천천히 주입하였다(이하 '이 사건 시술'이라고 한다).

2) 그런데 약제 주입 후 수 분 뒤 원고에게 호흡마비, 의식소실, 전신마비 등 완전 척수 마취 내지 경막외 마취(total spinal or epidural anesthesia)의 증세가 나타났다(이하 '이 사건 사고'라고 한다).

3) 이에 피고 병원 의료진은 같은 날 15:20경 앰부배깅(ambu-bagging) 등 응급조치를 하면서 원고를 회복실로 이동시켰는데, 당시 원고의 산소포화도는 95~98%로 측정되었다. 피고 병원 의료진은 원고에게 앰부배깅을 계속하면서, 기도유지기 삽입 및 구강 흡인 등의 조치를 취한 후 16:35경 의사 소외 2를 호출하였고, 16:55경 LMA튜브를 삽입하여 인공호흡기 작동을 시작하였으며, 17:08경 산소포화도에 별다른 변화가 없자 LMA튜브를 발관한 후 기관내 삽관으로 전환하였다.

4) 이후 원고는 같은 날 18:00경 의사의 말에 반응을 보이고 자가 호흡을 다시 시작하였고, 19:25경 중환자실로 옮겨졌다.

라. 이 사건 시술 이후의 경과

1) 원고는 이 사건 시술 직후 앞서 본 바와 같은 호흡곤란 증상 및 목 부위 이하 사지마비 증세가 나타났으며, 시술 당일인 2004. 3. 23. 19:15경 시행한 CT검사 결과 뇌연수부터 경추 제3번까지 광범위한 척수경색이 발생하였음이 확인되었고, 같은 달 31. 시행한 경부 MRI검사 결과상으로도 연수와 경수, 흉수에 이르기까지 확산성 부종이 관찰되어 척수경색 소견이 재차 확인되었다.

2) 원고는 이 사건 시술 이후 의식은 호전되었으나 현재까지 경추 제3번 이하의 모든 운동신경과 감각이 소실되었고, 입을 움직여 의사소통은 가능하나 호흡부전, 연하장애, 사지마비 등의 증상은 고정되어 향후 치료에 의해서도 개선될 가능성이 없다.

3) 원고는 이 사건 시술 이후 입원 치료를 받는 기간 동안 자주 폐렴 및 호흡부전 증상을 보였으며 하루 두 차례 기계를 이용하여 기침을 시키고, 하루 백여 차례 기계를 이용하여 침을 흡입하고 있으며, 기관절개술, 위루설치술 및 방광루설치술 등을 받았으나 배변과 배뇨를 수의로 조절할 수 없는 등 사지와 몸통을 전혀 움직일 수 없어 일상생활동작 수행을 전적으로 타인에게 의존하고 있다.

마. 관련 의학지식

1) 추간판탈출증
추간판탈출증은 추간판의 퇴행성 변화에 의해 수핵을 둘러싸고 있는 섬유륜의 내측 또는 외측 섬유가 파열됨으로써 수핵의 일부 또는 전부가 그 사이로 돌출되어 척수의 경막이나 신경근을 압박하고, 그 결과 요통 및 신경 증상을 유발하는 질환이다.

2) 추간판탈출증의 일반적인 치료방법
요통 및 신경 증상이 나타난 기간이 짧거나 그 정도가 심하지 않은 경우에는 약물치료(소염진통제, 근이완제 등), 물리치료 등을 실시하며, 그와 같은 치료에도 호전이 없거나 정도가 심한 경우 경막외 신경 차단술, 신경근 차단술 등의 주사요법 또는 고주파치료가 효과를 볼 수 있고, 그래도 통증이 계속되거나 신경마비 증상을 동반하면 수술적 감압술이 필요하다.

3) 경막외 신경 차단술
경막외 신경 차단술은 척수를 둘러싼 경막의 바깥쪽(경막외강) 부위에 국소마취제를 투여하여 통증을 완화시키는 치료방법으로서 심한 요통 및 하지 방사통이 있는 경우 주로 사용되는데, 소염효과를 위하여 국소마취제와 함께 스테로이드제를 주입하기도 한다[이 경우를 경막외 스테로이드 주입법(ESI ; Epidural Steroid Injection)이라고도 한다]. 시술 후 발생 가능한 합병증은 저혈압, 경막 천자, 신경 손상, 경막외 혈종, 농양, 중독 증상 등이다.

4) 신경근 차단술

가) 정의 : 뇌로부터 내려오는 신경조직이 각 디스크 부위에서 줄기로 나뉘는 부분을 신경근(root)이라고 한다. 신경근 차단술(nerve root block)이란 X선 투시 하에 통증의 원인이 되는 신경근에 직접 국소마취제와 스테로이드제 등을 주사하여 통증을 줄이는 시술을 말한다. 임상소견이나 척수 조영, 경막외 조영 등을 통해 병변부를 결정하고 이어 X선 투시 하에 조영제를 사용하면서 목적한 신경근을 차단하는 방법이다.

나) 경부 신경근 차단술의 구체적인 시술방법 : 전방, 측방 및 후방의 3개 주입 경로가 있으며 보통 측방으로 많이 한다. X선 투시 하에 환자를 앙와위(배와 가슴을 위로 하고 반듯이 누움)로 하고 어깨 부위로 얇은 베개를 집어넣는다. 유양돌기와 경추 제6번 횡돌기의 끝을 연결하는 선을 긋고 유양돌기의 끝으로부터 1.5㎝ 하방, 위 선으로부터 0.5㎝ 전방에 경추 횡돌기의 끝을 만져 작도한다. 경추 제6번 이하는 위 선을 연장해서 그것의 약간 후방부를 똑같이 1.5㎝씩 작도한다. 이 부위의 국소마취 후 X선 투시 하에서 블록 침을 직각으로 주입하여 차단을 시행한다. X선 투시 하에 목적으로 하는 추간공을 보아가면서 추간공 하연(갈비뼈 밑)에 바늘을 전진시키면 쉽게 신경근에 닿는다. 이어서 바늘을 고정한 채 조영제를 넣고 신경근에 들어간 것을 확인한 다음 약제를 주입한다. 시술 과정에 따른 지각 이상, 근력 저하, 지각 저하는 통상 30~120분 안에 거의 원래대로 돌아온다.

다) 합병증 : 추골동맥의 천자에 의한 출혈 또는 혈관 내 주입(출혈이 심하면 혈종으로 되고 기관을 압박하는 수가 있다. 혈관 내에 국소마취제가 주입되면 경련을 일으키기 때문에 즉시 인공호흡과 항경련제를 투여한다). 기타 발생할 수 있는 부작용에는 감염(농양), 경막외 지방종증, 신경마비(사지마비, 호흡마비, 의식소실 등), 약제(국소마취제, 스테로이드제)의 부작용, 조영제에 대한 과민반응, 시술재료(주사침, 소독제, 수술 장갑)에 대한 부작용 등이 있다.

라) 기대효과 : 통증을 유발하는 부위 결정을 위한 진단적 유용성이 높고 방사통 및 요통 등의 보존적 치료의 한 방법으로도 사용되고 있다. 치료수단으로서 추간판 헤르니아, 척추관 협착증 등 신경근 증상을 갖고 있는 질환에 유효하다.

5) 척수경색 및 발병원인

척수경색(spinal cord infarction)이란 척수의 혈류가 막혀 그 일대의 조직이 괴사하는 증상을 통칭하며, 기존의 동맥질환, 저혈압, 심혈관 수술, 색전증, 심장마비, 감염, 임신, 종양 및 외상 등 다양한 원인에 의해 발병한다.

이 사건 시술과 같이 신경근 차단술 도중 혈류장애가 발생하는 원인은 ① 바늘이나 약제에 의하여 자극을 받아 동맥경련이나 혈전증을 일으키는 경우, ② 아드레날린을 투여할 경우 약제에 의한 혈관 수축 발생, ③ 혈관이나 경막 내로의 약제 주입, ④ 시술 중 혈압 강하 등이다.

3) 손해배상책임의 발생

이 법원이 이 부분에 관하여 설시할 이유는, 제1심판결 이유 제3항 중 "원고들", "원고", "위 원고"라고 칭한 부분을 모두 "원고"로 고치고, 제3의 마.항 '책임의 제한'을 아래와 같이 다시 쓰는 것을 제외하고는 제1심판결 이유 제3항 기재와 같으므로, 민사소송법 제420조 본문에 의하여 이를 그대로 인용한다.

마. 책임의 제한

다만, 위에서 인정한 바와 같이 원고는 1998년경부터 양팔 바깥쪽과 왼쪽 목 부위에 저린 증상이 나타났으나 별다른 치료를 받지 않다가 2003년 8월 및 2004년 4월경에야 피고 병원에서 각종 검사를 시행한 결과 경추 제4-5번 추간판탈출증, 경추 제5-6번, 6-7번 추간판부분탈출증, 퇴행성 관절로 인한 척추공간협착 등의 소견이 확인되자 그 치료를 위해 이 사건 시술을 받게 되었던 점, 척추신경근 차단술의 경우 드물기는 하나 신경근 동맥 자극 등으로 불가피하게 척수경색이 발생할 가능성을 완전히 배제할 수 없어 그 책임을 모두 의료진에게만 돌릴 수 없는 점, 환자의 상태는 치료 도중에도 시시각각으로 변화하는 것이므로 설사 의료인이 현대의학의 모든 기술을 다하여 진료를 한다고 할지라도 예상외의 결과가 생기는 것을 완전히 피할 수 없는 점, 피고 병원 의료진은 원고가 이 사건 시술 직후 호흡곤란 등의 증세를 나타내자 그 회복을 위하여 최선의 처치를 다한 점 등을 참작하면, 피고에게 원고가 입은 모든 손해를 배상하도록 명하는 것은 손해의 공평 타당한 분담을 그 지도 원리로 하는 손해배상의 이념에 반한다고 할 것이므로 피고의 손해배상의 범위를 제한하기로 하되, 위와 같은 여러 사정들에 비추어 피고의 책임을 80%로 정한다.

4) 손해배상책임의 범위

이 사건 사고로 말미암아 원고가 입은 재산적, 정신적 손해액의 산출근거, 지출비용, 계산내역과 그 액수는 아래와 같다(다만, 월 12분의 5푼의 비율에 의한 중간이자를 공제하는 단리할인법에 따라 이 사건 사고 당시의 현가로 계산하기로 하고, 계산의 편의상 원 미만 및 최종 월 미만은 버리기로 한다).

가. 일실수입

1) 인정사실 및 평가내용

가) 생년월일 및 성별 : 1952. 7. 26.생 남자

나) 사고 당시 연령 : 51세 7월 6일

다) 기대여명 및 여명종료일

완전사지마비 환자의 경우 그에 따른 신체기능의 저하, 합병증의 발생 등으로 말미암
아 일반적으로 정상인에 비하여 기대여명이 단축된다고 보고 있는 점, 50대 완전사
지마비 환자의 기대여명을 9년 정도로 추정하는 연구결과가 있으나, 이는 1980년대
의 의학수준에 따른 것인 데다가 원고는 이 사건 사고일로부터 9년이 훨씬 경과한
당심 변론종결일 현재까지 생존하고 있는 점 등을 종합하여 볼 때, 특별한 사정이 없
는 한 원고는 이 사건 사고일로부터 15년이 되는 2019. 3. 23.까지 생존할 것으로
봄이 상당하다.

라) 직업 및 가동연한

원고는 이 사건 사고 당시 만 51세의 정신과 전문의로 2001. 3. 1.경부터 서울 관악
구 신림동에서 소외 3과 공동으로(원고의 지분율 50%) ○○신경정신과 의원을 운영하
였는바, 특별한 사정이 없는 한 의사인 원고의 가동연한은 65세가 될 때까지인 2017.
7. 25.까지로 봄이 상당하다(대법원 1993. 9. 14. 선고 93다3158 판결 참조).

마) 가동능력에 대한 금전적 평가

원고는 소외 3과 ○○신경정신과 의원을 공동으로 운영하면서 2003년 귀속 종합소득
세 등 과세표준확정신고 당시에는 위 의원의 사업소득금액을 126,986,766원(= 총수
입금액 417,177,015원 - 필요경비 290,190,249원)으로 계산하였고, 2004년 귀속
종합소득세 등 과세표준확정신고 당시에는 그 사업소득금액을 37,066,372원(= 총수
입금액 113,052,295 - 필요경비 75,985,923원)으로 계산하였는바, 관할세무서에서
는 위 신고에 따라 원고의 위 의원 운영과 관련된 사업소득금액을 결정하였다. 위 각
금액의 합계액을 2003년 1월부터 이 사건 사고 발생 월인 2004년 3월까지 원고의
실제 소득으로 볼 수 있고, 그 기간비율에 따라 산정하면 원고의 월 소득은
10,936,875원{= (126,986,766원 + 37,066,372원) ÷ 15개월)}이 된다.

이에 대하여 원고는, 2004년도 ○○신경정신과 의원의 사업장현황신고 당시 원고의
수입금액은 113,052,295원이었으므로, 그에 따라 산정된 이 사건 사고 발생 월까지
의 월 평균 수입은 37,684,098원(= 113,052,295원 × 1/3)이고, 위 의원의 월 평균
비용 중 원고 지분에 해당하는 부분은 전년도 총 비용액에 비추어 17,030,619원(=
408,734,856원 × 1/12 × 1/2)일 것으로 추정되므로, 원고는 2004년 월 평균
20,653,479원(= 37,684,098원 - 17,030,619원)의 수입을 얻었다고 주장하므로 살
피건대, 이에 부합하는 듯한 제1심의 금천세무서장에 대한 사실조회결과는 ① 사업장
현황신고는 수입금액, 기본경비 등 당해 사업장의 현황을 과세기간 종료 후 31일 이
내에 사업장소재지 관할 세무서장에 신고하는 것인데(소득세법 제78조, 동법 시행령
제141조), 이와 별도로 당해 연도의 사업소득을 포함한 종합소득 과세표준은 당해 연
도의 다음 연도 5월 31일까지 관할세무서장에게 신고하여야 하므로(소득세법 제70
조) 사업장현황신고서에 제출된 수입금액 내지 기본경비는 일응의 참고자료일 뿐 확

정적인 과세표준의 산정근거가 아닌 점, ② 위 의원의 2004년도 사업장현황신고서에는 기본경비의 기재가 누락되어 있고, 2003년도 사업장현황신고서상의 기본경비를 2004년도에 그대로 적용할 근거도 없는 점, ③ 일실수입 추계시 소득세법상 단순경비율(소득세법 시행령 제143조, 제145조 참조)을 적용하기도 하는데 국세청이 결정한 2004년도 기준 신경정신과의원(코드번호 : 851203)의 단순경비율은 73.9%에 이르는 반면 위 의원의 2003년도 사업장현황신고서상 수입금액 대비 기본경비 비율은 49% 정도에 불과한 점 등에 비추어 믿기 어렵고, 갑 제7, 9, 10, 12호증의 각 기재만으로는 원고가 이 사건 사고 당시 월 평균 20,653,479원의 소득을 얻었음을 인정하기에 부족하며, 달리 이를 인정할 만한 증거가 없으므로, 원고의 위 주장은 받아들이지 아니한다.

결국, 원고는 이 사건 사고일로부터 가동 종료일인 만 65세가 되는 2017. 7. 26.까지 과세관청에 신고된 사업소득을 기초로 하여 산정된 매월 10,936,875원 상당의 수입을 올릴 수 있었을 것으로 봄이 상당하다.

바) 후유장해 및 노동능력상실율

원고는 경추 제3번 이하 완전사지마비 상태로서 맥브라이드표 두부, 뇌, 척수 손상항 Ⅲ-D-(3)항에 해당하여 노동능력을 100% 상실하였다고 봄이 상당하다.

이에 대하여 피고는, 원고가 피고 병원 내원 당시부터 경추 제4-5번 추간판탈출증, 경추 제5-6번, 제6-7번 추간판부분탈출증, 퇴행성 관절로 인한 척추공간협착 등이 있었고, 그로 인한 노동능력상실율은 최소한 23%이므로 위와 같은 기왕증의 후유장애에 대한 기여도를 같이 고려하여야 한다고 주장하므로 살피건대, 원고는 1998년경부터 양팔 바깥쪽과 왼쪽 목 부위에 저린 증상이 있었고, 2003년 7월경부터 통증이 심해져 같은 해 8. 5. 피고 병원 정형외과에서 '경추 제5-6번 척추증 및 좌측 제5번 경추근 병증'이라는 진단을 받은 후 다른 의료기관에서 견인치료, 물리치료 등을 받은 사실, 원고는 통증이 계속되자 2004. 3. 2. 피고 병원에서 MRI검사를 받았는데 그 결과 경추 제4-5번 추간판탈출증, 경추 제5-6번, 제6-7번 추간판부분탈출증, 퇴행성 관절로 인한 척추공간협착 등이 확인되어 이 사건 시술을 받게 된 사실은 앞서 본 바와 같으나, 위 사실만으로는 원고의 추간판탈출증 등 질환이 전신마비 등 이 사건 사고로 인한 후유장애 발생에 기여하였다거나 위 질환에 의한 기왕증이 존재한다는 점을 인정하기에 부족하고, 달리 이를 인정할 증거가 없으며, 오히려 제1심의 강동성심병원장에 대한 신체감정촉탁결과에 변론 전체의 취지를 종합하면, 원고에게는 전신마비 등 현재의 병적 증상의 원인이 되는 기왕증은 없었던 사실이 인정되므로, 피고의 위 주장은 이유 없다.

[인정근거 : 현저한 사실, 경험칙, 갑 제11호증의 2, 3의 각 기재, 제1심의 금천세무서장, 송파세무서장에 대한 각 사실조회결과, 제1심의 강동성심병원장에 대한 신체감정촉탁결과, 변론 전체의 취지]

2) 계산(생략)

나. 책임의 제한

1) 책임제한비율 : 80%

2) 계산 : 1,070,923,925원(= 1,338,654,907원 × 80%)

다. 피고의 상계 항변에 대한 판단

피고는, 원고가 이 사건 시술 이후 2009. 6. 24.까지 피고 병원에서 계속하여 치료를 받았는바, 피고 병원의 원고에 대한 치료비 726,532,888원의 채권으로써 원고의 위 손해배상채권과 대등액에서 상계한다고 항변한다.

살피건대, 을 제9호증의 기재에 의하면 원고가 피고 병원에서 이 사건 시술일인 2004. 3. 23.부터 2009. 6. 24.까지 치료를 받은 데 대한 치료비 중 환자부담총액이 726,550,028원(= 요양급여 중 본인부담금 62,660,155원 + 비급여 부분 663,889,873원)인데 원고가 그중 17,140원을 지급하고 나머지 726,532,888원을 지급하지 않은 사실은 인정되나, 치료비채권의 발생원인으로서 의사가 환자에게 부담하는 진료채무는 환자의 치유를 위하여 선량한 관리자의 주의의무를 가지고 현재의 의학 수준에 비추어 필요하고 적절한 진료조치를 다 해야 할 채무라고 할 것이므로 의사가 위와 같은 선량한 관리자의 주의의무를 다하지 아니한 탓으로 오히려 환자의 신체기능이 회복불가능하게 손상되었고, 그 손상 이후에는 후유증세의 치유 또는 더 이상의 악화를 방지하는 정도의 치료만이 계속되어 온 것뿐이라면 의사의 치료행위는 진료채무의 본지에 따른 것이 되지 못하거나 손해전보의 일환으로 행하여진 것에 불과하여 병원 측으로서는 환자에 대하여 수술비 내지 치료비의 지급을 청구할 수 없다고 할 것인바(대법원 1993. 7. 27. 선고 92다15301 판결 참조), 원고에 대한 이 사건 시술 당시 피고 병원 의료진이 선량한 관리자의 주의의무를 다하지 못한 탓으로 오히려 원고의 신체기능이 회복불가능하게 된 사실은 앞서 본 바와 같고, 이후에는 그 후유증세의 치유 또는 더 이상의 악화를 방지하는 정도의 치료만이 계속되어, 위 치료비 미지급 부분은 모두 이 사건 사고로 인한 원고의 손해전보를 위한 것에 불과한 것으로 보이므로 피고 병원으로서는 원고에게 그 치료비의 지급을 청구할 수 없다. 피고의 위 상계항변은 이유 없다.

라. 위자료

1) 참작한 사유 : 원고의 나이, 가족관계, 재산 및 교육정도, 이 사건 사고의 경위 및 결과, 그로 인한 후유장애의 부위와 정도, 기타 이 사건 변론에 나타난 여러 사정

2) 결정금액 : 30,000,000원

마. 소결론

따라서 피고는 원고에게 1,100,923,925원(= 재산상 손해 1,070,923,925원 + 위

자료 30,000,000원) 및 그중 제1심에서 인용한 부분인 1,003,576,696원(= 재산상 손해 973,576,696원 + 위자료 30,000,000원)에 관하여는 이 사건 사고 발생일인 2004. 3. 23.부터 피고가 그 이행의무의 존부 및 범위에 관하여 항쟁함이 상당한 제1심판결 선고일인 2009. 11. 5.까지는 민법에서 정한 연 5%의, 그 다음날부터 다 갚는 날까지는 소송촉진 등에 관한 특례법에서 정한 연 20%의 각 비율로 계산한 지연손해금을, 나머지 당심에서 추가로 지급을 명하는 부분인 재산상 손해금 97,347,229원(= 당심에서 인용한 재산상 손해 1,070,923,925원 - 제1심에서 인용한 973,576,696원)에 관하여는 이 사건 사고 발생일인 2004. 3. 23.부터 피고가 그 이행의무의 존부 및 범위에 관하여 항쟁함이 상당한 당심판결 선고일인 2016. 1. 28.까지는 민법에서 정한 연 5%의, 그 다음날부터 다 갚는 날까지는 소송촉진 등에 관한 특례법에서 정한 연 20%의 각 비율로 계산한 지연손해금을 지급할 의무가 있다.

4. 결론

원고의 청구는 위 인정범위 내에서 이유 있어 이를 인용하고 나머지 청구는 이유 없어 이를 기각하여야 한다. 제1심판결의 재산상 손해 부분은 이와 결론을 일부 달리하여 부당하므로, 원고의 항소를 일부 받아들여 이를 취소하고 피고에게 당심에서 추가로 인정한 위 금원의 지급을 명하며, 원고의 나머지 항소 및 피고의 항소는 이유 없어 이를 각 기각하기로 하여, 주문과 같이 판결한다.

제7절 마취통증의학과

사례1 | 대법원 2001.3.22. 99다84221 판결

1. 사건의 내용

A는 2층 높이의 사다리에 올라가 작업을 하다가 바닥에 떨어져 좌측 발목에 골절 상을 입고 병원을 찾아가 입원하였다. 마취과 전문의인 B가 발목 수술을 위한 전신마 취를 하기 위하여 그에게 마취제를 투여한 후 기관 내에 삽관하고 호흡 주머니를 조 작하던 중 A가 갑자기 기관지 경련을 일으켜 기관지 협착 때문에 위 호흡 주머니가 딱딱해지면서 조작할 수 없게 되어 그에게 더는 산소를 공급해 줄 수 없게 되었다. B 의 심폐소생술 등의 응급조치에도 A는 결국 사망하였다.

2. 판시사항

[1] 전신마취 시술 담당의사 주의의무의 내용

[2] 환자가 전신마취 시술 도중에 갑작스러운 기관지 경련을 일으키고 이 때문인 심 정지로 뇌 손상이 발생하여 사망에 이른 의료사고에서 인과관계에 관한 증명책임 을 완화한 사례

[3] 의료진이 전신마취 시술을 함에서 갑작스러운 기관지 경련의 발생을 예상하고 이 를 방지할 주의의무와 환자의 심장이 전신마취 시술에 지장이 없을 정도로 정상 인지 아닌지를 확인할 주의의무를 다하였는지에 대한 심리가 미진하다는 이유로 원심판결을 파기한 사례

3. 판결요지

[1] 일반적으로 사람의 생명과 건강을 다루는 의사에게는 그 업무의 성질에 비추어 시술 때문에 발생 가능한 위험의 방지를 위하여 필요한 최선의 조처를 할 업무상 의 주의의무가 요구되고, 특히 전신마취는 환자의 중추신경계, 호흡기계 또는 순 환기계 등에 큰 영향을 미치는 것으로서 환자의 건강상태에 따라 마취방법이나 마취제 등에 의한 심각한 부작용이 올 수 있고, 그 시술 상의 잘못이 환자의 사망 등의 중대한 결과를 가져올 위험성이 있으므로, 이를 담당하는 의사는 마취 시술 에 앞서 맞춰 시술의 전 과정을 통하여 발생할 수 있는 모든 위험에 대비하여 환 자의 신체구조나 상태를 자세히 관찰하여야 할 뿐 아니라, 여러 가지 마취방법에

서 그 장단점과 부작용을 충분히 비교·검토하여 환자에게 가장 적절하고 안전한 방법을 선택하여야 할 주의의무가 요구된다.

[2] 환자가 전신마취 도중에 갑작스러운 기관지 경련이 일어나고 이 때문인 심정지가 발생하여 뇌손상으로 결국 사망에 이르렀다면, 피해자 측에서 일련의 의료행위 과정에서 저질러진 일반인의 상식에 바탕을 둔 의료상의 과실 있는 행위를 입증하고 그 결과와의 사이에 일련의 의료행위 외에 다른 원인이 개재될 수 없다는 점, 이를테면 환자에게 의료행위 이전에 그러한 결과의 원인이 될 만한 건강상의 결함이 없었다는 사정을 증명한 때에 있어서는, 의료행위를 한 측이 그 결과가 의료상의 과실로 말미암은 것이 아니라 환자의 특이체질 등 전혀 다른 원인으로 말미암은 것이라는 입증을 하지 아니하는 이상, 의료상 과실과 결과 사이의 인과관계를 추정하여 손해배상책임을 지울 수 있도록 증명책임을 완화하는 것이 손해의 공평·타당한 부담을 그 지도원리로 하는 손해배상제도의 이상에게 맞는다고 할 것이다.

[3] 의료진이 전신마취 시술을 함에서 갑작스러운 기관지 경련의 발생을 예상하고 이를 방지할 주의의무와 환자의 심장이 전신마취 시술에 지장이 없을 정도로 정상인지 아닌지를 확인할 주의의무를 다하였는지에 대한 심리가 미진하다는 이유로 원심판결을 파기한 사례

4. 검토

의료사고에는 피해자 측의 증명책임이 완화되어 인과관계가 추정되는 때도 있다. 이 역시도 그러한 입장에서 피해자 측에서는 의료상의 과실 있는 행위를 입증하고 그 결과와의 사이에 이 의료행위 외에 다른 원인이 개재될 수 없다는 점을 증명한 때에 있어서는 의료행위를 한 측이 그 결과가 의료상의 과실로 말미암은 것이 아니라 환자의 특이체질 등 전혀 다른 원인으로 말미암은 것이라는 입증을 하지 아니하는 이상 의료상 과실과 결과 사이의 인과관계가 추정된다고 하겠다. 그런데도 이 사건의 원심은 B측에서 특별한 입증을 하지 못하였는데도 불구하고 인과관계를 부정하여 버렸으므로 대법원은 이러한 원심법원의 태도가 의료사고 증명책임의 완화라는 일반 입장에 어긋난다고 판단한 것이다.

1. 사건의 내용

A는 교통사고를 당하여 골절상을 입고 수술을 받았으나 관절 내에 골절편이 끼어 있을 가능성이 많았다. 따라서 정형외과 의사 B는 간기능 검사와 심전도 검사를 하였고 여기에서 이상이 의심되는데도 다른 자세한 검사는 하지 않은 채, 마취과 의사 C에게 간 기능 검사와 심전도 검사 결과를 보고하며 마취여부를 문의하였다. B와 C도 약간의 의심이 있었으나 병원 내부의 분위기가 심장내과에서 협의진료를 꺼린다는 등의 이유로 심전도검사 결과가 전신마취에 부적합한 정도에 이르는지를 더욱 정밀한 검사를 통하여 확인하지 아니한 채 막연히 큰 지장이 없을 것으로 판단하고 그대로 수술 절차를 진행시켰다. 그 결과 A는 수술 도중 심장마비로 사망하였다.

2. 판시사항

[1] 심전도 검사상 이상이 발견된 환자에 대하여 정밀검사를 시행하지 아니한 채 전신마취를 시행하여 수술 도중 마취 때문인 부작용으로 사망한 경우에 의료과실을 인정한 사례

[2] 교통사고로 상해를 입은 피해자가 치료를 받던 중 의료사고로 손해가 확대된 경우, 확대된 손해와 교통사고 사이의 상당인과관계 유무(한정 적극)

3. 판결요지

[1] 전신마취에 의한 수술을 함에는 사전에 실시한 심전도검사에서 이상이 발견되었으나 심전도검사 결과가 전신마취에 부적합한 정도에 이르는지는 더욱 정밀한 검사를 통하여 확인하는 등의 절차 없이 그대로 일반적인 마취 방법으로 수술을 시행하던 중 마취 때문인 부작용으로 환자가 사망한 사고에서 병원 의사들의 의료행위에 과실이 있었다고 본 사례

[2] 교통사고 때문에 상해를 입은 피해자가 치료를 받던 중 치료를 하던 의사의 과실 때문인 의료사고로 증상이 악화하거나 새로운 증상이 생겨 손해가 확대된 경우, 의사에게 중대한 과실이 있다는 등의 특별한 사정이 없으면 확대된 손해와 교통사고 사이에도 상당인과관계가 있고, 이 경우 교통사고와 의료사고가 각기 독립하여 불법행위의 요건을 갖추고 있으면서 객관적으로 관련되고 공동하여 위법하게 피해자에게 손해를 입힌 것으로 인정되면 공동불법행위가 성립한다.

4. 검토

이 사건에서 수술 전날 시행한 피해자의 심전도검사 결과 심장기능 이상이 의심되는 의사의 소견이 있었고, 골편 제거수술은 심장기능 이상 때문인 수술부적응증 여부를 미리 확인하지 않고서라도 시급히 시행하여야 할 수술이 아니었다. 그런데 이 병원의 의사들은 심장내과에서 협의진료를 꺼린다는 등의 이유로 전신마취에 의한 수술에 앞서 시행하여야 할 필요한 검사를 충분히 시행하지 아니함으로써 마취 때문인 부작용이 발생할 가능성이 높은 고도의 심 관상동맥경화 및 협착증의 질환이 있음을 발견하지 못하고 일반적인 마취방법으로 피해자를 전신마취한 것이므로 결국 피해자의 사망은 병원 의사들의 진료상의 과실 때문이라고 판단하였다. 또한, 다른 사안에서 살펴본 것처럼 교통사고 가해자와 B, C는 공동불법행위자가 되어 연대하여 책임을 진다.

사례3 | 대법원 1990.6.26. 89다카7730 판결

1. 사건의 내용

교통사고 피해자인 A는 턱 등에 골절상을 입고 병원에 입원하였다. 의사 B 등은 A를 할로탄으로 전신마취하고 수술을 하였고, 수술은 무사히 끝난 듯 보였다. 그러나 수술 몇일 후 고열과 기침 증세가 나타나서 검사한 결과 간 기능 이상의 증세를 보였고, 심한 간염 증세를 보이다가 결국 전격성 간 기능 부전으로 사망하였다.

2. 판시사항

교통사고로 상하턱뼈골절상 등을 입은 피해자가 할로탄 등으로 전신마취를 한 가운데 안면골절부위 관 혈 적정 복술을 받은 지 16일 후에 그 마취약 투여 때문에 간 기능 부전증이 발생하여 사망한 경우 교통사고와 피해자의 사망 사이의 상당인과관계 유무(적극)

3. 판결요지

민사소송에서 인과관계 입증 경험칙에 비추어 어떠한 사실이 어떠한 결과 발생을 가져왔다고 시인할 수 있는 고도의 개연성을 증명하는 것이며 그 판정은 통상인이라면 의심을 품지 아니할 정도로 진실성의 확신을 할 수 있는 것임이 필요하고 또 그것으로 충분하다 할 것인바, 피해자가 교통사고로 7주 이상의 치료가 있어야 하는 상하턱뼈골절 등의 상해를 입고 대학병원 치과에 입원하여 할로탄 등으로 전신마취를 한 가운데 안면골절부위 관 혈 적정 복술을 받고, 그로부터 16일 후 전격성 간 기능 부전증 때문인 뇌부종 및 호흡중추마비로 사망하였다면, 적어도 할로탄 투여 때문에 전격상 간 기능 부전증이 발생하였고 전신마취 등 시술과정에서 의사 등의 중대한 과실이 있었다고 인정되지는 아니하는 경우라면, 의학이 고도로 발달한 오늘날에서도 전신마취는 위험한 것으로서 전신마취 때문인 사망은 일반경험상 그 가능성이 있다고할 것이므로 교통사고와 피해자 사망 간에는 상당인과관계가 있다고 할 것이다.

4. 검토

이 사건에서는 마취제로 흡입마취제의 일종인 할로탄이 사용되었다. 그런데 할로탄의 투여는 간염발생의 원인이 될 수 있으며 마취 전에 시행한 간 기능 검사에서 정상으로 결과가 나왔다고 하여 반드시 마취 전에는 간에 질환이 없었다고 단정할 수 없다는 것은 의학상식에 속하는 것이라고 한다. 그리고 달리 기록상 할로탄 투여 이외의 원인으로 위 전격성 간 기능 부전증이 발병하였음을 인정할 증거는 없었다. 따라서 이 사안에서는 이와 같은 사실을 종합하여 할로탄 마취와 환자의 간 기능 이상 때문인 사망 사이의 상당인과관계를 인정한 것이다.

사례4 | 대구지방법원 2022. 4. 12. 선고 2020가단119445 판결

1. 사건의 내용

망인은 2020. 4. 10. 19:20경 이미 산소 부족으로 인하여 치명적인 뇌손상을 입은 상태에서 계명대학교 동산병원에 도착하였고, 위 병원에서 저산소성 뇌손상 소견을 받아 저체온요법으로 치료를 받았다. 72시간의 저체온요법 시행 후 망인의 뇌 MRI를 촬영한 결과, 전체로 확산된 저산소성 허혈성 뇌병증(Global diffuse hypoxic-ischemicencephalopathy)으로 인한 혼수상태(Coma mentality) 소견으로 양쪽 동공이 팽창되고, 각막 반사가 없으며, 구역 반사가 없고, 운동반사반응이 전혀 없고, 뇌간 반사가 없는 등으로 상태가 전혀 호전되지 아니하였다. 망인은 2020. 4. 17. 심폐소생 거부 상태로 지속적인 인공호흡기 치료 등이 필요하여 한성병원으로 전원된 후 2020. 4. 26. 13:35경 한성병원에서 뇌손상으로 인한 혼수, 폐렴 및 이로 인한 심폐기능부전으로 인하여 사망에 이르게 되었다.

2. 주문

1. 피고들은 공동하여 원고 A에게 70,343,173원, 원고 B, C에게 각 33,682,142원 및 각 이에 대한 2020. 4. 26.부터 2022. 4. 12.까지는 연 5%, 그 다음날부터 완제일까지는 연 12%의 각 비율에 의한 돈을 지급하라.
2. 원고들의 나머지 청구를 각 기각한다.
3. 소송비용 중 30%는 원고들이, 나머지는 피고들이 각 부담한다.
4. 제1항은 가집행할 수 있다.

3. 청구취지

피고들은 공동하여 원고 A에게 92,001,416원, 원고 B, C에게 각 49,602,678원 및 각 이에 대한 2020. 4. 10.부터 소장 송달일까지는 연 5%, 그 다음날부터 완제일까지는 연 12%의 각 비율에 의한 돈을 지급하라.

4. 이유

1) 인정사실

가. 원고 A은 망 G(여, 1957. 9. 1.생, 이하 '망인'이라 함)의 배우자이고, 원고 B, C은 망인의 자녀들이며, 피고 D, F은 대구 북구 소재 'J병원'에서 근무하는 의사이고(다만, 피고 F은 그 후 퇴사한 것으로 보임), 피고 E은 위 병원의 대표원장이다. 피고 D은 집도의로서, F은 마취의로서 아래와 같이 망인에 대한 우측 난소 낭종 절제 수술 및 회복을 하는 과정에서 업무상 과실로 인하여 망인을 사망에 이르게 하였다.

나. 망인은 2020. 4. 초경 속이 더부룩하고 불편하여 대구 신암동에 있는 H내과에 내원하였다가 췌장 CT촬영을 받아보라는 소견을 받았고, 같은 달 4. I의원에서 CT촬영을 한 결과 우측 난소에 6cm 크기의 혹이 발견되어 수술을 받으라는 소견을 받았다.

다. 망인은 같은 날 바로 J병원에 내원하여 피고 D에게 진료를 받았는데, 피고 D은 초음파검사를 한 다음 우측 난소 낭종(Rt ovarian cyst.)으로 진단하면서 망인에게 "혹의 크기가 크고, 막도 형성되어 있어서 암으로 발전될 가능성이 있다. 예방 차원에서 수술을 빨리 하는 게 좋다."고 하여 망인은 바로 우측 난소 낭종에 대한 절제 수술을 결정하고 수술 일정을 같은 달 10. 16:00로 잡았다.

라. 망인은 2020. 4. 10. 12:20경 원고 B와 함께 J병원에 가서 수술과 입원을 위한 수속을 마치고 5층 입원실로 올라가서 같은 날 15:45까지 관장, 제모 및 수술복 환복 등 수술을 받기 위한 준비를 마쳤고, 같은 날 16:00경 6층 수술실로 이동하

여 전신마취를 하고 우측 난소 낭종 제거 수술이 시작되었다.

마. 피고 D은 같은 날 16:45경 수술을 마치고 나와서 원고 B에게 "환자 배에 유착이 심해 예상보다 시간이 늦어졌지만, 혹 제거는 잘 됐다."고 수술 경과를 설명하면서 제거한 혹을 보여준 후 돌아갔고, 망인이 수술실 바로 옆에 있는 회복실로 이동하여 회복중이었기 때문에 원고 B는 밖에서 망인을 계속 기다렸다.

바. 같은 날 17:30경 간호사 1명이 망인을 5층 병실로 이동하고자 망인의 침대를 끌고 회복실에서 나오기에 원고 B는 침대 옆에서 나란히 걸으면서 망인에게 말을 거는 등으로 망인의 상태를 살폈는데, 망인은 눈만 살짝 떴다가 감을 뿐 말을 전혀하지 못하였을 뿐만 아니라 신음소리조차 내지 않고 가만히 누워 있었다. 원고 B는 같은 날 17:40경 병실에 도착하여 간호사를 도와 망인을 병실 침상으로 옮기려고 하였는데, 망인의 목이 힘없이 아래로 축 처져서 의식이 없어보였고, 이에 간호사가 망인에게 "환자분, 목에 힘주세요."라고 하였으나 아무런 반응이 없었다. 원고 B는 당황하여 "엄마 상태가 이상한 것 아니냐?"고 하였으나, 간호사는 의사 등의 다른 사람에게 도움을 요청하지 않은 채 "일단 침상으로 옮기고 확인해 드리겠다."고 하고는 결국 망인을 병실 침상으로 옮겼다.

사. 그 후 간호사는 망인의 맥을 짚어보거나 호흡을 확인하는 등으로 망인의 상태를 확인하더니 병실 밖으로 나갔는데, 잠시 후 다른 간호사가 들어와서 또다시 1분가량 망인의 맥을 짚어보더니 산소호흡기를 들고 와서 코에 호스를 삽입하였으나 망인의 반응이 없어서 허둥지둥하였고, 이어서 같은 날 17:45경 수간호사가 병실로 들어와서 앰부배깅으로 산소 주입을 시작하였다.

아. 그러던 중 피고 D이 같은 날 17:50경 병실에 도착하여 수간호사가 위와 같이 처치하고 있는 모습을 옆에서 지켜보다가 같은 날 18:00경 수술실로 다시 가자고 결정하였는데, 병원 승강기가 협소하여 안에 산소통이 들어가지 않아서 산소통을 승강기 안에 넣었다가 뺐다가 하는 등으로 허둥대느라 또다시 시간이 지체되는 바람에 망인은 같은 날 18:05경에야 수술실에 도착할 수 있었다.

자. 피고 D은 같은 날 18:35경 수술실에서 나와서 원고 B에게 "환자가 호흡곤란이 와서 위독하다. 큰 병원으로 옮겨야 할 것 같다."고 한 후 다시 수술실로 들어갔고, 같은 날 18:50경 앰뷸런스가 병원에 도착하였다. 피고 D은 "코로나 때문에 경북대학교병원은 위험하고, 계명대학교동산병원이 응급처치가 빠르다."고 하여 결국 같은 날 18:55경 대구 달서구 성서동에 있는 계명대학교 동산병원으로 출발하였다.

차. 망인은 2020. 4. 10. 19:20경 이미 산소 부족으로 인하여 치명적인 뇌손상을 입은 상태에서 계명대학교 동산병원에 도착하였고, 위 병원에서 저산소성 뇌손상 소견을 받아 저체온요법으로 치료를 받았다. 72시간의 저체온요법 시행 후 망인의

뇌 MRI를 촬영한 결과, 전체로 확산된 저산소성 허혈성 뇌병증(Global diffuse hypoxic-ischemicencephalopathy)으로 인한 혼수상태(Coma mentality) 소견으로 양쪽 동공이 팽창되고, 각막 반사가 없으며, 구역 반사가 없고, 운동반사반응이 전혀 없고, 뇌간 반사가 없는 등으로 상태가 전혀 호전되지 아니하였다.

카. 망인은 2020. 4. 17. 심폐소생 거부 상태로 지속적인 인공호흡기 치료 등이 필요하여 한성병원으로 전원된 후 2020. 4. 26. 13:35경 한성병원에서 뇌손상으로 인한 혼수, 폐렴 및 이로 인한 심폐기능부전으로 인하여 사망에 이르게 되었다.

타. 원고들은 피고 F, D을 업무상과실치사죄로 고소하였고, 국립과학수사연구원(대구과학수사연구소)에서 망인에 대한 부검이 행해져 별지 '부검감정서'가 작성된바, 그 요지는 '수술 후 자발 호흡이 완전히 회복되지 않은 상태에서 호흡보조가 제거되어 저산소증이 발생하였을 가능성이 부검소견을 통해 배제되지 않는다'는 것이다. 피고 F은 형사 합의금 1,500만 원 지급에 고소취소의 효력이 인정되는 형사조정이 성립되어 위 혐의에 대하여 별지 '불기소결정서' 기재와 같은 이유로 검찰에서 기소유예처분을 받았고, 피고 D은 별지 '불송치결정서' 기재와 같이 대구광역시경찰청에서 혐의없음 처분을 받았다.

[인정 근거] 갑 1 내지 갑 16, 을 4-2, 을 4-7 내지 12, 변론 전체의 취지

2) 손해배상책임의 발생

가. 책임의 근거

위 인정사실에서 알 수 있는 바와 같이 피고 F은 마취의로서 전신마취에 의한 수술 환자에 대한 회복관리 및 응급조치 등의 업무상 주의의무를 소홀히 함으로써 제대로 의식이 회복되지 않은 망인의 산소마스크를 제거하고 회복실에서 퇴실시켜 망인의 상태를 악화시키고 이후 그에 따른 적절한 조치를 하지 아니함으로써 망인이 의식불명 상태가 되어 계명대학교 동산병원 응급실로 전원된 후 무산소성 뇌손상 등으로 회복불가 판정을 받게 하고, 입원치료를 받던 중 2020. 4. 26. 13:35경 한성병원에서 결국 사망에 이르게 한바, 이는 업무상과실치사 즉, 불법행위에 해당한다고 할 것이다.

따라서 피고 F은 직접적인 불법행위자로서, 피고 E은 그 사용자로서 망인과 원고들이 입은 손해를 배상할 책임이 있다고 할 것이고, 한편 피고 D은 비록 형사절차에서는 상호독립성 내지 신뢰의 원칙이 적용되어 무혐의처분을 받았으나, 민사책임의 영역은 이와 달리 마취와 수술의 관계는 어떤 검사와 후행하는 진단·진료의 관계와 비교해 보더라도 훨씬 더 일체성이 강하다고 여겨지고(부득이하게 수반되는 의료행위임), 이는 환자를 포함한 거래관념에 비추어 볼 때 수술 등의 진료행위 내에 이미 마취행위가 포함되어 있다고 기대하는 것이 일반적이다. 따라서 수술과정

에서 마취의는 집도의 내지 주치의의 이행보조자의 관계에 있다고 보는 것이 타당하고 수술에 수반된 마취과의사의 부주의에 대하여도 집도의는 환자에 대한 계약적 책임을 부담한다고 봄이 상당하다. 따라서 피고들은 공동하여 망인과 원고들이 입은 손해를 배상할 책임이 있다.

나. 책임의 제한

가해행위와 피해자 측의 요인이 경합하여 손해가 발생하거나 확대된 경우에는 그 피해자 측의 요인이 체질적인 소인 또는 질병의 위험도와 같이 피해자 측의 귀책사유와 무관한 것이라고 할지라도, 그 질환의 태양·정도 등에 비추어 가해자에게 손해의 전부를 배상하게 하는 것이 공평의 이념에 반하는 경우에는, 법원은 손해배상액을 정하면서 과실상계의 법리를 유추 적용하여 그 손해의 발생 또는 확대에 기여한 피해자 측의 요인을 참작할 수 있다(대법원 2008. 3. 27. 선고 2008다1576 판결 등 참조).

이 사건에 관하여 보건대, 위 인정사실과 앞서 든 증거들 및 변론 전체의 취지를 종합하여 인정되는 다음과 같은 사정 즉, 망인은 62세의 고령으로서 신장 165cm, 체중 71.2kg이며 과거 좌측 난소 절제술을 받은 기왕력과 수술 당시 고혈압, 콜레스테롤, 당뇨, 류마티스, 뇌경색 예방 약, 혈전 용해제(심장약), 심장비대증 약을 복용하고 있었던 점 등 기록에 나타난 제반 사정에 비추어 볼 때, 피고들에게 이 사건 사고로 인하여 생긴 모든 손해를 배상하도록 하는 것은 형평의 원칙에 비추어 부당하다고 할 것이므로 피고들의 손해배상의 범위를 제한하기로 하되 위와 같은 여러 사정에 비추어 피고들의 책임을 80%로 제한함이 상당하다.

3) 손해배상의 범위

가. 기왕치료비

원고들은 망인에 대한 치료를 위해 2020. 4. 10.부터 같은 달 24.까지 J병원에서 1,034,430원의 치료비를 지출하였고, 같은 달 10.부터 같은 달 20.까지 계명대학교 동산병원에서 5,121,590원, 같은 달 17.부터 같은 달 26.까지 한성병원에서 1,118,930원의 추가 치료비를 지출하여 합계 7,274,950원의 치료비가 지출되었다.

[인정 근거] 갑 제10호증의 1, 2, 3 내지 8

나. 망인의 일실수입[월 5/12푼의 비율로 계산한 중간이자를 공제하는 단리법에 따르며, 별도로 설시하지 않은 당사자의 주장은 배척한다]

망인은 1957. 9. 1.생으로 이 사건 사고일인 2020. 4. 10. 당시 만 62세 6개월 남짓 된 여성인바, 아래 표 기재와 같이 망인이 이 사건 의료사고로 사망하지 않았다면 가동연한인 만 65세까지 얻었을 것으로 예상되는 소득 53,609,372원을 일실수입으로 인정한다(다만 계산상 원 미만 버림, 이하 같다).

다. 장례비

500만 원(다툼 없는 사실)

라. 책임의 제한

(1) 책임비율 : 80%

(2) 계산 : 52,707,457원 [65,884,322원{(기왕치료비 7,274,950원 + 일실수입 53,609,372원 + 장례비 5,000,000원)} × 0.8]

마. 위자료

(1) 참작 사유 : 망인의 나이, 망인과 원고들 사이의 관계, 피고들의 과실의 내용 및 정도, 앞서 본 책임 제한 사유, 기타 이 사건 변론에 나타난 제반 사정

(2) 인정금액

(가) 망인 : 40,000,000원

(나) 원고 A : 25,000,000원

(다) 원고 B, C : 각 10,000,000원

바. 소결론(상속지분 관계: 원고 A 3/7, 원고 B, C 각 2/7)

따라서 피고들은 공동하여 손해배상으로 원고 A에게 70,343,173원(9,819,960원 + 35,523,213원 + 25,000,000원), 원고 B, C 각 33,682,142원(23,682,142원 + 10,000,000원) 및 각 이에 대한 망인 사망일인 2020. 4. 26.부터 피고들이 이 행의무의 존부 및 범위에 관하여 항쟁함이 상당한 이 판결 선고일인 2022. 4. 12.까지는 민법이 정한 연 5%, 그 다음날부터 완제일까지는 소송촉진등에관한특례법이 정한 연 12%의 각 비율로 계산한 지연손해금을 지급할 의무가 있다.

5. 결론

그렇다면 원고들의 피고들에 대한 청구는 위 인정범위 내에서 이유 있어 이를 각 인용하고 나머지 청구는 이유 없어 이를 각 기각하기로 하여 주문과 같이 판결한다.

[별지 생략]

사례5 | 마취 전 주의의무 관련 판례

1) 대법원 1997.8.29. 96다4693 판결

2) 대법원 1996.6.11. 95다4179 판결

사례6 | 마취시술상의 주의의무 관련 판례

1) 대법원 1995.6.30. 94다58261 판결

2) 대법원 1995.3.17. 93다4179 판결

3) 대법원 1994.11.25. 94다35671 판결

4) 대법원 1990.6.25. 89다카7730 판결

5) 대법원 1997.8.29. 79다1146 판결

6) 서울고등법원 1986.11.15. 84다3990 판결

7) 서울민사지법 1993.1.29. 90가합74420 판결

사례7 | 마취 후 주의의무 관련 판례

1) 인천지방법원 부천지원 1997.11.13. 95가합91 판결

사례8 | 형사책임 관련 판례

1) 대법원 1994.4.26. 92도3283 판결

2) 대법원 1990.12.11. 90도694 판결

3) 대법원 1990.5.22. 90도579 판결

제8절 내과

1. 사건의 내용

A는 알코올성 급성간염으로 병원에서 치료받던 중 곰팡이증(칸디다증)35)에 감염된 사실이 새롭게 발견되었다. 이에 주치의인 내과의사 B는 그에 대해 처방을 하였고 그후 B의 아래에 있는 레지던트 C는 주치의의 처방에 따라 위 증상을 치료하였으나 그 치료 효과가 제대로 나타나지 않자 상의도 없이 외부 약국에서 항진균제인 니조랄(Nizoral) 현탁액을 사 복용토록 하였다. A는 종합검사 당시 심장에 별다른 이상이 없었음에도 니조랄을 사들여 복용하기 시작한 후 가슴을 조이는 듯한 강력한 흉통을 느끼면서 안구가 돌아가고 발작을 일으켰다. 그러나 주치의는 그 사이에 한 번도 회진을 한 적이 없으며 그로부터 3일 후에야 이러한 경과를 들었으나 별다른 처치를 하지 못하고 뇌파검사를 시행하기로 하면서 A의 상태를 예의 관찰하자고 하였다. 그리고 그날 저녁 A는 심장마비를 일으켜 끝내 사망하였다.

2. 판시사항

[1] 피해자 측에서 의료상의 과실 있는 행위를 입증하고 그 결과와 사이에 일련의 의료행위 외에 다른 원인이 개재될 수 없다는 점을 증명한 경우, 의료상의 과실과 그 결과 사이의 인과관계를 추정할 수 있는지(적극)

[2] 간 질환으로 치료받던 피해자에게 곰팡이증 감염 사실이 발견되어 항진균제인 니조랄을 투약한 후 반복적인 흉통, 발작, 일시적인 혼수상태 등의 현상이 있었으나, 이에 대해 적절한 조처를 하지 아니하고 내버려둔 의사의 과실을 인정한 사례

3. 판결요지

[1] 의료행위를 한 자에게 손해배상책임을 지우기 위하여서는 의료행위상의 주의의무 위반, 손해의 발생 및 주의의무 위반과 손해의 발생과 사이에 인과관계의 존재가 전제되어야 하나, 의료행위가 고도의 전문적 지식이 있어야 하는 분야이고, 그 의료의 과정은 대개 환자나 그 가족이 일부를 알 수 있는 점 외에 의사만 알 수 있을 뿐이며, 치료의 결과를 달성하기 위한 의료기법은 의사의 재량에 달린 것이기

---

35) 진균(곰팡이)의 일종인 칸디다에 의해 발생하는 감염 질환

때문에 손해발생의 직접적인 원인이 의료상의 과실로 말미암은 것인지 아닌지는 전문가인 의사가 아닌 보통사람으로서는 도저히 밝혀낼 수 없는 특수성이 있어서 환자 측이 의사의 의료행위상의 주의의무 위반과 손해의 발생과 사이의 인과관계를 의학적으로 완벽하게 입증한다는 것은 극히 어려우므로, 환자가 치료 도중에 사망한 때에 있어서는 피해자 측에서 일련의 의료행위 과정에서 저질러진 일반인의 상식에 바탕을 둔 의료상의 과실 있는 행위를 입증하고 그 결과와 사이에 일련의 의료행위 외에 다른 원인이 개재될 수 없다는 점을 증명한 때에 있어서는 의료행위를 한 측이 그 결과가 의료상의 과실로 말미암은 것이 아니라 전혀 다른 원인으로 말미암은 것이라는 입증을 하지 아니하는 이상, 의료상 과실과 그 결과 사이의 인과관계를 추정하여 손해배상책임을 지울 수 있도록 증명책임을 완화하는 것이 손해의 공평·타당한 부담을 그 지도원리로 하는 손해배상제도의 이상에게 맞는다.

[2] 간 질환으로 치료받던 피해자에게 곰팡이증 감염 사실이 발견되어 항진균제인 니조랄을 투약한 후 반복적인 흉통, 발작, 일시적인 혼수상태 등의 현상이 있었으나, 그것이 니조랄과 관련된 것인지 아닌지를 판단하여 투약을 중단시키거나 심장계통 등의 이상을 의심하여 이에 적절히 대처하는 등의 조처를 하지 아니하고 내버려둔 의사의 과실을 인정한 사례

4. 검토

사건에서 니조랄 처방 이후 A가 반복적인 흉통, 발작, 일시적 혼수상태 등을 나타냈으므로 B와 C는 당연히 그 원인을 규명하여 그것이 니조랄과 관련이 있는 것이라면 투약을 즉각 중단시키고, 니조랄과 관련이 없다면 심장계통 등의 이상을 의심하여 이에 적절히 대처하는 등 조처를 해야 했음에도 아무런 조치도 취하지 아니한 채 내버려두었다.

따라서 이 사건에서 인과관계는 추정되고(A측이 의료상의 과실 있는 행위를 입증하고 그 결과와 의료행위 사이에 다른 원인이 개재될 수 없다는 점을 증명하였으므로), B와 C의 과실도 인정되므로 이들은 손해배상책임을 져야 한다.

> **사례2** | 서울민사재판 1999.2.3. 97가합7863 판결

1. 사건의 내용

고열과 기침, 가래로 고생하던 A는 내과의사 B로부터 중증 폐결핵에 의한 급성 폐렴이라는 진단을 받고 병원에 입원하였다. 그런데 설 연휴 기간 때문에 B는 진찰을

못하게 되었지만 설 연휴 기간 중 A와 관련하여 특별한 사항을 지시하거나 별다른 조처를 하지는 아니하였고, 파견근무 중인 당직의사도 간호를 담당한 간호사들에게도 별다른 사항을 지시하지 아니한 채 귀가하였다. 설 연휴 기간 중 A는 사망하였다.

2. 판시사항

중증 폐결핵의 합병증으로 급성폐렴이 발생하여 기관지 폐쇄 때문인 갑작스러운 호흡곤란이 발생할 우려가 있는 중환자에 대하여 절대 안정 조처를 하지 않고 수시 관찰을 소홀히 한 결과, 수면 중 급성호흡기능상실로 사망에 이른 사안에서 의사의 책임을 인정한 사례

3. 판결요지

피해자에 대한 진찰 및 치료를 담당한 의사로서는 피해자가 중증의 폐결핵 및 급성폐렴 환자로서 전신이 매우 허약한 상태에서 입원치료를 받고 있었고 이럴 때 그 합병증으로 갑작스러운 기도폐쇄에 따른 호흡곤란으로 사망할 수도 있다는 점을 예상할 수 있었음에도 전염의 우려 때문에 소외인을 1인실에 입원 조치하였으므로 소외인에게 항결핵제와 항생제 등을 투여하는데 그칠 것이 아니라 나아가 갑작스러운 호흡곤란 증세의 발생 가능성을 염두에 두고 소외인의 간호를 담당하는 간호사들로 하여금 소외인에게 절대적인 안정을 취한 상태에서 심신에 무리가 가지 않도록 조처를 함과 아울러 갑작스러운 호흡곤란 증세가 발생할 때 신속한 발견 및 대처가 곤란한 야간의 수면시간에는 수시로 소외인의 상태를 관찰, 확인하도록 하여 피해자가 수면 중 기도폐쇄로 호흡곤란 상황에 부닥치더라도 신속히 이를 발견, 응급조치를 취함으로써 치명적인 결과의 발생을 방지하여야 할 주의의무가 있음에도 이를 게을리한 채 피해자의 담당 간호사들에게 위와 같은 구체적인 간호 지시를 전혀 내리지 아니함으로써 담당 간호사들로 하여금 밤늦도록 장시간 TV를 시청하는 피해자의 무리한 병상 생활을 내버려두게 하였을 뿐만 아니라 야간의 수면시간에도 통상적인 관찰에 그치도록 하여 피해자가 수면 중 호흡곤란 때문에 비가역적 상태에 빠진 것을 뒤늦게 발견함으로써 각종 응급조치에도 결국 사망에 이르게 한 잘못이 있고, 따라서 담당 의사로서는 피해자가 중증 폐결핵 및 급성폐렴 때문에 수면 중 발생할 호흡곤란으로 사망한 결과가 자신의 위와 같은 치료상의 과실로 말미암은 것이 아니라 전혀 다른 원인으로 말미암은 것이라는 입증을 다하지 못하는 이상 불법행위자 본인으로서 그 소속 병원은 담당 의사의 사용자로서 각자 위와 같은 불법행위 때문인 손해를 배상할 책임이 있다고 본 사례

4. 검토

의사의 의료과오는 단지 치료행위 자체에 과실이 있는 경우뿐 아니라 환자의 치료

와 관련된 일체의 과정에 문제가 있는 경우를 다 포함한다. 따럭 의사로서는 위급한 환자에 대하여는 자신이 직접 치료를 못 하게 되는 사정이 있는 경우, 다른 의사로 하여금 진료를 계속할 수 있도록 조처를 하여야 하며, 간호를 담당하고 있는 간호사들로 하여금 적절한 간호활동을 할 수 있도록 지시를 내려야 할 의무가 있다. 따라서 사안과 같이 아무런 조치도 없이 설 연휴를 보내러 간 의사에게는, 환자의 사망이 자신의 조치미비가 아닌 전혀 다른 원인에 의한 것이라는 점을 스스로 입증하지 못하는 이상, 의료과오가 있다고 할 수밖에 없다.

사례3 | 대법원 1997.5.9. 97다1815 판결

1. 사건의 내용

A는 폐렴의 증세를 보여 내과의사 B를 찾아갔으나 B는 아직 증세가 뚜렷하지 아니하여 위염과 신경증으로 진단하고 처방하였다. 그러나 이후 차도가 없이 상복부 복통까지 생기자 A는 다시 B를 찾아갔다. 이에 B는 A에게 페나조신을 투약하였고, 특별한 설명 없이 A를 귀가시켰다. A는 펜타조신 투여 때문인 아나필락시스 쇼크(anaphylatic shock, 과민성 쇼크)를 일으켜 사망하였다.

2. 판시사항

기왕의 증세와 다른 새로운 증상이 나타난 환자에 대하여 더욱 정밀한 진단을 하지 아니하였고, 또한 부작용이 있는 약물을 별다른 검진도 없이 투여한 결과 환자가 약물 쇼크로 사망한 경우, 의사의 손해배상책임을 인정한 사례

3. 판결요지

환자가 병원에 처음 내원하여 진료를 받을 때 이미 화농성 폐렴 증세를 보이고 있었으나 그 증상이 뚜렷하지 아니하여 이를 위염과 신경증으로 진단하여 그에 대해 처방을 하였고, 그 후 상복부 통증이라는 새로운 증상까지 나타나 다시 병원에 찾아오게 된 경우, 진료의사로서는 처음의 진단과는 다른 질환일 가능성에 대한 의심을 품고 좀 더 정밀한 진단을 하여야 함은 물론, 과민성이 있는 환자에게는 부작용에 따른 쇼크나 호흡억제를 일으킬 수 있는 약물을 투여할 때도 사후 세심한 주의와 관찰이 필요하지만, 만연히 앞서 진단하였던 결과에 따라 별다른 검진도 없이 약물을 투여하였고, 약물을 투여한 후에도 안정하도록 하여 부작용이 없는지를 확인하지도 아니함으로 인하여 과민성 쇼크가 발생하여 환자가 사망하였다면, 진료의사는 이로 말미암

아 발생한 모든 손해를 배상할 책임이 있다고 한 사례

4. 검토

이 사건에서 피해자의 사망은 몇 가지 의사의 과실들 때문에 발생한 것이다. 우선, 의사 B는 다시 찾아온 환자 A를 재진료하면서 처음의 진단과는 다른 질환일 가능성에 대해 의심을 하고 혈액검사, X선 촬영 등 좀 더 정밀한 진단을 하여야 함에도 주의의무를 소홀히 하였다. 또한, 부작용이 예상되는 약물 투여 시에는 이에 대한 사전 검사와 함께 투약 전후에 특히 주의해야 함에도 이를 소홀히 하였다. 따라서 의사 B는 환자 A의 사망 때문인 손해를 모두 배상하여야 할 책임을 지게 된 것이다.

사례4 | 서울민사지방법원 1990.2.1. 88가합44525 판결

1. 사건의 내용

7세 10개월이 된 A가 구토와 발열의 증상을 보이자 부모는 내과의사 B를 찾았고, B는 인두염이라고 판단하고 처방하였다. 다시 두 달 후 같은 증상을 호소하자 B는 인두염과 신경성 위염이라고 진단, 처방하였다. 이후에도 몇 번씩 A가 같은 증상으로 병원을 찾자 그때야 뇌압상승 때문인 구토를 의심하고 검사를 하였으나 별다른 이상이 없자 다시 진정제를 투약 및 주사하였다. 그리고 부모들이 다른 큰 병이 있을 것을 걱정하여 종합병원에 갈 수 있도록 소견서를 써달라고 하였으나 B는 큰 병이 아니니 걱정하지 말라며 이를 써주지 않았다.

결국, 응급실에 실려 간 A는 종합병원에서 뇌종양의 일종인 후두와 수 아세포종의 진단을 받고 뇌종양제거수술을 받았다.

2. 판시사항

의사의 오진으로 환자 또는 그 부모가 수개월 동안 병명도 모른 채 아무 효력 없는 치료만 계속 받으면서 불안한 상태에 있게 되었던 경우에 대하여 의사의 위자료지급의무를 인정한 사례

3. 판결요지

내과 전문의인 피고로서는 진료 당시 7시 10개월 남짓한 어린아이가 4개월 이상 계속된 구토 증세를 호소할 때 진정제만을 투약 또는 주사할 것이 아니라 뇌종양 등의 신경외과적 질환에 대하여 의심을 하고 그에 대해 대처를 하거나 그 방면의 전문

의인 소아과 또는 신경외과에 좀 더 자세한 검사를 의뢰하는 등의 조치를 하여야 할 업무상 주의의무가 있다 할 것이므로 피고가 이러한 조치를 제대로 취하지 아니하여 수 아세포종이라는 질병을 단순한 인두염이나 신경성 위염으로 오진하였다면 피고는 환자 또는 그 부모가 수개월 동안 병명도 모른 채 아무 효력 없는 치료만 계속 받으면서 불안한 상태에 있게 되었던 정신적 고통을 위자할 의무가 있다.

4. 검토

이 사건에서 손해배상액의 산정과 관련하여 '재산적 손해'와 '위자료'가 문제되었다. 그런데 '재산적 손해'와 관련하여서는 뇌종양을 2~3개월 빨리 발견했다 하더라도 그 수술 결과가 좋다고 할 수 없어서 B의 오진과 A의 불구 사이와 인과관계가 있다고 할 수 없어 배상책임을 부정하였다. 그러나 '정신적 고통'과 관련하여서는 수개월 동안 병명도 모른 채 아무 효력 없는 치료만 계속 받으면서 불안한 상태에 있게 되었기 때문에 위자료를 인정할 수 있다고 보았다.

사례5 | 대법원 2022. 1. 27. 선고 2021다265010 판결

1. 판시사항

의사의 설명의무는 의료행위가 행해질 때까지 적절한 시간적 여유를 두고 이행되어야 하는지 여부(적극) 및 의사가 환자에게 의사를 결정함에 충분한 시간을 주지 않고 의료행위에 관한 설명을 한 다음 곧바로 의료행위로 나아간 경우, 의사의 설명의무가 이행되었다고 볼 수 있는지 여부(소극) / 이때 적절한 시간적 여유를 두고 설명의무를 이행하였는지 판단하는 기준

2. 판결요지

의사는 응급환자의 경우나 그 밖에 특별한 사정이 없는 한 환자에게 수술 등 인체에 위험을 가하는 의료행위를 할 경우 그에 대한 승낙을 얻기 위한 전제로서 환자에게 질병의 증상, 치료방법의 내용 및 필요성, 발생이 예상되는 생명, 신체에 대한 위험과 부작용 등에 관하여 당시의 의료수준에 비추어 환자가 의사결정을 함에 있어 중요하다고 생각되는 사항을 구체적으로 설명하여 환자로 하여금 수술 등의 의료행위에 응할 것인지 스스로 결정할 기회를 가지도록 할 의무가 있다. 이와 같은 의사의 설명의무는 의료행위가 행해질 때까지 적절한 시간적 여유를 두고 이행되어야 한다. 환자가 의료행위에 응할 것인지를 합리적으로 결정할 수 있기 위해서는 그 의료행위의 필

요성과 위험성 등을 환자 스스로 숙고하고 필요하다면 가족 등 주변 사람과 상의하고 결정할 시간적 여유가 환자에게 주어져야 하기 때문이다. 의사가 환자에게 의사를 결정함에 충분한 시간을 주지 않고 의료행위에 관한 설명을 한 다음 곧바로 의료행위로 나아간다면 이는 환자가 의료행위에 응할 것인지 선택할 기회를 침해한 것으로서 의사의 설명의무가 이행되었다고 볼 수 없다. 이때 적절한 시간적 여유를 두고 설명의무를 이행하였는지는 의료행위의 내용과 방법, 그 의료행위의 위험성과 긴급성의 정도, 의료행위 전 환자의 상태 등 여러 가지 사정을 종합하여 개별적·구체적으로 판단하여야 한다.

3. 검토

원심판결 이유와 기록에 의하면 다음의 사실을 알 수 있다.

1) 원고는 2018. 6. 7. 피고 병원에 입원하였다.

2) 이 사건 수술 전 평가를 의뢰받은 피고 병원의 내과의사 소외 1은 이 사건 수술일인 2018. 6. 11. 10:30경 경동맥 및 심장 초음파 검사를 한 다음 원고의 보호자에게 원고가 동맥경화가 없는 사람들에 비하여 뇌졸중의 위험이 상대적으로 높다는 사정을 설명하였다.

3) 피고 병원의 마취과 의사 소외 2는 같은 날 11:10경 원고에 대하여 이 사건 수술을 위한 마취를 시작하였고, 그로부터 얼마 지나지 않아 이 사건 수술이 시작되었다.

3) 위 사실관계를 앞서 본 법리에 비추어 보면, 원고로서는 이 사건 수술로 자신에게 나타날 수 있는 후유증 등 이 사건 수술에 관한 위험성을 충분히 숙고하지 못한 채 수술에 나아갔을 가능성이 있다. 이는 원고가 이 사건 수술에 응할 것인지 선택할 기회가 침해된 것으로, 원고에게 충분한 시간을 주지 않은 피고 병원 의사들에게는 설명의무를 위반한 사정이 있다고 볼 여지가 있다. 따라서 원심으로서는 피고 병원 의사들의 설명과 이 사건 수술 사이에 적절한 시간적 여유가 있었는지, 원고가 숙고를 거쳐 이 사건 수술을 결정하였는지 심리하여 피고 병원 의사들의 설명의무가 이행되었는지를 판단하였어야 한다.

4) 그런데도 원심은 이러한 사정을 심리하지 않은 채 피고 병원 의사들의 이 사건 수술에 관한 설명이 있었다는 사정만을 근거로 설명의무를 위반하지 않았다고 판단하였다. 이러한 원심의 판단에는 의사의 설명의무 이행에 관한 법리를 오해하여 필요한 심리를 다하지 않아 판결에 영향을 미친 잘못이 있다. 이를 지적하는 취지의 상고이유 주장은 이유 있다.

1, 주문

  1. 원고의 항소를 기각한다.
  2. 항소비용은 원고가 부담한다.

2. 청구취지 및 항소취지

제1심판결을 취소한다. 피고는 원고에게 443,756,327원과 이에 대하여 2018. 6. 11.부터 청구취지 및 청구원인 변경신청서 부본 송달일까지 연 5%, 그 다음 날부터 다 갚는 날까지 연 12%의 각 비율로 계산한 돈을 지급하라.

3. 이유

1) 제1심판결의 인용

이 법원이 이 사건에 관하여 적을 이유는 아래와 같이 그 일부를 고쳐 쓰거나 추가하고, 원고가 이 법원에서 추가한 주장에 대하여 아래 2항과 같은 판단을 추가하는 외에는 제1심판결의 이유와 같으므로 민사소송법 제420조 본문에 따라 이를 그대로 인용한다.

○ 제1심판결 제3쪽 제5행의 [인정근거]에 "갑 제11호증의 영상"을 추가하고, 제4쪽 제16행부터 제17행까지의 "이 법원의 고려대학교 안산병원장, 순천향대학교 서울병원장에 대한 각 진료기록감정촉탁결과"를 "제1심 법원의 고려대학교 안산병원장, 순천향대학교 서울병원장에 대한 각 진료기록감정촉탁결과 및 이 법원의 서울의료원장에 대한 진료기록감정촉탁결과와 사실조회결과"로 고쳐 쓴다.

○ 제1심판결 제5쪽 제8행의 "하였던 점" 다음에 아래 내용을 추가한다.
"⑤ 이 법원의 감정의(이하 '감정의'라고만 한다) 소외 3 역시 '원고는 2018. 6. 7. 피고 병원에 입원한 후 심전도를 포함한 폐기능 검사, 심장 초음파 및 심장 대동맥 조영 전산화 단층 촬영을 포함, 경동맥 초음파 및 두부 초음파 등 수술적인 치료를 위한 준비를 모두 시행하였고, 원고의 수술 위험도에 대한 확인을 한 피고 병원 내과의는 원고의 검사 결과 위험도가 있으나 수술적인 치료 진행에는 무리가 없을 것으로 기재하였으며, 내과의는 원고에게 소견이 정상인 부분이 많고 실제 혈관 문제도 없었으며 심장 초음파상 경동맥의 절반 이하의 협착만 있었으므로 수술 후 뇌졸중이 발생할 위험이 높았다고 판단하지 않았을 것으로 보인다'는 견해를 밝힌 점"

○ 제1심판결 제5쪽 제10행의 "이 사건 수슬"을 "이 사건 수술"로 고쳐 쓴다.

○ 제1심판결 제9쪽 제10행 다음에 아래 내용을 추가하고, 제11행의 "3)"을 "4)"로 고쳐 쓴다.

"3) 원고는 수술 전 위험성에 관한 검사를 하기 전인 2018. 6. 7. 이 사건 수술동의서를 작성하였고, 그 후 수술 당일인 2018. 6. 11. 원고에게 뇌졸중, 뇌경색의 발생 위험성이 높다는 검사결과가 확인되었으므로, 이 사건 수술을 집도한 의사가 수술 전 원고에게 원고의 척추질환과 심뇌혈관질환 사이의 중증도를 비교하여 수술 후 뇌졸중의 위험도 등에 관하여 설명할 의무가 있음에도 이를 소홀히 하여 원고의 자기결정권을 침해하였다고 주장한다.

그러나 이 사건 수술을 집도한 피고 병원 의사 소외 4가 피고 병원의 내과 및 마취과에 수술 전 평가를 의뢰하였고, 피고 병원 내과의 소외 1이 원고에 대한 수술 전 평가를 마친 후 수술 당일인 2018. 6. 11. 원고의 보호자에게 원고가 원고가 동맥경화가 없는 사람들에 비하여 뇌졸중 위험이 상대적으로 높을 수 있다는 사실을 설명한 사실은 앞서 본 바와 같고, 수술을 집도하는 의사가 반드시 수술 위험도에 대한 설명을 해야 한다고 보기 어려우므로, 원고의 위 주장은 받아들이기 어렵다."

2) 추가 판단

가. 원고의 주장 요지

1) 주의의무 위반

가) 평균적인 의료행위의 수준에서 원고의 척추질환 상태 및 임상증상을 보았을 때 수술이 긴급하게 필요한 상황이 아니었으므로, 피고 병원 의료진은 원고의 척추관 협착증에 대하여 보존적 치료(약물치료, 물리치료 등)를 우선적으로 시도하고 증상 완화 여부를 평가하는 등 보다 면밀한 비침습적 치료를 하였어야 한다.

나) 피고 병원 의료진은 원고의 척추질환에 대하여 요추 3-4번 사이는 인공디스크 치환술, 요추 4-5번과 요추 5번-천추 1번은 각 융합술을 시행한바, 뇌졸중의 위험성이 높은 원고에게 6시간 30분에 걸친 3가지 수술이 혼합된 불필요하고 과도한 수술적 치료를 시행하였다.

다) 원고에게 반드시 이 사건 수술이 필요한 상황이었다면, 피고 병원 의료진은 원고의 안녕을 위하여 척추관협착증과 뇌경색 치료가 동시에 이루어질 수 있는 상급병원으로

전원하여야 함에도 이 같은 조치를 하지 않고 경제적 이익을 위하여 무리하게 이 사건 수술을 시행하였다.

2) 설명의무 위반

피고 병원 의료진은 원고에게 요추 4-5번 후방융합술만을 먼저 고려할 상황이었음에도, 원고에게 이 같은 설명을 하지 않고 오히려 전방 및 후방접근법을 통한 이 사건 수술이 필요하다고 설명하였다.

나. 보존적 치료를 우선하지 않은 잘못이 있다는 주장에 관한 판단

앞서 든 증거들에 변론 전체의 취지를 종합하여 인정되는 다음과 같은 사정들에 비추어 보면, 원고가 제출한 증거들만으로는 피고 병원 의료진이 원고의 척추관 협착증에 대하여 보존적 치료를 우선적으로 시도하고 증상 완화 여부를 충분히 평가하는 과정을 거치지 않고 무리하게 수술을 강행한 과실이 있다고 보기 어렵고, 달리 이를 인정할 증거가 없다. 원고의 이 부분 주장은 이유 없다.

① 피고 병원의 진료기록(갑 제1호증)에 의하면, 원고는 2018. 6. 7. 피고 병원에 내원할 당시 며칠 전에 넘어져 통증이 심화되었다고 하면서, '통증이 너무 심해서 잠도 제대로 못 잤다. 걸을 때 한쪽으로 넘어질 것 같아서 부축을 받아야 한다. 일하다가 다친 후로 다리에 힘도 안 들어가서 걷기가 힘들다. 움직일 때마다, 특히 허리를 펴면 엉덩이부터 다리까지 아파서 힘들다'면서 통증을 호소하였던 것으로 보이고, 1주 전 수상 이후 심화된 요통과 하지 방사통, 근력 저하로 인한 보행장애 등이 있어 한 의원에서 침 치료 후 호전이 없어 내원하였다고 기재되어 있다. 또한 원고는 고통 완화를 위하여 빠른 수술을 원하였다는 내용이 기재된 소장을 제1심 제1차 변론기일에서 진술하였다.

② 피고 병원을 내원한 당일 원고에 대한 X-ray 및 MRI 검사도 '척추관협착증, 전방전위증, 추간판탈출증 등'으로 판독되어 환자의 증상과 부합하였는데, 신경외과학 교과서에서는 원고의 증상과 같은 하지 근육의 운동 약화 증상, 견딜 수 없는 통증으로 정상 생활이 안 되는 경우를 수술적 요법의 적응증으로 기재하고 있다(2020. 6. 10.자 참고자료).

③ 감정의 소외 3은 원고의 척추관 협착증에 대하여, 단순 보존 치료만으로 효과가 완전할 수 없고, 원고의 요추 4-5번은 양쪽 신경공 협착과 동반된 전방전위증이 동시에 존재하였는데, 전위증의 경우 그 등급이 1에서 2로 진행하고 있는 상태였고, 퇴행성 신경공 협착증도 며칠 사이 악화된 것이 아니며, 원고가 우측 발목 및 엄지발가락의 근력이 저하되는 증상을 보였으므로, 요추 4-5번에 대하여는 수술치료가 필요한 것으로 보인다는 의견을 밝혔다.

④ 감정의 소외 3은 원고가 응급수술을 진행할 정도의 심각한 상황은 아니었다고 하면서도, 동시에 원고에 대한 이 사건 수술에 대하여 의학적 관점에서 옳다 그르다 판

단하기에 무리가 있다고 회신하였다.

다. 불필요하고 과도한 수술을 선택하였다는 주장에 관한 판단

이 법원의 서울의료원장에 대한 진료기록감정촉탁결과와 사실조회결과에 의하면, 감정의 소외 3이 '원고에 대한 이 사건 수술은 수술 범위가 다소 많고 상태에 비하여 조금 다분절의 치료가 시행되었다고 판단할 수도 있고, 이 사건 수술이 다소 과한 수술적 치료 방법으로 보이며 차라리 후방만으로 수술하는 방법도 나쁘지 않았을 것으로 판단된다'는 의견을 밝힌 사정이 있기는 하다.

그러나 앞서 본 증거들에 변론 전체의 취지를 종합하여 인정되는 다음과 같은 사정들에 비추어 보면, 위와 같은 감정의 소외 3의 의견과 원고가 제출한 증거들만으로는 피고 병원 의료진의 이 사건 수술 결정이 불필요하고 과도한 것으로서 의료기관 등 임상의학 분야에서 실천되고 있는 의료행위의 수준에 비추어 합리적인 범위를 벗어난 선택이었다고 인정하기에 부족하고, 달리 이를 인정할 증거가 없다. 따라서 원고의 이 부분 주장도 받아들이지 않는다.

① 이 사건 수술은 먼저 전방접근으로 요추 3-4번에 추간판치환술(인공디스크), 요추 5번-천추 1번에 융합술(케이지 삽입)을 각 시행하고, 다시 후방접근을 하여 요추 4-5번에 융합술, 요추 5번-천추 1번에 후방고정술을 각 시행한 것인데, 감정의 소외 3은 요추 3-4번은 경도의 추간판 팽윤, 요추 4-5번은 양쪽 신경공 협착과 동반된 전방전위증, 요추 5번-천추 1번은 추간판 팽윤과 신경공 협착 소견으로서, 수술 범위가 다소 많은 상태로 보인다고 하면서도 동시에, 요추 3-4번의 경우 인접부 추간판 질환(ASD)에 예방적인 수술인지에 관한 확인이 필요하고 증상 여부에 따라 해당 신경근의 문제 여부를 점검하여야 하며, 요추 5번-천추 1번 사이는 협착 정도를 고려해야 한다고 하는데, 원고는 진료기록상 1주 전 수상 이후 근력 저하로 보행장애, 심화된 요통 및 하지 방사통에 대한 침 치료 이후 호전이 없어 피고 병원을 내원한 것으로 확인되고 근력의 경우 우측 발목이 4, 엄지 발가락의 경우 후굴이 3 수준으로 측정되어 있었다고 회신하였다.

② 감정의 소외 3은 이 사건 수술에 대한 논란이 있을 수 있으나 수술적 치료 결정은 주치의의 판단에 의하는 것이라는 전제로, 의학적 관점에서 타당하고 설명 가능한 경우에는 문제되지 않는다고 하면서, 의학적 관점에서 이 사건 수술은 향후 악화 소지가 존재할 수도 있는 부위에 치료를 진행한 것일 수 있다는 소견을 밝혔다.

③ 또한 감정의 소외 3은 전방접근과 후방접근 수술을 동시에 진행한 이 사건 수술에 대하여 후방접근만으로 수술하는 방법도 나쁘지 않았을 것으로 판단한다고 하면서도 동시에, 의학적인 근거를 두고 토론을 하자면 다양한 문헌 등이 있고 그에 대한 주장이 다양하기 때문에 이 사건 수술을 결정한 주치의의 견해에 대하여도 충분히 설명이 가능할 것으로 보인다는 의견을 밝혔다.

④ 장시간에 걸친 수술이 경동맥 협착과 퇴행성 심장밸브 질환을 앓고 있던 원고에게 복부 대동맥의 압박이나 견인 등으로 인해 수술 후 후유증과 문제를 유발할 수 있었는지 묻는 질문에 대하여, 감정의 소외 3은, 장시간의 수술치료를 한다고 해서 무조건 문제가 발생하는 것은 아니고, 원고의 경우 무증상의 심혈관 및 심장밸브 질환이 존재하였으며, 더군다나 수술 당시 복부 대동맥의 압박이나 견인으로 뇌졸중을 무조건적으로 유발한다고 볼 수 없는 소견이라고 하면서, 원고의 심장이나 혈관 문제로 뇌졸중이 유발될 수도 있고 없을 수도 있다고 회신하였다.

⑤ 이 사건 수술에서 시행된 전방접근법 자체로 수술 직후 발생한 원고의 허혈성 뇌졸중에 기여할 수 있는지에 대한 질문에, 감정의 소외 3은 장시간의 복부 대동맥의 압박이나 견인으로 인해서 혈액 순환 장애와 혈관 손상, 교감신경 손상 및 요관 손상 등이 발생할 수도 있으나 드문 일이고, 특히 두부에 관련한 증상이 발생하는 경우는 더욱 찾기 어렵고, 실제 전방접근과 후방접근 융합술을 할 경우 뇌경색이 발생할 가능성에 대해서도 그 가능성은 있지만 극히 드물다는 의견도 함께 밝혔다.

⑥ 감정의 소외 3은 이 사건 수술은 다분절 수술로 건강보험심사평가원 기준으로 요추 4-5번을 제외하면 모두 삭감의 대상이므로 비급여를 선택할 수밖에 없었을 것이고, 건강보험심사평가원에서 삭감이 발생하였다면 이 사건 수술 결정은 문제가 있는 것이라는 취지의 의견을 밝히기도 하였으나, 건강보험심사평가원의 비용 삭감 여부나 이 사건 수술이 비급여 대상인지 여부가 곧바로 피고 병원 의료진의 주의의무 위반과 연결된다고 보기 어렵고, 건강보험심사평가원이 이 사건 수술 관련 비용을 삭감하였다고 볼만한 사정도 보이지 않는다.

라. 척추관협착증과 뇌경색 치료가 동시에 가능한 상급병원으로 전원하지 않은 잘못이 있다는 주장에 관한 판단

앞서 본 바와 같이 피고 병원 의료진은 이 사건 수술 전 원고의 동맥경화로 인한 위험도를 평가한 후 뇌졸중의 위험이 상대적으로 높을 수 있으나 이 사건 수술을 시행하여도 큰 무리는 없다고 보아 이 사건 수술을 시행한 것으로 보이고, 이러한 피고 병원 의료진의 이 사건 수술 결정이 합리적인 범위를 벗어난 선택이었다고 볼만한 증거가 없다. 오히려 앞서 든 증거들에 변론 전체의 취지를 보태어 인정되는 다음과 같은 사정들, 즉 원고에 대한 수술 위험도 관련 검사 결과 원고에게 뇌졸중 위험도가 있기는 하나 정상인 부분이 많고 실제 혈관 문제가 없었으며 심장 초음파상 경동맥의 절반 이하의 협착만 있었던 상태였던 점, 원고의 수술위험도 검사를 진행하였던 피고 병원 내과의는 검사 결과 계획대로 수술을 진행하여도 무리가 없고, 경동맥에 동맥경화가 있으나 경화반이 없고 협착이 심하지 않아 수술의 금기가 아니라고 판단하였던 점 등에 비추어 보면, 원고가 이 사건 수술 당시 경동맥 협착을 긴급히 치료해야 하는 상태였다고 보기 어렵다. 원고의 이 부분 주

장은 이유 없다.

마. 요추 4-5번 후방융합술만 고려할 상황임에도 이를 설명하지 않았다는 주장에 관한 판단

앞서 본 바와 같이 이 사건 수술 결정이 불필요하고 과도하여 합리적인 범위를 벗어난 것이라고 보기 어려운 이상, 요추 4-5번 후방융합술만 고려할 상황이었음을 전제로 하는 원고의 이 부분 주장은 이유 없고, 오히려 갑 제1호증의 기재, 이 법원의 서울의료원장에 대한 사실조회결과에 의하면, 피고 병원 의료진은 원고와 원고의 보호자인 아들에게 전방접근 수술과 후방접근 수술에 대하여 모두 설명하고 이에 대하여 동의를 받은 사실이 인정될 뿐이다.

4. 결론

원고의 청구는 이유 없으므로 기각하여야 할 것인바, 제1심판결은 이와 결론을 같이 하여 정당하므로 원고의 항소를 기각한다.

제9절 소아청소년과

사례1 | 서울민사지방법원 1999.1.13. 97가합57042

1. 사건의 내용

A는 구토와 설사 증세를 보이던 아이 B를 데리고 소아과 전문의 C를 찾았다. C는 청진기 및 맨눈으로 살펴본 후 겨울철 유아에게 흔히 발생하는 감기 및 위장염으로 진단하고 처방하였다. 그러나 B의 구토 증세는 멎지 아니하고 설사를 11번이나 하는 등 증세가 더욱 심해지자 A는 병원에 재차 내원하였으나 C는 체온을 재거나 달리 특별한 검사를 하지 아니한 채 청진기와 맨눈으로 소외인을 관찰한 후 근육주사 1대를 놓고 전날과 똑같은 내용을 처방하면서 더욱 심하여지면 상급 병원에 가서 진찰을 받아 볼 것을 권유하였다.

이후 B의 증상은 더욱 심해져서 응급실에 실려 왔고 응급실 의사 D는 X선 촬영을 하였으나 별다른 이상이 없는 것으로 나타나며 체온이 37℃로 떨어지자 증세를 세균성장염 때문으로 진단하고 해열제 등을 처방한 채 퇴원시켰다. 그러나 다음날 B는 심한 탈수 증세를 보이며 사망하였다.

2. 판시사항

구토와 설사를 반복하는 아기에 대하여 1차 진료를 한 의사가 자신의 진료와 처방에도 상태가 악화되었음에도 전해질 대사 이상 등 예상되는 위험방지 조처를 하지 않은 채 종전과 같은 진료와 처방만을 반복하였고, 2차 진료를 한 의사도 위와 같은 예방조치를 취함이 없이 해열제만 투여한 결과 탈수 및 전해질 대사 이상으로 추정되는 사인으로 사망한 사안에서 위 의사들의 과실과 사망 사이의 상당인과관계를 인정한 사례

3. 판결요지

구토와 설사를 반복하는 아기에 대하여 1차 진료를 한 의사는 아기를 두 번째 진찰할 당시 그 부모를 통하여 자신이 전날 내린 처방에 따른 투약에도 오히려 아기가 간밤에 심하게 보채면서 구토와 함께 설사를 11번이나 하는 등 자신의 처방이 아무런 효험을 나타내지 못한 채 아기의 병세가 더욱 악화하였다는 사정을 알게 되었으므로 아기의 나이에 비추어 단기간에 지속한 심한 설사와 구토증세 때문에 쉽게 탈수 및

전해질 대사의 이상이 발생할 가능성을 염두에 두고 혈압과 맥박 및 소변량 등을 확인하고 피부의 탄력 상태나 구강 내 점막의 건조 정도 등을 통하여 탈수 증세의 발생 여부 및 그 정도를 확인한 후 수액을 공급하거나 부족한 전해질을 보충하는 한편 부모에게 아기가 즉시 혈액 내 전해질 농도 및 혈액 가스분석 등의 검사를 받을 수 있도록 조치함으로써 이틀간 지속적인 구토와 심한 설사를 보였던 아기에게 탈수와 전해질 대사의 이상 때문에 초래될 수 있는 위험을 방지하여야 할 의무가 있음에도 위와 같은 조치를 전혀 취하지 아니한 채 단지 전날과 똑같은 고식적인 진료 및 처방만을 반복하면서 증상이 더욱 심하여지면 상급병원에 가보라는 막연한 권유만을 한 잘못으로 부모로 하여금 아기의 병세가 악화하는 것을 내버려두게 한 잘못이 있고, 2차 진료를 한 의사는 부모로부터 아기가 이틀 전부터 심한 설사와 구토 증세를 보여 개인의원에서 치료를 받았으나 병세의 호전 없이 더욱 증상이 악화하였다는 내원 경위를 듣고 아기를 진찰한 결과 체온이 39℃까지 상승한 것을 확인하였으면, 지속적인 설사와 구토증세 때문인 탈수 등 심각한 합병증의 발생 가능성을 염두에 두고 이를 예방하기 위하여 아기의 상태를 좀 더 관찰하면서 위에서 본 바와 같은 검사 등을 실시하여 그 결과에 따라 수액을 공급하거나 부족한 전해질을 보충하는 조처를 하여야 할 의무가 있음에도 외관상 탈수의 증세가 확진되지 아니하고 해열제의 투여로 아기의 체온이 내려갔다는 점에만 치중한 나머지 약제만 처방한 채 성급하게 아기를 퇴원시킨 잘못이 있는 경우, 탈수 및 전해질 대상 이상으로 추정되는 사인 때문인 아기의 사망은 두 의사의 위와 같은 잘못으로 말미암아 초래되었다고 판단되므로 아기 사망의 결과가 진료상의 과실로 말미암은 것이 아니라 전혀 다른 원인으로 말미암은 것이라는 입증을 다하지 못하는 이상 두 의사의 소속 의료기관들은 이와 같은 불법행위 때문인 손해를 배상할 책임이 있다고 본 사례

4. 검토

종전의 진료에도 환자의 상태가 더욱 악화하여 다시 병원을 찾으면 의사는 그 외의 다른 병을 의심하고 더욱 자세히 환자의 상태를 검사하여야 할 필요가 있다.

더구나 이 사건과 같이 유아나 소아는 수분과 전해질의 아동이 성인보다 빠르고 갈증이나 신체의 이상 증세를 제대로 표현하지 못하기 때문에 구토나 설사가 지속할 때 이 때문인 탈수나 전해질 대사의 이상이 쉽게 발생할 수 있다는 점도 염두에 두었어야 한다.

따라서 의사 C와 D는 B의 사망에 관하여 책임이 있다고 할 것이다. (다만, 실제

사안에서는 마지막 병원 후송을 신속하게 하지 않은 부모의 잘못을 일부 참작하여 20% 과실상계를 하였다.)

사례2 │ 서울민사지방법원 1993.2.5. 90가합93452

1. 사건의 내용

미숙아로서 보육기(인큐베이터) 내에서 보유되던 A는 무호흡 및 청색증을 보여 의사 B는 보육기 내로 산소를 주입하는 등의 소생술을 실시하였다. 이후 B는 A가 체중 약 2.3킬로그램인 상태에서 퇴원시키면서 선천성 심장병의 가능성과 선천성 거대결장의 가능성이 보여 이를 설명하고, 철겹핍성 빈혈방지를 위한 처방 및 투여방법, 기간을 설명하였다. 그런데 A의 상태를 이상하게 본 어머니가 눈에 이상이 있는지를 안과의에게 확인해 본 바, 미숙아망막병증[36]으로 이미 양안이 실망케 된 상태임이 밝혀졌다.

2. 판시사항

미숙아를 보육기 내에서 보육하면서 산소를 투여하는 경우 미숙아망막병증 발병이 예상되므로 의사로서는 퇴원 당시 위 질환의 진행 여부를 확인하고 부모에게 그 발병 소지와 정기적인 안전검사의 필요성 등을 설명하여 주어야 함에도 이를 게을리하여 미숙아가 실명하게 되었다고 바오 병원 측에 손해배상책임이 있다고 한 사례

3. 검토

위 사안에서 B는 다른 질병의 가능성에 대하여는 설명을 하면서도 미숙아망막병증에 대한 설명은 전혀 하지 않았다. 특히 사건과 같이 미숙아를 보육기 내에서 보육하면서 산소를 투여한 경우에는 그 농도가 열더라도 미숙아망막병증의 발병이 예상되고 이를 조기에 발견하여 치료하기 위해서는 정기적인 안전검사를 받는 방법 외에는 달리 방법이 없으므로 이를 시행하거나 부모에게 미숙아망막병증의 발병 소지, 정기적인 안전검사의 필요성, 조기에 발견하여 적절히 치료했을 경우의 회복 가능성 및 내버려뒀을 경우의 위험성 등을 설명하여 퇴원 후에도 위 질환에 대비한 적절한 조처를 하게 해야 했음에도 이를 전혀 하지 않은 잘못이 있다. 따라서 사안에서 B는 A의 실

---

36) 망막 혈관의 미성숙, 혈관 형성요소의 병적변화(혈관수축, 혈관폐쇄, 신생혈관증식 등)로 생기는 망막 이상으로서 신생아 임균성안염과 함께 가장 많은 소아 실명의 원인이 되는 질환으로, 체중이 1.5킬로그램 미만이고 재택기간이 6 또는 7개월 된 미숙아에게 빈발하며 그 증상이 대개 수주 혹은 수개월 후에 나타나며 심하게 진행되면 사시, 백내장, 녹내장, 안구위축 등을 합병하여 실명되고, 경하게 진행되면 근시, 사시 등을 합병하여 부분적인 시력장애를 후유증으로 남기며 거의 양안에 병변이 생긴다.

명에 대하여 손해배상을 하여야 할 책임이 있다.

다만, 법원은 실명의 원인이 미숙아로 태어남으로 인한 망막의 미숙성이라는 A의 신체적 소인(素因)이 미숙아망막병증의 발생에 이바지하였다고 할 것이므로 손해의 공평한 분담이라는 손해배상법의 이념에 따라 과실상계의 법리를 유추하여 그 손해배상의 범위를 50% 감액한다고 하였다.

사례3 | 대법원 2018. 11. 15. 선고 2016다244491 판결

1. 사건의 내용

피고 병원이 2003. 7. 13. 실시한 검사에서 원고에게 뇌병변이 인지되고 뇌척수염 가능성이 높은 것으로 판독되었다. 원고는 2003. 7. 21. □□대학교병원으로 전원하여 40일 동안 치료를 받은 다음 다시 피고 병원 소아과를 거쳐 재활의학과에서 통원치료를 받는 등 치료를 계속 받았으나, 뇌병변 후유증으로 상하지의 근력저하와 강직, 언어장애, 과잉행동 등의 영구적인 장애(이하 '이 사건 장애'라 한다)가 남았다.

2. 주문

상고를 모두 기각한다. 상고비용 중 원고와 피고 1 사이에 생긴 부분은 원고가, 원고와 피고 ○○대학교병원 사이에 생긴 부분은 각자 부담한다.

3. 이유

상고이유를 판단한다.

1) 기본적 사실관계

원심판결 이유에 따르면 다음의 사실을 인정할 수 있다.

가. 원고는 (생년월일 생략) 출생한 여성인데 2003. 7.경 다음과 같이 진료를 받았다.

(1) 원고는 2003. 7. 10. 저녁부터 오심, 상복부 통증과 경미한 두통이 있어 2003. 7. 11. 07:50경 △△△△병원에 내원하였고, 위장 질환으로 진단받고 그에 관한 약과 주사제를 처방받았다.

(2) 원고는 2003. 7. 12. 08:33경 발열, 복통, 구토 등을 호소하면서 피고 1이 운영하는 의원에 내원하였는데, 피고 1은 소화기계와 호흡기계 질환으로 진단하고 해열제, 트리민당의정 4mg 등을 처방하였다.

(3) 원고는 같은 날 집에서 잠을 자다가 땀을 흘리며 우는 등 증상을 보였고, 13:00경 부모가 깨우려 해도 일어나지 못하고 발음을 제대로 못하는 등의 증상이 나타났다. 원고의 부모는 같은 날 15:00경 피고 1에게 전화로 문의하였고, 피고 1의 권유로 2003. 7. 12. 17:50경 피고 ○○대학교병원(이하 '피고 병원'이라 한다) 응급실에 내원하였다. 내원 당시 주요 증상은 '13:00경부터 웃다 울다가 말이 어눌해짐'이고 체온은 정상이었다.

피고 병원 의료진은 같은 날 원고의 과거력과 증상을 조사하여 추체외로증상, 뇌수막염 의증, 뇌염 의증으로 진단하였는데, 원고가 같은 날 19:00경 열이 나자 해열제와 항생제 등을 주사하였다. 다음 날 07:20경 원고가 신경계 이상 증상을 보여 뇌척수액 검사를 시행한 다음 뇌압을 낮추고 뇌염 치료를 위한 약물을 처방하였고, 뇌염 의증, 급성 파종성 뇌척수염 의증으로 진단하였다.

나. 피고 병원이 2003. 7. 13. 실시한 검사에서 원고에게 뇌병변이 인지되고 뇌척수염 가능성이 높은 것으로 판독되었다. 원고는 2003. 7. 21. □□대학교병원으로 전원하여 40일 동안 치료를 받은 다음 다시 피고 병원 소아과를 거쳐 재활의학과에서 통원치료를 받는 등 치료를 계속 받았으나, 뇌병변 후유증으로 상하지의 근력저하와 강직, 언어장애, 과잉행동 등의 영구적인 장애(이하 '이 사건 장애'라 한다)가 남았다.

다. 일반적으로 추체외로증상에서는 환자가 이상운동증(떨림, 진전, 중심 이상, 무도증 등)에 해당하는 증상과 징후를 많이 호소하고 관찰되나, 감염성 질환인 뇌염이나 뇌수막염에서는 고열과 두통, 경부강직을 더 많이 호소하고 관찰된다. 감염성 질환은 적절한 치료시기를 놓치면 중추신경계에 손상을 주어 후유장애를 동반하게 되기 때문에 시급한 진단과 치료가 요구되는 응급질환이다.

2) 피고 1의 손해배상책임 인정 여부(원고 상고이유 제1점)

가. 의료행위는 고도의 전문적 지식을 필요로 하는 분야로서 전문가가 아닌 일반인으로서는 의사의 의료행위 과정에 주의의무 위반이 있는지나 주의의무 위반과 손해 발생 사이에 인과관계가 있는지를 밝혀내기가 극히 어려운 특수성이 있다. 따라서 문제 된 증상 발생에 관하여 의료 과실 이외의 다른 원인이 있다고 보기 어려운 간접사실들을 증명함으로써 그와 같은 증상이 의료 과실에 기한 것이라고 추정하는 것도 가능하다. 그러나 그 경우에도 의사의 과실로 인한 결과 발생을 추정할 수 있을 정도의 개연성이 담보되지 않는 사정들을 가지고 막연하게 중대한 결과에서 의사의 과실과 인과관계를 추정함으로써 결과적으로 의사에게 무과실의 증명책임을 지우는 것까지 허용되는 것은 아니다(대법원 2004. 10. 28. 선고 2002다 45185 판결 등 참조).

나. 원심은 피고 1이 소아에게 투약이 금지된 트리민당의정을 처방한 것이 진료상 과실이라고 보면서도 이러한 과실이 이 사건 장애의 원인이 되었다고 인정하기 부족하다고 보아 피고 1에 대한 청구를 기각하였다.

원심판결 이유를 적법하게 채택한 증거에 비추어 보면, 원심의 판단에 상고이유 주장과 같이 손해배상에서 인과관계에 관한 법리를 오해한 잘못이 없다.

3) 피고 병원의 손해배상책임 성립과 범위

가. 진료계약상 주의의무 위반으로 인한 손해배상책임(피고 병원 상고이유 제1점)

(1) 의사는 진찰·치료 등의 의료행위를 할 때 사람의 생명·신체·건강을 관리하는 업무의 성질에 비추어 환자의 구체적인 증상이나 상황에 따라 위험을 방지하기 위하여 요구되는 최선의 조치를 할 주의의무가 있다. 의사의 주의의무는 의료행위를 할 당시 의료기관 등 임상의학 분야에서 실천되고 있는 의료행위 수준을 기준으로 판단하여야 한다. 특히 진단은 문진·시진·촉진·청진과 각종 임상검사 등의 결과를 토대로 질병 여부를 감별하고 그 종류, 성질과 진행 정도 등을 밝혀내는 임상의학의 출발점으로서 이에 따라 치료법이 선택되는 중요한 의료행위이다. 진단상의 과실 유무를 판단할 때 그 과정에서 비록 완전무결한 임상진단의 실시는 불가능하다고 할지라도 적어도 임상의학 분야에서 실천되고 있는 진단 수준의 범위에서 의사가 전문 직업인으로서 요구되는 의료윤리, 의학지식과 경험을 토대로 신중히 환자를 진찰하고 정확히 진단함으로써 위험한 결과 발생을 예견하고 결과 발생을 회피하는 데에 필요한 최선의 주의의무를 다하였는지를 따져 보아야 한다(대법원 1998. 2. 27. 선고 97다38442 판결 등 참조).

법원은 변론 전체의 취지와 증거조사의 결과를 참작하여 자유로운 심증으로 논리와 경험의 법칙에 따라 사실주장이 진실한지 아닌지를 판단한다(민사소송법 제202조). 그리고 사실의 인정, 증거의 취사선택과 평가는 자유심증주의의 한계를 벗어나지 않는 한 사실심법원의 전권에 속한다.

(2) 원심은, 피고 병원 의료진이 뇌염을 조기 진단하여 치료할 수 있었는데도 주의의무를 다하지 못한 결과 진단과 치료를 제때 못하여 뇌염으로 인한 뇌병변 후유증이 이 사건 장애의 정도에 이를 정도로 심화되었고, 피고 병원은 원고와 체결한 진료계약상 주의의무를 위반하였으므로 특별한 사정이 없는 한 원고에게 이 사건 장애로 인한 손해를 배상할 책임이 있다고 판단하였다. 그 이유로 다음과 같은 사정을 고려하였다.

원고가 피고 병원 응급실 내원 당시와 그 이전에 보였던 증상에서 뇌염의 가능성을 충분히 의심할 수 있었고, 피고 병원 의료진도 당시 원고의 진단명에 뇌수막염 의증과 뇌염 의증을 포함시켰다. 원고의 신경학적 증상이 추체외로증상에서도 볼 수 있는 증상이고 응급실 내원 당시에는 발열이 없었기 때문에 곧바로 뇌염 검사를 하지 않고 추체외로증상을 치료하였다고 하여 주의의무 위반이라고 단정하기는 어려우나, 적어도 발열이 다시 나타난 2003. 7. 12. 19:00경에는 기존 증상을 종합하여 뇌염 가능성을 인지하기에 충분한 상황이었다. 뇌염은 예후가 좋지 않고 응급조치 필요성이 매우 크기 때문에 추체외로증상으로 볼 가능성이 있는 환자라고 하더라도 뇌염 의심 환자에 대해서는 최대한 빨리 뇌척수액 검사 등을 통해 뇌염 여부에 관하여 진단할 필요가 있고, 당시 뇌척수액 검사를 하지 못할 만한 증상이 있었다고 볼 자료도 없다.

피고 병원 의료진이 원고에게 발열 증상이 다시 나타난 2003. 7. 12. 19:00경 뇌염에 대한 감별진단을 실시하였다면 뇌염을 조기에 발견하여 치료할 수 있었을 것이고, 당시는 원고에게 신경학적 증상이 나타난 시간부터 약 6시간 이후로서 조기에 치료가 이루어졌다면 뇌세포 손상을 상당히 줄일 수 있었을 가능성이 높다. 원고는 뇌염에 대한 진단과 치료가 이루어지지 않는 동안 뇌세포의 손상이 계속 진행되어 이 사건 장애에 이를 정도로 증상이 악화된 것으로 보인다.

(3) 원심판결 이유를 적법하게 채택한 증거에 비추어 보면, 원심의 이러한 판단은 수긍할 수 있고, 논리와 경험의 법칙에 반하여 자유심증주의를 벗어나 사실을 오인하거나 심리미진 등의 잘못이 없다.

나. 피고 병원의 설명의무 위반 여부(원고 상고이유 제2점)

원심은 피고 병원이 자기결정권과 관계없는 모든 치료방법과 치료과정을 상세히 설명할 의무가 있다고 보기 어렵고 추체외로증상이라고 보아 뇌염 가능성을 설명하지 않은 것을 별도의 과실로 보기는 어려운 점 등에 비추어 피고 병원이 뇌염 가능성이나 후유증 등을 설명하지 않은 과실이 있다고 보기 어렵다고 판단하였다.

원심판결 이유를 적법하게 채택한 증거에 비추어 보면, 원심의 판단에 상고이유 주장과 같이 설명의무에 관한 법리를 오해한 잘못이 없다.

다. 소멸시효 완성 여부(피고 병원 상고이유 제2점)

원심은, 진료계약상 채무불이행으로 인한 손해배상청구권에 대해서 10년의 소멸시효기간이 적용되는데 채권이 성립한 때부터 10년이 지나기 전에 이 사건 소를 제기하였다는 이유로 피고 병원의 시효항변을 배척하였다.

원심판결 이유를 적법하게 채택한 증거에 비추어 보면, 원심의 판단에 상고이유 주장과 같이 소멸시효에 관한 법리를 오해한 잘못이 없다.

라. 손해배상책임의 제한(원고 상고이유 제3점)

(1) 가해행위와 피해자 측 요인이 경합하여 손해가 발생하거나 확대된 경우에는 피해자 측 요인이 체질적인 소인 또는 질병의 위험도와 같이 피해자 측 귀책사유와 무관한 것이라고 할지라도, 그 질환의 모습이나 정도 등에 비추어 가해자에게 손해의 전부를 배상하게 하는 것이 공평의 이념에 반하는 경우에는, 법원은 손해배상액을 정하면서 과실상계의 법리를 유추적용하여 그 손해의 발생 또는 확대에 기여한 피해자 측 요인을 고려할 수 있다(대법원 2005. 6. 24. 선고 2005다16713 판결 등 참조). 손해배상청구 사건에서 책임감경사유에 관한 사실인정이나 그 비율을 정하는 것은 그것이 형평

의 원칙에 비추어 현저히 불합리하다고 인정되지 않는 한 사실심의 전권사항에 속한다 (대법원 1998. 7. 24. 선고 98다12270 판결, 대법원 2007. 11. 30. 선고 2006다 19603 판결 등 참조).

(2) 원심은, 뇌염을 조기 진단하는 것이 쉽지 않고, 원고의 증상을 추체외로증상으로 오인할 만한 여러 사정이 있었으며, 원고는 이미 신경학적 증상이 발현된 이후에 피고 병원에 내원하였으므로 조기에 뇌염을 진단하여 치료하였더라도 장애가 없거나 거의 없었을 것으로 보기는 어려운 점 등을 고려하여 피고 병원의 책임비율을 35%로 제한하였다.

(3) 원심판결 이유를 기록에 비추어 살펴보면, 원심의 판단에 상고이유 주장과 같이 손해배상책임 제한에 관한 법리를 오해한 잘못이 없다.

마. 위자료 인정 여부와 액수의 적정성(피고 병원 상고이유 제3점, 원고 상고이유 제4점)

(1) 진료계약상 주의의무 위반으로 환자의 생명이나 신체에 불이익한 결과를 초래한 경우 일반적으로 채무불이행책임과 불법행위책임이 성립할 수 있다. 이와 같이 생명·신체가 침해된 경우 환자가 정신적 고통을 입는다고 볼 수 있으므로, 진료계약의 당사자인 병원 등은 환자가 입은 정신적 고통에 대해서도 민법 제393조, 제763조, 제751조 제1항에 따라 손해를 배상해야 한다.

피고 병원이 이 사건에 적용해야 한다고 주장하는 대법원 2004. 11. 12. 선고 2002다53865 판결 등은 모두 채무불이행으로 침해된 법익이 생명·신체 그 밖의 인격적 법익이 아닌 재산적 법익인 사안에 대한 것이다. 위와 같은 대법원판결은 그러한 법익 침해로 계약당사자가 입은 정신적 고통은 재산적 손해에 대한 배상이 이루어지면 회복되고 그것만으로 회복될 수 없는 정신적 고통은 특별한 사정으로 인한 손해라는 것이므로, 이 사건과 같이 채무불이행으로 생명·신체 등의 법익이 침해된 사안에 적용할 선례가 아니다.

불법행위 또는 채무불이행으로 입은 정신적 피해에 대한 위자료 액수에 관해서는 사실심법원이 여러 사정을 참작하여 그 전권에 속하는 재량에 따라 확정할 수 있다(대법원 2011. 1. 27. 선고 2009다98775 판결 등 참조).

(2) 원심은 피고 병원의 진료계약상 채무불이행에 따른 손해배상으로 재산적 손해 외에 이 사건 변론에 나타난 모든 사정을 고려하여 위자료로 3,500만 원을 인정하였다.

원심판결 이유를 위에서 본 법리와 기록에 비추어 살펴보면, 원심이 진료계약상 주의의무 위반에 따른 위자료를 인정하고 여러 사정을 고려하여 위자료 액수를 정한 것은 정당하다. 원심의 판단에 상고이유 주장과 같이 위자료의 인정 여부와 범위에 관한 법리를 오해한 잘못이 없다.

4. 결론

원고와 피고 병원의 상고는 이유 없어 이를 모두 기각하고, 상고비용 중 원고와 피고 1 사이에 생긴 부분은 원고가, 원고와 피고 병원 사이에 생긴 부분은 각자 부담하기로 하여, 대법관의 일치된 의견으로 주문과 같이 판결한다.

사례4 | 서울북부지법 2014. 2. 13. 선고 2012고단2026 판결

1. 판시사항

대학병원 신생아집중치료실에 있던 신생아 갑에게 발열증상과 무호흡 등 패혈증으로 의심되는 증상이 나타났는데, 당직의사 피고인 을, 주치의 피고인 병, 전임의 피고인 정이 적절한 조치를 취하지 않아 갑을 병원 내 감염에 의한 패혈증으로 사망에 이르게 하였다는 내용으로 기소된 사안에서, 피고인들에게 무죄를 선고한 사례

2. 판결요지

대학병원 신생아집중치료실에 있던 신생아 갑에게 발열증상과 무호흡·서맥 등 패혈증으로 의심되는 증상이 나타났는데, 당직의사 피고인 을, 주치의 피고인 병, 전임의 피고인 정이 적절한 조치를 취하지 않아 갑을 병원 내 감염에 의한 패혈증으로 사망에 이르게 하였다는 내용으로 기소된 사안에서, 당직의사인 피고인 을(레지던트 1년차)이 갑을 진찰한 다음 패혈증 발현이 아닌 일시적 현상이라고 판단하여 혈액검사 등을 즉시 시행하지 않은 것 등에 과실이 없고, 당직 인수한 주치의 피고인 병(레지던트 2년차)은 약제선택과 투약시점과 관련하여 갑에게 항생제를 조기에 처방하지 않은 것 등에 과실이 없으며, 전임의(펠로우)인 피고인 정은 갑을 직접 진단하고 투약지시를 하거나 피고인 병을 감독할 위치에 있지 않으므로 항생제 조기투여에 관한 지시·감독의 주의의무 위반이 없다는 이유로 피고인들에게 무죄를 선고한 사례.

3. 주문

피고인들은 각 무죄.

4. 이유

1) 공소사실

피고인들은 2007. 4.경 서울 (주소 1 생략) 소재 ○○대학병원 의사로 피해자 망 공소외 1(2007. 4. 20. 출생)이 △△대병원으로 전원할 때까지 피해자 치료에 관여하였던 자들로서, 피고인 1은 2007년경 위 소아청소년과 레지던트 1년차였던 자로서 2007. 4. 25.경부터 그 다음 날인 4. 26.경까지 당직의사로 근무하였던 자이고, 피고

인 2는 같은 일시경 소아청소년과 레지던트 2년차로서 피해자의 주치의였고, 피고인 3은 같은 일시경 전공의 과정을 마친 소아청소년과 전임의(펠로우)였던 자이다.

피해자는 2007. 4. 20.경 위 병원 산부인과에서 산모 공소외 2로부터 제왕절개 수술을 통하여 쌍둥이 중 선둥이로 태어났으나 병원 내 감염이 패혈증으로 진행되어 신생아집중치료실에서 치료를 받다가 2007. 5. 30.경 △△대병원으로 전원한 뒤 2008. 10. 3. 패혈증에 따른 뇌출혈에 의한 합병증인 뇌연화증 및 뇌수두증으로 인하여 사망하였다.

피고인 1은 2007. 4. 25. 23:30경 당직의사로 근무하던 중, 신생아집중치료실에 있던 피해자에게 갑자기 같은 날 16:47경 복부팽만과 발열증상(37.9℃)이 나타나고, 같은 날 20:32경에는 앓는 소리를 내면서 복부팽만이 지속되고, 맥박이 빨라지는 빈맥증상이 있으며, 같은 날 23:30경에는 무호흡, 맥박이 느려지는 서맥이 관찰되고, 산소포화도가 75%까지 떨어지고, 청색증이 나타나는 등 전형적인 패혈증이 의심되는 상황이 발생한 사실을 간호사로부터 보고를 받았으므로, 당직의사인 피고인으로서는 즉시 신생아집중치료실로 가 직접 피해자를 진료하면서 저산소증 회복을 위해 산소공급을 하면서 산소포화도를 관찰하고, 무호흡, 서맥이 지속되면 그 원인을 발견하기 위한 혈액검사 및 소변, 뇌척수액 검사 등을 시행하며 경험적 항생제를 사용하는 등 적절한 조치를 취하여야 할 업무상 주의의무가 있었음에도 불구하고, 간호사로부터 보고를 받은 뒤 약 2시간 30분이 경과한 2007. 4. 26. 02:01경에 이르러서야 피해자의 상태를 확인하고, 위와 같은 증상을 확인하였음에도 같은 날 07:00경 피고인 2, 3에게 당직보고를 할 때까지 특별한 조치 없이 피해자를 자극하여 울리거나 앰부배깅 (ambubagging, 산소공급)만을 시행하는 등 피해자에 대하여 적절한 조치를 취하지 않은 업무상 과실로, 결국 피해자를 병원 내 감염에 의한 패혈증으로 병세가 악화되게 하였다.

이후 피고인 2, 3은 2007. 4. 26. 07:00경 당직의사 피고인 1로부터 패혈증 증상을 보이는 피해자의 상태를 보고받았고, 같은 날 07:34경 실시된 피해자에 대한 혈액검사 결과 피해자의 CRP수치(C-반응성 단백질, 염증의 정도를 나타내는 인자 중 하나)가 상승한 상태였고, 염증반응이 나타나는 시기, 피해자의 출생 당시 재태기간 및 증상, 항생제 투여시기 등에 비추어 볼 때 당시 피해자에게 신생아 패혈증이 발병하였음을 의심하거나 진단하였으므로, 신생아 패혈증의 경우 급속한 감염의 진행으로 수 시간 내에 사망할 가능성도 있고, 증상이 분명하게 나타날 때에는 이미 진행된 경우가 많아, 감염 의심이 있으면 배양검사를 시행하는 즉시 조기에 경험적인 항생제의 투여를 하여야 할 업무상 주의의무가 있었음에도 불구하고, 조기에 경험적 항생제를 투여하지 않은 채 이를 지연하던 중 2007. 4. 26. 15:29경에 이르러서야 피해자에게 경험적 항생제인 반코마이신 22㎎을 투여한 업무상 과실로, 피해자로 하여금 감염에 의한 패혈증으로 혈관 내 응고장애가 초래되고, 이에 따른 뇌출혈 및 뇌수막염으로 인하여 뇌연화증을 동반한 수두증으로 뇌실질의 상당 부분이 소실되게 하였다.

결국 피고인들은 공동하여 위와 같은 업무상 과실로 피해자를 2008. 10. 3. 09:02경 구리시 (주소 2 생략) 소재 □□□ □□병원에서 수두증으로 사망에 이르게 하였다.

2) 판단

가. 피고인 1: 당직의(레지던트 1년차)

(1) 환자상태 확인을 지연하였는지 여부

살피건대, ① 진료기록 작성이 전산화되지 않은 병원에서 의사 지시나 진찰사실이 빠지는 경우가 흔히 발생하고(감정인신문조서 제5, 10면), 당시 전공의 공소외 3 역시 의사의 조치내용 기재에 누락이 있는 것 같다고 진술하는데(수사기록 제492면), 피고인의 변소 즉, 2007. 4. 26. 02:01경 이전부터 피해자를 직접 보거나 전화로 지시사항을 전달한 기록이 빠졌다는 점을 배제할 만한 검사의 증명이 없고, ② 또한, 피해자에게 나타난 무호흡의 횟수와 간격에 비추어 볼 때, 피고인의 2007. 4. 26. 02:01경 진찰이 지연된 것이라고 판단할 수도 없다(감정서 제4면).

따라서 피고인의 환자상태 지연확인 과실을 인정할 수 없다.

(2) 환자상태 확인 후 적절한 조치를 시행하지 않았는지 여부

(가) 혈액검사 등 미시행

살피건대, ① 증상이 비특이적인 신생아 패혈증에서 발열이 항상 감염을 의미하는 것은 아닌데(공소외 4, 소아과학 제10판, 제337면), 피해자의 발열증상은 피고인의 당직근무 개시 전에 이미 회복되었고, ② 무호흡은 미숙아 중 약 25%에게서 발생하는 비교적 흔한 증상으로(공소외 5 외, 신생아 진료지침 제2판, 제175면), 피해자의 반복된 무호흡 등은 집중관찰과 기관지 확장제 투여와 산소공급 지시 등 대증요법으로 2007. 4. 26. 06:46 무렵에 이르러 호전되었다.

따라서 피고인이 직접 진찰한 다음, 당직팀 공소외 6(레지던트 2년차), 공소외 7(레지던트 3년차)과 함께, 피해자 상태를 패혈증 발현이 아니라 일시적 현상이라고 판단하고, 혈액검사 등을 즉시 시행하지 않았다고 하여, 거기에 과실을 단정할 수 없다(감정서 제3면, 감정인신문조서 제8면).

[가사, 피고인이 여러 검사를 지시했어야 함이 맞았더라도, 당시 ○○의료원에서 응급으로 검사가 가능했다는 점 및 검사결과 확인에 수일이 걸리는 것이 아니라 적시에

확인하여 상태악화를 막을 수 있었다는 점에 대한 검사의 증명이 없다.

오히려 ① 혈액검사 중 CRP 검사는 몇 시간 안에 결과를 확인할 수 있기는 하나, 이 사건의 경우에는 피고인이 당직근무 때 시행했더라도, 나중에 피고인 2가 2007. 4. 26. 07:34경 시행하여 같은 날 12:48에 결과가 나온 것과 달리, 유의미한 수치가 나왔을 것으로는 짐작하기 어렵고(감정서 제5면, 감정인신문조서 제7면), ② 혈액검사 중 패혈증이나 뇌수막염의 원인균을 동정(동정)하는 배양검사와 소변검사는 결과를 알기까지는 적지 않은 시간이 걸려, 당직의사에게 배양검사와 그 결과에 따른 조치를 기대할 수 없는 점에 비추어 보면, 피고인의 혈액검사 미시행과 피해자 사망 간 인과 관계를 인정할 수 없다(대법원 1996. 11. 8. 선고 95도2710 판결 참조).]

(나) 경험적 항생제 미투여

위에서 본 바와 같이, 피고인이 당직근무 때 피해자의 상태를 패혈증 의증으로 진단하지 않은 것에 과실이 없다고 판단되는 이상, 경험적 항생제를 당직 종료 때까지 투여하지 않은 것을 주의의무 위반이라고 인정할 수 없다(감정인신문조서 제6면).

나. 피고인 2: 주치의(레지던트 2년차)

(가) 의료행위의 재량성

피고인은 2007. 4. 26. 07:00경 피해자의 경과를 전달받고, 07:34경 임상화학검사와 일반혈액검사 및 혈액배양검사를, 12:07경 소변검사를 각각 지시하여 같은 날 12:48경 일반혈액검사 결과가 회보되자, CRP 수치가 높고 혈소판 수치가 비정상임을 확인한 직후인 13:15경 경험적 항생제의 하나인 유나신(암피실린과 설박탐 성분의 혼합 항생제)과 네트로마이신(아미노글리코사이드 계열의 항생제)을 처방하였고, 그 후 13:20부터 피해자에게 경련과 발작 증세가 나타나자 뇌수막염을 의심하여 14:34경 뇌척수액검사를 포함한 추가검사와 14:48경 미다졸람(항경련제) 주사를 각각 지시를 한 다음, 15:29경 반코마이신과 세포탁심 투약지시를 하였다.

살피건대, 피고인이 ① 당직 인수인계 무렵 패혈증을 진단하지 못한 것에 과실을 단정할 수 없음은 앞에서 본 피고인 1의 경우와 같고, ② CRP 수치로 세균성 감염을 의심하여 광범위 항생제 치료를 시작하였는데, 이때 처방한 유나신 등은 그동안 항생제를 쓰지 않았던 소아환자의 패혈증 치료에 쓰이는 1차 약제이므로, 경련이 일어나기 전까지 적절한 조치라고 할 것이고(감정서 제6면), ③ 반코마이신은 소위 죽음의 세균(MRSA)에 유일하게 대항할 수 있는 가장 강력한 효과를 발휘하는 항생제로서, 이 항생제에도 내성을 가진 박테리아(VRSA)에 감염될 경우에는 완치를 확신할 수 없어서 일반적으로 감염내과의 사전 사용허가를 필요로 하므로, 보통 미숙아에게 1차적으로 사용되지는 않고, 원인균이 동정되거나 뇌수막염이 의심될 때 또는 상태가 급격히 악화될 때 사용되는 점에 비추어, 15:29경에 이르러 예후가 더 좋지 않은 뇌수막염을 의심하고 반코마이신으로 변경 처방한 것은 임상 의사의 재량범위 내에 속하는 판단이었다고 할 것이다(감정서 제7면, 감정인신문조서 제12면, 위 소아과학 제

314~342면).

따라서 약제선택과 투약시점과 관련하여 반코마이신을 조기에 처방하지 않은 것을 피고인의 과실로 인정할 수 없다.

(나) 수직적 의료분업 관계

한편, 피고인은 대학병원의 수련체계에 따라 지도교수 공소외 8과 함께 회진하면서 피해자 상태를 진단하였고, '검사를 하면서 경과를 지켜보자'는 교수의 말 따라 혈액검사 지시와 환자상태 관찰을 시행한 후, 검사결과와 환자상태 경과를 지도교수에게 보고하여 지시받은 대로 조치한 것으로 보이는바, 교수지도에 따라 한 일련의 조치는 현대 임상 소아과학에서 인정하는 것과 배치되지 않으므로(대한신생아학회 의견회신), 피고인이 지도교수의 조치와 처방을 신뢰한 것에 과실이 있다고 판단할 수 없다[공소외 9, "분업적 의료행위에 따른 형사책임의 분배 - 특히 수직적 의료분업을 중심으로 -", 형사법연구(제19권 제1호, 통권 제30호), 제15~16면 참조].

(다) 인과관계

또한, 검사는 피고인이 당직 인수 직후 반코마이신을 처방하였다면 피해자의 상태악화를 막을 수 있었다는 의견을 제시한다.

그러나 신생아 패혈증에 대하여는 동정된 원인균에 맞는 항생제를 쓰는 것이 가장 좋은 치료이고, 적절한 치료를 하더라도 비특이적 증상 및 환자상태에 따른 복합적 원인으로 즉각적 약물치료가 상태악화를 방지한다고 단정할 수 없으므로(대한신생아학회 의견회신, 감정인신문조서 제13면), 검사의 인과관계 주장을 받아들일 수 없다.

다. 피고인 3: 전임의(펠로우)

살피건대, ① 앞에서 본 바와 같이, 항생제 투여상 의료진의 과실을 인정할 수 없을 뿐만 아니라, ② 진료기록과 ○○의료원의 진료·수련시스템(환자가 입원하면 세부 전문과목의 교수가 환자에 대한 책임을 맡고, 그 지도교수한테서 수련하는 전공의 중 레지던트들이 환자를 다시 배정받아 교수의 지시사항 이행과 결과보고, 보호자상담 등을 실행하며, 전임의는 세부 전문과목 교수가 맡지 않는 경증 환자 인수와 교수회진 동행, 교수의 지시사항에 대한 전공의들의 이행을 도와주는 역할 등을 함)을 살펴보면, 피고인은 피해자를 직접 진단하고 투약지시를 하거나 피고인 2를 감독할 위치에 있지 않았다고 판단할 수 있다(대한신생아학회 의견회신).

따라서 피고인에게 반코마이신의 조기투여에 관한 지시·감독의 주의의무 위반을 인정할 수 없다.

5. 결론

그렇다면, 피고인들에 대한 공소사실은 검사의 범죄증명이 없는 때에 해당하므로 형사소송법 제325조 후단에 의하여 무죄를 선고하기로 하여 주문과 같이 판결한다.

제10절 안과

1. 사건의 내용

선천적인 눈꺼풀하수증을 앓고 있던 A는 안과의사 B에게 수술을 의뢰하였다. B는 수술의 필요성과 방법 등에 대하여 설명을 하였고 이에 동의한 A는 오른쪽 눈꺼풀을 수술받았다. 그런데 그로부터 3, 4일 후 양쪽 눈 모두 점점 시력이 떨어져 결국 시력을 상실하게 되었다.

2. 판시사항

[1] 피해자 측에서 의료상의 과실 있는 행위를 입증하고 그 결과와 사이에 의료행위 외에 다른 원인이 개재될 수 없다는 점을 증명한 경우, 의료상의 과실과 결과 사이의 인과관계를 추정할 것인지 여부(적극)

[2] 의사의 설명의무의 내용과 그 정도 및 당해 수술 등의 처치 의가 아닌 주치의 또는 다른 의사를 통한 설명으로도 충분한지 여부(적극)

[3] 안과수술 후 갑자기 나타난 예측할 수 없는 시신경염으로 환자의 시력이 상실된 경우, 그에 대한 의사의 설명의무 및 의료과실을 부정한 사례

3. 판결요지

[1] 의료행위를 한 자에게 손해배상책임을 지우기 위하여서는 의료행위상의 주의의무 위반, 손해의 발생 및 주의의무 위반과 손해의 발생과 사이에 인과관계의 존재가 전제되어야 하는 것은 당연하나, 의료행위가 고도의 전문적 지식이 있어야 하는 분야이고, 그 의료의 과정은 대개 환자나 그 가족이 일부를 알 수 있는 점 외에 의사만 알 수 있을 뿐이며, 치료의 결과를 달성하기 위한 의료기법은 의사의 재량에 달린 것이기 때문에 손해발생의 직접적인 원인이 의료상의 과실로 말미암은 것인지 아닌지는 전문가인 의사가 아닌 보통사람으로서는 도저히 밝혀낼 수 없는 특수성이 있어서 환자 측이 의사의 의료행위상의 주의의무 위반과 손해의 발생과 사이의 인과관계를 의학적으로 완벽하게 입증한다는 것은 극히 어려우므로, 의료사고는 있어서는 피해자 측에서 일련의 의료행위 과정에서 저질러진 일반인의 상식에 바탕을 둔 의료상의 과실 있는 행위를 입증하고 그 결과와 사이에 일련의 의료행위 외에

다른 원인이 개재될 수 없다는 점, 이를테면 환자에게 의료행위 이전에 그러한 결과의 원인이 될 만한 건강상의 결함이 없었다는 사정을 증명한 때도 있어서는 의료행위를 한 측이 그 결과가 의료상의 과실로 말미암은 것이 아니라 전혀 다른 원인으로 말미암은 것이라는 입증을 하지 아니하는 이상, 의료상 과실과 그 결과 사이의 인과관계를 추정하여 손해배상책임을 지울 수 있도록 증명책임을 완화하는 것이 손해의 공평·타당한 부담을 그 지도원리로 하는 손해배상제도의 이상에게 맞는다.

[2] 일반적으로 의사는 환자에게 수술 등 침습을 가하는 과정 및 그 후에 나쁜 결과 발생의 개연성이 있는 의료행위를 하는 경우 또는 사망 등의 중대한 결과 발생이 예측되는 의료행위를 하는 경우에서 진료 계약상의 의무 또는 침습 등에 대한 승낙을 얻기 위한 전제로서 당해 환자나 그 법정대리인에게 질병의 증상, 치료방법의 내용 및 필요성, 발생이 예상되는 위험 등에 관하여 당시의 의료수준에 비추어 상당하다고 생각되는 사항을 설명하여 당해 환자가 그 필요성이나 위험성을 충분히 비교해 보고 그 의료행위를 받을 것인가의 여부를 선택할 수 있도록 할 의무가 있는 것이지만, 의사에게 당해 의료행위 때문에 예상되는 위험이 아니거나 당시의 의료수준에 비추어 예견할 수 없는 위험에 대한 설명의무까지 부담하게 할 수는 없으며, 설명의무의 주체는 원칙적으로 당해 처치의사라 할 것이나 특별한 사정이 없으면 처치의사가 아닌 주치의 또는 다른 의사를 통한 설명으로도 충분하다.

[3] 안과 수술 후 갑자기 나타난 예측할 수 없는 시신경염으로 환자의 시력이 상실된 경우, 수술 전에 그 수술의 필요성, 방법, 합병증에 대하여 자세히 설명하였고 수술 전후에 걸쳐 환자의 기왕 병력인 신경섬유종의 변화 여부를 관찰하였으나 아무런 변화가 없었으며, 수술 부위가 시신경과는 무관한 눈꺼풀 부위로서 시신경염 때문인 시력상실은 통상적으로 예견되는 후유증이 아니라는 점에 비추어 그에 대한 의사의 설명의무 및 의료과실을 부정한 사례

4. 검토

의사라고 하여 자신의 의료행위 때문인 모든 후유증을 다 알 수는 없다. 따라서 설명의무의 범위도 보통 기대할 수 있는 의료수준 안으로 한정되며, 과실 역시 현재의 의료수준으로 기대되는 주의의무를 다하기만 하면 된다.

그런데 이 사건에서 의사 B는 이 수술에 대하여 일반적으로 할 수 있는 모든 설명을 다하였으며, 수술과 관련하여서도 가능한 모든 조처를 했다. 따라서 지금의 의학수준으로는 구체적으로 알 수 없거나 일반적으로 예측할 수 없었던 A에게 나타난 시력상실에 대해서 의사B의 책임은 없다.

1. 사건의 내용

백내장을 앓고 있던 A(당시 시력 0.1)는 안과의사 B로부터 백내장 수술을 권유받았고, B로부터 수술을 받은 3개월 후 A의 시력은 0.9 정도로 거의 정상을 회복하였다. 그런데 수술 후 9개월 정도가 지나 눈이 부시고(현휘증), 눈에 무엇인가 떠다니는 증상(비문증 증세)을 호소하였고, 이에 B는 위와 같은 증상은 근시가 있는 눈에 흔히 있는 것이라고 하면서 간단한 처방만을 하였다. 그런데 B의 처방에 따라 약을 복용하던 B는 약 1주일이 지난 후에 물체가 흑백으로 보이고 물결이 흔들리는 것 같은 증상을 보이게 되었다. 이후 A는 망막박리로 앞으로도 계속 시력장애가 있을 것임이 밝혀졌다.

2. 판시사항

[1] 백내장 수술 후 검진 당시 환자가 비문증을 호소한 데 대하여 망막박리 여부의 검사를 시행하지 않은 의사의 의료상 과실 및 그것과 결과 사이의 상당인과관계를 부인한 사례

[2] 의사 설명의무의 내용 및 그 위반이 위자료 지급 대상이 되는 경우

3. 판결요지

[1] 백내장 수술 후 일단 정상으로 회복되었다고 보이는 환자가 그 후 검진 당시 비문증을 호소하기는 하였으나 이는 후추 자체박리의 경우뿐만 아니라 안구 내 출혈, 안구 내염증 등을 원인으로 하여 발생하며, 당시는 통상 예상되는 후유증 발생기간인 수술 후 6개월이 이미 지난 시점이고 환자의 시력이나 안압 등의 상태도 망막박리 등 백내장 수술 때문인 후유증의 징후가 있는 것으로 볼 수 없는 상황이었으므로, 의사의 위 검진이 오진이라거나, 위 검진 당시 망막박리를 판단하기 위한 검사를 시행하지 아니한 것이 과실이라고 단정하기 어렵고, 나아가 그러한 진단 결과나 망막박리를 판단하기 위한 검사를 하지 아니한 것이 환자의 시각장애를 가져온 직접적인 원인이 되었다고 단정할 수도 없다고 본 사례

[2] 일반적으로 의사는 환자에게 수술을 시행하는 과정 및 그 후에 나쁜 결과가 발생할 개연성이 있는 의료행위를 할 때에는, 응급환자의 경우나 그 밖의 특별한 사정이 없으면, 진료계약상의 의무로써 또는 수술에 대한 승낙을 얻기 위한 전제로서 당해 환자나 법정대리인에게 질병의 증상, 치료방법의 내용 및 필요성, 발생이 예

상되는 위험 등에 관하여 당시의 의료수준에 비추어 상당하다고 생각되는 사항을 설명하여 당해 환자가 그 필요성이나 위험성을 충분히 비교해보고 그 의료행위를 받을 것인가의 여부를 선택할 수 있도록 하여야 할 의무가 있을 뿐만 아니라, 그 진료 목적의 달성을 위하여 환자 또는 그 보호자에 대하여 요양의 방법 기타 건강관리에 필요한 사항을 상세히 설명하여 후유증 등에 대비하도록 할 의무가 있으며, 한편 의료행위 때문에 중대한 결과가 발생하여 환자가 의사의 설명의무 위반 때문인 위자료를 청구하는 때도 환자에게 발생한 중대한 결과가 의사의 의료행위 때문이어야 한다(백내장 수술에 따른 후유증인 망막박리의 발생 가능성에 대한 의사의 설명의무 위반을 이유로 위자료 청구를 인정한 사례).

4. 검토

사안에서 대법원은 A의 망막박리에 대하여 B에게 과실이 있다고 보지 않았다. 즉, A는 검진할 때까지 시력이 정상을 유지하였고, 백내장 수술 후 약 8개월이 지난 뒤 자각증상으로서 비문증을 호소하였을 뿐이고, 망막박리의 구체적인 증상이 나타나기 시작한 것은 진찰을 받은 약 1주일 정도가 지난 후로서, B의 검진 당시 위 원고에게 망막박리 증상이 있었는지도 단정하기 어렵다고 보았다. 또한, 대법원은 위와 같은 수술과 치료의 경과에 비추어, B에게 진료계약 위반 사실이 있다거나 그 진료계약 위반과 위 망막박리의 결과 사이에 상당인과관계가 있다고 인정할 수도 없다고 하였다.

그러나 대법원은 B는 백내장 수술도 망막박리를 일으킬 수 있다는 점과 A와 같은 중증도 이상의 근시인 사람이 사회적으로 심한 활동을 할 경우에도 망막박리가 초래될 가능성이 있다는 점 등을 설명하여야 할 의무가 있는데도 이를 소홀히 하였기 때문에 A에 대해서 위자료는 배상할 책임이 있다고 보았다.

사례3 | 서울중앙지법 2006.7.26. 2005가합29820 판결

---

1. 판시사항

[1] 라식수술 후에 진균성 각막염이 발생하였더라도 그 곰팡이감염이 라식수술 때문이라고 추정할 수 없다고 본 사례

[2] 라식수술 후에 발생하는 진균성 각막염이 라식수술에 전형적으로 수반하는 위험으로서 의사의 설명의무의 대상이 된다고 본 사례

2. 판결요지

[1] 라식수술 후에 진균성 각막염이 발생하였으나, 진균성 각막염은 점안약의 사용 등 여러 가지 원인으로 말미암은 감염으로 발생할 수 있는데 환자가 평소 안구건조증으로 점안약을 수시로 사용한 점, 같은 날 오른쪽 눈과 왼쪽 눈을 같은 기계로 수술하였음에도 오른쪽 눈에서만 감염이 발생한 점, 라식수술 후 수술부위 및 점안약의 관리를 소홀히 하여 곰팡이에 감염되었을 가능성 등을 배제할 수 없는 점 등에 비추어 볼 때, 위 곰팡이감염이 라식수술로 말미암은 것으로 추정할 수 없다고 본 사례

[2] 각막 절편을 연마하는 라식수술의 특성상 라식수술 후 발생하는 각막염은 라식수술에 전형적으로 수반하는 위험이고, 특히 곰팡이에 의한 각막염은 발견이 어렵고 치료가 매우 곤란할 뿐만 아니라 예후 또한 불량하여 라식수술 여부를 결정하여야 하는 환자로서는 이러한 위험에 관한 충분한 설명을 듣고 치료행위의 승낙 여부를 결정할 권리가 있으므로, 진균성 각막염은 의사의 설명의무의 대상이 되고, 그 발생 빈도가 매우 희소하다는 사정만으로 설명의무의 대상에서 제외되지 않는다고 본 사례

사례4 | 대법원 2018. 10. 4. 선고 2018다236296, 236302 판결

1. 판시사항

[1] 수술 도중이나 수술 후 환자에게 중한 결과의 원인이 된 증상이 발생한 경우, 증상 발생에 관하여 의료상 과실 이외의 다른 원인이 있다고 보기 어려운 간접사실들이 증명되면, 증상이 의료상 과실에 기한 것이라고 추정할 수 있는지 여부(적극) 및 그 한계

[2] 갑이 을이 운영하는 병원에서 두 눈 쌍꺼풀 수술과 코 필러 주입 수술을 받고 약 2주 후 눈에 통증을 호소하다가, 각막열상으로 인한 각막혼탁 및 외상성 백내장 진단을 받은 사안에서, 갑의 왼쪽 눈에 발생한 각막혼탁과 백내장은 수술 도중 수술 도구에 의해 가해진 각막열상 등의 손상으로 인하여 초래된 것으로 추정할 수 있는 개연성이 상당함에도 이와 달리 본 원심판단에 법리오해의 잘못이 있다고 본 사례

2. 주문

원심판결을 파기하고, 사건을 서울고등법원에 환송한다.

3. 이유

상고이유를 판단한다.

1) 의료행위는 고도의 전문지식을 필요로 하는 분야에서 이루어지는 것으로서 전문가가 아닌 일반인이 의사의 의료행위 과정에 주의의무 위반이 있는지, 그 주의의무 위반과 손해의 발생 사이에 인과관계가 있는지를 밝혀내는 것이 매우 어려운 특수성이 있다. 그러므로 수술 도중이나 수술 후 환자에게 중한 결과의 원인이 된 증상이 발생한 경우 그 증상 발생에 관하여 의료상 과실 이외의 다른 원인이 있다고 보기 어려운 간접사실들이 증명되면, 그러한 증상이 의료상 과실에 기한 것이라고 추정할 수 있다. 다만 그 경우에도 의사의 과실로 인한 결과 발생을 추정할 수 있을 정도의 개연성이 담보되지 않는 사정들을 가지고 막연하게 중한 결과에 대하여 의사의 과실과 인과관계를 추정함으로써 결과적으로 의사에게 무과실의 증명책임을 지우는 것까지 허용되는 것은 아니다(대법원 2012. 10. 11. 선고 2011다100138 판결 등 참조).

2) 원심판결 이유와 기록에 의하면 다음과 같은 사실을 알 수 있다.

가. 피고(반소원고, 이하 '피고'라고 한다)는 2015. 4. 27. 의사인 원고(반소피고, 이하 '원고'라고 한다)가 운영하는 성형외과 의원(이하 '원고 병원'이라고 한다)에서 원고로부터 매몰법 방식의 두 눈 쌍꺼풀 수술(이하 '이 사건 수술'이라고 한다)과 코 필러(filler) 주입 수술을 받았다.

나. 피고는 수술 다음 날인 2015. 4. 28. 다시 원고 병원에 내원하였는데 눈 수술 부분과 관련하여 불편을 호소하지는 않았다. 피고는 2015. 5. 10. 카카오톡 메신저로 원고 병원 측에 '일요일이라 카카오톡으로 연락드린다. 왼쪽 눈알이 너무 아파 이제 머리까지 아프다. 처음에는 수술 부위가 아픈 줄 알았는데 거의 2주가 지난 지금 제대로 만져보니 눈알이 아프다. 수술 후 왼쪽 눈 시력이 엄청 떨어졌다. 하루도 못 참겠으니 예약날짜를 내일로 해 달라.'는 취지의 문자메시지를 보냈다. 피고는 그 다음 날 원고 병원에 내원하여 위와 같은 증상을 밝히고 진찰을 받았고, 원고는 피고의 왼쪽 눈 각막 또는 결막에서 상처를 발견하고 안연고를 발라주었다. 원고는 같은 날 작성한 진료기록에 "수술 부위 특별한 손상X. 눈 누를 때 통증 유. 평소 통증X. 충혈X"라고 기재하였다. 원고는 2015. 5. 29.에도 피고를 진찰하고는 피고에게 '각막에 스크래치가 있는 상황'이라고 설명하였다.

다. 피고는 2015. 5. 19.과 같은 달 22일 아산시에 있는 '○○○안과의원'에서 의사 소외 1에게 '쌍꺼풀 수술 후 왼쪽 눈에 상처가 생긴 듯 하고, 통증이 있으며, 시력이 떨어진 것 같다.'는 증상을 호소하였고, 소외 1은 진찰 후 피고의 병명을 '기타 명시된 눈꺼풀의 염증, 근시, 기타 결막염'으로 진단하고 '왼쪽 눈에 각막열상으로 추정되는 각막혼탁으로 인해 현재 각막난시가 있다.'는 의견을 밝혔다. 소외 1은 2015. 6. 26. 피고의 병명을 '(주상병) 기타 중심성 각막혼탁, (부상병) 근시'로 진단하고 '각막열상으로 인한 각막혼탁 및 외상성 백내장 의증으로 향후 정기점검이 필요하다.'는 소견을 담은 진단서를 발급해 주었다. 피고는 2015. 6. 18. 아산시에 있는 '△△안과'에서 의사 소외 2로부터 '각막반흔, 각막열상에 의한 외상성 백내장(좌안)' 진단을 받았고, 2017. 6. 9. '□□ □□□안과' 병원에서 의사 소외 3으로부터 '기타 각막흉터 및 혼탁(좌안), 근시(양안)'라는 진단을 받았다.

라. 피고는 2016. 9. 24.과 2016. 10. 26. 제1심법원이 촉탁한 신체감정을 위하여 ◇◇◇◇대학교 ☆☆병원에서 각종 검사를 받았다. 감정의는 '원거리 시력은 우안 0.7, 좌안 0.9, 근거리 시력은 우안 및 좌안 각 1.0이고 시야나 안구운동의 효율에는 별다른 문제가 없으나, 좌안에 -1.25 디옵터의 난시가 있다. 각막혼탁과 난시 및 백내장에 대하여 정기적인 추적 관찰을 요하나 현재 수술적 치료를 고려할 상태는 아니다. 백내장이 진행하여 수술에 이르는 경우 백내장적출술 등에 약 30만 원이 소요된다.'는 감정 결과를 제1심법원에 회신하였다. 한편 위 신체감정과 관련하여 작성된 진료기록(을 제16호증)에는 '추정진단'이 왼쪽 눈의 각막혼탁(Corneal opacity)과 백내장(Cataract)으로 기재되어 있고, 그림으로 각막혼탁과 수정체 손상이 발생한 부위가 각각 표시되어 있는데 그 둘의 위치가 거의 일치하는 것으로 보인다. 또 진료기록에 첨부된 피고의 왼쪽 눈(OS, Oculus Sinister) 각막에 대한 단층촬영 영상(Laser Tomography Image, 이하 '이 사건 단층촬영영상'이라고 한다)을 보면 각막 전면에서 후면을 관통하는 가느다란 음영이 확인된다.

마. 원고는 2015. 5. 29. 피고에게 이 사건 수술 당시 수술실에 설치되어 있던 경비업체(ADT 캡스)의 폐쇄회로텔레비전(CCTV) 영상을 피고에게 제공하겠다고 하였으나 제공하지 않았고, 위 영상은 2016. 2. 1. 위 경비업체와 원고 병원의 경비용역계약이 해지된 후 삭제되었다.

3) 위와 같은 사실관계를 앞서 본 법리에 비추어 살펴본다.

가. 피고는 이 사건 수술 후 채 2주가 지나기 전인 2015. 5. 10. 원고 병원 측에 문자 메시지로 수술 후 왼쪽 눈에 극심한 통증과 시력 저하가 있음을 호소하면서 그 이전부터 그와 같은 증상이 있었다고 밝혔고, 원고는 2015. 5. 11. 피고를 진찰하여 왼쪽 눈 각막 또는 결막에서 상처를 발견하였다. 피고를 진찰한 의사 소외 1은 2015. 5. 22. '왼쪽 눈에 각막열상으로 추정되는 각막혼탁으로 인해 현재 각막난시가 있다.'는 의견을 밝혔고, 의사 소외 2는 2015. 6. 18. 피고의 병명을 '각막반흔, 각막

열상에 의한 외상성 백내장(좌안)'으로 진단하였다. 신체감정의 역시 피고의 병명을 왼쪽 눈의 각막혼탁(Corneal opacity)과 백내장(Cataract)으로 추정하였다. 한편 이 사건 단층촬영영상에 의하면 피고의 왼쪽 눈에 나타난 각막혼탁은 수술도구 등 날카로운 물체에 의하여 각막의 전층이 천공되는 각막열상 등의 손상으로 인해 발생하였을 가능성이 높아 보이는 반면, 실밥 등 이물질의 자극이나 눈을 비비는 등의 일상적인 행위로 발생하기는 어려워 보인다. 또한 신체감정 당시 작성된 진료기록상 각막혼탁과 수정체 손상이 발생한 부위가 대체로 일치하는 것으로 보이고, 만약 두 부위가 일치한다면 두 질환이 같은 원인으로 발생하였을 가능성이 높아 보인다.

이러한 일련의 진료 경과, 피고가 왼쪽 눈의 통증과 시력 저하를 호소한 시점, 피고 왼쪽 눈에서 관찰되는 증상 및 그것이 발생한 부위 등에 더하여, 비록 각막열상이 정상적인 매몰법 방식의 쌍꺼풀 수술에서 나타날 수 있는 후유증이나 합병증은 아니지만 그 수술 과정에서 의사가 과실로 각막열상을 가할 가능성은 얼마든지 있는 점, 기록상 이 사건 수술 이전부터 피고가 각막혼탁이나 백내장 등의 질환을 앓고 있었다거나 이 사건 수술 외에 위와 같은 형태의 각막혼탁이 발생할 만한 수술을 받거나 사고를 당하였다는 사정도 찾아볼 수 없는 점 등을 종합하여 보면, 피고의 왼쪽 눈에 발생한 각막혼탁과 백내장은 이 사건 수술 도중 수술도구에 의해 가해진 각막열상 등의 손상으로 인하여 초래된 것으로 추정할 수 있는 개연성이 상당하다.

나. 한편 제1심법원의 각 진료기록감정촉탁 결과는 원고 병원과 ○○○안과의원의 간략한 의료기록 및 ○○○안과의원의 소견서와 진단서 등 극히 제한된 자료만을 바탕으로 이루어진 것이고(피고의 얼굴 전체가 촬영된 사진 외에는 영상자료도 제공되지 않았다), '피고에게 수술 후 일시적으로 나타나는 각막찰과상이나 부분각막열상이 있었던 것으로 보인다.'는 부분 등 이 사건 단층촬영영상의 형상과도 들어맞지 않는 부분이 있을 뿐만 아니라, 위 감정촉탁 결과에 따르더라도 이 사건 수술과 각막혼탁 등 사이의 인과관계 판단을 위해서는 안구 보호 렌즈를 제대로 삽입한 후 수술을 하였는지 및 수술바늘로 인한 손상이라면 각막혼탁의 모양과 위치 및 백내장의 위치가 일치하는지 등을 확인할 필요가 있다는 것이어서, 위와 같은 추정을 뒤집을 만한 충분한 근거가 되지 못한다.

다. 그렇다면 원심으로서는 이 사건 단층촬영영상에 나타난 음영과 같은 형태의 각막혼탁이 발생할 수 있는 원인으로는 어떤 것들이 있는지, 피고가 왼쪽 눈 부위에 이 사건 수술 외에 다른 수술을 받거나 그 밖에 다른 원인으로 위와 같은 형태의 각막혼탁 또는 각막손상이 발생하여 치료받은 전력이 있는지, 각막혼탁과 수정체 손상 부위가 일치하는지 등을 심리한 다음, 피고 왼쪽 눈에 발생한 각막혼탁과 백내장이 원고의 의료상 과실에 기한 것으로 추정될 수 있는지에 관해 판단하였어야 한다.

그런데도 원심은 위와 같은 사정에 관하여 심리하지 아니한 채, 신체감정 당시 피고 왼쪽 눈의 각막혼탁과 백내장이 수술적 치료를 고려할 만한 상태는 아니었던 점과 제1심법원의 각 진료기록감정촉탁 결과 및 피고의 증상과는 별다른 관련이 없는 시야나 안구운동의 효율성 등을 근거로 이 사건 수술 과정에서 원고의 과실로 인하여 피고의 왼쪽 눈에 각막혼탁과 백내장이 초래되었다고 단정할 수 없다고 판단하였다. 이러한 원심판단에는 의료소송에서 과실과 인과관계의 증명에 관한 법리를 오해하여 필요한 심리를 다하지 않음으로써 판결에 영향을 미친 잘못이 있다. 이를 지적하는 피고의 상고이유 주장은 이유 있다.

4. 결론

그러므로 나머지 상고이유에 관한 판단을 생략한 채, 원심판결을 파기하고 사건을 다시 심리·판단하도록 원심법원에 환송하기로 하여, 관여 대법관의 일치된 의견으로 주문과 같이 판결한다.

사례5 | 대법원 2015. 10. 29. 선고 2014다22871 판결

1. 판시사항

[1] 임상시험 단계의 의료행위에 대한 의사의 설명의무의 내용 / 가정적 승낙에 의한 면책이 허용되는 경우

[2] 의사의 설명의무 위반을 이유로 결과로 인한 모든 손해를 청구하는 경우, 결과와 설명의무 위반 내지 승낙취득 과정에서의 잘못 사이에 상당인과관계가 존재하여야 하는지 여부(적극) 및 이때 요구되는 설명의무 위반의 정도

2. 주문

상고를 모두 기각한다. 상고비용은 피고가 부담한다.

3. 이유

상고이유를 판단한다.

1) 상고이유 제1, 2점에 대하여

가. 환자의 수술과 같이 신체를 침해하는 의료행위를 하는 경우에는, 긴급한 경우 기타의 특별한 사정이 없는 한, 의료행위에 앞서 질병의 증상, 치료방법의 내용 및 필요성, 발생이 예상되는 위험 등에 관하여 당시의 의료수준에 비추어 상당하다고

생각되는 사항을 설명하여 해당 환자가 그 필요성이나 위험성을 충분히 비교해 보고 그 진료행위를 받을 것인지의 여부를 선택하도록 함으로써 그 진료행위에 대한 동의를 받아야 한다(대법원 2009. 5. 21. 선고 2009다17417 전원합의체 판결 등 참조). 특히 그러한 의료행위가 임상시험의 단계에서 이루어지는 것이라면 해당 의료행위의 안전성 및 유효성(치료효과)에 관하여 그 시행 당시 임상에서 실천되는 일반적·표준적 의료행위와 비교하여 설명할 의무가 있다(대법원 2010. 10. 14. 선고 2007다3162 판결 등 참조).

한편 환자가 의사로부터 설명을 듣지 아니하였지만 만약 올바른 설명을 들었더라도 의료행위에 동의하였을 것이라는 이른바 가정적 승낙에 의한 면책은 항변사항으로서, 환자의 승낙이 명백히 예상되는 경우에만 예외적으로 허용된다(대법원 1994. 4. 15. 선고 92다25885 판결, 대법원 2002. 1. 11. 선고 2001다27449 판결 등 참조).

그리고 법원은 변론 전체의 취지와 증거조사의 결과를 참작하여 자유로운 심증으로 사회정의와 형평의 이념에 입각하여 논리와 경험의 법칙에 따라 사실 주장이 진실인지 아닌지를 판단하며(민사소송법 제202조), 원심판결이 이와 같은 자유심증주의의 한계를 벗어나지 아니하여 적법하게 확정한 사실은 상고법원을 기속한다(같은 법 제432조).

나. 원심은 제1심판결 이유를 인용하여, (1) 이 사건 시술 당시에 눈미백수술의 안전성과 유효성(치료효과)에 관하여 의학계의 임상경험에 기초한 합의가 없었다고 인정한 다음, (2) 이 사건 시술은 시행 당시 임상시험 단계에 있는 수술이었으므로, 피고로서는 원고들에게 통상의 신체 침해 의료행위에서 요구되는 수준의 일반적인 설명뿐만 아니라 이 사건 시술이 아직 임상적인 자료에 의하여 안전성 및 유효성이 확립되어 있지 아니한 의료행위라는 사정까지도 설명할 의무가 있음에도, 통상적인 부작용과 합병증에 관하여만 설명하고 시술에 대한 동의를 받았을 뿐, 이 사건 시술에 대하여 안전성 및 유효성이 아직 증명되지 아니하였으며 그에 관한 안과 의학계의 임상경험에 기초한 합의가 없는 상태라는 사정에 대한 설명까지 하였음을 인정할 증거가 없다는 사정 등을 들어, 피고는 이 사건 시술에서 요구되는 설명의무를 다하지 아니하였다고 봄이 타당하다고 판단하고, (3) 또한 만일 원고들이 피고로부터 안과의 임상의학에서 이 사건 시술이 평가받고 있는 정확한 실태 등의 설명을 들었더라면 특별한 사정이 없는 한 이 사건 시술을 받지 않았을 것이라고 추정할 수 있다고 판단하였다.

다. 상고이유 중 이러한 원심의 사실인정을 다투는 주장은 실질적으로 사실심 법원의 자유심증에 속하는 증거의 취사선택과 증거가치의 판단을 탓하는 것에 불과하다.

그리고 원심판결 이유를 앞에서 본 법리와 적법하게 채택된 증거들에 비추어 살펴보아도, 원심의 판단에 상고이유 주장과 같이 의사의 설명의무의 범위, 이행 및 면제 또는 추정적·가정적 승낙에 의한 면책 등에 관한 법리를 오해하거나 필요한 심리를 다하지 아니하고 논리와 경험의 법칙에 반하여 자유심증주의의 한계를 벗어나는 등의 사유로 판결에 영향을 미친 위법이 없다.

2) 상고이유 제3점에 대하여

가. 의사가 설명의무를 위반한 채 수술을 시행하여 환자에게 중대한 결과가 발생하였다는 것을 이유로 결과로 인한 모든 손해를 청구하는 경우에는, 그 중대한 결과와 의사의 설명의무 위반 내지 승낙취득 과정에서의 잘못과의 사이에 상당인과관계가 존재하여야 한다. 그리고 위 경우에 의사의 설명의무 위반은, 환자의 자기결정권 내지 치료행위에 대한 선택의 기회를 보호하기 위한 설명의무의 취지에 비추어, 환자의 생명, 신체에 대한 구체적 치료과정에서 요구되는 의사의 주의의무 위반과 동일시할 정도의 것이어야 한다(대법원 1996. 4. 12. 선고 95다56095 판결, 대법원 2004. 10. 28. 선고 2002다45185 판결 등 참조).

나. 원심은, 앞에서 본 것과 같이 원고들이 피고로부터 안과의 임상의학에서 이 사건 시술이 평가받고 있는 정확한 실태 등에 관한 설명을 들었더라면 특별한 사정이 없는 한 이 사건 시술을 받지 않았을 것이라고 추정할 수 있는 사정과 아울러 원심의 경희대학교 의과대학 부속병원장에 대한 신체감정촉탁결과 등을 종합하면, 피고의 설명의무 위반에 따른 이 사건 시술의 시행과 이 사건 시술 후 원고들이 겪게 된 증상 사이에 상당인과관계가 있다고 인정하여, 피고는 설명의무 위반으로 인한 위자료를 포함한 원고들의 모든 손해를 배상할 책임이 있다고 판단하였다.

다. 원심판결 이유를 적법하게 채택된 증거들에 비추어 살펴보면, 위와 같은 원심의 판단은 앞에서 본 법리에 기초한 것으로서, 거기에 상고이유 주장과 같이 설명의무 위반과 손해 사이의 인과관계, 설명의무 위반으로 인한 손해배상의 범위 등에 관한 법리를 오해하여 필요한 심리를 다하지 아니하거나 논리와 경험의 법칙에 반하여 자유심증주의의 한계를 벗어나는 등의 사유로 판결에 영향을 미친 위법이 있다고 할 수 없다.

4. 결론

그러므로 상고를 모두 기각하고, 상고비용은 패소자가 부담하기로 하여, 관여 대법관의 일치된 의견으로 주문과 같이 판결한다.

제11절 치과

사례1 | 대법원 1998.9.4. 96다11440 판결

1. 사건의 내용

임사부인 A는 자신의 임신 사실을 밝히지 않은 채 B치과병원에서 사랑니를 뽑았다. 그런데 이후 계속 뽑은 자리가 붓고 열이 나며 통증이 심해지자 다시 병원을 찾았다.

이에 의사 C는 구강저 봉와직염이라고 진단하고 A의 입안을 절개하여 환부에서 농을 배출하였으나 특별히 농배양을 하지는 않았다. 그러나 이후에도 A가 계속해서 심한 고열증상을 보이자 C는 뒤늦게 농배양을 실시하였고 그 결과 패혈증에 의한 증상임이 밝혀졌다. 이후 A는 맥박이 약해지고 저산소혈증 때문인 청색증 등이 나타나서 혼수상태에 빠졌다가 사망에 이르렀다.

2. 판시사항

[1] 구강저 봉와직염 환자에 대한 치과의사의 진료상의 과실을 인정하고 위 치과의사 소속 대학병원의 사용자책임을 인정한 사례

[2] 과실상계사유에 관한 사실인정 및 비율확정이 사실심의 전권사항인지 여부(적극)

3. 판결요지

[1] 구강저 봉와직염 환자에 대한 치과의사의 진료상의 과실을 인정하고 위 치과의사 소속 대학병원의 사용자책임을 인정한 사례

[2] 불법행위로 말미암은 손해배상 청구사건에서 과실상계 사유에 관한 사실인정이나 그 비율을 정하는 것은 그것이 형평의 원칙에 비추어 현저히 불합리하다고 인정되지 않는 한 사실심의 전권사항에 속한다. 의사의 문진에 대하여 임신 중이라는 사실을 알리지 아니한 환자에게 답변상의 과실이 있다고 보고, 또한 임신 중이라는 환자의 신체적 소인이 질병의 발생에 이바지하였다고 보아서 이를 과실상계의 법리를 유추·적용함으로써 피고의 손해배상책임을 80%로 제한한 원심의 판단을 정당하다고 한 사례

4. 검토

구강저 봉와직염(口腔底 蜂窩織炎) 환자의 경우, 치과의사는 이를 조기에 진단, 발견

하여 즉시 강력한 항생제를 투여하는 외에 절개수술을 하여 환부의 농을 제거함과 동시에 농에 대한 세균배양검사를 조기에 실시하여 세균의 종류에 따른 적합한 항생제를 투여함으로써 패혈증 등으로 발전되는 것을 사전에 차단하여야 할 필요가 있다.

그런데 사안에서는 A가 구강저 봉와직염의 증상을 보임에도 C는 농에 대하여 세균배양검사를 제때에 실시하지 않은 과실이 있으므로 손해배상책임이 있다고 할 것이다.

다만, A는 자신의 임신 사실을 알리지 않았는데, 구강저봉와직염은 임신과 관련이 있으므로 이를 알리지 않은 A에게 20%의 과실을 인정하여 B에게 손해 전액의 80%를 배상하도록 하였다.

사례2 ┃ 대전지법 2015.5.28. 2014노3568 판결

1. 사건의 내용

치과의사인 피고인 갑이 간호조무사인 환자 병을 상대로 '치아 본뜨기' 시술을 시행하도록 교사하였다고 하여 의료법 위반으로 기소된 사안에서 치아 본뜨기 시술은 의학적 전문지식을 기초로 하는 경험과 기능을 요구하는 치료행위의 일부로서 의료행위에 해당하고, 위 시술을 피고인 을이 한 행위는 진료보조업무의 범위를 일탈한 것으로서 간호조무사의 진료보조행위에 포함될 수 없다는 사례

2. 판시사항

치과의사인 피고인 갑이 간호조무사인 피고인 을에게 환자 병을 상대로 '치아 본뜨기' 시술을 시행하도록 교사하였다고 하여 의료법 위반으로 기소된 사안에서, 치아본뜨기 시술은 의학적 전문지식을 기초로 하는 경험과 기능을 요구하는 치료행위의 일부로서 의료행위에 해당하고, 위 시술을 피고인 을이 한 행위는 진료보조업무의 범위를 일탈한 것으로서 간호조무사의 진료보조행위에 포함될 수 없다고 한 사례

3. 판결요지

치과의사인 피고인 갑이 간호조무사인 피고인 을에게 환자 병을 상대로 '치아 본뜨기' 시술을 시행하도록 교사하였다고 하여 의료법 위반으로 기소된 사안에서, 치아 본뜨기란 치과 진단 및 치료를 위해 구강 내 조직의 모습을 본뜨는 과정 혹은 그 결과물을 가리키는 것인데 치아 본뜨기 시술은 가의치나 크라운, 비릿지, 임플란트 등 보철물의 정교한 제작이나 정확한 진단을 위해 필수적인 과정에 해당하는 것으로 의학적 전

문지식을 기초로 하는 경험과 기능을 요구하는 치료행위의 일부로서 의료행위에 해당하고, 나아가 피고인 을은 치과위생사도 아닌 간호조무사인 점, 피고인 을이 치아 본뜨기 시술을 할 당시 피고인 갑은 다른 환자를 진료하고 있었던 점 등 제반 사정을 종합할 때 의료 행위인 치아 본뜨기 시술을 피고인 을이 한 행위는 진료보조업무의 범위를 일탈한 것으로서 간호조무사의 진료보조행위에 포함될 수 없다는 이유로, 피고인들에게 유죄를 인정한 제1심판단을 정당하다고 한 사례

사례3 | 의정부지방법원 2021. 3. 18. 선고 2018가단19200 판결

1. 주문

1. 피고는 원고에게 31,533,178원 및 이에 대하여 2018. 10. 6.부터 2021. 3. 18.까지는 연 5%의, 그 다음날부터 갚는 날까지는 연 12%의 각 비율로 계산한 돈을 지급하라.
2. 원고의 나머지 청구를 기각한다.
3. 소송비용 중 3/10은 원고가, 나머지는 피고가 각 부담한다.
4. 제1항은 가집행할 수 있다.

2. 청구취지

피고는 원고에게 50,000,000원 및 이에 대하여 이 사건 소장부본 송달 다음날부터 갚는 날까지 연 15%의 비율로 계산한 돈을 지급하라.

3. 이유

1) 기초사실

가. 피고는 의정부시 (주소 생략)에서 '□□□치과의원'이라는 상호의 치과의원(이하 '피고 병원'이라 한다)을 운영하는 치과의사이고, 원고는 피고 병원에서 임플란트 등 치과 치료를 받은 사람이다.

나. 국제 치과연맹은 아래 그림과 같이 각 치아에 번호를 부여하여 치아를 특정한다(이하 원고의 치아를 지칭하는 경우 아래의 번호를 사용한다).

다. 치아를 발치하고 그 자리에 식립하여 치아를 대신하는 보철물을 임플란트라 하고, 임플란트는 잇몸뼈에 식립되는 인공치근(픽스쳐), 그 위에 부착되어 치아머리 역할을 하는 크라운, 픽스쳐와 크라운을 연결하는 역할을 하는 어버트먼트로 구성된다(아래 그림 참조). 통상 임플란트 시술은 잇몸뼈에 픽스쳐를 식립하는 1단계, 식립 후 충분히 고정된 임플란트 픽스쳐에 구멍을 뚫어 어버트먼트를 연결하는 2단계,

임플란트의 위치와 구강 구조를 고하여 크라운을 제작 후 어버트먼트에 부착하는 3단계로 진행된다.

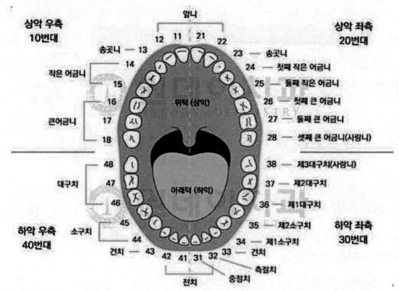

라. 원고는 2016. 7. 4.경 피고 병원을 최초로 방문하여 피고에게 진찰을 받았다. 원고는 2000년경 '◇◇◇◇ 치과'에서 상악 좌, 우측 치아에 보철치료를 받아 보철을 착용하고 있었으나, 장기간 사용한 결과 보철물의 고정성에 문제가 생겨 새로 보철치료를 받기 위하여 피고 병원에 방문한 것이었다. 당시 원고 치아의 구체적인 상태 및 원고가 피고 병원을 찾은 이유는 아래와 같다.

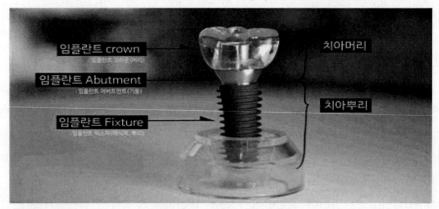

1) #11, 12, 13, 14, 21, 22, 23, 24, 25 치아

가) #11, 12, 21, 22 치아는 자연치를 발치하고 임플란트 픽스쳐 및 어버트먼트를 식립하였다.

나) #13, 14 치아는 자연치의 치주부분을 제거하고 치근만 남겨둔 다음 각 치근에 기둥

(post)을 식립하였다. 기둥(post)은 자연치를 일부 남겨두고 그 위에 크라운을 씌우는 치료를 하는 경우 자연치에 크라운을 고정하기 위하여 식립되는 지지대이다.

다) #23, 24, 25 치아는 자연치가 유지되어 있으나, 의치 부착을 위하여 일부 삭제된 상태였다.

라) 위 임플란트 어버트먼트 4개, 기둥(post) 2개, 자연치 3개를 지지대로 하여 총 9개의 치아가 일체로 연결된 형태의 지르코니아 재질 크라운이 부착되어 있었다.

2) #15, 16, 17, 26, 27 치아
위 각 치아는 자연치가 제거된 상태로, 원고는 5개의 치아가 입천장 쪽을 통하여 일체로 연결된 형태의 탈부착형 틀니를 사용하고 있었다.

3) 원고가 피고 병원을 방문한 이유
위 1)항의 치아에 부착된 지르코니아 재질 크라운이 장기간의 사용과 그에 인접한 2)항 틀니의 탈부착으로 인하여 떨어지는 현상이 나타났다.

마. 피고는 원고의 최초 방문 당시 치아를 진찰하고 #13 치아의 치근에 식립하였던 기둥(post)이 탈거되었다고 진단하였다. 피고는 #13 치아의 치근에 재차 기둥(post)을 식립하고 원고가 기존에 사용하던 #11, 12, 13, 14, 21, 22, 23, 24, 25 치아 부분 지르코니아 재질 크라운을 접착제로 부착하였다.

바. 원고가 다시 부착한 크라운을 수개월간 사용한 후, #13 치아의 치근에 재차 식립한 기둥(post)이 탈거되고 부착되어 있던 크라운이 탈락하는 증상이 다시 발생하였다. 원고는 2017. 4. 10.경 피고 치과를 다시 방문하였고, 피고는 기존 크라운 및 틀니를 재사용하지 않고 새로 보철치료를 하는 안(이하 '이 사건 치료'라 한다)을 제시하였다. 구체적인 내용은 아래와 같다.

1) 발치 및 임플란트 식립

가) #13, 14 치아는 남은 자연치 치근을 모두 발치한다. #13 치아에 임플란트 픽스쳐 및 어버트먼트를 식립한다.

나) 자연치가 없는 상태인 #15, 17, 26, 27 치아 자리에 각 임플란트 픽스쳐 및 어버트먼트를 식립한다.

2) 크라운 제작, 부착

가) 기존에 식립되어 있던 #11, 12, 21, 22 임플란트 어버트먼트 및 #23 자연치를 지지대로 하여 총 5개의 치아가 일체로 연결된 형태의 크라운을 제작, 부착한다.

나) #24, 25 자연치를 지지대로 하여 2개의 치아가 일체로 연결된 형태의 크라운을 제작, 부착한다.

다) #13, 15, 17 치아의 임플란트 어버트먼트를 지지대로 하여 #13, 14, 15, 16, 17 치아가 일체로 연결된 형태의 크라운을 제작, 부착한다.

라) #26, 27 치아는 각 임플란트 크라운을 제작, 부착한다.

사. 원고는 이 사건 치료비로 총 6,800,000원을 지급하기로 하고 그중 5,000,000원을 선불로 지급하였다.

아. 이후 아래와 같이 이 사건 치료가 진행되다가 중단되었다(이유는 후술).

1) 2017. 4. 10.경 #11, 12, 21, 22, 23 치아가 일체로 연결된 형태의 크라운 제작을 위한 본뜨기 작업

2) 2017. 4. 11.경 #13, 14 치아의 자연치 치근 발치

3) 2017. 5. 17.경 및 8. 30.경, 2차례에 걸쳐 #13, 15, 17 치아 임플란트 픽스쳐 및 어버트먼트 식립

4) 2017. 9. 28.경 #11, 12, 21, 22, 23 치아가 일체로 연결된 형태의 크라운 부착

5) #11, 12, 21, 22, 23 치아가 일체로 연결된 형태의 크라운을 부착한 후 얼마 지나지 않아 #11, 23 치아 부분의 크라운이 파절(깨어짐)됨. 피고는 진행중인 임플란트 시술이 끝나면 크라운을 다시 제작하여 부착하여 주기로 하였다.

6) 2017. 10. 11.경 #13, 14, 15, 16, 17 치아가 일체로 연결된 형태의 크라운 부착

7) 2017. 10. 25. 또는 26.경 파절된 #11, 12, 21, 22, 23 치아의 크라운 제거. 피고가 위 크라운을 제거하는 과정에서 #11 치아의 임플란트 픽스쳐가 파절되었고, 나머지 #12, 21, 22 치아의 임플란트 픽스쳐도 동요(이하 '이 사건 임플란트 파절 및 동요 사고'라 한다)되었다. 이에 이 사건 치료는 중단되었고, 파절 및 동요된 기존 임플란트 픽스쳐에 대한 치료가 진행되었다.

자. 원고와 피고는 #11, 12, 21, 22 치아의 임플란트 픽스쳐의 상태가 얼마나 악화된 것인지 다투다가 2017. 10. 30.자(원고는 합의가 실제로 이루어진 시기는 2017. 11. 7.이라고 주장한다)로 아래와 같은 내용 등이 기재된 합의서(이하 '이 사건 합의서'라 한다)를 작성하였다.

1) 피고가 원고의 #11, 12 치아 임플란트를 재식립하여 준다. 향후 #21, 22 치아 임플란트의 상태가 좋지 않다면 그 치아의 임플란트도 재식립하여 준다.

2) #21, 22 치아 임플란트의 재식립 여부에 대한 원고와 피고의 의견에 차이가 있는 경우, 원고가 제3의 의료기관에서 #21, 22 치아 임플란트 재식립이 필요하다는 문구가 들어간 진단서를 발급받을 시 피고는 피고의 소견과 다르다 하더라도 치료를 진행한다.

3) 합의서 작성 후 원고 또는 이해관계인들은 피고에게 이의제기 또는 청구를 하지 못한다.

차. 이후 아래와 같이 이 사건 합의서에 의한 치료가 이루어지다가 중단되었다.

1) 2017. 11. 8.경 및 17.경, 2차례에 걸쳐 상악 전면부(#11, 12, 21, 22 치아 부분) 임플란트 픽스쳐 제거

2) 2017. 12. 6.경 및 18.경, 2차례에 걸쳐 상악 전면부 임플란트 픽스쳐 식립

3) 피고는 2018. 4. 11.경 원고의 상악 전면부 임플란트 픽스쳐에 어버트먼트를 설치하는 시술을 하였는데, 시술 중 원고의 기도 안쪽에 진료도구인 스크류드라이버(길이 1.7㎝)가 떨어지는 사고가 발생하였다(이하 '이 사건 이물질 낙하 사고'라 한다).

카. 피고는 이 사건 이물질 낙하 사고와 관련하여 치실로 위 스크류드라이버를 결찰하거나 환자의 목구멍에 거즈 등을 설치하여 이물질이 환자의 목구멍으로 들어가는 것을 미리 방지하여야 할 업무상 주의의무가 있음에도 이를 게을리하여 원고에게 치료일수 미상의 급성 인후두염 등의 상해를 입게 하였다는 범죄사실로, 업무상과실치상죄의 유죄판결(벌금 1,000,000원)을 선고받았고(2020. 2. 14. 선고 의정부지방법원 2018고단4247 사건) 이는 그대로 확정되었다.

타. 이후 원고는 피고의 진료를 거부하여 피고 병원에서의 진료는 더 이상 이루어지지 않았다.

파. 이후 원고는 2019. 8. 27. ☆☆대학교 치과병원에서 #13, 15, 17 치아 임플란트 픽스쳐 및 #13 내지 17 치아 크라운을 제거하는 수술, #23, 24, 25 자연치 마모로 2019. 10. 21. 의정부 △△△△ 치과에서 위 치아를 발치하는 수술을 받는 등 남은 상악 치아와 보철물을 전부 제거하였고, 2020. 4. 1.경부터는 상악부 전체 틀니를 착용하고 있다.

[인정근거] 다툼 없는 사실, 갑 제1 내지 9, 13 내지 30호증(가지번호 있는 것은 가지번호 포함, 이하 같다), 을 제1호증의 각 기재 및 영상, 이 법원의 서울특별시 서울의료원장에 대한 진료기록감정촉탁 결과, 변론 전체의 취지

2) 손해배상책임의 존부 및 범위

가. #11, 12, 21, 22 치아 치료행위 관련 손해의 존부 및 범위

1) 손해배상책임의 발생

가) 피고가 2017. 10. 25. 또는 26.경 위 각 치아 임플란트 및 #23 자연치에 부착하였던 크라운을 제거하는 시술을 하였는데, 그 과정에서 이 사건 임플란트 파절 및 동요 사고가 발생한 사실은 앞서 본 바와 같다. ① 2017. 11. 7.경 ▽▽▽▽ 의사의 진단 결과 상악 좌우측 중절치 임플란트 파절 및 동요도 관찰되며, 상악 좌우측 측절치 임플란트의 동요도가 관찰되었고, 고려대학교 안암병원 감정의 소외인, 서울특별시 서울의료원 감정의 소외 2는 피고의 의료과실로 인하여 위와 같은 결과가 발생하였다는 의견을 밝힌 점[갑 제17호증의 1, 이 법원의 고려대학교 안암병원장에 대한 사실조회의 2020. 6. 2.자 회신, 서울특별시 서울의료원장에 대한 진료기록감정촉탁 결과(2019. 6. 7.자 감정서)], ② 피고는 위 각 치아 중 #11, 12 치아의 임플란트 식립을 해 주고, 제3의 의료기관 진단서가 있는 경우 #21, 22 치아도 임플란트 식립을

하여 주기로 하는 이 사건 합의서(을 제1호증)를 작성하였는데, 이는 피고 자신도 위 크라운 제거시술 과정에서 기존 임플란트 픽스쳐가 손상되었음을 인정하고 임플란트 재식립을 하여 주겠다는 취지인 점 등에 비추어 보면, 피고는 위 크라운 제거시술을 하면서 기존 임플란트에 손상이 가지 않을 방법을 선택하여 안전하게 제거시술을 할 주의의무를 위반하여 무리한 힘을 가한 과실로 크라운에 연결되어 있던 기존 임플란트 픽스쳐에 파절, 동요 등을 발생시켰다고 할 것이므로, 특별한 사정이 없는 한 이 사건 임플란트 파절 및 동요 사고로 인한 원고의 손해를 배상할 책임이 있다.

나) 이와 관련하여 피고는, 이 사건 합의서는 부제소 합의에 해당하므로 원고는 손해배상을 구할 수 없다고 항변한다. 살피건대, 이 사건 합의서에 원고가 모든 권리를 포기한다는 취지가 기재되어 있기는 하나, 합의서 문언에 비추어 보면 이는 피고가 이 사건 합의서에 기재된 바와 같이 임플란트를 다시 식립하여 이 사건 치료 전의 상태로 이 부분 치아 상태를 회복하는 것을 효력조건으로 한다고 보아야 할 것인데, 앞서 인정한 사실에 갑 제5, 25호증, 이 법원의 서울특별시 서울의료원장에 대한 진료기록감정촉탁결과(2020. 9. 4.자 감정서)의 각 기재에 변론 전체의 취지를 종합하여 알 수 있는 아래와 같은 사정에 비추어 보면 피고가 임플란트 재식립을 마쳤다고 볼 수 없고, 따라서 이 사건 합의서에 따른 부제소 합의의 효력은 인정될 수 없다. 피고의 위 항변은 받아들이지 않는다.

① 이 사건 임플란트 파절 및 동요 사고 발생 전 원고의 치아 상태를 고려하면 적어도 어버트먼트를 연결하는 2단계 시술까지는 완료되어야 이 사건 합의서에 기재된 임플란트 재식립이 마쳐진다고 할 것이나, 피고는 임플란트 재식립 시술을 실시하면서 2017. 12. 6.경 및 18.경 픽스쳐를 식립하는 1단계 시술을 마친 후 2018. 4. 11. 경 어버트먼트를 장착하는 2단계 시술을 하다가 이 사건 이물질 낙하 사고를 발생시켰고 그 뒤로 원고는 피고의 치료를 거부하였는바, 그 뒤로 피고가 2단계 시술을 실시하여 어버트먼트 장착까지 이루어졌다고 볼 증거가 없다.

② 피고가 1단계 시술로 식립을 마친 임플란트 픽스쳐의 경우, 이 사건 임플란트 파절 및 동요 사고로 인하여 기존 임플란트 픽스쳐가 파절되어 이를 제거하고 재식립한 것인데, 통상적으로 픽스쳐가 파절되면 파절편을 깨끗하게 제거하고 충분히 골 치유가 일어난 후 새로운 임플란트를 식립하나, 이 사건의 경우 피고는 파절편을 제거하지 않은 상태로 임플란트 시술을 진행하였고, 그 결과 피고가 임플란트 픽스쳐 재식립을 마친 후에도 기존 임플란트 파절편이 잔존해 있었다[이 법원의 서울특별시 서울의료원장에 대한 진료기록감정촉탁결과(2020. 9. 4.자 감정서) 3면. 감정의 소외 3은 식립각도도 적절하지 않다는 의견을 밝혔다]. 기존 임플란트 파절편이 잔존해있는 경우 임플란트 재식립사례에 대하여는 증례발표도 보고된 바 없는데(이 법원의 서울특별시 서울의료원장에 대한 사실조회에 관한 2020. 12. 22.자 회신 4면), 이는 기존 임플란트 파절편을 제거하지 않은 채로 임플란트 식립 시술을 다시 실시하

는 것이 매우 이례적임을 보여준다. 이와 같은 사정에 비추어 보면 피고가 1단계 시술로 식립을 마친 임플란트 픽스쳐도 과실 없이 정상적으로 식립된 것이라고 보기 어렵다.

③ 이 사건 이물질 낙하 사고 이후 원고의 상악 보철물 상태가 전체적으로 악화되어 임플란트 픽스쳐 및 남은 자연치를 제거하는 시술이 이루어졌고, 결국 원고는 상악 치아를 전부 상실하여 전체 틀니를 사용하고 있는바, 결국 피고가 시술한 임플란트 픽스쳐는 보철물 고정 용도로 사용되지 못하였다.

2) 손해배상의 범위

임플란트 픽스쳐 제거 비용 126,500원, 치조골 이식술 비용 4,000,000원, 임플란트 식립비용 8,000,000원, 합계 12,126,500원(인정근거 : 갑 제28호증의 16의 기재, 이 법원의 서울의료원 서울의료원장에 대한 각 진료기록감정촉탁 결과. 크라운 부착비용은 이 사건 치료비용에 포함되는 것으로 보아야 하므로 해당 부분 원고의 청구는 받아들이지 않는다)

나. #13, 15, 17 치아 임플란트 픽스쳐 또는 보철물(크라운) 파절 관련 손해의 존부

원고는 피고가 식립한 이 부분 치아 임플란트 픽스쳐 및 보철물(크라운)이 파절되었는데, 이는 피고의 시술에 진료상 과실이 있기 때문이라고 주장하나, 원고가 제출한 증거들만으로는 위 파절이 피고의 진료상 과실로 인한 것이라고 인정하기에 부족하고 달리 이를 인정할 증거가 없다(이 법원의 각 감정촉탁 결과도 이 부분 임플란트 시술과 관련하여는 피고의 주의의무 위반을 찾을 수 없다는 취지이다). 원고의 이 부분 청구는 받아들일 수 없다.

다. #14, 16 치아 보철물(크라운) 파절 관련 손해의 존부 및 범위

1) 손해배상책임의 발생

가) 원고가 피고 병원에 최종 내원한 시기에 근접한 2018. 4. 23.에 이미 위 치아 보철물에 파절이 관찰되었고, 고려대학교 안암병원 소속 감정의 소외인은 위 파절은 임플란트 크라운 보철 치료 후 유지 및 관리 기간 동안에 필요한 원고와 피고의 적절한 대처가 이루어지지 않았기 때문이라는 의견을 밝혔는바(2020. 9. 8.자 사실조회 회신 4면), 이와 같은 사정에 비추어 보면 피고는 임플란트 식립 후 경과 관찰 및 대처를 게을리한 주의의무 위반으로 인하여 원고에게 발생한 손해를 배상할 책임이 있다.

나) 다만 임플란트 식립 후의 관리를 위하여는 환자인 원고의 협조, 양호한 위생관리도 요구되고, 원고가 협조 및 위생관리를 게을리한 점도 손해 발생에 기여한 ㄱ서으로 보이는 점에 비추어 이 부분 피고의 책임은 50%로 제한한다.

2) 손해배상의 범위

보철물 수복비용 1,200,000원(인정근거 : 이 법원의 고려대학교 안암병원장에 대한

사실조회에 관한 2020. 6. 2.자 회신 8면) × 50% = 600,000원

라. #23, 24, 25 자연치 제거 관련 손해의 존부

원고는 피고의 진료과실로 위 자연치가 노출되어 마모가 계속되었고, 그 결과 치아의 효용이 상실되어 제거할 수밖에 없었다고 주장하면서 결국 피고의 진료상 과실로 인하여 발치에 이르렀다고 주장하나, 원고가 제출한 증거들만으로는 피고의 진료상 과실로 인하여 위 치아를 발치하게 된 것이라고 인정하기에 부족하고 달리 이를 인정할 증거가 없다(이 법원의 각 감정촉탁 결과도 위 자연치 발치가 피고의 주의의무 위반으로 인한 것이라고 볼 수는 없다는 취지이다). 원고의 이 부분 청구는 받아들일 수 없다.

마. 적극손해

1) 치료비 및 진료비

원고가 지출한 치료비, 진료비, 약제비 3,806,678원(인정근거 : 갑 4, 6, 14, 28호증). 원고는 교통비로 1,000,000원을 지출하였다고 주장하나 이를 인정할 근거가 없으므로 이는 받아들이지 않는다.

2) 원고가 피고에게 지급한 이 사건 치료비

원고는 피고에게 지급한 이 사건 치료비 5,000,000원을 반환하여야 한다고 주장하는바, 이 사건 치료 과정에서 이 사건 임플란트 파절 및 동요 사고가 발생하고, 그 보상을 위한 치료 과정에서 다시 이 사건 이물질 낙하 사고가 발생하여 원고가 피고의 치료를 거부하기에 이른 점, 일부 진행된 이 사건 치료 결과 식립된 임플란트도 이후 염증 발생 등으로 인하여 전부 제거되고 원고가 상악 전체 틀니를 착용하게 된 점 등에 비추어 보면 피고의 귀책으로 이 사건 치료가 전부 진행되지 못하였고, 그로 인하여 원고는 지출한 치료비 상당의 손해를 입었다고 할 것이므로 피고는 원고에게 위 5,000,000원을 반환할 의무가 있다.

바. 일실수익

원고는 이 사건 임플란트 파절 및 동요 사고, 이 사건 이물질 낙하 사고 등으로 인하여 원래 종사하던 직업인 중국식당 주방장 일에 종사할 수 없게 되었다고 주장하며 13개월간의 급여에 해당하는 54,600,000원의 지급을 구하고 있으나, 원고가 제출하는 증거만으로는 위 각 사고로 인하여 원고가 노동능력을 상실하였다거나, 그로 인하여 직장에서 퇴직하였다고 인정하기에 부족하고 달리 이를 인정할 증거가 없다. 원고의 이 부분 청구는 받아들이지 않는다.

사. 위자료

이 사건 치료의 경위, 이 사건 치료 중 피고의 과실로 이 사건 임플란트 파절 및 동요 사고가 발생하고, 그 보상을 위한 치료 중 재차 이 사건 이물질 낙하 사고가 발생하여 피고가 형사처벌까지 받은 점, 원고가 장기간 치아 상태 악화로 고통을

겪다가 현재는 상악 치아 및 보철물을 전부 상실하여 전체 틀니를 사용하고 있는 점, 기타 이 사건 변론과정에 나타난 제반 사정을 참작하여 위자료 액수를 원고가 청구하는 범위 내에서 10,000,000원으로 인정한다.

아. 소결론

피고는 원고에게 손해배상금 31,533,178원(= #11, 12, 21, 22 치아 관련 손해액 [12,126,500원 + #14, 16 치아 보철물(크라운) 파절 관련 손해액 600,000원 + 치료비, 진료비, 약제비 손해 3,806,678원 + 원고가 피고에게 지급한 이 사건 치료비 5,000,000원 + 위자료 10,000,000원] 및 이에 대하여 원고가 구하는 바에 따라 이 사건 소장부본 송달 다음날인 2018. 10. 6.부터 피고가 이행의무의 존부 및 범위에 관하여 항쟁함이 상당한 이 판결 선고일인 2021. 3. 18.까지는 민법에 정한 연 5%의, 그 다음날부터 갚는 날까지는 소송촉진등에 관한 특례법에 정한 연 12%의 각 비율로 계산한 지연손해금을 지급할 의무가 있다.

4. 결론

원고의 청구는 위 인정범위 내에서 이유 있어 인용하고, 나머지 청구는 이유 없으므로 기각하기로 하여 주문과 같이 판결한다.

제12절 비뇨기과

사례1 | 광주지방법원 2021. 9. 8. 선고 2019가단535001 판결

1. 주문

    1. 피고들은 공동하여 원고에게 93,574,423원 및 이에 대하여 2019. 8. 27.부터 2021. 9. 8.까지는 연 5%, 그 다음날부터 다 갚는 날까지는 연 12%의 각 비율에 의한 금원을 지급하라.

    2. 원고의 피고들에 대한 각 나머지 청구를 기각한다.

    3. 소송비용 중 1/10은 원고가, 나머지는 피고들이 각 부담한다.

    4. 제1항은 가집행할 수 있다.

2. 청구취지

  피고들은 연대하여 원고에게 103,574,423원 및 이에 대하여 2019. 8. 27.부터 이 사건 소장부본 송달일까지는 연 5%, 그 다음날부터 다 갚는 날까지는 연 12%의 각 비율에 의한 금원을 지급하라.

3. 이유

1) 기초사실

    가. 피고 학교법인 ○○대학교는 ○○대학교 병원(이하 '피고 병원'이라 한다)을 운영하는 학교법인(이하 '피고 법인'이라 한다)이고, 피고 조○○은 피고 병원의 비뇨기과 의사이다.

    나. 원고는 배뇨불편감을 이유로 피고 병원의 비뇨기과에 내원한 후 전립선비대증, 방광의 게실, 신경인성 방광의증 소견으로 2019. 8. 27. 피고 조○○으로부터 레이저를 이용한 전립선절제술과 개복 후 방광게실 제거술을 시행받았다.

    다. 입원치료 중이던 원고는 2019. 8. 29. 위 수술 중 우측 요관의 손상이 확인되어 피고 조○○으로부터 우측 요관방광문합술과 요관 카테터 유치술을 시행받았는데, 이후에도 수술 부위에서 지속적인 소변의 누출이 확인됨에 따라 삽입된 요관 카테터를 교체받기도 하였으나 호전되지 않아 2019. 9. 5. 우측 신장절제술을 받게 되었다.

  [인정근거] 다툼 없는 사실, 갑 제1, 2호증의 각 기재, 변론 전체의 취지

2) 원고의 주장 요지

  원고는 피고 조○○으로부터 전립선절제술과 방광게실 제거술을 시행받던 중 피고

조○○의 업무상 과실로 당초 시술 대상이 아니었던 우측 요관에 손상을 입게 되었고, 이로 인하여 결국 우측 신장을 적출하게 되었다.

따라서 피고 조○○은 불법행위자로서, 피고 법인은 의료진인 피고 조○○의 사용자로서 연대하여 원고가 입은 모든 손해를 배상할 책임이 있고, 그 손해배상의 범위는 재산상 손해 73,574,423원, 위자료 30,000,000원 합계 103,574,423원이 된다.

3) 손해배상책임의 발생

가. 살피건대, 위 인정사실 및 이 법원의 전북대학교병원장에 대한 신체감정촉탁결과에 변론 전체의 취지를 종합하면, 원고는 피고 조○○으로부터 전립선절제술과 방광게실 제거술을 시행받던 중 우측 요관의 손상을 입게 된 사실, 그로 인하여 원고는 우측 요관방광문합술과 요관 카테터 유치술을 시행받았음에도 수술 부위에서 지속적인 소변의 누출이 확인됨에 따라 결국 우측 신장절제술을 받게 된 사실, 이 법원의 감정의는 원고의 우측 신장 적출이 피고 조○○이 수술 중 우측 요관을 손상시켜 발생한 것이라는 소견을 밝힌 사실을 인정할 수 있는바, 피고 조○○은 위와 같은 업무상 과실로 인하여 원고가 입은 손해를 배상할 책임이 있고, 피고 법인은 피고 조○○의 사용자로서 공동하여 원고가 입은 손해를 배상할 책임이 있다.

나. 책임의 제한 여부

이에 대하여 피고들은, 원고가 피고 병원에 내원하기 전부터 이미 배뇨장애가 있었으나 현재는 자기배뇨가 가능한 상태이고, 한쪽 신장이 없다고 하여 고도의 노동능력을 상실하지는 않으므로 피고들에게 손해배상책임 전부를 지울 수 없고 상당한 정도로 책임이 제한되어야 한다는 취지로 주장한다.

그러나 피고들은 원고에 대한 수술과 관련하여 그 과정에서 피할 수 없는 부작용으로 우측 요관이 손상되었다는 주장만 할 뿐 구체적인 주장, 입증이 전혀 없고, 달리 원고의 기왕증으로 인하여 수술 중 요관 손상이 불가피하였다거나 원고에게 체질적 소인이 있어 요관 손상의 위험성이 높은 상태라거나 그 밖에 피고들의 책임을 제한할 만한 사정이 보이지 아니하므로, 피고들의 위 주장은 받아들이지 아니한다.

4) 손해배상책임의 범위

아래에서 별도로 설시하는 것 이외에는 손해배상액의 각 해당 항목과 같고, 계산의 편의상 월 단위로 계산함을 원칙으로 하되, 월 미만 및 원 미만은 버린다. 손해액의 사고 당시의 현가 계산은 월 5/12푼의 비율에 의한 중간이자를 공제하는 단리할인법에 따른다. 그리고 당사자의 주장 중 별도로 설시하지 않는 것은 배척한다.

가. 일실수입

1) 인적사항 : 별지 손해배상액 계산표 중 '기초사항'란 기재와 같다.

2) 소득 : 65세까지 보통인부에 대한 도시일용노임(남자)

3) 후유장해 및 노동능력상실률
   우측 신장 적출로 인하여 영구적으로 30%의 노동능력상실(맥브라이드 장해평가표
   상 비뇨생식기계의 손상과 질환 - I. 신장 - A. 한쪽 신장 상실 : 다른 쪽 신장
   은 정상, 옥내 및 옥외 근로자)

4) 계산 : 별지 손해배상액 계산표 중 '일실수입 합계'란 기재와 같다.

   나. 위자료 : 20,000,000원
      원고의 나이, 이 사건 사고의 경위 및 결과, 후유장해의 부위와 정도, 기타 이 사
      건 변론에 나타난 제반사정
      [인정근거] 다툼 없는 사실, 을 제1호증(각 가지번호 포함)의 각 기재, 이 법원의
      전북대학교병원장에 대한 신체감정촉탁결과, 변론 전체의 취지

   다. 소결론
      따라서 피고들은 공동하여 원고에게 93,574,423원(= 73,574,423원 +
      20,000,000원) 및 이에 대하여 이 사건 사고일인 2019. 8. 27.부터 피고들이 그
      이행의무의 존부 및 범위에 관하여 항쟁함이 상당한 이 사건 판결 선고일인 2021.
      9. 8.까지는 민법이 정한 연 5%, 그 다음날부터 다 갚는 날까지는 소송촉진 등에
      관한 특례법이 정한 연 12%의 각 비율에 의한 지연손해금을 지급할 의무가 있다.

4. 결론

그렇다면, 원고의 피고들에 대한 이 사건 청구는 위 인정범위 내에서 이유 있어 이
를 인용하고 나머지 청구는 이유 없어 이를 기각하기로 하여 주문과 같이 판결한다.

사례2 | 대법원 2015. 10. 15. 선고 2015다21295 판결

1. 판시사항

[1] 의사가 환자에게 부담하는 진료채무의 성질(=수단채무) 및 진료의 결과가 만족스
   럽지 못하다고 하여 진료채무의 불이행으로 추정할 수 있는지 여부(소극) / 의료
   행위의 결과 후유장해가 발생하였다는 사실만으로 의료행위 과정에 과실이 있었다

고 추정할 수 있는지 여부(원칙적 소극)

[2] 수술 도중이나 수술 후 환자에게 중한 결과의 원인이 된 증상이 발생한 경우, 증상 발생에 관하여 의료상 과실 외에 다른 원인이 있다고 보기 어려운 간접사실들이 증명되면 증상이 의료상 과실에 기한 것으로 추정할 수 있는지 여부(적극) 및 그 한계

2. 주문

원심판결을 파기하고, 사건을 서울고등법원에 환송한다.

3. 이유

상고이유에 대하여 판단한다.

1) 원심은 채택 증거들을 종합하여, ① 원고는 1차 수술 전 도수근력검사상 하지 근력이 3-4 등급이었고 경도의 배뇨·배변 장애만 있었으나, 1차 수술 직후 하지 근력이 0 등급으로 완전 마비 상태가 되었고 배뇨·배변 장애가 심화되었으며 성기능 장애도 발생한 사실, ② 피고 병원 의료진은 1차 수술 시행 중 경막과 유착되어 있던 후종인대골화 부분을 박리하는 과정에서 경막을 손상시켰고 그 부위에서 뇌척수액이 누출된 사실, ③ 이에 피고 병원 의료진은 손상된 부위를 인공 경막과 젤폼 등으로 복원한 사실, ④ 경직성 양하지 마비, 신경인성 방광, 신경인성 장애 증상은 주로 척수 손상 시 발생하는 증상인 사실을 인정한 다음, 피고 병원 의료진이 골화된 후종인대를 제거하는 과정에서 경막을 손상시켜 뇌척수액이 누출되어 원고의 척수 신경이 손상되었거나 손상된 경막을 복원하는 과정에서 원고의 척수 신경에 손상을 입힌 과실로 인하여 원고에게 하지 마비, 배뇨·배변 장애, 성기능 장애 등이 발생하였다고 판단하여, 원고에 대한 피고의 손해배상책임을 인정하였다.

2) 그러나 원심의 이러한 판단은 다음과 같은 이유로 수긍하기 어렵다.

　가. 의사가 환자에 대하여 부담하는 진료채무는 환자의 치유라는 결과를 반드시 달성해야 하는 결과채무가 아니라, 치유를 위하여 선량한 관리자의 주의를 다하여 현재의 의학수준에 비추어 필요하고도 적절한 진료를 할 채무 즉 수단채무이므로, 진료의 결과가 만족스럽지 못하다고 하여 바로 진료채무의 불이행으로 추정할 수는 없다. 그리고 의료행위의 결과 후유장해가 발생한 경우, 그 후유장해가 당시 의료수준에서 최선의 조치를 다하더라도 당해 의료행위 과정의 합병증으로 나타날 수 있는 것이거나 또는 그 합병증으로 인하여 2차적으로 발생할 수 있는 것이라

면, 의료행위의 내용이나 시술 과정, 합병증의 발생 부위와 정도, 당시의 의료수준과 담당 의료진의 숙련도 등을 종합하여 볼 때 그 증상이 일반적으로 인정되는 합병증의 범위를 벗어났다고 볼 수 있는 사정이 없는 한, 그 후유장해가 발생하였다는 사실만으로 의료행위 과정에 과실이 있었다고 추정할 수 없다(대법원 2008. 3. 27. 선고 2007다76290 판결 등 참조).

또한 의료행위는 고도의 전문지식을 필요로 하는 분야에서 이루어지는 것으로서 전문가가 아닌 일반인이 의사의 의료행위의 과정에 주의의무 위반이 있는지, 그 주의의무 위반과 손해의 발생 사이에 인과관계가 있는지를 밝혀내는 것이 매우 어려운 특수성이 있으므로, 수술 도중이나 수술 후 환자에게 중한 결과의 원인이 된 증상이 발생한 경우 그 증상의 발생에 관하여 의료상의 과실 이외의 다른 원인이 있다고 보기 어려운 간접사실들이 증명되면 그러한 증상이 의료상의 과실에 기한 것이라고 추정할 수 있다. 다만 그 경우에도 의사의 과실로 인한 결과 발생을 추정할 수 있을 정도의 개연성이 담보되지 않는 사정들을 가지고 막연하게 중한 결과에 대하여 의사의 과실과 인과관계를 추정함으로써 결과적으로 의사에게 무과실의 증명책임을 지우는 것까지 허용되는 것은 아니다(대법원 2012. 10. 11. 선고 2011다100138 판결 등 참조).

나. 원심판결 이유와 기록에 의하면 다음과 같은 사실을 알 수 있다.

(1) 원고는 2007. 11.경부터 양측 하지에 저린 감각 증상이 발생하였고, 2008. 1.경부터 양측 하지 저린감과 통증이 악화되어 2008. 2. 26. 허리 및 하지 통증, 하지 허약감 및 저린 증상, 좌측 하지 감각 이상, 보행 장애, 배뇨 및 배변 곤란 등의 증상으로 피고가 운영하는 △△△병원에 처음 내원하였다.

(2) 피고 병원 의료진은 원고에 대한 자기공명영상(MRI), 컴퓨터 단층촬영(CT) 검사 결과 등을 토대로 흉추 5-7번, 11-12번 후종인대골화증 등의 진단을 한 다음, 2008. 3. 19. 08:15경부터 17:30경까지 원고에 대하여 흉추 6-7번 흉강경 가이드하 척추 융합술 및 자가골 이식술(1차 수술)을 시행하였는데, 수술 직후 원고에게 심한 하지 통증 및 하지 마비 등의 증상이 발생하자 2008. 3. 19. 21:40경부터 3. 20. 04:20경까지 다시 흉추 5-6번 흉강경 가이드하 척추 융합술 및 자가골 이식술(2차 수술)을 시행하였다. 그러나 2차 수술 후에도 원고의 하지 마비 등의 증상은 없어지지 않았다.

(3) 도수근력검사상 원고의 양 하지 근력은 2008. 2. 28.경 4-5 등급에서 2008. 3. 17.경 3-4 등급으로 약화되었는데, 1, 2차 수술 이후에는 양하지 근력 등급이 0으로 측정되었다.

(4) 원고는 1, 2차 수술 후 마비를 호전시키고 척수 신경 재생을 자극하기 위한 약물치료와 조기 재활치료를 받아 2009. 6.경에는 도수근력검사에서 우측 하지 근력 등급이 3, 좌측 하지 근력 등급이 2-3으로 측정되고, 미국척수손상학회 장애분류상 D 등급(A

등급은 완전마비, E 등급은 정상)에 해당할 정도로 호전되었으나, 그 후 다시 증상이 악화되어 2011. 8.경 제1심법원에서 신체감정을 받을 당시에는 경직성 하지 마비, 배뇨·배변 장애, 성기능 장애 등이 있는 상태였다.

(5) 중앙대학교병원장에 대한 제1심법원의 진료기록감정촉탁 결과와 원심법원의 사실조회 결과에 의하면, ① 피고 병원의 의료진이 시행한 전방으로 접근하는 후종인대골화증 수술법은 골화된 후종인대를 직접 제거할 수 있는 등의 장점이 있는 반면, 수술 도중 척수 손상 또는 경막 파열에 의한 뇌척수액 누출의 위험이 있는데, 경막과 유착된 후종인대 골화 부위를 박리할 때 척수 손상의 가능성이 높은 것으로 알려져 있고, 연구자에 따라 흉추부 후종인대골화증 수술 후 척수 손상의 가능성을 23.8% 또는 30.8%로 보고하고 있으며, ② 원고가 받은 수술은 위와 같이 수술 후 척수 손상의 가능성이 30% 정도 되는 매우 난도가 높은 수술로, 원고는 수술 전 양측 하지 부전마비 증상이 있었고, 수술 중에도 후종인대 골화 부위를 제거할 때 여러 가능성이 있어 단순히 수술에 의한 척수 손상으로만 단정하기는 어려우며, ③ 원고의 수술 전 상병 정도를 고려하면 수술을 하지 않았더라도 시간 경과의 차이는 있을 수 있으나 신경 손상과 비뇨기과 장애의 발생가능성을 완전히 배제할 수는 없고, ④ 원고의 수술 전 MRI상 T2 영상에서 보인 척수의 고신호 음영은 척수에 부종 및 허혈 등이 발생하여 신경 손상이 있음을 의미하고, T2 강조 영상에서 신호가 증가된 경우 그렇지 않은 환자보다 더 심각한 신경학적인 결손을 보이는데, 원고는 동일 해당 분절부위의 고신호 음영이 수술 전에도 존재하였으므로, 예후가 불량할 수 있다는 것이다.

(6) 후종인대골화증이 심한 원고의 흉추 6-7번은 수술 전 후종인대골화증의 점유율이 83.3% 정도였고, 피고 병원의 의사는 1차 수술에 앞서 원고와 보호자에게 수술 후 하지 등에 마비가 생길 위험성이 있음을 여러 번 강조하여 설명하였다.

다. 이러한 사실관계에 의하면, 원고는 후종인대골화증의 점유율이 높고 1차 수술 전에 이미 척수 손상의 증상과 소견을 보이는 등 후종인대골화증이 상당한 정도 진행한 상태였으므로, 골화된 후종인대 부위와 경막의 유착 정도가 심하였을 가능성이 커 1차 수술 시 골화된 후종인대를 제거하는 과정에서 경막이 손상되어 뇌척수액이 누출되었다고 하더라도 이는 의료과실에 의하여 발생한 것이라기보다 수술과정에서 불가피하게 발생한 결과라고 볼 여지가 많다. 또한 기록상 경막 손상 및 뇌척수액 누출과 척수 손상 사이의 인과관계에 관한 객관적인 자료가 보이지 않고, 피고 병원의 의료진은 바로 인공 경막과 겔폼 등으로 손상 부위를 복원하는 조치를 하였으므로, 경막 손상과 뇌척수액 누출을 척수 손상의 원인이라고 단정하기도 어렵다.

그리고 전방으로 접근하는 후종인대골화증 수술법이 가지고 있는 척수 손상의 위험성과 특히 흉추부 후종인대골화증 수술 후 척수 손상이 발생할 가능성의 정도,

원고의 수술 전 상태에 의해 예상되는 수술의 예후와 수술을 하지 않는 경우의 예후, 피고 병원의 의료진이 수술에 앞서 원고에게 수술 후 마비가 발생할 가능성에 대해 여러 번 강조하여 설명한 점, 재활치료 등을 통하여 원고의 하지 마비 등 증상이 상당한 정도로 호전되었다가 다시 악화된 점 등에 비추어 보면, 수술이나 경막 복원 과정에서 의료상의 과실 이외에 원고에게 척수 손상을 초래할 다른 원인이 없다고 단정하기는 어렵다고 할 것이다.

이러한 사정들을 앞서 본 법리에 비추어 보면, 원고에게 수술 후 발생한 척수 손상의 결과만을 근거로 막연히 피고 병원 의료진에게 의료상의 과실이 있었다고 추정할 수는 없다. 원심이 들고 있는 간접사실들은 1차 수술과 척수 손상 사이의 인과관계를 추정할 수 있는 사정이 될 수는 있으나, 더 나아가 원고의 척수 손상이 피고 병원 의료진의 의료과실로 인한 것이라고 추정할 수 있을 정도의 개연성을 갖춘 사정들이라고 보기 어렵다.

따라서 원심으로서는 수술 과정에서 척수 손상을 초래할 수 있는 원인으로 어떠한 것들이 있는지, 피고 병원의 의료진에게 요구되는 주의의무의 구체적인 내용은 무엇인지, 수술 과정에서 경막 손상이나 척수 손상을 방지할 구체적인 조치나 방법이 있었는지, 척수 손상이나 하지 마비 등의 결과가 의료행위 과정에서 일반적으로 인정되는 합병증의 범위를 벗어났다고 볼 수 있는 사정이 있는지 등을 심리하여, 피고 병원 의료진의 의료상의 과실을 추정할 수 있을 정도의 개연성을 담보할 사정들이 있는지 여부를 판단하였어야 할 것이다.

3) 그럼에도 원심은 판시와 같은 개연성이 담보되지 않는 사정만으로 피고 병원 의료진의 과실과 인과관계를 추정하여 피고의 손해배상책임을 인정하였으므로, 이러한 원심판결에는 의료소송에서의 과실과 인과관계의 추정에 관한 법리를 오해하거나 심리를 다하지 아니함으로써 판결에 영향을 미친 잘못이 있다. 이 점을 지적하는 피고의 상고이유의 주장에는 정당한 이유가 있다.

4) 그러므로 피고의 나머지 상고이유와 원고의 상고이유에 대한 판단을 생략한 채 원심판결을 파기하고, 사건을 다시 심리·판단하도록 원심법원에 환송하기로 하여, 관여 대법관의 일치된 의견으로 주문과 같이 판결한다.

사례3 | 서울고등법원 2011. 2. 24. 선고 2010나15983 판결

1. 주문

1. 원고의 당심에서의 청구취지 확장에 따라 제1심 판결을 다음과 같이 변경한다.

가. 피고는 원고에게 7,000만 원 및 이에 대하여 2006. 4. 3.부터 2011. 2. 24.까지는 연 5%, 그 다음날부터 갚는 날까지는 연 20%의 각 비율로 계산한 돈을 지급하라.

　나. 원고의 나머지 청구를 기각한다.

2. 소송총비용 중 15%는 피고가, 나머지는 원고가 각 부담한다.

3. 제1의 가.항은 가집행할 수 있다.

2. 청구취지 및 항소취지

1) 청구취지

피고는 원고에게 602,676,695원 및 이에 대한 2006. 4. 3.부터 당심 판결 선고일까지는 연 5%, 그 다음날부터 갚는 날까지는 연 20%의 각 비율로 계산한 돈을 지급하라(원고는 당심에서 청구취지 중 위자료를 3,000만 원에서 1억 2,000만 원으로 확장하였다).

2) 항소취지

가. 원고 : 제1심 판결 중 아래에서 추가로 지급을 명하는 금원에 해당하는 원고 패소부분을 취소한다. 피고는 원고에게 3억 원 및 이에 대하여 2006. 4. 3.부터 당심 판결 선고일까지는 연 5%, 그 다음날부터 갚는 날까지는 연 20%의 각 비율로 계산한 돈을 지급하라.

나. 피고 : 제1심 판결 중 피고 패소부분을 취소하고, 그 취소부분에 해당하는 원고의 청구를 기각한다.

3. 이유

1) 기초사실

가. 당사자의 지위 및 음경배부신경 부분절제술의 실시 경위
원고는 2006. 3. 27. 인터넷 홈페이지의 이메일을 통하여 ○○○비뇨기과(이하 '피고 병원'이라고 한다)를 설치 운영하는 의사인 피고에게 조루증에 대하여 수술 치료를 받을 수 있는지에 관하여 상담을 한 후, 2006. 4. 3. 포경수술 및 조루증에 대한 상담을 받기 위하여 피고 병원에 내원하여 피고로부터 음경배부신경 부분절제술을 권유받고 이에 동의하여 포경수술과 함께 음경배부신경 부분절제술(이하 '이 사건 수술'이라고 한다)을 시술받았다.

나. 원고의 통증 호소 및 경과
(1) 원고는 이 사건 수술 직후 음경이 부어오르고 귀두에 피멍이 들며 음경피부를 통하여 체액 같은 것이 흘러나오는 증세를 보여, 피고에게 이를 문의하였다. 이에 피고는 일

반적으로 음경배부신경 부분절제술 및 포경수술을 시술받은 후에는 창상부위의 압박 또는 절개봉합면의 혈액순환 부전 등으로 인하여 위와 같은 증상이 나타날 수 있는바, 이러한 증상은 개인의 체질에 따라 정도의 차이를 보일 수 있으나 2~3주 후에는 정상적으로 회복될 것이라는 취지로 설명하였다.

(2) 수술 후 3주 정도가 지난 후부터 음경의 붓기는 가라앉았으나 원고의 음경에 감각이상 증상이 나타나면서 귀두 및 음경 부위가 속옷에 스치거나, 샤워물이 닿는 등의 가벼운 접촉이 있는 경우에도 심한 통증이 발생하였다. 이에 원고가 다시 1~2회에 걸쳐 피고 병원을 방문하였으나 피고는 수술 부위에 특이소견이 없다고 판단하고 별다른 조치를 취하지 아니하였다.

(3) 그 후 원고는 통증치료를 위하여 여러 비뇨기과를 다녔으나 별다른 치료를 받지 못하다가, 2006. 8. 12.경 세연 통증클리닉에서 신경치료 및 약물치료를 받았고, 2006. 12. 14.경 동서울병원 비뇨기과에서 포피유착 증상으로 유착분리 용해술을 받았으며, 그 후 다시 위 세연 통증클리닉에서 통증치료를 받았다. 그러나 통증의 정도가 점점 심하여져 원고는 2007. 3. 12.경 서울대학교 병원에서 '복합부위통증증후군(Complex Regional Pain Syndrome) 제2형'으로 진단받고 음부신경 및 교감신경 차단술, 케타민 정주 등의 신경치료를 받았으나 통증 조절이 잘 되지 않아 아주대학교 병원으로 전원하였고, 아주대학교 병원에서 '외상후 신경병증 통증'으로 진단 받고 2007. 8. 21.부터 2007. 10. 8.까지 입원하여 수차례에 걸쳐 신경차단술을 시행 받았으나 별다른 효과가 없어 결국 영구적 척수신경자극기 삽입술 등을 시행 받았으며, 그 후에도 2008. 1. 24.부터 2008. 3. 16.까지 아주대학교 병원에서 입원 치료를 받았다.

(4) 원고는 위와 같은 각 치료 후에도 여전히 귀두 및 음경 부위에 이질통, 감각저하 등이 존재하고 있어 신경손상에 의한 신경병증 통증으로 인한 복합부위통증증후군 제2형에 준하는 상태로서, 현재까지도 아주대학교 병원에서 주기적인 치료와 극심한 통증이 있는 경우 응급진료를 통하여 치료를 받고 있으며, 그 후유증으로 2010. 12. 15. 가톨릭대학교 서울성모병원에서 만성난치성 통증으로 인한 자살사고, 무희망감 등의 우울증상이 두드러지는 상태로 향후 적극적인 정신과적 개입이 필요한 상태로 진단 받았고, 2010. 12. 16. 서울대학교 병원에서도 역시 통증과 우울, 불안, 정동조절의 어려움, 심한 자존감 저하 등으로 자살의 위험성이 높은 것으로 판단되어 정신과적 집중치료가 필요한 상태로 진단 받았다.

다. 관련 의학지식

(1) 음경배부신경 부분절제술

음경배부신경은 벅스근막(Buck's fascia) 아래, 백막 위층에 위치하여 음경의 귀두, 피부, 요도 및 해면체 내의 감각을 내음부 신경을 통하여 척수로 전달하는 역할을 하는 신경이다. 음경배부신경 부분절제술은 귀두감각이 유난히 예민한 사람에게 적용되는 수술방법으로, 귀두감각을 맡고 있는 음경배부신경을 부분적으로 절단하여 음경 피부와 귀두부의 감각을 저하시킴으로써 사정을 지연시키는 수술 방법이다.

(2) 복합부위통증증후군(CRPS)

(가) 복합부위통증증후군은 종래 '반사성 교감신경 이영양증' 혹은 '반사성 교감신경 위축증' 또는 '작열통' 등으로 불리던 신경병증 통증 질환을 통증전문의들의 국제적 모임인 국제통증연구학회(IASP)에서 1994년 다양한 진단명의 통증질환을 복합부위통증증후군으로 명명하기로 합의를 한 후 최근까지 사용되어 오고 있다.

(나) 복합부위통증증후군의 발병 원인이나 기전에 대하여 현재까지 정확히 알려진 바는 없으나, 제1형은 주로 사지말단의 외상이나 수술·발치·캐스트 고정 등이 발병 원인이라고 보고되고 있고, 제2형은 부분적 신경손상에 의하여 발생하는 것에 차이가 있으나, 실제 그 증상 및 치료 방법은 동일하다. 복합부위통증증후군의 증상은 이러한 원인이 있은 후 대개 1개월 내에 증상이 나타나는데, 대체로 극심한 통증(이질통, 자발통, 작열통 등)과 감각과민을 보이고, 그 부위는 대개 국소적으로 나타나며, 유발된 손상에 의해 정상적으로 예견되는 것보다 증상의 강도가 강하거나 지속기간이 길고 간혹 자율신경계와 운동기능에 심각한 장애를 초래하며 매우 다양한 경과를 가진다.

(다) 복합부위통증증후군을 진단할 수 있는 단일한 검사방법이 아직 없으며 환자에게 나타나는 증상 및 징후들을 조사하고 임상검사 및 기타 정밀검사(삼상골 스캔, 적외선 체열촬영 등)를 종합하여 진단하게 된다. 복합부위통증증후군의 치료방법으로 약물치료, 물리치료, 경피적 전기신경자극법(TENS) 등의 여러 가지 치료방법이 제시되고 있고, 만성 난치성 환자에게는 척수신경자극기의 삽입이 효과적이라고 하나, 아직 확실한 치료방법은 없다. 또한 복합부위통증증후군 환자는 지속적인 통증으로 심리적으로 위축되어 우울증, 불면증 등의 정신적 문제에 쉽게 빠질 수 있으므로 정신적 지지 및 인지-행동적 치료도 중요하다. 다만 대부분의 경우 빠른 진단과 빠른 치료가 있을수록 더 좋은 경과를 보인다.

[인정 근거 : 다툼 없는 사실, 갑 1 내지 5, 19, 30, 32, 34 내지 40, 42호증, 을 1, 2, 3, 11호증(각 가지번호 포함)의 각 기재, 제1심 법원의 가톨릭대학교 서울성모병원장에 대한 신체감정촉탁결과 및 사실조회결과, 변론 전체의 취지]

2) 손해배상책임의 발생

가. 진료상의 과실 여부에 관한 판단

(1) 원고의 주장

(가) 먼저, 이 사건 수술은 신경을 인위적으로 절제하여 반영구적인 감각신경의 손상을 가한다는 점에서 안전성이 확보되지 아니한 위험한 수술인바, 원고의 조루증은 성생활에 다소 곤란이 있는 정도에 불과하여 급박하게 위 수술을 시행하여야 할 이유가

없었음에도 불구하고, 피고는 위 수술 전에 음경감각측정검사 등 수술 적응 여부에 대한 검사도 시행하지 않았고, 다양한 조루증 치료방법 중 덜 침습적인 치료방법을 강구하였어야 함에도 이를 적용해보지도 않은 채 원고에게 곧바로 이 사건 수술을 시행함으로써 원고로 하여금 신경병증 통증의 일종인 복합부위통증증후군 제2형에 해당하는 장해 상태에 이르게 하였다.

(나) 또한, 복합부위통증증후군은 조기에 적절한 치료를 받았는지 여부가 그 증상의 발현 정도에 중요한 영향을 미침에도 불구하고, 피고는 원고의 수술 후 발생한 통증에 대하여 조기에 적극적인 조치를 취하지 않아 원고의 상태를 악화시키는 등 수술 후 처치상의 주의의무를 위반하였다.

(2) 판단

(가) 의사가 진찰·치료 등의 의료행위를 함에 있어서는 사람의 생명·신체·건강을 관리하는 업무의 성질에 비추어 환자의 구체적인 증상이나 상황에 따라 위험을 방지하기 위하여 요구되는 최선의 조치를 취하여야 할 주의의무가 있고, 의사의 이와 같은 주의의무는 의료행위를 할 당시 의료기관 등 임상의학 분야에서 실천되고 있는 의료행위의 수준을 기준으로 삼되, 그 의료수준은 같은 업무에 종사하는 일반적 보통인인 통상의 의사에게 의료행위 당시 일반적으로 알려져 있고, 또 시인되고 있는 이른바 의학상식을 뜻하므로 진료환경 및 조건, 의료행위의 특수성 등을 고려하여 규범적인 수준으로 파악되어야 할 것이다(대법원 2005. 10. 28. 선고 2004다13045 판결 등 참조). 또한 의사는 진료를 행함에 있어 환자의 상황과 당시의 의료수준 그리고 자기의 지식 경험에 따라 적절하다고 판단되는 진료방법을 선택할 상당한 범위의 재량을 가진다고 할 것이고, 그것이 합리적인 범위를 벗어난 것이 아닌 한 진료의 결과를 놓고 그 중 어느 하나만이 정당하고 이와 다른 조치를 취한 것은 과실이 있다고 말할 수는 없다(대법원 2007. 5. 31. 선고 2005다5867 판결 등 참조).

(나) 먼저, 피고가 이 사건 수술을 시행할 당시 의료수준에 따라 최선의 조치를 다하였다면 원고에게 복합부위통증증후군 또는 그와 비슷한 정도의 신경병증 통증이라는 현재의 장해가 발생할 것을 예상할 수 있었거나, 이를 방지할 수 있었는지에 관하여 살핀다.

음경배부신경 부분절제술로 인하여 복합부위통증증후군과 같은 만성적인 극심한 통증이 발생할 수 있다는 취지의 갑 16 내지 18호증의 각 기재는 이 사건 수술로 인한 결과에 대한 연구 자료 내지 이 사건 수술 이후에 발생한 사정에 대한 것으로서 이를 이 사건 수술 당시의 과실 판단 자료로 삼기 어렵고, 갑 13, 14, 29호증(가지번호 포함), 을 5호증의 각 기재 및 제1심 법원의 가톨릭대학교 서울성모병원장에 대한 사실조회결과에 변론 전체의 취지를 종합하면, 음경배부신경 부분절제술에 따른 발기부전, 사정 불능, 귀두감각 마비 등의 부작용이 발생할 우려가 있는 등 그 효과와 안전성이 입증되지 아니하였다는 이유로 당시 학계에서는 이를 조루증의 치료법으로 인정하지 않았던 사실, 위 수술의 시행에 따른 부작용으로 신경말단의 손상으로 인한 장기간의 통증이 발생할 수 있는 사실, 일반적으로 말초신경 손상 후 발생되는 신경병증 통증은 연구자에 따라 3.3% 또는 2~5%로 보고되고 있고, 말초신경의 일종인 음부배부신경 또한 부분적 또는 완전한 신경손상 이후에 신경병증 통증이 유발될 수 있고 경우에 따라서는 복합부위통증증후군 내지 이에 준하는 증상으로 진행될 수 있을 것으로 추정할 수 있는 사실을 인정할 수 있다. 그러나, 위 기초사실 및 을 2, 5, 7, 8호증(가지번호 포함)의 각 기재에 변론 전체의 취지를 종합하면, 이 사건 수술 당시 음경배부신경 부분절제술이 비뇨기과 개원의들 사이에서 널리 행해지고 있었던 사실, 음경배부신경 부분절제술의 일반적인 부작용으로는 부종, 혈종, 감염 등으로 인한 창상 치유 지연 내지 지루, 사정 불능, 발기부전 및 수술 후 수개월 정도 동안의 귀두 부위에의 짜릿한 통증 발생이나 지각 과민반응 등이 있는 것으로 알려져 있었으나, 원고에게 나타난 복합부위통증증후군 또는 그에 준하는 정도의 신경병증 통증 질환이 부작용으로 발생한 예는 보고된 적이 없었던 사실, 복합부위통증증후군의 발병 원인이나 기전에 대하여는 현재까지도 정확히 알려진 바 없고 복합부위통증증후군을 정확하게 진단할 수 있는 단일한 검사법도 없는 사실, 복합부위통증증후군 제2형은 우리나라에서 2008년경에야 통계청의 '한국표준질병 및 사인분류'에 추가되어 신종질병분류에 반영된 사실 등을 인정할 수 있는바, 이에 비추어보면 위 인정사실들만으로 피고가 당시 의료수준에 따라 최선의 조치를 다하였다면 이 사건 수술로 인하여 원고에게 복합부위통증증후군 또는 그와 비슷한 정도의 신경병증 통증질환이라는 결과가 발생할 수 있다는 점을 예견할 수 있었다거나 이를 방지할 수 있었을 것이라고 인정하기에 부족하고, 달리 이를 인정할 만한 증거가 없다.

(다) 한편 갑 13, 14, 29호증의 각 기재에 변론 전체의 취지를 종합하면, 조루증의 치료방법으로는 수술적 요법 외에도 행동치료, 국소마취도포치료, 주사치료 등의 다양한 치료방법이 있고, 음경배부신경 부분절제술은 귀두감각이 유난히 예민한 사람에게 적용되는 수술방법이며, 피고가 이 사건 수술을 시행함에 있어 음경진동각 검사나 민감도 검사 등 음경감각측정검사 등의 검사를 실시하지 아니하고 이 사건 수술을 시행한 사실은 피고도 자인하는 바이나, 을 7, 11호증의 각 기재에 의하면 원고는 이 사건 수술을 시행 받기 전 이메일을 통하여 피고에게 조루에 관하여 상담을 하면서 자신이 여러 가지 방법을 써보았으나 별다른 효과를 보지 못하였다고 하면서 수술적 치료방법에 관하여 문의를 한 사실을 인정할 수 있고, 여러 가지 치료방법에 대한 만족도조사에서 음경배부신경 부분절제술이 81.8%로 가장 높은 사실을 인정할 수 있는 반면, 음경배부신경 부분절제술을 시행하기 전 음경진동각 검사 등을 반드시 해야 한다는 권고 또는 지침이 있다거나, 위와 같은 검사방법의 귀두감각의 예민성에 대한 정확도를 인정할 만한 아무런 증거가 없는 이상, 복합부위통증증후군 또는 그와 비슷한 정도의 신경병증 통증의 발생을 예견할 수 없었던 피고가 다른 치료방법 대신 이 사건 수술 방법을 선택한 것이나, 음경감각측정검사 등의 검사를 실시하지 아니하고

이 사건 수술을 시행한 것이 환자의 상황과 당시의 의료수준 및 자기의 지식경험에 비춰 의사로서의 재량을 넘어선 행위라 볼 수 없다.

뿐만 아니라, 피고가 이 사건 수술 후 원고의 통증에 대하여 별다른 조치를 취하지 못하였다고 하더라도, 앞서 본 바와 같이 피고가 이 사건 수술로 인하여 원고에게 복합부위통증증후군 또는 그와 비슷한 정도의 신경병증 통증이라는 결과가 발생할 것을 예견할 수 없었던 이상, 피고에게 원고의 현 장해 상태 발생에 대한 어떠한 과실이 있다고 보기 어렵다.

따라서 피고에게 진료상 과실이 있다는 원고의 위 주장은 받아들이지 아니한다.

나. 설명의무위반 여부에 관한 판단

(1) 당사자들의 주장

(가) 원고의 주장

이 사건 수술을 실시하기 전 피고는 원고에게 위 수술의 조루증 치료에 관한 효과만 설명하였을 뿐 그 위험성이나 부작용에 관하여는 설명하지 아니하였다. 특히 이 사건 수술로 인하여 신경병증 통증이 유발될 수 있음은 일반적인 의학적 상식이고 복합부위통증증후군은 난치성 질환으로서 그 후유증이 중대함을 고려하면, 당시 음경배부신경 부분절제술로 인하여 복합부위통증증후군이 발생한 사례가 보고된 바 없었다 하더라도 피고의 설명의무가 면제된다고 볼 수 없다.

(나) 피고의 주장

피고는 이 사건 수술 전 원고에게 음경배부신경 부분절제술로 인한 일반적인 합병증인 부종, 혈종, 감염 등으로 인한 창상 치유 지연, 지루, 사정 불능, 발기부전, 재발 등에 대하여 설명하였다. 피고가 당시 복합부위통증증후군 및 신경병증 통증의 발생 가능성에 대하여 설명하지 않은 것은 사실이나 당시 이 사건 수술로 인하여 복합부위통증증후군이나 그와 같은 정도의 후유증이 발생할 수 있음을 예견할 수 없었으므로 피고가 설명의무를 위반하였다고 볼 수 없다.

(2) 판단

(가) 일반적으로 의사는 환자에게 수술 등 침습을 과하는 과정 및 그 후에 나쁜 결과 발생의 개연성이 있는 의료행위를 하는 경우 또는 사망 등의 중대한 결과 발생이 예측되는 의료행위를 하는 경우에 있어서 응급환자의 경우나 그 밖에 특단의 사정이 없는 한 진료계약상의 의무 내지 위 침습 등에 대한 승낙을 얻기 위한 전제로서 당해 환자나 그 법정대리인에게 질병의 증상, 치료방법의 내용 및 필요성, 발생이 예상되는 위험 등에 관하여 당시의 의료수준에 비추어 상당하다고 생각되는 사항을 설명하여 당해 환자가 그 필요성이나 위험성을 충분히 비교해 보고 그 의료행위를 받을 것인가의 여부를 스스로 결정하여 선택할 수 있도록 할 의무가 있다(대법원 2002. 10. 25. 선고 2002다48443 판결 등 참조). 설명의무는 침습적인 의료행위로 나아가는

과정에서 의사에게 필수적으로 요구되는 절차상의 조치로서, 그 의무의 중대성에 비추어 의사로서는 적어도 환자에게 설명한 내용을 문서화하여 이를 보존할 직무수행상의 필요가 있다고 보일 뿐 아니라, 응급의료에 관한 법률 제9조, 같은 법 시행규칙 제3조 및 [서식] 1에 의하면, 통상적인 의료행위에 비해 오히려 긴급을 요하는 응급의료의 경우에도 의료행위의 필요성, 의료행위의 내용, 의료행위의 위험성 등을 설명하고 이를 문서화한 서면에 동의를 받을 법적 의무가 의료종사자에게 부과되어 있는 점, 의사가 그러한 문서에 의해 설명의무의 이행을 입증하기는 매우 용이한 반면 환자 측에서 설명의무가 이행되지 않았음을 입증하기는 성질상 극히 어려운 점 등에 비추어, 특별한 사정이 없는 한 의사 측에 설명의무를 이행한 데 대한 증명책임이 있다고 해석하는 것이 손해의 공평·타당한 부담을 그 지도원리로 하는 손해배상제도의 이상 및 법체계의 통일적 해석의 요구에 부합한다(대법원 2007. 5. 31. 선고 2005다5867 판결 참조). 한편 의사에게 당해 의료행위로 인하여 예상되는 위험이 아니거나 당시의 의료수준에 비추어 예견할 수 없는 위험에 대한 설명의무까지 부담하게 할 수는 없다(대법원 1999. 9. 3. 선고 99다10479 판결 참조).

(나) 이 사건 수술행위도 질병의 치료행위 범주에 속하는 의료행위임이 분명하므로 위와 같은 의사의 설명의무에 관한 법리가 마찬가지로 적용된다 할 것이다.

먼저, 앞서 본 바와 같이 피고가 이 사건 수술 당시 그로 인하여 복합부위통증증후군 또는 그와 비슷한 정도의 신경병증 통증의 부작용이 발생할 수 있음을 예견할 수는 없었으므로, 피고가 이에 관한 설명의무를 다하지 않았다는 원고의 이 부분 주장은 이유 없다.

그러나, 피고가 원고에게 이 사건 수술방법에 관하여 제대로 설명한 후 원고로부터 이 사건 수술에 관한 승낙을 받았는지 살피건대, 을 1, 11호증의 각 기재에 변론 전체의 취지를 종합하면, 피고는 원고에 대한 진료기록부와 원고가 이 사건 수술을 받기 전 피고에게 조루에 관한 수술적 치료방법에 관하여 인터넷으로 상담시 이 사건 수술에 대하여 '음경배부신경 부분절제술'이라는 용어 대신 '음경배부신경 부분적 차단' 또는 '배부신경차단술'이라는 용어를 각 사용한 사실과 원고는 이 사건 수술 후 피고에게 '통증이 심하니 신경을 풀어(살려) 달라'고 요청한 사실을 인정할 수 있는 반면, 피고가 원고에게 이 사건 수술방법이 음경배부신경의 단순한 '부분차단'이 아니라 신경의 일부를 절단하는 '부분절제'라는 사실에 관하여 제대로 설명하였는지를 인정할 수 있는 아무런 증거가 없다.

뿐만 아니라, 피고가 이 사건 수술 시행 전에 원고에게 음경배부신경 부분절제술의 위험성 내지 부작용에 대하여 구체적으로 설명하였는지 보건대, 앞서 본 바와 같이 말초신경의 일종인 음부배부신경이 부분적으로 손상된 후에는 복합부위통증증후군 또는 그와 비슷한 정도는 아니라 하더라도 신경병증 통증이 유발될 수 있음은 앞서 본 바와 같음에도 피고가 이와 같은 설명을 하였다고 인정할 아무런 증거가 없고, 오히려 을 11호증의 기재에 의하면 원고가 이 사건 수술을 받기 전 피고에게 조루에 관한 수술적 치료방법에 관하여 인터넷으로 상담시 피고는 "배부신경차단술은 조루가 나타나는 사람의 대부분(90%)의 경우 귀두의 감각이 예민해서인데 이런 경우 귀두로 가는 감각신경을 일부 차단함으로써 조루를 방지하는 시술로서 수술 후 부작용 및 후유증이 없으므로 걱정하지 말라. 수술에 소요되는 시간은 20분 정도이며 수술 후 병원에 더 이상 내원할 필요가 없으며, 정상적인 성생활이 2-3주 후면 가능하다"는 내용의 답변을 한 사실을 인정할 수 있는바, 위 인정사실에 의하면 피고가 원고에게 이 사건 수술을 시행하기 전 이 사건 수술의 부작용 및 후유증에 관하여 충분한 설명을 하지 않고 그 장점에 대해서만 강조하여 설명하였다고 할 것이다.

따라서 피고가 이 사건 수술 당시 그로 인하여 복합부위통증증후군 또는 그와 비슷한 정도의 신경병증 통증의 부작용이 발생할 수 있음을 예견할 수는 없었다 하더라도, 이 사건 수술은 피고가 원고에게 수술방법 및 부작용에 관한 설명의무를 제대로 다하지 않음으로써 원고의 자기결정권을 침해하여 이루어진 위법한 수술이라 할 것이므로, 피고는 이로 인하여 원고가 입은 손해를 배상할 의무가 있다 할 것이다.

3) 손해배상책임의 범위

가. 원고의 주장

원고는, 조루증은 건강이나 생명에 침해를 가져오는 심각한 질병이 아닌 것으로서 만약 이 사건 수술 이전에 원고가 피고로부터 음경배부신경 부분절제술의 부작용이나 덜 침습적인 치료방법에 대한 설명을 들었더라면 원고가 이 사건 수술을 받을 것을 선택할 리 없었을 것인바, 피고의 설명의무위반은 구체적 치료과정에서 요구되는 의사의 주의의무위반과 동일시할 정도의 것이므로, 피고는 원고에게 위 복합부위통증증후군의 발병으로 인한 재산적 손해 등 전체 손해를 배상하여야 한다고 주장한다.

나. 판단

(1) 의사가 설명의무를 위반한 채 수술 등을 하여 환자에게 사망 등의 중대한 결과가 발생한 경우에 있어서 환자 측에서 선택의 기회를 잃고 자기결정권을 행사할 수 없게 된 데 대한 위자료만을 청구하는 경우에는 의사의 설명결여 내지 부족으로 선택의 기회를 상실하였다는 사실만을 입증함으로써 족하고 설명을 받았더라면 사망 등의 결과는 생기지 않았을 것이라는 관계까지 입증할 필요는 없으나, 그 결과로 인한 모든 손해를 청구하는 경우에는 그 중대한 결과와 의사의 설명의무위반 내지 승낙취득과정에서의 잘못과의 사이에 상당인과관계가 존재하여야 하며, 그 경우 의사의 설명의무위반은 환자의 자기결정권 내지 치료행위에 대한 선택의 기회를 보호하기 위한 점에 비추어 환자의 생명 신체에 대한 의료적 침습과정에서 요구되는 의사의 주의의무위반과 동일시할 정도의 것이어야 한다(대법원 1994. 4. 15. 선고 93다60953 판결 등 참조).

(2) 앞서 본 바와 같이, 피고에게 이 사건 수술로 인한 복합부위통증증후군 또는 그와 비슷한 정도의 신경병증 통증의 발생에 대한 예견가능성이 있었다고 볼 수 없는바, 결국 복합부위통증증후군의 발생이라는 중대한 결과와 피고의 설명의무위반과 사이에 상당인과관계가 있다고 인정할 수 없으므로, 재산적 손해 등 전체 손해의 배상을 구하는 원고의 주장은 이유 없다.

(3) 다만 피고는 위와 같이 이 사건 수술의 수술방법 및 부작용에 대한 설명의무를 위반하여 원고의 자기결정권 내지 선택권을 침해함으로써 원고에게 정신적인 고통을 가하였다고 할 것이므로 이에 대한 위자료를 배상할 책임이 있다.

그 위자료의 액수에 관하여 보건대, 피고가 이 사건 수술의 후유증으로 복합부위통증증후군 또는 그와 비슷한 정도의 신경병증 통증의 발생을 예상할 수 없었던 점을 감안하더라도, 원고의 나이와 미혼인 점, 이 사건 수술을 받기 전 원고의 직업, 조루증 치료를 위한 이 사건 수술의 경우 그 성질상 생명을 잃을 위험을 막기 위한 응급수술 등과 같이 긴급을 요하지 않는 점, 이 사건 수술의 결정 및 실시 과정에 있어서의 피고의 설명의무 위반의 정도, 이 사건 수술의 부작용 및 후유증으로 복합부위통증증후군의 발생뿐만 아니라 자살충동, 우울증 등 정신과적 문제로까지 피해가 확대된 점 등 이 사건 변론에 나타난 모든 사정을 종합하여 보면, 원고에 대한 위자료로 7,000만 원을 인정함이 상당하다 할 것이다.

4. 결론

그렇다면 원고의 당심에서의 청구취지 확장에 따라, 피고는 원고에게 위자료 7,000만 원 및 이에 대하여 그 불법행위일인 2006. 4. 3.부터 원고가 구하는 당심 판결 선고일인 2011. 2. 24.까지는 민법이 정한 연 5%, 그 다음날부터 갚는 날까지는 소송촉진 등에 관한 특례법이 정한 연 20%의 각 비율로 계산한 지연손해금을 지급할 의무가 있다 할 것이므로, 원고의 이 사건 청구는 위 인정범위 내에서 이유 있어 이를 인용하고, 나머지 청구는 이유 없어 이를 기각할 것인바, 제1심 판결은 이와 결론을 일부 달리하여 부당하므로 제1심 판결을 위와 같이 변경하기로 하여, 주문과 같이 판결한다.

제13절 이비인후과

1. 주문

1. 피고들은 공동하여 원고 김○은에게 137,461,972원, 원고 김○철, 김○자에게 각 5,000,000원 및 각 이에 대하여 2019. 8. 2.부터 2021. 10. 15.까지는 연 5%의, 그 다음날부터 다 갚는 날까지는 연 12%의 각 비율로 계산한 돈을 지급하라.

2. 원고들의 나머지 청구를 기각한다.

3. 소송비용 중 1/5은 원고들이, 나머지는 피고들이 각 부담한다.

4. 제1항은 가집행할 수 있다.

2. 청구취지

피고들은 공동하여 원고 김○은에게 179,966,833원, 원고 김○철, 김○자에게 각 10,000,000원 및 각 이에 대하여 2019. 8. 2.부터 이 사건 소장부본 송달일까지는 연 5%의, 그 다음날부터 다 갚는 날까지는 연 12%의 각 비율로 계산한 돈을 지급하라.

3. 이유

1) 기초사실

가. 당사자들의 관계

원고 김○은은 피고 김○영으로부터 코 수술을 받은 환자이고, 원고 김○철, 김○자는 원고 김○은의 부모이며, 피고 김○영은 피고 이○영이 운영하는 광주 광산구 소재 ○○병원에서 피고 이○영에게 고용되어 근무한 이비인후과 의사이다.

나. 이 사건 수술의 경과

1) 원고 김○은은 2019. 8. 2. 신가병원에서 피고 김○영으로부터 비염, 축농증 치료를 위한 비중격교정술, 비밸브재건술, 하비갑개점막하절제술과 함께 실리콘 보형물을 이용한 코성형술(이하 '이 사건 1차 수술'이라 한다)을 받았고, 같은 달 6. 퇴원하였다.

2) 원고 김○은은 같은 달 12., 14., 24. 경과 관찰 및 드레싱을 위해 병원을 방문하였고, 피고 김○영에게 코의 불편감을 호소하였다.

3) 원고 김○은은 2019. 9. 2. 한쪽 코에서 손가락 한마디 크기의 거즈가 빠져 나온 것을 발견하여 그 다음날인 2019. 9. 3. 이를 가지고 병원을 방문하였고, 아울러 피고 김○영에게 코의 통증과 부종을 호소하였다. 이에 피고 김○영은 원고 김○은을 입원

시킨 후 3일간 항생제 치료를 하였으나, 증상이 호전되지 아니하자 2019. 9. 6. 염증 제거 및 보형물 삽입과 코성형수술(이하 '이 사건 2차 수술'이라 한다)을 실시하였고, 원고 김○은은 같은 달 11. 퇴원하였다.

4) 그 후 원고 김○은은 경과 관찰을 위해 수차례 병원을 방문하였는데, 피고 김○영에게 '코 끝이 들려 있다. 코가 안 좋다. 우측 코 입구 위쪽에서 진물이 나는 것 같다'는 등 의 증상을 호소하였고, 2019. 12. 12.에는 '1주일 전부터 코에서 냄새가 나고, 당기고 아프며, 우측 코 위에서 진물이 나는 것 같다'고 호소하였다. 이에 피고 김○영은 원고 김○은을 입원시키고 같은 달 17.까지 항생제 치료를 하였으나, 증상이 호전되지 않자 같은 달 18. 염증 제거 및 코 보형물 제거 수술(이하 '이 사건 3차 수술'이라 한다)을 실시하였고, 원고 김○은은 2019. 12. 17. 퇴원하였다. 그 후 원고 김○은은 2020. 1. 8. 피고 김○영으로부터 진물이 나는 수술 부위를 봉합하는 일차봉합술(이하 '이 사건 4차 수술'이라 하고, 이 사건 1차 내지 4차 수술을 통틀어 '이 사건 수술'이라 한다)을 추가로 받았다.

5) 이 사건 수술 이후 원고의 코에는 심각한 '구축된 짧은 코 변형'이 발생하였는바, 외형상 코가 짧아 보이고 콧구멍이 들려 보이며 전반적으로 수축되어 보이는 상태가 되었다.
[인정근거] 다툼 없는 사실, 갑 제2, 3, 5, 6호증, 을 제1, 2호증의 각 기재, 이 법원의 고려대학교 구로병원장에 대한 신체감정촉탁결과, 변론 전체의 취지

2) 손해배상책임의 발생

가. 당사자의 주장

1) 원고의 주장

이 사건 1차 수술 이후인 2019. 9. 2. 원고 김○은의 코에서 손가락 한마디 정도 크기의 거즈가 나왔는바, 피고 김○영은 이 사건 1차 수술 과정, 또는 수술 후 드레싱처치 당시 수술 부위에 이물질이 남아 있는가를 확인하고 이를 제거하여야 할 주의의무가 있음에도 이물질인 거즈를 그대로 남겨둔 과실로 원고 김○은에게 염증이 발생하게 하였고, 이로 인하여 결국은 원고 김○은에게 구축된 짧은 코의 변형이 발생하게 만들었다. 따라서 피고 김○영은 원고 김○은을 치료한 의사로서, 피고 이○영은 피고 김○영의 사용자로서 원고들이 입은 손해를 배상하여야 한다.

2) 피고의 주장

이 사건 1차 수술 후 원고 김○은에게 발생한 염증 반응은 실리콘 보형물에 대한 이물반응이라고 할 것이고, 달리 이 사건 1차 내지 4차 수술 과정에서 피고 김○영에게 어떠한 과실이 있다고 할 수 없으므로 원고들의 주장은 부당하다.

나. 판단

1) 의료행위는 고도의 전문적 지식을 필요로 하는 분야이고 그 의료 과정은 대개의 경우 의사만이 알 수 있고 환자 본인은 그 일부를 알 수 있을 뿐이며, 치료의 결과를 달성하기 위한 의료기법은 의사의 재량에 달려 있기 때문에, 손해 발생의 직접적인 원인이 의료상 과실로 말미암은 것인지는 전문가인 의사가 아닌 보통인으로서는 도저히 밝혀낼 수 없는 특수성이 있어서 환자 측이 의사의 의료행위상 주의의무 위반과 손해 발생 사이의 인과관계를 의학적으로 완벽하게 입증한다는 것은 극히 어려운 일이므로, 의료사고가 발생한 경우 피해자 측에서 일련의 의료행위 과정에서 저질러진 일반인의 상식에 바탕을 둔 의료상 과실이 있는 행위를 입증하고 그 결과와 사이에 일련의 의료행위 외에 다른 원인이 개재될 수 없다는 점, 이를테면 환자에게 의료행위 이전에 그러한 결과의 원인이 될 만한 건강상 결함이 없었다는 사정을 증명한 경우에는, 의료행위를 한 측이 그 결과가 의료상 과실로 말미암은 것이 아니라 전혀 다른 원인으로 말미암은 것이라는 증명을 하지 아니하는 이상, 의료상 과실과 결과 사이의 인과관계를 추정하여 손해배상책임을 지울 수 있도록 입증책임을 완화하는 것이 손해의 공평·타당한 부담을 그 지도원리로 하는 손해배상제도의 이상에 맞다(대법원 2003. 1. 24. 선고 2002다3822 판결 등 참조).

2) 이 사건에 관하여 보건대, 이 사건 1차 수술 후인 2019. 9. 2. 원고 김○은의 한쪽 코에서 손가락 한마디 크기의 거즈(이하 '이 사건 거즈'라고 한다)가 빠져 나온 사실, 당시 원고 김○은은 코의 통증과 부종 등의 증상을 겪었고 이에 피고 김○영은 염증 치료를 위해 원고 김○은을 입원시키고 항생제 치료를 한 사실, 그러나 증상이 호전되지 아니하자 피고 김○영은 이 사건 2차 수술을 실시하였고, 약 3개월 후 다시 이 사건 3차 수술을 실시하였으며, 약 20일 후 수술부위의 봉합을 위한 이 사건 4차 수술을 실시한 사실은 앞서 본 바와 같다.

여기에 위 인정사실에 앞서 든 증거들 및 변론 전체의 취지를 더하여 알 수 있는 다음과 같은 사정 즉, ① 이 사건 거즈는 이 사건 1차 수술 당시 또는 수술 이후 처치(드레싱) 과정에서 사용된 거즈로, 상당기간 원고 김○은의 코 내부 수술 부위에 잔존하고 있었던 것으로 보이는 점(다만 수술 당시에 사용된 거즈인지 수술 이후 처치과정에서 사용된 것인지는 불분명함), ② 이 법원의 신체감정의는 '통상적으로 코성형술을 시행한 이후 초기에 이유 없이 농양이 생길 가능성은 낮고 이물질이 남아 있는 경우에 농양이 발생할 가능성이 매우 높다는 것을 고려하면 거즈로 인해 농양이 생겼을 가능성은 높다고 사료된다'고 회신한 점, ③ 원고 김○은은 이 사건 1차 수술 이후 지속적으로 코의 불편감을 호소하였고, 거즈 발견 시점에는 염증 반응(통증과 부종 등)을 강하게 호소하였는바, 이에 따라 피고 김○영 역시 거즈 발견 직후 염증 치료를 시작한 점, ④ 원고 김○은은 이 사건 2차 수술 이후에도 지속적으로 코가 안 좋다, 진물이 난다는 등의 증상을 호소하다가 2019. 12. 12. 냄새나고 아프고 진물난다는 증상을 재차 호소하였으며, 이에 피고 김○영은 다시 항생제 치료 후 이 사건 3차 수술에 이르렀는바, 이 사건 1차 수술 이후의 원고 김○은의 염증 반응이 이 사건 2차 수술로 완전히 치유되었다가 별도의 원인(실리콘 보형물에 대한 이물반응)에 기해 다시 발생하여 이 사건 3차 수술에 이르게 된 것이라고 단정하기 어려운 점, ⑤ 이 법원의 대한 의사협회 의료감정원장에 대한 진료기록감정결과에 의하면, 진료기록감정의는 비강 내 거즈로 인해 생긴 염증이 코성형 수술 부위로 파급되어 보형물 주변에 염증반응을 일으킬 가능성을 완전히 배제할 수 없다고 하면서도, 수술 후 20여일이 지난 상태면 보통 절개부위는 다 아물기 때문에 비강의 염증이 절개부위를 통해 보형물 주변에 염증을 일으켰을 가능성은 그리 높지 않다고 회신하였으나, 이 사건 거즈가 피고의 주장과 같이 2019. 8. 24. 이루어진 드레싱 처치 시부터 잔존한 것인지, 그 이전 시점부터 잔존한 것인지 불분명한 이상 수술 후 20여일이 지난 상태에서 거즈가 잔존하였음을 전제로 한 위 판단 부분은 그대로 받아들이기 어려운 점, ⑥ 또한 위 진료기록감정의는 거즈가 이 사건 1차 수술 당시 코에 남아서 이 사건 2차 내지 4차 수술을 일으킨 염증반응의 원인이 되었다고 보는 것은 부적절하다고 회신하기도 하였으나, 이는 이 사건 1차 수술 당시 거즈를 코 내부 피부 조직 안에 두고 봉합한 채로 수술을 마쳤을 경우를 가정한 답변으로, 수술 당시 혹은 그 후 처치 과정에서 거즈가 환부에 부착된 상태였을 경우까지 전제한 답변으로 보이지는 않는 점, ⑦ 원고 김○은에게 발생하게 된 '구축된 짧은 코 변형'의 상태는 코 내부 구조물(연골, 피하지방 등)이 감염 등에 의한 염증 반응에 의해 파괴되고 치유되는 과정에서 조직이 오그라들면서 발생한 현상으로, 원고 김○은에게 발생한 위와 같은 일련의 염증 반응과 이에 대한 이 사건 2 내지 4차수술이 그 원인이라고 할 것인 점, ⑧ 달리 원고 김○은에게 발생한 일련의 염증 반응에 원고 김○은의 코에 잔존하던 거즈가 영향을 주지 않았다고 볼 만한 뚜렷한 증거가 없는 점 등을 종합하여 보면, 피고 김○영은 원고 김○은에 대하여 이 사건 1차 수술 및 그 후 사후 처치 과정에서 수술 부위에 이물질(이 사건 거즈)을 제거하지 않은 과실이 있고, 이로 인하여 원고 김○은의 수술 부위에 염증 반응이 일어나 이 사건 2차 내지 4차 수술에 이르게 되어 결과적으로 원고 김○은에게 '구축된 짧은 코 변형'의 상태가 발생하게 되었다고 봄이 상당하다.

따라서 피고 김○영 및 피고 김○영의 사용자인 피고 이○영은 공동하여 위와 같은 과실로 인해 발생한 원고들의 손해를 배상할 책임이 있다.

3) 손해배상책임의 범위

아래에서 별도로 설시하는 것 이외에는 별지 손해배상액 계산표의 각 해당 항목 기재와 같고, 계산의 편의상 기간은 월 단위로 계산함을 원칙으로 하되, 마지막 월 미만 및 원 미만은 버린다. 손해액의 사고 당시의 현가 계산은 월 5/12푼의 비율에 의한 중간이자를 공제하는 단리할인법에 따른다.

[인정근거] 다툼 없는 사실, 갑 제7호증의 기재, 이 법원의 고려대학교 구로병원장

에 대한 신체감정촉탁결과, 이 법원에 현저한 사실, 변론 전체의 취지

가. 일실수입

1) 인적사항 : 별지 손해배상액 계산표의 '기초사항'란 기재와 같다.

2) 소득 및 가동기한 : 도시지역 보통인부의 일용노임(월 가동일수 22일) 기준, 가동기한은 65세로 본다.

3) 후유장해 및 노동능력상실률

- 2019. 8. 20.부터 2019. 8. 21.까지 : 100%(원고 김○은의 총 입원일수를 감안하여 입원 종료일을 2019. 8. 21.로 보고 위 시점까지 노동능력상실율을 100%로 인정)

- 2019. 8. 22.부터 2065. 06. 15.까지 : 추상장애 12% 영구장애

원고 김○은은 성형외과 추상장해로 인해 신체감정결과(국가배상법상 추상장해 12급 13호 적용)에 따라 15%의 노동능력을 상실하였다고 주장한다.

살피건대, 불법행위로 인한 후유장애로 말미암아 외모에 추상이 생긴 경우에 그 사실만으로는 바로 육체적인 활동기능에는 장애를 가져오지 않는다 하더라도 추상의 부위 및 정도, 피해자의 성별, 나이 등과 관련하여 그 추상이 장래의 취직, 직종선택, 승진, 전직에의 가능성 등에 영향을 미칠 정도로 현저한 경우에는 그로 인한 노동능력상실이 없다 할 수는 없으므로 그 경우에는 추상장애로 인하여 노동능력상실이 있다고 보는 것이 상당하고(대법원 2004. 10. 15. 선고 2003다39927 판결 참조), 위에서 든 각 증거 및 변론 전체의 취지에 의하여 인정되는 추상의 부위 및 정도, 원고의 나이 등에 비추어 그 추상이 장래의 취직, 직종 선택, 승진, 전직에의 가능성 등에 영향을 미칠 정도로 현저하다고 봄이 상당하다. 다만, 국가배상법 시행령에 규정된 노동능력상실률은 국가배상사건에 대한 정책적 고려가 반영된 것으로서 맥브라이드 장해평가표보다 상대적으로 장해율이 높게 책정되어 있다고 볼 수 있는 점, 맥브라이드 장해평가표에 의하면 외모 추상에 의한 노동능력상실은 인정되지 않는 점, 노동능력상실률을 정하기 위한 보조자료의 하나인 의학적 신체기능장애율에 대한 감정인의 감정결과는 사실인정에 관하여 특별한 지식과 경험을 요하는 경우에 법관이 그 특별한 지식·경험을 이용하는 데에 불과한 것이며, 궁극적으로는 법관이 피해자의 연령, 교육 정도, 노동의 성질과 신체기능 장애 정도, 기타 사회적·경제적 조건 등을 모두 참작하여 경험칙에 비추어 규범적으로 노동능력상실률을 결정할 수밖에 없는 점(대법원 1999. 3. 23. 선고 98다61951 판결 등 참조), 원고 김○은의 피해 부위나 피해 정도, 원고 김○은이 향후 치료를 받을 경우 감정 당시의 상태보다 호전될 가능성을 배제할 수 없는 점 등을 종합적으로 고려하여 추상장해로 인한 장해율을 12%로 인정한다.

4) 일실수입 계산 : 별지 손해배상액 계산표의 '일실수입 합계액'란 기재와 같다.

나. 기왕치료비 : 별지 손해배상액 계산표의 '기왕치료비'란 기재와 같다.

다. 향후치료비

1) 콧대 재건술 등 수술비 및 치료비 : 24,850,000원

2) 구체적인 계산 : 이 사건 변론종결일 다음날인 2021. 7. 3. 치료비를 지출하는 것으로 보고 사고 당시의 현가로 환산하면 별지 손해배상액 계산표의 '향후치료비'란 기재와 같다.

라. 책임의 제한

수술 과정에서의 위험을 완전히 배제하는 것은 불가능하고, 여러 요인으로 수술 후 염증 반응이 일어날 가능성이 존재하는 점, 그밖에 이 사건 수술에 이른 경위, 피고 김○영의 과실의 정도 등 이 사건 변론에 나타난 여러 사정들을 종합하여, 피고들이 배상할 손해액을 산정함에 있어 피고들의 책임을 90%로 제한하기로 한다.

마. 위자료

이 사건 수술로 인해 발생한 원고 김○은의 피해의 정도 및 부위, 원고 김○은의 나이, 직업 등 제반사정을 참작하여 원고 김○은에 대한 위자료를 30,000,000원으로 정하고, 원고 김○은의 부모인 원고 김○철, 김○자에 대한 위자료를 각 5,000,000원으로 정한다.

바. 소결론

따라서 피고들은 공동하여 원고 김○은에게 137,461,972원, 원고 김○철, 김○자에게 각 5,000,000원 및 각 이에 대하여 이 사건 최초 수술일인 2019. 8. 2.부터 피고가 그 이행의무의 존부나 범위에 관하여 항쟁함이 타당한 이 판결 선고일인 2021. 10. 15.까지는 연 5%의, 그 다음날부터 다 갚는 날까지는 소송촉진 등에 관한 특례법이 정한 연 12%의 각 비율로 계산한 지연손해금을 지급할 의무가 있다.

4. 결론

그렇다면, 원고들의 청구는 위 인정범위 내에서 이유 있어 이를 인용하고, 나머지 청구는 이유 없어 이를 기각하기로 하여 주문과 같이 판결한다.

사례2 | 광주지법 2005. 8. 16. 선고 2003가합9188 판결

1. 주문

1. 피고는 원고 1에게 금 37,794,996원, 원고 2에게 금 1,000,000원, 원고 3, 4에게 각 금 500,000원 및 위 각 금원에 대하여 1999. 1. 29.부터 2005. 8. 16.까지는 연 5%, 그 다음날부터 완제일까지는 연 20%의 각 비율에 의한 금원을 지급하라.

2. 원고들의 나머지 청구를 기각한다.

3. 소송비용 중 2/3는 원고들이, 나머지 1/3은 피고가 부담한다.

4. 제1항은 가집행할 수 있다.

2. 청구취지

피고는 원고 1에게 금 126,839,800원, 원고 2에게 금 3,000,000원, 원고 3, 4에게 각 금 1,500,000원 및 위 각 금원에 대하여 1999. 1. 29.부터 2003. 5. 31.까지는 연 5%, 그 다음날부터 완제일까지는 연 20%의 각 비율에 의한 금원을 지급하라.

3. 이유

1) 기초사실

다음의 각 사실은 당사자들 사이에 다툼이 없거나, 갑 제1호증의 1, 2, 갑 제2, 3호증, 갑 제4호증의 1, 2, 갑 제6호증, 갑 제7호증의 1 내지 3, 갑 제9호증, 을 제1호증, 을 제2호증의 1 내지 5, 7의 각 기재, 을 제2호증의 6, 을 제3호증의 각 일부 기재, 증인 소외 1의 일부 증언, 이 법원의 전남대학교 병원장에 대한 2003. 1. 8.자 및 2003. 6. 26.자 각 신체감정촉탁 결과, 대한의사협회장에 대한 진료기록감정촉탁 결과, 변론 전체의 취지를 종합하면 이를 인정할 수 있다.

가. 당사자의 지위

원고 1은 1999. 1. 27. 피고가 운영하는 조선대학교 병원(이하 '피고 병원'이라 한다)에서 갑상선절제수술을 받은 사람이고, 원고 2는 원고 1의 남편, 원고 3, 4는 원고 1의 자녀들이다.

나. 약물치료 경위 및 수술 경과

(1) 원고 1은 1992. 3. 20.경 전신 무력감, 체중감소, 식욕부진 등의 증상을 호소하며 피고 병원에 내원하였는데, 피고 병원 의사 배학연은 원고 1에게 갑상선기능항진증, 갑상선비대증을 진단하였고 그 이후 원고 박길재는 피고 병원에서 같은 증상에 대하여 꾸준히 약물치료를 받았다.

(2) 원고 1은 1994. 11. 17.경부터 같은 달 28.경까지 위의 증상이 심해져 피고 병원에 입원까지 하게 되었는데, 당시 피고 병원은 원고 1에 대하여 갑상선절제수술을 고려하였으나, 수술 후 위기상황이 생길 가능성이 높아 수술시행을 보류하고 일단 퇴원시킨 후 항갑상선제를 투여하여 갑상선기능이 조절되면 수술을 시행하기로 하였다.

(3) 원고 1은 1998. 12. 11. 피고 병원에서 다시 갑상선기능검사를 받았는데, 그 결과에 따라 피고 병원은 1999. 1. 19. 원고 1에게 갑상선절제수술을 받아 볼 것을 권유하였고, 원고 1은 1999. 1. 26. 수술을 받기 위하여 피고 병원에 입원하였다.

(4) 피고 병원 일반외과 의사 소외 1, 2, 3은 원고 1에 대하여 같은 달 27. 15:10경부터 전신마취를 시작하여 20:30경까지 갑상선 좌엽 전부를 제거하고 우엽은 일부를 남기고 모두 제거하는 갑상선아전절제술을 시행하였다(이하 이 수술을 '이 사건 수술'이라 한다).

다. 수술 후의 경과

(1) 원고 1이 수술 후 삽관 제거시부터 심한 호흡곤란과 수술부위의 통증을 호소하자 위 소외 1은 1999. 1. 28. 09:00경 원고 1을 중환자실로 옮겨 치료하였으며, 호흡곤란에 대한 치료로서 흡입용 기관지 확장제를 투여하였을 뿐 후두경을 통한 성대검사를 실시하지는 않았다.

(2) 원고 1은 1999. 1. 30. 목소리가 잘 나오지 않는다고 호소하였고, 위 소외 1은 원고 1, 2에게 수술 과정에서 일부 신경손상이 있을 수 있다고 설명하였고, 원고 1이 1999. 2. 1. 목소리의 변화와 물 마실 때 흡인이 있다고 호소하자 신경손상 가능성에 대하여 원고 2에게 설명하였다.

(3) 원고 1은 1999. 2. 5. 증세가 호전되어 피고 병원에서 퇴원하였고, 그 이후부터 2000. 3. 13.까지는 피고 병원에 가끔 내원하여 주로 약물치료 및 갑상선기능검사를 받았다.

(4) 위 소외 1은 2000. 3. 13. 원고 1에 대하여 이비인후과에 협의진료를 실시하였고, 이비인후과 의료진은 원고 1에게 후두경을 통한 성대검사를 시행한 결과 양측성 성대마비의증을 진단하였으나, 이에 대한 별다른 조치를 취하지 아니하였다.

(5) 원고 1은 그 후에도 가끔 호흡곤란 증상을 호소하며 피고 병원에서 치료를 받아오다가 2001. 10. 30. 이에 대한 검사 및 치료를 위하여 전남대학교 병원에 내원하였는데, 위 병원의 검사 결과 성대마비 진단을 받았다.

라. 관련의학지식

(1) 갑상선기능항진증 환자는 일반적으로 운동중 호흡곤란, 신경과민, 정서 불안정, 피로 및 전신쇠약을 동반한다. 치료의 주요 방향은 갑상선에서 생성할 수 있는 갑상선 호르몬의 양을 제한하는 것으로서 치료방법은 크게 항갑상선제의 투여, 방사성요오드요법, 갑상선절제수술로 나눌 수 있다.

(2) 방사성요오드요법은 갑상선기능항진증에 대한 효과적인 치료가 될 수는 있으나, 방사선 피해에 대한 우려와 갑상선기능저하증의 합병 빈도가 높기 때문에 일반적으로 일차 치료법으로는 갑상선절제수술을 선호하는 경향이 있다.

(3) 갑상선절제수술은 수술 후 후유증 없이 회복되면 이후 일상생활에 지장이 없으며, 갑상선아전절제술의 위험으로는 즉시형 후유증으로 마취사고, 출혈로 인한 기도 폐쇄, 회귀후두신경의 손상으로 인한 성대마비 등이 있고, 지연형 후유증으로는 감염, 출혈,

부갑상선기능저하증, 갑상선기능저하증 등이 있다.

(4) 갑상선 질환으로 인하여 성대가 마비될 가능성으로는, 양성종양이나 그레이브씨병과 같은 양성 질환의 경우 병변으로 인하여 직접적으로 신경 마비가 올 가능성은 거의 회박하며, 대개는 종양의 제거, 편엽절제술, 갑상선아전절제술 등을 행하다가 신경에 대한 의인적 손상으로 인하여 발생하는 경우가 많다.

(5) 갑상선절제술 과정에서 생기는 신경손상의 가능성을 최소화하기 위하여는 수술 전에 갑상선으로 가는 혈류량을 감소시키고 갑상선의 부피를 줄이는 조치를 적절하고 충분한 기간 동안 시행하는 것이 중요하다.

2) 손해배상책임의 발생

가. 당사자의 주장에 대한 판단

(1) 이 사건 수술의 필요성 여부

(가) 당사자의 주장

원고들은, 피고 병원으로서는 이 사건 수술로 인하여 회귀후두신경이 손상될 위험이 있음을 충분히 알 수 있었고 원고 1이 수술을 받지 않더라도 생활에 별다른 지장이 없는 등 수술이 반드시 필요한 상황이 아니었으며, 수술 이외의 다른 치료방법으로 방사성요오드요법을 시행할 수 있었음에도 무리하게 이 사건 수술을 시행한 잘못이 있다고 주장한다.

이에 대하여 피고는, 이 사건 수술 당시 원고 1은 갑상선기능항진증이 심하여 수술이 필요한 상태였고, 피고 병원이 방사성요오드요법 대신에 비교적 부작용이 적은 갑상선절제수술을 선택한 것은 적절하였다고 주장한다.

(나) 판단

일반적으로 진료수단의 선택은 의사의 재량에 맡겨져 있는 것이고, 의사가 질병을 진단할 때에는 환자의 상황, 당시의 의료수준, 자신의 전문적 지식과 경험에 비추어 적절하다고 판단되는 진료방법을 선택할 수 있고 그것이 합리적인 재량의 범위를 벗어난 것이 아닌 한 진료 결과만을 놓고 그 중 어느 하나만이 정당하고 그와 다른 조치를 취한 것에 과실이 있다고 할 수는 없는 것인바(대법원 2003. 6. 13. 선고 2003다5795 판결 참조), 위에서 인정한 바와 같이, 갑상선기능항진증 환자는 수술 후 후유증 없이 회복되면 이후 일상생활에 지장이 없으므로 수술이 근본적인 치료가 될 수 있다는 점, 이 사건 수술 당시 원고 1은 장기간 약물치료를 받았음에도 갑상선기능항진증이 호전되지 않아 수술이 필요한 상태였다고 보이는 점, 방사성요오드요법은 방사선 피해에 대한 우려와 갑상선기능저하증의 합병 빈도가 높기 때문에 일반적으로 일차 치료법으로는 갑상선절제수술을 선호하고 있다는 점 등에 비추어 보면, 피고 병원 의사 소외 1 등이 원고 1에게 이 사건 수술을 시행할 당시 수술의 필요성이 없었다거나 이 사건 수술 자체가 합리적인 재량의 범위를 벗어나 부적절한 진료방법을 선택한 것이라고 볼 수는 없으므로 원고들의 위 주장은 이유 없다.

(2) 수술 과정 및 수술 후 치료 과정상의 과실 여부

(가) 당사자의 주장

원고들은, 피고 병원은 이 사건 수술이 있은 1999. 1. 27.보다 약 50일 이상이 앞선 시점에 시행한 갑상선기능검사 결과의 수치를 기준으로 이 사건 수술 여부를 결정한 잘못이 있고, 이 사건 수술을 함에 있어 반회후두신경을 포함한 경동맥, 경정맥, 상후두신경, 기도, 후두, 식도 등의 구조물을 손상 없이 절제해야 하는 주의의무를 다하지 못하여 수술 도중 원고의 반회후두신경을 손상시켰으며, 이 사건 수술 당시 신경자극기나 현미경으로 원고 1의 신경손상 여부를 확인해야 함에도 이를 게을리하고, 신경접합술도 시행하지 않는 등 원고 1을 방치함으로써 원고 1의 성대마비 증상의 발생과 악화를 초래하였다는 취지의 주장을 한다.

이에 대하여 피고는 피고 병원이 이 사건 수술 과정에서 원고 1의 신경을 손상하였다고 하더라도 이는 수술 과정상의 불가피한 견인손상에 불과하고, 이 사건 수술 당시 육안으로도 반회후두신경의 식별이 가능하여 굳이 신경자극기나 현미경을 사용하여 신경을 식별하거나 신경접합술을 시행할 필요가 없었으므로 피고 병원의 수술 과정이나 수술 후 치료 과정상의 잘못은 없으며, 원고 1은 1984.경부터 기관지천식의 기왕증이 있던 환자이므로 이 사건 수술 후 호소한 호흡곤란 증상은 위 기관지천식의 기왕증에 기인한 것일 뿐 이 사건 수술과는 무관하다는 취지로 주장한다.

(나) 판 단

① 갑 제3호증, 갑 제4호증의 1, 2, 갑 제6호증, 갑 제7호증의 1 내지 3, 갑 제9호증, 을 제1호증, 을 제2호증의 1 내지 5, 7의 각 기재, 을 제2호증의 6, 을 제3호증의 각 일부 기재, 증인 소외 1의 일부 증언, 이 법원의 전남대학교 병원장에 대한 2003. 1. 8.자 및 2003. 6. 26.자 각 신체감정촉탁 결과, 대한의사협회장에 대한 진료기록감정촉탁 결과에 변론 전체의 취지를 종합하면, 다음의 각 사실을 인정할 수 있다.

㉮ 수술 전 마지막 갑상선기능검사의 시행시기에 대하여 정해진 바가 없으나, 일반적으로 수술일보다 1-2주 전에 검사를 하고 수술을 결정하고 있다.

㉯ 피고 병원은 1998. 12. 11. 원고 1에게 시행한 갑상선기능검사 결과인 타이로닌 (T3RIA) 225.6μg/dℓ, 갑상선자극호르몬(TSH) 0.5μIU/mℓ, 유리 타이록신(FreeT4) 0.91μg/dℓ의 수치를 기준으로 1999. 1. 25. 이 사건 수술을 위하여 마취과에 협의진료를 의뢰하였다.

㉰ 이 사건 수술 당시 원고 1의 갑상선 양측엽에 각각 5㎝ × 5㎝의 단단한 낭종성 종괴가 있었고, 출혈량은 900cc(갑상선 수술시 평균 출혈량은 50cc - 100cc이다.)로서 출혈이 심하여 수술 시행이 매우 어려웠으며, 수술 시간은 약 5시간(갑

상선 수술시 평균 수술시간은 1시간 30분 내지 2시간 정도이다.) 소요되었다.

㉰ 피고 병원 의사 소외 1 등은 이 사건 수술 당시 육안으로 신경의 식별이 가능하다고 판단하여 신경자극기나 현미경으로 원고 1의 신경손상 여부를 확인하지 않았고, 신경접합술도 시행하지 않았다.

㉱ 원고 1은 이 사건 수술 직후부터 심한 호흡곤란과 수술부위의 통증을 호소하였고, 이러한 호흡곤란은 원고 1이 기존에 앓았던 기관지천식보다 훨씬 심한 정도의 증상이었다.

㉲ 위 소외 1은 수술 직후부터 2000. 3. 13.까지 원고 1이 호소한 호흡곤란이 기관지천식에 의한 것으로 판단하고 성대관찰을 시행하거나 이비인후과에 협의진료를 요청하지 아니하였다.

㉳ 피고 병원 이비인후과 의료진은 2000. 3. 13. 원고 1에 대한 검사 결과 양측 잔성대간격이 3-5㎜로서 양측성 성대마비의증을 진단하고도 원고 1에게 아무런 조치를 취하지 않았다.

② 이러한 사실과 아울러 이 사건 수술의 난이도에 비추어 피고 병원 의사 소외 1 등이 이 사건 수술 당시 원고 1의 신경을 육안으로 식별하여 이를 보존하였다고 보기 어려운 점, 원고 1의 성대마비는 이 사건 수술 이후에 수술부위에서 발생한 것이며 성대마비가 발생할 다른 이유가 보이지 않는 점, 원고 1은 성대와 관련된 아무런 병력이 없었으므로 이 사건 수술 이외의 원인에 의하여 현재와 같은 성대마비가 발생할 가능성이 매우 낮다고 보이는 점 등을 종합하여 보면, 결국 피고 병원 의사 소외 1 등은 이 사건 수술 과정에서 원고 1의 상태에 충분히 주의하여 반회후두신경의 확인과 보존에 노력하여 신경의 손상을 최소화해야 할 뿐만 아니라 수술 후에는 신경손상 여부를 주의깊게 관찰하고 만약 신경이 손상되었다면 그 회복에 최선의 노력을 해야 할 의무가 있음에도 불구하고, 이 사건 수술을 시행하는 과정에서 원고 1의 반회후두신경을 손상시켰을 뿐만 아니라 수술 후 신경손상을 인식하고도 자연치유를 예상하고 아무런 조치를 취하지 아니하고 방치함으로써 원고 1의 성대마비 증상의 발생과 악화를 초래하였다고 봄이 상당하므로, 피고는 피고 병원 의사 소외 1 등의 사용자로서 위 소외 1 등의 위와 같은 과실로 인하여 원고들이 입은 손해를 배상할 책임이 있다.

(3) 설명의무위반 여부

(가) 당사자의 주장

원고들은, 피고 병원은 ① 이 사건 수술 당시 원고 1에게 이 사건 수술의 결과로 성대마비와 같은 후유증이 발생할 수 있다는 사실을 전혀 설명해 준 바 없고, ② 방사성요오드요법으로도 치료가 가능하다는 점에 대한 설명을 전혀 하지 않았으므로 수술 수용 여부에 대한 원고들의 자기결정권을 침해하였다고 주장한다.

이에 대하여 피고는, 피고 병원 의사 소외 1이 ① 이 사건 수술 전 원고들에게 이 사건 수술의 내용과 위험성에 대하여 설명하였고, 수술 후 신경손상과 그에 따른 목소리 변화 등의 후유증이 발생할 수 있음을 설명하였으며, ② 방사성요오드요법은 부작용이 많고 현실적으로 거의 시행하지 않고 있는 치료방법이므로 이에 대한 설명을 하지 않은 것일 뿐이라고 주장한다.

(나) 판 단

일반적으로 의사는 환자에게 수술 등 침습을 과하는 과정 및 그 후에 나쁜 결과 발생의 개연성이 있는 의료행위를 하는 경우 또는 사망 등의 중대한 결과 발생이 예측되는 의료행위를 하는 경우에 있어서 응급환자의 경우나 그 밖에 특단의 사정이 없는 한 진료계약상의 의무 내지 위 침습 등에 대한 승낙을 얻기 위한 전제로서 당해 환자나 그 법정대리인에게 질병의 증상, 치료방법의 내용 및 필요성, 발생이 예상되는 위험 등에 관하여 당시의 의료수준에 비추어 상당하다고 생각되는 사항을 설명하여 당해 환자가 그 필요성이나 위험성을 충분히 비교해 보고 그 의료행위를 받을 것인가의 여부를 선택할 수 있도록 할 의무가 있는데, 이러한 의사의 설명의무는 그 의료행위에 따르는 후유증이나 부작용 등의 위험발생 가능성이 희소하다는 사정만으로 면제될 수 없으며, 그 후유증이나 부작용이 당해 치료행위에 전형적으로 발생하는 위험이거나 회복할 수 없는 중대한 것인 경우에는 설명의 대상이 된다고 보아야 할 것이다(대법원 2002.10.25.선고 2002다48443 판결 참조).

이 사건에 관하여 보건대, 피고 병원이 이 사건 수술 당시 원고들에게 수술적인 치료 이외에 방사성요오드요법으로도 치료가 가능하다는 점에 대하여는 전혀 설명하지 않은 사실은 당사자들 사이에 다툼이 없고, 갑 제6호증, 갑 제7호증의 1 내지 3, 갑 제9호증, 을 제2호증의 5의 각 기재, 을 제2호증의 6, 을 제3호증의 일부 기재, 증인 소외 1의 일부 증언에 변론 전체의 취지를 종합하면, 갑상선절제술 후 신경손상으로 인한 성대마비는 수술에 따른 전형적이고 대표적인 후유증으로 의료계에 널리 알려진 사실, 그럼에도 피고 병원 의사 소외 1 등은 이 사건 수술 당시 원고 2에게 1시간 정도 걸리는 간단한 수술이고 수술 후유증으로 갑상선 및 부갑상선 기능저하증의 발생가능성에 대하여만 설명하였을 뿐 신경손상이나 성대마비 등의 후유증이 생길 수 있다는 점에 대하여는 충분한 설명을 하지 않은 사실을 인정할 수 있는바, 이러한 사실과 아울러 이 사건 수술 후 후유증으로 원고 1에게 발생한 성대마비는, 그 후유증의 내용 및 발생 빈도에 비추어 이를 무시할 수 있을 만큼 경미하다거나 희소하다고 보기도 어려우므로, 이와 같은 후유증의 발생가능성 및 구체적 증상과 대처방안, 수술을 받지 않을 경우에 생길 것으로 예견되는 결과, 대체 가능한 차선의 치료방법 등은 피고 병원이 이 사건 수술 전에 원고 1에게 진지하고 자세하고 설명해 주어야 할 사항이라고 보지 않을 수 없는 점, 피고 병원이 이 사건 수술을 실시함에 있어 원고 1의 승낙을 요하지 않을 만큼 긴급한 수술이 필요하다는 등의 특별한 사정이 보이지 아니하는 점,

원고 1이 이 사건 수술을 받을 생각으로 피고 병원에 입원하였다는 사정만으로 수술에 수반될지도 모르는 후유증이나 부작용까지 고려하여 여러 가지로 대처할 선택의 가능성을 모두 배제하고 이 사건 수술을 승낙하였음이 명백하다고 보기 어려운 점 등을 더하여 보면, 피고 병원 의료진은 원고 1에게 이 사건 수술 전에 위와 같은 후유증이 생길 수도 있다는 점에 대하여 충분히 설명을 하여 당해 환자가 그 필요성이나 위험성을 충분히 비교해 보고 그 의료행위를 받을 것인가의 여부를 선택할 수 있도록 해야 할 진료상의 의무가 있음에도 불구하고 이를 게을리하였다고 볼 수밖에 없으며, 피고는 이에 따라 원고들이 입은 손해를 배상할 의무가 있다.

나. 피고의 시효소멸 항변에 대한 판단

피고는 원고들의 위 손해배상채권이 시효로 소멸하였다고 항변하므로 살피건대, 이 사건 소가 이 사건 수술일인 1999. 1. 27.로부터 3년이 경과된 후인 2002. 5. 11. 제기되었음은 기록상 명백하나, 원고들이 1999. 1. 27.경 이 사건 수술로 인한 손해발생을 알았음을 인정할 만한 아무런 증거가 없고, 오히려 갑 제4호증의 1, 2의 각 기재에 변론 전체의 취지를 종합하면, 원고들은 원고 1이 2001. 10. 30. 전남대학교 병원에서 성대마비 진단을 받고서야 위와 같은 손해가 발생하였음을 알게 되었던 것으로 봄이 상당하므로, 피고의 위 항변은 이유 없다.

다. 책임의 제한

다만, 원고 1은 이 사건 수술 당시 어느 정도 수술이 필요한 상태였던 점, 일반적으로 갑상선절제수술의 경우 수술부위에서 신경손상이 발생할 위험이 매우 높고, 특히 이 사건 수술은 출혈이 많고 시야확보가 어려워 수술 과정에서 신경에 전혀 손상을 주지 아니하고 수술을 시행하는 것이 매우 어려웠을 것으로 보이는 점, 원고 1이 2000. 3. 13. 피고 병원에서 성대마비의증 진단을 받고도 2001. 10. 30. 까지 이에 대한 치료를 적극적으로 받지 않은 점 등에 비추어 피고에게 일반의 불법행위와 동일한 책임을 지우는 것은 신의칙이나 형평의 원칙에 반한다고 할 것이므로 피고가 배상하여야 할 손해액을 산정함에 있어 위와 같은 사정을 참작하기로 하여, 피고의 손해배상책임의 범위를 40%로 제한한다.

3) 손해배상책임의 범위

가. 원고 1의 일실수입

원고 1이 이 사건 수술로 상실한 가동능력에 대한 금전적 평가액 상당의 일실수입 손해는 다음 (1)과 같은 인정 사실 및 평가 내용을 기초로, (2)와 같이 월 5/12%의 비율에 의한 중간이자를 공제하는 단리할인법에 따라 이 사건 수술 당시의 현가로 계산하면 금 86,987,491원이 된다.

(1) 인정 사실 및 평가 내용

(가) 성별 : 여자

생년월일 : 1957. 12. 15.

사고 당시 연령 : 41세 1개월 남짓

(나) 직업 및 소득실태

원고 1은 이 사건 수술 당시 광주 동구 풍향동 로얄맨숀에 거주하였고 가정주부였으므로 만 60세까지는 도시일용노동에 월 22일 종사하여 도시보통인부의 시중노임 상당의 소득을 올릴 수 있음이 예상되며, 도시보통인부의 시중노임은 1998년 9월경에 33,755원, 1999년 5월경에 33,323원, 1999년 9월경에 34,360원, 2000년 5월경에 37,052원, 2000년 9월경에 37,483원, 2001년 5월경에 38,932원, 2001년 9월경에 40,922원, 2002년 5월경에 45,031원, 2002년 9월경에 50,683원, 2003년 5월경에 52,483원, 2003년 9월경에 52,374원, 2004년 5월경에 52,565원, 2004년 9월경에 52,585원이다(원고들은, 원고 1리 이 사건 수술 이후 주식회사 한국사미트인터내쇼날에 근무하면서 월 평균 2,479,324원의 수입을 얻었으므로 이를 기준으로 원고 1의 일실수입을 산정하여야 한다고 주장하나, 피해자의 일실수입은 원칙적으로 피해자가 사고 당시 종사하고 있던 업무로부터 얻고 있던 소득을 기준으로 산정해야 하는 바, 원고 1이 이 사건 수술 당시인 1999. 1. 27.경에도 주식회사 한국사미트인터내쇼날에 근무하였음을 인정할 만한 아무런 증거가 없으므로 원고들의 위 주장은 이유 없다).

(다) 가동기간

원고 1이 1999. 1. 27.부터 60세가 될 때까지 매월 22일씩

(라) 노동능력상실률

영구적으로 51%(호흡곤란은 미국의학협회 방식에 의하여 9.3b 호흡장애 항의 표5 호흡기 결손 등급의 제3급에 해당하고 전신장애는 40%, 목소리변화는 같은 방식에 의하여 9.3b 언어장애 항의 표7 언어장애 항의 제3급에 해당하고 전신장애는 18%)

[증 거] 다툼 없는 사실, 갑 제1호증의 1, 2, 갑 제3호증, 갑 제4호증의 1, 2, 갑 제9호증의 각 기재, 이 법원의 전남대학교 병원장에 대한 2003. 1. 8.자 및 2003. 6. 26.자 각 신체감정촉탁 결과, 경험칙, 법원에 현저한 사실, 변론 전체의 취지

(2) 계산(계산의 편의상 원 미만 및 월 미만은 버림)

일실수입 합계액 금 86,987,491원(= ①+②+③+④+⑤+⑥+⑦+⑧+⑨+⑩+⑪+⑫+⑬)

① 1999. 1. 27.부터 1999. 4. 30.까지 : 3개월

33,755원 × 22 × 51% × 2.9752 = 1,126,800원

② 1999. 5. 1.부터 1999. 8. 31.까지 : 4개월

33,323원 × 22 × 51% × 3.9105(= 6.8857 - 2.9752) = 1,462,073원

③ 1999. 9. 1.부터 2000. 4. 30.까지 : 8개월

$$34,360원 \times 22 \times 51\% \times 7.6348(= 14.5205 - 6.8857) = 2,943,361원$$

④ 2000. 5. 1.부터 2000. 8. 31.까지 : 4개월
$$37,052원 \times 22 \times 51\% \times 3.7282(= 18.2487 - 14.5205) = 1,549,900원$$

⑤ 2000. 9. 1.부터 2001. 4. 30.까지 : 8개월
$$37,483원 \times 22 \times 51\% \times 7.2871(= 25.5358 - 18.2487) = 3,098,262원$$

⑥ 2001. 5. 1.부터 2001. 8. 31.까지 : 4개월
$$38,932원 \times 22 \times 51\% \times 3.5622(= 29.0980 - 25.5358) = 1,556,029원$$

⑦ 2001. 9. 1.부터 2002. 4. 30.까지 : 8개월
$$40,922원 \times 22 \times 51\% \times 6.9696(= 36.0676 - 29.0980) = 3,200,055원$$

⑧ 2002. 5. 1.부터 2002. 8. 31.까지 : 4개월
$$45,031원 \times 22 \times 51\% \times 3.4104(= 39.4780 - 36.0676) = 1,723,097원$$

⑨ 2002. 9. 1.부터 2003. 4. 30.까지 : 8개월
$$50,683원 \times 22 \times 51\% \times 6.6787(= 46.1567 - 39.4780) = 3,797,931원$$

⑩ 2003. 5. 1.부터 2003. 8. 31.까지 : 4개월
$$52,483원 \times 22 \times 51\% \times 3.2709(= 49.4276 - 46.1567) = 1,926,100원$$

⑪ 2003. 9. 1.부터 2004. 4. 30.까지 : 8개월
$$52,374원 \times 22 \times 51\% \times 6.4111(= 55.8387 - 49.4276) = 3,767,394원$$

⑫ 2004. 5. 1.부터 2004. 8. 31.까지 : 4개월
$$52,565원 \times 22 \times 51\% \times 3.1424(= 58.9811 - 55.8387) = 1,853,322원$$

⑬ 2004. 9. 1.부터 2017. 12. 14.까지 : 159개월
$$52,585원 \times 22 \times 51\% \times 100.0278(= 159.0089 - 58.9811) = 59,016,772원$$

나. 치료비

원고들은 이 사건 수술의 후유증에 대한 진단 및 치료를 위하여 금 10,000,000원을 지출하였다고 주장하나, 이를 인정할 만한 아무런 증거가 없으므로 원고들의 위 주장은 이유 없다.

다. 책임제한

(1) 피고의 책임 범위 : 40%

(2) 계 산

금 34,794,996원(= 일실수입 86,987,491원 × 40%)

라. 위자료

(1) 참작한 사유 : 이 사건 수술 및 수술 후의 경과, 원고들의 나이, 성별, 가족관계, 기타 이 사건 변론에 나타난 여러 사정

(2) 결정금액

원고 1 : 3,000,000원

원고 2 : 1,000,000원

원고 3, 4 : 각 500,000원

마. 소결론

따라서 피고는 원고 1에게 금 37,794,996원(= 재산상 손해 34,794,996원 + 위자료 3,000,000원), 원고 2에게 금 1,000,000원, 원고 3, 4에게 각 500,000원 및 위 각 금원에 대하여 이 사건 수술일 이후로서 원고들이 구하는 바에 따라 1999. 1. 29.부터 피고가 이 사건 이행의무의 존부 및 범위에 관하여 항쟁함이 상당하다고 인정되는 이 판결 선고일인 2005. 8. 16.까지는 민법이 정한 연 5%, 그 다음날부터 완제일까지는 소송촉진 등에 관한 특례법이 정한 연 20%의 각 비율에 의한 지연손해금을 지급할 의무가 있다.

4. 결론

그렇다면 원고들의 이 사건 청구는 위 인정 범위 내에서 이유 있어 이를 인용하고, 나머지 청구는 이유 없어 이를 기각하기로 하여 주문과 같이 판결한다.

제14절 영상의학과

사례1 | 서울중앙지방법원 2008. 4. 8. 선고 2007가합59603 판결

---

1. 주문

1. 피고 학교법인 연세대학교는 원고에게 39,584,458원 및 이에 대하여 2005. 12. 2.부터 2008. 4. 8.까지 연 5%, 그 다음날부터 다 갚는 날까지 연 20%의 각 비율에 의한 금원을 지급하라.

2. 원고의 피고 학교법인 연세대학교에 대한 나머지 청구 및 피고 서울대학교병원, 피고 2, 4(대법원판결의 원심공동피고)에 대한 청구를 각 기각한다.

3. 소송비용 중 원고와 피고 학교법인 연세대학교 사이에 생긴 부분의 2/3는 원고 가, 나머지는 위 피고가 각 부담하고, 원고와 나머지 피고들 사이에 생긴 부분은 원고가 부담한다.

4. 제1항은 가집행할 수 있다.

2. 청구취지

피고들은 연대하여 원고에게 133,468,390원 및 이에 대하여 2005. 12. 2.부터 이 사건 소장부본 송달일까지 연 5%, 그 다음날부터 다 갚는 날까지 연 20%의 각 비율에 의한 금원을 지급하라.

3. 이유

1) 기초사실

다음 각 사실은 당사자 사이에 다툼이 없거나, 갑 제1 내지 11호증(가지번호 포함), 을가 제1 내지 13호증(가지번호 포함)의 각 기재와 이 법원의 서울삼성병원장에 대한 진료기록감정촉탁결과에 변론 전체의 취지를 종합하여 이를 인정할 수 있다.

가. 당사자의 지위

피고 서울대학교병원은 서울대학교병원(이하 '서울대병원'이라 한다)을, 피고 학교법인 연세대학교는 세브란스병원(이하 '세브란스병원'이라 한다)을 각 설립하여 운영하는 법인이고, 피고 2는 서울대병원에서, 피고 4는 세브란스병원에서 근무하는 외과의사이다.

나. 원고의 세브란스병원 내원 경위

(1) 원고는 매년 정기건강검진을 받아오다가 2005. 7.경 한국의학연구소 종합건강검진에

서 오른쪽 유방에 팥알 정도 크기의 혹이 발견되자, 세브란스병원에 내원하여 위 병원 외과의사인 피고 4에게 유방초음파 사진을 제출하고 진료를 받게 되었다.

(2) 피고 4는 2005. 11. 15. 세브란스병원 영상의학과에 의뢰하여 원고에 대한 유방초음파 검사를 시행하여 원고의 오른쪽 유방 8시, 10시 방향과 왼쪽 유방 5시, 10시 30분 방향에 종양이 있는 것을 발견하고, 미세침(14gage core needle)을 오른쪽 8시 방향 및 왼쪽 5시 방향의 종양에 삽입하여 조직을 채취한 후 병리과에 조직검사를 의뢰하였다.

(3) 위 (2)항과 같이 떼어낸 조직은 세브란스병원 병리과 의료진에 의하여 파라핀블록으로 만들어졌고, 다시 파라핀블록의 병변 일부가 얇게 절제되어 H&E 염색된 슬라이드(조직검사 원본 슬라이드)가 만들어졌는데, 세브란스병원 병리과 의사 소외 1, 2, 3은 위 조직검사 원본 슬라이드를 검사하여 '오른쪽 유방의 종양은 침윤성 유방암, 왼쪽 유방의 종양은 유방양성종괴'라는 결론을 내렸다.

(4) 피고 4는 2005. 11. 22. 위 검사결과를 토대로 원고의 오른쪽 유방의 종양을 암이라고 진단한 후 원고에 대하여 유방절제술을 시행하기로 결정하였다(다만, 피고 4가 시행하려던 수술의 범위와 오른쪽 유방의 종양 중 암이라고 판단한 종양의 범위는 진료기록상 불분명하다).

다. 원고의 서울대병원 전원 경위 및 유방절제술의 시행

(1) 원고는 좀 더 권위 있는 의료기관에서 진단을 받아보는 것이 좋겠다는 판단에 2005. 11. 28. 세브란스병원으로부터 조직검사결과기록지, 의무기록사본, 초음파 사진을 복사한 CD 등을 교부받은 뒤, 같은 날 서울대병원에 내원하여 피고 2에게 진료를 의뢰하였다.

(2) 피고 2는 내원 당일 원고에 대하여 간단한 촉진 등의 검사를 시행한 후 세브란스병원의 병리검사결과지와 진단서를 신뢰하여 원고의 오른쪽 유방에 대한 절제수술을 시행할 것을 결정하였다.

(3) 원고는 2005. 11. 30. 수술을 위하여 서울대병원에 입원하였고, 피고 2는 같은 날 원고에 대하여 병변의 위치 및 정확한 범위를 알고, 유방 내 다른 악성 병변 등의 존재 여부를 확인하기 위한 유방 초음파검사 및 유방 MRI 검사 등을 시행하였는데, 검사 결과 오른쪽 유방 10시 방향, 8 ~ 9시 방향 및 왼쪽 유방 3.5시 방향에 각 종양이 발견되었고, 그 외 양측 유방에 다발성 병변이 존재하는 등 세브란스병원의 검사결과와 거의 일치하는 종괴소견을 보였다.

(4) 피고 2는 서울대병원 영상의학과 의료진의 검사결과에 따라 원고의 오른쪽 유방 10시 방향에 있는 종양을 세브란스병원에서 조직검사를 한 종양으로 추정하고, 그 외에 8 ~ 9시 방향에 존재하는 종양도 유방암의 가능성이 있는 병변(C4병변)으로 판단하여 함께 절제를 하되, 주위에 광범위하게 분포된 석회질이 없고, 다른 부위에 악성 종양이 존재가 의심되지 않아 오른쪽 유방의 1/4 부분을 절제하고, 암 전이 여부를 확인

하기 위하여 임파선을 절제하며, 왼쪽 유방의 종양도 초음파 검사상 모양이 불규칙하여 악성의 가능성이 있다고 판단하여 절제생검을 시행하기로 결정한 후, 2005. 12. 2. 원고에 대하여 우측유방사분위절제술 및 감시림프절절제술과 좌측 유방종괴절제술을 시행하였다(이하 원고의 우측유방사분위절제술 및 감시림프절절제술을 통칭하여 '이 사건 수술'이라 한다).

(5) 피고 2는 서울대병원 병리과 의료진에게 유방절제술을 시행하여 떼어낸 오른쪽 유방의 종양조직에 대한 조직검사를 의뢰하였는데, 조직검사결과 수술로 떼어낸 조직에서 암세포가 검출되지 않자 원고에게 세브란스병원에 가서 조직검사 원본 슬라이드를 대출받아 오도록 하였다.

(6) 원고는 2005. 12. 17. 세브란스병원으로부터 조직검사 원본 슬라이드를 대출받아, 2005. 12. 19. 서울대병원 임상병리실에 제출하였고, 서울대병원 병리과 의료진은 위 조직검사 원본 슬라이드를 판독한 후 원고의 오른쪽 유방은 침윤성 유방암 상태에 있었으나, 현재 남아 있는 암세포는 없고, 림프절에도 암세포의 전이가 없다는 결론을 내렸다.

(7) 피고 2는 2005. 12. 22. 원고에게 항호르몬제의 필요성 유무를 확인하기 위하여 암세포 조직이 필요하여 세브란스병원에서 파라핀블록을 대출받아 오도록 하였는데, 원고가 대출받아 온 파라핀블록에서 암세포가 검출되지 않자 그 경위를 확인하는 과정에서 세브란스병원 병리과 의료진이 원고의 조직검사 원본 슬라이드를 만들면서 암세포를 가지고 있던 다른 환자의 조직검체에 원고의 라벨을 부착한 후, 이를 현미경으로 관찰하여 원고를 침윤성 유방암으로 진단한 사실이 밝혀졌다.

(8) 서울대병원에서 절제한 원고의 오른쪽 유방에 있는 종양에 대한 최종적인 조직검사결과는 다발성 관상피 세포 증식증 등의 양성 변병이었다.

라. 관련 지식

유방암의 확진은 반드시 조직검사를 통해서 내리게 되어 있고, 아무리 임상적으로 악성의 가능성이 높다고 해도 조직검사상 유방암의 진단이 뒷받침되지 않는 경우 유방암이라고 확진할 수 없고 유방암 의증 정도의 진단을 내리게 된다.

조직검사의 방법으로는 세침흡인검사, 핵침생검(세브란스병원에서 시행한 방법임), 절개생검, 절제생검 등의 방법이 있고, 핵침생검법에 의하는 경우 거의 확진 수준에 달한다고 할 수 있으나, 검사자의 타겟팅 테크닉에 따라 검사의 정확도에 영향을 받을 수 있다.

다만, 어느 검사에서나 암세포가 발견된다면 정확도는 매우 높아지게 되고, 아주 작은 크기의 암이 있는 경우 조직검사로 전체 암이 모두 제거될 수 있다는 극단적인 가정도 가능하여, 일단 조직검사에서 암으로 진단된 경우 재차 조직검사를 시행하여 암세포가 검출되지 않았다고 하더라도, 이미 암으로 진단된 조직 또는 조직슬라이드가 있는 한 그 진단을 바꾸는 것은 매우 어렵다.

2) 손해배상책임의 발생

가. 피고 학교법인 연세대학교에 대한 판단

위 인정사실에 의하면, 세브란스병원 병리과 의료진은 원고의 조직검사 원본 슬라이드를 만들면서 암세포를 가지고 있던 다른 환자의 조직검체에 원고의 라벨을 부착하여 판독한 과실 때문에 실제로는 양성변병이었던 원고의 오른쪽 유방의 종양을 침윤성 유방암으로 오진하였고, 이로 인하여 원고가 조직검사결과 기록지 등을 대출받아 제출된 서울대병원에서도 침윤성 유방암으로 판독한 위 조직검사결과 기록지 등을 신뢰하여 이 사건 수술을 하게 되었으므로, 피고 학교법인 연세대학교는 세브란스병원 병리과 의료진의 사용자로서 이 사건 암오진 판독으로 말미암아 원고가 잘못된 수술을 받게 되어 입은 모든 손해를 배상할 책임이 있다.

이에 대하여 위 피고는, 가사 세브란스병원 병리과 의료진이 위 인정사실과 같은 잘못을 저질렀다고 하더라도, 이후 원고는 서울대병원으로 전원하여 유방초음파검사, 유방 MRI 검사 등 별도의 검사를 받았는데, 서울대병원 의료진이 위 검사결과를 제대로 판독하지 못하고 원고를 암으로 오진하여 이 사건 수술을 한 것이므로, 세브란스병원 의료진의 위와 같은 과실과 그 이후 서울대병원 의료진의 과실로 발생한 이 사건 수술 사이에 상당인과관계가 없어서 피고 학교법인 연세대학교는 이 사건 수술에 대한 책임을 부담하지 않는다고 주장하므로 보건대, 앞서 본 사실관계에 의하면, 서울대병원 의료진은 동일한 제3차 의료기관의 지위에 있는 세브란스병원 의료진의 조직검사결과를 신뢰하여 이 사건 수술을 하게 되었고, 세브란스병원에 암으로 확진된 조직 혹은 조직슬라이드가 있는 한, 서울대병원이 이 사건 수술을 하게 된 것은 세브란스병원 의료진에 의하여 제출된 조직검사결과 등이 그 원인이 되었다고 할 것이므로, 위 피고의 위 주장은 이유 없다.

나. 피고 4에 대한 판단

(1) 원고의 주장

원고는, 피고 4가 조직검사 원본 슬라이드를 만들면서 원고의 검체와 다른 환자의 검체를 뒤바뀌게 방치하였고, 나아가 원고가 한국의학연구소에서 가져온 유방초음파사진과 세브란스병원에서 촬영한 유방초음파사진의 결과가 확연히 달랐으므로 원고의 조직검사결과를 신중하게 판단하였어야 함에도 만연히 원고의 오른쪽 유방의 종양을 침윤성 유방암으로 오진한 과실이 있다고 주장한다.

(2) 판단

살피건대, 피고 4가 원고의 오른쪽 유방의 종양을 침윤성 유방암으로 확진하고 원고의 오른쪽 유방을 절제하는 수술을 시행하려고 한 사실은 앞서 본 바와 같으나, 한편, 세브란스병원 병리과 의료진은 원고의 조직검사 원본 슬라이드를 만들면서 암세포를 가지고 있던 다른 환자의 조직검체에 원고의 라벨을 부착한 후, 이에 대한 검사결과를 바탕으로 양성병변인 원고의 오른쪽 유방의 종양을 침윤성 유방암으로 잘못 판단한 사실, 세브란스병원 외과의사이던 피고 4는 위와 같은 병리과 의료진의 판단을 신뢰하여 원고의 오른쪽 유방의 종양을 침윤성 유방암으로 진단하고, 원고에 대하여 유방절제술을 시행하려고 한 사실은 앞서 본 바와 같은바, 위 인정사실에 의하여 인정되는 다음과 같은 사정들 즉, ① 고도로 분업화된 종합병원의 시스템 하에서 조직검사는 병리과 의사들의 전문적인 의료영역인데, 이와 같은 체제에서 각자는 타의 협동자의 상호신뢰 하에 원칙적으로 자기가 분담한 임무에 전념하면 족한 경우가 많은 점, ② 외과의사인 피고 4와 병리과 의료진 사이에 선임·감독관계를 인정하기 어려운 점, ③ 피고 4로서는 병리과 의료진이 타인의 조직검체를 원고의 것으로 잘못 판독할 것까지 예상하기는 어려웠을 것으로 보이고, 병리과 의료진에게 원고의 라벨이 부착된 타인의 조직검사 원본 슬라이드가 존재하므로, 피고 4가 원고에 대한 조직검사를 다시 하였다고 하더라도 원고의 오른쪽 유방의 종양을 암으로 판정할 수밖에 없을 것으로 보이는 점 등에 비추어 보면, 세브란스병원 병리과 의료진의 조직검사결과를 신뢰하여 원고의 오른쪽 유방의 종양을 암으로 확진한 피고 4에게 과실이 있었다고 인정하기 어렵다

또한, 한국의학연구소에서 촬영한 유방초음파사진과 세브란스병원에서 촬영한 유방초음파사진의 결과가 서로 확연히 달랐다는 사실을 인정할 증거가 없을 뿐 아니라, 단순히 초음파사진의 결과가 다르다는 이유만으로 조직검사결과를 의심해야 한다고 보기도 어려우므로, 원고의 위 주장은 이유 없다.

다. 피고 서울대학교병원 및 피고 2에 대한 판단

(1) 원고의 주장

원고는, 오른쪽 유방의 종양이 암인지 여부에 대하여 다시 한번 확인을 받아보기 위하여 서울대병원에 내원한 것이므로, 원고로부터 진료를 의뢰받은 서울대병원의 의사인 피고 2는 피고 4의 검사상 소견과는 별도로 새로이 조직을 채취하여 재검사를 하는 등으로 원고의 오른쪽 유방의 종양이 암인지 여부에 대한 판단을 하여야 할 의무가 있음에도 불구하고 이를 소홀히 한 채 피고 4의 검사결과만을 맹신하여 별다른 검사도 없이 이 사건 수술을 시행하였는데, 이는 평균적인 의사로서 요구되는 진단 및 치료상의 주의의무를 다하지 못한 것이므로, 피고 2 및 위 피고의 사용자인 피고 서울대학교병원은 이 사건 수술로 인하여 원고가 입은 모든 손해를 배상할 책임이 있다고 주장한다.

(2) 판단

살피건대, 피고 2가 원고가 서울대병원에 내원한 당일 원고에 대한 촉진만을 실시한 후 세브란스병원의 병리검사결과지와 진단서를 신뢰하여 원고의 오른쪽 유방에 대한 절제수술을 시행할 것을 결정한 사실, 세브란스병원은 원고의 오른쪽 유방 8시 방향에 있는 종양의 조직을 떼어 조직검사를 하였음에도, 피고 2는 서울대병원 영상의학과 의

료진의 초음파 및 MRI 판독결과에 따라 10시 방향에 있는 종양을 세브란스병원에서 조직검사한 종양으로 추정하고 이 사건 수술을 시행한 사실은 앞서 본 바와 같으나, 한편, 앞서 인정된 사실관계에 의하여 인정되는 다음과 같은 사정들 즉, ① 조직검사를 통하여 암으로 확진된 경우 다시 조직검사를 하여 암세포가 검출되지 않았다고 하더라도 그 진단을 바꾸는 것은 매우 어려운데, 이미 신뢰할만한 타병원에서 조직검사를 통하여 암으로 확진된 경우 재차 조직검사를 실시하는 경우는 거의 없는 점, ② 피고 2는 원고가 수술을 위해 입원을 한 후 조직검사 이외에 병변의 정확한 위치 등을 확인하고 수술범위를 결정하기 위하여 필요한 유방초음파 및 유방 MRI 검사 등을 실시하였고, 그 결과 원고의 오른쪽 유방의 종괴소견이 세브란스병원의 검사결과와 거의 일치하는 등 특별히 세브란스병원의 병리검사결과를 의심할 만한 정황이 없었던 점, ③ 비록 서울대병원 영상의학과 의료진이 원고의 오른쪽 유방 10시 방향의 종양을 세브란스병원에서 암으로 확진한 종양으로 추정하기는 하였으나, 피고 2는 위와 같은 검사결과를 바탕으로 사분위절제술을 통하여 원고의 오른쪽 유방의 10시 방향 종양 및 유방암의 가능성이 있는 8 ~ 9시 방향의 종양(C4 병변)도 모두 제거하였는데, 이미 원고의 오른쪽 유방의 종양이 암으로 진단된 상황이었으므로 어느 병변이 암으로 판정되더라도 두 개의 종양을 모두 포함하는 사분위절제술은 적정한 수술범위로 보이는 점 등에 비추어 보면, 피고 2가 동일한 제3차 의료기관의 지위에 있는 세브란스병원 의료진에 의해 암으로 확진된 조직검사 판독결과를 신뢰한 것에 과실이 있다고 보기 어려울 뿐 아니라, 위와 같이 암으로 확진된 원고에 대하여 필요한 추가검사를 적절히 시행하였는데다가, 그 검사결과에 따라 합리적이라고 인정되는 범위 내에서 이 사건 수술을 시행한 것으로 평가되고, 달리 원고를 진료하고 이 사건 수술을 시행함에 있어서 피고 2에게 어떠한 과실이 있다는 점을 인정할 증거가 없으므로, 원고의 이 부분 주장은 이유 없다.

3) 손해배상책임의 범위

가. 일실수입

원고는 피고 학교법인 연세대학교의 과실로 말미암아 신경계통의 기능에 현저한 장해가 남아 경미한 노무 이외에 종사하지 못하게 되어 40%의 노동능력을 상실하였으므로 그로 인한 손해를 배상할 책임이 있다고 주장하므로 보건대, 이 사건 수술로 인하여 원고의 오른쪽 유방의 1/4 부분, 감시림프절이 절제되었고, 오른쪽 가슴 부위에 수술로 인한 흉터가 남게 된 사실은 앞서 본 바와 같고, 이 법원의 한양대학교서울병원장에 대한 신체감정촉탁결과에 의하면, 원고는 현재 오른쪽 목, 어깨, 팔 등에 통증 등을 호소하고 있는 사실을 인정할 수 있으나, 한편, 원고가 호소하는 위와 같은 증상은 자각적 증상으로서 객관적으로 노동능력상실로 평가하기는 어려우므로 원고의 위 주장은 받아들이지 아니한다.

나. 기왕치료비

원고는 이 사건 수술과 관련하여 세브란스병원 및 서울대병원에서 수술비 등 치료비로 총 2,458,790원을 지출하였다고 주장하나, 이를 인정할 증거가 없다.

다. 향후 치료비

이 법원의 한양대학교서울병원장에 대한 신체감정촉탁결과에 변론 전체의 취지를 종합하면, 유방비대칭문제를 해결하기 위하여는 통상 자가조직을 이용한 유방 재건방법이 사용되고, 위 방법은 일차적으로 복부 유리피판술이, 이차적으로 반흔제거술이 필요하며, 복부 유리피판술의 수술비 11,009,050원, 반흔제거술의 수술비 5,216,160원 등 합계 16,225,210원인 사실을 인정할 수 있는데, 원고가 이 사건 변론 종결 이전에 위 각 수술비를 지출하였음을 인정할 증거가 없으므로, 위 각 수술비는 이 사건 변론종결일 다음날인 2008. 3. 26. 지출하는 것으로 보되, 단리할인법에 따라 중간이자를 공제하는 방법으로 위 수술비를 이 사건 의료사고 당시의 현가를 산출하면, 14,584,458원이 된다.

라. 위자료

(1) 참작사유 : 원고의 나이, 가족관계, 이 사건의 경위 및 결과, 원고의 현재 상태 기타이 사건 변론에 나타난 여러 사정

(2) 결정금액 : 25,000,000원

4. 결론

그렇다면, 피고 학교법인 연세대학교는 원고에게 손해배상금 39,584,458원(향후 치료비 14,584,458원 + 위자료 25,000,000원) 및 이에 대하여 이 사건 수술일인 2005. 12. 2.부터 위 피고가 이행의무의 존부와 범위에 관하여 항쟁함이 상당하다고 인정되는 이 판결 선고일인 2008. 4. 8.까지 민법 소정의 연 5%, 그 다음날부터 다 갚는 날까지 소송촉진 등에 관한 특례법 소정의 연 20%의 각 비율에 의한 지연손해금을 지급할 의무가 있으므로, 원고의 피고 학교법인 연세대학교에 대한 청구는 위 인정범위 내에서 이유 있고, 원고의 피고 학교법인 연세대학교에 대한 나머지 청구와 원고의 나머지 피고들에 대한 청구는 이유 없으므로, 주문과 같이 판결한다.

사례2 | 서울고등법원 2018. 7. 19. 선고 2017나2060247 판결

1. 주문

1. 원고들의 항소를 모두 기각한다.

2. 항소비용은 원고들이 부담한다.

2. 청구취지 및 항소취지

제1심 판결을 취소한다. 피고는 원고 1에게 111,749,422원, 원고 2에게 76,166,281원, 원고 3에게 71,166,281원과 각 이에 대하여 2014. 11. 28.부터 이 사건 소장부본 송달일까지는 연 5%의, 그 다음날부터 다 갚는 날까지는 연 15%의 각 비율로 계산한 돈을 지급하라.

3. 이유

1) 원고들의 주장에 관한 판단

가. 이 사건 엑스레이 검사 시 망인의 실신에 따른 높은 수준의 의료상 주의의무 및 설명의무 부담 여부

1) 원고들은 망인이 이 사건 엑스레이 검사 당시 쓰러져 두부 외상을 입고, 그로 인하여 발생한 외상성 뇌출혈로 인하여 사망에 이르렀다는 전제하에 피고 병원 의료진이 더 높은 정도의 의료상 주의의무와, 이 사건 엑스레이 검사 이후 망인에게 두부외상의 치료법, 특히 개두술의 필요성, 수술법, 수술 후 요양지도 방법, 수술 후 발생할 수 있는 합병증에 대하여 설명하여야 할 의무를 부담한다고 주장한다.

2) 망인이 2014. 11. 11. 12:27경 피고 병원 영상의학과 검사실에서 이 사건 엑스레이 검사를 받던 도중 실신한 사실, 2014. 11. 12. 07:47경 실시된 망인의 뇌 CT 검사에서 외상성 뇌내출혈, 양측 전두엽과 측두엽의 급성 뇌출혈 및 뇌부종, 경막하출혈 등이 발견된 사실은 앞서 본 바와 같고, 갑 제11호증의 기재에 의하면 피고 병원 신경외과 의사 소외 3은 망인의 사망 이후인 2014. 11. 30. 원고 2에게 전화 통화 상으로 "저희가 사망진단서를 외인사로 써드렸는데, 그 이유는 응급실 침대에서 떨어졌기 때문에 뇌출혈이 발생했기 때문에 그렇게 써드렸던 거고요."라고 말한 사실은 인정할 수 있다. 그러나 갑 제3, 10, 12호증 및 을 제2호증의 각 기재에 변론 전체의 취지를 종합하여 알 수 있는 다음과 같은 사정, 즉 망인이 이 사건 엑스레이 검사 당시 중증의 알코올중독 상태였고, 이 사건 엑스레이 검사 약 10일 전부터 전신 위약감 증세와 두통, 양측 손의 저릿저릿한 느낌을, 약 7일 전부터는 들었던 말을 잘 기억하지 못하고, 같은 말을 반복하는 등 인지기능 저하 증상을 각각 호소하였는바, 망인이 이 사건 엑스레이 검사 이전에 두부 손상을 입었을 가능성을 배제하기 어려운 점(비록 망인이 이 사건 엑스레이 검사 하루 전인 2014. 11. 9. 경기도의료원 의정부병원에서 뇌 MRI 검사를 받았으나, 위 검사 방식은 외상 후 72시간 이내의 급성 혈종을 감별하는 데 효과적이지 않다), 피고 병원 신경외과 의사 소외 3은 이 사건 엑스레이 검사 당시 방사선 검사실 내지 응급실에 있지 않아 두부 외상 여부는 직접 확인하지 못하였는데,

다만 보호자인 원고 1이 피고 병원 의료진에게 "망인이 이 사건 엑스레이 검사 당시 두부에 충격을 받았다."는 취지로 진술하였던 것에 기초하여 원고 2에게 위와 같이 말한 것으로 보이는 점, 망인이 쓰러질 당시 피고 병원 검사실 내에는 방사선사 소외 2가 있었을 뿐이고, 위 보호자 원고 1 역시 망인이 쓰러지는 것을 직접 보지는 못한 점 등에 비추어 보면, 망인이 이 사건 엑스레이 검사 당시 쓰러짐으로 인하여 두부 외상을 입었다고 단정하기 어렵다(원고들이 원용하는 대법원 2013. 11. 28. 선고 2013다44300 판결은 환자가 낙상 사고 이전까지 급성 경막하혈종의 원인이 될 만한 건강상의 결함이 없는 상태에서 낙상 사고 직후 새로이 두통을 호소하기 시작한 사안으로, 사실관계가 달라 이 사건에 원용하기에 적절치 아니하다). 따라서 피고 병원 의료진이 망인의 실신 이후 더 높은 수준의 의료상 주의의무를 부담하거나 망인과 그 가족들에 대하여 두부외상의 치료법, 특히 개두술의 필요성, 수술법, 수술 후 요양지도 방법, 수술 후 발생할 수 있는 합병증 등에 관하여 설명의무를 부담한다고 할 수 없다. 결국 이와 다른 전제에 선 원고들의 이 부분 주장은 이유 없다.

나. 의료상의 과실

1) 원고들은 제1심에서의 주장에 덧붙여, 피고 병원 의료진은 ① 망인이 이 사건 엑스레이 검사 당시 고혈압, 알코올 중독 상태로 항혈소판제제들인 아스피린(aspirin), 오팔몬(opalmon)을 복용하고 있어 출혈 경향이 증대된 상태임에도 불구하고 망인에 대한 낙상 방지조치를 소홀히 하였고, ② 이 사건 엑스레이 검사 시 실신 이후 망인에게 경련, 전신 위약감 등 새로운 증상이 나타났으므로 최대한 빨리, 늦어도 망인이 진정된 2014. 11. 11. 16:20경에는 망인에 대한 엑스레이 검사, 뇌 CT 검사 등 진단 검사를 시행하여야 했음에도 이를 해태하였으며, ③ 두부 외상환자인 망인에게 뇌출혈을 악화시킬 수 있는 항혈소판제제인 아스피린을 계속 복용케 하였고, ④ 이 사건 수술 이후 망인에 대하여 매일 뇌 CT 검사를 시행하지 아니하여 뇌감압술이 필요함을 알지 못해 이를 실시하지 못하는 등의 의료상 과실이 있다고 주장한다.

2) 그러나 앞서 살펴본 사정들에 앞서 거시한 증거들, 이 법원의 순천향대학교 부속 서울병원장(신경외과)에 대한 진료기록감정촉탁결과에 변론 전체의 취지를 종합하여 알 수 있는 아래와 같은 사정들을 보태어 보더라도, 피고 병원 의료진이 외상성 뇌출혈을 진단하는 데에 필요한 주의의무나 망인에 대한 치료 및 경과관찰의무를 소홀히 하였다고 보기 어렵다. 따라서 원고들의 이 부분 주장도 이유 없다.

가) 항혈소판제제를 복용하고 있는 고령 환자의 경우 출혈 위험이 높기 때문에 의료진으로서는 낙상과 관련된 위험요인 및 환자의 운동기능을 확인하여 환자에게 주의를 주어야 할 의무가 있다[이 법원의 순천향대학교 부속 서울병원장에 대한 진료기록감정촉탁결과(신경외과) 참조]. 망인은 피고 병원 응급실 내원 당시 의식이 명료하였고 운동기능에 이상이 없어 독립 보행이 가능하였는데, 피고 병원 의료진은 응급실 내원 직후인 2014. 11. 11. 11:51경 망인에게 낙상방지교육을 실시하였는바 이 외에 추

가적인 조처를 할 필요성이 있다고 보기 어렵다.

나) 의료진은 낙상 내지 실신 환자가 발생한 경우 직접적인 두부 충격 여부와 신경학적 상태를 확인하여야 한다. 피고 병원 응급의학과 소속 의사는 망인이 검사실에서 돌아온 직후인 2014. 11. 11. 12:33경 간호사로부터 망인의 실신 사실을 고지받고 즉시 망인의 상태를 관찰하고, 12:38경 활력 싱후 및 혈당을 측정하여 별다른 이상이 없음을 확인하였다. 또한 피고 병원 의료진은 16:14경 망인에게 양쪽 팔다리가 경직되어 흔들리는 양상의 경련이 나타나자 분당 2L의 산소를 공급하면서 항경련제를 투여하였다. 한편, 피고 병원 간호기록지(갑 제3호증의 6) 상 망인이 2014. 11. 11. 17:00경 및 23:39경 전신 위약감을 호소하였다는 기재가 있으나, 원고들의 주장과 달리 망인은 피고 병원 응급실 내원 당시 약 10일 전부터 전신 위약감을 겪었다고 호소하였다. 따라서 위와 같은 전신 위약감이 이 사건 엑스레이 검사 시 실신으로 인하여 새롭게 발생한 것으로 단정하기 어렵다.

다) 응급 CT 검사를 반드시 시행해야 하는 두부 손상 환자는 글라스고(glasgow) 의식 점수가 낮은 경우, 1cm 이상의 함몰 골절이 있는 경우, 양쪽 동공의 크기가 1mm 이상 차이나는 경우, 위 의식 점수나 의식 수준이 계속 악화되는 경우 등인데, 망인은 이 사건 엑스레이 검사 시 실신 이후 2014. 11. 12. 새벽 반혼수 상태로 의식이 저하될 때까지 위와 같은 증상을 보이지 아니하였다. 또한 피고 병원 의료진은 망인에 대하여 2014. 11. 12. 08:40경 두개골 시리즈(skull series) 방사선 검사를 시행하였고 그 결과 '전체적으로 뼈의 비정상 소견 없음(no gross bony abnormality)'이 확인되었다. 피고 병원 의료진이 위 나항과 같이 망인에 대해 경과관찰을 하면서 새롭게 발생한 경련 증상에 대해 산소 및 항경련제 투여로 대처하였는바, 2014. 11. 12. 07:47경까지 CT 검사나 엑스레이 검사를 시행하지 않았다는 이유만으로 피고 병원 의료진이 진단 내지 경과관찰을 해태하였다고 보기 어렵다.

라) 갑 제3호증의 기재에 의하면 피고 병원 소속 의사가 2014. 11. 11. 18:23경 간호사에게 망인이 본래 복용하던 항혈소판제제인 아스피린을 계속 복용케 할 것을 지시한 사실(갑 제3호증의 6 제7면 참조)을 인정할 수 있다. 그러나 앞서 본 바와 같이 위 시점 당시 망인의 의식 상태에 별다른 이상이 없었고 피고 병원 의료진으로서는 외상성 뇌출혈을 의심하기 어려웠던 점, 피고 병원 의료진이 CT 검사를 시행하여 망인의 뇌출혈을 확인한 이후에는 위 약물의 투약을 중단한 점 등을 고려하면 위와 같은 투약 지시에 과실이 있다고 단정하기 어렵다. 설령 피고 병원 의료진이 위와 같이 망인에게 항혈소판제제를 복용토록 한 것이 의료상 주의의무를 위반한 것이라고 하더라도, 아스피린과 같은 항혈소판제제의 경우 복용 중단 시 그 약효가 약 일주일 동안 지속되므로 다음날 발견된 망인의 뇌출혈과 피고 병원 의료진의 위와 같은 의료상 주의의무 위반 사이에 상당인과관계가 있다고 보기 어렵다.

마) 이 법원의 신경외과 감정의는 뇌출혈에 따른 개두술 이후 뇌 CT 검사를 통한 추적관

찰에 관하여 "개두술 직후 뇌 CT 검사를 한 번 시행하여 신경학적 변화 여부를 확인하고, 신경학적 변화가 없는 경우에는 1~2일 이내에 뇌출혈의 재발 혹은 뇌부종 진행 여부를 확인하기 위해 재촬영한다."는 취지의 의견을 제시하였는바, 피고 병원 의료진이 이 사건 수술 당일(2014. 11. 12.), 다음날(2014. 11. 13.), 같은 달 17일, 19일, 24일, 26일 뇌 CT 검사를 각각 실시함으로써 이 사건 수술의 경과와 망인의 회복 여부를 지속해서 관찰한 것은 당시 임상의학 수준에 비추어 적절하다고 보아야 한다. 그리고 위 각 뇌 CT 검사결과에 따르면, 2014. 11. 13. 경한 뇌부종이 나타나기는 하였으나, 지연성 재출혈이나 추가 처치를 필요로 하는 영상 소견은 없었고, 2014. 11. 19. 뇌출혈 주변으로 뇌부종이 약간 심해졌다가 2014. 11. 24.에는 뇌출혈 및 뇌부종이 다시 감소하였으며, 2014. 11. 26. 뇌부종이 약하게만 남아있는 등 이 사건 수술을 통하여 뇌부종이 전체적으로 호전되었는바, 위 기간에 망인에게 뇌압 감압술 등 감압을 위한 수술적 조치를 취할 필요성은 없었다고 보인다.

4. 결론

그렇다면, 원고들의 청구는 이유 없어 이를 모두 기각하여야 할 것인바, 제1심 판결은 이와 결론을 같이 하여 정당하므로, 원고들의 항소는 이유 없어 이를 모두 기각하기로 하여, 주문과 같이 판결한다.

제15절 피부과

사례1 | 제주지법 2019. 5. 2. 선고 2018노334 판결

1. 사건의 내용

피부과의원 의사인 피고인이 환자 갑(만 3세의 아동)을 진찰하여 전염성 연속종(일명 물사마귀)으로 진단한 후 의료인이 아닌 간호조무사 을에게 지시하여 을로 하여금 갑의 왼쪽 다리 부위에 있는 전염성 연속종을 제거하는 시술을 하도록 함으로써 의료법을 위반하였다는 내용으로 기소된 사안이다.

2. 판시사항

피부과의원 의사인 피고인이 환자 갑(만 3세의 아동)을 진찰하여 전염성 연속종(일명 물사마귀)으로 진단한 후 의료인이 아닌 간호조무사 을에게 지시하여 을로 하여금 갑의 왼쪽 다리 부위에 있는 전염성 연속종을 제거하는 시술을 하도록 함으로써 의료법을 위반하였다는 내용으로 기소된 사안에서, 위 시술은 피고인의 일반적 지도·감독 하에 갑에 의하여 진료보조 행위의 일환으로 실시된 것으로서 의료법 위반행위에 해당하지 아니하거나 사회상규에 위배되지 아니하는 정당행위로서 위법성이 조각된다고 한 사례

3. 판결요지

피부과의원 의사인 피고인이 환자 갑(만 3세의 아동)을 진찰하여 전염성 연속종(일명 물사마귀)으로 진단한 후 의료인이 아닌 간호조무사 을에게 지시하여 을로 하여금 갑의 왼쪽 다리 부위에 있는 전염성 연속종을 제거하는 시술을 하도록 함으로써 의료법을 위반하였다는 내용으로 기소된 사안이다.

전염성 연속종을 제거하는 시술은 시술의 내용과 방법 등에 비추어 의학적 전문지식에 바탕한 질병의 치료행위 내지 의료인이 행하지 아니하면 보건위생상 위해가 생길 우려가 있는 행위로서 의료법 제27조 제1항에 규정된 의료행위에 해당하나, 구 의료법(2015. 12. 29. 법률 제13658호로 개정되기 전의 것) 제80조 제2항, 제3항 및 구 간호조무사 및 의료유사업자에 관한 규칙(2016. 12. 30. 보건복지부령 제472호로 개정되기 전의 것) 제2조 제1항의 내용에 따라 의사는 비의료인인 간호조무사에게도 제한된 범위 내에서 진료의 보조행위를 하도록 지시하거나 위임할 수 있고, 위 시술

은 성격상 의사만이 할 수 있는 진료행위가 아니라 간호사 내지 간호조무사가 의사의 적절한 지도·감독하에 진료보조 행위로서 수행가능한 업무 영역에 포함된다고 볼 여지가 크며, 나아가 위 시술의 위험성, 시술 당시 갑의 상태 및 피고인의 진료행위, 을의 자질과 숙련도 등을 종합하면 간호조무사가 진료보조 행위로서 행하는 위 시술 과정에 의사가 입회 없이 일반적인 지도·감독만을 하는 것 역시 허용되고, 위 시술의 경우 피고인에 의해 그와 같은 일반적인 지도·감독이 이루어졌으므로, 결국 위 시술은 피고인의 일반적 지도·감독하에 을에 의하여 진료보조 행위의 일환으로 실시된 것으로서 의료법 위반행위에 해당하지 아니하거나 사회상규에 위배되지 아니하는 정당행위로서 위법성이 조각된다는 이유로, 피고인에게 무죄를 선고한 제1심판결이 정당하다고 한 사례이다.

사례2 | 서울중앙지방법원 2005. 6. 24. 선고 2004고단6787,2004고정 3590,3779,3871(병합) 판결

---

1. 주문

피고인 1을 징역 1년에, 피고인 2를 벌금 2,000만 원에, 피고인 3을 벌금 1,500만 원에, 피고인 4를 벌금 500만 원에, 피고인 6을 벌금 700만 원에, 피고인 7을 벌금 1,200만 원에, 피고인 8, 9를 각 벌금 1,000만 원에, 피고인 10을 벌금 300만 원에 각 처한다.

피고인 2, 3, 4, 6, 7, 8, 9, 10이 위 각 벌금을 납입하지 아니하는 경우 금 50,000원을 1일로 환산한 기간 동안 위 피고인들을 각 노역장에 유치한다.

이 판결선고 전의 구금일수 135일을 피고인 1에 대한 위 형에 산입한다.

다만, 이 판결 확정일로부터 2년간 피고인 1에 대한 위 형의 집행을 유예한다.

피고인 5에 대한 형의 선고를 유예한다.

압수된 증 제1 내지 12호를 피고인 1로부터 모두 몰수한다.

소송비용 중 대한의사협회(참조 학술위원회)에 대한 사실조회는 피고인 2의, 경북대병원 모발이식센타에 대한 사실조회는 피고인 8의, 대한의사협회(참조 대한성형외과학회) 및 대한성형외과학회에 대한 각 사실조회는 피고인 9, 10의 각 부담으로 한다.

2. 이유

【범죄사실】

피고인 1은 간호전문학원을 수료하고 병·의원에서 간호조무사로 근무하면서 의료지식을 습득한 자로서 각종 의원에 출장을 다니며 모발이식시술을 전문으로 하는 사람, 피고인 2는 (명칭 생략)의원을 경영하는 의사, 피고인 3은 (상호 생략)클리닉을 경영하는 의사, 피고인 4는 (이름 생략)성형외과의원을 경영하는 의사, 피고인 5는 (병원명 생략)병원 피부과의사로 근무하고, 피고인 6은 (명칭 생략)의원을 경영하는 의사, 피고인 7은 (명칭 생략)의원을 경영하는 의사, 피고인 8은 (명칭 생략)의원을 경영하는 의사, 피고인 9는 (상호 생략)성형외과의원을 경영하는 의사, 피고인 10은 (명칭 생략)피부과의원을 경영하는 의사인바,

1) 피고인 1, 2는 공모하여,

속눈썹모발이식시술은 미용성형의 일종으로 의학적 전문지식을 기초로 외과적 시술을 시행하는 행위로서 의사면허가 있는 자만이 시술할 수 있으므로 의사면허 없는 위 피고인 1은 위 시술에 직접적으로 관여할 수 없음에도 불구하고,

2004. 10. 6. 서울 강남구 (상세지번 생략) (명칭 생략)의원 수술실에서 환자 공소외 1을 수술대에 눕혀놓고 피고인 2는 속눈썹시술용 바늘(안과용 각침)을 위 환자의 눈꺼풀 진피층에 찌르고, 위 피고인 1은 위 환자의 뒷머리부분에서 떼어낸 모발을 위 바늘에 일정한 각도로 끼운 다음 바늘을 뽑아낸 뒤 이식된 모발이 위쪽을 향하도록 모발의 방향을 수정하는 방법으로 모발이식시술을 한 것을 비롯하여 별지 범죄일람표(1) 기재와 같이 2004. 1. 20.부터 그 시경까지 총 41회에 걸쳐 같은 방법으로 의료행위를 하고,

2) 피고인 2는,

누구든지 특정의료기관이나 특정의료인의 기능·진료방법·조산방법이나 약효 등에 관하여 대중광고·암시적 기재·사진·유인물·방송·도안 등에 의하여 광고를 하지 못함에도 불구하고,

2001. 11. 1.경부터 2004. 10. 20.까지 위 (명칭 생략)의원에서 강남 (명칭 생략)의원 홈페이지(www. 생략.co.kr)를 개설한 후 주름살치료방법, 시술 전·후의 사진, 모발이식시술의 구체적 방법, 시술후기 등을 게재함으로써 특정의료인의 진료방법 등에 대해 광고를 하고,

3) 피고인 1, 3은 공모하여,

2004. 2. 27. 서울 강남구 (상세지번 생략) (상호 생략)클리닉 수술실에서 환자 공소외 2를 수술용 침대에 눕혀놓고 위 환자의 뒷머리부분에서 떼어낸 모발을 식모기에 끼운 다음 위 피고인 1이 식모기를 위 환자의 머리부위 진피층까지 찔러넣는 방법으로 모발이식시술을 하는 등 별지 범죄일람표(2) 기재와 같이 그 시경부터 2004. 10. 2.까지 같은 방법을 총 20회에 걸쳐 의료행위를 하고,

4) 피고인 1, 4는 공모하여,

2004. 1. 4. 부산 진구 (상세지번 생략) (이름 생략)성형외과의원 수술실에서 환자 공소외 3을 수술용 침대에 눕혀놓고 위 환자의 뒷머리부분에서 떼어낸 모발을 식모기에 끼운 다음 위 피고인 1이 식모기를 위 환자의 머리부위 진피층까지 찔러 넣는 방법으로 모발이식시술을 하는 등 별지 범죄일람표(3) 기재와 같이 그 시경부터 2004. 9. 24.까지 같은 방법으로 총 2회에 걸쳐 의료행위를 하고,

5) 피고인 1, 5는 공모하여,

2004. 7. 28. 서울 동작구 (상세지번 생략) (병원명 생략)병원 수술실에서 환자 공소외 4를 수술용 침대에 눕혀놓고 위 환자의 뒷머리부분에서 떼어낸 모발을 식모기에 끼운 다음 위 피고인 1이 식모기를 위 환자의 음부부위 진피층까지 찔러 넣는 방법으로 모발이식시술을 하여 의료행위를 하고,

6) 피고인 1, 6은 공모하여,

2004. 1. 29. 서울 강남구 (상세지번 생략) (명칭 생략)의원 수술실에서 환자 공소외 5를 수술용 침대에 눕혀놓고 위 환자의 뒷머리부분에서 떼어낸 모발을 식모기에 끼운 다음 피고인이 식모기를 위 환자의 머리부위 진피층까지 찔러 넣는 방법으로 모발이식시술을 하는 등 별지 범죄일람표(4) 기재와 같이 그 시경부터 2004. 5. 29.까지 같은 방법으로 총 3회에 걸쳐 의료행위를 하고,

7) 피고인 1, 7은 공모하여,

2004. 3. 5. 서울 서초구 (상세지번 생략) (명칭 생략)의원 수술실에서 환자 공소외 6을 수술용 침대에 눕혀놓고 위 환자의 뒷머리부분에서 떼어낸 모발을 식모기에 끼운 다음 위 피고인 1이 식모기를 위 환자의 머리부위 진피층까지 찔러 넣는 방법으로 모발이식시술을 하는 등 별지 범죄일람표(5) 기재와 같이 그 시경부터 2004. 8. 6.까지

같은 방법으로 총 9회에 걸쳐 의료행위를 하고,

8) 피고인 1, 8은 공모하여,

2004. 2. 13. 서울 강남구 (상세지번 생략) (명칭 생략)의원 수술실에서 환자 공소외 7을 수술용 침대에 눕혀놓고 위 환자의 뒷머리부분에서 떼어낸 모발을 식모기에 끼운 다음 위 피고인 1이 식모기를 위 환자의 머리부위 진피층까지 찔러 넣는 방법으로 모발이식시술을 하는 등 별지 범죄일람표(6) 기재와 같이 2004. 1. 13.부터 2004. 7. 13.까지 같은 방법으로 총 3회에 걸쳐 의료행위를 하고,

9) 피고인 1, 9는 공모하여,

2004. 1. 2. 서울 강남구 (상세지번 생략) (상호 생략)성형외과의원 수술실에서 환자 공소외 8을 수술용 침대에 눕혀놓고 위 환자의 뒷머리부분에서 떼어낸 모발을 식모기에 끼운 다음 위 피고인 1이 식모기를 위 환자의 눈썹부위 진피층까지 찔러 넣는 방법으로 모발이식시술을 하는 등 별지 범죄일람표(7) 기재와 같이 그 시경부터 2004. 10. 2.까지 같은 방법으로 총 6회에 걸쳐 의료행위를 하고,

10) 피고인 1, 10은 공모하여,

2004. 1. 16. 서울 송파구 (상세지번 생략) (명칭 생략)피부과의원 수술실에서 환자 공소외 9를 수술용 침대에 눕혀놓고 위 환자의 뒷머리부분에서 떼어낸 모발을 식모기에 끼운 다음 위 피고인 1이 식모기를 위 환자의 음부부위 진피층까지 찔러 넣는 방법으로 모발이식수술을 하여 의료행위를 하고,

11) 피고인 1은,

가. 목동 (명칭 생략)의원을 경영하는 의사인 공소외 10과 공모하여,
  2004. 1. 7. 서울 강서구 (상세지번 생략) 목동 (명칭 생략)의원 수술실에서 환자 공소외 11을 수술용 침대에 눕혀놓고 피고인이 속눈썹시술용 바늘을 위 환자의 눈꺼풀 진피층에 찌르고 위 환자의 뒷머리부분에서 떼어낸 모발을 위 바늘에 끼운 다음 바늘을 뽑아내고 이식된 모발이 위쪽을 향하도록 모발의 방향을 수정하는 방법으로 모발이식시술을 하는 등 별지 범죄일람표(9) 기재와 같이 그 시경부터 2004. 10. 5.까지 같은 방법으로 총 7회에 걸쳐 의료행위를 하고,

나. (명칭 생략)의원을 경영하는 의사인 공소외 12와 공모하여,
  2004. 1. 16. 서울 광진구 (상세지번 생략) (명칭 생략)의원 수술실에서 환자 공소외 13을 수술용 침대에 눕혀놓고 위 환자의 뒷머리부분에서 떼어낸 모발을 식모기에

끼운 다음 피고인이 식모기를 위 환자의 머리부위 진피층까지 찔러 넣는 방법으로 모발이식시술을 하는 등 별지 범죄일람표(10) 기재와 같이 그 시경부터 2004. 10. 6.까지 같은 방법으로 총 6회에 걸쳐 의료행위를 하고,

다. 잠실 (명칭 생략)의원을 경영하는 의사인 공소외 14와 공모하여,

2004. 1. 6. 서울 송파구 (상세지번 생략) 잠실 (명칭 생략)의원 수술실에서 환자 공소외 15를 수술용 침대에 눕혀놓고 위 환자의 뒷머리부분에서 떼어낸 모발을 식모기에 끼운 다음 피고인이 식모기를 위 환자의 머리부위 진피층까지 찔러 넣는 방법으로 모발이식시술을 하는 등 별지 범죄일람표(11) 기재와 같이 그 시경부터 2004. 9. 26.까지 같은 방법으로 총 7회에 걸쳐 의료행위를 하고,

라. (명칭 생략)피부과의원을 경영하는 의사인 공소외 16과 공모하여

2004. 2. 25. 서울 성북구 (상세지번 생략) (명칭 생략)피부과 수술실에서 환자 공소외 17을 수술용 침대에 눕혀놓고 위 환자의 뒷머리부분에서 떼어낸 모발을 식모기에 끼운 다음 피고인이 식모기를 위 환자의 머리부위 진피층까지 찔러 넣는 방법으로 모발이식시술을 하는 등 별지 범죄일람표(12) 기재와 같이 그 시경부터 2004. 6. 30.까지 같은 방법으로 총 3회에 걸쳐 의료행위를 하고,

마. (명칭 생략)의원을 경영하는 의사인 공소외 18과 공모하여

2004. 7. 21. 서울 강남구 (상세지번 생략) (명칭 생략)의원 수술실에서 환자 공소외 19를 수술용 침대에 눕혀놓고 위 환자의 뒷머리부분에서 떼어낸 모발을 식모기에 끼운 다음 피고인이 식모기를 위 환자의 머리부위 진피층까지 찔러 넣는 방법으로 모발이식시술을 하는 등 별지 범죄일람표(13) 기재와 같이 그 시경부터 2004. 8. 12.까지 같은 방법으로 총 2회에 걸쳐 의료행위를 하였다.

【증거의 요지】

1. 피고인들의 각 일부 법정 진술

1. 증인 피고인 1의 법정 진술

1. 피고인들에 대한 각 검찰 피의자신문조서(피고인 4는 일부 진술기재)

1. 공소외 20, 21, 22에 대한 각 검찰 진술조서

1. 공소외 21, 22의 각 진술서

1. 검찰 압수조서

1. 수사보고(무면허시술업자 피고인 1 검거경위), 수사보고(통장사본 첨부보고), 수사보고(무면허자 피고인 1 간호조무사취득 여부 확인보고), 수사보고(무면허자 공소외 23이 의료용 가방 안에 소지하고 있던 식모기 등 의료기구 사진), 수사보고(무면허자 피고인 1이 눈썹모근이식수술을 하고 있는 장면 촬영사진첨부), 수사보고(피의자 수첩사본

첨부보고), 수사보고(환자진료차트기록첨부보고)

【피고인들의 주장에 대한 판단】

피고인 4는 피고인 1이 의료기기를 팔면서 원장실에서 시범을 보였을 뿐 환자를 대상으로 수술을 하지는 않았다는 취지의 주장을 하나, 피고인 1의 이 법정에서의 진술 등에 의하면 위 피고인의 주장은 받아들이기 어렵다.

피고인 2 등은 의사인 피고인들이 기초검사, 마취, 수술 후의 처치 등 대부분의 수술을 직접 시술을 하였고, 간호조무사인 피고인 1로부터는 식모단계에서 일부 도움을 받았을 뿐이므로 무면허 의료행위에 해당하지 않는다는 취지의 주장을 하나, 위 증거들에 의하면, 피고인 1이 간호조무사이기는 하나 실제 모발이식에 대한 많은 전문지식이 있고 식모에 관하여는 의사인 피고인들보다도 경험이 풍부하고 기술이 뛰어난 점, 일부 피고인들은 임상경험이 없어 피고인 1이 기술을 가르쳐 주기까지 한 점, 피고인 1이 환자의 머리나 눈꺼풀 등 식모 부위의 진피층까지 식모기를 찔러 넣는 행위와, 피고인 2의 병원에서와 같이 피고인 2가 진피층까지 찔러 넣은 바늘에 피고인 1이 모발을 끼운 다음 바늘을 뽑아낸 행위는 단순한 의료보조행위로 볼 수 없고 사람의 생명이나 신체에 위해를 발생시킬 우려가 있는 전문적인 의료행위인 점 등에 비추어 무면허 의료행위가 아니라는 위 피고인들의 주장은 모두 이유 없다.

【법령의 적용】

1. 범죄사실에 대한 해당법조
   각 의료법 제66조 제3호, 제25조 제1항, 형법 제30조(피고인 1에 대하여는 징역형을, 나머지 피고인들에 대하여는 각 벌금형 선택)
   피고인 2 : 의료법 제69조, 제46조 제3항
1. 경합범 가중(피고인 2)
   형법 제37조 전단, 제38조 제1항 제2호, 제3호, 제50조
1. 노역장 유치(피고인 1을 제외한 나머지 피고인들)
   각 형법 제70조, 제69조 제2항
1. 미결구금일수 산입(피고인 1)
   형법 제57조
1. 집행유예(피고인 1)
   형법 제62조 제1항(반성하는 정상 참작)
1. 선고유예(피고인 5)
   형법 제59조 제1항(교육목적의 일환으로 시술이 이루어 졌고, 해외 의료지원활동을

하는 등 개전의 정상이 현저하므로, 유예하는 형 : 벌금 300만 원, 노역장 유치 1일 5만 원)

1. 몰수(피고인 1)
   형법 제48조 제1항 제1호

1. 소송비용 부담(피고인 2, 8, 9, 10)
   각 형사소송법 제186조 제1항, 제191조 제1항

제16절 병리과

1. 판시사항

[1] 의사가 의료행위를 할 때 취하여야 할 주의의무의 정도 및 기준

[2] 갑 대학병원에서 환자 을에 대한 유방 조직검사를 시행하여 암의 확정 진단을 하였는데, 을이 병 대학병원에 전원(전원)하면서 갑 병원의 조직검사 결과를 기재한 조직검사 결과지를 제출하여 병 병원에서 유방절제술을 받았으나, 종양조직검사 결과 암세포가 검출되지 않았고 암세포 검출 여부를 재확인하는 과정에서 갑 병원 병리과 의료진이 조직검사 슬라이드를 만들면서 다른 환자의 조직검체에 을의 라벨을 부착한 것이 밝혀진 사안에서, 병 병원의 의사에게 새로이 조직을 채취하여 재검사 등을 한 이후에 유방절제술을 시행할 주의의무까지 있다고 보기는 어렵다고 한 사례

2. 판결요지

[1] 의사가 진찰·치료 등의 의료행위를 할 때에는 사람의 생명·신체·건강을 관리하는 업무의 성질에 비추어 환자의 구체적인 증상이나 상황에 따라 위험을 방지하기 위하여 요구되는 최선의 조치를 취하여야 할 주의의무가 있고, 의사의 이와 같은 주의의무는 의료행위를 할 당시 의료기관 등 임상의학 분야에서 실천되고 있는 의료행위의 수준을 기준으로 삼되 그 의료수준은 통상의 의사에게 의료행위 당시 일반적으로 알려져 있고 또 시인되고 있는 이른바 의학상식을 뜻하므로 진료환경 및 조건, 의료행위의 특수성 등을 고려하여 규범적인 수준으로 파악되어야 한다.

[2] 갑 대학병원에서 환자 을에 대한 유방 조직검사를 시행하여 암의 확정 진단을 하였는데, 을이 병 대학병원에 전원(전원)하면서 갑 병원의 조직검사 결과를 기재한 조직검사 결과지를 제출하여 병 대학병원에서 유방절제술을 받았으나, 종양조직검사 결과 암세포가 검출되지 않았고 이에 갑 병원에서 을의 조직검사 슬라이드 등을 각 대출받아 암세포 검출 여부를 재확인하는 과정에서 갑 병원 병리과 의료진이 조직검사 슬라이드를 만들면서 다른 환자의 조직검체에 을의 라벨을 부착한 것이 밝혀진 사안에서, 병 병원의 의사에게 갑 병원의 조직검사 슬라이드 제작 과정에서 조직검체가 뒤바뀔 가능성 등 매우 이례적인 상황에 대비하여 을로부터

새로이 조직을 채취하여 재검사를 실시하거나 갑 병원에서 파라핀 블록을 대출받아 조직검사 슬라이드를 다시 만들어 재검사를 시행한 이후에 유방절제술을 시행할 주의의무까지 있다고 보기는 어렵다고 한 사례.

3. 주문

원심판결 중 피고 서울대학교병원, 피고 2 패소 부분을 파기하고, 이 부분 사건을 서울고등법원에 환송한다. 피고 학교법인 연세대학교의 상고를 기각한다. 상고기각 부분에 관한 상고비용은 피고 학교법인 연세대학교가 부담한다.

4. 이유

상고이유를 본다.

1) 피고 서울대학교병원, 피고 2의 상고에 대하여

가. 상고이유 제1점에 대하여

원심판결 이유 및 원심이 일부 인용한 제1심판결 이유에 의하면, 원심은 그 채택 증거를 종합하여 피고 학교법인 연세대학교가 운영하는 세브란스병원 외과의사인 원심공동피고는 2005. 11. 15. 원고에 대한 유방초음파검사를 시행하여 원고의 오른쪽 유방과 왼쪽 유방에 종양이 있는 것을 발견하고, 미세침을 종양에 삽입하여 조직을 채취한 후 병리과에 조직검사를 의뢰한 사실, 세브란스병원 병리과 의료진은 떼어낸 조직을 파라핀 블록으로 만들고, 파라핀 블록의 일부를 얇게 절제하여 H&E 염색된 슬라이드(이하 '조직검사 슬라이드'라고 한다)를 만든 후 이를 검사하여 오른쪽 유방의 종양을 '침윤성 유방암', 왼쪽 유방의 종양을 '유방 양성 종괴'로 진단하였고, 원심공동피고는 위 검사결과를 토대로 2005. 11. 28. 유방절제술을 시행하기로 한 사실, 그런데 원고는 2005. 11. 28. 위 진단 결과를 믿지 못하고 오른쪽 유방의 종양이 암인지 여부를 다시 정확하게 진단받은 후 유방절제술 등의 치료를 받기 위하여 세브란스병원에서 조직검사 결과지, 의무기록 사본, 초음파 사진을 복사한 CD 등을 교부받아, 같은 날 피고 서울대학교병원에 내원하여 외과의사인 피고 2에게 진료를 의뢰한 사실, 피고 2는 내원 당일 원고에 대하여 간단한 촉진 등의 검사를 시행한 후 세브란스병원의 조직검사 결과지와 진단서를 신뢰하여 원고의 오른쪽 유방에 대한 절제수술을 시행하기로 한 사실, 피고 2는 2005. 11. 30. 병변의 정확한 위치 및 범위를 알고, 유방 내 다른 악성 병변 등의 존재 여부를 확인하기 위한 유방 초음파검사 및 유방 MRI 검사 등을 시행하였는데, 검사 결과 오른쪽 유방 10시 방향, 8~9시 방향 및 왼쪽 유방 3.5시 방향에 각 종양이 발견되었고, 그 외 양측 유방에 다발성 병변이 존재하는 등 세브란스병원의 검사결과와 거의 일치하는 소견을 보인 사실, 피고 2는 원고의 오른쪽 유방 10시 방향에 있는 종양을 세브란스병원에서 조직검사를 한 종양으로 추정하고, 그 외에 8~9시 방향에 존재하는 종양도 유방암의 가능성이 있는 병변으로 판단하여 오른쪽 유방의 1/4 부분을 절제하고, 암 전이 여부를 확인하기 위하여 임파선을 절제하며, 왼쪽 유방의 종양도 악성의 가능성이 있다고 판단하여 절제생검을 시행하기로 결정한 후, 2005. 12. 2. 원고에 대하여 우측 유방 사분위절제술 및 림프절절제술과 좌측 유방 종괴절제술을 시행한 사실(이하 우측 유방 사분위절제술 및 림프절절제술을 통칭하여 '이 사건 수술'이라 한다), 그런데 유방절제술을 통하여 떼어낸 오른쪽 유방의 종양조직에 대한 조직검사 결과 암세포가 검출되지 아니하였고, 이에 세브란스병원에서 원고의 조직검사 슬라이드 및 파라핀 블록을 각 대출받아 암세포 검출 여부를 재확인하는 과정에서 세브란스병원 병리과 의료진이 조직검사 슬라이드를 만들면서 다른 환자의 조직검체에 원고의 라벨을 부착한 것이 밝혀졌으며, 원고의 오른쪽 유방 종양에 대한 최종적인 조직검사결과도 '다발성 관상피 세포 증식증' 등의 양성병변으로 진단된 사실을 인정하였다.

이 부분에 대한 상고이유의 주장은 원고가 피고 서울대학교병원에 내원할 당시 세브란스병원의 유방암 진단 자체는 인정하면서 유방의 절제 범위에 관하여만 보다 정확한 진단을 받고자 하였다는 취지이나, 이는 사실심인 원심의 전권사항에 속하는 증거의 취사선택이나 사실인정을 탓하는 것에 불과하여 적법한 상고이유가 될 수 없다.

나. 상고이유 제2, 3, 4점에 대하여

(1) 원심은, 조직검사는 조직의 채취·파라핀 블록 및 조직검사 슬라이드의 제작과정에서 오류가 있을 수 있으므로, 피고 서울대학교병원의 의사인 피고 2로서는 새로이 조직을 채취하여 재검사를 실시하거나, 최소한 세브란스병원에서 실시한 조직검사 슬라이드와 파라핀 블록을 대출받아 재검사하는 등 원고의 오른쪽 유방의 종양이 암인지 여부를 정확하게 진단하여 수술 여부를 결정하여야 할 주의의무가 있음에도, 세브란스병원의 조직검사 결과만을 믿고 촉진 외에 별다른 검사 없이 바로 유방절제술을 결정하고 이 사건 수술을 시행하였는바, 이는 유방절제술을 시행하는 의사에게 평균적으로 요구되는 진단상의 주의의무를 다하지 못한 과실이 있다고 판단하였다.

(2) 그러나 원심의 위와 같은 판단은 다음과 같은 이유로 수긍하기 어렵다.
의사가 진찰·치료 등의 의료행위를 함에 있어서는 사람의 생명·신체·건강을 관리하는 업무의 성질에 비추어 환자의 구체적인 증상이나 상황에 따라 위험을 방지하기 위하여 요구되는 최선의 조치를 취하여야 할 주의의무가 있고, 의사의 이와 같은 주의의무는 의료행위를 할 당시 의료기관 등 임상의학 분야에서 실천되고 있는 의료행위의 수준을 기준으로 삼되 그 의료수준은 통상의 의사에게 의료행위 당시 일반적으로 알려져 있고 또 시인되고 있는 이른바 의학상식을 뜻하므로 진료환경 및 조건, 의료행위의 특수성 등을 고려하여 규범적인 수준으로 파악되어야 한다(대법원 2004. 10. 28. 선고 2002 다45185 판결 등 참조).

제1심의 서울삼성병원장에 대한 진료기록감정촉탁결과에 의하면, 유방암의 확정진단은 반드시 조직검사를 통하여 하게 되어 있고, 어느 대학병원에서 환자에 대한 조직검사를 시행하여 암의 확정 진단을 하고, 그 환자가 다른 대학병원에 전원(전원)하면서 종전 대학병원에서의 조직검사 결과를 기재한 조직검사 결과지를 제출하였다면, 새로이 환자를 진찰하게 된 대학병원의 의사가 종전의 조직검사 슬라이드를 대출받아 병리판독을 다시 시행하게 하는 경우가 있기는 하나, 조직검사 자체를 다시 시행하는 경우는 원칙적으로 없다고 한다.

또한 원심의 가톨릭대학교 강남성모병원장에 대한 진료기록감정촉탁결과에 의하면, 조직검사를 위하여 채취된 조직이 불충분하거나 부적합한 경우에는 병리판독에 어려움이 있을 수 있으므로 다시 조직검사를 시행하게 되나, 한 번의 조직검사로 암진단을 할 수 있으면 조직검사를 반복하여 시행할 필요는 없다고 한다.

위 각 진료기록감정촉탁결과에서 알 수 있는 조직검사와 암 확정 진단 과정의 특수성에, 세브란스병원의 조직검사가 이 사건 수술 직전에 이루어졌고 세브란스병원에서 암 확정 진단의 근거가 된 조직검사 슬라이드를 보관하고 있었으므로 필요할 경우 조직검사 슬라이드를 대출받아 재판독할 수 있었던 점, 피고 2가 이 사건 수술을 하기 전에 유방초음파 및 유방 MRI 검사 등을 실시한 결과도 오른쪽 유방의 소견이 세브란스병원의 검사결과와 거의 일치하는 등 세브란스병원의 병리과 의료진에 의한 '침윤성 유방암' 판정 결과를 의심할 만한 정황이 없었던 점, 피고 2는 위와 같은 검사결과를 바탕으로 사분위절제술을 통하여 원고의 오른쪽 유방의 10시 방향 종양 및 유방암의 가능성이 있는 8~9시 방향의 종양도 모두 제거하였는데, 원고의 오른쪽 유방의 종양이 세브란스병원에서 암으로 확정 진단된 상황이었으므로 어느 병변이 암으로 판정되더라도 두 개의 종양을 모두 포함하는 사분위절제술은 적정한 수술범위로 보이는 점 등의 여러 사정을 보태어 보면, 피고 2로서는 조직검사 슬라이드 제작 과정에서 조직검체가 뒤바뀔 가능성 등 매우 이례적인 상황에 대비하여 원고로부터 새로이 조직을 채취하여 재검사를 실시하거나, 세브란스병원에서 파라핀 블록을 대출받아 조직검사 슬라이드를 다시 만들어 재검사를 시행한 이후에 유방절제술을 시행할 주의의무까지 있다고 보기는 어렵다.

한편 원고는 세브란스병원의 진단 결과를 믿지 못하고 우측 유방의 종양이 암인지 여부를 다시 정확하게 진단받기 위하여 피고 서울대병원에 내원한 것이고, 원고의 유방암은 초기 상태로 유방절제술을 당장 시행하여야 할 급박한 상황도 아니었으므로, 피고 2로서는 세브란스병원 병리과 의료진의 판독 오류 가능성에 대비하여 조직검사 슬라이드를 대출받아 재판독을 하게 할 주의의무가 있었다고 볼 수 있으나, 이 사건에서는 세브란스병원의 병리과 의료진의 과실로 조직검사 슬라이드 제작 과정에서 조직검체 자체가 뒤바뀐 것이므로, 위 조직검사 슬라이드를 대출받아 재판독하게 하였다고 하더라도 여전히 '침윤성 유방암'으로 판정할 수밖에 없었을 것이다.

(3) 따라서 이와 달리 피고 2에게 그 판시와 같은 이유로 유방절제술을 시행하는 의사에게 평균적으로 요구되는 진단상의 주의의무를 다하지 못한 과실이 있다고 한 원심의 판단에는 의사의 의료행위에 있어서의 주의의무에 관한 법리를 오해하였거나 심리를 다하지 아니하여 판결에 영향을 미친 위법이 있다.

이 점을 지적하는 취지의 피고 서울대학교병원, 피고 2의 상고이유의 주장은 이유 있다.

2) 피고 학교법인 연세대학교의 상고에 대하여

원심은, 세브란스병원 병리과 의료진은 원고의 조직검사 슬라이드를 만들면서 암세포를 가지고 있던 다른 환자의 조직검체에 원고의 라벨을 부착하여 판독한 과실로 실제로는 양성병변이었던 원고의 오른쪽 유방의 종양을 침윤성 유방암으로 오진하였고, 이로 인하여 그 조직검사 결과지 등을 제출받은 피고 서울대학교병원에서도 이를 신뢰하여 잘못된 유방 절제수술을 하게 되었으므로, 피고 학교법인 연세대학교는 세브란스병원 병리과 의료진의 사용자로서 조직검사 슬라이드 제작 오류 및 유방암 판독상의 과실과 이 사건 수술로 인하여 입은 원고의 손해 사이에 상당인과관계가 있다고 판단하였다.

기록에 비추어 살펴보면, 원심의 위와 같은 판단은 정당한 것으로 수긍할 수 있다.

원심판결에는 상고이유에서 주장하는 바와 같은 상당인과관계에 관한 법리오해의 위법이 없다.

5. 결론

그러므로 피고 서울대학교병원, 피고 2의 나머지 상고이유에 대한 판단을 생략한 채 원심판결 중 위 피고들의 패소 부분을 파기하고, 이 부분 사건을 다시 심리·판단하게 하기 위하여 원심법원에 환송하며, 피고 학교법인 연세대학교의 상고를 기각하고, 이 부분 상고비용은 패소자가 부담하기로 하여, 관여 대법관의 일치된 의견으로 주문과 같이 판결한다.

1. 주문

1. 피고 학교법인 연세대학교는 원고에게 39,584,458원 및 이에 대하여 2005. 12. 2. 부터 2008. 4. 8.까지 연 5%, 그 다음날부터 다 갚는 날까지 연 20%의 각 비율에 의한 금원을 지급하라.

2. 원고의 피고 학교법인 연세대학교에 대한 나머지 청구 및 피고 서울대학교병원, 피고 2, 4(대법원판결의 원심공동피고)에 대한 청구를 각 기각한다.

3. 소송비용 중 원고와 피고 학교법인 연세대학교 사이에 생긴 부분의 2/3는 원고가, 나머지는 위 피고가 각 부담하고, 원고와 나머지 피고들 사이에 생긴 부분은 원고가 부담한다.

4. 제1항은 가집행할 수 있다.

2. 청구취지

피고들은 연대하여 원고에게 133,468,390원 및 이에 대하여 2005. 12. 2.부터 이 사건 소장부본 송달일까지 연 5%, 그 다음날부터 다 갚는 날까지 연 20%의 각 비율에 의한 금원을 지급하라.

3. 이유

1) 초사실

다음 각 사실은 당사자 사이에 다툼이 없거나, 갑 제1 내지 11호증(가지번호 포함), 을가 제1 내지 13호증(가지번호 포함)의 각 기재와 이 법원의 서울삼성병원장에 대한 진료기록감정촉탁결과에 변론 전체의 취지를 종합하여 이를 인정할 수 있다.

가. 당사자의 지위
   피고 서울대학교병원은 서울대학교병원(이하 '서울대병원'이라 한다)을, 피고 학교법인 연세대학교는 세브란스병원(이하 '세브란스병원'이라 한다)을 각 설립하여 운영하는 법인이고, 피고 2는 서울대병원에서, 피고 4는 세브란스병원에서 근무하는 외과의사이다.

나. 원고의 세브란스병원 내원 경위
   (1) 원고는 매년 정기건강검진을 받아오다가 2005. 7.경 한국의학연구소 종합건강검진에서 오른쪽 유방에 팥알 정도 크기의 혹이 발견되자, 세브란스병원에 내원하여 위 병원

외과의사인 피고 4에게 유방초음파 사진을 제출하고 진료를 받게 되었다.

(2) 피고 4는 2005. 11. 15. 세브란스병원 영상의학과에 의뢰하여 원고에 대한 유방초음파검사를 시행하여 원고의 오른쪽 유방 8시, 10시 방향과 왼쪽 유방 5시, 10시 30분 방향에 종양이 있는 것을 발견하고, 미세침(14gage core needle)을 오른쪽 8시 방향 및 왼쪽 5시 방향의 종양에 삽입하여 조직을 채취한 후 병리과에 조직검사를 의뢰하였다.

(3) 위 (2)항과 같이 떼어낸 조직은 세브란스병원 병리과 의료진에 의하여 파라핀블록으로 만들어졌고, 다시 파라핀블록의 병변 일부가 얇게 절제되어 H&E 염색된 슬라이드(조직검사 원본 슬라이드)가 만들어졌는데, 세브란스병원 병리과 의사 소외 1, 2, 3은 위 조직검사 원본 슬라이드를 검사하여 '오른쪽 유방의 종양은 침윤성 유방암, 왼쪽 유방의 종양은 유방양성종괴'라는 결론을 내렸다.

(4) 피고 4는 2005. 11. 22. 위 검사결과를 토대로 원고의 오른쪽 유방의 종양을 암이라고 진단한 후 원고에 대하여 유방절제술을 시행하기로 결정하였다(다만, 피고 4가 시행하려던 수술의 범위와 오른쪽 유방의 종양 중 암이라고 판단한 종양의 범위는 진료기록상 불분명하다).

다. 원고의 서울대병원 전원 경위 및 유방절제술의 시행

(1) 원고는 좀 더 권위 있는 의료기관에서 진단을 받아보는 것이 좋겠다는 판단에 2005. 11. 28. 세브란스병원으로부터 조직검사결과기록지, 의무기록사본, 초음파 사진을 복사한 CD 등을 교부받은 뒤, 같은 날 서울대병원에 내원하여 피고 2에게 진료를 의뢰하였다.

(2) 피고 2는 내원 당일 원고에 대하여 간단한 촉진 등의 검사를 시행한 후 세브란스병원의 병리검사결과지와 진단서를 신뢰하여 원고의 오른쪽 유방에 대한 절제수술을 시행할 것을 결정하였다.

(3) 원고는 2005. 11. 30. 수술을 위하여 서울대병원에 입원하였고, 피고 2는 같은 날 원고에 대하여 병변의 위치 및 정확한 범위를 알고, 유방 내 다른 악성 병변 등의 존재 여부를 확인하기 위한 유방 초음파검사 및 유방 MRI 검사 등을 시행하였는데, 검사 결과 오른쪽 유방 10시 방향, 8 ~ 9시 방향 및 왼쪽 유방 3.5시 방향에 각 종양이 발견되었고, 그 외 양측 유방에 다발성 병변이 존재하는 등 세브란스병원의 검사결과와 거의 일치하는 종괴소견을 보였다.

(4) 피고 2는 서울대병원 영상의학과 의료진의 검사결과에 따라 원고의 오른쪽 유방 10시 방향에 있는 종양을 세브란스병원에서 조직검사를 한 종양으로 추정하고, 그 외에 8 ~ 9시 방향에 존재하는 종양도 유방암의 가능성이 있는 병변(C4병변)으로 판단하여 함께 절제를 하되, 주위에 광범위하게 분포된 석회질이 없고, 다른 부위에 악성 종양이 존재가 의심되지 않아 오른쪽 유방의 1/4 부분을 절제하고, 암 전이 여부를 확인

하기 위하여 임파선을 절제하며, 왼쪽 유방의 종양도 초음파 검사상 모양이 불규칙하여 악성의 가능성이 있다고 판단하여 절제생검을 시행하기로 결정한 후, 2005. 12. 2. 원고에 대하여 우측유방사분위절제술 및 감시림프절절제술과 좌측 유방종괴절제술을 시행하였다(이하 원고의 우측유방사분위절제술 및 감시림프절절제술을 통칭하여 '이 사건 수술'이라 한다).

(5) 피고 2는 서울대병원 병리과 의료진에게 유방절제술을 시행하여 떼어낸 오른쪽 유방의 종양조직에 대한 조직검사를 의뢰하였는데, 조직검사결과 수술로 떼어낸 조직에서 암세포가 검출되지 않자 원고에게 세브란스병원에 가서 조직검사 원본 슬라이드를 대출받아 오도록 하였다.

(6) 원고는 2005. 12. 17. 세브란스병원으로부터 조직검사 원본 슬라이드를 대출받아, 2005. 12. 19. 서울대병원 임상병리실에 제출하였고, 서울대병원 병리과 의료진은 위 조직검사 원본 슬라이드를 판독한 후 원고의 오른쪽 유방은 침윤성 유방암 상태에 있었으나, 현재 남아 있는 암세포는 없고, 림프절에도 암세포의 전이가 없다는 결론을 내렸다.

(7) 피고 2는 2005. 12. 22. 원고에게 항호르몬제의 필요성 유무를 확인하기 위하여 암세포 조직이 필요하여 세브란스병원에서 파라핀블록을 대출받아 오도록 하였는데, 원고가 대출받아 온 파라핀블록에서 암세포가 검출되지 않자 그 경위를 확인하는 과정에서 세브란스병원 병리과 의료진이 원고의 조직검사 원본 슬라이드를 만들면서 암세포를 가지고 있던 다른 환자의 조직검체에 원고의 라벨을 부착한 후, 이를 현미경으로 관찰하여 원고를 침윤성 유방암으로 진단한 사실이 밝혀졌다.

(8) 서울대병원에서 절제한 원고의 오른쪽 유방에 있는 종양에 대한 최종적인 조직검사결과는 다발성 관상피 세포 증식증 등의 양성 변병이었다.

라. 관련 지식

유방암의 확진은 반드시 조직검사를 통해서 내리게 되어 있고, 아무리 임상적으로 악성의 가능성이 높다고 해도 조직검사상 유방암의 진단이 뒷받침되지 않는 경우 유방암이라고 확진할 수 없고 유방암 의증 정도의 진단을 내리게 된다.

조직검사의 방법으로는 세침흡인검사, 핵침생검(세브란스병원에서 시행한 방법임), 절개생검, 절제생검 등의 방법이 있고, 핵침생검법에 의하는 경우 거의 확진 수준에 달한다고 할 수 있으나, 검사자의 타겟팅 테크닉에 따라 검사의 정확도에 영향을 받을 수 있다.

다만, 어느 검사에서나 암세포가 발견된다면 정확도는 매우 높아지게 되고, 아주 작은 크기의 암이 있는 경우 조직검사로 전체 암이 모두 제거될 수 있다는 극단적인 가정도 가능하여, 일단 조직검사에서 암으로 진단된 경우 재차 조직검사를 시행하여 암세포가 검출되지 않았다고 하더라도, 이미 암으로 진단된 조직 또는 조직슬라이드가 있는 한 그 진단을 바꾸는 것은 매우 어렵다.

2) 손해배상책임의 발생

가. 피고 학교법인 연세대학교에 대한 판단

위 인정사실에 의하면, 세브란스병원 병리과 의료진은 원고의 조직검사 원본 슬라이드를 만들면서 암세포를 가지고 있던 다른 환자의 조직검체에 원고의 라벨을 부착하여 판독한 과실 때문에 실제로는 양성변병이었던 원고의 오른쪽 유방의 종양을 침윤성 유방암으로 오진하였고, 이로 인하여 원고가 조직검사결과 기록지 등을 대출받아 제출된 서울대병원에서도 침윤성 유방암으로 판독한 위 조직검사결과 기록지 등을 신뢰하여 이 사건 수술을 하게 되었으므로, 피고 학교법인 연세대학교는 세브란스병원 병리과 의료진의 사용자로서 이 사건 암오진 판독으로 말미암아 원고가 잘못된 수술을 받게 되어 입은 모든 손해를 배상할 책임이 있다.

이에 대하여 위 피고는, 가사 세브란스병원 병리과 의료진이 위 인정사실과 같은 잘못을 저질렀다고 하더라도, 이후 원고는 서울대병원으로 전원하여 유방초음파검사, 유방 MRI 검사 등 별도의 검사를 받았는데, 서울대병원 의료진이 위 검사결과를 제대로 판독하지 못하고 원고를 암으로 오진하여 이 사건 수술을 한 것이므로, 세브란스병원 의료진의 위와 같은 과실과 그 이후 서울대병원 의료진의 과실로 발생한 이 사건 수술 사이에 상당인과관계가 없어서 피고 학교법인 연세대학교는 이 사건 수술에 대한 책임을 부담하지 않는다고 주장하므로 보건대, 앞서 본 사실관계에 의하면, 서울대병원 의료진은 동일한 제3차 의료기관의 지위에 있는 세브란스병원 의료진의 조직검사결과를 신뢰하여 이 사건 수술을 하게 되었고, 세브란스병원에 암으로 확진된 조직 혹은 조직슬라이드가 있는 한, 서울대병원이 이 사건 수술을 하게 된 것은 세브란스병원 의료진에 의하여 제출된 조직검사결과 등이 그 원인이 되었다고 할 것이므로, 위 피고의 위 주장은 이유 없다.

나. 피고 4에 대한 판단

(1) 원고의 주장

원고는, 피고 4가 조직검사 원본 슬라이드를 만들면서 원고의 검체와 다른 환자의 검체를 뒤바뀌게 방치하였고, 나아가 원고가 한국의학연구소에서 가져온 유방초음파사진과 세브란스병원에서 촬영한 유방초음파사진의 결과가 확연히 달랐으므로 원고의 조직검사결과를 신중하게 판단하였어야 함에도 만연히 원고의 오른쪽 유방의 종양을 침윤성 유방암으로 오진한 과실이 있다고 주장한다.

(2) 판단

살피건대, 피고 4가 원고의 오른쪽 유방의 종양을 침윤성 유방암으로 확진하고 원고의 오른쪽 유방을 절제하는 수술을 시행하려고 한 사실은 앞서 본 바와 같으나, 한편, 세브란스병원 병리과 의료진은 원고의 조직검사 원본 슬라이드를 만들면서 암세포를 가지고 있던 다른 환자의 조직검체에 원고의 라벨을 부착한 후, 이에 대한 검사결과를 바탕으로 양성병변인 원고의 오른쪽 유방의 종양을 침윤성 유방암으로 잘못 판단한 사실, 세브란스병원 외과의사이던 피고 4는 위와 같은 병리과 의료진의 판단을 신뢰하여 원고의 오른쪽 유방의 종양을 침윤성 유방암으로 진단하고, 원고에 대하여 유방절제술을 시행하려고 한 사실은 앞서 본 바와 같은바, 위 인정사실에 의하여 인정되는 다음과 같은 사정들 즉, ① 고도로 분업화된 종합병원의 시스템 하에서 조직검사는 병리과 의사들의 전문적인 의료영역인데, 이와 같은 체제에서 각자는 타의 협동자의 상호신뢰하에 원칙적으로 자기가 분담한 임무에 전념하면 족한 경우가 많은 점, ② 외과의사인 피고 4와 병리과 의료진 사이에 선임·감독관계를 인정하기 어려운 점, ③ 피고 4로서는 병리과 의료진이 타인의 조직검체를 원고의 것으로 잘못 판독할 것까지 예상하기는 어려웠을 것으로 보이고, 병리과 의료진에게 원고의 라벨이 부착된 타인의 조직검사 원본 슬라이드가 존재하므로, 피고 4가 원고에 대한 조직검사를 다시 하였다고 하더라도 원고의 오른쪽 유방의 종양을 암으로 판정할 수밖에 없을 것으로 보이는 점 등에 비추어 보면, 세브란스병원 병리과 의료진의 조직검사결과를 신뢰하여 원고의 오른쪽 유방의 종양을 암으로 확진한 피고 4에게 과실이 있었다고 인정하기 어렵다.

또한, 한국의학연구소에서 촬영한 유방초음파사진과 세브란스병원에서 촬영한 유방초음파사진의 결과가 서로 확연히 달랐다는 사실을 인정할 증거가 없을 뿐 아니라, 단순히 초음파사진의 결과가 다르다는 이유만으로 조직검사결과를 의심해야 한다고 보기도 어려우므로, 원고의 위 주장은 이유 없다.

다. 피고 서울대학교병원 및 피고 2에 대한 판단

(1) 원고의 주장

원고는, 오른쪽 유방의 종양이 암인지 여부에 대하여 다시 한번 확인을 받아보기 위하여 서울대병원에 내원한 것이므로, 원고로부터 진료를 의뢰받은 서울대병원의 의사인 피고 2는 피고 4의 검사상 소견과는 별도로 새로이 조직을 채취하여 재검사를 하는 등으로 원고의 오른쪽 유방의 종양이 암인지 여부에 대한 판단을 하여야 할 의무가 있음에도 불구하고 이를 소홀히 한 채 피고 4의 검사결과만을 맹신하여 별다른 검사도 없이 이 사건 수술을 시행하였는데, 이는 평균적인 의사로서 요구되는 진단 및 치료상의 주의의무를 다하지 못한 것이므로, 피고 2 및 위 피고의 사용자인 피고 서울대학교병원은 이 사건 수술로 인하여 원고가 입은 모든 손해를 배상할 책임이 있다고 주장한다.

(2) 판단

살피건대, 피고 2가 원고가 서울대병원에 내원한 당일 원고에 대한 촉진만을 실시한 후 세브란스병원의 병리검사결과지와 진단서를 신뢰하여 원고의 오른쪽 유방에 대한 절제수술을 시행할 것을 결정한 사실, 세브란스병원은 원고의 오른쪽 유방 8시 방향에 있는 종양의 조직을 떼어 조직검사를 하였음에도, 피고 2는 서울대병원 영상의학과 의료진의 초음파 및 MRI 판독결과에 따라 10시 방향에 있는 종양을 세브란스병원에서 조직검사한 종양으로 추정하고 이 사건 수술을 시행한 사실은 앞서 본 바와 같으나, 한편, 앞서 인정된 사실관계에 의하여 인정되는 다음과 같은 사정들 즉, ① 조직검사를 통하여 암으로 확진된 경우 다시 조직검사를 하여 암세포가 검출되지 않았다고 하더라도 그 진단을 바꾸는 것은 매우 어려운데, 이미 신뢰할만한 타병원에서 조직검사를 통하여 암으로 확진된 경우 재차 조직검사를 실시하는 경우는 거의 없는 점, ② 피고 2는 원고가 수술을 위해 입원을 한 후 조직검사 이외에 병변의 정확한 위치 등을 확인하고 수술범위를 결정하기 위하여 필요한 유방초음파 및 유방 MRI 검사 등을 실시하였고, 그 결과 원고의 오른쪽 유방의 종괴소견이 세브란스병원의 검사결과와 거의 일치하는 등 특별히 세브란스병원의 병리검사결과를 의심할 만한 정황이 없었던 점, ③ 비록 서울대병원 영상의학과 의료진이 원고의 오른쪽 유방 10시 방향의 종양을 세브란스병원에서 암으로 확진한 종양으로 추정하기는 하였으나, 피고 2는 위와 같은 검사결과를 바탕으로 사분위절제술을 통하여 원고의 오른쪽 유방의 10시 방향 종양 및 유방암의 가능성이 있는 8 ~ 9시 방향의 종양(C4 병변)도 모두 제거하였는데, 이미 원고의 오른쪽 유방의 종양이 암으로 진단된 상황이었으므로 어느 병변이 암으로 판정되더라도 두 개의 종양을 모두 포함하는 사분위절제술은 적정한 수술범위로 보이는 점 등에 비추어 보면, 피고 2가 동일한 제3차 의료기관의 지위에 있는 세브란스병원 의료진에 의해 암으로 확진된 조직검사 판독결과를 신뢰한 것에 과실이 있다고 보기 어려울 뿐 아니라, 위와 같이 암으로 확진된 원고에 대하여 필요한 추가검사를 적절히 시행하였는데다가, 그 검사결과에 따라 합리적이라고 인정되는 범위 내에서 이 사건 수술을 시행한 것으로 평가되고, 달리 원고를 진료하고 이 사건 수술을 시행함에 있어서 피고 2에게 어떠한 과실이 있다는 점을 인정할 증거가 없으므로, 원고의 이 부분 주장은 이유 없다.

3) 손해배상책임의 범위

가. 일실수입

원고는 피고 학교법인 연세대학교의 과실로 말미암아 신경계통의 기능에 현저한 장해가 남아 경미한 노무 이외에 종사하지 못하게 되어 40%의 노동능력을 상실하였으므로 그로 인한 손해를 배상할 책임이 있다고 주장하므로 보건대, 이 사건 수술로 인하여 원고의 오른쪽 유방의 1/4 부분, 감시림프절이 절제되었고, 오른쪽 가슴 부위에 수술로 인한 흉터가 남게 된 사실은 앞서 본 바와 같고, 이 법원의 한양대학교서울병원장에 대한 신체감정촉탁결과에 의하면, 원고는 현재 오른쪽 목, 어깨, 팔 등에 통증 등을 호소하고 있는 사실을 인정할 수 있으나, 한편, 원고가 호소하는 위와 같은 증상은 자각적 증상으로서 객관적으로 노동능력상실로 평가하기는 어려우므로 원고의 위 주장은 받아들이지 아니한다.

나. 기왕치료비

원고는 이 사건 수술과 관련하여 세브란스병원 및 서울대병원에서 수술비 등 치료비로 총 2,458,790원을 지출하였다고 주장하나, 이를 인정할 증거가 없다.

다. 향후 치료비

이 법원의 한양대학교서울병원장에 대한 신체감정촉탁결과에 변론 전체의 취지를 종합하면, 유방비대칭문제를 해결하기 위하여는 통상 자가조직을 이용한 유방 재건 방법이 사용되고, 위 방법은 일차적으로 복부 유리피판술이, 이차적으로 반흔제거술이 필요하며, 복부 유리피판술의 수술비 11,009,050원, 반흔제거술의 수술비 5,216,160원 등 합계 16,225,210원인 사실을 인정할 수 있는데, 원고가 이 사건 변론 종결 이전에 위 각 수술비를 지출하였음을 인정할 증거가 없으므로, 위 각 수술비는 이 사건 변론종결일 다음날인 2008. 3. 26. 지출하는 것으로 보되, 단리 할인법에 따라 중간이자를 공제하는 방법으로 위 수술비를 이 사건 의료사고 당시의 현가를 산출하면, 14,584,458원이 된다.

라. 위자료

(1) 참작사유 : 원고의 나이, 가족관계, 이 사건의 경위 및 결과, 원고의 현재 상태 기타 이 사건 변론에 나타난 여러 사정

(2) 결정금액 : 25,000,000원

4. 결론

그렇다면, 피고 학교법인 연세대학교는 원고에게 손해배상금 39,584,458원(향후 치료비 14,584,458원 + 위자료 25,000,000원) 및 이에 대하여 이 사건 수술일인 2005. 12. 2.부터 위 피고가 이행의무의 존부와 범위에 관하여 항쟁함이 상당하다고 인정되는 이 판결 선고일인 2008. 4. 8.까지 민법 소정의 연 5%, 그 다음날부터 다 갚는 날까지 소송촉진 등에 관한 특례법 소정의 연 20%의 각 비율에 의한 지연손해금을 지급할 의무가 있으므로, 원고의 피고 학교법인 연세대학교에 대한 청구는 위 인정범위 내에서 이유 있고, 원고의 피고 학교법인 연세대학교에 대한 나머지 청구와 원고의 나머지 피고들에 대한 청구는 이유 없으므로, 주문과 같이 판결한다.

제17절 응급의학과

1. 주문

1. 원고들의 청구를 모두 기각한다.
2. 소송비용은 원고들이 부담한다.

2. 청구취지

피고는 원고 1에게 111,749,422원, 원고 2에게 76,166,281원, 원고 3에게 71,166,281원과 각 이에 대하여 2014. 11. 28.부터 이 사건 소장부본 송달일까지는 연 5%, 그 다음날부터 다 갚는 날까지는 연 15%의 각 비율로 계산한 돈을 지급하라.

3. 이유

1) 기초사실

가. 원고 1은 2014. 11. 28. 사망한 소외 1(이하 '망인'이라고 한다)의 부인이고, 원고 2, 원고 3은 망인의 자녀들이다. 피고는 중앙보훈병원(이하 '피고 병원'이라고 한다)의 운영자이자 피고 병원 의료진의 사용자이다.

나. 망인은 2014. 11. 10. 전신 위약감, 기억력 감소, 요실금 등의 증상으로 의정부의료원에서 추가 검사를 권유받은 후, 2014. 11. 11. 피고 병원 신경과에 외래로 내원하였다. 위 신경과 소속 의사는 뇌혈관 질환, 경동맥 협착, 만성음주로 인한 인지기능저하 등의 진단 하에 방사선 검사 등 정밀 진단을 위하여 망인을 응급의학과로 전과 조치하였다.

다. 피고 병원 응급의학과 소속 의사는 2014. 11. 11. 12:10 망인을 면담한 후 혈액검사, 엑스레이 검사 등을 실시하기로 하였다. 그런데 망인은 12:27경 흉부 엑스레이 검사(이하 '이 사건 엑스레이 검사'라고 한다)를 받던 도중 식은땀을 흘리며 실신하였다가 12:33 응급실로 되돌아왔다. 또한 망인은 13:22 뇌 MRI 검사를 위하여 영상검사실로 이동하였으나, 수액 주사바늘을 뽑는 등 검사 절차에 협조하지 아니하여 위 검사 역시 실시하지 못한 채 13:30 응급실로 되돌아왔고, 이후 위 의사의 조치에 따라 16:40 신경외과로 입원하였다.

라. 피고 병원 의료진은 2014. 11. 12. 07:47 망인의 뇌 CT 검사를 실시하였는데, 위 검사결과 외상성 뇌내출혈, 양쪽 전두엽과 측두엽의 급성 뇌출혈 및 뇌부종, 경

막하출혈 등이 발견되었다. 이에 피고 병원 의료진은 09:30 개두술 및 뇌내 혈종 제거술(이하 '이 사건 수술'이라고 한다)을 시행하여 오른쪽 전두엽의 뇌내출혈, 왼쪽 측두엽의 혈종 등을 제거하였다.

마. 망인은 이 사건 수술 이후 피고 병원에 입원해 있다가 2014. 11. 28. 03:21 외상성 뇌출혈 및 뇌부종으로 인한 연수마비로 사망하였다.

[인정근거] 다툼 없는 사실, 갑 제1 내지 3호증(가지번호 있는 것은 가지번호 포함)의 각 기재, 변론 전체의 취지

2) 주장 및 판단

가. 원고들의 주장

피고 병원 의료진은 망인의 병명을 진단하고 치료하는 과정에서 아래와 같은 의료상 과실로 외상성 뇌출혈 및 뇌부종을 조기에 진단하거나 적절한 시기에 치료하지 못함으로써 망인을 사망에 이르게 하였고, 설명의무를 다하지 아니하여 위와 같은 결과를 예방하지 못하게 하였으므로, 피고는 진료계약상 채무불이행 또는 민법상 불법행위로 인하여 원고들이 입은 모든 손해를 배상할 의무가 있다.

1) 망인은 이 사건 엑스레이 검사 당시 쓰러져 머리를 바닥에 부딪힘으로써 두개골 및 안면에 골절상을 입었는바, 망인의 뇌경색 등 과거 병력에 비추어 뇌출혈 및 뇌부종이 발생할 가능성이 있었다. 그러나 피고 병원 의료진은 망인에 대하여 산소공급 등의 즉각적인 응급조치를 하지 않았고, 신경학적 검사, 뇌 CT 검사 등 최소한의 진단검사도 실시하지 아니하였으며, 두부 손상의 초기 치료에 필요한 약물을 투여하지 않음으로써 이를 조기에 발견 또는 치료하지 못하였다. 또한 망인은 이 사건 엑스레이 검사 당시 스스로 거동하기 어려운 상태였으나, 피고 병원 의료진은 망인에 대한 낙상방지조치 역시 소홀히 하였다.

2) 외상성 뇌출혈은 조기에 뇌 CT 또는 MRI 검사를 실시하여야 하는 응급사고에 해당한다. 망인이 2014. 11. 11. 13:22 뇌 MRI 검사 절차에 협조하지 않았으나 뇌 CT 검사는 가능한 상황이었고, 이후 16:20경 진정되어 뇌 영상검사를 실시할 수 있었음에도, 피고 병원 의료진은 2014. 11. 12. 07:47까지 위 검사를 지연시켰다. 또한 두부 외상이 의심되는 경우 뇌내출혈 위험성 때문에 최대한 빨리 수술을 실시하여야 함에도 망인이 응급실을 방문한 때로부터 약 11시간이 지나서야 이 사건 수술을 시행하였다.

3) 망인은 뇌출혈과 함께 뇌부종이 발생하였고 뇌 CT 검사에서도 뇌부종이 발견되었으므로, 이 사건 수술 당시 뇌압감압술을 같이 시행하였어야 하는데, 피고 병원 의료진은 이를 실시하지 아니하였다. 또한 이 사건 수술 후에도 망인의 뇌부종에는 변화가 없었으나, 피고 병원 의료진은 뇌부종을 감소시키기 위한 어떠한 조치도 취하지 아니하였고, 매일 반복적으로 시행하여 지속적으로 경과관찰을 하였어야 할 뇌 CT 검사도 시

행하지 아니하였다.

4) 피고 병원 의료진은 망인이 이 사건 엑스레이 검사 도중 쓰러져 두부 외상이 발생하였을 때 이로 인하여 뇌출혈 및 뇌부종이 발생할 수 있음을 설명하지 않았고, 이 사건 수술 이후 뇌부종 상태가 지속되었음에도 뇌손상이나 사망과 같은 악결과 발생 가능성, 경과관찰의 필요성, 약물치료 및 응급감압술의 필요성 등에 대하여 아무런 설명을 하지 않았는바, 이는 설명의무를 위반하여 망인의 자기결정권을 침해한 것이다.

나. 의료상의 과실 여부에 대한 판단

의사가 진찰·치료 등의 의료행위를 함에 있어서는 사람의 생명·신체·건강을 관리하는 업무의 성질에 비추어 환자의 구체적인 증상이나 상황에 따라 위험을 방지하기 위하여 요구되는 최선의 조치를 취하여야 할 주의의무가 있고, 의사의 이와 같은 주의의무는 의료행위를 할 당시 의료기관 등 임상의학 분야에서 실천되고 있는 의료행위의 수준을 기준으로 삼되, 그 의료수준은 통상의 의사에게 의료행위 당시 일반적으로 알려져 있고 또 시인되고 있는 이른바 의학상식을 뜻하므로, 진료환경 및 조건, 의료행위의 특수성 등을 고려하여 규범적인 수준으로 파악되어야 한다(대법원 2013. 2. 28. 선고 2011다36848 판결 참조).

이 사건에 돌이켜 보건대, 망인이 이 사건 엑스레이 검사 도중인 2014. 11. 11. 12:27경 실신한 사실, 피고 병원 의료진이 그로부터 약 19시간이 지난 2014. 11. 12. 07:47 망인의 뇌 CT 검사를 실시하였고, 그 검사결과에서 외상성 뇌출혈 등이 확인된 사실은 앞서 본 것과 같다. 그러나 앞서 든 증거들과 이 법원의 한양대학교병원장, 순천향대학교 서울병원장에 대한 각 진료기록감정촉탁결과, 서울대학교 의과대학 법의학연구소장에 대한 사실조회결과에 변론 전체의 취지를 종합하여 알 수 있는 다음과 같은 사정에 비추어 보면, 위와 같은 사실만으로는 피고 병원 의료진이 망인의 병명을 진단하는 데에 필요한 주의의무를 다하지 아니함으로써 외상성 뇌출혈 및 뇌부종을 조기에 진단하지 못하였다거나 망인에 대한 치료 및 경과관찰의무를 소홀히 함으로써 이를 적절한 시기에 치료하지 못하였다고 보기 어렵고, 달리 이를 인정할 만한 증거가 없다.

1) 망인은 피고 병원에 내원할 당시 정신착란 증세를 보이기는 하였으나 의식은 명료하였고, 보호자의 도움 없이 단독 보행이 가능하였으며, 운동감각에 특별한 문제가 없었으므로, 이 사건 엑스레이 검사시 낙상방지조치를 취하여야 할 필요성은 없었던 것으로 보인다. 또한 망인이 이 사건 엑스레이 검사 도중 두개골 및 안면에 골절상을 입었음을 인정할 만한 자료가 없을 뿐만 아니라, 피고 병원 응급의학과 소속 의사는 망인이 엑스레이 검사실에서 되돌아온 직후인 2014. 11. 11. 12:33 간호사로부터 망인의 실신 사실을 고지받고서 즉시 망인의 상태를 관찰하였고 12:38 혈당 검사를 시행한 후 활력징후를 측정하였는바, 그 결과는 모두 정상이었고, 두통, 오심, 구토, 편마비 등과

같이 두부 외상을 의심할 만한 이상소견은 발견되지 않았다.

2) 한편 응급 CT검사를 반드시 시행해야 하는 두부 손상 환자는 글라스고 의식 점수 (Glasgow Coma Scale, GCS)가 낮은 경우, 1cm 이상의 함몰 골절이 있는 경우, 양쪽 동공의 크기가 1mm 이상 차이나는 경우, 위 의식 점수나 의식 수준이 계속 악화되는 경우 등인데, 망인은 이 사건 엑스레이 검사 이후에 위와 같은 증상을 보이지 아니하였다. 또한 뇌출혈이 발생한 환자라 하더라도 바로 개두술을 실시하여야 하는 것은 아니고, 의식 저하가 진행되면서 신경학적 이상 마비 증세를 보이는 경우, 뇌압 상승이 심하게 예상되는 경우, 뇌출혈로 인하여 뇌의 압박이 심한 경우 등과 같은 수술 적응증이 있어야 하는데, 망인은 이에 해당하지 아니하였다.

3) 뇌 MRI 검사는 그 소요시간이 길어서 환자를 통제하기 어렵고, 검사 환경의 특성상 심한 불안감을 느끼거나 움직임이 잘 조절되지 않는 환자의 경우에는 시행이 어렵다. 망인은 피고 병원에 내원하기 1년 전부터 알코올 금단에 따른 발작증상 등으로 일산 병원에서 치료를 받아왔고, 피고 병원에 내원하였을 당시에도 정신착란 증세를 보였는데, 이 사건 엑스레이 검사 후인 2014. 11. 11. 13:22 불안정한 상태로 움직임이 조절되지 아니하여 뇌 MRI 검사를 실시할 수 없었고, 16:14에는 양쪽 팔다리의 경직 증상으로 피고 병원 의료진으로부터 산소흡입, 정맥주사 투여 등의 조치를 받은 후 16:20에서야 진정되었으며, 입원 후인 17:15에도 임의로 수액 주사바늘을 빼려고 하여 보호자가 직접 양손 억제대를 요청할 정도였으므로, 뇌 CT나 MRI 등 영상검사에 적합한 상황이 아니었다.

4) 피고 병원 의료진은 이 사건 수술을 통해서 오른쪽 전두엽의 뇌내출혈, 왼쪽 측두엽의 혈종 등을 제거하였는데, 위 수술 후인 2014. 11. 12. 16:05 실시한 뇌 CT 검사결과 망인의 뇌내 혈종은 충분히 제거된 상태로서 감압이 조절되어 있었으므로, 당시 별도의 감압술은 필요하지 않았다. 또한 이 사건 수술 이후 망인의 경과를 관찰하기 위하여 반드시 뇌 CT 검사를 매일 실시해야 할 의학적 근거가 없는 반면, 피고 병원 의료진은 이 사건 수술 당일인 2014. 11. 12., 다음날인 2014. 11. 13., 같은 달 17., 19., 24., 26. 뇌 CT 검사를 각 실시함으로써 이 사건 수술의 경과와 망인의 회복 여부를 지속적으로 관찰하였다. 그리고 위 각 뇌 CT 검사결과에 따르면, 2014. 11. 13. 경한 뇌부종이 나타나기는 하였으나, 지연성 재출혈이나 추가 처치를 필요로 하는 영상 소견은 없었고, 2014. 11. 19. 뇌출혈 주변으로 뇌부종이 약간 심해졌다가 2014. 11. 24.에는 뇌출혈 및 뇌부종이 다시 감소하였으며, 2014. 11. 26. 뇌부종이 약하게만 남아있는 등 이 사건 수술을 통하여 뇌부종이 전체적으로 호전되었는바, 위 기간에 망인에게 뇌압감압술 등 감압을 위한 조치를 취할 필요성은 없었다.

5) 피고 병원 의료진은 이 사건 수술 이후 망인에게 이뇨제 등의 약물을 투약하였는데, 이는 뇌부종으로 인한 뇌압 상승을 막는 보존적 치료 방법에 해당한다. 또한 피고 병원 의료진은 뇌 CT 검사를 실시하지 아니한 2014. 11. 14.부터 같은 달 16.까지 기

간에도 글라스고 의식 점수를 반복 체크하여 망인의 의식 상태와 뇌부종의 위험성 등을 확인하였고, 수술 부위 관찰, 감염 증상 확인, 활력징후 측정, 섭취량 및 배설량 측정 등의 경과관찰을 지속적으로 시행하였다.

다. 설명의무 위반 여부에 대한 판단

망인이 이 사건 엑스레이 검사 도중 쓰러져 두부에 외상을 입었음을 인정할 만한 증거가 없으므로, 이에 대하여 피고 병원 의료진에게 원고들의 주장과 같은 설명의무가 있다고 할 수 없다.

나아가 이 사건 수술로 망인의 뇌부종이 호전되어 뇌압감압술 등의 조치가 필요하지 않았음은 앞서 본 것과 같으므로, 뇌부종이 악화될 경우 발생할 수 있는 위험이나 치료방법을 설명하지 않았다고 하여 망인의 자기결정권을 침해하였다고 할 수는 없고, 갑 제3호증의 2의 기재에 의하면, 피고 병원 의료진은 이 사건 수술 당일인 2014. 11. 12. 원고들을 면담하여 이 사건 수술로 망인의 오른쪽 전두엽 뇌내 출혈과 왼쪽 측두엽 혈종 등을 제거하였고, 위 수술 후 뇌 CT 검사결과에서 재출혈은 없었으나 추후 재출혈이 발생할 가능성이 있으며, 뇌출혈 환자의 경우 색전 및 혈전으로 인하여 심정지가 일어날 위험성이 높다고 설명한 사실, 또한 다음날인 2014. 11. 13.에도 원고들에게 망인은 의식이 혼미한 상태로 중환자실에서 면밀한 경과관찰이 필요하고, 향후 폐렴, 요로감염, 심근경색의 발생 가능성이 있으며, 위 합병증이 발생하거나 악화될 경우 의식 회복속도가 느려지거나 사망할 수도 있음을 설명한 사실이 인정되므로, 이 사건 수술 이후의 의료행위에 관한 설명의무는 이행되었다고 봄이 상당하다. 원고들의 위 주장도 이유 없다.

라. 소결론

따라서 이와 다른 전제에 선 원고들의 주장은 더 나아가 손해배상의 범위에 대하여 살펴볼 필요 없이 이유 없다.

4. 결론

원고들의 이 사건 청구는 모두 이유 없으므로 이를 기각하기로 하여 주문과 같이 판결한다.

사례2 | 서울고등법원 2018. 7. 19. 선고 2017나2060247 판결

1. 주문

1. 원고들의 항소를 모두 기각한다.
2. 항소비용은 원고들이 부담한다.

2. 청구취지 및 항소취지

제1심 판결을 취소한다. 피고는 원고 1에게 111,749,422원, 원고 2에게 76,166,281원, 원고 3에게 71,166,281원과 각 이에 대하여 2014. 11. 28.부터 이 사건 소장부본 송달일까지는 연 5%의, 그 다음날부터 다 갚는 날까지는 연 15%의 각 비율로 계산한 돈을 지급하라.

3. 이유

1) 원고들의 주장에 관한 판단

가. 이 사건 엑스레이 검사 시 망인의 실신에 따른 높은 수준의 의료상 주의의무 및 설명의무 부담 여부

1) 원고들은 망인이 이 사건 엑스레이 검사 당시 쓰러져 두부 외상을 입고, 그로 인하여 발생한 외상성 뇌출혈로 인하여 사망에 이르렀다는 전제하에 피고 병원 의료진이 더 높은 정도의 의료상 주의의무와, 이 사건 엑스레이 검사 이후 망인에게 두부외상의 치료법, 특히 개두술의 필요성, 수술법, 수술 후 요양지도 방법, 수술 후 발생할 수 있는 합병증에 대하여 설명하여야 할 의무를 부담한다고 주장한다.

2) 망인이 2014. 11. 11. 12:27경 피고 병원 영상의학과 검사실에서 이 사건 엑스레이 검사를 받던 도중 실신한 사실, 2014. 11. 12. 07:47경 실시된 망인의 뇌 CT 검사에서 외상성 뇌내출혈, 양측 전두엽과 측두엽의 급성 뇌출혈 및 뇌부종, 경막하출혈 등이 발견된 사실은 앞서 본 바와 같고, 갑 제11호증의 기재에 의하면 피고 병원 신경외과 의사 소외 3은 망인의 사망 이후인 2014. 11. 30. 원고 2에게 전화 통화 상으로 "저희가 사망진단서를 외인사로 써드렸는데, 그 이유는 응급실 침대에서 떨어졌기 때문에 뇌출혈이 발생했기 때문에 그렇게 써드렸던 거고요."라고 말한 사실은 인정할 수 있다. 그러나 갑 제3, 10, 12호증 및 을 제2호증의 각 기재에 변론 전체의 취지를 종합하여 알 수 있는 다음과 같은 사정, 즉 망인이 이 사건 엑스레이 검사 당시 중증의 알코올중독 상태였고, 이 사건 엑스레이 검사 약 10일 전부터 전신 위약감 증세와 두통, 양측 손의 저릿저릿한 느낌을, 약 7일 전부터는 들었던 말을 잘 기억하지 못하고, 같은 말을 반복하는 등 인지기능 저하 증상을 각각 호소하였는바, 망인이 이 사건 엑스레이 검사 이전에 두부 손상을 입었을 가능성을 배제하기 어려운 점(비록 망인이 이 사건 엑스레이 검사 하루 전인 2014. 11. 9. 경기도의료원 의정부병원에서 뇌 MRI 검사를 받았으나, 위 검사 방식은 외상 후 72시간 이내의 급성 혈종을 감별하는 데 효과적이지 않다), 피고 병원 신경외과 의사 소외 3은 이 사건 엑스레이 검사 당시 방사선 검사실 내지 응급실에 있지 않아 두부 외상 여부는 직접 확인하지 못하였는데, 다만 보호자인 원고 1이 피고 병원 의료진에게 "망인이 이 사건 엑스레이 검사 당시

두부에 충격을 받았다."는 취지로 진술하였던 것에 기초하여 원고 2에게 위와 같이 말한 것으로 보이는 점, 망인이 쓰러질 당시 피고 병원 검사실 내에는 방사선사 소외 2가 있었을 뿐이고, 위 보호자 원고 1 역시 망인이 쓰러지는 것을 직접 보지는 못한점 등에 비추어 보면, 망인이 이 사건 엑스레이 검사 당시 쓰러짐으로 인하여 두부 외상을 입었다고 단정하기 어렵다(원고들이 원용하는 대법원 2013. 11. 28. 선고 2013다44300 판결은 환자가 낙상 사고 이전까지 급성 경막하혈종의 원인이 될 만한 건강상의 결함이 없는 상태에서 낙상 사고 직후 새로이 두통을 호소하기 시작한 사안으로, 사실관계가 달라 이 사건에 원용하기에 적절치 아니하다). 따라서 피고 병원 의료진이 망인의 실신 이후 더 높은 수준의 의료상 주의의무를 부담하거나 망인과 그 가족들에 대하여 두부외상의 치료법, 특히 개두술의 필요성, 수술법, 수술 후 요양지도 방법, 수술 후 발생할 수 있는 합병증 등에 관하여 설명의무를 부담한다고 할 수 없다. 결국 이와 다른 전제에 선 원고들의 이 부분 주장은 이유 없다.

나. 의료상의 과실

1) 원고들은 제1심에서의 주장에 덧붙여, 피고 병원 의료진은 ① 망인이 이 사건 엑스레이 검사 당시 고혈압, 알코올 중독 상태로 항혈소판제제들인 아스피린(aspirin), 오팔몬(opalmon)을 복용하고 있어 출혈 경향이 증대된 상태임에도 불구하고 망인에 대한 낙상 방지조치를 소홀히 하였고, ② 이 사건 엑스레이 검사 시 실신 이후 망인에게 경련, 전신 위약감 등 새로운 증상이 나타났으므로 최대한 빨리, 늦어도 망인이 진정된 2014. 11. 11. 16:20경에는 망인에 대한 엑스레이 검사, 뇌 CT 검사 등 진단 검사를 시행하여야 했음에도 이를 해태하였으며, ③ 두부 외상환자인 망인에게 뇌출혈을 악화시킬 수 있는 항혈소판제제인 아스피린을 계속 복용케 하였고, ④ 이 사건 수술 이후 망인에 대하여 매일 뇌 CT 검사를 시행하지 아니하여 뇌감압술이 필요함을 알지 못해 이를 실시하지 못하는 등의 의료상 과실이 있다고 주장한다.

2) 그러나 앞서 살펴본 사정들에 앞서 거시한 증거들, 이 법원의 순천향대학교 부속 서울병원장(신경외과)에 대한 진료기록감정촉탁결과에 변론 전체의 취지를 종합하여 알 수 있는 아래와 같은 사정들을 보태어 보더라도, 피고 병원 의료진이 외상성 뇌출혈을 진단하는 데에 필요한 주의의무나 망인에 대한 치료 및 경과관찰의무를 소홀히 하였다고 보기 어렵다. 따라서 원고들의 이 부분 주장도 이유 없다.

가) 항혈소판제제를 복용하고 있는 고령 환자의 경우 출혈 위험이 높기 때문에 의료진으로서는 낙상과 관련된 위험요인 및 환자의 운동기능을 확인하여 환자에게 주의를 주어야 할 의무가 있다[이 법원의 순천향대학교 부속 서울병원장에 대한 진료기록감정촉탁결과(신경외과) 참조]. 망인은 피고 병원 응급실 내원 당시 의식이 명료하였고 운동기능에 이상이 없어 독립 보행이 가능하였는데, 피고 병원 의료진은 응급실 내원 직후인 2014. 11. 11. 11:51경 망인에게 낙상방지교육을 실시하였는바 이 외에 추가적인 조처를 할 필요성이 있다고 보기 어렵다.

나) 의료진은 낙상 내지 실신 환자가 발생한 경우 직접적인 두부 충격 여부와 신경학적 상태를 확인하여야 한다. 피고 병원 응급의학과 소속 의사는 망인이 검사실에서 돌아온 직후인 2014. 11. 11. 12:33경 간호사로부터 망인의 실신 사실을 고지받고 즉시 망인의 상태를 관찰하고, 12:38경 활력 징후 및 혈당을 측정하여 별다른 이상이 없음을 확인하였다. 또한 피고 병원 의료진은 16:14경 망인에게 양쪽 팔다리가 경직되어 흔들리는 양상의 경련이 나타나자 분당 2L의 산소를 공급하면서 항경련제를 투여하였다. 한편, 피고 병원 간호기록지(갑 제3호증의 6) 상 망인이 2014. 11. 11. 17:00경 및 23:39경 전신 위약감을 호소하였다는 기재가 있으나, 원고들의 주장과 달리 망인은 피고 병원 응급실 내원 당시 약 10일 전부터 전신 위약감을 겪었다고 호소하였다. 따라서 위와 같은 전신 위약감이 이 사건 엑스레이 검사 시 실신으로 인하여 새롭게 발생한 것으로 단정하기 어렵다.

다) 응급 CT 검사를 반드시 시행해야 하는 두부 손상 환자는 글라스고(glasgow) 의식 점수가 낮은 경우, 1cm 이상의 함몰 골절이 있는 경우, 양쪽 동공의 크기가 1mm 이상 차이나는 경우, 위 의식 점수나 의식 수준이 계속 악화되는 경우 등인데, 망인은 이 사건 엑스레이 검사 시 실신 이후 2014. 11. 12. 새벽 반혼수 상태로 의식이 저하될 때까지 위와 같은 증상을 보이지 아니하였다. 또한 피고 병원 의료진은 망인에 대하여 2014. 11. 12. 08:40경 두개골 시리즈(skull series) 방사선 주1) 검사를 시행하였고 그 결과 '전체적으로 뼈의 비정상 소견 없음(no gross bony abnormality)'이 확인되었다. 피고 병원 의료진이 위 나항과 같이 망인에 대해 경과 관찰을 하면서 새롭게 발생한 경련 증상에 대해 산소 및 항경련제 투여로 대처하였는바, 2014. 11. 12. 07:47경까지 CT 검사나 엑스레이 검사를 시행하지 않았다는 이유만으로 피고 병원 의료진이 진단 내지 경과관찰을 해태하였다고 보기 어렵다.

라) 갑 제3호증의 기재에 의하면 피고 병원 소속 의사가 2014. 11. 11. 18:23경 간호사에게 망인이 본래 복용하던 항혈소판제제인 아스피린을 계속 복용케 할 것을 지시한 사실(갑 제3호증의 6 제7면 참조)을 인정할 수 있다. 그러나 앞서 본 바와 같이 위 시점 당시 망인의 의식 상태에 별다른 이상이 없었고 피고 병원 의료진으로서는 외상성 뇌출혈을 의심하기 어려웠던 점, 피고 병원 의료진이 CT 검사를 시행하여 망인의 뇌출혈을 확인한 이후에는 위 약물의 투약을 중단한 점 등을 고려하면 위와 같은 투약 지시에 과실이 있다고 단정하기 어렵다. 설령 피고 병원 의료진이 위와 같이 망인에게 항혈소판제제를 복용토록 한 것이 의료상 주의의무를 위반한 것이라고 하더라도, 아스피린과 같은 항혈소판제제의 경우 복용 중단 시 그 약효가 약 일주일 동안 지속되므로 다음날 발견된 망인의 뇌출혈과 피고 병원 의료진의 위와 같은 의료상 주의의무 위반 사이에 상당인과관계가 있다고 보기 어렵다.

마) 이 법원의 신경외과 감정의는 뇌출혈에 따른 개두술 이후 뇌 CT 검사를 통한 추적관찰에 관하여 "개두술 직후 뇌 CT 검사를 한 번 시행하여 신경학적 변화 여부를 확인

하고, 신경학적 변화가 없는 경우에는 1~2일 이내에 뇌출혈의 재발 혹은 뇌부종 진행 여부를 확인하기 위해 재촬영한다."는 취지의 의견을 제시하였는바, 피고 병원 의료진이 이 사건 수술 당일(2014. 11. 12.), 다음날(2014. 11. 13.), 같은 달 17일, 19일, 24일, 26일 뇌 CT 검사를 각각 실시함으로써 이 사건 수술의 경과와 망인의 회복 여부를 지속해서 관찰한 것은 당시 임상의학 수준에 비추어 적절하다고 보아야 한다. 그리고 위 각 뇌 CT 검사결과에 따르면, 2014. 11. 13. 경한 뇌부종이 나타나기는 하였으나, 지연성 재출혈이나 추가 처치를 필요로 하는 영상 소견은 없었고, 2014. 11. 19. 뇌출혈 주변으로 뇌부종이 약간 심해졌다가 2014. 11. 24.에는 뇌출혈 및 뇌부종이 다시 감소하였으며, 2014. 11. 26. 뇌부종이 약하게만 남아있는 등이 사건 수술을 통하여 뇌부종이 전체적으로 호전되었는바, 위 기간에 망인에게 뇌압 감압술 등 감압을 위한 수술적 조치를 취할 필요성은 없었다고 보인다.

4. 결론

그렇다면, 원고들의 청구는 이유 없어 이를 모두 기각하여야 할 것인바, 제1심 판결은 이와 결론을 같이 하여 정당하므로, 원고들의 항소는 이유 없어 이를 모두 기각하기로 하여, 주문과 같이 판결한다.

제18절 약사 관련

1. 사건의 내용

약국의 종업원인 B는 두통, 발열, 인후통 등을 호소하는 A에게 문진카드를 작성하게 하였다. 여기에 특이체질이 없다고 기재된 것을 기초로 B는 별다른 설명 없이 감기약을 조제(소염진통제인 이부프로펜 400mg 3알, 소염진통제인 피록시캄 20mg 3캡슐 등)하여 주었다. 이후 A에게 스티븐스-존스 증후군37)이 발병, 이를 치료하던 도중 사망하였다.

2. 판시사항

[1] 구 약사법의 시행 당시 약사가 환자의 증세에 대하여 문진을 하고 감기약을 지은 것이 무면허 의료행위에 해당하는지 여부(적극)

[2] 무면허 의료행위 자체를 근거로 불법행위책임을 지울 수 있는지(소극)

[3] 조제약을 복용한 환자에 대하여 복용 후의 예후관찰이나 부작용 발생 시 병원으로 입원시키는 등 처치의무가 약사에게 있는지(소극)

[4] 의약품을 조제·판매하는 약사에게 설명의무가 있는지(적극)

[5] 의약품 복용 후의 부작용의 발생 가능성이 극히 희소하고 사전의 검사방법이 없으나, 부작용이 발생할 수 있다는 사실 자체는 의학계에 널리 알려졌고 그 부작용이 아주 중대한 경우, 의약품을 조제·판매하는 약사의 설명의무가 면제되는지 여부(소극)

[6] 가정적 승낙에 의한 면책의 요건

[7] 가정적 승낙이 있었다고 볼 수 없다고 한 사례

[8] 설명의무 위반을 이유로 재산상 손해의 배상을 청구하기 위한 요건

[9] 약사의 설명의무 위반이 구체적 치료과정에서 요구되는 의사의 주의의무 위반과 동일시할 정도의 것이라거나 설명의무 위반행위와 환자의 사망 사이에 상당인과관계가 있다고 보기는 어렵다고 한 사례

---

37) 대부분 약물에 의해 발생하고, 급성으로 나타나는 심한 피부 점막 반응으로 드문 질환이다. 피부 병변은 대개 홍반성의 반점으로 시작하여 융합되면서 수포가 형성되고 광범위한 피부 박리가 일어나며, 점막을 침범한다. 이 때 심한 전신증상이나 내부 장기의 침범이 동반되기도 한다.

3. 판결요지

[1] 약사는 약을 지을 수 있다 하여도 진단행위나 치료행위 등은 할 수 없으므로 의사가 아닌 약사가 스스로 또는 그 종업원을 통하여, 환자의 증세에 대하여 문진을 한 후 감기로 진단하고 각종 의약품을 혼합하여 약을 짓는 등의 행위를 한 일련의 행위는 무면허 의료행위에 해당한다.

[2] 무면허로 의료행위를 한 경우라도 그 자체가 의료상의 주의의무 위반행위는 아니라고 할 것이므로 당해 의료행위에서 구체적인 의료상의 주의의무 위반이 인정되지 아니한다면 그것만으로 불법행위책임을 부담하지는 아니한다.

[3] 환자가 조제감기약을 가지고 돌아가서 집에서 이를 복용한 이상 특별한 사정이 없으면 환자가 그 감기약을 복용한 후 예후를 관찰하거나 부작용 발생 시 병원으로 전원시키는 등의 필요한 처치를 하여야 할 주의의무가 약사에게 있다고 할 수는 없다.

[4] 환자에 대한 수술은 물론, 치료를 위한 의약품의 투여도 신체에 대한 침습(侵襲)을 포함하는 것이므로, 의사는 긴급한 경우 기타의 특별한 사정이 없으면, 그 침습에 대한 승낙을 얻기 위한 전제로서 환자에 대하여 질환의 증상, 치료방법 및 내용, 그 필요성, 예후 및 예상되는 생명, 신체에 대한 위험성과 부작용 등, 환자의 의사결정을 위하여 중요한 사항에 관하여 사전에 설명함으로써 환자로 하여금 투약에 응할 것인가의 여부를 스스로 결정할 기회를 가지도록 할 의무가 있고, 이러한 설명을 아니한 채 승낙 없이 침습한 경우에는, 설령 의사에게 치료상의 과실이 없는 경우에도 환자의 승낙권을 침해하는 위법한 행위가 된다고 할 것이고, 투약에서 요구되는 의사의 이러한 설명의무는 약사가 의약품을 약을 지어 판매함으로써 환자로 하여금 복용하도록 하면 원칙적으로 적용된다고 보는 것이 타당하다.

[5] 약사가 환자를 문진의 방법으로 진단하여 감기약을 지어 줄 당시 그 조제약 부작용의 발생 가능성에 관한 설명을 할 시간적 여유가 없는 긴급한 사태가 존재하지 아니하였고, 그 조제약의 복용 시 스티븐스-존슨 증후군과 같은 부작용이 발생할 수 있다는 사실 자체는 이미 의학계에 널리 알려졌었으며, 그 부작용은 회복할 수 없을 정도로 중대하지만, 그에 관한 사전검사 방법이 알려졌지 아니하였다는 것이므로 약사로서는 사용설명서에 부작용에 대한 경고가 표시된 의약품을 단순 판매하는 경우와는 달리 감기약을 약을 지음에서 조제 전에 스티븐스-존슨 증후군 등 부작용의 발생 가능성을 미리 설명하여 부작용의 존재를 알 길이 없던 환자 측의 승낙을 받아야 하고, 그 발생 가능성이 극히 희소하다는 점만으로는 그와 같은 설

명의무가 면제된다고 할 수는 없다.

[6] 환자가 올바른 설명을 들었더라도 투약에 동의하였을 것이라는 이른바 가정적 승낙에 의한 면책은 항변사항으로서 환자의 승낙이 명백히 예상되는 경우에만 허용된다.

[7] 약사가 설명의무를 제대로 하였을 때도 환자가 그 부작용을 고려하여 여러 가지로 대처할 다른 선택의 가능성을 모두 배제하고, 약사가 제조한 감기약의 복용을 승낙하였을 것이 명백하다고 추정할 수는 없다고 한 사례

[8] 설명의무를 위반한 채 수술이나 투약을 하여 환자에게 사망 등의 중대한 결과가 발생하며 환자 측에서 선택의 기회를 잃고 자기결정권을 행사할 수 없게 된 데 대하여 위자료만을 청구하는 경우에는 설명결여나 부족으로 선택의 기회를 상실하였다는 사실만을 입증함으로써 충분하나, 위자료만이 아닌 전 손해의 배상을 구하면 그 설명의무의 위반이 구체적 치료과정에서 요구되는 의사 주의의무의 위반과 동일시할 정도의 것이어야 하고 그러한 위반행위와 환자의 사망과의 사이에 인과관계가 존재함이 입증되어야 한다.

[9] 약사의 설명의무 위반이 구체적 치료과정에서 요구되는 의사의 주의의무 위반과 동일시할 정도의 것이라거나 설명의무 위반행위와 환자의 사망 사이에 상당인과관계가 있다고 보기는 어렵다고 한 사례

4. 검토

이 사건은 약사와 관련한 판례이기는 하지만 설명의무에 관한 대법원의 판단은 의사의 경우와 다르지 않다. 즉, 이 사건에서 널리 알려진 후유증은 비록 그 발생 빈도가 높지 않다고 하더라도 환자에게 설명할 의무가 있으므로 이를 하지 않으면 약사는 설명의무 위반의 책임, 즉 위자료의 배상책임을 진다.

그러나 이 때문인 스티븐스-존슨 증후군의 발병과 사망 때문인 모든 손해의 배상을 인정하기 위해서는 설명의무 위반이 곧 의사의 주의의무 위반에 해당할 정도로 인정되어야 하는데 이를 인정할 수는 없다고 할 것이다. 왜냐하면 약사가 환자에게 감기약의 후유증을 제대로 설명했다고 하여 환자가 이 약을 복용하지 않았을 것이라는 점은 인정되지 않기 때문이다. 따라서 이 사건에서 약사는 위자료에 대하여만 배상책임을 진다.

1. 판시사항

약사법 제44조, 제45조의 규정 취지 및 약사법 제44조 제2항의 '판매'에 해당하는지 판단하는 기준

2. 판결요지

약사법 제44조, 제45조의 규정 취지는 의약품 소비자인 개인 또는 의료기관에 대한 판매가 국민보건에 미치는 영향이 커서 판매행위를 국민의 자유에 맡기는 것은 보건위생상 부적당하므로 일반적으로 금지하고, 일정한 자격을 갖춘 약국개설자나 일정한 시설 등을 갖추어 허가를 받은 의약품 도매상 등에게만 일반적 금지를 해제하여 의약품의 판매를 허용하는 데 있으므로, 약사법 제44조 제2항의 '판매'에 해당하는지는 계약 당사자 명의 등 거래의 형식에 구애될 것이 아니라 판촉, 주문, 배송 등 의약품 판매에 이르는 일련의 행위의 주요 부분을 실질적으로 지배·장악하고 있는지를 포함하여 거래의 실질에 따라 판단하여야 한다.

3. 검토

원심판결 이유에 의하면 원심은, 공소외 1 주식회사(이하 '공소외 1 회사'라 한다)가 클로르헥시딘크림 및 염산리도카인젤리2%에 대하여 의약품으로 품목허가를 받은 사실, 의료기기 제조업체인 ○○○메디칼을 운영하는 피고인은 2000년경 공소외 1 회사와 총판 운영에 관한 약정을 체결하여 염산리도카인젤리2%는 공급가액의 70%를 ○○○메디칼이 공소외 1 회사에 입금하고, 클로르헥시딘크림은 판매수량에 따라 개당 500원의 판매수당을 공소외 1 회사가 지급하기로 약정한 사실, 피고인은 의료기관과 의료도매상을 상대로 위 의약품의 사용용도 및 특징을 설명하면서 그 구매를 판촉하였고, 의료기관 등의 의약품 구매담당자들은 ○○○메디칼에 전화하여 위 의약품을 주문하였으며, 피고인은 주문을 받은 후 공소외 1 회사에 전화하여 구입처인 의료기관 등에 택배를 통해 배송하게 하거나 필요한 경우 ○○○메디칼이 직접 배송한 사실 등을 인정한 다음, 이러한 피고인의 행위는 실질적으로 위 의약품의 판매에 있어서 중추적인 역할에 해당하고, 비록 피고인이 형식상 공소외 1 회사에게 구입처인 의료기관 등에 거래명세서나 세금계산서를 발행하게 하고 그 명의로 대금결제를 하게 한 후 공소외 1 회사로부터 판매수당을 지급받기로 하였다고 하더라도 이는 피고인의 판매

행위가 공소외 1 회사의 판매행위인 것처럼 가장하기 위하여 공소외 1 회사와 역할을 분담한 것에 불과하다고 판단하여, 피고인이 허가받은 의약품 도매상이 아님에도 불구하고 공소외 1 회사 영업담당 이사인 공소외 2와 공모하여 관할관청의 허가를 받지 아니하고 위 의약품을 판매하였다는 이 사건 공소사실을 유죄로 인정하였다.

앞서 본 법리와 기록에 비추어 살펴보면, 원심의 위와 같은 판단은 정당하고, 거기에 필요한 심리를 다하지 아니한 채 논리와 경험의 법칙을 위반하고 자유심증주의의 한계를 벗어나거나 의약품 판매, 공소권의 남용, 확정판결의 증명력, 공판중심주의와 직접심리주의의 원칙에 관한 법리를 오해하는 등의 위법이 없다.

제18절 기타

1. 사건의 내용

환자 A는 복부 외상 때문에 복부출혈과 소장 돌출을 보이며 B종합병원의 응급실에 실려왔다. 그런데 응급조치로 활력징후는 정상화되었으며 특별한 출혈소견을 보이지 않자 의사 C는 일반외과 과장 D가 응급수술 준비를 지시하였음에도 즉각적인 응급 개복술을 받아야 할 환자가 아닌 것으로 판단하여 즉각적인 응급 개복술의 실시가 불가능한 E병원으로 전원을 시켰다. 전원하면서 C는 환자의 상태를 묻는 의사 F에게 생체징후나 혈색소 수치상 이상이 없고, 특별한 출혈소견은 보이지 않는다는 등의 대답만을 하고 응급실에서의 초기상황과 시행된 처치에 대한 반응 등에 관한 정보를 구체적으로 제공하지 아니하였다. 결국 A는 사망하였다.

2. 판시사항

[1] 환자의 전원 과정상 병원 측의 과실과 환자의 사망 사이의 인과관계를 인정한 원심의 판단을 수긍한 사례

[2] 의료과실 때문인 손해배상액을 산정하면서 피해자 측의 귀책사유와 무관한 피해자의 체질적 소인 또는 질병의 위험도 등을 감액사유로 참작할 수 있는지(적극)

[3] 과실상계사유에 대한 사실인정과 비율확정이 사실심의 전권사항인지 여부(적극)

[4] 다른 병원의 의사로부터 전원요청을 받은 의사는 환자의 상태를 구체적으로 정확하게 파악한 후에야 전원을 허용할 것인지 아닌지를 결정하여야 할 주의의무까지 있다고 보기는 어렵다는 이유로, 전원을 허용한 의사의 과실을 인정한 원심판결을 파기한 사례

3. 판결요지

[1] 즉각적인 응급수술을 받아야 할 환자임에도 환자의 상태를 잘못 판단하여 즉각적인 응급수술이 불가능한 병원으로 전원시키고, 또한 전원과정에서 환자의 초기상황과 시행된 처치에 대한 정보를 제공하지 아니한 결과 환자에 대한 즉각적인 응급수술의 시행이 지연됨으로써 환자가 사망에 이르게 된 것으로 보아 병원 측의 전원 상의 과실과 환자의 사망 사이의 인과관계를 인정한 원심의 판단을 수긍한 사례

[2] 가해행위와 피해자 측의 요인이 경합하여 손해가 발생하거나 확대된 경우에는 피해자 측의 요인이 체질적인 소인 또는 질병의 위험도와 같이 피해자 측의 귀책사유와 무관한 것이라고 할지라도, 그 질환의 태양·정도 등에 비추어 가해자에게 손해 전부를 배상하게 하는 것이 공평의 이념에 반하면, 법원은 손해배상액을 정하면서 과실상계의 법리를 유추 적용하여 그 손해의 발생 또는 확대에 이바지한 피해자 측의 요인을 참작할 수 있다.

[3] 불법행위 때문인 손해배상 청구사건에서 과실상계사유에 관한 사실인정이나 그 비율을 정하는 것은 그것이 형평의 원칙에 비추어 현저히 불합리하다고 인정되지 않는 한 사실심의 전권에 속하는 사항이다.

[4] 응급수술이 불가능한 병원의 의사가 전원요청을 받은 환자의 상태에 대해 응급수술이 필요한지 아닌지를 전원을 요청하는 의사로부터 확인하여 전원을 허용하였다면 전원요청을 받은 의사로서는 구체적이고 추가적인 질문을 하여 환자의 상태를 더 구체적으로 정확하게 파악한 후에야 전원을 허용할 것인지 아닌지를 결정하여야 할 주의의무까지 있다고 보기는 어렵다는 이유로, 전원을 허용한 의사의 과실을 인정한 원심판결을 파기한 사례

4. 검토

이 사건에서 대법원은 의사의 과실과 인과관계를 인정하였다. 그런데 이 사건에서 대법원은 이미 출혈이 상당 정도 진행된 시점에서 환자가 응급실로 이송되었고, 설사 수술이 가능한 다른 병원으로 전원하여 수술하였다고 하더라도 상당 정도 시간이 지체되었으리라는 점, 12시간 이내에 수술이 이루어진 복부둔상 환자에 관한 조사에 의하면 쇼크 후 1시간 이내에 응급 개복술이 시행되어도 사망률이 17.1%에 이르고, 1시간이 지나 수술이 이루어지면 41.8%에 이르는 점 등을 볼 때, 사고의 모든 책임을 B병원에 지우는 것은 신의칙과 형평의 원칙에 비추어 불합리하다고 보았다. 따라서 이러한 요소를 과실상계를 유추하여 참작한 것이다.

또한, 이 사건에서 전원을 요청한 의사 C뿐만 아니라 전원을 수용한 의사 F에 대한 불법행위책임 성립 여부도 문제되었으나, C에게는 환자의 상태에 대한 B의 소견을 신뢰하는 것에서 나아가 더욱 자세한 환자의 상황까지를 적극 물어야 할 주의의무가 있다고 볼 수 없어서 그의 책임은 부정하였다.

1. 사건의 내용

A는 군 보건소에서 폐결핵 판정 및 결핵약 복용 처방을 받고 위 보건소 결핵실 담당 진료원 B로부터 결핵환자에게 일반적으로 처방되는 에탐부톨(EMB) 등의 약품을 한 달 단위로 받아 복용하기 시작하였다. 그런데 이 약품이 복용 시에 드물게 시력감퇴가 발생할 수 있다는 것은 결핵 관련 의료종사자들에게 널리 알려진 사실이었고, B는 A에게 결핵약의 복용방법, 주의사항(금주, 금연, 과도한 노동중지 등)과 함께 '이상증세가 있으면 보건소에 나와 상담, 검진을 받도록' 알렸다. 몇 달 후 A는 안과에 들렀다가 시력이 급격히 저하되었다는 진단을 받았고, 이를 전해들은 B는 즉시 에탐부톨의 투여를 중지하고 나머지 약제만으로 결핵약을 짓도록 조치하였으나 A의 시력은 회복되지 않았다(우안 0.05, 좌안 0.05, 시각장애 3급 1호의 판정).

2. 판시사항

[1] 의사가 의료행위를 함에서 취하여야 할 주의의무의 정도와 그 판단 기준인 의료수준의 의미

[2] 중대한 부작용을 가져올 우려가 있는 약품을 투여하면서 그러한 부작용의 발생 가능성 등을 의사가 환자에게 알리는 것이 진료상의 설명의무에 포함되는지 여부 (적극)

[3] 결핵약인 '에탐부톨'이 시력약화 등 중대한 부작용을 가져올 우려가 있는 이상 이를 투약하면서 그 투약업무를 담당한 보건진료원 등은 위와 같은 부작용의 발생 가능성 및 구체적 증상과 대처방안을 환자에게 설명하여 줄 의료상의 주의의무가 있고, 그 설명은 구체적으로 이루어져야 한다고 한 사례

3. 판결요지

[1] 의사가 진찰·치료 등의 의료행위를 함에는 사람의 생명·신체·건강을 관리하는 업무의 성질에 비추어 환자의 구체적인 증상이나 상황에 따라 위험을 방지하기 위하여 요구되는 최선의 조처를 하여야 할 주의의무가 있고, 환자에 대한 수술은 물론 치료를 위한 약품의 투여도 신체에 대한 침습을 포함하는 것인 이상 마찬가지 주의의무가 요구된다 할 것이며, 이와 같은 의료상의 주의의무는 의료행위를 할 당시 의료기관 등 임상의학 분야에서 실천되고 있는 의료행위의 수준을 기준으로

삼되 그 의료수준은 통상의 의사에게 의료행위 당시 일반적으로 알려졌고 또 시인되고 있는 이른바 의학상식을 뜻하므로 진료환경 및 조건, 의료행위의 특수성 등을 고려하여 규범적인 수준으로 파악되어야 한다.

[2] 시각 이상 등 그 복용 과정에 전형적으로 나타나는 중대한 부작용을 가져올 우려고 있는 약품을 투여하면서 그러한 부작용의 발생 가능성 및 그 경우 증상의 악화를 막거나 원상으로 회복시키는 데에 필요한 조치사항에 관하여 환자에게 알리는 것은 약품의 투여에 따른 치료상의 위험을 예방하고 치료의 성공을 보장하기 위하여 환자에게 안전을 위한 주의로서의 행동지침의 준수를 알리는 진료상의 설명의무로서 진료행위의 본질적 구성부분에 해당한다 할 것이고, 이 때 요구되는 설명의 내용 및 정도는 비록 그 부작용의 발생 가능성이 높지 않다고 하더라도 일단 발생하면 그 때문인 중대한 결과를 미리 방지하는 데 필요한 조치가 무엇인지를 환자 스스로 판단, 대처할 수 있도록 환자의 교육 정도, 나이, 심신상태 등의 사정에 맞추어 구체적인 정보의 제공과 함께 이를 설명, 지도할 의무가 있다.

[3] 결핵약인 '에탐부톨'이 시력약화 등 중대한 부작용을 가져올 우려가 있는 이상 이를 투약하면서 그 투약업무를 담당한 보건진료원 등은 위와 같은 부작용의 발생 가능성 및 구체적 증상과 대처방안을 환자에게 설명하여 줄 의료상의 주의의무가 있고, 그 설명은 추상적인 주의사항의 고지나 약품설명서에 부작용에 관한 일반적 주의사항이 기재되어 있다는 것만으로는 불충분하고 환자가 부작용의 증세를 자각하는 즉시 복용을 중단하고 보건소에 나와 상담하는 조처를 할 수 있도록 구체적으로 이루어져야 한다고 한 사례

4. 검토

이 사안과 같이 비록 드물게 발생하여도 중대한 부작용이 있는 약품의 경우, 의료종사자는 이에 대한 설명의무를 진다. 이 판례는 그러한 설명의무의 이행방법과 정도에 대하여 판시한 것이다. 즉, 대법원은 막연히 "이상증세가 있으면 보건소에 나와 상담, 검진하라."라고 이야기하거나 혹은 위 약품에 첨부된 제약회사의 약품설명서에서 그 부작용에 관한 일반적 주의사항이 기재되어 있다는 것만으로는 필요한 설명을 다하였다고 할 수 없고, 이러한 사실은 A가 그 시력이 매우 약화한 시점에서 보건소가 아닌 일반병원의 안과에 진료 차 들렀다고 하는 사실이 바로 위와 같은 주의사항의 설명이 제대로 이루어지지 않았음을 방증한다고 보았다.

1. 사건의 내용

A는 B병원에서 자궁적출수술을 받으면서 출혈과다로 수혈을 받게 되었다. 그런데 그 혈액은 대한적십자사가 거리 헌혈행사 중 동성애자인 C로부터 헌혈을 받아, 그 혈액의 인간면역결핍 바이러스(Human Immunodeficiency Virus, 약칭 HIV, 이하 에이즈 바이러스라고 한다.) 감염 여부를 효소면역측정법이라는 방법으로 검사하여 이상이 없는 것(음성)으로 판정되자 이를 B병원 측에 공급한 것인데, 그 혈액은 위 효소면역측정법에 따른 판정결과와는 달리 실제로는 에이즈 바이러스에 감염되어 있었던 것이었다. (당시에는 헌혈 시 채혈 가능 여부를 묻기 위한 16개 항목에 답을 하게 되었었으나 여기에 에이즈에 관한 질문은 없었고, C의 개인적인 인적사항에 관하여도 전혀 물은 바 없었다.) 이후 검사결과 A는 에이즈에 걸린 것으로 판명되었다.

2. 판시사항

[1] 혈액원의 업무를 수행하는 자가 부담하는 주의의무의 내용 및 그 위반 여부의 판단 기준

[2] 수혈받은 환자의 에이즈 바이러스 간염에 대하여 대한적십자사의 과실을 인정한 사례

[3] 의료행위에서 의사 설명의무의 내용, 대상 및 위반의 효과

[4] 수술 중의 출혈로 수술 후 수혈하는 경우, 의사가 환자에게 수술에 대한 설명, 동의와는 별개로 수혈에 의한 에이즈 바이러스 감염 위험 등을 설명할 의무가 있는지(적극)

[5] 공동불법행위의 성립 요건

[6] 대한적십자사의 주의의무 위반 때문인 에이즈 감염행위와 의사의 수혈 시의 설명의무 때문인 환자의 자기결정권 침해행위가 공동불법행위를 구성하는지 여부(소극)

3. 판결요지

[1] 혈액관리법의 관련 규정에 따라 혈액원을 개설하여 수혈 또는 혈액제제의 제조에 필요한 혈액을 채혈·조작·보존 또는 공급하는 업무는 성질상 전문적인 지식이 있어야 할 뿐만 아니라 수혈자나 혈액제제의 이용자 등의 생명·신체에 직접적인 영

향을 미치는 것이어서 만일 그 업무가 적정하게 수행되지 못할 때 국민 보건에 광범위하고도 중대한 위해를 가하게 될 것임이 분명하므로, 이와 같은 혈액원의 업무를 수행하는 자는 수혈 또는 혈액제제의 제조를 위한 혈액의 순결을 보호하고 혈액 관리의 알맞고 바르게 하려고 최선의 조치를 다하여야 할 고도의 주의의무가 있고, 이러한 주의의무의 구체적 내용은 혈액을 채혈하는 시기에서 현실적으로 가능한 범위 내에서 최고의 의학기술 수준에 맞추어 병원균 감염 여부를 검사하여 하자를 제거하는 노력을 기울이고 에이즈 감염 위험군으로부터의 헌혈을 배제하는 등 위험성에 대한 예견의무와 결과회피의무이며, 이러한 주의의무의 위반 여부를 판단하면서는 문제가 된 행위 당시의 일반적인 의학의 수준과 그 행위로부터 생기는 결과 발생의 가능성의 정도, 피침해 법익의 중대성, 결과회피의무를 부담함 때문에 희생되는 이익 등이 함께 고려되어야 한다.

[2] 현재의 의학적 수준과 경제적 사정 및 혈액 공급의 필요성 측면에서 항체 미형성 기간에 있는 에이즈 감염자가 헌혈한 혈액은 에이즈 바이러스 검사를 시행하더라도 감염 혈액임을 밝혀내지 못하게 되어 이러한 혈액의 공급을 배제할 적절한 방법이 없으므로 위와 같은 경로로 말미암은 수혈에 따른 에이즈 감염의 위험에 대하여는 무방비 상태에 있다 할 르것인데, 수혈 때문인 에이즈 감염이라는 결과와 그때문인 피침해이익의 중대성에 비추어 볼 때, 혈액원의 업무를 수행하는 대한적십자사로서는 사전에 동성연애자나 성생활이 문란한 자 등 에이즈 감염 위험군으로부터의 헌혈이 배제될 수 있도록 헌혈의 대상을 비교적 건강한 혈액을 가졌다고 생각되는 집단으로 한정하고, 헌혈자가 에이즈 바이러스에 감염되어 있을 위험이 큰 자인지를 판별하여 그러한 자에 대하여는 스스로 헌혈을 포기하도록 유도하기 위하여 그의 직업과 생활관계, 건강 상태 등을 조사하고 필요한 설명과 문진을 하는 등 거리 헌혈의 대상이나 방법을 개선하여야 할 의무가 있음에도, 에이즈 감염 위험군을 헌혈 대상에서 제외하기는커녕, 오히려 헌혈 시 에이즈 바이러스 감염 여부의 검사를 무료로 해준다고 홍보함으로써 에이즈 감염 위험자들이 헌혈을 에이즈 바이러스 감염 여부를 확인할 기회로 이용하도록 조장하였을 뿐만 아니라, 에이즈 바이러스 감염자로부터 헌혈 받을 당시 헌혈자의 직업이나 생활관계 등에 관하여는 아무런 조사를 하지 아니하고 에이즈 감염 여부에 대하여는 설문 사항에 포함하지도 아니하였으며 전혀 문진하지 아니하여 동성연애자인 위 감염자의 헌혈을 무방비 상태에서 허용함으로써 감염자가 헌혈한 혈액을 수혈 받은 피해자로 하여금 에이즈 바이러스에 감염되게 하였다는 이유로, 대한적십자사에 혈액원의 업무를 수행하는 자의 주의의무를 다하지 아니한 과실이 있다고 본 사례

[3] 의사는 응급환자의 경우나 그 밖의 특별한 사정이 없으면, 환자에게 수술 등 인체에 위험을 가하는 의료행위를 함에서 그에 대한 승낙을 얻기 위한 전제로서, 당해 환자에 대하여 사전에 질병의 증상, 치료방법의 내용 및 필요성, 예후 및 예상되는 생명, 신체에 대한 위험과 부작용 등에 관하여 당시의 의료수준에 비추어 상당하다고 생각되는 사항을 설명함으로써 환자로 하여금 수술이나 투약에 응할 것인가의 여부를 스스로 결정할 기회를 가지도록 할 의무가 있고, 이와 같은 의사의 설명의무는 그 예상되는 생명, 신체에 대한 위험과 부작용 등의 발생 가능성이 희소하다는 사정만으로는 면제될 수 없으며, 위험과 부작용 등이 당해 치료행위에 전형적으로 발생하는 위험이거나 회복할 수 없는 중대한 경우에는 그 발생 가능성의 희소성에도 설명의 대상이 된다고 보아야 하고, 이러한 설명을 하지 아니한 채 환자의 승낙 없이 의료행위를 하면, 설령 의사에게 치료상의 과실이 없는 경우에도 그 의료행위는 환자의 승낙권을 침해하는 위법한 행위가 된다.

[4] 수혈에 의한 에이즈 바이러스의 감염은 수혈행위에 전형적으로 발생하는 위험이고, 그 때문에 에이즈 바이러스에 감염되는 경우 현대의학으로는 치료방법이 없어 결국 사망에 이르게 되는 것으로서 그 피해는 회복할 수 없는 중대한 것인데다가 의학적으로 문외한인 환자로서는 예상할 수 없는 의외의 것이므로, 위험발생 가능성의 희소성에도 의사들의 설명의무가 면제될 수 없다고 보아야 하고, 수술 후 수술 중의 출혈 때문에 수혈하는 경우에는 수혈 때문인 에이즈 바이러스 감염 위험은 당해 수술과는 별개의 수혈 그 자체에 특유한 위험으로서 당해 수술 자체 때문인 위험 못지아니하게 중대한 것이므로 의사는 환자에게 그 수술에 대한 설명, 동의와는 별개로 수혈 때문인 위험 등을 설명하여야 한다.

[5] 수인이 공동하여 타인에게 손해를 입히는 민법 제760조 제1항의 공동불법행위가 성립하려면 각 행위가 독립하여 불법행위의 요건을 갖추고 있으면서 객관적으로 관련되고 공동하여 위법하게 피해자에게 손해를 입힌 것으로 인정되어야 한다.

[6] 에이즈 바이러스에 감염된 혈액을 환자가 수혈받음으로써 에이즈에 걸릴 위험을 배제할 의무 및 그와 같은 결과를 회피할 의무를 다하지 아니하여 감염된 혈액을 수혈받은 환자로 하여금 에이즈 바이러스 감염이라는 치명적인 건강 침해를 입게 한 대한적십자사의 과실 및 위법행위는 신체상해 자체에 대한 것인데 비하여, 수혈 때문인 에이즈 바이러스 감염 위험 등의 설명의무를 다하지 아니한 의사들의 과실 및 위법행위는 신체상해의 결과 발생 여부를 묻지 아니하는 수혈여부와 수혈 혈액에 대한 환자의 자기결정권이라는 인격권의 침해에 대한 것이므로, 대한적

십자사와 의사의 양 행위가 경합하여 단일한 결과를 발생시킨 것이 아니라 각 행위의 결과 발생을 구별할 수 있으니, 이 같은 경우에는 공동불법행위가 성립한다고 할 수 없다.

4. 검토

이 사안은 수혈 때문인 에이즈 감염과 관련된 여러 가지 쟁점을 담고 있다. 우선, 대한적십자사로서는 헌혈 당시 에이즈 검사를 하였고 그 결과가 음성이었으므로 자신들의 주의의무를 다한 것이라고 주장할 수 있다. 그러나 항체 미형성 기간에 있는 에이즈 감염자가 헌혈한 혈액은 에이즈 바이러스 검사를 시행하더라도 감염 혈액임을 밝혀내지 못하게 되어 이러한 혈액의 공급을 배제할 적절한 방법이 없다는 것은 이미 알려진 사실이므로 헌혈 단계에서 그 위험성을 제거하도록 최선의 조처를 할 의무가 있다. 즉, 헌혈자가 에이즈 바이러스에 감염되어 있을 위험이 큰 자(사안과 같은 동성연애자 등)인지를 판별하기 위하여 그의 직업과 생활관계, 건강상태 등을 조사하고 필요한 설명과 문진을 하는 등 거리 헌혈의 대상이나 방법을 개선하여야 할 의무가 있음에도, 오히려 헌혈 시 에이즈 바이러스 감염 여부의 검사를 무료로 해준다고 홍보함으로써 에이즈 감염 위험자들이 헌혈을 에이즈 바이러스 감염 여부를 확인할 기회로 이용하도록 조장하였던 것이다. 따라서 대한적십자사는 A의 에이즈 감염에 관한 책임이 있다.

한편, 수술을 담당한 B병원은 수혈 때문인 에이즈 바이러스 감염 위험은 당해 수술과는 별개의 수혈 그 자체에 특유한 위험으로서 당해 수술 자체 때문인 위험 못지 아니하게 중대한 것이라 하 ㄹ것이므로 의사는 환자에게 그 수술에 대한 설명, 동의와는 별개로 수혈 때문인 위험 등을 설명하였어야 한다. 따라서 B병원 역시 설명의무 위반의 책임을 져야 한다.

그런데 이 사안에서는 대한적십자사와 B병원이 민법 제760조 제1항의 공동불법행위자가 될 수 있는가가 문제되었다. 이것이 성립하기 위해서는 각 행위가 독립하여 불법행위의 요건을 갖추고 있으면서 객관적으로 관련되고 공동하여 위법하게 피해자에게 손해를 입힌 것으로 인정되어야 한다. 그런데 사안에서 대한적십자사의 책임은 A의 에이즈 감염이라는 신체 상해에 관한 책임인 반면(업무상 주의의무 위반), B병원의 책임은 A의 자기결정권의 침해에 관한 책임(설명의무 위반)으로 각 행위가 관련되어 하나의 결과를 일으킨 것이라고 볼 수 없으므로 공동불법행위가 성립하지 않는다고 보았다.

1. 사건의 내용

유흥업소 종업원인 A는 해당 지역 보건소에서 실시한 혈액검사 결과 국립보건원에서 에이즈 양성 판정을 받았다. 이를 비관한 A는 유흥업소를 전전하며 전국을 떠돌아다니며 무절제한 생활을 계속하였다. 그리고 몇 군데 지역 보건소에서 계속 혈액검사를 하였으나 별다른 통보를 받지 못했다. 그러던 중 방송국에서 A를 취재하게 되었고 그 과정에서 자신의 혈액검사 결과 중 3번의 음성판정이 있었다는 것을 알게 되었다. 현재 A는 에이즈 감염자이지만 이 사실을 알고 나서는 자신이 원래는 에이즈 보균자가 아니었음에도 이를 제대로 통보받지 못해 이후 문란한 생활을 하여 그 결과 에이즈에 걸렸을지도 모른다는 의심을 하게 되었다.

2. 판시사항

에이즈 검사 결과 양성으로 판정된 자에 대해 국립보건원 등이 실시한 정기검사 결과 중 일부가 음성으로 판정된 적이 있음에도 이를 본인에게 통보하지 않고 그에 따른 후속조치도 없이 형식적인 검사만 반복한 경우, 국가의 위자료 지급의무를 인정한 사례

3. 판결요지

에이즈 검사 결과 양성으로 판정된 자에 대해 시행된 정기적인 항체검사 결과 중 일부 결과가 음성으로 판정된 적이 있으나 국립보건원 등 관련 검사기관이 본인에게는 그 결과를 통보하지도 않고 그에 대한 후속조치 없이 형식적인 검사와 판정만을 반복한 경우, 그 후 위 사실을 알게 된 당사자로서는 최초의 양성 판정에 대한 의심을 품기 시작하고 그에 따라 자신이 최초 검사 당시 HIV에 실제로 걸려 있었던 것인지 아니면 잘못된 양성 판정 결과를 통보받고 자포자기한 상태로 살아옴으로써 사후 감염된 것인지 아닌지에 대하여 계속된 의구심을 떨치지 못하고 지나온 삶에 대한 회한에 사로잡히게 됨으로써 정신적 고통을 받았을 것임이 경험칙상 추인된다는 이유로, 검사기관인 국가의 위자료지급의무를 인정한 사례

4. 검토

우선 사안에서 국립보건원의 에이즈 검사가 그 검사상 어떠한 문제가 있다고 할 수

는 없다. 그러나 에이즈 발병은 단순 개인의 문제가 아니라 사회 전체의 문제로 받아들여야 할 필요가 있고 에이즈 환자에 대한 각별한 관리와 대책이 필요하다는 점을 생각했을 때 국립보건원의 태도에는 문제가 있다. 즉, A에 대한 HIV 항체검사 결과가 음성으로 판정되어 종전의 결과와 다른데다가, HIV에 대한 양성 판정 후 음성으로의 변화는 발생할 수 없는 것으로 알려져, 현대의학상 설명하기 어려운 판정이 나온 상황에 해당하므로 당연히 가장 직접적인 이해를 하는 A에게 즉시 그 결과를 통보해 상호 협력 하에 재확인검사를 함으로써 위와 같은 다른 결과가 나오게 된 원인을 철저히 규명하였어야 했다. 그리고 나아가 이를 계기로 현행 HIV 항체검사 체계에 근본적인 문제점은 없는지도 검증할 필요가 있었다 하겠다.

따라서 A의 에이즈 발병이나 에이즈 검사에 대하여 국가의 과실이 있는 것은 아니나 음성 결과를 제대로 알리지 않은 것은 잘못이었고, 이 때문인 A의 정신적 고통에 대해서는 위자료를 인정하여 준 것이다.

제19절 형사 관련 판례

사례1 | 대법원 2003.8.19. 2001도3667 판결 (업무상 과실치사)

1. 사건의 내용

의사 B는 종전 처방과 마찬가지로 환자 A에게 항생제, 소여진통제 등을 정맥에 투여할 것을 당직간호사에게 지시하자, 위 병원의 책임간호사(경력 7년) C는 신경외과 간호실습을 하고 있던 간호학과 3학년 학생 D를 병실에 대동하고 가서 주사약을 A의 정맥에 주사하라고 지시하고 자신은 그 병실의 다른 환자에게 주사하였다. 그 사이에 D는 뇌실 외 배액관을 넓적다리부 정맥에 연결된 튜브로 착각하여 그곳에 주사액을 주입하였고 이를 책임간로사가 뒤늦게 발견하고 즉시 이를 제지하였지만, A는 뇌압상승에 의한 호흡중추마비로 같은 날 사망하였다.

2. 판시사항

[1] 의사가 간호사의 진료보조행위에 일일이 입회하여 지도·감독하여야 하는지 여부(소극) 및 입회가 필요한 경우의 판단 기준

[2] 간호사가 의사의 처방에 의한 정맥주사(Side Injection 방식)를 의사의 입회 없이 간호실습생(간호학과 대학생)에게 실시하도록 하여 발생한 의료사고에 대한 의사의 과실을 부정한 사례

3. 판결요지

[1] 간호사가 '진료의 보조'를 함에는 모든 행위 하나하나마다 항상 의사가 현장에 입회하여 일일이 지도·감독하여야 한다고 할 수는 없고, 경우에 따라서는 의사가 진료의 보조행위 현장에 입회할 필요 없이 일반적인 지도·감독을 하는 것으로 충분한 예도 있다 할 것인데, 여기에 해당하는 보조행위인지 아닌지는 보조행위의 유형에 따라 일률적으로 결정할 수는 없고 구체적인 면에 있어서 그 행위의 객관적인 특성상 위험이 따르거나 부작용 혹은 후유증이 있을 수 있는지, 당시의 환자상태가 어떠한지, 간호사의 자질과 숙련도는 어느 정도인지 등의 여러 사정을 참작하여 개별적으로 결정하여야 한다.

[2] 간호사가 의사의 처방에 의한 정맥주사(Side Injection 방식)를 입회 없이 간호실습생(간호학과 대학생)에게 실시하도록 하여 발생한 의료사고에 대한 의사의 과실

을 부정한 사례

4. 검토

의사가 간호사에게 투약을 지시하였고 간호사가 이를 다른 간호사에게 지시하여 진료하던 중 사고가 발생하면 의사에게 이 책임을 물을 수 있을 것인지가 문제 된 사안이다.

보통 판례는 이와 유사한 경우에도 의사의 과실을 물었으나 모든 간호사의 보조행위에 일일이 의사가 상관하는 것은 사실상 불가능하다는 이유에서 이 같은 경우에는 의사의 과실을 부정했던 것이다.

> **사례2** | 대법원 2003.1.10. 2001도3292 판결 (업무상과실치상)

1. 사건의 내용

A는 극심한 두통과 구토로 종합병원에 입원하였다. 내과의사 B는 A에게 일반적으로 요구되는 문진을 한 후, 진찰과 신경학적 기본검사를 하였으나 별 이상이 없자 고혈압이라고 판단, 이에 대해 처방을 하였다. 그리고 다른 병일지도 모른다고 의심하여 신경외과 의사 C에게 협의진료를 요청하였고, C 역시 각 검사 결과 이상이 없다고 회신하였다. B는 C의 회신 결과를 믿고 치료를 계속하였고 1주일 정도가 지나서 A의 상황이 호전되자 퇴원을 지시하였다. 그러나 그 후로 계속 외래진료를 받던 A는 몇 달 후 뇌동맥류파열에 의한 지주막하출혈38)로 쓰러져 식물인간 상태에 이르렀다.

2. 판시사항

[1] 의료사고에 있어서 의사의 과실을 인정하기 위한 요건 및 그 판단 기준

[2] 내과의사가 신경과 전문의에 대한 협의진료 결과와 환자에 대한 진료 경과 등을 신뢰하여 뇌혈관계통 질환의 가능성을 염두에 두지 않고 내과 영역의 진료 행위를 계속하다가 환자의 뇌지주막하출혈을 발견하지 못하여 식물인간 상태에 이르게 한 경우, 내과의사의 업무상과실을 부정한 사례

3. 판결요지

[1] 의료사고에 있어서 의사의 과실을 인정하기 위해서는 의사가 결과 발생을 예견할

---

38) 뇌의 지주막 아래 공간에 뇌출혈이 일어나는 질환

수 있었음에도 불구하고 그 결과 발생을 예견하지 못하였고, 그 결과 발생을 회피할 수 있었음에도 불구하고 그 결과 발생을 회피하지 못한 과실이 검토되어야 하고, 그 과실의 유무를 판단함에는 같은 업무와 직무에 종사하는 일반적 보통인의 주의 정도를 표준으로 하여야 하며, 이에는 사고 당시의 일반적인 의학의 수준과 의료환경 및 조건, 의료행위의 특수성 등이 고려되어야 한다.

[2] 내과의사가 신경과 전문의에 대한 협의진료 결과 피해자의 증세와 관련하여 신경과 영역에서 이상이 없다는 회신을 받았고, 그 회신 전후의 진료 경과에 비추어 그 회신 내용에 의문을 품을 만한 사정이 있다고 보이지 않자 그 회신을 신뢰하여 뇌혈관계통 질환의 가능성을 염두에 두지 않고 내과 영역의 진료 행위를 계속하다가 피해자의 증세가 호전되기에 이르자 퇴원하도록 조치한 경우, 피해자의 지주막하출혈을 발견하지 못한 데 대하여 내과의사의 업무상과실을 부정한 사례.

4. 검토

사안에서 B는 자신의 분야에서 필요로 하는 문진과 검사 등을 모두 다 하였고, 협의진료를 한 C의 회신을 신뢰하였다. 그리고 뇌출혈 분야를 전문하는 의사가 아니라면 가벼운 뇌동맥류 파열에 의한 소량의 지주막하출혈을 진단하기 어렵고, 협의 진료한 의사의 회신에서는 달리 의심을 품을 수 없었던 점 등을 미루어 보았을 때 B에게 과실이 없다고 판단한 것이다.

사례3 | 대법원 2000.1.28. 99도2884 (상습사기)

---

1. 사건의 내용

아들 낳기를 간절히 바라던 주부 A는 산부인과 병원에 가서 의사로부터 특정한 시술을 받으면 아들을 낳을 수 있다고 생각하고 의사 B를 찾았다. 그러나 이러한 사실을 안 B는 아들을 낳을 수 있다는 착오에 빠져 있는 A에게 사실대로 설명하지 아니한 채 마치 자기가 하는 시술이 아들 낳기에 필요한 것처럼 시술하고 A로부터 진찰비 및 약값을 받았다.

2. 판시사항

[1] 사기죄의 요건으로서의 부작위에 의한 기망의 의미

[2] 특정 시술을 받으면 아들을 낳을 수 있을 것이라는 착오에 빠져있는 피해자들에

게 그 시술의 효과와 원리에 관하여 사실대로 고지하지 아니한 채 아들을 낳을 수 있는 시술인 것처럼 가장하여 일련의 시술과 처방을 행한 의사에 대하여 사기죄의 성립을 인정한 사례

3. 판결요지

[1] 사기죄의 요건으로서의 기망은 널리 재산상의 거래관계에 있어 서로 지켜야 할 신의와 성실의 의무를 저버리는 모든 적극적 또는 소극적 행위를 말하는 것이고, 이러한 소극적 행위로서의 부작위에 의한 기망은 법률상 고지의무 있는 자가 일정한 사실에 관하여 상대방이 착오에 빠져 있음을 알면서도 이를 고지하지 아니함을 말하는 것으로서, 일반거래의 경험칙상 상대방이 그 사실을 알았더라면 당해 법률행위를 하지 않았을 것이 명백한 경우에는 신의칙에 비추어 그 사실을 고지할 법률상 의무가 인정되는 것이다.

[2] 특정 시술을 받으면 아들을 낳을 수 있을 것이라는 착오에 빠져있는 피해자들에게 그 시술의 효과와 원리에 관하여 사실대로 고지하지 아니한 채 아들을 낳을 수 있는 시술인 것처럼 가장하여 일련의 시술과 처방을 행한 의사에 대하여 사기죄의 성립을 인정한 사례.

4. 검토

사기죄가 성립하기 위해서는 사람을 기망하여 재물의 교부를 받거나 재산상의 이익을 취득하여야 한다. 그런데 이 사안은 사기죄의 성립요건 중 '기망'과 관련하여 문제가 된 사건이다. 보통 사기죄가 성립하기 위한 기망이라고 하면 적극 어떠한 행동이나 말을 통하여 다른 사람을 속이는 것만을 생각하기 쉬우나 반드시 그러한 것은 아니라는 것을 보여주는 판례이다. 즉, 기망은 어떠한 행위를 하는 작위에 의해 행해질 수 있으나 이미 착오에 빠진 상대방에 대하여 이를 알려줄 의무가 있음에도 그대로 두는 부작위에 의해서도 행해질 수 있다.

이 사안에서 의사 B가 적극 자신이 아들을 낳는 시술을 할 수 있다고 기망을 한 것은 아니나, 이미 아들을 낳는 시술을 받을 수 있다고 착오하고 있는 A에 대하여 의사로서 사실을 알리지 않고 이를 그대로 이용한 것은 역시 기망에 해당하는 행위이다.

결국, 수년에 걸쳐 1,000여 명 정도의 환자들에게 아들 낳게 해준다며 의료행위를 하였던 의사 B는 상습 사기의 죄책을 지게 되었다.

1. 사건의 내용

산모 A는 자연분만을 하려고 하였으나 중간에 이상증세를 보이자 의사 B는 태반조기박리39)로 진단하고 그 대응조치로서 응급 제왕절개 수술을 시행하기로 하였다. 그러나 그 수술 도중 태반조기박리와 아울러 자궁파열과 이완성 자궁출혈을 발견하여 자궁파열 부위에 봉합과 압박지혈을 한 다음 강력 자궁수축제를 투여하는 등 지혈조치를 반복하였으나 출혈이 계속되고 혈압이 내려가자 종합병원 후송을 결정하였다. 그러나 A는 종합병원으로 후송되어 인공호흡과 심장마사지 및 자궁출혈 중지를 위한 자궁수축제 투여와 함께 수혈하는 등 치료를 받았으나 끝내 실혈사 하였다.

2. 판시사항

산모의 태반조기박리에 대한 대응조치로서 응급 제왕절개 수술을 하는 산부인과 의사에게 수혈용 혈액을 미리 준비하여야 할 업무상 주의의무가 있다고 한 사례

3. 판결요지

산부인과 의사가 산모의 태반조기박리에 대한 대응조치로서 응급 제왕절개 수술을 시행하기로 결정하였다면 이러한 경우에는 적어도 제왕절개 수술 시행 결정과 아울러 산모에게 수혈을 할 필요가 있을 것이라고 예상되는 특별한 사정이 있어 미리 혈액을 준비하여야 할 업무상 주의의무가 있다고 보아야 한다고 한 사례.

4. 검토

태반조기박리에 대한 일반적인 의사의 대처방법을 살펴보면 즉시 분만이 필요한 경우 Oxytocin(분만촉진호르몬)을 투여하여 분만을 유도하거나 제왕절개수술을 하여 벗겨진 태반과 태아를 되도록 빨리 끌어내는 것이 제일 나은 방법이고 이때 많은 피를 흘리기 쉬우므로 수혈을 병행해야 한다고 한다. 이러한 상황을 예상할 수 있는데도 불구하고 의사 B는 수혈용 혈액을 준비해두지 않았으므로 결과예견의무와 결과회피의무를 다하지 못한 것이다.

---

39) 태반은 태아가 분만되고 난 뒤 떨어지는 것이 정상적인데 아직 태아가 만출되기 전에 태반이 먼저 떨어지는 것을 태반 조기 박리라고 한다.

1. 사건의 내용

의사 B가 A의 제5번 요추 척추후궁절제수술을 하던 중 수술용 메스 조각이 부러지게 되었다. 그리고 이 조각이 피해자의 체내에 남게 되었는데도 이를 제거함이 없이 그대로 봉합하였고, 이에 A는 이를 알고 매우 불안한 상태가 되었다.

2. 판시사항

[1] 의료사고에 있어서 의사의 과실을 인정하기 위한 요건 및 그 판단 기준

[2] 요추 척추후궁절제 수술도중에 수술용 메스가 부러지자 담당의사가 부러진 메스조각을 찾아 제거하기 위한 최선의 노력을 다하였으나 찾지 못하고 무리하게 제거할 경우의 위험성을 고려하여 부러진 메스조각을 그대로 둔 채 수술부위를 봉합한 경우, 담당의사의 과실을 부정한 사례

3. 판결요지

[1] 의료사고에 있어서 의사의 과실을 인정하기 위해서는 의사가 결과발생을 예견할 수 있었음에도 불구하고 그 결과발생을 예견하지 못하였고 그 결과발생을 회피할 수 있었음에도 불구하고 그 결과발생을 회피하지 못한 과실이 검토되어야 하고, 그 과실의 유무를 판단함에는 같은 업무와 직무에 종사하는 일반적 보통인의 주의정도를 표준으로 하여야 하며, 이에는 사고 당시의 일반적인 의학의 수준과 의료환경 및 조건, 의료행위의 특수성 등이 고려되어야 한다.

[2] 요추 척추후궁절제 수술도중에 수술용 메스가 부러지자 담당의사가 부러진 메스조각(3×5㎜)을 찾아 제거하기 위한 최선의 노력을 다하였으나 찾지 못하여 부러진 메스조각을 그대로 둔 채 수술부위를 봉합한 경우, 같은 수술과정에서 메스 끝이 부러지는 일이 흔히 있고, 부러진 메스가 쉽게 발견되지 않을 경우 수술과정에서 무리하게 제거하려고 하면 부가적인 손상을 줄 우려가 있어 일단 봉합한 후에 재수술을 통하여 제거하거나 그대로 두는 경우가 있는 점에 비추어 담당의사의 과실을 인정할 수 없다고 한 사례.

4. 검토

A는 부러진 메스 때문에 신경불안증과 요통을 겪고 있다고 하지만 이는 단지 심리

적 불안감에 기인한 것으로 메스 조각은 그 크기가 아주 작고(3 × 5mm) 신경조직이 없는 추간판 사이에 있어 신경이나 혈관을 손상하지 않고 있고, 금속 이물질은 통상 수술 후 3~6개월이 지나면 일반 섬유세포와 결합조직형성 세포에 의해 그 자리에 고정되어 버리기 때문에 별다른 신경학적 이상도 나타나지 않는다고 한다. 따라서 A가 상해를 입었다고 할 수는 없을 것이며 또한 당시 상황에 비추어 보았을 때 메스를 제거하는 것이 오히려 더 위험한 일이었으므로 의사에게 과실이 있다고도 할 수 없다. 따라서 업무상과실치상죄는 성립하지 않는다고 하겠다.

사례6 | 서울지법 남부지원 1998.5.15. 98고합9 판결 (살인)

1. 사건의 내용

A는 기둥에 머리를 부딪치고 시멘트 바닥에 넘어져 종합병원으로 응급 후송되었다. 그리고 의사 B의 집도하에 경막외출혈 때문인 혈종 제거 수술을 받고 중환자실로 옮겨져 계속 치료를 받으며 상태가 호전되어 계속 치료를 받을 때 회복될 가능성이 많았다. 그러나 뇌수술에 따른 뇌부종인 자가 호흡을 하기 어려운 상태에서 인공호흡을 위한 산소 호흡기를 부착한 채 계속 치료를 받던 중이었다. 그런데 그의 아내 C는 경제적으로 도저히 치료비를 감당할 수 없으며 평소 A가 술만 마시고 구타를 일삼았으므로 살려줄 필요가 없다고 판단하였다. 이에 의사 B에게 계속 더는 치료비를 댈 수 없음을 주장하자 B는 퇴원하게 되면 A는 사망하게 된다고 계속 말하였고, 그럼에도 C가 계속 퇴원을 종용하자 결국 퇴원을 허락하며 산소 호흡기를 뽑았다. 이에 A는 사망하였다.

2. 판시사항

[1] 과다한 치료비로 인한 치료 중지 행위가 사회상규에 위배되지 않는 정당한 행위로 인정되기 위한 요건

[2] 의료행위의 중지가 환자의 사망을 초래하는 경우, 퇴원을 요구받은 의사의 의무

[3] 의사가 치료를 중단할 경우 사망에 이르게 된다는 사실을 알고서도 회복 가능성이 있는 환자를 그 처의 요구에 따라 퇴원시켜 사망케 한 경우, 부작위에 의한 살인죄를 인정한 사례

3. 판결요지

[1] 배우자에 대한 치료비가 자신과 가족의 경제적 능력에 비추어 지나치게 과다하여 더 이상 부담할 수 없어 치료를 중지할 수밖에 없는 경우, 그 치료 중지 행위가 사회상규에 위배되지 아니하는 정당한 행위라고 인정되기 위하여서는 적어도 환자의 병의 상태, 그에 대한 치료 내용, 앞으로의 치료 경과와 환자의 예후에 대하여 담당의사 등을 통하여 충분한 설명을 듣고 정보를 얻음으로써 그에 대한 정확한 인식을 가지는 것이 요구되고, 또한 환자에 대한 현재까지의 치료비와 향후의 치료비가 어느 정도가 될 것인지에 대하여도 병원의 관계자를 통하여 충분한 정보를 얻고 그에 대한 정확한 인식을 가져야 할 것이며, 그런 연후에 더 이상의 치료비 부담이 배우자 자신과 가족의 경제적 능력에 비추어 도저히 불가능한 것인지 여부를 판단하여야 할 것이고, 나아가 객관적으로도 더 이상의 치료비 부담이 배우자와 가족의 부양의무의 한계를 벗어나는 정도에 이르러서야 비로소 사회상규에 반하지 아니한다 할 것인데, 이러한 판단에 있어서도 치료의 중지가 곧 환자의 사망을 초래하는 경우에는 생명의 존엄성을 최우선적인 가치로 고려하여야 하는 점에서 더욱 더 신중한 자세가 요구된다 할 것이다.

[2] 의료행위의 중지가 곧바로 환자의 사망이라는 중대한 결과를 초래하는 경우에 있어서는 의료행위의 중지, 즉 퇴원을 요구받은 의사로서는 환자의 생명을 보호하기 위하여 의료행위를 계속하여야 할 의무와 환자의 요구에 따라 환자를 퇴원시킬 의무와의 사이에 충돌이 일어나게 되는바, 그러한 의무의 충돌이 있는 경우 의사로서는 더 높은 가치인 환자의 생명을 보호할 의무가 우선하여 환자의 퇴원 요구에도 불구하고 환자를 보호하여야 할 지위나 의무가 종료되지는 아니한다고 할 것이고, 이는 의료행위의 중지가 곧바로 환자의 사망이라는 결과를 초래하는 경우 부작위에 의한 살인이라는 결과에 이를 수 있고, 우리 형법이 일반적인 살인행위 뿐만 아니라 촉탁, 승낙에 의한 살인행위와 자살을 방조하는 행위에 대하여도 처벌을 하고 있는 점에 비추어서도 그러한바, 위와 같은 경우 의사로서는 의료행위를 중지할 시점에 있어 환자의 자기결정권에 기한 진정한 의료행위의 중지 요구가 있었는지 여부와 환자의 상태, 회복가능성 등에 대하여 진지하게 고려하고, 그것이 법률상 허용되는 것인가 여부에 대한 검토를 하여야 할 것이며, 환자를 보호하여야 할 지위나 의무가 종료되지 아니하였음에도 불구하고 회복가능성이 높은 환자에 대하여 환자의 자기결정권만을 존중하여 의료행위를 중지하거나, 의료행위의 중지 요구가 환자의 자기결정권에 기한 진정한 의사표시라고 보기 어려움에도

이를 오인하여 의료행위를 중지하고, 그것이 직접적인 원인이 되어 환자를 사망케 한 경우에는 특별한 사정이 없는 한 그 행위는 위법하다고 할 것이다.

[3] 의사가 치료를 중단할 경우 사망에 이르게 된다는 사실을 알고서도 회복 가능성이 있는 환자를 그 처의 요구에 따라 퇴원시켜 사망케 한 경우, 부작위에 의한 살인죄를 인정한 사례.

4. 검토

일반적으로 사람들은 '살인'이라고 하면 어떤 사람을 죽이리라고 결심하고 적극적인 행위를 하는 것만을 생각하기 쉽다. 그러나 죽을 것을 알면서도 어쩔 수 없다고 생각한 때도 살인의 고의는 인정된다. 또한, 반드시 적극적인 행위뿐 아니라 생명유지에 필요한 조치를 제대로 이행하지 않는 것도 살인죄의 행위가 될 수 있다.

치료비 문제보다 환자의 생명이 중하다는 것은 너무나 당연한 일이며, 회복 가능성이 높은 환자에 대해서 경제적인 이유로 진료를 중단하는 것은 의사로서는 결코 해서는 안 되는 일임을 확인시켜 준 판례이다.

사례7 | 대법원 1991.2.12. 90도2547 (업무상과실치사)

1. 사건의 내용

A는 집에서 자던 도중 일산화탄소(연탄가스 중독)에 중독되어 B의 병원에 실려 왔다. 응급조치를 한 후 퇴원하게 된 A는 자신의 병명을 물었으나 B는 A에게 별다른 주의할 점을 알려주지 않았다. 집으로 돌아온 A는 아무런 조치 없이 다시 그 방에서 자다가 다시 일산화탄소에 중독되었다.

2. 판시사항

연탄가스 중독 환자가 퇴원 시 자신의 병명을 물었으나 환자를 그 병명으로 진단, 치료한 의사가 아무런 요양방법을 지도하여 주지 아니하여 병명을 알지 못한 환자가 퇴원 즉시 처음 사고 난 방에서 다시 자다가 재차 연탄가스에 중독된 경우 의사의 의무상 과실유무(적극) 및 그 과실과 재차의 연탄가스 중독과의 인과관계 유무(적극)

3. 판결요지

자기집 안방에서 취침하다가 일산화탄소(연탄가스) 중독으로 병원 응급실에 후송되어 온 환자를 진단하여 일산화탄소 중독으로 판명하고 치료한 담당의사에게 회복된 환자가 이튿날 퇴원할 당시 자신의 병명을 문의하였는데도 의사가 아무런 요양방법을 지도하여 주지 아니하여, 환자가 일산화탄소에 중독되였던 사실을 모르고 퇴원 즉시 사고 난 자기 집 안방에서 다시 취침하다 전신피부파열 등 일산화탄소 중독을 입은 것이라면, 위 의사에게는 그 원인 사실을 모르고 병명을 문의하는 환자에게 그 병명을 알려주고 이에 대한 주의사항인 피해장소인 방의 수선이나 환자에 대한 요양의 방법 기타 건강관리에 필요한 사항을 지도하여 줄 요양방법의 지도의무가 있는 것이므로 이를 태만한 것으로서 의사로서의 업무상과실이 있고, 이 과실과 재차의 일산화탄소 중독과의 사이에 인과관계가 있다고 보아야 한다.

4. 검토

A는 B에게 자신의 병명을 물었음에도 B가 별다른 설명을 하지 않자 자기가 연탄가스중독이라는 사실을 모른 채 다시 그 방에서 잠들게 되었다. 만약 B가 이를 제대로 가르쳐 줬더라면 A는 연탄가스 누출을 막도록 조처를 하였을 것임에도 아무런 조치를 하지 못한 것이다. 따라서 의사 B는 환자에 대한 여양 방법의 지도의무를 소홀히 한 과실이 있고, 과실과 2차의 가스 중독과 인과관계가 있으므로 업무상 과실치상죄를 지게 된다.

사례8 | 대구지법 2015.9.25. 2014노4356 판결 (의료법 위반)

---

1. 사건의 내용

피고인은 대구 동구 (주소 생략)에 있는 '○○○ 요양병원'을 운영하는 사람이다.

각종 병원에는 응급환자와 입원환자의 진료 등에 필요한 당직의료인을 두어야 함에도 불구하고, 피고인은 2014. 6. 24. 18:00경부터 2014. 6. 25. 09:00경까지 위 ○○○ 요양병원에 약 130여 명의 입원환자의 진료 등에 필요한 당직의료인을 두지 않고 위 병원을 운영하였다.

2. 판시사항

[1] 의료법 제90조에 따라 처벌되는 의료법 제41조 위반행위가 당직의료인을 전혀 두지 않은 경우에 한정되는지 여부(적극) 및 의료법 시행령 제18조 제1항에 규정된 당직의료인 수를 준수하지 않은 행위를 처벌하는 것이 죄형법정주의 원칙에 위반

되는지 여부(적극)

[2] 요양병원 운영자인 피고인이 130여 명의 입원환자 진료 등에 필요한 당직의료인을 두지 않고 병원을 운영하였다고 하여 의료법 위반으로 기소된 사안에서, 피고인이 당시 병원에 간호사 3명을 당직의료인으로 배치한 이상 의료법 제41조를 위반하였다고 할 수 없고, 의료법 시행령에 규정된 당직의료인 수를 충족하지 못하였다는 것만으로는 피고인을 처벌할 수 없다는 이유로 무죄를 선고한 사례

3. 판결요지

[1] 의료법 제41조는 "각종 병원에는 응급환자와 입원환자의 진료 등에 필요한 당직의료인을 두어야 한다."고만 규정하고 있을 뿐 당직의료인의 수, 당직의료인의 자격 등 당직의료인의 구체적 내용에 대해서는 의료법에 아무런 규정이 없고, 당직의료인의 구체적 내용을 정하는 것을 대통령령 등 하위법규에 위임하는 규정 또한 전혀 찾아볼 수 없다.
의료법 시행령 제18조 제1항이 병원의 규모에 따라 배치하여야 할 당직의료인의 수를 규정하고 있기는 하나, 이는 법률의 구체적 위임 없이 규정한 것인데, 법률이 하위 법령에 전혀 위임조차 하지 아니하고 있는 사항에 대하여 마치 법률의 위임을 받은 것처럼 하위 법령이 국민의 자유와 권리를 제한하는 사항을 직접 상세히 규정할 수는 없으므로, 의료법 제90조에 따라 처벌되는 의료법 제41조 위반 행위는 당직의료인을 전혀 두지 않은 경우에 한정되고, 이를 넘어서 의료법 시행령 제18조 제1항에 규정된 당직의료인 수를 준수하지 않은 행위를 처벌하는 것은 법률에 근거하지 않은 처벌로 죄형법정주의 원칙에 위반된다.

[2] 요양병원 운영자인 피고인이 130여 명의 입원환자 진료 등에 필요한 당직의료인을 두지 않고 병원을 운영하였다고 하여 의료법 위반으로 기소된 사안에서, 당시 병원에는 간호사 3명이 당직의료인으로 배치되어 근무하고 있었으므로, 피고인이 당직의료인을 배치한 이상 의료법 제41조를 위반하였다고 할 수 없고, 의료법 시행령에 규정된 당직의료인 수를 충족하지 못하였다는 것만으로는 피고인을 처벌할 수 없는데도, 피고인에게 유죄를 인정한 제1심판결에는 법리오해 또는 사실오인의 위법이 있다고 한 사례.

사례9 | 대법원 2013.4.11. 2011도14690 판결 (의료법 위반)

1. 판시사항

의사 등이 처방전에 환자로 기재한 사람이 아닌 제3자를 진찰하고도 환자의 성명및 주민등록번호를 허위로 기재하여 처방전을 작성·교부한 행위가 의료법 제17조 제1항에 위배되는지 여부(적극)

2. 판결요지

의사나 치과의사(이하 '의사 등'이라고 한다)와 약사 사이의 분업 내지 협업을 통한 환자의 치료행위는 의사 등에 의하여 진료를 받은 환자와 약사에 의한 의약품 조제와 복약지도의 상대방이 되는 환자의 동일성을 필수적 전제로 하며, 그 동일성은 의사 등이 최초로 작성한 처방전의 기재를 통하여 담보될 수밖에 없으므로, 의사 등이 의료법 제18조에 따라 작성하는 처방전의 기재사항 중 의료법 시행규칙 제12조 제1항 제1호에서 정한 '환자의 성명 및 주민등록번호'는 치료행위의 대상을 특정 하는 요소로서 중요한 의미를 가진다고 보아야 한다. 따라서 의사 등이 의료법 제17조 제1항에 따라 직접 진찰하여야 할 상대방은 처방전에 환자로 기재된 사람을 가리키고, 만일 의사 등이 처방전에 환자로 기재한 사람이 아닌 제3자를 진찰하고도 환자의 성명 및 주민등록번호를 허위로 기재하여 처방전을 작성·교부하였다면, 그러한 행위는 의료법 제17조 제1항에 위배된다고 보아야 한다.

사례10 | 대법원 2014.2.27. 2011도48 판결

1. 사건의 내용

피고인은 공소외 1 사단법인(이하 '공소외 1 법인'이라 한다)에서 수행하는 체세포 복제기술 개발 등에 관한 연구의 책임자로서 공소외 1 법인으로부터 연구비를 받아 연구과제를 수행하고 연구비를 관리·집행하는 업무를 총괄함에 있어 연구비는 생명공학 연구에 사용하도록 그 용도가 특정되어 있음에도, 공소외 1 법인으로부터 실험용소 구입비 등의 명목으로 공소외 2 등 명의의 계좌들로 연구비를 송금받아 업무상 보관하던 중, 2001. 3. 14.부터 같은 해 9. 1.까지 위 계좌들로부터 현금을 인출하여 피고인의 매제 공소외 3 명의의 차명 예금계좌로 분산 입금하는 방법으로 13회에 걸처 합계 4억 7,550만 원을 은닉·소비하고, 2004. 7. 16. 위 계좌들로부터 현금 1,150만 원을 인출하여 공소외 1 법인 이사장 공소외 4의 딸 결혼식 식대로 지급하는 등 총 4억 8,700만 원을 횡령하였다는 것이다.

2. 판시사항

[1] 난자의 유상거래를 금지하고 처벌하는 구 생명윤리 및 안전에 관한 법률 제13조 제3항, 제51조 제1항 제5호에서 정한 '재산상의 이익 그 밖에 반대급부를 조건으로' 난자를 이용하는 행위에 난자 제공의 대가로 채무면제 등 소극적 이익을 제공하는 것이 포함되는지 여부(적극) 및 위 규정이 난자를 체세포복제배아의 생성에 이용하는 경우에 적용되는지 여부(적극)

[2] 피고인이 甲과 공모하여, 甲이 운영하는 병원에서 불임여성들로부터 인공수정 시술비 등을 감면하여 주는 조건으로 난자를 제공받아 체세포복제 배아줄기세포 연구에 이용하였다고 하여 구 생명윤리 및 안전에 관한 법률 위반으로 기소된 사안에서, 피고인의 행위가 같은 법 제13조 제3항에서 금지하는 '재산상의 이익 그 밖에 반대급부를 조건으로' 난자를 이용하는 행위에 해당한다고 본 원심판단을 정당하다고 한 사례

3. 판결요지

[1] 구 생명윤리 및 안전에 관한 법률(2012. 2. 1. 법률 제11250호로 전부 개정되기 전의 것. 이하 '생명윤리법'이라 한다)은 생명과학기술에 있어서의 생명윤리 및 안전을 확보하여 인간의 존엄과 가치를 침해하거나 인체에 위해를 주는 것을 방지하려는 목적에서 "누구든지 금전 또는 재산상의 이익 그 밖에 반대급부를 조건으로 정자 또는 난자를 제공 또는 이용하거나 이를 유인 또는 알선하여서는 아니된다."고 규정하고(제13조 제3항), 이를 위반하여 금전 또는 재산상 이익 그 밖에 반대급부를 조건으로 정자 또는 난자를 제공하거나 이를 이용한 사람을 3년 이하의 징역에 처하도록 하고 있다(제51조 제1항 제5호).

위와 같은 생명윤리법 규정의 목적과 내용에 비추어 볼 때, 위 조항의 '재산상의 이익 그 밖에 반대급부를 조건으로' 난자를 이용하는 행위에는 난자 제공의 대가로 물건 또는 권리의 이전 등 적극적 이익을 제공하는 것뿐만 아니라 채무면제 등 소극적 이익을 제공하는 것도 포함되고, 한편 난자의 유상거래를 금지하고 처벌하는 위 규정은 난자를 인공수정배아의 생성에 이용하는 경우뿐만 아니라 체세포복제배아의 생성에 이용하는 경우에도 마찬가지로 적용된다.

[2] 피고인이 甲과 공모하여, 甲이 운영하는 산부인과 병원에서 불임여성들로부터 인공수정 시술비 등을 감면하여 주는 조건으로 난자를 제공받아 체세포복제 배아줄기세포 연구에 이용하였다고 하여 구 생명윤리 및 안전에 관한 법률(2012. 2. 1. 법률 제11250호로 전부 개정되기 전의 것. 이하 '생명윤리법'이라 한다) 위반으로 기소된 사안에서, 피고인이 불임치료를 위한 비용 지출이 예정된 불임환자들에게 비용을 감면하여 주고 난자를 제공받아 체세포복제 배아줄기세포 연구에 이용한 것은 생명윤리법 제13조 제3항에서 금지하는 '재산상의 이익 그 밖에 반대급부를 조건으로' 난자를 이용하는 행위에 해당한다고 본 원심판단을 정당하다고 한 사례.

사례11 | 대법원 2016.1.28. 2015다9769 판결

1. 사건의 내용

소외 1은 2008. 2. 16. 원고 병원에 내원하여 원고와 의료계약(이하 '이 사건 의료계약'이라 한다)을 체결하고, 원고 병원 호흡기내과에 입원하였다. 이때 피고 4는 소외 1의 보호자로서, 피고 5는 연대보증인으로서, 소외 1과 연대하여 원고에게 이 사건 의료계약에 따른 진료비를 지급하기로 약정하였다. 소외 1이 2008. 2. 18. 폐암 발병 여부를 확인하기 위해 원고 병원에서 기관지내시경을 이용한 폐종양 조직 검사를 받던 중, 과다 출혈 등으로 심정지가 발생하였고, 이에 원고 병원 의료진은 심장마사지 등을 시행하여 심박동기능을 회복시키고 인공호흡기를 부착하였으나, 소외 1은 저산소성 뇌손상으로 지속적 식물인간 상태에 빠졌고, 원고 병원의 중환자실에서 인공호흡기를 부착한 채로 항생제 투여, 인공영양 공급, 수액 공급 등의 보존적 치료를 받아 왔다.

2. 판시사항

연명치료 중단의 허용 기준 / 환자가 의료계약을 체결하고 진료를 받다가 연명치료 거부 내지 중단에 관한 의사를 밝히지 아니한 상태에서 회복불가능한 사망의 단계에 진입하였고 연명치료 중단을 명하는 판결이 확정된 경우, 기존 의료계약이 판결 주문에서 중단을 명한 연명치료를 제외한 나머지 범위 내에서 유효하게 존속하는지 여부(원칙적 적극)

3. 판결요지

의학적으로 환자가 의식의 회복가능성이 없고 생명과 관련된 중요한 생체기능의 상실을 회복할 수 없으며 환자의 신체상태에 비추어 짧은 시간 내에 사망에 이를 수 있음이 명백한 경우(이하 '회복불가능한 사망의 단계'라 한다)에 이루어지는 진료행위(이하 '연명치료'라 한다)는 원인이 되는 질병의 호전을 목적으로 하는 것이 아니라 질병의 호전을 사실상 포기한 상태에서 오로지 현 상태를 유지하기 위하여 이루어지는 치료에 불과하므로, 그에 이르지 아니한 경우와는 다른 기준으로 진료중단 허용 가능성을 판단하여야 한다. 그러므로 회복불가능한 사망의 단계에 이른 후에 환자가 인간으로서의 존엄과 가치 및 행복추구권에 기초하여 자기결정권을 행사하는 것으로 인정되는 경우에는 특별한 사정이 없는 한 연명치료의 중단이 허용될 수 있다.

한편 환자가 의료인과 의료계약을 체결하고 진료를 받다가 미리 의료인에게 자신의 연명치료 거부 내지 중단에 관한 의사를 밝히지 아니한 상태에서 회복불가능한 사망의 단계에 진입을 하였고, 환자 측이 직접 법원에 연명치료 중단을 구하는 소를 제기한 경우에는, 특별한 사정이 없는 한, 연명치료 중단을 명하는 판결이 확정됨으로써 판결 주문에서 중단을 명한 연명치료는 더 이상 허용되지 아니하지만, 환자와 의료인 사이의 기존 의료계약은 판결 주문에서 중단을 명한 연명치료를 제외한 나머지 범위 내에서는 유효하게 존속한다.

사례12 | 서울 동부지원 1992.4.29. 91가합18833 판결 (환자의 이송지연)

병원이 휴일 당직운영체계의 미비로 적절한 조처를 하지 못하고 다른 병원에 이송하지 못하여 사망한 것은 병원의 과실이다. 당직운영 체계가 제대로 가동되지 못하여 적기에 수술 가능한 의사를 확보하지 못한 잘못과 그것이 불가능하다면 적기에 다른 병원으로 이송하여 수술받도록 하는 조처를 하지 못한 잘못, 치료능력이 부족하여 부득이 다른 병원으로 이송 시에 의사나 간호사를 동승시키지 않은 잘못 등 때문에 발생한 것이라면 병원은 환자의 사망 때문에 망인 및 그와 신분관계에 있는 원고들이 입은 손해를 모두 배상할 책임이 있다.

사례13 | 청주지법 2019. 8. 19. 선고 2017가합202415 판결(업무상과실치사)

1. 사건의 내용

갑이 심혈관계 질환의 일종인 심근경색 진단을 받아 스텐트 시술을 받은 후 심근경색 치료제를 장기간 복용하고 있었고, 소염진통제인 디클로페낙(diclofenac) 약물에 대하여 부작용이 있었는데, 오른쪽 발목을 다쳐 을 의료법인이 운영하는 병원에 내원하였다가 위 병원의 신경외과 전문의 병의 처방에 따라 디클로페낙 성분의 주사제를 맞은 후 심근경색 및 과민성 쇼크 의증으로 사망한 사안이다.

2. 판시사항

갑이 심혈관계 질환의 일종인 심근경색 진단을 받아 스텐트 시술을 받은 후 심근경색 치료제를 장기간 복용하고 있었고, 소염진통제인 디클로페낙(diclofenac) 약물에 대하여 부작용이 있었는데, 오른쪽 발목을 다쳐 을 의료법인이 운영하는 병원에 내원하였다가 위 병원의 신경외과 전문의 병의 처방에 따라 디클로페낙 성분의 주사제를 맞은 후 심근경색 및 과민성 쇼크 의증으로 사망한 사안에서, 을 의료법인은 병이 갑에게 디클로페낙 성분의 주사제 처방 전에 갑이나 보호자에게 주사제로 인한 부작용 및 합병증, 다른 치료방법 및 치료하지 않을 경우의 예후 등에 대하여 문진하지 않고, 필요한 설명을 하지 아니한 과실로 갑이 디클로페낙 성분의 주사를 맞아 과민성 쇼크로 사망하게 한 불법행위에 대하여 병의 사용자 내지 병원 경영진의 사용자로서 갑의 사망으로 인한 손해를 배상할 책임이 있다고 한 사례

3. 판결요지

갑이 심혈관계 질환의 일종인 심근경색 진단을 받아 스텐트 시술을 받은 후 심근경색 치료제를 장기간 복용하고 있었고, 소염진통제인 디클로페낙(diclofenac) 약물에 대하여 부작용이 있었는데, 오른쪽 발목을 다쳐 을 의료법인이 운영하는 병원에 내원하였다가 위 병원의 신경외과 전문의 병의 처방에 따라 디클로페낙 성분의 주사제를 맞은 후 심근경색 및 과민성 쇼크 의증으로 사망한 사안이다.

디클로페낙 성분이 있는 주사제의 경우 중대한 심혈관계 혈전 반응, 심근경색증 및 뇌졸중의 위험을 치명적으로 증가시킬 수 있으며, 심혈관계 질환 또는 심혈관계 질환의 위험 인자가 있는 환자에서는 더 위험할 수 있는데도, 병은 갑의 과거병력 및 투약력을 문진이나 기타 방법으로 파악하지 않은 채 만연히 디클로페낙 성분의 주사제를 처방함으로써 자신의 잘못된 주사약 처방으로 인해 갑이 사망하는 중대한 결과를 예견하고 이를 회피하여야 할 주의의무를 위반하였을 뿐만 아니라, 디클로페낙 성분의 주사제 처방 전에 갑이나 보호자에게 주사제로 인한 부작용 및 합병증, 다른 치료방법 및 치료하지 않을 경우의 예후 등에 대한 설명의무를 위반하였고, 한편 병원 경영진으로서도 적절하게 병원 운영시스템을 마련함으로써 내원한 환자에게 정형화된 문진표를 작성하게 하거나 처방한 약물의 부작용을 환자에게 설명해주는 문서를 비치,

작성하여 교부하거나, 간호사 등 병원 소속 직원들로 하여금 환자의 과거병력이나 약물사용 내역 등을 물어 이를 진료의사나 주사처치 간호사에게 전달하게 하는 등으로 진료 및 주사처치 시스템을 운영하여야 하는데도 이를 게을리하였으며, 이러한 병원 경영진 및 병의 과실과 갑의 사망 사이에 인과관계도 인정되므로, 을 의료법인은 병이 갑에게 디클로페낙 성분의 주사제 처방 전에 갑이나 보호자에게 주사제로 인한 부작용 및 합병증, 다른 치료방법 및 치료하지 않을 경우의 예후 등에 대하여 문진하지 않고, 필요한 설명을 하지 아니한 과실로 갑이 디클로페낙 성분의 주사를 맞아 과민성 쇼크로 사망하게 한 불법행위에 대하여 병의 사용자 내지 병원 경영진의 사용자로서 갑의 사망으로 인한 손해를 배상할 책임이 있다고 한 사례이다.

4. 검토

피고는, 의사 소외 1이 망인에게 디클로페낙 성분의 주사제 처방 전에 망인이나 그 보호자에게 위 투여하는 주사제로 인한 부작용 및 합병증, 다른 치료방법 및 치료하지 않을 경우의 예후 등에 대하여 문진하지 않고, 필요한 설명을 하지 아니한 과실로 망인이 유니페낙 주사를 맞아 디클로페낙에 의한 아나필락시스 쇼크로 사망하게 한 불법행위에 대하여 의사 소외 1의 사용자 내지 이 사건 병원 경영진의 사용자로서 망인의 사망으로 인한 손해를 배상할 책임이 있다.

제6장
의료사고와 관련한 각종 통계

1. 한국의료분쟁조정중재원 통계(2017~2021년)

한국의료분쟁조정중재원은 의료사고의 신속·공정한 피해구제 및 보건의료인의 안정적인 진료환경을 조성하게 위하여 2012년 4월 9일 설립되었다. 이곳에서는 매년 의료분쟁 조정·중재에 대한 통계를 발표하고 있다.

2022년 4월에 발표한 자료에 따르면, 매년 의료분쟁 상담 건수는 증가하고 있으며, 의료분쟁 조정 신청 건수도 큰 폭으로 증가하고 있는 것을 볼 수 있다. 그리고 보건의료기관의 조정 신청도 지속적으로 증가하고 있으며, 최근 5년간 의료행위별 감정 결과 의과는 '수술', 치과는 '임플란트', 한의과는 '침', 약제과는 '조제'로 인한 분쟁이 많았다. 또한 최근 5년간 종결된 7,557건의 사건 중 3,912건[40]의 의료분쟁이 원만히 해결되었으며, 평균 사건 처리 기간은 106.2일, 조정성립률은 62.2%로 높았다.

구분	방문	온라인	우편	전화	계
2017년	2,000	2,812	855	49,262	54,929
2018년	2,161	2,867	209	59,939	65,176
2019년	2,755	4,074	328	56,781	63,938
2020년	1,553	4,838	1,030	49,153	56,574
2021년	1,379	2,097	1,199	47,246	46,972

[표1] 연도별 의료분쟁 상담 현황

---

40) 합의 3,912건, 조정결정 후 성립 742건, 중재 6건(화해중재 2건, 중재판정 4건)

구분	2017년	2018년	2019년	2020년	2021년	계
내과	420	457	404	299	310	1,890
외과	157	193	172	161	154	837
정형외과	492	587	672	421	474	2,646
신경외과	223	275	271	242	205	1,216
성형외과	102	160	151	121	143	677
흉부외과	67	71	55	42	22	257
산부인과	146	188	120	113	107	674
소아청소년과	41	34	22	21	14	132
안과	75	99	111	97	104	486
이비인후과	65	119	70	55	42	351
피부과	54	65	57	69	51	296
비뇨의학과	44	67	78	60	55	304
신경과	22	38	39	29	27	155
마취통증의학과	28	22	35	38	27	148
정신건강의학과	27	24	16	11	12	90
영상의학과	7	5	11	9	8	40
진단검사의학과	3	4	11	9	4	31
재활의학과	24	34	26	26	21	131
가정의학과	23	23	31	17	22	116
응급의학과	74	99	94	65	63	395
치과	246	277	307	235	244	1,309
한방과	63	57	49	60	40	269
약제과	2	3	3	-	1	9
방사선종양학과	5	2	-	-	-	7
기타	12	23	18	16	19	88

[표2] 연도별 진료과목별 조정 신청 현황

구분		2017년	2018년	2019년	2020년	2021년	계
의과	진단	156	203	227	161	151	898
	검사	74	33	51	52	53	263
	투약	41	55	55	40	47	238
	주사	42	60	64	43	33	242
	수혈	2	2	1	1	3	9
	처치	239	409	372	349	234	1,603
	수술	417	625	691	659	505	2,957
	마취	8	9	5	6	2	30
	분만	28	32	32	23	15	130
	내시경	6	15	14	24	23	82
	건강검진	1	3	4	6	2	16
	전원	3	3	3	-	1	10
	시술	-	-	-	-	54	54
	기타	38	38	38	14	20	148
치과	교정	14	14	8	12	13	61
	의치	2	5	-	2	5	14
	발치	21	25	30	40	25	141
	보철	27	36	36	30	32	161
	임플란트	28	44	19	39	38	168
	보존	17	24	40	22	21	124
	치주치료	9	5	13	3	8	38
	기타	3	8	4	5	4	24
한의과	한약	3	5	1	5	-	14
	침	16	11	16	20	15	78
	부항	-	-	1	2	-	3
	뜸	1	1	1	1	-	4
	신한방의료	1	-	-	-	-	1
	물리치료	1	1	4	9	4	19
	기타	2	2	4	4	4	16
약제과	조제	-	-	2	-	-	2
	복약지도	-	-	1	-	-	1
기타		1	1	-	1	-	3

[표3] 연도별 의료행위별 감정 처리 현황

조정	합의		3,912(60.4)
	조정결정	성립	742(11.5)
		불성립	789(12.2)
		소계	1,531(23.7)
	부조정 결정		1,024(15.8)
중재	화해중재		2(0.0)
	중재판정		4(0.1)
	종료결정		0(0)
	계		6(0.1)
계			6,473(100.0)

[표4] 최근 5년간 의료분쟁 조정·중재 처리 현황(취하·각하 제외)

구분	평균 사건 처리 기간	조정성립률
2017년	92.4	60.9
2018년	102.7	59.4
2019년	107.3	63.4
2020년	122.7	61.1
2021년	101.3	66.0
계	106.2	62.2
전년대비	△21.4%	4.9%

[표5] 연도별 조정 처리 기간 및 조정성립률 현황

2. 소비자분쟁조정위원회의 의료분쟁 통계자료(2016)

일반적으로 의료행위는 질병의 치료를 의미하지만, 의학이 발전되고 의료서비스가 다양해지면서, '의료사고'로 규정되지 않는 소비자 피해 사례가 증가하고 있다.

이에 따라, 의료사고로 인한 피해만을 그 대상으로 하는 한국의료분쟁조정원과 달리 소비자가 의료기관의 의료서비스를 이용하면서 입은 피해 전반을 신속·공정하게 처리하는 소비자분쟁조정위원회(이하 위원회라 한다)의 역할은, 의료분쟁 해결의 길라잡이로서 그 중요성이 날로 더해가고 있다.

무엇보다, 한국의료분쟁조정중재원의 경우 의료기관의 명시적 동의 없이는 분쟁조정 절차가 개시되지 않아 의료소비자의 권익보호에 한계가 있으나(사망이나 중상해가 발생한 의료사고의 경우 제외), 위원회의 경우 당사자의 동의 여부와 관계없이 조정 절차가 진행되어 의료소비자 피해구제에 보다 실효성 있는 성과를 나타내고 있다.

앞으로도 위원회는 소비자기본법상의 집단분쟁조정제도의 활용을 통해 의료소비자의 피해 구제와 국민들의 인식 제고에 앞장서고, 한국의료분쟁조정원과의 합리적인 역할 분담을 통해 소비자의 선택권을 보장하여, 의료서비스를 이용하는 소비자들의 권익증진에 기여할 것이다.

1) 신청인 특성현황

(1) 성별

남	여	계
591(51.9)	547(48.1)	1,138(100)

(2) 연령

10세 미만	10~19	20~29	30~39	40~49	50~59	60~69	70세 이상	반려 동물	계
31	34	67	126	157	272	236	210	5	1,138

(3) 지역별

강원	31(2.6)	세종	4(0.4)
경기	306(26.9)	울산	18(1.6)
경상	84(7.3)	인천	77(6.8)
광주	26(2.3)	전라	61(5.4)
대구	36(3.2)	제주	10(0.9)
대전	45(3.9)	충청	57(5.0)
부산	69(6.1)	해외	1(0.1)
서울	313(27.5)	총계	1,138(100)

2) 의료기관 특성 현황

(1) 진료과목별

가정의학·방사선종양학·정신의학과	6(0.5)	기타 병의원 서비스	22(1.9)
내과	172(15.1)	동물병원	9(0.9)
비뇨기과	43(3.8)	산부인과	54(4.7)
소아청소년과	19(1.7)	신경(외)과	128(11.2)
안과	47(4.1)	이비인후과	31(2.7)
일반외과	109(9.6)	응급의학과	21(1.8)
정형외과	221(19.4)	진단검사의학·영상의학과	4(0.4)
재활의학·마취통증학과	10(10.0)	치과	100(8.8)
피부·성형외과	95(8.3)	한방진료	30(2.6)
흉부외과	17(1.5)	계	1,138(100)

(2) 의료기관별

의원	병원	종합병원	상급종합병원	기타	계
322(28.3)	243(21.4)	281(24.7)	288(25.3)	4(0.3)	1,138(100)

3) 사건 특성현황

(1) 의료행위 단계별

일반 수술	분만	시술	진단	건강 검진	처치	진료비	병원관리·안전	계
481 (42.3)	6 (0.5)	101 (8.8)	142 (12.5)	5 (0.4)	364 (32.1)	28 (2.4)	11 (1.0)	1,138 (100)

(2) 책임 유형별

주의 및 설명의무 소홀	주의의무 소홀	설명의무 소홀	무과실	기타	계
99 (8.7)	348 (30.6)	212 (18.6)	407 (35.8)	72 (6.3)	1,138 (100)

*기타 : 진료비 환급 관련 분쟁 등

(3) 피해 유형별

사망	장애	부작용·악화	감염	계약관련·기타	계
175 (15.4)	146 (12.8)	691 (60.7)	73 (6.4)	53 (4.7)	1,138 (100)

(4) 조정결과 현황

기각	배상	신청취하	처리불능	처리중지·각하	합의이행	환급	계
238 (20.9)	378 (33.2)	222 (19.5)	6 (0.5)	7 (0.6)	267 (23.5)	20 (1.8)	1,138 (100)

(5) 조정결정금액별 분포(배상으로 조정 결정한 665건)

200만원 이하	201~ 500만원	501~ 1,000만원	1,001~ 5,000만원	5,001~ 1억원	1억원 이상	계
271 (40.8)	200 (30.0)	86 (12.9)	98 (14.7)	6 (1.0)	4 (0.6)	665 (100)

(6) 조정성립현황(배상으로 조정 결정한 665건)

성립	불성립	성립기간 중	계
484 (72.8)	170 (25.6)	11 (1.6)	665 (100)

3. 2021년 대법원 사법연감

대법원에서는 매년 사법연감을 발간하여 법원에서 다뤘던 사건들의 추이를 비교하여 통계로 제시하고 있다. 이 중 민사본안사건 제1심 종류별 건수표에는 의료사고와 관련된 통계가 있다.

종류법원	자동차 (2020)	산업재해 (2020)	의료과오 (2020)	의료과오 (2018)	의료과오 (2017)	의료과오 (2016년)
서울중앙지법	1,106	105	176	200	229	226
서울동부지법	74	26	54	54	41	51
서울남부지법	93	54	38	52	47	42
서울북부지법	38	18	37	37	49	44
서울서부지방법	44	18	30	29	43	32
의정부지법	27	29	16	17	11	21
고양지원	16	15	13	18	11	21
소 계	1,398	265	364	407	431	437
인천지방법원	53	48	64	58	54	57
부천지원	26	22	23	19	17	14
소 계	79	70	87	77	71	71
수원지방법원	66	57	39	47	45	29
성남지원	38	15	20	22	18	13
여주지원	8	11	1	2	6	4
평택지원	16	11	16	5	-	6
안산지원	23	41	26	15	19	18
안양지원	14	18	12	13	14	11
소 계	165	153	114	104	102	81
춘천지방법원	8	9	2	2	4	4
강릉지원	9	5	3	1	5	2
원주지원	12	14	8	4	3	4
속초지원	5	1	2	2	3	-
영월지원	3	5	1	1	2	-
소 계	37	34	16	10	17	10
대전지방법원	64	35	35	31	37	22
홍성지원	8	3	1	2	2	-
공주지원	-	2	3	1	-	-
논산지원	5	3	-	2	2	-

서산지원	8	4	3	3	3	4
천안지원	22	20	15	13	10	11
소　계	107	67	57	39	44	37
청주지방법원	23	13	8	16	11	16
충주지원	6	13	2	2	2	1
제천지원	1	3	2	1	-	2
영동지원	3	3	1	2	-	2
소　계	33	32	13	21	13	21
대구지방법원	49	29	38	32	36	39
서부지원	17	24	8	2	10	7
안동지원	8	1	2	2	1	3
경주지원	4	12	4	3	1	4
포항지원	14	13	5	9	4	6
김천지원	5	9	4	5	3	8
상주지원	1	3	-	-	-	2
의성지원	4	1	1	-	-	-
영덕지원	-	-	-	-	2	-
소　계	102	92	62	53	57	69
부산지방법원	61	39	36	54	64	78
동부지원	28	11	31	19	15	22
서부지원	30	36	22	16	-	-
소　계	119	96	89	89	79	100
울산지방법원	68	40	30	27	11	18
창원지방법원	32	40	18	20	24	10
마산지원	10	4	3	3	6	4
진주지원	20	3	14	4	10	9
통영지원	6	8	4	4	4	1
밀양지원	4	2	1	2	4	1
거창지원	4	3	1	1	1	-
소　계	144	100	71	61	60	43
광주지방법원	54	35	32	28	29	39
목포지원	9	10	1	1	9	3
장흥지원	3	-	4	1	-	-
순천지원	11	21	6	4	6	10
해남지원	-	1	1	-	1	1

소 계	77	67	44	34	45	53
전주지방법원	18	18	18	27	25	22
군산지원	16	8	3	9	7	5
정읍지원	4	8	-	1	1	5
남원지원	2	2	-	-	-	2
소 계	39	36	21	37	33	34
제주지방법원	18	4	12	10	8	7
합 계	2,320	1,008	950	942	960	963

[표6] 민사본안사건 제1심 종류별 건수표 자료 : 사법연감 2021

제7장
응급의료관리

제1절 응급의료관리

1. 목적

국민들이 응급상황에서 신속하고 적절한 응급의료를 받을 수 있도록 응급의료에 관한 국민의 권리와 의무, 국가·지방자치단체의 책임, 응급의료제공자의 책임과 권리를 정하고 응급의료자원의 효율적 관리에 필요한 사항을 규정함으로써 응급환자의 생명과 건강을 보호하고 국민의료를 적정하게 함을 목적으로 「응급의료에 관한 법률」이 제정되었다.

2. 응급의료관리란?

1) 응급증상

① 신경학적 응급증상 : 급성 의식장애, 급성 신경학적 이상, 구토, 의식장애 등의 증상이 있는 두부손상

② 심혈관계 응급증상 : 심폐소생술이 필요한 증상, 급성 호흡곤란, 심장질환으로 인한 급성 흉통, 심계항진, 박동이상 및 쇼크

③ 중독 및 대사 장애 : 심한 탈수, 약물, 알코올 또는 기타 물질의 과다 복용이나 중독, 급성 대사장애(간부전, 신부전, 당뇨병 등)

④ 외과적 응급증상 : 개복술을 요하는 급성 복증(급성복막염, 장폐색증, 급성 췌장염 등 중한 경우에 해당), 광범위한 화상(외부 신체표면적의 18% 이상), 관통상, 개방성, 다발성 골절 또는 대퇴부, 척추의 골절, 사지를 절단할 우려가 있는 혈관손상, 전신마취 하에 응급수술에 요하는 증상, 다발성 외상

⑤ 출혈 : 계속되는 각혈, 지혈이 안 되는 출혈, 급성 위장관 출혈

⑥ 안과적 응급증상 : 화학물질에 의한 눈의 손상, 급성 시력소실

⑦ 소아과적 응급증상 : 소아 경련성장애

⑧ 정신과적 응급증상 : 자신 또는 다른 사람을 해할 우려가 있는 정신장애

⑨ 알러지 : 얼굴 부종을 동반한 알러지 반응

2) 응급증상에 준하는 증상

① 신경과적 응급증상 : 의식장애

② 심혈관계 응급증상 : 호흡곤란

③ 외과적 응급증상 : 화상, 급성 복증을 포함한 배의 전반적인 이상증상, 골절·외상 또는 탈골, 기타 응급수술을 요하는 증상, 배뇨장애

④ 출혈 : 혈관손상

⑤ 소아과적 응급증상 : 소아경련, 38℃ 이상인 소아고열(공휴일, 야간 등 의료서비스가 제공되기 어려운 때에 3세 이하의 소아에게 나타나는 증상을 말한다)

⑥ 산부인과적 응급증상 : 성폭력으로 인하여 산부인과적 검사 또는 처치가 필요한 증상

3) 응급의료에 관한 법률

제7조(응급환자가 아닌 사람에 대한 조치) ① 의료인은 응급환자가 아닌 사람을 응급실이 아닌 의료시설에 진료를 의뢰하거나 다른 의료기관에 이송할 수 있다.
② 진료의뢰·환자이송의 기준 및 절차 등에 관하여 필요한 사항은 대통령령으로 정한다.

제8조(응급환자에 대한 우선 응급의료 등) ① 응급의료종사자는 응급환자에 대하여는 다른 환자보다 우선하여 상담·구조 및 응급처치를 하고 진료를 위하여 필요한 최선의 조치를 하여야 한다.
② 응급의료종사자는 응급환자가 2명 이상이면 의학적 판단에 따라 더 위급한 환자부터 응급의료를 실시하여야 한다.

제2편
의료소송

제1장
의료소송 준비절차

제1절
의료소송(민사) 절차 및 준비사항

의료소송이란 주로 의료인으로부터 의료행위를 시행 받은 환자측이 그 의료행위상의 고의 또는 과실을 주장하여 의료인측에게 손해배상을 구하는 소송을 가리키지만, 의사의 업무상 과실치상이나 과실치사를 다투는 형사소송이나 의료법 위반을 다투는 행정소송도 이에 포함될 수 있습니다. 하지만 의료사고라고 해서 모든 경우 의료인이 책임을 지는 것은 아니므로 의료소송을 제기하기 이전에 단순한 의료사고인지, 아니면 의료과실인지에 대한 의학적·법률적 검토를 선행하는 것이 좋습니다.

의료사고로 손해를 입은 환자가 의료인에게 손해배상 청구를 하기 위해서는 민사소송을 제기해야 합니다. 민사소송을 제기할 때에는 채무불이행으로 인한 민사소송과 불법행위로 인한 민사소송으로 나눌 수 있습니다.

의료사고로 인한 소송 제기 시 환자가 절대적으로 불리하다는 것이 일반적인 생각이지만, 실제 소송 통계를 보면 환자의 주장이 받아들여지는 비율(인용율)이 59퍼센트에 이르는 것을 알 수 있습니다.

의료사고를 당한 환자가 소장을 제출하면 담당 법원에서는 소장을 심사하여 의료인에게 소장부본을 전달합니다. 의료인이 이에 대한 답변서를 법원에 제출하면 사건을 맡은 재판장이 기록을 검토하고 사건을 분류합니다. 재판장이 변론기일을 지정하면 그 이후부터 양측의 공방이 시작되고, 모든 절차가 끝나면 재판장은 판결을 내립니다.

1심 재판 결과에 수긍할 수 없을 경우 항소(2심 재판 신청)할 수 있고, 2심 재판 결과에 수긍할 수 없을 경우에는 상고(3심 재판 신청)할 수 있습니다. 항소 및 상고를 할 때에는 양측의 소송비용을 패소한 당사자가 부담하는 점에 유의해야 합니다. 의료소송(민사)은 다음과 같은 순서로 진행됩니다.

1. 원고(환자)의 소장접수

소송을 제기하려면 '소장'이라는 서류를 관할 지방법원에 제출하여야 합니다(민사소송법 제248조).

접 수 인

소 장

사 건 번 호		
배당순위번호		
담 당	제	단독

사 건 명

원고 　(이름) 　　　(주민등록번호 　　　 - 　　　)

　　　(주소) 　　　　　(연락처)

1. 피고 (이름) 　　　(주민등록번호 　　　 - 　　　)

　　　(주소) 　　　　　(연락처)

2. 피고 (이름) 　　　(주민등록번호 　　　 - 　　　)

　　　(주소) 　　　　　(연락처)

소송목적의 값	원	인지	원
(인지첩부란)				

청 구 취 지

1. (예시)피고는 원고에게 55,000,000원 및 이에 대하여 소장 부본 송달 다음날부터 다 갚는 날까지 연 15%의 비율로 계산한 돈을 지급하라.

2. 소송비용은 피고가 부담한다.

3. 제1항은 가집행할 수 있다.

라는 판결을 구함.

청 구 원 인

1.
2.
3.

입 증 방 법

1. 계약서
2.

첨 부 서 류

1. 위 입증서류	각 1통
1. 소장부본	1부
1. 송달료납부서	1부

20 .   .   .

위 원고   ○○○   (서명 또는 날인)

○○ 지방법원   귀중

◇유의사항◇

1. 연락처란에는 언제든지 연락 가능한 전화번호나 휴대전화번호, 그 밖에 팩스번호·이메일 주소 등이 있으면 함께 기재하여 주시기 바랍니다. 피고의 연락처는 확인이 가능한 경우에 기재하면 됩니다.

2. 첨부할 인지가 많은 경우에는 뒷면을 활용하시기 바랍니다.

휴대전화를 통한 정보수신 신청

위 사건에 관한 재판기일의 지정·변경·취소 및 문건접수 사실을 예납의무자가 납부한 송달료 잔액 범위 내에서 아래 휴대전화를 통하여 알려주실 것을 신청합니다.

■ 휴대전화 번호 :

20 . . .

신청인 원고   (서명 또는 날인)

※ 종이기록사건에서 위에서 신청한 정보가 법원재판사무시스템에 입력되는 당일 문자메시지로 발송됩니다(전자기록사건은 전자소송홈페이지에서 전자소송 동의 후 알림서비스를 신청할 수 있음).

※ 문자메시지 서비스 이용금액은 메시지 1건당 17원씩 납부된 송달료에서 지급됩니다(송달료가 부족하면 문자메시지가 발송되지 않습니다.).

※ 추후 서비스 대상 정보, 이용금액 등이 변동될 수 있습니다.

※ 휴대전화를 통한 문자메시지는 원칙적으로 법적인 효력이 없으니 참고자료로만 활용하시기 바랍니다.

◇조정제도 안내◇

1. '조정절차'는 당사자 사이의 양보와 타협을 통해 분쟁을 적정·공정·신속·효율적으로 해결하는 화해적 절차입니다.

2. 조정이 성립되면 확정 판결과 동일한 효력을 얻게 됩니다.

3. 수소법원(사건을 담당하는 재판부)은 필요하다고 인정하면 항소심 판결 선고 전까지 사건을 조정에 회부할 수 있습니다. 조정이 불성립하면 재판절차가 다시 진행됩니다.

4. 조정이 성립한 경우 소장·항소장 등에 붙인 인지액의 2분의 1에 해당하는 금액의 환급을 청구할 수 있습니다.(인지액의 2분의 1에 해당하는 금액이 10만 원 미만이면 인지액에서 10만 원을 빼고 남은 금액)

2. 소장 제출 법원

① 자연인 : 환자(피고)의 주소지 관할법원, 주소를 알 수 없는 때에는 현재 사실상 거주하는 곳(거소), 거소가 없거나 알 수 없는 때에는 최후의 주소지 관할 법원에 제출하면 됩니다(민사소송법 제3조).

② 법인이나 단체 : 주된 사무소 또는 본점의 소재지, 주된 영업소가 없는 때에는 주된 업무담당자의 주소지 관할법원에 제출하면 됩니다(민사소송법 제5조).

③ 당사자의 합의에 의하여 인정되는 소장 제출법원 : 법률상의 전속관할로 지정된 경우를 제외하고는 당사자가 일정한 법률관계에 기인한 소에 관하여 서면으로써 합의에 의하여 제1심 관할법원을 정할 수도 있습니다.

3. 소장 기재 내용

소장에는 소를 통하여 손해배상 등의 청구를 하는 사람인 원고(환자)가 청구의 상대방인 피고(의료인)에게 무엇을 청구하며 어떤 이유로 청구하는가에 관한 내용이 담겨있어야 합니다. 소장에 기재되어야 할 내용은 다음과 같습니다(민사소송법 제249조).

① 소송의 당사자: 원고와 피고

　1. 성명(법인일 경우 상호), 주소, 주민등록번호
　2. 대리인이 있는 경우 대리인의 성명과 주소

② 연락처: 전화번호, 팩스번호, E-Mail 주소

③ 청구취지: 소송을 통해 상대방에게 청구하는 것이 무엇인지를 간결하고 명확하게 표현되어야 합니다. 예를 들어 "피고는 원고에게 금 1억원 및 이에 대한 이 사건 소장 부본 송달일 다음날로부터 연 20퍼센트의 비율에 대한 금원을 지급하라"라고 표현할 수 있습니다.

④ 청구원인: 청구하는 이유가 무엇인지 즉, 권리 또는 법률관계의 성립원인 사실을 기재합니다.

⑤ 부속서류의 표시 : 소장에 첨부하는 증거서류 등

⑥ 작성 연월일

⑦ 법원의 표시

⑧ 작성자의 기명날인 및 간인(간인이란 앞장의 서류를 반 접어 도장이 앞장과 뒷장 모두 찍히도록 하는 것입니다)

4. 소송구조

① 소송구조는 소송비용을 지출할 자금능력이 부족한 사람에 대하여 법원이 당사자의 신청 또는 직권으로 재판에 필요한 비용(인지대, 변호사 보수, 송달료, 증인여비, 감정료 기타 재판비용)의 납입을 유예 또는 면제시킴으로써 그 비용을 내지 않고 재판을 받을 수 있도록 하는 제도입니다.

② 소송구조의 대상 : 소송구조는 민사소송, 행정소송, 가사소송의 본안사건은 물론이고, 독촉사건, 가압류·가처분신청사건도 그 대상이 됩니다.

③ 소송구조 신청절차 : 소송을 제기하려는 사람과 소송계속 중의 당사자가 신청할 수 있으며, 자연인은 물론 외국인과 법인도 신청할 수 있습니다. 신청서에는 1,000원의 인지와 송달료 2회분을 첨부하여, 소 제기 전에는 소를 제기하려는 법원, 소 제기 후에는 소송기록을 보관하고 있는 법원에 신청하여야 합니다.

④ 소송구조 요건 : 소송구조를 하기 위해서는 신청인의 무자력과 승소가능성이라는 두 가지 요건이 필요합니다.
무자력은 자연인의 경우에는 경제적으로 빈곤하여 자기 및 가족에게 필요한 생활을 해하지 않고서는 소송비용을 지출할 수 없는 상태에 있는 사람을 의미하며, 이에 대한 소명자료로 '소송구조 재산관계진술서'를 작성해서 제출하여야 합니다.
승소가능성은 신청인이 그 소송에서 패소할 것이 분명하지 아니할 경우 인정되며, 법원이 재판절차에서 나온 자료를 기초로 판단합니다.

⑤ 외국인을 위한 소송구조 지정변호사제도
외국인 관련 사건이 많은 서울중앙지방법원, 서울행정법원, 서울가정법원, 수원지방법원 안산지원, 인천지방법원 부천지원, 대구지방법원 서부지원에서는 외국인 소송구조 지정변호사제도를 실시합니다. 그 주요내용은 경제사정이 어려운 외국인·이주민 소송 등에서 외국인 등이 법원에 소송구조를 문의하면, 법원은 미리 선정된'외국인 소송구조 변호사단'을 안내함으로써 외국인이 소송구조신청절차 및 소장 작성을 포함한 소송절차에서 변호사의 도움을 받을 수 있으며, 필요한 경우 통역인의 지원도 얻을 수 있습니다.

소송구조 재산관계진술서

신 청 인	이 름		주민등록번호				
	직 업		주 소				

가족관계	이 름	신청인과 관계	나 이	직 업	월수입	동거 여부

신청인의 월 수 입	금 액	
	내 역	

수급권자 여 부	☐ 국민기초생활보장법상의 수급권자임　　☐ 한부모가족지원법상의 지원대상자임 ☐ 기초연금법상의 수급권자임　　　　　☐ 장애인연금법상의 수급권자임 ☐ 북한이탈주민의 보호 및 정착지원에 관한 법률상의 보호대상자임 ☐ 수급권자·지원대상자·보호대상자 아님

신청인의 주 거	형 태	아파트, 단독주택, 다가구주택, 연립주택, 다세대주택 기타(　　　　　　　　　　　　　　)
	소유관계	신청인 또는 가족 소유 (소유자 :　　　　　) 임대차(전세, 월세 : 보증금　　원, 월세　　원) 기타(　　　　　　　　　　　　　　)

신청인과 가족들이 보유한 재산내역	부동산	
	예금	
	자동차	
	연금	
	기타	

신청인은 이상의 기재사항이 모두 사실과 다름이 없음을 확약하며 만일 다른 사실이
밝혀지는 때에는 구조결정이 취소되더라도 이의가 없습니다.

20 ．　 ．　 ．
신청인　○○○ (서명 또는 날인)

○○지방법원 제○부(단독) 귀중

※ 작성시 유의사항

1. 가족관계 : 배우자, 부모, 동거 중인 형제자매

2. 재산내역

 ① 부동산 : 등기 여부에 관계없이 권리의 종류, 부동산의 소재지, 지목, 면적(㎡), 실거래가액
   을 기재
   (예시) 임차권, 서울 서초구 서초동 ○○번지 ○○아파트 ○동 ○호 50㎡, 임대차보증금 ○
   ○○만원

 ② 예금 : 50만원 이상인 예금의 예금주, 예탁기관, 계좌번호, 예금의 종류를 기재
   (예시) 예금주 ○○○, △△은행 서초지점 계좌번호00-00-00, 보통예금, ○○○만원

 ③ 자동차 : 차종, 제작연도, 배기량, 차량등록번호, 거래가액을 기재
   (예시) 캐피탈 1993년식, 1500㏄, 서울○○두1234, ○○○만원

 ④ 연금 : 액수 관계없이 연금의 종류, 정기적으로 받는 연금 액수, 기간을 기재
   (예시) 유족연금 매월 30만원, 20○○. . .부터 20○○. . .까지

 ⑤ 기타 : 소유하고 있는 건설기계, 선박 또는 50만원 이상의 유가증권, 회원권, 귀금속 등을 기재

※ 첨부서면

1. 가족관계를 알 수 있는 주민등록등본 또는 가족관계증명서, 재산내역을 알 수 있는 등기부등
   본, 자동차 등록원부등본, 예금통장사본, 위탁잔고현황, 각종 회원증 사본

2. 다음에 해당하는 서류가 있는 경우에는 이를 제출하시기 바랍니다.
   - 법률구조공단의 구조결정서 사본
   - 근로자 및 상업 종사자 : 근로소득원천징수영수증 또는 보수지급명세서, 국민건강보험료부과
     내역서, 국민연금이력요약/가입증명서, 소득금액증명서
   - 공무원 : 재직증명서 또는 공무원증 사본
   - 국가보훈대상자 : 국가유공자임을 증명하는 서면
   - 소년·소녀가장 : 가족관계증명서
   - 외국인 : 여권사본 또는 외국인등록증사본
   - 법인 : 대차대조표, 재산목록, 영업보고서, 손익계산서

5. 법원 사무관 등 소장심사

① 소장이 법원에 접수되면 사건 번호를 붙이게 됩니다(예를 들어 '2010가합7891 손해배상(의)'와 같은 방식입니다. (의)는 의료사고에 해당합니다).

② 사건번호가 붙은 소장을 배당받은 재판장은 「민사소송법」에 규정된 기재사항이 잘 기재되어 있는지를 심사합니다. 만약 기재내용이 미비하거나, 인지가 붙어 있지 않은 경우 이것을 수정 또는 보충하라는 명령(보정명령)을 내리게 됩니다. 소장의 보정명령을 받은 원고가 이를 보정하지 않으면 재판장은 소장을 각하시킬 수 있습니다. 따라서 소장의 내용이 충실하더라도 형식적인 요구사항이 빠지면 소가 각하 당할 수 있으니 주의해야 합니다.

[전산양식 A1330]

소송구조신청서

수입인지 1,000원
송달료 2회분

구조대상사건 : 20○○가합○○○ 손해배상(자)
신청인(원고, 피고) ○○○
　　　　　　　주소 :
　　　　　　　전화, 휴대폰, 팩스번호 :
상대방(원고, 피고) ○○○
　　　　　　　주소 :

신청인은 위 사건에 관하여 아래와 같은 사유로 소송구조를 신청합니다.

1. 구조를 신청하는 범위
□ 인지대　　[□ 소장　□ 상소장　□ 기타(　　　　　)]
□ 변호사비용
□ 기타 (　　　　　　　　　　　　　　)
□ 위 각 사항 등을 포함한 소송비용 전부

2. 구조가 필요한 사유
가. 사건 내용 : 별첨 기재와 같다(소장 사본의 첨부로 갈음 가능).

나. 신청인의 자력 :
□ 「국민기초생활보장법」에 따른 수급자(수급자 증명서)
□ 「국민기초생활보장법」에 따른 차상위계층 : 차상위계층 확인서
□ 「한부모가족지원법」에 따른 지원대상자(한부모가족증명서)
□ 「기초연금법」에 따른 수급자(기초연금수급자 증명서 또는 기초노령연금 지급내역이 나오는
　　거래은행통장 사본)
□ 「장애인연금법」에 따른 수급자(장애인연금수급자 증명서 또는 장애인연금 지급내역이 나오는
　　거래은행통장 사본)
□ 「북한이탈주민의 보호 및 정착지원에 관한 법률」에 따른 보호대상자(북한이탈주민등록확인서)
※ 위 수급자 등 대상자는 해당 증명서면 외에 재산관계진술서 등 자금능력 부족을 소명하는 자료를
　　별도로 제출할 필요가 없음
□ 위 대상자 외의 자 : 재산관계진술서 및 그 밖의 소명자료 첨부

　신청인은 소송진행 중이나 완결 후에 신청인의 직업이나 재산에 중대한 변동이 생긴 때,
소송의 결과 상대방으로부터 이행을 받게 된 때에는 법원에 즉시 그 내용을 신고하겠습니다.

20 ．　．　．
신청인 ○○○　　　　　　　　　　　　　(서명 또는 날인)

○○지방법원 제○부(단독) 귀중

6. 피고(의료인)에게 소장부본 송달

① 법원은 소장심사가 끝나면 소장의 부본(법률적으로는 다른 것이지만, 복사본과
비슷한 것이라고 이해할 수 있습니다)을 소송의 상대방에게 보내게 되고, 이것을
송달이라고 합니다(민사소송법 제255조).
소장의 부본은 등기로 송달되므로 반드시 적법한 수령권자(본인이나 가족 등)에게
전달되지 않고는 송달이 이루어지지 않은 것으로 됩니다. 따라서 이러한 경우 법
원의 일정한 사항을 게시하는 공시송달의 방법을 이용할 수도 있습니다.

② 소장을 송달받았다는 것은 상대방이 소송을 걸어왔다는 의미입니다. 소장을 송달받은
당사자(피고)는 소장에 대한'답변서'를 준비하여야 합니다(민사소송법 제256조).

③ 송달불능인 경우 : 송달불능인 경우 수취인 부재 또는 폐문부재 송달받을 자가 군입대, 교도소수감 등의 사유로 현재 부재중인 경우에는 군부대의 소속 및 구치소 또는 교도소명을 기재하여 주소보정을 하면 법원에서는 그 장소로 다시 재송달을 실시하며, 장기여행이나 직장생활 등으로 폐문부재인 경우에는 재송달신청을 하거나 집행관으로 하여금 송달할 수 있도록 하는 특별송달신청을 하여 휴일이나 야간에도 송달을 할 수 있습니다.

주소불명 또는 이사불명 번지를 기재하지 않았거나, 같은 번지에 호수가 많아서 주소를 찾을 수 없는 경우 및 이사를 한 경우에는 새 주소를 정확하게 파악하여 주소보정을 신청하고, 당사자의 주소, 거소 기타 송달할 주소를 알 수 없는 경우에는 소명자료를 갖추어 공시송달신청을 할 수 있습니다. 수취인불명 수취인의 주소나 성명의 표기가 정확하지 않아 송달이 불능된 때에는 정확한 주소 및 성명을 적은 보정서를 제출해야 합니다.

주 소 보 정 서

사건번호 20 가 (차)   [담당재판부 : 제 (단독)부]
원고(채권자)
피고(채무자)

위 사건에 관하여 아래와 같이 피고(채무자)   의 주소를 보정합니다.

주소 변동 유무	□주소변동없음	종전에 적어낸 주소에 그대로 거주하고 있음
	□주소변동있음	새로운 주소 : (우편번호 -)
송달 신청	□재송달신청	종전에 적어낸 주소로 다시 송달
	□특별송달신청	□ 주간송달 □ 야간송달 □ 휴일송달 □ 종전에 적어낸 주소로 송달 □ 새로운 주소로 송달
	□공시송달신청	주소를 알 수 없으므로 공시송달을 신청함 (첨부서류 :)
20 . . . 원고(채권자) (서명 또는 날인) 법원 귀중		

[주소보정요령]

1. 상대방의 주소가 변동되지 않은 경우에는 주소변동 없음란의 □에 "✔" 표시를 하고, 송달이 가능한 새로운 주소가 확인되는 경우에는 주소변동 있음란의 □에 "✔" 표시와 함께 새로운 주소를 적은 후 이 서면을 주민등록표초본 등 소명자료와 함께 법원에 제출하시기 바랍니다. (상대방의 주소가 변동되지 않은 경우에도 주민등록표초본 등 소명자료 제출요함)

2. 법인 대표자의 주소로 송달장소를 보정할 경우에는 주소변동 있음란의 □에 "✔" 표시와 함께 새로운 송달장소를 적은 후 이 서면을 대표자의 주민등록표 초본 등의 소명자료와 함께 법원에 제출하시기 바랍니다.

3. 상대방이 종전에 적어 낸 주소에 그대로 거주하고 있으면 재송달신청란의 □에 "✔" 표시를 하여 이 서면을 주민등록표 초본 등 소명자료와 함께 법원에 제출하시기 바랍니다.

4. 수취인부재, 폐문부재 등으로 송달되지 않는 경우에 특별송달(집행관송달 또는 법원경위송달)을 희망하는 때에는 특별송달신청란의 □에 "✔" 표시를 하고, 통합송달·주간송달·야간송달·휴일송달 중 희망하는 란의 □에도 "✔" 표시를 한 후, 이 서면을 주민등록표 초본 등의 소명자료와 함께 법원에 제출하시기 바랍니다(특별송달에 필요한 송달료 추가납부와 관련된 문의는 재판부 또는 접수계로 하시기 바랍니다).

5. 통합송달은 채권자가 복수의 송달방법(주간송달, 야간송달 및 휴일송달)을 한 번에 신청할 수 있는 집행관송달 방식을 말합니다.

6. 공시송달을 신청하는 때에는 공시송달신청란의 □에 "✔" 표시를 한 후 주민등록말소자등본 기타 공시송달요건을 소명하는 자료를 첨부하여 제출하시기 바랍니다.

7. 지급명령신청사건의 경우에는 사건번호의 '(차)', '채권자', '채무자' 표시에 ○표를 하시기 바랍니다.

8. 읍·면사무소 또는 동주민센터 등에 이 서면 또는 주소보정권고 등 법원에서 발행한 문서를 제출하여 상대방의 주민등록표 초본 등의 교부를 신청할 수 있습니다(주민등록법 제29조 제2항 제2호, 동법 시행령 제47조 제5항 참조).

④ 공시송달 신청방법 : 일반적인 통상의 조사를 다하였으나 당사자의 주소, 거소, 영업소, 사무소와 근무장소 기타 법정의 송달장소 중 어느 한 곳도 알지 못한 경우에 송달받을 사람의 최후 주소지를 확인할 수 있는 자료(주민등록 등·초본)와 신청인이 송달받을 사람의 주거 발견에 상당한 노력을 한 사실 및 그럼에도 불구하고 이를 찾아낼 수 없었던 사실에 관하여 신빙할 만한 소명자료(집행관에 의한 특별송달 결과 등)를 첨부하여 신청합니다.

7. 피고(의료인)의 답변서 제출

① 소장을 송달받은 피고(의료인)는 송달받은 날부터 30일 내에 답변서를 준비하여
법원에 제출하여야 합니다.

답 변 서

사건번호 20   가   [담당재판부 : 제   (단독)부]
원   고   (이름)
          (주소)
피   고   (이름)   (주민등록번호   -   )
          (주소)   (연락처   )

　　　위 사건에 관하여 피고는 다음과 같이 답변합니다.

청구취지에 대한 답변

청구원인에 대한 답변

　　　　　　　20   .   .   .
　　　피고   (날인 또는 서명)

　　　　　　　　　　　　　　　　　　　○○지방법원   귀중

◇ 유의사항 ◇

1. 연락처란에는 언제든지 연락 가능한 전화번호나 휴대전화번호를 기재하고, 그 밖에 팩스번호,
   이메일 주소 등이 있으면 함께 기재하기 바랍니다.

2. 답변서에는 청구의 취지와 원인에 대한 구체적인 진술을 적어야하고 상대방 수만큼의 부본을
   첨부하여야 합니다.

3. 「청구의 취지에 대한 답변」에는 원고의 청구에 응할 수 있는지 여부를 분명히 밝혀야 하며,
   「청구의 원인에 대한 답변」에는 원고가 소장에서 주장하는 사실을 인정하는지 여부를 개별적

으로 밝히고, 인정하지 아니하는 사실에 관하여는 그 사유를 개별적으로 적어야 합니다.

4. 답변서에는 자신의 주장을 증명하기 위한 증거방법에 관한 의견을 함께 적어야 하며, 답변사항에 관한 중요한 서증이나 답변서에서 인용한 문서의 사본 등을 붙여야 합니다.

◇조정제도 안내◇

1. '조정절차'는 당사자 사이의 양보와 타협을 통해 분쟁을 적정·공정·신속·효율적으로 해결하는 화해적 절차입니다.

2. 조정이 성립되면 확정 판결과 동일한 효력을 얻게 됩니다.

3. 수소법원(사건을 담당하는 재판부)은 필요하다고 인정하면 항소심 판결 선고 전까지 사건을 조정에 회부할 수 있습니다. 조정이 불성립하면 재판절차가 다시 진행됩니다.

② 답변서의 제출

원고(환자)의 청구에 적극적으로 대응하려면 답변서를 구체적이고 실질적으로 준비하여 제출하여야 합니다. 따라서 다음의 사항들을 기재 및 첨부하도록 합니다.

1. 원고(환자)의 청구원인사실에 대한 인정여부

2. 의료인이 생각하기에 쟁점이 될 만한 중요한 간접사실·증거방법 및 항변사실

3. 중요한 증거자료들

③ 답변서의 미제출

소장을 송달받은 지 30일 이내에 답변서를 제출하지 않은 경우, 법원은 원고(환자)가 주장한 사실을 피고(의료인)가 자백한 것으로 보고 판결할 수 있습니다. 이를 의제자백이라고 합니다(민사소송법 제257조).

답변서가 제출되지 않아 무변론판결 대상 사건으로 분류된 경우, 재판장은 제1회 변론 기일을 지정하고 지정일에도 피고(의료인)가 출석하지 않는 경우 원고(환자) 승소 판결을 내리게 됩니다.

8. 재판장의 기록검토 및 사건분류

피고(의료인)가 원고(환자)의 청구를 부인하는 취지의 답변서를 제출하는 경우 재판장은 사건기록을 검토하고 사건을 분류하여 심리방향을 결정합니다(민사소송법 제258조).

9. 재판장의 변론기일 지정

원칙적으로 재판장은 가능한 최단기간 안의 날로 제1회 변론기일을 지정하여 양쪽 당사자가 법관을 조기에 대면할 수 있도록 합니다. 제1회 변론기일은 쌍방 당사자 본인이 법관 면전에서 사건의 쟁점을 확인하고 상호 반박하는 기회를 가짐으로써 구술주의의 정신을 구현하는 절차입니다. 이를 통하여 양쪽 당사자 본인의 주장과 호소를 할 만큼 하게 하고, 재판부도 공개된 법정에서의 구술심리 과정을 통하여 투명하게 심증을 형성함으로써, 재판에 대한 신뢰와 만족도를 높이는 방향으로 운영하고자 하는 것입니다. 이처럼 제1회 변론기일을 통하여 양쪽 당사자가 서로 다투는 점이 무엇인지 미리 분명하게 밝혀지면, 그 이후의 증거신청과 조사는 그와 같이 확인된 쟁점에 한정하여 집중적으로 이루어질 수 있게 됩니다.

한편 재판장은 사건분류의 단계 또는 제1회 변론기일 이후의 단계에서, 당해 사건을 준비절차에 회부할 수 있습니다. 이는 양쪽 당사자의 주장내용이나 증거관계가 매우 복잡하여, 별도의 준비절차를 통하여 주장과 증거를 정리하고 앞으로의 심리계획을 수립하는 것이 필요하다고 판단하는 경우에 이루어집니다. 준비절차는 양쪽 당사자가 서로 준비서면을 주고받거나(서면에 의한 준비절차), 법원에서 만나 주장과 증거를 정리하는 방법(준비기일에 의한 준비절차)으로 진행됩니다.

10. 준비서면 제출 및 공방(서면에 의한 준비)

준비절차 중 양쪽 당사자가 서로 준비서면을 주고받는 것이 서면에 의한 준비절차에 해당합니다(민사소송법 제273조).

준 비 서 면

사건번호 20 가   [담당재판부 : 제   (단독)부]
원   고
피   고

위 당사자 사이의 위 사건에 관하여 원고는 다음과 같이 변론을 준비합니다.

다   음

1.
2.
3.

입증방법

1.
1.

20   .   .   .
원고   (날인 또는 서명)

○○지방법원   귀중

◇유의사항◇

연락처란에는 언제든지 연락 가능한 전화번호나 휴대전화번호를 기재하고, 그 밖에 팩스번호, 이메일 주소 등이 있으면 함께 기재하시고, 상대방 수만큼의 부본을 첨부하여야 합니다.

서면에 의한 준비절차 과정에서 증거조사가 이루어집니다. 증거조사는 증거신청 → 증거결정 → 증거조사의 순서로 진행됩니다.

① 증거신청

소송에서 재판장을 설득시키기 위해서는 주장에 대한 증거를 제시하여야 합니다. 증거의 신청은 당사자(환자)의 주장을 입증하기 위하여 법원에게 어떠한 증거를 조사하여 줄 것을 신청하는 깃입니다(민사소송법 제289조).

② 증거결정

증거방법에 대한 조사를 신청하면 당사자가 신청한 증거방법을 채택할 것인지 여부를 결정합니다. 이를 '증거결정'이라고 합니다(민사소송법 제281조제1항).

증거결정이 되면 법원에 사실조회신청서, 증인신청서, 신체감정신청서, 진료기록감정신청서 등을 제출하시면 됩니다.

증거설명서

사   건   20○○가단(합, 소)○○○○ 손해배상(기)
원   고   ○○○
피   고   ○○○

호증	서증명	작성일자	작성자	입증취지	비고
갑1	부동산 매매계약서	2012.11. 3.	원고, ○○○ (피고의 형)	원고와 피고를 대리한 ○○○ 사이에 체결된 이 사건 토지 매매 계약서	
2	부동산등기 사항증명서				
3	″			이 사건 인접 토지를 피고를 대리한 ○○○이 매도한 적이 있다는 사실	
4-1	영수증	2012.11. 3.	○○○	계약금 지급사실	
4-2	″	2012.12. 3.	″	중도금 지급사실	
4-3	″	2013. 1. 3.	″	잔금 지급사실	
5	각서사본	2012.12.27.	피고	피고가 이 사건 계약을 인정한 후, 원고에게 등기를 넘겨주기로 약속한 사실	원본 분실
6	가족관계등록 사항증명서			피고와 ○○○ 사이의 신분관계	

20○○. ○○. ○○.

원고(또는 피고) ○○○ (날인 또는 서명)
연락처 : 000-0000-0000

○○지방법원 (○○지원) 제 ○민사부(단독) 귀중

③ 증거조사

증거로 신청한 부분 중 재판장이 증거로 선택하여 증거결정을 한 증거에 대해서는 조사를 하게 됩니다. 조사에는 ㉠ 사실조회 ㉡ 증인신청 ㉢ 신체감정 ㉣ 진료기록감정 ㉤ 필름감정 등이 있습니다.

㉠ 사실조회 및 증인신청 : 증인을 법원으로 소환하여 증언을 듣기 위해 증인신청을 하게 됩니다. 증인신청은 서면에 의하여야 하고, 법정에서 구두로 증인을 신청하는 방식은 허용되지 않습니다.

사실조회신청서

사 건   20 가   [담당재판부 : 제   (단독)부]
원 고
피 고
위 사건에 관하여 주장사실을 입증하기 위하여 다음과 같이 사실조회를 신청합니다.

(예시)

1. 사실조회의 목적
  본건 지역의 벼농사가 피고 회사 제조공장 설치 후 그 공장에서 흘러나오는 폐유에 의하여 소장 청구원인 제3항에 기재와 같이 수확이 감소된 사실을 명백히 함에 있다.

2. 사실조회 기관
  농림수산부 농산물검사소

3. 사실조회 사항
  가. 경기도 부천군 소래면 서부지구에 있어서 2000년 이전의 평년작 마지기당 수확량
  나. 위 지역에 있어서 1998년도 및 1999년도의 각 마지기당 수확량

20 .   .   .

신청인 원(피)고   (날인 또는 서명)
                            (연락처)

○○지방법원 귀중

증 인 신 청 서

1. 사건 : 20   가

2. 증인의 표시

이 름			
생년월일			
주 소			
전화번호	자택	사무실	휴대폰
원·피고 와의 관계			

3. 증인이 이 사건에 관여하거나 그 내용을 알게 된 경위
   예시) 이 사건 임대차계약을 체결할 당시 원고, 원고의 처와 함께 계약현장에 있었음

4. 신문할 사항의 개요
 ① 예시) 이 사건 임대차계약 당시의 정황
 ② 예시) 임대차 계약서를 이중으로 작성한 이유
 ③

5. 희망하는 증인신문방식(해당란에 "ν" 표시하고 희망하는 이유를 간략히 기재)
 □ 증인진술서 제출방식   □증인신문사항 제출방식 □서면에 의한 증언방식
 이유 : 예시) 원고측과 연락이 쉽게 되고 증인진술서 작성 의사를 밝혔음

6. 증인의 출석을 확보하기 위한 협력방안(해당란에 "V" 표시)
 □ 기일에 함께 출석하기로 협의함   □ 채택 후 출석여부를 확인할 예정임
 □ 별다른 방안을 강구하기 어려움   □ 기타 (   )
 □ 영상신문을 통한 증언을 원함 (유의사항 4. 참조)

7. 예상소요시간(주신문)
 □ 15분 □ 30분 □ 기타 (분)

8. 그 밖에 필요한 사항

20 . . .

○고 소송대리인   ○○○ ㉑

○○지방법원 (○○지원) 제○민사부(단독) 귀중

1. 증인이 이 사건에 관여하거나 그 내용을 알게 된 경위는 구체적이고 자세하게 적어야 합니다.

2. 여러 명의 증인을 신청할 때에는 증인마다 증인신청서를 따로 작성하여야 합니다.

3. 신청한 증인이 채택된 경우에는 법원이 명하는 바에 따라 증인진술서나 증인신문사항을 미리 제출하여야 하고, 지정된 신문기일에 증인이 틀림없이 출석할 수 있도록 필요한 조치를 취하시기 바랍니다.

4. 증인이 법정에 직접 출석하기 어렵거나 당사자 등과 대면하여 진술하면 심리적인 부담으로 정신의 평온을 현저하게 잃을 우려가 있는 경우 거주지 근처에 있는 법원으로 출석하여 영상 신문(비디오 등 중계장치에 의한 증인신문)을 할 수 있습니다(민사소송법 제327조의2). 영상 신문을 실시할 것인지 여부는 법원이 당사자의 의견을 들어 직권으로 결정합니다.

㉺ 신체감정절차 : 의료소송의 경우 손해의 범위를 파악하기 위해 신체감정절차가 추가됩니다. 사망사고가 아닌 경우에는 피해를 입은 사람의 손해 범위를 파악해야하기 때문입니다. 신체감정결과를 바탕으로 일실수입, 치료비, 개호비 등 손해의 범위를 구체적으로 특정 및 확정할 수 있습니다. 신체감정의 결과에 따라 청구취지(특히 손해배상액 부분)를 확정하게 됩니다.

신체감정신청서

사   건   20○○가단(합, 소)○○○○ 손해배상(의)
원   고   ○○○
피   고   ○○○

이 사건에 관하여 원고는 다음과 같이 신체감정을 신청합니다.

- 다음 -

1. 입증취지 : 이 사건 사고로 인한 피고의 상해의 부위와 정도, 노동능력상실률, 향후치료비, 향후 개호 여부 및 비용 등의 사실

2. 감정대상 : ○○○(여자) 19○○. ○○. ○○. 생
   서울 서초구 서초대로 ○○○

3. 감정촉탁할 곳 : 법원이 정하는 적절한 병원의 해당 진료과 또는 기타 법원에서 적절하다고 판단하는 진료과

4. 감정할 사항 : 별지 감정사항 기재와 같음

첨부서류

1. 진단서   1통
2. 입원확인서   1통
3. 진료소견서   1통

20○○. ○○. ○○.

원고 ○○○ (날인 또는 서명)
연락처 : 000-0000-0000

○○지방법원 (○○지원) 제 ○민사부(단독) 귀중

별지 1. 신체감정 할 사항

피감정인의 20○○. ○○. ○○.자 부상에 관하여(<u>척추나 두부에 관한 감정시에는 반드시 별지 2.를 참조해 주시기 바랍니다</u>).

〈아래 ※로 표시된 부분에 유의해 주시기 바랍니다. 법원의 실무상 당사자들의 감정의에 대한 사실조회신청이 가장 집중되고 있고, 이에 따라 감정의에게 번거로움을 가중시키는 경향이 있는 부분이므로, 가급적 감정에 관한 견해의 표명이 1회로 종결될 수 있도록, 이 부분에 관하여 상세히 기재해 주시면 감사하겠습니다.〉

가. 피감정인의 부상 부위 및 정도.

나. 현재의 <u>자각적 증상</u>과 <u>타각적 증세</u>의 각 유무(有無) 및 있다면 그 내용의 정도.

다. 그 동안의 치료내용 및 경과.

※ 위 가.~다.항을 파악하기 위하여 시행한 검사 또는 참고자료가 있다면 그 검사결과 및 참고한 자료의 내용을 함께 기재하여 주시기 바랍니다.

라. 현재의 병적 증상이 위 일자의 사고로 인한 것인지 여부

마. 위 병적증상의 원인이 되는 <u>기왕증</u>이 있었는지 여부, 있다면 그 <u>내용</u> 및 <u>근거</u>와 기여한 <u>정도</u>(그 비율을 %로 표시해 주시기 바랍니다).

※ 자료를 바탕으로 한 감정인의 감정소견 및 근거를 기재해 주시고, '피감정인의 진술에 의하면 기왕증은 없었다고 함'과 같은 기재는 피해 주시기 바랍니다.

바. 치료의 종결여부, <u>향후 치료</u>가 필요하다면 그 치료의 내용과 시기, 기간, 치료비 예상액.

※ 단순히 총액만 기재하는 것은 피해 주시고, 향후치료가 필요한 항목별 계산액 및 그 액수에 이르게 된 계산식을 상세히 적어 주시기 바랍니다.

※ 반드시 필요하다는 취지가 아니라 단지 필요할 가능성이 있음을 기재하고자 하는 경우에는 '필요할 수 있으며, 그 가능성은 ○○% 정도임'이라고 기재하여 주시고, '필요할 가능성도 있음' 또는 '필요할 수도 있을 것임'이라는 기재는 피해 주시기 바랍니다.

※ 해당되는 향후치료가 신체장해의 정도가 감소 또는 소멸될 수 있는 정도의 것이라면, 그 향후치료가 성공할 가능성을 기재해 주시기 바랍니다(그 향후치료가 수술인 경우 반드시 기재를 부탁드립니다).

사. 치료종결 후(향후치료 포함) 피감정인에게 후유증이 남게 될 것인지 여부.

 1) 어떠한 후유증이 남게 되는지, 그리고 그 후유증을 객관적으로 증명할 수 있는지 여부, 객관적으로 증명된다면, 그 객관적인 증명으로 사용된 근거가 무엇인지.

 2) 그것이 영구적인지 혹은 개선 가능한 것인지, 개선이 가능하다면 그 소요시간 및 개선으로 인하여 회복되는 정도

 3) 이로 인하여 <u>신체장해</u>가 예상되는지 여부와 그 장해의 내용

※ 신체장해라 함은 치료종결로 증상이 고정된 후유증이란 점을 고려해 주시기 바랍니다.

※ 장해에 불구하고 일정기간 후에는 노동능력상실의 정도가 감소하거나 더 이상 노동능력의 상실이 없을 것으로 예상되는 경우(이른바 '노동능력상실기간'이 경과되었다고 판단되거나 '한시장해'에 해

당된다고 판단되는 경우)에는 반드시 기준일을 명시하여 20○○년 ○월 ○○일부터 ○년 ○○개월 또는 20○○년 ○월 ○○일까지와 같은 방식으로 그 말일을 기재해 주시고, 특정한 날짜가 아닌 기간으로 기재할 경우에는 가급적 수상일(사고일)을 기준으로 하여 주시기 바랍니다.

※ 운동장해 또는 기능장해가 있는 경우 이를 구체적으로(운동범위의 측정값이나 기능의 상실 정도 등) 표시해 주시기 바랍니다.

  4) 위 장해가 맥브라이드 노동능력상실표의 어느 항목에 해당하는지, 만일 적절한 해당항목이 없을 경우 준용항목, 또는 어느 항목의 몇 % 정도에 해당하는 것으로 봄이 상당한지(치과의 경우 담버그씨 방법으로 산정요망).

※ 아래 자.항에서 보조구의 착용이 필요하다고 판단했는데, 그 보조구 착용 후 신체장해의 정도가 변경될 수 있다면, 보조구 착용 전후의 신체장해의 정도를 각각 기재해 주시기 바랍니다.

아. 감정 전후를 통하여, 개호인이 과거에 필요했을지, 또는 장래에 필요한지 여부.

※ 필요하다면 다음의 것들을 모두 기재해 주시기 바랍니다.

  ① 개호가 필요하다고 판단한 근거(그 근거가 책자나 논문 등의 문헌을 바탕으로 한 것이라면 그 출처도 함께 기재해 주시기 바랍니다),

  ② 상세한 개호의 내용,

  ③ 개호가 과거에 필요했던 기간 및 장래에 필요한 기간,

  ④ 개호내용에 비추어 개호전문가의 개호가 필요한지, 또는 보통의 성인 남녀의 개호로 족한지의 여부,

  ⑤ 필요한 개호인의 수(개호전문가가 필요하다면 그 비용)

자. 피감정인이 보조구나 의치, 의수 등이 과거에 필요하였거나 장래 필요하다면 그 필요기간, 소요개수, 개당 단가, 수명과 그 보조구의 사용으로 개선될 수 있는 거동의 정도 및 착용훈련이 필요한 경우에는 그 훈련의 기간.

※ 감정 전에 이미 사용이 필요했던 부분은 위 아.항의 방법에 준하여 기재하여 주시기 바랍니다.

차. 위 후유증이 피감정인의 평균여명에 영향이 있는지, 있다면 예상되는 단축기간 및 그 근거 자료(그 근거가 책자나 논문 등의 문헌을 바탕으로 한 것이라면 그 출처도 함께 기재해 주시기 바랍니다).

※ 여명단축은 기준일(사고일 또는 감정일 등)을 명백히 적시해 주시기 바랍니다.

카. 기타 당사자가 추가로 신청한 감정사항

별지 2. 척추 또는 두부 신체감정 시 유의사항

척추의 부상으로 인한 장해는 다른 부위에 비해 퇴행성 병변 등 사고 외적(外的)인 증상이 병존하는 경우가 많으며 그 구별과 기여도의 판정이 쉽지 아니하고, 두부손상으로 인한 장해도 그로 인하여 여러 신체기능의 장해가 뒤따르고 해당 장해항목이 많은 경우에는 중복평가 여부에 대한 의문이 제기되는 것이 통례로 되어 어느 경우나 당사자 사이에 치열한 다툼이 생기는 일이 많습니다.

그리하여 척추와 두부손상에 대한 신체감정서가 그 증상과 병명, 성질, 기왕증의 여부 및 그 기여의 정도 그 판단근거 등을 명확히 하고 있지 않은 경우에는 <u>감정의에 대한 사실조회나 증인신문의 방법</u>에 의하여 그 내용을 보충하는 증거조사를 시행하지 않을 수 없고, 심지어는 재신체감정의 조치까지 취하여야 하는 경우도 있습니다.

따라서 그러한 불필요한 절차로 인한 소송당사자와 법원, 병원과 감정의사의 비용, 시간, 노력의 낭비를 막기 위하여 앞면에 기재한 사항과 더불어 다음 사항을 유의하여 주시기 바랍니다.

I. 척추감정 유의사항

1. 의심이 가는 증세의 명확한 진단에 적합한 모든 검사방법을 시행하시고 시행한 검사방법과 진단내용에 대한 자세한 근거를 밝혀 주시기 바랍니다.

2. 피감정인의 척추질환의 증상과 정확한 병명(골절, 추간반탈출증, 염좌, 섬유륜팽윤통증 등), 그 성질(특히 추간반탈출증의 경우 경성과 연성 및 급성과 만성의 구별), 통상적인 발생원인(외력에 기인한 것인지 여부와 외력일 경우에는 그 모습)을 정확히 밝혀 주시고, 가능하면 피감정인의 경우에 인정되는 발생원인도 밝혀 주시기 바랍니다.

3. 피감정인에게 기존의 질환이 있다면 그 기왕증의 구체적 내용 및 그 기여도(%로 표시)를 밝혀 주시기 바랍니다.

4. 의학적으로 증상의 개선을 기대할 수 있는 합리적이고도 상당한 치료방법이 있는지 여부와 그 내용, 통계자료 및 임상적 경험에 근거한 추가치료로 예상되는 개선효과 및 그 이후의 장해 정도를 밝혀 주시기 바랍니다.

5. 장해에 불구하고 일정기간 후에는 노동능력상실의 정도가 감소하거나 더 이상 노동능력의 상실이 없을 것으로 예상되는 경우(이른바 '노동능력상실기간'이 경과되었다고 판단되거나 '한시장해'에 해당된다고 판단되는 경우) 그 판정근거를 밝혀 주시기 바랍니다.

II. 두부장해감정 유의사항

1. 진단명은 막연한 표현이 아닌 공식적으로 인정되는 진단명을 사용해 주시고, 그 증상에 대한 전문진료과를 간략한 근거와 함께 밝혀 주시기 바랍니다.

2. 장해의 내용과 정도에 관하여 명확한 설명을 해 주시기 바랍니다(피감정인이 주관적으로 호소하는 증상 외에 객관적 검사방법으로 인정되는 증상을 설명해 주시고 그에 관한 이학적 증거를 제시해 주시기 바라며, 또한 임상심리검사가 필요한 경우에는 반드시 그 절차를 거친 후 그 소견을 밝혀 주시기 바랍니다).

3. 맥브라이드 장해평가표의 두부·뇌·척수 항을 적용하게 되는 경우 신경정신과와 신경외과가 협진하여 각 항목간의 독립 또는 중첩관계를 검토하여 종합장해율 및 그 근거를 밝혀주시기 바랍니다(협진결과 종합하여 하나의 항목만을 적용할 경우라면 그 항목만을 적용하여 주시고 그 근거를 밝혀주시기 바랍니다).

4. 위 척추감정시 유의사항 3, 4, 5항 참조. [끝]

㉱ 진료기록감정절차 : 진료기록감정절차는 환자(원고)가 제출한 진료기록 내용을 정확히 판단하기 위한 절차입니다. 환자(원고)가 감정사항(질문사항)을 작성하여 법원에 진료기록감정촉탁신청을 하고, 법원은 임의의 의료기관(혹은 대한의사협회 등)을 지정하여 진료기록감정촉탁을 하게 되며, 이후 지정받은 의료기관의 감정의는 진료기록감정회신결과를 작성하여 법원으로 송부하게 됩니다.

11. 주장과 증거 정리(준비기일에 의한 준비)

준비절차 중 양쪽 당사자가 법원에서 만나 주장과 증거를 정리하는 것이 준비기일에 의한 준비절차에 해당합니다.

당사자 또는 대리인은 법원에 출석하여 이전에 제출한 소장, 답변서, 준비서면 등에 대해 진술하고 쟁점을 정리한 다음, 더 이상 주장할 사실이 있는지 여부를 확인하게 됩니다.

당사자 또는 대리인은 법원에 출석하기 전 사건에 관한 쟁점을 요약한 서면을 제출하는 등 효율적인 쟁점정리를 미리 준비하는 것이 좋습니다. 또한 이 단계에서 당사자 본인이 사건을 직접 진술할 기회를 부여받게 되니, 이에 대한 대비를 하는 것이 좋습니다.

12. 집중증거조사기일

증거조사기일에는 사건에 관련된 당사자신문 및 양쪽의 증인 전원을 한꺼번에 집중적으로 신문하는 것이 원칙입니다(민사소송법 제293조).

13. 판결

당사자의 주장과 입증이 끝나면 변론이 종결되고 재판장의 판결이 나게 됩니다(민사소송법 제198조). 판결은 원고 전부승소, 원고 일부승소, 원고 전부패소 세 가지가 있습니다.

소송의 승패에 따라 소송비용을 분담하게 되는데, 원고(환자) 전부승소의 경우 피고(의료인)가 부담하고, 원고(환자) 패소의 경우 원고가 부담합니다(민사소송법 제98조). 피고(의료인) 일부패소의 경우에는 판결문에 그 비율대로 소송비용의 분담부분을 명시합니다(민사소송법 제101조).

1심판결이 선고되면 판결문은 양당사자에게 송달되며, 송달된 날로부터 2주일 이내에 항소를 하여야 합니다(민사소송법 제396조).

■ 진료기록감정절차에 관한 질의응답

【질문1】 진료기록감정절차에서 감정사항(질문사항)은 어떻게 작성해야 하나요?

【답변1】 진료기록감정절차에 따른 감정의(의사)의 의견은 재판의 결론에 큰 영향을 미치는 매우 중요한 자료입니다. 환자(원고)는 법원에 진료기록감정촉탁신청을 하면서 감정의에게 질문할 사항들을 작성하게 되는데, 이때 감정의에게 서면으로 어떤 질문을 하는지가 굉장히 중요한 부분입니다. 예를 들어 "의료진이 수술 과정에서 어떤 잘못을 하였나요?"라고 감정을 요구하게 되면 "의료진의 명백한 잘못을 확인할 수는 없습니다."라고 회신 오는 경우가 많습니다. 따라서 의료인의 과실 여부가 추정될 수 있는 정도의 질문으로 작성하는 것이 좋습니다. 예를 들자면 "검진 후 작은 물주머니가 발견된 경우에, 기타 검진 없이 바로 개복시술을 하는 것이 의료상의 일반적인 관행인가요?"등을 들 수 있습니다.

【질문2】 소장이 제출되기 전, 제가 아는 병원에서 진료기록 감정을 받아둔 것이 있어요. 이럴 경우 이 감정서를 법원에 제출해도 되나요?

【답변2】 법원에서는 법원을 통한 감정결과만을 인정합니다. 따라서 합의가 아닌 소송을 준비 중에 있는 경우에는 법원을 통해 진료기록 감정을 하도록 하여 이중으로 비용을 지불하는 것을 방지하는 것이 좋습니다.

【질문3】 진료기록 감정절차에 소요되는 비용은 얼마인가요?

【답변3】 법원에서 일반 의료기관으로 진료기록 감정을 보내는 경우 감정과목당 500,000원 정도가 소요됩니다. 다만 대한의사협회를 경유하는 경우는 평균 1,000,000원 정도가 소요되고 있습니다.

제2절
의료사고에 따른 손해배상 소송

1. 개요

의료인의 치료행위 과정에서 환자에게 손해를 발생시킨 경우 환자 측은 의료인의 채무불이행 또는 불법행위로 인한 손해배상을 청구할 수 있습니다(민법 제393조 및 제750조).

① 채무불이행 책임 : 의료인이 환자에게 진료비 등을 받고 의료행위를 하기로 한 계약(의료계약)을 충실히 이행하지 않았음을 이유로 손해배상을 청구하는 것입니다(민법 제393조).

② 불법행위 책임 : 의료행위 중에 의료인이 마땅히 취했어야 할 최선의 주의를 기울이지 않았음을 이유로 손해배상을 청구하는 것입니다(민법 제750조). 민법상 채무불이행 또는 불법행위를 이유로 손해배상을 청구하기 위해서는 의료인의 과실, 위법성, 손해의 발생, 그리고 의료인의 과실로 인해 의료사고가 발생한 사실(인과관계)의 입증이 있어야 합니다.

채무불이행 또는 불법행위를 이유로 소송을 제기하는 경우, 법원에서는 요건에 충족하는지, 그에 대한 입증을 할 수 있는지 등 여러 가지를 판단하게 됩니다. 의료사고를 당해 의료인에게 손해배상 청구를 할 때에는 치료비·개호비·장례비 등의 적극적 손해부분과 일실이익·일실 퇴직금 등 소극적 손해, 위자료 등을 합산하여 손해배상금을 계산하게 됩니다.

환자가 재판에서 승소하더라도 환자가 주장하는 손해배상금 전부가 인정되는 것은 아닙니다. 재판장은 환자의 과실비율, 환자의 노동능력 상실률 등을 포함하여 전체 손해배상금을 조정합니다.

2. 의료사고로 인한 전체 손해액의 확정

1) 손해액의 산정

의료사고로 인한 손해배상금 또는 합의금을 산출하기 위해서는 먼저 외형상의 총 손해액을 확정해야 합니다.

의료사고로 인해 발생하는 민법상의 손해배상 형태는 적극적 손해, 소극적 손해, 위자료 등으로 나눠집니다.

전체 손해배상액을 계산하는 방식은 다음과 같습니다.

2) 전체 손해배상금

{(적극적 손해 + 소극적 손해) X (1 — 환자의 과실비율)} + 위자료

3. 치료비, 개호비 장례비 등(적극적 손해)

1) 적극적 손해의 의미

적극적 손해라고 하는 것은 의료사고로 인해 존재하던 이익이 없어지거나 감소되는 것으로서, 치료비의 지급을 위하여 재산이 감소되거나 부담하게 된 채무를 말합니다. 그 예로 치료비 개호비 장례비 등을 들 수 있습니다.

적극적 손해를 계산하는 방식은 다음과 같습니다.

적극적 손해 = 치료비 + 개호비 + 장례비

2) 치료비

치료비는 해당 의료인의 과실로 인해 발생하게 된 치료행위 범위에서만 배상청구 가능합니다. 예를 들어 의료사고 이전부터 앓고 있던 질병(기왕증)의 치료를 위한 비용이나 과잉치료를 받은 비용은 법원에서 인정되지 않습니다.

입원 당시 일반 병실이 아닌 특실 입원, 특별 진찰료, 특실 식대 등은 치료행위의 특성상 반드시 특실에 입원하여 진료를 받아야 할 필요성(예를 들어 다른 환자들에 비해 감염의 위험성이 '높다'라는 담당의사의 진단 소견에 따른 특실입원 등)이 인정되지 않는다면 청구할 수 없고, 일반 병실에 있었던 정도의 범위 내로 청구할 수 있습니다.

3) 개호비(介護費)

개호비란 피해자가 중상을 입어 그 치료기간 동안 다른 사람의 간호를 받아야 할

경우 또는 치료를 마친 후에도 고칠 수 없는 후유장애로 다른 사람의 도움을 받아야 할 경우 이에 필요한 비용을 말합니다.

개호비를 산정할 때는 개호를 필요로 하는 기간의 전 일수에 해당하는 노임액을 기준으로 합니다. 다만, 직업적인 간병인이 아닌 가족이 환자를 돌보는 개호의 경우 통상 도시일용노임을 기초로 하되 1일 개호에 투입되는 시간이 4시간 정도라고 보아 0.5인의 개호로 인정한 판례가 있습니다.

법원에서 인정하는 개호비를 식으로 정리하면 다음과 같습니다.

> 개호비 = 1일 개호비용 X 12개월(365일) X 개호인원 X 여명기간까지 월수에 대한
> 단리이자(호프만수치)

※ 호프만수치란 이자를 계산함에 있어서 단리로 적용하는 것입니다. 다만, 환자가 과잉배상을 받지 않도록 이자 계산 기간이 414개월을 초과하는 경우(연 단위에 있어서는 36개월을 초과하는 경우) 수치표상의 단리연금현가율이 얼마인지를 불문하고 일정수준(연단위는 단리연금현가율 수치 20으로, 월 단위는 단리연금현가율 수치 240)으로 정하여 적용하도록 하고 있습니다.

4) 장례비

의료사고로 인해 사망이 발생한 경우에 한정하여 장례비의 청구를 인정하고 있습니다. 장례비의 경우 가족의 풍습 등에 따라 지출된 비용이 다를 수 있는데, 법원에서는 통상 2,000,000원~3,000,000원의 범위에서 장례비의 청구를 인정하고 있습니다.

4. 일실이익 일실 퇴직금 등(소극적 손해)

1) 소극적 손해의 의미

소극적 손해라고 하는 것은 의료사고가 없었더라면 얻을 수 있었는데, 의료사고가 발생해서 얻을 수 없게 된 이익을 말합니다. 그 예로 직장인이었다면 퇴직까지 받을 수 있었던 월급 등을 들 수 있습니다. 소극적 손해를 계산하는 방식은 다음과 같습니다.

> 소극적 손해 = [{일실이익 X 노동능력 상실률 X 앞으로 일할 수 있는 월수(가동연령) X
> 생계비공제(사망의 경우 2/3이고 생존의 경우 1/3)} — 중간이자]

2) 일실이익

일실이익이란 환자가 의료사고로 인해 수입을 얻을 수 없는 경우, 의료사고를 당하

지 않았으면 얻었을 이익(예를 들어 월급 등)을 말합니다.

일실이익을 산정하기 위해서는 우선 사고당시의 월 소득을 산정하고, 다음으로 노동능력상실률을 밝히고, 앞으로 일할 수 있었던 기간(가동기간)을 정하여야 합니다.

월 소득은 사고당시의 실제 소득 기준으로 산정할 수 있고, 통계상의 소득(예를 들어 임금실태조사보고서)을 기준으로 산정할 수도 있습니다. 만약 직장이 없어 실제 수입이 없는 무직자, 취업전의 학생, 가정주부, 일용노무자 등에 대해서는 보통 인부의 일용 노임을 그 일실이익으로 인정하고 있습니다.

3) 노동능력상실률

노동능력상실률이란 신체기능의 영구적 장해 또는 훼손 상태를 말하는 것으로, 환자가 부상하여 치료를 받은 결과 신체에 정신적 또는 육체적 훼손상태가 영구적으로 남게 되어 생긴 노동능력의 감소를 말하는 것입니다.

(1) 하나의 장애가 있는 경우

하나의 장애에 따른 노동능력상실의 정도는 「산업재해보상보험법」,「국가배상법」등의 장해등급표를 사용하고 있습니다. 예를 들어 노동능력을 30퍼센트 상실한 환자의 평균 월 급여가 1,000,000원이라고 한다면 월 손해액은 1,000,000 X 30퍼센트 = 300,000원이 되는 것입니다.

※ 신체장해 등급과 노동능력 상실률

① 제1급(노동능력 상실률 100퍼센트)
1. 두 눈이 실명된 자
2. 씹는 것과 언어의 기능이 전폐된 자
3. 정신에 현저한 장해가 남아 항상 간호를 요하는 자
4. 흉복부 장기에 현저한 장해가 남아 항상 개호를 요하는 자
5. 반신불수가 된 자
6. 두 팔을 주관절이상에서 상실한 자
7. 두 팔의 기능이 전폐된 자
8. 두 다리를 슬관절이상에서 상실한 자
9. 두 다리의 기능이 전폐된 자

② 제2급(노동능력 상실률 100퍼센트)

1. 한 눈이 실명되고 다른 눈의 시력이 0.02이하로 된 자

2. 두 눈의 시력이 0.02이하로 된 자

3. 두 팔을 완관절이상에서 상실한 자

4. 두 다리를 족관절이상에서 상실한 자

③ 제3급(노동능력 상실률 100퍼센트)

1. 한 눈이 실명되고 다른 눈의 시력이 0.06이하로 된 자

2. 씹는 것 또는 언어의 기능이 전폐된 자

3. 정신에 현저한 장해가 남아 종신토록 노무에 종사하지 못하는 자

4. 흉복부 장기의 기능에 현저한 장해가 남아 종신토록 노무에 종사하지 못하는 자

5. 두 손의 수지를 모두 상실한 자

④ 제4급(노동능력 상실률 90퍼센트)

1. 두 눈의 시력이 0.06이하로 된 자

2. 씹는 것과 언어의 기능에 현저한 장해가 남은 자

3. 고막의 전부의 결손이나 그 외의 원인으로 인하여 두 귀의 청력을 아주 상실한 자

4. 한 팔을 주관절이상에서 상실한자

5. 한 다리를 슬관절이상에서 상실한 자

6. 두 손의 수지가 모두 폐용된 자

7. 두 발을 '리스푸랑' 관절이상에서 상실한 자

⑤ 제5급(노동능력 상실률 80퍼센트)

1. 한 눈이 실명되고 다른 눈의 시력이 0.1이하로 된 자

2. 한 팔을 완관절이상에서 상실한 자

3. 한 다리를 족관절이상에서 상실한 자

4. 한 팔의 기능이 전폐된 자

5. 한 다리의 기능이 전폐된 자

6. 두발의 족지를 모두 상실한 자

⑥ 제6급(노동능력 상실률 70퍼센트)

1. 두 눈의 시력이 0.1이하로 된 자

2. 씹는 것 또는 언어의 기능에 현저한 장해가 남은 자

3. 고막의 대부분이 결손이나 그 외의 원인으로 인하여 두 귀의 청력이 귓바퀴에 접하지 아니하고서는 큰 말소리를 이해하지 못하는 자

4. 척추에 현저한 기형이나 현저한 운동장해가 남은 자

5. 한 팔의 3대 관절중의 2개 관절이 폐용된 자

6. 한 다리의 3대 관절중의 2개 관절이 폐용된 자

7. 한 손의 5개의 수지 또는 무지와 시지를 포함하여 4개의 수지를 상실한 자

⑦ 제7급(노동능력 상실률 60퍼센트)

1. 한 눈이 실명되고 다른 눈의 시력이 0.6이하로 된 자

2. 고막의 중등도의 결손이나 그 외의 원인으로 두 귀의 청력이 40센티미터 이상의 거리에서는 보통 말소리를 이해하지 못하는 자

3. 정신에 장해가 남아 경이(輕易)한 노무 이외에는 종사하지 못하는 자

4. 신경계통의 기능에 현저한 장해가 남아 경이한 노무 이외에는 종사하지 못하는 자

5. 흉복부 장기의 기능에 장해가 남아 경이한 노무 이외에는 종사하지 못하는 자

6. 한 손의 무지와 시지를 상실한 자 또는 무지나 시지를 포함하여 3개 이상의 수지를 상실한 자

7. 한 손의 5개의 수지 또는 무지와 시지를 포함하여 4개의 수지가 폐용된 자

8. 한 발을 '리스푸랑관절'이상에서 상실한 자

9. 한 팔에 가관절이 남아 현저한 운동장해가 남은 자

10. 한 다리에 가관절이 남아 현저한 운동장해가 남은 자

11. 두 발의 족지가 모두 폐용된 자

12. 외모에 현저한 추상이 남은 자

13. 양쪽의 고환을 상실한 자

⑧ 제8급(노동능력 상실률 50퍼센트)

1. 한 눈이 실명되거나 한 눈의 시력이 0.02이하로 된 자

2. 척추에 운동장해가 남은 자

3. 한 손의 무지를 포함하여 2개의 수지를 상실한 자

4. 한 손의 무지와 시지가 폐용된 자 또는 한 손의 무지나 시지를 포함하여 3개 이상의 수지가 폐용된 자

5. 한 다리가 5센티미터 이상 단축된 자

6. 한 팔의 3대 관절중의 1개 관절이 폐용된 자

7. 한 다리의 3대 관절중의 1개 관절이 폐용된 자

8. 한 팔에 가관절이 남은 자

9. 한 다리에 가관절이 남은 자

10. 한 발의 5개의 족지를 모두 상실한 자

11. 비장 또는 한쪽의 신장을 상실한 자

12. 전신의 40퍼센트 이상에 추상이 남은 자

⑨ 제9급(노동능력 상실률 40퍼센트)

1. 두 눈의 시력이 0.6이하로 된 자

2. 한 눈의 시력이 0.06이하로 된 자

3. 두 눈에 반맹증·시야협착 또는 시야변상이 남은 자

4. 두 눈의 안검에 현저한 결손이 남은 자

5. 코가 결손되어 그 기능에 현저한 장해가 남은 자

6. 씹는 것과 언어의 기능에 장해가 남은 자

7. 고막의 전부가 결손이나 그 외의 원인으로 인하여 한 귀의 청력을 아주 상실한 자

8. 한 손의 무지를 상실한 자 또는 시지를 포함하여 2개의 수지를 상실한 자 또는 무지와 시지 외의 3개의 수지를 상실한 자

9. 한 손의 무지를 포함하여 2개의 수지가 폐용된 자

10. 한 발의 제1족지를 포함하여 2개 이상의 족지를 상실한자

11. 한 발의 족지가 모두 폐용된 자

12. 생식기에 현저한 장해가 남은 자

13. 정신에 장해가 남아 종사할 수 있는 노무가 상당한 정도로 제한된 자

14. 신경계통의 기능에 장해가 남아 종사할 수 있는 노무가 상당한 정도로 제한된 자

⑩ 제10급(노동능력 상실률 30퍼센트)

1. 한눈의 시력이 0.1이하로 된 자

2. 씹는 것 또는 언어의 기능에 장해가 남은 자

3. 14개 이상의 치아에 대하여 치과 보철을 가한 자

4. 고막의 대부분의 결손이나 그 외의 원인으로 인하여 한 귀의 청력이 귓바퀴에 접하지 아니하고서는 큰 말소리를 이해하지 못하는 자

5. 한 손의 시지를 상실한 자 또는 무지와 시지 이외의 2개의 수지를 상실한 자

6. 한 손의 무지가 폐용된 자 또는 시지를 포함하여 2개의 수지가 폐용된 자 또는 무지와 시지 외의 3개의 수지가 폐용된 자

7. 한 다리가 3센티미터 이상 단축된 자

8. 한 발의 제1족지 또는 그 외의 4개의 족지를 상실한 자

9. 한 팔에 3대 관절중의 1개 관절의 기능에 현저한 장해가 남은 자

10. 한 다리의 3대 관절중의 1개 관절의 기능에 현저한 장해가 남은 자

⑪ 제11급(노동능력 상실률 20퍼센트)

1. 두 눈의 안구에 현저한 조절 기능장해나 또는 현저한 운동 장해가 남은 자

2. 두 눈의 안검에 현저한 운동장해가 남은 자

3. 한 눈의 안검에 현저한 결손이 남은 자

4. 고막의 중등도의 결손이나 그 외의 원인으로 인하여 한 귀의 청력이 40센티미터 이상의 거리에서는 보통 말소리를 이해하지 못하는 자

5. 척추에 기형이 남은 자

6. 한 손의 중지 또는 약지를 상실한 자

7. 한 손의 시지가 폐용된 자 또는 무지와 시지 이외에 2개의 수지가 폐용된 자

8. 한 발의 제1족지를 포함하여 2개 이상의 족지가 폐용된자

9. 흉복부 장기에 장해가 남은 자

⑫ 제12급(노동능력 상실률 15퍼센트)

1. 한 눈의 안구에 현저한 조절기능장해 또는 현저한 운동장해가 남은 자

2. 한 눈의 안검에 현저한 운동장해가 남은 자

3. 7개 이상의 차이에 대하여 치과보철을 가한 자

4. 한 귀의 귓바퀴의 대부분이 결손된 자

5. 쇄골·흉골·늑골·견갑골이나 또는 골반골에 현저한 기형이 남은 자

6. 한 팔의 3대 관절중의 1개 관절의 기능에 장해가 남은자

7. 한 다리의 3대 관절중의 1개관절의 기능에 장해가 남은자

8. 장관골에 기형이 남은 자

9. 한 손의 중지 또는 약지가 폐용된 자

10. 한 발의 제2족지를 상실한 자 또는 제2족지를 포함하여 2개의 족지를 상실한 자 또는 제3족지 이하의 3개의 족지를 상실한 자

11. 한 발의 제1족지 또는 그 외의 4개의 족지가 폐용된자

12. 국부에 완고한 신경증상이 남은 자

13. 외모에 추상이 남은 자

⑬ 제13급(노동능력 상실률 10퍼센트)

1. 한 눈의 시력이 0.6이하로 된 자

2. 한 눈에 반맹증·시야협착 또는 시야변상이 남은 자

3. 두눈의 안검의 일부에 결손이 남거나 속눈썹에 결손이 남은 자

4. 한 손의 소지를 상실한 자

5. 한 손의 무지의 지골의 일부를 상실한 자

6. 한 손의 시지의 지골의 일부를 상실한 자

7. 한 손의 시지의 말관절을 굴신할 수 없는 자

8. 한 다리가 1센티미터이상 단축된 자

9. 한 발의 제3족지 이하의 1개 또는 2개의 족지를 상실한 자

10. 한 발의 제2족지가 폐용된 자 또는 제2족지를 포함하여 2개의 족지가 폐용된 자 또는 제3족지이하의 3개의 족지가 폐용된 자

⑭ 제14급(노동능력 상실률 5퍼센트)

1. 한 눈의 안검의 일부에 결손이 남거나 또는 속눈썹에 결손이 남은 자

2. 3개 이상의 치아에 대하여 치과보철을 가한 자

3. 팔의 노출면에 수장대의 추흔이 남은 자

4. 다리의 노출면에 수장대의 추흔이 남은 자

5. 한 손의 소지가 폐용된 자

6. 한 손의 무지와 시지 외의 수지의 지골이 일부를 상실한 자

7. 한손의 무지와 시지 외의 수지의 말관절을 굴신할 수 없는 자

8. 한 발의 제3족지이하의 1개 또는 2개의 족지가 폐용된 자

9. 국부에 신경증상이 남은 자

㈜

1. 시력의 측정은 국제식시력표에 의하여 굴절이상이 있는 자에 대하여는 원칙적으로 교정시력을 측정한다

2. 수지의 상실이란 무지에 있어서는 지관절, 기타의 수지에 있어서는 제1지관절이상을 상실한 경우를 말한다.

3. 수지의 폐용이란 수지의 말단의 2분의 1이상을 상실하거나 또는 중추지관절,또는 제1지관절(무지에 있어서는 지관절)에 현저한 운동장해가 남은 경우를 말한다.

4. 족지의 상실이란 족지의 전부를 상실한 경우를 말한다.

5. 족지의 폐용이란 제1족지에 있어서는 말관절의 2분의 1이상, 기타의 족지에 있어서는 말관절이상을 상실한 경우 또는 중족지관절 또는 제1지관절(제1족지에 있어서는 지관절)에

현저한 운동장해가 남은 경우를 말한다.

6. 각 등급의 신체장해에 해당되지 아니하는 장해는 그 노동력상실률에 따라 당해 등급의 신체장해로 본다.

(2) 장애 부위가 둘 이상 있는 경우

장애 부위가 둘 이상 있는 경우 복합장애로 노동능력 상실률의 계산이 문제가 됩니다. 보통 상실률이 큰 장애와 작은 장애가 있는데 이 경우 아래와 같이 계산합니다.

* 복합 장애가 있는 경우 총 상실률 = 큰 상실률 + (1 — 큰 상실률) X 작은 상실률

예를 들어 A장애로 60퍼센트 노동능력의 상실과, B장애로 30퍼센트의 노동능력 장애가 있을 때, 총 상실률은 60/100 + (1 — 60/100) X 30/100 = 72/100 으로 72퍼센트가 되는 것입니다.

(3) 기왕증(환자가 경험했던 질병)이 의료사고에 영향을 끼친 경우

기왕증이 환자가 의료사고 후 겪는 증상의 일부에 기여한 경우에는 기여한 정도(퍼센트) 에 따라 의료인의 손해배상액을 줄여 줍니다.

※ 환자의 기왕증이 의료사고로 인한 손해배상액에 영향을 끼친 사례는 이 사이트 『의료분쟁에 관한 유형별 판례』의 〈진료 및 검사 단계에서 환자가 의료사고 원인의 일부를 제공한 경우〉, 〈치료 및 처치 단계에서 환자가 의료사고 원인의 일부를 제공한 경우〉, 〈간호 및 관리단계에서 환자가 의료사고 원인의 일부를 제공한 경우〉 부분에서 확인할 수 있습니다.

(4) 앞으로 일할 수 있는 기간(가동연한)

① 가동개시연령

가동개시연령은 원칙적으로 성년이 되는 19세부터이고, 남자의 경우 병역복무기간이 제외됩니다. 미성년자의 경우 의료사고 당시 현실로 수입을 얻고 있었고, 그러한 수입을 계속 얻을 수 있으리라는 사정이 인정되는 경우에는 사고 당시부터의 수입 상실을 인정합니다.

② 가동종료연령

정년제도가 있는 공무원이나 회사의 종사자인 경우 그 기간을 가동연령으로 인정합니다. 이 때 OO세라 함은 OO세에 도달하는 날을 말합니다. 정년에 관한 규정이 없는 회사의 직원의 경우 동일·유사한 직종의 퇴직 연한으로 인정합니다. 판례에서는 일반 도시 일용노동자의 경우 만 65세가 될 때까지 일할 수 있는 것으로 보고 있습니다.

(5) 중간이자공제방식

① 중간이자의 의미

장래에 주어야 할 돈을 현시점으로 앞당겨서 준다면 당겨진 기간만큼의 이자를 감안해야 합니다. 즉 10년 후에 750만원을 받아야 할 것을 현재 받게 된다면 얼마를 받아야 할 것인가의 문제입니다. 이와 같이 돈이 사용되는 시기와 돈을 받는 시기 사이의 기간을 중간기간이라고 하고, 그 기간에 해당하는 이자를 중간이자라고 합니다.

② 호프만식과 라이프니치식

호프만식 : 중간이자를 단리로 적용하여 계산하는 방식으로 현재 민사소송에서는 호프만식을 따르고 있습니다.

라이프니치식 : 중간이자를 복리로 적용하여 계산하는 방식입니다. 복리계산으로 인해 이자에 이자까지 합쳐서 공제하는 것으로 손해배상금을 갚는 사람이 유리한 방식입니다. 그러나 현재 민사소송에서는 라이프니치식을 따르고 있지 않습니다.

5. 위자료

1) 위자료의 의미

위자료는 정신상의 고통을 금전으로 보상하기 위하여 지급되는 비용입니다. 이 때 정신상의 고통은 과거와 현재의 것뿐만 아니라 장래의 고통도 포함시키고 있습니다.

2) 위자료 청구권자

위자료의 청구는 일반적으로 환자의 배우자, 직계존속, 직계비속이 청구할 수 있고, 이때는 정신적 고통에 대한 특별한 입증을 요하지 않습니다. 다만, 환자의 형제, 자매, 며느리나 사위 등 친족들이 청구하는 경우에는 그 정신적 고통에 대한 입증을 하여야 합니다.

3) 위자료의 산정

법원의 위자료 산정 기준을 보면 환자가 사망한 경우에 피해자 전체에 대해

50,000,000원을 인정하되, 이에 환자의 노동능력상실률을 곱하고 환자의 과실비율 중 10분의 6을 곱하여 최종 위자료를 산정하고 있습니다. 이렇게 나온 금액에서 신분 관계에 따라 배분하게 됩니다.

> *위자료=법원의 위자료기준금액 X 노동능력상실률 X {1 — (환자의 과실비율 X 6/10)}

위자료 산정기준을 식으로 정리하면 다음과 같습니다.

6. 의료사고로 인한 민사(손해배상청구)소송 비용

소송비용은 소송에서 패소한 당사자가 부담하게 됩니다. 의료소송에 드는 비용은 변호사 선임료 이외에 소장 접수시 납부해야 하는 인지대, 송달료, 신체감정비, 기록 감정비 및 사실조회비 등이 있습니다.

1) 변호사 선임료

(1) 변호사의 선임과 변호사 보수(선임료)

민사소송 혹은 형사소송에서는 변호사를 대리인으로 하여 소송을 진행할 수 있습니다. 법률전문가인 변호사를 통해 소송하는 경우 변호사 보수를 지급하게 됩니다.

변호사 보수(선임료)는 정해진 액수가 있는 것이 아닙니다. 다만 변호사는 공공성을 지닌 전문직이므로 그 보수는 과다하여서는 아니된다(변호사윤리장전 제31조 제1항)는 규정에 따라 너무 과다한 경우 법원에 소송으로 보수(선임료)를 감해줄 것을 요구할 수 있습니다(대법원 2002.4.12. 선고 2000다50190 판결).

(2) 변호사 보수(선임료)에 관한 질의응답

【질문1】 가족이 의료사고로 사망하여 수술한 의사에게 손해배상 청구를 하였어요. 소송을 맡은 변호사가 성공할 수 있다고 장담하여 시작한 소송인데, 결국 의료사고와 환자의 사망 간에 인과관계가 인정되지 않아 패소하였습니다. 이렇게 패소한 경우에도 변호사 선임료를 주어야 하는 것인가요?

【답변1】 변호사 보수는 위임받은 법률사건을 처리하는 대가로 주는 것입니다. 따라서 소송의 성공여부에 상관없이 위임된 사무 즉, 소송이 끝나면 변호사의 보수를 지급해야 합니다.

【질문2】 의료사고를 맡은 변호사가 승소하여 성공보수를 요구하고 있어요. 성공보수 자체가 불법인 것은 아닌가요?

【답변2】 변호사와 의뢰인 사이의 성공보수에 관한 약정은 사적자치의 원칙에 따라 자유롭게 할 수 있습니다. 다만, 성공보수가 선량한 풍속 또는 사회질서에 위반하거나(민법 제103조) 의뢰인의 궁박, 경솔함으로 인해 현저하게 공정을 잃은 상태에서 계약된 경우(민법 제104조)에는 인정되지 않습니다. 다만, 승소하면 성공보수를 지급하겠다는 약속에 따른 범위에서 요구할 수 있는 것이지 약속하지 않은 상태에서 소송이 끝난 뒤 추가보수를 요구하는 것은 허용되지 않습니다(변호사윤리규칙 제33조).

【질문3】 변호사 보수는 선불인가요? 후불인가요?

【답변3】 변호사의 보수는 착수금과 성공보수로 이루어져 있습니다. 착수금을 비롯한 보수의 지급은 당사자가 특약으로 자유롭게 정할 수 있습니다. 다만, 변호사 보수를 언제 지급할지에 대한 특별한 약속을 정하지 않았다면 후급입니다. 이런 경우, 변호사는 위임사무를 완료한 후(즉, 소송이 끝난 뒤) 보수를 청구할 수 있습니다(민법 제686조 제2항).

2) 인지대

인지대는 소송목적의 값에 비례하여 납부하게 됩니다. 소송목적의 값이란 의료사고로 인한 손해배상금으로 청구한 금액을 말합니다.

소장(반소장 및 대법원 제출 소장 제외)에는 소가에 따라 다음 금액의 인지를 붙여야 합니다[민사소송 등 인지법 제2조 제1항].

(1) 1심 소가에 따른 인지액

소가 1천만원 미만 = 소가 × 50/10,000

소가 1천만원 이상 1억원 미만 = 소가×45/10,000 + 5,000

소가 1억원 이상 10억원 미만 = 소가×40/10,000 + 55,000

소가 10억원 이상 = 소가× 35/10,000 + 555,000

※ 인지액이 1천원 미만이면 그 인지액은 1천원으로 하고, 1천 이상이면 100원 미만은 계산하지 않습니다 (민사소송 등 인지법 제2조 제2항).
※ 소송의 진행 과정에서 환자의 신체감정 후 청구 취지변경에서 소가가 증가될 경우에는 증가된 만큼을 기준

으로 인지대를 추가 납부하여야 합니다.

※ 1심의 소송 결과에 만족하지 않아 2심(항소)을 신청하는 경우에는 위 규정액의 1.5배, 3심(상고)를 신청하는 경우의 인지액은 위 규정액의 2배입니다.

3) 송달료

송달료는 법원에서 각 당사자에게 서류를 보내는 우편요금입니다.

의료소송은 민사 합의사건으로 당사자수, 우편 발송 회수 15회, 우편료 5,200원을 곱한 값으로 책정됩니다. 예를 들면 환자 1인(원고)이 의료인 2인(피고)에 대해 소송을 제기한 경우 234,000원(5,200 X 15 X 3)을 납부하게 되는 것입니다.

∞ 송달료 계산방식[「송달료규칙의 시행에 따른 업무처리요령」 (대법원 재판예규 제1799호, 2022. 2. 12. 발령, 2022. 3. 1. 시행 시행) 별표 1]

민사 제1심 소액사건 = 당사자수 × 5,200원 × 10회분
민사 제1심 단독사건 = 당사자수 × 5,200원 × 15회분
민사 제1심 합의사건 = 당사자수 × 5,200원 × 15회분
민사 항소사건 = 당사자수 × 5,200원 × 12회분
민사 상고사건 = 당사자수 × 5,200원 × 8회분
민사 (재)항고사건 = 당사자수 × 5,200원 × 5회분
민사 조정사건 = 당사자수 × 5,200원 × 5회분
부동산 등 경매사건=(신청서상의 이해관계인 수+3) ×10회분

4) 증인여비

증인여비는 소송 중 증언을 위해 출석하는 증인의 교통비 등을 위해 지급하는 비용으로 대법원규칙의 규정에 따라 법원이 상당하다고 인정하는 교통수단을 기준으로 하여 지급합니다.

5) 신체감정비

신체감정은 상해로 후유장애를 입은 경우 손해액을 입증하기 위하여 필요한 절차입니다. 법원에서는 감정할 병원을 지정하여 의료사고를 입은 환자가 방문 및 감정을 받도록 조치하고 있습니다.

신체감정비용은 과목당 200,000원이고 미리 법원에 납부해야 합니다. 예를 들어

내과 및 재활의학과 감정을 받는 경우, 두 과목에 해당하는 비용인 400,000원을 법원에 미리 납부하게 됩니다.

신체감정 이후 좀 더 면밀한 검사를 위해 해당 병원의 감정의가 추가 검사를 요구할 수 있습니다. 이 경우 추가검사에 따른 검사비용이 청구됩니다.

6) 기록감정비 및 사실조회비

의료소송에서 의료인의 과실을 입증하기 위하여 가장 중요한 것이 기록감정 및 사실조회로 이는 의료소송에서 필수적인 절차입니다. 기록감정은 법원에서 감정처를 지정하여 서류를 발송하여 이루어지게 됩니다. 2010년 평균적인 기록 감정 비용은 과목당 500,000원 정도(대한의사협회를 경유하는 경우 1,000,000원 정도), 사실조회 비용은 300,000원 정도로 이 비용은 감정기관에 따라 다를 수 있습니다.

7. 승소 또는 패소에 따른 소송비용 부담

1) 승소 시 소송비용

승소 시 소송비용은 패소한 당사자가 부담하게 됩니다.

'원고승소'가 아닌 '원고일부승소'일 경우, 원고(환자) 및 피고(의료인)가 부담해야 할 소송비용은 승소 비율에 따라 판결문에서 결정해줍니다.

2) 패소 시 소송비용

소송비용은 패소한 당사자가 부담하도록 하는 원칙에 따라 소송 일체의 비용을 부담하게 됩니다.

8. 형사 고소 및 고발을 통한 처벌요구

1) 의료사고로 인한 형사 고소 및 고발

의료인의 위법행위로 환자가 상해 또는 사망에 이른 경우 의료인을 수사기관에 신고함으로써 국가의 처벌을 요구할 수 있습니다. 환자가 의료인의 과실로 상해나 사망에 이른 경우 업무상과실치사상죄로 고소(또는 고발)할 수 있고, 의료인의 허위진단서 작성, 위조사문서등의 행사, 낙태, 업무상비밀누설, 사기 등의 위법행위가 있을 경우 해당 죄목으로 고소(또는 고발)할 수 있습니다.

2) 고소 및 고발의 원인이 되는 의료행위

(1) 환자가 사망하거나 상해를 입은 경우

의료인이 잘못하여 발생한 의료사고로 환자가 사망하거나 상해를 입은 경우 고소 또는 고발을 통해 업무상과실치사상죄(형법 제268조)에 해당 여부를 따지게 됩니다.

업무상과실치사상죄가 인정되기 위해서는 국가가 의료인을 처벌할 만큼 의료인의 잘못이 명백해야만 유죄로 인정하고 있습니다.

(2) 기타 의료인의 위법행위가 있는 경우

환자의 사망 또는 상해가 아닌 의료인의 위법행위가 있는 경우로는 허위진단서등의 작성(형법 제233조), 위조사문서등의 행사(형법 제234조), 낙태(형법 제270조), 업무상비밀누설(형법 제317조제1항), 사기(형법 제347조) 등이 문제가 될 수 있습니다.

① 허위진단서등의 작성

의사·한의사·치과의사·조산사가 진단서, 검안서, 생사에 관한 증명서를 허위로 작성한 경우

② 위조사문서등의 행사

허위로 만들어진 문서, 도화, 전자기록 등 특수매체 기록 등을 행사한 경우

③ 의사 등의 낙태·부동의 낙태

의사·한의사·조산사가 부녀의 부탁이나 승낙을 받아 낙태하게 한 경우 및 부녀의 부탁이나 승낙 없이 낙태한 경우(형법 제270조)

④ 업무상비밀누설

의사·한의사·치과의사·약제사·조산사 또는 그 보조자가 의료행위 중 알게 된 환

자의 비밀을 누설한 경우

⑤ 사기

허위로 진료비를 청구하여 환자나 진료비를 지급하는 기관이나 단체를 속인 경우

※ 의료법 제8조 제4호에서는 의료인을 고소·고발할 수 있는 죄명을 위의 몇 가지로 한정하고 있습니다. 그 이유는 의료행위가 기본적으로 사람의 신체를 다루는 것으로 어느 정도의 침해를 가져오는 특성이 있기 때문입니다. 따라서 고소·고발당할 수 있는 죄명을 한정하여 의료인이 재량의 범위에서 적극적인 치료행위를 할수 있도록 배려하고 있습니다.

9. 의료소송(형사) 절차 및 준비사항

피해를 당한 당사자(환자)나 고소권이 있는 피해자 가족들이 직접 처벌을 요구(고소)하거나, 고소권이 없는 제3자가 의료인의 처벌을 요구(고발)하는 경우에 수사기관의 수사가 이루어집니다. 수사 결과에 따라 검사의 기소여부가 결정되고, 기소하는 경우 형사재판 절차가 진행됩니다.

고소 및 고발을 하는 방식은 제한이 없고, 직접 수사기관에 출석하여 구두로 고소하거나 고소장을 작성하여 제출할 수 있습니다(형사소송법 제237조).

1) 고소

고소는 의료사고로 피해를 입은 환자나 그 보호자 등 고소권을 가진 사람이 수사기관에 의료인을 처벌해 달라고 요구하는 것입니다(형사소송법 제223조).

2) 고발

고발이란 의료사고 피해자나 그 가족이 아닌 제3자가 수사기관에 의료인을 처벌해 달라고 요구하는 것입니다(형사소송법 제234조).

3) 고소장 기재사항

고소장에는 고소인과 피고소인의 이름, 주소, 연락처 등의 인적사항과 피해를 입은 내용, 처벌을 원한다는 뜻만 들어 있으면 반드시 무슨 죄에 해당하는지 밝힐 필요는 없습니다. 다만, 피해사실 등의 내용이 무엇인지 알 수 있을 정도로 가능한 명확하고 특정되어야 합니다.

고 소 장

고 소 인   ○ ○ ○ (주민등록번호 : 111111 - 1111111)
　　　　　　○○시 ○○구 ○○길 ○○
피고소인   김 △ △ (주민등록번호 : 111111 - 1111111)
　　　　　　○○시 ○○구 ○○길 ○○번지 ○○병원
　　　　　　이 △ △ (주민등록번호 : 111111 - 1111111)
　　　　　　○○시 ○○구 ○○길 ○○번지 ○○병원

고 소 취 지

피고소인은 고소인에게 고혈압 및 편두통 치료를 하다가 업무상 과실로 뇌동맥 파열로 인한 지주막하출혈로 사지부전마비 상태에 이르게 한 사실이 있으므로 피고소인을 철저히 수사하여 엄벌에 처해 주시기 바랍니다.

고 소 사 실

1. 고소인은 20○○. ○.경 구토를 동반한 심한 두통으로 피고소인을 사용하고 있는 ○○병원에 내원하여 소화기 내과 전문의인 김△△로부터 진찰을 받았는데, 고혈압으로 의심한 위 의사는 순환기 내과 의사인 A에게 협의진료를 요청하였고, 위 김△△는 검사를 시행한 다음 혈압강하제인 ○○○을 복용토록 하였습니다.

2. 고소인은 위 약물을 계속 복용하였으나 한달 후인 20○○. ○. 중순경 계속된 통증으로 다시 위 병원에 내원 하였는데, 당시 김△△는 고혈압, 일과성 뇌허혈, 뇌막염 의심 하에 정밀진단을 위하여 고소인을 입원토록 하였고 당시 고소인은 두통 및 구토와 함께 목이 뻣뻣하고 목 뒤에서 맥박이 뛰는 듯하며, 말이 어둔하고 전신이 쇠약한 상태였습니다. 한편 피고 김△△는 신경학과 의사인 이△△에게 협진 의뢰를 한 바 별다른 이상 없다는 통보를 받고 편두통 진단을 하여 최종적으로 만성위염, 지방간, 고혈압 진단을 내리고 이에 대한 약물치료를 한 다음 혈압이 다소 안정되자 같은 달 말경 고소인을 퇴원토록 하였습니다.

3. 고소인은 위 병원에 다녀온 뒤 조금 증상이 호전되는 듯하다가 퇴원후 ○개월이 지난 20○○. ○. ○경 새벽 무렵 수면 도중 갑작스럽게 비명을 지르면서 의식을 잃고 쓰러져 즉시 응급실에 내원하게 되었고 이△△는 뇌 CT 촬영을 하였던바, 좌측 뇌실 내 출혈과 함께 좌측 측두엽 끝과 좌우 내실내 출혈 소견을 보여 일단 동정맥기형 파열과 뇌실내 출혈, 종양 출혈과 뇌실 내 출혈, 모야모야병과 뇌실내 출혈, 고혈압성 뇌출혈과 뇌실내 출혈로 진단하였습니다. 그러나 이△△는 고소인의 상태가 좋지 않아 수술예정만 잡아놓고 합병증 발생 예방 치료만을 하였습니다.

4. 이에 고소인은 수술날짜를 기다릴 수 없어서 다른 병원으로 전원하였던바, 위 병원 의료진은

동맥류파열에 의한 지주막하출혈로 진단하고 재출혈 방지를 위한 외동맥류 경부 결찰술을 시행하였습니다. 그러나 고소인은 수술전 이미 심한 뇌부종에 의한 뇌세포 괴사와 뇌혈관연축에 의한 뇌경색, 뇌수두증 등으로 뇌손상을 입어 위 병원에서 치료를 받다가 다음 해 ○월경 퇴원하였습니다.

5. 한편 위 병원의 진단 결과 현재의 증상(뇌동맥류 파열에 의한 지주막하출혈)은 이미 위 피고소인이 고소인을 진찰하고 치료할 당시인 20○○. ○. ○. 및 같은 해 ○경에 이미 나타났던 것으로 드러났습니다. 뇌동맥류 파열에 희한 지주막하출혈은 갑작스러운 두통 및 구토이외에는 뇌신경학적 증상이 없는 경우가 있으므로 이 경우 신경외과 의사인 이△△와 주치의인 김△△로서는 환자나 발병과정을 지켜본 사람에게서 자세한 병력을 들어 지주막하출혈 가능성을 추정하고 소량의 출혈시에는 반드시 뇌 CT 촬영, 뇌척수액검사 및 뇌혈관 촬영 등을 신속히 시행하여 뇌동맥류 파열로 인한 지주막하 출혈을 확인하였어야 하는 업무상 주의 의무를 위반하여 만연히 즉시 위와 같은 조치를 하지 않고 혈압강하제 만을 투약케 한 업무상 과실로 피고소인을 사지부전마비 상태에 빠뜨렸으니, 조사하여 엄히 처벌하여 주시기 바랍니다.

첨 부 서 류

1. 진단서(A병원 피고소인 작성)
1. 진단서(B병원 의사 작성)
1. 진료기록부(A병원)
1. 진료기록부(B병원)

기타 추후 제출하겠습니다.

20○○년   ○년   ○월
고 소 인   ○ ○ ○ (인)

○ ○ 경 찰 서 장(또는 ○ ○ 지 방 검 찰 청 검 사 장) 귀 중

■ 고소·고발에 관한 질의응답

【질문1】 의료사고로 우리 아들이 죽었어요. 민사소송으로 손해배상을 받을 수도 있지만, 저는 의료인이 처벌받았으면 좋겠어요. 어디에 위치한 경찰서에 고소해야 하나요?

【답변1】 고소장은 고소를 당하는 피고소인(의료인 또는 병원)의 주소지를 관할하는 수사기관에 제출하는 것이 원칙입니다.

【질문2】 의료사고를 일으킨 의료인을 고소하였어요. 이제 제가 준비할 것은 무엇이죠?

【답변2】 수사는 고소 혹은 고발을 받은 경찰서에서 담당합니다. 의료인에 대한 수사를 한 뒤 공소제기 여부를 결정하게 되는데, 의료인의 범죄 혐의가 인정되어야만 형사소송이 제기되기 때문에 환자 또는 그 보호자는 가지고 있는 증거(예를 들어, 진료기록부 사본 등)를 수사기관에 충분히 제공해야 합니다.

10. 수사단계 및 공소제기 단계

1) 경찰의 수사단계

경찰관은 고소 및 고발받은 사건에 대하여 여러 정황 및 증거자료 등을 수사합니다(형사소송법 제196조 및 제199조). 그리고 수사한 모든 형사사건에 대하여 그 기록과 증거물을 검찰청에 보냅니다(형사소송법 제238조). 이를 '송치'라고 합니다.

2) 검사의 기소(공소제기) 단계

검사는 경찰로부터 송치받은 사건에 대하여 피의자(피고소인, 의료인)가 재판을 받아야 하는지를 판단합니다. 재판을 받음이 마땅하다고 판단되는 경우에만 이를 법원에 회부하게 됩니다(형사소송법 제246조). 이를 '기소한다' 또는 '공소제기'라고 합니다.

검사는 사건을 검토하면서 피의자(피고소인, 의료인)의 범죄가 무겁고, 도망 또는 증거인멸의 염려가 있는 경우에 피의자를 구속하게 됩니다(형사소송법 제201조).

※ 만약 피의자가 체포 또는 구속되었더라도 적부심사절차에 따라 다시 법원으로부터 그 적법여부를 심사받을 수 있습니다(형사소송법 제214조의2). 이 절차에서 피의자의 체포 또는 구속이 부당하다고 하여 법원이 석방을 명하면 피의자는 즉시 석방됩니다. 다만 석방되었다고 해서 검사의 공소제기가 취소되는 것은 아닙니다.

3) 기소(공소제기) 이후의 재판 단계

검사가 기소한 사건에 대하여 법원은 공판을 열어 재판을 하게 됩니다. 이 재판과정에서 피고인은 자기의 억울함이나 정당함을 주장할 수 있고, 변호인의 도움을 받을 수 있습니다.

재판장은 사건에 대하여 유죄로 인정할 증거가 없으면 피고인에게 무죄 판결을 내리고, 인정할 근거가 있으면 유죄 판결을 내립니다(형사소송법 제325조).

재판장이 유죄 판결을 내렸더라도 피고인에게 형의 집행을 받지 않으면서 스스로 사회에 복귀할 필요성이 인정될 경우 집행유예 선고를 할 수 있습니다(형사소송법 제321조). 이는 피고인이 3년 이하의 징역 또는 금고의 형을 선고받았으나 그 정상에 참작할 사유가 있는 경우에 한정됩니다.

우리나라에서는 공정한 재판을 위해 3심 제도를 운영하고 있습니다. 따라서 재판결과에 불만이 있는 피고인은 상급법원에 상소할 수 있습니다(형사소송법 제338조). 1심 법원의 재판결과에 불복하여 다시 소를 제기하는 것을 항소, 2심법원의 재판결과에 불복하는 것을 상고라고 합니다.

제2장
의료소송 서류 작성례

[서식] 손해배상(의)청구의 소(어깨관절, 인공관절수술 부작용)

소 장

원 고   ○ ○ ○

피 고   ○ ○ ○

손해배상청구의 소(의료)

소 가 :

인지대 :

송달료 :

○○지방법원 귀중

소 장

원 고 1. ○   ○   ○(주민등록번호 -   )
　　　 2. ○   ○   ○(주민등록번호 -   )
　　　 3. ○   ○   ○(주민등록번호 -   )
　　　 4. ○   ○   ○(주민등록번호 -   )
위 원고들의 주소 서울 ○○구 ○○동 12-3

소송대리인 변호사　○　○　○
　　　　　　　　(전화　　　, 팩스　　　　)
　　　　　　　　서울 ○○구 ○○동 12-4 ○○○빌딩 401호

피 고 1. ○　○　○(주민등록번호 -   )
　　　 (전화　, 팩스　　, 휴대폰　　)
　　　 서울 ○○구 ○○동 23

　　　 2. 의료법인 ○○○병원(전화　　　, 팩스　　　)
　　　 서울 ○○구 ○○동 12-50
　　　 대표자 원장 ○　○　○

손해배상청구의 소(의)

청 구 취 지

1. 피고들은 각자 원고 ○○○에게 금60,000,000원, 원고 ○○○에게 금11,000,000원, 원고 ○○○, 원고 ○○○에게 각 금4,000,000원 및 이에 대하여 2006. 4. 20부터 이 사건 소장이 송달된 날까지는 연 5푼, 그 다음 날부터 다 갚는 날까지는 연 2할의 각 비율에 의한 금원을 지급하라.

2. 소송비용은 피고의 부담으로 한다.

3. 위 제1항은 가집행할 수 있다.

라는 판결을 구합니다.

청 구 원 인

1. 당사자의 관계
　피고 ○○○은 피고 의료법인 ○○○병원(이하, '피고법인'이라 함)의 정형외과 전문의로 근무하는 자이고, 원고는 어깨부상으로 피고 ○○○으로부터 2006. 3. 25경 어깨관절수술과

2006. 4. 20경 인공관절교환수술등 2차례의 수술을 받은 자입니다. 그리고, 원고 ○○○은 원고 ○○○의 남편이고, 나머지 원고들은 그 자녀들입니다.

2. 사건개요

가. 원고 ○○○의 어깨골절

원고 ○○○는 2006. 3. 16. 12:00경 집 앞에서 넘어져 오른쪽 어깨에 통증을 느끼고 서울 ○○○구 ○○○동 소재 ○○○병원에 입원하여 치료를 받고 있던 중 같은 달 3. 20경 이웃에 살고 있는 소외 ○○○이 병문안 차 찾아와서 자신이 잘 아는 피고법인의 ○○○병원에 유명한 전문의가 있다고 하여 같은 달 21일경 피고법인의 ○○○병원에 입원하였습니다.

나. 1차 수술

2006. 3. 25경 피고 ○○○이 집도하여 다리뼈를 깎아내어 이식하는 1차 수술을 하였던 바, 수술 후 원고 ○○○는 팔이 아프지 않고 수술한 오른쪽 팔을 상하좌우로 마음대로 움직일 수 있었습니다. 또한 원고 ○○○의 남편인 원고 ○○○은 당시 고혈압으로 쓰러져 거동이 불편하여 옆에서 식사 및 외출을 도와주어야 하고, 원고 ○○○의 딸인 원고 ○○○가 대학입시준비 중에 있어 소홀히 할 수 없어서 원고 ○○○는 피고 ○○○에게 하루라도 빨리 퇴원시켜 달라고 부탁하였습니다.

다. 피고 ○○○의 인공관절수술

그러나, 피고 ○○○은 2006. 4. 4 "X-ray 판독결과 근육이 약해져서 뼈를 받혀주지 못하기 때문에 어깨뼈가 내려오므로 재수술을 하여야 한다. 그냥 두면 팔이 빠져 움직일 수 없다. 수술도 지금 급히 해야 한다. 그렇지 않으면 1차 수술한 뼈가 굳어 버리면 수술이 어렵게 된다. 지금은 어깨 쪽 뼈만 살짝 들어내서 그 자리에 인공뼈를 집어넣으면 되므로 이 수술은 간단하고 후유증은 만 명에 한 명 생길까 말까하니 걱정하지 말라. 내가 대한민국에서 인공관절수술은 제 1인자다. 인공관절은 평생 보장한다.

수술 후 빠르면 7일만에 퇴원시켜 주겠다" 등등의 말로 약 20일간에 걸쳐서 원고 ○○○의 퇴원요구를 묵살한 체 인공관절수술을 강요했던 것입니다.

라. 원고의 퇴원요구

당시 원고는 퇴원하고자 동 병원 정형외과 수련의들인 소외 ○○○에게 말해 보았으나 헛일이었고 동 병원의 간호사 소외 ○○○에게도 퇴원을 요청하였으나 퇴원할 길이 없었습니다. 당시 원고의 가족들도 피고 ○○○에게 퇴원을 요청하였으나 위와 같이 집요하게 인공관절수술을 강요하였습니다. 이에 원고 ○○○는 어쩔 수 없이 백지로 된 수술동의서에 지장을 찍어 주었습니다. 그러나 원고는 2005. 4. 20. 수술직전까지도 수술을 하지 않겠다. 오직 한 가지 퇴원시켜 달라고 피고 ○○○에게 애원하였으나, 아무런 소용없이 인공관절수술을 받게 되었습니다.

마. 인공관절수술 결과

그러나, 간단한 수술이라던 인공관절수술 후 통증이 심함은 물론 진통제를 먹어도 잠들 수 없었고, 7일만에 퇴원시켜 주겠다던 말은 거짓이었고 약 한달 간을 더 입원해야 했습니다. 원고 ○○○는 퇴원한 지금도 통증을 견디지 못해 이 병원 저 병원을 찾아가서 인공관절 수술직전 X-ray 사진을 보여주며 진찰을 받아본 결과 칼슘 부족현상으로 어깨에서 팔굽까지 뼈가 삭아서 엄청난 대수술은 물론 수술 후에도 완치된다는 보장이 없다는 말이었습니다. 또한 평생 보장한다던 인공관절도 수년을 넘기기가 어렵다는 것이었으며, 인공관절수술은 엄청난 후유증에 시달릴 수 밖에 없다는 것이었습니다. 그동안의 치료도 보람도 없이 원고 ○○○는 지금도 수술에 따른 통증과 정신적 고통에 시달리고 있습니다.

3. 손해배상책임

위에서 본 바와 같이 2006. 4. 20경 위 ○○○병원에서의 인공관절수술은 다음과 같은 위법 사유가 있습니다.

가. 인공관절수술의 불필요성

당시 1차 수술은 성공적이었고, 수술경과도 매우 좋았으므로, 또 다시 인공관절수술을 할 필요가 없었다고 하는 점입니다.

나. 기망에 의한 수술동의

피고 ○○○은 인공관절수술에 대한 설명의무를 다하지 않은 것은 물론이고 온갖 감언이 설로 원고의 퇴원요청도 묵살하고 기망에 빠진 원고로부터 수술동의서를 받아내어, 원고가 수술을 바라지도 않았음에도 불구하고 인공관절수술을 강행하였다는 점입니다.

다. 수술상의 과실

위에서 본 바와 같이 인공관절수술이 잘못되어 원고는 수술 후부터 지금까지 극심한 고통에 시달려 왔고, 또한 새로이 인공관절을 제거해야 하는 처지에 있다는 점입니다. 이 사건은 단순히 수술상의 과실만이 문제가 아니고 온갖 감언이설로 원고의 퇴원요청을 묵살해가며 원고로부터 강요된 수술동의서를 받아내어 인공관절수술을 강행하였던 사건입니다. 이는 단순한 업무상 과실만이 아니라 사기 및 고의적인 상해도 인정되는 사안이 아닐 수 없습니다.

따라서, 피고 ○○○은 행위자로서, 피고 의료법인 ○○○병원은 그 사용자로서 이러한 위법행위로 인한 원고들의 고통과 그에 따른 손해에 대하여 배상할 책임이 있다할 것입니다.

4. 손해배상의 범위

가. 지출한 치료비

필요하지도 않은 인공관절수술을 행함으로써 원고는 수술비용을 지출하였고, 퇴원 후에도 계속되는 통증을 견딜 수 없어서 여러 병원을 찾아다니며 진료를 받게 되어 추가비용을 지출하였던 바, 이는 피고들의 위법행위에 따른 것으로 배상되어야 마땅할 것이므로 그 구체적 금액은 추후 제출하겠습니다.

나. 향후치료비

피고 ○○○이 규격이 맞지 않은 인공관절을 삽입하는 바람에 원고 ○○○는 극심한 고통에 시달려 왔고, 어쩔 수 없이 다시 인공관절을 제거해야 하는 등의 치료를 계속 받아야 할 것입니다. 이에 소요되는 치료비 역시 배상되어야 할 것입니다. 그 구체적 비용 역시 귀원의 신체감정결과에 따라 추후 제출하고자 합니다.

다. 위 자 료

인공관절수술을 할 필요가 없었음에도 불구하고 피고 ○○○의 감언이설과 강요에 못 이겨 수술을 받았다는 것에 대하여 원고들은 분노와 극심한 정신적 충격을 받았고, 또 수술 후에도 심한 통증에 시달리면서 여러 병원을 옮겨 다니면서 치료를 받았으나 아무런 효과도 보지 못하고 '다시 인공관절을 빼어내어야 하며 더구나 완치는 불가능하다는 말만을 들었을 뿐입니다. 따라서 원고 ○○○는 물론 원고 ○○○와 가족관계에 있는 나머지 원고들 또한 상당한 정신적 고통을 받았을 것임은 경험칙상 명백하다 할 것이므로 피고들은 이를 금전적으로나마 위자하여야 할 것인 바, 그 금액은 이 사건 인공관절수술결과, 상해 부위, 불구의 정도, 그동안의 치료노력과 기간, 계속되는 통증, 재수술의 문제 등 모든 사정을 종합하여 볼 때 피고들은 원고 ○○○에게 금60,000,000원, 원고 ○○○에게 금11,000,000원, 원고 ○○○, 원고 ○○○에게 각 금4,000,000원을 지급함이 상당하다 할 것입니다.

5. 결 론

그렇다면, 피고들은 원고 ○○○에게 금60,000,000원, 원고 ○○○ 금11,000,000원, 원고 ○○○, 원고 ○○○에게 각 금4, 000,000원 및 이에 대하여 2006. 4. 20부터 이 사건 소장 부본이 송달된 날까지는 민법 소정의 연 5푼, 그 다음 날부터 다 갚는 날까지는 소송촉진등에 관한 특례법 소정 연 2할의 각 비율에 의한 지연손해금을 지급할 의무가 있다 할 것이므로, 이를 구하고자 이 사건 청구에 이른 것입니다.

입 증 방 법

1. 갑제1호증   가족관계증명서
1. 갑제2호증의 1, 2   퇴원 및 진료계산서
1. 갑제3호증의 1   진단서
         2   진료의뢰서
         3   소견서
         4   진단서
1. 갑제4호증의 1 내지 5   각 대한정형외과 회보
1. 갑제4호증의 6   대한골절 협회보
1. 갑제5호증 녹취서

1. 기타 입증방법은 추후 소송의 진행에 따라 수시로 제출하고자 합니다.

첨 부 서 류

1. 위 입증방법	각1통
1. 법인등기부등본	1통
1. 소장부본	2부
1. 위임장	1부

2006. 9.   .

위 원고들 소송대리인
변호사   ○○○   (인)

서울○○지방법원   귀중

소 장

원 고 김 의 사

피 고 이 환 자

손해배상(의) 청구의 소

소 가 금   원

인 지 금   원

송 달 료 금   원

○○지방법원 ○○지원 귀중

[서식] 소　장(표지)

소　장

원　고　김　의　사
　　　　주　소 :
피　고　이　환　자
　　　　주　소 :

손해배상(의) 청구의 소

청 구 취 지

1. 피고는 원고 김환자에게 금 30,000,000원 밀 이에 대하여 2005.5.20.부터(이 사건 사고일) 이 사건 소장부본 송당일까지는 연5%의, 그 다음날부터 다 갚는 날까지는 연 25%의 각 비율에 의한 금원을 지급하라.
2. 소송비용은 피고의 부담으로 한다.
3. 위 제1항은 가집행할 수 있다.

라는 판결을 구합니다.

청 구 원 인

1. 당사자 관계
　원고 김환자는 이건 의료과실로 인하여 장애를 입은 피해자이고, 피고 이의사는 의건 의료과실을 일으킨 의사입니다.

2. 손해배상 책임의 발생
　가. 사고의 개요
　나. 피고들의 과실

3. 손해배상의 범위
　가. 원고 김환자의 일실 수익
　(1) 기초사실과 평가내용
　　(가) 성　　　　별 :
　　　　생 년 월 일 :
　　　　사 고 발생일 :
　　　　연　　　령 :
　　　　기 대 여 명 :
　　(나) 직　　　업 :

(다) 가 동 연 한 :

(라) 장해비율 및 일실수입 : 원고 김환자는 이 건 사고로 상당부분의 노동능력을 상실하여 그에 상용하는 일실 손해를 입었는 바, 그 손해액은 추후 신체감정 결과에 따라 확장 청구키로 하고 우선 금 10,000,000원을 청구합니다.

나. 기치료비, 향후 치료비, 보조구 구입비 등

신체 감정을 통해 추후 청구합니다.

다. 위자료

원고들은 이건 의료사고로 이미 정신적 고통을 받았고 또한 앞으로도 정신적 고통을 받아야 할 것임은 경험칙상 명백하므로 피고는 이러한 원고들의 정신적 고통에 대하여 금전적으로나마 이를 위자해 주어야 할 의무가 있다 할 것인바, 원고 김갑동에게 금 20,000,000원을 지급하여야 할 것입니다.

4. 결론

그렇다면 피고는 원고 김환자에게 금 30,000,000원(일실수익 10,000,000원+위자료 20,000,000원) 및 이에 대하여 이 사건 사고일인 2002. 5. 20부터 이 사건 소장부본 송달일 까지는 민법 소정의 연 5%의, 그 다음날부터 다 갚는 날까지는 소송촉진등에 관한 특례법 소정의 연 25%의 각 비율에 의한 지연 손해금을 지급할 의무가 있다고 할 것입니다.

입 증 방 법

1. 갑 제 1호증의 호적등본
2. 갑 제 2호증의 각 주민등록 등본
3. 갑 제 3호증의 진단서
4. 갑 제 4호증의 1,2 생명표 표지 및 내용
5. 갑 제 5호증의 1, 2 거래가격 표지 및 내용

첨 부 서 류

1. 위 입증방법	각 1통
2. 납부서	1통
3. 소장부본	2통

2005. 5. 30.

원 고 김 환 자

○○지방법원 ○○지원 귀중

호 손해배상(의)

신체감정족탁신청

원 고 김 환 자

피 고 이 의 사

위 당사자간 귀원 위 사건에 관하여 원고들은 주장사실을 입증하기 위하여 아래와 같이 신체감정을 촉탁합니다.

아   래

1. 피감정인의 인적사항

   성명 : 김환자

   생년월일 : 1980. 1. 1

   주소 : 서울시 서초구 서초동 123번지

2. 신체감정의 촉탁희망병원 : 잘고쳐 병원

3. 피감정인의 병력 :

4. 감정할 사항

 (1) 부상의 부위 및 정도

 (2) 치료가 종결된 여부

 (3) 현재의 자각적 증상의 유무 및 있다면 그 내용과 정도

 (4) 현재의 타각적 증상의 유무 및 있다면 그 내용과 정도

 (5) 현재의 병적증상이 위 2005. 5. 20 사고로 인한 것인지 여부

 (6) 위 병적증상의 원인이 되는 기왕증이 있었는 지 여부 및 있다면 그 내용 및 정도(기여비율을 %로) 표시해 주십시오.)

 (7) 향후치료가 필요하다면 그 치료의 내용과 치료시기 및 기간, 그리고 치료비 예상액

 (8) 피감정인에게 보조장구가 필요하다면 그 보조구의 종류, 필요기간, 소요개수, 수명 및 단가와 그 보조구의 사용으로 개선될 수 있는 거동의 정도 및 착용훈련기간이 필요한 경우에

는 그 훈련기간

(9) 개호인의 필요한지 여부, 필요하다면

  1. 개호내용(음식물 섭취, 착탈의, 대소변, 체위변경 등)

  2. 개호내용에 비추어 의료전문가의 개호가 필요한 지, 또는 보통 성인남녀의 개호로 족한지 의 여부 및 개호인은 몇 명이 필요한 지(의료전문가가 필요하다면 그 비용을 표시해 주 십시오.)

(10) 치료종결후(향후지료포함) 피감정인에게 후유증이 남게 되는 지의 여부

  가. 어떠한 후유증이(구체적으로) 남게되는 지의 여부

  나. 그것이 영구적인 혹은 개선가능한 것인지의 여부

  다. 이로 인하여 신체장해가 예상되는지(신체장해라 함은 치료종결로 증상이 고정되었거나 향후치료를 한다. 하더라도 영구적으로 개선불가능한 후유증이란 점을 고려해 주십시오) 와 그 장해내용(운동장해, 기능장해가 있는 경우 이를 구체적으로 표시하여 주십시오.

  라. 위 신체장해가 맥브라이드 노동능력상실평가표와 국가배상법시행령 별표 노동력상실률표 의 각 어느 항목에 해당하는 지, 만일 적절한 해당항목이 없을 경우 준용항목, 또는 어 느 항목의 몇 &정도에 해당하는 것으로 봄이 상당한지를 표시해 주십시오.

  마. 피 감정인이 일반 도시 또는 농촌일용노동자로 종사하는 경우 그 노동능력의 상실정도(% 로 표시해 주십시오)

(11) 위 후유증이 피감정인의 평균수명에 영향이 있는지, 있다면 예상되는 단축기간 및 그 근 거자료

(12) 기타 참고사항

첨 부 서 류

1. 진단서   1통

2005. 5. 30

원 고   김 환 자

○○지방법원 ○○지원 귀중

호 손해배상(의)

문서 송부 촉탁 신청

원 고 김 환 자

피 고 이 의 사

위 당사자간 귀원 위 손해배상(의) 청구사건에 관하여 원고는 그 주장사실을 입증하기 위하여 아래 기록의 문서송부촉탁을 신청합니다.

아 래

1. 문서의 보관처
   아파요 병원
   주 소 :

2. 문서 표시
   원고 김환자(주민등록번호 :   혹은 병록번호 :   )에 대한 진
   료 기록 일체의 등본과 필름 일체

20005. 5. 30.

위 원 고   김 환 자

○○지방법원 ○○지원 귀중

호 손해배상(의)

사실조회신청서

원 고 김 환 자

피 고 이 의 사

위 사건에 관하여 원고들은 주장 사실을 입증하고자 다음과 같이 사실조회를 신청합니다.

다 음

1. 사실조회처

   산부인과 학회

   주 소 :

2. 사실조회할 내용

   (필요한 의학일반 내용과 관련된 질문내용을 기재)

20005. 5. 30.

위 원 고   김 환 자

○○지방법원 ○○지원 귀중

[서식] 문서제출명령신청서

문서제출명령신청

사 건
원 고 김 환 자
피 고 아파요 의료법인

위 손해배상사건에 관하여 원고는 주장사실을 입증하기 위하여 다음 문서의 제출명령을 하여 주시기를 신청합니다.

다 음

1. 문서의 표시

   원고가 2005. 5. 20 피고 산하 아파요병원에 입원 치료 중 수술을 받자 이건 사고가 발생하였는 바 원고에 대하여 이후 동병원이 치료 행위에 관한 병상일지를 기술한 의료차트 일체.

2. 문서의 취지

   위 원고에 대한 수술 및 일체의 진료행위에 관한 내용이 명시되어 있음

3. 문서의 보관

   아파요 병원 성형외과

4. 입증취지

   위 아파요병원 성형외과 담당의사들의 의료행위 중 업무상 과실로 말미암아 원고가 안면마비가 된 사실을 입증하고자 함.

5. 문서제출의 의무 근거

   민사소송법 제344조 제2호

20005. 5. 30.
위 원 고   김 환 자

○○지방법원 ○○지원 귀중

[서식] 조정신청서

조 정 신 청

신 청 인 김 환 자
         주　소 :
피 신 청 인 이 의 사
         주　소 :

손해배상(의) 청구사건

신 청 취 지

1. 피신청인은 신청인에게 금 20,000,000원 및 이에 대한 2005. 5. 20부터 완제일까지 연 25%의 비율에 의한 돈을 지급한다.

2. 조정비용은 각자 부담으로 한다.
라는 조정을 구합니다.

분쟁의 내용

1. 사실관계
2. 따라서 위와 같은 사실로 피신청인에 대한 손해배상금을 지급 받기 위하여 이 건 조정신청에 이르렀습니다.

첨부서류

1. 진단서　　　　　　　　　　　　　　　　　　　　　　　　　　　　1통

20005. 5. 30.

위 원 고　 김 환 자

○○지방법원 ○○지원 귀중

[서식] 진단서

진 단 서

병록번호 _____

연 번호 _____   주민등록번호 _____

환자의 성명		성별	남,여	생년월일	년 월 일	연령	만 세
환자의 주소	전화						
병명						한국질병분류번호	
발병일	년 월 일			진단일	년 월 일		
향후 치료 의견							
비고				용도			

위와 같이 진단함

발 행 일 : 년 월 일
의 료 기 관 명 : ○○○○○병원
주 소 및 명 칭 :
전 화 및 FAX : ○○시 ○○구 ○○동 ○○-○○

면 허 번 호 제   호   의사성명

소　　　장

원　　고　1. 김○○ (주민등록번호)
　　　　　2. 이○○ (주민등록번호)
　　　　　　위 원고들 주소: ○○시 ○○구 ○○길 ○○(우편번호)
　　　　　　전화·휴대폰번호:
　　　　　　팩스번호, 전자우편(e-mail)주소:
피　　고　◇◇◇ (주민등록번호)
　　　　　○○시 ○○구 ○○길 ○○(우편번호)
　　　　　전화·휴대폰번호:
　　　　　팩스번호, 전자우편(e-mail)주소:

손해배상(의)청구의 소

청　구　취　지

1. 피고는 원고 김○○에게 금 ○○○원, 원고 이○○에게 금 ○○○원 및 각 이에 대하여 200
　　○. ○○. ○○.부터 이 사건 소장부본 송달일까지는 연 5%의, 그 다음날부터 다 갚는 날까지
　　는 연 15%의 각 비율에 의한 돈을 지급하라.
2. 소송비용은 피고의 부담으로 한다.
3. 위 제1항은 가집행 할 수 있다.
라는 판결을 구합니다.

청　구　원　인

1. 당사자 관계
　　원고들은 이 사건 의료사고로 출산 중에 사망한 태아의 친부모들이며, 피고는 이 사건 출산
　　을 주도한 산부인과 의사입니다.

2. 사건의 진행과정
(1) 원고 이○○는 출산을 하기 위하여 200○. ○○. ○○. 피고가 운영하고 있는 서울시 ○
　　○구 ○○길 ○○○ 소재 ○○산부인과에 입원을 하였고, 입원 후 얼마 되지 않아 양수가

터져 급히 출산을 하고자 분만실로 갔습니다.

(2) 분만실에 이르러 태아의 건강상태를 확인해보니 아무런 이상이 없음이 확인되었고 또한 분만과정을 통하여도 아무런 이상이 없었는데, 태아가 거꾸로 나오는 바람에 분만에 상당한 어려움이 발생하였습니다. 결국 분만의 고통을 견디지 못한 원고 이○○는 제왕절개수술을 해달라며 애원을 하였으나 당시 분만을 주도하던 피고는 자신의 경험상 조금만 참으면 될 것 같다며 원고 이○○의 애원을 뿌리치고는 무리하게 자연분만을 강행하였습니다.

(3) 그러나 태아가 나오지 못한 채 많은 시간이 흘러 산모인 원고 이○○가 실신하기에 이르자 그때서야 위험을 느낀 피고는 제왕절개수술을 준비하였으나 결국 태아는 나오지도 못한 채 분만진행정착에 빠져 결국 저산소증에 의한 뇌손상으로 사망을 하였습니다.

3. 손해배상의 책임

(1) 피고는 산부인과 전문의로 분만전후를 통하여 분만의 상황에 따른 적절한 분만방법을 택하여 제때에 필요한 조치를 취해야 할 의무가 있음에도 불구하고, 이를 게을리 한 과실로 인해 분만 전 검사결과 아무런 이상이 없었고 또한, 분만 중 전자태아심음측정기 등 태아감시장치를 통하여 아무런 이상이 없었던 태아를 사망하게 하였습니다.

(2) 따라서 피고는 의료법 및 민법상 불법행위자로서 원고들 및 사망한 태아가 입은 모든 피해를 배상하여야 할 의무가 있다 할 것입니다.

4. 손해배상의 범위

(1) 위자료

원고 이○○ 및 사망한 태아는 이 사건 분만사고 전에는 모두 건강한 상태였는데, 이 사건 사고로 태아가 출생하기 전에 사망하는 바람에 원고들이 정신적 고통을 당한 것은 경험칙상 명백하므로, 피고는 원고 김○○에게 금 ○○○원, 원고 이○○에게 금 ○○○원을 각 지급하여 원고들의 정신적인 고통을 금전으로나마 위자하여야 마땅하다 할 것입니다.

참고로, 위자료산정에 있어 우리나라 대법원은 태아의 권리능력에 대해 전부노출설 및 정지조건부주의를 취하고 있어 사산한 태아의 경우 권리능력이 없는 관계로 위자료만 인정하고 있음. 따라서 태아가 살아서 출생하느냐의 여부에 따라 태아의 손해배상범위에 차이가 많음. 그런데 사산시 태아는 권리능력이 없어 손해배상금이 적어지므로 이를 고려하여 사산시 위자료는 만일 태아가 출생 후 사망하였을 경우의 일실수입을 계산하여 이를 위자료의 청구금액으로 산정하는 것이 좋을 듯함)

(2) 분만비 및 치료비

원고 이○○는 이 사건 분만비 및 치료비로 금 ○○○원을 지출하였습니다.

5. 결론

   따라서 피고는 원고 김○○에게 금 ○○○원(위자료), 원고 이○○에게 금 ○○○원(위자료: 금 ○○○원+분만비 및 치료비: 금 ○○○원) 및 각 이에 대하여 이 사건 사고일인 20○○. ○○. ○○.부터 이 사건 소장부본 송달일까지는 민법에서 정한 연 5%의, 그 다음날부터 다 갚는 날까지는 소송촉진 등에 관한 특례법에서 정한 연 15%의 각 비율에 의한 지연손해금을 지급할 의무가 있다 할 것이므로, 원고들은 부득이 청구취지와 같은 돈을 각 청구하고자 이 사건 청구에 이르게 되었습니다.

입 증 방 법

1. 갑 제1호증   가족관계증명서
1. 갑 제2호증   ○○산부인과 접수증
1. 갑 제3호증   사망진단서
1. 갑 제4호증   태아수첩
1. 갑 제5호증   영수증
1. 갑 제6호증의 1, 2   한국인표준생명표 표지 및 내용
1. 갑 제7호증의 1, 2   월간거래가격표지 및 내용

첨 부 서 류

1. 위 입증방법   각 1통
1. 소장부본   1통
1. 송달료납부서   1통

20○○.   ○.   ○.

위 원고   1. 김○○ (서명 또는 날인)
          2. 이○○ (서명 또는 날인)

○○지방법원 ○○지원 귀중

관할법원	※ 아래(1)참조	소멸시효기간 제 척 기 간	○○년(☞소멸시효일람표)
제출부수	소장원본 1부 및 피고 수만큼의 부본 제출		
비 용	·인지액 : ○○○원(☞산정방법) ※ 아래(2)참조 ·송달료 : ○○○원(☞적용대상사건 및 송달료 예납기준표)		
불복절차 및 기간	·항소(민사소송법 제390조) ·판결서가 송달된 날부터 2주 이내(민사소송법 제396조 제1항)		
기 타	1. 민법 제762조에서는 손해배상청구권에 있어서의 태아의 지위에 관하여 태아는 손해배상의 청구권에 관하여는 이미 출생한 것으로 본다고 규정하고 있음. 2. 태아가 특정한 권리에 있어서 이미 태어난 것으로 본다는 것은 살아서 출생한 때에 출생시기가 문제의 사건의 시기까지 소급하여 그 때에 태아가 출생한 것과 같이 법률상 보아준다고 해석하여야 상당하므로 그가 모체와 같이 사망하여 출생의 기회를 못 가진 이상 배상청구권을 논할 여지없음(대법원 1976. 9. 14. 선고 76다1365 판결). 3. 교통사고의 충격으로 태아가 조산되고 또 그로 인하여 제대로 성장하지 못하고 사망하였다면 위 불법행위는 한편으로 산모에 대한 불법행위인 동시에 한편으로는 태아 자신에 대한 불법행위라고 볼 수 있으므로 따라서 죽은 아이는 생명침해로 인한 재산상 손해배상청구권이 있음(대법원 1968. 3. 5. 선고 67다2869 판결).		

※ 지연손해금 : 소송촉진등에관한특례법 제3조에서는 ①금전채무의 전부 또는 일부의 이행을 명하는 판결(심판을 포함)을 선고할 경우에 금전채무불이행으로 인한 손해배상액산정의 기준이 되는 법정이율은 그 금전채무의 이행을 구하는 소장 또는 이에 준하는 서면이 채무자에게 송달된 날의 다음날부터는 대통령령으로 정하는 이율(현재는 연 15%임)에 의하고(다만, 장래의 이행을 청구하는 소에 해당하는 경우는 제외), ②채무자가 그 이행의무의 존재를 선언하는 사실심판결이 선고되기까지 그 존부나 범위에 관하여 항쟁함이 상당하다고 인정되는 때에는 그 상당한 범위 안에서 제1항의 규정을 적용하지 아니한다고 규정하고 있음.

그런데 위 법조항의 「채무자가 그 이행의무의 존부나 범위에 관하여 항쟁함이 상당하다고 인정되는 때」는 「그 이행의무의 존부나 범위에 관하여 항쟁하는 채무자의 주장에 상당한 근거가 있는 것으로 인정되는 때」를 가리키는 것으로 해석되므로, 채무자가 위와 같이 항쟁함이 상당한 것인지의 여부는 당해 사건에 관한 법원의 사실인정과 그 평가에 관한 문제라고 할 것이고, 한편 「그 상당한 범위」는 「채무자가 항쟁함에 상당한 기간의 범위」를 뜻하는 것으로서 채무자가 당해 사건의 사실심(제1심 또는 항소심)에서 항쟁할 수 있는 기간은 「사실심 판결선고시」까지로 보아야 하므로, 그 선고시 이후에는 어떤 이유로든지 소송촉진등에관한특례법 제3조 제1항의 적용을 배제할 수 없으나, 소장 또는 이에 준하는 서면이 채무자에게 송달된 다음날부터 그 심급의 판결선고 전이기만 하면 법원은 그 항쟁함에 상당한 기간의 범위를 적절히 정할 수 있음(대법원 1998. 7. 14. 선고 96다17202 판결).

따라서 불법행위로 인하여 발생한 사고에 대한 손해배상청구사건에 있어서도 손해배상금에 대한 지연손해금을 「불법행위로 인한 손해발생시부터 소장부본 송달일까지는 민법에서 정한 연 5%의, 그 다음날부터 다 갚는 날까지는 소송촉진등에관한특례법에서 정한 연 15%의 각 비율로」 청구해볼 수 있을 것이나, 피고가 그 의무 및 존부의 범위에 관하여 항쟁함이 상당하다고 인정되면 법원이 손해발생시부터 판결선고일까지는 민법에서 정한 연 5%의 비율에 의한 지연손해금을 부담하라고 선고할 수 있는 것이므로, 그러한 경우에는 소 제기시에   지연손해금을 「불법행위로 인한 손해발생시부터 판결선고시까지는 민법에서 정한 연 5%의, 그 다음날부터 다 갚는 날까지는 소송촉진등에관한특례법에서 정한 연 15%의 각 비율로」청구하기도 함.

※ (1) 관 할
1. 소(訴)는 피고의 보통재판적(普通裁判籍)이 있는 곳의 법원의 관할에 속하고, 사람의 보통재판적은 그의 주소에 따라 정하여지나, 대한민국에 주소가 없거나 주소를 알 수 없는 경우에는 거소에 따라 정하고, 거소가 일정하지 아니하거나 거소도 알 수 없으면 마지막 주소에 따라 정하여짐.
2. 불법행위에 관한 소를 제기하는 경우에는 행위지의 법원에 제기할 수 있음.
3. 따라서 위 사안에서 원고는 피고의 주소지를 관할하는 법원이나 의료사고발생지를 관할하는 법원에 소를 제기할 수 있음.

※ (2) 인 지
소장에는 소송목적의 값에 따라 민사소송등인지법 제2조 제1항 각 호에 따른 금액 상당의 인지를 붙여야 함. 다만, 대법원 규칙이 정하는 바에 의하여 인지의 첩부에 갈음하여 당해 인지액 상당의 금액을 현금이나 신용카드·직불카드 등으로 납부하게 할 수 있는바, 현행 규정으로는 인지첩부액이 1만원 이상일 경우에는 현금으로 납부하여야 하고 또한 인지액 상당의 금액을 현금으로 납부할 수 있는 경우 이를 수납은행 또는 인지납부대행기관의 인터넷 홈페이지에서 인지납부대행기관을 통하여 신용카드 등으로도 납부할 수 있음(민사소송등인지규칙 제27조 제1항 및 제28조의 2 제1항).

[서식 예] 손해배상(의)청구의 소(출산 중 사고, 장해발생, 채무불이행책임)

소　　장

원　고　1. 김○○ (주민등록번호)

　　　　2. 김◉◉ (주민등록번호)

　　　　3. 이◉◉ (주민등록번호)

　　　　위 원고들 주소: ○○시 ○○구 ○○길 ○○(우편번호)

　　　　위 원고1 김○○는 미성년자이므로

　　　　　　　　법정대리인 친권자 부 김◉◉ 모 이◉◉

　　　　　　　　전화·휴대폰번호:

　　　　　　　　팩스번호, 전자우편(e-mail)주소:

피　고　◇◇◇ (주민등록번호)

　　　　○○시 ○○구 ○○길 ○○(우편번호)

　　　　전화·휴대폰번호:

　　　　팩스번호, 전자우편(e-mail)주소:

손해배상(의)청구의 소

청　구　취　지

1. 피고는 원고 김○○에게 금 32,000,000원, 원고 김◉◉에게 금 5,000,000원, 원고 이◉◉에게 금 5,000,000원 및 각 이에 대하여 2002. 5. 30.부터 이 사건 소장부본 송달일까지는 연 5%의, 그 다음날부터 다 갚는 날까지는 연 15%의 각 비율에 의한 돈을 지급하라.

2. 소송비용은 피고의 부담으로 한다.

3. 위 제1항은 가집행 할 수 있다.

라는 판결을 구합니다.

청　구　원　인

1. 당사자 관계

　가. 원고 김○○는 피고의 의료과오로 인하여 신체에 상해를 입은 당사자이고, 원고 김◉◉는 원고 김○○의 아버지, 원고 이◉◉는 원고 김○○의 어머니입니다.

　나. 피고 ◇◇◇는 산부인과 전문의 자격을 취득한 뒤 ○○시 ○○구 ○○길 ○○에서 ◇◇◇ 산부인과의원을 개설하여 경영, 유지하는 사람으로서 이 사건 의료시술상의 과오로 원고 김○○에게 상해를 입힌 사람입니다.

2. 손해배상책임의 발생 또는 피고의 귀책사유

가. 사고의 발생경위

이 사건 사고를 일으킨 산부인과전문의인 피고는 2002. 5. 30. 15:04경 ○○시 ○○구 ○○길 ○○ 소재 피고 경영의 산부인과의원 분만실에서 몸무게가 5.3kg이나 되는 원고 김○○의 출산시술을 하였던 바, 이러한 경우 피고로서는 태아와 산모의 상태를 면밀히 진찰하고 원고 김○○의 체중이 5.3kg이나 되는 과체중출생아(거대아)였으면 그에 따라 적절한 방법으로 출산시술을 하여야 할 주의의무가 있음에도 이를 게을리 한 채 무리하게 자연분만을 유도하여 원고 김○○가 원고 이◉◉의 자궁(미골 및 치골 등)에 오른쪽 어깨가 걸려 빠져 나오지 못하자 그곳에 있던 소외 성명불상 간호사에게 원고 이◉◉의 배를 마구 누르게 하고 피고는 원고 김○○의 머리를 잡고 회전시키면서 어깨를 세우려하는(견갑분만) 등 견인하는 중에 무리하게 과도한 힘을 가하여 분만을 유도하다가 그만 원고 김○○의 경추 제5번, 제6번 신경(C5, C6)을 손상시켜 원고 김○○로 하여금 오른손을 전혀 쓰지 못하는 우상완 신경총마비(일명 Erb's palsy)의 상해를 입게 한 것입니다.

나. 피고의 과실

(1) 임산부에 대한 검사의무 해태

성공적인 유도분만을 위한 전제조건은 정상적인 아두골반관계인데, 피고로서는 원고 이◉◉가 출산경험이 있는 임산부이더라도 원고 김○○의 골반크기, 미골과 치골의 간격, 산도 등을 측정하여 원고 이◉◉의 골산도의 크기, 형을 파악한 뒤 원고 김○○가 모체로부터 자연분만이 자연스럽게 이루어질 수 있는지 검사하여야 합니다.

이를 위해 피고는 원고 이◉◉의 골산도의 크기, 형 등에 대해 개략적인 것을 알기 위하여 계측기를 이용하여 골반의 외계측을 실시하고 또한 복위 및 자궁저를 계측하고 나아가 손을 이용한 내진을 통해 개구도를 측정하여야 합니다. 그리고 방사선기기 및 초음파측정기 등 정밀 산부인과 기계를 이용하여 골반 및 자궁경부에 대한 정확한 이해가 있어야 했음에도 이를 게을리 하였습니다.

또한, 임산부의 뇨 및 혈중의 호르몬(E3)을 검사하여 태반의 기능 상태를 파악해야 했음에도 이를 게을리 하였습니다. 특히 위 호르몬(E3)검사는 태아의 기능상태도 동시에 파악이 되는 검사방법입니다.

(2) 태아에 대한 검사의무의 해태

피고는 산부인과 의사로서 산모 및 태아에 대하여 문진, 내·외진, 초음파진단, 심박동 측정, 양수진단, 뇨 및 혈중의 에스트리올 농도측정 등을 실시하여 산모의 이상유무 및 태아의 성숙도를 비롯하여 태아의 선천성이상, 선천성기형 등을 확인하여야 함에도 이를 게을리 하였습니다.

특히 초음파검사는 doppler법에 의한 태아의 심박음측정, B scope, electron scanning에 의한 태아의 크기, 성장정도, 태낭유무 등을 확인할 수 있는 검사기법입니다.

또한, 양수진단을 하여야 합니다. 이는 양수상의 염색체검사, 효소검사, 양수세포중 대사물질측정, 호르몬 치정량, 부하시험, 지방염색세포 출현률측정, 양수량 측정을 하여 태아의 상태에 대한 사전 정밀검사를 실시하는 것입니다.

(3) 분만방식의 과실

피고는 앞서 살핀 태아의 발육상태와 원고 이◉◉의 골반 및 산도의 크기와 형태 등 구체적인 상태를 파악한 후 상관관계를 고려하여 원고 김○○가 거대아(과체중출생아)이면 당연히 제왕절개술로 원고를 출산하여야 합니다.

통상 제왕절개술은 태아의 상태가 둔위, 횡위 등의 태위이상, 태반이 자궁입구에 놓여 있는 전치태반 또는 태반조기박리 등인 태반이상의 경우 및 아두골반불균형, 태아질식 등에 적용됩니다.

이 사건의 경우에는 제왕절개술을 실시하여야 할 가장 전형적인 적응증으로서 제왕절개술을 실시하여야 함에도 불구하고 앞서와 같은 원고 김○○와 원고이◉◉의 상태 및 상관관계를 전혀 고려하지 않음으로 인하여 원고 김○○가 분만시 머리부분만 분만되고 견갑(어깨)부분이 자궁경부에 걸려 그만 나오지 못하는 사고가 발생한 것입니다.

특히 피고로서는 양수가 터지고도 시간이 많이 흐를 때는 태아가 양수를 들이마셔 질식사 할 우려가 높아 제왕절개술을 실시하여야 합니다.

또한, 출산시 이 사건과 같이 난산일 때는 태반이 떨어지면서 모체의 피가 태아에게 공급되지 않음으로 산소부족현상이 발생합니다. 그로 인하여 뇌출혈 현상이 나타나고 뇌실에 물이 고이게 되며 결국 뇌기능장애 즉, 뇌성마비현상이 나타날 수도 있습니다. 즉, 지연분만 등은 태내저산소 상태를 조장하여 태아저산소증이 초래되고 태아저산소증은 태아의 호흡곤란을 유발하여 태아가 분만중에 이른바 헐떡호흡(grasp)으로 인해 태변이 함유된 양수를 흡입하여 뇌의 산소부족현상을 가져와 뇌손상을 입게 합니다.

다시 말해 난산→저산소상태→뇌의 산소공급부족→뇌출혈→뇌손상의 순으로 이어지는 바 의사로서는 즉시 제왕절개수술을 시술하여야 합니다. 현재 원고 김○○에게 뇌성마비의 증세가 있는지 여부조차 모르고 있으나 피고로서는 원고 김○○과 원고 이◉◉의 상태 및 그 상관관계를 고려하여 제왕절개술을 시술하였다면 이 사건과 같은 비극은 최소한 막을 수 있었을 것입니다.

(4) 분만시술시의 과실

피고로서는 원고가 산모의 자궁경부를 빠져나오지 못할 경우는 흡입만출기와 산과겸자를 적절히 사용하여 자연스럽게 출산할 수 있도록 조치를 취했어야 합니다.

그러나 피고는 여러 차례의 분만유도에 실패한 뒤에도 무리하게 유도분만을 강행, 분만실에 있던 소외 성명불상의 간호사에게 원고 이◉◉의 복부를 강하게 누르게 하였습니다.

또한, 피고는 원고 김○○의 머리를 잡아당기고 어깨를 세우려고 회전시키는 과정에서 과도한 힘을 가하여 원고 김○○의 경추신경을 건드렸습니다. 위와 같은 과정 중에서 피고는 원고 이◉◉의 자궁경부를 압박하고, 원고의 목뼈를 무리하게 회전시킴으로써 원고의 경추신경계통을 손상시켜 위 원고의 신경이 변성 또는 파괴에 이르게 된 것입니다(기능적 해부학 입문서 참조).

위 신경계통은 통상 척추를 통하여 팔, 다리 등 사지로 통하는 것인바, 팔로 가는 신경다발인 제5, 6번 경추신경 등을 건드린 것입니다.

(5) 설명의무위반

피고는 원고 이◉◉에게 아두골반 불균형, 과체중출생아에 따른 출산의 위험성 등에 관하여 전혀 설명한 바 없었습니다.

다. 피고의 채무불이행책임

피고로서는 원고 김○○의 친권자인 원고 김◉◉와 원고 김○○의 분만계약을 체결하였으면, 원고 김○○와 원고 이◉◉의 상태에 따라 성실히 진료하여 적절한 처치 및 분만시킬 채무가 있음에도 위에서 본 바와 같이 태아와 산모에 대한 검사의무를 게을리 하고 무리하게 유도분만을 강행하면서 과도한 견인을 하는 등으로 위 채무를 성실히 이행하지 않았으므로 이에 대하여 채무불이행책임이 있다 할 것입니다.

3. 손해배상의 범위

가. 원고 김○○의 일실수입

(1) 연령, 성별, 기대여명 등

원고 김○○는 2002. 5. 30.생으로 이 사건 사고당시인 2002. 5. 30. 현재 갓 태어난 남자 어린이로서 그 나이에 이른 우리나라 남자의 평균기대여명은 75.55년이므로 특별한 사정이 없는 한 75세까지는 생존이 가능하다 할 것입니다.

(2) 직업 및 수입정도 또는 소득실태

이 사건 피해자인 원고 김○○는 이 사건 사고로 평생 불구의 몸이 되지 않았더라면 앞으로 초, 중, 고등학교 등을 졸업하고 군복무를 마친 뒤 사회의 일원으로 활약하며 그에 상응하는 월소득을 얻을 수 있다 할 것이며, 최소한 원고 김○○는 그의 주소지인 도시에서 거주하면서 도시일반일용노동에 종사하여 얻을 수 있는 월수입은 2002년도 상반기 적용 도시일반일용노동자의 1일 노임은 금 40,922원이고 통상 월 22일간은 가동할 수가 있다 함은 경험칙상 명백하므로 월평균 금 900,284원(금 40,922원×22일)이상의 수익은 예상됩니다.

(3) 가동연한

원고 김○○는 이 사건 사고로 평생불구가 되지 않았더라면 그가 20세가 되는 2022. 5. 30. 군에 입대하여 26개월의 군복무를 마친 다음날인 2024. 8. 1.부터 그의 나이가 만 60세에 이르는 2062. 5. 29.까지 가동할 수 있음은 일반의 경험칙 및 이에 기초한 판례경향에 의하여도 인정할 수 있다 할 것입니다.

(4) 치료기간 등

원고 김○○는 이 사건 사고로 인한 상해로 지금까지도 치료받고 있는 실정입니다.

(5) 후유장해, 가동능력 상실비율 및 일실수입의 계산

원고 김○○는 이 사건 사고로 인한 상해로 지금까지도 치료받고 있으며, 향후치료도 예상되나 그 치료 후에도 잔존이 예상되어 그에 따른 노동능력의 상실이 예견(약 55%)되므로 그에 상응하는 일실손해를 입을 것인바, 그 손해는 장차 월차적으로 입은

손해이므로 이를 월 5/12%의 법정이자를 공제하는 호프만식 계산법에 따라 사고당시의 현가로 구하면 금 76,047,624원{월평균소득 금 900,284원×0.55×153.5831{332.3359(720개월 호프만계수)-178.7528(266개월 호프만계수)}이 될 것인바, 이는 추후 귀원의 신체감정결과에 따라 확정청구하기로 하고 우선 일부금으로 금 22,000,000원을 청구합니다.

나. 치료비 등

추후 귀원을 통한 증거수집방법 이후 확정 청구하겠습니다.

다. 개호비용 등

추후 귀원을 통한 증거수집 방법이후 확정 청구하겠습니다.

라. 위자료

원고 김○○는 이 세상에 태어나기 위하여 모체에서 출산하는 순간부터 위와 같은 상해를 입고 영구불구의 몸이 됨으로써 현재 및 장래에 형언할 수 없는 실의와 비탄에 잠겨 있는 바, 원고들에게 금전으로나마 위자함에 있어 경험칙상 인정되는 원고들의 고통을 위자함에 있어 원고 김○○에게 금 30,000,000원은 지급함이 상당하다 할 것이나 이는 추후 귀원의 신체감정결과에 따라서 확정청구하기로 하고 우선 일부금으로 금 10,000,000원을 청구하며, 원고 김◉◉ 및 원고 이◉◉는 각 금 5,000,000원의 위자료로 지급함이 상당하다고 할 것입니다.

4. 결론

그렇다면 피고는 원고 김○○에게 금 32,000,000원{금 22,000,000원(재산상 손해)+금 10,000,000원(위자료)}, 원고 김◉◉ 및 원고 이◉◉에게 각 금 5,000,000원 및 각 이에 대하여 이 사건 의료사고일인 2002. 5. 30.부터 이 사건 소장부본 송달일까지는 민법에서 정한 연 5%의, 그 다음날부터 다 갚는 날까지는 소송촉진등에관한특례법에서 정한 연 15%의 각 비율에 의한 지연손해금을 지급할 의무가 있다 할 것이므로 이 사건 청구에 이른 것입니다.

입 증 방 법

1. 갑 제1호증   가족관계증명서
1. 갑 제2호증   주민등록 등본
1. 갑 제3호증   출생증명서
1. 갑 제4호증   진단서
1. 갑 제5호증의 1, 2   한국인표준생명표 표지 및 내용
1. 갑 제6호증의 1, 2   월간거래가격 표지 및 내용
1. 갑 제7호증의 1   임상산과학 표지
              2   내용(제왕절개술 적응증)

1. 갑 제8호증의 1   소아과학 표지

                       2   내용(상지마비)

1. 갑 제9호증의 1   소아과개요 표지

                       2   내용(상지마비)

첨 부 서 류

1. 위 입증방법   각 1통

1. 소장부본   1통

1. 송달료납부서   1통

20○○. ○. ○.

위 원고　1. 김○○

2. 김◉◉ (서명 또는 날인)

3. 이◉◉ (서명 또는 날인)

원고1은 미성년자이므로

법정대리인 친권자 부 김◉◉(서명 또는 날인)

모 이◉◉(서명 또는 날인)

○○지방법원 귀중

[서식 예] 손해배상(의)청구의 소(뇌수술 사고, 공동불법행위)

소　　　장

원　고　1. ○○○ (주민등록번호)
　　　　2. ○①○ (주민등록번호)
　　　　3. ○②○ (주민등록번호)
　　　　위 원고들 주소 : ○○시 ○○구 ○○길 ○○(우편번호)
　　　　전화·휴대폰번호:
　　　　팩스번호, 전자우편(e-mail)주소:
피　고　1. 학교법인 ◇◇◇◇
　　　　　○○시 ○○구 ○○길 ○○(우편번호)
　　　　　이사장 ◇◇◇
　　　　　전화·휴대폰번호 :
　　　　　팩스번호, 전자우편(e-mail)주소:
　　　　2. ◈①◈ (주민등록번호)
　　　　　○○시 ○○구 ○○길 ○○(우편번호)
　　　　　전화·휴대폰번호 :
　　　　　팩스번호, 전자우편(e-mail)주소:
　　　　3. ◈②◈ (주민등록번호)
　　　　　○○시 ○○구 ○○길 ○○(우편번호)
　　　　　전화·휴대폰번호 :
　　　　　팩스번호, 전자우편(e-mail)주소:

손해배상(의)청구의 소

청 구 취 지

1. 피고들은 연대하여 원고 ○○○에게 금 325,891,618원, 원고 ○①○, 원고 ○②○에게 각 금 10,000,000원 및 각 이에 대하여 2000. 3. 23.부터 이 사건 소장부본 송달일까지는 연 5% 의, 그 다음날부터 다 갚는 날까지는 연 15%의 각 비율에 의한 돈을 각 지급하라.

2. 소송비용은 피고들의 부담으로 한다.

3. 위 제1항은 가집행 할 수 있다.

라는 판결을 구합니다.

청 구 원 인

1. 당사자들의 관계
　가. 원고들

원고 ○○○는 이 사건 사고로 의식불명상태에 이르게 된 사람이고, 원고 ○①○, 원고 ○②○는 원고 ○○○의 자식들입니다.

나. 피고들

피고 학교법인 ◇◇◇◇은 ○○시 ○○구 ○○길 ○○에 산하 부속병원(다음부터 피고산하 부속병원이라고 함)을 운영하면서 원고 ○○○와 진료계약을 체결하고 피용자인 신경외과 전문의 피고 ◆①◆로 하여금 원고 ○○○의 뇌수술을 집도하게 하고, 피용자인 피고 ◆②◆ 당시 레지던트 2년차로 하여금 위 원고의 주치의로서 치료를 담당하게 하였습니다.

2. 손해배상책임의 발생

가. 사고경위

원고 ○○○는 평소 고혈압 증세가 있어 고혈압 약을 복용하여 오던 것 이외에는 건강했던 자로서, 2000. 2.경부터 지속적인 두통증세를 느껴 같은 달 말 ○○의료원 외래 진료 후 같은 해 3. 1. ○○시 ○○구 ○○길 소재 ○○방사선과의원에서 MRI촬영 후 다음날인 3. 2. 피고산하 부속병원 신경외과 ○○○병동 ○○○○호(6인실)에 입원하게 되었습니다.

원고 ○○○는 입원이후 가슴이 답답하고 머리가 계속 아프다는 등 여러 차례 담당주치의인 피고 ◆②◆에게 아픔을 호소하였으나 피고 ◆②◆는 이를 대수롭지 않게 받아들이면서 수술 전 스트레스로 인한 것이라며 별다른 조치를 취하지 않는 등 원고의 고통을 무시하였고 결국 같은 달 17. 08:00경 수술을 강행하였습니다.

원고 ○○○의 수술은 피고 ◆①◆의 집도로 이루어졌는데 생금조직검사 수술이었고 위 수술은 뇌속에 종양이라고 의심되는 부위의 일부를 떼어내어 검사하는 것으로서 마취후 두개골에 구멍을 뚫어 긴 관으로 뇌속의 염증부분을 채취하는 것이었으며, 수술결과 뇌염증이라고 하면서 항생제를 투여하는 이외에는 별다른 조치를 취하지 아니하였습니다.

그런데 수술 후 피고산하 부속병원측에서는 중환자실로 옮겨 안정을 취하게 하지 아니하고 바로 일반병실로 돌려보냈으며 원고 ○○○는 마취에서 매우 늦게 깨어났던 것인데, 마취에서 깨고 난 이후 정신이 매우 혼미하고 몽롱한 상태라면서 식은땀을 비오듯이 흘리고 가슴이 답답한 증세를 호소하였고 심지어 1m 앞에 있는 달력의 큰 글씨조차 구별하지 못하는 등 시력장애 증상까지 나타나기 시작하였습니다.

원고 ○○○의 고통이 수술후유증이라고 판단한 가족들은 여러 차례 위와 같은 후유증세를 담당 주치의인 피고 ◆②◆와 간호사들에게 호소하였으나 피고 ◆②◆는 수술 후 그럴 수도 있다면서 이를 대수롭지 않게 여기는 것은 물론 아무런 조치를 취하지 아니하더니 급기야 같은 달 20. 퇴원해도 된다는 식으로 퇴원을 종용하기에 이르렀습니다. 원고 ○①○와 원고 ○②○는 병원의 이러한 퇴원요구를 거절한 끝에 병실에서 어머니의 고통을 바라만 볼 수밖에 없었는데 결국 3일도 채 지나지 아니한 3. 23. 오후 2시경 병실 침대에서 화장실을 가기 위해 일어나다 쓰러져 현재까지 의식불명상태에 이르게 되었던 것이며 뇌병변으로 장애등급 1급의 식물인간상태의 장애인이 되고 말았습니다.

원고 ○○○는 피고산하 부속병원에서 2001. 2. 23.까지 입원치료를 받다가 퇴원하여 현재는 ○○시 ○○구 소재 ○○병원에서 입원치료를 받고 있습니다.

피고들은 원고 ○○○의 수술 전에 원고가 고통을 호소하는데도 아무런 조치를 취하지 아니하였고 어떠한 연유인지 가슴통증을 호소하였음에도 그 흔한 심전도검사조차 실시하지 아니하였으며 수술이후에도 환자와 가족들이 그렇게 고통을 호소하였음에도 담당주치의는 무성의하게 환자의 상태를 무시하였고 호흡곤란증세가 있었음에도 산소호흡기 조치도 취하지 아니하였습니다. 원고 ○○○의 수술 전 3. 3. 피고산하 부속병원 신경외과에서 같은 병원 내과에 문의한 결과 내과에서 심장검사, 가슴통증시 혈관확장제(진료기록상 NTG)를 투여하고 그 반응을 체크하라는 등의 내과 의사 소외 ◆③◆의 의견이 있었음에도 불구하고 이를 무시한 채 아무런 조치를 취하지 아니한 채 수술을 강행하였고 수술 후 원고 ○○○가 쓰러질 때까지 원고 ○○○에 대한 어떠한 의료적 조치를 취하였다는 내용이 진료기록상 전혀 나타나 있지 않았으며, 만약 같은 달 20. 퇴원종용에 따라 바로 퇴원결정을 하였더라면 원고 ○○○는 사망에 이르렀을 개연성 또한 높았다고 볼 수 있습니다.

결국 원고 ○○○는 저산소증으로 인한 뇌손상으로 전신마비가 온 것으로 추정되는바(병원측 진단서상 심근경색증이라고 함), 피고산하 부속병원은 위와 같은 내과적 진단이 있었고 이에 따른 최소한의 진료조치를 취하여야 할 의무가 있음에도 망연히 수술 전에는 스트레스라 하면서 수술을 강행하였고 수술 후에 더 심각한 후유증세가 발생하였는데도 이를 무시한 채 심지어 퇴원까지 종용한 피고산하 부속병원은 진료계약에 따른 성실한 진료의무를 다하지 아니하고 무성의한 태도로 일관하여 진료계약상의 책임을 다하지 아니한 결과 위 원고에게 돌이킬 수 없는 식물인간 상태라는 막대한 손해를 발생시켰고, 가족들에게 너무나도 크나큰 고통을 안겨주고 만 것입니다.

나. 손해배상책임의 근거

피고 학교법인 ◇◇◇◇은 원고 ○○○와 진료계약을 체결하였으며 선량한 관리자의 주의의무를 다하여 진료당시의 소위 임상의학의 실천에 있어서의 의료수준에 따라 필요하고도 적절한 진료조치를 다해야 할 채무를 지고 있으며 사람의 생명과 건강을 다루는 의사에게는 그 업무의 성질에 비추어 시술로 인하여 발생 가능한 위험의 방지를 위하여 필요한 최선의 조치를 취할 업무상 주의의무가 요구되는바 수술을 담당하는 의사는 수술 중에 있어서는 물론 수술 전후의 모든 과정을 통하여 발생할 수 있는 모든 위험에 대비하여 환자의 상태를 면밀히 관찰하는 것을 포함하여 최선의 조치를 취할 주의의무가 요구된다고 할 것임에도 이를 게을리 하여 원고 ○○○로 하여금 위와 같이 식물인간 상태에 이르게 하였으므로 채무불이행책임을 져야 합니다.

물론 피고 ◆①◆와 피고 ◆②◆는 민법 제750조의 불법행위책임을, 피고 학교법인 ◇◇◇◇은 피고 ◆①◆와 피고 ◆②◆의 사용자로서 민법 제756조의 사용자책임을 같이 져야 할 것입니다.

3. 손해배상의 범위

가. 기초사실

원고 ○○○는 1950. 3. 3.생으로 이 사건 사고 발생일인 2000. 3. 23. 현재 50년 남짓된 신체 건강한 여자였으나 사고 이후 가동능력을 100% 상실한 사람으로서 그 또래 우리나라 여자의 평균 기대여명은 앞으로 31.25년(375개월)이고 가동연한 60세까지인 2010.3.2.까지 119개월의 호프만 계수는 96.4784이며 사고일경 도시노동자 보통인부의 노임은 금 34,360원입니다.

나. 일실수입

금 79,929,950원(금 34,360×22일×96.4784)

다. 개호비

원고 ○○○가 식물인간상태가 된 이후 유일한 가족들인 나머지 원고들이 모두 직장에 다니고 있는 관계로 원고 ○○○를 간병하는 자가 항상 있어야 하는바, 사고 발생일로부터 기대여명까지의 개호비도 이 사건 손해배상에 포함되어야 할 것인데, 기대여명까지 375개월의 호프만 수치는 225.5314이므로 기대여명까지의 개호비는 금 232,477,767원(금 34,360원×30일×225.5314)입니다.

라. 위자료

원고 ○○○는 이 사건 사고로 식물인간 상태에 빠져 헤어날 수 없는 고통에 시달리고 있음은 자명할 것이고, 아버지와 별거 중이던 어머니마저 이와 같은 상태로 지내게 되어 이를 지켜볼 수밖에 없고 앞으로도 이러한 고통을 감내해야만 하는 나머지 원고들 역시 그 슬픔과 괴로움은 이 세상이 다하도록 잊을 날이 없다 할 것이 분명하므로 피고들이 이를 금전적으로나마 위자한다면 원고 ○○○에게 금 20,000,000원, 원고 ○①○, 원고 ○②○에게 각 금 10,000,000원씩을 각 지급함이 상당하다 할 것입니다.

4. 결론

그렇다면 피고들은 연대하여 원고 ○○○에게 금 332,407,717원{금 79,929,950원(일실수입)+금 232,477,767원(개호비)+금 20,000,000원(위자료)}, 원고 ○①○, 원고 ○②○에게 각 금 10,000,000원 및 각 이에 대하여 사고 발생일인 2000. 3. 23.부터 이 사건 소장부본 송달일까지는 민법에서 정한 연 5%의, 그 다음날부터 다 갚는 날까지는 소송촉진 등에 관한특례법에서 정한 연 15%의 각 비율에 의한 지연손해금을 각 지급 받고자 이 사건 소제기에 이른 것입니다.

입 증 방 법

1. 갑 제1호증　　　　　　　　　　　　　　　　　　　　　가족관계증명서
1. 갑 제2호증　　　　　　　　　　　　　　　　　　　　　　　진단서
1. 갑 제3호증　　　　　　　　　　　　　　　　　　　　　장애인등록증

1. 갑 제4호증의 1, 2   한국인의표준생명표지 및 내용
1. 갑 제5호증의 1, 2   월간거래가격표지 및 내용

첨 부 서 류

1. 위 입증방법   각 1통
1. 법인등기사항증명서   1통
1. 소장부본   3통
1. 송달료납부서   1통

20○○.   ○.   ○.

위 원고   1. ○○○   (서명 또는 날인)
           2. ○①○   (서명 또는 날인)
           3. ○②○   (서명 또는 날인)

○○지방법원   귀중

[서식 예] 손해배상(의)청구의 소(약물쇼크 사고, 공동불법행위책임)

소   장

원   고   1. ○○○ (주민등록번호)

　　　 2. ○①○ (주민등록번호)

　　　 3. ○②○ (주민등록번호)

　　위 원고들 주소: ○○시 ○○구 ○○길 ○○(우편번호)

　　위 원고2, 3은 미성년자이므로 법정대리인 친권자 부○○○

　　　　　　전화·휴대폰번호:

　　　　　　팩스번호, 전자우편(e-mail)주소:

피   고   1. ◇◇◇ (주민등록번호)

　　　　○○시 ○○구 ○○길 ○○(우편번호)

　　　　전화·휴대폰번호:

　　　　팩스번호, 전자우편(e-mail)주소:

　　　 2. ◈◈◈ (주민등록번호)

　　　　○○시 ○○구 ○○길 ○○(우편번호)

　　　　전화·휴대폰번호:

　　　　팩스번호, 전자우편(e-mail)주소:

손해배상(의)청구의 소

청 구 취 지

1. 피고들은 각자 원고 ○○○에게 금 ○○○원, 원고 ○①○, 원고 ○②○에게 각 금 ○○○원 및 각 이에 대하여 20○○. ○. ○.부터 이 사건 소장부본 송달일까지는 연 5%의, 그 다음날부터 다 갚는 날까지는 연 15%의 각 비율에 의한 돈을   지급하라.

2. 소송비용은 피고들의 부담으로 한다.

3. 위 제1항은 가집행 할 수 있다.

라는 판결을 구합니다.

청 구 원 인

1. 당사자들 관계

　가. 원고

　　원고 ○○○는 이 사건 사고로 사망한 소외 망 ◉◉◉의 남편이고, 원고 ○①○, 원고 ○

②○는 소외 망 ◉◉◉의 자식들입니다.

나. 피고들

피고 ◇◇◇는 ○○시 ○○구 ○○길 123의 45에서 ◇◇◇의원이라는 상호를 개설하여 외과 등을 영리목적으로 경영하는 외과전문의사로서 피고 ◆◆◆의 사용자이고, 피고 ◆◆◆는 위 ◇◇◇의원에서 피고 ◇◇◇에게 고용되어 근무한 의사입니다.

2. 손해배상책임의 발생

가. 사건의 경위

피고들은 200○. ○. ○. 15:00경 ○○시 ○○구 ○○길 123의 45 소재 ◇◇◇의원에서 소외 망 ◉◉◉의 폐렴에 대한 치료를 하였던 바, 이러한 경우 피고들로서는 문진, 사진, 촉진 등의 방법과 아울러 위 망인의 체온 및 혈압측정, 혈액검사 등의 방법을 통하여 소외 망 ◉◉◉의 정확한 병인을 파악하고 이에 대하여 적절한 치료약을 투약하여 약물쇼크사고를 피해야 할 업무상 주의의무가 있음에도 불구하고 소외 망 ◉◉◉가 오한, 구토, 메스꺼움, 두통 등을 호소하자 단순히 위염 및 신경증 증세로 오진한 채 폐렴환자에게는 호흡억제 부작용이 있어 절대로 사용해서는 아니 되는 마약 계통의 진통제인 펜타조신 30㎎을 주사한 과실로 소외 망 ◉◉◉으로 하여금 같은 날 20:15경 펜타조신 약물쇼크에 의한 호흡부전, 심부전 등의 증세로 사망케 한 것입니다.

나. 피고들의 책임

피고 ◇◇◇는 소외 망 ◉◉◉에 대한 검사를 제대로 하지 않고 단순한 위염증세로 오진하였고, 피고 ◆◆◆는 소외 망 ◉◉◉가 재차 같은 증세를 호소하며 다시 위 ◇◇◇의원을 찾아오자 아무런 의심 없이 피고 ◇◇◇가 오진한 위염에 대한 진통을 목적으로 타조신을 주사한 잘못이 있습니다. 피고들은 소외 망 ◉◉◉와 체결한 진료계약에 따라 성실하게 진료하고 진상에 알맞은 처방을 하였어야 함에도 불구하고, 위 진료계약에 따른 의무를 다하지 않은 잘못이 있습니다. 또한, 피고들은 소외 망 ◉◉◉에 대하여 오진 및 잘못된 처방을 한 불법행위책임을 져야 할 것입니다. 피고 ◇◇◇는 피고 ◆◆◆의 과실로 인하여 이 사건 사고가 발생함에 대한 사용자책임도 져야 할 것입니다. 피고들은 소외 망 ◉◉◉에 대한 진찰결과 및 그에 따른 처방방법을 자세히 설명하고, 그 약효는 물론 부작용 등에 대하여 설명하여 소외 망 ◉◉◉의 자기결정권에 기한 승낙을 받은 후 투약하였어야 함에도 불구하고 이를 게을리 하였으므로 설명의무위반에 대한 책임이 있습니다.

3. 손해배상의 범위

가. 연령, 성별, 기대여명

이 사건 사고로 사망한 소외 망 ◉◉◉는 190○. ○. ○.생으로 이 사건 사고 당시인 20○○. ○. ○. 현재 32년 6개월된 신체 건강한 여자로서 그 또래 우리나라 여자의 평균기대여명은 앞으로 48.38년으로 특별한 사정이 없는 한 80세까지는 생존이 가능하다 할 것입니다.

나. 직업 및 수입관계

　　소외 망 ◉◉◉는 원고 ○○○와 결혼하여 자녀 2명을 돌보며 생활하는 가정주부로서 그에 대한 수익사실의 입증이 곤란하므로 최소한 대한건설협회에서 조사한 20○○년도 상반기 적용 건설업임금실태조사보고서상의 도시 보통인부의 1일 노임은 금 ○○○원이고, 통상 월 22일간은 가동할 수가 있다 함은 경험칙상 명백하다 할 것이므로 월평균 금 ○○○원{금 ○○○원(도시일용 보통인부 1일노임단가)×22일}의 수익이 예상되나 소외 망 ◉◉◉가 사망하였으므로 망인의 생계비로 1/3을 공제하면 매월 금 ○○○원(월평균 금 ○○○원×2/3, 원미만 버림)의 수익이 예상됩니다.

다. 가동연한 및 일실수익 손해금

　　소외 망 ◉◉◉는 이 사건 사고로 사망하지 않았더라면 통상 가동연한이 60세가 다할 때까지 27년 6개월, 즉 월로 환산하면 330개월 동안은 위 월평균 수익금 이상을 올릴 수가 있다 할 것이나, 이 사건 사고로 사망하여 위 월평균 수익금을 월차적으로 상실하게 되었는바, 이를 기초로 하여 월 5/12%의 법정중간이자를 공제하는 호프만식 계산법에 따라 사고당시를 기준으로 일시에 그 현가를 산출하면 금 ○○○원{금 ○○○원(월평균수입)×207.3101(330개월에 대한 호프만수치), 원미만 버림}이 됩니다.

4. 장례비

　　소외 망 ◉◉◉의 사망으로 인한 장례비(영안실비, 장의차량비, 기타 비용 포함)로 금 3,000,000원이 소요되어 망인의 남편인 원고 ○○○가 지불하였으므로 이를 장례비로 청구합니다.

5. 위자료

　　이 사건 사고로 사망한 소외 망 ◉◉◉는 원고 ○○○와 결혼하여 딸인 원고 ○①○, 원고 ○②○를 낳아 행복하게 살아오다 이 사건 폐렴치료시 피고들의 잘못으로 비참하게 사망하고 말았으니 그 죽음에 이르기까지의 고충과 비애는 두말할 나위가 없었을 것이고, 이러한 광경을 지켜 본 남편과 자녀들 역시 그 슬픔과 괴로움은 이 세상 다하도록 잊을 날이 없다 할 것이 분명하므로 피고들은 이들을 금전으로나마 위자한다면 소외 망 ◉◉◉에게 금 ○○○원, 원고 ○○○에게 금 ○○○원, 원고 ○①○, 원고 ○②○에게 각 금 ○○○원의 위자료를 각자 지급함이 상당하다 할 것입니다.

6. 상속관계

　　소외 망 ◉◉◉의 손해배상채권 금 ○○○원{금 ○○○원(일실수입)+금 ○○○원(위자료)}은 그의 상속인인 원고 ○○○에게 3/7(금 ○○○원=소외 망 ◉◉◉의 손해배상채권 금 ○○○원×3/7), 원고 ○①○, 원고 ○②○에게 각 2/7(금 ○○○원=소외 망 ◉◉◉의 손해배상채권 금 ○○○원×2/7)의 비율로 각 상속되었습니다.

7. 결론

따라서 피고들은 각자 원고 ○○○에게 금 ○○○원{금 ○○○원(장례비)+금 ○○○원(위자료)+금 ○○○원(상속채권)}, 원고 ○①○, 원고 ○②○에게 각 금 ○○○원{금 ○○○원(위자료)+금 ○○○원(상속채권)} 및 각 이에 대하여 이 사건 사고일인 20○○. ○○. ○○.부터 이 사건 소장부본 송달일까지는 민법에서 정한 연 5%의, 그 다음날부터 다 갚는 날까지는 소송촉진특례법에서 정한 연 20%의 각 비율에 의한 지연손해금을 지급할 의무가 있다 할 것이므로, 원고들은 부득이 청구취지와 같은 돈을 각 청구하고자 이 사건 청구에 이르게 되었습니다.

입 증 방 법

1. 갑 제1호증 　　　　　　　　　　　　　　　　　　　　　　기본증명서
　　　　　　　　　　　　　　　　　(단, 2007.12.31.이전에 사망한 경우 제적등본)

1. 갑 제2호증 　　　　　　　　　　　　　　　　　　　　　가족관계증명서
1. 갑 제3호증 　　　　　　　　　　　　　　　　　　　　　　주민등록등본
1. 갑 제4호증 　　　　　　　　　　　　　　　　　　　　　　　사망진단서
1. 갑 제5호증의 1, 2 　　　　　　　　　　　　　한국인의표준생명표지 및 내용
1. 갑 제6호증의 1, 2 　　　　　　　　　　　　　월간거래가격표지 및 내용

첨 부 서 류

1. 위 입증서류 　　　　　　　　　　　　　　　　　　　　　　　각 1통
1. 소장부본 　　　　　　　　　　　　　　　　　　　　　　　　　2통
1. 송달료납부서 　　　　　　　　　　　　　　　　　　　　　　　1통

20○○. 　 ○. 　 ○.

위 원고 　 1. ○○○ 　(서명 또는 날인)
　　　　　 2. ○①○
　　　　　 3. ○②○
원고2, 3은 미성년자이므로
법정대리인 친권자 부 ○○○(서명 또는 날인)

○○지방법원 　귀중

[서식 예] 손해배상(의)청구의 소(설명의무불이행, 불법행위책임)

소 장

원　　고　1. 양○○ (주민등록번호)
　　　　　2. 정○○ (주민등록번호)
　　　　　3. 양◎◎ (주민등록번호)
　　　　　　위 원고들 주소: ○○시 ○○구 ○○길 ○○(우편번호)
　　　　　　위 원고3 양◎◎는 미성년자이므로
　　　　　　　　　　법정대리인 친권자 부 양○○ 모 정○○
　　　　　　　　　　전화·휴대폰번호:
　　　　　　　　　　팩스번호, 전자우편(e-mail)주소:
피　　고　의료법인 ◇◇병원
　　　　　　○○시 ○○구 ○○길 ○○(우편번호)
　　　　　　병원장 ◇◇◇
　　　　　　전화·휴대폰번호:
　　　　　　팩스번호, 전자우편(e-mail)주소:

손해배상(의)청구의 소

청 구 취 지

1. 피고는 원고 양○○에게 금 ○○○원, 원고 정○○에게 금 ○○○원, 원고 양◎◎에게 금 ○○○원 및 각 이에 대하여 20○○. ○○. ○○.부터 이 사건 소장부본 송달일까지는 연 5%의, 그 다음날부터 다 갚는 날까지는 연 15%의 각 비율에 의한 돈을 지급하라.
2. 소송비용은 피고의 부담으로 한다.
3. 위 제1항은 가집행 할 수 있다.
라는 판결을 구합니다.

청 구 원 인

1. 당사자 신분관계
　소외 망 양◎◎는 피고 의료법인 ◇◇병원(다음부터 피고병원이라고만 함)에서 의료사고로 사망한 피해자 본인이고, 원고 양○○는 소외 망 양◎◎의 아버지, 원고 정○○는 소외 망 양◎◎의 어머니, 원고 양◎◎는 소외 망 양◉◉의 여동생이며, 피고병원은 이 사건 의료사고의 가해자입니다.

2. 사건의 개요

(1) 소외 망 양◉◉는 20○○. ○○. 중순경 아랫배 부분에 통증을 느껴 치료를 받기 위하여 피고 병원에 가서 피고 병원에 재직 중이던 외과의사인 소외 김◆◆로부터 진단을 받은 결과 급성맹장염으로 판명이 되어 결국 피고병원에 입원한 후 같은 달 ○○일 소외 김◆◆로부터 맹장수술을 받았습니다.

(2) 수술이 성공적으로 끝난 뒤 소외 망 양◉◉는 피고병원에 입원하여 링게르를 맞았습니다. 그런데, 갑자기 링게르를 맞고 있던 소외 망 양◉◉가 호흡곤란증세를 보이더니 얼마 지나지 않아 사망을 하였습니다.

(3) 이후 사망원인을 확인해보니 당시 피고병원의 간호사로 있던 소외 이◆◆가 바쁜 나머지 링게르 줄이 새면서 공기가 링게르 줄을 통하여 소외 망 양◉◉의 혈관으로 들어가고 있던 사실을 알지 못하고 그대로 링게르를 소외 망 양◉◉에게 투입하는 바람에 결국 소외 망 양◉◉는 혈관에 공기가 들어가면서 ○○증세로 사망한 것으로 밝혀졌습니다.

3. 손해배상의 책임

(1) 위 소외 이◆◆는 간호사로서 환자에게 링게르를 투입할 경우에 주사바늘에 공기가 남아 있는지 및 링게르에 아무 이상이 없는지 등을 꼼꼼히 확인하여 이로 인한 사고를 미연에 방지할 의무가 있음에도 불구하고 이를 게을리 하여 위와 같이 공기가 통하는 링게르를 위 망인에게 주사하는 바람에 소외 망 양◉◉를 사망하게 하였습니다.

(2) 따라서 피고병원은 피용인인 소외 이◆◆의 사용자로서 소외 망 양◉◉ 및 그 가족들인 나머지 원고들이 입은 모든 손해를 배상할 책임이 있다 할 것입니다.

4. 손해배상의 범위

(1) 일실수입

소외 망 양◉◉는 19○○. ○○. ○○.생으로 이 사건 사고로 사망한 20○○. ○○. ○○. 현재 만 ○○세 ○○개월 남짓한 신체 건강한 대한민국 남자로 기대여명은 ○○.○○년이 되며, 만약 서울시내에 거주하고 있는 소외 망 양◉◉가 이 사건 사고로 사망하지 않았다면 사고일로부터 60세에 도달하는 날까지 향후 약 ○○개월간은 최소한 도시일용노동자로 종사하면서 매월 금 ○○원(도시일용 보통인부 1일노임단가 금 ○○원×22일)의 수입을 얻을 수 있으나 이 사건 사고로 사망하는 바람에 수입의 전부를 상실하게 되었습니다.

따라서 소외 망 양◉◉의 생활비를 그 소득에서 1/3을 공제하고 월 5/12%의 중간이자를 공제한 호프만방식에 따른 소외 망 양◉◉의 일실수입을 사고당시의 현가로 구하면 금 ○○○원이 됩니다.

【계산】

(도시일용 보통인부 1일노임단가 금 ○○○원×22일)×(사고일부터 60세에 이르는 날까지의

개월수에 해당하는 호프만계수)×100%×2/3(생활비 1/3 공제)=금 ○○○원

(2) 위자료

소외 망 양◉◉는 평소 신체 건강한 남자였는데 이 사건 사고로 불의에 사망하는 바람에 소외 망 양◉◉ 및 그 가족들인 원고들이 정신적 고통을 당한 것은 경험칙상 명백하므로, 피고병원은 소외 망 양◉◉에게 금 ○○○원, 아버지인 원고 양○○에게 금 ○○○원, 어머니인 원고 정○○에게 금 ○○○원, 여동생인 원고 양◎◎에게는 금 ○○○원을 각 지급하여 소외 망 양◉◉ 및 그 가족인 원고들의 정신적인 고통을 금전으로나마 위자하여야 마땅하다 할 것입니다.

(3) 장례비

원고 양○○는 소외 망 양◉◉의 장례비로 금 ○○○원을 지출하였습니다.

4. 상속관계

소외 망 양◉◉의 손해배상채권 금 ○○○원{금 ○○○원(일실수입)+금 ○○○원(위자료)}은 그의 상속인인 원고 양○○에게 1/2(금 ○○○원=소외 망 양◉◉의 손해배상채권 금 ○○○원×1/2), 원고 정○○에게 1/2(금 ○○○원=소외 망 양◉◉의 손해배상채권 금 ○○○원×1/2)의 비율로 각 상속되었습니다.

5. 따라서 피고병원은 원고 양○○에게 금 ○○○원{금 ○○○원(장례비)+금 ○○○원(위자료)+금 ○○○원(상속채권)}, 원고 정○○에게 금 ○○○원{금 ○○○원(위자료)+금 ○○○원(상속채권)}, 원고 양○○에게 금 ○○○원(위자료) 및 각 이에 대하여 이 사건 사고일인 20○○. ○○. ○○.부터 이 사건 소장부본 송달일까지는 민법에서 정한 연 5%의, 그 다음날부터 다 갚는 날까지는 소송촉진특례법에서 정한 연 15%의 각 비율에 의한 지연손해금을 지급할 의무가 있다 할 것이므로, 원고들은 부득이 청구취지와 같은 돈을 각 청구하고자 이 사건 청구에 이르게 되었습니다.

입 증 방 법

1. 갑 제1호증	가족관계증명서
1. 갑 제2호증	기본증명서
	(단, 2007.12.31. 이전 사망한 경우 제적등본)
1. 갑 제3호증	사망진단서
1. 갑 제4호증	사체검안서
1. 갑 제5호증	사실확인서
1. 갑 제6호증의 1, 2	한국인표준생명표 표지 및 내용
1. 갑 제7호증	영수증

1. 갑 제8호증의 1, 2   월간거래가격표지 및 내용

<h2 style="text-align:center">첨 부 서 류</h2>

1. 위 입증방법   각 1통
1. 법인등기사항증명서   1통
1. 소장부본   1통
1. 송달료납부서   1통

20○○.　○.　○.

위 원고　1. 양○○　(서명 또는 날인)
2. 정○○　(서명 또는 날인)
3. 양◎◎
원고3 양◎◎는 미성년자이므로
법정대리인 친권자 부 양○○(서명 또는 날인)
모 정○○(서명 또는 날인)

○○지방법원　귀중

소 장

원   고 ○ ○ ○
        서울 ○○구 ○○동 45-4
        위 원고 소송대리인 변호사 ○ ○ ○
                서울 ○○구 ○○동 5-4
피   고 1. 주식회사 ○○건설
        서울 ○○구 ○○동 45-4
        대표이사 ○ ○ ○

        2. 의료법인 동산병원
        서울 ○○구 ○○동 5-4
        대표자 이사장 ○ ○ ○

손해배상청구의 소(의)

청 구 취 지

1. 피고들은 연대하여 원고 ○○○에게 금40,000,000원 및 이에 대하여 200○. 6. 15부터 이 사건 판결 선고일까지는 연 5푼의 그 다음 날부터 완제일까지는 연 2 할의 비율에 의한 금원을 지급하라.
2. 소송비용은 피고의 부담으로 한다.
3. 위 제1항은 가집행할 수 있다.
라는 판결을 구합니다.

청 구 원 인

1. 당사자들의 신분관계
  가. 원고
    원고 ○○○은 이건 산업재해사고로 인하여 신체에 상해를 입은 피해자입니다.
  나. 피고들
  (1) 피고 주식회사 ○○건설(이하 피고회사라 한다)은 토목, 건축업 등을 경영하는 회사로서 이건 산업재해사고 피해자인 원고 ○○○의 사용자이고,

(2) 피고 의료법인 ○○병원은 산업제해사고 피해자인 원고 ○○○에 대한 이 건 의료과오를 일으킨 정형외과 전문의 소외 ○○○의 사용자입니다.

2. 손해배상책임의 발생

가. 사고경위

(1) 산업재해사고

원고 ○○○은 200○. 4. 11. 10 : 00경 피고회사 건축공사장인 강남오피스텔 전기파이프 배관작업장에서 작업감독자의 지시에 의하여 모타 밸브 파이프 배관 연결 작업을 하기 위하여 높이 3.5m의 각 육교 작업대 위에 임시 깔아놓은 발판(공사용 아나방 : 둥근 구멍이 많이 뚫린 공사용 철제깔판)에 서서 같음 작업자 ○○○등으로부터 길이 3m의 스틸파이프(steel pipe)를 받아 전선관을 설치중 가설한 발판(아나방)이 미끄러져 전선관 및 발판과 함께 가설작업대 위에서 3.5m 높이의 지상으로 추락하여 우측 슬관절 전방십자인데 결손등의 중상을 입게 하였습니다.

(2) 의료과오

피고병원의 피용자인 정형외과 전문의 소외 ○○○는 200○. 6. 14. 11 : 00경 위 병원 정형외과 수술실에서 위 원고에 대한우측 슬관절 전방십자인대수술을 시행하게 되었는바, 척수신경근을 압박하여 신경장애를 일으키는 질병이므로 이러한 경우 정형외과 의사로서는 이를 제거하는 수술을 하기 위하여 원고를 전신 마취시켜 반듯이 눕히고 전면척수동맥, 신경근공맥, 요추신경 등을 과다하게 압박하거나 절단 등의 손상을 입게 하지 말아야 할 주의 의무가 있음에도 불구하고 이를 게을리 한 과실로 인하여 척수혈류장애 및 척수신경 손상을 가하여 위 원고로 하여금 대소변 감각을 상실시키는 등 요통, 요추부, 흉부요추부운동장해, 하지방사통 등 치료기간 불상의 상해를 입게 한 것입니다.

나. 피고의 귀책사유

(1) 피고회사

위 사고는 첫째, 임시 작업대인 공사용 가설 육교 위에 깔아놓은 발판(아나방)을 움직이지 않도록 고정시키지 않고 임시로 그대로 깔아 놓았기 때문에 작업발판이 흔들려 작업대에서 미끄러져 내린 것이며,

둘째, 작업 감독자는 높은 작업대 위에서 무거운 파이프 등을 들고 작업중에는 작업발판이 움직이지 않도록 고정시키거나 다른 작업자로 하여금 움직이지 않도록 붙잡게 하는 등으로 작업중 추락사고가 나지 않도록 감독지시 해야 하고 기타 안전장치를 설치해야 됨에도 이를 소홀히 하였고, 작업능률만을 독촉하고 안전 대책강구나 안전교육을 시키지 아니한 작업지시 감독상의 과실 등에 기하여 발생한 것입니다.

그러므로 피고는 위 작업대의 소유자겸 점유자로서 공작물인 작업대(가설육교)의 설치, 보존, 관리상의 하자와 작업감독자의 사용으로서 피용자의 작업지시 감독상의 과실이 경합하여 발생한 이건 사고로 인하여 원고들에게 입힌 재삼손해를 배상할 책임이 있다 할 것입니다.

(2) 피고병원

피고는 원고를 성실히 치료하여야 할 주의의무가 있음에도 불구하고 이를 이행치 않았으므로 이에 대하여 채무불이행 책임을 져야 할 것입니다.

또한 피고의 피용자인 정형외과 전문의 위 ○○○는 위와 같은 주의의무가 있음에도 불구하고 이를 게을리 한 과실로 위 원고에 대한 우측슬관관절전방십자인대수술 후 발이 마비가 되는 등 상태를 더욱 악화시켰으므로 피고는 위 ○○○의 사용자로서의 책임을 져야 할 것입니다.

뿐만 아니라 원고의 가족들에게 원고의 상태와 수술방법 등을 설명해 주고 자의에 의하여 시술을 받아야 하는 데도, 이에 대하여 아무런 동의없이 의료행위를 하였으므로 설명의무 위반으로 인한 손해배상책임도 있다할 것입니다.

3. 손해배상의 범위

가. 연령, 성별, 기대여명

원고는 190○. 11. 9. 생으로 이건 사고 당시인 200○. 6. 14. 현재 43년 6개월 된 신체 건강한 남자로서 그 또래 우리나라 남자의 평균 기대여명은 33.18년이므로 특별한 사정이 없는 한 77세까지는 생존이 가능하다 하겠습니다.

나. 직업 및 수입관계

원고는 가정주부로서 가사에 보탬이 되는 일을 하기 위하여 1. 피고회사에서 근로자로서 성실히 근무해 오면서 월평균 금 1,200,000원(금40,000원×30일)을 받아 왔었습니다.

다. 가동연한 및 일실수익 손해금

원고는 이건 사고로 부상당하지 않았더라면 경험칙상 최소한 60세가 다 할 때까지 가동할 수가 있다할 것이므로 이건 사고당시를 기준으로 앞으로 위 원고는 16년 17월 즉 월로 환산하면 200개월 동안 위 직종에 종사하여 위와 같이 월평균 수익금 이상의 소득을 올릴 수가 있었을 것이므로 이를 상실하게 되었는바, 위와 같은 사실을 기초로 하여 월 5/12푼의 법정 중간이자를 공제하는 호프만식계산법에 따라 일시에 그 현가를 구하면 금 190,000,000원(월평균 금950,000×200개월 호프만수치 150.8579원미만 버림)의 수익상실이 예상되나 앞으로 실시할 원고에 대한 신체감정 결과에 따라 확장 청구키로 하고 우선 금10,000,000원을 청구합니다.

라. 개호비 등

개호비 및 향후치료비는 추후 청구합니다.

4. 위 자 료

이건 사고로 인하여 원고는 평생 불구의 몸이 되어 그 정신적, 육체적 고통은 이루 다 헤아릴 수가 없다 할 것이므로 피고들은 연대하여 원고에게 금30,000,000원을 지급함이 상당하다 할 것입니다.

5. 결 론

　피고들은 연대하여 원고에게 금40,000,000원(재산상 손해금 10,000,000원+위자료 금 30,000,000원)및 이에 대하여 이 사건 발생 다음 날인 200○. 6. 15.부터 이건 판결 선고일까지는 민법 소정의 연 5푼의 지연이자를 그 다음날 완제일까지는 소송촉진 등에 관한 특례법 소정의 연 2할 5푼의 비율에 의한 지연손해금을 지급받고자 본소 청구에 이른 것입니다.

입 증 방 법

1. 갑제1호증   호적등본
1. 갑제2호증   주민등록등본
1. 갑제3호증의 1, 2   각 진단서
1. 갑제4호증의 1, 2   한국인의 표준생명표지, 내용
1. 갑제 5호증의 1, 2   급여결정명세서

첨 부 서 류

1. 위 입증서류   각 1통
1. 등기부등본   2통
1. 소송위임장   1통
1. 소장부본   2통

200○.　　　8.　　　.

위 원고 소송대리인 변호사　　○　○　○　　(인)

서울○○지방법원　　귀중

[서식 예] 손해배상(의)청구의 소(설명의무불이행, 불법행위책임)

소　장

원　　고　1. 김○○ (주민등록번호)

　　　　　2. 이○○ (주민등록번호)

　　　　　3. 김◎◎ (주민등록번호)

　　　　 위 원고들 주소: ○○시 ○○구 ○○길 ○○(우편번호)

　　　　 위 원고3 김◎◎는 미성년자이므로

　　　　　　　　법정대리인 친권자 부 김○○ 모 이○○

　　　　　　　　전화·휴대폰번호:

　　　　　　　　팩스번호, 전자우편(e-mail)주소:

피　　고　1. 김◇◇ (주민등록번호)

　　　　　　○○시 ○○구 ○○길 ○○(우편번호)

　　　　　　전화·휴대폰번호:

　　　　　　팩스번호, 전자우편(e-mail)주소:

　　　　　2. ◆◆의료법인

　　　　　　○○시 ○○구 ○○길 ○○(우편번호)

　　　　　　이사장 ◆◆◆

　　　　　　전화·휴대폰번호:

　　　　　　팩스번호, 전자우편(e-mail)주소:

손해배상청구의 소(의)

청 구 취 지

1. 피고들은 각자 원고 김○○에게 금 ○○○원, 원고 이○○에게 금 ○○○원, 원고 김◎◎에게 금 ○○○원 및 각 이에 대하여 20○○. ○○. ○○.부터 이 사건 소장부본 송달일까지는 연 5%의, 그 다음날부터 다 갚는 날까지는 연 12%의 각 비율에 의한 돈을 지급하라.

2. 소송비용은 피고들의 부담으로 한다.

3. 위 제1항은 가집행 할 수 있다.

라는 판결을 구합니다.

청 구 원 인

1. 당사자 관계

　원고 이○○는 피고 ◆◆의료법인(다음부터 피고법인이라고만 함)에 근무하던 피고 김◇◇로부터 수술을 받은 이 사건 피해자이고, 원고 김○○는 원고 이○○의 남편이며, 원고 김◎◎는 원고 이○○의 자녀이고, 피고 김◇◇는 이 사건 의료사고의 가해자로서 피고법인에 재직중인 정형외과 의사입니다.

2. 사건진행과정

(1) 원고 이○○는 2000. ○○. ○○. 길을 가다가 넘어졌는데 오른쪽 팔꿈치가 너무 아프고 오른쪽 팔을 제대로 굽힐 수가 없어서 곧 바로 피고법인을 방문하여 진단을 받았습니다.

(2) 당시 정형외과 의사로 피고법인에 근무하던 피고 김◇◇는 정밀진단 후 오른쪽팔꿈치 뼈가 골절되었다며, 금속핀으로 고정하는 수술이 필요하다고 하였습니다. 그러면서 금속핀 고정 수술은 간단한 수술이니 거의 100%완치가 가능하다며 원고 이○○ 및 그의 가족들을 안심 시켰습니다. 원고 이○○는 가족들과 상의 끝에 금속핀 고정수술을 받기로 하였습니다.

(3) 수술 전 수술의사인 피고 김◇◇는 수술에 대한 후유증 등에 대하여는 전혀 언급이 없이 대수롭지 않은 수술이고 100% 완치할 수 있는 수술이니 아무 걱정말고 자신을 믿고 수술 동의서에 서명을 하라고 하여 원고 이○○는 이를 믿고 백지로 된 수술 동의서에 서 명을 한 후 수술에 임하였습니다.

(4) 그런데 수술을 마친 후 얼마 되지 않아 원고 이○○는 심한 통증을 느꼈고 담당의사인 피 고 김◇◇에게 이 사실을 알리자 피고 김◇◇는 그럴 수도 있으니 조금만 참으면 나을 거 라고 말하여 원고 이○○는 이를 믿고 조금 기다리기로 하였습니다.

(5) 그러나 오른쪽팔꿈치의 통증은 나아지기는커녕 점점 더 악화되어 팔을 펴기도 어려운 상 황에 치닫게 되었고 마침내 이를 참다못한 원고 이○○가 다른 병원에서 확인해본 결과 금속핀 고정수술로 인해 수술부위에 염증이 생겨 다른 뼈 부분이 썩어서 새로 치료 및 수술을 하더라도 오른쪽 팔이 굽을 수밖에 없다는 진단을 받게 되었습니다.

(6) 결국 원고 이○○는 다른 병원에서 재수술을 받았으나 오른쪽 팔을 제대로 펼 수가 없게 되었고 이로 인해 영구적으로 20%의 노동력을 상실하는 장애자가 되고 말았습니다.

(7) 이로 인해 원고 이○○ 및 원고 가족들은 말할 수 없는 정신적, 물질적인고통에 시달리고 있습니다.

3. 손해배상의 책임

(1) 위에서 본 바와 같이, 피고 김◇◇는 정형외과 의사로서 수술 후 이에 수반되는 각종 부작용 등 을 예의 주시하여 수시로 이에 필요한 조치를 취해야 할 의무 및 수술시 다른 부작용이 있을지 도 모른다는 점을 원고 이○○에게 충분히 설명해야 할 의무가 있음에도 불구하고 이를 게을리 한 잘못으로 인해 결국 자기결정권을 침해당한 원고 이○○를 불구자로 만들고 말았습니다.

(2) 따라서 피고 김◇◇은 민법 제750조의 불법행위자로서, 피고법인은 민법 제756조의 사용자로 서 각자 원고들이 입은 모든 정신적, 물질적 손해를 배상해야 할 책임이 있다 할 것입니다.

4. 손해배상의 범위

(1) 치료비

가. 기존치료비

　　원고 이○○는 금속핀 고정수술에 대한 수술비 및 이후 ◎◎병원에서 재수술을 받으 면서 치료비로 금 ○○○원을 지출하였습니다.

나. 향후치료비

원고 이○○는 향후 한 달에 한번씩 물리치료가 필요하여 이에 필요한 비용이 지출될 것으로 예상되는바, 향후치료비는 추후 신체감정결과에 따라 추후에 청구하도록 하겠습니다.

(2) 개호비

원고 이○○는 두 차례의 수술을 받은 약 ○○일 동안 제대로 거동을 하지 못하여 반드시 한 사람의 개호가 필요하였는데, 개호비는 추후 신체감정 결과에 따라 청구하도록 하겠습니다.

(3) 일실수입

원고 이○○는 19○○. ○○. ○○.생으로 이 사건 사고로 장해를 입은 20○○. ○○. ○○. 현재 만 ○○세 ○○개월 남짓한 신체 건강한 대한민국 여자로 기대여명은 ○○.○○년이 되며, 만약 서울시에 거주하고 있는 원고 이○○가 이 사건 사고로 장해를 입지 않았다면 이 사건 사고일로부터 60세에 도달하는 날까지 향후 약 ○○개월간은 최소한 도시일용노동자로 종사하면서 매월 금 ○○○원(도시일용 보통인부 1일단가 금 ○○○원×22일)의 수입을 얻을 수 있으나 이 사건 사고로 인해 영구적으로 20%의 노동력을 상실하게 되어 수입의 일부를 상실하게 되었습니다.

따라서 월 5/12%의 중간이자를 공제한 호프만방식에 따른 원고 이○○의 일실수입을 사고당시의 현가로 구하면 금 ○○○원에 이르나, 구체적인 액수는 신체감정결과에 따라 확장 청구하기로 하고 우선 일부금으로 금 ○○○원을 청구합니다.

【계산】

가. 사고일부터 퇴원일까지(노동력상실율 100%)

(도시일용 보통인부 1일단가 금 ○○○원×22일)×(사고일부터 퇴원일 까지의 개월수에 해당하는 호프만계수)=금 ○○○원

나. 그 다음날부터 60세에 도달하는 날까지 (노동력상실율 20%)

(도시일용 보통인부 1일단가 금 ○○○원×22일)×{(사고일부터 60세에 도달하는 날까지의 개월수에 해당하는 호프만계수)-(사고일부터 퇴원일까지의 개월수에 해당하는 호프만계수)×0.2=금 ○○○원

다. 합계

가+나=금 ○○○원+금 ○○○원=금 ○○○원

(4) 위자료

원고 이○○는 이 사건 사고 전에는 10세의 자녀를 둔 신체 건강한 여자였으나 이 사건 사고로 인해 예측하지 못한 장해를 입은 원고 이○○ 및 장애자의 몸으로 세상을 살아가는 모습을 지켜봐야 하는 원고 이○○의 가족들이 정신적인 고통을 입을 것은 경험칙상 명백하므로, 피고들은 각자 원고 이○○에게는 금 ○○○원, 원고 김○○에게는 금 ○○○원, 원고 김◎◎에게는 금 ○○○원을 지급하여 원고들의 정신적인 고통을 금전으로나마 위자하여야 마땅하다 할 것입니다.

5. 따라서, 피고들은 각자 원고 이○○에게는 금 ○○○원(금 ○○○원(치료비)+금 ○○○원(일실

수입)+금 ○○○원(위자료)}을, 원고 김○○에게는 금 ○○○원(위자료), 원고 김◎◎에게는 금 ○○○원(위자료) 및 각 이에 대하여 이 사건 사고일인 20○○. ○○. ○○.부터 이 사건 소장 부본 송달일까지는 민법에서 정한 연 5%의, 그 다음날부터 다 갚는 날까지는 소송촉진특례 법상에서 정한 연 12%의 각 비율에 의한 지연손해금을 지급할 의무가 있다 할 것이므로, 원 고들은 부득이 청구취지와 같은 판결을 구하고자 이 사건 청구에 이르게 되었습니다.

입 증 방 법

1. 갑 제1호증	가족관계증명서
1. 갑 제2호증	진단서
1. 갑 제3호증	의사협회 회보
1. 갑 제4호증의 1	영수증
2	퇴원계산서
1. 갑 제5호증	소견서
1. 갑 제6호증의 1, 2	한국인표준생명표 표지 및 내용
1. 갑 제7호증의 1, 2	월간거래가격표지 및 내용

첨 부 서 류

1. 위 입증방법	각 1통
1. 법인등기사항증명서	1통
1. 소장부본	2통
1. 송달료납부서	1통

20○○. ○. ○.

위 원고　1. 김○○ (서명 또는 날인)
　　　　　2. 이○○ (서명 또는 날인)
　　　　　3. 김◎◎
원고3 김◎◎는 미성년자이므로
법정대리인 친권자 부 김○○(서명 또는 날인)
　　　　　　　　모 이○○(서명 또는 날인)

서울○○지방법원　귀중

소   장

원   고   1. 최○○ (주민등록번호)
      2. 유○○ (주민등록번호)
      3. 최◎◎ (주민등록번호)
       위 원고들 주소: ○○시 ○○구 ○○길 ○○(우편번호)
       위 원고3 최◎◎는 미성년자이므로
            법정대리인 친권자 부 최○○ 모 유○○
            전화·휴대폰번호:
            팩스번호, 전자우편(e-mail)주소:
피   고   의료법인 ◇◇병원
      ○○시 ○○구 ○○길 ○○(우편번호)
      병원장 ◇◇◇
      전화·휴대폰번호:
      팩스번호, 전자우편(e-mail)주소:

손해배상청구의 소(의)

청 구 취 지

1. 피고는 원고 최○○에게 금 ○○○원, 원고 유○○에게 금 ○○○원, 원고 최◎◎에게 금 ○○○원 및 각 이에 대하여 20○○. ○○. ○○.부터 이 사건 소장부본 송달일까지는 연 5%의, 그 다음날부터 다 갚는 날까지는 연 12%의 각 비율에 의한 돈을 지급하라.
2. 소송비용은 피고의 부담으로 한다.
3. 위 제1항은 가집행 할 수 있다.
라는 판결을 구합니다.

청 구 원 인

1. 당사자의 지위
   원고 최○○는 피고 의료법인 ◇◇병원(다음부터 피고병원이라고만 함)에 맹장염 수술을 받았다가 피해를 입은 피해자 본인이고, 원고 유○○는 원고 최○○의 처, 원고 최◎◎는 원고 최○○의 아들이며, 피고병원은 이 사건 의료사고의 가해자입니다.

2. 사건의 개요

 (1) 원고 최○○는 2000. ○○. 중순경 아랫배 부분에 통증을 느껴 치료를 받기 위하여 피고병원에 가서 피고병원에 재직 중이던 외과의사인 소외 ◆◆◆로부터 진단을 받은 결과 급성맹장염으로 판명이 되어 결국 피고병원에 입원한 후 같은 달 ○○일 소외 ◆◆◆로부터 맹장수술(다음부터 1차수술이라 함)을 받았습니다.

 (2) 원고 최○○는 수술이 성공적으로 끝났으므로 안심하라는 소외 ◆◆◆의 말을 믿고 며칠 입원을 하였다가 퇴원을 하였습니다.

 (3) 그런데 원고 최○○가 집에 돌아온 지 얼마 되지 않아 수술부위 쪽이 아프기 시작하였는바, 원고 최○○는 처음에는 단순한 수술후유증으로 여겼으나 통증은 갈수록 심해져 갔습니다.

 (4) 원고 최○○는 통증을 참을 수가 없어 계속 다니던 ○○공사장의 인부로도 일하지 못하고 집에서 가까운 ○○병원에 가서 진단을 받아 본 결과 일전에 수술한 아랫배 부분에 이상한 물질이 있다는 진단을 받았습니다.

 (5) 결국 원고 최○○는 통증을 참을 수 없어 ○○병원에 입원하여 2000. ○○. ○○.경 수술(다음부터 2차수술이라 함)을 하여 보니 1차수술을 했던 아랫배 부분에 수술거즈가 그대로 남아 있었습니다.

 (6) 즉, 1차수술 당시 수술을 담당했던 소외 ◆◆◆가 수술거즈를 수술부위에 그대로 둔 채 봉합수술을 했던 것입니다.

3. 손해배상의 책임

 (1) 소외 ◆◆◆는 의사로서 수술 후 봉합을 하기 전에 수술부위에 이 물질이 남아 있는가 확인하고 봉합하여야 할 주의의무가 있음에도 불구하고 이를 게을리 하여 위와 같이 수술용 거즈를 그대로 남겨 두고 봉합수술을 하는 바람에 원고 최○○로 하여금 상해를 입게 하였습니다.

 (2) 따라서 피고병원은 피용인인 소외 ◆◆◆의 위와 같은 불법행위에 관하여 사용자로서 원고 최○○ 및 그 가족들인 나머지 원고들이 입은 모든 손해를 배상할 책임이 있다 할 것입니다.

4. 손해배상의 범위

 (1) 일실수입

 원고 최○○은 1900. ○○. ○○.생으로 이 사건 발생일인 2000. ○○. ○○. 당시 ○○세 ○○개월 남짓 된 신체 건강한 남자로서, 한국인의 평균여명에 비춰볼 때 특단의 사정이 없는 한 75세까지는 생존할 것이 기대되고, 위 원고는 서울시에서 공사장 인부로 종사하고 있었는바, 1차수술후 아래배가 심하게 아파 2차수술시까지 아무런 일도 못하고 있었고 2차수술 후에도 완치 불가능한 ○○증의 증세가 나타나 신체장애가 예상되고 있습니다.

따라서 소외 ◆◆◆의 과실로 인해 예측하지 못한 상해를 입은 원고 최○○가 가동연한인 60세에 이르기까지는 장해율에 상당하는 수입상실이 명확한바, 구체적인 상실수입의 청구는 신체감정 후 그 결과를 보고 청구하기로 하고 우선 일부금으로 금 ○○○원을 청구합니다.

(2) 치료비

원고 최○○는 1, 2차 수술을 위한 입원비 및 치료비로 많은 비용을 지출하였고, 향후에도 상당한 치료비의 지출이 예상되는바, 구체적인 치료비 청구액은 향후 신체감정결과를 보고 확정하기로 하고 우선 금 ○○○원을 청구합니다.

(3) 위자료

원고 최○○는 이 사건 의료사고를 당하기 전에는 수술 한번 받은 적이 없는 신체 건강한 남자였으나, 피고병원의 피용인인 소외 ◆◆◆의 과실 있는 수술행위로 인해 원고 최○○ 및 그 가족들은 수술의 고통은 물론이고 잘못하면 불구의 몸이 될지도 모른다는 생각에 심한 정신적 고통을 당함은 경험칙상 명백하므로, 원고들의 사회적 지위를 고려하여 피고병원은 이를 금전으로나마 위자할 의무가 있다 할 것이고, 그 액수는 피해자인 원고 최○○에게 금 ○○○원, 처인 원고 유○○에게 금 ○○○원, 아들인 원고 최○○에게 금 ○○○원이 적당하다 할 것입니다.

4. 결론

따라서 피고병원은 원고 최○○에게 금 ○○○원{금 ○○○원(일실수익 일부금)+금 ○○○원(치료비 일부금)+금 ○○○원(위자료)}, 원고 유○○에게 금 ○○○원(위자료: 금 ○○○원), 원고 최○○에게 금 ○○○원(위자료: 금 ○○○원) 및 각 이에 대하여 이 사건 불법행위가 발생한 2000. ○○. ○○.부터 이 사건 소장부본 송달일까지는 민법에서 정한 연 5%의, 그 다음날부터 다 갚을 때까지는 소송촉진등에관한특례법에서 정한 연 12%의 각 비율에 의한 지연손해금을 지급할 의무가 있다 할 것이므로, 부득이 청구취지와 같은 돈을 지급 받고자 이 사건 청구에 이르렀습니다.

입 증 방 법

1. 갑 제1호증   가족관계증명서
1. 갑 제2호증   진단서
1. 갑 제3호증   소견서
1. 갑 제4호증   ○○병원입원확인서
1. 갑 제5호증   일용근로자 확인서
1. 갑 제6호증의 1, 2   한국인표준생명표 표지 및 내용
1. 갑 제7호증의 1, 2   월간거래가격표지 및 내용

첨 부 서 류

1. 위 입증방법   각 1통
1. 법인등기사항증명서   1통
1. 소장부본   1통
1. 송달료납부서   1통

20○○.　○.　○.

위 원고　1. 최○○　(서명 또는 날인)

　　　　　　2. 유○○　(서명 또는 날인)

　　　　　　3. 최◎◎

원고3 최◎◎는 미성년자이므로

법정대리인 친권자 부 최○○(서명 또는 날인)

　　　　　　모 유○○(서명 또는 날인)

서울○○지방법원　귀중

소   장

원   고   ○○○ (주민등록번호)
          ○○시 ○○구 ○○길 ○○(우편번호)
          전화·휴대폰번호:
          팩스번호, 전자우편(e-mail)주소:
피   고   ◇◇◇ (주민등록번호)
          ○○시 ○○구 ○○길 ○○(우편번호)
          전화·휴대폰번호:
          팩스번호, 전자우편(e-mail)주소:

손해배상(기)청구의 소

청 구 취 지

1. 피고는 원고에게 금 ○○○원 및 이에 대한 20○○. ○. ○.부터 이 사건 소장부본 송달일까지는 연 5%의, 그 다음날부터 다 갚는 날까지는 연 15%의 각 비율에 의한 돈을 지급하라.

2. 소송비용은 피고의 부담으로 한다.

3. 위 제1항은 가집행 할 수 있다.

라는 판결을 구합니다.

청 구 원 인

1. 손해배상책임의 발생
   피고는 20○○. ○. ○. 16:00 ○○로타리에서 길을 걷고 있던 원고를 불러, 아무 이유도 없이 시비를 걸다가 원고가 이에 대꾸하지 않는다는 이유로 각목으로 원고의 머리를 때려 원고는 그 자리에서 쓰러져 병원으로 후송된 뒤 한 달간의 치료를 받은 사실이 있으므로, 피고는 이로 인해 원고가 입은 모든 손해를 배상할 책임이 있다고 할 것입니다.

2. 손해배상책임의 범위
   가. 치료비
      원고는 병원 치료비로 금 ○○○원을 지출하는 손해를 입었습니다.
   나. 일실수입
      원고는 원래 회사원으로서 월 평균 금 ○○○원을 급여로 받아 왔는데 20○○. ○. ○.부터 20○○. ○. ○.까지 한 달 동안 병원을 다니며 치료를 받느라 한 달 간 일을 하지 못하였으므로, 이로 인한 일실수입은 금 ○○○원{금 ○○○원×1(100%)×0.9958(1개월간에 상당한 호프만수치)}입니다.

　　다. 위자료
　　　원고는 위 사고로 인해 대인공포증 등으로 시달리는 등 정신적인 고통을 받았으므로 피고는 이를 금전으로나마 위자할 의무가 있다고 할 것인데, 원고의 나이, 직업, 학력, 가정적인 환경 등을 종합적으로 고려할 때 위자료로는 금 ○○○원이 상당하다고 할 것입니다.

3. 결론
　　따라서 원고는 피고로부터 금 ○○○원(치료비 금 ○○○원 + 일실수입 금 ○○○원 + 위자료 금 ○○○원) 및 이에 대한 20○○. ○. ○.부터 이 사건 소장부본 송달일까지는 민법에서 정한 연 5%의, 그 다음날부터 다 갚는 날까지는 소송촉진 등에 관한 특례법에서 정한 연 15%의 각 비율에 의한 지연손해금을 지급 받기 위하여 이 사건 청구에 이른 것입니다.

입 증 방 법

1. 갑 제1호증　　　　　　　　　　　　　　　　　　　　　　　　　　　고소장
1. 갑 제2호증　　　　　　　　　　　　　　　　　　　　　　　고소장접수증명원
1. 갑 제3호증　　　　　　　　　　　　　　　　　　　　　　　　　　　진단서
1. 갑 제4호증　　　　　　　　　　　　　　　　　　　　　　　　　치료비영수증
1. 갑 제5호증　　　　　　　　　　　　　　　　　　　　　　　　　재직증명서
1. 갑 제6호증　　　　　　　　　　　　　　　　　　　　　　　　　급여명세서
1. 갑 제7호증　　　　　　　　　　　　　　　　　　　　　근로소득세원천징수영수증

첨 부 서 류

1. 위 입증방법　　　　　　　　　　　　　　　　　　　　　　　　　각 1통
1. 소장부본　　　　　　　　　　　　　　　　　　　　　　　　　　　1통
1. 송달료납부서　　　　　　　　　　　　　　　　　　　　　　　　　1통

20○○.　　○.　　○.
위 원고　　○○○　(서명 또는 날인)

○○지방법원　귀중

고 소 장

고 소 인   ○ ○ ○ (주민등록번호)
　　　　　　○○시 ○○구 ○○길 ○○

피고소인　　김 △ △ (주민등록번호)
　　　　　　○○시 ○○구 ○○길 ○○번지 ○○병원
　　　　　이 △ △ (주민등록번호)
　　　　　　○○시 ○○구 ○○길 ○○번지 ○○병원

고 소 취 지

피고소인은 고소인에게 고혈압 및 편두통 치료를 하다가 업무상 과실로 뇌동맥 파열로 인한 지주막하출혈로 사지부전마비 상태에 이르게 한 사실이 있으므로 피고소인을 철저히 수사하여 엄벌에 처해 주시기 바랍니다.

고 소 사 실

1. 고소인은 20○○. ○.경 구토를 동반한 심한 두통으로 피고소인을 사용하고 있는 ○○병원에 내원하여 소화기 내과 전문의인 김△△로부터 진찰을 받았는데, 고혈압으로 의심한 위 의사는 순환기 내과 의사인 A에게 협의진료를 요청하였고, 위 김△△는 검사를 시행한 다음 혈압강하제인 ○○○을 복용토록 하였습니다.

2. 고소인은 위 약물을 계속 복용하였으나 한달 후인 20○○. ○. 중순경 계속된 통증으로 다시 위 병원에 내원 하였는데, 당시 김△△는 고혈압, 일과성 뇌허혈, 뇌막염 의심 하에 정밀진단을 위하여 고소인을 입원토록 하였고 당시 고소인은 두통 및 구토와 함께 목이 뻣뻣하고 목 뒤에서 맥박이 뛰는 듯하며, 말이 어둔하고 전신이 쇠약한 상태였습니다. 한편 피고 김△△는 신경학과 의사인 이△△에게 협진 의뢰를 한 바 별다른 이상 없다는 통보를 받고 편두통 진단을 하여 최종적으로 만성위염, 지방간, 고혈압 진단을 내리고 이에 대한 약물치료를 한 다음 혈압이 다소 안정되자 같은 달 말경 고소인을 퇴원토록 하였습니다.

3. 고소인은 위 병원에 다녀온 뒤 조금 증상이 호전되는 듯하다가 퇴원후 ○개월이 지난 20○○. ○. ○경 새벽 무렵 수면 도중 갑작스럽게 비명을 지르면서 의식을 잃고 쓰러져 즉시 응급실에 내원하게 되었고 이△△는 뇌 CT 촬영을 하였던바, 좌측 뇌실 내 출혈과 함께 좌측 측두엽 끝과 좌우 내실내 출혈 소견을 보여 일단 동정맥기형 파열과 뇌실내 출혈, 종양 출혈

과 뇌실 내 출혈, 모야모야병과 뇌실내 출혈, 고혈압성 뇌출혈과 뇌실내 출혈로 진단하였습니다. 그러나 이△△는 고소인의 상태가 좋지 않아 수술예정만 잡아놓고 합병증 발생 예방 치료만을 하였습니다.

4. 이에 고소인은 수술날짜를 기다릴 수 없어서 다른 병원으로 전원하였던바, 위 병원 의료진은 동맥류파열에 의한 지주막하출혈로 진단하고 재출혈 방지를 위한 외동맥류 경부 결찰술을 시행하였습니다. 그러나 고소인은 수술전 이미 심한 뇌부종에 의한 뇌세포 괴사와 뇌혈관연축에 의한 뇌경색, 뇌수두증 등으로 뇌손상을 입어 위 병원에서 치료를 받다가 다음 해 ○월경 퇴원하였습니다.

5. 한편 위 병원의 진단 결과 현재의 증상(뇌동맥류 파열에 의한 지주막하출혈)은 이미 위 피고소인이 고소인을 진찰하고 치료할 당시인 20○○. ○. ○. 및 같은 해 ○경에 이미 나타났던 것으로 드러났습니다. 뇌동맥류 파열에 희한 지주막하출혈은 갑작스러운 두통 및 구토이외에는 뇌신경학적 증상이 없는 경우가 있으므로 이 경우 신경외과 의사인 이△△와 주치의인 김△△로서는 환자나 발병과정을 지켜본 사람에게서 자세한 병력을 들어 지주막하출혈 가능성을 추정하고 소량의 출혈시에는 반드시 뇌 CT 촬영, 뇌척수액검사 및 뇌혈관 촬영 등을 신속히 시행하여 뇌동맥류 파열로 인한 지주막하 출혈을 확인하였어야 하는 업무상 주의 의무를 위반하여 만연히 즉시 위와 같은 조치를 하지 않고 혈압강하제 만을 투약케 한 업무상 과실로 피고소인을 사지부전마비 상태에 빠뜨렸으니, 조사하여 엄히 처벌하여 주시기 바랍니다.

첨 부 서 류

1.   진단서(A병원 피고소인 작성)
1.   진단서(B병원 의사 작성)
1.   진료기록부(A병원)
1.   진료기록부(B병원)
기타 추후 제출하겠습니다.

20○○년   ○년   ○월
고 소 인   ○ ○ ○ (인)

○○경찰서장(또는 ○○지방검찰청검사장) 귀 중

제출기관	범죄지, 피의자의 주소, 거소 또는 현재지의 경찰서, 검찰청	공소시효	○년(☞공소시효일람표)
고소권자	피해자(형사소송법223조) (※ 아래(1)참조)	소추요건	
제출부수	고소장 1부	관련법규	형법 268조
범죄성립요건	업무상과실 또는 중대한 과실로 인하여 사람을 사상에 이르게 한 때		
형량	·5년 이하의 금고 또는 2천만원 이하의 벌금		
불기소처분등에 대한 불복절차 및 기간	(항고) · 근거 : 검찰청법 10조 · 기간 : 처분결과의 통지를 받은 날부터 30일(검찰청법 10조4항) (재정신청) · 근거 : 형사소송법 제260조 · 기간 : 항고기각 결정을 통지받은 날 또는 동법 제260조 제2항 각 호의 사유가 발생한 날부터 10일(형사소송법 제260조 제3항) (헌법소원) · 근거 : 헌법재판소법 68조 · 기간 : 그 사유가 있음을 안 날로부터 90일 이내에, 그 사유가 있은 날로부터 1년 이내에 청구하여야 한다. 다만, 다른 법률에 의한 구제절차를 거친 헌법소원의 심판은 그 최종결정을 통지받은 날로부터 30일 이내에 청구(헌법재판소법 69조)		

※ 고소권자
(형사소송법 225조)
1. 피해자가 제한능력자인 경우의 법정대리인
2. 피해자가 사망한 경우의 배우자, 직계친족, 형제, 자매. 단, 피해자의 명시한 의사에 반하여 고소할 수 없음

(형사소송법 224조)
자기 또는 배우자의 직계존속은 고소할 수 없음[단, 성폭력범죄의 처벌 등에 관한 특례법 제18조에서는 "성폭력범죄에 대하여는 형사소송법 제224조(고소의 제한) 및 군사법원법 제266조에 불구하고 자기 또는 배우자의 직계존속을 고소할 수 있다."고 규정함]

항 소 이 유 서

피 고 인   ○ ○○,   ○ ○○

위 피고인들에 대한 귀원 20○○노○○○호 보건범죄단속에 관할 특별조치법(인정된 죄명 : 의료법)위반 피고 사건에 관하여 피고인들의 변호인은 다음과 같이 항소이유를 개진합니다.

다 음

원심은 무면허의료행위의 법리를 오해하고, 심리미진 내지는 채증법칙을 위배하여 사실을 오인한 결과 판결에 영향을 미친 위법이 있습니다.

1. 무면허 의료행위에 관한 대법원 판례
   가. 대법원 77. 7. 26. 선고 76도 2456사건 판결은 의사면허 없는자가 의사의 보조자로서 그 감독과 지시에 따라 소위 대진하였다면 이를 무면허 의료행위라고 할 수 없다고 판시하였고, 대법원 78. 2. 14. 선고 77도 3515 사건 판결은 의사의 조수로서 의사부재시에 의사 아님에도 불구하고 의사의 지시없이 함부로 한 무면허 의료행위라도… 라고 판시하여 무면허 의료행위를 밝히고 있습니다.
   나. 위 2개의 대법원 판결은 전자의 것은 무면허 의료행위라고 볼 수 없다는 경우이고 후자의 것은 무면허의료행위가 되는 경우의 것이어서 이를 분석하면, 의사면허 없는 의사보조자라도 의사의 감독과 지시를 받아 대진한 경우는 무면허의료행위라고 볼 수가 없고, 의사의 보조자인 조수가 의사 부재중에 의사의 감독과 지시 없이 함부로 치료행위를 하면 무면허 의료행위의 범주에 속하는 것입니다.

2. 원심거시의 증거 중 피고인들의 각 피의자신문조서는 검사 입회서기가 일방적으로 타자 쳐서 피고인들에게 그 내용을 읽어보게 하거나 읽어주지 아니하고 도장 또는 지장을 찍게 한 것이고 또한 그 내용이 피고인들이 검찰 조사시에 진술한 내용과 달라서 임의성은 인정하고 내용은 부인하였던 증거이고, ○○○에 대한 진술조서는 부동의 하였으며, 진료일지는 피고인 ○○○이가 노령으로 글을 빨리 쓸수가 없어서 그의 감독과 지시에 따라 피고인 ○○○이가 작성한 것일 뿐이며, 증인 ○○○이가 ○○의원에서 위 ○○○이가 손창상에 대한 봉합수술을 하였으나 그 때 옆에 위 ○○○이가 있었고 위 ○○○의 지시에 따라 위 ○○○이가 수술했다는 취지였는데 그 뒷부분은 의도적으로 생략되어 위 ○○○의 증언취지와 다르게 증언내용을 거시하고 있습니다.
   오히려 원심에서 거시하지 않은 검찰측의 원심증인 ○○○, 같은 ○○○, 같은 ○○○, 그리고 피고인측 증인 ○○○은 모두 일치하여 의사인 위 ○○○은 진료시간중에 병원을 비운 일이 없어서 환자인 위 ○○○, ○○○이 치료받을 때 그들을 진찰하였고 조수인 위 ○○○이가 대신 치료할때도 위 ○○○이가 옆에 있었으며, 위 ○○○은 항상 위 ○○○의 감독하에 그의 구체적인 환자치료 지시에 따라 치료행위를 한 것이고, 위 ○○○이가 위 ○○○의 구체적인 지시도 없는데 그가 독자적으로 함부로 환자치료를 한 적은 없다는 취지로 증언하였고, 위 증인들 전부가 만약 거짓말이 있으면 위증의 벌을 받기로 선서하여 신빙성이 있는데, 그들의 증언 내용은 대부분의 ○○○이가 진료하지만 위 ○○○이가 진료할 때에는 반드시 의사인 위 ○○○의 감독과 구체적인 지시에 따라 치료행위를 한 것이라고 증언한 것이고 그 어느 증인도 위 ○○○이가 위 ○○○의 지시를 받지 않고 독자적으로 함부로 치료행위를 했다는 취지의 증언은 없었습니다.

3. 그러므로 원심법정에서 선서를 하고 증언을 위 증인들의 증언에 의하면 ○○의원에서는 의사인 ○○○이가 대부분 진료를 하였고 조수인 위 ○○○이가 치료행위를 할때는 반드시 위 ○○○이가 옆에서 감독하고 구체적인 지시를 하여서 위 ○○○이가 독자적으로 치료한 것이 아니기 때문에 피고인들에게는 무죄가 선고되어야 할 것입니다.

4. 만약 귀원에서 견해를 달리 하시어 피고인들의 유죄를 인정하신다면 다음과 같은 정상을 참작하셔서 최대한의 관용을 베풀어 주시면 감사하겠습니다.
   가. 피고인들의 공통적인 정상으로는, 1) ○○의원에서 위 ○○○이가 한 치료행위는 어느 의원에서나 관행되고 있는 경미한 정도이고, 2) 위 의원에서는 변두리지역이기 때문에 감기, 설사, 일하다가 손가락을 베인 경우등 경미한 환자가 주종을 이루며,3) 위 의원에서는 그동안 부정의료로 인한 인사사고는 전혀 없었다는 점.4) ○○의원의 경우는 통상 무면허의료행위인 의사면허 없이 의료행위를 하거나 또 의사면허만 빌려서 의료행위를 한 경우와는 달리 의사인 위 ○○○은 진료시간중에는 병원을 비운 일이 없고 항상 병원내에서 병원일을 전부 감독하여 온 점을 참작하시고,
   나. 위 ○○○은 1900. 6.경 의사면허를 취득하여 그 당시는 아주 시골인 ○○군 ○○읍에 있는 현재의 위 의원소재지에 의원을 개설하여 현재까지 44년 동안의 긴세월 한 곳에서 가난한 농민들과 빈곤한 사람들을 위해 의료봉사를 하여 왔습니다. 또 위 의원은 ○○읍에서도 가장 변두리 지역에 위치하고 있어서 감기, 설사등 가벼운 환자나 인근의 무료환자들이 찾고 있기 때문에 의원의 진료수입으로는 의원 경영이 적자이지만, 위 최병직은 의사생활을 계속하는 것이 자신의 건강을 유지하는 방법이 되고, 불우한 학생들에게 장학금을 지급하여 온 것에 긍지를 가져왔고, 또 면동의료원에서 근무하면서 올해 전문의 자격을 취득한 아들과 며느리에게 위 의원을 지어 인계하기 위해 의사생활을 계속하여 왔으며, 현재 위 의원을 헐고 그 자리에 현대식 병원을 건축중에 있습니다.
   다. 다음 위 ○○○은 어린시절 집이 몹시 가난하여 중학교 졸업 무렵 병원에서 심부름을 해주면서 병원과 인연을 맺고 그후 계속 병원에서 일을 해 주고 야간에는 학교를 다녀 야

간대학 3학년까지 다니다가 중퇴하고 군복무후 결혼하여 처와 5자녀를 부양하고 교육을 시켜야 할 부담 때문에 계속 병원 조수생활을 하면서 간호보조원 자격도 취득하였으며, 그 전에는 의료관계 전과가 많이 있으나 위 ○○의원에서는 위 ○○○의 지시에 따라 치료행위를 하기 때문에 죄가 되지 않는 것으로 생각하였으며, 만약 위 의원에서 그가 한 행위가 죄가 된다면 다시는 조수생활을 하지 않겠다고 하고 있으며, 이제 전부 성장하여 시집 장가간 자식들은 이제 부친의 연세도 많으시고 또 이제는 자식들이 부모님을 잘 모실 수 있는 능력이 있으니 이제는 피고인이 병원에서 일하지 않도록 하겠다고 다짐하고 있습니다.

라. 이상과 같은 피고인들의 제반정상을 깊이 통찰하셔서 80고령의 피고인 ○○○이나 50대 중반을 넘어선 피고인 ○○○에게 벌금형 등의 은전을 베풀어 주시면 대단히 감사하겠습니다.

2000.　.　.

위 피고인의 변호인 ○　○　○ (인)

서울○○법원　귀중

피미성년후견인에 대한 의료행위의 동의에 대한 허가 청구

청구인　　　○ ○ ○ (전화　　　　　　　)
　　　　　　　주민등록번호
　　　　　　　주소
사건본인　　　○ ○ ○
　　　　　　　주민등록번호(외국인등록번호)
　　　　　　　주소
　　　　　　　등록기준지(국적)

청 구 취 지

사건본인이 2013. 9. 30. ○○병원에서 ○○ 시술을 받는 것에 대하여 미성년후견인이 사건본인을 대신하여 동의하는 것을 허가한다.
라는 심판을 구합니다.

청 구 원 인

1. 사건본인에 대하여 2013. 00. 00. ○○법원 2013느단0000호로 미성년후견개시 심판이 있었고, 미성년후견인으로 청구인이 선임되었습니다.

2. 그런데, 사건본인은 현재 ○○병원에서 ○○ 수술을 받아야 하는데 미성년자이므로 독자적인 동의를 하기 힘든 상황입니다.

3. 따라서 청구인이 사건본인을 대신하여 위 수술에 동의를 하려고 합니다.

첨 부 서 류

1. 기본증명서, 가족관계증명서(사건본인)　　　　　　　　　　　각 1통
2. 주민등록등본 (사건본인)　　　　　　　　　　　　　　　　　각 1통
3. 기타(소명자료)　　　　　　　　　　　　　　　　　　　　　○통

2013 . ○. ○.
위 청구인 ○ ○ ○　　　(인)

○○가정법원 귀중

☞ 유의사항
- 수입인지 : 사건본인 수 × 5,000원을 붙여야 합니다.
- 송 달 료 : 청구인수 × 3,550원 × 8회분을 송달료취급은행에 납부하고 영수증을 첨부하여야 합니다.
- 관할법원 : 사건본인(피후견인이 될 사람)의 주소지의 가정법원(지방법원, 지원)입니다.

피성년후견인에 대한 의료행위의 동의에 대한 허가 청구

청구인   ○ ○ ○ (전화   )
　　　　　　　주민등록번호
　　　　　　　주소
　　　　　　　사건본인과의 관계

사건본인   ○ ○ ○
　　　　　　　주민등록번호(외국인등록번호)
　　　　　　　주소
　　　　　　　등록기준지(국적)

청 구 취 지

사건본인이 2013. 9. 30. ○○병원에서 ○○ 시술을 받는 것에 대하여 성년후견인이 사건본인을 대신하여 동의하는 것을 허가한다.
라는 심판을 구합니다.

청 구 원 인

1. 사건본인에 대하여 2013. 00. 00. ○○법원 2013느단0000호로 성년후견개시 심판이 있었고, 성년후견인으로 청구인이 선임되었습니다.

2. 그런데, 사건본인은 현재 …… 질병으로 인해 ……………… ○○병원에서 ○○ 시술을 받아야 하는데 정신지체 1급의 상태로서 스스로 시술에 대한 동의를 하기 힘든 상황입니다.

3. 따라서 청구인이 사건본인을 대신하여 위 시술에 동의를 하려고 합니다.

첨 부 서 류

1. 가족관계증명서 및 기본증명서(사건본인)　　　　　　　　　　　　　　　각 1통
2. 주민등록등본 (사건본인)　　　　　　　　　　　　　　　　　　　　　　1통
3. 사건본인의 후견등기사항전부증명서(말소 및 폐쇄사항 포함)　　　　　　1통
4. 기타(소명자료)　　　　　　　　　　　　　　　　　　　　　　　　　　○통

2013 . ○. ○.
위 청구인 ○ ○ ○   (인)

○○가정법원   귀중

피한정후견인에 대한 의료행위의 동의에 대한 허가 청구

청구인　　　○ ○ ○ (전화　　　　　)
　　　　　　주민등록번호
　　　　　　주소
　　　　　　사건본인과의 관계
사건본인　　○ ○ ○
　　　　　　주민등록번호(외국인등록번호)
　　　　　　주소
　　　　　　등록기준지(국적)

청 구 취 지

사건본인이 2013. 9. 30. ○○병원에서 ○○ 시술을 받는 것에 대하여 한정후견인이 사건본인을 대신하여 동의하는 것을 허가한다.
라는 심판을 구합니다.

청 구 원 인

1. 사건본인에 대하여 2013. 00. 00. ○○법원 2013느단0000호로 한정후견개시 심판이 있었고, 한정후견인으로 청구인이 선임되었습니다.

2. 그런데, 사건본인은 현재 …… 질병으로 인해 ……………… ○○병원에서 ○○ 시술을 받아야 하는데 정신지체 2급의 상태로서 스스로 시술에 대한 동의를 하기 힘든 상황입니다.

3. 따라서 청구인이 사건본인을 대신하여 위 시술에 동의를 하려고 합니다.

첨 부 서 류

1. 가족관계증명서 및 기본증명서(사건본인)　　　　　　　　　　　　각 1통
2. 주민등록등본 (사건본인)　　　　　　　　　　　　　　　　　　　　1통
3. 사건본인의 후견등기사항전부증명서(말소 및 폐쇄사항 포함)　　　　1통
4. 기타(소명자료)　　　　　　　　　　　　　　　　　　　　　　　○통

2013 .　○.　○.
위 청구인　○ ○ ○　　(인)

○○가정법원　　귀중

제3장
한국의료분쟁조정중재원을 통한 조정 및 중재

1. 한국의료분쟁조정중재원을 통한 조정

　의료분쟁의 당사자 또는 그 대리인은 의료사고의 원인이 된 행위가 종료된 날부터 10년 또는 의료사고 피해자나 그 법정대리인이 그 손해 및 가해자를 안 날부터 3년 이내에 한국의료분쟁조정중재원에 분쟁의 조정을 신청할 수 있으며, 의료분쟁 당사자 쌍방이 동의하여 성립된 조정은 재판상 화해와 동일한 효력이 있습니다. 의료분쟁의 당사자 또는 그 대리인은 조정신청을 한 후 조정절차 진행 중에 피신청인과 합의할 수 있는데 이 경우 의료분쟁 당사자의 합의에 의해 작성된 조서는 재판상 화해와 동일한 효력을 가집니다.

1) 조정 신청

(1) 조정신청권자

　의료분쟁의 당사자 또는 그 대리인은 한국의료분쟁조정중재원에 의료분쟁의 조정을 신청할 수 있습니다. 의료분쟁 당사자는 다음의 사람을 대리인으로 선임할 수 있습니다.

① 의료분쟁 당사자의 법정대리인, 배우자, 직계존비속 또는 형제자매

② 의료분쟁 당사자인 법인의 임직원

③ 변호사

④ 의료분쟁 당사자로부터 서면으로 대리권을 수여받은 자. 다만, 의료분쟁 당사자의 법정대리인, 배우자, 직계존비속 또는 형제자매가 없는 경우에만 대리인이 될 수 있음.

(2) 조정신청 기간

　의료분쟁의 조정신청은 다음의 기간 내에 해야 합니다.

① 의료사고의 원인이 된 행위가 종료된 날부터 10년

② 의료사고 피해자나 그 법정대리인이 그 손해 및 가해자를 안 날부터 3년

(3) 조정신청 각하

다음의 경우에는 조정 신청이 각하됩니다. 다만, 조정신청이 접수되기 전에 ①의 소 또는 ②의 조정신청이 취하되거나 각하된 경우에는 그러하지 아니합니다.

① 이미 해당 의료분쟁조정사항에 대하여 법원에 소가 제기된 경우

② 이미 해당 분쟁조정사항에 대하여 「소비자기본법」 제60조에 따른 소비자분쟁조정위원회에 분쟁조정이 신청된 경우

③ 조정신청 자체로서 의료사고가 아닌 것이 명백한 경우

④ 신청인이 조사에 응하지 않거나 2회 이상 출석요구에 응하지 않은 때

⑤ 신청인이 조정신청 후에 의료사고를 이유로 의료법 제12조제2항을 위반하는 행위를 한 때 또는 형법 제314조제1항에 해당하는 행위를 한 때

⑥ 조정신청이 있은 후에 소가 제기된 때

⑦ 피신청인이 조정신청서를 송달받은 날부터 14일 이내에 조정절차에 응하고자 하는 의사를 통지하지 않은 경우

(4) 조정신청의 통지 및 송달

조정신청이 접수되면 의료분쟁조정위원회와 의료사고감정단에 각각 통지되고, 피신청인에게 조정신청서가 송달됩니다.

(5) 조정신청 서류

조정신청은 방문 서면신청을 원칙으로 하고 있으나, 이용자의 편의성을 위해 인터넷 홈페이지, 우편, 팩스를 통한 신청도 가능합니다.(2012년 4월 8일 이후부터)

① **필수서류**
　가. 조정신청서
　나. 조정(중재)신청서 별지

다. 본인 신분증 사본

라. 본인 통장 사본

마. 민감정보 수집이용에 대한 동의서

② 추가서류

전문적인 감정·조정업무 및 신속한 피해구제를 위해서는 아래의 서류가 추가로 필요할 수 있습니다.

가. 의료기관의 진료기록

나. 영상물(MRI, X-ray 등)

다. 진료비 영수증

라. 소득증빙자료

마. 시술 전·후 사진

바. 기타 관련자료 등

의료분쟁 조정신청서(환자용)

※ [ ]에는 해당하는 곳에 √표를 하며, ( )에는 해당 내용을 선택하거나 적습니다. (앞쪽)

사건번호		접수일		조정일		처리기간	90일(120일)

<table>
<tr><td rowspan="10">신청인</td><td rowspan="4">① 당사자 (환자)</td><td>성명</td><td colspan="2"></td><td>생년월일</td><td colspan="2"></td><td>성별</td><td></td></tr>
<tr><td>주소</td><td colspan="7">(우편번호)
※ 서류송달주소가 다른 경우 추가 표기</td></tr>
<tr><td>연락처</td><td colspan="2">(휴대폰)</td><td colspan="2">(직장)</td><td colspan="3">(자택)</td></tr>
<tr><td>e-mail</td><td colspan="2"></td><td colspan="2">팩스번호</td><td colspan="3">문자메시지수신 [ ]원함 [ ]원치 않음</td></tr>
<tr><td rowspan="6">② 당사자 (상속인)</td><td>성명</td><td colspan="2"></td><td>생년월일</td><td colspan="2"></td><td>성별</td><td></td></tr>
<tr><td>환자와의 관계</td><td colspan="7">망 ○○○(생년월일 □□□□□□ / 성별 ___)의
[ ] 배우자, [ ] 직계비속, [ ] 직계존속, [ ] 형제자매 [ ] 기타( )</td></tr>
<tr><td>주소</td><td colspan="7">(우편번호)
※ 서류송달주소가 다른 경우 추가 표기</td></tr>
<tr><td>연락처</td><td colspan="2">(휴대폰)</td><td colspan="2">(직장)</td><td colspan="3">(자택)</td></tr>
<tr><td>e-mail</td><td colspan="2"></td><td colspan="2">팩스번호</td><td colspan="3">문자메시지수신 [ ]원함 [ ]원치 않음</td></tr>
</table>

③ 신청인의 대리인	성명		생년월일		성별	
	신청인과의 관계	[ ] 법정대리인, [ ] 배우자, [ ] 직계존속, [ ] 직계비속, [ ] 형제자매 [ ] 변호사, [ ] 그 밖에 당사자로부터 대리권을 받은 사람( )				
	주소	(우편번호) ※ 서류송달주소가 다른 경우 추가 표기				
	연락처	(휴대폰)	(직장)		(자택)	
	e-mail		팩스번호		문자메시지수신 [ ]원함 [ ]원치 않음	

④ 피신청인 (보건의료기관개설자, 보건의료인)	성명/법인명기관명		연락처		업무담당자 성명	
	주소	(우편번호) ※ 서류송달주소가 다른 경우 추가 표기			팩스번호	
	보건의료인 성명			연락처		
	보건의료인 진료 과목 및 분야	[ ] 내과(소화기, 심장, 기타), [ ] 외과(일반, 성형, 정형, 신경, 흉부) [ ] 산부인과/소아청소년과, [ ] 안과/이비인후과, [ ] 피부과/비뇨의학과 [ ] 치과, [ ] 한방 병원·의원, [ ] 약국 [ ] 기타( )				

⑤ 조정신청 내용	의료분쟁 내용	※ 자세한 의료사고 경위 등 분쟁내용은 별지에 적습니다.		
	조정신청액		수수료	※ 신청금액에 따라 소정의 수수료가 부과됩니다.
	환자 상태	[ ]사망, [ ]1개월 이상의 의식불명, [ ]장애의 정도가 중증에 해당하는 경우, [ ]그 밖의 경우( )		

⑥ 의료분쟁 해결 시도 내용	위 조정신청 관련 의료분쟁의 해결을 위해 조정신청 이전에 시도한 내역을 해당 항목에 체크(√)하시고, "그 밖의 경우"에 해당하는 경우에는 그 내용을 적어 주십시오(해당 사항이 없는 경우에는 적지 않습니다). [ ] 민사소송의 제기, [ ] 소비자분쟁조정위원회에 조정신청, [ ] 그 밖의 경우( ) ※ "그 밖의 경우"의 예: 의료기관(의료인)과 합의 시도, 관련 기관(단체)에 구제신청, 법원에의 조정신청 등

「의료사고 피해구제 및 의료분쟁 조정 등에 관한 법률」 제27조제1항 및 같은 법 시행규칙 제7조에 따라 의료분쟁의 조정을 신청합니다.

※ [ ] 조정신청 사건 관련 감정완료 시 감정서 배부를 신청합니다(수령방법: [ ] e-mail, [ ] 팩스).

년 월 일

⑦ 신청인(또는 대리인) (서명 또는 날인)

한국의료분쟁조정중재원장 귀하

첨부서류	1. 환자와 상속인의 관계를 증명하는 서류(환자가 사망한 경우만 해당합니다) 2. 위임장 및 신청인과 대리인의 관계를 증명하는 서류(대리인이 신청하는 경우만 해당합니다.) 3. 의료사고 경위 등 분쟁내용을 적은 서류 4. 의료분쟁의 조정신청 대상인 의료사고가 법 제27조제9항에 따른 의료사고에 해당하는 경우에는 다음 각 목의 구분에 따른 서류 　가. 사망: 사망진단서 또는 시체검안서 등 사망을 증명할 수 있는 서류와 해당 사망과 관련된 진료기록 사본 　나. 1개월 이상의 의식불명: 진단서 또는 소견서 등 1개월 이상의 의식불명을 증명할 수 있는 서류와 해당 의식불명과 관련된 진료기록 사본 　다. 장애의 정도가 중증에 해당하는 경우: 「장애인복지법 시행규칙」에 따른 장애진단서, 장애인등록증 및 장애인증명서의 사본과 해당 장애와 관련된 진료기록 사본

신청서 작성요령

① **당사자(환자)** : 환자의 성명 등 인적사항, 연락처, e-mail, 팩스번호를 기재하고, 문자메시지 수신 여부에 체크(√)합니다. 환자가 사망한 경우에는 그 상속인이 당사자가 되므로 기재할 필요가 없습니다.

② **당사자(상속인)** : 환자가 사망한 경우에만 기재하고(사망신고 여부와는 관계가 없음) 상속인지 여부를 확인할 수 있도록 사망한 환자의 가족관계증명서를 첨부합니다. 신청하는 상속인의 인적사항, 연락처, e-mail, 팩스번호를 기재하고, 해당란에 체크(√)합니다.

③ **신청인의 대리인** : 당사자를 대리하여 조정신청을 하는 사람의 인적사항, 연락처, e-mail, 팩스번호를 기재하고 해당란에 체크(√)합니다. 「의료사고 피해구제 및 의료분쟁 조정 등에 관한 법률」 제27조제2항에 규정한 사람 외에는 대리인이 될 수 없습니다. 신청인의 대리인으로 선임된 사람은 대리권을 증명할 수 있는 위임장을 첨부해야 합니다.

④ **피신청인(보건의료기관개설자, 보건의료인)** : 의료사고가 발생된 보건의료기관을 개설한 자가 개인인 경우에는 개인의 성명, 법인인 경우에는 법인의 명칭(개인의 성명이나 법인의 명칭을 모르는 경우에는 보건의료기관의 명칭)을 기재합니다. 보건의료기관개설자 또는 보건의료기관의 연락처, 업무담당자 성명, 주소, 팩스번호를 기재하고, 의료행위를 한 보건의료인의 성명, 연락처를 기재한 후 진료과목 해당란에 체크(√)합니다. 보건의료기관의 기관명은 통칭이나 약칭은 피하고 정식명칭을 기재합니다. 업무담당자, 팩스번호를 모를 경우에는 생략할 수 있습니다. 피신청인이 복수인 경우에는 별지를 사용하여 동일한 방식으로 기재합니다.

⑤ **조정신청내용** : 의료분쟁 내용은 간략하게 요약하여 기재하고, 자세한 의료사고 경위 등 분쟁내용은 별지에 기재합니다. 손해배상을 청구하는 치료비, 간병비, 휴업손해 등 일실이익, 위자료 등에 대한 세부사항은 자세한 의료사고 경위 등 분쟁내용을 적은 별지에 기재하고 조정신청액은 그 청구내역의 총액을 기재합니다. 조정신청액이 500만원 이하인 경우 기본 수수료 2만2천원을 납부해야 하고 500만원 초과 시 1만원 당 20원(5천만원 초과시 10원)을 가산해서 납부해야 합니다. 「국민기초생활 보장법」에 따른 수급자, 「국가유공자 등 예우 및 지원에 관한 법률」에 따른 국가유공자는 수수료를 면제하고, 「장애인복지법」에 따른 장애인은 수수료를 감액(장애의 정도가 심한 장애인은 50%, 장애의 정도가 심하지 아니한 장애인은 30%) 받을 수 있습니다.

⑥ **의료분쟁 해결 시도 내용** : 해당 항목에 반드시 체크(√)하고 "그 밖의 경우"에 해당하는 경우 그 내용을 ( ) 안에 간략하게 기재합니다.

⑦ **신청인** : 당사자가 신청하는 경우 당사자 본인이, 당사자의 대리인이 신청하는 경우 대리인이 서명 또는 날인합니다.

※ 조정신청사건 관련 감정완료 시 감정서는 1회에 한하여 무료 배부될 수 있으므로, 배부를 신청하는 경우에는 수령 가능한 e-mail 또는 팩스번호 반드시 기재 요망

한국의료분쟁조정중재원 Korea Medical Dispute Mediation and Arbitration Agency	조정(중재) 신청서 별지	환자 작성용

- 이 기록지는 사고내용의 판단을 위해 중요한 자료로 이용되므로 빠짐없이 정확하게 기재하여 주시기 바랍니다.
- 작성된 내용은 상대방에게 제도이용 및 답변(해명) 요청을 위한 자료로 그대로 송달되오니 객관적인 사실을 토대로 작성하여 주시기 바랍니다. (상대방을 비방하거나 사실과 다른 내용 작성금지)

가. 환자 기본 정보

환자명		성별	남 / 여	생년월일	년 월 일 (세)	국적	
현재상태	□사망 □중증장애(1~3급) □경증장애(4~6급) □치료중 □완치 □기타 ( )						
환자직업	□사무직 □자영업자 □농어민 □주부 □학생 □무직 □기타 ( )						

나. 의료기관에 내원하게 된 이유

1. 환자가 본건 의료기관에 내원하게 된 이유(증상·배경 등)에 관한 질문
1-1. 내원 일자 : 20   년   월   일
1-2. 내원 이유 :

2. 과거병력에 관한 질문
 2-1. 환자가 과거에 앓았거나 현재까지 앓고 있는 질환이 있습니까? □예 □아니오
 2-2. (위 2-1의 질문에 「예」라고 답한 경우) 무슨 진단으로 어떤 치료를 받았습니까?
     (의료기관, 치료기간 포함)

다. 사건 경위 (진단·치료 ~ 사건발생)

1. 환자 증상에 대한 담당 의료인의 진단에 관한 질문
1-1. 어떤 검사를 받았습니까? (복수응답 가능)
     □X-ray □CT □MRI □내시경 □초음파 □혈액검사 □혈압 □기타 ( )
1-2. 진단명 :
1-3. 진단 후 치료계획에 대하여 무슨 설명을 들었습니까?

2. 진단 후 치료계획에 대한 설명·동의에 관한 질문
 2-1. 진단 후 치료계획에 대한 설명에 동의를 하였습니까? □예 □아니오 □기타( )
 2-2. 설명 방법 : □구두 □서면 □구두+서면 □없음 □기타( )
 2-3. 설명한 의료인 : □담당의 □간호사 □상담실장 □기타( )
 2-4. 설명에 동의한 사람 : □환자 본인 □보호자(관계:) □기타( )

3. 진단에 따른 담당 의료인의 치료에 관한 질문
 3-1. 치료를 받은 진료과는 어디입니까? (복수응답 가능)

 3-2. (위 3-1) 진료과에서 어떤 치료를 받았습니까?

- 진료형태 : □외래 □입원 □응급실 □기타(   )
- 치료기간 : 20   년   월   일 ~ 20   년   월   일
- 치료내역 :

4. 담당 의료인 치료에 따른 피해(악결과) 발생에 관한 질문
 4-1. 피해 발생일 : 20   년   월   일
 4-2. 의료사고 피해가 발생한 신체 부위와 그 증상은 무엇입니까?

5. 피해(악결과) 발생에 대한 담당 의료인의 주요 처치에 관한 질문
 5-1. 담당 의료인은 발생한 피해에 대하여 어떤 조치를 하였습니까? (처치 방법, 기간, 설명 등)

 5-2. (위 5-1)의 조치로 인하여 환자의 상태는 어떻게 되었습니까? (회복여부 등)

라. 사건발생 후 경과 (사건발생 ~ 현재)

1. 피해(악결과) 발생으로 인해 <u>다른 의료기관</u>에서 추가 치료를 받았는지에 관한 질문
 1-1. 다른 의료기관에서 추가 치료를 받았습니까? □예 □아니오
 1-2. (위 1-1의 질문에 「예」라고 답한 경우) 추가 치료 내용을 작성해주십시오.
    (의료기관, 진료과, 치료기간 등)

2. 최근 환자의 상태에 관한 질문
 2-1. 환자는 현재 치료를 계속 받고 있습니까? □예 □아니오
 2-2. 향후 추가 치료를 받을 계획이 있습니까? □예 □아니오
 2-3. (위 2-2의 질문에 「예」라고 답한 경우) 추가 치료 계획의 내용은 무엇입니까?
    (의료기관, 진료과, 치료기간 등)

 2-4. 환자의 현재 상태 또는 향후 예상되는 증상은 무엇입니까? (후유장해 진단 가능성 포함)

마. 의료사고 피해 발생 상세 내역

□ 치료부터 의료사고 피해(악결과) 발생 경과를 상세히 작성해주십시오. (날짜·시간대별)	
진료일시	환자 증상 - 진단 - 처치 및 경과 - 결과
년 월 일( )	

☞ 지면이 부족한 경우 별지를 이용해서 추가 작성해주시기 바랍니다.

바. 사건발생 인과관계 및 당사자 협의 등

1. 담당 의료인 치료·처치의 적절성 여부에 관한 질문

1-1. 의료인의 치료가 적절하지 않았거나, 처치 과정에서 문제가 있다면 무엇이라고 생각합니까? :

1-2. 치료와 피해(악결과) 발생 간에 관련이 있다면 그 원인은 무엇이라고 생각합니까? :

1-3. (위 1-1과 1-2)를 고려하여 「의료사고 감정」시 의학적으로 중점적인 검토가 필요한 사항(의료감정)을 작성해주십시오.

> ※ 「의료감정」이란 조정부가 조정·중재할 수 있도록 의학적 전문지식 또는 그 지식을 이용한 판단을 정리하는 것
>
>
> * 작성 예시 ① 오진(사유: 내원 시 복통을 호소하였으나 담당 의사는 이를 간과함)
> ② 수술 시 술기 미흡(사유: 집도의사의 술기 미흡으로 수술 시 잘못하여 신경을 손상시킴)
> ③ 환자의 사망 원인(사유: 복막염에 대한 오진으로 처치가 지연되어 환자가 사망하게 됨)

1-4. 「조정·중재 절차」 진행 시 법률적으로 중점적인 검토가 필요한 사항이 있으면 작성해주십시오.

2. 의료기관 측과 협의한 내용에 관한 질문

 2-1. 본건과 관련하여 누구와 대화·해결을 시도해 보았습니까? (복수응답 가능)

   □담당 의료인 □의료기관 업무담당자 □배상보험·공제조합 □없음 □기타(   )

 2-2. 의료인·의료기관 측이 과실 및 책임을 인정하였습니까?

 2-3. 당사자 간에 협의한 내용이 있다면 그 내용을 작성해 주십시오.

사. 조정신청금액(손해배상) 산정

※ 손해배상 산정내역은 의료사고 감정 및 조정 업무를 위한 기초자료로 활용되므로 객관적 사실과 증빙자료를 반영하여 기재하여 주시기 바랍니다.

□ 조정신청(손해배상)금액의 산정 내역

구분		산정금액	산정 근거
적극적 손해	① 치료비	_____ 원	[이미 지출한 치료비를 기재]
	② 향후 치료비	_____ 원	[향후 예상되는 치료비를 기재(향후 추정치료비계산서)]
	③ 개호비(간병비)	_____ 원	[치료기간 동안 간병 및 치료 후 후유장애에 따른 개호비를 기재]
	④ 기타	_____ 원	[장례비 의료보조장구 등 비용을 기재]
소극적 손해	① 휴업손해	_____ 원	[이 사건으로 일하지 못한 소득상실분을 기재(상실기간 포함)]
	② 일실이익	_____ 원	[후유장애 발생시 노동능력상실에 따른 소득상실분을 기재(상실기간 포함)]
위자료	① 위자료	_____ 원	[정신적 피해에 대한 배상요구액을 기재]
계		_____ 원	[적극적 손해 + 소극적 손해 + 위자료]

20   년   월   일

신청인 / 대리인 :   (인)

〈조정절차가 개시되는 경우 필요서류〉
① 해당 의료기관의 의무기록 사본(영상기록 포함)
② 이송 의료기관의 의무기록 사본(영상기록 포함) 소견·진단서
③ 진료비 영수증 또는 진료비세부내역서 등 진료비 관련 자료
④ 일실소득 상실시 소득 관련 증빙,
⑤ 기타 증빙 또는 참고자료 등

개인(민감)정보 수집 · 이용 · 처리 동의서

◇ 한국의료분쟁조정중재원은 「개인정보 보호법」상의 개인정보보호규정을 준수하며, 같은 법률에 따라 아래와 같이 개인정보 및 민감정보 수집 · 이용에 관한 동의를 받고 있습니다.

[개인정보 수집 · 이용 내역]

항 목	수집목적	보유기간
성명, 생년월일, 성별, 국적, 주소, 연락처, 이메일(선택), 팩스(선택), 직업(선택), 자격번호, 면허번호, 계좌번호	의료분쟁의 조정·중재 및 의료사고 감정에 관한 사무 처리	영구

□ 동의합니다   □ 동의하지 않습니다
※ 위의 개인정보 수집·이용 목적에 대한 동의를 거부하실 수 있으나 의료분쟁 조정·중재, 의료사고 감정 절차 진행에 제한이 발생할 수 있습니다.

[고유식별번호 수집·이용 내역]

「의료사고 피해구제 및 의료분쟁 조정 등에 관한 법률」시행령 제30조의2에 따라 **고유식별정보**를 수집·이용합니다.

항 목	수집목적	보유기간
주민등록번호, 외국인등록번호, 여권번호	의료분쟁의 조정·중재 및 의료사고 감정에 관한 사무 처리	영구

□ 동의합니다   □ 동의하지 않습니다
※ 위의 개인정보 수집·이용 목적에 대한 동의를 거부하실 수 있으나 의료분쟁 조정·중재, 의료사고 감정 절차 진행에 제한이 발생할 수 있습니다.

[민감정보 수집·이용 내역]

「의료사고 피해구제 및 의료분쟁 조정 등에 관한 법률」시행령 제30조의2에 따라 **민감정보**를 수집·이용합니다.

항 목	수집목적	보유기간
의료사고 경위, 환자의 건강에 관한 정보	의료분쟁의 조정·중재 및 의료사고 감정에 관한 사무 처리	영구

□ 동의합니다   □ 동의하지 않습니다
※ 위의 개인정보 수집·이용 목적에 대한 동의를 거부하실 수 있으나 의료분쟁 조정·중재, 의료사고 감정 절차 진행에 제한이 발생할 수 있습니다.

※ 정보주체가 만14세 미만의 아동인 경우 위와 같이 개인정보(고유식별정보, 민감정보포함)를 처리하는데 동의 하십니까?
□ 동의합니다   □ 동의하지 않습니다

본인   성명   (서명 또는 인)
법정대리인   성명   (서명 또는 인)

귀하가 제출한 사건 관련 서류 등은 전자문서로 변환되어 보유기간까지 전자문서로 보존될 예정이며, 귀하가 제출한 서류는 다음 귀하의 의사에 따라 사건종료 후 1개월 이내에 전부 반환 또는 파기될 예정임을 알려드립니다.
본인은 전자문서 보존에 동의하며 사건종료시 제출된 서류 일체를
반 환 받겠습니다.   파 기 를 요청합니다.   * 처리 요청은 자필로 작성바랍니다.

20   .   .   .
신청인 (또는 대리인)   (서명 또는 인)

한국의료분쟁조정중재원장   귀하

※ 개인정보 취급에 관한 상세한 사항은 우리 원 홈페이지(www.k-medi.or.kr)의 "개인정보처리방침"을 참조하시기 바랍니다.

[위임장 양식(환자 사망의 경우)]

<table>
<tr><td colspan="3" style="text-align:center"><h1>위 임 장</h1></td></tr>
<tr><td rowspan="4">위임인
(상속인)</td><td>성 명</td><td></td></tr>
<tr><td>주민등록번호</td><td>□□□□□□- *******</td></tr>
<tr><td>주 소</td><td></td></tr>
<tr><td>연 락 처</td><td></td></tr>
<tr><td colspan="3">※ 위임인(상속인)이 다수인 경우 별지 추가 기재</td></tr>
<tr><td rowspan="5">수임인</td><td>성 명</td><td></td></tr>
<tr><td>주민등록번호</td><td>□□□□□□- *******</td></tr>
<tr><td>주 소</td><td></td></tr>
<tr><td>연 락 처</td><td></td></tr>
<tr><td>위임인과의 관계</td><td></td></tr>
</table>

본인(위임인)은 수임인을 대리인으로 선임하여 한국의료분쟁조정원에 조정신청과 취하, 의견진술, 조정절차 중 합의 및 조정결정에 대한 동의, 대리인의 선임 등 본 사건의 조정과 관련된 일체의 권한을 위임합니다.

년   월   일

위임인 :   (서명 또는 날인)

한국의료분쟁조정중재원장 귀하

<table>
<tr><td rowspan="5">대리인
선임범위</td><td>1. 당사자의 법정대리인, 배우자, 직계존비속 또는 형제자매</td></tr>
<tr><td>2. 변호사</td></tr>
<tr><td>3. 당사자로부터 서면으로 대리권을 수여받은 자</td></tr>
<tr><td>(제3호의 경우, 제1호에 해당하는 사람이 없거나 외국인 등 보건복지령으로 정하는
  경우에 한함)</td></tr>
<tr><td>※ 근거 : 「의료사고 피해구제 및 의료분쟁 조정 등에 관한 법률」 제27조 제2항</td></tr>
</table>

※ 위임인은 성명을 기재하고 반드시 자필 서명 또는 날인하여야 합니다.
※ 상속인이 다수인 경우 한 명의 상속인에게 조정과 관련된 일체의 권한을 위임할 수 있습니다.
※ 수임인(상속인)이 다시 대리인을 선임하는 경우 별도의 위임장을 제출하여야 합니다.
※ 환자, 위임인(상속인) 및 수임인의 관계를 증명할 수 있는 가족관계증명서, 수임인의 신분증 사본 등을 제출하여야 합니다.

[위임장 양식]

<table>
<tr><td colspan="3" style="text-align:center"><h2>위 임 장</h2></td></tr>
<tr><td rowspan="4">위임인
(환자)</td><td>성 명</td><td></td></tr>
<tr><td>주민등록번호</td><td>□□□□□□- *******</td></tr>
<tr><td>주 소</td><td></td></tr>
<tr><td>연 락 처</td><td></td></tr>
<tr><td rowspan="5">수임인</td><td>성 명</td><td></td></tr>
<tr><td>주민등록번호</td><td>□□□□□□- *******</td></tr>
<tr><td>주 소</td><td></td></tr>
<tr><td>연 락 처</td><td></td></tr>
<tr><td>환자와의 관계</td><td></td></tr>
</table>

본인(위임인)은 수임인을 대리인으로 선임하여 한국의료분쟁조정원에 조정신청과 취하, 의견진술, 조정절차 중 합의 및 조정결정에 대한 동의 등 본 사건의 조정과 관련된 일체의 권한을 위임합니다.

년 월 일

위임인 :　　　　　　　　　(서명 또는 날인)

한국의료분쟁조정중재원장 귀하

<table>
<tr><td rowspan="4">대리인
선임범위</td><td>1. 당사자의 법정대리인, 배우자, 직계존비속 또는 형제자매</td></tr>
<tr><td>2. 변호사</td></tr>
<tr><td>3. 당사자로부터 서면으로 대리권을 수여받은 자
　(제3호의 경우, 제1호에 해당하는 사람이 없거나 외국인 등 보건복지령으로 정하는 경우에 한함)</td></tr>
<tr><td>※ 근거 :「의료사고 피해구제 및 의료분쟁 조정 등에 관한 법률」 제27조 제2항</td></tr>
</table>

※ 위임인은 성명을 기재하고 반드시 자필 서명 또는 날인하여야 합니다.
※ 위임인(환자)과 수임인의 관계를 증명할 수 있는 가족관계증명서(환자기준), 수임인의 신분증 사본 등을 제출하여야 합니다.

[별지] 위임인 목록

위임인 2 (상속인)	성 명	(서명 또는 날인)
	주민등록번호	□□□□□□- *******
	주 소	
	연 락 처	
위임인 3 (상속인)	성 명	(서명 또는 날인)
	주민등록번호	□□□□□□- *******
	주 소	
	연 락 처	
위임인 4 (상속인)	성 명	(서명 또는 날인)
	주민등록번호	□□□□□□- *******
	주 소	
	연 락 처	
위임인 5 (상속인)	성 명	(서명 또는 날인)
	주민등록번호	□□□□□□- *******
	주 소	
	연 락 처	
위임인 6 (상속인)	성 명	(서명 또는 날인)
	주민등록번호	□□□□□□- *******
	주 소	
	연 락 처	
위임인 7 (상속인)	성 명	(서명 또는 날인)
	주민등록번호	□□□□□□- *******
	주 소	
	연 락 처	
위임인 8 (상속인)	성 명	(서명 또는 날인)
	주민등록번호	□□□□□□- *******
	주 소	
	연 락 처	

※ 위임인이 8명 이상인 경우 추가로 별지 작성

의료분쟁 조정신청서(보건의료기관개설자 · 보건의료인용)

※ [ ]에는 해당하는 곳에 √표를 하고 ( )에는 해당 내용을 선택하거나 적습니다. 연락처는 지역번호까지 적습니다. (앞쪽)

사건번호			접수일		조정일		처리기간	90일(120일)

신청인	① 당사자 (보건의료기관개설자)	성명/법인명 (기관명)		사업자등록번호		업무담당자 성명	
		주소	(우편번호) ※ 서류송달주소가 다른 경우 추가 표기			의료분쟁 진료 과목 및 분야	
		연락처					
		e-mail		팩스번호		문자메시지 수신 [ ]원함 [ ]원치 않음	
	② 당사자 (보건의료인)	성명		생년월일		성별	
		소속 보건의료기관명				직위	
		주소	(우편번호) ※ 서류송달주소가 다른 경우 추가 표기				
		연락처	(휴대폰)	(직장)		(자택)	
		진료 과목 및 분야	[ ] 내과(소화기, 심장, 기타) [ ] 외과(일반, 성형, 정형, 신경, 흉부) [ ] 산부인과/소아청소년과 [ ] 안과/이비인후과 [ ] 피부과/비뇨의학과 [ ] 치과 [ ] 한방 병원 · 의원 [ ] 약국 [ ] 기타( )					
		e-mail		팩스번호		문자메시지 수신 [ ]원함 [ ]원치 않음	

③ 신청인의 대리인	성명		생년월일		성별	
	관계	[ ] 임직원 [ ] 변호사 [ ] 그 밖에 당사자로부터 대리권을 받은 사람( )				
	주소	(우편번호) ※ 서류송달주소가 다른 경우 추가 표기				
	연락처	(휴대폰)	(직장)		(자택)	
	e-mail		팩스번호		문자메시지 수신 [ ]원함 [ ]원치 않음	

피신청인	④ 환자	성명		생년월일		성별	
		주소	(우편번호) ※ 서류송달주소가 다른 경우 추가 표기				
		연락처	(휴대폰)	(직장)		(자택)	
	⑤ 상속인	성명		생년월일		성별	
		환자와의 관계	망 ○○○(생년월일 □□□□□□)의 [ ] 배우자, [ ] 직계비속, [ ] 직계존속, [ ] 기타( )				
		주소	(우편번호) ※ 서류송달주소가 다른 경우 추가 표기				
		연락처	(휴대폰)	(직장)		(자택)	

⑥ 조정신청 내용	의료분쟁 내용	※ 자세한 의료사고 경위 등 분쟁내용은 별지에 적습니다.		
	조정 신청액		수수료	※ 신청금액에 따라 소정의 수수료가 부과됩니다.
	환자 상태	[ ]사망, [ ]1개월 이상의 의식불명, [ ]장애 1급, [ ]그 밖의 경우( )		

⑦ 의료분쟁 해결 시도 내용	위 조정신청 관련 의료분쟁의 해결을 위해 조정신청 이전에 시도한 내역을 해당 항목에 체크(√)하시고, "그 밖의 경우"에 해당하는 경우에는 그 내용을 적어 주십시오(해당 사항이 없는 경우에는 적지 않습니다). [ ] 민사소송의 제기 [ ] 소비자분쟁조정위원회에 조정신청 [ ] 그 밖의 경우( ) ※ "그 밖의 경우"의 예: 의료기관(의료인)과 합의 시도, 관련 기관(단체)에 구제신청, 법원에의 조정신청 등

「의료사고 피해구제 및 의료분쟁 조정 등에 관한 법률」 제27조제1항 및 같은 법 시행규칙 제7조에 따라 의료분쟁의 조정을 신청합니다.

※ [   ] 조정신청 사건 관련 감정완료시 감정서 배부를 신청합니다(수령방법: [   ] e-mail, [   ] 팩스).

년   월   일

⑧ 신청인 (또는 대리인)　　　　　　(서명 또는 날인)

한국의료분쟁조정중재원장 귀하

첨부 서류	1. 법인 등기사항증명서(법인인 경우만 해당합니다.) 2. 보건의료기관 개설을 증명할 수 있는 증명서 사본(보건의료기관개설자의 경우만 해당합니다.) 3. 보건의료인임을 증명할 수 있는 면허증 또는 자격증 사본, 보건의료기관에 근무하고 있음을 증명하는 서류 (보건의료인의 경우만 해당합니다.) 4. 위임장 및 신청인과 대리인의 관계를 증명하는 서류(대리인이 신청하는 경우만 해당합니다.) 5. 의료사고 경위 등 분쟁 내용을 적은 서류 6. 의료분쟁의 조정신청 대상인 의료사고가 법 제27조제9항에 따른 의료사고에 해당하는 경우에는 다음 각 목의 구분에 따른 서류 　가. 사망: 사망진단서 또는 시체검안서 등 사망을 증명할 수 있는 서류와 해당 사망과 관련 된 진료기록 사본 　나. 1개월 이상의 의식불명: 진단서 또는 소견서 등 1개월 이상의 의식불명을 증명할 수 있는 서류와 해당 의식불명과 관련된 진료기록 사본 　다. 장애등급 제1급:「장애인복지법 시행규칙」에 따른 장애진단서, 장애인등록증 및 장애인증명서의 사본과 해당 장애와 관련된 진료기록 사본

210mm×297mm[일반용지 70g/㎡(재활용품)]

신청서 작성요령

① **당사자(보건의료기관개설자)** : 보건의료행위가 이루어진 보건의료기관의개설자가 법인인 경우는 법인등기부 등본 상의 명칭을, 개인인 경우는 보건의료기관 개설 시 등록한 명칭을 정확하게 기재하고 사업자등록번호, 업무담당자 성명(③대리인 외의 담당자가 있을 경우 기재함), 주소, 의료분쟁 진료과목, 연락처, 팩스번호, e-mail을 기재 후 해당란에 체크(√)합니다.

② **당사자(보건의료인)** : 의료행위를 한 보건의료인의 인적사항, 소속 보건의료기관명(①와 동일한 경우에는 해당 명칭), 연락처, e-mail을 기재하고 진료과목 해당란에 체크(√)합니다.

③ **신청인의 대리인** : 당사자를 대리하여 조정신청을 하는 사람의 인적사항을 기재하고, 해당란에 체크(√)합니다. 「의료사고 피해구제 및 의료분쟁 조정 등에 관한 법률」 제27조제2항에 규정한 이외의 사람은 대리인이 될 수 없습니다. 신청인의 대리인으로 선임된 사람은 대리권을 증명할 수 있는 위임장을 첨부하여야 합니다.

④ **피신청인(환자)** : 환자의 성명 등 인적사항, 연락처를 기재합니다. 환자가 사망한 경우에는 그 상속인이 피신청인이 되므로 기재할 필요가 없습니다.

⑤ **피신청인(상속인)** : 환자가 사망한 경우에만 기재합니다(사망신고 여부와는 관계가 없음). 사망한 환자의 배우자, 직계비속, 직계존속 중 유족을 대표할 수 있는 사람을 특정하여 인적사항을 기재하고 해당란에 체크(√)합니다. 생년월일을 모를 경우에는 생략할 수 있습니다.

⑥ **조정신청내용** : 의료분쟁 내용은 '의료사고 경위 등 분쟁내용을 적은 서류'에 기재한 내용을 간략하게 요약하여 기재합니다. 피신청인에게 배상하고자 하는 치료비, 간병비, 휴업손해 등 일실이익, 위자료 등이 있다면 세부사항은 '의료사고 경위 등 분쟁내용을 적은 서류'에 기재하고 조정신청액은 그 배상내역의 총액을 기재합니다. 배상할 손해가 없는 경우에는'채무부존재'라 기재합니다. 조정신청액이 500만원 이하인 경우 기본 수수료 2만2천원을 납부하여야 하고 500만원 초과 시 1만원 당 20원(5천만원 초과 시 10원)을 가산해서 납부하여야 합니다.

⑦ **의료분쟁 해결 시도 내용** : 해당 항목에 체크(√)하고 기타 사항이 있을 경우에는 간략하게 기재합니다.

⑧ **신청인** : 당사자가 신청하는 경우 당사자 본인이, 당사자의 대리인이 신청하는 경우 대리인이 서명 또는 날인합니다.

※ 조정신청사건 관련 감정완료 시 감정서는 1회에 한하여 무료 배부될 수 있으므로, 배부를 신청하는 경우에는 수령 가능한 e-mail 또는 팩스번호 반드시 기재 요망

한국의료분쟁조정중재원 Korea Medical Dispute Mediation and Arbitration Agency	**조정(중재) 신청서 별지**	**의료기관** **작성용**

- 이 기록지는 사고내용의 판단을 위해 중요한 자료로 이용되므로 빠짐없이 정확하게 기재하여 주시기 바랍니다.
- 작성된 내용은 상대방에게 제도이용 및 답변(해명) 요청을 위한 자료로 그대로 송달되오니 객관적인 사실을 토대로 작성하여 주시기 바랍니다. **(상대방을 비방하거나 사실과 다른 내용 작성금지)**

① 환자 관련

환자명		성별	남/여	생년월일	년 월 일 (세)	국적
환자 상태	□ 치료중, □ 완치, □ 사망, □ 장애					
환자 직업	□ 직장인, □ 자영업자, □ 농어민, □ 주부, □ 학생, □ 무직, □ 기타 ( )					

② 진료 전 환자 상태

1. 환자가 이 사건과 관련하여 최초로 내원한 날짜는 언제입니까? [20   년   월   일]

2. 환자가 내원했을 때 주된 호소와 증상, 상태는 어떠하였습니까? (보호자 동행 여부 포함)

3. 환자의 과거 질환 또는 치료여부 등 기왕병력 사실을 알고 있었습니까? [□ 예, □ 아니오]
 3-1. 기왕병력에 대하여 어느 정도 알고 있었습니까? (치료기간 포함)

③ 진단 및 진료처치 사항 〈사건 경위〉

※ 진단 및 처치, 경과사항 등 일자별 구체적인 내용은 ⑦에 기재하시기 바랍니다. 〈4 페이지 참조〉

1. 환자의 증상에 대한 귀 기관의 진단결과 및 관련 설명은 무엇입니까?
 1-1. 검사(복수응답 가능) : [□ X-ray, □ CT, □ MRI, □ 내시경, □ 혈액, □ 혈압, □ 기타 (   )]
 1-2. 진단명 :
 1-3. 진단결과에 대한 설명내용 :

2. 진단 후 치료계획에 대한 설명을 하였습니까? [□ 예, □ 아니오, □ 기타(   )]
 2-1. 설명 방법 : [□ 구두, □ 서면, □ 구두+서면, □ 없음, □ 기타(   )]
 2-2. 설명한 의료인 : [□ 담당의, □ 간호사, □ 상담실장, □ 기타(   )]
 2-3. 설명에 동의한 사람 : [□ 환자 본인, □ 보호자(관계:), □ 기타(   )]
 2-4. 치료계획에 대한 설명내용 :

3. 진단결과(진단명)에 대한 귀 기관의 치료방법 관련
　3-1. 진료를 담당한 진료과 또는 전문과는 무엇입니까? (복수응답 가능) :

　3-2. 진료기간은 언제부터 언제까지입니까? ----------------[진료형태: □ 입원,　□ 외래]

　3-3. 환자에게 어떤 치료를 시행하였습니까? (간략기재) :

4. 진료 후 환자에게 발생된 주요 증상(악결과) 관련 〈**사건발생**〉
　4-1. 사건은 언제 발생되었습니까? [20　년　월　일]
　4-2. 사건이 발생한 신체 부위와 그 주요 증상은 무엇입니까? :

　4-3. 사건발생에 대한 귀 기관에서의 주요 처치는 무엇입니까? (처치방법, 처치기간, 관련설명 등)

　4-4. 귀 기관의 처치로 인하여 환자의 상태는 어떻게 되었습니까?

④ 사건 발생 후 경과사항

1. 이 사건발생으로 다른 의료기관에서 추가 치료를 받은 사실이 있습니까? [□ 예,　□ 아니오,　　□ 모름]
　1-1. 추가 치료를 받은 의료기관명(진료과 포함) 및 치료일자 :

　1-2. 치료종류(입원/외래) 및 치료기간 등 :

2. 현재 상태와 관련하여
　2-1. 환자는 현재 치료를 계속 받고 있습니까? [□ 예,　□ 아니오,　□ 모름]
　2-2. 향후 귀 기관 또는 다른 기관에서의 추가적인 치료 계획이 있습니까? (언제, 어디서, 어떤 치료계획 등)

　2-3. 환자의 현재 상태 또는 예후 및 향후 소견(장해율 포함) :

⑤ 사건발생 인과관계 사항

1. 귀 기관(담당 의료인 포함)의 처치는 적절하였다고 생각합니까? [□ 예,　□ 아니오]
　1-1. 처치가 적절하지 않았거나 과실(과오)이 있다면 무엇이라고 생각합니까? :

　1-2. 진료와 사건발생 간에 인과관계가 있다면 그 원인은 무엇이라고 생각합니까? :

2. 사건발생 및 증상악화에 환자측이 기여한 부분이 있다면 무엇이라고 생각합니까?(기왕병력 포　　함) :

⑥ 사건발생 후 당사자 협의 및 조정신청금액(손해배상) 산정

1. 환자 측과 협의한 내용에 관하여

 1-1. 환자 측이 주장하는 주된 내용(요지)는 무엇입니까? :

 1-2. 환자 측의 요구사항과 손해배상 청구 및 그 내용(근거)은 무엇입니까? :

 1-3. 환자 측의 주장에 대한 당사자간 협의

또는 귀 기관의 조치가 있었다면 무엇입니까? :

2. 귀 기관의 조정신청금액 산정 내역

 2-1. 조정신청금액(총액) :   원

 2-2. 조정신청(손해배상) 산정내역

⑦ 진료 및 처치내용 〈상세내용 기재〉

1. 진료 및 처치내용(수술/시술/치료 등)을 육하원칙에 따라 기재하시기 바랍니다.
  (가급적 연도·날짜·시간대별로 기재하시고 기재란이 부족할 경우 별지에 추가 기재해주세요)

진료일시	진료·처치내용 및 경과사항 [진단-처치-경과-결과를 날짜/시간별로 기재]

	☞ 별지에 추가 기재 ➡

⑧ 기타 의견 (필요한 경우 기타 참고내용, 추가적인 의견 등을 간략하게 작성)

20   년   월   일

신청인 / 대리인 :　　　　　(인)

〈조정절차 개시되는 경우 필요서류〉: ① 해당 의료기관의 의무기록 사본(영상기록 포함),
② 기타 증빙 또는 참고자료 등

위 임 장

위임인 (의료인)	성 명	(인)
	주민등록번호	□□□□□□-□ ******
	주 소	
	연 락 처	

위임인 (의료기관)	상 호 명	(인)
	사업자등록번호	
	주 소	
	연 락 처	

수임인 (대리인)	성 명	(인)
	주민등록번호	□□□□□□-□ ******
	주 소	
	연 락 처	(사무실)
		(휴대폰)
	위임인와의 관계	

본인(위임인)은 수임인을 대리인으로 선임하여 한국의료분쟁조정중재원에 의견진술, 조정절차 중 합의 및 조정결정에 대한 동의 등 이 사건의 조정 또는 중재와 관련된 일체의 권한을 위임합니다.

20   년   월   일

위임인(의료인) :

위임인(의료기관) :

한국의료분쟁조정중재원장 귀하

대리인 선임범위	필수 증빙서류
1. 당사자의 법정대리인, 배우자, 직계존비속 또는 형제자매	「가족관계등록부」 중 해당내용 1부
2. 당사자인 법인 또는 보건의료기관의 임직원	재직증명서
3. 변호사	변호사 신분증
4. 당사자로부터 서면으로 대리권을 수여받은 자 (제4호의 경우, 제1호에 해당하는 사람이 없거나 외국인 등 보건복지령으로 정하는 경우에 한함) ※ 근거 : 「의료사고 피해구제 및 의료분쟁 조정 등에 관한 법률」 제27조 제2항	당사자 및 위임인 신분증

2) 조정개시

조정신청서를 송달받은 피신청인이 14일 이내에 조정에 응하고자 하는 의사를 한국의료분쟁조정중재원에 통지하면 조정절차는 개시됩니다.

3) 의견진술

신청인, 피신청인 또는 의료분쟁 관련 이해관계인은 통지된 출석기일에 의료분쟁조정위원회의 조정부에 출석하여 발언할 수 있습니다.

4) 조정결정

의료분쟁조정위원회의 조정부는 조정신청이 있은 날부터 90일 이내에 조정결정을 해야 하며 필요하다고 인정하는 경우에는 1회에 한해 그 기간을 30일까지 연장할 수 있습니다.

5) 배상금결정

의료분쟁조정위원회의 조정부가 조정결정을 하는 경우 의료사고로 인하여 환자에게 발생한 생명·신체 및 재산에 관한 손해, 보건의료기관개설자 또는 보건의료인의 과실 정도, 환자의 귀책사유 등을 고려하여 손해배상액을 결정하게 됩니다.

6) 조정결정의 통지 등

의료분쟁조정위원회의 조정부가 조정결정을 한 때에는 그 조정결정서 정본을 7일 이내에 신청인과 피신청인에게 송달해야 합니다.

7) 동의여부에 대한 통보

조정결정서 정본을 송달받은 신청인과 피신청인은 그 송달을 받은 날부터 15일 이내에 동의 여부를 한국의료분쟁조정중재원에 통보해야 하며 15일 이내에 의사표시가 없는 때에는 동의한 것으로 봅니다.

8) 조정의 효력

의료분쟁 당사자 쌍방이 동의하여 성립된 조정은 재판상 화해와 동일한 효력이 있습니다.

9) 조정절차 중 합의

신청인은 조정신청을 한 후 조정절차 진행 중에 피신청인과 합의할 수 있습니다. 합의가 이루어진 경우 의료분쟁조정위원회의 조정부는 조정절차를 중단하고 의료분쟁 당사자의 의사를 확인한 후 합의한 내용에 따라 조정조서를 작성하게 됩니다. 의료분쟁 당사자의 합의에 의해 작성된 조서는 재판상 화해와 동일한 효력을 가집니다.

2. 한국의료분쟁조정중재원을 통한 중재

의료분쟁 당사자는 의료분쟁에 관하여 의료분쟁조정위원회의 조정부의 종국적 결정에 따르기로 서면으로 합의하고 조정절차 중에도 중재를 신청할 수 있는데 중재판정이 이루어지면 이는 확정판결과 동일한 효력이 있습니다.

1) 중재신청

의료분쟁 당사자는 의료분쟁에 관하여 의료분쟁조정위원회의 조정부의 종국적 결정에 따르기로 서면으로 합의하고 조정절차 중에도 중재를 신청할 수 있습니다.

의료분쟁 중재신청서(환자측용)

※ [ ]에는 해당하는 곳에 √표를 하고 ( )에는 해당 사항을 기재. 연락처는 지역번호까지 기재.

1. 당사자

가. 신청인 ※ 여러 사람인 경우는 별지에 기재.

신청인	본 인	성 명		주민등록상의 생년월일		성별	
		주 소	(우편번호) ※ 서류송달장소가 다른 경우에는 그 내용도 기재				
		연락처	(직장)	(자택)		(휴대폰)	
			(e-mail)	@			
	대리인	성 명		주민등록상의 생년월일		성별	
		당사자와의 관계	[ ] 법정대리인[ ] 배우자[ ] 직계존속[ ] 직계비속 [ ] 형제자매 [ ] 변호사 [ ] 그 밖에 당사자로부터 대리권을 수여받은 사람				
		주 소	(우편번호) ※ 서류송달장소가 다른 경우에는 그 내용도 기재				
		연락처	(직장)	(자택)		(휴대폰)	
			(e-mail)	@			

나. 의료사고의 피해자

[ ] 사망 [ ] 상해 [ ] 기타	성 명		주민등록상의 생년월일		성별	
	신청인과의 관계					

다. 피신청인

※ 의료사고가 발생한 보건의료기관 개설자의 이름을 기재. 여러 보건의료기관이 관련된 경우에는 별지에 기재.

피신청인	개인인 경우	성 명		상호명	
		주 소	(우편번호)		
		연락처	전화 : 팩스 : 이메일 : @		
	개인이 아닌 경우	법인·단체명		상호명	
		주 소	(우편번호)		
		대표자	성 명	직 책	
		업 무 담당자	성 명	직 책	
			연락처	(직장) (휴대폰)	
				(이메일) @	

라. 관련 의료인

※ 직접 환자에 대하여 의료행위 등을 한 사람의 이름을 기재. 여러 사람이 관련된 경우에는 별지에 기재.

성 명	소속부서
진료과목 (분야)	* 의료사고가 문제된 진료과목을 기재

2. 신청취지

신청금액	원
수 수 료	원

* 신청인이 여럿인 경우에는 별지에 각 신청인 별 신청금액을 기재

3. 신청이유

가. 의료사고 경위 등 분쟁의 개요

* 별지에 상세하게 기재

나. 신청금액 내역

[ ]	이 사건 사고로 실제로 돈이 들어갔거나 들어가게 되어 입은 손해	원
[ ]	이 사건 사고로 장차 얻을 수 있는 돈을 얻지 못하게 되어 입은 손해	원
[ ]	이 사건 사고로 인하여 입은 정신적 손해	원

※ 내역 설명이 필요한 경우 별지에 구체적으로 기재

4. 첨부서류

※ 신청인 등은 아래 서류를 첨부함에 있어 주민등록번호 중 뒷자리 숫자 7개가 인식될 수 없도록 제출

(V 표시)

1	당사자간 중재합의를 증명하는 서류	
2	신청인과 의료사고의 피해자 사이의 관계를 증명하는 서류 (가족관계등록증명서 등)	
3	피신청인이 개인이 아닌 경우 법인격 또는 대표자에 관한 자료 (법인등기부등본 등)	
4	위임장(대리인 신청의 경우)	

「의료사고 피해구제 및 의료분쟁 조정 등에 관한 법률」제43조 제1항에 따라 위와 같이 의료분쟁의 중재를 신청합니다.

20   년   월   일

신청인 또는 대리인   (서명 또는 인)

한국의료분쟁조정중재원장   귀하

(뒤쪽)

사건 처리절차

신청인	한국의료분쟁조정중재원

신청서 제출 → **접 수**

↓

중재부의 선택 및 지정

↓

당사자 쌍방의 주장 및 증거 제출 | **의료사고의 조사 및 감정**

↓

심리기일 진행

↓

통 보 ← **중 재 판 정**

중 재 합 의 서

·합의인(갑) :
·합의인(을) :

　위 합의인들은 아래 내용의 분쟁을 한국의료분쟁조정중재원의 중재규칙 및 대한민국법에 따라 한국의료분쟁조정중재원의 중재판정에 의하여 해결하기로 하며, 위 중재판정에 대하여 「의료사고 피해구제 및 의료분쟁 조정 등에 관한 법률」제44조에 따라 법원의 확정판결과 동일한 효력과 구속력을 가지는 것에 합의한다.

- 아　　래 -

(1) 분쟁내용의 요지 :

(2) 부가사항 :

20　　년　월　일

위 합의인(갑)　　　　　　　　위 합의인(을)

당사자명 : ＿＿＿＿＿＿＿＿＿＿＿　　　＿＿＿＿＿＿＿＿＿＿＿
주　　소 : ＿＿＿＿＿＿＿＿＿＿＿　　　＿＿＿＿＿＿＿＿＿＿＿
대　　표 : ＿＿＿＿＿(서명 또는 기명날인)　　　＿＿＿＿＿(서명 또는 기명날인)
전화번호 :
대 리 인 : ＿＿＿＿＿＿＿＿＿＿＿　　　＿＿＿＿＿＿＿＿＿＿＿
　＊ 법인의 경우 등기부등본, 대리인의 경우 위임장 첨부
※ 신청인 등은 위 서류를 첨부함에 있어 주민등록번호 중 뒷자리 숫자 7개가 인식될 수 없도록 제출하여야 합니다.

한국의료분쟁조정중재원 귀중

의료분쟁 중재신청서(의료인측용)

※ [ ]에는 해당하는 곳에 √표를 하고 ( )에는 해당 사항을 기재. 연락처는 지역번호까지 기재.

1. 당사자

가. 신청인 ※ 여러 사람인 경우는 별지에 기재.

개인인 경우	성 명		상호명	
	주 소	(우편번호)		
	연락처	전화: 팩스: 이메일: @		
개인이 아닌 경우	법인·단체명		상호명	
	주 소	(우편번호)		
	대표자	성 명	직 책	
	업무 담당자	성 명	직 책	
		연락처	(직장)	(휴대폰)
			(이메일)	@

나. 피신청인 ※ 여러 사람인 경우는 별지에 기재.

성 명	
주 소	(우편번호)
	※ 서류송달 장소가 다른 경우에는 그 내용도 기재
연락처	(직장) (자택) (휴대폰)
	(이메일) @

2. 신청취지 ※ 신청내용을 기재

중재신청액	원
수 수 료	원

3. 신청이유

* 필요한 경우 분쟁의 개요 및 신청에 이르게 된 이유를 별지에 기재

4. 첨부서류

(V 표시)

1	당사자간 중재합의를 증명하는 서류	
2	신청인이 개인이 아닌 경우 법인격 및 대표자에 관한 자료(법인등기부등본 등)	
3	위임장(대리인 신청의 경우)	

「의료사고 피해구제 및 의료분쟁 조정 등에 관한 법률」제43조 제1항에 따라 위와 같이 의료분쟁의 중재를 신청합니다.

20   년   월   일

신청인   또는 대리인   (서명 또는 인)

한국의료분쟁조정중재원장   귀하

사건 처리절차

신청인	한국의료분쟁조정중재원

```
┌─────────────┐        ┌─────────────┐
│  신청서 제출  │ ─────▶ │    접  수    │
└─────────────┘        └─────────────┘
                              │
                              ▼
                       ┌─────────────┐
                       │ 중재부의 선택 및 지정 │
                       └─────────────┘
                              │
                              ▼
                  ┌──────────────────────┐
                  │ 당사자 쌍방의 │ 의료사고의 │
                  │ 주장 및 증거 │ 조사 및 감정 │
                  │    제출     │          │
                  └──────────────────────┘
                              │
                              ▼
                       ┌─────────────┐
                       │  심리기일 진행 │
                       └─────────────┘
                              │
                              ▼
┌─────────────┐        ┌─────────────┐
│    통  보    │ ◀───── │  중 재 판 정  │
└─────────────┘        └─────────────┘
```

자동 개시에 대한 이의신청서(법 27조제9항)

접수일:		처리기간:	
사건번호		사 건 명	
이의신청인	성명(법인·단체명 및 대표자 성명)	생년월일	
	주소		
	전화번호	팩스번호	

이의신청 취지	위 사건에 대하여 「의료사고 피해구제 및 의료분쟁 조정 등에 관한 법률」(이하 '법'이라 함) 제27조제9항에 따른 조정절차 개시에 대하여 이의를 신청합니다.
이의신청 이유	**아래 각 항목 중 해당되는 란에 "V"로 표시하여 주시기 바랍니다.** □ 조정신청인이 조정신청 전에 의료사고를 이유로「의료법」제12조 제2항을 위반하여 의료기관의 의료용 시설·기재·약품, 그 밖의 기물 등을 파괴·손상하거나 의료기관을 점거하여 진료를 방해한 경우 또는 이를 교사방조한 경우임 □ 조정신청인이 조정신청 전에 의료사고를 이유로「의료법」제12조 제3항을 위반하여 의료행위가 이루어지는 장소에서 의료행위를 행하는 의료인,「의료법」제80조에 따른 간호조무사 및「의료기사 등에 관한 법률」제2조에 따른 의료기사 또는 의료행위를 받는 사람을 폭행·협박한 경우임 □ 조정신청인이 조정신청 전에 의료사고를 이유로 「형법」 제314조 제1항을 위반하여 허위의 사실을 유포하거나 기타 위계 또는 위력으로써 의료기관의 업무를 방해한 경우임 □ 거짓된 사실 또는 사실관계로 조정신청을 한 것이 명백하다고 판단됨 □ 조정신청인이 자동개시된 사건과 동일한 이전의 조정신청 사건에 대하여 2회 이상 취하한 경우임 □ 자동개시된 사건과 동일한 이전의 조정신청 사건이 원장에 의해 각하되거나('법' 제27조 제3항 본문, 같은 조 제7항 및 제11항 제2호 근거) 조정을 하지 아니하는 결정('법' 제33조의3 근거)으로 종결처리된 경우임 □ '법' 제27조 제9항의 자동 조정절차의 개시 요건에 해당하지 아니한다고 판단됨 □ 위와 같은 사유에 준하거나 그 밖에 해당 의료사고의 성격이나 원인 등에 비추어 자동조정절차를 개시하는 것이 현저히 부적절하다고 보건복지부장관이 정하여 고시하는 사항에 해당한다고 판단됨
소명자료 목록	※ 소명자료는 이의신청서에 첨부하여 제출해야 하며, 충분한 소명이 없을 경우 이의신청이 기각됩니다.
조정신청서 수령일	년 월 일에 수령함.

'법'제27조제10항 또는 같은 법 시행령 제7조 제6항에 따라 위와 같이 이의신청서를 제출합니다.

년 월 일

이의신청인 (서명 또는 인)

한국의료분쟁조정중재원 의료분쟁조정위원회위원장 귀하

한국의료분쟁조정중재원
조정참여의사확인서

사건번호   20   의조   호

사 건 명

피신청인   성   명 :   (생년월일)

              주   소 :

대리인   성   명 :   (생년월일)

              주   소 :

감정서   [ ] 조정사건 관련 감정완료 시 감정서 배부를 신청합니다.
배부신청   ◎ 수령방법
                 [ ] 이메일 _____
                 [ ] 팩 스 _____

피신청인은 「의료사고 피해구제 및 의료분쟁 조정 등에 관한 법률」 제27조 제8항에 따라 위 사건의 조정절차에 응하고자 하는 의사를 한국의료분쟁조정중재원에 통지합니다.

                    20   년   월   일

피신청인   (서명 또는 날인)

                               한국의료분쟁조정중재원장 귀하

붙임 : 위임장 1부(대리인이 있는 경우)

[답변서 양식]

<table>
<tr><td colspan="3" align="center">**답 변 서**</td></tr>
<tr><td colspan="3">1. 본건 조정신청서에 기재된 '신청내용'은 신청인의 주장이므로 사실과 다를 수 있습니다. 사실과 다른 내용에 대해서는 입증자료를 제출하여 주시기 바랍니다.</td></tr>
<tr><td colspan="3">2. 아래 질문사항에 대해 답변하여 주시기 바랍니다.(별지 사용가능)

　1) 진료 받은 경위

　2) 신청인의 주장에 대한 답변

　3) 기타사항</td></tr>
<tr><td colspan="3">3. 아래 자료를 제출하여 주시기 바랍니다.(※ 제출이 곤란한 경우 그 사유를 명시해 주시기 바랍니다.)

　1) 피신청인 주장을 입증할 수 있는 자료
　　(진료기록, 투약기록, 마취기록, 간호기록, 검사기록, 진료비 명세서, 진단서, 영상자료CD, 방사선 필름 등)

　2) 당사자 적격성 확인 자료</td></tr>
</table>

형 태	피신청인(환자)	구 비 서 류
성인의 경우	당사자 본인	신분증 사본
미성년자인 경우	법정 대리인(친권자)	가족관계증명서
의사표시가 불가능 한 경우	후견인	후견인선임증명서 (2013년 7월 이후 성년 후견인·한정후견인)
사망한 경우	상속인(당사자)	가족관계증명서(환자의 사망내용 포함)
태아사망인 경우	산모(당사자)	사산·사태증명서
대리인에게 위임할 경우(가족관계)		가족관계증명서, 위임자 인감증명서, 위임장
대리인에게 위임할 경우(비가족관계)		위임자 인감증명서, 위임장 (가족관계 대리인이 없을 경우에 한정)
변호사 대리		위임자 인감증명서, 위임장

　3) 본건과 관련하여 신청인과 왕래된 의사 표시 문서

※ 첨부자료 목록
1)   2)
3)   4)

                              20　　년　　월　　일

　　작성자 :   (서명 또는 날인)
　　　　　(연락처)

※ 위 문항 순서에 따라 작성해 주시되, 관련 자료를 첨부해 주시기 바랍니다.
※ 자료제출 근거 :「의료사고 피해구제 및 의료분쟁 조정 등에 관한 법률」제28조 제1항

[열람 및 복사 신청서]

감정서 등 [ ] 열람 신청서
[ ] 복사

※ [ ]에는 해당하는 곳에 √표를 하고 ( )에는 해당 내용을 적습니다.

접수번호	접수일	처리일	처리기간 즉시

신청인	성명			전화번호	
	자격	[ ] 신청인 [ ] 피신청인		소명자료	신분증 [ ]
		[ ] 당사자 [ ] 대리인			기타 ( )

신청내용	대상기록	사건번호	사건명	담당 조정부
	열람 및 복사 내용	[ ] 감정서		[ ] 열람 [ ] 복사( )부
		[ ] 조정결정서		[ ] 열람 [ ] 복사( )부
		[ ] 조정조서		[ ] 열람 [ ] 복사( )부
		[ ] 조정기일의 일시, 장소, 당사자의 출석여부를 기록한 문서		[ ] 열람 [ ] 복사( )부
		[ ] 신청인 또는 피신청인 본인이 조정중재원에 제출한 문서 (문서의 종류·내용:)		[ ] 열람 [ ] 복사( )부

「의료사고 피해구제 및 의료분쟁 조정 등에 관한 법률」 제38조 및 같은 법 시행규칙 제8조에 따라 감정서 등의 열람·복사를 신청합니다.

20   년   월   일

신청인   (서명 또는 날인)

한국의료분쟁조정중재원장 귀하

신청수수료	원 (건당 500원)	비용납부 여부 확인란 ※ 감정서는 1회에 한하여 신청인에게 무료로 배부합니다
복사비용	원 (장당 50원)	

비고			
영수일시		영수인	(서명 또는 날인)

210mm×297mm[일반용지 70g/㎡(재활용품)]

한국의료분쟁조정중재원
조정참여의사확인서

사건번호   20   의조   호

피신청인   성명(의료인) :   (생년월일)

              주   소 :

              상호명(의료기관) :

              주   소 :

              대 표 자 :

대리인   성   명 :   (생년월일)

              주   소 :

              연 락 처 : (사무실)

                       (휴대폰)

감정서   [ ] 조정사건 관련 감정완료 시 감정서 배부를 신청합니다.

배부신청   ◎ 수령방법

          [ ] 이메일

          [ ] 팩 스

피신청인은「의료사고 피해구제 및 의료분쟁 조정 등에 관한 법률」제27조 제8항에 따라 위 사건의 조정절차에 응하고자 하는 의사를 한국의료분쟁조정중재원에 통지합니다.

20   년   월   일

의료기관 대표자   (직인 또는 서명)

한국의료분쟁조정중재원장 귀하

붙임 : 위임장 1부(대리인이 있는 경우)

답 변 서

1. 본건 조정신청서에 기재된 '신청내용'은 신청인의 주장이므로 사실과 다를 수 있습니다. 사실
과 다른 내용에 대해서는 입증자료를 제출하여 주시기 바랍니다.

---

2. 아래 질문사항에 대해 답변하여 주시기 바랍니다(별지 사용가능).

1) 진료경위

2) 신청인의 주장에 대한 답변

3) 기타사항

---

3. 아래 자료를 제출하여 주시기 바랍니다(※ 제출이 곤란한 경우 그 사유를 명시해 주시기 바랍니다).

1) 피신청인 주장을 입증할 수 있는 자료
   (진료기록, 투약기록, 마취기록, 간호기록, 검사기록, 진료비 명세서, 진단서, 영상자료
   CD,
   방사선 필름 등)

2) 당사자 적격성 확인 자료
   ○ (법인인 병원) 법인등기부 등본
     (법인이 아닌 병원) 대표자 신분증 사본 및 재직증명서
   ○ 의료기관개설허가증(신고증) 사본(또는 의료기관개설신고증명서 사본)
   ○ 담당의사 전문의 자격증 사본(또는 의사면허증 사본)

3) 대표자의 권한을 위임 받은 처리 담당자 성명 및 연락처

4) 본건과 관련하여 신청인과 왕래된 의사 표시 문서

※ 첨부자료 목록

1)	2)
3)	4)

---

20   년   월   일

작성자 :   (서명 또는 날인)

(연락처)

의료인(의료기관)과의 관계 :

※ 위 문항 순서에 따라 작성해 주시되, 관련 자료를 첨부해 주시기 바랍니다.
※ 자료제출 근거 : 「의료사고 피해구제 및 의료분쟁 조정 등에 관한 법률」 제28조 제1항 및 제2항

2) 중재절차

중재절차에 관하여는 의료사고 피해구제 및 의료분쟁 조정 등에 관한 법률에 따른 조정절차를 우선 적용하고 보충적으로 「중재법」이 적용됩니다.

3) 중재판정의 효력

중재판정은 확정판결과 동일한 효력이 있습니다.

4) 중재판정에 대한 불복 및 취소

의료분쟁 당사자가 중재판정에 대해 불복하는 경우 의료분쟁 당사자가 중재판정의 정본을 받은 날부터 3개월 이내에 의료분쟁조정위원회의 조정부에 중재판정의 취소를 요구할 수 있습니다. 중재판정은 다음의 경우에만 취소할 수 있습니다.

① 중재합의의 의료분쟁 당사자가 중재합의 당시 무능력자인 경우

② 중재판정의 취소를 요구하는 의료분쟁 당사자가 중재인의 선정 또는 중재절차에 관하여 적절한 통지를 받지 못하였거나 그 밖의 이유로 본안에 관한 변론을 할 수 없었던 경우

③ 중재판정이 중재합의의 대상이 아닌 의료분쟁을 다루었거나 중재판정이 중재합의의 범위를 벗어난 사항을 다룬 경우

④ 중재판정부의 구성 또는 중재절차가 의료분쟁 당사자 간의 합의에 따르지 않았거나 그런 합의가 없는 경우에는 의료사고 피해구제 및 의료분쟁 조정 등에 관한 법률에 따르지 않은 경우

⑤ 중재판정의 대상이 된 의료분쟁이 대한민국의 법에 따라 중재로 해결될 수 없는 경우

⑥ 중재판정을 승인하거나 집행하는 것이 대한민국의 선량한 풍속이나 그 밖의 사회질서에 위배되는 경우

제4장
의료소송 판례

제1절
진단 및 검사단계에서 일어난 사고
(의료인의 과실이 있다고 본 경우)

1. 내과

1) 검사로 인해 발생할 수 있는 부작용에 대한 설명을 듣지 못한 경우

【사례】 담췌관조영술 검사 후에 급성췌장염이 발생하여 사망한 경우 의료인의 과실 인정여부가 문제되는 사례입니다.

【판결】 담췌관조영술 검사 후 환자에게 급성췌장염이 발생하였다는 사실만으로 병원 의료진에게 그 검사과정에서 과실을 인정하기 어려우나, 의사가 설명의무를 위반한 사실은 인정되어 설명의무 위반으로 인한 위자료는 인정할 수 있다고 판시하였습니다(대법원 2007.5.31. 선고, 2005다5867 판결).

2) 오진과 잘못된 약물 처방으로 인해 약물 부작용(사망)이 발생한 경우

【사례】 환자는 처음 의원에 내원하여 진료 받을 당시 이미 화농성 폐렴 증상이 있었습니다. 의료인은 이를 위염과 신경증으로 진단하여 이에 대한 약을 처방하였고, 이후 상복부 통증이 나타나 환자가 다시 내원하였으나 정밀한 검진 없이 앞서 진단한 결과에 따라 약물을 투여하여 약물 부작용으로 사망한 경우 의료인의 과실 여부가 문제되는 사례입니다.

【판결】 약물투여 후 환자의 증세를 관찰하여야 하는 의무를 다하지 않은 의료인의 과실이 인정된다고 판시하였습니다(대법원 1997.5.9. 선고, 97다1815 판결).

3) 정확한 진단 없이 성급하게 개복 수술을 한 경우

【사례】 수술주관의사 또는 마취담당의사가 할로테인을 사용한 전신마취에 의하여 난소종양 절제수술을 함에 앞서 혈청의 생화학적 반응에 의한 간기능검사로 환자의 간 상태를 정확히 파악하지 아니한 채 개복수술을 시행하여 환자가 급성전격성간염으로 인하여 사망한 경우 의료인의 과실 인정 여부가 문제가 되는 사례입니다.

【판결】 간상태를 정확히 파악하지 아니한 채 할로테인으로 전신마취를 실시하고, 이로 인해 환자가 사망한 경우에는 담당 의료인에게 업무상과실이 있다고 판시하였습니다 (대법원 1990.12.11. 선고, 90도694 판결).

2. 산부인과

1) 오진으로 인해 치료시기를 놓친 경우

【사례】 환자에게 임신성 고혈압(임신중독증)을 의심할 만한 징후가 있음에도 이를 발견하지 못하였고, 결국 태반조기박리로 신생아가 사망한 경우 의료인의 과실 인정 여부가 문제 되는 사례입니다.

【판결】 임산부에게 기본적인 검사를 시행하지 아니하고 별 이상이 없다는 진단을 내린 의사와, 부실한 진단결과에 의존하여 귀가케 한 병원장에게 태반조기박리로 인한 신생아의 사망에 대하여 공동불법행위책임을 인정한다고 판시하였습니다(대법원 2003.11.27. 선고, 2001다2013 판결).

2) 이상 징후가 있었으나 방치하고 추가 진료를 하지 않은 경우

【사례】 환자는 수술 후 약 16시간 동안 마취에서 완전히 깨어나지 않았고, 체온 상승·혈압 하강·빈맥·호흡 과다 등의 이상증세를 보였습니다. 의사는 이를 방치하여 심부정맥혈전증 및 폐전색증의 발병 사실을 진단하지 못하였고, 이후 환자가 사망하여 의료인의 과실 인정 여부가 문제 되는 사례입니다.

【판결】 이상증세를 보인 환자를 방치하여 폐전색증으로 사망케 한 의료인의 과실은 인정되나, 폐전색증의 진단이나 사전 예방은 용이하지 않음 점을 감안하여 환자 가족이 주장한 손해배상책임의 40퍼센트만 인정한다고 판시하였습니다(대법원 2000.1.21. 선고, 98다50586 판결).

3) 정확히 진단했으면 대비할 수 있었던 상황에 대비하지 못한 경우

【판결】거대아인 태아를 잉태하고 있던 산모는 일반인에 비해 골반크기가 작았으나, 이에 대한 대비를 하지 않아 분만 후 신생아가 마비 증세를 지니고 태어난 경우 의료인의 과실 인정 여부가 문제되는 사례입니다.

【판결】임신 당시 정기진찰 및 산전검사를 통하여 태아가 거대아인 점과 산모의 골반 크기를 예측하고 제왕절개수술 등 적절한 대비책을 강구하지 못한 의료인의 과실이 인정된다고 판시하였습니다(대법원 1999.6.11. 선고, 99다3709 판결).

4) 오진으로 인해 치료시기를 놓친 경우

【사례】계류유산 증세를 보이는 환자에 대해 단순 유산이라고 진단하여 환자가 제 때 치료받지 못한 경우 의료인의 과실 인정 여부가 문제가 되는 사례입니다.

【판결】의료인이 신중하게 위 검사를 하였다면 이를 발견할 수가 있었음에도 불구하고, 이러한 조치를 취하지 아니하여 환자가 신속하고 적절한 검사와 치료를 받을 기회를 놓치게 한 의료상의 과실이 있다고 판시하였습니다(대법원 1995.12.5. 선고, 94다57701 판결).

5) 오진으로 인해 불필요한 수술을 받은 경우

【사례】자궁 외 임신을 한 환자를 자궁근종으로 오진하고 자궁을 적출한 경우 의료인의 과실여부가 문제되는 사례입니다.

【판결】오진한 의사가 불필요한 수술을 마치 필요한 수술인 듯이 설명하여 수술승낙을 받았다면 위 승낙은 유효한 승낙이라고 볼 수 없고, 자궁을 제거한 것은 상해에 해당하기 때문에 의료인의 과실이 인정된다고 판시하였습니다(대법원 1993.7.27. 선고, 92도2345 판결).

6) 정확히 진단했으면 대비할 수 있었던 상황에 대비하지 못한 경우

【사례】분만 중 의사는 아두골반불균형상태 등의 가능성을 의심할 수 있었음에도, 이를 진단하지 못한 채 흡인분만의 방법을 무리하게 지속하다 태아가 뇌손상을 입고 두개강 내출혈이 생겨 뇌성마비가 발생한 경우 의료인의 과실 여부가 문제되는 사례입니다.

【판결】통상의 주의력을 가진 산부인과 의사라면 아두골반불균형상태의 가능성이 있음을 의심할 수 있다고 보이는데도 이러한 가능성을 전혀 예상하지 아니하여 이에 대한 대비를 하지 아니한 의료상의 과실이 있다고 판시하였습니다(대법원 1992.5.12. 선고, 91다23707 판결).

3. 일반외과

1) 방사선 사진 오판으로 수술시기를 놓친 경우

【사례】 의료인이 환자의 방사선 사진을 오판하여 선상골절상을 발견하지 못하였고, 이로 인해 수술 시기를 놓친 경우 의료인의 과실여부가 문제되는 사례입니다.

【판결】 방사선 사진 상에 나타나 있는 선상골절상을 발견 내지 예견하지 못하여 환자가 사망에 이르렀고, 이와 같은 증세가 미리 발견하여 치료하였으면 생존할 가능성이 50퍼센트 이상이었을 경우 의료인의 과실을 인정할 수 있다고 판시하였습니다.(대법원 1989.7.11. 선고, 88다카26246 판결).

4. 흉부외과

1) 진단과정에서 발견하지 못한 질환으로 인해 후유장애가 생긴 경우

【사례】 체육시험 중 앞·뒤 구르기를 하다가 흉부에 통증을 느껴 장기간 흉근염좌의 치료를 받은 환자가 수술 후에도 계속 통증을 호소하다가 치료를 종료한 상황에서 진료 당시 의사가 발견하지 못한 흉추골절로 인한 후유장해가 있다는 판정을 받았습니다. 이 때 진료과정에서 의사의 과실 여부가 문제된 사례입니다.

【판결】 의료인이 진단 시에 최선의 주의의무를 다했으면 흉추골절을 찾아냈을 것인데, 이를 진단하지 못해 결국 환자가 후유장애를 입게 되었으므로 의료인의 과실이 인정된다고 판시하였습니다(대법원 1998.2.27. 선고, 97다38442 판결).

5. 마취과

1) 정밀한 검사 없이 전신마취를 시행한 경우

【사례】 심장질환의 의심이 있는 환자에 대하여 정밀검사를 시행하지 아니한 채 전신마취를 시행하여 수술 도중 사망한 경우 의료인의 과실 인정 여부가 문제가 되는 사례입니다.

【판결】 병원의 마취과 의사가 정밀검사 없이 성급하게 전신마취를 한 경우, 병원이 현재의 의학수준 및 당시 임상의학분야에서 실천되고 있는 의료행위의 수준에 비추어 필요하고 적절한 진료조치를 다하였다고 볼 수는 없으므로 병원의 의료과실에 해당한다고 판시하였습니다(대법원 1997.8.29. 선고, 96다46903 판결).

제2절
진단 및 검사단계에서 일어난 사고
(의료인의 과실이 없다고 본 경우)

1. 산부인과

1) 초음파 검사 전 경과를 관찰하기로 한 경우

【사례】태아가 역위로 조기분만 되면서 태아가 난산으로 인하여 분만 후 사망한 사안에서, 내진이나 초음파검사 없이 경과를 관찰하기로 한 의료인의 과실 인정 여부가 문제가 되는 사례입니다.

【판결】출산진통이 정상위보다 단축되어 분만이 급속도로 진행된다고 볼 만한 자료가 없는 이상, 경과를 관찰하기로 한 의료인의 진료행위에 있어서 합리적인 재량의 범위를 벗어난 것이라고 보기 어려울 뿐만 아니라, 일반적으로 산부인과 의사에게 요구되는 주의의무를 위반한 것이라고 보기는 어렵다고 판시하였습니다(대법원 2006.12.7. 선고, 2006도1790 판결).

2) 진단 및 검사를 하였으나 통상적으로 발견이 어려운 질환인 경우

【사례】의사가 임산부에 대한 상담과 각종 검사 및 초음파검사를 실시하였으나 태아의 왼쪽 손목 이하 발육부전을 발견하지 못한 경우 의료인의 과실 인정 여부가 문제가 되는 사례입니다.

【판결】의사가 오진을 하였다고 하여 곧바로 고의나 과실이 있다고 할 수는 없고, 태아의 발육부전을 발견하는 것이 용이하지 아니한 점 등에 비추어 의료인에게 진단상의 과실이 있었다고 볼 수 없다고 판시하였습니다(대법원 1999.6.11. 선고, 98다 33062 판결).

3) 환자의 경미한 증세만으로는 질병의 진단이 어려운 경우

【사례】저혈압이며 심장이 약한 임신부가 16주 정도된 태아의 낙태수술 후 이완성 자궁출혈로 사망한 경우, 임부의 자궁출혈이 통상보다 과도하였다는 사실만으로 이완성 자궁출혈을 미리 알아 내지 못한 의료인에게 진료상의 과실이 있다고 할 수 있는지 여부가 문제된 사례입니다.

【판결】 낙태수술 후 임부의 자궁출혈이 통상보다 과도하였다는 사실만으로 이완성 자궁출혈을 예견할 수는 없다고 보아, 진료상 과실을 인정할 수 없다고 판시하였습니다 (대법원 1984.7.10. 선고, 84다카466 판결).

2. 내과

1) 협의진료 과정에서 별다른 의심 없이 이전 진료 의사의 결과를 믿고 진료한 경우

【사례】 내과의사는 신경과 전문의에 대한 협의진료 결과 피해자의 증세와 관련하여 신경과 영역에서 이상이 없다는 회신을 받았고, 그 회신 전후의 진료 경과에 비추어 그 회신 내용에 의문을 품을 만한 사정이 있다고 보이지 않자 그 회신을 신뢰하여 뇌혈관계통 질환의 가능성을 염두에 두지 않고, 내과 영역의 진료 행위를 계속하다가 피해자의 증세가 호전되기에 이르자 퇴원하도록 조치하였습니다. 그러나 환자의 뇌지주막하출혈로 인하여 식물인간 상태에 이른 경우, 이를 미리 발견하지 못한 의료인의 과실 인정 여부가 문제가 되는 사례입니다.

【판결】 뇌출혈 분야를 전문하는 의사가 아니라면 경미한 뇌동맥류 파열에 의한 소량의 지주막하출혈을 진단하기 어려운 사실이 있고, 뇌척수액 검사를 하였다고 하더라도 이를 발견하기는 결코 쉽지 않았을 것이므로 환자의 지주막하출혈을 발견하지 못한 데 대한 내과의사의 업무상과실이 인정되지는 않는다고 판시하였습니다(대법원 2003.1.10. 선고, 2001도3292 판결).

3. 안과

1) 후유증 발생기간이 지나 해당 검사를 시행하지 않은 경우

【사례】 백내장 수술 후 검진 당시 환자가 비문증을 호소한 데 대하여 망막박리 여부의 검사를 시행하지 않은 의료인의 과실 인정 여부가 문제가 되는 사례입니다.

【판결】 진료당시 통상 예상되는 후유증 발생기간인 수술 후 6개월이 이미 경과한 시점이고 환자의 시력이나 안압 등의 상태도 망막박리 등 백내장 수술로 인한 후유증의 징후가 있는 것으로 볼 수 없는 상황이었으므로, 의료인이 검사를 시행하지 아니한 것이 과실이라고 단정하기 어렵다고 판시하였습니다(대법원 1997.7.22. 선고, 95다49608 판결).

4. 구강악안면외과

1) 일반적으로 예상 불가능한 증세에 대해 진료하지 않은 경우

【사례】 환자는 사랑니를 뺀 후 환부에 열과 부종이 심하여 상급병원으로 옮겨 입원하였습니다. 봉와직염에 감염된 증세를 보이던 만 18세 환자는 태아를 임신한 상태였으나, 상급병원 의료인들은 일차 병원의 진료 결과만을 신뢰하여 임신여부를 검사하지 않은 상태로 치료를 진행하다 환자가 사망하여 의료인의 과실 인정 여부가 문제가 되는 사례입니다.

【판결】 환자는 만 18세이고 기혼상태가 아닌 부녀로 임신이 통상적으로 예견되는 상황이 아니기 때문에 진료상의 과실을 인정하기 어렵다고 판시하였습니다(대법원 1996.11.8. 선고, 95도2710 판결).

5. 응급의학과

1) 증세의 원인을 찾지 못했으나 의료인의 최선의 진료의무를 다한 경우

【사례】 교통사고 환자가 복통을 호소하는 외에 다른 외상이 없는데도 혈압이 극히 낮아, 출혈 원인을 규명하기 위해 복강천자, 방광 및 신장에 대한 특수검사를 실시하고 정밀검사를 위한 초음파검사를 준비하던 중 하대정맥 파열 등으로 인한 과도출혈로 사망한 경우 내출혈의 원인을 밝히지 못한 의료인의 과실 인정 여부가 문제가 되는 사례입니다.

【판결】 교통사고 환자가 복통을 호소할 뿐 다른 외상이 없고, 혈압이 극히 낮아 담당의사들로서는 수혈을 통하여 환자의 혈압을 정상으로 끌어 올림으로써 위급한 상황을 넘겨 어느 정도 시간을 확보하는 것이 통상 의사들에게 요구되는 극히 정상적인 진료활동이라 할 수 있고, 환자가 외형상 위독한 상태가 아닌데도 각종 검사 기법을 통한 원인규명을 생략한 채 내출혈의 원인을 밝혀내기 위하여 환자나 가족의 동의도 없이 새벽에 개복수술부터 시행하도록 요구하거나 이를 기대할 수는 없으므로, 담당의사들에게 의료과실이 있다고 볼 수 없다고 판시하였습니다(대법원 1995.4.25. 선고, 94다27151 판결).

6. 신경외과

1) 오진을 하였으나 그로인해 사망한 것이 아닌 경우

【사례】 머리에 상처를 입은 환자가 엑스레이를 찍었으나 담당 의사는 우전두골 선상골절,

전두와 기저부복잡골절, 기뇌증 등의 상처를 발견하지 못하고 전두부좌창, 후두부좌상, 우측안와부좌상 등의 상처만 있는 것으로 오진합니다. 오진 결과를 토대로 치료하다 증상이 심해져 상급병원으로 전원조치였으나, 결국 환자가 사망한 경우 의료인의 과실 인정 여부가 문제가 되는 사례입니다.

【판결】 환자의 사망이라는 결과에 대하여 책임을 묻기 위하여는 의료인의 과실과 환자의 사망 사이에 상당인과관계가 있어야 하는 것인데, 사망의 원인이 된 뇌척수액 누출로 의심되는 콧물이 나온 이후 담당 의사는 환자를 바로 종합병원으로 전원 조치하였고, 현대의학상 취할 수 있는 조치를 충분히 하였다고 판단되어 의료인의 과실은 인정되지 않는다고 판시하였습니다(대법원 1987.9.29. 선고, 86다카2780 판결).

7. 일반외과

1) 조기감별이 어려운 질환인 경우

【사례】 외상성 장파열로 인한 복막염을 임비성 장폐색증 등으로 오진한 경우 의료인의 과실 인정 여부가 문제가 되는 사례입니다.

【판결】 외상성 장파열과 장폐색증은 조기감별이 어렵고, 담당 의료인은 그 증상에 대한 통상의 진료방법을 사용하였다 할 것이어서 의료인에게 과실이 있다고 단정하기 어렵다고 판시하였습니다(대법원 1984.4.24. 선고, 82도1882 판결).

8. 결핵과

1) 진단 및 검사를 하였으나 통상적으로 발견이 어려운 질환인 경우

【사례】 의사가 청진, 촉진, 흉곽촬영등의 진단방법만으로 환자의 질환을 위종양이나 위궤양으로 속단하여 개복수술을 하였으나, 그 질환이 확진하기 어려운 대장결핵성 임파선염으로 판명된 경우 의료인의 과실 인정 여부가 문제가 되는 사례입니다.

【판결】 대장결핵성 임파선염(복강내 결핵)은 그 증상 및 증후가 다양하여 오진율이 70퍼센트 ~ 95퍼센트에 달하고, 이의 확진방법으로서는 시험적 개복수술이 널리 행해지고 있는 점, 또 개복수술은 그 시술이 비교적 간단 용이하고 환자에게 미치는 영향도 경미하다는 점으로 인해 의료인의 과실을 인정할 수 없다고 판시하였습니다(대법원 1980.3.25. 선고, 79다2280 판결).

제3절
진단 및 검사단계에서 일어난 사고
(환자가 의료사고 원인의 일부를 제공한 경우)

1. 소아과

1) 환자의 신체적 소인으로 인해 의료인의 손해배상 책임이 경감된 경우

【사례】 조산한 저체중 쌍태아가 생존가능성이 없는 것으로 보고 필요한 의료조치를 시행하지 아니한 경우 의료인의 과실 인정 여부가 문제가 되는 사례입니다.

【판결】 신생아가 조산아, 쌍태아, 저체중아라 하더라도 제반 사정에 비추어 볼 때 출생 직후부터 보육기 등에 의한 적절하고 집중적인 소생, 보육을 받았더라면 생존할 가능성이 50퍼센트 정도는 되었다고 봄이 상당하다면, 의사가 신생아의 생존가능성이 전혀 없는 것으로 속단하고 그를 살리기 위하여 산부인과에서 할 수 있는 응급조치 내지 소생술을 시행하거나 미숙아를 위한 인력과 시설을 갖추고 있는 소아과로의 전과를 시행하지 아니한 과실과 그 신생아의 사망 사이에는 인과관계가 인정되나, 신생아의 열악한 신체적 소인이 그의 사망에 30퍼센트 정도 기여한 사실이 인정되어, 의료인의 손해배상책임은 70퍼센트만 인정한다고 판시하였습니다(대법원 1995.4.14. 선고, 94다29218 판결).

2. 정형외과

1) 환자의 특이성으로 인해 의료인의 손해배상 책임이 경감된 경우

【사례】 환자가 낙하사고를 당하여 골절이 생겨 수술을 받은 후 항생제를 처방받아 복용하던 중 변비와 소화불량 증세를 보여 소화제와 관장약을 조제 받았습니다. 이를 복용한 뒤 항문 주위가 부어오르며 통증이 나타났고, 정형외과 담당의사는 일반외과 및 내과에 진료를 의뢰하여 대장염·장관염·패혈증이 의심된다는 소견을 받고 환자를 상급병원으로 전원 조치하였지만 결국 환자가 패혈증으로 인한 쇼크로 사망한 경우 의료인의 과실 인정 여부가 문제가 되는 사례입니다.

【판결】 치료당시 의료수준에 비추어 패혈증을 의심하고 조속히 필요한 처치가 가능했음에도 불구하고 이 시기를 놓친 의료인의 과실은 인정되나, 해당 환자의 경우 신체저항력이 낮은 특이성으로 인해 나쁜 결과가 확대된 점이 인정되어 의료인의 손해배상책임의 40퍼센트만 인정한다고 판시하였습니다(대법원 1998.7.24. 선고, 98다12270 판결).

제4절
치료 및 처치 단계에서 일어난 사고

(의료인의 과실이 있다고 본 경우)

1. 산부인과

1) 조산사가 환자에게 필요한 긴급조치를 하지 않은 경우

【사례】 병원에서 조산사가 분만을 관장하던 중 태변착색 등 이상 징후를 발견하였음에도 출생한 신생아가 뇌성마비 상태가 된 경우 조산사의 의료과실이 문제된 사례입니다.

【판결】 조산사가 산부인과 전문의 등에게 보고를 지연하여 응급조치의 기회를 상실시켰을 뿐만 아니라, 마스크와 백을 이용한 인공호흡 등 조산사 스스로 가능한 범위 내의 심폐소생술도 제대로 하지 않아 환자의 상태를 악화시킨 것으로 조산사의 의료과실이 인정된다고 판시하였습니다(대법원 2010.5.27. 선고, 2006다79520 판결).

2) 환자의 치료가 어려운 경우 상급병원으로 옮겨야하는 전원의 의무를 소홀히 한 경우

【사례】 의료인은 환자의 제왕절개수술을 시행 중 태반조기박리를 발견하고 환자의 출혈 여부 관찰을 간호사에게 지시하였습니다. 수술 후 약 45분이 지나 대량출혈을 확인하고 상급병원으로 환자를 옮겼으나 피해자가 사망한 경우 의료인의 과실 인정 여부가 문제 되는 사례입니다.

【판결】 의료인의 전원지체 과실로 적절한 조치가 지연되었고, 그로인해 환자가 사망하였다고 할 수 있어 의료인의 과실이 인정된다고 판시하였습니다(대법원 2010.4.29. 선고, 2009도7070 판결).

3) 수술 후 합병증이 생긴 경우

【사례】 환자는 출산 직후 태반이 자연적으로 떨어지지 않자 태반용수제거술을 받게 되었습니다. 그러나 뱃속에 남은 태반조각으로 인해 합병증을 얻게 된 경우 의료인의 과실여부가 문제된 사례입니다.

【판결】 수술 후 후유증을 예견할 수 있었음에도 불구하고 적절한 조치를 취하지 아니한 의료인의 과실이 인정된다고 판시하였습니다(대법원 2006.11.23. 선고, 2005다11688 판결).

4) 태어난 아기가 분만수술 상의 과실로 사망한 경우

【사례】 질식분만을 하던 중 환자가 여의치 않아 제왕절개술을 시행하였습니다. 수술로 태어난 신생아가 12시간 만에 사망한 사안에서 의료인의 과실여부가 문제된 사례입니다.

【판결】 수술과 사망사이에 다른 원인이 있을 가능성이 낮고, 의료상의 과실과 결과 사이의 인과관계가 추정되어 의료인의 과실이 인정된다고 판시하였습니다(대법원 2006.10.27. 선고, 2004다2342 판결).

5) 분만 중 위험에 노출된 신생아에 대한 적절한 조치를 취하지 못한 경우

【사례】 분만 중 태아에게 심장박동 감소가 있었고, 태어난 신생아에게 뇌성마비가 발견되었을 경우 분만시술을 담당한 의료인의 과실 여부가 문제된 사례입니다.

【판결】 의사는 분만 시술 중 태아의 심장박동 감소 등 위험이 인식되는 상황이 생긴 경우 이에 대처해야할 주의의무가 있음에도 불구하고 이를 다하지 않은 과실이 있다고 판시하였습니다(대법원 2005.10.28. 선고, 2004다13045 판결).

6) 오진과 처치 상의 과실이 합쳐진 경우

【사례】 산모가 산전 소변검사 결과 요당 약양성 반응을 보이는 등의 사정이 있었는데 이에 대해 별다른 조치를 취하지 않은 채 질식분만 방식으로 분만을 유도하던 중 태아가 거대아인 관계로 견납난산을 하게 되어 태아에게 상완신경총 손상이 발생한 경우 의료인의 과실 여부가 문제된 사례입니다.

【판결】 환자의 거대아 출산과 견갑난산을 예견하지 못함으로써 질식분만 방법을 택하게 된 사실에는 의료인의 진단 및 시술상 과실이 인정된다고 판시하였습니다(대법원 2003.1.24. 선고, 2002다3822 판결).

7) 분만수술을 하면서 수혈용 혈액을 미리 준비해 놓지 않은 경우

【사례】 응급 제왕절개 수술 중 산모의 출혈이 과다하였으나, 수혈용 혈액을 준비하지 않아 적절한 조치를 하지 못한 경우 의료인의 과실여부가 문제되는 사례입니다.

【판결】 의료인에게는 제왕절개 수술 시행 결정과 아울러 산모에게 수혈을 할 필요가 있을 것이라고 예상되는 경우 미리 혈액을 준비하여야 할 업무상 주의의무가 있기 때문에, 미리 준비하지 못한 의료상의 과실이 인정된다고 판시하였습니다(대법원 2000.1.14. 선고, 99도3621 판결).

8) 환자에게 설명하지 않고 과잉 진료를 한 경우

【사례】 정기검사 시기에 맞추어 자궁암검사를 의뢰하기 위하여 처음 찾아온 의뢰인에게 세포진검사와 질확대경검사를 실시하였을 뿐 아니라 조직검사로 인하여 발생할지도 모르는 후유증에 대하여 아무런 설명도 없이 조직검사를 실시한 경우 의료인의 과잉진료 및 설명의무 위반 여부가 문제된 사례입니다.

【판결】 환자의 생명과 건강을 담당하는 의사는 그 업무의 성질에 비추어 치료에 앞서 실시하는 검사가 특히 신체의 손상을 가져올 우려가 있는 경우에 불필요한 검사를 실시하지 아니할 주의의무가 있으나, 이를 행하지 않은 의료인은 과잉진료 내지 설명의무 위반에 해당할 여지가 있다고 판시하였습니다(대법원 1998.3.27. 선고, 97다56761 판결).

9) 의료인의 재량을 넘어선 의료행위가 있었던 경우

【사례】 과도한 흡입분만행위가 의사의 재량이나 의료수준에 비추어 허용된 범위를 넘은 것으로 인정된 경우, 출산 직후 발생한 태아 사망 사고에 대한 의사의 과실 여부가 문제된 사례입니다.

【판결】 의사의 재량의 판단은 당시 의학규범의 수준으로 할 것이지 의사 개개인의 구체적 상황에 따라 판단할 것은 아닌 것으로, 의사의 재량을 넘어선 의료행위로 인해 환자의 사망이 발생했다면 이는 의료인의 과실이 인정된다고 판시하였습니다(대법원 1997.2.11. 선고, 96다5933 판결).

10) 분만과정에서 태아에게 무리한 압박이 있었던 경우

【사례】 산모가 태아를 분만하는 과정에서 머리부분에 압박을 받은 태아가 두개내출혈 등의 손상이 있었고, 이 후 뇌성마비가 발생한 경우 의료인의 과실 여부가 문제된 사례입니다.

【판결】 태아의 두개내출혈 등 두부손상이 분만 당시 의사의 과오에 의한 것으로 보이고, 출산 전후를 통하여 달리 뇌성마비의 원인이 될 만한 모체 또는 태아의 감염이나 이상을 인정할 자료가 없다면 태아의 두부손상이 뇌성마비의원인이 된 것으로 추정된다고 하여 의사의 의료과오를 인정한다고 판시하였습니다(대법원 1992.12.8. 선고, 92다29924 판결).

11) 마취 주사 후 후유증이 나타난 경우

【사례】임신중절수술을 받는 환자가 마취주사를 받았는데, 이후 조직괴사 등 후유증이 나타난 경우 의료인의 과실여부가 문제된 사례입니다.

【판결】부작용이 다른 주사에 비해 많은 약을 주사하는 경우 의사가 직접하거나 간호사에게 시켜도 입회하에 할 것인데, 마취주사를 시술해야 하는 신체의 위치 등을 자세히 지시하지 않아 부작용이 발생하였고 이에 의무를 다하지 않은 의료인의 과실이 인정된다고 판시하였습니다(대법원 1990.5.22. 선고, 90도579 판결).

2. 정형외과

1) 의사가 잘못 처방한 약을 간호사가 주사한 경우

【사례】담당 의사가 약을 잘못 처방하였고, 간호사가 처방대로 환자에게 주사하여 환자가 의식불명 상태에 이르게 된 사안에서 의료인의 과실 인정여부가 문제된 사례입니다.

【판결】담당 의사가 약을 잘못 처방하였고, 종합병원의 간호사가 처방 약제의 기본적인 약효나 부작용 및 주사 투약에 따르는 주의사항 등을 미리 확인·숙지하였다면 과실로 처방된 것임을 알 수 있었음에도 그대로 주사하여 환자가 의식불명 상태에 이르게 된 것으로 볼 수 있어 간호사에게 업무상과실을 인정하였습니다(대법원 2009.12.24. 선고, 2005도8980 판결).

2) 산재사고 이후 의료사고로 환자의 증세가 악화된 경우

【사례】공장에서 근무 중 양손이 기계에 압착되어 팔이 절단되는 사고를 당한 후 병원에서 수지 절단 및 접합수술을 받았으나 이후 심장을 둘러싸고 있는 심낭에 물이차서 심폐기능 장애로 사망한 경우 의료인의 과실여부가 문제된 사례입니다.

【판결】산재사고로 인하여 상해를 입은 환자가 치료를 받던 중 의료행위로 증상이 악화되거나 새로운 증상이 생겨 손해가 더 커진 경우에는 의료행위와 산재사고 사이에도 상당인과관계가 있다고 보아야 하므로 공동불법행위가 성립되어 공동불법행위자들이 연대하여 그 손해를 배상할 책임이 있다고 판시하였습니다(대법원 2005.9.30. 선고, 2004다52576 판결).

3) 정밀한 검사 없이 마취를 시행한 경우

【사례】 심전도 검사 상 이상이 발견된 환자에 대하여 정밀검사를 시행하지 아니한 채 전신 마취를 시행하여 수술 도중 마취로 인해 사망한 경우 의료인의 과실이 문제된 사례 입니다.

【판결】 전신마취에 의한 수술을 함에 있어 사전에 실시한 심전도검사에서 이상이 발견되 었으나, 심전도검사 결과가 전신마취에 부적합한 정도에 이르는지 여부를 보다 정 밀한 검사를 통하여 확인하는 등의 절차 없이 그대로 일반적인 마취 방법으로 수 술을 시행하던 중 마취로 인한 부작용으로 환자가 사망한 경우 병원 의사들의 의 료행위에 과실이 인정된다고 판시하였습니다(대법원 1998. 11. 24. 선고, 98다 32045 판결).

4) 수술 후 마비증세가 일어난 경우

【사례】 척추전방유합수술 후에 환자에게 하반신 마비증세가 나타난 경우 의료인의 과실여부 가 문제된 사례입니다.

【판결】 하반신 완전마비증세가 척추전방유합술 시술 직후에 나타난 것으로 다른 원인이라 볼 수 있는 것이 없고, 집도의가 부주의로 척추신경을 수술칼로 끊거나 소파술시 수술기구로 신경을 세게 압박한 잘못으로 인하여 초래된 것이라고 추정할 수밖에 없기 때문에 의료인의 과실이 인정된다고 판시하였습니다(대법원 1993.7.27. 선 고, 92다15031 판결).

3. 내과

1) 환자가 간호사를 통해 다른 환자에게 수혈되어야 할 피를 수혈 받은 경우

【사례】 간호사가 다른 환자에게 수혈할 혈액을 환자에게 잘못 수혈하여 환자가 사망한 경 우, 간호사에게 환자의 수혈을 맡긴 의사의 과실 여부가 문제된 사례입니다.

【판결】 의사는 의료행위가 환자에게 위해가 미칠 위험이 있는 이상 간호사가 과오를 범하 지 않도록 충분히 지도·감독을 하여 사고의 발생을 미연에 방지하여야 할 주의의 무가 있는데 일임한 간호사의 과오로 환자에게 문제가 발생하였다면 의사는 그에 대한 과실책임이 있다고 할 수 있다(대법원 1998.2.27. 선고, 97도2812 판결).

4. 소아과

1) 주사 시술 중의 과실과 주사약의 부작용이 합쳐진 경우

【사례】 의사는 염화카리를 주사하기 전에 환자의 혈액검사를 하여 보충되어야 할 염화카리의 양을 측정하지 않은 상태에서 간호사로 하여금 주사하도록 하였습니다. 간호사는 주사 중 부작용 반응이 나타났음에도 주사를 중단하지 않고 주사하였고 이후 환자가 사망한 경우 의료인의 과실 여부가 문제된 사례입니다.

【판결】 의사가 간호사로 하여금 주사케 하는 경우에는 주사의 부작용으로 일어날지 모르는 생명의 위험을 방지할 업무상 주의의무가 있음에도 불구하고 이를 게을리하였고, 간호사는 환자에게 청색증반응이 나타난 것을 발견하고도 주사액 전량을 주입하여 주사 부작용으로 인한 심장마비로 환자를 사망케 한 과실이 인정된다고 판시하였습니다(대법원 1981.6.23. 선고, 81다413 판결).

5. 일반외과

1) 수술 직후 마비증세가 발생한 경우

【사례】 의사의 전방경추융합술 시행 이후에 환자에게 사지 부전마비증세가 발생한 경우, 의료인의 과실 여부가 문제된 사례입니다.

【판결】 의사의 시술과 환자에게 나타난 증세 사이에 다른 원인이 있을 가능성이 없을 경우, 수술과 증세 사이에 원인과 결과 관계가 있다고 볼 수 있고, 이는 수술 중 수술기구 등으로 환자의 전면척추동맥 또는 신경근 동맥을 과다압박 또는 손상함이 원인이라고 볼 수 있어 의료인의 과실을 인정한다고 판시하였습니다(대법원 1995.3.10. 선고, 94다39567 판결).

2) 적합하지 않은 수술방법을 시행한 경우

【사례】 일반외과 의사가 환자에게 안검부 건막이식 수술을 시행한 이후 환자에게 안검하수증(눈을 뜨지 못하는 증세)이 나타난 경우 의사의 과실 여부가 문제된 사례입니다.

【판결】 안검부 건막이식 수술은 환자에게 치료방법으로 적합한 것이 아니었는데도 의사가 이를 시술하였고, 그 수술방법도 적절치 못하여 환자가 안검하수증을 입었다면 이는 의료상의 과실로 인한 것으로 의사는 환자에게 손해배상책임을 져야한다고 판시하였습니다(대법원 1974.5.14. 선고, 73다2027 판결).

6. 흉부외과

1) 수술 중 환자가 사망한 경우

【사례】 심장수술 도중 발생한 대동맥박리현상으로 인하여 환자가 사망한 경우 의료인의 과실 여부가 문제된 사례입니다.

【판결】 심장수술 도중 발생한 대동맥박리현상으로 인하여 환자가 사망한 경우, 그 대동맥박리는 캐뉼라 삽관 직후에 나타나 그 수술 이외에는 다른 원인이 개재하였을 가능성이 없고, 캐뉼라 삽관으로 인해 대동맥내막 소상 등이 있었다면 의료인의 과실이 인정된다고 판시하였습니다(대법원 2000.7.7. 선고, 99다66328 판결).

2) 마취 후 수술 중 심장정지가 발생하여 사망한 경우

【사례】 환자가 전신마취 후 수술을 받는 도중에 심장정지가 발생하여 뇌손상을 입었고, 그로인해 전신마비 증세가 생긴 경우 의료인의 과실 여부가 문제된 사례입니다.

【판결】 마취 시술과 마비 증세 사이에 다른 원인이 개제될 가능성이 낮고, 의료행위와 결과 사이에 인과관계가 추정되기 때문에 의료인의 과실을 인정할 수 있다고 판시하였습니다(대법원 1996.6.11. 선고, 95다41079 판결).

7. 신경외과

1) 수술 중 과대 출혈에 적절히 대비하지 못해 후유장애가 남은 경우

【사례】 신장 적출수술 중 과다출혈이 있었고, 수술 후 저산소성 뇌손상에 의한 후유장애가 발생한 경우 의료인의 과실 여부가 문제된 사례입니다.

【판결】 환자의 경우 하대정맥의 유착가능성이 높아 신장을 절제함에 있어서 더욱 세심한 주의가 요구되었는데, 수술 중 과대출혈과 이에 대한 지혈조치 및 수혈이 적절한 때 이루어지지 못하였고, 환자의 후유장애에 다른 원인이 있다고 보기 어렵기 때문에 의료인에게 과실이 있다고 판시하였습니다(대법원 1996.12.10. 선고, 96다28158 판결).

2) 의사가 약물의 부작용에 대해 설명을 안 한 경우

【사례】 의사가 환자의 치료를 위해 사용한 약제의 일부에서 발생할 수 있는 부작용에 대하

여 설명을 안한 경우, 의료인의 과실여부가 문제되는 사례입니다.

【판결】 의사는 긴급한 경우 기타의 특별한 사정이 없는 한, 그 침습에 대한 승낙을 얻기 위한 전제로서 환자에 대하여 질환의 증상, 치료방법 및 내용, 그 필요성, 예후 및 예상되는 생명·신체에 대한 위험성과 부작용 등, 환자의 의사결정을 위하여 중요한 사항에 관하여 사전에 설명함으로써 환자로 하여금 수술이나 투약에 응할 것인가의 여부를 스스로 결정할 기회를 가지도록 할 의무가 있고, 이러한 설명을 아니한 채 승낙 없이 침습한 경우에 환자에게 신체장해 등에 의한 재산적 손해를 배상할 책임은 없다 하더라도 환자와 그의 가족들에게 위 정신적 고통에 대한 위자료는 지급할 책임이 있다고 판시하였습니다(대법원 1994.4.15.선고, 92다25885 판결).

8. 성형외과

1) 군인이 군병원에서 수술하다 의료인의 과실로 사망한 경우

【사례】 환자의 언청이 수술을 위해 전신마취를 하고 수술하던 중 몸에 주사한 약제의 부작용으로 사망한 경우 의료인의 과실이 문제되고, 특히 환자가 방위병이므로 국가배상 책임이 문제되었던 사례입니다.

【판결】 마취 중에 에피네프린을 사용하면 심한 경우 심장정지까지 초래할 수 있다는 사실은 의학계에 잘 알려진 사실이나 의료인이 이를 투여하며 주의의무를 다하지 않은 점이 인정되고, 의료인이 군의이고 환자는 군인이므로 이에 대한 국가 배상이 인정된다고 판시하였습니다(대법원 1994.12.27. 선고, 94다35022 판결).

9. 안과

1) 마취 시술 이후 신경마비가 일어난 경우

【사례】 망막박리유착수술을 위한 전신마취를 한 이후 환자에게 저산소뇌후유증으로 인한 신경마비가 일어난 경우, 의료인의 과실 여부가 문제된 사례입니다.

【판결】 전신마취를 한 이후 환자에게 신경마비가 일어난 경우, 마취로 인한 신경마비 외에 다른 원인이 있을 가능성이 없었고, 환자가 특이체질도 아니었던 경우 마취시술 중 의료인의 과실이 인정된다고 판시하였습니다(대법원 1995.3.17. 선고, 93다41075 판결).

10. 정신과

1) 약물투여 후 약물쇼크가 발생한 경우

【사례】 정신병(조증)으로 입원한 환자에게 투여한 조증치료제인 클로르포르마진의 부작용으로 발생한 기립성저혈압을 치료하기 위하여 포도당액을 과다히 주사하여, 환자가 전해질이상 등으로 인한 쇼크로 사망한 경우 의료인의 과실이 문제된 사례입니다.

【판결】 조증 환자가 약물 투여를 받고 갑자기 상태가 안 좋았다면 좀 더 정확한 진찰과 치료를 위하여 내과전문병원 등으로 전원조치를 하여야 할 것인데, 환자의 혈압상승을 위하여 포도당액을 주사하였고, 그 과정에서 환자의 전해질이상 유무를 확인하고 투여하여야 함에도 의사에게 요구되는 이러한 일련의 조치를 취하지 아니한 과실이 인정된다고 판시하였습니다(대법원 1994.12.9. 선고, 93도2524 판결).

11. 보건소

1) 처방받은 약으로 인해 부작용이 일어난 경우

【사례】 환자는 보건소에서 결핵판정을 받고 결핵약을 복용하였는데, 이로 인해 부작용인 시력약화가 일어난 경우 의료인의 과실여부가 문제된 사례입니다.

【판결】 중대한 부작용을 초래할 수 있는 약을 투약하는 경우 이를 환자에게 설명하여 줄 의료상의 주의의무가 있으나 의료인이 이를 위반한 과실이 있다고 판시하였습니다(대법원 2005.4.29. 선고, 2004다64067 판결).

12. 대한적십자사

1) 오염된 혈액을 공급받아 환자에게 수혈한 경우.

【사례】 대한적십자는 헌혈자에 대해서 직업이나 생활관계 및 에이즈 감염 여부에 대해서 설문사항에 포함시키지 아니하고, 기타 다른 문진 없이 헌혈 지원을 받았습니다. 이후 해당 혈액을 수혈 받은 환자가 에이즈에 감염되어 감염된 혈액을 제공한 대한적십자사와 이 혈액을 확인도 없이 수혈한 의사의 과실이 문제되는 사례입니다.

【판결】 법원은 대한적십자사에게 혈액원의 업무를 수행하는 자로서의 주의의무를 다하지 아니한 과실이 있고, 의사에게는 수술 중 수혈에 의한 에이즈 바이러스 감염 위험

등을 환자에게 설명하지 않은 과실이 있다고 판시하였습니다(대법원 1998.2.13. 선고, 96다7854 판결).

※ 문진이란 의료인이 환자를 진료하는 과정에서 환자가 가지고 있는 기존의 병력, 가족력, 사회력 등을 확인하여 현 증상과 앞으로 발생할 수 있는 병력을 확인하는 것입니다.

<h1>제5절</h1>
<h1>치료 및 처치 단계에서 일어난 사고</h1>
(환자가 의료사고 원인의 일부를 제공한 경우)

1. 신경외과

1) 환자의 체질적 특징으로 부작용이 확대된 경우

【사례】환자가 구토를 한 후 보채다가 의식을 잃었으나, 보호자가 이를 간호사들에게 미리 알리지 않았고, 환자 본인이 가진 체질적 소인이 있어 부작용이 확대된 경우 의료인의 과실여부가 문제된 사례입니다.

【판결】환자의 체질적인 소인 또는 질병이 환자의 잘못과 무관한 것이라고 할지라도, 그 질환의 종류·정도 등에 비추어 의사에게 손해의 전부를 배상하게 하는 것이 공평의 이념에 반하는 경우에는, 법원은 손해배상액을 정하면서 과실상계의 법리를 유추적용할 수 있는 바, 의사의 손해배상책임을 70퍼센트로 한정한다고 판시하였습니다(대법원 2010.2.25. 선고, 2009다75574 판결).

2. 결핵과

1) 환자가 처방받은 약제에 대해 특이성이 있었던 경우

【사례】환자가 특정 약제 부작용으로 약제복용을 중단하였다가 다시 투약한 약제 역시 특이성으로 사망한 경우, 이를 투약한 약제 및 시기가 적합한 것이었는지 등의 의료인의 과실 여부가 문제된 사례입니다.

【판결】약제복용을 중단하였다가 재 투약하는 과정에서 재 투약시기의 선택에 과실이 있는 경우, 이를 예견 가능하였다면 의료인의 과실이 인정되지만, 환자에게 특이체질이 있는 사정으로 인해 의료인의 손해배상 책임을 일부 감경한다고 판시하였습니다(대법원 2007.7.26. 선고, 2005다64774 판결).

3. 안과

1) 일반 사고와 수술로 인한 후유증이 합쳐진 경우

【사례】 환자의 눈에 이물질이 들어가는 사고로 인해 안구 수술을 받았으나, 수술 후유증으로 시력손상을 입은 경우 의료인의 과실여부가 문제된 사례입니다.

【판결】 의료과실은 인정되나 사고로 인해 어느정도 시력손상은 피할 수 없는 상태인 점을 감안하여, 사고로 인한 기여분 만큼은 손해배상 대상에서 제외하는 것이 손해의 공평부담이라는 견지에서 타당하다고 판시하였습니다(대법원 2002.7.12. 선고, 2001다2068 판결).

4. 구강외과

1) 환자의 체질적 특징으로 부작용이 확대된 경우

【사례】 19세 여자 환자가 사랑니 발치를 위해 진료를 받으러 온 상황에서 임신 중임을 밝히지 않았고, 이후 구강저봉와직염에 걸린 환자에 대한 치과의사의 진료상의 과실여부가 문제된 사례입니다.

【판결】 의료인의 과실이 인정되지만, 의사의 문진에 대하여 임신 중이라는 사실을 고지하지 아니한 환자에게 답변상의 과실이 있고, 또한 임신 중이라는 환자의 신체적 특징이 질병의 발생에 기여하였다고 보아서 의료인의 손해배상책임을 80퍼센트로 한정한다고 판시하였습니다(대법원 1998. 9. 4. 선고, 96다11440 판결).

제6절
간호 및 관리 단계에서 일어난 사고
(의료인의 과실이 있다고 본 경우)

1. 내과

1) 간호사가 의사에게 보고하지 않아 필요한 조치가 늦어진 경우

【사례】 야간 당직간호사가 담당 환자의 심근경색 증상을 당직의사에게 제대로 보고하지 않음으로써 당직의사가 필요한 조치를 취하지 못한 채 환자가 사망한 경우 의료인의 과실이 문제된 사례입니다.

【판결】 병원의 야간당직 운영체계상 당직간호사에게 환자의 사망을 예견하거나 회피하지 못한 업무상 과실이 있고, 당직의사에게는 업무상 과실을 인정하기 어렵다고 판시하였습니다(대법원 2007.9.20. 선고, 2006도294 판결).

2) 약물 투여 후 부작용이 있음에도 방치한 경우

【사례】 간질환으로 치료받던 피해자에게 진균증 감염 사실이 발견되어 항진균제인 니조랄을 투약한 후 반복적인 흉통, 발작, 일시적인 혼수상태 등의 현상이 있었으나, 이에 대한 적절한 조치를 취하지 아니하고 방치한 의사의 과실여부가 문제된 사례입니다.

【판결】 환자에게 약물을 투여한 후 발작 등이 있으면 부작용 여부를 판단하여 투약을 중단시키거나 심장계통 등의 이상을 의심하여 이에 적절히 대처하는 등의 조치를 취하지 않은 의료인의 과실이 인정된다고 판시하였습니다(대법원 1999. 2. 12. 선고, 98다10472 판결).

2. 일반외과

1) 환자를 치료가 불가능한 병원으로 옮겨 환자가 사망한 경우

【사례】 즉각적인 응급수술을 받아야 할 환자임에도 불구하고 환자의 상태를 잘못 판단하여 즉각적인 응급수술이 불가능한 병원으로 전원시키고, 또한 전원과정에서 환자의 초기상황과 시행된 처치에 대한 정보를 제공하지 아니한 결과 환자에 대한 즉각적인 응급수술의 실시가 지연됨으로써 환자가 사망한 경우 의료인의 과실여부가 문제된

사례입니다.

【판결】병원 측의 환자를 다른 병원으로 옮기는 과정에서 의료인의 과실이 인정된다고 판시하였습니다(대법원 2005.6.24. 선고, 2005다16713 판결).

2) 보호자의 요청대로 환자를 다른 병원으로 이송시키던 중 사망한 경우

【사례】진찰 결과 장파열, 복강내출혈 및 비장손상 등의 가능성이 있어 응급개복술의 시행이 필요한 부상자를 그 처의 요청으로 집 근처 병원으로 이송시키던 중 부상자가 복강내출혈 등으로 사망한 경우 의료인의 과실 여부가 문제된 사례입니다.

【판결】의사가 수술을 실시하지 아니한 채 만연히 부상자를 다른 병원으로 이송하도록 한 과실로 부상자가 사망하였다고 추정할 수 있어, 의료인의 과실이 인정된다고 판시하였습니다(대법원 2000.9.8. 선고, 99다48245 판결).

3) 긴급치료가 필요한 환자를 방치한 경우

【사례】환자인 산모가 제왕절개 수술을 받아야 하는 긴급상황에서 당직의사는 일반외과 의사였기 때문에 환자에게 처치하지 않은 경우, 의료인의 과실 여부가 문제된 사례입니다.

【판결】산부인과 전문의가 아닌 일반외과 의사라고 하더라도 당직 의사였다면, 환자의 위험을 방지하기 위하여 요구되는 최선의 처치를 하지 않은 과실이 인정된다고 판시하였습니다(대법원 1997.3.11. 선고, 96다49667 판결).

4) 간호 소홀로 환자에게 이상이 생긴 경우

【사례】갑상선아전절제술 및 전경부임파절청소술을 받고 기도부종을 보이는 환자에 대해 주치의 겸 당직의사가 그의 활력체크지시를 제대로 이행하지 아니하였고, 환자가 호흡곤란을 일으켜 보호자가 의사를 불러달라고 요청하였으나, 요청을 듣지 아니한 담당간호사들로 인해 환자가 식물인간상태에 이르게 된 경우, 의료인의 업무상 과실 인정이 문제된 사례입니다.

【판결】기도부종은 수술후 서서히 진행되어 환자가 식물인간상태 또는 사망이라는 치명적인 결과에 이르는 원인이 될 수 있는 것이므로, 기도부종이 진행되고 있을 경우 주의깊게 관찰하여 증상의 악화여부를 파악하고 필요한 경우 기도삽관 또는 기관절제술을 시행하는 등 적절한 조치로써 호흡장애로 인한 위험을 방지하여야 하는 바, 담당의사에게는 피해자의 상태만을 물어보고는 환자를 살피지 아니하고 오랜 시간 방치한 업무상의 과실이 있다고 인정되고, 당직간호사들에게는 피해자의 보호자가 수차례 환자의 상태악화를 말하며 의사를 불러줄 것을 요청하였음에도 환

자를 관찰하지도 아니한 채 그 요청을 제대로 이행하지 아니한 업무상의 과실이 인정된다고 판시하였습니다(대법원 1994.12.22. 선고, 93도3030 판결).

5) 상급병원에서 치료가 필요한 환자의 전원을 지체한 경우

【사례】 일반외과전문의가 환자를 치료하면서 방사선 사진 상에 나타나 있는 선상골절상이나 이에 따른 뇌실질내출혈 등을 발견이나 예견하지 못하여 환자를 제때에 상급병원으로 옮기지 못했고, 결국 환자가 사망한 경우 의료인의 과실이 문제된 사례입니다.

【판결】 뇌를 손상한 환자는 신경외과 전문의에게 의뢰하여 치료하는 것이 바람직하기 때문에(뇌의 손상이 중할수록 위 전문의의 치료를 받는 것이 바람직함) 전원의 의무를 다하지 못한 의료인의 과실이 인정된다고 판시하였습니다(대법원 1989.7.11. 선고, 88다카26246 판결).

3. 흉부외과

1) 진료기록을 부실하게 작성하여 적절한 관리 및 치료가 이루어지지 않은 경우

【사례】 심장 수술 후 진정상태를 유지하고 있던 환자에게 뇌로 공급되는 산소의 전반적인 감소로 인한 저산소성 뇌손상이 발생하였으나, 의무기록에는 이에 관한 아무런 기재가 없는 경우 의료인의 과실 여부가 문제된 사례입니다.

【판결】 의료인이 환자의 임상상태를 발견하였음에도 그 내용을 의무기록에 제대로 기재하지 아니함으로 말미암아 적절한 관리 및 치료가 이루어지지 못한 것으로 추정할 수 있다고 보아 의료인의 과실을 인정한다고 판시하였습니다(대법원 2008.7.24. 선고, 2007다80657 판결)

4. 정형외과

1) 주치의가 수련의의 처방 내용을 확인하지 않은 경우

【사례】 환자의 주치의 겸 정형외과 전공의가 같은 과 수련의의 처방에 대한 감독의무를 소홀히 한 나머지, 환자가 수련의의 잘못된 처방으로 인하여 상해를 입게 된 사안에서 전공의 업무상 과실여부가 문제된 사례입니다.

【판결】 의사가 다른 의사와 의료행위를 분담하는 경우에도 자신의 환자에 대하여 사실상 지휘 감독하는 지위에 있다면, 감독하에 있는 다른 의사가 하는 의료행위의 내용이 적절한 것인지의 여부를 확인하고 감독하여야 할 업무상 주의의무가 있으나,

위 의무를 소홀히 하였고 결국 환자가 수련의의 잘못된 처방으로 인하여 환자가 상해를 입게 되었다고 보아 전공의의 업무상 과실을 인정한다고 판시하였습니다 (대법원 2007.2.22. 선고, 2005도9229 판결).

5. 정신과

1) 환자가 병원에서 투신한 후 생긴 부작용을 비관하여 자살한 경우

【사례】 정신분열증 환자가 안전장치 없는 폐쇄병실의 창문을 열고 투신하여 신체에 중대한 기질적 상해를 수반하는 후유증이 남게 되자 이를 비관하여 자살한 사안에서 의료인의 관리 의무 위반이 문제된 사례입니다.

【판결】 환자가 병실 창문으로 투신하여 이 사건 사고를 당하였는데, 정신분열병 환자인 소외인의 경우 병실 밖으로 나가기 위해 여러 수단을 사용할 것이라는 점이 예측됨에도, 폐쇄병실의 창문에 아무런 안전장치를 하지 않은 과실이 있고, 환자가 심신상실 또는 정신착란의 상태에 빠지지 않았다 하더라도 그 후유장해는 환자가 자살에 이르게 된 주된 원인으로 작용하였다 할 수 있어 의료인의 과실을 인정한다고 판시하였습니다(대법원 2007.1.11. 선고, 2005다44015 판결).

6. 산부인과

1) 의사가 관리의무를 소홀히 한 채 퇴근한 경우

【사례】 담당 의사가 분만수술 후 환자의 상태로 보아 합병증인 산후출혈 등을 예견할 수 있었음에도 불구하고 이에 대비한 관찰과 검사를 태만히 한 채 수술 직후 바로 퇴근한 경우, 환자의 사망에 대한 담당 의사의 과실 여부가 문제된 사례입니다.

【판결】 담당 의사가 부작용을 예견할 수 있었음에도 불구하고 그에 대비한 관찰과 검사를 태만하게 한 과실이 인정된다고 판시하였습니다(대법원 1997.8.22. 선고, 96다43164 판결).

7. 보건진료원

1) 주사 후 안전조치 및 관찰이 부족하여 쇼크가 발생한 경우

【사례】 보건진료원이 결핵환자에게 스트랩토마이신을 주사한 후 환자에게 과민성쇼크가 일

어난 경우 보건진료원의 과실여부가 문제된 사례입니다.

【판결】 스트렙토마이신이 쇼크가 매우 드물다고 하더라도 이 사건 당시의 의학수준에 비
추어 객관적인 견지에서 쇼크사에 대한 인식이 가능하였다면 보건진료원으로서는
만일에 일어날지 모르는 쇼크에 대비하여 응급처치수단을 강구한 후 주사하여야
하고, 특히 주사 후에 쇼크가 발생할 수 있는 시간동안 환자를 안정시키고 용태를
관찰하여야 할 의무를 하지 않은 과실이 있다고 판시하였습니다.(대법원
1990.1.23. 선고, 87다카2305 판결)

제7절
간호 및 관리 단계에서 일어난 사고
(의료인의 과실이 없다고 본 경우)

1. 신경외과

1) 의사의 입회 없이 간호사가 주사한 경우

【사례】간호사가 의사의 처방에 의한 정맥주사(Side Injection 방식)를 의사의 입회 없이 간호실습생(간호학과 대학생)에게 실시하도록 하여 발생한 의료사고에 대한 의사의 과실여부가 문제된 사례입니다.

【판결】간호사가 '진료의 보조'를 함에 있어서는 모든 행위 하나하나마다 항상 의사가 현장에 입회하여 일일이 지도·감독할 필요는 없고, 간호사의 자질과 숙련도에 따라 개별적으로 결정하여야 합니다. 이 사건의 경우 의료사고에 대해 입회하지 않은 의료인의 과실이 없다고 판시하였습니다(대법원 2003.8.19. 선고, 2001도3667 판결),

2. 안과

1) 수술 후 예측 불가능한 부작용이 나타난 경우

【사례】안과수술 후 갑자기 나타난 예측 불가능한 시신경염으로 환자의 시력이 상실된 경우 의료인의 과실이 문제된 사례입니다.

【판결】안과수술 후 갑자기 나타난 예측 불가능한 시신경염으로 환자의 시력이 상실된 경우, 수술 전에 그 수술의 필요성, 방법, 합병증에 대하여 자세히 설명하였고, 수술 전후에 걸쳐 환자의 기왕병력인 신경섬유종의 변화 유무를 관찰하였으나 아무런 변화가 없었으며, 수술 부위가 시신경과는 무관한 안검 부위로서 시신경염으로 인한 시력상실은 통상적으로 예견되는 후유증이 아니라는 점에 비추어 그에 대한 의사의 설명의무 및 의료과실이 없다고 판시하였습니다(대법원 1999.9.3. 선고, 99다10479 판결).

3. 일반외과

1) 의료인이 환자를 상급병원으로 옮기지 않은 경우

【사례】 교통사고로 우측대퇴골 골절상을 입은 환자를 일반적인 진찰방법에 의하여 혈행장애로 판단하여 치료하였고, 종합병원으로 옮길 필요성은 느끼지 않아 옮기지 아니하였는데 그에 대해 의료인의 과실이 있었는지 여부가 문제가 된 사례입니다.

【판결】 일반외과전문의인 의료인이 환자의 증상을 통상의 혈행 장애로 판단하고 그에 상응한 치료를 한 것에 잘못이 없는 경우에는, 즉시환자를 종합병원에 넘기지 않았다 하여 그것만으로 의료상의 처치과정에 잘못이 있다고 할 수 없다고 판시하였습니다(대법원 1989.11.14.선고, 89도1568판결).

제8절
간호 및 관리 단계에서 일어난 사고

(환자가 의료사고 원인의 일부를 제공한 경우)

1. 일반외과

1) 보호자의 요청에 따라 환자의 치료중단 및 퇴원 조치를 한 경우

【사례】추가적인 치료가 필요한 환자였으나 보호자의 간청에 따라 의료인은 환자의 치료중단 및 퇴원을 허용하였습니다. 퇴원 직후 환자가 사망에 이른 경우 의료인의 과실 여부가 문제된 사례입니다.

【판결】치료중단 및 퇴원을 요청한 환자의 보호자는 부작위에 의한 살인죄에 해당하고, 담당 전문의와 주치의는 환자의 사망이라는 결과 발생에 대한 정범의 고의는 인정되나, 환자의 사망이라는 결과나 그에 이르는 사태의 핵심적 경과를 계획적으로 조종하거나 저지·촉진하는 등으로 지배하고 있었다고 보기는 어려워, 공동정범의 객관적 요건인 이른바 기능적 행위지배가 흠결되어 있다는 이유로 작위에 의한 살인방조죄만 성립한다고 판시하였습니다(대법원 2004.6.24. 선고, 2002도995 판결).

2. 신경외과

1) 환자의 신중하지 못한 동의가 의료사고 발생에 영향을 끼친 경우

【사례】환자가 손바닥과 발바닥에 땀이 많이 나는 증상을 치료하기 위하여 교감신경 절제수술을 받고, 경련을 일으키다 사망한 경우 의료인의 과실여부가 문제되는 사례입니다.

【판결】의료인은 환자가 수술 후 부작용을 보이는 상태에서 적기에 처치하지 못한 과실이 있고 환자에게 수술과정상 발생 가능한 실제적인 위험성을 진지하고 성의있게 설명하지 아니하고 완치의 측면만을 강조하여 그 설명이 부족했던 과실이 인정됩니다. 이 사건 수술은 환자에 대한 설명의무를 다하지 아니하고 환자의 승낙권을 침범하여 이루어진 위법한 것으로 볼 수 있지만, 환자가 의료인의 부실한 설명을 듣고 쉽게 승낙하여 손해가 확대된 과실이 있는 경우에 해당하여 배상책임의 범위를 정함에 있어서 이를 참작하여야 한다고 판시하였습니다(대법원 1995.2.10. 선고, 93다52402 판결).

제3편
의료소송·분쟁 질의응답

제1장
일반사항

▌ 의료인의 범위 및 의료행위란 무엇을 말하는지요?

【질문】 의료인이란 누구이며, 의료인의 의료행위란 무엇을 말합니까?

【답변】

의료인이란 보건복지부장관의 면허를 받은 의사, 치과의사, 한의사, 조산사, 간호사를 말합니다. 간호조무사와 의료기사는 의료법상에 해당하는 의료인이 아닙니다. 하지만 간호조무사, 의료기사 등에 관한 법률에 따른 임상병리사, 방사선사, 물리치료사, 작업치료사, 치과기공사, 치과위생사가 의사 또는 치과의사의 지도하에 진료 또는 의학적 검사를 하는 것은 허용됩니다. 간호조무사나 의료기사가 의료인의 지시를 받고 한 의료행위로 인해 의료사고가 발생하면 이를 지시한 의료인과 함께 잘못된 결과에 대한 책임을 질 수 있습니다.

의료행위란 의료인이 진료, 검안, 처방, 투약 등의 외과적 시술을 통해 질병을 예방하거나 치료하는 행위를 말하는 것입니다. 의료행위는 환자의 신체를 대상으로 이루어지기 때문에 위험이 따르게 되고, 의료인의 재량과 전문지식을 바탕으로 이루어지기 때문에 환자가 그 내용을 쉽게 파악할 수 없는 특성을 가집니다. 의료행위에는 질병 예방과 치료 행위뿐만 아니라 의료인이 시행하지 않으면 사람의 생명·신체나 공중위생에 위해를 발생시킬 우려가 있는 행위(부항, 뜸, 침술 및 허리통증 등을 치료하기 위한 주사, 미용을 위한 주사 등)가 포함됩니다(대법원 2007.7.26. 선고 2005도5579 판결).

📖 해설

의료행위는 ① 환자의 신체 내·외부를 절개, 봉합, 투약, 주사 하는 등의 행위와 함께 이루어지기 때문에 위험이 따르게 됩니다(위험 내재성). 또한 ② 현대의 의학기술로도 의료행위에 따른 부작용이나 합병증의 위험을 예측하기 어려울 수 있고(예측 곤란성), 환자 개개인마다 체질이나 특성이 다르기 때문에 ③ 의료인은 환자를 개별적으로 검사·진단하여 그에 적절한 치료방법을 선택할 수 있도록 하고 있습니다(의료인의 재량성). ④ 의료행위는 주로 공개되지 않은 곳에서 진행되고(비공개성) ⑤ 의료인의 전문지식을 바탕으로 이루어지기 때문에 환자가 그 내용을 쉽게 파악할 수 없는 특성 (전문성)을 가집니다.

⚖ 관련판례

의료행위는 의료인만이 할 수 있음을 원칙으로 하되, 의료기사등에관한법률에 의하여 임상병리사, 방사선사, 물리치료사, 작업치료사, 치과기공사, 치과위생사의 면허를 가진 자가 의사, 치과의사의 지도하에 진료 또는 의학적 검사에 종사하는 행위는 허용된다 할 것이나, 의료기사등에관한법률이 의료기사 제도를 두고 그들에게 한정된 범위 내에서 의료행위 중의 일부를 할 수 있도록 허용한 것은, 의료인만이 할 수 있도록 제한한 의료행위 중에서, 그 행위로 인하여 사람의 생명이나 신체 또는 공중위생에 위해를 발생시킬 우려가 적은 특정 부분에 관하여, 인체에 가해지는 그 특정 분야의 의료행위가 가져올 수 있는 위험성 등에 대하여 지식과 경험을 획득하여 그 분야의 의료행위로 인한 인체의 반응을 확인하고 이상 유무를 판단하며 상황에 대처할 수 있는 능력을 가졌다고 인정되는 자에게 면허를 부여하고, 그들로 하여금 그 특정 분야의 의료행위를 의사의 지도하에서 제한적으로 행할 수 있도록 허용한 것이라고 보아야 한다(대법원 2002.08.23. 선고 2002도2014 판결).

▌ 의료인이 시행해야 할 공중위생 행위란?

【질문】 의료인이 시행하지 않으면 공중위생에 위해를 가할 수 있는 행위란 무엇인가요?

【답변】

　의료인이 시행하지 않으면 공중위생에 위해를 가할 수 있는 행위에는 찜질방에서 유행하고 있는 부항과 뜸, 침술 및 허리통증을 치료하기 위해 약물을 주사한 것 등이 이에 해당합니다. 그러나 손가락과 팔꿈치를 이용하여 근육을 풀어주는 근육서비스 등은 일반인이 시행해도 특별히 신체에 해를 가하는 것이 아니기 때문에 의료인이 시행하지 않으면 공중에 위해를 가할 수 있는 행위에 해당하지 않습니다(대법원2000.2. 22. 선고 99도4541 판결).

【관련판례】

　부항 시술행위가 광범위하고 보편화된 민간요법이고, 그 시술로 인한 위험성이 적다는 사정만으로 그것이 바로 사회상규에 위배되지 아니하는 행위에 해당한다고 보기는 어렵고, 다만 개별적인 경우에 그 부항 시술행위의 위험성의 정도, 일반인들의 시각, 시술자의 시술의 동기, 목적, 방법, 횟수, 시술에 대한 지식수준, 시술경력, 피시술자의 나이, 체질, 건강상태, 시술행위로 인한 부작용 내지 위험발생 가능성 등을 종합적으로 고려하여 법질서 전체의 정신이나 그 배후에 놓여 있는 사회윤리 내지 사회통념에 비추어 용인될 수 있는 행위에 해당한다고 인정되는 경우에만 사회상규에 위배되지 아니하는 행위로서 위법성이 조각된다(대법원 2004.10.28. 선고 2004도3405 판결).

▌의료기사는 무슨 일을 하는지요?

【질문】 의료기사 등에 관한 법률에 정한 의료기사 제도의 취지는 무엇입니까?

【답변】

의료행위는 의료인만이 할 수 있음을 원칙으로 합니다. '의료기사 등에 관한 법률'에 의하여 임상병리사, 방사선사, 물리치료사, 작업치료사, 치과기공사, 치과위생사의 면허를 가진 자가 의사 또는 치과의사의 지도하에 진료 또는 의학적 검사에 종사하는 행위는 허용됩니다.

그러나 '의료기사 등에 관한 법률'이 의료기사 제도를 두고 그들에게 한정된 범위 내에서 의료행위 중의 일부를 할 수 있도록 한 취지는, 의료인만이 할 수 있도록 제한한 의료행위 중에서 그 행위로 인하여 사람의 생명이나 신체 또는 공중위생에 위해를 발생시킬 우려가 적은 특정 부분에 관하여, 인체에 가해지는 그 특정 분야의 의료행위가 가져올 수 있는 위험성 등에 대한 지식과 경험을 획득하여 그 분야의 의료행위로 인한 인체의 반응을 확인하고 이상 유무를 판단하며 상황에 대처할 수 있는 능력을 가졌다고 인정되는 자에게 면허를 부여하고, 그들로 하여금 그 특정 분야의 의료행위를 의사의 지도하에서 제한적으로 행할 수 있도록 허용한 것이라고 보아야 합니다.

▌의료계약에 따른 진료의무의 내용은 무엇인지요?

【질문】 의료계약에 따른 진료의무의 내용에는 구체적으로 무엇이 포함되는지요?

【답변】

환자가 의사 또는 의료기관(이하 '의료인'이라 한다)에게 진료를 의뢰하고 의료인이 그 요청에 응하여 치료행위를 개시하는 경우에 의료인과 환자 사이에는 의료계약이 성립됩니다. 의료계약에 따라 의료인은 질병의 치료 등을 위하여 모든 의료지식과 의료기술을 동원하여 환자를 진찰하고 치료할 의무를 부담하며 이에 대하여 환자 측은 보수를 지급할 의무를 부담합니다.

질병의 진행과 환자 상태의 변화에 대응하여 이루어지는 가변적인 의료의 성질로 인하여, 계약 당시에는 진료의 내용 및 범위가 개괄적이고 추상적이지만, 이후 질병의 확인, 환자의 상태와 자연적 변화, 진료행위에 의한 생체반응 등에 따라 제공되는 진료의 내용이 구체화되므로, 의료인은 환자의 건강상태 등과 당시의 의료수준 그리고 자기의 지식경험에 따라 적절하다고 판단되는 진료방법을 선택할 수 있는 상당한 범위의 재량을 가집니다.

그렇지만 환자의 수술과 같이 신체를 침해하는 진료행위를 하는 경우에는 질병의 증상, 치료방법의 내용 및 필요성, 발생이 예상되는 위험 등에 관하여 당시의 의료수준에 비추어 상당하다고 생각되는 사항을 설명하여, 당해 환자가 그 필요성이나 위험성을 충분히 비교해 보고 그 진료행위를 받을 것인지의 여부를 선택하도록 함으로써 그 진료행위에 대한 동의를 받아야 합니다.

환자의 동의는 헌법 제10조에서 규정한 개인의 인격권과 행복추구권에 의하여 보호되는 자기결정권을 보장하기 위한 것으로서, 환자가 생명과 신체의 기능을 어떻게 유지할 것인지에 대하여 스스로 결정하고 진료행위를 선택하게 되므로, 의료계약에 의하여 제공되는 진료의 내용은 의료인의 설명과 환자의 동의에 의하여 구체화됩니다.

▌ 조산사가 부담하는 주의의무는 무엇인지요?

【질문】 분만과정에서 의료인인 조산사가 부담하는 주의의무의 내용은 어떤 것들이 있는지요?

【답변】

　의료에 관한 지식과 능력 등에 따라 의사와 조산사 등 의료인의 자격과 권한을 구분하고 조산사로 하여금 의사의 지도를 받도록 하고 있는 구 의료법(2007. 4. 11. 법률 제8366호로 전부 개정되기 전의 것) 및 구 의료법 시행규칙(2008. 4. 11. 보건복지가족부령 제11호로 전부 개정되기 전의 것) 등 관계 법령의 취지 및 인간의 생명과 건강을 담당하는 의료인은 해당 진료 환경 및 조건에서 최선의 진료를 제공할 의무가 있다는 점 등에 비추어 볼 때, 조산사는 분만과정에서 산모와 태아의 상태가 정상적인지 여부를 계속적으로 관찰하고 산부인과 전문의 등으로 하여금 발생 가능한 응급상황에 적절히 대처할 수 있도록 산모와 태아의 상태를 적시에 보고하여야 하며, 응급상황에서 자신이 취할 수 있는 범위 내의 필요한 조치를 취할 의무가 있습니다.

■ 조산사가 분만을 관장하다가 난 의료사고 책임은?

【질문】 병원에서 조산사가 분만을 관장하여 출생한 신생아가 뇌성마비 상태가 되었습니다. 이 경우 심폐소생술도 제대로 하지 않은 조산사에게 의료과실이 있는지요?

【답변】

병원에서 조산사가 분만을 관장하여 출생한 신생아가 뇌성마비 상태가 된 사안에서, 분만과정에 태변착색 등 이상 징후를 발견하였음에도 산부인과 전문의 등에게 보고를 지연함으로써 신생아가 의사로부터 적시에 기관 내 삽관을 통한 태변제거 및 인공호흡 등 응급조치를 받을 기회를 상실시켰을 뿐만 아니라 분만실에서 호흡을 하지 않는 신생아의 코에 산소가 나오는 고무관을 대주었을 뿐 마스크와 백을 이용한 인공호흡을 시키지 않는 등 조산사 스스로 가능한 범위 내의 심폐소생술도 제대로 하지 않은 조산사에게 의료과실이 있다고 봅니다.

▌ 외국인 환자 유치업자인데, 외국인 환자에게 사고가 발생되었을 경우의 유의해야 할 사항은?

【질문】 외국인 환자 유치업자(에이전시)입니다. 중국인 환자에 대한 안면부 성형수술 후 염증 발생되어 괴사로 진행되었습니다. 성형외과 측에서는 후속치료를 해 줄 의향이 있으나 손해배상에 대해서는 난색을 표하고 있습니다. 이런 경우 3 자 관계(환자·유치업자·의료기관)에서 발생한 문제에 대해 어떻게 해야 하나요? 특히 유치업자와 의료기관 간의 손해배상금 부담 문제와 의료중재원을 통해 도움을 받을 수 있는 방법은 없는지요? 또한 외국인 환자 또는 유치업자가 유의해야 할 사항은 무엇인지요?

【답변】

이해관계자 간 계약내용에 따라 책임 여부와 손해 배상액이 달라질 수 있습니다.

통상적으로 손해배상 청구는 피해자가 손해를 입힌 가해자를 대상으로 책임을 물으며, 가해자가 다수인 경우에는 공동불법행위 여부를 살펴 공동책임을, 제3자에 의해 손해가 증가한 경우에는 그 증가분을 청구하게 됩니다. 이에 대해 책임을 부담한 자는 손해를 증가시킨 제3자가 있는 경우 이를 대상으로 구상권을 행사할 수도 있습니다.

이 사례와 같은 경우 환자는 의료기관을 상대로 손해배상을 청구할 수 있고, 유치업자를 상대로는 채무불이행에 대한 청구를 할 수 있습니다. 다만, 환자 유치과정에서 환자, 의료기관과의 계약내용에 구체적으로 이해관계자들의 책임분담을 정한 경우에는 그 계약내용에 기속되거나 영향을 받을 수 있습니다. 의료중재원은 법 제3조에 따라 외국인에게도 내국인과 동일한 절차에 따라 의료사고에 대한 조정·중재를 받을 수 있도록 하고 있습니다. 이에 외국인 환자 의료사고 문제가 발생하는 경우 환자가 의료중재원을 이용할 수 있도록 안내하여 주시고, 특히 민사적으로 확정판결과 동일한 효력이 있는 '중재'제도를 이용하도록 계약내용에 명시하는 것도 효과적인 대비 방안이 될 수 있습니다.

【관련법령】

「의료사고피해구제 및 의료분쟁조정 등에 관한 법률」 제3조(적용 대상)
이 법은 대한민국 국민이 아닌 사람이 보건의료기관에 대하여 의료사고로 인한 손해배상을 구하는 경우에도 적용한다

「관광진흥법」제12조의2(의료관광 활성화)

① 문화체육관광부장관은 외국인 의료관광의 활성화를 위하여 대통령령으로 정하는 기준을 충족하는 외국인 의료관광 유치·지원 관련 기관에 「관광진흥개발기금법」에 따른 관광진흥개발기금을 대여하거나 보조할 수 있다.

【관련판례】

관광진흥법의 관계 규정을 살펴볼 때, 외국인이나 외국법인이 국내에 사무소나 영업소를 두지 않고, 국내에서 여행객을 모집하지도 않으면서, 다만 자국 내에서 자국인들을 대상으로 한국여행상품을 판매하고, 그 여행객들을 인솔하여 국내에 들어와 여행과 관련한 용역과 편의를 제공하였을 뿐이라면, 이러한 경우에는 우리나라의 관광진흥법이 적용될 여지는 없고, 따라서 이 법에 의한 등록 등의 절차를 거칠 필요가 없다(대법원 2002. 3. 15. 선고, 2001도67300).

▌ 병원에서 의료사고 보험에 가입하였다며 보험처리를 한다고 합니다. 이에 응해야
하는지요?

【질문】 허리 통증에 대하여 통증주사라는 것을 맞았는데 귀가 후부터 통증이 지속되
고 보행할 수 없었습니다. 며칠 후 종합병원에 가서 검사한 결과 '경막외 농
양'으로 진단되어 농양제거술을 받게 되었으며, 현재까지도 입원치료 중에 있
습니다. 병원 측에서는 의료사고를 대비하여 보험에 가입되어 있다며, 보험처
리를 하겠다고 합니다. 이에 응해야 하는지요? 보험사는 병원 측의 입장만 대
변하는 것은 아닐까요?

【답변】

문제해결의 방법으로는 ①당사자 대화(보험사 의견), ②조정기관(의료중재원), ③민
사소송 방법이 있습니다.

의료인 또는 의료기관은 만일에 있을 의료사고를 대비하여 손해보험사에 '의사 및
병원배상책임보험'을 선택적으로 가입하는 경우가 있습니다. 병원이 보험처리를 신청
하면 주로 보험사로부터 위탁받은 손해사정사가 업무를 대행하는데, 손해사정사는 병
원과 환자 면담을 통하여 의무기록, 소득자료 등 관련 증빙을 징구한 후 의료와 법률
적 자문을 거쳐 민사상 법률적 손해를 산정, 안내하는 역할을 합니다. 병원이 보험사
에 처리를 의뢰하는 것만으로는 환자 측에 손해가 발생하지는 않으며, 전문자격의 손
해사정사가 병원을 대신하여 환자의 실손해를 산정하여 협상을 하므로 당사자인 병원
과는 직접적인 충돌을 피할 수 있고, 그 산정결과에 따라 수용할지 아니면 조정기관
(의료중재원), 소송제도를 이용할지를 판단해도 될 것입니다.

【관련법령】

「보험업법」 제185조(손해사정)

대통령령으로 정하는 보험회사는 손해사정사를 고용하여 보험사고에 따른 손해액
및 보험금의 사정(이하 "손해사정"이라 한다)에 관한 업무를 담당하게 하거나 손해
사정사 또는 손해사정을 업으로 하는 자(이하 "손해사정업자"라 한다)를 선임하여
그 업무를 위탁하여야 한다. 다만, 보험사고가 외국에서 발생하거나 보험계약자 등
이 금융위원회가 정하는 기준에 따라 손해사정사를 따로 선임한 경우에는 그러하지
아니하다.

⚖ 관련판례

공동불법행위자 중의 1인과 사이에 체결한 보험계약이나 공제계약에 따라 보험자나 공제사업자가 피해자에게 손해배상금을 보험금액으로 모두 지급함으로써 공동불법행위자들이 공동면책이 된 경우 보험계약이나 공제계약을 체결한 공동불법행위자가 변제 기타 자기의 출재로 공동면책이 된 때와 마찬가지로 그 공동불법행위자는 다른 공동불법행위자의 부담부분에 대하여 구상권을 행사할 수 있고, 보험금액을 지급한 보험자나 공제사업자는 상법 제682조 소정의 보험자대위의 제도에 따라 공동불법행위자의 다른 공동불법행위자에 대한 위와 같은 구상권을 취득한다(대법원 1993. 1. 26. 선고, 92다4871 판결).

▌ 침술행위도 의료행위에 포함되는지요?

【질문】 침술원을 개설하고 사업자 등록을 한 후 시술하는 침술행위도 의료행위에 포함되나요?

【답변】

민간 자격 관리자로부터 대체 의학 자격증을 받은 사람이 침술원을 개설하여 사업자 등록을 한 후 침술행위를 하고 있는 경우가 있습니다. 이는 법적으로 허가되지 않은 '무면허 의료행위'에 해당되어 의료법에 의한 처벌 대상입니다.

♨ 관련판례

의료행위라 함은 의학적 전문지식을 기초로 하는 경험과 기능으로 진찰, 검안, 처방, 투약 또는 외과적 시술을 시행하여 하는 질병의 예방 또는 치료행위 및 그 밖에 의료인이 행하지 아니하면 보건위생상 위해가 생길 우려가 있는 행위를 의미하는 것인데, 침술행위는 경우에 따라서 생리상 또는 보건위생상 위험이 있을 수 있는 행위임이 분명하므로 현행 의료법상 한의사의 의료행위(한방 의료행위)에 포함된다(대법원 1999.03.26. 선고 98도2481 판결).

■ 진료기록부에는 어떤 내용이 기록되어 있으며, 누구나 신청할 수 있는지요?

【질문】 병원에서 작성하는 진료기록부에는 어떤 내용이 기록되어 있으며, 누구나 신청
할 수 있는지요?

【답변】

의료법은 진료기록부 등을 거짓으로 작성하거나 고의로 사실과 다르게 추가기재, 수정해서는 안 된다고 하는 것 외에 진료기록부의 작성방법에 관하여 구체적인 규정을 두고 있지 않습니다. 따라서 의료인은 재량에 따라 문제중심의무기록 작성법, 단기의무기록 작성법 등 의료행위의 내용과 치료의 경과를 효과적이라고 판단하는 방법에 의해 작성할 수 있습니다. 의료법 시행규칙 제14조에 따르면 진료기록부·조산기록부·간호기록부는 해당사항을 한글과 한자로 적되, 질환명·검사명·약제명 등 의학용어는 외국어로 적을 수 있다고 규정하고 있습니다. 환자가 진료기록부에 기재된 내용을 알고 싶을 경우 해당 의료인에게 문의할 수 있습니다.

진료기록부를 작성하는 취지는 진료를 담당하는 의료인이 환자의 상태와 치료의 경과에 관한 정보를 빠뜨리지 않고 정확하게 기록하여 이를 그 이후 계속되는 환자치료에 이용하도록 하고, 다른 의료관련 종사자들에게도 그 정보를 제공하여 환자가 적정한 의료 제공을 받을 수 있도록 함에 있습니다. 또한 의료행위가 종료된 이후에는 의료행위의 적정성을 판단하는 자료로 이용할 수 있도록 해야 합니다. 따라서 진료기록부에는 환자의 상태와 치료의 경과 등 의료행위에 관한 사항과 그 소견을 적어야 하고, 의료행위의 적정성 여부를 판단하기에 충분할 정도로 상세하게 기록하여야 합니다.

아울러 의료인이나 의료기관의 종사자는 환자가 의무기록을 열람 또는 사본 교부를 요구하는 경우에 이에 응해야 합니다.

의무기록의 열람이나 복사를 신청할 수 있는 사람은 환자·환자의 배우자·환자의 직계존비속 또는 배우자의 직계존속 또는 환자가 지정한 대리인에 한정 됩니다.

환자가 요구할 수 있는 환자에 관한 기록에는 진료기록 뿐만 아니라, 검사결과·방사선 필름 등의 검사기록도 포함됩니다.

■ 진료기록부에 기재되는 내용은 어떤 것들 인가요?

【질문】 저는 부친이 병원에 입원하여 치료받던 중 의료사고가 발생해 의무기록의 사본을 요구했습니다. 그런데 의무기록이 그다지 자세하게 기재되어 있지 않은 것 같습니다. 진료기록부의 작성방법이 별도로 있나요? 또한 얼마나 자세하게 기재되나요?

【답변】

진료기록부의 특별한 작성방법은 없으나, 의료행위의 적정성 여부를 판단하기에 충분할 정도로 상세하게 기록되어 있어야 합니다.

의료법에서 진료기록부의 작성방법에 관하여 구체적인 규정을 두고 있지 아니하므로, 의사는 의료행위의 내용과 치료의 경과 등에 비추어 효과적이라고 판단하는 방법에 의하여 진료기록부를 작성할 수 있습니다. 따라서, 의사는 이른바 문제중심의무기록 작성방법(Problem Oriented Medical Record), 단기의무기록 작성방법 또는 기타의 다른 방법 중에서 재량에 따른 선택에 의하여 진료기록부를 작성할 수 있을 것이지만, 어떠한 방법에 의하여 진료기록부를 작성하든지 의료행위에 관한 사항과 소견은 반드시 상세히 기록하여야 합니다.

그래서 의사는 진료기록부에 환자의 상태와 치료의 경과 등 의료행위에 관한 사항과 그 소견을 환자의 계속적인 치료에 이용할 수 있고 다른 의료인들에게 적절한 정보를 제공할 수 있으며, 의료행위가 종료된 이후에는 그 의료행위의 적정성 여부를 판단하기에 충분할 정도로 상세하게 기록하여야 합니다. 진료기록부는 의료행위가 종료된 이후 의료행위의 적정성을 판단하는 자료로 이용할 수 있도록 해야 합니다. 따라서 진료기록부에는 환자의 상태와 치료의 경과 등 의료행위에 관한 사항과 그 소견을 적어야 하고, 의료행위의 적정성 여부를 판단하기에 충분할 정도로 상세하게 기록해야 합니다(대법원 1998.1.23. 선고 97도2124 판결).

진료기록부·조산기록부·간호기록부는 해당 사항을 한글과 한자로 적되, 질환명·검사명·약제명 등 의학용어는 외국어로 적을 수 있습니다. 환자가 진료기록부에 기재된 내용을 알고 싶을 경우 해당 의료인에게 문의할 수 있습니다.

📖 해설

의사가 환자를 진료하는 경우에는 의료법 제21조 제1항에 의하여 그 의료행위에 관한 사항과 소견을 상세히 기록하고 서명한 진료기록부를 작성하여야 하며, 진료기록부를 작성하지 않은 자는 같은 법 제69조에 의하여 처벌하도록 되어 있는바, 이와 같이 의사에게 진료기록부를 작성하도록 한 취지는 진료를 담당하는 의사 자신으로 하여금 환자의 상태와 치료의 경과에 관한 정보를 빠뜨리지 않고 정확하게 기록하여 이를 그 이후 계속되는 환자치료에 이용하도록 함과 아울러 다른 의료관련 종사자들 에게도 그 정보를 제공하여 환자로 하여금 적정한 의료를 제공받을 수 있도록 하고, 의료행위가 종료된 이후에는 그 의료행위의 적정성을 판단하는 자료로 사용할 수 있 도록 하고자 함에 있습니다.

▌ 의무기록부를 신청할 때 주의사항은 무엇인가요?

【질문】 저의 부친이 병원에 입원하여 진료를 받았습니다. 보험회사에 제출하려고 의무
기록을 발급하고자 하는데 주의해야 할 사항은 무엇들이 있는지요?

【답변】

환자본인이 의무기록 사본을 요청할 경우 미리 진료기록 사본 발급신청서를 작성하여 제출합니다. 신청서에는 사용목적이 명시되어야 하며, 의료인 또는 의료기관의 종사자가 신분증을 요구할 수 있으므로 이를 미리 준비합니다. 환자의 가족 또는 그 대리인이 의무기록 사본 발급을 요청할 경우 환자 본인이 직접 작성하고 날인한 위임장이 있어야 합니다. 다만, 환자가 사망하는 등 직접 작성·날인할 여건이 안되는 경우 환자의 가족이 이를 대신할 수 있습니다.

위임장에는 위임자와 피위임자의 인적사항 및 위임의 내용 등이 구체적으로 기재되어야 하고, 이를 객관적으로 입증할 수 있는 인감증명서가 필요합니다.

의사의 의학적 판단이 필요한 의무기록 사본 발급은 해당 진료과에 접수하고, 사본이 필요한 부분에 대한 결정을 받은 후에 발급받을 수 있습니다. 의무기록 사본 발급에 드는 비용은 환자가 부담합니다. 의무기록의 열람·복사 신청에 응하지 않은 의료인에 대한 처벌을 원할 경우 피해자의 고소가 필요합니다.

■ 병원에서 진료기록부와 시술 전후의 사진 요구를 거절할 수 있나요?

【질문】 성형외과에서 코 수술 후 부작용이 발생되어 진료기록부의 사본과 수술 전후 비교를 위해 촬영한 사진의 반환을 요청하였습니다. 그러나 분실했다는 이유로 거절을 당했습니다. 이런 경우 어떻게 해야 하는지요?

【답변】

진료기록부는 의료법에 따라 10년간 보관을 해야 하는 반면, 수술 전후 사진은 진료기록으로 보지 않을 수 있습니다.

진료기록부는 의료법 제22조 및 동법 시행규칙 제18조제1항에 따라 해당의료기관에서 10년간 보관을 해야 하며, 만일 의료기관 휴·폐업 등으로 보관할 수 없는 경우에는 관할 보건소에 보관토록 규정하고 있습니다. 이를 위반 시 의료법 제90조에 의거 300만원 이하의 벌금을 받을 수도 있습니다. 또한, 진료기록부는 의료법 제21조에 의거 환자 본인 또는 적법한 대리인이 요청하는 경우 복사 또는 열람하도록 규정하고 있습니다.

이 사례의 경우 법의 취지를 설명하여 관련 기록의 복사를 요청하시고 그래도 의료기관에서 비협조적인 경우 관할 보건소에 문의하시어 협조를 받으시기 바랍니다. 다만, 병원에서 수술 전후 비교 등을 위해 촬영한 일반사진은 검사기록 영상물(CT, MRI 등)과 달리 보존의무를 지는 진료기록으로 보기는 어렵다는 유권해석이 있습니다.

【관련법령】

「의료법」 제21조(기록 열람 등)
① 환자는 의료인, 의료기관의 장 및 의료기관 종사자에게 본인에 관한 기록(추가기재·수정된 경우 추가기재·수정된 기록 및 추가기재·수정 전의 원본을 모두 포함한다. 이하 같다)의 전부 또는 일부에 대하여 열람 또는 그 사본의 발급 등 내용의 확인을 요청할 수 있다. 이 경우 의료인, 의료기관의 장 및 의료기관 종사자는 정당한 사유가 없으면 이를 거부하여서는 아니 된다.
② 의료인, 의료기관의 장 및 의료기관 종사자는 환자가 아닌 다른 사람에게 환자에 관한 기록을 열람하게 하거나 그 사본을 내주는 등 내용을 확인할 수 있게 하여서는 아니 된다.
「의료법」 제22조(진료기록부 등)

② 의료인이나 의료기관 개설자는 진료기록부등[제23조제1항에 따른 전자의무기록 (電子醫務記錄)을 포함하며, 추가기재·수정된 경우 추가기재·수정된 진료기록부 등 및 추가기재·수정 전의 원본을 모두 포함한다. 이하 같다]을 보건복지부령으로 정하는 바에 따라 보존하여야 한다

【관련판례】

　의료법 제22조 및 의료법시행규칙 제14조 내지 제15조에 따르면, 의무기록이라 함은 환자치료에 관련한 의료인 및 의료기관 종사자가 치료의 경과 및 과정에 대하여 기술한 수술기록, 경과기록, 응급기록, 입퇴원기록, 신체검사기록, 마취기록, 중환자실기록, 간호기록, 기타 의사의 지시에 의하여 행하여진 치료관련 기록(방사선 사진 및 그 소견서 등)이라 할 수 있습니다. 수술 전후 비교를 위하여 촬영한 사진을 진료기록으로 보기는 어렵습니다(복지부 의정-486, 2008. 2. 18.).

▌의료인이 설명의무를 이행치 않은 경우 과실은?

【질문】 저는 동네 의원에서 수술을 받았는데 문제가 생겼습니다. 수술 전, 의사는 진료만 마친 후 나가고 컨설턴트라는 사람이 들어와 수술과 비용에 대해 설명을 했습니다. 이런 경우도 의사에게 과실이 인정되나요?

【답변】

환자가 받을 의료행위에 대한 설명은 의료인이 해야 하는데 이를 어긴 경우에는 의료인의 과실이 인정됩니다.

환자는 의료인으로부터 자신의 질병에 대한 치료방법, 의학적 연구 대상 여부, 장기이식 여부 등에 관해 충분한 설명을 들을 수 있는 권리를 가지며, 환자는 설명을 들은 후 설명을 들은 의료행위를 받을 것인지를 선택할 수 있습니다.

환자가 받을 의료행위에 대한 설명을 해야 하는 자는 원칙적으로 담당 의사이나, 특별한 사정이 없는 한 담당 의사 아닌 주치의나 다른 의사를 통한 설명도 가능합니다. 다만, 의사가 아닌 의료보조자(간호조무사나 병원 사무직원 등)가 이를 대신하는 것은 허용되지 않습니다.

의료인은 ① 진단을 통해 알게 된 결과인 질병의 유무와 그 종류에 대하여 환자에게 설명해야 하고, ② 의료인이 시행할 치료행위의 종류와 내용, ③ 해당 치료행위에 따르는 부작용이나 후유증 등 치료행위에 수반해서 나타날 수 있는 위험에 대해서 설명해야 합니다.

♨ 관련판례 Ⅰ

[1] 의료행위를 한 자에게 손해배상책임을 지우기 위하여서는 의료행위상의 주의의무 위반, 손해의 발생 및 주의의무 위반과 손해의 발생과 사이에 인과관계의 존재가 전제되어야 하는 것은 당연하나, 의료행위가 고도의 전문적 지식을 필요로 하는 분야이고, 그 의료의 과정은 대개의 경우 환자나 그 가족이 일부를 알 수 있는 점 외에 의사만 알 수 있을 뿐이며, 치료의 결과를 달성하기 위한 의료기법은 의사의 재량에 달려 있는 것이기 때문에 손해발생의 직접적인 원인이 의료상의 과실로 말미암은 것인지 여부는 전문가인 의사가 아닌 보통인으로서는 도저히 밝혀 낼 수 없는 특수성이 있어서 환자측이 의사의 의료행위상의 주의의무 위반과 손해의 발생과 사이의 인과관계를 의학적으로 완벽하게 입증한다는 것은 극히 어려우므로, 의료사고의 경우에 있어서는 피해자측에서 일련의 의료행위 과정에 있어서 저

질러진 일반인의 상식에 바탕을 둔 의료상의 과실 있는 행위를 입증하고 그 결과와 사이에 일련의 의료행위 외에 다른 원인이 개재될 수 없다는 점, 이를테면 환자에게 의료행위 이전에 그러한 결과의 원인이 될 만한 건강상의 결함이 없었다는 사정을 증명한 경우에 있어서는 의료행위를 한 측이 그 결과가 의료상의 과실로 말미암은 것이 아니라 전혀 다른 원인으로 말미암은 것이라는 입증을 하지 아니하는 이상, 의료상 과실과 그 결과 사이의 인과관계를 추정하여 손해배상책임을 지울 수 있도록 입증책임을 완화하는 것이 손해의 공평·타당한 부담을 그 지도원리로 하는 손해배상제도의 이상에 맞는다.

[2] 일반적으로 의사는 환자에게 수술 등 침습을 가하는 과정 및 그 후에 나쁜 결과 발생의 개연성이 있는 의료행위를 하는 경우 또는 사망 등의 중대한 결과 발생이 예측되는 의료행위를 하는 경우에 있어서 진료계약상의 의무 내지 침습 등에 대한 승낙을 얻기 위한 전제로서 당해 환자나 그 법정대리인에게 질병의 증상, 치료 방법의 내용 및 필요성, 발생이 예상되는 위험 등에 관하여 당시의 의료수준에 비추어 상당하다고 생각되는 사항을 설명하여 당해 환자가 그 필요성이나 위험성을 충분히 비교해 보고 그 의료행위를 받을 것인가의 여부를 선택할 수 있도록 할 의무가 있는 것이지만, 의사에게 당해 의료행위로 인하여 예상되는 위험이 아니거나 당시의 의료수준에 비추어 예견할 수 없는 위험에 대한 설명의무까지 부담하게 할 수는 없으며, 설명의무의 주체는 원칙적으로 당해 처치의사라 할 것이나 특별한 사정이 없는 한 처치의사가 아닌 주치의 또는 다른 의사를 통한 설명으로도 충분하다.

[3] 안과수술 후 갑자기 나타난 예측불가능한 시신경염으로 환자의 시력이 상실된 경우, 수술 전에 그 수술의 필요성, 방법, 합병증에 대하여 자세히 설명하였고 수술 전후에 걸쳐 환자의 기왕병력인 신경섬유종의 변화 유무를 관찰하였으나 아무런 변화가 없었으며, 수술 부위가 시신경과는 무관한 안검 부위로서 시신경염으로 인한 시력상실은 통상적으로 예견되는 후유증이 아니라는 점에 비추어 그에 대한 의사의 설명의무 및 의료과실을 부정한 사례(대법원 1999.09.03. 선고 99다10479 판결).

☙ **관련판례 II**

의사는 응급환자의 경우나 그 밖의 특별한 사정이 없는 한, 환자에게 수술 등 인체에 위험을 가하는 의료행위를 함에 있어 그에 대한 승낙을 얻기 위한 전제로서, 당해 환자에 대하여 사전에 질병의 증상, 치료 방법의 내용 및 필요성, 예후 및 예상되는 생명, 신체에 대한 위험과 부작용 등에 관하여 당시의 의료수준에 비추어 상당하다고 생각되는 사항을 설명함으로써 환자로 하여금 수술이나 투약에 응할 것인가의 여부를 스스로 결정할 기회를 가지도록 할 의무가 있고, 이와 같은 의사의 설명의무는 그 예상되는 생명, 신체에 대한 위험과 부작용 등의 발생가능성이 희소하다는 사정만으로는 면제될 수 없으며, 위험과 부작용 등이 당해 치료행위에 전형적으로 발생하는 위험이거나 회복할 수 없는 중대한 경우에는 그 발생가능성의 희소성에도 불구하고 설명의 대상이 된다고 보아야 하고, 이러한 설명을 하지 아니한 채 환자의 승낙 없이 의료행위를 한 경우에는, 설령 의사에게 치료상의 과실이 없는 경우에도 그 의료행위는 환자의 승낙권을 침해하는 위법한 행위가 된다(대법원 1998.02.13. 선고 96다7854 판결).

■ 산후조리원에서 관리를 받던 중 사고가 발생되었을 경우 피해구제를 받을 수 있는지요?

【질문】 산부인과에서 정상적인 분만과정을 통해 건강한 아이를 낳았으며 분만 후 산부인과와 같은 건물에 있는 산후조리원에서 3주 예정으로 산후관리를 받았습니다. 이 과정에서 난방기기에 의해 산모의 대퇴부에 화상을 입게 되어 화상 전문병원으로 전원, 치료를 받았지만 피부이식술을 받아야 할 상황입니다. 이런 경우 의료중재원을 통해 피해구제를 받을 수 있는지요?

【답변】

　산후조리원에서 일어난 사고는 의료중재원을 통해서 피해구제를 받을 수 없습니다

　의료중재원은 「의료사고 피해구제 및 의료분쟁조정 등에 관한 법률」에 따라 의료사고에 대한 피해 구제 등을 목적으로 설립되었습니다. 이때의 '의료사고'란 의료법에 의한 의료인 또는 의료기관의 의료행위로 인해 발생한 사고를 말합니다. 산후조리원은 「모자보건법」에 따라 설립·운영되며, 이때의 산후조리는 의료행위에 해당하지 않고, 관련 사고 또한 의료사고로 보지 않습니다. 따라서 의료중재원을 통해서는 피해구제를 받으실 수 없습니다. 이런 경우 피해구제를 받기 위해 한국소비자원(국번없이 1372, www.kca.go.kr)을, 행정처분과 관련해서는 관할 보건소에 문의하시는 것이 좋을 것 같습니다.

【관련법조문】

「모자보건법」 제15조(산후조리업의 신고)

① 산후조리업을 하려는 자는 산후조리원 운영에 필요한 간호사 또는 간호조무 사 등의 인력과 시설을 갖추고 특별자치도지사 또는 시장·군수·구청장에게 신고하여야 한다. 신고한 사항 중 보건복지부령으로 정하는 중요 사항을 변경 하려는 경우에도 또한 같다.

「모자보건법」 제15조의4(산후조리업자의 준수사항)

산후조리업자는 임산부 및 영유아의 건강·위생 관리와 위해방지 등을 위하여 다음 각 호에서 정하는 사항을 지켜야 한다. 1. 보건복지부령으로 정하는 바에 따라 건강기록부를 갖추어 임산부와 영유 아의 건강 상태를 기록하고 관리할 것 3. 임산부나 영유아에게 감염 또는 질병이 의심되거나 발생한 경우 또는 화 재·누전 등의 안

전사고로 인한 인적 피해가 발생한 경우에는 즉시 의료 기관으로 이송하는 등 필요한 조치를 할 것

🕮 **관련판례**

　이 사건 산후조리원의 간호사들로서 산후조리원의 운영뿐 아니라 신생아실의 아기에게 이상이 발견되는 경우 병원에서 진찰받도록 하여야 하는지 여부 및 그 시기를 판단하는 업무를 담당하던 피고인들로서는 이사건 신생아가 의사나 한의사 등 전문가의 진찰을 받을 수 있도록 조치를 취하여야 할 주의의무가 있음에도 불구하고, 전문가의 진찰을 받지 않은 채 오히려 이사건 신생아의 질병을 치료하는 효과가 있는지 불분명한 약을 권유하고 그 후 일시적으로 설사증세의 호전을 보이자 그대로 경과관찰만 하였던 것은 신생아의 집단관리 업무를 책임지는 사람으로서의 업무상 주의의무를 위반하였다고 보는 것이 상당하다(대법원 2007. 11. 16 선고 / 2005도1796 판결).

▌치료 중 다른 의사에게 의료기관이 양도되었을 경우 치료비의 환불 및 손해배상을 요청할 수 있는지요?

【질문】

교정치료를 위해 치과에 치료비용을 선결제한 후 주기적으로 통원치료를 하던 중 치료과정에서 의료사고가 발생되었습니다. 다른 병원으로 전원하여 몇 개월 간 치료를 받고 그 동안 못한 교정치료를 위해 치과를 방문하니 상호는 그대로인데 원장 A와 주요 직원은 바뀌어 있었습니다. 새로 바뀐 원장 B는 전 원장인 A에게 의료기관을 양도 받았다며 교정치료는 계속해서 해주겠으나, 의료사고 부분에 대해서는 전 원장인 A에게 문의를 하라고 합니다. 그런데 전 원장 A의 연락처를 알 수가 없는데 이런 경우 새로 바뀐 원장 B에게 치료비의 환불 및 손해배상을 요청할 수 있는지요?

【답변】

양도양수계약 내용의 확인이 필요하며, 전 원장과 주요 직원의 소재 파악이 필요할 수 있겠습니다 이 사례의 경우 크게 의료사고 부분과 치료비 환불 부분으로 구분할 수 있겠으며, B에게 관련 피해배상 청구 내지 환불을 요청하여 성공하려면 A와 B간에 체결된 의료기관 양도양수계약의 내용에 따라 달라질 것입니다. 즉, 계약내용에 진료 및 사고처리의 자동승계 등이 명시되어 있는 경우라면 B에게 청구를 할 수 있겠지만, 그렇지 않은 경우에는 A에게 청구를 해야 하는 상황으로 바뀔 수 있사오니 우선 이 부분에 대한 확인을 하시기 바랍니다. 보다 명확한 권리관계 파악 및 효과적인 해결방안을 모색하기 위해서 변호사, 법무사 등을 통한 법률적 조언을 받아보는 것도 좋을 것 같습니다.

【관련법조문】

「상법」 제42조(상호를 속용하는 양수인의 책임)

① 영업양수인이 양도인의 상호를 계속 사용하는 경우에는 양도인의 영업으로 인한 제3자의 채권에 대하여 양수인도 변제할 책임이 있다.

② 전항의 규정은 양수인이 영업양도를 받은 후 지체없이 양도인의 채무에 대한 책임이 없음을 등기한 때에는 적용하지 아니한다. 양도인과 양수인이 지체없이 제3자에 대하여 그 뜻을 통지한 경우에 그 통지를 받은 제3자에 대하여도 같다.

⚖ 관련판례

〈원고가 A라는 상호로 영업을 하였던 갑에게 물품을 공급하였는데 갑이 물품대금을 지급하지 않고 폐업을 하였고, 피고가 갑이 영업을 하였던 영업장소에서 AA라는 상호로 갑이 하였던 것과 같은 종류의 영업을 하자 원고가 피고를 상대로 상호속용영업양수인으로서의 책임을 물어 갑의 미지급물품대금의 지급을 청구한 사안〉 피고는 갑이 영업을 하였던 장소에서 갑과 동일한 종류의 영업을 하였고, 갑과 피고 모두 위 영업장소에서 갑 이전에 영업을 하였던 을과 사이에 기계설비를 양수 또는 임차하는 내용의 계약서를 작성한 후 같은 기계설비를 이용하여 영업을 하였으며, A라는 상호와 AA라는 상호는 비록 동일하지는 않으나 주된 부분이 공통되므로 피고는 갑으로부터 영업을 양수하고 갑이 운영하였던 A라는 상호를 속용한 상호속용 영업양수인에 해당함(대구지법 2012. 7. 20. 선고. 2012나3072 판결).

▌ 합의란 무엇이며, 조정이나 소송과 어떻게 다른가요?

【질문】 의료분쟁에서 합의란 무엇이며, 조정이나 소송과 어떻게 다른가요?

【답변】

일반적으로 합의라고 불리는 것은 법률적인 용어로 화해에 해당합니다. 화해란 분쟁을 하던 양 당사자가 서로 양보하여 분쟁을 끝낼 것을 약정하는 것(「민법」 제731조)입니다.

의사와 환자가 서로 수용할 수 있는 범위에서 자유롭게 합의할 수 있습니다. 합의 후에는 소송을 제기하지 못하기 때문에 합의에 임하는 당사자는 신중해야 합니다.

합의의 방식이나 내용에 관한 형식은 정해져 있지 않습니다. 다만, 합의 당시 의료사고의 진상을 잘못 파악하고 있었다는 등의 이유로 착오로 취소가 불가능(「민법」 제733조)하기 때문에 신중해야 합니다.

의료분쟁으로 인한 다툼은 의료과실 여부를 명백히 알기 어렵고, 사람 신체에 대해 손해가 발생하는 것이기 때문에 조정이나 소송으로 제3자가 결정을 내려줄 경우 사적인 앙금이 남게 되는 단점이 있습니다. 합의의 경우 양 당사자 서로가 수용할 수 있는 범위에서 의사합치가 이루어진다는 장점이 있습니다.

📖 해설

의료분쟁을 예방하기 위해서는 신뢰할 수 있는 의사를 선택하고, 진료과정에서 궁금한 사항에 대해 철저히 묻는 것이 좋습니다. 또한 수술 전후 환자의 상태를 면밀히 살펴 의료사고를 방지하는 것이 향후 발생할 수 있는 의료분쟁을 막는 길입니다.

▌ 합의가 무효 또는 취소가 되는 경우는?

【질문】 의료분쟁에서 합의가 무효 또는 취소가 되는 경우는 어떤 경우이며, 합의 후에도 소송을 제기할 수 있나요?

【답변】

합의과정에서 의료분쟁의 한쪽 당사자가 경제적으로 매우 어려운 사정에 있거나 혹은 경솔하여 지나치게 불공평한 합의를 하였다면 불공정한 법률행위로 무효가 될 수 있습니다. 이미 합의가 된 내용은 합의 이후에 취소할 수 없습니다. 다만, 합의 내용에 포함되지 않았던 내용(예를 들어, 수술 후 관리비용 등)에 대해서는 추가로 합의할 수 있습니다. 또한, 의료분쟁의 한쪽 당사자가 과실이 있던 내용을 감추고 합의에 임했던 사실이 인정되면 사기로 인한 취소가 가능합니다.

합의 후 민사소송을 제기하면 특별한 사정이 없는 한 소송이 각하됩니다. 따라서 합의에 임할 때는 신중해야 합니다.

그러나 합의 후 형사고소나 고발을 하는 것은 가능합니다. 다만, 합의한 사실은 검사가 공소를 제기할 지정하는 과정 또는 판사가 형을 선고하는 과정에서 의사 측에 유리한 정상참작 사유가 될 수 있습니다.

▮ 의료사고로 합의한 후 후유증이 발생한 경우는?

【질문】 저는 어머니가 대형병원에서 수술 받던 중 의료사고가 발생하였었는데 담당의 사와 합의를 했습니다. 그러나 이후에 후유증이 발생하였기 때문에 추가로 손해배상을 청구하려고 합니다. 가능성이 있을까요?

【답변】

일반적으로 의료분쟁으로 인한 합의를 할 때, 합의 이후 일체의 청구를 포기한다는 권리포기조항이 들어 있습니다. 그래서 원칙적으로 합의 후 배상금 이상으로 손해가 발생해도 이를 청구할 수 없습니다. 그러나 법원은 화해 당시 전혀 예상하지 못했던 후유증 등이 발생한 경우 이로 인한 손해배상 청구를 예외적으로 허용하고 있습니다.

합의 시 주의사항은 후유증으로 인한 손해배상 청구가 법원에서 인정되기는 하나, 예외적인 것으로 그 예가 많지 않습니다. 의료분쟁으로 인한 합의를 하는 경우 환자는 예상되는 후유증에 대한 고려를 해야 하고, 의사는 향후 예측되는 증상에 대해 자세히 설명을 하는 것이 필요합니다. 그 후 양측은 이러한 내용을 포함해 합의를 한다는 내용을 합의서에 기록하는 절차를 거쳐야 할 것입니다.

♧♧관련판례

[1] 피해자가 사고로 입은 상해로 인하여 휴직하다가 퇴직하게 되었음을 전제로 잔부 청구를 유보한다는 취지를 명시함이 없이 그 사고로 인한 소극적 손해로서 휴업 및 퇴직에 따른 일실수입금의 지급을 청구하여 그 판결에서 전부 승소한 바, 위 청구는 이 사건 소송에서 소극적 손해로서 청구한 휴업손실청구와는 산출방법만을 달리할 뿐 그 발생원인과 청구의 목적은 같으며, 피해자가 취업불능하게 되어 퇴직하였음은 피해자 스스로 전소송의 변론 종결 전에 이미 발생하였다고 주장한 사실이어서 위 사실이 전 소송 변론종결 당시 및 포기약정당시 원고인 피해자로서는 예견할 수 없었던 것이라거나 위 후유증으로 인하여 비로소 발생한 것이라고도 볼 수 없으므로, 위 휴업손실청구는 전소송판결의 기판력에 저촉될 뿐만 아니라 위 포기약정에도 위배되어 부적법하다.

[2] 일반적으로 불법행위로 인한 손해배상청구권의 소멸시효기산일인 손해를 안 날에 관하여 손해를 안다는 의미는 가해행위가 위법하다는 것과 그로 인하여 손해가 발생한 것을 알면 되는 것이고 그 손해의 정도나 액수를 구체적으로 알 필요는 없는 것이므로 통상의 경우에는 상해피해자는 상해를 입었을 때 그 손해를 알았

다고 보아야 할 것이지만 그 후 후유증 등으로 인하여 불법행위당시에는 전혀 예견할 수 없었던 새로운 손해가 발생하였다거나 예상외로 손해가 확대된 경우에 있어서는 그러한 사유가 판명된 때에 비로소 새로이 발생 또는 확대된 손해를 알았다고 보아야 한다(서울지방법원남부지원 1987.06.24. 선고 85가합2289).

▌의료사고로 분쟁 시 조정은 어떻게 신청하는지요?

【질문】 저는 의료사고로 병원과 갈등을 겪고 있습니다. 조정을 받을 방법이 있다고 하던데 어디에 신청해야 하나요?

【답변】

의료분쟁이 생긴 경우 당사자는 관할법원에 민사조정신청을 할 수 있습니다. 민사조정절차는 조정담당판사 또는 법원에 설치된 조정위원회가 분쟁당사자로부터 주장을 듣고 여러 사정을 참작해 조정안을 제시하고 서로 양보와 타협을 통해 합의에 이르게 함으로써 분쟁을 평화적이고, 간이·신속하게 해결하는 제도입니다. 신청인은 조정신청서를 작성해 입증서류·조정수수료·송달료와 함께 법원에 제출합니다. 민사조정은 당사자 사이에 합의된 사항을 조서에 기재함으로써 성립하게 됩니다. 합의가 성립되지 않았거나 당사자 사이에 성립된 합의의 내용이 적당하지 않다고 인정되는 경우 법원은 직권으로 당사자의 이익이나 그 밖의 모든 사정을 고려해 신청인의 신청 취지에 반하지 않는 한도에서 사건의 공평한 해결을 위해 조정에 갈음하는 결정을 하게 됩니다. 당사자는 조정에 갈음하는 결정에 대한 결정서를 송달받은 날부터 14일 내에 이의신청을 해야 하며, 이 기간 동안 이의신청을 하지 않으면 조정을 수락한 것으로 봅니다. 당사자의 합의가 완료된 조정과 조정에 갈음하는 결정에 이의신청을 하지 않는 경우의 그 결정은 재판상 화해와 같은 효력이 있습니다.

▎의료사고로 민사소송을 할 때 환자의 입증책임범위는?

【질문】 저는 부친이 병원에서 수술을 받았는데 의료사고가 발생하여 민사소송을 제기하려고 합니다. 그런데 의료인의 과실을 환자가 입증해야 한다고 들었습니다. 환자가 어느 정도까지 입증해야 하나요?

【답변】

전문적인 지식을 가지고 있지 않은 환자가 의료행위의 불완전성이나 불법행위를 입증하고, 이에 따른 인과관계까지 입증하는 것은 한계가 있으므로, 법원은 입증책임을 완화해 적용하고 있습니다. 민법상 손해배상 청구의 입증책임의 원칙은 채무불이행 또는 불법행위를 이유로 손해배상을 청구하기 위해서는 환자가 의료인의 과실, 위법성, 손해의 발생, 그리고 의료인의 과실로 인해 의료사고가 발생한 사실(인과관계)을 입증해야 합니다.

입증책임의 완화조건으로 전문적인 지식을 가지고 있지 않은 환자가 의료행위의 불완전성이나 불법행위를 입증하고, 이에 따른 인과관계까지 입증하는 것은 한계가 있습니다. 따라서 법원은 입증책임을 완화해 ① 의료인에게 일반인의 상식에 바탕을 둔 의료상의 과실이 있었다는 점, ② 환자가 병원에 가기 전에는 의료행위 이후에 발생한 증세가 몸에 나타나지 않았고, 이러한 결과에 영향을 끼칠 다른 원인이 없다는 점 같이 두 가지를 입증하면 족한 것으로 판단하고 있습니다.

▌ 수술할 때 환자의 동의가 반드시 필요한가요?

【질문】 며칠 전 응급실에서 환자의 가족들이 수술에 동의해 주지 않는 것을 보았습니다. 이런 경우 환자의 동의가 없으면 응급환자도 치료를 받지 못하나요?

【답변】

　의사는 응급환자의 경우 가족들이 진료를 거부하더라도 환자를 계속 돌볼 의무가 있습니다. 환자의 동의 여부는 환자 개인의 자유이지만 응급환자의 경우 본인이 의사표현을 하기 어려운 경우가 있습니다. 응급한 경우 치료의 중단 혹은 지연이 환자의 생명 침해로 이어질 수 있기 때문에 가족들이 진료를 거부하는 경우에도 의료인은 환자를 계속 돌볼 의무가 있습니다.

　판례에서는 응급환자의 보호자가 의료인의 의학적 권고에도 불구하고 환자의 퇴원을 요청해 퇴원시키고, 환자가 퇴원 이후 사망한 경우 보호자는 부작위에 의한 살인죄, 전담의 및 주치의는 작위에 의한 살인방조죄를 인정했습니다.

▌ 산업재해 치료 중 낙상으로 사망하였을 경우의 책임은?

【질문】 근로 중 산재사고로 장해1급 진단을 받고, 입원치료 과정에서 재활치료사의 관리 하에 보행 재활치료 중에 넘어져 두부 손상이 발생하였으며, 얼마 지나지 않아 사망에 이르게 되었습니다. 이런 경우 의료기관의 책임은 어떻게 되나요?

【답변】

의료사고로 증가한 피해는 배상청구를 할 수 있으나, 산재에서의 처리내용을 확인할 필요가 있습니다.

산재처리 중 의료기관의 진료로 인하여 기존에 확정되거나 예상했던 결과보다 피해가 증가한 경우에 확대된 손해에 대하여 배상을 청구할 수 있습니다. 다만, 그 손해의 원인과 정도를 규명하기 위해서는 전문적인 감정과 심리를 필요로 하는 사항입니다. 또한, 이 사례와 같이 산재와 의료배상책임을 같이 다루어야 하는 경우 산재에서의 처리가 어떻게 되느냐에 따라 배상청구의 방법, 효과 등에 있어서 달라질 수 있습니다. 따라서 먼저 해당 산재처리 기관에 관련 처리내용을 문의하여 확인해보시기 바랍니다. 만일 사망에 이른 피해까지도 산재에서 보상된 경우에는 이에 대해서는 산재에서 해당 의료기관을 상대로 구상권 청구소송을 할 수도 있습니다.

【관련법조문】

「산업재해보상보험」 제87조(제3자에 대한 구상권)

① 공단은 제3자의 행위에 따른 재해로 보험급여를 지급한 경우에는 그 급여액의 한도 안에서 급여를 받은 사람의 제3자에 대한 손해배상청구권을 대위(代位)한다. 다만, 보험가입자인 둘 이상의 사업주가 같은 장소에서 하나의 사업을 분할하여 각각 행하다가 그 중 사업주를 달리하는 근로자의 행위로 재해가 발생하면 그러하지 아니하다.

② 제1항의 경우에 수급권자가 제3자로부터 동일한 사유로 이 법의 보험급여에 상당하는 손해배상을 받으면 공단은 그 배상액을 대통령령으로 정하는 방법에 따라 환산한 금액의 한도 안에서 이 법에 따른 보험급여를 지급하지 아니한다.

③ 수급권자 및 보험가입자는 제3자의 행위로 재해가 발생하면 지체 없이 공단에 신고하여야 한다.

⚖ 관련판례

산재사고로 인하여 상해를 입은 피해자가 치료를 받던 중 치료를 하던 의사의 과실 등으로 인한 의료사고로 증상이 악화되거나 새로운 증상이 생겨 손해가 확대된 경우에는, 다른 특별한 사정이 없는 한 그와 같은 손해와 산재사고 사이에도 상당인과관계가 있다고 보아야 하므로, 산재사고와 의료사고가 각기 독립하여 불법행위의 요건을 갖추고 있으면서 객관적으로 관련되고 공동하여 위법하게 피해자에게 손해를 가한 것으로 인정된다면, 공동불법행위가 성립되어 공동불법행위자들이 연대하여 손해를 배상할 책임이 있다(대법원 2005. 9. 30. 선고, 2004다52576 판결).

▌ 입원 시 의료분쟁 예방을 위해 사전에 습지할 내용은?

【질문】 저의 아버지가 수술을 받기 위해 입원을 하게 되었습니다. 혹시 의료사고라도 날까봐 걱정입니다. 의료분쟁을 막기 위해 알아두어야 하는 내용이 있나요?

【답변】

진료과정에서 궁금한 사항에 대해 철저히 묻는 등 몇 가지 알아두시면 좋은 내용들이 있습니다.

① 신뢰할 수 있는 의사를 선택합니다.

② 환자관리에 미흡한 부분이 있으면 진료 의사에게 시정을 요구합니다.

③ 각종검사 CT. MRI.내시경 검사 시 보호자가 반드시 동행합니다.

④ 수술 전후 환자의 상태를 면밀히 살펴야 합니다.

⑤ 소신 진료를 할 수 있도록 최대한 배려하되 궁금한 것은 철저히 묻습니다. 검사를 받는 경우 무엇을 알기 위한 검사인지, 부작용은 없는지 꼭 물어보아야 합니다. 수술을 받는 경우에는 수술 경과나 합병증에 대해 물어보고 대처방법을 확인한 후에 수술을 받습니다. 수술에 대한 판단이 분명히 서지 않으면 양해를 얻어 다른 전문의의 견해를 정중하게 확인해야 합니다. 간혹 의료인들이 수술의 좋은 점만을 설명하고 부작용을 설명안하는 경우도 있기 때문입니다.

▌ 수술 시 서약서에 서명한 경우 그 효력은?

【질문】 저는 어머니가 병원에서 수술하게 되어 수술하기 전 안 좋은 결과가 나오더라
도 이의를 제기하지 않겠다는 서약서에 서명했습니다. 수술 후 의사의 잘못이
의심되는 의료사고가 발생하여 소송을 제기하려고 하는데 서약서 때문에 망설
이고 있습니다. 이런 경우 정말 소송제기를 하지 못하나요?

【답변】

판례는 의료계약에 있어서는 이의를 제기하지 않겠다는 서약서의 효력을 인정하지
않고 있습니다.

환자가 수술 전에 수술로 인해 예상치 못한 사태가 발생해도 어떠한 이의제기를 하
지 않겠다는 면책특약을 하는 경우가 있습니다. 일반적인 계약의 경우에는 면책특약
의 효력이 인정됩니다. 하지만 의료계약에서 의료인의 과실에 대비한 면책특약의 경
우 신의칙 또는 형평의 원칙에 맞지 않는다고 보아 이러한 면책특약의 효력을 인정하
지 않습니다. 수술에 앞서 이 수술로 인하여 발생하는 어떠한 결과에 대하여도 하등
의 이의를 제기치 아니한다고 서약하였다 하여도 이 서약은 신의칙이나 형평의 원칙
상 집도의사의 위법행위를 유서하고 그로 인한 청구권을 미리 포기한 취지라고 해석
되지 않습니다. 따라서 면책특약은 무효가 되고 의료인의 과실이 있다고 생각되는 경
우 소송을 제기할 수 있습니다.

▌ 의료인의 의료사고가 과실로 인정되는 경우는?

【질문】 저는 수술을 받았는데 의료사고인 것 같아 고소를 하려고 합니다. 의료사고에서 의료인의 과실이 인정되는 경우는 어떤 경우인가요?

【답변】

　의료인의 과실은 의료인이 마땅히 지켰어야 할 주의의무를 위반한 경우 인정됩니다.

　의료인의 과실은 의료인이 마땅히 지켰어야 할 주의의무를 위반한 것을 의미하고, 주의의무위반은 ① 의료인이 진단·검사·치료방법의 선택·치료행위·수술 후 관리 및 지도 등 각각의 행위가 환자의 생명·신체에 위험 또는 나쁜 결과를 초래할 수 있다는 것을 예견할 수 있었음에도 부주의해 그러지 못한 경우(결과예견의무), ② 여러 수단을 통한 의료행위 중 가장 적절한 방법을 택해 환자에게 나쁜 결과가 발생하는 것을 피해야 하는데 그러지 못한 경우(결과회피의무) 등에 인정됩니다.

📖 해설

　의료과오사건에 있어서 의사의 과실을 인정하려면 결과 발생을 예견 할 수 있고 또 회피할 수 있었음에도 이를 하지 못한 점을 인정할 수 있어야 하고, 위 과실의 유무를 판단함에는 같은 업무와 직무에 종사하는 일반적 보통인의 주의 정도를 표준으로 하여야 하며, 이때 사고 당시의 일반적인 의학의 수준과 의료 환경 및 조건, 의료행위의 특수성 등을 고려하여야 합니다.

■ 민원을 제기하자 진료를 거부하면서 퇴원을 종용하는데 대처방법은?

【질문】 병원에서 입원 치료 중에 의료사고가 발생하여 현재 해당 병원에서 치료를 받고 있으나 아직까지도 완전히 회복되지는 않았습니다. 이에 담당의사와 병원 측을 상대로 관련 진료에 대한 해명과 피해배상에 대한 처리를 요청하였고, 관할 기관에 민원을 제기하였습니다. 이후부터 병원 측에서는 더 이상 본원에서의 진료는 어렵다며 다른 병원에서 치료받을 것을 강요하며 퇴원을 종용하고 있습니다. 이런 경우 환자는 퇴원을 해야 하는지요? 또한 그동안의 피해에 대해서 어떻게 해야 하는지요?

【답변】

병원 측은 정당한 이유 없이 진료거부 또는 환자를 퇴원시킬 수 없습니다.

의료기관 또는 의료인은 환자를 진료하는데 필요한 시설과 인력 등을 갖추고 있는 경우에는 정당한 이유 없이 환자에 대한 진료를 거부할 수 없습니다. 다만 환자의 상태가 의학적 판단에 따라 회복이 가능한 상태이거나 또는 적절한 치료를 위해 불가피하게 타 의료기관으로의 전원이 필요한 경우라면 예외가 될 수도 있습니다. 따라서 이 사례의 경우 경과사항에 대한 구체적인 확인이 필요할 것으로 보입니다. 이러한 의료사고 판단 및 관련 피해구제를 위해서는 전문적인 감정과 심리를 필요로 합니다. 이를 위해서는 저희 의료중재원을 통한 조정절차나 민사소송 제도를 이용하시는 방법이 있습니다.

【관련법조문】

「의료법」 제15조(진료거부 금지 등)

① 의료인은 진료나 조산 요청을 받으면 정당한 사유 없이 거부하지 못한다.

② 의료인은 응급환자에게 「응급의료에 관한 법률」에서 정하는 바에 따라 최선의 처치를 하여야 한다.

⚖ 관련판례 I

의사가 부재중이거나 신병으로 인하여 진료가 불가능한 경우에는 정당한 사유가 있었다고 보나, 단순히 피곤하다거나 환자에 대한 개인적 감정을 이유로 진료를 거부하는 경우에는 정당한 사유가 있다고 보지 않음(서울고법 1993. 6. 4. 선고, 93노410 판결).

⚜관련판례Ⅱ

진료거부란 의료기관 또는 의료인이 환자를 진료할 수 있는 필요한 시설과 인력 등을 갖추고 있는데도 불구하고 정당한 이유 없이 진료를 거부하거나 진료하지 않는 행위를 뜻하므로 일단 진료한 환자의 상태를 보아 의사가 의학적인 판단에 따라 퇴원 또는 타 의료기관 진료를 권유하는 행위를 진료거부로 보기는 어려울 것임(2000. 6. 2. 보건복지부 의정 66507-704).

⚜관련판례Ⅲ

진료비 지불능력이 없고 의사의 지시를 무시했다는 이유로 진료를 거부하는 것은 정당하지 않음(1994. 6. 3. 보건복지부 의정 65507-1395).

▌ 진료실 내·외에서 발생한 안전사고는 누구의 책임인가요?

【질문】 환아가 소아청소년과 진료 대기 중에 환자 대기실에 딸린 놀이방에서 놀다가 문지방에 넘어져 상해가 발생하였습니다. 이렇게 진료실 내 또는 진료실 외에서 발생한 안전사고의 경우 의료기관의 책임은 어떻게 되나요?

【답변】

안전사고에 대한 책임은 각 안전사고의 내용에 따라 달라질 수 있습니다

환자에게 안전사고가 발생한 경우 그 책임범위를 결정하는데 있어서 중요한 것은 사고가 발생한 장소가 아니라 사고의 내용 즉 그 원인이 무엇인지를 살피는 것입니다. 물론 발생장소가 진료실 안쪽인 경우 의료기관의 책임이 커지는 경우가 많을 수 있는데, 그것은 진료실 안에서 발생하였기 때문이라기보다는 진료실 안에서 발생하는 안전사고의 대부분이 의료인의 지배영역 하에서 발생하는 경우가 많기 때문입니다. 진료실 안에서 발생하더라도 진료와 전혀 관계없이 발생하는 경우 의료기관의 책임은 전혀 발생하지 않을 수도 있습니다. 마찬가지로 진료실 밖에서 발생한 안전사고의 경우에도 의료기관의 책임여부는 구체적인 상황에 따라 다를 수 있습니다. 따라서 이 사례의 경우는 해당 소아청소년과 진료실과 대기실이 어떤 구조이고 대기실 놀이방의 관리는 누구에 의해서 어떻게 이루어지고 있는지 등 구체적인 사항이 검토되어져야 할 것입니다.

♨ 관련판례

정신질환으로 병원에 입원하여 진료를 받던 환자가 병원 옥상에서 떨어져 사망한 사안에서, 망인의 사망 원인이 투신에 의한 사망일 개연성이 아주 높고 병원이 망인의 자살 자체를 예견하기 어려웠다고 하더라도 위 옥상에 존재한 설치 또는 보존상의 하자가 사고의 공동원인의 하나가 되었다면, 그 공작물의 설치 또는 관리자는 손해배상책임을 면할 수 없다(대법원 2010. 4. 29. 선고 / 2009다101343 판결).

▌ 의료기관 회전문에서 사고가 발생하였을 때 그 책임은?

【질문】 환자가 통원 치료 중에 병원 입구 회전문에 부딪쳐 넘어지면서 인대파열이 발생하였습니다. 이후 종합병원으로 전원하여 수술을 받았으며, 현재까지 입원 중에 있습니다. 이런 경우 의료기관의 과실은 어느 정도로 보아야 하는지요?

【답변】

의료행위냐 시설물의 하자냐 여부에 따라서 책임이 달라질 수 있습니다.

의료행위에 있어서 환자에 대한 관리상 주의의무 정도는 관리의 형태, 진료경과, 발생시점, 환자의 연령 및 기왕증 등 전반적 사항에 따라 달라질 수 있습니다. 이 사례의 경우 의료기관 내에서 발생한 낙상 사고이지만 환자를 관리해야 할 통상 범위(시간·장소)와의 차이, 해당 장소에서의 동일 사고이력, 관련 인력배치 여부 등도 살펴볼 필요가 있으며, 사고발생 후 처치도 적절했는지 또한 검토되어야 할 것입니다. 만일 의료행위상으로 문제가 없는 경우라면 「시설물 안전관리에 관한 특별법」에 의거 시설물의 하자 등을 살펴볼 필요가 있겠습니다.

【관련법조문】

> **민법 제758조(공작물 등의 점유자, 소유자의 책임)**
>
> ① 공작물의 설치 또는 보존의 하자로 인하여 타인에게 손해를 가한 때에는 공작물 점유자가 손해를 배상할 책임이 있다. 그러나 점유자가 손해의 방지에 필요한 주의를 해태하지 아니한 때에는 그 소유자가 손해를 배상할 책임이 있다.
>
> ② 전항의 규정은 수목의 재식 또는 보존에 하자있는 경우에 준용한다.
>
> ③ 제2항의 경우에 점유자 또는 소유자는 그 손해의 원인에 대한 책임있는 자에 대하여 구상권을 행사할 수 있다.
>
> **시설물 안전관리에 관한 특별법 제6조(시설물의 안전 및 유지관리계획의 수립·시행)**
>
> ① 관리주체는 기본계획에 따라 소관 시설물에 대한 안전 및 유지관리계획(이하 "시설물관리계획"이라 한다)을 수립·시행하여야 한다. 다만, 제7조에 따른 제3종시설물 중 「공동주택관리법」 제2조제2호에 따른 의무관리대상 공동주택이 아닌 공동주택 등 민간관리주체 소관 시설물 중 대통령령으로 정하는 시설물의 경우에는 특별자치시장·특별자치도지사·시장·군수 또는 구청장(구청장은 자치구의 구청장을 말하며, 이하 "시장·군수·구청장"이라 한다)이 수립하여야 한다.

⚖️ **관련판례**

공중목욕탕의 온탕 바닥을 미끄러운 재질로 설치하고도 마찰력이 높은 미끄럼 방지시설을 별도로 부착하거나 요철이 있는 종류로 바닥면의 재질을 바꾸어 미끄럼 사고를 방지하려는 조치를 취하지 않고, 온탕 주위에 '미끄럼 주의'라고 표시된 안내판을 설치한 것 등만으로는 사고방지 노력을 다하였다고 볼 수 없으므로 목욕탕업자는 고객의 낙상사고로 인한 손해를 배상할 책임이 있다(서울중앙지법 2009. 11. 17. 선고, 09나22265 판결).

■ 치료비 선 결제 후 의료기관이 폐업하였을 때 치료비의 환불을 받을 수 있는 방법은 없는지요?

【질문】 치아교정을 위해 2년 과정의 교정치료 비용을 선결제한 후 1개월에 한 번씩 내원, 약 1년간 통원치료를 받던 중 해당 치과가 폐업을 하였습니다. 이로 인해 현재 교정치료를 하지 못하고 있습니다. 사전에 치과로부터 폐업 예정이라는 사실을 연락받은 적도 없었습니다. 이런 경우 치료비의 환불을 받을 수 있는 방법은 없는지요?

【답변】

당시 담당의사를 찾아서 치료받지 못한 부분에 대한 진료비의 환불을 요청하셔야 됩니다

이 사례는 의료사고가 아닌 계약상의 채무불이행을 묻는 민사적 사항으로서 의료중재원을 통해서 해결될 수 있는 사항은 아니나, 당시 진료했던 의사를 찾아서 치료받지 못한 부분에 대한 진료비의 환불을 요청하는 것이 필요할 것 같습니다. 다만, 폐업의 배경에 따라서는 담당 의료인의 연락처를 알기가 어려울 수도 있으므로 당시 함께 근무했던 직원들에 대한 수소문을 병행하는 방법과 소액소송 등의 민사절차를 통하여 거주지에 대한 확인(주소보정명령을 통한 확인) 방법 또한 유용할 수 있습니다. 또한, 의료기관을 폐업하는 경우 진료기록부를 관할 보건소에 보관하는 법률규정도 있으므로 이 점을 이용해 확인해보시는 방법과 당시 의료기관의 운영 및 권리관계(동업 여부 포함) 등도 함께 확인하시면 이후 책임을 묻거나 비용을 환불받는 데 있어서 도움이 될 수도 있을 것입니다.

♨ 관련판례

임플란트 시술 후 치주염 등이 발생한 데 대하여, 피고가 임플란트 시술 전에 환자에 대한 치은의 심한 염증에 대한 치료를 제대로 하지 아니하거나 환자에게 전치부 치조전돌증이 있음에도 브리지 형태의 임플란트 시술을 하여 과도한 교합과 저작력을 발생하게 한 과실로 환자가 보철물 탈락과 치주염 등의 현 상태에 이르렀다고 판단하여, 피고에게 진료계약상의 채무불이행 내지 불법행위로 인한 손해배상책임을 인정함 (부산지법 2010. 10. 20. 선고. 2009가합8447 판결).

▌ 가해자의 보험자가 의료기관에 치료비를 직접 지급한 경우 소멸시효중단은?

【질문】 저는 4년 전 교통사고를 당하여 요추부추간판탈출증 진단을 받고 계속 치료를 받았는데, 가해차량이 가입한 종합보험의 보험회사는 사고 때부터 3년이 다될 무렵까지 치료비를 병원에 직접 지급하였습니다. 그런데 저는 치료종결 후 장해가 인정되어 그에 따른 제반 손해배상을 청구하려고 합니다. 이 경우 불법행위로 인한 손해배상청구권의 소멸시효가 문제되는지요?

【답변】

민사상 불법행위로 인한 손해배상청구권은 '손해 및 가해자를 안 날로부터 3년'과 '불법행위를 한 날로부터 10년'의 기간 중 먼저 만료되는 것에 의하여 권리가 시효소멸 되는데(민법 제766조), 「상법」 제724조 제2항에서 제3자는 피보험자가 책임을 질 사고로 입은 손해에 대하여 보험금액의 한도 내에서 보험자에게 직접 보상을 청구할 수 있다고 규정하고, 이러한 직접청구권은 보험자가 피보험자의 피해자에 대한 손해배상채무를 병존적으로 인수한 것이므로, 직접청구권의 소멸시효도 피해자가 피보험자(가해자)에 대하여 가지는 불법행위로 인한 손해배상청구권의 소멸시효에 관한 민법 제766조가 적용됩니다(대법원 2005. 10. 7. 선고, 2003다6774 판결). 그리고 「민법」 제168조에서 소멸시효의 중단사유로 ①청구, ②압류 또는 가압류, 가처분, ③승인을 규정하고, 「민법」 제178조 제1항에서 중단 후의 시효진행에 관하여 시효가 중단된 때에는 중단까지에 경과한 시효기간은 이를 산입하지 아니하고 중단사유가 종료한 때로부터 새로이 진행한다고 규정하고 있으므로, 위 질문에서는 보험회사의 치료비직접지급이 위 시효중단사유인 승인에 해당되는지 문제됩니다.

그런데 판례를 보면, 소멸시효중단사유로서의 승인은 시효이익을 받을 당사자인 채무자가 소멸시효완성으로 권리를 상실하게 될 자 또는 그 대리인에 대하여 그 권리가 존재함을 인식하고 있다는 뜻을 표시함으로써 성립하는데, 그 표시방법은 아무런 형식을 요구하지 아니하고 또한 명시적이건 묵시적이건 불문하며, 묵시적인 승인의 표시는 채무자가 그 채무의 존재 및 액수에 대하여 인식하고 있음을 전제로 하여 그 표시를 대하는 상대방으로 하여금 채무자가 그 채무를 인식하고 있음을 그 표시를 통해 추단하게 할 수 있는 방법으로 행해지면 된다고 하였으며, 불법행위에 따른 손해배상청구권의 소멸시효완성 전에 가해자의 보험자가 피해자의 치료비를 구 자동차손해배상 보장법(2006. 12. 28. 법률 제8127호로 개정되기 전의 것) 제9조 제1항 단서(현행 제10조 제1항 단서), 제11조(현행 제12조) 등의 규정에 따라 의료기관에 직접 지급한 경우, 특별한 사정이 없는 한 보험자가 피해자에 대한 손해배상책임이 있음을 전제로 그 손해배상채무 전체를 승인한 것으로 봄이 상당하고, 치료비와 같은 적극적인 손해에 한정하여 채무를 승인한 것으로 볼 수는 없다고 한 사례가 있습니다(대법원 2010. 4. 29. 선고, 2009다99105 판결).

그렇다면 귀하는 요추부추간판탈출증 진단을 받은 때에 장해에 관한 손해도 알았거나 알 수 있었다고 하여도 보험회사의 치료비직접지급이 소멸시효중단사유인 승인에 해당되어 최종 치료비를 지급한 때로부터 3년 이내에 위 손해배상을 청구해볼 수 있을 것으로 보입니다.

▌ 배상합의 후 사망이 의사의 치료행위와 무관한 것으로 판명된 경우 합의를 취소할 수 있는지?

【질문】 저는 의사입니다. 얼마 전에 환자를 진찰한지 2시간 만에 환자가 사망하였습니다. 그 유족들은 의료사고임을 강력히 주장하여, 이에 저는 주사쇼크, 기도폐쇄 등의 부작용이 생길 수 있는 점을 감안하여 그 유족들과 5천만 원의 손해배상을 해주기로 합의하였습니다. 그런데 부검결과 환자는 치료행위와 전혀 무관한 심장성 돌연사로 사망하였음이 밝혀졌습니다. 이 경우 저는 위 합의를 취소할 수는 없는지요?

【답변】

화해는 당사자가 상호 양보하여 당사자 사이의 분쟁을 종지(終止)할 것을 약정함으로써 그 효력이 생기는 계약이며, 화해계약은 당사자일방이 양보한 권리가 소멸되고 상대방이 화해로 인하여 그 권리를 취득하는 효력이 있습니다.

그리고 「민법」 제733조에서는 화해계약은 착오를 이유로 하여 취소하지 못하고, 다만 화해당사자의 자격 또는 화해의 목적인 분쟁 이외의 사항에 착오가 있는 때에는 그러하지 아니하다고 규정하고 있습니다. 이처럼 민법상의 화해계약을 체결한 경우 당사자는 착오를 이유로 취소하지 못하고, 다만 화해당사자의 자격 또는 화해의 목적인 분쟁 이외의 사항에 착오가 있는 때에 한하여 이를 취소할 수 있으며, 여기서 '화해의 목적인 분쟁 이외의 사항'이란 분쟁의 대상이 아니라 분쟁의 전제 또는 기초가 된 사항으로서, 쌍방당사자가 예정한 것이어서 상호 양보의 내용으로 되지 않고 다툼이 없는 사실로 양해된 사항을 말합니다(대법원 2007. 12. 27. 선고, 2007다70285 판결).

그런데 위 사안과 관련하여 판례를 보면, 의사의 치료행위 직후 환자가 사망하여 의사가 환자의 유족에게 거액의 손해배상금을 지급하기로 합의하였으나, 그 후 환자의 사망이 의사의 치료행위와는 전혀 무관한 것으로 밝혀진 사안에서, 의사에게 치료행위상의 과실이 있다는 점은 위 합의의 전제이었지 분쟁의 대상은 아니었다고 보아 착오를 이유로 화해계약의 취소를 인정한 경우가 있습니다(대법원 2001. 10. 12. 선고, 2001다49326 판결). 따라서 위 사안의 경우 귀하도 착오를 이유로 유족들과의 합의를 취소해 볼 수 있을 듯합니다.

▌ 치료 중 사고가 발생하면 건강보험공단에서 구상권을 행사하는지?

【질문】 병원 관계자입니다. 물리치료 하는 과정에서 환자가 핫팩에 의한 화상이 발생하였습니다. 현재 화상치료를 전문으로 하는 병원에서 치료 중에 있는데, 이런 경우 건강보험공단으로부터 이송치료비에 대해 구상을 당할 수 있다고 하던데 사실인가요? 만일 이 사건의 경우 의료중재원을 통해 조정이 성립되면 건강보험공단에 관련 자료가 자동적으로 이첩되어 이송치료비 구상청구를 받는 등 병원이 불이익을 당하지는 않는지요?

【답변】

　　의료중재원에 접수된 자료는 대외비로 취급되어 타 기관으로 이첩되는 경우는 없습니다.

　　의료행위로 인해 사고가 발생되어 요양급여가 지급된 경우 보험자인 건강보험공단의 진료비 심의과정에서 의료기관의 가해행위라고 판단되는 경우, 「국민건강보험법」제58조에 따라 해당 의료기관을 상대로 구상권을 청구하는 경우가 있습니다. 의료중재원을 통해 합의가 이루어지거나 조정이 성립되는 경우 관련 자료가 건강보험공단에 자동 이첩되어 구상 여부를 판단하는 자료로 쓰이지 않을까 우려하는 일부 의료인들의 문의가 있었습니다. 이는 관계법령에 따라 개인정보, 개인질환 문제를 대외비로 다루는 저희 의료중재원의 업무처리상 있을 수 없는 일이므로, 전혀 걱정을 하지 않아도 됩니다.

【관련법조문】

「국민건강보험법」제58조(구상권)

① 공단은 제3자의 행위로 보험급여사유가 생겨 가입자 또는 피부양자에게 보험급여를 한 경우에는 그 급여에 들어간 비용 한도에서 그 제3자에게 손해배상을 청구할 권리를 얻는다.

② 제1항에 따라 보험급여를 받은 사람이 제3자로부터 이미 손해배상을 받은 경우에는 공단은 그 배상액 한도에서 보험급여를 하지 아니한다.

⚖ 관련판례 I

　　국민건강보험법상의 요양급여는 원칙적으로 요양기관에 의하여 질병 또는 부상이 치유되기까지 요양케 하는 현물급여의 형태로 이루어진다고 할 것이므로, 피보험자가 요양기관에서 치료를 받았을 때 현실적으로 보험급여가 이루어지고 국민건강보험공단은 그 보험급여의 한도 내에서 제3자에 대한 구상권을 취득한다(대법원 2005. 1. 14. 선고, 04다59249 판결).

⚖ 관련판례Ⅱ

국민건강보험법에 따라 보험급여를 받은 피해자가 제3자에 대하여 손해배상청구를 할 경우 그 손해발생에 피해자의 과실이 경합된 때에는 먼저 산정된 손해액에서 과실상계를 한 다음 거기에서 보험급여를 공제하여야 하고, 그 공제되는 보험급여에 대하여는 다시 과실상계를 할 수 없으며, 보험자가 불법행위로 인한 피해자에게 보험급여를 한 후 피해자의 가해자에 대한 손해배상채권을 대위하는 경우 그 대위의 범위는 손해배상채권의 범위 내에서 보험급여를 한 전액이다(대법원 2002. 12. 26. 선고, 2002다50149판결).

▌증상발생에 간접사실이 증명될 경우 의료상 과실로 추정 할 수 있는지?

【질문】 수술 도중이나 수술 후 환자에게 중한 결과의 원인이 된 증상이 발생한 경우, 증상 발생에 관하여 의료상 과실 이외의 다른 원인이 있다고 보기 어려운 간접 사실들이 증명되면 그 증상이 의료상 과실에 기한 것으로 추정할 수 있는지요?

【답변】

의사의 의료행위가 그 과정에 주의의무 위반이 있어 불법행위가 된다고 하여 손해 배상을 청구하는 경우에도 일반의 불법행위와 마찬가지로 의료행위상의 과실과 손해 발생 사이에 인과관계가 있어야 하고, 이에 대한 증명책임은 환자 측에서 부담하지만, 의료행위는 고도의 전문적 지식을 필요로 하는 분야로서 전문가가 아닌 일반인으로서는 의사의 의료행위 과정에 주의의무 위반이 있었는지 여부나 그 주의의무 위반과 손해발생 사이에 인과관계가 있는지 여부를 밝혀내기가 극히 어려운 특수성이 있으므로, 수술 도중이나 수술 후 환자에게 중한 결과의 원인이 된 증상이 발생한 경우 그 증상의 발생에 관하여 의료상의 과실 이외의 다른 원인이 있다고 보기 어려운 간접사실들이 증명되면 그와 같은 증상이 의료상의 과실에 기한 것이라고 추정할 수 있습니다.

▌ 위급한 상황에 처한 환자를 다른 병원에 이송치 못한 경우의 과실은?

【질문】 저는 교통사고 후 A가 운영하는 병원에 입원하여 치료를 받던 중 의식을 잃고 쓰러져 다른 병원으로 후송되어 급성 심근염을 진단받았습니다. 그 후 저는 뇌경색에 이르게 되었습니다. A가 운영하는 병원에게 급성 심근염 초기증세를 보인 저를 면밀히 관찰하여야 함에도 이를 게을리하고 실신할 때까지 의사가 없는 상태로 방치함으로써 위급한 상황에 처한 저를 제때 치료 가능한 병원으로 전원하지 못한 과실을 물을 수 있는지요?

【답변】

교통사고로 인하여 상해를 입은 피해자가 치료를 받던 중 치료를 하던 의사의 과실로 인한 의료사고로 증상이 악화되거나 새로운 증상이 생겨 손해가 확대된 경우, 의사에게 중대한 과실이 있다는 등의 특별한 사정이 없는 한 확대된 손해와 교통사고 사이에도 상당인과관계가 있습니다. 이 경우 교통사고와 의료사고가 각기 독립하여 불법행위의 요건을 갖추고 있으면서 객관적으로 관련되고 공동하여 위법하게 피해자에게 손해를 가한 것으로 인정되면 공동불법행위가 성립합니다(대법원 1997. 8. 29. 선고, 96다46903 판결, 대법원 1998. 11. 24. 선고, 98다32045 판결 등 참조).

■ 사고병원과 이를 확대시킨 이송병원 양측에 손해배상 청구가 가능한가요?

【질문】 어머니(80세)가 A병원의 위 내시경 과정에서 우측 둔부에 진정제를 맞았는데 주사부위에 염증이 발생 하였습니다. 그래서 A병원 보다 규모가 큰 B병원으로 옮겨 치료를 받았으나 상태가 더 안 좋아져 대학병원인 C병원으로 응급 이송, 괴사성근막염 진단 하에 집중치료를 받았지만 패혈증 등으로 사망에 이르게 되었습니다. 이런 경우 A병원과 B병원을 상대로 보상을 받을 수 있을까요?

【답변】

A병원과 B병원을 상대로 피해배상에 대한 조정신청 또는 소송을 제기하실 수 있습니다.

환자에게 손해를 입혔다고 생각되는 의료기관 및 의료인을 상대로 의료중재원 또는 법원에 그 손해에 대한 배상청구를 할 수 있습니다. 이 사례의 경우에서 환자 측은 A병원과 B병원 모두를 피신청인으로 지정하거나, A나 B병원 중 어느 한 병원만을 대상으로 조정을 신청할 수 있습니다.(물론 분쟁을 한꺼번에 해결하기 위해서는 A병원과 B병원을 모두 피신청인으로 하여 조정 신청하는 것이 좋습니다) 또한 의료기관 뿐만 아니라 담당 의료인을 피신청인으로 하여 조정을 신청할 수도 있습니다.

【관련법조문】

민법 제756조(사용자의 배상책임)

① 타인을 사용하여 어느 사무에 종사하게 한 자는 피용자가 그 사무집행에 관하여 제3자에게 가한 손해를 배상할 책임이 있다. 그러나 사용자가 피용자의 선임 및 그 사무감독에 상당한 주의를 한 때 또는 상당한 주의를 하여도 손해가 있을 경우에는 그러하지 아니하다.

② 사용자에 가름하여 그 사무를 감독하는 자도 전항의 책임 있다.

③ 제2항의 경우에 사용자 또는 감독자는 피용자에 대하여 구상권을 행사랄 수 있다.

민법 제760조(공동불법행위자의 책임)

① 수인이 공동의 불법행위로 타인에게 손해를 가한 때에는 연대하여 그 손해를 배상할 책임이 있다.

② 공동 아닌 수인의 행위 중 어느 자의 행위가 그 손해를 가한 것인지 알 수 없는 때에도 전항과 같다.

③ 교사자나 방조자는 공동행위자로 본다.

⚖️ 관련판례Ⅰ

다수의 의사가 의료행위에 관여한 경우 그 중 누구의 과실에 의하여 의료사고가 발생한 것인지 분명하게 특정할 수 없는 때에는 일련의 의료행위에 관여한 의사들 모두에 대하여 민법 제760조 제2항에 따라 공동불법행위책임을 물을 수 있다고 봄이 상당함(대법원 2005. 9. 30. 선고, 2004다52576 판결).

⚖️ 관련판례Ⅱ

의사 갑이 을을 수술하는 과정에서 을의 호흡이 정지되어 병 병원으로 이송하였으나 을이 저산소성 뇌손상으로 사망한 사안에서, 갑의 마취제 과다 투여 등 과실과 을의 뇌손상 및 사망 사이에 상당인과관계가 있다고 추정되고, 병 병원 의료진의 과실도 을의 뇌손상 및 사망의 원인이 되었더라도 갑의 행위와 병 병원 의료진의 행위는 공동불법행위 관계에 있다는 이유로, 갑에게 손해배상책임을 인정한 원심판단을 수긍함(대법원 12. 1. 27. 선고, 2009다82275,82282 판결).

▌불성실하게 진료한 경우, 위자료의 배상책임은?

【질문】 의료진이 일반인의 수인한도를 넘어서 현저하게 불성실한 진료를 행한 경우, 위자료의 배상책임을 부담하는지요?

【답변】

의료행위의 속성상 환자의 구체적인 증상이나 상황에 따라 위험을 방지하기 위하여 요구되는 최선의 조치를 취하여야 할 주의의무를 부담하는 의료진이 환자의 기대에 반하여 환자의 치료에 전력을 다하지 아니한 경우에는 그 업무상 주의의무를 위반한 것이라고 보아야 할 것이지만, 그러한 주의의무 위반과 환자에게 발생한 악결과 사이에 상당인과관계가 인정되지 않는 경우에는 그에 관한 손해배상을 구할 수 없습니다. 다만 그 주의의무 위반의 정도가 일반인의 처지에서 보아 수인한도를 넘어설 만큼 현저하게 불성실한 진료를 행한 것이라고 평가될 정도에 이른 경우라면 그 자체로서 불법행위를 구성하여 그로 말미암아 환자나 그 가족이 입은 정신적 고통에 대한 위자료의 배상을 명할 수 있으나, 이때 그 수인한도를 넘어서는 정도로 현저하게 불성실한 진료를 하였다는 점은 불법행위의 성립을 주장하는 피해자들이 이를 증명하여야 합니다(대법원 2006. 9. 28. 선고, 2004다61402 판결, 대법원 2009. 11. 26. 선고, 2008다12545 판결 등 참조).

▌ 회복 불가능한 사망단계에서 치료 중단의 허용기준은?

【질문】 회복 불가능한 사망의 단계에서 치료 중단의 허용 기준은 어떻게 판단하는지요?

【답변】

　의학적으로 환자가 의식의 회복가능성이 없고 생명과 관련된 중요한 생체기능의 상실을 회복할 수 없으며 환자의 신체 상태에 비추어 짧은 시간 내에 사망에 이를 수 있음이 명백한 경우(이하 '회복 불가능한 사망의 단계'라 한다)에 이루어지는 진료행위(이하 '연명치료'라 한다)는, 원인이 되는 질병의 호전을 목적으로 하는 것이 아니라 질병의 호전을 사실상 포기한 상태에서 오로지 현 상태를 유지하기 위하여 이루어지는 치료에 불과하므로, 그에 이르지 아니한 경우와는 다른 기준으로 진료중단 허용 가능성을 판단하여야 합니다.

　이미 의식의 회복가능성을 상실하여 더 이상 인격체로서의 활동을 기대할 수 없고 자연적으로는 이미 죽음의 과정이 시작되었다고 볼 수 있는 회복 불가능한 사망의 단계에 이른 후에는, 의학적으로 무의미한 신체 침해 행위에 해당하는 연명치료를 환자에게 강요하는 것이 오히려 인간의 존엄과 가치를 해하게 되므로, 이와 같은 예외적인 상황에서 죽음을 맞이하려는 환자의 의사결정을 존중하여 환자의 인간으로서의 존엄과 가치 및 행복추구권을 보호하는 것이 사회상규에 부합되고 헌법정신에도 어긋나지 아니합니다.

　그러므로 회복 불가능한 사망의 단계에 이른 후에 환자가 인간으로서의 존엄과 가치 및 행복추구권에 기초하여 자기결정권을 행사하는 것으로 인정되는 경우에는 특별한 사정이 없는 한 연명치료의 중단이 허용될 수 있습니다. 한편, 환자가 회복 불가능한 사망의 단계에 이르렀는지 여부는 주치의의 소견뿐 아니라 사실조회, 진료기록 감정 등에 나타난 다른 전문의사의 의학적 소견을 종합하여 신중하게 판단하여야 합니다.

　환자가 회복 불가능한 사망의 단계에 이르렀을 경우에 대비하여 미리 의료인에게 자신의 연명치료 거부 내지 중단에 관한 의사를 밝힌 경우(이하 '사전의료지시'라 한다)에는, 비록 진료 중단 시점에서 자기결정권을 행사한 것은 아니지만 사전의료지시를 한 후 환자의 의사가 바뀌었다고 볼 만한 특별한 사정이 없는 한 사전의료지시에 의하여 자기결정권을 행사한 것으로 인정할 수 있습니다.

　다만, 이러한 사전의료지시는 진정한 자기결정권 행사로 볼 수 있을 정도의 요건을 갖추어야 하므로 의사결정능력이 있는 환자가 의료인으로부터 직접 충분한 의학적 정보를 제공받은 후 그 의학적 정보를 바탕으로 자신의 고유한 가치관에 따라 진지하게 구체적인 진료행위에 관한 의사를 결정하여야 하며, 이와 같은 의사결정 과정이 환자 자신이 직접 의료인을 상대방으로 하여 작성한 서면이나 의료인이 환자를 진료하는 과정에서 위와 같은 의사결정 내용을 기재한 진료기록 등에 의하여 진료 중단 시점에서 명확하게 입증될 수 있어야 비로소 사전의료지시로서의 효력을 인정할 수 있습니다.

한편, 환자의 사전의료지시가 없는 상태에서 회복 불가능한 사망의 단계에 진입한 경우에는 환자에게 의식의 회복가능성이 없으므로 더 이상 환자 자신이 자기결정권을 행사하여 진료행위의 내용 변경이나 중단을 요구하는 의사를 표시할 것을 기대할 수 없습니다.

그러나 환자의 평소 가치관이나 신념 등에 비추어 연명치료를 중단하는 것이 객관적으로 환자의 최선의 이익에 부합한다고 인정되어 환자에게 자기결정권을 행사할 수 있는 기회가 주어지더라도 연명치료의 중단을 선택하였을 것이라고 볼 수 있는 경우에는, 그 연명치료 중단에 관한 환자의 의사를 추정할 수 있다고 인정하는 것이 합리적이고 사회상규에 부합됩니다. 이러한 환자의 의사 추정은 객관적으로 이루어져야 한다. 따라서 환자의 의사를 확인할 수 있는 객관적인 자료가 있는 경우에는 반드시 이를 참고하여야 하고, 환자가 평소 일상생활을 통하여 가족, 친구 등에 대하여 한 의사표현, 타인에 대한 치료를 보고 환자가 보인 반응, 환자의 종교, 평소의 생활 태도 등을 환자의 나이, 치료의 부작용, 환자가 고통을 겪을 가능성, 회복 불가능한 사망의 단계에 이르기까지의 치료 과정, 질병의 정도, 현재의 환자 상태 등 객관적인 사정과 종합하여, 환자가 현재의 신체 상태에서 의학적으로 충분한 정보를 제공받는 경우 연명치료 중단을 선택하였을 것이라고 인정되는 경우라야 그 의사를 추정할 수 있습니다.

환자 측이 직접 법원에 소를 제기한 경우가 아니라면, 환자가 회복 불가능한 사망의 단계에 이르렀는지 여부에 관하여는 전문 의사 등으로 구성된 위원회 등의 판단을 거치는 것이 바람직합니다(대법원 2009.05.21. 선고, 2009다17417 전원합의체 판결).

▌법원의 신체감정촉탁을 잘못한 의사에게 손해배상을 청구할 수 있는 지?

【질문】 법원의 신체감정촉탁을 받은 의사가 감정을 잘못하여 적은 액수의 손해배상액을 인정받았음을 이유로 그 의사를 상대로 한 손해배상을 청구할 수 있는지요?

【답변】

민사소송절차에서 신체감정에 관한 감정인의 감정결과는 증거방법의 하나에 불과하고, 법관은 당해 사건에서 모든 증거를 종합하여 자유로운 심증에 의하여 특정의 감정결과와 다르게 노동능력상실률을 판단할 수 있고, 또한 당사자도 주장·입증을 통하여 그 감정결과의 당부를 다툴 수 있는 것입니다. 교통사고로 인한 손해배상청구소송에서 법원의 신체감정촉탁을 받은 의사가 피해자에게 향후 후유장해가 남지 않을 것이라고 회보하여 이를 기초로 하는 조정에 갈음하는 결정이 확정된 후, 피해자가 후유장애가 존재한다고 주장하면서 의사를 상대로 손해배상청구소송을 제기하고 그 재판과정에서 실시한 신체감정결과 후유장해가 존재한다는 감정결과가 제출된 경우, 종전 감정 의사의 손해배상 책임을 물을 수 없다고 봅니다.

♨ 관련판례

노동능력상실률을 정하기 위한 보조자료의 하나인 의학적 신체기능장해율에 대한 감정인의 감정결과는 사실인정에 관하여 특별한 지식과 경험을 요하는 경우에 법관이 그 특별한 지식, 경험을 이용하는 데 불과한 것이고, 궁극적으로는 피해자의 성별, 연령, 교육정도, 노동의 성질과 신체기능장해정도, 기타 사회적, 경제적 조건 등을 모두 참작하여 그러한 여러 조건과 경험법칙에 비추어 규범적으로 결정될 수밖에 없는 것이므로, 신체감정인의 감정서에 훼손된 현재의 신체 장해가 향후 치료에 의하여 다소 개선될 여지가 있는 것처럼 나타나 있다 하여 법원이 반드시 이를 그대로 채택하여야 하는 것은 아니다(대법원 1994.04.26. 선고 93다62348 판결).

▌법원의 신체감정을 잘못한 의사에게 손해배상을 청구할 수 있는지?

【질문】 법원의 신체감정촉탁을 받은 의사가 감정을 잘못하여 적은 액수의 손해배상액을 인정받았음을 이유로 그 의사를 상대로 한 손해배상을 청구할 수 있는지요?

【답변】

　민사소송절차에서 신체감정에 관한 감정인의 감정결과는 증거방법의 하나에 불과하고, 법관은 당해 사건에서 모든 증거를 종합하여 자유로운 심증에 의하여 특정의 감정결과와 다르게 노동능력상실률을 판단할 수 있고, 또한 당사자도 주장·입증을 통하여 그 감정결과의 당부를 다툴 수 있는 것입니다. 교통사고로 인한 손해배상청구소송에서 법원의 신체감정촉탁을 받은 의사가 피해자에게 향후 후유장해가 남지 않을 것이라고 회보하여 이를 기초로 하는 조정에 갈음하는 결정이 확정된 후, 피해자가 후유장애가 존재한다고 주장하면서 의사를 상대로 손해배상청구소송을 제기하고 그 재판과정에서 실시한 신체감정결과 후유장해가 존재한다는 감정결과가 제출된 경우, 종전 감정 의사의 손해배상 책임을 물을 수 없다고 봅니다.

【관련판례】

　노동능력상실률을 정하기 위한 보조자료의 하나인 의학적 신체기능장해율에 대한 감정인의 감정결과는 사실인정에 관하여 특별한 지식과 경험을 요하는 경우에 법관이 그 특별한 지식, 경험을 이용하는 데 불과한 것이고, 궁극적으로는 피해자의 성별, 연령, 교육정도, 노동의 성질과 신체기능장해정도, 기타 사회적, 경제적 조건 등을 모두 참작하여 그러한 여러 조건과 경험법칙에 비추어 규범적으로 결정될 수밖에 없는 것이므로, 신체감정인의 감정서에 훼손된 현재의 신체 장해가 향후 치료에 의하여 다소 개선될 여지가 있는 것처럼 나타나 있다 하여 법원이 반드시 이를 그대로 채택하여야 하는 것은 아니다(대법원 1994.04.26. 선고 93다62348 판결).

■ 환자가 외출허가 없이 무단 외출하여 사설치료를 받고 귀원한 후 상태가 좋지
   않은 경우 그 책임의 소재는?

【질문】 재활병원 원무과 직원입니다. 병원에 입원 중이던 환자가 외출허가증 없이 병원
         에는 산책을 한다고 말하고, 외부의 사설재활센터에서 별도로 진료를 받고 귀원
         후 발작을 일으켰습니다. 이런 경우 병원의 책임소재 여부는 어떻게 되는지요?

【답변】

   당시의 의료형태와 환자관리 시스템 관련 정황 등 구체적인 사항을 살펴볼 필요가
있습니다.

   입원 중 환자가 외출허가를 받지 않고 해당 의료기관의 진료공간을 벗어남으로 인해
발생한 사고는 원칙적으로는 환자에게 1차적인 책임이 있다할 것입니다. 그러나 이 경
우에도 당시의 의료형태(진료과, 환자상태, 주치의 외부치료 허가 여부), 환자관리(개방·
폐쇄병동 여부 포함), 진료관행(외출사실 인지 여부 포함) 등 구체적인 사항까지도 확
인하여 의료기관의 책임 소재 여부를 살펴볼 필요가 있겠습니다. 귀원 후 발생된 발작
에 대해서는 본원에서 신속하고 적절한 조치를 취해 손해를 방지하였거나 감소를 시켰
는지도 또한 중요한 사항이 될 수 있으므로 관련 사항을 진료기록부 등에 상세히 기재
하는 것이 좋을 것입니다. 만일 의료기관의 책임이 없거나 미미한 경우라면 환자 측을
이해시켜 사설재활센터를 대상으로 배상청구를 하게 하거나, 무면허의료행위 여부를 확
인할 수 있도록 관할 보건소 등에 문의할 것을 권유하는 방안도 바람직할 것입니다.

【관련법조문】

「의료법」 제4조(의료인과 의료기관의 장의 의무)

① 의료인과 의료기관의 장은 의료의 질을 높이고 병원감염을 예방하며 의료기술을
   발전시키는 등 환자에게 최선의 의료서비스를 제공하기 위하여 노력하여야 한다.

「의료법」 제36조(준수사항)

제33조제2항 및 제8항에 따라 의료기관을 개설하는 자는 보건복지부령으로 정하는
바에 따라 다음 각 호의 사항을 지켜야 한다.

1. 의료기관의 종류에 따른 시설기준 및 규격에 관한 사항

2. 의료기관의 안전관리시설 기준에 관한 사항

【관련판례】

　의료사고에 있어서 의료종사원의 과실을 인정하기 위하여서는 의료종사원이 결과 발생을 예견할 수 있음에도 불구하고 그 결과 발생을 예견하지 못하였고, 그 결과발생을 회피할 수 있었음에도 불구하고 그 결과 발생을 회피하지 못한 과실이 검토되어야 한다. 의료사고에 있어서 의료종사원의 과실은 일반적 보통인을 표준으로 하여 요구되는 주의의무를 결한 것으로서 여기에서 일반적 보통인이라 함은 추상적인 일반인이 아니라 그와 같은 업무와 직무에 종사하는 사람을 뜻하는 것이므로, 결국 이와 같은 사람이라면 보통 누구나 할 수 있는 주의의 정도를 표준으로 하여 과실 유무를 논하여야 하며 이에는 사고 당시의 일반적인 의학의 수준과 진료환경 및 조건, 의료행위의 특수성 등이 고려되어야 한다(대법원 1987. 1. 20. 선고, 86다카1469 판결).

▌의료기관 재직 중 사고를 이유로 병원에서 구상금을 청구한다는데?

【질문】 종합병원 근무 당시 본인(의사)으로 인한 의료사고가 있었는데 이후 병원과 환자 측간에 서로 합의가 되었습니다. 그러나 이와 관련 병원에서 본인에게 구상권을 행사하겠다고 합니다. 이런 경우 어떻게 해야 하며, 배상금액의 규모는 어느 정도가 되는지요?

【답변】

봉직 당시의 계약내용에 따라 다를 수 있으나, 구상권 행사 가능성을 감안한 법률적 대비가 필요할 수 있습니다.

의료사고가 발생한 경우 환자는 해당 의료기관 및 의료인에 대하여 공동책임 또는 각각을 상대로 손해배상을 청구할 수 있습니다. 이때 만일 의료기관이 사용자로서 관련 손해배상액을 전적으로 부담한 경우, 의료기관은 의료인이 손해를 끼쳤다고 판단되는 부분에 대해서 해당의료인을 상대로 구상권을 행사할 수 있습니다.

다만, 구상권의 범위는 봉직 당시의 근로계약 내용 및 진료상의 관여 정도, 의료기관 내에서의 당시 위치 등 구체적인 상항에 따라 다를 수 있습니다. 향후 구상권 청구의 가능성을 감안하여 법률적인 상담을 통한 대비를 하시는 것이 좋을 것 같습니다.

【관련법조문】

「민법」 제756조(사용자의 배상책임)

① 타인을 사용하여 어느 사무에 종사하게 한 자는 피용자가 그 사무집행에 관하여 제삼자에게 가한 손해를 배상할 책임이 있다. 그러나 사용자가 피용자의 선임 및 그 사무감독에 상당한 주의를 한 때 또는 상당한 주의를 하여도 손해가 있을 경우에는 그러하지 아니하다.

② 사용자에 가름하여 그 사무를 감독하는 자도 전항의 책임이 있다.

③ 제2항의 경우에 사용자 또는 감독자는 피용자에 대하여 구상권을 행사할 수 있다.

▧▧관련판례

제3자의 과실과 피용자의 사무 집행 상 과실이 경합한 사고로 타인에게 피해가 발생하였다면 제3자와 사용자는 그 손해를 연대하여 배상할 책임이 있는 한편, 제3자와 사용자 사이의 내부관계에 있어서는 형평의 원칙상 제3자와 사용자의 과실정도에 따라 손해배상을 분담하여야 할 것이고, 사용자가 그 손해를 전부 배상하여 공동 면책시킨 경우에는 피용자에 대하여 구상권을 취득하지만, 그 행사의 범위는 사용자의 위 손해분담부분으로 제한된다고 보아야 한다(부산고법 1991. 4. 4. 선고, 90나11516 판결).

▌ 입원 중 화장실에서 넘어져 대퇴부가 골절되었을 경우 병원의 과실여부와 그 보상은?

【질문】 저는 요양병원 원장입니다. 환자는 당뇨로 인하여 요양가료 중이던 74세의 여자환자로, 화장실을 가던 중 넘어져 대퇴부가 골절되는 사고가 발생되었습니다. 현재 환자는 다른 병원에서 수술하였지만 상처가 호전되지 않아 입원 치료 중에 있습니다. 이와 관련, 환자측은 본원의 환자관리 소홀 등을 주장하며 수술비, 간병비, 정신적 위자료 등을 포함한 1천만 원을 요구하면서 이를 수용하지 않을 경우 1인 시위 및 인터넷 유포를 하겠다고 합니다. 환자가 입원할 당시 본원에서는 환자의 활동이 불안하여 개인 간병인 고용을 권유하였으나 혼자 활동이 가능하다며 간병인 고용은 하지 않았던 상황입니다. 이런 경우 저희 병원에 과실이 있는지요, 있다면 보상은 어떻게 해야 하는 지요?

【답변】

시설물의 하자가 있다면 책임이 인정될 수 있습니다.

의료기관에서의 환자에 대한 관리상 주의의무의 정도는 그 의료기관의 환자관리 형태, 진료경과, 사고발생 시점, 환자의 연령 및 기왕증 등에 따라 차이가 있으며, 당시 병실바닥의 미끄럼 방지를 위한 노력 등 방호조치 의무를 다하지 않았을 경우에는 공작물의 설치 및 하자로 인한 배상책임의 문제도 검토가 필요한 사항입니다. 이 사례의 과실 부분은 의료기관 내에서 발생한 낙상사고이지만 의료기관이 환자를 관리해야 할 통상의 시간대와의 차이, 간호조무사의 예방노력, 환자의 기왕증 기여도를 같이 살펴볼 필요가 있으며, 사고 이후에 의료기관이 환자에 대한 신속한 응급조치를 취하였는지 등의 처치의 적절성 또한 고려될 필요가 있습니다. 손해배상의 유무 및 범위는 이러한 쟁점사항에 대하여 사실관계를 조사하고 정확한 진료감정이 선행되어야 하는 것으로, 의료중재원에 조정이나 중재를 신청하여 명확한 판단을 받아보시기 바랍니다.

【관련법조문】

「민법」 제758조 (공작물 등의 점유자, 소유자의 책임)

① 공작물의 설치 또는 보존의 하자로 인하여 타인에게 손해를 가한 때에는 공작물 점유자가 손해를 배상할 책임이 있다. 그러나 점유자가 손해의 방지에 필요한 주의를 해태하지 아니한 때에는 그 소유자가 손해를 배상할 책임이 있다.

화장실 미끄럼 사고는 정상인의 경우에도 흔히 일어나는 사고로서 특히 거동이 불편한 환자들이 생활하는 병원의 경우에는 보다 엄격한 기준을 적용하는 것이 타당하므로 비록 피고 병원이 이 사건 사고가 일어나기 1개월 전 쯤 미끄럼 방지 작업을 1회 실시하였으나 이러한 사실만으로 사회 통념상 요구되는 방호조치를 모두 다하였다고 할 수 없고 따라서 이 사건 화장실 바닥에는 설치, 보존상의 하자가 있어 피고 병원은 이로 인한 원고들의 손해를 배상할 의무가 있다. 다만 원고의 상태가 정상인과 동일하였다고 할 수는 없었던 점, 사고 당시 우연히 기존에 뇌수술을 받은 부위로 넘어지면서 그 손해가 확대된 점, 현재 원고의 상태가 미끄러져 넘어진 결과로서는 쉽게 예상하기 어려울 정도로 심각한 점, 피고 병원에서도 어느 정도 방호조치를 취하고는 있었던 점 등의 사정들을 고려하여 피고 병원의 책임을 일부 제한한다(서울중앙지법 2007. 2. 6. 선고, 2005가합63165 판결).

▌병원 2곳에서 3차례수술 후 신경이 손상되었습니다. 2곳 모두 보상받고 싶습니다. 어떤 절차와 방법이 있을까요?

【질문】

제 아들이 군복무 중 팔꿈치 뼈를 다쳐 A병원에서 1차 수술과 6개월 후 2차 수술을 진행하면서 의사의 실수로 운동신경 손상으로 손이 움직이지 않아 3차 수술 권유로 B병원에서 진행하였으나 호전되지 않았습니다. 신경손상은 A병원 담당의사가 직접 말한 부분이며 B병원은 수술기록에 가지신경 감각신경 15cm를 잘라 팔꿈치 운동신경에 이어붙였다고 되어있습니다. 운동신경을 잘랐다는데 의료사고 아닌가요?

아들이 지난 2월에 국가유공자 6급2항 판정을 받고 보훈급여를 받고 있습니다. A·B병원 2곳을 상대로 의료사고에 대한 보상을 받을 수 있을까요? 보훈급여 수령이 병원으로부터 보상받는데 제한이 있는지와 받을 수 있다면 어떤 절차와 방법이 있을까요?

【답변】

과실이 있다고 여겨지는 A·B병원 모두를 상대로 손해배상을 청구하실 수 있습니다.

「민법」 제760조에서 공동불법행위자의 책임으로 불법행위자는 연대하여 그 손해를 배상할 책임이 있다고 명시되어 있습니다. 환자 측은 A·B 중 더욱더 중한 책임을 가지고 있다고 판단되는 1개 병원, 또는 A·B 모두를 지정하여 손해배상에 대한 조정이나 민사소송을 고려해보시기 바랍니다. 또한 문의하신 국가배상법상의 이중배상금지와 관련하여 다양한 학설이 존재합니다. 보훈급여금은 사회보장적 성격이며 국가를 위한 희생에 대한 예우이고 손해배상금은 불법행위에 대한 손해를 전보하는데 목적이 있어 근본적인 취지를 달리하고 있다는 평가가 있습니다. 따라서 의료기관으로부터 손해배상을 받은 후 국가의 보훈급여 지급 제한이 발생한다면 법리적 다툼이 필요할 것으로 보입니다.

♨ 관련판례

공동불법행위 책임은 가해자 각 개인의 행위에 대하여 개별적으로 그로 인한 손해를 구하는 것이 아니라 그 가해자들이 공동으로 가한 불법행위에 대하여 그 책임을 추궁하는 것이므로, 공동불법행위로 인한 손해배상책임의 범위는 피해자에 대한 관계에서 가해자들 전원의 행위를 전체적으로 함께 평가하여 정하여야 하고, 그 손해배상액에 대하여는 가해자 각자가 그 금액의 전부에 대한 책임을 부담하는 것이며, 가해자 1인이 다른 가해자에 비하여 불법행위에 가공한 정도가 경미하다고 하더라도 피해자에 대한 관계에서 그 가해자의 책임 범위를 위와 같이 정하여진 손해배상액의 일부로 제한하여 인정할 수는 없다(대법원 2000. 9. 29. 선고 2000다13900 판결).

■ 치매환자가 요양원 침대에서 낙상하여 다쳤을 때 의료중 재원에 구제를 신청할 수 있는지?

【질문】 저의 아버지가 치매와 뇌경색 등의 뇌질환으로 요양원에 입원하여 요양가료 중, 침대에서 떨어져 대퇴부가 골절되는 사고가 발생하였습니다. 이런 경우에도 의료중재원을 통해 피해구제를 받을 수 있는지요?

【답변】

요양원에서 발생한 사고는 의료중재원을 통해서 피해구제를 받을 수 없습니다.

의료중재원은 「의료사고 피해구제 및 의료분쟁조정 등에 관한 법률」에 따라 의료사고에 대한 피해구제 등을 목적으로 설립되었습니다. 이때의 '의료사고'란 의료법에 의한 의료인 또는 의료기관의 의료행위로 인해 발생한 사고를 말합니다. 요양원은 「노인복지법」에 따라 설립·운영되는 노인의료복지시설로서, 여기에서 발생한 사고는 의료사고에 해당되지 않아 의료중재원을 통해서는 피해구제를 받으실 수 없습니다. 이런 경우 피해구제에 대해서는 한국소비자원을, 행정처분과 관련해서는 관한 보건소에 문의하시는 것이 좋을 것 같습니다.

【관련법조문】

「노인복지법」 제34조(노인의료복지시설)

① 노인의료복지시설은 다음 각 호의 시설로 한다.

 1. 노인요양시설 : 치매·중풍 등 노인성질환 등으로 심신에 상당한 장애가 발생하여 도움을 필요로 하는 노인을 입소시켜 급식·요양과 그 밖에 일상생활에 필요한 편의를 제공함을 목적으로 하는 시설

「민법」 제756조(사용자의 배상책임)

① 타인을 사용하여 어느 사무에 종사하게 한 자는 피용자가 그 사무집행에 관하여 제3자에게 가한 손해를 배상할 책임이 있다. 그러나 사용자가 피용자의 선임 및 그 사무감독에 상당한 주의를 한 때 또는 상당한 주의를 하여도 손해가 있을 경우에는 그러하지 아니하다.

② 사용자에 가름하여 그 사무를 감독하는 자도 전항의 책임 있다.

♨ 관련판례

피고 요양원의 피용자인 간호사 및 간병인들은 원고에 대한 요양, 관리 및 진료의 뢰를 소홀히 한 과실이(피고의 사용자책임 성립), 피고2는 원고의 상처에 대한 진료를 각 소홀히 한 과실이 있고, 이러한 과실로 인하여 원고로 하여금 이 사건 상처를 입게 하였거나 위와 같은 과실이 그 확대의 원인이 되었다. 다만, 원고는 당뇨 및 간경화를 앓고 있어 한번 상처가 생기면 쉽게 덧나게 되는 점, 피고 요양원은 의료를 행하는 노인전문병원이나 요양병원이 아니라 요양시설에 불과한 점, 피고들이 적절한 조치를 취하더라도 원고가 상처를 전혀 입지 않았다거나 이를 쉽게 치료할 수 있었을 것이라고 단정하기 어려운 점을 고려하면, 손해의 공평·타당한 분담이라는 손해배상제도의 이념에 비추어 피고들의 책임범위를 일부 제한함(서울고법 2006.3 2. 선고, 2005나17784 판결).

▌ 환자가 시술 후 일시적인 후유증에 대해 보상을 요구합니다. 어느 정도의 합의금
   이 적당한지요?

【질문】 개인 의원 원장입니다. 50대 환자가 2주전 미간 보톡스 후 좌측 눈커플에 안
       검하수가 발생되었습니다. 1~2개월 지나면 호전될 것임을 설명하였지만 식당
       을 운영하는 사람이라 너무 불편하고 손님 대면하기가 신경 쓰여 보상을 받고
       싶어 합니다. 이런 경우 후유증이 남는 것도 아니고 노동력이 지장을 받는 것
       도 아니라 어떤 기준으로 해결하는지와 합의금을 준다면 그런 사례가 있는지
       궁금합니다.

【답변】

   경과 관찰이 필요한 시기이며 손해가 확정된 후 합의를 고려해보시기 바랍니다.

   안검하수증은 눈꺼풀이 충분히 떠지지 않는 증상으로 환자에게 별다른 신경학적 원
인이 없다면 보톡스에 의한 안검거상근의 손상을 충분히 의심해 볼 수 있습니다. 안
검하수 증상이 일시적 증상일 수는 있으나 시술로 인해 환자에게 생긴 신체적 운동제
한을 무시할 수는 없습니다. 다만, 후유증상이 유동적인 시점으로 확정되지 않은 손해
에 대하여 적정한 보상금 또는 위자료의 적정수준을 결정하기는 어렵습니다.

   후유증이 영구(한시)적으로 고정된 후 맥브라이드식 장해 평가 적용이 어렵다면 국
가배상법에 의한 신체장해등급을 적용해 볼 수 있습니다. 참고로 치료를 통해 원상복
구가 가능한 피해의 경우에는 매우 예외적인 경우가 아니라면 원상복구 비용을 넘어
서는 위자료는 인정되기 어렵습니다. 따라서, 일시적 증상 후 치료 없이 회복된다면
소정의 위로금과 충분한 설명으로 원활한 합의를 진행해 보시기 바랍니다.

▌ 병원직원의 실수로 상병코드를 잘못 입력하여 사보험이 해지되었을 때 처리방법은?

【질문】 2009년 병원 치료 후 병원직원의 실수로 병명코드가 잘못 기재되어 사보험이 해지되었습니다. 나중에 고쳐주었지만 공문서위조 문제로 사건이 커졌으며, 이와 관련 병원 측에서는 책임진다고 하였지만 4년이 경과한 지금까지도 해결이 안 되었습니다. 이런 경우 어떻게 해야 하나요?

【답변】

보험관련 문제는 금융감독원, 법률문제는 대한법률구조공단에 문의해 보시기 바랍니다. 의료중재원은 「의료사고 피해구제 및 의료분쟁조정 등에 관한 법률」에 따라 의료사고에 대한 피해구제 등을 목적으로 설립되었습니다. 이 사례의 경우 의료인 또는 의료기관으로 인한 의료사고 문제가 아닌 관계로 저희 의료중재원을 통한 도움은 받기가 어렵겠습니다. 이 사례와 같은 경우 사보험처리 문제는 보험사를 관장하는 금융감독원에, 손해배상 및 관련 법률문제는 대한법률구조공단 등에 문의하시는 것이 좋을 것 같습니다. 다만, 2009년 일어난 일이라면 민법상 소멸시효에 영향을 받을 수도 있으니 이 점 유의할 필요가 있겠습니다.

【관련법조문】

「민법」 제162조(채권, 재산권의 소멸시효)

① 채권은 10년간 행사하지 아니하면 소멸시효가 완성한다.

② 채권 및 소유권이외의 재산권은 20년간 행사하지 아니하면 소멸시효가 완성한다.

「민법」 제163조(3년의 단기소멸시효)

다음 각호의 채권은 3년간 행사하지 아니하면 소멸시효가 완성한다.

 2. 의사, 조산사, 간호사 및 약사의 치료, 근로 및 조제에 관한 채권

「민법」 제766조(손해배상청구권의 소멸시효)

① 불법행위로 인한 손해배상의 청구권은 피해자나 그 법정대리인이 그 손해 및 가해자를 안 날로부터 3년간 이를 행사하지 아니하면 시효로 인하여 소멸한다.

② 불법행위를 한 날로부터 10년을 경과한 때에도 전항과 같다.

⚖️ 관련판례

보험약관상 보험가입자가 고의 또는 중대한 과실로 인하여 보험금 지급사유 발생에 영향을 미치는 고지의무를 위반한 때에는 보험금 지급사유 발생 여부와 관계없이 회사는 계약을 해지할 수 있으며, 보험가입자가 고지의무를 위반한 사실이 보험금 지급사유 발생에 영향을 미쳤음을 회사가 증명하지 못한 경우에는 해당보험금을 지급한다는 규정이 있는 경우, 위 각 규정들의 문언상의 표현이나 위 각 규정들의 취지가 보험가입자의 고지의무 위반과 인과관계가 없는 사유로 인하여 보험사고가 발생한 때에는 보험자가 고지의무 위반으로 인하여 아무런 불이익을 입은 사실이 없다는 견지에서 피보험자 등의 이익을 보호하고자 함에 있는 것으로 보이는 점 등에 비추어, 보험가입자가 고지의무를 위반하였다 하더라도 보험회사는 그 고지의무위반 사실과 보험금 지급사유의 발생, 즉 보험사고의 발생 사이에 인과관계가 있음을 입증하여야 비로소 보험계약을 해지할 수 있고 또 해당보험금의 지급책임을 면할 수 있다(창원지법 통영지원 2003.7.3. 선고,02가단4640,5285 판결).

■ 주치의 특진을 신청하였는데 검사비용에도 특진료를 부과 할 수 있는지?

【질문】 대학병원에 특진을 신청해 진료를 받았는데 이후 초음파를 찍어야 한다며 어떤 서류를 제시하기에 읽어보지 않고 서명을 한 후 관련 검사비용을 납부 했습니다. 그런데 비용이 비싼 것 같아 나중에 병원에 알아보니 검사료에 특진비가 붙었다고 합니다. 사전에 병원에서 충분한 설명을 했더라면 초음파검사를 특진으로 하지 않았을 텐데, 이런 경우 비용을 돌려받을 수 있는 방법은 없는지요?

【답변】

해당 의료기관의 민원부서 또는 관련 행정기관 문의를 통해 문제 해결방안을 모색해 보시기 바랍니다.

선택진료는 환자가 병원급 이상 의료기관에서 의사 등을 선택하여 진료를 받는 것으로, 보다 양질의 의료서비스를 받기 위해 진료를 선택하는 만큼 사전에 의료인의 충분한 설명이 수반되어져야 할 것입니다. 그러나 환자의 경우도 본인이 능동적으로 진료를 선택하는 만큼, 관련 사항을 자세히 확인할 의무가 있다고 할 것입니다. 따라서 원만한 해결을 위해 해당 의료기관 민원부서와의 대화 또는 한국소비자원 등에 문의를 하여 도움을 받을 수 있는 방법을 모색하시기 바랍니다.

【관련법조문】

「의료법」 제46조(환자의 진료의사 선택 등)

① 환자나 환자의 보호자는 종합병원·병원·치과병원·한방병원·요양병원 또는 정신병원의 특정한 의사·치과의사 또는 한의사를 선택하여 진료를 요청할 수 있다. 이 경우 의료기관의 장은 특별한 사유가 없으면 환자나 환자의 보호자가 요청한 의사·치과의사 또는 한의사가 진료하도록 하여야 한다.

② 제1항에 따라 진료의사를 선택하여 진료를 받는 환자나 환자의 보호자는 진료의사의 변경을 요청할 수 있다. 이 경우 의료기관의 장은 정당한 사유가 없으면 이에 응하여야 한다.

③ 의료기관의 장은 환자 또는 환자의 보호자에게 진료의사 선택을 위한 정보를 제공하여야 한다.

④ 의료기관의 장은 제1항에 따라 진료하게 한 경우에도 환자나 환자의 보호자로부터 추가비용을 받을 수 없다.

선택진료에 관한 규칙 제6조(선택진료 의료기관의 의무)

① 선택진료의료기관의 장은 다음 각호의 사항을 기재한 안내문을 선택진료신청서 접수창구 등 환자 또는 그 보호자가 쉽게 볼 수 있는 장소에 게시 또는 비치하여야 한다.

 1. 진료과목별로 추가비용을 징수할 수 있는 선택진료를 담당하는 의사등과 추가비용을 징수하지 아니하는 의사등의 명단 및 진료시간표
 2. 추가비용을 징수할 수 있는 선택진료를 담당하는 의사등의 경력·세부전문분야 등 환자 또는 그 보호자가 특정한 의사등을 선택할 수 있는 정보
 3. 추가비용을 징수하고자 하는 선택진료의 항목과 추가비용의 산정기준에 의하여 산출된 금액

② 환자 또는 그 보호자가 제2조제1호 및 제2호에 따라 제출한 신청서의 사본을 요청하는 경우에는 선택진료의료기관의 장은 사본을 발급해 주어야 한다.

⚖ 관련판례

　갑 병원이 의료법 등 관계 법령에 따른 선택진료신청서 양식과 다른 양식을 통하여 환자 등으로 하여금 주진료과 의사에게 진료지원과 의사를 지정할 수 있게 포괄적으로 위임하도록 하는 방식으로 선택진료제도를 운용한 행위가 「독점규제 및 공정거래에 관한 법률」제23조 제1항 제4호 등에 해당한다는 이유로 공정거래위원회가 시정명령과 함께 과징금 납부명령을 한 사안에서, 갑 병원의 행위는 환자 등의 의사선택권을 의료현실에 맞게 보장함과 아울러 더 좋은 의료서비스를 받을 수 있는 법적 지위를 보장하기 위한 것으로 보는 것이 타당하고, 선택진료 포괄위임의 의도와 목적, 효과와 영향, 의료서비스의 특성 및 거래상황, 갑 병원의 우월적 지위의 정도 및 환자 등이 받게 되는 불이익의 내용과 정도 등까지 더하여 보면, 위 포괄위임 행위가 정상적인 거래 관행을 벗어난 것으로서 공정한 거래를 저해할 우려가 있다고 보기 어렵다(대법원 2013. 1. 10. 선고, 2011두7854 판결).

▌ 병원에서 사전 설명 없이 비급여 치료 후 비용을 청구하였을 때는?

【질문】 크론병으로 진단되어 비급여 되는 약물치료를 받았는데 약값만 430만원을 지급하라는 통보를 받았습니다. 비급여 약물에 대해서는 사전에 설명이 없었으며, 담당의사도 비급여인 줄은 몰랐다고 합니다. 이런 경우 어떻게 해야 하나요?

【답변】

해당 의료기관의 민원부서 또는 관련 행정기관 문의를 통해 문제 해결방안을 모색해 보시기 바랍니다.

저희 의료중재원은 의료사고로 인해 발생되거나 확산된 손해에 대한 조정·중재 업무를 전문적으로 취급하고 있는 보건복지부 산하의 공공기관입니다. 이 사례와 같은 비급여 진료비 적정성 문제의 경우 저희 의료중재원을 통한 도움을 받기는 어려울 것입니다. 따라서 국민건강보험공단, 건강보험심사평가원, 관할 보건소 등의 해당기관에 문의를 해 보시고, 비용환불 및 관련 손해배상 등과 관련해서는 한국소비자원에 문의하시어 원만히 해결할 수 있는 방안이 있는지 알아보는 것이 좋겠습니다.

【관련법조문】

「의료법」 제45조(비급여 진료비용 등의 고지)
① 의료기관 개설자는 「국민건강보험법」 제41조제4항에 따라 요양급여의 대상에서 제외되는 사항 또는 「의료급여법」 제7조제3항에 따라 의료급여의 대상에서 제외되는 사항의 비용(이하 "비급여 진료비용"이라 한다)을 환자 또는 환자의 보호자가 쉽게 알 수 있도록 보건복지부령으로 정하는 바에 따라 고지하여야 한다.

「민법」 제104조(불공정한 법률행위)
당사자의 궁박, 경솔 또는 무경험으로 인하여 현저하게 공정을 잃은 법률행위는 무효로 한다.

🔖 관련판례 I

의료기관 또는 의사가 환자를 치료하고 그 치료비를 청구함에 있어서 그 치료행위와 그에 대한 일반의료수가 사이에 현저한 불균형이 존재하고 그와 같은 불균형이 피해 당사자의 궁박, 경솔 또는 무경험에 의하여 이루어진 경우에는 민법 제104조의 불공정한 법률행위에 해당하여 무효이므로 그 지급을 청구할 수 없다(대법원 1995. 12. 8. 선고, 95다3282 판결).

⚖️ **관련판례 II**

비보험 의료수가가 변경될 때에는 이를 신고하여야 한다. 이에 대한 신고 없이, 변경 된 독감예방 접종비를 받는다면 부당하게 많은 진료비를 요구한 때에 해당된다고 사료됨(복지부 인터넷 민원회신(2006.4.20.)

▌3개 진료과에서 검사를 받았지만 원인을 모른다고 합니다. 검사 비용을 환불받을 수 있을까요?

【질문】 고환 부위 불편감으로 종합병원에 내원하였습니다. 비뇨기과에서 초음파, CT 검사를 받았고 복합통증증후군 의증소견과 허리부위 지방종이 발견되어 정형외과 진료도 받게 되었습니다. 정형외과 MRI 검사는 퇴행성디스크 외에는 이상 없다며 소화기내과로 의뢰되었고 소화기내과에서도 이상 없으니 다시 비뇨기과로 의뢰하겠다 합니다. 고환 불편감은 나아지지 않아 항의하니 법무팀에서는 상급병원에서 진료를 받으라고 합니다. 환자증상에 대한 진단을 못하여 상태가 동일하면 검사비용을 다시 돌려주어야 된다고 생각합니다.

【답변】

진단 지연으로 인한 피해가 발생되었다면 손해배상을 요구해 볼 수 있습니다.

진료는 수단의 채무로서 검사를 통해 정확한 병명이 진단되지 않았더라도 검사비 환불을 주장하긴 어렵습니다. 다만, 진단지연으로 인해 치료기회가 상실되었거나, 예후가 달라지는 등 피해가 확인된다면 손해배상을 주장해 볼 수 있습니다.

현재 불편감에 대한 치료가 먼저이므로 빠른 시일내에 상급종합병원에서 진료를 받아보시길 바라며 진단명과 치료계획이 나온다면 이전 종합병원의 검사결과와 비교해 보아야겠습니다. 상급병원 진료 후 다시 상담센터를 이용해 주시면 손해배상 방법 등에 대하여 자세히 안내드리겠습니다.

제2장
내과

▌ 손목 부위에 약물 주사 후 혈관 손상과 부종이 발생하였습니다. 손해배상을 받을 방법은 없을까요?

【질문】 저희 아버지(60대)는 폐기흉과 폐종양 진단으로 병원에서 입원 치료 중, 손목 부위에 약물주사 후 통증과 부종이 발생하였습니다. 이후 점점 통증이 심해져 다른 병원으로 옮겼고 항생제 치료 후 증상은 완화되었습니다. 병원에서는 주사 후 발생한 증상에 대해 주삿바늘이 혈관을 관통하여 근육 안으로 약물이 투여되어 발생한 결과라고 합니다. 현재 아버지는 주사 부위 혈관 손상과 감염증으로 인해 많은 고통을 받고 계십니다. 병원의 주사 부주의로 인해 발생한 부분이라 생각되어 치료비용과 보상을 요구하였지만 거절당하였습니다. 손해배상을 받을 방법은 없을까요?

【답변】

환자 증상에 따른 의료 행위의 적절성에 대한 검토가 필요합니다.

혈관의 손상은 외부자극, 타박상, 염증 등으로 발생할 수 있으며 일반적으로 출혈이 동반되면 상처 부위에 천이나 거즈 등으로 압박하면 지혈이 됩니다. 출혈이 지속되거나 한꺼번에 많은 양의 출혈이 있으면 병원에 내원하여 적합한 치료를 받아야 합니다. 환자에게 약물을 투여하기 전에 약제 부작용에 대한 확인과 설명이 필요하며, 정맥에 약물을 주사할 경우에는 적절하게 투여되고 있는지 세심한 관찰이 요구됩니다. 또한 이상 증상이 발생하거나 통증을 호소하면 그 즉시 약물 투여를 중지하고 그에 맞는 조치를 하여야 할 주의 의무가 있습니다. 주사 행위와 혈관 파열 간의 연관성 유무 및 주의 의무 위반 여부 등에 대한 검토가 필요합니다. 현재 환자가 치료 중이므로 치료가 어느 정도 확정되면 이와 관련된 진료 기록 일체를 확보하시어 의료중재원 절차를 이용해 보시기 바랍니다.

👥 관련판례

좌측 흉벽 통증 호소로 내원 후 우측 둔부 근육주사 시행 후 통증 및 혈종이 발생한 사안과 관련, ① 우측 둔부 불편감, 통증에 의해 다리 들기 힘든 증상 호소하여 x-ray, 초음파 등 시행 ② 우측 둔부 주사 부위 혈종, 의증 연조직염, 요추신경근병증, 디스크 탈출 가능성 높은 소견 보임 ③ 디클로페낙 및 경구약 처방하여 경과 관찰 ④ 현재 증상 호전된 건으로 발생한 혈종은 디클로페낙 주(해열, 진통, 소염제)의 약물 부작용 또는 합병증 일부일 가능성이 있는 것으로 생각됨(니콜라우 증후군, Nicolau syndrome). 둔부 혈종은 주사에 의해 발생하였다고 추정되며, 하지방사통은 기존 척추 질환에 기인했을 가능성이 가장 높은 것으로 판단됨. 척추 방사선 소견상 제5요추 협부 결손 및 전방 전위증이 확인되며 이는 기왕증으로 판단되고 방사통이 나타날 수 있는 것으로 알려져 있음. 따라서 내원하여 호소한 증상에 대해 근육주사에 의한 혈종과 척추전방전위증에 의한 우하지 방사통을 의심하고, 이에 대해 초음파검사와 척추 검사를 권유하고, 약물을 처방한 것은 적절하다고 판단됨(한국의료분쟁조정중재원 조정사건 2019.11.25. 조정합의).

▌ 협심증으로 오진하여 먹지 않아도 될 약물을 복용하였습니다. 이에 대해 병원에
  보상 및 이의 제기가 가능한가요?

【질문】 저는(30대/여) 5년 전 심장이 두근거리는 증상으로 일반병원 응급실에 내원하
  여 심장 초음파와 관상동맥조영술을 시행한 결과 협심증으로 진단받았습니다.
  처방 약을 꾸준히 복용하였지만, 증상이 지속되어 다른 의사에게 진료를 받은
  결과 협심증이 아니라며 복용 중인 약을 중단하라고 합니다. 지금까지 오진으
  로 인해 잘못된 약을 몇 년간 복용하였는데, 이에 대해 병원에 보상 및 이의
  제기가 가능한가요?

【답변】

  환자 증상에 따른 진단과 치료의 적절성에 대한 검토가 필요합니다.

  협심증은 심장의 혈류 공급이 감소하여 산소 및 영양 공급이 급격하게 줄어들어 심
근에 허혈이 생기면서 나타나는 질환으로 만성 협심증, 불안정형 협심증, 변이형 협심
증의 형태로 나눕니다. 진단은 심장 초음파, 심혈관 조영술로 확진하게 됩니다. 의료
인은 진단 후 치료를 지속했음에도 환자의 증상의 호전이 없거나 재발되는 경우에는
자신의 진단을 의심해 볼 필요성이 있고 이것에 대한 검토를 토대로 진료를 해야 합
니다. 오진으로 인한 손해에 대한 배상책임을 묻는 방법은 진료계약 불이행에 대한
손해배상 청구와 진료 의무 위반에 따른 불법행위에 기한 손해배상 청구가 있으며,
손해에는 재산상의 손해뿐만 아니라 정신적 손해도 포함하고 있습니다. 진료계약 불
이행은 당시의 의료기술 수준에서 최선의 선택 이행 여부와, 불법행위의 경우에는 의
사의 고의 또는 과실, 인과관계 등이 입증되어야 합니다.

  위 사안의 경우 환자 증상에 따른 진단과 치료의 적절성에 대한 검토가 필요합니
다. 의료중재원의 조정절차를 이용하여 전문적인 감정을 받아보시기를 바랍니다.

&❧ 관련판례

  간질로 오진 후 약물 부작용 발생한 사안과 관련, ① 뇌 MRI 시행 후 항간질제,
뇌기능개선제, 항고혈압제, 항불안제 및 항우울제 등 약물치료 ② 1일 후 뇌 MRI상
이상 없고 뇌졸중 의증, 일과성 뇌허혈 발작 의증 진단 하에 약물치료 유지 및 혈전
용해제 투여 ③ 2주 후 두통, 하지 힘 빠짐 등의 증상으로 뇌 CT 촬영하여 뇌파 검
사상 이상 소견 없어 약물치료 유지하게 된 건으로 피신청인은 신청인에게 검사 시행
후 발작 의증으로 항간질제 투여하다가 뇌파 검사 후 정상으로 나온 경우임. 의식 소

실의 원인을 찾기 위해 여러 가지 검사 결과 뚜렷한 기질적 원인이 없고 간질 의심 소견이 있어 항간질제를 사용한 것은 적절하였으며 입원 중 여러 차례 시행한 항간질제의 혈중 농도가 치료 농도에 미치지 못하여 부작용 가능성이 작고, 또한 부작용이 나타났다 할지라도 투약을 중지하면 사라지기 때문에 투약이 부적절하였다고 보기 어려움(한국의료분쟁조정중재원 조정사건 2014.12.29. 조정합의).

▌ 폐암 증상을 보였는데 진단이 늦어졌습니다. 병원의 책임은?

【질문】 저희 아버지(70대)는 당뇨와 고혈압이 있어 A내과에 정기적으로 외래진료를 다니며 CT 검사도 받으셨는데 담당 의사는 그때마다 별다른 이상은 없다고 하였습니다. 몇 달 전부터 가슴 통증이 생겨 진료를 받은 결과 폐부위 이상소견으로 B종합병원으로 전원되었고 폐암 진단을 받았습니다. A내과 영상도 확인한 결과 폐 부위에 3.5cm 정도의 혹이 보인다고 설명하였습니다. 폐암 진단이 늦어져 치료가 지연된 부분에 대해 병원 측에 책임을 묻고 싶습니다.

【답변】

암 진단은 전반적인 진료 과정에 대한 주의 의무가 요구됩니다.

폐암은 초기증상이 없고 어느 정도 진행한 후에도 기침과 가래 외의 별다른 이상이 나타나지 않으며 발병 위치에 따라 증상도 다르게 나타나 진단이 매우 어렵습니다.

의사는 진찰·치료 등의 의료 행위를 할 때 반드시 병을 진단하고 완치시켜야 할 의무를 부담하는 것은 아니지만 사람의 생명, 신체, 건강을 관리하는 업무 성질에 비추어 환자의 구체적인 증상이나 상황에 따라 위험을 방지하기 위해 요구되는 최선의 조치를 행하여 할 주의 의무가 있습니다.

폐 부위 혹이 보일 당시 정밀검사 진행 여부와 검사 결과의 해석과 진단 사이에 의료인의 판단은 적절했는지에 대한 의학적 검토를 통한 과실 여부를 판단할 수 있으며, 과실과 치료 기회 상실 사이의 인과관계, 예후 변화 여부 또한 검토가 필요합니다.

⚖ 관련판례

망인은 피고 의원에서 2011, 2013년. 건강검진을 받았는데 흉부 X-ray 검사 결과 정상으로 진단받음. 망인은 2014. 재차 피고 의원에서 건강검진으로 흉부 X-ray 검사를 받았는데 당시 좌측 폐 상엽에 4.5cm 크기의 종괴 및 우측 폐 하엽의 결정이 확인되었음에도 정상이라고 통보받음. 망인은 소외 병원에서 우측 어깨 인대 수술을 받는 과정에서 흉부 X-ray 검사를 받았고 그 결과 폐 종괴가 발견됨. 망인은 소외 상급병원으로 진료 의뢰되어 검사받은 결과 폐암 4기를 진단받은 후 폐암을 원인으로 한 폐렴으로 사망함. 피고 의원 의료진의 판독상 과실과 망인이 폐암을 조기에 발견하여 적절한 치료를 받을 기회를 상실하게 한 과실을 인정함. 재산상 손해는 인정치 않고, 망인에게 배상금 지급을 판결했다(대구지방법원 2016. 12. 9. 선고 2015가단 123815 판결).

■ 신장 이식술 후 증상이 악화되어 신장을 적출하였습니다. 무엇이 문제인지요?

【질문】 남편(60대/남)은 만성신부전으로 30년 전 신장 이식술 후 정기적으로 혈액 투석을 받던 중 이식한 신장의 기능이 저하되어 교체가 필요하다는 소견으로 저의 신장을 재이식하였습니다. 그러나 이식한 신장이 체내에서 부패하였고 동맥 혈전증이 발생되어 다시 적출술을 받았습니다. 의사가 하라는 대로 재이식술을 받았으나 결과가 좋지 않아 심한 고통을 받고 있습니다. 병원 측에서는 이러한 결과에 대해 아무런 설명을 못하고 있습니다. 무엇이 문제인지 알고 싶습니다.

【답변】

신장 이식술 전·후 의료 행위의 적절성에 대한 검토가 필요합니다.

만성신부전은 신장의 기능이 정상으로 회복될 수 없을 정도로 저하되어 노폐물이 배설되지 않음으로써 거의 모든 장기에 이상이 생기는 질병입니다. 치료 방법은 원인 질환 치료와 신장 기능 소실을 지연하는 치료, 동반되는 합병증에 대한 치료, 투석 또는 이식과 같은 신 대체 요법이 있습니다.

신장 기능 저하로 신장교체가 필요할 경우 공여자와 수여자에 대한 정밀검사와 혈액형이 다른 경우 이식거부반응을 예방하기 위한 사전조치가 중요합니다. 신장 기능 저하에 따른 치료 처치의 적절성 및 신장 재이식술과 이상 증상 발생 간의 인과관계 여부, 설명 의무 위반 여부 등이 쟁점 사안이 될 수 있습니다. 쟁점에 대한 검토를 위해서는 진료와 관련된 모든 자료를 확보하시어 의료중재원 절차 이용을 통한 판단을 받아보시기 바랍니다.

♨ 관련판례

말기 신질환 진단 하 생체신장 이식수술 후 신기능 저하 발행하여 재 혈액투석 받아야 한다는 사안과 관련, ① 수술 1개월 후 수술 부위 주변으로 농양 소견이 관찰되어 경피적 농양배액관 삽입술 시행 ② 이후 JP 배액관을 통한 배액량이 증가하여 시험적 개복술 시행, 농양 관찰되어 소변 누출되는 것 확인 후 세척 및 요관 부목 스텐트를 삽입하고 수술 마침 ③ 1년 정도 추적 관찰 중 심비대 및 폐부종 소견이 관찰되어 주 3회 혈액투석을 시행하게 된 건으로 피신청인은 보존적 요법으로 소변 유출을 막아보려 하였으나 실패하였고 반복되는 감염으로 궁극에는 신부전까지 이르게 됨. 진료 기록과 영상자료를 토대로 볼 때 신장 부분 괴사에 대한 의료진의 인지 여부는 알 수 없으나 농양과 소변 유출에 대한 조금 더 적극적인 검사와 그에 따른 조치가 필요했을 것으로 판단됨(한국의료분쟁조정중재원 조정사건 2021.4.7. 조정합의).

▌ 신장 질환 환자가 타미플루를 복용한 후 사망하였습니다. 의료과실이 아닌지요?

【질문】 저희 아버지(60대)는 말기 신장 질환으로 신장 투석을 받는 환자입니다. 감기 증상으로 병원에 내원하여 문진과 체온 측정 후 타미플루 75mg 2정을 처방받고 복용하였습니다. 다음날 갑자기 심정지가 발생하여 119를 불렀고 구급대원에게 심폐소생술을 받고 의식을 회복했다가 다시 악화되어 결국 사망하셨습니다. 만성신부전이라는 질환이 있는 환자에게 기본적인 검사도 없이 약을 처방하였고 부작용에 대한 설명도 전혀 없었습니다. 병원의 명백한 의료과실이라고 생각됩니다.

【답변】

사망과 처방약 간의 인과관계 및 진료의 적정성에 대한 검토가 필요합니다.

타미플루 약물은 인플루엔자 바이러스 감염의 치료제입니다. 약전에 의하면 신장 기능 장애 환자는 신장 기능 검사법의 하나인 크레아티닌 청소율에 따라 투여 용량이 달라집니다. 또한 혈액 투석 중인 환자는 혈중농도를 유지하기 위해 매 투석 후 30mg을 투여하여야 하며 5일을 초과할 수 없습니다.

의료인은 약 처방 전에 문진 과정에서 약물 과민증 등의 병력에 대한 충분한 확인 및 약물 복용의 증상 관찰 여부에 대한 검토가 필요합니다. 하지만 환자가 약물 부작용에 대한 기왕력을 고지하지 않았거나 동일 약제에 문제가 없었던 이력, 사전 테스트 등의 특별한 검사를 필요로 하지 않는 약제인지 여부 등에 따라 책임 소지는 달라질 수 있습니다. 타미플루 처방의 적정성과 이상 증상에 따르는 진단과정 및 응급조치 여부 등에 대한 검토가 필요합니다. 신장 질환이 있는 환자에게 실시한 의료 행위의 적절성 및 사망과 처방약 간의 인과관계 유무 등에 대한 검토가 필요하므로 진료 기록 관련 자료 일체를 확보하시어 의료중재원의 전문적인 감정을 받아보시기 바랍니다.

⚖ 관련판례

고열과 기침으로 내원 후 B형 독감으로 판명되어 타미플루 처방, 이후 지속적인 복통 및 기력 저하의 모습 보이면서 심정지 발생. 심장 재박동과 심정지를 반복하다 사망함. 망자가 소아청소년과에 처음 내원했을 당시 증상들이 있었으므로 독감 검사를 시행하거나 검사의 필요성에 대하여 설명하였어야 하며, 해열제를 처방하였어야 함에도 이를 하지 않아 타미플루 처방이 늦어져 독감 인플루엔자에 의한 심근염이 발생하였거나 악화된 것으로 사료된다. 또한 청색증과 빈맥, 식은 땀 등의 증상은 일반 감기에서는 찾아보기 어려우므로 의료진은 심장과 폐 질환 발생 가능성을 염두에 두고 흉부 엑스레이, 심전도나 심장 효소 검사를 시행하였어야 함에도 이를 하지 않았고 접수가 지연된 것은 잘못이 있다. 하지만 병원 의료진의 의료상 과실이나, 그 과실과 환자의 심장마비에 따른 사망이라는 결과 발생 사이의 인과관계가 인정되지 않음으로 손해 발생 등 나머지 점에 관하여 더 나아가 판단할 필요는 없는 것으로 판단된다(대법원 2019. 2. 12. 선고 2017가합512769 판결).

■ 정확한 진단 없이 개복 수술을 하여 사망한 경우 의료인의 과실은?

【질문】 저의 아내는 난소에 종양이 발견되어 수술을 하게 되었습니다. 그런데 수술주
관의사 또는 마취담당의사가 할로테인을 사용한 전신마취에 의하여 난소종양
절제수술을 함에 앞서 혈청의 생화학적 반응에 의한 간기능검사로 환자의 간
상태를 정확히 파악 하지 아니한 채 개복수술을 시행하여 저의 아내가 급성전
격성간염으로 인하여 사망하였습니다. 이 경우 의료인의 과실이 인정되는지요?

【답변】

전신마취에 의한 개복수술은 간부전을 일으키고 간성혼수에 빠지게 하기도 하는데
특히 급만성간염이나 간경변 등 간기능에 이상이 있는 경우에는 90% 이상이 간기능
이 중악화하고 심한 경우에는 사망에 이르게 하는 것으로 알려져 있어 개복수술 전에
간의 이상 유무를 검사하는 것은 필수적입니다. 환자의 수술시에 사용된 마취제 할로
테인은 드물게는 간에 해독을 끼치고 특히 이미 간장애가 있는 경우에는 간장애를 격
화시킬 위험이 있으므로 이러한 환자에 대하여는 그 사용을 주의 또는 회피하여야 한
다고 의료계에 주지되어 있습니다. 위와 같은 수술당시 의료계에서는 개복수술 환자
의 경우 긴급한 상황이 아닌 때에는 혈청의 생화학적 반응에 의한 간기능검사를 하는
것이 보편적이었습니다.

응급환자가 아닌 난소종양환자의 경우에 있어서 수술주관의사 또는 마취담당의사인
피고인들로서는 난소종양절제수술에 앞서 혈청의 생화학적 반응에 의한 검사 등으로
종합적인 간기능검사를 철저히 하여 환자가 간손상 상태에 있는지의 여부를 확인한
후에 마취 및 수술을 시행하였어야 할 터인데 담당 의사들은 시진, 문진 등의 검사결
과와 정확성이 떨어지는 소변에 의한 간검사 결과만을 믿고 귀하의 아내의 간상태를
정확히 파악하지 아니한 채 할로테인으로 전신마취를 실시한 다음 이 사건 개복수술
을 감행한 결과 수술 후 22일 만에 환자가 급성전격성간염으로 인하여 사망한 경우에
는 피고인들에게 업무상과실이 있다 할 것입니다.

▮ 오진과 잘못된 처방으로 사망한 경우 의사의 책임은?

【질문】 저의 어머니는 처음 의원에 내원하여 진료 받을 당시부터 이미 화농성 폐렴 증상이 있었습니다. 그런데 의사는 이를 위염과 신경증으로 진단하여 이에 대한 약을 처방하였고, 이후 상복부 통증이 나타나 다시 내원하였으나 의사는 정밀한 검진 없이 앞서 진단한 결과에 따라 약물을 투여하여 약물 부작용으로 사망하였습니다. 이 경우 의사에게 과실을 물을 수 있나요?

【답변】

귀하의 모친이 병원에 처음 내원하여 진료를 받을 때 이미 화농성 폐렴 증세를 보이고 있었으나 그 증상이 뚜렷하지 아니하여 이를 위염과 신경증으로 진단하여 그에 대한 처방을 하였고, 그 후 상복부 통증이라는 새로운 증상까지 나타나 다시 병원에 찾아오게 된 경우, 진료의사로서는 처음의 진단과는 다른 질환일 가능성에 대한 의심을 갖고 좀 더 정밀한 진단을 하여야 함은 물론, 과민성이 있는 환자에게는 부작용으로 인한 쇼크나 호흡억제를 일으킬 수 있는 약물을 투여할 경우에도 사후 세심한 주의와 관찰이 필요함에도 불구하고, 만연히 앞서 진단하였던 결과에 따라 별다른 검진도 없이 약물을 투여하였고, 약물을 투여한 후에도 안정하도록 하여 부작용이 없는지를 확인하지도 아니함으로 인하여 과민성 쇼크가 발생하여 사망하였다면, 진료의사는 이로 말미암아 발생한 모든 손해를 배상할 책임이 있습니다.

▎검사 후 발생하는 부작용에 대해 설명 못들은 경우는?

【질문】 저의 부친은 병원에서 담췌관조영술 검사 후에 급성췌장염이 발생하여 사망하였습니다. 이 경우 담당 의료인의 과실에게 과실을 물을 수 있는지요?

【답변】

담췌관조영술 검사 후 환자에게 급성췌장염이 발생하였다는 사실만으로 병원 의료진에게 그 검사과정에서 과실을 인정하기 어려우나, 의사가 설명의무를 위반한 사실은 인정되면 설명의무 위반으로 인한 위자료는 청구할 수 있다고 봅니다.

⚖ 관련판례

병원의 의료진이 망인에 대하여 ERCP 검사가 필요한 상태라 판단하여 이를 시행한 것은 망인의 구체적인 증상이나 당시의 의료수준에 비추어 상당하다는 점, 위 검사의 과정이나 급성췌장염이 생긴 후의 조치 등에 있어 피고 병원 의료진에게 의료상의 과실이 없었다는 점, 급성췌장염은 ERCP 검사에 따르는 전형적인 부작용이기는 하지만 그 발생빈도가 높지 않다는 점, 망인이 황달의 정확한 원인을 찾기 위하여 피고 병원에 2주 예정으로 입원한 점 등에 비추어 피고 병원 의료진이 이 사건 ERCP 검사에 앞서 망인에게 설명의무를 다하였다 하더라도 망인이 반드시 위 검사를 거부하였을 것이라고 단정하기는 어렵다고 판단하여 피고의 손해배상의 범위를 망인의 사망으로 인한 전 손해가 아니라 설명의무 위반으로 인한 위자료로 한정한 조치는 정당한 것으로 수긍이 가고, 원심이 인정한 위자료가 자기결정권 침해에 대한 손해뿐 아니라 망인의 사망으로 인한 정신적 고통까지 위자한 금액이라고 단정할 근거도 없으므로, 거기에 상고이유로 주장하는 바와 같은 채증법칙 위배, 설명의무 위반으로 인한 손해배상에 관한 법리오해 또는 위자료 산정에 관한 법리오해의 위법이 있다고 할 수 없다(대법원2007.05.31. 선고 2005다5867 판결).

▋ 의사에게 건강진단상의 과오를 이유로 손해배상청구는?

【질문】 저의 부친은 대형병원 의사가 완치불능인 폐암인데 건강하다고 잘못 진단함으로써 평소대로 생활하다가 갑자기 폐암으로 사망하였습니다. 단독상속인인 저는 오진한 의사에게 손해배상을 청구할 수 있는지요?

【답변】

위 질문의 경우처럼 말기 폐암환자인 자는 건강진단을 제대로 받았다고 하더라도 생존할 가능성이 적어 의사에게 사망과의 인과관계를 인정하여 손해배상책임을 물을 수 있는지에 관하여 하급심 판례는 "의사는 엑스레이검사결과서의 검토를 빠뜨린 채 엑스레이 소견 역시 아무런 이상이 없는 것으로 생각하고 모든 건강상태를 정상으로 판정함으로써 이에 따른 건강진단서를 발급받게 되어 결과적으로 건강진단을 통하여 질병을 미리 발견하고 이를 치료할 수 있는 기회를 잃게 한 건강진단상의 과실책임을 면할 수 없다. 건강진단 당시 의사는 폐암의 여부를 확인하여 치료를 받을 수 있었다고 하더라도 생존기간을 다소 연장시킬 수는 있을지언정 사망의 결과를 피할 수 없었다고 할 것이므로 이 사건 건강진단상의 과실과 망인의 폐암으로 인한 사망과 사이에는 상당 인과관계를 인정할 수는 없다고 할 것이나, 본인이나 혹은 가족들이 완치불능의 질병상태에서 죽음을 앞두고 개인적으로 또는 가족적, 사회적으로 신변을 정리할 수 있는 기회를 가질 수도 있었다고 할 것인데 의사의 건강진단상의 과실로 인하여 위와 같은 모든 기회를 상실하였다고 할 것이고 이에 대하여 정신적 고통을 받았을 것임은 경험칙상 명백하므로 의사는 이를 위자하여 줄 의무가 있다."라고 한 사례가 있습니다(서울지방법원 1993. 9. 22. 선고, 92가합49237 판결).

따라서 귀하는 민법 제750조에 의하여 위자료 명목의 손해배상을 의사에 대하여 청구할 수 있을 것입니다.

▌ 혈액형검사를 잘못 판독하여 조기 수술 기회를 놓친 경우 병원의 책임은?

【질문】 저희 남편은 B형간염 보균자로서 대학병원에서 간경화 진단을 받은 후 간이식을 위하여 입원하였습니다. 간이식당일 혈액형 검사결과 Rh-O형이라며, "우리나라에서는 수술을 한 적이 없다", "혈액형이 없다"라며 수술이 어렵다고 하면서 수술날짜를 무기한 연기하였습니다. 저는 환자의 혈액형이 Rh+O형이고, 혈액형 검사 결과가 잘못되었다고 하였지만, 병원에서는 듣지 않았습니다. 그러던 중 환자의 상태는 급격히 나빠져서 중환자실로 옮겨 집중치료를 받게 되었고, 재차 혈액형 검사를 해보니 Rh+O형으로 확인되어 바로 수술날짜를 잡게 되었으나, 환자의 상태가 급격히 악화되어 결국 약 8일 뒤 사망하였습니다. 이런 경우 병원에게 어떤 책임이 있나요?

【답변】

혈액형 진단 지연에 따른 치료 기회 상실 여부에 따라 책임정도가 달라질 수 있습니다. ABO typing, 즉 혈액형검사는 적혈구에 항 A혈청 또는 항 B혈청을 반응시키면 해당하는 항원이 있을 경우 항원·항체반응에 의해 응집을 보입니다. 이것이 혈구 혈액형검사이며, 혈청 내에 존재하는 동종항체를 기지의 혈구(A cell 또는 B cell)로 검사하는 것이 혈청 혈액형 검사입니다. 혈액형의 판독 불량의 원인은 시약이 불량일 경우나 시약을 잘못 떨구는 경우, 응집 여부 판독을 잘못하는 경우, 판독을 2분 안에 하지 않을 경우 등을 들 수 있습니다. 본 사안의 경우 혈액형 검사상의 과오가 개입되었는지 여부, 혈액형 진단을 정확히 하였더라면 간 이식 수술이라는 치료기회를 상실 받지 않았을 것인지 여부, 수술을 하였다면 환자의 예후에 어떠한 영향이 기대되는지 여부가 주요 쟁점사항이 될 것이고, 이러한 판단은 전문적인 진료감정과 법률적 판단이 선행되어야 하는 것이므로 의료중재원의 절차이용을 통해 명확한 판단을 받아보시기 바랍니다.

♨♨ 관련판례

원고들은 망인의 혈액형이 O형인데도 혈액형검사를 의뢰받은 임상병리사가 A형으로 잘못 감정하고 그에 따라 A형의 혈액을 수혈함으로써 수혈쇼크로 사망하였다고 주장하였으나, 군입대시 작성된 병적기록표와 군인식표에 망인이 혈액형이 오(O)형으로 기재되어 있으며, 병원 도착한 직후 통상적인 혈액검사 의뢰에 따른 혈액형검사 결과가 검사의뢰상 오(O)형으로 기재되어 있는 사실등을 인정할 수 있으나, 위 인정사실만으로 망인의 혈액형이 오(O)형이라고 단정할 수 없다 할 것이고, 교통사고로 응급실로 후송된 직후 출혈로 인하여 수축기의 혈압이 60정도이고 확장기의 혈압은 잘 잡히지 아니할 정도로 혈압이 떨어져 있었으나, 수혈 후 아무런 부적합 수혈증세를 보이지 아니하고 오히려 혈압이 정상으로 회복되는 등 병세가 일시 호전된 사실과 혈액형 재검사와 부검의 혈액형검사에서도 에이(A)형으로 판정되었으므로 망인의 혈액형이 오(O)형임을 전제로 한 원고들의 위 주장은 더 나아가 살필 필요도 없이 그 이유 없다 하겠다(서울고법 1994. 4. 27. 선고, 93나28593 판결).

■ 수면내시경 검사를 받은 후 쓰러져 안면 상처를 입고 치아가 부러진 경우 어떻게 해야 하는지요?

【질문】 제가(50대/남) 건강검진을 위해 병원에서 수면 위·대장내시경 검사를 하고 내과적인 상담과 약을 처방받고 귀가를 위해 택시를 기다리던 중 쓰러졌습니다. 이로 인해 얼굴부위 열상과 치아 파절이 발생하여 종합병원에서 치료를 받았습니다. 수면 내시경 검사를 받은 환자에게 충분한 안정 및 관찰없이 귀가를 시켜 신체상 피해가 발생하였는데도 병원 측에서는 잘못이 없다고 합니다. 이런 경우 어떻게 해야 할 지 고민입니다.

【답변】

검사 전, 후 설명 및 환자 관찰에 대한 주의의무가 요구가 됩니다.

수면내시경에 사용되는 최면진정제인 미다컴의 일반적인 사용 주의사항을 보면 '약의 영향으로 졸음, 주의력, 집중력, 반사운동능력 등의 저하가 일어날 수 있으므로 이 약 투여 중 자동차 운전 등 위험이 수반되는 기계조작을 하지 않도록 주의한다. 일반적으로 비경구 투여 후 환자는 3시간 동안 퇴원해서는 안 되며, 그 후 보호자와 동행 퇴원하여야 한다.'는 내용이 있습니다 . 또한, 의료인의 주의의무는 환자에 대한 수술 등 침습행위가 종료함으로써 끝나는 것이 아니라, 그 진료 목적의 달성을 위하여 환자가 의사의 업무범위 이외의 영역에서 생활을 영위함에 있어어예견되는 위험을 회피할 수 있도록 하여야 합니다. 검사과정에서 주의사항에 대한 설명 유무와 약제의 약리효과, 환자의 체질적인 소인의 연관성 등을 토대로 진료상의 과실 유무에 대한 검토가 이루어져야 할 것입니다.

♨ 관련판례

도미컴에는 수면 상태 및 어지럼움증을 수반하여 환자 혼자 거동할 수 없는 약효가 있기 때문에 의료 업무에 종사하는 피고로서는 원고가 도미컴의 약효에서 완전히 깨어나 정상적인 상태로 회복될 때까지 원고를 보호하도록 병원의 간호사 등에게 지시하여야 할 업무상의 주의 의무가 있음에도 이를 게을리 한 과실로 원고가 회복실 침대에서 떨어져 치아 부분을 바닥에 부딪치게 하는 사고를 야기하여 원고로 하여금 약 4주간의 치료를 요하는 치아 1개를 부러지게 하였으며 피고는 위 업무상과실치상행위로 법원에 약식기소되어 벌금 200만원에 처한다는 약식명령이 확정되었다. 위 인정사실에 의하면, 피고는 불법행위자로서 이 사건 사고로 인하여 원고가 입은 손해를 배상할 책임이 있다(대구지방법원 2006. 3. 22. 선고 2004가단151425 판결).

■ 조기에 간세포암을 발견하지 못하여 치료기회를 놓쳐 사망하였습니다. 의료과실
  책임을 묻고 손해배상을 받을 수 있나요?

【질문】 남편(70대)이 2012년도부터 혈관면역모세포성T세포림프종이란 진단으로 6회
  의 항암치료와 정기적인 CT검사를 받아오던 중 2013년 5월경 조직검사에서
  간세포암이 발견되었습니다. 이에 간암화학색전술을 받았지만 3개월 후 사망
  하였습니다. 병원에서 여러차례 복부 CT검사를 했는데도 간의 종양을 진단하
  지 못하여 적기에 치료가 이루어지지 않아 사망하였다고 생각합니다. 의료인의
  의료과실 책임을 묻고 손해배상을 받고 싶습니다.

【답변】

  암 진단의 지연 및 처치유무와 환자 상태에 따른 예후 등에 대하여 검토가 필요합
니다. 간세포암이란 간에서 발생하는 원발성 간암으로 전체 간암의 90% 이상을 차지
하며, 치료를 하더라도 40~80%는 재발을 합니다. 초기에는 피로감이나 복부통증, 팽
만감, 명치의 응어리 같은증상이 나타나지 않는데 만일 증상이 있다면 이미 많이 진
행된 것으로 예후 또한 나쁜 편이므로예방과 조기발견이 중요합니다. 의료과오 사건
에 있어서 의사의 과실을 인정하려면 결과 발생을 예견할 수 있고 또 회피할 수 있었
음에도 그 결과 발생을 회피하지 못한 과실을 인정할 수 있어야 하며 과실 유무의 판
단은 같은 업무와 직무에 종사하는 일반 보통 사람의 주의 정도를 표준으로 합니다.
초기에 CT검사를 통하여 간세포암 진단이 가능한 것인지, 당시 의사가 제대로 진단
하였더라면 수술 및 치료가 가능한 것인지, 그렇지 않다면 그때 발견하여도 이미 상
태가 좋지 않아 예후에 영향을 미치기 어려웠는지에 따라 책임여부와 범위는 달라질
수 있습니다.

⚖ 관련판례

  간세포암 환자의 60~80%가 간경변증, 약 20~40%가 B형 간염을 선행질환으로
가지고 있어 간경변증, 만성간염 환자가 명확한 이유 없이 우측 상복부 통증을 호소
하는 경우에는 간암을 의심하여 알파태아단백검사, 초음파검사 등 정밀검사를 시행하
여야 하고, 스스로 정확한 진단을 하기 어려울 때에는 즉시 상급병원으로 전원시켜
적절한 치료를 받을 수 있도록 조치하여야 할 주의의무가 있다(서울지방법원 2000.
3. 8. 선고 98가합5468 판결).

▌ 병원에서 환자상태를 고려하지 않고 수면 위 내시경 검사를 실시하여 사망하였습니다. 손해배상 청구방법이 있나요?

【질문】 저희 어머니(80대)는 10년 전부터 폐질환과 심장병으로 정기적인 진료를 받고 있습니다. 1개월 전부터 구토와 복통 증상이 있어 병원을 방문하였습니다. 복부초음파 검사에서 위벽 비후 소견이 보여 추가로 위내시경 검사를 받게 되었는데, 수면 위내시경 검사 중 질식에 의한 호흡곤란과 뇌손상이 발생되었고 상급병원으로 이송하여 치료를 받았으나 결국 패혈증으로 사망하셨습니다 . 환자의 기왕질환 및 위내부의 분비물을 확인하고도 무리한 검사를 시도하여 환자를 사망에 이르게 하였다고 생각합니다. 병원의 잘못된 의료행위에 대하여 손해배상 청구방법을 알고 싶습니다.

【답변】

검사 전 환자 상태와 검사 후 발생된 위급상황에 대한 조치여부가 중요합니다.

위벽 비후는 위벽이 두꺼워진 것으로 종양이나 균 감염, 위산분비증가 등으로 발생될 수 있으며, 위내시경 또는 CT검사로 정확한 진단을 내릴 수 있습니다. 복부 초음파검사 후 위내시경 검사의 필요성이 인정된다고 판단되었다면 위내시경 검사에서 발생할 수 있는 위 내용물의 역류에 의한 질식 가능성을 방지하기 위한 금식 등의 사전조치가 이루어져야 할 것입니다. 이러한 조치 유무와 검사의 적절성, 응급상황 발생시 처치여부 및 신속성 등에 대한 검토가 필요합니다. 또한 위내시경 검사를 즉시 시행하지 않으면 환자 생명에 위험을 초래할 수 있는 상황이었는지 등의 시급성에 대한 판단도 고려해 볼 수 있습니다.

⚖ 관련판례

위 내시경 시행 당시 망인이 자세를 갑자기 바꾸지 않도록 최선의 주의의무를 다하지 아니한 과실이 있고, 망인의 자세 변경으로 인하여 위에 저류되어 있던 혈액이 역류하여 망인의 기도가 폐쇄됨으로써 이차성 무호흡 상태가 최소한 10분 이상 지속되기 전에 즉가적으로 기관삽관과 심폐소생술 등의 응급조치를 취하지 아니한 과실이 있다고 추정되는바, 병원 의료진의 이러한 과실과 망인의 호흡곤란으로 인한 저산소성 뇌손상 및 이후 발생한 여러 장기손상에 의한 사망이라는 결과 사이에 인과관계도 추정된다고 할 것이므로, 피고는 이 이사건 사고로 인하여 망인과 원고들이 입은 손해를 배상할 책임이 있다고 할 것이다(서울고등법원 2009. 5. 21. 선고 2008나89523 판결).

■ 환자가 담낭염 수술지연과 수술시간 초과로 사망하였습니다. 어떻게 해야 하는지요?

【질문】 제 아내(50대)가 복통으로 병원에 내원하여 복부초음파 검사결과, 담석증에 의한 담낭염 진단을 받아 수술 예정이었으나 아스피린 복용이 확인되어 수술을 연기하였습니다. 며칠 뒤 복통과 구토로 재입원하여 4일 후 복강경하 담낭절제술 할 예정이었으나 담낭의 염증과 주위조직 유착이 심해 개복적 담낭절제술을 하였습니다. 그러나 수술 후 의식과 혈압이 저하되어 중환자실에서 치료 중 파종성 혈관 응고장애와 급성 괴사성 담낭염으로 사망에 이르게 되었습니다. 수술이 잘못되어 사망했다고 생각하는데 어떻게 해야 하는지요?

【답변】

환자의 상태에 대한 치료방법 및 처치의 적절성에 대한 검토가 필요합니다.

담낭은 작고 서양배 모양의 주머니 형태의 구조물로 우측 위쪽 복부, 간 밑에 위치하고 있으며 담석증은 담낭에 저장된 액체가 돌조각 같은 물질로 단단히 굳어져서 형성된 것입니다. 주로 복부 초음파 또는 전산화 단층촬영으로 진단을 하며 복강경 담낭절제술을 시행합니다. 아스피린은 혈액응고억제제이므로 환자가 복용 중에 있었다면 출혈발생이 우려되어 수술을 연기할 수 있습니다. 하지만 담석증을 동반한 담낭염으로 복통이 심하면 응급수술을 요하는 경우가 많으며, 환자의 사망 원인 중에 하나인 파종성혈관내응고장애는 감염, 외상, 출혈 등으로 혈액 내에서 응고가 일어나는 것을 말합니다. 재입원한 후 4일 만에 수술한 부분과 염증에 의한 주위조직 유착이 있었다고는 하나 소요된 수술시간, 환자의 사망원인에 대한 진단과 수술상의 책임 유무에 대한 검토가 필요합니다.

⚖ 관련판례

환자 을에게 강경 담낭절제술을 시행하던 중 장기 및 조직의 심한 유착을 발견하고도 개복술을 전환하지 않고 복강경을 통해 유착된 조직을 박리하다가 원인과 부위를 알 수 없는 출혈이 발생하자 비로소 개복술로 전환한 후 신장 부근 정맥 혈관 손상을 발견하고 신장을 절제한 사안에서 을의 장기 및 조직의 유착상태가 해부학적 구조를 알기 어려울 경우 개복술로 전환해야 함에도 복강경에 의한 수술을 계속한 과실로, 반대로 유착상태가 해부학적 구조를 알 수 있어서 복강경에 의한 수술이 가능한 상태였다면 의료진이 복강경 수술기구를 과도하게 조작하는 등 과실로, 을에게 신정맥 손상 및 신장 절제 상태가 발생하였다고 추정하는 것이 타당하다(대법원 2012. 5. 9. 선고 2010나57787 판결).

▌ 뇌수막염을 급성 인후염으로 오진하였습니다. 진단상 문제가 있는 것은 아닌지요?

【질문】 저희 어머니(70대)께서 두통, 고열, 목의 통증으로 병원을 방문하여 급성 인후염 진단하에 진통소염제 주사와 3일분의 약을 처방 받았지만 몸살과 식욕부진 증상이 추가로 나타났습니다. 재방문하여 흉부 방사선 검사를 한 결과 급성 인후염과 빈혈이 진단되어 다시 약을 처방받아 복용하였으나 증상은 호전되지 않았습니다. 상급병원으로 전원하여 진찰한 결과 뇌수막염이 진단되어 치료를 받았습니다. 병원의 진단상 문제가 있는 것은 아닌지요?

【답변】

　의료인의 진단 상 과오여부는 환자의 진료기록 등 검토를 통하여 확인할 수 있습니다. 뇌수막이란 두뇌와 척수를 둘러싸고 있는 얇은 막이며, 두뇌와 척수, 뇌수막 사이에는 맑은 액체가 있어서 외부의 충격을 완화시켜 주는 것이 뇌척수액입니다. 뇌수막염이란 뇌수막에 감염을 일으켜 염증이 생기고 감염으로 인해 발생하는 각종 물질들이 뇌척수액에 떠다니면서 두뇌와 척수를 압박하게 되는 것입니다. 이는 주로 발열, 두통, 구토와 같은 증상들을 유발하고 심한 경우에는 두뇌를 직접 손상시켜 세포를 파괴하기도 합니다. 뇌척수액 검사나 CT(컴퓨터단층촬영), MRI(자기공명영상촬영)을 통하여 확인하며 빠른 항생제 투여가 중요합니다. 급성 인두염이나 이로 인한 뇌수막염의 초기 증상이 감기와 비슷하여 감별이 어려운 부분은 있습니다. 진단과정에서 충분한 이학적 검사와 체온 및 혈압을 비롯한 활력징후 측정, 발열 등의 증상이 지속되면 추적 검사를 통한 확진이 필요할 것입니다. 병원의 진단 상의 책임 유무에 대해서는 의료중재원의 전문적인 감정을 받아 보시기 바랍니다.

♨ 관련판례

　밤새 복통과 구토를 계속하면서 상태가 호전되지 않은 경우 의사인 피고로서는 바이러스성 감기 외의 다른 병, 즉 세균성 감염으로 인한 뇌수막염으로의 발전 가능성을 고려하여 보다 자세히 시진, 문진 등을 실시하여 그 감별을 위하여 노력하고, 세균성 감염일 경우에 대비하여 경험적 항생제를 투여하거나, 보다 정밀한 검사가 가능한 병원으로 전원을 권고할 의무가 있는데, 피고는 뇌수막염에 대한 가능성을 전혀 고려하지 않은 채 바이러스성 인두염 및 위장염으로만 진단하여 세균성 감염에 대한 아무런 조치를 취하지 않아 뇌수막염에 대한 처치를 지연시킨 과실이 있다 할 것이므로 원고들이 입은 손해를 배상할 책임이 있다고 할 것이다(서울고등법원 2007. 3. 15. 선고 2006나77953 판결).

▍뇌경색 치료기회를 놓쳐 영구적인 신체 장애자가 되었어요.

【질문】 저희 어머니(80대)께서 10년 전 뇌질환이 발생하였을 때 당뇨와 고혈압의 기저질환이 발견되어 계속적으로 약을 복용하고 있었습니다. 어느 날 자택에서 갑자기 의식을 잃고 쓰러져 병원으로 이송된 후 과거 병력을 고지하였으나 의사는 당뇨의 고혈당 증상에 의한 것으로만 진단하였습니다. 입원 후 상태가 악화되었지만 혈당강하 치료만 시행하고 뇌경색에 대한 치료는 하지 않아 결국 뇌경색으로 인한 영구장애 상태가 되었습니다. 병원 측은 입원당시 뇌경색은 아니었으므로 발생 시기와 내원시기와는 관련이 없다고 합니다. 병원 측의 말이 맞는지요?

【답변】

　의료진의 과실유무와 환자의 악결과의 인과관계 인정여부에 대한 검토가 필요합니다. 뇌경색을 다른 이름으로는 허혈성 뇌졸중이라고 하며 뇌혈관의 폐색으로 인해 뇌혈류가 감소되어 뇌 조직이 기능을 하지 못하는 상태입니다. 가장 흔한 원인은 고혈압이나 당뇨, 고지혈증 등이 있으며, 대표적으로 편측마비, 안면마비, 감각이상, 구음장애 등이 발생합니다. 증상이 처음 나타난 후 3시간이 경과하지 않았다면 혈전용해술을 시도해 볼 수 있으나, 3시간(병원에 따라서는 6시간) 이후에 혈전용해술을 시행할 경우에는 뇌출혈의 위험이 증가하기 때문에 권장하지는 않습니다. 내원 당시 당수치가 매우 높아 지속적으로 혈당 치료를 했음에도 혈당이 강하되지 않은 점과 뇌경색의 발생시점, 환자의 과거병력 및 고혈압, 당뇨, 고령이었던 점 등을 감안할 때 가능한 질환들에 대한 신경학적 관찰이나 검사가 적절히 시행되었는지 등에 대한 검토가 필요합니다.

♨♨ 관련판례

　갑이 뇌동맥류 파열에 따른 뇌지주막하출혈 치료를 위해 을 병원에 입원하여 뇌동맥류 결찰술을 받고 합병증 관리를 위하여 중환자실에 있다가 방사선학적 뇌혈관연축 상태에서 일반병실로 옮겨졌는데, 그 후 사지가 뻣뻣하게 굳으며 혼수상태에 빠져들었고 자극에도 제대로 반응하지 않는 등 이상증세를 보여 다음 날 두개 감압술 등 수술을 받았으나 식물인간 상태에 이른 사안에서, 을 병원이 방사선학적 뇌혈관연축 상태를 확인하고서도 칼슘길항제의 투여를 중단하고 갑을 중환자실에서 일반병실로 옮긴 점 및 갑의 이상증세에도 불구하고 즉시 필요한 조치를 취하지 않은 점은 을 병원의 의료상 과실이고, 이러한 의료상 과실과 갑의 상태 사이에 일련의 의료행위 외에 개재될 만한 다른 원인이 없었으므로 의료상 과실과 현재 갑의 상태 사이의 인과관계도 추정되는데도, 이와 달리 본 원심판단에 심리미진 등의 잘못이 있다고 한 사례(대법원 2020. 2. 6. 선고 2017다6726 판결).

■ 위암 수술 후 암 전이 사실을 진단하지 못하였습니다. 제때에 발견하지 못한 책임을 물을 수 있는지요?

【질문】 저희 아버지(60대)는 2008년경 위암으로 위전절제 수술과 항암치료를 받았습니다. 2014년 1월경 허리통증으로 복부와 골반 CT검사를 하고 이상이 없다는 소견을 받았습니다. 그러나 1개월 후부터 증상이 심해져 다른 종합병원에서 진찰한 결과 암의 골전이가 확인되어 항암 방사선 치료를 받았지만 결국 사망하셨습니다. 병원의 영상자료 판독 오류로 암의 골전이를 제때에 발견하지 못한 책임을 물을 수 있는지요?

【답변】

암 재발 시기와 환자의 사망과 의료진의 과실 사이에 인과관계 인정 여부가 중요합니다.

위암의 재발은 수술로부터 24개월까지를 조기, 24개월에서 60개월까지를 중기, 60개월 이후를 만기로 봅니다. 만기 재발은 전체의 약 1~14% 정도로 폐 또는 골전이와 같은 혈행성 전이 또는 잔위의 재발이 많으며, 다발성 골전이가 있는 경우에는 병기가 4기로 암 말기에 해당, 예후도 좋지 않고 외과적 절제가 불가능하며 항암요법 등 치료효과도 낮은 편입니다. 암의 골전이가 확인되었다면 만기 재발의 경우로 만일 1개월 전에 발견되었다 하더라도 그 예후에 있어 차이가 크지 않을 수도 있다는 점을 고려 할 필요가 있습니다. 다만, 법원은 의사의 진료상 과실과 환자의 사망사이에 인과관계가 부정된 사례에 있어 환자의 치료기회 상실과의 인과관계를 일부 인정하여 위자료를 지급한 사례는 있습니다. 먼저 진료기록을 확보하기를 바라며 종합적인 검토를 원하실 경우에는 의료중재원 조정절차를 이용하시기 바랍니다.

⚔ 관련판례

위암으로 내시경 절제술을 받기 전부터 암의 복부장기 전이에 따른 증세로 추정되는 심한 복통 등을 보였던 점이나 각종 검사결과 이미 암의 전이 소견이 나타났고 이미 경성위암 3기로 판명된 점, 경성위암이 가지는 임상병리학적 특징 때문에 진단이 어렵고 원격전이나 림프절 전이가 흔하여 다른 진행성 위암보다 예후가 나쁜 점 등을 감안할 때, 망인의 정확한 병변이나 암의 전이사실을 발견하였다고 하더라도 그 예후나 치료내용에는 별다른 차이가 없었을 것으로 보이므로, 이러한 경우 환자인 망인은 의료에 대하여 치료라는 결과만을 구하는 것이 아니라 그 과정에서 적절한 치료를 받을 기대권을 가지면 반면, 피고는 업무의 성질상 위험방지를 위한 최선의 주의의무를 다할 것이 요구된다고 할 것인데, 피고 부주의로 인하여 망인의 기대가 침해당하였다고 할 것이므로 피고 및 그 사용인 피고병원은 이를 금전으로 위자할 의무가 있다고 할 것이다(서울고등법원 2008. 5. 8. 선고 2007나23779 판결).

▌위급환자가 병원의 기계 오작동으로 산소공급을 받지 못하여 사망하였습니다. 병원의 책임은 없는가요?

【질문】 저희 아버지(50대)께서 2013년 11월경 배뇨장애와 인지기능 장애로 개인의원에서 전립선 비대와 간경화 의증으로 진단되어 병원에서 검사한 결과 비소세포폐암 말기와 간에 전이 암 그리고 폐렴으로 진단되었습니다. 약물치료를 시행하였지만 환자의 상태가 점점 나빠져 인공호흡기를 착용하게 되었는데, 환자의 호흡안정을 위하여 시스템 모드를 변경 적용하던 중 갑자기 인공호흡기 전원이 꺼져 산소공급 중단 및 맥박소실 등 긴급상황이 발생하였고 심폐소생술을 시도하였지만 결국 사망 하였습니다. 병원의 책임은 없는가요?

【답변】

치료과정의 과오 여부와 질환에 따른 기대여명 등에 대한 검토가 필요합니다.

폐암은 암세포의 크기와 형태에 따라 비소세포폐암과 소세포폐암으로 구분됩니다. 세포의 크기가 작은 경우 한자의 작을 소(小)자를 써서 소세포암이라고 하고, 작지 않을 경우 비소세포암이라고 합니다. 망인은 폐암 말기와 간에 전이 암 소견을 보였다면 폐상태가 이미 극도로 악화된 경우라 볼 수 있으므로 인공호흡기 처치가 계속되었거나 앰부배깅이 즉시 시행되었다 하더라도 얼마 간의 생명 연장 외에는 결국 사망을 막기는 힘들 수 있습니다. 피해자의 체질적인 소인 또는 질병의 위험도와 같이 피해자 측의 귀책사유와 무관한 것이라 할지라도, 가해자에게 손해의 전부를 배상하게 하는 것이 공평의 이념에 반하는 경우에는 법원은 손해배상액을 정하면서 과실상계의 법리를 유추적용하여 그 손해의 발생 또는 확대에 기여한 피해자 측의 요인을 참작할 수 있다고 하였습니다. 이러한 사항을 참고하여 대응방법을 검토하여 보시기 바랍니다.

♨ 관련판례

레빈 튜브를 통하여 음식물을 공급하거나 기타 원고의 전신상태를 개선하기 위한 조치를 먼저 취하였어야 함에도 불구하고 충분한 영양공급 조치를 취하지 않은 채 인슐린 투여를 계속함으로써 저혈당으로 인하여 신체기능 저하된 상태에서 식사를 하게 한 과실과 응급심폐소생술에 사용되는 튜브의 관리를 소홀히 하여 원고에 대한 심폐소생술 당시 불량 튜브를 사용하였다가 이를 교환하였고 튜브의 삽입에 여러 차례 실패하는 등 시간을 지체함으로써 원고의 호흡정지에 효과적으로 대처하지 못한 과실로 인하여 발생하였다고 판단한다(대법원 2002. 6. 14. 선고 2002나9325 판결).

▌ 대동맥류를 폐암으로 진단하여 수술시기를 놓쳐 사망하였습니다. 의료과실 책임을 물을 수 있나요?

【질문】 저희 아버지(70대)께서 갑작스런 가슴 통증과 두통 등의 증상이 있어 동네 의원에서 흉부 X-ray를 촬영한 결과, 정밀검사가 필요하다고 하여 종합병원 호흡기 내과를 방문하였습니다. 담당의사는 의원의 흉부 X-ray 결과만 보고 폐암으로 진단하였고, 다음 날 암 전이여부를 확인하기 위하여 흉부 CT를 촬영한 결과 폐암이 아닌 흉부 대동맥류로 진단을 번복하였습니다. 급히 응급수술을 진행하였지만 그 다음날 대동맥 파열로 사망하였습니다. 담당의사에게 의료과실 책임을 묻고자 합니다.

【답변】

대동맥류 진단지연으로 인한 치료시기 상실 여부에 대한 검토가 필요합니다.

대동맥류는 혈관의 일부분이 병리적 확장된 것으로 발생부위에 따라 흉부, 흉복부, 복부 대동맥류로 분류를 합니다. 주로 증상이 없는 경우가 많으며 진단은 X-ray촬영 후 대동맥조영술 또는 CT촬영 결과로 확진하게 됩니다. 동네 의원에서 이미 정밀검사를 요한다는 소견이 있었는데도 담당의사가 의원의 X-ray 결과만을 보고 폐암으로 진단하였고 다음날 CT 검사를 통해 대동맥류로 진단을 번복하였다면, 진단지연으로 인한 조기 치료기회를 상실하였다고 볼 수 있고 이로 인한 손해가 발생한 부분이 있는지에 대한 검토가 필요합니다. 의료중재원을 이용하여 객관적이고 합리적인 진료감정을 받아 보시기 바랍니다.

ஃஃ **관련판례**

단순 복부방사선 촬영 결과 '복막 후강 종괴 의증' 소견으로 복통의 원인이 맹장염이 아닐 가능성을 의심하여, 각종 이학적 검사를 실시함은 물론 복부초음파검사나 CT 촬영 등을 통하여 원인을 밝혀야 함에도 불구하고, 활력징후에 별다른 이상이 없고, 우하복부압통 등의 맹장염의 징후 및 요근라인 소실 소견 등으로 단순 급성맹장염으로 속단하였고, 충수돌기절제수술을 하면서 맹장에 이상이 없고 후복막의 혈종을 인지 하였으면, 출혈의 원인을 알아내어 출혈을 막기 위한 조치를 취하여야 할 것임에도 불구하고 충수돌기에 근접해 있어 확인이 용이한 장골동맥의 동맥류를 발견하지 못하였을 뿐만 아니라 단지 외상에 의한 후복막 출혈로 판단하는 잘못을 저질렀고, 이로 인하여 동맥류에 대한 치료가 지연됨으로써 망인이 사망하였다고 봄이 상당하다 (대전고등법원 2004. 11. 10. 선고 2003나3629 판결).

▮ 대장 내시경 검사 중 직장부위 10cm 천공이 발생하였습니다. 배상을 받을 수 있나요?

【질문】 국민건강보험에서 실시하는 건강검진 시행시 대장 내시경 검사도 같이 받았습니다. 검사 중 직장 부위에 10cm의 천공이 발생하여 응급으로 개복 후 천공부위 부분절제술을 받았습니다. 이로 인하여 자영업을 하는 본인의 가게 운영에 10일 정도의 차질(휴업)이 발생하였고 1개월 정도 추가적인 요양이 필요하게 되었습니다. 병원 측의 잘못으로 인하여 발생한 경제적 손실과 정신적 고통에 대하여 배상을 받고 싶습니다.

【답변】

직장 천공 발생 전·후의 진료기록 확보 및 예후 확인 등의 검토가 필요합니다. 내시경 검사는 출혈, 천공 등의 합병증이 발생될 수 있으므로 해당 의료인은 대장 내시경 검사 시행 전에 진료과정, 검사의 부작용이나 합병증에 대하여 충분한 설명을 하고 장기에 손상이 발생하지 않도록 주의를 다하여 의료행위를 해야 할 의무가 있습니다. 또한 직장 천공의 경우 천공 사실을 발견하고 관련 처치를 신속히 하였는지에 따라 환자의 예후가 달라질 수 있습니다. 해당 의료기관 및 이송치료 의료기관의 진료기록과 직장 천공으로 인하여 발생하였다고 생각하는 손해 관련 자료를 준비한 후 의료중재원 조정절차를 이용하여 배상문제에 대한 도움을 받아 보시기 바랍니다.

🐾 관련판례

대장 내시경 검사 도중 원고가 심한 통증을 호소하고 내시경이 비장만곡부 이후로 더 이상 삽입되지 않아 1차 검사를 중단한 후 다시 2차 대장 내시경 검사를 시행하던 중 1차 검사와 같은 부작용이 발생한 경우 내시경을 끌어내어 단축을 시도하거나 삽입을 중지하는 등의 조치를 취할 주의의무가 있음에도 불구하고 이을 게을리 하여 무리하게 내시경의 삽입을 시도한 과실로 내시경의 선단이 좌측 대장 중앙부위의 장관벽을 뚫어 급성 대장천공을 발생시켰다 할 것이므로, 피고는 불법행위자인 위 ○○○의 사용자 또는 채무불이행자로서 위와 같은 과실로 인하여 원고가 입은 손해를 배상할 책임이 있다 할 것이다(수원지방법원 2001. 12. 6. 선고 2000가합 20 판결).

▌객혈의 위험성을 알면서도 전혀 고려하지 않아 환자가 사망하였습니다. 병원의 의료행위가 적절한지요?

【질문】제 아내(60대)가 객혈로 병원 중환자실에 입원하여 기관지 색전술을 받았고 객담 결핵균 도말 검사에서 결핵의증 소견을 들었습니다. 또한 출혈의 원인을 밝히기 위한 기관지 내시경 검사에서 건락괴사가 관찰되었습니다. 병원 측에서는 기관지 결핵 및 폐암 등을 감별하기 위한 조직검사가 필요하지만 충혈 소견으로 객혈의 위험성 때문에 기관지 세척으로 대신하겠다는 설명을 하였습니다. 기관지 세척을 마치려는 순간 아내가 기침을 하면서 대량의 객혈 및 급성호흡부전과 출혈성 쇼크가 발생하여 사망하였습니다. 병원의 의료행위가 적절한 것인지 알고 싶습니다.

【답변】

기관지 내시경 검사 당시 대량 출혈의 예견 및 회피가능성에 대한 검토가 필요합니다. 기관지 내시경 검사는 객혈환자의 출혈부위와 그 원인을 확인하는데 가장 먼저 시행하는 검사로서 정확한 출혈부위를 감별하는 것이 외과적 절제술, 도포요법, 동맥조영술 및 색전술 등의 치료목적 중재술을 시행하는 데에 중요한 지침이 됩니다. 만약 기관지 내시경 검사에서 출혈의 원인으로 추정되는 병변이 관찰되고 대량객혈의 재발 가능성이 우려되는 경우에는 부분 폐절제술 등의 수술적 치료가 필요할 수 있기 때문입니다. 객담 결핵균 도말검사에서 양성이고 기관지 내시경 검사 당시 폐결핵의 전형적인 병리현상인 건락괴사가 관찰되었다면 폐결핵의 확진이 가능하였을 수도 있습니다. 의료진의 객혈로 인한 대량 출혈의 위험성에 대한 주의의무 여부와 검사의 적절성 등에 대하여 검토가 필요한 사안입니다.

⚖ 관련판례

기관지 내시경 검사를 시행함에 있어 환자가 이미 내원 직전 대량객혈 증세와 검사 결과 기관지내 종양을 발견하였다면 그 종양에 대한 조직 채취를 시행할 경우 종양의 파열에 의한 대량객혈의 발생가능성이 높다고 인식하였으면 즉시 그 조직채취를 시행할 것이 아니라 대체가능한 차선의 방법과 그 동안의 병력에 관한 세밀한 재조사를 실시하여야 하고 조직채취를 하는 방법에 의하더라도 대량객혈의 발생가능성에 대비하여 미리 기관지삽관 등의 조치를 취하여야 하지만 전혀 취하지 아니한 채 단지 심폐소생술에 대비한 응급장비만 확보하여 무리하게 조직채취를 하려다가 종양의 파열로 환자로 하여금 대량객혈을 하도록 하여 사망에 이르게 한 치료 상의 잘못이 있다 (서울고등법원 1998. 8. 13. 선고 97나40171 판결).

▌ 3차례의 내시경 검사에서 약물 과다투여로 저산소혈증이 생겼습니다. 의료행위가 부적절했던 것은 아닌지요?

【질문】 남편(70대)이 식욕저하로 인한 체중 감소 등으로 소화기 내과에 입원하였습니다. 수면 대장 내시경 검사 과정에서 회장부위의 이상소견이 관찰되었지만 대장이 청결하지 않아 재검사하기로 하고 며칠 뒤 재검사를 위해 미다졸람을 투여 하였으나 저산소혈증이 발생하여 검사를 중단하였습니다. 경과를 본 후 다시 수면 대장내시경 검사를 위해 장세척제를 복용하던 중 다시 호흡곤란이 발생하였고 중환자실로 이동하여 치료를 받았습니다. 병원 측의 약물 과다사용과 사전검사 없이 장세척제를 복용하게 한 점 등으로 보아 의료행위가 부적절했던 것은 아닌지요?

【답변】

대장 내시경 검사 전 환자의 상태와 검사 시기, 약물 투여량 적정여부 등 판단을 위한 면밀한 검토가 선행되어야 합니다.

미다졸람은 '벤조디아제핀' 계열의 최면진정제로서 용법과 용량으로는 반드시 개인별로 결정하되, 대체로 고령과 쇠약환자는 저호흡 또는 무호흡 증상이 나타날 위험이 높으므로 보다 저용량씩 증량하여 투여합니다. 과량투여 되었거나 과량투여가 의심될 경우, 벤조디아제핀 수용체 길항제인 플루마제닐 사용을 고려할 수 있습니다. 대장 내시경 검사에서 미다졸람 투여는 일반적이지만 검사를 시행할 때에는 환자의 병력이나 나이, 임상 증상 등을 고려한 검사를 진행하여야 합니다. 3차에 걸쳐 진행한 대장내시경 검사의 필요성과 약물투여의 용법·용량의 적절성, 응급상황 발생 시 조치 유무 등이 쟁점사안이 될 수 있습니다.

⚖ 관련판례

프로포폴과 미다졸람으로 마취유도를 한 후 소음순 절제술 중 적정 투여량보다 과도한 양의 마취제를 투여하고 호흡관리를 제대로 하지 못하는 등의 과실이 있고, 마취수술 당시 을에게 뇌손상을 일으킬만한 다른 원인이 없었으므로, 특별한 사정이 없는 한 갑의 과실과 을의 뇌손상, 나아가 사망 사이에 상당인과관계가 있다고 추정되고, 한편 병 병원 의료진의 수액 과다투여 등 과실도 을의 뇌손상 및 사망의 원인이 되었으므로, 갑의 행위와 병 병원 의료진의 행위는 각기 독립하여 불법행위의 요건을 갖추고 있으면서 객관적으로 관련되고 공동하여 위법하게 을에게 손해를 가한 것으로 공동 불법행위의 관계에 있다. 원심이 갑에게 을의 사망 손해 전부에 대한 손해배상 책임을 인정한 것은 법리에 의한 것으로 수긍할 수 있다(대법원 2012. 1. 27. 선고 2009다82275 판결).

▌ 당뇨 환자에게 스테로이드 약물을 사용하여 부작용이 발생하였습니다. 이런 경우 어떻게 해야 하는지요?

【질문】제가(60대/여) 교통사고로 우측 팔과 목의 통증이 있어 내과의원을 방문하여 의사에게 증상 및 10년 전부터 당뇨병과 고혈압 약을 복용하고 있다고 말씀 드렸습니다. 아픈 부위에 물리치료를 받고 나서 엉덩이 주사를 맞았는데 시간이 흐르면서 전신 가려움증과 시력악화, 피부건조 등의 증상이 발생 하였습니다. 다시 내과를 방문하여 스테로이드 성분이 포함된 주사를 투여하여 혈당 상승으로 인한 것이라는 설명을 들었습니다. 이런 경우 어떻게 해야 하는지요?

【답변】

약물처치에 대하여 환자의 과거병력과 의료인의 주의의무가 요구된다고 할 것입니다. 스테로이드는 원자에 스테로이드 핵을 가진 호르몬 물질을 모두 아우르는 말로 신장 위에 있는 내분비기관인 부신피질에서 분비되는 부신피질호르몬제를 뜻합니다. 스테로이드는 항염작용을 하므로 알레르기성 피부질환이나 관절염, 안과질환 등 광범위하게 사용됩니다. 이 약물은 병을 낫게 하기 보다는 증상을 억제하는 것으로 기간과 함량 등을 준수하여야 하며 그렇지 않은 경우 부작용으로 전해질 이상과 면역반응 약화, 소화성 궤양, 당뇨합병증이 발생할 수 있습니다. 진료과정에서 환자가 앓고 있는 병력을 고지하였는데도 불구하고 약물을 사용하여 부작용이 발생하였다면 내과의 책임이 있을 수 있습니다. 다만, 스테로이드를 사용하지 않음으로 인하여 환자의 신체에 또 다른 위험을 초래할 우려가 있다면 의료인의 책임은 제한적으로 인정될 수도 있습니다. 먼저 치료에 집중하여 건강 회복이 우선이며 진료기록 등 자료를 확보 후 의료중재원 조정신청여부 등을 검토하여 보시기 바랍니다. 적절성, 응급상황 발생 시 조치 유무 등이 쟁점사안이 될 수 있습니다.

⚘ 관련판례

피부염 치료를 받을 당시 이미 중증의 당뇨병을 앓고 있었던 것으로 보이는데, 망자에게 주사한 주사액 중 덱사 메타존 주는 스테로이드 제제로서 당뇨병을 악화시킬 수 있고, 면역기능을 감소시켜 패혈증을 악화시킬 가능성이 있는 주사액이므로 주사하기 전에 주사액 투여함으로 인하여 발생할 수 있는 부작용을 사전에 예방하기 위하여 기왕병력을 사전에 조사하였다면 중증의 당뇨병을 앓고 있다는 사실을 쉽게 알 수 있었을 것인데도 사전조사를 게을리한 채 당뇨병을 악화시킬 수 있는 주사액을 투여함으로써 당뇨병성 혼수 등의 당뇨병합병증으로 인하여 사망에 이르게 한 것이므로 의료시술상의 과실에 기인한다고 봄이 상당하다 할 것이다(서울고등법원 1995. 2. 8. 선고 94나11967 판결).

■ 경피세침흡입 생검 후 후유증이 발생했습니다. 의사는 책임이 없는 건가요?

【질문】 제 아내(50대)가 건강검진에서 우하엽 폐암 소견을 보여 정확한 진단을 위하여 CT유도 하에 경피세침흡입 생검을 실시하던 중 객혈과 의식소실, 경련성 움직임, 심정지가 발생되었습니다. 심폐소생술을 하여 회복은 되었지만 이후 흉부통증 및 수면장애, 오른쪽 허벅지 통증과 감각저하가 발생되어 후유증에 고통을 겪고 있습니다. 시술 전에 매우 간단한 시술이라는 말 외에는 다른 설명은 전혀 듣지 못하였습니다. 검사의 위험성에 대하여 설명하지 않은 의사는 책임이 없는 건가요?

【답변】

검사에 대한 모든 설명이 없었다고 하여 전부 손해를 인정하지는 않습니다.

경피세침흡입 생검은 폐 안쪽으로 가느다란 바늘을 찔러넣어 약간의 조직을 흡인해서 특수 염색한 다음 현미경 관찰하여 암을 구분하는 검사 방법입니다. 검사 진단율은 암 90%이며, 결핵 같은 양성질환은 40% 정도입니다. 부작용이나 다른 위험은 1% 미만의 환자에게서 출혈 등이 발생할 수 있습니다. 일반적으로 의사는 질병의 증상, 치료방법의 내용 및 필요성, 발생이 예상되는 위험 등에 관하여 당시의 의료수준에 비추어 상당하다고 생각되는 사항을 설명하여 당해 환자가 그 필요성이나 위험성을 충분히 비교해 보고 그 의료행위를 선택할 수 있도록 할 의무가 있습니다. 설명의무 위반으로 인하여 전 손해를 인정하기 위해서는 설명의무 위반이 구체적 치료과정에서 요구되는 의사의 주의의무 위반과 동일할 정도이어야 합니다. 그렇지 않을 경우에는 병원의 책임이 제한적일 수 있습니다. 폐암 확진을 위하여 경피적 침 생검 시행 전 충분한 설명이 제대로 이루어졌는지, 출혈을 예방하기 위한 노력유무가 중요합니다.

⚔ 관련판례

의사의 설명의무는 그 의료행위에 따르는 후유증이나 부작용 등의 위험 발생 가능성이 회소하다는 사정만으로 면제될 수 없으며, 그 후유증이나 부작용이 당해 치료행위에 전형적으로 발생하는 위험이거나 회복할 수 없는 중대한 것인 경우에는 그 발생 가능성의 희소성에도 불구하고 설명의 대상이라고 할 것이다(대법원 2007. 5. 31. 선고 2005다5867 판결).

■ 병원의 소홀한 환자관리로 반코마이신내성장알균에 감염되었습니다. 어떤 조치를 해야 하나요?

【질문】 저희 아버지(70대)께서 계속적으로 구토 증상과 고열이 발생하여 병원에 입원 하셨습니다. 병원에서는 폐렴이 의심된다고 하여 항생제를 투여하고 좌측 늑막 흉수 치료를 위한 배액관 삽관, 흉부CT, 기관지 내시경 검사를 시행하던 중에 직장도말검사에서 VRE(반코마이신내성장알균) 감염이 확인되어 격리 치료를 받았습니다. 감염에 대하여 병원 측에서 관리를 제대로 하지 않아 이러한 문제 가 발생하였다고 생각합니다.

【답변】

병원의 감염관리 상태와 환자의 면역기전에 의한 기여도 등에 따라 책임의 범위가 달라질 수 있습니다.

VRE(Vancomycin-Resistant Enterococci)란 반코마이신이라는 항생제에 내성을 보이는 장알균으로 균 모양이 동글해서 구균이라고 합니다. 장알균은 인체의 장 속에 존재하는 수많은 상재균 중의 하나이며 예전에 반코마이신을 투여 받은 적이 있거나 다른 항생제라도 오랫동안 사용한 사람은 이 균에 감염될 수 있습니다. 또한 병원 입 원 중에 장기간 항생제 치료를 받는 경우에도 감염 될 가능성이 있습니다. 일반적으 로 감염증을 일으키지 않은 상태에서는 균에 대한 치료를 하지 않아도 되지만 감염증 을 일으켰다면 반코마이신이 아닌 다른 항생제로 치료를 하게 됩니다. 병원에서 감염 관리를 철저히 이행하였는지, 감염 확인 후 경과관찰 및 치료는 적절하였는지 등에 대하여 의료적인 감정이 필요합니다. 당시 환자의 감염 발생에 대한 기여도 부분에 대한 검토도 중요합니다.졌는지, 출혈을 예방하기 위한 노력유무가 중요합니다.

ⓢ 관련판례

감염이란 입원 당시 나타나지 않았음은 물론 잠복상태도 아니었던 감염이 입원기간 중 또는 외과수술 환자의 경우 퇴원 후 30일 이내 발생한 경우를 말하는 것으로 이 는 병원의 책임이나 망인은 병원 내원 당시 이미 고혈압 증세가 있었고 혈전으로 뇌 혈관이 막혀있는 등 신체 저항력이낮았던 상태였던 바 이러한 망인의 신체적 소인이 감염에 영향을 미쳤을 것으로 보이고 병원 내 감염을 막는다는 것이 쉽지 않는 점을 고려하여 병원의 책임범위를 정하는 것이 타당하다(서울고등법원 2004. 11. 2. 선고 2004나24085 판결).

▌ 감기 약을 복용하고 나서 아나필락시스 쇼크가 발생하였습니다.

【질문】 제가(50대/남) 기침과 콧물 증상으로 내과에서 감기 진단을 하였고 내복약을 처방 받았습니다. 집으로 돌아와 약을 먹고 약 15분에서 20분 정도 경과하자 의식이 흐려지고 호흡이 힘들 정도의 통증과 몸 전체에 두드러기 증상이 나타났습니다. 119 구급대의 도움을 받아 종합병원으로 이송 되었고 알레르기 내과에서 아나필락시스 쇼크라는 진단을 받았습니다 . 현재는 어느 정도 회복된 상태인데 정말 화가 나는 것은 해당 내과에 이러한 사실을 알렸는데도 이후 아무런 연락이 없다는 사실입니다. 조정신청이 가능한 지 알고 싶습니다.

【답변】

진료과정에서 약물 과민반응에 대하여 충분한 주의가 필요한 부분입니다.

아나필락시스는 항원-항체 면역반응이 원인이 되어 발생하는 심각하고 치명적인 알레르기 전신반응으로 원인에 노출된 후 일반적으로 30분 이내에 급성으로 나타납니다. 증상은 매우 다양하며 그 중에서도 전신 두드러기, 호흡곤란, 혈압저하, 의식소실 등이 있습니다. 아나필락시스 쇼크는 몇 분 내에 사망에 이를 수도 있으므로 빠른 치료를 요합니다. 의료인은 진찰·치료 등의 의료행위를 할 때 통상적으로 요구되는 수준의 전문지식과 의료기술을 갖추어야 하는데 문진과정에서 약물 과민증 등의 병력이 있는지에 대한 충분한 청취, 주사행위를 함에 있어서도 증상을 잘 관찰하여 미리 위험을 방지할 수 있도록 주의를 기울여 진료에 임하여야 합니다. 다만, 환자가 약물 부작용 기왕증을 고지하지 않았거나 동일 약제에 문제가 없었던 이력, 사전 테스트 등 특별한 검사를 요하지 않는 약제인지 여부 등에 따라 책임문제는 달라질 수 있습니다.

♠♠ 관련판례

발열, 오한, 인후통 등의 증상에 대하여 급성 인후염으로 진단하고 경구용이 아닌 주사용을 꼭 처방하여야 하는지 등에 관한 신중한 검토를 하여야 하고, 부작용으로 심한 쇼크가 올 수 있으므로 일단 소량을 투여하여 환자의 상태를 관찰한 후 쇼크의 가능성 없다고 판단되면 나머지 용량을 주입하는 것이 안전한 주사방법임에도 간호사에게 별다른 지시를 하지 아니하였고, 주사를 놓은 이후에는 환자를 주의 깊게 관찰하지 않은 점과 아나필락시스 쇼크가 온 이후에도 신속한 기관 삽관 실패 등을 보아 응급처치를 못하여 결국 회생기회를 놓쳐 망인이 아나필락시스 쇼크로 사망하게 되었으므로, 피고들은 원고들에게 이 사건사고로 인한 손해를 배상할 책임이 있다(광주고등법원 2000. 6. 22. 선고 98나6199 판결).

▌ 내시경 역행 췌담관 조영술을 받고 나서 췌장염으로 사망하였습니다. 이와 같은 내용으로 보상이 가능한지요?

【질문】 저희 어머님(80대)께서 상복부 통증으로 다른 병원에서 진찰한 결과 초음파 검사에서 총담관과 췌장 확장 소견이 관찰되었고 정밀검사를 위하여 본 병원 소화기 내과에 내원하였습니다. CT촬영에서 바터팽대부암 또는 췌장두부암, 총담관석 가능성으로 진단 하여 내시경 역행 췌담관 조영술(ERCP)을 시행하였고 이후 복통 심화와 저혈 량성 쇼크 등이 발생하여 결국 췌장염으로 사망하셨습니다 . 시술 전에 시술이 간단 하고 입원기간도 길지 않다는 설명만 들었고 시술의 위험성에 대해서는 전혀 설명을 듣지 못하였습니다. 시술동의서도 시술 후 환자상태가 급속도로 악화되고 나서야 동 의서를 작성하였습니다. 이와 같은 내용으로 보상이 가능한 지 알고 싶습니다.

【답변】

췌장염과 ERCP검사와의 인과관계 인정 여부와 시술 전 설명의무 내용과 정도 등에 대한 검토가 필요합니다.

역행성 췌담관 조영술(ERCP)은 내시경을 이용하여 십이지장에서 담관으로 조영제를 역행적으로 주입함으로써 췌관과 담관을 관찰하는 검사법으로 출혈이나 천공, 췌장염, 담관염 등의 합병증이 발병할 수 있습니다. 복통은 급성 췌장염에서 중요한 임상 증상이며 빈맥이나 저혈압, 쇼크 등의 상태를 보이기도 하고 혈청 생화학 검사나 방사선 검사 등으로 진단이 가능합니다. 일반적으로 의사는 진료를 행하는데 있어 적절하다고 판단되는 진료방법을 선택할 재량이 있는 반면, 환자에게도 적절한 진료를 선택할 수 있도록 충분한 설명을 해야 할 의무도 부담합니다. 환자의 사망과 ERCP 시행상 주의의무 위반 사이에 인과관계 인정여부와 설명의무 위반 유무 등에 대하여 검토가 필요합니다. 진료와 관련된 자료를 확보하기 바라며, 손해산정에 있어서는 고령(80대)의 환자로서 손해발생에 기여한 부분도 고려해야 할 것입니다.

⚖ 관련판례

담췌관조영술 후 중증 급성췌장염, 패혈증, 다발성 장기부전이 발생했다는 사실만으로 병원 의료진에게 그 검사과정에서 과실을 인정하기 어려운 부분은 있으나, 담췌관조영술의 내용, 필요성과 함께 후유증이나 부작용 등의 위험 발생 가능성에 관하여 의사가 설명의무를 위반한 사실은 인정되므로 설명의무 위반으로 인한 위자료는 인정할 수 있다(대법원 2007. 5. 31. 선고 2005다5867 판결).

▌급성 편도염으로 정맥주사를 맞고 혈전정맥염이 발생하였습니다. 해결 방법은?

【질문】기침, 콧물, 인후통 등의 증상으로 병원에 내원하여 진료를 받은 결과 급성 편도염으로 진단 되었습니다. 먹는 약을 처방받고 좌측 팔부위에 정맥주사를 맞는 순간 통증이 유발되어 의사에게 호소하였더니 일시적으로 나타나는 증상이라고 하여 귀가를 하였습니다. 그러나 시간이 지나면서 주사부위 통증과 단단함 증상이 지속되어 다시 병원에 문의를 하였더니 아무 이상이 없을 것이라고만 하였습니다. 답변을 신뢰할 수 없어 다른 종합병원을 방문하여 검사한 결과 표재성 혈전정맥염으로 진단되어 약물치료를 받았습니다. 무성의한 진료로 발생한 피해에 대한 해결 방법을 알고 싶습니다.

【답변】

환자 증상에 따른 전반적인 의료행위의 적절성에 대한 검토가 필요합니다.

혈전정맥염은 정맥의 한 곳 이상에서 혈전이 생겨 혈관을 막고 염증을 일으키는 질환으로써 주로 다리 부위에 발생하며 피부 표면에 발생한 경우 표재성 혈전정맥염, 근육사이 깊은 정맥에 발생한 경우 심부정맥 혈전증이라고 합니다. 심부정맥 혈전증은 아주 위험한 상태로 혈전이 혈관을 돌아다니다가 폐나 폐동맥을 막아 폐색전증을 유발시킬 수도 있습니다. 이러한 경우 보통 약물요법이나 탄력스타킹으로 치료를 실시하나 복부 또는 골반정맥에 급성 혈전이 생긴 경우에는 수술을 시행하기도 합니다. 의사는 환자 상태와 당시의 의료수준, 전문지식·경험에 따라 적절하다고 판단되는 방법을 선택하여 진료를 하는데, 이 과정에서 환자의 구체적인 상태에 맞는 치료방법을 선택하고 치료를 하였는지, 합병증이 발생한 경우에는 최선의 방법으로 대처를 하여 피해 경감을 위한 노력을 했는지 등에 대한 검토가 필요합니다.

⚖ 관련판례

갑이 뇌동맥류 파열에 따른 뇌지주막하출혈 치료를 위해 을 병원에 입원하여 뇌동맥류 결찰술을 받고 합병증 관리를 위하여 중환자실에 있다가 방사선학적 뇌혈관연축 상태에서 일반병실로 옮겨졌는데, 그 후 사지가 뻣뻣하게 굳으며 혼수상태에 빠져들었고 자극에도 제대로 반응하지 않는 등 이상증세를 보여 다음 날 두개 감압술 등 수술을 받았으나 식물인간 상태에 이른 사안에서, 을 병원이 방사선학적 뇌혈관연축 상태를 확인하고서도 칼슘길항제의 투여를 중단하고 갑을 중환자실에서 일반병실로 옮긴 점 및 갑의 이상증세에도 불구하고 즉시 필요한 조치를 취하지 않은 점은 을 병원의 의료상 과실이고, 이러한 의료상 과실과 갑의 상태 사이에 일련의 의료행위 외에 개재될 만한 다른 원인이 없었으므로 의료상 과실과 현재 갑의 상태 사이의 인과관계도 추정되는데도, 이와 달리 본 원심판단에 심리미진 등의 잘못이 있다고 한 사례(대법원 2020. 2. 6. 선고 2017다6726 판결).

■ 위암 3기를 위염으로 진단하여 치료가 지연되었습니다. 병원에 과실책임을 물을 수 있나요?

【질문】 저희 아버지(70대)께서 속쓰림 증상으로 내과에서 위 내시경 검사 후 위염 진단을 받고 5개월 정도 치료를 받았으나 오히려 증상이 악화되었습니다. 다른 병원에서 조직검사를 한 결과 위암 3기 및 다른 장기로 암 전이가 되었다는 진단을 받고 위의 약 70%와 담낭을 절제하는 수술을 받았습니다. 위염을 진단할 때 조직검사까지 병행하였다면 위암을 조기에 발견하여 예후가 현재보다 좋았을텐데 검진을 소홀히 하여 암 오진 및 치료지연으로 고통을 가중시켰습니다. 병원 측에 과실 책임을 묻고 싶습니다.

【답변】

진단 상의 주의의무와 위암 조기 진단의 기회상실에 대하여 검토가 필요합니다.

일반적으로 위 내시경 검사 과정에서 조직검사가 필요한 경우는 위염 중 비특이적이거나, 비후성 위염, 침윤성 질환에 의한 위염, 위궤양이나 위암이 의심되는 경우 등입니다. 의사는 당시 환자의 상태과 의료수준 그리고 자기의 전문지식, 경험에 따라 적절하다고 판단되는 방법을 선택하여 진료를 합니다. 본 건과 관련하여 당시 환자의 구체적인 증상을 정확하게 파악하여 병명 진단과 관련 치료를 하였는지, 치료 후 변화과정에 대한 경과관찰을 적절히 하였는지 등에 대한 검토가 필요합니다. 다만, 5개월 전에 조기 위암을 발견시와 실제 진단 이후 치료방법 및 시기, 예후 등 차이 인정 여부에 따라 책임의 범위는 달라질 수 있습니다.

🏵 관련판례

위암은 초기에는 별다른 증상이 없다가 상당히 진행된 다음에서야 상복부팽만감, 불쾌감, 소화불량, 오심을 동반한 식욕부진, 체중감소 등의 증상을 보이므로 체중 감소를 시진하였음에도 불구하고 위내시경검사에서 아무런 이상이 없는 것으로 나오자 위암의 가능성을 전혀 염두에 두지 아니하였는바, 모든 위암이 위내시경검사로 발견될 수 있는 것이 아니라 위내시경검사로도 발견되지 않는 보만 4형과 같은 위암도 있으므로, 위암을 조기에 진단할 수 있도록 주의의무가 있는데도 이를 게을리 하여 보만 4형 위암의 가능성을 전혀 고려하지 아니하고, 위암 발견의 완전한 검사법이 되지 못하는 위내시경검사 결과에만 의존하여 정밀검사를 하지 아니하고 위내시경검사로도 발견이 어려운 보만 4형 위암에 대한 설명도 하지 아니함으로써 위암의 조기발견 및 그 진행상태에 따른 적절한 치료를 받아 볼 기회를 상실하게 하였다고할 것이다(서울고등법원 2000. 7. 6. 선고 99나45262 판결).

▌ 감기 증상으로 엉덩이 부위에 주사를 맞고 주사부위에 멍이 생겼습니다.

【질문】 저는 10년 전부터 고혈압과 당뇨로 약을 복용하고 있습니다. 최근에 콧물과 고열 등의 증상으로 내과 진료를 받은 결과 감기로 진단을 받고 엉덩이 부위에 근육주사를 맞았습니다. 다음 날부터 주사 맞은 부위가 가렵고 통증이 발생하더니 약 10일 후 부터는 손바닥 크기의 멍이 생겼습니다. 아직까지 정확한 진찰결과를 받지 못하고 있는데 만일 의료사고일 경우 그 대처 방법을 알고 싶습니다.

【답변】

근육부위 멍은 그 예후에 따라 검토가 필요하지만 대부분의 경우는 자연흡수가 되어 예후가 좋은 편입니다.

감기 증세에 대한 진통소염제 근육주사 처방은 진통제의 효과를 빨리 보기 위하여 시행하는 투약 방법입니다. 근육주사의 경우 출혈(멍), 혈종 발생 등의 부작용이 있는데, 대부분 압통 및 부종, 발적 등의 염증 소견이 없으면 자연적으로 흡수되어 치유되는 경우가 많습니다. 따라서 환자의 증상에 따른 진단과 치료방법 등을 알기 위해서는 정확한 진찰을 받아보실 필요가 있습니다. 감기증상에 대하여 의학적으로 필요한 처치 여부와 적절성 등에 대하여 의료적인 감정을 원하실 경우 진료기록을 확보하여 의료중재원의 조정절차를 활용하여 보시기 바랍니다.

⚖ **관련판례**

피고는 의사로서 주사를 놓는 경우 부작용 발생에 대비하여 환자의 특성을 잘 살펴 안전하게 주사를 놓아야 할 주의의무 내지는 간호조무사로 하여금 주사를 놓게 하는 경우 간호사의 업무를 지시하고 감독함에 있어 주의의무를 소홀히 하여 원고의 우측 둔부에 농양이 발생하게 하였다는 주장은 피고가 원고에게 주사를 처방하고 간호조무사에게 주사를 놓도록 지시하고 이를 감독함에 있어 어떠한 과실이 있었음을 인정하기 어려우므로, 이를 전제로 하는 원고의 주장은 이유 없다(수원지방법원 2008. 1. 25. 선고 2007나14916 판결).

▌ 맹장 진단 지연으로 복막염이 발생된 경우의 책임은?

【질문】 저는 감기몸살과 복통으로 약국에서 약을 복용하였지만 증상이 호전되지 않았습니다. 집 근처 병원에 가서 복부x-ray 검사 상, 이상이 없다고 하면서 초음파 검사를 권유하였고 복부초음파검사를 한 결과 괜찮다는 답변을 듣고 약 처방을 받은 후 귀가 하였습니다. 귀가 중 통증이 심하여 다른 병원에 내원하여 CT를 촬영한 결과 맹장염 소견이 나왔고, 맹장이 터져 복막염으로 진행되어 결국 1개월 동안 입원치료를 해야만 했습니다. 제가 알고 있기로는 맹장염은 보통 7일 입원 후 퇴원인 것으로 알고 있는데, 한 달간 입원하다니…. 최초 진단만 정확했다면 복막염까지 진행되지 않았을 것이고 이에 따른 비용지출과 고통도 없었을 것입니다. 이런 경우 병원에게 어떤 책임을 물을 수 있나요?

【답변】

내원할 당시 환자의 증상 등을 제대로 파악하고 검사와 판독이 정확했는지가 중요합니다.

충수염 진단은 임상 증상과 이학적 검사가 진단에 있어서 가장 중요하며 더불어 혈액검사와 복부초음파 또는 복부CT 등이 추가적으로 도움이 될 수 있습니다. 환자가 병원에 내원할 당시부터 이미 복통 등의 증상을 보였다면, 병원으로서는 이학적 검사와 혈액검사, 복부초음파검사 등 종합적인 검사를 통하여 확진을 위한 노력을 기울여야 하며, 혹 해당 의료기관의 진료환경 또는 즉시 검사가 이루어질 수 없는 상황일 경우에는 정확한 검사를 위해 다른 의료기관으로 전원조치를 해야 할 의무도 부담하게 됩니다. 다만, 환자의 상태가 충수염을 의심할 만한 증상이 있었는지, 복막염의 발생 시기는 언제인지 등에 따라 병원의 책임 범위는 달라질 수 있습니다.

【관련판례】

통상적으로 급성 충수돌기염이 생긴지 48시간 정도 경과하면 충수돌기가 파열되어 복강내에 농양이 발생하는 등 복막염으로 진행하게 되기는 하나 충수돌기가 파열되어 농양이 발생하는 시간에는 개인차가 크고, 이로 인해 이 사건 환자가 피고병원에 내원할 당시에 이미 복막염을 앓고 있었다고 단정할 수도 없지만, 설령 내원할 당시부터 이미 급성 충수돌기염에서 기인한 복막염을 앓고 있었다고 하더라도 수술 직전까지도 그 원인을 전혀 진단하지 못한 것에 대하여 과실이 인정된다. 또한 피고병원이 원고에 대하여 항생제 약물치료를 한 것은 장내에 있는 혐기성세균, 호기성세균, 진균류를 위하여 사용한 것으로 적절한 처방이었다고 볼 수 있으나, 수술적 처치를 우선적으로 고려하여 이에 필요한 수술 전 준비나 처치를 하여야 할 급성 충수돌기염 또는 이로 인한 복막염을 의심하지 못한 채 급성 골반염으로 진단하여 약 10일 동안 항생제 치료 등 내과적 처치만을 하였으므로 그 내과적 치료가 일부 급성 충수돌기염 또는 복막염의 치료에도 도움이 되었다고 하더라도 앞에서 본 과실에 차이가 있을 수 없다(부산지법 2006. 2. 8. 선고, 2005가단3461 판결).

■ 암이라고 수술했는데, 암이 아닐 경우의 보상은?

【질문】 저희 어머니가 신장부위에 2cm 혹이 발견되어 큰 병원으로 이송해서 검사를 했습니다. 검사 상에서 신장암으로 진단을 받고 수술을 했습니다. 그런데 수술 후에 조직검사를 했는데 그 결과 암이 아닌 일반적인 종양으로 진단을 받았습니다. 이런 경우에 보상을 받을 수 있는지요?

【답변】

종양의 종류에 따라 암과의 구분이 어려울 수도 있습니다. 신장암의 진단을 위해서는 주로 복부 초음파검사가 널리 이용되며, 초음파에서 신장의 종양 물질이 발견되는 경우 복부 전산화단층촬영(CT)으로 종양 물질에 대한 정확한 평가와 혈관, 신장 주위 임파선 및 주위 장기에 대한 전이 여부를 평가하게 됩니다. 환자의 경우 신장암의 확진을 위해 병원에서 어떠한 검사를 시행하였고, 검사 결과에 대한 판독은 적정하였는지, 발견된 해당 종양을 암으로 판정하는데 의학적 난이도는 어느 정도인지 등에 대한 검토가 필요합니다. 의사는 의료행위를 할 때에 사람의 생명·신체·건강을 관리하는 업무 성질에 비추어 환자의 구체적인 증상이나 상황에 따라 위험을 방지하기 위하여 요구되는 최선의 조치를 취하여야 할 주의의무가 있으므로, 이러한 의무를 다 하였는지 여부에 대한 전반적인 검토를 거쳐 책임 여부를 결정할 수 있습니다.

♣ 관련판례

① CT, MRI 등 영상촬영에 의한 검사, 판독에 특별한 문제점이 없고, 피고 병원의 진단 내용이 간암을 확진한 것이 아니라 간암을 의심할 수 있다는 것이고, 이에 더하여 간혈관종의 가능성도 배제할 수 없다고 진단하고 있는 점,

② 피고 병원에서 침생검을 통해 얻은 간 조직은 모두 간경변증으로 인한 경화성 결절밖에 없으며 어느 곳에서도 림프구양 증식증 병변은 포함되어 있지 않았고, 침생검 검체는 경화성결절 중 일부에 신생혈관증식이 매우 증가하여 고등급 이형성 결절을 의심할 수 있는 소견이어서 이에 대하여 고분화 이형성 결절로 진단하였다고 하여, 문제점이 있다고 보기는 어려운 점,

③ 원고를 협진한 호흡기내과에서도 별다른 이견이 없어 원고에 대하여 간 절제술을 하였으며, 재발 가능성 등을 고려하여 간 절제술을 한 것이므로 이것만을 두고 의사의 재량을 벗어난 잘못이 있다 할 수 없는 점 등의 제반 사정을 합쳐 보면, 피고 병원이 원고에 대하여 간암 또는 이형성 결절로 진단하고 간 절제술에 나아간

것에는 앞서 본 바와 같이 침생검을 통한 조직검사에 있어 검체를 잘못 채취한 잘못으로 인하여 생겨난 결과 외에는 책임을 물을 수 없다고 할 것이다(서울서부지법 2013. 2. 13. 선고, 2010가단72529 판결).

▌ 쯔쯔가무시병을 진단하지 못한 경우의 병원의 책임은?

【질문】 저희 어머니가 감기몸살로 병원에 내원하여 검사 상 담석 진단을 받았습니다. 이틀 후 복강경으로 담석수술을 받으셨는데 수술 후 정신이 혼미해지고 전신에 부종 등의 증상이 발생되는 등 상태가 악화되었으나 병원 측에서는 적극적인 검사와 이에 대한 처치 없이 환자를 방치하였습니다. 이에, 가족 측에서 자발적으로 큰 병원으로 전원을 시켰고, 검사 결과 쯔쯔가무시로 진단을 받았는데 해당 병원에서는 혈액검사 상 정상이었으므로 잘못이 없다고 주장하고 있습니다. 정말 잘못이 없습니까?

【답변】

환자의 상태에 따른 검사의 필요 여부와 적절한 조치 여부의 검토를 통해 책임 범위를 판단할 수 있습니다.

쯔쯔가무시병은 오리엔티아 쯔쯔가무시균에 의해 발생하는 감염성 질환입니다. 잠복기는 보통 10~12일 정도로 발열, 발한 두통, 결막충혈, 림프절종대의 증상이 보이며 피부에 가피(딱지)가 동반된 궤양이 나타나는 것이 특징입니다. 최초 내원당시 환자에게 이러한 증상 등이 있었는지 이러한 증상이 있었는데도 단순하게 판단하고 진단을 내렸다면 주의의무를 소홀한 부분이 있을 수 있지만 혈액검사와 영상의학적 검사 등 종합적인 검사를 통해 확진을 위한 최선의 노력을 다하였다면 의료인의 과오를 묻기가 어려울 수도 있습니다. 쯔쯔가무시병은 초기에는 감기몸살 증상과 비슷하므로 초기진단이 어려울 수 있으며 질환의 특징인 가피형성이 없을 경우 더더욱 그럴 수 있습니다. 다만, 정확한 진단이 어려울 경우 의료인은 이에 대한 확진을 위하여 전원 조치를 취해야 할 의무가 있는데 이러한 충분한 조치가 이루어지지 않았다면 책임이 있을 수 있습니다.

⚖ 관련판례 I

진단은 문진·시진·촉진·청진 및 각종 임상검사 등의 결과에 터잡아 질병 여부를 감별하고 그 종류, 성질 및 진행 정도 등을 밝혀내는 임상의학의 출발점으로서 이에 따라 치료법이 선택되는 중요한 의료행위이므로, 진단상의 과실 유무를 판단함에 있어서는 그 과정에 있어서 비록 완전무결한 임상진단의 실시는 불가능하다고 할지라도 적어도 임상의학 분야에서 실천되고 있는 진단 수준의 범위 내에서 그 의사가 전문직업인으로서 요구되는 의료상의 윤리와 의학지식 및 경험에 터 잡아 신중히 환자를 진찰하고 정확히 진단함으로써 위험한 결과 발생을 예견하고 그 결과 발생을 회피하는 데에 필요한 최선의 주의의무를 다하였는지 여부를 따져 보아야 한다(대법원 2010. 7. 8. 선고, 2007다55866 판결).

◈◈관련판례 Ⅱ

의사에게는 만일 당해 의료기관의 설비 및 지리적 요인 기타 여러 가지 사정으로 인하여 진단에 필요한 검사를 실시할 수 없는 경우에는 특단의 사정이 없는 한 당해 환자로 하여금 그 검사를 받을 수 있도록 해당 의료기관에 전원을 권고할 의무가 있다(울산지법 2005. 9. 7. 선고, 2004가합977 판결).

■ 수술 후 혈압약을 처방하지 않아 뇌경색이 발생되었을 때 의료기관의 책임여부는?

【질문】 저희 어머님은 평소 고혈압이 있으셨는데 신장이식 수술을 받게 되셨습니다. 수술 후 회복 중에 혈압이 상승되었는데도 혈압약을 처방해 주지 않고 기다려 보자고 하였습니다. 그런데 갑자기 눈이 안보이고 왼쪽 팔다리에 힘이 약해지는 증상이 발생되어 검사를 한 결과 뇌경색으로 진단받았습니다. 당시 의료기관에서 제때 혈압약만 주었다면 이런 사태가 발생되지 않았을 것 같은 생각이 드는데 제 생각이 맞는지 문의 드립니다.

【답변】

의료인의 재량 범위와 수술 후 사후관찰 및 적절한 대처 여부가 중요한 사안입니다.

고혈압 약은 혈관을 확장시켜주는 기능과 함께 혈액을 묽게 만드는 효능이 있습니다. 다시 말하면, 혈액을 묽게 만들기에 혈액 응고를 방해하게 되며, 이는 수술 전 7일간 고혈압 약을 끊으라는 이유와 수술 후 수술부위 응고장애로 인한 지속적 출혈로 인한 혈종 발생가능성을 낮추기 위한 이유이기도 합니다. 따라서 수술 후 환자의 상태에 따라 혈압약을 투입할지 아닐지의 결정은 의료인이 환자의 상태를 파악하고 이에 대한 위험성까지 고려하여 판단하는 것이며, 이 경우 또한 두 가지 위험성(혈액응고장애 가능성 또는 뇌경색 가능성)중 어디에 경중을 두고 그 적절한 시기를 찾는 것은 의료인의 재량 범위에 속한 것이라고 할 수 있습니다. 다만, 이러한 예견과 결과 발생을 최소화하기 위한 노력이 전혀 없었다면, 이에 대하여는 병원의 책임이 인정될 수도 있습니다. 또한, 뇌경색이 발생된 후 3시간 내지 6시간 이내에는 혈전용해제를 통하여 어느 정도의 회복을 기대할 수 있으므로, 이러한 초기 대응을 잘 하였는지 여부 또한 검토가 필요한 사항입니다.

⚥ 관련판례 I

고혈압의 병력을 가진 환자이지만 입원일부터 수술 직전까지 마취과 의사와의 협의진료를 통하여 혈압이 잘 조절되는 것을 확인하고 전신마취하에 의사가 척추관협착증 등을 치료하기 위한 수술을 시행하였으나 환자가 수술 후 제대로 의식이 돌아오지 못하며 뇌경색 증세를 보인 경우, 의사의 수술상의 과실로 인하여 환자에게 뇌경색이 발생하였다고 추정하기 어렵다고 한 사례(대법원 2002. 8. 23. 선고, 2000다37265 판결).

⚖ 관련판례Ⅱ

'인간의 생명과 건강을 담당하는 의사에게는 그 업무의 성질에 비추어 보아 위험방지를 위하여 필요한 최선의 주의의무가 요구되고, 따라서 의사로서는 환자의 상태에 충분히 주의하고 진료 당시의 의학적 지식에 입각하여 그 치료방법의 효과와 부작용 등 모든 사정을 고려하여 최선의 주의를 기울여 그 치료를 실시하여야 하며, 진료를 행함에 있어 환자의 상황과 위와 같은 의료수준 그리고 자기의 지식경험에 따라 적절하다고 판단되는 진료방법을 선택할 상당한 범위의 재량을 가진다고 할 것'이라고 판시한 사례(대법원 2007. 5. 31. 선고, 2005다5867 판결).

■ 항생제 부작용으로 혈소판감소증이 발생된 경우는?

【질문】 저희 어머님이 신우신염으로 입원치료를 받았습니다. 그런데 입원 3주째쯤 혈소판감소증이 발생되어 병원으로부터 위험하니 큰 병원으로 전원 권유를 받고 현재 전원하여 입원치료 중이십니다. 제가 의학 지식은 없지만 나름대로 알아본 바로는 혈소판감소증은 항생제 부작용의 하나라고 얘기를 들었습니다. 그래서 신우신염을 치료하기 위하여 사용한 항생제에 문제가 있지 않나 생각됩니다. 병원에 병을 치료하기 위하여 왔다가 오히려 병을 얻고 나왔다는 생각에 화가 납니다. 어떻게 하면 좋을까요?

【답변】

한국의료분쟁중재원의 절차이용을 통해 항생제 사용의 적정성과 부작용 발생과의 인과관계, 책임 소재에 대한 판단을 받아보십시오.

혈소판감소증의 원인은 매우 다양하며, 바이러스 및 세균감염에 의해 발생될 수도 있고, 특정 약제의 부작용으로도 발생될 수 있습니다. 이 중 항생제 사용으로 인한 합병증 발생의 책임과 관련하여서는 환자의 신우신염의 치료를 위해 항생제의 치료는 불가피하였을 것으로 보이므로, 항생제의 투여만으로 의료인의 과실을 단정할 수는 없고, 항생제를 사용함에 있어서 환자의 상태(기왕력, 연령, 몸무게 등)에 맞는 적정한 용량 및 용법을 사용했는지 여부와 사용 전 이러한 부작용에 대한 충분한 설명이 있었는지 여부가 검토되어야할 부분입니다. 다만, 설명의 정도는 약제의 부작용이 일반화되어 있지 않아서 의료인조차 예상할 수 없었다거나, 설명을 사전에 하였더라도 이러한 의료행위를 환자가 선택하였을 것이라는 것이 명백한 경우에는 환자의 선택권을 침해한 것이 아니므로, 이에 대한 의료인의 설명의무는 매우 제한적일 수도 있습니다.

⚖ 관련판례

조영제 투여 후 부작용이 발생된 사례에 대하여 법원은 '임상경과에 비추어 의사가 환자에 대하여 신우조영술의 시행을 결정한 조치가 부적절하다거나 불필요한 검사라고는 볼 수 없고, 이러한 신우조영술을 시행함에 있어서는 조영제의 투여가 필수적인데, 사실상 사전에 그 투여에 따른 과민반응 여부를 정확히 알 수 있는 검사방법이 현재까지 알려진 바 없는 실정이며, 소외인의 경우 특별한 알레르기반응이나 가족력은 없는 것으로 확인되었고 피부반응검사에서도 별다른 이상이 나타나지 않았음에 비추어 사전에 소외인에게 조영제에 대한 과민반응이 있을 것으로 예상하기 곤란하였고,

과민반응이 발현된 이후 응급조치를 받게 될 때까지 비교적 짧은 시간에 소외인의 임상증상이 급격한 악화를 보였던 점에 비추어 소외인에게 과민반응이 발현된 이후 곧바로 응급조치가 취해졌다고 하더라도 반드시 사망의 결과를 회피할 수 있었으리라고는 확단할 수 없다 할 것'이라고 판시하여 사고의 예견과 환자에게 나타난 나쁜 결과의 회피가능성이 어려웠다고 보았음(서울지법 1998. 9. 30. 선고, 97가합75880 판결).

▌ 대장 내시경검사 중 대장천공이 발생된 경우의 대처방법 및 손해배상은?

【질문】 저희 장모님(62세)이 대장내시경검사 중, 대장에 천공이 발생되었습니다. 그런데 천공부위를 통해 장 내 가스와 대장내시경 검사 시 주입한 가스에 의해 하복부부터 얼굴 밑까지 가스가 차서 기흉이 발생 되었습니다. 저희가 대처할 수 있는 방법과 손해배상을 받을 수 있는지 궁금합니다.

【답변】

환자의 장기 상태를 파악할 수 있는 진료기록을 통하여 사고원인에 대한 전반적인 검토가 필요합니다.

대처방법으로는 여러 가지가 있을 수 있지만 기본적으로 대장천공 발생 후 해당 의사에게 천공발생의 원인에 대한 설명을 들어 볼 필요가 있습니다. 대장천공의 경우 환자가 고령인 경우, 게실염 등의 기왕질환이 있는 경우 등 장벽이 약한 부위에 내시경이 주행함으로 인해 천공이 발생될 수 있으며, 주요 부위로는 대장의 굴곡이 심한 'S상 결장'에서 많이 발생되는 것으로 알려져 있습니다. 의료인은 대장내시경검사 중, 장기에 손상을 가하지 않도록 할 주의의무와 천공 가능성에 대한 설명의무를 지게 되며, 이를 소홀히 했을 경우에는 이에 따른 손해배상 책임을 부담하게 됩니다. 천공 발생 후 천공의 발생 원인에 대한 해당의료인의 의학적 설명이 합당하지 않다고 판단될 경우에는 사고원인에 대한 전반적인 검토를 위하여 의무기록 및 영상기록 등을 확보한 후 손해배상 청구를 고려해 보시기 바랍니다.

♨ 관련판례

직장유암종 수술 후 직장-질 부위에 천공이 발생된 사안과 관련하여, 법원은 '의사의 수술상 과실로 발생한 위와 같은 직장질루로 인하여 인공결장루 시술을 받고, 그 후 병에서 직장질루의 치료를 위해 자궁적출술 및 항문-결장문합술을 받다가 위에서 본 바와 같이 자궁적출 및 변실금 장애에까지 이르게 되었으며 이러한 자궁적출술은 원고의 증상 및 그 수술기법상 불가피한 것으로 보여지고 변실금 장애 등은 위 항문-결장문합술의 후유증인 바, 그렇다면 현재 원고에게 남아있는 모든 후유장애는 피고 의사들이 위 직장유암종수술을 잘못한 불법행위와 상당한 인과관계가 있다 할 것이므로 피고는 이로 인하여 원고가 입게 된 모든 손해를 배상할 책임이 있다'고 판단. 다만, 환자의 기왕병력을 감안하여 병원의 책임을 일부 제한한 사례(서울고법 1998. 4. 7. 선고, 97나43309 판결).

■ 단순 복통 진단 15일 후 다른 병원에서 암 진단을 받았을 경우의 배상청구는?

【질문】 제 아들(20대)이 복통증상으로 일반의원에서 진찰을 받았는데, 단순하게 복통 약 만을 처방하여 귀가 조치시켰으나 15일 지나도 증상이 호전되지 않아 타 병원 진료를 보게 되었습니다. 타 병원에서 검사를 한 결과 혈액암(임파선)으로 판정을 받고 현재까지 치료 중에 있습니다. 최초 일반의원에 민원을 제기하니 촉진 시 복부가 비정상적으로 딱딱했다고 하면서 좀 이상했던 거 같다고 하는데…. 미리 증상을 의심하고 큰 병원에 보냈다면 지금과 같이 상실감이 크지는 않았을 것 같습니다. 이런 경우 배상청구를 할 수 있겠습니까?

【답변】

조기 치료기회 상실에 따른 피해가 발생되었다면 손해 배상 책임이 인정될 수 있습니다.

최초 병원에 내원할 당시 환자의 상태, 증상, 기왕력 유무 등을 종합해 볼 때 임파선암을 의심할 수 있는 소견이 있었는지 여부와 해당 의원의 진료환경 수준으로는 정확한 진단을 내리기 어려워 전원을 해야 함에도 이를 게을리 한 것은 아닌지 여부 등이 검토되어야 할 것입니다. 또한, 복통진단 후 15일이 경과한 시점에서 혈액암을 발견하였는데, 15일 동안 환자의 예후에 어떠한 영향을 미쳤는지, 15일 전에 치료를 받았다면 현재와 같은 결과가 달라질 수 있었는지 여부도 검토가 필요한 부분입니다. 이러한 판단은 매우 전문적인 지식이 필요한 부분으로, 종합적이고 객관적인 판단을 받기 위하여 조정 신청, 민사소송 제기 등 법적절차를 밟아 보시기 바랍니다.

♨ 관련판례

진단은 문진·시진·촉진·청진 및 각종 임상검사 등의 결과에 터잡아 질병 여부를 감별하고 그 종류, 성질 및 진행 정도 등을 밝혀내는 임상의학의 출발점으로서 이에 따라 치료법이 선택되는 중요한 의료행위이므로 진단상의 과실 유무를 판단함에 있어서는 그 과정에 있어서 비록 완전무결한 임상진단의 실시는 불가능하다고 할지라도 적어도 임상의학 분야에서 실천되고 있는 진단 수준의 범위 내에서 그 의사가 전문 직업인으로서 요구되는 의료상의 윤리와 의학지식 및 경험에 터 잡아 신중히 환자를 진찰하고 정확히 진단함으로써 위험한 결과 발생을 예견하고 그 결과 발생을 회피하는 데에 필요한 최선의 주의의무를 다하였는지 여부를 따져 보아야 하고, 아울러 의사에게는 만일 당해 의료기관의 설비 및 지리적 요인 기타 여러 가지 사정으로 인하여 진단에 필요한 검사를 실시할 수 없는 경우에는 특단의 사정이 없는 한 당해 환자로 하여금 그 검사를 받을 수 있도록 해당 의료기관에 전원을 권고할 의무가 있다(울산지법 2005. 9. 7. 선고, 2004가합977 판결).

▮ 폐암을 비염 및 기관지염으로 오진하였을 때 의원의 책임과 보상여부는?

【질문】 저희 어머니는 기침 증상으로 일반의원에서 비염, 천식, 기관지염 진단을 받으시고 치료를 받던 중 증상이 나아지지 않아 재 내원하여 CT검사를 하였는데 동일한 진단이 나와 외래통원 치료를 약 11회에 걸쳐 진행하셨습니다. 하지만, 여전히 증상이 나아지기는커녕 오히려 악화되었습니다. 그래서 대학병원으로 전원하여 일반의원에서 검사한 CT영상물을 판독해보니 폐암 판정이 나왔습니다. 저희 가족 측에서 해당 의원을 상대로 진단 잘못에 따른 보상을 요구할 수 있는지 궁금합니다.

【답변】

동일한 CT영상물에서 암을 발견할 수 있는 소인이 발견 된다면, 오진으로 인한 배상청구를 고려해 볼 수 있습니다.

의사는 진찰·치료 등의 의료행위를 함에 있어 반드시 병을 진단하고 완치시켜야할 의무를 부담하는 것은 아니라 할지라도, 사람의 생명·신체·건강을 관리하는 업무의 성질에 비추어 환자의 구체적인 증상이나 상황에 따라 위험을 방지하기 위하여 요구되는 최선의 조치를 행하여야 할 주의의무를 지게 됩니다.

일반의원에서는 CT검사 상 암을 진단하지 못하였지만 똑같은 CT영상물을 큰 병원에서는 판독한 결과 폐암을 진단하였다면 오진으로 인한 조기 치료기회 상실로 손해가 발생되었을 수 있으니 좀 더 구체적이고 정확한 감정을 위하여 관련 의무기록 및 영상필름 등을 확보한 후 오진으로 인한 배상청구를 고려해 보시기 바랍니다.

⚘ 관련판례 I

완치불능인 폐암환자도 발병사실을 알 경우 진행상태에 따른 적절한 치료를 받고 생존기간을 연장하거나 본인 혹은 가족들이 신변을 정리할 수 있는 기회를 가질 수도 있으므로 의사가 폐암환자를 건강하다고 진단함으로써 그 같은 기회를 상실하게 하였다면 그에 대한 손해를 배상할 책임이 있다고 한 사례(서울지법 1993. 9. 22. 선고, 92가합49237 판결).

⚘ 관련판례 II

폐암을 급성염증으로 잘못 진단한 사안에서, 병원의 최초 진단에서 환자에게 폐암 의심 소견이 있었던 점, 진료의 경위와 결과, CT 유도 미세침흡인검사 방법의 의학적 한계 등 제반 사정에 비추어, 폐암발병 가능성을 충분히 의심할 수 있었음에도 단 한

번 실시한 미세침흡인검사 결과만을 신뢰한 채 폐암 여부를 재차 확인하기 위한 조직검사 등 다른 검사를 실시하지 아니한 과실로 폐암을 조기에 치료받을 수 있는 기회를 놓치게 한 잘못이 있고, 또한 검사 방법의 한계 및 오진 가능성 등에 관하여 환자에게 정확히 설명하여야 할 의무를 위반하여 손해배상할 책임이 있다고 한 사례(창원지법 2012. 1. 19. 선고, 2010가합11521 판결).

제3장
소아청소년과

■ 수액바늘 교체과정에서 피부에 상처가 발생하였습니다.

【질문】 제 아들(생후 12개월)이 요로감염과 급성 폐쇄성 후두염으로 병원의 소아청소년과에 입원을 하였습니다. 입원 4일째 수액을 교체하기 위하여 고정되어 있는 바늘의 반창고를 가위로 자르는 과정에서 실수로 우측 팔부위의 피부를 함께 잘라내었습니다. 병원 내 성형외과에서 진료를 받아 상처부위를 봉합하였지만 흉터는 남았습니다. 아들이 성장하면서 흉터가 커지지 않을까 우려가 됩니다. 간호사의 실수로 인하여 흉터가 남은 것에 대하여 보상을 받을 수 있는지 알고 싶습니다.

【답변】

의료인의 충분한 주의의무 이행 여부에 대한 검토가 필요합니다.

창상이 발생한 경우에는 일반적으로 환부의 창상절제와 봉합술을 시행하거나 약물이나 연고 등을 통하여 보존적 치료를 시행하는 것이 보편적입니다. 다만, 상처의 위치나 크기, 깊이 정도를 고려하여야 하고 보존적 치료를 받는 경우에는 흉터가 남을 수도 있으므로 이를 고려하여 신속한 창상절제와 봉합술을 시행하는 것이 흉터잔존을 최소화할 수 있습니다. 의료사고란 보건의료인의 의료행위로 인하여 사람의 생명 또는 신체, 재산에 대하여 피해가 발생하는 것을 의미하는 것으로 치료처치 부주의로 인하여 창상이 발생한 경우에는 책임을 물을 수 있습니다. 다만, 최선을 다하고 주의를 기울여 처치를 시행하려고 노력하였지만 전혀 예상치 못한 상황으로 인하여 발생한 경우에는 책임이 있다고 하여도 제한적인 사유가 될 수 있습니다. 의료중재원의 전문적인 감정을 받아 보시기 바랍니다.

⚖ 관련판례

환자가 입원한 다음날인 같은해 5.29.16:20경 맞고 있던 링게르주사액이 떨어지지 아니하여 의료인이 주사바늘을 제거한 후 의사에게 연락하여 다시 주사바늘을 꽂도록 하기로 마음먹고, 주사바늘을 고정하기 위하여 환자손에 붙여 놓은 반창고(반창고에 손전체가 가려져 손가락이 보이지 않았음)를 가위로 자르던중 반창고에 가려져 있던 환자의 좌측 새끼손가락 끝을 자르게 되었고, 이에 따라 환자는 원래 1주일 정도만 입원하면 퇴원할 수 있었는데 위 사고로 입은 손가락부분의 상해를 치료하느라고 사고일로부터 1개월 가량 더 입원하여야 했다. 위 반창고를 자름에 있어서 환자의 손가락이 작고 연약한데다가 당시 환자의 손전체가 반창고에 가려져 있어서 손가락이 가위 사이로 들어 갈 위험이 있었으므로 가위를 주의 깊게 사용하거나 아니면 다른 방법으로 반창고를 제거함으로써 사고발생을 미연에 방지하여야 할 업무상의 주의의무가 있음에도, 이를 게을리 한 채 만연히 반창고를 자른 과실로 환자의 손가락까지 자르게 된 것이므로 위 사고로 인하여 원고들이 입은 정신적인 고통을 금전으로나마 위자할 의무가 있다(서울민사지방법원 1995.1.11. 선고 94나39924 판결).

▌수액투여 중 피부 유입으로 부종이 생겼습니다.

【질문】 제 딸(생후 9개월)이 급성 인후염으로 병원에 입원하였습니다. 좌측 손등에 수액을 맞고 얼마 후 주사부위부터 팔꿈치까지 부풀어 올라 진료를 한 결과 주사바늘이 2/3정도 빠져 정맥부위에 고정되지 않아 수액이 피부로 유입되어 부종이 발생한 것으로 확인되었습니다. 병원에서 정맥에 수액을 제대로 투여하지 못하여 부종이 발생되었고 이번 일로 딸아이에게 다른 문제는 없는지 걱정이 됩니다. 주사를 잘못 투여한 간호사와 병원이 책임을 져야 한다고 생각하는데 어떻게 하면 좋을지 문의 드립니다.

【답변】

환자의 연령대를 감안한 주사행위와 주의의무가 요구됩니다.

정맥주사는 정맥 속에 주사바늘을 찔러 넣어 약액을 직접 혈관 속에 주입하는 방법입니다. 약액이 1~2분 내에 정맥-심장-동맥을 거쳐서 빠르게 온몸에 작용을 합니다. 피하나 근육 내에 주사 할 수 없는 약액의 경우 또는 주사 할 수 있어도 약용량이 많거나 약물의 빠른 효과를 기대하는 경우 등에 시행하고 있습니다. 의료인은 의료행위를 함에 있어서 환자에게 위험을 방지하기 위하여 요구되는 주의의무가 있으며 특히 소아의 주사치료는 수액투여 후 주사바늘이 움직여서 빠지지 않도록 바늘이 제대로 고정되어 있는지의 확인과 주사액 투여와 경과관찰 과정에서 더욱 세심한 주의를 기울여야 할 필요성이 있습니다. 의료인의 의료행위의 적절성으로 인한 주의의무 위반 여부에 대하여 검토가 필요합니다.

♨ 관련판례

정맥에 주사하다가 근육에 새면 조직괴사 등의 부작용을 일으킬 수 있는 마취제 에폰톨을 주사함에 있어서의 의사의 주의의무에 관한 판례로서 의사로서는 스스로 주사를 놓든가 부득이 간호사나 간호조무사에게 주사케 하는 경우에도 주사할 위치와 방법 등에 관한 적절하고 상세한 지시를 함과 함께 스스로 그 장소에 입회하여 주사시행 과정에서의 환자의 징후 등을 계속 주시하면서 주사가 잘못 없이 끝나도록 조치하여야 할 주의의무가 있고, 피고인이 피해자에 대한 임신중절수술을 시행하기 위하여 마취주사를 시주함에 있어 피고인이 직접 주사하지 아니하고, 만연히 간호조무사로 하여금 직접방법에 의하여 에폰톨 500밀리그램이 함유된 마취주사를 피해자의 우측팔에 놓게 하여 피해자에게 상해를 입혔다면 이 에는 의사로서의 주의의무를 다하지 아니한 과실이 있다고 할 것이다(대법원 1990. 5. 22. 선고 90도579 판결).

■ 원시신경외배엽 종양을 진단하지 못하였습니다.

【질문】 제 아들(10대 미만)이 두통, 구토 등의 증상으로 병원에서 상세불명의 급성 상기도 감염과 위장염, 결장염을 진단 받아 약을 처방받았습니다. 1개월 정도 외래통원진료를 통하여 처방약을 복용하였지만 증상은 호전과 악화가 반복되었습니다. 계속되는 통증으로 대학병원에서 진료를 받은 결과 원시신경외배엽 종양으로 진단되어 개두술과 종양절제술을 동시에 받고 현재 항암치료 중에 있습니다. 대학병원에서는 조금만 더 일찍 내원하였다면 치료에 도움이 될 수 있을 것이라고 합니다. 병원의 오진에 따른 피해에 대하여 책임을 묻고 싶습니다.

【답변】

진단 과오와 치료지연으로 인한 상태악화에 대하여 검토가 필요합니다.

소아의 두통의 경우에는 뇌종양보다는 대부분 특별한 원인 없이 발생하는 경우가 대부분 입니다. 소아 두통의 명확한 영상 진단결과가 없는 상황에서 진단의 정확성은 낮지만 진료가 적절하지 못하였다고 단정하기에는 어려운 부분이 있습니다. 다만, 의료인은 증상이 호전되지 않거나 증상호전 후 재발되었다면 자신의 진단을 의심해 볼 필요성이 있고 이것에 대한 검토를 토대로 맞는 진료를 해야 할 것입니다. 이 사안에서는 환자의 진단당시 환자의 임상증상, 진료기록 등을 토대로 의사가 종양진단을 예견하였거나 예견할 수 있었는지 여부가 검토되어야 합니다. 그리고 지연된 기간(1개월)이 환자의 악결과 발생에 영향을 미쳤는지 여부도 손해배상 책임 판단시 고려하여야 합니다.

⚖ 관련판례

환자를 치료하는 의사로서는 통상 요구되는 수준의 전문지식과 의료기술을 갖추고 환자의 증상을 면밀히 검토하여 그 병명을 정확히 진단한 후 이에 따른 치료를 하여야 하고, 치료도중에도 환자의 증세변화를 잘 관찰하여필요한 조치를 취할 수 있도록 하여야 하며, 치료하여도 증세의 호전이 없거나 악화될 경우에는 자신의 진단이 잘못된 것이 아닌지를 검토하여 그에 따른 진료를 하거나 종전과 다른 치료방법을 사용하는 등으로 환자로 하여금 건강을 회복할 수 있도록 최선을 다하여야하고, 자신이 치료할 수 없거나 치료에 필요한 시설이 부족한 경우 등 에는 다른 병원으로 전원 시킬 주의의무가 있다(대구지방법원 2006. 4. 25. 선고 2003가합6358 판결).

▌급성 충수염을 오진하여 복막염으로 진행되었습니다.

【질문】 제 딸(10대 미만)이 구토와 설사, 복통으로 개인의원에서 급성 충수염이 의심된다고 하여 수술을 위해 병원에 내원하였습니다. 단순방사선 검사결과 급성 충수염이 아니지만 원인은 알 수가 없다며 퇴원하라고 하여 자택으로 돌아왔습니다. 그러나 증상이 악화되어 다른 종합병원에 가서 진찰한 결과 충수염이 터져 복막염으로 진단되어 수술을 받았습니다. 최초 병원에서 정확하게 진단만 하였다면 복막염으로 발전되는 상황은 없었을 것입니다. 병원의 오진에 대하여 책임을 묻고 싶습니다.

【답변】

최초 의료인 소견과 상반된 진단 결정의 의학적 근거에 대하여 검토가 필요합니다.

충수염이란 맹장 끝에 6~9cm 길이로 달린 충수돌기에 염증이 발생하는 것으로 흔히 맹장염이라고 부르고 있습니다. 원인은 명확히 밝혀지지 않았지만 대부분 충수돌기 개구부가 폐쇄되면서 시작되는 것으로 알려져 있으며 95% 이상에서 복통이 발생합니다. 임상증상과 이학적 검사가 진단에 있어서 가장 중요하며 수술에 의한 합병증보다는 방치되었을 때의 후유증이 훨씬 심각할 수 있으므로 적극적인 수술적 처치가 필요합니다. 똑같은 증상으로 종합병원에서는 급성 충수염으로 진단을 하였다면 진단 착오에 의한 치료기회 상실 여부와 복통의 원인을 정확하게 파악할 수 없는 경우에는 다른 병원으로의 전원조치 권유 유무, 퇴원지시에 따른 의료행위의 적절성 여부 등에 대하여 검토가 필요합니다. 의료중재원 조정제도를 이용하여 책임여부와 범위에 대한 의료적인 감정을 받아 보시기 바랍니다.

☗☗ 관련판례

환자가 진찰을 받을 당시부터 우상복부의 심한 압통과 아울러 우하복부 압통이 있음이 확인되었을 뿐 아니라 백혈구 수치가 비정상적으로 증가되어 있었고 또한 망인이 혹시 충수염이 아닌가라고 물어 보는 등 급성 충수염을 강하게 의심케 하는 소견을 보이고 있었던 상태였으므로 위와 같은 당시 소견만으로는 망인의 증세를 급성충수염으로 확진하거나 확진을 위한 시험적 개복술을 시행할 수는 없었다고 하더라도 망인을 그대로 귀가시켜서는 안되고 급성 충수염의 전형적 증상인 우하복부 통증의 진행성 정착 여부를 그 발현시간(6-8시간) 동안 지속적이고도 면밀하게 관찰하여야 할 의사로서의 주의의무가 있음에도 불구하고 이를 게을리 한 채 약 2시간 가량의 수액주입후 단순히 충수염이 아닌 위염에 불과하다고 오진하여 망인을 귀가시킴으로써 망인으로 하여금 제때에 충수절제술을 받을 수 있는 시기를 놓쳐서 다음날 이미 충수염에 의한 복막염으로 증세가 악화된 상태에서 충수절제술을 받도록 한 과실이 있다 (서울고등법원 1998. 4. 30. 선고 97나17249 판결).

▌ 서혜부 탈장 수술 후 고환염전이 발생되었습니다.

【질문】제 아들(생후 13개월)이 사타구니가 부풀어 오르는 증상으로 병원에서 진찰한 결과 서혜부 탈장으로 진단되어 수술을 받고 퇴원하였습니다. 그러나 이후 고환이 부풀어 오르는 증상이 발생되어 병원에 다시 내원하게 되었고, 고환염전 진단과 함께 시간이 많이 경과되어 좌측 고환은 괴사되었다는 진단으로 고환 절제술을 받게 되었습니다. 병원의 부주의로 인하여 고환염전이 생겨 다시 수술을 하여 아들이 이중으로 고통을 겪어야만 하였습니다. 병원에 책임과 보상을 요구하고 싶습니다.

【답변】

탈장과 고환염전 사이의 인과관계가 성립 여부 대하여 검토가 필요합니다.

탈장이란 신체의 장기가 제자리에 있지 않고 다른 조직을 통하여 돌출되거나 빠져 나오는 증상을 의미하는 것입니다. 신체의 어느 곳에서든 생길 수 있으나 대부분의 탈장은 복벽에 발생합니다. 탈장은 생긴 부위에 따라서 서혜부탈장, 대퇴탈장, 반흔탈장 등이 있습니다. 고환의 염전은 정삭이 비틀리면서 고환이 회전되는 것으로 고환과 음낭구조물에 혈액순환장애를 일으키는 응급상황을 말합니다. 염전이 오래되거나 진단이 늦어지면 고환의 기능과 수정률(fertility)에 지장을 초래하여 불임이 될 수도 있습니다. 탈장 수술 후 염전이 발생되는 것은 수술 중 정삭이나 고환혈관의 조작과정에서 꼬이지 않도록 조작을 제대로 못하는 경우에 발생될 수 있습니다. 탈장수술과 고환염전 발생원인의 검토결과에 따라서 책임여부와 범위는 달라질 수 있습니다. 의료중재원의 조정제도를 이용하여 보시기 바랍니다.

⚖ 관련판례

의료인은 생후 11개월 된 영아로서 '우측서혜부탈장'이라는 진단을 받은 환자에 대하여 고위결찰술(일명 '탈장수술')을 시행하였다. 우선 위 병원 마취과장이 환자에 대하여 전신마취를 한 다음, 의료인은 수술부위를 중심으로 배 부분까지 1차로 베타디, 2차로 알콜, 3차로 증류수를 이용하여 각각 소독한 후, 수술용 칼로 환자의 피부를 절개하고 계속하여 전기소작기(일명 '보비, bovie')를 이용하여 피하지방층을 절개 및 지혈함에 있어, 의료인은 환자의 상처부위를 소독할 때 사용하는 휘발성약품인 알콜을 완전히 제거하여 전기소작기에 의한 화상을 입지 않도록 주의하여야 할 업무상 주의의무가 있다. 그럼에도 불구하고 알콜을 완전히 제거하지 않은 상태로 전기소작기를 작동하여 전기소작기에서 생성된 고열로 인해 알콜로 소독된 수술부위인 환자의 하복부, 우측서혜부, 고환부위에 불꽃을 발생케 하여 이로 인하여 환자에게 치료일수 미상의 하복부, 양측서해부, 성기부, 양측대퇴부 화염화상(심재성 2도~3도)을 입게 하였으므로 형법 제268조에 의하여 벌금 ○○○원에 처한다(부산지방법원 2010. 4. 6. 선고 2009고단3437 판결).

▮ 고열에 대한 처치 지연으로 열성경련이 발생하였습니다.

【질문】 저희 아기(18개월/남)가 39℃ 고열로 대학병원 응급실에 내원하였으나 약 1시간 동안 진료가 지체되어 열성경련이 발생하였습니다. 담당의사는 큰 문제는 없을 것이라고 하면서 아무런 사과도 하지 않은 상태입니다. 열이 심하다는 내용을 간호사에게서 전달받고도 담당의사는 왜 아무런 처치를 시행하지 않은 것인지 병원 측의 책임을 묻고 싶습니다.

【답변】

전반적인 의료 행위의 적절성에 대한 의학적인 판단이 필요합니다.

열성경련은 소아청소년, 특히 6개월에서 만 5세 사이의 소아에서 흔히 발생하는 신경학적 질환입니다. 지역에 따라 유병률의 차이는 있으나 전체 소아의 2~5%에서 발생하는 것으로 알려져 있습니다. 열성경련이 발생되면 경련의 유발인자인 발열을 치료하기 위해 가능하면 옷을 벗기거나 미지근한 물로 닦아주어 해열을 돕고, 해열제를 투여합니다. 기도 유지를 위해 편안한 자세와 함께 몸이나 머리를 옆으로 눕혀 이물질이 기도를 막는 것을 방지합니다. 또한 발작이 계속되면 원인에 대한 검사 및 필요한 치료를 추가적으로 시행하여야 합니다.

응급실 내원 당시의 환자 상태와 의료 행위의 적절성 유무, 열성경련 발생 시 조치여부에 대해 우선적으로 검토가 필요하며 열성경련의 발생 원인이 병원의 처치 지연으로 발생된 것인지에 대한 부분도 의학적인 검토가 필요할 것으로 보입니다.

참고로 담당의사의 답변이 부족하다면 병원 내 민원 담당 부서와 면담을 요청하거나 서면으로 민원을 접수하여 병원의 공식적인 답변을 들어보는 방법이 있겠습니다.

♨ 관련판례

열성경련에 의한 저산소성 뇌손상으로 사망하게 된 사안과 관련, ① 환자의 발열을 치료하기 위해 미지근한 물로 마사지를 하고, 해열제를 경구투여하였으나 환아가 구토 증세를 보이며 바로 이를 토하여 투약의 효과를 기대하기 어려웠음에도, 해열제의 좌약 투여 또는 근육주사 등 발열에 대한 적절한 처치를 하지 못하였고, ② 환자의 경련을 중지시키기 위하여 진정제를 항문 투여하여 경련이 일시적으로 멈추기는 하였으나, 2차 경련 후 소아과 중환자실로 옮겨져 의식을 회복하지 못하는 간질 지속 상태에 있었음에도 소아과 담당의사에게 이러한 사실이 보고되지 않았고, 회진 시에 그러한 사정을 확인하지 않아 간질 지속 상태를 신속하게 중단시키기 위한 적절한 처치

(항경련제의 정맥 주입, 기도 유지, 충분한 산소의 공급, 활력 징후를 수시로 측정하여 약물 투여 등에 대한 환자의 반응 및 경련의 추이를 지켜보면서 필요한 검사와 처치를 하는 것)를 하지 못하였고, ③ 청색증을 동반한 3차 경련 후 전원하게 되었는데 이러한 경우 산소 공급이 가장 중요한 처치이므로 동승한 의사가 기도를 유지하고 충분한 산소를 공급하여야 함에도 앰브배깅 방법으로만 산소 공급을 하였고 그나마 비의료인이 앰브배깅하도록 하기도 하는 등 산소 공급을 제대로 하지 않았는바, 피고 병원의 위와 같은 잘못으로 말미암아 열성경련에 의한 저산소성 뇌손상으로 사망에 이르게 되었다고 판단함(광주지방법원 목포지원 2003.9.23. 선고 2000가합2202 판결).

▌ 소아과에서 BCG 예방 접종 후 흉터가 남았습니다.

【질문】 저는 아이(15일/여)와 신생아 BCG 예방 접종을 위하여 소아과에 내원하였습니다. 원래 9개의 주사 바늘이 달린 주사를 2회 찍어 총 18개의 주사 자국이 생겨야 하는데 담당 간호사가 예방 접종 과정에서 주사를 여러 번 겹쳐 찔러서 약 40여개의 주사 자국이 생기게 되었습니다. 병원에서는 주사 자국이 많이 남게 된 부분에 있어 실수는 인정하지만 건강상의 위해를 끼치는 것이 아니기 때문에 보상에 대하여 논의하기 어렵다고 하면서 한국의료분쟁조정중재원에 접수하여 사건을 해결해보자고 하여 문의 드립니다.

【답변】

주사 투여 과정과 악결과에 대한 검토가 필요합니다.

경피용 BCG 접종은 피부에 주사액을 바른 후 9개 바늘을 가진 주사도구를 이용해 두 번에 걸쳐 강하게 눌러서 접종하여 주사액이 피부에 흡수되도록 하는 방식이고 접종 즉시 접종된 부위의 국소 피부에 나타나는 관침 수의 개수로 정확한 접종 상태를 알 수 있습니다. 경피용 BCG는 피내용 BCG 접종 방법보다 훨씬 약한 국소 피부변화를 보이는 장점이 있으나, 예방 접종 후 접종 부위에 발적, 종창, 가피 등이 형성되는 것이 정상 반응이고 일반적으로 약 48주 후에도 반흔이 완전히 사라지지 않고 희미한 자국이 관찰되는 것으로 보입니다.

일반적인 경우보다 관침 수가 늘어나거나 겹쳐서 접종되었다고 적정 용량보다 많거나 적은 양의 약제가 투여되어 예방 접종으로서의 효과가 없어진다고 볼 수는 없으나, 접종 과정에서의 주의 의무와 이후 조치에 대한 의학적·법률적 판단을 원하실 경우 의료중재원의 절차를 이용해 보시기 바랍니다

♁♁ 관련판례

프리베나 폐렴 예방 접종 투여 후 부종, 흉터, 통증, 피부 손상이 발생한 사안과 관련, 프리베나 주사는 상완 삼각근에 근육 주사 하는 것으로 제출된 사진으로 보아 주사 부위는 적절하고, 주사 후 그 투여 부위에 발적, 열감, 통증, 가려움 등이 발생하자 과민 반응 가능성과 감염(주사시 또는 이후) 가능성을 고려하여 항생제, 소염제를 처방한 조치 또한 적절하며, 프리베나 백신 접종 부위에 발생하는 발진, 열감, 통증, 압통, 경화/종창 등 이상반응은 18세 이상의 성인에게 10%이상 매우 흔하게 발생하고 있다고 알려져 있어 의료상 과실 주장은 받아들이기 어렵다고 판단함. 다만

프리베나 예방 접종 후 매우 흔하게 발생하는 이상 반응으로 주사 부위 발진, 열감, 부종, 통증, 경화, 종창 등이 있으므로 투여 전 부작용 발생 가능성을 환자에게 설명할 의무가 있으나 피신청인이 신청인에게 그러한 설명을 제대로 하였다고 볼 아무런 자료가 없어 설명의무를 위반하였다고 판단함(한국의료분쟁조정중재원 조정사건 2019. 8. 9. 조정결정).

■ 감기 증상에 대한 처방 오류로 저체온증이 발생하였습니다.

【질문】 저희 아이(3세/여)가 열감기 증상이 있어 소아과에서 해열제와 항생제를 처방 받았습니다. 약 복용 후 갑자기 땀이 많이 나고 체온이 뚝 떨어져 처방전을 확인한 결과 해열제가 과다하게 처방된 사실을 알고 투약을 중단하였습니다. 소아과에서는 과다 처방에 대해 잘못을 인정하였고 약국에서도 조제 당시 처방약에 대해 확인하지 못한 부분에 대해 인정을 하였습니다. 아이에게 약물에 의한 부작용이 발생될까 걱정이 됩니다.

【답변】

주의 의무 위반 여부와 처방과 조제 과정의 적절성에 대한 검토가 필요합니다.

의사는 어린아이에게 약을 처방할 경우 연령과 체중에 따라 약물의 용량과 용법이 달라질 수 있어 주의를 기울여야 하며, 약사도 조제 시에 약의 사용설명서에 따라 연령과 체중에 부합하는 처방약인지를 확인하고 복약지도를 해야 합니다.

어린아이의 약물 오남용에 따른 이상 반응은 결과 예측이 어렵고 후유증과 예견할 수 없어 성인보다 더욱 세심한 주의가 요구됩니다. 따라서 담당의사의 약 처방과 약사의 조제 과정에 대한 주의 의무 위반 여부와 복용약과 이상 반응 간의 연관성 유무에 대한 검토가 필요합니다.

또한 정기적인 진료를 통해 유아의 성장이 안정화될 때까지 면밀히 관찰하는 것이 중요합니다.

【관련법조문】

「약사법」 제23조(의약품 조제)

③ 의사 또는 치과의사는 전문의약품과 일반의약품을 처방할 수 있고, 약사는 의사 또는 치과의사의 처방전에 따라 전문의약품과 일반의약품을 조제하여야 한다. 다만, 다음 각 호의 어느 하나에 해당하면 의사 또는 치과의사의 처방전 없이 조제할 수 있다.

「약사법」 제26조(처방의 변경·수정)

① 약사 또는 한약사는 처방전을 발행한 의사·치과·한의사 또는 수의사의 동의 없이 처방을 변경하거나 수정하여 조제할 수 없다.

② 약사 또는 한약사는 처방전에 표시된 의약품의 명칭·분량·용법 및 용량 등이

다음 각 호의 어느 하나로 의심되는 경우 처방전을 발행한 의사·치과의사·한의사 또는 수의사에게 전화 및 팩스를 이용하거나 「정보통신망 이용촉진 및 정보보호 등에 관한 법률」 제2조제1항제1호에 따른 정보통신망을 통하여 의심스러운 점을 확인한 후가 아니면 조제를 하여서는 아니 된다.

▌ 모세기관지염으로 오진하여 폐렴 증상을 악화시켰습니다. 누구에게 책임이 있는지요?

【질문】 이제 갓 6개월 된 남자아이를 둔 엄마입니다. 아이가 기침과 열이 심해서 소아과병원에 입원하였습니다. 엑스레이 진단 결과 모세기관지염으로 1주일 정도 치료를 받았는데, 아이 상태가 좋지 못한 상태에서 퇴원하라고 하여 어쩔 수 없이 퇴원하게 되었습니다. 다음날에도 아이 상태가 너무 좋지 않아서 인근 병원에 내원하게 되었는데, 진단 결과 폐렴이 고착화 되어 가고 있다면서 상태가 매우 안 좋다고 입원하라고 합니다. 질병이 완치되지 않은 상태에서 이렇게 퇴원시켜도 되는 것인가요, 병원에 갔으면 끝까지 치료를 책임져야 하는 것이 아닌지요?

【답변】

환자의 전신상태가 불량함에도 조기 퇴원으로 인해 악화된 것이라면 의료인의 책임을 물을 수 있겠습니다.

소아 급성폐렴은 대개 상기도염(기도 중 후두 이상의 상부호흡기에 발생하는 감염증상)에 속발하여 기침, 발열과 동반하여 나타납니다. 호흡이 빠르고 얕으며, 청색증을 나타내는 경우가 많고, 소아의 경우 성인에 비하여 면역성이 약하므로 조기발견 및 치료가 필요합니다. 폐렴의 원인으로는 세균성, 흡인성(이물질이 잘못 들어가 염증을 일으키는 경우) 등이 있는데 특히 면역이 약한 환아의 경우에는 균의 종류에 따라 하루 만에도 증상이 급속도로 악화되기도 합니다. 환아에게 발생된 발열, 기침 등의 임상증상은 상기도염, 모세기관지염, 폐렴 등에서 공통적으로 나타나는데 특히 2세 미만의 영아에게 주로 나타나는 모세기관지염의 경우 넓게 퍼져있는 깨끗한 수포음이 청진되며 방사선소견상 흩어져있는 폐침윤 증상을 나타내어 폐렴의 초기증상과의 감별진단이 어렵습니다. 따라서, 이 사례에 있어서는 당시 환아의 전신상태(고열, 폐렴에서와 같은 심한 수포음이 청진되었는지 등) 및 방사선소견 등에 대한 검토를 통하여 폐렴을 조기에 발견할 수 있었음에도 불구하고 이에 대한 검사를 소홀히 하여 상태를 악화시킨 것인지에 대한 종합적인 판단이 필요합니다.

⚖ 관련판례

발열, 기침 등의 임상증상은 상기도염, 모세기관지염, 폐렴 등에서 공통적으로 나타나는데 특히 2세 미만의 영아에게 주로 나타나는 모세기관지염의 경우 넓게 퍼져있는 깨끗한 수포음이 청진되며 방사선소견상 흩어져있는 폐침윤 증상을 나타내어 폐렴의 초기증상과의 감별진단이 어렵고 위 망인이 처음 내원한 방사선검사소견에 의하더라도 망인의 증세는 폐렴 또는 모세기관지염 어느 쪽으로도 진단할 수 있는 상태였던 사실, 폐렴의 경우에도 반드시 입원치료를 요하는 것은 아니며 환자의 발열증세, 호흡수, 전신상태, 병의 진행속도 등 여러 증세를 고려하여 그 상태가 중하지 않으면 외래치료도 가능한 사실에 의하면 위 망인이 처음 내원하였을 당시 전신상태 등 임상소견에 비추어 그 증상을 모세기관지염으로 진단하고 일단 통원치료를 받게 하였던 것이 잘못된 조치였다고 보기는 어렵고, 망인의 최초 내원 당시 즉시 방사선촬영결과를 확인하였더라도 결과가 달라질 수 있었을 것으로 보이지 아니하므로 원고들의 위 주장은 결국 이유 없다 할 것이다(서울지법 1997. 2. 19. 선고. 94가합14112 판결).

▌ 미숙아망막증 치료시기를 놓쳐 시각장애인이 된 경우 대처방법은?

【질문】 작년에 병원에서 남자아이를 출산하였습니다. 출산이 예상보다 빨라서 25주 6일 만에 조산을 하게 되었고 이후 집중치료실에서 지속적인 치료를 받았습니다. 그러던 중 미숙아망막증 검사에서 약간의 출혈이 있다고 하였고, 2주후 두 번째 검사에서는 망막에 이상이 있다고만 한 후 별다른 치료를 하지 않다가 1개월 후 이에 대한 치료를 위하여 타 병원으로 전원 할 것을 권유하여 타 대학병원으로 전원하게 되었습니다. 그 곳에서 검사한 결과 실명 가능성이 매우 높다고 하더니…. 현재는 양쪽 눈 모두 실명상태가 되어 시각장애 1급 판정을 받게 되었습니다. 치료를 처음부터 하지 않아서 결국 실명까지 된 것은 아닌지, 아이에게 미안해 너무 화가 납니다. 저는 어떤 조치를 할 수 있는지요?

【답변】

검사지연의 과실 여부는 당시 환아의 상태에 따라 달리 판단될 수 있습니다.

미숙아망막증은 모태로부터 태어난 미숙아에서 망막혈관형성이 망막 주변부까지 이루어지지 않고 도중에 멈추어 망막혈관형성이 되지 않은 부위와 형성이 된 부위 사이의 섬유화와 이상 혈관형성으로 인하여 섬유질증식과 망막의 견인이 발생하고 망막박리와 시력상실을 가져오는 질환으로, 근본적인 발병원인은 영아의 미숙함에 있습니다. 또한, 미숙아의 전신상태가 안정되어 견딜 수 있는 상태라면 출생 후 5-7주나 재태기간 34주를 기준으로 미숙아망막증 검사를 권하고 재태기간이 짧을수록 미숙아망막증의 위험이 크므로 주기적으로 안저검사를 실시하여 미숙아망막증의 발병 여부를 검진하여야 합니다. 다만, 안저검사의 시기에 있어서는 미숙아의 신체활력증후가 불안할 경우에는 안저검사 자체가 미숙아의 생명에 위험할 수도 있으므로 의사의 판단에 따라 신체의 활력증후가 안정되는 가능한 빠른 시기로 검사시기가 늦추어질 수도 있습니다. 따라서, 검사 지연의 과실 여부는 당시 환아의 상태에 따라 달리 판단될 수 있습니다.

♨ 관련판례

미숙아망막증은 재태기간 36주 이전에 출생하고 출생 시 체중이 1.6kg 미만인 미숙아에게서 빈발하는 질환으로서 미숙아에 대하여 주기적으로 안저검사를 실시하여 미숙아망막증 발병 징후를 가능한 조기에 발견하여 치료하는 방법 이외에는 현대 의학상 달리 예방방법이 알려져 있지 아니하므로 재태기간 27주, 출생 시 체중 1.18kg

으로 미숙아망막증 위험군에 해당하는 원고 박○○에 대한 치료를 담당한 피고 운영의 적절한 시기에 안저검사를 실시하여 미숙아망막증이 진행되고 있는지 또는 그 진행의 징후가 있는지를 살펴보거나, 그렇지 않다 하더라도 원고 박○○의 보호자인 원고 박 ○○, 김○○에게 미숙아망막증의 발병가능성, 정기적인 안저검사의 필요성, 조기에 발견하여 적절히 치료할 경우의 회복가능성 및 방치했을 경우의 위험성 등을 설명하여 위 질환에 대비한 적절한 조치를 취하게 하였어야 함에도 불구하고 이를 게을리 함으로써 원고 박○○가 퇴원한 이후인 2000. 6. 1. 무렵에야 비로소 원고 김○○의 요구에 따라 미숙아망막증에 관한 검사를 받게 한 잘못이 있다고 할 것이다(서울북부지원 2001. 7. 19. 선고. 2000가합5767 판결).

▌ 정맥주사 부위에 화상으로 인한 괴사가 발생된 경우 손해배상청구가 가능한지요?

【질문】 18개월 딸아이를 둔 엄마입니다. 고열로 소아과에서 링겔주사를 맞았는데 링겔을 빼는 순간 손등에 100원짜리 동전 2개 정도 크기의 물집과 파란 멍이 들었고, 간호사는 물집을 터트린 후 약만 발라 주면 아무렇지도 않을 것이라고 했습니다. 며칠 후 손등 부위의 상태가 악화되어 해당 병원에 갔더니 화상병원을 안내하였고 그 결과 2도의 깊은 화상이어서 피부이식술이 필요하다고 합니다. 병원 측에서는 치료비 정도의 보상만을 생각하고 있는데, 저는 향후치료비에 위자료까지 받아야한다고 생각합니다. 어찌해야 되나요?

【답변】

　유아의 경우 성장에 따른 치료범위가 달라질 수 있으므로 좀 더 경과를 지켜보시기 바랍니다. 수술 전 준비되는 정맥주사는, 영양주사나 기타 수액치료와 달리 여타의 응급상황(수혈 등)에 대비하여 굵은 혈관 바늘을 이용한 혈관주사를 맞게 됩니다. 혈관손상이나 신경손상의 원인은 손등 부위에 큰 주사바늘을 이용하여 혈관주사를 주다가 혈관 주위 피부신경을 압박하거나 건드리게 되어 발생될 수 도 있고, 모든 사람이 해부학적으로 동일한 위치에 혈관과 신경분지를 가지고 있지 않으므로, 체질적 특성으로 발생할 수 도 있으며, 특히 소아와 같이 혈관이 약한 경우 혹은 혈관이 작아 잘 잡히지 않는 경우에는 이러한 증상이 발생될 수 있는 가능성이 높으므로 소아에 대한 정맥주사를 놓는 경우에는 특히 세심한 주의가 필요합니다. 현재는 사고발생일부터 얼마 지나지 않은 시점이고 유아의 경우 좀 더 경과를 지켜본 후에야 피부이식술 등의 추가치료를 요하게 되므로 증상의 호전 여부 및 상처부위의 반흔 정도 등에 대한 진단을 받아본 후 손해배상 청구를 고려해 보시기 바랍니다.

♌♎ 관련판례

　주사약인 에폰톨을 3, 4분 정도의 단시간형 마취에 흔히 이용되는 마취제로서 점액성이 강한 유액성분이어서 반드시 정맥에 주사하여야 하며, 정맥에 투여하다가 근육에 새면 유액성분으로 인하여 조직괴사, 일시적인 혈관수축 등의 부작용을 일으킬 수 있으므로 위와 같은 마취제를 정맥주사할 경우 의사로서는 스스로 주사를 놓든가 부득이 간호사나 간호조무사에게 주사케 하는 경우에도 주사할 위치와 방법 등에 관한 적절하고 상세한 지시를 함과 함께 스스로 그 장소에 입회하여 주사시행 과정에서의 환자의 징후 등을 계속 주시하면서 주사가 잘못 없이 끝나도록 조치하여야 할 주의의무가 있고, 또는 위와 같은 마취제의 정맥주사 방법으로서는 수액세트에 주사침을 연결하여 정맥내에 위치하게 하고 수액을 공급하면서 주사제를 기존의 수액세트를 통하여 주사하는 이른바 사이드 인젝션(side injection)방법이 직접 주사방법보다 안전하고 일반적인 것이라 할 것인바, 간호조무사로 하여금 피해자의 우측팔에 놓게 하여상해를 입혔다면 의사의 과실이 인정된다(대법원 1990. 5. 22. 선고, 90도579 판결).

제4장
외과, 흉부외과, 신경외과, 성형외과

▌ 여성형 유방 수술 후 피부괴사가 생겼습니다.

【질문】 저는(20대/남) 여성형 유방증으로 수술을 받은 후 피부에 이상한 병변이 발생하였는데, 병원에서는 병변에 대한 설명도 없이 드레싱만 계속 해주었습니다. 이후 피부괴사로 진행되어 다른 병원에 가서 피부결손에 대한 수술을 받았습니다. 적기에 전원을 의뢰하지 않아 병변을 더 키운 것으로 보입니다. 병원 측의 과실은 없는 것인지요?

【답변】

병변 발생시 치료, 처치방법이 적절했는지에 대한 검토가 필요합니다.

여성형 유방(gynecomastia)은 주로 사춘기와 고령의 남자에서 한쪽 혹은 양쪽 유방이 과도하게 발육된 상태로 나타나는 병변입니다.

여성형 유방은 주로 60~70%가 사춘기 남아에서 발생하며 특히 12~15세 사이에 발생합니다. 치료는 약물요법과 수술요법을 고려하게 됩니다. 본 건의 경우 환자 상태에 대한 검사와 시술방법, 수술 후 경과관찰과 병변발생시 치료방법의 선택이 적절했는지 등을 살펴볼 필요가 있습니다. 적절한 치료가 제공되지 못하고, 그에 따라 치료시기를 놓친 것이라면 병원에 책임을 물을 수 있습니다.

⚖ 관련판례

의료기록지 기재가 제대로 되어 있지 않을 뿐만 아니라 아래에서 보는 바와 같이 수술에 따른 설명의무 등을 이행하지 않은 점 등을 종합하여 보면, 원고에게 발생한 이 사건 감염 및 피부괴사는 결국 원고에 대한 미세지방이식술을 시행하는 과정에서 감염 예방조치 등을 소홀히 한 과실에 의하여 발생한 것으로 추정된다고 할 것이므로 특별한 사정이 없는 한 피고는 위와 같은 자신의 잘못으로 인하여 원고가 입은 재산상 또는 정신적 손해를 배상할 책임이 있다고 할 것이다(서울고등법원 2008. 8. 21. 선고 2007나111270 판결).

▌ 담낭 제거 수술을 위해 복용 중인 약을 중단한 후 뇌경색이 발생하였습니다.

【질문】 저희 어머니(60대)는 20년 전부터 뇌경색으로 약물치료 중이셨는데 몇 달 전부터 고열이 발생하여 병원에 내원하였고 담낭 결석 진단으로 수술을 권유받았습니다. 수술 전 항혈전제 복용을 중단하라는 의사의 지시로 약을 복용하지 않았지만, 수술 후 의식 저하가 발생하여 추가적인 검사와 치료를 요청하였지만, 진정제만 투여할 뿐 별다른 조치가 없었습니다. 이후 뇌경색을 진단받고 치료 중에 계십니다. 기왕력이 있는 환자에게 수술 전 복용 중인 약을 중단시킨 점과 의식 저하 발생 시 즉각적인 조치가 없었던 점 등은 병원 측의 잘못이 아닌가요?

【답변】

담낭절제술 전후 환자의 상태와 항혈전제 복용 전후의 인과관계, 적정 여부 등 판단을 위한 면밀한 검토가 필요합니다.

항혈소판제는 혈액 중 혈소판의 응집을 억제하여 혈전의 생성을 억제하는 약물입니다. 협심증, 심근경색, 뇌경색 등의 재발 방지, 관상동맥질환 관련 시술 후 혈전 생성 억제 등을 위해서 사용됩니다. 다만, 외과적 수술이나 치과 시술을 할 경우에는 지혈을 더디게 할 수 있음으로 미리 복용을 중단하여야 합니다. 중단할 경우에는 약물의 제제에 따라 권장되는 중단 일수가 달라질 수 있으며 과거력이 있는 환자는 특별한 주의가 필요합니다. 수술 당시 항혈소판제 복용 중단과 뇌경색 치료를 계속 받았던 환자의 과거력를 고려할 경우에 가능한 질환들에 대한 신경학적 관찰이나 검사가 적절히 시행되었는지, 응급이 상황이 발생하였을 때 조치 여부 및 적절성에 대한 검토가 필요합니다.

⚖ 관련판례

항 혈소판치료 중 약물치료 중단하여 뇌졸중 발생한 사안과 관련, 피신청인은 병원 입원 시 심전도 검사가 시행되지 않아 심방세동 진단이 늦었고, 또한 과거 심박세동에 대한 복약 등 과거력 파악이 되지 않아 이에 대한 대비가 되지 않아 적절하지 않았음. 또한 수술 당일 새벽 환자에게 신경학적 이상 증상이 나타났을 때 이에 대한 진단이 늦어 피신청인 병원의 경과관찰과 진단도 적절하지 않았음. 그러나, 환자에서 뇌경색이 조기에 진단되었다고 하여도 혈전용해제를 사용할 수 없었으므로 결과적으로는 예후에 차이가 있었을 것이라고 보기 어려움. 심방세동이 존재하는 상황에서 수술 때문에 항혈전제를 사용하지 못하면 뇌경색이 발생할 위험성이 있음을 환자와 보호자에게 설명하여 앞으로의 진료 방향 선택에 자기 결정권을 행사할 기회를 제공하는 것이 바람직하였으나 그러지 못한 것은 아쉽다고 사료됨(한국의료분쟁조정중재원 조정사건 2015. 7. 17. 조정합의).

■ 척수종양 제거술 후 하반신이 마비되었습니다.

【질문】 저는(50대/남) 허리통증 및 발목 저림 증상으로 MRI 검사 결과 척수종양으로 진단받았고 제거 수술 중 출혈로 인해 추가 수술을 하였습니다. 수술 후 하지마비 증상이 발생하여 재활 치료를 받았지만 결국 중증장애 판정을 받았습니다. 수술 과정에서 정확하게 어떤 부분이 잘못되었는지 모르겠지만 의료사고라고 생각합니다. 저는 평생 고통 속에서 장애인으로 살아가야하는데 어떻게 대처해야 할지 궁금합니다.

【답변】

신경 손상에 대한 원인에 의한 의학적 검토가 필요합니다.

척수종양은 일반적으로 척수 실질 내에서 발생하는 종양을 의미하지만, 척수뿐만 아니라 척추관 내에 존재하는 척수 신경근, 척수 신경근의 다발인 마미 및 기타 조직에 발생하여 신경조직을 압박하거나 침범하는 종양을 총칭합니다. 치료는 양성 비침윤성 종양 및 원발성 척수종양의 경우에는 수술로 제거하는 것이 최상의 방법이며, 악성종양이나 침윤성 종양의 경우에는 일시적인 신경증상의 호전 또는 증상 악화를 방지하는데 목표를 두고 있습니다. 수술의 가장 큰 부작용은 출혈과 부종으로 출혈이 발생할 경우에는 환자의 신경학적 결손이 발생하여 회복이 늦어집니다.

담당 의사는 환자의 상태에 따라 출혈에 대한 지혈이 완벽하게 이루어지지 않을 가능성, 추가로 내부 출혈이 발생할 가능성, 나아가 혈종이 발생하여 신경 손상이 발생할 가능성을 염두에 두고 주의관찰, 조치해야 합니다. 수술 후 출혈에 대비한 적절한 검사와 의료적 조치 여부에 대한 확인이 필요합니다. 다만, 척추 수술 후 출혈이 없었다고 하더라도 운동 제한이 있을 수 있음으로 과실에 대한 책임이 제한 될 수 있습니다

⚖ 관련판례

척수종양 제거 수술 후 통증 및 운동마비 증상 호소하여 재수술 시행한 사안과 관련, ① 퇴원 후 양쪽 팔다리 통증 및 저림증상이 지속되고 하지마비 증상이 악화되어 외래 내원, 이후 MRI 시행, ② 지난 수술 부위 종양이 남아 있는 것을 확인함. ③ 전신마취하에 반측후궁절제술 및 척수종양 제거술 시행, ④ 2주 후 증상 호전되어 퇴원한 건으로 피신청인은 척수종양의 특성상 전부 제거가 불가능할 수 있고 이러한 경우 부분적으로 종양을 제거하는 것이 일반적인 수술 방법이라고 한다면 종양이 전부 다 제거되지 않은 점에 대해서는 과실을 인정하기는 어려울 것으로 생각되나, 사전에 그 가능성에 대해서 충분히 설명되었다고 보기 어려움(한국의료분쟁조정중재원 조정사건 2020. 1.2. 조정합의).

▌ 담낭절제술 후 탈장이 발생하였습니다.

【질문】 저는(30대/남) 담낭염으로 담낭 제거술을 받고 반흔 탈장이 발생하여 추가 수술을 하였습니다. 2개월 후 탈장이 재발하여 재수술을 또 받았습니다. 1차 탈장 발생 시 주치의는 탈장은 흔히 유발되는 사례라고 설명하시면서 개복 부위의 근육층을 단단히 봉합하였다고 했으나 3개월도 지나지 않아 재탈장이 발생하였습니다. 담낭의 염증제거 수술 자체가 잘못된 것은 아닌지 의문이 들며 정신적·육체적인 고통이 심합니다. 이에 대한 손해배상 청구가 가능한지 알고 싶습니다.

【답변】

탈장 발생 원인에 대한 의학적 감정이 필요합니다.

담낭염은 담석 수술 후 협착, 종양 등의 원인으로 담관이 폐쇄되어 이차적인 세균 감염으로 생기는 염증성 질환입니다. 반흔 탈장은 개복 수술한 흉터 부위에 발생하며 수술 부위의 감염이나 불완전한 봉합, 봉합 부위의 파열, 수술 직후 기침, 당뇨, 비만 등에 의해 발생할 수 있습니다. 수술 후 탈장이 발생하였지만 환자 본인에게 탈장을 유발할 수 있는 위험요인이 있거나 전반적인 수술 과정 자체가 적절하였다면 수술 자체에 대한 책임을 묻기가 어려울 수 있습니다. 여러 가지 원인이 있을 수 있으므로 수술에 문제가 있다고 판단되시면 의료중재원 절차를 통한 감정을 받아보시는 것도 하나의 방법일 수 있습니다.

⚖ 관련판례

급성 충수염 진단 하 복강경 충수 절제술 후 탈장 발생한 사안과 관련, ① 복강경 충수 절제술 시행 후 상태 호전되어 퇴원, ② 4개월 후 절개 탈장 의심 소견이 있었으나 현재 크기가 매우 작아 경과 관찰하며 커지거나 불편하면 수술적 치료 필요성에 관해 설명함. ③ 배꼽에 딱딱한 것이 만져짐을 주소로 다른 병원 내원하여 CT 시행, ④ 복부 CT 결과 배꼽 부위 탈장 진단으로 입원하여 다음날 전신마취하에 탈장 제거 수술을 받은 건으로 수술 부위 탈장은 모든 복부 수술에서 발생할 수 있는 합병증임. 이 건에서 발생한 수술 부위 탈장을 단순히 봉합 미흡 및 술기 미흡으로 생각하기에는 발생 시점이 수술 4개월 후이고, 또한 수술 후 즉시 발생하였다고 하여도 다른 요인과 종합적인 결과로 발생함(한국의료분쟁조정중재원 조정사건 2020. 10.20. 조정합의).

▌치핵 수술 후 출혈이 발생하여 재수술했습니다.

【질문】 저는(40대/여) 항문 불편감으로 병원에 입원하여 내치핵 3기라는 진단으로 원형 자동 문합기를 이용한 치핵 절제술을 받았습니다. 퇴원 후 수술 부위에 출혈이 발생되어 재입원하여 진료를 받은 결과 외치핵 존재 소견으로 2차 제거술을 받았습니다. 최초 입원 당시 정확한 진단이 이루어졌다면 2차례 걸쳐 수술을 받지 않았을 것으로 생각되며 2차 수술 시에도 1차 수술과 동일하게 치료에 대한 자세한 설명이 없었습니다. 현재도 배변 시 출혈이 동반되고 있어 이에 대한 적절한 손해배상을 받고 싶습니다.

【답변】

출혈의 원인과 수술 부위 간의 연관성 유무 및 주의 의무 위반 여부에 대한 검토가 필요합니다.

내치핵은 항문 조임근의 안쪽 점막층 밑에 생기며 외치핵은 항문 아래 발생하는 치질입니다. 원형 자동문합기를 이용한 치질 수술 방법은 치핵 조직을 절제할 뿐만 아니라 늘어진 치핵을 원래의 위치로 복원시켜주는 근본적인 치료 방법입니다.

의료인은 의료 행위 과정에서 환자의 구체적인 증상이나 상황에 따라 위험을 방지하기 위해 요구되는 최선의 조치를 하여야 할 주의 의무가 있습니다. 최초 치질 수술 과정에서 한 번에 제거가 가능한 치핵을 제거하지 못해 출혈이 발생하였는지, 아니면 내치핵 제거술 후 외치핵이 발생하여 출혈이 발생한 부분인지 등에 대한 전반적인 검토가 필요합니다.

우선 치료에 집중하시어 고통에서 벗어나는 것이 중요하며 치료와 관련된 진료 기록 일체를 확보하시기 바랍니다.

⚖ 관련판례

치핵절제술 이후에도 출혈이 지속해서 발생한다는 사안과 관련, ① 내원 당시 용종 절제술 및 괴사제 주사를 받은 과거력이 있었음. ② 치핵 절제술 후 피가 묻어 나오는 증상을 호소하여 연고 도포 및 경과 관찰 및 케겔 운동이 설명됨.

③ 3개월 후 항문 치열이 확인되어 경구약 처방 및 식이섬유 복용이 설명되었고, 항문 진찰 시 협착 소견이 확인되어 약물치료를 하며 경과 관찰이 시행됨. ④ 이후 출혈이 계속 있으며 협착이 악화되어 피부이식 가능성이 설명된 건으로 과거 부식제

치료에 의한 항문 경화가 있는 경우 변비에 의한 항문 점막 손상으로 출혈 발생은 충분히 가능하며. 치핵 절제술 후 일정 기간의 출혈은 정상적인 과정이라고 볼 수 있음. 또한 치핵 절제술 후 상처 관리도 적절하였고 수술 부위 치유도 된 점 등을 고려하면 치핵 절제술과 관련하여 피신청인 측의 과실을 지적하기 어려울 것으로 판단함(한국의료분쟁조정중재원 조정사건 2018.10.16. 조정합의).

■ 장파열 환자를 응급실에서 귀가조치 하였습니다.

【질문】 자동차 운전 중 사고가 나서 병원 응급실에 내원했습니다. 응급실에서는 큰 이상 없다며 귀가하여도 좋다고 하였습니다. 그런데 집에 와서 배가 너무 아파서, 이틀 뒤 해당 병원 응급실에 재 내원한 결과 장파열로 진단되어 수술을 받게 되었습니다. 수술 뒤에도 염증으로 10여차례 재시술을 받았으나, 현재도 수술 부위가 잘 아물지 않고 있어, 중환자실에서 치료받고 있습니다. 그럼에도 불구하고 병원은 치료비 운운하는데 너무 어이가 없습니다. 제가 병원비를 내야할 의무는 없다고 생각합니다. 도리어 피해보상을 받아야 된다고 생각합니다. 어떻게 해야 될까요?

【답변】

응급실 내원 당시 환자의 상태를 판단할 수 있는 의무 기록 및 영상필름의 확보가 중요합니다

장파열은 외부로부터의 강한 충격 및 압박 등을 받을 때 일어나며, 점막의 궤양, 괴사 등이 원인이 됩니다. 장파열이 되면 파열된 곳으로 음식물과 소화액, 장내세균이 흘러나와 복벽이 단단해지고 심한 통증이 발생합니다. 시간이 지날수록 염증으로 인해, 발열, 오한, 구토 증상이 나타나기도 합니다. 외부 충격으로부터 급성(48시간 이내) 증상이 나타나며, 이후에 나타나는 경우는 드문 것으로 알려져 있습니다. 교통사고 환자의 경우는 당장의 증상이 없더라도 경과관찰이 요구되는 특수성이 있습니다. 다만, 내원당시 진료기록상 장파열 의심의 증상 및 영상자료 통한 증후가 있었는지, 교통사고 환자의 특성을 고려한 설명이 있었는지 등 의료행위 전반의 검토를 통해 병원의 책임 여부를 알 수 있으며, 이에 따라 치료비 납부 여부와 납부 범위가 달라질 수 있습니다.

♨ 관련판례

외상성 장파열로 인한 복막염을 임비성 장폐색증 등으로 오진한 의사의 과실유무와 관련, 외상성 장파열과 장폐색증은 초기감별이 어려울 뿐 아니라 복부통증을 호소하는 피해자에 대한 초기진단에 나타난 모든 자료 특히 엑스선 촬영결과에 특기할 만한 점이 없으며 복벽강직증상과 반사통을 호소하지 아니하므로 피해자를 일단 급성 위확장 및 마비성 장폐색증으로 진단하고 이에 대한 대증요법을 시행하면서 확진을 위하여 계속 외과적 관찰을 하여 온 피고인의 소위는 통상 의사에게 요구되는 진단방법과 그 증상에 대한 통상의 치료방법을 사용하였다 할 것이어서 피고인에게 과실이 있다고 단정하기 어렵다(대법원 1984. 4. 24. 선고 / 82도1882 판결).

▌ 하지정맥류 수술 후 신경손상이 의심됩니다.

【질문】 저는(40대/여) 평소 하지정맥류가 있어 정맥류 제거수술을 받았습니다. 그런데 수술 이후 도리어 통증이 지속되고 보행에 불편을 겪고 있습니다. 걱정이 되어 다른 병원 신경과에 가보았더니 하지 신경손상이 의심된다고 합니다. 현재도 바늘로 찌르듯이 아픈 증상이 지속되고 있습니다. 정맥류 수술 중 신경손상이 일어난 것으로 보이는데, 어떻게 확인할 수 있을까요?

【답변】

정맥류 치료방법의 선택이 적절했는지와 신경손상의 발생기전에 대한 확인이 필요합니다.

정맥은 심장에서 우리 몸 곳곳으로 공급되었던 혈액이 다시 심장으로 돌아오는 통로로써, 특히 다리에 분포되어 있는 정맥은 근육 사이에 놓여있는 큰 심부정맥(Deep vein)과 피부 바로 밑으로 보이는 표재정맥(Superficial vein), 그리고 이들 두 정맥을 연결하는 관통정맥(Perforating vein) 등 3가지가 있으며, 하지정맥류는 그 중에서 표재정맥이 늘어나서 피부 밖으로 돌출되어 보이는 것을 말합니다. 하지정맥류의 치료는 압박스타킹의 착용, 약물경화요법, 정맥내 레이저 요법, 수술 요법 등이 있으며, 환자의 증상과 경중에 따라 적절한 치료방법을 결정하게 됩니다. 본 건의 경우 환자 상태가 정맥류제거술의 대상이었는지, 수술 과정에서 신경손상이 발생한 것인지 등 의학적인 검토가 필요합니다. 손해산정에 있어서는 환자의 예후가 매우 중요한 부분이므로 근전도 검사 등을 통해 신경손상 및 장애진단 여부를 확인하여 보시고 관련 증빙자료를 확보하는 것이 피해증명과 피해 보상 논의에 도움이 됩니다.

♣♣ 관련판례

좌측하지 좌골신경의 부분마비로 인하여 감각이상 및 보행에 장애를 입게 된 것은 피고가 슬와부를 절개하여 정맥을 제거하면서 근접한 위치에 있던 좌골신경을 손상한 과실에서 비롯된 결과라고 추정할 수 있고, 또한 피고 또는 피고 병원 의료진이 이 사건 수술로 인하여 좌골신경의 손상 등의 합병증이 발생할 수 있다는 점 등에 대한 설명의무를 제대로 이행하지 아니한 과실도 인정된다(부산지방법원 2010. 1. 22. 선고 2006가단154878 판결).

■ 위암수술 후 복강내 출혈과 문합부에서 누출이 발생하였습니다.

【질문】 제 아내(60대)는 위암으로 진단받아 복강경 위원위부 절제술을 받았는데, 2일 후 혈관손상으로 추정되는 복강내 출혈 및 위와 십이지장을 연결한 문합부에서 누출이 생겼습니다. 이로 인하여 급하게 응급수술을 받아야 했으며 이후 회복까지 많은 시간이 걸렸습니다. 수술 후 혈관손상에 의한 출혈은 병원에서 잘못한 것이 아닌지요?

【답변】

출혈 및 문합부 누출 원인에 대해 의학적 검토가 필요합니다.

최근 복강경 수술의 발달로 조기 위암수술에 있어 복강경을 이용한 위원위부 절제술은 많이 시행하고 있습니다. 다만 암종을 포함한 위 절제 및 암 전이 가능성이 있는 위 주변의 림프절절제술을 포함하게 되므로, 위 주변의 복잡한 혈관과 분리시 혈관에 손상을 가할 수 있으므로 의료진은 주의를 기울여야 합니다. 출혈 및 문합부 누출의 원인이 수술과정 중 부주의한 시술에 의한 것인지 의학적 검토를 통해 확인하여야 합니다. 또한, 수술동의서 등 진료기록부 확인을 통하여, 수술과정과 방법, 발생할 수 있는 합병증(출혈, 문합부 누출, 폐·심장의 전신합병증 등)에 대한 설명이 상세히 이루어졌는지도 검토하여야 합니다. 적절한 진료를 제공받았는지와 의료진의 과실여부 판단도 필요합니다.

๑๑ 관련판례

수술을 하는 과정에서 동맥관을 주변 근육 및 신경조직으로부터 박리함에 있어 동맥관이나 그에 연결되어 있는 대동맥이 파열되지 아니하도록 주의 깊게 박리하여야 하고, 만약 파열이 발생할 경우에도 신속·적절하게 대처하여 과다실혈 또는 혈류차단으로 말미암아 위 대동맥으로부터 혈액을 공급받는 척추 등 신체 각 부위의 신경 및 근조직이 허혈로 인하여 손상되지 않도록 하여야 할 주의의무가 있음에도, 이를 게을리함으로써 동맥관 박리도중 대동맥이 파열되도록 하였고 또한 그와 같은 대동맥 파열에 대하여 제대로 대처를 하지 못하였으며, 그로 인하여 원고에게 척추허혈손상 및 그로 인한 하지마비상을 입히고 그 후유증으로 첨외반족증과 척추후만증 등의 장애가 남게 되는 손해를 입게 하였으므로, 원고들이 이 사건 수술로 입은 손해를 배상할 책임이 있다(광주고등법원 1999. 10. 8. 선고 97나1692 판결).

▌신장이식술 후 폐렴으로 사망하였습니다.

【질문】 제 남편(40대)은 만성신부전으로 신장투석을 받고 있었습니다. 어렵게 신장이
식술을 받았는데 이후 폐렴으로 사망하였습니다. 병원에서 면역력이 약한 환자
에게 적절한 조치를 취하지 않아 사망한 것으로 생각합니다. 이런 경우 저는
어떤 방법을 취할 수 있는지요?

【답변】

이식술을 위한 사전 검사 및 설명, 이후 대처가 적절했는지에 대한 검토가 필요합
니다. 신장이식술 후 후유증은 급성기 합병증과 수술 후 이식 받은 신장의 기능을 유
지하기 위해 복용하는 면역억제제와 연관된 장기적인 합병증이 있습니다. 급성기 합
병증으로는 출혈, 소변 누출, 요관 및 혈관의 협착, 림프액 저류, 이식신장의 파열 등
이 있고, 장기 합병증으로는 면역 억제제를 복용함으로써 바이러스, 곰팡이, 세균에
의한 감염 증가, 특정 부위의 암 발생 증가, 이식 신장의 만성적인 손상에 의한 고혈
압과 심혈관계 질환의 증가, 당뇨병의 발생, 골다공증, 무혈관성 골괴사, 백내장 등의
안과적 질환, 치은 비대 등의 치과적 문제 등이 있습니다. 본 건의 경우 신장이식술을
위한 사전검사 및 설명, 수술과정의 적절성, 수술 후 환자 상태에 대한 경과관찰과 처
치, 폐렴 발생 시 대처 등에 대한 검토가 필요합니다.

⚖ 관련판례

수술 전 별다른 염증 소견이 없던 망인에게 수술 후 감염이 발생하고 감염 부위가
수술 부위와 동일하다는 사정만으로는 의사 을에게 망인의 창상감염에 대한 과실이
있다고 단정할 수 없고, 망인의 창상감염에 대하여 을이 취한 균 배양검사 및 항생제
투여 등 조치도 임상의학 분야에서 실천되고 있는 의료행위 수준에 비추어 적절하다
고 보이는 등 을의 진료상 과실은 인정되지 않으나, 을이 수술 전 망인에게 그동안
스테로이드제를 맞아 왔고 전반적으로 건강상태가 불량하여 상처의 치료나 회복이 지
연될 수 있다는 말을 하였다거나, 망인의 처 丙이 망인을 대신하여 수술 부위의 감염
가능성 등의 내용이 기재된 수술동의서에 서명·무인하였다는 것만으로는 을이 망인에
대하여 수술에 관한 설명의무를 충분히 이행하였다고 보기 어려우므로, 갑 재단과 을
은 망인의 정신적 고통에 따른 위자료를 지급할 의무가 있다고 한 사례임(부산고등법
원 2012. 7. 5. 선고 2011나9792 판결).

▌ 방사선 사진 오판으로 수술시기를 놓친 경우 의료인의 과실여부는?

【질문】일반외과전문의인 갑이 환자 을을 치료함에 있어 방사선 사진상에 나타나 있는 선상골절상이나 이에 따른 뇌실질내출혈 등을 발견내지 예견하지 못하여 을을 제때에 신경외과 전문의가 있는 병원에 전원 시켜 확정적인 진단 및 수술을 받을 수 있는 필요한 조치를 취하지 아니한 경우 그러한 조치를 취했을 경우의 구명율이 50퍼센트라면 특별한 사정이 없는 한 갑의 과실과 을의 사망과의 사이에는 인과관계를 인정할 수 있는지요?

【답변】

뇌를 손상한 환자는 신경외과 전문의에게 의뢰하여 치료하는 것이 바람직합니다, 특히 뇌의 손상이 중할수록 위 전문의의 치료를 받는 것이 타당합니다.

위 질문의 경우 일반외과 전문의인 피고가 방사선사진을 정확히 판독하여 최선의 응급조치를 취한 후 신경외과 전문의가 있는 병원으로 전원하여 적절한 치료를 받게 하였더라면 위 을이 사망하지 않거나 생명을 연장시킬수 있었을 것이며, 그 경우에 구명율은 50퍼센트의 가능성이 있었다고 봅니다.

갑이 을을 진찰함에 있어서 방사선사진상에 나타나 있는 우측두부의 약 15센티미터 가량의 선상골절을 발견하지 못하고 뇌손상을 입은 중상의 환자를 단순히 뇌부종과 이에 따른 뇌좌상, 뇌진탕 등의 증세가 있는 것으로 오진하여 그에 관한 약물치료만을 한 점등의 사실관계를 종합하여 검토하여 보면 다른 특별한 사정이 없는 한 갑이 위 방사선사진상에 나타나 있는 선상골절상이나 이에 따른 뇌실질내출혈 등을 발견 내지 예견하지 못하여 망인인 을을 제때에 신경외과 전문의가 있는 병원에 전원하여 확정적인 진단 및 수술을 받을 수 있는 필요한 조치를 취하지 아니한 사실과 위 을의 사망과의 사이에는 인과관계를 인정함이 상당하다 할 것입니다.

▌ 당뇨성 발가락 궤양이 악화되어 족부를 절단하였을 경우 병원의 책임은?

【질문】 저는 당뇨를 오랜 기간 앓고 있었는데, 최근 발가락 사이 상처가 낫질 않아 병원에 입원하였습니다. 입원치료를 통하여 호전되었지만, 퇴원하여 일상생활 중, 과로 및 스트레스로 인하여 염증이 악화되어 다시 입원하였습니다. 염증제 거술을 받았으나 경계성부위 등 증상이 악화되어 현재 우측 발목이 절단된 상태이며, 장애 3급 진단을 받았습니다. 입원치료 받은 병원에서 초기에 적절한 감염 치료를 해주거나, 상급기관으로 전원 조치를 하였더라면, 절단 수술까지는 받지 않아도 됐을 거라 생각됩니다. 평생 장애자로 살아가야 하는데, 이대로 결과를 받아들이고 있기에는 너무 억울한 생각이 듭니다. 제때 감염 치료를 안 해준 병원에게 책임을 물을 수 있는 지요?

【답변】

당뇨성 궤양의 악화 원인이 병원의 부적절한 대처로 인한 경우에는 병원의 책임이 인정될 수 있습니다.

당뇨병은 치명적인 합병증이 있으며, 적극적 치료 및 생활습관 교정을 통한 자기관리가 중요한 만성질환입니다. 급성 합병증은 당뇨병성 케톤산증과 고혈당성 고삼투압 증후군 등 이며, 만성 합병증으로는 미세혈관질환 합병증으로 망막병증, 신장병증, 신경병증, 족부 궤양 등이 있고, 대혈관질환 합병증으로는 관상동맥질환, 말초동맥질환, 뇌혈관질환 등이 있습니다. 생활습관 교정을 통한 체중조절과 식이요법은 특히 제2형 당뇨에 필수적인 예방 및 치료법입니다. 1차 입원 치료 후 호전을 보였으나, 염증 및 상태의 악화가 과로 및 스트레스로 인한 것이라면, 궤양 악화에 대한 책임 전부를 병원 측에 물을 수는 없을 것입니다. 다만 족부 궤양에 대한 진단과 치료가 적절하게 이루어졌는지, 상태악화 시 상급기관으로의 전원시기는 적절하였는지 등 전반적인 의료과정의 종합적인 검토가 필요합니다.

⚖ 관련판례

당뇨병 환자인 교도소 수용자가 당뇨병의 합병증인 당뇨병성 망막병증으로 인한 시력 저하를 호소하였으나 교도소 의무관이 적절한 치료와 조치를 취하지 아니하여 수용자의 양안이 실명상태에 이르게 된 데 대하여 교도소 의무관의 주의의무위반을 인정한 사례.

피고 산하 ○○교도소와 ◇◇교도소의 의무관들은 교도소 수용자인 위 원고에 대한 진찰·치료 등의 의료행위를 함에 있어서 위 원고가 당뇨망막병증으로 시력이 저하되어 가고 있었고, 당시의 치료 경과에 비추어 보면 내과 영역의 치료만으로는 시력저하에 대한 적절한 조치가 되지 못하고 안과 영역의 치료가 행해져야 함을 알 수 있었으므로, 적절한 치료를 함으로써 위 질병의 진행속도를 늦추고 유용한 시력이 가능한 한 오래 보존될 수 있도록 하여야 할 주의의무가 있음에도 그 의무를 다하지 아니하였고, 이로 인하여 위 원고가 양안 실명상태에 이르게 되었다고 볼 여지가 많다(대법원 2005. 3. 10. 선고, 2004다65121 판결).

▌ 치질 수술 후 항문 협착이 발생되어 배변이 어렵게 된 경우의 책임은?

【질문】 치질 수술 후 항문 협착 등 부작용으로 인해 배변시 불편함이 많습니다. 재검사를 받으려 해도, 항문이 벌어지지 않아 검사도구 조차 들어가지 않아 어려움이 많습니다. 검사 결과는 재수술이 필요하다고 하는데, 재수술비용 및 손해배상은 어떻게 받을 수 있는지 궁금합니다. 지금 상황이 이렇게 된 것이 의료진의 잘못은 아닌지 밝히고 싶습니다.

【답변】

　치질유형에 따른 치료방법의 선택이 올바른 것인지 수술과정 전반의 과오여부를 살펴보아야 할 것입니다.

　치질이 심하여 광범위 절제술을 받은 경우는 수술 후 합병증으로 상처치유 직후 치유 조직의 신축성 감소로 인해 항문의 협착(항문이 좁아짐) 증상이 나타날 수 있습니다. 대부분의 경우는 특별한 치료없이 시간이 경과하면 증상이 호전될 수 있지만 증상이 지속되는 경우는 괄약근 절개술이나 항문성형술 등의 치료가 필요하기도 합니다. 수술 후 관리도 중요하므로, 좌욕 및 식이요법이 적절하게 시행되어야 치질 수술 후 배변시 통증을 줄이고 합병증을 감소시킬 수 있습니다. 의료진의 과실 여부는 환자의 치질유형에 따른 적합한 수술이 시행되었는지 여부이며, 수술과정에서 과도한 점막절제가 있었는지 여부, 수술 후 적절한 치료가 시행되었는지 여부 등에 대한 종합적인 검토가 필요합니다.

【관련판례】

　면역체계 저항력이 저하되어 있는 환자의 경우 치질수술은 감염 위험성이 높아 금기시되는 점은 앞서 본 바와 같고, 진료기록감정촉탁결과 및 변론 전체의 취지를 종합하면, 범혈구감소증 환자의 경우 중성구의 감소로 인한 면역력 약화로 감염이 발생할 수 있고, 혈소판 감소로 인한 출혈, 면역력 약화로 인한 감염에 동반된 패혈증 등이 발생할 수 있는데 양○○의 경우 출혈이나 감염의 위험이 큰 경우였던 사실, 치질수술 전에 하는 일반 혈액검사만으로도 양○○이 혈색소, 백혈구, 혈소판 수치들이 모두 감소한 범혈구감소증 상태임을 확인할 수 있는 사실이 인정되는바, 위 인정사실에 의하면 피고 이○○가 이 사건 각 수술 전에 혈액검사를 하지 아니한 과실로 양○○의 혈액학적 이상을 발견하지 못하여 감염과 출혈의 위험이 큰 상태에 있던 양○○이 수술 후 부작용을 방지할 수 있는 적절한 조치 없이 피고병원에서 이 사건 각 수술을 감행하지 아니하거나 상급병원에서 치질수술을 받을 기회를 상실하게 하였다고 봄이 상당하다(서울동부지법 2010. 2. 4. 선고, 2009가합3188 판결).

▌갑상선암 수술 후 암이 아니라고 하는데 그 책임은?

【질문】 저는 건강검진 결과 갑상선 이상 소견을 받아서, 갑상선 조직검사를 통해 갑상선 유두암 진단을 받았습니다. 확인 차 대학병원에 재검사를 받았는데, 암이라고 하여 갑상선 반절제술을 받았습니다. 수술 후 조직검사 결과는 암이 아니고 갑상선 염증이라고 합니다. 갑상선암 오진으로 인하여 수술비용, 흉터, 사회생활에 피해를 입게 되었습니다. 그러나 병원에서는 드문 경우이고, 암이 아니라서 다행이 라며 아무런 말도 없습니다. 이런 경우 저는 누구에게 책임을 물어야 하는지요?

【답변】

조직검사의 판독 상 오류가 있는 경우에는 해당 의사의 책임을 물을 수 있겠습니다. 갑상선암 진단 시 미세침 흡인세포 검사는 필수적이며 보편적으로 행해지고 있습니다. 이는 가느다란 주사기 바늘로 갑상선 결절의 세포를 뽑아내어 현미경으로 관찰하는 검사입니다. 갑상선암은 조직학적 모양, 암의 기원세포 및 분화 정도에 따라 유두암, 여포암, 수질암, 역형성암(미분화암)으로 나뉘며, 갑상선 유두암은 대부분 진행이 느리고 예후가 좋은 암이지만 절제술이 고려됩니다.

수술 전 검사 결과가 비진단적, 양성, 비정형, 여포종양 혹은 여포종양의심, 악성의심, 악성과 같은 조직검사 결과에 따라 수술을 해야 옳은 것인지 아니면 한번 더 다른 검사를 통해서 확인을 하는 것이 옳은 것인지에 대한 의견들이 있습니다. 갑상선 초음파 및 결절 크기에 따라 미세침 흡인세포 검사(조직검사) 결과 악성이라면 적출술 고려, 양성이라면 경과관찰 통해, 크기 증가 양상 보일 때에는 제거수술 고려합니다. 따라서 환자에게 발견된 조직세포의 종류가 어느 경계에 해당하는 결과였었는지, 그에 따른 치료과정은 적절하였는지에 대한 검토가 의학적으로 규명되어야 할 것입니다.

⚖ 관련판례

당초 단순한 출혈을 동반한 자궁경부염의 증세를 보이던 환자에 대하여 비수술적 요법에 의한 완치 가능성 여부를 가려 보지 않고 바로 자궁적출술의 치료 방법을 택하였고, 그 수술 과정에서 난소와 난관에 부종과 물혹, 자궁 후벽과 직장의 유착 등을 발견하고 이를 직장암으로 판단하여 다시 직장을 절제하는 수술로 치료 방법을 변경하면서, 그 병변이 직장암인지 여부에 대하여 동결절편검사와 이와 병행하여 환자의 병력검사, C.T.촬영 등 각종 정밀검사를 거치지 아니하고, 또한 환자 본인 또는 가족들에게 질병의 증상, 치료 방법의 내용, 예상되는 위험 등 당시의 의료 수준에 비추어 상당하다고 생각되는 사항을 설명하지 아니하였다는 등의 이유로, 의사의 손해배상 책임을 인정한 사례(부산고법 1996. 7. 18. 선고, 95나7345 판결).

▌담낭절제술 후 담도파열로 패혈증이 발생하였을 경우 병원의 과실은?

【질문】 저희 어머니가, 담낭에 담석이 있어 담낭제거술을 받으시면서, 담도에 삽입된 관을 가지고 수술실에서 나오셨습니다. 배액량이 줄어들어 담낭관을 제거하였으나 바로 복통이 발생하고, 복부가 부풀어 올랐습니다. 당시 간호사에게 상황을 이야기 하였으나, 정상적인 반응이라며 다음날 CT 촬영 예정 되어 있으니 기다리라고만 했습니다. 다음날 CT 검사 결과, 담도가 파열되어 복막염이 되었고, 패혈증도 올 수 있는 상황이라며 응급수술이 필요하다고 했습니다. 해당 기관에 대한 신뢰가 떨어져 상급기관으로 이송했고 그 결과, 이미 패혈증이 진행되어 많은 장기가 손상된 상태라고 합니다. 상급기관의 소견에 의하면, 패혈증은 늘어진 담도에 관을 삽입하여 제거 시 그 압력을 견디지 못해 담도가 파열되어 일어난 것이라고 합니다. 어머니는 현재 중환자실에서 치료를 받고 계십니다. 해당 병원에서 과실이 있는 것으로 보이는데, 저는 어떻게 하여야 하나요?

【답변】

담도파열의 원인에 대하여 의학적으로 규명하는 것이 선행되어야 할 것입니다. 담석증의 합병증은 담낭염, 농양, 천공, 누공, 담석성 장폐색, 석회화 담즙 등이 있습니다. 또한 담관을 막아 담즙 저류가 발생하면, 세균감염으로 인해 담관염으로 진행되고, 산통과 황달 및 담관염이 악화되면 담도파열 및 패혈증, 저혈압, 의식변화 등의 증상을 보이게 됩니다. 환자의 경우 상급기관의 소견처럼 늘어진 담도를 파악하지 못하고 무리하게 관 삽입과 제거가 이루어진 것이 담도파열의 원인인지 아니면, 다른 원인이 개입되었는지, 관 삽입 및 제거과정은 적절하였는지, 담도파열 후 환자의 상태에 따른 조치는 신속하고 적정하였는지 여부에 대한 종합적인 검토가 필요합니다.

♣♣ 관련판례 I

담관 조영술 후 심폐정지가 발생한 사안에서, 담도 천공이 수술 직후 발생하였다고 인정하기 부족하고, 담도 천공과 심장발작 사이의 연관 관계를 인정할 자료가 없다는 이유로 의료상 과실의 존재를 부정한 사례(대법원 2007. 5. 31. 선고, 2005다41863 판결).

♣♣ 관련판례 II

치료도중에도 환자의 증세변화를 잘 관찰하여 필요한 조치를 취할 수 있도록 하여야 하며, 치료하여도 증세의 호전이 없거나 악화될 경우에는 자신의 진단이 잘못된 것이 아닌지를 검토하여 그에 따른 진료를 하거나 종전과 다른 치료방법을 사용하는 등으로 환자로 하여금 건강을 회복할 수 있도록 최선을 다하여야 하고, 자신이 치료할 수 없거나 치료에 필요한 시설이 부족한 경우 등에는 다른 병원으로 전원케 할 주의의무가 있다고 할 것인데, 복통이 7일가량이나 지속되고 자신이 치료하여도 증세의 호전이 없는 상황에서는 다른 질환의 가능성을 의심하였어야 할 것임에도 만연히 단순 감기로 잘못 진단하고 대증적 치료만을 계속하여 직장천공으로 인한 복막염에 대한 치료시기를 놓쳐 사망에 이르게 한 과실이 인정된다(대구지법 2006. 4. 25. 선고, 2003가합6358 판결).

■ 내치핵 치료 중 다른 병원에서 직장암 진단을 받았을 경우의 오진여부는?

【질문】 저는 항문 출혈이 있어, 직장경 검사를 받았는데 내치핵이라고 하여, 큰 걱정 없이 지냈습니다. 그런데 한 달 정도 후 타 병원에서 관련 검사를 받았더니, 직장암 3기라 하여, 황당함이 그지없습니다. 오랜 시간이 지난 것도 아니고, 한 달 전에 직장경 검사까지 했는데, 직장암 말기라니 하늘이 무너지는 거 같고 내치핵이라고 간과한 병원이 원망스럽습니다. 암수술을 앞두고 있어 걱정이 앞서고 처음 병원에서 오진을 한 건 아닌지 의구심이 듭니다. 오진일 경우 병원에 책임이 없는지요?

【답변】

직장경 검사시 촬영한 영상물 등의 판독을 통하여 병원의 과오여부를 판단할 수 있습니다. 직장암 증상은 혈변과 변이 가늘어지는 증상 및 체중감소, 배변 후에도 변의가 지속되는 증상 등이 있습니다. 직장암 진단을 위해서는 증상에 관련된 진찰 외에 정밀검사(직장 수지검사, 대변검사, 대장 조영술, 내시경 등) 및 조직검사를 통해 진단이 가능합니다. 반면 내치핵은 정맥울혈의 발생 정도, 출혈 유무 등에 따라 1도에서 4도까지 구분되며, 통증 및 출혈, 가려움증 등이 동반되는 질환입니다. 환자 증상에 근거하여 정밀검사가 동반되었는지 여부와 검사결과의 해석과 진단에 있어 의료진의 판단이 적절했는지에 대한 의학적 검토를 통하여 의료인의 과실 여부를 판단할 수 있으며, 최초 잘못된 진단일부터 1개월 정도 지난 시점에서 직장암이 발견되었으므로, 과실과 적절한 치료기회 상실 사이의 인과관계, 예후의 변화 여부 또한 검토되어야 할 것입니다.

☾☽ 관련판례

① 당시 원고가 호소한 변비, 변이 가늘어지고 변에 홈이 파인 듯한 증상은 치질과 대장암의 공통된 것인 점,

② 국내에서 대장암이 빈발하는 나이는 50~60대이고 일반적으로 대장내시경검사를 권유하는 나이도 40대임에 반해, 당시 원고의 나이가 35세이고 원고에게 별다른 대장암의 가족력이 있다고 보이지 않는 등 담당의사가 원고의 증상을 바로 대장암으로 인한 것이라고 의심하거나 원고에게 대장내시경검사를 권유해야 할 만한 특별한 사정은 엿보이지 않는 점,

③ 원고에게 실제로 치질이 있었던 것으로 보이는 점 등에 비추어, 피고 병원 의사가

2008. 4. 3. 원고의 증상을 보고 반드시 대장암을 의심하여 대장내시경검사를 해야 한다고 보기는 어렵고, 따라서 담당 의사가 대장내시경검사를 하지 않고 우선적으로 치질 수술을 하기로 결정한 것에 어떤 과실이 있다고 할 수 없다. 다만, 치질수술 후 4개월이 지난 시점에서 내원했을 때 정확한 검사를 시행하지 않은 것에 대하여는 병원의 책임을 인정한 사례(청주지법 2010. 9. 10. 선고, 2009가단3418 판결).

■ 외국 환자가 간이식술 후 합병증이 발생되었을 경우는?

【질문】 환자는 몽골인으로 초기 위암수술을 몽골에서 받은 후 추가적으로 간이식술이 필요하여 한국에 내방하였습니다. 간이식 수술 후, 다음날부터 패혈증 및 부정맥 증상이 있었습니다. 이런 상황에서 의사는 드레싱 중에 장갑도 착용하지 않고, 손소독도 하지 않은 채 환자를 진료하였습니다. 환자의 증상이 악화되어, 한 달 동안 중환자실에서 치료받았지만, 허혈로 인하여 현재 손가락 및 발가락이 새카맣게 변해서 절단을 고려해야 한다고 합니다. 환자와 가족들은 외국인으로서 큰 비용 및 심적인 부담을 감수하고, 타국까지 간이식수술을 받으러 왔는데 타국에서 손가락 및 발가락을 잃을 위험에 처하게 되어 처참한 심정입니다. 어떻게 도와줄 방법이 없을까요?

【답변】

　외국인도 의료중재원 절차를 이용할 수 있으므로, 조정신청을 통해 괴사의 원인과 책임에 대한 판단을 받아보시기 바랍니다.

　간이식술은 일반적인 전신마취 수술의 합병증 외에도, 간 이식과 관련된 합병증(담즙 누출 및 담도 협착, 출혈, 간동맥 혈전증, 거부 반응 등)이 발생될 수 있습니다. 패혈증은 미생물에 감염되어 전신에 심각한 염증 반응이 나타나는 상태를 말하며, 미생물이 혈액 내 침투하여 특정 장기 감염증을 발생시켜 발생하거나, 신체 일부의 염증 반응 및 염증 물질의 생성에 의해서 전신적인 패혈증이 발생할 수도 있습니다. 환자의 경우 말초괴사 상태까지 진행된 원인에 대한 전반적인 치료과정의 검토가 필요하며, 의료중재원의 조정 및 중재절차는 우리나라 국적을 가지지 않은 외국인의 의료사고에 대하여도 적용대상이 되므로 해당 의료기관과 협의가 어려울 경우 의료중재원의 절차이용을 통한 문제해결을 시도해 보시기 바랍니다.

【관련법조문】

의료사고 피해구제 및 의료분쟁 조정 등에 관한 법률
제3조(적용 대상) 이 법은 대한민국 국민이 아닌 사람이 보건의료기관에 대하여 의료사고로 인한 손해배상을 구하는 경우에도 적용한다.

▌ 프로포폴 마취제 합병증으로 사망하였을 경우 병원의 책임은?

【질문】 저희 아버지는 만성신부전 환자로, 신장이식 수술을 받게 되셨습니다. 신장이식 수술 후 저혈압 및 쇼크가 발생하여 중환자실에 입원하게 되셨고, 응급수술을 준비하던 중 마취제(프로포폴) 투여 후 심정지가 발생되어 결국 뇌사상태에 이르게 되었습니다. 한 달 정도 중환자실 치료를 받았지만, 결국 사망하셨습니다. 최근 문제가 되고 있는 프로포폴 사용으로 인한 문제가 아닌지 의심됩니다. 이런 경우 저는 어떤 조치를 해야 하나요?

【답변】

합병증 발생 전후에 걸친 치료과정 전반의 검토가 필요합니다. 프로포폴은 중독성이 있어 오·남용의 심각성으로 인해, 이슈화 되고 있는 마취제이지만, 마취제로써 순기능도 많으며 단기간 마취 시 유용한 수면마취제입니다. 환자의 경우는 프로포폴 사용 전 신장이식수술 받으신 상태로, 자가 면역기능 저하가 예상되는 상황과 만성신부전 환자이셨던 과거력, 신장이식 수술 후 저혈압 등 신체기능이 저하되었던 상태이므로, 마취제를 투여함에 있어서는 마취제의 선택이 적절하였는지, 환자 상태에 따른 프로포폴의 용량이 적절하였는지, 투여 과정(특히 경로)이 적절하였는지 여부가 검토되어야 할 것이며, 이후 급성 심정지 발생 시 응급조치의 적절성 여부 또한 검토가 필요한 사항입니다. 의료인은 수술 후 저혈압 및 쇼크로 인한 위험성과 마취제 부작용으로 인한 위험성을 고려하여 적절한 치료방법을 선택할 수 있는 재량권을 가지므로 프로포폴을 사용했다는 이유만으로 이를 과실이라고 하기에는 어려움이 있습니다. 다만, 급성심정지의 발생가능성에 대한 예견과 뇌손상이라는 결과발생을 회피하기 위한 노력이 전혀 없었다면, 이에 대하여는 병원의 책임이 인정될 수도 있습니다.

♻ 관련판례 I

전신마취는 환자의 중추신경계, 호흡기계 또는 순환기계 등에 큰 영향을 미치는 것으로서 환자의 건강상태에 따라 마취방법이나 마취제 등에 의한 심각한 부작용이 올 수 있고, 그 시술상의 과오가 환자의 사망 등의 중대한 결과를 가져올 위험성이 있으므로, 이를 담당하는 의사는 마취 시술에 앞서 마취 시술의 전 과정을 통하여 발생할 수 있는 모든 위험에 대비하여 환자의 신체구조나 상태를 면밀히 관찰하여야 할 뿐 아니라, 여러 가지 마취방법에 있어서 그 장단점과 부작용을 충분히 비교·검토하여 환자에게 가장 적절하고 안전한 방법을 선택하여야 할 주의의무가 요구된다(대법원 2001. 3. 23. 선고, 99다48221 판결).

⚖️ 관련판례 II

간기능에 이상이 있는 환자에게 수술을 위한 전신마취를 할 경우에는 진료일지까지 면밀하게 검토하여 환자에게 조금이라도 간기능 이상이 엿보이면 이에 대해 내과전문의의 자문을 구하여 통상적인 간기능검사 이외에 보다 정밀한 검사를 실시하는 등으로 간기능의 정상 여부를 철저히 확인한 후에 전신마취를 요하는 수술을 할 주의의무가 있다(인천지법 1989. 6. 16. 선고, 88가합2508 판결).

▌ 정맥주사를 맞은 후 손목감각이 이상해졌을 경우 병원의 과실정도는?

【질문】 저는 수술 당시 손목 혈관에 수액주사를 맞았습니다. 수액이 혈관으로 들어갈 때부터 찌릿한 증상이 있었는데, 수액바늘을 제거한 후에도 주사 맞았던 좌측 손목과 손등에서 손가락까지 통증과 감각이상 증상이 있습니다. 지금도 증상이 지속되어, 병원을 다니며 치료 받고 있습니다. 신경손상이 된 건 아닌지, 치료 방법이 잘못된 건 아닌지, 아니면 단순히 회복이 더딘 건지 걱정됩니다. 병원 에서는 물리 치료 받으면서 기다리면 좋아질 거라고 하지만, 마냥 기다릴 수는 없지 않나요? 병원에서 잘못하고 있는 점은 없나요?

【답변】

　　신경손상에 대한 경과관찰이 필요한 시기입니다. 수술 전 준비되는 정맥주사는, 영양주사나 기타 수액치료와 달리 여타의 응급상황(수혈 등)에 대비하여 굵은 혈관 바늘을 이용한 혈관주사를 맞게 됩니다. 혈관손상이나 신경손상의 원인은 손목 부위에 큰 주사바늘을 이용하여 혈관주사를 주다가 혈관 주위 피부신경을 압박하거나 건드리게 되어 발생될 수 도 있고, 모든 사람이 해부학적으로 동일한 위치에 혈관과 신경분지를 가지고 있지 않으므로, 체질적 특성으로 발생할 수 도 있으며 의료진의 혈관주사 행위의 과실로 인한 것일 수도 있습니다. 현재는 사고 발생일부터 얼마 지나지 않은 시점이고 아직 경과를 좀 더 지켜보아야 하는 단계이므로 신경증상의 호전 여부 등에 대한 진단을 받아보신 후 손해에 대한 금전적인 보상을 원하실 경우에는 조정 신청, 민사소송 제기 등 법적 절차를 밟아 보시기 바랍니다.

♻ 관련판례

　　주사약인 에폰톨은 3, 4분 정도의 단시간형 마취에 흔히 이용되는 마취제로서 점액 성이 강한 유액성분이어서 반드시 정맥에 주사하여야 하며, 정맥에 투여하다가 근육 에 새면 유액성분으로 인하여 조직괴사, 일시적인 혈관수축 등의 부작용을 일으킬 수 있으므로 위와 같은 마취제를 정맥주사할 경우 의사로서는 스스로 주사를 놓든가 부 득이 간호사나 간호조무사에게 주사케 하는 경우에도 주사할 위치와 방법 등에 관한 적절하고 상세한 지시를 함과 함께 스스로 그 장소에 입회하여 주사 시행 과정에서의 환자의 징후 등을 계속 주시하면서 주사가 잘못 없이 끝나도록 조치하여야 할 주의의 무가 있고, 또는 위와 같은 마취제의 정맥주사 방법으로서는 수액세트에 주사침을 연 결하여 정맥내에 위치하게 하고 수액을 공급하면서 주사제를 기존의 수액세트를 통하여 주사하는 이른바 사이드 인젝션(Side Injection)방법이 직접 주사방법 보다 안전하고 일반적인 것이라 할 것인 바, 간호조무사로 하여금 피해자의 우측팔에 놓게 하여 상해를 입혔다면 의사의 과실이 인정됨(대법원 1990. 5. 22. 선고, 90도579 판결).

▌수술 봉합부위 파열로 재수술을 받았는데 진료비를 내야 하는지요?

【질문】 담도췌장암으로 개복수술을 받은 후 복통이 심했습니다. 결국 개복수술 부위가 파열되어, 수술부위의 감염이 진행되어 재수술을 받게 되었습니다. 병원에 입원 중인데, 현재 병원에서는 진료비 중간계산을 하라고 합니다. 그러나 재수술 비용이 부담이 되며, 1차 수술로 인한 문제로 의심되는데, 모든 진료비용과 수술비용을 환자가 내는 것은 부당하다고 생각합니다. 일단 병원비는 내지 않을 생각인데, 추후 문제는 없을까요?

【답변】

재수술의 원인이 과실에 기인한 것이라면 책임여부에 따라 재수술로 인한 치료비의 지급의무는 면제될 수 있습니다.

개복수술 후 후유증은 염증 및 복막염, 장유착 및 봉합부위 파열 등이 있습니다. 개복수술의 파열이 수술과정이나 의료과정 중에 미흡한 부분으로 일어난 것인지, 아니면 환자의 과거력이나 특수성에 기인하여 발생된 것인지에 대한 전반적인 검토가 필요합니다. 진료계약은 환자와 의사 사이에 환자의 질병치료 기타 의료행위로 목적으로 성립하는 계약관계입니다. 이 계약으로 의사는 최선을 다하여 질병을 진단하고 치료할 의무를 부담하고, 환자는 의사에게 보수를 지급할 의무를 부담하게 됩니다. 다만, 의사가 환자에게 부담하는 진료채무는 질병의 치료와 같은 결과를 반드시 달성해야 할 결과채무가 아니라 환자의 치유를 위하여 선량한 관리자의 주의의무를 가지고 현재의 의학 수준에 비추어 필요하고 적절한 진료조치를 다해야 할 채무 즉 수단채무(배려채무)라고 볼 수 있으므로, 환자에게 발생된 재수술의 원인이 위와 같은 주의의무를 다하였는지, 혹은 그렇지 못하였는지에 따라 치료비의 납부의무는 달라질 수 있습니다.

☁☁ 관련판례 I

의사가 환자의 치유를 위하여 선량한 관리자의 주의의무를 가지고 현재의 의학수준에 비추어 필요하고 적절한 진료조치를 다한 이상 이는 진료채무의 본지에 따른 것으로 수술 결과 환자의 질병이 치료되지 아니하고 후유증이 남게 되었다 하더라도 수술에 따른 치료비를 청구할 수 있다 할 것이고, 그 후유증이 의사의 치료상의 과실로 인한 것이라고 볼 수 없는 이상 의사에게 그로 인한 손해전보의 책임이 있다고 볼 수 없으므로 후유증이 나타난 이후에 증세의 회복 내지 악화 예방을 위하여 이루어진 진료에 관한 비용도 청구할 수 있다(대법원 2001. 11. 9. 선고, 2001다52568 판결).

☙ 관련판례 II

의사가 위와 같은 선량한 관리자의 주의의무를 다하지 아니한 탓으로 오히려 환자의 신체기능이 회복불가능하게 손상되었고, 또 위 손상 이후에는 그 후유증세의 치유 또는 더 이상의 악화를 방지하는 정도의 치료만이 계속되어 온 것뿐이라면 의사의 치료행위는 진료채무의 본지에 따른 것이 되지 못하거나 손해전보의 일환으로 행하여진 것에 불과하여 병원측으로서는 환자에 대하여 그 수술비 내지 치료비의 지급을 청구할 수 없다(대법원 1993. 7. 27. 선고, 92다15031 판결).

▌ 치질수술 후 변실금 증상이 있을 때 병원의 책임은?

【질문】 저는 외과의원에서 치질수술을 받았는데, 3개월이 지난 지금까지 변실금이 있습니다. 의원에서는 현재 수술로 인한 괄약근 손상은 없고, 변실금은 과거에 치질수술 받은 적이 있기 때문에 반복된 수술로 인한 것이라고 합니다. 치료방법은 따로 없고, 수시로 항문 괄약근 운동을 하라고만 하는데, 나아지질 않아 의심스럽습니다. 그냥 이대로 있어야 하는 건지, 재수술을 받아야하는 건지, 무척 답답하고 병원 측 잘못은 없는 건지 궁금합니다.

【답변】

괄약근 손상 원인에 대하여 의학적으로 규명하는 것이 선행되어야 할 것입니다.

치질수술은 괄약근 일부를 절개하게 되므로, 가스 조절 장애 및 변 조절 장애 등의 변실금 증상이 발생될 수 있으며, 수술 중 적합한 부위에 절개가 이루어지더라도 변실금이 발생하는 경우가 있습니다. 치료법으로는 식이요법, 약물요법 및 괄약근 운동, 전기자극 치료 등의 비수술적 치료와 수술을 통한 치료가 있는데, 수술은 비수술적 요법이 효과 없을 경우 또는 괄약근의 손상 시 괄약근 교정술이나 성형술을 시행하게 됩니다. 환자의 경우 괄약근 손상이 없는 상황이라면, 비수술적 치료를 통하여 교정을 받다가 효과가 없을 때 수술적 방법을 고려해야 할 것으로 보이며, 현재 치료중인 의료기관의 치료방법에 의문이 있으실 경우 타기관의 추가 진료를 통하여 증상에 맞는 치료를 받아 보실 것을 권유 드립니다. 합병증 발생에 대한 병원의 책임 여부는 시술 전 설명의무를 다하였는지, 증상에 맞는 수술을 하였는지 여부에 따라 달라지게 되므로 정확한 증상과 향후치료 여부 등을 확인하시고, 그에 따라 의료기관의 잘못이 있다고 판단되실 경우에는 조정 신청, 민사소송 제기 등 법적 절차를 밟아 보시기 바랍니다.

⚖ 관련판례

수술의 집도의사는 수술환자에게 그 수술 전에 합병증이 생길 수도 있다는 데 대한 충분한 설명을 하여 환자로부터 그 합병증을 무릅쓰고서라도 수술을 받겠다는 확답을 들은 다음 수술을 하였어야 할 것임에도 불구하고 이미 우측 갑상선 절제수술을 받은 환자에게 다시 좌측 갑상선 절제수술을 하면서 그 수술에 따른 전형적인 합병증인 부갑상선 기능저하증과 성대마비증에 대하여 설명하여 주지 아니함으로써 환자는 그 합병증을 전혀 예상하지 못하였을 뿐만 아니라, 수술당시의 환자의 자각증상이나 집도의사의 초진소견 등으로 미루어 그 수술을 그 시점에서 시급히 하지 않으면 안 될 긴박한 사정이 있었다고는 보여지지 않는 경우 그 수술은 그에 따른 설명의무를 다하지 아니함과 동시에 환자의 승낙권을 침해한 위법한 수술이다(인천지법 1986. 10. 30. 선고, 85가합1100 판결).

▌ 진단과정에서 발견치 못한 질환으로 후유장애가 생긴 경우의 과실은?

【질문】 제 아들은 체육시험 중 앞·뒤 구르기를 하다가 흉부에 통증을 느껴 장기간 흉근염좌의 치료를 받다가 수술을 하였습니다. 그런데 수술 후에도 계속 통증을 호소하다가 치료를 종료한 상황에서 진료 당시 의사가 발견하지 못한 흉추골 절로 인한 후유 장해가 있다는 판정을 받았습니다. 이 때 진료과정에서 이를 발견치 못한 의사의 과실 여부는 어디까지인가요?

【답변】

체육실기시험으로 앞·뒤 구르기를 하고 난 직후부터 흉부 통증을 느끼기 시작하여 상당 기간 흉근염좌의 치료를 받고 난 후에도 계속하여 흉부 통증을 호소하여 왔으며 치료를 종료한 상황에서 훨씬 전에 발생한 외상에 의한 제4흉추 진구성 압박골절이 진단되고 제3·4흉추가 유합되어 있으며, 그로 인하여 흉부동통 및 척추운동 제한의 장해가 남은 것으로 판명된 경우, 달리 특별한 사정의 주장·입증이 없는 한 귀하의 아들은 앞·뒤구르기 과정에서 제4흉추 압박골절을 당하였던 것으로 추정함이 상당합니다.

귀하의 아들을 진료한 의사로서는 진료 당시 일단 흉추골절에 대하여도 의심을 가지고 그에 관한 정밀한 진단을 실시함과 아울러 그에 합당한 치료 방법을 시행함으로써 흉추골절로 인한 후유장해의 발생을 회피하여야 할 주의의무가 있었다고 보입니다. 만일 필요한 적절한 조치를 취하였을 경우 위와 같은 후유장해의 발생을 막을 수 있었음에도 그러한 조치를 취하지 아니한 채 치료 가능한 기간이 경과하였거나 취해서는 안 될 조치를 취하는 바람에 위와 같은 결과가 발생한 것이라면, 그 진료에 관여한 의사들이 자신이 처한 의료 환경, 위 환자의 특이체질 기타 구체적 상태 등으로 인하여 그러한 조치를 취하지 아니한 특별한 사정에 관하여 납득할 만한 이유를 제시하고 이를 입증하지 않는 한, 그 의료상의 과실과 결과 사이의 인과관계는 사실상 추정되어 해당 의사들에게 그로 인한 손해배상책임을 지울 수밖에 없습니다.

▌ 식도암 수술 후 식도천공이 발생되었을 경우의 대처방법은?

【질문】 아버지가 식도암 말기로 수술을 받으셨으나, 수술 부위가 천공되어 재수술까지 받으셨습니다. 이로 인해 거동도 할 수 없는 상태였지만, 아버지가 간곡히 집으로 가길 원하여 퇴원하셨고 집에서 사망하셨습니다. 가족들은 아버지 건강상태가 1차 수술도 버티기 힘든 상태로 보였는데, 굳이 수술을 해야 되는 상황이었는지, 식도천공은 의료진의 잘못이 아닌지, 그로 인해 체력소모가 급격히 진행되어, 본인의 삶을 마무리할 시간도 갖지 못하고 힘들게 생을 마감하신 건 아닌지 싶어 마음이 아픕니다. 이러한 의문점을 어떻게 풀 수 있을까요?

【답변】

수술의 적응증 및 식도천공 기전에 대한 검토를 위하여 민사소송 또는 조정절차를 이용해 보시기 바랍니다.

식도암 수술은 식도와 주변의 림프절과 종격동 지방조직을 함께 광범위하게 절제(림프절과 식도 함께 절제)하고 주로 위를 이용한 식도 재건술이 시행됩니다. 수술 후 유증은, 수술 중 후두회귀신경이 마비되면 쉰 목소리나 흡인성 폐렴 및 식도천공 등을 일으킬 수 있습니다. 식도천공은 급성종격동염, 폐렴을 병발하고 중증상태가 되어 예후가 좋지 않으므로, 이에 대한 치료를 시행함에 있어서는 세심한 주의가 필요합니다. 수술 중 식도천공이 발생되었을 경우에는 보통 스텐트 삽입을 통해 누출을 막는 응급시술이 진행됩니다. 수술 전 환자의 전신상태에 따른 수술의 적응증에 해당되는지, 식도암 말기로 인하여 체력이 크게 떨어지고 반복된 수술로 급속한 체력약화 및 사망에 이르게 된 것은 아닌지, 사망의 위험성에도 불구하고 이에 충분한 설명을 들은 후 수술을 선택한 것인지 여부, 수술 과정 전반의 의학적 처치에 문제는 없는지, 식도천공의 원인과 천공발생후의 조치는 적정하였는지 등에 대한 종합적인 검토가 필요합니다.

♨ 관련판례

피고 ○○○은 위 망인의 치료 및 개복수술의 집도를 담당한 주치의로서 위 망인의 영양상태가 극히 불량하였고, 당뇨가 심하여 개복수술 후 그 봉합부위가 제대로 아물지 않을 위험이 있는데다가 말기 췌장암 환자인 위 망인의 경우 복수가 찰 위험이 큼에 따라 절개부위가 터져 탈장이 될 위험이 많았음에도 불구하고 퇴원시 위 망인이나 보호자인 원고 ◇◇◇ 등에게 그와 같은 위험의 발생가능성 및 그와 같이 복수가 찰 때 취하여야 할 제반조치, 즉 복수가 찰 때의 증상 및 그러한 증상이 나타날 때 즉시 피고 ○○○이나 인근 병원에 연락하여 복수천자술을 받아야 할 것이라는 등의 설명을 하지 아니하였을 뿐만 아니라 그와 같은 위험성을 전혀 예상하지 못한 나머지 만연히 퇴원시킨 과실이 있다 할 것이다(서울고법 1997.5.27.선고96나4554판결).

▌ 하지정맥류 수술 후 폐색전증으로 일상 활동이 어려울 경우 대처방법은?

【질문】 저는 좌측에 하지정맥류가 있어 흉부외과의원에서 레이저 수술을 받았습니다. 수술 후 도리어 부종과 통증이 더 심해져서 상급병원의 진찰을 받게 되었고, 그 결과 심부정맥혈전과 폐색전증의 진단을 받게 되었습니다. 장골정맥압박증후군의 치료를 위해 스텐트 삽입술까지 받았으나, 현재도 숨이 차는 증상이 지속되어 일상적인 활동과 하던 사업도 폐업하게 되어 큰 피해가 발생했습니다. 하지정맥류 수술은 간단한 것으로 알고 있었는데, 이렇게 치명적인 문제가 생길 줄 알았다면 절대 수술하지 않았을 것입니다. 저는 앞으로 어떻게 해야 하나요?

【답변】

시술 후 발생될 수 있는 부작용에 대한 충분한 설명이 없었다면 의사의 책임을 물을 수 있겠습니다.

하지정맥류 수술요법의 후유증은 복재신경 손상으로, 다리 저림이나 감각 이상, 통증 등의 부작용이 있을 수 있으며, 혈전 발생으로 인해 다양한 후유증을 가져올 수 있습니다. 심부(깊은 부위)의 정맥혈전은 하지의 정맥 내에 생긴 혈전이 폐동맥을 막으면서 폐색전증을 유발하기도 하며, 하지 심부정맥 혈전증으로 진단받은 환자 중 좌측 장골정맥이 우측 장골동맥과 요추부 사이에서 받는 만성적인 박동성 압박으로 정맥 흐름이 차단되어 장골정맥 압박증후군이 발생할 수도 있습니다. 하지 심부정맥 혈전증을 진단하고 치료하는데 있어서는 장골정맥 압박증후군에 의한 급성 혈전 생성의 가능성을 충분히 인식한 후 시행하여야 하며, 이를 위하여 컴퓨터 단층촬영과 초음파를 통한 사전적·사후적인 위험발생 요인을 차단하기 위한 노력 여부가 검토되어야 할 것입니다. 통상 시술을 시행하기 전에는 부작용에 대한 충분한 설명이 선행되어야 하므로 이에 대한 검토 또한 필요한 부분입니다.

♨ 관련판례

임상학적으로 하지정맥류로 인한 혈관수술 시에 수술부위와 인접한 부위의 신경손상이 드물지 않게 발생하는 것으로 보고되고 있는 점, ○○대학병원에서 실시한 원고 김A1에 대한 근전도검사결과에 의하면, 좌골신경의 주행중 대퇴부에서 분지하는 신경에 의해 지배를 받는 근육은 정상 소견을 보이지만 슬와부 이하에서 분지되는 신경에 의해 지배를 받는 하지의 근육이 뚜렷하게 이상 소견을 보였고, 이는 원고 김A1의 좌골신경 손상부위가 슬와부로 한정된다고 볼 수 있는 점, 원고 김A1이 선천적으로 하지정맥에 기형이 있어 1984년경 정맥 부분절제술을 시술받은 전력이 있기는 하나 16년 이전이고, 이 사건 시술 전에는 원고 김A1에게 보행상의 장애나 감각이상이 일체 없었던 점, 원고 김A1은 이 사건 수술 직후부터 좌하지에 대한 통증을 호소하기 시작한 이후 2002. 2. 7. 피고 병원의 담당의사에게 발끝이 닿으면 아프고, 발바닥에 감각이 없다고 호소하게 되었으며, 이후 다른 종합병원에서의 진료 및 치료에도 불구하고 아무런 호전이 없었던 점 및 이 사건 수술 이후 원고 김A1이 외과적 수술이나 좌골신경에 손상을 받을 만한 사고를 입었다고 볼 사정은 없는 점 등의 사유로 병원의 책임을 인정한 사례(부산지법 2010. 1. 22. 선고, 2006가단154878 판결).

▌ 대동맥판막협착증 시술 후 급성심정지로 사망하였을 경우 병원의 과실유무와 배상범위는?

【질문】 저희 어머니는 심장혈관질환으로 대동맥판막협착증수술을 받으셨지만, 일상생활할 때 호흡곤란 증상이 여전하다고 하셨습니다. 병원에서 퇴원해도 좋다고 하여 집으로 오신지 하루 만에 호흡곤란이 심해져 다시 응급실로 이송되셨습니다. 응급치료를 받았으나, 급성심부전증으로 사망하셨습니다. 혹시 수술한 병원의 과실은 없는지, 저희가 배상에 대한 책임을 요구할 수 있는지 궁금합니다.

【답변】

　퇴원 당시 환자의 상태와 문제 발생 후 조치의 적절성 여부가 검토되어야 하겠습니다. 대동맥판막협착증의 판막 수술은 판막 성형수술과 판막 치환 수술이 있습니다. 판막 수술을 위해서는 개심(개흉)술을 받게 되고, 개심술을 받는 동안에는 심폐 기능을 대신해 혈액을 순환시키는 인공 심폐기를 이용하게 됩니다. 판막치환술은 2~10%의 사망률을 보이며, 수술 후 출혈, 흉골 절개부 감염 등으로 합병증이 발생할 수 있습니다. 이외에도 뇌졸중, 심기능 부전증, 신장기능부전증 등의 합병증의 우려가 있습니다. 판막성형술을 받은 지 평균 10년경과 후(판막기능 악화로 판막교체) 판막에 혈전이 발생하거나 세균 감염이 발생하는 경우에는 재수술이 필요합니다. 또한 혈전 생성을 막기 위해 항응고제를 평생 복용하게 됩니다. 심부전 발생기전은 심장에서 온몸으로 가는 혈류의 장애가 생겨 심장이 더욱 세게 수축하면서 심비대가 발생되었다가 이러한 생리적인 보상 기전이 어느 시점에서 소실되면 심장 근육의 수축력이 저하되어 심부전이 발생됩니다. 수술 후 퇴원지시에 의해 퇴원하였으나, 하루 만에 급성심부전으로 진행되어 사망하신 사유에 대하여는 환자의 퇴원 당시 상태에 따른 의학적인 판단이 필요합니다. 사전 예방이나 사후 조치의 적절성 여부 등 종합적인 판단을 위해서는 의료중재원의 절차를 이용해 보시기 바랍니다.

⚖ 관련판례

　이 사건 1차 수술과 같은 경우 합병증이 없을 때에는 환자의 상태에 따라 통상 1-2주 사이에 퇴원하고, 환자 상태가 안정되면 4-8주 간격으로 진찰하는 것이 일반적인데, ㉠ 피고는 당시 환자에게 별다른 합병증이 발견되지 아니하여 수술 9일 후인 2002. 9. 19. 퇴원하도록 하였고, 그 후 2-4주 간격으로 외래 진료를 받도록 한 사실, ㉡ 대동맥판 폐쇄부전 등의 가장 흔한 증상은 폐울혈에 의한 호흡곤란증상인데, 2

차 내원 시 환자에게 심잡음이 들렸으나 폐에서 울혈시 들릴수 있는 잡음은 돌리지 않은 사실, ㉬ 위 2차 내원시 심잡음이 들리자 이를 추적관찰 하기로 하고 환자와 보호자에게 설명하였으며, 다음 내원 일자를 일주일 후인 2002. 11. 4.로 비교적 근접하게 잡은 사실, ㉭ 수술 후 10. 28.까지는 청진 상 심잡음 외에 악화된 증상이나 소견에 대한 기록이 보이지 않고, 환자가 11. 18.부터 심한 증상을 호소한 것으로 보아 11. 27. 악화된 폐쇄부전증이 급성으로 악화되었을 가능성이 높은 사실은 당사자 사이에 다툼이 없음을 인정할 수 있는바, 이에 비추어 보면 피고 병◎이 이 사건 1차 수술 후 환자의 상태를 간과, 원인 분석을 게을리하고 2차 수술을 지연하였다고 인정하기에 부족하고, 달리 이를 인정할 증거가 없다(서울동부지법 2005. 3. 17. 선고, 2004가합10976 판결).

▌ 심장수술 후 부정맥으로 사망하였을 경우의 대처방법은?

【질문】 저희 어머니는 심장질환으로 심장조영술을 받으셨는데, 다시 흉통이 심해져 흉부외과에서 관상동맥 우회술을 받으셨습니다. 수술 후 1주일 정도 중환자실 치료받으시던 중, 어느 날 급하게 병원에서 연락이 와서 도착해보니, 심폐소생술이 진행 중이었습니다. 보호자 도착 시 기관지 삽관 등 각종 튜브를 통해 피가 역류하는 것을 보고, 심폐소생술 중단하는 것에 동의했습니다. 사망진단서를 보니 부정맥으로 인한 심정지라고 합니다. 병원에서는 유가족과 적정선에서 합의하자고 하지만, 남동생들이 병원의 이야기만 듣고 합의할 수 없다며 반대하여 대화가 단절된 상태입니다. 어떻게 해야 좋을지 막막합니다.

【답변】

부정맥 발생 원인을 의학적으로 규명하는 것이 무엇보다도 중요합니다. 관상동맥우회술 시행 환자는 2~5%의 사망률을 보이며, 급성 심근경색증, 심기능 부전증 등이 환자의 주요 사망 원인입니다. 시술 후 합병증은 출혈, 흉골 절개부 감염 등이며, 이로 인해 재수술이 요구되기도 합니다. 이외에도 뇌졸중, 심기능 부전, 신장기능 부전증 등의 합병증이 발생할 수 있습니다. 장기적으로는 우회술을 시행한 동맥 및 정맥 도관이 막힐 수 있고, 관상동맥 자체 질병이 악화되는 경우도 종종 있습니다. 심장에서 전기 자극이 잘 만들어지지 못하거나 자극의 전달이 제대로 이루어지지 않으면 규칙적인 수축이 계속되지 못하여 심장 박동이 비정상적으로 빨라지거나 늦어지거나 혹은 불규칙해지는 증상이 나타나는데 이를 부정맥이라고 합니다. 관상동맥우회술로 인한 부정맥 발생이 의료인이 의료행위를 함에 있어 불가항력적으로 발생된 것인지 사후 조치가 미흡하지는 않았는지 등에 대한 종합적인 검토가 필요합니다.

☙ 관련판례

2회에 걸친 관상동맥성형술을 받고 지속적으로 약물치료를 받았으나 관상동맥 중 좌회선지의 폐쇄병변으로 인한 흉통이 계속되고 있었던 점, 약물치료에도 불구하고 호전됨이 없이 흉통이 계속될 경우에는 심근경색으로 사망할 위험성이 높은 점, 의료진도 상태가 악화될 경우 재차 망인에 대하여 관상동맥중재술을 실시할 예정이었던 점, 망인에 대한 관상동맥조영술 및 확장술의 시술이 의료시술상의 일반 원칙에 비추어 잘못되었다고 할 수 없다고 회신하고 있는 점, 실패하였던 병변에 대하여 재차 시도된 관상동맥성형술이 이전의 시술과 비교하여 시술위험이나 부작용이 증가된다고 단정할 수 없고, 성공적으로 행하여지는 경우도 많으며, 또한 관상동맥 병변에 의한 환자의 주관적 증상이 약물치료에 의하여 적절하게 치료되지 않는 경우 등에는 관상동맥성형술을 재차 시행할 수 있어, 의학적으로 이전의 관상동맥성형시술의 실패 그 자체만으로는 동일부위에 대한 관상동맥성형시술이 금지된다고 보기는 어려운 점, 관상동맥성형술의 시술도중 발생하는 관상동맥의 박리는 예측하기가 사실상 불가능한 점 등에 비추어 보면, 어떠한 과실이 있다고 판단되지는 않으므로, 원고들의 위 주장은 이유 없다(부산지법 2009. 10. 23. 선고, 2007가단9913 판결).

▌ 뇌동맥류 수술 중에 출혈이 발생되어 뇌사상태에 빠졌을 경우 병원의 책임은?

【질문】 두통과 좌 안검하수, 어지럼증, 구토증상으로 종합 병원에 내원하였습니다. 뇌동맥류 및 뇌경색 의증으로 MRI, MRA, CT검사결과 뇌동맥류만 확인되어 코일색전술을 시행받았으나, 시행과정에서 어떤 문제인지 출혈이 발생되어 뇌사상태에 빠지게 되었습니다. 해당 병원에서는 잘못이 없다고, 불가항력적으로 발생된 것이라고 얘기하고 있는데 수술을 잘못하여 발생된 것은 아닌지 의문점이 남습니다.

【답변】

뇌동맥류 환자의 경우 예후가 불량한 경우가 많으므로 출혈사실만으로는 병원의 책임을 묻기 어렵습니다.

뇌동맥류는 뇌혈관 벽에 미세한 균열이 생기고 비정상적으로 부풀어 오른 혈관질환을 말합니다. 이에 대한 진단은 뇌 컴퓨터 단층촬영과 뇌 자기공명영상, 뇌혈관 조영술의 검사를 통하여 진단한 후 치료계획을 세워 치료를 시행하며, 환자에게 시행한 코일색전술의 치료는 다리의 대퇴동맥을 통해 뇌동맥에 접근하여 뇌동맥류에 코일을 넣어 출혈부위를 막는 치료방법입니다. 뇌동맥류의 경우에는 첫 출혈 직후의 신경학적 결손이 심할수록 치료유무와 관계없이 예후가 불량하며, 환자에게 발생된 코일색전술 중 출혈은 충분히 발생할 수 있는 합병증이기 때문에 출혈사실만으로는 병원의 책임 여부를 묻기 어려운 부분이 있습니다. 이에 대하여는 환자의 구체적인 증상이나 상황에 따라 위험을 방지하기 위한 노력여부에 대한 전반적인 검토를 거쳐 책임 여부를 결정할 수 있습니다.

⚖ 관련판례

甲 병원 의료진이 좌측 중대뇌동맥에 있는 거대뇌동맥류 파열로 뇌출혈이 발생하여 응급실로 내원한 환자 乙에게 3차에 걸친 뇌CT 촬영, 뇌혈관조영술, 뇌실외배액술 등을 시행한 다음, 출혈 추정 시점으로부터 약 7시간, 응급실 내원 시점으로부터 약 5시간이 지난 후 개두술로 혈종제거와 중대뇌동맥 폐색술을 시행하였으나 乙이 사망한 사안에서, 제반 사정에 비추어 내원 당시 乙의 상태가 이미 뇌지주막하출혈 환자에 대한 대표적 평가 방법인 헌트 앤 헤스 등급(Hunt & Hess grade) 분류상 IV 등급이었던 것으로 보이고, 이 경우 의료진은 乙의 임상상태, 뇌동맥류 및 뇌출혈 특성, 수술 난이도 등을 고려하여 보존적 치료를 하다가 지연수술을 할 것인지, 조기수술을

할 것인지, 초조기수술을 할 것인지를 선택할 수 있으므로, 甲 병원 의료진의 진료행위가 진료방법 선택에 관한 합리적 범위를 벗어난 것으로 볼 수 없고, 乙의 뇌동맥류 상태에 비추어 높은 사망률을 수반하는 중대뇌동맥 폐색술 대신 뇌혈관우회술이 가능한 상태였다고 단정할 수 없는데도, 甲 병원 의료진에게 가능한 한 빨리 응급 개두술을 통하여 혈종제거와 뇌혈관우회술을 실시하지 않은 과실이 있다고 본 원심판결에 의료과실에 관한 법리오해의 위법이 있다고 한 사례(대법원 2012. 6. 14. 선고, 2010다95635 판결).

▌ 모야모야병에 대한 치료 지연으로 환자상태가 좋지 않을 경우 병원의 책임은?

【질문】 회사동료는 모야모야병이라는 지병이 있었는데, 근무 중 갑자기 쓰러져 급히 동네 개인병원으로 옮겼습니다. 의사는 뇌출혈이 의심된다고 하면서 빨리 대학병원으로 가라고 하여 13시쯤 대학병원에 도착하였습니다. 도착 후 16시경에 수술예정이었는데 집도의가 오시지 않아 수술이 18시에 시작되었습니다. 수술은 21시경에 끝났는데 수술 후 상태가 너무 좋지 않습니다. 생명이 위급한 환자를 방치했다는 생각을 떨쳐버릴 수가 없습니다. 해당 병원에게 책임을 물을 수 있을까요?

【답변】

진단지연 때문에 조기 치료기회를 상실하여 상태가 악화되었다면 병원의 책임이 인정될 수 있습니다.

모야모야병은 특별한 이유 없이 뇌 속 특정 혈관(뇌경동맥의 끝부분)이 막히는 만성 진행성 뇌혈관 질환입니다. 원인은 정확하게 밝혀지지 않고 있으며, 증상은 발병시기에 따라 큰 차이가 있는데 성인은 주로 뇌출혈 발생이 흔하며, 두통, 의식장애 증상과 출혈부위에 부분적 신경장애가 생길 수 있습니다. 이에 대한 치료는 환자의 임상적 증상 상태와 병의 진행 정도에 맞추어 치료방법을 결정하게 되며 뇌허혈 증상이 반복되는 경우에는 환자와 같은 수술적 치료를 시행하게 됩니다. 그러나 이러한 수술적 치료가 이루어지지 않고 뇌허혈이 반복되는 시기에 자칫 방치할 경우에는 뇌경색으로 진행되어 영구적인 신경마비 증상이 동반되거나 사망에 까지 이루어질 수 있으므로, 이의 예방을 위해서는 조기 진단과 이에 따른 적절한 치료가 필요합니다. 따라서 이 사례의 쟁점은 환자상태에 따른 초기 대응을 잘 하였는지 여부, 문제발생시 원인을 파악하고 적절한 치료를 시행하였는지가 검토의 중요한 부분이며, 이에 대한 의학적·법률적 검토를 원하실 경우에는 의료중재원의 절차를 이용해 보시기 바랍니다.

⚖ 관련판례

이 당시에도 피고로서는 신속한 수술이 불가능한 자신의 사정과 산모의 현재 상태와 수술지연시의 위험성 및 신속히 다른 병원에 전원하여 수술을 받아야 한다는 점에 관해 원고에게 상세히 설명하고, 충분한 인적·물적 의료설비를 갖춘 다른 병원을 물색하여 그 병원에 산모의 상태 등을 설명하고 그 병원의 승낙을 얻은 다음, 적당한 방법으로 신속하게 후송하여, 산모가 적기에 제왕절개수술을 받을 기회를 잃지 않도록 배려해야 할 업무상의 주의의무가 있었다. 그럼에도 불구하고 피고는, 다른 산모의 수술계획이 잡혀 있다는 이유로, 그 수술이 끝난 다음에서야 위 ○○에 대한 수술을 해줄 수 있다고 하면서 위 ○○을 분만대기실에 그대로 방치해 둠으로써, 정작 다른 산모에 대한 수술을 마치고 위 ○○에 대한 수술을 하려고 했을 때는, 이미 제왕절개수술을 할 시기가 지나버려 수술을 할 수 없게 만든 업무상 과실이 있다(서울고법 1997. 7. 29. 선고, 96나18122 판결).

▋ 척추측만증 수술 직후 양측 발목이 움직이지 않을 경우의 대처방법은?

【질문】 소아마비가 있는데 23년 전부터 척추측만증이 심해져 보행에 불편감이 발생되었습니다. 종합병원을 찾아가서 약물과 신경치료를 받았지만 크게 효과가 없었습니다. 그래서 상급종합병원으로 전원하여 흉추부위에 1차 금속고정술과 약 2주 후 요추부위에 2차 금속고정술을 받았습니다. 그런데 수술 후부터 양측 발목에 마비증상이 발생되었습니다. 해당 병원 주치의는 신경이 절단된 것은 아니므로 약 6개월 정도 경과를 지켜보자고 합니다. 이런 경우 어떻게 대처해야 하나요?

【답변】

수술전후에 걸친 의료행위 전반에 대한 검토가 필요합니다. 척추 측만증의 진단과 치료에 있어서는 방사선검사를 통하여 척추 변형의 원인을 어느 정도 파악할 수 있으며 변형의 종류, 부위, 크기, 측만의 유연성, 환자의 성장 상태를 알 수 있습니다. 이에 대한 수술적 치료를 함에 있어서는 환자의 전신상태, 증상의 정도, 신경 마비 유무 등이 고려되어야 합니다.

따라서, 수술시행 전에는 환자의 상태가 수술의 적응증에 해당되는지, 합병증 발생에 대한 설명은 충실하였는지 여부가 검토되어야 할 것이며, 수술 후 마비증상의 원인과 이에 대한 치료과정이 적절하게 이루어졌는지 부분도 검토의 대상이 됩니다. 척추측만증 수술의 경우 신경의 길이는 한정되어 있는 반면, 휘어있는 척추를 똑바로 펴지게 하는 수술을 함으로써 신경연장으로 인한 손상이 발생될 수 있고, 수술과정 중 과도한 교정으로 인하여 신경이 손상되는 경우도 있습니다. 현재는 아직 경과를 지켜보면서 마비증상에 대한 치료가 필요한 상황이므로, 향후 6개월에서 1년간의 치료 후 마비증상이 고정되었다는 의학적 판단이 있을 경우 검토를 위한 절차를 진행해 보시기 바랍니다.

⚔ 관련판례 I

척추측만증 교정술 후 하지마비가 발생된 사안과 관련, ① 마비장애는 1차 수술 직후에 나타난 것으로서 1차 수술 외에는 다른 원인이 개재하였을 가능성이 없고, ② 그 발생 부위가 1차 수술 부위와 일치하며, ③ 1차 수술 전에 양하지의 근력과 감각이 정상이었고 당장의 신경학적 증상을 치료하기 위한 수술이 아니어서 1차 수술을 전후하여 양하지 마비장애를 초래하기 쉬운 내적 요인을 가진 신체상태에 있었다고 보기 어려운 점 등을 종합하여 보면, 수술 중 고정기기나 수술기구에 의한 직접적인 신경손상이나 과도한 교정(신경견인)에 의한 신경손상에 의하여 초래된 것으로 추정할 수 있는 개연성이 충분하다고한 사례(대법원 2011. 7. 14. 선고, 2009다54638 판결).

♨ **관련판례Ⅱ**

척추측만증 교정수술은 꼭 필요한데다가 그 내용에는 신경견인이 포함되어 있고, 피고 병원 의료진이 SSEP(체성감각유발전위)검사 등 과도한 교정(신경견인) 등에 의한 신경손상을 피하기 위한 조치를 하였음에도 하지마비 등이 발생하게 되었는바, 이러한 사실들에 비추어 병원의 책임이 인정되지 않는다는 사례(서울지법 2007. 10. 30. 선고, 2005가합90754 판결).

▌ 초기 뇌경색 증상을 간과하여 식물인간인 상태가 된 경우의 대처방법은?

【질문】 저희 아버지는 두통과 메스꺼움 증상으로 1차병원에 내원하여 맹장염 진단을 받고 2차병원 전원을 권유받아 맹장수술을 받았습니다. 그런데, 수술 후 다음 날 화장실에서 쓰러진 채로 발견되어 신경과 의사가 왔고, 육안으로 보아 의식도 좋고 하니 추가적인 검사는 필요 없다고 하였습니다. 의사가 돌아간지 30분 정도 후에 아버지가 또다시 쓰러지셨는데, 일요일이라서 그런지 신경과 의사가 3시간만에 도착하였고, 3차병원으로 옮기자고 하여 전원하였으나 현재까지 식물인간 상태입니다. 이런 경우 저는 어떤 조치를 취해야 할까요?

【답변】

환자의 상태에 맞는 검사와 적절한 조치의 시행 여부에 대하여 의학적으로 검토되어야 할 것입니다. 허혈성 뇌졸중의 가장 흔한 원인은 고혈압이나 당뇨, 고지혈증 등으로 인해 뇌에 혈액을 공급하는 혈관에 동맥경화증이 발생하여 뇌혈류가 차단되는 경우입니다. 증상발생 후 3시간~6시간이 경과하지 않았다면 폐색된 혈관의 재개통을 목표로 한 혈전용해술을 시도해 볼 수 있으나, 3시간 경과 후 혈전용해술을 시행할 경우에는 뇌출혈의 위험이 증가하므로 환자의 상태에 따른 의료인의 판단 하에 이에 맞는 조치를 시행하게 됩니다. 따라서, 이 사례의 쟁점은 환자가 최초 쓰러졌을 당시의 상태와 그에 맞는 적절한 조치가 이루어졌는지, 문제 발생 후 이를 대처함에 있어서 부족함은 없었는지 여부 등에 대한 검토가 필요하며, 이를 위해서는 문제 발생 병원과 이송된 병원의 진료기록 및 영상필름 등에 대한 종합적인 검토, 즉 CT판독의 오류는 없었는지, 상황에 맞는 적절한 치료를 시행하였는지, 이송병원의 MRI결과 상 추정되는 뇌경색의 발생시기는 언제인지, 조기 치료기회를 상실 받아 피해가 확대된 것은 아닌지 등에 대한 의학적·법률적 검토를 진행해 보아야 할 것입니다.

♨ 관련판례

야간에 뇌신경질환을 진단할 수 있는 MRI 촬영 인력을 갖추지 않은 피고 병원으로서는 신속히 야간에도 MRI 촬영을 할 수 있는 병원으로 전원하여야 할 의무가 있음에도 불구하고, 임상경험이 풍부하다고 보기 어려운 레지던트 1년차로 하여금 선정자 1에 대하여 신경학적 검사를 시행하게 하고 그 진단에 따라 선정자 1의 증상을 만연히 말초성 어지러움으로만 보고 이를 기초로 선정자 1 및 원고 등에게 전원 여부를 선택하게 하여, 선정자 1로 하여금 전원을 통하여 뇌졸중 여부를 판명할 수 있는

MRI 촬영을 즉시 시행받아 발병 초기(3-6시간 이내에)에 뇌졸중에 대한 치료를 받을 기회를 놓치게 하고, 피고 병원에 호송된 때부터 무려 14시간이 지난 10. 23. 11:50 경에야 MRI 촬영을 시행하고 그제야 비로소 뇌졸중임을 판명하여 때늦은 치료를 시행한 과실로 결국 선정자 1로 하여금 좌측 상하지 마비에 이르게 하였다고 볼 수밖에 없다. 따라서 피고는 피고 병원 의료진의 사용자로서 위와 같은 의료과실로 인하여 원고들이 입은 손해를 배상할 책임이 있다(서울고법 2007. 5. 1. 선고, 2004나 89457 판결).

▎ 경추수술 후 발음이 잘 안될 때 병원의 책임여부는?

【질문】 우측 팔 저림으로 병원에 내원하여 MRI검사를 한 결과 경추 제7번-8번의 신경눌림 진단을 받고 수술을 받았습니다. 그런데 수술 후부터 발음이 잘 되지 않아 이에 대한 치료를 위해 인근 이비인후과 전문병원으로 전원 하였습니다. 검사결과 성대신경 손상으로 진단을 받고 해당 병원에서는 3개월 정도 지나면 호전이 된다고 하여 기다렸습니다. 문제는 기다려도 전혀 호전이 되지 않아 종합병원으로 가서 재진료를 받은 결과 역시나 똑같은 성대신경 손상으로 진단되었습니다. 차후에 주사요법으로 치료를 시행할 예정입니다. 성대손상에 대한 책임은 병원에 있는 것 아닌가요?

【답변】

성대손상 원인에 대하여 의학적으로 규명하는 것이 선행되어야 할 것입니다.

경추 신경이 눌리는 원인은 뼈가 누르거나 인대가 골화되어 누르는 경우, 또는 디스크가 튀어나와 누르는 경우가 있으며, 통상 팔에 힘이 없는 경우 수술적 치료를 진행하게 됩니다. 수술적 치료를 함에 있어서는 환자의 전신상태, 증상의 정도, 신경마비의 유무, 합병증의 발생 가능성 등이 고려되어야 하며, 이러한 부분에 대한 충분한 설명을 환자에게 한 후 주의를 다하여 수술에 임하여야 합니다. 따라서, 수술시행 전에는 환자의 상태가 수술의 적응증에 해당되는지, 신경손상이나 성대마비 등의 후유증이 생길 수 있다는 점에 대한 충분한 설명이 있었는지 여부가 검토되어야 할 것이며, 수술 후 성대마비가 발생된 원인 및 개선을 위한 치료과정이 신속하고 적절하게 이루어졌는지 부분도 검토의 대상이 됩니다.

병원의 과실이 인정될 경우 손해배상의 범위는 사고로 인해 확대된 치료비 및 상실수익, 위자료 등이 될 것이나, 수술의 난이도, 환자의 상태, 수술의 적절성 등에 따라 병원의 책임이 일부 제한될 수 있습니다.

♨ 관련판례

환자의 성대마비는 이 사건 수술(갑상선) 이후에 수술부위에서 발생한 것이며 성대마비가 발생할 다른 이유가 보이지 않는 점, 환자는 성대와 관련된 아무런 병력이 없었으므로 이 사건 수술 이외의 원인에 의하여 현재와 같은 성대마비가 발생할 가능성이 매우 낮다고 보이는 점 등을 종합하여 보면, 결국 피고 병원은 이 사건 수술 과정에서 환자의 상태에 충분히 주의하여 반회후두신경의 확인과 보존에 노력하여 신경의 손상을 최소화해야 할 뿐만 아니라 수술 후에는 신경손상 여부를 주의깊게 관찰하고 만약 신경이 손상되었다면 그 회복에 최선의 노력을 해야 할 의무가 있음에도 불구하고, 이 사건 수술을 시행하는 과정에서 환자의 반회후두신경을 손상시켰을 뿐만 아니라 수술 후 신경손상을 인식하고도 자연치유를 예상하고 아무런 조치를 취하지 아니하고 방치함으로써 환자의 성대마비 증상의 발생과 악화를 초래하였다고 봄이 상당하므로, 피고는 과실로 인하여 환자측이 입은 손해를 배상할 책임이 있다(광주지법 2005. 8. 16. 선고, 2003가합9188 판결).

■ 경추손상 환자에게 음식물 섭취를 강요하여 결국 음식물이 기도로 넘어가 사망하였을 때 책임은?

【질문】 아버지가 작업 중 경추를 심하게 다쳤습니다. 목 부위 아래로는 전신마비가 발생되었고 이에 대한 수술을 위해 대학병원에 입원하셨습니다. 입원 후 음식물 섭취 훈련을 해야 한다고 하여 조금씩 훈련을 하고 있었는데, 어느 날 음식물 섭취를 너무 힘들어 하셔서 우리들은 섭취를 중단할 것을 의료진에게 얘기하였으나, 필요하다며 레지던트가 계속 음식물을 먹였고 결국 음식물이 기도로 다 넘어가 쇼크증세가 발생되었습니다. 이로 인해 저산소성 뇌손상이 왔고 결국 사망하였습니다. 이런 경우 누구에게 책임이 있나요?

【답변】

환자의 상태를 고려한 처치였는지, 사고발생시 신속한 조치를 하였는지에 대한 검토가 중요합니다.

경추손상이 있을 경우 음식물을 섭취하게 되면 목 주변부위 부종으로 인하여 기도 폐쇄에 의한 호흡곤란이나 구토한 토물이 폐로 흡인되는 경우가 있으며, 흡인성 폐렴이나 호흡곤란 등의 합병증이 유발될 수 있습니다. 또한, 호흡곤란이 10분이상 경과되면 심각한 뇌손상 또는 뇌사상태가 될 수 있으므로 이에 대하여는 신속한 응급처치를 요하게 됩니다. 이 사례의 경우 경추손상으로 인한 기도의 방어기전이 떨어져있는 점을 의료인이 인식하고 이에 부합하는 식이처방을 시행한 것인지 여부, 음식물을 섭취하게 함에 있어 이로 인하여 발생될 수 있는 합병증을 예견하고 그 중 호흡곤란 등의 문제발생시 이에 대한 대처를 위하여 어떠한 노력을 취하였는지 여부, 증상발생 후 신속한 조치를 시행하였는지 여부 등에 대한 종합적인 검토가 필요합니다.

⚖ 관련판례 I

신생아의 경우 수유 후 30분 정도 지난 후 채혈 및 정맥주사를 시행하는 것이 바람직한데 그렇지 아니하고 30분 전에 시행하여 수유물이 역류하여 폐로 흡인되어 흡인성 폐렴 및 청색증, 호흡곤란 증세를 보여 그 결과 저산소성 뇌손상으로 인한 장애를 입었다고 봄이 상당하여 의료진에게 과실이 없다고 할 수 없어 손해를 배상할 책임이 있다고 한 사례(부산지법 2010. 11. 17 선고, 2009가합3206 판결).

⚖️ 관련판례 Ⅱ

피해자와 같은 두부 손상을 입은 환자는 개두술 및 혈종제거술 또는 출혈의 자연적인 흡수 등으로 인하여 출혈 자체가 호전된다 하더라도 두부 손상에 따른 의식저하로 인하여 기도의 방어기전 및 기관지섬모의 객담배출기능이 저하되고 기도흡인의 가능성이 증가되어 폐렴, 흡인성 폐렴 등의 합병증이 발생할 가능성이 높고, 두부 손상의 후유증으로 기질적 인격장애나 난폭하고 공격적인 성향이 나타날 경우 투여하는 신경안정제 등의 진정효과로 인하여 기침이나 객담배출기능이 저하되어 폐렴, 흡인성 폐렴 등의 합병증이 발생할 가능성도 높으나, 이는 결과적으로 두부 손상 이후에 발생한 '의식저하의 지속 등'으로 인한 것으로 보이고 피해자가 입은 두부 손상과 직접적인 관계에 있다고 보기는 어려운 점 등 피고인이 피해자에게 가한 상해와 피해자의 사망 사이에는 인과관계가 인정된다고 단정할 수 없고, 또 그 판시와 같은 사정을 들어 피고인이 가해행위 당시에 피해자가 두부 손상을 입고 두부 손상을 치료하는 과정에서 폐렴이라는 합병증으로 인하여 다발성 장기부전으로 사망에 이를 것이라고 예견하였다고 보기 어렵다고 판단하였다(대법원 2012. 3. 15. 선고, 2011도17648 판결).

▌ 암을 발견하지 못하고 엉뚱한 수술만 하였을 경우 병원의 책임은?

【질문】 허리통증으로 병원에 내원하여 디스크 진단 하에 척추수술을 받게 되었습니다. 수술 후 좌측 팔부위에 마비증상이 발생되어 CT검사를 하였고, 그 결과 뇌종양 및 자궁암 4기의 진단이 나왔습니다. 수술 전에도 CT검사를 했었는데…. 그때 왜 발견하지 못했는지 의문점이 생깁니다. 미리 발견 했더라면 디스크 수술이 아닌 종양이나 암 관련 치료를 우선적으로 선택했을 것입니다. 이런 경우에는 어떤 조치를 해야 되는지요?

【답변】

구체적인 증상에 따른 진단의 적절성 여부가 검토되어야 합니다. 의사는 진찰·치료 등의 의료행위를 함에 있어 환자의 구체적인 증상이나 상황에 따라 위험을 방지하기 위하여 요구되는 충분한 최선의 조치를 행하여야 할 주의의무가 있습니다.

이 사례의 경우 수술 전 환자의 상태와 그 증상에 맞는 의료인의 확진을 위한 노력이 검토되어야 할 것으로 당시 환자가 호소하는 증상과 기왕병력에 따른 적절한 검사방법이 시행되었는지, 검사결과를 올바르게 판독하고 정확한 진단을 위해 최선의 노력을 다하였는지 여부 등이 검토되어야 할 것입니다. 또한, 검사결과 상 다른 질환이 의심될 경우에는 추가적인 검사를 고려해 볼 필요가 있으며 해당병원의 진료환경에서 세부적인 검사가 어려울 경우에는 다른 병원으로의 전원 또는 검사의 필요성에 대한 상세한 설명이 시행되어야 할 것입니다. 이러한 과정 없이 뇌종양 및 자궁암의 초기진단 기회를 놓쳐 치료시기를 상실케 하였다면 주의의무를 다하지 않은 것으로 평가되어 병원의 책임이 인정될 수 있습니다. 다만, 진단을 하지 못함으로 인한 피해가 환자의 상태악화에 영향을 미치지 않았거나 미미한 경우에는 병원의 책임은 줄어들 것입니다.

♊ 관련판례

일반적으로 환자가 이 사건 환자와 같은 젊은 여성이거나 충수돌기의 위치가 비전형적인 경우에는 급성 충수돌기염 또는 이로 인한 복막염과 산부인과 질환인 급성 골반염 또는 난소-난관 농양 등은 통증부위나 백혈구, 폴리 수치와 같은 염증을 나타내는 수치가 상승하는 등 증상이 유사하여 그 증상만으로는 명확히 구분하기가 쉽지 않다고 하더라도 이 사건 환자와 같은 젊은 여성을 치료하게 된 피고병원으로서는 당연히 상·하복부의 복통과 압통, 반발통 및 백혈구 수치나 폴리 수치의 상승 등 산부인과

질환 외의 유사한 증상을 가진 다른 질환을 의심해 보거나 확진을 위하여 보다 철저한 검사를 실시하여야 할 주의의무가 있다. 그런데, 이 사건에서는 피고병원이 환자가 피고병원에 입원한 지 약 10일 동안 젊은 여성에게 나타나고 피고병원이 의증으로 진단한 급성 골반염 또는 난소-난관 농양 등의 질환과 그 증상이 유사한 급성 충수돌기염 또는 그에 기한 복막염을 의심하지 못하고 그로 인하여 급성 충수돌기염 또는 그로 인한 복막염의 확진에 필요한 검사와 수술적 치료를 지연하였다(부산지법 2007. 4. 13. 선고, 2006나2992 판결).

■ 뇌경색 진단이 늦어져 장애가 발생되었을 때 취해야 할 조치는?

【질문】 어지럼증과 구토증상으로 119를 통해 병원 응급실에 내원하였습니다. CT검사 후 급체를 동반한 단순 어지럼증 진단을 받고 링거투여 후 입원을 하였습니다. 그런데 밤새 어지럼증이 심하여 다음날 MRI촬영을 요청하였지만 우선 경과관찰을 하자고 하여, 다른 병원으로 전원해 줄 것을 요청하였습니다. 대학병원으로 전원하여 MRI검사를 한 결과, 뇌경색(허혈성 뇌졸중) 진단을 받고 치료 중에 있으나 치료지연으로 인하여 편마비와 언어장애 등이 발생되었습니다. 현재는 재활치료 중에 있습니다. 이런 경우에는 어떤 조치를 취해야 하나요?

【답변】

경과를 지켜본 후 장애증상이 고정될 경우 의무기록 및 영상필름 등의 의학적 감정을 받아보시기 바랍니다.

허혈성 뇌졸중의 가장 흔한 원인은 고혈압이나 당뇨, 고지혈증 등으로 인해 뇌에 혈액을 공급하는 혈관에 동맥경화증이 발생하여 뇌혈류가 차단되는 경우입니다. 증상 발생 후 3~6시간이 경과하지 않았다면 폐색된 혈관의 재개통을 목표로 한 혈전용해술을 시도해 볼 수 있으나, 3시간 경과 후에는 혈전용해술을 시행할 경우 뇌출혈의 위험이 증가하므로 환자의 상태에 따른 의료인의 판단 하에 이에 맞는 조치를 시행하게 됩니다. 따라서 이 사례의 쟁점은 환자가 최초 응급실에 내원하여 퇴원 시까지의 상태와 그에 맞는 적절한 조치가 이루어졌는지 여부라 할 것이며, 이에 대한 판단을 위하여는 최초 내원한 병원과 이송지 병원의 진료기록 및 영상필름 등에 대한 종합적인 검토, 즉 CT판독의 오류는 없었는지, 상황에 맞는 적절한 치료를 시행하였는지, 이송병원의 MRI결과 상 추정되는 뇌경색의 발생시기는 어느 정도인지, 조기 치료기회를 상실 받아 피해가 확대된 것은 아닌지 등에 대한 의학적, 법률적 검토가 필요합니다.

♨ 관련판례

야간에 뇌신경질환을 진단할 수 있는 MRI 촬영 인력을 갖추지 않은 피고 병원으로서는 신속히 야간에도 MRI 촬영을 할 수 있는 병원으로 전원하여야 할 의무가 있음에도 불구하고, 임상경험이 풍부하다고 보기 어려운 레지던트 1년차로 하여금 선정자 1에 대하여 신경학적 검사를 시행하게 하고 그 진단에 따라 선정자 1의 증상을 만연히 말초성 어지러움으로만 보고 이를 기초로 선정자 1 및 원고 등에게 전원 여부를 선택하게 하여, 선정자 1로 하여금 전원을 통하여 뇌졸중 여부를 판명할 수 있는 MRI 촬영을 즉시 시행받아 발병 초기(3-6시간 이내에)에 뇌졸중에 대한 치료를 받을 기회를 놓치게 하고, 피고 병원에 호송된 때부터 무려 14시간이 지난 10. 23. 11:50 경에야 MRI 촬영을 시행하고 그제야 비로소 뇌졸중임을 판명하여 때늦은 치료를 시행한 과실로 결국 선정자 1로 하여금 좌측 상하지 마비에 이르게 하였다고 볼 수밖에 없다. 따라서 피고는 피고 병원 의료진의 사용자로서 위와 같은 의료과실로 인하여 원고들이 입은 손해를 배상할 책임이 있다(서울고법 2007. 5. 1. 선고, 2004나 89457 판결).

▌ 뇌수술 후 뇌감염으로 좌측 편마비가 발생되었을 경우 병원의 책임여부는?

【질문】 뇌수막종 제거술을 받고 수술이 잘 되었다고 하였는데 수술 후 회복 중 좌측 상·하지에 마비증상이 왔습니다. 분명히 수술이 잘 되었다고 해 놓고는 이런 일이 발생되어 너무나도 황당합니다. 현재 마비증상의 원인이 뇌감염이라고 하던데, 제가 생각하기로는 뇌수술 후 절개해 놓은 두개골 부위에 상처 소독을 잘 안 해서 발생된 것 같습니다. 의료진에게 물어보니 포도상구균에 의한 감염이라고 하고 원인은 수술장의 공기에 떠다니는 미생물이 수술부위에 안착하여 감염이 발생된 것이라고 합니다. 그러면서 병원의 과실은 아니라고 하던데, 병원에서 발생된 일이니까 병원이 책임져야 하는 것이 아닌지 궁금합니다.

【답변】

환자의 상태를 고려한 의료행위의 적절성 여부에 대한 검토가 중요합니다.

병원감염이란 입원 당시 나타나지 않았음은 물론 잠복상태도 아니었던 감염이 입원기간 중 또는 퇴원 후 30일 이내 발생되는 것을 의미합니다. 즉, 입원 이전에 감염되지 않았던 사람이 입원 후 병원 환경에서 병원성 미생물에 노출되어 발생되었거나 환자 자신이 이미 가지고 있던 내인성 미생물에 의해 발생된 감염증을 말합니다. 감염의 경우는 다양한 감염의 경로와 고려요인이 있으며, 수술 후 감염에는 환자의 요인(나이, 영양상태, 조직 내 혈액순환저하 등), 수술 창의 요인(혈종, 이물질 삽입 등), 균주의 요인(항생제에 대한 민감성 등) 등이 복합적으로 작용합니다. 또한, 본건에 있어서 병원의 책임이 인정되기 위하여는 환자에게 발생된 편마비의 증세가 병원감염으로 인한 것인지, 아니면 수술상의 부주의로 인하여 발생된 것인지 여부, 감염에 의한 것이라면 수술과정상의 세균감염 예방조치를 성실히 하였는지, 감염발생시 적절한 조치를 취하였는지, 이와 관련된 설명은 충분하였는지 여부가 주요 쟁점사항이 될 것으로 보입니다.

⚕ 관련판례 I

수술과정상의 세균감염예방조치 해태의 과실을 인정하기 위하여는 원고의 이 사건 수술 부위가 MRSA에 감염되었다는 사실의 존재만으로는 부족하고, 나아가 피고가 이 사건 수술 과정에서 세균감염을 예방하기 위하여 당시의 의학수준에서 요구되는 예방조치를 게을리 하였다는 점이 인정되어야 할 것이다. 그러나 수술 과정에서 당연히 요구되는 무균조치를 게을리하였다는 점에 관하여 이를 인정할 만한 증거가 없는 이상, 비록 이 사건 수술 부위에서 배출된 농양에서 MRSA가 배양되었다 하더라도 그와 같은 사정만을 들어 과실을 추정할 수 없다고 한 사례(부산지법 2007. 8. 22. 선고, 2004가합24666 판결).

♣ 관련판례 Ⅱ

망인의 창상감염에 대하여 乙의 진료상 과실은 인정되지 않으나, 乙이 수술 전 망인에게 그동안 스테로이드제를 맞아 왔고 전반적으로 건강상태가 불량하여 상처의 치료나 회복이 지연될 수 있다는 말을 하였다거나, 망인의 처 丙이 망인을 대신하여 수술 부위의 감염가능성 등의 내용이 기재된 수술동의서에 서명·무인하였다는 것만으로는 乙이 망인에 대하여 수술에 관한 설명의무를 충분히 이행하였다고 보기 어렵다고 한 사례(부산고법 2012. 7. 5. 선고, 2011나9792 판결).

▌ 의료관광 환자의 치료비 환불 범위는 어떻게 되는지요?

【질문】 의료관광 가이드로부터 외국인 환자를 유치 받아 성형수술을 하고 있는 성형외과 전문의입니다. 쌍꺼풀과 융비술을 하였으나 수술 후 결과가 불만족스럽다면서 수술 전에 납부했던 치료비의 환불을 요청하는 경우, 치료비만 환불하면 되는지, 아니면 가이드 몫까지 환불을 해야 하는지요? 관련 외국인 환자는 가이드 몫까지 치료비인 것으로 안내를 받았다고 합니다.

【답변】

의료관광 유치업자와의 계약 내용을 잘 확인하시는 것이 좋습니다. 일반적으로 의료사고가 발생한 경우 환자(외국인 포함)는 발생되거나 증가한 손해에 대하여 배상청구를 할 수 있으며, 채무불이행 책임에 대하여는 치료비의 환불도 요청할 수 있습니다. 다만, 의료사고의 책임 여부와 관련 손해를 산정하는 것은 전문적 감정 등을 필요로 하는바, 조정·중재를 전문적으로 취급하는 저희 의료중재원을 이용하여 원만한 해결이 될 수 있기를 바랍니다. 특히 외국인 환자의 경우 중재제도를 이용하거나, 만일에 있을 사고를 대비하여 사전에 중재제도를 이용하겠다는 내용의 계약서를 작성하는 것도 분쟁을 대비하는 한 방법이 될 수 있습니다.

이 사례의 경우 외국인 의료관광의 특수성에 비추어 해당 유치업자와 의료기관, 환자와의 계약 관계, 설명의무 등 전반적인 사항을 살펴서 손해배상청구 내지 치료비 환불의 문제를 검토하시는 것이 좋을 것 같습니다.

【관련법조문】

관광진흥법 시행령 제8조의2(의료인 의료관광 유치·지원 관련 기관)

① 법 제12조의2제1항에서 "대통령령으로 정하는 기준을 충족하는 외국인 의료관광 유치·지원 관련 기관"이란 다음 각 호의 어느 하나에 해당하는 것을 말한다.

1. 「의료 해외진출 및 외국인환자 유치 지원에 관한 법률」 제6조제1항에 따라 등록한 외국인환자 유치 의료기관(이하 "외국인환자 유치 의료기관"이라 한다) 또는 같은 조 제2항에 따라 등록한 외국인환자 유치업자(이하 "유치업자"라 한다)
2. 「한국관광공사법」에 따른 한국관광공사
3. 그 밖에 법 제12조의2제1항에 따른 의료관광(이하 "의료관광"이라 한다)의 활성화를 위한 사업의 추진실적이 있는 보건·의료·관광 관련 기관 중 문화체육관광부장관이 고시하는 기관

♨ 관련판례

매매계약서에 '본 계약하에서 또는 그와 관련하여 발생하는 모든 분쟁은 본 계약일의 런던중재법원 규칙에 따라 중재에 의하여 결정된다…'라는 중재조항이 포함되어 있는 경우, 뉴욕협약 제2조에 의하면 같은 협약이 적용되는 중재합의는 분쟁을 중재에 부탁하기로 하는 서면에 의한 합의'로서 족하고 중재장소나 중재기관 및 준거법까지 명시할 것을 요건으로 하고 있지는 아니할 뿐 아니라, 위 조항에는 중재장소와 중재기관 및 중재절차의 준거법이 한꺼번에 모두 명시되었다고 볼 것이므로 위 조약 제2조 소정의 유효한 중재합의가 있었다고 할 것이다(대법원 1990. 4. 10. 선고, 89다카20252 판결).

▌ 유선제거술을 받았으나 일부 유선이 남아있을 경우의 대처방법은?

【질문】 남성 환자입니다. 좌측 가슴에 여유증(여성형 유방) 진단을 받고 유선 및 지방을 제거하는 수술을 받았습니다. 수술 후 외관상 변화가 없어 상담을 받아보니 한쪽만 수술한 경우 압박이 잘되지 않아 그럴 수 있다며 경과를 지켜보자고 하였습니다. 다시 압박복을 입고 생활하며 1개월 이상을 지냈지만 전혀 달라지지 않았습니다. 이에 다른 병원에서 검사를 받아본 결과 아래쪽 유선은 제거되었으나 위쪽 유선이 제거되지 않은 채로 그대로 있기 때문이라고 합니다. 처음 시술한 성형외과에서는 재수술을 해주겠다고 하나 믿음이 가지 않습니다. 이런 경우 어떻게 해야 할까요?

【답변】

유선 제거과정과 유선이 남아있는 원인에 대한 의학적 검토를 위해 증빙자료를 준비해 두시기 바랍니다.

여유증(여성형 유방)은 체내의 남성 호르몬과 여성 호르몬 간의 불균형이 생기거나 여성 호르몬에 대한 유선조직의 반응이 민감해져, 남성의 유방에서 유선조직의 증상이 일어나 여성의 유방처럼 발달하게 되는 증상을 말합니다. 대부분 양쪽 가슴에 생기지만 한쪽에만 생기는 경우도 있습니다. 사춘기의 여성형 유방, 약제에 의한 경우, 원인을 모르는 특발성인 경우가 많습니다. 약물치료에 반응이 없고 미용적인 측면을 고려하는 경우 유선제거술, 유방축소술을 시행할 수 있으며, 유방조직주위에 지방축적이 많은 경우에는 지방흡인술을 받는 것이 도움이 되기도 합니다. 이 사례의 경우 환자 상태에 대한 검사와 시술방법이 적절한지, 일부 유선을 제거하지 않은 특별한 이유가 있는지, 이로 인해 환자 예후가 달라졌는지 등을 살펴볼 필요가 있습니다. 이를 위해서는 처음 시술한 의료기과 이송 기관의 진료기록, 검사기록 등을 구비하는 것이 바람직하며, 예후에 있어서는 향후 치료와 관련된 자료를 준비하는 것이 좋습니다.

⚖관련판례

일반적으로 의사는 환자에게 수술 등 침습을 가하는 과정 및 그 후에 나쁜 결과 발생의 개연성이 있는 의료행위를 하는 경우 또는 사망 등의 중대한 결과 발생이 예측되는 의료행위를 하는 경우에 있어서 응급환자의 경우나 그 밖에 특단의 사정이 없는 한 진료계약상의 의무 내지 침습 등에 대한 승낙을 얻기 위한 전제로서 당해 환자나 그 법정대리인에게 질병의 증상, 치료방법의 내용 및 필요성, 발생이 예상되는 위험 등에 관하여 당시의 의료수준에 비추어 상당하다고 생각되는 사항을 설명하여 당해 환자가 그 필요성이나 위험성을 충분히 비교해 보고 그 의료행위를 받을 것인가의 여부를 선택할 수 있도록 할 의무가 있다. 의사의 설명의무는 그 의료행위에 따르는 후유증이나 부작용 등의 위험발생 가능성이 희소하다는 사정만으로 면제될 수 없으며, 그 후유증이나 부작용이 당해 치료행위에 전형적으로 발생하는 위험이거나 회복할 수 없는 중대한 것인 경우에는 그 발생가능성의 희소성에도 불구하고 설명의 대상이 된다고 보아야 할 것이다(대법원 1995. 1. 20. 선고, 94다3421 판결).

■ 광대뼈 축소술 후 입이 삐뚤어졌을 경우는?

【질문】 양쪽 광대뼈가 유난히 돌출돼 보여 상담 후 광대뼈 축소술을 받았습니다. 그러나 외관상 효과가 없어 6개월 뒤 재수술을 받았으며, 재수술 후에는 좌우 비대칭이 있어서 보완시술을 3개월에 걸쳐 받았습니다. 그런데 결국에는 입술이 삐뚤어져 버렸습니다. 강사 일을 하는 저로서 대인관계가 매우 중요한데 대면업무에 큰 장애가 초래되어 생업에 지장을 받고 있습니다. 향후 치료도 불투명한 상태이며 해당 성형외과에서는 해결책을 제시하지 못하고 있습니다. 이런 경우 어떻게 해야 하나요?

【답변】

비대칭의 원인에 대하여 의학적으로 규명하는 것이 선행되어야 할 것입니다.

광대뼈 축소술은 치아교합은 정상이면서 광대뼈가 상대적으로 돌출된 경우에 주로 입 안, 옆 얼굴 혹은 두피의 절개를 통하여 돌출해 있는 광대뼈를 자르거나 갈아서 앞 광대와 옆 광대의 모양을 변화시키는 수술입니다. 얼굴의 복잡한 혈관과 신경을 피하여 수술을 진행하므로 제한점이 많고 숙련된 기술을 필요로 합니다. 광대축소술의 부작용으로는 일시적인 안면 감각·운동신경 둔화(주로 1~2주내 회복), 볼 처짐, 좌우 비대칭 현상 등이 나타날 수 있습니다.

이 사례의 경우 수술 전 임상 관찰뿐만 아니라 얼굴사진 분석, 치아교합, 악관절 검사 등을 통해 환자의 적응증에 부합하는 수술을 결정했고, 수술 후 상태와 재수술에 이르는 기간 동안 관찰·처치가 적절했는지, 이 과정에서 충분한 설명과 동의절차는 이루어졌는지 등이 쟁점이 될 수 있으므로, 해당 의료기관 및 이송기관에서의 진료기록, 검사기록 등을 구비하시는 것이 바람직합니다. 또한 성형외과 계열 사고의 경우 상급 의료기관의 향후치료비 추정서 등을 구비하면 유용하게 이용될 수 있습니다.

⚖ 관련판례

의사가 진찰·치료 등의 의료행위를 할 때는 사람의 생명·신체·건강을 관리하는 업무의 성질에 비추어 환자의 구체적 증상이나 상황에 따라 위험을 방지하기 위하여 요구되는 최선의 조치를 취하여야 하고, 환자에게 적절한 치료를 하거나 그러한 조치를 취하기 어려운 사정이 있다면 신속히 전문적인 치료를 할 수 있는 다른 병원으로의 전원조치 등을 취하여야 하며, 특히 미용성형을 시술하는 의사로서는 고도의 전문적 지식에 입각하여 시술 여부, 시술의 시기, 방법, 범위 등을 충분히 검토한 후 그 미용

성형 시술의 의뢰자에게 생리적, 기능적 장해가 남지 않도록 신중을 기하여야 할 뿐
아니라, 회복이 어려운 후유증이 발생할 개연성이 높은 경우 그 미용성형 시술을 거
부 내지는 중단하여야 할 의무가 있다(대법원 2007. 5. 31. 선고, 2007도1977 판
결).

■ 비의료인으로부터 쌍꺼풀 수술을 받고 문제가 발생한 경우의 피해구제 방법은?

【질문】 아는 분의 소개로 성형외과 의료기기를 오랫동안 다루었다는 업자로부터 저렴한 비용으로 쌍꺼풀 수술을 받았습니다. 그런데 수술부위 붓기가 빠진 후 좌우측이 짝짝이가 되었으며, 좌측 눈은 잘 감기지 않는 상태입니다. 성형외과 전문의에게 진찰을 받은 결과, 좌측 부위 피부를 많이 절개해서 그렇다고 합니다. 이런 경우 의료중재원을 통한 피해구제가 가능한지요?

【답변】

　비의료인의 의료행위로 인한 사고는 의료중재원을 통해서 피해구제를 받을 수 없습니다. 의료중재원은 「의료사고 피해구제 및 의료분쟁조정 등에 관한 법률」에 따라 의료인 또는 의료기관의 의료행위로 인한 의료사고를 조정·중재처리 할 수 있으며, 이때 의료인의 자격은 「의료법」에 의거하고 있습니다. 「의료법」상 의료행위는 의료인만이 할 수 있고, 의료인의 경우도 면허 이외의 의료행위는 할 수 없도록 규정하고 있습니다. 따라서 이 사례는 의료인이 아닌 자의 의료행위로서 무면허의료행위에 해당되어, 의료중재원을 통한 피해구제는 받으실 수가 없습니다. 물론 이 사례의 경우 신체상해에 대해서는 고소를 통한 형사적 절차를, 손해배상 청구와 관련해서는 소송을 통한 민사적 절차를 밟을 수 있겠습니다.

【관련법조문】

의료법 제27조(무면허 의료행위 등 금지)

① 의료인이 아니면 누구든지 의료행위를 할 수 없으며, 의료인도 면허된 것 이 외의 의료행위를 할 수 없다.

의료사고피해구제 및 의료분쟁조정 등에 관한 법률 제2조(정의)

이 법에서 사용하는 용어의 뜻은 다음과 같다.

1. "의료사고"란 보건의료인(「의료법」 제27조제1항 단서 또는 「약사법」 제23조제1항 단서에 따라 그 행위가 허용되는 자를 포함한다)이 환자에 대하여 실시하는 진단·검사·치료·의약품의 처방 및 조제 등의 행위(이하 "의료행위등"이라 한다)로 인하여 사람의 생명·신체 및 재산에 대하여 피해가 발생한 경우를 말한다.

3. "보건의료인"이란 「의료법」에 따른 의료인·간호조무사, 「의료기사 등에 관한 법률」에 따른 의료기사, 「응급의료에 관한 법률」에 따른 응급구조사 및 「약사법」에 따른 약사·한약사로서 보건의료기관에 종사하는 사람을 말한다.

⚖ 관련판례

의료행위는 의료인만이 할 수 있음을 원칙으로 하되, 간호사, 간호조무사, 의료기사 등에 관한 법률에 의한 임상병리사, 방사선사, 물리치료사, 작업치료사, 치과기공사, 치과위생사의 면허를 가진 자가 의사, 치과의사의 지도하에 진료 또는 의학적 검사에 종사하는 행위는 허용된다 할 것이나, 그 외의 자는 의사, 치과의사의 지도하에서도 의료행위를 할 수 없는 것이고, 나아가 의사의 전체 시술과정 중 일부의 행위라 하더라도 그 행위만으로도 의료행위에 해당하는 한 비의료인은 이를 할 수 없으며, 의료행위를 할 면허 또는 자격이 없는 한 그 행위자가 실제로 그 행위에 관하여 의료인과 같은 수준의 전문지식이나 시술능력을 갖추었다고 하더라도 마찬가지임(대법원 2003. 9. 5. 선고, 2003도2903 판결).

▌쌍커풀 수술 후 안검하수가 발생한 경우의 대처방법은?

【질문】 쌍꺼풀 수술을 4회에 걸쳐 받았습니다. 처음에는 절개법으로 수술했으나 양쪽 크기가 다르고 몇 개월 후 왼쪽 눈의 봉합이 풀려서 2차 시술을 받았으며, 이틀 만에 또 일부가 풀려서 다시 봉합술을 받았습니다. 그러나 수개월 후에 봉합부위가 다시 풀려서 4번째 수술까지 받게 되었습니다. 그동안의 재수술에도 불구하고 비대칭과 봉합이 풀리는 문제는 해결이 안 되었으며, 다른 성형외과에서는 안검하수 때문이라고 합니다. 2년 동안을 안검하수 진단을 내리지 않고 양측 높이가 다르다며 재수술을 되풀이한 게 어이가 없습니다. 다른 병원에서 반복된 시술로 인해 더 이상의 재수술은 어렵다고 합니다. 이 때문에 모든 일에 자신감이 없어져 사회생활이 힘든 지경입니다. 이런 경우 어떻게 해야 하나요?

【답변】

안검 근육의 손상기전 및 재수술 과정이 적절했는지 등에 대한 검토가 필요합니다. 안검하수증은 눈꺼풀이 충분히 떠지지 않는 증상으로 대뇌, 눈돌림신경, 교감신경 등에서 발생한 병적인 변화가 신경학적 원인이 될 수 있으며, 안검거상근(눈꺼풀을 들어올리는 근육)에 손상을 받거나 힘줄 등이 파열 또는 얇아지면서 증상이 발생하는 경우도 있습니다. 이 사례의 경우 환자 상태에 부합하는 수술을 선택했고 그 과정 및 이후 발생된 증상에 대한 처치가 적절했는지, 3차례의 재수술과정에서 경과검토·기간은 충분했으며 관련 설명과 환자의 동의절차는 적절했는지 등을 살펴볼 필요가 있습니다. 특히, 향후 치료 시 회복 여부가 중요할 수 있으므로 상급 의료기관 진찰 등을 통해 예후(향후추정치료비 포함)를 확인하는 것도 문제해결을 위한 좋은 증빙자료가 될 것입니다.

⚖ 관련판례 I

과거에 후유증으로 쌍꺼풀 재수술 등을 받은 후 토안 증상이 발생한 사안에서, 원심이 추정한 의사의 과실 중 눈둘레근의 섬유조직화는 수차례에 걸친 수술의 결과일 뿐 의사의 수술상 과실로 볼 수 없고, 눈둘레근을 지나치게 올려 결찰하였다는 점에 관한 간접사실들도 쌍꺼풀 재수술과 토안 발생 사이의 인과관계를 추정할 수 있는 사정은 될지언정 토안이 의사의 과실에 기한 것이라고 추정할 수 있을 정도의 개연성을 갖춘 사정들이라고 보기 어려움에도 원심이 이와 같이 개연성이 담보되지 않는 사정들을 가지고 막연하게 의사의 과실을 추정하여 손해배상책임을 인정한 것은 위법하다고 한 사례(대법원 2010. 8. 19. 선고, 2007다41904 판결).

☙ 관련판례Ⅱ

의사가 위와 같은 선량한 관리자의 주의의무를 다하지 아니한 탓으로 오히려 환자의 신체기능이 회복불가능하게 손상되었고, 또 위 손상 이후에는 그 후유증세의 치유 또는 더 이상의 악화를 방지하는 정도의 치료만이 계속되어 온 것뿐이라면 의사의 치료행위는 진료채무의 본지에 따른 것이 되지 못하거나 손해전보의 일환으로 행하여진 것에 불과하여 병원측으로서는 환자에 대하여 그 수술비 내지 치료비의 지급을 청구할 수 없다(대법원 1993. 7. 27. 선고, 92다15031 판결).

▌ 지방흡입술 후 근육이 손상되어 재수술하고자 하는데 배상청구범위는?

【질문】 양측 다리에 지방흡입술을 받았는데 시술부위의 근육 손상으로 지방이식이 추가로 필요하다고 합니다. 해당 성형외과에서는 재시술은 해줄 수 있으나 그 외에 금전적인 보상은 어렵다고 합니다. 그러나 기능손상까지 입게 된 환자의 입장에서는 해당 의료기관에서 재시술을 받을 용기가 없습니다. 적절한 보상을 받고 타 기관에서 재시술을 받고 싶은데 어떻게 해야 할까요?

【답변】

근육손상 기전 및 장애 여부 등의 확진을 받으신 후 손해배상 청구 범위를 정하시기 바랍니다.

지방흡입술은 불만족스럽거나 병적으로 비정상적인 비율로 축적된 피부 밑 지방층을 음압 또는 초음파 등을 이용·제거하여 몸매의 형태를 교정하는 수술입니다. 피부절개를 통해 지방층에 캐눌러를 넣은 후 전후 방향으로 움직이면서 흡인하게 되며, 이 과정에서 탐침에 의한 근육 및 혈관, 신경손상이 발생되기도 합니다. 주요 부작용으로는 통증, 출혈, 혈청종, 감염, 피부괴사, 울퉁불퉁한 피부표면, 폐색전증, 감각이상, 화상 등 다양하며 사망에 이르는 경우도 있습니다. 이러한 시술을 함에 있어서는 환자 상태에 대한 충분한 검토와 관련 설명·동의절차가 중요하며, 시술과정에서는 숙련된 기술을 필요로 합니다. 이 사례의 경우 우선 기능적인 부분과 미용적인 부분에서의 장애가 있는지 살필 필요가 있으며, 이를 위해 상급 의료기관 등의 진찰을 거쳐 예후를 확인하고 관련 비용(향후치료비 포함) 등을 알아보는 것이 좋습니다. 그 결과를 바탕으로 손해가 추정되는 경우 해당 의료기관뿐만 아니라 이송 의료기관의 진료기록, 검사기록 등 자료를 구비하여 의료중재원과 같은 조정기관을 이용하시는 방법이 있습니다.

⚖ 관련판례 I

병원에서 미용 목적으로 종아리 근육 퇴축술(고주파를 이용한 신경차단술)을 받은 환자가 시술 후 좌측 외측 족저신경 손상으로 인한 장애를 입은 사안에서, 시술 의사에게 설명의무 위반을 이유로 환자의 자기결정권 침해에 대한 위자료와 재산상 손해에 대한 배상책임을 인정한 사례(서울고법 2011. 8. 30. 선고, 2010나82334 판결).

⚖ **관련판례Ⅱ**

　　의료행위라 함은 의학적 전문지식을 기초로 하는 경험과 기능으로 진찰·검안·처방·투약 또는 외과적 시술을 시행하여 질병의 예방 또는 치료행위 및 그 밖에 의료인이 행하지 아니하면 보건위생상 위해가 생길 우려가 있는 행위를 의미한다 할 것이고, 성형수술행위도 질병의 치료행위의 범주에 속하는 의료행위임이 분명하므로, 이러한 성형수술 과정에서 의사가 환자에게 침습을 가하는 경우에 대하여도 의사의 환자에 대한 설명의무에 관한 법리가 마찬가지로 적용된다(대법원 2002. 10. 25. 선고, 2002다48443 판결).

▌코 성형수술 후 보형물 제거가 필요한 상황인데 어떻게 해야 하는지요?

【질문】 코 성형수술을 받았는데 상담내용과 다르게 너무 부자연스럽고 높게 시술되었으며, 보형물로 사용한 귀연골 부위도 너무 많이 채취하여 귓바퀴 모양이 이상하고 기능상 문제도 생길 수 있다고 합니다. 다른 병원에서는 코 보형물을 완전히 제거한 뒤 일정기간이 지난 후 재수술과 귀연골에 대한 재건술이 필요하다고 하는데, 보형물을 빼면 예전보다 콧대가 없는 모습으로 수개월을 지내야하고 재수술 성공도 장담할 수 없어 생각할수록 우울합니다. 이런 경우 어떻게 해야 하나요?

【답변】

　성형수술의 경우에는 다른 수술보다 합병증 및 예후에 대한 더욱 중한 설명의무가 부과됩니다. 코 성형수술 중 대표적인 융비술은 콧등을 높이는 수술로 콧등의 높이뿐만 아니라 코의 길이도 길어지게 됩니다. 이때 재료로는 실리콘 삽입물을 많이 사용하는 편이며, 고어텍스나 인조피부 또는 자기 자신의 살이나 연골, 뼈를 이용하기도 합니다. 특히 귀연골은 코끝의 비익연골과 조직학적으로 동일하여 활용도가 좋으나 채취 가능한 양이 제한적입니다. 융비술 후의 부작용으로는 삽입물의 삐뚤어짐과 이탈, 청색증 등의 외관상 변화, 알레르기 반응 및 코 기능문제(호흡기능 방해 등) 등이 발생하는 경우가 있습니다. 통상 성형된 상태를 다시 보정하기 위해서는 일정기간의 경과관찰을 두어야 합니다. 이 기간 동안 충분한 상담을 통해 보정가능 여부를 확인하시기 바랍니다. 그리고 그 결과 또는 진행되는 예후에 따라 관련 증빙(진료기록, 검사기록, 사진 등)을 구비하여 조정기관에 피해구제를 신청하는 방안을 고려하는 것이 좋겠습니다. 특히 성형외과 사건에서 문제 부위의 변화과정을 주기적으로 사진으로 남기는 경우 유용한 자료가 될 수 있습니다.

⚖ 관련판례

　피고는 위 성형수술 당시 원고에게 위 수술의 부작용으로서 출혈, 염증, 보형물의 크기가 본인이 원하는 것이 아닐 경우가 있을 수 있으며, 머리 절개 부위는 머리털이 자라서 회복이 되는데 일부 미세하게 안 자라는 부분이 있을 수 있다고 설명하였을 뿐 위 보형물이 움직일 수 있다는 점에 대하여는 충분한 설명이 없이 수술한 사실이 인정된다는 이유로, 피고는 위 수술을 함에 있어서 설명의무를 위반하여 원고가 수술을 할 것인지 여부를 결정할 수 있는 권리를 침해하였다 할 것이고 이로 인하여 원고에게 가한 정신적 손해를 배상할 책임이 있다고 판단하였다(대법원 2002.10.25. 선고, 2002다48443 판결).

▌ 가슴 지방이식술 후 염증이 발생하였는데 보상을 받을 수 있는지요?

【질문】 양측 가슴에 자가지방이식술을 받았습니다. 그러나 치료과정에서 통증과 고열이 발생되었으며 다른 병원에 가보니 수술부위에 염증이 의심된다며 복용약을 처방 해주었습니다. 그러나 이후에도 증상이 지속되어 처음 시술을 했던 성형외과에 가서 얘기를 하자 독감이라며 항생제를 처방해주었는데 전혀 호전되지 않았고 현재는 가슴 피부조직은 얇아지고 울퉁불퉁하며 염증 후 색소침착이 온 상태입 니다. 의사는 재수술을 하면 괜찮아진다며 재수술을 권유 하나 더 이상 믿을 수 가 없습니다. 보상을 받은 후 다시 수술을 하고 싶습니다. 어떻게 해야 될까요?

【답변】

　이식지방의 생착 여부 및 감염 경로, 향후치료에 대한 의학적 검토가 필요합니다. 자가지방이식술은 본인의 지방을 채취한 후 주사기를 이용하여 원하는 부위에 순수하 게 분리된 지방을 주입하는 시술입니다. 시술이 간편하고 합성이물질이 아닌 자기조 직을 이용하므로 부작용이 적고 자연스러운 교정이 가능하다는 장점이 있어 성형외과 등에서 많이 이용하고 있습니다. 반면에 이식술 후 지방세포가 손상될 수 있으며 지 방흡입 부위 피부가 울퉁불퉁해지거나 이식된 지방의 석회화, 염증 등이 생길 수 있 고 지방생착률이 낮을 경우 보정효과가 거의 없거나 떨어지는 경우가 있어 유의해야 할 부분도 있습니다. 이 사례의 경우 우선 현재 상태에 대한 정확한 진찰이 필요하며, 이를 통해 치료안정 또는 예후가 확정될 수 있는 경우 관련 비용(향후 추정치료비 포 함) 등 자료를 구비할 필요가 있습니다. 만일 손해배상 청구를 고려하는 경우 지방이 식술이 환자의 적응증에 부합한지, 이식지방 생착과정의 문제는 없는지, 추정되는 감 염경로는 무엇인지, 감염발생 후 처치는 적절했는지, 관련된 설명은 충분하였는지 등 이 주요 쟁점사항이 될 것으로 보입니다.

♣♣ 관련판례

　지방주입술과 같은 외과적 수술을 시행한 다음 창상의 감염을 방지하기 위하여 경 과를 관찰하고 창상에 감염이 발생하였을 때에는 원인균의 미생물학적 검사 후 일차 적 항생제 투여, 원인균이 밝혀지면 감수성 있는 항생제로 대체 투여하고, 절개 배농 을 시행한 다음, 환자의 혈압, 맥박, 체온 등을 관찰하여 패혈증에 대비하는 등 진료 상의 적절한 조치를 취하여야 할 주의의무가 있다(서울지법 1999. 11. 4. 선고, 97가 단206953 판결).

제5장
정형외과

■ 우측 슬관절 전치환수술을 받은 후 족저부 경골 신경이 손상되었습니다.

【질문】 어머니(50대/여)께서 우측 슬관절의 퇴행성 관절염으로 입원하여 인공관절 전
치환술을 받았으나, 수술 직후부터 발바닥 동통, 저림 등의 증상이 발생하였습
니다. 이후 근전도 검사결과 우측 족저부 신경손상 소견이 보여 후속 치료를
받고 있습니다. 수술 중에 발생된 일이라 불가피한 측면도 있지만 병원 측의
과실에 의해서 신경이 손상된 것이라고 생각합니다. 이런 경우 병원의 잘못에
대해 어떻게 대응해야 할까요?

【답변】

퇴행성 관절염이라고도 불리는 골관절염은 관절 질환 중에서 가장 많이 발생하는
관절염입니다. 뼈의 관절면을 감싸고 있는 관절연골이 마모되어 연골 밑의 뼈가 노출
되고, 관절 주변의 활액막에 염증이 생겨서 통증과 변형이 발생하는 질환입니다. 수술
에 의하여 경골신경 손상이 발생한 것만으로는 의사의 과실을 추정하기는 어려우며,
의사가 인공관절 전치환 수술상 주의의무를 위반한 사실이 있는지 등을 고려하여 의
료상 과실 여부를 검토하여야 할 것입니다. 만일 의료상 과실이 인정되는 경우에는
후유장해 진단을 통한 노동 능력 상실율에 대한 검토도 필요합니다. 의료중재원의 조
정신청을 통해 과실여부에 대한 감정을 받아 보시기를 권합니다.

⚖ 관련판례

환자의 우측경골신경마비 증세가 이 사건 수술 직후 나타났고, 위 원고는 이 사건
수술 외에 달리 위 경골신경마비 증세를 일으킬만한 원인을 가지고 있지 아니하였으
며 위 인대재건술의 시행 후 우측경골신경마비 증세 외의 다른 합병증은 발생하지 아
니한 점, 이 사건 수술당일 10:00경에 수술실로 옮겨진 위 원고가 같은 날 16:20경
에 병실로 복귀할 때까지 걸린 시간은 인대재건술에 필요한 평균적인 수술시간을 상
당히 초과한 점등에 비추어 보면 의료인이 이 사건 수술 중 위 원고의 우측 하지를
지나치게 과도한 힘으로 압박하였거나 수술 중에 혈류를 재개시키지 않고 장시간 계

속하여 압박한 잘못으로 위 원고의 우측후경골신경이 마비되었다고 추정할 수 밖에 없다고 할 것이므로 위와 같은 잘못으로 인하여 원고들이 입게 된 모든 손해를 배상할 책임이 있다(서울지방법원 1998. 4. 29. 선고 96가합84207 판결).

■ 우측 슬관절 반월상연골 파열 및 낭종인데 정상부위인 좌측 슬관절 관절경 수술을 하였습니다.

【질문】 제 아들(20대)이 무용연습을 하다가 무릎을 다쳐 우측 슬관절 외측 반월상연골 파열 및 연골낭종이 진단되어 입원하였습니다. 그런데 수술 의사의 착오로 우측이 아닌 좌측 무릎에 관절경 수술을 시작하였고 MRI상에 이상 소견이 안 보여 그제서야 수술 부위가 잘못된 것을 알고 다시 우측 슬관절 부위를 수술하였습니다. 병원 측은 멀쩡한 다리를 수술하고도 적절한 사과나 조치없이 과실을 부인하는 태도로 일관하고 있습니다. 정말 이런 경우에도 병원의 과실이 없는 건가요?

【답변】

젊은 사람의 연골판 손상은 가급적 보존하는 것이 치료의 원칙이며, 일부 사례에서는 부분절제술을 시행하고, 관절막 근처에서 파열이 있는 경우에는 연골판봉합술을 시행합니다. 또한 낭종은 퇴행성 변화로서 발견되면 단순 제거합니다. 연골판봉합술은 부분절제술보다 입원기간 및 재활기간이 오래 걸리는데, 부분절제술에서도 재파열이 발생하지만 봉합술의 경우에도 치유가 되지 않으면 재파열이 일어날 수 있습니다. 본건의 경우 의료진이 수술부위를 바꿔서 수술을 시행한 것이 착오에 의한 것인지, 의학적 판단을 통해 시행한 것인지는 사실 확인이 필요합니다. 다만, 이와 관련한 충분한 설명 의무 및 사전 동의가 없이 수술이 진행되었다면 민, 형사상 책임을 면하기는 어려울 것으로 보입니다.

⚔ 관련판례

의료인은 환자의 인대가 손상된 부위를 정확히 진단하여 손상된 인대에 대하여 재건술을 시행하여야 할 의무가 있음에도, 이를 게을리 한 채 실제 손상부위인 우측 무지 기저관절(손가락 끝에서 셋째 마디)부분의 인대에 대하여는 재건술을 시행하지 아니하고, 다른 부위인 우측 무지 중수-수지관절(엄지손가락 끝에서 둘째 마디) 부분의 인대에 대하여 재건술을 시행하는 잘못을 저질렀고, 이로 인하여 환자는 우측 무지 기저관절이 아탈구되어 운동제한이 있는 등 손해를 입었다고 할 것이므로, 의료인 및 의료법인은 연대하여 환자에게 위와 같은 인대재건술상 과실로 인하여 환자가 입은 손해를 배상할 책임이 있다(서울고등법원 2006. 2. 16. 선고 2004나47484 판결).

▋ 척추협착증 및 수핵탈출증으로 수술 후 하반신 마비증상이 발생하였습니다.

【질문】척추협착증(흉추 10~11번) 및 수핵탈출증(흉추 12번~요추 1번)으로 입원하여 후방감 압술 및 척추경 나사못를 이용한 고정술을 받았습니다. 그러나 수술 후 하반신 마비 증상이 발생되어 수술 다음날 2차로 혈종제거 및 후방기기제거술을 다시 시행하였습 니다. 현재 약간의 호전은 있지만 하반신 마비가 완전히 회복되지 않아 재활치료 중 에 있습니다. 척추수술이 위험하다는 것은 잘 알고 있지만 그런 만큼 더욱 주의를 기 울여야 한다고 생각합니다. 수술 전에는 통증만 있었는데 이제는 영구적 장애가 발생 되어 대단히 고통스럽습니다. 이런 경우 병원의 과실을 어떻게 물을 수 있는지요?

【답변】

수핵탈출증은 수핵의 수분이 감소하면 그 탄력성을 잃고 추간판섬유륜이 균열을 일 으키는데 요추부에서는 제4-5요추간, 제5요추-제1천추간에 변화가 집중됩니다. 여기 에 외력이 가해지면 추간판섬유륜의 약한 부분이나 균열된 부분으로 수핵이 밀려나와 해당 신경근을 압박하여 요통, 신경증상 등이 나타나게 됩니다. 이 중에서 하부 흉추 부위는 척수신경이 요추 1번까지 이어지고, 척수관이 요추부에 비해 매우 좁고 혈행 이 불확실한 부위이기 때문에 해부학적으로 매우 취약한 특징을 가지고 있어 이 부위 의 수술은 다른 부위보다 매우 세심한 주의를 필요로 합니다. 진료기록 등을 확보하 여 의료인이 환자에 대해 세심한 주의를 기울여 시술했는지, 수술의 위험성에 대한 사전 설명여부 등을 확인하여야 할 것입니다.

♨ 관련판례

이 사건 수술을 받은 이후 약 3개월이 경과한 후부터 양측 족관절 이하 근력저하 가 관찰되었던, 이후 피해자가 ○○병원에서 ○○○○병원으로 전원하기까지 6개월 이 상의 기간 동안 치료를 받았음에도 불구하고 그 증상이 호전되지 않아 영구장애로 남 게 된 점 등에 비추어 볼 때 피해자가 입은 족지근력 약화 등의 증상을 이 사건 수술 에 따른 일반적인 합병증으로 보기는 어렵고, 피해자가 입은 양측 족관절 이하 근력 저하의 증상은 이 사건 수술 이전에는 없었던 증상인데 이 사건 수술 이후 비로소 나 타난 증상인 점 등에 비추어 볼 때 피해자가 입은 족지근력 약화 등의 증상을 피해자 의 기왕증에서 비롯된 것이라고 보기도 어렵다. 따라서 피해자가 입은 장애가 피고인 의 과실로 인한 것이 아니라는 피고인의 사실오인 주장은 이유 없다(전주지방법원 2009. 9. 17. 선고 2009노613 판결).

█ 엉덩이에 주사를 맞은 후 피부가 괴사되었습니다.

【질문】 저는 운전 일을 하고 있는 남성으로, 우측 손의 통증이 있어 의원에서 엉덩이 근육주사를 맞았습니다. 주사 맞은 후 주사부위가 부풀어 올랐으나, 의원에서 시간이 지나면 나아진다고 하여 집으로 돌아왔습니다. 다음날 피멍이 들어 내원하자, 물리치료를 해주었습니다. 증상이 나아지지 않아 다른 병원에서 초음파검사 후 엉덩이에 피부 괴사 진단을 받았습니다. 엉덩이에 절개술 및 봉합술을 하였고, 현재는 수술경과를 관찰중입니다. 상황에 따라서 피부이식을 할 수도 있다고 합니다. 현재 통증이 심하여 똑바로 누워서 잘 수도 없습니다. 의원 측에 책임을 묻고 싶습니다.

【답변】

　피부괴사 발생 원인이 주사바늘에 의한 오염이나 주사부위 소독을 철저히 하지 않아 세균에 의한 감염이 발생한 것인지 여부와, 주사 부위 부종 및 피멍이 발생했을 때 사후 처치가 적절했는지에 대한 판단이 필요합니다. 감염이 발생하였을 경우 적절한 치료를 하였다면 그 감염으로 인하여 발생한 모든 손해에 대한 책임을 묻기 어려울 수 도 있습니다. 주사와 피부괴사의 인과관계 및 사후관리의 적절성 여부는 의료중재원의 절차이용을 통하여 판단 받아보시기 바랍니다.

⚖ 관련판례

　입원 치료과정에서 우측 대둔부 피부괴사(의증) 주사 맞은 곳에 연부 조직괴사가 발생하여 타병원 전원하여 성형외과적 치료 및 가피절제술 시행, 이후 피부이식수술을 시행하였으나 피부연부조직 괴사로 우측 대둔부의 엉덩이 부위에 7cm×6cm 크기의 반흔이 남아 성형수술을 요하는 상태가 되어 소송을 제기하였고, 이에 대하여 200만원의 화해권고 결정이 된 사례(대전지법 2005. 3. 19 자 / 2003가단62771 화해권고결정).

▎ 좌측 발목골절 수술 후 괴사가 발생되어 3차례 재수술을 받았지만 결국 발목을 절단하였습니다.

【질문】 저희 아버지(60대)께서 넘어지신 후 좌측 발목 통증으로 병원 검사 결과 좌측 발목 원위 경골관절내 분쇄골절로 진단받아 다음 날 비골 관혈적 정복술 및 금속판내고정술, 종골견인술 등의 수술을 두차례 받았습니다. 그러나 2번째 수술 후 뼈가 제대로 아물지 않은 상태에서 무혈성 괴사가 발생되어 결국 다리 절단수술을 포함한 3차례 수술을 받았습니다. 2차 수술 후에도 꾸준한 외래치료를 받았음에도 이런 상황이 발생한 것은 의료인의 부주의가 원인이 아닌가 싶습니다. 적절한 대응 방법을 알고 싶습니다.

【답변】

관혈적정복술 및 금속내고정술이란 골절부위의 피부를 절개하여 골절된 뼈를 맞추고, 금속판으로 고정하는 수술입니다. 외과적인 시술이기 때문에 지연유합이나 창상 등의 문제가 발생할 수 있습니다. 특히, 족관절 분쇄골절의 경우에는 피부괴사, 통증, 골괴사 등이 발생할 수 있으므로 주의를 요하기도 합니다. 본 건 환자의 경우 수술 전, 후에 의료진의 경과관찰 및 처치가 적절하였는지, 수술에 앞서 환자의 골절을 치료하기 위한 전체적인 치료계획과 그 예후, 그리고 또 다른 치료 방법이 있다면 그에 대한 설명과 그 예후에 관하여 충분히 설명하여 치료행위에 대한 환자 선택권을 보장하였는지에 대한 사실 확인이 필요합니다.

๕๕ 관련판례

피고는 왼쪽 경골 골절환자인 원고가 위 입원당일 도수정복술을 시행받은 후에도 계속적인 부종 및 통증을 호소하고, 입원 9일째부터는 상처 부위의 피부가 변색되고 찬 기운이 관찰되는 등 혈액순환장애를 의심할 만한 증상을 보였음에도 불구하고 혈관조영술 등 그 원인을 규명하기 위한 적절한 검사를 시행하지 아니함으로써 위 교통사고 당시에 골절된 골편으로 인하여 원고의 슬와동맥에 혈액순환장애가 온 것을 미처 진단하지 못하여 원고로 하여금 제때 적절한 치료를 받지 못하게 한 잘못이 있다 할 것이고, 원고가 위와 같이 왼쪽 다리를 절단하게 된 것은 피고의 위와 같은 과실로 인한 것이라 할 것이므로 피고는 원고에게 그가 이로 인하여 입게 된 모든 손해를 배상할 책임이 일단 있다 할 것이다(서울민사지방법원 1997. 1. 22. 선고 94가합 103890 판결).

▌ 척추 수술 후 오른쪽 다리에 감각이 없습니다.

【질문】 아버지가 척추전문병원에서 척추전방전위증으로 수술을 받았습니다. 수술 후, 우측하지의 마비증상 발생되어 현재까지 재활치료를 받고 있으나 호전이 없습니다. 현재 수술하였던 의사는 다른 병원으로 이직한 상태이며, 병원에서는 집도한 의사가 없다면서 보상 책임을 지지 않으려고 합니다. 이런 경우 어떻게 보상을 받을 수 있을까요?

【답변】

척추수술과 관련하여 하지마비가 발생하는 원인으로는 (1) 수술중 직접적인 척수손상에 의한 경우, (2) 척수허혈에 의한 경우, (3) 진행성마비가 수술 후 교정되지 않고 계속 진행되어 결국 하지마비에 이르는 경우가 있으며, 직접적 손상의 경우에는 수술상 잘못으로 척수에 손상을 가하는 경우도 예상될 수 있습니다. 이 밖에 손해배상의 범위와 관련하여서는, 환자에게 발생된 하지마비 증상이 신경손상에 의한 영구적인 손상인지, 일시적으로 발생하여 회복이 가능한지에 따라 그 범위가 달라지게 되며, 절대적인 기준은 아니지만, 통상적으로 6개월에서 1년간의 추적관찰이 필요할 수 있습니다. 하지마비의 원인규명과 이에 따른 배상책임 여부에 대하여는 향후 경과관찰 후 의료중재원의 조정 또는 중재절차를 통하여 명확한 판단을 받아보시기 바랍니다. 또한 병원은 고용한 의사의 행위로 인하여 제삼자에게 손해를 끼친 경우, 이에 대한 사용자책임을 지게 되므로, 해당 병원에 대하여 손해배상을 청구할 수 있습니다. 「민법 제756조」(사용자의 배상책임) ① 타인을 사용하여 어느 사무에 종사하게 한 자는 피용자가 그 사무집행에 관하여 제삼자에게 가한 손해를 배상할 책임이 있다. 그러나 사용자가 피용자의 선임 및 그 사무감독에 상당한 주의를 한 때 또는 상당한 주의를 하여도 손해가 있을 경우에는 그러하지 아니하다.

♣ 관련판례

척추측만증 교정술 후 하지마비가 발생된 사안과 관련, ① 마비장애는 1차 수술 직후에 나타난 것으로서 1차 수술 외에는 다른 원인이 개재하였을 가능성이 없고, ② 그 발생 부위가 1차 수술 부위와 일치하며, ③ 1차 수술 전에 양하지의 근력과 감각이 정상이었고 당장의 신경학적 증상을 치료하기 위한 수술이 아니어서 1차 수술을 전후하여 양하지 마비장애를 초래하기 쉬운 내적 요인을 가진 신체상태에 있었다고 보기 어려운 점 등을 종합하여 보면, 수술 중 고정기기나 수술기구에 의한 직접적인 신경손상이나 과도한 교정(신경견인)에 의한 신경손상에 의하여 초래된 것으로 추정할 수 있는 개연성이 충분하다고한 사례(대법원 2011. 7. 14. 선고 / 2009다54638 판결).

■ 손가락 부목 처치 후 뼈가 정상적으로 붙지 않았습니다.

【질문】 아들이 학교에서 책상에 부딪혀 우측 손가락 골절로 정형외과에서 부목을 하였습니다. 부목 제거 후 뼈가 정상적으로 붙지 않았고, 주먹을 쥐는 힘이 약해졌습니다. 정형외과에서는 시간이 지나면 좋아진다고 했으나, 증상은 나아지지 않았습니다. 종합병원에서 진찰받은 결과 추가 수술이 필요하다고 하였습니다. 핀고정 술을 받았지만 현재도 뼈가 45도 각도로 꺾여져 있습니다. 아들은 오른손잡이이며 중학생이라서 너무 불편한 점이 많습니다. 피해보상을 받을 수 있을까요?

【답변】

골절은 상태에 따라서 부정유합 및 불유합의 가능성이 있으므로(전신적 원인으로 고령, 당뇨와 같은 내분비 이상 질환, 비타민 C, D의 결핍 등이 있고, 국소적 원인으로 심한 골 결손, 골절된 골 위치, 잘못된 정복과 고정, 염증 등이 있음) 부목 당시 환자의 상태에 따른 적절한 치료방법이 행하여졌는지 여부가 주요 검토대상이 됩니다. 부정유합은 심한 연부조직의 손상을 동반한 골절로써 양호한 정복이 어려운 경우나, 관혈적 정복(수술)이 필요한 경우임에도 보존적 치료(부목처치 또는 석고붕대)가 진행 되었거나, 불충분한 고정과 조기 활동 또는 환자의 부주의 등으로 인하여 발생할 수 있습니다. 환자에게 발생된 부정유합의 원인을 파악하기 위하여는 이와 관련된 종합 적이고 전문적인 진료감정이 선행되어야할 것입니다.

⚖ 관련판례

좌측 손목 부위에 골절상을 입은 환자가 석고고정 처치 후 부정유합이 발견되어 수술을 받았으나 완관절(손목관절)의 부분강직 및 상지 척골신경의 부분마비가 발생되어 소송을 제기한 사례 쟁점사항은 석고고정후 재전위로 인하여 부정유합이 발생하였음에도 이에 대한 검사(x-ray)를 소홀히 하여, 교정가능기간이 경과한 후에야 뒤늦게 부정유합이 발생한 것을 발견, 치료시기를 놓친 잘못이 있는지 여부이며, 이에 대하여 법원은 부정유합의 발생을 조기에 발견하지 못한 과실책임이 인정된다고 조정결정한 사례(서울지법 2000. 8. 7.자 조정결정 / 98가합102550호).

▌인공관절 수술 후 MRSA균 감염이 되었습니다.

【질문】 양측 인공관절 전치환술 후 퇴원하였는데, 얼마 지나지 않아 좌측 무릎에 부종 및 통증이 생겼습니다. 이 증상에 대하여, 수술한 병원에서는 단순부종이라고 하였지만, 타 기관 진료결과 MRSA 균(methicillin resistant staphylococcus aureus, 메티실린 내성 황색포도상구균)에 감염이 된 것으로 진단되었습니다. 상급기관으로 전원하여, 염증 제거수술을 받았으며, 그로 인해 현재 재치환술이 필요한 상황입니다. 수술 후 수술부위에 염증이 생겼는데 이것은 당연히 병원책임이 아닌가요?

【답변】

병원감염이란 입원 당시 나타나지 않았음은 물론 잠복상태도 아니었던 감염이 입원한 지 48시간 후에 발생한 감염을 말하며, 또한 퇴원 후 14일 이내에 발생하는 감염과 수술 후 30일 이내에 발생하는 수술부위감염도 병원감염에 포함됩니다. 즉, 입원 이전에 감염되지 않았던 사람이 입원 후 병원 환경에서 병원성 미생물에 노출되어 발생되었거나 환자 자신이 이미 가지고 있던 내인성 미생물에 의해 발생된 감염증을 말합니다. 감염의 경우는 다양한 감염의 경로와 고려요인이 있으며, 수술 후 감염에는 환자의 요인(나이, 영양상태, 조직 내 혈액순환저하 등), 수술 창의 요인(혈종, 이물질 삽입 등), 균주의 요인(항생제에 대한 민감성 등) 등이 복합적으로 작용합니다. 또한, 병원의 책임이 인정되기 위하여는 수술과정상의 세균감염 예방조치를 성실히 하였는지 여부, 감염발생시 적절한 조치를 취하였는지 여부가 쟁점사항이 될 것입니다.

⚖ 관련판례

수술과정상의 세균감염예방조치 해태의 과실을 인정하기 위하여는 원고의 이 사건 수술 부위가 MRSA에 감염되었다는 사실의 존재만으로는 부족하고, 나아가 피고가 이 사건 수술 과정에서 세균감염을 예방하기 위하여 당시의 의학수준에서 요구되는 예방조치를 게을리하였다는 점이 인정되어야 할 것이다. 그러나 수술 과정에서 당연히 요구되는 무균조치를 게을리하였다는 점에 관하여 이를 인정할 만한 증거가 없는 이상, 비록 이 사건 수술 부위에서 배출된 농양에서 MRSA가 배양되었다 하더라도 그와 같은 사정만을 들어 과실을 추정할 수 없다고 한 사례(부산지법 2007. 8. 22. 선고 / 2004가합24666 판결).

■ 우측 손목 양성척골변이로 척골 단축수술을 받은 후 통증이 지속되어 다시 자가 골이식수술을 받았습니다.

【질문】 제가 우측 손목 통증으로 병원에서 삼각섬유 연골복합체 손상, 경도 양성척골 변이 진단을 받고 척골 단축술을 시행하였습니다. 수술 후 부목고정 상태로 퇴원하여 지속적인 외래치료 및 경과관찰을 하였지만, 6개월이 넘도록 통증이 지속 되었습니다. 이후 상급병원으로 전원한 결과 우측 척골절골술 부위의 불유합이 진단되어 다시 자가 장골이식을 통한 골접합술을 받았습니다. 병원 측에서 수술 후 제대로 확인을 못한 것 같아 정말 화가 납니다. 이런 경우 병원측의 잘못을 입증하려면 어떻게 해야 하는지요?

【답변】

손목의 해부학적 구조 중 손목을 지지하고 있는 요골과 척골 중에서 척골이 길어져 있는 것을 척골양성변이라고 하는데, 이 경우 손목에 스냅이나 뒤틀림 동작, 악력이 필요한 동작을 할 때 손목 통증이 발생하게 됩니다. 특히 척골 부위(새끼손가락 방향의 손목부위)에서 으깨지는 듯한 통증이 나타나는 질환을 손목 충돌증후군이라고 합니다. 일반 골절과 달리 환자처럼 척골 단축술을 시행 하는 경우 골유합의 성공률이 다소 떨어지며, 절골술을 시행한 척골 원위부는 연부조직이 적고 피하에 위치하는 관계로 불유합의 빈도가 높은 부위입니다 . 따라서 척골 단축술의 시행상 주의의무 위반 여부, 수술 후 경과 관찰 상 주의의무 위반 여부 등을 검토하여야 합니다.

⚖ 관련판례

담당의사는 환자와 같은 관절침범골절의 경우에는 석고붕대로 고정한 이후에도 주기적인 관찰을 통하여 골절부분과 관절상태를 확인할 필요가 있고, 골절부분의 유합과정에 이상이 발견되는 경우 수술 등의 방법을 통하여 후유증을 예방하여야 할 주의의무가 있음에도 불구하고, 담당의사가 이를 게을리한 채 단순히 석고붕대고정만을 시행하고, 퇴원하는 환자에게 사후 관찰에 필요한 지시를 하지 아니함으로써 위와 같은 부정유합과 그로 인한 현재의 손상에 이르게 되었다고 할 것이므로, 피고는 위 담당의사의 사용자로서 담당의사의 위와 같은 과실로 인하여 발생한 손해를 배상할 책임이 있다고 할 것이다(서울지방법원 북부지원 97가합5644 판결).

▍ 경추 추간판제거 및 금속판 고정술 후 수술부위에 감염에 의한 농양과 척수병증이 발생하였습니다.

【질문】 저희 아버지(70대)께서 우측 어깨 통증으로 병원에서 경추 제4-5-6번간 양측 추간공협착증, 척추강협착이 진단되어 신경차단술 등의 치료를 받았으나 효과가 없어 다시 전방 경추추간판제거 및 유합술, 금속판 고정술을 받은 후 퇴원하였습니다. 이후 고열과 통증이 지속되어 15일 후 다시 병원을 방문하여 검사를 요청했으나 병원 측은 제대로 된 검사나 조치를 하지 않았습니다. 결국 증상이 악화되어 상급병원으로 전원한 결과 경추농양과 척수병증이 진단되어 재수술을 받았습니다. 수술 후 확인도 제대로 안하고 균감염 문제를 일으킨 병원에 대하여 어떻게 대응해야 하나요?

【답변】

척추 경막외농양은 인구의 고령화, 척추수술의 증가 및 정맥주사 남용 등으로 인하여 증가추세에 있는데, 대부분 60대 이상의 성인에게서 발생하며 발생부위는 흉추(51%), 요추(35%), 경추(14%) 순이며, 경추는 복측에서 흔히 발생하고 복측에 생기는 경우에는 골수염 또는 척추추간판염을 동반하기도 합니다. 사안 검토를 위해서는 수술 상 주의의무 위반 여부, 수술 후 재방문시 경과 관찰상 주의의무 위반 여부가 검토되어야 합니다. 아울러 현재 상태에 대한 객관적인 평가를 위하여 상급병원의 진료기록을 확보하는 것도 필요합니다.

♣ 관련판례

원고는 4~5개월 동안 다리가 당기고 저린 증상으로 오래 서 있지 못하는 증상의 치료를 위하여 여러 병원을 다니면서 수술의 필요성과 가능성 등에 관하여 상담을 하다가, 피고 병원에서 특별히 자신있게 장담을 하여 이들을 신뢰하고 피고 병원에 입원하였던 것인데, 피고들이 처음부터 반코마이신을 잘못 사용하여 중간내성이 생기게 함으로써 향후 mrsa에 대한 치료를 곤란하게 하였을 뿐만 아니라, 2차 수술 후에도 항생제를 투여하고 혈액검사를 2차례 실시한 것 외에는 수술부위에 대한 정밀 검사를 한 차례도 실시하지 않는 등 사실상 원고를 방치하였던 점 등을고려하면, 비록 피고들에게 원고를 외부의 mrsa에 감염시킨 잘못이 있다거나, 1차 수술 후에 경과관찰을 소홀히 한 잘못이 있음을 인정하기는 어렵다는 점과 그밖에 제1심 판결에서 적시한 책임제한 사유를 보태어 참작하더라도, 원고의 손해액 중 피고들이 부담할 책임비율은 60% 정도로 정함이 상당하다(서울고등법원 2009. 2. 3. 선고 2006나43639 판결).

■ 우측 어깨 견봉돌기골절 및 견봉쇄골탈구 등으로 인조인대식립 수술 후 2개월 만에 인대가 다시 끊어졌습니다.

【질문】 저희 아버지(50대)께서 등산 중 낙상으로 우측 견봉돌기 골절, 우측 견봉쇄골 탈구 및 관절손상 진단을 받고 오구쇄골인대고정술을 시행 받았습니다. 수술 후 1개월 정도 입원치료를 받으신 후 이상 없다는 소견을 받았으나 현업(버스기사) 에 복귀 한 달 만에 수술 받은 인조인대가 다시 파열되어 재수술이 불가피해졌 습니다. 인조인대가 수술 1개월 만에 파열이 되었다면 수술의 과실이 아닌가요?

【답변】

견봉쇄골관절 손상은 견봉쇄골인대와 오구쇄골인대의 손상을 말하며 정도에 따라 6 단계로 분류됩니다. 증상이 심한 단계에서는 심한 동통과 견갑구 관절운동 제한이 발 생되므로 외과적인 수술이 필요합니다. 환자의 경우에는 관절경을 이용한 오구쇄골인 대고정술을 받았으나 시술 후 2개월 만에 인조고형물이 파열되어 재수술을 하였습니 다. 그러므로 의사에게 최초 시술상 주의의무를 위반한 사실이 있는지, 입원치료는 적 절하였는지에 대한 검토가 필요합니다. 이러한 부분에 대한 종합적 판단을 토대로 과 실여부를 검증할 수 있습니다.

☙ 관련판례

설명의무는 모든 의료과정 전반을 대상으로 하는 것이 아니라 수술 등 침습을 가하 는 과정 및 그 후에 나쁜 결과 발생의 개연성이 있는 의료 행위를 하는 경우 또는 사 망 등의 중대한 결과발생이 예측되는 의료행위를 하는 경우 등과 같이 환자에게 자기 결정에 의한 선택이 요구되는 경우를 대상으로 하는 것이어서, 환자에게 발생한 중대 한 결과가 의사의 침습행위로 인한 것이 아니거나 또는 환자의 자기결정권이 문제되 지 아니하는 사항에 관한 것은 위자료 지급대상으로서의 설명의무 위반이 문제될 여 지는 없다(대법원 2010. 5. 27. 선고 2007다25971 판결).

▌ 관절강내 주사를 맞은 후 탈모가 생겼어요.

【질문】 저는 고혈압과 당뇨로 내복약을 복용하고 있습니다. 어느날 허리에 통증이 발생되어 동네 의원을 방문하였고 허리 및 양측 무릎에 3번의 관절강내 주사(스테로이드)를 맞았습니다. 그런데, 마지막 관절강내 주사를 맞은 후부터는 구토증상과 얼굴이 붓는 증상이 나타났고, 심지어는 머리가 빠지는 증상이 나타났습니다. 현재 구토증상과 얼굴이 붓는 증상은 어느 정도 좋아진 상태이지만, 탈모는 지속되어 인근 병원에 방문 하였는데 여성형 탈모로 진단됐습니다. 현재 약물치료를 받고 있으며, 우울감에 시달리고 있습니다. 저의 경우도 보상이 가능한가요?

【답변】

관절강내 주사는 스테로이드 약물을 관절내에 직접 주사하여 관절의 통증과 부종을 완화시켜주는 비수술적 요법입니다. 스테로이드 제제의 부작용은 피부의 감염증, 내분비계 이상증상과 안과적 증상에 이르기까지 광범위한 부작용을 내포하고 있는 약물입니다. 탈모증상이 약물에 의한 부작용인지에 대한 판단과 치료시행 전 부작용에 대한 사전설명 여부, 적절한 용량 및 용법 등 적절한 치료절차에 의해 이루어졌는지에 대하여 전문가의 검토가 필요합니다. 이러한 검토는 의료중재원에 조정 또는 중재 신청을 하면 감정부의 감정을 통해 받아보실 수 있습니다.

♨ 관련판례

의사의 설명의무의 구체적 내용 및 의료행위에 따르는 후유증이나 부작용 등의 위험발생 가능성이 희소하다는 사정만으로 의사의 설명의무가 면제될 수 있는지 여부 : 무혈성 골괴사라는 심각한 부작용을 초래할 수 있는 스테로이드제제를 투여함에 있어서 설명의무를 위반하여 환자가 그 투여 여부를 결정할 수 있는 권리를 침해하였다는 이유로 의사의 손해배상책임을 인정한 원심의 판단을 수긍한 사례(대법원 2007. 9. 7. 선고 / 2005다69540 판결).

▌ 척추관협착증 수술 후 혈종에 의한 마비증상이 생겼습니다.

【질문】 발바닥 통증이 있어 병원에 내원하였는데, 척추관협착증이라는 진단을 받았습니다. 수술하면 2주 후에는 정상적인 생활이 가능하다고 하였습니다. 그러나 척추 수술 후 혈종으로 인한 신경 압박으로 하반신 마비가 왔습니다. 혈종제거술을 받았지만, 마비 증상이 나아지지 않고 있고, 현재 병원입원 중인데 더 이상 치료해 줄 것이 없고 보존적 치료인 재활치료만 남아있으므로 다른 병원으로 전원 가라고 합니다. 당연히 병원에서 책임을 져야 하는 것은 아닌가요?

【답변】

척추관협착증은 척추 중앙의 척추관, 신경근관 또는 추간공이 좁아져서 허리의 통증을 유발하거나 다리에 여러 복합적인 신경증세를 일으키는 질환으로, 이에 대한 수술적 치료를 함에 있어서는 환자의 전신상태, 증상의 정도, 신경 마비 유무 등이 고려되어야 합니다. 따라서, 수술시행 전에는 환자의 상태가 수술의 적응증에 해당되는지, 합병증 발생에 대한 설명은 충실하였는지 여부가 검토되어야 할 것이며, 수술 후 혈종의 발생 원인과 혈종제거 수술과정이 적절하게 이루어졌는지 부분도 검토의 대상이 됩니다. 또한, 혈종 형성의 원인이 혈관손상 등 의료진에 과실에 의해 발생하였는지, 아니면 불가피한 합병증으로 발생한 것인지에 대한 원인 파악이 필요하며, 혈종제거술 후 마비증상이 일시적인지 영구적인지에 따라 피해보상의 규모가 달라질 것입니다.

⚖ 관련판례

대학병원에서 두 차례에 걸쳐 척추측만증 교정수술을 받은 환자가 2차 교정수술 후 수술 부위의 혈종으로 인한 신경근 압박에 의한 마비가 의심되어 혈종제거수술을 받았으나 그 후 영구적인 하반신 마비의 장애가 생긴 사안에서, 혈종제거수술의 수술기록지 등에 비추어 볼 때 혈종 형성의 원인이 된 척추분절동맥 출혈이 2차 교정수술 과정에서의 수술기구에 의한 동맥손상 등 병원 의료진의 과실에 의해 발생한 것으로 추정된다고 판단한 사례(대법원 2010. 7. 15. 선고 / 2006다28430 판결).

■ 우측 발 무지외반증으로 절골 수술을 받았으나 효과가 없어 재수술을 받았습니다.

【질문】 저희 아버지(60대)께서 우측 발 무지외반증으로 입원하여 족부 내측 돌출부 절제, 원위 연부조직 재건술, 제1중족골 근위절골술을 받았습니다. 하지만 수술 후 발목운동에 제한이 발생되어 재진단을 받은 결과 비골 신경손상으로 확인되어 재활치료를 통해 신경손상부위는 호전되었습니다 . 그러나 무지외반증은 교정각도가 여전히 이상하고 완전히 낫지 않아 결국 다른 병원에서 재수술이 필요하다는 소견을 받았습니다. 처음부터 수술을 제대로 했더라면 재수술이 필요 없었을텐데 이런 경우 병원 측에 잘못이 있다고 판단해도 되는 건가요?

【답변】

무지외반증은 엄지발가락의 제1중족 발가락 관절을 기준으로 발가락 쪽의 뼈가 바깥쪽으로 치우치고 발뒤꿈치 쪽의 뼈는 반대로 안쪽으로 치우치는 변형입니다 . 이 변형은 발의 수평면에서의 변형을 의미하는 용어이지만 실제로는 발가락이 발등 쪽으로 휘거나 회전(엄지발가락 축 중심의 회전변형을 동반한 삼차원적인 변형)되는 경우 입니다. 무지외반증의 일차적인 치료는 비수술적요법이고, 동통이나 변형이 심한 중증도 이상의 변형의 경우에 수술적 치료의 대상이 됩니다. 다만 무지외반증 수술 시에는 다양한 원인에 의한 교정각 소실이나 수술 효과미흡 등의 문제가 발생될 수도 있습니다. 이러한 문제에 대해 일차적으로 설명이 이루어 졌는지, 환자의 자기결정권을 보장했는지에 대한 여부와 수술 술기상의 문제가 없었는지에 대한 면밀한 검토가 필요합니다.

⚖ 관련판례

일반적으로 진료계약의 체결에 의하여 당연히 환자의 신체나 그 기능에 대한 침해행위에 대하여 환자의 승낙이 있었던 것이라고 간주할 수는 없으므로 진료계약으로부터 당연히 예측되는 위험성이 경미한 침해행위를 제외하고는 긴급한 사태로서 환자의 승낙을 받을 시간적인 여유가 없거나 설명에 의하여 환자에게 악영향을 미치거나 의료상 악영향을 가져오는 경우 등 특별한 사정이 없는 한, 담당의사로서는 원칙적으로 환자의 병상, 의사가 필요하다고 생각하는 의료행위와 그 내용, 그것에 의하여 생길 것으로 기대되는 결과 및 그것에 수반되는 위험성,당해 의료행위를 실시하지 않을 경우에 생길 것으로 예견되는 결과와 대체가능한 다른 치료방법 등에 관하여 환자에게 설명하고 환자의 개별적인 승낙을 받을 의무가 있다(대법원 1997. 7. 22. 선고 96다37862 판결).

▌좌측 5수지 신전건 파열로 건봉합술을 받았으나 건 재파열 및 봉합부위에 농양
까지 발생하였습니다.

【질문】 제가 일상 업무 중에 좌측 새끼손가락 통증, 변형, 근력저하가 발생되어 병원
에 갔습니다. 좌측 5수지 신전건 파열이 진단되어 건봉합술을 시행 받고 1개
월 후 K강선 및 부목을 제거하였으나 다음 날부터 손가락이 펴지지 않았습니
다. 재진찰 결과 신전건의 재파열로 확인되어 재건술을 받았지만, 굴곡구축 및
신전제한 증상이 지속 되었고 봉합부위에 감염에 의한 농양까지 발생되었습니
다. 거듭된 수술 실패와 감염으로 정말 심신이 극도로 힘든 상황입니다. 병원
에 책임을 물으려면 어떻게 해야 할까요?

【답변】

신전건은 손과 손가락의 피부 바로 밑, 뼈 바로 위에 위치하며, 사소한 열상에도
쉽게 손상 받을 수 있는 부위로서 손상 시 얇은 힘줄이 뼈에 부착하는 부위에서 찢어
지면서 떨어져 나갑니다. 증상이 발생하면 손가락 관절을 펼 수 없게 되고 일반적으
로 건 봉합술을 시행합니다. 본 건의 경우에는 1차 수술 후 유합이 제대로 되지 않은
원인이 환자의 부주의 인지, 의료인의 시술미흡 또는 경과관찰 미비인지에 대한 검토
가 필요합니다. 2차 수술 후에 농양발생에 대해서는 감염관리의 미비인지 불가항력적
인 상황이었는지에 대한 확인이 필요합니다. 진료기록 등을 확보하신 후 의료중재원
에 조정신청을 통해 의료사고 여부에 대한 감정을 받아 보시기를 권합니다.

♨♨ 관련판례

피고는 원고의 우측 경부 부위가 골절이 되어 있으나 그밖에 별 다른 이상은 없고,
골절된 부위도 뼈에 핀으로 고정하는 수술을 하면 아무 이상이 없을 것이며, 수술 후
약 6주 정도 지나면 퇴원을 하여도 괜찮다는 설명만을 들은 후, 간호사실에서 간호사
로부터 부동문자로 인쇄된 청약서를 받아 서명을 하였으며, 위 서명 당시 원고가 곧
수술을 해야 한다는 말을 들었을 뿐 원고의 상태나 시행하게 될 수술이 어떠한 수술
인지, 수술 후 발생할 수 있는 부작용 및 후유증, 수술 후의 치료방법 등에 대하여
아무런 설명을 들은 바 없다는 사실, 1998. 8. 7. 우측 척측 측부인대 재건술 시행
당시에도 위 증인이나 원고는 피고 2로부터 우수지의 상태, 곧 시행하게 될 수술이
어떠한 수술인지, 수술 후 발생할 수 있는 부작용 및 후유증, 수술 후 치료방법 등에
대한 설명을 전혀 들은 바 없이 간호사실에서 부동문자로 인쇄된 청약서에 서명하는

등 동의한 사실 등이 각 인정되는 바, 위 인정사실에 의하면 피고 2는 특별히 응급을 요한다는 등의 특단의 사정도 없이 원고측에 대하여 진료계약상의 설명의무를 소홀히 한 사실이 인정된다(춘천지방법원 강릉지원 2004. 6. 17. 선고 2001가합1235 판결).

▌ 절개배농술 후 헤모박 기능이상으로 누수가 되었습니다.

【질문】 저는 고관절 만성골수염이 재발하여 절개배농술과 변연절제술을 받았습니다. 수술 후 헤모박을 수술 부위에 착용하고 있었는데, 헤모박이 새면서 배출액이 누수되어 헤모박을 제거하게 되었습니다. 그 후부터 수술부위에 발열 증상이 있었고, 농양이 관찰되어 추가로 절개배농술과 변연절제술을 받게 되었습니다. 아무래도 헤모박 자체에 문제가 있던 것 같습니다. 아무튼 누수 발생 이후 해당병원을 신뢰할 수 없어서, 퇴원하여 다른 병원에서 외래치료를 받고 있습니다. 헤모박이 제 기능을 하지 못하여 재수술하게 되었는데, 이 경우에도 조정 신청이 가능합니까?

【답변】

우선 농양의 원인이 환자의 기왕질환에 기인한 내인성 감염에 의한 것인지, 외부적 요인에 의한 2차 감염에 의하여 발생된 것인지에 대한 검토가 필요하며, 헤모박의 배양액 누수와 감염과의 밀접한 관계가 있다면 헤모박의 기능이상으로 누수가 발생된 것인지 혹은 의료진의 과실(헤모박 삽입 위치의 문제 등)이 개입되어 배양액이 누수된 것인지에 대한 검토가 필요합니다. 만약 검토 결과 의료진의 과실로 인한 경우라면 이에 대한 책임은 의료진에 있을 수 있을 것이나, 헤모박 자체의 기능이상으로 발생된 경우에는 제조물책임법에 의한 해당 제조사와의 문제도 발생될 수 있습니다. 헤모박 자체의 기능이상에 대하여는 의료중재원의 조정 또는 중재절차가 진행되지 않을 수 있으므로, 이 경우는 식품의약안정청의 의료기기 민원창구를 이용해 보시기 바랍니다. (http://call.kfda.go.kr/kfda)

【관련법조문】

제조물책임법

제3조(제조물책임) ① 제조업자는 제조물의 결함으로 인하여 생명·신체 또는 재산에 손해(당해 제조물에 대해서만 발생한 손해를 제외한다)를 입은 자에게 그 손해를 배상하여야 한다. ② 제조물의 제조업자를 알 수 없는 경우 제조물을 영리목적으로 판매·대여 등의 방법에 의하여 공급한 자는 제조물의 제조업자 또는 제조물을 자신에게 공급한 자를 알거나 알 수 있었음에도 불구하고 상당한 기간내에 그 제조업자 또는 공급한 자를 피해자 또는 그 법정대리인에게 고지하지 아니한 때에는 제1항의 규정에 의한 손해를 배상하여야 한다.

█ 팔꿈치 탈골을 발견하지 못하여, 뒤늦게 수술하게 되었습니다.

【질문】 제 아들이 팔꿈치를 다쳤는데, 정형외과에서 큰 이상은 없다면서 부목처치를 해주었습니다. 아프다고 하자, 먹는 소염제와 진통제를 주었습니다. 아들이 팔을 굽힐 수가 없어 불편하다고 하였으나, 7일 후면 부목 제거할 수 있으니 일단 귀가하라 하였습니다. 부목을 제거하기 위해 내원하자, 정형외과에서 긴급수술이 필요하다며 큰 병원으로 보냈습니다. 큰 병원에서는 탈골진단을 내리고 핀고정술을 받았습니다. 제 생각에는 2주간 쓸데없이 부목을 하고 있었던 것으로 생각됩니다. 또한 1년 후에 핀 제거술까지 받아야하는 상황입니다. 10살인 아들은 2개월 동안 학교생활과 일상 활동에 어려움이 많았습니다. 어떻게 해야 피해보상을 받을 수 있을까요?

【답변】

사고당시 촬영한 영상필름에 대한 정확한 감정을 통하여 탈골이 있었는지 여부와 이에 대한 치료방법이 적절하였는지에 대한 판단이 필요한 사항입니다. 또한, 손해의 범위를 결정함에 있어서는, 당시 탈골을 발견하였다고 하더라도 어차피 핀고정술을 시행했어야 하였고, 7일간의 잘못된 처치로 인해 환자의 상태가 더욱 악화된 것이 아니라면, 손해의 범위는 그리 크지 않을 수도 있습니다. 물론, 탈골상태라 할지라도 보존적인 요법만으로 치료가 가능한 경우도 있고, 수술을 반드시 필요로 하는 상황이 아니었을 수도 있으므로, 초기 진단과 수술방법, 조기 치료기회 상실 등에 대한 판단을 받아보시기 바랍니다.

♣♣ 관련판례

환자를 진료한 의사로서는 진료 당시 일단 흉추골절에 대하여도 의심을 가지고 그에 관한 정밀한 진단을 실시함과 아울러 그에 합당한 치료 방법을 시행함으로써 흉추골절로 인한 후유장해의 발생을 회피하여야 할 주의의무가 있었다고 보이고, 만일 필요한 적절한 조치를 취하였을 경우 위와 같은 후유장해의 발생을 막을 수 있었음에도 그러한 조치를 취하지 아니한 채 치료 가능한 기간이 경과하였거나 취해서는 안 될 조치를 취하는 바람에 위와 같은 결과가 발생한 것이라면, 그 진료에 관여한 의사들이 자신이 처한 의료환경, 위 환자의 특이체질 기타 구체적 상태 등으로 인하여 그러한 조치를 취하지 아니한 특별한 사정에 관하여 납득할 만한 이유를 제시하고 이를 입증하지 않는 한, 그 의료상의 과실과 결과 사이의 인과관계는 사실상 추정되어 해당 의사들에게 그로 인한 손해배상책임을 지울 수밖에 없다(대법원 1998.2.27.선고 / 97다38442 판결)

▌견부 회전근개 파열로 인공관절 전치환술 후 척골신경이 손상되었습니다.

【질문】 저희 아버지(70대)께서 우측 어깨 회전근개 파열로 인공관절전치환술 및 이두
박건장두건 고정술을 받았습니다. 수술 후 우측 어깨의 지속적인 통증과 4, 5
번째 손가락이 저리는 증상이 지속되어 근전도 검사결과 척골신경병변이 확인
되었습니다. 다시 척골 신경전방이전술을 받아야 하는 등 아직까지도 치료가
필요한 상황입니다. 어깨 수술 후에 발생한 증상이므로 어깨 수술과 연관이 있
는지와 의료사고는 아닌지 궁금합니다.

【답변】

회전근개는 어깨뼈 위 팔뼈를 연결하며 어깨관절의 운동과 역학적 안정성에 관여하
며, 회전근개 파열은 어깨 관절통을 일으키는 주요 원인 가운데 가장 빈도가 높은 질
환입니다. 수술을 통한 치료방법으로는 관절경적 또는 관혈적 견봉성형술, 회전근개
봉합술 등이 있습니다. 척골은 손바닥을 앞으로 향했을 때 전완부에 있는 2개의 뼈
중 안쪽 뼈를 말합니다. 비록 이 사건 수술과 척골신경병변의 발생 시기가 근접하지
만, 위치적으로는 근접하지 않으므로 이 사건 수술과 척골신경병변 간의 인과관계는
인정하기가 어렵습니다. 따라서 신경병변 부위 확인 및 다른 원인에 의해 발생된 증
상인지에 대한 검토가 필요합니다.

⚖ 관련판례

피고는 인공상완골두 치환술의 불가피성을 강조한 나머지 1차 수술 후 운동기능이
향상되고 통증도 소실되어 더 이상의 수술을 바라지 않던 원고에게 인공상완골두 치
환 수술시 동반될 상당한 가능성이 있는 염증, 통증 등의 부작용이나 후유증에 대해
서는 별로 언급하지 아니한 채 인공관절치환술을 시행받지 아니하여 완전탈구가 됨으
로써 나타날 수 있는 최악의 상태만을 내세우는 한편, 위 수술을 간단한 것이고 실패
가능성이 거의 없는 것이며, 인공상완골두의 수명도 영구적인 것처럼 말하여 마침내
위 수술에 대한 원고의 승낙을 받은 것으로서 이는 위 수술에 관한 설명을 제대로 하
지 아니함으로써 환자인 원고의 자기결정권이나 위 수술에 대한 승낙권을 침해한 것
이라 할 것이므로(이를 가리켜 위 피고가 원고를 기망하여 수술동의를 받은 것이라고
까지 말할 수는 없다 할 것이다) 위 피고는 불법행위자 본인으로서, 피고 법인은 그
사용자로서 각자 원고에게 이로 인한 손해를 배상할 책임이 있다 할 것이다(서울고등
법원 1998. 2. 19. 선고 96나28570 판결).

■ 고관절 골절로 수술 받은 후 정맥혈전색전증이 발생하여 사망하였습니다.

【질문】 저희 어머니(70대)께서는 관절염으로 약을 10년 간 복용하였던 환자입니다. 최근에 넘어져서 우측 고관절 골절이 발생되어 병원에서 개방적 정복술 및 내고정술을 받은 후 10일 정도 입원 후 흉통과 감각이상을 호소하였습니다. 그러나 병원에서 적절한 치료가 안되었는지 호전되지 않아 큰 병원으로 옮겼으나 정맥혈전색전증으로 사망하였습니다. 병원 측에서는 고관절 수술 후 과도한 혈액응고제 투여에 의한 혈전이 원인일 것 같다고 설명하는데, 만약 이것이 사실이라면 환자의 사망이 응고제 투여를 지시한 의사의 잘못으로 인한 의료사고라고 볼 수 있을까요?

【답변】

심장이나 혈관에서 피가 엉겨 붙은 혈전이 생성되는 것을 혈전증이라 하고, 이러한 혈전이나 동맥경화반이 혈류를 따라 흐르다가 동맥이나 소동맥에 걸려 혈류를 막는 것이 동맥색전증입니다. 골반 및 고관절 수술은 수술 중 혈관손상 가능성이 있어 정맥혈전색전증을 유발할 수 있는 수술에 해당됩니다. 만약 혈관이 손상되면 피의 흐름이 느려지고 이로 인해 혈액이 뭉치면서 혈전이 생기며 떨어져나온 혈전들은 혈류를 따라 흘러 다니다가 신체기관으로 유입되는 혈류의 흐름을 차단합니다. 또한, 수술로 장기간 움직이지 못하는 것도 혈전이 만들어지는 주요 원인이 될 수 있습니다. 수술 후 색전증 발생 방지를 위해 최선을 기울였는지, 환자의 기왕력을 고려한 약처방 등 적절한 처치가 이루어 졌는지, 시술 전 이러한 위험성에 대한 요양방법 등 지도설명 시행 여부에 대한 면밀한 검토가 필요합니다.

♨ 관련판례

피고 김OO, 류OO 등 피고 병원 소속 의료진과 소외 간OOO은 한 번의 수술로서 정OO의 수지접합을 마쳐야 할 주의의무가 있음에도 정밀한 기술이 필요한 수지접합수술의 집도를 정형외과 전문의인 피고 류OO에게 맡기고 피고 류OO 또한 불완전하게 수지접합술을 시행하는 바람에 곧이어 2차 수지접합수술이 불가피하게 됨으로써 결과적으로 단기간 내에 다량의 수액 및 주사제의 투여를 할 수밖에 없게 한 과실과 수술 시에 환자에게 투여되는 약제 및 수액에는 부작용의 우려가 있으므로 정OO의 집도의 및 주치의인 피고 김OO, 류OO는 이를 투여함에 있어 용법, 용량을 철저히 지키며 투여 후에도 환자의 혈압, 체온, 맥박, 소변배출 상태 등 생체 활력징후를 제대로 검사하고 신체 상태를 세심하게 살펴보아 투여효과를 점검하여 부작용의 기미가 보이면 이를 중단하거나 조절하여야 할 주의의무가 있음에도 이러한 조치를 취하지 아니하고 다량의 수액과 주사액 등을 무계획적으로 투여한 과실로 결국 정00으로 하여금 심폐 기능에 갑작스런 장애를 발생시켜 심장 탐포나데로 사망에 이르게 하였다 할 것이다(대구지방법원 2004.8.18. 선고 2000가합18732 판결).

▌ 물리치료 중 발 뒷꿈치에 화상을 입었습니다.

【질문】 저는 의료기관의 원무부장입니다. 내원환자 중 발목의 통증으로 표층열치료(핫팩)를 받다가 종골부위에 화상이 발생한 환자가 있습니다. 환자는 타 병원에서 피부이식술을 받고 10일 정도 입원치료를 받았습니다. 병원에서는 환자의 기왕력인 당뇨를 고려하여 환자에게 이송병원 치료비만 배상해주겠다고 하였으나, 환자 측은 받아들이지 않고 향후 모든 치료에 대한 지불각서를 요구하는 등 감정적으로 대응하고 있는 상태입니다. 원만한 해결을 하고 싶은데, 어떻게 해야 할까요?

【답변】

당뇨병 환자와 같이 감각이상이 있을 경우 저온이라도 온열기에 장시간 접촉될 경우에는 저온성 화상을 입을 수 있으므로 시술 전 환자의 기왕병력에 대한 확인이 중요하며, 손해배상의 범위와 관련하여서는 화상으로 인한 피해가 환자의 기왕질환(당뇨 등 내분비 질환 혹은 피부 질환 등)의 기여로 인하여 확대된 것인지, 화상의 크기, 반흔 정도, 향후 치료비용 등에 따라 손해배상의 범위가 달라질 수 있습니다. 의료중재원의 절차는 의료기관도 이용할 수 있으므로, 조정 혹은 중재신청을 통한 전문적인 판단을 받아 원만하게 문제를 해결해 보시기 바랍니다.

⚖ 관련판례

한의원에서 쑥뜸 치료 후 화상을 입은 사건과 관련, 주의의무 위반에 근거하여 병원의 책임을 인정한 후 여러 가지 정황을 고려하여 병원의 책임을 60%로 제한한 사례 원고로서도 피고 한의원에서 이 사건 시술로 인한 화상을 입었다며 타 병원을 방문하거나 다른 화상전문 병원을 신속히 방문하여 치료를 받았어야 함에도 불구하고 이를 게을리 한 채 단순히 약국에서 구입한 화상전용 반창고만 붙이거나 피고 한의원에 방문하여 치료를 받으면서 항의만 하였던 관계로 상처를 스스로 확대시킨 점이 인정되고, 이러한 원고의 행동은 신속한 치료 시기를 늦추어 상처의 악화 내지 확대에 기여했다고 판단되는바, 그와 같은 원고의 과실이 피고의 책임을 면하게 할 정도는 아니라 하더라도 피고가 배상할 손해액의 산정에는 이를 참작하기로 하되, 그밖에 이 사건 시술의 경위, 원고의 부상 정도, 기타 사정을 종합하여 피고의 책임비율을 60%로 제한한다(대구지법 2011. 4. 22. 선고 / 2010가단81831 판결).

■ 어머니가 골절 수술 후 급성신부전으로 사망하셨습니다.

【질문】 어머니가 걸어가시다가 발목이 접질려서 골절이 되었습니다. 어머니는 당뇨가
있기 때문에, 병원에 입원하여 경과를 두고 보다가 비골 골절 수술을 받았습니
다. 어머니가 수술 받은 후 그날 새벽에 호흡곤란을 호소하였는데, 간호사는
수면제만 주었습니다. 그 다음날에는 혈압이 떨어지고 호흡곤란 증상이 심해져
상급병원으로 전원하게 되었고, 감염증상이 있다고 해서 치료를 받으시다가 결
국 급성 신부전증으로 사망하셨습니다. 이런 경우 처음 진료한 병원에 책임을
물을 수 있을까요?

【답변】

급성신부전은 사망률이 높은 질환으로 신장 기능저하의 결과로 질소 노폐물이 축적
되어 체액 및 전해질 균형에 이상이 생기는 질환입니다. 급성신부전의 발생원인은 신
체기능 저하로 인한 경우 또는 신장 자체 이상으로 소변을 만들어 내지 못하는 경우,
요도 및 방광이 해부학적으로 개통되지 못한 경우 등이 있습니다. 신부전증이 발생되
기까지 해당 수술과의 연관성과 병원에서 응급증상에 따른 적절한 대처가 이루어졌는
지에 대한 종합적인 검토가 필요하며, 전반적인 치료의 적정성 여부, 급성신부전 발생
과의 관계 여부에 따라 책임의 소재와 범위는 달라질 수 있습니다.

⚖ 관련판례

세균성 급성 인두염이나 이로 인한 뇌수막염의 초기 증상이 감기 증세와 비슷하여 그
감별이 어렵기 때문에 피고가 망인의 내원 당일에 뇌수막염의 가능성을 염두에 두지 않
아 이를 검사하거나 대학병원 등으로 전원시키지 않았다고 하여 곧바로 피고에게 의료상
의 과실이 있다고 볼 수는 없을 것이나, 세균성 감염으로 인한 뇌수막염으로의 발전 가
능성을 고려하여 보다 자세히 시진, 문진 등을 실시하여 그 감별을 위하여 노력하고, 세
균성 감염일 경우에 대비하여 경험적 항생제를 투여하거나, 보호자에게 망인의 병증 및
뇌수막염에 대하여 자세히 설명하고 보다 정밀한 검사가 가능한 병원으로 전원을 권고할
의무가 있다 할 것인데, 피고는 만연히 망인의 질환을 바이러스성 인두염 및 위장염으로
만 진단하여 세균성 감염에 대한 아무런 조치를 취하지 않은데다가 뇌수막염을 의심하는
망인의 보호자의 문의에도 걱정하지 말라고 답하여 망인의 뇌수막염에 대한 처치를 지연
시킨 과실이 있다(서울고등법원 2007. 3. 15. 선고 / 2006나77953 판결).

▌고관절 수술 중 좌골 신경이 손상되었습니다.

【질문】 저는 10여년전에 고관절 전치환술을 받은 적이 있습니다. 최근에 고관절 통증이 생기고 보행 시 불편감이 심해져, 재치환술을 권유받았습니다. 그런데 재치환술 중 좌골 신경이 손상되어 걸을 수도 없게 되었습니다. 저는 현재 휠체어 생활을 하고 있습니다. 어떻게 저에게 이런 일이 생길 수 있는지 의사가 너무 원망스럽습니다. 이 억울함을 어떻게 풀어야 될까요?

【답변】

좌골신경은 인체에서 가장 큰 신경으로, 손상을 입게 되면 슬관절 굴곡제한 및 족부의 배굴과 외반이 마비되고, 신경 완전 절단의 경우 절단부 이하의 신경이 지배하는 모든 근육이 마비되게 됩니다. 수술 중 신경손상은 수술기구에 의한 직접손상, 과도한 신경견인에 의한 손상, 혈종 및 부종에 의한 신경압박 등으로 손상을 받을 수 있으므로, 수술전 후의 영상필름(MRI, CT 등) 및 의무기록 등의 비교 검토를 통하여 신경손상에 따른 하지 마비의 원인을 추정할 수 있습니다. 손해배상의 범위는 손상의 회복 정도 및 장애 고착 여부에 따라 달라질 수 있으므로, 향후 마비증세에 대한 명확한 진단을 받은 후 조정 신청, 민사소송 제기 등 법적 절차를 밟아 보시기 바랍니다.

♻ 관련판례

척추측만증 교정수술 후에 나타날 수 있는 하반신 마비의 원인으로는, 수술 중 고정기기나 수술기구에 의한 직접적인 신경손상, 과도한 교정(신경견인)에 의한 신경손상, 이식골편이나 부정확한 위치에 삽입된 고정기기에 인한 신경압박, 혈종에 의한 신경압박, 부종에 의한 신경압박, 과다출혈로 저혈압이 발생하여 척수경색이 생긴 경우, 그 외 원인을 정확하게 알 수 없는 경우 등이 있다(서울지법 2007. 10. 30. 선고 2005가합90754 판결).

■ 수지절단 수술을 위해 마취제를 투여한 후 심정지가 발생하였습니다.

【질문】 제 남편(50대/남)은 근긴장 이상증으로 항전간제를 복용하고 있었습니다. 이후 업무 중 좌측 3수지 원위지골 개방성골절을 포함한 절단사고를 당해 병원에 입원하여 수술을 위해 마취제를 투여하자마자 심정지가 발생하였습니다. 곧바로 상급병원으로 전원하여 의식은 회복되었으나 인지 능력, 기억력 저하 및 하지 말초신경 감각이상을 호소하고 있습니다. 기왕증 있는 환자에게 마취를 하기 전에 세심한 주의를 하지 않아 의료사고가 발생하였다고 생각합니다. 의료인은 아무런 책임이 없는 건가요?

【답변】

근긴장 이상증 환자는 점진적인 근육의 약화로 호흡기능이 저하될 수 있고 마취약제에 민감도가 증가하는 특성을 보입니다. 따라서 마취과정에 세심한 주의가 필요하며 마취 전 기왕력 확인 및 어떤 종류의 마취를 할 것인지 결정하고 위험성도 평가하여야 합니다. 근긴장이상증이 있는 상태에서 복합적 마취를 할 경우 부작용 발생 가능성이 있으므로 단순한 수술동의서만을 통해서 성급히 시술을 하기보다는 발생 가능한 부작용에 대한 충분한 고지를 통한 환자의 자기결정권을 보장 하였는지가 중요한 쟁점사항이 될 것입니다.

♨ 관련판례

당뇨병과 고령으로 심장기능이 저하되어 있는 망인에게 경막외 마취를 할 경우 혈압하강, 호흡억제 등의 부작용이 발생할 가능성이 있다는 것은 의료인으로서도 충분히 예견할 수 있었던 것으로 보여지는 바, 망인이 이 사건 경막외 마취가 유인행위로 작용하여 사망함으로써 마취 부작용으로 발생한 결과가 생명을 침해하는 것으로서 회복할 수 없는 중대한 손해인 점에 비추어 볼 때, 피고가 제출한 모든 증거에 의하더라도 망인이 이 사건 경막외 마취의 부작용 등을 미리 인식하고 있었다거나, 의사로부터 그에 관한 설명을 받는 것을 묵시적으로 포기하였다는 점을 인정할 만한 증거를 찾을 수 없는 이상, 피고 병원 측이 망인의 남편인 환자로부터 위 수술승낙서를 받은 것만으로는 의료인이 환자에 대한 설명의무를 다하였다고 볼 수 없고, 위 피고들이 망인에게 이러한 설명의무를 위반한 채 이 사건 수술을 시행하여 망인의 치료여부 및 마취방법의 선택에 관한 자기결정권의 온전한 행사를 방해함으로써 망인에게 정신적 손해를 입혔다 할 것이며 위자료를 지급할 책임이 있다(서울동부지방법원 2004. 6. 18. 선고 2001가단37874 판결).

▌ 퇴행성 슬관절염으로 인공관절치환술 후 MRSA감염으로 사망하였습니다.

【질문】 아버지(80대/남)께서 퇴행성 관절염으로 슬관절전치환수술을 받은 후 호흡곤란과 흉부 불편감을 호소했습니다. 이후 항생제 투약조치 등을 받았으나 MRSA(슈퍼박테리아) 감염이 되면서 증상이 급속히 악화되었고 결국 상급병원에서 패혈성 쇼크 진단하에 집중치료 중 사망하였습니다. 환자의 나이가 많은 만큼 면역력이 약한데 무리한 수술 시행과 과다한 항생제 투여로 인하여 급속히 증상이 악화된 것으로 보여집니다. 병원 내의 감염에 불가항력적인 상황이 있다고는 하지만 병원 측에 과실이 없다고 할 수는 없습니다. 적절한 대응은 어떻게 해야 할까요?

【답변】

MRSA(Methicillin-resistant Staphylococcus Aureus)는 황색포도상구균중 메치실린에 내성을 가진 세균으로 병원 감염의 주범이며 항생제를 많이 사용하는 대형 종합병원에서 발견되는데, 공기 중이나 의료진의 신체부위, 시설물, 의료기구 등에 붙어 3시간 가량 생존하는 등 생존능력과 번식력이 강하며, 호흡기 계통과 수술 환자의 환부에 침투해 고열과 오한, 혈압 저하 등의 증상을 일으킵니다. 본 건의 경우 수술 전 감염예방을 위한 조치, 수술 후 감염 발생부위, 감염에 따른 조치의 적절여부에 대한 검토가 필요합니다. 다만 환자가 고령임을 감안하여 병상, 병력, 연령 등의 기질적 변화와 기능장해, 기타 신체적 조건과 같은 체질적 소인이 경합하여 증상이 악화될 수 있다는 사실도 배재할 수는 없습니다. 이런 경우 의료인의 과실이 확인되었다 하더라도 과실상계를 통하여 손해배상액이 산정될 수 있습니다.

⚖ 관련판례

환자의 위와 같은 장애는 의료인이 환자의 골발육이 불충분하여 대퇴골의 굵기가 가는데도 불구하고 대퇴골 골수강확장을 지나치게 시행하였거나 고관절 주위의 연부조직 구축을 충분히 풀어주지 아니한 상태에서 인공관절을 정복하려고 하여 환자의 좌측 대퇴골간부 골절을 일으키게 하고, 수술 준비 및 시행과정 또는 수술 후 환부처치과정에서 세균감염을 예방하기 위한 조치를 소홀히 함으로써 수술부위에 세균이 침투하게 하였을 뿐아니라 나아가 위 환자가 수술뒤에 통증을 호소하고 발열상태가 지속되었음에도 불구하고 그 원인확인 및 치료를 소홀히 한 잘못으로 인하여 초래된 것이라고 할 것이므로, 의료인은 위와 같은 불법행위로 인하여 환자와 가족이 입은 모든 손해를 배상할 책임이 있다할 것이다(서울고등법원 2000. 2. 10. 선고 97나24414 판결).

■ 고관절 골절로 금속고정수술을 받은 1년 후 금속 고정물 손상으로 인공관절치환 재수술을 하였습니다.

【질문】 아버지(80대/남)께서 낙상으로 우측 고관절 전자간부 분쇄골절이 발생하여 병원에서 관혈적 정복술과 금속고정 수술을 받았습니다. 이 후 수술부위의 지속적인 통증의 발생으로 상급병원으로전원한 결과 고정술 시 사용했던 금속정이 휘어 있고 내고정물 주변에 골절이 확인되어 결국 우측 고관절반치환 수술을 시행하였습니다. 최초 골절 수술이 제대로 되지 않아 재수술을 받은 것입니다. 이런 경우 병원의 과실은 어떻게 인정할 수 있을까요?

【답변】

고관절은 양쪽 엉덩이 안쪽 깊은 부분에 위치하여 있으며 몸통과 하체를 이어주는 역할을 하는 중요한 관절입니다. 고관절 골절의 경우 낙상과 같이 한 순간에 큰 충격이 일어나는 것 이외에도골다공증 등 후천적 요인으로도 발생할 수 있습니다. 불완전 전자간부 분쇄골절의 경우는 금속정에 의한 내고정술을 시행하는 것이 원칙적인 치료방법입니다. 본 건의 경우 수술 후 발생된 금속 내고정물 파손의 원인에 대한 확인이 필요합니다. 다만, 시술에 앞서 치료방법의 내용 및 필요성, 예상되는 위험인자나 내고정물의 파손 가능성에 대한 설명이 이루어 졌는지, 또한 출혈, 감염, 통증, 불유합이나 지연유합에 대한 상세한 설명을 통해 환자의 자기결정권을 보장하였는지에 대한 검토도 필요합니다.

❧❧ 관련판례

인공고관절의 해리 현상은 인공고관절전치환술을 받고 상당 기간이 경과한 후 나타날 수 있는 합병증인데, 보통의 경우 인공고관절의 수명은 약 15년인 사실, 그런데 원고의 경우 수술 후 불과 3년 남짓 지나 우측 고관절에 해리 현상이 나타난 사실, 그 후 원고가 해당병원에서 다시 우측 고관절 전치환술을 시행받은 후 약 4년여가 지난 현재까지 우측 고관절에 해리 현상이 나타나지 않고 있을 뿐만 아니라 피고 병원에서 우측 고관절에 앞서 전치환술이 이루어진 좌측 고관절의 경우도 현재 심각한 정도의 해리 현상은 나타나고 있지 아니한 사실을 인정할 수 있고 반증이 없는 바, 위 인정사실에 의하면 피고 병원에서의 우측 고관절 전치환술 시행 후 원고에게 나타난 해리 현상은 달리 그 원인이 밝혀지지 않고 있는 이상 의료인이 우측 고관절 전치환술을 시행함에 있어 인공삽입물의 삽입이나 대퇴골두와 비구의 정복을 부정확하게 한 잘못으로 인하여 발생한 것으로 추인되므로 의료인은 우측 고관절 전치환술이 잘못 시술됨으로 인하여 원고에게 발생한 손해를 배상할 책임이 있다(서울지방법원 1998. 12. 2. 선고 98가합81080 판결).

▌도수치료 후 늑골 골절이 발생하였습니다.

【질문】 어머니(60대/여)께서 허혈성 심장질환에 의한 흉통으로 병원에서 도수치료를 받은 후 우측 늑골 부위 통증이 발생하였습니다. 다음 날 늑골 방사선 검사 결과 명확한 골절이나 늑막의 비정상은 없다고 하였습니다. 그러나 통증이 지속되어 다른 병원에서 흉부 CT 촬영한 결과 우측 4~6번 늑골 골절이 확인되었습니다. 도수치료에 의해 골절을 발생시키고 적절한 진단을 못하였다고 판단합니다. 이렇게 골절발생과 오진을 한 병원에 대해 책임을 묻고 싶습니다.

【답변】

일반적으로 늑골골절은 외부 압력에 의한 외상으로 인하여 발생하는데 전위가 심하지 않은 경우 단순 방사선 검사로는 정확한 골절의 위치를 발견하기 어려우며 CT 촬영 등에 의하여 확진되는 경향이 있습니다. 이를 감안한다면 본 사안에서도 방사선 검사만으로는 골절을 진단하기 어려운 점이 있었을 수도 있다고 사료됩니다. 다만, 환자의 허혈성 심질환 기왕력 등으로 격렬한 운동 및 낙상 등 외부요인에 노출되지 않았는데 4~6번 늑골 골절이 발생하였다면 도수치료(물리치료) 중 체위 변경 시에 생겼을 가능성도 배재할 수 없을 것이므로, 전문적인 감정이 필요합니다.

⚖ 관련판례

척추측만증교정술 후 하지마비가 발생된 사안과 관련, 마비장애는 1차 수술 직후에 나타난 것으로 1차 수술 외에는 다른 원인이 개재하였을 가능성이 없고, 그 발생 부위가 1차 수술부위와 일치하며, 1차 수술 전에 양하지의 근력과 감각이 정상이었고 당장의 신경학적 증상을 치료하기 위한 수술이 아니어서 1차 수술을 전후하여 양하지 마비장애를 초래하기 쉬운 내적 요인을 가진 신체상태에 있었다고 보기 어려운 점 등을 종합하여 보면, 수술 중 고정기기나 수술기구에 의한 직접적인 신경손상이나 과도한 교정에 의한 신경손상에 의하여 초래된 것으로 추정할 수 있는 개연성이 충분하다 할 것이다(대법원 2011. 7. 14.선고 2009다54638 판결).

▌ 요골골절로 핀 고정 수술 후 부정유합 및 손가락 저림 증상이 발생하였습니다.

【질문】 저(50대/남)는 넘어지는 과정에서 발생한 좌측 원위 요골 골절로 핀 고정술을 받았습니다. 수술 후 좌측 손가락의 저림 증상이 있어 담당의사에게 알리자 수술 후유증이라며 경과관찰만 하였습니다. 증상 지속되어 상급병원에서 검사한 결과 수술 부위의 부정유합이 확인되었습니다. 수술이 잘 못했으니 부정유합이 되고 손가락 저림 증상까지 생긴 것 같습니다. 현재 추가 수술 및 재활치료가 필요한 상황인데 의료분쟁 신청이 가능한지요?

【답변】

원위 요골골절은 손목을 구성하고 있는 두 가지 뼈인 요골과 척골 중 요골의 원위부에 발생하는 골절입니다. 대부분의 원위요골골절은 넘어지면서 손으로 바닥을 짚을 때 발생하게 됩니다. 외상 환자는 보통 X-ray 검사와 CT 검사 등을 통해 외상상태를 확인하고 치료 방법을 결정하게 됩니다. 환자에게 발생된 부정유합과 손가락 저림 증상의 원인을 파악하기 위해서는 외상 당시 골절 상태에 대한 확인이 필요하며 환자 증상에 따른 적절한 조치가 이루어졌는지에 대한 검토가 필요합니다.

우선적으로 치료에 집중하여 건강회복이 중요하며 추후 진료기록 등의 자료를 확보하시어 의료중재원에 조정신청을 통해 의료적인 감정을 받아보시기 바랍니다.

⚖ 관련판례

요골 염좌 및 상처에 대한 치료 후에도 통증이 지속되어 검사한 결과 요골골절을 진단받게 된 사안과 관련, ① 원고의 좌측 요골의 골절 형태는 비전위 골절에 해당하는데 통상 엑스레이 촬영 결과만으로는 비전위 골절 여부를 확인하기 어려운 점, ② 원고가 피고병원에 내원하기 전에 방문하였던 병원에서도 골절여부를 판단하기 위하여 엑스레이 촬영을 실시하였으나 골절 사실을 발견하지 못한 것으로 보이는 점 등에 비추어 보면 피고가 당시 엑스레이 촬영 결과를 토대로 골절여부를 진단해내지 못하였다는 점만으로는 임상의학 분야에서 실천되고 있는 진단 수준의 범위 내에서 주의의무를 다하지 못하였다고 단정할 수 없다고 판단함(수원지방법원 평택지원 2014. 5. 8. 선고 2013가단41511 판결).

■ 아킬레스건염에 스테로이드 주사치료 하여 증상이 악화되었습니다.

【질문】 저(40대/여)는 계단에서 넘어진 후 발목이 아파 정형외과에 내원하였고 아킬레스건염 진단으로 스테로이드 주사치료를 받았습니다. 이후로도 통증이 지속되어 다른 병원에서 진료받은 결과 아킬레스건이 녹아내린 상태로 현재 수술을 할 수 없으며 수술을 시행하여도 호전된다는 보장을 할 수 없다 없다고 합니다. 저는 정형외과의 치료 부주의로 아킬레스건염이 악화되어 평생 다리를 절면서 살아야 합니다. 이로 인한 정신적 충격으로 우울증과 불면증까지 생겼습니다. 이의제기와 보상에 대해 어떻게 진행하면 좋을까요?

【답변】

아킬레스건염은 발 뒤꿈치와 발목 뒤쪽에서 느껴지는 가장 흔한 유형의 통증의 하나로 아킬레스건에 가해지는 부하량이 기능적 능력보다 클 때 손상이 발생하게 됩니다. 주로 배드민턴, 발레 선수 등에서와 같이 도약을 하거나 뛰는 운동을 자주하는 선수들에서 종종 발생하며 비수술적 치료 방법으로 활동 조절, 신발 교정, 운동 요법, 물리치료, 약물 치료 등이 있습니다.

국소 스테로이드 주사는 통증을 줄이고 염증성 병변을 호전시키는 목적으로 일부 사용되기도 하지만 합병증으로 지방위축과 피부변성, 주변 조직의 유착 등이 발생 할 수 있습니다.

아킬레스건염 진단으로 스테로이드 주사를 투여하게 되면 아킬레스건 파열을 유발할 가능성이 있으므로 상대적 위험성과 이점에 대한 충분한 검토와 건파열 위험에 대한 인식 및 주의가 필요합니다. 내원 당시의 환자 상태에 따른 진단과 발생 가능한 합병증 등을 고려한 경우에 국소 스테로이드 주사치료가 적절하였는지 등에 대한 검토가 필요할 것으로 보입니다.

⚖ 관련판례

필라테스 운동 중 발생한 우측 발목 통증에 대하여 양측 발목 아킬레스건 주변 주사시술을 받은 후 출혈 및 통증 발생한 사안과 관련, 아킬레스건염 진단하에 스테로이드 주사를 시행한 것이 이 사건 의료사고의 주된 원인으로 판단되었으며, 오른쪽 발목의 경우 스테로이드 주입이 단정적으로 의료과실이 있다고 보기 어려우나, 왼쪽 발목의 경우 통증을 호소하지 않았음에도 스테로이드 주사치료를 시행하여 부작용을 유발한 것은 의료과실 책임이 인정된다고 판단되었음. 또한, 스테로이드 주사가 갖고 있는 합병증인 지방위축과 피부변성, 주변 조직의 유착 발생 등의 문제점이 있으므로, 신청인에게 스테로이드 주사를 투여하기 전 미리 설명할 필요가 있다고 판단되나, 위와 같은 설명을 한 기록이 확인되지 않아 그 책임을 다하였다고 보여지지 않는다고 판단함(한국의료분쟁조정원 조정사건 2019.7.26. 조정결정).

▌우측 어깨 회전근개 파열로 수술 받은 후 감염성 관절병증이 발생하였습니다.

【질문】 저는(50대/남) 우측 어깨통증으로 병원에 내원하여 MRI 검사 결과 우측 견관절 회전근개 파열 진단으로 수술을 받았습니다. 수술 후 통증이 지속되어 시행한 각종 검사 결과, 수술부위 감염에 의한 염증으로 재수술을 받게 되었습니다. 2차 수술 후 균배양검사 결과 항생제 내성균에 감염되어 다시 상급병원에 입원 및 치료를 받았습니다. 병원 감염으로 장기간 치료받게 되었고 활동하기 어려운 상태로 직장생활도 못하였습니다. 감염의 원인을 알고 싶고 보상받을 수 있는 방법을 문의하고자 합니다.

【답변】

환자는 질환치료를 목적으로 병원에 내원하지만, 병원에서 오히려 병원감염에 이환되어 추가적인 고통과 의료비용이 증가하여 의도치 않은 결과를 발현시켰다는 것에서부터 의료분쟁이 시작됩니다. 다만, 의료기관에서 병원감염에 대한 예방책을 강구하였다고 하더라도, 침습시술의 보편화, 항균제 내성 균주의 증가, 항암요법이나 면역억제제 사용 등으로 인위적 면역기능 저하 환자의 증가 등으로 인하여 병원감염의 증가를 완벽하게 억제하기는 어렵습니다. 이러한 임상의학의 불가피한 사정으로 감염에 대한 과실여부 판단에 있어 감염이 발생한 것 자체로 결과에 책임을 지는 것이 아니며, 감염 발생을 예방하기 위한 조치와 감염 발생 후 최선의 치료를 하였는지가 판단의 기준이 됩니다. 병원의 책임이 인정되기 위해서는 감염관리의 적절성 유무와 수술과정 상의 세균감염 예방조치 여부, 감염발생 후 원인균에 맞는 항생제 투여 유무, 환자 증상에 조치여부 등에 대한 의학적인 검토가 필요합니다.

⚖ **관련판례**

청신경초종 제거술을 받은 환자에게 수술중의 감염으로 인한 뇌막염이 발생하였지만 집도의사가 사고 당시 일반적인 의학수준에 비추어볼 때 수술로 인한 감염을 막기 위하여 필요한 조치를 다하였다고 볼 여지가 있는 반면 환자는 위 감염으로 인한 뇌막염과는 무관하게 원인을 알 수 없는 뇌실내출혈 및 이와 병발한 수두증 등의 합병증으로 사망하였다면, 막연하게 망인에게 수술중의 감염으로 뇌막염이 발생하였다는 사실만 가지고 사망이라는 중한 결과에 대하여 집도의사에게 감염방지의무를 게을리한 과실을 인정할수 없다고 판단함(대법원 2003. 11. 27. 선고 2001다20127 판결).

▌경막외신경차단술 후 세균성 뇌수막염 발생하였습니다.

【질문】 어머니(60대)께서 허리통증으로 정형외과에 입원하여 경막외신경차단술을 받고 3일 후 퇴원 예정이었습니다. 퇴원 당일 고열과 두통으로 상급병원으로 전원되어 검사 결과 세균성 뇌수막염을 진단받았고 현재까지 의식 없는 상태로 계속 고열에 시달리고 있습니다. 정형외과 의사에게 감염에 대한 책임을 묻고 싶습니다.

【답변】

경막외신경차단술은 근원적 치료 목적이 아니라 통증 완화의 목적을 가진 시술입니다. 시술 전에 X-ray, CT, MRI 등의 검사장비를 이용하여 척추신경에 압박을 가하는 부위를 찾아내어 시술부위를 확인하는 진단 절차가 필요합니다. 시술 방법은 일반적으로 환자가 엎드린 채 경막외강에 조영제를 투여하여 X-ray 등의 검사장비로 시술부위를 정확히 보면서 진행하며, 시술 소요시간은 10분 전후로 간단히 부분마취 후 스테로이드 등의 약물 주입 시술을 시행하고, 통상적으로 3회의 경막외신경차단술에도 호전이 없으면 정밀검사를 실시하거나 여건이 안되면 상급병원으로 전원 의뢰합니다. 세균성 감염이 뇌척수액 공간으로 침투하는 기전은 혈액에서 증식한 세균이 혈액을 통해 뇌척수액 공간 내부로 옮겨지거나, 또는 중이명이나 두개골 기저부에 발생한 세균 감염이 직접 뇌수막공간으로 넘어가는 경우로 생각할 수 있습니다. 경막외신경차단술과 뇌수막염과의 상관성과 관련 의료기관의 책임여부를 판단하기 위해서는 병원감염 관리를 철저히 이행하였는지, 시술 과정상 세균감염 예방 조치유무와 감염 발생에 대한 적절한 조치 여부 등이 주요 쟁점사항이 될 수 있으며, 이에 대한 의학적인 판단이 필요할 것으로 보입니다.

⚖ 관련판례

신경차단술을 후 시술부위 감염이 발생하였으며 이후 하지마비에 이르게 되었다는 사안과 관련, 시술과정에서 피고병원이 소독 처치를 게을리 했다면 동일한 시술 과정이 다른 환자들에게도 적용되어 피고 병원에서 경막외 신경 차단술 이후 척추감염이 집단적으로 발생했을 것인데, 이러한 사실이 보고되지 않았다는 점, 일반적으로 경막외 차단술을 시행할 때 시술부위를 소독하며, 또한 멸균처리 기구를 사용하는 점, 시술 부위 소독은 의료행위에 있어서 매우 기본적인 처치에 해당하고, 일반 의료관행상 멸균기구 역시 정기적 검사를 시행하여 문제가 없는지 확인하도록 하고 있는 점, 이 사건 시술 이후 타병원에서 시행한 척추 MRI 검사 결과 원고의 척추주위 근육과 경막외 공간에 비정상적인 신호 강도의 변화가 탐지되었는바 이 병변은 농양에 해당하며, 농양은 화농성 염증이 생체 조직내에 생겼다가 그 부분의 세포가 죽고 고름이 고이는 질환으로 일반적으로 세균 감염 후 화농성 염증 고름으로 변하는데 시일이 소요된다는 의학적 사실에 비추어 이 사건 시술 후 3일 만에 위와 같은 농양이 형성된 점을 고려하면 감염이 이 사건 시술로 인한 것임을 단정하기 어려운 점, 이 사건 시술 직수 시술 부위 주변에 감염이 발생하였다는 사정만으로 감염관리상 과실이 있다고 추정할 수 없다고 판단하였음(부산지방법원 2021. 4. 21. 선고 2018가합44339 판결).

▌ 물리치료 중 화상이 발생되었습니다.

【질문】저(30대/여)는 좌측 손가락 부위 타박상으로 정형외과에 내원하여 염좌와 좌상 진단을 받아 인대증식치료와 물리치료(파라핀욕 치료)를 받았습니다. 치료 후 엄지손가락 부위에 물집이 생겨 소독처치를 하였으나 상태가 악화되어 결국 화상전문병원에서 심재성 2도 및 3도 화상을 진단 받고 치료 중에 있습니다. 정형외과에서는 사과와 함께 위자료를 제시하였지만 현재 치료 중이므로 합의를 하는 것이 맞는지 조심스럽습니다.

【답변】

파라핀욕 치료는 구축되어 있는 관절의 이완 등을 위한 온열치료 방법으로, 약 52~54℃의 온도로 맞춘 파라핀 용액이 담긴 치료기에 치료 부위를 넣었다가 빼내는 과정을 10회에서 15회 정도 반복하면서 15분 정도 시행합니다. 손발의 관절염이나 손발의 관절이 굳은 경우, 손발의 건초염 환자에게 사용되나 온도 감각 장애가 있거나 말초혈관 질환, 개방된 상처, 피부감염 등이 있는 경우 금기입니다. 화상이란 열에 의한 손상을 말하며 심한 경우 피부뿐만 아니라 그 하부조직도 파괴될 수 있습니다. 심부2도 화상은 표층 2도와 3도 화상이 같이 혼재해있는 경우가 많아 치료가 까다로우며, 치료 후 흉터는 물론 합병증이 생기기 쉬워 치유 후에도 세심한 관리가 필요합니다. 물리치료 과정에서 안전사고 예방을 위한 주의의무 위반 여부나 화상 발생 시 조치 여부에 따라 증상악화 정도에 대한 검토가 선행되어야 할 것입니다. 또한 화상의 크기, 반흔범위도, 향후 치료비용 등에 따라 손해배상의 범위가 달라질 수 있습니다. 의료중재원 제도를 이용하여 보상 문제에 대한 도움을 받아보시기 바랍니다.

♨ 관련판례

수면마취하 비중격교정술 및 하비갑개점막하 절제술을 받은 후 체온 유지를 위해 사용한 전기 담요에 의해 3도 화상을 입게 되었다는 사안과 관련,

전기담요는 화상을 유발할 수 있고, 원고는 수면마취 상태였으므로 감각을 느끼기 어려웠으며, 수술시간이 2시간으로 짧지 않은 시간이었으므로 의료진은 원고가 전기담요로 화상을 입지 않도록 면밀히 관찰할 주의의무가 있음에도 이를 소홀히 하여 원고로 하여금 화상을 입게 하였다고 판단함(서울중앙지방법원 2019. 6. 13. 2016가단5188242 판결).

■ 간병통합서비스 병동 입원 중 낙상으로 손목 인대파열 되었습니다.

【질문】 제 아내(50대)는 발목인대 파열로 수술 후 간병통합서비스병동에 입원 중이었습니다. 재활치료실로 가기위해 혼자 휠체어로 옮겨 타던 중 넘어져 바닥을 짚는 과정에서 손목통증이 발생했습니다. 담당의사는 다른 검사 없이 큰 문제는 없다고 하여 며칠 후 퇴원했으나 통증이 지속됐고 재내원하여 검사결과 손목 인대 파열을 진단받았습니다. 병원에서는 환자가 혼자 이동하려고 시도하던 중 발생한 낙상에 대해서 본인들은 책임이 없다고 하는데 너무 억울합니다.

【답변】

의사 및 의료기관은 환자에 대하여 인적·물적 안전 및 보호와 관련된 의무를 부담할 수 있는바, 이는 경과관찰 의무와 함께 민법 제758조의 공작물책임(工作物責任)도 관련됩니다. 따라서 의료기관 내 시설물의 안전관리와 환자 사유물 보호를 위한 시건장치도 마련해야 합니다.

안전관리상의 의료과실이 의료분쟁의 쟁점인 경우에는 의료기관 내 시설 관리의 적절성과 사전 안전예방교육 시행 유무, 경과관찰 및 사고 후 신속한 대처 여부 등이 검토대상이며 악결과와의 관련성 여부를 확인하게 됩니다.

낙상을 사전에 회피할 수 있도록 병원측의 낙상관리의 적절성과 손목 통증에 대한 적절한 조치가 이루어졌는지 종합적인 검토가 필요합니다.

♣ 관련판례

고관절 골절로 재활치료 받던 중 낙상으로 우측 팔목 골절되었으며 이로 인해 기존 골절에 대한 재활이 늦어져 보행 장애 발생하였다는 사안과 관련, 우측 손목 관절 골절은 물리치료실에서의 낙상에 의해 발생하였을 가능성이 높으나 피신청인병원은 낙상예방 간호실무지침서에 의거한 낙상 예방지침을 수립하였고 교육하며 적절한 안전관리를 시행하였으며 낙상 후 발생한 골절에 대하여 환자에 대한 평가 및 보호자에게 영상검사결과 후 고지, 타병원 수술을 권유하였으므로 피신청인병원의 안전관리 지침과 조치는 적절하였다고 판단하였음. 고령의 치매 환자를 전 영역에서 모든 시간대에 낙상 사고를 방지하는 것은 현실적으로 대단히 어려운 일이지만, 낮 시간에 물리치료실에서 낙상이 일어난 점은 환자 관리상 일부 책임이 있다고 평가하였음(한국의료분쟁조정원 조정사건 2019.7.26. 조정결정).

▌경추 수술 후 호흡 곤란으로 저산소성 뇌손상이 발생하였습니다.

【질문】제 아버지(80대)는 교통사고 후 발생한 목과 어깨의 통증으로 응급실에 내원하여 경추부위 외상성 추간판탈출증 진단으로 다음날 전방경유 경추디스크제거술 및 골유합술을 받게 되었습니다. 수술 4일차에 배액관을 제거한 이후 갑작스럽게 호흡곤란 호소하였으며 응급상황에서 장시간 기도확보가 되지 않아 의식불명이 되었습니다. 기도와 가까운 경추부위를 수술을 하였다면 배액관을 제거에 주의가 필요하다고 생각되며, 제거 후에도 환자 상태를 면밀히 관찰하여야 하지만 조치가 제대로 되지 않은 것 같습니다. 의료사고 손해배상 청구가 가능한지 궁금합니다

【답변】

교통사고 후 목 부위의 통증으로 수술을 시행할 경우에는 수술부위 등의 손상 또는 부종과 혈종이 발생하여 기도 압박을 함으로써 호흡곤란이 발생할 수 있습니다. 호흡곤란은 저산소증을 유발시켜 뇌사 또는 사망에 이르게 될 수 있습니다. 필요에 따라서는 손상의 정도나 원인을 파악하기 위해서는 X-ray 검사뿐만이 아니라 CT나 MRI 등의 정밀검사가 필요할 수 있습니다.

의사는 사람의 생명과 건강을 담당하는 그 업무의 성질에 비추어 위험 방지를 위하여 필요한 최선의 주의 의무가 있습니다.

배액관 제거 과정의 적절성 유무와 기도 확보 실패에 따른 의식불명과의 인과관계 유무에 대한 검토가 필요합니다. 의학적, 법률적 판단을 원하시는 경우에는 의료중재원의 절차를 이용해보시기 바랍니다.

⚖ 관련판례

척추수술 받은 후 심부정맥혈전증 발생, 전원 후 사망한 사안과 관련, 수술 전 요추 MRI, X-ray, 요추 CT 상 요추제4-5번, 요추 5-천추1번의 척추관협착증이 관찰되는 점, 척추관 협착증의 경우 척추경나사못고정술 및 추체간 유합술을 선택하여 시행하는 것이 통상적인 수술 방법인 점, 수술기록지 및 술후 영상, 수혈기록지 등을 확인한 결과 수술의 진행과정상 특이한 사항이 발견되지 않음. 수술 후 즉시 압박스타킹을 착용하도록 조치하였고 익일 기계를 적용하여 심부정맥혈전증에 대하여 예방적 조치를 취한 것은 적절하였으나, 수술 3일 후 다리 부종 증상에 대해 시행한 하지도플러초음파검사 상 양측 슬와정맥, 후방 경골 정맥, 우측 전방 경골정맥의 심부정맥혈

전증을 확인하였을 때, 1차적으로 항응고제(헤파린, 와파린, NOAC 등)를 투여하였어야 하고, 가사 망인이 수술 후 출혈의 위험으로 인하여 항응고제를 사용하지 못한 것이라면 폐색전증의 발생을 예방하기 위해서 일시적으로 IVC filter를 삽입하는 등 조치를 취하였어야 하나 7일 정도 경과관찰 하다가 전원시킨 점 등을 볼 때 심부정맥혈전증을 적절히 치료할 수 있는 기회가 있었음에도 불구하고 이를 위한 적극적인 조치를 취하지 아니한 것은 심부정맥혈전증을 치료할 수 있는 시기에 적절한 치료를 받을 기회를 놓치게 한 것으로 진료상 과실에 해당한다고 판단하였음(한국의료분쟁조정원 조정사건 2017. 12. 28. 조정결정).

▌ 혈액 검사 후 정중신경 손상이 발생하였습니다.

【질문】 저(30대/남)는 발가락 통증으로 정형외과에 내원하여 혈액검사를 위해 오른팔에서 채혈하는 과정에서 찌릿하면서 엄지손가락까지 방사되는 심한 통증이 발생하였습니다. 이후 계속되는 통증으로 병원을 내원하였지만 담당의사는 '지켜보자'고만 하였습니다. 6개월이 경과하였지만 증상이 지속되어 근전도 검사를 받게 되었고 검사 결과 신경손상을 진단받았습니다. 오른쪽 손과 팔의 심한 통증이 지속되어 일상생활과 직장생활이 모두 어려운 상태로, 통증이 언제까지 지속될지 알 수 없어 막막하기만 합니다.

【답변】

정중신경은 팔의 말초신경중 하나로 일부 손바닥의 감각과 손목, 손의 운동 기능을 담당합니다. 주관절 내측 정맥을 채혈할 경우에는 정중신경의 손상을 발생시킬 수도 있으나, 정중신경이 해부학적 구조상 주관절 깊이 위치해있기 때문에 채혈 당시 주사바늘을 이용해 깊게 채혈하지 않는 이상 정중신경이 손상되기는 어렵습니다. 정중신경이 손상된 경우에는 수부의 저린감과 감각이 저하되는 증상을 느끼게 되며 근전도 검사를 통해 신경손상을 확인할 수 있습니다.

채혈과정의 정당성 여부와 이상증상에 대한 조치 유무, 신경손상과 채혈과의 연관성 여부에 대한 검토가 필요합니다. 진료 기록 관련 일체의 자료를 확보하시기 바랍니다.

♨ 관련판례

발등혈관에서 채혈을 받은 이후 심비골 감각신경병증 발생한 건 관련하여 채혈을 받기 전 감각신경 등 신경학적 이상 소견을 의심할만한 증세가 없었는데, 이 사건 채혈을 받은 이후 지속적인 발등 저림 등 이상증세가 발생하였고 신경전도검사 결과 우측 심비골 감각신경 손상이 관찰된 점, 채혈 및 검체관리 지침서를 참조하였을 때 통상 전박부에는 정맥 천자하기에 적당한 굵기의 정맥이 3곳 있고, 전박부의 정맥이 발등의 정맥보다는 굵기 때문에 주로 전박부 정맥에서 채혈을 하게 되고 부득이한 경우 손목, 손등, 발등의 순서로 채혈을 하게 되므로, 마지막 수단으로 발등 정맥에서 채혈을 하는 경우에는 책임을 질 수 있을만한 기술과 자신감을 가져야만 할수 있는바, 발등에서 채혈을 시도하는 경우에는 혈관이 가늘어 전박부에서의 채혈보다 어려움을 겪을 수 있고 상대적으로 감염의 위험성 등도 높으므로 보다 면밀한 주의를 기울어야 한다는 소견이 있는 점 등을 고려하면, 신청인의 우측 심비골 감각 신경 손상은 채혈을 시도하는 과정에서의 과실로 발생하였을 것이라고 추정함이 상당하고, 피신청인병원 '채혈 및 검체관리지침서'에 의하면 입원환자의 채혈 중 주사부위 통증 등 채혈 부작용이 나타났을 경우 '즉시 채혈을 멈추며 해당병동의 의료진(의사, 간호사)에게 즉시 알려야 한다'고 되어 있지만, 신청인이 채혈 이후 발등 부위 통증 및 저린감 지속을 간호사에게 호소한 이후 적절한 조치를 받지 못한 점 등을 종합하면, 피신청인은 신청인이 입은 피해에 대하여 손해배상책임을 부담함이상 당하다고 판단하였음(한국의료분쟁조정원 조정사건 2019. 7. 18. 조정결정).

█ MRI 검사를 위한 진정 마취제 투약 중 속도 조절 미흡으로 심정지가 발생하였습니다.

【질문】 저희 어머니(70대)는 등 부위 통증으로 정형외과 병원에 입원하였습니다. 통증으로 검사 자세를 취할 수 없어 마취제와 진통제를 투여하면서 검사실로 이동하던 중 약물이 빠르게 유입되어 심정지가 발생하였습니다. 응급조치 후 중환자실로 옮겼으나 심폐소생술 과정에서 갈비뼈 골절 및 치아 3개가 부러졌습니다. 병원에서는 책임을 인정하는데 어떻게 대처하면 좋을까요?

【답변】

진정요법은 진단적 검사나 치료적 시술들을 원활한 진행을 위하여 어느 정도의 의식상태 저하를 유도하여 환자가 불쾌한 검사나 시술을 견뎌낼 수 있게 약물을 투여하는 기술입니다.

검사나 시술을 하는 동안 환자의 불안감을 해소하고, 진정, 진통 효과를 발휘하며 환자의 움직임을 조절하기 위하여 필요할 수 있으나 호흡억제와 혈압감소와 같은 부작용도 발생할 수 있어 진정요법시 약물투약의 필요성, 예후 및 예상되는 위험성과 부작용 등에 대한 설명이 중요하며, 진정 중일 때와 진정 후 환자의 의식이 회복될 때까지 면밀히 관찰하여야 합니다.

검사과정에서 필요에 의해 진정요법을 할 경우에는 약제의 약리효과, 환자의 병력이나 나이, 임상증상 등을 고려한 검사가 이루어졌는지, 진정약물 투여과정에서 환자의 상태 변화에 대한 모니터링과 응급상황에 대한 조치 유무에 대한 검토가 필요하며, 검사 전에 환자 또는 보호자에게 투약의 필요성, 부작용 등에 대한 충분한 설명이 이루어졌는지도 검토되어야 합니다.

⚖ 관련판례

뇌졸중 의심하 MRI 검사를 위한 디아제팜 정맥주사 투약 이후 호흡부전 발생한 건 관련하여 내원 당시 전신쇠약, 경구섭취 불량, 구음장애, 연하장애 등의 증상을 호소하고 있어 뇌병변 의심하 MRI 검사를 통해 정확한 진단을 하려고 한 점, 검사 중 환자가 지속적으로 움직여 검사가 용이하지 않아 디아제팜을 투여하기로 결정하였던 점, 디아제팜주의 투약 용량이 적절하였던 점 등을 고려하였을 때 의료상 과실이 있다고 단정하기는 어려움. 다만, 진정요법시 환자가 진정 중일 때는 물론 진정 후 환자가 의식을 회복할 때까지 환자 상태를 지속적으로 관찰하여야 할 것인데 진료 기록상 환자

상태를 관찰한 기록을 확인할 수 없으며, 보호자는 환자의 의식 및 호흡상태가 이상하다고 여러차례 이야기 하고 있다고 주장하고 있는 점, 이후 보호자가 환자가 숨을 쉬지 않는다고 말하자 혈압, 맥박, 산소포화도를 측정하고 앰부배깅을 하며 심폐소생술을

시행한 점 등을 고려하면 진정요법 시 환자 상태 변화에 대한 적절한 관찰을 하였다고 보기는 어려움. 또한 디아제팜의 정맥투약의 필요성 및 투약시 발생할 수 있는 일반적인 부작용(호흡억제 및 그로인한 심정지 가능성 등)에 대한 구체적 설명이 필요하였음에도 불구하고, 의무기록 상 디아제팜 투여 이전에 환자 또는 보호자에게 설명한 흔적을 찾아볼 수 없고, 가사 응급한 상황으로 판단하여 사후에 설명을 할 수 밖에 없었다고 본다고 하더라고 검사 이후 디아제팜주의 효과 및 부작용에 대하여 구체적으로 설명한 내용을 찾아볼 수 없으므로 충분한 설명을 하고 동의를 구한 뒤 약물을 투약하였다고 보기 어렵다고 판단하였음(한국의료분쟁조정원 조정사건 2019. 9. 17. 조정결정).

▌도수치료 후 추간판이 파열되었습니다.

【질문】 제 아들(20대)은 허리 통증으로 동네에 있는 정형외과에서 X-ray 검사 후 척추측만증 진단받았습니다. 도수치료를 권유 받아 치료 받던 중 극심한 통증을 호소하였으나 별다른 조치는 없었습니다. 귀가 후 통증이 심해져 응급실에 내원하여 MRI 검사결과 추간판 파열 소견으로 수술을 받았습니다. 환자가 도수치료 중 통증을 호소하였지만 무리하게 치료를 강행하였고 별도의 검사도 하지 않았습니다. 정형외과의 명백한 과실이라고 생각됩니다.

【답변】

도수치료는 근골격계 질환의 증상을 개선하기 위해 비특이성 급성 및 만성 요통 환자나 신경증상이 없는 좌골 신경통 환자에게 시행할 수 있는 보존적 치료법 중 하나입니다. 전문의의 정확한 진단에 의거하여 물리치료사가 맨손을 이용해 척추나 사지의 연부조직, 관절의 위치를 바로잡아 통증 완화 및 체형 교정에 도움을 주는 치료법을 말합니다.

도수치료는 척추에 외력이 가해질 때 마미손상, 추간판 탈출, 척추경 골절과 같은 심각한 손상이 야기될 수도 있다는 보고도 있으므로 도수 치료 전에 통증 발생 가능성에 대해 충분한 설명이 필요하며, 암, 감염, 골절, 골다공증, 신경이상 등이 있는 경우에는 시행하면 안 됩니다.

의료인은 사람의 생명, 신체, 건강을 관리하는 업무의 성질에 비추어 환자의 구체적인 증상이나 상황에 따라 위험을 방지하기 위해 요구되는 최선의 조치를 행하여야 할 주의 의무가 있습니다. 도수치료 과정에서 환자가 호소하는 증상에 대해 기본적인 확인과 증상을 지속적으로 호소하는 경우에는 그에 맞는 조치가 시행되어야 합니다. 의료중재원을 이용하여 전문적인 감정을 받아보시기 바랍니다.

♬ 관련판례

도수치료 후 디스크 파열 발생한 건 관련하여 과거 요추간판 탈출 및 파열에 대해 치료받은 기왕력이 있었던 환자로 요통에 대한 보존적인 치료 방법 중에 하나인 물리치료, 도수치료, 약물치료 등을 시행하여 치료 방법의 선택에 있어서 특별한 문제는 없지만 도수치료 직전 촬영한 MRI 검사 결과가 없어 도수치료 전에 악화가 되었는지 또는 도수치료 후에 악화가 되었는지에 대한 정확한 비교는 불가능할 것으로 사료됨. 도수치료 정도의 외력은 골절을 일으킬 정도가 아니므로 추간판 탈출증 발생에 기여했을 가능성은 거의 없다고 생각되나 기존 질환에 대한 증상이 도수치료나 물리치료 등으로 호전되지 않고 악화될 가능성도 있으므로 도수치료 시행전에 도수치료에도 증세가 호전되지 않을 가능성에 대한 설명이 필요한 것으로 사료된다고 판단하였음(한국의료분쟁조정원 조정사건 2020. 3. 23. 조정결정).

■ 무릎 통증으로 수술 후 화농성 관절염이 발생하였습니다.

【질문】 저(50대/남)는 좌측 무릎 통증으로 병원에 내원하여 퇴행성관절염 진단으로 관절경 수술을 받게 되었습니다.

수술 후 통증, 부종 및 발열 증상이 나타났으나 해열진통제만 처방받았으며 이후에도 증상 호전되지 않아 여러검사 결과 화농성 관절염 진단으로 항생제 치료 및 인공관절치환술을 받게 되었습니다. 병원에서 수술 직후 발생한 염증에 대해 조치를 하지 않아 증상이 악화되어 수술까지 받았으므로 치료비용과 일을 하지 못한 비용 등에 대해 보상을 요구하고 싶습니다.

【답변】

화농성관절염은 균이 관절강에 침입하여 생기며, 급속한 골관절의 파괴로 영구적인 관절기능의 장애를 일으킬 수 있어 관절연골의 손상 전에 조기 진단과 치료가 필요한 질환입니다.

의료인은 의료 행위를 함에 있어 환자의 증상이 호전되지 않거나 증상이 재발되는 경우에는 자신의 진단을 검토하여 그에 맞는 진단을 해야 할 것입니다.

내원당시 환자의 증상과 각종검사 결과를 종합하여 최선의 치료방법이 선택된 것인지와 수술 후 환자가 호소한 통증과 부종, 발열 등의 이상증상에 대한 조치가 적절하였는지, 화농성 관절염의 원인이 병원의 관리소홀로 발생한 것인지 등에 대한 검토가 필요합니다.

⚖ 관련판례

좌측무릎관절경하 반월상 연골 부분절제술, 활액막 제거술, 연골성형술을 받은 후 녹농균에 의한 화농성 관절염 발생한 건 관련하여 환자에게 의료 행위 이전에 그러한 결과의 원인이 될만한 건강상의 결함이 없었다는 사정을 증명한 경우에 있어서, 의료 행위를 한 측이 그 결과가 의료상의 과실로 인한 것이 아니라 전혀 다른 원인에 의한 것이라는 입증을 하지 아니하는 이상, 의료상 과실과 결과 사이의 인과관계를 추정하여 손해배상책임을 지울 수 있도록 입증책임을 완화하는 것이 손해의 공평·타당한 부담을 그 지도원리로 하는 손해배상제도의 이상과 맞다고 보아, 수술 전 환자의 백혈구 수치는 정상 범위에 있었고, 슬관절에 염증이 있을 것으로 판단되는 임상 증상이 없었으며, 녹농균은 의료관련 감염의 대표적인 원인균으로, 녹농균에 의한 화농성 관절염이 발생한 경우 병원 환경에서 시행한 침습적 시술이나 수술과 관련이 있다고 추정하였으며 무릎 관절경 수술 중 수술 부위가 세균에 감염되지 않도록 주의할 의무가 있음에도 불구하고 이를 게을리하여 화농성 관절염이 발생한 것으로 추인하였으며, 세균배양검사 등이 적시에 이루어지지 않아 항녹농균 효과가 없는 항생제가 투여되어 화농성관절염 치료가 지연되었다고 판단하였음(전주지방법원 2019. 6. 21. 선고 2016가단3494 판결).

▌ 내고정물 제거 수술 후 핀 제거 실패 및 골절이 발생하였습니다.

【질문】 저(20대/남)는 8년 전 손목 척골단축술을 받았습니다. 최근에 수술부위 통증으로 병원에 내원하여 진료결과 핀 제거 권유받아 제거수술을 시행하였으나 무리한 수술시도로 뼈에 금이 가고, 결과적으로 핀도 제거하지 못하였습니다. 수술 전 핀을 제거하지 못할 수도 있다는 설명은 들었지만 1박 2일의 입원 기간으로 생각하면 된다고 하여 진행하였는데 치료기간도 늘어나고 골절까지 발생되어 병원에 이의제기하고 싶습니다.

【답변】

정형외과적 내고정물은 골절의 안정화와 골유합의 촉진을 위해 많이 이용되지만, 골절부위 유합 후에는 어떠한 역할도 없이 감염 또는 골다공증을 유발하여 내고정물 주위 골절을 유발하기도 합니다.

성인에서는 내고정물 제거술이 신경손상이나 재골절의 위험성이 있어 제거술의 필요성에 대한 논란은 있으나, 내고정물이 피부를 자극하여 통증이나 염증을 유발할 경우나 내고정물이 박혀있는 상태에서 외상에 의한 골절이 발생할 경우에는 핀으로 인한 골절의 범위가 확장될 수 있어 이를 예방하기 위해 제거하기도 합니다.

의사는 자신의 지식경험에 따라 적절하다고 판단되는 진료방법을 선택할 상당한 범위의 양이 있지만 환자에게도 적절한 진료를 선택할 수 있도록 충분한 설명을 해야할 의무도 부담합니다. 수술전 치료방법 및 필요성, 예상되는 위험인자, 내고정물의 파손 가능성 등에 대한 설명 의무 위반 여부와 나사제거 실패의 이유와 골절 발생과의 연관성 유무, 수술 행위 전반의 적절성 여부에 대한 검토가 필요합니다.

♨ 관련판례

금속 고정물제거술 중 스크류 파손으로 체내 잔류상태로 봉합한 사안과 관련, 젊은 남자의 경우 골유합이 잘 이루어진 경우 금속정은 6개월 이내에 제거하는 것이 원칙이며, 2년 이상 경과된 경우 골과의 유합이 견고하여 작은 나사는 제거가 불가능한 경우가 종종 있음. 신청인의 체내에 남아있는 금속정은 제5중족골 내에 함몰되어 있어 특별히 제거를 할 필요는 없으며, 무리해서 제거를 시도하는 경우 중족골의 골절을 일으킬 수 있으므로 함몰된 상태로 내버려 두는 것이 원칙이고, 사용된 금속정은 인체 조직과 반응이 없는 재료로 사용된 것이므로 인체에 무해한 것으로 2년반이 경과된 금속정을 제거하지 못한 것은 불가항력적인 상황이라고 판단함(한국의료분쟁조정원 조정사건 2014. 10. 13. 조정결정).

제6장
산부인과

■ 제왕절개로 분만 후 계속되는 출혈로 인해 상급병원으로 전원하여 자궁을 절제하였습니다.

【질문】 2명의 자녀가 있는 기혼 환자(30대/여)로 셋째 아이를 임신하여 자연분만을 시도하던 중 양막파수(rupture of membrane)된 후, 태아심박수가 감소되어 응급제왕절개술로 분만하였습니다. 이후 출혈이 멈추지 않아 자궁수축제를 투여하였지만 상태가 호전되지 않아 상급병원으로 전원하였고, 자궁이완증으로 인한 산후출혈 진단 하에 개복하여 자궁을 절제하였습니다. 자궁절제로 인해 더 이상 임신이 불가능하므로 이에 대한 손해배상을 요구하고자 합니다.

【답변】

제왕절개수술 및 수술 후 처치 과실 유무에 대한 확인이 필요합니다.

양막파수 후, 태아심박수 감소 등 태아곤란증이 의심되는 상황에서는 응급제왕절개로 분만이 시도될 수 있으며, 2회의 출산 기왕력이 있는 경우 자궁수축 부전의 위험성이 더 높아질 수도 있습니다. 분만이 완료되면 자궁이 급속도로 수축해 혈관을 압박하여 저절로 지혈이 되지만, 비정상적일 경우 자궁벽에서 1,000cc 이상 과다출혈이 계속되는 이완성자궁출혈이 발생하고 심하면 몇 분안에 산모가 쇼크에 빠지기도 하며 생명이 위험해 질 수도 있습니다. 자연분만 시도 중 응급제왕절개술 시행상의 주의의무 위반 여부, 자궁출혈에 대한 지혈 등 처치의 적절성 여부 등을 살펴보아야 하며 상급병원 전원시기가 적절하였는지 여부도 검토하여 보아야 합니다. 다만, 이완성 자궁출혈이 불가항력적으로 발생한 경우에는 병원의 책임이 인정되지 않거나 일정 부분으로 제한될 수도 있습니다.

⚖ 관련판례

조기양막파수 임산부에 있어서는 제대탈출과 양수과소증으로 인한 제대압박의 위험이 증가하므로 태아가 생존가능한 주수에 도달한 경우 지속적 태아심박수감시 및 내진을 통해 태아의 상태를 확인해야 한다. 또한 분만담당의사는 태아심박동수가 안심할 수 없는 상태를 보이는 등 태아곤란증을 의심할 만한 상황이 생기면 즉시 산모에 대하여 마스크를 통하여 산소를 공급하고, 측와위로 자세를 바꾸고 수액공급을 증가시키며 옥시토신 투여를, 중지하는 등의 적절한 조치를 취하고, 그 원인감별을 하여야 하며, 태아 머리의 하강정도, 자궁경관의 개대와 소실 정도 등의 분만과정과태아의 상태가 호전되는지 여부를 지속적으로 관찰하고, 태아상태가 호전되지 않을 경우 응급 제왕절개술 등 조기에 태아를 만출시킬 수 있도록 적절한 조치를 취하여야 하며, 태아심박동수가 일시적으로 회복되었다고 하더라도 지속적으로 태아의 심박동에 이상이 있는지 여부 등을 주의 깊게 관찰함으로써 발생 가능한 이상상황에 대처하여야할 주의의무를 부담한다고 할 것이다(의정부지방법원 2015. 4. 15. 선고 2014가합52886 판결).

▌ 사전 설명 및 동의하지 않은 수술로 나팔관 절제, 방광질누공 등 합병증이 발생하였습니다.

【질문】전자궁적출 수술을 받았는데 수술 전 의사는 다수공 복강경수술을 시행할 것이라고 설명하였고 나팔관 절제에 대한 언급은 없었습니다. 그런데 실제 수술은 단일공 복강경수술로 시행되었고 수술 중 우측 난관의 부종과 부난관낭종이 관찰되었다며 사전 동의도 없이 나팔관을 절제하였으며 방광질누공의 합병증까지 발생하였습니다. 이에 대하여 의료진에게 손해배상을 청구하려고 합니다.

【답변】

의사의 진료에 대한 재량허용 범위 및 관련 설명의무 위반여부 등에 대한 검토가 필요합니다.

전자궁적출술의 방법에 있어서 단일공 복강경하 전자궁적출술의 경우 다수공 복강경수술에 비해 흉터가 적게 남고 술기에 익숙한 시술자의 경우 쉽게 적용할 수 있는 장점이 있어 점차 증가 하는 경향이 있습니다. 또한 나팔관 절제의 경우 우측 난관부종과 부난관낭종이 관찰된 난관을 존치시킬 경우 별도의 수술이 필요할 수 있습니다. 따라서 의사가 단일공 복강경수술 및 나팔관 절제를 시행한 점만을 가지고 의료상 과실을 판단 하기는 어렵지만, 환자가 동의한 수술방법과 다른 방법으로 수술이 시행된 점, 나팔관 제거에 대해서는 환자에 대한 설명 및 환자의 동의가 없었던 점 등을 고려한다면 손해배상 책임은 인정될 가능성이 있습니다.

♨ 관련판례

의사는 진료를 행함에 있어 환자의 상황과 당시의 수준 그리고 자기의 전문적인 지식과 경험에 따라 생각할 수 있는몇 가지 조치 중에서 적절하다고 판단되는 진료방법을 선택할 수 있고, 그것이 합리적인 범위를 벗어난 것이 아닌 한 진료의 결과를 놓고 그 중 어느 하나만이 정당하고 이와 다른 조치를 취한 것이 과실이 있다고 할 수 없는바, 이 사건에서 의사가 산모의 상태를 종합 점검하여 자연질식분만이 가능하다고 판단하여 자궁저부 압박을 통한 자연질식분만을 실시하는 것에 과실이 인정되기 어렵다. 통상적으로 예견되는 증상이 아니어서 의사들로서도 사전에 이를 미리 예측할 수 없는 경우에는 이를 설명하지 않는 사정만으로는 환자의 자기결정권을 침해한 것으로 볼 수 없다 할 것인바, 의사가 예측하지 못한 부분에 대한 사인에까지 설명의무를 인정하지 않는다(부산지법 2006. 7. 19. 선고 2004가합6477 판결).

▌ 수술 지연으로 인하여 태아가 사망한 경우의 책임은?

【질문】 저는 아내가 출산예정일이 안되었는데 갑자기 양수가 터져 병원에 도착하자마자 규칙적인 진통을 호소하여 병원 의사에게 제왕절개수술을 요구하였습니다. 그러나 병원의 간호사는 이미 퇴근한 산부인과과장에게 전화를 걸어 제왕절개수술을 요하는 응급환자가 있으니 병원으로 나와 줄 것을 요청하고, 당직의사의 지시에 따라 산부인과과장이 도착하기만을 기다렸을 뿐 별다른 조치를 하지 않았습니다. 산부인과과장은 전화를 받고서 1시간여가 지나서야 병원에 도착하여 진찰한 결과, 이미 태아의 한쪽 발이 밖으로 나온 데다가 청색증이 심하여 제왕절개수술이 불가능한 상태여서 자연분만을 유도하여 태아의 몸 전체가 배출되었습니다. 그런데 태아는 심한 청색증과 함께 호흡곤란증으로 인한 심폐정지로 사망하였습니다. 부검결과 폐포 내에 다량의 양수가 흡입된 것으로 관찰되었습니다. 이 경우 저는 병원에게 불법행위로 인한 손해배상을 청구할 수 있는지요?

【답변】

의료사고로 인한 배상책임이 문제되는 경우 '불법행위로 인한 책임'과 '채무불이행 책임(또는 계약책임)'이 경합하게 됩니다. 즉, 치료가 잘못되어 병세가 악화되게 되는 경우 그것은 과실로 인하여 신체를 침해한 것이 되어 불법행위의 성립이 문제될 뿐만 아니라, 완치 또는 병세가 호전되도록 치료해줘야 할 치료계약을 이행하지 못한 결과가 되어 채무불이행이 될 수 있기 때문입니다.

그런데 이처럼 계약상의 채무불이행으로 인한 손해배상청구권과 불법행위로 인한 손해배상청구권을 아울러 취득하면 그 중 어느 쪽의 손해배상청구권이라도 선택적으로 행사할 수 있습니다(대법원 1983. 3. 22. 선고, 82다카1533 전원합의체 판결, 1989. 4. 11. 선고, 88다카11428 판결). 그러나 판례는 "불법행위를 원인으로 한 손해배상을 청구한데 대하여 채무불이행을 원인으로 한 손해배상을 인정한 것은 당사자가 신청하지 아니한 사항에 대하여 판결한 것으로서 위법이다."라고 하였습니다(대법원 1963. 7. 25. 선고, 63다241 판결).

"채무불이행으로 인한 손해배상청구권에 대한 소멸시효항변이 불법행위로 인한 손해배상청구권에 대한 소멸시효항변을 포함한 것으로 볼 수는 없다."라고 하였음에 비추어(대법원 1998. 5. 29. 선고, 96다51110 판결), 손해배상청구 시 불법행위 또는 채무불이행 중 어느 쪽의 책임을 물을 것인지를 선택하여 청구하여야 할 것입니다. 그리고 불법행위책임과 채무불이행책임은 모두 과실책임을 원칙으로 하지만, 불법행위에 있어서는 피해자가 가해자에게 고의·과실 있음을 입증하여야 하는데 비하여(다만, 사용자책임의 경우는 사용자가 선임·감독에 과실 없음을 입증하여야 함), 채무불이행의 경우는 채권자는 채무자의 채무불이행사실을 입증함으로써 충분하고, 채무자가 책임을 면하려면 그에게 귀책사유 없음을 입증하여야 합니다.

그런데 위 사안과 관련하여 판례는, 산부인과 의사가 제왕절개수술을 요하는 응급환자가 입원하였다는 보고를 받고도 1시간이 지나 집을 출발하여 수술지연으로 인하여 태아가 사망한 것에 대하여 산부인과 의사의 과실을 인정한 사례가 있으며(대법원 2000. 12. 22. 선고, 99다42407 판결), 또한, 당직의사에게 자신의 전문분야가 아닌 질환으로 응급을 요하는 환자에 대한 처치의무가 있는지에 관하여 판례는 "산부인과 전문의가 아닌 일반외과 의사라고 하더라도 당직의사였다면 산부인과 전문의가 없는 상황에서 산모가 급하게 제왕절개 수술을 요하는 급박한 상태이고, 그러한 상황을 보고 받기까지 한 이상 사람의 생명·신체·건강을 관리하는 의사로서의 업무의 성질에 비추어 의사로서는 환자의 구체적인 증상이나 상황에 따라 위험을 방지하기 위하여 요구되는 최선의 처치를 행하여야 할 주의의무가 있다."라고 하였습니다(대법원 1997. 3. 11. 선고, 96다49667 판결).

따라서 위 사안과 같은 의료사고에 대한 불법행위책임을 물을 경우 의사는 「민법」 제750조의 불법행위자로서, 병원은 같은 법 제756조의 사용자로서 의사와 병원은 모두 민법 제760조의 공동불법행위자로서 귀하에게 태아의 사망으로 인한 손해를 배상할 책임이 있다고 할 것으로 보입니다. 그러나 채무불이행책임을 물을 경우에는 계약당사자만 책임을 지게 되므로 고용의사는 이행보조자가 될 뿐이고, 병원만이 채무불이행책임을 질 것으로 보입니다.

▌ 제왕절개수술 후 임산부를 방치하여 사망케 한 경우

【질문】 제 아내는 병원에서 제왕절개수술로 태아를 출산 하였습니다. 그런데 출산한 후 병원에서 방치하여 폐전색증으로 사망하였습니다. 저는 병원과 담당의사에 대하여 의료과실로 인한 손해배상을 청구할 수 있는지요?

【답변】

의료과실에 관하여 판례는 "인간의 생명과 건강을 담당하는 의사에게는 그 업무의 성질에 비추어 위험방지를 위하여 필요한 최선의 주의의무가 요구되고, 따라서 의사로서는 환자의 상태에 충분히 주의하고 진료 당시의 의학적 지식에 입각하여 그 치료방법의 효과와 부작용 등 모든 사정을 고려하여 최선의 주의를 기울여 치료를 실시하여야 합니다.

이러한 주의의무의 기준은 진료 당시의 이른바 임상의학의 실천에 의한 의료수준에 의하여 결정되어야 하나, 그 의료수준은 규범적으로 요구되는 수준으로 파악되어야 하고, 해당 의사나 의료기관의 구체적 상황을 고려할 것은 아니다."라고 하였으며, "의료행위에 대하여 주의의무위반으로 인한 불법행위 또는 채무불이행으로 인한 책임이 있다고 하기 위해서는 의료행위상의 주의의무위반과 손해발생과의 사이에 인과관계의 존재가 전제되어야 합니다.

의료행위가 고도의 전문적 지식을 필요로 하는 분야이고, 의료행위의 과정은 대개의 경우 환자 본인이 그 일부를 알 수 있는 외에 의사만이 알 수 있을 뿐이며, 치료의 결과를 달성하기 위한 의료기법은 의사의 재량에 달려 있기 때문에 손해발생의 직접적인 원인이 의료상의 과실로 말미암은 것인지 여부는 전문가인 의사가 아닌 보통인으로서는 도저히 밝혀낼 수 없는 특수성이 있어서 환자 측이 의사의 의료행위상 주의의무위반과 손해발생과 사이의 인과관계를 의학적으로 완벽하게 입증한다는 것은 극히 어렵습니다.

환자가 치료 도중에 사망한 경우 피해자 측에서 일련의 의료행위과정에서 저질러진 일반인의 상식에 바탕을 둔 의료상의 과실 있는 행위를 입증하고 그 결과와 사이에 일련의 의료행위 외에 다른 원인이 개재될 수 없다는 점, 이를테면 환자에게 의료행위 이전에 그러한 결과의 원인이 될 만한 건강상의 결함이 없었다는 사정을 증명한 때에는, 의료행위를 한 측이 그 결과가 의료상의 과실로 말미암은 것이 아니라 전혀 다른 원인으로 말미암은 것이라는 입증을 하지 아니하는 이상, 의료상 과실과 결과 사이의 인과관계를 추정하여 손해배상책임을 지울 수 있도록 입증책임을 완화하는 것이 손해의 공평·타당한 부담을 그 지도원리로 하는 손해배상제도의 이상에 맞는다고 하지 않을 수 없을 것이다."라고 하였습니다. 또한, "가해행위와 피해자 측의 요인이 경합하여 손해가 발생하거나 확대된 경우에는 그 피해자 측의 요인이 체질적인 소인 또는 질병의 위험도와 같이 피해자 측의 귀책사유와 무관한 것이라고 할지라도, 그 질환의 태양·정도 등에 비추어 가해자에게 손해의 전부를 배상하게 하는 것이 공평의 이념에 반하는 경우에는, 법원은 손해배상액을 정하면서 과실상계의 법리를 유추적용하여 그 손해의 발생 또는 확대에 기여한 피해자 측의 요인을 참작할 수 있습니다.

불법행위로 인한 손해배상청구사건에서 과실상계사유에 관한 사실인정이나 그 비율을 정하는 것은 그것이 형평의 원칙에 비추어 현저히 불합리하다고 인정되지 않는 한 사실심의 전권에 속하는 사항이다."라고 하면서 제왕절개수술을 받은 후 이상증세를 보인 임산부를 방치하여 폐전색증으로 사망케 한 경우, 의료과실을 인정하면서도 폐전색증의 진단이나 사전예방이 용이하지 않은 점 등을 참작하여 손해배상책임을 40%로 제한한 사례가 있습니다(대법원 2000.1.21. 선고, 98다50586 판결, 대법원 1998. 9. 4. 선고, 96다11440 판결).

따라서 위 사안의 경우에도 담당의사 丙에게는 「민법」 제750조의 불법행위책임을, 乙병원에 대하여는 같은 법 제756조의 사용자로서의 책임을 물어 손해배상을 청구할 수 있을 것으로 보입니다.

■ 기형아임을 발견치 못한 산부인과 의사에게 책임이 있는지요?

【질문】 저의 아내는 임신을 하여 계속 병원에서 진료 받아왔습니다. 그런데 진료과정에서 전혀 이상증세가 없다고 하였음에도 불구하고 출산 후 태아에게 다운증후군의 증상이 발생하였습니다. 이러한 경우 병원과 담당의사에게 손해배상을 청구할 수 있는지요?

【답변】

이와 관련된 판례를 보면, "의사가 기형아 판별확률이 높은 검사방법에 관하여 설명하지 아니하여 임산부가 태아의 기형여부에 대한 판별확률이 높은 검사를 받지 못한 채 다운증후군에 걸린 아이를 출산한 경우, 모자보건법 제14조 제1항 제1호는 인공임신중절수술을 할 수 있는 경우로 임산부 본인 또는 배우자가 대통령령이 정하는 우생학적 또는 유전학적 정신장애나 신체질환이 있는 경우를 규정하고 있고, 모자보건법시행령 제15조 제2항은 모자보건법 제14조 제1항 제1호의 규정에 의하여 인공임신중절수술을 할 수 있는 우생학적 또는 유전학적 정신장애나 신체질환으로 혈우병과 각종 유전성 질환을 규정하고 있을 뿐이므로, 다운증후군은 위 조항 소정의 인공임신중절사유에 해당하지 않음이 명백하여 부모가 태아가 다운증후군에 걸려 있음을 알았다고 하더라도 태아를 적법하게 낙태할 결정권을 가지고 있었다고 보기 어렵다고 할 것이어서 부모의 적법한 낙태결정권이 침해되었다고 할 수 없다."라고 하면서, "인간생명의 존엄성과 그 가치의 무한함에 비추어 볼 때, 어떠한 인간 또는 인간이 되려고 하는 존재가 타인에 대하여 자신의 출생을 막아 줄 것을 요구할 권리를 가진다고 보기 어렵고, 장애를 갖고 출생한 것 자체를 인공임신중절로 출생하지 않은 것과 비교해서 법률적으로 손해라고 단정할 수도 없으며, 그로 인하여 치료비 등 여러 가지 비용이 정상인에 비하여 더 소요된다고 하더라도 그 장애자체가 의사나 다른 누구의 과실로 말미암은 것이 아닌 이상 이를 선천적으로 장애를 지닌 채 태어난 아이 자신이 청구할 수 있는 손해라고 할 수는 없다."라고 하면서 다운증후군을 발견하지 못한 산부인과의사 등의 책임을 부인한 사례가 있습니다(대법원 1999. 6. 11. 선고, 98다22857 판결, 2001. 6. 15. 선고, 2000다17896 판결).

또한, "의사가 오진을 하였다고 하여 곧바로 고의나 과실이 있다고 할 수는 없다. 임산부에 대한 상담과 각종 검사 등을 통하여 태아의 기형을 의심할 만한 아무런 징후가 발견되지 아니하였고, 초음파 검사상으로도 태아의 왼쪽손목 이하 발육부전을 발견하는 것이 용이하지 아니한 점 등에 비추어 의사가 태아의 위와 같은 기형을 발견하지 못하였다고 하여 곧바로 의사에게 어떠한 주의의무 위반이 있다고 단정하기 어렵다."라고 한 사례도 있습니다(대법원 1999. 6. 11. 선고, 98다33062 판결). 따라서 위 질문에 있어서도 산부인과의사가 다운증후군증세를 발견하지 못하였다는 사실만으로 손해배상을 청구하기는 어려울 것으로 보입니다.

▌ 임신중독증을 오진으로 인해 치료시기를 놓친 경우 병원의 책임은?

【질문】 저의 아내는 임신을 하여 산부인과에 출산을 위해 입원하였습니다. 그 후 제 아내에게 임신성 고혈압(임신중독증)을 의심할 만한 징후가 있음에도 병원에서는 이를 발견하지 못하였고, 결국 태반조기박리로 신생아가 사망하였습니다. 이 경우 병원에게 어떤 책임을 추궁할 수 있나요?

【답변】

대법원 판례에서는 임산부가 예정내원일보다 앞당겨 단기간에 2회에 걸쳐 내원하여 심한 부종 등을 호소하면서 임신중독증을 염려하는 것을 듣고도 기본적인 검사인 체중측정과 소변검사조차 시행하지 아니하고 별 이상이 없다는 진단을 내린 의사와, 급격한 체중증가와 혈압상승에도 불구하고 즉시 입원치료를 하게 하지 않고 앞서 진찰한 의사의 부실한 진단결과와 당일 1회의 간단한 검사결과 만에 의존하여 저염, 고단백식사만을 권유한 채 만연히 귀가케 한 병원장에게 태반조기박리로 인한 신생아의 사망에 대하여 공동불법행위책임을 인정한 사례가 있습니다(대법원 2003.11.27. 선고, 2001다2013 판결).

▌ 거대아를 잘못 진단하여 대비하지 못한 경우의 책임은?

【질문】 산모가 거대아인 태아를 잉태하고 있었는데, 일반인에 비해 골반크기가 작았습니다. 병원에서는 이에 대한 대비를 하지 않아 분만 후 신생아가 마비 증세를 지니고 태어났습니다. 이 경우 의료인의 과실 정도는 어떻게 되는지요?

【답변】

정상분만의 방법으로 출산한 신생아가 거대아로서 좌상완신경총마비 증세가 나타난 경우, 분만 직전까지 산모와 태아 모두 정상 상태였던 점, 위 증세는 정상분만에 의하여 거대아를 출산할 때 나타날 확률이 높은 점, 위 증세 발생에 다른 원인이 개재되었을 가능성이 없는 점 등에 비추어 위 증세는 담당 의사가 임신 당시 정기진찰 및 산전검사를 통하여 태아가 거대아인 점과 산모의 골반 크기를 예측하고 제왕절개수술 등 적절한 대비책을 강구하지 못한 과실로 인하여 발생한 것으로 추정됩니다(대법원 1999.06.11. 선고, 99다3709 판결).

▌계류유산을 오진으로 인해 치료시기를 놓친 경우, 병원의 책임은?

【질문】 저의 아내는 임신을 하였는데, 병원에서 계류유산증세를 보이는 제 아내에 대해 단순 유산이라고 잘못 진단하여 제 때 치료받지 못하여 사망하였습니다. 이 경우에 병원에 대하여 저는 어떤 조치를 취할 수 있나요?

【답변】

병원 기록에 보면, 귀하의 아내를 최초에 검사한 결과 계류유산임을 확인하였으므로 그 이전 병원에서의 진단 결과 등을 이유로 소파수술을 반대하더라도 귀하에게 태아가 사망한 사실과 그에 따른 소파수술의 필요성 및 발생이 예상되는 위험 등에 관하여 당시의 의료수준에 비추어 상당하다고 생각되는 사항을 설명하여 줌으로써 수술의시기를 놓치지 않도록 하였어야 합니다.

또 패혈증의 가능성을 예견하였으므로 소파수술 이전에 미리 예방조치로서 항생제를 투여함과 아울러 혈액을 채취하여 패혈증의 감염 여부를 알아보기 위한 기본적인 검사를 하여야 하고, 소파수술 후에도 그 확인된 사체아의 상태에 따라 다시 고단위의 항생제를 투여하는 등의 조치를 취했어야 합니다. 소파수술 이후 패혈증에 대비한 관찰 및 검사를 시행하면서 그 증세에 따라 신속한 처치를 하였어야 함에도 불구하고 이러한 조치를 일체 취하지 아니하였을 뿐 아니라, 소파수술 이후 수련의나 간호원들에게도 귀하의 아내에게 패혈증이 일어날 가능성이 있다는 점과 그에 대비하라는 말만 하였을 뿐, 망인의 상태에 대하여 계속적으로 세심한 관찰을 하고 증상에 따라 신속하고 적절한 처치를 할 것과 그 구체적 방법 등에 대하여 아무런 지시도 하지 않고 그들을 통하여 망인의 상태를 점검하지도 아니하여, 망인의 패혈증에 대비하여 반드시 취하여야 할 여러 조치들이 제대로 이루어질 수 없게 된 결과 그 패혈증의 발생을 신속히 감지하지 못하고, 따라서 신속하고 적절한 조치 또한 취할 수 없도록 하여 망인으로 하여금 패혈증 및 그로 인한 미만성 혈액응고장애로 사망하게 한 의료상의 과실이 있습니다. 그러므로 귀하는 병원을 상대로 손해배상을 청구할 수 있다고 봅니다.

■ 자궁외 임신을 오진으로 인해 필요 없는 수술을 받은 경우의 책임은?

【질문】 저는 자궁외 임신을 하였는데, 병원 산부인과 의사가 자궁근종으로 오진하고
자궁을 적출하였습니다. 그 후 저는 심한 후유증과 우울증에 시달리고 있습니
다. 이 경우 의사에게는 어떤 책임을 추궁할 수 있나요?

【답변】

오진한 의사가 불필요한 수술을 마치 필요한 수술인 듯이 설명하여 수술승낙을 받
았다면 위 승낙은 유효한 승낙이라고 볼 수 없고, 자궁을 제거한 것은 상해에 해당하
기 때문에 의료인의 과실이 인정됩니다.

귀하가 난소의 제거로 이미 임신 불능 상태에 있어 자궁을 적출했다 하더라도
이는 업무상 과실치상죄 소정의 상해에 해당하지 않는다는 것이나, 그와 같은 사유
만으로 자궁을 제거한 것이 신체의 완전성을 해한 것이 아니라거나 생활기능에 아
무런 장애를 주는 것이 아니라거나 건강상태를 불량하게 변경한 것이 아니라고 할
수 없고 이는 업무상 과실치상죄에 있어서의 상해에 해당합니다. 그러므로 의사에
게 형사상의 처벌과 함께 민사상의 손해배상을 청구할 수 있다고 봅니다.

■ 분만 중 의사가 정확히 진단했으면 대비할 수 있었던 상황에 대비하지 못한 경우의 과실은?

【질문】 저의 아내는 분만 중 의사가 아두골반불균형 상태 등의 가능성을 의심할 수 있었음에도, 이를 진단하지 못한 채 흡인분만의 방법을 무리하게 지속하다 태아가 뇌손상을 입고 두개강내출혈이 생겨 뇌성마비가 발생하였습니다. 이 경우 의사의 과실 여부는 어찌되는지요?

【답변】

　분만중 태아가 뇌손상을 입고 두개강내출혈이 생겨 뇌성마비가 발생한 경우에 있어 출산을 담당한 의사에게, 통상의 주의력을 가진 산부인과 의사라면 아두골반불균형 상태 또는 경계아두골반불균형 상태의 가능성이 있음을 의심할 수 있다고 보이는데도 이러한 가능성을 전혀 예상하지 아니하여 이에 대한 대비를 하지 아니하였고, 분만 2기에 있어 5분마다 한 번씩 측정하여야 할 태아심음측정을 4회나 하지 아니한 채 만연히 통상의 질식분만의 방법으로 분만을 진행시키다가 뒤늦게 아두골반불균형 또는 이와 유사한 상태의 경우에는 피하여야 할 시술방법인 흡인분만의 방법을 무리하게 계속하여 태아를 만출시킨 의료상의 과실이 있습니다.

■ 이상 징후가 있었으나 방치하고 사망한 경우 책임은?

【질문】 저의 집 사람은 수술 후 약 16시간 동안 마취에서 완전히 깨어나지 않았고, 체온 상승·혈압 하강·빈맥·호흡 과다 등의 이상증세를 보였습니다. 병원의 담당 의사는 이를 방치하여 심부정맥혈전증 및 폐전색증의 발병 사실을 진단하지 못하였고, 이후 환자가 사망하였습니다. 이 경우 저는 병원과 담당의사에게 어떤 배상을 요구해야 할까요?

【답변】

대법원에서는 이상증세를 보인 환자를 방치하여 폐전색증으로 사망케 한 의료인의 과실은 인정되나, 폐전색증의 진단이나 사전 예방은 용이하지 않음 점을 감안하여 환자 가족이 주장한 손해배상책임의 40퍼센트만 인정한다고 판시하였습니다.

⚖ 관련판례

원심은, 폐전색증은 제왕절개 수술을 받은 산부들에게도 드물게 나타나는 병인 점, 그 진단이나 사전 예방이 용이하지 아니하고 일단 발병하면 치사율이 높은 점, 망인이 폐전색증의 대표적인 증세인 돌발적인 호흡 곤란을 보인 것은 수술 다음날 05:20경이고, 그 후 의사 소외 2 등의 응급처치에는 별다른 잘못이 없는 점, 소외 2 등이 망인의 폐전색증을 적기에 진단하였다 하더라도 망인이 사망하였을 가능성을 배제할 수 없는 점 등을 감안하면, 망인의 사망으로 인한 손해를 피고측에게 전부 부담하게 하는 것은 공평의 원칙상 부당하다는 이유로 이 사건 변론에 나타난 여러 사정을 참작하여 피고의 손해배상책임을 40%로 제한하였는바, 기록에 비추어 살펴보면, 원심의 위와 같은 사실인정 및 판단은 정당한 것으로 수긍이 가고, 거기에 채증법칙을 위반하여 사실을 오인하거나, 공평의 원칙에 대한 해석 및 적용을 잘못하여 책임제한 비율을 과다하게 정하였거나 과소하게 정한 위법이 있다고 할 수 없다. 이 점에 관한 쌍방의 주장은 모두 받아들일 수 없다(대법원 2000.01.21. 선고 98다50586 판결).

▌루프제거 후 요실금이 발생되었을 경우의 대처방법은?

【질문】 저는 아랫배가 묵직하고 염증으로 부인과 건강검진을 받았습니다. 검진 상에서 루프 문제라고 하시면서 루프를 제거하였습니다. 그런데 제거 후부터 요실금 증상이 생겨 다른 의료기관에서 진료를 받은 결과 수술이 필요하다고 합니다. 그래서 건강검진을 받은 병원에 이런 상황을 얘기하였더니 자신들은 잘못이 없으니까 법대로 하라고 하였습니다. 저는 어떻게 해야 할까요?

【답변】

요실금의 원인에 따라 책임 조재에 대한 판단이 달라질 수 있습니다.

루프는 작은 기구를 여성의 자궁 안에 넣어서 수정란이 착상되는 것을 막는 피임 방법으로 보통 착용기간이 5년입니다. 5년이 경과하여 오래 기간이 지나면 자궁으로 파고 들어가거나 염증을 일으키는 감염 등의 여러 부작용을 일으킬 수 있으므로 가급적 5년 전후에 교체하는 것을 권유하고 있습니다. 요실금의 원인으로는 외상이나 수술, 척수탈출증, 선천성 기형, 방광질루 등이 있으며 각각의 종류에 따라 다른 원인으로 발생하기 때문에 여러 가지 진단적 검사를 통해 그 원인을 찾아볼 필요가 있습니다. 또한, 루프로 인하여 발생되는 요실금은 요로감염에 의하여 발생될 가능성이 높으므로, 요검사, 방광경검사, 초음파검사 등을 통한 정확한 진단을 받은 후 그 결과에 따라 의료사고 여부를 판단 받아보시기 바랍니다.

⚤ 관련판례

요실금 테이프 수술은 모든 장기를 박리하여 보면서 하는 수술이 아니고, 장기의 구조, 위치 등을 예측하고 하는 수술(Blind Surgery)로서 환자마다 장기의 구조 및 위치가 조금씩 다르므로 부득이 시술 과정상 방광손상의 합병증이 발생할 가능성이 있으며, 그 점에 대해 원고 ○○에게 시술 전에 충분히 설명하여 동의를 받았고, 시술 이후에도 대구의 ◇◇의원 본점에서 방광내시경 검사를 받게 하고 방광세척 및 항생제 처방 등을 통해 충분히 의료상 처치를 이행하였을 뿐만 아니라 증상이 호전되지 않을 경우에는 △△병원에서 정밀검사를 받도록 권유하는 등 의료상의 모든 치료를 성실히 이행하였으므로 아무런 과실이 없다는 취지로 주장하나, 위 원고의 방광손상으로 인한 방광게실 등이 피고의 과실로 인하여 발생한 것임은 앞서 판단한 바와 같으므로 피고의 주장은 이유 없다. 따라서 피고는 위 의료사고로 원고들이 입은 재산적, 정신적 손해를 배상할 책임이 있다(부산고법 2010. 5. 27. 선고, 2009나7885 판결).

▌ 자궁외 임신을 진단하지 못하였을 경우 병원의 책임은?

【질문】 저는 시험관아기시술을 위해 산부인과에서 지속적인 진료를 받아오고 있었습니다. 복통으로 산부인과에 문의하니 생리통 진단으로 경과관찰을 권유하여 지켜보았습니다. 이후 지속적인 통증으로 수차례 문의를 하였으나, 임신은 아니라고 하여 타 의료기관에 문의를 해 보니 자궁외임신이라는 진단을 받았습니다. 그래서 재차 산부인과에 문의를 하였더니 수술은 필요 없다고 하면서 약물치료만을 주장합니다. 산부인과에게 책임이 있지 않은지요?

【답변】

초기의 증상일 경우에는 진단이 어려울 수 있습니다.

자궁외임신은 자궁강 외의 난소, 복강과 경관 등의 다른 기관에 수정란이 착상하는 것을 말하며, 대부분 난관에 발생하는 경우가 많습니다. 증상으로는 무증상의 경우부터 급성 복부통증을 호소하며 응급수술을 요하는 혈액학적 쇼크 상태까지 매우 다양하여 진단에 어려움이 있습니다. 검사방법으로는 주로 임신 호르몬 농도가 정상적으로 증가하고 있는지 알아보고, 초음파와 자궁내막 조직검사 등의 방법이 이용됩니다.

과거에는 난관이 파열되거나 산모가 위험한 상황까지 가서야 자궁외 임신 진단이 가능했지만 최근에는 임신 5~8주에도 초음파진단이 가능합니다. 자궁외임신의 증상은 복통과 생리통의 증상과 비슷하여 임신 초기였을 경우 진단을 내리기 어려울 수 있으며 환자의 상태에 따라 약물요법과 수술적 요법을 선택하여 시행될 수 있으므로, 약물치료 선택이 딱히 잘못되었다고는 볼 수 없습니다. 다만, 이러한 부분들에 대하여 병원의 책임이 인정되기 위해서는 충분한 설명과 진단을 내리기 위한 적정한 조치가 있었는지 검토되어야 할 것입니다.

♣♣ 관련판례

환자의 마지막 월경주기가 2002. 5. 말경이며, 같은해 7. 27.부터 질출혈이 있었다는 사실을 피고가 알고 있었음은 앞서 본 바와 같으므로 이러한 경우 피고로서는 이후의 진단과정에서 환자에게 자궁외임신이 나타날 가능성을 염두에 두고 면밀히 경과를 관찰하였어야 한다고 보이는바, 환자가 피고 병원에 2번째로 내원한 같은 해 8. 14. 초음파검사에서 난황낭이 관찰되었다고 하더라도 3번째로 내원한 같은 해 8. 27. 초음파검사에서 임신낭이 관찰되지 않았다면 자궁외임신의 가능성을 강하게 의심하고 융모성성선자극호르몬을 연속적으로 검사하는 등의 방법으로 자궁외임신을 진단하기 위하여 노력하였어야 함에도 불구하고 피고는 이러한 노력을 해태한 과실이 있다고 보여진다. 융모성 성선자극호르몬을 연속 측정하였다면 당시 자궁외임신을 발견할 수 있었다고 할 것이고, 당시에 환자의 자궁외임신을 발견하였다면 난관이 파열되지 않은 상태에서 난관절제술을 시행하지 않고 난관을 소실하지 않게 할 가능성이 있었다고 할 것이다(인천지법 2004. 12. 29. 선고, 2002가합7523 판결).

■ 제왕절개 분만 후 폐색전증으로 사망했을 경우의 대처방법은?

【질문】 제왕절개분만 후 호흡곤란 증상 등이 있었고 분만 2일 만에 산모가 사망하였습니다. 경찰서에 부검을 의뢰한 결과 사망사인은 폐색전증 의증으로 나왔습니다. 산모 유가족들은 호흡곤란 발생당시 재빠른 조치만 있었더라면 산모가 살 수 있었을 텐데 후조치 미흡으로 산모가 사망했다고 생각하고 있습니다. 너무나도 억울하여 집회시위와 인터넷 글 게재, 소송 등을 고려중에 있습니다.

【답변】

　분만 후에 예견될 수 있는 상황에 따른 조치가 중요합니다. 임산부에게 폐색전증이 나타나는 일은 드물지만, 출산으로 인해 복부의 하대정맥에 대한 압박이 해소되면 혈류가 정상으로 돌아오게 되고, 이 과정에서 혈전이 쉽게 떨어질 수 있는 상태가 되므로 색전증의 발생가능성이 있습니다. 임상 증상으로는 호흡곤란과 빈맥 등이 나타나며, 산모의 전신상태가 불량하여 폐색전증이 의심될 경우에는 폐혈관조영술 등을 통한 진단 후 이에 맞는 치료가 진행될 수 있습니다. 다만, 폐색전증은 비특이적인 증상 및 징후, 다양한 임상증상을 보일 수 있고, 제왕절개술로 분만한 산모에게서 수술 후 발생할 수 있는 호흡곤란이나 현기증 등만으로 폐색전증을 예상하여 이를 진단하는 것은 매우 어렵고 폐혈관조영술을 실시하면 폐색전증을 확진할 수 있지만 이 또한 침습적인 검사로 상태를 더욱 악화시킬 수 있다는 점에서 폐색전증을 예상하고 진단하여 치료하기는 매우 어려운 점이 있습니다. 이러한 전반적인 상황에 대하여 의학적, 법률적 판단을 원하실 경우에는 진료기록 및 부검감정서 등의 서류를 구비하신 후 의료중재원의 절차를 진행해 보시기 바랍니다.

⚖ 관련판례 I

　제왕절개수술과 자궁근종 제거수술을 받은 환자가 폐색전증 증상을 보이자 환자의 상태를 고려하여 출혈의 부작용을 야기할 위험이 있는 헤파린을 투여하지 않고 즉시 다른 병원으로 전원시켜 카데터에 의한 색전제거술 등 다른 적절한 방법에 의한 치료를 받을 수 있도록 한 조치에 의료상의 과실 또는 설명의무 위반이 있다고 할 수 없으므로 병원 및 소속 의사가 진료계약에 따른 채무를 이행하지 못하였다고 할 수 없다고 한 사례(서울고법 2001. 2 .8. 선고, 1999나10211 판결).

⚖ 관련판례 II

　산부인과와 마취과 수련의 등이 수술 후 마취회복과정에 있는 산모를 방치함으로써 폐혈전색전증의 발병 사실 또는 그 가능성을 감지하지 못하고, 그에 대한 조속한 진단 및 응급치료의 시기를 놓쳐 산모가 사망하였다고 하여 해당 수련의와 이들을 지휘·감독할 사용자인 담당 과장의 공동불법행위책임을 인정한 사례(광주고법 2003.1.8. 선고, 2001나3848 판결).

자궁암수술 중 방관손상으로 배뇨기능이 상실되었을 경우의 보상여부는?

【질문】 저는 자궁암을 진단받고 수술 차 입원하였습니다. 입원하여 수술과정에서 방광 부위 신경손상이 발생 되어 배뇨기능이 상실되었습니다. 해당 의료기관에서는 과실을 인정하여 향후 치료비를 보장하였고 6개월 후면 신경이 회복될 것이라고 하면서 신경치료를 해 주었지만 3년이 지난 지금에도 회복되지 않아 소변줄을 착용하고 있습니다. 보상을 거부하고 있는데 어찌해야 할지 고민입니다.

【답변】

암의 진행정도가 합병증 발생에 영향을 주었을 수도 있습니다. 자궁암은 자궁에 발생하는 악성종양을 통칭하며, 발생부위에 따라 자궁경부암과 자궁체부암으로 나뉩니다. 이들 치료법은 암의 진행정도에 따라 선택되는데 암의 크기, 연령, 전신상태, 향후 출산 희망 여부 등을 고려해서 결정됩니다. 수술의 범위는 암전 상태인 경우에는 자궁경부만 절제하는 수술로도 충분한 경우도 있고, 0기암인 경우에는 전자궁적출술을 하기도 하고 1기나 2기인 경우에는 광범위절제를 하게 됩니다. 그 이상인 경우에는 수술 자체가 불가능할 수도 있습니다. 암이 진행되어 수술범위가 커지면 당연히 주변 장기에의 손상도 생길 수가 있는데 가장 흔한 것 중에 하나가 방광의 손상입니다. 수술범위가 클 경우 방광의 일부를 포함한 광범위 절제로 인하여 합병증이 발생될 수 있으며, 수술상 과오로 인하여 발생되기도 합니다. 따라서, 방광손상으로 인한 합병증의 원인과 이에 대한 병원의 책임 여부를 알기 위해서는 수술 전 암의 진행 정도, 정확한 진단과 이에 맞는 수술적 치료의 시행 여부, 충분한 설명 여부가 검토 대상이 될 것입니다.

⚖ 관련판례

의료행위에 의하여 후유장해가 발생한 경우, 그 후유장해가 당시 의료수준에서 최선의 조치를 다하는 때에도 당해 의료행위 과정의 합병증으로 나타날 수 있는 것이거나 또는 그 합병증으로 인하여 2차적으로 발생할 수 있는 것이라면, 의료행위의 내용이나 시술 과정, 합병증의 발생 부위, 정도 및 당시의 의료수준과 담당의료진의 숙련도 등을 종합하여 볼 때 그 증상이 일반적으로 인정되는 합병증의 범위를 벗어났다고 볼 수 있는 사정이 없는 한, 그 후유장해가 발생하였다는 사실만으로 의료행위 과정에 과실이 있었다고 추정할 수 없다. 복강경에 의한 질식 자궁적출술 등을 시행하는 경우 일반적 합병증으로 요관손상이 따를 수 있으므로, 위 수술 시행 과정에서 환자의 요관이 손상되는 결과가 발생한 것에 대하여 바로 수술의사의 과실을 인정할 수 없고, 이를 추정하기 위해서는 위 손상 결과가 일반적인 합병증의 범위를 벗어난 것으로 볼 만한 사정이 인정되어야 한다고 한 사례(대법원 2008. 3. 27. 선고, 2007다 76290 판결).

▌ 이송이 늦어져 아기에게 뇌손상이 발생된 경우 병원의 책임여부는?

【질문】 분만직후 의사말로는 아기가 태어날 때 탯줄을 감고 태어났고 자가 호흡이 되지 않아 큰 병원으로 빨리 가야 된다고 하였습니다. 문제는 전원 할 병원은 정해졌는데 동행간호사가 아직 준비되지 않았다고 했습니다. 그리고는 119구급차가 왔는데도 동행간호사 준비가 되지 않아 119를 그냥 돌려보냈습니다. 그렇게 2시간이 경과한 후에야 간호사 준비가 되어 119구급차를 타고 종합병원으로 옮겼는데 가는 도중 아기의 산소포화도가 35까지 떨어졌습니다. 종합병원에 도착하여 의료진이 아기상태를 관찰하니 이미 출생부터 이송까지 너무 시간을 지체하여 저산소증으로 인한 뇌손상이 발생되었다고 합니다. 병원에게 어떤 책임이 있는지요?

【답변】

의료인은 응급상황 발생 시 즉각적이고 적절한 대처가 필요합니다. 호흡곤란증이 심하면 뇌에 산소가 부족하게 되고 이 때문에 뇌부종이나 뇌출혈, 즉 뇌손상으로 이어지게 되며, 통상 10분 이상 경과 되면 심한 뇌손상 또는 뇌사상태가 됩니다. 이 사례의 내용에 있어서 아기가 자가호흡이 원활하지 못할 경우에는 뇌손상의 발생가능성을 예견하고 1차적인 응급 처치를 시행하여 뇌손상이라는 결과를 회피하기 위한 최선의 노력을 다하여야 하고, 해당 병원의 여러 사정으로 인해 적극적인 치료가 어려울 경우에는 즉시 치료를 받을 수 있는 의료기관으로의 전원을 시행하여야 합니다. 따라서 이 사례의 쟁점은 태아곤란증을 사전에 예견할 수 있었는지, 그에 따른 치료과정 및 방법은 적정하였는지, 환자를 전원함에 있어 소홀함은 없었는지, 또한 현재상태가 위 문제들과 인과관계가 있는 것인지 여부라고 할 수 있습니다.

♨ 관련판례 I

의료진이 분만 과정에서 태아저산소증, 즉 태아곤란증을 뒤늦게 발견한 과실로 태아가 뇌성마비의 장해를 입은 것으로 보아 소속 병원 운영자에게 손해배상책임을 인정한 사례임. 의료진이 분만 과정에서 태아저산소증, 즉 태아곤란증(fetal distress)을 뒤늦게 발견한 과실로 태아가 뇌성마비의 장해를 입은 것으로 보아 소속 병원 운영자에게 그 장해로 인한 손해배상책임을 인정하면서, 태아저산소증으로 인한 뇌성마비의 결정적 판단 기준을 미국산부인과학회 위원회가 1991년에 발표한 기준과는 달리 ① 제대동맥혈 내 ph <7.00의 대사성 또는 호흡-대사 혼합성 산혈증, ②

경련, 혼수상태 또는 저긴장도의 신생아 신경학적 후유증 동반, ③ 출생 후 2주 이내의 뇌CT촬영 경과로 제시하고, 제반 사정을 참작하여 피고의 손해배상책임을 일부 제한한 사례(서울고법 2009. 7. 9. 선고, 2008나47949 판결).

⚕ 관련판례 II

의사에게는 만일 당해 의료기관의 설비 및 지리적 요인 기타 여러 가지 사정으로 인하여 진단에 필요한 검사를 실시할 수 없는 경우에는 특단의 사정이 없는 한 당해 환자로 하여금 그 검사를 받을 수 있도록 해당 의료기관에 전원을 권고할 의무가 있다(울산지법 2005. 9. 7. 선고, 2004가합977 판결).

▌ 질분비물 검사 중 처녀막이 손상되었는데 보상을 받을 수 있는지요?

【질문】 저는 최근에 생리적 분비물이 많아 산부인과에 갔습니다. 의사 분께서 하시는 말씀이 냉대하증 의심이 된다고 검사를 해보자고 했습니다. 그래서 냉검사를 하였는데 문제는 검사과정에서 처녀막이 손상되었습니다. 저는 아직 시집도 안 간 처녀입니다. 이런 잘못에 대한 보상을 받을 수 있을까요?

【답변】

검사방법에 대한 상세한 설명이 없었다면 병원의 책임이 인정됩니다.

냉대하증은 통상 병원에서의 질분비물 검사를 통해 균의 종류를 진단하고 이에 맞는 적절한 약물치료를 시행하게 됩니다. 다만, 성경험이 없는 환자의 경우에는 처녀막의 손상위험이 있기에 질 안쪽에서 검사나 처치를 하지 않으며 특별한 사유가 없는 한 초음파검사 또한 시행하지 않습니다. 물론 환자의 상태가 위중하여 피해의 경중을 따져보아야 할 경우에는 이에 대한 충분한 설명을 한 후 시행될 수 있습니다. 이렇듯, 질 내부의 검사를 시행하기 이전에 의료인은 항상 환자의 처녀성 여부를 확인하여야 하며, 충분한 설명을 토대로 동의를 구한 후 검사를 시행하여야 합니다. 이러한 설명 없이 행해진 검사 중 처녀막이 손상되었을 경우에는 그에 대한 병원의 책임이 인정될 수 있습니다.

⚖ 관련판례

자궁암 검사는 여성의 질구를 통하여 이루어지는 것이고 또한 당시의 상황이 원고가 자궁암 검사를 받아야만 하는 긴급한 상황은 아니었다는 것이니, 따라서 환자의 신체검사를 담당한 의료인으로서는 특별한 사정이 없는 한 직접 위 자궁암 검사에 참여하여 최소한 원고의 결혼 여부, 성관계의 유무 등을 문진하고 질구를 관찰한 다음 원고가 성경험이 없는 처녀로 판명되었을 경우 원고에게 자궁암 검사의 방법, 이로 인한 처녀막의 손상 가능성 등의 사항을 설명하여 자신의 의사에 따라 스스로 위 검사를 받을 것인가의 여부를 선택할 수 있도록 하고 처녀막에 손상이 가지 않는 적절한 검사방법이 있는지의 여부를 모색하여 그러한 방법으로 위 검사를 시행하여야 할 주의의무가 있음에도 이를 게을리한 채 검사를 실시하게 된 과실이 있다 할 것이므로 환자에 대한 설명의무 위반에 따른 승낙권의 침해와 이로 인한 의료상의 과오로 인하여 환자가 입게 된 손해를 배상할 책임이 있다(서울지법 1994. 8. 24. 선고, 93가합80648 판결).

▌ 분만과정에서 아기는 어깨골절, 저는 항문이 파열되었을 경우의 대처방법은?

【질문】 저는 출산한 지 얼마 되지 않은 산모입니다. 너무나도 억울한 일이 있어 이렇게 글을 남깁니다. 분만을 하는 과정에서 어떠한 이유인지는 모르겠지만 아기의 어깨부위에 골절이 생겼고 저 또한 항문이 파열되는 사고를 당했습니다. 그래서 종합병원으로 이송하여 아기는 어깨교정 치료와 저는 항문부위 봉합술이라는 치료를 받고 현재 입원치료 중에 있습니다. 해당 산부인과에서는 그럴 수도 있다는 말만 되풀이 하는데, 문제가 있는 것은 아닌지 궁금합니다.

【답변】

현 상황이 분만 전에 충분히 예견될 수 있는 상황인지 여부가 중요합니다.

분만 시 신생아의 쇄골골절은 전체 분만의 0.3~1.8%에서 발생하는 합병증으로 미리 예측하거나 예방할 수 있는 방법은 없습니다. 분만 과정에서 좁은 산도에 걸려있는 신생아의 어깨를 분만하기 위하여 의사가 신생아의 머리를 잡고 아래로 당겨 위쪽 어깨를 빼내고 다시 위쪽으로 당겨 아래쪽 어깨를 빼내는데 이는 정상적인 분만과정입니다. 원인으로는 분만과정에서 산모가 제대로 힘을 주지 못하였거나, 신생아 머리가 나오고 나서 산모가 힘을 빼어야 어깨와 몸이 무리 없이 나오는데 그렇지 않고 계속 힘을 준 경우, 신생아가 거대아여서 제대로 골반을 통과 못한 경우 등에서 발생될 수 있습니다. 다만, 산전 진찰에서 태아의 체중이 과체중이었는지가 중요합니다. 만약 과체중이었다면 의사는 정상적으로 분만이 가능한지의 여부를 확인하여야 하며, 이 점을 산모가 인지할 수 있도록 충분히 설명이 이루어져야 합니다. 또한 산모의 항문 파열은 태아의 과체중, 회음부의 과도절개 등 여러 가지 원인이 있을 수 있으므로, 이에 대하여 의학적으로 규명하는 것이 선행되어야 할 것입니다.

☗ 관련판례

거대아의 경우 난산이 예상되어 산모나 태아의 건강이 염려되므로 산모의 과거 분만력, 출산 전의 검진결과 등 여러 사정을 종합하여 태아가 거대아인지 여부를 미리 예측하여 이에 대비하여야 할 것이고, 만약 이를 예측할 수 없어 자연분만의 방법을 시도하게 되었고, 그것이 어쩔 수 없었다 하더라도 분만 과정의 상황에 비추어 거대아 등 분만곤란증상을 의심할 수 있었다면 즉시 자연분만 방법을 포기하고 제왕절개수술을 시도하는 등 조치를 취하여 산모나 태아의 건강을 확보하려고 노력하여야 할 것이다(서울고법 1998. 2. 10. 선고, 96나45193 판결).

▌제왕절개술 후 출혈이 지속되어 재수술을 받았는데 병원의 책임은?

【질문】 저는 임신 37주 4일로 양수가 터져 산부인과에 갔습니다. 진통이 있는데도 자궁경관이 개대가 되지 않아 산전 진찰을 했던 의사분이 안 계셔서 다른 의사분에 의해 제왕절개 분만으로 여아를 출산하였습니다. 보통 제왕절개 분만을 하면 약간의 출혈은 있다는 얘기는 들었지만 어찌된 일인지 출혈이 멈추지 않았습니다. 그렇게 수혈 등의 아무런 조치 없이 1시간이 경과한 후에야 산전 진찰을 했던 의사분이 오셔서 수혈과 자궁절제술을 시행하였습니다. 그런데도 출혈이 지속되자 종합병원으로 급하게 이송되어 개복수술을 받고 약 20일 후에 퇴원 하였습니다. 출혈도 출혈이지만 혈액을 미리 준비해서 수혈을 빠른 시간 내에 했더라면 큰 병원까지 가는 일은 없었을 것 같습니다. 해당 병원에 책임을 물을 수 있는지요?

【답변】

출혈이 지속되었다는 사실만으로 병원에 책임을 묻기 어려울 수도 있습니다.

이완성 자궁출혈의 경우는 아직 그 발병을 예측할 수도 없고 그 예방법도 없기에, 별도 수술 중의 과오로 인한 출혈이 아니라면, 출혈이 발생되었다는 사실만으로는 병원에 책임을 묻기는 어렵습니다. 분만 후 자궁수축이 이루어지지 않거나 혈관 손상 등으로 인하여 출혈이 지속될 경우에는 수혈과 수액 처치를 시행하고 출혈량과 상태에 따라 자궁절제술을 시행하게 되는데, 그러한 과정에서 해당 병원에서의 진단 및 치료가 어려울 경우에는 큰 병원으로 전원을 고려하게 됩니다.

따라서 출혈의 원인이 무엇인지, 출혈 후 시행한 의료행위의 방법과 과정은 적정하였는지, 1시간 경과 후 시행된 수혈과 자궁절제술이 환자의 상태에 악영향을 초래한 부분은 없는지 등이 검토되어야 할 것입니다.

⚖ 관련판례

산부인과 개업의들이 매 분만마다 수혈용 혈액을 준비한다 하더라도 이를 사용하지 아니한 경우(대부분의 분만에서 사용하지 아니한다)에는 혈액원에 반납할 수 없고, 산부인과 의원에서는 이를 보관하였다가 다른 산모에게 사용할 수도 없기 때문에 결국 사용하지 못한 혈액은 폐기하여야 하고, 헌혈 부족으로 충분한 혈액을 확보하지 못하고 있는 당시 우리나라의 실정상 만약 산부인과 개업의들이 매 분만마다 수혈용 혈액을 미리 준비하고, 이를 폐기한다면 혈액 부족이 심화될 우려가 있음을 알 수 있는바, 제왕절개분만을 함에 있어서 산모에게 수혈을 할 필요가 있을 것이라고 예상할 수 있었다는 사정이 보이지 않는 한, 산후과다출혈에 대비하여 제왕절개수술을 시행하기 전에 미리 혈액을 준비할 업무상 주의의무가 있다고 보기 어렵다고 본 사례(대법원 1997. 4. 8. 선고, 96도3082 판결).

■ 기형아 검사는 정상이었으나 선천성 기형을 가지고 태어났는데 병원에게 손해배상청구 및 고소를 할 수 있는지요?

【질문】 저는 임신 28주에 기형아검사를 했습니다. 분명히 그때는 태아에게 아무런 이상이 없는 정상이라고 하였습니다. 막상 출산을 해보니 아기가 선천성 기형(다운증후군)을 가지고 태어났습니다. 그런데 개인적인 사정으로 해당 산부인과에서 분만하지 않고 병원을 옮겨서 아기를 출산한 상황입니다. 미리 기형을 알았다고 한다면 임신중절술을 하였을 것입니다. 이런 경우에 기형아검사를 한 병원을 상대로 손해배상청구와 고소를 할 수 있는지 궁금합니다.

【답변】

진단을 소홀히 하였을 경우 병원의 책임이 인정될 수 있으나 다운증후군은 임신중절 사유에 해당되지 않습니다. 임신중절술은 모자보건법 제14조와 시행령 제15조에 따른 임신중절수술 사유에 해당될 경우에만 시술이 가능하며, 다운증후군은 위 사유에 해당되지 않으므로 부모의 낙태결정권이 침해되었다고 할 수 없습니다. 다만, 기형아 검사의 시기와 방법이 적정하였는지, 판독결과 상 오류는 없었는지, 이와 관련된 설명은 충실하였는지 여부에 따라 병원의 배상책임이 인정될 수도 있습니다. 반대로 상기 과실이 없는 경우에는 기형아 검사와 다운증후군 발생과의 인과관계는 성립되지 않아 병원의 책임이 인정되지 않을 수도 있습니다. 의료행위의 전반적인 적정성 검토를 위해서는 기형아 검사를 한 진료병원의 검사기록, 영상물 등에 대한 진료감정이 선행되어야 하므로, 이를 확보한 후 의료중재원의 절차이용을 통한 판단을 받아보시기 바랍니다.

⚜ 관련판례 I

의사가 기형아 판별확률이 높은 검사 방법에 관하여 설명하지 아니하여 임산부가 태아의 기형 여부에 대한 판별확률이 높은 검사를 받지 못한 채 다운증후군에 걸린 아이를 출산한 경우, 다운증후군은 모자보건법상 인공임신중절사유에 해당하지 않음이 명백하여 부모가 태아가 다운증후군에 걸려 있음을 알았다고 하더라도 부모의 적법한 낙태결정권이 침해되었다고 할 수 없다(대법원 1999. 6. 11. 선고, 98다22857 판결).

⚜ 관련판례 II

부모의 적법한 낙태결정권이 침해되었다고 할 수 없어 그로 인한 정신적 고통은 인정할 수 없는 경우라 하더라도, 부모는 태아가 정상아로 출생할 것으로 잘못 신뢰하게 되었고 그에 따라 장래 있을 행복한 가정생활을 꿈꾸고 있었는데 위 신뢰에 어긋나게 태아가 기형아로 출생함으로써 위와 같이 구체적으로 내용 및 형태가 어느 정도 갖추어져 있는 행복추구권이 침해당하여 정신적 고통을 입었다 할 것이므로, 의사는 부모가 입은 위 정신적 고통의 손해를 배상할 책임이 있다(부산고법 2001. 9. 14. 선고, 2001나3788 판결).

▌ 분만 중 조치미흡으로 아이에게 뇌손상이 발생되었는데 병원에게 손해배상을 청구할 수 있는지요?

【질문】 저는 분만 중 자궁경관이 개대가 되었으나 분만과정이 더 이상 진행되지 못하는 가운데 심박수가 60 이하로 급격히 떨어졌습니다. 그래서 응급으로 제왕절개술을 받았는데 분만 후 태아의 상태를 관찰해 보니 호흡이 제대로 이루어지지 않는 것 같아 대학병원으로 전원하였습니다. 그 후부터 현재까지 자가 호흡을 하지 못하고 있습니다. 또한 신장과 간 상태까지 좋지 않으며 대학병원의 주치의 소견으로 뇌손상이 온 것 같다는 말씀을 하셨습니다. 그리고는 언제쯤 호흡이 정상기능으로 돌아올지는 예견할 수가 없다고 하십니다. 산부인과에서 분만과정 중에 태아의 상태를 조금만 빨리 파악하였더라면 그리고 그에 따른 즉각적인 조치만 있었다면 이런 일은 없을 것으로 보입니다. 산부인과 의원에게 손해배상을 청구할 수 있을까요?

【답변】

응급 상황에서의 신속한 조치와 악결과를 회피하기 위한 노력 여부가 쟁점사항이 될 것입니다.

의료인은 분만시에 발생될 수 있는 문제를 최소화하기 위하여 태아의 상태를 정확히 파악하고 이에 맞는 적절한 분만방법을 선택하여야 합니다. 또한, 만기태아의 심박동 감소 등으로 태아곤란증을 의심할 만한 상황이 생기면 즉시 산모에 대한 산소공급 등 필요한 조치를 취하여 태아의 상태가 호전되는지 여부를 면밀히 관찰하여야 하고 태아상태가 호전되지 않을 경우에는 응급제왕절개술 등으로 조기에 태아를 만출시킬 수 있도록 적절한 조치를 취해야 합니다. 설령, 일시적으로 태아의 상태가 호전되었다고 할지라도 지속적으로 태아의 심박동에 이상이 있는지 여부 등을 주의 깊게 관찰하는 등 분만과정 전반에 걸쳐 사고예방을 위한 최선의 노력을 다하여야 합니다. 이 사례의 경우 분만 전 사전진찰을 통하여 예견할 수 있었는지 또한 분만과정에서 태아의 이상 징후가 보일 때 신속하고 적절한 조치가 이행되었는지 및 적절한 조치에도 불구하고 불가항력적인 부분은 없었는지 여부에 대한 판단이 필요합니다.

☙ 관련판례

뇌성마비는 대부분의 경우 그 원인을 밝혀내기 어렵고 분만 중의 원인은 6~8%에 불과하다고 할지라도 뇌성마비의 가능한 원인 중 하나가 될 수 있는 분만 도중 발생한 저산소성-허혈성 뇌손상을 표상하는 간접사실들이 인정되는 반면 선천적 또는 후천적인 다른 요인의 존재를 추인하게 할 만한 사정은 발견되지 않는다면, 뇌성마비가 분만 중 저산소성-허혈성 뇌손상으로 인하여 발생하였다고 추정함이 상당하다고 한 사례(태변착색과 더불어 태아감시장치 부착 후 곧 만기태아 심박동감소 소견이 나온 이상 산모에 대한 산소공급으로 일시적으로 태아심박동감소 상태가 호전되었다고 할지라도 지속적으로 태아심박동수 등을 주의 깊게 관찰하면서 만일의 사태에 대비하고 즉시 질식분만을 시행할 수 없다면 태아의 저산소증으로 인하여 발생이 우려되는 뇌손상 등 치명적인 위험을 피하기 위하여 제왕절개수술에 의한 분만을 시도하는 등으로 적극적인 대처를 하여야 함에도 태아의 상태를 정확히 확인하지 않은 채로 몇 시간 동안 만연히 질식분만을 시도하였고, 나아가 원고 5가 태변이 진하게 착색된 상태로 출생하였음에도 신속하고도 필요한 응급처치를 시행하지 아니한 과실이 있음을 인정한다(대법원 2005. 10. 28. 선고, 2004다13045 판결).

▌ 제왕절개 분만 후에 과다출혈로 산모가 사망했을 경우 병원의 책임은?

【질문】 산모가 제왕절개로 임신 39주 3일 만에 남아를 출산 하였습니다. 하지만 제왕절개로 분만과정에서 출혈이 발생되었고 그 출혈이 좀처럼 멈추지 않았습니다. 그런데 해당 산부인과에서 어떠한 이유인지는 모르겠지만 지혈을 시키지 못하면서 즉시 큰 병원으로 이송시키지 않고 있다가 1시간이 경과한 후에나 큰 병원으로 이송시켰습니다. 큰 병원으로 옮겨진 후 출혈에 대하여 응급조치를 하였지만 8일 만에 사망하고 말았습니다. 사인은 과다출혈로 인한 저혈성 쇼크로 판명되었는데 해당 산부인과에서 응급조치가 이루어질 수 없는 상황이나 그러한 장비나 시스템이 없다고 한다면 즉시 큰 병원으로 이송시켜 조치를 취했어야 하는 것 아닌지 하는 생각에 분통이 터집니다. 해당 산부인과에 어떤 책임이 있는지요?

【답변】

출혈의 원인과 신속한 진단 및 치료의 시행여부가 중요합니다.

의료인은 진찰·치료 등의 의료행위를 할 때에 사람의 생명·신체·건강을 관리하는 업무 성질에 비추어 환자의 구체적인 증상이나 상황에 따라 위험을 방지하기 위하여 요구되는 최선의 조치를 취하여야 할 주의의무가 있습니다. 출혈의 원인은 무엇이며, 이에 대한 적절한 조치를 취하였는지, 큰 병원으로의 전원이 늦은 것은 아닌지 및 의료인의 적절한 조치에도 불구하고 불가항력적인 부분은 없었는지 여부가 검토되어야 하며 전원 된 병원에서도 산모 도착 직후 산모의 상태에 따른 진단 및 치료의 적절성 여부 또한 검토되어야 합니다. 이러한 쟁점사항들이 사망의 결과에 어떠한 영향을 미쳤는지, 과오가 있다면 이에 대한 손해의 범위는 어느 정도인지에 대하여는 의료적인 판단과 법률적인 판단이 필요한 것으로, 조정 신청 또는 민사소송 제기 등 법적 절차를 밟아 보시기 바랍니다.

☏☏ 관련판례 I

의사에게는 만일 당해 의료기관의 설비 및 지리적 요인 기타 여러 가지 사정으로 인하여 진단에 필요한 검사를 실시할 수 없는 경우에는 특단의 사정이 없는 한 당해 환자로 하여금 그 검사를 받을 수 있도록 해당 의료기관에 전원을 권고할 의무가 있다(울산지법 2005. 9. 7. 선고, 2004가합977 판결).

⚶ 관련판례 II

출산 후 이완성 자궁출혈로 저혈량성 쇼크상태에 빠진 산모에게 진료담당 의사가 필요한 수액과 혈액을 투여한 후 폐부종이 발병하여 산모가 사망한 사안에 대하여, 법원은 이완성 자궁출혈이 의료계에서 아직 그 발병을 예측할 수 없고 그 예방법도 없는 점, 그 밖에 수술 전후의 산모의 상태 및 의사의 조처 등에 비추어, 담당의사의 과실을 부인한 후 의사가 이완성자궁출혈로 인한 저혈량성쇼크를 치료하기 위하여 수혈 및 수액 공급을 함에 있어 중심정맥압을 10㎝H2O로 유지하였던 점, 출혈이 심하여 수혈을 받은 것으로 인하여선 폐부종이 잘 발생하지 아니하는 점, 산후출혈 없이 임신중독증 자체만으로도 폐부종이 발생할 수 있는 점 등에 비추어, 의사의 그 수혈 및 수액 공급과 산모의 사망 사이에 인과관계를 부인한 사례(창원지법 1997. 6. 4. 선고, 97노284 판결).

■ 검사결과 정상이었는데 6개월 뒤 유방암 3기 진단을 받았을 경우 병원에게 책임을 물을 수 있는지요?

【질문】 저는 4~5년 전에 유방 양성종양과 결절의심 소견으로 산부인과 병원에서 정기적으로 검진을 받았습니다. 올 봄까지는 정상이라는 진단을 받았는데, 올 가을쯤에 갑자기 정기적인 검진에서 유방암 3기 확진을 받았습니다. 그래서 큰 상급종합병원으로 옮겨 현재 항암치료 중으로 경과관찰 하면서 종양의 크기에 따라 수술 여부를 고려중에 있습니다. 정기적으로 검사를 받았는데도 암이 3기가 될 때까지 몰랐다는 사실이 너무 황당합니다. 해당 병원에게 책임을 물을 수 있는지요?

【답변】

암 확진을 위한 치료과정 전반의 검토와 예후의 영향 등에 대한 판단에 따라 책임 범위가 결정됩니다.

통상적으로 유방 종괴(만져지는 덩어리)는 유방암의 증상 가운데 약 70%를 차지하는 가장 흔한 증상으로 유방에 종괴가 있을 때 유방암과의 감별이 필요합니다. 환자의 경우 4~5년 전에 이미 유방 양성종양과 결절이 의심된다는 진단을 받았다면 의료인으로서는 확진을 위하여 조직검사를 권유하고 시행하여 그 결과에 따라 치료와 검사를 병행하여야 합니다. 조직검사는 시행하지 아니하고 단순하게 X-ray 촬영과 초음파촬영 결과만으로 경과관찰을 하였다고 한다면 경우에 따라 의료인의 책임이 인정될 수 있으며, 환자에게 조직검사 또는 추적검진을 받을 것을 권유하거나 이에 대한 설명을 하였는지 여부도 검토되어야 할 사항입니다. 이러한 내용들은 의무기록 및 X-ray, 초음파 등 영상기록을 통한 전문적인 진료감정이 필요한 것이므로, 이에 대한 자료를 우선적으로 확보해 두시기 바랍니다.

⚖ 관련판례 I

멍울이 잡히는 부위를 특정하여 유방암 진단을 의뢰한 환자에 대하여 유방결절로 진단된 경우에도 담당 의사는 환자에게 조직검사 또는 추적검진을 받을 것을 권유하거나 이에 대한 설명을 할 의무를 부담하므로 이를 위반한 경우에는 환자의 자기결정권 침해에 따른 정신적 고통에 대한 위자료 지급 책임이 있다고 본 사례(인천지법 1999. 3. 26. 선고, 98가합12955 판결).

⚖ 관련판례 Ⅱ

유방종괴를 원인으로 기왕에 내원하였던 환자가 약 10개월이 경과한 뒤 같은 병원을 내원하였다면 의사로서는 위 환자에게 유방암 확진을 위한 검사방법을 설명하고 진료기록부의 유방에 관한 병력·증상에 근거하여 조직검사 및 추적검사를 받을 것을 권유하는 등으로 이를 설명할 의무가 있다 할 것인데, 그럼에도 불구하고, 위와 같은 설명의무를 해태하여 환자가 좀더 정확한 유방암 진단을 받을 수 있는 기회를 상실하게 하였다면 이는 환자의 유방암 확진을 위한 조직검사 및 추적검사 여부에 관한 결정권을 침해한 것이 된다고 한 사례(서울고법 2003. 4. 9. 선고, 2001가합11723 판결).

■ 동네 병원에서는 정상이었는데, 큰 병원에서 유방암 2기 진단을 받았을 경우 손해배상청구가 가능한지요?

【질문】 저희 아내가 유방 유두 부위에 혹이 생겨 동네병원 내과에서 진찰을 받아보니 별 이상이 없다고 하였습니다. 그래서 몇 개월 뒤에 물혹이 커져 재 내원하니 물혹 내부의 이물질만 단순하게 제거하고 집으로 돌려보냈습니다. 그렇게 몇 개월을 보내다가 혹시나 해서 재진료를 받기 위해 내원하였습니다. 그런데 당시 진료했던 의사는 다른 곳으로 가고 없었고, 그래서 다른 의사에게 진료를 받았는데 큰 병원으로 가서 조직검사를 해 보라고 하였습니다. 종합병원에서 정밀검사를 받았는데 유방암 2기라는 진단을 받고 현재 수술과 항암치료를 받고 있습니다. 이런 부분에 대하여 손해배상청구가 가능한지 문의 드립니다.

【답변】

유방암 진단을 위한 노력과 내원 당시 환자 상태에 대한 검토를 통해 손해배상 여부를 판단 받으실 수 있습니다.

최초 내원당시 환자의 상태와 그 증상에 맞는 의료인의 확진을 위한 노력이 검토되어야 할 것입니다. 수개월에 걸쳐 외래진료를 받았고, 증상이 더욱 악화되었다면 이에 대한 추가적인 검사를 고려해 볼 필요가 있으며, 해당병원의 진료환경으로는 세부적인 검사가 어려울 경우 타 병원으로의 전원 또는 검사여부에 대한 상세한 설명이 필요합니다. 이러한 과정 없이 유방암 초기진단 기회를 놓쳐 치료시기를 상실케 하였다면 주의의무를 다하지 않은 것으로 평가되어 병원의 책임이 인정될 수 있습니다. 따라서 최초 환자의 증상에 따른 검사의 필요 유무, 이에 따른 의료행위의 적정성 여부 등이 손해배상의 범위를 판단하는 중요한 쟁점사항이 될 수 있습니다.

🔖 관련판례

유방종괴를 원인으로 기왕에 내원하였던 환자가 약 10개월이 경과한 뒤 같은 병원을 내원하였다면 의사로서는 위 환자에게 유방암 확진을 위한 검사방법을 설명하고 진료기록부의 유방에 관한 병력·증상에 근거하여 조직검사 및 추적검사를 받을 것을 권유하는 등으로 이를 설명할 의무가 있다 할 것인데, 그럼에도 불구하고, 위와 같은 설명의무를 해태하여 환자가 좀더 정확한 유방암 진단을 받을 수 있는 기회를 상실하게 하였다면 이는 환자의 유방암 확진을 위한 조직검사 및 추적검사 여부에 관한 결정권을 침해한 것이 된다고 한 사례(서울고법 2003. 4. 9. 선고, 2001가합11723 판결).

제7장
피부과, 비뇨기과, 이비인후과

▌ 보톡스 시술 후 어지럼증과 구토증상이 발생하였습니다.

【질문】 저는(40대/여) 미용목적으로 피부과에 내원하여 얼굴부위에 보톡스 시술을 받고나서 며칠 후부터 갑자기 어지럼증과 구토증상이 발생하였습니다. 신경외과를 방문하여 CT 등의 검사를 받았으나 이상이 없다는 진단과 함께 약물에 의하여 일시적으로 나타나는 증상일 수도 있다는 설명을 들었습니다. 보톡스 약물 부작용에 대해 사전에 설명을 들었다면 무리하게 시술을 받지 않았을 것입니다. 피부과에서는 제가 갑상선기능항진증으로 복용 중인 약물의 부작용일 가능성이 높다고 주장합니다.

【답변】

의료인의 설명의무 위반여부와 의료행위의 적절성에 대한 검토가 필요합니다.

보톡스는 보툴리눔 독소 A형이 상품화되어 만들어진 약제의 이름입니다. 보톡스 시술법이란 보툴리눔 독소를 이용하여 시행되는 치료방법을 통칭합니다. 초기에는 눈꺼풀 경련, 사경과 같은 근육긴장 이상을 치료하는 약제로 사용하던 중 보툴리눔 독소를 주입한 그 주위의 주름이 없어지는 것을 발견하고 이를 미용목적 주름치료에 이용한 것입니다. 보톡스는 치료목적에 따라서 부작용이 다르게 나타날 수 있는데 사시치료는 눈꺼풀 처짐, 목 근육긴장 이상에 대한 치료는 연하곤란, 강직, 미용목적 치료는 두통, 감염, 홍반 등이 있을 수 있습니다. 의료인의 설명의무는 의료행위로 인하여 예상되는 위험과 당시 의료수준에 비추어 예견 가능한 위험 여부에 따라 달리 판단될 수 있습니다. 피부과에서는 어지럼증과 구토증상이 갑상선항진증 약물에 의한 소견이라면 일체의 진료기록 확보를 통하여 전문적인 의료감정이 필요할 것으로 사료됩니다.

⚖ 관련판례

의사는 긴급한 경우나 다른 특별한 사정이 없는 한, 의약품을 투여하기 전에 환자에게 질병의 증상, 치료방법의 내용과 필요성, 예상되는 생명·신체에 대한 위험성과 부작용 등 환자의 의사결정을 위하여 중요한 사항을 설명함으로써 환자로 하여금 투약에 응할 것인가의 여부를 스스로 결정할 기회를 가질 수 있도록 하여야 하지만, 환자에게 발생한 중대한 결과가 투약으로 인한 것이 아니거나 또는 환자 스스로의 결정이 관련되지 아니하는 사항에 관한 것일 때에는 설명의무 위반이 문제되지 아니한다 (대법원 2002. 5. 28. 선고 2000다46511 판결).

▌ 프락셀레이저 흉터제거술 후 흉터가 더욱 깊어졌을 경우 병원의 책임 및 손해배상범위는?

【질문】 저는 결혼을 앞두고 광대뼈 하단에 있는 흉터를 없애고자 피부과에서 레이저 치료를 받았습니다. 그런데 시술 후 흉터가 더 깊어져서 육안으로 더 도드라져 보이고, 이에 따라서 불평을 제기하자 레이저 시술 2번 무료로 해주었습니다. 피부과에서는 시간이 지나면 흉터가 나아진다고 하지만, 지금 상황을 볼 때 더 이상 호전되지 않을 것 같습니다. 2달 넘게 통원치료를 받고 있으나, 이 병원에서 치료만으로는 상태가 호전될 기미가 보이지 않습니다. 적절한 피해보상을 받아, 다른 기관에서 흉터 치료를 전문적으로 받고 싶습니다. 결혼일은 다가오고, 얼굴흉터는 더 깊어지고 이래저래 힘들기만 합니다. 이런 경우 병원에게 책임과 함께 손해배상을 청구할 수 있나요?

【답변】

시술 전 부작용에 대한 구체적이고 상세한 설명을 하지 않았을 경우 병원의 책임이 인정될 수 있습니다.

흉터 치료를 위한 레이저 치료요법은 현재 피부과 영역에서 보편적으로 이용되고 있는 시술입니다. 이 중 주로 사용되고 있는 프락셀레이저 치료법은 피부에 수천 개의 미세하고 깊은 치료 기둥을 만들어 선택적으로 열에 의한 조직 파괴를 유발하고 미세 치료구역 주변 조직은 열 손상으로부터 보호함으로써 상처 치유 과정을 촉진시켜 해당부위의 흉터를 치료하는 치료법입니다. 이에 대하여는 위와 같은 치료효과 외에 부작용의 발생가능성 또한 있으므로, 결혼을 앞둔 여성에 대한 치료의 경우에는 더욱 충분한 사전 설명이 선행되어야 합니다. 레이저 흉터제거술의 후유증은 홍반, 부종, 색소침착 및 화상, 흉터 등 다양하며, 대개 숙련되지 않은 의료진에게 레이저 시술을 받은 경우이거나, 피부 타입에 맞지 않는 무리한 치료, 과도한 레이저 시술로 인한 피부 재생력 저하 등이 현재 증상의 원인이 될 수 있으므로, 현재 증상에 대한 정확한 판단(깊어진 흉터가 레이저 시술로 인한 열상이나 화상인지, 흉터는 영구적인지 일시적인지, 향후 치료가 필요한 것인지) 후 이에 대한 손해배상 청구를 고려해 보시기 바랍니다.

⚖ 관련판례

성형수술은 그 성질상 긴급을 요하지 않고, 성형수술을 하더라도 외관상 다소 간의 호전이 기대될 뿐이며 수술 후의 상태가 환자의 주관적인 기대치와 다른 경우가 있을 수 있고, 특히 수술 후 부작용이 발생한 경우 환자는 그로 인하여 정신적 고통을 겪거나 외부활동에 장애를 받을 수 있는 특성이 있으므로, 의사는 환자에게 치료의 방법 및 필요성, 일반적인 부작용뿐만 아니라 치료 후의 개선 상태 등에 관하여도 구체적이고 상세한 설명을 하여 환자로 하여금 수술로 인하여 발생하는 증상 및 부작용을 충분히 감안하여 그 의료행위를 받을 것인가의 여부를 선택할 수 있도록 하여야 할 의무가 있다. 피고는 환자차트를 작성하면서 차트에 이 사건 시술 후 부작용에 관하여 세수, 화장 등을 주의하고, 붓기가 생길 수 있다는 등의 경미한 부작용에 대한 설명이 부동문자로 기재되어 있는 상태에서 원고로부터 서명을 받은 사실을 인정할 수 있으나, 위 인정사실만으로 피고가 원고에게 이 사건 시술을 함에 있어 시술 부위가 괴사될 수 있다는 등 부작용 등에 관하여 구체적으로 충분한 설명을 하였다고 인정하기에 부족하며, 달리 이를 인정할 증거가 없다. 따라서 피고는 원고에게 설명의무를 위반하여 원고의 자기결정권을 침해하였다고 볼 수 있다(서울중앙지법 2012. 6. 5. 선고, 2010가합45185 판결).

■ 다리 레이저 시술 후 색소침착과 흉터가 남았을 경우 손해배상청구가 가능한지요?

【질문】 제 딸이 양쪽 다리 레이저시술을 받은 후에 피부가 피가 나고 갈라져서 병원에 다시 갔습니다. 병원에서는 시간이 지나면 나아진다고 했지만, 4개월이 지난 지금 10여 군데 색소침착과 흉터가 생겼습니다. 양쪽 다리에 갈라진 피부가 봉합되면서 하얗게 긴 선 모양으로 흉터가 남아있어, 아직 어린 자녀가 그것도 딸아이가 평생 흉터를 가지고 살아야하는지 가슴이 답답합니다. 다른 피부과에 가보니 흉터는 추후 경과를 봐서 치료를 해 볼 수도 있고, 평생 남을 수도 있다고 합니다. 제가 어떻게 해야 우리 아이가 조금이라도 마음에 위로를 받을 수 있을까요?

【답변】

성장기의 치료가 중요한 시기이므로 치료완료 후 의료중재원의 판단을 받아보시기 바랍니다.

레이저 시술은 피부에 적절한 자극을 주어 피부재생을 유도하여 미용효과를 도모하는데, 제모나 기미 제거를 위한 레이저 시술이 도리어 피부에 색소침착 등의 후유증을 발생시키기도 합니다. 색소침착은 피부 표피층의 손상과 동시에 멜라닌 색소 세포가 활성화되면서 피부 표면이 검게 변하는 증상입니다. 신청인의 자녀가 피부 특수성 등 색소침착에 취약한 특성이나 기인 요인의 여부와, 레이저의 강도가 적절했는지 주의의무 위반은 없는지 색소침착과 흉터에 대한 원인파악이 필요합니다. 피부층의 재생(흉터 치료)은 단시간에 이뤄지지 않고 피부 재생주기를 따라 순차적으로 이루어지게 되므로, 현재는 적극적인 치료를 통한 상태의 호전에 만전을 기하시기 바랍니다. 이후 경과관찰을 한 후 그에 따른 미성년 여성에게 미치는 영향 및 향후 치료비 등 변화를 통해 발생된 손해가 어느 정도인지 파악해 보신 후, 금전적·정신적 손해가 확정되었다고 판단된 시점에서 손해배상 청구를 고려해 보시기 바랍니다.

☗☖ 관련판례

원고가 이 사건 수술 후 특별히 사후 치료를 등한히 하였다고 볼 수 없는 이 사건에 있어서 원고의 위 반흔은 그 크기나 치료 경과 등에 비추어 피고가 환자에 맞는 레이저 강도를 측정하여 수술을 하여야 함에도 불구하고 그 강도를 잘못 측정하여 이 사건 수술을 시행한 과실로 시술 부위의 전층 또는 부분심층을 손상시켰기 때문에 발생하였다고 봄이 상당하므로, 피고는 위와 같은 과실로 인하여 원고가 입은 손해를 배상할 책임이 있다. 한편, 앞에서 인정한 사실관계에 의하면 원고로서도 피고가 아무런 면허 없이 의료행위를 시술하고 있음을 알고 있으면서도 스스로 피고를 찾아가 위와 같은 레이저 시술을 받았을 뿐만 아니라 시술 이후 통증과 함께 염증이 나타나고 반흔 부위가 점점 더 커지는 증상이 나타났음에도 즉시 정상적인 의료시술을 갖춘 병원에서 진찰을 받지 아니하고 1998. 가을경에 이르기까지 수개월 동안 계속하여 피고로부터 치료를 받은 사실을 인정할 수 있는바, 이러한 원고의 과실은 손해의 발생 및 확대의 한 원인이 되었다고 할 것이므로 피고가 배상할 손해액을 산정함에 있어서 이를 참작하기로 하되, 그 비율은 30%로 정함이 타당하므로, 피고의 책임 범위를 70%로 제한한다(서울중앙지법 2004. 10. 13. 선고, 2004나4996 판결).

▮ 피부미용실에서 피부 관리 중, 화상을 입었을 때 피해구제 방법은?

【질문】 피부미용실(피부숍)에서 미용기기를 이용하여 피부 관리를 받은 후 피부 관리 부위에 화상 증상이 발생하였으며, 현재 A피부과의원에서 치료를 받고 있습니다. 이런 경우에도 의료중재원을 통해 피해구제를 받을 수 있는지요?

【답변】

피부관리실에서 발생한 사고는 의료중재원을 통해서 피해구제를 받을 수 없습니다. 의료중재원은 「의료사고 피해구제 및 의료분쟁조정 등에 관한 법률」에 따라 의료사고에 대한 피해 구제 등을 목적으로 설립되었습니다. 이때의 '의료사고'란 의료법에 의한 의료인 또는 의료기관의 의료행위로 인해 발생한 사고를 말합니다. 따라서 이 사례와 같이 「공중위생관리법」에 따라 설립·운영되는 피부미용관리시설에서 발생한 사고는 의료중재원을 통해 피해구제를 받으실 수 없습니다.

이런 경우 피해구제에 대해서는 한국소비자원, 행정처분과 관련해서는 관할 보건소 등에 문의하시기 바랍니다. 다만, 만일 피부미용실에서 사용한 의료기구 또는 시술이 의료행위에 해당하는 경우에는 「의료법」상 무면허의료행위에 해당되어 처벌 대상이 될 수도 있습니다. 이렇게 판단되는 경우 형사고소의 대상이 됩니다.

【관련법조문】

공중위생관리법 제2조(정의)

① 이 법에서 사용하는 용어의 정의는 다음과 같다.

5. "미용업"이라 함은 손님의 얼굴, 머리, 피부 및 손톱·발톱 등을 손질하여 손님의 외모를 아름답게 꾸미는 다음 각 목의 영업을 말한다.

「의료법」 제27조(무면허 의료행위 등 금지)

① 의료인이 아니면 누구든지 의료행위를 할 수 없으며 의료인도 면허된 것 이외의 의료행위를 할 수 없다. 다만, 다음 각 호의 어느 하나에 해당하는 자는 보건복지부령으로 정하는 범위에서 의료행위를 할 수 있다.

1. 외국의 의료인 면허를 가진 자로서 일정 기간 국내에 체류하는 자

2. 의과대학, 치과대학, 한의과대학, 의학전문대학원, 치의학전문대학원, 한의학전문대학원, 종합병원 또는 외국 의료원조기관의 의료봉사 또는 연구 및 시범사업을 위하여 의료행위를 하는 자

3. 의학 · 치과의학 · 한방의학 또는 간호학을 전공하는 학교의 학생

⚖ 관련판례

어떤 행위가 의료행위인지 여부를 판단함에 있어서는 사용된 기기가 의료기기인지 여부는 문제되지 아니하며 의학적 전문지식이 없는 자가 이를 질병의 예방이나 치료에 사용함으로써 사람의 생명, 신체나 공중위생에 위해를 발생케 할 우려가 있느냐의 여부에 따라 결정하여야 하는 것인데, 피고인이 사용한 가압식 미용기는 눈 주위의 근육을 맞사지 하여 혈액순환을 원활하게 하고 눈의 기능을 회복시켜줌으로써 시력을 회복한다는 것이니 눈주위의 근육 및 신경조직 등 인체의 생리구조에 대한 전문지식이 없는 자가 이를 행할 때에는 신경계 등 인체에 위해를 발생케할 우려가 있으므로 피고인의 이 사건 가압식 미용기 사용은 의료행위에 해당함(대법원 89.9.29. 선고, 88도2190 판결).

▌ 얼굴 제모시술 후 화상을 입었을 경우 피해보상방법은?

【질문】 얼굴에 제모시술을 받던 중에 인중에 2도 화상을 입었고, 그 이후부터는 해당 피부과에서 무료로 통원치료를 받았습니다. 오랜 기간 치료받았지만 흉터가 남아 있습니다. 제모시술 받은 의료기관은 집과 거리가 멀어서 타 병원에서 치료를 받았는데, 타기관 치료비 중 일부는 해당 피부과에서 대납해 주었습니다. 여러 피부과를 찾아가 봐도 더 이상 원상회복이 어렵다고 합니다. 피부과에서 대납해준 금액이 있으므로, 더 이상 피해보상을 논의할 수는 없는 것인지요?

【답변】

화상의 발생기전과 이후 적절한 관리에 대한 판단이 필요합니다.

제모는 주로 레이저를 이용하여 영구제모 효과를 꾀하게 되는데, 레이저의 종류는 다양하고, 피부나 털 상태에 따라 적절한 강도로 조절하여 시술하여야 합니다. 영구제모는 털이 있는 피부에 레이저를 쏘이면 색소에 흡수된 빛이 열에너지로 전환되어, 그 열이 털을 생산하는 검은색의 모낭에만 흡수되어 털을 선택적으로 파괴하게 됩니다. 영구적인 효과를 위해서는 개인차가 있으므로, 수차례 시술을 받는 경우도 있습니다. 후유증은 통증 및 물집, 화상, 색소침착, 홍반, 가려움, 모낭염, 착색, 탈색 등이 발생될 수 있으므로, 시술 전 환자의 상황에 맞는 적정한 강도의 시술이 필요하며, 시술 후에는 관리가 중요하고, 보습 및 자외선 차단(화상 발생)에 유의하여야 합니다. 이 사례의 경우 화상 발생 기전과 화상 발생 후 적절한 관리 이루어졌는지 여부 등에 대한 검토가 필요하며, 이에 대한 의학적 판단과 손해배상의 법률적 판단은 의료중재원의 절차 이용을 통해 해결해 보시기 바랍니다.

⚖ 관련판례

원고가 이 사건 시술 이후 2도 화상을 입은 점, 통상의 레이저 강도로는 2도 화상을 일으키기 어려운 점, 피고가 레이저의 출력을 높였다고 자인하는 점 등에 비추어 보면, 원고는 이 사건 당시 통상의 경우보다 레이저에 과도하게 노출되어 2도 화상을 입었다고 추정되고, 위와 같이 통상의 경우보다 과도한 레이저에 노출시킨 것은 피고가 채무의 본지에 좇은 이행을 하지 못하였다고 보는 것이 타당하며, 귀책사유가 없었다는 점에 대하여는 피고가 증명하여야 한다. 그런데 피고의 주장이나 제출한 증거를 종합하여 보더라도, 피고가 새로 구매한 기계의 사전 점검이나 이 사건 시술 도중 기계의 이상 유무에 관한 확인, 원고의 호소에 응한 조치 등에 있어 아무런 귀책사유가 없었다고 인정하기 부족하다(피고에게 귀책사유가 없다는 점에 관한 입증이 부족한 이상, 피고가 그 주장을 입증하여 피고와 원고보조참가인 회사 사이의 계약에 따른 책임을 묻는 것은 별론으로 하고, 피고 주장과 같은 사유를 들어 원고에게 대항할 수 없다)(서울중앙지법 2012. 1. 19. 선고, 2009가단428084 판결).

▌ 지방분해술 후 염증과 피부괴사가 발생된 경우는?

【질문】 허벅지 지방분해를 위해 피부과에서 HPL과 카복시 시술을 받았습니다. 주사
       후에 허벅지 전체가 검보라색의 멍이 들었고, 피부괴사가 생겼습니다. 상급병
       원에 입원하여 치료받고 있으나, 20cm가 넘는 상처가 생겼고, 피부이식이 필
       요한 상황입니다. 또한 다리의 통증과 불편함이 말로 설명할 수가 없습니다.
       피부과에서는 제가 관리를 잘못해서 생긴 것이라고 하나, 저는 주사 맞은 후
       바로 멍이 생겼고 피부괴사 및 긴 상처가 생긴 것 등, 병원 측 과실로 추정되
       는 문제가 한두 가지가 아닙니다. 저의 억울함을 어떻게 풀어야 하나요?

【답변】

   현 상태의 진단을 받은 후 의료중재원의 절차를 통해 손해배상 여부에 대한 판단을
받아보시기 바랍니다.

   HPL 지방용해술은 인체에 액체가스를 주사형태로 피하에 주입해 지방을 융해시켜,
녹인 지방을 주변의 혈관이나 림프관으로 배출시키는 시술입니다. HPL 지방용해술의
부작용은 주사약제에 의한 생리불순이나 하혈 등 호르몬 관련 후유증과 피부 문제(통
증, 멍, 멍울 등), 구토 등 소화기계 증상이 나타날 수 있습니다. 또한 카복시 시술은
이산화탄소 중의 탄소성분을 혈관에 직접 주입을 통하여, 혈관 확장작용 및 혈관내의
혈압을 내려주는 효과가 있으며, 이를 통해 피하지방의 감소 및 얼굴축소 등의 효과
를 볼 수 있으나, 주사바늘 사용으로 인한 통증이나 점상출혈, 감염 외에 피부의 발진
등의 합병증이 발생될 수 있습니다. 이 사례의 경우 우선 현재 상태에 대한 정확한
진찰이 필요하며, 이를 통해 향후 치료계획은 어떠한지, 이에 대한 비용은 어느 정도
인지 등 손해의 범위를 특정 지을 수 있는 자료를 구비하여 둘 필요가 있습니다. 이
후 검토의 쟁점사항으로는 환자의 상태를 고려한 시술의 적응증에 해당되는지, 진료
과정 전반의 과도한 시술은 없었는지, 추정되는 현재의 원인은 무엇인지, 상태악화 후
처치는 적절했는지, 관련된 설명은 충분하였는지 등이 주요 쟁점사항이 될 것으로 보
입니다.

🔖 관련판례

   피고가 원고 ○○에게 복부에 대한 지방흡입시술로 인하여 유방 부분의 조직괴사
등의 부작용이 발생할 수 있다는 설명은 하지 않은 점, 이 사건 시술은 상하복부의
지방을 흡입하는 시술이었고, 복부 부분에 캐뉼라의 삽입구가 절개되었음에도 절개부

위나 지방흡입 부위와 거리가 먼 유방조직에 괴사가 일어난 점, 원고 ○○은 이 사건 시술 이전에는 보험영업활동을 하는 등 건강상 특별한 이상이 없었고 시술부위가 붕대로 감겨져 있어 유방조직의 괴사 또는 시술부위의 염증이 이 사건 시술 이후의 외부적 요인이 작용한 결과라고 보기는 어려운 점, 원고 ○○은 이 사건 시술 이틀 후부터 통증을 호소하기 시작하여, 피고의 반복된 항생제처방에도 불구하고 ◇의료원에 입원할 때까지 증상이 계속 악화되고 있었던 점 등에 비추어보면, 원고 ○○에게 나타난 유방조직의 괴사는 피고가 익숙하지 않은 새로운 공기압 방식의 지방흡입기기를 시술도구로 사용하는 과정에서 조작 및 작동상 부주의로 시술부위 조직 내지 유방 조직을 손상하여 염증을 유발시켰거나, 위 기기의 관리 및 사용상 부주의로 인한 감염 등으로 시술부위에 염증을 유발시킴으로써 발생된 것으로 추정할 수 있다. 또한 피고가 원고 ○에게 유방조직의 괴사 등 지방흡입시술의 부작용에 대하여 충분한 설명의무를 이행하지 않은 잘못도 인정된다(부산지법2009.7.10.선고,2008가단47738판결).

▌ 필러시술 후 피부가 괴사된 경우 피해보상 방법은?

【질문】미간 주름으로 피부과의원에서 필러시술을 받았습니다. 시술 후에 피부가 괴사되어 필러제거하고 재생레이저와 항생제 치료를 받았습니다. 항생제 치료 후 온몸에 약발진이 생겨, 약물치료를 다시 받았고, 시력이 저하되어 안과에서 중심성 망막염 진단받았습니다. 현재 안과진료를 받고 있습니다. 피부과의원에서는 피부괴사 문제는 책임이 어느 정도 있다고 보지만, 약진과 시력저하는 말도 안 되는 피해라면서 환자의 체질 문제이지 해당 피부과 시술이나 항생제 치료와는 무관하다고 합니다. 맞는 말인지 궁금하고, 피해보상을 어떻게 논의해야 할지 고민입니다.

【답변】

피부괴사 등 합병증의 원인과 사후관리의 적절성에 대한 의학적 검토가 선행되어야 합니다. 필러는 말 그대로 '채운다'는 의미로, 꺼진 부위나 주름진 부위에 주사를 통하여 보충제(히알루니산, PAAG, 콜라겐 등)를 직접 주입하여, 미용적 효과를 보기 위한 시술입니다. 사용 주사제에 따라 제거가 가능하므로 미용 목적의 시술에서 선호되고 있습니다. 필러의 부작용은 보충제의 이탈(흘러내림)부터 부종, 염증, 괴사 등이 있습니다. 보충제가 진피층에 들어가야 하는데, 더 깊숙이 들어가면 혈관이 막히고 이로 인해 부종 및 괴사까지 진행이 될 수 있습니다.

또한, 항생제 부작용은 피부발진, 구토, 소화불량, 혈소판감소, 간 효소수치 상승 등 처방약제에 따라 다양한 부작용을 내포하고 있음을 고려해 볼 때, 피부괴사의 치료를 위한 항생제 부작용으로 약발진의 발생은 있을 수 있으나, 직접적인 원인여부는 전문가의 의학적 판단이 선행되어야 합니다. 또한, 중심성 망막염의 주된 원인은 결핵 알레르기, 심신의 과로, 수면부족, 눈의 피로 등이므로 피부괴사의 진료로 인한 2차적인 발생가능성도 고려되어야 합니다.

⚖ 관련판례

피고는 주사기가 이 사건 시술 부위 주변을 주행하는 동맥을 직접 천자하고 동맥 내 필러 주입이 가능하므로 진피내 또는 진피와 지방층의 경계 부위에 필러가 위치하도록 주사 바늘의 끝을 놓고, 주사기의 손잡이를 가볍게 당겨보아 혈액이 흡입되는지를 확인하여 직접 천자 유무를 확인하여야 함에도 이를 하지 않은 점, 끝이 뭉툭한 캐뉼라를 사용하였다 하더라도 혈관에 필러가 유입되어 피부가 괴사할 수 있고 설사 정확히 혈관내(lateral nasal artery) 주입이 되지 않았더라도 혈관 바로 옆에 국소적으로 집중 주입되어 물리적으로 혈관을 완전 폐색시킬 수도 있는 점, 혈관폐색의 통상적인 경과에서 초기(1-3일)에는 피부 변화가 명확하지 않고 4-6일경 피부괴사가 나타는데 피고의 진료기록에 의하더라도 원고는 이 사건 시술 후 2일째인 2009. 10. 3. 통증과 열감을 호소했고, 5일째에 괴사가 보인 점, 필러 자체의 문제였다면 주변부의 염증증상, 팔자주름부 자체의 피부 손상이 동반되었을 텐데 원고의 경우 피부 괴사가 발생한 부위가 정확히 특정 혈관과 관련이 있고, 필러가 주입된 범위는 혈관 주변을 포함한 보다 넓은 부위임에도 특이하게 혈관 주변에서만 피부 괴사가 일어난 점 등을 종합하여 병원의 과실을 인정한 사례(서울중앙지법 2012. 6. 5. 선고, 2010가합45185 판결).

▌음경 이물질 제거 수술 후 음경이 괴사되었습니다.

【질문】 환자(40대/남)는 20년 전에 음경에 바셀린을 주입하였다가 최근에 바셀린을 제거하기 위해 비뇨기과의원에서 상담을 받고 바셀린 제거수술을 받았습니다. 그러나 수술 후 귀두의 색깔이 변하고 물집이 생기는 등 이상증상이 나타나 항생제 및 혈액순환개선제를 처방받아 복용하였는데도 호전이 안되고 귀두와 요도가 괴사되어 수술 3주 만에 상급병원으로 전원하여 음경성형술을 시행하였습니다. 이 경우 의사에게 어느 정도의 손해배상 책임을 물을 수 있을까요?

【답변】

수술 및 처치의 적절성, 설명의무 및 전원의무 위반 유무 등에 대한확인이 필요합니다. 음경에 바세린을 주입하면 음경이 즉시 굵어지는 효과가 바로 나타나지만 시간이 지날수록 음경 조직 안에서 바세린이 주변부위로 퍼지고 굳어지며 음경이 피부변색과 기형적 모양으로 변하면서 통증과 염증을 동반하여 고통이 뒤따르기도 합니다. 바세린 제거술은 주입량, 주입시기, 현 상태 등에 따라 수술·치료기간, 제거비용이 다른데 주입량이 적은 경우에는 바세린 제거와 동시에 바로 음경확대가 가능하지만, 상태가 심각한 경우에는 음경의 피부가 모자라 완전 제거가 힘들고 음낭피판술과 같은 피부이식이 필요할 수도 있습니다. 의사는 환자가 의료행위를 받을 것인가의 여부를 선택할 수 있도록 충분히 설명할 의무가 있고 부작용 등의 위험발생 가능성이 낮다고 하더라도 설명의무가 면제되지 않습니다. 특히, 피부·비뇨·미용성형 관련 진료에 있어서는 설명의무 부분을 다른 진료보다 중요시하고 강조하는 경향이 있습니다.

⚖ 관련판례

음경배부신경 부분절제술로 인하여 복합부위통증증후군과 같은 만성적인 극심한 통증이 발생할 수 있다는 취지의 갑 16 내지 18호증의 각 기재는 이 사건 수술로 인한 결과에 대한 연구 자료 내지 이 사건 수술 이후에 발생한 사정에 대한 것으로서 이를 이 사건 수술 당시의 과실 판단 자료로 삼기 어렵고, 갑 13, 14, 29호증(가지번호 포함), 을 5호증의 각 기재 및 제1심 법원의 가톨릭대학교 서울성모병원장에 대한 사실조회결과에 변론 전체의 취지를 종합하면, 음경배부신경 부분절제술에 따른 발기부전, 사정 불능, 귀두감각 마비 등의 부작용이 발생할 우려가 있는 등 그 효과와 안전성이 입증되지 아니하였다는 이유로 당시 학계에서는 이를 조루증의 치료법으로 인정하지 않았던 사실, 위 수술의 시행에 따른 부작용으로 신경말단의 손상으로 인한 장기간의 통증이 발생할 수 있는 사실, 일반적으로 말초신경 손상 후 발생되는 신경병증 통증은 연구자에 따라 3.3% 또는 2~5%로 보고되고 있고, 말초신경의 일종인 음부배부신경 또한 부분적 또는 완전한 신경손상 이후에 신경병증 통증이 유발될 수 있고 경우에 따라서는 복합부위통증증후군 내지 이에 준하는 증상으로 진행될 수 있을 것으로 추정할 수 있는 사실을 인정할 수 있다. 그러나, 위 기초사실 및 을 2, 5, 7, 8호증(가지번호 포함)의 각 기재에 변론 전체의 취지를 종합하면, 이 사건 수술 당시 음경배부신경 부분절제술이 비뇨기과 개원의들 사이에서 널리 행해지고 있었던 사실, 음경배부신경 부분절제술의 일반적인 부작용으로는 부종, 혈종, 감염 등으로 인한 창상 치유 지연 내지 지루, 사정 불능, 발기부전 및 수술 후 수개월 정도 동안의 귀두 부위에의 짜릿한 통증 발생이나 지각 과민반응 등이 있는 것으로 알려져 있었으나, 원고에게 나타난 복합부위통증증후군 또는 그에 준하는 정도의 신경병증 통증 질환이 부작용으로 발생한 예는 보고된 적이 없었던 사실, 복합부위통증증후군의 발병 원인이나 기전에 대하여는 현재까지도 정확히 알려진 바 없고 복합부위통증증후군을 정확하게 진단할 수 있는 단일한 검사법도 없는 사실, 복합부위통증증후군 제2형은 우리나라에서 2008년경에야 통계청의 '한국표준질병 및 사인분류'에 추가되어 신종질병분류에 반영된 사실 등을 인정할 수 있는바, 이에 비추어보면 위 인정사실들만으로 피고가 당시 의료수준에 따라 최선의 조치를 다하였다면 이 사건 수술로 인하여 원고에게 복합부위통증증후군 또는 그와 비슷한 정도의 신경병증 통증질환이라는 결과가 발생할 수 있다는 점을 예견할 수 있었다거나 이를 방지할 수 있었을 것이라고 인정하기에 부족하고, 달리 이를 인정할 만한 증거가 없다(서울고등법원 2011. 2. 24. 선고 판결).

▌ 전립선 수술 후 요로감염이 발생된 경우 피해사실 규명은?

【질문】 전립선 수술을 받은 후 몸살 같은 열이 있어서 감기약을 먹으며 2-3일을 지냈습니다. 그래도 열은 내리지 않았으며 몸이 안 좋다가 직장 근무 중에 정신을 잃고 쓰러져 병원 응급실에 가게 되었습니다. 요로감염 및 폐렴, 신장기능 이상으로 중환자실로 옮겨 치료를 받았는데, 최종 진단은 요로감염과 전립선의 증식증이었습니다. 처음 진찰한 병원에서는 감염은 우연의 일치이지 수술로 인한 것은 아니라며 책임을 부인하고 있습니다. 참으로 어이없고 의사의 태도에 화가 납니다. 어떻게 해야 억울함을 풀고 피해사실도 알 수 있을까요?

【답변】

요로감염의 원인에 대하여 의학적으로 규명하는 것이 선행되어야 할 것입니다.

전립선비대증 중 전립선 특이항원(PSA) 수치가 높거나 전립선 크기가 큰 경우에는 향후 급성 요폐의 발생을 우려하여 수술적 치료를 권합니다. 요폐를 장기간 방치하는 경우 방광 수축력이 회복되지 않을 수 있고, 이 경우 비대해진 전립선을 수술하여 요폐를 제거해도 소변을 볼 수 없는 경우도 발생합니다. 전립선 수술의 부작용으로는 출혈, 발기부전, 역행성 사정, 요실금, 요도협착, 부고환염 및 요로감염 등이 있습니다. 요로감염은 요도, 방광, 요관, 콩팥을 포함하는 요로기계의 감염을 지칭하는 것으로, 대개는 장내 세균에 감염되어 발생하는데 요로 중 어느 곳에 감염되었는지에 따라 방광염, 신우신염 등 그 질병명이 달라집니다.

이 사례에서 전립선 수술과 요로감염과의 상관 및 관련 의료기관의 책임여부를 판단하기 위해서는 환자의 주 증상에 대한 진단과 처치과정을 살펴볼 필요가 있습니다. 반면 환자에게는 본인의 이상증상을 신속히 해당 의료기관에 알려서 제때에 치료를 받거나 전원하여 피해가 증가하지 않도록 하였는지도 같이 살펴야 할 것입니다.

♣♣ 관련판례

병원 내 감염이 주로 의료인의 손에 의해 이루어진다거나 그 창상이 아주 깨끗한 창상이어서 창상감염의 빈도가 낮다 하더라도, 수술실 입구에 손을 씻을 세면대가 갖추어져 있고 수술실에서 바로 간호사가 손을 닦을 수건을 준비하고 있는 등의 수술준비절차에 비추어 수술실에서 무균조작이 이루어지지 않을 가능성은 극히 낮다 할 것이고, 창상에 봉합사가 한 조각 남아있더라도 세균의 최소감염량이 1/10,000 이하로 감소하는 반면 외과적 무균술이란 수술 환경에서 균을 완전히 제거할 수 있는 것이 아니고 감소시키는 방법에 불과하므로 외과적 무균술을 철저히 실시하여도 균 감염을 완전히 예방하는 것은 불가능하다는 점에 비추어 창상감염이 발생하였다는 사실만으로는 의료진의 과실을 추정할 수 없다(서울지법 2003. 10. 29. 선고, 2002가합 15080 판결).

▌ 방광염 입원치료 중 염증으로 신장기능이 상실된 경우 병원의 책임은?

【질문】 방광염으로 A병원에 입원하여 요실금 조절기를 사용하고 있었는데 갑자기 의식불명이 되어 상급병원인 B병원으로 이송하게 되었습니다. 이송 결과 신장 염증으로 진단되어 입원치료를 받았습니다. 그런데 입원치료 후 시력과 청력이 저하되고 상태가 더욱 안 좋아졌습니다. 나중에 알고 보니 A병원의 요실금 조절기가 막혀 소변배출이 안되어 발생된 증상인데, B병원에서는 신장 염증으로 오진하여 해당 치료가 되지 않아서 결국 신장기능이 상실된 것이었습니다. 해당 병원에 책임을 묻고 싶은데 어떻게 해야 하나요?

【답변】

최초병원과 이송병원의 진료 전반의 의료행위 적정성 여부를 검토할 필요가 있겠습니다. 급성방광염은 요로계의 해부학적, 기능적 이상 없이 세균이 침입하여 발생한 감염으로 염증이 방광 내에 국한되어 나타나는 질환이며, 만성방광염은 통상적으로 1년에 3회 이상 방광염이 발생하는 경우로서 지속적인 또는 완치되지 않는 방광염을 의미합니다. 방광염의 주된 합병증은 상행성 감염에 의한 신장감염으로 특히 임산부에서 상행성 감염이 자주 발생된다고 합니다. 이 사례의 경우 A병원의 주의관리 문제와 B병원의 오진문제로 접근할 수 있으며, 그 손해에 있어서는 A와 B 모두를 상대로 배상청구를 할 수 있고, 어느 한쪽만을 대상으로도 청구할 수 있습니다. 특히, 신장기능의 장해로 노동능력 상실에 영향을 미치는 때에는 손해배상의 범위가 크게 달라질 수도 있습니다. 따라서 보다 객관적이고 공신력이 담보될 수 있도록 상급 의료기관에서 진단을 받는 방법도 유용할 수 있습니다.

♻ 관련판례 I

외상성 장파열과 장폐색증은 조기감별이 어려울 뿐 아니라 복부통증을 호소하는 피해자에 대한 조기진단에 나타난 모든 자료 특히 엑스선 촬영결과에 특기할 만한 점이 없으며 복벽강직증상과 반사통을 호소하지 아니하므로 피해자를 일단 급성위확장 및 마비성 장폐색증으로 진단하고 이에 대한 대증요법을 시행하면서 확진을 위하여 계속 외과적 관찰을 하여 온 피고인의 소위는 통상 의사에게 요구되는 진단방법과 그 증상에 대한 통상의 치료방법을 사용하였다 할 것이어서 피고인에게 과실이 있다고 단정하기 어렵다(대법원 1984.4.24. 선고, 82도1882 판결).

♧♧ 관련판례 Ⅱ

일반외과전문의인 갑이 환자 을을 치료함에 있어 방사선 사진상에 나타나 있는 선상골절상이나 이에 따른 뇌실질내출혈 등을 발견내지 예견하지 못하여 을을 제때에 신경외과 전문의가 있는 병원에 전원시켜 확정적인 진단 및 수술을 받을 수 있는 필요한 조치를 취하지 아니한 경우 그러한 조치를 취했을 경우의 구명율이 50%라면 특별한 사정이 없는 한 갑의 과실과 을의 사망과의 사이에는 인과관계를 인정함이 상당하다(대법원 1989.7.11. 선고, 88다카26246 판결).

▌ 전립선암 완치판정 후 암이 전이되어 사망하였을 경우 병원의 책임은?

【질문】 장인이 전립선암 초기로 진단을 받아 5년간의 치료를 통해 완치판정을 받았으며, 완치판정 후에도 주치의의 지시에 따라 관리를 잘 해왔습니다. 그러던 중 다리에 통증이 심해 MRI 등 영상진단과 피검사 등을 받았으나 주치의는 큰 문제가 없다고 하였습니다. 그러나 통증이 너무 심해 가족들은 암의 전이 여부를 재차 문의하였지만 주치의는 이상없다고만 하다가 10개월 정도 경과 후에는 암이 전신에 퍼져 손을 쓸 수 없는 지경에 이르렀습니다. 이후 별다른 치료도 받지 못하고 1개월 만에 사망하였습니다. 의사의 과오는 없는지 의심스럽고 그에 따른 책임을 묻고 싶습니다.

【답변】

영상 판독결과 암을 특정할 수 있는 소인이 발견된다면, 의사의 책임을 물을 수 있겠습니다. 전립선암은 남성암 중 가장 흔한 암으로 우리나라에서도 최근 그 빈도가 급격히 증가하고 있습니다. 주요 원인으로는 연령·인종·가족력이 있으며 이외에도 호르몬·식습관·제초제와 같은 화학약품 등도 발병에 중요한 요인으로 작용한다고 알려져 있습니다. 또한 전립선암은 전이가 흔한 암(유방암·폐암·간암·신장암·갑상선암 등) 중 하나로서, 전이될 경우 주로 뼈로의 전이가 흔하며, 뼈로 전이되는 경우 매우 심한 통증과 일부 환자에게서는 척수압박의 위험으로 하체 약화, 감각소실, 보행곤란, 변비, 요폐 및 병적 골절 등이 뒤따르기도 한다고 합니다. 따라서 이 사례에서 환자의 주 증상에 대하여 적절한 진단과 처치가 이루어졌는지, 이를 통해 환자의 예후에 크게 영향을 미쳤는지 등 전문적 판단을 받아 볼 필요가 있습니다. 이 경우에 검사기록(영상자료 포함)과 진료기록상 환자 모니터링 내용은 중요한 자료이오니 신속한 확보가 필요합니다.

⚖ 관련판례

내과전문의인 피고로서는 진료당시 7세 10개월 남짓한 어린이가 4개월 이상 계속적인 구토 증세를 호소할 경우 진정제만을 투약 또는 주사할 것이 아니라 뇌종양 등의 신경외과적 질환에 대하여 의심을 가지고 그에 대한 대처를 하거나 그 방면의 전문의인 소아과 또는 신경외과에 좀더 자세한 검사를 의뢰하는 등의 조치를 취하여야 할 업무상 주의의무가 있다 할 것이므로 피고가 이러한 조치를 제대로 취하지 아니하여 수아세포종이라는 질병을 단순한 인두염이나 신경성위염으로 오진하였다면 피고는 환자 및 그 부모가 수개월 동안 병명도 모른 채 아무 효력 없는 치료만 계속 받으면서 불안한 상태에 있게 되었던 정신적 고통을 위자할 의무가 있다(서울지법 1990. 2. 1. 선고, 88가합44525 판결).

▌ 정관수술을 2차례 받았는데 임신이 된 경우 책임은?

【질문】 불임을 목적으로 정관수술을 받았는데 1년 뒤에 아내가 임신이 되었습니다. 이에 병원 측에 항의하여 2차로 정관수술을 다시 받았는데 2년 뒤에 또 임신이 되었습니다. 해당 의료기관에서 불임수술의 효과가 없는 것과 임신중절 수술비용에 대하여는 책임을 져야 하는 거 아닌가요?

【답변】

수술상의 문제로 의사의 손해배상 책임이 인정되더라도 임신으로 인한 낙태는 법률상 허용되지 않습니다.

정관수술은 고환 내에 위치하고 있는 정관을 차단하는 수술입니다. 수술 후에도 정관에 남아 있는 정자로 인해 통상 2-3개월의 피임기간을 필요로 합니다. 정액에 정자가 배출되지 않도록 하는 원리이므로 검사를 통해 무정자를 확인 후 피임을 중단하는 것이 바람직합니다. 문헌에 의하면 수술방식에 따라 적게는 0.02%에서 단순히 정관을 자르고 묶는 방법일 경우 최대 29%의 피임실패율이 보고되기도 합니다. 따라서 정관수술을 하였어도 임신이 아주 불가능한 것은 아니며, 만일 임신을 원하는 경우에는 복원수술도 가능합니다. 다만, 이 사례의 경우 두 번에 걸쳐 문제가 반복된 점에 있어서 필요하다면 수술기법 및 처치상의 문제가 있었는지를 전문적으로 검토할 수 있을 것이나, 만일 이를 통해 의료인의 과실이 인정되어 손해배상 책임이 인정되더라도 임신으로 인한 낙태는 법률상 허용되지 않습니다.

【관련법조문】

> **형법 제270조(의사 등의 낙태, 부동의 낙태)**
> ① 의사, 한의사, 조산사, 약제사 또는 약종상이 부녀의 촉탁 또는 승낙을 받아 낙태하게 한 때에는 2년 이하의 징역에 처한다.
> ② 부녀의 촉탁 또는 승낙 없이 낙태하게 한 자는 3년 이하의 징역에 처한다.
> ③ 제1항 또는 제2항의 죄를 범하여 부녀를 상해에 이르게 한때에는 5년 이하의 징역에 처한다. 사망에 이르게 한때에는 10년 이하의 징역에 처한다.
> ④ 전 3항의 경우에는 7년 이하의 자격정지를 병과한다.

♣♣ 관련판례 I

살피건대, 일반적으로 정관절제술이 성공적으로 시행된 후에도 시술상의 잘못 이외의 알 수 없는 원인으로 정액이 배출되거나 자연적인 재개통이 이루어지는 경우도 있는 이상 위 인정사실만으로는 어떠한 의료상의 과실이 있음을 단정하기 어렵고, 달리 이를 인정할 만한 증거가 없다(서울지법 1999. 12. 1. 선고, 99가합54290 판결).

♣♣ 관련판례 II

인간의 생명은 잉태된 때부터 시작되는 것이고 회임된 태아는 새로운 존재와 인격의 근원으로서 존엄과 가치를 지니므로 그 자신이 이를 인식하고 있는지 또 스스로를 방어할 수 있는지에 관계없이 침해되지 않도록 보호되어야 한다 함이 헌법 아래에서 국민일반이 지니는 건전한 도의적 감정과 합치되는 바이므로 비록 모자보건법이 특별한 의학적, 우생학적 또는 윤리적 적응이 인정되는 경우에 임산부와 배우자의 동의 아래 인공임신중절수술을 허용하고 있다 하더라도 이로써 의사가 부녀의 촉탁 또는 승낙을 받으면 일체의 낙태행위가 정상적인 행위이고 형법 제270조 제1항 소정의 업무상촉탁낙태죄에 의한 처벌을 무가치하게 되었다고 할 수는 없으며 임산부의 촉탁이 있으면 의사로서 낙태를 거절하는 것이 보통의 경우 도저히 기대할 수 없게 되었다고 할 수도 없다(대법원 1985 6. 11. 선고, 84도1958 판결).

▌중이염 수술 후 진물이 나고 청력이 나빠졌습니다.

【질문】제가 좌측 귀에 통증이 있어 병원 진료 결과 만성 진주종성 중이염 진단을 받았습니다. 중이염 수술을 받았는데 염증이 발생하여 2차례 입원을 더 하였습니다. 현재는 청력이 수술 전보다 더 나빠졌고 두통도 심합니다. 또한 귀에서 계속해서 진물이 나와 재수술까지 받았습니다. 병원에 책임을 물을 수 있는지 궁금합니다.

【답변】

감염발생 원인에 대하여 의학적 규명이 필요합니다.

만성 중이염의 치료는 염증의 제거와 재발의 방지, 청력의 회복과 합병증의 예방을 목적으로 합니다. 수술 후 발생할 수 있는 합병증으로는 출혈, 감염, 안면신경 손상 및 마비, 통증 및 혈종, 평형감각 이상 및 어지러움, 재발, 입맛의 변화, 청력저하, 청력완전 소실 및 이명 등이 있을 수 있습니다. 중이염 진단 및 수술과정의 적절성과 수술 후 치료의 적절성에 대한 검토가 필요합니다. 또한 수술 전 합병증 발생가능성에 대하여 설명의무의 이행의 여부가 쟁점이 될 수도 있습니다. 사고원인에 대한 검토를 위하여 의무기록과 영상기록 등을 확보한 후 의료중재원의 조정절차를 이용해 보시기 바랍니다.

⚖ 관련판례

수술시 작성된 수술기록지상에 수술 당시 망인의 안면신경 노출은 없었던 것으로 기재되어 있을 뿐만 아니라 중이염 수술시 안면신경 등의 뇌신경을 손상시킬 경우에는 일반적으로 안면마비 등 즉각적인 증세가 나타남에도 이 사건 수술 당시에는 별다른 부작용이 발생하지 않은 사실로 보아, 뇌신경 손상이 있다고 할 수 없고, 측두부 하악골 관절의 염증에 대하여도 세균배양 및 감수성 검사를 하여 그 검사결과에 따라 항생제를 투여하는 등 적절한 약물치료를 하였다 할 것이고, 수술 후 귀에서 나오는 고름 및 측두부 하악골 염증 관리 치료를 방치하거나 진료상의 의무를 다하지 않았다고 인정할만한 증거가 없으므로 환자의 기존병력이 악화되어 사망한 것으로 봄이 상당하다(부산고등법원 2002. 7. 19. 선고 2000나2580 판결).

▌ 이소골성형술 후에 얼굴근육이 마비된 경우 병원의 책임 여부는?

【질문】 좌측 귀에서 이상한 소리가 들리는 증상으로 종합병원을 방문하게 되었습니다. 최초 외래진료 시 주치의에게 과거에 좌측 중이염 수술을 받은 적이 있고, 수술 후 안면이 마비되었다가 완치된 경험이 있다고 알려주었더니, 주치의는 안면신경에는 문제가 전혀 없을 것이라고 하였고, 저는 이에 동의하여 이소골성형술을 시행 받았는데, 결국 안면마비가 발생되었습니다. 주치의는 국소마취제 때문이라고 하면서 2~3일 후면 마취가 풀려 호전될 것이라고 했는데 벌써 1개월이 지나도록 호전의 기미가 없습니다. 이런 경우 병원에게 책임을 물을 수 있는지요?

【답변】

안면마비의 원인이 환자의 과거 기왕병력에 의한 것일 경우 병원의 책임은 제한 될 수 있습니다. 중이염이란 중이에 발생하는 모든 염증을 가리키는 용어로, 중이강 내에 고인 삼출액이 소리의 전달을 방해하여 일시적인 난청이 생기게 되는 경우가 있습니다. 급성 중이염은 통증, 발열 등과 같이 급성 염증의 증상이 잘 동반되지만 삼출성 중이염의 경우에는 특별한 염증의 증상 없이 난청 증상만 나타날 수도 있으며, 이러한 상태를 방치하였을 경우에는 이소골이나 주위의 뼈를 녹이면서 퍼지는 경우가 발생될 수 있고, 내이, 뇌, 얼굴신경 등에 심각한 합병증을 유발시켜 심한 경우에는 안면신경 마비의 합병증까지 발생될 수 있습니다. 따라서, 이 사례와 관련된 안면마비의 원인을 검토함에 있어서는 환자의 과거 기왕력에 의한 것인지, 혹 수술과정에서 시술자의 부주의로 인한 것인지 여부에 대한 의학적 진료감정이 선행되어야 할 것이며, 수술 전 안면마비 등 합병증의 발생가능성에 대한 설명의무를 충실히 하였는가에 대하여도 검토가 필요할 것으로 판단됩니다.

♣♣ 관련판례

① 원고 ○○의 상태가 진주종성 중이염이 극도로 악화되어 안면신경 마비 증상이 올 정도까지 진행되었다고 보기 어려운 점,

② 수술 전에는 안면신경 마비 증상이 없다가 수술 직후 안면신경 마비 증상이 나타난 점,

③ 안면신경은 내이와 중이를 통과하여 안면부 근육으로 들어가게 되어 있어 중이 및 내이를 포함한 수술의 경우 과실로 안면신경이 손상될 가능성이 항상 내재되어

있는 점 등을 고려하여 볼 때, 이 사건 원고 ○○의 안면마비 증상은 피고 ◇◇이 수술을 하면서 원고 ○○의 안면신경을 잘못 건드린 과실에 기인한 것으로 봄이 상당하다. 피고들은, 설사 피고 ◇◇이 수술 과정에서 원고 ○○의 안면신경을 손상하였다 하더라도, 당시 진주종이 넓게 퍼져 있었고 안면신경과의 유착도 심한 상태였으므로, 피고 ◇◇의 수술 상 과실을 인정할 수 없다고 주장하고, 앞에서 본 증거에 의하면, 원고 ○○은 이 사건 수술 당시 안상고실을 중심으로 외이도 후방부를 포함하여 경막까지 진주종이 넓게 퍼져 있었고, 추골·침골이 진주종 물질에 의하여 부식되어 있었으며, 등골 뒤쪽으로는 진주종 물질과 안면신경의 유착이 확인되었고, 고실분절과는 붙어 있는 상태였던 사실이 인정되기는 하나, 이와 같은 사정은 당시 수술의 난이도를 말해주는 것일 뿐이다(대전지법 2007. 1. 31. 선고, 2006가합4704 판결).

▌식도암 수술 후 수술부위 봉합이 풀려 악화된 경우 대처 방법은?

【질문】식도암 초기 판정으로 수술 후 약 3~4주 후면 퇴원이 가능하다고 하여 수술을 받았습니다. 수술 후 약 1일정도 중환자실에서 치료 후에 일반병실로 옮겨 회복단계에 있었습니다. 그런데 수술부위 봉합불량으로 인하여 2차 수술을 받고 나서부터 환자의 상태가 점점 더 나빠졌습니다. 현재는 가족들을 알아보지 못하는 지경에 이르렀습니다. 이런 경우에는 어떻게 처리해야 하나요?

【답변】

수술부위의 상태와 문제발생 후 신속하고 정확한 대처 여부에 대한 종합적인 검토가 필요합니다.

식도암의 증상이 식도에만 국한되어 있을 경우에는 외과적 절제를 통한 치료법이 이용되며, 이는 국소 재발 방지와 근본적 치료를 위한 절제를 목적으로 시행하게 됩니다. 수술의 시행 전에는 환자의 전신 상태 및 여러 다른 요건들을 고려할 필요가 있고, 환자의 상태에 따라 봉합부위가 제대로 아물지 않을 가능성이 있다면, 이에 대한 충분한 사전설명과 다른 치료방법에 대한 검토가 선행되어야 할 것입니다.

또한, 식도의 특성상 근육의 수축과 이완을 통한 연동운동이 상시 이루어지므로, 수술 후 식도를 관리함에 있어서는 항상 세심한 주의가 필요합니다. 위 상담신청 내용과 같이 1차수술을 한 이후에 수술부위가 아물지 않아 문제가 발생되었을 경우에는 수술부위의 봉합이 잘못된 것인지, 식도 치료의 특성상 관찰경을 통한 시야협소로 인한 수술의 난이도는 어떠하였는지, 환자의 체질 및 기왕 병력의 영향이 있는지, 식도의 연동과정에서 문제가 발생된 것인지 등에 대한 종합적인 검토가 필요하며, 문제발생 시 얼마나 신속하고 정확한 의료행위를 시행하였는지 여부 또한 중요한 사항이라 할 것입니다.

♨ 관련판례

피고 ○○○은 위 망인의 치료 및 개복수술의 집도를 담당한 주치의로서 위 망인의 영양상태가 극히 불량하였고, 당뇨가 심하여 개복수술 후 그 봉합부위가 제대로 아물지 않을 위험이 있는데다가 말기 췌장암 환자인 위 망인의 경우 복수가 찰 위험이 큼에 따라 절개부위가 터져 탈장이 될 위험이 많았음에도 불구하고 퇴원시 위 망인이나 보호자인 원고 ◇◇◇ 등에게 그와 같은 위험의 발생가능성 및 그와 같이 복수가 찰 때 취하여야 할 제반조치, 즉 복수가 찰 때의 증상 및 그러한 증상이 나타날 때 즉시 피고 병원이나 인근 병원에 연락하여 복수천자술을 받아야 할 것이라는 등의 설명을 하지 아니하였을 뿐만 아니라 그와 같은 위험성을 전혀 예상하지 못한 나머지 만연히 퇴원시킨 과실이 있다 할 것이다(서울고법 1997. 5. 27. 선고, 96나45544 판결).

▮ 편도선수술 후 쉰 목소리가 지속될 때 병원의 책임은?

【질문】 종합병원에서 편도선 수술을 받고 난 후부터 쉰 목소리가 납니다. 수술 2주일 후 담당주치의에게 쉰 목소리에 대한 호소를 하였지만, 담당주치의는 곧 괜찮 아 질 것이라는 말을 할 뿐 어떠한 조치나 치료방법에 대한 설명을 전혀 듣지 못하였습니다. 현재 수술 후 3주가 지난 상태인데도 쉰 목소리에 대한 증상이 나아지지 않고 있습니다. 이런 경우 누구에게 책임을 물을 수 있을까요?

【답변】

목소리의 변화는 호전되는 경우도 있으므로, 경과를 좀 더 지켜보시기 바랍니다.

목소리의 변화는 인후두와 관련이 깊은데, 편도 제거로 유입되는 세균과 체내 배출 되지 않은 염증인자가 인후두 부위에 이동하여 인후염이 발병되면 쉰 목소리나 목소 리의 변화가 나타날 수 있으며, 수술 중 성대의 손상 혹은 수술부위의 과도한 절개로 인한 가능성도 있으나 시일을 두고 점차 호전되는 경우가 많으므로 현재는 좀 더 경 과를 지켜보아야 할 단계로 보입니다. 수술적 치료를 함에 있어서는 환자의 전신상태, 증상의 정도, 부작용의 발생 가능성 등이 고려되어야 합니다. 따라서, 수술시행 전에 는 환자의 상태가 수술의 적응증에 해당되는지, 수술 후 후유증이 생길 수 있다는 점 에 대한 충분한 설명이 있었는지, 수술 후 쉰 목소리가 발생된 원인 및 개선을 위한 치료과정이 신속하고 적절하게 이루어졌는지 부분도 검토의 대상이 되므로, 수술 후 6개월 정도가 지났음에도 쉰 목소리의 증상이 지속되어 일상생활의 불편이 지속될 경 우에는 이에 대한 검토를 위해 의료중재원의 절차를 이용해 보시기 바랍니다.

⚖ 관련판례

후두종양 제거 수술을 한 집도의사들이 수술 후 환자의 목이 쉴 수도 있다는 말을 하였다 하더라도 그것 만으로서는 수술 후 동 원고에게 원심 인정과 같은 발성기능장 애의 후유증을 가져다 준 이 사건에 있어서 설명의무를 다하였다고는 할 수 없고, 또 집도의사들이 원심 인정과 같은 병상, 수술내용에 관하여 사전에 제대로 설명을 한 것으로 볼 수 없음은 원심의 사실인정의 내용에 의하여 분명하다. 그리고 동 원고는 위와 같은 후유증에 대하여는 전혀 예상하지 못한 자이고 긴급을 요하는 사태도 아니 었다면 그러한 후유증이 수반되는 수술을 승낙한 것으로는 볼 수 없다 함이 상당하다 할 것이니 집도의사들이 설명의무를 다하지 아니함과 동시에 동 원고의 승낙권을 침 해함으로써 위법한 수술을 실시하였다는 같은 취지의 원심판단은 정당하고 의료행위에 대한 설명의무와 승낙의 정도를 잘못 인정하여 불법행위에 대한 법리를 오해한 위법이 있다는 논지는 이유없다(대법원 1979. 8. 14. 선고, 78다488 판결).

▌ 코골이수술 후 냄새를 맡을 수 없게 된 경우 대처방법은?

【질문】 저는 심한 코골이 증상으로 이비인후과에 내원하여 구개수구개인두성형술을 시행 받았습니다. 시행 받고 난 다음부터 냄새를 맡을 수 없는 이상 증상이 발생되었습니다. 그래서 4~5개월간을 외래로 통원치료를 하였지만 증상이 전혀 나아지지 않았고, 이에 종합병원에서 진료를 받았더니 검사 결과 무후각증으로 진단을 받았습니다. 이런 경우 제가 취할 수 있는 조치는 무엇입니까?

【답변】

무후각증의 원인에 대하여 의학적으로 규명하는 것이 선행되어야 할 것입니다.

무후각증이란 후각을 상실하여 냄새를 인식할 수 없는 것을 말합니다. 무후각증이 발생되는 원인으로는 수술 등으로 인해 후각신경이 손상되어 소실되거나, 비염·비용종·축농증 등으로 후각세포까지 공기가 소통되지 못하여 냄새를 맡지 못하는 경우, 그밖에 위축성 비염이나, 건조성 비염 등으로 인해 점막에 방향성 냄새분자가 제대로 녹아들지 않게 되면서 나타나기도 하므로, 정확한 검사를 통해 무후각증의 원인을 규명하고 이에 맞는 치료가 시행되어야 할 것입니다. 이에 대하여 의료인의 과실여부를 판단하기 위해서는 수술전 환자의 상태, 합병증 발생가능성에 대한 충실한 설명 여부, 수술의 적응증 여부, 수술 과정상의 과오 여부 등에 대한 종합적인 판단이 선행되어야 할 것이며, 감각이상 증상을 호소하였을 당시 적절한 조치를 시행하였는지도 검토되어야 할 것입니다. 또한, 의료인은 환자의 증상변화를 잘 관찰하여 적절한 조치를 취해야 할 의무가 있는데, 해당 병원에서 그 원인을 정확하게 파악할 수 없거나 원인을 찾는데 필요한 시설이 부족한 경우에는 정확한 진단과 치료가 병행될 수 있는 병원으로 전원 조치를 취하여야 할 의무도 있습니다.

♨ 관련판례 I

의료사고에 있어서 의사의 과실을 인정하기 위해서는 의사가 결과발생을 예견할 수 있었음에도 불구하고 그 결과발생을 예견하지 못하였고 그 결과발생을 회피할 수 있었음에도 불구하고 그 결과발생을 회피하지 못한 과실이 검토되어야 하고, 그 과실의 유무를 판단함에는 같은 업무와 직종에 종사하는 일반적 보통인의 주의정도를 표준으로 하여야 하며, 이에는 사고 당시의 일반적인 의학의 수준과 의료환경 및 조건, 의료행위의 특수성 등이 고려되어야 한다(대법원 2006. 12. 7. 선고, 2006도1790 판결).

의사에게는 만일 당해 의료기관의 설비 및 지리적 요인 기타 여러 가지 사정으로 인하여 진단에 필요한 검사를 실시할 수 없는 경우에는 특단의 사정이 없는 한 당해 환자로 하여금 그 검사를 받을 수 있도록 해당 의료기관에 전원을 권고할 의무가 있다(울산지법 2005. 9. 7. 선고, 2004가합977 판결).

제8장
안과, 치과

■ 수술과정 중 문제가 생겨 시력상실이 발생한 경우 어떻게 해야 하는지요?

【질문】 저희 아버지(80대)께서 시력저하로 안과병원에서 우안은 황반형성, 좌안은 열
공망막박리 진단을 받았습니다. 우안 안구 내에 아바스틴 주사처치 및 좌안 망
막수술 후 좌안에 안압상승과 안검부종이 발생되었습니다. 안압조절을 위해 안
약을 처방하였으나 호전되지 않았고 CT촬영결과 기뇌증 소견을 받아 입원치
료를 하였지만 시력상실로 시각장애 2급 판정을 받았습니다. 수술과정 중 가
스가 뇌로 유입되어 시력상실이 발생하였다고 생각합니다. 이런 경우 어떻게
해야 할까요?

【답변】

　망막박리 수술 후 발생한 기뇌증과 시력상실에 대하여 전문적인감정이 필요합니다.
망막열공은 망막이 찢어져 구멍이 생겨 액체상태의 유리체가 유입되어 망막 내측의
감각신경층과 외측의 색소상피층이 분리되면서 망막박리가 일어나는 것을 말합니다.
열공망막박리는 수술적 치료를 필요로 하며, 증상이 너무 오래 지속되면 수술로도 시
력회복이 어렵고 안구 위축이나 각막 혼탁 등의 후유증이 남을 수 있습니다. 망막박
리의 치료에 있어서 유리체절제술시 안구 내 가스 주입은 지속적인 안내 충전으로 박
리된 망막을 유착시키는데 절대적으로 필요한 부분입니다. 기뇌증이란 다양한 이유로
뇌강 안에 공기가 유입된 증상을 말합니다. 가스주입에 따른 기뇌증 발생의 경우 부
작용의 예측 가능성 및 부작용 발생 시의 처치의 적절성, 가스주입술의 불가피성 및
이에 대한 예방 또는 주의의무 여부 등이 쟁점사항이 될 수 있습니다. 본 건의 경우
는 의료적으로 보고된 유사사례도 없고 발생도 매우 드문 사례에 해당합니다. 시술
전, 후의 진료기록 및 경과자료 등을 확보하여 의료중재원의 조정절차를 이용해 보시
는 것이 좋을 것으로 사료됩니다.

⚖ 관련판례

　사고 당시 이물질이 각막, 수정체, 초자체를 통과하여 수정체 후낭에 박힐 정도로

그 속도 및 충격이 강하였으므로 그때 발생한 견인력과 이 사건 이물이 안구 내에 잔존하고 있음으로써 발생한 견인력 등이 원인이 된 것으로 추정되는바, 피고 병원의 의사들이 원고에 대한 진단 및 치료를 함에 있어 주의의무를 다하지 못하여 우안에 잔존하는 이물질을 발견·제거하지 못한 과실로 그 후 발병된 거대 열공성 망막박리와 증식성 유리체 망막병증 등 합병증과 그로 인해 야기된 시력상실에 주요원인이 되었다고 할 것이므로, 피고에 대하여 원고의 시력손상에 대한 책임을 인정한 원심의 사실인정 및 판단은 정당한 것으로 수긍이 된다(대법원 2002. 7. 12. 선고 2001다2068 판결).

■ 무리한 교정으로 어지럼증이 발생되었었으나 재수술시기도 놓쳤을 경우 어떻게 해야 하는지요?

【질문】 좌안 백내장으로 인공수정체삽입술을 받았습니다. 그러나 수술 후 시력교정을 하는 과정에서 무리한 교정으로 인하여 어지럼증이 발생되어 일상생활이 많이 불편하고 힘듭니다. 또한 의사가 자신을 믿고 치료해보자며 레이저시술만 고집하는 바람에 재수술시기도 놓치게 되었습니다. 이런 경우 어떻게 해야 하나요?

【답변】

처치의 적절성과 자기결정권 침해 여부에 관한 검토가 필요합니다. 시력교정 과정에서 실제 굴절값보다 도수를 낮게 처방하는 것을 저교정이라 하며, 반대로 높게 처방하는 것을 과교정이라고 합니다. 근시환자에게 있어 과교정이 될 경우 어지럼증이 발생되는 경우가 있어 일반적으로 안경이나 렌즈를 맞출 때는 정교정 또는 약간 저교정을 하는 편입니다. 주로 부족교정은 재교정으로 쉽게 해결되고 과교정의 경우는 대부분 저절로 없어지지만 그렇지 못한 경우에는 재교정이 필요하기도 합니다. 이러한 과정에서 교정 초기 어지럼증이 올 수 있고 교정 안경을 쓰거나 이 증상이 익숙해질 때까지 시간이 걸리는 경우도 있습니다. 따라서 이 사례의 경우 환자의 적응증에 맞는 검사와 이를 통해 적절한 처방 또는 처치가 이루어졌는지 살필 필요가 있으며, 이 과정에서 의료인은 충분한 설명을 통하여 환자가 치료방법을 선택함에 있어 자기결정권이 침해당하지 않도록 하여야 합니다. 만일 치료기회를 상실하여 환자의 예후가 좋지 않게 되었다면 관련 피해에 대해 저희 의료중재원의 전문 감정·조정제도를 이용한 판단을 받아 보시기 바랍니다.

❧관련판례 I

의료행위에 의하여 후유장해가 발생한 경우, 그 후유장해가 당시 의료수준에서 최선의 조치를 다하는 때에도 당해 의료행위 과정의 합병증으로 나타날 수 있는 것이거나 또는 그 합병증으로 인하여 2차적으로 발생될 수 있는 것이라면 의료행위의 내용이나 시술 과정, 합병증의 발생 부위, 정도 및 당시의 의료수준과 담당의료진의 숙련도 등을 종합하여 볼 때에 그 증상이 일반적으로 인정되는 합병증의 범위를 벗어났다고 볼 수 있는 사정이 없는 한, 그 후유장해가 발생되었다는 사실만으로 의료행위 과정에 과실이 있었다고 추정할 수 없다(대법원 2008. 3. 27. 선고, 2007다76290 판결).

⚓관련판례Ⅱ

　　의사의 설명의무 위반으로 인한 손해배상사건에서 의사가 환자에게 의료행위를 하였을 경우 발생할 수 있는 부작용의 내용, 그 발생가능성, 그러한 부작용으로 인하여 생길 수 있는 구체적인 위험의 내용, 환자의 경우에 해당하는 특이사항, 의료행위의 선택과 관련된 정보 등에 관하여 사전에 상세히 설명하였다는 점에 관하여 증거를 제출하지 않은 이상, 의사가 환자에게 설명의무를 다하였다고 볼 수 없다(인천지법 2006. 11. 1. 선고, 2005가합15235 판결).

▌ 렌즈삽입술 후 동공마비로 인하여 재수술을 받았는데 손해배상을 청구할 수 있는지요?

【질문】시력저하에 대하여 렌즈삽입술을 권유받고 홍채성형술과 좌안 렌즈삽입술, 우안 렌즈삽입술의 순서로 수술을 받았습니다. 그러나 이후 안압 상승으로 인해 심한 두통과 구토증세가 발생되었습니다. 그래서 우안 렌즈를 제거 후 재삽입술을 위해 다시 내원한 결과 우안 동공이 작아지지 않고 마비가 지속되며 수정체 교체 수술이 필요하다고 합니다. 종합병원으로 옮겨 동공축소술과 백내장 수술을 받고 입원 중에 있습니다. 이런 경우에 손해배상을 청구 할 수 있나요?

【답변】

렌즈삽입술 후 합병증이 발생된 원인에 대하여 의학적으로 규명하는 것이 선행되어야 할 것입니다. 렌즈삽입술을 받으려면 그전에 홍채성형술을 하는데 그 이유는 수술 시 렌즈가 동공을 막아 방수의 배출이 원활하지 않으면 안압이 상승할 수 있기 때문입니다. 따라서 홍채성형술 후에는 안압을 검사해야 하며 수술 부위 염증을 방지하기 위하여 소염제 등을 점안합니다. 렌즈삽입술의 대표적인 부작용으로는 녹내장, 백내장, 안내염, 각막부종, 난시유발, 눈부심 등이 있으며, 특히 ICL과 같은 후방렌즈는 사이즈를 잘못 측정 삽입하거나 렌즈의 위치가 부적절한 경우 수정체와 닿아 백내장을 야기하기도 합니다. 정확한 위치에 렌즈를 삽입해야 하는 안내렌즈 시술의 특성상 환자의 적응증에 대한 정밀 검사와 집도의의 경험, 숙련도가 매우 중요한 부분을 차지합니다. 이에 더해 담당 의료인 및 환자 본인의 감염, 증상악화 등을 방지하기 위한 노력 또한 필요하며 경우에 따라서는 책임·과실을 상계하는 요인이 되기도 합니다. 따라서 이러한 문제 전반적인 사항을 살펴서 손해배상 청구 여부를 검토하시기 바랍니다.

♗♘관련판례

의사가 진찰·치료 등의 의료행위를 함에 있어서는 사람의 생명·신체·건강을 관리하는 업무의 성질에 비추어 환자의 구체적인 증상이나 상황에 따라 위험을 방지하기 위하여 요구되는 최선의 조치를 취하여야 할 주의의무가 있고, 이와 같은 주의의무는 환자에 대한 수술 등 침습행위가 종료함으로써 끝나는 것이 아니라, 그 진료 목적의 달성을 위하여 환자가 의사의 업무범위 이외의 영역에서 생활을 영위함에 있어 예견되는 위험을 회피할 수 있도록 환자에 대한 요양의 방법 기타 건강관리에 필요한 사항을 지도설명하는 데까지도 미친다 할 것이므로, 의사는 수술 등의 당해 의료행위의 결과로 후유 질환이 발생하거나 그 후의 요양과정에서 후유질환이 발생할 가능성이 있으면, 비록 그 가능성이 크지 않다고 하더라도 이를 억제하기 위한 요양의 방법이나 일단 발생한 후유 질환으로 인해 중대한 결과가 초래되는 것을 막기 위하여 필요한 조치가 무엇인지를 환자 스스로 판단·대처할 수 있도록, 환자의 연령, 교육 정도, 심신상태 등의 사정에 맞추어 구체적인 정보의 제공과 함께 설명·지도할 의무가 있다 (대법원 2010. 7. 22. 선고, 2007다70445 판결).

▌ 라식수술시 양안을 반대로 시술하였을 경우 의사의 책임 여부?

【질문】

시력저하로 인하여 라식수술을 받았습니다. 라식수술을 받고 2개월 만에 다시 근시가 시작되어 재수술을 받았습니다. 그러나 의사가 재수술 전 검사에서 우안(근시조정)과 좌안(원시조정)을 혼동하여 반대로 수술을 하였습니다. 해당 의사는 좀 더 지켜보자고 하는데, 안구 통증이 심하여 업무에 지장이 큽니다. 이런 경우 의사에게 책임이 없나요?

【답변】

수술부위 오류로 인한 피해가 발생되었다면 의사의 책임을 물을 수 있겠습니다.

라식수술은 레이저 등을 이용하여 각막 앞부분을 분리하여 절편을 만들어 젖힌 후, 수술 전 검사를 통해 정해 놓은 목표만큼 각막실질에 레이저를 조사하여 각막을 절삭한 후 다시 각막절편을 덮는 시력교정 수술로서 통증 및 각막 혼탁을 줄이고 시력회복 기간을 단축시키는 장점이 있어 널리 이용되고 있습니다.

이 사례에서 처음 수술과 증상 재발에 대한 경과를 검토할 필요가 있겠으나, 이후 재수술 과정에서 관련 검사가 잘못되었고 이로 인해 다른 부위를 수술하게 되었다면 의료인에게 주의의무 소홀에 대한 과오가 인정될 만한 사항으로 보입니다. 따라서 관련 손해를 살필 필요가 있는데 이를 위해서는 우선 환자의 예후가 매우 중요할 것입니다. 따라서 전문 검사장비를 갖춘 상급 의료기관에서 재수술 시 회복 여부 및 향후 소요될 치료비용 등 환자의 상태를 정확히 진단 받아볼 것을 권유 드립니다.

♨관련판례

엑시머레이저 수술과 라식수술 전에 피고가 각종 검사를 시행하였으나 녹내장을 발견할 수 없었고, 마지막으로 진료한 99. 2. 12.부터 불과 20여일 뒤에 종합병원에서 녹내장의 진단을 받은 사실을 인정할 수 있어 적어도 피고의 마지막 진료일 이전에 녹내장이 발병되었다는 점은 인정할 수 있으나, 역시 앞서 본 바와 같이 정상안압녹내장은 발병에 있어서 특별한 증상이 없다는 점, 피고는 엑시머레이저 수술과 라식수술을 시행하기 전에 각종 검사를 시행하였고, 그 검사 중에는 녹내장을 진단할 수 있는 검사도 있었으나 그 검사에 녹내장의 증상이 나타나지 아니한 점, 위 검사결과로 보아 녹내장증상은 라식수술 이후에 발생한 것으로 추측되나, 피고는 라식수술 이후에는 스테로이드제 안약을 처방하지 아니하여 그로 인한 안압상승의 우려는 없었던 점, 위 각 수술이 정상안압녹내장을 유발할 수 있는 것으로는 알려져 있지 아니한 점 등의 사실에 비추어 보면, 피고가 그 진료기간 내에 원고의 정상안압녹내장을 진단하지 못하였다고 하여 과실이 있다고 할 수 없으므로, 위 주장 역시 이유 없다(대구지법 2005. 1. 26. 선고, 2000가단48392 판결).

▌라식수술 후에 원추각막이 발생하였을 경우 의사의 과실은?

【질문】안과에서 상담과 각종 검사를 하고나서 라식수술을 받았습니다. 그런데 수술 후에 시력저하와 시야 굴절 증상이 발생되었으며, 종합병원으로 옮겨서 진찰을 받은 결과 원추각막이라고 합니다. 이런 경우 의사의 과실은 어떻게 알 수 있을까요?

【답변】

수술 전 검사의 적절성 여부와 원추각막의 원인에 대한 규명을 통해 과실여부를 판단할 수 있습니다.

원추각막은 각막확장증의 한 종류로서 여러 가지 원인에 의해 진행되며 유전성의 요인도 있습니다. 라식수술 후 발생할 수 있는 부작용의 하나이기도 합니다. 시력교정 수술 전 검사를 통하여 원추각막의 소견이 있다거나 수술 후 잔여 각막량이 기준수치 이하가 된다면 원추각막의 가능성이 있으므로 수술을 중단·보류하거나 정밀검사, 정기적 관찰이 필요할 수도 있습니다.

따라서 수술 전에 검사를 통해 원추각막을 예견했었는지가 중요할 수 있는데, 의료기관마다 검사장비, 검사자, 검사환경 및 시술관련 부분이 다를 수 있으므로 일률적인 기준으로 모든 책임을 묻는 것은 적절하지 않다고 봅니다. 다만, 통상의 의료환경에서 환자의 주 증상에 대한 진단과 처치·시술이 적절하였고, 이상증상이 발생된 경우 신속하고 적절한 처치를 통하여 피해를 방지하거나 확대되지 않도록 하였는지 등을 추가적으로 살펴볼 필요가 있습니다.

⚖ 관련판례

안과의사로서는 라식수술은 합병증과 부작용의 위험이 높은 수술이므로 우선 환자의 각막이 라식수술을 받을 수 있는지 여부를 살피고 합병증이나 부작용에 대하여 환자에게 충분한 설명을 하여야 하고, 라식수술 집도시 각막을 고르게 깎지 않거나 너무 많이 깎아내면 각막이 직접 손상을 입거나 안압으로 인하여 원추각막이 되어 시력저하, 실명에 이를 수 있으므로 이를 방지하여야 할 업무상 주의의무가 있음에도 불구하고 이를 게을리 한 채 무조건 수술만을 권유하여 무리하게 수술을 한 과실로 인하여 원고로 하여금 양안에 고도근시, 부등시, 원추각막 등의 상해를 입도록 한 것이다(서울지법 1999. 7. 26. 선고, 99머61480/98가합107432).

▌ 백내장 수술 후 안내염이 발생하였을 때 병원의 과실은?

【질문】 저는 노인성 양안 백내장으로 수술을 받았습니다. 좌측 눈부터 수술을 하였고 그 결과는 괜찮았으나, 우측은 수술 다음날부터 통증이 심해지는 등 상태가 좋지 않았습니다. 농촌인 관계로 전화로 수술했던 안과에 이상증상을 설명하자 의사는 더 지켜보고 그래도 증상이 지속되면 다음날 방문하라고 하였습니다. 그러나 점차 상태가 안 좋아져 응급으로 종합병원에서 진찰한 결과 안내염이 심하여 시력을 회복할 수 없다고 합니다. 이런 경우 병원의 과실은 어떻게 되나요?

【답변】

백내장 수술과 시력저하의 원인 간의 인과관계 여부와 기왕병력의 기여도가 함께 검토되어야 합니다. 백내장은 수정체가 혼탁해져 빛을 제대로 통과시키지 못하게 되면서 시야가 뿌옇게 보이게 되는 질환을 말합니다. 노인성 백내장은 후천성백내장 중 가장 흔한 질환으로서 수술은 초음파로 혼탁이 생긴 수정체의 내용물을 제거한 후 개개인의 시력 도수에 맞는 인공수정체를 삽입하게 됩니다. 인공수정체는 영구적이며 특별한 합병증이 없는 한 제거하지 않습니다. 안내염은 백내장 수술 후 발생할 수 있는 대표적인 합병증으로 감염의 원인과 경과과정의 처치에 따라 그 책임소재를 달리하는 경우가 있습니다. 특히 수술 과정에서 감염을 방지하기 위한 주의를 기울였고, 수술 후 안내염 발생 가능성에 대한 조치(설명 포함)를 다했으며, 안내염이 발생한 경우 환자의 호소에 귀를 기울여 즉각적인 조치를 취했는지 등을 살펴 책임 여부를 판단하는 경우도 있습니다. 반면 노인성 백내장은 주로 노인 환자의 면역 및 감염에 노출될 수 있는 생활환경 등 기왕증면에 있어서 책임이 상당히 또는 일부 상계될 수도 있는 점은 유의를 할 필요가 있습니다.

✿ 관련판례

라식수술 후에 진균성 각막염이 발생하였으나, 진균성 각막염은 점안약의 사용 등 여러 가지 원인으로 인한 감염으로 발생할 수 있는데 환자가 평소 안구건조증으로 점안약을 수시로 사용한 점, 같은 날 오른쪽 눈과 왼쪽 눈을 같은 기계로 시술하였음에도 오른쪽 눈에서만 감염이 발생한 점, 라식수술 후 수술 부위 및 점안약의 관리를 소홀히 하여 진균에 감염되었을 가능성 등을 배제할 수 없는 점 등에 비추어 볼 때 위 진균감염이 라식수술로 인한 것이라고 추정할 수 없다. 각막절편을 연마하는 라식수술의 특성상 라식수술 후 발생하는 각막염은 라식수술에 전형적으로 수반하는 위험이고, 특히 진균에 의한 각막염은 발견이 어렵고 치료가 매우 곤란할 뿐만 아니라 예후 또한 불량하여 라식수술 여부를 결정하여야 하는 환자로서는 이러한 위험에 관한 충분한 설명을 듣고 치료행위의 승낙 여부를 결정할 권리가 있으므로, 진균성 각막염은 의사의 설명의무의 대상이 되고, 그 발생 빈도가 매우 희소하다는 사정만으로 설명의무의 대상에서 제외되지 않는다(서울중앙지법 2006. 7. 26. 선고, 2005가합29820 판결).

■ 임플란트 시술 후 얼굴부위에 감각이 소실되었습니다.

【질문】 저는(30대/남) 우측 상악 어금니의 심한 충치로 치과에 내원하여 발치 후 임플란트 시술을 받았습니다. 다음 날부터 얼굴부위 감각이 없어졌습니다. 치과에 재내원하여 문의를 해보니 치료과정 중에 불가피하게 발생된 일이므로 책임은 없지만 치료는 해 주겠다고 합니다. 시술 전 감각저하에 대하여 설명을 듣긴 하였으나 치과에서 주의를 다하지 않았다고 생각합니다. 임플란트 시술비용을 환불받고 싶습니다.

【답변】

　기왕의 치료비용과 의료행위의 책임유무 연관성은 제한적일 수 있습니다.

　치아 임플란트는 결손된 치아의 수복을 위한 보철물지지 용도로 턱뼈 안이나 위에 식립된 고정체를 의미합니다. 일반적으로 시술시간은 1시간 정도 소요되지만 치아의 상실부위가 커서 다수의 임플란트 식립 또는 많은 양의 골이식을 필요한 경우에는 장시간의 수술이 진행하기도 합니다. 부작용으로는 감염, 감각이상, 턱관절 통증 등이 있을 수 있습니다. 의료행위에 있어서 주의의무 위반으로 인한 불법행위 또는 채무불이행으로 인한 책임이 성립되기 위해서는 의료 행위상의 주의의무 위반과 손해의 발생 사이에 인과관계가 성립해야 합니다. 얼굴부위 감각이상과 임플란트 시술 사이의 연관성, 그에 따른 책임이 있다는 인과관계가 인정되어야 합니다. 기왕의 치료비는 질환을 치료하기 위하여 기본적으로 소요된 비용이지만 사고로 인하여 비용이 확대되는 경우에는 손해배상 청구도 가능할 수 있습니다. 의료중재원의 조정제도를 이용하여 감각소실의 책임 유무와 범위를 알아 보시기 바랍니다.

♨ 관련판례

　원고는 피고에 대하여 임플란트 시술비용 명목으로 지급한 9,000,000원의 반환을 구하므로 살피건대, 의사가 환자에게 부담하는 진료채무는 질병의 치료와 같은 결과를 반드시 달성해야 할 결과채무가 아니라 환자의 치유를 위하여 선량한 관리자의 주의의무를 가지고 현재의 의학 수준에 비추어 필요하고 적절한 진료조치를 다해야 할 채무 즉 수단채무라고, 보아야 할 것인바, 원고가 피고에게 지급한 치료비 중 대부분은 피고의 진료상의 과실이 없더라도 원고가 지출할 비용으로 봄이 상당하므로 이를 두고 피고가 법률상 원인 없이 재산상 이득을 취하였다고 보기 어렵고, 원고의 위 주장을 의료과실에 의한 손해배상청구로 선해하더라도, 위 기지급 치료비 중 피고의 과실로 인하여 원고가 추가로 지출한 치료비 부분을 특정할 아무런 주장 및 입증이 없으므로, 원고의 기지급 치료비 반환 주장은 이유 없다(청주지방법원 2013. 11. 15. 선고 2011가단30390 판결).

▌임플란트 시술 후 입 주위의 감각이 소실되었을 경우 시술 잘못여부는?

【질문】 하악 어금니 2개 임플란트 시술을 마쳤으나 하루가 지나서도 마취증상이 지속되었습니다. 다시 치과를 찾아가니 담당의사는 시술 중에 신경 손상이 있는 것 같다며 1개의 임플란트는 제거를 했습니다. 그런데 문제가 더 커져서 현재는 아래 잇몸과 턱까지도 감각이 돌아오지 않고 있습니다. 눌러도 감각이 없으며 현재도 마취가 된 것처럼 멍한 상태가 지속되고 있습니다. 치과의 시술 잘못이 아닌가요?

【답변】

신경손상에 대한 경과관찰이 필요한 시기입니다. 임플란트 시술은 인접치아에 손상을 주지 않고, 치조골을 보호해주며, 자연치아와 유사한 저작능력을 갖게 하고, 시술 실패 시 원상복귀도 가능하다는 장점이 있습니다. 반면, 저작 시 쿠션기능이 약해 충격이 전달되고 풍치원인균에 대한 저항이 약해 잇몸질환이 쉽게 발생되거나 자연 치아에 비해 균이 빨리 진행되는 단점도 있습니다. 또한 안면부 감각이상 또는 일부 마비가 발생되는 때도 있는데 이는 시술 중 과도한 드릴링으로 인한 신경손상이 원인인 경우도 있습니다. 신경손상이 발생되면 일정기간의 경과관찰을 필요로 합니다. 일반적으로 6개월에서 1년을 보는 경우가 많은데 이는 절대적인 기준은 아니며 각 진료별 경과·결과에 따라 다릅니다. 환자의 피해에 대한 적절한 손해금액을 산출하기 위해서는 예후의 확정이 필요한데 이때의 예후는 이러한 경과관찰을 통해서 판단할 수 있습니다. 따라서 이 기간 동안 환자의 피해를 입증하기에 필요한 의무기록, 검사기록 사본 등의 자료와 그 동안의 경과사항 정리 등을 잘 준비하여 향후 조정기관 또는 소송제도를 이용할 수 있도록 대비하는 게 바람직할 것 같습니다.

⚖관련판례

임플란트 식립에 의한 직접적인 신경손상 여부를 확인할 수 있는 객관적인 검사방법에는 임상적 지각검사, 방사선 사진, 컴퓨터 단층사진 촬영 등이 있으나, 일반적으로 손상 후 수 개월이 경과한 다음에는 임플란트 매식체가 하치조신경을 침범하였는지 여부를 방사선 사진에서 확인하는 것은 어려우므로, 2003. 6. 16. 촬영한 파노라마 사진에서 특이 소견이 없다고 하여 이 사건 시술 후 당시까지 원고의 하치조신경에 아무런 이상이 없었다고 할 수 없으므로, 진료과정을 종합하여 보았을 때, 피고가 이사건 시술당시 임플란트를 하치조신경을 압박할 정도로 과도하게 깊이 식립한 것으로 보인다. 또한, 하악관이 손상될 가능성에도 불구하고 하악관에 근접하게 이식하여야 할 특별한 경우가 아니라면 일반적으로 하악관에서 1~2mm 정도 이상의 간격을 유지하는 것이 안전한데, 피고는 위와 같은 사정이 없었음에도 임플란트를 하치조신경을 압박할 정도로 과도하게 깊이 식립한 것으로 보이므로, 피고의 주의의무위반도 인정된다고 할 것이다. 다만, 임플란트를 식립하는 시술은 하악판의 위치를 정확하게 예측하기 어려운 점 등의 사정을 참작하여 책임범위를 40%로 제한하기로 한다(서울지법 2006. 12. 12. 선고, 2005가단7786 판결).

■ 임플란트 시술과정에서 비의료인으로 보이는 사람이 시술하거나 참여한 것으로 의심이 될 때 의료중재원에 조정 접수 가능여부는?

【질문】 치과 임플란트 시술과 관련하여 그 과정에서 비의료인으로 보이는 사람이 시술하거나 참여한 것으로 의심이 됩니다. 이러한 경우 의료중재원에 조정 접수가 가능한지요?

【답변】

비의료인에 의해서 발생한 사고는 의료중재원에 접수할 수 없습니다. 비료의료인의 의료행위로 인한 사고는 「의료사고 피해구제 및 의료분쟁조정 등에 관한 법률」제2조 제1호(의료사고), 제3호(보건의료인)에 해당이 되지 않아 의료중재원에 접수할 수 없습니다. 다만 비의료인의 무면허의료행위와 이를 사주한 의료인에 대해서는 무면허의료행위 사주를 이유로 관할 보건소 및 경찰서에 의료법, 형법상 문제 제기를 할 수 있을 것이며, 이와 관련된 재산상·정신적 피해에 대해서는 민사소송 절차를 이용하실 수 있습니다.

【관련법조문】

의료사고피해구제 및 의료분쟁조정 등에 관한 법률 제2조(정의)

이 법에서 사용하는 용어의 뜻은 다음과 같다.

1. "의료사고"란 보건의료인(「의료법」 제27조제1항 단서 또는 「약사법」 제23조제1항 단서에 따라 그 행위가 허용되는 자를 포함한다)이 환자에 대하여 실시하는 진단 · 검사 · 치료 · 의약품의 처방 및 조제 등의 행위(이하 "의료행위등"이라 한다)로 인하여 사람의 생명 · 신체 및 재산에 대하여 피해가 발생한 경우를 말한다.

...

3. "보건의료인"이란 「의료법」에 따른 의료인 · 간호조무사, 「의료기사 등에 관한 법률」에 따른 의료기사, 「응급의료에 관한 법률」에 따른 응급구조사 및 「약사법」에 따른 약사 · 한약사로서 보건의료기관에 종사하는 사람을 말한다.

의료법 제27조(무면허 의료행위 등 금지)

① 의료인이 아니면 누구든지 의료행위를 할 수 없으며 의료인도 면허된 것 이외의 의료행위를 할 수 없다. 다만, 다음 각 호의 어느 하나에 해당하는 자는 보건복지부령으로 정하는 범위에서 의료행위를 할 수 있다.

1. 외국의 의료인 면허를 가진 자로서 일정 기간 국내에 체류하는 자
2. 의과대학, 치과대학, 한의과대학, 종합병원 또는 외국 의료원조기관의 의료봉사 또는 연구 및 시범사업을 위하여 의료행위를 하는 자
3. 의학·치과의학·한방의학 또는 간호학을 전공하는 학교의 학생

♣♣ 관련판례 I

의사가 영리를 목적으로 비의료인과 공모하여 무면허의료행위를 하였다면 그 행위는 보건범죄단속에관한특별조치법 제5조에 해당한다고 할 것이고, 위 조문 소정의 영리의 목적이란 널리 경제적인 이익을 취득할 목적을 말하는 것으로서 무면허의료행위를 행하는 자가 반드시 그 경제적 이익의 귀속자나 경영의 주체와 일치하여야 할 필요는 없다(대법원 2003. 9. 5. 선고, 2003도2903 판결).

♣♣ 관련판례 II

의료인이 아닌 자가 의료기기 등을 판매함에 있어 상품에 표기된 효능·효과·사용방법 등을 안내하는 정도를 넘어 고객의 질환상태를 묻고 의료기기를 사용하여 계속반복적으로 시술하였다면 이는 의료법 제25조 '무면허 의료행위'에 해당됨(보건복지부 2002. 2. 18. / 의정 65501-114).

▌설명이 미흡하였던 치료에 대한 항의가 심한 경우 대처 방법은?

【질문】 치과의사입니다. 치주치료를 하던 환자에게 만일 치아에 시린 증상이 지속되면 신경치료를 하기로 하였습니다. 치료 한 달 정도 후 환자는 14번 치아의 이상을 호소하며 내원하였고, 진찰결과 15번 치아의 치수가 괴사되어 신경치료가 필요한 상황이었습니다. 이에 치료의 필요성을 설명한 후 신경치료를 시작하였습니다. 그런데 환자는 귀가 후에 14번 치아를 치료하지 않고, 생니(15번 치아)를 치료하였다며 이에 대한 항의와 14번, 15번 치료비용을 모두 환불해줄 것을 요청하고 있습니다. 정확하게 몇 번 치아를 치료한다고 설명하지는 않았지만 치료가 필요했던 치아를 치료한 저에게 환불, 피해보상을 요구하는 것은 억지주장이라고 생각합니다. 조언을 구하고 싶습니다.

【답변】

설명이 미흡한 부분에 대하여는 설명의무 위반 사유에 해당되어 손해배상이 인정될 수도 있습니다. 치료방법을 결정하고 환자가 그 치료를 선택함에 있어서 의료인으로부터 충분한 설명이 있었고 이에 따라 환자가 합리적인 절차를 통해 동의를 하였느냐 하는 문제를 바라보는 시각은 점차 의료소비자의 관점에서 보려는 경향이 커지고 있으며, 판례에서도 이와 유사한 입장을 보이고 있습니다. 특히 미용·성형 및 이와 유사한 성격의 의료행위에 있어서는 이러한 설명의무가 쟁점이 되는 경우가 종종 있습니다. 따라서 이 사례의 경우 치료를 함에 있어서 환자에게 충분한 설명과 이에 따라 환자가 실질적인 동의를 하였다는 내용의 증빙 여부를 우선 확인하고, 만일 그렇지 못한 부분이 있다면 그 배경과 당시의 여건, 환경 등을 살펴 보다 합리적인 답변이 되도록 준비하는 것이 바람직합니다. 당사자간의 다툼시비로 인하여 원만한 해결이 어려울 경우에는 저희 의료중재원의 절차를 이용해 보시기 바랍니다.

⚖ 관련판례

환자는 헌법 제10조에서 규정한 개인의 인격권과 행복추구권에 의하여, 생명과 신체의 기능을 어떻게 유지할 것인지에 대하여 스스로 결정하고 의료행위를 선택할 권리를 보유한다. 따라서 환자는 스스로의 결정에 따라 의료진이 권유하는 진료를 동의 또는 거절할 권리가 있지만 의학지식이 미비한 상태에서는 실질적인 자기결정을 하기 어려우므로, 의료진은 환자의 증상, 진료의 내용 및 필요성, 예상되는 위험성과 함께 진료를 받지 않을 경우 예상되는 위험성 등 합리적인 사람이 진료의 동의 또는 거절

여부를 판단하는 데 중요하다고 생각되는 사항을 설명할 의무가 있다. 한편 이러한 의료진의 설명은 의학지식의 미비 등을 보완하여 실질적인 자기결정권을 보장하기 위한 것이므로, 환자가 이미 알고 있거나 상식적인 내용까지 설명할 필요는 없고, 환자가 위험성을 알면서도 스스로의 결정에 따라 진료를 거부한 경우에는 특별한 사정이 없는 한 위와 같은 설명을 하지 아니한 데 대하여 의료진의 책임을 물을 수는 없다(대법원 2011.11.24.선고, 2009다70906 판결).

▌ 치과치료 후 발치한 금니를 반환해 주지 않을 경우는?

【질문】 치과 임플란트 치료를 위해 치아(금니)를 발치하였습니다. 그런데 발치한 금니를 본인에게 돌려주지 않고 있습니다. 요즈음 금값도 많이 비싸다고 하던데 이런 경우 금니는 당연히 돌려줘야 하는 거 아닌가요?

【답변】

치아를 돌려줄 수 있으나, 폐기 시에는 폐기물관리법에 따른 처리를 해야 합니다. 발치한 치아에 대하여 환자 본인이 돌려달라고 하는 경우 「폐기물관리법」에 관련 주의내용을 설명하고 반환할 수 있도록 규정되어 있습니다. 그러나 치아와 같은 인체조직물은 의료폐기물 중 '위해 의료폐기물'의 '조직물류폐기물'에 해당되어 법에서 규정하는 특정 장소에 매장하거나 화장장에서 소각할 수 있도록 하고 있으며, 이를 인도한 자(치과)는 이러한 내용을 의무기록에 상세히 기록, 3년간 보존토록 하고 있습니다. 또한, 금니에 사용하는 금은 일반 금과 달리 합금 형태이므로 금은방 등에 가져가도 이를 매입하는 경우는 거의 없는 것으로 알려져 있으니 참고하시기 바랍니다.

【관련법조문】

폐기물관리법 제2조(정의)

5. "의료폐기물"이란 보건·의료기관, 동물병원, 시험·검사기관 등에서 배출되는 폐기물 중 인체에 감염 등 위해를 줄 우려가 있는 폐기물과 인체 조직 등 적출물(摘出物), 실험 동물의 사체 등 보건·환경보호상 특별한 관리가 필요하다고 인정되는 폐기물로서 대통령령으로 정하는 폐기물을 말한다.

5의2. "의료폐기물 전용용기"란 의료폐기물로 인한 감염 등의 위해 방지를 위하여 의료폐기물을 넣어 수집·운반 또는 보관에 사용하는 용기를 말한다.

5의3. "처리"란 폐기물의 수집, 운반, 보관, 재활용, 처분을 말한다.

폐기물관리법시행규칙 별표5(폐기물의 처리에 관한 규체적 기준 및 방법_

5. 지정폐기물중 의료폐기물의 기준 및 방법, 가. 공통사항)

1) 의료폐기물(인체조직물과 동물의 사체만을 말한다)은 본인(본인이 의사표시를 할 수 없는 경우에는 그 친권자 또는 후견인을 말한다. 이하 같다)이나 그 동물의 주인이 요구하면 본인이나 그 동물의 주인에게 인도하여 다음 각 호의 구분에 따라 처리할 수 있다. 이 경우 의료폐기물을 인도한 자는 이를 상세히 기록하여 3년간 보존하여야 한다.

가) 인체조직물은 「장사 등에 관한 법률」 제17조에 따른 묘지 등의 설치제한지역이 아닌 곳으로서 같은 법 제13조제1항에 따른 공설묘지 중 시·도지사가 인정한 장소에 1미터 이상의 깊이로 파묻거나 같은 법 제2조제8호에 따른 화장시설에서 화장할 수 있다.

🞗 **관련판례**

　자연환경 및 생활환경에 중대한 영향을 미칠 우려가 있는 폐기물의 배출을 엄격히 규제하여 환경보전과 국민생활의 질적 향상을 도모하려는 구 폐기물관리법의 취지에 비추어 같은 법 제2조제1호, 제24조제2항, 제25조제1항, 제44조의2의 규정들의 내용을 종합하여 보면, 사업장에서 배출되는 쓰레기·연소재·오니·폐유·폐산·폐알카리·동물의 사체 등의 물질이 당해 사업장의 사업활동에 필요하지 아니하게 된 이상은 그 물질은 구 폐기물관리법에서 말하는 폐기물에 해당한다고 보아야 하며, 당해 사업장에서 폐기된 물질이 재활용 원료로 공급된다고 해서 폐기물로서의 성질을 상실한다거나 사업장폐기물배출자의 신고의무가 없어진다고 볼 것이 아님(대법원 2001. 6. 1. 선고, 2001도70판결).

■ 과잉진료로 인한 치료비 환불과 행정처분을 바라는 경우는?

【질문】치아 1개를 발치하기로 하였는데 사전 설명이 없었던 옆의 치아 2개를 추가로
발치하였습니다. 과잉 진료로 인한 피해보상과 치료비 환불을 받고 싶으며, 의
사의 진료행태를 고발하고 싶습니다. 이에 의료중재원에서 행정처분을 내려주
시기 바랍니다.

【답변】

비용환불 및 행정처분은 의료중재원의 소관 업무가 아닙니다. 의료중재원은 의료사
고로 인해 발생되거나 확산된 손해에 대한 조정·중재 업무를 전문적으로 취급하고 있
는 보건복지부 산하의 공공기관입니다. 이 사례의 경우에서 치료비의 적정성 문제 및
의료기관(의료인)에 대한 행정처분 문제 등은 저희 기관에서 처리하기에 어려움이 있
습니다. 관련 기관에 문의하시어 도움을 받으시는 게 좋을 것 같습니다. 이 사례에서
의료사고 부분은 의료중재원을 이용하여 전문적인 판단을 받아보시고, 과잉진료 및
치료비 환불, 행정처분 의뢰 등의 문제는 국민건강보험공단, 건강보험심사평가원, 관
할 보건소 등을 이용하시기 바랍니다.

【관련법조문】

국민건강보험법 제48조(요양급여 대상 여부의 확인 등)

① 가입자나 피부양자는 본인일부부담금 외에 자신이 부담한 비용이 제41조제4항에
따라 요양급여 대상에서 제외되는 비용인지 여부에 대하여 심사평가원에 확인을
요청할 수 있다.

② 제1항에 따른 확인 요청을 받은 심사평가원은 그 결과를 요청한 사람에게 알려
야 한다. 이 경우 확인을 요청한 비용이 요양급여 대상에 해당되는 비용으로 확
인되면 그 내용을 공단 및 관련 요양기관에 알려야 한다.

의료법 제45조(비급여 진료비용 등의 고지)

① 의료기관 개설자는 「국민건강보험법」 제41조제4항에 따라 요양급여의 대상에서
제외되는 사항 또는 「의료급여법」 제7조제3항에 따라 의료급여의 대상에서 제
외되는 사항의 비용(이하 "비급여 진료비용"이라 한다)을 환자 또는 환자의 보호자
가 쉽게 알 수 있도록 보건복지부령으로 정하는 바에 따라 고지하여야 한다.

관련판례

　의료기관 또는 의사가 의료보험환자 아닌 일반환자를 치료하고 그 치료비를 청구함에 있어서 그 치료를 마친 의사 또는 의료기관은 그 치료비에 관하여 의료보험수가가 아닌 일반의료수가를 기준으로 계산한 치료비 전액의 지급을 청구할 수 있다 할 것이지만, 치료계약에 이르게 된 경위, 수술·처치 등 치료의 경과와 난이도, 기타 변론에 나타난 제반 사정에 비추어 그 일반의료수가가 부당하게 과다하여 신의성실의 원칙이나 형평의 원칙에 반하는 특별한 사정이 있는 경우에는 예외적으로 그와 같은 제반 사정을 고려하여 상당하다고 인정되는 범위를 초과하는 금액에 대하여는 그 지급을 청구할 수 없다(대법원 1995. 12. 8. 선고, 95다3282 판결).

▌ 임플란트 식립 후 치아가 잘 맞지 않아 불편한 경우 대처방법은?

【질문】 좌측 하악 어금니 2개에 대해 임플란트시술을 받았습니다. 그런데 식립한 치아가 구강구조와 맞지 않고 염증이 생기는 등 불편함이 이만저만 아닙니다. 치과에서는 식립한 임플란트를 제거하고 비용을 환불 해주겠다고 합니다. 다른 치과에 알아보니 현재 임플란트를 제거하기에는 위험하므로 별도의 교정치료를 진행하라고 권합니다. 두 기관의 의견도 달라서 더욱 불안한데, 이런 경우 어떻게 대처해야 할까요?

【답변】

현재 상태의 정확한 진단과 치료방법의 확정을 위해 상급 의료기관에서의 정밀검사를 받아 보시기 바랍니다. 임플란트는 자연치아를 상실했을 때 인공치근을 심고 그 위에 보철물을 나사로 고정하여 자연치아와 동일한 기능회복을 목적으로 하는 시술입니다. 특히, 환자의 잇몸 및 턱뼈에 드릴링을 시도하게 되므로 환자의 치조골 형태와 잇몸상태에 영향을 미치는 전신질환이나 전염성 질환 등 사전점검이 중요합니다. 보철물이 빠지거나 통증 발생, 구강구조와 맞지 않는 등 시술 후 후유증이 발생하는 경우도 있습니다. 이 사례의 경우 우선적으로는 증상완화를 위한 치료가 급선무이며, 상급 의료기관을 이용하여 현재 상태에 대한 진찰·치료뿐만 아니라 예후(비용 포함)까지도 확인하여 치료안정과 향후 손해배상 청구를 대비하는 것도 좋은 방법이 될 수 있습니다. 이후 본 건 시술 전후 및 이송 의료기관의 의무기록사본, 검사기록(영상물)과 그동안의 경과사항을 잘 정리하여 의료중재원을 이용하시기 바랍니다. 의료중재원에서는 전문적인 감정을 통하여 사실관계를 파악하고 당사자간 원만한 해결이 될 수 있도록 조정·중재 절차를 통해 도와드릴 것입니다. 특히, 이 사례의 경우 시술 전후 경과를 비교할 수 있는 영상물 자료가 구비되는 경우 유용하게 활용될 수 있으니 참고하시기 바랍니다.

⚖ 관련판례

임플란트 시술 후 치주염 등이 발생한 데 대하여, 피고가 임플란트 시술 전에 환자에 대한 치은의 심한 염증에 대한 치료를 제대로 하지 아니하거나 환자에게 전치부 치조전돌증이 있음에도 브리지 형태의 임플란트 시술을 하여 과도한 교합과 저작력을 발생하게 한 과실로 환자가 보철물 탈락과 치주염 등의 현 상태에 이르렀다고 판단하여, 피고에게 진료계약상의 채무불이행 내지 불법행위로 인한 손해배상책임을 인정함이 상당하다(부산지법 2010. 10 .20. 선고, 2009가합8447 판결).

▌치아 발치 후 안면마비가 발생되었는데 병원에서 배상책임을 없다고 한 경우는?

【질문】 종합병원에서 하악부의 사랑니 발치 후 신경손상으로 인한 안면마비가 발생되었습니다. 이에 해당 병원에 책임문제를 제기하였는데, 병원 측에서는 수술동의서를 작성하면서 합병증 및 안면마비의 가능성에 대해 설명을 했고 이에 대해 환자가 동의를 했기 때문에 배상책임이 없다며 책임을 회피하고 있습니다. 동의서를 받고 수술을 하였으므로 전혀 배상책임이 없다는 병원 측의 주장이 이해가 되지 않습니다. 정말로 그런 것입니까?

【답변】

부작용 발생 가능성에 대한 설명의 정도와 치료 전반의 적정 여부에 따라 책임 여부를 판단할 수 있습니다. 발치란 치아를 제거해 내는 외과적 처치로서 치조골의 현저한 흡수로 치아동요가 심하거나, 치근단부 만성염증으로 보존적 치료가 불가능한 경우, 충치 심화로 치근만 남아 보존보철치료가 어려운 경우, 외상성 치근 파괴, 위치 이상으로 장애를 야기하는 경우, 치열교정상 필요에 의한 경우 등을 주요 적응증으로 하고 있습니다. 통상적으로 의료인이 치료를 결정하고 환자가 그 치료방법을 선택함에 있어서 충분한 설명과 이에 따른 동의를 필요로 합니다. 따라서 사랑니 발치과정에서 사전에 충분한 설명이 있었고 이에 따라 환자의 합리적인 동의가 있었는지를 우선 살필 필요가 있습니다. 이에 대한 증빙 서류로는 수술동의서, 진료기록 등이 있는데, 설명의 충실 여부에 있어서는 형식적·관행적으로 설명한 것인지, 충분한 설명을 한 후 환자가 이에 대한 이해를 하고 동의한 것인지에 따라 법원 판례에서도 책임을 달리하는 경우가 있습니다. 이 사례의 경우 이 외에도 사랑니 발치와 안면마비와의 인과관계, 신경손상 발생 후 악결과를 방지하거나 감소시키기 위해 처치·대응이 신속하고 적절하였는지 등도 주요 쟁점이 될 수 있습니다.

♨ 관련판례 I

설명의무는 모든 의료과정 전반을 대상으로 하는 것이 아니라 수술 등 침습을 과하는 과정 및 그 후에 나쁜 결과 발생의 개연성이 있는 의료행위를 하는 경우 또는 사망 등의 중대한 결과발생이 예측되는 의료행위를 하는 경우 등과 같이 환자에게 자기결정에 의한 선택이 요구되는 경우를 대상으로 하는 것이다. 따라서 환자에게 발생한 중대한 결과가 의사의 침습행위로 인한 것이 아니거나 또는 환자의 자기결정권이 문제되지 아니하는 사항에 관한 것은 위자료 지급대상으로서의 설명의무 위반이 문제될 여지는 없다고 봄이 상당하다(대법원 2010. 5. 27. 선고, 2007다25971 판결).

⚕ 관련판례Ⅱ

의사가 환자에게 의료행위를 하였을 경우 발생할 수 있는 부작용의 내용, 그 발생 가능성, 그러한 부작용으로 인하여 생길 수 있는 구체적인 위험의 내용, 환자의 경우에 해당하는 특이사항, 의료행위의 선택과 관련된 정보 등에 관하여 사전에 상세히 설명하였다는 점에 관하여 증거를 제출하지 않는 이상, 의사에 환자에게 설명의무를 다하였다고 볼 수 없다(인천지법 2006. 11. 1. 선고, 2005가합15235 판결).

▌ 교정치료 완료후 임플란트 시술이 불가능하다는데 대처할 방법이 없나요?

【질문】 송곳니가 없어서 식사할 때마다 지속적인 불편을 겪었습니다. 치과 상담결과 교정치료를 통하여 송곳니 공간을 확보한 후 임플란트를 식립하면 효과가 있다고 하여 우선 교정치료를 하였습니다. 그러나 결손부위의 공간이 확보되지 않아 임플란트 시술은 불가능하다고 합니다. 그래서 대신 빈 공간에 레진을 시행하게 되었는데 기존의 치아색과 너무 다르고, 치열도 맞지 않아 불만족스럽습니다. 다른 치과병원에 가보니 요즈음 레진은 변색이 잦아 권하지 않고 있으며, 추가로 브릿지 치료가 필요하다고 합니다. 환불을 받고 다른 병원에서 치료를 받고 싶습니다. 어떻게 해야 할까요?

【답변】

환자의 교정전 치아 상태부터 교정 및 보철치료 후 상태까지 치료과정 전반에 관한 의료감정이 요구됩니다. 치과에서 사용하는 레진은 대표적인 충치치료에 사용되는 비금속성 재료로써 치아색상과 유사하고 심미적으로 우수하며 가공이 쉽고 가격이 저렴하다는 장점이 있는 반면, 강도에 약하고 변색이 될 수 있다는 단점이 있습니다. 통상적으로 의사는 진료를 행하는데 있어 적절하다고 판단되는 진료방법을 선택할 재량권을 갖게 되므로 레진치료를 결정한 것만을 가지고 의사에게 전적인 책임을 물을 수는 없을 것입니다. 다만, 치료방법을 결정하고 선택함에 있어서 환자 상태와 적응증, 경제적 부담 등이 충분히 고려되고 설명이 이루어졌으며, 치료 후에는 사전에 설명된 만큼 치료가 완성되었는지를 검토할 필요가 있습니다. 이 사례는 공간확보를 위한 교정치료와 차선의 방법으로 선택된 레진 시술에서 발생된 복합적인 문제로서 인과관계와 관련 손해를 판단하기 위해서는 전문적인 감정이 선행되어야 하므로 의료기관의 진료기록부, 검사기록 등 증빙자료를 확보해 두시기 바랍니다.

⚖ 관련판례 I

의사의 설명의무 위반으로 인한 손해배상사건에서 환자가 의료행위로 인한 부작용의 가능성에 관하여 설명을 듣지 못하였다는 취지로 주장하는데도, 피고측이 환자의 수술승낙서를 제출하지 않았고 의사가 환자에게 의료행위를 하였을 경우 발생할 수 있는 부작용의 내용, 그 발생가능성, 그러한 부작용으로 인하여 생길 수 있는 구체적인 위험의 내용, 환자의 경우에 해당하는 특이사항, 의료행위의 선택과 관련된 정보 등에 관하여 사전에 상세히 설명하였다는 점에 관하여 증거를 제출하지 않은 이상,

의사가 환자에게 설명의무를 다하였다고 볼 수 없다(인천지법 2006.11.1. 선고, 2005가합15235 판결).

☆☆ 관련판례Ⅱ

의사는 진료를 행함에 있어 환자의 상황과 당시의 의료수준 그리고 자기의 지식 및 경험에 따라 적절하다고 판단되는 진료방법을 선택할 상당한 범위의 재량을 가진다고 할 것이고, 그것이 합리적인 범위를 벗어난 것이 아닌 한 진료의 결과를 놓고 그 중 어느 하나만이 정당하고 이와 다른 조치를 취한 것에 과실이 있다고 할 수는 없다(대법원 2010.6.24. 선고, 2007다62505 판결).

▌신경치료 후 급성부비동염이 생겼습니다. 어떻게 대처할까요?

【질문】어금니 통증에 대해 치과에서 잇몸염증으로 진단, 염증제거술을 받았습니다. 그러나 치료 후에도 통증과 고열이 지속되었으며 이에 대한 신경치료를 받았으나 통증이 지속되었습니다. 이비인후과의원에서 진찰한 결과 급성부비동염이라고 하며, 치과 치료로 인해 감염이 된 것 같다고 합니다. 이로 인해 현재 치과뿐만 아니라 급성부비동염까지 치료를 받아야 하는 상황입니다. 치과의원에 가서 현재의 상태를 이야기하였지만, 아무런 연락도 없습니다. 이런 경우 어떻게 해야 할까요?

【답변】

연락이 없을 경우 신경치료와 부비동염 발생 간의 인과 관계 검토를 위해 의료감정을 받아보시기 바랍니다.

통상 급성부비동염은 부비동 점막에 급성으로 발생한 염증성 질환으로 질환기간이 4주 이내로 후유증이 남지 않고, 주요 원인으로는 바이러스 감염이나 알레르기 비염 발생 후 2차적인 세균감염 등으로 보는 경우가 많습니다. 따라서 이 사례의 경우 치과의 신경치료와 급성부비동염의 발생 사이의 인과관계 및 사실규명 등 전문적인 감정이 필요합니다. 이에 대해서는 의료사고 전문감정을 통해 당사자 간의 조정, 중재가 가능한 저희 의료중재원을 이용해 보시기 바랍니다. 다만, 의료중재원을 이용하시기 전 현재 시점에서 잇몸염증, 부비동염의 치료와 추가적인 후유증은 없는 지 등의 경과관찰과 의무기록사본, 검사기록 등의 관련 증빙자료를 준비하시면 더욱 신속하고 정확한 판단을 받으실 수 있습니다.

♨ 관련판례

의료행위가 고도의 전문적 지식을 필요로 하는 분야이고 그 의료의 과정은 대개의 경우 환자 본인이 그 일부를 알 수 있는 외에 의사만이 알 수 있을 뿐이며, 치료의 결과를 달성하기 위한 의료기법은 의사의 재량에 달려 있기 때문에 손해발생의 직접적인 원인이 의료상의 과실로 말미암은 것인지 여부는 전문가인 의사가 아닌 보통인으로서는 도저히 밝혀낼 수 없는 특수성이 있어서 환자측이 의사의 의료행위상의 주의의무 위반과 손해발생과 사이의 인과관계를 의학적으로 완벽하게 입증한다는 것은 극히 어려운 일이므로, 의료사고가 발생한 경우 피해자측에서 일련의 의료행위 과정에 있어서 저질러진 일반인의 상식에 바탕을 둔 의료상의 과실이 있는 행위를 입증하고 그 결과와 사이에 일련의 의료행위 외에 다른 원인이 개재될 수 없다는 사정을 증명한 경우에는 의료행위를 한 측이 그 결과가 의료상의 과실로 인한 것이 아니라 전혀 다른 원인에 의한 것이라는 입증을 하지 않는 이상, 의료상 과실과 결과 사이의 인과관계를 추정함이 상당하다(서울북부지법 2006. 6. 15. 선고, 2005가합3568 판결).

▌치아뿌리에 시술기구 일부가 잔존해 있는데 조정신청이 가능한지요?

【질문】 치아가 썩어서 신경치료를 3회 받게 되었는데, 이후 치아뿌리에 기구가 일부 박혀있는 것을 X-ray로 알게 되었습니다. 몇 차례 제거를 시도하였으나 더 안쪽으로 들어가 뼈에 박히게 되었으며, 현재는 제거하기에 힘든 상황에 이르렀습니다. 해당 치과에서는 제거가 필수적이지는 않지만 만일 제거를 원한다면 제거비용은 부담해주겠다고 합니다. 그러나 추후에 생기는 후유증 등은 책임지지 않겠다고 합니다. 이와는 달리 상급병원에서는 향후 문제가 될 수 있으니 제거를 하자고 합니다. 이런 경우 상급병원에서 제거수술을 받아야할지, 아니면 현재 시점에서 의료중재원에 조정신청을 해야 할지? 어떻게 하는 게 좋겠는지요?

【답변】

환자에 대한 적절한 시술 여부와 잔존 시술기구 제거의 적합성 등에 대한 검토를 받아보시기 바랍니다.

신경치료는 일반적으로 파일 또는 리머라는 기구를 사용하여 시술하는데 감염된 치수를 제거하는 과정에서 일부 시술기구의 끝 부분이 부러져 치수강과 치근관 속에 박히는 경우가 있기도 합니다. 이에 대한 제거는 박힌 정도와 잔존물의 크기, 위치 및 의료진의 경험·기술, 숙련도 등에 따라 난이도가 달라질 수 있습니다. 따라서 우선은 상기 조건에 부합할 수 있는 규모의 의료기관을 이용하여 보다 안전한 치료 및 제거 방법이 있는 지 알아보시는 것이 좋을 것 같습니다. 이후 어느 정도 치료가 안정되거나 예후가 확정될 수 있는 시점에서 관련 증빙자료 등을 구비하여 의료중재원에 조정 또는 중재신청을 통한 원만한 해결을 받아보시기 바랍니다.

⚖ 관련판례

요추 척추후궁절제 수술 도중에 수술용 메스가 부러지자 담당의사가 부러진 메스조각(3×5㎜)을 찾아 제거하기 위한 최선의 노력을 다하였으나 찾지 못하여 부러진 메스조각을 그대로 둔 채 수술부위를 봉합한 경우, 같은 수술과정에서 메스 끝이 부러지는 일이 흔히 있고, 부러진 메스가 쉽게 발견되지 않을 경우 수술과정에서 무리하게 제거하려고 하면 부가적인 손상을 줄 우려가 있어 일단 봉합한 후에 재수술을 통하여 제거하거나 그대로 두는 경우가 있는 점에 비추어 담당의사의 과실을 인정할 수 없다(대법원 1999. 12. 10. 선고, 99도3711 판결).

▌ 설명도 없이 치아를 갈아버렸을 경우 의사의 과실은?

【질문】 잇몸염증으로 치과에서 신경치료를 받았습니다. 그런데 신경치료를 하면서 어떠한 설명도 없이 치아 윗부분을 깎아 평평하게 만들어버렸습니다. 또한 잇몸 치료 중에 염증이 발생되어 잇몸 일부분이 소실되기도 했습니다. 이에 대해 해당 치과에서는 치아 삭제는 일반적인 치료과정이라 사전설명이 필수 사항은 아니라고 말합니다. 동의도 없이 일방적으로 치아를 삭제한 것과 잇몸염증이 악화된 것은 의사의 과실이라고 생각합니다. 저의 판단이 맞는 건지요?

【답변】

사전 설명의무 이행 여부와 환자상태에 따른 치료방법의 적정성에 대한 검토 후 과실유무의 판단이 가능합니다. 신경치료는 심한 충치·잇몸병 또는 치아의 신경조직인 치수까지 감염되었을 때 조직을 제거하고 그 자리를 특수재료로 충전하여 치아의 기능을 유지시키는 시술입니다. 치료 후에는 약해진 치아를 보호하기 위해 크라운을 씌우게 되는데, 이 과정에서 치아길이에 따라서 치아삭제가 이루어지기도 합니다. 통상적으로 의사는 진료를 행하는데 있어 적절하다고 판단되는 진료방법을 선택할 재량권을 갖는 반면, 환자가 적절한 진료를 선택할 수 있도록 충분한 설명을 해야 할 의무도 부담합니다. 따라서 이 사례의 경우 치아삭제 외에 달리 대체할 방법이 있었는지, 치료 후 발생된 염증 및 잇몸 손상과 관련하여 치료와 악결과 발생 사이의 인과관계 등을 살필 필요가 있습니다. 이에 대해서는 의료중재원을 이용하시어 전문적인 판단을 받아 보시기 바랍니다.

♨관련판례 I

의사의 설명의무 위반으로 인한 손해배상사건에서 환자가 의료행위로 인한 부작용의 가능성에 관하여 설명을 듣지 못하였다는 취지로 주장하는데도, 피고측이 환자의 수술승낙서를 제출하지 않았고 의사가 환자에게 의료행위를 하였을 경우 발생할 수 있는 부작용의 내용, 그 발생가능성, 그러한 부작용으로 인하여 생길 수 있는 구체적인 위험의 내용, 환자의 경우에 해당하는 특이사항, 의료행위의 선택과 관련된 정보 등에 관하여 사전에 상세히 설명하였다는 점에 관하여 증거를 제출하지 않은 이상, 의사가 환자에게 설명의무를 다하였다고 볼 수 없다(인천지법 2006. 11. 1. 선고, 2005가합15235 판결).

⚘관련판례Ⅱ

의사는 진료를 행함에 있어 환자의 상황과 당시의 의료수준 그리고 자기의 지식 및 경험에 따라 적절하다고 판단되는 진료방법을 선택할 상당한 범위의 재량을 가진다고 할 것이고, 그것이 합리적인 범위를 벗어난 것이 아닌 한 진료의 결과를 놓고 그 중 어느 하나만이 정당하고 이와 다른 조치를 취한 것에 과실이 있다고 할 수는 없다(대법원 2010. 6. 24. 선고, 2007다62505 판결).

제9장
정신건간의학과, 마취통증의학과,
응급의학과, 영상의학과, 약제과

▌ 조현병으로 병원 입원 중 자살하였습니다.

【질문】 제 아들(30대)은 편집성 조현병이라는 질환이 있어 정신과 병원에서 입원치료를 받았습니다. 환청, 관계망상, 피해망상 등 현실 검증력이 떨어지고 폭력적인 행동이 잦아 제한된 환경에서 보호받아야 할 상태였습니다. 어느 날 아들은 병원에서 저녁식사 후 화장실 문에 목을 매어 자살한 상태로 발견되었습니다. 병원에서 아들의 자살 위험성을 감지하고 보호 감독해야 할 주의 의무를 다하지 못하여 이런 일이 발생하였다고 생각합니다. 어떻게 하면 좋을지 문의 드립니다.

【답변】

환자의 자살방지를 위한 시설관리 및 의료진의 주의의무 위반여부에 대하여 검토하여야 합니다.

조현병(정신분열)이란 사고, 감정, 지각, 행동 등 인격의 여러 측면에 걸쳐 광범위한 임상적 이상 증상을 일으키는 정신질환입니다. 조현병은 여러 가지 유형으로 나타나며 단일 질병이 아닌 공통적 특징을 지닌 몇 가지 질병으로 이루어진 질환입니다. 치료는 향정신병 약물치료와 심리사회적 치료(질병관리 기술, 재활, 인지행동치료, 자조모임 등)으로 이루어집니다. 조현병 환자들은 일반인보다 자살을 시도하는 경우가 흔하고 자살 시도자 중 10% 정도가 사망하는 것으로 알려져 있습니다. 이런 경우에는 자살과 상해 방지를 위하여 병원의 시설 관리와 의료인의 주의의무 등 복합적인 검토가 필요합니다.

⚖ 관련판례

망인과 같은 알콜의존증에 의한 우울증 환자의 경우 충동적으로 자살하는 경우도 상당히 있으므로, 환자가 보호실 내에서 자살하는 것을 미연에 방지하기 위하여, 망인과 같이 자살가능성이 있는 환자가 보호실에 있을 때에는 의사, 간호사 등 병원 관계자들이 항상 관찰이 가능하도록 하는 시설을 설치하여야 함에도 담당 간호사 등이 이 사건 보호실 내부를 직접 감시할 수 없고, 다만 보호실 출입문에 있는 창문을 통해야 이 사건 보호실 내부를 관찰할 수 있게끔 설치함으로써 망인이 입고 있던 속옷을 이용하여 자살하는 것을 방지하지 못한 잘못이 있다 할 것이다(광주고등법원 2009. 9. 4. 선고 2009나1824 판결).

▌ 폐쇄병동의 창문에서 추락하여 척추가 부러졌는데 합의해야 하는지요?

【질문】 저희 아들은 알콜중독으로 폐쇄병동에 입원하여 치료 중이었습니다. 병실이 5층에 있었는데, 관리가 소홀한 틈을 타 아들이 5층 창문을 통해 탈출을 시도하다가 1층으로 떨어졌습니다. 현재는 척추 골절이 발생되어 다른 병원으로 이송하여 수술을 받고 입원 중에 있는데, 상태가 불량하여 앞으로 상황이 어찌될지 모르겠습니다. 정신과 병원에서는 수술비를 대신 내줄테니 합의를 하자고 합니다. 이 정도에 합의하는 것이 좋을까요? 아니면 다른 방법이 있는 건가요?

【답변】

폐쇄병동은 더욱 중한 환자관리 의무를 부담하지만, 환자의 기여도에 따라 책임의 범위가 달라질 수 있습니다.

폐쇄병동에서의 환자관리는 일방병동에 입원하고 있는 환자보다 더욱 중한 환자관리 의무를 부담한다고 할 것입니다. 더욱이 이 사례의 환자와 같이 충동적인 행동을 할 여지가 있는 상태로 보여질 경우에는 상시 환자의 상태를 면밀히 관찰할 필요가 있으며, 주변시설의 점검 등을 통하여 탈출과 같은 돌발행동에 항시 대비하여야 할 것입니다. 이 사례의 경우 폐쇄병동 내에서 외부로 통하는 창문을 이용하여 탈출을 시도하였다는 점에서 해당 폐쇄병동의 공작물의 설치 또는 보존의 하자로 인한 사고에 해당되는지 여부 또한 검토되어야 할 것이며, 당시 환자의 상태 정도, 관찰의 중요도, 관리인력 수 등을 종합하여 병원의 책임 여부를 판단할 수 있을 것입니다. 다만, 창문을 열고 탈출을 시도하여 1층으로 추락한 행위와 환자의 당시 상태에 따라 어느 정도 병원의 책임이 제한될 수 있습니다. 손해의 범위와 관련해서는, 현재 척추골절로 인해 재활치료 중이므로 향후 후유장애에 대한 진단 및 향후치료가 남아있음을 고려할 필요가 있겠습니다.

♊ 관련판례 I

환자들의 심리에 미치는 영향을 고려하여 환자전용 통로의 병원비상계단에 높이 1.14미터 가량의 옹벽만을 설치하였을 뿐 추락 방지를 위한 별도의 시설로서 철책 등을 설치하지 아니하였다 하더라도 그러한 조치가 세계적인 추세로 공인되어 있고 그 대신 환자들을 호송함에 있어 안전요원이 추락사고에 대비한 보호조치를 취하였음에도 불구하고 호송중인 환자가 갑자기 팔꿈치로 안전요원의 가슴을 쳐 뿌리치며 위 비상계단옹벽을 뛰어넘어 추락하였다면 이는 위 비상계단의 설치 또는 보존의 하자로 인한 사고에 해당되지 아니한다(서울동부지원 1989. 11. 9. 선고, 87가합2124 판결).

⚖ 관련판례Ⅱ

아직 충동적인 행동을 할 여지가 완전히 배제되었다고 보기 어려운 소외인 등 정신질환자 15명의 동태를 계속 근접하여 관찰, 감시하기에는 부족한 여성 사회복지사 2명만을 그 인솔자 겸 감시자로 배치하고 별다른 조치를 취하지 아니함으로써 소외인으로 하여금 위 사회복지사들의 감시소홀을 틈타 무모한 탈출 및 돌발적인 충동에 의한 자살을 감행하게 한 잘못이 있다 할 것이다(서울지법 1997. 10. 29. 선고, 96가합69109 판결).

▌ 정신과 병동 내 다른 환자가 준 음식물을 먹다가 사고가 났을 때 병원의 책임은?

【질문】 정신질환으로 정신과병동에 입원 중에 옆 침대 환자의 가족들이 병문안을 와서 제공한 음식을 먹다가 기도질식 사고가 발생하였습니다. 사고 발생 후 바로 종합병원으로 옮겨 치료를 받았으나 현재 저산소성 뇌손상으로 의식불명 상태 중에 있으며, 사망에 이를 수도 있다고 합니다. 이런 경우 어떻게 해야 하며, 병원 입원 중에 발생된 사고이므로 해당 병원에 책임이 있는 것은 아닌지요?

【답변】

경과관찰이 필요한 시기이므로, 손해가 확정된 시점에서 손해배상 청구를 고려해 보시기 바랍니다. 의료기관에서의 환자에 대한 관리상 주의의무는 관리형태, 진료경과, 사고발생 시점, 환자의 연령 및 기왕증, 당시의 진료환경 등에 따라 차이가 있으며, 특히 정신과의 경우에는 개방병동이냐 폐쇄병동이냐에 따라서도 차이가 나는 경우가 있습니다. 또한 사건발생 후 환자의 피해를 줄이기 위한 의료기관의 처치 적절성도 중요한 검토 대상이 되기도 합니다.

환자의 피해와 관련해서는 증상회복, 장애여부 등 예후와 사고 발생 전의 평균소득, 가동연한 등에 따라 많은 차이가 있을 수 있습니다. 이에 현재 상태에서는 우선 환자의 치료를 안정화하는데 집중할 필요가 있으며, 이 기간 동안에 관련 증빙자료(의무기록사본, 검사기록 영상물, 소득자료 등)의 구비와 경위 정리를 꼼꼼히 하시기 바라며, 예후가 확정되거나 안정화된 경우 관련 증빙을 기준으로 손해를 산출하여 피해구제를 받으시기 바랍니다.

⚖ 관련판례

의료사고에 있어서 의사의 과실을 인정하기 위해서는 의사가 결과발생을 예견할 수 있었음에도 불구하고, 그 결과발생을 예견하지 못하였고 그 결과발생을 회피할 수 있었음에도 불구하고, 그 결과발생을 회피하지 못한 과실이 검토되어야 하고, 그 과실의 유무를 판단함에는 같은 업무와 직종에 종사하는 일반적 보통인의 주의정도를 표준으로 하여야 하며, 이에는 사고 당시의 일반적인 의학의 수준과 의료환경 및 조건, 의료행위의 특수성 등이 고려되어야 한다(대법원 2006. 12. 7. 선고, 2006도1790 판결).

■ 정신병원에 강제입원 후 사망하였을 때 대처방법은?

【질문】 요양시설 치료 중 환자 부적응 등을 이유로 정신 병원에서의 치료를 권유받
았으나 직계가족(친자)은 반대를 하였습니다. 그러나 직계가족 모르게 처(계
모)에 의해 정신병원으로 옮겨져 치료를 받게 되었고 시설 불결 및 병원직원
들의 강압적인 분위기 하에서 치료 중 폐렴 등으로 사망에 이르게 되었습니
다. 이 과정에서 병원 측은 직계가족의 동의와 신분확인 없이 계모의 서명만
으로 입원을 시켰으며, 환자 상태가 악화되는 기간에도 친자들에게는 알리지
않다가 사망 5분전에야 연락을 하는 등 처치 및 환자관리가 소홀했는데 이
런 경우 어떻게 해야 하나요?

【답변】

절차상 불법여부는 국가인권위원회 및 관할 보건소에 문의해 보시기 바랍니다.

정신과병동에 불법절차로 강제 입원 후 사망한 건으로, 주요 질의사항이 불법절차에
의한 입원가능여부 및 관련 처벌 등이 쟁점이 되는바, 구체적인 사항은 국가인권위원회
와 정신보건법을 관할하는 의료기관 소재지 관공서(보건소 등)에 민원을 제기하거나 인
터넷 신문고 등 국가민원포털사이트에 민원을 제기하는 방법 등을 참고하시기 바랍니다.

【관련법조문】

정신건강증진 및 정신질환자 복지서비스 지원에 관한 법률 제43조(보호의무자에 의
한 입원 등)

① 정신의료기관등의 장은 정신질환자의 보호의무자 2명 이상(보호의무자 간 입원
등에 관하여 다툼이 있는 경우에는 제39조제2항의 순위에 따른 선순위자 2명
이상을 말하며, 보호의무자가 1명만 있는 경우에는 1명으로 한다)이 신청한 경
우로서 정신건강의학과전문의가 입원등이 필요하다고 진단한 경우에만 해당 정
신질환자를 입원등을 시킬 수 있다. 이 경우 정신의료기관등의 장은 입원등을
할 때 보호의무자로부터 보건복지부령으로 정하는 바에 따라 입원등 신청서와
보호의무자임을 확인할 수 있는 서류를 받아야 한다.

정신건강증진 및 정신질환자 복지서비스 지원에 관한 법률 시행규칙 제34조(보호의
무자에 의한 입원 등)

① 법 제43조제1항에 따라 입원등을 시키려면 별지 제15호서식의 보호입원등 신청

서(전자문서로 된 신청서를 포함한다)에 다음 각 호의 서류(전자문서를 포함한다)를 첨부하여 정신의료기관등의 장에게 제출하여야 한다.

1. 정신질환자의 주민등록증 사본 또는 주민등록표등본 1부
2. 보호의무자임을 증명하는 서류 1부
3. 별지 제16호서식의 진단 결과서가 포함된 입원등 권고서 1부

♨ 관련판례

위 강제입원에 앞서 피해자의 어머니나 여동생 등을 통하여 자발적으로 정신과 치료를 받도록 설득하여 보거나 그것이 여의치 않을 경우 정신과 전문의와 상담하여 법 제25조가 정한 바에 따라 시·도지사에 의한 입원절차를 취하든지 긴급한 경우에는 경찰공무원에게 경찰관직무집행법 제4조제1항에 기하여 정신병원에의 긴급구호조치를 취하도록 요청할 수 있었다고 여겨지는 이 사건에서, 피고인의 위 강제입원조치가 사회상규에 위배되지 아니하는 정당한 행위로서 위법성이 조각된다고 평가하기도 어렵다 할 것이다. 원심이 그 이유는 달리하였으나 피고인이 피해자를 정신병원에 강제입원시키는 과정에서 그를 감금한 행위가 형법 제20조 소정의 정당행위에 해당하지 않는다고 판단한 결론은 정당하고, 거기에 상고이유의 주장과 같은 판단유탈, 채증법칙 위배나 이유모순 또는 정당행위에 관한 법리오해의 위법이 없다. 이 부분 상고이유의 주장은 이유 없음(대법원 2001. 2. 23. 선고, 2000도4415 판결).

▌ 정신병원 내 독실로 옮겼는데, 이 사실을 보호자에게 알리지 않았을 경우 처리방법은?

【질문】 저의 어머니가 조울증으로 정신병원에 입원하여 7일 만에 사망하였습니다. 나중에 알고 보니 5일간 병원 독실에 있었으며 이에 대해서는 사전에 보호자에게 안내나 설명이 전혀 없었습니다. 이런 경우 어떻게 처리해야 하나요?

【답변】

　의료사고는 의료중재원을, 환자의 인권에 대하여는 국가인권위원회를 이용해 보시기 바랍니다. 이 사례의 경우처럼 정신병원과 같은 다수인 시설보호기관에서의 입원 중에 발생한 사망 건은 크게 의료사고와 환자의 인권문제로 나누어 살펴 볼 수 있을 것입니다. 의료사고와 관련해서 사실·인과관계 규명과 조정에 관한 사항은 진료기록부 및 관련 증빙자료를 구비하여 저희 의료중재원을, 환자의 인권에 관한 사항은 국민의 인권보호를 목적으로 설립된 국가인권위원회를, 사망에 대해서는 경찰고소 등을 통한 형사적인 절차를 밟는 것이 바람직할 것입니다.

【관련법조문】

국가인권위원회법 제30조(위원회의 조사대상)
① 다음 각 호의 어느 하나에 해당하는 경우에 인권침해나 차별행위를 당한 사람(이하 ""피해자""라 한다) 또는 그 사실을 알고 있는 사람이나 단체는 위원회에 그 내용을 진정할 수 있다.
　1. 국가기관, 지방자치단체, 「초·중등교육법」 제2조, 「고등교육법」 제2조와 그 밖의 다른 법률에 따라 설치된 각급 학교, 「공직자윤리법」 제3조의2 제1항에 따른 공직유관단체 또는 구금·보호시설의 업무 수행(국회의 입법 및 법원·헌법재판소의 재판은 제외한다)과 관련하여 「대한민국헌법」 제10조부터 제22조까지의 규정에서 보장된 인권을 침해당하거나 차별행위를 당한 경우
　2. 법인, 단체 또는 사인(私人)으로부터 차별행위를 당한 경우

정신건강증진 및 정신질환자 복지서비스 지원에 관한 법률 제75조(격리 등 제한의 금지)
① 정신의료기관등의 장은 입원등을 한 사람에 대하여 치료 또는 보호의 목적으로 정신건강의학과전문의의 지시에 따라 하는 경우가 아니면 격리시키거나 묶는 등

의 신체적 제한을 할 수 없다.

② 정신의료기관등의 장은 치료 또는 보호의 목적으로 정신건강의학과전문의의 지시에 따라 입원등을 한 사람을 격리시키거나 묶는 등의 신체적 제한을 하는 경우에도 자신이나 다른 사람을 위험에 이르게 할 가능성이 뚜렷하게 높고 신체적 제한 외의 방법으로 그 위험을 회피하는 것이 뚜렷하게 곤란하다고 판단되는 경우에만 제1항에 따른 신체적 제한을 할 수 있다. 이 경우 격리는 해당 시설 안에서 하여야 한다.

⚖ 관련판례

통상적으로 정신과에서 환자를 관찰·평가하고 문제를 파악한 후 이를 치료하기 위한 입원치료기간은 2주 내지 3개월 가량 소요되어 평균 2개월 정도인 것으로 알려져 있다는 것이며 그와 달리 볼 자료는 없는 이상, 피해자들의 입원기간이 부당하게 장기간이었다고 볼 의학적 근거도 없는 점 등을 종합하여 보면, 피고인들의 이 사건 행위는, 설령 그로 인하여 피해자들의 신체적 활동의 자유가 제한되는 결과가 발생하였다 하더라도, 정신과전문의들인 피고인들이 정신보건법상 근거에 의한 요건과 절차에 따라 피해자들로 하여금 입원치료를 받도록 하기 위하여 한 행위로서 형법 제20조 소정의 '법령에 의한 행위' 또는 '업무로 인한 행위'에 해당하므로, 위법성이 조각된다고 할 것임(의정부지법 2006. 4. 6. 선고, 2004고단421 판결).

■ 디스크 조영술 후 농양이 발생하였습니다.

【질문】 저는(40대/남) 왼쪽 등 부위의 찌릿한 통증으로 병원에 내원하여 디스크내장 증을 진단 받고 정확한 확인을 위해서 디스크 조영술을 시행하였습니다. 조영 술 후 다음날부터 목, 어깨 부위에 마비된 듯 감각이 없어지고 통증, 열감으로 응급실에 갔더니 시술 부위 농양과 인후농양 진단받고 항생제 치료 시작하였 습니다. 조영술 과정에서 감염이 발생되어 현재까지 치료를 받고 있는 중인데, 병원에 보상 요구를 할 수 있을까요?

【답변】

감염 예방 수칙에 대한 준수 여부 및 후속처치의 적절성에 대한 검토가 필요 합니다.

디스크내장증(IDD)은 디스크의 성질이 변화된 디스크 변성질환으로 디스크 위치에 는 문제가 없으나 디스크 내부가 변성되거나 섬유륜이 찢어지면서 요통 등의 증상을 일으킵니다. 진단방법으로는 영상학적 검사를 통해 진단을 하며 주로 MRI검사를 통 해 디스크 내부의 상태를 확인하며 영상학적 검사에도 특별한 병변을 확인할 수 없을 경우 디스크 조영술을 시행하여 병변부위를 확인합니다.

디스크 조영술은 방사선을 투시하여 바늘을 디스크 내로 위치시켜 조영제를 주입하 여 압력계를 통해 압력을 조절하면서 통증 유발 부위를 자극하여 통증유발반응을 확 인하여 증상의 원인이 되는 디스크를 찾아내는 검사법입니다.

디스크 조영술은 고난이도의 시술이며 합병증이 존재하는 침습적인 검사법입니다. 검사 전 발생될 합병증에 대해 충분한 설명이 필요하며 시술에 대한 감염을 예방하기 위한 주의를 기울여야 합니다. 감염의 원인이 조영제 주사바늘에 의한 오염이나 주사 부위 소독을 철저히 하지 않아 세균에 의한 감염이 발생한 것인지, 사후처지가 적절 했는지에 대한 판단이 필요합니다.

⚖ 관련판례

원고는 2018. 4. 29. 발생된 허리통증으로 피고병원 내원하여 2018. 5. 1.부터 입 원치료를 받으면서 2018. 5. 2. 요추간판의 외상성 파열에 대하여 경피적 경막외강 신경감압술을 받고 2018. 5. 17.까지 입원치료를 받음. 시술 후 타병원에서 척추 내 농양 및 육아종 등의 진단을 받고 척추농양 및 척추염으로 치료를 받은 사안에서 피 고는 시술 당시 의사로서 수술로 인한 병원성 감염 등이 이루어지지 않도록 관리하고, 경과 관찰에 주의하고, 적기에 적절한 처치가 이루어지도록 할 의무가 있음에도 이를 소홀히 하여 원고에게 척추 내 농양 및 육아종이 발생하여 원고가 현재의 장애를 입었다고 추정할 수 있다. 피고는 이 시술을 시행한 의사로서 원고가 입은 손해를 배상할 책임이 있다(광주지방법원 목포지원 2019가단56792 판결).

▌ 병원에서 정밀한 검사 없이 전신마취를 시행한 경우의 책임소재는?

【질문】 저의 부친은 평소 심장질환의 의심이 있었는데, 병원에서 이에 대한 정밀검사
를 시행하지 아니한 채 전신마취를 시행하여 수술 도중 사망하였습니다. 이런
경우 의료인의 과실 인정되는지요?

【답변】

귀하의 부친에 대하여 병원 기록을 보면 1, 2차 수술을 시행하여도 심장에 아무런
문제가 없었으며, 심전도검사 결과도 정상으로 나타났고, 병원에 혈관조영술 등 정밀
검사를 시행할 설비가 없었다고 하더라도 전신마취 후 심근경색이 재발하면 치사율이
매우 높고, 당초부터 심근경색이 있다는 의심이 있었으며 이 때문에 심질환을 위한
치료제를 투여하였다면 막상 심전도검사 결과로는 정상으로 나타날 가능성이 있습니
다. 척추마취 아닌 전신마취를 실시하는 3차 수술을 시행함에 있어서는 그 수술이 반
드시 필요한 것이라고 하더라도 시급히 하여야 할 것이 아닌 이상 다른 병원에 의뢰
하여서라도 정밀검사를 거쳐 심장질환 여부를 확인한 다음 하여야 할 것인데도 병원
의 마취과 의사는 정밀검사 없이 성급하게 전신마취를 한 것이라 할 것입니다. 이를
두고 병원이 현재의 의학수준 및 당시 임상의학분야에서 실천되고 있는 의료행위의
수준에 비추어 필요하고 적절한 진료조치를 다하였다고 볼 수는 없으므로 이는 병원
의 의료과실에 해당합니다.

▌현저히 불성실한 진료에 대해서 병원의 손해배상을 청구 할 수 있는지요?

【질문】 저의 어머니는 병원에서 전신마취 수술을 받은 후 기면(嗜眠) 내지 혼미의 의식상태에 놓여 있다가 사망하였습니다. 사인은 뇌동정맥기형이라는 어머니의 특이체질에 기한 급성 소뇌출혈이라고 합니다. 병원에서 어머니에 대한 수술 및 회복을 위한 입원치료에 있어 충분하고도 최선의 조치를 취하지 아니한 경우에 단독상속인인 저는 병원에 대하여 손해배상을 청구할 수 있는지요?

【답변】

위 질문의 경우 귀하의 어머니가 병원에서 전신마취 수술을 받은 후 기면 내지 혼미의 의식상태에 놓여 있다가 사망하였으나, 귀하의 어머니 사망은 뇌동정맥기형이라는 특이체질에 기한 급성 소뇌출혈로 인하여 발생한 것으로서 병원 의료진에게 사망과 상당인과관계가 있는 과실이 있다고 인정할 수 없으므로 단독상속인인 귀하는 병원에 대하여 사망에 대한 손해배상책임을 추궁할 수는 없습니다(대법원 2006. 9. 28. 선고, 2004다61402 판결).

다만 귀하가 어머니의 수술 및 회복을 위한 입원치료를 맡은 병원 의료진이 일반적 의학상식 및 임상의학의 현실에 비추어 통상적으로 요구되는 필요한 조치를 스스로 용이하게 취할 수 있었음에도 이를 게을리 하고, 또한 담당 수술 집도의 등에게 보고하여 그로 하여금 즉각 필요한 조치를 취하도록 하였어야 함에도 이를 게을리 하는 등 위 주의의무 위반의 정도가 일반인의 수인한도를 넘어선 경우에는 현저하게 불성실한 진료를 행한 것이라고 평가될 수 있으므로 그 자체로서 불법행위를 구성하여 그로 말미암아 환자나 그 가족이 입은 정신적 고통에 대한 위자료의 배상을 명할 수 있으나, 이때 그 수인한도를 넘어서는 정도로 현저하게 불성실한 진료하였다는 점은 불법행위의 성립을 주장하는 피해자들이 이를 입증하여야 합니다(대법원 2006. 9. 28. 선고, 2004다61402 판결).

따라서 병원 의료진이 수인한도를 넘어서는 정도로 현저하게 불성실한 진료를 하였다는 점을 입증하는 경우에 한하여 귀하는 병원에 대하여 정신적 고통에 대한 위자료를 청구할 수 있을 것입니다.

▌리도카인 투여 후 IMS시술 중 심정지가 발생된 경우 대처방법은?

【질문】제 동생이 어깨와 목 부위의 통증이 심하여 약 3년 정도 다녔던 의원을 찾아 갔습니다. 치료를 위해 리도카인을 투여 받고 IMS시술을 받던 중 의식을 잃어 심정지에 이르게 되었습니다. 심정지 발생 후 수분 또는 수십분(?)이 흐른 뒤에 대학병원 응급센터로 후송되어 응급조치(약물투여, 저체온 치료 등)를 받았고, 맥박은 돌아왔으나 자가 호흡이 30% 이하 수준이어서 사고 이후 16일째인 현재까지 인공호흡기에 의지하고 있으나 의식은 돌아오지 않고 있습니다. 제가 지금부터 해야 할 일은 무엇인지요?

【답변】

진료기록 확보 후 급성심정지의 원인과 그에 따른 적절한 조치 여부에 관한 검토를 받아보시기 바랍니다.

리도카인은 국소마취제로서 사용시 기준 최고용량은 200mg이며, 사용에 따른 부작용으로 쇼크가 발생할 수 있으므로, 투여 시 용법과 용량을 준수하여 투여해야하고, 투여이후 환자에게 혈압저하, 안면창백, 맥박이상, 호흡억제 등이 나타나는 경우에는 즉시 투여를 중지하여야 합니다. 또한, IMS는 근육내 자극요법이라고 하여 근육의 일정한 부위에 바늘을 자입하여 통증을 치료하는 방법으로 바늘의 깊이 정도에 따라 혈관이나 신경의 손상을 유발하거나 호흡곤란, 또는 쇼크가 발생될 수 있으므로 이에 대한 시술을 함에 있어서는 의료인의 해부학적 전문지식과 의료기술을 갖추어야 합니다. 이 사례의 경우 리도카인과 IMS시술의 부작용으로 쇼크 발생 가능성이 있으므로, 이에 대한 원인 규명이 필요하며, 심정지 발생 이후 신속하고 적절한 조치 여부에 대한 검토를 통해 현재 상태에 이르게 된 원인을 찾는 것이 중요한 부분입니다. 검토를 위한 사실관계의 확인을 위하여는 이송 전, 이송 후 병원의 진료기록을 확보한 후 의료중재원의 절차를 이용해보시기 바랍니다.

♣♣ 관련판례

피고인 ◇◇가 피해자를 국소마취함에 있어 리도카인이 혈관내로 주사되어 전신 독성이 발생하는 것을 방지하기 위하여 아스피레이션 방법으로 주사하였으리라 보기 어렵다. 따라서 피고인 ◇◇는 피해자에게 리도카인을 혈관으로 직접 주사한 과실이 있는 것으로 판단되고, 수술의 종합적인 관리책임이 있는 피고인 △△ 역시 수술집도의로서 자신에게 요구되는 주의의무를 다하였다고 보기 어렵다. 환자에게 호흡곤란이나 심장에 응급상황이 발생한 경우, 즉시 호흡을 유지시키기 위하여 기도를 유지한 후 계속적으로 산소를 공급하면서 우선 환자에게 혈압상승제 및 맥박강화제를 투여하고 산소를 공급하는 등의 조치를 취하고 자력호흡이 안될 경우에는 즉시 기도삽관을 하여 인공호흡을 시키고, 필요한 경우 전기충격기 등에 의한 응급소생술을 실시하여야 하며, 그와 같은 응급상황에서는 시기를 놓치지 않고 즉시 필요한 조치를 취하는 것이 매우 중요하므로 응급처치시설이나 인력이 미비한 위 병원에서는 가능한 응급조치를 취한 후 위와 같은 처치가 가능한 종합병원으로 즉시 이송하여야 할 것임에도 이송을 너무 많이 지체한 과실이 있다(인천지법 2006. 6. 16. 선고, 2005고단302 판결).

▎정확한 확인 없이 봉합을 하여 나중에 봉합부위에서 이물질이 발견된 경우 의사의 책임은?

【질문】 환자가 과수원 작업 중에 나무에서 떨어지면서 나뭇가지에 다리가 찔리는 상처를 입었습니다. 곧장 가까운 병원으로 가서 10여 바늘 봉합처치를 받았지만 진물증상과 통증이 지속되었습니다. 이후 다른 병원에서 통원치료를 하였으나 호전이 없고 농양증상까지 보여 치료를 위해 상처를 개방한 결과 나뭇가지의 일부로 보이는 이물질이 나왔습니다. 의사의 책임을 묻고 싶으며, 환자가 예전부터 당뇨병을 앓고 있어서 걱정입니다.

【답변】

봉합부위 감염에 따른 상태 악화가 이물질에 의한 것 이라면 병원의 책임을 물을 수 있겠습니다.

개방성 상처는 출혈과 감염의 위험이 있으므로 환자의 상태관찰과 처치에 있어 주의를 요합니다. 특히 찰과상 같은 경우에는 상처를 깨끗이 소독하고 이물질을 제거하여 2차 감염이 되지 않도록 해야 합니다. 경우에 따라서는 X-ray 검사 등을 통해 골절 여부 및 이물질 잔존 여부도 확인할 필요가 있습니다. 따라서 당시 환자의 주 증상에 적합한 검사와 처치를 하였으며, 드레싱 등 통원치료 과정에서도 환자가 호소하는 상태와 경과에 관심을 기울였는지, 이로 인해 환자의 피해가 확대되지는 않았는지 등을 검토할 필요가 있습니다. 반면, 환자가 의료인에게 당뇨와 같이 상처를 악화시키거나 치유를 지연시킬 수 있는 기왕증을 사전에 고지하였는지도 함께 살필 필요가 있습니다. 이 과정에서 환자의 기왕증 기여도에 따라 당사자 간의 과실이 상계되는 경우도 있습니다.

♨ 관련판례 I

당뇨병 환자가 ○○구치소에 수감 중 하지무력감과 통증을 호소하였으나 구치소 측이 별다른 조치없이 치료가 가능한 외부병원으로의 전원을 지연하여 심한 당뇨로 인한 산혈증, 양 하지부위 색전증에 의한 급성 혈관폐색, 조직괴사로 양 하지를 절단하게 된 사안에서, 원고의 기왕증인 당뇨병이 노동능력상실률에 기여한 비율을 10%로 인정한다(서울지법 1996. 2. 14. 선고, 96가합25631 판결).

๑๖ 관련판례Ⅱ

원고에게 나타난 신경인성 방광 증세는 당뇨병이 한 원인인 되어 발생하는 증세로서 이와 같은 기왕병력으로 말미암아 배뇨장애가 더욱 악화되는 상황을 초래한 점을 들어 30%의 감액을 인정한다(서울지법 1997. 5. 13. 선고, 95가합20930 판결).

■ 진료거부로 환자가 사망한 경우 병원의 책임은?

【질문】 두통 증상으로 일반병원에서 진찰한 결과 뇌출혈로 진단되었으며 병원에서는 종합병원으로 전원하여 치료할 것을 권유하였습니다. 이에 종합병원으로 응급 이송하여 수술을 받으려고 하였으나 의료 보험 미가입자라는 이유로 진료를 거부당하였습니다. 그래서 다른 병원으로 힘들게 옮겨서 수술을 받았지만 사망에 이르게 되었습니다. 이런 경우 진료거부를 할 수 있는 것인지요? 책임을 묻고 싶습니다.

【답변】

진료거부는 의료법 및 응급의료에 관한 법률의 위반 사유에 해당됩니다. 뇌출혈은 두개 내의 출혈이 있어 생기는 모든 변화를 말하며 출혈성 뇌졸중이라고도 합니다. 외상에 의한 출혈 외에는 고혈압, 뇌동맥류, 뇌동정맥 기형, 모야모야병, 뇌종양 출혈, 출혈성 전신질환 등 다양한 원인으로 인하여 발생 된다고 알려지고 있습니다. 뇌출혈은 응급처치가 매우 중요한 부분으로 발병 1시간 이내로 위험한 경지에 이를 수도 있으므로 신속하게 전문적인 치료를 받도록 해야 합니다. 의료인은 환자를 진료하는데 있어서 정당한 이유 없이 환자에 대한 진료를 거부할 수 없으며 응급환자에 대해서는 최선의 처치를 다할 의무가 있습니다. 다만 환자의 상태가 의학적 판단에 따라 회복이 가능한 상태이거나 또는 적절한 치료를 위해 불가피하게 타 의료기관으로의 전원이 필요한 경우라면 예외가 될 수도 있습니다. 따라서 이 사례의 진료거부가 불가피한 경우에 해당되는지 여부를 검토할 필요가 있으며, 만일 이에 해당되지 않는다면 본 건 의료인은 의료법 제15조제1항과 제2항의 위반사항에 해당될 수도 있습니다.

【관련법조문】

> **의료법 제15조(진료거부 금지 등)**
> ① 의료인 또는 의료기관 개설자는 진료나 조산 요청을 받으면 정당한 사유 없이 거부하지 못한다.
> ② 의료인은 응급환자에게 「응급의료에 관한 법률」에서 정하는 바에 따라 최선의 처치를 하여야 한다.

⚖ **관련판례 I**

의사가 부재중이거나 신병으로 인하여 진료가 불가능한 경우에는 정당한 사유가 있었다고 보나, 단순히 피곤하다거나 환자에 대한 개인적 감정을 이유로 진료를 거부하는 경우에는 정당한 사유가 있다고 보지 않는다(서울형사지법 1981. 7. 2. 선고, 80노8696 판결).

⚖ **관련판례 II**

의료법 제16조에는 의료인은 진료 또는 조산의 요구를 받은 때에는 정당한 이유 없이 이를 거부하지 못한다고 규정되어 있어 의료인의 진료거부죄가 성립하려면 그 전제로 환자측의 진료요구가 있어야 하고 이 점에서 앞에서 유죄로 인정한 구급환자에 대한 응급조치불이행죄가 환자측의 진료요구를 전제로 함이 없이 의료인이 당시 상황에 비추어 응급조치를 취하여야 하고 또 응급조치를 취할 수 있는 상황에서 이를 이행하지 않는 행위를 처벌하는 것과는 달리 보아야 함을 알 수 있다(서울동부지원 1993. 1. 15. 선고, 92고합90 판결).

▌ 급성심근경색을 조기에 진단하지 못하여 사망하였습니다

【질문】 저희 아버지(60대)는 고혈압으로 내과에서 정기적으로 진료를 받으셨습니다. 최근 무거운 물건을 드는 과정에서 등 부위 통증이 발생했고, 응급의료센터에 내원하여 X-ray 검사결과를 받았으나 이상은 없다고 하여 귀가하였습니다. 자택에 돌아와 휴식 중 호흡곤란으로 실신하였고 119를 통해 응급실로 이송되었으나 급성심근경색으로 사망하셨습니다. 최초에 응급실 내원 당시 심전도 검사만 실시하였다면 조기에 급성심근경색을 진단하여 치료를 시행할 수 있지 않았을까 생각이 됩니다. 병원의 진료 부주의에 대하여 이의제기 하고 싶습니다.

【답변】

증상발현 직후 조기치료와 경과가 환자의 예후를 결정하는데 매우 중요합니다

심장은 크게 3개의 심장혈관(관상동맥)에 의해 산소와 영양분을 받고 활동합니다. 관상동맥 중 어느 하나라도 혈전증이나 혈관의 빠른 수축(연축) 등에 의해 급성으로 막히는 경우, 심장의 전체 또는 일부분에 산소와 영양 공급이 급격하게 줄어들어서 심장 근육의 조직이나 세포가 죽는(괴사) 상황을 심근경색증이라 합니다.

환자의 대부분은 갑자기 가슴통증을 호소하고 보통 '가슴을 쥐어짠다', '가슴이 쎄한 느낌이 든다'고 호소합니다. 주로 가슴의 정중앙 또는 약간 좌측이 아프다고 호소하는 경우가 대부분입니다. 비전형적이기는 하지만 가슴통증 없이 구역, 구토 증상만 있는 경우도 있고 '소화가 안된다', '속이 쓰리다'고 호소하는 경우도 있습니다. 최초 응급실에서 환자의 주증상에 대한 적절한 검사와 조치 유무가 검토대상이며, 만일 이를 통해 오진으로 확인되면 관련된 피해에 대해 손해배상을 청구할 수 있습니다. 다만, 급성심근경색은 치료를 하여도 예후가 나쁜 경우가 많아 조기치료의 예후와 이후 치료의 예후 정도의 차이에 따라 책임의 범위가 제한적일 수 있습니다. 이점 유의하시어 의료중재원의 조정제도를 통해 의학적 감정을 받아보시기 바랍니다.

🔖 관련판례

심근경색 소견을 보이던 환자가 재차 내원하였음에도 위장질환으로 판단하고 치료를 지체하여 쇼크로 사망하였다는 사안과 관련, 2차 내원 당시에는 심근경색을 비롯한 심장질환을 의심하고, 심전도 검사 등을 시행하여 급성심근경색을 조기에 진단해 낸 다음 이를 치료할 수 있는 상급종합병원으로 즉시 이송하는 등의 조치를 취할 주의의무가 있음에도, 이를 위반하여 심전도 검사를 시행하지 않았으며, 망인이 심전도

검사를 거부하였더라면 망인에게 심근경색 등 심장질환의 가능성과 심장질환을 적절한 시기에 진단하지 못하였을 경우의 위험성을 충분히 설명한 다음 심전도 검사 등의 검사를 받도록 적극 권유하였어야 한다고 판단함. 또한 2차 내원 당시 즉시 심전도 검사가 시행되어 망인의 급성 심근경색이 조기에 진단되었고, 곧바로 망인이 심혈관 조영술, 스텐트 삽입술 등이 가능한 상급종합병원으로 이송되었다면 망인의 예후가 달라졌을 수도 있었다고 판단함(전주지방법원 2017. 2. 16. 선고 2015가합5322 판결).

▌ 진단 잘못으로 의식불명상태가 된 경우 병원의 책임은?

【질문】교통사고 후 우측 두통이 심하여 응급실에서 CT검사 등을 하였는데 별 이상 없다고 하여 퇴원을 하였습니다. 그러나 저녁부터 심한 두통이 재발되면서 쓰러져 다시 응급실에서 검사를 한 결과 뇌출혈로 진단되었습니다. 이송된 대학병원에서의 진찰 결과 두개골 골절과 지연성 출혈이 보이나 시간이 지체되어 수술은 힘들다고 합니다. 현재 환자는 의식불명 상태에 있습니다. 병원의 책임은 어떻게 되는지요?

【답변】

자동차 보험 처리결과 및 보상범위에 따라 병원의 책임과 배상범위가 달라질 수 있습니다. 우선 환자가 호소하는 주 증상에 대한 검사와 처치가 적절했는지를 살필 필요가 있습니다. 특히 뇌출혈이 발생하는 경우 치료가 신속하고 적절했는지가 상당히 중요하며, 자칫 진단 또는 치료가 지연되는 경우 사망에까지 이를 수 있어 주의를 요하기도 합니다. 따라서 처음 내원 당시의 검사기록(특히 CT영상자료), 진료기록과 뇌출혈 확진 시점의 기록물을 신속하게 확보하여 오진 및 피해 확대여부를 확인할 필요가 있습니다. 이 과정을 통해 의료인의 책임이 있다고 판단되는 경우 관련 피해에 대한 손해배상을 청구할 수 있습니다. 다만, 이 사례의 경우는 교통사고와 연관된 관계로 자동차보험에서의 처리가 어떻게 되느냐에 따라 배상청구의 방법, 효과 등에 있어 차이가 날 수 있습니다. 만일 자동차보험에서 환자의 전체 손해를 담보하는 경우 의료사고가 그 손해에 기여하였다고 판단되는 책임에 대해 보험사는 해당 의료기관을 상대로 구상권 행사를 할 수도 있습니다. 따라서 먼저 해당 보험사에 관련 처리내용을 문의하여 확인해 보시는 것이 좋습니다.

⚖ 관련판례 I

두부외상을 입은 환자에게 뇌출혈이 진행되어 심한 뇌압상승 및 뇌탈출이 발생하였으나 이에 대한 관찰 및 검사를 소홀히 하여 적기에 응급수술을 하지 못한 과실이 있다. 다만 상태가 급격히 악화되어 적절한 치료를 받았어도 사망할 가능성이 많은 점 등을 고려하여 책임제한은 60%로 본다(서울지법 2000. 9. 28. 선고, 96가합52569 판결).

☆☆ 관련판례Ⅱ

교통사고로 인하여 상해를 입은 피해자가 치료를 받던 중 의사의 과실 등으로 인한 의료사고로 증상이 악화되거나 새로운 증상이 생겨 손해가 확대된 경우 특별한 다른 사정이 없는 한 그와 같은 손해와 교통사고 사이에도 상당인과관계가 있다고 보아야 하므로, 교통사고와 의료사고가 각기 독립하여 불법행위의 요건을 갖추고 있으면서 객관적으로 관련되고 공동하여 위법하게 피해자에게 손해를 가한 것으로 인정된다면, 공동불법행위가 성립되어 공동불법행위자들이 연대하여 손해를 배상할 책임이 있음(대법원 1993. 1. 26. 선고, 92다4871 판결).

▮ 뇌종양 진단이 늦어져 수술이 힘든 경우 의사의 책임은?

【질문】 구토 증상이 계속되어 응급실에 가서 머리부위 CT검사를 하였는데 이상이 없다고 진단되어 집으로 돌아왔습니다. 그러나 구토가 지속되고 환자의 상태도 나빠지는 것 같아 약 1개월 뒤에 같은 병원에서 재검사를 받았는데, 검사결과 뇌종양으로 진단되었습니다. 종양의 크기가 너무 크고 깊어서 전체적인 치료는 힘들다고 합니다. 이런 경우 어떻게 해야 하나요?

【답변】

최초 CT판독 결과 뇌종양 소인이 있다면 의사의 책임을 물을 수 있겠습니다.

뇌종양은 뇌, 뇌막, 뇌혈관 또는 뇌신경 등에 일어나는 모든 종양을 총칭합니다. 일반적인 증상으로 두통, 구토, 시력감퇴, 난청, 이명 등이 있으며 종양의 발생 부위에 따라서는 후각이상, 실어증, 청각이상, 평형감각 불량 등 특징이 나타나기도 합니다. 뇌종양은 주로 전산화단층촬영(CT), 자기공명영상(MRI), 혈관분포나 주위 혈관관계를 보기 위한 뇌혈관조영술 등을 통해 진단합니다. 이 사례에서는 최초 응급실에서 환자의 주 증상에 대한 적절한 검사와 판독이 이루어졌는지가 주요 쟁점이 될 것입니다. 따라서 최초의 검사 기록(특히 CT영상자료)과 확진된 시점에서의 기록을 신속히 확보할 필요가 있습니다. 기록물의 재판독을 통해 오진 또는 종양의 변화여부를 확인할 수 있을 것입니다. 만일 이를 통해 오진으로 판단되는 경우 해당 의료진을 상대로 관련 피해에 대한 손해배상을 청구할 수 있습니다. 다만, 오진으로 과실이 인정되는 경우에 있어서도 만일 최초 진단시점과 확진된 시점에서의 예후 또는 변화의 차이가 크지 않다고 판단되는 경우에는 관련 손해배상의 청구 범위가 제한되거나 축소되기도 하니 이 점 유의할 필요 있습니다.

♨ 관련판례

뇌를 손상한 환자는 신경외과 전문의에게 의뢰하여 치료하는 것이 바람직한데 이건의 경우 일반외과 전문의인 피고가 방사선사진을 정확히 판독하여 최선의 응급조치를 취한 후 신경외과 전문의가 있는 병원으로 전원하여 적절한 치료를 받게 하였더라면 사망하지 않거나 생명을 연장시킬수 있었을 것이며 그 경우에 구명율은 50퍼센트의 가능성이 있었다는 취지이고, 여기에 피고가 원고를 진찰함에 있어서 방사선사진상에 나타나 있는 우측두부의 약 15센티미터 가량의 선상골절을 발견하지 못하고 뇌손상을 입은 중상의 환자를 단순히 뇌부종과 이에 따른 뇌좌상, 뇌진탕 등의 증세가 있는 것으로 오진하여 그에 관한 약물치료만을 한 점 등의 사실관계를 종합하여 검토하여 보면 다른 특별한 사정이 없는 한 피고가 위 방사선사진상에 나타나 있는 선상 골절상이나 이에 따른 뇌실질내출혈 등을 발견 내지 예견하지 못하여 망인을 제때에 신경외과 전문의가 있는 병원에 전원하여 확정적인 진단 및 수술을 받을 수 있는 필요한 조치를 취하지 아니한 사실과 위 원고의 사망과의 사이에는 인과관계를 인정함이 상당하다(대법원 1989.7.11. 선고, 88다카26246 판결).

▌ 조영제 투약 위해 정맥 주삿바늘 삽입 후 신경병증이 발생하였습니다.

【질문】 저는(30대/남) 간 CT 촬영을 위해 영상의학과에 내원하였습니다. 우측 손목정맥에 조영제를 주사하는 순간 극심한 통증과 어지럼증이 발생되어 주사바늘을 제거하고 다른 부위에 투여한 후 검사를 받았습니다. 통증과 증상이 지속되어 근전도검사를 받았고 요골신경병증으로 우측 손의 신경반응이 좌측 손보다 저하된다는 소견을 들었습니다. 우측 손목주사 후 발생된 병증으로 뜻밖의 병원비와 교통비 등이 지출되었습니다. 영상의학과에 병원비, 교통비 등을 청구하여 받을 수 있을까요?

【답변】

요골신경병증 발생 원인에 대한 의학적 감정이 필요합니다.

요골신경이란 팔꿈치, 손목, 손가락을 펴는 역할의 근육을 주로 지배하는 신경입니다. 엄지손가락과 검지손가락, 손등부위 일부의 감각을 담당하는 기능도 있습니다. 요골신경의 특정부위가 압박되면 기능저하 또는 소실 등이 유발되는데 이 질환이 바로 요골신경병증입니다. 손목부위 혈관은 보통 요골측피부정맥으로 요골신경이 주행하는 구조이기 때문에 주사바늘삽입 시 신경손상을 예방하기 위한 주의가 요구됩니다. 요골신경병증은 주사바늘 삽입 시 이외에도 주사 후 발생된 부종에 의해 신경이 압박되어 발생될 가능성도 배제할 수 없으므로 전반적인 주사행위 정당성에 대한 검토가 필요합니다. 다만, 의료인이 최선의 주의 의무를 다하였는데도 악결과 발생되었다면 책임의 범위가 제한적일 수 있습니다.

🔊 관련판례

원고는 빙판에서 넘어져 발생한 골반의 통증을 원인으로 2015. 2. 2.부터 같은해 2. 14.까지 피고 병원에 입원하여 치료를 받음. 입원기간 중 의료진의 처방에 따라 정맥주사를 놓았고 3일에 한 번씩 주사바늘을 교체함. 2015. 2. 12.경부터 오른쪽 손목의 통증 호소, 2015. 2. 14. 퇴원 후에도 손목통증이 지속되어 치료를 받았으나 오른쪽 손목 부위의 통증과 붓기는 호전과 악화를 반복하였고, 2015. 5. 4.경 '복합부위통증증후군 제1형 및 우측요골경돌기힘줄윤활막염' 진단 2015. 9. 3. 상급병원에서 검사 후 '복합부위통증증후군 제2형'으로 진단 받은 사안에서, 이 사건 주사과정에서 어떠한 시술상 또는 감독상 주의 의무를 위반하였다고 인정하기 부족하고 의료과실 및 설명의무 위반이확 인되지 않아 기각(부산지법서부지원 2018가단101145 판결).

▌ CT촬영 중 쇼크로 인하여 심정지가 발생된 경우 책임 소재여부는?

【질문】 아버지가 건강검진을 받기 위해 병원에 내방하셨습니다. CT 촬영 중에 환자가 고통을 호소하였고 곧바로 심정지가 발생했습니다. 그 뒤로 아버지는 의식이 돌아오지 않고 식물인간 상태로 계속 입원 중이십니다. 병원에서는 환자가 염증이 심했으며 심신이 쇠약하여 그렇다는 등 환자 탓으로만 돌리고 있습니다. 그러나 저희 아버지는 허리 디스크로 수술 받으신 적은 있으나 그 외에 어떠한 질환도 없으시며, 복용중인 약도 없습니다. 무척 억울한 상황이며, 가장이신 아버지가 아무런 반응 없이 누워만 계시는데, 저희 가족들의 허망함은 말로 다할 수가 없습니다. 병원의 말대로 환자의 질환으로 인한 것이라면, 저희는 아무런 책임을 물을 수 없는 것인지요?

【답변】

검사 시 의료인의 주의의무의 정도와 문제 발생시 신속한 조치여부가 주요 쟁점사항이 될 것입니다. 조영제 부작용은 국소적인 피부반응(가려움, 발진) 및 어지러움에서 과민성 쇼크(아나필락시스)로 인한 사망(10만분의 1) 이르기까지 다양하고, 약제사고 중 큰 비율을 나타내고 있습니다. 영상의학의 발달에 따라 점차로 CT촬영이 증가 추세에 있어 사고발생률도 덩달아 상승하고 있습니다. 이를 방지하고자 일부 병원에서는 사전 조영제 테스트를 피부나 안구반응을 통해 시행하고 있으나, 유해감지 효과가 미비하고 의무 사항은 아니기 때문에, 이에 대한 사전 검사를 시행하지 않았다는 이유만으로 이를 두고 과실이라고 하기에는 어려운 점이 있습니다. 다만, 환자의 상태에 따라서는, 조영제가 환자에게 주입이 완료될 때까지 의료인은 이를 지켜본 후 이에 대한 부작용 유무를 확인하고, 응급증상이 발생될 경우 신속한 조치를 취해야 할 의무가 있으므로, 당시 환자의 전신상태 및 의료인의 관리 감독 하에 조영제가 투여되었는지, 응급증상 발생 시 신속하고 적정한 치료가 시행되었는지 여부 등에 대한 종합적인 검토가 필요하다고 하겠습니다.

♣♣ 관련판례

조영제인 '유로그라핀'은 환자의 체질에 따라서는 1/100,000 정도 부작용을 일으켜 사망하는 수가 있어 현대과학에 있어 사전에 그 체질에 대한 검사방법으로서는 최선의 방법인 예비정맥주사법에 의하여 위 박□정은 위 채▽순으로 하여금(의사는 의료법에 따라 간호사로 하여금 그 처방에 따라 진료의 보조행위로서 환자에게 주사하게 할 수 있다) 예비검사를 위하여 '유로그라핀' 1cc를 미리 주사하게 한 연후에 그 반응이 음성이라고 하므로 그 1분 후에 신장사진촬영을 위하여 '유로그라핀'을 주사하기 시작하였는데 위 김◇하가 부작용 현상을 일으키자 산소호흡을 시키고 강심제등 주사를 3개소에 놓는 등 응급조치를 취하였으나 이미 때가 늦어 결국 30분 후에 사망한 사실을 인정할 수 있고, 이에 어긋나는 위 원고본인신문결과(위 믿는 부분 제외)는 믿을 수 없고 달리 반증없으며, 위 김◇하에게 과실이 있다는 원고의 주장사실은 위에 배척한 증거 외에 이를 인정할 수 있는 증거가 없다(서울고법 1976. 2. 20. 선고, 75나239 판결).

▌ 처방전의 용량과 다르게 조제되어 뇌경색이 발생하였습니다.

【질문】 저희 아버지(60대)께서는 인공판막치환술을 받고나서부터 대학병원에서 와파린
을 포함한 처방약을 복용해왔습니다. 새로운 처방약을 복용한지 약 20일이 경
과한 시점에 갑자기 말이 어눌해지고 좌측에 힘이 없어져서 응급실에 내원한
결과, 뇌경색으로 진단되어 혈전용해술을 받고 현재까지 한방치료를 병행하여
재활치료 중에 계십니다. 나중에 알고 보니 약국에서 항응고제인 와파린의 용
량을 잘못 조제하여 문제가 생긴 것을 알게 되었습니다. 병원의 처방과 달리
약을 조제한 약국에 책임을 묻고자 합니다.

【답변】

　인공판막이식술을 받은 환자는 혈전생성의 위험이 높으므로, 항응고제의 처방은 무
엇보다 중요 합니다. 기계판막은 판막을 혈류가 돌면서 적혈구가 파괴되는 용혈현상이
있을 수 있고, 판막 주위에 혈전이 잘 발생하기 때문에 평생 동안 항응고제를 복용해
야 하나, 항응고제는 환자의 건강상태, 다른 약제의 복용 등에 따라 출혈기능이 항진되
거나 감소할 수 있으므로 원칙적으로 매달 한 번씩 프로트롬빈 검사를 실시하여 검사
결과에 따라서 투여 약물의 용량을 조절합니다. 복약지도 설명유무와 와파린 저용량
조제행위와 뇌경색이라는 악결과 발생사이의 인과관계에 대하여 검토가 필요합니다.

【관련법조문】

> 약사법 제23조(의약품 조제)
>
> ③ 의사 또는 치과의사는 전문의약품과 일반의약품을 처방할 수 있고, 약사는 의사 또는
> 치과의사의 처방전에 따라 전문의 약품과 일반의약품을 조제하여야 한다. 다만, 다음
> 각 호의 어느 하나에 해당하면 의사 또는 치과의사의 처방전 없이 조제할 수 있다.
>
> 제26조(처방의 변경·수정)
>
> ① 약사 또는 한약사는 처방전을 발행한 의사·치과의사·한의사 또는 수의사의 동
> 의 없이 처방을 변경하거나 수정하여 조제할 수 없다.
>
> ② 약사 또는 한약사는 처방전에 표시된 의약품의 명칭·분량·용법 및 용량 등이 다
> 음 각 호의 어느 하나로 의심되는 경우 처방전을 발행한 의사·치과의사·한의사
> 또는 수의사에게 전화 및 모사전송을 이용하거나 전화 및 전자우편을 이용하여
> 의심스러운 점을 확인한 후가 아니면 조제를 하여서는 아니 된다.

▌ 약국에서 처방한 한약복용 후 독성간염이 생겼습니다.

【질문】 저는(40대/여) 약국에서 다이어트 목적으로 한약을 처방받아 복용하였으나 독성간염이 발생하여 입원치료를 받았습니다. 한약 처방 당시 부작용에 대하여 설명을 듣지 못하였고, 단순히 복용법만 알려주었습니다. 한약복용 과정에서도 일부 소변색이 변하고 혈뇨가 나올 때 해당 약국에 그 사실을 알렸으나 복용 중지 등의 적극적인 안내는 하지 않고 병원에 가서 진료를 받아보라는 정도의 설명만 하였습니다. 처방된 한약을 복용하고 부작용이 생겼으므로 약국에 책임을 져야 한다고 생각됩니다.

【답변】

약국에서 한약조제상 과실이 없는지 검토가 되어야 하며, 복용한 한약과 발생한 증상간의 인과 관계가 인정되어야 약국의 책임을 물을 수 있습니다. 또한, 현재 증상에 대한 객관적인 진단 및 향후 치료가 필요한지 여부 등에 대한 자료를 종합적으로 검토하여 약국의 책임범위는 결정될 것입니다. (약사법 제23조 ⑥한약사가 한약을 조제할 때에는 한의사의 처방전에 따라야 한다. 다만, 보건복지부장관이 정하는 한약 처방의 종류 및 조제 방법에 따라 조제하는 경우에는 한의사의 처방전 없이도 조제할 수 있다.)

♨ 관련판례

의료법에는 의사,한의사 등의 면허된 의료행위의 내용에 관한 정의를 내리고 있는 법조항이 없으므로 구체적인 행위가 면허된 것 이외의 의료행위에 해당하는지 여부는 구체적 사안에 따라 의료법의 목적,구체적인 의료행위에 관련된 규정의 내용, 구체적인 의료행위의 목적, 태양 등을 감안하여 사회통념에 비추어 판단하여야 한다. 그런데 한약의 위험성은 한약의 단독작용으로 발생할 수도 있지만 환자가 복용하던 양약과의 상호작용에 의하여 발생할 수도 있고, 한약과 양약의 상호작용 및 그에 의한 위험성에 관한 의학지식은 필연적으로 한약과 양약에 관한 연구를 모두 필요로 할 뿐만 아니라 그 연구결과도 한약과 양약에 관한 지식에 모두 반영될 것이고, 이와 관련된 연구 내지 지식을 의사 또는 한의사 중 어느 한쪽에 독점적으로 지속시켜야만 사람의 생명·신체상의 위험이나 일반 공중위생상의 위험이 발생하지 아니하게 된다고 볼 수도 없다. 이러한 사정을 고려하면 한약의 위험성이 한약의 단독작용에 의하여 발생할 가능성뿐만 아니라 한약과 양약의 상호작용에 의하여 발생할 가능성이 있더라도 한의사가 환자에게 양약과의 상호작용으로 발생할 수 있는 한약의 위험성에 대하여 설명하는 행위는 한의사에게 면허된 것 이외의 의료행위라고 할 수 없고 한의사는 한약을 투여하기 전에 환자에게 해당 한약으로 인하여 발생할 수 있는 위와 같은 위험성을 설명 하여야 할 것이다(대법원 2011. 10. 13. 선고 2009다102209 판결).

▌ 약제부작용인 스티븐스존슨증후군으로 고생하고 있는데 대처방법은 무엇입니까?

【질문】 저는 작년 말경에 자이로릭이란 통풍약을 처방 받아서 복용하고 있었는데, 두 달 정도 복용 중 약 부작용으로 인해 온몸의 피부가 벗겨지는 증세가 나타났고, 진단 결과 스티븐스존슨증후군이라는 병명으로 3개월간 입원치료를 받았습니다. 입원치료 중 여러 번 죽음의 문턱까지 갔다가 운 좋게 회복 되어서 지금은 많이 좋아진 상태이나, 이에 대한 합병증으로 간기능 저하와 신부전증이 온 상태입니다. 병원에서는 스티븐스존슨증후군의 원인이 자이로릭이라는 약제의 부작용이라고 하는데…. 가만히 있으려니 너무 억울합니다.

【답변】

부작용의 발생원인이 현대 의학으로도 명확히 규명되지 않을 경우에는 의사의 책임을 묻기 어려운 경우도 있습니다. 대한약물역학위해관리학회의 보고자료에 따르면, 스티븐스존슨증후군(SJS)을 일으키는 의약품은 감기약 외에도 해열·진통제, 항생제, 항간질제, 통풍치료제, 소화궤양치료제, 근육이완제, 진정제, 항불안제, 녹내장치료제, 고혈압치료제 등 약 1,700여 가지 의약품이 SJS의 원인이 될 수 있다고 하며, 또한 이러한 의약품들이 어떠한 이유로 SJS를 일으키는지에 대하여도 아직 의학적으로 명확히 밝혀지지 않은 상태라고 합니다. 이 사례의 경우 자이로릭이라는 약제의 부작용으로 환자에게 SJS가 발생되었는데, 이에 대하여 의료인의 과실이 인정되기 위해서는 약제를 투여함에 있어서 SJS 합병증이 발생될 수 있었을 것이라는 것을 예견할 수 있었고, 이러한 결과를 회피할 수 있었음에도 이를 회피하지 못한 과실이 검토되어야 하며, 그 과실의 유무를 판단함에 있어서는 사고 당시의 일반적인 의학의 수준, 의료환경, 임상현실, 의료행위의 특수성 등이 고려되어야 합니다. 다만, 위와 같은 판단기준과는 별도로 SJS의 증상 발생시 상태 악화의 방지를 위해 어떠한 노력을 기울였는지 또한 검토의 대상이 될 수 있으므로, 이에 대한 종합적인 검토를 원하실 경우 의료중재원의 절차 이용을 통해 합리적인 판단을 받아보시기 바랍니다.

♨ 관련판례

의료과오 사건에 있어서의 의사의 과실은 결과발생을 예견할 수 있었음에도 불구하고 그 결과발생을 예견하지 못하였고 그 결과발생을 회피할 수 있었음에도 불구하고 그 결과발생을 회피하지 못한 과실이 검토되어야 할 것이고 특히 의사의 질병 진단의 결과에 과실이 없다고 인정되는 이상 그 요법으로서 어떠한 조치를 취하여야 할 것인가는 의사 스스로 환자의 상황 기타 이에 터잡은 자기의 전문적 지식경험에 따라 결정하여야 할 것이고 생각할 수 있는 몇가지의 조치가 의사로서 취할 조치로서 합리적인 것인 한 그 어떤 것을 선택할 것이냐는 당해 의사의 재량의 범위내에 속하고 반드시 그 중 어느 하나만이 정당하고 이와 다른 조치를 취한 것은 모두 과실이 있는 것이라고 할 수는 없다. 내과전문의가 기관지폐렴환자로 진단한 환자에 대하여 그 요법으로 일반적으로 통용되고 있는 '엠피시린'주사액을 피부반응검사를 거쳐 음성인 경우에 한하여 그 주사액을 시주케 한 행위에는 내과전문의로서의 과실이 있다고 보기 어렵다(대법원 2007. 9. 20. 선고, 2006도294 판결).

■ 처방과 다른 당뇨약이 조제되어 이를 복용한 후 저혈당 쇼크가 발생된 경우 손해배상 청구는 가능한지요?

【질문】 작년 여름 경련 등의 증상 발생으로 119에 의해 병원 응급실에 내원한 바 있습니다. 당시 진찰 및 혈액검사 상 저혈당이 진단되었고, 그 원인을 파악 하던 중 복용중인 관절염 처방약에 문제가 있음을 알게 되었습니다. 제가 복용한 관절염 처방약에는 당뇨약이 포함되어 있었고, 이 약을 처방한 병원의 처방기록에 당뇨약은 없었습니다. 병원의 처방과 다른 당뇨약으로 인해 저혈당 쇼크가 발생되었고 치료비는 물론 여러 손해가 발생되었기에 약사를 상대로 손해배상을 청구하고 싶습니다.

【답변】

저혈당 쇼크의 원인이 잘못된 조제에 의한 것이라면 약사의 책임을 물을 수 있겠습니다. 당뇨약의 부작용 중 하나로 저혈당 증세가 나타나기도 합니다. 보통 약의 함량이 높아지거나 활동량 증가, 탄수화물의 섭취가 부족할 때 나타나기도 합니다. 해당 사안의 경우는 의사가 처방한 약제 외에 약사의 조제 실수로 추가적인 약제를 복용하여 문제가 생긴 것으로 판단됩니다. 예전에는 약사에 의한 처방이 가능하였지만, 오늘날의 경우 의약분업에 의해 전문 의료인인 의사가 환자의 증상을 진단하여 처방을 하면 약사는 병용금지나 투약금지 약물 등에 대한 검토 후 그 처방전에 따라 의약품을 조제·판매하고 있기 때문에, 자체적인 처방은 없었던 것으로 판단됩니다.

이에 대하여 약국에 책임을 묻기 위해서는 최초 병원의 처방전과 투약을 한 약사의 과실 부분을 입증할 수 있는 자료 및 실제 조제가 된 약 등을 모두 확보해 두시기 바라며, 손해를 입은 범위의 특정을 위해 저혈당 쇼크 등 합병증 발생으로 인하여 치료받은 기록 등의 확보가 필요합니다. 이러한 사실관계의 증빙 후 처방 외 약제의 조제가 저혈당 쇼크라는 결과에 어떠한 영향을 미쳤는지, 약을 조제하고 판매함에 있어서 해당 약제로 인한 부작용에 관한 설명의무는 다하였는지 여부 등이 검토의 대상이 될 것입니다.

🏛 관련판례

의약품을 조제·판매하는 약사에게 설명의무가 있는지 여부에 대하여, 환자에 대한 수술은 물론, 치료를 위한 의약품의 투여도 신체에 대한 침습(侵襲)을 포함하는 것이므로, 의사는 긴급한 경우 기타의 특별한 사정이 없는 한, 그 침습에 대한 승낙을 얻기 위한 전제로서 환자에 대하여 질환의 증상, 치료방법 및 내용, 그 필요성, 예후 및 예상되는 생명·신체에 대한 위험성과 부작용 등 환자의 의사결정을 위하여 중요한 사항에 관하여 사전에 설명함으로써 환자로 하여금 투약에 응할 것인가의 여부를 스스로 결정할 기회를 가지도록 할 의무가 있고, 이러한 설명을 아니한 채 승낙 없이 침습한 경우에는, 설령 의사에게 치료상의 과실이 없는 경우에도 환자의 승낙권을 침해하는 위법한 행위가 된다고 할 것이고, 투약에 있어서 요구되는 의사의 이러한 설명의무는 약사가 의약품을 조제하여 판매함으로써 환자로 하여금 복용하도록 하는 경우에도 원칙적으로 적용된다고 봄이 상당하다(대법원 2002. 1. 11. 선고, 2001다 27449 판결).

■ 대장 내시경 검사 중 대장 부위 천공이 발생되었습니다.

【질문】

저희 어머니(60대)는 올해 초 국민건강검진으로 대장내시경검사 중 용종을 제거하면서 장에 천공이 발생되었고 대학병원으로 이송되어 응급수술을 받았습니다. 수술 및 치료받는 동안 장기간 금식으로 인해 급성 담낭염이 생겨 치료 중입니다.

검진 받으러 갔다가 수술에, 입원치료에, 생각지 못한 고생을 했는데 병원에서는 천공은 대장내시경검사 중에 발생될 수 있으며 급성 담낭염에 대한 책임은 없다고 합니다. 정말 병원 측에 책임이 없는 건가요?

【답변】

의료 행위의 적절성과 발생된 악결 사이에 인과관계 성립 여부에 대한 검토가 필요합니다

급성 담낭염은 담석, 종양 혹은 담낭의 기능이상 등으로 인해 담낭관이 부분적이거나 완전히 좁아지면서 담낭에 염증이 발생한 질환을 의미합니다. 급성 담낭염의 원인으로는 90% 이상이 담석에 의해서 발생되나 5~10%는 담석이 없이 발생하는 무결석성 담낭염입니다. 무결석성 담낭염의 원인으로는 심한 외상, 화상, 수술, 장기간 비경구적 정맥영양, 혈관염 등의 중증 질환에 동반하여 발생할 수 있습니다. 환자에게 발생된 급성 담낭염의 원인에 대해 확인이 필요합니다.

대장천공은 대장내시경 및 용종절제술로 인해 발생 가능한 합병증이므로 의료인은 내시경시행 전 검사의 부작용 및 합병증에 대해 충분히 설명하고 장기에 손상이 발생되지 않도록 검사과정에서 주의를 다해 의료 행위를 해야 할 의무가 있습니다.

대장내시경검사에서 발생할 수 있는 부작용에 대한 사전설명 유무, 검사와 천공과의 연관성 여부, 봉합수술 후 발생된 급성 담낭염과의 인과관계에 대하여 검토가 필요한 사안입니다.

■ 대장 내시경 검사 전 장 세척제 복용 후 쓰러져 치아가 파절되었습니다.

【질문】 저는(50대/남) 대장내시경 검사를 위해 병원에 내원하였지만 장에 음식물이 남겨져 있어 장세척약을 재복용 후 다음날 검사를 진행하기로 하였습니다. 처방받은 크린프렙산 세척제를 집에와서 복용하였고, 화장실에서 배변을 보고 나오는 순간 갑자기 식은땀이 나며 어지럽다고 느끼자마자 의식을 잃고 쓰러졌습니다. 정신을 차려보니 앞니가 부러져 있었습니다. 장세척제 복용안내문에는 허약, 어지럼증 등이 발생하면 복용을 금지하라는 말만 적혀 있었는데 복약 방법, 부작용, 주의사항에 대한 정확한 안내를 듣지 못해 발생한 피해에 대해 병원에 책임을 묻고 싶습니다.

【답변】

처방약에 대한 설명 의무 위반 여부와 발생된 악결 사이의 인과관계 유무에 대한 확인이 필요합니다

크린프렙산(Cleanprep Powder)은 대장내시경 검사 시 사용되는 가루형태의 경구용 장세척제로 분할 또는 비분할 방법으로 물에 녹여 복용합니다. 경구용 장세척제 복용 시 구역 및 구토가 있는 환자, 탈수 환자, 장폐색 환자, 신장애 환자, 고령자, 쇠약자 등은 전해질 이상이 나타나기 쉬우므로 주의가 필요하며 복용 후 어지러움, 휘청거림, 혈압저하 등의 이상이 나타나면 투여를 중지하고 즉시 의사에게 알려야 합니다.

장세척제 복용 후 이상반응이 발생하면 혼자서 대응하기 힘들 수 있으므로 환자 혼자 있는 장소에서 복용하지 않는 것이 좋으며, 수분 또는 전해질 이상 위험을 증가시키는 약물1)을 사용하거나 전해질 이상이 있거나 의심되는 환자는 반드시 의사에게 알려야 합니다. 장세척제의 종류에 따라 특징적으로 나타나는 부작용 양상이 다르기 때문에 복용하는 약물에 따라 정확한 복용법, 부작용 등에 대해서 의사와 상의하여 알맞게 사용하는 것이 중요합니다.

약 처방 당시 환자 상태에 대한 확인 유무 및 약에 대한 설명 의무 위반 여부, 발생된 악결과 사이의 인과관계유무에 대한 검토가 필요합니다. 의료중재원의 전문적인 감정을 받아 보시기 바랍니다.

■ 흉부 촬영 결과 판독 오류로 폐암이 늦게 진단되어 초기 치료 시기를 놓쳤습니다.

【질문】 저희 어머니(70대)께서는 고혈압, 고지혈증 외에는 다른 질환 없이 건강했던 분입니다. 6년 전부터 2년에 한번 씩 건강검진을 받았고, 매번 검사결과는 이상이 없었습니다. 작년에 검진을 받고 2~3개월 후부터 가슴이 답답하다하여 검진 받았던 병원에서 흉부 X-ray 검사결과 4cm 정도의 혹이 보였고 추가 검사결과 폐암 및 뇌 전이를 진단받았습니다. 이전 세 차례의 건강검진 흉부사진을 확인해보니 모두 동일한 혹이 있었고 점점 커지는 것도 보였지만 아무런 안내도, 재검 요청도 받지 못했습니다. 병원의 잘못으로 폐암에 대한 진단과 치료가 지연된 것에 책임을 물을 수 있을까요? 삶이 얼마 남지 않은 어머니를 위해 사과받고 싶습니다

【답변】

X-ray 판독상의 주의 의무와 폐암 조기 진단의 기회 상실에 대하여 검토가 필요합니다

폐암은 예후가 좋지 않은 암 중의 하나로 조기에 진단하여 치료를 시작하는 것이 중요합니다. 흉부 방사선 검사를 통해서 종양 등 이상 소견을 발견할 수 있지만 병변의 위치나 크기에 따라 발견이 어려울 수 있어 CT, MRI 촬영을 통해 진단을 하며 폐암의 확진은 조직검사를 통해 이루어집니다.

2015년도부터 실시한 건강검진상의 X-ray 판독결과가 폐암을 예견할 수 있었는지, 당시 의료 행위가 통상적으로 현대의학수준에 통념되고 있는 것인지, 의료진의 주의 의무 위반과 폐암과의 인과관계 여부에 대한 판단이 필요합니다.

만약 6년 전에 최초로 폐암이 진단되었더라면 현재 받고 있는 치료 방법이나 예후 등이 달라졌을 수 있는지 치료지연에 대한 인정여부에 따라 책임범위가 달라질 수 있으므로 전문적인 의료감정이 필요합니다.

⚖ 관련판례

원고는 2008년경부터 2016년경까지 2년마다 피고 병원에서 흉부 방사선 검사를 포함한 건강검진을 받았고, 2017. 6. 15. 기침 등의 증상으로 다른 병원에서 폐암(2기)을 진단 받은 사안에서 ① 피고 병원에서 실시한 2010. 5. 24. 자 흉부 방사선 검사 결과 우측 폐 상엽 중간에 약 5㎜ 크기의 의심스러운 폐 병변이 발견된 점 ② 2012. 4. 12.자 검사 결과 병변의 크기가 약 1㎝ 정도로 커졌고, 그 경계가 불분명

하는 등 폐질환을 의심할 만한 정황이 보이는 점 ③ 2014. 3. 3.자 검사 결과 병변의 크기가 약 1.8㎝로 커졌고, 음영도 선명해졌으며, 2016. 6. 7.자 결과 크기가 약 3㎝로 더욱 커진 폐 종괴로 발전한 점 ④ 법원의 진료 기록감정의도 2012. 4. 12.자 흉부 방사선 검사부터는 폐암 등 폐질환을 의심하였어야 할 것으로 판단한 점 ⑤ 피고 병원 의료진은 적어도 2012. 4. 12.경에는 원고에 대한 흉부 CT 촬영 및 조직검사 등의 추가적인 조치를 이행하였어야 함에도 이를 이행하지 아니하여 원고로 하여금 조기에 폐암을 발견하여 적절한 치료를 받을 수 있는 기회를 잃게 하였다고 할 것이어서 원고가 입은 손해를 배상할 책임이 있다(서울북부지법 2019가단132701 판결).

제11장
재활의학과

■ 병원내에서 휠체어 이동 중에 낙상으로 뇌출혈이 발생하였습니다.

【질문】 저희 어머니(70대)는 뇌경색으로 좌측 편마비가 발생되어 재활병원에서 입원 치료 중입니다. 재활치료실에 가기위해 휠체어로 이동 중 앞으로 넘어져 머리가 바닥에 부딪혔고, 현재 뇌출혈 진단을 받고 중환자실에서 치료중입니다. 사고 발생당시 CCTV를 확인해보니 휠체어에 안정장치도 없이 갑자기 출발하여 어머니께서 넘어지셨는데, 입원 중 발생된 사고에 대해서 병원에 책임을 물을 수 있을까요?

【답변】

입원당시 낙상위험도 평가 및 안전예방교육, 주의의무 위반 여부에 대한 검토가 필요합니다

낙상은 의료기관에서 가장 빈번히 발생되는 사건이므로 의료인은 낙상위험 대상자 선별을 통한 예측과 낙상 예방활동을 실시하여 사전예방을 강구합니다.

환자의 특수성으로 인해 안전사고의 위험이 예상되는 경우에는 환자에 대한 안전예방교육, 경과관찰, 안전한 의료기구 사용법 및 적절한 의료인력 배치 등이 요구됩니다. 환자에 대한 관리상 주의의무의 정도는 환자관리 형태, 진료경과, 사고발생 시점, 환자의 연령 및 기왕증 등에 따라 차이가 있으므로 환자상태에 따른 맞춤형 휠체어 배정 및 안전띠 설치 유무, 사고발생 직후 신속한 응급조치를 실시하였는지 등에 대한 처치의 적절성에 대한 검토가 필요합니다.

ᴥᴥ 관련판례

원고는 2016. 5. 21. 뇌내출혈로 피고병원에 입원하여 감압두개 절제술 및 혈종 제거술을 시행 후 입원가료 중 2016. 7. 18. 재활치료실에서 매트운동 치료를 마치고 이송 중 매트에서 발생된 낙상으로 추가 뇌출혈이 발생된 사안에서 ①2016. 5. 21. 발생한 뇌출혈로 두 개절제술을 시행하여 좌측 전두엽 부위에 두개골이 없는 상태로 외적 충격에 손상이 발생할 가능성이 매우 높은 상태 ②우편마비, 실어증, 인지

저하가 있고 보행이 불가능하여, 2016. 7. 6.~7. 17. 당시 24시간 개호가 이루어지고 있었으며 ③2016. 7. 18. 당시 원고를 보호자 상주와 이동시 보호조치가 필요한 낙상 위험도 고위험군으로 분류 ④낙상이 발생한 매트의 높이는 44㎝ 정도로 난간이 없는 구조로 되어 있고, 치료사가 휠체어를 준비하면서 원고를 보호하지 아니한 사이에 낙상 사고가 발생됨. 이러한 점들을 종합하면, 비록 짧은 순간이라고 하더라고 재활치료 후 이동 과정에서 원고의 낙상을 예방하기 위해 필요한 조치를 다하지 아니한 과실이 있다고 봄이 타당하며 과실로 인한 낙상사고와 이후 추가로 발생한 뇌출혈 사이에 인과관계가 인정되며 낙상사고로 원고에게 발생한 뇌출혈에 대하여 불법행위책임, 손해배상 책임이 있다(서울북부지법 2019가단132701 판결).

▌ 뇌경색을 뇌출혈로 진단하였습니다.

【질문】 저희 어머니(70대)는 1년 전 뇌출혈로 수술을 하셨고 재활을 위해 A병원에서 입원치료 중입니다. 최근 병원에서 식사 도중 구토 및 혈압이 급격히 떨어졌고 MRI검사 결과 재활의학과 의사는 다시 뇌출혈로 진단하였습니다. 또 A병원은 뇌출혈 수술이 불가능 하다하여 가족들은 급히 B병원 응급실로 전원 하였습니다. B병원에서 재차 MRI 및 각종검사를 시행하였더니 뇌출혈 아닌 뇌경색으로 수술 없이 약물치료로 조절이 가능하다 하였습니다. 뇌 전문의도 아닌 재활의학과 의사가 MRI를 오판하여 발생된 금전적, 정신적 피해에 대해 책임과 보상을 청구하고 싶습니다.

【답변】

환자 증상에 따른 검사방법과 진단의 적절성에 대한 검토가 필요합니다

뇌경색은 뇌혈관이 막혀 뇌의 일부가 손상되는 질환이며, 뇌출혈은 뇌혈관 벽의 약한 부분이 터져 출혈이 생김으로써 발생하는 질환을 말합니다. 뇌 CT(전산화단층촬영) 또는 MRI(자기공명영상촬영) 등의 검사를 통해 뇌신경 및 뇌혈관의 상태를 파악한 후 진단하며 그에 따른 약물 및 수술치료를 고려합니다.

뇌출혈은 혈종의 크기가 중증도 이상이면 혈종을 제거하는 수술적 치료가 필요할 수 있으나 환자의 상태에 따라 치료가 결정되며, 뇌경색의 경우에는 약물요법으로 치료가 가능하나 뇌동맥이 심하게 좁아진 경우라면 스텐트삽입술, 혈관성형술 등의 비약물요법 치료가 진행되어야 합니다. A병원의 MRI검사에 대한 판독의 정확성 및 환자증상에 따른 검사행위와 진단의 적절성에 대하여 검토가 필요합니다. 진료기록 관련 일체의 자료를 확보하여 의료중재원의조정절차를 이용해보시기 바랍니다.

▌ 물리치료 중 다리가 골절된 것 같습니다.

【질문】 저희 아버지는 얼마 전 뇌병변으로 수술을 받으신 후 현재 우측 편마비 증세의 호전을 위해 재활병원에서 입원치료를 받고 계십니다. 어느 날 병원을 방문하였는데 아버지의 오른쪽 무릎이 심하게 부어있는 것이 보여 의사에게 말했더니, 별 문제는 없고 무릎연골이 많이 닳아서 그렇다고 했습니다. 그러던 중 두 달이 지난 시점까지 무릎이 계속 부어있어 항의하니, 병원에서도 이미 알고 있으며 예의주시하고 있다고 답하면서, 아마도 무릎골절 때문에 그럴 수도 있다고 합니다. 아무래도 물리치료사의 무리한 관절운동으로 그 과정에서 발생된 것 같은데 병원측에서는 모르쇠로 일관하고 있습니다. 해결방안은 없는지요?

【답변】

무릎부종의 원인에 대하여 의학적으로 규명하는 것이 선행되어야 할 것입니다

무릎부종은 관절내의 문제로 물이 차는 경우와 심한 운동 자극 등으로 슬개골의 손상, 외부 충격에 의한 외상, 염증으로 인해 관절액이 과다분비 등의 다양한 원인이 있습니다. 우선 환자의 정확한 상태를 파악하는 것이 중요하므로 영상촬영을 통한 정확한 진단을 받아보시기 바랍니다. 또한, 환자와 같이 병상에 오래 누워있는 여자환자의 경우에는 골다공증으로 인하여 운동치료 시 약한 힘으로도 골절이 발생되는 경우가 종종 생기므로, 무릎부종의 원인을 찾은 후 그 결과에 따라 병원과의 합의 또는 의료중재원의 상담을 통해 해결방안을 모색해 보시기 바랍니다.

♨ 관련판례

낙상 고위험군 환자이므로 특히 낙상 사고를 주의하여야 하고 낙상 사고를 예방하는 방법 등에 관하여 교육하였다거나 낙상 위험에 대한 안내문을 교부하였다고 보이지 않는 점을 보태어 보면, 피고 병원 의료진은 망인을 낙상 고위험군 환자로 분류하고 망인과 보호자에게 낙상 사고의 위험성, 낙상 사고를 예방하는 방법과 만일의 상황에 대비하여 보호자인 원고 이AA가 망인의 곁을 떠나지 않을 것을 교육하여야 함에도 이러한 낙상 사고 예방을 위한 조치를 취하지 아니하고 만연히 원고 이AA의 귀가를 허락한 과실이 있다고 봄이 상당하다(서울중앙지법 2012. 5. 15. 선고 / 2011가합41920 판결).

제12장
한방과

■ 습식부항 치료 후 균에 감염되었습니다. 한의원의 잘못된 부항치료에 대하여 책임을 물을 수 없는지요?

【질문】 제 아내(40대)가 등 부위가 아파서 부항치료를 받고자 한의원에 내원하였습니다. 아픈 부위를 설명하고 환부에 부항기로 피를 뽑는 습식부항과 다시 그 부위에 침요법과 한약을 결합한 약침 치료를 받았습니다. 치료 후 얼마 지나지 않아 미열과 설사를 동반한 등 부위에 두드러기 증상이 나타났습니다. 다른 병원으로 전원하여 검사한 결과 균 감염으로 인한 것으로 확인되었습니다. 한의원의 잘못된 부항치료에 대하여 책임을 물을 수 없는지요?

【답변】

습식부항 치료의 적절성 유무와 의료행위 과정상의 감염예방 노력여부에 검토가 필요합니다.

부항요법이란 흡각요법이라고도 하며 피부표면에 부항단지의 내부를 진공으로 만들어 흡착하여 혈액이 일정한 자리에 정체되어 죽은피와 노폐물이 많아져 생기는 어혈을 해소하여 혈액 순환을 원활하게 하여 기의 흐름을 원활하게 해주는 치료방법입니다. 부항요법 후 침 시술을 할 때 의료인은 공기 중 혹은 의료 기구에 묻어있을 수 있는 세균으로 인한 감염을 막기 위하여 미리 침과 부항기구, 환부를 충분히 소독하여야 합니다. 치료가 끝난 후 역시 의료기구 소독과 환부감염 방지를 위해 붕대로 감싸는 등의 예방조치를 취하여야 합니다. 이러한 예방조치가 이루어지지 않으면 포도상구균 또는 연쇄상구균 등의 세균에 의해 감염될 확률이 높습니다. 습식부항치료와 균 감염의 연관성 유무와 한의원의 감염예방 노력 여부, 이상증상 발현에 대하여 조치에 대하여 의학적인 판단이 선행되어야 합니다.

🦴 **관련판례**

피고의 한의원에서 허리 부위에 통증을 호소하며 찾아온 원고에게 척추에 침을 놓고 부항으로 피를 뽑아낸 다음 다시 약침을 놓는 등의 치료를 하게 되었는바, 이러한 경우에는 침을 놓를 때 그 상처를 통하여 세균이 침투하여 감염될 수도 있음을 예상하여 세균에 감염되지 않도록 하여야 할 주의의무가 있음에도 불구하고, 이를 게을리한 채 원고에게 호침을 놓고 부항을 사용하여 그곳의 피를 뽑아내고, 다시 약침으로 생리식염수를 투약한 다음, 다시 같은 방법으로 침을 놓고 부항을 뜨고, 약침을 놓는 과실로 원고의 환부를 통하여 세균이 침투하여 감염되게 함으로써, 원고로 하여금 약 6개월간의 치료를 요하는 상해를 입게 하였음으로 손해를 배상할 책임이 있다 할 것이다(청주지방법원 1996. 10. 23. 선고 95가합3777 판결).

■ 뜸 시술 후 시술부위에 화상이 생겼어요. 한의원을 상대로 손해배상을 청구할 수 없는지요?

【질문】 저는(30대/여) 좌측 팔 통증으로 한의원에서 쑥뜸치료를 받았으나 자택으로 돌아온 후 저녁부터 뜸 치료부위의 피부색이 변하면서 따갑고 통증이 발생되었습니다. 한의원에 다시 방문하여 치료를 받았지만 증상이 나아지지 않아 화상 전문병원으로 가게 되었습니다. 진찰결과 2도 화상이라는 진단으로 가피절제술과 자가피부이식술을 받았습니다. 한의원을 상대로 손해배상을 청구하고 싶습니다.

【답변】

뜸 시술에서 요구되는 주의의무 위반 여부에 대한 검토가 필요합니다.

뜸은 주로 경혈을 많이 이용하는 구점에 쑥을 연소시켜 체표로부터의 온열적 자극을 생체에 미치게 하여 일정한 생체반응을 일으켜 질병의 예방과 치료에 기여하는 한방 특유의 시술방법입니다. 일반적으로 뜸 치료를 함에 있어서는 체질이나 질병 상태에 따라 적절한 뜸 법을 선택하여야 하고 피부가 얇은 부위인 두부, 안면부, 수족부는 뜸을 작고 적게 시술합니다. 간접구 방식 역시 과량으로 사용하게 되면 화상으로 수포가 생길 염려가 있기 때문에 주의를 해야 합니다. 뜸 시술시 발생한 상처는 즉시 소독하고 감염의 우려가 있기 때문에 항생제 투여나 2차 병원으로 진료의뢰를 할 필요가 있습니다. 본 건의 경우 한의원의 치료과정에서 주의의무 위반 유무나 화상발생시의 조치 여부에 따라 증상이 악화된 부분이 있는지에 대한 전문적인 검토가 선행되어야 할 것입니다.(진료기록 확보 필요) 검토결과에 따라 한의원의 책임여부와 범위는 달라질 수 있습니다.

👥 **관련판례**

일반적으로 뜸치료를 함에 있어서는 체질이나 질병의 상태에 따라 적절한 뜸법을 선택해 원고의 팔 부위 통증에 대한 피고 한의원에서의 치료 과정에서 이 사건 시술로 인해 화상이 발생하였고 이후 화상에 대한 적절한 치료가 이루어지지 않음으로써 화상이 악화된 것으로 추인된다고 할 것인바, 피고는 한의사로서 환자의 구체적인 증상이나 상황에 따라 위험을 방지하기 위애 요구되는 최선의 조치를 행하여야 할 주의의무가 있음에도 불구하고 이를 소홀히 하여 만연히 병원 보조인에게 쑥뜸 치료업무를 일임하고 제대로 관리하지 않음으로써 환자인 원고에게 화상을 입게 하였을 뿐더러, 이후 피고 한의원을 내원한 원고의 화상 상처를 보고도 단순히 바세린 및 거즈 정도를 처치하는데 그침으로써 그 상처를 악화시켰다고 할 것이므로 한의사로서 주의의무 위반에 근거하여 원고에 대한 손해배상책임이 인정된다(대구지방법원 2011. 4. 22. 선고 2010가단81831 판결).

▌ 침 시술 후 괴사성 근막염이 발생되었습니다. 이에 대한 대처방법은 없는지요?

【질문】 저는(50대/남) 좌측 대퇴부의 통증으로 한의원에서 4차례 침과 부항 치료를
받았습니다. 치료를 받은 후에도 통증이 호전되지 않고 약 5일 후부터는 견딜
수 없을 정도의 통증이 발생되어 종합병원 응급실을 찾아갔습니다. 진료결과
골반과 대퇴부위 괴사성 근막염이라는 진단을 받고 근농양 배농술 과정에서
광범위 대퇴부 괴사가 확인되었습니다. 이후로 괴사부위 소독과 변연절제술이
라는 수술을 추가로 받고 약 2개월 후 퇴원하였습니다. 이에 대한 대처방법을
알고 싶습니다.

【답변】

　침 시술과정의 설명의무와 감염 예방 노력이 중요합니다.

　괴사성 근막염은 감염에 의해 생기는 질병으로 섬유조직과 같은 피하의 연조직에
일어납니다. 피부가 붉게 부어오르며 통증과 세포염증으로 보이는 것으로 시작하여 3
일 내지 5일 이후에는 피부가 짓무르고 괴사가 일어나게 됩니다. 침 시술은 다른 치
료에 비해 약물주입 등을 시술하는 것이 아니므로 감염 가능성이 낮으나, 시술 시 감
염 예방을 위하여 멸균된 침을 사용해야 하며 일회용 침이 권장되고 있습니다. 또한
시술 부위의 소독을 위해 피부에 알코올 등의 소독액을 이용 것이 보편적입니다. 침
시술 전 일반적으로 한의사는 발생 가능한 침 시술로 인한 미세출혈, 통증에 대하여
설명하여야 합니다. 침 시술을 받은 경험이 있는 경우에는 설명을 생략하기도 하지만
자락법은 일반적인 침에 비해 침습적인 시술로서 시술을 받은 후 수영, 오염된 물질
과 시술 부위와의 접촉 등을 피하는 것을 설명하는 것이 필요합니다. 침 시술 전 설
명의무와 침 시술 과정에서 감염여부 및 감염발생 이후 처치 유무에 대하여 의료중재
원 절차를 이용한 전문적인 감정을 받아 보시기 바랍니다.

▌ 한약복용 후 급성간염이 생겼어요. 이런 경우 어떻게 해야 하는지요?

【질문】 저는(30대/여) 출산 후 산후 조리를 위하여 한약처방을 받고 복용 중 가슴 및 손목부위 통증으로 한의원을 재방문하였습니다. 한의원에서 한약을 더 복용하면 점점 호전될 것이라고 하여 동일한 처방을 받았습니다. 1주일 정도 경과한 후에 피로감, 구토, 식욕부진이 생겼고 급체로 진단되어 침 치료를 하였지만 몸이 계속 나빠졌습니다. 여성병원에 내원하여 진료한 결과 급성 독성간염으로 진단되어 입원치료를 받았습니다. 잘못된 한약 처방으로 간염이 생긴 것 같습니다. 이런 경우 어떻게 해야 하는지요?

【답변】

한약 조제상의 책임 유무와 한약복용과 간염발생의 연관성에 대하여 검토가 필요합니다.

간에 생기는 염증을 간염이라고 하며, 간염 중에서도 6개월 이내에 없어지는 급성 염증을 급성 간염이라고 합니다. 원인은 여러 가지로 그중에서 바이러스에 감염되어 발생하는 경우가 가장 많습니다. 또한 알코올이나 약물로도 급성간염이 생길 수 있으며, 면역계 이상과 대사성 원인에 의해서도 나타날 수 있습니다. 급성간염의 초기에는 식욕부진, 오심, 구토, 피로감 등의 전신증상이 보이며 이어서 얼굴과 눈에 노란빛이 도는 황달이 생기게 됩니다. 황달은 급성간염의 가장 특징적인 증상입니다. 일반적으로 급성간염은 신체에 무리를 가하지 않고 안정을 취하면 우리 몸 스스로 항체를 생성하여 호전이 됩니다. 본 건의 경우 한약 복용 중에 급성간염이 발생한 것은 사실이지만 간염 발생의 연관성과 환자의 공막에 황달 소견 유무, 재 내원 당시 급체로 진단하여 침 치료만 시행한 것 등의 적절성에 대한 검토가 필요합니다. 만약, 환자의 공막에 황달 소견이 보인 경우 담당 의료인은 정밀검진을 비롯한 적극적인 치료 또는 전원을 권유하여 검사를 받을 수 있도록 설명을 하여야 할 것입니다.

♨ 관련판례

한약에 간손상의 원인이 될 만한 물질이 포함되어 있는 점, 한약 투여 후 증상발현 시점이 일반적인 약물성 간손상 발현시점에 부합하는 점, 원고에게는 약물 이외에 바이러스 등 간손상 원인이 없는 점, 이와 같은 간접정황으로 인해 의학적으로 매우 유용하다고 평가되는 '독성 간손상 진단척도'에서 7점 내지 8점('가능성 높음')으로 나온 점을 종합하면, 원고의 간손상이 전격성 간부전에 이를 정도로서 원고의 특이체질에 기인할 가능성이 높다고 하더라도, 한약 투여 또는 이 사건 한약과 양약의 상호작용 역시 원고의 간손상 발생의 원인이 되었다고 추단할 수 있다(대법원 2011. 10. 13. 선고 2009다102209 판결).

▌ 한약복용 후 건선이 악화되었습니다. 어떻게 처리하면 좋을까요?

【질문】 제가(30대/여) 체력보강 및 피로감 개선을 위하여 한의원을 찾아갔습니다. 진료를 마치고 한약을 처방할 때 녹용을 제외해 달라고 요청하였지만 체력보강에 좋다고 하여 녹용을 포함하여 한약을 처방 받았습니다. 한약을 복용한 후부터 과거에 치료 중이던 건선이 전신에 걸쳐 심해졌습니다. 몸에 맞지 않는 약제(녹용)를 포함한 한약을 처방하여 이런 문제가 생긴 것 같습니다. 이런 경우 어떻게 처리하면 좋을까요?

【답변】

녹용과 기저질환인 건선 증상악화의 연관성 유무에 대하여 의료적인 판단이 선행되어야 합니다.

건선은 면역세포 활동성이 증가된 결과 분비된 면역물질이 피부 각질을 자극하여 각질의 과다 증식과 염증을 일으키는 것으로 피부에 작은 좁쌀 같은 발진이 생기면서 발진된 부위 위에 각질이 겹겹이 쌓여 나타나는 만성 염증성 피부질환입니다. 무릎, 발꿈치에 가장 많이 생기며 엉덩이, 머리, 팔, 다리 등 전신에 발생할 수 있습니다. 특징적인 모양, 증상 부위, 병의 경과와 병력 등을 바탕으로 진단이 가능합니다. 악화 요인으로는 유전, 환경, 약물, 피부자극, 건조, 스트레스 등 여러 가지 복합적인 이유로 나타나게 됩니다. 녹용은 인체의 면역기능을 높여주고, 강장작용, 신경계통 기능조절, 심근의 혈액공급기능 증진 등의 효과를 나타낸다고 알려져 있지만 혈뇨, 어지러움, 중풍, 결막충혈, 비출혈, 피부과민으로 인한 두드러기 발생 등의 부작용이 발생하기도 합니다. 한약 처방 과정에서의 책임유무와 전신에 발생한 건선 증상이 처방한 한약으로 인하여 발생한 것인지 여부는 의료중재원의 의료감정을 통하여 판단을 받아 보시기 바랍니다.

⚖ 관련판례

한약 복용으로 인해 간 손상이 발생하는 사례가 종종 있음에도 불구하고 사전에 환자에게 이러한 부작용이 발생할 수 있다는 점을 명확히 설명 하지 않아 환자가 다른 치료방법을 선택할 수 있는 '자기 결정권'을 침해하였다는 점, 한약 복용 후 피해자가 간 이상 증세인 황달 증세를 호소 하였다면 그에 맞는 간 기능 정밀검사를 하여야 하는데 하지 않았다는 점, 더구나 병원에 검사 시설이 갖춰지지 않았다면 다른 병원에 전원하여 필요한 검사를 받게 하여야 하는데 그렇게 하지 않았다는 점 등을 고려해서 과실을 인정한 사례임(청주지방법원 2011. 2. 22. 선고 2010고단168 판결).

■ 한방 물리치료 받던 중, 화상을 입었는데 누구에게 배상 책임이 있는지요?

【질문】 좌측 어깨 통증이 심하여 한의원에서 진찰을 받은 결과 인대염으로 진단되어 침, 사혈, 부항 및 물리치료(ICT)를 받았습니다. 그러나 당일에 어깨 부위에 수포가 생겼다가 2도 화상까지 진행되었습니다. 한의원에서는 치료기의 작동법을 준수하여 물리치료를 하였으므로 잘못이 없으니 피해보상 논의 는 의료기기 회사에게 하라고 합니다. 그러나 제 생각에는 작동법 준수는 병원 측 주장일 뿐, 의료기기 회사가 무슨 잘못인가 싶습니다. 적절한 피해보상을 받아야겠고, 배상책임은 누구한테 물어야하는 지 알고 싶습니다.

【답변】

의료기기의 하자일 경우에는 의료기기 업자를 상대로 책임문제를 제기할 수도 있습니다. 경근중주파요법(ICT)의 적응증은 주로 근육의 건, 인대, 관절낭, 신경 등에서 기인되는 통증, 근경축 등에 사용됩니다. 저주파 전류를 인체에 통전하였을 때 인체조직의 전기적 저항에 의해 열이 발생할 수 있어 화상 가능성이 존재하기도 합니다. 따라서 의료인이 적당한 강도와 시간조절, 피부상태 확인 등 주의의무를 다하여 화상을 방지하기 위한 노력을 했는지 의료감정을 받아볼 필요가 있습니다.

반면에 이 과정에서 환자는 이상증상을 호소했고, 당뇨병 등 상태를 악화시킬 수 있는 기왕증을 사전에 고지했는지 여부 등 과실상계에 영향을 미칠 수 있는 부분도 검토될 수 있습니다. 이를 통해 만일 의료행위에 기인한 문제가 아니고 의료기기의 하자로 인한 문제로 판명되는 경우 환자는 의료기기 업자를 상대로도 책임문제를 제기할 수도 있습니다. 환자의 경우 사고발생 원인에 대하여 스스로 의학적인 판단을 하기 어려운 상황이므로 직접 진료계약을 맺은 해당 의료기관을 상대로 책임 여부의 판단을 받아보시기 바랍니다.

☗☗ 관련판례

원고는 깁스를 푼 후의 물리치료과정에서 무리한 굴신운동으로 위의 추가 상해를 입고 그 결과 현재의 후유장애가 남게 되었다고 할 것이다. 따라서 피고는 위 물리치료사의 사용자로서 위 물리치료사의 과실로 인하여 원고들이 입은 손해를 배상할 책임이 있다고 할 것이다(수원지법 2000. 8. 25. 선고, 97가합21478 판결).

제조물책임법 제3조(제조물책임)

① 제조업자는 제조물의 결함으로 생명·신체 또는 재산에 손해(그 제조물에 대하여만 발생한 손해는 제외한다)를 입은 자에게 그 손해를 배상하여야 한다.

② 제1항에도 불구하고 제조업자가 제조물의 결함을 알면서도 그 결함에 대하여 필요한 조치를 취하지 아니한 결과로 생명 또는 신체에 중대한 손해를 입은 자가 있는 경우에는 그 자에게 발생한 손해의 3배를 넘지 아니하는 범위에서 배상책임을 진다. 이 경우 법원은 배상액을 정할 때 다음 각 호의 사항을 고려하여야 한다.

1. 고의성의 정도
2. 해당 제조물의 결함으로 인하여 발생한 손해의 정도
3. 해당 제조물의 공급으로 인하여 제조업자가 취득한 경제적 이익
4. 해당 제조물의 결함으로 인하여 제조업자가 형사처벌 또는 행정처분을 받은 경우 그 형사처벌 또는 행정처분의 정도
5. 해당 제조물의 공급이 지속된 기간 및 공급 규모
6. 제조업자의 재산상태
7. 제조업자가 피해구제를 위하여 노력한 정도

③ 피해자가 제조물의 제조업자를 알 수 없는 경우에 그 제조물을 영리 목적으로 판매·대여 등의 방법으로 공급한 자는 제1항에 따른 손해를 배상하여야 한다. 다만, 피해자 또는 법정대리인의 요청을 받고 상당한 기간 내에 그 제조업자 또는 공급한 자를 그 피해자 또는 법정대리인에게 고지(告知)한 때에는 그러하지 아니하다.

■ 다이어트 한약 복용 후 간기능에 이상이 생겼는데 어떻게 해야 되는지요?

【질문】 다이어트를 위해서 한약을 처방받고 40일 정도 복용을 하였습니다. 이후 황달 증상이 있어 종합병원에서 혈액검사를 하였더니 간기능 및 빌리루빈 수치가 상승한 것으로 나타났습니다. 한약을 끊고 약물치료를 하면서 점차 간기능 이상 수치가 내려가고 있습니다. 과거에 간질환을 앓은 적도 없는데 간기능 이상까지 발생하다니 매우 독한 한약을 처방해준 것은 아닌지, 2차적인 피해는 발생되지 않을지 걱정입니다. 저는 어떤 조치를 해야 하나요?

【답변】

한약제와 간기능 이상 간의 인과관계의 규명이 필요하므로, 진료기록 및 약제 등을 확보해 두시기 바랍니다.

다이어트 한약은 주로 식욕감퇴 및 기초대사 증진 등을 통한 체중조절을 목적으로 처방되고 있습니다. 단기간에 많은 살을 뺄 수 있다는 기대감에 많은 환자들이 이용하는데 어지럼증, 변비, 빈혈, 간염 등의 부작용이 보고되기도 합니다.

일반적으로 한약은 사전 진맥과 각종 검사를 통해 체질과 상태를 파악하고 처방하며, 복약방법을 상세히 설명하는 것이 필요합니다. 따라서 이 사례의 경우 한약을 처방함에 있어서 환자의 적응증에 맞도록 검사와 처방, 복약설명이 적절하였고, 이상증상이 발생된 때 복약중단 또는 대체요법, 신속한 전원조치를 통하여 피해를 방지하거나 확대되지 않도록 하였는지 등 전문 의료감정을 받아볼 필요가 있겠습니다. 특히 성분과 효능효과에 있어서 간기능에 직접적인 영향을 미칠 수 있는 처방약제에 대해서는 용법·용량 등을 확인할 수 있는 관련 증빙(진료기록, 처방약물 등)을 준비하시면 더욱 신속하고 정확한 판단을 받으실 수 있습니다.

⚖ 관련판례

피고인이 피해자에게 간기능 이상 징후인 황달 증세가 있었는데도 한약의 계속 복용을 지시하면서 피고인의 병원에서만 진료받도록 하였을 뿐, 간기능 이상의 원인과 상태를 확인하고 그에 따른 위험을 방지하기 위한 적절한 전원조치를 다하지 않은 과실을 인정할 수 있고, 제반 사정을 종합할 때 피해자의 간기능 손상 시기를 전후하여 위 한약을 제외하고는 달리 그 원인을 찾을 수 없는 점에 비추어 위 부작용이 있었던 시점에 한약 복용을 중단시키고 피해자를 신속하게 간기능 검사와 간기능 회복을 위한 치료를 시행할 수 있는 병원으로 전원조치 하였다면 적어도 피해자의 사망이라는 극단적인 결과는 막을 수 있었을 것으로 보이므로, 위 과실과 피해자의 사망 사이의 인과관계를 인정할 수 있다(청주지법 2011. 2. 22. 선고, 2010고단1681 판결).

■ 한방 뜸 치료를 받다가 화상을 입었을 경우 보상방법은?

【질문】 한의원에서 오십견 치료를 받았는데 약 40군데 뜸 치료 후 5군데 정도 화상이 생겼습니다. 피부과에서 화상 진단을 받고 2년여간 치료를 받았지만 아직도 나아지지 않고 일부 상처는 가려움증이 심한 상태입니다. 한의원에서는 환자의 체질문제라며 책임을 회피하고 있습니다. 어떻게 해야 보상을 받을 수 있을까요?

【답변】

환자의 체질은 종국적인 책임범위에 영향을 받지만 모든 책임을 환자의 체질 탓으로 돌릴 수는 없습니다.

뜸은 약물을 몸의 특정 부위에서 태우거나 태운 김을 쏘여 온열자극을 줌으로써 질병을 치료하는 한방 치료법으로 크게 직접구와 간접구가 있습니다. 직접구는 애주를 피부 위에 직접 올려놓고 연소시켜 피부화농을 유발, 생체의 항병능력을 증가시켜 치료효과를 높이는 치료법이지만 창구(헐은 곳)에 염증·흉터가 발생되는 문제도 있습니다. 요즈음은 간편하고 흉터를 만들지 않는 간접구를 많이 사용하는데 자극이 완만하므로 질병의 상태에 따라서 반복 시술이 필요하기도 합니다.

뜸 치료는 자극의 양이 적당하도록 조절해야 하고 창구의 보호에 유의하여야 합니다. 특이체질은 환자의 악결과에 영향을 미칠 수 있어 의료분쟁의 손해산정 및 책임제한에 있어 고려되는 사항이기는 하지만, 모든 후유증을 환자의 특이체질 탓으로 돌려 면책을 받을 수는 없습니다. 따라서 환자의 체질과 적응증에 부합하는 진료를 선택했는지, 화상 발생 후 신속·적절한 처리를 통하여 피해를 방지하거나 최소화하기 위한 조치를 취했는지 등 의료 전반적인 처치와 설명, 관리의무까지도 전문적인 감정이 필요한 부분입니다.

⚖ 관련판례

원고로서도 피고 한의원에서 이 사건 시술로 인한 화상을 입었다며 타 병원을 방문하거나 다른 화상 전문 병원을 신속히 방문하여 치료를 받았어야 함에도 불구하고 이를 게을리 한 채 단순히 약국에서 구입한 화상전용 반창고만 붙이거나 피고 한의원에 방문하여 치료를 받으면서 항의만 하였던 관계로 상처를 스스로 확대시킨 점이 인정되고, 이러한 원고의 행동은 신속한 치료 시기를 늦추어 상처의 악화 내지 확대에 기여했다고 판단되는바, 그와 같은 원고의 과실이 피고의 책임을 면하게 할 정도는 아니라 하더라도 피고가 배상할 손해액의 산정에는 이를 참작하기로 하되, 그밖에 이 사건 시술의 경위, 원고의 부상 정도, 기타 사정을 종합하여 피고의 책임비율을 60% 로 제한한다(대구지법 2011. 4. 22. 선고, 2010가단81831 판결).

▌무릎에 침을 맞은 후 화농성 관절염이 생겼는데 병원의 책임여부는?

【질문】 무릎 통증으로 한의원에서 침을 맞은 후 통증이 더 심해졌습니다. 종합병원에서 화농성 관절염으로 진단되어 활액막 절제술을 받았으나 통증과 고열이 지속되어 배양검사를 해보니 결핵균이 검출 되었습니다. 지나고 생각해보니 당시 한의사가 침 시술을 했는지도 의심스럽고, 현재 치료효과가 없어 반복적으로 배농술 등을 받고 있습니다. 한의원에서는 일절 사과도 없습니다. 너무 답답하고 치료비는 점점 늘어가는데 어떻게 해야 할지 고민입니다. 병원에 책임이 없는지요?

【답변】

화농성 관절염 및 결핵균 감염 발생의 원인규명을 통해 병원의 책임 소재를 판단할 수 있습니다. 침은 신체침습적인 의료행위를 동반하는 관계로 해당 침이나 주변 환경(의료진, 기구 등), 환자 요인(피부상재균, 질환) 등에 의해 감염이 발생할 수 있습니다. 결핵은 결핵균에 감염되는 질환으로 주로 폐결핵이 많으며 수막염, 림프절염, 신결핵, 방광결핵, 장결핵 등 전신의 장기, 조직에 침범되는 경우도 있습니다. 이 사례에서 침과 감염, 결핵균과의 상관관계를 파악하기 위해서는 시술과 감염 부위, 증상발현 상태 및 그 기간, 처치과정에서의 상황 등 의료 전반적인 검토가 필요합니다. 관련 손해를 산정함에 있어서는 무엇보다도 환자의 예후에 따른 손해를 확정하는 것이 중요하므로 상급 의료기관 등에서 진찰을 받아 증빙 또는 근거가 될 만한 자료를 구비하시어 이에 대한 판단을 받아보기 위해 의료중재원을 이용해 보시기 바랍니다. 그 외 해당 침술행위를 한 사람이 한의사가 아닌 무자격자의 침술 행위로 판단되는 경우에는 경찰에 고소 또는 의료기관 관할 보건소에 문의하시어 무면허 의료행위 여부를 확인 받으실 수도 있습니다.

⚖ 관련판례

일반적으로 면허 또는 자격 없이 침술행위를 하는 것은 의료법 제25조의 무면허 의료행위(한방의료행위)에 해당되어 같은 법 제66조에 의하여 처벌되어야 하는 것이며, 그 침술행위가 광범위하고 보편화된 민간요법이고 그 시술로 인한 위험성이 적다는 사정만으로 그것이 바로 사회상규에 위배되지 아니하는 행위에 해당한다고 보기는 어렵다 할 것이고, 다만 개별적인 경우에 그 침술행위의 위험성의 정도, 일반인들의 시각, 시술자의 시술동기, 목적, 방법, 횟수, 시술에 대한 지식수준, 시술경력, 피시술자의 나이, 체질, 건강상태, 시술행위로 인한 부작용 내지 위험발생 가능성 등을 종합적으로 고려하여 법질서 전체의 정신이나 그 배후에 놓여 있는 사회윤리 내지 사회통념에 비추어 용인될 수 있는 행위에 해당한다고 인정되는 경우에만 사회상규에 위배되지 아니하는 행위로서 위법성이 조각된다(대법원 2003. 5. 13. 선고, 2003도939 판결).

■ 구안와사 치료 후 턱에 이상이 생겼을 경우 피해보상은?

【질문】 아침에 일어났는데 입이 돌아가는 증상이 발생하였습니다. 한방병원에서는 구안와사(구안괘사)로 진단하여 입원 후 침과 한약으로 20일간 치료를 받았습니다. 그러나 증상이 호전되지 않아 종합병원 구강외과에 가서 진찰을 받은 결과 턱이 빠진 상태로 오랜 기간 방치되었다며 턱수술이 필요하다고 합니다. 현재는 보존적 요법으로 턱을 철사로 고정한 상태입니다. 해당 한방병원에서는 치료 중 치과에 가보라고 설명했었다며 책임을 회피하고 있습니다. 한방치료가 적절했는지, 피해보상은 어떻게 받아야할지 알고 싶습니다.

【답변】

턱관절 장애 발생의 원인에 대하여 의학적으로 규명하는 것이 선행되어야 할 것입니다. 구안와사는 갑자기 얼굴이 한쪽으로 비뚤어지는 증상으로 한의학에서는 구안괘사, 와사풍 안면마비 등으로 불립니다. 원인은 풍한이 가장 많으며 과로나 스트레스, 과도한 신경, 기혈의 순환불량, 외상성, 유전성 등 다양한 편입니다. 또한, 턱관절 장애는 턱관절 속에 들어 있는 원판(디스크)이 원래 위치를 벗어난 상태로서 원인으로는 나쁜 습관, 외상, 교합 부조화, 유전, 심리적 요인 등이 있으나 명확히 밝혀진 직접적 원인은 없습니다. 다만 이와 같은 요인들이 복합적으로 작용하여 턱관절을 중심으로 주변 근육조직의 부조화를 일으켜 발생한다고 보고 있습니다. 따라서 이 사례에 있어서 환자 상태에 대한 진단과 그에 따른 시술처방, 치료 중 호전이 없을 때 재진단 또는 처치(전원 포함)가 신속·적절했으며, 이로 인해 예후에 영향을 미치지는 않는지 등 전문적으로 살필 필요가 있습니다. 이를 위해서는 한의학뿐만 아니라 의학적인 방향에서의 전문적 감정이 필요할 것으로 사료됩니다.

⚖ 관련판례

내과전문의인 피고로서는 진료당시 7세 10개월 남짓한 어린이가 4개월 이상 계속적인 구토증세를 호소할 경우 진정제만을 투약 또는 주사할 것이 아니라 뇌종양 등의 신경외과적 질환에 대하여 의심을 가지고 그에 대한 대처를 하거나 그 방면의 전문의인 소아과 또는 신경외과에 좀더 자세한 검사를 의뢰하는 등의 조치를 취하여야 할 업무상 주의의무가 있다 할 것이므로 피고가 이러한 조치를 제대로 취하지 아니하여 수아세포종이라는 질병을 단순한 인두염이나 신경성위염으로 오진하였다면 피고는 환자 및 그 부모가 수개월동안 병명도 모른 채 아무 효력없는 치료만 계속 받으면서 불안한 상태에 있게 되었던 정신적 고통을 위자할 의무가 있다(서울민사지법 1990. 2. 1. 선고, 88가합44525 판결).

▮ 침 맞은 후 기흉이 발생되었을 때 대처방법은?

【질문】 허리와 등에 통증이 심해서 침을 맞았더니 호흡을 하기에 힘든 증상이 발생했습니다. 안정을 취한 후 귀가를 하였으나 증상이 나아지지 않아 다시 내원 하게 되었고, 한의사는 가슴부위에 수차례 침을 놓았습니다. 이후에도 호전이 안되어 응급으로 종합병원에 가서 진찰한 결과 '기흉'으로 진단되어 흉관삽입술을 받았습니다. 해당 한의원에서는 침으로 인한 기흉이라는 진단을 받아오면 손해배상을 해주겠다고 합니다. 어떻게 해야 할까요?

【답변】

기흉의 원인이 과도한 침시술로 인한 것이라면 해당 의료인에게 책임을 물을 수 있겠습니다. 기흉은 폐에 구멍이 생겨 늑막강 내에 공기나 가스가 고이게 되는 질환입니다. 일차성 자연기흉은 전형적으로 키가 크고 마른 사람에게 호발하는 경우가 있으며, 이차성 기흉은 교통사고나 뾰족한 것에 찔려 발생하는 외상성 기흉, 수술이나 시술 중의 폐실질 손상으로 발생하는 의인성 기흉 등이 있습니다. 침 시술은 신체침습을 요하는 진료의 특성상 환자의 신체상태, 자침부위, 자침방법, 침의 종류 등에 따라 기흉과 같은 합병증이 발생하는 경우가 있습니다.

따라서 기흉이 발생되었다는 사실만을 가지고 의료인의 전적인 책임을 묻는 것보다는 당시 환자 상태에 대한 진단과 시술, 처치가 적절했는지, 이상증상 발생 시 이에 대한 처치가 신속하고 적절하게 이루어졌는지, 이로 인해 예후·피해가 확대된 부분이 있는지 등 전반적인 사항을 고려하여 책임문제를 제기하는 것이 더 효과적일 수 있습니다. 이를 위해서는 해당 한의원 및 이송 기관의 진료기록, 검사기록, 소요비용에 대한 증빙자료를 구비하는 것이 좋습니다. 다만, 사건의 경중 및 피해의 규모 등을 감안하는 경우 저희 의료중재원을 이용하는 것이 소송보다는 실익이 있을 것으로 사료됩니다.

✿ 관련판례

수술 전 병력상 기흉을 유발할 수 있는 특이체질자라고 볼 소인을 발견할 수 없는 점 등에 비추어 보면, 이 같은 기흉이 발생될 수 있는 네 가지의 원인 중 셋째 및 넷째의 경우가 아닌 첫째 내지 둘째의 경우 즉 '과도양압으로 인한 폐포파열 또는 삽관 시 식도손상' 등 위 원고의 책임으로 돌릴 수 없는 전신흡입마취 과정에서 적절치 못한 시술이 바로 이 같은 기흉의 유발 및 이로 인한 청색증 내지 피하기종이 초래된 원인이 된 것으로 추정할 수밖에 없다 할 것이며, 한편 위 원고에게 청색증으로 온통 변색이 되고 피하기종으로 온몸이 부어오른 것을 수술 종료 후 33분이 지난 후에 발견한 것은 피고측에 전신마취시술 후 회복도중에 있는 환자에 대하여 용태관찰을 소홀히 한 잘못이 있었다고 보지 않을 수 없을 뿐 아니라, 위 청색증 발견 후에도 늑막강에 차 있는 공기는 그대로 둔 채 가압식 산소호흡만 시행하다가 12분 후 흉부외과의 상흉부피부절개로 그 안에 차 있던 공기만 유출시켰을 뿐 기흉에 관한 조처가 없다가 27분이 지난 연후에야 이 같은 흉부관삽입술을 시행하는 등 기흉 및 피하기종에 대한 처치가 신속·완전하지 못한 잘못이 있다고 봄이 상당하다 할 것이다(대법원 1995. 3. 17. 선고, 93다41075 판결).

▌ 침을 맞은 후 신경부종이 발생하였을 때 피해보상 방법은?

【질문】 허리가 아파서 한의원에 갔더니 아킬레스건 부위에 침을 맞으라고 하여 거부 의사를 밝혔지만 일방적으로 양쪽에 침을 놓았습니다. 침을 맞을 때부터 쑤시는 듯한 통증이 있더니 이후 좌측 발목을 조금만 움직여도 통증이 심해졌습니다. 신경외과에서 진찰을 받아본 결과 신경이 부어서 깁스를 해야겠다고 합니다. 한의원에서는 침과 전혀 관계가 없다며 책임을 회피하고 있는데 피해보상을 받을 방법은 없을까요?

【답변】

침 시술과 신경부종 발생과의 인과관계 및 침 시술의 적절성에 대한 의료감정이 필요합니다. 침구요법은 오장육부에 준하는 혈을 침(鍼) 또는 뜸(灸)을 통하여 자극하는 한방치료법으로 신체 침습을 요하는 시술로 인해 후유증이 발생할 수도 있습니다. 주요 부작용으로는 출혈, 훈침, 내울혈, 피부부종 등이 있는데, 훈침이란 침을 맞은 뒤 신경이 지나치게 자극 받아 일시적 뇌빈혈 상태를 일으키는 현상, 내울혈은 혈관을 관통하여 내부에 출혈이 괸 상태를 칭하고, 그 외에 점상출혈 및 피부부종 등 국소적 반응도 있습니다. 혈관 신경부종은 피부의 진피, 피하조직, 점막 하 조직을 침습하는 혈관 반응으로서 모세혈관이 확장되고 투과성이 증가되어 일어나는 국소적인 부종입니다.

따라서 침술 후의 신경부종이 일시적 증상인지 아니면 장기적이거나 신경손상을 동반하는지 등이 중요하다고 할 수 있습니다. 특히 환자의 증상(허리통증)에 대한 처치 (족관절부 침시술)가 적절했으며, 관련된 설명과 동의가 충분했는지, 예후는 어떠한지 등을 구체적으로 살피는 것이 좋습니다. 관련 피해보상을 받으려면 해당 한의원과 이송 기관의 진료기록, 검사기록 등의 자료를 준비하고 그동안의 경과사항을 잘 정리하는 것이 중요합니다.

♨ 관련판례

둔부 상에 근육주사를 놓을 때에는 신경조직이 위치하지 아니하는 둔부 상단의 안전한 부위를 찾아 주사함으로써 둔부에 존재하는 제반 신경을 손상시키지 않도록 세심한 주의를 기울여야 할 주의의무가 있음에도 이를 게을리 한 채 원고 김◇선의 우측 둔부에 근육주사인 위 미도캄, 발렌탁 등을 2회 주사하는 과정에서 미숙한 솜씨로 주사기를 삽입하여 주사바늘로 둔부 우측좌골신경을 손상시킴으로써 원고 김◇선으로 하여금 우측 족관절 운동장애를 입게 한 잘못이 있다 할 것인바, 그렇다면 이제 그 의료행위를 한 소외 이☆주 등이 원고 김◇선의 우측 족관절 운동장애라는 결과가 둔부근육주사시 좌골 신경을 손상시킨 의료상의 잘못으로 말미암은 것이 아니라 전혀 다른 원인으로 말미암은 것이라는 입증을 하지 아니하는 이상 위 이☆주의 위와 같은 의료상 과실과 결과 사이의 인과관계는 추정된다고 보아 그 입증책임을 완화하는 것이 손해의 공평, 타당한 부담을 그 지도원리로 하는 손해배상제도의 이상에 맞는다 하겠다. 따라서 당시 위 이☆주의 사용자인 피고는 위 이☆주의 위와 같은 불법행위로 인하여 원고들이 입은 모든 손해를 배상할 책임이 있다 할 것이다(서울지법 1997. 4. 23. 선고, 96가합84191 판결).

제4편
의료관련 법규와 판례

의료법

[시행 2024. 8. 1.] [법률 제19818호, 2023. 10. 31., 일부개정]

제1장 총칙

제1조(목적) 이 법은 모든 국민이 수준 높은 의료 혜택을 받을 수 있도록 국민의료에 필요한 사항을 규정함으로써 국민의 건강을 보호하고 증진하는 데에 목적이 있다.

제2조(의료인) ① 이 법에서 "의료인"이란 보건복지부장관의 면허를 받은 의사·치과의사·한의사·조산사 및 간호사를 말한다. 〈개정 2008. 2. 29., 2010. 1. 18.〉

② 의료인은 종별에 따라 다음 각 호의 임무를 수행하여 국민보건 향상을 이루고 국민의 건강한 생활 확보에 이바지할 사명을 가진다. 〈개정 2015. 12. 29., 2019. 4. 23.〉

1. 의사는 의료와 보건지도를 임무로 한다.
2. 치과의사는 치과 의료와 구강 보건지도를 임무로 한다.
3. 한의사는 한방 의료와 한방 보건지도를 임무로 한다.
4. 조산사는 조산(助産)과 임산부 및 신생아에 대한 보건과 양호지도를 임무로 한다.
5. 간호사는 다음 각 목의 업무를 임무로 한다.
   가. 환자의 간호요구에 대한 관찰, 자료수집, 간호판단 및 요양을 위한 간호
   나. 의사, 치과의사, 한의사의 지도하에 시행하는 진료의 보조
   다. 간호 요구자에 대한 교육·상담 및 건강증진을 위한 활동의 기획과 수행, 그 밖의 대통령령으로 정하는 보건활동
   라. 제80조에 따른 간호조무사가 수행하는 가목부터 다목까지의 업무보조에 대한 지도

제3조(의료기관) ① 이 법에서 "의료기관"이란 의료인이 공중(公衆) 또는 특정 다수인을 위하여 의료·조산의 업(이하 "의료업"이라 한다)을 하는 곳을 말한다.

② 의료기관은 다음 각 호와 같이 구분한다. 〈개정 2009. 1. 30., 2011. 6. 7., 2016. 5. 29., 2019. 4. 23., 2020. 3. 4.〉

1. 의원급 의료기관: 의사, 치과의사 또는 한의사가 주로 외래환자를 대상으로 각각 그 의료행위를 하는 의료기관으로서 그 종류는 다음 각 목과 같다.
   가. 의원
   나. 치과의원
   다. 한의원
2. 조산원: 조산사가 조산과 임산부 및 신생아를 대상으로 보건활동과 교육·상담을 하는 의료기관을 말한다.
3. 병원급 의료기관: 의사, 치과의사 또는 한의사가 주로 입원환자를 대상으로 의료행위를 하는 의료기관으로서 그 종류는 다음 각 목과 같다.
   가. 병원
   나. 치과병원
   다. 한방병원
   라. 요양병원(「장애인복지법」 제58조제1항제4호에 따른 의료재활시설로서 제3조의2의 요건을 갖춘 의료기관을 포함한다. 이하 같다)
   마. 정신병원
   바. 종합병원

③ 보건복지부장관은 보건의료정책에 필요하다고 인정하는 경우에는 제2항제1호부터 제3호까지의 규정에 따른 의료기관의 종류별 표준업무를 정하여 고시할 수 있다. 〈개정 2009. 1. 30., 2010. 1. 18.〉

④ 삭제 〈2009. 1. 30.〉

⑤ 삭제〈2009. 1. 30.〉

⑥ 삭제〈2009. 1. 30.〉

⑦ 삭제〈2009. 1. 30.〉

⑧ 삭제〈2009. 1. 30.〉

제3조의2(병원등) 병원·치과병원·한방병원 및 요양병원(이하 "병원등"이라 한다)은 30개 이상의 병상(병원·한방병원만 해당한다) 또는 요양병상(요양병원만 해당하며, 장기입원이 필요한 환자를 대상으로 의료행위를 하기 위하여 설치한 병상을 말한다)을 갖추어야 한다.

[본조신설 2009. 1. 30.]

제3조의3(종합병원) ① 종합병원은 다음 각 호의 요건을 갖추어야 한다. 〈개정 2011. 8. 4.〉

1. 100개 이상의 병상을 갖출 것
2. 100병상 이상 300병상 이하인 경우에는 내과·외과·소아청소년과·산부인과 중 3개 진료과목, 영상의학과, 마취통증의학과와 진단검사의학과 또는 병리과를 포함한 7개 이상의 진료과목을 갖추고 각 진료과목마다 전속하는 전문의를 둘 것
3. 300병상을 초과하는 경우에는 내과, 외과, 소아청소년과, 산부인과, 영상의학과, 마취통증의학과, 진단검사의학과 또는 병리과, 정신건강의학과 및 치과를 포함한 9개 이상의 진료과목을 갖추고 각 진료과목마다 전속하는 전문의를 둘 것

② 종합병원은 제1항제2호 또는 제3호에 따른 진료과목(이하 이 항에서 "필수진료과목"이라 한다) 외에 필요하면 추가로 진료과목을 설치·운영할 수 있다. 이 경우 필수진료과목 외의 진료과목에 대하여는 해당 의료기관에 전속하지 아니한 전문의를 둘 수 있다.

[본조신설 2009. 1. 30.]

제3조의4(상급종합병원 지정) ① 보건복지부장관은 다음 각 호의 요건을 갖춘 종합병원 중에서 중증질환에 대하여 난이도가 높은 의료행위를 전문적으로 하는 종합병원을 상급종합병원으로 지정할 수 있다. 〈개정 2010. 1. 18.〉

1. 보건복지부령으로 정하는 20개 이상의 진료과목을 갖추고 각 진료과목마다 전속하는 전문의를 둘 것
2. 제77조제1항에 따라 전문의가 되려는 자를 수련시키는 기관일 것
3. 보건복지부령으로 정하는 인력·시설·장비 등을 갖출 것
4. 질병군별(疾病群別) 환자구성 비율이 보건복지부령으로 정하는 기준에 해당할 것

② 보건복지부장관은 제1항에 따른 지정을 하는 경우 제1항 각 호의 사항 및 전문성 등에 대하여 평가를 실시하여야 한다.〈개정 2010. 1. 18.〉

③ 보건복지부장관은 제1항에 따라 상급종합병원으로 지정받은 종합병원에 대하여 3년마다 제2항에 따른 평가를 실시하여 재지정하거나 지정을 취소할 수 있다.〈개정 2010. 1. 18.〉

④ 보건복지부장관은 제2항 및 제3항에 따른 평가업무를 관계 전문기관 또는 단체에 위탁할 수 있다.〈개정 2010. 1. 18.〉

⑤ 상급종합병원 지정·재지정의 기준·절차 및 평가업무의 위탁 절차 등에 관하여 필요한 사항은 보건복지부령으로 정한다.〈개정 2010. 1. 18.〉

[본조신설 2009. 1. 30.]

제3조의5(전문병원 지정) ① 보건복지부장관은 병원급 의료기관 중에서 특정 진료과목이나 특정 질환 등에 대하여 난이도가 높은 의료행위를 하는 병원을 전문병원으로 지정할 수 있다. 〈개정 2010. 1. 18.〉

② 제1항에 따른 전문병원은 다음 각 호의 요건을 갖추어야 한다.〈개정 2010. 1. 18.〉

1. 특정 질환별·진료과목별 환자의 구성비율 등이 보건복지부령으로 정하는 기준에 해당할 것
2. 보건복지부령으로 정하는 수 이상의 진료과목을 갖추고 각 진료과목마다 전속하는 전문의를 둘 것

③ 보건복지부장관은 제1항에 따라 전문병원으로 지정하는 경우 제2항 각 호의 사항 및 진료의 난이도 등에 대하여 평가를 실시하여야 한다. 〈개정 2010. 1. 18.〉

④ 보건복지부장관은 제1항에 따라 전문병원으로 지정받은 의료기관에 대하여 3년마다 제3항에 따른 평가를 실시하여 전문병원으로 재지정할 수 있다. 〈개정 2010. 1. 18., 2015. 1. 28.〉

⑤ 보건복지부장관은 제1항 또는 제4항에 따라 지정받거나 재지정받은 전문병원이 다음 각 호의 어느 하나에 해당하는 경우에는 그 지정 또는 재지정을 취소할 수 있다. 다만, 제1호에 해당하는 경우에는 그 지정 또는 재지정을 취소하여야 한다. 〈신설 2015. 1. 28.〉

1. 거짓이나 그 밖의 부정한 방법으로 지정 또는 재지정을 받은 경우
2. 지정 또는 재지정의 취소를 원하는 경우
3. 제4항에 따른 평가 결과 제2항 각 호의 요건을 갖추지 못한 것으로 확인된 경우

⑥ 보건복지부장관은 제3항 및 제4항에 따른 평가업무를 관계 전문기관 또는 단체에 위탁할 수 있다. 〈개정 2010. 1. 18., 2015. 1. 28.〉

⑦ 전문병원 지정·재지정의 기준·절차 및 평가업무의 위탁 절차 등에 관하여 필요한 사항은 보건복지부령으로 정한다. 〈개정 2010. 1. 18., 2015. 1. 28.〉

[본조신설 2009. 1. 30.]

제2장 의료인

제1절 자격과 면허

제4조(의료인과 의료기관의 장의 의무) ① 의료인과 의료기관의 장은 의료의 질을 높이고 의료관련감염(의료기관 내에서 환자, 환자의 보호자, 의료인 또는 의료기관 종사자 등에게 발생하는 감염을 말한다. 이하 같다)을 예방하며 의료기술을 발전시키는 등 환자에게 최선의 의료서비스를 제공하기 위하여 노력하여야 한다. 〈개정 2012. 2. 1., 2020. 3. 4.〉

② 의료인은 다른 의료인 또는 의료법인 등의 명의로 의료기관을 개설하거나 운영할 수 없다. 〈신설 2012. 2. 1., 2019. 8. 27.〉

③ 의료기관의 장은 「보건의료기본법」 제6조·제12조 및 제13조에 따른 환자의 권리 등 보건복지부령으로 정하는 사항을 환자가 쉽게 볼 수 있도록 의료기관 내에 게시하여야 한다. 이 경우 게시 방법, 게시 장소 등 게시에 필요한 사항은 보건복지부령으로 정한다. 〈신설 2012. 2. 1.〉

④ 삭제 〈2020. 3. 4.〉

⑤ 의료기관의 장은 환자와 보호자가 의료행위를 하는 사람의 신분을 알 수 있도록 의료인, 제27조제1항 각 호 외의 부분 단서에 따라 의료행위를 하는 같은 항 제3호에 따른 학생, 제80조에 따른 간호조무사 및 「의료기사 등에 관한 법률」 제2조에 따른 의료기사에게 의료기관 내에서 대통령령으로 정하는 바에 따라 명찰을 달도록 지시·감독하여야 한다. 다만, 응급의료상황, 수술실 내인 경우, 의료행위를 하지 아니할 때, 그 밖에 대통령령으로 정하는 경우에는 명찰을 달지 아니하도록 할 수 있다. 〈신설 2016. 5. 29.〉

⑥ 의료인은 일회용 의료기기(한 번 사용할 목적으로 제작되거나 한 번의 의료행위에서 한 환자에게 사용하여야 하는 의료기기로서 보건복지부령으로 정하는 의료기기를 말한다. 이하 같다)를 한 번 사용한 후 다시 사용하여서는 아니 된다. 〈신설 2016. 5. 29., 2020. 3. 4.〉

제4조의2(간호·간병통합서비스 제공 등) ① 간호·간병통합서비스란 보건복지부령으로 정하는 입원 환자를 대상으로 보호자 등이 상주하지 아니하고 간호사, 제80조에 따른 간호조무사 및 그 밖에 간병지원인력(이하 이 조에서 "간호·간병통합서비스 제공인력"이라 한다)에 의하여 포괄적으로 제공되는 입원서비스를 말한다.

② 보건복지부령으로 정하는 병원급 의료기관은 간호·간병통합서비스를 제공할 수 있도록 노력하여야 한다.

③ 제2항에 따라 간호·간병통합서비스를 제공하는 병원급 의료기관(이하 이 조에서 "간호·간병통합서비

스 제공기관"이라 한다)은 보건복지부령으로 정하는 인력, 시설, 운영 등의 기준을 준수하여야 한다.

④ 「공공보건의료에 관한 법률」 제2조제3호에 따른 공공보건의료기관 중 보건복지부령으로 정하는 병원급 의료기관은 간호·간병통합서비스를 제공하여야 한다. 이 경우 국가 및 지방자치단체는 필요한 비용의 전부 또는 일부를 지원할 수 있다.

⑤ 간호·간병통합서비스 제공기관은 보호자 등의 입원실 내 상주를 제한하고 환자 병문안에 관한 기준을 마련하는 등 안전관리를 위하여 노력하여야 한다.

⑥ 간호·간병통합서비스 제공기관은 간호·간병통합서비스 제공인력의 근무환경 및 처우 개선을 위하여 필요한 지원을 하여야 한다.

⑦ 국가 및 지방자치단체는 간호·간병통합서비스의 제공·확대, 간호·간병통합서비스 제공인력의 원활한 수급 및 근무환경 개선을 위하여 필요한 시책을 수립하고 그에 따른 지원을 하여야 한다.

[본조신설 2015. 12. 29.]

제4조의3(의료인의 면허 대여 금지 등) ① 의료인은 제5조(의사·치과의사 및 한의사를 말한다), 제6조(조산사를 말한다) 및 제7조(간호사를 말한다)에 따라 받은 면허를 다른 사람에게 대여하여서는 아니 된다.

② 누구든지 제5조부터 제7조까지에 따라 받은 면허를 대여받아서는 아니 되며, 면허 대여를 알선하여서도 아니 된다.

[본조신설 2020. 3. 4.]

제5조(의사·치과의사 및 한의사 면허) ① 의사·치과의사 또는 한의사가 되려는 자는 다음 각 호의 어느 하나에 해당하는 자격을 가진 자로서 제9조에 따른 의사·치과의사 또는 한의사 국가시험에 합격한 후 보건복지부장관의 면허를 받아야 한다. *〈개정 2010. 1. 18., 2012. 2. 1., 2019. 8. 27.〉*

1. 「고등교육법」 제11조의2에 따른 인정기관(이하 "평가인증기구"라 한다)의 인증(이하 "평가인증기구의 인증"이라 한다)을 받은 의학·치의학 또는 한의학을 전공하는 대학을 졸업하고 의학사·치의학사 또는 한의학사 학위를 받은 자

2. 평가인증기구의 인증을 받은 의학·치의학 또는 한의학을 전공하는 전문대학원을 졸업하고 석사학위 또는 박사학위를 받은 자

3. 외국의 제1호나 제2호에 해당하는 학교(보건복지부장관이 정하여 고시하는 인정기준에 해당하는 학교를 말한다)를 졸업하고 외국의 의사·치과의사 또는 한의사 면허를 받은 자로서 제9조에 따른 예비시험에 합격한 자

② 평가인증기구의 인증을 받은 의학·치의학 또는 한의학을 전공하는 대학 또는 전문대학원을 6개월 이내에 졸업하고 해당 학위를 받을 것으로 예정된 자는 제1항제1호 및 제2호의 자격을 가진 자로 본다. 다만, 그 졸업예정시기에 졸업하고 해당 학위를 받아야 면허를 받을 수 있다.*〈개정 2012. 2. 1.〉*

③ 제1항에도 불구하고 입학 당시 평가인증기구의 인증을 받은 의학·치의학 또는 한의학을 전공하는 대학 또는 전문대학원에 입학한 사람으로서 그 대학 또는 전문대학원을 졸업하고 해당 학위를 받은 사람은 같은 항 제1호 및 제2호의 자격을 가진 사람으로 본다.*〈신설 2012. 2. 1.〉*

[전문개정 2008. 10. 14.]

제6조(조산사 면허) 조산사가 되려는 자는 다음 각 호의 어느 하나에 해당하는 자로서 제9조에 따른 조산사 국가시험에 합격한 후 보건복지부장관의 면허를 받아야 한다. *〈개정 2008. 2. 29., 2010. 1. 18., 2019. 8. 27.〉*

1. 간호사 면허를 가지고 보건복지부장관이 인정하는 의료기관에서 1년간 조산 수습과정을 마친 자

2. 외국의 조산사 면허(보건복지부장관이 정하여 고시하는 인정기준에 해당하는 면허를 말한다)를 받은 자

제7조(간호사 면허) ① 간호사가 되려는 자는 다음 각 호의 어느 하나에 해당하는 자로서 제9조에 따른 간호사 국가시험에 합격한 후 보건복지부장관의 면허를 받아야 한다. *〈개정 2008. 2. 29., 2010. 1. 18., 2012. 2. 1., 2019. 8. 27.〉*

1. 평가인증기구의 인증을 받은 간호학을 전공하는 대학이나 전문대학[구제(舊制) 전문학교와 간호학교를 포함한다]을 졸업한 자
2. 외국의 제1호에 해당하는 학교(보건복지부장관이 정하여 고시하는 인정기준에 해당하는 학교를 말한다)를 졸업하고 외국의 간호사 면허를 받은 자

② 제1항에도 불구하고 입학 당시 평가인증기구의 인증을 받은 간호학을 전공하는 대학 또는 전문대학에 입학한 사람으로서 그 대학 또는 전문대학을 졸업하고 해당 학위를 받은 사람은 같은 항 제1호에 해당하는 사람으로 본다.〈신설 2012. 2. 1.〉

제8조(결격사유 등) 다음 각 호의 어느 하나에 해당하는 자는 의료인이 될 수 없다. 〈개정 2007. 10. 17., 2018. 3. 27., 2018. 8. 14., 2020. 4. 7., 2023. 5. 19.〉

1. 「정신건강증진 및 정신질환자 복지서비스 지원에 관한 법률」 제3조제1호에 따른 정신질환자. 다만, 전문의가 의료인으로서 적합하다고 인정하는 사람은 그러하지 아니하다.
2. 마약·대마·향정신성의약품 중독자
3. 피성년후견인·피한정후견인
4. 금고 이상의 실형을 선고받고 그 집행이 끝나거나 그 집행을 받지 아니하기로 확정된 후 5년이 지나지 아니한 자
5. 금고 이상의 형의 집행유예를 선고받고 그 유예기간이 지난 후 2년이 지나지 아니한 자
6. 금고 이상의 형의 선고유예를 받고 그 유예기간 중에 있는 자

제9조(국가시험 등) ① 의사·치과의사·한의사·조산사 또는 간호사 국가시험과 의사·치과의사·한의사 예비시험(이하 "국가시험등"이라 한다)은 매년 보건복지부장관이 시행한다. 〈개정 2008. 2. 29., 2010. 1. 18.〉
② 보건복지부장관은 국가시험등의 관리를 대통령령으로 정하는 바에 따라 「한국보건의료인국가시험원법」에 따른 한국보건의료인국가시험원에 맡길 수 있다.〈개정 2008. 2. 29., 2010. 1. 18., 2015. 6. 22.〉
③ 보건복지부장관은 제2항에 따라 국가시험등의 관리를 맡긴 때에는 그 관리에 필요한 예산을 보조할 수 있다.〈개정 2008. 2. 29., 2010. 1. 18.〉
④ 국가시험등에 필요한 사항은 대통령령으로 정한다.

제10조(응시자격 제한 등) ① 제8조 각 호의 어느 하나에 해당하는 자는 국가시험등에 응시할 수 없다. 〈개정 2009. 1. 30.〉
② 부정한 방법으로 국가시험등에 응시한 자나 국가시험등에 관하여 부정행위를 한 자는 그 수험을 정지시키거나 합격을 무효로 한다.
③ 보건복지부장관은 제2항에 따라 수험이 정지되거나 합격이 무효가 된 사람에 대하여 처분의 사유와 위반 정도 등을 고려하여 대통령령으로 정하는 바에 따라 그 다음에 치러지는 이 법에 따른 국가시험등의 응시를 3회의 범위에서 제한할 수 있다.〈개정 2016. 12. 20.〉

제11조(면허 조건과 등록) ① 보건복지부장관은 보건의료 시책에 필요하다고 인정하면 제5조에서 제7조까지의 규정에 따른 면허를 내줄 때 3년 이내의 기간을 정하여 특정 지역이나 특정 업무에 종사할 것을 면허의 조건으로 붙일 수 있다. 〈개정 2008. 2. 29., 2010. 1. 18.〉
② 보건복지부장관은 제5조부터 제7조까지의 규정에 따른 면허를 내줄 때에는 그 면허에 관한 사항을 등록대장에 등록하고 면허증을 내주어야 한다.〈개정 2008. 2. 29., 2010. 1. 18.〉
③ 제2항의 등록대장은 의료인의 종별로 따로 작성·비치하여야 한다.
④ 면허등록과 면허증에 필요한 사항은 보건복지부령으로 정한다.〈개정 2008. 2. 29., 2010. 1. 18.〉

제12조(의료기술 등에 대한 보호) ① 의료인이 하는 의료·조산·간호 등 의료기술의 시행(이하 "의료행위"라 한다)에 대하여는 이 법이나 다른 법령에 따로 규정된 경우 외에는 누구든지 간섭하지 못한다.

② 누구든지 의료기관의 의료용 시설·기재·약품, 그 밖의 기물 등을 파괴·손상하거나 의료기관을 점거하여 진료를 방해하여서는 아니 되며, 이를 교사하거나 방조하여서는 아니 된다.

③ 누구든지 의료행위가 이루어지는 장소에서 의료행위를 행하는 의료인, 제80조에 따른 간호조무사 및 「의료기사 등에 관한 법률」 제2조에 따른 의료기사 또는 의료행위를 받는 사람을 폭행·협박하여서는 아니 된다.〈신설 2016. 5. 29.〉

제13조(의료기재 압류 금지) 의료인의 의료 업무에 필요한 기구·약품, 그 밖의 재료는 압류하지 못한다.

제14조(기구 등 우선공급) ① 의료인은 의료행위에 필요한 기구·약품, 그 밖의 시설 및 재료를 우선적으로 공급받을 권리가 있다.

② 의료인은 제1항의 권리에 부수(附隨)되는 물품, 노력, 교통수단에 대하여서도 제1항과 같은 권리가 있다.

제15조(진료거부 금지 등) ① 의료인 또는 의료기관 개설자는 진료나 조산 요청을 받으면 정당한 사유 없이 거부하지 못한다.〈개정 2016. 12. 20.〉

② 의료인은 응급환자에게 「응급의료에 관한 법률」에서 정하는 바에 따라 최선의 처치를 하여야 한다.

제16조(세탁물 처리) ① 의료기관에서 나오는 세탁물은 의료인·의료기관 또는 특별자치시장·특별자치도지사·시장·군수·구청장(자치구의 구청장을 말한다. 이하 같다)에게 신고한 자가 아니면 처리할 수 없다.〈개정 2015. 1. 28.〉

② 제1항에 따라 세탁물을 처리하는 자는 보건복지부령으로 정하는 바에 따라 위생적으로 보관·운반·처리하여야 한다.〈개정 2008. 2. 29., 2010. 1. 18.〉

③ 의료기관의 개설자와 제1항에 따라 의료기관세탁물처리업 신고를 한 자(이하 이 조에서 "세탁물처리업자"라 한다)는 제1항에 따른 세탁물의 처리업무에 종사하는 사람에게 보건복지부령으로 정하는 바에 따라 감염 예방에 관한 교육을 실시하고 그 결과를 기록하고 유지하여야 한다.〈신설 2015. 1. 28.〉

④ 세탁물처리업자가 보건복지부령으로 정하는 신고사항을 변경하거나 그 영업의 휴업(1개월 이상의 휴업을 말한다)·폐업 또는 재개업을 하려는 경우에는 보건복지부령으로 정하는 바에 따라 특별자치시장·특별자치도지사·시장·군수·구청장에게 신고하여야 한다.〈신설 2015. 1. 28.〉

⑤ 제1항에 따른 세탁물을 처리하는 자의 시설·장비 기준, 신고 절차 및 지도·감독, 그 밖에 관리에 필요한 사항은 보건복지부령으로 정한다.〈개정 2008. 2. 29., 2010. 1. 18., 2015. 1. 28.〉

제17조(진단서 등) ① 의료업에 종사하고 직접 진찰하거나 검안(檢案)한 의사[이하 이 항에서는 검안서에 한하여 검시(檢屍)업무를 담당하는 국가기관에 종사하는 의사를 포함한다], 치과의사, 한의사가 아니면 진단서·검안서·증명서를 작성하여 환자(환자가 사망하거나 의식이 없는 경우에는 직계존속·비속, 배우자 또는 배우자의 직계존속을 말하며, 환자가 사망하거나 의식이 없는 경우로서 환자의 직계존속·비속, 배우자 및 배우자의 직계존속이 모두 없는 경우에는 형제자매를 말한다) 또는 「형사소송법」 제222조제1항에 따라 검시(檢屍)를 하는 지방검찰청검사(검안서에 한한다)에게 교부하지 못한다. 다만, 진료 중이던 환자가 최종 진료 시부터 48시간 이내에 사망한 경우에는 다시 진료하지 아니하더라도 진단서나 증명서를 내줄 수 있으며, 환자 또는 사망자를 직접 진찰하거나 검안한 의사·치과의사 또는 한의사가 부득이한 사유로 진단서·검안서 또는 증명서를 내줄 수 없으면 같은 의료기관에 종사하는 다른 의사·치과의사 또는 한의사가 환자의 진료기록부 등에 따라 내줄 수 있다.〈개정 2009. 1. 30., 2016. 5. 29., 2019. 8. 27.〉

② 의료업에 종사하고 직접 조산한 의사·한의사 또는 조산사가 아니면 출생·사망 또는 사산 증명서를 내주지 못한다. 다만, 직접 조산한 의사·한의사 또는 조산사가 부득이한 사유로 증명서를 내줄 수 없으면 같은 의료기관에 종사하는 다른 의사·한의사 또는 조산사가 진료기록부 등에 따라 증명서를 내줄 수 있다.

③ 의사·치과의사 또는 한의사는 자신이 진찰하거나 검안한 자에 대한 진단서·검안서 또는 증명서 교부를 요구받은 때에는 정당한 사유 없이 거부하지 못한다.

④ 의사·한의사 또는 조산사는 자신이 조산(助産)한 것에 대한 출생·사망 또는 사산 증명서 교부를 요구 받은 때에는 정당한 사유 없이 거부하지 못한다.

⑤ 제1항부터 제4항까지의 규정에 따른 진단서, 증명서의 서식·기재사항, 그 밖에 필요한 사항은 보건복지부령으로 정한다. 〈신설 2007. 7. 27., 2008. 2. 29., 2010. 1. 18.〉

제17조의2(처방전) ① 의료업에 종사하고 직접 진찰한 의사, 치과의사 또는 한의사가 아니면 처방전[의사나 치과의사가 「전자서명법」에 따른 전자서명이 기재된 전자문서 형태로 작성한 처방전(이하 "전자처방전"이라 한다)을 포함한다. 이하 같다]을 작성하여 환자에게 교부하거나 발송(전자처방전에 한정한다. 이하 이 조에서 같다)하지 못하며, 의사, 치과의사 또는 한의사에게 직접 진찰을 받은 환자가 아니면 누구든지 그 의사, 치과의사 또는 한의사가 작성한 처방전을 수령하지 못한다.

② 제1항에도 불구하고 의사, 치과의사 또는 한의사는 다음 각 호의 어느 하나에 해당하는 경우로서 해당 환자 및 의약품에 대한 안전성을 인정하는 경우에는 환자의 직계존속·비속, 배우자 및 배우자의 직계존속, 형제자매 또는 「노인복지법」 제34조에 따른 노인의료복지시설에서 근무하는 사람 등 대통령령으로 정하는 사람(이하 이 조에서 "대리수령자"라 한다)에게 처방전을 교부하거나 발송할 수 있으며 대리수령자는 환자를 대리하여 그 처방전을 수령할 수 있다.

1. 환자의 의식이 없는 경우
2. 환자의 거동이 현저히 곤란하고 동일한 상병(傷病)에 대하여 장기간 동일한 처방이 이루어지는 경우

③ 처방전의 발급 방법·절차 등에 필요한 사항은 보건복지부령으로 정한다.

[본조신설 2019. 8. 27.]

제18조(처방전 작성과 교부) ① 의사나 치과의사는 환자에게 의약품을 투여할 필요가 있다고 인정하면 「약사법」에 따라 자신이 직접 의약품을 조제할 수 있는 경우가 아니면 보건복지부령으로 정하는 바에 따라 처방전을 작성하여 환자에게 내주거나 발송(전자처방전만 해당된다)하여야 한다. 〈개정 2008. 2. 29., 2010. 1. 18.〉

② 제1항에 따른 처방전의 서식, 기재사항, 보존, 그 밖에 필요한 사항은 보건복지부령으로 정한다. 〈개정 2008. 2. 29., 2010. 1. 18.〉

③ 누구든지 정당한 사유 없이 전자처방전에 저장된 개인정보를 탐지하거나 누출·변조 또는 훼손하여서는 아니 된다.

④ 제1항에 따라 처방전을 발행한 의사 또는 치과의사(처방전을 발행한 한의사를 포함한다)는 처방전에 따라 의약품을 조제하는 약사 또는 한약사가 「약사법」 제26조제2항에 따라 문의한 때 즉시 이에 응하여야 한다. 다만, 다음 각 호의 어느 하나에 해당하는 사유로 약사 또는 한약사의 문의에 응할 수 없는 경우 사유가 종료된 때 즉시 이에 응하여야 한다. 〈신설 2007. 7. 27.〉

1. 「응급의료에 관한 법률」 제2조제1호에 따른 응급환자를 진료 중인 경우
2. 환자를 수술 또는 처치 중인 경우
3. 그 밖에 약사의 문의에 응할 수 없는 정당한 사유가 있는 경우

⑤ 의사, 치과의사 또는 한의사가 「약사법」에 따라 자신이 직접 의약품을 조제하여 환자에게 그 의약품을 내어주는 경우에는 그 약제의 용기 또는 포장에 환자의 이름, 용법 및 용량, 그 밖에 보건복지부령으로 정하는 사항을 적어야 한다. 다만, 급박한 응급의료상황 등 환자의 진료 상황이나 의약품의 성질상 그 약제의 용기 또는 포장에 적는 것이 어려운 경우로서 보건복지부령으로 정하는 경우에는 그러하지 아니하다. 〈신설 2016. 5. 29.〉

제18조의2(의약품정보의 확인) ① 의사 및 치과의사는 제18조에 따른 처방전을 작성하거나 「약사법」 제23조제4항에 따라 의약품을 자신이 직접 조제하는 경우에는 다음 각 호의 정보(이하 "의약품정보"라 한다)를 미리 확인하여야 한다.

1. 환자에게 처방 또는 투여되고 있는 의약품과 동일한 성분의 의약품인지 여부

2. 식품의약품안전처장이 병용금기, 특정연령대 금기 또는 임부금기 등으로 고시한 성분이 포함되는지 여부

3. 그 밖에 보건복지부령으로 정하는 정보

② 제1항에도 불구하고 의사 및 치과의사는 급박한 응급의료상황 등 의약품정보를 확인할 수 없는 정당한 사유가 있을 때에는 이를 확인하지 아니할 수 있다.

③ 제1항에 따른 의약품정보의 확인방법·절차, 제2항에 따른 의약품정보를 확인할 수 없는 정당한 사유 등은 보건복지부령으로 정한다.

[본조신설 2015. 12. 29.]

제19조(정보 누설 금지) ① 의료인이나 의료기관 종사자는 이 법이나 다른 법령에 특별히 규정된 경우 외에는 의료·조산 또는 간호업무나 제17조에 따른 진단서·검안서·증명서 작성·교부 업무, 제18조에 따른 처방전 작성·교부 업무, 제21조에 따른 진료기록 열람·사본 교부 업무, 제22조제2항에 따른 진료기록부등 보존 업무 및 제23조에 따른 전자의무기록 작성·보관·관리 업무를 하면서 알게 된 다른 사람의 정보를 누설하거나 발표하지 못한다. 〈개정 2016. 5. 29.〉

② 제58조제2항에 따라 의료기관 인증에 관한 업무에 종사하는 자 또는 종사하였던 자는 그 업무를 하면서 알게 된 정보를 다른 사람에게 누설하거나 부당한 목적으로 사용하여서는 아니 된다.〈신설 2016. 5. 29.〉

[제목개정 2016. 5. 29.]

제20조(태아 성 감별 행위 등 금지) ① 의료인은 태아 성 감별을 목적으로 임부를 진찰하거나 검사하여서는 아니 되며, 같은 목적을 위한 다른 사람의 행위를 도와서도 아니 된다.

② 의료인은 임신 32주 이전에 태아나 임부를 진찰하거나 검사하면서 알게 된 태아의 성(性)을 임부, 임부의 가족, 그 밖의 다른 사람이 알게 하여서는 아니 된다.〈개정 2009. 12. 31.〉

[2009. 12. 31. 법률 제9906호에 의하여 2008. 7. 31. 헌법재판소에서 헌법불합치 결정된 이 조 제2항을 개정함.]

[단순위헌, 2022헌마356, 2024.2.29, 의료법(2009. 12. 31. 법률 제9906호로 개정된 것) 제20조 제2항은 헌법에 위반된다.]

제21조(기록 열람 등) ① 환자는 의료인, 의료기관의 장 및 의료기관 종사자에게 본인에 관한 기록(추가기재·수정된 경우 추가기재·수정된 기록 및 추가기재·수정 전의 원본을 모두 포함한다. 이하 같다)의 전부 또는 일부에 대하여 열람 또는 그 사본의 발급 등 내용의 확인을 요청할 수 있다. 이 경우 의료인, 의료기관의 장 및 의료기관 종사자는 정당한 사유가 없으면 이를 거부하여서는 아니 된다. 〈신설 2016. 12. 20., 2018. 3. 27.〉

② 의료인, 의료기관의 장 및 의료기관 종사자는 환자가 아닌 다른 사람에게 환자에 관한 기록을 열람하게 하거나 그 사본을 내주는 등 내용을 확인할 수 있게 하여서는 아니 된다.〈개정 2009. 1. 30., 2016. 12. 20.〉

③ 제2항에도 불구하고 의료인, 의료기관의 장 및 의료기관 종사자는 다음 각 호의 어느 하나에 해당하면 그 기록을 열람하게 하거나 그 사본을 교부하는 등 그 내용을 확인할 수 있게 하여야 한다. 다만, 의사·치과의사 또는 한의사가 환자의 진료를 위하여 불가피하다고 인정한 경우에는 그러하지 아니하다.〈개정 2009. 1. 30., 2010. 1. 18., 2011. 4. 7., 2011. 12. 31., 2012. 2. 1., 2015. 12. 22., 2015. 12. 29., 2016. 5. 29., 2016. 12. 20., 2018. 3. 20., 2018. 8. 14., 2020. 3. 4., 2020. 8. 11., 2020. 12. 29., 2023. 10. 31.〉

1. 환자의 배우자, 직계 존속·비속, 형제·자매(환자의 배우자 및 직계 존속·비속, 배우자의 직계존속이 모두 없는 경우에 한정한다) 또는 배우자의 직계 존속이 환자 본인의 동의서와 친족관계임을 나타내는 증명서 등을 첨부하는 등 보건복지부령으로 정하는 요건을 갖추어 요청한 경우

2. 환자가 지정하는 대리인이 환자 본인의 동의서와 대리권이 있음을 증명하는 서류를 첨부하는 등 보건복지부령으로 정하는 요건을 갖추어 요청한 경우

3. 환자가 사망하거나 의식이 없는 등 환자의 동의를 받을 수 없어 환자의 배우자, 직계 존속·비속, 형제·자매(환자의 배우자 및 직계 존속·비속, 배우자의 직계존속이 모두 없는 경우에 한정한다) 또

는 배우자의 직계 존속이 친족관계임을 나타내는 증명서 등을 첨부하는 등 보건복지부령으로 정하는 요건을 갖추어 요청한 경우

4. 「국민건강보험법」 제14조, 제47조, 제48조 및 제63조에 따라 급여비용 심사·지급·대상여부 확인·사후관리 및 요양급여의 적정성 평가·가감지급 등을 위하여 국민건강보험공단 또는 건강보험심사평가원에 제공하는 경우

5. 「의료급여법」 제5조, 제11조, 제11조의3 및 제33조에 따라 의료급여 수급권자 확인, 급여비용의 심사·지급, 사후관리 등 의료급여 업무를 위하여 보장기관(시·군·구), 국민건강보험공단, 건강보험심사평가원에 제공하는 경우

6. 「형사소송법」 제106조, 제215조 또는 제218조에 따른 경우

6의2. 「군사법원법」 제146조, 제254조 또는 제257조에 따른 경우

7. 「민사소송법」 제347조에 따라 문서제출을 명한 경우

8. 「산업재해보상보험법」 제118조에 따라 근로복지공단이 보험급여를 받는 근로자를 진료한 산재보험 의료기관(의사를 포함한다)에 대하여 그 근로자의 진료에 관한 보고 또는 서류 등 제출을 요구하거나 조사하는 경우

9. 「자동차손해배상 보장법」 제12조제2항 및 제14조에 따라 의료기관으로부터 자동차보험진료수가를 청구받은 보험회사등이 그 의료기관에 대하여 관계 진료기록의 열람을 청구한 경우

10. 「병역법」 제11조의2에 따라 지방병무청장이 병역판정검사와 관련하여 질병 또는 심신장애의 확인을 위하여 필요하다고 인정하여 의료기관의 장에게 병역판정검사대상자의 진료기록·치료 관련 기록의 제출을 요구한 경우

11. 「학교안전사고 예방 및 보상에 관한 법률」 제42조에 따라 공제회가 공제급여의 지급 여부를 결정하기 위하여 필요하다고 인정하여 「국민건강보험법」 제42조에 따른 요양기관에 대하여 관계 진료기록의 열람 또는 필요한 자료의 제출을 요청하는 경우

12. 「고엽제후유의증 등 환자지원 및 단체설립에 관한 법률」 제7조제3항에 따라 의료기관의 장이 진료기록 및 임상소견서를 보훈병원장에게 보내는 경우

13. 「의료사고 피해구제 및 의료분쟁 조정 등에 관한 법률」 제28조제1항 또는 제3항에 따른 경우

14. 「국민연금법」 제123조에 따라 국민연금공단이 부양가족연금, 장애연금 및 유족연금 급여의 지급심사와 관련하여 가입자 또는 가입자였던 사람을 진료한 의료기관에 해당 진료에 관한 사항의 열람 또는 사본 교부를 요청하는 경우

14의2. 다음 각 목의 어느 하나에 따라 공무원 또는 공무원이었던 사람을 진료한 의료기관에 해당 진료에 관한 사항의 열람 또는 사본 교부를 요청하는 경우

　가. 「공무원연금법」 제92조에 따라 인사혁신처장이 퇴직유족급여 및 비공무상장해급여와 관련하여 요청하는 경우

　나. 「공무원연금법」 제93조에 따라 공무원연금공단이 퇴직유족급여 및 비공무상장해급여와 관련하여 요청하는 경우

　다. 「공무원 재해보상법」 제57조 및 제58조에 따라 인사혁신처장(같은 법 제61조에 따라 업무를 위탁받은 자를 포함한다)이 요양급여, 재활급여, 장해급여, 간병급여 및 재해유족급여와 관련하여 요청하는 경우

14의3. 「사립학교교직원 연금법」 제19조제4항제4호의2에 따라 사립학교교직원연금공단이 요양급여, 장해급여 및 재해유족급여의 지급심사와 관련하여 교직원 또는 교직원이었던 자를 진료한 의료기관에 해당 진료에 관한 사항의 열람 또는 사본 교부를 요청하는 경우

14의4. 다음 각 목의 어느 하나에 따라 군인 또는 군인이었던 사람을 진료한 의료기관에 해당 진료에 관한 사항의 열람 또는 사본 교부를 요청하는 경우

　가. 「군인연금법」 제54조제2항에 따라 국방부장관이 퇴직유족급여와 관련하여 요청하는 경우

　나. 「군인 재해보상법」 제52조제2항에 따라 국방부장관(같은 법 제54조에 따라 권한을 위임받거나 업무를 위탁받은 자를 포함한다)이 공무상요양비, 장해급여 및 재해유족급여와 관련하여 요청하는 경우

15. 「장애인복지법」 제32조제7항에 따라 대통령령으로 정하는 공공기관의 장이 장애 정도에 관한 심사

와 관련하여 장애인 등록을 신청한 사람 및 장애인으로 등록한 사람을 진료한 의료기관에 해당 진료에 관한 사항의 열람 또는 사본 교부를 요청하는 경우

16. 「감염병의 예방 및 관리에 관한 법률」 제18조의4 및 제29조에 따라 질병관리청장, 시·도지사 또는 시장·군수·구청장이 감염병의 역학조사 및 예방접종에 관한 역학조사를 위하여 필요하다고 인정하여 의료기관의 장에게 감염병환자등의 진료기록 및 예방접종을 받은 사람의 예방접종 후 이상반응에 관한 진료기록의 제출을 요청하는 경우

17. 「국가유공자 등 예우 및 지원에 관한 법률」 제74조의8제1항제7호에 따라 보훈심사위원회가 보훈심사와 관련하여 보훈심사대상자를 진료한 의료기관에 해당 진료에 관한 사항의 열람 또는 사본 교부를 요청하는 경우

18. 「한국보훈복지의료공단법」 제24조의2에 따라 한국보훈복지의료공단이 같은 법 제6조제1호에 따른 국가유공자등에 대한 진료기록등의 제공을 요청하는 경우

19. 「군인사법」 제54조의6에 따라 중앙전공사상심사위원회 또는 보통전공사상심사위원회가 전공사상 심사와 관련하여 전사자등을 진료한 의료기관에 대하여 해당 진료에 관한 사항의 열람 또는 사본 교부를 요청하는 경우

④ 진료기록을 보관하고 있는 의료기관이나 진료기록이 이관된 보건소에 근무하는 의사·치과의사 또는 한의사는 자신이 직접 진료하지 아니한 환자의 과거 진료 내용의 확인 요청을 받은 경우에는 진료기록을 근거로 하여 사실을 확인하여 줄 수 있다.〈신설 2009. 1. 30.〉

⑤ 제1항, 제3항 또는 제4항의 경우 의료인, 의료기관의 장 및 의료기관 종사자는 「전자서명법」에 따른 전자서명이 기재된 전자문서를 제공하는 방법으로 환자 또는 환자가 아닌 다른 사람에게 기록의 내용을 확인하게 할 수 있다.〈신설 2020. 3. 4.〉

제21조의2(진료기록의 송부 등) ① 의료인 또는 의료기관의 장은 다른 의료인 또는 의료기관의 장으로부터 제22조 또는 제23조에 따른 진료기록의 내용 확인이나 진료기록의 사본 및 환자의 진료경과에 대한 소견 등을 송부 또는 전송할 것을 요청받은 경우 해당 환자나 환자 보호자의 동의를 받아 그 요청에 응하여야 한다. 다만, 해당 환자의 의식이 없거나 응급환자인 경우 또는 환자의 보호자가 없어 동의를 받을 수 없는 경우에는 환자나 환자 보호자의 동의 없이 송부 또는 전송할 수 있다.

② 의료인 또는 의료기관의 장이 응급환자를 다른 의료기관에 이송하는 경우에는 지체 없이 내원 당시 작성된 진료기록의 사본 등을 이송하여야 한다.

③ 보건복지부장관은 제1항 및 제2항에 따른 진료기록의 사본 및 진료경과에 대한 소견 등의 전송 업무를 지원하기 위하여 전자정보시스템(이하 이 조에서 "진료기록전송지원시스템"이라 한다)을 구축·운영할 수 있다.

④ 보건복지부장관은 진료기록전송지원시스템의 구축·운영을 대통령령으로 정하는 바에 따라 관계 전문기관에 위탁할 수 있다. 이 경우 보건복지부장관은 그 소요 비용의 전부 또는 일부를 지원할 수 있다.

⑤ 제4항에 따라 업무를 위탁받은 전문기관은 다음 각 호의 사항을 준수하여야 한다.

1. 진료기록전송지원시스템이 보유한 정보의 누출, 변조, 훼손 등을 방지하기 위하여 접근 권한자의 지정, 방화벽의 설치, 암호화 소프트웨어의 활용, 접속기록 보관 등 대통령령으로 정하는 바에 따라 안전성 확보에 필요한 기술적·관리적 조치를 할 것

2. 진료기록전송지원시스템 운영 업무를 다른 기관에 재위탁하지 아니할 것

3. 진료기록전송지원시스템이 보유한 정보를 제3자에게 임의로 제공하거나 유출하지 아니할 것

⑥ 보건복지부장관은 의료인 또는 의료기관의 장에게 보건복지부령으로 정하는 바에 따라 제1항 본문에 따른 환자나 환자 보호자의 동의에 관한 자료 등 진료기록전송지원시스템의 구축·운영에 필요한 자료의 제출을 요구하고 제출받은 목적의 범위에서 보유·이용할 수 있다. 이 경우 자료 제출을 요구받은

자는 정당한 사유가 없으면 이에 따라야 한다.

⑦ 그 밖에 진료기록전송지원시스템의 구축·운영 등에 필요한 사항은 보건복지부령으로 정한다.

⑧ 누구든지 정당한 사유 없이 진료기록전송지원시스템에 저장된 정보를 누출·변조 또는 훼손하여서는 아니 된다.

⑨ 진료기록전송지원시스템의 구축·운영에 관하여 이 법에서 규정된 것을 제외하고는 「개인정보 보호법」에 따른다.

[본조신설 2016. 12. 20.]

제2절 권리와 의무

제22조(진료기록부 등) ① 의료인은 각각 진료기록부, 조산기록부, 간호기록부, 그 밖의 진료에 관한 기록(이하 "진료기록부등"이라 한다)을 갖추어 두고 환자의 주된 증상, 진단 및 치료 내용 등 보건복지부령으로 정하는 의료행위에 관한 사항과 의견을 상세히 기록하고 서명하여야 한다. 〈개정 2013. 4. 5.〉

② 의료인이나 의료기관 개설자는 진료기록부등[제23조제1항에 따른 전자의무기록(電子醫務記錄)을 포함하며, 추가기재·수정된 경우 추가기재·수정된 진료기록부등 및 추가기재·수정 전의 원본을 모두 포함한다. 이하 같다]을 보건복지부령으로 정하는 바에 따라 보존하여야 한다. 〈개정 2008. 2. 29., 2010. 1. 18., 2018. 3. 27.〉

③ 의료인은 진료기록부등을 거짓으로 작성하거나 고의로 사실과 다르게 추가기재·수정하여서는 아니 된다. 〈신설 2011. 4. 7.〉

④ 보건복지부장관은 의료인이 진료기록부등에 기록하는 질병명, 검사명, 약제명 등 의학용어와 진료기록부등의 서식 및 세부내용에 관한 표준을 마련하여 고시하고 의료인 또는 의료기관 개설자에게 그 준수를 권고할 수 있다. 〈신설 2019. 8. 27.〉

제23조(전자의무기록) ① 의료인이나 의료기관 개설자는 제22조의 규정에도 불구하고 진료기록부등을 「전자서명법」에 따른 전자서명이 기재된 전자문서(이하 "전자의무기록"이라 한다)로 작성·보관할 수 있다.

② 의료인이나 의료기관 개설자는 보건복지부령으로 정하는 바에 따라 전자의무기록을 안전하게 관리·보존하는 데에 필요한 시설과 장비를 갖추어야 한다. 〈개정 2008. 2. 29., 2010. 1. 18.〉

③ 누구든지 정당한 사유 없이 전자의무기록에 저장된 개인정보를 탐지하거나 누출·변조 또는 훼손하여서는 아니 된다.

④ 의료인이나 의료기관 개설자는 전자의무기록에 추가기재·수정을 한 경우 보건복지부령으로 정하는 바에 따라 접속기록을 별도로 보관하여야 한다. 〈신설 2018. 3. 27.〉

제23조의2(전자의무기록의 표준화 등) ① 보건복지부장관은 전자의무기록이 효율적이고 통일적으로 관리·활용될 수 있도록 기록의 작성, 관리 및 보존에 필요한 전산정보처리시스템(이하 이 조에서 "전자의무기록시스템"이라 한다), 시설, 장비 및 기록 서식 등에 관한 표준을 정하여 고시하고 전자의무기록시스템을 제조·공급하는 자, 의료인 또는 의료기관 개설자에게 그 준수를 권고할 수 있다.

② 보건복지부장관은 전자의무기록시스템이 제1항에 따른 표준, 전자의무기록시스템 간 호환성, 정보 보안 등 대통령령으로 정하는 인증 기준에 적합한 경우에는 인증을 할 수 있다.

③ 제2항에 따라 인증을 받은 자는 대통령령으로 정하는 바에 따라 인증의 내용을 표시할 수 있다. 이 경우 인증을 받지 아니한 자는 인증의 표시 또는 이와 유사한 표시를 하여서는 아니 된다.

④ 보건복지부장관은 다음 각 호의 어느 하나에 해당하는 경우에는 제2항에 따른 인증을 취소할 수 있다. 다만, 제1호에 해당하는 경우에는 인증을 취소하여야 한다.

  1. 거짓이나 그 밖의 부정한 방법으로 인증을 받은 경우
  2. 제2항에 따른 인증 기준에 미달하게 된 경우

⑤ 보건복지부장관은 전자의무기록시스템의 기술 개발 및 활용을 촉진하기 위한 사업을 할 수 있다.

⑥ 제1항에 따른 표준의 대상, 제2항에 따른 인증의 방법·절차 등에 필요한 사항은 대통령령으로 정한다.

[본조신설 2016. 12. 20.] [종전 제23조의2는 제23조의3으로 이동 〈2016. 12. 20.〉]

제23조의3(진료정보 침해사고의 통지) ① 의료인 또는 의료기관 개설자는 전자의무기록에 대한 전자적 침해행위로 진료정보가 유출되거나 의료기관의 업무가 교란·마비되는 등 대통령령으로 정하는 사고(이하 "진료정보 침해사고"라 한다)가 발생한 때에는 보건복지부장관에게 즉시 그 사실을 통지하여야 한다.

② 보건복지부장관은 제1항에 따라 진료정보 침해사고의 통지를 받거나 진료정보 침해사고가 발생한 사실을 알게 되면 이를 관계 행정기관에 통보하여야 한다.

[본조신설 2019. 8. 27.] [종전 제23조의3은 제23조의5로 이동 〈2019. 8. 27.〉]

제23조의4(진료정보 침해사고의 예방 및 대응 등) ① 보건복지부장관은 진료정보 침해사고의 예방 및 대응을 위하여 다음 각 호의 업무를 수행한다.

1. 진료정보 침해사고에 관한 정보의 수집·전파
2. 진료정보 침해사고의 예보·경보
3. 진료정보 침해사고에 대한 긴급조치
4. 전자의무기록에 대한 전자적 침해행위의 탐지·분석
5. 그 밖에 진료정보 침해사고 예방 및 대응을 위하여 대통령령으로 정하는 사항

② 보건복지부장관은 제1항에 따른 업무의 전부 또는 일부를 전문기관에 위탁할 수 있다.

③ 제1항에 따른 업무를 수행하는 데 필요한 절차 및 방법, 제2항에 따른 업무의 위탁 절차 등에 필요한 사항은 보건복지부령으로 정한다.

[본조신설 2019. 8. 27.]

제23조의5(부당한 경제적 이익등의 취득 금지) ① 의료인, 의료기관 개설자(법인의 대표자, 이사, 그 밖에 이에 종사하는 자를 포함한다. 이하 이 조에서 같다) 및 의료기관 종사자는 「약사법」 제47조제2항에 따른 의약품공급자로부터 의약품 채택·처방유도·거래유지 등 판매촉진을 목적으로 제공되는 금전, 물품, 편익, 노무, 향응, 그 밖의 경제적 이익(이하 "경제적 이익등"이라 한다)을 받거나 의료기관으로 하여금 받게 하여서는 아니 된다. 다만, 견본품 제공, 학술대회 지원, 임상시험 지원, 제품설명회, 대금결제조건에 따른 비용할인, 시판 후 조사 등의 행위(이하 "견본품 제공등의 행위"라 한다)로서 보건복지부령으로 정하는 범위 안의 경제적 이익등인 경우에는 그러하지 아니하다. 〈개정 2015. 12. 29.〉

② 의료인, 의료기관 개설자 및 의료기관 종사자는 「의료기기법」 제6조에 따른 제조업자, 같은 법 제15조에 따른 의료기기 수입업자, 같은 법 제17조에 따른 의료기기 판매업자 또는 임대업자로부터 의료기기 채택·사용유도·거래유지 등 판매촉진을 목적으로 제공되는 경제적 이익등을 받거나 의료기관으로 하여금 받게 하여서는 아니 된다. 다만, 견본품 제공등의 행위로서 보건복지부령으로 정하는 범위 안의 경제적 이익등인 경우에는 그러하지 아니하다. 〈개정 2011. 4. 7., 2015. 12. 29.〉

③ 의료인, 의료기관 개설자(의료기관을 개설하려는 자를 포함한다) 및 의료기관 종사자는 「약사법」 제24조의2에 따른 약국개설자로부터 처방전의 알선·수수·제공 또는 환자 유인의 목적으로 경제적 이익등을 요구·취득하거나 의료기관으로 하여금 받게 하여서는 아니 된다. 〈신설 2024. 1. 23.〉

[본조신설 2010. 5. 27.] [제23조의3에서 이동 〈2019. 8. 27.〉]

제24조(요양방법 지도) 의료인은 환자나 환자의 보호자에게 요양방법이나 그 밖에 건강관리에 필요한 사항을 지도하여야 한다.

제24조의2(의료행위에 관한 설명) ① 의사·치과의사 또는 한의사는 사람의 생명 또는 신체에 중대한 위해를 발생하게 할 우려가 있는 수술, 수혈, 전신마취(이하 이 조에서 "수술등"이라 한다)를 하는 경우 제2항

에 따른 사항을 환자(환자가 의사결정능력이 없는 경우 환자의 법정대리인을 말한다. 이하 이 조에서 같다)에게 설명하고 서면(전자문서를 포함한다. 이하 이 조에서 같다)으로 그 동의를 받아야 한다. 다만, 설명 및 동의 절차로 인하여 수술등이 지체되면 환자의 생명이 위험하여지거나 심신상의 중대한 장애를 가져오는 경우에는 그러하지 아니하다.

② 제1항에 따라 환자에게 설명하고 동의를 받아야 하는 사항은 다음 각 호와 같다.

1. 환자에게 발생하거나 발생 가능한 증상의 진단명
2. 수술등의 필요성, 방법 및 내용
3. 환자에게 설명을 하는 의사, 치과의사 또는 한의사 및 수술등에 참여하는 주된 의사, 치과의사 또는 한의사의 성명
4. 수술등에 따라 전형적으로 발생이 예상되는 후유증 또는 부작용
5. 수술등 전후 환자가 준수하여야 할 사항

③ 환자는 의사, 치과의사 또는 한의사에게 제1항에 따른 동의서 사본의 발급을 요청할 수 있다. 이 경우 요청을 받은 의사, 치과의사 또는 한의사는 정당한 사유가 없으면 이를 거부하여서는 아니 된다.

④ 제1항에 따라 동의를 받은 사항 중 수술등의 방법 및 내용, 수술에 참여한 주된 의사, 치과의사 또는 한의사가 변경된 경우에는 변경 사유와 내용을 환자에게 서면으로 알려야 한다.

⑤ 제1항 및 제4항에 따른 설명, 동의 및 고지의 방법·절차 등 필요한 사항은 대통령령으로 정한다.

[본조신설 2016. 12. 20.]

제25조(신고) ① 의료인은 대통령령으로 정하는 바에 따라 최초로 면허를 받은 후부터 3년마다 그 실태와 취업상황 등을 보건복지부장관에게 신고하여야 한다. *〈개정 2008. 2. 29., 2010. 1. 18., 2011. 4. 28.〉*

② 보건복지부장관은 제30조제3항의 보수교육을 이수하지 아니한 의료인에 대하여 제1항에 따른 신고를 반려할 수 있다. *〈신설 2011. 4. 28.〉*

③ 보건복지부장관은 제1항에 따른 신고 수리 업무를 대통령령으로 정하는 바에 따라 관련 단체 등에 위탁할 수 있다. *〈신설 2011. 4. 28.〉*

제26조(변사체 신고) 의사·치과의사·한의사 및 조산사는 사체를 검안하여 변사(變死)한 것으로 의심되는 때에는 사체의 소재지를 관할하는 경찰서장에게 신고하여야 한다.

제3절 의료행위의 제한

제27조(무면허 의료행위 등 금지) ① 의료인이 아니면 누구든지 의료행위를 할 수 없으며 의료인도 면허된 것 이외의 의료행위를 할 수 없다. 다만, 다음 각 호의 어느 하나에 해당하는 자는 보건복지부령으로 정하는 범위에서 의료행위를 할 수 있다. *〈개정 2008. 2. 29., 2009. 1. 30., 2010. 1. 18.〉*

1. 외국의 의료인 면허를 가진 자로서 일정 기간 국내에 체류하는 자
2. 의과대학, 치과대학, 한의과대학, 의학전문대학원, 치의학전문대학원, 한의학전문대학원, 종합병원 또는 외국 의료원조기관의 의료봉사 또는 연구 및 시범사업을 위하여 의료행위를 하는 자
3. 의학·치과의학·한방의학 또는 간호학을 전공하는 학교의 학생

② 의료인이 아니면 의사·치과의사·한의사·조산사 또는 간호사 명칭이나 이와 비슷한 명칭을 사용하지 못한다.

③ 누구든지 「국민건강보험법」이나 「의료급여법」에 따른 본인부담금을 면제하거나 할인하는 행위, 금품 등을 제공하거나 불특정 다수인에게 교통편의를 제공하는 행위 등 영리를 목적으로 환자를 의료기관이나 의료인에게 소개·알선·유인하는 행위 및 이를 사주하는 행위를 하여서는 아니 된다. 다만, 다음 각 호의 어느 하나에 해당하는 행위는 할 수 있다. *〈개정 2009. 1. 30., 2010. 1. 18., 2011. 12. 31.〉*

1. 환자의 경제적 사정 등을 이유로 개별적으로 관할 시장·군수·구청장의 사전승인을 받아 환자를 유

치하는 행위

2. 「국민건강보험법」 제109조에 따른 가입자나 피부양자가 아닌 외국인(보건복지부령으로 정하는 바에 따라 국내에 거주하는 외국인은 제외한다)환자를 유치하기 위한 행위

④ 제3항제2호에도 불구하고 「보험업법」 제2조에 따른 보험회사, 상호회사, 보험설계사, 보험대리점 또는 보험중개사는 외국인환자를 유치하기 위한 행위를 하여서는 아니 된다.〈신설 2009. 1. 30.〉

⑤ 누구든지 의료인이 아닌 자에게 의료행위를 하게 하거나 의료인에게 면허 사항 외의 의료행위를 하게 하여서는 아니 된다.〈신설 2019. 4. 23., 2020. 12. 29.〉

제27조의2 삭제 〈2015. 12. 22.〉

제4절 의료인 단체

제28조(중앙회와 지부) ① 의사·치과의사·한의사·조산사 및 간호사는 대통령령으로 정하는 바에 따라 각각 전국적 조직을 두는 의사회·치과의사회·한의사회·조산사회 및 간호사회(이하 "중앙회"라 한다)를 각각 설립하여야 한다.

② 중앙회는 법인으로 한다.

③ 제1항에 따라 중앙회가 설립된 경우에는 의료인은 당연히 해당하는 중앙회의 회원이 되며, 중앙회의 정관을 지켜야 한다.

④ 중앙회에 관하여 이 법에 규정되지 아니한 사항에 대하여는 「민법」 중 사단법인에 관한 규정을 준용한다.

⑤ 중앙회는 대통령령으로 정하는 바에 따라 특별시·광역시·도와 특별자치도(이하 "시·도"라 한다)에 지부를 설치하여야 하며, 시·군·구(자치구만을 말한다. 이하 같다)에 분회를 설치할 수 있다. 다만, 그 외의 지부나 외국에 의사회 지부를 설치하려면 보건복지부장관의 승인을 받아야 한다.〈개정 2008. 2. 29., 2010. 1. 18.〉

⑥ 중앙회가 지부나 분회를 설치한 때에는 그 지부나 분회의 책임자는 지체 없이 특별시장·광역시장·도지사·특별자치도지사(이하 "시·도지사"라 한다) 또는 시장·군수·구청장에게 신고하여야 한다.

⑦ 각 중앙회는 제66조의2에 따른 자격정지 처분 요구에 관한 사항 등을 심의·의결하기 위하여 윤리위원회를 둔다.〈신설 2011. 4. 28.〉

⑧ 윤리위원회의 구성, 운영 등에 관한 사항은 대통령령으로 정한다.〈신설 2011. 4. 28.〉

제29조(설립 허가 등) ① 중앙회를 설립하려면 대표자는 대통령령으로 정하는 바에 따라 정관과 그 밖에 필요한 서류를 보건복지부장관에게 제출하여 설립 허가를 받아야 한다. 〈개정 2008. 2. 29., 2010. 1. 18.〉

② 중앙회의 정관에 적을 사항은 대통령령으로 정한다.

③ 중앙회가 정관을 변경하려면 보건복지부장관의 허가를 받아야 한다.〈개정 2008. 2. 29., 2010. 1. 18.〉

제30조(협조 의무) ① 중앙회는 보건복지부장관으로부터 의료와 국민보건 향상에 관한 협조 요청을 받으면 협조하여야 한다. 〈개정 2008. 2. 29., 2010. 1. 18.〉

② 중앙회는 보건복지부령으로 정하는 바에 따라 회원의 자질 향상을 위하여 필요한 보수(補修)교육을 실시하여야 한다.〈개정 2008. 2. 29., 2010. 1. 18.〉

③ 의료인은 제2항에 따른 보수교육을 받아야 한다.

제31조 삭제 〈2011. 4. 7.〉

제32조(감독) 보건복지부장관은 중앙회나 그 지부가 정관으로 정한 사업 외의 사업을 하거나 국민보건 향상에 장애가 되는 행위를 한 때 또는 제30조제1항에 따른 요청을 받고 협조하지 아니한 경우에는 정관을 변경하거나 임원을 새로 뽑을 것을 명할 수 있다. 〈개정 2008. 2. 29., 2010. 1. 18.〉

제3장 의료기관

제1절 의료기관의 개설

제33조(개설 등) ① 의료인은 이 법에 따른 의료기관을 개설하지 아니하고는 의료업을 할 수 없으며, 다음 각 호의 어느 하나에 해당하는 경우 외에는 그 의료기관 내에서 의료업을 하여야 한다. 〈개정 2008. 2. 29., 2010. 1. 18.〉

1. 「응급의료에 관한 법률」 제2조제1호에 따른 응급환자를 진료하는 경우
2. 환자나 환자 보호자의 요청에 따라 진료하는 경우
3. 국가나 지방자치단체의 장이 공익상 필요하다고 인정하여 요청하는 경우
4. 보건복지부령으로 정하는 바에 따라 가정간호를 하는 경우
5. 그 밖에 이 법 또는 다른 법령으로 특별히 정한 경우나 환자가 있는 현장에서 진료를 하여야 하는 부득이한 사유가 있는 경우

② 다음 각 호의 어느 하나에 해당하는 자가 아니면 의료기관을 개설할 수 없다. 이 경우 의사는 종합병원·병원·요양병원·정신병원 또는 의원을, 치과의사는 치과병원 또는 치과의원을, 한의사는 한방병원·요양병원 또는 한의원을, 조산사는 조산원만을 개설할 수 있다. 〈개정 2009. 1. 30., 2020. 3. 4.〉

1. 의사, 치과의사, 한의사 또는 조산사
2. 국가나 지방자치단체
3. 의료업을 목적으로 설립된 법인(이하 "의료법인"이라 한다)
4. 「민법」이나 특별법에 따라 설립된 비영리법인
5. 「공공기관의 운영에 관한 법률」에 따른 준정부기관, 「지방의료원의 설립 및 운영에 관한 법률」에 따른 지방의료원, 「한국보훈복지의료공단법」에 따른 한국보훈복지의료공단

③ 제2항에 따라 의원·치과의원·한의원 또는 조산원을 개설하려는 자는 보건복지부령으로 정하는 바에 따라 시장·군수·구청장에게 신고하여야 한다. 〈개정 2008. 2. 29., 2010. 1. 18.〉

④ 제2항에 따라 종합병원·병원·치과병원·한방병원·요양병원 또는 정신병원을 개설하려면 제33조의2에 따른 시·도 의료기관개설위원회의 심의를 거쳐 보건복지부령으로 정하는 바에 따라 시·도지사의 허가를 받아야 한다. 이 경우 시·도지사는 개설하려는 의료기관이 다음 각 호의 어느 하나에 해당하는 경우에는 개설허가를 할 수 없다. 〈개정 2008. 2. 29., 2010. 1. 18., 2019. 8. 27., 2020. 3. 4.〉

1. 제36조에 따른 시설기준에 맞지 아니하는 경우
2. 제60조제1항에 따른 기본시책과 같은 조 제2항에 따른 수급 및 관리계획에 적합하지 아니한 경우

⑤ 제3항과 제4항에 따라 개설된 의료기관이 개설 장소를 이전하거나 개설에 관한 신고 또는 허가사항 중 보건복지부령으로 정하는 중요사항을 변경하려는 때에도 제3항 또는 제4항과 같다. 〈개정 2008. 2. 29., 2010. 1. 18.〉

⑥ 조산원을 개설하는 자는 반드시 지도의사(指導醫師)를 정하여야 한다.

⑦ 다음 각 호의 어느 하나에 해당하는 경우에는 의료기관을 개설할 수 없다. 〈개정 2019. 8. 27.〉

1. 약국 시설 안이나 구내인 경우
2. 약국의 시설이나 부지 일부를 분할·변경 또는 개수하여 의료기관을 개설하는 경우
3. 약국과 전용 복도·계단·승강기 또는 구름다리 등의 통로가 설치되어 있거나 이런 것들을 설치하여 의료기관을 개설하는 경우
4. 「건축법」 등 관계 법령에 따라 허가를 받지 아니하거나 신고를 하지 아니하고 건축 또는 증축·개축한 건축물에 의료기관을 개설하는 경우

⑧ 제2항제1호의 의료인은 어떠한 명목으로도 둘 이상의 의료기관을 개설·운영할 수 없다. 다만, 2 이상

의 의료인 면허를 소지한 자가 의원급 의료기관을 개설하려는 경우에는 하나의 장소에 한하여 면허 종별에 따른 의료기관을 함께 개설할 수 있다.〈신설 2009. 1. 30., 2012. 2. 1.〉

⑨ 의료법인 및 제2항제4호에 따른 비영리법인(이하 이 조에서 "의료법인등"이라 한다)이 의료기관을 개설하려면 그 법인의 정관에 개설하고자 하는 의료기관의 소재지를 기재하여 대통령령으로 정하는 바에 따라 정관의 변경허가를 얻어야 한다(의료법인등을 설립할 때에는 설립 허가를 말한다. 이하 이 항에서 같다). 이 경우 그 법인의 주무관청은 정관의 변경허가를 하기 전에 그 법인이 개설하고자 하는 의료기관이 소재하는 시·도지사 또는 시장·군수·구청장과 협의하여야 한다.〈신설 2015. 12. 29.〉

⑩ 의료기관을 개설·운영하는 의료법인등은 다른 자에게 그 법인의 명의를 빌려주어서는 아니 된다.〈신설 2015. 12. 29.〉

[제목개정 2012. 2. 1.] [2007. 12. 27. 법률 제9386호에 의하여 2007. 12. 27. 헌법재판소에서 헌법불합치된 이 조 제2항을 개정함]

제33조의2(의료기관개설위원회 설치 등) ① 제33조제4항에 따른 의료기관 개설 허가에 관한 사항을 심의하기 위하여 시·도지사 소속으로 의료기관개설위원회를 둔다.

② 제1항의 의료기관개설위원회의 위원은 제28조에 따른 의사회·치과의사회·한의사회·조산사회 및 간호사회의 의료인으로서 경험이 풍부한 사람과 제52조에 따른 의료기관단체의 회원으로서 해당 지역 내 의료기관의 개설·운영 등에 관한 경험이 풍부한 사람으로 한다.

③ 의료기관개설위원회의 구성과 운영에 필요한 사항과 그 밖에 필요한 사항은 보건복지부령으로 정한다.

[본조신설 2020. 3. 4.]

제33조의3(실태조사) ① 보건복지부장관은 제33조제2항을 위반하여 의료기관을 개설할 수 없는 자가 개설·운영하는 의료기관의 실태를 파악하기 위하여 보건복지부령으로 정하는 바에 따라 조사(이하 이 조에서 "실태조사"라 한다)를 실시하고, 위법이 확정된 경우 그 결과를 공표하여야 한다. 이 경우 수사기관의 수사로 제33조제2항을 위반한 의료기관의 위법이 확정된 경우도 공표 대상에 포함한다.

② 보건복지부장관은 실태조사를 위하여 관계 중앙행정기관의 장, 지방자치단체의 장, 관련 기관·법인 또는 단체 등에 협조를 요청할 수 있다. 이 경우 요청을 받은 자는 특별한 사정이 없으면 이에 협조하여야 한다.

③ 실태조사의 시기·방법 및 결과 공표의 방법 등에 관하여 필요한 사항은 보건복지부령으로 정한다.

[본조신설 2020. 12. 29.]

제34조(원격의료) ① 의료인(의료업에 종사하는 의사·치과의사·한의사만 해당한다)은 제33조제1항에도 불구하고 컴퓨터·화상통신 등 정보통신기술을 활용하여 먼 곳에 있는 의료인에게 의료지식이나 기술을 지원하는 원격의료(이하 "원격의료"라 한다)를 할 수 있다.

② 원격의료를 행하거나 받으려는 자는 보건복지부령으로 정하는 시설과 장비를 갖추어야 한다.〈개정 2008. 2. 29., 2010. 1. 18.〉

③ 원격의료를 하는 자(이하 "원격지의사"라 한다)는 환자를 직접 대면하여 진료하는 경우와 같은 책임을 진다.

④ 원격지의사의 원격의료에 따라 의료행위를 한 의료인이 의사·치과의사 또는 한의사(이하 "현지의사"라 한다)인 경우에는 그 의료행위에 대하여 원격지의사의 과실을 인정할 만한 명백한 근거가 없으면 환자에 대한 책임은 제3항에도 불구하고 현지의사에게 있는 것으로 본다.

제35조(의료기관 개설 특례) ① 제33조제1항·제2항 및 제8항에 따른 자 외의 자가 그 소속 직원, 종업원, 그 밖의 구성원(수용자를 포함한다)이나 그 가족의 건강관리를 위하여 부속 의료기관을 개설하려면 그 개설 장소를 관할하는 시장·군수·구청장에게 신고하여야 한다. 다만, 부속 의료기관으로 병원급 의료기관을 개설하려면 그 개설 장소를 관할하는 시·도지사의 허가를 받아야 한다.〈개정 2009. 1. 30.〉

② 제1항에 따른 개설 신고 및 허가에 관한 절차·조건, 그 밖에 필요한 사항과 그 의료기관의 운영에 필요한 사항은 보건복지부령으로 정한다.〈개정 2008. 2. 29., 2010. 1. 18.〉

제36조(준수사항) 제33조제2항 및 제8항에 따라 의료기관을 개설하는 자는 보건복지부령으로 정하는 바에 따라 다음 각 호의 사항을 지켜야 한다. 〈개정 2008. 2. 29., 2009. 1. 30., 2010. 1. 18., 2016. 5. 29., 2019. 4. 23., 2019. 8. 27., 2020. 3. 4., 2023. 10. 31.〉

1. 의료기관의 종류에 따른 시설기준 및 규격에 관한 사항
2. 의료기관의 안전관리시설 기준에 관한 사항
3. 의료기관 및 요양병원의 운영 기준에 관한 사항
4. 고가의료장비의 설치·운영 기준에 관한 사항
5. 의료기관의 종류에 따른 의료인 등의 정원 기준에 관한 사항
6. 급식관리 기준에 관한 사항
7. 의료기관의 위생 관리에 관한 사항
8. 의료기관의 의약품 및 일회용 의료기기의 사용에 관한 사항
9. 의료기관의 「감염병의 예방 및 관리에 관한 법률」 제41조제4항에 따른 감염병환자등의 진료 기준에 관한 사항
10. 의료기관 내 수술실, 분만실, 중환자실 등 감염관리가 필요한 시설의 출입 기준에 관한 사항
11. 의료인 및 환자 안전을 위한 보안장비 설치 및 보안인력 배치 등에 관한 사항
12. 의료기관의 신체보호대 사용에 관한 사항
13. 의료기관의 의료관련감염 예방에 관한 사항
14. 종합병원과 요양병원의 임종실 설치에 관한 사항

제36조의2(공중보건의사 등의 고용금지) ① 의료기관 개설자는 「농어촌 등 보건의료를 위한 특별조치법」 제5조의2에 따른 배치기관 및 배치시설이나 같은 법 제6조의2에 따른 파견근무기관 및 시설이 아니면 같은 법 제2조제1호의 공중보건의사에게 의료행위를 하게 하거나, 제41조제1항에 따른 당직의료인으로 두어서는 아니 된다. 〈개정 2016. 12. 20., 2018. 3. 27.〉
② 의료기관 개설자는 「병역법」 제34조의2제2항에 따라 군병원 또는 병무청장이 지정하는 병원에서 직무와 관련된 수련을 실시하는 경우가 아니면 같은 법 제2조제14호의 병역판정검사전담의사에게 의료행위를 하게 하거나 제41조제1항에 따른 당직의료인으로 두어서는 아니 된다.〈신설 2018. 3. 27.〉
[본조신설 2015. 12. 29.] [제목개정 2018. 3. 27.]

제37조(진단용 방사선 발생장치) ① 진단용 방사선 발생장치를 설치·운영하려는 의료기관은 보건복지부령으로 정하는 바에 따라 시장·군수·구청장에게 신고하여야 하며, 보건복지부령으로 정하는 안전관리기준에 맞도록 설치·운영하여야 한다. 〈개정 2008. 2. 29., 2010. 1. 18.〉
② 의료기관 개설자나 관리자는 진단용 방사선 발생장치를 설치한 경우에는 보건복지부령으로 정하는 바에 따라 안전관리책임자를 선임하고, 정기적으로 검사와 측정을 받아야 하며, 방사선 관계 종사자에 대한 피폭관리(被曝管理)를 하여야 한다. 〈개정 2008. 2. 29., 2010. 1. 18.〉
③ 제2항에 따라 안전관리책임자로 선임된 사람은 선임된 날부터 1년 이내에 질병관리청장이 지정하는 방사선 분야 관련 단체(이하 이 조에서 "안전관리책임자 교육기관"이라 한다)가 실시하는 안전관리책임자 교육을 받아야 하며, 주기적으로 보수교육을 받아야 한다. 〈신설 2020. 12. 29.〉
④ 제1항과 제2항에 따른 진단용 방사선 발생장치의 범위·신고·검사·설치 및 측정기준 등에 필요한 사항은 보건복지부령으로 정하고, 제3항에 따른 안전관리책임자 교육 및 안전관리책임자 교육기관의 지정에 필요한 사항은 질병관리청장이 정하여 고시한다. 〈개정 2008. 2. 29., 2010. 1. 18., 2020. 12. 29.〉

제38조(특수의료장비의 설치·운영) ① 의료기관은 보건의료 시책상 적정한 설치와 활용이 필요하여 보건복지부장관이 정하여 고시하는 의료장비(이하 "특수의료장비"라 한다)를 설치·운영하려면 보건복지부령으로 정하는 바에 따라 시장·군수·구청장에게 등록하여야 하며, 보건복지부령으로 정하는 설치인정기준에 맞

게 설치·운영하여야 한다. 〈개정 2008. 2. 29., 2010. 1. 18., 2012. 2. 1.〉

② 의료기관의 개설자나 관리자는 제1항에 따라 특수의료장비를 설치하면 보건복지부령으로 정하는 바에 따라 보건복지부장관에게 정기적인 품질관리검사를 받아야 한다.〈개정 2008. 2. 29., 2010. 1. 18.〉

③ 의료기관의 개설자나 관리자는 제2항에 따른 품질관리검사에서 부적합하다고 판정받은 특수의료장비를 사용하여서는 아니 된다.

④ 보건복지부장관은 제2항에 따른 품질관리검사업무의 전부 또는 일부를 보건복지부령으로 정하는 바에 따라 관계 전문기관에 위탁할 수 있다.〈개정 2008. 2. 29., 2010. 1. 18.〉

제38조의2(수술실 내 폐쇄회로 텔레비전의 설치·운영) ① 전신마취 등 환자의 의식이 없는 상태에서 수술을 시행하는 의료기관의 개설자는 수술실 내부에 「개인정보 보호법」 및 관련 법령에 따른 폐쇄회로 텔레비전을 설치하여야 한다. 이 경우 국가 및 지방자치단체는 폐쇄회로 텔레비전의 설치 등에 필요한 비용을 지원할 수 있다.

② 환자 또는 환자의 보호자가 요청하는 경우(의료기관의 장이나 의료인이 요청하여 환자 또는 환자의 보호자가 동의하는 경우를 포함한다) 의료기관의 장이나 의료인은 전신마취 등 환자의 의식이 없는 상태에서 수술을 하는 장면을 제1항에 따라 설치한 폐쇄회로 텔레비전으로 촬영하여야 한다. 이 경우 의료기관의 장이나 의료인은 다음 각 호의 어느 하나에 해당하는 정당한 사유가 없으면 이를 거부할 수 없다.

  1. 수술이 지체되면 환자의 생명이 위험하여지거나 심신상의 중대한 장애를 가져오는 응급 수술을 시행하는 경우
  2. 환자의 생명을 구하기 위하여 적극적 조치가 필요한 위험도 높은 수술을 시행하는 경우
  3. 「전공의의 수련환경 개선 및 지위 향상을 위한 법률」 제2조제2호에 따른 수련병원등의 전공의 수련 등 그 목적 달성을 현저히 저해할 우려가 있는 경우
  4. 그 밖에 제1호부터 제3호까지의 규정에 준하는 경우로서 보건복지부령으로 정하는 사유가 있는 경우

③ 의료기관의 장이나 의료인이 제2항에 따라 수술을 하는 장면을 촬영하는 경우 녹음 기능은 사용할 수 없다. 다만, 환자 및 해당 수술에 참여한 의료인 등 정보주체 모두의 동의를 받은 경우에는 그러하지 아니하다.

④ 제1항에 따라 폐쇄회로 텔레비전이 설치된 의료기관의 장은 제2항에 따라 촬영한 영상정보가 분실·도난·유출·변조 또는 훼손되지 아니하도록 보건복지부령으로 정하는 바에 따라 내부 관리계획의 수립, 저장장치와 네트워크의 분리, 접속기록 보관 및 관련 시설의 출입자 관리 방안 마련 등 안전성 확보에 필요한 기술적·관리적 및 물리적 조치를 하여야 한다.

⑤ 의료기관의 장은 다음 각 호의 어느 하나에 해당하는 경우를 제외하고는 제2항에 따라 촬영한 영상정보를 열람(의료기관의 장 스스로 열람하는 경우를 포함한다. 이하 이 조에서 같다)하게 하거나 제공(사본의 발급을 포함한다. 이하 이 조에서 같다)하여서는 아니 된다.

  1. 범죄의 수사와 공소의 제기 및 유지, 법원의 재판업무 수행을 위하여 관계 기관이 요청하는 경우
  2. 「의료사고 피해구제 및 의료분쟁 조정 등에 관한 법률」 제6조에 따른 한국의료분쟁조정중재원이 의료분쟁의 조정 또는 중재 절차 개시 이후 환자 또는 환자 보호자의 동의를 받아 해당 업무의 수행을 위하여 요청하는 경우
  3. 환자 및 해당 수술에 참여한 의료인 등 정보주체 모두의 동의를 받은 경우

⑥ 누구든지 이 법의 규정에 따르지 아니하고 제2항에 따라 촬영한 영상정보를 탐지하거나 누출·변조 또는 훼손하여서는 아니 된다.

⑦ 누구든지 제2항에 따라 촬영한 영상정보를 이 법에서 정하는 목적 외의 용도로 사용하여서는 아니 된다.

⑧ 의료기관의 개설자는 보건복지부장관이 정하는 범위에서 제2항에 따라 촬영한 영상정보의 열람 등에 소요되는 비용을 열람 등을 요청한 자에게 청구할 수 있다.

⑨ 의료기관의 장은 제2항에 따라 촬영한 영상정보를 30일 이상 보관하여야 한다.

⑩ 제1항에 따른 폐쇄회로 텔레비전의 설치 기준, 제2항에 따른 촬영의 범위 및 촬영 요청의 절차, 제2항 제1호부터 제3호까지의 규정에 따른 사유의 구체적인 기준, 제5항에 따른 열람·제공의 절차, 제9항에 따른 보관기준 및 보관기간의 연장 사유 등에 필요한 사항은 보건복지부령으로 정한다.

⑪ 이 법에서 정한 것 외에 폐쇄회로 텔레비전의 설치·운영 등에 관한 사항은 「개인정보 보호법」에 따른다.

[본조신설 2021. 9. 24.]

제39조(시설 등의 공동이용) ① 의료인은 다른 의료기관의 장의 동의를 받아 그 의료기관의 시설·장비 및 인력 등을 이용하여 진료할 수 있다.

② 의료기관의 장은 그 의료기관의 환자를 진료하는 데에 필요하면 해당 의료기관에 소속되지 아니한 의료인에게 진료하도록 할 수 있다.

③ 의료인이 다른 의료기관의 시설·장비 및 인력 등을 이용하여 진료하는 과정에서 발생한 의료사고에 대하여는 진료를 한 의료인의 과실 때문이면 그 의료인에게, 의료기관의 시설·장비 및 인력 등의 결함 때문이면 그것을 제공한 의료기관 개설자에게 각각 책임이 있는 것으로 본다.

제40조(폐업·휴업의 신고) ① 의료기관 개설자는 의료업을 폐업하거나 1개월 이상 휴업(입원환자가 있는 경우에는 1개월 미만의 휴업도 포함한다. 이하 이 조에서 이와 같다)하려면 보건복지부령으로 정하는 바에 따라 관할 시장·군수·구청장에게 신고하여야 한다. 〈개정 2008. 2. 29., 2010. 1. 18., 2016. 12. 20.〉

② 삭제〈2020. 3. 4.〉

③ 시장·군수·구청장은 제1항에 따른 신고에도 불구하고 「감염병의 예방 및 관리에 관한 법률」 제18조 및 제29조에 따라 질병관리청장, 시·도지사 또는 시장·군수·구청장이 감염병의 역학조사 및 예방접종에 관한 역학조사를 실시하거나 같은 법 제18조의2에 따라 의료인 또는 의료기관의 장이 질병관리청장 또는 시·도지사에게 역학조사 실시를 요청한 경우로서 그 역학조사를 위하여 필요하다고 판단하는 때에는 의료기관 폐업 신고를 수리하지 아니할 수 있다.〈신설 2016. 5. 29., 2020. 8. 11.〉

④ 의료기관 개설자는 의료업을 폐업 또는 휴업하는 경우 보건복지부령으로 정하는 바에 따라 해당 의료기관에 입원 중인 환자를 다른 의료기관으로 옮길 수 있도록 하는 등 환자의 권익을 보호하기 위한 조치를 하여야 한다.〈신설 2016. 12. 20.〉

⑤ 시장·군수·구청장은 제1항에 따른 폐업 또는 휴업 신고를 받은 경우 의료기관 개설자가 제4항에 따른 환자의 권익을 보호하기 위한 조치를 취하였는지 여부를 확인하는 등 대통령령으로 정하는 조치를 하여야 한다.〈신설 2016. 12. 20.〉

[제목개정 2020. 3. 4.]

제40조(폐업·휴업의 신고) ①의료기관 개설자는 의료업을 폐업하거나 1개월 이상 휴업(입원환자가 있는 경우에는 1개월 미만의 휴업도 포함한다. 이하 이 조에서 이와 같다)하려면 보건복지부령으로 정하는 바에 따라 관할 시장·군수·구청장에게 신고하여야 한다. 〈개정 2008. 2. 29., 2010. 1. 18., 2016. 12. 20.〉

② 삭제〈2020. 3. 4.〉

③ 시장·군수·구청장은 제1항에 따른 신고에도 불구하고 「감염병의 예방 및 관리에 관한 법률」 제18조 및 제29조에 따라 질병관리청장, 시·도지사 또는 시장·군수·구청장이 감염병의 역학조사 및 예방접종에 관한 역학조사를 실시하거나 같은 법 제18조의2에 따라 의료인 또는 의료기관의 장이 질병관리청장, 시·도지사 또는 시장·군수·구청장에게 역학조사 실시를 요청한 경우로서 그 역학조사를 위하여 필요하다고 판단하는 때에는 의료기관 폐업 신고를 수리하지 아니할 수 있다.〈신설 2016. 5. 29., 2020. 8. 11., 2024. 1. 30.〉

④ 의료기관 개설자는 의료업을 폐업 또는 휴업하는 경우 보건복지부령으로 정하는 바에 따라 해당 의료기관에 입원 중인 환자를 다른 의료기관으로 옮길 수 있도록 하는 등 환자의 권익을 보호하기 위한 조치를 하여야 한다.〈신설 2016. 12. 20.〉

⑤ 시장·군수·구청장은 제1항에 따른 폐업 또는 휴업 신고를 받은 경우 의료기관 개설자가 제4항에 따른 환자의 권익을 보호하기 위한 조치를 취하였는지 여부를 확인하는 등 대통령령으로 정하는 조치를 하여야 한다. 〈신설 2016. 12. 20.〉

[제목개정 2020. 3. 4.] [시행일: 2025. 7. 31.] 제40조

제40조의2(진료기록부등의 이관) ① 의료기관 개설자는 제40조제1항에 따라 폐업 또는 휴업 신고를 할 때 제22조나 제23조에 따라 기록·보존하고 있는 진료기록부등의 수량 및 목록을 확인하고 진료기록부등을 관할 보건소장에게 넘겨야 한다. 다만, 의료기관 개설자가 보건복지부령으로 정하는 바에 따라 진료기록부등의 보관계획서를 제출하여 관할 보건소장의 허가를 받은 경우에는 직접 보관할 수 있다.

② 제1항에 따라 관할 보건소장의 허가를 받아 진료기록부등을 직접 보관하는 의료기관 개설자는 보관계획서에 기재된 사항 중 보건복지부령으로 정하는 사항이 변경된 경우 관할 보건소장에게 이를 신고하여야 하며, 직접 보관 중 질병, 국외 이주 등 보건복지부령으로 정하는 사유로 보존 및 관리가 어려운 경우 이를 대행할 책임자를 지정하여 보관하게 하거나 진료기록부등을 관할 보건소장에게 넘겨야 한다.

③ 제1항에 따라 관할 보건소장의 허가를 받아 진료기록부등을 직접 보관하는 의료기관 개설자는 보관 기간, 방법 등 보건복지부령으로 정하는 사항을 준수하여야 한다.

④ 제1항에 따라 관할 보건소장의 허가를 받아 진료기록부등을 직접 보관하는 의료기관 개설자(제2항에 따라 지정된 책임자를 포함한다)의 기록 열람 및 보존에 관하여는 제21조 및 제22조제2항을 준용한다.

⑤ 그 밖에 진료기록부등의 이관 방법, 절차 등에 필요한 사항은 보건복지부령으로 정한다.

[본조신설 2020. 3. 4.]

제40조의3(진료기록보관시스템의 구축·운영) ① 보건복지부장관은 제40조의2에 따라 폐업 또는 휴업한 의료기관의 진료기록부등을 보관하는 관할 보건소장 및 의료기관 개설자가 안전하고 효과적으로 진료기록부등을 보존·관리할 수 있도록 지원하기 위한 시스템(이하 "진료기록보관시스템"이라 한다)을 구축·운영할 수 있다.

② 제40조의2에 따라 폐업 또는 휴업한 의료기관의 진료기록부등을 보관하는 관할 보건소장 및 의료기관 개설자는 진료기록보관시스템에 진료기록부등을 보관할 수 있다.

③ 제2항에 따라 진료기록부등을 진료기록보관시스템에 보관한 관할 보건소장 및 의료기관 개설자(해당 보건소 및 의료기관 소속 의료인 및 그 종사자를 포함한다)는 직접 보관한 진료기록부등 외에는 진료기록보관시스템에 보관된 정보를 열람하는 등 그 내용을 확인하여서는 아니 된다.

④ 보건복지부장관은 제1항에 따른 진료기록보관시스템의 구축·운영 업무를 관계 전문기관 또는 단체에 위탁할 수 있다. 이 경우 보건복지부장관은 진료기록보관시스템의 구축·운영 업무에 소요되는 비용의 전부 또는 일부를 지원할 수 있다.

⑤ 제4항 전단에 따라 진료기록보관시스템의 구축·운영 업무를 위탁받은 전문기관 또는 단체는 보건복지부령으로 정하는 바에 따라 진료기록부등을 안전하게 관리·보존하는 데에 필요한 시설과 장비를 갖추어야 한다.

⑥ 보건복지부장관은 진료기록보관시스템의 효율적 운영을 위하여 원본에 기재된 정보가 변경되지 않는 범위에서 진료기록부등의 형태를 변경하여 보존·관리할 수 있으며, 변경된 형태로 진료기록부등의 사본을 발급할 수 있다.

⑦ 누구든지 정당한 접근 권한 없이 또는 허용된 접근 권한을 넘어 진료기록보관시스템에 보관된 정보를 훼손·멸실·변경·위조·유출하거나 검색·복제하여서는 아니 된다.

⑧ 진료기록보관시스템의 구축 범위 및 운영 절차 등에 필요한 사항은 보건복지부령으로 정한다.

[본조신설 2020. 3. 4.]

제41조(당직의료인) ① 각종 병원에는 응급환자와 입원환자의 진료 등에 필요한 당직의료인을 두어야 한다. 〈개정 2016. 12. 20.〉

② 제1항에 따른 당직의료인의 수와 배치 기준은 병원의 종류, 입원환자의 수 등을 고려하여 보건복지부령으로 정한다.〈신설 2016. 12. 20.〉

제41조의2(교육전담간호사) ① 병원급 의료기관에는 신규 채용되거나 보임된 간호사, 간호대학생(이하 "신규간호사등"이라 한다)에게 직무수행에 필요한 지식, 기술 및 역량 등을 전수하고 적응을 지원하기 위하여 교육전담간호사 양성교육을 이수하는 등 보건복지부령으로 정하는 자격을 갖춘 교육전담간호사를 두어야 한다.

② 제1항에 따른 교육전담간호사는 다음 각 호의 직무를 수행한다.
 1. 신규간호사등의 교육과정 기획·운영·평가
 2. 신규간호사등의 교육 총괄 및 관리
 3. 신규간호사등의 교육을 담당하는 인력의 관리 및 지도
 4. 신규간호사등의 교육에 필요한 자원 확보·개발

③ 국가는 제1항에 따른 교육전담간호사 운영에 필요한 비용의 전부 또는 일부를 지원할 수 있다.

④ 제1항에 따른 교육전담간호사의 배치 대상과 기준은 의료기관의 종류 및 규모, 신규간호사등의 수 등을 고려하여 보건복지부령으로 정한다.

[본조신설 2023. 5. 19.]

제42조(의료기관의 명칭) ① 의료기관은 제3조제2항에 따른 의료기관의 종류에 따르는 명칭 외의 명칭을 사용하지 못한다. 다만, 다음 각 호의 어느 하나에 해당하는 경우에는 그러하지 아니하다. 〈개정 2008. 2. 29., 2009. 1. 30., 2010. 1. 18., 2020. 3. 4.〉
 1. 종합병원 또는 정신병원이 그 명칭을 병원으로 표시하는 경우
 2. 제3조의4제1항에 따라 상급종합병원으로 지정받거나 제3조의5제1항에 따라 전문병원으로 지정받은 의료기관이 지정받은 기간 동안 그 명칭을 사용하는 경우
 3. 제33조제8항 단서에 따라 개설한 의원급 의료기관이 면허 종별에 따른 종별명칭을 함께 사용하는 경우
 4. 국가나 지방자치단체에서 개설하는 의료기관이 보건복지부장관이나 시·도지사와 협의하여 정한 명칭을 사용하는 경우
 5. 다른 법령으로 따로 정한 명칭을 사용하는 경우

② 의료기관의 명칭 표시에 관한 사항은 보건복지부령으로 정한다.〈개정 2008. 2. 29., 2010. 1. 18.〉

③ 의료기관이 아니면 의료기관의 명칭이나 이와 비슷한 명칭을 사용하지 못한다.

제43조(진료과목 등) ① 병원·치과병원 또는 종합병원은 한의사를 두어 한의과 진료과목을 추가로 설치·운영할 수 있다.

② 한방병원 또는 치과병원은 의사를 두어 의과 진료과목을 추가로 설치·운영할 수 있다.

③ 병원·한방병원·요양병원 또는 정신병원은 치과의사를 두어 치과 진료과목을 추가로 설치·운영할 수 있다.〈개정 2020. 3. 4.〉

④ 제1항부터 제3항까지의 규정에 따라 추가로 진료과목을 설치·운영하는 경우에는 보건복지부령으로 정하는 바에 따라 진료에 필요한 시설·장비를 갖추어야 한다.〈개정 2010. 1. 18.〉

⑤ 제1항부터 제3항까지의 규정에 따라 추가로 설치한 진료과목을 포함한 의료기관의 진료과목은 보건복지부령으로 정하는 바에 따라 표시하여야 한다. 다만, 치과의 진료과목은 종합병원과 제77조제2항에 따라 보건복지부령으로 정하는 치과병원에 한하여 표시할 수 있다.〈개정 2010. 1. 18.〉

[전문개정 2009. 1. 30.] [법률 제9386호(2009. 1. 30.) 제43조제5항 단서의 개정규정 중 치과의사에 대한 부분은 같은 법 부칙 제2조의 규정에 의하여 2013년 12월 31일까지 유효함]

제44조 삭제 〈2009. 1. 30.〉

제45조(비급여 진료비용 등의 고지) ① 의료기관 개설자는 「국민건강보험법」 제41조제4항에 따라 요양급여의 대상에서 제외되는 사항 또는 「의료급여법」 제7조제3항에 따라 의료급여의 대상에서 제외되는 사항의 비용(이하 "비급여 진료비용"이라 한다)을 환자 또는 환자의 보호자가 쉽게 알 수 있도록 보건복지부령으로 정하는 바에 따라 고지하여야 한다. 〈개정 2010. 1. 18., 2011. 12. 31., 2016. 3. 22.〉

② 의료기관 개설자는 보건복지부령으로 정하는 바에 따라 의료기관이 환자로부터 징수하는 제증명수수료의 비용을 게시하여야 한다. 〈개정 2010. 1. 18.〉

③ 의료기관 개설자는 제1항 및 제2항에서 고지·게시한 금액을 초과하여 징수할 수 없다.

[전문개정 2009. 1. 30.]

제45조의2(비급여 진료비용 등의 보고 및 현황조사 등) ① 의료기관의 장은 보건복지부령으로 정하는 바에 따라 비급여 진료비용 및 제45조제2항에 따른 제증명수수료(이하 이 조에서 "비급여진료비용등"이라 한다)의 항목, 기준, 금액 및 진료내역 등에 관한 사항을 보건복지부장관에게 보고하여야 한다. 〈신설 2020. 12. 29.〉

② 보건복지부장관은 제1항에 따라 보고받은 내용을 바탕으로 모든 의료기관에 대한 비급여진료비용등의 항목, 기준, 금액 및 진료내역 등에 관한 현황을 조사·분석하여 그 결과를 공개할 수 있다. 다만, 병원급 의료기관에 대하여는 그 결과를 공개하여야 한다.〈개정 2016. 12. 20., 2020. 12. 29.〉

③ 보건복지부장관은 제2항에 따른 비급여진료비용등의 현황에 대한 조사·분석을 위하여 필요하다고 인정하는 경우에는 의료기관의 장에게 관련 자료의 제출을 명할 수 있다. 이 경우 해당 의료기관의 장은 특별한 사유가 없으면 그 명령에 따라야 한다.〈신설 2016. 12. 20., 2020. 12. 29.〉

④ 제2항에 따른 현황조사·분석 및 결과 공개의 범위·방법·절차 등에 필요한 사항은 보건복지부령으로 정한다.〈개정 2016. 12. 20., 2020. 12. 29.〉

[본조신설 2015. 12. 29.] [제목개정 2020. 12. 29.]

제45조의3(제증명수수료의 기준 고시) 보건복지부장관은 제45조의2제2항에 따른 현황조사·분석의 결과를 고려하여 제증명수수료의 항목 및 금액에 관한 기준을 정하여 고시하여야 한다. 〈개정 2020. 12. 29.〉

[본조신설 2016. 12. 20.]

제46조(환자의 진료의사 선택 등) ① 환자나 환자의 보호자는 종합병원·병원·치과병원·한방병원·요양병원 또는 정신병원의 특정한 의사·치과의사 또는 한의사를 선택하여 진료를 요청할 수 있다. 이 경우 의료기관의 장은 특별한 사유가 없으면 환자나 환자의 보호자가 요청한 의사·치과의사 또는 한의사가 진료하도록 하여야 한다. 〈개정 2008. 2. 29., 2010. 1. 18., 2018. 3. 27., 2020. 3. 4.〉

② 제1항에 따라 진료의사를 선택하여 진료를 받는 환자나 환자의 보호자는 진료의사의 변경을 요청할 수 있다. 이 경우 의료기관의 장은 정당한 사유가 없으면 이에 응하여야 한다.〈개정 2018. 3. 27.〉

③ 의료기관의 장은 환자 또는 환자의 보호자에게 진료의사 선택을 위한 정보를 제공하여야 한다.〈개정 2008. 2. 29., 2010. 1. 18., 2018. 3. 27.〉

④ 의료기관의 장은 제1항에 따라 진료하게 한 경우에도 환자나 환자의 보호자로부터 추가비용을 받을 수 없다.〈개정 2018. 3. 27.〉

⑤ 삭제〈2018. 3. 27.〉

⑥ 삭제〈2018. 3. 27.〉

제47조(의료관련감염 예방) ① 보건복지부령으로 정하는 일정 규모 이상의 병원급 의료기관의 장은 의료관련감염 예방을 위하여 감염관리위원회와 감염관리실을 설치·운영하고 보건복지부령으로 정하는 바에 따라 감염관리 업무를 수행하는 전담 인력을 두는 등 필요한 조치를 하여야 한다. 〈개정 2008. 2. 29., 2010. 1. 18., 2011. 8. 4., 2020. 3. 4.〉

② 의료기관의 장은 「감염병의 예방 및 관리에 관한 법률」 제2조제1호에 따른 감염병의 예방을 위하여

해당 의료기관에 소속된 의료인, 의료기관 종사자 및 「보건의료인력지원법」 제2조제3호의 보건의료인력을 양성하는 학교 및 기관의 학생으로서 해당 의료기관에서 실습하는 자에게 보건복지부령으로 정하는 바에 따라 정기적으로 교육을 실시하여야 한다.〈신설 2019. 4. 23., 2020. 12. 29.〉

③ 의료기관의 장은 「감염병의 예방 및 관리에 관한 법률」 제2조제1호에 따른 감염병이 유행하는 경우 환자, 환자의 보호자, 의료인, 의료기관 종사자 및 「경비업법」 제2조제3호에 따른 경비원 등 해당 의료기관 내에서 업무를 수행하는 사람에게 감염병의 확산 방지를 위하여 필요한 정보를 제공하여야 한다.〈신설 2015. 12. 29., 2019. 4. 23.〉

④ 질병관리청장은 의료관련감염의 발생·원인 등에 대한 의과학적인 감시를 위하여 의료관련감염 감시 시스템을 구축·운영할 수 있다.〈신설 2020. 3. 4., 2020. 8. 11.〉

⑤ 의료기관은 제4항에 따른 시스템을 통하여 매월 의료관련감염 발생 사실을 등록할 수 있다.〈신설 2020. 3. 4.〉

⑥ 질병관리청장은 제4항에 따른 시스템의 구축·운영 업무를 대통령령으로 정하는 바에 따라 관계 전문기관에 위탁할 수 있다.〈신설 2020. 3. 4., 2020. 8. 11.〉

⑦ 질병관리청장은 제6항에 따라 업무를 위탁한 전문기관에 대하여 그 업무에 관한 보고 또는 자료의 제출을 명할 수 있다.〈신설 2020. 3. 4., 2020. 8. 11.〉

⑧ 의료관련감염이 발생한 사실을 알게 된 의료기관의 장, 의료인, 의료기관 종사자 또는 환자 등은 보건복지부령으로 정하는 바에 따라 질병관리청장에게 그 사실을 보고(이하 이 조에서 "자율보고"라 한다)할 수 있다. 이 경우 질병관리청장은 자율보고한 사람의 의사에 반하여 그 신분을 공개하여서는 아니 된다.〈신설 2020. 3. 4., 2020. 8. 11.〉

⑨ 자율보고한 사람이 해당 의료관련감염과 관련하여 관계 법령을 위반한 사실이 있는 경우에는 그에 따른 행정처분을 감경하거나 면제할 수 있다.〈신설 2020. 3. 4.〉

⑩ 자율보고가 된 의료관련감염에 관한 정보는 보건복지부령으로 정하는 검증을 한 후에는 개인식별이 가능한 부분을 삭제하여야 한다.〈신설 2020. 3. 4.〉

⑪ 자율보고의 접수 및 분석 등의 업무에 종사하거나 종사하였던 사람은 직무상 알게 된 비밀을 다른 사람에게 누설하거나 직무 외의 목적으로 사용하여서는 아니 된다.〈신설 2020. 3. 4.〉

⑫ 의료기관의 장은 해당 의료기관에 속한 자율보고를 한 보고자에게 그 보고를 이유로 해고 또는 전보나 그 밖에 신분 또는 처우와 관련하여 불리한 조치를 할 수 없다.〈신설 2020. 3. 4.〉

⑬ 질병관리청장은 제4항 또는 제8항에 따라 수집한 의료관련감염 관련 정보를 감염 예방·관리에 필요한 조치, 계획 수립, 조사·연구, 교육 등에 활용할 수 있다.〈신설 2020. 3. 4., 2020. 8. 11.〉

⑭ 제1항에 따른 감염관리위원회의 구성과 운영, 감염관리실 운영, 제2항에 따른 교육, 제3항에 따른 정보 제공, 제5항에 따라 등록하는 의료관련감염의 종류와 그 등록의 절차·방법 등에 필요한 사항은 보건복지부령으로 정한다.〈개정 2020. 3. 4.〉

[제목개정 2020. 3. 4.]

제47조의2(입원환자의 전원) 의료기관의 장은 천재지변, 감염병 의심 상황, 집단 사망사고의 발생 등 입원환자를 긴급히 전원(轉院)시키지 않으면 입원환자의 생명·건강에 중대한 위험이 발생할 수 있음에도 환자나 보호자의 동의를 받을 수 없는 등 보건복지부령으로 정하는 불가피한 사유가 있는 경우에는 보건복지부령으로 정하는 바에 따라 시장·군수·구청장의 승인을 받아 입원환자를 다른 의료기관으로 전원시킬 수 있다.

[본조신설 2019. 1. 15.]

제2절 의료법인

제48조(설립 허가 등) ① 제33조제2항에 따른 의료법인을 설립하려는 자는 대통령령으로 정하는 바에 따라 정관과 그 밖의 서류를 갖추어 그 법인의 주된 사무소의 소재지를 관할하는 시·도지사의 허가를 받아야 한다.

② 의료법인은 그 법인이 개설하는 의료기관에 필요한 시설이나 시설을 갖추는 데에 필요한 자금을 보유하여야 한다.

③ 의료법인이 재산을 처분하거나 정관을 변경하려면 시·도지사의 허가를 받아야 한다.

④ 이 법에 따른 의료법인이 아니면 의료법인이나 이와 비슷한 명칭을 사용할 수 없다.

제48조의2(임원) ① 의료법인에는 5명 이상 15명 이하의 이사와 2명의 감사를 두되, 보건복지부장관의 승인을 받아 그 수를 증감할 수 있다.

② 이사와 감사의 임기는 정관으로 정하되, 이사는 4년, 감사는 2년을 초과할 수 없다. 다만, 이사와 감사는 각각 연임할 수 있다.

③ 이사회의 구성에 있어서 각 이사 상호 간에 「민법」 제777조에 규정된 친족관계에 있는 사람이 그 정수의 4분의 1을 초과해서는 아니 된다.

④ 다음 각 호의 어느 하나에 해당하는 사람은 의료법인의 임원이 될 수 없다.

1. 미성년자
2. 피성년후견인 또는 피한정후견인
3. 파산선고를 받은 사람으로서 복권되지 아니한 사람
4. 금고 이상의 형을 받고 집행이 종료되거나 집행을 받지 아니하기로 확정된 후 3년이 지나지 아니한 사람

⑤ 감사는 이사와 제3항에 따른 특별한 관계에 있는 사람이 아니어야 한다.

[본조신설 2019. 8. 27.]

제49조(부대사업) ① 의료법인은 그 법인이 개설하는 의료기관에서 의료업무 외에 다음의 부대사업을 할 수 있다. 이 경우 부대사업으로 얻은 수익에 관한 회계는 의료법인의 다른 회계와 구분하여 계산하여야 한다. 〈개정 2008. 2. 29., 2010. 1. 18., 2015. 1. 28.〉

1. 의료인과 의료관계자 양성이나 보수교육
2. 의료나 의학에 관한 조사 연구
3. 「노인복지법」 제31조제2호에 따른 노인의료복지시설의 설치·운영
4. 「장사 등에 관한 법률」 제29조제1항에 따른 장례식장의 설치·운영
5. 「주차장법」 제19조제1항에 따른 부설주차장의 설치·운영
6. 의료업 수행에 수반되는 의료정보시스템 개발·운영사업 중 대통령령으로 정하는 사업
7. 그 밖에 휴게음식점영업, 일반음식점영업, 이용업, 미용업 등 환자 또는 의료법인이 개설한 의료기관 종사자 등의 편의를 위하여 보건복지부령으로 정하는 사업

② 제1항제4호·제5호 및 제7호의 부대사업을 하려는 의료법인은 타인에게 임대 또는 위탁하여 운영할 수 있다.

③ 제1항 및 제2항에 따라 부대사업을 하려는 의료법인은 보건복지부령으로 정하는 바에 따라 미리 의료기관의 소재지를 관할하는 시·도지사에게 신고하여야 한다. 신고사항을 변경하려는 경우에도 또한 같다. 〈개정 2008. 2. 29., 2010. 1. 18.〉

제50조(「민법」의 준용) 의료법인에 대하여 이 법에 규정된 것 외에는 「민법」 중 재단법인에 관한 규정을 준용한다.

제51조(설립 허가 취소) 보건복지부장관 또는 시·도지사는 의료법인이 다음 각 호의 어느 하나에 해당하면 그 설립 허가를 취소할 수 있다. 〈개정 2008. 2. 29., 2010. 1. 18.〉

1. 정관으로 정하지 아니한 사업을 한 때
2. 설립된 날부터 2년 안에 의료기관을 개설하지 아니한 때
3. 의료법인이 개설한 의료기관이 제64조에 따라 개설허가를 취소당한 때

4. 보건복지부장관 또는 시·도지사가 감독을 위하여 내린 명령을 위반한 때

5. 제49조제1항에 따른 부대사업 외의 사업을 한 때

제51조의2(임원 선임 관련 금품 등 수수의 금지) 누구든지 의료법인의 임원 선임과 관련하여 금품, 향응 또는 그 밖의 재산상 이익을 주고받거나 주고받을 것을 약속해서는 아니 된다.

[본조신설 2019. 8. 27.]

제3절 의료기관 단체

제52조(의료기관단체 설립) ① 병원급 의료기관의 장은 의료기관의 건전한 발전과 국민보건 향상에 기여하기 위하여 전국 조직을 두는 단체를 설립할 수 있다. 〈개정 2009. 1. 30.〉

② 제1항에 따른 단체는 법인으로 한다.

제52조의2(대한민국의학한림원) ① 의료인에 관련되는 의학 및 관계 전문분야(이하 이 조에서 "의학등"이라 한다)의 연구·진흥기반을 조성하고 우수한 보건의료인을 발굴·활용하기 위하여 대한민국의학한림원(이하 이 조에서 "한림원"이라 한다)을 둔다.

② 한림원은 법인으로 한다.

③ 한림원은 다음 각 호의 사업을 한다.

1. 의학등의 연구진흥에 필요한 조사·연구 및 정책자문

2. 의학등의 분야별 중장기 연구 기획 및 건의

3. 의학등의 국내외 교류협력사업

4. 의학등 및 국민건강과 관련된 사회문제에 관한 정책자문 및 홍보

5. 보건의료인의 명예를 기리고 보전(保全)하는 사업

6. 보건복지부장관이 의학등의 발전을 위하여 지정 또는 위탁하는 사업

④ 보건복지부장관은 한림원의 사업수행에 필요한 경비의 전부 또는 일부를 예산의 범위에서 지원할 수 있다.

⑤ 한림원에 대하여 이 법에서 정하지 아니한 사항에 관하여는 「민법」 중 사단법인에 관한 규정을 준용한다.

⑥ 한림원이 아닌 자는 대한민국의학한림원 또는 이와 유사한 명칭을 사용하지 못한다.

⑦ 한림원의 운영 및 업무수행에 필요한 사항은 대통령령으로 정한다.

[본조신설 2015. 12. 29.]

제4장 신의료기술평가

제53조(신의료기술의 평가) ① 보건복지부장관은 국민건강을 보호하고 의료기술의 발전을 촉진하기 위하여 대통령령으로 정하는 바에 따라 제54조에 따른 신의료기술평가위원회의 심의를 거쳐 신의료기술의 안전성·유효성 등에 관한 평가(이하 "신의료기술평가"라 한다)를 하여야 한다. 〈개정 2008. 2. 29., 2010. 1. 18.〉

② 제1항에 따른 신의료기술은 새로 개발된 의료기술로서 보건복지부장관이 안전성·유효성을 평가할 필요성이 있다고 인정하는 것을 말한다. 〈개정 2008. 2. 29., 2010. 1. 18.〉

③ 보건복지부장관은 신의료기술평가의 결과를 「국민건강보험법」 제64조에 따른 건강보험심사평가원의 장에게 알려야 한다. 이 경우 신의료기술평가의 결과를 보건복지부령으로 정하는 바에 따라 공표할 수 있다. 〈개정 2008. 2. 29., 2010. 1. 18., 2011. 12. 31.〉

④ 그 밖에 신의료기술평가의 대상 및 절차 등에 필요한 사항은 보건복지부령으로 정한다. 〈개정 2008. 2. 29., 2010. 1. 18.〉

제54조(신의료기술평가위원회의 설치 등) ① 보건복지부장관은 신의료기술평가에 관한 사항을 심의하기 위하여 보건복지부에 신의료기술평가위원회(이하 "위원회"라 한다)를 둔다. 〈개정 2008. 2. 29., 2010. 1. 18.〉

② 위원회는 위원장 1명을 포함하여 20명 이내의 위원으로 구성한다.

③ 위원은 다음 각 호의 자 중에서 보건복지부장관이 위촉하거나 임명한다. 다만, 위원장은 제1호 또는 제2호의 자 중에서 임명한다.〈개정 2008. 2. 29., 2010. 1. 18.〉

  1. 제28조제1항에 따른 의사회·치과의사회·한의사회에서 각각 추천하는 자
  2. 보건의료에 관한 학식이 풍부한 자
  3. 소비자단체에서 추천하는 자
  4. 변호사의 자격을 가진 자로서 보건의료와 관련된 업무에 5년 이상 종사한 경력이 있는 자
  5. 보건의료정책 관련 업무를 담당하고 있는 보건복지부 소속 5급 이상의 공무원

④ 위원장과 위원의 임기는 3년으로 하되, 연임할 수 있다. 다만, 제3항제5호에 따른 공무원의 경우에는 재임기간으로 한다.

⑤ 위원의 자리가 빈 때에는 새로 위원을 임명하고, 새로 임명된 위원의 임기는 임명된 날부터 기산한다.

⑥ 위원회의 심의사항을 전문적으로 검토하기 위하여 위원회에 분야별 전문평가위원회를 둔다.

⑦ 그 밖에 위원회·전문평가위원회의 구성 및 운영 등에 필요한 사항은 보건복지부령으로 정한다.〈개정 2008. 2. 29., 2010. 1. 18.〉

제55조(자료의 수집 업무 등의 위탁) 보건복지부장관은 신의료기술평가에 관한 업무를 수행하기 위하여 필요한 경우 보건복지부령으로 정하는 바에 따라 자료 수집·조사 등 평가에 수반되는 업무를 관계 전문기관 또는 단체에 위탁할 수 있다.〈개정 2008. 2. 29., 2010. 1. 18.〉

제5장 의료광고

제56조(의료광고의 금지 등) ① 의료기관 개설자, 의료기관의 장 또는 의료인(이하 "의료인등"이라 한다)이 아닌 자는 의료에 관한 광고(의료인등이 신문·잡지·음성·음향·영상·인터넷·인쇄물·간판, 그 밖의 방법에 의하여 의료행위, 의료기관 및 의료인등에 대한 정보를 소비자에게 나타내거나 알리는 행위를 말한다. 이하 "의료광고"라 한다)를 하지 못한다.〈개정 2018. 3. 27.〉

② 의료인등은 다음 각 호의 어느 하나에 해당하는 의료광고를 하지 못한다.〈개정 2009. 1. 30., 2016. 5. 29., 2018. 3. 27.〉

  1. 제53조에 따른 평가를 받지 아니한 신의료기술에 관한 광고
  2. 환자에 관한 치료경험담 등 소비자로 하여금 치료 효과를 오인하게 할 우려가 있는 내용의 광고
  3. 거짓된 내용을 표시하는 광고
  4. 다른 의료인등의 기능 또는 진료 방법과 비교하는 내용의 광고
  5. 다른 의료인등을 비방하는 내용의 광고
  6. 수술 장면 등 직접적인 시술행위를 노출하는 내용의 광고
  7. 의료인등의 기능, 진료 방법과 관련하여 심각한 부작용 등 중요한 정보를 누락하는 광고
  8. 객관적인 사실을 과장하는 내용의 광고
  9. 법적 근거가 없는 자격이나 명칭을 표방하는 내용의 광고
  10. 신문, 방송, 잡지 등을 이용하여 기사(記事) 또는 전문가의 의견 형태로 표현되는 광고
  11. 제57조에 따른 심의를 받지 아니하거나 심의받은 내용과 다른 내용의 광고
  12. 제27조제3항에 따라 외국인환자를 유치하기 위한 국내광고
  13. 소비자를 속이거나 소비자로 하여금 잘못 알게 할 우려가 있는 방법으로 제45조에 따른 비급여 진료비용을 할인하거나 면제하는 내용의 광고
  14. 각종 상장·감사장 등을 이용하는 광고 또는 인증·보증·추천을 받았다는 내용을 사용하거나 이와 유사한 내용을 표현하는 광고. 다만, 다음 각 목의 어느 하나에 해당하는 경우는 제외한다.
    가. 제58조에 따른 의료기관 인증을 표시한 광고

나.「정부조직법」제2조부터 제4조까지의 규정에 따른 중앙행정기관·특별지방행정기관 및 그 부속기관,「지방자치법」제2조에 따른 지방자치단체 또는「공공기관의 운영에 관한 법률」제4조에 따른 공공기관으로부터 받은 인증·보증을 표시한 광고

　　다. 다른 법령에 따라 받은 인증·보증을 표시한 광고

　　라. 세계보건기구와 협력을 맺은 국제평가기구로부터 받은 인증을 표시한 광고 등 대통령령으로 정하는 광고

　15. 그 밖에 의료광고의 방법 또는 내용이 국민의 보건과 건전한 의료경쟁의 질서를 해치거나 소비자에게 피해를 줄 우려가 있는 것으로서 대통령령으로 정하는 내용의 광고

③ 의료광고는 다음 각 호의 방법으로는 하지 못한다.〈개정 2018. 3. 27.〉

　1.「방송법」제2조제1호의 방송

　2. 그 밖에 국민의 보건과 건전한 의료경쟁의 질서를 유지하기 위하여 제한할 필요가 있는 경우로서 대통령령으로 정하는 방법

④ 제2항에 따라 금지되는 의료광고의 구체적인 내용 등 의료광고에 관하여 필요한 사항은 대통령령으로 정한다.〈개정 2018. 3. 27.〉

⑤ 보건복지부장관, 시장·군수·구청장은 제2항제2호부터 제5호까지 및 제7호부터 제9호까지를 위반한 의료인등에 대하여 제63조, 제64조 및 제67조에 따른 처분을 하려는 경우에는 지체 없이 그 내용을 공정거래위원회에 통보하여야 한다.〈신설 2016. 5. 29., 2018. 3. 27.〉

[2018. 3. 27. 법률 제15540호에 의하여 2015. 12. 23. 헌법재판소에서 위헌 결정된 이 조를 개정함.]

제57조(의료광고의 심의) ① 의료인등이 다음 각 호의 어느 하나에 해당하는 매체를 이용하여 의료광고를 하려는 경우 미리 의료광고가 제56조제1항부터 제3항까지의 규정에 위반되는지 여부에 관하여 제2항에 따른 기관 또는 단체의 심의를 받아야 한다.〈개정 2008. 2. 29., 2010. 1. 18., 2011. 8. 4., 2016. 1. 6., 2018. 3. 27.〉

　1.「신문 등의 진흥에 관한 법률」제2조에 따른 신문·인터넷신문 또는「잡지 등 정기간행물의 진흥에 관한 법률」제2조에 따른 정기간행물

　2.「옥외광고물 등의 관리와 옥외광고산업 진흥에 관한 법률」제2조제1호에 따른 옥외광고물 중 현수막(懸垂幕), 벽보, 전단(傳單) 및 교통시설·교통수단에 표시(교통수단 내부에 표시되거나 영상·음성·음향 및 이들의 조합으로 이루어지는 광고를 포함한다)되는 것

　3. 전광판

　4. 대통령령으로 정하는 인터넷 매체[이동통신단말장치에서 사용되는 애플리케이션(Application)을 포함한다]

　5. 그 밖에 매체의 성질, 영향력 등을 고려하여 대통령령으로 정하는 광고매체

② 다음 각 호의 기관 또는 단체는 대통령령으로 정하는 바에 따라 자율심의를 위한 조직 등을 갖추어 보건복지부장관에게 신고한 후 의료광고 심의 업무를 수행할 수 있다.〈개정 2018. 3. 27.〉

　1. 제28조제1항에 따른 의사회·치과의사회·한의사회

　2.「소비자기본법」제29조에 따라 등록한 소비자단체로서 대통령령으로 정하는 기준을 충족하는 단체

③ 의료인등은 제1항에도 불구하고 다음 각 호의 사항으로만 구성된 의료광고에 대해서는 제2항에 따라 보건복지부장관에게 신고한 기관 또는 단체(이하 "자율심의기구"라 한다)의 심의를 받지 아니할 수 있다.〈개정 2018. 3. 27.〉

　1. 의료기관의 명칭·소재지·전화번호

　2. 의료기관이 설치·운영하는 진료과목(제43조제5항에 따른 진료과목을 말한다)

　3. 의료기관에 소속된 의료인의 성명·성별 및 면허의 종류

　4. 그 밖에 대통령령으로 정하는 사항

④ 자율심의기구는 제1항에 따른 심의를 할 때 적용하는 심의 기준을 상호 협의하여 마련하여야 한다.〈개정 2018. 3. 27.〉

⑤ 의료광고 심의를 받으려는 자는 자율심의기구가 정하는 수수료를 내야 한다.〈신설 2018. 3. 27.〉

⑥ 제2항제1호에 따른 자율심의기구가 수행하는 의료광고 심의 업무 및 이와 관련된 업무의 수행에 관하여는 제29조제3항, 제30조제1항, 제32조, 제83조제1항 및 「민법」 제37조를 적용하지 아니하며, 제2항제2호에 따른 자율심의기구가 수행하는 의료광고 심의 업무 및 이와 관련된 업무의 수행에 관하여는 「민법」 제37조를 적용하지 아니한다.〈신설 2018. 3. 27.〉

⑦ 자율심의기구는 의료광고 제도 및 법령의 개선에 관하여 보건복지부장관에게 의견을 제시할 수 있다. 〈신설 2018. 3. 27.〉

⑧ 제1항에 따른 심의의 유효기간은 심의를 신청하여 승인을 받은 날부터 3년으로 한다.〈신설 2018. 3. 27.〉

⑨ 의료인등이 제8항에 따른 유효기간의 만료 후 계속하여 의료광고를 하려는 경우에는 유효기간 만료 6개월 전에 자율심의기구에 의료광고 심의를 신청하여야 한다.〈신설 2018. 3. 27.〉

⑩ 제1항부터 제9항까지의 규정에서 정한 것 외에 자율심의기구의 구성 · 운영 및 심의에 필요한 사항은 자율심의기구가 정한다.〈신설 2018. 3. 27.〉

⑪ 자율심의기구는 제1항 및 제4항에 따른 심의 관련 업무를 수행할 때에는 제56조제1항부터 제3항까지의 규정에 따라 공정하고 투명하게 하여야 한다.〈신설 2018. 3. 27.〉

[제목개정 2018. 3. 27.] [2018. 3. 27. 법률 제15540호에 의하여 2005. 12. 23. 헌법재판소에서 위헌 결정된 이 조를 개정함.]

제57조의2(의료광고에 관한 심의위원회) ① 자율심의기구는 의료광고를 심의하기 위하여 제2항 각 호의 구분에 따른 심의위원회(이하 이 조에서 "심의위원회"라 한다)를 설치 · 운영하여야 한다.

② 심의위원회의 종류와 심의 대상은 다음 각 호와 같다.〈개정 2020. 3. 4.〉

1. 의료광고심의위원회: 의사, 의원, 의원의 개설자, 병원, 병원의 개설자, 요양병원(한의사가 개설한 경우는 제외한다), 요양병원의 개설자, 정신병원, 정신병원의 개설자, 종합병원(치과는 제외한다. 이하 이 호에서 같다), 종합병원의 개설자, 조산사, 조산원, 조산원의 개설자가 하는 의료광고의 심의

2. 치과의료광고심의위원회: 치과의사, 치과의원, 치과의원의 개설자, 치과병원, 치과병원의 개설자, 종합병원(치과만 해당한다. 이하 이 호에서 같다), 종합병원의 개설자가 하는 의료광고의 심의

3. 한방의료광고심의위원회: 한의사, 한의원, 한의원의 개설자, 한방병원, 한방병원의 개설자, 요양병원(한의사가 개설한 경우만 해당한다. 이하 이 호에서 같다), 요양병원의 개설자가 하는 의료광고의 심의

③ 제57조제2항제1호에 따른 자율심의기구 중 의사회는 제2항제1호에 따른 심의위원회만, 치과의사회는 같은 항 제2호에 따른 심의위원회만, 한의사회는 같은 항 제3호에 따른 심의위원회만 설치 · 운영하고, 제57조제2항제2호에 따른 자율심의기구는 제2항 각 호의 어느 하나에 해당하는 심의위원회만 설치 · 운영할 수 있다.

④ 심의위원회는 위원장 1명과 부위원장 1명을 포함하여 15명 이상 25명 이하의 위원으로 구성한다. 이 경우 제2항 각 호의 심의위원회 종류별로 다음 각 호의 구분에 따라 구성하여야 한다.

1. 의료광고심의위원회: 제5항제2호부터 제9호까지의 사람을 각각 1명 이상 포함하되, 같은 항 제4호부터 제9호까지의 사람이 전체 위원의 3분의 1 이상이 되도록 구성하여야 한다.

2. 치과의료광고심의위원회: 제5항제1호 및 제3호부터 제9호까지의 사람을 각각 1명 이상 포함하되, 같은 항 제4호부터 제9호까지의 사람이 전체 위원의 3분의 1 이상이 되도록 구성하여야 한다.

3. 한방의료광고심의위원회: 제5항제1호 · 제2호 및 제4호부터 제9호까지의 사람을 각각 1명 이상 포함하되, 같은 항 제4호부터 제9호까지의 사람이 전체 위원의 3분의 1 이상이 되도록 구성하여야 한다.

⑤ 심의위원회 위원은 다음 각 호의 어느 하나에 해당하는 사람 중에서 자율심의기구의 장이 위촉한다.

1. 의사

2. 치과의사

3. 한의사

4. 「약사법」 제2조제2호에 따른 약사
5. 「소비자기본법」 제2조제3호에 따른 소비자단체의 장이 추천하는 사람
6. 「변호사법」 제7조제1항에 따라 같은 법 제78조에 따른 대한변호사협회에 등록한 변호사로서 대한변호사협회의 장이 추천하는 사람
7. 「민법」 제32조에 따라 설립된 법인 중 여성의 사회참여 확대 및 복지 증진을 주된 목적으로 설립된 법인의 장이 추천하는 사람
8. 「비영리민간단체 지원법」 제4조에 따라 등록된 단체로서 환자의 권익 보호를 주된 목적으로 하는 단체의 장이 추천하는 사람
9. 그 밖에 보건의료 또는 의료광고에 관한 학식과 경험이 풍부한 사람
⑥ 제1항부터 제5항까지의 규정에서 정한 것 외에 심의위원회의 구성 및 운영에 필요한 사항은 자율심의기구가 정한다.

[본조신설 2018. 3. 27.]

제57조의3(의료광고 모니터링) 자율심의기구는 의료광고가 제56조제1항부터 제3항까지의 규정을 준수하는지 여부에 관하여 모니터링하고, 보건복지부령으로 정하는 바에 따라 모니터링 결과를 보건복지부장관에게 제출하여야 한다.

[본조신설 2018. 3. 27.]

제6장 감독

제58조(의료기관 인증) ① 보건복지부장관은 의료의 질과 환자 안전의 수준을 높이기 위하여 병원급 의료기관 및 대통령령으로 정하는 의료기관에 대한 인증(이하 "의료기관 인증"이라 한다)을 할 수 있다. 〈개정 2020. 3. 4.〉
② 보건복지부장관은 대통령령으로 정하는 바에 따라 의료기관 인증에 관한 업무를 제58조의11에 따른 의료기관평가인증원에 위탁할 수 있다. 〈개정 2020. 3. 4.〉
③ 보건복지부장관은 다른 법률에 따라 의료기관을 대상으로 실시하는 평가를 통합하여 제58조의11에 따른 의료기관평가인증원으로 하여금 시행하도록 할 수 있다. 〈개정 2020. 3. 4.〉

[전문개정 2010. 7. 23.]

제58조의2(의료기관인증위원회) ① 보건복지부장관은 의료기관 인증에 관한 주요 정책을 심의하기 위하여 보건복지부장관 소속으로 의료기관인증위원회(이하 이 조에서 "위원회"라 한다)를 둔다.
② 위원회는 위원장 1명을 포함한 15인 이내의 위원으로 구성한다.
③ 위원회의 위원장은 보건복지부차관으로 하고, 위원회의 위원은 다음 각 호의 사람 중에서 보건복지부장관이 임명 또는 위촉한다. 〈개정 2016. 5. 29.〉
 1. 제28조에 따른 의료인 단체 및 제52조에 따른 의료기관단체에서 추천하는 자
 2. 노동계, 시민단체(「비영리민간단체지원법」 제2조에 따른 비영리민간단체를 말한다), 소비자단체(「소비자기본법」 제29조에 따른 소비자단체를 말한다)에서 추천하는 자
 3. 보건의료에 관한 학식과 경험이 풍부한 자
 4. 시설물 안전진단에 관한 학식과 경험이 풍부한 자
 5. 보건복지부 소속 3급 이상 공무원 또는 고위공무원단에 속하는 공무원
④ 위원회는 다음 각 호의 사항을 심의한다.
 1. 인증기준 및 인증의 공표를 포함한 의료기관 인증과 관련된 주요 정책에 관한 사항
 2. 제58조제3항에 따른 의료기관 대상 평가제도 통합에 관한 사항
 3. 제58조의7제2항에 따른 의료기관 인증 활용에 관한 사항

    4. 그 밖에 위원장이 심의에 부치는 사항
⑤ 위원회의 구성 및 운영, 그 밖에 필요한 사항은 대통령령으로 정한다.
[본조신설 2010. 7. 23.]

제58조의3(의료기관 인증기준 및 방법 등) ① 의료기관 인증기준은 다음 각 호의 사항을 포함하여야 한다.
    1. 환자의 권리와 안전
    2. 의료기관의 의료서비스 질 향상 활동
    3. 의료서비스의 제공과정 및 성과
    4. 의료기관의 조직 · 인력관리 및 운영
    5. 환자 만족도
② 인증등급은 인증, 조건부인증 및 불인증으로 구분한다. 〈개정 2020. 3. 4.〉
③ 인증의 유효기간은 4년으로 한다. 다만, 조건부인증의 경우에는 유효기간을 1년으로 한다. 〈개정 2020. 3. 4.〉
④ 조건부인증을 받은 의료기관의 장은 유효기간 내에 보건복지부령으로 정하는 바에 따라 재인증을 받아야 한다. 〈개정 2020. 3. 4.〉
⑤ 제1항에 따른 인증기준의 세부 내용은 보건복지부장관이 정한다. 〈개정 2020. 3. 4.〉
[본조신설 2010. 7. 23.]

제58조의4(의료기관 인증의 신청 및 평가) ① 의료기관 인증을 받고자 하는 의료기관의 장은 보건복지부령으로 정하는 바에 따라 보건복지부장관에게 신청할 수 있다.
② 제1항에도 불구하고 제3조제2항제3호에 따른 요양병원(「장애인복지법」 제58조제1항제4호에 따른 의료재활시설로서 제3조의2에 따른 요건을 갖춘 의료기관은 제외한다)의 장은 보건복지부령으로 정하는 바에 따라 보건복지부장관에게 인증을 신청하여야 한다. 〈개정 2020. 3. 4.〉
③ 제2항에 따라 인증을 신청하여야 하는 요양병원이 조건부인증 또는 불인증을 받거나 제58조의10제1항제4호 및 제5호에 따라 인증 또는 조건부인증이 취소된 경우 해당 요양병원의 장은 보건복지부령으로 정하는 기간 내에 다시 인증을 신청하여야 한다. 〈개정 2020. 3. 4.〉
④ 보건복지부장관은 인증을 신청한 의료기관에 대하여 제58조의3제1항에 따른 인증기준 적합 여부를 평가하여야 한다. 이 경우 보건복지부장관은 보건복지부령으로 정하는 바에 따라 필요한 조사를 할 수 있고, 인증을 신청한 의료기관은 정당한 사유가 없으면 조사에 협조하여야 한다. 〈신설 2020. 3. 4.〉
⑤ 보건복지부장관은 제4항에 따른 평가 결과와 인증등급을 지체 없이 해당 의료기관의 장에게 통보하여야 한다. 〈신설 2020. 3. 4.〉
[본조신설 2010. 7. 23.] [제목개정 2020. 3. 4.]

제58조의5(이의신청) ① 의료기관 인증을 신청한 의료기관의 장은 평가결과 또는 인증등급에 관하여 보건복지부장관에게 이의신청을 할 수 있다.
② 제1항에 따른 이의신청은 평가결과 또는 인증등급을 통보받은 날부터 30일 이내에 하여야 한다. 다만, 책임질 수 없는 사유로 그 기간을 지킬 수 없었던 경우에는 그 사유가 없어진 날부터 기산한다.
③ 제1항에 따른 이의신청의 방법 및 처리 결과의 통보 등에 필요한 사항은 보건복지부령으로 정한다.
[본조신설 2010. 7. 23.]

제58조의6(인증서와 인증마크) ① 보건복지부장관은 인증을 받은 의료기관에 인증서를 교부하고 인증을 나타내는 표시(이하 "인증마크"라 한다)를 제작하여 인증을 받은 의료기관이 사용하도록 할 수 있다.
② 누구든지 제58조제1항에 따른 인증을 받지 아니하고 인증서나 인증마크를 제작 · 사용하거나 그 밖의 방법으로 인증을 사칭하여서는 아니 된다.
③ 인증마크의 도안 및 표시방법 등에 필요한 사항은 보건복지부령으로 정한다.
[본조신설 2010. 7. 23.]

제58조의7(인증의 공표 및 활용) ① 보건복지부장관은 인증을 받은 의료기관에 관하여 인증기준, 인증 유효기간 및 제58조의4제4항에 따라 평가한 결과 등 보건복지부령으로 정하는 사항을 인터넷 홈페이지 등에 공표하여야 한다. 〈개정 2020. 3. 4.〉

② 보건복지부장관은 제58조의4제4항에 따른 평가 결과와 인증등급을 활용하여 의료기관에 대하여 다음 각 호에 해당하는 행정적·재정적 지원 등 필요한 조치를 할 수 있다. 〈개정 2020. 3. 4.〉

1. 제3조의4에 따른 상급종합병원 지정
2. 제3조의5에 따른 전문병원 지정
3. 의료의 질 및 환자 안전 수준 향상을 위한 교육, 컨설팅 지원
4. 그 밖에 다른 법률에서 정하거나 보건복지부장관이 필요하다고 인정한 사항

③ 제1항에 따른 공표 등에 필요한 사항은 보건복지부령으로 정한다.

[본조신설 2010. 7. 23.]

제58조의8(자료의 제공요청) ① 보건복지부장관은 인증과 관련하여 필요한 경우에는 관계 행정기관, 의료기관, 그 밖의 공공단체 등에 대하여 자료의 제공 및 협조를 요청할 수 있다.

② 제1항에 따른 자료의 제공과 협조를 요청받은 자는 정당한 사유가 없는 한 요청에 따라야 한다.

[본조신설 2010. 7. 23.]

제58조의9(의료기관 인증의 사후관리) 보건복지부장관은 인증의 실효성을 유지하기 위하여 보건복지부령으로 정하는 바에 따라 인증을 받은 의료기관에 대하여 제58조의3제1항에 따른 인증기준의 충족 여부를 조사할 수 있다.

[본조신설 2020. 3. 4.] [종전 제58조의9는 제58조의10으로 이동 〈2020. 3. 4.〉]

제58조의10(의료기관 인증의 취소 등) ① 보건복지부장관은 인증을 받은 의료기관이 인증 유효기간 중 다음 각 호의 어느 하나에 해당하는 경우에는 의료기관 인증 또는 조건부인증을 취소하거나 인증마크의 사용정지 또는 시정을 명할 수 있다. 다만, 제1호 및 제2호에 해당하는 경우에는 인증 또는 조건부인증을 취소하여야 한다. 〈개정 2020. 3. 4.〉

1. 거짓이나 그 밖의 부정한 방법으로 인증 또는 조건부인증을 받은 경우
2. 제64조제1항에 따라 의료기관 개설 허가가 취소되거나 폐쇄명령을 받은 경우
3. 의료기관의 종별 변경 등 인증 또는 조건부인증의 전제나 근거가 되는 중대한 사실이 변경된 경우
4. 제58조의3제1항에 따른 인증기준을 충족하지 못하게 된 경우
5. 인증마크의 사용정지 또는 시정명령을 위반한 경우

② 제1항제1호에 따라 인증이 취소된 의료기관은 인증 또는 조건부인증이 취소된 날부터 1년 이내에 인증 신청을 할 수 없다.

③ 제1항에 따른 의료기관 인증 또는 조건부인증의 취소 및 인증마크의 사용정지 등에 필요한 절차와 처분의 기준 등은 보건복지부령으로 정한다. 〈신설 2020. 3. 4.〉

[본조신설 2010. 7. 23.] [제목개정 2020. 3. 4.] [제58조의9에서 이동 〈2020. 3. 4.〉]

제58조의11(의료기관평가인증원의 설립 등) ① 의료기관 인증에 관한 업무와 의료기관을 대상으로 실시하는 각종 평가 업무를 효율적으로 수행하기 위하여 의료기관평가인증원(이하 "인증원"이라 한다)을 설립한다.

② 인증원은 다음 각 호의 업무를 수행한다.

1. 의료기관 인증에 관한 업무로서 제58조제2항에 따라 위탁받은 업무
2. 다른 법률에 따라 의료기관을 대상으로 실시하는 평가 업무로서 보건복지부장관으로부터 위탁받은 업무
3. 그 밖에 이 법 또는 다른 법률에 따라 보건복지부장관으로부터 위탁받은 업무

③ 인증원은 법인으로 하고, 주된 사무소의 소재지에 설립등기를 함으로써 성립한다.

④ 인증원에는 정관으로 정하는 바에 따라 임원과 필요한 직원을 둔다.

⑤ 보건복지부장관은 인증원의 운영 및 사업에 필요한 경비를 예산의 범위에서 지원할 수 있다.

⑥ 인증원은 보건복지부장관의 승인을 받아 의료기관 인증을 신청한 의료기관의 장으로부터 인증에 소요되는 비용을 징수할 수 있다.

⑦ 인증원은 제2항에 따른 업무 수행에 지장이 없는 범위에서 보건복지부령으로 정하는 바에 따라 교육, 컨설팅 등 수익사업을 할 수 있다.

⑧ 인증원에 관하여 이 법 및 「공공기관의 운영에 관한 법률」에서 정하는 사항 외에는 「민법」 중 재단법인에 관한 규정을 준용한다.

[본조신설 2020. 3. 4.]

제59조(지도와 명령) ① 보건복지부장관 또는 시·도지사는 보건의료정책을 위하여 필요하거나 국민보건에 중대한 위해(危害)가 발생하거나 발생할 우려가 있으면 의료기관이나 의료인에게 필요한 지도와 명령을 할 수 있다. 〈개정 2008. 2. 29., 2010. 1. 18.〉

② 보건복지부장관, 시·도지사 또는 시장·군수·구청장은 의료인이 정당한 사유 없이 진료를 중단하거나 의료기관 개설자가 집단으로 휴업하거나 폐업하여 환자 진료에 막대한 지장을 초래하거나 초래할 우려가 있다고 인정할 만한 상당한 이유가 있으면 그 의료인이나 의료기관 개설자에게 업무개시 명령을 할 수 있다. 〈개정 2008. 2. 29., 2010. 1. 18.〉

③ 의료인과 의료기관 개설자는 정당한 사유 없이 제2항의 명령을 거부할 수 없다.

제60조(병상 수급계획의 수립 등) ① 보건복지부장관은 병상의 합리적인 공급과 배치에 관한 기본시책을 5년마다 수립하여야 한다. 〈개정 2008. 2. 29., 2010. 1. 18., 2019. 8. 27.〉

② 시·도지사는 제1항에 따른 기본시책에 따라 지역 실정을 고려하여 특별시·광역시 또는 도 단위의 지역별·기능별·종별 의료기관 병상 수급 및 관리계획을 수립한 후 보건복지부장관에게 제출하여야 한다. 〈개정 2008. 2. 29., 2010. 1. 18., 2019. 8. 27.〉

③ 보건복지부장관은 제2항에 따라 제출된 병상 수급 및 관리계획이 제1항에 따른 기본시책에 맞지 아니하는 등 보건복지부령으로 정하는 사유가 있으면 시·도지사와 협의하여 보건복지부령으로 정하는 바에 따라 이를 조정하여야 한다. 〈개정 2008. 2. 29., 2010. 1. 18., 2019. 8. 27.〉

제60조의2(의료인 수급계획 등) ① 보건복지부장관은 우수한 의료인의 확보와 적절한 공급을 위한 기본시책을 수립하여야 한다.

② 제1항에 따른 기본시책은 「보건의료기본법」 제15조에 따른 보건의료발전계획과 연계하여 수립한다.

[본조신설 2015. 12. 29.]

제60조의3(간호인력 취업교육센터 설치 및 운영) ① 보건복지부장관은 간호·간병통합서비스 제공·확대 및 간호인력의 역량 강화와 원활한 수급을 위하여 다음 각 호의 업무를 수행하는 간호인력 취업교육센터를 지역별로 설치·운영할 수 있다. 〈개정 2023. 5. 19.〉

  1. 지역별, 의료기관별 간호인력 확보에 관한 현황 조사

  2. 제7조제1항제1호에 따른 간호학을 전공하는 대학이나 전문대학[구제(舊制) 전문학교와 간호학교를 포함한다] 졸업예정자와 신규 간호인력에 대한 취업교육 지원

  3. 간호인력의 지속적인 근무를 위한 경력개발 지원

  4. 교육전담간호사의 교육

  5. 유휴 및 이직 간호인력의 취업교육 지원

  6. 그 밖에 간호인력의 취업교육 지원을 위하여 보건복지부령으로 정하는 사항

② 보건복지부장관은 간호인력 취업교육센터를 효율적으로 운영하기 위하여 그 운영에 관한 업무를 대통

령령으로 정하는 절차·방식에 따라 관계 전문기관 또는 단체에 위탁할 수 있다.

③ 국가 및 지방자치단체는 제2항에 따라 간호인력 취업교육센터의 운영에 관한 업무를 위탁한 경우에는 그 운영에 드는 비용을 지원할 수 있다.

④ 그 밖에 간호인력 취업교육센터의 운영 등에 필요한 사항은 보건복지부령으로 정한다.

[본조신설 2015. 12. 29.]

제61조(보고와 업무 검사 등) ① 보건복지부장관, 시·도지사 또는 시장·군수·구청장은 의료기관 개설자 또는 의료인에게 필요한 사항을 보고하도록 명할 수 있고, 관계 공무원을 시켜 그 업무 상황, 시설 또는 진료기록부·조산기록부·간호기록부 등 관계 서류를 검사하게 하거나 관계인에게서 진술을 들어 사실을 확인받게 할 수 있다. 이 경우 의료기관 개설자 또는 의료인은 정당한 사유 없이 이를 거부하지 못한다. 〈개정 2008. 2. 29., 2010. 1. 18., 2011. 8. 4., 2016. 12. 20., 2018. 3. 27., 2019. 8. 27.〉

② 제1항의 경우에 관계 공무원은 권한을 증명하는 증표 및 조사기간, 조사범위, 조사담당자, 관계 법령 등이 기재된 조사명령서를 지니고 이를 관계인에게 내보여야 한다. 〈개정 2011. 8. 4.〉

③ 제1항의 보고 및 제2항의 조사명령서에 관한 사항은 보건복지부령으로 정한다. 〈개정 2008. 2. 29., 2010. 1. 18., 2011. 8. 4.〉

제61조의2(자료제공의 요청) ① 보건복지부장관은 이 법의 위반 사실을 확인하기 위한 경우 등 소관 업무를 수행하기 위하여 필요한 경우에는 의료인, 의료기관의 장, 「국민건강보험법」에 따른 국민건강보험공단 및 건강보험심사평가원, 그 밖의 관계 행정기관 및 단체 등에 대하여 필요한 자료의 제출이나 의견의 진술 등을 요청할 수 있다.

② 제1항에 따른 자료의 제공 또는 협조를 요청받은 자는 특별한 사유가 없으면 이에 따라야 한다.

[본조신설 2019. 8. 27.]

제62조(의료기관 회계기준) ① 의료기관 개설자는 의료기관 회계를 투명하게 하도록 노력하여야 한다.

② 100병상 이상의 병원급 의료기관으로서 보건복지부령으로 정하는 일정 규모 이상의 병원급 의료기관 개설자는 회계를 투명하게 하기 위하여 의료기관 회계기준을 지켜야 한다. 〈개정 2008. 2. 29., 2010. 1. 18., 2020. 3. 4.〉

③ 제2항에 따른 의료기관 회계기준은 보건복지부령으로 정한다. 〈개정 2008. 2. 29., 2010. 1. 18.〉

제63조(시정 명령 등) ① 보건복지부장관 또는 시장·군수·구청장은 의료기관이 제15조제1항, 제16조제2항, 제21조제1항 후단 및 같은 조 제2항·제3항, 제23조제2항, 제34조제2항, 제35조제2항, 제36조, 제36조의2, 제37조제1항·제2항, 제38조제1항·제2항, 제38조의2, 제41조, 제41조의2제1항·제4항, 제42조, 제43조, 제45조, 제46조, 제47조제1항, 제58조의4제2항 및 제3항, 제62조제2항을 위반한 때, 종합병원·상급종합병원·전문병원이 각각 제3조의3제1항·제3조의4제1항·제3조의5제2항에 따른 요건에 해당하지 아니하게 된 때, 의료기관의 장이 제4조제5항을 위반한 때 또는 자율심의기구가 제57조제11항을 위반한 때에는 일정한 기간을 정하여 그 시설·장비 등의 전부 또는 일부의 사용을 제한 또는 금지하거나 위반한 사항을 시정하도록 명할 수 있다. 〈개정 2008. 2. 29., 2009. 1. 30., 2010. 1. 18., 2010. 7. 23., 2011. 4. 28., 2015. 12. 22., 2015. 12. 29., 2016. 5. 29., 2016. 12. 20., 2018. 3. 27., 2020. 3. 4., 2021. 9. 24., 2023. 5. 19.〉

② 보건복지부장관 또는 시장·군수·구청장은 의료인등이 제56조제2항·제3항을 위반한 때에는 다음 각 호의 조치를 명할 수 있다. 〈신설 2018. 3. 27.〉

1. 위반행위의 중지
2. 위반사실의 공표
3. 정정광고

③ 제2항제2호·제3호에 따른 조치에 필요한 사항은 대통령령으로 정한다. 〈신설 2018. 3. 27.〉

제64조(개설 허가 취소 등) ① 보건복지부장관 또는 시장·군수·구청장은 의료기관이 다음 각 호의 어느 하나에 해당하면 그 의료업을 1년의 범위에서 정지시키거나 개설 허가의 취소 또는 의료기관 폐쇄를 명할 수 있다. 다만, 제8호에 해당하는 경우에는 의료기관 개설 허가의 취소 또는 의료기관 폐쇄를 명하여야 하며, 의료기관 폐쇄는 제33조제3항과 제35조제1항 본문에 따라 신고한 의료기관에만 명할 수 있다. 〈개정 2007. 7. 27., 2008. 2. 29., 2009. 1. 30., 2010. 1. 18., 2011. 8. 4., 2013. 8. 13., 2015. 12. 22., 2015. 12. 29., 2016. 5. 29., 2016. 12. 20., 2018. 8. 14., 2019. 4. 23., 2019. 8. 27., 2020. 3. 4., 2020. 12. 29.〉

1. 개설 신고나 개설 허가를 한 날부터 3개월 이내에 정당한 사유 없이 업무를 시작하지 아니한 때

1의2. 제4조제2항을 위반하여 의료인이 다른 의료인 또는 의료법인 등의 명의로 의료기관을 개설하거나 운영한 때

2. 제27조제5항을 위반하여 무자격자에게 의료행위를 하게 하거나 의료인에게 면허 사항 외의 의료행위를 하게 한 때

3. 제61조에 따른 관계 공무원의 직무 수행을 기피 또는 방해하거나 제59조 또는 제63조에 따른 명령을 위반한 때

4. 제33조제2항제3호부터 제5호까지의 규정에 따른 의료법인·비영리법인, 준정부기관·지방의료원 또는 한국보훈복지의료공단의 설립허가가 취소되거나 해산된 때

4의2. 제33조제2항을 위반하여 의료기관을 개설한 때

4의3. 제33조제8항을 위반하여 둘 이상의 의료기관을 개설·운영한 때

5. 제33조제5항·제7항·제9항·제10항, 제40조, 제40조의2 또는 제56조를 위반한 때. 다만, 의료기관 개설자 본인에게 책임이 없는 사유로 제33조제7항제4호를 위반한 때에는 그러하지 아니하다.

5의2. 정당한 사유 없이 제40조제1항에 따른 폐업·휴업 신고를 하지 아니하고 6개월 이상 의료업을 하지 아니한 때

6. 제63조에 따른 시정명령(제4조제5항 위반에 따른 시정명령을 제외한다)을 이행하지 아니한 때

7. 「약사법」 제24조제2항을 위반하여 담합행위를 한 때

8. 의료기관 개설자가 거짓으로 진료비를 청구하여 금고 이상의 형을 선고받고 그 형이 확정된 때

9. 제36조에 따른 준수사항을 위반하여 사람의 생명 또는 신체에 중대한 위해를 발생하게 한 때

② 제1항에 따라 개설 허가를 취소당하거나 폐쇄 명령을 받은 자는 그 취소된 날이나 폐쇄 명령을 받은 날부터 6개월 이내에, 의료업 정지처분을 받은 자는 그 업무 정지기간 중에 각각 의료기관을 개설·운영하지 못한다. 다만, 제1항제8호에 따라 의료기관 개설 허가를 취소당하거나 폐쇄 명령을 받은 자는 취소당한 날이나 폐쇄 명령을 받은 날부터 3년 안에는 의료기관을 개설·운영하지 못한다.

③ 보건복지부장관 또는 시장·군수·구청장은 의료기관이 제1항에 따라 그 의료업이 정지되거나 개설 허가의 취소 또는 폐쇄 명령을 받은 경우 해당 의료기관에 입원 중인 환자를 다른 의료기관으로 옮기도록 하는 등 환자의 권익을 보호하기 위하여 필요한 조치를 하여야 한다. 〈신설 2016. 12. 20.〉

제65조(면허 취소와 재교부) ① 보건복지부장관은 의료인이 다음 각 호의 어느 하나에 해당할 경우에는 그 면허를 취소할 수 있다. 다만, 제1호·제8호의 경우에는 면허를 취소하여야 한다. 〈개정 2008. 2. 29., 2009. 1. 30., 2009. 12. 31., 2010. 1. 18., 2015. 12. 29., 2016. 5. 29., 2020. 3. 4., 2020. 12. 29., 2023. 5. 19.〉

1. 제8조 각 호의 어느 하나에 해당하게 된 경우. 다만, 의료행위 중 「형법」 제268조의 죄를 범하여 제8조제4호부터 제6호까지의 어느 하나에 해당하게 된 경우에는 그러하지 아니하다.

2. 제66조에 따른 자격 정지 처분 기간 중에 의료행위를 하거나 3회 이상 자격 정지 처분을 받은 경우

2의2. 제2항에 따라 면허를 재교부받은 사람이 제66조제1항 각 호의 어느 하나에 해당하는 경우

3. 제11조제1항에 따른 면허 조건을 이행하지 아니한 경우

4. 제4조의3제1항을 위반하여 면허를 대여한 경우

5. 삭제〈2016. 12. 20.〉

6. 제4조제6항을 위반하여 사람의 생명 또는 신체에 중대한 위해를 발생하게 한 경우

7. 제27조제5항을 위반하여 사람의 생명 또는 신체에 중대한 위해를 발생하게 할 우려가 있는 수술, 수혈, 전신마취를 의료인 아닌 자에게 하게 하거나 의료인에게 면허 사항 외로 하게 한 경우

8. 거짓이나 그 밖의 부정한 방법으로 제5조부터 제7조까지에 따른 의료인 면허 발급 요건을 취득하거나 제9조에 따른 국가시험에 합격한 경우

② 보건복지부장관은 제1항에 따라 면허가 취소된 자라도 취소의 원인이 된 사유가 없어지거나 개전(改悛)의 정이 뚜렷하다고 인정되고 대통령령으로 정하는 교육프로그램을 이수한 경우에는 면허를 재교부할 수 있다. 다만, 제1항제3호에 따라 면허가 취소된 경우에는 취소된 날부터 1년 이내, 제1항제2호·제2호의2에 따라 면허가 취소된 경우에는 취소된 날부터 2년 이내, 제1항제4호·제6호·제7호 또는 제8조제4호부터 제6호까지에 따른 사유로 면허가 취소된 경우에는 취소된 날부터 3년 이내, 제8조제4호에 따른 사유로 면허가 취소된 사람이 다시 제8조제4호에 따른 사유로 면허가 취소된 경우에는 취소된 날부터 10년 이내에는 재교부하지 못하고, 제1항제8호에 따라 면허가 취소된 경우에는 재교부할 수 없다.〈개정 2007. 7. 27., 2008. 2. 29., 2010. 1. 18., 2016. 5. 29., 2016. 12. 20., 2019. 8. 27., 2020. 12. 29., 2023. 5. 19.〉

제66조(자격정지 등) ① 보건복지부장관은 의료인이 다음 각 호의 어느 하나에 해당하면(제65조제1항제2호의2에 해당하는 경우는 제외한다) 1년의 범위에서 면허자격을 정지시킬 수 있다. 이 경우 의료기술과 관련한 판단이 필요한 사항에 관하여는 관계 전문가의 의견을 들어 결정할 수 있다. 〈개정 2008. 2. 29., 2009. 12. 31., 2010. 1. 18., 2010. 5. 27., 2011. 4. 7., 2011. 8. 4., 2016. 5. 29., 2016. 12. 20., 2019. 4. 23., 2019. 8. 27., 2023. 5. 19.〉

1. 의료인의 품위를 심하게 손상시키는 행위를 한 때

2. 의료기관 개설자가 될 수 없는 자에게 고용되어 의료행위를 한 때

2의2. 제4조제6항을 위반한 때

3. 제17조제1항 및 제2항에 따른 진단서·검안서 또는 증명서를 거짓으로 작성하여 내주거나 제22조제1항에 따른 진료기록부등을 거짓으로 작성하거나 고의로 사실과 다르게 추가기재·수정한 때

4. 제20조를 위반한 경우

5. 삭제〈2020. 12. 29.〉

6. 의료기사가 아닌 자에게 의료기사의 업무를 하게 하거나 의료기사에게 그 업무 범위를 벗어나게 한 때

7. 관련 서류를 위조·변조하거나 속임수 등 부정한 방법으로 진료비를 거짓 청구한 때

8. 삭제〈2011. 8. 4.〉

9. 제23조의5를 위반하여 경제적 이익등을 제공받은 때

10. 그 밖에 이 법 또는 이 법에 따른 명령을 위반한 때

② 제1항제1호에 따른 행위의 범위는 대통령령으로 정한다.

③ 의료기관은 그 의료기관 개설자가 제1항제7호에 따라 자격정지 처분을 받은 경우에는 그 자격정지 기간 중 의료업을 할 수 없다.〈개정 2010. 7. 23.〉

④ 보건복지부장관은 의료인이 제25조에 따른 신고를 하지 아니한 때에는 신고할 때까지 면허의 효력을 정지할 수 있다.〈신설 2011. 4. 28.〉

⑤ 제1항제2호를 위반한 의료인이 자진하여 그 사실을 신고한 경우에는 제1항에도 불구하고 보건복지부령으로 정하는 바에 따라 그 처분을 감경하거나 면제할 수 있다.〈신설 2012. 2. 1.〉

⑥ 제1항에 따른 자격정지처분은 그 사유가 발생한 날부터 5년(제1항제5호·제7호에 따른 자격정지처분의 경우에는 7년으로 한다)이 지나면 하지 못한다. 다만, 그 사유에 대하여 「형사소송법」 제246조에 따른 공소가 제기된 경우에는 공소가 제기된 날부터 해당 사건의 재판이 확정된 날까지의 기간은 시효

기간에 산입하지 아니 한다.〈신설 2016. 5. 29.〉

제66조의2(중앙회의 자격정지 처분 요구 등) 각 중앙회의 장은 의료인이 제66조제1항제1호에 해당하는 경우에는 각 중앙회의 윤리위원회의 심의·의결을 거쳐 보건복지부장관에게 자격정지 처분을 요구할 수 있다.
[본조신설 2011. 4. 28.]

제67조(과징금 처분) ① 보건복지부장관이나 시장·군수·구청장은 의료기관이 제64조제1항 각 호의 어느 하나에 해당할 때에는 대통령령으로 정하는 바에 따라 의료업 정지 처분을 갈음하여 10억원 이하의 과징금을 부과할 수 있으며, 이 경우 과징금은 3회까지만 부과할 수 있다. 다만, 동일한 위반행위에 대하여 「표시·광고의 공정화에 관한 법률」 제9조에 따른 과징금 부과처분이 이루어진 경우에는 과징금(의료업 정지 처분을 포함한다)을 감경하여 부과하거나 부과하지 아니할 수 있다. 〈개정 2008. 2. 29., 2010. 1. 18., 2016. 5. 29., 2019. 8. 27.〉
② 제1항에 따른 과징금을 부과하는 위반 행위의 종류와 정도 등에 따른 과징금의 액수와 그 밖에 필요한 사항은 대통령령으로 정한다.
③ 보건복지부장관이나 시장·군수·구청장은 제1항에 따른 과징금을 기한 안에 내지 아니한 때에는 지방세 체납처분의 예에 따라 징수한다.〈개정 2008. 2. 29., 2010. 1. 18.〉

제68조(행정처분의 기준) 제63조, 제64조제1항, 제65조제1항, 제66조제1항에 따른 행정처분의 세부적인 기준은 보건복지부령으로 정한다. 〈개정 2008. 2. 29., 2010. 1. 18.〉

제69조(의료지도원) ① 제61조에 따른 관계 공무원의 직무를 행하게 하기 위하여 보건복지부, 시·도 및 시·군·구에 의료지도원을 둔다. 〈개정 2008. 2. 29., 2010. 1. 18.〉
② 의료지도원은 보건복지부장관, 시·도지사 또는 시장·군수·구청장이 그 소속 공무원 중에서 임명하되, 자격과 임명 등에 필요한 사항은 보건복지부령으로 정한다.〈개정 2008. 2. 29., 2010. 1. 18.〉
③ 의료지도원 및 그 밖의 공무원은 직무를 통하여 알게 된 의료기관, 의료인, 환자의 비밀을 누설하지 못한다.

제7장

삭제 〈2011. 4. 7.〉

제70조 삭제 〈2011. 4. 7.〉

제71조 삭제 〈2011. 4. 7.〉

제72조 삭제 〈2011. 4. 7.〉

제73조 삭제 〈2011. 4. 7.〉

제74조 삭제 〈2011. 4. 7.〉

제75조 삭제 〈2011. 4. 7.〉

제76조 삭제 〈2011. 4. 7.〉

제8장 보칙

제77조(전문의) ①의사·치과의사 또는 한의사로서 전문의가 되려는 자는 대통령령으로 정하는 수련을 거쳐 보건복지부장관에게 자격 인정을 받아야 한다. 〈개정 2008. 2. 29., 2010. 1. 18.〉
② 제1항에 따라 전문의 자격을 인정받은 자가 아니면 전문과목을 표시하지 못한다. 다만, 보건복지부장관은 의료체계를 효율적으로 운영하기 위하여 전문의 자격을 인정받은 치과의사와 한의사에 대하여 종

합병원·치과병원·한방병원 중 보건복지부령으로 정하는 의료기관에 한하여 전문과목을 표시하도록 할 수 있다.⟨개정 2008. 2. 29., 2009. 1. 30., 2010. 1. 18.⟩

③ 삭제⟨2016. 12. 20.⟩

④ 전문의 자격 인정과 전문과목에 관한 사항은 대통령령으로 정한다.⟨개정 2011. 4. 28.⟩

[법률 제9386호(2009. 1. 30.) 제77조제2항 단서의 개정규정 중 치과의사에 대한 부분은 같은 법 부칙 제2조의 규정에 의하여 2013년 12월 31일까지, 제77조제2항 단서의 개정규정 중 한의사에 대한 부분은 같은 법 부칙 제2조의 규정에 의하여 2009년 12월 31일까지 유효함]

[2016. 12. 20. 법률 제14438호에 의하여 2015. 5. 28. 헌법재판소에서 위헌 결정된 이 조 제3항을 삭제함.]

제78조(전문간호사) ① 보건복지부장관은 간호사에게 간호사 면허 외에 전문간호사 자격을 인정할 수 있다. ⟨개정 2008. 2. 29., 2010. 1. 18.⟩

② 전문간호사가 되려는 사람은 다음 각 호의 어느 하나에 해당하는 사람으로서 보건복지부장관이 실시하는 전문간호사 자격시험에 합격한 후 보건복지부장관의 자격인정을 받아야 한다.⟨개정 2018. 3. 27.⟩

1. 보건복지부령으로 정하는 전문간호사 교육과정을 이수한 자
2. 보건복지부장관이 인정하는 외국의 해당 분야 전문간호사 자격이 있는 자

③ 전문간호사는 제2항에 따라 자격을 인정받은 해당 분야에서 간호 업무를 수행하여야 한다.⟨신설 2018. 3. 27.⟩

④ 전문간호사의 자격 구분, 자격 기준, 자격 시험, 자격증, 업무 범위, 그 밖에 필요한 사항은 보건복지부령으로 정한다.⟨신설 2018. 3. 27.⟩

제79조(한지 의료인) ① 이 법이 시행되기 전의 규정에 따라 면허를 받은 한지 의사(限地 醫師), 한지 치과의사 및 한지 한의사는 허가받은 지역에서 의료업무에 종사하는 경우 의료인으로 본다.

② 보건복지부장관은 제1항에 따른 의료인이 허가받은 지역 밖에서 의료행위를 하는 경우에는 그 면허를 취소할 수 있다.⟨개정 2008. 2. 29., 2010. 1. 18.⟩

③ 제1항에 따른 의료인의 허가지역 변경, 그 밖에 필요한 사항은 보건복지부령으로 정한다.⟨개정 2008. 2. 29., 2010. 1. 18.⟩

④ 한지 의사, 한지 치과의사, 한지 한의사로서 허가받은 지역에서 10년 이상 의료업무에 종사한 경력이 있는 자 또는 이 법 시행 당시 의료업무에 종사하고 있는 자 중 경력이 5년 이상인 자에게는 제5조에도 불구하고 보건복지부령으로 정하는 바에 따라 의사, 치과의사 또는 한의사의 면허를 줄 수 있다.⟨개정 2008. 2. 29., 2010. 1. 18.⟩

제80조(간호조무사 자격) ① 간호조무사가 되려는 사람은 다음 각 호의 어느 하나에 해당하는 사람으로서 보건복지부령으로 정하는 교육과정을 이수하고 간호조무사 국가시험에 합격한 후 보건복지부장관의 자격인정을 받아야 한다. 이 경우 자격시험의 제한에 관하여는 제10조를 준용한다. ⟨개정 2019. 8. 27.⟩

1. 초·중등교육법령에 따른 특성화고등학교의 간호 관련 학과를 졸업한 사람(간호조무사 국가시험 응시일로부터 6개월 이내에 졸업이 예정된 사람을 포함한다)
2. 「초·중등교육법」 제2조에 따른 고등학교 졸업자(간호조무사 국가시험 응시일로부터 6개월 이내에 졸업이 예정된 사람을 포함한다) 또는 초·중등교육법령에 따라 같은 수준의 학력이 있다고 인정되는 사람(이하 이 조에서 "고등학교 졸업학력 인정자"라 한다)으로서 보건복지부령으로 정하는 국·공립 간호조무사양성소의 교육을 이수한 사람
3. 고등학교 졸업학력 인정자로서 평생교육법령에 따른 평생교육시설에서 고등학교 교과 과정에 상응하는 교육과정 중 간호 관련 학과를 졸업한 사람(간호조무사 국가시험 응시일로부터 6개월 이내에 졸업이 예정된 사람을 포함한다)
4. 고등학교 졸업학력 인정자로서 「학원의 설립·운영 및 과외교습에 관한 법률」 제2조의2제2항에 따

른 학원의 간호조무사 교습과정을 이수한 사람

5. 고등학교 졸업학력 인정자로서 외국의 간호조무사 교육과정(보건복지부장관이 정하여 고시하는 인정 기준에 해당하는 교육과정을 말한다)을 이수하고 해당 국가의 간호조무사 자격을 취득한 사람

6. 제7조제1항제1호 또는 제2호에 해당하는 사람

② 제1항제1호부터 제4호까지에 따른 간호조무사 교육훈련기관은 보건복지부장관의 지정·평가를 받아야 한다. 이 경우 보건복지부장관은 간호조무사 교육훈련기관의 지정을 위한 평가업무를 대통령령으로 정하는 절차·방식에 따라 관계 전문기관에 위탁할 수 있다.

③ 보건복지부장관은 제2항에 따른 간호조무사 교육훈련기관이 거짓이나 그 밖의 부정한 방법으로 지정받는 등 대통령령으로 정하는 사유에 해당하는 경우에는 그 지정을 취소할 수 있다.

④ 간호조무사는 최초로 자격을 받은 후부터 3년마다 그 실태와 취업상황 등을 보건복지부장관에게 신고하여야 한다.

⑤ 제1항에 따른 간호조무사의 국가시험·자격인정, 제2항에 따른 간호조무사 교육훈련기관의 지정·평가, 제4항에 따른 자격신고 및 간호조무사의 보수교육 등에 관하여 필요한 사항은 보건복지부령으로 정한다.

[전문개정 2015. 12. 29.]

제80조의2(간호조무사 업무) ① 간호조무사는 제27조에도 불구하고 간호사를 보조하여 제2조제2항제5호가 목부터 다목까지의 업무를 수행할 수 있다.

② 제1항에도 불구하고 간호조무사는 제3조제2항에 따른 의원급 의료기관에 한하여 의사, 치과의사, 한의사의 지도하에 환자의 요양을 위한 간호 및 진료의 보조를 수행할 수 있다.

③ 제1항 및 제2항에 따른 구체적인 업무의 범위와 한계에 대하여 필요한 사항은 보건복지부령으로 정한다.

[본조신설 2015. 12. 29.]

제80조의3(준용규정) 간호조무사에 대하여는 제8조, 제9조, 제12조, 제16조, 제19조, 제20조, 제22조, 제23조, 제59조제1항, 제61조, 제65조, 제66조, 제68조, 제83조제1항, 제84조, 제85조, 제87조, 제87조의2, 제88조, 제88조의2 및 제91조를 준용하며, 이 경우 "면허"는 "자격"으로, "면허증"은 "자격증"으로 본다. 〈개정 2016. 12. 20., 2019. 8. 27.〉

[본조신설 2015. 12. 29.]

제81조(의료유사업자) ① 이 법이 시행되기 전의 규정에 따라 자격을 받은 접골사(接骨士), 침사(鍼士), 구사(灸士) (이하 "의료유사업자"라 한다)는 제27조에도 불구하고 각 해당 시술소에서 시술(施術)을 업(業)으로 할 수 있다.

② 의료유사업자에 대하여는 이 법 중 의료인과 의료기관에 관한 규정을 준용한다. 이 경우 "의료인"은 "의료유사업자"로, "면허"는 "자격"으로, "면허증"은 "자격증"으로, "의료기관"은 "시술소"로 한다.

③ 의료유사업자의 시술행위, 시술업무의 한계 및 시술소의 기준 등에 관한 사항은 보건복지부령으로 정한다. 〈개정 2008. 2. 29., 2010. 1. 18.〉

제82조(안마사) ① 안마사는 「장애인복지법」에 따른 시각장애인 중 다음 각 호의 어느 하나에 해당하는 자로서 시·도지사에게 자격인정을 받아야 한다. 〈개정 2008. 2. 29., 2010. 1. 18.〉

1. 「초·중등교육법」 제2조제5호에 따른 특수학교 중 고등학교에 준한 교육을 하는 학교에서 제4항에 따른 안마사의 업무한계에 따라 물리적 시술에 관한 교육과정을 마친 자

2. 중학교 과정 이상의 교육을 받고 보건복지부장관이 지정하는 안마수련기관에서 2년 이상의 안마수련과정을 마친 자

② 제1항의 안마사는 제27조에도 불구하고 안마업무를 할 수 있다.

③ 안마사에 대하여는 이 법 중 제8조, 제25조, 제28조부터 제32조까지, 제33조제2항제1호·제3항·제5항·제8항 본문, 제36조, 제40조, 제59조제1항, 제61조, 제63조(제36조를 위반한 경우만을 말한다), 제64조부터 제66조까지, 제68조, 제83조, 제84조를 준용한다. 이 경우 "의료인"은 "안마사"로, "면허"

는 "자격"으로, "면허증"은 "자격증"으로, "의료기관"은 "안마시술소 또는 안마원"으로, "해당 의료관계 단체의 장"은 "안마사회장"으로 한다. 〈개정 2009. 1. 30.〉

④ 제3항에도 불구하고 국가나 지방자치단체가 관계 법령에 따라 시행하는 장애인일자리 사업 등을 수행하는 자로서 보건복지부령으로 정하는 자가 그 사업 수행과정에서 안마사를 고용하는 경우에는 제66조제1항제2호를 준용하지 아니한다. 〈신설 2023. 10. 31.〉

⑤ 안마사의 업무한계, 안마시술소나 안마원의 시설 기준 등에 관한 사항은 보건복지부령으로 정한다. 〈개정 2008. 2. 29., 2010. 1. 18., 2023. 10. 31.〉

제83조(경비 보조 등) ① 보건복지부장관 또는 시 · 도지사는 국민보건 향상을 위하여 필요하다고 인정될 때에는 의료인 · 의료기관 · 중앙회 또는 의료 관련 단체에 대하여 시설, 운영 경비, 조사 · 연구 비용의 전부 또는 일부를 보조할 수 있다. 〈개정 2008. 2. 29., 2010. 1. 18., 2010. 7. 23.〉

② 보건복지부장관은 다음 각 호의 의료기관이 인증을 신청할 때 예산의 범위에서 인증에 소요되는 비용의 전부 또는 일부를 보조할 수 있다. 〈신설 2010. 7. 23., 2020. 3. 4.〉

1. 제58조의4제2항 및 제3항에 따라 인증을 신청하여야 하는 의료기관
2. 300병상 미만인 의료기관(종합병원은 제외한다) 중 보건복지부장관이 정하는 기준에 해당하는 의료기관

제84조(청문) 보건복지부장관, 시 · 도지사 또는 시장 · 군수 · 구청장은 다음 각 호의 어느 하나에 해당하는 처분을 하려면 청문을 실시하여야 한다. 〈개정 2008. 2. 29., 2010. 1. 18., 2010. 7. 23., 2016. 12. 20., 2020. 3. 4.〉

1. 제23조의2제4항에 따른 인증의 취소
2. 제51조에 따른 설립 허가의 취소
3. 제58조의10에 따른 의료기관 인증 또는 조건부인증의 취소
4. 제63조에 따른 시설 · 장비 등의 사용금지 명령
5. 제64조제1항에 따른 개설허가 취소나 의료기관 폐쇄 명령
6. 제65조제1항에 따른 면허의 취소

제85조(수수료) ① 이 법에 따른 의료인의 면허나 면허증을 재교부 받으려는 자, 국가시험등에 응시하려는 자, 진단용 방사선 발생 장치의 검사를 받으려는 자, 진단용 방사선 발생장치 안전관리책임자 교육을 받으려는 자는 보건복지부령으로 정하는 바에 따라 수수료를 내야 한다. 〈개정 2008. 2. 29., 2010. 1. 18., 2020. 12. 29.〉

② 제9조제2항에 따른 한국보건의료인국가시험원은 제1항에 따라 납부받은 국가시험등의 응시수수료를 보건복지부장관의 승인을 받아 시험 관리에 필요한 경비에 직접 충당할 수 있다. 〈개정 2008. 2. 29., 2010. 1. 18., 2015. 6. 22.〉

제86조(권한의 위임 및 위탁) ① 이 법에 따른 보건복지부장관 또는 시 · 도지사의 권한은 그 일부를 대통령령으로 정하는 바에 따라 질병관리청장, 시 · 도지사 또는 시장 · 군수 · 구청장이나 보건소장에게 위임할 수 있다. 〈개정 2008. 2. 29., 2010. 1. 18., 2020. 8. 11.〉

② 보건복지부장관은 이 법에 따른 업무의 일부를 대통령령으로 정하는 바에 따라 관계 전문기관에 위탁할 수 있다. 〈개정 2008. 2. 29., 2010. 1. 18.〉

제86조의2(벌칙 적용에서 공무원 의제) 제57조의2제4항에 따른 심의위원회 위원은 「형법」 제129조부터 제132조까지의 규정을 적용할 때에는 공무원으로 본다.

[본조신설 2018. 3. 27.]

제86조의3(기록의 보존 · 보관 의무에 대한 면책) 제22조제2항, 제23조제1항, 제38조의2 또는 제40조의2제1항에 따라 보존 · 보관하여야 하는 기록이 천재지변이나 그 밖의 불가항력으로 멸실된 경우에는 해당 기록의 보존 · 보관의무자는 제64조, 제66조 또는 제90조에 따른 책임을 면한다. 〈개정 2020. 3. 4., 2021. 9. 24.〉

[본조신설 2019. 4. 23.]

제9장 벌칙

제87조(벌칙) 제33조제2항을 위반하여 의료기관을 개설하거나 운영하는 자는 10년 이하의 징역이나 1억원 이하의 벌금에 처한다.
[본조신설 2019. 8. 27.] [종전 제87조는 제87조의2로 이동 〈2019. 8. 27.〉]

제87조의2(벌칙) ① 제12조제3항을 위반한 죄를 범하여 사람을 상해에 이르게 한 경우에는 7년 이하의 징역 또는 1천만원 이상 7천만원 이하의 벌금에 처하고, 중상해에 이르게 한 경우에는 3년 이상 10년 이하의 징역에 처하며, 사망에 이르게 한 경우에는 무기 또는 5년 이상의 징역에 처한다. 〈신설 2019. 4. 23.〉
② 다음 각 호의 어느 하나에 해당하는 자는 5년 이하의 징역이나 5천만원 이하의 벌금에 처한다. 〈개정 2009. 1. 30., 2015. 12. 29., 2016. 5. 29., 2016. 12. 20., 2019. 4. 23., 2019. 8. 27., 2020. 3. 4., 2020. 12. 29., 2021. 9. 24.〉
  1. 제4조의3제1항을 위반하여 면허를 대여한 사람
  1의2. 제4조의3제2항을 위반하여 면허를 대여받거나 면허 대여를 알선한 사람
  2. 제12조제2항 및 제3항, 제18조제3항, 제21조의2제5항·제8항, 제23조제3항, 제27조제1항, 제33조제2항(제82조제3항에서 준용하는 경우만을 말한다)·제8항(제82조제3항에서 준용하는 경우를 포함한다)·제10항을 위반한 자. 다만, 제12조제3항의 죄는 피해자의 명시한 의사에 반하여 공소를 제기할 수 없다.
  3. 제27조제5항을 위반하여 의료인이 아닌 자에게 의료행위를 하게 하거나 의료인에게 면허 사항 외의 의료행위를 하게 한 자
  3의2. 제38조의2제5항을 위반하여 촬영한 영상정보를 열람하게 하거나 제공한 자
  3의3. 제38조의2제6항을 위반하여 촬영한 영상정보를 탐지하거나 누출·변조 또는 훼손한 자
  3의4. 제38조의2제7항을 위반하여 촬영한 영상정보를 이 법에서 정한 목적 외의 용도로 사용한 자
  4. 제40조의3제3항을 위반하여 직접 보관한 진료기록부등 외 진료기록보관시스템에 보관된 정보를 열람하는 등 그 내용을 확인한 사람
  5. 제40조의3제7항을 위반하여 정당한 접근 권한 없이 또는 허용된 접근 권한을 넘어 진료기록보관시스템에 보관된 정보를 훼손·멸실·변경·위조·유출하거나 검색·복제한 사람
[제87조에서 이동 〈2019. 8. 27.〉]

제88조(벌칙) 다음 각 호의 어느 하나에 해당하는 자는 3년 이하의 징역이나 3천만원 이하의 벌금에 처한다. 〈개정 2019. 8. 27., 2020. 3. 4., 2021. 9. 24.〉
  1. 제19조, 제21조제2항(제40조의2제4항에서 준용하는 경우를 포함한다), 제22조제3항, 제27조제3항·제4항, 제33조제4항, 제35조제1항 단서, 제38조제3항, 제47조제11항, 제59조제3항, 제64조제2항(제82조제3항에서 준용하는 경우를 포함한다), 제69조제3항을 위반한 자. 다만, 제19조, 제21조제2항(제40조의2제4항에서 준용하는 경우를 포함한다) 또는 제69조제3항을 위반한 자에 대한 공소는 고소가 있어야 한다.
  2. 제23조의5를 위반한 자. 이 경우 취득한 경제적 이익등은 몰수하고, 몰수할 수 없을 때에는 그 가액을 추징한다.
  3. 제38조의2제2항에 따른 절차에 따르지 아니하고 같은 조 제1항에 따른 폐쇄회로 텔레비전으로 의료행위를 하는 장면을 임의로 촬영한 자
  4. 제82조제1항에 따른 안마사의 자격인정을 받지 아니하고 영리를 목적으로 안마를 한 자
[전문개정 2016. 12. 20.]

제88조의2(벌칙) 다음 각 호의 어느 하나에 해당하는 자는 2년 이하의 징역이나 2천만원 이하의 벌금에 처한다. 〈개정 2016. 12. 20., 2020. 3. 4., 2021. 9. 24.〉

1. 제20조를 위반한 자
2. 제38조의2제4항을 위반하여 안전성 확보에 필요한 조치를 하지 아니하여 폐쇄회로 텔레비전으로 촬영한 영상정보를 분실·도난·유출·변조 또는 훼손당한 자
3. 제47조제12항을 위반하여 자율보고를 한 사람에게 불리한 조치를 한 자

[본조신설 2009. 12. 31.] [제88조의3에서 이동, 종전 제88조의2는 삭제 〈2016. 12. 20.〉]

제88조의3 *[제88조의2로 이동 〈2016. 12. 20.〉]*

제89조(벌칙) 다음 각 호의 어느 하나에 해당하는 자는 1년 이하의 징역이나 1천만원 이하의 벌금에 처한다. 〈개정 2018. 3. 27., 2019. 8. 27.〉
1. 제15조제1항, 제17조제1항·제2항(제1항 단서 후단과 제2항 단서는 제외한다), 제17조의2제1항·제2항(처방전을 교부하거나 발송한 경우만을 말한다), 제23조의2제3항 후단, 제33조제9항, 제56조제1항부터 제3항까지 또는 제58조의6제2항을 위반한 자
2. 정당한 사유 없이 제40조제4항에 따른 권익보호조치를 하지 아니한 자
3. 제51조의2를 위반하여 의료법인의 임원 선임과 관련하여 금품 등을 주고받거나 주고받을 것을 약속한 자
4. 제61조제1항에 따른 검사를 거부·방해 또는 기피한 자(제33조제2항·제10항 위반 여부에 관한 조사임을 명시한 경우에 한정한다)

[전문개정 2016. 12. 20.]

제90조(벌칙) 제16조제1항·제2항, 제17조제3항·제4항, 제17조의2제1항·제2항(처방전을 수령한 경우만을 말한다), 제18조제4항, 제21조제1항 후단(제40조의2제4항에서 준용하는 경우를 포함한다), 제21조의2제1항·제2항, 제22조제1항·제2항(제40조의2제4항에서 준용하는 경우를 포함한다), 제23조제4항, 제26조, 제27조제2항, 제33조제1항·제3항(제82조제3항에서 준용하는 경우를 포함한다)·제5항(허가의 경우만을 말한다), 제35조제1항 본문, 제38조의2제1항부터 제4항까지·제9항, 제41조, 제42조제1항, 제48조제3항·제4항, 제77조제2항을 위반한 자나 제63조에 따른 시정명령을 위반한 자와 의료기관 개설자가 될 수 없는 자에게 고용되어 의료행위를 한 자는 500만원 이하의 벌금에 처한다. 〈개정 2007. 7. 27., 2009. 1. 30., 2011. 4. 7., 2016. 12. 20., 2018. 3. 27., 2019. 8. 27., 2020. 3. 4., 2021. 9. 24.〉

제90조의2(「형법」상 감경규정에 관한 특례) 음주로 인한 심신장애 상태에서 제12조제3항을 위반하는 죄를 범한 때에는 「형법」 제10조제1항을 적용하지 아니할 수 있다.

[본조신설 2019. 4. 23.]

제91조(양벌규정) 법인의 대표자나 법인 또는 개인의 대리인, 사용인, 그 밖의 종업원이 그 법인 또는 개인의 업무에 관하여 제87조, 제87조의2, 제88조, 제88조의2, 제89조 또는 제90조의 위반행위를 하면 그 행위자를 벌하는 외에 그 법인 또는 개인에게도 해당 조문의 벌금형을 과(科)한다. 다만, 법인 또는 개인이 그 위반행위를 방지하기 위하여 해당 업무에 관하여 상당한 주의와 감독을 게을리하지 아니한 경우에는 그러하지 아니하다. 〈개정 2010. 5. 27., 2016. 12. 20., 2019. 8. 27.〉

[전문개정 2009. 12. 31.]

제92조(과태료) ① 다음 각 호의 어느 하나에 해당하는 자에게는 300만원 이하의 과태료를 부과한다. 〈개정 2015. 1. 28., 2016. 12. 20., 2019. 8. 27.〉
1. 제16조제3항에 따른 교육을 실시하지 아니한 자
1의2. 제23조의3제1항을 위반하여 진료정보 침해사고를 통지하지 아니한 자
1의3. 제24조의2제1항을 위반하여 환자에게 설명을 하지 아니하거나 서면 동의를 받지 아니한 자
1의4. 제24조의2제4항을 위반하여 환자에게 변경 사유와 내용을 서면으로 알리지 아니한 자
2. 제37조제1항에 따른 신고를 하지 아니하고 진단용 방사선 발생장치를 설치·운영한 자

3. 제37조제2항에 따른 안전관리책임자를 선임하지 아니하거나 정기검사와 측정 또는 방사선 관계 종사자에 대한 피폭관리를 실시하지 아니한 자

4. 삭제〈2018. 3. 27.〉

5. 제49조제3항을 위반하여 신고하지 아니한 자

② 다음 각 호의 어느 하나에 해당하는 자에게는 200만원 이하의 과태료를 부과한다.〈개정 2016. 12. 20., 2019. 8. 27., 2020. 12. 29.〉

1. 제21조의2제6항 후단을 위반하여 자료를 제출하지 아니하거나 거짓 자료를 제출한 자

2. 제45조의2제1항을 위반하여 보고를 하지 아니하거나 거짓으로 보고한 자

3. 제45조의2제3항을 위반하여 자료를 제출하지 아니하거나 거짓으로 제출한 자

4. 제61조제1항에 따른 보고를 하지 아니하거나 검사를 거부·방해 또는 기피한 자(제89조제4호에 해당하는 경우는 제외한다)

③ 다음 각 호의 어느 하나에 해당하는 자에게는 100만원 이하의 과태료를 부과한다.〈개정 2009. 1. 30., 2012. 2. 1., 2015. 1. 28., 2015. 12. 29., 2016. 5. 29., 2020. 3. 4., 2020. 12. 29.〉

1. 제16조제3항에 따른 기록 및 유지를 하지 아니한 자

1의2. 제16조제4항에 따른 변경이나 휴업·폐업 또는 재개업을 신고하지 아니한 자

2. 제33조제5항(제82조제3항에서 준용하는 경우를 포함한다)에 따른 변경신고를 하지 아니한 자

2의2. 제37조제3항에 따른 안전관리책임자 교육을 받지 아니한 사람

3. 제40조제1항(제82조제3항에서 준용하는 경우를 포함한다)에 따른 휴업 또는 폐업 신고를 하지 아니한 자

3의2. 제40조의2제1항을 위반하여 진료기록부등을 관할 보건소장에게 넘기지 아니하거나 수량 및 목록 등을 거짓으로 보고한 자

3의3. 제40조의2제2항을 위반하여 변경신고를 하지 아니하거나 거짓으로 변경신고를 한 자

3의4. 제40조의2제2항을 위반하여 진료기록부등의 보존 및 열람을 대행할 책임자를 지정하지 아니하거나 진료기록부등을 관할 보건소장에게 넘기지 아니한 자

3의5. 제40조의2제3항에 따른 준수사항을 위반한 자

4. 제42조제3항을 위반하여 의료기관의 명칭 또는 이와 비슷한 명칭을 사용한 자

5. 제43조제5항에 따른 진료과목 표시를 위반한 자

6. 제4조제3항에 따라 환자의 권리 등을 게시하지 아니한 자

7. 제52조의2제6항을 위반하여 대한민국의학한림원 또는 이와 유사한 명칭을 사용한 자

8. 제4조제5항을 위반하여 그 위반행위에 대하여 내려진 제63조에 따른 시정명령을 따르지 아니한 사람

④ 제1항부터 제3항까지의 과태료는 대통령령으로 정하는 바에 따라 보건복지부장관 또는 시장·군수·구청장이 부과·징수한다.〈신설 2009. 1. 30., 2010. 1. 18.〉

제93조 삭제 〈2009. 1. 30.〉

부칙

〈법률 제19421호, 2023. 5. 19.〉

제1조(시행일) 이 법은 공포 후 6개월이 경과한 날부터 시행한다. 다만, 제65조제1항 각 호 외의 부분 단서 및 같은 항 제8호의 개정규정은 공포한 날부터 시행하고, 제41조의2, 제60조의3제1항, 법률 제18468호 의료법 일부개정법률 제63조제1항의 개정규정은 공포 후 1년이 경과한 날부터 시행한다.

제2조(의료인 결격사유에 관한 적용례) 이 법 시행 전에 저지른 범죄로 금고 이상의 실형이나 형의 집행유예 또는 선고유예를 받은 경우에는 제8조제4호부터 제6호까지의 개정규정에도 불구하고 종전의 규정에 따른다

제3조(의료인 면허 취소 및 재교부에 관한 적용례) ① 제65조제1항제2호의2의 개정규정은 이 법 시행 이후 같은 조 제2항에 따라 면허를 재교부받은 사람이 제66조제1항 각 호의 어느 하나에 해당하는 경우부터 적용한다.

② 제65조제1항 각 호 외의 부분 단서 및 같은 항 제8호의 개정규정은 같은 개정규정 시행 전에 거짓이나 그 밖의 부정한 방법으로 의료인 면허 발급 요건을 취득하거나 국가시험에 합격한 경우에 대하여도 적용한다.

③ 제65조제2항 본문의 개정규정은 이 법 시행 이후 면허를 재교부하는 경우부터 적용한다.

④ 제65조제2항 단서의 개정규정(제8조제4호에 따른 사유로 면허가 취소된 사람이 다시 제8조제4호에 따른 사유로 면허가 취소된 경우에 관한 개정 부분만 해당한다)은 이 법 시행 이후 저지른 범죄로 금고 이상의 실형을 선고받는 경우부터 적용한다.

〈법률 제19818호, 2023. 10. 31.〉

제1조(시행일) 이 법은 공포 후 6개월이 경과한 날부터 시행한다. 다만, 제36조제14호의 개정규정은 공포 후 9개월이 경과한 날부터 시행한다.

제2조(임종실 설치에 관한 경과조치) 제36조제14호 시행 당시 종전의 규정에 따라 의료기관을 개설하여 운영하고 있는 자는 같은 개정규정 시행일부터 1년 이내에 제36조제14호의 개정규정에 따른 시설을 갖추어야 한다.

〈법률 제20105호, 2024. 1. 23.〉

이 법은 공포한 날부터 시행한다.

의료법 시행령

[시행 2023. 11. 20.] [대통령령 제33875호, 2023. 11. 17., 일부개정]

제1조(목적) 이 영은 「의료법」에서 위임된 사항과 그 시행에 필요한 사항을 규정함을 목적으로 한다.

제2조(간호사의 보건활동) 「의료법」(이하 "법"이라 한다) 제2조제2항제5호다목에서 "대통령령으로 정하는 보건활동"이란 다음의 보건활동을 말한다. 〈개정 2009. 4. 20., 2011. 2. 14., 2016. 9. 29., 2016. 12. 27., 2018. 3. 6.〉

1. 「농어촌 등 보건의료를 위한 특별조치법」 제19조에 따라 보건진료 전담공무원으로서 하는 보건활동
2. 「모자보건법」 제10조제1항에 따른 모자보건전문가가 행하는 모자보건 활동
3. 「결핵예방법」 제18조에 따른 보건활동
4. 그 밖의 법령에 따라 간호사의 보건활동으로 정한 업무

제2조의2(명찰의 표시 내용 등) ① 법 제4조제5항 본문에 따라 의료행위를 하는 사람의 신분을 알 수 있도록 명찰을 달도록 하는 경우에는 다음 각 호의 구분에 따른다.

1. 명찰의 표시 내용: 다음 각 목의 구분에 따른 사항을 포함할 것
   가. 의료인: 의료인의 종류별 명칭 및 성명. 다만, 법 제77조제1항에 따른 전문의의 경우에는 전문과목별 명칭 및 성명을 표시할 수 있다.
   나. 법 제27조제1항제3호에 따른 학생: 학생의 전공분야 명칭 및 성명
   다. 법 제80조에 따른 간호조무사: 간호조무사의 명칭 및 성명
   라. 「의료기사 등에 관한 법률」 제2조에 따른 의료기사: 의료기사의 종류별 명칭 및 성명
2. 명찰의 표시 방법: 의복에 표시 또는 부착하거나 목에 거는 방식 그 밖에 이에 준하는 방식으로 표시할 것
3. 명찰의 제작 방법: 인쇄, 각인(刻印), 부착, 자수(刺繡) 또는 이에 준하는 방법으로 만들 것
4. 명찰의 규격 및 색상: 명찰의 표시 내용을 분명하게 알 수 있도록 할 것

② 제1항에 따른 명찰의 표시 내용, 표시 방법, 제작 방법 및 명찰의 규격ㆍ색상 등에 필요한 세부 사항은 보건복지부장관이 정하여 고시한다.

③ 법 제4조제5항 단서에서 "대통령령으로 정하는 경우"란 다음 각 호의 어느 하나에 해당하는 시설 내에 있는 경우를 말한다.

1. 격리병실
2. 무균치료실
3. 제1호 또는 제2호와 유사한 시설로서 보건복지부장관이 병원감염 예방에 필요하다고 인정하여 고시하는 시설

[본조신설 2017. 2. 28.]

제3조(국가시험 등의 범위) ① 법 제9조제1항에 따른 의사ㆍ치과의사ㆍ한의사ㆍ조산사(助産師) 또는 간호사 국가시험(이하 "국가시험"이라 한다)은 각각 의학ㆍ치의학ㆍ한방의학ㆍ조산학ㆍ간호학 및 보건의약 관계 법규에 관하여 의사ㆍ치과의사ㆍ한의사ㆍ조산사 또는 간호사로서 갖추어야 할 지식과 기능에 관하여 행한다.

② 법 제9조제1항에 따른 의사ㆍ치과의사ㆍ한의사 예비시험(이하 "예비시험"이라 한다)은 법 제5조제1항제3호에 해당하는 자격을 가진 자가 제1항에 따른 국가시험에 응시하는 데에 필요한 지식과 기능에 관하여 실시하되, 1차 시험과 2차 시험으로 구분하여 실시한다.〈개정 2009. 4. 20.〉

③ 예비시험에 합격한 자는 다음 회의 국가시험부터 그 예비시험(1차 시험과 2차 시험을 포함한다)을 면제한다.

제4조(국가시험등의 시행 및 공고 등) ① 보건복지부장관은 매년 1회 이상 국가시험과 예비시험(이하 "국가시험등"이라 한다)을 시행하여야 한다. 〈개정 2008. 2. 29., 2010. 3. 15.〉

② 보건복지부장관은 국가시험등의 관리에 관한 업무를 「한국보건의료인국가시험원법」에 따른 한국보건의료인국가시험원(이하 "국가시험등관리기관"이라 한다)이 시행하도록 한다. 〈개정 2015. 12. 22.〉

③ 국가시험등관리기관의 장은 국가시험등을 실시하려면 미리 보건복지부장관의 승인을 받아 시험 일시, 시험 장소, 시험과목, 응시원서 제출기간, 그 밖에 시험의 실시에 관하여 필요한 사항을 시험 실시 90일 전까지 공고하여야 한다. 다만, 시험장소는 지역별 응시인원이 확정된 후 시험 실시 30일 전까지 공고할 수 있다. 〈개정 2008. 2. 29., 2010. 3. 15., 2012. 5. 1.〉

④ 제3항에도 불구하고 국가시험등관리기관의 장은 국민의 건강 보호를 위하여 긴급하게 의료인력을 충원할 필요가 있다고 보건복지부장관이 인정하는 경우에는 제3항에 따른 공고기간을 단축할 수 있다. 〈신설 2021. 1. 12.〉

제5조(시험과목 등) 국가시험등의 시험과목, 시험방법, 합격자 결정방법, 그 밖에 시험에 관하여 필요한 사항은 보건복지부령으로 정한다. 〈개정 2008. 2. 29., 2010. 3. 15.〉

제6조(시험위원) 국가시험등관리기관의 장은 국가시험등을 실시할 때마다 시험과목별로 전문지식을 갖춘 자 중에서 시험위원을 위촉한다.

제7조(국가시험등의 응시 및 합격자 발표) ① 국가시험등에 응시하려는 자는 국가시험등관리기관의 장이 정하는 응시원서를 국가시험등관리기관의 장에게 제출하여야 한다.

② 국가시험등관리기관의 장은 국가시험등의 합격자를 결정하여 발표한다.

제8조(면허증 발급) ① 국가시험에 합격한 자는 합격자 발표 후 보건복지부령으로 정하는 서류를 첨부하여 보건복지부장관에게 면허증 발급을 신청하여야 한다. 〈개정 2008. 2. 29., 2010. 3. 15.〉

② 제1항에 따라 면허증 발급을 신청한 자에게는 그 종류별로 보건복지부령으로 정하는 바에 따라 면허증을 발급한다. 〈개정 2008. 2. 29., 2010. 3. 15.〉

제9조(관계 기관 등에의 협조 요청) 국가시험등관리기관의 장은 국가시험등의 관리 업무를 원활하게 수행하기 위하여 필요한 경우에는 국가·지방자치단체 또는 관계 기관·단체에 시험 장소 및 시험 감독의 지원 등 필요한 협조를 요청할 수 있다.

제9조의2(국가시험등 응시제한) 법 제10조제3항에 따른 국가시험등의 응시제한 기준은 별표 1과 같다.

[본조신설 2017. 6. 20.]

제10조(면허 조건) ① 법 제11조제1항에서 "특정 지역"이란 보건복지부장관이 정하는 보건의료 취약지를 말하고, "특정 업무"란 국·공립 보건의료기관의 업무와 국·공·사립 보건의학연구기관의 기초의학 분야에 속하는 업무를 말한다. 〈개정 2008. 2. 29., 2010. 3. 15.〉

② 법 제11조제1항에 따라 특정 지역이나 특정 업무에 종사하는 의료인에게는 예산의 범위에서 수당을 지급한다.

③ 법 제11조제1항에 따른 면허 조건의 이행 방법과 종사명령의 절차 등에 관하여 필요한 사항은 보건복지부령으로 정한다. 〈개정 2008. 2. 29., 2010. 3. 15.〉

제10조의2(대리수령자의 범위) 법 제17조의2제2항 각 호 외의 부분에서 "환자의 직계존속·비속, 배우자 및 배우자의 직계존속, 형제자매 또는 「노인복지법」 제34조에 따른 노인의료복지시설에서 근무하는 사람 등 대통령령으로 정하는 사람"이란 다음 각 호의 사람을 말한다. 〈개정 2022. 8. 2.〉

1. 환자의 직계존속·비속 및 직계비속의 배우자
2. 환자의 배우자 및 배우자의 직계존속
3. 환자의 형제자매
4. 「노인복지법」 제34조에 따른 노인의료복지시설에서 근무하는 사람

4의2. 「장애인복지법」 제58조제1항제1호의 장애인 거주시설에서 근무하는 사람

5. 그 밖에 환자의 계속적인 진료를 위해 필요한 경우로서 보건복지부장관이 인정하는 사람

[본조신설 2020. 2. 25.] [종전 제10조의2는 제10조의3으로 이동 ⟨2020. 2. 25.⟩]

제10조의3(본인진료기록열람지원시스템의 구축·운영 등) ① 보건복지부장관은 법 제21조제1항에 따라 환자가 본인에 관한 기록의 전부 또는 일부에 대하여 열람 또는 그 사본의 발급 등 내용의 확인을 전자적 방법으로 요청하거나 제공받을 수 있는 시스템(이하 "본인진료기록열람지원시스템"이라 한다)을 구축·운영할 수 있다.

② 보건복지부장관은 기록의 열람 등을 위하여 필요한 경우 본인진료기록열람지원시스템을 다음 각 호의 시스템과 전자적으로 연계하여 활용할 수 있다.

1. 법 제21조의2제3항에 따른 진료기록전송지원시스템

2. 법 제40조의3제1항에 따른 진료기록보관시스템

3. 그 밖에 환자의 진료기록 열람 지원 등에 필요한 시스템으로서 보건복지부장관이 정하여 고시하는 시스템

③ 보건복지부장관은 본인진료기록열람지원시스템의 기록을 안전하게 보호하기 위하여 물리적·기술적 대책을 포함한 보호대책을 수립해야 한다.

④ 제1항부터 제3항까지에서 규정한 사항 외에 본인진료기록열람지원시스템의 구축·운영에 필요한 사항은 보건복지부장관이 정하여 고시한다.

[본조신설 2023. 2. 28.] [종전 제10조의3은 제10조의4로 이동 ⟨2023. 2. 28.⟩]

제10조의4(환자에 관한 기록 열람 등) 법 제21조제3항제15호에서 "대통령령으로 정하는 공공기관"이란 「국민연금법」 제24조에 따른 국민연금공단을 말한다. ⟨개정 2017. 6. 20.⟩

[본조신설 2016. 9. 29.] [제10조의3에서 이동, 종전 제10조의4는 제10조의5로 이동 ⟨2023. 2. 28.⟩]

제10조의5(진료기록전송지원시스템 구축·운영 업무의 위탁) ① 보건복지부장관은 법 제21조의2제4항 전단에 따라 같은 조 제3항에 따른 진료기록전송지원시스템(이하 "진료기록전송지원시스템"이라 한다)의 구축·운영에 관한 업무를 다음 각 호의 전문기관에 위탁할 수 있다.

1. 「공공기관의 운영에 관한 법률」 제4조에 따른 공공기관 중 그 설립목적이 보건의료 또는 사회보장과 관련되는 공공기관

2. 위탁 업무 수행에 필요한 조직·인력 및 전문성 등을 고려하여 보건복지부장관이 정하여 고시하는 전문기관

② 보건복지부장관은 법 제21조의2제4항 전단에 따라 진료기록전송지원시스템의 구축·운영업무를 위탁하려는 경우에는 그 위탁 기준·절차 및 방법 등에 관한 사항을 미리 공고하여야 한다.

③ 보건복지부장관은 법 제21조의2제4항 전단에 따라 진료기록전송지원시스템의 구축·운영 업무를 위탁한 경우에는 그 위탁 내용 및 수탁자 등에 관한 사항을 관보에 고시하고, 보건복지부의 인터넷 홈페이지에 게재하여야 한다.

④ 법 제21조의2제4항 전단에 따라 진료기록전송지원시스템의 구축·운영 업무를 위탁받은 전문기관은 사업운영계획, 사업집행현황, 자금운용계획 및 자금집행내역 등에 관한 사항을 보건복지부장관에게 보고하여야 한다.

⑤ 제2항부터 제4항까지의 규정에 따른 위탁 기준 등의 공고, 위탁 내용 등의 고시 또는 위탁 업무의 보고 등에 필요한 세부 사항은 보건복지부장관이 정하여 고시한다.

[본조신설 2017. 6. 20.] [제10조의4에서 이동, 종전 제10조의5는 제10조의6으로 이동 ⟨2023. 2. 28.⟩]

제10조의6(진료기록전송지원시스템 보유 정보의 안전성 확보 조치) ① 법 제21조의2제4항 전단에 따라 진료기록전송지원시스템의 구축·운영 업무를 위탁받은 전문기관은 법 제21조의2제5항제1호에 따라 진료기록

전송지원시스템이 보유한 정보의 안전성 확보를 위하여 다음 각 호의 조치를 하여야 한다.
  1. 진료기록전송지원시스템이 보유한 정보의 안전성 확보를 위한 관리계획의 수립·시행
  2. 진료기록전송지원시스템이 보유한 정보에 대한 접근 통제 및 접근 권한의 제한
  3. 진료기록전송지원시스템에의 불법 접근을 차단하기 위한 방화벽·침입차단시스템 및 침입탐지시스템의 설치·운영
  4. 진료기록전송지원시스템이 보유한 정보를 안전하게 저장·전송할 수 있는 암호화 기술 등의 개발·관리
  5. 진료기록전송지원시스템이 보유한 정보에 대한 보안프로그램의 설치·갱신
  6. 진료기록전송지원시스템에 대한 접속기록의 보관·관리
  7. 진료기록전송지원시스템이 보유한 정보에 대한 위·변조 방지 프로그램 등의 설치·갱신
  8. 진료기록전송지원시스템과 연결되어 운영되는 다른 정보시스템에 대한 보안체제의 마련·실시
  9. 그 밖에 제1호부터 제8호까지의 규정에 준하는 조치로서 진료기록전송지원시스템의 보유 정보에 대한 안전성 확보를 위하여 보건복지부장관이 특히 필요하다고 인정하는 조치
② 제1항에 따른 진료기록전송지원시스템 보유 정보의 안전성 확보 조치에 필요한 세부 사항은 보건복지부장관이 정하여 고시한다.

[본조신설 2017. 6. 20.] [제10조의5에서 이동, 종전 제10조의6은 제10조의7로 이동 〈2023. 2. 28.〉]

제10조의7(전자의무기록의 표준화) 법 제23조의2제1항에 따라 보건복지부장관이 정하여 고시하는 표준의 대상은 다음 각 호와 같다.
  1. 법 제23조제1항에 따른 전자의무기록(電子醫務記錄)(이하 "전자의무기록"이라 한다)의 서식·용어 및 내용 등에 관한 사항
  2. 법 제23조제2항에 따라 전자의무기록의 안전한 관리·보존에 필요한 시설 및 장비에 관한 사항
  3. 법 제23조의2제1항에 따른 전자의무기록시스템(이하 "전자의무기록시스템"이라 한다)의 구조·형태 및 기능 등에 관한 사항
  4. 그 밖에 제1호부터 제3호까지의 규정에 준하는 대상으로서 전자의무기록의 효율적·통일적 관리·활용을 위하여 보건복지부장관이 특히 필요하다고 인정하는 대상

[본조신설 2017. 6. 20.] [제10조의6에서 이동, 종전 제10조의7은 제10조의8로 이동 〈2023. 2. 28.〉]

제10조의8(전자의무기록시스템의 인증) ① 전자의무기록시스템의 인증 기준은 다음 각 호와 같다.
  1. 법 제23조의2제1항에 따라 보건복지부장관이 정하여 고시하는 표준에 적합할 것
  2. 전자의무기록시스템 간 전자적 전송에 필요한 호환성이 확보될 것
  3. 전자의무기록시스템에 대한 관리적·기술적·물리적 정보 보안이 확보될 것
  4. 그 밖에 제1호부터 제3호까지의 규정에 준하는 기준으로서 전자의무기록시스템의 기능·구조 및 형태 등을 고려하여 보건복지부장관이 특히 필요하다고 인정하는 기준
② 법 제23조의2제2항에 따라 전자의무기록시스템의 인증을 받으려는 자는 전자의무기록시스템 인증 신청서(전자문서로 된 신청서를 포함한다)에 다음 각 호의 서류(전자문서로 된 서류를 포함한다)를 첨부하여 보건복지부장관에게 제출하여야 한다.
  1. 제1항에 따른 인증 기준에 적합함을 증명하는 서류
  2. 전자의무기록시스템 설계서
  3. 전자의무기록시스템 설명서 및 성능진단 결과서
  4. 그 밖에 제1호부터 제3호까지의 규정에 준하는 서류로서 전자의무기록시스템의 인증을 위하여 보건복지부장관이 특히 필요하다고 인정하여 고시하는 서류
③ 보건복지부장관은 제2항에 따른 인증 신청의 전문적 검토를 위하여 필요하다고 인정하는 경우에는 보

건의료 또는 정보통신 관련 기관·법인·단체 또는 전문가 등에게 자료 또는 의견의 제출을 요청할 수 있다.

④ 보건복지부장관은 제2항에 따른 인증 신청에 대하여 그 인증 여부를 결정한 경우에는 신청인에게 서면으로 그 결과를 알려야 한다.

⑤ 보건복지부장관은 법 제23조의2제2항에 따라 전자의무기록시스템의 인증을 한 경우에는 신청인에게 인증서를 발급하고, 그 인증 내용을 보건복지부의 인터넷 홈페이지 등에 게재하여야 한다.

⑥ 제1항부터 제5항까지에서 규정한 사항 외에 전자의무기록시스템의 인증 기준, 인증 절차, 인증 방법 및 변경 인증 등에 필요한 세부 사항은 보건복지부장관이 정하여 고시한다.

[본조신설 2017. 6. 20.] [제10조의7에서 이동, 종전 제10조의8은 제10조의9로 이동 〈2023. 2. 28.〉]

제10조의9(전자의무기록시스템의 인증 표시) ① 법 제23조의2제2항에 따라 전자의무기록시스템의 인증을 받은 자는 같은 조 제3항 전단에 따라 인증의 내용을 표시하려는 경우에는 그 표시 내용, 표시 크기, 표시 색상 및 표시 도안 등에 관하여 보건복지부장관이 정하여 고시하는 기준에 따라 표시하여야 한다.

② 보건복지부장관은 법 제23조의2제3항 전단에 따른 인증 내용의 표시 사항에 대하여 그 보완이나 개선이 필요하다고 인정하는 경우에는 전자의무기록시스템의 인증을 받은 자에 대하여 그 보완이나 개선에 필요한 사항을 권고할 수 있다.

[본조신설 2017. 6. 20.] [제10조의8에서 이동, 종전 제10조의9는 제10조의10으로 이동 〈2023. 2. 28.〉]

제10조의10(진료정보 침해사고의 유형) ① 법 제23조의3제1항에서 "진료정보가 유출되거나 의료기관의 업무가 교란·마비되는 등 대통령령으로 정하는 사고"란 다음 각 호의 어느 하나에 해당하는 사고를 말한다.

1. 진료정보의 도난·유출
2. 진료정보의 파기·손상·은닉·멸실
3. 전자의무기록시스템의 교란·마비

[본조신설 2020. 2. 25.] [제10조의9에서 이동, 종전 제10조의10은 제10조의11로 이동 〈2023. 2. 28.〉]

제10조의11(진료정보 침해사고의 예방 및 대응을 위한 조치) 법 제23조의4제1항제5호에서 "대통령령으로 정하는 사항"이란 다음 각 호의 사항을 말한다.

1. 의료기관의 전자의무기록시스템에 대한 취약점 점검
2. 의료인 또는 의료기관 개설자에 대한 교육 및 훈련
3. 그 밖에 전자의무기록의 안전성 및 신뢰성을 확보하기 위해 필요한 사항으로서 보건복지부장관이 정하여 고시하는 사항

[본조신설 2020. 2. 25.] [제10조의10에서 이동, 종전 제10조의11은 제10조의12로 이동 〈2023. 2. 28.〉]

제10조의12(의료행위에 관한 설명) ① 법 제24조의2제1항 본문에 따라 의사·치과의사 또는 한의사가 환자(환자가 의사결정능력이 없는 경우 환자의 법정대리인을 말한다. 이하 이 조에서 같다)로부터 받는 동의서에는 해당 환자의 서명 또는 기명날인이 있어야 한다.

② 법 제24조의2제4항에 따라 의사·치과의사 또는 한의사가 수술·수혈 또는 전신마취의 방법·내용 등의 변경 사유 및 변경 내용을 환자에게 서면으로 알리는 경우 환자의 보호를 위하여 필요하다고 인정하는 때에는 보건복지부장관이 정하는 바에 따라 구두의 방식을 병행하여 설명할 수 있다.

③ 의사·치과의사 또는 한의사는 법 제24조의2제1항 본문에 따른 서면의 경우에는 환자의 동의를 받은 날, 같은 조 제4항에 따른 서면은 환자에게 알린 날을 기준으로 각각 2년간 보존·관리하여야 한다.

[본조신설 2017. 6. 20.] [제10조의11에서 이동 〈2023. 2. 28.〉]

제11조(신고) ① 법 제25조제1항에 따라 의료인은 그 실태와 취업상황 등을 제8조 또는 법 제65조에 따라 면허증을 발급 또는 재발급 받은 날부터 매 3년이 되는 해의 12월 31일까지 보건복지부장관에게 신고

하여야 한다. 다만, 법률 제10609호 의료법 일부개정법률 부칙 제2조제1항에 따라 신고를 한 의료인의 경우에는 그 신고한 날부터 매 3년이 되는 해의 12월 31일까지 신고하여야 한다.

② 법 제25조제3항에 따라 보건복지부장관은 제1항에 따른 신고 수리 업무를 법 제28조에 따른 의사회·치과의사회·한의사회·조산사회 및 간호사회(이하 "중앙회"라 한다)에 위탁한다.

③ 제1항에 따른 신고의 방법 및 절차 등에 관하여 필요한 사항은 보건복지부령으로 정한다.

[전문개정 2012. 4. 27.]

제11조의2(윤리위원회의 구성) ① 법 제28조제7항에 따른 윤리위원회(이하 "윤리위원회"라 한다)는 위원장 1명을 포함한 11명의 위원으로 구성한다.

② 위원장은 위원 중에서 각 중앙회의 장이 위촉한다.

③ 위원은 다음 각 호의 사람 중에서 각 중앙회의 장이 성별을 고려하여 위촉하되, 제2호에 해당하는 사람이 4명 이상 포함되어야 한다. *〈개정 2017. 3. 20.〉*

  1. 각 중앙회 소속 회원으로서 의료인 경력이 10년 이상인 사람

  2. 의료인이 아닌 사람으로서 법률, 보건, 언론, 소비자 권익 등에 관하여 경험과 학식이 풍부한 사람

④ 위원의 임기는 3년으로 하며, 한 번만 연임할 수 있다.

[본조신설 2012. 4. 27.]

제11조의3(윤리위원회의 운영 등) ① 윤리위원회는 다음 각 호의 사항을 심의·의결한다.

  1. 법 제66조의2에 따른 자격정지 처분 요구에 관한 사항

  2. 각 중앙회 소속 회원에 대한 자격심사 및 징계에 관한 사항

  3. 그 밖에 회원의 윤리 확립을 위해 필요한 사항으로서 각 중앙회의 정관으로 정하는 사항

② 윤리위원회의 회의는 위원장이 필요하다고 인정하는 경우나 각 중앙회의 장 또는 재적위원 3분의 1 이상이 요청하는 경우에 위원장이 소집한다. 이 경우 위원장은 회의 개최 7일 전까지 회의의 일시, 장소 및 안건을 각 위원에게 통보하여야 한다.

③ 윤리위원회의 회의는 재적위원 3분의 2 이상의 출석으로 개의(開議)하고, 출석위원 3분의 2 이상의 찬성으로 의결한다. 다만, 제1항제2호 및 제3호의 사항에 관한 정족수는 각 중앙회의 정관으로 달리 정할 수 있다.

④ 윤리위원회의 위원장은 제1항제1호 및 제2호의 사항에 관하여 심의·의결하려는 경우에는 해당 안건의 당사자에게 구술 또는 서면(전자문서를 포함한다)으로 의견을 진술할 기회를 주어야 한다.

⑤ 윤리위원회는 소관 심의·의결 사항을 전문적으로 검토하기 위하여 필요한 경우 보건복지부장관이 정하는 기준에 따라 분야별 전문자문단을 구성·운영할 수 있다. *〈신설 2017. 3. 20.〉*

⑥ 제1항부터 제5항까지에서 규정한 사항 외에 윤리위원회 또는 제5항에 따른 분야별 전문자문단의 운영에 필요한 사항은 각 중앙회의 정관으로 정한다. *〈개정 2017. 3. 20.〉*

[본조신설 2012. 4. 27.]

제11조의4(윤리위원회 위원의 제척 등) ① 윤리위원회의 위원은 다음 각 호의 어느 하나에 해당하는 경우 윤리위원회의 심의·의결에서 제척된다.

  1. 위원이 윤리위원회의 심의·의결 안건(이하 이 조에서 "해당 안건"이라 한다)의 당사자인 경우

  2. 위원이 해당 안건의 당사자와 친족이거나 친족이었던 경우

  3. 위원이 해당 안건의 당사자가 최근 3년 이내에 소속되어 있었던 기관에 종사하거나 종사하였던 경우

② 해당 안건의 당사자는 위원에게 제1항의 제척사유가 있거나 그 밖에 심의·의결의 공정을 기대하기 어려운 사정이 있는 경우에는 그 사유를 서면으로 밝혀 윤리위원회에 기피신청을 할 수 있다.

③ 윤리위원회는 제2항에 따른 기피신청을 받은 경우 재적위원 과반수의 출석과 출석위원 과반수의 찬성으로 기피 여부를 의결한다. 이 경우 기피신청을 당한 위원은 그 의결에 참여하지 못한다.

④ 윤리위원회의 위원은 제1항 또는 제2항의 사유에 해당하는 경우 스스로 심의·의결에서 회피할 수 있다. [본조신설 2012. 4. 27.]

제12조(중앙회의 설립 허가신청) 법 제29조제1항에 따라 중앙회 설립 허가를 받으려면 다음 각 호의 서류를 갖추어 보건복지부장관에게 제출하여야 한다. 〈개정 2008. 2. 29., 2010. 3. 15.〉
　1. 정관
　2. 사업계획서
　3. 자산명세서
　4. 설립결의서
　5. 설립대표자의 선출 경위에 관한 서류
　6. 임원의 취임승낙서와 이력서

제13조(정관의 기재 사항 등) 법 제29조제2항에 따라 중앙회의 정관에 적어야 할 사항은 다음과 같다. 〈개정 2012. 4. 27.〉
　1. 목적
　2. 명칭
　3. 중앙회·지부·분회의 소재지
　4. 재산 또는 회계와 그 밖에 관리·운영에 관한 사항
　5. 임원의 선임(選任)에 관한 사항
　6. 회원의 자격 및 징계에 관한 사항
　7. 정관 변경에 관한 사항
　8. 공고 방법에 관한 사항
　9. 윤리위원회의 운영 등에 관한 사항

제14조(정관 변경의 허가신청) 법 제29조제3항에 따라 중앙회가 정관 변경의 허가를 받으려면 다음 각 호의 서류를 갖추어 보건복지부장관에게 제출하여야 한다. 〈개정 2008. 2. 29., 2010. 3. 15.〉
　1. 정관 변경의 내용과 그 이유를 적은 서류
　2. 정관 변경에 관한 회의록
　3. 신구 정관대조표와 그 밖의 참고서류

제15조(중앙회의 지부) 법 제28조제5항에 따라 중앙회는 그 설립등기를 끝낸 날부터 3주일 이내에 특별시·광역시·도와 특별자치도에 각각 지부를 설치하여야 한다. 다만, 외국에 두는 의사회 지부는 이에 관한 정관 변경허가를 받은 날부터 10주일 이내에 설치하여야 한다.

제16조(의료법인 등의 의료기관 개설을 위한 정관변경 허가 등) ① 법 제33조제2항제3호에 따른 의료법인(이하 "의료법인"이라 한다) 및 같은 항 제4호에 따른 비영리법인이 같은 조 제9항 전단에 따라 법인 설립허가 또는 정관 변경허가를 받으려는 경우에는 다음 각 호의 구분에 따른 서류를 주무관청에 제출하여야 한다.
　1. 법인 설립허가를 받으려는 경우: 다음 각 목의 서류
　　가. 의료기관의 개설·운영이 목적사업에 해당한다는 사실과 의료기관의 소재지가 반영된 정관안
　　나. 의료기관 개설·운영을 위한 사업계획서 및 자금조달계획서
　　다. 의료기관의 시설·장비 및 인력 등의 확보 계획서
　　라. 법 제33조제2항제4호에 따른 비영리법인이 법인 설립허가 시 관계 법령에 따라 필요한 서류(비영리법인만 해당한다)
　　마. 법 제48조제1항에 따른 의료법인 설립허가에 필요한 서류(의료법인만 해당한다)
　　바. 그 밖에 의료기관의 개설·운영과 관련하여 보건복지부장관이 필요하다고 인정하여 고시하는 서류

2. 정관 변경허가를 받으려는 경우: 다음 각 목의 서류

    가. 의료기관의 개설·운영이 목적사업에 해당한다는 사실과 의료기관의 소재지가 반영된 정관변경안

    나. 제1호나목 및 다목의 서류

    다. 법 제33조제2항제4호에 따른 비영리법인이 정관 변경허가 시 관계 법령에 따라 필요한 서류(비영리법인만 해당한다)

    라. 법 제48조제3항에 따른 정관 변경허가에 필요한 서류(의료법인만 해당한다)

    마. 그 밖에 의료기관의 개설·운영과 관련하여 보건복지부장관이 필요하다고 인정하여 고시하는 서류

② 제1항 각 호의 서류(제1호라목·마목 및 제2호다목·라목은 제외한다)에 대한 작성기준, 작성방법 및 세부내용 등에 관한 사항은 보건복지부장관이 정하여 고시한다.

[본조신설 2016. 9. 29.]

제17조 삭제 〈2012. 4. 27.〉

제17조의2(폐업·휴업 시 조치사항) 시장·군수·구청장(자치구의 구청장을 말한다. 이하 같다)은 법 제40조제1항에 따라 의료업의 폐업 또는 휴업 신고를 받은 경우에는 같은 조 제5항에 따라 다음 각 호의 사항에 대한 확인 조치를 해야 한다. 〈개정 2020. 2. 25., 2023. 2. 28.〉

1. 법 제16조제1항에 따라 의료기관에서 나온 세탁물의 적정한 처리를 완료하였는지 여부
2. 법 제40조의2제1항에 따라 법 제22조제1항에 따른 진료기록부등(전자의무기록을 포함한다. 이하 "진료기록부등"이라 한다)을 적정하게 넘겼거나 직접 보관하고 있는지 여부
3. 법 제40조제4항에 따라 환자의 권익 보호를 위한 조치를 하였는지 여부
4. 그 밖에 제1호부터 제3호까지의 규정에 준하는 사항으로서 의료업의 폐업 또는 휴업의 적정한 관리를 위하여 보건복지부장관이 특히 필요하다고 인정하는 사항

[본조신설 2017. 6. 20.]

제18조(의료관련감염 감시 시스템 구축·운영 업무의 위탁) ① 질병관리청장은 법 제47조제6항에 따라 같은 조 제4항에 따른 의료관련감염 감시 시스템(이하 "의료관련감염 감시 시스템"이라 한다)의 구축·운영 업무를 다음 각 호의 어느 하나에 해당하는 기관에 위탁할 수 있다. 〈개정 2020. 9. 11.〉

1. 「정부출연연구기관 등의 설립·운영 및 육성에 관한 법률」에 따른 정부출연연구기관
2. 「고등교육법」 제2조에 따른 학교
3. 의료관련감염의 예방·관리 업무를 수행하는 「민법」 제32조 또는 다른 법률에 따라 설립된 비영리법인
4. 그 밖에 의료관련감염의 예방·관리 업무에 전문성이 있다고 질병관리청장이 인정하는 기관

② 질병관리청장은 법 제47조제6항에 따라 의료관련감염 감시 시스템의 구축·운영 업무를 위탁하려는 경우 그 위탁 기준·절차 및 방법 등에 관한 사항을 미리 공고해야 한다. 〈개정 2020. 9. 11.〉

③ 질병관리청장은 법 제47조제6항에 따라 의료관련감염 감시 시스템의 구축·운영 업무를 위탁한 경우 그 위탁 내용 및 수탁자 등에 관한 사항을 관보에 고시하고, 질병관리청의 인터넷 홈페이지에 게시해야 한다. 〈개정 2020. 9. 11.〉

④ 제2항 및 제3항에 따른 위탁 기준 등의 공고 및 위탁 내용 등의 고시 등에 필요한 세부사항은 질병관리청장이 정하여 고시한다. 〈개정 2020. 9. 11.〉

[본조신설 2020. 9. 4.]

제19조(의료법인의 설립허가신청) 법 제48조제1항에 따라 의료법인을 설립하려는 자는 보건복지부령으로 정하는 의료법인설립허가신청서 및 관계 서류를 그 법인의 주된 사무소의 소재지를 관할하는 특별시장·광역시장·특별자치시장·도지사 또는 특별자치도지사(이하 "시·도지사"라 한다)에게 제출해야 한다. 〈개정 2008. 2. 29., 2010. 3. 15., 2018. 9. 28., 2020. 9. 4.〉

제20조(의료법인 등의 사명) 의료법인과 법 제33조제2항제4호에 따라 의료기관을 개설한 비영리법인은 의료업(법 제49조에 따라 의료법인이 하는 부대사업을 포함한다)을 할 때 공중위생에 이바지하여야 하며, 영리를 추구하여서는 아니 된다.

제21조(재산 처분 또는 정관 변경의 허가신청) 법 제48조제3항에 따라 의료법인이 재산 처분이나 정관 변경에 대한 허가를 받으려면 보건복지부령으로 정하는 허가신청서 및 관계 서류를 그 법인의 주된 사무소의 소재지를 관할하는 시·도지사에게 제출하여야 한다. 다만, 법률 제4732호 의료법중개정법률 부칙 제11조에 해당하는 국가로부터 공공차관을 지원받은 의료법인의 경우에는 이를 시·도지사를 거쳐 보건복지부장관에게 제출하여야 한다. 〈개정 2008. 2. 29., 2010. 3. 15., 2018. 9. 28.〉

제22조(의료정보시스템 사업) 법 제49조제1항제6호에서 "대통령령으로 정하는 사업"이란 다음 각 호의 사업을 말한다. 〈개정 2017. 6. 20.〉
  1. 전자의무기록을 작성·관리하기 위한 시스템의 개발·운영사업
  2. 전자처방전을 작성·관리하기 위한 시스템의 개발·운영사업
  3. 영상기록을 저장·전송하기 위한 시스템의 개발·운영사업

제22조의2(대한민국의학한림원 운영 등) ① 법 제52조의2제1항에 따른 대한민국의학한림원(이하 "한림원"이라 한다)의 사업연도는 정부의 회계연도에 따른다.
② 한림원은 보건복지부장관이 정하는 바에 따라 사업추진계획, 사업추진현황, 자금운용계획 및 자금집행 내역 등에 관한 사항을 보건복지부장관에게 보고하여야 한다.
③ 한림원은 다양한 분야의 의료인과 관계 전문가 등이 그 조직 운영 및 업무수행 등에 균형있게 참여할 수 있도록 필요한 조치를 강구·시행하여야 한다.
[본조신설 2016. 9. 29.]

제23조(의료광고의 금지 기준) ① 법 제56조제2항에 따라 금지되는 의료광고의 구체적인 기준은 다음 각 호와 같다. 〈개정 2008. 12. 3., 2010. 1. 27., 2012. 4. 27., 2017. 2. 28., 2018. 9. 28.〉
  1. 법 제53조에 따른 신의료기술평가를 받지 아니한 신의료기술에 관하여 광고하는 것
  2. 특정 의료기관·의료인의 기능 또는 진료 방법이 질병 치료에 반드시 효과가 있다고 표현하거나 환자의 치료경험담이나 6개월 이하의 임상경력을 광고하는 것
  3. 의료인, 의료기관, 의료서비스 및 의료 관련 각종 사항에 대하여 객관적인 사실과 다른 내용 등 거짓된 내용을 광고하는 것
  4. 특정 의료기관 개설자, 의료기관의 장 또는 의료인(이하 "의료인등"이라 한다)이 수행하거나 광고하는 기능 또는 진료 방법이 다른 의료인등의 것과 비교하여 우수하거나 효과가 있다는 내용으로 광고하는 것
  5. 다른 의료인등을 비방할 목적으로 해당 의료인등이 수행하거나 광고하는 기능 또는 진료 방법에 관하여 불리한 사실을 광고하는 것
  6. 의료인이 환자를 수술하는 장면이나 환자의 환부(患部) 등을 촬영한 동영상·사진으로서 일반인에게 혐오감을 일으키는 것을 게재하여 광고하는 것
  7. 의료인등의 의료행위나 진료 방법 등을 광고하면서 예견할 수 있는 환자의 안전에 심각한 위해(危害)를 끼칠 우려가 있는 부작용 등 중요 정보를 빠뜨리거나 글씨 크기를 작게 하는 등의 방법으로 눈에 잘 띄지 않게 광고하는 것
  8. 의료인, 의료기관, 의료서비스 및 의료 관련 각종 사항에 대하여 객관적인 사실을 과장하는 내용으로 광고하는 것
  9. 법적 근거가 없는 자격이나 명칭을 표방하는 내용을 광고하는 것

10. 특정 의료기관·의료인의 기능 또는 진료 방법에 관한 기사나 전문가의 의견을 「신문 등의 진흥에 관한 법률」 제2조에 따른 신문·인터넷신문 또는 「잡지 등 정기간행물의 진흥에 관한 법률」에 따른 정기간행물이나 「방송법」 제2조제1호에 따른 방송에 싣거나 방송하면서 특정 의료기관·의료인의 연락처나 약도 등의 정보도 함께 싣거나 방송하여 광고하는 것

11. 법 제57조제1항에 따라 심의 대상이 되는 의료광고를 심의를 받지 아니하고 광고하거나 심의 받은 내용과 다르게 광고하는 것

12. 외국인환자를 유치할 목적으로 법 제27조제3항에 따른 행위를 하기 위하여 국내광고 하는 것

13. 법 제45조에 따른 비급여 진료비용의 할인·면제 금액, 대상, 기간이나 범위 또는 할인·면제 이전의 비급여 진료비용에 대하여 허위 또는 불명확한 내용이나 정보 등을 게재하여 광고하는 것

14. 각종 상장·감사장 등을 이용하여 광고하는 것 또는 인증·보증·추천을 받았다는 내용을 사용하거나 이와 유사한 내용을 표현하여 광고하는 것. 다만, 법 제56조제2항제14호 각 목의 어느 하나에 해당하는 경우는 제외한다.

② 법 제56조제2항제14호라목에서 "세계보건기구와 협력을 맺은 국제평가기구로부터 받은 인증을 표시한 광고 등 대통령령으로 정하는 광고"란 다음 각 호의 어느 하나에 해당하는 광고를 말한다.⟨신설 2018. 9. 28.⟩

1. 세계보건기구와 협력을 맺은 국제평가기구로부터 받은 인증을 표시한 광고

2. 국제의료질관리학회(The International Society for Quality in Health Care)로부터 인증을 받은 각국의 인증기구의 인증을 표시한 광고

③ 보건복지부장관은 의료인등 자신이 운영하는 인터넷 홈페이지에 의료광고를 하는 경우에 제1항에 따라 금지되는 의료광고의 세부적인 기준을 정하여 고시할 수 있다.⟨개정 2008. 2. 29., 2010. 3. 15., 2018. 9. 28.⟩

제24조(의료광고의 심의) ① 법 제57조제1항제4호에서 "대통령령으로 정하는 인터넷 매체"란 다음 각 호의 매체를 말한다. ⟨개정 2012. 4. 27.⟩

1. 「신문 등의 진흥에 관한 법률」 제2조제5호에 따른 인터넷뉴스서비스

2. 「방송법」 제2조제3호에 따른 방송사업자가 운영하는 인터넷 홈페이지

3. 「방송법」 제2조제3호에 따른 방송사업자의 방송프로그램을 주된 서비스로 하여 '방송', 'TV' 또는 '라디오' 등의 명칭을 사용하면서 인터넷을 통하여 제공하는 인터넷 매체

4. 「정보통신망 이용촉진 및 정보보호 등에 관한 법률」 제2조제1항제3호에 따른 정보통신서비스 제공자 중 전년도 말 기준 직전 3개월 간 일일 평균 이용자 수가 10만명 이상인 자가 운영하는 인터넷 매체

② 법 제57조제1항제5호에서 "대통령령으로 정하는 광고매체"란 전년도 말 기준 직전 3개월 간 일일 평균 이용자 수가 10만명 이상인 사회 관계망 서비스(Social Network Service)를 제공하는 광고매체를 말한다.⟨개정 2018. 9. 28.⟩

③ 법 제57조제2항 각 호에 따른 기관 또는 단체는 자율심의를 위하여 다음 각 호의 조직 등을 모두 갖추어야 한다. ⟨개정 2018. 9. 28.⟩

1. 법 제57조 및 제57조의3에 따른 의료광고의 심의 및 모니터링에 관한 업무를 처리할 수 있는 1개 이상의 전담부서와 3명 이상의 상근인력(의료 또는 광고 관련 학식과 경험이 풍부한 사람이 포함되어야 한다)

2. 법 제57조 및 제57조의3에 따른 의료광고의 심의 및 모니터링에 관한 업무를 처리할 수 있는 전산장비와 사무실

④ 법 제57조제2항제2호에서 "대통령령으로 정하는 기준을 충족하는 단체"란 다음 각 호의 기준을 모두 갖춘 소비자단체를 말한다.⟨신설 2018. 9. 28.⟩

1. 「소비자기본법」 제29조에 따라 공정거래위원회에 등록할 것
2. 단체의 설립 목적 및 업무범위에 의료 또는 광고 관련 내용을 포함할 것
⑤ 법 제57조제2항에 따라 신고하려는 기관 또는 단체는 보건복지부령으로 정하는 신고서 및 관계 서류를 보건복지부장관에게 제출하여야 한다.〈신설 2018. 9. 28.〉
⑥ 보건복지부장관은 제5항에 따라 제출받은 신고 현황을 보건복지부 인터넷 홈페이지에 공개하여야 한다.〈신설 2018. 9. 28.〉
⑦ 법 제57조제3항제4호에서 "대통령령으로 정하는 사항"이란 다음 각 호의 사항을 말한다.〈신설 2018. 9. 28.〉
1. 의료기관 개설자 및 개설연도
2. 의료기관의 인터넷 홈페이지 주소
3. 의료기관의 진료일 및 진료시간
4. 의료기관이 법 제3조의5제1항에 따라 전문병원으로 지정받은 사실
5. 의료기관이 법 제58조제1항에 따라 의료기관 인증을 받은 사실
6. 의료기관 개설자 또는 소속 의료인이 법 제77조제1항에 따라 전문의 자격을 인정받은 사실 및 그 전문과목

[제목개정 2018. 9. 28.]

제25조 삭제 〈2018. 9. 28.〉

제26조 삭제 〈2018. 9. 28.〉

제27조 삭제 〈2018. 9. 28.〉

제27조의2 삭제 〈2018. 9. 28.〉

제28조(의료기관 인증의 대상) 법 제58조제1항에서 "대통령령으로 정하는 의료기관"이란 다음 각 호의 어느 하나에 해당하는 의료기관을 말한다.
1. 「의료 해외진출 및 외국인환자 유치 지원에 관한 법률」 제6조제1항에 따라 등록한 의료기관
2. 「호스피스·완화의료 및 임종과정에 있는 환자의 연명의료결정에 관한 법률」 제25조제1항에 따른 호스피스전문기관

[본조신설 2020. 9. 4.]

제28조의2 삭제 〈2018. 9. 28.〉

제29조(의료기관 인증업무의 위탁) ① 법 제58조제2항에 따라 보건복지부장관은 법 제58조의11에 따른 의료기관평가인증원(이하 이 조에서 "인증원"이라 한다)에 다음 각 호의 업무를 위탁한다. 〈개정 2018. 9. 28., 2020. 9. 4.〉
1. 법 제58조의3제1항에 따른 인증기준 개발
2. 법 제58조의3제4항에 따른 조건부인증을 받은 의료기관에 대한 재인증
3. 법 제58조의4제1항부터 제3항까지의 규정에 따른 인증신청의 접수
4. 법 제58조의4제4항 전단에 따른 인증기준의 적합 여부 평가
5. 법 제58조의4제5항에 따른 평가 결과와 인증등급의 통보
6. 법 제58조의5에 따른 이의신청의 접수 및 처리 결과의 통보
7. 법 제58조의6제1항에 따른 인증서 교부
8. 법 제58조의7제1항에 따른 인증을 받은 의료기관의 인증기준, 인증 유효기간 및 법 제58조의4제4항에 따라 평가한 결과 등의 인터넷 홈페이지 등에의 공표
9. 법 제58조의7제2항제3호에 따른 교육 및 컨설팅 지원
10. 법 제58조의9에 따른 의료기관 인증의 사후관리
② 인증원의 장은 위탁받은 업무의 처리 내용을 보건복지부령으로 정하는 바에 따라 보건복지부장관에게

보고해야 한다.〈개정 2020. 9. 4.〉

[전문개정 2011. 1. 24.]

제30조(의료기관인증위원회의 구성) 법 제58조의2제1항에 따른 의료기관인증위원회(이하 "인증위원회"라 한다)의 위원은 다음 각 호의 구분에 따라 보건복지부장관이 임명하거나 위촉한다. 〈개정 2018. 9. 28.〉

  1. 법 제28조에 따른 의료인 단체 및 법 제52조에 따른 의료기관단체에서 추천하는 사람 5명

  2. 노동계, 시민단체(「비영리민간단체지원법」 제2조에 따른 비영리민간단체를 말한다), 소비자단체(「소비자기본법」 제29조에 따른 소비자단체를 말한다)에서 추천하는 사람 5명

  3. 보건의료 또는 의료기관 시설물 안전진단에 관한 학식과 경험이 풍부한 사람 3명

  4. 보건복지부 소속 3급 이상 공무원 또는 고위공무원단에 속하는 공무원 1명

[전문개정 2011. 1. 24.]

제31조(위원의 임기) ① 제30조제1호부터 제3호까지의 위원의 임기는 2년으로 한다.

② 위원의 사임 등으로 새로 위촉된 위원의 임기는 전임 위원 임기의 남은 기간으로 한다.

[전문개정 2011. 1. 24.]

제31조의2(인증위원회 위원의 해임 및 해촉) 보건복지부장관은 인증위원회 위원이 다음 각 호의 어느 하나에 해당하는 경우에는 해당 위원을 해임하거나 해촉할 수 있다.

  1. 심신장애로 인하여 직무를 수행할 수 없게 된 경우

  2. 직무와 관련된 비위사실이 있는 경우

  3. 직무태만, 품위손상, 그 밖의 사유로 인하여 위원으로 적합하지 아니하다고 인정되는 경우

  4. 위원 스스로 직무를 수행하는 것이 곤란하다고 의사를 밝히는 경우

[본조신설 2016. 9. 29.] [종전 제31조의2는 제31조의3으로 이동 〈2016. 9. 29.〉]

제31조의3(인증위원회의 운영) ① 위원장은 인증위원회를 대표하고 인증위원회의 업무를 총괄한다.

② 인증위원회의 회의는 재적위원 3분의 1 이상의 요구가 있는 때 또는 위원장이 필요하다고 인정하는 때에 소집하고, 위원장이 그 의장이 된다.

③ 인증위원회의 회의는 재적위원 과반수의 출석으로 개의(開議)하고 출석위원 과반수의 찬성으로 의결한다.

④ 위원장이 부득이한 사유로 직무를 수행할 수 없을 때에는 위원장이 미리 지명한 위원이 그 직무를 대행한다.

⑤ 제1항부터 제4항까지에서 규정한 사항 외에 인증위원회의 운영 등에 필요한 사항은 인증위원회의 의결을 거쳐 위원장이 정한다.

[본조신설 2011. 1. 24.] [제31조의2에서 이동, 종전 제31조의3은 제31조의4로 이동 〈2016. 9. 29.〉]

제31조의4(간사) ① 인증위원회에 인증위원회의 사무를 처리하기 위하여 간사 1명을 둔다.

② 간사는 보건복지부 소속 공무원 중에서 보건복지부장관이 지명한다.

[본조신설 2011. 1. 24.] [제31조의3에서 이동, 종전 제31조의4는 제31조의5로 이동 〈2016. 9. 29.〉]

제31조의5(수당 등) 인증위원회의 회의에 출석한 공무원이 아닌 위원에게는 예산의 범위에서 수당 및 여비를 지급할 수 있다.

[본조신설 2011. 1. 24.] [제31조의4에서 이동 〈2016. 9. 29.〉]

제31조의6(간호인력 취업교육센터 운영의 위탁) ① 보건복지부장관은 법 제60조의3제2항에 따라 같은 조 제1항에 따른 간호인력 취업교육센터(이하 "간호인력 취업교육센터"라 한다)의 운영을 다음 각 호의 전문기관 또는 단체에 위탁할 수 있다.

  1. 법 제28조제1항 또는 제5항에 따른 간호사회 또는 간호사회의 지부

  2. 「공공기관의 운영에 관한 법률」 제4조에 따른 공공기관 중 그 설립 목적이 보건의료와 관련되는 공

공기관

3. 그 밖에 위탁 업무 수행에 필요한 조직·인력 및 전문성 등을 고려하여 보건복지부장관이 고시하는 전문기관 또는 단체

② 보건복지부장관은 법 제60조의3제2항에 따라 간호인력 취업교육센터의 운영을 위탁하려는 경우에는 그 위탁 기준·절차 및 방법 등에 관한 사항을 미리 공고하여야 한다.

③ 보건복지부장관은 법 제60조의3제2항에 따라 간호인력 취업교육센터의 운영을 위탁한 경우에는 그 위탁 내용 및 수탁자 등에 관한 사항을 관보에 고시하고, 보건복지부 인터넷 홈페이지에 게시하여야 한다.

④ 법 제60조의3제2항에 따라 간호인력 취업교육센터의 운영을 위탁받은 전문기관 또는 단체는 보건복지부장관이 정하는 바에 따라 사업운영계획, 사업집행현황, 자금운용계획 및 자금집행내역 등에 관한 사항을 보건복지부장관에게 보고하여야 한다.

⑤ 제2항부터 제4항까지의 규정에 따른 위탁 기준 등의 공고, 위탁 내용 등의 고시 또는 위탁 업무의 보고 등에 필요한 세부사항은 보건복지부장관이 정하여 고시한다.

[본조신설 2016. 9. 29.]

제31조의7(위반사실의 공표 및 정정광고) ① 보건복지부장관 또는 시장·군수·구청장은 법 제63조제2항제2호 또는 제3호에 따라 의료인등에 대하여 위반사실의 공표 또는 정정광고를 명할 때에는 다음 각 호의 사항을 고려하여 공표 또는 정정광고의 내용과 횟수·크기·매체 등을 정하여 명하여야 한다.

1. 위반행위의 내용 및 정도
2. 위반행위의 기간 및 횟수

② 보건복지부장관 또는 시장·군수·구청장은 제1항에 따라 위반사실의 공표 또는 정정광고를 명할 때에는 법 제57조의2제2항 각 호에 따른 심의위원회와 협의하여 공표 또는 정정광고의 내용과 횟수·크기·매체 등을 정할 수 있다.

[본조신설 2018. 9. 28.]

제31조의8(면허재교부 교육프로그램) ① 보건복지부장관은 법 제65조제2항에 따라 면허를 재교부하려는 때에는 면허재교부 대상자가 제2항의 교육프로그램을 이수하도록 해야 한다.

② 법 제65조제2항에 따른 교육프로그램(이하 이 조에서 "교육프로그램"이라 한다)의 교육 내용 및 시간은 다음 각 호의 구분에 따른다.

1. 교육 내용
   가. 환자 권리의 이해
   나. 의료인의 역할과 윤리
   다. 의료 관련 법령의 이해
   라. 그 밖에 보건·의료 질서의 유지를 위하여 필요한 내용으로서 보건복지부장관이 고시하는 내용
2. 교육 시간: 40시간 이상

③ 제2항에 따른 교육프로그램은 다음 각 호의 어느 하나에 해당하는 기관 또는 단체 중 보건복지부장관이 지정하여 고시하는 기관 또는 단체(이하 이 조에서 "교육프로그램 실시기관"이라 한다)가 실시한다.

1. 「한국보건복지인재원법」에 따른 한국보건복지인재원
2. 법 제28조에 따른 의사회·치과의사회·한의사회·조산사회 및 간호사회
3. 그 밖에 보건 윤리 또는 의료 윤리와 관련된 교육기관으로서 보건복지부장관이 지정하여 고시하는 기관 또는 단체

④ 교육프로그램의 실시에 드는 비용은 교육프로그램을 이수하는 사람이 부담한다.

⑤ 교육프로그램 실시기관의 장은 교육프로그램을 이수한 사람에게 이수증을 발급하고, 교육프로그램 종료일부터 1개월 이내에 교육프로그램의 실시 결과를 보건복지부장관에게 제출해야 한다.

⑥ 교육프로그램 실시기관의 장은 교육프로그램을 실시하기 전에 교육프로그램의 내용 및 비용 등에 관한

세부 사항을 정하여 보건복지부장관의 승인을 받아야 한다. 승인받은 사항을 변경하려는 경우에도 또한 같다.

[본조신설 2023. 11. 17.]

제32조(의료인의 품위 손상 행위의 범위) ① 법 제66조제2항에 따른 의료인의 품위 손상 행위의 범위는 다음 각 호와 같다. 〈개정 2015. 9. 15., 2021. 6. 15.〉

1. 학문적으로 인정되지 아니하는 진료행위(조산 업무와 간호 업무를 포함한다. 이하 같다)

2. 비도덕적 진료행위

3. 거짓 또는 과대 광고행위

3의2. 「방송법」 제2조제1호에 따른 방송, 「신문 등의 진흥에 관한 법률」 제2조제1호·제2호에 따른 신문·인터넷신문, 「잡지 등 정기간행물의 진흥에 관한 법률」 제2조제1호에 따른 정기간행물 또는 제24조제1항 각 호의 인터넷 매체[이동통신단말장치에서 사용되는 애플리케이션(Application)을 포함한다]에서 다음 각 목의 건강·의학정보(의학, 치의학, 한의학, 조산학 및 간호학의 정보를 말한다. 이하 같다)에 대하여 거짓 또는 과장하여 제공하는 행위

   가. 「식품위생법」 제2조제1호에 따른 식품에 대한 건강·의학정보

   나. 「건강기능식품에 관한 법률」 제3조제1호에 따른 건강기능식품에 대한 건강·의학정보

   다. 「약사법」 제2조제4호부터 제7호까지의 규정에 따른 의약품, 한약, 한약제제 또는 의약외품에 대한 건강·의학정보

   라. 「의료기기법」 제2조제1항에 따른 의료기기에 대한 건강·의학정보

   마. 「화장품법」 제2조제1호부터 제3호까지의 규정에 따른 화장품, 기능성화장품 또는 유기농화장품에 대한 건강·의학정보

4. 불필요한 검사·투약(投藥)·수술 등 지나친 진료행위를 하거나 부당하게 많은 진료비를 요구하는 행위

5. 전공의(專攻醫)의 선발 등 직무와 관련하여 부당하게 금품을 수수하는 행위

6. 다른 의료기관을 이용하려는 환자를 영리를 목적으로 자신이 종사하거나 개설한 의료기관으로 유인하거나 유인하게 하는 행위

7. 자신이 처방전을 발급하여 준 환자를 영리를 목적으로 특정 약국에 유치하기 위하여 약국개설자나 약국에 종사하는 자와 담합하는 행위

② 삭제〈2012. 4. 27.〉

제33조(중앙회의 자격정지 처분 요구) 법 제66조의2에 따른 자격정지 처분 요구는 윤리위원회의 회의 개최 일시 및 장소와 자격정지 처분 요구의 이유 및 근거 등을 기재한 서류를 보건복지부장관에게 제출하는 방식으로 한다.

[전문개정 2012. 4. 27.]

제34조 삭제 〈2012. 4. 27.〉

제35조 삭제 〈2012. 4. 27.〉

제36조 삭제 〈2012. 4. 27.〉

제37조 삭제 〈2012. 4. 27.〉

제38조 삭제 〈2012. 4. 27.〉

제39조 삭제 〈2012. 4. 27.〉

제40조(간호조무사 교육훈련기관 지정을 위한 평가업무 위탁) ① 보건복지부장관은 법 제80조제2항 후단에 따라 간호조무사 교육훈련기관의 지정을 위한 평가업무를 다음 각 호의 기관에 위탁할 수 있다.

1. 「공공기관의 운영에 관한 법률」제4조에 따른 공공기관 중 그 설립 목적이 보건의료 또는 인력개발과 관련되는 공공기관

2. 위탁업무 수행에 필요한 조직·인력 및 전문성 등을 갖춘 전문기관으로서 보건복지부장관이 정하여 고시하는 기관

② 보건복지부장관은 법 제80조제2항 후단에 따라 간호조무사 교육훈련기관 지정을 위한 평가업무를 위탁하는 경우 위탁 기준 등의 공고, 위탁 내용 등의 고시 또는 위탁 업무의 보고 등에 관하여는 제31조의6제2항부터 제5항까지의 규정을 준용한다.

[본조신설 2016. 12. 27.]

제41조(간호조무사 교육훈련기관 지정 취소사유) 법 제80조제3항에서 "거짓이나 그 밖의 부정한 방법으로 지정받는 등 대통령령으로 정하는 사유"란 다음 각 호의 사유를 말한다.

1. 거짓이나 그 밖의 부정한 방법으로 지정받는 경우

2. 간호조무사 교육훈련기관의 지정 기준에 미달하는 경우

3. 정당한 사유 없이 교육훈련 업무를 거부하거나 3개월 이상 교육훈련을 실시하지 아니한 경우

4. 거짓이나 그 밖의 부정한 방법으로 교육훈련 졸업증명서 또는 이수증명서를 발급한 경우

5. 교육과정 및 교육내용이 법령에 위반되거나 교육훈련기관의 지정 목적을 달성하기 어렵다고 인정되는 경우

[본조신설 2016. 12. 27.]

제42조(업무의 위탁) ① 보건복지부장관은 법 제86조제2항에 따라 법 제4조의2제7항에 따른 간호·간병통합서비스의 제공·확대 등을 위한 지원에 관한 업무의 일부를 다음 각 호의 기관에 위탁할 수 있다. 〈신설 2022. 8. 2.〉

1. 「공공기관의 운영에 관한 법률」제4조에 따른 공공기관 중 그 설립 목적이 보건의료와 관련되는 공공기관

2. 위탁업무 수행에 필요한 조직·인력 및 전문성 등을 갖춘 전문기관으로서 보건복지부장관이 정하여 고시하는 기관

② 보건복지부장관은 법 제86조제2항에 따라 법 제21조제1항 및 이 영 제10조의3제1항부터 제3항까지의 규정에 따른 본인진료기록열람지원시스템의 구축·운영 및 보호대책 수립에 관한 업무를 다음 각 호의 기관에 위탁할 수 있다. 〈신설 2023. 2. 28.〉

1. 「공공기관의 운영에 관한 법률」제4조에 따른 공공기관 중 그 설립 목적이 보건의료와 관련되는 공공기관

2. 위탁 업무 수행에 필요한 조직·인력 및 전문성 등을 고려하여 보건복지부장관이 정하여 고시하는 기관

③ 보건복지부장관은 법 제86조제2항에 따라 법 제22조제4항에 따른 의학용어와 진료기록부등의 서식 및 세부내용에 관한 표준 마련에 관한 업무를 다음 각 호의 기관에 위탁할 수 있다. 〈신설 2020. 2. 25., 2022. 8. 2., 2023. 2. 28.〉

1. 「공공기관의 운영에 관한 법률」제4조에 따른 공공기관 중 그 설립 목적이 보건의료 또는 보건산업과 관련되는 공공기관

2. 위탁업무 수행에 필요한 조직·인력 및 전문성 등을 갖춘 전문기관으로서 보건복지부장관이 정하여 고시하는 기관

④ 보건복지부장관은 법 제86조제2항에 따라 법 제23조의2제2항에 따른 전자의무기록시스템의 인증 신청 접수, 인증 기준 적합 여부에 관한 검토·확인, 인증 결과 통보 및 인증서 발급에 관한 업무와 같은 조 제5항에 따른 전자의무기록시스템의 기술 개발 및 활용 촉진에 관한 업무를 다음 각 호의 기관에

위탁할 수 있다.〈신설 2017. 6. 20., 2020. 2. 25., 2022. 8. 2., 2023. 2. 28.〉
1. 「공공기관의 운영에 관한 법률」 제4조에 따른 공공기관 중 그 설립목적이 보건의료 또는 사회보장과 관련되는 공공기관
2. 위탁 업무 수행에 필요한 조직·인력 및 전문성 등을 고려하여 보건복지부장관이 정하여 고시하는 기관
⑤ 보건복지부장관은 법 제86조제2항에 따라 법 제40조의3에 따른 진료기록보관시스템의 구축·운영 업무를 다음 각 호의 기관에 위탁할 수 있다.〈신설 2023. 2. 28.〉
1. 「공공기관의 운영에 관한 법률」 제4조에 따른 공공기관 중 그 설립목적이 보건의료 또는 사회보장과 관련되는 공공기관으로서 법 제40조의3제5항에 따른 시설과 장비를 갖춘 기관
2. 위탁 업무 수행에 필요한 조직·인력 및 전문성 등을 고려하여 보건복지부장관이 정하여 고시하는 기관으로서 법 제40조의3제5항에 따른 시설과 장비를 갖춘 기관
⑥ 보건복지부장관은 법 제86조제2항에 따라 법 제45조의2제1항에 따른 비급여진료비용등과 관련된 보고의 접수와 같은 조 제2항에 따른 비급여진료비용등의 현황에 대한 조사·분석 및 그 결과 공개에 관한 업무를 다음 각 호의 전문기관에 위탁할 수 있다.〈개정 2017. 6. 20., 2020. 2. 25., 2021. 6. 15., 2022. 8. 2., 2023. 2. 28.〉
1. 법 제28조에 따른 의사회, 치과의사회 또는 한의사회
2. 「공공기관의 운영에 관한 법률」 제4조에 따른 공공기관 중 그 설립 목적이 보건의료와 관련되는 공공기관
3. 그 밖에 위탁 업무 수행에 필요한 조직·인력 및 전문성 등을 고려하여 보건복지부장관이 고시하는 기관
⑦ 보건복지부장관은 법 제86조제2항에 따라 법 제62조제2항에 따른 의료기관 회계기준의 운영에 관한 업무를 다음 각 호의 기관에 위탁할 수 있다.〈신설 2018. 9. 28., 2020. 2. 25., 2022. 8. 2., 2023. 2. 28.〉
1. 「공공기관의 운영에 관한 법률」 제4조에 따른 공공기관 중 그 설립 목적이 보건의료 또는 보건산업과 관련되는 공공기관
2. 위탁업무 수행에 필요한 조직·인력 및 전문성 등을 갖춘 전문기관으로서 보건복지부장관이 정하여 고시하는 기관
⑧ 보건복지부장관은 법 제86조제2항에 따라 법 제80조제2항에 따른 간호조무사 교육훈련기관의 지정 신청 접수 및 지정서 발급에 관한 업무를 다음 각 호의 기관에 위탁할 수 있다.〈신설 2016. 12. 27., 2017. 6. 20., 2018. 9. 28., 2020. 2. 25., 2022. 8. 2., 2023. 2. 28.〉
1. 「공공기관의 운영에 관한 법률」 제4조에 따른 공공기관 중 그 설립 목적이 보건의료 또는 인력개발과 관련되는 공공기관
2. 위탁업무 수행에 필요한 조직·인력 및 전문성 등을 갖춘 전문기관으로서 보건복지부장관이 정하여 고시하는 기관
⑨ 보건복지부장관은 법 제86조제2항에 따라 법 제80조제4항에 따른 간호조무사 실태·취업상황 등에 관한 신고 및 법 제80조제5항에 따른 간호조무사 보수교육에 관한 업무를 다음 각 호의 기관에 위탁할 수 있다.〈신설 2016. 12. 27., 2017. 6. 20., 2018. 9. 28., 2020. 2. 25., 2022. 8. 2., 2023. 2. 28.〉
1. 「공공기관의 운영에 관한 법률」 제4조에 따른 공공기관 중 그 설립 목적이 보건의료 또는 인력개발과 관련되는 공공기관
2. 간호조무사를 구성원으로 하여 설립된 기관으로서 전국적 조직을 갖추고 있는 기관
3. 위탁 업무 수행에 필요한 조직·인력 및 전문성 등을 갖춘 전문기관으로서 보건복지부장관이 정하여 고시하는 기관(법 제80조제5항에 따른 간호조무사 보수교육만 해당한다)
⑩ 보건복지부장관이 법 제86조제2항에 따라 제1항부터 제9항까지의 규정에 따른 업무를 위탁하는 경우

에 그 위탁 기준 등의 공고, 위탁 내용 등의 고시 또는 위탁 업무의 보고 등에 관하여는 제31조의6제2항부터 제5항까지의 규정을 준용한다.〈개정 2016. 12. 27., 2017. 6. 20., 2018. 9. 28., 2020. 2. 25., 2022. 8. 2., 2023. 2. 28.〉

[본조신설 2016. 9. 29.]

제42조의2(민감정보 및 고유식별정보의 처리) 보건복지부장관(제10조의5제1항, 제11조제2항, 제31조의6제1항 및 제42조제1항·제2항·제4항·제5항에 따라 보건복지부장관의 업무를 위탁받은 자를 포함한다), 질병관리청장, 시·도지사 및 시장·군수·구청장(해당 권한이 위임·위탁된 경우에는 그 권한을 위임·위탁받은 자를 포함한다), 의료인, 의료기관의 장, 의료기관 종사자, 법 제37조에 따른 의료기관 개설자·관리자 또는 국가시험등관리기관은 다음 각 호의 사무를 수행하기 위하여 불가피한 경우「개인정보 보호법」제23조에 따른 건강에 관한 정보(이하 이 조에서 "건강정보"라 한다), 같은 법 시행령 제18조제2호에 따른 범죄경력자료에 해당하는 정보(이하 이 조에서 "범죄경력정보"라 한다), 같은 영 제19조제1호 또는 제4호에 따른 주민등록번호 또는 외국인등록번호가 포함된 자료를 처리할 수 있다. 다만, 제1호, 제3호의3 및 제5호의2의 사무의 경우에는 범죄경력정보는 제외하고, 제4호의2의 사무의 경우에는 건강정보와 범죄경력정보는 제외한다. 〈개정 2012. 4. 27., 2016. 9. 29., 2016. 12. 27., 2017. 2. 28., 2017. 6. 20., 2020. 2. 25., 2020. 9. 11., 2021. 6. 15., 2022. 8. 2., 2023. 2. 28.〉

1. 법 제4조의2제7항에 따른 간호·간병통합서비스의 제공·확대 등을 위한 지원에 관한 사무
2. 법 제9조(법 제80조의3에서 준용하는 경우를 포함한다)에 따른 국가시험등의 관리에 관한 사무
2의2. 법 제10조(법 제80조의3에서 준용하는 경우를 포함한다)에 따른 국가시험등의 응시자격의 확인에 관한 사무
3. 법 제11조에 따른 면허증 발급에 관한 사무
3의2. 법 제17조 및 제18조에 따른 진단서·검안서·증명서 또는 처방전의 작성, 교부 또는 발송(전자처방전만 해당한다)에 관한 사무
3의3. 법 제21조에 따른 환자에 관한 기록의 내용 확인 및 이 영 제10조의3에 따른 본인진료기록열람지원시스템의 구축·운영에 관한 사무
3의4. 법 제21조의2제1항에 따른 진료기록의 내용 확인이나 진료기록의 사본 및 환자의 진료경과에 대한 소견 등의 송부 또는 전송에 관한 사무
3의5. 법 제21조의2제2항에 따른 진료기록의 사본 등의 이송에 관한 사무
3의6. 법 제22조에 따른 진료기록부등의 기록에 관한 사무
3의7. 법 제23조의2제2항에 따른 전자의무기록시스템의 인증에 관한 사무
4. 삭제〈2023. 2. 28.〉
4의2. 법 제33조 및 제35조에 따른 의료기관의 개설 등에 관한 사무
5. 법 제37조에 따른 진단용 방사선 발생장치의 방사선 관계 종사자에 대한 피폭관리(被曝管理)에 관한 사무
5의2. 법 제40조의3에 따른 진료기록보관시스템의 구축·운영에 관한 사무
5의3. 삭제〈2023. 2. 28.〉
6. 법 제63조부터 제66조까지의 규정에 따른 행정처분에 관한 사무
7. 법 제67조에 따른 과징금의 부과·징수에 관한 사무
8. 법 제77조에 따른 전문의의 자격 인정에 관한 사무
9. 법 제78조에 따른 전문간호사의 자격 인정에 관한 사무
10. 법 제80조제1항에 따른 간호조무사의 자격 인정에 관한 사무
11. 삭제〈2022. 8. 2.〉

[본조신설 2012. 1. 6.]

제43조(과징금의 산정 기준) 법 제67조에 따른 과징금의 금액은 위반행위의 종류와 위반 정도 등을 고려하여 보건복지부령으로 정하는 의료업 정지처분 기준에 따라 별표 1의2의 과징금 산정 기준을 적용하여 산정한다. 〈개정 2008. 2. 29., 2009. 4. 20., 2010. 3. 15., 2017. 6. 20.〉

제44조(과징금의 부과·징수 절차) ① 보건복지부장관, 시·도지사 또는 시장·군수·구청장은 법 제67조에 따라 과징금을 부과하려면 그 위반행위의 종류와 과징금의 금액을 서면으로 명시하여 이를 낼 것을 통지하여야 한다. 〈개정 2008. 2. 29., 2010. 3. 15.〉
② 과징금의 징수 절차는 보건복지부령으로 정한다. 〈개정 2008. 2. 29., 2010. 3. 15.〉

제44조의2(규제의 재검토) ①보건복지부장관은 다음 각 호의 사항에 대하여 다음 각 호의 기준일을 기준으로 3년마다(매 3년이 되는 해의 기준일과 같은 날 전까지를 말한다) 그 타당성을 검토하여 개선 등의 조치를 하여야 한다. 〈개정 2014. 12. 9., 2015. 9. 15., 2017. 6. 20.〉
　1. 제43조 및 별표 1의2에 따른 과징금 산정 기준: 2014년 1월 1일
　2. 제45조 및 별표 2에 따른 과태료의 부과기준: 2014년 1월 1일
② 보건복지부장관은 제23조에 따른 의료광고 금지기준에 대하여 2015년 1월 1일을 기준으로 2년마다 (매 2년이 되는 해의 1월 1일 전까지를 말한다) 그 타당성을 검토하여 개선 등의 조치를 하여야 한다. 〈신설 2014. 12. 9.〉
[본조신설 2013. 12. 30.]

제45조(과태료의 부과기준) 법 제92조제1항부터 제3항까지의 규정에 따른 과태료의 부과기준은 별표 2와 같다. 〈개정 2021. 6. 15.〉
[전문개정 2015. 9. 15.]

부칙

〈대통령령 제33311호, 2023. 2. 28.〉

이 영은 2023년 3월 5일부터 시행한다.

〈제33875호, 2023. 11. 17.〉

이 영은 2023년 11월 20일부터 시행한다.

의료급여법

[시행 2024. 7. 17.] [법률 제20035호, 2024. 1. 16., 일부개정]

제1조(목적) 이 법은 생활이 어려운 사람에게 의료급여를 함으로써 국민보건의 향상과 사회복지의 증진에 이바지함을 목적으로 한다.

[전문개정 2013. 6. 12.]

제2조(정의) 이 법에서 사용하는 용어의 뜻은 다음과 같다.
1. "수급권자"란 이 법에 따라 의료급여를 받을 수 있는 자격을 가진 사람을 말한다.
2. "의료급여기관"이란 수급권자에 대한 진료·조제 또는 투약 등을 담당하는 의료기관 및 약국 등을 말한다.
3. "부양의무자"란 수급권자를 부양할 책임이 있는 사람으로서 수급권자의 1촌 직계혈족 및 그 배우자를 말한다.

[전문개정 2013. 6. 12.]

제3조(수급권자) ① 이 법에 따른 수급권자는 다음 각 호와 같다. *〈개정 2014. 12. 30., 2015. 3. 27., 2023. 3. 4.〉*
1. 「국민기초생활 보장법」에 따른 의료급여 수급자
2. 「재해구호법」에 따른 이재민으로서 보건복지부장관이 의료급여가 필요하다고 인정한 사람
3. 「의사상자 등 예우 및 지원에 관한 법률」에 따라 의료급여를 받는 사람
4. 「입양특례법」에 따라 국내에 입양된 18세 미만의 아동
5. 「독립유공자예우에 관한 법률」, 「국가유공자 등 예우 및 지원에 관한 법률」 및 「보훈보상대상자 지원에 관한 법률」의 적용을 받고 있는 사람과 그 가족으로서 국가보훈부장관이 의료급여가 필요하다고 추천한 사람 중에서 보건복지부장관이 의료급여가 필요하다고 인정한 사람
6. 「무형문화재 보전 및 진흥에 관한 법률」에 따라 지정된 국가무형문화재의 보유자(명예보유자를 포함한다)와 그 가족으로서 문화재청장이 의료급여가 필요하다고 추천한 사람 중에서 보건복지부장관이 의료급여가 필요하다고 인정한 사람
7. 「북한이탈주민의 보호 및 정착지원에 관한 법률」의 적용을 받고 있는 사람과 그 가족으로서 보건복지부장관이 의료급여가 필요하다고 인정한 사람
8. 「5·18민주화운동 관련자 보상 등에 관한 법률」 제8조에 따라 보상금등을 받은 사람과 그 가족으로서 보건복지부장관이 의료급여가 필요하다고 인정한 사람
9. 「노숙인 등의 복지 및 자립지원에 관한 법률」에 따른 노숙인 등으로서 보건복지부장관이 의료급여가 필요하다고 인정한 사람
10. 그 밖에 생활유지 능력이 없거나 생활이 어려운 사람으로서 대통령령으로 정하는 사람

② 제1항제2호 및 제5호부터 제9호까지의 규정에 따른 수급권자의 인정 기준 등에 관한 사항은 보건복지부장관이 정하는 바에 따른다.

③ 제1항에 따른 수급권자에 대한 의료급여의 내용과 기준은 대통령령으로 정하는 바에 따라 구분하여 달리 정할 수 있다.

④ 제1항에 따른 수급권자에 대한 의료급여의 개시일 등에 관하여 필요한 사항은 대통령령으로 정한다.

[전문개정 2013. 6. 12.]

제3조(수급권자) ① 이 법에 따른 수급권자는 다음 각 호와 같다. *〈개정 2014. 12. 30., 2015. 3. 27., 2023. 3. 4., 2023. 8. 8., 2024. 2. 13.〉*
1. 「국민기초생활 보장법」에 따른 의료급여 수급자
2. 「재해구호법」에 따른 이재민으로서 보건복지부장관이 의료급여가 필요하다고 인정한 사람

3. 「의사상자 등 예우 및 지원에 관한 법률」에 따라 의료급여를 받는 사람
4. 「입양특례법」에 따라 국내에 입양된 18세 미만의 아동
5. 「독립유공자예우에 관한 법률」, 「국가유공자 등 예우 및 지원에 관한 법률」 및 「보훈보상대상자 지원에 관한 법률」의 적용을 받고 있는 사람과 그 가족으로서 국가보훈부장관이 의료급여가 필요하다고 추천한 사람 중에서 보건복지부장관이 의료급여가 필요하다고 인정한 사람
6. 「무형유산의 보전 및 진흥에 관한 법률」에 따라 지정된 국가무형유산의 보유자(명예보유자를 포함한다)와 그 가족으로서 국가유산청장이 의료급여가 필요하다고 추천한 사람 중에서 보건복지부장관이 의료급여가 필요하다고 인정한 사람
7. 「북한이탈주민의 보호 및 정착지원에 관한 법률」의 적용을 받고 있는 사람과 그 가족으로서 보건복지부장관이 의료급여가 필요하다고 인정한 사람
8. 「5·18민주화운동 관련자 보상 등에 관한 법률」 제8조에 따라 보상금등을 받은 사람과 그 가족으로서 보건복지부장관이 의료급여가 필요하다고 인정한 사람
9. 「노숙인 등의 복지 및 자립지원에 관한 법률」에 따른 노숙인 등으로서 보건복지부장관이 의료급여가 필요하다고 인정한 사람
10. 그 밖에 생활유지 능력이 없거나 생활이 어려운 사람으로서 대통령령으로 정하는 사람
② 제1항제2호 및 제5호부터 제9호까지의 규정에 따른 수급권자의 인정 기준 등에 관한 사항은 보건복지부장관이 정하는 바에 따른다.
③ 제1항에 따른 수급권자에 대한 의료급여의 내용과 기준은 대통령령으로 정하는 바에 따라 구분하여 달리 정할 수 있다.
④ 제1항에 따른 수급권자에 대한 의료급여의 개시일 등에 관하여 필요한 사항은 대통령령으로 정한다.
[전문개정 2013. 6. 12.]
[시행일: 2024. 5. 17.] 제3조

제3조의2(난민에 대한 특례) 「난민법」에 따른 난민인정자로서 「국민기초생활 보장법」 제12조의3제2항에 따른 의료급여 수급권자의 범위에 해당하는 사람은 수급권자로 본다. 〈개정 2014. 12. 30.〉
[전문개정 2013. 6. 12.]

제3조의3(수급권자의 인정 절차 등) ① 제3조제1항제2호부터 제10호까지의 수급권자가 되려는 사람은 보건복지부령으로 정하는 바에 따라 특별자치시장·특별자치도지사·시장(특별자치도의 행정시장은 제외한다)·군수·구청장(구청장은 자치구의 구청장을 말하며, 이하 "시장·군수·구청장"이라 한다)에게 수급권자 인정 신청을 하여야 한다.
② 시장·군수·구청장은 제1항에 따른 신청인을 수급권자로 인정하는 것이 타당한지를 확인하기 위하여 필요한 경우 그 신청인에게 「국민기초생활 보장법」 제21조제3항 각 호에 따른 자료 또는 정보의 제공에 동의한다는 서면을 제출하게 할 수 있다.
③ 제1항의 신청에 따른 조사, 확인조사, 금융정보 등의 제공 등에 관하여는 「국민기초생활 보장법」 제22조, 제23조 및 제23조의2를 준용한다.
④ 국가보훈부장관과 문화재청장은 대통령령으로 정하는 바에 따라 제3조제1항제5호 및 제6호의 수급권자로 인정할 필요가 있는 사람을 추천하여 그 결과를 수급권자의 주소지를 관할하는 시장·군수·구청장에게 알려야 한다. 이 경우 제3조제1항제5호 및 제6호의 수급권자가 되려는 사람이 제1항에 따른 수급권자 인정 신청을 한 것으로 본다. 〈개정 2023. 3. 4.〉
⑤ 시장·군수·구청장은 제1항 및 제4항에 따라 인정 신청을 한 사람(제3조제1항제3호 및 제4호에 해당하는 사람은 제외한다) 중에서 제3조제2항에 따른 수급권자의 인정 기준에 따라 수급권자를 정하여야 한다.
⑥ 제1항부터 제5항까지에서 규정한 사항 외에 수급권자의 인정 절차 등에 관하여 필요한 사항은 대통령령

령으로 정한다.

[본조신설 2013. 6. 12.]

제3조의3(수급권자의 인정 절차 등) ① 제3조제1항제2호부터 제10호까지의 수급권자가 되려는 사람은 보건복지부령으로 정하는 바에 따라 특별자치시장·특별자치도지사·시장(특별자치도의 행정시장은 제외한다)·군수·구청장(구청장은 자치구의 구청장을 말하며, 이하 "시장·군수·구청장"이라 한다)에게 수급권자 인정 신청을 하여야 한다.

② 시장·군수·구청장은 제1항에 따른 신청인을 수급권자로 인정하는 것이 타당한지를 확인하기 위하여 필요한 경우 그 신청인에게 「국민기초생활 보장법」 제21조제3항 각 호에 따른 자료 또는 정보의 제공에 동의한다는 서면을 제출하게 할 수 있다.

③ 제1항의 신청에 따른 조사, 확인조사, 금융정보 등의 제공 등에 관하여는 「국민기초생활 보장법」 제22조, 제23조 및 제23조의2를 준용한다.

④ 국가보훈부장관과 국가유산청장은 대통령령으로 정하는 바에 따라 제3조제1항제5호 및 제6호의 수급권자로 인정할 필요가 있는 사람을 추천하여 그 결과를 수급권자의 주소지를 관할하는 시장·군수·구청장에게 알려야 한다. 이 경우 제3조제1항제5호 및 제6호의 수급권자가 되려는 사람이 제1항에 따른 수급권자 인정 신청을 한 것으로 본다. 〈개정 2023. 3. 4., 2024. 2. 13.〉

⑤ 시장·군수·구청장은 제1항 및 제4항에 따라 인정 신청을 한 사람(제3조제1항제3호 및 제4호에 해당하는 사람은 제외한다) 중에서 제3조제2항에 따른 수급권자의 인정 기준에 따라 수급권자를 정하여야 한다.

⑥ 제1항부터 제5항까지에서 규정한 사항 외에 수급권자의 인정 절차 등에 관하여 필요한 사항은 대통령령으로 정한다.

[본조신설 2013. 6. 12.] [시행일: 2024. 5. 17.] 제3조의3

제4조(적용 배제) ① 수급권자가 업무 또는 공무로 생긴 질병·부상·재해로 다른 법령에 따른 급여나 보상(報償) 또는 보상(補償)을 받게 되는 경우에는 이 법에 따른 의료급여를 하지 아니한다. 〈개정 2017. 3. 21.〉

② 수급권자가 다른 법령에 따라 국가나 지방자치단체 등으로부터 의료급여에 상당하는 급여 또는 비용을 받게 되는 경우에는 그 한도에서 이 법에 따른 의료급여를 하지 아니한다.〈신설 2017. 3. 21.〉

[전문개정 2013. 6. 12.]

제5조(보장기관) ① 이 법에 따른 의료급여에 관한 업무는 수급권자의 거주지를 관할하는 특별시장·광역시장·도지사와 시장·군수·구청장이 한다.

② 제1항에도 불구하고 주거가 일정하지 아니한 수급권자에 대한 의료급여 업무는 그가 실제 거주하는 지역을 관할하는 시장·군수·구청장이 한다.

③ 특별시장·광역시장·도지사 및 시장·군수·구청장은 수급권자의 건강 유지 및 증진을 위하여 필요한 사업을 실시하여야 한다.

[전문개정 2013. 6. 12.]

제5조의2(사례관리) ① 보건복지부장관, 특별시장·광역시장·도지사 및 시장·군수·구청장은 수급권자의 건강관리 능력 향상 및 합리적 의료이용 유도 등을 위하여 사례관리를 실시할 수 있다.

② 제1항에 따른 사례관리를 실시하기 위하여 특별시·광역시·특별자치시·도·특별자치도(이하 "시·도"라 한다) 및 시(특별자치도의 행정시를 제외한다. 이하 같다)·군·구(자치구를 말한다. 이하 같다)에 의료급여 관리사를 둔다.

③ 보건복지부장관은 제1항에 따른 사례관리 사업의 전문적인 지원을 위하여 해당 업무를 공공 또는 민간 기관·단체 등에 위탁하여 실시할 수 있다.

④ 제2항에 따른 의료급여 관리사의 자격·배치기준 등 운영에 관한 사항과 제3항에 따른 사례관리 사업

의 지원 업무 위탁 실시 등에 필요한 사항은 보건복지부령으로 정한다.

[전문개정 2013. 6. 12.]

제6조(의료급여심의위원회) ① 이 법에 따른 의료급여사업의 실시에 관한 사항을 심의하기 위하여 보건복지부, 시·도 및 시·군·구에 각각 의료급여심의위원회를 둔다. 다만, 시·도 및 시·군·구에 두는 의료급여심의위원회의 경우에는 그 기능을 담당하기에 적합한 다른 위원회가 있고 그 위원회의 위원이 제4항에 규정된 자격을 갖춘 경우 시·도 또는 시·군·구의 조례로 각각 정하는 바에 따라 그 위원회로 하여금 의료급여심의위원회의 기능을 수행하게 할 수 있다.

② 보건복지부에 두는 의료급여심의위원회(이하 "중앙의료급여심의위원회"라 한다)는 다음 각 호의 사항을 심의한다.

  1. 의료급여사업의 기본방향 및 대책 수립에 관한 사항
  2. 의료급여의 기준 및 수가에 관한 사항
  3. 그 밖에 보건복지부장관 또는 위원장이 부의하는 사항

③ 중앙의료급여심의위원회는 위원장을 포함하여 15명 이내의 위원으로 구성하고 위원은 보건복지부장관이 다음 각 호의 어느 하나에 해당하는 사람 중에서 위촉·지명하며 위원장은 보건복지부차관으로 한다. 〈개정 2017. 3. 21.〉

  1. 공익을 대표하는 사람(의료보장에 관한 전문가로서 대학의 조교수 이상인 사람 또는 연구기관의 연구원으로 재직 중인 사람)
  2. 의약계를 대표하는 사람 및 사회복지계를 대표하는 사람
  3. 관계 행정기관 소속의 3급 이상 공무원

④ 제1항에 따른 시·도 및 시·군·구 의료급여심의위원회의 위원은 특별시장·광역시장·도지사 또는 시장·군수·구청장이 다음 각 호의 어느 하나에 해당하는 사람 중에서 위촉·지명하며 위원장은 해당 특별시장·광역시장·도지사 또는 시장·군수·구청장으로 한다. 다만, 제1항 단서에 따라 다른 위원회가 의료급여심의위원회의 기능을 대신하는 경우 위원장은 조례로 정한다.

  1. 의료보장에 관한 학식과 경험이 있는 사람
  2. 공익을 대표하는 사람
  3. 관계 행정기관 소속의 공무원

⑤ 제1항에 따른 의료급여심의위원회는 심의와 관련하여 필요한 경우 제5조에 따른 보장기관에 대하여 그 소속 공무원의 출석이나 자료의 제출을 요청할 수 있다. 이 경우 해당 보장기관은 정당한 사유가 없는 한 이에 응하여야 한다.

⑥ 보건복지부와 시·도 및 시·군·구에 두는 의료급여심의위원회의 기능과 각 의료급여심의위원회의 구성·운영 등에 관하여 필요한 사항은 대통령령으로 정한다.

[전문개정 2013. 6. 12.]

제7조(의료급여의 내용 등) ① 이 법에 따른 수급권자의 질병·부상·출산 등에 대한 의료급여의 내용은 다음 각 호와 같다.

  1. 진찰·검사
  2. 약제(藥劑)·치료재료의 지급
  3. 처치·수술과 그 밖의 치료
  4. 예방·재활
  5. 입원
  6. 간호
  7. 이송과 그 밖의 의료목적 달성을 위한 조치

② 제1항에 따른 의료급여의 방법·절차·범위·한도 등 의료급여의 기준에 관하여는 보건복지부령으로 정하고, 의료수가기준과 그 계산방법 등에 관하여는 보건복지부장관이 정한다.

③ 보건복지부장관은 제2항에 따라 의료급여의 기준을 정할 때에는 업무 또는 일상생활에 지장이 없는 질환 등 보건복지부령으로 정하는 사항은 의료급여 대상에서 제외할 수 있다.

[전문개정 2013. 6. 12.]

제8조(의료급여증) ① 시장·군수·구청장은 수급권자가 신청하는 경우 의료급여증을 발급하여야 한다. 다만, 부득이한 사유가 있는 경우에는 의료급여증을 갈음하여 의료급여증명서를 발급하거나 보건복지부령으로 정하는 바에 따라 의료급여증을 발급하지 아니할 수 있다. 〈개정 2023. 3. 28.〉

② 수급권자가 의료급여를 받을 때에는 제1항의 의료급여증 또는 의료급여증명서를 제9조제1항에 따른 의료급여기관(이하 "의료급여기관"이라 한다)에 제출하여야 한다. 다만, 천재지변이나 그 밖의 부득이한 사유가 있으면 그러하지 아니하다.

③ 수급권자는 제2항 본문에도 불구하고 주민등록증, 운전면허증, 여권, 그 밖에 본인 여부를 확인할 수 있는 보건복지부령으로 정하는 신분증명서(이하 "신분증명서"라 한다)로 의료급여기관이 그 자격을 확인할 수 있으면 의료급여증 또는 의료급여증명서를 제출하지 아니할 수 있다.

④ 누구든지 의료급여증, 의료급여증명서 또는 신분증명서를 다른 사람에게 양도하거나 대여하여 의료급여를 받게 하여서는 아니 된다. 〈신설 2023. 3. 28.〉

⑤ 누구든지 의료급여증, 의료급여증명서 또는 신분증명서를 양도 또는 대여받거나 그 밖에 이를 부정하게 사용하여 의료급여를 받아서는 아니 된다. 〈신설 2023. 3. 28.〉

⑥ 제1항에 따른 의료급여증 및 의료급여증명서의 서식과 그 신청·발급 및 사용 등에 필요한 사항은 보건복지부령으로 정한다. 〈개정 2023. 3. 28.〉

[전문개정 2013. 6. 12.]

제8조(의료급여증) ① 시장·군수·구청장은 수급권자가 신청하는 경우 의료급여증을 발급하여야 한다. 다만, 부득이한 사유가 있는 경우에는 의료급여증을 갈음하여 의료급여증명서를 발급하거나 보건복지부령으로 정하는 바에 따라 의료급여증을 발급하지 아니할 수 있다. 〈개정 2023. 3. 28.〉

② 수급권자가 의료급여를 받을 때에는 제1항의 의료급여증 또는 의료급여증명서를 제9조제1항에 따른 의료급여기관(이하 "의료급여기관"이라 한다)에 제출하여야 한다. 다만, 천재지변이나 그 밖의 부득이한 사유가 있으면 그러하지 아니하다.

③ 수급권자는 제2항 본문에도 불구하고 주민등록증(모바일 주민등록증을 포함한다), 운전면허증, 여권, 그 밖에 본인 여부를 확인할 수 있는 보건복지부령으로 정하는 신분증명서(이하 "신분증명서"라 한다)로 의료급여기관이 그 자격을 확인할 수 있으면 의료급여증 또는 의료급여증명서를 제출하지 아니할 수 있다. 〈개정 2023. 12. 26.〉

④ 누구든지 의료급여증, 의료급여증명서 또는 신분증명서를 다른 사람에게 양도하거나 대여하여 의료급여를 받게 하여서는 아니 된다. 〈신설 2023. 3. 28.〉

⑤ 누구든지 의료급여증, 의료급여증명서 또는 신분증명서를 양도 또는 대여받거나 그 밖에 이를 부정하게 사용하여 의료급여를 받아서는 아니 된다. 〈신설 2023. 3. 28.〉

⑥ 제1항에 따른 의료급여증 및 의료급여증명서의 서식과 그 신청·발급 및 사용 등에 필요한 사항은 보건복지부령으로 정한다. 〈개정 2023. 3. 28.〉

[전문개정 2013. 6. 12.] [시행일: 2024. 12. 27.] 제8조

제9조(의료급여기관) ① 의료급여는 다음 각 호의 의료급여기관에서 실시한다. 이 경우 보건복지부장관은 공익상 또는 국가시책상 의료급여기관으로 적합하지 아니하다고 인정할 때에는 대통령령으로 정하는 바에 따라 의료급여기관에서 제외할 수 있다. 〈개정 2019. 1. 15.〉

1. 「의료법」에 따라 개설된 의료기관
2. 「지역보건법」에 따라 설치된 보건소·보건의료원 및 보건지소
3. 「농어촌 등 보건의료를 위한 특별조치법」에 따라 설치된 보건진료소
4. 「약사법」에 따라 개설등록된 약국 및 같은 법 제91조에 따라 설립된 한국희귀·필수의약품센터
② 의료급여기관은 다음 각 호와 같이 구분하되, 의료급여기관별 진료범위는 보건복지부령으로 정한다.
  1. 제1차 의료급여기관
    가. 「의료법」 제33조제3항에 따라 개설신고를 한 의료기관
    나. 제1항제2호부터 제4호까지의 규정에 따른 의료급여기관
  2. 제2차 의료급여기관: 「의료법」 제33조제4항 전단에 따라 개설허가를 받은 의료기관
  3. 제3차 의료급여기관: 제2차 의료급여기관 중에서 보건복지부장관이 지정하는 의료기관
③ 제1항 각 호에 따른 의료급여기관은 정당한 이유 없이 이 법에 따른 의료급여를 거부하지 못한다.
④ 특별시장·광역시장·도지사 또는 시장·군수·구청장은 제1항 각 호에 따른 의료급여기관이 개설·설치되거나, 개설·설치된 의료급여기관의 신고·허가 및 등록 사항 등이 변경되었을 때에는 보건복지부령으로 정하는 바에 따라 그 내용을 다음 각 호의 전문기관에 알려야 한다. 〈개정 2017. 3. 21.〉
  1. 제33조제2항에 따라 의료급여에 든 비용(이하 "급여비용"이라 한다)의 심사·조정, 의료급여의 적정성 평가 및 급여 대상 여부의 확인 업무를 위탁받은 전문기관(이하 "급여비용심사기관"이라 한다)
  2. 제33조제2항에 따라 급여비용의 지급업무를 위탁받은 전문기관(이하 "급여비용지급기관"이라 한다)
⑤ 제2항제3호에 따른 제3차 의료급여기관의 지정기준 및 지정절차 등에 관하여 필요한 사항은 보건복지부령으로 정한다.

[전문개정 2013. 6. 12.]

제10조(급여비용의 부담) 급여비용은 대통령령으로 정하는 바에 따라 그 전부 또는 일부를 제25조에 따른 의료급여기금에서 부담하되, 의료급여기금에서 일부를 부담하는 경우 그 나머지 비용은 본인이 부담한다.

[전문개정 2013. 6. 12.]

제11조(급여비용의 청구와 지급) ① 의료급여기관은 제10조에 따라 의료급여기금에서 부담하는 급여비용의 지급을 시장·군수·구청장에게 청구할 수 있다. 이 경우 제2항에 따른 심사청구는 시장·군수·구청장에 대한 급여비용의 청구로 본다.
② 제1항에 따라 급여비용을 청구하려는 의료급여기관은 급여비용심사기관에 급여비용의 심사청구를 하여야 하며, 심사청구를 받은 급여비용심사기관은 이를 심사한 후 지체 없이 그 내용을 시장·군수·구청장 및 의료급여기관에 알려야 한다.
③ 제2항에 따라 심사의 내용을 통보받은 시장·군수·구청장은 지체 없이 그 내용에 따라 급여비용을 의료급여기관에 지급하여야 한다. 이 경우 수급권자가 이미 납부한 본인부담금(제10조에 따라 수급권자가 부담하여야 하는 급여비용을 말한다. 이하 같다)이 과다한 경우에는 의료급여기관에 지급할 금액에서 그 과다하게 납부된 금액을 공제하여 수급권자에게 반환하여야 한다.
④ 시장·군수·구청장은 의료급여의 적정성 여부를 평가할 수 있고, 그 평가결과에 따라 급여비용을 가산 또는 감액 조정하여 지급한다. 이 경우 평가결과에 따른 급여비용의 가감지급의 기준은 보건복지부령으로 정한다. 〈개정 2017. 3. 21.〉
⑤ 시장·군수·구청장은 제4항에 따른 적정성 평가결과를 공개할 수 있다. 〈신설 2017. 3. 21.〉
⑥ 의료급여기관은 제2항에 따른 심사청구를 다음 각 호의 단체가 대행하게 할 수 있다. 〈개정 2017. 3. 21.〉
  1. 「의료법」 제28조제1항에 따른 의사회·치과의사회·한의사회·조산사회 또는 같은 조 제6항에 따라 신고한 각각의 지부 및 분회
  2. 「의료법」 제52조에 따른 의료기관단체

3. 「약사법」 제11조에 따른 대한약사회 또는 같은 법 제14조에 따라 신고한 지부 및 분회

⑦ 제1항부터 제6항까지에서 규정한 사항 외에 급여비용의 청구, 심사, 지급 등의 방법 및 절차에 필요한 사항은 보건복지부령으로 정한다. 〈개정 2017. 3. 21.〉

⑧ 시장·군수·구청장은 「산업재해보상보험법」 제10조에 따른 근로복지공단이 이 법에 따라 의료급여를 받을 수 있는 사람에게 「산업재해보상보험법」 제40조에 따른 요양급여를 지급한 후 그 지급결정이 취소된 경우로서 그 요양급여 비용을 청구하는 경우에는 그 요양급여가 이 법에 따라 실시할 수 있는 의료급여에 상당한 것으로 인정되면 그 의료급여에 해당하는 금액을 지급할 수 있다. 〈개정 2017. 3. 21.〉

[전문개정 2013. 6. 12.]

제11조의2(서류의 보존) ① 의료급여기관은 의료급여가 끝난 날부터 5년간 보건복지부령으로 정하는 바에 따라 제11조에 따른 급여비용의 청구에 관한 서류를 보존하여야 한다.

② 제1항에도 불구하고 약국 등 보건복지부령으로 정하는 의료급여기관은 처방전을 급여비용을 청구한 날부터 3년간 보존하여야 한다.

[전문개정 2013. 6. 12.]

제11조의3(급여 대상 여부의 확인 등) ① 수급권자는 본인부담금 외에 부담한 비용이 제7조제3항에 따라 의료급여의 대상에서 제외되는 사항에 해당하는 비용(이하 "비급여비용"이라 한다)인지에 대하여 급여비용 심사기관에 확인을 요청할 수 있다.

② 제1항에 따라 확인을 요청받은 급여비용심사기관은 그 확인결과를 확인을 요청한 수급권자에게 알려야 하며, 확인을 요청한 비용이 급여비용에 해당하는 것으로 확인되었을 때에는 급여비용지급기관 및 관련 의료급여기관에도 각각 알려야 한다.

③ 제2항에 따라 통보받은 의료급여기관은 과다 징수한 금액을 지체 없이 수급권자에게 반환하여야 한다.

④ 급여비용지급기관은 제3항에도 불구하고 의료급여기관이 과다 징수한 금액을 반환하지 아니하면 그 의료급여기관에 지급할 급여비용에서 과다 징수한 금액을 공제하여 그 공제한 금액을 수급권자에게 지급할 수 있다.

⑤ 제1항부터 제4항까지에 따른 확인 요청의 범위, 방법, 절차, 처리기간 등 필요한 사항은 보건복지부령으로 정한다. 〈신설 2023. 3. 28.〉

[전문개정 2013. 6. 12.]

제11조의4(의료급여기관의 비용 청구에 관한 금지행위) 의료급여기관은 의료급여를 하기 전에 수급권자에게 본인부담금을 청구하거나 수급권자가 이 법에 따라 부담하여야 하는 비용과 비급여비용 외에 입원보증금 등 다른 명목의 비용을 청구하여서는 아니 된다.

[전문개정 2013. 6. 12.]

제11조의5(급여비용의 지급 보류) ① 제11조제3항에도 불구하고 시장·군수·구청장은 급여비용의 지급을 청구한 의료급여기관이 「의료법」 제33조제2항 또는 「약사법」 제20조제1항을 위반하였다는 사실을 수사기관의 수사결과로 확인한 경우에는 해당 의료급여기관이 청구한 급여비용의 지급을 보류할 수 있다.

② 시장·군수·구청장은 제1항에 따라 급여비용의 지급을 보류하기 전에 해당 의료급여기관에게 의견제출의 기회를 주어야 한다.

③ 법원의 무죄 판결이 확정되는 등 대통령령으로 정하는 사유로 제1항에 따른 의료급여기관이 「의료법」 제33조제2항 또는 「약사법」 제20조제1항을 위반한 혐의가 입증되지 아니한 경우에는 시장·군수·구청장은 지급 보류된 급여비용에 지급 보류된 기간 동안의 이자를 가산하여 해당 의료급여기관에 지급하여야 한다.

④ 제1항 및 제2항에 따른 지급 보류 절차 및 의견제출의 절차 등에 필요한 사항, 제3항에 따른 지급 보류된 급여비용 및 이자의 지급 절차와 이자의 산정 등에 필요한 사항은 대통령령으로 정한다.

[본조신설 2015. 12. 29.]

제12조(요양비) ① 시장·군수·구청장은 수급권자가 보건복지부령으로 정하는 긴급하거나 그 밖의 부득이한 사유로 의료급여기관과 같은 기능을 수행하는 기관으로서 보건복지부령으로 정하는 기관(제28조제1항에 따라 업무정지기간 중인 의료급여기관을 포함한다)에서 질병·부상·출산 등에 대하여 의료급여를 받거나 의료급여기관이 아닌 장소에서 출산을 하였을 때에는 그 의료급여에 상당하는 금액을 보건복지부령으로 정하는 바에 따라 수급권자에게 요양비로 지급한다.
② 제1항에 따라 의료급여를 실시한 기관은 보건복지부장관이 정하는 요양비명세서 또는 요양의 명세를 적은 영수증을 요양을 받은 사람에게 내주어야 하며, 요양을 받은 사람은 이를 시장·군수·구청장에게 제출하여야 한다.
③ 제1항에 따른 요양비의 지급방법 등에 필요한 사항은 보건복지부령으로 정한다.
[전문개정 2013. 6. 12.]

제12조의2(요양비등수급계좌) ① 시장·군수·구청장은 이 법에 따른 의료급여로 지급되는 현금(이하 "요양비등"이라 한다)을 받는 수급권자의 신청이 있는 경우에는 요양비등을 수급권자 명의의 지정된 계좌(이하 "요양비등수급계좌"라 한다)로 입금하여야 한다. 다만, 정보통신장애나 그 밖에 대통령령으로 정하는 불가피한 사유로 요양비등수급계좌로 이체할 수 없을 때에는 직접 현금으로 지급하는 등 대통령령으로 정하는 바에 따라 요양비등을 지급할 수 있다.
② 요양비등수급계좌가 개설된 금융기관은 요양비등수급계좌에 요양비등만이 입금되도록 하고, 이를 관리하여야 한다.
③ 제1항 및 제2항에 따른 요양비등수급계좌의 신청 방법·절차와 관리에 필요한 사항은 대통령령으로 정한다.
[본조신설 2023. 3. 28.]

제13조(장애인 및 임산부에 대한 특례) ① 시장·군수·구청장은 「장애인복지법」에 따라 등록한 장애인인 수급권자에게 「장애인·노인 등을 위한 보조기기 지원 및 활용촉진에 관한 법률」 제3조제2호에 따른 보조기기(이하 이 조에서 "보조기기"라 한다)에 대하여 급여를 실시할 수 있다. 〈개정 2019. 4. 23.〉
② 시장·군수·구청장은 임신한 수급권자가 임신기간 중 의료급여기관에서 받는 진료에 드는 비용(출산비용을 포함한다)에 대하여 추가급여를 실시할 수 있다.
③ 제1항에 따른 보조기기 급여 및 제2항에 따른 추가급여의 방법·절차·범위·한도 등에 필요한 사항은 보건복지부령으로 정한다. 〈개정 2019. 4. 23.〉
[전문개정 2013. 6. 12.]

제14조(건강검진) ① 시장·군수·구청장은 이 법에 따른 수급권자에 대하여 질병의 조기발견과 그에 따른 의료급여를 하기 위하여 건강검진을 할 수 있다.
② 제1항에 따른 건강검진의 대상·횟수·절차와 그 밖에 필요한 사항은 보건복지부장관이 정한다.
[전문개정 2013. 6. 12.]

제15조(의료급여의 제한) ① 시장·군수·구청장은 수급권자가 다음 각 호의 어느 하나에 해당하면 이 법에 따른 의료급여를 하지 아니한다. 다만, 보건복지부장관이 의료급여를 할 필요가 있다고 인정하는 경우에는 그러하지 아니하다.
  1. 수급권자가 자신의 고의 또는 중대한 과실로 인한 범죄행위에 그 원인이 있거나 고의로 사고를 일으켜 의료급여가 필요하게 된 경우
  2. 수급권자가 정당한 이유 없이 이 법의 규정이나 의료급여기관의 진료에 관한 지시에 따르지 아니한 경우
② 의료급여기관은 수급권자가 제1항 각 호의 어느 하나에 해당하는 경우 대통령령으로 정하는 바에 따라

수급권자의 거주지를 관할하는 시장·군수·구청장에게 알려야 한다.

[전문개정 2013. 6. 12.]

제16조(의료급여의 변경) ① 시장·군수·구청장은 수급권자의 소득, 재산상황, 근로능력 등이 변동되었을 때에는 직권으로 또는 수급권자나 그 친족, 그 밖의 관계인의 신청을 받아 의료급여의 내용 등을 변경할 수 있다.

② 시장·군수·구청장은 제1항에 따라 의료급여의 내용 등을 변경하였을 때에는 서면으로 그 이유를 밝혀 수급권자에게 알려야 한다.

[전문개정 2013. 6. 12.]

제17조(의료급여의 중지 등) ① 시장·군수·구청장은 수급권자가 다음 각 호의 어느 하나에 해당하면 의료급여를 중지하여야 한다.

　1. 수급권자에 대한 의료급여가 필요 없게 된 경우
　2. 수급권자가 의료급여를 거부한 경우

② 시장·군수·구청장은 수급권자가 의료급여를 거부한 경우에는 수급권자가 속한 가구원 전부에 대하여 의료급여를 중지하여야 한다. 〈개정 2017. 3. 21.〉

③ 시장·군수·구청장은 제1항에 따라 의료급여를 중지하였을 때에는 서면으로 그 이유를 밝혀 수급권자에게 알려야 한다.

[전문개정 2013. 6. 12.]

제18조(수급권의 보호) ① 의료급여를 받을 권리는 양도하거나 압류할 수 없다. 〈개정 2023. 3. 28.〉

② 제12조의2제1항에 따라 요양비등수급계좌에 입금된 요양비등은 압류할 수 없다. 〈신설 2023. 3. 28.〉

[전문개정 2013. 6. 12.]

제19조(구상권) ① 시장·군수·구청장은 제3자의 행위로 인하여 수급권자에게 의료급여를 한 경우에는 그 급여비용의 범위에서 제3자에게 손해배상을 청구할 권리를 얻는다.

② 제1항에 따라 의료급여를 받은 사람이 제3자로부터 이미 손해배상을 받은 경우에는 시장·군수·구청장은 그 배상액의 한도에서 의료급여를 하지 아니한다.

[전문개정 2013. 6. 12.]

제20조(급여비용의 대지급) ① 제10조에 따라 급여비용의 일부를 의료급여기금에서 부담하는 경우 그 나머지 급여비용(보건복지부장관이 정한 금액으로 한정한다)은 수급권자 또는 그 부양의무자의 신청을 받아 제25조에 따른 의료급여기금에서 대지급(代支給)할 수 있다.

② 제1항에 따른 대지급금의 신청 및 지급방법 등에 필요한 사항은 보건복지부령으로 정한다.

[전문개정 2013. 6. 12.]

제21조(대지급금의 상환) ① 제20조에 따라 대지급금을 받은 사람(그 부양의무자를 포함한다. 이하 "상환의무자"라 한다)은 보건복지부령으로 정하는 바에 따라 대지급금을 그 거주지를 관할하는 시장·군수·구청장에게 상환하여야 한다. 이 경우 대지급금의 상환은 무이자로 한다.

② 상환의무자가 그 거주지를 다른 특별자치시·특별자치도·시·군·구로 이전하였을 때에는 대지급금을 새 거주지를 관할하는 시장·군수·구청장에게 상환하여야 한다.

③ 제1항 및 제2항에 따라 대지급금을 상환받은 시장·군수·구청장은 이를 제25조에 따른 의료급여기금에 납입하여야 한다.

[전문개정 2013. 6. 12.]

제22조(대지급금의 독촉 등) ① 시장·군수·구청장은 상환의무자가 대지급금을 납부기한까지 상환하지 아니하면 납부기한이 지난 날부터 6개월 이내의 기간을 정하여 지체 없이 독촉장을 발급하여야 한다.

② 시장·군수·구청장은 상환의무자가 제1항에 따른 대지급금의 독촉을 받고도 상환하지 아니하면 대지급금을 지방세 체납처분의 예에 따라 징수할 수 있다.

[전문개정 2013. 6. 12.]

제23조(부당이득의 징수) ① 시장·군수·구청장은 속임수나 그 밖의 부당한 방법으로 의료급여를 받은 사람(제8조제5항을 위반하여 의료급여를 받은 사람을 포함한다. 이하 같다), 제12조제1항에 따라 의료급여를 실시한 기관, 제13조제1항의 보조기기를 판매한 자 또는 급여비용을 받은 의료급여기관에 대하여는 그 급여 또는 급여비용에 상당하는 금액을 부당이득금으로 징수한다. 〈개정 2023. 3. 28., 2024. 1. 23.〉

② 시장·군수·구청장은 수급권자의 거짓 보고나 거짓 증명(제8조제4항을 위반하여 의료급여증, 의료급여증명서 또는 신분증명서를 다른 사람에게 양도·대여하여 의료급여를 받게 하는 것을 포함한다)에 따라 의료급여가 실시된 경우 그 수급권자에게 의료급여를 받은 사람과 연대하여 제1항에 따른 부당이득금을 납부하게 할 수 있다. 〈개정 2023. 3. 28.〉

③ 시장·군수·구청장은 의료급여기관, 제12조제1항에 따라 의료급여를 실시하는 기관 또는 제13조제1항의 보조기기를 판매하는 자와 의료급여를 받으려는 사람이 공모하여 속임수나 그 밖의 부당한 방법으로 제1항에 따른 의료급여가 이루어진 경우에는 해당 의료급여기관, 제12조제1항에 따라 의료급여를 실시한 기관 또는 제13조제1항의 보조기기를 판매한 자에 대하여 의료급여를 받은 사람과 연대하여 제1항의 부당이득금을 납부하게 할 수 있다. 〈신설 2023. 3. 28.〉

④ 시장·군수·구청장은 제1항에 따라 속임수나 그 밖의 부당한 방법으로 급여비용을 받은 의료급여기관이 다음 각 호의 어느 하나에 해당하는 경우에는 해당 의료급여기관을 개설한 자에게 그 의료급여기관과 연대하여 제1항의 부당이득금을 납부하게 할 수 있다. 〈개정 2023. 3. 28.〉

1. 「의료법」 제33조제2항을 위반하여 의료기관을 개설할 수 없는 자가 의료인의 면허나 의료법인 등의 명의를 대여받아 개설·운영하는 의료기관

2. 「약사법」 제20조제1항을 위반하여 약국을 개설할 수 없는 자가 약사 등의 면허를 대여받아 개설·운영하는 약국

⑤ 시장·군수·구청장은 의료급여기관이 속임수나 그 밖의 부정한 방법으로 수급권자로부터 급여비용을 받았을 때에는 그 의료급여기관으로부터 해당 급여비용을 징수하여 수급권자에게 지체 없이 지급하여야 한다. 〈개정 2023. 3. 28.〉

⑥ 시장·군수·구청장은 제1항부터 제4항까지에 따른 부당이득금 납부의무자가 부당이득금을 내지 아니하면 기한을 정하여 독촉할 수 있다. 〈개정 2023. 3. 28.〉

⑦ 시장·군수·구청장은 제6항에 따라 독촉을 할 때에는 10일 이상 15일 이내의 납부기한을 정하여 독촉장을 발급하여야 한다. 〈개정 2023. 3. 28.〉

⑧ 시장·군수·구청장은 제6항에 따라 독촉을 받은 자가 그 납부기한까지 부당이득금을 내지 아니하면 지방세 체납처분의 예에 따라 징수할 수 있다. 〈개정 2023. 3. 28.〉

⑨ 제1항부터 제4항까지에 따른 부당이득금 납부의무자는 그 거주지를 다른 특별자치시·특별자치도·시·군·구로 이전한 경우에는 부당이득금을 새 거주지를 관할하는 시장·군수·구청장에게 납부하여야 한다. 〈개정 2017. 3. 21., 2023. 3. 28.〉

⑩ 제9항에 따라 부당이득금을 납부 받은 시장·군수·구청장은 이를 제25조에 따른 의료급여기금에 납입하여야 한다. 〈신설 2017. 3. 21., 2023. 3. 28.〉

[전문개정 2013. 6. 12.]

제24조(결손처분) 시장·군수·구청장은 다음 각 호의 어느 하나에 해당하는 사유가 있으면 특별자치시·특별자치도·시·군·구 의료급여 심의위원회의 심의를 거쳐 대지급금 및 부당이득금 등을 결손처분할 수 있다.

1. 체납처분이 끝나고 체납액에 충당될 배분금액이 그 체납액에 미치지 못하는 경우

2. 해당 권리에 대한 소멸시효가 완성된 경우

3. 그 밖에 징수할 가능성이 없다고 인정되는 경우로서 대통령령으로 정하는 경우

[전문개정 2013. 6. 12.]

제25조(의료급여기금의 설치 및 조성) ① 이 법에 따른 급여비용의 재원에 충당하기 위하여 시·도에 의료급여기금(이하 "기금"이라 한다)을 설치한다.

② 기금은 다음 각 호의 재원으로 조성한다.

1. 국고보조금

2. 지방자치단체의 출연금

3. 제21조에 따라 상환받은 대지급금

4. 제23조에 따라 징수한 부당이득금

5. 제29조에 따라 징수한 과징금

6. 기금의 결산상 잉여금 및 그 밖의 수입금

③ 국가와 지방자치단체는 기금운영에 필요한 충분한 예산을 확보하여야 한다.

④ 제2항제1호의 국고보조금의 비율은 「보조금 관리에 관한 법률」 및 관계 법령에서 정하는 바에 따른다.

[전문개정 2013. 6. 12.]

제26조(기금의 관리 및 운용) ① 기금은 일반회계와 구분하여 별도의 계정을 설정하여 관리하여야 한다.

② 기금은 급여비용, 대지급에 드는 비용, 제33조제2항에 따른 업무 위탁에 드는 비용 또는 그 밖의 의료급여 업무에 직접 드는 비용으로서 보건복지부령으로 정하는 비용에만 사용하여야 한다.

③ 특별시장·광역시장·특별자치시장·도지사·특별자치도지사(이하 "시·도지사"라 한다)는 기금에 여유자금이 있을 때에는 다음 각 호의 방법으로 기금을 운용할 수 있다.

1. 금융기관 또는 체신관서에의 예치

2. 국채·공채의 매입

④ 이 법에서 정한 사항 외에 기금의 관리·운용에 관하여 필요한 사항은 보건복지부령으로 정하는 바에 따라 해당 지방자치단체의 조례로 정한다.

[전문개정 2013. 6. 12.]

제27조(급여비용의 예탁) ① 제33조제2항에 따라 급여비용의 지급업무가 위탁된 경우 시·도지사는 기금에서 보건복지부령으로 정하는 바에 따라 추정급여비용을 급여비용지급기관에 예탁하여야 한다.

② 시·도지사는 제25조제2항제2호에 따른 지방자치단체의 출연금 예산이 성립되지 못한 경우 「지방재정법」 제36조에도 불구하고 국고보조금은 즉시 급여비용지급기관에 예탁하여야 한다.

[전문개정 2013. 6. 12.]

제28조(의료급여기관의 업무정지 등) ① 보건복지부장관은 의료급여기관이 다음 각 호의 어느 하나에 해당하면 1년의 범위에서 기간을 정하여 의료급여기관의 업무정지를 명할 수 있다.

1. 속임수나 그 밖의 부당한 방법으로 수급권자, 부양의무자 또는 시장·군수·구청장에게 급여비용을 부담하게 한 경우

2. 제11조의4를 위반하여 본인부담금을 미리 청구하거나 입원보증금 등 다른 명목의 비용을 청구한 경우

3. 제32조제2항에 따른 보고 또는 서류제출을 하지 아니하거나 거짓 보고를 하거나 거짓 서류를 제출하거나 소속 공무원의 질문 및 검사를 거부·방해 또는 기피한 경우

② 보건복지부장관은 제3차 의료급여기관이 제1항 각 호의 어느 하나에 해당하면 그 지정을 취소할 수 있다.

③ 보건복지부장관은 제2항에 따라 지정취소처분을 받은 제3차 의료급여기관을 그 지정을 취소한 날부터 1년 이내에는 제3차 의료급여기관으로 다시 지정할 수 없다.

④ 제1항에 따라 업무정지처분을 받은 자는 해당 업무정지기간 중에는 의료급여를 하지 못한다.

⑤ 보건복지부장관은 제1항 및 제2항에 따른 처분을 한 경우에는 보건복지부령으로 정하는 바에 따라 그 사실을 급여비용심사기관 및 급여비용지급기관에 알려야 한다.

⑥ 제1항에 따른 업무정지처분의 효과는 그 처분이 확정된 의료급여기관을 양수한 자 또는 합병 후 존속하는 법인이나 합병으로 설립된 법인에 승계되고, 업무정지처분의 절차가 진행 중인 때에는 양수인 또는 합병 후 존속하는 법인이나 합병으로 설립되는 법인에 대하여 그 절차를 계속 진행할 수 있다. 다만, 양수인 또는 합병 후 존속하는 법인이나 합병으로 설립되는 법인이 그 처분 또는 위반사실을 알지 못하였음을 증명하는 경우에는 그러하지 아니하다.

⑦ 제1항에 따른 업무정지처분을 받았거나 업무정지처분 절차가 진행 중인 자는 행정처분을 받은 사실 또는 행정처분 절차가 진행 중인 사실을 보건복지부령으로 정하는 바에 따라 양수인 또는 합병 후 존속하는 법인이나 합병으로 설립된 법인에 지체 없이 알려야 한다.

⑧ 제1항 및 제2항에 따른 행정처분의 기준 등은 대통령령으로 정한다.

[전문개정 2013. 6. 12.]

제29조(과징금 등) ① 보건복지부장관은 의료급여기관이 제28조제1항제1호에 해당하여 업무정지처분을 하여야 하는 경우로서 그 업무정지처분이 수급권자에게 심한 불편을 주거나 그 밖의 특별한 사유가 있다고 인정되면 그 업무정지처분을 갈음하여 속임수나 그 밖의 부당한 방법으로 부담하게 한 급여비용의 5배 이하의 금액을 과징금으로 부과·징수할 수 있다. 이 경우 보건복지부장관은 12개월의 범위에서 분할 납부를 하게 할 수 있다.

② 보건복지부장관은 제1항에 따른 과징금을 납부하여야 할 자가 납부기한까지 내지 아니하면 대통령령으로 정하는 바에 따라 제1항에 따른 과징금 부과 처분을 취소하고 제28조제1항에 따른 업무정지 처분을 하거나 국세 체납처분의 예에 따라 징수할 수 있고, 제33조제1항에 따라 과징금 징수에 관한 권한이 시·도지사에게 위임된 경우에는 시·도지사가 지방세 체납처분의 예에 따라 징수할 수 있다. 이 경우 의료급여기관의 폐업 등으로 제28조제1항에 따른 업무정지 처분을 할 수 없으면 국세 체납처분 또는 지방세 체납처분의 예에 따라 징수한다. 〈개정 2016. 2. 3.〉

③ 보건복지부장관은 과징금을 징수하기 위하여 필요하면 다음 각 호의 사항을 적은 문서로 관할 세무관서의 장 또는 지방자치단체의 장에게 과세정보의 제공을 요청할 수 있다.

1. 납세자의 인적사항
2. 사용목적
3. 과징금 부과 사유 및 부과 기준

④ 제1항에 따른 과징금을 부과하는 위반행위의 종류, 위반 정도 등에 따른 과징금의 금액과 그 밖에 필요한 사항은 대통령령으로 정한다.

[전문개정 2013. 6. 12.]

제29조의2(제조업자등의 금지행위 등) ① 「약사법」에 따른 의약품의 제조업자·위탁제조판매업자·수입자·판매업자 및 「의료기기법」에 따른 의료기기 제조업자·수입업자·수리업자·판매업자·임대업자(이하 이 조에서 "제조업자등"이라 한다)는 약제·치료재료와 관련하여 제7조제2항에 따른 의료급여의 범위 및 의료수가를 계산할 때에 제28조제1항제1호에 따른 의료급여기관의 위반행위에 개입하거나 거짓 자료를 제출하여 약제·치료재료의 가격 한도나 판매가격을 높이는 등 속임수나 그 밖에 보건복지부령으로 정하는 부당한 방법으로 기금에 손실을 주는 행위를 하여서는 아니 된다.

② 보건복지부장관은 제조업자등이 제1항을 위반한 사실이 있는지를 확인하기 위하여 그 제조업자등에게 관련 서류의 제출을 명하거나 소속 공무원으로 하여금 관계인에게 질문을 하게 하거나 관계 서류를 검사하게 하는 등 필요한 조사를 할 수 있다. 이 경우 소속 공무원은 그 권한을 표시하는 증표를 지니고

이를 관계인에게 보여주어야 한다.

[본조신설 2013. 6. 12.]

제29조의3(위반사실의 공표) ① 보건복지부장관은 관련 서류의 위조·변조로 의료급여비용을 거짓으로 청구하여 제28조 또는 제29조에 따른 행정처분을 받은 의료급여기관이 다음 각 호의 어느 하나에 해당하는 경우 제2항의 의료급여공표심의위원회의 심의를 거쳐 그 위반 행위, 처분 내용, 해당 의료급여기관의 명칭·주소 및 대표자 성명, 그 밖에 다른 의료급여기관과의 구별에 필요한 사항으로서 대통령령으로 정하는 사항을 공표할 수 있다. 이 경우 공표 여부를 결정할 때에는 그 위반행위의 동기, 정도, 횟수 및 결과 등을 고려하여야 한다.

1. 거짓으로 청구한 금액이 1천500만원 이상인 경우
2. 의료급여비용 총액 중 거짓으로 청구한 금액의 비율이 100분의 20 이상인 경우

② 보건복지부장관은 제1항에 따른 공표 여부 등을 심의하기 위하여 의료급여공표심의위원회(이하 이 조에서 "공표심의위원회"라 한다)를 설치·운영하여야 한다.

③ 공표심의위원회는 공표 심의 대상자에게 심의 사실 및 내용을 알려 대상자가 소명자료를 제출하거나 출석하여 의견을 진술할 기회를 주어야 하고, 심의과정에서 이를 고려하여야 한다.

④ 그 밖에 공표의 절차·방법, 공표심의위원회의 구성·운영 등에 필요한 사항은 대통령령으로 정한다.

[본조신설 2023. 3. 28.]

제30조(이의신청 등) ① 수급권자의 자격, 의료급여 및 급여비용에 대한 시장·군수·구청장의 처분에 이의가 있는 자는 시장·군수·구청장에게 이의신청을 할 수 있다.

② 급여비용의 심사·조정, 의료급여의 적정성 평가 및 급여 대상 여부의 확인에 관한 급여비용심사기관의 처분에 이의가 있는 제5조에 따른 보장기관, 의료급여기관 또는 수급권자는 급여비용심사기관에 이의신청을 할 수 있다. 〈개정 2017. 3. 21.〉

③ 제1항 및 제2항에 따른 이의신청은 처분이 있음을 안 날부터 90일 이내에 문서(전자문서를 포함한다)로 하여야 하며, 처분이 있은 날부터 180일이 지나면 제기하지 못한다. 다만, 정당한 사유에 따라 그 기간에 이의신청을 할 수 없었음을 소명한 경우에는 그러하지 아니하다.

④ 제3항 본문에도 불구하고 의료급여기관이 제11조의3에 따른 급여비용심사기관의 확인에 대하여 이의신청을 하려면 같은 조 제2항에 따라 통보받은 날부터 30일 이내에 하여야 한다.

⑤ 제1항부터 제4항까지에서 규정한 사항 외에 이의신청의 방법, 이의신청에 대한 결정 및 결정의 통지 등에 필요한 사항은 대통령령으로 정한다.

[전문개정 2013. 6. 12.]

제30조의2(심판청구) ① 제30조제2항에 따른 급여비용심사기관의 이의신청에 대한 결정에 불복이 있는 자는 「국민건강보험법」 제89조에 따른 건강보험분쟁조정위원회에 심판청구를 할 수 있다. 이 경우 심판청구의 제기기간 및 제기방법에 관하여는 제30조제3항을 준용한다.

② 제1항에 따라 심판청구를 하려는 자는 대통령령으로 정하는 심판청구서를 제30조제2항에 따른 처분을 행한 급여비용심사기관에 제출하거나 제1항에 따른 건강보험분쟁조정위원회에 제출하여야 한다.

③ 제1항 및 제2항에서 규정한 사항 외에 심판청구의 절차·방법·결정 및 그 결정의 통지 등에 필요한 사항은 대통령령으로 정한다.

[본조신설 2014. 1. 28.]

제31조(소멸시효) ① 다음 각 호의 권리는 3년간 행사하지 아니하면 소멸시효가 완성된다.

1. 의료급여를 받을 권리
2. 급여비용을 받을 권리
3. 대지급금을 상환받을 권리

② 제1항에 따른 시효는 다음 각 호의 어느 하나에 해당하는 사유로 중단된다.
 1. 급여비용의 청구
 2. 대지급금에 대한 납입의 고지 및 독촉
③ 소멸시효 및 시효중단에 관하여 이 법에서 정한 사항 외에는 「민법」에 따른다.
[전문개정 2013. 6. 12.]

제32조(보고 및 검사) ① 보건복지부장관 및 시·도지사는 필요한 경우에는 기금의 관리·운용 및 의료급여와 관련된 사항에 관하여 시·도 및 시·군·구를 지도·감독하거나 필요한 보고를 하게 할 수 있다. *〈개정 2023. 3. 28.〉*
② 보건복지부장관은 의료급여기관(제12조에 따라 의료급여를 실시한 기관을 포함한다) 및 제11조제6항에 따라 급여비용의 심사청구를 대행하는 단체(이하 "대행청구단체"라 한다)에 대하여 진료·약제의 지급 등 의료급여에 관한 보고 또는 관계 서류의 제출을 명하거나 소속 공무원으로 하여금 질문을 하게 하거나 관계 서류를 검사하게 할 수 있다. *〈개정 2017. 3. 21.〉*
③ 보건복지부장관, 시·도지사 또는 시장·군수·구청장은 의료급여를 받는 사람에게 그 의료급여의 내용에 관하여 보고하게 하거나 소속 공무원으로 하여금 질문하게 할 수 있다. *〈개정 2023. 3. 28.〉*
④ 보건복지부장관은 제2항 및 제3항에 따른 보고·질문 또는 검사업무를 효율적으로 수행하기 위하여 대통령령으로 정하는 바에 따라 「국민건강보험법」 제62조에 따른 건강보험심사평가원으로 하여금 업무를 지원하게 할 수 있다. *〈신설 2024. 1. 16.〉*
⑤ 제2항 및 제3항에 따라 질문 또는 조사를 하는 소속 공무원은 그 권한을 표시하는 증표 및 조사기간, 조사범위, 조사담당자, 관계 법령 등 보건복지부령으로 정하는 사항이 기재된 서류를 지니고 이를 관계인에게 보여주어야 한다. *〈개정 2016. 2. 3., 2024. 1. 16.〉*
⑥ 제2항 및 제3항에 따른 질문 또는 조사의 내용·절차·방법 등에 관하여 이 법에서 정하는 사항을 제외하고는 「행정조사기본법」에서 정하는 바를 따른다. *〈신설 2016. 2. 3., 2024. 1. 16.〉*
[전문개정 2013. 6. 12.]

제32조의2(자료의 제공) ① 시·도지사, 시장·군수·구청장, 급여비용심사기관 및 급여비용지급기관은 국가, 지방자치단체, 의료급여기관 또는 그 밖의 공공단체 등에 대하여 의료급여사업을 위하여 필요한 자료를 요청할 수 있다. 이 경우 요청받은 자는 성실히 자료를 제공하여야 한다. *〈개정 2023. 3. 28.〉*
② 급여비용심사기관은 의료급여기관에 대하여 급여비용의 심사·조정, 의료급여의 적정성 평가 및 급여대상 여부의 확인을 위하여 필요한 자료를 요청할 수 있다. 이 경우 자료의 제공을 요청받은 의료급여기관은 특별한 사유가 없으면 그 요청에 따라야 한다. *〈개정 2017. 3. 21.〉*
③ 제1항 및 제2항에 따라 국가, 지방자치단체, 의료급여기관 또는 그 밖의 공공단체 등이 시·도지사, 시장·군수·구청장, 급여비용심사기관 및 급여비용지급기관에 제공하는 자료에 대하여는 사용료와 수수료 등을 면제한다. *〈개정 2023. 3. 28.〉*
[본조신설 2013. 6. 12.]

제32조의3(포상금 및 장려금의 지급) ① 시장·군수·구청장은 다음 각 호의 어느 하나에 해당하는 자를 신고한 사람에 대하여 포상금을 지급할 수 있다. *〈개정 2023. 3. 28.〉*
 1. 속임수나 그 밖의 부당한 방법으로 의료급여를 받은 사람
 2. 속임수나 그 밖의 부당한 방법으로 다른 사람이 의료급여를 받도록 한 자
 3. 속임수나 그 밖의 부당한 방법으로 급여비용을 받은 의료급여기관 또는 급여비용을 받은 제12조제1항에 따라 의료급여를 실시한 기관 및 제13조제1항의 보조기기를 판매한 자
② 시장·군수·구청장은 의료급여 재정을 효율적으로 운영하는 데에 이바지한 의료급여기관에 대하여 장려금을 지급할 수 있다.

③ 제1항 및 제2항에 따른 포상금과 장려금의 지급 기준과 범위, 절차 및 방법 등에 필요한 사항은 대통령령으로 정한다.

[본조신설 2013. 6. 12.]

제33조(권한의 위임 및 위탁) ① 이 법에 따른 보건복지부장관의 권한은 대통령령으로 정하는 바에 따라 그 일부를 시·도지사에게 위임할 수 있다.

② 이 법에 따른 시장·군수·구청장의 업무 중 수급권자의 관리, 급여비용의 심사·조정, 의료급여의 적정성 평가, 급여 대상 여부의 확인 및 급여비용의 지급 업무 등 의료급여에 관한 업무는 그 일부를 대통령령으로 정하는 바에 따라 관계 전문기관에 위탁할 수 있다. 이 경우 위탁에 드는 비용은 보건복지부장관이 정하는 바에 따라 기금에서 부담한다. 〈개정 2017. 3. 21.〉

[전문개정 2013. 6. 12.]

제34조(끝수 및 소액의 처리) ① 의료급여에 관한 비용을 계산할 때 「국고금 관리법」 제47조에 따른 끝수는 계산하지 아니한다.

② 특별시장·광역시장·도지사 및 시장·군수·구청장은 징수·지급 또는 반환하여야 할 금액이 건당 2천원 미만인 경우에는 이를 징수·지급 또는 반환하지 아니한다.

[전문개정 2013. 6. 12.]

제35조(벌칙) ① 제3조의3제3항에 따라 준용되는 「국민기초생활 보장법」 제23조의2제6항을 위반하여 금융정보·신용정보 또는 보험정보를 사용·제공 또는 누설한 사람은 5년 이하의 징역 또는 5천만원 이하의 벌금에 처한다. 〈개정 2017. 3. 21.〉

② 삭제〈2017. 3. 21.〉

③ 다음 각 호의 어느 하나에 해당하는 사람은 3년 이하의 징역 또는 3천만원 이하의 벌금에 처한다.〈개정 2017. 3. 21.〉

   1. 제3조의3제3항에 따라 준용되는 「국민기초생활 보장법」 제22조제6항(같은 법 제23조제2항에서 준용하는 경우를 포함한다)을 위반하여 정보 또는 자료를 사용하거나 제공한 사람

   2. 삭제〈2017. 3. 21.〉

   3. 대행청구단체의 종사자로서 거짓이나 그 밖의 부정한 방법으로 급여비용을 청구한 자

④ 다음 각 호의 어느 하나에 해당하는 자는 1년 이하의 징역 또는 1천만원 이하의 벌금에 처한다.〈개정 2017. 3. 21.〉

   1. 제9조제3항을 위반하여 정당한 이유 없이 이 법에 따른 의료급여를 거부한 자

   2. 제11조제6항에 따른 대행청구단체가 아닌 자로 하여금 급여비용의 심사청구를 대행하게 한 자

   3. 속임수나 그 밖의 부정한 방법으로 의료급여를 받은 자 또는 제3자로 하여금 의료급여를 받게 한 자

   4. 제28조제4항을 위반하여 업무정지기간 중에 의료급여를 한 의료급여기관의 개설자

⑤ 정당한 이유 없이 제32조제2항에 따른 보고 또는 서류제출을 하지 아니하거나 거짓으로 보고하거나 거짓 자료를 제출하거나 검사를 거부·방해 또는 기피한 사람은 1천만원 이하의 벌금에 처한다.

[전문개정 2013. 6. 12.]

제36조(양벌규정) 법인의 대표자나 법인 또는 개인의 대리인, 사용인, 그 밖의 종업원이 그 법인 또는 개인의 업무에 관하여 제35조의 위반행위를 하면 그 행위자를 벌하는 외에 그 법인 또는 개인에게도 해당 조문의 벌금형을 과(科)한다. 다만, 법인 또는 개인이 그 위반행위를 방지하기 위하여 해당 업무에 관하여 상당한 주의와 감독을 게을리하지 아니한 경우에는 그러하지 아니하다.

[전문개정 2013. 6. 12.]

제37조(과태료) ① 제28조제7항을 위반하여 행정처분을 받은 사실 또는 행정처분 절차가 진행 중인 사실을 양수인 또는 합병 후 존속하는 법인이나 합병으로 설립된 법인에 알리지 아니한 자에게는 500만원 이하의 과태료를 부과한다.

② 다음 각 호의 어느 하나에 해당하는 자에게는 100만원 이하의 과태료를 부과한다.

   1. 제11조의2에 따른 서류보존의무를 위반한 자

   2. 정당한 사유 없이 제29조의2제2항에 따른 서류제출을 하지 아니하거나 거짓 서류를 제출하거나 질문에 대하여 진술을 거부하거나 거짓으로 진술하거나 검사 등 조사를 거부·방해·기피한 자

③ 제1항 및 제2항에 따른 과태료는 대통령령으로 정하는 바에 따라 보건복지부장관이 부과·징수한다.

[전문개정 2013. 6. 12.]

부칙

〈제20104호,2024. 1. 23.〉

이 법은 공포한 날부터 시행한다.

〈법률 제20309호, 2024. 2. 13.〉

제1조(시행일) 이 법은 2024년 5월 17일부터 시행한다. 다만, 부칙 제4조에 따라 개정되는 법률 중 이 법 시행 전에 공포되었으나 시행일이 도래하지 아니한 법률을 개정한 부분은 각각 해당 법률의 시행일부터 시행한다.

제2조 및 제3조 생략

제4조(다른 법률의 개정) ①부터 ㉔까지 생략

㉕ 의료급여법 일부를 다음과 같이 개정한다.

제3조제1항제6호 및 제3조의3제4항 전단 중 "문화재청장"을 각각 "국가유산청장"으로 한다.

㉖부터 ㉝까지 생략

제5조 생략

의료급여법 시행령

[시행 2023. 9. 29.] [대통령령 제33716호, 2023. 9. 12., 일부개정]

제1조(목적) 이 영은「의료급여법」에서 위임된 사항과 그 시행에 관하여 필요한 사항을 규정함을 목적으로 한다. 〈개정 2005. 7. 5.〉

제2조(수급권자)「의료급여법」(이하 "법"이라 한다) 제3조제1항제10호에서 "대통령령으로 정하는 사람"이란 법 제3조제1항제1호부터 제9호까지의 규정에 해당하는 사람과 유사한 사람으로서 다음 각 호의 어느 하나에 해당하는 사람 중 보건복지부장관이 의료급여가 필요하다고 인정하는 사람을 말한다. 〈개정 2010. 3. 15., 2012. 6. 7., 2013. 12. 11.〉

  1. 일정한 거소가 없는 사람으로서 경찰관서에서 무연고자로 확인된 사람

  2. 그 밖에 보건복지부령으로 정하는 사람

[전문개정 2009. 2. 6.]

제3조(수급권자의 구분) ①수급권자는 법 제3조제3항에 따라 1종수급권자와 2종수급권자로 구분한다. 〈개정 2015. 6. 30.〉

② 1종수급권자는 다음 각 호의 어느 하나에 해당하는 사람으로 한다.〈개정 2003. 1. 2., 2003. 12. 30., 2004. 12. 30., 2005. 7. 5., 2008. 2. 19., 2008. 2. 29., 2009. 2. 6., 2009. 12. 31., 2010. 3. 15., 2012. 6. 7., 2013. 9. 3., 2016. 6. 28., 2022. 8. 9.〉

  1. 법 제3조제1항제1호 및 제3부터 제8호까지의 규정에 해당하는 사람 중 다음 각 목의 어느 하나에 해당하는 사람

    가. 다음의 어느 하나에 해당하는 사람만으로 구성된 세대의 구성원

      1) 18세 미만인 사람

      2) 65세 이상인 사람

      3)「장애인고용촉진 및 직업재활법」에 따른 중증장애인

      4) 질병, 부상 또는 그 후유증으로 치료나 요양이 필요한 사람 중에서 근로능력평가를 통하여 특별자치시장·특별자치도지사·시장(특별자치도의 행정시장은 제외한다)·군수·구청장(구청장은 자치구의 구청장을 말하며, 이하 "시장·군수·구청장"이라 한다)이 근로능력이 없다고 판정한 사람

      5) 세대의 구성원을 양육·간병하는 사람 등 근로가 곤란하다고 보건복지부장관이 정하는 사람

      6) 임신 중에 있거나 분만 후 6개월 미만의 여자

      7)「병역법」에 의한 병역의무를 이행중인 사람

    나.「국민기초생활 보장법」제32조에 따른 보장시설에서 급여를 받고 있는 사람

    다. 보건복지부장관이 정하여 고시하는 결핵질환, 희귀난치성질환 또는 중증질환을 가진 사람

  2. 법 제3조제1항제2호 및 제9호에 해당하는 사람

  3. 제2조제1호에 해당하는 수급권자

  4. 제2조제2호에 해당하는 사람으로서 보건복지부장관이 1종의료급여가 필요하다고 인정하는 사람

③ 제2항제1호가목4)에 따른 근로능력평가의 기준, 방법 및 절차 등에 관하여 필요한 사항은 보건복지부장관이 정하여 고시한다.〈신설 2022. 8. 9.〉

④ 2종수급권자는 다음 각 호의 어느 하나에 해당하는 사람으로 한다.〈개정 2003. 12. 30., 2004. 12. 30., 2008. 2. 19., 2008. 2. 29., 2009. 2. 6., 2010. 3. 15., 2022. 8. 9.〉

  1. 법 제3조제1항제1호 및 제3호부터 제8호까지의 규정에 해당하는 사람 중 제2항제1호에 해당하지 않는 사람

  2. 삭제〈2009. 2. 6.〉

  3. 제2조제2호에 해당하는 사람으로서 보건복지부장관이 2종의료급여가 필요하다고 인정하는 사람

제4조 삭제 〈2013. 12. 11.〉

제5조 삭제 〈2013. 12. 11.〉

제6조(의료급여의 개시일) 수급권자에 대한 의료급여는 법 제3조제1항제1호의 「국민기초생활 보장법」에 따른 수급자가 되거나 법 제3조의3제5항에 따라 수급권자로 인정된 날부터 개시한다. 다만, 제2조제1호의 규정에 해당하는 무연고자는 행정기관이 응급진료를 받게 한 날부터, 법 제3조제1항제3호의 규정에 해당하는 의상자 또는 의사자의 유족은 의상자 또는 의사자가 다른 사람의 생명·신체 또는 재산을 구하다가 신체의 부상을 입거나 사망한 날부터 개시한다. 〈개정 2004. 6. 29., 2013. 12. 11.〉

제6조의2(수급권자의 추천 등) ① 법 제3조의3제4항에 따라 국가보훈부장관 또는 문화재청장의 추천을 받으려는 사람은 보건복지부령으로 정하는 추천 신청서에 보건복지부령으로 정하는 서류(전자문서를 포함한다. 이하 같다)를 첨부하여 국가보훈부장관 또는 문화재청장에게 추천 신청을 하여야 한다. 〈개정 2023. 4. 11.〉

② 제1항에 따른 추천 신청을 받은 국가보훈부장관과 문화재청장은 해당 신청자의 가족(국가보훈부장관과 문화재청장이 해당 신청자와 함께 의료급여를 받을 필요가 있다고 인정하여 정하는 범위의 가족을 말하며, 이하 "가족"이라 한다)에 대하여 다음 각 호의 요건을 충족하는지를 확인하여야 한다.〈개정 2023. 4. 11.〉

  1. 법 제3조제1항제5호 또는 제6호에 따른 법률의 적용 대상자가 1명 이상 있을 것
  2. 가족 전원이 제6항에 따른 추천 기준을 충족할 것

③ 국가보훈부장관과 문화재청장은 제2항 각 호의 요건을 모두 충족하는 신청자와 그 가족을 해당 신청자의 주소지를 관할하는 시장·군수·구청장에게 법 제3조제1항제5호 또는 제6호에 따른 수급권자로 인정할 필요가 있는 사람(이하 "의료급여 인정 대상자"라 한다)으로 추천하여야 한다.〈개정 2022. 8. 9., 2023. 4. 11.〉

④ 국가보훈부장관과 문화재청장은 제3항에 따라 의료급여 인정 대상자를 추천하는 경우 추천 신청자로부터 제출받은 제1항의 서류를 함께 제출하여야 한다. 〈개정 2023. 4. 11.〉

⑤ 제3항에 따라 의료급여 인정 대상자를 추천받은 시장·군수·구청장은 수급권자 인정 여부와 수급권자로 인정하는 경우 의료급여의 내용을 결정하고 그 결정 내용을 서면(전자문서를 포함한다)으로 해당 추천 기관에 알려야 한다.

⑥ 국가보훈부장관과 문화재청장은 의료급여 인정 대상자의 추천 기준을 매년 9월 30일까지 보건복지부장관에게 통보하여야 한다. 〈개정 2023. 4. 11.〉

⑦ 제1항부터 제6항까지에서 규정한 사항 외에 의료급여 인정 대상자 추천에 관한 사항은 보건복지부장관이 따로 정한다.

[본조신설 2013. 12. 11.]

제6조의3(수급권자에 관한 사항의 통보) 시장·군수·구청장은 다음 각 호의 사유가 발생한 경우에는 지체 없이 보건복지부령으로 정하는 바에 따라 해당 수급권자와 「국민건강보험법」 제13조에 따른 국민건강보험공단(이하 "보험공단"이라 한다)에 그 사실을 통보하여야 한다.

  1. 법 제3조제1항제1호의 「국민기초생활 보장법」에 따른 수급자가 된 사람이 있거나 법 제3조의3제5항에 따른 수급권자 인정을 한 경우
  2. 수급권자가 법 제3조제1항에 따른 수급권자의 요건에 해당하지 아니하게 된 경우
  3. 법 제16조에 따라 수급권자에 대한 의료급여의 내용 등을 변경한 경우
  4. 법 제17조에 따라 수급권자에 대한 의료급여를 중지한 경우

[본조신설 2013. 12. 11.]

제7조(위원회의 구성 및 기능) ① 법 제6조에 따라 특별시·광역시·특별자치시·도·특별자치도(이하 "시·도"라 한다)에 두는 의료급여심의위원회는 위원장 및 부위원장 각 1명을 포함한 7명 이하의 위원으로

성별을 고려하여 구성하고, 시(특별자치도의 행정시는 제외한다. 이하 같다)·군·구(자치구를 말한다. 이하 같다)에 두는 의료급여심의위원회는 위원장 및 부위원장 각 1명을 포함한 5명 이하의 위원으로 성별을 고려하여 구성한다. 〈개정 2013. 12. 11.〉

② 시·도에 두는 의료급여심의위원회는 다음 각 호의 사항을 심의한다.〈개정 2013. 12. 11., 2014. 7. 16.〉

  1. 법 제25조의 규정에 의한 의료급여기금(이하 "기금"이라 한다)의 관리·운영에 관한 주요사항

  2. 시·군·구의 의료급여사업의 조정에 관한 사항

  3. 그 밖에 의료급여사업과 관련하여 특별시장·광역시장·특별자치시장·도지사·특별자치도지사(이하 "시·도지사"라 한다)가 필요하다고 인정하여 회의에 부치는 사항

③ 시·군·구에 두는 의료급여심의위원회는 다음 각 호의 사항을 심의한다.〈개정 2003. 1. 2., 2013. 12. 11.〉

  1. 법 제24조에 따른 대지급금 및 부당이득금 등의 결손처분에 관한 사항

  2. 의료급여일수의 연장승인에 관한 사항

  3. 그밖에 의료급여사업과 관련하여 시장·군수·구청장이 필요하다고 인정하여 회의에 부치는 사항

제8조(위원의 임기와 직무) ① 보건복지부, 시·도 및 시·군·구에 두는 의료급여심의위원회(이하 "각 위원회"라 한다) 위원의 임기는 3년으로 하되, 연임할 수 있다. 다만, 법 제6조제3항제3호 또는 법 제6조제4항제3호의 규정에 의한 공무원인 위원의 임기는 해당 직에 재직하는 기간으로 한다. 〈개정 2008. 2. 29., 2010. 3. 15.〉

② 각 위원회의 위원장은 해당 위원회를 대표하며, 그 위원회의 사무를 통합한다.

③ 각 위원회의 부위원장은 위원장을 보좌하며, 위원장이 부득이한 사유로 직무를 수행할 수 없는 때에는 그 직무를 대행한다.

제8조의2(각 위원회 위원의 해촉 등) 보건복지부장관, 시·도지사 또는 시장·군수·구청장은 법 제6조제3항 각 호 또는 같은 조 제4항 각 호에 따른 각 위원회의 위원이 다음 각 호의 어느 하나에 해당하는 경우에는 해당 위원을 해촉(解囑)하거나 지명을 철회할 수 있다.

  1. 심신장애로 인하여 직무를 수행할 수 없게 된 경우

  2. 직무와 관련된 비위사실이 있는 경우

  3. 직무태만, 품위손상이나 그 밖의 사유로 인하여 위원으로 적합하지 아니하다고 인정되는 경우

  4. 위원 스스로 직무를 수행하는 것이 곤란하다고 의사를 밝히는 경우

[본조신설 2015. 12. 31.]

제9조(위원회의 회의 등) ①각 위원회의 위원장은 해당 위원회의 회의를 소집하고, 그 의장이 된다.

② 각 위원회의 회의는 해당 위원회를 두는 기관의 장 또는 재적위원 3분의 1 이상의 회의소집 요청이 있거나 위원장이 필요하다고 인정하는 때에 소집한다.

③ 각 위원회의 회의는 재적위원 과반수의 출석으로 개의하고, 출석위원 과반수의 찬성으로 의결한다.

제10조(수당 등) 각 위원회의 회의에 출석한 위원에 대하여는 예산의 범위 안에서 수당과 여비를 지급할 수 있다. 다만, 공무원인 위원이 그 소관업무와 직접 관련되어 출석하는 경우에는 그러하지 아니하다.

제11조(운영세칙) 이 영에 규정한 것외에 각 위원회의 운영에 관하여 필요한 사항은 해당 위원회의 의결을 거쳐 위원장이 정한다.

제12조(의료급여기관에서 제외되는 의료기관 등) ①법 제9조제1항 각 호 외의 부분 후단에 따라 보건복지부장관이 의료급여기관에서 제외할 수 있는 의료기관 등은 다음 각 호와 같다. 〈개정 2005. 7. 5., 2007. 2. 28., 2008. 2. 19., 2008. 2. 29., 2010. 3. 15.〉

  1.「의료법」제35조에 따라 개설된 부속의료기관

  2.「의료법」제66조 또는 「약사법」제79조제2항에 따른 면허자격정지처분을 5년 동안에 2회 이상 받

은 의료인 또는 약사가 개설·운영하는 의료기관 또는 약국

3. 법 제28조 또는 법 제29조의 규정에 의한 업무정지 또는 과징금 처분을 5년 동안에 2회 이상 받은 의료기관 또는 약국

4. 법 제28조의 규정에 의한 업무정지처분의 절차가 진행중이거나 업무정지처분을 받은 의료급여기관의 개설자가 개설한 의료기관 또는 약국

② 의료급여기관에서 제외되는 기간은 제1항제2호 및 제3호의 경우에는 1년 이하로 하고, 제1항제4호의 경우에는 업무정지처분이 끝나는 날까지로 한다.

[제목개정 2007. 2. 28.]

제13조(급여비용의 부담) ①법 제10조에 따라 기금에서 부담하는 급여비용의 범위는 별표 1과 같다. 〈개정 2003. 12. 30., 2005. 7. 5., 2013. 12. 11.〉

1. 삭제〈2005. 7. 5.〉

2. 삭제〈2005. 7. 5.〉

② 삭제〈2005. 7. 5.〉

③ 제1항의 규정에 불구하고 법 제15조제1항의 규정에 의하여 의료급여가 제한되는 경우, 기금에 상당한 부담을 초래한다고 인정되는 경우 등 보건복지부령이 정하는 경우 또는 항목에 대하여는 보건복지부령이 정하는 금액을 수급권자가 부담한다. 〈개정 2008. 2. 29., 2010. 3. 15.〉

④ 제1항의 규정에 따라 기금에서 부담하는 급여비용외에 수급권자가 부담하는 본인부담금(이하 "급여대상 본인부담금"이라 한다)과 제3항의 규정에 따라 수급권자가 부담하는 본인부담금은 의료급여기관의 청구에 의하여 수급권자가 의료급여기관에 지급한다. 〈개정 2004. 6. 29.〉

⑤ 제4항의 규정에 따라 의료급여기관에 지급한 급여대상 본인부담금(별표 1 제1호라목·마목, 같은 표 제2호마목·바목 및 같은 표 제3호에 따라 의료급여기관에 지급한 급여대상 본인부담금은 제외한다. 이하 이 조에서 같다)이 매 30일간 다음 각 호의 금액을 초과한 경우에는 그 초과한 금액의 100분의 50에 해당하는 금액을 보건복지부령이 정하는 바에 따라 시장·군수·구청장이 수급권자에게 지급한다. 다만, 지급하여야 할 금액이 2천원 미만인 경우에는 이를 지급하지 아니한다. 〈개정 2004. 6. 29., 2007. 2. 28., 2008. 2. 29., 2010. 3. 15., 2012. 6. 7., 2014. 7. 16.〉

1. 1종수급권자 : 2만원

2. 2종수급권자 : 20만원

⑥ 급여대상 본인부담금에서 제5항에 따라 지급받은 금액을 차감한 금액이 다음 각 호의 금액을 초과한 경우에는 그 초과금액을 기금에서 부담한다. 다만, 초과금액이 2천원 미만인 경우에는 이를 수급권자가 부담한다. 〈개정 2004. 6. 29., 2007. 2. 28., 2009. 3. 31., 2017. 12. 29.〉

1. 1종수급권자 : 매 30일간 5만원

2. 2종수급권자: 연간 80만원. 다만, 「의료법」 제3조제2항제3호라목에 따른 요양병원에 연간 240일을 초과하여 입원한 경우에는 연간 120만원으로 한다.

⑦ 시장·군수·구청장은 수급권자가 제6항 본문의 규정에 따라 기금에서 부담하여야 하는 초과금액을 의료급여기관에 지급한 경우에는 보건복지부령이 정하는 바에 따라 그 초과금액을 수급권자에게 지급하여야 한다. 〈신설 2004. 6. 29., 2008. 2. 29., 2010. 3. 15.〉

제13조의2(급여비용의 지급 보류) ① 시장·군수·구청장은 법 제11조의5제1항에 따라 급여비용의 지급을 보류하려면 해당 의료급여기관에 미리 서면으로 그 내용을 통지하여야 한다. 이 경우 그 서면에 포함되어야 하는 사항은 다음 각 호와 같다.

1. 해당 의료급여기관의 명칭, 대표자 및 주소

2. 지급 보류의 원인이 되는 사실과 지급 보류의 대상이 되는 급여비용 및 법적 근거

3. 제2호의 사항에 대하여 의견을 제출할 수 있다는 뜻과 의견을 제출하지 아니하는 경우의 처리방법

② 제1항에 따라 통지를 받은 의료급여기관은 지급 보류에 이의가 있는 경우에는 통지를 받은 날부터 7일 이내에 급여비용의 지급 보류에 대한 의견서에 이의 신청의 취지와 이유를 적고 필요한 자료를 첨부하여 시장·군수·구청장에게 제출하여야 한다.

③ 시장·군수·구청장은 제2항에 따라 의료급여기관이 제출한 의견서를 검토한 후 그 결과를 서면으로 통보하여야 한다.

④ 법 제11조의5제3항에서 "법원의 무죄 판결이 확정되는 등 대통령령으로 정하는 사유"란 다음 각 호의 어느 하나에 해당하는 사유를 말한다. 다만, 제2호 또는 제3호의 경우 불송치 또는 불기소를 받은 이후 해당 사건이 다시 수사 및 기소되어 법원의 판결에 따라 유죄가 확정된 경우는 제외한다.〈개정 2020. 12. 29.〉

1. 무죄판결의 확정
2. 불송치(혐의없음 또는 죄가안됨으로 한정한다. 이하 같다)
3. 불기소(혐의없음 또는 죄가안됨으로 한정한다. 이하 같다)

⑤ 법 제11조의5제1항에 따라 급여비용의 지급 보류 결정을 받은 의료급여기관은 무죄 판결이나 불송치 또는 불기소를 받은 경우에는 그 사실을 즉시 시장·군수·구청장에게 통지해야 한다.〈개정 2020. 12. 29.〉

⑥ 제5항에 따라 통지를 받은 시장·군수·구청장은 지체 없이 지급 보류된 급여비용과 지급 보류된 기간 동안의 이자를 지급하여야 한다. 이 경우 이자는 지급 보류한 날부터 지급하는 날까지의 기간에 대하여 지급 보류된 급여비용에 「국세기본법 시행령」 제43조의3제2항에 따른 국세환급가산금의 이자율을 곱하여 산정한 금액으로 한다.

⑦ 제1항부터 제6항까지에서 규정한 사항 외에 급여비용의 지급 보류에 필요한 세부사항은 보건복지부장관이 정한다.

[본조신설 2016. 6. 28.]

제13조의3(요양비등수급계좌의 신청 방법 및 절차 등) ① 법 제12조의2제1항 본문에 따라 요양비등을 수급권자 명의의 지정된 계좌(이하 "요양비등수급계좌"라 한다)로 받으려는 사람은 보건복지부령으로 정하는 요양비 지급청구서 등에 요양비등수급계좌의 계좌번호를 기재하고, 예금통장(계좌번호가 기록되어 있는 면을 말한다) 사본을 첨부하여 시장·군수·구청장에게 제출해야 한다. 요양비등수급계좌를 변경하는 경우에도 또한 같다.

② 시장·군수·구청장은 법 제12조의2제1항 단서에 따라 수급권자가 요양비등수급계좌를 개설한 금융기관이 폐업 또는 업무정지·정보통신장애 등으로 정상영업이 불가능하거나 이에 준하는 불가피한 사유로 이체할 수 없을 때에는 직접 현금으로 지급한다.

[본조신설 2023. 9. 12.]

제14조(급여의 제한사유 통보) ① 의료급여기관의 장은 수급권자가 법 제15조제1항의 규정에 의한 급여의 제한사유에 해당된다고 판단되는 경우에는 의사의 진찰소견, 환자 또는 보호자 그 밖의 관계인의 진술내용, 수급권자의 인적사항 등을 지체없이 수급권자의 거주지를 관할하는 시장·군수·구청장에게 통보하여야 한다.

② 시장·군수·구청장은 제1항의 규정에 의하여 통보를 받은 때에는 지체없이 그 수급권자에 대한 의료급여의 필요성 여부를 조사·확인하여 그 의료급여기관에 통보하여야 한다.

제15조(결손처분) 법 제24조제3호에서 "대통령령으로 정하는 경우"란 다음 각 호의 경우를 말한다.〈개정 2013. 12. 11.〉

1. 체납자의 재산이 없거나 체납처분의 목적물인 총 재산의 견적가격이 체납처분비보다 적은 것이 확인된 경우
2. 그밖에 징수할 가능성이 없다고 시·군·구 의료급여심의위원회에서 의결한 경우

제16조(기금관리공무원) 시·도지사는 기금을 관리하기 위하여 그 소속 공무원중에서 기금의 지출행위와 징수결정에 관한 사무를 담당하는 기금담당관과 기금의 수입 및 지출에 관한 사무를 담당하는 기금출납원을 임명하여야 한다.

제16조의2(행정처분의 기준) 법 제28조제8항에 따른 의료급여기관에 대한 행정처분의 기준은 별표 2와 같다.
[본조신설 2013. 12. 11.]

제16조의3(과징금 미납자에 대한 처분) ① 보건복지부장관은 법 제29조제1항에 따른 과징금을 내야 할 자가 납부기한까지 과징금을 내지 아니하면 같은 조 제2항에 따라 납부기한이 지난 후 15일 이내에 독촉장을 발급하여야 한다. 이 경우 납부기한은 독촉장을 발급하는 날부터 10일 이내로 하여야 한다.

② 보건복지부장관은 과징금을 내야 하는 자가 제1항에 따른 독촉장을 받고도 그 납부기한까지 과징금을 내지 아니하면 법 제33조제1항 및 이 영 제19조제1호에 따라 과징금 징수에 관한 권한을 위임받은 시·도지사의 요청을 받아 과징금 부과처분을 취소하고 법 제28조제1항에 따른 업무정지처분을 하거나 국세 체납처분 또는 지방세 체납처분(법 제33조제1항 및 이 영 제19조제1호에 따라 과징금 징수에 관한 권한이 시·도지사에게 위임된 경우만 해당한다)의 예에 따라 징수하여야 한다.

③ 제2항에 따라 과징금 부과처분을 취소하고 업무정지처분을 하려면 처분대상자에게 서면으로 그 내용을 통지하여야 한다. 이 경우 그 서면에는 처분의 변경사유와 업무정지처분의 기간 등 업무정지처분에 필요한 사항이 포함되어야 한다.
[본조신설 2016. 6. 28.] [종전 제16조의3은 제16조의4로 이동 〈2016. 6. 28.〉]

제16조의4(과징금의 부과 기준) 법 제29조제4항에 따른 과징금의 부과 기준은 별표 3과 같다.
[본조신설 2013. 12. 11.] [제16조의3에서 이동 〈2016. 6. 28.〉]

제16조의5(공표 사항) 법 제29조의3제1항 각 호 외의 부분 전단에서 "대통령령으로 정하는 사항"이란 다음 각 호의 사항을 말한다.
  1. 해당 의료급여기관의 종류와 그 대표자의 면허번호
  2. 의료급여기관의 개설자가 법인인 경우에는 의료급여기관의 장의 성명
[본조신설 2023. 9. 12.]

제16조의6(공표심의위원회의 구성·운영 등) ① 법 제29조의3제2항에 따른 의료급여공표심의위원회(이하 "공표심의위원회"라 한다)는 위원장 1명을 포함한 9명의 위원으로 구성한다.

② 공표심의위원회의 위원은 보건복지부장관이 임명하거나 위촉하는 다음 각 호의 사람으로 하고, 위원장은 제1호부터 제4호까지의 위원 중에서 호선(互選)한다.
  1. 소비자단체가 추천하는 사람 1명
  2. 언론인 1명
  3. 변호사 등 법률 전문가 1명
  4. 의료급여에 관한 학식과 경험이 풍부한 사람으로서 의약계를 대표하는 단체가 추천하는 사람 3명
  5. 보건복지부의 고위공무원단에 속하는 일반직공무원 1명
  6. 보험공단의 이사장 및 「국민건강보험법」 제62조에 따른 건강보험심사평가원(이하 "심사평가원"이라 한다)의 원장이 각각 1명씩 추천하는 사람 2명

③ 공표심의위원회 위원(제2항제5호의 위원은 제외한다)의 임기는 2년으로 한다.

④ 공표심의위원회의 위원장은 공표심의위원회를 대표하고, 공표심의위원회의 업무를 총괄한다.

⑤ 공표심의위원회의 위원장이 부득이한 사유로 직무를 수행할 수 없을 때에는 위원장이 지명하는 위원이 그 직무를 대행한다.

⑥ 공표심의위원회의 회의는 재적위원 과반수의 출석으로 개의하고, 출석위원 과반수의 찬성으로 의결한다.

⑦ 제1항부터 제6항까지에서 규정한 사항 외에 공표심의위원회의 구성·운영 등에 필요한 사항은 공표심의위원회의 의결을 거쳐 위원장이 정한다.

[본조신설 2023. 9. 12.]

제16조의7(공표심의위원회 위원의 해임 및 해촉) 보건복지부장관은 공표심의위원회 위원이 다음 각 호의 어느 하나에 해당하는 경우에는 해당 공표심의위원회 위원을 해임하거나 해촉할 수 있다.

1. 심신쇠약으로 인하여 직무를 수행할 수 없게 된 경우
2. 직무와 관련된 비위사실이 있는 경우
3. 직무태만, 품위손상이나 그 밖의 사유로 인하여 위원으로 적합하지 않다고 인정되는 경우
4. 위원 스스로 직무를 수행하는 것이 곤란하다고 의사를 밝히는 경우

[본조신설 2023. 9. 12.]

제16조의8(공표 절차 및 방법 등) ① 공표심의위원회는 법 제29조의3제3항에 따라 공표 심의 대상자인 사실을 통지받은 의료급여기관에 대하여 그 통지를 받은 날부터 20일 이내에 소명자료를 제출하거나 출석하여 의견을 진술할 기회를 주어야 한다.

② 보건복지부장관은 공표심의위원회의 심의를 거쳐 공표 대상자로 선정된 의료급여기관에 대하여 보건복지부 인터넷 홈페이지에 6개월 동안 법 제29조의3제1항에 따른 공표 사항(이하 "공표사항"이라 한다)을 공고해야 하며, 추가로 게시판 등에도 공고할 수 있다.

③ 보건복지부장관은 보험공단, 심사평가원, 관할 시·도와 시·군·구 및 보건소의 인터넷 홈페이지에 6개월 동안 공표사항을 공고하도록 요청할 수 있다. 이 경우 보험공단, 심사평가원 등 각 기관은 특별한 사유가 없는 한 이에 응해야 한다.

④ 보건복지부장관은 제2항에 따른 공고 이후에도 해당 의료급여기관이 법 제29조의3제1항 각 호에 해당하는 거짓 청구를 반복적으로 하거나 그 거짓 청구가 중대한 위반행위에 해당하는 경우 등 추가 공표가 필요하다고 인정하는 경우에는 공표심의위원회의 심의를 거쳐 제2항에 따른 공고 외에 「신문 등의 진흥에 관한 법률」에 따른 신문 또는 「방송법」에 따른 방송에 추가로 공표할 수 있다.

⑤ 제2항에 따른 공고 대상인 의료급여기관을 관할하는 시·도지사, 시장·군수·구청장 또는 보건소의 장은 「의료법」 제33조제5항에 따른 변경허가·변경신고 등으로 제2항에 따른 공고기간 중 공표사항이 변경된 사실이 확인되었을 때에는 지체 없이 보건복지부장관에게 그 사실을 알려야 한다. 이 경우 보건복지부장관은 그 변경 사항이 제2항에 따른 공고 내용에 즉시 반영되도록 필요한 조치를 해야 한다.

⑥ 제1항부터 제5항까지에서 규정한 사항 외에 공표 절차 및 방법, 공표 사항의 변경 등에 필요한 사항은 보건복지부장관이 정한다.

[본조신설 2023. 9. 12.]

제17조(이의신청의 결정 및 통지) ① 시장·군수·구청장 및 법 제9조제4항제1호의 규정에 의한 급여비용심사기관(이하 "급여비용심사기관"이라 한다)은 법 제30조의 규정에 의한 이의신청을 받은 때에는 그로부터 60일 이내에 결정을 하여야 한다. 다만, 부득이한 사정이 있는 경우에는 30일의 범위 내에서 그 기간을 연장할 수 있다.

② 제1항 단서의 규정에 의하여 결정기간을 연장하는 때에는 결정기간이 만료되기 7일전까지 이의신청인에게 이를 통지하여야 한다.

③ 시장·군수·구청장 및 급여비용심사기관의 장은 제1항의 규정에 의하여 이의신청에 대한 결정을 한 때에는 지체없이 이의신청인에게 이의신청결정서의 정본을 송부하고, 이해관계인에게 그 사본을 송부하여야 한다.

제17조의2(심판청구서의 제출) ① 법 제30조의2제1항에 따라 심판청구를 하려는 자는 다음 각 호의 사항을 적은 심판청구서를 급여비용심사기관 또는 같은 법 제89조에 따른 건강보험분쟁조정위원회(이하 "분쟁

조정위원회"라 한다)에 제출하여야 한다.
 1. 청구인의 이름과 주소(법인인 경우에는 그 명칭, 대표자의 이름 및 주사무소의 소재지)
 2. 청구인이 처분을 받은 자가 아닌 경우에는 처분을 받은 자와의 관계
 3. 처분을 한 자
 4. 심판청구의 대상이 되는 처분의 내용
 5. 처분이 있음을 알게 된 날
 6. 심판청구의 취지 및 이유
 7. 심판청구에 관한 고지의 유무 및 그 내용
 8. 첨부서류의 표시
② 청구인이 심판청구서를 급여비용심사기관이나 분쟁조정위원회 외의 기관에 제출한 경우에는 그 기관은
 심판청구서를 지체 없이 급여비용심사기관이나 분쟁조정위원회에 보내야 한다.
③ 제2항에 따라 심판청구서를 급여비용심사기관이나 분쟁조정위원회에 보낸 기관은 지체 없이 그 사실을
 청구인에게 알려야 한다.
④ 심판청구 기간을 계산할 때에는 제1항에 따른 급여비용심사기관이나 분쟁조정위원회 또는 제2항에 따
 른 기관에 심판청구서가 제출된 때에 심판청구가 된 것으로 본다.
[본조신설 2014. 7. 16.]

제17조의3(급여비용심사기관의 심판청구서 접수·처리) ① 급여비용심사기관은 제17조의2제1항·제2항에
따라 심판청구서를 제출받거나 제17조의4제1항에 따라 심판청구서의 사본 또는 부본(副本)을 송부받으면
10일 이내에 심판청구서(제17조의2제1항 또는 제2항의 경우만 해당한다)에 답변서 2부와 제17조제3항에
따른 이의신청결정서 사본을 첨부하여 분쟁조정위원회에 보내야 한다.
② 제1항에 따른 답변서에는 다음 각 호의 사항이 포함되어야 한다.
 1. 처분의 근거와 이유
 2. 심판청구의 취지와 이유에 대응하는 답변
[본조신설 2014. 7. 16.]

제17조의4(분쟁조정위원회의 접수·처리) ① 분쟁조정위원회는 제17조의2제1항 및 제2항에 따라 심판청구
서를 제출받으면 지체 없이 심판청구서의 사본 또는 부본을 급여비용심사기관에 보내야 한다.
② 분쟁조정위원회는 제17조의3제1항에 따라 급여비용심사기관으로부터 답변서가 제출되면 답변서 부본
 을 청구인에게 송달하여야 한다.
[본조신설 2014. 7. 16.]

제17조의5(심판청구의 결정 및 통지) ① 분쟁조정위원회는 심판청구서가 제출된 날부터 60일 이내에 결정
을 하여야 한다. 다만, 부득이한 사정이 있는 경우에는 30일의 범위에서 그 기간을 연장할 수 있다.
② 제1항 단서에 따라 결정기간을 연장하려면 결정기간이 끝나기 7일 전까지 청구인에게 그 사실을 알려
 야 한다.
③ 분쟁조정위원회의 위원장은 심판청구에 대하여 결정을 하였을 때에는 다음 각 호의 사항을 적은 결정
 서에 서명 또는 기명날인한 후 지체 없이 청구인에게는 결정서의 정본을, 급여비용심사기관에는 그 사
 본을 각각 보내야 한다.
 1. 청구인의 이름과 주소(법인인 경우에는 그 명칭, 대표자의 이름 및 주사무소의 소재지)
 2. 처분을 한 자
 3. 결정 주문(主文)
 4. 심판청구의 취지
 5. 결정 이유

6. 결정한 날짜

[본조신설 2014. 7. 16.]

제18조(검사업무의 지원) 보건복지부장관은 법 제32조제2항에 따른 의료급여기관 및 대행청구단체에 대한 검사업무를 효율적으로 수행하기 위하여 필요한 경우에는 심사평가원으로 하여금 그 업무를 지원하게 할 수 있다. 〈개정 2005. 7. 5., 2008. 2. 29., 2010. 3. 15., 2012. 8. 31., 2013. 12. 11., 2023. 9. 12.〉

제18조의2(포상금의 지급 등) ① 법 제32조의3제1항 각 호의 어느 하나에 해당하는 자를 신고하려는 사람은 보건복지부장관이 정하는 바에 따라 시장·군수 구청장에게 신고해야 한다. 이 경우 2명 이상이 공동명의로 신고할 때에는 대표자를 지정해야 한다. 〈개정 2023. 9. 12.〉

② 시장·군수·구청장은 제1항에 따라 신고를 받으면 그 내용을 확인한 후 포상금 지급 여부를 결정하여 신고인(2명 이상이 공동명의로 신고한 경우에는 제1항 후단에 따른 대표자를 말한다. 이하 이 조에서 같다)에게 통보하여야 한다.

③ 신고인은 제2항에 따라 포상금 지급 결정을 통보받으면 보건복지부장관이 정하는 바에 따라 시장·군수·구청장에게 포상금 지급을 신청하여야 한다.

④ 시장·군수·구청장은 제3항에 따라 포상금 지급 신청을 받은 날부터 1개월 이내에 신고인에게 별표 4의 포상금 지급 기준에 따른 포상금을 지급하여야 한다.

⑤ 제1항에 따른 신고를 받은 후에 신고된 내용과 같은 내용의 신고를 한 사람에게는 포상금을 지급하지 아니한다.

⑥ 제1항부터 제5항까지에서 규정한 사항 외에 포상금의 지급 기준과 방법·절차 등에 관한 사항은 보건복지부장관이 정하여 고시한다.

[본조신설 2013. 12. 11.]

제18조의3(장려금의 지급 등) ① 시장·군수·구청장은 성분 또는 효능이 같아 대체 사용이 가능한 약제 중 급여비용이 보다 저렴한 약제를 처방하거나 조제하는 등 보건복지부장관이 정하여 고시하는 방법으로 의료급여 재정 지출을 절감하는 데 이바지한 의료급여기관에 법 제32조의3제2항에 따른 장려금(이하 "장려금"이라 한다)을 지급한다.

② 장려금은 제1항에 따른 처방 또는 조제로 인하여 의료급여 재정 지출에서 절감된 금액의 100분의 70을 넘지 아니하는 금액으로 한다.

③ 제1항 및 제2항에서 규정한 사항 외에 장려금의 지급 기준과 방법·절차 등에 관한 사항은 보건복지부장관이 정하여 고시한다.

[본조신설 2013. 12. 11.]

제19조(권한의 위임) 법 제33조제1항의 규정에 의하여 보건복지부장관의 권한중 다음 각호의 권한을 시·도지사에게 위임한다. 〈개정 2008. 2. 29., 2010. 3. 15.〉

　1. 법 제29조제1항의 규정에 의하여 보건복지부장관이 의료급여기관에 대하여 부과처분한 과징금의 징수권한

　2. 삭제〈2023. 9. 12.〉

제20조(업무의 위탁) ① 시장·군수·구청장은 법 제33조제2항에 따라 다음 각 호의 업무를 심사평가원에 위탁한다. 〈개정 2019. 8. 27.〉

　1. 법 제11조제2항에 따른 급여비용(건강검진비용을 포함한다. 이하 같다)의 심사·조정

　2. 법 제11조제4항에 따른 의료급여(건강검진을 포함한다)의 적정성 평가

　3. 제1호 및 제2호와 관련된 심사 및 평가기준의 설정

② 시장·군수·구청장은 법 제33조제2항에 따라 다음 각 호의 업무를 보험공단에 위탁한다.〈개정 2019. 8. 27., 2022. 3. 22.〉

1. 법 제5조제3항에 따른 수급권자의 건강 유지 및 증진을 위한 사업 중 보건복지부장관이 정하여 고시하는 사업
2. 법 제11조제3항·제4항에 따른 급여비용의 지급 및 법 제11조의5에 따른 급여비용의 지급 보류
3. 법 제14조제1항에 따른 건강검진의 실시 및 그 결과의 관리
4. 법 제15조에 따른 의료급여의 제한에 필요한 실태조사 및 자료수집
5. 다음 각 목의 업무에 필요한 정보시스템의 구축 또는 운영
   가. 법 제7조제2항에 따른 의료급여의 한도 관리
   나. 법 제10조, 이 영 별표 1 제1호다목(5), 같은 호 라목·마목 및 같은 표 제2호마목·바목에 따라 기금에서 부담하는 급여비용을 적용받는 수급권자의 관리
   다. 수급권자의 자격 및 개인별 진료내역의 관리

제21조(민감정보 및 고유식별정보의 처리) 보건복지부장관(법 제5조의2제3항 또는 이 영 제19조에 따라 보건복지부장관의 권한 또는 업무를 위임·위탁받은 자를 포함한다), 시·도지사 또는 시장·군수·구청장(제20조 또는 조례·규칙에 따라 해당 권한 또는 업무를 위임·위탁받은 자를 포함한다)은 다음 각 호의 사무를 수행하기 위하여 불가피한 경우 「개인정보 보호법」 제23조에 따른 건강에 관한 정보, 같은 법 시행령 제18조제1호 또는 제2호에 따른 유전정보 또는 범죄경력자료에 해당하는 정보, 같은 영 제19조제1호 또는 제4호에 따른 주민등록번호 또는 외국인등록번호가 포함된 자료를 처리할 수 있다. 〈개정 2013. 12. 11.〉
1. 법 제3조, 제3조의2, 제3조의3, 제4조, 제8조, 제16조 및 제17조에 따른 의료급여 수급권자 인정 등 및 변경, 중지에 관한 사무
2. 법 제5조제3항에 따른 수급권자 건강증진을 위하여 필요한 사업에 관한 사무
3. 법 제5조의2에 따른 사례관리에 관한 사무
4. 법 제6조에 따른 의료급여심의위원회 운영에 관한 사무
5. 법 제7조, 제9조부터 제11조까지, 제11조의2부터 제11조의4까지의 규정에 따른 의료급여, 급여비용의 청구·지급 등에 관한 사무
6. 법 제12조 및 제13조에 따른 요양비 등 지원에 관한 사무
7. 법 제14조에 따른 건강검진에 관한 사무
8. 법 제15조, 제19조, 제23조 및 제24조에 따른 급여의 제한, 구상권, 부당이득금의 징수 등에 관한 사무
9. 법 제20조부터 제22조까지의 규정에 따른 대지급금에 관한 사무
10. 법 제26조 및 제27조에 따른 기금 및 예탁금 관리에 관한 사무
11. 법 제28조, 제29조, 제29조의2, 제30조, 제32조, 제32조의2 및 제32조의3에 따른 의료급여기관에 대한 행정처분, 보고·검사, 자료 요청 및 포상금·장려금 지급 등에 관한 사무

[본조신설 2012. 1. 6.]

제21조의2(규제의 재검토) 보건복지부장관은 제13조제1항 및 별표 1에 따른 기금에서 부담하는 급여비용의 범위에 대하여 2022년 1월 1일을 기준으로 3년마다(매 3년이 되는 해의 1월 1일 전까지를 말한다) 그 타당성을 검토하여 개선 등의 조치를 해야 한다. 〈개정 2016. 6. 28., 2022. 3. 8.〉

[본조신설 2014. 12. 9.]

제22조(과태료 부과의 기준) 법 제37조제3항에 따른 과태료 부과의 기준은 별표 5와 같다.

[본조신설 2013. 12. 11.]

부칙
〈제33716호,2023. 9. 12.〉

이 영은 2023년 9월 29일부터 시행한다.

응급의료에 관한 법률 (약칭: 응급의료법)

[시행 2024. 7. 31.] [법률 제20170호, 2024. 1. 30., 일부개정]

제1장 총칙 〈개정 2011. 8. 4.〉

제1조(목적) 이 법은 국민들이 응급상황에서 신속하고 적절한 응급의료를 받을 수 있도록 응급의료에 관한 국민의 권리와 의무, 국가·지방자치단체의 책임, 응급의료제공자의 책임과 권리를 정하고 응급의료자원의 효율적 관리에 필요한 사항을 규정함으로써 응급환자의 생명과 건강을 보호하고 국민의료를 적정하게 함을 목적으로 한다.

[전문개정 2011. 8. 4.]

제2조(정의) 이 법에서 사용하는 용어의 뜻은 다음과 같다. 〈개정 2015. 1. 28., 2021. 12. 21.〉
1. "응급환자"란 질병, 분만, 각종 사고 및 재해로 인한 부상이나 그 밖의 위급한 상태로 인하여 즉시 필요한 응급처치를 받지 아니하면 생명을 보존할 수 없거나 심신에 중대한 위해(危害)가 발생할 가능성이 있는 환자 또는 이에 준하는 사람으로서 보건복지부령으로 정하는 사람을 말한다.
2. "응급의료"란 응급환자가 발생한 때부터 생명의 위험에서 회복되거나 심신상의 중대한 위해가 제거되기까지의 과정에서 응급환자를 위하여 하는 상담·구조(救助)·이송·응급처치 및 진료 등의 조치를 말한다.
3. "응급처치"란 응급의료행위의 하나로서 응급환자의 기도를 확보하고 심장박동의 회복, 그 밖에 생명의 위험이나 증상의 현저한 악화를 방지하기 위하여 긴급히 필요로 하는 처치를 말한다.
4. "응급의료종사자"란 관계 법령에서 정하는 바에 따라 취득한 면허 또는 자격의 범위에서 응급환자에 대한 응급의료를 제공하는 의료인과 응급구조사를 말한다.
5. "응급의료기관"이란 「의료법」 제3조에 따른 의료기관 중에서 이 법에 따라 지정된 권역응급의료센터, 전문응급의료센터, 지역응급의료센터 및 지역응급의료기관을 말한다.
6. "구급차등"이란 응급환자의 이송 등 응급의료의 목적에 이용되는 자동차, 선박 및 항공기 등의 이송 수단을 말한다.
7. "응급의료기관등"이란 응급의료기관, 구급차등의 운용자 및 응급의료지원센터를 말한다.
8. "응급환자이송업"이란 구급차등을 이용하여 응급환자 등을 이송하는 업(業)을 말한다.

[전문개정 2011. 8. 4.]

제2장 국민의 권리와 의무 〈개정 2011. 8. 4.〉

제3조(응급의료를 받을 권리) 모든 국민은 성별, 나이, 민족, 종교, 사회적 신분 또는 경제적 사정 등을 이유로 차별받지 아니하고 응급의료를 받을 권리를 가진다. 국내에 체류하고 있는 외국인도 또한 같다.

[전문개정 2011. 8. 4.]

제4조(응급의료에 관한 알 권리) ① 모든 국민은 응급상황에서의 응급처치 요령, 응급의료기관등의 안내 등 기본적인 대응방법을 알 권리가 있으며, 국가와 지방자치단체는 그에 대한 교육·홍보 등 필요한 조치를 마련하여야 한다.
② 모든 국민은 국가나 지방자치단체의 응급의료에 대한 시책에 대하여 알 권리를 가진다.

[전문개정 2011. 8. 4.]

제5조(응급환자에 대한 신고 및 협조 의무) ① 누구든지 응급환자를 발견하면 즉시 응급의료기관등에 신고하여야 한다.
② 응급의료종사자가 응급의료를 위하여 필요한 협조를 요청하면 누구든지 적극 협조하여야 한다.

[전문개정 2011. 8. 4.]

제5조의2(선의의 응급의료에 대한 면책) 생명이 위급한 응급환자에게 다음 각 호의 어느 하나에 해당하는 응급의료 또는 응급처치를 제공하여 발생한 재산상 손해와 사상(死傷)에 대하여 고의 또는 중대한 과실이 없는 경우 그 행위자는 민사책임과 상해(傷害)에 대한 형사책임을 지지 아니하며 사망에 대한 형사책임은 감면한다. 〈개정 2011. 3. 8., 2011. 8. 4.〉

1. 다음 각 목의 어느 하나에 해당하지 아니하는 자가 한 응급처치
   가. 응급의료종사자
   나. 「선원법」 제86조에 따른 선박의 응급처치 담당자, 「119구조·구급에 관한 법률」제10조에 따른 구급대 등 다른 법령에 따라 응급처치 제공의무를 가진 자
2. 응급의료종사자가 업무수행 중이 아닌 때 본인이 받은 면허 또는 자격의 범위에서 한 응급의료
3. 제1호나목에 따른 응급처치 제공의무를 가진 자가 업무수행 중이 아닌 때에 한 응급처치

[전문개정 2011. 8. 4.]

제3장 응급의료종사자의 권리와 의무 〈개정 2011. 8. 4.〉

제6조(응급의료의 거부금지 등) ① 응급의료기관등에서 근무하는 응급의료종사자는 응급환자를 항상 진료할 수 있도록 응급의료업무에 성실히 종사하여야 한다.
② 응급의료종사자는 업무 중에 응급의료를 요청받거나 응급환자를 발견하면 즉시 응급의료를 하여야 하며 정당한 사유 없이 이를 거부하거나 기피하지 못한다.

[전문개정 2011. 8. 4.]

제7조(응급환자가 아닌 사람에 대한 조치) ① 의료인은 응급환자가 아닌 사람을 응급실이 아닌 의료시설에 진료를 의뢰하거나 다른 의료기관에 이송할 수 있다.
② 진료의뢰·환자이송의 기준 및 절차 등에 관하여 필요한 사항은 대통령령으로 정한다.

[전문개정 2011. 8. 4.]

제8조(응급환자에 대한 우선 응급의료 등) ① 응급의료종사자는 응급환자에 대하여는 다른 환자보다 우선하여 상담·구조 및 응급처치를 하고 진료를 위하여 필요한 최선의 조치를 하여야 한다.
② 응급의료종사자는 응급환자가 2명 이상이면 의학적 판단에 따라 더 위급한 환자부터 응급의료를 실시하여야 한다.

[전문개정 2011. 8. 4.]

제9조(응급의료의 설명·동의) ① 응급의료종사자는 다음 각 호의 어느 하나에 해당하는 경우를 제외하고는 응급환자에게 응급의료에 관하여 설명하고 그 동의를 받아야 한다.

1. 응급환자가 의사결정능력이 없는 경우
2. 설명 및 동의 절차로 인하여 응급의료가 지체되면 환자의 생명이 위험하여지거나 심신상의 중대한 장애를 가져오는 경우

② 응급의료종사자는 응급환자가 의사결정능력이 없는 경우 법정대리인이 동행하였을 때에는 그 법정대리인에게 응급의료에 관하여 설명하고 그 동의를 받아야 하며, 법정대리인이 동행하지 아니한 경우에는 동행한 사람에게 설명한 후 응급처치를 하고 의사의 의학적 판단에 따라 응급진료를 할 수 있다.
③ 응급의료에 관한 설명·동의의 내용 및 절차 등에 관하여 필요한 사항은 보건복지부령으로 정한다.

[전문개정 2011. 8. 4.]

제10조(응급의료 중단의 금지) 응급의료종사자는 정당한 사유가 없으면 응급환자에 대한 응급의료를 중단하여서는 아니 된다.

[전문개정 2011. 8. 4.]

제11조(응급환자의 이송) ① 의료인은 해당 의료기관의 능력으로는 응급환자에 대하여 적절한 응급의료를 할 수 없다고 판단한 경우에는 지체 없이 그 환자를 적절한 응급의료가 가능한 다른 의료기관으로 이송하여야 한다.

② 의료기관의 장은 제1항에 따라 응급환자를 이송할 때에는 응급환자의 안전한 이송에 필요한 의료기구와 인력을 제공하여야 하며, 응급환자를 이송받는 의료기관에 진료에 필요한 의무기록(醫務記錄)을 제공하여야 한다.

③ 의료기관의 장은 이송에 든 비용을 환자에게 청구할 수 있다.

④ 응급환자의 이송절차, 의무기록의 이송 및 비용의 청구 등에 필요한 사항은 보건복지부령으로 정한다.
[전문개정 2011. 8. 4.]

제12조(응급의료 등의 방해 금지) ① 누구든지 응급의료종사자(「의료기사 등에 관한 법률」 제2조에 따른 의료기사와 「의료법」 제80조에 따른 간호조무사를 포함한다)와 구급차등의 응급환자에 대한 구조·이송·응급처치 또는 진료를 폭행, 협박, 위계(僞計), 위력(威力), 그 밖의 방법으로 방해하거나 의료기관 등의 응급의료를 위한 의료용 시설·기재(機材)·의약품 또는 그 밖의 기물(器物)을 파괴·손상하거나 점거하여서는 아니 된다. 〈개정 2012. 5. 14., 2020. 12. 29., 2023. 8. 8.〉

② 응급의료기관의 장 또는 응급의료기관 개설자는 제1항을 위반하여 응급의료를 방해하거나 의료용 시설 등을 파괴·손상 또는 점거한 사실을 알게 된 경우에는 수사기관에 즉시 신고하여야 하고, 이후 특별시장·광역시장·특별자치시장·도지사·특별자치도지사(이하 "시·도지사"라 한다) 또는 시장·군수·구청장(자치구의 구청장을 말한다. 이하 같다)에게 통보하여야 한다. 〈신설 2023. 8. 8.〉
[전문개정 2011. 8. 4.]

제4장 국가 및 지방자치단체의 책임 〈개정 2011. 8. 4.〉

제13조(응급의료의 제공) 국가 및 지방자치단체는 응급환자의 보호, 응급의료기관등의 지원 및 설치·운영, 응급의료종사자의 양성, 응급이송수단의 확보 등 응급의료를 제공하기 위한 시책을 마련하고 시행하여야 한다.
[전문개정 2011. 8. 4.]

제13조의2(응급의료기본계획 및 연차별 시행계획) ① 보건복지부장관은 제13조에 따른 업무를 수행하기 위하여 제13조의5에 따른 중앙응급의료위원회의 심의를 거쳐 응급의료기본계획(이하 "기본계획"이라 한다)을 5년마다 수립하여야 한다.

② 기본계획은 「공공보건의료에 관한 법률」 제4조에 따른 공공보건의료 기본계획과 연계하여 수립하여야 하며, 다음 각 호의 사항을 포함하여야 한다. 〈개정 2021. 12. 21.〉
 1. 국민의 안전한 생활환경 조성을 위한 다음 각 목의 사항
  가. 국민에 대한 응급처치 및 응급의료 교육·홍보 계획
  나. 생활환경 속의 응급의료 인프라 확충 계획
  다. 응급의료의 평등한 수혜를 위한 계획
 2. 응급의료의 효과적인 제공을 위한 다음 각 목의 사항
  가. 민간 이송자원의 육성 및 이송체계의 개선 계획
  나. 응급의료기관에 대한 평가·지원 및 육성 계획
  다. 응급의료 인력의 공급 및 육성 계획
  라. 응급의료정보통신체계의 구축·운영 계획
  마. 응급의료의 질적 수준 개선을 위한 계획
  바. 재난 등으로 다수의 환자 발생 시 응급의료 대비·대응 계획
 3. 기본계획의 효과적 달성을 위한 다음 각 목의 사항

가. 기본계획의 달성목표 및 그 추진방향
　　　나. 응급의료제도 및 운영체계에 대한 평가 및 개선방향
　　　다. 응급의료재정의 조달 및 운용
　　　라. 기본계획 시행을 위한 중앙행정기관의 협조 사항
③ 보건복지부장관은 기본계획을 확정한 때에는 지체 없이 이를 관계 중앙행정기관의 장과 시·도지사에게 통보하여야 한다. 〈개정 2015. 1. 28., 2023. 8. 8.〉
④ 보건복지부장관은 보건의료 시책상 필요한 경우 제13조의5에 따른 중앙응급의료위원회의 심의를 거쳐 기본계획을 변경할 수 있다.
⑤ 보건복지부장관은 대통령령으로 정하는 바에 따라 기본계획에 따른 연차별 시행계획을 수립하여야 한다.
[전문개정 2011. 8. 4.]

제13조의3(지역응급의료시행계획) ① 시·도지사는 기본계획에 따라 매년 지역응급의료시행계획을 수립하여 시행하여야 한다.
② 지역응급의료시행계획은 제13조의2에 따른 기본계획의 지역 내 시행을 위하여 각 시·도의 상황에 맞게 수립하되, 다음 각 호의 사항을 포함하여야 한다. 〈신설 2021. 12. 21.〉
　1. 응급환자 발생 현황, 응급의료 제공 현황 등 지역응급의료 현황
　2. 지역 내 응급의료 자원조사 등을 통한 지역응급의료 이송체계 마련
　3. 응급의료의 효과적 제공을 위한 지역응급의료 주요 사업 추진계획 수립 및 실적 관리
　4. 응급의료정책 추진을 위한 인력·조직 등의 기반 마련 및 지역 내 응급의료기관 간 협력체계 구축
　5. 그 밖에 시·도지사가 기본계획의 시행 및 응급의료 발전을 위하여 필요하다고 인정하는 사항
③ 보건복지부장관은 대통령령으로 정하는 바에 따라 지역응급의료시행계획 및 그 시행결과를 평가할 수 있다. 〈개정 2021. 12. 21.〉
④ 보건복지부장관은 지역응급의료시행계획 및 그 시행결과에 대하여 평가한 결과를 토대로 시·도지사에게 계획 및 사업의 변경 또는 시정을 요구할 수 있다. 〈개정 2021. 12. 21.〉
⑤ 그 밖에 지역응급의료시행계획의 수립·시행 및 평가에 관하여는 대통령령으로 정한다. 〈개정 2021. 12. 21.〉
[전문개정 2011. 8. 4.]

제13조의4(응급의료계획에 대한 협조) ① 보건복지부장관 및 시·도지사는 기본계획 및 지역응급의료시행계획의 수립·시행을 위하여 필요한 경우에는 국가기관, 지방자치단체, 응급의료에 관련된 기관·단체 및 「공공기관의 운영에 관한 법률」 제4조에 따른 공공기관(이하 "공공기관"이라 한다)의 장에게 자료제공 등의 협조를 요청할 수 있다. 〈개정 2015. 1. 28.〉
② 제1항에 따라 협조요청을 받은 국가기관, 지방자치단체, 관계 기관·단체, 공공기관의 장 등은 특별한 사유가 없는 한 이에 응하여야 한다. 〈개정 2015. 1. 28.〉
③ 제1항에 따라 요청할 수 있는 자료의 범위와 그 관리 및 활용 등은 대통령령으로 정한다. 〈신설 2015. 1. 28.〉
[본조신설 2011. 8. 4.]

제13조의5(중앙응급의료위원회) ① 응급의료에 관한 주요 시책을 심의하기 위하여 보건복지부에 중앙응급의료위원회(이하 "중앙위원회"라 한다)를 둔다.
② 중앙위원회는 위원장 1명과 부위원장 1명을 포함한 15명 이내의 위원으로 구성한다.
③ 중앙위원회의 위원장은 보건복지부장관이 되고 부위원장은 위원 중 위원장이 지명하며 위원은 당연직 위원과 위촉 위원으로 한다.
④ 당연직 위원은 다음 각 호의 사람으로 한다. 〈개정 2013. 3. 23., 2014. 11. 19., 2017. 7. 26.〉
　1. 기획재정부차관

2. 교육부차관

3. 국토교통부차관

4. 소방청장

5. 제25조에 따른 중앙응급의료센터의 장

⑤ 위촉 위원은 다음 각 호의 사람으로서 위원장이 위촉한다.

1. 「비영리민간단체 지원법」 제2조에 따른 비영리민간단체를 대표하는 사람 3명

2. 응급의료에 관한 학식과 경험이 풍부한 사람 3명

3. 제2조제5호에 따른 응급의료기관을 대표하는 사람 1명

4. 보건의료 관련 업무를 담당하는 지방공무원으로서 특별시·광역시를 대표하는 사람 1명

5. 보건의료 관련 업무를 담당하는 지방공무원으로서 도(특별자치도를 포함한다)를 대표하는 사람 1명

⑥ 중앙위원회는 다음 각 호의 사항을 심의한다.

1. 제13조의2에 따른 응급의료기본계획 및 연차별 시행계획의 수립 및 변경

2. 「국가재정법」 제74조에 따라 응급의료기금의 기금운용심의회에서 심의하여야 할 사항

3. 응급의료에 관련한 정책 및 사업에 대한 조정

4. 응급의료에 관련한 정책 및 사업의 평가 결과

5. 지역응급의료시행계획 및 특별시·광역시·도·특별자치도(이하 "시·도"라 한다)의 응급의료에 관련한 사업의 평가 결과

6. 응급의료의 중기·장기 발전방향 및 제도 개선에 관한 사항

7. 그 밖에 응급의료에 관하여 보건복지부장관이 부의하는 사항

⑦ 중앙위원회는 매년 2회 이상 개최하여야 한다.

⑧ 그 밖에 중앙위원회의 회의 및 운영에 관한 사항은 대통령령으로 정한다.

[본조신설 2011. 8. 4.]

제13조의6(시·도응급의료위원회) ① 응급의료에 관한 중요 사항을 심의하기 위하여 시·도에 시·도응급의료위원회(이하 "시·도위원회"라 한다)를 둔다.

② 시·도위원회는 해당 시·도의 응급의료에 관한 다음 각 호의 사항을 심의한다. 〈개정 2021. 12. 21.〉

1. 제13조의3제1항에 따른 지역응급의료시행계획의 수립 및 변경

2. 지역응급의료 자원조사

3. 중증응급환자를 위한 지역 이송체계 마련 및 주요 이송곤란 사례 검토 등을 통한 이송체계 개선

4. 응급의료를 위한 지방 재정의 사용

5. 응급의료 시책 및 사업의 조정

6. 응급의료기관등에 대한 평가 결과의 활용

7. 지역응급의료서비스 품질 관리 실태 및 개선 필요 사항

8. 그 밖에 응급의료에 관하여 시·도지사가 부의하는 사항

③ 시·도지사는 제2항의 시·도위원회 심의사항과 관련된 정책 개발 및 실무 지원을 위하여 시·도 응급의료지원단을 설치·운영한다. 다만, 시·도지사는 필요한 경우 「공공보건의료에 관한 법률」 제22조에 따른 공공보건의료 지원단과 통합하여 운영할 수 있다. 〈신설 2021. 12. 21.〉

④ 시·도위원회는 매년 2회 이상 개최하여야 한다. 〈개정 2021. 12. 21.〉

⑤ 시·도위원회 및 시·도 응급의료지원단의 구성·기능 및 운영 등에 관하여 필요한 사항은 대통령령으로 정하는 기준에 따라 해당 시·도의 조례로 정한다. 〈개정 2021. 12. 21.〉

[본조신설 2011. 8. 4.]

제14조(구조 및 응급처치에 관한 교육) ① 보건복지부장관 또는 시·도지사는 응급의료종사자가 아닌 사람

중에서 다음 각 호의 어느 하나에 해당하는 사람에게 구조 및 응급처치에 관한 교육을 받도록 명할 수 있다. 이 경우 교육을 받도록 명받은 사람은 정당한 사유가 없으면 이에 따라야 한다. 〈개정 2011. 8. 4., 2012. 6. 1., 2015. 7. 24., 2016. 3. 29., 2016. 12. 2., 2017. 10. 24., 2019. 1. 15., 2021. 11. 30., 2021. 12. 21.〉

1. 구급차등의 운전자
1의2. 제47조의2제1항 각 호의 어느 하나에 해당하는 시설 등에서 의료·구호 또는 안전에 관한 업무에 종사하는 사람
2. 「여객자동차 운수사업법」 제3조제1항에 따른 여객자동차운송사업용 자동차의 운전자
3. 「학교보건법」 제15조에 따른 보건교사
4. 도로교통안전업무에 종사하는 사람으로서 「도로교통법」 제5조에 규정된 경찰공무원등
5. 「산업안전보건법」 제32조제1항 각 호 외의 부분 본문에 따른 안전보건교육의 대상자
6. 「체육시설의 설치·이용에 관한 법률」 제5조 및 제10조에 따른 체육시설에서 의료·구호 또는 안전에 관한 업무에 종사하는 사람
7. 「유선 및 도선 사업법」 제22조에 따른 인명구조요원
8. 「관광진흥법」 제3조제1항제2호부터 제6호까지의 규정에 따른 관광사업에 종사하는 사람 중 의료·구호 또는 안전에 관한 업무에 종사하는 사람
9. 「항공안전법」 제2조제14호 및 제17호에 따른 항공종사자 또는 객실승무원 중 의료·구호 또는 안전에 관한 업무에 종사하는 사람
10. 「철도안전법」 제2조제10호가목부터 라목까지의 규정에 따른 철도종사자 중 의료·구호 또는 안전에 관한 업무에 종사하는 사람
11. 「선원법」 제2조제1호에 따른 선원 중 의료·구호 또는 안전에 관한 업무에 종사하는 사람
12. 「화재의 예방 및 안전관리에 관한 법률」 제24조에 따른 소방안전관리자 중 대통령령으로 정하는 사람
13. 「국민체육진흥법」 제2조제6호에 따른 체육지도자
14. 「유아교육법」 제22조제2항에 따른 교사
15. 「영유아보육법」 제21조제2항에 따른 보육교사

② 보건복지부장관 및 시·도지사는 대통령령으로 정하는 바에 따라 제4조제1항에 따른 응급처치 요령 등의 교육·홍보를 위한 계획을 매년 수립하고 실시하여야 한다. 이 경우 보건복지부장관은 교육·홍보 계획의 수립 시 소방청장과 협의하여야 한다.〈신설 2008. 6. 13., 2010. 1. 18., 2011. 8. 4., 2014. 11. 19., 2017. 7. 26.〉

③ 시·도지사는 제2항에 따라 응급처치 요령 등의 교육·홍보를 실시한 결과를 보건복지부장관에게 보고하여야 한다.〈신설 2011. 8. 4.〉

④ 제1항부터 제3항까지의 규정에 따른 구조 및 응급처치에 관한 교육의 내용 및 실시방법, 보고 등에 관하여 필요한 사항은 보건복지부령으로 정한다.〈개정 2011. 8. 4.〉

[제목개정 2011. 8. 4.]

제15조(응급의료정보통신망의 구축) ① 국가 및 지방자치단체는 국민들에게 효과적인 응급의료를 제공하기 위하여 다음 각 호의 업무에 필요한 각종 자료 및 정보의 수집, 처리, 분석 및 제공 등을 수행하기 위한 정보통신망(이하 "응급의료정보통신망"이라 한다)을 구축하여야 한다. 〈개정 2024. 1. 30.〉

1. 제25조제1항 각 호에 따른 중앙응급의료센터의 업무
2. 제27조제2항 각 호에 따른 응급의료지원센터의 업무
3. 그 밖에 보건복지부장관이 정하는 응급의료 관련 업무

② 응급의료정보통신망의 체계 및 운용비용 등에 관하여 필요한 사항은 보건복지부령으로 정한다. 〈개정

③ 보건복지부장관은 응급의료정보통신망을 통한 업무를 수행하기 위하여 필요한 경우 관계 중앙행정기관의 장 또는 지방자치단체의 장 및 응급의료와 관련된 기관·단체 등(이하 이 조에서 "관계 중앙행정기관의 장등"이라 한다)에 다음 각 호의 정보의 제공을 요청할 수 있다. 다만, 제1호 및 제2호의 정보는 제25조제1항제3호·제5호·제9호 및 제27조제2항제3호·제6호·제8호의 업무를 수행하기 위하여 필요한 경우로 한정한다.〈개정 2024. 1. 30.〉
  1. 응급환자의 인적사항에 관한 정보
  2. 응급환자에 대한 응급의료 내용에 관한 정보
  3. 그 밖에 응급의료 이용 실태 파악에 필요한 정보로서 대통령령으로 정하는 정보
④ 제3항에 따라 정보제공을 요청받은 관계 중앙행정기관의 장등은 특별한 사유가 없으면 이에 따라야 한다.〈신설 2024. 1. 30.〉
⑤ 보건복지부장관은 응급의료정보통신망을 통하여 제3항 단서에 따른 업무를 수행하기 위하여 불가피한 경우 「개인정보 보호법」 제23조에 따른 건강에 관한 정보 및 같은 법 제24조에 따른 고유식별정보(주민등록번호를 포함한다)가 포함된 자료를 처리할 수 있다.〈신설 2024. 1. 30.〉
⑥ 관계 중앙행정기관의 장등은 응급의료정보통신망이 보유하고 있는 정보의 활용이 필요한 경우 사전에 보건복지부장관과 협의하여야 한다. 이 경우 보건복지부장관은 관계 중앙행정기관의 장등에게 해당 정보 수집의 목적 범위에서 정보를 제공할 수 있고 정보를 제공받은 관계 중앙행정기관의 장등은 제공받은 목적의 범위에서만 이를 보유·활용할 수 있다.〈신설 2024. 1. 30.〉
⑦ 보건복지부장관은 응급의료정보통신망의 구축·운영의 전 과정에서 개인정보 보호를 위하여 필요한 시책을 마련하여야 한다.〈신설 2024. 1. 30.〉
[전문개정 2011. 8. 4.]

제15조의2(응급의료조사통계사업) 보건복지부장관은 응급의료 관련 자료를 지속적이고 체계적으로 수집·분석하여 응급환자의 발생, 분포, 이송, 사망 및 후유 장애 현황 등 응급의료 관련 통계를 산출하기 위한 조사·통계사업을 시행할 수 있다. 이 경우 통계자료의 수집 및 통계의 작성 등에 관하여는 「통계법」을 준용한다.
[본조신설 2024. 1. 30.] [종전 제15조의2는 제15조의3으로 이동 〈2024. 1. 30.〉]

제15조의3(비상대응매뉴얼) ① 국가와 지방자치단체는 「재난 및 안전관리 기본법」 제3조제1호 및 제2호의 재난 및 해외재난으로부터 국민과 주민의 생명을 보호하기 위하여 응급의료에 관한 기본적인 사항과 응급의료 지원 등에 관한 비상대응매뉴얼을 마련하고 의료인에게 이에 대한 교육을 실시하여야 한다.
② 제1항에 따른 비상대응매뉴얼의 내용, 교육의 대상·방법, 교육 참가자에 대한 비용지원 등에 필요한 사항은 대통령령으로 정한다.
[본조신설 2014. 3. 18.] [제15조의2에서 이동 〈2024. 1. 30.〉]

제16조(재정 지원) ① 국가 및 지방자치단체는 예산의 범위에서 응급의료기관등 및 응급의료시설에 대하여 필요한 재정 지원을 할 수 있다. 〈개정 2017. 10. 24.〉
② 국가 및 지방자치단체는 제47조의2에 따른 자동심장충격기 등 심폐소생을 위한 응급장비를 갖추어야 하는 시설 등에 대하여 필요한 재정 지원을 할 수 있다.〈개정 2016. 5. 29.〉
[전문개정 2011. 8. 4.]

제17조(응급의료기관등에 대한 평가) ① 보건복지부장관은 응급의료기관등의 시설·장비·인력, 업무의 내용·결과 등에 대하여 평가를 할 수 있다. 이 경우 평가 대상이 되는 응급의료기관등의 장은 특별한 사유가 없으면 평가에 응하여야 한다. 〈개정 2015. 1. 28.〉
② 보건복지부장관은 제1항에 따른 응급의료기관등의 평가를 위하여 해당 응급의료기관등을 대상으로 필

요한 자료의 제공을 요청할 수 있다. 이 경우 자료의 제공을 요청받은 응급의료기관등은 정당한 사유가 없으면 이에 따라야 한다.

③ 보건복지부장관은 응급의료기관등에 대한 평가 결과를 공표할 수 있다.

④ 보건복지부장관은 제1항에 따른 응급의료기관등에 대한 평가 결과에 따라 응급의료기관등에 대하여 행정적·재정적 지원을 할 수 있다.

⑤ 제1항 및 제3항에 따른 응급의료기관등의 평가방법, 평가주기, 평가결과 공표 등에 관하여 필요한 사항은 보건복지부령으로 정한다. 〈개정 2015. 1. 28.〉

[전문개정 2011. 8. 4.]

제18조(환자가 여러 명 발생한 경우의 조치) ① 보건복지부장관, 시·도지사 또는 시장·군수·구청장은 재해 등으로 환자가 여러 명 발생한 경우에는 응급의료종사자에게 응급의료 업무에 종사할 것을 명하거나, 의료기관의 장 또는 구급차등을 운용하는 자에게 의료시설을 제공하거나 응급환자 이송 등의 업무에 종사할 것을 명할 수 있으며, 중앙행정기관의 장 또는 관계 기관의 장에게 협조를 요청할 수 있다. 〈개정 2023. 8. 8.〉

② 응급의료종사자, 의료기관의 장 및 구급차등을 운용하는 자는 정당한 사유가 없으면 제1항에 따른 명령을 거부할 수 없다.

③ 환자가 여러 명 발생하였을 때 인명구조 및 응급처치 등에 필요한 사항은 대통령령으로 정한다.

[전문개정 2011. 8. 4.]

제5장 재정 〈개정 2011. 8. 4.〉

제19조(응급의료기금의 설치 및 관리·운용) ① 보건복지부장관은 응급의료를 효율적으로 수행하기 위하여 응급의료기금(이하 "기금"이라 한다)을 설치한다.

② 보건복지부장관은 기금의 관리·운용을 대통령령으로 정하는 의료 관련 기관 또는 의료 관련 단체(이하 "기금관리기관의 장"이라 한다)에 위탁할 수 있다. 이 경우 보건복지부장관은 기금의 관리·운용에 관한 사무를 감독하며 이에 필요한 명령을 할 수 있다.

③ 그 밖에 기금의 설치 및 관리·운용에 필요한 사항은 대통령령으로 정한다.

[전문개정 2011. 8. 4.]

제20조(기금의 조성) ① 기금은 다음 각 호의 재원으로 조성한다. 〈개정 2011. 8. 4.〉

  1. 「국민건강보험법」에 따른 요양기관의 업무정지를 갈음하여 보건복지부장관이 요양기관으로부터 과징금으로 징수하는 금액 중 「국민건강보험법」에 따라 지원하는 금액

  2. 응급의료와 관련되는 기관 및 단체의 출연금 및 기부금

  3. 정부의 출연금

  4. 그 밖에 기금을 운용하여 생기는 수익금

② 정부는 제1항제3호의 정부출연금으로 다음 각 호의 해당 연도 예상수입액의 100분의 20에 해당하는 금액을 매 회계연도의 세출예산에 계상하여야 한다. 〈개정 2008. 12. 31., 2020. 12. 22.〉

  1. 「도로교통법」 제160조제2항 및 제3항에 따른 과태료(같은 법 제161조제1항제1호에 따라 시·도경찰청장이 부과·징수하는 것에 한한다)

  2. 「도로교통법」 제162조제3항에 따른 범칙금

[제목개정 2011. 8. 4.]

[법률 제9305호(2008. 12. 31.) 제20조제2항제1호의 개정규정은 같은 법 부칙 제3항의 규정에 의하여 2027년 12월 31일까지 유효함]

제21조(기금의 사용) 기금은 다음 각 호의 용도로 사용한다. 〈개정 2016. 5. 29., 2019. 8. 27.〉

  1. 응급환자의 진료비 중 제22조에 따른 미수금의 대지급(代支給)

  2. 응급의료기관등의 육성·발전과 의료기관의 응급환자 진료를 위한 시설 등의 설치에 필요한 자금의

융자 또는 지원
　3. 응급의료 제공체계의 원활한 운영을 위한 보조사업
　4. 대통령령으로 정하는 재해 등이 발생하였을 때의 의료 지원
　5. 구조 및 응급처치 요령 등 응급의료에 관한 교육·홍보 사업
　6. 응급의료의 원활한 제공을 위한 자동심장충격기 등 응급장비의 구비 지원
　7. 응급의료를 위한 조사·연구 사업
　8. 기본계획 및 지역응급의료시행계획의 시행 지원
　9. 응급의료종사자의 양성 등 지원
[전문개정 2011. 8. 4.]

제22조(미수금의 대지급) ① 의료기관과 구급차등을 운용하는 자는 응급환자에게 응급의료를 제공하고 그 비용을 받지 못하였을 때에는 그 비용 중 응급환자 본인이 부담하여야 하는 금액(이하 "미수금"이라 한다)에 대하여는 기금관리기관의 장(기금의 관리·운용에 관한 업무가 위탁되지 아니한 경우에는 보건복지부장관을 말한다. 이하 이 조 및 제22조의2에서 같다)에게 대신 지급하여 줄 것을 청구할 수 있다.

② 기금관리기관의 장은 제1항에 따라 의료기관 등이 미수금에 대한 대지급을 청구하면 보건복지부령으로 정하는 기준에 따라 심사하여 그 미수금을 기금에서 대신 지급하여야 한다.

③ 국가나 지방자치단체는 제2항에 따른 대지급에 필요한 비용을 기금관리기관의 장에게 보조할 수 있다.

④ 기금관리기관의 장은 제2항에 따라 미수금을 대신 지급한 경우에는 응급환자 본인과 그 배우자, 응급환자의 1촌의 직계혈족 및 그 배우자 또는 다른 법령에 따른 진료비 부담 의무자에게 그 대지급금(代支給金)을 구상(求償)할 수 있다.

⑤ 제4항에 따른 대지급금의 상환 청구를 받은 자가 해당 대지급금을 정하여진 기간 내에 상환하지 아니하면 기금관리기관의 장은 기한을 정하여 독촉할 수 있다.〈신설 2017. 10. 24.〉

⑥ 제5항에 따른 독촉을 받은 자가 그 기한 내에 대지급금을 상환하지 아니하면 기금관리기관의 장은 보건복지부장관의 승인을 받아 국세 체납처분의 예에 따라 이를 징수할 수 있다.〈신설 2017. 10. 24.〉

⑦ 기금관리기관의 장은 제4항에 따라 대지급금을 구상하였으나 상환받기가 불가능하거나 제22조의3에 따른 소멸시효가 완성된 대지급금을 결손으로 처리할 수 있다.〈개정 2017. 10. 24.〉

⑧ 미수금 대지급의 대상·범위·절차 및 방법, 구상의 절차 및 방법, 상환이 불가능한 대지급금의 범위 및 결손처분 절차 등에 관하여 필요한 사항은 대통령령으로 정한다.〈개정 2017. 10. 24.〉

[전문개정 2011. 8. 4.]

제22조의2(자료의 제공) ①기금관리기관의 장은 국가·지방자치단체 및 의료기관 등 관계기관에 미수금 심사, 대지급금 구상 및 결손처분 등을 위하여 국세·지방세, 토지·주택·건축물·자동차·선박·항공기, 국민건강보험·국민연금·고용보험·산업재해보상보험·보훈급여·공무원연금·공무원재해보상급여·군인연금·사립학교교직원연금·별정우체국연금·기초연금, 주민등록·가족관계등록 등에 관한 자료의 제공을 요청할 수 있다.〈개정 2011. 8. 4., 2015. 1. 28., 2018. 3. 20.〉

② 제1항에 따른 요청을 받은 기관은 특별한 사유가 없으면 이에 따라야 한다.〈개정 2011. 8. 4.〉

③ 제1항에 따라 관계 기관이 기금관리기관의 장에게 제공하는 자료에 대하여는 사용료와 수수료 등을 면제한다.〈신설 2015. 1. 28.〉

[본조신설 2002. 3. 25.]

제22조의3(구상권의 시효) ① 제22조제4항에 따른 대지급금에 대한 구상의 권리는 그 대지급금을 청구할 수 있는 날부터 3년 동안 행사하지 아니하면 소멸시효가 완성된다.

② 시효중단, 그 밖의 소멸시효에 관하여는 「민법」에 따른다.

[본조신설 2011. 8. 4.]

제23조(응급의료수가의 지급기준) ① 응급의료수가(應急醫療酬價)의 지급기준은 보건복지부장관이 정한다.

② 보건복지부장관은 제1항에 따른 응급의료수가의 지급기준을 정할 때 제17조에 따른 응급의료기관에 대한 평가 결과를 반영하여 응급의료수가에 차등(差等)을 둘 수 있다.

[전문개정 2011. 8. 4.]

제24조(이송처치료) ① 구급차등을 운용하는 자가 구급차등을 이용하여 응급환자 등을 이송하였을 때에는 보건복지부령으로 정하는 이송처치료를 그 응급환자로부터 받을 수 있다.

② 구급차등을 운용하는 자는 구급차등의 이용자로부터 제1항에 따른 이송처치료 외에 별도의 비용을 받아서는 아니 된다.

[전문개정 2011. 8. 4.]

제6장 응급의료기관등 〈개정 2011. 8. 4.〉

제25조(중앙응급의료센터) ① 보건복지부장관은 응급의료에 관한 다음 각 호의 업무를 수행하게 하기 위하여 중앙응급의료센터를 설치·운영할 수 있다. 〈개정 2015. 1. 28., 2021. 12. 21., 2024. 1. 30.〉

1. 응급의료기관등에 대한 평가 및 질을 향상시키는 활동에 대한 지원
2. 응급의료종사자에 대한 교육훈련
3. 제26조에 따른 권역응급의료센터 간의 업무조정 및 지원
4. 응급의료 관련 연구
5. 국내외 재난 등의 발생 시 응급의료 관련 업무의 조정, 관련 정보의 수집·제공 및 응급환자 현황 파악과 추적 관리
6. 응급의료정보통신망의 구축 및 관리·운영과 그에 따른 업무
7. 제15조의2에 따른 응급의료 관련 조사·통계사업에 관한 업무
8. 응급처치 관련 교육 및 응급장비 관리에 관한 지원
9. 응급환자 이송체계 운영 및 관리에 관한 지원
10. 응급의료분야 의료취약지 관리 업무
11. 그 밖에 보건복지부장관이 정하는 응급의료 관련 업무

② 보건복지부장관은 제1항에 따른 중앙응급의료센터를 효율적으로 운영하기 위하여 필요하다고 인정하면 그 운영에 관한 업무를 대통령령으로 정하는 바에 따라 의료기관·관계전문기관·법인·단체에 위탁할 수 있다. 이 경우 예산의 범위에서 그 운영에 필요한 경비를 지원할 수 있다. 〈신설 2021. 12. 21.〉

③ 제1항 및 제2항에 따른 중앙응급의료센터의 설치·운영 및 운영의 위탁 등에 관하여 필요한 사항은 보건복지부령으로 정한다. 〈개정 2021. 12. 21.〉

[전문개정 2011. 8. 4.]

제26조(권역응급의료센터의 지정) ① 보건복지부장관은 응급의료에 관한 다음 각 호의 업무를 수행하게 하기 위하여 「의료법」 제3조의4에 따른 상급종합병원 또는 같은 법 제3조의3에 따른 300병상을 초과하는 종합병원 중에서 권역응급의료센터를 지정할 수 있다. 〈개정 2015. 1. 28., 2016. 12. 2.〉

1. 중증응급환자 중심의 진료
2. 재난 대비 및 대응 등을 위한 거점병원으로서 보건복지부령으로 정하는 업무
3. 권역(圈域) 내에 있는 응급의료종사자에 대한 교육·훈련
4. 권역 내 다른 의료기관에서 제11조에 따라 이송되는 중증응급환자에 대한 수용
5. 그 밖에 보건복지부장관이 정하는 권역 내 응급의료 관련 업무

② 권역응급의료센터의 지정 기준·방법·절차 및 업무와 중증응급환자의 기준 등은 권역 내 응급의료 수요와 공급 등을 고려하여 보건복지부령으로 정한다. 〈개정 2015. 1. 28.〉

[전문개정 2011. 8. 4.]

제27조(응급의료지원센터의 설치 및 운영) ① 보건복지부장관은 응급의료를 효율적으로 제공할 수 있도록 응급의료자원의 분포와 주민의 생활권을 고려하여 지역별로 응급의료지원센터를 설치·운영하여야 한다. 〈개정 2015. 1. 28.〉

② 응급의료지원센터의 업무는 다음 각 호와 같다.〈개정 2015. 1. 28.〉

   1. 삭제〈2012. 3. 21.〉

   2. 삭제〈2012. 3. 21.〉

   3. 응급의료에 관한 각종 정보의 관리 및 제공

   4. 삭제〈2015. 1. 28.〉

   5. 지역 내 응급의료종사자에 대한 교육훈련

   6. 지역 내 응급의료기관 간 업무조정 및 지원

   7. 지역 내 응급의료의 질 향상 활동에 관한 지원

   8. 지역 내 재난 등의 발생 시 응급의료 관련 업무의 조정 및 지원

   9. 그 밖에 보건복지부령으로 정하는 응급의료 관련 업무

③ 보건복지부장관은 응급의료지원센터를 효율적으로 운영하기 위하여 필요하다고 인정하면 그 운영에 관한 업무를 대통령령으로 정하는 바에 따라 관계 전문기관·법인·단체에 위탁할 수 있다.〈개정 2015. 1. 28.〉

④ 국가 및 지방자치단체는 제3항에 따라 응급의료지원센터의 운영에 관한 업무를 위탁한 경우에는 그 운영에 드는 비용을 지원할 수 있다.〈신설 2015. 1. 28.〉

[전문개정 2011. 8. 4.] [제목개정 2015. 1. 28.]

제28조(응급의료지원센터에 대한 협조 등) ① 응급의료지원센터의 장은 응급의료 관련 정보를 효과적으로 관리하기 위하여 응급의료정보관리체계를 구축하여야 하며, 이를 위하여 응급의료기관의 장과 구급차등을 운용하는 자에게 응급의료에 관한 정보제공을 요청할 수 있다. 〈개정 2015. 1. 28.〉

② 응급의료지원센터의 장은 그 업무를 수행할 때 필요하다고 인정하면 의료기관 및 구급차등을 운용하는 자에게 응급의료에 대한 각종 정보를 제공하고, 구급차등의 출동 등 응급의료에 필요한 조치를 요청할 수 있다.〈개정 2015. 1. 28.〉

③ 제1항과 제2항에 따라 응급의료에 관한 정보 제공이나 필요한 조치를 요청받은 자는 특별한 사유가 없으면 이에 따라야 한다.

④ 응급의료지원센터에 대한 정보제공 등에 필요한 사항은 대통령령으로 정한다.〈개정 2015. 1. 28.〉

[전문개정 2011. 8. 4.] [제목개정 2015. 1. 28.]

제29조(전문응급의료센터의 지정) ① 보건복지부장관은 소아환자, 화상환자 및 독극물중독환자 등에 대한 응급의료를 위하여 권역응급의료센터, 지역응급의료센터 중에서 분야별로 전문응급의료센터를 지정할 수 있다. 〈개정 2015. 1. 28., 2021. 12. 21.〉

② 전문응급의료센터 지정의 기준·방법 및 절차 등에 관하여 필요한 사항은 보건복지부령으로 정한다.

[전문개정 2011. 8. 4.]

제30조(지역응급의료센터의 지정) ① 시·도지사는 응급의료에 관한 다음 각 호의 업무를 수행하게 하기 위하여 「의료법」 제3조의3에 따른 종합병원(이하 "종합병원"이라 한다) 중에서 지역응급의료센터를 지정할 수 있다. 〈개정 2015. 1. 28., 2021. 12. 21.〉

   1. 응급환자의 진료

   2. 제11조에 따라 응급환자에 대하여 적절한 응급의료를 할 수 없다고 판단한 경우 신속한 이송

② 지역응급의료센터의 지정 기준·방법·절차와 업무 등에 필요한 사항은 시·도의 응급의료 수요와 공

급 등을 고려하여 보건복지부령으로 정한다. 〈개정 2015. 1. 28.〉

[전문개정 2011. 8. 4.]

제30조의2(권역외상센터의 지정) ① 보건복지부장관은 외상환자의 응급의료에 관한 다음 각 호의 업무를 수행하게 하기 위하여 권역응급의료센터, 전문응급의료센터 및 지역응급의료센터 중 권역외상센터를 지정할 수 있다. 〈개정 2013. 6. 4., 2015. 1. 28., 2021. 12. 21.〉

　1. 외상환자의 진료

　2. 외상의료에 관한 연구 및 외상의료표준의 개발

　3. 외상의료를 제공하는 의료인의 교육훈련

　4. 대형 재해 등의 발생 시 응급의료 지원

　5. 그 밖에 보건복지부장관이 정하는 외상의료 관련 업무

② 권역외상센터는 외상환자에 대한 효과적인 응급의료 제공을 위하여 다음 각 호의 요건을 갖추어야 한다. 이 경우 각 호에 따른 구체적인 요건은 보건복지부령으로 정한다.

　1. 외상환자 전용 중환자 병상 및 일반 병상

　2. 외상환자 전용 수술실 및 치료실

　3. 외상환자 전담 전문의

　4. 외상환자 전용 영상진단장비 및 치료장비

　5. 그 밖에 외상환자 진료에 필요한 인력ㆍ시설ㆍ장비

③ 그 밖에 권역외상센터 지정의 기준ㆍ방법 및 절차 등에 관한 구체적인 사항은 보건복지부령으로 정한다.

[본조신설 2012. 5. 14.]

제30조의3(지역외상센터의 지정) ① 시ㆍ도지사는 관할 지역의 주민에게 적정한 외상의료를 제공하기 위하여 응급의료기관 중 지역외상센터를 지정할 수 있다. 〈개정 2013. 6. 4.〉

② 지역외상센터 지정의 기준ㆍ방법 및 절차 등에 관한 구체적인 사항은 보건복지부령으로 정한다.

[본조신설 2012. 5. 14.]

제30조의4(권역외상센터 및 지역외상센터에 대한 지원) 국가 및 지방자치단체는 중증 외상으로 인한 사망률을 낮추고 효과적인 외상의료체계를 구축하기 위하여 권역외상센터 및 지역외상센터에 대한 행정적ㆍ재정적 지원을 실시할 수 있다.

[본조신설 2012. 5. 14.]

제30조의5(정신질환자응급의료센터의 지정 등) ① 보건복지부장관은 정신질환자(「정신건강증진 및 정신질환자 복지서비스 지원에 관한 법률」 제3조제1호에 따른 정신질환자를 말한다. 이하 같다)에 대한 응급의료를 위하여 응급의료기관 중 정신질환자응급의료센터를 지정할 수 있다.

② 정신질환자응급의료센터의 지정 기준ㆍ방법 및 절차 등에 관한 구체적인 사항은 보건복지부령으로 정한다.

[본조신설 2019. 8. 27.]

제31조(지역응급의료기관의 지정) ① 시장ㆍ군수ㆍ구청장은 응급의료에 관한 다음 각 호의 업무를 수행하게 하기 위하여 종합병원 중에서 지역응급의료기관을 지정할 수 있다. 다만, 시ㆍ군의 경우에는 「의료법」 제3조제2항제3호가목의 병원 중에서 지정할 수 있다.

　1. 응급환자의 진료

　2. 제11조에 따라 응급환자에 대하여 적절한 응급의료를 할 수 없다고 판단한 경우 신속한 이송

② 지역응급의료기관의 지정 기준ㆍ방법ㆍ절차와 업무 등에 필요한 사항은 시ㆍ군ㆍ구의 응급의료 수요와 공급 등을 고려하여 보건복지부령으로 정한다.

제31조의2(응급의료기관의 운영) ① 응급의료기관은 응급환자를 24시간 진료할 수 있도록 응급의료기관의 지정기준에 따라 시설, 인력 및 장비 등을 유지하여 운영하여야 한다. 〈개정 2019. 12. 3.〉

② 제1항에 따른 인력 및 장비에는 보안인력과 보안장비가 포함되어야 한다.〈신설 2019. 12. 3.〉

③ 제2항에 따른 보안인력 및 보안장비에 관한 세부적인 사항은 보건복지부령으로 정한다.〈신설 2019. 12. 3.〉

④ 제1항에도 불구하고 자연재해, 감염병 유행 등 「재난 및 안전관리 기본법」 제3조제1호에 따른 재난 및 이에 준하는 상황으로 인하여 응급의료기관의 지정기준에 따라 시설, 인력 및 장비 등을 유지하여 운영하기 어려운 경우에는 보건복지부장관이 정하는 절차에 따라 그 예외를 인정할 수 있다.〈신설 2021. 3. 23.〉

[전문개정 2011. 8. 4.]

제31조의3(응급의료기관의 재지정) ① 보건복지부장관 및 시·도지사, 시장·군수·구청장은 3년마다 해당 지정권자가 지정한 모든 응급의료기관을 대상으로 다음 각 호의 사항을 반영하여 재지정하거나 지정을 취소할 수 있다. 다만, 제1호를 충족하지 못한 경우에는 지정을 취소하여야 한다.

　1. 제31조의2에 따른 지정기준의 준수

　2. 제17조에 따른 응급의료기관의 평가 결과

　3. 그 밖에 보건복지부령으로 정하는 사항

② 응급의료기관의 재지정 절차 및 방법 등은 보건복지부령으로 정한다.

[본조신설 2015. 1. 28.]

제31조의4(환자의 중증도 분류 및 감염병 의심환자 등의 선별) ① 응급의료기관의 장 및 구급차등의 운용자는 응급환자 등에 대한 신속하고 적절한 이송·진료와 응급실의 감염예방을 위하여 보건복지부령으로 정하는 바에 따라 응급환자 등의 중증도를 분류하고 감염병 의심환자 등을 선별하여야 한다.

② 응급의료기관의 장은 제1항에 따라 선별된 감염병 의심환자 등을 격리 진료할 수 있도록 시설 등을 확보하여야 한다.

③ 구급차등의 운용자는 환자의 이송 시 응급환자의 중증도와 전반적인 환자의 상태, 제13조의3제2항제2호에 따라 마련된 지역응급의료 이송체계 등을 종합적으로 고려하여 이송하여야 한다.〈신설 2021. 12. 21.〉

④ 제26조에 따라 지정된 권역응급의료센터의 장은 중증응급환자 중심의 진료를 위하여 제1항에 따른 응급환자 등의 중증도 분류 결과 경증에 해당하는 응급환자를 다른 응급의료기관에 이송할 수 있다. 이 경우 관련 절차는 제7조제2항을 준용한다.〈신설 2021. 12. 21.〉

⑤ 제1항의 분류·선별기준 및 제2항의 격리 시설 기준 등에 관한 사항은 보건복지부령으로 정한다.〈개정 2021. 12. 21.〉

[본조신설 2016. 12. 2.]

제31조의5(응급실 출입 제한) ① 응급환자의 신속한 진료와 응급실 감염예방 등을 위하여 다음 각 호의 어느 하나에 해당하는 사람 외에는 응급실에 출입하여서는 아니 된다.

　1. 응급실 환자

　2. 응급의료종사자(이에 준하는 사람을 포함한다)

　3. 응급실 환자의 보호자로서 진료의 보조에 필요한 사람

② 응급의료기관의 장은 제1항에 따라 응급실 출입이 제한된 사람이 응급실에 출입할 수 없도록 관리하여야 하고, 응급실에 출입하는 사람의 성명 등을 기록·관리하여야 한다.

③ 제1항의 응급실 출입기준 및 제2항의 출입자의 명단 기록·관리에 필요한 사항은 보건복지부령으로 정한다.

④ 제1항에도 불구하고 보건복지부장관, 시·도지사 또는 시장·군수·구청장은 제17조에 따른 응급의료

기관 평가, 제31조의3에 따른 재지정 심사 등을 위하여 응급의료기관에 대한 지도·감독이 필요하다고 인정하는 경우 소속 공무원 및 관계 전문가로 하여금 응급실을 출입하도록 할 수 있다.〈신설 2021. 12. 21.〉

⑤ 제4항에 따라 응급실을 출입하는 자는 그 권한을 표시하는 증표를 지니고 이를 관계인에게 보여주어야 한다.〈신설 2021. 12. 21.〉

[본조신설 2016. 12. 2.]

제32조(비상진료체계) ① 응급의료기관은 공휴일과 야간에 당직응급의료종사자를 두고 응급환자를 언제든지 진료할 준비체계(이하 "비상진료체계"라 한다)를 갖추어야 한다.

② 응급의료기관의 장으로부터 비상진료체계의 유지를 위한 근무명령을 받은 응급의료종사자는 이를 성실히 이행하여야 한다.

③ 응급의료기관의 장은 제1항에 따른 당직응급의료종사자로서 제31조의2에 따른 인력기준을 유지하는 것과는 별도로 보건복지부령으로 정하는 바에 따라 당직전문의 또는 당직전문의를 갈음할 수 있는 당직의사(이하 "당직전문의등"이라 한다)를 두어야 한다.

④ 응급의료기관의 장은 제31조의2에 따라 응급실에 근무하는 의사가 요청하는 경우 다음 각 호의 어느 하나에 해당하는 자가 응급환자를 직접 진료하게 하여야 한다.

  1. 당직전문의등
  2. 해당 응급환자의 진료에 적합한 자로서 보건복지부령에 따라 당직전문의등과 동등한 자격을 갖춘 것으로 인정되는 자

⑤ 비상진료체계에 관하여 필요한 사항은 보건복지부령으로 정한다.

[전문개정 2011. 8. 4.]

제33조(예비병상의 확보) ① 응급의료기관은 응급환자를 위한 예비병상을 확보하여야 하며 예비병상을 응급환자가 아닌 사람이 사용하게 하여서는 아니 된다.

② 예비병상의 확보 및 유지에 필요한 사항은 보건복지부령으로 정한다.

[전문개정 2011. 8. 4.]

제33조의2(응급실 체류 제한) ① 응급의료기관의 장은 환자의 응급실 체류시간을 최소화하고 입원진료가 필요한 응급환자는 신속하게 입원되도록 조치하여야 한다.

② 권역응급의료센터 및 지역응급의료센터의 장은 24시간을 초과하여 응급실에 체류하는 환자의 비율을 보건복지부령으로 정하는 기준 미만으로 유지하여야 한다.

[본조신설 2016. 12. 2.]

제34조(당직의료기관의 지정) 보건복지부장관, 시·도지사 또는 시장·군수·구청장은 공휴일 또는 야간이나 그 밖에 응급환자 진료에 지장을 줄 우려가 있다고 인정할 만한 이유가 있는 경우에는 응급환자에 대한 응급의료를 위하여 보건복지부령으로 정하는 바에 따라 의료기관의 종류별·진료과목별 및 진료기간별로 당직의료기관을 지정하고 이들로 하여금 응급의료를 하게 할 수 있다.

[전문개정 2011. 8. 4.]

제34조의2(야간·휴일 소아 진료기관의 지정) ① 보건복지부장관 또는 시·도지사는 응급실 과밀화 해소 및 소아환자에 대한 의료 공백 방지를 위하여 「의료법」 제3조에 따른 의료기관 중에서 야간 또는 휴일에 소아환자를 진료하는 야간·휴일 소아 진료기관을 지정할 수 있다.

② 보건복지부장관, 시·도지사 또는 시장·군수·구청장은 야간·휴일 소아 진료기관에 대한 행정적·재정적 지원을 할 수 있다.

③ 야간·휴일 소아 진료기관의 지정 기준·방법·절차 및 업무 등에 관하여 필요한 사항은 보건복지부령

으로 정한다.

[본조신설 2024. 1. 30.]

제35조(응급의료기관의 지정 취소 등) ① 응급의료기관 및 권역외상센터, 지역외상센터가 다음 각 호의 어느 하나에 해당하는 경우에는 보건복지부장관 시·도지사 또는 시장·군수·구청장 중 해당 지정권자가 그 지정을 취소할 수 있다. *〈개정 2012. 5. 14., 2016. 12. 2.〉*

1. 지정기준에 미달한 경우
2. 이 법에 따른 업무를 수행하지 아니한 경우
3. 이 법 또는 이 법에 따른 처분이나 명령을 위반한 경우

② 보건복지부장관, 시·도지사 또는 시장·군수·구청장은 응급의료기관 및 권역외상센터, 지역외상센터가 제1항 각 호의 어느 하나에 해당하는 경우에는 일정한 기간을 정하여 위반한 사항을 시정하도록 명하여야 한다. *〈신설 2016. 12. 2.〉*

③ 보건복지부장관, 시·도지사 또는 시장·군수·구청장은 제2항의 시정명령을 한 경우 명령의 성실한 이행을 위하여 명령이 이행될 때까지 제16조제1항, 제17조제4항 및 제30조의4에 따른 재정 지원의 전부 또는 일부를 중단할 수 있다. *〈신설 2016. 12. 2.〉*

④ 보건복지부장관은 응급의료기관 및 권역외상센터, 지역외상센터가 제2항에 따른 시정명령을 이행하지 아니한 경우 일정한 기간을 정하여 제23조에 따른 응급의료수가를 차감할 수 있다. *〈신설 2016. 12. 2.〉*

[전문개정 2011. 8. 4.] [제목개정 2016. 12. 2.]

제35조의2(응급의료기관 외의 의료기관) ① 이 법에 따른 응급의료기관으로 지정받지 아니한 의료기관이 응급의료시설을 설치·운영하려면 보건복지부령으로 정하는 시설·인력 등을 갖추어 시장·군수·구청장에게 신고하여야 한다. 다만, 종합병원의 경우에는 신고를 생략할 수 있다. *〈개정 2020. 12. 29., 2021. 12. 21.〉*

② 시장·군수·구청장은 제1항에 따른 신고를 받은 경우 그 내용을 검토하여 이 법에 적합하면 신고를 수리하여야 한다. *〈신설 2020. 12. 29.〉*

[전문개정 2011. 8. 4.]

제7장 응급구조사 *〈개정 2011. 8. 4.〉*

제36조(응급구조사의 자격) ① 응급구조사는 업무의 범위에 따라 1급 응급구조사와 2급 응급구조사로 구분한다.

② 1급 응급구조사가 되려는 사람은 다음 각 호의 어느 하나에 해당하는 사람으로서 보건복지부장관이 실시하는 시험에 합격한 후 보건복지부장관의 자격인정을 받아야 한다. *〈개정 2019. 12. 3.〉*

1. 대학 또는 전문대학에서 응급구조학을 전공하고 졸업한 사람
2. 보건복지부장관이 정하여 고시하는 기준에 해당하는 외국의 응급구조사 자격인정을 받은 사람
3. 2급 응급구조사로서 응급구조사의 업무에 3년 이상 종사한 사람

③ 2급 응급구조사가 되려는 사람은 다음 각 호의 어느 하나에 해당하는 사람으로서 보건복지부장관이 실시하는 시험에 합격한 후 보건복지부장관의 자격인정을 받아야 한다. *〈개정 2019. 12. 3.〉*

1. 보건복지부장관이 지정하는 응급구조사 양성기관에서 대통령령으로 정하는 양성과정을 마친 사람
2. 보건복지부장관이 정하여 고시하는 기준에 해당하는 외국의 응급구조사 자격인정을 받은 사람

④ 보건복지부장관은 제2항과 제3항에 따른 응급구조사시험의 실시에 관한 업무를 대통령령으로 정하는 바에 따라 「한국보건의료인국가시험원법」에 따른 한국보건의료인국가시험원에 위탁할 수 있다. *〈개정 2015. 6. 22.〉*

⑤ 1급 응급구조사 및 2급 응급구조사의 시험과목, 시험방법 및 자격인정에 관하여 필요한 사항은 보건복지부령으로 정한다.

[전문개정 2011. 8. 4.]

제36조(응급구조사의 자격) ① 응급구조사는 업무의 범위에 따라 1급 응급구조사와 2급 응급구조사로 구분한다.

② 1급 응급구조사가 되려는 사람은 다음 각 호의 어느 하나에 해당하는 사람으로서 보건복지부장관이 실시하는 시험에 합격한 후 보건복지부장관의 자격인정을 받아야 한다. 〈개정 2019. 12. 3., 2024. 1. 30.〉

   1. 제36조의4제1항에 따라 지정받은 대학 또는 전문대학에서 응급구조학을 전공하고 졸업한 사람

   2. 보건복지부장관이 정하여 고시하는 기준에 해당하는 외국의 응급구조사 자격인정을 받은 사람

   3. 2급 응급구조사로서 응급구조사의 업무에 3년 이상 종사한 사람

③ 2급 응급구조사가 되려는 사람은 다음 각 호의 어느 하나에 해당하는 사람으로서 보건복지부장관이 실시하는 시험에 합격한 후 보건복지부장관의 자격인정을 받아야 한다. 〈개정 2019. 12. 3., 2024. 1. 30.〉

   1. 제36조의4제2항에 따라 지정받은 양성기관에서 대통령령으로 정하는 양성과정을 마친 사람

   2. 보건복지부장관이 정하여 고시하는 기준에 해당하는 외국의 응급구조사 자격인정을 받은 사람

④ 보건복지부장관은 제2항과 제3항에 따른 응급구조사시험의 실시에 관한 업무를 대통령령으로 정하는 바에 따라 「한국보건의료인국가시험원법」에 따른 한국보건의료인국가시험원에 위탁할 수 있다. 〈개정 2015. 6. 22.〉

⑤ 1급 응급구조사 및 2급 응급구조사의 시험과목, 시험방법 및 자격인정에 관하여 필요한 사항은 보건복지부령으로 정한다.

[전문개정 2011. 8. 4.]
[시행일: 2026. 1. 31.] 제36조제2항제1호, 제36조제3항제1호

제36조의2(응급구조사 자격증의 교부 등) ① 보건복지부장관은 제36조제2항 또는 제3항에 따른 응급구조사시험에 합격한 사람에게 응급구조사 자격증을 교부하여야 한다. 다만, 자격증 교부 신청일 기준으로 제37조에 따른 결격사유에 해당하는 사람에게는 자격증을 교부해서는 아니 된다. 〈개정 2019. 12. 3.〉

② 제1항에 따라 응급구조사 자격증을 교부받은 사람은 응급구조사 자격증의 분실 또는 훼손으로 사용할 수 없게 된 경우에는 보건복지부장관에게 재교부 신청을 할 수 있다.

③ 응급구조사는 다른 사람에게 자기의 성명을 사용하여 제41조에 따른 응급구조사의 업무를 수행하게 하여서는 아니 된다. 〈개정 2020. 4. 7.〉

④ 제1항 및 제2항에 따른 응급구조사 자격증의 교부·재교부 및 관리에 필요한 사항은 보건복지부령으로 정한다.

⑤ 제1항에 따라 자격증을 교부받은 사람은 다른 사람에게 그 자격증을 빌려주어서는 아니 되고, 누구든지 그 자격증을 빌려서는 아니 된다. 〈신설 2020. 4. 7.〉

⑥ 누구든지 제5항에 따라 금지된 행위를 알선하여서는 아니 된다. 〈신설 2020. 4. 7.〉

[본조신설 2016. 5. 29.]

제36조의3(응급구조사 실태 등의 신고) ① 응급구조사는 대통령령으로 정하는 바에 따라 최초로 자격을 받은 후부터 3년마다 그 실태와 취업상황을 보건복지부장관에게 신고하여야 한다.

② 보건복지부장관은 제43조의 보수교육을 받지 아니한 응급구조사에 대하여 제1항에 따른 신고를 반려할 수 있다.

③ 보건복지부장관은 제1항에 따른 신고 수리 업무를 대통령령으로 정하는 바에 따라 관련 기관 등에 위탁할 수 있다.

[본조신설 2016. 5. 29.]

제36조의4(응급구조사 양성대학 등 지정) ① 보건복지부장관은 1급 응급구조사의 적절한 수급 및 양성을 위하여 응급구조학과를 개설한 대학 또는 전문대학을 1급 응급구조사 양성대학으로 지정할 수 있다.

② 보건복지부장관은 2급 응급구조사의 적절한 수급 및 양성을 위하여 관련 양성과정을 개설한 기관을 2급 응급구조사 양성기관으로 지정할 수 있다.

③ 보건복지부장관은 1급 응급구조사 양성대학 또는 2급 응급구조사 양성기관(이하 "응급구조사 양성대학 등"이라 한다)을 지정한 때에는 보건복지부령으로 정하는 바에 따라 지정서를 발급하고 그 사실을 관보 또는 보건복지부 인터넷홈페이지에 공고하여야 한다.

④ 보건복지부장관은 응급구조사 양성대학등이 다음 각 호의 어느 하나에 해당하는 경우에는 제1항 또는 제2항에 따른 지정을 취소할 수 있다. 다만, 제1호에 해당하는 경우에는 지정을 취소하여야 한다.
1. 거짓 또는 부정한 방법으로 지정을 받은 경우
2. 지정기준에 적합하지 아니하거나 지정목적에 충실하게 운영되지 못한 경우

⑤ 보건복지부장관은 응급구조사 양성대학등의 지정 관련 업무를 대통령령으로 정하는 바에 따라 관련 전문기관 또는 단체에 위탁할 수 있다.

⑥ 제1항 및 제2항에 따른 응급구조사 양성대학등의 지정에 필요한 기준, 교육인력, 과목 등에 관한 사항은 대통령령으로 정한다.

⑦ 제1항, 제2항 및 제4항에 따른 응급구조사 양성대학등의 지정 및 지정 취소의 절차, 방법 등에 필요한 사항은 보건복지부령으로 정한다.

[본조신설 2024. 1. 30.] [시행일: 2026. 1. 31.] 제36조의4

제37조(결격사유) 다음 각 호의 어느 하나에 해당하는 사람은 응급구조사가 될 수 없다. 〈개정 2007. 10. 17., 2007. 12. 14., 2011. 8. 4., 2015. 1. 28., 2018. 12. 11., 2020. 4. 7.〉
1. 「정신건강증진 및 정신질환자 복지서비스 지원에 관한 법률」 제3조제1호에 따른 정신질환자. 다만, 전문의가 응급구조사로서 적합하다고 인정하는 사람은 그러하지 아니하다.
2. 마약·대마 또는 향정신성의약품 중독자
3. 피성년후견인·피한정후견인
4. 다음 각 목의 어느 하나에 해당하는 법률을 위반하여 금고 이상의 실형을 선고받고 그 집행이 끝나지 아니하거나 면제되지 아니한 사람
  가. 이 법
  나. 「형법」 제233조, 제234조, 제268조(의료과실만 해당한다), 제269조, 제270조제1항부터 제3항까지, 제317조제1항
  다. 「보건범죄 단속에 관한 특별조치법」, 「지역보건법」, 「국민건강증진법」, 「후천성면역결핍증 예방법」, 「의료법」, 「의료기사 등에 관한 법률」, 「시체 해부 및 보존 등에 관한 법률」, 「혈액관리법」, 「마약류 관리에 관한 법률」, 「모자보건법」, 「국민건강보험법」

[제목개정 2011. 8. 4.]

제38조(부정행위에 대한 제재) ① 부정한 방법으로 응급구조사시험에 응시한 사람 또는 응급구조사시험에서 부정행위를 한 사람에 대하여는 그 수험을 정지시키거나 합격을 무효로 한다.

② 보건복지부장관은 제1항에 따라 수험이 정지되거나 합격이 무효로 된 사람에 대하여 처분의 사유와 위반 정도 등을 고려하여 대통령령으로 정하는 바에 따라 그 다음에 치러지는 응급구조사시험 응시를 3회의 범위에서 제한할 수 있다. 〈개정 2020. 12. 29.〉

[전문개정 2011. 8. 4.]

제39조(응급구조사의 준수 사항) 응급구조사는 응급환자의 안전을 위하여 그 업무를 수행할 때 응급처치에 필요한 의료장비, 무선통신장비 및 구급의약품의 관리·운용과 응급구조사의 복장·표시 등 응급환자 이송·처치에 필요한 사항에 대하여 보건복지부령으로 정하는 사항을 지켜야 한다.

[전문개정 2011. 8. 4.]

제40조(비밀 준수 의무) 응급구조사는 직무상 알게 된 비밀을 누설하거나 공개하여서는 아니 된다.

[전문개정 2011. 8. 4.]

제41조(응급구조사의 업무) ① 응급구조사는 응급환자가 발생한 현장에서 응급환자에 대하여 상담·구조 및 이송 업무를 수행하며, 「의료법」 제27조의 무면허 의료행위 금지 규정에도 불구하고 보건복지부령으로 정하는 범위에서 현장에 있거나 이송 중이거나 의료기관 안에 있을 때에는 응급처치의 업무에 종사할 수 있다. 〈개정 2019. 12. 3.〉

② 보건복지부장관은 5년마다 제1항에 따른 응급구조사 업무범위의 적절성에 대한 조사를 실시하고, 중앙 위원회의 심의를 거쳐 응급구조사 업무범위 조정을 위하여 필요한 조치를 할 수 있다.〈신설 2019. 12. 3.〉

[전문개정 2011. 8. 4.]

제41조의2(응급구조사 업무지침의 개발 및 보급) ① 보건복지부장관은 응급구조사 업무의 체계적·전문적 관리를 위하여 보건복지부령으로 정하는 절차·내용·방법에 따라 응급구조사 업무지침을 작성하여 보급하여야 한다.

② 보건복지부장관은 제41조제2항에 따라 응급구조사의 업무범위를 조정한 경우에는 제1항에 따른 업무 지침에 이를 반영하여야 한다.〈신설 2019. 12. 3.〉

③ 응급구조사는 제41조에 따른 업무를 수행할 때 제1항에 따른 업무지침을 활용하여야 한다.〈개정 2019. 12. 3.〉

[본조신설 2012. 5. 14.]

제42조(업무의 제한) 응급구조사는 의사로부터 구체적인 지시를 받지 아니하고는 제41조에 따른 응급처치를 하여서는 아니 된다. 다만, 보건복지부령으로 정하는 응급처치를 하는 경우와 급박한 상황에서 통신의 불능(不能) 등으로 의사의 지시를 받을 수 없는 경우에는 그러하지 아니하다.

[전문개정 2011. 8. 4.]

제43조(응급구조사의 보수교육 등) ① 보건복지부장관은 응급구조사의 자질향상을 위하여 필요한 보수교육을 매년 실시하여야 한다.

② 보건복지부장관은 제1항에 따른 보수교육에 관한 업무를 보건복지부령으로 정하는 관계 기관 또는 단체에 위탁할 수 있다.

③ 보건복지부장관은 제2항에 따라 보수교육에 관한 업무를 위탁하는 경우 보수교육의 실효성을 확보하기 위한 평가 및 점검을 매년 1회 이상 정기적으로 실시하여야 한다.

④ 제1항에 따른 보수교육의 내용·대상과 제3항에 따른 평가 및 점검에 필요한 사항은 보건복지부령으로 정한다.

[전문개정 2012. 5. 14.]

제43조의2(응급구조학을 전공하는 학생의 응급처치 허용) 대학 또는 전문대학에서 응급구조학을 전공하는 학생은 보건복지부령으로 정하는 경우에 한하여 의사로부터 구체적인 지시를 받아 응급처치를 할 수 있다. 이 경우 제39조부터 제41조까지 및 제41조의2에 따른 응급구조사에 관한 규정을 준용한다.

[본조신설 2012. 5. 14.]

제8장 응급환자 이송 등 〈개정 2011. 8. 4.〉

제44조(구급차등의 운용자) ① 다음 각 호의 어느 하나에 해당하는 자 외에는 구급차등을 운용할 수 없다.

1. 국가 또는 지방자치단체
2. 「의료법」 제3조에 따른 의료기관
3. 다른 법령에 따라 구급차등을 둘 수 있는 자

4. 이 법에 따라 응급환자이송업(이하 "이송업"이라 한다)의 허가를 받은 자

5. 응급환자의 이송을 목적사업으로 하여 보건복지부장관의 설립허가를 받은 비영리법인

② 의료기관은 구급차등의 운용을 제1항제4호에 따른 이송업의 허가를 받은 자(이하 "이송업자"라 한다) 또는 제1항제5호에 따른 비영리법인에 위탁할 수 있다.

③ 제2항에 따라 구급차등의 운용을 위탁한 의료기관과 그 위탁을 받은 자는 보건복지부령으로 정하는 구급차등의 위탁에 대한 기준 및 절차를 지켜야 한다.

[전문개정 2011. 8. 4.]

제44조의2(구급차등의 운용신고 등) ① 제44조제1항제1호의 국가 또는 지방자치단체가 구급차등을 운용하고자 할 때에는 해당 구급차등을 관계 법령에 따라 등록한 후 지체 없이 보건복지부령으로 정하는 바에 따라 시장·군수·구청장에게 통보하여야 한다. 그 통보 후 보건복지부령으로 정하는 중요 사항을 변경할 때에도 같다.

② 제44조제1항제2호부터 제5호까지에 해당하는 자가 구급차등을 운용하고자 할 때에는 해당 구급차등을 관계 법령에 따라 등록한 후 지체 없이 보건복지부령으로 정하는 바에 따라 시장·군수·구청장에게 신고하여야 한다. 그 신고 후 보건복지부령으로 정하는 중요 사항을 변경할 때에도 같다.⟨개정 2016. 12. 2.⟩

③ 시장·군수·구청장은 제2항에 따른 신고를 받은 경우 그 내용을 검토하여 이 법에 적합하면 신고를 수리하여야 한다.⟨신설 2020. 12. 29.⟩

[본조신설 2013. 6. 4.]

제44조의3(구급차등의 말소신고 등) ① 제44조제1항제1호의 구급차등 운용자는 구급차등이 다음 각 호의 어느 하나에 해당하는 경우에는 보건복지부령으로 정하는 바에 따라 시장·군수·구청장에게 구급차등의 말소 통보를 하여야 한다.

1. 「자동차관리법」 제13조, 「항공안전법」 제15조 등 관계 법령에 따라 구급차등의 등록이 말소된 경우
2. 제46조의2에 따른 운행연한 또는 운행거리가 초과된 경우

② 제44조제1항제2호부터 제5호까지의 구급차등 운용자는 구급차등이 제1항 각 호의 어느 하나에 해당하는 경우에는 보건복지부령으로 정하는 바에 따라 시장·군수·구청장에게 구급차등의 말소 신고를 하여야 한다.

③ 시장·군수·구청장은 제1항 및 제2항에 따라 말소 통보 또는 신고를 하여야 하는 자가 말소 통보 또는 신고를 하지 아니할 경우 직권으로 말소할 수 있다.

[본조신설 2016. 12. 2.]

제44조의4(구급차등의 운용자의 명의이용 금지) 제44조제1항제2호부터 제5호까지의 구급차등 운용자는 자기 명의로 다른 사람에게 구급차등을 운용하게 할 수 없다.

[본조신설 2021. 3. 23.]

제45조(다른 용도에의 사용 금지) ① 구급차등은 다음 각 호의 용도 외에는 사용할 수 없다.

1. 응급환자 이송
2. 응급의료를 위한 혈액, 진단용 검사대상물 및 진료용 장비 등의 운반
3. 응급의료를 위한 응급의료종사자의 운송
4. 사고 등으로 현장에서 사망하거나 진료를 받다가 사망한 사람을 의료기관 등에 이송
5. 그 밖에 보건복지부령으로 정하는 용도

② 시·도지사 또는 시장·군수·구청장은 제1항 또는 제44조의2제2항을 위반한 구급차등의 운용자에 대하여는 그 운용의 정지를 명하거나 구급차등의 등록기관의 장에게 해당 구급차등의 말소등록을 요청할 수 있다. 이 경우 말소등록을 요청받은 등록기관의 장은 해당 구급차등에 대한 등록을 말소하여야 한다.⟨개정 2013. 6. 4.⟩

③ 시·도지사 또는 시장·군수·구청장은 관할 구역에서 운용되는 구급차의 제1항에 따른 용도 외의 사용 여부를 확인하기 위하여 필요한 경우 시·도경찰청장 또는 경찰서장에게 구급차의 교통법규 위반사항 확인을 요청할 수 있다. 이 경우 요청을 받은 시·도경찰청장 또는 경찰서장은 정당한 사유가 없으면 이에 따라야 한다.〈신설 2017. 4. 18., 2020. 12. 22.〉

[전문개정 2011. 8. 4.]

제46조(구급차등의 기준) ① 구급차등은 환자이송 및 응급의료를 하는 데에 적합하게 설계·제작되어야 한다.
② 구급차의 형태, 표시, 내부장치 등에 관한 기준은 보건복지부와 국토교통부의 공동부령으로 정한다.〈개정 2013. 3. 23., 2015. 1. 28., 2016. 12. 2.〉

[전문개정 2011. 8. 4.]

제46조의2(구급차 운행연한) ① 구급차는 보건복지부와 국토교통부의 공동부령으로 정하는 운행연한 및 운행거리를 초과하여 운행하지 못한다. 다만, 시장·군수·구청장은 관할 구역 내 구급차의 운행여건 등을 고려하여 보건복지부와 국토교통부의 공동부령으로 정하는 안전성 요건이 충족되는 경우에는 2년의 범위에서 운행연한을 연장할 수 있다.
② 시장·군수·구청장은 구급차의 제작·조립이 중단되거나 출고가 지연되는 등 부득이한 사유로 구급차의 수급이 현저히 곤란하다고 인정되는 때에는 보건복지부와 국토교통부의 공동부령으로 정하는 안전성 요건이 충족되는 경우 6개월의 범위에서 제1항에 따른 운행연한을 초과하여 운행하게 할 수 있다.

[본조신설 2016. 12. 2.]

제46조의3(응급의료 전용헬기) ① 보건복지부장관 또는 시·도지사는 응급의료 취약지역 응급환자의 신속한 이송 및 응급처치 등을 위하여 응급환자 항공이송을 전담하는 헬리콥터(이하 "응급의료 전용헬기"라 한다)를 운용할 수 있다.
② 보건복지부장관 또는 시·도지사는 응급의료 전용헬기의 환자인계점에 누구든지 쉽게 인식할 수 있도록 해당 인계점이 응급환자 이송을 위하여 사용된다는 사실과 환자인계점에서 제한되는 행위 등을 알리는 안내표지를 설치할 수 있다.〈신설 2018. 12. 11.〉
③ 응급의료 전용헬기의 장비·의약품·환자인계점 관리 등에 필요한 사항은 보건복지부령으로 정한다.〈개정 2018. 12. 11.〉

[본조신설 2016. 12. 2.]

제47조(구급차등의 장비) ① 구급차등에는 응급환자에게 응급처치를 할 수 있도록 의료장비 및 구급의약품 등을 갖추어야 하며, 구급차등이 속한 기관·의료기관 및 응급의료지원센터와 통화할 수 있는 통신장비를 갖추어야 한다. 이 경우 구급의약품의 적정상태를 유지하기 위하여 필요한 조치를 시행하여야 한다.〈개정 2015. 1. 28., 2021. 3. 23.〉
② 구급차에는 응급환자의 이송 상황과 이송 중 응급처치의 내용을 파악하기 위하여 보건복지부령으로 정하는 기준에 적합한 다음 각 호의 장비를 장착하여야 한다. 이 경우 보건복지부령으로 정하는 바에 따라 장비 장착에 따른 정보를 수집·보관하여야 하며, 보건복지부장관이 해당 정보의 제출을 요구하는 때에는 이에 따라야 한다.〈신설 2015. 1. 28., 2023. 3. 14.〉
  1. 구급차 운행기록장치 및 영상기록장치(차량 속도, 위치정보 등 구급차의 운행과 관련된 정보를 저장하고 충돌 등 사고발생 시 사고 상황을 영상 등으로 저장하는 기능을 갖춘 장치를 말한다)
  2. 구급차 요금미터장치(거리를 측정하여 이를 금액으로 표시하는 장치를 말하며, 보건복지부령으로 정하는 구급차에 한정한다)
  3. 「개인정보 보호법」 제2조제7호에 따른 고정형 영상정보처리기기
③ 제1항에 따라 갖추어야 하는 의료장비·구급의약품 및 통신장비 등의 관리와 필요한 조치, 구급차등의 관리 및 제2항에 따른 장비의 장착·관리 등에 필요한 사항은 보건복지부령으로 정한다.〈개정 2015. 1.

28., 2021. 3. 23.〉

④ 제2항제3호에 따른 장비는 보건복지부령으로 정하는 구급차 이용자 등의 동의 절차를 거쳐 개인영상 정보를 수집하도록 하고, 이 법에서 정한 것 외에 고정형 영상정보처리기기의 설치 등에 관한 사항은 「개인정보 보호법」에 따른다.〈신설 2015. 1. 28., 2023. 3. 14.〉

[전문개정 2011. 8. 4.]

제47조의2(심폐소생을 위한 응급장비의 구비 등의 의무) ① 다음 각 호의 어느 하나에 해당하는 시설 등의 소유자·점유자 또는 관리자는 자동심장충격기 등 심폐소생술을 할 수 있는 응급장비를 갖추어야 한다. 〈개정 2009. 6. 9., 2011. 3. 8., 2011. 8. 4., 2012. 2. 1., 2016. 3. 29., 2016. 5. 29., 2018. 12. 11., 2019. 12. 3., 2021. 12. 21., 2023. 8. 16.〉

1. 「공공보건의료에 관한 법률」 제2조제3호에 따른 공공보건의료기관
2. 「119구조·구급에 관한 법률」제10조에 따른 구급대와 「의료법」 제3조에 따른 의료기관에서 운용 중인 구급차
3. 「항공안전법」 제2조제1호에 따른 항공기 중 항공운송사업에 사용되는 여객 항공기 및 「공항시설법」 제2조제3호에 따른 공항
4. 「철도산업발전 기본법」 제3조제4호에 따른 철도차량 중 객차
5. 「선박법」 제1조의2제1항제1호 및 제2호에 따른 선박 중 총톤수 20톤 이상인 선박
6. 대통령령으로 정하는 규모 이상의 「건축법」 제2조제2항제2호에 따른 공동주택
6의2. 「산업안전보건법」 제18조에 따라 보건관리자를 두어야 하는 사업장 중 상시근로자가 300명 이상인 사업장
6의3. 「관광진흥법」 제52조에 따라 지정된 관광지 및 관광단지 중 실제 운영 중인 관광지 및 관광단지에 소재하는 대통령령으로 정하는 시설
7. 그 밖에 대통령령으로 정하는 다중이용시설

② 제1항에 따라 자동심장충격기 등 심폐소생술을 할 수 있는 응급장비를 갖춘 경우 해당 시설 등의 소유자·점유자 또는 관리자는 그 사실을 보건복지부령으로 정하는 바에 따라 시장·군수·구청장에게 신고하여야 한다. 신고한 응급장비의 양도·폐기·이전 등 보건복지부령으로 정하는 중요 사항을 변경하려는 경우에도 또한 같다.〈신설 2016. 12. 2.〉

③ 제1항에 따라 응급장비를 설치한 자는 해당 응급장비를 매월 1회 이상 점검하고 그 결과를 관할 시장·군수·구청장에게 통보하여야 한다.〈신설 2012. 5. 14., 2016. 12. 2., 2021. 12. 21.〉

④ 제1항에 따라 자동심장충격기 등 심폐소생술을 할 수 있는 응급장비를 설치한 자는 해당 시설 등의 출입구 또는 여러 사람이 보기 쉬운 곳에 사용에 관한 안내표지판을 부착하여야 한다.〈신설 2021. 12. 21.〉

⑤ 제1항에 따라 갖추어야 하는 응급장비의 관리 등에 필요한 사항은 보건복지부령으로 정한다.〈개정 2012. 5. 14., 2016. 12. 2., 2021. 12. 21.〉

[본조신설 2007. 12. 14.] [제목개정 2012. 5. 14.]

제47조의3(여객항공기 등에서의 응급장비 및 응급처치 의약품의 구비) ① 제47조의2제1항제3호부터 제5호까지의 시설 등을 관장하는 중앙행정기관의 장은 해당 시설 등의 소유자·점유자 또는 관리자가 응급장비 및 응급처치 의약품을 구비하도록 노력하여야 한다.

② 보건복지부장관은 제1항의 응급장비 및 응급처치 의약품 구비에 대한 기준을 마련하여 제시할 수 있으며, 해당 중앙행정기관의 장에게 이를 권고할 수 있다. 다만, 국제협약 등을 준수하기 위하여 다른 법령에서 특별히 정하는 사항이 있는 경우에는 그 법령에서 정하는 바에 따른다.

[본조신설 2023. 8. 8.]

제48조(응급구조사 등의 탑승의무) 구급차등의 운용자는 구급차등이 출동할 때에는 보건복지부령으로 정하

는 바에 따라 응급구조사를 탑승시켜야 한다. 다만, 의사나 간호사가 탑승한 경우는 제외한다.

[전문개정 2011. 8. 4.]

제48조의2(수용능력 확인 등) ① 응급환자 등을 이송하는 자(구급차등의 운전자와 제48조에 따라 구급차등에 동승하는 응급구조사, 의사 또는 간호사를 말한다)는 특별한 사유가 없는 한 보건복지부령으로 정하는 방법에 따라 이송하고자 하는 응급의료기관의 응급환자 수용 능력을 확인하고 응급환자의 상태와 이송 중 응급처치의 내용 등을 미리 통보하여야 한다. 〈개정 2017. 10. 24.〉

② 응급의료기관의 장은 제1항에 따른 응급환자 수용능력 확인을 요청받은 경우 정당한 사유 없이 응급의료를 거부 또는 기피할 수 없으며 응급환자를 수용할 수 없는 경우에는 제2조제7호의 응급의료기관등에 지체 없이 관련 내용을 통보하여야 한다.〈개정 2015. 1. 28., 2021. 12. 21.〉

③ 제1항 및 제2항과 관련된 구체적인 기준, 방법, 절차 등 필요한 사항은 보건복지부령으로 정한다.〈신설 2021. 12. 21.〉

[본조신설 2011. 8. 4.]

제49조(출동 및 처치 기록 등) ① 응급구조사가 출동한 때에는 보건복지부령으로 정하는 바에 따라 지체 없이 출동 사항, 제31조의4에 따른 응급환자의 중증도 분류 결과, 처치 내용 등을 기록하고 이를 소속 구급차등의 운용자와 해당 응급환자의 진료의사에게 제출하여야 한다. 다만, 응급구조사를 갈음하여 의사나 간호사가 탑승한 경우에는 탑승한 의사(간호사만 탑승한 경우에는 탑승 간호사)가 출동 및 처치 기록과 관련한 응급구조사의 임무를 수행하여야 한다. 〈개정 2016. 12. 2., 2021. 12. 21.〉

② 구급차등의 운용자는 구급차등의 운행과 관련하여 보건복지부령으로 정하는 바에 따라 운행기록대장을 작성하여야 한다.〈신설 2016. 12. 2.〉

③ 제1항에 따른 기록을 제출받은 구급차등의 운용자는 그 기록을 보건복지부령으로 정하는 바에 따라 그 소재지를 관할하는 응급의료지원센터에 제출하여야 한다.〈개정 2015. 1. 28., 2016. 12. 2.〉

④ 구급차등의 운용자는 제1항에 따라 제출받은 기록 및 제2항에 따라 작성한 운행기록대장을, 응급환자의 진료의사가 소속된 의료기관의 장은 제1항에 따라 제출받은 기록을 각각 보건복지부령으로 정하는 기간 동안 보존하여야 한다.〈신설 2016. 12. 2.〉

⑤ 출동 및 처치 기록의 내용 및 방법 등에 관하여 필요한 사항은 보건복지부령으로 정한다.〈개정 2016. 12. 2.〉

[전문개정 2011. 8. 4.] [제목개정 2016. 12. 2.]

제50조(지도·감독) ① 시·도지사 또는 시장·군수·구청장은 관할 구역에서 운용되는 구급차등에 대하여 매년 한 번 이상 구급차등의 운용상황과 실태를 점검하여 그 결과에 따라 시정명령·정지명령 등 필요한 조치를 할 수 있다. 〈개정 2017. 10. 24.〉

② 시·도지사 또는 시장·군수·구청장은 관할 구역 내에 있는 제47조의2제1항 각 호의 시설 등에 대하여 매년 한 번 이상 자동심장충격기 등 심폐소생술을 할 수 있는 응급장비의 구비현황과 관리실태를 점검하여야 하며, 그 결과에 따라 시정명령 등 필요한 조치를 할 수 있다.〈신설 2017. 10. 24.〉

[전문개정 2011. 8. 4.]

제51조(이송업의 허가 등) ① 이송업을 하려는 자는 보건복지부와 국토교통부의 공동부령으로 정하는 시설 등을 갖추어 관할 시·도지사의 허가를 받아야 한다. 이 경우 둘 이상의 시·도에서 영업을 하려는 경우에는 해당 시·도별로 시·도지사의 허가를 받아야 한다. 〈개정 2013. 3. 23.〉

② 시·도지사는 제1항에 따라 허가를 하는 경우에는 시설의 규모 등을 고려하여 영업지역을 제한하여 허가할 수 있다.

③ 이송업자가 대통령령으로 정하는 중요한 사항을 변경하려는 경우에는 관할 시·도지사의 변경허가를 받아야 한다.

④ 시·도지사는 제3항에 따른 변경허가의 신청을 받은 날부터 15일 이내에 변경허가 여부를 신청인에게 통지하여야 한다.⟨신설 2018. 12. 11.⟩

⑤ 시·도지사는 제4항에서 정한 기간 내에 변경허가 여부 또는 민원 처리 관련 법령에 따른 처리기간의 연장 여부를 신청인에게 통지하지 아니하면 그 기간(민원 처리 관련 법령에 따라 처리기간이 연장 또는 재연장된 경우에는 해당 처리기간을 말한다)이 끝난 날의 다음 날에 변경허가를 한 것으로 본다.⟨신설 2018. 12. 11.⟩

⑥ 이송업자가 제3항의 사항 외에 대통령령으로 정하는 사항을 변경하려는 경우에는 관할 시·도지사에게 신고하여야 한다. 이 경우 관할 시·도지사는 그 내용을 검토하여 이 법에 적합하면 신고를 수리하여야 한다.⟨개정 2018. 12. 11., 2020. 12. 29.⟩

⑦ 이송업자는 제1항에 따른 시설 등의 기준을 지켜야 한다.⟨개정 2018. 12. 11.⟩

[전문개정 2011. 8. 4.]

제52조(지도의사) ① 구급차등의 운용자(제44조제1항제2호에 따른 의료기관을 제외한다. 이하 이 조에서 같다)는 응급환자를 이송하기 위하여 구급차등을 사용하는 경우 상담·구조·이송 및 응급처치를 지도받기 위하여 지도의사(指導醫師)를 두거나 응급의료지원센터 또는 응급의료기관의 의사를 지도의사로 위촉하여야 한다. ⟨개정 2015. 1. 28.⟩

② 구급차등의 운용자에 따른 지도의사의 수(數)와 업무 및 선임(選任) 등에 관하여 필요한 사항은 보건복지부령으로 정한다.

[전문개정 2011. 8. 4.]

제53조(휴업 등의 신고) 이송업자는 이송업의 전부 또는 일부를 휴업·폐업 또는 재개업하려는 경우에는 보건복지부령으로 정하는 바에 따라 관할 시·도지사에게 신고하여야 한다.

[전문개정 2011. 8. 4.]

제54조(영업의 승계) ① 다음 각 호의 어느 하나에 해당하는 자는 이송업자의 지위를 승계한다.

1. 이송업자가 사망한 경우 그 상속인
2. 이송업자가 그 사업을 양도한 경우 그 양수인
3. 법인인 이송업자가 합병한 경우 합병 후 존속하는 법인이나 합병으로 설립되는 법인

② 다음 각 호의 어느 하나에 해당하는 절차에 따라 영업시설의 전부를 인수한 자는 그 이송업자의 지위를 승계한다.⟨개정 2016. 12. 27.⟩

1. 「민사집행법」에 따른 강제경매
2. 「채무자 회생 및 파산에 관한 법률」에 따른 환가(換價)
3. 「국세징수법」, 「관세법」 또는 「지방세징수법」에 따른 압류재산의 매각
4. 그 밖에 제1호부터 제3호까지의 규정에 준하는 절차

③ 제1항이나 제2항에 따라 이송업자의 지위를 승계한 자는 60일 이내에 보건복지부령으로 정하는 바에 따라 관할 시·도지사에게 신고하여야 한다.

[전문개정 2011. 8. 4.]

제54조의2(유인·알선 등 금지) 제44조제1항에 따른 구급차등의 운용자는 영리를 목적으로 응급환자를 특정 의료기관 또는 의료인에게 이송 또는 소개·알선하거나 그 밖에 유인하거나 사주하는 행위를 하여서는 아니 된다.

[전문개정 2011. 8. 4.]

제54조의3(대규모 행사에서의 응급의료 인력 등 확보 의무) 대통령령으로 정하는 대규모 행사를 개최하려는 자는 응급환자의 발생 시 신속하고 적절한 응급의료를 제공하기 위하여 보건복지부령으로 정하는 바에 따

라 응급의료 인력 및 응급이송수단 등을 확보하여야 한다.

[본조신설 2020. 12. 29.]

제9장 보칙 〈개정 2011. 8. 4.〉

제55조(응급의료종사자의 면허·자격 정지 등) ① 보건복지부장관은 응급의료종사자가 다음 각 호의 어느 하나에 해당하는 경우에는 그 면허 또는 자격을 취소하거나 6개월 이내의 기간을 정하여 그 면허 또는 자격을 정지시킬 수 있다. 〈개정 2016. 5. 29., 2020. 4. 7.〉

1. 제6조제2항, 제8조, 제18조제2항, 제39조, 제40조 또는 제49조제1항을 위반한 경우
2. 제24조제1항에 따른 이송처치료를 과다하게 징수하거나 같은 조 제2항을 위반하여 이송처치료 외에 별도의 비용을 징수한 때
3. 제32조제2항을 위반하여 응급환자에게 중대한 불이익을 끼친 경우
3의2. 제36조의2제3항 또는 제5항을 위반하여 다른 사람에게 자기의 성명을 사용하여 제41조에 따른 응급구조사의 업무를 수행하게 하거나 응급구조사 자격증을 다른 사람에게 빌려준 경우
4. 제37조의 결격사유에 해당하게 된 경우
5. 제42조를 위반하여 의사로부터 구체적인 지시를 받지 아니하고 응급처치를 한 경우
6. 제43조제1항에 따른 보수교육을 받지 아니한 경우
7. 그 밖에 이 법 또는 이 법에 따른 명령을 위반한 경우

② 보건복지부장관은 응급구조사가 제36조의3에 따른 신고를 하지 아니한 때에는 신고할 때까지 그 자격을 정지시킬 수 있다. 〈신설 2016. 12. 2.〉

③ 보건복지부장관, 시·도지사 또는 시장·군수·구청장은 의료기관이나 이송업자 또는 구급차등을 운용하는 자가 다음 각 호의 어느 하나에 해당하는 경우에는 의료기관 등의 개설 또는 영업에 관한 허가를 취소(신고대상인 경우에는 폐쇄를 말한다. 이하 제4항에서 같다)하거나 6개월 이내의 기간을 정하여 그 업무의 정지를 명할 수 있다. 〈개정 2015. 1. 28., 2016. 12. 2., 2017. 10. 24., 2020. 12. 29., 2021. 3. 23.〉

1. 제18조제2항, 제28조제3항, 제32조제1항, 제33조제1항, 제35조의2제1항, 제44조제3항, 제44조의2제2항, 제44조의4, 제45조제1항, 제46조의2, 제47조제1항·제2항, 제48조, 제49조제3항·제4항, 제51조제3항부터 제5항까지, 제52조제1항, 제53조, 제54조제3항, 제54조의2 또는 제59조를 위반한 경우
2. 제22조제1항에 따른 미수금의 대지급을 부정하게 청구한 경우
3. 제24조제1항에 따른 이송처치료를 과다하게 징수하거나 같은 조 제2항을 위반하여 이송처치료 외에 별도의 비용을 징수한 때
4. 제34조에 따라 당직의료기관으로 지정받은 자가 응급의료를 하지 아니한 경우
5. 제50조제1항에 따른 시정명령·정지명령 등 필요한 조치를 따르지 아니한 경우
6. 그 밖에 이 법 또는 이 법에 따른 명령을 위반한 경우

④ 제3항에 따라 영업허가의 취소처분을 받은 자는 그 처분을 받은 날부터 1년 이내에는 그 업을 개설·운영하지 못한다. 〈개정 2016. 12. 2.〉

⑤ 제1항과 제3항에 따른 행정처분의 세부 사항은 보건복지부령으로 정한다. 〈개정 2016. 12. 2.〉

[전문개정 2011. 8. 4.]

제56조(청문) 보건복지부장관, 시·도지사 또는 시장·군수·구청장은 다음 각 호의 어느 하나에 해당하는 처분을 하려면 청문을 하여야 한다. 〈개정 2013. 6. 4., 2016. 12. 2.〉

1. 제35조제1항에 따른 응급의료기관의 지정의 취소
2. 제55조제1항에 따른 응급의료종사자의 면허 또는 자격의 취소

3. 제55조제3항에 따른 의료기관 등의 개설 또는 영업에 관한 허가의 취소 및 폐쇄 명령

[전문개정 2011. 8. 4.]

제57조(과징금) ① 보건복지부장관, 시ㆍ도지사 또는 시장ㆍ군수ㆍ구청장은 의료기관이나 이송업자 또는 구급차등을 운용하는 자가 제55조제3항 각 호의 어느 하나에 해당하는 경우로서 그 업무의 정지가 국민 보건의료에 커다란 위해를 가져올 우려가 있다고 인정되는 경우에는 업무정지처분을 갈음하여 3억원 이하의 과징금을 부과할 수 있다. 이 경우 과징금의 부과 횟수는 세 번을 초과할 수 없다. ⟨개정 2016. 12. 2., 2018. 12. 11.⟩

② 제1항에 따라 과징금을 부과하는 위반행위의 종류, 위반 정도에 따른 과징금의 금액과 그 밖에 필요한 사항은 대통령령으로 정한다.

③ 제1항에 따른 과징금을 내야 할 자가 납부기한까지 이를 내지 아니하면 보건복지부장관은 국세 체납처분의 예에 따라 징수하고, 시ㆍ도지사 및 시장ㆍ군수ㆍ구청장은 「지방행정제재ㆍ부과금의 징수 등에 관한 법률」에 따라 징수한다. ⟨개정 2013. 8. 6., 2020. 3. 24.⟩

[전문개정 2011. 8. 4.]

제58조(권한의 위임) 이 법에 따른 보건복지부장관의 권한은 그 일부를 대통령령으로 정하는 바에 따라 시ㆍ도지사 또는 시장ㆍ군수ㆍ구청장에게 위임할 수 있다.

[전문개정 2011. 8. 4.]

제59조(유사명칭 사용 금지) ① 이 법에 따른 응급구조사, 구급차, 중앙응급의료센터ㆍ권역응급의료센터ㆍ권역외상센터ㆍ전문응급의료센터ㆍ지역응급의료센터ㆍ지역외상센터ㆍ지역응급의료기관 또는 응급의료지원센터가 아니면 각각의 명칭 또는 이와 유사한 명칭을 사용하지 못한다. ⟨개정 2015. 1. 28., 2016. 12. 2.⟩

② 다음 각 호 외의 의료기관은 응급환자 진료와 관련된 명칭이나 표현을 사용하거나 외부에 표기하여서는 아니 된다. ⟨개정 2020. 12. 29.⟩

　1. 이 법에 따라 지정받은 응급의료기관

　2. 제35조의2제1항에 따라 신고한 의료기관

　3. 종합병원

[전문개정 2011. 8. 4.]

제59조의2(업무 검사와 보고 등) ① 보건복지부장관, 시ㆍ도지사 또는 시장ㆍ군수ㆍ구청장은 응급의료종사자 및 응급의료기관등에 대한 지도ㆍ감독이 필요하다고 인정되는 경우 관계 공무원으로 하여금 그 업무 상황, 시설 또는 진료기록부, 간호기록부, 제49조에 따른 출동 및 처치 기록지, 운행기록대장 등 관계 서류를 검사하게 하거나 관계인에게서 진술을 들어 사실을 확인하게 할 수 있으며, 응급의료종사자 및 응급의료기관등에게 필요한 사항의 보고 또는 관계 서류의 제출을 명할 수 있다. 이 경우 응급의료종사자 및 응급의료기관등은 정당한 사유 없이 이를 거부하지 못한다.

② 제1항의 경우 관계 공무원은 그 권한을 표시하는 증표 및 조사목적, 조사기간, 조사범위, 조사담당자, 관계 법령 등이 기재된 조사명령서를 지니고 이를 관계인에게 보여주어야 한다.

③ 보건복지부장관은 시ㆍ도지사 또는 시장ㆍ군수ㆍ구청장에게 관할 구역 내 응급의료종사자 및 응급의료기관등에 대하여 제1항에 따른 업무 검사와 보고 등을 실시할 것을 요구할 수 있다.

[본조신설 2021. 12. 21.]

제10장 벌칙 ⟨개정 2011. 8. 4.⟩

제60조(벌칙) ① 「의료법」 제3조에 따른 의료기관의 응급실에서 응급의료종사자(「의료기사 등에 관한 법률」 제2조에 따른 의료기사와 「의료법」 제80조에 따른 간호조무사를 포함한다)를 폭행하여 상해에 이르게

한 사람은 10년 이하의 징역 또는 1천만원 이상 1억원 이하의 벌금에 처하고, 중상해에 이르게 한 사람은 3년 이상의 유기징역에 처하며, 사망에 이르게 한 사람은 무기 또는 5년 이상의 징역에 처한다. ⟨신설 2019. 1. 15.⟩

② 다음 각 호의 어느 하나에 해당하는 자는 5년 이하의 징역 또는 5천만원 이하의 벌금에 처한다. ⟨개정 2015. 1. 28., 2019. 1. 15., 2023. 8. 8.⟩

1. 제12조제1항을 위반하여 응급의료를 방해하거나 의료용 시설 등을 파괴·손상 또는 점거한 사람

2. 제36조에 따른 응급구조사의 자격인정을 받지 못하고 응급구조사를 사칭하여 제41조에 따른 응급구조사의 업무를 한 사람

3. 제51조제1항을 위반하여 이송업 허가를 받지 아니하고 이송업을 한 자

③ 다음 각 호의 어느 하나에 해당하는 사람은 3년 이하의 징역 또는 3천만원 이하의 벌금에 처한다. ⟨개정 2015. 1. 28., 2016. 5. 29., 2019. 1. 15., 2020. 4. 7.⟩

1. 제6조제2항을 위반하여 응급의료를 거부 또는 기피한 응급의료종사자

1의2. 제36조의2제3항을 위반하여 다른 사람에게 자기의 성명을 사용하여 제41조에 따른 응급구조사의 업무를 수행하게 한 자

1의3. 제36조의2제5항을 위반하여 다른 사람에게 자격증을 빌려주거나 빌린 자

1의4. 제36조의2제6항을 위반하여 자격증을 빌려주거나 빌리는 것을 알선한 자

2. 제40조의 비밀 준수 의무를 위반한 사람. 다만, 고소가 있어야 공소를 제기할 수 있다.

3. 제42조를 위반하여 의사로부터 구체적인 지시를 받지 아니하고 응급처치를 한 응급구조사

④ 다음 각 호의 어느 하나에 해당하는 자는 1년 이하의 징역 또는 1천만원 이하의 벌금에 처한다. ⟨개정 2015. 1. 28., 2016. 12. 2., 2019. 1. 15., 2021. 3. 23.⟩

1. 제18조제2항을 위반한 응급의료종사자, 의료기관의 장 및 구급차등을 운용하는 자

2. 제44조제1항을 위반하여 구급차등을 운용한 자

3. 제44조의4를 위반하여 자기 명의로 다른 사람에게 구급차등을 운용하게 한 자

4. 제45조제1항을 위반하여 구급차등을 다른 용도에 사용한 자

[전문개정 2011. 8. 4.]

제61조(양벌규정) 법인의 대표자나 법인 또는 개인의 대리인, 사용인, 그 밖의 종업원이 그 법인 또는 개인의 업무에 관하여 제60조의 위반행위를 하면 그 행위자를 벌하는 외에 그 법인 또는 개인에게도 해당 조문의 벌금형을 과(科)한다. 다만, 법인 또는 개인이 그 위반행위를 방지하기 위하여 해당 업무에 관하여 상당한 주의와 감독을 게을리하지 아니한 경우에는 그러하지 아니하다.

[전문개정 2011. 8. 4.]

제62조(과태료) ① 다음 각 호의 어느 하나에 해당하는 자에게는 300만원 이하의 과태료를 부과한다. ⟨개정 2012. 5. 14., 2013. 6. 4., 2016. 5. 29., 2016. 12. 2., 2021. 12. 21.⟩

1. 제31조의2를 위반하여 응급의료기관의 지정기준에 따른 시설·인력·장비 등을 유지·운영하지 아니한 자

1의2. 제31조의5제2항을 위반하여 응급실에 출입하는 보호자 등의 명단을 기록 또는 관리하지 아니한 자

2. 제32조제4항을 위반하여 당직전문의등 또는 당직전문의등과 동등한 자격을 갖춘 것으로 인정되는 자로 하여금 응급환자를 진료하게 하지 아니한 자

3. 제33조를 위반하여 예비병상을 확보하지 아니하거나 응급환자가 아닌 사람에게 예비병상을 사용하게 한 자

3의2. 제47조의2제1항을 위반하여 자동심장충격기 등 심폐소생술을 할 수 있는 응급장비를 갖추지 아니한 자

3의3. 제48조 본문을 위반하여 응급구조사를 탑승시키지 아니한 자

3의4. 제47조의2제2항을 위반하여 자동심장충격기 등 심폐소생술을 할 수 있는 응급장비의 설치 신고 또는 변경 신고를 하지 아니한 자

4. 제39조 또는 제49조제1항부터 제4항까지를 위반하여 준수 사항을 지키지 아니하거나 출동 및 처치 기록 등에 관한 의무를 이행하지 아니한 자

4의2. 제44조의2제2항에 따른 신고를 하지 아니하고 구급차등을 운용한 자

4의3. 제44조의3제1항 및 제2항을 위반하여 말소 통보 또는 신고를 하지 아니한 자

4의4. 제46조의2에 따른 운행연한 또는 운행거리를 초과하여 구급차를 운용한 자

5. 제51조제3항, 제53조 또는 제54조제3항에 따른 변경허가를 받지 아니하거나 신고를 하지 아니한 자

6. 제59조를 위반하여 응급구조사·중앙응급의료센터 등의 명칭 또는 이와 비슷한 명칭을 사용하거나, 응급환자 진료와 관련된 명칭이나 표현을 사용하거나 외부에 표기한 자

7. 제59조의2제1항에 따른 검사 등을 거부·방해 또는 기피하거나, 보고 또는 관계 서류 제출을 하지 아니한 자

② 제1항에 따른 과태료는 대통령령으로 정하는 바에 따라 보건복지부장관, 시·도지사 또는 시장·군수·구청장이 부과·징수한다.〈개정 2018. 12. 11.〉

[전문개정 2011. 8. 4.]

제62조(과태료) ① 다음 각 호의 어느 하나에 해당하는 자에게는 300만원 이하의 과태료를 부과한다. 〈개정 2012. 5. 14., 2013. 6. 4., 2016. 5. 29., 2016. 12. 2., 2021. 12. 21., 2023. 8. 16.〉

1. 제31조의2를 위반하여 응급의료기관의 지정기준에 따른 시설·인력·장비 등을 유지·운영하지 아니한 자

1의2. 제31조의5제2항을 위반하여 응급실에 출입하는 보호자 등의 명단을 기록 또는 관리하지 아니한 자

2. 제32조제4항을 위반하여 당직전문의등 또는 당직전문의등과 동등한 자격을 갖춘 것으로 인정되는 자로 하여금 응급환자를 진료하게 하지 아니한 자

3. 제33조를 위반하여 예비병상을 확보하지 아니하거나 응급환자가 아닌 사람에게 예비병상을 사용하게 한 자

3의2. 제47조의2제1항을 위반하여 자동심장충격기 등 심폐소생술을 할 수 있는 응급장비를 갖추지 아니한 자

3의3. 제48조 본문을 위반하여 응급구조사를 탑승시키지 아니한 자

3의4. 제47조의2제2항을 위반하여 자동심장충격기 등 심폐소생술을 할 수 있는 응급장비의 설치 신고 또는 변경 신고를 하지 아니한 자

3의5. 제47조의2제3항을 위반하여 점검 결과를 통보하지 아니한 자

4. 제39조 또는 제49조제1항부터 제4항까지를 위반하여 준수 사항을 지키지 아니하거나 출동 및 처치 기록 등에 관한 의무를 이행하지 아니한 자

4의2. 제44조의2제2항에 따른 신고를 하지 아니하고 구급차등을 운용한 자

4의3. 제44조의3제1항 및 제2항을 위반하여 말소 통보 또는 신고를 하지 아니한 자

4의4. 제46조의2에 따른 운행연한 또는 운행거리를 초과하여 구급차를 운용한 자

5. 제51조제3항, 제53조 또는 제54조제3항에 따른 변경허가를 받지 아니하거나 신고를 하지 아니한 자

6. 제59조를 위반하여 응급구조사·중앙응급의료센터 등의 명칭 또는 이와 비슷한 명칭을 사용하거나, 응급환자 진료와 관련된 명칭이나 표현을 사용하거나 외부에 표기한 자

제63조(응급처치 및 의료행위에 대한 형의 감면) ① 응급의료종사자자가 응급환자에게 발생한 생명의 위험, 심신상의 중대한 위해 또는 증상의 악화를 방지하기 위하여 긴급히 제공하는 응급의료로 인하여 응급환자가 사상(死傷)에 이른 경우 그 응급의료행위가 불가피하였고 응급의료행위자에게 중대한 과실이 없는 경우에는 정상을 고려하여 「형법」 제268조의 형을 감경(減輕)하거나 면제할 수 있다.

② 제5조의2제1호나목에 따른 응급처치 제공의무를 가진 자가 응급환자에게 발생한 생명의 위험, 심신상의 중대한 위해 또는 증상의 악화를 방지하기 위하여 긴급히 제공하는 응급처치(자동심장충격기를 사용하는 경우를 포함한다)로 인하여 응급환자가 사상에 이른 경우 그 응급처치행위가 불가피하였고 응급처치행위자에게 중대한 과실이 없는 경우에는 정상을 고려하여 형을 감경하거나 면제할 수 있다. 〈개정 2016. 5. 29.〉

[전문개정 2011. 8. 4.]

제64조(「형법」상 감경규정에 관한 특례) 음주로 인한 심신장애 상태에서 제12조제1항을 위반하는 죄를 범한 때에는 「형법」 제10조제1항을 적용하지 아니할 수 있다. 〈개정 2023. 8. 8.〉

[본조신설 2019. 1. 15.]

부칙

〈제19654호,2023. 8. 16.〉

이 법은 공포 후 6개월이 경과한 날부터 시행한다. 다만, 제62조의 개정규정은 공포 후 2년이 경과한 날부터 시행한다.

〈법률 제20170호, 2024. 1. 30.〉

제1조(시행일) 이 법은 공포 후 6개월이 경과한 날부터 시행한다. 다만, 제36조제2항제1호, 같은 조 제3항제1호 및 제36조의4의 개정규정은 공포 후 2년이 경과한 날부터 시행한다.

제2조(1급 응급구조사 시험 응시자격에 관한 적용례 및 경과조치) ① 제36조제2항제1호의 개정규정은 같은 개정규정 시행 이후 최초로 보건복지부장관이 제36조의4제3항의 개정규정에 따라 1급 응급구조사 양성대학의 지정 사실을 관보 또는 보건복지부 인터넷홈페이지에 공고한 이후 대학 또는 전문대학에 입학하는 사람부터 적용한다.

② 제36조의4제3항의 개정규정 시행 이후 최초로 보건복지부장관이 같은 개정규정에 따라 1급 응급구조사 양성대학의 지정 사실을 공고하기 전에 입학한 사람에 대해서는 제36조제2항제1호의 개정규정에도 불구하고 종전의 규정에 따른다.

제3조(2급 응급구조사 양성기관에 관한 경과조치) 제36조의4제2항의 개정규정 시행 당시 종전의 규정에 따라 지정된 응급구조사 양성기관은 같은 개정규정에 따라 2급 응급구조사 양성기관으로 지정받은 것으로 본다.

응급의료에 관한 법률 시행령 (약칭: 응급의료법 시행령)

[시행 2024. 2. 17.] [대통령령 제34190호, 2024. 2. 6., 일부개정]

제1조(목적) 이 영은 「응급의료에 관한 법률」에서 위임된 사항과 그 시행에 관하여 필요한 사항을 규정함을 목적으로 한다. 〈개정 2008. 6. 11.〉

제2조(응급환자가 아닌 자에 대한 이송기준 및 절차) ①의료인은 응급의료기관에 내원한 환자가 응급환자에 해당하지 아니하나 진료가 필요하다고 인정되는 경우에는 「응급의료에 관한 법률」(이하 "법"이라 한다) 제7조의 규정에 따라 본인 또는 법정대리인의 동의를 얻어 응급실이 아닌 의료시설에 진료를 의뢰하거나 다른 의료기관에 이송할 수 있다. 〈개정 2008. 6. 11.〉

② 의료인은 제1항의 규정에 따라 응급환자에 해당하지 아니하는 환자를 응급실이 아닌 의료시설에 진료를 의뢰하거나 다른 의료기관에 이송하는 경우에는 당해 환자가 응급환자에 해당하지 아니하는 이유를 설명하고, 그에 필요한 진료내용 및 진료과목 등을 추천하여야 한다.

③ 의료기관의 장은 제1항의 규정에 따라 응급환자에 해당하지 아니하는 환자를 다른 의료기관으로 이송한 경우 그 이송받은 의료기관, 환자 또는 그 법정대리인이 진료에 필요한 의무기록을 요구하는 경우에는 이를 즉시 제공하여야 한다.

제3조(연차별 시행계획의 수립) 보건복지부장관은 법 제13조의2제5항에 따라 응급의료기본계획에 따른 연차별 시행계획을 계획 시행 전년도 10월 31일까지 수립하여야 한다.

[전문개정 2012. 8. 3.]

제4조 삭제 〈2012. 8. 3.〉

제5조(지역응급의료시행계획의 평가 등) ① 법 제13조의3제3항에 따른 평가를 위하여 특별시장·광역시장·특별자치시장·도지사 및 특별자치도지사(이하 "시·도지사"라 한다)는 법 제13조의3제1항에 따라 수립한 다음 해의 지역응급의료시행계획을 매년 12월 31일까지 보건복지부장관에게 제출해야 한다. 〈개정 2015. 7. 24., 2022. 12. 20.〉

② 법 제13조의3제3항에 따른 평가를 위하여 시·도지사는 지난해의 지역응급의료시행계획 시행결과를 매년 2월 말일까지 보건복지부장관에게 제출해야 한다. 〈개정 2022. 12. 20.〉

[전문개정 2012. 8. 3.]

제5조의2(자료의 범위 등) ① 법 제13조의4제1항에 따라 보건복지부장관은 법 제13조의2제1항에 따른 응급의료기본계획의 수립·시행을 위하여 응급환자에 관한 다음 각 호의 자료를 요청할 수 있다. 이 경우 요청일부터 과거 3년간의 자료에 한정한다.

1. 「국민건강보험법」 제5조에 따른 가입자·피부양자에 대한 건강보험 관련 자료 및 같은 법 제47조제2항에 따른 요양급여비용 심사청구 자료
2. 「의료급여법」 제11조제2항에 따른 의료급여비용 심사청구 자료
3. 「산업재해보상보험법」 제36조제2항에 따른 보험급여 청구 및 결정 자료
4. 「자동차손해배상 보장법」 제12조제2항에 따른 자동차보험진료수가 청구 자료
5. 「119구조·구급에 관한 법률」 제22조제2항에 따른 구조·구급활동상황일지
6. 「주민등록법」 제7조제1항에 따른 개인별 및 세대별 주민등록표
7. 「장애인복지법」 제32조제1항에 따른 장애인 등록 자료
8. 「교통안전법」 제51조에 따른 교통사고조사와 관련된 자료·통계 또는 정보

② 법 제13조의4제1항에 따라 시·도지사가 제13조의3제1항에 따른 지역응급의료시행계획의 수립·시행을 위하여 요청할 수 있는 자료의 범위는 다음 각 호와 같다. 〈개정 2022. 12. 20.〉

1. 법 제25조제1항에 따라 설치된 중앙응급의료센터가 같은 조 제1항제1호 및 제5호부터 제9호까지에 따라 수행한 업무에 관한 자료
2. 관할지역 내 소재하는 다음 각 목의 기관의 시설·장비·인력 현황 및 수행한 업무에 관한 통계 자료
   가. 법 제26조제1항에 따라 지정된 권역응급의료센터
   나. 법 제29조제1항에 따라 지정된 전문응급의료센터
   다. 법 제30조제1항에 따라 지정된 지역응급의료센터
   라. 법 제31조제1항에 따라 지정된 지역응급의료기관
3. 법 제27조제1항에 따라 설치된 지역별 응급의료지원센터(이하 "응급의료지원센터"라 한다)가 같은 조 제2항제3호, 제7호 및 제8호에 따라 수행한 업무에 관한 자료
③ 보건복지부장관은 제1항에 따라 수집된 자료를 활용하여 다음 각 호의 정보를 산출하고 관리하여야 한다.
1. 지역별, 질환군별, 시간대별 응급환자의 발생 현황
2. 응급의료 자원의 분포
3. 응급환자의 이송 및 「의료법」 제3조에 따른 의료기관 이용 현황
4. 응급환자 진료 경로 및 결과
5. 그 밖에 응급환자의 흐름과 제공된 응급의료를 파악하는 데 필요한 정보
④ 보건복지부장관은 제3항에 따른 정보를 산출한 후 지체 없이 주민등록번호 등 개인을 식별할 수 있는 정보를 삭제하여야 하며, 제1항에 따라 수집된 자료도 「개인정보 보호법」 제21조에 따라 파기하여야 한다.

[본조신설 2015. 7. 24.]

제6조(중앙응급의료위원회) ① 법 제13조의5제5항에 따른 위촉 위원의 임기는 3년으로 한다.
② 위원장은 위원회의 위촉 위원이 다음 각 호의 어느 하나에 해당하는 경우에는 해당 위원을 해촉(解囑)할 수 있다.〈신설 2016. 5. 10.〉
1. 심신장애로 인하여 직무를 수행할 수 없게 된 경우
2. 직무와 관련된 비위사실이 있는 경우
3. 직무태만, 품위손상, 그 밖의 사유로 인하여 위원으로 적합하지 아니하다고 인정되는 경우
4. 위원 스스로 직무를 수행하는 것이 곤란하다고 의사를 밝히는 경우
③ 법 제13조의5에 따른 중앙응급의료위원회(이하 "위원회"라 한다)의 위원장은 위원회를 대표하며, 위원회의 업무를 총괄한다.〈개정 2016. 5. 10.〉
④ 위원회의 회의는 위원회의 위원장이 필요하다고 인정하거나 재적위원 3분의 1 이상이 요구하는 경우에 위원회의 위원장이 소집한다.〈개정 2016. 5. 10., 2021. 12. 28.〉
⑤ 위원회의 회의는 재적위원 과반수의 출석으로 개의(開議)하고, 출석위원 과반수의 찬성으로 의결한다.〈개정 2016. 5. 10.〉
⑥ 위원회에 간사 1명을 두되, 간사는 보건복지부 소속 고위공무원단에 속하는 공무원 중에서 보건복지부장관이 지명한다.〈개정 2016. 5. 10.〉
⑦ 위원회는 심의 사항을 전문적으로 검토하기 위해 위원회에 분야별로 전문위원회를 둘 수 있다.〈신설 2021. 12. 28.〉
⑧ 위원회 및 전문위원회의 회의에 출석한 위원, 관계 공무원 또는 관계 전문가에게는 예산의 범위에서 수당, 여비, 그 밖에 필요한 경비를 지급할 수 있다. 다만, 공무원인 위원이나 관계 공무원이 그 소관 업무와 직접 관련하여 출석하는 경우에는 그러하지 아니하다.〈개정 2016. 5. 10., 2021. 12. 28.〉
⑨ 제1항부터 제8항까지에서 규정한 사항 외에 위원회 및 전문위원회의 운영에 필요한 사항은 위원회의 의결을 거쳐 위원회의 위원장이 정한다.〈개정 2016. 5. 10., 2021. 12. 28.〉

[전문개정 2012. 8. 3.]

제7조(시·도응급의료위원회의 설치 등) ①법 제13조의6제1항에 따른 시·도응급의료위원회(이하 "시·도위원회"라 한다)는 위원장 1명과 부위원장 1명을 포함한 10명 이내의 위원으로 구성한다. 〈개정 2012. 8. 3.〉

② 위원장 및 부위원장은 위원중에서 시·도지사가 임명하고, 위원은 다음 각호의 자중에서 시·도지사가 임명 또는 위촉한다. 〈개정 2012. 8. 3., 2015. 7. 24.〉
1. 응급의료기관을 대표하는 자
2. 응급의료지원센터를 대표하는 자
3. 해당 특별시·광역시·특별자치시·도·특별자치도(이하 "시·도"라 한다) 소방본부의 구급업무를 담당하는 소방공무원
4. 시·도의 응급의료에 관련된 업무를 담당하는 공무원
5. 「비영리민간단체지원법」 제2조에 따른 비영리민간단체를 대표하는 자
6. 응급의료에 관하여 학식과 경험이 풍부한 자

③ 시·도지사는 시·도위원회의 위원이 다음 각 호의 어느 하나에 해당하는 경우에는 해당 위원을 해임하거나 해촉할 수 있다. 〈신설 2016. 5. 10.〉
1. 심신장애로 인하여 직무를 수행할 수 없게 된 경우
2. 직무와 관련된 비위사실이 있는 경우
3. 직무태만, 품위손상, 그 밖의 사유로 인하여 위원으로 적합하지 아니하다고 인정되는 경우
4. 위원 스스로 직무를 수행하는 것이 곤란하다고 의사를 밝히는 경우
[제목개정 2012. 8. 3.]

제7조의2(시·도 응급의료지원단의 구성·운영) 법 제13조의6제3항에 따른 시·도 응급의료지원단(이하 이 조에서 "지원단"이라 한다)의 구성 및 운영에 관한 사항은 다음 각 호의 기준에 따라 해당 시·도의 조례로 정한다.
1. 지원단은 단장과 지원단의 업무를 수행하는 단원으로 구성할 것
2. 지원단의 단장은 시·도의 응급의료 관련 업무를 담당하는 일반직공무원 또는 응급의료에 관한 학식과 경험이 풍부한 사람 중에서 맡도록 할 것. 이 경우 필요하면 공동 단장으로 할 수 있다.
[본조신설 2022. 12. 20.] [종전 제7조의2는 제7조의3으로 이동 〈2022. 12. 20.〉]

제7조의3(구조 및 응급처치에 관한 교육 대상자) 법 제14조제1항제12호에서 "대통령령으로 정하는 사람"이란 「화재의 예방 및 안전관리에 관한 법률 시행령」 별표 4 제1호가목 또는 제2호가목에 따른 특급 소방안전관리대상물 또는 1급 소방안전관리대상물의 소방안전관리자[「화재의 예방 및 안전관리에 관한 법률」 제34조에 따라 소방청장이 실시하는 강습교육(법 제14조제1항에 따른 교육의 내용 및 시간을 충족하는 강습교육만 해당한다)을 받은 사람은 제외한다]를 말한다. 〈개정 2014. 11. 19., 2016. 1. 19., 2017. 7. 26., 2022. 11. 29.〉
[본조신설 2012. 8. 3.] [제7조의2에서 이동 〈2022. 12. 20.〉]

제8조(응급처치 교육·홍보 계획 수립 등) ① 보건복지부장관 및 시·도지사는 법 제14조제2항에 따라 매년 응급처치 요령 등의 교육·홍보를 위한 계획(이하 "교육·홍보계획"이라 한다)을 수립하고 실시하여야 한다. 〈개정 2010. 3. 15.〉
② 교육·홍보계획에는 다음 각 호의 내용이 포함되어야 한다.
1. 교육·홍보의 대상·내용·방법
2. 그 밖에 응급처치 요령 등의 교육·홍보에 관하여 필요한 사항
③ 보건복지부장관 및 시·도지사는 교육·홍보 관련 전문가나 단체에 의뢰하여 제1항에 따라 수립한 교육·홍보계획을 실시할 수 있다. 〈개정 2010. 3. 15.〉
[본조신설 2008. 12. 31.]

제8조의2(비상대응매뉴얼의 내용) ① 법 제15조의2제1항에 따른 국가의 비상대응매뉴얼에는 다음 각 호의 사항이 포함되어야 한다.

1. 재난현장에서 응급의료 지원과 관련된 기관별 역할과 지휘체계의 안내
2. 재난현장의 응급의료체계
3. 재난현장의 응급의료 지원을 위한 인력의 구성 및 운영
4. 재난발생시 응급환자의 진료와 응급의료 지원을 중점으로 수행하는 응급의료기관의 시설·장비 및 인력 현황
5. 재난피해자 중 초기에 긴급한 심리치료가 필요한 대상자의 선정 및 심리치료 방법
6. 재난현장의 응급의료 지원에 필요한 물품의 비축과 관리
7. 재난현장의 응급의료 지원 통신체계
8. 재난현장의 응급의료 지원에 대한 교육과 훈련
9. 그 밖에 재난유형별 응급의료 지원에 필요한 사항

② 법 제15조의2제1항에 따른 지방자치단체의 비상대응매뉴얼에는 다음 각 호의 사항이 포함되어야 한다.

1. 재난현장의 응급의료 지원 인력을 편성한 의료기관 현황 및 의료기관별 응급의료 지원 인력의 편성 내용
2. 재난현장의 응급의료 지원에 필요한 장비 편성 및 활용
3. 관할 구역의 응급의료기관의 현황과 비상연락체계
4. 관할 구역의 재난시 응급의료 지원에 필요한 물품의 종류, 수량, 비축 기관 및 관리
5. 관할 구역의 응급의료 지원 통신체계 현황 및 관리
6. 재난현장의 응급의료 지원에 대한 교육과 훈련 실시에 필요한 사항
7. 그 밖에 재난현장의 응급의료 지원을 위하여 지방자치단체의 장이 필요하다고 인정하는 사항

[본조신설 2014. 9. 18.]

제8조의3(비상대응매뉴얼의 교육 등) ① 법 제15조의2제2항에 따른 비상대응매뉴얼의 교육 대상은 응급의료기관의 응급의료종사자로 하고, 매년 보건복지부장관이 지방자치단체별·직종별로 교육 대상자의 인원수 등을 정하여 고시한다.

② 국가와 지방자치단체의 비상대응매뉴얼 교육은 재난현장에서 응급의료와 그 지원에 필요한 기본 교육과 함께 응급의료 실습과정을 포함하여 실시하고, 교육시간은 매년 12시간 이상으로 한다.

③ 법 제15조의2제2항에 따라 국가와 지방자치단체는 교육 참가자에게 예산의 범위에서 급식비·교통비 등 실비와 교육참가비를 지급할 수 있다. 이 경우 지급액의 산정방법 및 지급절차 등에 관하여 필요한 사항은 보건복지부장관이 정하여 고시한다.

[본조신설 2014. 9. 18.]

제9조(다수의 환자발생에 대한 인명구조 및 응급처치) ①보건복지부장관 또는 시·도지사는 재해 등으로 환자가 여러 명 발생한 경우에는 법 제18조에 따라 응급의료기관 및 관계기관에 대한 지휘체계를 확립하고 그 사상자의 규모, 피해지역의 범위, 사고의 종류 및 추가적인 사고발생의 위험도 등을 고려하여 신속하고 적절한 인명구조 및 응급처치가 될 수 있도록 해야 한다. 〈개정 2008. 2. 29., 2010. 3. 15., 2021. 1. 5.〉

② 시·도지사 또는 시장·군수·구청장(자치구 구청장을 말한다. 이하 같다)은 다수의 환자가 발생한 사실을 알게 되거나 보고를 받은 때에는 지체없이 보건복지부장관에게 이를 통보해야 한다.〈개정 2008. 2. 29., 2010. 3. 15., 2023. 11. 16.〉

③ 시·도지사 또는 시장·군수·구청장은 다수의 환자가 발생한 때에는 사고 발생일부터 사고수습 종료일까지 매일 1일 활동상황을 보건복지부장관에게 통보해야 하며, 사고수습이 종료된 경우에는 지체없이 활동상황을 종합하여 통보해야 한다.〈개정 2008. 2. 29., 2010. 3. 15., 2023. 11. 16.〉

제10조(다수의 환자발생에 대한 조치계획의 수립) ①법 제18조제3항의 규정에 따라 보건복지부장관 또는 시·도지사는 다수의 환자발생에 대비하여 환자발생의 원인 및 규모에 따른 적정한 조치계획을 미리 수립하여야 한다. 〈개정 2008. 2. 29., 2010. 3. 15.〉

② 제1항의 조치계획에는 다음 각호의 사항이 포함되어야 한다.
  1. 응급의료 인력·장비 및 시설의 편성과 활용
  2. 관계기관의 협조체계 구축
  3. 응급의료활동훈련

제11조(기금의 회계기관) 보건복지부장관은 소속공무원중에서 법 제19조제1항의 규정에 의한 응급의료기금 (이하 "기금"이라 한다)의 수입과 지출에 관한 사무를 행하게 하기 위하여 기금수입징수관·기금재무관· 기금지출관 및 기금출납공무원을 임명한다. 〈개정 2008. 2. 29., 2010. 3. 15.〉

제12조(기금업무의 위탁) ①보건복지부장관은 법 제19조제2항에 따라 기금의 관리·운용에 관한 사항 중 법 제 21조제1호에 따른 미수금의 대지급(代支給)업무를 「국민건강보험법」 제62조에 따른 건강보험심사평가원(이하 "심사평가원"이라 한다)에 위탁하여 한다. 〈개정 2008. 2. 29., 2008. 6. 11., 2010. 3. 15., 2012. 8. 3., 2012. 8. 31.〉

② 보건복지부장관은 기금에서 제1항의 규정에 의한 위탁업무에 소요되는 비용(이하 "위탁사업비"라 한다) 을 심사평가원에 배정·지급하여야 한다.〈개정 2008. 2. 29., 2010. 3. 15.〉

제13조(위탁사업비의 관리·운용계획의 수립) ①심사평가원의 원장(이하 "심사평가원장"이라 한다)은 위탁사 업비의 관리·운용계획을 수립하여 다음 회계연도 개시 2월전까지 보건복지부장관의 승인을 얻어야 한다. 이를 변경하고자 하는 때에는 그 변경하고자 하는 사항에 관하여 보건복지부장관의 승인을 얻어야 한다. 〈개정 2008. 2. 29., 2010. 3. 15.〉

② 제1항의 규정에 의한 위탁사업비의 관리·운용계획에는 다음 각호의 사항이 포함되어야 한다.
  1. 위탁사업비의 수입 및 지출에 관한 사항
  2. 사업의 내용 및 위탁사업비의 용도를 설명하는 내역

제14조(위탁사업비의 용도) 위탁사업비를 사용할 수 있는 용도는 다음 각 호와 같다. 〈개정 2012. 8. 3.〉
  1. 법 제22조제1항에 따른 미수금 대지급에 드는 비용
  2. 미수금 대지급심사와 대지급금의 구상 등에 소요되는 인건비 및 여비
  3. 미수금 대지급심사와 대지급금의 구상 등에 소요되는 소모품 등 행정경비
  4. 그 밖에 위탁업무의 수행에 필요한 비용

제15조(위탁사업비의 회계) ①위탁사업비는 심사평가원의 다른 회계와 구분되는 별도의 계정을 설정하여 관리하여야 한다.

② 위탁사업비의 회계절차 및 방법은 심사평가원장이 보건복지부장관의 승인을 얻어 정한다.〈개정 2008. 2. 29., 2010. 3. 15.〉

제16조(위탁사업비의 결산) ①심사평가원장은 당해 연도의 위탁사업비의 결산보고서를 작성하여 당해 회계 연도 종료 후 2월 이내에 보건복지부장관에게 보고하여야 한다. 〈개정 2008. 2. 29., 2010. 3. 15.〉

② 제1항의 규정에 의한 위탁사업비의 결산보고서에는 다음 각호의 사항이 포함되어야 한다.
  1. 위탁사업비의 사용에 관한 내역
  2. 위탁사업비의 결산내역

③ 심사평가원장은 매회계연도 결산상 잉여금이 발생한 경우에는 이를 다음 연도의 예산에 이월하여 수입 으로 계상하여야 한다.

제17조(재해시의 의료지원) 법 제21조제4호의 규정에 의한 의료지원은 재해 발생시 응급의료 활동에 필요

한 의료인력의 여비와 그 밖에 이에 준하는 경비의 지원으로 한다.

제18조(미수금 대지급의 대상) 법 제22조에 따른 미수금 대지급의 대상은 다음 각 호의 어느 하나에 해당하지 아니하는 응급환자로 한다. 〈개정 2012. 8. 3.〉

1. 다른 법령에 의하여 응급의료행위에 대한 비용(이하 "응급의료비용"이라 한다) 전액을 지급받는 자
2. 다른 법령에 의하여 응급의료비용의 일부를 지급받는 자로서 그 나머지 응급의료비용을 부담할 능력이 있는 자

[제목개정 2012. 8. 3.]

제19조(미수금 대지급의 범위) 법 제22조에 따른 미수금 대지급의 범위는 다음 각 호의 비용중 응급환자 본인이 부담하여야 하는 비용으로 한다. 〈개정 2012. 8. 3.〉

1. 의료기관의 응급의료비용
2. 구급차등을 운용하는 자의 법 제24조에 따른 이송처치료(의료기관이 구급차등을 운용하는 경우는 제외한다)

[제목개정 2012. 8. 3.]

제20조(미수금 대지급의 청구 및 심사 절차) ①의료기관과 구급차등을 운용하는 자가 법 제22조제1항에 따라 미수금의 대지급을 받으려는 경우에는 보건복지부령으로 정하는 바에 따라 심사평가원장에게 미수금의 대지급 청구를 하여야 한다. 〈개정 2008. 2. 29., 2010. 3. 15., 2012. 8. 3.〉

② 제1항에 따른 미수금의 대지급 청구는 진료종료일 또는 이송종료일부터 3년 이내에 하여야 한다. 〈개정 2012. 8. 3.〉

③ 심사평가원장은 제1항에 따른 의료기관등의 미수금 대지급 청구에 대하여 그 내용을 심사한 후 대지급금을 지급하여야 한다. 〈개정 2012. 8. 3.〉

④ 미수금 대지급 청구의 심사에 관하여 필요한 사항은 보건복지부령으로 정한다. 〈개정 2008. 2. 29., 2010. 3. 15., 2012. 8. 3.〉

[제목개정 2012. 8. 3.]

제21조(대지급금의 구상) 심사평가원장은 법 제22조제2항에 따라 미수금을 대지급한 경우에는 지체 없이 그 대지급금 전액에 대하여 법 제22조제4항에 따라 응급환자 본인과 그 배우자, 응급환자의 1촌의 직계혈족 및 그 배우자 또는 다른 법령에 의한 진료비부담 의무자(이하 "상환의무자"라 한다)에게 일정한 기간을 정하여 이를 납부하도록 청구해야 한다. 이 경우 상환의무자의 신청에 따라 48개월의 범위에서 분할하여 납부하게 할 수 있다. 〈개정 2012. 8. 3., 2021. 12. 28.〉

[제목개정 2012. 8. 3.]

제22조(상환금의 처리) 심사평가원장은 법 제22조제4항에 따라 상환의무자로부터 대지급금을 구상한 경우에는 그 구상금액을 제15조제1항에 따른 위탁사업비의 계정에 납입하여야 한다. 〈개정 2012. 8. 3.〉

제23조(상환이 불가능한 대지급금의 처리) ①법 제22조제7항 및 제8항에 따라 결손처분을 할 수 있는 상환이 불가능한 대지급금의 범위는 다음 각 호와 같다. 〈개정 2012. 8. 3., 2022. 12. 20.〉

1. 상환의무자의 행방을 알 수 없거나 상환할 만한 재산이 없다고 판명된 경우
2. 당해권리에 대한 소멸시효가 완성된 경우
3. 그 밖에 징수할 가능성이 없다고 심사평가원장이 인정하는 경우

② 심사평가원장은 법 제22조제7항에 따라 상환이 불가능한 대지급금을 결손처분하려는 경우에는 지방자치단체, 세무서, 그 밖의 관계기관에 대하여 그 상환의무자의 행방 또는 재산의 유무를 조사·확인해야 한다. 다만, 체납액이 10만원 미만인 경우에는 그렇지 않다. 〈개정 2012. 8. 3., 2022. 12. 20.〉

[제목개정 2012. 8. 3.]

제23조의2(중앙응급의료센터 운영의 위탁) 보건복지부장관은 법 제25조제2항에 따라 같은 조 제1항에 따른 중앙응급의료센터의 운영에 관한 업무를 「국립중앙의료원의 설립 및 운영에 관한 법률」에 따른 국립중앙의료원에 위탁한다.

[본조신설 2022. 12. 20.] [종전 제23조의2는 제23조의3으로 이동 〈2022. 12. 20.〉]

제23조의3(응급의료지원센터 운영의 위탁) ① 법 제27조제3항에 따라 응급의료지원센터 운영에 관한 업무를 위탁받을 수 있는 관계 전문기관·법인·단체는 다음 각 호와 같다. 〈개정 2022. 12. 20.〉

1. 법 제25조제1항에 따라 설치된 중앙응급의료센터
2. 법 제26조제1항에 따라 지정된 권역응급의료센터
3. 「공공기관의 운영에 관한 법률」 제4조에 따른 공공기관

② 보건복지부장관은 법 제27조제3항에 따라 업무를 위탁하는 경우에는 그 수탁자 및 위탁업무를 고시하여야 한다.

[본조신설 2015. 7. 24.] [제23조의2에서 이동 〈2022. 12. 20.〉]

제24조(응급의료지원센터에 대한 응급의료기관등의 정보제공) ①법 제28조제1항의 규정에 따라 응급의료지원센터의 장이 응급의료기관의 장과 구급차등을 운용하는 자에게 요청할 수 있는 응급의료에 관한 정보는 다음과 같다. 〈개정 2015. 7. 24.〉

1. 중환자실 및 응급실의 인력·규모·시설·의료기구 및 장비
2. 구급차등의 편성·장비 및 운영인력
3. 응급실 근무자, 당직응급의료종사자, 응급실의 사용가능 병상수
4. 법 제11조에 따라 의료인이 응급환자의 이송을 결정하기 전에 응급의료지원센터의 장에게 다른 의료기관과의 협의를 요청한 경우 협의를 위하여 다른 의료기관에 제공할 환자의 주요증상, 활력징후, 검사결과 등에 관한 정보
5. 그 밖에 응급의료와 관련된 주요의료시설, 의료장비, 응급수술 가능질환, 응급환자의 수용 및 이송현황 등에 대하여 응급의료지원센터의 장이 필요하다고 인정하여 요구하는 사항

② 법 제28조제2항의 규정에 따라 응급의료기관의 장 또는 구급차등을 운용하는 자가 응급의료지원센터의 장으로부터 구급차등의 출동, 응급환자의 수용 및 다른 의료기관과의 협의 등 필요한 조치를 요청받은 경우에는 출동상황, 응급환자의 처리상황 및 그 처리결과를 응급의료지원센터의 장에게 통보하여야 한다. 〈개정 2015. 7. 24.〉

③ 지방자치단체, 경찰관서, 소방관서 및 군부대의 장은 응급의료지원센터의 장으로부터 구급차등의 출동 등 응급의료를 위한 협조를 요청받아 이를 조치한 경우에는 구급차등의 출동상황, 인력 및 장비의 지원상황, 응급환자의 처리상황 및 그 처리결과를 응급의료지원센터의 장에게 통보하여야 한다. 〈개정 2015. 7. 24.〉

④ 응급의료기관의 장과 구급차등을 운용하는 자는 제1항 및 제2항의 규정에 따라 응급의료지원센터에 제공한 정보의 변동사항이 있는 경우에는 즉시 그 사항을 응급의료지원센터에 통보하여야 한다. 〈개정 2015. 7. 24.〉

[제목개정 2015. 7. 24.]

제25조(응급구조사의 양성과정) ① 법 제36조제3항제1호의 규정에 의한 응급구조사 양성과정은 강의·실습 및 실무수습과정으로 구분하고, 각 과정에 따른 교육과목 및 시간은 보건복지부령으로 정한다. 〈개정 2008. 2. 29., 2010. 3. 15.〉

② 제1항의 규정에 의한 양성과정을 이수할 수 있는 자는 「초·중등교육법」 제2조제4호의 규정에 의한 고등학교 졸업자(당해 연도 졸업예정자를 포함한다) 또는 이와 동등 이상의 학력이 있는 자로 한다. 〈개정 2008. 6. 11.〉

③ 양성기관의 장은 보건복지부령이 정하는 바에 따라 양성과정을 이수중인 자의 학력·경력 및 자격에 따라 제1항의 규정에 의한 교육과목 및 시간의 일부를 감면하여 실시할 수 있다.〈개정 2008. 2. 29., 2010. 3. 15.〉

제26조(응급구조사시험 관리업무의 위탁) 보건복지부장관은 법 제36조제4항에 따라 응급구조사시험의 실시에 관한 업무를 「한국보건의료인국가시험원법」에 따른 한국보건의료인국가시험원에 위탁한다.

[전문개정 2015. 12. 22.]

제26조의2(응급구조사 실태와 취업상황 신고) ① 응급구조사는 법 제36조의3제1항에 따라 응급구조사 자격증을 발급받은 날부터 매 3년이 되는 해의 12월 31일까지 그 실태와 취업상황을 보건복지부장관에게 신고하여야 한다.

② 응급구조사는 제1항에 따른 신고를 하는 경우에는 보건복지부령으로 정하는 응급구조사 취업상황 등 신고서(전자문서로 된 신고서를 포함한다)에 법 제43조에 따른 보수교육 이수 또는 면제를 증명하는 서류(전자문서로 된 서류를 포함한다)를 첨부하여 보건복지부장관에게 제출하여야 한다.

③ 보건복지부장관은 법 제36조의3제1항에 따른 응급구조사 실태와 취업상황의 신고 업무를 효율적으로 처리하기 위하여 필요하다고 인정하는 경우에는 해당 업무를 전자적으로 처리할 수 있는 정보처리시스템을 구축·운영할 수 있다.

[본조신설 2017. 5. 29.] [종전 제26조의2는 제26조의4로 이동 〈2017. 5. 29.〉]

제26조의3(업무의 위탁) ① 보건복지부장관은 법 제36조의3제3항에 따라 같은 조 제1항에 따른 응급구조사 실태와 취업상황의 신고 수리 업무를 다음 각 호의 기관 또는 단체에 위탁할 수 있다.

1. 「공공기관의 운영에 관한 법률」 제4조에 따른 공공기관 중 그 설립 목적이 보건의료 또는 인력개발과 관련되는 공공기관
2. 응급구조사를 구성원으로 하여 설립된 기관으로서 전국적 조직을 갖추고 있는 기관 또는 단체
3. 위탁 업무 수행에 필요한 조직·인력 및 전문성 등을 갖춘 기관 또는 단체로서 보건복지부장관이 정하여 고시하는 기관 또는 단체

② 보건복지부장관은 법 제36조의3제3항에 따라 응급구조사 실태와 취업상황의 신고 수리 업무를 위탁하려는 경우에는 그 위탁 기준·절차 및 방법 등에 관한 사항을 미리 공고하여야 한다.

③ 보건복지부장관은 법 제36조의3제3항에 따라 응급구조사 실태와 취업상황의 신고 수리 업무를 위탁한 경우에는 그 위탁 내용 및 수탁자 등에 관한 사항을 관보에 고시하고, 보건복지부 인터넷 홈페이지에 게재하여야 한다.

④ 법 제36조의3제3항에 따라 응급구조사 실태와 취업상황의 신고 수리 업무를 위탁받은 기관은 사업운영계획, 사업집행현황, 자금운용계획 및 자금집행내역 등에 관한 사항을 보건복지부장관에게 보고하여야 한다.

⑤ 제2항부터 제4항까지의 규정에 따른 위탁 기준 등의 공고, 위탁 내용 등의 고시 또는 위탁 업무의 보고 등에 필요한 세부 사항은 보건복지부장관이 정하여 고시한다.

[본조신설 2017. 5. 29.]

제26조의4(응급구조사시험의 응시제한 기준) 법 제38조제2항에 따른 응급구조사시험의 응시제한 기준은 별표 1과 같다.

[본조신설 2021. 12. 28.] [종전 제26조의4는 제26조의5로 이동 〈2021. 12. 28.〉]

제26조의5(응급장비의 구비의무가 있는 공동주택 등) ① 법 제47조의2제1항제6호에서 "대통령령으로 정하는 규모"란 500세대를 말한다.

② 법 제47조의2제1항제6호의3에서 "대통령령으로 정하는 시설"이란 「관광진흥법 시행령」 제46조제1항에

따른 관광지 및 관광단지 조성계획에 따라 공공편익시설지구에 설치한 관리사무소 및 안내시설을 말한다. 〈신설 2024. 2. 6.〉

③ 법 제47조의2제1항제7호에서 "대통령령으로 정하는 다중이용시설"이란 다음 각 호의 시설을 말한다. 〈개정 2014. 7. 7., 2015. 7. 24., 2020. 7. 28., 2024. 2. 6.〉

1. 철도역사(「대도시권 광역교통 관리에 관한 특별법」 제2조제2호나목에 따른 광역철도 및 「도시철도법」 제2조제2호에 따른 도시철도 구간에 있는 철도역사는 제외한다)의 대합실 중 연면적이 2천제곱미터 이상이거나 전년도 일일 평균이용객수가 1만명 이상인 대합실

2. 「여객자동차 운수사업법」 제2조제5호에 따른 여객자동차터미널의 대합실 중 연면적이 2천제곱미터 이상이거나 전년도 일일 평균이용객수가 3천명 이상인 대합실

3. 「항만법」 제2조제5호나목3)에 따른 대합실 중 연면적이 2천제곱미터 이상이거나 전년도 일일 평균 이용객수가 1천명 이상인 대합실

4. 「관광진흥법」 제5조제1항에 따른 카지노 시설 중 영업장의 전용면적이 2천제곱미터 이상인 카지노 시설

5. 「한국마사회법」 제4조에 따른 경마장

6. 「경륜·경정법」 제5조제1항에 따른 경주장

7. 「형의 집행 및 수용자의 처우에 관한 법률」 제11조에 따른 교도소, 소년교도소 및 구치소, 「출입국관리법」 제2조제13호에 따른 외국인보호소, 「보호소년 등의 처우에 관한 법률」에 따른 소년원

8. 「체육시설의 설치·이용에 관한 법률」 제5조에 따른 전문체육시설 중 총 관람석 수가 5천석 이상인 운동장 및 종합운동장

9. 중앙행정기관의 청사 중 보건복지부장관이 정하는 청사

10. 시·도의 청사 중 보건복지부장관이 정하는 청사

[전문개정 2012. 8. 3.] [제26조의4에서 이동 〈2021. 12. 28.〉]

제27조(응급환자이송업 허가사항의 변경사항) ① 응급환자이송업의 허가를 받은 자가 법 제51조제3항의 규정에 따라 관할 시·도지사의 변경허가를 받아야 하는 중요한 사항은 다음 각호의 1과 같다.

1. 영업지역의 변경

2. 구급차의 증감

② 응급환자이송업의 허가를 받은 자가 법 제51조제6항에 따라 관할 시·도지사에게 신고해야 하는 사항은 다음 각 호와 같다. 〈개정 2019. 6. 11.〉

1. 대표자 또는 상호의 변경

2. 사무소(분사무소 또는 사업장을 포함한다)의 명칭 및 위치변경

제27조의2(민감정보 및 고유식별정보의 처리) ① 법 제22조제1항에 따른 기금관리기관의 장은 다음 각 호의 사무를 수행하기 위하여 불가피한 경우 「개인정보 보호법」 제23조에 따른 건강에 관한 정보, 같은 법 시행령 제19조제1호 또는 제4호에 따른 주민등록번호 또는 외국인등록번호가 포함된 자료를 처리할 수 있다. 〈개정 2022. 12. 20.〉

1. 법 제22조에 따른 미수금의 대지급에 관한 사무

2. 법 제22조의2에 따른 자료의 제공 요청에 관한 사무

② 보건복지부장관(제23조의3 및 제26조에 따라 보건복지부장관의 업무를 위탁받은 자를 포함한다)은 다음 각 호의 사무를 수행하기 위하여 불가피한 경우 「개인정보 보호법」 제23조에 따른 건강에 관한 정보, 같은 법 시행령 제18조제2호에 따른 범죄경력자료에 해당하는 정보, 같은 영 제19조제1호 또는 제4호에 따른 주민등록번호 또는 외국인등록번호가 포함된 자료를 처리할 수 있다. 〈개정 2015. 7. 24., 2022. 12. 20.〉

1. 법 제13조의4제1항 및 제3항에 따른 응급의료기본계획의 수립·시행을 위한 자료제공 등의 협조 요청, 자료의 관리 및 활용에 관한 사무
2. 법 제36조 및 제37조에 따른 응급구조사의 자격인정 및 결격사유 확인 등에 관한 사무
3. 법 제38조에 따른 부정행위에 대한 제재에 관한 사무
4. 법 제28조제1항 및 제2항에 따른 응급의료에 관한 정보제공 요청 및 정보제공에 관한 사무

③ 보건복지부장관, 시·도지사 또는 시장·군수·구청장(해당 권한이 위임·위탁된 경우에는 그 권한을 위임·위탁받은 자를 포함한다)은 다음 각 호의 사무를 수행하기 위하여 불가피한 경우「개인정보 보호법 시행령」제19조제1호, 제2호 또는 제4호에 따른 주민등록번호, 여권번호 또는 외국인등록번호가 포함된 자료를 처리할 수 있다.
1. 법 제18조에 따른 환자가 여러 명 발생한 경우의 조치에 관한 사무
2. 법 제51조에 따른 이송업의 허가 등에 관한 사무
3. 법 제53조에 따른 이송업의 휴업 등의 신고에 관한 사무
4. 법 제55조에 따른 행정처분에 관한 사무
5. 법 제56조에 따른 청문에 관한 사무
6. 법 제57조에 따른 과징금의 부과·징수에 관한 사무

[본조신설 2012. 1. 6.]

제27조의3(대규모 행사의 범위) 법 제54조의3에서 "대통령령으로 정하는 대규모 행사"란 행사 기간 중 순간 최대 관람객이 1천명 이상이 될 것으로 예상되는 행사를 말한다. 다만, 「공연법」제11조제2항에 따라 재해대처계획의 신고가 수리된 행사는 제외한다.

[본조신설 2021. 12. 28.]

제28조(과징금의 부과) ① 법 제57조제1항에 따른 과징금의 금액은 위반행위의 종별·정도 등을 고려하여 보건복지부령으로 정하는 업무정지처분기준에 따라 별표 1의2의 기준을 적용하여 산정한다. 〈개정 2008. 2. 29., 2010. 3. 15., 2021. 1. 5., 2021. 12. 28.〉

② 보건복지부장관, 시·도지사 또는 시장·군수·구청장은 법 제57조의 규정에 따라 과징금을 부과하고자 하는 경우에는 그 위반행위의 종별과 해당 과징금의 금액을 서면으로 명시하여 이를 납부할 것을 통지하여야 한다. 〈개정 2008. 2. 29., 2010. 3. 15.〉

제28조의2(규제의 재검토) 보건복지부장관은 제28조제1항 및 별표 1에 따른 과징금 산정기준에 대하여 2014년 1월 1일을 기준으로 3년마다(매 3년이 되는 해의 1월 1일 전까지를 말한다) 그 타당성을 검토하여 개선 등의 조치를 하여야 한다.

[본조신설 2013. 12. 30.]

제29조(과태료의 부과) 법 제62조에 따른 과태료의 부과기준은 별표 2와 같다.

[전문개정 2008. 6. 11.]

부칙
〈제34190호,2024. 2. 6.〉

이 영은 2024년 2월 17일부터 시행한다.

의료사고 피해구제 및 의료분쟁 조정 등에 관한 법률 (약칭: 의료분쟁조정법)

[시행 2024. 1. 1.] [법률 제19864호, 2023. 12. 29., 일부개정]

제1장 총칙

제1조(목적) 이 법은 의료분쟁의 조정 및 중재 등에 관한 사항을 규정함으로써 의료사고로 인한 피해를 신속·공정하게 구제하고 보건의료인의 안정적인 진료환경을 조성함을 목적으로 한다.

제2조(정의) 이 법에서 사용하는 용어의 뜻은 다음과 같다. 〈개정 2018. 12. 11.〉

1. "의료사고"란 보건의료인(「의료법」 제27조제1항 단서 또는 「약사법」 제23조제1항 단서에 따라 그 행위가 허용되는 자를 포함한다)이 환자에 대하여 실시하는 진단·검사·치료·의약품의 처방 및 조제 등의 행위(이하 "의료행위등"이라 한다)로 인하여 사람의 생명·신체 및 재산에 대하여 피해가 발생한 경우를 말한다.
2. "의료분쟁"이란 의료사고로 인한 다툼을 말한다.
3. "보건의료인"이란 「의료법」에 따른 의료인·간호조무사, 「의료기사 등에 관한 법률」에 따른 의료기사, 「응급의료에 관한 법률」에 따른 응급구조사 및 「약사법」에 따른 약사·한약사로서 보건의료기관에 종사하는 사람을 말한다.
4. "보건의료기관"이란 「의료법」에 따라 개설된 의료기관, 「약사법」에 따라 등록된 약국, 「약사법」에 따라 설립된 한국희귀·필수의약품센터, 「지역보건법」에 따라 설치된 보건소·보건의료원·보건지소 및 「농어촌 등 보건의료를 위한 특별조치법」에 따라 설치된 보건진료소를 말한다.
5. "보건의료기관개설자"란 「의료법」에 따른 의료기관 개설자, 「약사법」에 따른 약국개설자·한국희귀·필수의약품센터의 장, 「지역보건법」에 따른 보건소·보건의료원·보건지소 및 「농어촌 등 보건의료를 위한 특별조치법」에 따른 보건진료소를 운영하는 시장(「제주특별자치도 설치 및 국제자유도시 조성을 위한 특별법」에 따른 행정시장을 포함한다. 이하 같다)·군수·구청장(자치구의 구청장을 말한다. 이하 같다)을 말한다.
6. "보건의료인단체 및 보건의료기관단체"란 「의료법」에 따라 설립된 의료인 단체 및 의료기관 단체와 「약사법」에 따라 설립된 대한약사회 및 대한한약사회를 말한다.

제3조(적용 대상) 이 법은 대한민국 국민이 아닌 사람이 보건의료기관에 대하여 의료사고로 인한 손해배상을 구하는 경우에도 적용한다.

제4조(신의성실의 원칙) 제6조에 따른 한국의료분쟁조정중재원은 조정 및 중재 절차가 신속·공정하고 효율적으로 진행되도록 노력하여야 하고, 조정 및 중재 절차에 참여하는 분쟁 당사자는 상호 신뢰와 이해를 바탕으로 성실하게 절차에 임하여야 한다.

제5조(국가·보건의료기관개설자 및 보건의료인의 책무 등) ① 국가는 의료사고를 예방하기 위하여 조사·연구, 통계 작성 및 공표, 교육 및 지침 개발 등 법적·제도적 기반을 마련하여야 한다.
② 보건의료기관개설자 및 보건의료인은 의료사고 예방을 위하여 시설·장비 및 인력에 흠이 없도록 하고, 필요한 관리상의 주의의무를 다하여야 한다.
③ 보건복지부장관이 정하는 보건의료기관개설자는 의료사고의 예방을 위하여 의료사고예방위원회를 설치·운영하는 등 필요한 조치를 하여야 한다.
④ 보건복지부장관은 의료분쟁을 신속·공정하고 효율적으로 해결하기 위하여 조정 참여를 활성화할 수 있는 조치를 강구할 수 있다.〈신설 2018. 12. 11.〉
⑤ 제3항에 따른 의료사고예방위원회의 구성 및 운영, 그 밖에 필요한 사항은 보건복지부령으로 정한다.
〈개정 2018. 12. 11.〉

제2장 한국의료분쟁조정중재원

제1절 설립 등

제6조(한국의료분쟁조정중재원의 설립) ① 의료분쟁을 신속·공정하고 효율적으로 해결하기 위하여 한국의료분쟁조정중재원(이하 "조정중재원"이라 한다)을 설립한다.
② 조정중재원은 법인으로 한다.
③ 조정중재원은 대통령령으로 정하는 바에 따라 필요한 곳에 그 지부를 설치할 수 있다.
④ 조정중재원은 그 주된 사무소의 소재지에서 설립등기를 함으로써 성립한다.

제7조(정관) ① 조정중재원의 정관에는 다음 각 호의 사항을 기재하여야 한다.
   1. 목적
   2. 명칭
   3. 주된 사무소 및 지부에 관한 사항
   4. 임원 및 직원에 관한 사항
   5. 이사회의 운영에 관한 사항
   6. 제19조에 따른 의료분쟁조정위원회에 관한 사항
   7. 제25조에 따른 의료사고감정단에 관한 사항
   8. 제47조에 따른 손해배상금 대불(代拂)에 관한 사항
   9. 업무와 그 집행에 관한 사항
   10. 재산 및 회계에 관한 사항
   11. 정관의 변경에 관한 사항
   12. 내부규정의 제정·개정 및 폐지에 관한 사항
   13. 그 밖에 보건복지부령으로 정하는 사항
② 조정중재원은 그 정관을 변경하려면 보건복지부장관의 인가를 받아야 한다.

제8조(업무) 조정중재원의 업무는 다음 각 호와 같다.
   1. 의료분쟁의 조정·중재 및 상담
   2. 의료사고 감정
   3. 손해배상금 대불
   4. 의료분쟁과 관련된 제도와 정책의 연구, 통계 작성, 교육 및 홍보
   5. 그 밖에 의료분쟁과 관련하여 대통령령으로 정하는 업무

제9조(유사명칭의 사용금지) 이 법에 따른 한국의료분쟁조정중재원이 아닌 자는 한국의료분쟁조정중재원 또는 이와 유사한 명칭을 사용하여서는 아니 된다.

제10조(임원 및 임기) ① 조정중재원에 임원으로서 조정중재원의 원장(이하 "원장"이라 한다), 제19조에 따른 의료분쟁조정위원회의 위원장(이하 "위원장"이라 한다) 및 제25조에 따른 의료사고감정단의 단장(이하 "단장"이라 한다)을 포함한 9명 이내의 이사와 감사 1명을 둔다.
② 원장은 상임으로 하고, 그 밖의 임원은 비상임으로 한다.
③ 원장은 의료분쟁의 조정 등에 관하여 학식과 경험이 풍부한 사람 중에서 보건복지부장관이 임명한다.
④ 이사는 의료분쟁에 관하여 학식과 경험이 풍부한 사람 중에서 원장의 제청으로 보건복지부장관이 위촉한다.
⑤ 감사는 보건복지부장관이 위촉한다.
⑥ 임원의 임기는 3년으로 하고, 중임할 수 없다.

제11조(임원의 직무) ① 원장은 조정중재원을 대표하고 조정중재원의 업무를 총괄한다.

② 원장이 부득이한 사유로 직무를 수행할 수 없는 경우 위원장이 그 직무를 대행한다.

③ 위원장은 원장의 지휘를 받아 의료분쟁조정위원회의 업무를 총괄하고, 단장은 원장의 지휘를 받아 의료사고감정단의 업무를 총괄한다.

④ 원장·위원장이 모두 부득이한 사유로 직무를 수행할 수 없을 때에는 단장, 그 밖에 정관으로 정하는 이사의 순으로 그 직무를 대행한다.

⑤ 감사는 조정중재원의 업무 및 회계를 감사한다.

제12조(임원의 결격사유) 다음 각 호의 어느 하나에 해당하는 사람은 조정중재원의 임원이 될 수 없다.

  1. 대한민국 국민이 아닌 사람
  2. 「국가공무원법」 제33조 각 호의 어느 하나에 해당하는 사람

제13조(이사회) ① 조정중재원의 업무와 운영에 관한 중요사항을 심의·의결하기 위하여 조정중재원에 이사회를 둔다.

② 이사회는 원장·위원장·단장, 그 밖의 이사로 구성한다.

③ 원장은 이사회를 소집하고 이사회의 의장이 된다.

④ 감사는 이사회에 출석하여 의견을 진술할 수 있다.

⑤ 이사회는 재적위원 과반수의 출석과 출석위원 과반수의 찬성으로 의결한다.

⑥ 이사회의 구성 및 운영 등에 관하여 필요한 사항은 대통령령으로 정한다.

제14조(사무국) 조정중재원의 사무를 처리하기 위하여 조정중재원에 사무국을 둔다. 〈개정 2016. 5. 29.〉

제15조(재원) ① 조정중재원의 설립·운영 및 업무에 필요한 경비는 다음 각 호의 재원으로 충당한다.

  1. 정부출연금
  2. 조정중재원의 운영에 따른 수입금

② 정부는 조정중재원의 경비를 충당하기 위하여 필요한 출연금을 예산의 범위에서 지급한다.

③ 제2항에 따른 정부출연금의 지급 및 사용 등에 관하여 필요한 사항은 대통령령으로 정한다.

제16조(감독) ① 보건복지부장관은 조정중재원을 지도·감독하고, 필요한 경우 조정중재원에 대하여 그 사업에 관한 지시 또는 명령을 할 수 있다.

② 조정중재원은 매년 업무계획서와 예산서를 작성하여 보건복지부장관의 승인을 받아야 하고, 매년 결산보고서와 이에 대한 감사의 의견서를 작성하여 보건복지부장관에게 보고하여야 한다. 이 경우 승인 및 보고절차 등에 관하여 필요한 사항은 보건복지부령으로 정한다.

③ 보건복지부장관은 필요한 경우 조정중재원에 대하여 그 업무·회계 및 재산에 관한 사항을 보고하게 하거나 감사할 수 있다.

제17조(벌칙 적용에서의 공무원 의제) 조정중재원의 임원 및 직원, 제19조에 따른 의료분쟁조정위원회의 조정위원 및 의료분쟁조정위원회의 업무를 지원하는 자, 제25조에 따른 의료사고감정단의 감정위원 및 조사관은 「형법」 제129조부터 제132조까지의 규정을 적용할 때에는 공무원으로 본다. 〈개정 2018. 12. 11.〉

제18조(「민법」의 준용) 조정중재원에 관하여 이 법에서 규정하지 아니한 사항에 대하여는 「민법」 중 재단법인에 관한 규정을 준용한다.

제2절 의료분쟁조정위원회

제19조(의료분쟁조정위원회의 설치) ① 의료분쟁을 조정하거나 중재하기 위하여 조정중재원에 의료분쟁조정위원회(이하 "조정위원회"라 한다)를 둔다.

② 조정위원회는 다음 각 호의 사항을 심의·의결한다.

1. 제23조에 따른 조정부의 구성에 관한 사항
2. 조정위원회의 의사에 관한 규칙의 제정·개정 및 폐지
3. 그 밖에 위원장이 심의에 부치는 사항

제20조(조정위원회의 구성 및 운영) ① 조정위원회는 위원장 및 100명 이상 300명 이내의 조정위원으로 구성하고 비상임으로 한다. 다만, 제37조제2항에 따른 조정조서 작성 등을 위하여 상임 조정위원을 둘 수 있다. 〈개정 2016. 5. 29.〉

② 원장은 다음 각 호의 어느 하나에 해당하는 사람 중에서 조정위원을 임명 또는 위촉한다. 〈개정 2020. 4. 7.〉

1. 판사·검사 또는 변호사의 자격이 있는 사람(외국의 법제에 관한 학식과 경험이 풍부한 사람을 2명 이상 포함하여야 한다)
2. 보건의료에 관한 학식과 경험이 풍부한 사람으로서 보건의료인단체 또는 보건의료기관단체에서 추천한 사람(외국의 보건의료에 관한 학식과 경험이 풍부한 사람을 2명 이상 포함하여야 한다)
3. 소비자권익에 관한 학식과 경험이 풍부한 사람으로서 「비영리민간단체 지원법」 제2조에 따른 비영리민간단체에서 추천한 사람
4. 대학이나 공인된 연구기관에서 부교수급 이상 또는 이에 상당하는 직에 있거나 있었던 사람으로 보건의료인이 아닌 사람

③ 위원장은 제2항 각 호의 어느 하나에 해당하는 자격을 가진 사람 중에서 원장의 제청으로 보건복지부 장관이 위촉한다.

④ 위원장이 부득이한 사유로 직무를 수행할 수 없을 때에는 위원장이 지정하는 조정위원이 그 직무를 대행한다.

⑤ 조정위원의 임기는 3년으로 하고, 연임할 수 있다.

⑥ 조정위원회는 재적위원 과반수의 출석과 출석위원 과반수의 찬성으로 의결한다.

⑦ 조정위원회의 구성·운영 등에 관하여 필요한 사항은 대통령령으로 정한다.

제21조(조정위원의 결격사유) 「국가공무원법」 제33조 각 호의 어느 하나에 해당하는 사람은 조정위원이 될 수 없다.

제22조(조정위원의 신분보장) ① 조정위원은 자신의 직무를 독립적으로 수행하고 의료분쟁의 심리 및 판단에 관하여 어떠한 지시에도 구속되지 아니한다.

② 조정위원은 다음 각 호의 어느 하나에 해당하는 경우를 제외하고는 그 의사에 반하여 해임 또는 해촉되지 아니한다.

1. 제21조에 해당하는 경우
2. 신체상 또는 정신상의 장애로 직무를 수행할 수 없게 된 경우

제23조(조정부) ① 조정위원회의 업무를 효율적으로 수행하기 위하여 5명의 조정위원으로 구성된 분야별, 대상별 또는 지역별 조정부를 둘 수 있다.

② 조정부의 장은 판사·검사 또는 변호사의 자격이 있는 조정위원 중에서 위원장이 지명한다.

③ 조정부는 제20조제2항제1호에 해당하는 사람은 2명(판사로 재직하고 있거나 10년 이상 재직하였던 사람 1명을 포함하여야 한다), 제2호부터 제4호까지의 어느 하나에 해당하는 사람은 각각 1명으로 구성한다. 〈개정 2016. 5. 29.〉

④ 조정부는 조정부의 장을 포함한 조정위원 과반수의 출석과 출석위원 과반수의 찬성으로 의결한다.

⑤ 조정부의 업무는 다음 각 호와 같다.

1. 의료분쟁의 조정결정 및 중재판정
2. 의료사고로 인한 손해액 산정
3. 조정조서 작성

4. 그 밖에 대통령령으로 정하는 사항

⑥ 제4항에 따라 조정부가 내린 결정은 조정위원회가 결정한 것으로 본다.

⑦ 조정위원회의 업무를 지원하기 위하여 변호사 등 대통령령으로 정하는 사람을 둘 수 있다.〈개정 2018. 12. 11.〉

⑧ 조정부의 구성 및 운영 등에 관하여 필요한 사항은 대통령령으로 정한다.

제24조(조정위원의 제척 등) ① 조정위원이 다음 각 호의 어느 하나에 해당하는 경우 그 직무의 집행에서 제척된다. 다만, 제5호부터 제7호까지에 해당하는 경우에는 해당 보건의료기관·법인 또는 단체에 조정신청일로부터 10년 내에 종사하였던 경우로 한정한다. 〈개정 2016. 5. 29.〉

1. 조정위원 또는 그 배우자나 배우자이었던 사람이 해당 분쟁사건(이하 이 조에서 "사건"이라 한다)의 당사자가 되는 경우
2. 조정위원이 해당 사건의 당사자와 친족관계에 있거나 있었던 경우
3. 조정위원이 해당 사건에 관하여 진술이나 감정을 한 경우
4. 조정위원이 해당 사건에 관하여 당사자의 대리인으로서 관여하거나 관여하였던 경우
5. 조정위원이 해당 사건이 발생한 보건의료기관에 종사하거나 종사하였던 경우
6. 조정위원이 해당 사건이 발생한 보건의료기관과 동일하거나 사실상 동일한 법인이나 단체에 종사하거나 종사하였던 경우
7. 조정위원이 해당 사건이 발생한 보건의료기관과 동일하거나 사실상 동일한 법인이나 단체에 속하는 보건의료기관에 종사하거나 종사하였던 경우

② 사건을 담당한 조정위원에게 제척의 원인이 있는 때에는 해당 조정위원이 속한 조정부는 직권 또는 당사자의 신청에 따라 제척의 결정을 한다.

③ 당사자는 사건을 담당한 조정위원에게 공정한 직무집행을 기대하기 어려운 사정이 있는 경우 사건을 담당한 조정부에 기피신청을 할 수 있다.

④ 기피신청에 관한 결정은 조정위원회의 위원장이 지명하는 조정부가 하고, 해당 조정위원 및 당사자 쌍방은 그 결정에 불복하지 못한다.

⑤ 조정위원은 제1항 또는 제3항에 해당하는 경우 조정부의 허가를 받지 아니하고 해당 사건의 직무집행에서 회피할 수 있다.

⑥ 제3항에 따른 기피신청이 있는 때에는 해당 조정위원이 속한 조정부는 그 신청에 대한 결정이 있을 때까지 조정절차를 중지하여야 한다.

⑦ 제23조제7항에 따라 조정위원회의 업무를 지원하는 사람, 제26조에 따른 감정위원 및 조사관에 대하여는 제1항부터 제6항까지의 규정을 준용한다.〈개정 2018. 12. 11.〉

제3절 의료사고감정단

제25조(의료사고감정단의 설치) ① 의료분쟁의 신속·공정한 해결을 지원하기 위하여 조정중재원에 의료사고감정단(이하 "감정단"이라 한다)을 둔다.

② 감정단은 단장 및 100명 이상 300명 이내의 감정위원으로 구성하고, 단장은 비상임으로서 보건의료에 관한 학식과 경험이 풍부한 사람 중에서 원장의 제청으로 보건복지부장관이 위촉한다.〈개정 2016. 5. 29.〉

③ 감정단의 업무는 다음 각 호와 같다.

1. 의료분쟁의 조정 또는 중재에 필요한 사실조사
2. 의료행위등을 둘러싼 과실 유무 및 인과관계의 규명
3. 후유장애 발생 여부 등 확인
4. 다른 기관에서 의뢰한 의료사고에 대한 감정

④ 단장은 감정사건의 공정하고 정확한 감정을 위한 의견 청취 및 의학적 자문 등을 위하여 필요하다고 인정하는 경우 관계 전문가를 자문위원으로 위촉할 수 있다. 〈신설 2016. 5. 29.〉

제26조(감정부) ① 감정단의 업무를 효율적으로 수행하기 위하여 상임 감정위원 및 비상임 감정위원으로 구성된 분야별, 대상별 또는 지역별 감정부를 둘 수 있다.

② 감정위원은 다음 각 호의 어느 하나에 해당하는 사람 중에서 9명의 추천위원으로 구성된 감정위원추천위원회(이하 "추천위원회"라 한다)의 추천을 받아 원장이 임명 또는 위촉한다. 〈개정 2016. 5. 29., 2018. 12. 11.〉
  1. 의사전문의 자격 취득 후 2년 이상 경과하거나 치과의사 또는 한의사 면허 취득 후 6년 이상 경과한 사람
  2. 변호사 자격 취득 후 4년 이상 경과한 사람
  3. 보건복지부장관이 제1호 또는 제2호에 상당하다고 인정하는 외국의 자격 또는 면허 취득 후 5년 이상 경과한 사람
  4. 「비영리민간단체 지원법」 제2조에 따른 비영리민간단체에서 추천한 사람으로서 소비자권익과 관련된 분야에 3년 이상 종사한 사람

③ 추천위원회의 위원은 다음 각 호의 어느 하나에 해당하는 사람 중에서 원장이 위촉한다. 이 경우 제1호에 해당하는 사람은 3명으로 하고, 제2호부터 제4호까지의 어느 하나에 해당하는 사람은 각각 2명으로 한다.
  1. 판사·검사 또는 변호사의 자격이 있는 사람으로서 법원행정처, 법무부 또는 대한변호사협회에서 추천한 사람
  2. 보건의료에 관한 학식과 경험이 풍부한 사람으로서 보건의료인단체 또는 보건의료기관단체에서 추천한 사람
  3. 소비자권익에 관한 학식과 경험이 풍부한 사람으로서 「비영리민간단체 지원법」 제2조에 따른 비영리민간단체에서 추천한 사람
  4. 대학에서 부교수 이상의 직에 있거나 있었던 사람으로서 한국대학교육협의회에서 추천한 사람(보건의료인은 제외한다)

④ 추천위원회의 위원장은 위원 중에서 호선한다.

⑤ 추천위원회의 회의는 재적위원 과반수의 출석과 출석위원 과반수의 찬성으로 의결한다.

⑥ 감정위원의 임기는 3년으로 하고, 연임할 수 있다.

⑦ 각 감정부에 두는 감정위원의 정수는 다음 각 호와 같다. 〈개정 2016. 5. 29., 2018. 12. 11.〉
  1. 제2항제1호 또는 제3호(외국의 의사전문의 자격이나 치과의사 또는 한의사 면허를 취득한 사람에 한정한다)에 해당하는 사람: 2명
  2. 제2항제2호 또는 제3호(외국의 변호사 자격을 취득한 사람에 한정한다)에 해당하는 사람: 2명(검사로 재직하고 있거나 4년 이상 재직하였던 사람 1명을 포함하여야 한다)
  3. 제2항제4호에 해당하는 사람: 1명

⑧ 감정부 회의는 재적위원 과반수의 출석과 출석위원 전원의 찬성으로 의결한다. 이 경우 제7항 각 호에 따른 위원이 각각 1명 이상 출석하여야 한다. 〈신설 2018. 12. 11.〉

⑨ 감정부의 장은 제2항제1호에 해당하는 사람 중에서 단장이 지명한다. 〈개정 2018. 12. 11.〉

⑩ 감정부에 1명 이상의 상임 감정위원을 둔다. 〈개정 2018. 12. 11.〉

⑪ 감정위원은 자신의 직무를 독립적으로 수행하고 의료사고의 감정에 관하여 어떠한 지시에도 구속되지 아니한다. 〈개정 2018. 12. 11.〉

⑫ 제21조 및 제22조제2항은 감정위원에게 준용한다. 〈개정 2018. 12. 11.〉

⑬ 감정단의 업무를 지원하기 위하여 의사·치과의사 및 한의사, 약사, 한약사, 간호사 등 대통령령으로 정하는 사람 중에서 조사관을 둘 수 있다. 〈개정 2018. 12. 11.〉

⑭ 추천위원회의 구성 및 운영, 감정부의 조직 및 운영 등에 관하여 필요한 사항은 대통령령으로 정한다. 〈개정 2018. 12. 11.〉

제3장 의료분쟁의 조정 및 중재

제1절 조정

제27조(조정의 신청) ① 의료분쟁(이하 "분쟁"이라 한다)의 당사자 또는 그 대리인은 보건복지부령으로 정하는 바에 따라 조정중재원에 분쟁의 조정을 신청할 수 있다. 〈개정 2016. 5. 29.〉

② 당사자는 다음 각 호의 어느 하나에 해당하는 사람을 대리인으로 선임할 수 있다. 다만, 제4호의 경우에는 제1호에 해당하는 사람이 없거나 외국인 등 보건복지부령으로 정하는 경우에 한정한다. 〈개정 2016. 5. 29.〉

1. 당사자의 법정대리인, 배우자, 직계존비속 또는 형제자매
2. 당사자인 법인 또는 보건의료기관의 임직원
3. 변호사
4. 당사자로부터 서면으로 대리권을 수여받은 자

③ 원장은 제1항에 따른 조정신청이 다음 각 호의 어느 하나에 해당하는 경우 신청을 각하한다. 다만, 조정신청이 접수되기 전에 제1호의 소(訴) 또는 제2호의 조정신청이 취하되거나 각하된 경우에는 그러하지 아니하다. 〈개정 2016. 5. 29.〉

1. 이미 해당 분쟁조정사항에 대하여 법원에 소(訴)가 제기된 경우
2. 이미 해당 분쟁조정사항에 대하여 「소비자기본법」 제60조에 따른 소비자분쟁조정위원회에 분쟁조정이 신청된 경우
3. 조정신청 자체로서 의료사고가 아닌 것이 명백한 경우

④ 원장은 조정신청을 접수하면 조정위원회와 감정단에 각각 이를 통지하고 조정신청을 한 자(이하 "신청인"이라 한다)의 상대방(이하 "피신청인"이라 한다)에게 조정신청서를 송달하여야 한다. 〈개정 2016. 5. 29.〉

⑤ 위원장은 제4항에 따른 조정신청의 통지를 받은 때에는 지체 없이 관할 조정부를 지정하고 해당 사건을 배당하여야 한다.

⑥ 단장은 제4항에 따른 조정신청의 통지를 받은 때에는 지체 없이 관할 감정부를 지정하고 해당 사건을 배당하여야 한다.

⑦ 위원장 또는 단장은 다음 각 호의 어느 하나에 해당하는 경우 지체 없이 그 사실을 원장에게 통지하여야 한다. 이 경우 원장은 조정신청을 각하한다.

1. 신청인이 조사에 응하지 아니하거나 2회 이상 출석요구에 응하지 아니한 때
2. 신청인이 조정신청 후에 의료사고를 이유로 「의료법」 제12조제2항을 위반하는 행위를 한 때 또는 「형법」 제314조제1항에 해당하는 행위를 한 때
3. 조정신청이 있은 후에 소가 제기된 때

⑧ 제4항에 따라 조정신청서를 송달받은 피신청인이 조정에 응하고자 하는 의사를 조정중재원에 통지함으로써 조정절차를 개시한다. 피신청인이 조정신청서를 송달받은 날부터 14일 이내에 조정절차에 응하고자 하는 의사를 통지하지 아니한 경우 원장은 조정신청을 각하한다.

⑨ 원장은 제8항에도 불구하고 제1항에 따른 조정신청의 대상인 의료사고가 사망 또는 다음 각 호에 해당하는 경우에는 지체 없이 조정절차를 개시하여야 한다. 이 경우 피신청인이 조정신청서를 송달받은 날을 조정절차 개시일로 본다. 〈신설 2016. 5. 29., 2018. 12. 11.〉

1. 1개월 이상의 의식불명
2. 「장애인복지법」 제2조에 따른 장애인 중 장애 정도가 중증에 해당하는 경우로서 대통령령으로 정하는 경우
⑩ 제9항에 따른 조정절차가 개시된 경우 조정신청서를 송달받은 피신청인은 다음 각 호의 어느 하나에 해당하는 경우 조정절차의 개시에 대하여 송달받은 날부터 14일 이내에 위원장에게 이의신청을 할 수 있다. 〈신설 2016. 5. 29.〉
　1. 신청인이 조정신청 전에 의료사고를 이유로 「의료법」 제12조제2항을 위반하는 행위 또는 「형법」 제314조제1항에 해당하는 행위를 한 경우
　2. 거짓된 사실 또는 사실관계로 조정신청을 한 것이 명백한 경우
　3. 그 밖에 보건복지부령으로 정하는 사유에 해당되는 경우
⑪ 위원장은 제10항에 따른 이의신청을 받은 때에는 그 이의신청일부터 7일 이내에 다음 각 호의 구분에 따른 조치를 하여야 한다. 〈신설 2016. 5. 29.〉
　1. 이의신청이 이유 없다고 인정하는 경우: 이의신청에 대한 기각결정을 하고 지체 없이 이의신청을 한 피신청인에게 그 결과를 통지한다.
　2. 이유 있다고 인정하는 경우: 그 사실을 원장에게 통지하고 원장은 그 조정신청을 각하한다.
⑫ 제7항, 제8항 또는 제11항제2호에 따라 조정신청이 각하된 경우 원장은 지체 없이 위원장과 단장에게 이를 알려야 한다. 〈개정 2016. 5. 29.〉
⑬ 제1항에 따른 분쟁의 조정신청은 다음 각 호에 해당하는 기간 내에 하여야 한다. 〈개정 2016. 5. 29.〉
　1. 의료사고의 원인이 된 행위가 종료된 날부터 10년
　2. 피해자나 그 법정대리인이 그 손해 및 가해자를 안 날부터 3년
⑭ 신청인이 피신청인을 잘못 지정한 것이 명백한 때에는 조정부는 신청인의 신청에 따라 결정으로 피신청인의 경정을 허가할 수 있다. 〈개정 2016. 5. 29.〉
⑮ 제14항에 따른 경정허가결정이 있는 경우 새로운 피신청인에 대한 조정신청은 제14항의 경정신청이 있는 때에 한 것으로 보고, 종전의 피신청인에 대한 조정신청은 신청인의 경정신청이 있는 때에 취하된 것으로 본다. 〈개정 2016. 5. 29.〉

제28조(의료사고의 조사) ① 감정부는 의료사고의 감정을 위하여 필요하다고 인정하는 경우 신청인, 피신청인, 분쟁 관련 이해관계인 또는 참고인(이하 "조정당사자등"이라 한다)으로 하여금 출석하게 하여 진술하게 하거나 조사에 필요한 자료 및 물건 등의 제출을 요구할 수 있다. 〈개정 2016. 5. 29.〉
② 감정부는 의료사고가 발생한 보건의료기관의 보건의료인 또는 보건의료기관개설자에게 사고의 원인이 된 행위 당시 환자의 상태 및 그 행위를 선택하게 된 이유 등을 서면 또는 구두로 소명하도록 요구할 수 있다.
③ 감정위원 또는 조사관은 의료사고가 발생한 보건의료기관에 출입하여 관련 문서 또는 물건을 조사·열람 또는 복사할 수 있다. 이 경우 감정위원 또는 조사관은 그 권한을 표시하는 증표를 지니고 이를 관계인에게 내보여야 한다.
④ 제3항에 따른 조사·열람 또는 복사를 하기 위해서는 7일 전까지 그 사유 및 일시 등을 해당 보건의료기관에 서면으로 통보하여야 한다. 다만, 긴급한 경우나 사전 통지 시 증거 인멸 등으로 그 목적을 달성할 수 없다고 인정하는 경우에는 그러하지 아니하다. 〈신설 2016. 5. 29.〉
⑤ 조정중재원으로부터 제1항부터 제3항까지에 따른 의료사고 조사 관련 요구를 받은 보건의료기관, 보건의료기관의 의료인, 보건의료기관 개설자 및 조정당사자등은 정당한 이유가 없으면 이에 응하여야 한다. 〈신설 2016. 5. 29.〉

제28조의2(감정위원 등의 의견 청취) 감정부는 의료사고의 발생 원인이 2개 이상의 진료과목과 관련이 있

는 경우 정확한 감정을 위하여 관련 진료과목을 담당하는 감정위원 또는 자문위원의 의견을 들어야 한다.
[본조신설 2018. 12. 11.]

제29조(감정서) ① 감정부는 조정절차가 개시된 날부터 60일 이내에 의료사고의 감정결과를 감정서로 작성하여 조정부에 송부하여야 한다. 〈개정 2016. 5. 29.〉

② 제1항에도 불구하고 감정부가 필요하다고 인정하는 때에는 그 기간을 1회에 한하여 30일까지 연장할 수 있다. 이 경우 그 사유와 기한을 명시하여 조정부에 통지하여야 한다.

③ 제1항의 감정서에는 사실조사의 내용 및 결과, 과실 및 인과관계 유무, 후유장애의 정도 등 대통령령으로 정하는 사항을 기재하고 감정부의 장 및 감정위원이 이에 기명날인 또는 서명하여야 한다.

④ 제26조제8항에 따라 감정결과를 의결함에 있어 감정위원의 감정소견이 일치하지 아니하는 경우에는 감정서에 감정위원의 소수의견도 함께 기재하여야 한다. 〈신설 2018. 12. 11.〉

제30조(의견진술 등) ① 조정부는 신청인, 피신청인 또는 분쟁 관련 이해관계인으로 하여금 조정부에 출석하여 발언할 수 있게 하여야 한다.

② 감정부에 소속된 감정위원은 조정부의 요청이 있는 경우 조정부에 출석하여 해당 사건에 대한 감정결과를 설명하여야 하고, 조정부는 조정위원 과반수의 찬성이 있는 경우 그 사유와 기한을 명시하여 재감정을 요구할 수 있다. 〈개정 2018. 12. 11.〉

③ 조정부가 제2항에 따라 재감정을 요구한 경우 단장은 기존 감정절차에 참여하지 아니한 감정위원으로 새로이 감정부를 구성하여야 한다.

④ 제3항에 따라 새로이 구성된 감정부는 감정을 실시함에 있어서 필요한 경우 조정중재원에 속하지 아니한 보건의료인에게 자문할 수 있다.

제31조(출석기일) ① 출석기일은 이를 당사자에게 통지하여야 한다.

② 기일의 통지는 출석요구서를 송달하는 외에 그 밖의 상당한 방법에 따라 이루어져야 한다.

제32조(조정절차의 비공개) 조정부의 조정절차는 공개하지 아니한다. 다만, 조정부의 조정위원 과반수의 찬성이 있는 경우 이를 공개할 수 있다.

제33조(조정결정) ① 조정부는 사건의 조정절차가 개시된 날부터 90일 이내에 조정결정을 하여야 한다. 〈개정 2016. 5. 29.〉

② 제1항에도 불구하고 조정부가 필요하다고 인정하는 경우 그 기간을 1회에 한하여 30일까지 연장할 수 있다. 이 경우 그 사유와 기한을 명시하여 신청인에게 통지하여야 한다.

③ 조정부는 해당 사건에 대한 감정부의 감정의견을 고려하여 조정결정을 한다.

제33조의2(간이조정) ① 조정부는 조정신청된 사건이 다음 각 호의 어느 하나에 해당하는 경우 의료사고의 감정을 생략하거나 1명의 감정위원이 감정하는 등 대통령령으로 정하는 절차(이하 "간이조정절차"라 한다)에 따라 조정할 수 있다. 〈개정 2018. 12. 11.〉

  1. 사건의 사실관계 및 과실 유무 등에 대하여 신청인과 피신청인 간에 큰 이견이 없는 경우
  2. 과실의 유무가 명백하거나 사건의 사실관계 및 쟁점이 간단한 경우
  3. 그 밖에 제1호 및 제2호에 준하는 경우로서 대통령령으로 정하는 경우

② 제1항에 따른 간이조정절차에 따라 조정을 하는 경우에는 제23조제4항에도 불구하고 조정부의 장이 단독으로 조정결정을 할 수 있다. 〈개정 2018. 12. 11.〉

③ 조정부는 제1항에 따른 간이조정절차 중에 해당 사건이 제1항 각 호의 어느 하나에 해당하지 않는 것으로 판단되는 경우에는 이 법의 다른 규정에 따른 통상의 조정절차로 전환할 수 있다. 〈신설 2018. 12. 11., 2020. 4. 7.〉

④ 조정부는 간이조정절차에 따라 조정하려는 경우에는 해당 의료사고의 내용·성격 및 보건의료인의 과

실 여부 등에 대하여 감정부의 의견을 들어야 한다. 〈신설 2020. 4. 7.〉

⑤ 조정부는 간이조정절차에 따라 조정하려는 경우나 제3항에 따라 간이조정절차를 통상의 조정절차로 전환하려는 경우에는 미리 신청인과 피신청인의 의견을 들어야 하고, 그 결과를 지체 없이 신청인과 피신청인에게 통지하여야 한다. 〈신설 2020. 4. 7.〉

[본조신설 2016. 5. 29.] [제목개정 2018. 12. 11.]

제33조의3(조정을 하지 아니하는 결정) 조정부는 조정신청이 다음 각 호의 어느 하나에 해당하는 경우 조정을 하지 아니하는 결정으로 사건을 종결시킬 수 있다.

1. 신청인이 정당한 사유 없이 조정을 기피하는 등 그 조정신청이 이유 없다고 인정하는 경우
2. 신청인이 거짓된 사실로 조정신청을 하거나 부당한 목적으로 조정신청을 한 것으로 인정하는 경우
3. 사건의 성질상 조정을 하기에 적당하지 아니한 경우

[본조신설 2016. 5. 29.]

제34조(조정결정서) ① 조정부의 조정결정은 다음 각 호의 사항을 기재한 문서로 하고 조정부의 장 및 조정위원이 이에 기명날인 또는 서명하여야 한다.

1. 사건번호와 사건명
2. 당사자 및 대리인의 성명과 주소
3. 결정주문
4. 신청의 취지
5. 결정이유
6. 조정일자

② 제1항제5호의 결정이유에는 주문의 내용이 정당함을 인정할 수 있는 정도의 판단을 표시하여야 한다.

제35조(배상금의 결정) 조정부는 제33조에 따라 조정결정을 하는 경우 의료사고로 인하여 환자에게 발생한 생명·신체 및 재산에 관한 손해, 보건의료기관개설자 또는 보건의료인의 과실 정도, 환자의 귀책사유 등을 고려하여 손해배상액을 결정하여야 한다.

제36조(조정결과의 통지) ① 원장은 제33조 또는 제33조의3에 따라 조정부가 조정결정 또는 조정을 하지 아니하는 결정을 한 때에는 그 조정결정서 정본을 7일 이내에 신청인과 피신청인에게 송달하여야 한다. 〈개정 2016. 5. 29.〉

② 제1항에 따른 조정결정 송달을 받은 신청인과 피신청인은 그 송달을 받은 날부터 15일 이내에 동의 여부를 조정중재원에 통보하여야 한다. 이 경우 15일 이내에 의사표시가 없는 때에는 동의한 것으로 본다. 〈개정 2018. 12. 11.〉

③ 조정은 제2항에 따라 당사자 쌍방이 조정결정에 동의하거나 동의한 것으로 보는 때에 성립한다.

④ 제3항에 따라 성립된 조정은 재판상 화해와 동일한 효력이 있다.

⑤ 원장은 분쟁의 조정 결과 의료사고에 대한 의료인의 과실이 인정되지 아니하고 해당 의료사고가 보건의료기관이 사용한 다음 각 호의 어느 하나에 해당하는 물건의 흠으로 인한 것으로 의심되는 경우 신청인에게 그와 같은 취지를 설명하고 피해를 구제받을 수 있는 절차 등을 대통령령으로 정하는 바에 따라 안내하여야 한다.

1. 「약사법」 제2조에 따른 의약품, 한약 및 한약제제
2. 「의료기기법」 제2조에 따른 의료기기
3. 「혈액관리법」 제2조에 따른 혈액

제37조(조정절차 중 합의) ① 신청인은 제27조제1항에 따른 조정신청을 한 후 조정절차 진행 중에 피신청인과 합의할 수 있다.

② 제1항에 따른 합의가 이루어진 경우 조정부는 조정절차를 중단하고 당사자가 합의한 내용에 따라 조정조서를 작성하여야 한다.

③ 조정부는 제2항에 따른 조정조서를 작성하기 전에 당사자의 의사를 확인하여야 한다.

④ 제2항에 따라 작성된 조정조서는 재판상 화해와 동일한 효력이 있다.

제38조(감정서 등의 열람·복사) ① 신청인 또는 피신청인은 조정중재원에 감정서, 조정결정서, 조정조서 또는 본인이 제출한 자료의 열람 또는 복사를 신청할 수 있다. 〈개정 2016. 5. 29.〉

② 제1항에 따른 열람 또는 복사의 대상·신청방법 및 절차 등에 관하여 필요한 사항은 보건복지부령으로 정한다.

제39조(「민사조정법」의 준용 등) 조정절차에 관하여 이 법에서 규정하지 아니한 사항에 대하여는 「민사조정법」을 준용한다.

제40조(소송과의 관계) 의료분쟁에 관한 소송은 이 법에 따른 조정절차를 거치지 아니하고도 제기할 수 있다.

제41조(비밀누설의 금지) 조정위원, 감정위원, 조사관 및 조정중재원의 임직원으로서 그 업무를 수행하거나 수행하였던 자는 조정 또는 감정 절차의 과정에서 직무상 알게 된 비밀을 누설하여서는 아니 된다.

제42조(시효의 중단) ① 제27조제1항에 따른 조정의 신청은 시효중단의 효력이 있다. 다만, 그 신청이 취하되거나 각하된 때에는 1개월 이내에 소를 제기하지 아니하면 시효중단의 효력이 없다. 〈개정 2018. 12. 11.〉

② 제1항 본문에 따라 중단된 시효는 다음 각 호의 어느 하나에 해당하는 경우 새로이 진행한다. 〈개정 2018. 12. 11.〉

  1. 조정이 성립하였거나 제37조에 따라 조정절차 중 합의가 이루어진 경우

  2. 당사자의 일방 또는 쌍방이 조정결정에 동의하지 아니한다는 의사를 표시한 경우

  3. 제33조의3에 따라 조정을 하지 아니하는 결정으로 사건이 종결되는 경우

제42조의2(처리기한의 불산입) 다음 각 호의 어느 하나에 해당하는 기간은 제29조제1항 또는 제33조제1항에 따른 감정 또는 조정 처리기한에 산입하지 아니한다. 〈개정 2018. 12. 11.〉

  1. 조정절차가 개시된 후 당사자가 사망하여 상속인이 수계하는 경우 수계신청서 제출에 필요한 기간

  2. 당사자가 감정위원 또는 조정위원에 대하여 기피신청을 한 날부터 그 결정에 이르기까지 소요된 기간

  3. 제33조의2제3항에 따라 간이조정절차가 통상의 조정절차로 전환된 경우 간이조정절차에 소요된 기간

  4. 그 밖에 후유장해 진단에 소요된 기간 등 보건복지부령으로 정하는 사유가 있는 기간

[본조신설 2016. 5. 29.]

제2절 중재

제43조(중재) ① 당사자는 분쟁에 관하여 조정부의 종국적 결정에 따르기로 서면으로 합의하고 중재를 신청할 수 있다.

② 제1항의 중재신청은 조정절차 계속 중에도 할 수 있다. 이 경우 조정절차에 제출된 서면 또는 주장 등은 중재절차에서 제출한 것으로 본다.

③ 당사자는 합의에 따라 대통령령으로 정하는 바에 따라 조정부를 선택할 수 있다.

④ 중재절차에 관하여는 조정절차에 관한 이 법의 규정을 우선 적용하고, 보충적으로 「중재법」을 준용한다.

제44조(중재판정의 효력 등) ① 중재판정은 확정판결과 동일한 효력이 있다.

② 중재판정에 대한 불복과 중재판정의 취소에 관하여는 「중재법」 제36조를 준용한다.

제4장 의료배상공제조합 및 불가항력 의료사고 보상

제45조(의료배상공제조합의 설립·운영) ① 보건의료인단체 및 보건의료기관단체는 의료사고에 대한 배상을 목적으로 하는 의료배상공제조합(이하 "공제조합"이라 한다)을 보건복지부장관의 인가를 받아 설립·운영할 수 있다.

② 공제조합은 법인으로 한다.

③ 공제조합은 의료사고에 대한 배상금을 지급하는 공제사업을 운영하여야 한다.

④ 보건의료기관개설자는 자신이 소속되어 있는 보건의료인단체 및 보건의료기관단체가 운영하는 공제조합의 조합원으로 가입할 수 있고, 공제조합에 가입한 경우 공제조합이 정하는 공제료를 납부하여야 한다.

⑤ 공제조합의 설립·운영 등에 관하여 필요한 사항은 보건복지부령으로 정한다.

⑥ 공제조합에 관하여 이 법에서 규정된 사항 외에는 「민법」 중 사단법인에 관한 규정을 준용한다.

제46조(불가항력 의료사고 보상) ① 조정중재원은 보건의료인이 충분한 주의의무를 다하였음에도 불구하고 불가항력적으로 발생하였다고 의료사고보상심의위원회에서 결정한 분만(分娩)에 따른 의료사고로 인한 피해를 보상하기 위한 사업(이하 "의료사고 보상사업"이라 한다)을 실시한다.

② 보건복지부장관은 의료사고 보상사업에 드는 비용을 부담하여야 한다. 〈개정 2023. 6. 13.〉

③ 삭제〈2023. 6. 13.〉

④ 삭제〈2023. 6. 13.〉

⑤ 제1항에 따른 의료사고보상심의위원회의 구성 및 운영, 보상의 범위, 보상금의 지급기준 및 절차 등에 관하여 필요한 사항은 대통령령으로 정한다. 〈개정 2018. 12. 11., 2023. 6. 13.〉

제46조의2(불가항력 의료사고 보상을 위한 자료 제공) 조정중재원은 보건의료기관, 「국민건강보험법」에 따른 국민건강보험공단이나 건강보험심사평가원, 지방자치단체 등 관계 기관에 대하여 제46조제1항에 따른 의료사고 보상사업에 드는 비용의 산정 등을 위하여 필요한 자료의 제공을 요청할 수 있다. 〈개정 2023. 6. 13.〉
[본조신설 2016. 5. 29.]

제5장 손해배상금 대불

제47조(손해배상금 대불) ① 의료사고로 인한 피해자가 다음 각 호의 어느 하나에 해당함에도 불구하고 그에 따른 금원을 지급받지 못하였을 경우 미지급금에 대하여 조정중재원에 대불을 청구할 수 있다. 다만, 제3호의 경우 국내 법원에서의 판결이 확정된 경우에 한정한다. 〈개정 2016. 5. 29.〉

1. 조정이 성립되거나 중재판정이 내려진 경우 또는 제37조제1항에 따라 조정절차 중 합의로 조정조서가 작성된 경우

2. 「소비자기본법」 제67조제3항에 따라 조정조서가 작성된 경우

3. 법원이 의료분쟁에 관한 민사절차에서 보건의료기관개설자, 보건의료인, 그 밖의 당사자가 될 수 있는 자에 대하여 금원의 지급을 명하는 집행권원을 작성한 경우

② 제1항에 따른 손해배상금의 대불에 필요한 비용(이하 이 조에서 "대불비용"이라 한다)을 충당하기 위한 재원은 보건의료기관개설자가 부담하여야 한다.〈개정 2023. 12. 29.〉

③ 보건복지부장관은 의료분쟁 발생현황, 대불제도 이용실적, 예상 대불비용 등을 고려하여 보건의료기관개설자별로 부담하여야 하는 대불비용 부담액을 산정·부과·징수하며, 보건의료기관개설자별 대불비용 부담액의 산정과 납부방법 및 관리 등에 필요한 사항은 대통령령으로 정한다.〈신설 2023. 12. 29.〉

④ 보건복지부장관은 제3항에 따른 보건의료기관개설자별 대불비용 부담액의 산정·부과·징수 업무를 조정중재원에 위탁할 수 있다. 이 경우 조정중재원은 손해배상금 대불을 위하여 보건복지부령으로 정하는 바에 따라 별도 계정을 설치하여야 한다. 〈개정 2023. 12. 29.〉

⑤ 제3항에 따라 보건의료기관개설자가 부담하는 비용은 「국민건강보험법」 제47조제3항에도 불구하고 국

민건강보험공단이 요양기관에 지급하여야 할 요양급여비용의 일부를 조정중재원에 지급하는 방법으로 할 수 있다. 이 경우 국민건강보험공단은 요양기관에 지급하여야 할 요양급여비용의 일부를 지급하지 아니하고 이를 조정중재원에 지급하여야 한다.〈개정 2011. 12. 31., 2023. 12. 29.〉

⑥ 조정중재원은 제1항에 따른 대불청구가 있는 때에는 손해배상 의무가 있는 보건의료기관개설자 또는 보건의료인(이하 이 조에서 "손해배상의무자"라 한다)의 대불금 상환 가능성, 상환 예상액 등 보건복지부령으로 정하는 기준에 따라 심사하고 대불하여야 한다.〈개정 2023. 12. 29.〉

⑦ 조정중재원은 제6항에 따라 손해배상금을 대불한 경우 손해배상의무자에게 그 대불금을 구상할 수 있다.〈개정 2023. 12. 29.〉

⑧ 조정중재원은 제7항에 따라 대불금을 구상함에 있어서 상환이 불가능한 대불금에 대하여 결손처분을 할 수 있다.〈개정 2023. 12. 29.〉

⑨ 제6항에 따른 손해배상금 대불의 대상·범위·절차 및 방법, 제7항에 따른 구상의 절차 및 방법, 제8항에 따른 상환이 불가능한 대불금의 범위 및 결손처분 절차 등에 관하여 필요한 사항은 대통령령으로 정한다.〈개정 2023. 12. 29.〉

[2023.12.29 법률 제19864호에 의하여 2022.7.21 헌법재판소에서 헌법불합치 결정된 이 조 제2항을 개정함.]

제48조(자료의 제공) ① 원장은 제47조제7항에 따른 구상 및 같은 조 제8항에 따른 결손처분을 위하여 국가·지방자치단체, 「국민건강보험법」에 따른 국민건강보험공단 등 관계 기관에 국세·지방세, 토지·주택·건축물·자동차·선박·항공기, 주민등록·가족관계등록, 국민건강보험·국민연금·고용보험·산업재해보상보험·보훈급여·공무원연금·군인연금·사립학교교직원연금·별정우체국연금·기초연금 등에 관한 자료의 제공을 요청할 수 있다. 〈개정 2023. 12. 29.〉

② 제1항에 따른 요청을 받은 기관은 특별한 사유가 없으면 이에 따라야 한다.

[전문개정 2018. 12. 11.]

제6장 보칙

제49조(송달) 이 법에 따른 문서의 송달에 관하여는 「민사소송법」 중 송달에 관한 규정을 준용한다.

제50조(조정비용 등) ① 조정중재원은 분쟁의 조정 또는 중재 신청을 하는 자에게 수수료를 납부하게 할 수 있다.

② 조정중재원은 다른 기관 등으로부터 의뢰된 감정에 대하여 그 비용을 징수할 수 있다.

③ 제1항에 따른 수수료 및 제2항에 따른 감정비용의 금액과 납부방법 등에 관하여 필요한 사항은 대통령령으로 정한다.

제51조(조정성립 등에 따른 피해자의 의사) ① 의료사고로 인하여 「형법」 제268조의 죄 중 업무상과실치상죄를 범한 보건의료인에 대하여는 제36조제3항에 따른 조정이 성립하거나 제37조제2항에 따라 조정절차 중 합의로 조정조서가 작성된 경우 피해자의 명시한 의사에 반하여 공소를 제기할 수 없다. 다만, 피해자가 신체의 상해로 인하여 생명에 대한 위험이 발생하거나 장애 또는 불치나 난치의 질병에 이르게 된 경우에는 그러하지 아니하다.

② 제3장제2절에 따른 중재절차에서 「중재법」 제31조에 따른 화해중재판정서가 작성된 경우에도 제1항과 같다.

제52조(권한의 위임 및 위탁) ① 보건복지부장관은 이 법에 따른 권한의 일부를 대통령령으로 정하는 바에 따라 시·도지사 또는 시장·군수·구청장에게 위임할 수 있다.

② 보건복지부장관은 이 법에 따른 권한의 일부를 대통령령으로 정하는 바에 따라 조정중재원에 위탁할 수 있다.

제7장 벌칙

제53조(벌칙) ① 제41조를 위반하여 직무상 알게 된 비밀을 누설한 사람은 3년 이하의 징역 또는 3천만원 이하의 벌금에 처한다. 다만, 이에 대하여는 피해자 또는 그 대리인의 고소가 있어야 공소를 제기할 수 있다. 〈개정 2017. 3. 21.〉

② 삭제〈2016. 5. 29.〉

제54조(과태료) ① 제28조제5항을 위반하여 조사·열람 또는 복사를 정당한 사유 없이 거부·방해 또는 기피한 사람에게는 1천만원 이하의 과태료를 부과한다. 〈신설 2016. 5. 29.〉

② 다음 각 호의 어느 하나에 해당하는 자에게는 500만원 이하의 과태료를 부과한다.〈개정 2016. 5. 29.〉

　　1. 제9조를 위반하여 동일 또는 유사명칭을 사용한 자

　　2. 삭제〈2016. 5. 29.〉

　　3. 제28조제5항에 따른 조사에 필요한 자료 및 물건 등의 제출요구를 받고 정당한 사유 없이 이를 제출하지 아니한 자

　　4. 삭제〈2016. 5. 29.〉

③ 제1항 및 제2항에 따른 과태료는 대통령령으로 정하는 바에 따라 보건복지부장관, 시·도지사 또는 시장·군수·구청장이 부과·징수한다.〈개정 2016. 5. 29.〉

부칙

〈제19864호,2023. 12. 29.〉

이 법은 2024년 1월 1일부터 시행한다.

의료사고 피해구제 및 의료분쟁 조정 등에 관한 법률 시행령

(약칭: 의료분쟁조정법 시행령)

[시행 2023. 12. 14.] [대통령령 제33900호, 2023. 12. 5., 일부개정]

제1조(목적) 이 영은 「의료사고 피해구제 및 의료분쟁 조정 등에 관한 법률」에서 위임된 사항과 그 시행에 필요한 사항을 규정함을 목적으로 한다.

제2조(조정중재원의 지부) ① 「의료사고 피해구제 및 의료분쟁 조정 등에 관한 법률」(이하 "법"이라 한다) 제6조제1항에 따른 한국의료분쟁조정중재원(이하 "조정중재원"이라 한다)은 법 제13조제1항에 따른 이사회(이하 "이사회"라 한다)의 의결을 거쳐 지부를 둘 수 있다.
② 지부의 명칭, 위치 및 관할 등 지부의 설치·운영에 필요한 사항은 이사회의 의결을 거쳐 조정중재원의 원장(이하 "원장"이라 한다)이 정한다.

제3조(조정중재원의 업무) 법 제8조제5호에서 "대통령령으로 정하는 업무"란 다음 각 호의 업무를 말한다.
1. 의료사고 예방에 관한 업무
2. 불가항력 의료사고 보상 재원(財源) 등 자산의 관리·운영
3. 의료분쟁에 관한 국제협력
4. 이 법 또는 다른 법령에 따라 위임받거나 위탁받은 업무
5. 그 밖에 보건복지부장관이 조정중재원에서 수행하는 것이 적절하다고 인정하는 업무

제4조(조정중재원의 이사) 법 제10조제1항에 따라 조정중재원에 두는 이사 중 원장, 법 제19조에 따른 의료분쟁조정위원회의 위원장(이하 "위원장"이라 한다) 및 법 제25조에 따른 의료사고감정단(이하 "감정단"이라 한다)의 단장(이하 "단장"이라 한다)을 제외한 이사는 다음 각 호의 사람 중에서 위촉한다.
1. 보건의료인단체 또는 보건의료기관단체에서 추천하는 사람 1명
2. 「비영리민간단체 지원법」 제2조에 따른 비영리민간단체에서 추천하는 사람 1명
3. 「고등교육법」 제2조에 따른 대학이나 공인된 연구기관에서 부교수 이상 또는 이에 상당하는 직위에 재직 중이거나 재직하였던 사람 1명
4. 기획재정부·법무부 및 보건복지부의 고위공무원단에 속하는 일반직공무원 또는 3급 일반직공무원 (이에 상당하는 특정직공무원을 포함한다) 각 1명

제5조(이사회의 심의·의결사항) 이사회는 다음 각 호의 사항을 심의·의결한다.
1. 사업운영계획 등 조정중재원의 기본방침에 관한 사항
2. 예산 및 결산에 관한 사항
3. 정관의 변경에 관한 사항
4. 내부규정의 제정·개정 및 폐지에 관한 사항
5. 준비금 등 중요재산의 취득·관리 및 처분에 관한 사항
6. 차입금에 관한 사항
7. 조정중재원의 지부 설치에 관한 사항
8. 그 밖에 조정중재원의 업무와 운영에 관한 중요사항

제6조(이사회의 구성 및 운영) ① 이사회는 원장, 위원장, 단장 및 제4조에 따라 위촉한 이사로 구성한다.
② 이사회의 회의는 정기회의와 임시회의로 구분하며, 정기회의는 매년 2회 정관이 정하는 시기에, 임시회의는 원장이 필요하다고 인정하는 경우 또는 재적이사 3분의 1 이상이 요구하는 경우에 개최한다.
③ 이사회의 소집절차는 정관으로 정한다.

제7조(정부출연금의 지급신청) 원장은 법 제15조제1항제1호에 따른 정부출연금을 받으려면 지급신청서에 분기별 예산집행계획서를 첨부하여 보건복지부장관에게 제출하여야 한다.

제8조(정부출연금의 관리 등) ① 원장은 법 제15조제2항에 따라 정부출연금을 받으면 별도의 계정을 설정하여 관리하여야 하고, 정부출연금을 그 목적 외의 용도로 사용해서는 아니 된다.

② 원장은 매 회계연도의 결산 결과 제1항의 정부출연금에 잉여금이 생기면 이월손실금의 보전(補塡)에 충당하고, 나머지는 다음 해로 이월하여야 한다.

제9조(조정위원회의 간사) ① 법 제19조제1항에 따른 의료분쟁조정위원회(이하 "조정위원회"라 한다)에 조정위원회의 사무를 처리하기 위하여 간사 1명을 둔다.

② 간사는 상임 조정위원 중에서 위원장이 지명한다.

제10조(조정위원회의 회의 등) ① 조정위원회의 회의는 위원장이 필요하다고 인정하는 경우나 원장 또는 재적 조정위원 3분의 1 이상이 요구하는 경우에 소집한다.

② 조정위원회의 회의를 개최한 경우에는 회의일시, 장소, 토의내용 및 의결사항 등을 기록한 회의록을 작성하여 위원장이 서명하거나 기명날인한 다음 위원회에 갖추어 두어야 한다.

③ 제1항과 제2항에서 규정한 사항 외에 조정위원회의 구성 및 운영에 필요한 사항은 이사회의 의결을 거쳐 원장이 정한다.

제11조(조정위원회의 업무 지원 인력) 법 제23조제7항에서 "변호사 등 대통령령으로 정하는 사람"이란 조정·중재 절차의 진행 및 손해액의 산정 등에 관한 지식과 경험이 풍부한 사람으로서 다음 각 호의 어느 하나에 해당하는 사람을 말한다. 〈개정 2019. 6. 11.〉

　1. 변호사

　2. 공인회계사

　3. 법학 및 보건학 관련 분야에서 석사학위 이상을 취득한 사람

　4. 법률에 따라 설립된 분쟁해결 기관 또는 기구에서 2년 이상 근무한 경력이 있는 사람

　5. 그 밖에 원장이 조정위원회의 업무를 효율적으로 지원하기 위하여 필요하다고 인정하는 사람. 이 경우 원장은 채용시험 공고 시 그 자격 및 범위를 공고해야 한다.

[제목개정 2019. 6. 11.]

제12조(추천위원회 위원의 임기) 법 제26조제2항에 따른 감정위원추천위원회(이하 "추천위원회"라 한다)의 위원의 임기는 3년으로 하며, 연임할 수 있다.

제13조(추천위원회의 운영) 추천위원회의 회의는 추천위원회의 위원장이 필요하다고 인정하는 경우나 원장 또는 재적 추천위원 3분의 1 이상이 요구하는 경우에 소집한다.

제14조(감정단의 업무 지원 인력) 법 제26조제13항에서 "대통령령으로 정하는 사람"이란 보건의료, 법률 및 분쟁해결 등에 관한 지식과 경험이 풍부한 사람으로서 다음 각 호의 어느 하나에 해당하는 사람을 말한다. 〈개정 2016. 11. 29., 2018. 12. 18., 2019. 6. 11.〉

　1. 변호사

　2. 「의료법」제2조에 따른 의사, 치과의사, 한의사 또는 간호사

　3. 「약사법」제2조에 따른 약사 또는 한약사

　4. 「의료기사 등에 관한 법률」 제1조의2제1호 및 제2호에 따른 의료기사 또는 보건의료정보관리사로서 「의료법」 제3조에 따른 의료기관에서 3년 이상 근무한 경력이 있는 사람

　5. 법학 및 보건학 관련 분야에서 석사학위 이상을 취득한 사람

　6. 법률에 따라 설립된 분쟁해결 기관 또는 기구에서 2년 이상 근무한 경력이 있는 사람

7. 그 밖에 원장이 감정단의 업무를 효율적으로 지원하기 위하여 필요하다고 인정하는 사람. 이 경우 원장은 채용시험 공고 시 그 자격 및 범위를 공고해야 한다.

[제목개정 2019. 6. 11.]

제14조의2(자동조정절차가 개시되는 의료사고의 범위 등) ① 법 제27조제9항제2호에서 "대통령령으로 정하는 경우"란 「장애인복지법 시행령」 별표 1에 따른 장애(자폐성장애 및 정신장애는 제외한다) 중 장애 정도가 심한 장애를 말한다. 다만, 다음 각 호의 어느 하나에 해당하는 경우에는 법 제27조제9항에 따른 자동조정의 개시 대상에서 제외한다. *〈개정 2019. 6. 11.〉*

1. 장애 정도가 심하지 않은 기존 장애와 의료사고로 인한 다른 장애(장애 정도가 심하지 않은 경우만 해당한다)를 합산 판정하여 장애 정도가 심한 장애가 된 경우
2. 장애 정도가 심하지 않은 기존 장애의 부위와 의료사고로 인한 동일 장애의 다른 부위(장애 정도가 심하지 않은 경우만 해당한다)를 합산 판정하여 장애 정도가 심한 장애가 된 경우
3. 장애 정도가 심한 장애에 해당하는 기존 장애와 동일한 부위에 의료사고로 인한 장애가 추가로 발생한 경우

② 원장은 법 제27조제9항제2호에 따른 장애 정도가 중증에 해당하는 경우의 판정 및 내용 등에 대한 확인이 필요하다고 인정하는 경우에는 관할 특별자치시장, 특별자치도지사 또는 시장·군수·구청장(자치구의 구청장을 말한다. 이하 같다)에게 관련 자료 또는 의견의 제출을 요청할 수 있다. *〈개정 2019. 6. 11.〉*

[본조신설 2016. 11. 29.]

제15조(감정서의 기재사항) ① 법 제29조제3항에서 "대통령령으로 정하는 사항"이란 다음 각 호의 사항을 말한다. *〈개정 2015. 6. 15.〉*

1. 사건번호와 사건명
2. 당사자의 성명
3. 감정대상
4. 사실조사의 내용 및 결과
5. 과실 및 인과관계의 유무
6. 후유장애의 유무, 종류 및 정도
7. 제5호 및 제6호의 사항에 관한 감정소견
8. 작성일
9. 관할 감정부의 명칭

② 제1항제7호의 감정소견에는 그 판단 근거 및 이유를 적어야 한다. 다만, 감정위원 전원의 일치된 감정소견의 경우에는 그 판단 근거 및 이유의 기재를 생략할 수 있다.

③ 삭제 *〈2019. 6. 11.〉*

제15조의2(간이조정절차 등) ① 조정부는 법 제33조의2제1항에 따라 조정을 하려는 경우에는 해당 의료사고의 내용·성격 및 보건의료인의 과실여부 등에 대하여 감정부의 의견을 들어야 한다. *〈개정 2019. 6. 11.〉*

② 조정부는 법 제33조의2제1항에 따라 조정을 하는 경우에는 감정부와 협의하여 의료사고 감정을 생략하거나 1명의 감정위원(법 제26조제2항제1호 및 제3호에 따른 의사·치과의사 또는 한의사만 해당한다)이 감정하게 할 수 있다. *〈개정 2019. 6. 11.〉*

③ 법 제33조의2제1항제3호에서 "대통령령으로 정하는 경우"란 의료분쟁에 대한 조정신청 금액이 500만 원 이하인 경우를 말한다.

[본조신설 2016. 11. 29.] [제목개정 2019. 6. 11.]

제16조(조정결정 후의 절차) ① 법 제36조제2항에 따른 조정결정에 대한 동의 여부의 의사표시는 조정중재원에 서면을 제출하는 방식으로 한다.

② 법 제36조제5항에 따른 안내는 다음 각 호의 사항을 적은 서면을 신청인에게 송달하는 방식으로 한다.〈개정 2023. 12. 5.〉

1. 「제조물 책임법」 등 피해구제의 근거가 되는 법령
2. 피해구제의 신청방법 및 절차
3. 배상 또는 보상 청구의 상대방
4. 그 밖에 피해구제에 필요한 사항

제17조(중재를 담당할 조정부의 선택) ① 법 제43조제3항에 따라 당사자는 다음 각 호의 어느 하나에 해당하는 방법으로 중재를 담당할 조정부를 선택하기로 합의할 수 있다. 다만, 당사자가 법 제43조제1항에 따라 중재를 신청한 날부터 15일이 경과할 때까지 합의하지 못하면 제2호의 방법을 선택하기로 합의한 것으로 본다.

1. 위원장에게 중재를 담당할 조정부의 지정을 위임하는 방법
2. 위원장이 제시하는 조정부 중 하나를 당사자의 합의로 선택하는 방법

② 제1항제2호에 따라 당사자가 위원장으로부터 조정부의 제시를 받고서도 그 날부터 15일 이내에 조정부를 선택하지 않으면 위원장은 조정사건의 내용, 의료사고의 원인이 된 진료의 분야 등을 고려하여 중재 절차를 담당할 조정부를 지정할 수 있다.

③ 제1항제1호 또는 제2항에 따라 위원장이 조정부를 지정한 경우에는 당사자는 이에 불복할 수 없다.

제18조(보상심의위원회의 구성) ① 법 제46조제1항에 따른 의료사고보상심의위원회(이하 "보상심의위원회"라 한다)는 위원장 1명을 포함하여 9명의 심의위원으로 구성한다. 〈개정 2015. 6. 15.〉

② 보상심의위원회의 위원장은 심의위원 중에서 원장이 임명한다.

③ 심의위원은 다음 각 호의 사람 중에서 원장이 위촉하며, 비상임으로 한다.〈개정 2015. 6. 15.〉

1. 산부인과 전문의 2명
2. 소아청소년과 전문의 2명
3. 조정위원회의 조정위원 중 2명
4. 감정단의 감정위원 중 2명
5. 「비영리민간단체 지원법」 제2조에 따른 비영리민간단체에서 추천하는 사람 1명

④ 제3항제1호, 제2호 및 제5호에 해당하는 심의위원의 임기는 3년으로 하며, 연임할 수 있다.〈개정 2015. 6. 15.〉

제19조(보상심의위원회의 회의) ① 보상심의위원회의 회의는 보상심의위원회의 위원장이 필요하다고 인정하는 경우 또는 재적 심의위원 3분의 1 이상이 요구하는 경우에 소집한다.

② 보상심의위원회는 재적 심의위원 과반수의 출석과 출석 심의위원 과반수의 찬성으로 의결한다.

③ 보상심의위원회의 위원장은 보상심의위원회를 대표하며 업무를 총괄한다.

④ 제1항부터 제3항까지에서 규정한 사항 외에 보상심의위원회의 운영에 필요한 사항은 보상심의위원회의 의결을 거쳐 보상심의위원회의 위원장이 정한다.

제20조(보상심의위원회 심의위원의 제척 등) ① 보상심의위원회의 심의위원은 다음 각 호의 어느 하나에 해당하는 경우 보상심의위원회의 심의·의결에서 제척된다.

1. 심의위원 또는 그 배우자나 배우자였던 사람이 해당 분쟁사건(이하 이 조에서 "사건"이라 한다)의 당사자가 되는 경우
2. 심의위원이 해당 사건의 당사자와 친족관계에 있거나 있었던 경우
3. 심의위원이 해당 사건에 관하여 진술이나 감정을 한 경우
4. 심의위원이 해당 사건에 관하여 당사자의 대리인으로서 관여하거나 관여하였던 경우
5. 심의위원이 해당 사건이 발생한 보건의료기관에 종사하거나 종사하였던 경우

6. 심의위원이 해당 사건이 발생한 보건의료기관과 동일하거나 사실상 동일한 법인이나 단체에 종사하거나 종사하였던 경우

7. 심의위원이 해당 사건이 발생한 보건의료기관과 동일하거나 사실상 동일한 법인이나 단체에 속하는 보건의료기관에 종사하거나 종사하였던 경우

② 당사자는 심의위원에게 공정을 기대하기 어려운 사정이 있는 경우 그 사유를 적어 보상심의위원회에 기피신청을 할 수 있다. 이 경우 보상심의위원회의 위원장은 보상심의위원회의 의결 없이 기피 여부를 결정한다.

③ 심의위원은 제1항 또는 제2항의 사유에 해당하는 경우 스스로 심의 · 의결에서 회피할 수 있다.

제21조(보상재원의 관리 · 운영) 조정중재원은 법 제46조제1항에 따른 의료사고 보상사업(이하 "의료사고 보상사업"이라 한다)에 드는 비용을 일반 예산과는 독립된 계정으로 관리 · 운영해야 한다.

[전문개정 2023. 12. 5.]

제22조(보상의 범위) 의료사고 보상사업은 다음 각 호의 사고를 대상으로 실시한다. *〈개정 2015. 6. 15., 2023. 12. 5.〉*

1. 분만 과정에서 생긴 신생아의 뇌성마비 또는 분만 이후 분만과 관련된 이상 징후로 인한 신생아의 뇌성마비

2. 분만 과정에서의 산모의 사망 또는 분만 이후 분만과 관련된 이상 징후로 인한 산모의 사망

3. 분만 과정에서의 태아의 사망 또는 분만 이후 분만과 관련된 이상 징후로 인한 신생아의 사망

제23조(보상금의 지급기준) 의료사고 보상사업에 따른 보상금은 3천만원의 범위에서 뇌성마비의 정도 등을 고려하여 보상심의위원회에서 정한다.

제24조(보상금의 지급절차 등) ① 위원장은 의료분쟁의 조정 또는 중재 절차의 진행 중 해당 의료사고에서 보건의료인의 과실이 인정되지 않는다는 취지의 감정서가 제출되고, 해당 의료사고가 보상심의위원회의 심의 대상이 될 것으로 판단하는 경우에는 조정 또는 중재 절차의 당사자 또는 그 대리인(의료사고의 피해자 측 당사자 또는 그 대리인만 해당한다. 이하 이 조에서 "청구인"이라 한다)에게 그 사실과 보상심의위원회에 보상을 청구할 수 있다는 사실을 알려야 한다. *〈개정 2015. 6. 15.〉*

② 제1항에 따른 고지를 받은 청구인은 고지받은 날부터 14일 이내에 보상심의위원회에 불가항력 의료사고에 대한 보상을 청구할 수 있다.

③ 위원장은 제2항에 따른 청구가 있는 경우에는 조정 또는 중재 절차를 중단하고, 해당 사건의 기록 일체를 보상심의위원회에 보내야 한다.

④ 제3항에 따라 기록을 받은 보상심의위원회는 필요하면 감정단에 재감정 또는 추가감정을 요청할 수 있다. 이 경우 감정단은 감정을 요청받은 날부터 1개월 이내에 재감정서 또는 추가감정서를 보상심의위원회에 제출하여야 한다.

⑤ 보상심의위원회의 심의 결과 보상금을 지급하지 않기로 결정된 경우에는 보상심의위원회는 해당 사건의 기록 일체를 지체 없이 위원장에게 보내야 하고, 위원장은 중단된 조정 또는 중재 절차를 재개하여야 한다.

⑥ 보상심의위원회의 심의 결과 보상금을 지급하기로 결정된 경우에는 원장은 청구인에게 결정일부터 15일 이내에 그 사실을 통지하고, 통지한 날부터 1개월 이내에 보상금을 지급하여야 한다.

⑦ 제1항부터 제6항까지에서 규정한 사항 외에 보상금의 지급에 필요한 사항은 이사회의 의결을 거쳐 원장이 정한다.

제25조(대불의 대상 및 범위) ① 법 제47조제1항에 따른 대불의 대상은 손해배상금으로 한정하고, 조정비용 · 중재비용 및 소송비용 등은 포함하지 아니한다.

② 법 제47조제1항에 따른 대불의 범위는 손해배상금 중 미지급된 금액으로 하되, 다음 각 호에서 정한 날 이후의 지연손해금은 제외한다.

1. 법 제47조제1항제1호에 해당하는 경우: 조정성립일이나 중재판정일 또는 조정조서 작성일
2. 법 제47조제1항제2호에 해당하는 경우: 조정조서 작성일
3. 법 제47조제1항제3호에 해당하는 경우: 집행권원 작성일. 다만, 집행권원이 판결인 경우에는 판결확정일로 한다.

제26조(대불의 청구) 법 제47조제1항에 따라 대불을 청구하려는 자는 대불청구서에 다음 각 호의 구분에 따른 문서를 첨부하여 원장에게 제출하여야 한다.

1. 법 제47조제1항제1호에 해당하는 경우: 조정결정서나 중재판정서 또는 조정조서
2. 법 제47조제1항제2호에 해당하는 경우: 조정조서
3. 법 제47조제1항제3호에 해당하는 경우: 집행권원. 다만, 집행권원이 판결인 경우에는 판결확정증명을 포함한다.

제27조(보건의료기관개설자의 대불비용 부담 등) ① 원장은 법 제47조제2항에 따라 보건의료기관개설자가 부담하는 손해배상금의 대불에 필요한 비용(이하 "대불비용"이라 한다)의 연도별 적립 목표액을 정하거나 이를 변경하려는 경우에는 보건복지부장관의 승인을 받아야 한다.

② 원장은 제1항의 연도별 적립 목표액의 범위에서 보건의료기관개설자별 대불비용 부담액의 산정기준 및 이에 따른 징수액을 정한다. 이 경우 보건의료기관의 유형에 따라 대불비용 부담액의 산정기준을 달리 정할 수 있다.

③ 원장은 제2항에 따라 산정된 대불비용을 징수하려는 경우에는 그 비용 및 징수일을 징수일 1개월 전까지 공고해야 한다. 이 경우 법 제47조제4항에 따라 「국민건강보험법」에 따른 국민건강보험공단(이하 "국민건강보험공단"이라 한다)으로부터 요양급여비용의 일부를 지급받는 방법으로 징수하려는 경우에는 국민건강보험공단에도 그 비용 및 징수일을 징수일 1개월 전까지 알려야 한다.〈개정 2019. 6. 11., 2023. 12. 5.〉

④ 원장은 제2항에 따라 보건의료기관개설자별 대불비용 부담액의 산정기준을 정하거나 산정된 대불비용을 제3항에 따라 징수하기 위하여 필요한 경우에는 국민건강보험공단이나 건강보험심사평가원에 관련 자료의 제출을 요청할 수 있다.〈개정 2019. 6. 11.〉

⑤ 원장은 제2항에 따라 보건의료기관개설자별 대불비용 부담액의 산정기준을 정하거나 산정된 대불비용을 제3항에 따라 징수하기 위하여 필요한 경우에는 관계 지방자치단체에 다음 각 호의 사항에 관한 자료의 제출을 요청할 수 있다.〈신설 2015. 6. 15.〉

1. 보건의료기관의 개설 및 폐업에 관한 사항
2. 보건의료기관의 개설 변경에 관한 사항
3. 보건소, 보건지소, 보건의료원의 등록변경에 관한 사항

⑥ 원장은 보건의료기관개설자가 폐업으로 인하여 보건의료업을 계속할 수 없게 된 경우에는 보건복지부장관의 승인을 받아 보건의료기관개설자가 납부한 대불비용의 전부 또는 일부를 반환할 수 있다.〈신설 2015. 6. 15.〉

제28조(대불금의 구상) ① 원장은 법 제47조제5항에 따라 손해배상금을 대불한 경우에는 지체 없이 해당 보건의료기관개설자 또는 보건의료인(이하 "구상의무자"라 한다)에게 일정한 기간 내에 그 대불금 전액을 조정중재원에 납부할 것을 청구하여야 한다.

② 원장은 제1항의 청구를 하여 구상의무자(求償義務者)로부터 대불금을 받은 경우에는 해당 금원을 법 제47조제3항에 따른 손해배상금 대불계정에 편입하여야 한다.

제29조(대불금의 결손처분) ① 원장은 법 제47조제7항에 따라 다음 각 호의 어느 하나에 해당하는 경우의

대불금에 대하여 이사회의 의결을 거쳐 결손처분을 할 수 있다.

1. 구상의무자의 사망, 법인격 상실 또는 행방불명 등의 사유로 구상권 행사가 불가능한 경우
2. 구상의무자의 재산이 없거나 재산이 있더라도 다음 각 목의 어느 하나에 해당하여 구상금 채권 가액에 미치지 못하는 경우
   가. 구상의무자의 재산으로 구상권 행사에 드는 절차비용에 충당하고 나면 남을 여지가 없음이 확인된 경우
   나. 구상의무자의 재산으로 구상금 채권에 우선하는 국세·지방세 또는 저당권 등에 의해 담보된 채권 등의 변제에 충당하고 나면 남을 여지가 없음이 확인된 경우
3. 구상금 채권의 소멸시효가 완성된 경우
4. 그 밖에 제1호부터 제3호까지에 준하는 사유에 해당하여 이사회에서 결손처분을 의결한 경우

② 원장은 제1항에 따라 결손처분을 한 후 행방불명된 구상의무자를 발견하거나 압류할 수 있는 다른 재산을 발견하는 등의 사유로 구상권 행사가 가능하게 되면 지체 없이 결손처분을 취소하여야 한다.

제30조(조정비용 등) 법 제50조에 따른 수수료 및 감정비용의 금액과 납부방법은 법원의 소송사건에서 책정되는 수수료, 감정비용, 그 밖에 소송절차 비용의 일반적인 수준 등을 고려하여 원장이 이사회의 의결을 거쳐 정한다.

제30조의2(민감정보 및 고유식별정보의 처리) ① 보건복지부장관은 법 제5조에 따른 조사·연구, 통계 작성 및 공표, 교육 및 지침 개발 등 법적·제도적 기반 마련을 위하여 불가피한 경우 「개인정보 보호법」 제23조에 따른 건강에 관한 정보가 포함된 자료를 처리할 수 있다.

② 보건복지부장관은 법 제12조에 따른 조정중재원 임원의 결격사유 확인에 관한 사무를 수행하기 위하여 불가피한 경우 「개인정보 보호법 시행령」 제18조제2호에 따른 범죄경력자료에 해당하는 정보, 같은 영 제19조제1호에 따른 주민등록번호가 포함된 자료를 처리할 수 있다.

③ 보건복지부장관은 다음 각 호의 사무를 수행하기 위하여 불가피한 경우 「개인정보 보호법 시행령」 제19조제1호, 제2호 또는 제4호에 따른 주민등록번호, 여권번호 또는 외국인등록번호가 포함된 자료를 처리할 수 있다.

1. 법 제16조제3항에 따른 조정중재원의 업무·회계 및 재산에 대한 감사에 관한 사무
2. 법 제54조에 따른 과태료 부과·징수에 관한 사무

④ 특별시장·광역시장·특별자치시장·도지사·특별자치도지사(이하 "시·도지사"라 한다) 또는 시장·군수·구청장은 법 제54조에 따른 과태료 부과·징수에 관한 사무를 수행하기 위하여 불가피한 경우 「개인정보 보호법 시행령」 제19조제1호, 제2호 또는 제4호에 따른 주민등록번호, 여권번호 또는 외국인등록번호가 포함된 자료를 처리할 수 있다. 〈개정 2016. 11. 29.〉

⑤ 조정중재원은 다음 각 호의 사무를 수행하기 위하여 불가피한 경우 「개인정보 보호법」 제23조에 따른 건강에 관한 정보, 같은 법 시행령 제19조제1호, 제2호 또는 제4호에 따른 주민등록번호, 여권번호 또는 외국인등록번호가 포함된 자료를 처리할 수 있다.

1. 법 제8조제1호에 따른 의료분쟁의 조정·중재에 관한 사무
2. 법 제8조제2호에 따른 의료사고 감정에 관한 사무
3. 법 제46조에 따른 의료사고 보상사업에 관한 사무

⑥ 조정중재원은 법 제8조제3호에 따른 손해배상금 대불에 관한 사무를 수행하기 위하여 불가피한 경우 「개인정보 보호법 시행령」 제19조제1호, 제2호 또는 제4호에 따른 주민등록번호, 여권번호 또는 외국인등록번호가 포함된 자료를 처리할 수 있다.

⑦ 조정중재원은 법 제8조제5호 및 이 영 제3조제1호에 따른 의료사고 원인 및 유형분석 등 의료사고 예방에 관한 사무를 수행하기 위하여 불가피한 경우 「개인정보 보호법」 제23조에 따른 건강에 관한 정보가 포함된 자료를 처리할 수 있다.

⑧ 조정중재원은 법 제21조에 따른 조정위원의 결격사유 확인에 관한 사무를 수행하기 위하여 불가피한

경우 「개인정보 보호법 시행령」 제18조제2호에 따른 범죄경력자료에 해당하는 정보, 같은 영 제19조 제1호에 따른 주민등록번호가 포함된 자료를 처리할 수 있다.

[본조신설 2015. 3. 11.]

제31조 삭제 〈2023. 12. 5.〉

제32조(과태료의 부과·징수) 법 제54조제1항 및 제2항에 따른 과태료는 별표의 부과기준에 따라 보건복지부장관, 시·도지사 또는 시장·군수·구청장이 부과·징수한다. 〈개정 2016. 11. 29.〉

부칙
〈대통령령 제33900호, 2023. 12. 5.〉

이 영은 2023년 12월 14일부터 시행한다.

감염병의 예방 및 관리에 관한 법률 (약칭: 감염병예방법)

[시행 2024. 7. 24.] [법률 제20090호, 2024. 1. 23., 일부개정]

제1장 총칙

제1조(목적) 이 법은 국민 건강에 위해(危害)가 되는 감염병의 발생과 유행을 방지하고, 그 예방 및 관리를 위하여 필요한 사항을 규정함으로써 국민 건강의 증진 및 유지에 이바지함을 목적으로 한다.

제2조(정의) 이 법에서 사용하는 용어의 뜻은 다음과 같다. 〈개정 2010. 1. 18., 2013. 3. 22., 2014. 3. 18., 2015. 7. 6., 2016. 12. 2., 2018. 3. 27., 2019. 12. 3., 2020. 3. 4., 2020. 8. 11., 2020. 12. 15., 2023. 6. 13., 2023. 8. 8.〉

1. "감염병"이란 제1급감염병, 제2급감염병, 제3급감염병, 제4급감염병, 기생충감염병, 세계보건기구 감시대상 감염병, 생물테러감염병, 성매개감염병, 인수(人獸)공통감염병 및 의료관련감염병을 말한다.

2. "제1급감염병"이란 생물테러감염병 또는 치명률이 높거나 집단 발생의 우려가 커서 발생 또는 유행 즉시 신고하여야 하고, 음압격리와 같은 높은 수준의 격리가 필요한 감염병으로서 다음 각 목의 감염병을 말한다. 다만, 갑작스러운 국내 유입 또는 유행이 예견되어 긴급한 예방·관리가 필요하여 질병관리청장이 보건복지부장관과 협의하여 지정하는 감염병을 포함한다.
    가. 에볼라바이러스병
    나. 마버그열
    다. 라싸열
    라. 크리미안콩고출혈열
    마. 남아메리카출혈열
    바. 리프트밸리열
    사. 두창
    아. 페스트
    자. 탄저
    차. 보툴리눔독소증
    카. 야토병
    타. 신종감염병증후군
    파. 중증급성호흡기증후군(SARS)
    하. 중동호흡기증후군(MERS)
    거. 동물인플루엔자 인체감염증
    너. 신종인플루엔자
    더. 디프테리아

3. "제2급감염병"이란 전파가능성을 고려하여 발생 또는 유행 시 24시간 이내에 신고하여야 하고, 격리가 필요한 다음 각 목의 감염병을 말한다. 다만, 갑작스러운 국내 유입 또는 유행이 예견되어 긴급한 예방·관리가 필요하여 질병관리청장이 보건복지부장관과 협의하여 지정하는 감염병을 포함한다.
    가. 결핵(結核)
    나. 수두(水痘)
    다. 홍역(紅疫)
    라. 콜레라
    마. 장티푸스
    바. 파라티푸스
    사. 세균성이질
    아. 장출혈성대장균감염증
    자. A형간염

차. 백일해(百日咳)

카. 유행성이하선염(流行性耳下腺炎)

타. 풍진(風疹)

파. 폴리오

하. 수막구균 감염증

거. b형헤모필루스인플루엔자

너. 폐렴구균 감염증

더. 한센병

러. 성홍열

머. 반코마이신내성황색포도알균(VRSA) 감염증

버. 카바페넴내성장내세균목(CRE) 감염증

서. E형간염

4. "제3급감염병"이란 그 발생을 계속 감시할 필요가 있어 발생 또는 유행 시 24시간 이내에 신고하여야 하는 다음 각 목의 감염병을 말한다. 다만, 갑작스러운 국내 유입 또는 유행이 예견되어 긴급한 예방·관리가 필요하여 질병관리청장이 보건복지부장관과 협의하여 지정하는 감염병을 포함한다.

가. 파상풍(破傷風)

나. B형간염

다. 일본뇌염

라. C형간염

마. 말라리아

바. 레지오넬라증

사. 비브리오패혈증

아. 발진티푸스

자. 발진열(發疹熱)

차. 쯔쯔가무시증

카. 렙토스피라증

타. 브루셀라증

파. 공수병(恐水病)

하. 신증후군출혈열(腎症侯群出血熱)

거. 후천성면역결핍증(AIDS)

너. 크로이츠펠트-야콥병(CJD) 및 변종크로이츠펠트-야콥병(vCJD)

더. 황열

러. 뎅기열

머. 큐열(Q熱)

버. 웨스트나일열

서. 라임병

어. 진드기매개뇌염

저. 유비저(類鼻疽)

처. 치쿤구니야열

커. 중증열성혈소판감소증후군(SFTS)

터. 지카바이러스 감염증

퍼. 매독(梅毒)

5. "제4급감염병"이란 제1급감염병부터 제3급감염병까지의 감염병 외에 유행 여부를 조사하기 위하여 표본감시 활동이 필요한 다음 각 목의 감염병을 말한다. 다만, 질병관리청장이 지정하는 감염병을 포함한다.

가. 인플루엔자

나. 삭제 *⟨2023. 8. 8.⟩*

다. 회충증

라. 편충증

마. 요충증

바. 간흡충증

사. 폐흡충증

아. 장흡충증

자. 수족구병

차. 임질

카. 클라미디아감염증

타. 연성하감

파. 성기단순포진

하. 첨규콘딜롬

거. 반코마이신내성장알균(VRE) 감염증

너. 메티실린내성황색포도알균(MRSA) 감염증

더. 다제내성녹농균(MRPA) 감염증

러. 다제내성아시네토박터바우마니균(MRAB) 감염증

머. 장관감염증

버. 급성호흡기감염증

서. 해외유입기생충감염증

어. 엔테로바이러스감염증

저. 사람유두종바이러스 감염증

6. "기생충감염병"이란 기생충에 감염되어 발생하는 감염병 중 질병관리청장이 고시하는 감염병을 말한다.

7. 삭제 *⟨2018. 3. 27.⟩*

8. "세계보건기구 감시대상 감염병"이란 세계보건기구가 국제공중보건의 비상사태에 대비하기 위하여 감시대상으로 정한 질환으로서 질병관리청장이 고시하는 감염병을 말한다.

9. "생물테러감염병"이란 고의 또는 테러 등을 목적으로 이용된 병원체에 의하여 발생된 감염병 중 질병관리청장이 고시하는 감염병을 말한다.

10. "성매개감염병"이란 성 접촉을 통하여 전파되는 감염병 중 질병관리청장이 고시하는 감염병을 말한다.

11. "인수공통감염병"이란 동물과 사람 간에 서로 전파되는 병원체에 의하여 발생되는 감염병 중 질병관리청장이 고시하는 감염병을 말한다.

12. "의료관련감염병"이란 환자나 임산부 등이 의료행위를 적용받는 과정에서 발생한 감염병으로서 감시활동이 필요하여 질병관리청장이 고시하는 감염병을 말한다.

13. "감염병환자"란 감염병의 병원체가 인체에 침입하여 증상을 나타내는 사람으로서 제11조제6항의 진단 기준에 따른 의사, 치과의사 또는 한의사의 진단이나 제16조의2에 따른 감염병병원체 확인기관의 실험실 검사를 통하여 확인된 사람을 말한다.

14. "감염병의사환자"란 감염병병원체가 인체에 침입한 것으로 의심이 되나 감염병환자로 확인되기 전 단계에 있는 사람을 말한다.

15. "병원체보유자"란 임상적인 증상은 없으나 감염병병원체를 보유하고 있는 사람을 말한다.

15의2. "감염병의심자"란 다음 각 목의 어느 하나에 해당하는 사람을 말한다.

가. 감염병환자, 감염병의사환자 및 병원체보유자(이하 "감염병환자등"이라 한다)와 접촉하거나 접촉이 의심되는 사람(이하 "접촉자"라 한다)

나. 「검역법」 제2조제7호 및 제8호에 따른 검역관리지역 또는 중점검역관리지역에 체류하거나 그 지역을 경유한 사람으로서 감염이 우려되는 사람

다. 감염병병원체 등 위험요인에 노출되어 감염이 우려되는 사람

16. "감시"란 감염병 발생과 관련된 자료, 감염병병원체·매개체에 대한 자료를 체계적이고 지속적으로 수집, 분석 및 해석하고 그 결과를 제때에 필요한 사람에게 배포하여 감염병 예방 및 관리에 사용하도록 하는 일체의 과정을 말한다.

16의2. "표본감시"란 감염병 중 감염병환자등의 발생빈도가 높아 전수조사가 어렵고 중증도가 비교적 낮은 감염병의 발생에 대하여 감시기관을 지정하여 정기적이고 지속적인 의과학적 감시를 실시하는 것을 말한다.

17. "역학조사"란 감염병환자등이 발생한 경우 감염병의 차단과 확산 방지 등을 위하여 감염병환자등의 발생 규모를 파악하고 감염원을 추적하는 등의 활동과 감염병 예방접종 후 이상반응 사례가 발생한 경우나 감염병 여부가 불분명하나 그 발병원인을 조사할 필요가 있는 사례가 발생한 경우 그 원인을 규명하기 위하여 하는 활동을 말한다.

18. "예방접종 후 이상반응"이란 예방접종 후 그 접종으로 인하여 발생할 수 있는 모든 증상 또는 질병으로서 해당 예방접종과 시간적 관련성이 있는 것을 말한다.

19. "고위험병원체"란 생물테러의 목적으로 이용되거나 사고 등에 의하여 외부에 유출될 경우 국민 건강에 심각한 위험을 초래할 수 있는 감염병병원체로서 보건복지부령으로 정하는 것을 말한다.

20. "관리대상 해외 신종감염병"이란 기존 감염병의 변이 및 변종 또는 기존에 알려지지 아니한 새로운 병원체에 의해 발생하여 국제적으로 보건문제를 야기하고 국내 유입에 대비하여야 하는 감염병으로서 질병관리청장이 보건복지부장관과 협의하여 지정하는 것을 말한다.

21. "의료·방역 물품"이란 「약사법」 제2조에 따른 의약품·의약외품, 「의료기기법」 제2조에 따른 의료기기 등 의료 및 방역에 필요한 물품 및 장비로서 질병관리청장이 지정하는 것을 말한다.

제3조(다른 법률과의 관계) 감염병의 예방 및 관리에 관하여는 다른 법률에 특별한 규정이 있는 경우를 제외하고는 이 법에 따른다.

제4조(국가 및 지방자치단체의 책무) ① 국가 및 지방자치단체는 감염병환자등의 인간으로서의 존엄과 가치를 존중하고 그 기본적 권리를 보호하며, 법률에 따르지 아니하고는 취업 제한 등의 불이익을 주어서는 아니 된다.

② 국가 및 지방자치단체는 감염병의 예방 및 관리를 위하여 다음 각 호의 사업을 수행하여야 한다. 〈개정 2014. 3. 18., 2015. 7. 6., 2020. 3. 4., 2020. 12. 15.〉

1. 감염병의 예방 및 방역대책
2. 감염병환자등의 진료 및 보호
3. 감염병 예방을 위한 예방접종계획의 수립 및 시행
4. 감염병에 관한 교육 및 홍보
5. 감염병에 관한 정보의 수집·분석 및 제공
6. 감염병에 관한 조사·연구
7. 감염병병원체(감염병병원체 확인을 위한 혈액, 체액 및 조직 등 검체를 포함한다) 수집·검사·보존·관리 및 약제내성 감시(藥劑耐性 監視)
8. 감염병 예방 및 관리 등을 위한 전문인력의 양성
8의2. 감염병 예방 및 관리 등의 업무를 수행한 전문인력의 보호
9. 감염병 관리정보 교류 등을 위한 국제협력
10. 감염병의 치료 및 예방을 위한 의료·방역 물품의 비축
11. 감염병 예방 및 관리사업의 평가
12. 기후변화, 저출산·고령화 등 인구변동 요인에 따른 감염병 발생조사·연구 및 예방대책 수립

13. 한센병의 예방 및 진료 업무를 수행하는 법인 또는 단체에 대한 지원

14. 감염병 예방 및 관리를 위한 정보시스템의 구축 및 운영

15. 해외 신종감염병의 국내 유입에 대비한 계획 준비, 교육 및 훈련

16. 해외 신종감염병 발생 동향의 지속적 파악, 위험성 평가 및 관리대상 해외 신종감염병의 지정

17. 관리대상 해외 신종감염병에 대한 병원체 등 정보 수집, 특성 분석, 연구를 통한 예방과 대응체계 마련, 보고서 발간 및 지침(매뉴얼을 포함한다) 고시

③ 국가·지방자치단체(교육감을 포함한다)는 감염병의 효율적 치료 및 확산방지를 위하여 질병의 정보, 발생 및 전파 상황을 공유하고 상호 협력하여야 한다.〈신설 2015. 7. 6.〉

④ 국가 및 지방자치단체는 「의료법」에 따른 의료기관 및 의료인단체와 감염병의 발생 감시·예방을 위하여 관련 정보를 공유하여야 한다.〈신설 2015. 7. 6.〉

제5조(의료인 등의 책무와 권리) ① 「의료법」에 따른 의료인 및 의료기관의 장 등은 감염병 환자의 진료에 관한 정보를 제공받을 권리가 있고, 감염병 환자의 진단 및 치료 등으로 인하여 발생한 피해에 대하여 보상받을 수 있다.

② 「의료법」에 따른 의료인 및 의료기관의 장 등은 감염병 환자의 진단·관리·치료 등에 최선을 다하여야 하며, 보건복지부장관, 질병관리청장 또는 지방자치단체의 장의 행정명령에 적극 협조하여야 한다. 〈개정 2020. 8. 11.〉

③ 「의료법」에 따른 의료인 및 의료기관의 장 등은 국가와 지방자치단체가 수행하는 감염병의 발생 감시와 예방·관리 및 역학조사 업무에 적극 협조하여야 한다.

[전문개정 2015. 7. 6.]

제6조(국민의 권리와 의무) ① 국민은 감염병으로 격리 및 치료 등을 받은 경우 이로 인한 피해를 보상받을 수 있다. 〈개정 2015. 7. 6.〉

② 국민은 감염병 발생 상황, 감염병 예방 및 관리 등에 관한 정보와 대응방법을 알 권리가 있고, 국가와 지방자치단체는 신속하게 정보를 공개하여야 한다.〈개정 2015. 7. 6.〉

③ 국민은 의료기관에서 이 법에 따른 감염병에 대한 진단 및 치료를 받을 권리가 있고, 국가와 지방자치단체는 이에 소요되는 비용을 부담하여야 한다.〈신설 2015. 7. 6.〉

④ 국민은 치료 및 격리조치 등 국가와 지방자치단체의 감염병 예방 및 관리를 위한 활동에 적극 협조하여야 한다.〈신설 2015. 7. 6.〉

[제목개정 2015. 7. 6.]

제2장 기본계획 및 사업

제7조(감염병 예방 및 관리 계획의 수립 등) ① 질병관리청장은 보건복지부장관과 협의하여 감염병의 예방 및 관리에 관한 기본계획(이하 "기본계획"이라 한다)을 5년마다 수립·시행하여야 한다. 〈개정 2010. 1. 18., 2020. 8. 11.〉

② 기본계획에는 다음 각 호의 사항이 포함되어야 한다.〈개정 2015. 7. 6., 2020. 3. 4., 2020. 12. 15., 2021. 3. 9.〉

1. 감염병 예방·관리의 기본목표 및 추진방향

2. 주요 감염병의 예방·관리에 관한 사업계획 및 추진방법

2의2. 감염병 대비 의료·방역 물품의 비축 및 관리에 관한 사항

3. 감염병 전문인력의 양성 방안

3의2. 「의료법」 제3조제2항 각 호에 따른 의료기관 종별 감염병 위기대응역량의 강화 방안

4. 감염병 통계 및 정보통신기술 등을 활용한 감염병 정보의 관리 방안

5. 감염병 관련 정보의 의료기관 간 공유 방안

6. 그 밖에 감염병의 예방 및 관리에 필요한 사항

③ 특별시장·광역시장·특별자치시장·도지사·특별자치도지사(이하 "시·도지사"라 한다)와 시장·군수·구청장(자치구의 구청장을 말한다. 이하 같다)은 기본계획에 따라 시행계획을 수립·시행하여야 한다. 〈개정 2023. 6. 13.〉

④ 질병관리청장, 시·도지사 또는 시장·군수·구청장은 기본계획이나 제3항에 따른 시행계획의 수립·시행에 필요한 자료의 제공 등을 관계 행정기관 또는 단체에 요청할 수 있다.〈개정 2010. 1. 18., 2020. 8. 11.〉

⑤ 제4항에 따라 요청받은 관계 행정기관 또는 단체는 특별한 사유가 없으면 이에 따라야 한다.

제8조(감염병관리사업지원기구의 운영) ① 질병관리청장 및 시·도지사는 제7조에 따른 기본계획 및 시행계획의 시행과 국제협력 등의 업무를 지원하기 위하여 민간전문가 등으로 구성된 감염병관리사업지원기구를 둘 수 있다. 〈개정 2010. 1. 18., 2020. 8. 11., 2023. 5. 19.〉

② 국가 및 지방자치단체는 감염병관리사업지원기구의 운영 등에 필요한 예산을 지원할 수 있다.

③ 제1항 및 제2항에 따른 감염병관리사업지원기구의 설치·운영 및 지원 등에 필요한 사항은 대통령령으로 정한다.

제8조의2(감염병병원) ① 국가는 감염병의 연구·예방, 전문가 양성 및 교육, 환자의 진료 및 치료 등을 위한 시설, 인력 및 연구능력을 갖춘 중앙감염병전문병원을 설립하거나 지정하여 운영한다. 〈개정 2023. 8. 16.〉

② 국가는 감염병환자의 진료 및 치료 등을 위하여 권역별로 보건복지부령으로 정하는 일정규모 이상의 병상(음압병상 및 격리병상을 포함한다)을 갖춘 권역별 감염병전문병원을 설립하거나 지정하여 운영한다. 이 경우 인구 규모, 지리적 접근성 등을 고려하여 권역을 설정하여야 한다.〈개정 2021. 10. 19., 2023. 8. 16.〉

③ 국가는 예산의 범위에서 제1항 및 제2항에 따른 중앙감염병전문병원 또는 권역별 감염병전문병원을 설립하거나 지정하여 운영하는 데 필요한 예산을 지원할 수 있다.〈개정 2023. 8. 16.〉

④ 국가는 제1항에 따른 중앙감염병전문병원의 업무에 관한 자문 등을 수행하기 위하여 중앙감염병전문병원에 감염병임상위원회를 설치할 수 있다.〈신설 2023. 8. 16.〉

⑤ 제1항 및 제2항에 따른 중앙감염병전문병원 또는 권역별 감염병전문병원을 설립하거나 지정하여 운영하는 데 필요한 절차, 방법, 지원내용 등의 사항은 대통령령으로 정한다.〈개정 2023. 8. 16.〉

[본조신설 2015. 12. 29.]

제8조의3(내성균 관리대책) ① 보건복지부장관은 내성균 발생 예방 및 확산 방지 등을 위하여 제9조에 따른 감염병관리위원회의 심의를 거쳐 내성균 관리대책을 5년마다 수립·추진하여야 한다.

② 내성균 관리대책에는 정책목표 및 방향, 진료환경 개선 등 내성균 확산 방지를 위한 사항 및 감시체계 강화에 관한 사항, 그 밖에 내성균 관리대책에 필요하다고 인정되는 사항이 포함되어야 한다.

③ 내성균 관리대책의 수립 절차 등에 관하여 필요한 사항은 대통령령으로 정한다.

[본조신설 2016. 12. 2.]

제8조의4(업무의 협조) ① 보건복지부장관은 내성균 관리대책의 수립·시행을 위하여 관계 공무원 또는 관계 전문가의 의견을 듣거나 관계 기관 및 단체 등에 필요한 자료제출 등 협조를 요청할 수 있다.

② 보건복지부장관은 내성균 관리대책의 작성을 위하여 관계 중앙행정기관의 장에게 내성균 관리대책의 정책목표 및 방향과 관련한 자료 또는 의견의 제출 등 필요한 협조를 요청할 수 있다.

③ 제1항 및 제2항에 따른 협조 요청을 받은 자는 정당한 사유가 없으면 이에 따라야 한다.

[본조신설 2016. 12. 2.]

제8조의5(긴급상황실) ① 질병관리청장은 감염병 정보의 수집·전파, 상황관리, 감염병이 유입되거나 유행하는 긴급한 경우의 초동조치 및 지휘 등의 업무를 수행하기 위하여 상시 긴급상황실을 설치·운영하여야 한다. 〈개정 2020. 8. 11.〉

② 제1항에 따른 긴급상황실의 설치·운영에 필요한 사항은 대통령령으로 정한다.
[본조신설 2018. 3. 27.]

제8조의6(감염병 연구개발 지원 등) ① 질병관리청장은 감염병에 관한 조사·연구를 위하여 감염병 연구개발 기획 및 치료제·백신 등의 연구개발에 관한 사업을 추진할 수 있다. 이 경우 질병관리청장은 예산의 범위에서 연구개발사업을 하는 기관 또는 단체에 그 연구에 드는 비용을 충당할 자금을 출연금으로 지급할 수 있다.
② 질병관리청장은 제1항에 따른 조사·연구를 위하여 보건복지부령으로 「국가연구개발혁신법」 제2조제4호에 따른 전문기관을 지정 또는 해제한다.
③ 제1항에 따른 출연금의 지급·사용·관리 및 제2항에 따른 전문기관의 지정·운영 등에 관하여 필요한 사항은 「보건의료기술 진흥법」을 준용한다.
④ 질병관리청장은 감염병 치료제·백신 개발 관련 연구기관·대학 및 기업 등의 의뢰를 받아 보건복지부령으로 정하는 바에 따라 감염병 치료제·백신 개발에 관한 시험·분석을 할 수 있다.
⑤ 제4항에 따라 시험·분석을 의뢰하는 자는 보건복지부령으로 정하는 바에 따라 수수료를 내야 한다.
[전문개정 2023. 5. 19.]

제9조(감염병관리위원회) ① 감염병의 예방 및 관리에 관한 주요 시책을 심의하기 위하여 질병관리청에 감염병관리위원회(이하 "위원회"라 한다)를 둔다. 〈개정 2010. 1. 18., 2020. 8. 11.〉
② 위원회는 다음 각 호의 사항을 심의한다. 〈개정 2014. 3. 18., 2016. 12. 2., 2019. 12. 3., 2020. 12. 15., 2021. 3. 9., 2022. 6. 10.〉
 1. 기본계획의 수립
 2. 감염병 관련 의료 제공
 3. 감염병에 관한 조사 및 연구
 4. 감염병의 예방·관리 등에 관한 지식 보급 및 감염병환자등의 인권 증진
 5. 제20조에 따른 해부명령에 관한 사항
 6. 제32조제3항에 따른 예방접종의 실시기준과 방법에 관한 사항
 6의2. 제33조의2제1항에 따라 제24조의 필수예방접종 및 제25조의 임시예방접종에 사용되는 의약품(이하 "필수예방접종약품등"이라 한다)의 사전 비축 및 장기 구매에 관한 사항
 6의3. 제33조의2제2항에 따른 필수예방접종약품등의 공급의 우선순위 등 분배기준, 그 밖에 필요한 사항의 결정
 7. 제34조에 따른 감염병 위기관리대책의 수립 및 시행
 8. 제40조제1항 및 제2항에 따른 예방·치료 의료·방역 물품의 사전 비축, 장기 구매 및 생산에 관한 사항
 8의2. 제40조의2에 따른 의료·방역 물품(「약사법」에 따른 의약품 및 「의료기기법」에 따른 의료기기로 한정한다) 공급의 우선순위 등 분배기준, 그 밖에 필요한 사항의 결정
 8의3. 제40조의6에 따른 개발 중인 백신 또는 의약품의 구매 및 공급에 필요한 계약에 관한 사항
 9. 제71조에 따른 예방접종 등으로 인한 피해에 대한 국가보상에 관한 사항
 10. 내성균 관리대책에 관한 사항
 11. 그 밖에 감염병의 예방 및 관리에 관한 사항으로서 위원장이 위원회의 회의에 부치는 사항

제10조(위원회의 구성) ① 위원회는 위원장 1명과 부위원장 1명을 포함하여 30명 이내의 위원으로 구성한다. 〈개정 2018. 3. 27.〉
② 위원장은 질병관리청장이 되고, 부위원장은 위원 중에서 위원장이 지명하며, 위원은 다음 각 호의 어느 하나에 해당하는 사람 중에서 위원장이 임명하거나 위촉하는 사람으로 한다. 이 경우 공무원이 아닌 위원이 전체 위원의 과반수가 되도록 하여야 한다.〈개정 2010. 1. 18., 2015. 12. 29., 2018. 3. 27., 2019. 12.

3., 2020. 8. 11., 2021. 1. 12.〉

1. 감염병의 예방 또는 관리 업무를 담당하는 공무원
2. 감염병 또는 감염관리를 전공한 의료인
3. 감염병과 관련된 전문지식을 소유한 사람
4. 「지방자치법」 제182조에 따른 시·도지사협의체가 추천하는 사람
5. 「비영리민간단체 지원법」 제2조에 따른 비영리민간단체가 추천하는 사람
6. 그 밖에 감염병에 관한 지식과 경험이 풍부한 사람

③ 위원회의 업무를 효율적으로 수행하기 위하여 위원회의 위원과 외부 전문가로 구성되는 분야별 전문위원회를 둘 수 있다.

④ 제1항부터 제3항까지에서 규정한 사항 외에 위원회 및 전문위원회의 구성·운영 등에 관하여 필요한 사항은 대통령령으로 정한다.

제3장 신고 및 보고

제11조(의사 등의 신고) ① 의사, 치과의사 또는 한의사는 다음 각 호의 어느 하나에 해당하는 사실(제16조제6항에 따라 표본감시 대상이 되는 제4급감염병으로 인한 경우는 제외한다)이 있으면 소속 의료기관의 장에게 보고하여야 하고, 해당 환자와 그 동거인에게 질병관리청장이 정하는 감염 방지 방법 등을 지도하여야 한다. 다만, 의료기관에 소속되지 아니한 의사, 치과의사 또는 한의사는 그 사실을 관할 보건소장에게 신고하여야 한다. 〈개정 2010. 1. 18., 2015. 12. 29., 2018. 3. 27., 2020. 3. 4., 2020. 8. 11.〉

1. 감염병환자등을 진단하거나 그 사체를 검안(檢案)한 경우
2. 예방접종 후 이상반응자를 진단하거나 그 사체를 검안한 경우
3. 감염병환자등이 제1급감염병부터 제3급감염병까지에 해당하는 감염병으로 사망한 경우
4. 감염병환자로 의심되는 사람이 감염병병원체 검사를 거부하는 경우

② 제16조의2에 따른 감염병병원체 확인기관의 소속 직원은 실험실 검사 등을 통하여 보건복지부령으로 정하는 감염병환자등을 발견한 경우 그 사실을 그 기관의 장에게 보고하여야 한다.〈개정 2015. 7. 6., 2018. 3. 27., 2020. 3. 4.〉

③ 제1항 및 제2항에 따라 보고를 받은 의료기관의 장 및 제16조의2에 따른 감염병병원체 확인기관의 장은 제1급감염병의 경우에는 즉시, 제2급감염병 및 제3급감염병의 경우에는 24시간 이내에, 제4급감염병의 경우에는 7일 이내에 질병관리청장 또는 관할 보건소장에게 신고하여야 한다.〈신설 2015. 7. 6., 2018. 3. 27., 2020. 3. 4., 2020. 8. 11.〉

④ 육군, 해군, 공군 또는 국방부 직할 부대에 소속된 군의관은 제1항 각 호의 어느 하나에 해당하는 사실(제16조제6항에 따라 표본감시 대상이 되는 제4급감염병으로 인한 경우는 제외한다)이 있으면 소속 부대장에게 보고하여야 하고, 보고를 받은 소속 부대장은 제1급감염병의 경우에는 즉시, 제2급감염병 및 제3급감염병의 경우에는 24시간 이내에 관할 보건소장에게 신고하여야 한다.〈개정 2015. 7. 6., 2015. 12. 29., 2018. 3. 27.〉

⑤ 제16조제1항에 따른 감염병 표본감시기관은 제16조제6항에 따라 표본감시 대상이 되는 제4급감염병으로 인하여 제1항제1호 또는 제3호에 해당하는 사실이 있으면 보건복지부령으로 정하는 바에 따라 질병관리청장 또는 관할 보건소장에게 신고하여야 한다.〈개정 2010. 1. 18., 2015. 7. 6., 2015. 12. 29., 2018. 3. 27., 2020. 8. 11.〉

⑥ 제1항부터 제5항까지의 규정에 따른 감염병환자등의 진단 기준, 신고의 방법 및 절차 등에 관하여 필요한 사항은 보건복지부령으로 정한다.〈개정 2010. 1. 18., 2015. 7. 6.〉

제12조(그 밖의 신고의무자) ① 다음 각 호의 어느 하나에 해당하는 사람은 제1급감염병부터 제3급감염병

까지에 해당하는 감염병 중 보건복지부령으로 정하는 감염병이 발생한 경우에는 의사, 치과의사 또는 한 의사의 진단이나 검안을 요구하거나 해당 주소지를 관할하는 보건소장에게 신고하여야 한다. 〈개정 2010. 1. 18., 2015. 7. 6., 2018. 3. 27., 2020. 12. 15.〉

  1. 일반가정에서는 세대를 같이하는 세대주. 다만, 세대주가 부재 중인 경우에는 그 세대원
  2. 학교, 사회복지시설, 병원, 관공서, 회사, 공연장, 예배장소, 선박·항공기·열차 등 운송수단, 각종 사무소·사업소, 음식점, 숙박업소 또는 그 밖에 여러 사람이 모이는 장소로서 보건복지부령으로 정하는 장소의 관리인, 경영자 또는 대표자
  3. 「약사법」에 따른 약사·한약사 및 약국개설자
② 제1항에 따른 신고의무자가 아니더라도 감염병환자등 또는 감염병으로 인한 사망자로 의심되는 사람을 발견하면 보건소장에게 알려야 한다.
③ 제1항에 따른 신고의 방법과 기간 및 제2항에 따른 통보의 방법과 절차 등에 관하여 필요한 사항은 보건복지부령으로 정한다. 〈개정 2010. 1. 18., 2015. 7. 6.〉

제13조(보건소장 등의 보고 등) ① 제11조 및 제12조에 따라 신고를 받은 보건소장은 그 내용을 관할 특별자치시장·특별자치도지사 또는 시장·군수·구청장에게 보고하여야 하며, 보고를 받은 특별자치시장·특별자치도지사는 질병관리청장에게, 시장·군수·구청장은 질병관리청장 및 시·도지사에게 이를 각각 보고하여야 한다. 〈개정 2010. 1. 18., 2020. 8. 11., 2023. 6. 13.〉
② 제1항에 따라 보고를 받은 질병관리청장, 시·도지사 또는 시장·군수·구청장은 제11조제1항제4호에 해당하는 사람(제1급감염병 환자로 의심되는 경우에 한정한다)에 대하여 감염병병원체 검사를 하게 할 수 있다. 〈신설 2020. 3. 4., 2020. 8. 11.〉
③ 제1항에 따른 보고의 방법 및 절차 등에 관하여 필요한 사항은 보건복지부령으로 정한다. 〈개정 2010. 1. 18., 2020. 3. 4.〉
[제목개정 2020. 3. 4.]

제14조(인수공통감염병의 통보) ① 「가축전염병예방법」 제11조제1항제2호에 따라 신고를 받은 국립가축방역기관장, 신고대상 가축의 소재지를 관할하는 시장·군수·구청장 또는 시·도 가축방역기관의 장은 같은 법에 따른 가축전염병 중 다음 각 호의 어느 하나에 해당하는 감염병의 경우에는 즉시 질병관리청장에게 통보하여야 한다. 〈개정 2019. 12. 3., 2020. 8. 11.〉

  1. 탄저
  2. 고병원성조류인플루엔자
  3. 광견병
  4. 그 밖에 대통령령으로 정하는 인수공통감염병
② 제1항에 따른 통보를 받은 질병관리청장은 감염병의 예방 및 확산 방지를 위하여 이 법에 따른 적절한 조치를 취하여야 한다. 〈신설 2015. 7. 6., 2020. 8. 11.〉
③ 제1항에 따른 신고 또는 통보를 받은 행정기관의 장은 신고자의 요청이 있는 때에는 신고자의 신원을 외부에 공개하여서는 아니 된다. 〈개정 2015. 7. 6.〉
④ 제1항에 따른 통보의 방법 및 절차 등에 관하여 필요한 사항은 보건복지부령으로 정한다. 〈개정 2010. 1. 18., 2015. 7. 6.〉

제15조(감염병환자등의 파악 및 관리) 보건소장은 관할구역에 거주하는 감염병환자등에 관하여 제11조 및 제12조에 따른 신고를 받았을 때에는 보건복지부령으로 정하는 바에 따라 기록하고 그 명부(전자문서를 포함한다)를 관리하여야 한다. 〈개정 2010. 1. 18.〉

제4장 감염병감시 및 역학조사 등

제16조(감염병 표본감시 등) ① 질병관리청장은 감염병의 표본감시를 위하여 질병의 특성과 지역을 고려하여 「보건의료기본법」에 따른 보건의료기관이나 그 밖의 기관 또는 단체를 감염병 표본감시기관으로 지정할 수 있다. 〈개정 2010. 1. 18., 2019. 12. 3., 2020. 8. 11.〉

② 질병관리청장, 시·도지사 또는 시장·군수·구청장은 제1항에 따라 지정받은 감염병 표본감시기관(이하 "표본감시기관"이라 한다)의 장에게 감염병의 표본감시와 관련하여 필요한 자료의 제출을 요구하거나 감염병의 예방·관리에 필요한 협조를 요청할 수 있다. 이 경우 표본감시기관은 특별한 사유가 없으면 이에 따라야 한다. 〈개정 2010. 1. 18., 2020. 8. 11.〉

③ 질병관리청장, 시·도지사 또는 시장·군수·구청장은 제2항에 따라 수집한 정보 중 국민 건강에 관한 중요한 정보를 관련 기관·단체·시설 또는 국민들에게 제공하여야 한다. 〈개정 2010. 1. 18., 2020. 8. 11.〉

④ 질병관리청장, 시·도지사 또는 시장·군수·구청장은 표본감시활동에 필요한 경비를 표본감시기관에 지원할 수 있다. 〈개정 2010. 1. 18., 2020. 8. 11.〉

⑤ 질병관리청장은 표본감시기관이 다음 각 호의 어느 하나에 해당하는 경우에는 그 지정을 취소할 수 있다. 〈개정 2015. 7. 6., 2019. 12. 3., 2020. 8. 11.〉

1. 제2항에 따른 자료 제출 요구 또는 협조 요청에 따르지 아니하는 경우
2. 폐업 등으로 감염병 표본감시 업무를 수행할 수 없는 경우
3. 그 밖에 감염병 표본감시 업무를 게을리하는 등 보건복지부령으로 정하는 경우

⑥ 제1항에 따른 표본감시의 대상이 되는 감염병은 제4급감염병으로 하고, 표본감시기관의 지정 및 지정 취소의 사유 등에 관하여 필요한 사항은 보건복지부령으로 정한다. 〈신설 2015. 7. 6., 2018. 3. 27.〉

⑦ 질병관리청장은 감염병이 발생하거나 유행할 가능성이 있어 관련 정보를 확보할 긴급한 필요가 있다고 인정하는 경우 「공공기관의 운영에 관한 법률」에 따른 공공기관 중 대통령령으로 정하는 공공기관의 장에게 정보 제공을 요구할 수 있다. 이 경우 정보 제공을 요구받은 기관의 장은 정당한 사유가 없는 한 이에 따라야 한다. 〈개정 2015. 7. 6., 2020. 8. 11.〉

⑧ 제7항에 따라 제공되는 정보의 내용, 절차 및 정보의 취급에 필요한 사항은 대통령령으로 정한다. 〈개정 2015. 7. 6.〉

제16조의2(감염병병원체 확인기관) ① 다음 각 호의 기관(이하 "감염병병원체 확인기관"이라 한다)은 실험실 검사 등을 통하여 감염병병원체를 확인할 수 있다. 〈개정 2020. 8. 11., 2023. 5. 19.〉

1. 질병관리청
2. 질병대응센터
3. 「보건환경연구원법」 제2조에 따른 보건환경연구원
4. 「지역보건법」 제10조에 따른 보건소
5. 「의료법」 제3조에 따른 의료기관 중 진단검사의학과 전문의가 상근(常勤)하는 기관
6. 「고등교육법」 제4조에 따라 설립된 의과대학 중 진단검사의학과가 개설된 의과대학
7. 「결핵예방법」 제21조에 따라 설립된 대한결핵협회(결핵환자의 병원체를 확인하는 경우만 해당한다)
8. 「민법」 제32조에 따라 한센병환자 등의 치료·재활을 지원할 목적으로 설립된 기관(한센병환자의 병원체를 확인하는 경우만 해당한다)
9. 인체에서 채취한 검사물에 대한 검사를 국가, 지방자치단체, 의료기관 등으로부터 위탁받아 처리하는 기관 중 진단검사의학과 전문의가 상근하는 기관

② 질병관리청장은 감염병병원체 확인의 정확성·신뢰성을 확보하기 위하여 감염병병원체 확인기관의 실험실 검사능력을 평가하고 관리할 수 있다. 〈개정 2020. 8. 11.〉

③ 제2항에 따른 감염병병원체 확인기관의 실험실 검사능력 평가 및 관리에 관한 방법, 절차 등에 관하여 필요한 사항은 보건복지부령으로 정한다.

[본조신설 2020. 3. 4.]

제17조(실태조사) ① 질병관리청장 및 시·도지사는 감염병의 관리 및 감염 실태와 내성균 실태를 파악하기 위하여 실태조사를 실시하고, 그 결과를 공표하여야 한다. 〈개정 2010. 1. 18., 2015. 7. 6., 2016. 12. 2., 2020. 3. 4., 2020. 8. 11.〉

② 질병관리청장 및 시·도지사는 제1항에 따른 조사를 위하여 의료기관 등 관계 기관·법인 및 단체의 장에게 필요한 자료의 제출 또는 의견의 진술을 요청할 수 있다. 이 경우 요청을 받은 자는 정당한 사유가 없으면 이에 협조하여야 한다. 〈신설 2020. 3. 4., 2020. 8. 11.〉

③ 제1항에 따른 실태조사에 포함되어야 할 사항과 실태조사의 시기, 방법, 절차 및 공표 등에 관하여 필요한 사항은 보건복지부령으로 정한다. 〈개정 2010. 1. 18., 2020. 3. 4.〉

제17조(실태조사) ① 질병관리청장, 시·도지사 및 시장·군수·구청장은 감염병의 예방 및 관리에 관한 정책을 효과적으로 수립·시행하기 위하여 다음 각 호의 구분에 따라 실태조사를 실시하고, 그 결과를 공표하여야 한다. 〈개정 2024. 1. 30.〉

　1. 감염병 및 내성균 발생 등에 대한 실태조사: 질병관리청장 또는 시·도지사

　2. 의료기관의 감염관리 현황에 대한 실태조사: 질병관리청장, 시·도지사 또는 시장·군수·구청장

② 질병관리청장, 시·도지사 또는 시장·군수·구청장은 제1항에 따른 조사를 위하여 의료기관 등 관계 기관·법인 및 단체의 장에게 필요한 자료의 제출 또는 의견의 진술을 요청할 수 있다. 이 경우 요청을 받은 자는 정당한 사유가 없으면 이에 협조하여야 한다. 〈신설 2020. 3. 4., 2020. 8. 11., 2024. 1. 30.〉

③ 제1항에 따른 실태조사에 포함되어야 할 사항과 실태조사의 시기, 방법, 절차 및 공표 등에 관하여 필요한 사항은 보건복지부령으로 정한다. 〈개정 2010. 1. 18., 2020. 3. 4.〉

[시행일: 2025. 7. 31.] 제17조

제18조(역학조사) ① 질병관리청장, 시·도지사 또는 시장·군수·구청장은 감염병이 발생하여 유행할 우려가 있거나, 감염병 여부가 불분명하나 발병원인을 조사할 필요가 있다고 인정하면 지체 없이 역학조사를 하여야 하고, 그 결과에 관한 정보를 필요한 범위에서 해당 의료기관에 제공하여야 한다. 다만, 지역확산 방지 등을 위하여 필요한 경우 다른 의료기관에 제공하여야 한다. 〈개정 2015. 7. 6., 2019. 12. 3., 2020. 8. 11.〉

② 질병관리청장, 시·도지사 또는 시장·군수·구청장은 역학조사를 하기 위하여 역학조사반을 각각 설치하여야 한다. 〈개정 2020. 8. 11.〉

③ 누구든지 질병관리청장, 시·도지사 또는 시장·군수·구청장이 실시하는 역학조사에서 다음 각 호의 행위를 하여서는 아니 된다. 〈개정 2015. 7. 6., 2020. 8. 11.〉

　1. 정당한 사유 없이 역학조사를 거부·방해 또는 회피하는 행위

　2. 거짓으로 진술하거나 거짓 자료를 제출하는 행위

　3. 고의적으로 사실을 누락·은폐하는 행위

④ 제1항에 따른 역학조사의 내용과 시기·방법 및 제2항에 따른 역학조사반의 구성·임무 등에 관하여 필요한 사항은 대통령령으로 정한다.

제18조의2(역학조사의 요청) ① 「의료법」에 따른 의료인 또는 의료기관의 장은 감염병 또는 알 수 없는 원인으로 인한 질병이 발생하였거나 발생할 것이 우려되는 경우 질병관리청장 또는 시·도지사에게 제18조에 따른 역학조사를 실시할 것을 요청할 수 있다. 〈개정 2020. 8. 11.〉

② 제1항에 따른 요청을 받은 질병관리청장 또는 시·도지사는 역학조사의 실시 여부 및 그 사유 등을 지체 없이 해당 의료인 또는 의료기관 개설자에게 통지하여야 한다. 〈개정 2020. 8. 11.〉

③ 제1항에 따른 역학조사 실시 요청 및 제2항에 따른 통지의 방법·절차 등 필요한 사항은 보건복지부

령으로 정한다.

[본조신설 2015. 7. 6.]

제18조의2(역학조사의 요청) ① 「의료법」에 따른 의료인 또는 의료기관의 장은 감염병 또는 알 수 없는 원인으로 인한 질병이 발생하였거나 발생할 것이 우려되는 경우 질병관리청장, 시·도지사 또는 시장·군수·구청장에게 제18조에 따른 역학조사를 실시할 것을 요청할 수 있다. *〈개정 2020. 8. 11., 2024. 1. 30.〉*

② 제1항에 따른 요청을 받은 질병관리청장, 시·도지사 또는 시장·군수·구청장은 역학조사의 실시 여부 및 그 사유 등을 지체 없이 해당 의료인 또는 의료기관 개설자에게 통지하여야 한다. *〈개정 2020. 8. 11., 2024. 1. 30.〉*

③ 제1항에 따른 역학조사 실시 요청 및 제2항에 따른 통지의 방법·절차 등 필요한 사항은 보건복지부령으로 정한다.

[본조신설 2015. 7. 6.] [시행일: 2025. 7. 31.] 제18조의2

18조의3(역학조사인력의 양성) ① 질병관리청장은 제60조의2에 따른 역학조사관 또는 수습역학조사관에 대하여 정기적으로 역학조사에 관한 교육·훈련을 실시할 수 있다. *〈개정 2020. 3. 4., 2020. 8. 11., 2023. 5. 19.〉*

② 제1항에 따른 대상별 교육·훈련 과정 및 그 밖에 필요한 사항은 보건복지부령으로 정한다. *〈개정 2023. 5. 19.〉*

[본조신설 2015. 7. 6.]

제18조의4(자료제출 요구 등) ① 질병관리청장은 제18조에 따른 역학조사 등을 효율적으로 시행하기 위하여 관계 중앙행정기관의 장, 대통령령으로 정하는 기관·단체 등에 대하여 역학조사에 필요한 자료제출을 요구할 수 있다. *〈개정 2020. 8. 11.〉*

② 질병관리청장 또는 시·도지사는 감염병과 관련하여 「재난 및 안전관리 기본법」 제38조제2항에 따른 주의 이상의 위기경보가 발령된 경우에는 제18조에 따른 역학조사를 효율적으로 시행하기 위하여 법인·단체·개인 등에 대하여 역학조사에 필요한 자료제출을 요구할 수 있다. *〈신설 2023. 5. 19.〉*

③ 질병관리청장은 제18조에 따른 역학조사를 실시하는 경우 필요에 따라 관계 중앙행정기관의 장에게 인력 파견 등 필요한 지원을 요청할 수 있다. *〈개정 2020. 8. 11., 2023. 5. 19.〉*

④ 제1항 및 제2항에 따른 자료제출 요구 및 제3항에 따른 지원 요청 등을 받은 자는 특별한 사정이 없으면 이에 따라야 한다. *〈개정 2023. 5. 19.〉*

⑤ 제1항 및 제2항에 따른 자료제출 요구 및 제3항에 따른 지원 요청 등의 범위와 방법 등에 관하여 필요한 사항은 대통령령으로 정한다. *〈개정 2023. 5. 19.〉*

[본조신설 2015. 7. 6.]

제18조의4(자료제출 요구 등) ① 질병관리청장, 시·도지사 또는 시장·군수·구청장은 제18조에 따른 역학조사 등을 효율적으로 시행하기 위하여 관계 중앙행정기관의 장, 대통령령으로 정하는 기관·단체 등에 대하여 역학조사에 필요한 자료제출을 요구할 수 있다. *〈개정 2020. 8. 11., 2024. 1. 30.〉*

② 질병관리청장 또는 시·도지사는 감염병과 관련하여 「재난 및 안전관리 기본법」 제38조제2항에 따른 주의 이상의 위기경보가 발령된 경우에는 제18조에 따른 역학조사를 효율적으로 시행하기 위하여 법인·단체·개인 등에 대하여 역학조사에 필요한 자료제출을 요구할 수 있다. *〈신설 2023. 5. 19.〉*

③ 질병관리청장은 제18조에 따른 역학조사를 실시하는 경우 필요에 따라 관계 중앙행정기관의 장에게 인력 파견 등 필요한 지원을 요청할 수 있다. *〈개정 2020. 8. 11., 2023. 5. 19.〉*

④ 제1항 및 제2항에 따른 자료제출 요구 및 제3항에 따른 지원 요청 등을 받은 자는 특별한 사정이 없으면 이에 따라야 한다. *〈개정 2023. 5. 19.〉*

⑤ 제1항 및 제2항에 따른 자료제출 요구 및 제3항에 따른 지원 요청 등의 범위와 방법 등에 관하여

제18조의5(감염병 교육의 실시) ① 국가기관의 장 및 지방자치단체의 장은 소속 공무원 및 직원 등에 대하여 감염병의 예방·관리 및 위기 대응을 위한 교육(이하 "감염병 교육"이라 한다)을 연 1회 이상 실시하고, 그 결과를 질병관리청장에게 제출하여야 한다.

② 「공공기관의 운영에 관한 법률」 제4조에 따른 공공기관의 장은 소속된 임직원 및 종사자에게 감염병 교육을 실시할 수 있다.

③ 질병관리청장은 제1항 및 제2항에 따른 감염병 교육을 효과적으로 실시하기 위하여 관련 교육과정을 개발하여 보급하여야 한다.

④ 제1항 및 제2항에 따른 감염병 교육의 대상과 범위, 내용 및 방법, 제3항에 따른 교육과정 개발 및 보급 등에 필요한 사항은 대통령령으로 정한다.

[본조신설 2023. 9. 14.] [시행일: 2024. 9. 15.] 제18조의5

제19조(건강진단) 성매개감염병의 예방을 위하여 종사자의 건강진단이 필요한 직업으로 보건복지부령으로 정하는 직업에 종사하는 사람과 성매개감염병에 감염되어 그 전염을 매개할 상당한 우려가 있다고 특별자치시장·특별자치도지사 또는 시장·군수·구청장이 인정한 사람은 보건복지부령으로 정하는 바에 따라 성매개감염병에 관한 건강진단을 받아야 한다. 〈개정 2010. 1. 18., 2023. 6. 13.〉

제20조(해부명령) ① 질병관리청장은 국민 건강에 중대한 위협을 미칠 우려가 있는 감염병으로 사망한 것으로 의심이 되어 시체를 해부(解剖)하지 아니하고는 감염병 여부의 진단과 사망의 원인규명을 할 수 없다고 인정하면 그 시체의 해부를 명할 수 있다. 〈개정 2020. 8. 11.〉

② 제1항에 따라 해부를 하려면 미리 「장사 등에 관한 법률」 제2조제16호에 따른 연고자(같은 호 각 목에 규정된 선순위자가 없는 경우에는 그 다음 순위자를 말한다. 이하 "연고자"라 한다)의 동의를 받아야 한다. 다만, 소재불명 및 연락두절 등 미리 연고자의 동의를 받기 어려운 특별한 사정이 있고 해부가 늦어질 경우 감염병 예방과 국민 건강의 보호라는 목적을 달성하기 어렵다고 판단되는 경우에는 연고자의 동의를 받지 아니하고 해부를 명할 수 있다.

③ 질병관리청장은 감염병 전문의, 해부학, 병리학 또는 법의학을 전공한 사람을 해부를 담당하는 의사로 지정하여 해부를 하여야 한다.〈개정 2020. 8. 11.〉

④ 제3항에 따른 해부는 사망자가 걸린 것으로 의심되는 감염병의 종류별로 질병관리청장이 정하여 고시한 생물학적 안전 등급을 갖춘 시설에서 실시하여야 한다.〈개정 2010. 1. 18., 2020. 8. 11.〉

⑤ 제3항에 따른 해부를 담당하는 의사의 지정, 감염병 종류별로 갖추어야 할 시설의 기준, 해당 시체의 관리 등에 관하여 필요한 사항은 보건복지부령으로 정한다.〈개정 2010. 1. 18.〉

제20조의2(시신의 장사방법 등) ① 질병관리청장은 감염병환자등이 사망한 경우(사망 후 감염병병원체를 보유하였던 것으로 확인된 사람을 포함한다) 감염병의 차단과 확산 방지 등을 위하여 필요한 범위에서 그 시신의 장사방법 등을 제한할 수 있다. 〈개정 2020. 8. 11.〉

② 질병관리청장은 제1항에 따른 제한을 하려는 경우 연고자에게 해당 조치의 필요성 및 구체적인 방법·절차 등을 미리 설명하여야 한다.〈개정 2020. 8. 11.〉

③ 질병관리청장은 화장시설의 설치·관리자에게 제1항에 따른 조치에 협조하여 줄 것을 요청할 수 있으며, 요청을 받은 화장시설의 설치·관리자는 이에 적극 협조하여야 한다.〈개정 2020. 8. 11.〉

④ 제1항에 따른 제한의 대상·방법·절차 등 필요한 사항은 보건복지부령으로 정한다.

[본조신설 2015. 12. 29.]

제5장 고위험병원체

제21조(고위험병원체의 분리, 분양·이동 및 이동신고) ① 감염병환자, 식품, 동식물, 그 밖의 환경 등으로부터 고위험병원체를 분리한 자는 지체 없이 고위험병원체의 명칭, 분리된 검체명, 분리 일자 등을 질병관리청장에게 신고하여야 한다. 〈개정 2010. 1. 18., 2019. 12. 3., 2020. 8. 11.〉

② 고위험병원체를 분양·이동받으려는 자는 사전에 고위험병원체의 명칭, 분양 및 이동계획 등을 질병관리청장에게 신고하여야 한다. 〈신설 2019. 12. 3., 2020. 8. 11.〉

③ 고위험병원체를 이동하려는 자는 사전에 고위험병원체의 명칭과 이동계획 등을 질병관리청장에게 신고하여야 한다. 〈신설 2019. 12. 3., 2020. 8. 11.〉

④ 질병관리청장은 제1항부터 제3항까지의 신고를 받은 경우 그 내용을 검토하여 이 법에 적합하면 신고를 수리하여야 한다. 〈신설 2020. 3. 4., 2020. 8. 11.〉

⑤ 질병관리청장은 제1항에 따라 고위험병원체의 분리신고를 받은 경우 현장조사를 실시할 수 있다. 〈신설 2019. 12. 3., 2020. 3. 4., 2020. 8. 11.〉

⑥ 고위험병원체를 보유·관리하는 자는 매년 고위험병원체 보유현황에 대한 기록을 작성하여 질병관리청장에게 제출하여야 한다. 〈신설 2018. 3. 27., 2019. 12. 3., 2020. 3. 4., 2020. 8. 11.〉

⑦ 제1항부터 제3항까지에 따른 신고 및 제6항에 따른 기록 작성·제출의 방법 및 절차 등에 관하여 필요한 사항은 보건복지부령으로 정한다. 〈개정 2010. 1. 18., 2018. 3. 27., 2019. 12. 3., 2020. 3. 4.〉

[제목개정 2018. 3. 27., 2019. 12. 3.]

제22조(고위험병원체의 반입 허가 등) ① 감염병의 진단 및 학술 연구 등을 목적으로 고위험병원체를 국내로 반입하려는 자는 다음 각 호의 요건을 갖추어 질병관리청장의 허가를 받아야 한다. 〈개정 2010. 1. 18., 2019. 12. 3., 2020. 8. 11., 2021. 10. 19.〉

 1. 제23조제1항에 따른 고위험병원체 취급시설을 설치·운영하거나 고위험병원체 취급시설을 설치·운영하고 있는 자와 고위험병원체 취급시설을 사용하는 계약을 체결할 것
 2. 고위험병원체의 안전한 수송 및 비상조치 계획을 수립할 것
 3. 보건복지부령으로 정하는 요건을 갖춘 고위험병원체 전담관리자를 둘 것

② 제1항에 따라 허가받은 사항을 변경하려는 자는 질병관리청장의 허가를 받아야 한다. 다만, 대통령령으로 정하는 경미한 사항을 변경하려는 경우에는 질병관리청장에게 신고하여야 한다. 〈개정 2010. 1. 18., 2020. 8. 11.〉

③ 제1항에 따라 고위험병원체의 반입 허가를 받은 자가 해당 고위험병원체를 인수하여 이동하려면 대통령령으로 정하는 바에 따라 그 인수 장소를 지정하고 제21조제1항에 따라 이동계획을 질병관리청장에게 미리 신고하여야 한다. 이 경우 질병관리청장은 그 내용을 검토하여 이 법에 적합하면 신고를 수리하여야 한다. 〈개정 2010. 1. 18., 2020. 3. 4., 2020. 8. 11.〉

④ 질병관리청장은 제1항에 따라 허가를 받은 자가 다음 각 호의 어느 하나에 해당하는 경우에는 그 허가를 취소할 수 있다. 다만, 제1호 또는 제2호에 해당하는 경우에는 그 허가를 취소하여야 한다. 〈신설 2021. 10. 19.〉

 1. 속임수나 그 밖의 부정한 방법으로 허가를 받은 경우
 2. 허가를 받은 날부터 1년 이내에 제3항에 따른 인수 신고를 하지 않은 경우
 3. 제1항의 요건을 충족하지 못하는 경우

⑤ 제1항부터 제4항까지의 규정에 따른 허가, 신고 또는 허가 취소의 방법과 절차 등에 관하여 필요한 사항은 보건복지부령으로 정한다. 〈개정 2010. 1. 18., 2021. 10. 19.〉

제23조(고위험병원체의 안전관리 등) ① 고위험병원체를 검사, 보유, 관리 및 이동하려는 자는 그 검사, 보

유, 관리 및 이동에 필요한 시설(이하 "고위험병원체 취급시설"이라 한다)을 설치·운영하거나 고위험병원체 취급시설을 설치·운영하고 있는 자와 고위험병원체 취급시설을 사용하는 계약을 체결하여야 한다. 〈개정 2021. 10. 19.〉

② 고위험병원체 취급시설을 설치·운영하려는 자는 고위험병원체 취급시설의 안전관리 등급별로 질병관리청장의 허가를 받거나 질병관리청장에게 신고하여야 한다. 이 경우 고위험병원체 취급시설을 설치·운영하려는 자가 둘 이상인 경우에는 공동으로 허가를 받거나 신고하여야 한다.〈개정 2020. 8. 11., 2021. 10. 19.〉

③ 제2항에 따라 허가를 받은 자는 허가받은 사항을 변경하려면 변경허가를 받아야 한다. 다만, 대통령령으로 정하는 경미한 사항을 변경하려면 변경신고를 하여야 한다.

④ 제2항에 따라 신고한 자는 신고한 사항을 변경하려면 변경신고를 하여야 한다.

⑤ 제2항에 따라 허가를 받거나 신고한 자는 고위험병원체 취급시설을 폐쇄하는 경우 그 내용을 질병관리청장에게 신고하여야 한다.〈개정 2020. 8. 11.〉

⑥ 질병관리청장은 제2항, 제4항 및 제5항에 따른 신고를 받은 경우 그 내용을 검토하여 이 법에 적합하면 신고를 수리하여야 한다.〈개정 2020. 8. 11.〉

⑦ 제2항에 따라 허가를 받거나 신고한 자는 고위험병원체 취급시설의 안전관리 등급에 따라 대통령령으로 정하는 안전관리 준수사항을 지켜야 한다.

⑧ 질병관리청장은 고위험병원체를 검사, 보유, 관리 및 이동하는 자가 제7항에 따른 안전관리 준수사항 및 제9항에 따른 허가 및 신고 기준을 지키고 있는지 여부 등을 점검할 수 있다.〈개정 2020. 8. 11.〉

⑨ 제1항부터 제5항까지의 규정에 따른 고위험병원체 취급시설의 안전관리 등급, 설치·운영 허가 및 신고의 기준과 절차, 폐쇄 신고의 기준과 절차 등에 필요한 사항은 대통령령으로 정한다.

[전문개정 2020. 3. 4.]

제23조의2(고위험병원체 취급시설의 허가취소 등) ① 질병관리청장은 제23조제2항에 따라 고위험병원체 취급시설 설치·운영의 허가를 받거나 신고를 한 자가 다음 각 호의 어느 하나에 해당하는 경우에는 그 허가를 취소하거나 고위험병원체 취급시설의 폐쇄를 명하거나 1년 이내의 기간을 정하여 그 시설의 운영을 정지하도록 명할 수 있다. 다만, 제1호에 해당하는 경우에는 허가를 취소하거나 고위험병원체 취급시설의 폐쇄를 명하여야 한다. 〈개정 2020. 3. 4., 2020. 8. 11., 2021. 10. 19.〉

1. 속임수나 그 밖의 부정한 방법으로 허가를 받거나 신고한 경우
2. 제23조제3항 또는 제4항에 따른 변경허가를 받지 아니하거나 변경신고를 하지 아니하고 허가 내용 또는 신고 내용을 변경한 경우
3. 제23조제7항에 따른 안전관리 준수사항을 지키지 아니한 경우
4. 제23조제9항에 따른 허가 또는 신고의 기준에 미달한 경우

② 제1항에 따라 허가가 취소되거나 고위험병원체 취급시설의 폐쇄명령을 받은 자는 보유하고 있는 고위험병원체를 90일 이내에 폐기하고 그 결과를 질병관리청장에게 보고하여야 한다. 다만, 질병관리청장은 본문에 따라 고위험병원체를 폐기 및 보고하여야 하는 자가 천재지변 등 부득이한 사유로 기한 내에 처리할 수 없어 기한의 연장을 요청하는 경우에는 90일의 범위에서 그 기한을 연장할 수 있다.〈신설 2021. 10. 19.〉

③ 제1항에 따라 허가가 취소되거나 고위험병원체 취급시설의 폐쇄명령을 받은 자가 보유하고 있는 고위험병원체를 제2항의 기한 이내에 폐기 및 보고하지 아니하는 경우에는 질병관리청장은 해당 고위험병원체를 폐기할 수 있다.〈신설 2021. 10. 19.〉

④ 제2항 및 제3항에 따른 고위험병원체의 폐기 방법 및 절차 등에 필요한 사항은 보건복지부령으로 정한다.〈신설 2021. 10. 19.〉

[본조신설 2017. 12. 12.]

제23조의3(생물테러감염병병원체의 보유허가 등) ① 감염병의 진단 및 학술연구 등을 목적으로 생물테러감염병을 일으키는 병원체 중 보건복지부령으로 정하는 병원체(이하 "생물테러감염병병원체"라 한다)를 보유하고자 하는 자는 사전에 질병관리청장의 허가를 받아야 한다. 다만, 감염병의사환자로부터 생물테러감염병병원체를 분리한 후 보유하는 경우 등 대통령령으로 정하는 부득이한 사정으로 사전에 허가를 받을 수 없는 경우에는 보유 즉시 허가를 받아야 한다. 〈개정 2020. 8. 11.〉

② 제22조제1항에 따라 국내반입허가를 받은 경우에는 제1항에 따른 허가를 받은 것으로 본다.

③ 제1항에 따라 허가받은 사항을 변경하고자 하는 경우에는 질병관리청장의 변경허가를 받아야 한다. 다만, 고위험병원체를 취급하는 사람의 변경 등 대통령령으로 정하는 경미한 사항을 변경하려는 경우에는 질병관리청장에게 변경신고를 하여야 한다. 〈개정 2020. 8. 11.〉

④ 질병관리청장은 제1항에 따라 생물테러감염병병원체의 보유허가를 받은 자가 속임수나 그 밖의 부정한 방법으로 허가를 받은 경우에는 그 허가를 취소하여야 한다. 〈신설 2021. 10. 19.〉

⑤ 제1항부터 제4항까지의 규정에 따른 허가, 변경허가, 변경신고 또는 허가취소의 방법 및 절차 등에 관하여 필요한 사항은 보건복지부령으로 정한다. 〈개정 2021. 10. 19.〉

[본조신설 2019. 12. 3.]

제23조의4(고위험병원체의 취급 기준) ① 고위험병원체는 다음 각 호의 어느 하나에 해당하는 사람만 취급할 수 있다.

1. 「고등교육법」 제2조제4호에 따른 전문대학 이상의 대학에서 보건의료 또는 생물 관련 분야를 전공하고 졸업한 사람 또는 이와 동등한 학력을 가진 사람

2. 「고등교육법」 제2조제4호에 따른 전문대학 이상의 대학을 졸업한 사람 또는 이와 동등 이상의 학력을 가진 사람으로서 보건의료 또는 생물 관련 분야 외의 분야를 전공하고 2년 이상의 보건의료 또는 생물 관련 분야의 경력이 있는 사람

3. 「초·중등교육법」 제2조제3호에 따른 고등학교·고등기술학교를 졸업한 사람 또는 이와 동등 이상의 학력을 가진 사람으로서 4년 이상의 보건의료 또는 생물 관련 분야의 경력이 있는 사람

② 누구든지 제1항 각 호의 어느 하나에 해당하지 아니하는 사람에게 고위험병원체를 취급하도록 하여서는 아니 된다.

③ 제1항 각 호의 학력 및 경력에 관한 구체적인 사항은 보건복지부령으로 정한다.

[본조신설 2019. 12. 3.]

제23조의5(고위험병원체 취급 교육) ① 고위험병원체를 취급하는 사람은 고위험병원체의 안전한 취급을 위하여 매년 필요한 교육을 받아야 한다.

② 질병관리청장은 제1항에 따른 교육을 보건복지부령으로 정하는 전문 기관 또는 단체에 위탁할 수 있다. 〈개정 2020. 8. 11.〉

③ 제1항 및 제2항에 따른 교육 및 교육의 위탁 등에 필요한 사항은 보건복지부령으로 정한다.

[본조신설 2019. 12. 3.]

제6장 예방접종

제24조(필수예방접종) ① 특별자치시장·특별자치도지사 또는 시장·군수·구청장은 다음 각 호의 질병에 대하여 관할 보건소를 통하여 필수예방접종(이하 "필수예방접종"이라 한다)을 실시하여야 한다. 〈개정 2010. 1. 18., 2013. 3. 22., 2014. 3. 18., 2016. 12. 2., 2018. 3. 27., 2020. 8. 11., 2023. 3. 28., 2023. 6. 13.〉

1. 디프테리아
2. 폴리오
3. 백일해

4. 홍역

5. 파상풍

6. 결핵

7. B형간염

8. 유행성이하선염

9. 풍진

10. 수두

11. 일본뇌염

12. b형헤모필루스인플루엔자

13. 폐렴구균

14. 인플루엔자

15. A형간염

16. 사람유두종바이러스 감염증

17. 그룹 A형 로타바이러스 감염증

18. 그 밖에 질병관리청장이 감염병의 예방을 위하여 필요하다고 인정하여 지정하는 감염병

② 특별자치시장·특별자치도지사 또는 시장·군수·구청장은 제1항에 따른 필수예방접종업무를 대통령령으로 정하는 바에 따라 관할구역 안에 있는 「의료법」에 따른 의료기관에 위탁할 수 있다. 〈개정 2018. 3. 27., 2023. 6. 13.〉

③ 특별자치시장·특별자치도지사 또는 시장·군수·구청장은 필수예방접종 대상 아동 부모(아동의 법정대리인을 포함한다)에게 보건복지부령으로 정하는 바에 따라 필수예방접종을 사전에 알려야 한다. 이 경우 「개인정보 보호법」 제24조에 따른 고유식별정보를 처리할 수 있다. 〈신설 2012. 5. 23., 2018. 3. 27., 2023. 6. 13., 2024. 1. 23.〉

[제목개정 2018. 3. 27.]

제25조(임시예방접종) ① 특별자치시장·특별자치도지사 또는 시장·군수·구청장은 다음 각 호의 어느 하나에 해당하면 관할 보건소를 통하여 임시예방접종(이하 "임시예방접종"이라 한다)을 하여야 한다. 〈개정 2010. 1. 18., 2020. 8. 11., 2023. 6. 13.〉

1. 질병관리청장이 감염병 예방을 위하여 특별자치시장·특별자치도지사 또는 시장·군수·구청장에게 예방접종을 실시할 것을 요청한 경우

2. 특별자치시장·특별자치도지사 또는 시장·군수·구청장이 감염병 예방을 위하여 예방접종이 필요하다고 인정하는 경우

② 제1항에 따른 임시예방접종업무의 위탁에 관하여는 제24조제2항을 준용한다.

제26조(예방접종의 공고) 특별자치시장·특별자치도지사 또는 시장·군수·구청장은 임시예방접종을 할 경우에는 예방접종의 일시 및 장소, 예방접종의 종류, 예방접종을 받을 사람의 범위를 정하여 미리 인터넷 홈페이지에 공고하여야 한다. 다만, 제32조제3항에 따른 예방접종의 실시기준 등이 변경될 경우에는 그 변경 사항을 미리 인터넷 홈페이지에 공고하여야 한다. 〈개정 2021. 3. 9., 2023. 6. 13.〉

제26조의2(예방접종 내역의 사전확인) ① 보건소장 및 제24조제2항(제25조제2항에서 준용하는 경우를 포함한다)에 따라 예방접종업무를 위탁받은 의료기관의 장은 예방접종을 하기 전에 대통령령으로 정하는 바에 따라 예방접종을 받으려는 사람 본인 또는 법정대리인의 동의를 받아 해당 예방접종을 받으려는 사람의 예방접종 내역을 확인하여야 한다. 다만, 예방접종을 받으려는 사람 또는 법정대리인의 동의를 받지 못한 경우에는 그러하지 아니하다.

② 제1항 본문에 따라 예방접종을 확인하는 경우 제33조의4에 따른 예방접종통합관리시스템을 활용하여

그 내역을 확인할 수 있다. 〈개정 2019. 12. 3.〉

[본조신설 2015. 12. 29.]

제27조(예방접종증명서) ① 질병관리청장, 특별자치시장·특별자치도지사 또는 시장·군수·구청장은 필수예방접종 또는 임시예방접종을 받은 사람 본인 또는 법정대리인에게 보건복지부령으로 정하는 바에 따라 예방접종증명서를 발급하여야 한다. 〈개정 2010. 1. 18., 2015. 12. 29., 2018. 3. 27., 2020. 8. 11., 2023. 6. 13.〉

② 특별자치시장·특별자치도지사 또는 시장·군수·구청장이 아닌 자가 이 법에 따른 예방접종을 한 때에는 질병관리청장, 특별자치시장·특별자치도지사 또는 시장·군수·구청장은 보건복지부령으로 정하는 바에 따라 해당 예방접종을 한 자로 하여금 예방접종증명서를 발급하게 할 수 있다. 〈개정 2010. 1. 18., 2015. 12. 29., 2020. 8. 11., 2023. 6. 13.〉

③ 제1항 및 제2항에 따른 예방접종증명서는 전자문서를 이용하여 발급할 수 있다.

제28조(예방접종 기록의 보존 및 보고 등) ① 특별자치시장·특별자치도지사 또는 시장·군수·구청장은 필수예방접종 및 임시예방접종을 하거나, 제2항에 따라 보고를 받은 경우에는 보건복지부령으로 정하는 바에 따라 예방접종에 관한 기록을 작성·보관하여야 하고, 특별자치시장·특별자치도지사는 질병관리청장에게, 시장·군수·구청장은 질병관리청장 및 시·도지사에게 그 내용을 각각 보고하여야 한다. 〈개정 2010. 1. 18., 2018. 3. 27., 2020. 8. 11., 2023. 6. 13.〉

② 특별자치시장·특별자치도지사 또는 시장·군수·구청장이 아닌 자가 이 법에 따른 예방접종을 하면 보건복지부령으로 정하는 바에 따라 특별자치시장·특별자치도지사 또는 시장·군수·구청장에게 보고하여야 한다. 〈개정 2010. 1. 18., 2023. 6. 13.〉

제29조(예방접종에 관한 역학조사) 질병관리청장, 시·도지사 또는 시장·군수·구청장은 다음 각 호의 구분에 따라 조사를 실시하고, 예방접종 후 이상반응 사례가 발생하면 그 원인을 밝히기 위하여 제18조에 따라 역학조사를 하여야 한다. 〈개정 2020. 8. 11.〉

1. 질병관리청장: 예방접종의 효과 및 예방접종 후 이상반응에 관한 조사
2. 시·도지사 또는 시장·군수·구청장: 예방접종 후 이상반응에 관한 조사

제29조의2(예방접종 후 이상반응에 대한 검사) ① 「의료법」에 따른 의료인 및 의료기관의 장은 필수예방접종 또는 임시예방접종 후 혈소판감소성 혈전증 등 보건복지부령으로 정하는 이상반응이 나타나거나 의심되는 사람을 발견한 경우에는 질병관리청장에게 이상반응에 대한 검사를 의뢰할 수 있다.

② 제1항에 따라 의뢰받은 질병관리청장은 검사를 실시하여야 한다.

③ 제1항 및 제2항에 따른 검사항목, 검사의뢰 방법 및 절차, 검사방법은 질병관리청장이 정한다.

[본조신설 2023. 9. 14.]

제30조(예방접종피해조사반) ① 제71조제1항 및 제2항에 규정된 예방접종으로 인한 질병·장애·사망의 원인 규명 및 피해 보상 등을 조사하고 제72조제1항에 따른 제3자의 고의 또는 과실 유무를 조사하기 위하여 질병관리청에 예방접종피해조사반을 둔다. 〈개정 2020. 8. 11.〉

② 제1항에 따른 예방접종피해조사반의 설치 및 운영 등에 관하여 필요한 사항은 대통령령으로 정한다.

제31조(예방접종 완료 여부의 확인) ① 특별자치시장·특별자치도지사 또는 시장·군수·구청장은 초등학교와 중학교의 장에게 「학교보건법」 제10조에 따른 예방접종 완료 여부에 대한 검사 기록을 제출하도록 요청할 수 있다. 〈개정 2023. 6. 13.〉

② 특별자치시장·특별자치도지사 또는 시장·군수·구청장은 「유아교육법」에 따른 유치원의 장과 「영유아보육법」에 따른 어린이집의 원장에게 보건복지부령으로 정하는 바에 따라 영유아의 예방접종 여부를 확인하도록 요청할 수 있다. 〈개정 2010. 1. 18., 2011. 6. 7., 2023. 6. 13.〉

③ 특별자치시장·특별자치도지사 또는 시장·군수·구청장은 제1항에 따른 제출 기록 및 제2항에 따른

확인 결과를 확인하여 예방접종을 끝내지 못한 영유아, 학생 등이 있으면 그 영유아 또는 학생 등에게 예방접종을 하여야 한다. 〈개정 2023. 6. 13.〉

제32조(예방접종의 실시주간 및 실시기준 등) ① 질병관리청장은 국민의 예방접종에 대한 관심을 높여 감염병에 대한 예방접종을 활성화하기 위하여 예방접종주간을 설정할 수 있다. 〈개정 2010. 1. 18., 2020. 8. 11.〉
② 누구든지 거짓이나 그 밖의 부정한 방법으로 예방접종을 받아서는 아니 된다.〈신설 2021. 3. 9.〉
③ 예방접종의 실시기준과 방법 등에 관하여 필요한 사항은 보건복지부령으로 정한다.〈개정 2010. 1. 18., 2021. 3. 9.〉

제32조의2(예방접종 휴가) ① 사업주는 이 법에 따른 예방접종을 받은 근로자에게 유급휴가를 줄 수 있다. 이 경우 국가 및 지방자치단체는 필요한 경우 사업주에게 해당 유급휴가를 위한 비용을 지원할 수 있다.
② 국가 및 지방자치단체는 「고용보험법」 제2조제1호에 따른 피보험자 등 대통령령으로 정하는 사람으로서 제1항에 따른 유급휴가를 사용하지 못하는 경우 그 비용을 지원할 수 있다.
③ 제1항 및 제2항에 따른 예방접종 및 비용의 지원 범위, 신청·지원 절차 등에 필요한 사항은 대통령령으로 정한다.
[본조신설 2023. 5. 19.]

제33조(예방접종약품의 계획 생산) ① 질병관리청장은 예방접종약품의 국내 공급이 부족하다고 판단되는 경우 등 보건복지부령으로 정하는 경우에는 예산의 범위에서 감염병의 예방접종에 필요한 수량의 예방접종약품을 미리 계산하여 「약사법」 제31조에 따른 의약품 제조업자(이하 "의약품 제조업자"라 한다)에게 생산하게 할 수 있으며, 예방접종약품을 연구하는 자 등을 지원할 수 있다. 〈개정 2010. 1. 18., 2019. 12. 3., 2020. 8. 11.〉
② 질병관리청장은 보건복지부령으로 정하는 바에 따라 제1항에 따른 예방접종약품의 생산에 드는 비용의 전부 또는 일부를 해당 의약품 제조업자에게 미리 지급할 수 있다.〈개정 2010. 1. 18., 2020. 8. 11.〉

제33조의2(필수예방접종약품등의 비축 등) ① 질병관리청장은 제24조에 따른 필수예방접종 및 제25조에 따른 임시예방접종이 원활하게 이루어질 수 있도록 하기 위하여 필요한 필수예방접종약품등을 위원회의 심의를 거쳐 미리 비축하거나 장기 구매를 위한 계약을 미리 할 수 있다. 〈개정 2020. 8. 11.〉
② 질병관리청장은 제1항에 따라 비축한 필수예방접종약품등의 공급의 우선순위 등 분배기준, 그 밖에 필요한 사항을 위원회의 심의를 거쳐 정할 수 있다.〈개정 2020. 8. 11.〉
[본조신설 2019. 12. 3.] [종전 제33조의2는 제33조의4로 이동 〈2019. 12. 3.〉]

제33조의3(필수예방접종약품등의 생산 계획 등의 보고) 「약사법」 제31조 및 같은 법 제42조에 따른 품목허가를 받거나 신고를 한 자 중 필수예방접종의약품등을 생산·수입하거나 하려는 자는 보건복지부령으로 정하는 바에 따라 필수예방접종약품등의 생산·수입 계획(계획의 변경을 포함한다) 및 실적을 질병관리청장에게 보고하여야 한다. 〈개정 2020. 8. 11.〉
[본조신설 2019. 12. 3.]

제33조의4(예방접종통합관리시스템의 구축·운영 등) ① 질병관리청장은 예방접종업무에 필요한 각종 자료 또는 정보의 효율적 처리와 기록·관리업무의 전산화를 위하여 예방접종통합관리시스템(이하 "통합관리시스템"이라 한다)을 구축·운영하여야 한다. 〈개정 2020. 8. 11.〉
② 질병관리청장은 통합관리시스템을 구축·운영하기 위하여 다음 각 호의 자료를 수집·관리·보유할 수 있으며, 관련 기관 및 단체에 필요한 자료의 제공을 요청할 수 있다. 이 경우 자료의 제공을 요청받은 기관 및 단체는 정당한 사유가 없으면 이에 따라야 한다.〈개정 2020. 8. 11., 2023. 3. 28.〉
1. 예방접종 대상자의 인적사항(「개인정보 보호법」 제24조에 따른 고유식별정보 등 대통령령으로 정하는 개인정보를 포함한다)

2. 예방접종을 받은 사람의 이름, 접종명, 접종일시 등 예방접종 실시 내역

3. 예방접종 위탁 의료기관 개설 정보, 제11조 및 제13조에 따른 예방접종 후 이상반응 신고·보고 내용, 제29조에 따른 예방접종에 관한 역학조사 내용, 제71조에 따른 예방접종 피해보상 신청 내용 등 그 밖에 예방접종업무를 하는 데에 필요한 자료로서 대통령령으로 정하는 자료

③ 보건소장 및 제24조제2항(제25조제2항에서 준용하는 경우를 포함한다)에 따라 예방접종업무를 위탁받은 의료기관의 장은 이 법에 따른 예방접종을 하면 제2항제2호의 정보를 대통령령으로 정하는 바에 따라 통합관리시스템에 입력하여야 한다.

④ 질병관리청장은 대통령령으로 정하는 바에 따라 통합관리시스템을 활용하여 예방접종 대상 아동 부모에게 자녀의 예방접종 내역을 제공하거나 예방접종증명서 발급을 지원할 수 있다. 이 경우 예방접종 내역 제공 또는 예방접종증명서 발급의 적정성을 확인하기 위하여 법원행정처장에게 「가족관계의 등록 등에 관한 법률」 제11조에 따른 등록전산정보자료를 요청할 수 있으며, 법원행정처장은 정당한 사유가 없으면 이에 따라야 한다.〈개정 2020. 8. 11.〉

⑤ 통합관리시스템은 예방접종업무와 관련된 다음 각 호의 정보시스템과 전자적으로 연계하여 활용할 수 있다.〈개정 2022. 1. 11.〉

1. 「초·중등교육법」 제30조의4에 따른 교육정보시스템

2. 「유아교육법」 제19조의2에 따른 유아교육정보시스템

3. 「민원 처리에 관한 법률」 제12조의2제3항에 따른 통합전자민원창구 등 그 밖에 보건복지부령으로 정하는 정보시스템

⑥ 제1항부터 제5항까지의 정보의 보호 및 관리에 관한 사항은 이 법에서 규정된 것을 제외하고는 「개인정보 보호법」의 규정에 따른다.

[본조신설 2015. 12. 29.] [제33조의2에서 이동 〈2019. 12. 3.〉]

제7장 감염 전파의 차단 조치

제34조(감염병 위기관리대책의 수립·시행) ① 보건복지부장관 및 질병관리청장은 감염병의 확산 또는 해외 신종감염병의 국내 유입으로 인한 재난상황에 대처하기 위하여 위원회의 심의를 거쳐 감염병 위기관리대책(이하 "감염병 위기관리대책"이라 한다)을 수립·시행하여야 한다.〈개정 2010. 1. 18., 2015. 7. 6., 2020. 8. 11.〉

② 감염병 위기관리대책에는 다음 각 호의 사항이 포함되어야 한다.〈개정 2010. 1. 18., 2015. 7. 6., 2020. 8. 11., 2020. 9. 29., 2020. 12. 15., 2021. 3. 9., 2023. 9. 14.〉

1. 재난상황 발생 및 해외 신종감염병 유입에 대한 대응체계 및 기관별 역할

2. 재난 및 위기상황의 판단, 위기경보 결정 및 관리체계

3. 감염병위기 시 동원하여야 할 의료인 등 전문인력, 시설, 의료기관의 명부 작성

4. 의료·방역 물품의 비축방안 및 조달방안

5. 재난 및 위기상황별 국민행동요령, 동원 대상 인력, 시설, 기관에 대한 교육 및 도상연습, 제1급감염병 등 긴급한 대처가 필요한 감염병에 대한 위기대응 등 실제 상황대비 훈련

5의2. 감염취약계층에 대한 유형별 보호조치 방안 및 사회복지시설의 유형별·전파상황별 대응방안

6. 그 밖에 재난상황 및 위기상황 극복을 위하여 필요하다고 보건복지부장관 및 질병관리청장이 인정하는 사항

③ 보건복지부장관 및 질병관리청장은 감염병 위기관리대책에 따른 정기적인 훈련을 실시하여야 한다.〈신설 2015. 7. 6., 2020. 8. 11.〉

④ 감염병 위기관리대책의 수립 및 시행 등에 필요한 사항은 대통령령으로 정한다.〈개정 2015. 7. 6.〉

제34조의2(감염병위기 시 정보공개) ① 질병관리청장, 시·도지사 및 시장·군수·구청장은 국민의 건강에

위해가 되는 감염병 확산으로 인하여 「재난 및 안전관리 기본법」 제38조제2항에 따른 주의 이상의 위기경보가 발령되면 감염병 환자의 이동경로, 이동수단, 진료의료기관 및 접촉자 현황, 감염병의 지역별·연령대별 발생 및 검사 현황 등 국민들이 감염병 예방을 위하여 알아야 하는 정보를 정보통신망 게재 또는 보도자료 배포 등의 방법으로 신속히 공개하여야 한다. 다만, 성별, 나이, 그 밖에 감염병 예방과 관계없다고 판단되는 정보로서 대통령령으로 정하는 정보는 제외하여야 한다. 〈개정 2020. 3. 4., 2020. 8. 11., 2020. 9. 29., 2021. 3. 9.〉

② 질병관리청장, 시·도지사 및 시장·군수·구청장은 제1항에 따라 공개한 정보가 그 공개목적의 달성 등으로 공개될 필요가 없어진 때에는 지체 없이 그 공개된 정보를 삭제하여야 한다.〈신설 2020. 9. 29.〉

③ 누구든지 제1항에 따라 공개된 사항이 다음 각 호의 어느 하나에 해당하는 경우에는 질병관리청장, 시·도지사 또는 시장·군수·구청장에게 서면이나 말로 또는 정보통신망을 이용하여 이의신청을 할 수 있다.〈신설 2020. 3. 4., 2020. 8. 11., 2020. 9. 29.〉

  1. 공개된 사항이 사실과 다른 경우
  2. 공개된 사항에 관하여 의견이 있는 경우

④ 질병관리청장, 시·도지사 또는 시장·군수·구청장은 제3항에 따라 신청한 이의가 상당한 이유가 있다고 인정하는 경우에는 지체 없이 공개된 정보의 정정 등 필요한 조치를 하여야 한다.〈신설 2020. 3. 4., 2020. 8. 11., 2020. 9. 29.〉

⑤ 제1항부터 제3항까지에 따른 정보공개 및 삭제와 이의신청의 범위, 절차 및 방법 등에 관하여 필요한 사항은 보건복지부령으로 정한다.〈개정 2020. 3. 4., 2020. 9. 29.〉

[본조신설 2015. 7. 6.]

제35조(시·도별 감염병 위기관리대책의 수립 등) ① 질병관리청장은 제34조제1항에 따라 수립한 감염병 위기관리대책을 시·도지사에게 알려야 한다. 〈개정 2010. 1. 18., 2020. 8. 11.〉

② 시·도지사는 제1항에 따라 통보된 감염병 위기관리대책에 따라 특별시·광역시·특별자치시·도·특별자치도(이하 "시·도"라 한다)별 감염병 위기관리대책을 수립·시행하여야 한다.〈개정 2023. 6. 13.〉

제35조의2(재난 시 의료인에 대한 거짓 진술 등의 금지) 누구든지 감염병에 관하여 「재난 및 안전관리 기본법」 제38조제2항에 따른 주의 이상의 예보 또는 경보가 발령된 후에는 의료인에 대하여 의료기관 내원(內院)이력 및 진료이력 등 감염 여부 확인에 필요한 사실에 관하여 거짓 진술, 거짓 자료를 제출하거나 고의적으로 사실을 누락·은폐하여서는 아니 된다. 〈개정 2017. 12. 12.〉

[본조신설 2015. 7. 6.]

제36조(감염병관리기관의 지정 등) ①보건복지부장관, 질병관리청장 또는 시·도지사는 보건복지부령으로 정하는 바에 따라 「의료법」 제3조에 따른 의료기관을 감염병관리기관으로 지정하여야 한다. 〈신설 2020. 3. 4., 2020. 8. 11.〉

② 시장·군수·구청장은 보건복지부령으로 정하는 바에 따라 「의료법」에 따른 의료기관을 감염병관리기관으로 지정할 수 있다. 〈개정 2010. 1. 18., 2020. 3. 4.〉

③ 제1항 및 제2항에 따라 지정받은 의료기관(이하 "감염병관리기관"이라 한다)의 장은 감염병을 예방하고 감염병환자등을 진료하는 시설(이하 "감염병관리시설"이라 한다)을 설치하여야 한다. 이 경우 보건복지부령으로 정하는 일정규모 이상의 감염병관리기관에는 감염병의 전파를 막기 위하여 전실(前室) 및 음압시설(陰壓施設) 등을 갖춘 1인 병실을 보건복지부령으로 정하는 기준에 따라 설치하여야 한다.〈개정 2010. 1. 18., 2015. 12. 29., 2020. 3. 4.〉

④ 보건복지부장관, 질병관리청장, 시·도지사 또는 시장·군수·구청장은 감염병관리시설의 설치 및 운영에 드는 비용을 감염병관리기관에 지원하여야 한다. 〈개정 2020. 3. 4., 2020. 8. 11.〉

⑤ 감염병관리기관이 아닌 의료기관이 감염병관리시설을 설치·운영하려면 보건복지부령으로 정하는 바에

따라 특별자치시장·특별자치도지사 또는 시장·군수·구청장에게 신고하여야 한다. 이 경우 특별자치시장·특별자치도지사 또는 시장·군수·구청장은 그 내용을 검토하여 이 법에 적합하면 신고를 수리하여야 한다.〈개정 2010. 1. 18., 2020. 3. 4., 2023. 6. 13.〉

⑥ 보건복지부장관, 질병관리청장, 시·도지사 또는 시장·군수·구청장은 감염병 발생 등 긴급상황 발생 시 감염병관리기관에 진료개시 등 필요한 사항을 지시할 수 있다.〈신설 2015. 7. 6., 2020. 3. 4., 2020. 8. 11.〉

제37조(감염병위기 시 감염병관리기관의 설치 등) ① 보건복지부장관, 질병관리청장, 시·도지사 또는 시장·군수·구청장은 감염병환자가 대량으로 발생하거나 제36조에 따라 지정된 감염병관리기관만으로 감염병환자등을 모두 수용하기 어려운 경우에는 다음 각 호의 조치를 취할 수 있다.〈개정 2010. 1. 18., 2020. 8. 11.〉

  1. 제36조에 따라 지정된 감염병관리기관이 아닌 의료기관을 일정 기간 동안 감염병관리기관으로 지정
  2. 격리소·요양소 또는 진료소의 설치·운영

② 제1항제1호에 따라 지정된 감염병관리기관의 장은 보건복지부령으로 정하는 바에 따라 감염병관리시설을 설치하여야 한다.〈개정 2010. 1. 18.〉

③ 보건복지부장관, 질병관리청장, 시·도지사 또는 시장·군수·구청장은 제2항에 따른 시설의 설치 및 운영에 드는 비용을 감염병관리기관에 지원하여야 한다.〈개정 2010. 1. 18., 2020. 8. 11.〉

④ 제1항제1호에 따라 지정된 감염병관리기관의 장은 정당한 사유없이 제2항의 명령을 거부할 수 없다.

⑤ 보건복지부장관, 질병관리청장, 시·도지사 또는 시장·군수·구청장은 감염병 발생 등 긴급상황 발생 시 감염병관리기관에 진료개시 등 필요한 사항을 지시할 수 있다.〈신설 2015. 7. 6., 2018. 3. 27., 2020. 8. 11.〉

제38조(감염병환자등의 입소 거부 금지) 감염병관리기관은 정당한 사유 없이 감염병환자등의 입소(入所)를 거부할 수 없다.

제39조(감염병관리시설 등의 설치 및 관리방법) 감염병관리시설 및 제37조에 따른 격리소·요양소 또는 진료소의 설치 및 관리방법 등에 관하여 필요한 사항은 보건복지부령으로 정한다.〈개정 2010. 1. 18.〉

제39조의2(감염병관리시설 평가) 질병관리청장, 시·도지사 및 시장·군수·구청장은 감염병관리시설을 정기적으로 평가하고 그 결과를 시설의 감독·지원 등에 반영할 수 있다. 이 경우 평가의 방법, 절차, 시기 및 감독·지원의 내용 등은 보건복지부령으로 정한다.〈개정 2020. 8. 11.〉

[본조신설 2015. 12. 29.]

제39조의3(감염병의심자 격리시설 지정) ① 시·도지사는 감염병 발생 또는 유행 시 감염병의심자를 격리하기 위한 시설(이하 "감염병의심자 격리시설"이라 한다)을 지정하여야 한다. 다만, 「의료법」 제3조에 따른 의료기관은 감염병의심자 격리시설로 지정할 수 없다.〈개정 2020. 12. 15.〉

② 질병관리청장 또는 시·도지사는 감염병의심자가 대량으로 발생하거나 제1항에 따라 지정된 감염병의심자 격리시설만으로 감염병의심자를 모두 수용하기 어려운 경우에는 제1항에 따라 감염병의심자 격리시설로 지정되지 아니한 시설을 일정기간 동안 감염병의심자 격리시설로 지정할 수 있다.〈개정 2020. 8. 11., 2020. 12. 15.〉

③ 제1항 및 제2항에 따른 감염병의심자 격리시설의 지정 및 관리 방법 등에 필요한 사항은 보건복지부령으로 정한다.〈개정 2020. 12. 15.〉

[본조신설 2018. 3. 27.] [제목개정 2020. 12. 15.]

제39조의3(감염병의심자 격리시설 지정) ① 시·도지사 또는 시장·군수·구청장은 감염병 발생 또는 유행 시 감염병의심자를 격리하기 위한 시설(이하 "감염병의심자 격리시설"이라 한다)을 지정하여야 한다. 다만, 「의료법」 제3조에 따른 의료기관은 감염병의심자 격리시설로 지정할 수 없다.〈개정 2020. 12. 15., 2024. 1. 30.〉

② 질병관리청장 또는 시·도지사는 감염병의심자가 대량으로 발생하거나 제1항에 따라 지정된 감염병의심자 격리시설만으로 감염병의심자를 모두 수용하기 어려운 경우에는 제1항에 따라 감염병의심자

격리시설로 지정되지 아니한 시설을 일정기간 동안 감염병의심자 격리시설로 지정할 수 있다.〈개정 2020. 8. 11., 2020. 12. 15.〉

③ 제1항 및 제2항에 따른 감염병의심자 격리시설의 지정 및 관리 방법 등에 필요한 사항은 보건복지부령으로 정한다.〈개정 2020. 12. 15.〉

[본조신설 2018. 3. 27.] [제목개정 2020. 12. 15.] [시행일: 2025. 7. 31.] 제39조의3

제40조(생물테러감염병 등에 대비한 의료·방역 물품의 비축) ① 질병관리청장은 생물테러감염병 및 그 밖의 감염병의 대유행이 우려되면 위원회의 심의를 거쳐 예방·치료 의료·방역 물품의 품목을 정하여 미리 비축하거나 장기 구매를 위한 계약을 미리 할 수 있다. 〈개정 2010. 1. 18., 2020. 8. 11., 2020. 12. 15.〉

② 질병관리청장은 「약사법」 제31조제2항에도 불구하고 생물테러감염병이나 그 밖의 감염병의 대유행이 우려되면 예방·치료 의약품을 정하여 의약품 제조업자에게 생산하게 할 수 있다.〈개정 2010. 1. 18., 2019. 12. 3., 2020. 8. 11.〉

③ 질병관리청장은 제2항에 따른 예방·치료 의약품의 효과와 이상반응에 관하여 조사하고, 이상반응 사례가 발생하면 제18조에 따라 역학조사를 하여야 한다.〈개정 2010. 1. 18., 2020. 8. 11.〉

[제목개정 2020. 12. 15.]

제40조의2(감염병 대비 의료·방역 물품 공급의 우선순위 등 분배기준) 질병관리청장은 생물테러감염병이나 그 밖의 감염병의 대유행에 대비하여 제40조제1항 및 제2항에 따라 비축하거나 생산한 의료·방역 물품(「약사법」에 따른 의약품 및 「의료기기법」에 따른 의료기기로 한정한다) 공급의 우선순위 등 분배기준, 그 밖에 필요한 사항을 위원회의 심의를 거쳐 정할 수 있다. 이 경우 분배기준을 정할 때에는 다음 각 호의 어느 하나에 해당하는 지역에 의료·방역 물품이 우선 분배될 수 있도록 노력하여야 한다. 〈개정 2020. 8. 11., 2020. 12. 15., 2022. 6. 10.〉

1. 감염병 확산으로 인하여 「재난 및 안전관리 기본법」 제60조에 따른 특별재난지역으로 선포된 지역
2. 감염병이 급속히 확산하거나 확산될 우려가 있는 지역으로서 치료병상 현황, 환자 중증도 등을 고려하여 질병관리청장이 정하는 지역

[본조신설 2014. 3. 18.] [제목개정 2022. 6. 10.]

제40조의3(수출금지 등) ① 보건복지부장관은 제1급감염병의 유행으로 그 예방·방역 및 치료에 필요한 의료·방역 물품 중 보건복지부령으로 정하는 물품의 급격한 가격상승 또는 공급부족으로 국민건강을 현저하게 저해할 우려가 있을 때에는 그 물품의 수출이나 국외 반출을 금지할 수 있다. 〈개정 2020. 12. 15.〉

② 보건복지부장관은 제1항에 따른 금지를 하려면 미리 관계 중앙행정기관의 장과 협의하여야 하고, 금지 기간을 미리 정하여 공표하여야 한다.

[본조신설 2020. 3. 4.]

제40조의4(지방자치단체의 감염병 대비 의료·방역 물품의 비축) 시·도지사 또는 시장·군수·구청장은 감염병의 확산 또는 해외 신종감염병의 국내 유입으로 인한 재난상황에 대처하기 위하여 감염병 대비 의료·방역 물품을 비축·관리하고, 재난상황 발생 시 이를 지급하는 등 필요한 조치를 취할 수 있다. 〈개정 2020. 12. 15.〉

[본조신설 2020. 9. 29.] [제목개정 2020. 12. 15.]

제40조의5(감염병관리통합정보시스템) ① 질병관리청장은 감염병의 예방·관리·치료 업무에 필요한 각종 자료 또는 정보의 효율적 처리와 기록·관리 업무의 전산화를 위하여 감염병환자등, 「의료법」에 따른 의료인, 의약품 및 장비 등을 관리하는 감염병관리통합정보시스템(이하 "감염병정보시스템"이라 한다)을 구축·운영할 수 있다.

② 질병관리청장은 감염병정보시스템을 구축·운영하기 위하여 다음 각 호의 자료를 수집·관리·보유 및

처리할 수 있으며, 관련 기관 및 단체에 필요한 자료의 입력 또는 제출을 요청할 수 있다. 이 경우 자료의 입력 또는 제출을 요청받은 기관 및 단체는 정당한 사유가 없으면 이에 따라야 한다.

1. 감염병환자등의 인적사항(「개인정보 보호법」 제24조에 따른 고유식별정보 등 대통령령으로 정하는 개인정보를 포함한다)
2. 감염병 치료내용, 그 밖에 감염병환자등에 대한 예방·관리·치료 업무에 필요한 자료로서 대통령령으로 정하는 자료

③ 감염병정보시스템은 다음 각 호의 정보시스템과 전자적으로 연계하여 활용할 수 있다. 이 경우 연계를 통하여 수집할 수 있는 자료 또는 정보는 감염병환자등에 대한 예방·관리·치료 업무를 위한 것으로 한정한다.〈개정 2023. 1. 17., 2023. 8. 16.〉

1. 「주민등록법」 제28조제1항에 따른 주민등록전산정보를 처리하는 정보시스템
2. 「지역보건법」 제5조제1항에 따른 지역보건의료정보시스템
3. 「식품안전기본법」 제24조의2에 따른 통합식품안전정보망
4. 「가축전염병 예방법」 제3조의3에 따른 국가가축방역통합정보시스템
5. 「재난관리자원의 관리 등에 관한 법률」 제46조에 따른 재난관리자원 통합관리시스템
6. 「결핵예방법」 제7조제2항에 따른 결핵통합관리시스템
7. 그 밖에 대통령령으로 정하는 정보시스템

④ 제1항에서 제3항까지의 규정에 따른 정보의 보호 및 관리에 관한 사항은 이 법에서 규정된 것을 제외하고는 「개인정보 보호법」 및 「공공기관의 정보공개에 관한 법률」을 따른다.
⑤ 감염병정보시스템의 구축·운영 및 감염병 관련 정보의 요청 방법 등에 관하여 필요한 사항은 보건복지부령으로 정한다.

[본조신설 2020. 9. 29.]

제40조의6(생물테러감염병 등에 대비한 개발 중인 백신 및 치료제 구매 특례) ① 질병관리청장은 생물테러감염병 및 그 밖의 감염병의 대유행에 대하여 기존의 백신이나 의약품으로 대처하기 어렵다고 판단되는 경우 「국가를 당사자로 하는 계약에 관한 법률」에도 불구하고 위원회의 심의를 거쳐 개발 중인 백신이나 의약품의 구매 및 공급에 필요한 계약을 할 수 있다.
② 공무원이 제1항에 따른 계약 및 계약 이행과 관련된 업무를 적극적으로 처리한 결과에 대하여 그의 행위에 고의나 중대한 과실이 없는 경우에는 「국가공무원법」 등 관계법령에 따른 징계 또는 문책 등 책임을 묻지 아니한다.
③ 제1항에 따른 계약의 대상 및 절차, 그 밖에 필요한 사항은 질병관리청장이 기획재정부장관과 협의하여 정한다.

[본조신설 2021. 3. 9.]

제41조(감염병환자등의 관리) ① 감염병 중 특히 전파 위험이 높은 감염병으로서 제1급감염병 및 질병관리청장이 고시한 감염병에 걸린 감염병환자등은 감염병관리기관, 중앙감염병전문병원, 권역별 감염병전문병원 및 감염병관리시설을 갖춘 의료기관(이하 "감염병관리기관등"이라 한다)에서 입원치료를 받아야 한다. 〈개정 2010. 1. 18., 2018. 3. 27., 2020. 8. 11., 2020. 8. 12., 2023. 8. 16.〉
② 질병관리청장, 시·도지사 또는 시장·군수·구청장은 다음 각 호의 어느 하나에 해당하는 사람에게 자가(自家)치료, 제37조제1항제2호에 따라 설치·운영하는 시설에서의 치료(이하 "시설치료"라 한다) 또는 의료기관 입원치료를 하게 할 수 있다.〈개정 2010. 1. 18., 2020. 8. 11., 2020. 8. 12.〉

1. 제1항에도 불구하고 의사가 자가치료 또는 시설치료가 가능하다고 판단하는 사람
2. 제1항에 따른 입원치료 대상자가 아닌 사람
3. 감염병의심자

③ 보건복지부장관, 질병관리청장, 시·도지사 또는 시장·군수·구청장은 다음 각 호의 어느 하나에 해당하는 경우 제1항 또는 제2항에 따라 치료 중인 사람을 다른 감염병관리기관등이나 감염병관리기관등이 아닌 의료기관으로 전원(轉院)하거나, 자가 또는 제37조제1항제2호에 따라 설치·운영하는 시설로 이송(이하 "전원등"이라 한다)하여 치료받게 할 수 있다. 〈신설 2020. 8. 12., 2020. 9. 29.〉
  1. 중증도의 변경이 있는 경우
  2. 의사가 입원치료의 필요성이 없다고 판단하는 경우
  3. 격리병상이 부족한 경우 등 질병관리청장이 전원등의 조치가 필요하다고 인정하는 경우
④ 감염병환자등은 제3항에 따른 조치를 따라야 하며, 정당한 사유 없이 이를 거부할 경우 치료에 드는 비용은 본인이 부담한다. 〈신설 2020. 8. 12.〉
⑤ 제1항 및 제2항에 따른 입원치료, 자가치료, 시설치료의 방법 및 절차, 제3항에 따른 전원등의 방법 및 절차 등에 관하여 필요한 사항은 대통령령으로 정한다. 〈개정 2020. 8. 12.〉

제41조의2(사업주의 협조의무) ① 사업주는 근로자가 이 법에 따라 입원 또는 격리되는 경우 「근로기준법」 제60조 외에 그 입원 또는 격리기간 동안 유급휴가를 줄 수 있다. 이 경우 사업주가 국가로부터 유급휴가를 위한 비용을 지원 받을 때에는 유급휴가를 주어야 한다.
② 사업주는 제1항에 따른 유급휴가를 이유로 해고나 그 밖의 불리한 처우를 하여서는 아니 되며, 유급휴가 기간에는 그 근로자를 해고하지 못한다. 다만, 사업을 계속할 수 없는 경우에는 그러하지 아니하다.
③ 국가는 제1항에 따른 유급휴가를 위한 비용을 지원할 수 있다.
④ 제3항에 따른 비용의 지원 범위 및 신청·지원 절차 등 필요한 사항은 대통령령으로 정한다.
[본조신설 2015. 12. 29.]

제42조(감염병에 관한 강제처분) ① 질병관리청장, 시·도지사 또는 시장·군수·구청장은 해당 공무원으로 하여금 다음 각 호의 어느 하나에 해당하는 감염병환자등이 있다고 인정되는 주거시설, 선박·항공기·열차 등 운송수단 또는 그 밖의 장소에 들어가 필요한 조사나 진찰을 하게 할 수 있으며, 그 진찰 결과 감염병환자등으로 인정될 때에는 동행하여 치료받게 하거나 입원시킬 수 있다. 〈개정 2010. 1. 18., 2018. 3. 27., 2020. 8. 11.〉
  1. 제1급감염병
  2. 제2급감염병 중 결핵, 홍역, 콜레라, 장티푸스, 파라티푸스, 세균성이질, 장출혈성대장균감염증, A형 간염, 수막구균 감염증, 폴리오, 성홍열 또는 질병관리청장이 정하는 감염병
  3. 삭제〈2018. 3. 27.〉
  4. 제3급감염병 중 질병관리청장이 정하는 감염병
  5. 세계보건기구 감시대상 감염병
  6. 삭제〈2018. 3. 27.〉
② 질병관리청장, 시·도지사 또는 시장·군수·구청장은 제1급감염병이 발생한 경우 해당 공무원으로 하여금 감염병의심자에게 다음 각 호의 조치를 하게 할 수 있다. 이 경우 해당 공무원은 감염병 증상 유무를 확인하기 위하여 필요한 조사나 진찰을 할 수 있다. 〈신설 2020. 3. 4., 2020. 8. 11., 2020. 9. 29.〉
  1. 자가(自家) 또는 시설에 격리
  1의2. 제1호에 따른 격리에 필요한 이동수단의 제한
  2. 유선·무선 통신, 정보통신기술을 활용한 기기 등을 이용한 감염병의 증상 유무 확인이나 위치정보의 수집. 이 경우 위치정보의 수집은 제1호에 따라 격리된 사람으로 한정한다.
  3. 감염 여부 검사
③ 질병관리청장, 시·도지사 또는 시장·군수·구청장은 제2항에 따른 조사나 진찰 결과 감염병환자등으로 인정된 사람에 대해서는 해당 공무원과 동행하여 치료받게 하거나 입원시킬 수 있다. 〈신설 2020. 3.

4., 2020. 8. 11.〉

④ 질병관리청장, 시·도지사 또는 시장·군수·구청장은 제1항·제2항에 따른 조사·진찰이나 제13조제2항에 따른 검사를 거부하는 사람(이하 이 조에서 "조사거부자"라 한다)에 대해서는 해당 공무원으로 하여금 감염병관리기관에 동행하여 필요한 조사나 진찰을 받게 하여야 한다.〈개정 2015. 12. 29., 2020. 3. 4., 2020. 8. 11.〉

⑤ 제1항부터 제4항까지에 따라 조사·진찰·격리·치료 또는 입원 조치를 하거나 동행하는 공무원은 그 권한을 증명하는 증표를 지니고 이를 관계인에게 보여주어야 한다.〈신설 2015. 12. 29., 2020. 3. 4.〉

⑥ 질병관리청장, 시·도지사 또는 시장·군수·구청장은 제2항부터 제4항까지 및 제7항에 따른 조사·진찰·격리·치료 또는 입원 조치를 위하여 필요한 경우에는 관할 경찰서장에게 협조를 요청할 수 있다. 이 경우 요청을 받은 관할 경찰서장은 정당한 사유가 없으면 이에 따라야 한다.〈신설 2015. 12. 29., 2020. 3. 4., 2020. 8. 11.〉

⑦ 질병관리청장, 시·도지사 또는 시장·군수·구청장은 조사거부자를 자가 또는 감염병관리시설에 격리할 수 있으며, 제4항에 따른 조사·진찰 결과 감염병환자등으로 인정될 때에는 감염병관리시설에서 치료받게 하거나 입원시켜야 한다.〈신설 2015. 12. 29., 2020. 3. 4., 2020. 8. 11.〉

⑧ 질병관리청장, 시·도지사 또는 시장·군수·구청장은 감염병의심자 또는 조사거부자가 감염병환자등이 아닌 것으로 인정되면 제2항 또는 제7항에 따른 격리 조치를 즉시 해제하여야 한다.〈신설 2015. 12. 29., 2020. 3. 4., 2020. 8. 11.〉

⑨ 질병관리청장, 시·도지사 또는 시장·군수·구청장은 제7항에 따라 조사거부자를 치료·입원시킨 경우 그 사실을 조사거부자의 보호자에게 통지하여야 한다. 이 경우 통지의 방법·절차 등에 관하여 필요한 사항은 제43조를 준용한다.〈신설 2015. 12. 29., 2020. 3. 4., 2020. 8. 11.〉

⑩ 제8항에도 불구하고 정당한 사유 없이 격리 조치가 해제되지 아니하는 경우 감염병의심자 및 조사거부자는 구제청구를 할 수 있으며, 그 절차 및 방법 등에 대해서는 「인신보호법」을 준용한다. 이 경우 "감염병의심자 및 조사거부자"는 "피수용자"로, 격리 조치를 명한 "질병관리청장, 시·도지사 또는 시장·군수·구청장"은 "수용자"로 본다(다만, 「인신보호법」 제6조제1항제3호는 적용을 제외한다).〈신설 2015. 12. 29., 2020. 3. 4., 2020. 8. 11.〉

⑪ 제1항부터 제4항까지 및 제7항에 따라 조사·진찰·격리·치료를 하는 기관의 지정 기준, 제2항에 따른 감염병의심자에 대한 격리나 증상여부 확인 방법 등 필요한 사항은 대통령령으로 정한다.〈신설 2015. 12. 29., 2020. 3. 4.〉

⑫ 제2항제2호에 따라 수집된 위치정보의 저장·보호·이용 및 파기 등에 관한 사항은 「위치정보의 보호 및 이용 등에 관한 법률」을 따른다.〈신설 2020. 9. 29.〉

제43조(감염병환자등의 입원 통지) ① 질병관리청장, 시·도지사 또는 시장·군수·구청장은 감염병환자등이 제41조에 따른 입원치료가 필요한 경우에는 그 사실을 입원치료 대상자와 그 보호자에게 통지하여야 한다.〈개정 2010. 1. 18., 2020. 8. 11.〉

② 제1항에 따른 통지의 방법·절차 등에 관하여 필요한 사항은 보건복지부령으로 정한다.〈개정 2010. 1. 18.〉

제43조의2(격리자에 대한 격리 통지) ① 질병관리청장, 시·도지사 또는 시장·군수·구청장은 제42조제2항·제3항 및 제7항, 제47조제3호 또는 제49조제1항제14호에 따른 입원 또는 격리 조치를 할 때에는 그 사실을 입원 또는 격리 대상자와 그 보호자에게 통지하여야 한다.〈개정 2020. 8. 11.〉

② 제1항에 따른 통지의 방법·절차 등에 관하여 필요한 사항은 보건복지부령으로 정한다.

[본조신설 2020. 3. 4.]

제44조(수감 중인 환자의 관리) 교도소장은 수감자로서 감염병에 감염된 자에게 감염병의 전파를 차단하기

위한 조치와 적절한 의료를 제공하여야 한다.

제45조(업무 종사의 일시 제한) ① 감염병환자등은 보건복지부령으로 정하는 바에 따라 업무의 성질상 일반인과 접촉하는 일이 많은 직업에 종사할 수 없고, 누구든지 감염병환자등을 그러한 직업에 고용할 수 없다. 〈개정 2010. 1. 18.〉

② 제19조에 따른 성매개감염병에 관한 건강진단을 받아야 할 자가 건강진단을 받지 아니한 때에는 같은 조에 따른 직업에 종사할 수 없으며 해당 영업을 영위하는 자는 건강진단을 받지 아니한 자를 그 영업에 종사하게 하여서는 아니 된다.

제46조(건강진단 및 예방접종 등의 조치) 질병관리청장, 시·도지사 또는 시장·군수·구청장은 보건복지부령으로 정하는 바에 따라 다음 각 호의 어느 하나에 해당하는 사람에게 건강진단을 받거나 감염병 예방에 필요한 예방접종을 받게 하는 등의 조치를 할 수 있다. 〈개정 2010. 1. 18., 2015. 7. 6., 2020. 8. 11.〉

1. 감염병환자등의 가족 또는 그 동거인
2. 감염병 발생지역에 거주하는 사람 또는 그 지역에 출입하는 사람으로서 감염병에 감염되었을 것으로 의심되는 사람
3. 감염병환자등과 접촉하여 감염병에 감염되었을 것으로 의심되는 사람

제47조(감염병 유행에 대한 방역 조치) 질병관리청장, 시·도지사 또는 시장·군수·구청장은 감염병이 유행하면 감염병 전파를 막기 위하여 다음 각 호에 해당하는 모든 조치를 하거나 그에 필요한 일부 조치를 하여야 한다. 〈개정 2015. 7. 6., 2020. 3. 4., 2020. 8. 11.〉

1. 감염병환자등이 있는 장소나 감염병병원체에 오염되었다고 인정되는 장소에 대한 다음 각 목의 조치
   가. 일시적 폐쇄
   나. 일반 공중의 출입금지
   다. 해당 장소 내 이동제한
   라. 그 밖에 통행차단을 위하여 필요한 조치
2. 의료기관에 대한 업무 정지
3. 감염병의심자를 적당한 장소에 일정한 기간 입원 또는 격리시키는 것
4. 감염병병원체에 오염되었거나 오염되었다고 의심되는 물건을 사용·접수·이동하거나 버리는 행위 또는 해당 물건의 세척을 금지하거나 태우거나 폐기처분하는 것
5. 감염병병원체에 오염된 장소에 대한 소독이나 그 밖에 필요한 조치를 명하는 것
6. 일정한 장소에서 세탁하는 것을 막거나 오물을 일정한 장소에서 처리하도록 명하는 것

제48조(오염장소 등의 소독 조치) ① 육군·해군·공군 소속 부대의 장, 국방부직할부대의 장 및 제12조제1항 각 호의 어느 하나에 해당하는 사람은 감염병환자등이 발생한 장소나 감염병병원체에 오염되었다고 의심되는 장소에 대하여 의사, 한의사 또는 관계 공무원의 지시에 따라 소독이나 그 밖에 필요한 조치를 하여야 한다.

② 제1항에 따른 소독 등의 조치에 관하여 필요한 사항은 보건복지부령으로 정한다. 〈개정 2010. 1. 18.〉

제8장 예방 조치

제49조(감염병의 예방 조치) ① 질병관리청장, 시·도지사 또는 시장·군수·구청장은 감염병을 예방하기 위하여 다음 각 호에 해당하는 모든 조치를 하거나 그에 필요한 일부 조치를 하여야 하며, 보건복지부장관은 감염병을 예방하기 위하여 제2호, 제2호의2부터 제2호의4까지, 제12호 및 제12호의2에 해당하는 조치를 할 수 있다. 〈개정 2015. 7. 6., 2015. 12. 29., 2020. 3. 4., 2020. 8. 11., 2020. 8. 12., 2020. 9. 29., 2021. 3. 9.〉

1. 관할 지역에 대한 교통의 전부 또는 일부를 차단하는 것
2. 흥행, 집회, 제례 또는 그 밖의 여러 사람의 집합을 제한하거나 금지하는 것

2의2. 감염병 전파의 위험성이 있는 장소 또는 시설의 관리자·운영자 및 이용자 등에 대하여 출입자 명단 작성, 마스크 착용 등 방역지침의 준수를 명하는 것

2의3. 버스·열차·선박·항공기 등 감염병 전파가 우려되는 운송수단의 이용자에 대하여 마스크 착용 등 방역지침의 준수를 명하는 것

2의4. 감염병 전파가 우려되어 지역 및 기간을 정하여 마스크 착용 등 방역지침 준수를 명하는 것

3. 건강진단, 시체 검안 또는 해부를 실시하는 것

4. 감염병 전파의 위험성이 있는 음식물의 판매·수령을 금지하거나 그 음식물의 폐기나 그 밖에 필요한 처분을 명하는 것

5. 인수공통감염병 예방을 위하여 살처분(殺處分)에 참여한 사람 또는 인수공통감염병에 드러난 사람 등에 대한 예방조치를 명하는 것

6. 감염병 전파의 매개가 되는 물건의 소지·이동을 제한·금지하거나 그 물건에 대하여 폐기, 소각 또는 그 밖에 필요한 처분을 명하는 것

7. 선박·항공기·열차 등 운송 수단, 사업장 또는 그 밖에 여러 사람이 모이는 장소에 의사를 배치하거나 감염병 예방에 필요한 시설의 설치를 명하는 것

8. 공중위생에 관계있는 시설 또는 장소에 대한 소독이나 그 밖에 필요한 조치를 명하거나 상수도·하수도·우물·쓰레기장·화장실의 신설·개조·변경·폐지 또는 사용을 금지하는 것

9. 쥐, 위생해충 또는 그 밖의 감염병 매개동물의 구제(驅除) 또는 구제시설의 설치를 명하는 것

10. 일정한 장소에서의 어로(漁撈)·수영 또는 일정한 우물의 사용을 제한하거나 금지하는 것

11. 감염병 매개의 중간 숙주가 되는 동물류의 포획 또는 생식을 금지하는 것

12. 감염병 유행기간 중 의료인·의료업자 및 그 밖에 필요한 의료관계요원을 동원하는 것

12의2. 감염병 유행기간 중 의료기관 병상, 연수원·숙박시설 등 시설을 동원하는 것

13. 감염병병원체에 오염되었거나 오염되었을 것으로 의심되는 시설 또는 장소에 대한 소독이나 그 밖에 필요한 조치를 명하는 것

14. 감염병의심자를 적당한 장소에 일정한 기간 입원 또는 격리시키는 것

② 시·도지사 또는 시장·군수·구청장은 제1항제8호 및 제10호에 따라 식수를 사용하지 못하게 하려면 그 사용금지기간 동안 별도로 식수를 공급하여야 하며, 제1항제1호·제2호·제6호·제8호·제10호 및 제11호에 따른 조치를 하려면 그 사실을 주민에게 미리 알려야 한다.

③ 시·도지사 또는 시장·군수·구청장은 제1항제2호의2의 조치를 따르지 아니한 관리자·운영자에게 해당 장소나 시설의 폐쇄를 명하거나 3개월 이내의 기간을 정하여 운영의 중단을 명할 수 있다. 다만, 운영중단 명령을 받은 자가 그 운영중단기간 중에 운영을 계속한 경우에는 해당 장소나 시설의 폐쇄를 명하여야 한다. 〈신설 2020. 9. 29., 2021. 3. 9.〉

④ 제3항에 따라 장소나 시설의 폐쇄 또는 운영 중단 명령을 받은 관리자·운영자는 정당한 사유가 없으면 이에 따라야 한다. 〈신설 2021. 3. 9.〉

⑤ 시·도지사 또는 시장·군수·구청장은 제3항에 따른 폐쇄 명령에도 불구하고 관리자·운영자가 그 운영을 계속하는 경우에는 관계 공무원에게 해당 장소나 시설을 폐쇄하기 위한 다음 각 호의 조치를 하게 할 수 있다. 〈신설 2020. 9. 29., 2021. 3. 9.〉

1. 해당 장소나 시설의 간판이나 그 밖의 표지판의 제거

2. 해당 장소나 시설이 제3항에 따라 폐쇄된 장소나 시설임을 알리는 게시물 등의 부착

⑥ 제3항에 따른 장소나 시설의 폐쇄를 명한 시·도지사 또는 시장·군수·구청장은 위기경보 또는 방역지침의 변경으로 장소 또는 시설 폐쇄의 필요성이 없어진 경우, 「재난 및 안전관리 기본법」 제11조의 지역위원회 심의를 거쳐 폐쇄 중단 여부를 결정할 수 있다. 〈신설 2021. 3. 9.〉

⑦ 제3항에 따른 행정처분의 기준은 그 위반행위의 종류와 위반 정도 등을 고려하여 보건복지부령으로 정

한다.〈신설 2020. 9. 29., 2021. 3. 9.〉

제49조의2(감염취약계층의 보호 조치) ① 보건복지부장관, 시·도지사 또는 시장·군수·구청장은 호흡기와 관련된 감염병으로부터 저소득층과 사회복지시설을 이용하는 어린이, 노인, 장애인 및 기타 보건복지부령으로 정하는 대상(이하 "감염취약계층"이라 한다)을 보호하기 위하여 「재난 및 안전관리 기본법」 제38조 제2항에 따른 주의 이상의 위기경보가 발령된 경우 감염취약계층에게 의료·방역 물품(「약사법」에 따른 의약외품으로 한정한다) 지급 등 필요한 조치를 취할 수 있다. 〈개정 2020. 12. 15.〉

② 질병관리청장, 시·도지사 또는 시장·군수·구청장은 「재난 및 안전관리 기본법」 제38조제2항에 따른 주의 이상의 위기경보가 발령된 경우 감염취약계층이 이용하는 「사회복지사업법」 제2조제4호의 사회 복지시설에 대하여 소독이나 그 밖에 필요한 조치를 명할 수 있다.〈신설 2021. 3. 9.〉

③ 제1항에 따른 감염병의 종류, 감염취약계층의 범위 및 지급절차 등에 관하여 필요한 사항은 보건복지 부령으로 정한다.〈개정 2021. 3. 9.〉

[본조신설 2020. 3. 4.]

제49조의3(의료인, 환자 및 의료기관 보호를 위한 한시적 비대면 진료) ① 의료업에 종사하는 의료인(「의료 법」 제2조에 따른 의료인 중 의사·치과의사·한의사만 해당한다. 이하 이 조에서 같다)은 감염병과 관련 하여 「재난 및 안전관리 기본법」 제38조제2항에 따른 심각 단계 이상의 위기경보가 발령된 때에는 환자, 의료인 및 의료기관 등을 감염의 위험에서 보호하기 위하여 필요하다고 인정하는 경우 「의료법」 제33조제 1항에도 불구하고 보건복지부장관이 정하는 범위에서 유선·무선·화상통신, 컴퓨터 등 정보통신기술을 활 용하여 의료기관 외부에 있는 환자에게 건강 또는 질병의 지속적 관찰, 진단, 상담 및 처방을 할 수 있다.

② 보건복지부장관은 위원회의 심의를 거쳐 제1항에 따른 한시적 비대면 진료의 지역, 기간 등 범위를 결 정한다.

[본조신설 2020. 12. 15.]

제50조(그 밖의 감염병 예방 조치) ① 육군·해군·공군 소속 부대의 장, 국방부직할부대의 장 및 제12조 제1항제2호에 해당하는 사람은 감염병환자등이 발생하였거나 발생할 우려가 있으면 소독이나 그 밖에 필 요한 조치를 하여야 하고, 특별자치시장·특별자치도지사 또는 시장·군수·구청장과 협의하여 감염병 예 방에 필요한 추가 조치를 하여야 한다. 〈개정 2015. 7. 6., 2023. 6. 13.〉

② 교육부장관 또는 교육감은 감염병 발생 등을 이유로 「학교보건법」 제2조제2호의 학교에 대하여 「초· 중등교육법」 제64조에 따른 휴업 또는 휴교를 명령하거나 「유아교육법」 제31조에 따른 휴업 또는 휴 원을 명령할 경우 질병관리청장과 협의하여야 한다.〈신설 2015. 7. 6., 2020. 8. 11.〉

제51조(소독 의무) ① 특별자치시장·특별자치도지사 또는 시장·군수·구청장은 감염병을 예방하기 위하 여 청소나 소독을 실시하거나 쥐, 위생해충 등의 구제조치(이하 "소독"이라 한다)를 하여야 한다. 이 경우 소독은 사람의 건강과 자연에 유해한 영향을 최소화하여 안전하게 실시하여야 한다. 〈개정 2010. 1. 18., 2020. 3. 4., 2023. 6. 13.〉

② 제1항에 따른 소독의 기준과 방법은 보건복지부령으로 정한다.〈신설 2020. 3. 4.〉

③ 공동주택, 숙박업소 등 여러 사람이 거주하거나 이용하는 시설 중 대통령령으로 정하는 시설을 관리· 운영하는 자는 보건복지부령으로 정하는 바에 따라 감염병 예방에 필요한 소독을 하여야 한다.〈개정 2010. 1. 18., 2020. 3. 4.〉

④ 제3항에 따라 소독을 하여야 하는 시설의 관리·운영자는 제52조제1항에 따라 소독업의 신고를 한 자 에게 소독하게 하여야 한다. 다만, 「공동주택관리법」 제2조제1항제15호에 따른 주택관리업자가 제52 조제1항에 따른 소독장비를 갖추었을 때에는 그가 관리하는 공동주택은 직접 소독할 수 있다.〈개정 2015. 8. 11., 2020. 3. 4.〉

제52조(소독업의 신고 등) ① 소독을 업으로 하려는 자(제51조제4항 단서에 따른 주택관리업자는 제외한다)는 보건복지부령으로 정하는 시설·장비 및 인력을 갖추어 특별자치시장·특별자치도지사 또는 시장·군수·구청장에게 신고하여야 한다. 신고한 사항을 변경하려는 경우에도 또한 같다. 〈개정 2010. 1. 18., 2020. 3. 4., 2023. 6. 13.〉

② 특별자치시장·특별자치도지사 또는 시장·군수·구청장은 제1항에 따른 신고를 받은 경우 그 내용을 검토하여 이 법에 적합하면 신고를 수리하여야 한다.〈신설 2020. 3. 4., 2023. 6. 13.〉

③ 특별자치시장·특별자치도지사 또는 시장·군수·구청장은 제1항에 따라 소독업의 신고를 한 자(이하 "소독업자"라 한다)가 다음 각 호의 어느 하나에 해당하면 소독업 신고가 취소된 것으로 본다.〈개정 2017. 12. 12., 2018. 12. 31., 2020. 3. 4., 2020. 12. 22., 2023. 6. 13.〉

1. 「부가가치세법」 제8조제8항에 따라 관할 세무서장에게 폐업 신고를 한 경우
2. 「부가가치세법」 제8조제9항에 따라 관할 세무서장이 사업자등록을 말소한 경우
3. 제53조제1항에 따른 휴업이나 폐업 신고를 하지 아니하고 소독업에 필요한 시설 등이 없어진 상태가 6개월 이상 계속된 경우

④ 특별자치시장·특별자치도지사 또는 시장·군수·구청장은 제3항에 따른 소독업 신고가 취소된 것으로 보기 위하여 필요한 경우 관할 세무서장에게 소독업자의 폐업 여부에 대한 정보 제공을 요청할 수 있다. 이 경우 요청을 받은 관할 세무서장은 「전자정부법」 제36조제1항에 따라 소독업자의 폐업 여부에 대한 정보를 제공하여야 한다.〈신설 2017. 12. 12., 2020. 3. 4., 2023. 6. 13.〉

제53조(소독업의 휴업 등의 신고) ① 소독업자가 그 영업을 30일 이상 휴업하거나 폐업하려면 보건복지부령으로 정하는 바에 따라 특별자치시장·특별자치도지사 또는 시장·군수·구청장에게 신고하여야 한다. 〈개정 2010. 1. 18., 2020. 3. 4., 2023. 6. 13.〉

② 소독업자가 휴업한 후 재개업을 하려면 보건복지부령으로 정하는 바에 따라 특별자치시장·특별자치도지사 또는 시장·군수·구청장에게 신고하여야 한다. 이 경우 특별자치시장·특별자치도지사 또는 시장·군수·구청장은 그 내용을 검토하여 이 법에 적합하면 신고를 수리하여야 한다.〈신설 2020. 3. 4., 2023. 6. 13.〉

제54조(소독의 실시 등) ① 소독업자는 보건복지부령으로 정하는 기준과 방법에 따라 소독하여야 한다. 〈개정 2010. 1. 18.〉

② 소독업자가 소독하였을 때에는 보건복지부령으로 정하는 바에 따라 그 소독에 관한 사항을 기록·보존하여야 한다.〈개정 2010. 1. 18.〉

제55조(소독업자 등에 대한 교육) ① 소독업자(법인인 경우에는 그 대표자를 말한다. 이하 이 조에서 같다)는 소독에 관한 교육을 받아야 한다.

② 소독업자는 소독업무 종사자에게 소독에 관한 교육을 받게 하여야 한다.

③ 제1항 및 제2항에 따른 교육의 내용과 방법, 교육시간, 교육비 부담 등에 관하여 필요한 사항은 보건복지부령으로 정한다.〈개정 2010. 1. 18.〉

제56조(소독업무의 대행) 특별자치시장·특별자치도지사 또는 시장·군수·구청장은 제47조제5호, 제48조제1항, 제49조제1항제8호·제9호·제13호, 제50조 및 제51조제1항·제3항에 따라 소독을 실시하여야 할 경우에는 그 소독업무를 소독업자가 대행하게 할 수 있다. 〈개정 2015. 7. 6., 2020. 3. 4., 2023. 6. 13.〉

제57조(서류제출 및 검사 등) ① 특별자치시장·특별자치도지사 또는 시장·군수·구청장은 소속 공무원으로 하여금 소독업자에게 소독의 실시에 관한 관계 서류의 제출을 요구하게 하거나 검사 또는 질문을 하게 할 수 있다. 〈개정 2023. 6. 13.〉

② 제1항에 따라 서류제출을 요구하거나 검사 또는 질문을 하려는 소속 공무원은 그 권한을 표시하는 증

표를 지니고 이를 관계인에게 보여주어야 한다.

제58조(시정명령) 특별자치시장·특별자치도지사 또는 시장·군수·구청장은 소독업자가 다음 각 호의 어느 하나에 해당하면 1개월 이상의 기간을 정하여 그 위반 사항을 시정하도록 명하여야 한다. 〈개정 2023. 6. 13.〉

1. 제52조제1항에 따른 시설·장비 및 인력 기준을 갖추지 못한 경우
2. 제55조제1항에 따른 교육을 받지 아니하거나 소독업무 종사자에게 같은 조 제2항에 따른 교육을 받게 하지 아니한 경우

제59조(영업정지 등) ① 특별자치시장·특별자치도지사 또는 시장·군수·구청장은 소독업자가 다음 각 호의 어느 하나에 해당하면 영업소의 폐쇄를 명하거나 6개월 이내의 기간을 정하여 영업의 정지를 명할 수 있다. 다만, 제5호에 해당하는 경우에는 영업소의 폐쇄를 명하여야 한다. 〈개정 2020. 3. 4., 2023. 6. 13.〉

1. 제52조제1항 후단에 따른 변경 신고를 하지 아니하거나 제53조제1항 및 제2항에 따른 휴업, 폐업 또는 재개업 신고를 하지 아니한 경우
2. 제54조제1항에 따른 소독의 기준과 방법에 따르지 아니하고 소독을 실시하거나 같은 조 제2항을 위반하여 소독실시 사항을 기록·보존하지 아니한 경우
3. 제57조에 따른 관계 서류의 제출 요구에 따르지 아니하거나 소속 공무원의 검사 및 질문을 거부·방해 또는 기피한 경우
4. 제58조에 따른 시정명령에 따르지 아니한 경우
5. 영업정지기간 중에 소독업을 한 경우

② 특별자치시장·특별자치도지사 또는 시장·군수·구청장은 제1항에 따른 영업소의 폐쇄명령을 받고도 계속하여 영업을 하거나 제52조제1항에 따른 신고를 하지 아니하고 소독업을 하는 경우에는 관계 공무원에게 해당 영업소를 폐쇄하기 위한 다음 각 호의 조치를 하게 할 수 있다.〈개정 2023. 6. 13.〉

1. 해당 영업소의 간판이나 그 밖의 영업표지 등의 제거·삭제
2. 해당 영업소가 적법한 영업소가 아님을 알리는 게시물 등의 부착

③ 제1항에 따른 행정처분의 기준은 그 위반행위의 종류와 위반 정도 등을 고려하여 보건복지부령으로 정한다.〈개정 2010. 1. 18.〉

제9장 방역관, 역학조사관, 검역위원 및 예방위원 등 〈개정 2015. 7. 6.〉

제60조(방역관) ① 질병관리청장 및 시·도지사는 감염병 예방 및 방역에 관한 업무를 담당하는 방역관을 소속 공무원 중에서 임명한다. 다만, 감염병 예방 및 방역에 관한 업무를 처리하기 위하여 필요한 경우에는 시장·군수·구청장이 방역관을 소속 공무원 중에서 임명할 수 있다. 〈개정 2020. 3. 4., 2020. 8. 11.〉

② 방역관은 제4조제2항제1호부터 제7호까지의 업무를 담당한다. 다만, 질병관리청 소속 방역관은 같은 항 제8호의 업무도 담당한다. 〈개정 2020. 8. 11.〉

③ 방역관은 감염병의 국내 유입 또는 유행이 예견되어 긴급한 대처가 필요한 경우 제4조제2항제1호 및 제2호에 따른 업무를 수행하기 위하여 통행의 제한 및 주민의 대피, 감염병의 매개가 되는 음식물·물건 등의 폐기·소각, 의료인 등 감염병 관리인력에 대한 임무부여 및 방역물자의 배치 등 감염병 발생 지역의 현장에 대한 조치권한을 가진다.

④ 감염병 발생지역을 관할하는 「국가경찰과 자치경찰의 조직 및 운영에 관한 법률」 제12조 및 제13조에 따른 경찰관서 및 「소방기본법」 제3조에 따른 소방관서의 장, 「지역보건법」 제10조에 따른 보건소의 장 등 관계 공무원 및 그 지역 내의 법인·단체·개인은 정당한 사유가 없으면 제3항에 따른 방역관의 조치에 협조하여야 한다.〈개정 2020. 12. 22.〉

⑤ 제1항부터 제4항까지 규정한 사항 외에 방역관의 자격·직무·조치권한의 범위 등에 관하여 필요한 사

항은 대통령령으로 정한다.

[전문개정 2015. 7. 6.]

제60조의2(역학조사관) ① 감염병 역학조사에 관한 사무를 처리하기 위하여 질병관리청 소속 공무원으로 100명 이상, 시·도 소속 공무원으로 각각 2명 이상의 역학조사관을 두어야 한다. 이 경우 시·도 역학조사관 중 1명 이상은 「의료법」 제2조제1항에 따른 의료인 중 의사로 임명하여야 한다. 〈개정 2018. 3. 27., 2020. 3. 4., 2020. 8. 11.〉

② 시장·군수·구청장은 역학조사에 관한 사무를 처리하기 위하여 필요한 경우 소속 공무원으로 역학조사관을 둘 수 있다. 다만, 인구수 등을 고려하여 보건복지부령으로 정하는 기준을 충족하는 시·군·구의 장은 소속 공무원으로 1명 이상의 역학조사관을 두어야 한다. 〈신설 2020. 3. 4.〉

③ 제1항 및 제2항에 따른 역학조사관은 다음 각 호의 어느 하나에 해당하는 사람으로서 제18조의3에 따른 역학조사 교육·훈련 과정을 이수한 사람 중에서 임명한다. 〈개정 2020. 3. 4., 2023. 5. 19.〉

1. 방역, 역학조사 또는 예방접종 업무를 담당하는 공무원

2. 「의료법」 제2조제1항에 따른 의료인

3. 그 밖에 「약사법」 제2조제2호에 따른 약사, 「수의사법」 제2조제1호에 따른 수의사 등 감염병·역학 관련 분야의 전문가

④ 질병관리청장, 시·도지사 또는 시장·군수·구청장은 소속 공무원을 역학조사관으로 임명하기 위하여 제18조의3에 따른 역학조사 교육·훈련 과정을 이수하도록 하여야 할 경우 해당 공무원을 수습역학조사관으로 임명하여야 한다. 〈신설 2023. 5. 19.〉

⑤ 역학조사관은 감염병의 확산이 예견되는 긴급한 상황으로서 즉시 조치를 취하지 아니하면 감염병이 확산되어 공중위생에 심각한 위해를 가할 것으로 우려되는 경우 일시적으로 제47조제1호 각 목의 조치를 할 수 있다. 다만, 수습역학조사관은 방역관 또는 역학조사관의 지휘를 받는 경우에 한정하여 일시적으로 제47조제1호 각 목의 조치를 할 수 있다. 〈개정 2020. 3. 4., 2023. 5. 19.〉

⑥ 「국가경찰과 자치경찰의 조직 및 운영에 관한 법률」 제12조 및 제13조에 따른 경찰관서 및 「소방기본법」 제3조에 따른 소방관서의 장, 「지역보건법」 제10조에 따른 보건소의 장 등 관계 공무원은 정당한 사유가 없으면 제5항에 따른 역학조사관 및 수습역학조사관의 조치에 협조하여야 한다. 〈개정 2020. 3. 4., 2020. 12. 22., 2023. 5. 19.〉

⑦ 역학조사관 및 수습역학조사관은 제5항에 따른 조치를 한 경우 즉시 질병관리청장, 시·도지사 또는 시장·군수·구청장에게 보고하여야 한다. 〈개정 2020. 3. 4., 2020. 8. 11., 2023. 5. 19.〉

⑧ 질병관리청장, 시·도지사 또는 시장·군수·구청장은 제1항·제2항 및 제4항에 따라 임명된 역학조사관 및 수습역학조사관에게 예산의 범위에서 직무 수행에 필요한 비용 등을 지원할 수 있다. 〈개정 2020. 3. 4., 2020. 8. 11., 2023. 5. 19.〉

⑨ 제1항부터 제8항까지 규정한 사항 외에 역학조사관 및 수습역학조사관의 자격·직무·권한·비용지원 등에 관하여 필요한 사항은 대통령령으로 정한다. 〈개정 2020. 3. 4., 2023. 5. 19.〉

[본조신설 2015. 7. 6.]

제60조의3(한시적 종사명령) ① 질병관리청장 또는 시·도지사는 감염병의 유입 또는 유행이 우려되거나 이미 발생한 경우 기간을 정하여 「의료법」 제2조제1항의 의료인에게 제36조 및 제37조에 따라 감염병관리기관으로 지정된 의료기관 또는 제8조의2에 따라 설립되거나 지정된 중앙감염병전문병원 또는 권역별 감염병전문병원에서 방역업무에 종사하도록 명할 수 있다. 〈개정 2020. 8. 11., 2023. 8. 16.〉

② 질병관리청장, 시·도지사 또는 시장·군수·구청장은 감염병이 유입되거나 유행하는 긴급한 경우 제60조의2제3항제2호 또는 제3호에 해당하는 자를 기간을 정하여 방역관으로 임명하여 방역업무를 수행하게 할 수 있다. 〈개정 2020. 3. 4., 2020. 8. 11., 2020. 9. 29.〉

③ 질병관리청장, 시·도지사 또는 시장·군수·구청장은 감염병의 유입 또는 유행으로 역학조사인력이 부족한 경우 제60조의2제3항제2호 또는 제3호에 해당하는 자를 기간을 정하여 역학조사관으로 임명하여 역학조사에 관한 직무를 수행하게 할 수 있다. 〈개정 2020. 3. 4., 2020. 8. 11.〉

④ 제2항 또는 제3항에 따라 질병관리청장, 시·도지사 또는 시장·군수·구청장이 임명한 방역관 또는 역학조사관은 「국가공무원법」 제26조의5에 따른 임기제공무원으로 임용된 것으로 본다. 〈개정 2020. 3. 4., 2020. 8. 11.〉

⑤ 제1항에 따른 종사명령 및 제2항·제3항에 따른 임명의 기간·절차 등 필요한 사항은 대통령령으로 정한다.

[본조신설 2015. 12. 29.]

제60조의3(한시적 종사명령) ① 질병관리청장, 시·도지사 또는 시장·군수·구청장은 감염병의 유입 또는 유행이 우려되거나 이미 발생한 경우 기간을 정하여 「의료법」 제2조제1항의 의료인에게 제36조 및 제37조에 따라 감염병관리기관으로 지정된 의료기관 또는 제8조의2에 따라 설립되거나 지정된 중앙감염병전문병원 또는 권역별 감염병전문병원에서 방역업무에 종사하도록 명할 수 있다. 〈개정 2020. 8. 11., 2023. 8. 16., 2024. 1. 30.〉

② 질병관리청장, 시·도지사 또는 시장·군수·구청장은 감염병이 유입되거나 유행하는 긴급한 경우 제60조의2제3항제2호 또는 제3호에 해당하는 자를 기간을 정하여 방역관으로 임명하여 방역업무를 수행하게 할 수 있다. 〈개정 2020. 3. 4., 2020. 8. 11., 2020. 9. 29.〉

③ 질병관리청장, 시·도지사 또는 시장·군수·구청장은 감염병의 유입 또는 유행으로 역학조사인력이 부족한 경우 제60조의2제3항제2호 또는 제3호에 해당하는 자를 기간을 정하여 역학조사관으로 임명하여 역학조사에 관한 직무를 수행하게 할 수 있다. 〈개정 2020. 3. 4., 2020. 8. 11.〉

④ 제2항 또는 제3항에 따라 질병관리청장, 시·도지사 또는 시장·군수·구청장이 임명한 방역관 또는 역학조사관은 「국가공무원법」 제26조의5에 따른 임기제공무원으로 임용된 것으로 본다. 〈개정 2020. 3. 4., 2020. 8. 11.〉

⑤ 제1항에 따른 종사명령 및 제2항·제3항에 따른 임명의 기간·절차 등 필요한 사항은 대통령령으로 정한다.

[본조신설 2015. 12. 29.] [시행일: 2025. 7. 31.] 제60조의3

제61조(검역위원) ① 시·도지사는 감염병을 예방하기 위하여 필요하면 검역위원을 두고 검역에 관한 사무를 담당하게 하며, 특별히 필요하면 운송수단 등을 검역하게 할 수 있다.

② 검역위원은 제1항에 따른 사무나 검역을 수행하기 위하여 운송수단 등에 무상으로 승선하거나 승차할 수 있다.

③ 제1항에 따른 검역위원의 임명 및 직무 등에 관하여 필요한 사항은 보건복지부령으로 정한다. 〈개정 2010. 1. 18.〉

제62조(예방위원) ① 특별자치시장·특별자치도지사 또는 시장·군수·구청장은 감염병이 유행하거나 유행할 우려가 있으면 특별자치시·특별자치도 또는 시·군·구(자치구를 말한다. 이하 같다)에 감염병 예방 사무를 담당하는 예방위원을 둘 수 있다. 〈개정 2023. 6. 13.〉

② 제1항에 따른 예방위원은 무보수로 한다. 다만, 특별자치시·특별자치도 또는 시·군·구의 인구 2만 명당 1명의 비율로 유급위원을 둘 수 있다. 〈개정 2023. 6. 13.〉

③ 제1항에 따른 예방위원의 임명 및 직무 등에 관하여 필요한 사항은 보건복지부령으로 정한다. 〈개정 2010. 1. 18.〉

제63조(한국건강관리협회) ① 제2조제6호에 따른 기생충감염병에 관한 조사·연구 등 예방사업을 수행하기 위하여 한국건강관리협회(이하 "협회"라 한다)를 둔다. 〈개정 2018. 3. 27.〉

② 협회는 법인으로 한다.

③ 협회에 관하여는 이 법에서 정한 사항 외에는 「민법」 중 사단법인에 관한 규정을 준용한다.

제10장 경비

제64조(특별자치시·특별자치도와 시·군·구가 부담할 경비) 다음 각 호의 경비는 특별자치시·특별자치도와 시·군·구가 부담한다. 〈개정 2015. 7. 6., 2015. 12. 29., 2020. 8. 12., 2020. 9. 29., 2023. 6. 13.〉

1. 제4조제2항제13호에 따른 한센병의 예방 및 진료 업무를 수행하는 법인 또는 단체에 대한 지원 경비의 일부

2. 제24조제1항 및 제25조제1항에 따른 예방접종에 드는 경비

3. 제24조제2항 및 제25조제2항에 따라 의료기관이 예방접종을 하는 데 드는 경비의 전부 또는 일부

4. 제36조에 따라 특별자치시장·특별자치도지사 또는 시장·군수·구청장이 지정한 감염병관리기관의 감염병관리시설의 설치·운영에 드는 경비

5. 제37조에 따라 특별자치시장·특별자치도지사 또는 시장·군수·구청장이 설치한 격리소·요양소 또는 진료소 및 같은 조에 따라 지정된 감염병관리기관의 감염병관리시설 설치·운영에 드는 경비

6. 제47조제1호 및 제3호에 따른 교통 차단 또는 입원으로 인하여 생업이 어려운 사람에 대한 「국민기초생활 보장법」 제2조제6호에 따른 최저보장수준 지원

7. 제47조, 제48조, 제49조제1항제8호·제9호·제13호 및 제51조제1항에 따라 특별자치시·특별자치도와 시·군·구에서 실시하는 소독이나 그 밖의 조치에 드는 경비

8. 제49조제1항제7호 및 제12호에 따라 특별자치시장·특별자치도지사 또는 시장·군수·구청장이 의사를 배치하거나 의료인·의료업자·의료관계요원 등을 동원하는 데 드는 수당·치료비 또는 조제료

8의2. 제49조제1항제12호의2에 따라 특별자치시장·특별자치도지사 또는 시장·군수·구청장이 동원한 의료기관 병상, 연수원·숙박시설 등 시설의 운영비 등 경비

9. 제49조제2항에 따른 식수 공급에 드는 경비

10. 제62조에 따른 예방위원의 배치에 드는 경비

10의2. 제70조의6제1항에 따라 특별자치시장·특별자치도지사 또는 시장·군수·구청장이 실시하는 심리지원에 드는 경비

10의3. 제70조의6제2항에 따라 특별자치시장·특별자치도지사 또는 시장·군수·구청장이 위탁하여 관계 전문기관이 심리지원을 실시하는 데 드는 경비

11. 그 밖에 이 법에 따라 특별자치시·특별자치도와 시·군·구가 실시하는 감염병 예방 사무에 필요한 경비

[제목개정 2023. 6. 13.]

제64조(특별자치시·특별자치도와 시·군·구가 부담할 경비) 다음 각 호의 경비는 특별자치시·특별자치도와 시·군·구가 부담한다. 〈개정 2015. 7. 6., 2015. 12. 29., 2020. 8. 12., 2020. 9. 29., 2023. 6. 13., 2024. 1. 30.〉

1. 제4조제2항제13호에 따른 한센병의 예방 및 진료 업무를 수행하는 법인 또는 단체에 대한 지원 경비의 일부

2. 제24조제1항 및 제25조제1항에 따른 예방접종에 드는 경비

3. 제24조제2항 및 제25조제2항에 따라 의료기관이 예방접종을 하는 데 드는 경비의 전부 또는 일부

4. 제36조에 따라 특별자치시장·특별자치도지사 또는 시장·군수·구청장이 지정한 감염병관리기관의 감염병관리시설의 설치·운영에 드는 경비

5. 제37조에 따라 특별자치시장·특별자치도지사 또는 시장·군수·구청장이 설치한 격리소·요양소 또는 진료소 및 같은 조에 따라 지정된 감염병관리기관의 감염병관리시설 설치·운영에 드는 경비

5의2. 제39조의3에 따라 시장·군수·구청장이 지정한 감염병의심자 격리시설의 설치·운영에 드는 경비

6. 제47조제1호 및 제3호에 따른 교통 차단 또는 입원으로 인하여 생업이 어려운 사람에 대한 「국민기초생활 보장법」 제2조제6호에 따른 최저보장수준 지원

7. 제47조, 제48조, 제49조제1항제8호·제9호·제13호 및 제51조제1항에 따라 특별자치시·특별자치도와 시·군·구에서 실시하는 소독이나 그 밖의 조치에 드는 경비

8. 제49조제1항제7호 및 제12호에 따라 특별자치시장·특별자치도지사 또는 시장·군수·구청장이 의사를 배치하거나 의료인·의료업자·의료관계요원 등을 동원하는 데 드는 수당·치료비 또는 조제료

8의2. 제49조제1항제12호의2에 따라 특별자치시장·특별자치도지사 또는 시장·군수·구청장이 동원한 의료기관 병상, 연수원·숙박시설 등 시설의 운영비 등 경비

9. 제49조제2항에 따른 식수 공급에 드는 경비

9의2. 제60조의3제1항부터 제3항까지에 따라 시장·군수·구청장이 의료인 등을 방역업무에 종사하게 하는 데 드는 수당 등 경비

10. 제62조에 따른 예방위원의 배치에 드는 경비

10의2. 제70조의6제1항에 따라 특별자치시장·특별자치도지사 또는 시장·군수·구청장이 실시하는 심리지원에 드는 경비

10의3. 제70조의6제2항에 따라 특별자치시장·특별자치도지사 또는 시장·군수·구청장이 위탁하여 관계 전문기관이 심리지원을 실시하는 데 드는 경비

11. 그 밖에 이 법에 따라 특별자치시·특별자치도와 시·군·구가 실시하는 감염병 예방 사무에 필요한 경비

[제목개정 2023. 6. 13.] [시행일: 2025. 7. 31.] 제64조

제65조(시·도가 부담할 경비) 다음 각 호의 경비는 시·도가 부담한다. 〈개정 2015. 12. 29., 2018. 3. 27., 2020. 8. 12., 2020. 9. 29., 2020. 12. 15., 2023. 9. 14.〉

1. 제4조제2항제13호에 따른 한센병의 예방 및 진료 업무를 수행하는 법인 또는 단체에 대한 지원 경비의 일부

1의2. 제35조제2항에 따른 시·도의 위기대응 훈련에 드는 경비

2. 제36조에 따라 시·도지사가 지정한 감염병관리기관의 감염병관리시설의 설치·운영에 드는 경비

3. 제37조에 따른 시·도지사가 설치한 격리소·요양소 또는 진료소 및 같은 조에 따라 지정된 감염병관리기관의감염병관리시설 설치·운영에 드는 경비

3의2. 제39조의3에 따라 시·도지사가 지정한 감염병의심자 격리시설의 설치·운영에 드는 경비

4. 제41조 및 제42조에 따라 내국인 감염병환자등의 입원치료, 조사, 진찰 등에 드는 경비

5. 제46조에 따른 건강진단, 예방접종 등에 드는 경비

6. 제49조제1항제1호에 따른 교통 차단으로 생업이 어려운 자에 대한 「국민기초생활 보장법」 제2조제6호에 따른 최저보장수준 지원

6의2. 제49조제1항제12호에 따라 시·도지사가 의료인·의료업자·의료관계요원 등을 동원하는 데 드는 수당·치료비 또는 조제료

6의3. 제49조제1항제12호의2에 따라 시·도지사가 동원한 의료기관 병상, 연수원·숙박시설 등 시설의 운영비 등 경비

7. 제49조제2항에 따른 식수 공급에 드는 경비

7의2. 제60조의3제1항 및 제3항에 따라 시·도지사가 의료인 등을 방역업무에 종사하게 하는 데 드는 수당 등 경비

8. 제61조에 따른 검역위원의 배치에 드는 경비

8의2. 제70조의6제1항에 따라 시·도지사가 실시하는 심리지원에 드는 경비

8의3. 제70조의6제2항에 따라 시·도지사가 위탁하여 관계 전문기관이 심리지원을 실시하는 데 드는 경비

9. 그 밖에 이 법에 따라 시·도가 실시하는 감염병 예방 사무에 필요한 경비

제65조(시·도가 부담할 경비) 다음 각 호의 경비는 시·도가 부담한다. 〈개정 2015. 12. 29., 2018. 3. 27., 2020. 8. 12., 2020. 9. 29., 2020. 12. 15., 2023. 9. 14., 2024. 1. 30.〉

1. 제4조제2항제13호에 따른 한센병의 예방 및 진료 업무를 수행하는 법인 또는 단체에 대한 지원 경비의 일부

1의2. 제35조제2항에 따른 시·도의 위기대응 훈련에 드는 경비

2. 제36조에 따라 시·도지사가 지정한 감염병관리기관의 감염병관리시설의 설치·운영에 드는 경비

3. 제37조에 따른 시·도지사가 설치한 격리소·요양소 또는 진료소 및 같은 조에 따라 지정된 감염병관리기관의감염병관리시설 설치·운영에 드는 경비

3의2. 제39조의3에 따라 시·도지사가 지정한 감염병의심자 격리시설의 설치·운영에 드는 경비

4. 제41조 및 제42조에 따라 내국인 감염병환자등의 입원치료, 조사, 진찰 등에 드는 경비

5. 제46조에 따른 건강진단, 예방접종 등에 드는 경비

6. 제49조제1항제1호에 따른 교통 차단으로 생업이 어려운 자에 대한 「국민기초생활 보장법」 제2조제6호에 따른 최저보장수준 지원

6의2. 제49조제1항제12호에 따라 시·도지사가 의료인·의료업자·의료관계요원 등을 동원하는 데 드는 수당·치료비 또는 조제료

6의3. 제49조제1항제12호의2에 따라 시·도지사가 동원한 의료기관 병상, 연수원·숙박시설 등 시설의 운영비 등 경비

7. 제49조제2항에 따른 식수 공급에 드는 경비

7의2. 제60조의3제1항부터 제3항까지에 따라 시·도지사가 의료인 등을 방역업무에 종사하게 하는 데 드는 수당 등 경비

8. 제61조에 따른 검역위원의 배치에 드는 경비

8의2. 제70조의6제1항에 따라 시·도지사가 실시하는 심리지원에 드는 경비

8의3. 제70조의6제2항에 따라 시·도지사가 위탁하여 관계 전문기관이 심리지원을 실시하는 데 드는 경비

9. 그 밖에 이 법에 따라 시·도가 실시하는 감염병 예방 사무에 필요한 경비

[시행일: 2025. 7. 31.] 제65조

제66조(시·도가 보조할 경비) 시·도(특별자치시·특별자치도는 제외한다)는 제64조에 따라 시·군·구가 부담할 경비에 관하여 대통령령으로 정하는 바에 따라 보조하여야 한다. 〈개정 2023. 6. 13.〉

제67조(국고 부담 경비) 다음 각 호의 경비는 국가가 부담한다. 〈개정 2010. 1. 18., 2015. 7. 6., 2015. 12. 29., 2018. 3. 27., 2019. 12. 3., 2020. 3. 4., 2020. 8. 11., 2020. 8. 12., 2020. 9. 29., 2020. 12. 15., 2023. 9. 14.〉

1. 제4조제2항제2호에 따른 감염병환자등의 진료 및 보호에 드는 경비

2. 제4조제2항제4호에 따른 감염병 교육 및 홍보를 위한 경비

3. 제4조제2항제8호에 따른 감염병 예방을 위한 전문인력의 양성에 드는 경비

4. 제16조제4항에 따른 표본감시활동에 드는 경비

4의2. 제18조의3에 따른 교육·훈련에 드는 경비

5. 제20조에 따른 해부에 필요한 시체의 운송과 해부 후 처리에 드는 경비

5의2. 제20조의2에 따라 시신의 장사를 치르는 데 드는 경비

6. 제33조에 따른 예방접종약품의 생산 및 연구 등에 드는 경비

6의2. 제33조의2제1항에 따른 필수예방접종약품등의 비축에 드는 경비

6의3. 제34조제2항제5호에 따른 국가의 위기대응 훈련에 드는 경비

6의4. 제36조제1항에 따라 보건복지부장관 또는 질병관리청장이 지정한 감염병관리기관의 감염병관리시설의 설치·운영에 드는 경비

7. 제37조에 따라 보건복지부장관 및 질병관리청장이 설치한 격리소·요양소 또는 진료소 및 같은 조에 따라 지정된 감염병관리기관의감염병관리시설 설치·운영에 드는 경비

7의2. 제39조의3에 따라 질병관리청장이 지정한 감염병의심자 격리시설의 설치·운영에 드는 경비

8. 제40조제1항에 따라 위원회의 심의를 거친 품목의 비축 또는 장기구매를 위한 계약에 드는 경비

9. 삭제⟨2020. 8. 12.⟩

9의2. 제49조제1항제12호에 따라 국가가 의료인·의료업자·의료관계요원 등을 동원하는 데 드는 수당·치료비 또는 조제료

9의3. 제49조제1항제12호의2에 따라 국가가 동원한 의료기관 병상, 연수원·숙박시설 등 시설의 운영비 등 경비

9의4. 제60조의3제1항부터 제3항까지에 따라 국가가 의료인 등을 방역업무에 종사하게 하는 데 드는 수당 등 경비

9의5. 제70조의6제1항에 따라 국가가 실시하는 심리지원에 드는 경비

9의6. 제70조의6제2항에 따라 국가가 위탁하여 관계 전문기관이 심리지원을 실시하는 데 드는 경비

10. 제71조에 따른 예방접종 등으로 인한 피해보상을 위한 경비

제68조(국가가 보조할 경비) 국가는 다음 각 호의 경비를 보조하여야 한다.

1. 제4조제2항제13호에 따른 한센병의 예방 및 진료 업무를 수행하는 법인 또는 단체에 대한 지원 경비의 일부

2. 제65조 및 제66조에 따라 시·도가 부담할 경비의 2분의 1 이상

제69조(본인으로부터 징수할 수 있는 경비) 특별자치시장·특별자치도지사 또는 시장·군수·구청장은 보건복지부령으로 정하는 바에 따라 제41조 및 제42조에 따른 입원치료비 외에 본인의 지병이나 본인에게 새로 발병한 질환 등으로 입원, 진찰, 검사 및 치료 등에 드는 경비를 본인이나 그 보호자로부터 징수할 수 있다. ⟨개정 2010. 1. 18., 2023. 6. 13.⟩

제69조의2(외국인의 비용 부담) 질병관리청장은 국제관례 또는 상호주의 원칙 등을 고려하여 외국인인 감염병환자등 및 감염병의심자에 대한 다음 각 호의 경비를 본인에게 전부 또는 일부 부담하게 할 수 있다. 다만, 국내에서 감염병에 감염된 것으로 확인된 외국인에 대해서는 그러하지 아니하다.

1. 제41조에 따른 치료비

2. 제42조에 따른 조사·진찰·치료·입원 및 격리에 드는 경비

[본조신설 2020. 8. 12.]

제70조(손실보상) ① 보건복지부장관, 시·도지사 및 시장·군수·구청장은 다음 각 호의 어느 하나에 해당하는 손실을 입은 자에게 제70조의2의 손실보상심의위원회의 심의·의결에 따라 그 손실을 보상하여야 한다. ⟨개정 2015. 12. 29., 2018. 3. 27., 2020. 8. 11., 2020. 8. 12., 2020. 12. 15.⟩

1. 제36조 및 제37조에 따른 감염병관리기관의 지정 또는 격리소 등의 설치·운영으로 발생한 손실

1의2. 제39조의3에 따른 감염병의심자 격리시설의 설치·운영으로 발생한 손실

2. 이 법에 따른 조치에 따라 감염병환자, 감염병의사환자 등을 진료한 의료기관의 손실

3. 이 법에 따른 의료기관의 폐쇄 또는 업무 정지 등으로 의료기관에 발생한 손실

4. 제47조제1호, 제4호 및 제5호, 제48조제1항, 제49조제1항제4호, 제6호부터 제10호까지, 제12호, 제12호의2 및 제13호에 따른 조치로 인하여 발생한 손실

5. 감염병환자등이 발생·경유하거나 질병관리청장, 시·도지사 또는 시장·군수·구청장이 그 사실을 공개하여 발생한 「국민건강보험법」 제42조에 따른 요양기관의 손실로서 제1호부터 제4호까지의 손실에 준하고, 제70조의2에 따른 손실보상심의위원회가 심의·의결하는 손실

② 제1항에 따른 손실보상금을 받으려는 자는 보건복지부령으로 정하는 바에 따라 손실보상 청구서에 관련 서류를 첨부하여 보건복지부장관, 시·도지사 또는 시장·군수·구청장에게 청구하여야 한다. 〈개정 2015. 12. 29.〉

③ 제1항에 따른 보상액을 산정함에 있어 손실을 입은 자가 이 법 또는 관련 법령에 따른 조치의무를 위반하여 그 손실을 발생시켰거나 확대시킨 경우에는 보상금을 지급하지 아니하거나 보상금을 감액하여 지급할 수 있다. 〈신설 2015. 12. 29.〉

④ 제1항에 따른 보상의 대상·범위와 보상액의 산정, 제3항에 따른 지급 제외 및 감액의 기준 등에 관하여 필요한 사항은 대통령령으로 정한다. 〈신설 2015. 12. 29.〉

제70조의2(손실보상심의위원회) ① 제70조에 따른 손실보상에 관한 사항을 심의·의결하기 위하여 보건복지부 및 시·도에 손실보상심의위원회(이하 "심의위원회"라 한다)를 둔다.

② 위원회는 위원장 2인을 포함한 20인 이내의 위원으로 구성하되, 보건복지부에 설치된 심의위원회의 위원장은 보건복지부차관과 민간위원이 공동으로 되며, 시·도에 설치된 심의위원회의 위원장은 부시장 또는 부지사와 민간위원이 공동으로 된다.

③ 심의위원회 위원은 관련 분야에 대한 학식과 경험이 풍부한 사람과 관계 공무원 중에서 대통령령으로 정하는 바에 따라 보건복지부장관 또는 시·도지사가 임명하거나 위촉한다.

④ 심의위원회는 제1항에 따른 심의·의결을 위하여 필요한 경우 관계자에게 출석 또는 자료의 제출 등을 요구할 수 있다.

⑤ 그 밖의 심의위원회의 구성과 운영 등에 관하여 필요한 사항은 대통령령으로 정한다.

[본조신설 2015. 12. 29.]

제70조의3(보건의료인력 등에 대한 재정적 지원) ① 질병관리청장, 시·도지사 및 시장·군수·구청장은 이 법에 따른 감염병의 발생 감시, 예방·관리 및 역학조사업무에 조력한 의료인, 의료기관 개설자 또는 약사에 대하여 예산의 범위에서 재정적 지원을 할 수 있다. 〈개정 2020. 8. 11., 2020. 12. 15.〉

② 질병관리청장, 시·도지사 및 시장·군수·구청장은 감염병 확산으로 인하여 「재난 및 안전관리 기본법」 제38조제2항에 따른 심각 단계 이상의 위기경보가 발령되는 경우 이 법에 따른 감염병의 발생 감시, 예방·방역·검사·치료·관리 및 역학조사 업무에 조력한 보건의료인력 및 보건의료기관 종사자(「보건의료인력지원법」 제2조제3호에 따른 보건의료인력 및 같은 조 제4호에 따른 보건의료기관 종사자를 말한다)에 대하여 예산의 범위에서 재정적 지원을 할 수 있다. 〈신설 2021. 12. 21.〉

③ 제1항 및 제2항에 따른 지원 내용, 절차, 방법 등 지원에 필요한 사항은 대통령령으로 정한다. 〈개정 2021. 12. 21.〉

[본조신설 2015. 12. 29.] [제목개정 2020. 12. 15., 2021. 12. 21.]

제70조의4(감염병환자등에 대한 생활지원) ① 질병관리청장, 시·도지사 및 시장·군수·구청장은 이 법에 따라 입원 또는 격리된 사람에 대하여 예산의 범위에서 치료비, 생활지원 및 그 밖의 재정적 지원을 할 수 있다. 〈개정 2020. 8. 11.〉

② 시·도지사 및 시장·군수·구청장은 제1항에 따른 사람 및 제70조의3제1항에 따른 의료인이 입원 또는 격리조치, 감염병의 발생 감시, 예방·관리 및 역학조사업무에 조력 등으로 자녀에 대한 돌봄 공백이 발생한 경우 「아이돌봄 지원법」에 따른 아이돌봄서비스를 제공하는 등 필요한 조치를 하여야 한다.

③ 제1항 및 제2항에 따른 지원·제공을 위하여 필요한 사항은 대통령령으로 정한다.

[본조신설 2015. 12. 29.]

제70조의5(손실보상금의 긴급지원) 보건복지부장관, 시·도지사 및 시장·군수·구청장은 심의위원회의 심의·의결에 따라 제70조제1항 각 호의 어느 하나에 해당하는 손실을 입은 자로서 경제적 어려움으로 자금의 긴급한 지원이 필요한 자에게 제70조제1항에 따른 손실보상금의 일부를 우선 지급할 수 있다.
[본조신설 2020. 9. 29.]

제70조의6(심리지원) ① 보건복지부장관, 시·도지사 또는 시장·군수·구청장은 감염병환자등과 그 가족, 감염병의심자, 감염병 대응 의료인, 그 밖의 현장대응인력에 대하여 「정신건강증진 및 정신질환자 복지서비스 지원에 관한 법률」 제15조의2에 따른 심리지원(이하 "심리지원"이라 한다)을 할 수 있다.
② 보건복지부장관, 시·도지사 또는 시장·군수·구청장은 심리지원을 「정신건강증진 및 정신질환자 복지서비스 지원에 관한 법률」 제15조의2에 따른 국가트라우마센터 또는 대통령령으로 정하는 관계 전문기관에 위임 또는 위탁할 수 있다.
③ 제1항에 따른 현장대응인력의 범위와 제1항 및 제2항에 따른 심리지원에 관하여 필요한 사항은 대통령령으로 정한다.
[본조신설 2020. 9. 29.]

제71조(예방접종 등에 따른 피해의 국가보상) ① 국가는 제24조 및 제25조에 따라 예방접종을 받은 사람 또는 제40조제2항에 따라 생산된 예방·치료 의약품을 투여받은 사람이 그 예방접종 또는 예방·치료 의약품으로 인하여 질병에 걸리거나 장애인이 되거나 사망하였을 때에는 대통령령으로 정하는 기준과 절차에 따라 다음 각 호의 구분에 따른 보상을 하여야 한다.
1. 질병으로 진료를 받은 사람: 진료비 전액 및 정액 간병비
2. 장애인이 된 사람: 일시보상금
3. 사망한 사람: 대통령령으로 정하는 유족에 대한 일시보상금 및 장제비
② 제1항에 따라 보상받을 수 있는 질병, 장애 또는 사망은 예방접종약품의 이상이나 예방접종 행위자 및 예방·치료 의약품 투여자 등의 과실 유무에 관계없이 해당 예방접종 또는 예방·치료 의약품을 투여받은 것으로 인하여 발생한 피해로서 질병관리청장이 인정하는 경우로 한다. 〈개정 2010. 1. 18., 2020. 8. 11.〉
③ 질병관리청장은 제1항에 따른 보상청구가 있은 날부터 120일 이내에 제2항에 따른 질병, 장애 또는 사망에 해당하는지를 결정하여야 한다. 이 경우 미리 위원회의 의견을 들어야 한다. 〈개정 2010. 1. 18., 2020. 8. 11.〉
④ 제1항에 따른 보상의 청구, 제3항에 따른 결정의 방법과 절차 등에 관하여 필요한 사항은 대통령령으로 정한다.

제72조(손해배상청구권과의 관계 등) ① 국가는 예방접종약품의 이상이나 예방접종 행위자, 예방·치료 의약품의 투여자 등 제3자의 고의 또는 과실로 인하여 제71조에 따른 피해보상을 하였을 때에는 보상액의 범위에서 보상을 받은 사람이 제3자에 대하여 가지는 손해배상청구권을 대위한다.
② 예방접종을 받은 자, 예방·치료 의약품을 투여받은 자 또는 제71조제1항제3호에 따른 유족이 제3자로부터 손해배상을 받았을 때에는 국가는 그 배상액의 범위에서 제71조에 따른 보상금을 지급하지 아니하며, 보상금을 잘못 지급하였을 때에는 해당 금액을 국세 징수의 예에 따라 징수할 수 있다.

제72조의2(손해배상청구권) 보건복지부장관, 질병관리청장, 시·도지사 및 시장·군수·구청장은 이 법을 위반하여 감염병을 확산시키거나 확산 위험성을 증대시킨 자에 대하여 입원치료비, 격리비, 진단검사비, 손실보상금 등 이 법에 따른 예방 및 관리 등을 위하여 지출된 비용에 대해 손해배상을 청구할 권리를 갖는다.
[본조신설 2021. 3. 9.]

제73조(국가보상을 받을 권리의 양도 등 금지) 제70조 및 제71조에 따라 보상받을 권리는 양도하거나 압류할 수 없다.

제11장 보칙

제74조(비밀누설의 금지) 이 법에 따라 건강진단, 입원치료, 진단 등 감염병 관련 업무에 종사하는 자 또는 종사하였던 자는 그 업무상 알게 된 비밀을 다른 사람에게 누설하거나 업무목적 외의 용도로 사용하여서는 아니 된다. 〈개정 2020. 9. 29.〉

제74조의2(자료의 제공 요청 및 검사) ① 질병관리청장, 시·도지사 또는 시장·군수·구청장은 감염병관리기관의 장 등에게 감염병관리시설, 제37조에 따른 격리소·요양소 또는 진료소, 제39조의3에 따른 감염병의심자 격리시설의 설치 및 운영에 관한 자료의 제공을 요청할 수 있으며, 소속 공무원으로 하여금 해당 시설에 출입하여 관계 서류나 시설·장비 등을 검사하게 하거나 관계인에게 질문을 하게 할 수 있다. 〈개정 2018. 3. 27., 2020. 8. 11., 2020. 12. 15.〉

② 제1항에 따라 출입·검사를 행하는 공무원은 그 권한을 표시하는 증표를 지니고 이를 관계인에게 제시하여야 한다.

[본조신설 2015. 7. 6.]

제75조(청문) 시·도지사 또는 시장·군수·구청장은 다음 각 호의 어느 하나에 해당하는 처분을 하려면 청문을 실시하여야 한다.

　1. 제49조제3항에 따른 장소나 시설의 폐쇄 명령
　2. 제59조제1항에 따른 영업소의 폐쇄 명령

[전문개정 2021. 3. 9.]

제76조(위임 및 위탁) ① 이 법에 따른 보건복지부장관의 권한 또는 업무는 대통령령으로 정하는 바에 따라 그 일부를 질병관리청장 또는 시·도지사에게 위임하거나 관련 기관 또는 관련 단체에 위탁할 수 있다.

② 이 법에 따른 질병관리청장의 권한 또는 업무는 대통령령으로 정하는 바에 따라 그 일부를 시·도지사에게 위임하거나 관련 기관 또는 관련 단체에 위탁할 수 있다.

[전문개정 2020. 8. 11.]

제76조의2(정보 제공 요청 및 정보 확인 등) ① 질병관리청장 또는 시·도지사는 감염병 예방·관리 및 감염 전파의 차단을 위하여 필요한 경우 관계 중앙행정기관(그 소속기관 및 책임운영기관을 포함한다)의 장, 지방자치단체의 장(「지방교육자치에 관한 법률」 제18조에 따른 교육감을 포함한다), 「공공기관의 운영에 관한 법률」 제4조에 따른 공공기관, 의료기관 및 약국, 법인·단체·개인에 대하여 감염병환자등, 감염병의심자 및 예방접종을 받은 자에 관한 다음 각 호의 정보 제공을 요청할 수 있으며, 요청을 받은 자는 이에 따라야 한다. 〈개정 2016. 12. 2., 2020. 3. 4., 2020. 8. 11., 2020. 9. 29., 2023. 3. 28.〉

　1. 성명, 「주민등록법」 제7조의2제1항에 따른 주민등록번호, 주소 및 전화번호(휴대전화번호를 포함한다) 등 인적사항
　2. 「의료법」 제17조에 따른 처방전 및 같은 법 제22조에 따른 진료기록부등
　3. 「국민건강보험법」 제5조에 따른 가입자 및 피부양자 또는 「의료급여법」 제3조에 따른 수급권자에 관한 정보 중 장애중증도, 장애유형, 소득분위 등 감염병 예방·관리를 위하여 필요한 정보로서 대통령령으로 정하는 정보
　4. 진료이력, 투약정보, 상병내역 등 「국민건강보험법」 제47조에 따른 요양급여비용의 청구와 지급에 관한 정보 및 「의료급여법」 제11조에 따른 급여비용의 청구와 지급에 관한 정보로서 대통령령으로 정하는 정보
　5. 질병관리청장이 정하는 기간의 출입국관리기록
　6. 그 밖에 이동경로를 파악하기 위하여 대통령령으로 정하는 정보

② 질병관리청장, 시·도지사 또는 시장·군수·구청장은 감염병 예방·관리 및 감염 전파의 차단을 위하여 필요한 경우 감염병환자등 및 감염병의심자의 위치정보를 「국가경찰과 자치경찰의 조직 및 운영에 관한 법률」에 따른 경찰청, 시·도경찰청 및 경찰서(이하 이 조에서 "경찰관서"라 한다)의 장에게 요청할 수 있다. 이 경우 질병관리청장, 시·도지사 또는 시장·군수·구청장의 요청을 받은 경찰관서의 장은 「위치정보의 보호 및 이용 등에 관한 법률」 제15조 및 「통신비밀보호법」 제3조에도 불구하고 「위치정보의 보호 및 이용 등에 관한 법률」 제5조제7항에 따른 개인위치정보사업자, 「전기통신사업법」 제2조제8호에 따른 전기통신사업자에게 감염병환자등 및 감염병의심자의 위치정보를 요청할 수 있고, 요청을 받은 위치정보사업자와 전기통신사업자는 정당한 사유가 없으면 이에 따라야 한다. 〈개정 2015. 12. 29., 2018. 4. 17., 2020. 3. 4., 2020. 8. 11., 2020. 12. 22., 2023. 3. 28.〉

③ 질병관리청장은 제1항 및 제2항에 따라 수집한 정보를 관련 중앙행정기관의 장, 지방자치단체의 장, 국민건강보험공단 이사장, 건강보험심사평가원 원장, 「보건의료기본법」 제3조제4호의 보건의료기관(이하 "보건의료기관"이라 한다) 및 그 밖의 단체 등에게 제공할 수 있다. 이 경우 보건의료기관 등에 제공하는 정보는 감염병 예방·관리 및 감염 전파의 차단을 위하여 해당 기관의 업무에 관련된 정보로 한정한다. 〈개정 2020. 3. 4., 2020. 8. 11., 2023. 3. 28.〉

④ 질병관리청장은 감염병 예방·관리 및 감염 전파의 차단을 위하여 필요한 경우 제3항 전단에도 불구하고 다음 각 호의 정보시스템을 활용하여 보건의료기관에 제1항제5호에 따른 정보 및 같은 항 제6호에 따른 이동경로 정보를 제공하여야 한다. 이 경우 보건의료기관에 제공하는 정보는 해당 기관의 업무에 관련된 정보로 한정한다. 〈신설 2020. 3. 4., 2020. 8. 11., 2023. 3. 28.〉

1. 국민건강보험공단의 정보시스템
2. 건강보험심사평가원의 정보시스템
3. 감염병의 국내 유입 및 확산 방지를 위하여 질병관리청장이 필요하다고 인정하여 지정하는 기관의 정보시스템

⑤ 의료인, 약사 및 보건의료기관의 장은 의료행위를 하거나 의약품을 처방·조제하는 경우 제4항 각 호의 어느 하나에 해당하는 정보시스템을 통하여 같은 항에 따라 제공된 정보를 확인하여야 한다. 〈신설 2020. 3. 4.〉

⑥ 제3항 및 제4항에 따라 정보를 제공받은 자는 이 법에 따른 감염병 관련 업무 이외의 목적으로 정보를 사용할 수 없으며, 업무 종료 시 지체 없이 파기하고 질병관리청장에게 통보하여야 한다. 〈개정 2020. 3. 4., 2020. 8. 11.〉

⑦ 질병관리청장, 시·도지사 또는 시장·군수·구청장은 제1항 및 제2항에 따라 수집된 정보의 주체(이하 "정보주체"라 한다)에게 다음 각 호의 사실을 통지하여야 한다. 〈개정 2020. 3. 4., 2020. 8. 11., 2023. 3. 28., 2024. 1. 23.〉

1. 감염병 예방·관리 및 감염 전파의 차단을 위하여 필요한 정보가 수집되었다는 사실
2. 제1호의 정보가 다른 기관에 제공되었을 경우 그 사실
3. 제2호의 경우에도 이 법에 따른 감염병 관련 업무 이외의 목적으로 정보를 사용할 수 없으며, 업무 종료 시 지체 없이 파기된다는 사실

⑧ 제3항 및 제4항에 따라 정보를 제공받은 자가 이 법의 규정을 위반하여 해당 정보를 처리한 경우에는 「개인정보 보호법」에 따른다. 〈개정 2020. 3. 4.〉

⑨ 제3항에 따른 정보 제공의 대상·범위 및 제7항에 따른 통지의 방법 등에 관하여 필요한 사항은 보건복지부령으로 정한다. 〈개정 2020. 3. 4.〉

[본조신설 2015. 7. 6.] [제목개정 2020. 3. 4.]

제76조의3(개인정보처리 보고서 작성 및 공개) ① 질병관리청장은 제76조의2제7항에 따른 정보주체에 대한

통지 등 개인정보처리에 관한 보고서(이하 "개인정보처리 보고서"라 한다)를 매년 작성하여야 한다.

② 시ㆍ도지사 또는 시장ㆍ군수ㆍ구청장은 제76조의2제7항에 따른 정보주체에 대한 통지 관련 자료를 질병관리청장에게 제출하여야 한다.

③ 질병관리청장은 제1항에 따라 작성된 개인정보처리 보고서를 보건복지부령으로 정하는 바에 따라 다음 연도 상반기까지 질병관리청의 인터넷 홈페이지에 공개하여야 한다.

④ 개인정보처리 보고서의 작성 및 자료제출에 필요한 사항은 보건복지부령으로 정한다.

[본조신설 2024. 1. 23.] [종전 제76조의3은 제76조의4로 이동 〈2024. 1. 23.〉]

제76조의4(감염병 정보의 분석 및 연구) ① 질병관리청장은 감염병 예방ㆍ관리 및 감염 전파의 차단을 위하여 필요한 경우 다음 각 호의 정보를 분석하거나 감염병 관련 연구에 이용할 수 있다.

1. 제11조제5항에 따른 신고 및 제13조에 따른 보고를 통하여 수집한 정보
2. 제18조에 따른 역학조사 정보
3. 제28조의 예방접종 기록 정보
4. 제29조의 예방접종에 관한 역학조사 정보
5. 제76조의2제1항 및 제2항에 따라 제공받은 정보
6. 그 밖에 감염병 예방ㆍ관리 및 감염 전파의 차단을 위하여 필요한 정보로서 질병관리청장이 정하는 정보

② 질병관리청장이 제1항에 따라 개인정보를 이용하는 경우에는 「개인정보 보호법」 제2조제1호의2에 따른 가명처리(이하 이 조에서 "가명처리"라 한다)를 하여야 한다. 다만, 다음 각 호의 어느 하나에 해당하는 경우에는 그러하지 아니하다.

1. 병상배정 등 긴급한 조치가 필요하여 가명처리를 할 시간적 여유가 없는 경우
2. 예방접종 후 이상반응 대응, 감염병 후유증 관리, 감염취약계층 지원 등 가명처리한 개인정보로는 원활한 업무 수행이 어려운 경우

③ 제1항에 따라 개인정보를 이용하는 경우에는 그 법적 근거, 목적 및 범위 등에 관하여 필요한 사항을 「개인정보 보호법」 제18조제4항에 따라 관보 또는 인터넷 홈페이지 등에 게재하여야 한다. 다만, 제2항 각 호 외의 부분 본문에 따라 가명처리하여 이용하는 경우에는 그러하지 아니하다.

[본조신설 2023. 3. 28.] [제76조의3에서 이동, 종전 제76조의4는 제76조의5로 이동 〈2024. 1. 23.〉]

제76조의5(준용규정) 제42조제6항은 제41조제1항, 제47조제3호, 제49조제1항제14호에 따른 입원 또는 격리에 관하여도 준용한다. 〈개정 2020. 8. 12.〉

[본조신설 2020. 3. 4.] [제76조의4에서 이동, 종전 제76조의5는 제76조의6으로 이동 〈2024. 1. 23.〉]

제76조의6(벌칙 적용에서 공무원 의제) 심의위원회 위원 중 공무원이 아닌 사람은 「형법」 제127조 및 제129조부터 제132조까지의 규정을 적용할 때에는 공무원으로 본다.

[본조신설 2020. 3. 4.] [제76조의5에서 이동 〈2024. 1. 23.〉]

제12장 벌칙

제77조(벌칙) 다음 각 호의 어느 하나에 해당하는 자는 5년 이하의 징역 또는 5천만원 이하의 벌금에 처한다. 〈개정 2020. 12. 15.〉

1. 제22조제1항 또는 제2항을 위반하여 고위험병원체의 반입 허가를 받지 아니하고 반입한 자
2. 제23조의3제1항을 위반하여 보유허가를 받지 아니하고 생물테러감염병병원체를 보유한 자
3. 제40조의3제1항을 위반하여 의료ㆍ방역 물품을 수출하거나 국외로 반출한 자

[전문개정 2020. 3. 4.]

제78조(벌칙) 다음 각 호의 어느 하나에 해당하는 자는 3년 이하의 징역 또는 3천만원 이하의 벌금에 처한다. 〈개정 2017. 12. 12., 2019. 12. 3., 2020. 9. 29.〉

1. 제23조제2항에 따른 허가를 받지 아니하거나 같은 조 제3항 본문에 따른 변경허가를 받지 아니하고 고위험병원체 취급시설을 설치·운영한 자
2. 제23조의3제3항에 따른 변경허가를 받지 아니한 자
3. 제74조를 위반하여 업무상 알게 된 비밀을 누설하거나 업무목적 외의 용도로 사용한 자

제79조(벌칙) 다음 각 호의 어느 하나에 해당하는 자는 2년 이하의 징역 또는 2천만원 이하의 벌금에 처한다. 〈개정 2015. 7. 6., 2017. 12. 12., 2019. 12. 3., 2020. 3. 4., 2021. 3. 9.〉

1. 제18조제3항을 위반한 자
2. 제21조제1항부터 제3항까지 또는 제22조제3항에 따른 신고를 하지 아니하거나 거짓으로 신고한 자
2의2. 제21조제5항에 따른 현장조사를 정당한 사유 없이 거부·방해 또는 기피한 자
2의3. 제23조제2항에 따른 신고를 하지 아니하고 고위험병원체 취급시설을 설치·운영한 자
3. 제23조제8항에 따른 안전관리 점검을 거부·방해 또는 기피한 자
3의2. 제23조의2에 따른 고위험병원체 취급시설의 폐쇄명령 또는 운영정지명령을 위반한 자
3의3. 제49조제4항을 위반하여 정당한 사유 없이 폐쇄 명령에 따르지 아니한 자
4. 제60조제4항을 위반한 자(다만, 공무원은 제외한다)
5. 제76조의2제6항을 위반한 자

제79조의2(벌칙) 다음 각 호의 어느 하나에 해당하는 자는 1년 이하의 징역 또는 2천만원 이하의 벌금에 처한다. 〈개정 2019. 12. 3., 2020. 9. 29., 2023. 5. 19.〉

1. 제18조의4제4항을 위반하여 같은 조 제2항에 따른 질병관리청장 또는 시·도지사의 자료제출 요구를 받고 이를 거부·방해·회피하거나, 거짓자료를 제출하거나 또는 고의적으로 사실을 누락·은폐한 자
2. 제23조의4제1항을 위반하여 고위험병원체를 취급한 자
3. 제23조의4제2항을 위반하여 고위험병원체를 취급하게 한 자
4. 제76조의2제1항을 위반하여 질병관리청장 또는 시·도지사의 요청을 거부하거나 거짓자료를 제공한 의료기관 및 약국, 법인·단체·개인
5. 제76조의2제2항 후단을 위반하여 경찰관서의 장의 요청을 거부하거나 거짓자료를 제공한 자

[본조신설 2015. 12. 29.]

제79조의3(벌칙) 다음 각 호의 어느 하나에 해당하는 자는 1년 이하의 징역 또는 1천만원 이하의 벌금에 처한다. 〈개정 2020. 8. 12.〉

1. 제41조제1항을 위반하여 입원치료를 받지 아니한 자
2. 삭제〈2020. 8. 12.〉
3. 제41조제2항을 위반하여 자가치료 또는 시설치료 및 의료기관 입원치료를 거부한 자
4. 제42조제1항·제2항제1호·제3항 또는 제7항에 따른 입원 또는 격리 조치를 거부한 자
5. 제47조제3호 또는 제49조제1항제14호에 따른 입원 또는 격리 조치를 위반한 자

[본조신설 2020. 3. 4.] [종전 제79조의3은 제79조의4로 이동 〈2020. 3. 4.〉]

제79조의4(벌칙) 다음 각 호의 어느 하나에 해당하는 자는 500만원 이하의 벌금에 처한다.

1. 제1급감염병 및 제2급감염병에 대하여 제11조에 따른 보고 또는 신고 의무를 위반하거나 거짓으로 보고 또는 신고한 의사, 치과의사, 한의사, 군의관, 의료기관의 장 또는 감염병병원체 확인기관의 장
2. 제1급감염병 및 제2급감염병에 대하여 제11조에 따른 의사, 치과의사, 한의사, 군의관, 의료기관의

장 또는 감염병병원체 확인기관의 장의 보고 또는 신고를 방해한 자

[본조신설 2018. 3. 27.] [제79조의3에서 이동 〈2020. 3. 4.〉]

제80조(벌칙) 다음 각 호의 어느 하나에 해당하는 자는 300만원 이하의 벌금에 처한다. 〈개정 2018. 3. 27., 2020. 3. 4., 2020. 8. 12.〉

1. 제3급감염병 및 제4급감염병에 대하여 제11조에 따른 보고 또는 신고 의무를 위반하거나 거짓으로 보고 또는 신고한 의사, 치과의사, 한의사, 군의관, 의료기관의 장, 감염병병원체 확인기관의 장 또는 감염병 표본감시기관
2. 제3급감염병 및 제4급감염병에 대하여 제11조에 따른 의사, 치과의사, 한의사, 군의관, 의료기관의 장, 감염병병원체 확인기관의 장 또는 감염병 표본감시기관의 보고 또는 신고를 방해한 자
2의2. 제13조제2항에 따른 감염병병원체 검사를 거부한 자
3. 제37조제4항을 위반하여 감염병관리시설을 설치하지 아니한 자
4. 삭제 〈2020. 3. 4.〉
5. 제42조에 따른 강제처분에 따르지 아니한 자(제42조제1항·제2항제1호·제3항 및 제7항에 따른 입원 또는 격리 조치를 거부한 자는 제외한다)
6. 제45조를 위반하여 일반인과 접촉하는 일이 많은 직업에 종사한 자 또는 감염병환자등을 그러한 직업에 고용한 자
7. 제47조(같은 조 제3호는 제외한다) 또는 제49조제1항(같은 항 제2호의2부터 제2호의4까지 및 제3호 중 건강진단에 관한 사항과 같은 항 제14호는 제외한다)에 따른 조치에 위반한 자
8. 제52조제1항에 따른 소독업 신고를 하지 아니하거나 거짓이나 그 밖의 부정한 방법으로 신고하고 소독업을 영위한 자
9. 제54조제1항에 따른 기준과 방법에 따라 소독하지 아니한 자

제81조(벌칙) 다음 각 호의 어느 하나에 해당하는 자는 200만원 이하의 벌금에 처한다. 〈개정 2015. 7. 6., 2019. 12. 3., 2021. 3. 9.〉

1. 삭제 〈2018. 3. 27.〉
2. 삭제 〈2018. 3. 27.〉
3. 제12조제1항에 따른 신고를 게을리한 자
4. 세대주, 관리인 등으로 하여금 제12조제1항에 따른 신고를 하지 아니하도록 한 자
5. 삭제 〈2015. 7. 6.〉
6. 제20조에 따른 해부명령을 거부한 자
7. 제27조에 따른 예방접종증명서를 거짓으로 발급한 자
8. 제29조를 위반하여 역학조사를 거부·방해 또는 기피한 자
8의2. 제32조제2항을 위반하여 거짓이나 그 밖의 부정한 방법으로 예방접종을 받은 사람
9. 제45조제2항을 위반하여 성매개감염병에 관한 건강진단을 받지 아니한 자를 영업에 종사하게 한 자
10. 제46조 또는 제49조제1항제3호에 따른 건강진단을 거부하거나 기피한 자
11. 정당한 사유 없이 제74조의2제1항에 따른 자료 제공 요청에 따르지 아니하거나 거짓 자료를 제공한 자, 검사나 질문을 거부·방해 또는 기피한 자

제81조의2(형의 가중처벌) ① 단체나 다중(多衆)의 위력(威力)을 통하여 조직적·계획적으로 제79조제1호의 죄를 범한 경우 그 죄에서 정한 형의 2분의 1까지 가중한다.
② 제79조의3 각 호의 죄를 범하여 고의 또는 중과실로 타인에게 감염병을 전파시킨 경우 그 죄에서 정한 형의 2분의 1까지 가중한다.

[본조신설 2021. 3. 9.]

제82조(양벌규정) 법인의 대표자나 법인 또는 개인의 대리인, 사용인, 그 밖의 종업원이 그 법인 또는 개인의 업무에 관하여 제77조부터 제81조까지의 어느 하나에 해당하는 위반행위를 하면 그 행위자를 벌하는 외에 그 법인 또는 개인에게도 해당 조문의 벌금형을 과(科)한다. 다만, 법인 또는 개인이 그 위반행위를 방지하기 위하여 해당 업무에 관하여 상당한 주의와 감독을 게을리하지 아니한 경우에는 그러하지 아니하다.

제83조(과태료) ① 다음 각 호의 어느 하나에 해당하는 자에게는 1천만원 이하의 과태료를 부과한다. 〈신설 2015. 7. 6., 2017. 12. 12., 2019. 12. 3.〉

  1. 제23조제3항 단서 또는 같은 조 제4항에 따른 변경신고를 하지 아니한 자

  2. 제23조제5항에 따른 신고를 하지 아니한 자

  3. 제23조의3제3항 단서에 따른 변경신고를 하지 아니한 자

  4. 제35조의2를 위반하여 거짓 진술, 거짓 자료를 제출하거나 고의적으로 사실을 누락·은폐한 자

② 제49조제1항제2호의2의 조치를 따르지 아니한 관리자·운영자에게는 300만원 이하의 과태료를 부과한다. 〈신설 2020. 8. 12.〉

③ 다음 각 호의 어느 하나에 해당하는 자에게는 100만원 이하의 과태료를 부과한다. 〈개정 2015. 7. 6., 2019. 12. 3., 2020. 3. 4., 2020. 8. 12.〉

  1. 제28조제2항에 따른 보고를 하지 아니하거나 거짓으로 보고한 자

  2. 제33조의3에 따른 보고를 하지 아니하거나 거짓으로 보고한 자

  2의2. 제41조제3항에 따른 전원등의 조치를 거부한 자

  3. 제51조제3항에 따른 소독을 하지 아니한 자

  4. 제53조제1항 및 제2항에 따른 휴업·폐업 또는 재개업 신고를 하지 아니한 자

  5. 제54조제2항에 따른 소독에 관한 사항을 기록·보존하지 아니하거나 거짓으로 기록한 자

④ 다음 각 호의 어느 하나에 해당하는 자에게는 10만원 이하의 과태료를 부과한다. 〈신설 2020. 8. 12.〉

  1. 제49조제1항제2호의2 또는 제2호의3의 조치를 따르지 아니한 이용자

  2. 제49조제1항제2호의4의 조치를 따르지 아니한 자

⑤ 제1항부터 제4항까지에 따른 과태료는 대통령령으로 정하는 바에 따라 보건복지부장관, 질병관리청장, 관할 시·도지사 또는 시장·군수·구청장이 부과·징수한다. 〈개정 2015. 7. 6., 2020. 8. 11., 2020. 8. 12., 2023. 6. 13.〉

부칙

〈제20090호,2024. 1. 23.〉

이 법은 공포 후 6개월이 경과한 날부터 시행한다. 다만, 제24조제3항의 개정규정은 공포 후 3개월이 경과한 날부터 시행한다.

감염병의 예방 및 관리에 관한 법률 시행령 (약칭: 감염병예방법 시행령)

[시행 2023. 9. 29.] [대통령령 제33757호, 2023. 9. 26., 일부개정]

제1조(목적) 이 영은 「감염병의 예방 및 관리에 관한 법률」에서 위임된 사항과 그 시행에 필요한 사항을 규정함을 목적으로 한다.

제1조의2(감염병관리사업지원기구의 설치·운영 등) ① 「감염병의 예방 및 관리에 관한 법률」(이하 "법"이라 한다) 제8조제1항에 따라 질병관리청에 중앙감염병사업지원기구를, 특별시·광역시·특별자치시·도·특별 자치도(이하 "시·도"라 한다)에 질병관리청장이 정하는 바에 따라 시·도감염병사업지원기구를 둔다. 〈개정 2020. 9. 11., 2023. 9. 26.〉

② 중앙감염병사업지원기구의 구성원은 다음 각 호의 어느 하나에 해당하는 사람 중에서 질병관리청장이 위촉한다. 〈개정 2020. 9. 11.〉

  1. 「의료법」 제2조제1호에 따른 의료인으로서 감염병 관련 분야에서 근무한 사람
  2. 「고등교육법」에 따른 대학 또는 「공공기관의 운영에 관한 법률」에 따른 공공기관의 감염병 관련 분야에서 근무한 사람
  3. 감염병 예방 및 관리에 관한 전문지식과 경험이 풍부한 사람
  4. 역학조사 및 방역 분야 등에 관한 전문지식과 경험이 풍부한 사람
  5. 그 밖에 질병관리청장이 감염병관리사업의 지원에 필요하다고 인정하는 사람

③ 중앙감염병사업지원기구는 그 업무수행에 필요한 경우에는 관계 기관·단체 및 전문가 등에게 자료 또는 의견의 제출 등을 요청할 수 있다.

④ 중앙감염병사업지원기구는 매 반기별로 질병관리청장이 정하는 바에 따라 그 활동현황 등을 질병관리청장에게 보고하여야 한다. 〈개정 2020. 9. 11.〉

⑤ 질병관리청장은 중앙감염병사업지원기구에 예산의 범위에서 다음 각 호의 비용을 지원을 할 수 있다. 〈개정 2020. 9. 11.〉

  1. 자료수집, 조사, 분석 및 자문 등에 소요되는 비용
  2. 국내외 협력사업의 추진에 따른 여비 및 수당 등의 경비
  3. 그 밖에 질병관리청장이 업무수행을 위하여 특히 필요하다고 인정하는 경비

⑥ 제2항부터 제5항까지에서 규정한 사항 외에 중앙감염병사업지원기구의 설치·운영 및 지원 등에 필요한 세부사항은 질병관리청장이 정한다. 〈개정 2020. 9. 11.〉

⑦ 시·도감염병사업지원기구의 구성원 위촉, 자료제출 요청, 활동현황 보고 및 비용지원 등에 관하여는 제2항부터 제6항까지의 규정을 준용한다. 이 경우 "질병관리청장"은 "특별시장·광역시장·특별자치시장·도지사·특별자치도지사(이하 "시·도지사"라 한다)"로, "중앙감염병사업지원기구"는 "시·도감염병사업지원기구"로 본다. 〈개정 2020. 9. 11., 2023. 9. 26.〉

[본조신설 2016. 6. 28.]

제1조의3(감염병전문병원의 지정 등) ① 법 제8조의2제1항에 따른 감염병전문병원(이하 "중앙감염병병원"이라 한다)으로 지정받을 수 있는 의료기관(「의료법」 제3조에 따른 의료기관을 말한다. 이하 "의료기관"이라 한다)은 「의료법」 제3조의3 또는 제3조의4에 따른 종합병원 또는 상급종합병원으로서 보건복지부장관이 정하여 고시하는 의료기관으로 한다.

② 중앙감염병병원의 지정기준은 별표 1과 같다.

③ 보건복지부장관은 중앙감염병병원을 지정하는 경우에는 그 지정기준 또는 업무수행 등에 필요한 조건을 붙일 수 있다.

④ 보건복지부장관은 중앙감염병병원을 지정한 경우에는 지정서를 교부하고, 보건복지부 인터넷 홈페이지

에 그 지정내용을 게시하여야 한다.

⑤ 중앙감염병병원은 매 분기별로 보건복지부장관이 정하는 바에 따라 그 업무추진 현황 등을 보건복지부 장관에게 보고하여야 한다.

⑥ 보건복지부장관은 법 제8조의2제3항에 따라 중앙감염병병원에 대해서는 기획재정부장관과 협의하여 건축비용, 운영비용 및 설비비용 등을 지원할 수 있다.

⑦ 제3항부터 제6항까지에서 규정한 사항 외에 중앙감염병병원의 지정절차 및 경비지원 등에 필요한 세부사항은 보건복지부장관이 정하여 고시한다.

[본조신설 2016. 6. 28.]

제1조의4(권역별 감염병전문병원의 지정) ① 법 제8조의2제2항에 따른 권역별 감염병전문병원(이하 "권역별 감염병병원"이라 한다)으로 지정받을 수 있는 의료기관은 「의료법」 제3조의3 또는 제3조의4에 따른 종합병원 또는 상급종합병원으로서 질병관리청장이 정하여 고시하는 의료기관으로 한다. 〈개정 2020. 9. 11.〉

② 권역별 감염병병원의 지정기준은 별표 1의2와 같다.

③ 질병관리청장은 법 제8조의2제2항에 따라 권역별 감염병병원을 지정하는 경우에는 다음 각 호의 사항을 종합적으로 고려하여야 한다. 〈개정 2020. 9. 11.〉

1. 해당 권역에서의 의료자원의 분포 수준
2. 해당 권역에서의 주민의 인구와 생활권의 범위
3. 해당 권역에서의 감염병의 발생 빈도 및 관리 수준
4. 해당 권역에서의 항만 및 공항 등의 인접도
5. 그 밖에 질병관리청장이 권역별 감염병 관리와 관련하여 특히 필요하다고 인정하는 사항

④ 질병관리청장은 권역별 감염병병원을 지정하기 위하여 필요한 경우에는 지방자치단체의 장, 관계 공공기관 또는 관계 단체 등의 의견을 듣거나 자료의 제출을 요청할 수 있다. 〈개정 2020. 9. 11.〉

⑤ 권역별 감염병병원에 대한 지정조건의 부과, 지정서의 교부, 지정사실의 공표, 업무추진 현황 보고, 경비 지원, 지정절차 등에 필요한 세부사항의 고시 등에 관하여는 제1조의3제3항부터 제7항까지의 규정을 준용한다. 이 경우 "보건복지부장관"은 "질병관리청장"으로, "중앙감염병병원"은 "권역별 감염병병원"으로, "보건복지부"는 "질병관리청"으로 본다. 〈개정 2020. 9. 11.〉

[본조신설 2016. 6. 28.]

제1조의5(내성균 관리대책의 수립) ① 보건복지부장관은 법 제8조의3제1항에 따른 내성균 관리대책(이하 "내성균 관리대책"이라 한다)에 포함된 사항 중 보건복지부장관이 정하는 중요 사항을 변경하려는 경우에는 법 제9조제1항에 따른 감염병관리위원회의 심의를 거쳐야 한다.

② 보건복지부장관은 내성균 관리대책을 수립하거나 변경한 경우에는 보건복지부의 인터넷 홈페이지에 게재하고, 관계 중앙행정기관의 장, 「국민건강보험법」에 따른 건강보험심사평가원의 원장, 그 밖에 내성균 관련 기관·법인·단체의 장에게 그 내용을 알려야 한다.

③ 제1항 및 제2항에서 규정한 사항 외에 내성균 관리대책의 수립 및 변경에 필요한 세부 사항은 보건복지부장관이 정한다.

[본조신설 2017. 5. 29.]

제1조의6(긴급상황실의 설치·운영) ① 법 제8조의5에 따라 설치하는 긴급상황실(이하 "긴급상황실"이라 한다)은 다음 각 호의 설치·운영 요건을 모두 갖추어야 한다.

1. 신속한 감염병 정보의 수집·전파와 감염병 위기상황의 종합관리 등을 위한 정보통신체계를 갖출 것
2. 감염병 위기상황의 효율적 대처를 위한 시설·장비 및 그 운영·관리체계를 갖출 것
3. 긴급상황실의 24시간 운영에 필요한 전담인력을 확보할 것
4. 긴급상황실의 업무를 원활하게 수행하기 위한 운영규정 및 업무매뉴얼을 마련할 것

② 긴급상황실의 설치·운영에 관한 세부사항은 질병관리청장이 정한다.〈개정 2020. 9. 11.〉

[본조신설 2018. 6. 12.]

제1조의7 삭제 〈2023. 8. 18.〉

제2조(감염병관리위원회 위원의 임무 및 임기) ① 법 제9조제1항에 따른 감염병관리위원회(이하 "위원회"라 한다) 위원장은 위원회를 대표하고 위원회의 사무를 총괄한다. 〈개정 2016. 6. 28.〉

② 위원회 부위원장은 위원장을 보좌하며 위원장이 부득이한 사유로 직무를 수행할 수 없을 때에는 그 직무를 대행한다.

③ 위원회 위원 중 위촉위원의 임기는 2년으로 한다.

④ 위원회 위원의 자리가 빈 경우 그 보궐위원의 임기는 전임위원 임기의 남은 기간으로 한다.

제3조(회의) ① 위원회의 회의는 질병관리청장 또는 위원 과반수가 요구하거나 위원장이 필요하다고 인정할 때에 소집한다. 〈개정 2020. 9. 11.〉

② 위원회의 회의는 재적위원 과반수의 출석으로 개의(開議)하고 출석위원 과반수의 찬성으로 의결한다.

③ 삭제〈2020. 9. 11.〉

④ 위원회는 그 업무 수행에 필요하다고 인정할 때에는 관계 공무원 또는 관계 전문가를 위원회에 출석하게 하여 그 의견을 들을 수 있다.

제4조(간사) 위원회의 사무 처리를 위하여 위원회에 간사 1명을 두며, 간사는 질병관리청 소속 공무원 중에서 위원장이 임명한다. 〈개정 2020. 9. 11.〉

제5조(수당의 지급 등) 위원회의 회의에 출석한 위원에게 예산의 범위에서 수당과 여비를 지급할 수 있다. 다만, 공무원인 위원이 그 소관 업무와 직접 관련하여 출석하는 경우에는 그러하지 아니하다.

제6조(운영세칙) 이 영에서 규정한 사항 외에 위원회의 운영에 필요한 사항은 위원회의 의결을 거쳐 위원장이 정한다.

제7조(전문위원회의 구성) ① 법 제10조제3항에 따라 위원회에 다음 각 호의 분야별 전문위원회를 둔다. 〈개정 2015. 1. 6., 2017. 5. 29., 2020. 4. 2., 2021. 6. 8., 2022. 10. 4.〉

　　1. 예방접종 전문위원회

　　2. 예방접종피해보상 전문위원회

　　3. 후천성면역결핍증 전문위원회

　　4. 결핵 전문위원회

　　5. 역학조사 전문위원회

　　6. 인수(人獸)공통감염 전문위원회

　　6의2. 의료관련감염 전문위원회

　　7. 감염병 위기관리 전문위원회

　　7의2. 감염병 진단분석 전문위원회

　　8. 감염병 연구기획 전문위원회

　　9. 항생제 내성(耐性) 전문위원회

　　10. 검역 전문위원회

② 전문위원회는 각각 위원장 1명을 포함한 25명 이내의 위원으로 구성한다.〈개정 2020. 4. 2.〉

③ 전문위원회 위원장은 위원회 위원 중에서 위원회의 위원장이 임명한다.

④ 전문위원회 위원은 위원회 위원 중에서 위원회 위원장이 임명하거나 관련 학회와 단체 또는 위원회 위원의 추천을 받아 위원회의 위원장이 위촉한다.

제8조(전문위원회의 회의 및 운영) ① 전문위원회의 회의는 위원회 위원장 또는 전문위원회 위원 과반수가 요구하거나 전문위원회 위원장이 필요하다고 인정할 때에 소집한다.

② 전문위원회의 회의는 재적위원 과반수의 출석으로 개의하고 출석위원 과반수의 찬성으로 의결한다.

③ 전문위원회 위원장은 전문위원회에서 심의·의결한 사항을 위원회 위원장에게 보고하여야 한다. 〈개정 2015. 1. 6.〉

④ 이 영에서 규정한 사항 외에 전문위원회의 운영에 필요한 사항은 전문위원회의 의결을 거쳐 전문위원회 위원장이 정한다.

제9조(그 밖의 인수공통감염병) 법 제14조제1항제4호에서 "대통령령으로 정하는 인수공통감염병"이란 동물인플루엔자를 말한다. 〈개정 2016. 1. 6.〉

제10조(공공기관) 법 제16조제7항 전단에서 "대통령령으로 정하는 공공기관"이란 「국민건강보험법」에 따른 건강보험심사평가원 및 국민건강보험공단을 말한다. 〈개정 2016. 1. 6.〉

제11조(제공 정보의 내용) 법 제16조제7항에 따라 요구할 수 있는 정보의 내용에는 다음 각 호의 사항이 포함될 수 있다. 〈개정 2016. 1. 6.〉

1. 감염병환자, 감염병의사환자 또는 병원체보유자(이하 "감염병환자등"이라 한다)의 성명·주민등록번호·성별·주소·전화번호·직업·감염병명·발병일 및 진단일
2. 감염병환자등을 진단한 의료기관의 명칭·주소지·전화번호 및 의사 이름

제12조(역학조사의 내용) ① 법 제18조제1항에 따른 역학조사에 포함되어야 하는 내용은 다음 각 호와 같다. 〈개정 2021. 12. 14.〉

1. 감염병환자등 및 감염병의심자의 인적 사항
2. 감염병환자등의 발병일 및 발병 장소
3. 감염병의 감염원인 및 감염경로
4. 감염병환자등 및 감염병의심자에 관한 진료기록
5. 그 밖에 감염병의 원인 규명과 관련된 사항

② 법 제29조에 따른 역학조사에 포함되어야 하는 내용은 다음 각 호와 같다.

1. 예방접종 후 이상반응자의 인적 사항
2. 예방접종기관, 접종일시 및 접종내용
3. 예방접종 후 이상반응에 관한 진료기록
4. 예방접종약에 관한 사항
5. 그 밖에 예방접종 후 이상반응의 원인 규명과 관련된 사항

제13조(역학조사의 시기) 법 제18조제1항 및 제29조에 따른 역학조사는 다음 각 호의 구분에 따라 해당 사유가 발생하면 실시한다. 〈개정 2016. 6. 28., 2020. 9. 11.〉

1. 질병관리청장이 역학조사를 하여야 하는 경우
   가. 둘 이상의 시·도에서 역학조사가 동시에 필요한 경우
   나. 감염병 발생 및 유행 여부 또는 예방접종 후 이상반응에 관한 조사가 긴급히 필요한 경우
   다. 시·도지사의 역학조사가 불충분하였거나 불가능하다고 판단되는 경우
2. 시·도지사 또는 시장·군수·구청장(자치구의 구청장을 말한다. 이하 같다)이 역학조사를 하여야 하는 경우
   가. 관할 지역에서 감염병이 발생하여 유행할 우려가 있는 경우
   나. 관할 지역 밖에서 감염병이 발생하여 유행할 우려가 있는 경우로서 그 감염병이 관할구역과 역학적 연관성이 있다고 의심되는 경우
   다. 관할 지역에서 예방접종 후 이상반응 사례가 발생하여 그 원인 규명을 위한 조사가 필요한 경우

제14조(역학조사의 방법) 법 제18조제1항 및 제29조에 따른 역학조사의 방법은 별표 1의3과 같다. 〈개정 2016. 6. 28.〉

제15조(역학조사반의 구성) ① 법 제18조제1항 및 제29조에 따른 역학조사를 하기 위하여 질병관리청에 중앙역학조사반을 두고, 시·도에 시·도역학조사반을 두며, 시·군·구(자치구를 말한다. 이하 같다)에 시·군·구역학조사반을 둔다. 〈개정 2020. 9. 11.〉

② 중앙역학조사반은 30명 이상, 시·도역학조사반 및 시·군·구역학조사반은 각각 10명 이상의 반원으로 구성한다. 〈개정 2016. 1. 6., 2021. 12. 14.〉

③ 역학조사반의 반장은 법 제60조에 따른 방역관 또는 법 제60조의2에 따른 역학조사관으로 한다. 〈신설 2021. 12. 14.〉

④ 역학조사반원은 다음 각 호의 어느 하나에 해당하는 사람 중에서 질병관리청장, 시·도지사 및 시장·군수·구청장이 각각 임명하거나 위촉한다. 〈개정 2016. 1. 6., 2020. 9. 11., 2021. 12. 14., 2023. 8. 18.〉

1. 방역, 역학조사 또는 예방접종 업무를 담당하는 공무원
2. 법 제60조의2에 따른 역학조사관 또는 수습역학조사관
3. 「농어촌 등 보건의료를 위한 특별조치법」에 따라 채용된 공중보건의사
4. 「의료법」 제2조제1항에 따른 의료인
5. 그 밖에 감염병 등과 관련된 분야의 전문가 등으로서 질병관리청장, 시·도지사 및 시장·군수·구청장이 역학조사를 위해 필요하다고 인정하는 사람

⑤ 역학조사반은 감염병 분야와 예방접종 후 이상반응 분야로 구분하여 운영하되, 분야별 운영에 필요한 사항은 질병관리청장이 정한다. 〈개정 2020. 9. 11., 2021. 12. 14.〉

제16조(역학조사반의 임무 등) ① 역학조사반의 임무는 다음 각 호와 같다.

1. 중앙역학조사반
    가. 역학조사 계획의 수립, 시행 및 평가
    나. 역학조사의 실시 기준 및 방법의 개발
    다. 시·도역학조사반 및 시·군·구역학조사반에 대한 교육·훈련
    라. 감염병에 대한 역학적인 연구
    마. 감염병의 발생·유행 사례 및 예방접종 후 이상반응의 발생 사례 수집, 분석 및 제공
    바. 시·도역학조사반에 대한 기술지도 및 평가
2. 시·도 역학조사반
    가. 관할 지역 역학조사 계획의 수립, 시행 및 평가
    나. 관할 지역 역학조사의 세부 실시 기준 및 방법의 개발
    다. 중앙역학조사반에 관할 지역 역학조사 결과 보고
    라. 관할 지역 감염병의 발생·유행 사례 및 예방접종 후 이상반응의 발생 사례 수집, 분석 및 제공
    마. 시·군·구역학조사반에 대한 기술지도 및 평가
3. 시·군·구 역학조사반
    가. 관할 지역 역학조사 계획의 수립 및 시행
    나. 시·도역학조사반에 관할 지역 역학조사 결과 보고
    다. 관할 지역 감염병의 발생·유행 사례 및 예방접종 후 이상반응의 발생 사례 수집, 분석 및 제공

② 역학조사를 하는 역학조사반원은 보건복지부령으로 정하는 역학조사반원증을 지니고 관계인에게 보여 주어야 한다.

③ 질병관리청장, 시·도지사 또는 시장·군수·구청장은 역학조사반원에게 예산의 범위에서 역학조사 활동에 필요한 수당과 여비를 지급할 수 있다. 〈개정 2020. 9. 11.〉

제16조의2(자료제출 요구 대상 기관·단체) 법 제18조의4제1항에서 "대통령령으로 정하는 기관·단체"란

다음 각 호의 기관·단체를 말한다. 〈개정 2016. 6. 28.〉

1. 의료기관
2. 「국민건강보험법」 제13조에 따른 국민건강보험공단
3. 「국민건강보험법」 제62조에 따른 건강보험심사평가원

[본조신설 2016. 1. 6.]

제16조의3(지원 요청 등의 범위) 법 제18조의4제3항에 따라 질병관리청장은 관계 중앙행정기관의 장에게 역학조사를 실시하는 데 필요한 인력 파견 및 물자 지원, 역학조사 대상자 및 대상 기관에 대한 관리, 감염원 및 감염경로 조사를 위한 검사·정보 분석 등의 지원을 요청할 수 있다. 〈개정 2020. 9. 11., 2023. 8. 18.〉

[본조신설 2016. 1. 6.]

제17조 삭제 〈2020. 6. 2.〉

제18조(고위험병원체의 반입 허가 변경신고 사항) 법 제22조제2항 단서에서 "대통령령으로 정하는 경미한 사항"이란 다음 각 호의 사항을 말한다. 〈개정 2020. 6. 2.〉

1. 고위험병원체의 반입 허가를 받은 자(자연인인 경우로 한정한다)의 성명·주소 및 연락처
2. 고위험병원체의 반입 허가를 받은 자(법인인 경우로 한정한다)의 명칭·주소 및 연락처와 그 대표자의 성명 및 연락처
3. 고위험병원체 전담관리자의 성명·직위 및 연락처

제19조(고위험병원체 인수 장소 지정) 법 제22조제3항에 따라 고위험병원체를 인수하여 이동하려는 자는 질병관리청장이 정하는 장소 중에서 인수 장소를 지정하여야 한다. 〈개정 2020. 9. 11.〉

제19조의2(고위험병원체 취급시설의 설치·운영 허가 및 신고) ① 법 제23조제1항에 따른 고위험병원체 취급시설(이하 "고위험병원체 취급시설"이라 한다)의 안전관리 등급의 분류와 허가 또는 신고의 대상이 되는 고위험병원체 취급시설은 별표 1의4와 같다. 〈개정 2020. 6. 2.〉

② 질병관리청장은 고위험병원체 취급시설의 안전관리 등급별로 다음 각 호의 사항에 대한 설치·운영의 허가 및 신고수리 기준을 정하여 고시하여야 한다.〈개정 2020. 6. 2., 2020. 9. 11.〉

1. 고위험병원체 취급시설의 종류
2. 고위험병원체의 검사·보유·관리 및 이동에 필요한 설비·인력 및 안전관리
3. 고위험병원체의 검사·보유·관리 및 이동의 과정에서 인체에 대한 위해(危害)가 발생하는 것을 방지할 수 있는 시설(이하 "인체 위해방지시설"이라 한다)의 설비·인력 및 안전관리

③ 법 제23조제2항 및 별표 1의4에 따라 허가대상이 되는 고위험병원체 취급시설을 설치·운영하려는 자는 보건복지부령으로 정하는 허가신청서에 다음 각 호의 서류를 첨부하여 질병관리청장에게 제출하여야 한다.〈개정 2020. 9. 11.〉

1. 고위험병원체 취급시설의 설계도서 또는 그 사본
2. 고위험병원체 취급시설의 범위와 그 소유 또는 사용에 관한 권리를 증명하는 서류
3. 인체 위해방지시설의 기본설계도서 또는 그 사본
4. 제2항에 따른 허가기준을 갖추었음을 증명하는 서류

④ 질병관리청장은 제3항에 따른 허가신청서를 제출받은 날부터 60일 이내에 허가 여부를 신청인에게 통지하여야 한다. 이 경우 허가를 하는 때에는 보건복지부령으로 정하는 고위험병원체 취급시설 설치·운영허가서를 발급하여야 한다. 〈개정 2020. 9. 11.〉

⑤ 법 제23조제2항 및 별표 1의4에 따라 신고대상이 되는 고위험병원체 취급시설을 설치·운영하려는 자는 보건복지부령으로 정하는 신고서에 다음 각 호의 서류를 첨부하여 질병관리청장에게 제출하여야 한다.〈개정 2020. 9. 11.〉

1. 제2항에 따른 신고수리 기준을 갖추었음을 증명하는 서류
2. 제3항제1호부터 제3호까지의 서류

⑥ 질병관리청장은 제5항에 따른 신고서를 제출받은 날부터 60일 이내에 신고수리 여부를 신고인에게 통지하여야 한다. 이 경우 신고수리를 하는 때에는 보건복지부령으로 정하는 고위험병원체 취급시설 설치·운영 신고확인서를 발급하여야 한다. 〈개정 2020. 9. 11.〉

[본조신설 2018. 6. 12.]

제19조의3(고위험병원체 취급시설 변경허가 등) ① 법 제23조제3항 본문에 따라 변경허가를 받으려는 자는 보건복지부령으로 정하는 변경허가신청서에 허가사항의 변경사유와 변경내용을 증명하는 서류를 첨부하여 질병관리청장에게 제출하여야 한다. 〈개정 2020. 9. 11.〉

② 질병관리청장은 제1항에 따른 변경허가신청서를 제출받은 날부터 60일 이내에 변경허가 여부를 신청인에게 통지하여야 한다. 이 경우 변경허가를 하는 때에는 보건복지부령으로 정하는 변경허가서를 발급하여야 한다. 〈개정 2020. 9. 11.〉

③ 법 제23조제3항 단서에서 "대통령령으로 정하는 경미한 사항"이란 다음 각 호의 어느 하나에 해당하는 사항을 말한다.
1. 고위험병원체 취급시설을 설치·운영하는 자(자연인인 경우로 한정한다)의 성명·주소 및 연락처
2. 고위험병원체 취급시설을 설치·운영하는 자(법인인 경우로 한정한다)의 명칭·주소 및 연락처와 그 대표자의 성명·연락처
3. 제19조의6제1항제1호에 따른 고위험병원체 취급시설의 설치·운영 책임자, 고위험병원체의 전담관리자 및 생물안전관리책임자의 성명·연락처

④ 법 제23조제3항 단서에 따라 변경신고를 하려는 자는 보건복지부령으로 정하는 허가사항 변경신고서를 질병관리청장에게 제출하여야 한다. 〈개정 2020. 9. 11.〉

⑤ 질병관리청장은 제4항에 따른 허가사항 변경신고서를 제출받은 때에는 보건복지부령으로 정하는 변경신고확인서를 발급하여야 한다. 〈개정 2020. 9. 11.〉

[본조신설 2018. 6. 12.]

제19조의4(고위험병원체 취급시설 변경신고) ① 법 제23조제4항에 따라 변경신고를 하려는 자는 보건복지부령으로 정하는 변경신고서를 질병관리청장에게 제출하여야 한다. 〈개정 2020. 9. 11.〉

② 질병관리청장은 제1항에 따른 변경신고서를 제출받은 날부터 60일 이내에 신고수리 여부를 신고인에게 통지해야 한다. 이 경우 신고를 수리하는 때에는 보건복지부령으로 정하는 변경신고확인서를 발급해야 한다. 〈개정 2020. 6. 2., 2020. 9. 11.〉

[본조신설 2018. 6. 12.]

제19조의5(고위험병원체 취급시설의 폐쇄신고 등) ① 법 제23조제5항에 따라 고위험병원체 취급시설의 폐쇄신고를 하려는 자는 보건복지부령으로 정하는 폐쇄신고서에 고위험병원체의 폐기처리를 증명하는 서류를 첨부하여 질병관리청장에게 제출하여야 한다. 〈개정 2020. 9. 11.〉

② 질병관리청장은 제1항에 따른 폐쇄신고서를 제출받은 날부터 10일 이내에 신고수리 여부를 신고인에게 통지하여야 한다. 이 경우 신고를 수리하는 때에는 보건복지부령으로 정하는 폐쇄신고확인서를 발급하여야 한다. 〈개정 2020. 9. 11.〉

③ 법 제23조제5항에 따라 고위험병원체 취급시설을 폐쇄하는 경우 고위험병원체 취급시설의 소독과 고위험병원체에 대한 폐기처리 등 고위험병원체 취급시설의 폐쇄방법과 절차 등은 질병관리청장이 정하여 고시한다. 〈개정 2020. 9. 11.〉

[본조신설 2018. 6. 12.]

제19조의6(고위험병원체 취급시설 설치·운영의 안전관리 준수사항) ① 법 제23조제7항에서 "대통령령으로

정하는 안전관리 준수사항"이란 다음 각 호의 사항을 말한다. 〈개정 2020. 4. 2., 2020. 6. 2.〉

1. 고위험병원체 취급시설의 설치·운영 책임자, 고위험병원체의 전담관리자 및 생물안전관리책임자를 둘 것
2. 고위험병원체의 검사·보유·관리 및 이동과 관련된 안전관리에 대한 사항을 심의하기 위하여 고위험병원체 취급시설에 외부전문가, 생물안전관리책임자 등으로 구성되는 심의기구를 설치·운영할 것
3. 고위험병원체는 보존 단위용기에 고위험병원체의 이름, 관리번호 등 식별번호, 제조일 등 관련 정보를 표기하여 보안 잠금장치가 있는 별도의 보존상자 또는 보존장비에 보존할 것
4. 고위험병원체의 취급구역 및 보존구역에 대한 출입제한 및 고위험병원체의 취급을 확인할 수 있는 보안시스템을 운영할 것
5. 고위험병원체를 불활성화(폐기하지 아니하면서 영구적으로 생존하지 못하게 하는 처리를 말한다)하여 이용하려는 경우에는 제2호에 따른 심의기구의 심의를 거칠 것
6. 제19조의2제2항에 따른 허가 및 신고수리 기준을 준수할 것

② 제1항에서 규정한 사항 외에 안전관리 세부사항 및 제1항제2호에 따른 심의기구의 구성·운영 등의 사항은 질병관리청장이 정하여 고시한다. 〈개정 2020. 9. 11.〉

[본조신설 2018. 6. 12.]

제19조의7(고위험병원체 취급시설 허가 및 신고사항의 자료보완) 질병관리청장은 제19조의2에 따른 고위험병원체 취급시설 설치·운영 허가 또는 신고, 제19조의3에 따른 고위험병원체 취급시설 설치·운영 허가사항의 변경허가 및 변경신고, 제19조의4에 따른 고위험병원체 취급시설의 변경신고 및 제19조의5에 따른 고위험병원체 취급시설의 폐쇄신고를 위하여 제출된 자료의 보완이 필요하다고 판단하는 경우 30일 이내의 기간을 정하여 필요한 자료를 제출하게 할 수 있다. 이 경우 보완에 걸리는 기간은 제19조의2제4항·제6항, 제19조의3제2항 및 제19조의5제2항에 따른 결정기간에 산입하지 아니한다. 〈개정 2020. 9. 11.〉

[본조신설 2018. 6. 12.]

제19조의8(생물테러감염병병원체의 보유에 대한 사후 허가 사항) 법 제23조의3제1항 단서에서 "대통령령으로 정하는 부득이한 사정"이란 같은 항 본문에 따른 생물테러감염병병원체(이하 "생물테러감염병병원체"라 한다)를 분리할 의도가 없는 경우로서 다음 각 호의 어느 하나에 해당하는 경우를 말한다.

1. 감염병환자등의 질병진단과정에서 생물테러감염병병원체가 분리되어 보유하는 경우
2. 동물 또는 식물의 질병진단과정에서 생물테러감염병병원체가 분리되어 보유하는 경우
3. 식품 또는 토양 등 환경검체로부터 생물테러감염병병원체가 분리되어 보유하는 경우

[본조신설 2020. 6. 2.]

제19조의9(생물테러감염병병원체 보유허가의 변경신고 사항) 법 제23조의3제3항 단서에서 "대통령령으로 정하는 경미한 사항"이란 다음 각 호의 사항을 말한다.

1. 생물테러감염병병원체의 보유허가를 받은 자(자연인인 경우로 한정한다)의 성명·주소 및 연락처
2. 생물테러감염병병원체의 보유허가를 받은 자(법인인 경우로 한정한다)의 명칭·주소 및 연락처와 그 대표자의 성명 및 연락처
3. 고위험병원체 전담관리자의 성명·직위 및 연락처

[본조신설 2020. 6. 2.]

제20조(예방접종업무의 위탁) ① 특별자치시장·특별자치도지사(관할 구역 안에 지방자치단체인 시·군이 있는 특별자치도의 도지사는 제외한다. 이하 같다) 또는 시장·군수·구청장은 법 제24조제2항 및 제25조제2항에 따라 보건소에서 시행하기 어렵거나 보건소를 이용하기 불편한 주민 등에 대한 예방접종업무를 다음 각 호에 해당하는 의료기관 중에서 특별자치시장·특별자치도지사 또는 시장·군수·구청장이 지정

하는 의료기관에 위탁할 수 있다. 이 경우 특별자치시장·특별자치도지사 또는 시장·군수·구청장은 위탁한 기관을 공고해야 한다. 〈개정 2021. 8. 3., 2023. 8. 18.〉

  1. 「의료법」제3조제2항제1호가목에 따른 의원
  2. 「의료법」제3조제2항제3호에 따른 병원급 의료기관(치과병원 및 한방병원은 같은 법 제43조제2항에 따라 의사를 두어 의과 진료과목을 추가로 설치·운영하는 경우로 한정한다)
② 특별자치시장·특별자치도지사 또는 시장·군수·구청장은 제1항에 따라 예방접종업무를 위탁할 때에는 다음 각 호의 사항이 포함된 위탁계약서를 작성하여야 한다.〈신설 2015. 1. 6., 2023. 8. 18.〉
  1. 예방접종업무의 위탁범위에 관한 사항
  2. 위탁계약 기간에 관한 사항
  3. 위탁계약 조건에 관한 사항
  4. 위탁계약 해지에 관한 사항
③ 제1항에 따라 예방접종업무를 위탁한 경우의 예방접종 비용 산정 및 비용 상환 절차 등에 관하여 필요한 사항은 질병관리청장이 정하여 고시한다. 〈개정 2015. 1. 6., 2020. 9. 11.〉

제20조의2(예방접종 내역의 사전확인) 법 제24조제1항 및 제25조제1항에 따라 예방접종을 하는 보건소장과 법 제24조제2항(법 제25조제2항에서 준용하는 경우를 포함한다)에 따라 예방접종을 위탁받은 의료기관의 장(이하 "보건소장등"이라 한다)은 법 제26조의2제1항 본문에 따라 예방접종을 받으려는 사람 또는 법정대리인에게 다음 각 호의 사항에 대하여 서면으로 동의를 받아야 한다.
  1. 예방접종 내역을 확인한다는 사실
  2. 예방접종 내역에 대한 확인 방법
[본조신설 2016. 6. 28.]

제21조(예방접종피해조사반의 구성 등) ① 법 제30조제1항에 따른 예방접종피해조사반(이하 이 조에서 "피해조사반"이라 한다)은 감염병 예방접종 후 이상반응의 발생 건수 등을 고려하여 필요한 경우 복수로 설치할 수 있다. 〈신설 2021. 8. 3.〉
② 피해조사반은 10명 이내의 반원으로 구성한다.〈개정 2021. 8. 3.〉
③ 피해조사반원은 질병관리청장이 소속 공무원이나 다음 각 호의 어느 하나에 해당하는 사람 중에서 임명하거나 위촉한다.〈개정 2020. 9. 11., 2021. 8. 3.〉
  1. 예방접종 및 예방접종 후 이상반응 분야의 전문가
  2. 「의료법」제2조제1항에 따른 의료인
④ 피해조사반은 다음 각 호의 사항을 조사하고, 그 결과를 예방접종피해보상 전문위원회에 보고하여야 한다.〈개정 2021. 8. 3.〉
  1. 제31조제2항에 따라 시·도지사가 제출한 기초조사 결과에 대한 평가 및 보완
  2. 법 제72조제1항에서 규정하는 제3자의 고의 또는 과실 유무
  3. 그 밖에 예방접종으로 인한 피해보상과 관련하여 예방접종피해보상 전문위원회가 결정하는 사항
⑤ 피해조사반원은 제4항에 따라 피해조사를 하는 경우 보건복지부령으로 정하는 예방접종피해조사반원증을 지니고 관계인에게 보여 주어야 한다.〈개정 2021. 8. 3.〉
⑥ 질병관리청장은 피해조사반원에게 예산의 범위에서 피해조사 활동에 필요한 수당과 여비를 지급할 수 있다.〈개정 2020. 9. 11., 2021. 8. 3.〉
⑦ 피해조사반의 운영에 관한 세부사항은 예방접종피해보상 전문위원회의 의결을 거쳐 질병관리청장이 정한다.〈개정 2020. 9. 11., 2021. 8. 3.〉

제21조의2(예방접종 휴가 비용지원 대상 등) ① 법 제32조의2제1항에 따른 유급휴가를 위한 비용지원 및 같은 조 제2항에 따른 유급휴가 미사용에 따른 비용지원을 위해서는 다음 각 호의 요건을 모두 충족해야 한다.

1. 제1급감염병의 유행으로 인해 「재난 및 안전관리 기본법」 제38조제2항에 따른 심각 단계의 위기경보가 발령되었을 것
2. 제2항에 따른 사업주가 법 제25조에 따른 임시예방접종을 받은 소속 근로자에게 유급휴가를 주었거나 제3항에 해당하는 사람이 법 제25조에 따른 임시예방접종을 받고 유급휴가를 사용하지 못하였을 것
② 법 제32조의2제1항 후단에 따른 비용지원 대상은 상시 4명 이하의 근로자를 사용하는 사업주로 한다.
③ 법 제32조의2제2항에 따른 비용지원 대상은 다음 각 호의 어느 하나에 해당하는 사람으로 한다.
1. 「고용보험법」 제2조제1호가목에 따른 예술인 중 「고용보험 및 산업재해보상보험의 보험료징수 등에 관한 법률」(이하 "고용산재보험료징수법"이라 한다) 제48조의2제8항제3호에서 준용하는 고용산재보험료징수법 제21조에 따라 고용보험료의 지원을 받는 사람
2. 「고용보험법」 제2조제1호가목에 따른 노무제공자 중 고용산재보험료징수법 제48조의3제8항제3호에서 준용하는 고용산재보험료징수법 제21조에 따라 고용보험료의 지원을 받는 사람
④ 제2항에 따른 유급휴가를 위한 비용지원의 범위 및 제3항에 따른 유급휴가 미사용에 따른 비용지원의 범위는 1일의 유급휴가에 상당하는 비용으로 한정한다. 다만, 예방접종일 다음 날이 근무일 또는 노무제공일이 아닌 경우에는 비용을 지원하지 않는다.
⑤ 비용지원 금액의 기준은 질병관리청장이 기획재정부장관과 협의하여 고시한다.
[본조신설 2023. 8. 18.] [종전 제21조의2는 제21조의4로 이동 〈2023. 8. 18.〉]

제21조의3(예방접종 휴가 비용지원 절차) ① 법 제32조의2제1항 후단에 따라 비용을 지원받으려는 사업주는 보건복지부령으로 정하는 신청서(전자문서로 된 신청서를 포함한다)에 다음 각 호의 서류(전자문서로 된 서류를 포함한다)를 첨부하여 특별자치시장·특별자치도지사 또는 시장·군수·구청장에게 제출해야 한다.
1. 근로자가 예방접종을 받은 사실 및 예방접종을 받은 다음 날이 근무일임을 확인할 수 있는 서류
2. 근로자가 예방접종을 받은 다음 날 재직하고 있는 사실을 증명하는 서류
3. 근로자에게 유급휴가를 준 사실을 증명하는 서류
4. 그 밖에 질병관리청장이 유급휴가를 위한 비용지원을 위하여 필요하다고 인정하는 서류
② 법 제32조의2제2항에 따라 비용을 지원받으려는 예술인 또는 노무제공자는 보건복지부령으로 정하는 신청서(전자문서로 된 신청서를 포함한다)에 다음 각 호의 서류(전자문서로 된 서류를 포함한다)를 첨부하여 특별자치시장·특별자치도지사 또는 시장·군수·구청장에게 제출해야 한다.
1. 예술인 또는 노무제공자가 예방접종을 받은 사실 및 예방접종을 받은 다음 날이 노무제공일임을 확인할 수 있는 서류
2. 다음 각 목의 어느 하나에 해당하는 서류
   가. 예술인이 고용산재보험료징수법 제48조의2제8항제3호에서 준용하는 고용산재보험료징수법 제21조에 따라 고용보험료의 지원을 받은 사실을 확인할 수 있는 서류
   나. 노무제공자가 고용산재보험료징수법 제48조의3제8항제3호에서 준용하는 고용산재보험료징수법 제21조에 따라 고용보험료의 지원을 받은 사실을 확인할 수 있는 서류
3. 그 밖에 질병관리청장이 유급휴가 미사용에 따른 비용지원을 위하여 필요하다고 인정하는 서류
③ 특별자치시장·특별자치도지사 또는 시장·군수·구청장은 제1항에 따른 신청서를 제출받은 경우에는 「전자정부법」 제36조제1항에 따라 행정정보의 공동이용을 통하여 사업자등록증을 확인해야 한다. 다만, 사업주가 확인에 동의하지 않는 경우에는 해당 서류를 첨부하도록 해야 한다.
④ 제1항 또는 제2항에 따른 신청서를 제출받은 특별자치시장·특별자치도지사 또는 시장·군수·구청장은 비용지원 여부를 결정한 후 해당 신청자에게 서면으로 알려야 한다.
⑤ 제1항부터 제4항까지에서 규정한 사항 외에 유급휴가를 위한 비용지원 및 유급휴가 미사용에 따른 비용지원의 신청절차 및 결과통보에 필요한 사항은 보건복지부령으로 정한다.
[본조신설 2023. 8. 18.] [종전 제21조의3은 제21조의5로 이동 〈2023. 8. 18.〉]

제21조의4(예방접종 대상자의 개인정보 등) ① 법 제33조의4제2항제1호에 따라 질병관리청장이 관련 기관 및 단체에 요청할 수 있는 예방접종 대상자의 인적사항에 관한 자료는 다음 각 호의 구분에 따른다. 〈개정 2018. 6. 12., 2020. 6. 2., 2020. 9. 11., 2021. 8. 3.〉

1. 예방접종 대상자가 국민인 경우: 다음 각 목의 자료
   가. 예방접종 대상자의 성명, 주민등록번호, 주소 및 전화번호(휴대전화번호를 포함한다)
   나. 예방접종 대상자의 소속에 관한 다음의 자료
      1) 「초·중등교육법」 제2조에 따른 소속 학교에 관한 자료
      2) 「유아교육법」 제2조제2호에 따른 소속 유치원에 관한 자료
      3) 「영유아보육법」 제2조제3호에 따른 소속 어린이집에 관한 자료
      4) 「아동복지법」 제3조제10호에 따른 소속 아동복지시설에 관한 자료
   다. 그 밖에 예방접종 대상자에 대한 다음의 자료
      1) 「장애인복지법」 제32조에 따라 등록된 장애인인지 여부
      2) 「다문화가족지원법」 제2조제1호에 따른 다문화가족의 구성원인지 여부
      3) 「국민기초생활 보장법」 제2조제2호에 따른 수급자(같은 조 제10호에 따른 차상위계층을 포함한다) 또는 수급자의 자녀인지 여부
2. 예방접종 대상자가 외국인 또는 외국국적동포인 경우: 다음 각 목의 자료
   가. 「출입국관리법」 제31조에 따른 외국인등록에 관한 정보
   나. 「재외동포의 출입국과 법적 지위에 관한 법률」 제6조에 따른 외국국적동포의 국내거소신고에 관한 정보
3. 그 밖에 예방접종 대상자의 인적사항에 관한 정보로서 예방접종업무의 수행과 관련하여 질병관리청장이 특히 필요하다고 인정하여 고시하는 정보

② 법 제33조의4제2항제3호에 따라 질병관리청장이 예방접종업무를 하는 데 필요한 자료로서 관련 기관 및 단체에 요청할 수 있는 자료는 다음 각 호와 같다. 〈개정 2020. 6. 2., 2020. 9. 11., 2023. 9. 26.〉

1. 법 제24조제2항(법 제25조제2항에서 준용하는 경우를 포함한다)에 따라 예방접종업무를 위탁받은 의료기관의 개설정보
1의2. 법 제11조 및 제13조에 따른 예방접종 후 이상반응 신고·보고 내용에 관한 자료
1의3. 법 제29조에 따른 예방접종에 관한 역학조사 내용에 관한 자료
2. 법 제71조에 따른 예방접종 피해보상 신청 내용에 관한 자료
3. 예방접종을 하는 데에 현저히 곤란한 질병이나 질환 또는 감염병의 관리 등에 관한 정보

[본조신설 2016. 6. 28.] [제21조의2에서 이동, 종전 제21조의4는 제21조의6으로 이동 〈2023. 8. 18.〉]

제21조의5(예방접종 정보의 입력) 보건소장등이 예방접종을 실시한 경우에는 법 제33조의4제3항에 따라 같은 조 제1항에 따른 예방접종통합관리시스템(이하 "통합관리시스템"이라 한다)에 다음 각 호의 정보를 지체 없이 입력해야 한다. 〈개정 2020. 6. 2.〉

1. 예방접종을 받은 사람에 대한 다음 각 목의 정보
   가. 성명
   나. 주민등록번호. 다만, 예방접종을 받은 사람이 외국인이거나 외국국적동포인 경우에는 외국인등록번호 또는 국내거소신고번호를 말한다.
2. 예방접종의 내용에 대한 다음 각 목의 정보
   가. 예방접종 명칭
   나. 예방접종 차수
   다. 예방접종 연월일
   라. 예방접종에 사용된 백신의 이름
   마. 예진(豫診)의사 및 접종의사의 성명

[본조신설 2016. 6. 28.] [제21조의3에서 이동 〈2023. 8. 18.〉]

제21조의6(예방접종 내역의 제공 등) ① 질병관리청장은 법 제33조의4제4항 전단에 따라 예방접종 대상 아동 부모에게 자녀의 예방접종 내역을 제공하는 경우에는 통합관리시스템을 활용한 열람의 방법으로 제공한다. 다만, 질병관리청장이 필요하다고 인정하는 경우에는 통합관리시스템을 활용하여 문자전송, 전자메일, 전화, 우편 또는 이에 상응하는 방법으로 제공할 수 있다. 〈개정 2020. 6. 2., 2020. 9. 11.〉

② 질병관리청장은 법 제33조의4제4항 전단에 따라 예방접종증명서를 발급하는 경우에는 질병관리청장이 정하는 바에 따라 통합관리시스템에서 직접 발급하거나 「민원 처리에 관한 법률」 제12조의2제3항에 따른 전자민원창구와 연계하여 발급할 수 있다. 〈개정 2020. 6. 2., 2020. 9. 11., 2022. 7. 11.〉

[본조신설 2016. 6. 28.] [제21조의4에서 이동 〈2023. 8. 18.〉]

제22조(감염병 위기관리대책 수립 절차 등) ① 보건복지부장관 및 질병관리청장은 법 제34조제1항에 따라 감염병 위기관리대책을 수립하기 위하여 관계 행정기관, 지방자치단체 및 「공공기관의 운영에 관한 법률」 제4조에 따른 공공기관 등에 자료의 제출을 요청할 수 있다. 〈개정 2020. 9. 11.〉

② 보건복지부장관 및 질병관리청장은 법 제34조제1항에 따라 수립한 감염병 위기관리대책을 관계 중앙 행정기관의 장에게 통보하여야 한다. 〈개정 2020. 9. 11.〉

제22조의2(감염병위기 시 공개 제외 정보) ① 법 제34조의2제1항에서 "대통령령으로 정하는 정보"란 다음 각 호의 정보를 말한다.

1. 성명
2. 읍·면·동 단위 이하의 거주지 주소
3. 그 밖에 질병관리청장이 감염병별 특성을 고려하여 감염병의 예방과 관계없다고 정하는 정보

② 질병관리청장은 제1항제3호에 따라 감염병의 예방과 관계없는 정보를 정한 경우에는 그 내용을 질병 관리청의 인터넷 홈페이지에 게재하고, 시·도지사 및 시장·군수·구청장에게 알려야 한다.

[본조신설 2020. 12. 29.]

제22조의3(감염병관리통합정보시스템) ① 법 제40조의5제2항제1호에서 "「개인정보 보호법」 제24조에 따른 고유식별정보 등 대통령령으로 정하는 개인정보"란 다음 각 호의 구분에 따른 정보를 말한다.

1. 감염병환자등이 대한민국 국민인 경우: 성명, 주민등록번호, 주소, 직업 및 연락처
2. 감염병환자등이 외국인인 경우: 「출입국관리법」 제32조 각 호에 따른 외국인등록사항 및 연락처
3. 감염병환자등이 외국국적동포인 경우: 「재외동포의 출입국과 법적 지위에 관한 법률 시행령」 제7조 제1항 각 호에 따른 국내거소 신고사항 및 연락처

② 법 제40조의5제2항제2호에서 "대통령령으로 정하는 자료"란 다음 각 호의 자료를 말한다.

1. 법 제11조부터 제14조까지의 규정에 따른 신고, 보고 및 통보를 통하여 수집된 자료
2. 법 제16조제2항 전단에 따른 감염병의 표본감시 관련 자료
3. 법 제18조제1항 본문에 따른 역학조사의 결과에 관한 정보
4. 법 제76조의2제1항 및 제2항에 따라 수집된 감염병환자등 및 감염병의심자에 관한 정보
5. 의료기관별 다음 각 목의 의료자원 현황에 관한 자료
   가. 「의료법」 제2조제1항에 따른 의료인
   나. 「약사법」 제2조제4호에 따른 의약품
   다. 의료 시설·장비 및 물품
6. 그 밖에 감염병환자등에 대한 예방·관리·치료 업무에 필요한 자료로서 질병관리청장이 정하여 고시하는 자료

③ 법 제40조의5제3항제6호에서 "대통령령으로 정하는 정보시스템"이란 다음 각 호의 정보시스템을 말한다. 〈개정 2023. 6. 27.〉

1. 통합관리시스템

2. 「119구조·구급에 관한 법률」 제10조의2제2항제4호에 따른 119구급이송 관련 정보망
3. 「검역법」 제29조의2제1항에 따른 검역정보시스템
4. 「국민건강보험법」 제13조에 따른 국민건강보험공단의 정보시스템
5. 「국민건강보험법」 제62조에 따른 건강보험심사평가원의 정보시스템
6. 「선박의 입항 및 출항 등에 관한 법률」 제50조제1항에 따른 항만운영정보시스템
7. 「야생생물 보호 및 관리에 관한 법률」 제34조의7제1항에 따른 야생동물의 질병진단 관련 정보를 처리하는 정보시스템
8. 「여권법」 제8조제2항에 따른 여권정보통합관리시스템
9. 「응급의료에 관한 법률」 제15조제1항에 따른 응급의료정보통신망
10. 「초·중등교육법」 제30조의4제1항에 따른 교육정보시스템
11. 「출입국관리법」에 따른 출입국관리정보를 처리하는 정보시스템
12. 그 밖에 질병관리청장이 감염병환자등에 대한 예방·관리·치료 업무를 위해 필요하다고 인정하는 정보시스템
[본조신설 2020. 12. 29.]

제23조(치료 및 격리의 방법 및 절차 등) 법 제41조제1항 및 제2항에 따른 입원치료, 자가(自家)치료 및 시설치료, 법 제42조제2항에 따른 자가격리 및 시설격리의 방법 및 절차 등은 별표 2와 같다. *〈개정 2020. 6. 2., 2020. 10. 13.〉*
[제목개정 2020. 6. 2.]

제23조의2(전원등의 방법 및 절차) ① 법 제41조제1항에 따른 감염병관리기관등(이하 "감염병관리기관등" 이라 한다)의 장, 감염병관리기관등이 아닌 의료기관의 장 또는 법 제37조제1항제2호에 따라 설치·운영하는 시설(이하 이 조에서 "시설"이라 한다)의 장은 법 제41조제3항 각 호의 어느 하나에 해당하는 경우 관할 특별자치시장·특별자치도지사·시장·군수·구청장에게 같은 조 제1항 또는 제2항에 따라 해당 기관에서 치료 중인 사람에 대한 같은 조 제3항에 따른 전원(轉院) 또는 이송(이하 "전원등"이라 한다)의 조치를 요청할 수 있다. *〈개정 2023. 8. 18.〉*
② 특별자치시장·특별자치도지사·시장·군수·구청장은 다음 각 호의 어느 하나에 해당하는 경우 관할구역 내에서 전원등의 조치를 할 수 있다. *〈개정 2023. 8. 18.〉*
  1. 제1항에 따라 전원등의 조치를 요청받은 경우
  2. 법 제41조제3항 각 호의 어느 하나에 해당하는 경우로서 관할구역 내에서 자가치료 중인 사람에 대해 전원등의 조치가 필요하다고 인정되는 경우
③ 시장·군수·구청장은 관할구역 내의 격리병상 및 시설이 부족하여 제2항에 따른 전원등의 조치를 하기 어려울 때에는 해당 시·군·구를 관할하는 시·도지사에게 전원등의 조치를 요청할 수 있다.
④ 시·도지사는 제3항에 따라 전원등의 조치를 요청받은 경우 관할구역 내에서 시·군·구 간 전원등의 조치를 할 수 있다.
⑤ 감염병관리기관등의 장, 감염병관리기관등이 아닌 의료기관의 장, 시설의 장 또는 시·도지사는 다음 각 호의 구분에 따라 보건복지부장관 또는 질병관리청장에게 전원등의 조치를 요청할 수 있다. *〈개정 2020. 12. 29.〉*
  1. 감염병관리기관등의 장, 감염병관리기관등이 아닌 의료기관의 장 또는 시설의 장: 제1항에도 불구하고 시·도 간 전원등의 조치가 긴급히 필요한 경우
  2. 시·도지사: 관할구역 내의 격리병상 및 시설이 부족하여 제4항에 따른 전원등의 조치를 하기 어려운 경우
⑥ 보건복지부장관 또는 질병관리청장은 제5항에 따라 전원등의 조치를 요청받은 경우 시·도 간 전원등

의 조치를 할 수 있다. 〈개정 2020. 12. 29.〉

⑦ 특별자치시장·특별자치도지사·시장·군수·구청장은 관할구역에 주소를 둔 사람에 대해 제2항, 제4항 또는 제6항에 따라 전원등의 조치가 결정된 때에는 전원등 대상자와 그 보호자에게 입원·격리 장소의 변경 사항을 명시한 입원·격리통지서를 보내야 한다. 〈개정 2023. 8. 18.〉

⑧ 감염병관리기관등의 장, 감염병관리기관등이 아닌 의료기관의 장 또는 시설의 장은 해당 기관에서 치료 중인 사람이 다른 의료기관 또는 시설로 전원되거나 이송되는 경우에는 해당 의료기관 또는 시설에 의무기록 등 치료에 필요한 정보를 제공해야 한다.

⑨ 제1항부터 제8항까지에서 규정한 사항 외에 전원등에 필요한 사항은 질병관리청장이 정하여 고시한다.

[본조신설 2020. 10. 13.] [종전 제23조의2는 제23조의3으로 이동 〈2020. 10. 13.〉]

제23조의3(유급휴가 비용 지원 등) ① 법 제41조의2제3항에 따라 사업주에게 주는 유급휴가 지원비용은 질병관리청장이 기획재정부장관과 협의하여 고시하는 금액에 근로자가 법에 따라 입원 또는 격리된 기간을 곱한 금액으로 한다. 〈개정 2020. 9. 11.〉

② 법 제41조의2제3항에 따라 비용을 지원받으려는 사업주는 보건복지부령으로 정하는 신청서(전자문서로 된 신청서를 포함한다)에 다음 각 호의 서류(전자문서로 된 서류를 포함한다)를 첨부하여 질병관리청장에게 제출하여야 한다. 〈개정 2020. 9. 11.〉

1. 근로자가 입원 또는 격리된 사실과 기간을 확인할 수 있는 서류
2. 재직증명서 등 근로자가 계속 재직하고 있는 사실을 증명하는 서류
3. 보수명세서 등 근로자에게 유급휴가를 준 사실을 증명하는 서류
4. 그 밖에 질병관리청장이 유급휴가 비용지원을 위하여 특히 필요하다고 인정하는 서류

③ 질병관리청장은 제2항에 따른 신청서를 제출받은 경우에는 「전자정부법」 제36조제1항에 따라 행정정보의 공동이용을 통하여 사업자등록증을 확인하여야 한다. 다만, 사업주가 확인에 동의하지 아니하는 경우에는 그 서류를 첨부하도록 하여야 한다. 〈개정 2020. 9. 11.〉

④ 질병관리청장은 제2항에 따른 신청서를 제출받은 경우에는 유급휴가 비용지원 여부와 지원금액을 결정한 후 해당 사업주에게 서면으로 알려야 한다. 〈개정 2020. 9. 11.〉

⑤ 제2항부터 제4항까지에서 규정한 사항 외에 유급휴가 비용지원의 신청절차 및 결과통보 등에 필요한 사항은 보건복지부령으로 정한다.

[본조신설 2016. 6. 28.] [제23조의2에서 이동, 종전 제23조의3은 제23조의4로 이동 〈2020. 10. 13.〉]

제23조의4(감염병환자등의 격리 등을 위한 감염병관리기관의 지정) ① 법 제42조제4항 및 제7항에 따라 감염병환자등에 대한 조사·진찰을 하거나 격리·치료 등을 하는 감염병관리기관으로 지정받을 수 있는 기관은 법 제36조제1항 및 제2항에 따라 지정받은 감염병관리기관(이하 "감염병관리기관"이라 한다)으로서 감염병환자등을 위한 1인 병실[전실(前室) 및 음압시설(陰壓施設)을 갖춘 병실을 말한다]을 설치한 감염병관리기관으로 한다. 〈개정 2020. 4. 2., 2020. 6. 2.〉

② 질병관리청장, 시·도지사 또는 시장·군수·구청장은 법 제42조제11항에 따라 조사·진찰·격리·치료를 하는 감염병관리기관을 지정하는 경우에는 법 제39조의2에 따른 감염병관리시설에 대한 평가 결과를 고려하여야 한다. 〈개정 2020. 4. 2., 2020. 9. 11.〉

③ 질병관리청장, 시·도지사 또는 시장·군수·구청장은 법 제42조제11항에 따라 조사·진찰·격리·치료를 하는 감염병관리기관을 지정한 경우에는 질병관리청장이 정하는 바에 따라 지정서를 발급하여야 한다. 〈개정 2020. 4. 2., 2020. 9. 11.〉

[본조신설 2016. 6. 28.] [제23조의3에서 이동 〈2020. 10. 13.〉]

제24조(소독을 해야 하는 시설) 법 제51조제3항에 따라 감염병 예방에 필요한 소독을 해야 하는 시설은 다음 각 호와 같다. 〈개정 2011. 12. 8., 2014. 7. 7., 2015. 1. 6., 2016. 1. 19., 2016. 6. 28., 2016. 8. 11., 2017. 3.

29., 2020. 6. 2., 2021. 6. 8., 2022. 11. 29.〉

1. 「공중위생관리법」에 따른 숙박업소(객실 수 20실 이상인 경우만 해당한다), 「관광진흥법」에 따른 관광숙박업소
2. 「식품위생법 시행령」 제21조제8호(마목은 제외한다)에 따른 식품접객업 업소(이하 "식품접객업소"라 한다) 중 연면적 300제곱미터 이상의 업소
3. 「여객자동차 운수사업법」에 따른 시내버스·농어촌버스·마을버스·시외버스·전세버스·장의자동차, 「항공안전법」에 따른 항공기 및 「공항시설법」에 따른 공항시설, 「해운법」에 따른 여객선, 「항만법」에 따른 연면적 300제곱미터 이상의 대합실, 「철도사업법」 및 「도시철도법」에 따른 여객운송 철도 차량과 역사(驛舍) 및 역 시설
4. 「유통산업발전법」에 따른 대형마트, 전문점, 백화점, 쇼핑센터, 복합쇼핑몰, 그 밖의 대규모 점포와 「전통시장 및 상점가 육성을 위한 특별법」에 따른 전통시장
5. 「의료법」 제3조제2항제3호에 따른 병원급 의료기관
6. 「식품위생법」 제2조제12호에 따른 집단급식소(한 번에 100명 이상에게 계속적으로 식사를 공급하는 경우만 해당한다)
6의2. 「식품위생법 시행령」 제21조제8호마목에 따른 위탁급식영업을 하는 식품접객업소 중 연면적 300제곱미터 이상의 업소
7. 「건축법 시행령」 별표 1 제2호라목에 따른 기숙사
7의2. 「소방시설 설치 및 관리에 관한 법률 시행령」 별표 2 제8호가목에 따른 합숙소(50명 이상을 수용할 수 있는 경우만 해당한다)
8. 「공연법」에 따른 공연장(객석 수 300석 이상인 경우만 해당한다)
9. 「초·중등교육법」 제2조 및 「고등교육법」 제2조에 따른 학교
10. 「학원의 설립·운영 및 과외교습에 관한 법률」에 따른 연면적 1천제곱미터 이상의 학원
11. 연면적 2천제곱미터 이상의 사무실용 건축물 및 복합용도의 건축물
12. 「영유아보육법」에 따른 어린이집 및 「유아교육법」에 따른 유치원(50명 이상을 수용하는 어린이집 및 유치원만 해당한다)
13. 「공동주택관리법」에 따른 공동주택(300세대 이상인 경우만 해당한다)

[제목개정 2020. 6. 2.]

제25조(방역관의 자격 및 직무 등) ① 법 제60조제1항에 따른 방역관은 감염병 관련 분야의 경험이 풍부한 4급 이상 공무원 중에서 임명한다. 다만, 시·군·구 소속 방역관은 감염병 관련 분야의 경험이 풍부한 5급 이상 공무원 중에서 임명할 수 있다. 〈개정 2016. 1. 6.〉
② 법 제60조제3항에 따른 조치권한 외에 방역관이 가지는 감염병 발생지역의 현장에 대한 조치권한은 다음 각 호와 같다.〈개정 2016. 1. 6., 2020. 6. 2.〉
1. 감염병의심자를 적당한 장소에 일정한 기간 입원조치 또는 격리조치
2. 감염병병원체에 오염된 장소 또는 건물에 대한 소독이나 그 밖에 필요한 조치
3. 일정한 장소에서 세탁하는 것을 막거나 오물을 일정한 장소에서 처리하도록 명하는 조치
4. 인수공통감염병 예방을 위하여 살처분에 참여한 사람 또는 인수공통감염병에 노출된 사람 등에 대한 예방조치
③ 삭제〈2016. 1. 6.〉

제26조(역학조사관 및 수습역학조사관의 직무 등) ① 삭제 〈2016. 1. 6.〉
② 역학조사관 및 수습역학조사관은 다음 각 호의 업무를 담당한다.〈개정 2023. 8. 18.〉
1. 역학조사 계획 수립

2. 역학조사 수행 및 결과 분석
3. 역학조사 실시 기준 및 방법의 개발
4. 역학조사 기술지도
5. 역학조사 교육훈련
6. 감염병에 대한 역학적인 연구

③ 삭제 〈2016. 1. 6.〉

④ 질병관리청장, 시·도지사 및 시장·군수·구청장은 역학조사관 및 수습역학조사관에게 예산의 범위에서 연구비와 여비를 지급할 수 있다. 〈개정 2020. 9. 11., 2020. 10. 13., 2023. 8. 18.〉

[제목개정 2023. 8. 18.]

제26조의2(의료인에 대한 방역업무 종사명령) ① 질병관리청장 또는 시·도지사는 법 제60조의3제1항에 따라 방역업무 종사명령을 하는 경우에는 방역업무 종사명령서를 발급하여야 한다. 이 경우 해당 명령서에는 방역업무 종사기관, 종사기간 및 종사업무 등이 포함되어야 한다. 〈개정 2020. 9. 11.〉

② 법 제60조의3제1항에 따른 방역업무 종사기간은 30일 이내로 한다. 다만, 본인이 사전에 서면으로 동의하는 경우에는 그 기간을 달리 정할 수 있다.

③ 질병관리청장 또는 시·도지사는 제2항에 따른 방역업무 종사기간을 연장하는 경우에는 해당 종사기간이 만료되기 전에 본인의 동의를 받아야 한다. 이 경우 그 연장기간은 30일을 초과할 수 없되, 본인이 동의하는 경우에는 그 연장기간을 달리 정할 수 있다. 〈개정 2020. 9. 11.〉

④ 질병관리청장 또는 시·도지사는 제3항에 따라 방역업무 종사기간을 연장하는 경우에는 방역업무 종사명령서를 새로 발급하여야 한다. 〈개정 2020. 9. 11.〉

[본조신설 2016. 6. 28.]

제26조의3(방역관 등의 임명) ① 질병관리청장, 시·도지사 또는 시장·군수·구청장은 법 제60조의3제2항에 따라 방역관을 임명하는 경우에는 임명장을 발급해야 한다. 이 경우 해당 임명장에는 직무수행기간이 포함되어야 한다. 〈개정 2020. 6. 2., 2020. 9. 11., 2020. 12. 29.〉

② 질병관리청장, 시·도지사 또는 시장·군수·구청장은 법 제60조의3제3항에 따라 역학조사관을 임명하는 때에는 임명장을 발급해야 한다. 이 경우 해당 임명장에는 직무수행기간이 포함되어야 한다. 〈신설 2020. 6. 2., 2020. 9. 11.〉

③ 방역관 또는 역학조사관의 직무수행기간, 직무수행기간 연장 및 직무수행기간 연장에 따른 임명장의 발급 등에 관하여는 제26조의2제2항부터 제4항까지의 규정을 준용한다. 〈개정 2020. 6. 2.〉

[본조신설 2016. 6. 28.]

제27조(시·도의 보조 비율) 법 제66조에 따른 시·도[특별자치시 및 특별자치도(관할 구역 안에 지방자치단체인 시·군이 없는 특별자치도를 말한다)는 제외한다]의 경비 보조액은 시·군·구가 부담하는 금액의 3분의 2로 한다. 〈개정 2023. 8. 18., 2023. 9. 26.〉

제28조(손실보상의 대상 및 범위 등) ① 법 제70조제1항에 따른 손실보상의 대상 및 범위는 별표 2의2와 같다.

② 법 제70조의2제1항에 따른 손실보상심의위원회(이하 "심의위원회"라 한다)는 법 제70조제1항에 따라 손실보상액을 산정하기 위하여 필요한 경우에는 관계 분야의 전문기관이나 전문가로 하여금 손실 항목에 대한 감정, 평가 또는 조사 등을 하게 할 수 있다.

③ 심의위원회는 법 제70조제1항제1호부터 제3호까지의 손실에 대하여 보상금을 산정하는 경우에는 해당 의료기관의 연평균수입 및 영업이익 등을 고려하여야 한다.

[전문개정 2016. 6. 28.]

제28조의2(손실보상금의 지급제외 및 감액기준) ① 법 제70조제3항에 따라 법 또는 관련 법령에 따른 조치의무를 위반하여 손실보상금을 지급하지 않거나 손실보상금을 감액하여 지급할 수 있는 위반행위의 종류는 다음 각 호와 같다. 〈개정 2020. 12. 29.〉

1. 법 제11조에 따른 보고·신고를 게을리하거나 방해한 경우 또는 거짓으로 보고·신고한 경우
2. 법 제12조에 따른 신고의무를 게을리하거나 같은 조 제1항 각 호에 따른 신고의무자의 신고를 방해한 경우
3. 법 제18조제3항에 따른 역학조사 시 금지행위를 한 경우
4. 법 제36조제3항 또는 제37조제2항에 따른 감염병관리시설을 설치하지 않은 경우
5. 법 제60조제4항에 따른 협조의무를 위반한 경우
6. 「의료법」 제59조제1항에 따른 지도와 명령을 위반한 경우
7. 그 밖에 법령상의 조치의무로서 보건복지부장관이 특히 중요하다고 인정하여 고시하는 조치의무를 위반한 경우

② 법 제70조제3항에 따라 손실보상금을 지급하지 아니하거나 감액을 하는 경우에는 제1항 각 호의 위반행위가 그 손실의 발생 또는 확대에 직접적으로 관련되는지 여부와 중대한 원인인지의 여부를 기준으로 한다.

③ 심의위원회는 제2항에 따라 제1항 각 호의 위반행위와 손실 발생 또는 손실 확대와의 인과관계를 인정하는 경우에는 해당 위반행위의 동기, 경위, 성격 및 유형 등을 종합적으로 고려하여야 한다.

④ 제2항 및 제3항에 따른 손실보상금 지급제외 및 감액기준 등에 필요한 세부사항은 보건복지부장관이 정하여 고시한다.

[본조신설 2016. 6. 28.]

제28조의3(손실보상심의위원회의 구성 및 운영) ① 보건복지부에 두는 심의위원회의 위원은 보건복지부장관이 성별을 고려하여 다음 각 호의 사람 중에서 임명하거나 위촉한다.

1. 「의료법」에 따라 설립된 의료인 단체 및 의료기관 단체와 「약사법」에 따라 설립된 대한약사회 및 대한한약사회에서 추천하는 사람
2. 「비영리민간단체 지원법」에 따른 비영리민간단체로서 보건의료분야와 밀접한 관련이 있다고 보건복지부장관이 인정하는 단체에서 추천하는 사람
3. 「국민건강보험법」에 따른 국민건강보험공단의 이사장 또는 건강보험심사평가원의 원장이 추천하는 사람
4. 「고등교육법」에 따른 대학의 보건의료 관련 학과에서 부교수 이상 또는 이에 상당하는 직위에 재직 중이거나 재직하였던 사람
5. 감염병 예방 및 관리에 관한 전문지식과 경험이 풍부한 사람
6. 손실보상에 관한 전문지식과 경험이 풍부한 사람
7. 보건의료 정책을 담당하는 고위공무원단에 속하는 공무원

② 제1항제1호부터 제6호까지의 규정에 따른 위촉위원의 임기는 3년으로 한다. 다만, 위원의 해촉(解囑) 등으로 인하여 새로 위촉된 위원의 임기는 전임 위원 임기의 남은 기간으로 한다.

③ 보건복지부장관은 제1항에 따른 심의위원회의 위촉위원이 다음 각 호의 어느 하나에 해당하는 경우에는 해당 위촉위원을 해촉할 수 있다.

1. 심신장애로 인하여 직무를 수행할 수 없게 된 경우
2. 직무와 관련된 비위사실이 있는 경우
3. 직무태만, 품위손상이나 그 밖의 사유로 인하여 위원으로 적합하지 아니하다고 인정되는 경우
4. 위원 스스로 직무를 수행하는 것이 곤란하다고 의사를 밝히는 경우

④ 제1항에 따른 심의위원회의 위원장은 심의위원회를 대표하고, 심의위원회의 업무를 총괄한다.

⑤ 제1항에 따른 심의위원회의 회의는 재적위원 과반수의 요구가 있거나 심의위원회의 위원장이 필요하다고 인정할 때에 소집하고, 심의위원회의 위원장이 그 의장이 된다.

⑥ 제1항에 따른 심의위원회의 회의는 재적위원 과반수의 출석으로 개의(開議)하고, 출석위원 과반수의 찬성으로 의결한다.

⑦ 제1항에 따른 심의위원회는 업무를 효율적으로 수행하기 위하여 심의위원회에 관계 분야의 전문가로 구성되는 전문위원회를 둘 수 있다.

⑧ 제1항부터 제7항까지에서 규정한 사항 외에 제1항에 따른 심의위원회 및 전문위원회의 구성·운영 등에 필요한 사항은 심의위원회의 의결을 거쳐 심의위원회의 위원장이 정한다.

⑨ 법 제70조의2제1항에 따라 시·도에 두는 심의위원회의 구성·운영 등에 관하여는 제1항부터 제8항까지를 준용한다. 이 경우 "보건복지부장관"은 "시·도지사"로 본다.

[본조신설 2016. 6. 28.]

제28조의4(보건의료인력 등에 대한 지원 등) ① 질병관리청장, 시·도지사 또는 시장·군수·구청장은 법 제70조의3제1항에 따라 감염병의 발생 감시, 예방·관리 또는 역학조사업무에 조력한 의료인, 의료기관 개설자 또는 약사에게 수당 및 여비 등의 비용을 지원할 수 있다. 〈개정 2020. 9. 11., 2021. 6. 8.〉

② 질병관리청장, 시·도지사 및 시장·군수·구청장은 법 제70조의3제2항에 따라 감염병의 발생 감시, 예방·방역·검사·치료·관리 및 역학조사 업무에 조력한 보건의료인력 및 보건의료기관 종사자에게 수당 및 여비 등의 비용을 지원할 수 있다. 〈신설 2022. 3. 22.〉

③ 제1항 또는 제2항에 따른 지원을 받으려는 자는 감염병의 발생 감시, 예방·방역·검사·치료·관리 및 역학조사업무에 조력한 사실을 증명하는 자료를 첨부하여 질병관리청장, 시·도지사 또는 시장·군수·구청장에게 신청하여야 한다. 〈개정 2020. 9. 11., 2022. 3. 22.〉

④ 제3항에 따른 지원 신청을 받은 질병관리청장, 시·도지사 또는 시장·군수·구청장은 지원여부, 지원 항목 및 지원금액 등을 결정하고, 그 사실을 신청인에게 알려야 한다. 〈개정 2020. 9. 11., 2022. 3. 22.〉

[본조신설 2016. 6. 28.] [제목개정 2022. 3. 22.]

제28조의5(감염병환자등에 대한 생활지원 등) 질병관리청장, 시·도지사 또는 시장·군수·구청장은 법 제70조의4제1항에 따라 다음 각 호의 지원을 할 수 있다. 다만, 법 제41조의2제1항에 따라 유급휴가를 받은 경우에는 제2호에 따른 지원을 하지 아니한다. 〈개정 2020. 9. 11.〉

1. 치료비 및 입원비: 본인이 부담하는 치료비 및 입원비. 다만, 「국민건강보험법」에 따른 요양급여의 대상에서 제외되는 비용 등 질병관리청장이 정하는 비용은 제외한다.

2. 생활지원비: 질병관리청장이 기획재정부장관과 협의하여 고시하는 금액

[본조신설 2016. 6. 28.]

제28조의6(심리지원의 대상 등) ① 법 제70조의6제1항에 따라 「정신건강증진 및 정신질환자 복지서비스 지원에 관한 법률」 제15조의2제1항에 따른 심리지원(이하 "심리지원"이라 한다)을 받을 수 있는 현장대응 인력의 범위는 다음 각 호와 같다. 〈개정 2023. 8. 18.〉

1. 법 제49조제1항제12호에 따라 감염병 유행기간 중 동원된 의료업자 및 의료관계요원

2. 법 제60조제1항 및 제60조의3제2항에 따른 방역관

3. 법 제60조의2제1항·제2항·제4항 및 제60조의3제3항에 따른 역학조사관 및 수습역학조사관

4. 그 밖에 감염병의 예방 또는 관리 업무를 담당하는 사람으로서 심리지원을 받을 필요가 있다고 보건복지부장관이 인정하는 사람

② 보건복지부장관, 시·도지사 또는 시장·군수·구청장은 법 제70조의6제2항에 따라 심리지원에 관한 권한 또는 업무를 다음 각 호의 기관에 위임하거나 위탁할 수 있다.

1. 「정신건강증진 및 정신질환자 복지서비스 지원에 관한 법률」 제3조제3호에 따른 정신건강복지센터
2. 「정신건강증진 및 정신질환자 복지서비스 지원에 관한 법률」 제3조제5호에 따른 정신의료기관
3. 「정신건강증진 및 정신질환자 복지서비스 지원에 관한 법률」 제15조의2에 따른 국가트라우마센터
4. 그 밖에 보건복지부장관이 심리지원에 관한 전문성이 있다고 인정하는 기관

③ 보건복지부장관, 시·도지사 또는 시장·군수·구청장은 제2항에 따라 심리지원에 관한 권한 또는 업무를 위임하거나 위탁한 경우에는 다음 각 호의 사항을 고시해야 한다.
1. 위임받거나 위탁받은 기관
2. 위임 또는 위탁한 내용.

[본조신설 2020. 12. 29.]

제29조(예방접종 등에 따른 피해의 보상 기준) 법 제71조제1항에 따라 보상하는 보상금의 지급 기준 및 신청기한은 다음 각 호의 구분과 같다. 〈개정 2015. 1. 6., 2017. 5. 29., 2018. 9. 18., 2019. 7. 9., 2020. 6. 2., 2020. 9. 11.〉
1. 진료비
   가. 지급 기준: 예방접종피해로 발생한 질병의 진료비 중 「국민건강보험법」에 따라 보험자가 부담하거나 지급한 금액을 제외한 잔액 또는 「의료급여법」에 따라 의료급여기금이 부담한 금액을 제외한 잔액. 다만, 제3호에 따른 일시보상금을 지급받은 경우에는 진료비를 지급하지 않는다.
   나. 신청기한: 해당 예방접종피해가 발생한 날부터 5년 이내
2. 간병비: 입원진료의 경우에 한정하여 1일당 5만원
3. 장애인이 된 사람에 대한 일시보상금
   가. 지급 기준
      1) 「장애인복지법」에 따른 장애인 중 장애의 정도가 심한 장애인: 사망한 사람에 대한 일시보상금의 100분의 100
      2) 「장애인복지법」에 따른 장애인 중 장애의 정도가 심하지 않은 장애인: 사망한 사람에 대한 일시보상금의 100분의 55
      3) 1) 및 2) 외의 장애인으로서 「국민연금법」, 「공무원연금법」, 「공무원 재해보상법」 및 「산업재해보상보험법」 등 질병관리청장이 정하여 고시하는 법률에서 정한 장애 등급이나 장해 등급에 해당하는 장애인: 사망한 사람에 대한 일시보상금의 100분의 20 범위에서 해당 장애 등급이나 장해 등급의 기준별로 질병관리청장이 정하여 고시하는 금액
   나. 신청기한: 장애진단을 받은 날부터 5년 이내
4. 사망한 사람에 대한 일시보상금
   가. 지급 기준: 사망 당시의 「최저임금법」에 따른 월 최저임금액에 240을 곱한 금액에 상당하는 금액
   나. 신청기한: 사망한 날부터 5년 이내
5. 장제비: 30만원

제30조(예방접종 등에 따른 피해의 보상대상자) ① 법 제71조제1항에 따라 보상을 받을 수 있는 사람은 다음 각 호의 구분에 따른다.
1. 법 제71조제1항제1호 및 제2호의 경우: 본인
2. 법 제71조제1항제3호의 경우: 유족 중 우선순위자

② 법 제71조제1항제3호에서 "대통령령으로 정하는 유족"이란 배우자(사실상 혼인관계에 있는 사람을 포함한다), 자녀, 부모, 손자·손녀, 조부모, 형제자매를 말한다.

③ 유족의 순위는 제2항에 열거한 순위에 따르되, 행방불명 등으로 지급이 어려운 사람은 제외하며, 우선순위의 유족이 2명 이상일 때에는 사망한 사람에 대한 일시보상금을 균등하게 배분한다.

제31조(예방접종 등에 따른 피해의 보상 절차) ① 법 제71조제1항에 따라 보상을 받으려는 사람은 보건복지부령으로 정하는 바에 따라 보상청구서에 피해에 관한 증명서류를 첨부하여 관할 특별자치시장·특별자

치도지사 또는 시장·군수·구청장에게 제출하여야 한다. 〈개정 2023. 8. 18.〉

② 시장·군수·구청장은 제1항에 따라 받은 서류(이하 "피해보상청구서류"라 한다)를 시·도지사에게 제출하고, 피해보상청구서류를 받은 시·도지사와 제1항에 따라 피해보상청구서류를 받은 특별자치시장·특별자치도지사는 지체 없이 예방접종으로 인한 피해에 관한 기초조사를 한 후 피해보상청구서류에 기초조사 결과 및 의견서를 첨부하여 질병관리청장에게 제출하여야 한다. 〈개정 2020. 9. 11., 2023. 9. 26.〉

③ 질병관리청장은 예방접종피해보상 전문위원회의 의견을 들어 보상 여부를 결정한 후 그 사실을 시·도지사에게 통보하고, 시·도지사(특별자치시장·특별자치도지사는 제외한다)는 시장·군수·구청장에게 통보하여야 한다. 이 경우 통보를 받은 특별자치시장·특별자치도지사 또는 시장·군수·구청장은 제1항에 따라 보상을 받으려는 사람에게 결정 내용을 통보하여야 한다. 〈개정 2015. 1. 6., 2020. 9. 11., 2023. 8. 18., 2023. 9. 26.〉

④ 질병관리청장은 제3항에 따라 보상을 하기로 결정한 사람에 대하여 제29조의 보상 기준에 따른 보상금을 지급한다. 〈개정 2020. 9. 11.〉

⑤ 이 영에서 규정한 사항 외에 예방접종으로 인한 피해보상 심의의 절차 및 방법에 관하여 필요한 사항은 질병관리청장이 정한다. 〈개정 2020. 9. 11.〉

제32조(권한의 위임 및 업무의 위탁) ① 보건복지부장관은 법 제76조제1항에 따라 다음 각 호의 권한을 질병관리청장에게 위임한다. 〈개정 2020. 9. 11., 2022. 7. 26.〉

1. 법 제8조의2제1항·제3항 및 이 영 제1조의3에 따른 중앙감염병병원의 운영 및 지원
2. 법 제8조의3 및 이 영 제1조의5에 따른 내성균 관리대책의 수립·추진
3. 법 제8조의4에 따른 의견 청취 및 자료 제출 요청 등 협조 요청

② 보건복지부장관은 법 제76조제1항에 따라 법 제70조에 따른 업무를 다음 각 호의 어느 하나에 해당하는 자에게 위탁할 수 있다. 〈신설 2015. 1. 6., 2016. 1. 6., 2020. 6. 2., 2020. 9. 11., 2020. 10. 13.〉

1. 「고등교육법」 제2조에 따른 학교
2. 「공공기관의 운영에 관한 법률」 제4조에 따른 공공기관
3. 「민법」 또는 다른 법률에 따라 설립된 비영리법인으로서 감염병의 예방 및 관리와 관련된 업무를 수행하는 법인
4. 「정부출연연구기관 등의 설립·운영 및 육성에 관한 법률」에 따른 정부출연연구기관
5. 그 밖에 감염병의 예방 및 관리 업무에 전문성이 있다고 보건복지부장관이 인정하는 기관 또는 단체

③ 질병관리청장은 법 제76조제2항에 따라 법 제71조제2항·제3항 및 이 영 제31조제3항·제4항에 따른 보상(법 제71조제1항제1호 및 이 영 제29조제1호가목에 따라 보상금으로 지급받을 수 있는 진료비가 30만원 미만인 보상으로 한정한다)의 결정 및 지급 권한을 시·도지사에게 위임한다. 〈신설 2022. 1. 25.〉

④ 질병관리청장은 법 제76조제2항에 따라 법 제4조제2항제4호부터 제9호까지·제14호부터 제17호까지, 제16조의2제2항, 제29조제1호, 제41조제3항, 제41조의2제3항, 제70조의3제1항·제2항, 제70조의4제1항 및 제71조제2항·제3항에 따른 업무의 전부 또는 일부를 다음 각 호의 어느 하나에 해당하는 자에게 위탁할 수 있다. 〈신설 2020. 10. 13., 2021. 8. 3., 2022. 1. 25., 2022. 3. 22., 2022. 10. 4.〉

1. 「고등교육법」 제2조에 따른 학교
2. 「공공기관의 운영에 관한 법률」 제4조에 따른 공공기관
3. 「민법」 또는 다른 법률에 따라 설립된 비영리법인으로서 감염병의 예방 및 관리와 관련된 업무를 수행하는 법인
4. 「정부출연연구기관 등의 설립·운영 및 육성에 관한 법률」에 따른 정부출연연구기관
5. 그 밖에 질병관리청장이 감염병의 예방 및 관리 업무에 전문성이 있다고 인정하는 기관 또는 단체

⑤ 보건복지부장관 및 질병관리청장은 제2항 및 제4항에 따라 업무를 위탁하는 경우 위탁받는 기관 및

위탁업무의 내용을 고시해야 한다.〈신설 2015. 1. 6., 2020. 9. 11., 2020. 10. 13., 2022. 1. 25.〉

[제목개정 2015. 1. 6.]

제32조의2(제공 요청할 수 있는 정보) ① 법 제76조의2제1항제3호에서 "대통령령으로 정하는 정보"란 다음 각 호의 정보를 말한다.〈신설 2023. 9. 26.〉

1. 「국민건강보험법」 제5조에 따른 가입자 및 피부양자에 관한 정보 중 장애중증도, 장애유형, 소득분위 및 사업장 정보
2. 「의료급여법」 제3조에 따른 수급권자에 관한 정보 중 장애중증도, 장애유형 및 소득분위 정보
3. 그 밖에 제1호 또는 제2호에 준하는 것으로서 질병관리청장이 감염병 예방·관리 및 감염 전파의 차단을 위하여 필요하다고 정하여 고시하는 정보

② 법 제76조의2제1항제4호에서 "대통령령으로 정하는 정보"란 다음 각 호의 정보를 말한다.〈신설 2023. 9. 26.〉

1. 「국민건강보험법」 제47조에 따른 요양급여비용의 청구와 지급에 관한 정보 중 진료이력, 투약정보, 상병내역 및 요양기관 정보
2. 「의료급여법」 제11조에 따른 급여비용의 청구와 지급에 관한 정보 중 진료이력, 투약정보, 상병내역 및 의료급여기관 정보
3. 그 밖에 제1호 또는 제2호에 준하는 것으로서 질병관리청장이 감염병 예방·관리 및 감염 전파의 차단을 위하여 필요하다고 정하여 고시하는 정보

③ 법 제76조의2제1항제6호에서 "대통령령으로 정하는 정보"란 다음 각 호의 정보를 말한다.〈개정 2023. 9. 12., 2023. 9. 26.〉

1. 「여신전문금융업법」 제2조제3호·제6호 및 제8호에 따른 신용카드·직불카드·선불카드 사용명세
2. 「대중교통의 육성 및 이용촉진에 관한 법률」 제10조의2제1항에 따른 교통카드 사용명세
3. 「개인정보 보호법」 제2조제7호에 따른 고정형 영상정보처리기기를 통하여 수집된 영상정보

[본조신설 2016. 1. 6.] [종전 제32조의2는 제32조의3으로 이동〈2016. 1. 6.〉]

제32조의3(민감정보 및 고유식별정보의 처리) ① 국가 및 지방자치단체(해당 업무가 위탁된 경우에는 해당 업무를 위탁받은 자를 포함한다)는 다음 각 호의 사무를 수행하기 위하여 불가피한 경우 「개인정보 보호법」 제23조에 따른 건강에 관한 정보, 같은 법 시행령 제19조제1호, 제2호 또는 제4호에 따른 주민등록번호, 여권번호 또는 외국인등록번호가 포함된 자료를 처리할 수 있다.〈개정 2020. 6. 2., 2021. 6. 8., 2021. 8. 3.〉

1. 법 제4조제2항제2호에 따른 감염병환자등의 진료 및 보호 사업에 관한 사무
2. 법 제4조제2항제8호에 따른 감염병 예방 및 관리 등을 위한 전문인력 양성 사업에 관한 사무
3. 법 제4조제2항제9호에 따른 감염병 관리정보 교류 등을 위한 국제협력 사업에 관한 사무

② 보건복지부장관, 질병관리청장, 시·도지사, 시장·군수·구청장(해당 업무가 위탁된 경우에는 해당 업무를 위탁받은 자를 포함한다), 보건소장 또는 법 제16조제1항에 따라 지정받은 감염병 표본감시기관은 다음 각 호의 사무를 수행하기 위하여 불가피한 경우 제1항 각 호 외의 부분에 따른 개인정보가 포함된 자료를 처리할 수 있다.〈개정 2016. 6. 28., 2020. 6. 2., 2020. 9. 11., 2020. 12. 29., 2021. 8. 3.〉

1. 법 제11조부터 제13조까지 및 제15조에 따른 감염병환자등의 신고·보고·파악 및 관리에 관한 사무
2. 법 제16조에 따른 감염병 표본감시 등에 관한 사무
3. 법 제17조에 따른 실태조사에 관한 사무
4. 법 제18조에 따른 역학조사에 관한 사무
5. 법 제19조에 따른 건강진단에 관한 사무
6. 법 제20조에 따른 해부명령에 관한 사무

7. 법 제21조부터 제23조까지의 규정에 따른 고위험병원체에 관한 사무

8. 법 제24조, 제25조, 제26조의2, 제27조부터 제32조까지 및 제33조의4에 따른 예방접종에 관한 사무

9. 법 제36조 및 제37조에 따른 감염병관리기관 지정, 감염병관리시설, 격리소, 요양소 및 진료소의 설치·운영에 관한 사무

9의2. 법 제40조의5에 따른 감염병관리통합정보시스템의 구축·운영에 관한 사무

10. 법 제41조, 제41조의2, 제42조, 제43조, 제45조부터 제47조까지, 제49조, 제50조 및 제76조의2에 따른 감염병환자등·감염병의심자의 관리 및 감염병의 방역·예방 조치에 관한 사무

11. 법 제52조 및 제53조에 따른 소독업의 신고에 관한 사무

12. 법 제55조에 따른 소독업자 등에 관한 교육에 관한 사무

13. 법 제70조부터 제72조까지의 규정에 따른 손실보상 및 예방접종 등에 따른 피해의 국가보상에 관한 사무

[본조신설 2014. 8. 6.] [제32조의2에서 이동 〈2016. 1. 6.〉]

제32조의4(규제의 재검토) ① 보건복지부장관은 제1조의3제2항 및 별표 1에 따른 중앙감염병병원의 지정기준에 대하여 2022년 1월 1일을 기준으로 5년마다(매 5년이 되는 해의 1월 1일 전까지를 말한다) 그 타당성을 검토하여 개선 등의 조치를 해야 한다.

② 질병관리청장은 다음 각 호의 사항에 대하여 2022년 1월 1일을 기준으로 3년마다(매 3년이 되는 해의 1월 1일 전까지를 말한다) 그 타당성을 검토하여 개선 등의 조치를 해야 한다.

1. 제1조의4제2항 및 별표 1의2에 따른 권역별 감염병병원의 지정기준

2. 제19조의6제1항에 따른 고위험병원체 취급시설의 안전관리 준수사항

3. 제32조의2에 따른 요청 정보의 범위

[본조신설 2022. 3. 8.]

제33조(과태료의 부과) 법 제83조제1항부터 제4항까지의 규정에 따른 과태료의 부과기준은 별표 3과 같다. 〈개정 2018. 6. 12., 2020. 10. 13.〉

[전문개정 2016. 1. 6.]

부칙

〈제33757호,2023. 9. 26.〉

이 영은 2023년 9월 29일부터 시행한다.

검역법

[시행 2024. 5. 21.] [법률 제20323호, 2024. 2. 20., 일부개정]

제1장 총칙

제1조(목적) 이 법은 우리나라로 들어오거나 외국으로 나가는 사람, 운송수단 및 화물을 검역(檢疫)하는 절차와 감염병을 예방하기 위한 조치에 관한 사항을 규정하여 국내외로 감염병이 번지는 것을 방지함으로써 국민의 건강을 유지·보호하는 것을 목적으로 한다. 〈개정 2020. 3. 4.〉

제2조(정의) 이 법에서 사용하는 용어의 뜻은 다음과 같다. 〈개정 2010. 1. 18., 2016. 2. 3., 2017. 12. 19., 2020. 3. 4., 2020. 8. 11.〉

1. "검역감염병"이란 다음 각 목의 어느 하나에 해당하는 것을 말한다.
   가. 콜레라
   나. 페스트
   다. 황열
   라. 중증 급성호흡기 증후군(SARS)
   마. 동물인플루엔자 인체감염증
   바. 신종인플루엔자
   사. 중동 호흡기 증후군(MERS)
   아. 에볼라바이러스병
   자. 가목에서 아목까지의 것 외의 감염병으로서 외국에서 발생하여 국내로 들어올 우려가 있거나 우리나라에서 발생하여 외국으로 번질 우려가 있어 질병관리청장이 긴급 검역조치가 필요하다고 인정하여 고시하는 감염병
2. "운송수단"이란 선박, 항공기, 열차 또는 자동차를 말한다.
2의2. "운송수단의 장"이란 운송수단을 운행·조종하는 사람이나 운행·조종의 책임자 또는 운송수단의 소유자를 말한다.
3. "검역감염병 환자"란 검역감염병 병원체가 인체에 침입하여 증상을 나타내는 사람으로서 의사, 치과의사 또는 한의사의 진단 및 검사를 통하여 확인된 사람을 말한다.
4. "검역감염병 의사환자"란 검역감염병 병원체가 인체에 침입한 것으로 의심되나 검역감염병 환자로 확인되기 전 단계에 있는 사람을 말한다.
5. "검역감염병 접촉자"란 검역감염병 환자, 검역감염병 의사환자 및 병원체 보유자(이하 "검역감염병 환자등"이라 한다)와 접촉하거나 접촉이 의심되는 사람을 말한다.
6. "감염병 매개체"란 공중보건에 위해한 감염성 병원체를 전파할 수 있는 설치류나 해충으로서 보건복지부령으로 정하는 것을 말한다.
7. "검역관리지역"이란 검역감염병이 유행하거나 유행할 우려가 있어 국내로 유입될 가능성이 있는 지역으로서 제5조에 따라 지정된 지역을 말한다.
8. "중점검역관리지역"이란 검역관리지역 중 유행하거나 유행할 우려가 있는 검역감염병이 치명적이고 감염력이 높아 집중적인 검역이 필요한 지역으로서 제5조에 따라 지정된 지역을 말한다.

제3조(국가의 책무) ① 국가는 검역 업무를 수행할 때에 검역 대상자의 인권을 보호하여야 한다.
② 국가는 검역감염병이 국내외로 번지는 것에 신속하게 대처하기 위한 대응 방안을 수립하여야 한다.
③ 삭제〈2020. 3. 4.〉
[제목개정 2020. 3. 4.]

제3조의2(국민의 권리와 의무) ① 국민은 검역감염병 발생상황, 예방 및 관리 등에 대한 정보와 대응 방법을 알 권리가 있다.

② 국민은 검역감염병으로 격리 등을 받은 경우 이로 인한 피해를 보상받을 수 있다.

③ 국민은 검역감염병이 국내외로 번지는 것을 막기 위한 국가와 지방자치단체의 시책에 적극 협력하여야 한다.

[본조신설 2020. 3. 4.]

제4조(다른 법률과의 관계) 검역 관련 업무에 관하여는 다른 법률에 특별한 규정이 있는 경우 외에는 이 법에 따른다.

제4조의2(검역관리 기본계획의 수립·시행 등) ① 질병관리청장은 검역전문위원회(「감염병의 예방 및 관리에 관한 법률」 제9조 및 제10조제3항에 따라 감염병관리위원회에 설치한 검역 분야 전문위원회를 말한다. 이하 같다)의 심의를 거쳐 검역관리 기본계획(이하 "기본계획"이라 한다)을 5년마다 수립·시행하여야 한다. 〈개정 2020. 8. 11.〉

② 기본계획은 다음 각 호의 사항을 포함하여야 한다.

　1. 검역 기본목표와 추진방향

　2. 검역 사업계획과 추진방법

　3. 검역 통계 및 정보의 관리 방안

　4. 제30조에 따른 검역공무원의 교육과 역량강화 방안

　5. 그 밖에 검역관리에 필요한 사항

③ 검역소장은 제1항의 기본계획에 따라 소관별로 연도별 시행계획을 수립·시행하여야 한다.

④ 질병관리청장과 검역소장은 기본계획이나 시행계획의 수립·시행에 필요한 자료의 제공을 관계 행정기관 또는 단체에 요청할 수 있다. 〈개정 2020. 8. 11.〉

⑤ 제4항에 따라 요청받은 관계 행정기관 또는 단체는 특별한 사유가 없으면 이에 따라야 한다.

[본조신설 2020. 3. 4.]

제5조(검역관리지역등의 지정 및 해제) ① 질병관리청장은 검역전문위원회의 심의를 거쳐 검역관리지역 및 중점검역관리지역(이하 "검역관리지역등"이라 한다)을 지정 또는 해제할 수 있다. 〈개정 2010. 1. 18., 2020. 3. 4., 2020. 8. 11.〉

② 제1항에 따른 검역관리지역등의 지정·해제 기준 및 절차 등에 관하여 필요한 사항은 보건복지부령으로 정한다. 〈개정 2010. 1. 18., 2020. 3. 4.〉

[제목개정 2020. 3. 4.]

제5조의2 삭제 〈2020. 3. 4.〉

제2장 검역조사

제6조(검역조사의 대상 등) ① 다음 각 호의 어느 하나에 해당하는 사람과 운송수단 및 화물(운송수단 내의 컨테이너, 운송수단 내 비치용품, 소모용품 및 개인 소지 물품을 포함한다. 이하 같다)은 제12조에 따른 검역조사를 받아야 한다. 〈개정 2010. 1. 18., 2020. 3. 4., 2020. 8. 11.〉

　1. 우리나라로 들어오거나 외국으로 나가는 승객, 승무원 등 모든 사람(이하 "출입국자"라 한다), 운송 수단 및 보건복지부령으로 정하는 화물

　2. 범죄의 예방, 수사 업무나 피의자 체포 업무 수행 등 대통령령으로 정하는 사유로 제1호에 해당하는 운송수단과 접촉한 사람과 운송수단 및 화물

② 제1항에 따른 검역조사를 받지 아니한 운송수단과 사람 및 화물은 검역 절차가 끝나기 전에는 우리나라로 들어오거나 외국으로 나갈 수 없다.

③ 제1항과 제2항에도 불구하고 검역감염병 환자등과 사망자가 없는 운송수단으로서 다음 각 호의 어느

하나에 해당하는 운송수단은 대통령령으로 정하는 바에 따라 검역조사의 전부 또는 일부를 생략할 수 있다. 〈개정 2010. 1. 18., 2020. 3. 4., 2020. 8. 11.〉

1. 외국으로 나가는 운송수단으로서 질병관리청장이 우리나라에서 검역감염병이 발생하여 국외로 번질 우려가 없다고 인정하는 운송수단(출입국자 및 화물을 포함한다)
2. 연료나 자재 및 생활필수품 등을 공급받을 목적으로 우리나라에 일시 머무르는 운송수단 중 보건복지부령으로 정하는 운송수단
3. 군용(軍用) 운송수단으로서 해당 운송수단의 장이 운송수단 안에 검역감염병 환자등과 감염병 매개체가 없다는 사실을 통보한 군용 운송수단
4. 「남북교류협력에 관한 법률」 제23조제2항에 따른 통일부장관이 요청하는 운송수단(이 경우 검역조사 또는 그 절차의 일부를 생략할 수 있다)
5. 관계 중앙행정기관의 장이 검역조사의 생략을 요청하는 운송수단으로서 질병관리청장이 인정하는 운송수단

[제목개정 2020. 3. 4.]

제7조 삭제 〈2020. 3. 4.〉

제8조 삭제 〈2020. 3. 4.〉

제9조(검역 통보) ① 제6조에 따른 검역조사의 대상이 되는 운송수단의 장은 해당 운송수단이 검역 장소에 접근하였을 때에는 해당 검역 장소를 관할하는 검역소장에게 검역감염병 환자등의 유무와 위생 상태 등 보건복지부령으로 정하는 사항을 보건복지부령으로 정하는 바에 따라 통보하여야 한다. 다만, 운송수단이 긴급한 위난을 피하기 위하여 부득이하게 검역 장소가 아닌 곳에 도착한 경우에는 그 도착장소와 가장 가까운 검역구역을 관할하는 검역소장에게 통보하여야 한다. 〈개정 2010. 1. 18., 2020. 3. 4.〉
② 제1항 단서에 따른 통보를 받은 검역소장은 운송수단의 장에게 검역감염병 환자등에 대한 조치 등 필요한 조치를 하도록 지시할 수 있으며, 지시를 받은 운송수단의 장은 그 지시에 따라야 한다. 〈신설 2020. 3. 4.〉
③ 제1항에도 불구하고 나포(拿捕), 귀순 및 조난 등으로 들어오는 경우에는 조사 관련 기관의 장이 통보할 수 있다. 〈신설 2020. 3. 4.〉
④ 운송수단의 장 또는 조사 관련 기관의 장은 제1항 및 제3항에 따른 통보 이후 변경사항이 발생하면 즉시 그 내용을 검역소장에게 알려야 한다. 〈신설 2020. 3. 4.〉
⑤ 제1항부터 제4항까지의 통보 방법 및 절차 등에 관하여 필요한 사항은 보건복지부령으로 정한다. 〈신설 2020. 3. 4.〉

제10조(검역 장소) ① 질병관리청장은 관계 중앙행정기관의 장과 협의하여 검역 장소를 정한다. 〈개정 2010. 1. 18., 2020. 8. 11.〉
② 검역을 받으려는 출입국자 및 운송수단은 검역 장소에 도착하여 검역조사를 받아야 한다. 다만, 검역 장소에서 검역조사를 받기 어렵거나 검역조사가 완료되기 어려운 경우 보건복지부령으로 정하는 검역구역에서 검역조사를 받을 수 있다. 〈개정 2020. 3. 4.〉
③ 제2항에도 불구하고 다음 각 호의 어느 하나에 해당하는 경우는 검역소장이 정하는 장소에서 검역조사를 받을 수 있다. 〈개정 2020. 3. 4.〉
1. 나포, 귀순, 조난 및 응급환자 발생 등 부득이한 경우
2. 날씨나 그 밖의 부득이한 사유로 보건복지부령으로 정하는 경우
④ 삭제 〈2020. 3. 4.〉

제11조(검역 시각) ① 삭제 〈2020. 3. 4.〉

② 검역소장은 제6조에 따른 검역조사의 대상이 검역 장소에 도착하는 즉시 검역조사를 하여야 한다. 다만, 즉시 검역조사를 하지 못하는 보건복지부령으로 정하는 부득이한 사유가 있는 경우에는 검역 장소에 대기하거나 격리할 것을 조건으로 승객, 승무원 및 화물을 내리게 할 수 있다.〈개정 2020. 3. 4.〉

③ 외국으로 나가는 운송수단의 장은 검역소장에게 출발 예정 시각을 통보하여야 한다.

④ 검역소장은 제3항에 따라 통보받은 출발 예정 시각 전에 검역조사를 마쳐야 한다.

제12조(검역조사) ① 검역소장은 다음 각 호의 사항에 대하여 검역조사를 한다. 다만, 자동차의 경우에는 제2호 외의 사항을 생략할 수 있다.〈개정 2020. 3. 4.〉

　1. 운송수단 및 화물의 보건·위생 상태에 대한 경과(經過)와 현황

　2. 출입국자의 검역감염병 감염·위험요인 여부 및 예방관리에 관한 사항

　3. 운송수단의 식품 보관 상태

　4. 감염병 매개체의 서식 유무와 번식 상태

② 육로를 통하여 들어오는 출입국자는 출입하기 전에 검역구역이나 보건복지부령으로 정하는 장소에서 검역조사를 받아야 한다.〈개정 2010. 1. 18., 2013. 7. 30., 2020. 3. 4.〉

③ 검역소장은 제1항에 따른 검역조사를 하기 위하여 출입국자와 운송수단의 장에게 필요한 서류를 제출(제29조의2에 따른 검역정보시스템을 통한 서류 제출을 포함한다)하거나 제시하도록 요구할 수 있으며, 필요한 사항을 질문하거나 검사·조사할 수 있다.〈개정 2020. 3. 4., 2024. 1. 23.〉

④ 검역소장은 검역업무를 신속하고 정확하게 수행하기 위하여 정보화기기, 영상정보처리기기, 전자감지기 등 장비를 활용할 수 있다.〈신설 2020. 3. 4.〉

⑤ 제1항부터 제4항까지의 규정에 따른 검역조사의 방법과 절차 등에 관하여 필요한 사항은 보건복지부령으로 정한다.〈개정 2010. 1. 18., 2020. 3. 4.〉

제12조의2(신고의무 및 조치 등) ① 다음 각 호의 어느 하나에 해당하는 사람은 해당 검역관리지역 또는 중점검역관리지역을 출발한 후 제17조제3항에 따른 검역감염병의 최대 잠복기간이 경과하지 아니한 경우 그 사실을 보건복지부령으로 정하는 바에 따라 검역소장에게 건강 상태 등을 신고하여야 한다.

　1. 검역관리지역에 체류하거나 그 지역을 경유하여 국내에 입국하는 사람 중 검역감염병을 의심할 수 있는 증상이 있는 사람

　2. 중점검역관리지역에 체류하거나 그 지역을 경유하여 국내에 입국하는 사람

② 질병관리청장은 제1항 각 호의 어느 하나에 해당하는 사람이 건강 상태 등을 신고할 수 있도록 공항, 항만 및 육로의 입국장 등 보건복지부령으로 정하는 장소에 해외감염병신고센터를 설치하여야 한다.〈개정 2020. 8. 11., 2021. 12. 21.〉

③ 검역소장은 검역감염병의 전파가 우려될 경우에는 제1항에 따라 신고하는 사람에게 다음 각 호의 조치를 할 수 있다.

　1. 여행지역과 시기에 관한 정보의 요구

　2. 검역감염병 관련 건강 상태에 관한 정보의 요구

　3. 예방접종을 증명할 수 있는 서류의 요구

　4. 검역감염병의 감염 여부를 파악하기 위한 검사 또는 검진

　5. 그 밖에 검역감염병의 전파를 방지하기 위하여 필요한 조치로서 보건복지부령으로 정하는 조치

④ 검역감염병이 국내에서 발생하여 외국으로 전파될 위험이 있는 경우, 외국으로 나가는 사람 중 검역감염병을 의심할 수 있는 증상이 있는 사람은 제2항에 따른 해외감염병신고센터에 건강 상태 등을 신고하여야 한다. 이 경우, 검역소장은 건강 상태 등을 신고한 자에 대하여 제3항 각 호의 조치를 실시할 수 있다.

⑤ 제1항 및 제4항에 따른 신고 절차·방법 및 제2항에 따른 해외감염병신고센터 설치·운영 등에 필요

한 사항은 보건복지부령으로 정한다.

[본조신설 2020. 3. 4.]

제12조의3(항공기 검역조사) ① 항공기 검역조사를 받으려는 운송수단의 장은 보건복지부령으로 정하는 바에 따라 검역조사에 필요한 서류를 검역소장에게 제출하여야 한다.

② 검역소장은 제1항에 따라 제출한 서류를 심사하여 검역감염병이 국내에 전파될 우려가 없다고 판단한 경우에는 서류 심사로 검역조사를 할 수 있다. 다만, 검역감염병의 전파 위험이 큰 경우 등 보건복지부령으로 정하는 경우에는 탑승하여 검역조사를 하여야 한다.

③ 제1항에 따른 서류 제출 및 제2항 본문에 따른 서류 심사에 의한 검역조사는 전산시스템을 이용하여 처리할 수 있다.

④ 제1항에 따라 제출한 서류 정보가 사실과 다른 것으로 확인된 경우에는 보건복지부령으로 정하는 바에 따라 재검역 등 필요한 조치를 하여야 한다.

[본조신설 2020. 3. 4.]

제12조의4(선박 검역조사) ① 선박 검역조사를 받으려는 운송수단의 장은 보건복지부령으로 정하는 바에 따라 검역조사에 필요한 서류를 검역소장에게 제출하여야 한다. 이 경우 운송수단의 장은 검역 장소에 도착하여 선박에 노란색 기(旗)를 달거나 노란색 전조등을 켜는 등 검역 표시를 하여야 한다.

② 검역소장은 제12조제3항에 따라 운송수단의 장에게 서류의 제출을 요구할 때에는 「해운법」 제33조에 따라 등록한 해운대리점의 대표자로 하여금 운송수단이 도착하기 전까지 관련 서류를 제출하거나 제시하도록 요구할 수 있다.

③ 검역소장은 제1항에 따라 제출한 서류를 심사하여 검역감염병이 국내에 전파될 우려가 없다고 판단한 경우에는 서류 심사로 검역조사를 할 수 있다. 다만, 검역감염병의 전파 위험이 큰 경우 등 보건복지부령으로 정하는 경우에는 승선하여 검역조사를 하여야 한다.

④ 제1항에 따른 서류 제출 및 제3항 본문에 따른 서류 심사에 의한 검역조사는 전산시스템을 이용하여 처리할 수 있다.

⑤ 검역소장은 제1항에 따라 제출한 서류의 사실 확인 및 보건위생관리를 위하여 보건복지부령으로 정하는 바에 따라 대상 선박을 선정하여 검역조사 이후에 보건위생조사를 실시할 수 있다.

⑥ 제1항에 따라 제출한 서류정보가 사실과 다른 것으로 확인된 경우에는 보건복지부령으로 정하는 바에 따라 재검역 등 필요한 조치를 하여야 한다.

[본조신설 2020. 3. 4.]

제12조의5(육로 검역조사) ① 육로를 통하여 들어오는 출입국자 및 운송수단은 보건복지부령으로 정하는 바에 따라 검역조사를 받아야 한다.

② 질병관리청장은 육로를 통하여 들어오는 출입국자 및 운송수단에 대하여 통일부장관이 「남북교류협력에 관한 법률」 제23조제2항 단서에 따른 협의를 요청할 때에는 보건복지부령으로 정하는 바에 따라 제9조제1항에 따른 검역통보 절차의 일부를 생략할 수 있다.⟨개정 2020. 8. 11.⟩

[본조신설 2020. 3. 4.]

제13조(검역 전의 승선·탑승) ① 검역조사를 받아야 할 운송수단에 검역조사가 완료되어 검역증이 발급되기 전에는 제30조에 따른 검역공무원이 아닌 사람은 승선하거나 탑승할 수 없다. 다만, 미리 보건복지부령으로 정하는 바에 따라 검역소장의 허가를 받은 경우에는 그러하지 아니한다. ⟨개정 2010. 1. 18., 2020. 3. 4.⟩

② 검역소장의 허가를 받지 아니하고 승선하거나 탑승한 사람은 검역조사를 받아야 하며, 제1항 단서에 따라 검역소장의 허가를 받아 승선하거나 탑승한 사람이 검역감염병 증상이 있거나 검역감염병 환자등과 접촉한 경우 즉시 검역소장에게 신고를 하여야 한다.⟨개정 2020. 3. 4.⟩

③ 검역소장은 제2항에 따른 신고를 받은 경우 신고한 자에 대해 즉시 검역조사를 실시하여야 한다.⟨신설

2020. 3. 4.〉

④ 제3항에 따른 검역조사의 방법은 보건복지부령으로 정한다.〈신설 2020. 3. 4.〉

제14조 삭제 〈2020. 3. 4.〉

제15조(검역조치) ① 질병관리청장은 검역감염병 유입과 전파를 차단하기 위하여 검역감염병에 감염되었거나 감염된 것으로 의심되는 사람, 검역감염병 병원체에 오염되었거나 오염된 것으로 의심되거나 감염병 매개체가 서식하는 것으로 의심되는 운송수단이나 화물에 대하여 다음 각 호의 전부 또는 일부의 조치를 할 수 있다. 〈개정 2016. 2. 3., 2020. 3. 4., 2020. 8. 11.〉

1. 검역감염병 환자등을 감시하거나 격리시키는 것
2. 검역감염병 접촉자 또는 보건복지부령으로 정하는 검역감염병 위험요인에 노출된 사람(이하 "검역감염병 위험요인에 노출된 사람"이라 한다)을 감시하거나 격리시키는 것
3. 검역감염병 병원체에 오염되었거나 오염된 것으로 의심되는 화물을 소독 또는 폐기하거나 옮기지 못하게 하는 것
4. 검역감염병 병원체에 오염되었거나 오염된 것으로 의심되는 곳을 소독하거나 사용을 금지 또는 제한하는 것
4의2. 검역감염병 병원체 오염 여부를 확인할 필요가 있다고 인정되는 운송수단 및 화물을 검사하는 것
5. 삭제〈2020. 3. 4.〉
6. 감염병 매개체가 서식하거나 서식하는 것으로 의심되는 운송수단과 화물을 소독하고 감염병 매개체를 없애도록 운송수단의 장이나 화물의 소유자 또는 관리자에게 명하는 것
7. 검역감염병의 감염 여부를 확인할 필요가 있다고 인정되는 사람을 진찰하거나 검사하는 것
8. 검역감염병의 예방이 필요한 사람에게 예방접종을 하는 것

② 삭제〈2020. 3. 4.〉

③ 제1항제6호에 따른 명령을 받은 운송수단의 장이나 화물의 소유자 또는 관리자는 보건복지부령으로 정하는 자격이 있는 자에게 소독 등의 업무를 대신하게 하고 그 결과를 검역소장에게 제출하여 검역소장의 확인을 받아야 한다.〈개정 2010. 1. 18., 2020. 3. 4.〉

④ 질병관리청장이 제1항에 따른 적절한 조치를 시행할 수 없는 경우에는 운송수단의 장에게 그 이유를 알리고 회항 또는 지정하는 장소로 이동할 것을 지시할 수 있다. 이 경우 해당 운송수단의 장은 그 지시에 따라야 한다.〈개정 2020. 3. 4., 2021. 12. 21.〉

⑤ 질병관리청장은 제1항에 따른 검역조치를 할 때에 필요한 경우 대통령령으로 정하는 바에 따라 관계 기관에 협조를 요청할 수 있으며, 그 요청을 받은 관계 기관의 장은 부득이한 사유가 없으면 협조하여야 한다. 이 경우 질병관리청장은 제29조의2에 따른 검역정보시스템을 통하여 관계 기관에 협조를 요청할 수 있다.〈개정 2020. 3. 4., 2020. 8. 11., 2024. 1. 23.〉

제16조(검역감염병 환자등의 격리) ① 질병관리청장은 제15조제1항제1호에 따라 검역감염병 환자등을 다음 각 호의 어느 하나에 해당하는 시설에 격리한다. 다만, 사람 간 전파가능성이 낮은 경우 등 질병관리청장이 정하는 경우는 격리 대상에서 제외할 수 있다. 〈개정 2010. 1. 18., 2017. 12. 19., 2020. 3. 4., 2020. 8. 11., 2021. 12. 21.〉

1. 검역소에서 관리하는 격리시설로서 질병관리청장이 지정한 시설
2. 「감염병의 예방 및 관리에 관한 법률」 제36조 또는 제37조에 따른 감염병관리기관, 격리소·요양소 또는 진료소
3. 자가(自家)
4. 「감염병의 예방 및 관리에 관한 법률」 제8조의2에 따른 감염병전문병원
5. 국내에 거주지가 없는 경우 질병관리청장이 지정하는 시설 또는 장소

② 질병관리청장은 검역감염병 환자등이 많이 발생하여 제1항에 따른 격리시설이나 감염병관리기관 등이 부족한 경우에는 보건복지부령으로 정하는 바에 따라 임시 격리시설을 설치·운영할 수 있다. 〈개정 2010. 1. 18., 2020. 3. 4., 2020. 8. 11.〉

③ 질병관리청장은 제1항에 따른 격리조치(이송을 포함한다)를 할 때에 필요하면 특별시장·광역시장·특별자치시장·도지사·특별자치도지사(이하 "시·도지사"라 한다) 또는 시장·군수·구청장(자치구의 구청장을 말한다. 이하 같다)에게 협조를 요청할 수 있다. 이 경우 시·도지사 또는 시장·군수·구청장은 특별한 사유가 없으면 협조하여야 한다. 〈개정 2020. 3. 4., 2020. 8. 11.〉

④ 검역감염병 환자등의 격리 기간은 검역감염병 환자등의 감염력이 없어질 때까지로 하고, 격리기간이 지나면 즉시 해제하여야 한다. 〈개정 2020. 3. 4.〉

⑤ 제4항에 따른 격리 기간 동안 격리된 사람은 검역소장의 허가를 받지 아니하고는 다른 사람과 접촉할 수 없다.

⑥ 검역소장은 검역감염병 환자등을 격리하였을 때에는 보건복지부령으로 정하는 바에 따라 격리 사실을 격리 대상자 및 격리 대상자의 가족, 보호자 또는 격리 대상자가 지정한 사람에게 알려야 한다. 〈개정 2010. 1. 18., 2020. 3. 4.〉

제17조(검역감염병 접촉자에 대한 감시 등) ① 질병관리청장은 제15조제1항제2호에 따라 검역감염병 접촉자 또는 검역감염병 위험요인에 노출된 사람이 입국 후 거주하거나 체류하는 지역의 특별자치도지사·시장·군수·구청장에게 건강 상태를 감시하거나 「감염병의 예방 및 관리에 관한 법률」 제49조제1항에 따라 격리시킬 것을 요청할 수 있다. 〈개정 2020. 3. 4., 2020. 8. 11.〉

② 특별자치도지사·시장·군수·구청장은 제1항에 따라 감시하는 동안 검역감염병 접촉자 또는 검역감염병 위험요인에 노출된 사람이 검역감염병 환자등으로 확인된 경우에는 지체 없이 격리 등 필요한 조치를 하고 즉시 그 사실을 질병관리청장에게 보고하여야 한다. 〈개정 2020. 3. 4., 2020. 8. 11.〉

③ 제1항에 따른 감시 또는 격리 기간은 보건복지부령으로 정하는 해당 검역감염병의 최대 잠복기간을 초과할 수 없다. 〈개정 2016. 2. 3., 2017. 12. 19., 2020. 3. 4.〉

1. 삭제〈2020. 3. 4.〉
2. 삭제〈2020. 3. 4.〉
3. 삭제〈2020. 3. 4.〉
4. 삭제〈2020. 3. 4.〉
5. 삭제〈2020. 3. 4.〉
6. 삭제〈2020. 3. 4.〉

[제목개정 2020. 3. 4.]

제18조(격리시설 등에서 물품 반출의 금지) 제16조에 따른 격리시설과 임시 격리시설에서 사용하거나 보관 중인 물품은 검역소장의 허락을 받지 아니하고 반출하여서는 아니 된다. 〈개정 2020. 3. 4.〉

[제목개정 2020. 3. 4.]

제19조(오염운송수단 등의 이동금지 등의 조치) ① 질병관리청장은 검역감염병에 감염되었거나 감염이 의심되는 승객, 승무원 및 도보출입자, 검역감염병 병원체에 오염되었거나 오염이 의심되는 운송수단 및 화물(이하 이 조에서 "오염운송수단등"이라 한다)에 대하여는 검역소장이 지정하는 장소에서 검역감염병 유무에 관한 검사, 소독 및 물건의 폐기 등의 조치가 끝날 때까지 보건복지부령으로 정하는 바에 따라 이동금지 등의 조치를 할 수 있다. 이 경우 검역소장의 허가를 받지 아니하고는 오염운송수단등에 접촉하거나 탑승할 수 없다. 〈개정 2010. 1. 18., 2020. 3. 4., 2020. 8. 11.〉

② 검역소장은 오염운송수단등에 대한 조치를 하여 검역감염병이 국내로 번질 우려가 없다고 인정되면 그 이동금지 등의 조치를 해제하여야 한다. 이 경우 이동금지 등의 조치를 해제하기 위한 인정 기준은 보

건복지부령으로 정한다. 〈개정 2010. 1. 18.〉

제20조(검역감염병 외의 감염병에 대한 예방조치) 검역소장은 검역조사에서 다음 각 호를 발견한 경우에는 보건복지부령으로 정하는 바에 따라 진찰, 검사, 소독 및 그 밖에 필요한 예방조치를 할 수 있다. 〈개정 2010. 1. 18., 2020. 3. 4.〉

1. 검역감염병 외의 감염병 환자
2. 검역감염병 외의 감염병 의사환자
3. 검역감염병 외의 감염병으로 죽은 사람의 시체
4. 검역감염병 외의 감염병 병원체에 오염되었거나 오염되었을 가능성이 있는 운송수단

제21조(소독이 필요한 화물의 보관) 검역소장은 운송수단의 화물선적 목록에 적힌 화물 중 소독할 필요가 있다고 인정되는 화물은 다른 화물과 접촉되지 아니하게 따로 보관할 것을 해당 세관장에게 요구할 수 있다.

제22조(검역증) 검역소장은 검역조사 결과 출입국자, 운송수단 또는 화물에 의하여 검역감염병이 국내외로 번질 우려가 없는 등 이상이 없는 것으로 인정되면 출입국자 또는 운송수단의 장이 요구하는 경우 보건복지부령으로 정하는 바에 따라 검역증을 내주어야 한다. 〈개정 2010. 1. 18., 2020. 3. 4.〉

제23조(조건부 검역증) ① 검역소장은 검역조사 결과 검역소독 등을 실시할 것을 조건으로 운송수단의 장에게 조건부 검역증을 내줄 수 있다. 〈개정 2020. 3. 4.〉

② 검역소장은 조건부 검역증을 받은 운송수단의 장이 해당 조건을 이행하였을 때에는 그 운송수단의 장에게 검역증을 내주어야 한다. 이 경우 운송수단의 장은 종전에 발급받은 조건부 검역증을 폐기하여야 한다. 〈개정 2020. 3. 4.〉

③ 검역소장은 운송수단의 장이 제1항에 따른 조건부 검역증에 제시된 조건을 이행하지 아니하면 이동금지 등의 조치를 할 수 있다.

④ 검역소장은 제1항에 따른 조건부 검역증을 받은 운송수단의 장이 운송수단에 대한 조건을 이행하는 것이 곤란하다고 판단될 경우에는 운송수단의 장에게 그 이유를 밝히고 보건복지부령으로 정하는 바에 따라 검역소장이 지정하는 장소로 이동할 것을 지시할 수 있다. 이 경우 해당 운송수단의 장은 그 지시에 따라야 한다. 〈개정 2010. 1. 18., 2020. 3. 4.〉

제24조(출입국의 금지 또는 정지 요청) 질병관리청장은 공중보건상 큰 위해를 끼칠 염려가 있다고 인정되는 다음 각 호에 해당하는 사람에 대하여는 법무부장관에게 출국 또는 입국의 금지 또는 정지를 요청할 수 있다. 다만, 입국의 금지 또는 정지의 요청은 외국인의 경우에만 해당한다. 〈개정 2010. 1. 18., 2016. 2. 3., 2020. 3. 4., 2020. 8. 11.〉

1. 검역감염병 환자등
2. 검역감염병 접촉자
3. 검역감염병 위험요인에 노출된 사람
4. 검역관리지역등에서 입국하거나 이 지역을 경유하여 입국하는 사람

제25조(시체 등의 반입 및 조사) ① 국내로 시체를 반입하려는 자는 검역감염병으로 인한 사망 여부를 확인하기 위하여 보건복지부령으로 정하는 바에 따라 필요한 서류를 제출하거나 제시하여야 한다. 〈개정 2010. 1. 18.〉

② 검역소장은 검역감염병으로 죽은 사람의 시체, 유골 및 유물로서, 방부처리(防腐處理) 후 불침투성(不浸透性) 관(棺)에 밀봉되어 있지 아니하거나 화장조치(火葬措置)가 되어 있지 아니한 것에 대하여는 국내 반입을 허용하지 아니한다.

③ 운송수단의 운행 중 발생한 시체는 보건복지부령으로 정하는 바에 따라 검역조사를 받아야 한다. 〈개정 2010. 1. 18., 2020. 3. 4.〉

④ 검역소장은 제1항 또는 제3항에 따른 조사 결과 해당 시체의 사인을 확인할 수 없거나 검역감염병에 감염된 것으로 의심되는 시체의 경우에는 검사를 위해 해부를 명할 수 있으며, 필요한 경우 관계기관에 협조를 요청할 수 있다. 이 경우 해부의 방법 및 절차 등에 관하여는 「감염병의 예방 및 관리에 관한 법률」 제20조를 준용하며, "질병관리청장"은 "검역소장"으로 본다. 〈신설 2020. 3. 4., 2020. 8. 11.〉

⑤ 검역소장은 검역감염병 환자등이 사망한 경우나 사망 후 사망한 사람이 검역감염병병원체를 보유하였던 것으로 확인된 경우 검역감염병의 차단과 확산 방지 등을 위하여 필요한 범위에서 그 시신의 장사 방법 등을 제한할 수 있다. 이 경우 그 방법 및 절차 등에 관하여는 「감염병의 예방 및 관리에 관한 법률」 제20조의2를 준용하며, "질병관리청장"은 "검역소장"으로 본다. 〈신설 2020. 3. 4., 2020. 8. 11.〉

제26조 삭제 〈2020. 3. 4.〉

제27조(선박위생 증명서의 발급 등) ① 검역소장은 선장 또는 선박의 소유자가 선박위생 증명서 발급을 신청하면 그 선박에 대하여 검역감염병 병원체의 오염 여부와 감염병 매개체 유무 등에 관한 조사를 하고, 그 결과 해당 선박에 검역감염병 병원체의 오염 의심이 없고 감염병 매개체가 서식하지 아니한 경우에는 6개월간 유효한 선박위생관리 면제증명서를 내준다. 〈개정 2010. 1. 18., 2020. 3. 4.〉

② 검역소장은 제1항에 따른 조사 결과 해당 선박에 검역감염병 병원체의 오염이 의심되거나 감염병 매개체의 서식이 의심되면 보건복지부령으로 정하는 자격이 있는 자에게 소독을 하게 하거나 감염병 매개체를 없애도록 한 후 6개월간 유효한 선박위생관리 증명서를 내준다. 〈개정 2020. 3. 4.〉

③ 검역소장은 제15조제1항제6호에 따른 조치명령을 받아 같은 조 제3항에 따라 소독하거나 감염병 매개체를 없앤 선장 또는 선박의 소유자가 명령 이행에 대한 증명서 발급을 신청하면 6개월간 유효한 선박위생관리 증명서를 내준다.

④ 검역소장은 선박이 선적지(船籍地)로 돌아가거나 제12조와 제15조에 따른 검역조사 및 검역조치를 이행할 수 없는 특별한 사유가 있는 경우에는 제1항에 따른 선박위생관리 면제증명서 및 제2항·제3항에 따른 선박위생관리 증명서의 유효기간을 1개월의 범위에서 연장할 수 있다.〈개정 2020. 3. 4., 2021. 12. 21.〉

⑤ 검역소장은 제1항부터 제3항까지의 규정에 따라 발급된 증명서의 유효기간이 지난 선박이나 그 증명서를 지니지 아니하고 도착한 선박 또는 그 증명서에 재검사가 필요한 것으로 기재되어 있는 선박에 대하여는 제12조에 따른 검역조사를 하여야 한다.

⑥ 제1항에 따른 조사의 내용 및 선박위생관리 증명서와 선박위생관리 면제증명서의 신청 절차와 발급 방법 등에 관하여 필요한 사항은 보건복지부령으로 정한다.〈개정 2010. 1. 18., 2020. 3. 4.〉

[제목개정 2020. 3. 4.]

제28조(그 밖의 증명서 발급) ① 검역소장은 운송수단의 장이 감염병 매개체 구제증명서(驅除證明書) 발급을 신청하면 해당 운송수단에 대하여 보건복지부령으로 정하는 바에 따라 해당 운송수단의 감염병 매개체 구제 여부를 확인하고 그 증명서를 내주어야 한다. 〈개정 2010. 1. 18., 2020. 3. 4.〉

② 검역소장은 물품을 수출하려는 사람이 다음 각 호에 해당하는 증명서의 발급을 신청하면 그에 해당하는 검역감염병에 대한 예방조치를 하거나 하였는지 확인하고 보건복지부령으로 정하는 바에 따라 해당 증명서를 내주어야 한다. 〈개정 2010. 1. 18., 2020. 3. 4.〉

1. 물품에 대한 소독증명확인서: 검역감염병의 유무에 관한 검사, 소독 및 감염병 매개체를 없애는 일
2. 물품에 대한 병원체 검사증명서: 검역감염병 병원체의 유무에 관한 세균·바이러스 검사 실시

③ 검역소장은 승객 및 승무원 등 외국으로 나가는 사람이 병원체 검사증명서의 발급을 신청하면 검역감염병 감염 여부와 검역감염병 병원체의 유무에 관한 검사를 실시하고 보건복지부령으로 정하는 바에 따라 해당 증명서를 내주어야 한다. 〈개정 2010. 1. 18., 2020. 3. 4.〉

1. 삭제〈2020. 3. 4.〉

2. 삭제〈2020. 3. 4.〉

④ 제1항부터 제3항까지의 규정에 따른 증명서 외의 증명서의 발급 신청 및 그에 따른 예방조치 내용과 증명서 발급 절차에 관하여 필요한 사항은 보건복지부령으로 정한다.〈개정 2010. 1. 18.〉

⑤ 제1항과 제2항에 따른 소독 및 감염병 매개체를 없애는 일은 보건복지부령으로 정하는 자격이 있는 자가 하여야 한다.〈개정 2010. 1. 18.〉

제28조의2(국제공인예방접종) ① 질병관리청장은 외국으로 나가는 사람의 요청이 있을 경우에는 검역감염병의 예방접종을 실시하고 국제공인예방접종증명서를 내주어야 한다. 〈개정 2020. 8. 11.〉

② 질병관리청장은 검역감염병의 예방접종 후 이상반응에 대비하여 관련 응급처치 비상품을 구비하여야 한다.〈개정 2020. 8. 11.〉

③ 제28조의3의 국제공인예방접종기관의 장은 검역감염병의 예방접종을 수행한 경우 예방접종증명서를 발급하여야 하며, 검역소장은 예방접종증명서의 사실을 확인한 후 국제공인예방접종증명서를 발급한다.

④ 제1항 및 제3항에 따른 국제공인예방접종증명서의 발급 절차와 제2항에 따른 이상반응 관리 등에 필요한 사항은 보건복지부령으로 정한다.

[본조신설 2020. 3. 4.] [종전 제28조의2는 제28조의3으로 이동〈2020. 3. 4.〉]

제28조의3(국제공인예방접종지정기관의 지정 등) ① 질병관리청장은 다음 각 호의 어느 하나에 해당하는 기관 중에서 국제공인예방접종을 실시할 수 있는 기관(이하 "국제공인예방접종지정기관"이라 한다)을 지정할 수 있다. 이 경우 질병관리청장은 이를 공고하여야 한다. 〈개정 2020. 3. 4., 2020. 8. 11.〉

1. 「의료법」 제3조에 따른 의료기관

2. 의무실이 설치되어 있고 의사가 항상 근무하는 국가 및 지방자치단체의 기관, 「공공기관의 운영에 관한 법률」에 따른 공공기관

② 질병관리청장은 국제공인예방접종지정기관이 다음 각 호의 어느 하나에 해당하는 경우에는 그 지정을 취소할 수 있다.〈개정 2020. 8. 11.〉

1. 최근 3년간 검역감염병에 대한 예방접종 실적이 없는 경우

2. 검역감염병 예방접종과 관련하여 이 법이나 의료 관계 법령을 위반한 경우

③ 제1항 및 제2항에서 규정한 사항 외에 국제공인예방접종지정기관의 지정 및 지정취소의 기준·절차 등에 필요한 사항은 보건복지부령으로 정한다.

[본조신설 2014. 3. 18.] [제28조의2에서 이동〈2020. 3. 4.〉]

제29조(검역구역의 보건위생관리) ① 질병관리청장은 검역감염병이나 검역감염병 외의 감염병이 유행하거나 유행할 우려가 있다고 인정하면 보건복지부령으로 정하는 바에 따라 검역구역 내 운송수단, 시설, 건물, 물품 및 그 밖의 장소와 그 관계인에 대하여 보건위생관리에 필요한 다음 각 호의 조치를 하거나 필요한 지시를 할 수 있다. 〈개정 2010. 1. 18., 2016. 2. 3., 2020. 3. 4., 2020. 8. 11.〉

1. 검역감염병 및 검역감염병 외의 감염병에 관한 역학조사(疫學調査)

2. 살충·살균을 위한 소독과 감염병 매개체를 없애는 일

3. 검역감염병 보균자 및 검역감염병 외의 감염병 보균자 색출 검사와 예방접종

4. 운송수단에 실리는 식재료, 식품 및 식수검사

5. 어패류와 식품을 다루는 사람에 대한 위생지도와 교육·홍보

6. 검역구역 안의 감염병 매개체의 서식 분포 등에 대한 조사

7. 선박의 균형을 유지하기 위하여 선박에 실은 물에 대한 조사

8. 그 밖에 질병관리청장이 검역감염병 및 검역감염병 외의 감염병을 예방하기 위하여 필요하다고 인정하는 사항

② 질병관리청장은 제1항에 따른 조치와 지시를 할 때에 필요하면 관계 기관이나 관계인에게 협조를 요청

할 수 있으며, 그 요청을 받은 관계 기관의 장이나 관계인은 부득이한 사유가 없으면 협조하여야 한다.〈개정 2020. 3. 4., 2021. 12. 21.〉

제29조의2(검역정보시스템의 구축ㆍ운영) ① 질병관리청장은 검역감염병에 감염되었거나 감염되었을 것으로 우려되는 사람과 오염 우려가 있는 운송수단을 신속히 확인하는 등 효율적 검역업무의 수행을 위하여 검역대상자 등의 정보를 전자적으로 처리할 수 있는 검역정보시스템을 구축ㆍ운영할 수 있다. 〈개정 2020. 3. 4., 2020. 8. 11.〉

② 질병관리청장은 검역 업무를 위하여 다음 각 호의 정보시스템을 통하여 검역과 관련된 정보를 관계 기관의 장에게 요청할 수 있다. 이 경우 관계 기관의 장은 정당한 사유가 없으면 이에 따라야 한다.〈신설 2020. 3. 4., 2020. 8. 11.〉

  1. 「약사법」 제23조의3제1항에 따른 의약품안전사용정보시스템

  2. 「여권법」 제8조제2항에 따른 여권정보통합관리시스템

  3. 「출입국관리법」에 따른 출입국관리정보를 처리하는 정보시스템

  4. 「관세법」 제327조에 따른 국가관세종합정보망

  5. 그 밖에 보건복지부령으로 정하는 정보시스템

③ 질병관리청장은 검역감염병 전파 방지 등 검역업무를 위하여 제1항에 따른 시스템을 다음 각 호의 정보시스템과 전자적으로 연계하여 활용할 수 있다. 이 경우 연계를 통하여 수집ㆍ제공할 수 있는 정보는 입국정보, 건강상태 등 대통령령으로 정한다.〈신설 2024. 2. 20.〉

  1. 「감염병의 예방 및 관리에 관한 법률」 제33조의4에 따른 예방접종통합관리시스템

  2. 「감염병의 예방 및 관리에 관한 법률」 제40조의5에 따른 감염병관리통합정보시스템

  3. 그 밖에 보건복지부령으로 정하는 정보시스템

④ 질병관리청장은 제1항에 따른 시스템을 통하여 운영하는 정보를 효율적인 검역 업무의 수행 이외의 목적에는 활용할 수 없으며, 사생활의 비밀을 침해하지 아니하도록 관리하여야 한다.〈개정 2020. 3. 4., 2020. 8. 11., 2024. 2. 20.〉

⑤ 제1항부터 제3항까지의 정보의 보호 및 관리에 관한 사항은 이 법에서 규정된 것을 제외하고는 「개인정보 보호법」의 규정을 따른다.〈신설 2020. 3. 4., 2024. 2. 20.〉

⑥ 제1항부터 제3항까지에 따른 시스템의 구축ㆍ운영 등에 필요한 사항은 보건복지부령으로 정한다.〈개정 2020. 3. 4., 2024. 2. 20.〉

[본조신설 2016. 2. 3.]

제2장의2 자료제출 요청 등 〈신설 2016. 2. 3.〉

제29조의3 삭제 〈2020. 3. 4.〉

제29조의4(승객예약자료의 요청) ① 질병관리청장은 다음 각 호의 업무를 수행하기 위하여 필요한 경우에는 운송수단의 장에게 운송수단의 장이 보유하고 있는 승객예약자료를 정보통신망을 통하여 열람할 수 있도록 하거나 지체 없이 문서(전자문서를 포함한다)로 제출할 것을 요청할 수 있다. 〈개정 2020. 3. 4., 2020. 8. 11.〉

  1. 검역감염병 발생국가에서 입국하거나 검역감염병 발생국가를 경유하여 입국한 것으로 의심되는 사람에 대한 검역업무

  2. 검역감염병에 감염되었거나 감염되었을 것으로 우려되는 사람이 출국 또는 입국하는 경우의 검역업무

  3. 제12조에 따른 검역조사 업무

  4. 제12조의2제3항에 따른 조치 업무

② 제1항에 따른 요청을 받은 운송수단의 장은 정당한 사유가 없으면 이에 따라야 한다.〈개정 2020. 3. 4.〉

③ 제1항에 따라 열람하거나 제출받을 수 있는 자료의 범위는 다음 각 호로 한정한다.

1. 성명, 국적, 생년월일, 여권번호 및 예약번호
2. 주소 및 전화번호
3. 운송수단의 편명, 입항일시
4. 예약 및 탑승수속 시점
5. 탑승권 번호·좌석번호·발권일·발권장소
6. 여행경로 및 여행사
7. 가족, 단체여행객 등 동반탑승자 및 동반탑승자의 좌석번호
8. 수하물에 관한 자료

④ 제1항에 따라 제공받은 승객예약자료의 보관방법, 보존기한, 파기 등에 관하여 필요한 사항은 대통령령으로 정한다.

[본조신설 2016. 2. 3.]

제29조의5(관계 기관의 협조) 질병관리청장은 검역감염병의 예방·관리를 위하여 검역감염병에 감염되었거나 감염되었을 것으로 우려되는 사람의 주민등록번호, 출입국관리기록, 여행자 휴대품 신고내용 및 금융정보, 그 밖의 긴급하게 필요한 자료·정보로서 대통령령으로 정하는 자료·정보를 다음 각 호의 어느 하나에 해당하는 관계 중앙행정기관의 장(그 소속기관 및 책임운영기관의 장을 포함한다. 이하 이 조에서 같다)에게 요청할 수 있다. 이 경우 요청을 받은 관계 중앙행정기관의 장은 정당한 사유가 없으면 이에 따라야 한다. 〈개정 2017. 7. 26., 2020. 3. 4., 2020. 8. 11.〉
1. 외교부장관
2. 법무부장관
3. 행정안전부장관
4. 국토교통부장관
5. 금융위원회위원장
6. 관세청장
7. 그 밖에 대통령령으로 정하는 중앙행정기관의 장

[본조신설 2016. 2. 3.]

제29조의6(안내·교육) ① 「공항시설법」 제2조제3호에 따른 공항 또는 「항만법」 제2조제1호에 따른 항만 등의 시설관리자는 보건복지부령으로 정하는 바에 따라 검역관리지역등의 위치, 그 지역에서 발생하고 있는 검역감염병의 종류 및 예방방법, 검역감염병에 감염되었거나 감염이 의심되는 경우 조치방법 등에 관하여 시설을 이용하는 자에게 안내하여야 한다. 〈개정 2017. 12. 19., 2020. 3. 4.〉
② 검역소장은 검역관리지역등에 대한 안내와 검역감염병의 예방에 관한 교육 등이 필요한 경우 운송수단의 장에게 출입국자를 대상으로 다음 각 호의 사항에 관하여 안내 및 교육을 실시하도록 요청하여야 한다. 이 경우 검역소장은 운송수단의 장에게 실시할 안내 및 교육의 구체적인 내용을 영상물 등 시각적인 매체의 형태를 포함하여 제공하여야 하고, 요청을 받은 운송수단의 장은 정당한 사유가 없으면 이에 따라야 한다. 〈개정 2017. 12. 19., 2020. 3. 4.〉
1. 검역관리지역등의 위치
2. 검역관리지역등에서 발생하고 있는 검역감염병의 종류, 그 위험성 및 예방방법
3. 검역감염병에 감염되었거나 감염이 의심되는 경우 조치방법
4. 건강 상태 신고 및 발열여부 검사에 관한 사항
5. 제12조의2에 따른 신고의 절차·방법 등에 관한 사항
6. 그 밖에 검역소장이 필요하다고 인정하여 안내 및 교육을 요청하는 사항

[본조신설 2016. 2. 3.]

제29조의7(검역소의 설치) ① 검역감염병이 국내외로 전파되는 것을 방지하고 국민의 건강을 안전하게 보호하기 위하여 공항, 항만, 철도역 및 국경에 국립검역소(이하 "검역소"라 한다)를 설치하여 운영한다.

② 질병관리청장은 대통령령으로 정하는 기준에 따라 권역별 거점검역소를 운영할 수 있다. 〈개정 2020. 8. 11.〉

[본조신설 2020. 3. 4.]

제29조의8(검역소의 기능 및 업무) 검역소는 다음 각 호의 기능 및 업무를 수행한다.

1. 검역감염병의 국내유입 및 국외전파를 방지하기 위한 검역
2. 입국자 중 감염병 증상이 있는 자의 역학조사
3. 검역감염병 환자등 및 검역감염병 접촉자의 격리, 진단검사
4. 검역구역의 보건위생관리
5. 검역감염병의 예방교육 및 홍보
6. 그 밖에 검역과 관련하여 보건복지부령으로 정하는 업무

[본조신설 2020. 3. 4.]

제29조의9(검역소 시설·장비 등) 검역소는 보건복지부령으로 정하는 기준에 적합한 시설·장비 등을 갖추어야 한다.

[본조신설 2020. 3. 4.]

제3장 검역공무원

제30조(검역공무원) ① 이 법에 규정한 직무를 수행하기 위하여 검역소에 검역소장, 검역관 및 그 밖의 공무원(이하 "검역공무원"이라 한다)을 둔다. 〈개정 2020. 3. 4.〉

② 질병관리청장은 검역공무원에 대하여 정기적으로 업무수행에 관한 교육·훈련을 실시하여야 한다.〈신설 2020. 3. 4., 2020. 8. 11.〉

③ 검역공무원의 자격 등에 관하여 필요한 사항은 보건복지부령으로 정한다.〈개정 2010. 1. 18., 2020. 3. 4.〉

제31조(검역공무원의 권한) ① 검역공무원은 이 법에 규정된 직무를 수행하기 위하여 검역 대상이 되는 운송수단과 그 밖에 필요한 장소에 출입할 수 있으며, 운송수단의 운행과 관련된 서류나 시설·장비 등을 검사·조사할 수 있다. 〈개정 2020. 3. 4.〉

② 검역공무원은 출입국자와 운송수단의 장에게 검역조사를 위한 질문이나 그 밖에 필요한 자료를 제출하거나 제시하도록 요구할 수 있다.〈신설 2020. 3. 4.〉

제32조(검역선 등의 운용) ① 검역소장은 검역 사무를 수행하기 위하여 검역선(檢疫船), 검역차량 등을 운용할 수 있으며, 이에 필요한 세부 사항은 보건복지부령으로 정한다. 〈개정 2010. 1. 18.〉

② 검역소장은 환자가 발생한 경우 등 긴급한 검역조치가 필요한 경우에는 관계 기관의 장에게 검역 업무의 수행에 필요한 검역선 등을 제공하도록 요청할 수 있으며, 그 요청을 받은 관계 기관의 장은 부득이한 사유가 없으면 요청에 따라야 한다.

제33조(검역공무원의 제복 등) ① 검역공무원은 이 법에 규정된 직무를 수행할 때에는 제복을 입어야 하며, 권한을 표시하는 증표를 지니고 관계인이 요구하면 보여주어야 한다.

② 제1항에 따른 검역공무원의 복제(服制) 및 증표에 관한 사항은 보건복지부령으로 정한다.〈개정 2010. 1. 18., 2020. 3. 4.〉

제4장 보칙

제34조(수수료의 징수) 질병관리청장은 다음 각 호의 조치를 한 경우에는 운송수단의 장, 화물의 소유자

또는 관리자 및 승객·승무원 등으로부터 보건복지부령으로 정하는 바에 따라 수수료를 받을 수 있다. 〈개정 2010. 1. 18., 2020. 3. 4., 2020. 8. 11., 2021. 12. 21.〉

　1. 제15조제1항제3호, 제4호, 제4호의2, 제7호 및 제8호에 따른 조치를 한 경우

　1의2. 제25조제4항에 따른 조치를 한 경우

　2. 제27조, 제28조 및 제28조의2에 따른 조치를 하거나 그에 대한 증명서를 발급한 경우

제34조의2(청문) 질병관리청장은 제28조의3에 따라 국제공인예방접종지정기관의 지정을 취소하려는 경우에는 청문을 하여야 한다. 〈개정 2020. 3. 4., 2020. 8. 11.〉

[본조신설 2014. 3. 18.]

제35조(비용 부담) 제16조 및 제17조의 격리 및 감시에 드는 경비는 국가가 부담한다.

제36조(질병관리조직의 설치·운영) 질병관리청장은 검역 사무와 다른 법률에서 정하는 사무를 맡기기 위하여 「정부조직법」 제3조와 제4조에도 불구하고 대통령령으로 정하는 바에 따라 질병관리조직을 설치·운영할 수 있다. 〈개정 2010. 1. 18., 2020. 8. 11.〉

제37조(권한의 위임) 이 법에 따른 질병관리청장의 권한은 대통령령으로 정하는 바에 따라 그 일부를 소속기관의 장에게 위임할 수 있다. 〈개정 2010. 1. 18., 2020. 8. 11.〉

제38조(비밀누설 금지) 검역조사 등 검역 관련 업무에 종사하거나 종사하였던 사람은 제12조에 따른 검역조사, 제12조의2에 따른 조치, 제12조의3에 따른 항공기 검역조사, 제12조의4에 따른 선박 검역조사, 제12조의5에 따른 육로에서의 검역조사, 제29조의2에 따른 검역정보시스템의 구축·운영, 제29조의4에 따른 승객예약자료 제공 요청 및 제29조의5에 따른 협조 요청 등에서 업무상 알게 된 비밀을 다른 사람에게 누설하여서는 아니 된다. 〈개정 2016. 2. 3., 2020. 3. 4.〉

제5장 벌칙

제39조(벌칙) ① 다음 각 호의 어느 하나에 해당하는 자는 1년 이하의 징역 또는 1천만원 이하의 벌금에 처한다. 〈개정 2020. 3. 4., 2020. 8. 11.〉

　1. 제6조제1항에 따른 검역조사를 받지 아니하고 우리나라로 들어오거나 외국으로 나간 사람, 운송수단의 장, 화물의 소유자 또는 관리자

　2. 제12조제3항에 따른 서류의 제출 또는 제시 요구를 거부·방해·기피하거나 거짓 서류를 제출 또는 제시한 자

　3. 제15조제1항에 따른 질병관리청장의 조치에 따르지 아니한 자

　4. 제16조제1항 및 제17조제1항에 따른 격리조치에 따르지 아니한 자

　5. 제38조를 위반하여 업무상 알게 된 비밀을 다른 사람에게 누설한 자

② 다음 각 호의 어느 하나에 해당하는 자는 500만원 이하의 벌금에 처한다. 〈개정 2020. 3. 4.〉

　1. 제15조제3항을 위반하여 소독 실시 등의 명령을 이행하지 아니하거나 그 실시 결과에 대하여 검역소장에게 제출하여 확인을 받지 아니한 자

　2. 제15조제4항 또는 제23조제4항에 따른 이동 지시를 거부한 운송수단의 장

　3. 제18조를 위반하여 격리시설과 임시 격리시설에서 사용하거나 보관 중인 물품을 검역소장의 허락을 받지 아니하고 반출한 자

　4. 제19조제1항에 따른 이동금지 등의 조치에 따르지 아니한 자

제40조(양벌규정) 법인의 대표자나 법인 또는 개인의 대리인, 사용인, 그 밖의 종업원이 그 법인 또는 개인의 업무에 관하여 제39조의 위반행위를 하면 그 행위자를 벌하는 외에 그 법인 또는 개인에게도 해당 조문의 벌금형을 과(科)한다. 다만, 법인 또는 개인이 그 위반행위를 방지하기 위하여 해당 업무에 관하여

상당한 주의와 감독을 게을리하지 아니한 경우에는 그러하지 아니하다.

제41조(과태료) ① 다음 각 호의 어느 하나에 해당하는 자에게는 1천만원 이하의 과태료를 부과한다. 〈신설 2016. 2. 3., 2020. 3. 4.〉

    1. 제12조의2제1항을 위반하여 신고를 하지 아니하거나 허위로 신고한 자

    2. 제29조의4에 따른 승객예약자료 제공 요청에 불응하거나 거짓 자료를 제출한 자

② 다음 각 호의 어느 하나에 해당하는 자에게는 500만원 이하의 과태료를 부과한다. 〈개정 2016. 2. 3., 2020. 3. 4.〉

    1. 삭제 〈2020. 3. 4.〉

    2. 제9조에 따른 검역 통보를 하지 아니하거나 거짓으로 통보한 운송수단의 장

    2의2. 제12조의2제3항에 따른 조치에 따르지 아니한 자

    3. 제13조를 위반하여 검역 전에 승선하거나 탑승한 자

    4. 제16조제5항을 위반하여 격리 기간 동안 다른 사람과 접촉한 격리 대상자

    5. 삭제 〈2020. 3. 4.〉

    6. 제29조제1항에 따른 조치나 지시에 따르지 아니한 자

    7. 제29조의6제2항을 위반하여 정당한 사유 없이 요청에 응하지 아니한 자

③ 제1항 및 제2항에 따른 과태료는 대통령령으로 정하는 바에 따라 검역소장이 부과·징수한다. 〈개정 2016. 2. 3.〉

부칙
〈제20323호,2024. 2. 20.〉

이 법은 공포 후 3개월이 경과한 날부터 시행한다.

검역법 시행령

[시행 2022. 12. 20.] [대통령령 제33112호, 2022. 12. 20., 타법개정]

제1조(목적) 이 영은 「검역법」에서 위임된 사항과 그 시행에 필요한 사항을 규정함을 목적으로 한다.

제2조(검역조사의 대상) 「검역법」(이하 "법"이라 한다) 제6조제1항제2호에서 "범죄의 예방, 수사 업무나 피의자 체포 업무 수행 등 대통령령으로 정하는 사유"란 다음 각 호의 경우를 말한다.

 1. 범죄의 예방, 수사 업무나 피의자 체포 업무 수행을 위한 경우
 2. 긴급 위난(危難) 시의 구조를 위한 경우

제3조(검역조사의 생략) ① 법 제6조제3항에 따라 검역감염병 환자, 검역감염병 의사환자 및 병원체 보유자(이하 "검역감염병 환자등"이라 한다)와 사망자가 없는 운송수단으로서 다음 각 호의 운송수단에 대해서는 법 제12조제1항에 따른 검역조사를 전부 생략할 수 있다.

 1. 법 제6조제3항제1호, 제3호 및 제5호의 운송수단
 2. 법 제6조제3항제2호의 운송수단 중 화물과 사람을 내리지 않는 운송수단

② 법 제6조제3항에 따라 검역감염병 환자등과 사망자가 없는 운송수단으로서 다음 각 호의 운송수단에 대해서는 법 제12조제1항제1호, 제3호 및 제4호의 사항에 대한 검역조사를 생략할 수 있다.

 1. 법 제6조제3항제2호의 운송수단 중 화물은 내리지 않으나 사람을 내리는 운송수단
 2. 법 제6조제3항제4호의 운송수단

③ 법 제6조제3항에 따라 검역조사의 전부 또는 일부를 생략받으려는 운송수단의 장은 같은 항 제1호에 해당하는 경우를 제외하고는 보건복지부령으로 정하는 검역조사 생략 신청서를 국립검역소장(이하 "검역소장"이라 한다)에게 제출해야 한다.

제4조(검역조치 시 협조의 요청) 질병관리청장은 법 제15조제5항에 따라 관계 기관에 다음 각 호의 사항에 대한 협조를 요청할 수 있다.

 1. 법 제15조제1항에 따른 검역조치 시 선박에 승선하기 위한 감시정(監視艇)의 사용
 2. 법 제15조제1항제1호 및 제2호에 따른 감시 또는 격리 대상자를 이송하기 위한 구급차 등 이송수단의 사용
 3. 법 제16조제2항에 따른 임시 격리시설을 설치하기 위한 장소의 확보
 4. 「의료법」 제2조에 따른 의료인 및 그 밖에 검역조치를 위해 필요한 인력의 지원
 5. 그 밖에 질병관리청장이 법 제15조제1항에 따른 검역조치를 위해 관계 기관의 협조가 필요하다고 인정하는 사항

제5조(승객예약자료의 관리) ① 질병관리청장은 법 제29조의4제1항에 따라 승객예약자료를 제출받은 경우 다음 각 호의 조치를 해야 한다.

 1. 승객예약자료에 접근할 수 있는 사람 및 그 권한을 분명히 할 것
 2. 승객예약자료에 대해서는 물리적 잠금장치(전자문서의 경우에는 보안프로그램을 말한다)를 설치할 것

② 질병관리청장은 법 제29조의4제1항에 따라 제출받은 승객예약자료를 그 제출받은 날부터 2개월 동안 보관해야 한다.

③ 질병관리청장은 제2항에 따른 승객예약자료의 보존기한이 지났을 때에는 보존기한이 지난 날부터 7일 이내에 다음 각 호의 구분에 따라 해당 승객예약자료를 삭제하거나 파기해야 한다.

 1. 전자문서로 되어 있는 승객예약자료: 복구 또는 재생이 불가능한 방법으로 영구 삭제할 것
 2. 제1호를 제외한 승객예약자료: 파쇄 또는 소각의 방법으로 파기할 것

제6조(관계 기관의 협조) ① 법 제29조의5 각 호 외의 부분 전단에서 "대통령령으로 정하는 자료·정보"란

다음 각 호의 자료·정보를 말한다.

1. 「관세법」제241조제2항제1호에 따른 휴대품 또는 별송품에 관한 신고 정보
2. 「여권법」제7조제1항에 따른 여권 수록 정보
3. 「재외동포의 출입국과 법적 지위에 관한 법률」제6조에 따른 외국국적동포의 국내거소신고 정보
4. 「주민등록법」제7조의2제1항에 따른 주민등록번호와 같은 법 제10조제1항 또는 제10조의2제1항에 따라 신고한 주소 정보
5. 「출입국관리법」제12조제1항에 따른 외국인 입국심사 정보 및 같은 법 제32조에 따른 외국인등록 정보

② 법 제29조의5제7호에서 "대통령령으로 정하는 중앙행정기관의 장"이란 해양수산부장관을 말한다.

제7조(권한의 위임) ① 질병관리청장은 법 제37조에 따라 다음 각 호의 권한을 질병대응센터장에게 위임한다. 〈개정 2022. 6. 7.〉

1. 법 제15조제1항제4호의2 및 제7호에 따른 검사, 같은 조 제5항에 따른 협조의 요청
2. 법 제16조제2항에 따른 임시 격리시설의 설치·운영
3. 법 제29조제1항제3호에 따른 보균자 색출 검사, 같은 항 제4호에 따른 식재료·식품 및 식수검사, 같은 항 제6호 및 제7호에 따른 조사, 같은 조 제2항에 따른 협조의 요청
4. 법 제34조제1호에 따른 수수료의 징수(질병대응센터장에게 위임된 사무에 대한 수수료의 징수로 한정한다)

② 질병관리청장은 법 제37조에 따라 다음 각 호의 권한을 검역소장에게 위임한다.〈개정 2022. 6. 7.〉

1. 법 제12조의2제2항에 따른 해외감염병신고센터의 설치
2. 법 제15조제1항제1호부터 제4호까지 및 제6호에 따른 검역조치, 같은 항 제7호에 따른 진찰, 같은 항 제8호에 따른 예방접종 및 같은 조 제5항에 따른 협조의 요청
2의2. 법 제15조제4항 전단에 따른 회항 또는 이동 지시
3. 법 제16조제1항에 따른 격리조치(이송을 포함한다) 및 같은 조 제3항에 따른 협조의 요청
4. 법 제17조제1항에 따른 건강 상태 감시 또는 격리의 요청
5. 법 제19조제1항에 따른 승객, 승무원, 도보출입자, 운송수단 및 화물에 대한 이동금지 등의 조치
6. 법 제28조의2제1항에 따른 검역감염병 예방접종의 실시 및 국제공인예방접종증명서의 발급, 같은 조 제2항에 따른 응급처치 비상품의 구비
7. 법 제29조제1항제1호·제2호·제5호 및 제8호에 따른 보건위생관리 조치, 같은 항 제3호에 따른 예방접종 및 같은 조 제2항에 따른 협조의 요청
8. 법 제34조에 따른 수수료의 징수(검역소장에게 위임된 사무에 대한 수수료의 징수로 한정한다)

제8조(민감정보 및 고유식별정보의 처리) 질병관리청장(법 제37조에 따라 질병관리청장의 권한을 위임받은 자를 포함한다) 및 검역소장은 다음 각 호의 사무를 수행하기 위하여 불가피한 경우 「개인정보 보호법」 제23조에 따른 건강에 관한 정보, 같은 법 시행령 제19조제1호·제2호 또는 제4호에 따른 주민등록번호·여권번호 또는 외국인등록번호가 포함된 자료를 처리할 수 있다. 다만, 제10호의 사무의 경우에는 「개인정보 보호법」 제23조에 따른 건강에 관한 정보는 제외한다. 〈개정 2022. 12. 20.〉

1. 검역관리지역 및 중점검역관리지역에 체류하거나 경유한 사람의 검역조치에 관한 사무
2. 법 제12조 및 제12조의3부터 제12조의5까지의 규정에 따른 검역조사에 관한 사무
3. 법 제12조의2제3항에 따른 조치에 관한 사무
4. 법 제15조에 따른 검역조치에 관한 사무
5. 법 제20조에 따른 검역감염병 외의 감염병에 대한 예방조치에 관한 사무
6. 법 제25조에 따른 시체 등의 반입 및 조사에 관한 사무

7. 법 제28조에 따른 증명서의 발급 신청 접수 및 발급 사무

8. 법 제28조의2에 따른 국제공인예방접종증명서의 발급 사무

9. 법 제29조에 따른 검역구역의 보건위생관리에 관한 사무

10. 법 제29조의4에 따른 승객예약자료의 열람·제출 요청 및 관리에 관한 사무

11. 법 제29조의5에 따른 자료·정보의 요청 및 관리에 관한 사무

제9조(과태료의 부과기준) 법 제41조에 따른 과태료의 부과기준은 별표와 같다.

부칙

〈제33112호,2022. 12. 20.〉

(개인정보 침해요인 개선을 위한 49개 법령의 일부개정에 관한 대통령령)

이 영은 공포한 날부터 시행한다.

혈액관리법

[시행 2023. 6. 22.] [법률 제18626호, 2021. 12. 21., 일부개정]

제1조(목적) 이 법은 혈액관리업무에 관하여 필요한 사항을 규정함으로써 수혈자와 헌혈자(獻血者)를 보호하고 혈액관리를 적절하게 하여 국민보건의 향상에 이바지함을 목적으로 한다.

[전문개정 2012. 10. 22.]

제2조(정의) 이 법에서 사용하는 용어의 뜻은 다음과 같다. 〈개정 2021. 3. 23., 2021. 12. 21.〉

1. "혈액"이란 인체에서 채혈(採血)한 혈구(血球) 및 혈장(血漿)을 말한다.
2. "혈액관리업무"란 수혈(輸血)이나 혈액제제(血液製劑)의 제조에 필요한 혈액을 채혈·검사·제조·보존·공급 또는 품질관리하는 업무를 말한다.
3. "혈액원"이란 혈액관리업무를 수행하기 위하여 제6조제3항에 따라 허가를 받은 자를 말한다.
4. "헌혈자"란 자기의 혈액을 혈액원에 무상(無償)으로 제공하는 사람을 말한다.
5. "부적격혈액"이란 채혈 시 또는 채혈 후에 이상이 발견된 혈액 또는 혈액제제로서 보건복지부령으로 정하는 혈액 또는 혈액제제를 말한다.
6. "채혈금지대상자"란 감염병 환자, 약물복용 환자 등 건강기준에 미달하는 사람으로서 헌혈을 하기에 부적합하다고 보건복지부령으로 정하는 사람을 말한다.
7. "특정수혈부작용"이란 수혈한 혈액제제로 인하여 발생한 부작용으로서 보건복지부령으로 정하는 것을 말한다.
8. "혈액제제"란 혈액을 원료로 하여 제조한 「약사법」 제2조에 따른 의약품으로서 다음 각 목의 어느 하나에 해당하는 것을 말한다.
   가. 전혈(全血)
   나. 농축적혈구(濃縮赤血球)
   다. 신선동결혈장(新鮮凍結血漿)
   라. 농축혈소판(濃縮血小板)
   마. 그 밖에 보건복지부령으로 정하는 혈액 관련 의약품
8의2. "원료혈장"이란 혈액제제 중 혈장분획제제(혈장을 원료로 일련의 제조과정을 거쳐 얻어진 의약품)의 제조를 위하여 혈액원이 혈장분획제제 제조업자에게 공급하는 혈장을 말한다.
9. "헌혈환급예치금"이란 제14조제5항에 따라 수혈비용을 보상하거나 헌혈사업에 사용할 목적으로 혈액원이 보건복지부장관에게 예치하는 금액을 말한다.
10. "채혈"이란 수혈 등에 사용되는 혈액제제를 제조하기 위하여 헌혈자로부터 혈액을 채취하는 행위를 말한다.
11. "채혈부작용"이란 채혈한 후에 헌혈자에게 나타날 수 있는 혈관미주신경반응 또는 피하출혈 등 미리 예상하지 못한 부작용을 말한다.

[전문개정 2012. 10. 22.]

제3조(혈액 매매행위 등의 금지) ① 누구든지 금전, 재산상의 이익 또는 그 밖의 대가적 급부(給付)를 받거나 받기로 하고 자신의 혈액(제14조에 따른 헌혈증서를 포함한다)을 제공하거나 제공할 것을 약속하여서는 아니 된다.

② 누구든지 금전, 재산상의 이익 또는 그 밖의 대가적 급부를 주거나 주기로 하고 다른 사람의 혈액(제14조에 따른 헌혈증서를 포함한다)을 제공받거나 제공받을 것을 약속하여서는 아니 된다.

③ 누구든지 제1항 및 제2항에 위반되는 행위를 교사(敎唆)·방조 또는 알선하여서는 아니 된다.

④ 누구든지 제1항 및 제2항에 위반되는 행위가 있음을 알았을 때에는 그 행위와 관련되는 혈액을 채혈하거나 수혈하여서는 아니 된다.

[전문개정 2012. 10. 22.]

제4조(국가와 지방자치단체의 책무) 국가와 지방자치단체는 적극적인 헌혈기부문화를 조성하고 건강한 국민의 헌혈을 장려할 수 있도록 대국민 교육 및 홍보 등 필요한 지원책을 수립·시행하여야 한다.

[본조신설 2020. 12. 29.] [종전 제4조는 제4조의3으로 이동 〈2020. 12. 29.〉]

제4조의2(국가헌혈추진협의회 구성 및 운영) ① 제4조에 따른 책무를 수행하기 위하여 보건복지부장관 소속으로 국가헌혈추진협의회(이하 "국가헌혈협의회"라 한다)를 둔다.

② 국가헌혈협의회는 다음 각 호의 사항을 심의한다.

  1. 헌혈기부문화 조성과 헌혈 장려를 위한 정책 방향의 설정 및 협력·조정
  2. 헌혈기부문화 조성과 헌혈 장려를 위한 제도 개선 및 예산 지원에 관한 사항
  3. 그 밖에 헌혈기부문화 조성과 헌혈 장려를 위하여 보건복지부장관이 필요하다고 인정하는 사항

③ 국가헌혈협의회의 구성·운영 등에 필요한 사항은 대통령령으로 정한다.

[본조신설 2020. 12. 29.] [종전 제4조의2는 제4조의4로 이동 〈2020. 12. 29.〉]

제4조의3(헌혈 권장 등) ① 매년 6월 14일을 헌혈자의 날로 하고, 보건복지부장관은 헌혈자의 날의 취지에 적합한 기념행사를 실시하는 등 건강한 국민에게 헌혈을 권장할 수 있다. 〈개정 2021. 12. 21.〉

② 보건복지부장관은 혈액원에 혈액관리업무에 필요한 경비의 전부 또는 일부를 보조할 수 있다.

③ 헌혈 권장에 필요한 사항은 대통령령으로 정한다.

[전문개정 2012. 10. 22.] [제4조에서 이동, 종전 제4조의3은 제4조의5로 이동 〈2020. 12. 29.〉]

제4조의4(헌혈자 보호와 의무 등) ① 헌혈자는 숭고한 박애정신의 실천자로서 헌혈을 하는 현장에서 존중받아야 한다.

② 헌혈자는 안전한 혈액의 채혈 및 공급을 위하여 신상(身上) 및 병력(病歷)에 대한 정보를 사실대로 성실하게 제공하여야 한다.

③ 혈액원이 헌혈자로부터 채혈할 때에는 쾌적하고 안전한 환경에서 하여야 한다.

④ 혈액원은 헌혈자가 자유의사로 헌혈할 수 있도록 헌혈에 관한 유의 사항을 설명하여야 하며, 헌혈자로부터 채혈에 대한 동의를 받아야 한다.

⑤ 헌혈 적격 여부를 판정하기 위한 문진(問診) 사항의 기록과 면담은 헌혈자의 개인비밀이 보호될 수 있는 환경에서 하여야 한다.

⑥ 혈액원은 채혈부작용의 발생 여부를 세심히 관찰하여야 하며, 채혈부작용을 예방하기 위하여 필요한 조치를 하여야 한다.

⑦ 헌혈자에게 채혈부작용이 나타나는 경우 혈액원은 지체 없이 적절한 조치를 하여야 한다.

⑧ 제1항부터 제7항까지에서 규정한 사항 외에 헌혈자를 보호하기 위하여 필요한 사항은 대통령령으로 정한다.

[전문개정 2012. 10. 22.] [제4조의2에서 이동, 종전 제4조의4는 제4조의6으로 이동 〈2020. 12. 29.〉]

제4조의5(혈액관리기본계획의 수립) ① 보건복지부장관은 혈액의 안정적 수급 및 관리에 관한 정책을 효율적으로 추진하기 위하여 제5조에 따른 혈액관리위원회의 심의를 거쳐 혈액관리에 관한 기본계획(이하 "기본계획"이라 한다)을 5년마다 수립하여야 한다.

② 기본계획에는 다음 각 호의 사항이 포함되어야 한다.

  1. 헌혈 증진과 혈액관리의 발전 방향 및 목표
  2. 혈액관리에 관한 각 부처 및 기관·단체의 협조에 관한 사항
  3. 헌혈 및 수혈의 안전성 향상 방안
  4. 혈액제제의 안전성 향상, 안정적 수급 및 적정한 사용 방안
  5. 그 밖에 보건복지부장관이 혈액관리를 위하여 필요하다고 인정하는 사항

③ 보건복지부장관은 기본계획을 수립할 때에는 미리 관계 중앙행정기관의 장과 협의하여야 한다.

④ 보건복지부장관은 기본계획의 수립·시행을 위하여 필요한 경우에는 관계 중앙행정기관의 장, 지방자치단체의 장, 관련 기관·단체 등에 필요한 자료 및 정보의 제공을 요청할 수 있다. 이 경우 자료 및 정보의 제공을 요청받은 자는 정당한 사유가 없으면 요청에 따라야 한다.

[본조신설 2018. 12. 11.] [제4조의3에서 이동 〈2020. 12. 29.〉]

제4조의6(헌혈추진협의회의 구성) ① 특별시장·광역시장·특별자치시장·도지사·특별자치도지사(이하 "시·도지사"라 한다) 또는 시장·군수·구청장은 헌혈 증진을 위한 홍보 및 적극적인 헌혈기부문화 조성을 위하여 지역사회의 주민·단체 또는 공공기관이 참여하는 헌혈추진협의회를 구성할 수 있다.

② 제1항에 따른 헌혈추진협의회의 구성 및 운영 등에 필요한 사항은 해당 특별시·광역시·특별자치시·도·특별자치도 또는 시·군·구의 조례로 정한다.

[본조신설 2018. 12. 11.] [제4조의4에서 이동 〈2020. 12. 29.〉]

제4조의7(원료혈장 수급 관리 등) ① 보건복지부장관은 원료혈장의 공급 가격 관리 및 배분 등 안정적 수급을 도모하기 위하여 필요한 조치를 취할 수 있다.

② 원료혈장의 안정적 수급을 위하여 필요한 사항은 대통령령으로 정한다.

[본조신설 2021. 12. 21.]

제4조의8(헌혈자에 대한 예우 및 지원) ① 국가 및 지방자치단체는 헌혈기부문화 조성을 위하여 헌혈자를 위한 예우 증진 사업을 할 수 있다.

② 보건복지부장관은 헌혈에 관하여 특히 공로가 있는 자에게 훈장 또는 포장을 추천하거나 표창을 행할 수 있다.

③ 헌혈자 예우에 필요한 사항은 대통령령으로 정한다.

[본조신설 2021. 12. 21.]

제5조(혈액관리위원회의 설치 및 운영) ① 혈액관리에 관한 다음 각 호의 사항을 심의하기 위하여 보건복지부장관 소속으로 혈액관리위원회(이하 "위원회"라 한다)를 둔다. 〈개정 2018. 12. 11.〉

　1. 혈액관리제도의 개선 및 헌혈 추진 방안

　2. 제15조제2항에 따른 헌혈환급적립금의 활용 방안

　3. 혈액 수가(酬價)의 조정

　4. 혈액제제의 수급(需給) 및 안전성에 관한 사항

　5. 혈액원의 개설 및 혈액관리업무의 심사평가에 관한 사항

　6. 특정수혈부작용에 관한 사항

　7. 기본계획의 수립에 관한 사항

　8. 그 밖에 혈액관리에 관하여 보건복지부장관이 위원회의 회의에 부치는 사항

② 위원회는 위원장 1명과 부위원장 1명을 포함하여 15명 이내의 위원으로 구성하고, 그 임기는 2년으로 한다. 다만, 공무원인 위원의 임기는 그 재임기간으로 한다.

③ 위원회의 위원장은 혈액관리에 관한 학식과 행정 경험을 두루 갖추고 생명윤리에 대한 인식이 확고한 사람 중에서 보건복지부장관이 위촉한다.

④ 제1항부터 제3항까지에서 규정한 사항 외에 위원회의 구성 및 운영에 필요한 사항은 대통령령으로 정한다.

[전문개정 2012. 10. 22.]

제6조(혈액관리업무) ① 혈액관리업무는 다음 각 호의 어느 하나에 해당하는 자만이 할 수 있다. 다만, 제3호에 해당하는 자는 혈액관리업무 중 채혈을 할 수 없다.

1. 「의료법」에 따른 의료기관(이하 "의료기관"이라 한다)
2. 「대한적십자사 조직법」에 따른 대한적십자사(이하 "대한적십자사"라 한다)
3. 보건복지부령으로 정하는 혈액제제 제조업자

② 제1항제1호 및 제2호에 따라 혈액관리업무를 하는 자는 보건복지부령으로 정하는 기준에 적합한 시설·장비를 갖추어야 한다.

③ 제1항제1호 또는 제2호에 해당하는 자로서 혈액원을 개설하려는 자는 보건복지부령으로 정하는 바에 따라 보건복지부장관의 허가를 받아야 한다. 허가받은 사항 중 보건복지부령으로 정하는 중요한 사항을 변경하려는 경우에도 또한 같다.

④ 혈액관리업무를 하려는 자는 「약사법」 제31조에 따라 의약품 제조업의 허가를 받아야 하며, 품목별로 품목허가를 받거나 품목신고를 하여야 한다.

[전문개정 2012. 10. 22.]

제6조의2(혈액관리업무의 금지 등) ① 제6조제3항에 따라 보건복지부장관의 허가를 받지 아니한 자는 혈액관리업무를 하지 못한다. 다만, 제6조제1항제3호에 해당하는 자는 그러하지 아니하다.

② 이 법에 따라 혈액원으로 허가받지 아니한 자는 혈액원 또는 이와 유사한 명칭을 사용하지 못한다.

[전문개정 2012. 10. 22.]

제6조의3(혈액제제 제조관리자 등) ① 혈액원에는 1명 이상의 의사를 두고 혈액의 검사·제조·보존 등 혈액제제 제조업무를 관리하게 하여야 한다.

② 제1항에 따라 혈액제제의 제조업무를 관리하는 사람(이하 "제조관리자"라 한다)은 혈액제제의 제조업무에 종사하는 사람에 대한 지도·감독에 관한 사항과 품질관리, 제조시설의 관리 및 그 밖에 그 제조관리에 관하여 보건복지부령으로 정하는 사항을 준수하여야 한다.

③ 혈액원의 장 등은 제조관리자의 관리업무를 방해하여서는 아니 되며, 제조관리자가 그 의무 이행을 위하여 필요한 사항을 요청하면 정당한 사유 없이 그 요청을 거부하여서는 아니 된다.

[전문개정 2012. 10. 22.]

제6조의4(혈액원의 휴업 등의 신고) ① 혈액원의 개설자가 그 업무를 휴업·폐업 또는 재개업하려는 경우에는 보건복지부령으로 정하는 바에 따라 보건복지부장관에게 신고하여야 한다. 이 경우 보건복지부장관은 그 내용을 검토하여 이 법에 적합하면 신고를 수리하여야 한다. 〈개정 2019. 12. 3.〉

② 혈액원의 개설자는 제1항에 따라 폐업 또는 휴업의 신고를 할 때에는 제12조 또는 제12조의2에 따라 기록·보존하고 있는 혈액관리업무기록 등을 대한적십자사 회장에게 이관(移管)하여야 한다. 다만, 혈액원의 개설자가 보건복지부령으로 정하는 바에 따라 혈액관리업무기록 등의 보관계획서를 제출하여 보건복지부장관의 허가를 받은 경우에는 이를 직접 보관할 수 있다. 〈개정 2016. 12. 2.〉

[전문개정 2012. 10. 22.]

제7조(헌혈자의 신원 확인 및 건강진단 등) ① 혈액원은 보건복지부령으로 정하는 바에 따라 채혈 전에 헌혈자에 대하여 신원 확인 및 건강진단을 하여야 한다.

② 혈액원은 보건복지부령으로 정하는 감염병 환자 및 건강기준에 미달하는 사람으로부터 채혈을 하여서는 아니 된다.

③ 혈액원은 신원이 확실하지 아니하거나 신원 확인에 필요한 요구에 따르지 아니하는 사람으로부터 채혈을 하여서는 아니 된다.

④ 보건복지부장관은 혈액제제의 안전성을 확보하기 위하여 필요하다고 인정할 때에는 관계 중앙행정기관의 장 또는 공공기관의 장으로 하여금 감염병 환자 또는 약물복용 환자 등의 관련 정보를 혈액원 등에 제공하도록 요청할 수 있다. 이 경우 관계 중앙행정기관의 장 또는 공공기관의 장은 정당한 사유가 없으면 그 요청에 따라야 한다.

⑤ 혈액원은 보건복지부령으로 정하는 바에 따라 헌혈자로부터 채혈하기 전에 채혈금지대상 여부 및 과거 헌혈경력과 그 검사 결과를 조회하여야 한다. 다만, 천재지변, 긴급 수혈 등 보건복지부령으로 정하는 경우에는 그러하지 아니하다.

⑥ 제4항과 제5항에 따른 정보제공의 범위 및 조회 등에 관한 구체적인 사항은 보건복지부령으로 정한다.

[전문개정 2012. 10. 22.]

제7조의2(채혈금지대상자의 관리) ① 보건복지부장관은 보건복지부령으로 정하는 바에 따라 채혈금지대상자의 명부를 작성·관리할 수 있다.

② 혈액원은 채혈금지대상자로부터 채혈을 하여서는 아니 된다.

③ 제2항에도 불구하고 혈액원은 보건복지부령으로 정하는 안전성검사를 통과한 채혈금지대상자에 대하여는 채혈을 할 수 있다. 이 경우 그 결과를 보건복지부령으로 정하는 바에 따라 보건복지부장관에게 보고하여야 한다.

④ 보건복지부장관은 채혈금지대상자 명부에 있는 사람에게 명부의 기재 사항 등을 대통령령으로 정하는 바에 따라 개별적으로 알릴 수 있다.

⑤ 제1항에 따른 채혈금지대상자의 명부를 작성·관리하는 업무에 종사하는 사람 또는 종사하였던 사람은 업무상 알게 된 비밀을 정당한 사유 없이 누설하여서는 아니 된다.

[전문개정 2012. 10. 22.]

제8조(혈액 등의 안전성 확보) ① 혈액원은 다음 각 호의 방법으로 혈액 및 혈액제제의 적격 여부를 검사하고 그 결과를 확인하여야 한다. 〈개정 2016. 2. 3.〉

1. 헌혈자로부터 채혈
2. 보건복지부령으로 정하는 헌혈금지약물의 복용 여부 확인

② 혈액원 등 혈액관리업무를 하는 자(이하 "혈액원등"이라 한다)는 제1항에 따른 검사 결과 부적격혈액을 발견하였을 때에는 보건복지부령으로 정하는 바에 따라 이를 폐기처분하고 그 결과를 보건복지부장관에게 보고하여야 한다. 다만, 부적격혈액을 예방접종약의 원료로 사용하는 등 대통령령으로 정하는 경우에는 그러하지 아니하다.

③ 제1항에 따른 혈액 및 혈액제제의 적격 여부에 관한 판정기준은 보건복지부령으로 정한다.

④ 혈액원은 제1항제2호에 따른 확인 결과 부적격혈액을 발견하였으나 그 혈액이 이미 의료기관으로 출고된 경우에는 해당 의료기관에 부적격혈액에 대한 사항을 즉시 알리고, 부적격혈액을 폐기처분하도록 조치를 하여야 한다. 〈신설 2016. 2. 3.〉

⑤ 혈액원은 부적격혈액의 수혈 등으로 사고가 발생할 위험이 있거나 사고가 발생하였을 때에는 이를 그 혈액을 수혈받은 사람에게 알려야 한다. 〈신설 2016. 2. 3.〉

⑥ 혈액원은 헌혈자 및 그의 혈액검사에 관한 정보를 보건복지부령으로 정하는 바에 따라 보건복지부장관에게 보고하여야 한다. 〈개정 2016. 2. 3.〉

⑦ 보건복지부장관은 제6항에 따라 보고받은 헌혈자 및 그의 혈액검사에 관한 정보를 적절히 유지·관리하여야 한다. 〈개정 2016. 2. 3.〉

⑧ 제1항에 따른 혈액 및 혈액제제의 적격 여부 검사와 그 밖에 제4항 및 제5항의 부적격혈액 발생 시의 조치에 필요한 사항은 보건복지부령으로 정한다. 〈신설 2016. 2. 3.〉

[전문개정 2012. 10. 22.]

제8조의2(혈액사고 발생 시의 조치 등) ① 보건복지부장관은 부적격혈액의 수혈 등으로 사고가 발생할 위험이 있거나 사고가 발생하였을 때에는 보건복지부령으로 정하는 바에 따라 혈액원등에 대하여 관련 혈액 및 혈액제제의 폐기 등 필요한 조치를 하거나 이를 하도록 명할 수 있다.

② 보건복지부장관은 제1항에 따른 조치를 하거나 이를 하도록 명할 때 필요하다고 인정하면 식품의약품

안전처장 등 유관기관에 협조를 요청할 수 있다.〈개정 2013. 3. 23.〉

③ 보건복지부장관은 제1항과 제2항의 조치 및 협조에 필요한 유관기관 임무 수행지침을 제정하여 시행할 수 있으며, 해당 기관은 정당한 사유가 없으면 이를 성실히 이행하여야 한다.

[전문개정 2012. 10. 22.]

제9조(혈액의 관리 등) ① 혈액원등은 채혈 시의 혈액량, 혈액관리의 적정 온도 등 보건복지부령으로 정하는 기준에 따라 혈액관리업무를 하여야 한다.

② 혈액원은 채혈한 혈액을 안전하고 신속하게 공급하기 위하여 혈액 공급 차량을 운영할 수 있다.

③ 제2항에 따른 혈액 공급 차량의 형태, 표시 및 내부 장치 등에 관한 구체적인 사항은 보건복지부령으로 정한다.

[전문개정 2012. 10. 22.]

제9조의2(의료기관의 준수사항) ① 병상 수와 혈액 사용량을 고려하여 보건복지부령으로 정하는 의료기관의 장은 안전하고 적정한 혈액 사용을 위하여 수혈관리위원회와 수혈관리실을 설치·운영하고 혈액 관련 업무를 전담하는 인력을 두는 등 필요한 조치를 하여야 한다.

② 제1항에 따른 수혈관리위원회의 구성과 운영, 수혈관리실의 설치와 운영 및 혈액 관련 업무를 전담하는 인력의 자격요건, 인원 수, 업무내용 등에 관하여 필요한 사항은 보건복지부령으로 정한다.

[본조신설 2019. 12. 3.]

제10조(특정수혈부작용에 대한 조치) ① 의료기관의 장은 특정수혈부작용이 발생한 경우에는 보건복지부령으로 정하는 바에 따라 그 사실을 시·도지사에게 신고하여야 한다.〈개정 2020. 2. 18.〉

② 시·도지사는 제1항에 따른 특정수혈부작용의 발생 신고를 받은 때에는 이를 보건복지부장관에게 통보하여야 한다.〈신설 2020. 2. 18.〉

③ 보건복지부장관은 제2항에 따라 특정수혈부작용의 발생 신고를 통보받으면 그 발생 원인의 파악 등을 위한 실태조사를 하여야 한다. 이 경우 특정수혈부작용과 관련된 의료기관의 장과 혈액원등은 실태조사에 협조하여야 한다.〈개정 2020. 2. 18.〉

[전문개정 2012. 10. 22.]

제10조의2(특정수혈부작용 및 채혈부작용의 보상) ① 혈액원은 다음 각 호의 어느 하나에 해당하는 사람에 대하여 특정수혈부작용 및 채혈부작용에 대한 보상금(이하 "보상금"이라 한다)을 지급할 수 있다.

　1. 헌혈이 직접적인 원인이 되어 질병이 발생하거나 사망한 채혈부작용자

　2. 혈액원이 공급한 혈액이 직접적인 원인이 되어 질병이 발생하거나 사망한 특정수혈부작용자

② 제1항에 따른 보상금은 위원회의 심의에 따라 결정되며, 보상금이 결정된 때에는 위원장은 그 심의 결과를 지체 없이 혈액원에 통보하여야 한다.〈신설 2016. 2. 3.〉

③ 제1항에도 불구하고 다음 각 호의 어느 하나에 해당하는 경우에는 보상금을 지급하지 아니할 수 있다.〈신설 2016. 2. 3.〉

　1. 채혈부작용이 헌혈자 본인의 고의 또는 중대한 과실로 인하여 발생한 경우

　2. 채혈부작용이라고 결정된 사람 또는 그 가족이 손해배상청구소송 등을 제기한 경우 또는 소송제기 의사를 표시한 경우

④ 제1항에 따라 지급할 수 있는 보상금의 범위는 다음 각 호와 같다. 다만, 혈액의 공급과정에서 혈액원의 과실이 없는 경우에는 제6호의 위자료만 지급할 수 있다.〈신설 2016. 2. 3.〉

　1. 진료비

　2. 장애인이 된 자에 대한 일시보상금

　3. 사망한 자에 대한 일시보상금

　4. 장제비

5. 일실(逸失)소득

6. 위자료

⑤ 그 밖에 보상금의 산정 및 지급 등에 필요한 사항은 보건복지부령으로 정한다.〈개정 2016. 2. 3.〉

[전문개정 2012. 10. 22.]

제11조(혈액제제의 수가) 혈액원이 헌혈자로부터 채혈하여 제조한 혈액제제를 의료기관에 공급하는 가격과 혈액원으로부터 혈액제제를 공급받은 의료기관이 수혈자에게 공급하는 가격은 보건복지부장관이 정하여 고시한다.

[전문개정 2012. 10. 22.]

제12조(기록의 작성 등) ① 혈액원등은 보건복지부령으로 정하는 바에 따라 혈액관리업무에 관한 기록을 작성하여 갖추어 두어야 한다.

② 제1항에 따른 기록(제12조의2제1항에 따른 전자혈액관리업무기록을 포함한다)은 기록한 날부터 보건복지부령으로 정하는 기간 동안 보존하여야 한다.

③ 혈액관리업무에 종사하는 자는 이 법 또는 다른 법령에 특별히 규정된 경우를 제외하고는 건강진단·채혈·검사 등 업무상 알게 된 다른 사람의 비밀을 누설하거나 발표하여서는 아니 된다.

[전문개정 2012. 10. 22.]

제12조의2(전자혈액관리업무기록 등) ① 혈액원등은 헌혈자 대장(臺帳) 등을 「전자서명법」에 따른 전자서명이 기재된 전자문서 등(이하 "전자혈액관리업무기록"이라 한다)으로 작성·보관할 수 있다.

② 혈액원등은 전자혈액관리업무기록을 안전하게 관리·보존하는 데에 필요한 시설 및 장비 등을 갖추어야 한다.

③ 누구든지 정당한 사유 없이 전자혈액관리업무기록에 저장된 개인정보를 탐지(探知)하거나 누출·변조 또는 훼손하여서는 아니 된다.

④ 제14조제3항에 따라 수혈을 요구받은 의료기관은 헌혈증의 유효성 여부를 확인하기 위하여 전자혈액관리업무기록을 조회할 수 있다.〈신설 2021. 3. 23.〉

[전문개정 2012. 10. 22.]

제13조(검사 등) ① 보건복지부장관은 혈액의 품질관리를 위하여 필요하다고 인정하면 혈액원등에 대통령령으로 정하는 바에 따라 필요한 보고를 하도록 명하거나, 관계 공무원에게 혈액원등의 사무실, 사업장, 그 밖에 필요한 장소에 출입하여 장부·서류 또는 그 밖의 물건을 검사하게 할 수 있다.

② 제1항에 따라 출입·검사를 하는 공무원은 그 권한을 표시하는 증표를 관계인에게 내보여야 한다.

③ 보건복지부장관은 혈액제제의 안전성을 보장하고 효과를 높이기 위하여 대통령령으로 정하는 바에 따라 혈액원의 혈액관리업무에 대한 심사평가를 할 수 있다.

[전문개정 2012. 10. 22.]

제13조의2(혈액원 및 의료기관의 혈액수급정보 제출) ① 혈액원은 혈액 공급량·재고량·폐기량 등 혈액관리에 관한 정보를 보건복지부장관에게 제출하여야 한다.

② 혈액원(의료기관이 개설한 혈액원 중 혈액제제를 자체에서 소비할 목적으로 공급하는 경우는 제외한다)으로부터 혈액을 공급받은 의료기관의 장은 해당 의료기관의 혈액 사용량·재고량·폐기량 등 혈액 사용에 관한 정보를 보건복지부장관에게 제출하여야 한다.

③ 제1항 및 제2항에 따른 제출정보의 내용, 제출 시기 및 제출 방법은 보건복지부령으로 정한다.

[본조신설 2019. 12. 3.]

제14조(헌혈증서의 발급 및 수혈비용의 보상 등) ① 혈액원이 헌혈자로부터 헌혈을 받았을 때에는 보건복지부령으로 정하는 바에 따라 헌혈증서를 그 헌혈자에게 발급하여야 한다. 이 경우 헌혈증서를 잃어버리거

나 훼손되어 못쓰게 된 것이 확인된 경우에는 보건복지부령으로 정하는 바에 따라 재발급 받을 수 있다. 〈개정 2021. 3. 23.〉

② 제1항에 따른 헌혈증서는 휴대전화에 의한 문자메시지, 전자우편 등의 수단으로 제공할 수 있다. 〈신설 2021. 3. 23.〉

③ 제1항에 따른 헌혈자 또는 그 헌혈자의 헌혈증서를 양도받은 사람은 의료기관에 그 헌혈증서를 제출하면 무상으로 혈액제제를 수혈받을 수 있다. 다만, 재발급되어 유효하지 아니하게 된 헌혈증서를 사용한 경우 혈액제제의 수혈비용은 수혈자가 부담하여야 한다. 〈개정 2021. 3. 23.〉

④ 제3항에 따라 수혈을 요구받은 의료기관은 정당한 이유 없이 그 요구를 거부하지 못한다. 〈개정 2021. 3. 23.〉

⑤ 보건복지부장관은 의료기관이 제3항에 따라 헌혈증서 제출자에게 수혈을 하였을 때에는 보건복지부령으로 정하는 바에 따라 제15조제2항에 따른 헌혈환급적립금에서 그 비용을 해당 의료기관에 보상하여야 한다. 〈개정 2021. 3. 23.〉

[전문개정 2012. 10. 22.]

제15조(헌혈환급예치금 및 헌혈환급적립금) ① 혈액원이 헌혈자로부터 헌혈을 받았을 때에는 보건복지부령으로 정하는 바에 따라 헌혈환급예치금을 보건복지부장관에게 내야 한다. 다만, 헌혈 혈액이 제8조제1항에 따른 검사 결과 부적격혈액으로 판정된 경우에는 헌혈환급예치금의 전부 또는 일부를 돌려주거나 면제할 수 있다.

② 보건복지부장관은 제1항에 따른 헌혈환급예치금으로 헌혈환급적립금(이하 "적립금"이라 한다)을 조성·관리한다.

③ 적립금은 다음 각 호의 어느 하나에 해당하는 용도에만 사용하여야 한다. 〈개정 2021. 3. 23.〉

1. 제14조제5항에 따른 수혈비용의 보상
2. 헌혈의 장려
3. 혈액관리와 관련된 연구
4. 그 밖에 대통령령으로 정하는 용도

④ 적립금의 관리 및 운영 등에 필요한 사항은 대통령령으로 정한다.

[전문개정 2012. 10. 22.]

제16조(군의료기관에 대한 특례) 군의료기관(軍醫療機關)에 설치하는 혈액원의 혈액관리업무에 관하여는 제4조의3, 제6조, 제8조, 제8조의2, 제9조, 제10조, 제12조, 제12조의2 및 제13조부터 제15조까지의 규정에도 불구하고 국방부장관이 보건복지부장관과 협의한 후 국방부령으로 정한다. 〈개정 2020. 12. 29.〉

[전문개정 2012. 10. 22.]

제17조(권한의 위임·위탁 등) ① 보건복지부장관은 이 법에 따른 권한의 일부를 대통령령으로 정하는 바에 따라 시·도지사에게 위임할 수 있다. 〈개정 2018. 12. 11.〉

② 보건복지부장관은 이 법에 따른 다음 각 호의 업무를 대통령령으로 정하는 바에 따라 대한적십자사 회장에게 위탁할 수 있다. 〈개정 2016. 2. 3., 2016. 12. 2., 2021. 3. 23.〉

1. 제7조의2제1항 및 제4항에 따른 채혈금지대상자 명부의 작성·관리 및 통지에 관한 업무
2. 제8조제6항 및 제7항에 따른 헌혈자의 혈액정보 관리에 관한 업무
3. 제14조제5항에 따른 보상업무
4. 제15조제1항에 따른 헌혈환급예치금의 수납업무
5. 제15조제2항에 따른 적립금의 조성·관리 업무

③ 보건복지부장관은 제2항에 따라 대한적십자사 회장에게 위탁한 업무 및 대한적십자사 회장이 수행하는 다음 각 호의 어느 하나에 해당하는 업무에 대하여 매년 예산의 범위에서 그 수행에 필요한 경비를 보조할 수 있다. 〈개정 2016. 12. 2.〉

1. 제6조의4제2항에 따라 혈액원의 개설자로부터 이관받은 혈액관리업무기록(전자혈액관리업무기록을 포함한다)의 보존업무
2. 헌혈자의 헌혈경력 조회업무
3. 헌혈자의 혈액정보 관리에 관한 업무
4. 제14조에 따른 헌혈증서의 발급 및 수혈비용의 보상 업무

[전문개정 2012. 10. 22.]

제17조의2(사업계획의 제출 등) ① 제6조제3항에 따라 혈액원을 개설한 자는 혈액원의 회계를 다른 회계와 구분하여 회계처리하여야 한다.

② 혈액원의 회계연도는 정부의 회계연도에 따른다.

③ 혈액원은 매년 사업계획 및 예산안을 작성하여 해당 회계연도가 시작되기 1개월 전에 보건복지부장관에게 제출하여야 한다.

④ 혈액원은 매 회계연도 경과 후 3개월 이내에 수입·지출결산서에 「공인회계사법」 제7조에 따라 등록한 공인회계사 또는 같은 법 제24조에 따라 등록한 회계법인의 회계감사 보고서를 첨부하여 보건복지부장관에게 제출하여야 한다.

⑤ 대한적십자사가 「대한적십자사 조직법」 제21조제1항 및 같은 조 제3항에 따라 사업계획·예산안 및 결산서를 제출한 경우 이를 제3항 및 제4항에 따라 제출한 것으로 본다. 다만, 혈액원별로 혈액원의 사업계획·예산안 및 결산서를 제출한 경우에 한정한다.

⑥ 제3항 및 제4항에 따른 사업계획, 예산안 및 수입·지출결산서의 세부내용 및 제출 방법은 보건복지부령으로 정한다.

[본조신설 2019. 12. 3.] [종전 제17조의2는 제17조의3으로 이동 〈2019. 12. 3.〉]

제17조의3(개설허가의 취소 등) ①보건복지부장관은 혈액원이 다음 각 호의 어느 하나에 해당하면 혈액원의 개설허가를 취소하거나 6개월의 범위에서 업무의 정지 또는 위반 사항에 대한 시정을 명할 수 있다. 〈개정 2013. 8. 13., 2019. 12. 3.〉

1. 혈액원 개설허가를 받은 날부터 3개월이 지나도록 정당한 사유 없이 그 업무를 시작하지 아니한 경우
2. 개설허가를 받은 혈액원의 시설이 제6조제2항에 따른 시설·장비 기준에 적합하지 아니한 경우
3. 혈액원이 제조관리자를 두지 아니한 경우
4. 혈액원에 대한 제13조제1항에 따른 검사 또는 같은 조 제3항에 따른 심사평가 결과 혈액관리업무가 부적절하였음이 발견된 경우
5. 혈액원이 제17조의2제3항 및 제4항을 위반하여 사업계획, 예산안, 수입·지출결산서 또는 회계감사 보고서를 제출하지 아니한 경우
6. 그 밖에 이 법 또는 이 법에 따른 명령을 위반한 경우

② 보건복지부장관은 의료기관이 제9조의2제1항을 위반한 경우 위반 사항에 대한 시정을 명할 수 있다. 〈신설 2019. 12. 3.〉

③ 제1항 및 제2항에 따른 행정처분의 세부적인 기준은 보건복지부령으로 정한다.〈신설 2013. 8. 13., 2019. 12. 3.〉

[전문개정 2012. 10. 22.] [제17조의2에서 이동, 종전 제17조의3은 제17조의4로 이동 〈2019. 12. 3.〉]

제17조의4(적용의 배제) 제6조제1항제1호에 해당하는 자가 개설한 혈액원 중 혈액제제를 자체에서 소비할 목적으로 공급하는 경우에는 같은 조 제4항, 제6조의3, 제13조의2제1항 및 제17조의2를 적용하지 아니한다. 〈개정 2019. 12. 3.〉

[전문개정 2012. 10. 22.] [제17조의3에서 이동 〈2019. 12. 3.〉]

제18조(벌칙) 다음 각 호의 어느 하나에 해당하는 자는 5년 이하의 징역 또는 5천만원 이하의 벌금에 처

한다. 〈개정 2018. 12. 11.〉

1. 제3조를 위반하여 혈액 매매행위 등을 한 자
2. 제6조제1항을 위반하여 혈액관리업무를 할 수 있는 자가 아니면서 혈액관리업무를 한 자
3. 제6조제3항을 위반하여 허가받지 아니하고 혈액원을 개설한 자 또는 변경허가를 받지 아니하고 중요 사항을 변경한 자
4. 제6조제4항을 위반하여 의약품 제조업의 허가를 받지 아니하고 혈액관리업무를 한 자 또는 품목별로 품목허가를 받거나 품목신고를 하지 아니하고 혈액관리업무를 한 자
5. 제6조의2제1항을 위반하여 허가받지 아니하고 혈액관리업무를 한 자

[전문개정 2012. 10. 22.]

제19조(벌칙) 다음 각 호의 어느 하나에 해당하는 자는 2년 이하의 징역 또는 2천만원 이하의 벌금에 처한다. 〈개정 2016. 2. 3., 2018. 12. 11.〉

1. 제6조제2항을 위반하여 보건복지부령으로 정하는 기준에 적합한 시설·장비를 갖추지 아니한 자
2. 제7조제1항을 위반하여 채혈 전에 헌혈자에 대하여 신원 확인 및 건강진단을 하지 아니한 자
3. 제7조제2항을 위반하여 보건복지부령으로 정하는 감염병 환자 또는 건강기준에 미달하는 사람으로부터 채혈을 한 자
4. 제7조제3항을 위반하여 신원이 확실하지 아니하거나 신원 확인에 필요한 요구에 따르지 아니하는 사람으로부터 채혈을 한 자
5. 제7조제5항을 위반하여 채혈하기 전에 채혈금지대상 여부 및 과거 헌혈경력과 그 검사 결과를 조회하지 아니한 자
6. 제7조의2제2항 및 제3항을 위반하여 보건복지부령으로 정하는 안전성검사를 통과하지 못한 채혈금지대상자로부터 채혈을 하거나 안전성검사를 통과한 채혈금지대상자로부터 채혈을 한 후 그 결과를 보건복지부장관에게 보고하지 아니한 자
7. 제7조의2제5항을 위반하여 채혈금지대상자 명부의 작성·관리 업무상 알게 된 비밀을 정당한 사유 없이 누설한 자
8. 제8조제1항을 위반하여 보건복지부령으로 정하는 바에 따라 혈액과 혈액제제의 적격 여부를 검사하지 아니하거나 검사 결과를 확인하지 아니한 자
9. 제8조제2항을 위반하여 보건복지부령으로 정하는 바에 따라 부적격혈액을 폐기처분하지 아니하거나 폐기처분 결과를 보건복지부장관에게 보고하지 아니한 자
9의2. 제8조제4항을 위반하여 부적격혈액의 정보를 해당 의료기관에 알리지 아니하거나 폐기처분하지 아니한 자
9의3. 제8조제5항을 위반하여 부적격혈액을 수혈받은 사람에게 이를 알리지 아니한 자
10. 제9조제1항을 위반하여 채혈 시의 혈액량, 혈액관리의 적정 온도 등 보건복지부령으로 정하는 기준에 따라 혈액관리업무를 하지 아니한 자
11. 제12조제3항을 위반하여 건강진단·채혈·검사 등 업무상 알게 된 다른 사람의 비밀을 누설하거나 발표한 자
12. 제12조의2제3항을 위반하여 정당한 사유 없이 전자혈액관리업무기록에 저장된 개인정보를 탐지하거나 누출·변조 또는 훼손한 자

[전문개정 2012. 10. 22.]

제20조(벌칙) 다음 각 호의 어느 하나에 해당하는 자는 1년 이하의 징역 또는 1천만원 이하의 벌금에 처한다. 〈개정 2018. 12. 11., 2021. 3. 23.〉

1. 제14조제1항 또는 제4항을 위반하여 헌혈자에게 헌혈증서를 발급하지 아니하거나, 의료기관에 헌혈

증서를 제출하면서 무상으로 혈액제제 수혈을 요구한 사람에 대하여 정당한 이유 없이 그 요구를 거절한 자

2. 제15조제1항을 위반하여 거짓이나 그 밖의 부정한 방법으로 헌혈환급예치금을 내지 아니한 자

[전문개정 2012. 10. 22.]

제21조(벌칙) ① 제17조의3제2항에 따른 시정명령을 이행하지 아니한 자는 500만원 이하의 벌금에 처한다. 〈신설 2019. 12. 3.〉

② 다음 각 호의 어느 하나에 해당하는 자는 100만원 이하의 벌금에 처한다.〈개정 2019. 12. 3.〉

1. 제6조의3제2항을 위반한 자

2. 제11조에 따라 고시된 혈액제제의 수가를 위반하여 혈액제제를 공급한 자

[전문개정 2016. 2. 3.]

제22조(양벌규정) 법인의 대표자나 법인 또는 개인의 대리인, 사용인, 그 밖의 종업원이 그 법인 또는 개인의 업무에 관하여 제18조부터 제21조까지의 어느 하나에 해당하는 위반행위를 하면 그 행위자를 벌하는 외에 그 법인 또는 개인에게도 해당 조문의 벌금형을 과(科)한다. 다만, 법인 또는 개인이 그 위반행위를 방지하기 위하여 해당 업무에 관하여 상당한 주의와 감독을 게을리하지 아니한 경우에는 그러하지 아니하다.

[전문개정 2011. 4. 28.]

제23조(과태료) ① 다음 각 호의 어느 하나에 해당하는 자에게는 200만원 이하의 과태료를 부과한다. 〈개정 2016. 2. 3., 2019. 12. 3., 2020. 2. 18.〉

1. 제6조의2제2항을 위반하여 혈액원 또는 이와 유사한 명칭을 사용한 자

2. 제8조제6항을 위반하여 보고를 하지 아니하거나 거짓으로 보고한 자

3. 제10조제1항을 위반하여 신고를 하지 아니한 자

4. 제10조제3항 후단을 위반하여 실태조사에 협조하지 아니한 자

5. 제13조제1항에 따른 보고를 하지 아니하거나 거짓으로 보고한 자 또는 검사를 거부·기피 또는 방해한 자

6. 제13조의2제1항·제2항에 따른 제출을 하지 아니하거나 거짓으로 제출한 자

② 제1항에 따른 과태료는 대통령령으로 정하는 바에 따라 보건복지부장관 또는 시·도지사가 부과·징수한다.〈개정 2020. 2. 18.〉

[전문개정 2012. 10. 22.]

부칙

〈제18626호,2021. 12. 21.〉

이 법은 공포 후 1년 6개월이 경과한 날부터 시행한다. 다만, 제4조의3의 개정규정은 공포 후 3개월이 경과한 날부터 시행한다.

보건의료기본법

[시행 2024. 8. 7.] [법률 제20216호, 2024. 2. 6., 일부개정]

제1장 총칙 〈개정 2010. 3. 17.〉

제1조(목적) 이 법은 보건의료에 관한 국민의 권리·의무와 국가 및 지방자치단체의 책임을 정하고 보건의료의 수요와 공급에 관한 기본적인 사항을 규정함으로써 보건의료의 발전과 국민의 보건 및 복지의 증진에 이바지하는 것을 목적으로 한다.
[전문개정 2010. 3. 17.]

제2조(기본 이념) 이 법은 보건의료를 통하여 모든 국민이 인간으로서의 존엄과 가치를 가지며 행복을 추구할 수 있도록 하고 국민 개개인이 건강한 삶을 영위할 수 있도록 제도와 여건을 조성하며, 보건의료의 형평과 효율이 조화를 이룰 수 있도록 함으로써 국민의 삶의 질을 향상시키는 것을 기본 이념으로 한다.
[전문개정 2010. 3. 17.]

제3조(정의) 이 법에서 사용하는 용어의 뜻은 다음과 같다.
  1. "보건의료"란 국민의 건강을 보호·증진하기 위하여 국가·지방자치단체·보건의료기관 또는 보건의료인 등이 행하는 모든 활동을 말한다.
  2. "보건의료서비스"란 국민의 건강을 보호·증진하기 위하여 보건의료인이 행하는 모든 활동을 말한다.
  3. "보건의료인"이란 보건의료 관계 법령에서 정하는 바에 따라 자격·면허 등을 취득하거나 보건의료서비스에 종사하는 것이 허용된 자를 말한다.
  4. "보건의료기관"이란 보건의료인이 공중(公衆) 또는 특정 다수인을 위하여 보건의료서비스를 행하는 보건기관, 의료기관, 약국, 그 밖에 대통령령으로 정하는 기관을 말한다.
  5. "공공보건의료기관"이란 국가·지방자치단체, 그 밖의 공공단체가 설립·운영하는 보건의료기관을 말한다.
  6. "보건의료정보"란 보건의료와 관련한 지식 또는 부호·숫자·문자·음성·음향·영상 등으로 표현된 모든 종류의 자료를 말한다.
[전문개정 2010. 3. 17.]

제4조(국가와 지방자치단체의 책임) ① 국가와 지방자치단체는 국민건강의 보호·증진을 위하여 필요한 법적·제도적 장치를 마련하고 이에 필요한 재원(財源)을 확보하도록 노력하여야 한다.
② 국가와 지방자치단체는 모든 국민의 기본적인 보건의료 수요를 형평에 맞게 충족시킬 수 있도록 노력하여야 한다.
③ 국가와 지방자치단체는 식품, 의약품, 의료기기 및 화장품 등 건강 관련 물품이나 건강 관련 활동으로부터 발생할 수 있는 위해(危害)를 방지하고, 각종 국민건강 위해 요인으로부터 국민의 건강을 보호하기 위한 시책을 강구하도록 노력하여야 한다.
④ 국가와 지방자치단체는 민간이 행하는 보건의료에 대하여 보건의료 시책상 필요하다고 인정하면 행정적·재정적 지원을 할 수 있다.
[전문개정 2010. 3. 17.]

제5조(보건의료인의 책임) ① 보건의료인은 자신의 학식과 경험, 양심에 따라 환자에게 양질의 적정한 보건의료서비스를 제공하기 위하여 노력하여야 한다.
② 보건의료인은 보건의료서비스의 제공을 요구받으면 정당한 이유 없이 이를 거부하지 못한다.
③ 보건의료인은 적절한 보건의료서비스를 제공하기 위하여 필요하면 보건의료서비스를 받는 자를 다른 보건의료기관에 소개하고 그에 관한 보건의료 자료를 다른 보건의료기관에 제공하도록 노력하여야 한다.

④ 보건의료인은 국가나 지방자치단체가 관리하여야 할 질병에 걸렸거나 걸린 것으로 의심되는 대상자를 발견한 때에는 그 사실을 관계 기관에 신고·보고 또는 통지하는 등 필요한 조치를 하여야 한다.

[전문개정 2010. 3. 17.]

제6조(환자 및 보건의료인의 권리) ① 모든 환자는 자신의 건강보호와 증진을 위하여 적절한 보건의료서비스를 받을 권리를 가진다.

② 보건의료인은 보건의료서비스를 제공할 때에 학식과 경험, 양심에 따라 환자의 건강보호를 위하여 적절한 보건의료기술과 치료재료 등을 선택할 권리를 가진다. 다만, 이 법 또는 다른 법률에 특별한 규정이 있는 경우에는 그러하지 아니하다.

[전문개정 2010. 3. 17.]

제7조(보건의료정책과 사회보장정책과의 연계) 국가와 지방자치단체는 보건의료정책과 관련되는 사회보장정책이 연계되도록 하여야 한다.

[전문개정 2010. 3. 17.]

제8조(국민의 참여) 국가와 지방자치단체는 국민의 권리·의무 등 국민생활에 중대한 영향을 미치는 보건의료정책을 수립·시행하려면 이해관계인 등 국민의 의견을 수렴하여야 한다.

[전문개정 2010. 3. 17.]

제9조(다른 법률과의 관계) 보건의료에 관한 법률을 제정하거나 개정할 때에는 이 법에 부합되도록 하여야 한다.

[전문개정 2010. 3. 17.]

제2장 보건의료에 관한 국민의 권리와 의무 〈개정 2010. 3. 17.〉

제10조(건강권 등) ① 모든 국민은 이 법 또는 다른 법률에서 정하는 바에 따라 자신과 가족의 건강에 관하여 국가의 보호를 받을 권리를 가진다.

② 모든 국민은 성별, 나이, 종교, 사회적 신분 또는 경제적 사정 등을 이유로 자신과 가족의 건강에 관한 권리를 침해받지 아니한다.

[전문개정 2010. 3. 17.]

제11조(보건의료에 관한 알 권리) ① 모든 국민은 관계 법령에서 정하는 바에 따라 국가와 지방자치단체의 보건의료시책에 관한 내용의 공개를 청구할 권리를 가진다.

② 모든 국민은 관계 법령에서 정하는 바에 따라 보건의료인이나 보건의료기관에 대하여 자신의 보건의료와 관련한 기록 등의 열람이나 사본의 교부를 요청할 수 있다. 다만, 본인이 요청할 수 없는 경우에는 그 배우자·직계존비속 또는 배우자의 직계존속이, 그 배우자·직계존비속 및 배우자의 직계존속이 없거나 질병이나 그 밖에 직접 요청을 할 수 없는 부득이한 사유가 있는 경우에는 본인이 지정하는 대리인이 기록의 열람 등을 요청할 수 있다.

[전문개정 2010. 3. 17.]

제12조(보건의료서비스에 관한 자기결정권) 모든 국민은 보건의료인으로부터 자신의 질병에 대한 치료 방법, 의학적 연구 대상 여부, 장기이식(臟器移植) 여부 등에 관하여 충분한 설명을 들은 후 이에 관한 동의 여부를 결정할 권리를 가진다.

[전문개정 2010. 3. 17.]

제13조(비밀 보장) 모든 국민은 보건의료와 관련하여 자신의 신체상·건강상의 비밀과 사생활의 비밀을 침해받지 아니한다.

[전문개정 2010. 3. 17.]

제14조(보건의료에 관한 국민의 의무) ① 모든 국민은 자신과 가족의 건강을 보호·증진하기 위하여 노력하여야 하며, 관계 법령에서 정하는 바에 따라 건강을 보호·증진하는 데에 필요한 비용을 부담하여야 한다.

② 누구든지 건강에 위해한 정보를 유포·광고하거나 건강에 위해한 기구·물품을 판매·제공하는 등 다른 사람의 건강을 해치거나 해칠 우려가 있는 행위를 하여서는 아니 된다.

③ 모든 국민은 보건의료인의 정당한 보건의료서비스와 지도에 협조한다.

[전문개정 2010. 3. 17.]

제3장 보건의료발전계획의 수립·시행 *〈개정 2010. 3. 17.〉*

제15조(보건의료발전계획의 수립 등) ① 보건복지부장관은 관계 중앙행정기관의 장과의 협의와 제20조에 따른 보건의료정책심의위원회의 심의를 거쳐 보건의료발전계획을 5년마다 수립하여야 한다.

② 보건의료발전계획에 포함되어야 할 사항은 다음 각 호와 같다. *〈개정 2016. 5. 29.〉*

  1. 보건의료 발전의 기본 목표 및 그 추진 방향
  2. 주요 보건의료사업계획 및 그 추진 방법
  3. 보건의료자원의 조달 및 관리 방안
  4. 지역별 병상 총량의 관리에 관한 시책
  5. 보건의료의 제공 및 이용체계 등 보건의료의 효율화에 관한 시책
  6. 중앙행정기관 간의 보건의료 관련 업무의 종합·조정
  7. 노인·장애인 등 보건의료 취약계층에 대한 보건의료사업계획
  8. 보건의료 통계 및 그 정보의 관리 방안
  9. 그 밖에 보건의료 발전을 위하여 특히 필요하다고 인정되는 사항

③ 보건의료발전계획은 국무회의의 심의를 거쳐 확정한다.

[전문개정 2010. 3. 17.]

제16조(주요 시책 추진방안의 수립·시행) 보건복지부장관과 관계 중앙행정기관의 장은 보건의료발전계획이 확정되면 이를 기초로 하여 보건의료와 관련된 소관 주요 시책의 추진방안을 매년 수립·시행하여야 한다.

[전문개정 2010. 3. 17.]

제17조(지역보건의료계획의 수립·시행) 특별시장·광역시장·도지사·특별자치도지사(이하 "시·도지사"라 한다) 및 시장·군수·구청장(자치구의 구청장을 말한다. 이하 같다)은 보건의료발전계획이 확정되면 관계 법령에서 정하는 바에 따라 지방자치단체의 실정을 감안하여 지역보건의료계획을 수립·시행하여야 한다.

[전문개정 2010. 3. 17.]

제18조(계획 수립의 협조) ① 보건복지부장관, 관계 중앙행정기관의 장, 시·도지사 및 시장·군수·구청장은 보건의료발전계획과 소관 주요 시책 추진방안 및 지역보건의료계획의 수립·시행을 위하여 필요하면 관계 기관·단체 등에 대하여 자료 제공 등의 협조를 요청할 수 있다.

② 제1항에 따른 협조 요청을 받은 관계 기관·단체 등은 특별한 사유가 없으면 협조 요청에 따라야 한다.

[전문개정 2010. 3. 17.]

제18조의2(국회에 대한 보고) 보건복지부장관은 매년 보건의료발전계획의 주요 내용, 제16조에 따른 해당 연도 주요 시책의 추진방안 및 전년도 추진실적을 확정한 후 지체 없이 국회 소관 상임위원회에 보고하여야 한다.

[본조신설 2015. 12. 29.]

제19조(비용의 보조) 국가는 예산의 범위에서 지역보건의료계획의 시행에 필요한 비용의 전부 또는 일부를 지방자치단체에 보조할 수 있다.

[전문개정 2010. 3. 17.]

제20조(보건의료정책심의위원회) 보건의료에 관한 주요 시책을 심의하기 위하여 보건복지부장관 소속으로 보건의료정책심의위원회(이하 "위원회"라 한다)를 둔다.

[전문개정 2010. 3. 17.]

제21조(위원회의 구성) ① 위원회는 위원장 1명을 포함한 25명 이내의 위원으로 구성하되, 공무원이 아닌 위원이 전체 위원의 과반수가 되도록 하여야 한다. 〈개정 2018. 12. 11., 2021. 3. 23.〉

② 위원장은 보건복지부장관으로 한다.

③ 위원은 다음 각 호의 사람 중에서 보건복지부장관이 임명 또는 위촉한다. 이 경우 제2호에 따른 위원과 제3호에 따른 위원은 같은 수로 구성한다. 〈개정 2021. 3. 23.〉

   1. 대통령령으로 정하는 관계 중앙행정기관 소속 공무원
   2. 보건의료 수요자를 대표하는 사람으로서 노동자단체, 소비자·환자 관련 시민단체(「비영리민간단체 지원법」 제2조에 따른 비영리민간단체를 말한다) 등에서 추천하는 사람
   3. 보건의료 공급자를 대표하는 사람으로서 「의료법」 제28조에 따른 의료인 단체, 같은 법 제52조에 따른 의료기관단체, 「약사법」 제11조에 따른 약사회 등에서 추천하는 사람
   4. 보건의료에 관한 학식과 경험이 풍부한 사람

④ 위원회의 회의를 효율적으로 운영하기 위하여 위원회에 실무위원회를 두고, 위원회의 심의사항을 보다 전문적으로 검토하기 위하여 분야별로 분과위원회를 둘 수 있다.

⑤ 이 법에서 규정한 것 외에 위원회·실무위원회 및 분과위원회의 구성·운영과 그 밖에 필요한 사항은 대통령령으로 정한다.

[전문개정 2010. 3. 17.]

제22조(위원회의 기능) 위원회는 다음 각 호의 사항을 심의한다.

   1. 보건의료발전계획
   2. 주요 보건의료제도의 개선
   3. 주요 보건의료정책
   4. 보건의료와 관련되는 국가 및 지방자치단체의 역할
   5. 그 밖에 위원장이 심의에 부치는 사항

[전문개정 2010. 3. 17.]

제23조(관계 행정기관의 협조) ① 위원회는 관계 행정기관에 대하여 보건의료에 관한 자료의 제출과 위원회의 업무에 관하여 필요한 협조를 요청할 수 있다.

② 제1항에 따른 요청을 받은 관계 행정기관은 특별한 사유가 없으면 요청에 따라야 한다.

[전문개정 2010. 3. 17.]

제4장 보건의료자원의 관리 등 〈개정 2010. 3. 17.〉

제24조(보건의료자원의 관리 등) ① 국가와 지방자치단체는 보건의료에 관한 인력, 시설, 물자, 지식 및 기술 등 보건의료자원을 개발·확보하기 위하여 종합적이고 체계적인 시책을 강구하여야 한다.

② 국가와 지방자치단체는 보건의료자원의 장·단기 수요를 예측하여 보건의료자원이 적절히 공급될 수 있도록 보건의료자원을 관리하여야 한다.

[전문개정 2010. 3. 17.]

제25조(보건의료인력의 양성 등) 국가와 지방자치단체는 우수한 보건의료인력의 양성과 보건의료인력의 자질 향상을 위하여 교육 등 필요한 시책을 강구하여야 한다.

[전문개정 2010. 3. 17.]

제26조(보건의료인 간의 협력) 보건의료인은 국민에게 양질의 보건의료서비스를 제공하고 국민의 보건 향상에 이바지하기 위하여 보건의료서비스를 제공할 때에 그 전문 분야별로 또는 전문 분야 간에 상호 협력하도록 노력하여야 한다.

[전문개정 2010. 3. 17.]

제27조(공공·민간 보건의료기관의 역할 분담 등) ① 국가와 지방자치단체는 공공보건의료기관과 민간보건의료기관 간의 역할 분담과 상호협력 체계를 마련하여야 한다.

② 국가와 지방자치단체는 제4조제2항에 따른 기본적인 보건의료 수요를 충족시키기 위하여 필요하면 공공보건의료기관을 설립·운영할 수 있으며, 이에 드는 비용의 전부 또는 일부를 지원할 수 있다.

③ 국가와 지방자치단체는 공공보건의료를 효율적으로 운영하고 관리하기 위하여 필요한 시책을 수립·시행하여야 한다.

④ 공공보건의료기관의 설립·운영 등 공공보건의료에 관한 기본적인 사항은 따로 법률로 정한다.

[전문개정 2010. 3. 17.]

제28조(보건의료 지식 및 기술) ① 국가와 지방자치단체는 보건의료 지식과 보건의료 기술의 발전을 위하여 필요한 시책을 수립·시행하여야 한다.

② 보건복지부장관은 효율적인 보건의료서비스를 제공하기 위하여 새로운 보건의료 기술의 평가 등 필요한 조치를 강구하여야 한다.

[전문개정 2010. 3. 17.]

제5장 보건의료의 제공과 이용 〈개정 2010. 3. 17.〉

제1절 보건의료의 제공 및 이용체계 〈개정 2010. 3. 17.〉

제29조(보건의료의 제공 및 이용체계) ① 국가와 지방자치단체는 보건의료에 관한 인력, 시설, 물자 등 보건의료자원이 지역적으로 고루 분포되어 보건의료서비스의 공급이 균형 있게 이루어지도록 노력하여야 하며, 양질의 보건의료서비스를 효율적으로 제공하기 위한 보건의료의 제공 및 이용체계를 마련하도록 노력하여야 한다.

② 국가와 지방자치단체는 보건의료의 제공 및 이용체계를 구축하기 위하여 필요한 행정상·재정상의 조치와 그 밖에 필요한 지원을 할 수 있다.

[전문개정 2010. 3. 17.]

제30조(응급의료체계) 국가와 지방자치단체는 모든 국민(국내에 체류하고 있는 외국인을 포함한다)이 응급상황에서 신속하고 적절한 응급의료서비스를 받을 수 있도록 응급의료체계를 마련하여야 한다. 〈개정 2013. 6. 4.〉

[전문개정 2010. 3. 17.]

제2절 평생국민건강관리체계 〈개정 2010. 3. 17.〉

제31조(평생국민건강관리사업) ① 국가와 지방자치단체는 생애주기(生涯週期)별 건강상 특성과 주요 건강위험요인을 고려한 평생국민건강관리를 위한 사업을 시행하여야 한다.

② 국가와 지방자치단체는 공공보건의료기관이 평생국민건강관리사업에서 중심 역할을 할 수 있도록 필요한 시책을 강구하여야 한다.

③ 국가와 지방자치단체는 평생국민건강관리사업을 원활하게 수행하기 위하여 건강지도·보건교육 등을 담당할 전문인력을 양성하고 건강관리정보체계를 구축하는 등 필요한 시책을 강구하여야 한다.

[전문개정 2010. 3. 17.]

제32조(여성과 어린이의 건강 증진) 국가와 지방자치단체는 여성과 어린이의 건강을 보호·증진하기 위하여 필요한 시책을 강구하여야 한다. 이 경우 여성의 건강증진시책에 연령별 특성이 반영되도록 하여야 한다. 〈개정 2015. 12. 29.〉

[전문개정 2010. 3. 17.]

제33조(노인의 건강 증진) 국가와 지방자치단체는 노인의 질환을 조기에 발견하고 예방하며, 질병 상태에 따라 적절한 치료와 요양(療養)이 이루어질 수 있도록 하는 등 노인의 건강을 보호·증진하기 위하여 필요한 시책을 강구하여야 한다.

[전문개정 2010. 3. 17.]

제34조(장애인의 건강 증진) 국가와 지방자치단체는 선천적·후천적 장애가 발생하는 것을 예방하고 장애인의 치료와 재활이 이루어질 수 있도록 하는 등 장애인의 건강을 보호·증진하기 위하여 필요한 시책을 강구하여야 한다.

[전문개정 2010. 3. 17.]

제35조(학교 보건의료) 국가와 지방자치단체는 학생의 건전한 발육을 돕고 건강을 보호·증진하며 건강한 성인으로 성장하기 위하여 요구되는 생활습관·정서 등을 함양하기 위하여 필요한 시책을 강구하여야 한다.

[전문개정 2010. 3. 17.]

제36조(산업 보건의료) 국가는 근로자의 건강을 보호·증진하기 위하여 필요한 시책을 강구하여야 한다.

[전문개정 2010. 3. 17.]

제37조(환경 보건의료) 국가와 지방자치단체는 국민의 건강을 보호·증진하기 위하여 쾌적한 환경의 유지와 환경오염으로 인한 건강상의 위해 방지 등에 필요한 시책을 강구하여야 한다.

[전문개정 2010. 3. 17.]

제37조의2(기후변화에 따른 국민건강영향평가 등) ① 질병관리청장은 국민의 건강을 보호·증진하기 위하여 지구온난화 등 기후변화가 국민건강에 미치는 영향을 5년마다 조사·평가(이하 "기후보건영향평가"라 한다)하여 그 결과를 공표하고 정책수립의 기초자료로 활용하여야 한다. 〈개정 2020. 8. 11.〉

② 질병관리청장은 기후보건영향평가에 필요한 기초자료 확보 및 통계의 작성을 위하여 실태조사를 실시할 수 있다. 〈개정 2020. 8. 11.〉

③ 질병관리청장은 관계 중앙행정기관의 장, 지방자치단체의 장 및 보건의료 관련 기관이나 단체의 장에게 기후보건영향평가에 필요한 자료의 제공 또는 제2항에 따른 실태조사의 협조를 요청할 수 있다. 이 경우 자료제공 또는 실태조사 협조를 요청받은 관계 중앙행정기관의 장 등은 정당한 사유가 없으면 이에 따라야 한다. 〈개정 2020. 8. 11.〉

④ 기후보건영향평가와 실태조사의 구체적인 내용 및 방법 등에 필요한 사항은 대통령령으로 정한다.

[본조신설 2017. 2. 8.]

제37조의3(전담기관의 지정 등) ① 질병관리청장은 기후보건영향평가를 전문적으로 수행하기 위하여 다음 각 호의 어느 하나에 해당하는 기관을 기후보건영향평가 및 운영 업무를 전담하는 기관(이하 "전담기관"이라 한다)으로 지정할 수 있다.

1. 국공립 연구기관
2. 「고등교육법」 제2조에 따른 학교(부설 연구기관을 포함한다)
3. 「정부출연연구기관 등의 설립·운영 및 육성에 관한 법률」 제2조에 따른 정부출연연구기관

② 전담기관은 기후보건영향평가 및 다음 각 호의 업무를 수행한다.

1. 제37조의2제2항에 따른 실태조사 실시

2. 제1호에 따른 조사에 필요한 관련 정보의 수집·관리 및 제공

3. 그 밖에 대통령령으로 정하는 업무

③ 질병관리청장은 전담기관에 대하여 제2항에 따른 업무를 수행하는 데 필요한 비용의 전부 또는 일부를 지원할 수 있다.

④ 질병관리청장은 전담기관이 제5항에 따른 지정요건에 적합하지 아니하게 된 경우에는 지정을 취소할 수 있다.

⑤ 전담기관의 지정 및 지정취소의 요건·절차 등에 필요한 사항은 대통령령으로 정한다.

[본조신설 2024. 2. 6.]

제38조(식품위생·영양) 국가와 지방자치단체는 국민의 건강을 보호·증진하기 위하여 식품으로 인한 건강상의 위해 방지와 국민의 영양 상태의 향상 등에 필요한 시책을 강구하여야 한다.

[전문개정 2010. 3. 17.]

제3절 주요질병관리체계 〈개정 2010. 3. 17.〉

제39조(주요질병관리체계의 확립) 보건복지부장관은 국민건강을 크게 위협하는 질병 중에서 국가가 특별히 관리하여야 할 필요가 있다고 인정되는 질병을 선정하고, 이를 관리하기 위하여 필요한 시책을 수립·시행하여야 한다.

[전문개정 2010. 3. 17.]

제40조(감염병의 예방 및 관리) 국가와 지방자치단체는 감염병의 발생과 유행을 방지하고 감염병환자에 대하여 적절한 보건의료를 제공하고 관리하기 위하여 필요한 시책을 수립·시행하여야 한다.

[전문개정 2010. 3. 17.]

제41조(만성질환의 예방 및 관리) 국가와 지방자치단체는 암·고혈압 등 주요 만성질환(慢性疾患)의 발생과 증가를 예방하고 말기질환자를 포함한 만성질환자에 대하여 적절한 보건의료의 제공과 관리를 위하여 필요한 시책을 수립·시행하여야 한다.

[전문개정 2010. 3. 17.]

제42조(정신 보건의료) 국가와 지방자치단체는 정신질환의 예방과 정신질환자의 치료 및 사회복귀 등 국민의 정신건강 증진을 위하여 필요한 시책을 수립·시행하여야 한다.

[전문개정 2010. 3. 17.]

제43조(구강 보건의료) 국가와 지방자치단체는 구강질환(口腔疾患)의 예방 및 치료와 구강건강에 관한 관리 등 국민의 구강건강 증진을 위하여 필요한 시책을 수립·시행하여야 한다.

[전문개정 2010. 3. 17.]

제6장 보건의료의 육성·발전 등 〈개정 2010. 3. 17.〉

제44조(보건의료 시범사업) ① 국가와 지방자치단체는 새로운 보건의료제도를 시행하기 위하여 필요하면 시범사업을 실시할 수 있다.

② 국가와 지방자치단체는 제1항에 따른 시범사업을 실시한 경우에는 그 결과를 평가하여 새로 시행될 보건의료제도에 반영하여야 한다.

[전문개정 2010. 3. 17.]

제45조(취약계층 등에 대한 보건의료서비스 제공) ① 국가와 지방자치단체는 노인·장애인 등 보건의료 취약계층에 대하여 적절한 보건의료서비스를 제공하기 위하여 필요한 시책을 수립·시행하여야 한다.

② 국가와 지방자치단체는 농·어업인 등의 건강을 보호·증진하기 위하여 필요한 시책을 수립·시행하여

야 한다.

[전문개정 2010. 3. 17.]

제46조(분쟁 조정 등) ① 국가와 지방자치단체는 보건의료서비스로 인하여 분쟁이 발생하면 그 분쟁이 신속하고 공정하게 해결되도록 하기 위하여 필요한 시책을 강구하여야 한다.

② 국가와 지방자치단체는 보건의료서비스로 인한 피해를 원활하게 구제(救濟)하기 위하여 필요한 시책을 강구하여야 한다.

[전문개정 2010. 3. 17.]

제47조(건강위해원인자의 비용 부담) 국가와 지방자치단체는 국민건강에 위해를 일으키거나 일으킬 우려가 있는 물품 등을 생산·판매하는 자 등에 대하여는 관계 법령에서 정하는 바에 따라 국민건강의 보호·증진에 드는 비용을 부담하게 할 수 있다.

[전문개정 2010. 3. 17.]

제48조(보건의료 관련 산업의 진흥) 국가와 지방자치단체는 보건의료 기술의 연구개발과 지원 등 보건의료 관련 산업의 진흥을 위하여 필요한 시책을 강구하여야 한다.

[전문개정 2010. 3. 17.]

제49조(한방의료의 육성·발전) 국가와 지방자치단체는 한방의료(韓方醫療)를 육성·발전시키도록 노력하여야 한다.

[전문개정 2010. 3. 17.]

제50조(국제협력 등) 국가와 지방자치단체는 외국정부 및 국제기구 등과의 협력을 통하여 보건의료정보와 보건의료에 관한 기술을 교류하고 전문인력을 양성하며, 보건의료의 발전을 위한 국제적인 노력에 적극 참여하여야 한다.

[전문개정 2010. 3. 17.]

제51조(보건의료사업의 평가) 국가와 지방자치단체는 매년 주요 보건의료사업의 성과를 평가하여 이를 보건의료시책에 반영하도록 하여야 한다.

[전문개정 2010. 3. 17.]

제52조(보건의료서비스의 평가) 보건복지부장관은 보건의료서비스의 질적 향상을 위하여 관계 법령에서 정하는 바에 따라 보건의료서비스에 대한 평가를 실시하여야 한다.

[전문개정 2010. 3. 17.]

제7장 보건의료 통계·정보 관리 〈개정 2010. 3. 17.〉

제53조(보건의료 통계·정보 관리시책) 국가와 지방자치단체는 보건의료에 관한 통계와 정보를 수집·관리하여 이를 보건의료정책에 활용할 수 있도록 필요한 시책을 수립·시행하여야 한다.

[전문개정 2010. 3. 17.]

제54조(보건의료 정보화의 촉진) 국가와 지방자치단체는 보건의료 정보화를 촉진하기 위하여 필요한 시책을 강구하여야 한다.

[전문개정 2010. 3. 17.]

제55조(보건의료 실태조사) ① 보건복지부장관은 국민의 보건의료 수요 및 이용 행태, 보건의료에 관한 인력·시설 및 물자 등 보건의료 실태에 관한 전국적인 조사를 5년마다 실시하고 그 결과를 공표하여야 한다. 다만, 보건의료정책 수립에 필요하다고 인정하는 경우에는 임시 보건의료 실태조사를 실시할 수 있다.

〈개정 2019. 12. 3.〉

② 보건복지부장관은 제1항에 따른 실태조사를 위하여 관계 중앙행정기관, 지방자치단체 및 관계 기관·법인·단체에 자료의 제출 또는 의견의 진술을 요청할 수 있다. 이 경우 요청을 받은 자는 정당한 사유가 없으면 이에 협조하여야 한다. 〈신설 2019. 12. 3.〉

③ 제1항에 따른 실태조사의 내용, 방법 및 공표 등에 필요한 사항은 대통령령으로 정한다. 〈신설 2019. 12. 3.〉

[전문개정 2010. 3. 17.]

제56조(보건의료정보의 보급·확대) 보건복지부장관은 보건의료기관, 관련 기관·단체 등이 보유하고 있는 보건의료정보를 널리 보급·확대하기 위하여 필요한 시책을 강구하여야 한다.

[전문개정 2010. 3. 17.]

제57조(보건의료정보의 표준화 추진) 보건복지부장관은 보건의료정보의 효율적 운영과 호환성(互換性) 확보 등을 위하여 보건의료정보의 표준화를 위한 시책을 강구하여야 한다.

[전문개정 2010. 3. 17.]

부칙
〈제17966호,2021. 3. 23.〉

이 법은 공포한 날부터 시행한다.

〈법률 제20216호, 2024. 2. 6.〉

이 법은 공포 후 6개월이 경과한 날부터 시행한다.

의료기기법

[시행 2024. 8. 7.] [법률 제20220호, 2024. 2. 6., 일부개정]

제1장 총칙

제1조(목적) 이 법은 의료기기의 제조·수입 및 판매 등에 관한 사항을 규정함으로써 의료기기의 효율적인 관리를 도모하고 국민보건 향상에 이바지함을 목적으로 한다.

제2조(정의) ① 이 법에서 "의료기기"란 사람이나 동물에게 단독 또는 조합하여 사용되는 기구·기계·장치·재료·소프트웨어 또는 이와 유사한 제품으로서 다음 각 호의 어느 하나에 해당하는 제품을 말한다. 다만, 「약사법」에 따른 의약품과 의약외품 및 「장애인복지법」 제65조에 따른 장애인보조기구 중 의지(義肢)·보조기(補助器)는 제외한다. 〈개정 2018. 12. 11.〉

1. 질병을 진단·치료·경감·처치 또는 예방할 목적으로 사용되는 제품
2. 상해(傷害) 또는 장애를 진단·치료·경감 또는 보정할 목적으로 사용되는 제품
3. 구조 또는 기능을 검사·대체 또는 변형할 목적으로 사용되는 제품
4. 임신을 조절할 목적으로 사용되는 제품

② 이 법에서 "기술문서"란 의료기기의 성능과 안전성 등 품질에 관한 자료로서 해당 품목의 원자재, 구조, 사용목적, 사용방법, 작용원리, 사용 시 주의사항, 시험규격 등이 포함된 문서를 말한다.

③ 이 법에서 "의료기기취급자"란 의료기기를 업무상 취급하는 다음 각 호의 어느 하나에 해당하는 자로서 이 법에 따라 허가를 받거나 신고를 한 자, 「의료법」에 따른 의료기관 개설자 및 「수의사법」에 따른 동물병원 개설자를 말한다.

1. 의료기기 제조업자
2. 의료기기 수입업자
3. 의료기기 수리업자
4. 의료기기 판매업자
5. 의료기기 임대업자

④ 이 법에서 "의료기기 표준코드"란 의료기기를 식별하고 체계적·효율적으로 관리하기 위하여 용기나 외장 등에 표준화된 체계에 따라 표기되는 숫자, 바코드[전자태그(RFID tag)를 포함한다] 등을 말한다. 〈신설 2016. 12. 2.〉

제3조(등급분류와 지정) ① 식품의약품안전처장은 의료기기의 사용목적과 사용 시 인체에 미치는 잠재적 위해성(危害性) 등의 차이에 따라 체계적·합리적 안전관리를 할 수 있도록 의료기기의 등급을 분류하여 지정하여야 한다. 〈개정 2013. 3. 23.〉

② 제1항에 따른 의료기기의 등급분류 및 지정에 관한 기준과 절차 등에 관하여 필요한 사항은 총리령으로 정한다. 〈개정 2013. 3. 23.〉

제4조(다른 법률과의 관계) 이 법에도 불구하고 진단용 방사선 발생장치와 특수의료장비의 설치·운영에 대하여는 「의료법」 제37조·제38조 및 「수의사법」 제17조의3·제17조의4에 따른다.

제4조의2(의료기기 안전관리 종합계획 등) ① 식품의약품안전처장은 의료기기의 안전관리를 위하여 관계 중앙행정기관의 장과 협의하여 5년마다 의료기기 안전관리 종합계획(이하 "안전관리종합계획"이라 한다)을 수립하여야 한다.

② 안전관리종합계획에는 다음 각 호의 사항이 포함되어야 한다.

1. 의료기기 안전관리 정책의 기본목표 및 추진방향에 관한 사항
2. 의료기기 안전관리를 위한 사업계획 및 재원의 조달방법에 관한 사항

3. 의료기기 안전관리에 필요한 교육 및 홍보에 관한 사항

4. 의료기기 안전관리에 대한 조사 및 연구·개발에 관한 사항

5. 그 밖에 의료기기 안전관리를 위하여 필요하다고 식품의약품안전처장이 인정하는 사항

③ 식품의약품안전처장은 안전관리종합계획을 시행하기 위하여 매년 의료기기 안전관리에 관한 시행계획(이하 "안전관리시행계획"이라 한다)을 관계 중앙행정기관의 장과 협의를 거쳐 수립·시행하여야 한다.

④ 식품의약품안전처장은 안전관리종합계획 또는 안전관리시행계획을 수립한 경우에는 이를 관계 중앙행정기관의 장 및 지방자치단체의 장에게 통보하여야 한다.

⑤ 식품의약품안전처장은 안전관리종합계획 또는 안전관리시행계획을 수립하기 위하여 필요한 경우에는 관계 중앙행정기관의 장, 지방자치단체의 장 또는 관련 기관·단체의 장에게 필요한 자료의 제공을 요청할 수 있다.

⑥ 제1항부터 제5항까지에서 규정한 사항 외에 안전관리종합계획 및 안전관리시행계획의 수립·시행에 필요한 사항은 총리령으로 정한다.

[본조신설 2024. 2. 6.]

제2장 의료기기위원회

제5조(의료기기위원회) ① 보건복지부장관 또는 식품의약품안전처장의 자문에 응하여 다음 각 호의 사항을 조사·심의하기 위하여 식품의약품안전처에 의료기기위원회(이하 "위원회"라 한다)를 둔다. 〈개정 2013. 3. 23., 2015. 1. 28., 2019. 4. 23., 2021. 8. 17.〉

1. 의료기기의 기준규격에 관한 사항

2. 의료기기의 시판 후 조사·재평가에 관한 사항

3. 추적관리대상 의료기기에 관한 사항

4. 의료기기의 등급 분류 및 지정에 관한 사항

5. 의료기기 인증 및 신고 위탁 범위 등에 관한 사항

6. 그 밖에 의료기기에 관한 중요 사항

② 위원회는 위원장 2명과 부위원장 2명을 포함한 100명 이상 200명 이하의 위원으로 구성한다. 이 경우 공무원이 아닌 위원이 전체 위원의 과반수가 되도록 하여야 한다.〈신설 2019. 4. 23., 2021. 7. 20.〉

③ 위원장은 식품의약품안전처차장과 식품의약품안전처장이 지명하는 민간위원이 공동으로 하고, 부위원장은 보건복지부 및 식품의약품안전처의 고위공무원단에 속하는 공무원 각 1명으로 한다.〈신설 2019. 4. 23., 2021. 7. 20.〉

④ 위원회의 위원은 다음 각 호의 어느 하나에 해당하는 사람 중에서 식품의약품안전처장이 임명 또는 위촉하며, 보건복지부장관은 위원을 추천할 수 있다.〈신설 2019. 4. 23.〉

1. 의료기기 관련 업무를 담당하는 4급 이상의 공무원 또는 고위공무원단에 속하는 일반직공무원

2. 의료기기 관련 단체의 장, 「비영리민간단체 지원법」 제2조에 따른 비영리민간단체의 장, 의료기기 관련 학회의 장이나 「고등교육법」 제2조제1호 및 제2호에 따른 대학 또는 산업대학의 장이 각각 추천하는 사람

3. 의료기기에 관한 학식과 경험이 풍부한 사람

⑤ 위원의 임기는 2년으로 한다. 다만, 공무원인 위원의 임기는 해당 직(職)에 재직하는 기간으로 한다.〈신설 2019. 4. 23.〉

⑥ 위원회는 위원회의 원활한 운영을 위하여 필요한 경우 20명 이내의 위원으로 구성된 분과위원회를 둘 수 있다.〈신설 2019. 4. 23.〉

⑦ 위원장과 분과위원회의 위원장은 심의와 관련하여 필요한 경우에는 의료기기에 관한 전문적인 지식과

경험이 있는 관계 전문가를 참석하게 하여 의견을 들을 수 있다. 〈신설 2021. 7. 20.〉

⑧ 그 밖에 위원회의 구성 및 운영 등에 필요한 사항은 대통령령으로 정한다. 〈개정 2019. 4. 23., 2021. 7. 20.〉

제3장 의료기기의 제조 등

제1절 제조업

제6조(제조업의 허가 등) ① 의료기기의 제조를 업으로 하려는 자는 식품의약품안전처장의 제조업허가를 받아야 한다. 다만, 다음 각 호의 어느 하나에 해당하는 자는 제조업허가를 받을 수 없다. 〈개정 2013. 3. 23., 2015. 1. 28., 2017. 12. 19., 2018. 3. 13., 2018. 12. 11.〉

1. 「정신건강증진 및 정신질환자 복지서비스 지원에 관한 법률」 제3조제1호에 따른 정신질환자. 다만, 전문의가 제조업자로서 적합하다고 인정하는 사람은 그러하지 아니하다.

2. 피성년후견인 · 피한정후견인 또는 파산선고를 받은 자로서 복권되지 아니한 자

3. 마약 · 대마 · 향정신성의약품 중독자

4. 이 법을 위반하여 금고 이상의 형을 선고받고 그 집행이 끝나지 아니하거나 그 집행을 받지 아니하기로 확정되지 아니한 자

5. 이 법을 위반하여 제조업허가가 취소(제1호부터 제3호까지의 어느 하나에 해당하여 제조업허가가 취소된 경우는 제외한다)된 날부터 1년이 지나지 아니한 자

② 제1항 본문에 따라 제조업허가를 받은 자(이하 "제조업자"라 한다)는 제조하려는 의료기기에 대하여 다음 각 호의 구분에 따라 제조허가 또는 제조인증을 받거나 제조신고를 하여야 한다. 〈개정 2013. 3. 23., 2015. 1. 28.〉

1. 인체에 미치는 잠재적 위해성이 낮아 고장이나 이상이 발생하더라도 생명이나 건강에 위해를 줄 우려가 거의 없는 의료기기로서 식품의약품안전처장이 정하여 고시하는 의료기기: 품목류별 제조허가, 제조인증 또는 제조신고

2. 제1호 외의 의료기기: 품목별 제조허가, 제조인증 또는 제조신고

③ 제1항 본문에 따른 제조업허가를 신청할 때에는 제2항 각 호에 따른 1개 이상의 제조허가 또는 제조인증을 함께 신청하거나 1개 이상의 제조신고를 함께 하여야 한다. 〈개정 2015. 1. 28.〉

④ 제1항에 따라 제조업허가를 받으려는 자 및 제2항에 따라 제조허가 또는 제조인증을 받거나 제조신고를 하려는 자는 총리령으로 정하는 바에 따라 필요한 시설과 제조 및 품질관리체계를 미리 갖추어 허가 또는 인증을 신청하거나 신고하여야 한다. 다만, 품질관리를 위한 시험이나 제조공정을 위탁하는 등 총리령으로 정하는 경우에는 그러하지 아니하다. 〈개정 2013. 3. 23., 2015. 1. 28.〉

⑤ 제조업자는 제2항에 따라 제조허가 또는 제조인증을 받거나 제조신고를 하려는 경우에는 총리령으로 정하는 바에 따라 제조 및 품질관리체계 자료, 기술문서, 임상시험자료 등 필요한 자료를 식품의약품안전처장에게 제출하여야 한다. 〈개정 2013. 3. 23., 2015. 1. 28.〉

⑥ 의약품 또는 의약외품과 의료기기가 조합되거나 복합 구성된 것으로서 그 주된 기능이 의약품 또는 의약외품에 해당하여 「약사법」 제31조제2항에 따라 이미 제조판매품목허가를 받거나 제조판매품목신고를 한 때에는 제2항에 따라 제조허가 또는 제조인증을 받거나 제조신고를 한 것으로 본다. 〈개정 2015. 1. 28.〉

⑦ 제1항에 따라 제조업허가를 받으려는 자는 총리령으로 정하는 바에 따라 품질책임자를 두어 제6조의2 제1항에 따른 업무를 하게 하여야 한다. 〈신설 2014. 1. 28.〉

⑧ 식품의약품안전처장은 제1항 본문에 따른 제조업허가 신청을 받은 날부터 25일 이내에 제조업허가 여부를 신청인에게 통지하여야 한다. 〈신설 2017. 12. 19.〉

⑨ 식품의약품안전처장이 제8항에서 정한 기간 내에 제조업허가 여부 또는 민원 처리 관련 법령에 따른 처리기간의 연장 여부를 신청인에게 통지하지 아니하면 그 기간(민원 처리 관련 법령에 따라 처리기간

이 연장 또는 재연장된 경우에는 해당 처리기간을 말한다)이 끝난 날의 다음 날에 허가를 한 것으로 본다. 〈신설 2017. 12. 19.〉

⑩ 식품의약품안전처장은 제2항에 따른 제조신고를 받은 경우에는 그 내용을 검토하여 이 법에 적합하면 제조신고를 수리하여야 한다. 〈신설 2024. 2. 6.〉

⑪ 제1항 본문에 따른 제조업허가와 제2항에 따른 제조허가, 제조인증 또는 제조신고의 대상·절차·기준·조건 및 관리 등에 관하여 필요한 사항은 총리령으로 정한다. 〈개정 2013. 3. 23., 2014. 1. 28., 2015. 1. 28., 2017. 12. 19., 2024. 2. 6.〉

제6조의2(품질책임자 준수사항 등) ① 제6조제7항에 따른 품질책임자(이하 "품질책임자"라 한다)는 의료기기의 제조업무에 종사하는 종업원에 대한 지도·감독, 제조관리·품질관리·안전관리(시판 후 부작용 등에 대한 안전관리를 포함한다. 이하 이 조에서 같다) 업무를 수행한다.

② 품질책임자는 의료기기의 최신 기준규격, 품질관리 및 안전관리에 관한 교육을 매년 1회 이상 정기적으로 받아야 한다.

③ 식품의약품안전처장은 국민건강의 위해를 방지하기 위하여 필요한 경우 품질책임자에게 제2항에 따른 교육을 매년 1회 이상 정기적으로 받는 것 외에 추가로 받을 것을 명할 수 있다.

④ 제조업자는 제2항 또는 제3항에 따른 교육을 받지 아니한 자를 그 업무에 종사하게 하여서는 아니 된다. 〈신설 2021. 7. 20.〉

⑤ 식품의약품안전처장은 제2항 또는 제3항의 교육을 효과적으로 실시하기 위하여 필요한 전문인력과 시설 등을 갖춘 기관 또는 단체를 교육실시기관으로 지정·고시할 수 있다. 〈신설 2021. 7. 20.〉

⑥ 제5항에 따라 지정된 교육실시기관은 교육을 실시한 경우 교육 수료증을 발급하고 교육에 관한 기록을 작성·보관하는 등 총리령으로 정하는 사항을 지켜야 한다. 〈신설 2021. 7. 20.〉

⑦ 제1항부터 제6항까지에서 규정한 사항 외에 직무범위, 교육내용·시간·방법과 절차, 교육비, 교육실시기관의 지정 요건 및 절차, 운영 등에 필요한 사항은 총리령으로 정한다. 〈개정 2021. 7. 20.〉

[본조신설 2014. 1. 28.]

제6조의3(제조허가 등의 제한) ① 다음 각 호의 어느 하나에 해당하는 의료기기는 제조허가 또는 제조인증을 받거나 제조신고를 할 수 없다.

1. 제36조제1항에 따라 허가가 취소된 의료기기와 사용목적, 작용원리 및 원재료 등이 동일한 의료기기로서 취소된 날부터 1년이 지나지 아니한 의료기기

2. 안전성·유효성에 문제가 있다고 식품의약품안전처장이 정하는 원자재를 사용하거나 함유한 의료기기로서 인체에 직·간접적으로 접촉하는 의료기기

3. 소해면상뇌증(海綿狀腦症) 등 국민보건에 위해가 우려되는 질병의 감염 가능성이 있는 원자재를 사용하거나 함유하고, 인체에 직·간접적으로 접촉하는 의료기기로서 식품의약품안전처장이 정하는 의료기기

4. 그 밖에 식품의약품안전처장이 정하여 고시하는 의료기기 제조허가, 제조인증 또는 제조신고의 기준에 적합하지 아니한 의료기기

② 다음 각 호의 어느 하나에 해당하는 제품 명칭을 가진 의료기기는 제조허가 또는 제조인증을 받거나 제조신고를 할 수 없다.

1. 의료기기의 명칭으로 적합하지 아니하거나 다른 제품으로 오인할 우려가 있거나 실제보다 과장된 명칭

2. 의료기기의 적응증(適應症) 또는 효능·효과를 그대로 표시하는 명칭

3. 그 밖에 제1호 및 제2호에 준하는 명칭으로서 식품의약품안전처장이 정하여 고시하는 기준에 적합하지 아니한 명칭

[본조신설 2015. 1. 28.]

제6조의4(기술문서심사기관의 지정 등) ① 식품의약품안전처장은 제6조제5항에 따라 제출하여야 하는 기술문서 등의 적합성 심사를 위하여 전문성이 있는 심사기관(이하 "기술문서심사기관"이라 한다)을 지정하여 심사에 관한 업무를 수행하게 할 수 있다.

② 기술문서심사기관으로 지정을 받으려는 자는 심사에 필요한 전문인력 등 지정 기준을 갖추어 식품의약품안전처장에게 신청하여야 한다.

③ 제1항에 따라 지정된 기술문서심사기관은 기술문서심사를 하였을 때에는 기술문서심사결과통지서를 작성·발급하고 그 기술문서심사에 관한 기록을 보관하는 등 총리령으로 정하는 사항을 준수하여야 한다.

④ 기술문서심사기관의 구체적인 지정 기준, 절차, 방법 등에 관한 사항은 총리령으로 정한다.

[본조신설 2015. 12. 29.]

제7조(조건부허가 등) ① 식품의약품안전처장은 제조업허가, 제조허가 또는 제조인증을 하거나 제조신고를 받을 때에는 제6조제4항에 따른 시설과 제조 및 품질관리체계를 일정한 기간 이내에 갖출 것을 조건으로 허가 또는 인증하거나 신고를 받을 수 있다. 〈개정 2013. 3. 23., 2015. 1. 28.〉

② 제1항에 따른 조건부허가, 조건부인증 또는 조건부신고 등에 필요한 사항은 총리령으로 정한다. 〈개정 2013. 3. 23., 2015. 1. 28.〉

제8조(신개발의료기기 등의 시판 후 조사) ① 식품의약품안전처장은 다음 각 호의 어느 하나에 해당하는 의료기기에 대하여 제6조제2항에 따라 제조허가(제12조제1항에 따른 변경허가를 포함한다)를 하고자 하는 경우에는 그 허가를 하면서 제조업자로 하여금 해당 품목류 또는 품목이 시판된 후 4년 이상 7년 이하의 범위에서 식품의약품안전처장이 정하는 기간에 그 안전성과 유효성에 대한 조사(이하 "시판 후 조사"라 한다)를 실시하게 할 수 있다. 다만, 인체에 미치는 잠재적 위해성이 낮은 의료기기 등 총리령으로 정하는 의료기기에 대해서는 그러하지 아니한다. 〈개정 2013. 3. 23., 2015. 1. 28., 2018. 12. 11., 2021. 8. 17.〉

1. 다음 각 목에 해당하는 사항 중 어느 하나 이상이 이미 허가 또는 인증을 받거나 신고한 품목류 또는 품목과 비교하여 완전히 새로운 신개발의료기기
    가. 작용원리
    나. 원재료의 종류 또는 분량. 다만, 인체에 접촉하는 의료기기인 경우에만 적용한다.
    다. 시술방법, 사용부위 등 사용방법
    라. 성능 또는 사용목적
2. 국내에 대상 질환 환자 수가 적고 용도상 특별한 효용가치를 갖는 의료기기로서 식품의약품안전처장이 지정하는 희소의료기기
3. 제1호에 해당하는 신개발의료기기(시판 후 조사가 완료되지 아니한 신개발의료기기로 한정한다)와 동등한 의료기기

② 식품의약품안전처장은 해당 의료기기의 특성상 시판 후 조사 기간을 제1항에 따른 기간과 달리 적용할 필요가 있는 경우에는 위원회 심의를 거쳐 별도의 조사기간을 정할 수 있다. 〈개정 2021. 8. 17.〉

③ 시판 후 조사 대상 의료기기의 제조업자는 총리령으로 정하는 바에 따라 시판 후 조사 계획서를 작성하여 식품의약품안전처장의 승인을 받아야 한다. 시판 후 조사 계획서를 변경할 때에도 또한 같다. 〈개정 2021. 8. 17.〉

④ 시판 후 조사 대상 의료기기의 제조업자는 시판 후 조사에서 수집된 자료 및 실시사항 등을 식품의약품안전처장에게 정기적으로 보고하여야 한다. 〈개정 2021. 8. 17.〉

⑤ 식품의약품안전처장은 제4항에 따라 보고된 내용을 검토한 결과 해당 의료기기의 사용으로 국민보건에 중대한 위해를 끼치거나 끼칠 우려가 있는 경우에는 제1항에 따른 시판 후 조사를 실시하는 중에도 조사 계획서의 변경 등 필요한 조치를 명하거나 위원회의 심의를 거쳐 해당 허가를 취소하여야 한다. 〈신설 2021. 8. 17.〉

⑥ 제4항에 따른 정기보고의 방법·절차·시기 등에 관하여 필요한 사항은 총리령으로 정한다.〈신설 2021. 8. 17.〉
[제목개정 2021. 8. 17.]

제8조의2(신개발의료기기 등의 시판 후 조사에 따른 후속조치) ① 시판 후 조사 대상 의료기기의 제조업자는 식품의약품안전처장에게 시판 후 조사 기간이 끝난 날부터 3개월 이내에 조사 결과에 따른 사용성적에 관한 자료, 부작용 사례, 그 밖에 총리령으로 정하는 자료를 제출하여 검토를 받아야 한다.
② 제1항에 따라 자료를 제출받은 식품의약품안전처장은 제출된 자료를 검토한 결과 해당 의료기기가 안전성 또는 유효성을 갖추지 못한 것으로 판단되는 경우에는 판매중지·회수·폐기 등 필요한 조치를 명할 수 있다.
③ 시판 후 조사 대상 의료기기의 제조업자는 제1항에 따라 제출한 자료와 시판 후 조사 과정에서 수집된 해당 의료기기의 부작용에 관한 기록 등 식품의약품안전처장이 정하는 자료를 제1항에 따른 제출한 날부터 2년간 보존하여야 한다.
④ 제1항부터 제3항까지에 따른 후속조치의 방법·절차·시기 등에 관하여 필요한 사항은 총리령으로 정한다.
[본조신설 2021. 8. 17.]

제9조(재평가) ① 식품의약품안전처장은 제6조제2항에 따라 제조허가 또는 제조인증을 하거나 제조신고를 받은 의료기기 중 안전성 및 유효성에 대하여 재검토가 필요하다고 인정되는 의료기기에 대하여 재평가를 할 수 있고, 재평가 결과에 따라 필요한 조치를 명할 수 있다. 〈개정 2013. 3. 23., 2015. 1. 28.〉
② 제1항에 따른 재평가의 방법·절차 및 기준 등에 관하여 필요한 사항은 총리령으로 정한다.〈개정 2013. 3. 23.〉

제10조(임상시험계획의 승인 등) ① 의료기기로 임상시험을 하려는 자는 임상시험계획서를 작성하여 식품의약품안전처장의 승인을 받아야 하며, 임상시험계획서를 변경할 때에도 또한 같다. 다만, 시판 중인 의료기기의 허가사항에 대한 임상적 효과를 관찰하거나 임상시험 대상자에게 위해를 끼칠 우려가 적은 경우 등 총리령으로 정하는 임상시험의 경우에는 그러하지 아니하다. 〈개정 2013. 3. 23., 2024. 2. 6.〉
② 제1항에 따라 승인을 받은 임상시험용 의료기기를 제조·수입하려는 자는 총리령으로 정하는 기준을 갖춘 제조시설에서 제조하거나 제조된 의료기기를 수입하여야 한다. 이 경우 제6조제2항 및 제15조제2항에도 불구하고 허가 또는 인증을 받지 아니하거나 신고를 하지 아니하고 이를 제조하거나 수입할 수 있다.〈개정 2013. 3. 23., 2015. 1. 28.〉
③ 식품의약품안전처장은 「의료법」에 따른 의료기관 중 임상시험에 필요한 시설·인력 및 기구를 갖춘 의료기관을 임상시험기관으로 지정할 수 있다.〈개정 2013. 3. 23.〉
④ 제1항에 따라 임상시험을 하려는 자는 다음 각 호의 사항을 지켜야 한다. 〈개정 2013. 3. 23., 2024. 2. 6.〉
  1. 제3항에 따라 지정된 임상시험기관에서 임상시험을 할 것. 다만, 임상시험의 특성상 임상시험기관이 아닌 기관의 참여가 필요한 임상시험으로서 총리령으로 정하는 임상시험은 임상시험기관의 관리하에 임상시험기관이 아닌 기관에서도 할 수 있다.
  2. 사회복지시설 등 총리령으로 정하는 집단시설에 수용 중인 자(이하 이 호에서 "수용자"라 한다)를 임상시험의 대상자로 선정하지 아니할 것. 다만, 임상시험의 특성상 불가피하게 수용자를 그 대상자로 할 수 밖에 없는 경우로서 총리령으로 정하는 기준에 해당하는 경우에는 임상시험의 대상자로 선정할 수 있다.
  3. 임상시험의 내용과 임상시험 중 시험대상자에게 발생할 수 있는 건강상의 피해와 그에 대한 보상 내용 및 절차 등을 임상시험의 대상자에게 설명하고 그 대상자의 동의(「전자서명법」에 따른 전자서명이 기재된 전자문서를 통한 동의를 포함한다)를 받을 것
⑤ 제3항에 따라 지정된 임상시험기관은 임상시험을 한 때에는 임상시험결과보고서를 작성·발급하고 그

임상시험에 관한 기록을 보관하는 등 총리령으로 정하는 사항을 지켜야 한다. 〈개정 2013. 3. 23.〉

⑥ 식품의약품안전처장은 제1항에 따른 임상시험이 국민보건위생상 큰 위해를 미치거나 미칠 우려가 있다고 인정되어 다음 각 호의 어느 하나에 해당하는 경우에는 임상시험의 변경·취소 또는 그 밖에 필요한 조치를 할 수 있다. 다만, 제4호 또는 제5호에 해당하는 경우로서 임상시험 대상자의 안전·권리·복지 또는 시험의 유효성에 부정적인 영향을 미치지 아니하거나 반복적 또는 고의적으로 위반하지 아니한 경우에는 그러하지 아니하다. 〈개정 2013. 3. 23., 2015. 12. 29.〉

1. 임상시험 대상자가 예상하지 못한 중대한 질병 또는 손상에 노출될 것이 우려되는 경우
2. 임상시험용 의료기기를 임상시험 목적 외의 상업적인 목적으로 제공한 경우
3. 임상시험용 의료기기의 효과가 없다고 판명된 경우
4. 제1항에 따른 승인 또는 변경승인을 받은 사항을 위반한 경우
5. 그 밖에 총리령으로 정하는 의료기기 임상시험 관리기준을 위반한 경우

⑦ 제1항부터 제6항까지에서 규정한 사항 외에 임상시험계획에 포함되어야 할 사항, 임상시험 대상자의 동의 내용·시기 및 방법, 임상시험의 실시기준, 임상시험기관의 지정기준과 절차 및 임상시험 관리기준 등에 관하여 필요한 사항은 총리령으로 정한다. 〈개정 2013. 3. 23., 2015. 12. 29.〉

제10조의2(비임상시험실시기관의 지정 등) ① 의료기기의 제품 검증 및 유효성 확인에 관하여 사람 외의 것을 대상으로 비임상시험을 실시하려는 기관(이하 "비임상시험실시기관"이라 한다)은 식품의약품안전처장의 지정을 받아야 하며, 지정받은 사항을 변경하려는 경우에는 총리령으로 정하는 바에 따라 식품의약품안전처장의 변경지정을 받아야 한다.

② 제1항에 따라 비임상시험실시기관으로 지정을 받으려는 자는 총리령으로 정하는 바에 따라 의료기기의 비임상시험에 필요한 시설·전문인력 및 기구를 갖추어야 한다.

③ 비임상시험실시기관은 제1항에 따른 비임상시험을 실시한 때에는 비임상시험성적서를 작성·발급하고 그 비임상시험에 관한 기록을 보관하는 등 총리령으로 정하는 사항을 준수하여야 한다.

④ 제1항부터 제3항까지의 사항 외에 비임상시험실시기관의 지정 기준, 절차, 방법 및 운영·관리 등에 관하여 필요한 사항은 총리령으로 정한다.

[본조신설 2015. 12. 29.]

제11조(제조 허가·신고 등의 사전 검토) ① 제6조제2항에 따라 제조허가 또는 제조인증을 받거나 제조신고를 하려는 자와 제10조에 따라 임상시험을 하려는 자는 허가·인증·신고·승인 등에 필요한 자료에 대하여 미리 식품의약품안전처장에게 검토를 요청할 수 있다. 〈개정 2013. 3. 23., 2015. 1. 28.〉

② 식품의약품안전처장은 제1항에 따른 검토 요청을 받으면 이를 확인한 후 그 결과를 신청인에게 알려야 한다. 〈개정 2013. 3. 23., 2019. 4. 23.〉

③ 식품의약품안전처장은 제6조제2항 및 제10조에 따른 허가·인증·신고·승인 등을 할 때에 제2항에 따른 검토 결과를 고려하여야 한다. 〈개정 2013. 3. 23., 2015. 1. 28.〉

④ 제1항에 따른 사전 검토의 대상·범위와 그 절차·방법 등에 관하여 필요한 사항은 총리령으로 정한다. 〈개정 2013. 3. 23.〉

제12조(변경허가 등) ① 제조업자는 제6조제1항 본문, 같은 조 제2항 또는 제7조제1항에 따라 허가나 인증을 받은 사항 또는 신고한 사항 중 소재지 등이 변경된 경우에는 식품의약품안전처장에게 변경허가 또는 변경인증을 받거나 변경신고를 하여야 한다. 〈개정 2013. 3. 23., 2014. 1. 28., 2015. 1. 28., 2021. 7. 20.〉

② 식품의약품안전처장은 제1항에 따른 변경허가 신청을 받은 날부터 15일 이내에 제조업변경허가 여부를 신청인에게 통지하여야 한다. 〈신설 2017. 12. 19.〉

③ 식품의약품안전처장이 제2항에서 정한 기간 내에 제조업변경허가 여부 또는 민원 처리 관련 법령에 따른 처리기간의 연장 여부를 신청인에게 통지하지 아니하면 그 기간(민원 처리 관련 법령에 따라 처리

기간이 연장 또는 재연장된 경우에는 해당 처리기간을 말한다)이 끝난 날의 다음 날에 허가를 한 것으로 본다.〈신설 2017. 12. 19.〉

④ 제1항에 따른 변경허가, 변경인증 또는 변경신고의 절차 및 기준 등에 관하여 필요한 사항은 총리령으로 정한다.〈개정 2013. 3. 23., 2015. 1. 28., 2017. 12. 19.〉

제13조(제조업자의 의무) ① 제조업자는 제6조제4항에 따른 시설과 제조 및 품질관리체계를 유지하여야 하며, 그 밖에 자가시험(自家試驗) 등 생산관리에 관하여 총리령으로 정하는 사항을 지켜야 한다.〈개정 2013. 3. 23., 2015. 1. 28.〉

② 제조업자는 총리령으로 정하는 바에 따라 의료기기의 생산실적 등을 보건복지부장관 및 식품의약품안전처장에게 보고하여야 한다.〈개정 2013. 3. 23.〉

③ 제조업자(법인의 대표자나 이사, 그 밖에 이에 종사하는 자를 포함하고, 법인이 아닌 경우 그 종사자를 포함한다) 및 제조업자로부터 의료기기의 판매촉진 업무를 위탁받은 자(법인의 대표자나 이사, 그 밖에 이에 종사하는 자를 포함하고, 법인이 아닌 경우 그 종사자를 포함한다)는 의료기기 채택·사용유도·거래유지 등 판매촉진을 목적으로 의료인이나 의료기관 개설자(법인의 대표자나 이사, 그 밖에 이에 종사하는 자를 포함한다. 이하 이 조에서 같다)·의료기관 종사자에게 금전, 물품, 편익, 노무, 향응, 그 밖의 경제적 이익(이하 "경제적 이익등"이라 한다)을 제공하거나 의료인, 의료기관 개설자 또는 의료기관 종사자로 하여금 의료기관에게 경제적 이익등을 취득하게 하여서는 아니 된다. 다만, 견본품 제공, 학술대회 지원, 임상시험 지원, 제품설명회, 대금결제조건에 따른 비용할인, 시판 후 조사 등의 행위(이하 "견본품 제공등의 행위"라 한다)로서 식품의약품안전처장과 협의하여 보건복지부령으로 정하는 범위의 경제적 이익등인 경우에는 그러하지 아니하다.〈개정 2013. 3. 23., 2015. 12. 29., 2021. 7. 20.〉

④ 제조업자는 품질책임자의 업무를 방해하여서는 아니 되며, 품질책임자가 업무 수행을 위하여 필요한 사항을 요청하면 정당한 사유 없이 그 요청을 거부하여서는 아니 된다.〈신설 2014. 1. 28.〉

제13조(제조업자 등의 의무) ① 제조업자는 제6조제4항에 따른 시설과 제조 및 품질관리체계를 유지하여야 하며, 그 밖에 자가시험(自家試驗) 등 생산관리에 관하여 총리령으로 정하는 사항을 지켜야 한다.〈개정 2013. 3. 23., 2015. 1. 28.〉

② 제조업자는 총리령으로 정하는 바에 따라 의료기기의 생산실적 등을 보건복지부장관 및 식품의약품안전처장에게 보고하여야 한다.〈개정 2013. 3. 23.〉

③ 제조업자(법인의 대표자나 이사, 그 밖에 이에 종사하는 자를 포함하고, 법인이 아닌 경우 그 종사자를 포함한다) 및 제18조의2제1항에 따라 신고한 자(이하 "의료기기 판촉영업자"라 한다) 중 제조업자로부터 의료기기의 판매촉진 업무를 위탁받은 자(법인의 대표자나 이사, 그 밖에 이에 종사하는 자를 포함하고, 법인이 아닌 경우 그 종사자를 포함한다)는 의료기기 채택·사용유도·거래유지 등 판매촉진을 목적으로 의료인이나 의료기관 개설자(법인의 대표자나 이사, 그 밖에 이에 종사하는 자를 포함한다. 이하 이 조에서 같다)·의료기관 종사자에게 금전, 물품, 편익, 노무, 향응, 그 밖의 경제적 이익(이하 "경제적 이익등"이라 한다)을 제공하거나 의료인, 의료기관 개설자 또는 의료기관 종사자로 하여금 의료기관에게 경제적 이익등을 취득하게 하여서는 아니 된다. 다만, 견본품 제공, 학술대회 지원, 임상시험 지원, 제품설명회, 대금결제조건에 따른 비용할인, 시판 후 조사 등의 행위(이하 "견본품 제공등의 행위"라 한다)로서 식품의약품안전처장과 협의하여 보건복지부령으로 정하는 범위의 경제적 이익등인 경우에는 그러하지 아니하다.〈개정 2013. 3. 23., 2015. 12. 29., 2021. 7. 20., 2023. 8. 8.〉

④ 제조업자는 의료기기 판촉영업자가 아닌 자에게 의료기기의 판매촉진 업무를 위탁하여서는 아니 된다.〈신설 2023. 8. 8.〉

⑤ 제조업자는 품질책임자의 업무를 방해하여서는 아니 되며, 품질책임자가 업무 수행을 위하여 필요한 사항을 요청하면 정당한 사유 없이 그 요청을 거부하여서는 아니 된다.〈신설 2014. 1. 28., 2023. 8. 8.〉

[제목개정 2023. 8. 8.] [시행일: 2025. 2. 9.] 제13조

제13조의2(경제적 이익등 제공 내역에 관한 지출보고서 제출 등) ① 제조업자 및 제조업자로부터 의료기기의 판매촉진 업무를 위탁받은 자(이하 이 조에서 "제조업자등"이라 한다)는 보건복지부령으로 정하는 바에 따라 매 회계연도 종료 후 3개월 이내에 의료인·의료기관 개설자 또는 의료기관 종사자에게 제공한 경제적 이익등 내역에 관한 지출보고서를 작성하여 보건복지부령으로 정하는 바에 따라 공개하고, 해당 지출보고서와 관련 장부 및 근거 자료를 5년간 보관하여야 한다. 〈개정 2021. 7. 20.〉

② 보건복지부장관은 필요하다고 인정하는 경우 제1항에 따른 지출보고서와 관련 장부 및 근거 자료의 제출을 요구할 수 있다. 이 경우 제조업자등은 정당한 사유가 없으면 이에 따라야 한다.〈개정 2021. 7. 20.〉

③ 보건복지부장관은 제조업자등에 대하여 보건복지부령으로 정하는 바에 따라 지출보고서에 관한 실태조사를 실시하고 그 결과를 공표하여야 한다.〈신설 2021. 7. 20.〉

④ 보건복지부장관은 제1항에 따른 공개와 관련된 업무와 제3항에 따른 실태조사업무를 관계 전문기관 또는 단체에 위탁할 수 있다.〈신설 2021. 7. 20.〉

[본조신설 2016. 12. 2.]

제13조의2(경제적 이익등 제공 내역에 관한 지출보고서 제출 등) ① 제조업자 및 제조업자로부터 의료기기의 판매촉진 업무를 위탁받은 의료기기 판촉영업자(이하 이 조에서 "제조업자등"이라 한다)는 보건복지부령으로 정하는 바에 따라 매 회계연도 종료 후 3개월 이내에 의료인·의료기관 개설자 또는 의료기관 종사자에게 제공한 경제적 이익등 내역에 관한 지출보고서를 작성하여 보건복지부령으로 정하는 바에 따라 공개하고, 해당 지출보고서와 관련 장부 및 근거 자료를 5년간 보관하여야 한다. 〈개정 2021. 7. 20., 2023. 8. 8.〉

② 제조업자등이 의료기기 판촉영업자에게 의료기기의 판매 또는 임대 촉진 업무를 위탁(위탁받은 판매 또는 임대 촉진 업무를 다른 의료기기 판촉영업자에게 다시 위탁하는 경우를 포함한다)하는 경우 보건복지부령으로 정하는 바에 따라 위탁계약서를 작성하고 해당 위탁계약서 및 관련 근거 자료를 5년간 각각 보관하여야 한다.〈신설 2023. 8. 8.〉

③ 보건복지부장관은 필요하다고 인정하는 경우 제1항에 따른 지출보고서, 관련 장부 및 근거 자료와 제2항에 따른 위탁계약서 및 관련 근거 자료의 제출을 요구할 수 있다. 이 경우 제조업자등은 정당한 사유가 없으면 이에 따라야 한다.〈개정 2021. 7. 20., 2023. 8. 8.〉

④ 보건복지부장관은 제조업자등에 대하여 보건복지부령으로 정하는 바에 따라 지출보고서에 관한 실태조사를 실시하고 그 결과를 공표하여야 한다.〈신설 2021. 7. 20., 2023. 8. 8.〉

⑤ 보건복지부장관은 제1항에 따른 공개와 관련된 업무와 제3항에 따른 실태조사업무를 관계 전문기관 또는 단체에 위탁할 수 있다.〈신설 2021. 7. 20., 2023. 8. 8.〉

[본조신설 2016. 12. 2.]

[시행일: 2025. 2. 9.] 제13조의2

제14조(폐업·휴업 등의 신고) ① 제조업자는 다음 각 호의 어느 하나에 해당하는 경우에는 총리령으로 정하는 바에 따라 식품의약품안전처장에게 신고하여야 한다. 다만, 휴업기간이 1개월 미만이거나 그 기간 동안 휴업하였다가 그 업을 재개하는 경우에는 그러하지 아니하다. 〈개정 2018. 12. 11.〉

1. 폐업 또는 휴업하려는 경우

2. 휴업 후 그 업을 재개하려는 경우

② 식품의약품안전처장은 제1항제1호에 따른 폐업신고 또는 휴업신고를 받은 날부터 7일 이내에 신고수리 여부를 신고인에게 통지하여야 한다.〈신설 2018. 12. 11.〉

③ 식품의약품안전처장이 제2항에서 정한 기간 내에 신고수리 여부 또는 민원 처리 관련 법령에 따른 처리기간의 연장을 신고인에게 통지하지 아니하면 그 기간(민원 처리 관련 법령에 따라 처리기간이 연장

또는 재연장된 경우에는 해당 처리기간을 말한다)이 끝난 날의 다음 날에 신고를 수리한 것으로 본다.〈신설 2018. 12. 11.〉

제2절 수입업

제15조(수입업허가 등) ① 의료기기의 수입을 업으로 하려는 자는 식품의약품안전처장의 수입업허가를 받아야 한다. 〈개정 2013. 3. 23.〉

② 제1항에 따라 수입업허가를 받은 자(이하 "수입업자"라 한다)는 수입하려는 의료기기에 대하여 다음 각 호의 구분에 따라 수입허가 또는 수입인증을 받거나 수입신고를 하여야 한다.〈개정 2013. 3. 23., 2015. 1. 28.〉

  1. 인체에 미치는 잠재적 위해성이 낮아 고장이나 이상이 발생하더라도 생명이나 건강에 위해를 줄 우려가 거의 없는 의료기기로서 식품의약품안전처장이 정하여 고시하는 의료기기: 품목류별 수입허가, 수입인증 또는 수입신고

  2. 제1호 외의 의료기기: 품목별 수입허가, 수입인증 또는 수입신고

③ 제1항에 따른 수입업허가를 신청할 때에는 제2항 각 호에 따른 1개 이상의 수입허가 또는 수입인증을 함께 신청하거나 1개 이상의 수입신고를 함께 하여야 한다.〈개정 2015. 1. 28.〉

④ 제1항에 따라 수입업허가를 받으려는 자 및 제2항에 따라 수입허가 또는 수입인증을 받거나 수입신고를 하려는 자는 총리령으로 정하는 바에 따라 품질검사를 위하여 필요한 시설과 제조 및 품질관리체계를 미리 갖추어 허가 또는 인증을 신청하거나 신고하여야 한다. 다만, 품질관리를 위한 시험을 위탁하는 등 총리령으로 정하는 경우에는 그러하지 아니하다.〈개정 2013. 3. 23., 2015. 1. 28.〉

⑤ 의약품 또는 의약외품과 의료기기가 조합되거나 복합 구성된 것으로서 그 주된 기능이 의약품 또는 의약외품에 해당하여 「약사법」 제42조제1항에 따라 이미 수입품목허가를 받거나 수입품목신고를 한 때에는 제2항에 따라 수입허가 또는 수입인증을 받거나 수입신고를 한 것으로 본다.〈개정 2015. 1. 28.〉

⑥ 제1항부터 제5항까지의 규정에 따라 수입되는 의료기기 또는 그 수입업자에 대하여는 제6조제1항 단서, 같은 조 제5항·제7항부터 제10항까지, 제6조의2, 제6조의3, 제7조부터 제9조까지, 제11조부터 제13조까지, 제13조의2 및 제14조를 준용한다. 이 경우 "제조"는 "수입"으로, "제조업허가"는 "수입업허가"로, "제조허가"는 "수입허가"로, "제조인증"은 "수입인증"으로, "제조신고"는 "수입신고"로, "생산관리"는 "수입관리"로, "제조업자"는 "수입업자"로 각각 본다.〈개정 2014. 1. 28., 2015. 1. 28., 2016. 12. 2., 2017. 12. 19.〉

제15조(수입업허가 등) ① 의료기기의 수입을 업으로 하려는 자는 식품의약품안전처장의 수입업허가를 받아야 한다. 〈개정 2013. 3. 23.〉

② 제1항에 따라 수입업허가를 받은 자(이하 "수입업자"라 한다)는 수입하려는 의료기기에 대하여 다음 각 호의 구분에 따라 수입허가 또는 수입인증을 받거나 수입신고를 하여야 한다.〈개정 2013. 3. 23., 2015. 1. 28.〉

  1. 인체에 미치는 잠재적 위해성이 낮아 고장이나 이상이 발생하더라도 생명이나 건강에 위해를 줄 우려가 거의 없는 의료기기로서 식품의약품안전처장이 정하여 고시하는 의료기기: 품목류별 수입허가, 수입인증 또는 수입신고

  2. 제1호 외의 의료기기: 품목별 수입허가, 수입인증 또는 수입신고

③ 제1항에 따른 수입업허가를 신청할 때에는 제2항 각 호에 따른 1개 이상의 수입허가 또는 수입인증을 함께 신청하거나 1개 이상의 수입신고를 함께 하여야 한다.〈개정 2015. 1. 28.〉

④ 제1항에 따라 수입업허가를 받으려는 자 및 제2항에 따라 수입허가 또는 수입인증을 받거나 수입신고를 하려는 자는 총리령으로 정하는 바에 따라 품질검사를 위하여 필요한 시설과 제조 및 품질관리체계를 미리 갖추어 허가 또는 인증을 신청하거나 신고하여야 한다. 다만, 품질관리를 위한 시험을 위탁하는 등 총리령으로 정하는 경우에는 그러하지 아니하다.〈개정 2013. 3. 23., 2015. 1. 28.〉

⑤ 의약품 또는 의약외품과 의료기기가 조합되거나 복합 구성된 것으로서 그 주된 기능이 의약품 또는 의

약외품에 해당하여 「약사법」 제42조제1항에 따라 이미 수입품목허가를 받거나 수입품목신고를 한 때에는 제2항에 따라 수입허가 또는 수입인증을 받거나 수입신고를 한 것으로 본다. 〈개정 2015. 1. 28.〉

⑥ 제1항부터 제5항까지의 규정에 따라 수입되는 의료기기 또는 그 수입업자에 관하여는 제6조제1항 단서, 같은 조 제5항 및 제7항부터 제11항까지, 제6조의2, 제6조의3, 제7조부터 제9조까지, 제11조부터 제13조까지, 제13조의2 및 제14조를 준용한다. 이 경우 "제조"는 "수입"으로, "제조업허가"는 "수입업허가"로, "제조허가"는 "수입허가"로, "제조인증"은 "수입인증"으로, "제조신고"는 "수입신고"로, "생산관리"는 "수입관리"로, "제조업자"는 "수입업자"로 각각 본다. 〈개정 2014. 1. 28., 2015. 1. 28., 2016. 12. 2., 2017. 12. 19., 2024. 2. 6.〉

제15조의2(희소·긴급도입 필요 의료기기의 공급 및 정보 제공 등) ① 식품의약품안전처장은 희귀·난치질환자 등에 대한 치료 기회 확대 및 원활한 질병 관리 등을 위하여 다음 각 호에 해당하는 의료기기(이하 "희소·긴급도입 필요 의료기기"라 한다)를 수입 등의 방법으로 국내에 공급하거나 희귀·난치질환자 등에게 관련 정보를 제공할 수 있다.

 1. 「희귀질환관리법」 제2조제1호에 따른 희귀질환을 진단하거나 치료하기 위한 목적으로 사용되는 의료기기로서 국내에 대체 가능한 제품이 없는 의료기기
 2. 국민 보건상 긴급하게 도입할 필요가 있거나 안정적 공급 지원이 필요하다고 식품의약품안전처장이 인정하는 의료기기 또는 관계 중앙행정기관의 장이 요청하는 의료기기

② 식품의약품안전처장은 제1항에 따른 희소·긴급도입 필요 의료기기의 공급 및 관련 정보 제공에 관한 업무를 총리령으로 정하는 바에 따라 관련 전문기관 또는 단체에 위탁하고 이에 필요한 비용을 지원할 수 있다.

③ 제2항에 따라 식품의약품안전처장으로부터 업무를 위탁받은 관계 전문기관 또는 단체가 위탁 업무의 수행을 위하여 희소·긴급도입 필요 의료기기를 수입하는 경우에는 제15조제2항 또는 제6항에도 불구하고 해당 의료기기에 한정하여 허가 또는 인증을 받지 아니하거나 신고하지 아니할 수 있다.

④ 제1항부터 제3항까지에서 규정한 사항 외에 희소·긴급도입 필요 의료기기의 공급 방법 및 위탁에 관하여 필요한 사항은 총리령으로 정한다.

[본조신설 2018. 12. 11.]

제3절 수리업

제16조(수리업의 신고) ① 의료기기의 수리를 업으로 하려는 자(이하 "수리업자"라 한다)는 총리령으로 정하는 바에 따라 특별자치시장·특별자치도지사·시장·군수·구청장에게 수리업신고를 하여야 한다. 다만, 제6조제2항에 따른 제조허가·제조인증·제조신고 또는 제15조제2항에 따른 수입허가·수입인증·수입신고를 받은 자가 자기 회사가 제조 또는 수입한 의료기기를 수리하는 경우에는 수리업신고를 하지 아니한다. 〈개정 2013. 3. 23., 2015. 1. 28., 2020. 2. 18.〉

② 제1항에 따라 수리업신고를 하려는 자(같은 항 단서에 따라 자기 회사가 수입한 의료기기를 수리하려는 자를 포함한다)는 총리령으로 정하는 바에 따라 시설 및 품질관리체계를 갖추어야 한다. 다만, 품질관리를 위한 시험을 위탁하는 등 총리령으로 정하는 경우에는 그러하지 아니하다. 〈개정 2013. 3. 23.〉

③ 제1항에 따른 수리업신고의 수리에 필요한 대상 품목, 기준 및 조건 등에 관하여 필요한 사항은 총리령으로 정한다. 〈개정 2013. 3. 23.〉

④ 제1항에 따른 신고에 대하여는 제6조제1항 단서, 제12조, 제13조 및 제14조제1항을 준용한다. 이 경우 "제조"는 "수리"로, "제조업허가"는 "수리업신고"로, "생산관리"는 "수리관리"로, "제조업자"는 "수리업자"로 각각 본다. 〈개정 2016. 12. 2., 2018. 12. 11.〉

⑤ 특별자치시장·특별자치도지사·시장·군수·구청장은 제1항에 따른 수리업신고를 받은 날부터 10일 이내에, 제4항에 따른 폐업신고 또는 휴업신고를 받은 날부터 7일 이내에 신고수리 여부를 신고인에

게 통지하여야 한다.〈신설 2018. 12. 11., 2020. 2. 18.〉

⑥ 특별자치시장·특별자치도지사·시장·군수·구청장이 제5항에서 정한 기간 내에 신고수리 여부 또는 민원 처리 관련 법령에 따른 처리기간의 연장을 신고인에게 통지하지 아니하면 그 기간(민원 처리 관련 법령에 따라 처리기간이 연장 또는 재연장된 경우에는 해당 처리기간을 말한다)이 끝난 날의 다음 날에 신고를 수리한 것으로 본다.〈신설 2018. 12. 11., 2020. 2. 18.〉

제4절 판매업 및 임대업

제17조(판매업 등의 신고) ① 의료기기의 판매를 업으로 하려는 자(이하 "판매업자"라 한다) 또는 임대를 업으로 하려는 자(이하 "임대업자"라 한다)는 영업소마다 총리령으로 정하는 바에 따라 영업소 소재지의 특별자치시장·특별자치도지사·시장·군수·구청장(자치구의 구청장을 말한다. 이하 같다)에게 판매업신고 또는 임대업신고를 하여야 한다. 〈개정 2013. 3. 23., 2017. 12. 19.〉

② 다음 각 호의 어느 하나에 해당하는 경우에는 제1항에 따른 신고를 하지 아니할 수 있다. 〈개정 2013. 3. 23.〉

1. 의료기기의 제조업자나 수입업자가 그 제조하거나 수입한 의료기기를 의료기기취급자에게 판매하거나 임대하는 경우

2. 제1항에 따른 판매업신고를 한 자가 임대업을 하는 경우

3. 약국 개설자나 의약품 도매상이 의료기기를 판매하거나 임대하는 경우

4. 총리령으로 정하는 임신조절용 의료기기 및 의료기관 외의 장소에서 사용되는 자가진단용 의료기기를 판매하는 경우

③ 제1항에 따른 신고에 대하여는 제6조제1항제2호·제4호·제5호, 제12조 및 제14조제1항을 준용한다. 이 경우 "제조"는 "판매 또는 임대"로, "제조업허가"는 "판매업신고 또는 임대업신고"로, "제조업자"는 "판매업자 또는 임대업자"로 각각 본다.〈개정 2018. 12. 11.〉

④ 특별자치시장·특별자치도지사·시장·군수·구청장은 제1항에 따른 판매업신고 또는 임대업신고를 받거나 제3항에 따른 폐업신고 또는 휴업신고를 받은 날부터 3일 이내에 신고수리 여부를 신고인에게 통지하여야 한다.〈신설 2018. 12. 11.〉

⑤ 특별자치시장·특별자치도지사·시장·군수·구청장이 제4항에서 정한 기간 내에 신고수리 여부 또는 민원 처리 관련 법령에 따른 처리기간의 연장을 신고인에게 통지하지 아니하면 그 기간(민원 처리 관련 법령에 따라 처리기간이 연장 또는 재연장된 경우에는 해당 처리기간을 말한다)이 끝난 날의 다음 날에 신고를 수리한 것으로 본다.〈신설 2018. 12. 11.〉

⑥ 특별자치시장·특별자치도지사·시장·군수·구청장은 판매업자 또는 임대업자가 「부가가치세법」 제8조 제8항 또는 제9항에 따라 관할 세무서장에게 폐업신고를 하거나 관할 세무서장이 사업자등록을 말소한 경우에는 신고 사항을 직권으로 말소할 수 있다.〈신설 2024. 2. 6.〉

⑦ 특별자치시장·특별자치도지사·시장·군수·구청장은 제6항에 따른 직권말소를 위하여 필요한 경우 관할 세무서장에게 판매업자 또는 임대업자의 폐업 여부에 대한 정보 제공을 요청할 수 있다. 이 경우 요청을 받은 관할 세무서장은 「전자정부법」 제36조제1항에 따라 판매업자 또는 임대업자의 폐업 여부에 대한 정보를 제공하여야 한다.〈신설 2024. 2. 6.〉

제18조(판매업자 등의 준수사항) ① 이 법에 따라 의료기기를 판매하거나 임대할 수 있는 자는 대통령령으로 정하는 바에 따라 영업소에서의 의료기기 품질 확보방법과 그 밖에 판매질서 유지에 관한 사항을 지켜야 한다. 〈개정 2013. 3. 23.〉

② 판매업자·임대업자(법인의 대표자나 이사, 그 밖에 이에 종사하는 자를 포함하고, 법인이 아닌 경우 그 종사자를 포함한다) 및 판매업자·임대업자로부터 의료기기의 판매 또는 임대 촉진 업무를 위탁받은 자(법인의 대표자나 이사, 그 밖에 이에 종사하는 자를 포함하고, 법인이 아닌 경우 그 종사자를 포함한다)는 의료기기 채택·사용유도·거래유지 등 판매 또는 임대 촉진을 목적으로 의료인이나 의료

기관 개설자(법인의 대표자나 이사, 그 밖에 이에 종사하는 자를 포함한다. 이하 이 조에서 같다)·의료기관 종사자에게 경제적 이익등을 제공하거나 의료인, 의료기관 개설자 또는 의료기관 종사자로 하여금 의료기관에게 경제적 이익등을 취득하게 하여서는 아니 된다. 다만, 견본품 제공등의 행위로서 식품의약품안전처장과 협의하여 보건복지부령으로 정하는 범위의 경제적 이익등인 경우에는 그러하지 아니하다. 〈개정 2013. 3. 23., 2015. 12. 29., 2021. 7. 20.〉

③ 제2항에 따른 판매업자·임대업자에 대하여는 제13조의2를 준용한다. 이 경우 "제조업자"는 "판매업자 또는 임대업자"로, "제조업자로부터 의료기기의 판매촉진 업무를 위탁받은 자"는 "판매업자·임대업자로부터 의료기기의 판매 또는 임대 촉진 업무를 위탁받은 자"로 본다. 〈신설 2016. 12. 2., 2021. 7. 20.〉

제18조(판매업자 등의 준수사항) ① 이 법에 따라 의료기기를 판매하거나 임대할 수 있는 자는 대통령령으로 정하는 바에 따라 영업소에서의 의료기기 품질 확보방법과 그 밖에 판매질서 유지에 관한 사항을 지켜야 한다. 〈개정 2013. 3. 23.〉

② 판매업자·임대업자(법인의 대표자나 이사, 그 밖에 이에 종사하는 자를 포함하고, 법인이 아닌 경우 그 종사자를 포함한다) 및 판매업자·임대업자로부터 의료기기의 판매 또는 임대 촉진 업무를 위탁받은 의료기기 판촉영업자(법인의 대표자나 이사, 그 밖에 이에 종사하는 자를 포함하고, 법인이 아닌 경우 그 종사자를 포함한다)는 의료기기 채택·사용유도·거래유지 등 판매 또는 임대 촉진을 목적으로 의료인이나 의료기관 개설자(법인의 대표자나 이사, 그 밖에 이에 종사하는 자를 포함한다. 이하 이 조에서 같다)·의료기관 종사자에게 경제적 이익등을 제공하거나 의료인, 의료기관 개설자 또는 의료기관 종사자로 하여금 의료기관에게 경제적 이익등을 취득하게 하여서는 아니 된다. 다만, 견본품 제공등의 행위로서 식품의약품안전처장과 협의하여 보건복지부령으로 정하는 범위의 경제적 이익등인 경우에는 그러하지 아니하다. 〈개정 2013. 3. 23., 2015. 12. 29., 2021. 7. 20., 2023. 8. 8.〉

③ 판매업자·임대업자는 의료기기 판촉영업자가 아닌 자에게 의료기기의 판매 또는 임대 촉진 업무를 위탁하여서는 아니 된다. 〈신설 2023. 8. 8.〉

④ 제2항에 따른 판매업자·임대업자에 대하여는 제13조의2를 준용한다. 이 경우 "제조업자"는 "판매업자 또는 임대업자"로, "제조업자로부터 의료기기의 판매촉진 업무를 위탁받은 의료기기 판촉영업자"는 "판매업자·임대업자로부터 의료기기의 판매 또는 임대 촉진 업무를 위탁받은 의료기기 판촉영업자"로 본다. 〈신설 2016. 12. 2., 2021. 7. 20., 2023. 8. 8.〉

[시행일: 2025. 2. 9.] 제18조

제18조의2(개봉 판매 금지) 누구든지 제25조의5에 따라 의료기기 제조업자 또는 수입업자가 봉함한 의료기기의 용기나 포장을 개봉하여 판매할 수 없다.

[본조신설 2021. 7. 20.]

제18조의2(의료기기 판촉영업자 신고) ① 제조업자, 수입업자, 판매업자 또는 임대업자로부터 의료기기의 판매 또는 임대 촉진 업무를 위탁받아 수행하려는 자(위탁된 판매 또는 임대 촉진 업무를 다시 위탁받아 수행하려는 자도 포함한다)는 보건복지부령으로 정하는 기준에 따라 특별자치시장·특별자치도지사·시장·군수·구청장에게 신고하여야 한다. 신고한 사항 중 보건복지부령으로 정하는 중요한 사항을 변경하려는 경우에도 또한 같다.

② 의료기기 판촉영업자는 다음 각 호의 어느 하나에 해당하는 경우에는 보건복지부령으로 정하는 바에 따라 특별자치시장·특별자치도지사·시장·군수·구청장에게 신고하여야 한다. 다만, 휴업기간이 1개월 미만인 경우에는 그러하지 아니하다.

1. 폐업 또는 휴업하려는 경우
2. 휴업 후 그 업을 재개하려는 경우

③ 의료기기 판촉영업자에 대하여는 제6조제1항제2호(파산선고를 받은 자로서 복권되지 아니한 자는 제외한다)·제4호·제5호의 결격사유를 준용한다. 이 경우 "의료기기의 제조를 업으로 하려는 자"는 "의료

기기 판촉영업자"로, "제조업허가"는 "신고의 수리"로 각각 본다.

④ 특별자치시장·특별자치도지사·시장·군수·구청장은 제1항에 따른 신고를 받거나 제2항에 따른 폐업, 휴업 또는 재개의 신고를 받은 날부터 3일 이내에 신고수리 여부를 신고인에게 통지하여야 한다.

⑤ 특별자치시장·특별자치도지사·시장·군수·구청장이 제4항에서 정한 기간 내에 신고수리 여부 또는 민원 처리 관련 법령에 따른 처리기간의 연장을 신고인에게 통지하지 아니하면 그 기간(민원 처리 관련 법령에 따라 처리기간이 연장 또는 재연장된 경우에는 해당 처리기간을 말한다)이 끝난 날의 다음 날에 신고를 수리한 것으로 본다.

[본조신설 2023. 8. 8.] [종전 제18조의2는 제18조의5로 이동 〈2023. 8. 8.〉]

[시행일: 2025. 2. 9.] 제18조의2

제18조의3(의료기기 판촉영업자에 대한 교육) ① 의료기기 판촉영업자(법인의 대표자나 이사, 그 밖에 이에 종사하는 자를 포함하고, 법인이 아닌 경우 그 종사자를 포함한다. 이하 이 조에서 같다)는 의료기기의 판매질서 등에 관한 교육을 받아야 한다.

② 보건복지부장관은 제1항에 따른 교육을 실시하기 위하여 관련 단체 또는 기관을 교육기관으로 지정할 수 있다.

③ 제1항에 따른 교육 내용, 방법 및 제2항에 따른 교육기관의 지정, 운영, 지정취소 등에 필요한 사항은 보건복지부령으로 정한다.

[본조신설 2023. 8. 8.]

[시행일: 2025. 2. 9.] 제18조의3

제18조의4(의료기기 판촉영업자의 준수사항) ① 의료기기 판촉영업자가 위탁받은 판매 또는 임대 촉진 업무의 전부 또는 일부를 다른 의료기기 판촉영업자에게 다시 위탁하는 경우에는 보건복지부령으로 정하는 바에 따라 해당 업무를 위탁한 제조업자, 수입업자, 판매업자 또는 임대업자에게 서면(「전자문서 및 전자거래 기본법」 제2조제1호에 따른 전자문서를 포함한다)으로 그 사실을 알려야 한다.

② 의료기기 판촉영업자는 제조업자, 수입업자, 판매업자 또는 임대업자를 위하여 선량한 관리자의 주의로 위탁받은 업무를 수행하여야 한다.

[본조신설 2023. 8. 8.]

[시행일: 2025. 2. 9.] 제18조의4

제18조의5(개봉 판매 금지) 누구든지 제25조의5에 따라 의료기기 제조업자 또는 수입업자가 봉함한 의료기기의 용기나 포장을 개봉하여 판매할 수 없다.

[본조신설 2021. 7. 20.] [제18조의2에서 이동 〈2023. 8. 8.〉]

[시행일: 2025. 2. 9.] 제18조의5

제4장 의료기기의 취급 등

제1절 기준

제19조(기준규격) 식품의약품안전처장은 의료기기의 품질에 대한 기준이 필요하다고 인정하는 의료기기에 대하여 그 적용범위, 형상 또는 구조, 시험규격, 기재사항 등을 기준규격으로 정할 수 있다. 〈개정 2013. 3. 23.〉

제2절 기재사항 및 광고

제20조(용기 등의 기재사항) 의료기기 제조업자 및 수입업자는 의료기기의 용기나 외장(外裝)에 다음 각 호의 사항을 적어야 한다. 다만, 총리령으로 정하는 용기나 외장의 경우에는 그러하지 아니하다. 〈개정 2013. 3. 23., 2015. 1. 28., 2015. 12. 29., 2016. 12. 2., 2017. 12. 19.〉

1. 제조업자 또는 수입업자의 상호와 주소
2. 수입품의 경우는 제조원(제조국 및 제조사명)
3. 허가(인증 또는 신고)번호, 명칭(제품명, 품목명, 모델명). 이 경우 제품명은 제품명이 있는 경우만 해당한다.
4. 제조번호와 제조 연월(사용기한이 있는 경우에는 제조 연월 대신에 사용기한을 적을 수 있다)
5. 중량 또는 포장단위
6. "의료기기"라는 표시
7. 일회용인 경우는 "일회용"이라는 표시와 "재사용 금지"라는 표시
8. 식품의약품안전처장이 보건복지부장관과 협의하여 정하는 의료기기 표준코드
9. 첨부문서를 인터넷 홈페이지에서 전자형태로 제공한다는 사실 및 첨부문서가 제공되는 인터넷 홈페이지 주소(제22조제2항에 따라 첨부문서를 인터넷 홈페이지에서 제공하는 경우에 한정한다)

제21조(외부포장 등의 기재사항) 의료기기의 용기나 외장에 적힌 제20조의 사항이 외부의 용기나 포장에 가려 보이지 아니할 때에는 외부의 용기나 포장에도 같은 사항을 적어야 한다.

제22조(첨부문서의 기재사항) ① 의료기기 제조업자 및 수입업자는 의료기기의 첨부문서에 다음 각 호의 사항을 적어야 한다. 〈개정 2013. 3. 23., 2017. 12. 19.〉
1. 사용방법과 사용 시 주의사항
2. 보수점검이 필요한 경우 보수점검에 관한 사항
3. 제19조에 따라 식품의약품안전처장이 기재하도록 정하는 사항
4. 그 밖에 총리령으로 정하는 사항
② 제1항의 첨부문서는 다음 각 호의 어느 하나에 해당하는 형태로 제공할 수 있다. 〈개정 2017. 12. 19.〉
1. 이동식저장장치(USB), 시디(CD) 등의 전산매체
2. 안내서(종이 또는 책자 등)
3. 인터넷 홈페이지(「의료법」 제3조에 따른 의료기관에서 주로 사용하는 의료기기로서 식품의약품안전처장이 지정하는 의료기기에 한정한다)

제23조(기재 시 주의사항) 제20조부터 제22조까지에 규정된 사항은 다른 문자·기사·도화 또는 도안보다 쉽게 볼 수 있는 장소에 적어야 하고, 총리령으로 정하는 바에 따라 한글로 읽기 쉽고 이해하기 쉬운 용어로 정확히 적어야 한다. 〈개정 2013. 3. 23.〉

제23조의2(시각장애인 등을 위한 정보제공) ① 식품의약품안전처장은 시각·청각장애인이 의료기기를 원활하게 사용할 수 있도록 의료기기 제조업자 및 수입업자에게 다음 각 호의 행위를 권장할 수 있다.
1. 의료기기의 기재사항 일부를 점자 및 음성·수어영상변환용 코드 등을 사용하여 병행 표시하는 행위
2. 의료기기에 사용 정보를 음성안내, 문자확대 등 전자적 방법으로 전달하게 하는 기능을 추가하거나, 이를 위한 소프트웨어, 장치 등을 의료기기와 함께 제공하는 행위
② 식품의약품안전처장은 시각·청각장애인의 의료기기 정보에 대한 접근성을 높이기 위하여 음성·영상 등 적절한 정보전달 방법과 기준을 개발하고 교육·홍보할 수 있다.
③ 식품의약품안전처장은 제1항에 따라 조치를 하려는 의료기기 제조업자 및 수입업자에게 행정적·기술적 지원을 할 수 있다.
④ 식품의약품안전처장은 제2항에 따른 음성·영상 등 정보전달 방법과 기준의 개발 및 교육·홍보 등 업무를 관계 전문기관 또는 단체에 위탁할 수 있다.
⑤ 제1항부터 제4항까지에서 정한 사항 외에 대상 의료기기의 범위, 적절한 정보전달 방법과 기준 및 지원의 방법 등에 관한 세부사항은 총리령으로 정한다.

[본조신설 2023. 6. 13.]

제24조(기재 및 광고의 금지 등) ① 의료기기의 용기, 외장, 포장 또는 첨부문서에 해당 의료기기에 관하여 다음 각 호의 사항을 표시하거나 적어서는 아니 된다. 〈개정 2015. 1. 28.〉

1. 거짓이나 오해할 염려가 있는 사항
2. 제6조제2항 또는 제15조제2항에 따른 허가 또는 인증을 받지 아니하거나 신고한 사항과 다른 성능이나 효능 및 효과
3. 보건위생상 위해가 발생할 우려가 있는 사용방법이나 사용기간

② 누구든지 의료기기의 광고와 관련하여 다음 각 호의 어느 하나에 해당하는 광고를 하여서는 아니 된다.〈개정 2013. 3. 23., 2015. 1. 28., 2021. 3. 23.〉

1. 의료기기의 명칭·제조방법·성능이나 효능 및 효과 또는 그 원리에 관한 거짓 또는 과대 광고
2. 의사·치과의사·한의사·수의사 또는 그 밖의 자가 의료기기의 성능이나 효능 및 효과에 관하여 보증·추천·공인·지도 또는 인정하고 있거나 그러한 의료기기를 사용하고 있는 것으로 오해할 염려가 있는 기사를 사용한 광고
3. 의료기기의 성능이나 효능 및 효과를 암시하는 기사·사진·도안을 사용하거나 그 밖에 암시적인 방법을 사용한 광고
4. 의료기기에 관하여 낙태를 암시하거나 외설적인 문서 또는 도안을 사용한 광고
5. 제6조제2항 또는 제15조제2항에 따라 허가 또는 인증을 받지 아니하거나 신고한 사항과 다른 의료기기의 명칭·제조방법·성능이나 효능 및 효과에 관한 광고. 다만, 제26조제1항 단서에 해당하는 의료기기의 경우에는 식품의약품안전처장이 정하여 고시하는 절차 및 방법, 허용범위 등에 따라 광고할 수 있다.
6. 삭제〈2021. 3. 23.〉
7. 제25조제1항에 따른 자율심의를 받지 아니한 광고 또는 심의받은 내용과 다른 내용의 광고

③ 제1항 및 제2항에 따른 의료기기의 표시·기재 및 광고의 범위 등에 관하여 필요한 사항은 총리령으로 정한다.〈개정 2013. 3. 23.〉

[2021. 3. 23. 법률 제17978호에 의하여 2020. 8. 28. 헌법재판소에서 위헌 결정된 이 조 제2항제6호를 삭제함.]

제25조(광고의 자율심의) ① 의료기기를 광고하려는 자가 다음 각 호의 어느 하나에 해당하는 매체를 이용하여 광고하려는 경우에는 미리 해당 광고가 제24조제2항 및 제3항에 위반되는지 여부에 관하여 제25조의2제1항에 따라 식품의약품안전처장에게 신고한 기관 또는 단체(이하 "자율심의기구"라 한다)의 심의를 받아야 한다.

1. 「방송법」 제2조제1호의 방송 중 텔레비전방송 및 라디오방송
2. 「신문 등의 진흥에 관한 법률」 제2조제1호의 신문 중 일반일간신문 및 일반주간신문, 같은 조 제2호의 인터넷신문 및 「잡지 등 정기간행물의 진흥에 관한 법률」 제2조제1호가목의 잡지
3. 「옥외광고물 등의 관리와 옥외광고산업 진흥에 관한 법률」 제2조제1호에 따른 옥외광고물 중 현수막(懸垂幕), 벽보, 전단(傳單) 및 교통시설·교통수단에 표시(교통수단 내부에 표시되거나 영상·음성·음향 및 이들의 조합으로 이루어지는 광고를 포함한다)되는 것
4. 전광판
5. 대통령령으로 정하는 인터넷 매체[이동통신단말장치에서 사용되는 애플리케이션(Application)을 포함한다]
6. 그 밖에 매체의 성질, 영향력 등을 고려하여 대통령령으로 정하는 광고매체

② 제1항에 따라 심의를 받은 자가 심의받은 광고의 내용을 변경하려는 경우에는 다시 제1항에 따라 심의를 받아야 한다. 다만, 대통령령으로 정하는 경미한 사항을 변경하려는 경우에는 그러하지 아니한다.

③ 제1항에도 불구하고 다음 각 호의 어느 하나에 해당하는 의료기기 광고에 대해서는 자율심의기구의 심

의를 받지 아니할 수 있다.

1. 제6조제2항 또는 제15조제2항에 따라 허가 또는 인증을 받거나 신고한 내용만으로 구성된 광고
2. 수출만을 목적으로 생산하는 의료기기의 외국어 광고
3. 제1항에 따라 심의를 받은 내용과 동일한 외국어 광고
4. 의료인 등 전문가 집단을 대상으로 하는 광고 등 대통령령으로 정하는 내용의 광고

④ 세1항에 따라 심의를 받은 자가 심의 결과에 이의가 있는 경우에는 그 심의 결과를 통지받은 날부터 30일 이내에 대통령령으로 정하는 바에 따라 자율심의기구에 재심의를 신청할 수 있다.

⑤ 제4항에 따른 재심의 결과에 이의가 있는 자는 재심의 결과를 통지받은 날부터 30일 이내에 대통령령으로 정하는 바에 따라 식품의약품안전처장에게 이의신청을 할 수 있다.

⑥ 의료기기광고 심의를 받으려는 자는 자율심의기구가 정하는 수수료를 내야 한다.

⑦ 제1항에 따른 심의의 유효기간은 심의를 신청하여 승인을 받은 날부터 3년으로 한다.

⑧ 제7항에 따른 유효기간의 만료 후 계속하여 의료기기광고를 하려는 경우에는 유효기간 만료 6개월 전에 자율심의기구에 의료기기 광고 심의를 신청하여야 한다.

[전문개정 2021. 3. 23.]

제25조의2(자율심의기구 구성·운영 등) ① 다음 각 호의 기관 또는 단체는 대통령령으로 정하는 바에 따라 자율심의를 위한 조직 등을 갖추어 식품의약품안전처장에게 신고한 후 의료기기광고 심의 업무를 수행할 수 있다.

1. 「민법」이나 다른 법률에 따라 설립된 법인으로서 대통령령으로 정하는 기준에 해당하는 기관 또는 단체
2. 「소비자기본법」 제29조에 따라 등록한 소비자단체로서 대통령령으로 정하는 기준을 충족하는 단체

② 자율심의기구는 제25조제1항에 따른 심의에 적용하는 심의기준을 마련하여야 한다. 이 경우 자율심의기구가 둘 이상인 경우에는 상호 협의하여 심의기준을 마련하여야 한다.

③ 제25조제1항에 따라 자율심의기구가 수행하는 의료기기광고 심의 업무 및 이와 관련된 업무의 수행에 관하여는 「민법」 제37조를 적용하지 아니한다.

④ 자율심의기구는 의료기기광고 제도 및 법령의 개선에 관하여 식품의약품안전처장에게 의견을 제시할 수 있다.

⑤ 제25조 및 이 조 제1항부터 제4항까지의 규정에서 정한 것 외에 자율심의기구의 구성·운영 및 심의에 필요한 사항은 자율심의기구가 정한다.

⑥ 자율심의기구가 제25조제1항 및 이 조 제2항에 따른 심의 관련 업무를 수행할 때에는 제24조제2항 및 제3항에 따라 공정하고 투명하게 하여야 한다.

[본조신설 2021. 3. 23.]

제25조의3(의료기기광고에 관한 심의위원회) ① 자율심의기구는 의료기기 광고를 심의하기 위하여 의료기기광고심의위원회(이하 "심의위원회"라 한다)를 설치·운영하여야 한다.

② 심의위원회는 위원장 1명과 부위원장 1명을 포함하여 10명 이상 20명 이하의 위원으로 구성한다.

③ 심의위원회의 위원은 다음 각 호의 어느 하나에 해당하는 사람 중에서 자율심의기구의 장이 위촉한다. 이 경우 다음 각 호의 사람을 각각 1명 이상 포함하되, 제1호에 해당하는 위원 수는 전체 위원 수의 3분의 1 미만이 되도록 하여야 한다.

1. 의료기기 관련 산업계에 종사하는 사람
2. 「의료법」 제2조에 따른 의사·치과의사 또는 한의사로서 같은 법 제28조에 따른 의사회·치과의사회 또는 한의사회의 장이 추천하는 사람
3. 「소비자기본법」 제2조제3호에 따른 소비자단체의 장이 추천하는 사람
4. 「변호사법」 제7조제1항에 따라 같은 법 제78조에 따른 대한변호사협회에 등록한 변호사로서 대한변

호사협회의 장이 추천하는 사람

5. 「비영리민간단체 지원법」 제4조에 따라 등록된 단체로서 의료기기의 안전을 주된 목적으로 하는 단체의 장이 추천하는 사람

6. 그 밖에 의료기기의 광고에 관한 학식과 경험이 풍부한 사람

④ 제1항부터 제3항까지의 규정에서 정한 것 외에 심의위원회의 구성 및 운영에 필요한 사항은 자율심의기구가 정한다.

[본조신설 2021. 3. 23.]

제25조의4(의료기기광고 모니터링) 자율심의기구는 총리령으로 정하는 바에 따라 자신이 심의한 의료기기 광고가 제24조제2항 및 제3항을 준수하는지 여부에 관하여 모니터링하고, 그 결과를 식품의약품안전처장에게 제출하여야 한다.

[본조신설 2021. 3. 23.]

제25조의5(봉함) 의료기기 제조업자 또는 수입업자는 다음 각 호의 어느 하나에 해당하는 의료기기로서 총리령으로 정하는 의료기기를 제조 또는 수입하여 판매하는 경우 총리령으로 정하는 바에 따라 의료기기의 용기나 포장을 봉함(封緘)하여야 한다.

1. 인체에 삽입되는 의료기기

2. 개봉하여 유통하는 경우 오염 또는 변질의 우려가 있는 의료기기

[본조신설 2021. 7. 20.]

제3절 취급

제26조(일반행위의 금지) ① 누구든지 제6조제2항 또는 제15조제2항에 따라 허가 또는 인증을 받지 아니하거나 신고를 하지 아니한 의료기기를 수리·판매·임대·수여 또는 사용하여서는 아니 되며, 판매·임대·수여 또는 사용할 목적으로 제조·수입·수리·저장 또는 진열하여서는 아니 된다. 다만, 박람회·전람회·전시회 등에서 전시할 목적으로 총리령으로 정하는 절차 및 방법 등에 따라 의료기기를 제조·수입·저장 또는 진열하는 경우에는 그러하지 아니하다. 〈개정 2013. 3. 23., 2015. 1. 28.〉

② 누구든지 다음 각 호의 어느 하나에 해당하는 의료기기를 제조·수입·판매 또는 임대하여서는 아니 된다. 〈개정 2013. 3. 23., 2015. 1. 28., 2017. 12. 19.〉

1. 제6조제2항, 제12조 또는 제15조제2항·제6항에 따라 허가 또는 인증을 받거나 신고한 내용과 다른 의료기기

2. 전부 또는 일부가 불결하거나 병원 미생물에 오염된 물질 또는 변질되거나 부패한 물질로 된 의료기기

3. 그 밖에 국민보건에 위해를 끼쳤거나 끼칠 우려가 있는 경우로서 식품의약품안전처장 또는 특별자치시장·특별자치도지사·시장·군수·구청장이 제34조부터 제36조까지의 규정에 따라 폐기·사용중지·허가취소 등을 명한 의료기기

③ 수리업자는 의료기기를 수리할 때에는 제6조제2항, 제12조 또는 제15조제2항·제6항에 따라 허가 또는 인증을 받거나 신고한 성능, 구조, 정격(定格), 외관, 치수 등을 변환하여서는 아니 된다. 다만, 의료기기의 안전성 및 유효성에 영향을 미치지 아니하는 범위에서 총리령으로 정하는 바에 따라 외관을 변경하는 경미한 수리를 하는 경우에는 그러하지 아니하다. 〈개정 2015. 1. 28., 2018. 3. 13.〉

④ 누구든지 의료기기를 사용할 때에는 제6조제2항, 제12조 또는 제15조제2항·제6항에 따라 허가 또는 인증을 받거나 신고한 내용과 다르게 변조 또는 개조하여서는 아니 된다. 다만, 다음 각 호의 어느 하나에 해당하는 경우에는 그러하지 아니하다. 〈개정 2013. 3. 23., 2015. 1. 28.〉

1. 제조업자와 수입업자가 자기 회사에서 제조 또는 수입한 의료기기로서 총리령으로 정하는 의료기기

를 제12조 또는 제15조제6항에 따라 변경허가 또는 변경인증을 받거나 변경신고한 내용대로 변조 또는 개조하는 경우

2. 의료기기의 안전성 및 유효성에 영향을 미치지 아니하는 범위에서 개인이 자신의 사용 편의를 위하여 변조 또는 개조하는 경우

⑤ 수리업자·판매업자 또는 임대업자는 다음 각 호의 어느 하나에 해당하는 의료기기를 수리·판매 또는 임대하거나 수리·판매 또는 임대할 목적으로 저장·진열하여서는 아니 된다. 〈개정 2015. 1. 28.〉

1. 제6조제2항, 제12조, 제15조제2항·제6항 또는 제16조제1항에 따라 허가 또는 인증을 받거나 신고한 내용과 다르게 제조·수입 또는 수리된 의료기기

2. 제24조제1항에 위반되는 의료기기

⑥ 의료기관 개설자는 제10조에 따라 식품의약품안전처장으로부터 임상시험에 관한 승인을 받지 아니한 의료기기를 임상시험에 사용하여서는 아니 된다. 〈개정 2013. 3. 23.〉

⑦ 누구든지 의료기기가 아닌 것의 외장·포장 또는 첨부문서에 의료기기와 유사한 성능이나 효능 및 효과 등이 있는 것으로 잘못 인식될 우려가 있는 표시를 하거나 이와 같은 내용의 광고를 하여서는 아니 되며, 이와 같이 표시되거나 광고된 것을 판매 또는 임대하거나 판매 또는 임대할 목적으로 저장 또는 진열하여서는 아니 된다.

제27조(시험검사) ① 식품의약품안전처장은 제6조제2항, 제12조 또는 제15조제2항·제6항에 따라 허가 또는 인증을 하거나 신고를 받기 전이나 제33조에 따라 검사명령을 한 경우에는 의료기기의 안전성 및 성능 등에 관하여 시험검사를 할 수 있다. 〈개정 2013. 3. 23., 2015. 1. 28.〉

② 식품의약품안전처장은 제1항에 따른 시험검사를 「식품·의약품분야 시험·검사 등에 관한 법률」 제6조제2항제4호에 따라 식품의약품안전처장이 지정한 의료기기 시험·검사기관에서 수행하도록 할 수 있다. 〈개정 2013. 3. 23., 2013. 7. 30.〉

③ 삭제 〈2013. 7. 30.〉

④ 삭제 〈2013. 7. 30.〉

⑤ 삭제 〈2013. 7. 30.〉

[제목개정 2013. 7. 30.]

제28조(품질관리심사기관의 지정 등) ① 식품의약품안전처장은 다음 각 호의 사항에 대하여 시설과 제조 및 품질관리체계심사를 할 수 있다. 〈개정 2013. 3. 23., 2015. 1. 28.〉

1. 제6조제1항에 따른 제조업허가를 받으려는 자 및 같은 조 제2항에 따른 제조허가 또는 제조인증을 받거나 제조신고를 하려는 자가 같은 조 제4항 본문에 따른 시설과 제조 및 품질관리체계를 갖추었는지 여부

2. 제조업자가 제13조제1항에 따른 시설과 제조 및 품질관리체계를 유지하고 있는지 여부와 그 밖에 생산관리에 관한 의무사항을 지키고 있는지 여부

3. 제15조제1항에 따른 수입업허가를 받으려는 자 및 같은 조 제2항에 따른 수입허가 또는 수입인증을 받거나 수입신고를 하려는 자가 같은 조 제4항 본문에 따른 수입의료기기의 제조소에 대한 시설과 제조 및 품질관리체계를 갖추었는지 여부

4. 수입업자가 제15조제6항에 따라 준용되는 제13조제1항에 따른 수입의료기기의 제조소에 대한 시설과 제조 및 품질관리체계를 유지하고 있는지 여부와 그 밖에 수입관리에 관한 의무사항을 지키고 있는지 여부

② 식품의약품안전처장은 제1항에 따른 시설과 제조 및 품질관리체계 심사를 수행할 기관(이하 "품질관리심사기관"이라 한다)을 지정할 수 있다. 〈개정 2013. 3. 23., 2015. 1. 28.〉

③ 제2항에 따라 품질관리심사기관으로 지정받으려는 자는 시설과 제조 및 품질관리체계 심사에 필요한

전문인력을 갖추어야 한다.〈개정 2015. 1. 28.〉

④ 제2항에 따라 지정된 품질관리심사기관은 시설과 제조 및 품질관리체계 심사를 한 때에는 품질관리심사결과서를 작성하여 식품의약품안전처장에게 보고하고 시설과 제조 및 품질관리체계 심사에 관한 기록을 보관하는 등 총리령으로 정하는 사항을 지켜야 한다.〈개정 2013. 3. 23., 2015. 1. 28.〉

⑤ 제1항부터 제4항까지에서 규정한 사항 외에 품질관리심사기관의 지정 요건과 그 절차·방법 등에 관하여 필요한 사항은 총리령으로 정한다.〈개정 2013. 3. 23.〉

제5장 관리

제29조(추적관리대상 의료기기) ① 식품의약품안전처장은 다음 각 호의 어느 하나에 해당하는 의료기기 중에서 사용 중 부작용 또는 결함이 발생하여 인체에 치명적인 위해를 줄 수 있어 그 소재를 파악해 둘 필요가 있는 의료기기(이하 "추적관리대상 의료기기"라 한다)는 별도로 정하여 관리할 수 있다.〈개정 2013. 3. 23.〉

1. 인체에 1년 이상 삽입되는 의료기기
2. 생명 유지용 의료기기 중 의료기관 외의 장소에서 사용이 가능한 의료기기

② 제1항에 따른 추적관리대상 의료기기의 지정기준·관리기준 등에 관하여 필요한 사항은 총리령으로 정한다.〈개정 2013. 3. 23.〉

제30조(기록의 작성 및 보존 등) ① 추적관리대상 의료기기의 제조업자·수입업자·판매업자·임대업자·수리업자(이하 이 조에서 "취급자"라 한다)·추적관리대상 의료기기를 취급하는 의료기관 개설자 및 의료기관에서 종사하는 의사·한의사·치과의사 등(이하 이 조에서 "사용자"라 한다)은 추적관리대상 의료기기에 대하여 다음 각 호의 구분에 따른 기록을 작성·보존하여야 하며, 그 기록을 총리령으로 정하는 바에 따라 식품의약품안전처장에게 제출하여야 한다.〈개정 2015. 12. 29.〉

1. 취급자: 추적관리대상 의료기기의 제조·판매(구입을 포함한다)·임대 또는 수리 내용 등에 대한 기록
2. 사용자: 추적관리대상 의료기기를 이용하는 환자에 대한 추적이 가능하도록 하는 기록

② 식품의약품안전처장은 제1항에 따라 제출된 기록의 확인을 위하여 필요한 경우에는 취급자 또는 사용자에게 추가적인 자료의 제출 등을 명할 수 있다. 이 경우 취급자 또는 사용자는 식품의약품안전처장의 자료 제출 등의 명령을 정당한 사유 없이 거부할 수 없다.〈개정 2018. 12. 11.〉

③ 제1항에 따른 기록의 작성과 보존 등에 필요한 사항은 총리령으로 정한다.〈개정 2013. 3. 23.〉

제31조(부작용 관리) ① 의료기기취급자는 의료기기를 사용하는 도중에 사망 또는 인체에 심각한 부작용이 발생하였거나 발생할 우려가 있음을 인지한 경우에는 이를 식품의약품안전처장에게 즉시 보고하고 그 기록을 유지하여야 한다. 이 경우 식품의약품안전처장은 한국의료기기안전정보원장으로 하여금 의료기기와의 인과관계 등을 분석·평가하고 그 결과를 보고하도록 할 수 있다.〈개정 2013. 3. 23., 2021. 7. 20.〉

② 의료기기의 제조업자·수입업자·수리업자·판매업자 및 임대업자(이하 "제조업자등"이라 한다)는 의료기기가 품질불량 등으로 인체에 위해를 끼치거나 끼칠 위험이 있다는 사실을 알게 되었을 때에는 지체 없이 해당 의료기기를 회수하거나 회수에 필요한 조치를 하여야 한다. 이 경우 제조업자 및 수입업자는 인체에 미치는 부작용 등을 고려하여 총리령으로 정하는 바에 따라 회수계획을 수립하여 미리 식품의약품안전처장에게 보고하여야 한다.〈개정 2013. 3. 23.〉

③ 식품의약품안전처장은 제2항 후단에 따른 의료기기 회수계획을 보고받으면 제조업자 또는 수입업자에게 회수계획을 공표하도록 명할 수 있다.〈개정 2013. 3. 23.〉

④ 식품의약품안전처장은 제1항 또는 제2항 후단에 따라 보고받은 결과 사망 또는 인체에 심각한 부작용이 발생하였거나 발생할 우려가 있다고 판단되는 의료기기에 관하여 해당 의료기기를 사용한 의료기관 개설자에게 그 부작용과 회수계획 등을 알려야 한다.〈신설 2015. 1. 28.〉

⑤ 제4항에 따라 통보를 받은 의료기관 개설자는 해당 의료기기를 사용하여 치료를 받은 환자에게 방문, 우편, 전화, 전자우편 또는 팩스 등의 방법으로 그 부작용과 회수계획 등을 알려야 한다. 이 경우 의료기관 개설자는 환자에게 통보한 사실을 증명할 수 있는 자료를 식품의약품안전처장에게 제출하여야 한다. 〈신설 2015. 1. 28.〉

⑥ 식품의약품안전처장, 특별자치시장·특별자치도지사·시장·군수·구청장은 제2항에 따른 회수 또는 회수에 필요한 조치를 성실히 이행한 제조업자등에게 총리령으로 정하는 바에 따라 제36조에 따른 행정처분을 감면할 수 있다. 〈개정 2013. 3. 23., 2015. 1. 28., 2017. 12. 19.〉

⑦ 제1항에 따른 보고의 절차 및 내용, 제2항에 따른 회수기준, 회수절차·회수방법 및 회수계획에 포함되어야 할 사항과 제3항에 따른 공표방법, 제4항에 따른 통보의 기준·절차·방법, 제5항에 따른 통보의 내용·절차·방법 및 증명 자료 제출의 절차·방법 등에 관하여 필요한 사항은 총리령으로 정한다. 〈개정 2013. 3. 23., 2015. 1. 28., 2021. 7. 20.〉

제31조의2(의료기기 공급내역 보고 등) ① 의료기기 제조업자·수입업자·판매업자·임대업자는 의료기관, 의료기기 판매업자·임대업자에게 의료기기를 공급한 경우 식품의약품안전처장이 보건복지부장관과 협의하여 총리령으로 정하는 바에 따라 식품의약품안전처장에게 그 공급내역을 보고하여야 한다.

② 보건복지부장관은 식품의약품안전처장에게 제1항에 따라 보고받은 자료를 제공하여 줄 것을 요청할 수 있다.

③ 식품의약품안전처장은 의료기기 유통정보를 효율적으로 활용하기 위하여 보건복지부 등 관계 기관의 직원으로 구성된 협의체를 운영할 수 있다.

[본조신설 2016. 12. 2.]

제31조의3(의료기기통합정보시스템 구축 등) ① 식품의약품안전처장은 허가부터 제조·수입·판매·사용에 이르기까지 의료기기에 관한 정보를 효율적으로 기록·관리하기 위하여 전자정보처리시스템(이하 "의료기기통합정보시스템"이라 한다)을 구축·운영할 수 있다.

② 제조업자등은 의료기기를 체계적·효율적으로 관리하기 위하여 필요한 정보로서 의료기기 표준코드 및 의료기기에 관한 정보 등 총리령으로 정하는 정보를 제1항에 따른 의료기기통합정보시스템에 등록하여야 한다.

③ 제조업자등은 제2항에 따른 정보를 등록·관리함에 있어서 총리령으로 정하는 기준(이하 "의료기기통합정보관리기준"이라 한다)을 준수하여야 한다.

④ 의료기기통합정보시스템은 의료기기와 관련된 정보시스템과 전자적으로 연계하여 활용할 수 있다.

⑤ 그 밖에 의료기기통합정보시스템의 구축·운영 및 관리 등에 필요한 사항은 총리령으로 정한다.

[본조신설 2016. 12. 2.]

제31조의4(의료기기통합정보센터 지정·운영 등) ① 식품의약품안전처장은 의료기기 정보의 수집·조사·가공·이용·제공 및 제31조의3에 따른 의료기기통합정보시스템의 구축·운영 등에 관한 업무를 대통령령으로 정하는 바에 따라 관계 전문기관 또는 단체를 지정(이하 "의료기기통합정보센터"라고 한다)하여 위탁할 수 있다.

② 의료기기통합정보센터의 장은 국가, 지방자치단체, 공공기관, 의료기기취급자 등을 대상으로 보고·제출받은 정보의 진위 여부를 확인하는 등 제1항에 따른 업무를 수행하는 데 필요한 경우에 한하여 그 업무와 관련성이 있는 자료 또는 정보의 제공을 요청할 수 있다. 이 경우 자료 또는 정보의 제공을 요청 받은 자는 정당한 사유가 없으면 이에 따라야 하며, 의료기기통합정보센터의 장에게 제공하는 자료에 대하여는 사용료 또는 수수료를 면제한다.

③ 식품의약품안전처장 및 보건복지부장관은 의료기기통합정보센터의 장에게 의료기기 관리현황에 대하여 보고하게 할 수 있다.

④ 식품의약품안전처장은 의료기기통합정보센터의 운영에 사용되는 비용의 전부 또는 일부를 지원할 수 있다.

⑤ 의료기기통합정보센터의 운영 등에 필요한 사항은 총리령으로 정한다.

[본조신설 2016. 12. 2.]

제31조의5(의료기기 이물 발견 보고 등) ① 의료기기취급자는 의료기기 내부나 용기 또는 포장에서 정상적으로 사용된 원재료가 아닌 것으로서 사용 시 위해가 발생할 우려가 있거나 사용하기에 부적합한 물질[이하 "이물(異物)"이라 한다]을 발견한 경우에는 지체 없이 이를 식품의약품안전처장에게 보고하여야 한다.

② 식품의약품안전처장은 제1항에 따라 이물 발견의 사실을 보고받은 경우에는 이물 혼입 원인 조사 및 그 밖에 필요한 조치를 취하여야 한다.

③ 식품의약품안전처장은 국민건강에 대한 위해를 방지하기 위하여 필요한 경우에는 의료기기에서 이물이 발견된 사실, 제2항에 따른 조사 결과 및 조치 계획을 공표할 수 있다. 〈신설 2023. 8. 16.〉

④ 제1항에 따른 이물 보고의 기준·대상 및 절차, 제2항에 따른 조치 및 제3항에 따른 공표의 기준·방법·절차 등에 필요한 사항은 총리령으로 정한다. 〈개정 2023. 8. 16.〉

[본조신설 2018. 12. 11.]

제6장 감독

제32조(보고와 검사 등) ① 보건복지부장관, 식품의약품안전처장 또는 특별자치시장·특별자치도지사·시장·군수·구청장은 의료기기의 위해방지·품질관리, 판매질서의 유지 또는 의료기기 관련 업무 수탁 기관의 관리·감독 등을 위하여 필요하다고 인정할 때에는 의료기기취급자 또는 의료기기 기술문서심사기관·임상시험기관·비임상시험실시기관·품질관리심사기관, 제15조의2제2항에 따른 수탁 기관·단체에 필요한 보고를 하게 하거나 관계 공무원에게 다음 각 호의 행위를 하게 할 수 있다. 〈개정 2013. 3. 23., 2015. 12. 29., 2017. 12. 19., 2018. 12. 11.〉

1. 의료기기를 취급하는 의료기관, 공장·창고 또는 점포나 사무소, 의료기기 기술문서심사기관·임상시험기관·비임상시험실시기관·품질관리심사기관, 제15조의2제2항에 따른 수탁 기관·단체, 그 밖에 의료기기를 업무상 취급하는 장소에 출입하여 그 시설 또는 관계 장부나 서류, 그 밖의 물건의 검사 또는 관계인에 대한 질문을 하는 행위

2. 제34조제1항 각 호의 어느 하나에 해당한다고 의심되는 의료기기 또는 시험이나 품질검사에 필요한 의료기기를 최소량만 수거하는 행위

② 제1항에 따라 출입·검사·질문·수거를 하려는 공무원은 그 권한을 표시하는 증표를 지니고 이를 관계인에게 내보여야 한다.

③ 제1항과 제2항에 따른 관계 공무원의 권한·직무의 범위 및 증표 등에 관하여 필요한 사항은 보건복지부장관과 협의하여 총리령으로 정한다. 〈개정 2013. 3. 23.〉

제32조(보고와 검사 등) ① 보건복지부장관, 식품의약품안전처장 또는 특별자치시장·특별자치도지사·시장·군수·구청장은 의료기기의 위해방지·품질관리, 판매질서의 유지 또는 의료기기 관련 업무 수탁 기관의 관리·감독 등을 위하여 필요하다고 인정할 때에는 의료기기취급자 또는 의료기기 기술문서심사기관·임상시험기관·비임상시험실시기관·품질관리심사기관, 의료기기 판촉영업자, 제15조의2제2항에 따른 수탁 기관·단체에 필요한 보고를 하게 하거나 관계 공무원에게 다음 각 호의 행위를 하게 할 수 있다. 〈개정 2013. 3. 23., 2015. 12. 29., 2017. 12. 19., 2018. 12. 11., 2023. 8. 8.〉

1. 의료기기를 취급하는 의료기관, 공장·창고 또는 점포나 사무소, 의료기기 기술문서심사기관·임상시험기관·비임상시험실시기관·품질관리심사기관, 의료기기 판촉영업자, 제15조의2제2항에 따른 수탁 기관·단체, 그 밖에 의료기기를 업무상 취급하는 장소에 출입하여 그 시설 또는 관계 장부나

서류, 그 밖의 물건의 검사 또는 관계인에 대한 질문을 하는 행위

　2. 제34조제1항 각 호의 어느 하나에 해당한다고 의심되는 의료기기 또는 시험이나 품질검사에 필요한 의료기기를 최소량만 수거하는 행위

② 제1항에 따라 출입·검사·질문·수거를 하려는 공무원은 그 권한을 표시하는 증표를 지니고 이를 관계인에게 내보여야 한다.

③ 제1항과 제2항에 따른 관계 공무원의 권한·직무의 범위 및 증표 등에 관하여 필요한 사항은 보건복지부장관과 협의하여 총리령으로 정한다. 〈개정 2013. 3. 23.〉

[시행일: 2025. 2. 9.] 제32조

제32조의2(해외제조소에 대한 현지실사 등) ① 식품의약품안전처장은 다음 각 호의 어느 하나에 해당하는 경우에는 의료기기 제조업자, 의료기기 수입업자, 해외제조소(의료기기의 제조 및 품질관리를 하는 해외에 소재하는 시설을 말한다. 이하 같다)의 관리자 또는 수출국 정부와 사전에 협의를 거쳐 해외제조소에 대한 출입 및 검사(이하 이 조에서 "현지실사"라 한다)를 할 수 있다.

　1. 해외에서 위탁 제조되거나 수입되는 의료기기(이하 이 조에서 "수입의료기기등"이라 한다)의 위해 방지를 위하여 현지실사가 필요하다고 식품의약품안전처장이 인정하는 경우

　2. 국내외에서 수집된 수입의료기기등의 안전성 및 유효성 정보에 대한 사실 확인이 필요하다고 식품의약품안전처장이 인정하는 경우

② 식품의약품안전처장은 제1항에 따른 현지실사를 정당한 사유 없이 거부하거나 현지실사 결과 수입의료기기등에 위해 발생 우려가 있는 경우에는 해당 해외제조소의 수입의료기기등에 대하여 수입 중단 등의 필요한 조치를 할 수 있다.

③ 식품의약품안전처장은 제2항에 따라 수입 중단 등의 조치를 받은 수입의료기기등에 대하여 의료기기 제조업자, 의료기기 수입업자, 해외제조소의 관리자 또는 수출국 정부가 원인을 규명하여 개선사항을 제시하거나 현지실사 등을 통하여 그 수입의료기기등에 위해가 없는 것으로 인정되는 경우에는 제2항에 따른 수입 중단 등의 조치를 해제할 수 있다. 이 경우 개선사항에 대한 확인이 필요할 경우에는 현지실사를 실시할 수 있다.

④ 제1항부터 제3항까지의 규정에 따른 현지실사, 수입 중단 등의 조치와 그 해제의 절차 및 방법 등에 필요한 사항은 총리령으로 정한다.

[본조신설 2018. 12. 11.]

제33조(검사명령) 식품의약품안전처장(수리업자에 대해서는 특별자치시장·특별자치도지사·시장·군수·구청장을 포함한다)은 해당 의료기기가 국민보건에 위해를 끼칠 우려가 있다고 인정하는 경우에 관련 의료기기취급자에 대하여 제10조의2제1항에 따라 지정된 비임상시험실시기관 또는 「식품·의약품분야 시험·검사 등에 관한 법률」 제6조제2항제4호에 따라 식품의약품안전처장이 지정한 의료기기 시험·검사기관의 검사를 받을 것을 명할 수 있다. 〈개정 2013. 3. 23., 2013. 7. 30., 2015. 12. 29., 2020. 2. 18.〉

제34조(판매중지·회수·폐기 및 공표 명령 등) ① 식품의약품안전처장 또는 특별자치시장·특별자치도지사·시장·군수·구청장은 제조업자등에게 다음 각 호에 해당하는 의료기기에 대하여 위해의 정도에 따라 판매중지, 회수, 공중위생상의 위해를 방지할 수 있는 방법으로 폐기 또는 그 밖의 처치를 할 것을 명하거나 그 사실을 공표하게 할 수 있다. 〈개정 2013. 3. 23., 2017. 12. 19., 2021. 8. 17.〉

　1. 제26조를 위반하여 판매·저장·진열·제조 또는 수입한 의료기기

　2. 사용으로 인하여 국민건강에 위해가 발생하였거나 발생할 우려가 현저한 것으로 인정되는 의료기기

② 식품의약품안전처장 또는 특별자치시장·특별자치도지사·시장·군수·구청장은 제1항에 따른 명령을 받은 자가 그 명령을 이행하지 아니한 경우 또는 국민보건을 위하여 긴급한 경우에는 관계 공무원으로 하여금 그 물품을 폐기하게 하거나 봉함 또는 봉인, 그 밖에 필요한 처분을 하게 할 수 있다. 이 경우

제32조제2항을 준용한다.〈개정 2013. 3. 23., 2017. 12. 19.〉

③ 제1항에 따른 의료기기의 위해 정도에 따른 판매중지·회수·폐기 등의 기준과 방법, 공표의 방법 등에 관하여 필요한 사항은 총리령으로 정한다.〈개정 2013. 3. 23., 2021. 8. 17.〉

[제목개정 2021. 8. 17.]

제35조(사용중지명령 등) 식품의약품안전처장 또는 특별자치시장·특별자치도지사·시장·군수·구청장은 의료기관 개설자 또는 동물병원 개설자에 대하여 사용 중인 의료기기가 제33조에 따른 검사 결과 부적합으로 판정되거나 제34조제1항 각 호의 어느 하나에 해당할 우려가 있는 경우에는 그 의료기기의 사용중지 또는 수리 등 필요한 조치를 명할 수 있다. 〈개정 2013. 3. 23., 2017. 12. 19.〉

제35조의2(시정명령) 보건복지부장관은 제조업자·수입업자·판매업자·임대업자 또는 그로부터 판매 또는 임대 촉진 업무를 위탁받은 자가 제13조의2제1항(제15조제6항 또는 제18조제3항에서 준용하는 경우를 포함한다)에 따른 지출보고서를 작성 또는 공개하지 아니하거나 해당 지출보고서와 관련 장부 및 근거 자료를 보관하지 아니한 경우 일정한 기간을 정하여 그 위반 사항을 시정하도록 명할 수 있다. 〈개정 2021. 7. 20.〉

[본조신설 2016. 12. 2.]

제35조의2(시정명령) 보건복지부장관은 제조업자·수입업자·판매업자·임대업자 또는 의료기기 판촉영업자가 다음 각 호의 어느 하나에 해당할 경우 일정한 기간을 정하여 그 위반 사항을 시정하도록 명할 수 있다.

1. 제13조의2제1항(제15조제6항 또는 제18조제4항에서 준용하는 경우를 포함한다)에 따른 지출보고서를 작성 또는 공개하지 아니하거나 해당 지출보고서와 관련 장부 및 근거 자료를 보관하지 아니한 경우

2. 제13조의2제2항(제15조제6항 또는 제18조제4항에서 준용하는 경우를 포함한다)에 따른 위탁계약서 및 관련 근거 자료를 보관하지 아니한 경우

[전문개정 2023. 8. 8.] [시행일: 2025. 2. 9.] 제35조의2

제36조(허가 등의 취소와 업무의 정지 등) ① 제조업자등이 다음 각 호의 어느 하나에 해당하면 의료기기의 제조업자·수입업자 및 제10조에 따른 임상시험에 관한 승인을 받은 자에 대해서는 식품의약품안전처장이, 수리업자·판매업자·임대업자에 대해서는 특별자치시장·특별자치도지사·시장·군수·구청장이 허가·인증·승인 또는 신고 수리의 취소, 영업소의 폐쇄, 품목류 또는 품목의 제조·수입·판매의 금지 또는 1년의 범위에서 그 업무의 전부 또는 일부의 정지를 명할 수 있다. 다만, 제1호, 제1호의2부터 제1호의4까지, 제22호 및 제23호의 경우에는 허가·인증·승인 또는 신고 수리를 취소하거나 영업소를 폐쇄하여야 한다. 〈개정 2013. 3. 23., 2013. 8. 13., 2015. 1. 28., 2016. 12. 2., 2017. 12. 19., 2018. 12. 11., 2020. 2. 18., 2021. 7. 20., 2021. 8. 17.〉

1. 제6조제1항 각 호의 어느 하나에 해당하는 경우(판매업자와 임대업자인 경우에는 제6조제1항제2호·제4호 및 제5호에 해당하는 경우에 한정된다). 다만, 제47조제2항에 따라 상속인이 6개월 이내에 제조업자등의 지위를 양도한 경우에는 그러하지 아니하다.

1의2. 거짓이나 그 밖의 부정한 방법으로 제6조제1항·제2항, 제12조제1항(제15조제6항, 제16조제4항 또는 제17조제3항에 따라 준용되는 경우를 포함한다), 제15조제1항·제2항, 제16조제1항 또는 제17조제1항에 따른 허가·변경허가 또는 인증·변경인증을 받거나 신고·변경신고를 한 경우

1의3. 거짓이나 그 밖의 부정한 방법으로 제10조제1항에 따른 승인 또는 변경승인을 받은 경우

1의4. 거짓이나 그 밖의 부정한 방법으로 제49조제3항에 따른 갱신을 받은 경우

2. 제6조제2항 또는 제15조제2항을 위반하여 허가 또는 인증을 받지 아니하거나 신고를 하지 아니하고 의료기기를 제조·수입한 경우

3. 제6조제4항 본문 및 제15조제4항 본문에 따른 시설과 제조 및 품질관리체계 또는 제16조제2항 본문에 따른 시설 및 품질관리체계를 갖추지 아니한 경우

3의2. 제6조제7항(제15조제6항에 따라 준용되는 경우를 포함한다)을 위반하여 품질책임자를 두지 아니한 경우

3의3. 제6조의2제4항(제15조제6항에 따라 준용되는 경우를 포함한다)을 위반하여 교육을 받지 아니한 품질책임자를 그 업무에 종사하게 한 경우

4. 제7조제1항에 따른 조건을 이행하지 아니한 경우

5. 제8조를 위반하여 시판 후 조사를 실시하지 아니한 경우

5의2. 제8조제3항을 위반하여 승인 또는 변경승인을 받지 아니하거나 승인 또는 변경승인을 받은 조사계획서를 준수하지 아니한 경우

5의3. 제8조제4항을 위반하여 정기적으로 보고하지 아니하거나 거짓 또는 그 밖의 부정한 방법으로 보고한 경우

5의4. 제8조제5항에 따른 조치명령을 이행하지 아니한 경우

5의5. 제8조의2에 따른 검토 결과 안전성 또는 유효성을 갖추지 못한 경우

5의6. 제8조의2제1항을 위반하여 기한 내 자료를 제출하지 아니하거나 거짓 또는 그 밖의 부정한 방법으로 자료를 제출한 경우

5의7. 제8조의2제2항에 따른 조치명령을 이행하지 아니한 경우

5의8. 제8조의2제3항을 위반하여 자료 보존에 관한 사항을 지키지 아니한 경우

6. 제9조를 위반하여 재평가를 받지 아니하거나, 재평가 결과에 따른 조치를 하지 아니하거나, 재평가 결과 안전성 또는 유효성을 갖추지 못한 경우

7. 제10조제2항을 위반하여 기준에 적합하지 아니한 제조시설에서 의료기기를 제조하거나 제조된 의료기기를 수입한 경우

8. 제12조제1항(제15조제6항, 제16조제4항 또는 제17조제3항에 따라 준용되는 경우를 포함한다)을 위반하여 변경허가 또는 변경인증을 받지 아니하거나 변경신고를 하지 아니한 경우

9. 제13조제1항(제15조제6항 또는 제16조제4항에 따라 준용되는 경우를 포함한다)을 위반하여 제조 및 품질관리 또는 생산관리·수입관리·수리관리에 관한 준수사항을 지키지 아니한 경우

9의2. 제13조제2항(제15조제6항에서 준용하는 경우를 포함한다)을 위반하여 의료기기의 생산실적, 수입실적 등을 보고하지 아니한 경우

10. 제13조제3항(제15조제6항에서 준용하는 경우를 포함한다) 또는 제18조제2항을 위반하여 경제적 이익등을 제공한 때

11. 제18조제1항을 위반하여 판매질서 유지 등에 관한 사항을 지키지 아니한 경우

11의2. 제18조의2를 위반하여 봉함한 의료기기의 용기나 포장을 개봉하여 판매한 경우

12. 제20조부터 제23조까지의 규정에 따른 각 기재사항을 위반하여 적은 경우

13. 제24조제1항 및 제3항을 위반하여 의료기기의 용기, 외장, 포장 또는 첨부문서에 표시하거나 적은 경우

14. 제24조제2항 및 제3항을 위반하여 의료기기를 광고한 경우

14의2. 제25조의5를 위반하여 의료기기의 용기나 포장을 봉함하지 아니하고 판매한 경우

14의3. 제26조에 따른 준수사항을 지키지 아니한 경우

14의4. 제30조제1항을 위반하여 기록을 작성·보존·제출하지 아니하거나 거짓으로 작성·보존·제출한 경우

15. 제30조제2항을 위반하여 자료 제출 등의 명령을 정당한 사유 없이 거부한 경우

16. 제31조제1항을 위반하여 부작용 발생 사실을 보고하지 아니하거나 기록을 유지하지 아니한 경우

17. 제31조제2항을 위반하여 회수 또는 회수에 필요한 조치를 하지 아니하거나 회수계획을 보고하지 아니한 경우 또는 같은 조 제3항을 위반하여 회수계획의 공표 명령에 따르지 아니한 경우

17의2. 제31조의2제1항을 위반하여 의료기기 공급내역을 보고하지 아니하거나 거짓으로 보고한 경우

17의3. 제31조의3제2항을 위반하여 의료기기통합정보시스템에 정보를 등록하지 아니한 경우 또는 같은 조 제3항을 위반하여 의료기기통합정보관리기준을 준수하지 아니한 경우

18. 제31조의5를 위반하여 이물 발견 사실을 보고하지 아니하거나 거짓으로 보고한 경우

19. 제32조제1항에 따른 관계 공무원의 출입·검사·질문 또는 수거를 거부·방해 또는 기피한 경우

20. 취급하는 의료기기에 대한 제32조 또는 제33조에 따른 검사 등의 결과 국민보건에 위해를 끼치거나 끼칠 우려가 있는 경우

21. 제33조, 제34조 또는 제35조에 따른 각종 명령에 따르지 아니한 경우

21의2. 제43조의6을 위반하여 보험 등에 가입하지 아니한 경우

22. 국민보건에 위해를 끼치거나 끼칠 염려가 있는 의료기기나 그 성능이나 효능 및 효과가 없다고 인정되는 의료기기를 제조·수입·수리·판매 또는 임대한 경우

23. 이 법에 따라 허가를 받거나 신고를 한 소재지에 시설 또는 영업소가 없는 경우

24. 업무정지기간 중에 업무를 한 경우

25. 제49조제3항을 위반하여 제조허가등의 갱신을 받지 아니하고 제조허가등의 유효기간이 끝난 의료기기를 제조 또는 수입하거나, 같은 조 제4항에 따라 갱신할 때 부여된 조건을 이행하지 아니한 경우

② 제1항에도 불구하고 같은 항 제5호의5·제6호(재평가 결과 안전성 또는 유효성을 갖추지 못한 경우만 해당한다)의 경우 그 제조업자 또는 수입업자에게 귀책사유가 없고 그 의료기기의 원재료나 구조 등을 변경하면 그 허가, 인증 또는 신고의 목적을 달성할 수 있다고 인정하는 때에는 그 변경만을 명할 수 있다. 〈개정 2015. 1. 28., 2018. 12. 11., 2021. 8. 17.〉

③ 식품의약품안전처장은 제2항에 따른 변경 명령을 이행하지 아니한 경우에도 제1항에 따른 행정처분을 할 수 있다. 〈개정 2013. 3. 23.〉

④ 보건복지부장관은 제1항제18호의 경우에 대하여 식품의약품안전처장에게 허가 또는 인증의 취소, 영업소의 폐쇄, 품목류 또는 품목의 제조·수입·판매의 금지 또는 업무의 정지를 명하도록 요청할 수 있다. 〈개정 2013. 3. 23., 2015. 1. 28.〉

⑤ 제1항부터 제3항까지의 규정에 따른 행정처분의 기준은 총리령으로 정한다. 〈신설 2013. 3. 23.〉

[2021. 3. 23. 법률 제17978호에 의하여 헌법재판소에서 2020. 8. 28. 위헌 결정된 제36조 제1항 제14호 중 '제24조 제2항 제6호를 위반하여 의료기기를 광고한 경우' 부분은 삭제함]

제36조(허가 등의 취소와 업무의 정지 등) ① 제조업자등 또는 의료기기 판촉영업자가 다음 각 호의 어느 하나에 해당하면 의료기기의 제조업자·수입업자 및 제10조에 따른 임상시험에 관한 승인을 받은 자에 대해서는 식품의약품안전처장이, 수리업자·판매업자·임대업자, 의료기기 판촉영업자에 대해서는 특별자치시장·특별자치도지사·시장·군수·구청장이 허가·인증·승인 또는 신고 수리의 취소, 영업소의 폐쇄, 품목류 또는 품목의 제조·수입·판매의 금지 또는 1년의 범위에서 그 업무의 전부 또는 일부의 정지를 명할 수 있다. 다만, 제1호, 제1호의2부터 제1호의4까지, 제22호 및 제23호의 경우에는 허가·인증·승인 또는 신고 수리를 취소하거나 영업소를 폐쇄하여야 한다. 〈개정 2013. 3. 23., 2013. 8. 13., 2015. 1. 28., 2016. 12. 2., 2017. 12. 19., 2018. 12. 11., 2020. 2. 18., 2021. 7. 20., 2021. 8. 17., 2023. 8. 8.〉

1. 제6조제1항 각 호의 어느 하나에 해당하는 경우[판매업자, 임대업자 또는 의료기기 판촉영업자인 경우에는 제6조제1항제2호(의료기기 판촉영업자인 경우에는 피성년후견인·피한정후견인인 경우로 한정한다)·제4호 및 제5호에 해당하는 경우로 한정한다]. 다만, 제47조제2항에 따라 상속인이 6개월 이내에 제조업자등 또는 의료기기 판촉영업자의 지위를 양도한 경우에는 그러하지 아니하다.

1의2. 거짓이나 그 밖의 부정한 방법으로 제6조제1항·제2항, 제12조제1항(제15조제6항, 제16조제4항 또는 제17조제3항에 따라 준용되는 경우를 포함한다), 제15조제1항·제2항, 제16조제1항, 제17조제1항 또는 제18조의2제1항에 따른 허가·변경허가 또는 인증·변경인증을 받거나 신고·변경신

고를 한 경우

1의3. 거짓이나 그 밖의 부정한 방법으로 제10조제1항에 따른 승인 또는 변경승인을 받은 경우

1의4. 거짓이나 그 밖의 부정한 방법으로 제49조제3항에 따른 갱신을 받은 경우

2. 제6조제2항 또는 제15조제2항을 위반하여 허가 또는 인증을 받지 아니하거나 신고를 하지 아니하고 의료기기를 제조·수입한 경우

3. 제6조제4항 본문 및 제15조제4항 본문에 따른 시설과 제조 및 품질관리체계 또는 제16조제2항 본문에 따른 시설 및 품질관리체계를 갖추지 아니한 경우

3의2. 제6조제7항(제15조제6항에 따라 준용되는 경우를 포함한다)을 위반하여 품질책임자를 두지 아니한 경우

3의3. 제6조의2제4항(제15조제6항에 따라 준용되는 경우를 포함한다)을 위반하여 교육을 받지 아니한 품질책임자를 그 업무에 종사하게 한 경우

4. 제7조제1항에 따른 조건을 이행하지 아니한 경우

5. 제8조를 위반하여 시판 후 조사를 실시하지 아니한 경우

5의2. 제8조제3항을 위반하여 승인 또는 변경승인을 받지 아니하거나 승인 또는 변경승인을 받은 조사 계획서를 준수하지 아니한 경우

5의3. 제8조제4항을 위반하여 정기적으로 보고하지 아니하거나 거짓 또는 그 밖의 부정한 방법으로 보고한 경우

5의4. 제8조제5항에 따른 조치명령을 이행하지 아니한 경우

5의5. 제8조의2에 따른 검토 결과 안전성 또는 유효성을 갖추지 못한 경우

5의6. 제8조의2제1항을 위반하여 기한 내 자료를 제출하지 아니하거나 거짓 또는 그 밖의 부정한 방법으로 자료를 제출한 경우

5의7. 제8조의2제2항에 따른 조치명령을 이행하지 아니한 경우

5의8. 제8조의2제3항을 위반하여 자료 보존에 관한 사항을 지키지 아니한 경우

6. 제9조를 위반하여 재평가를 받지 아니하거나, 재평가 결과에 따른 조치를 하지 아니하거나, 재평가 결과 안전성 또는 유효성을 갖추지 못한 경우

7. 제10조제2항을 위반하여 기준에 적합하지 아니한 제조시설에서 의료기기를 제조하거나 제조된 의료기기를 수입한 경우

8. 제12조제1항(제15조제6항, 제16조제4항 또는 제17조제3항에 따라 준용되는 경우를 포함한다)을 위반하여 변경허가 또는 변경인증을 받지 아니하거나 변경신고를 하지 아니한 경우

9. 제13조제1항(제15조제6항 또는 제16조제4항에 따라 준용되는 경우를 포함한다)을 위반하여 제조 및 품질관리 또는 생산관리·수입관리·수리관리에 관한 준수사항을 지키지 아니한 경우

9의2. 제13조제2항(제15조제6항에서 준용하는 경우를 포함한다)을 위반하여 의료기기의 생산실적, 수입실적 등을 보고하지 아니한 경우

10. 제13조제3항(제15조제6항에서 준용하는 경우를 포함한다) 또는 제18조제2항을 위반하여 경제적 이익등을 제공한 때

11. 제18조제1항을 위반하여 판매질서 유지 등에 관한 사항을 지키지 아니한 경우

11의2. 제18조의2제1항에 따른 신고의 기준에 미달한 경우

11의3. 제18조의3제1항을 위반하여 교육을 받지 아니한 의료기기 판매촉진 업무 종사자를 그 업무에 종사하게 한 경우

11의4. 제18조의4제1항을 위반하여 의료기기 판매 또는 임대 촉진 업무의 전부 또는 일부를 다시 위탁한 사실을 해당 업무를 위탁한 제조업자, 수입업자, 판매업자 또는 임대업자에게 서면(「전자문서 및 전자거래 기본법」 제2조제1호에 따른 전자문서를 포함한다)으로 알리지 아니한 경우

11의5. 제18조의5를 위반하여 봉함한 의료기기의 용기나 포장을 개봉하여 판매한 경우

12. 제20조부터 제23조까지의 규정에 따른 각 기재사항을 위반하여 적은 경우

13. 제24조제1항 및 제3항을 위반하여 의료기기의 용기, 외장, 포장 또는 첨부문서에 표시하거나 적은 경우

14. 제24조제2항 및 제3항을 위반하여 의료기기를 광고한 경우

14의2. 제25조의5를 위반하여 의료기기의 용기나 포장을 봉함하지 아니하고 판매한 경우

14의3. 제26조에 따른 준수사항을 지키지 아니한 경우

14의4. 제30조제1항을 위반하여 기록을 작성·보존·제출하지 아니하거나 거짓으로 작성·보존·제출한 경우

15. 제30조제2항을 위반하여 자료 제출 등의 명령을 정당한 사유 없이 거부한 경우

16. 제31조제1항을 위반하여 부작용 발생 사실을 보고하지 아니하거나 기록을 유지하지 아니한 경우

17. 제31조제2항을 위반하여 회수 또는 회수에 필요한 조치를 하지 아니하거나 회수계획을 보고하지 아니한 경우 또는 같은 조 제3항을 위반하여 회수계획의 공표 명령에 따르지 아니한 경우

17의2. 제31조의2제1항을 위반하여 의료기기 공급내역을 보고하지 아니하거나 거짓으로 보고한 경우

17의3. 제31조의3제2항을 위반하여 의료기기통합정보시스템에 정보를 등록하지 아니한 경우 또는 같은 조 제3항을 위반하여 의료기기통합정보관리기준을 준수하지 아니한 경우

18. 제31조의5를 위반하여 이물 발견 사실을 보고하지 아니하거나 거짓으로 보고한 경우

19. 제32조제1항에 따른 관계 공무원의 출입·검사·질문 또는 수거를 거부·방해 또는 기피한 경우

20. 취급하는 의료기기에 대한 제32조 또는 제33조에 따른 검사 등의 결과 국민보건에 위해를 끼치거나 끼칠 우려가 있는 경우

21. 제33조, 제34조 또는 제35조에 따른 각종 명령에 따르지 아니한 경우

21의2. 제43조의6을 위반하여 보험 등에 가입하지 아니한 경우

22. 국민보건에 위해를 끼치거나 끼칠 염려가 있는 의료기기나 그 성능이나 효능 및 효과가 없다고 인정되는 의료기기를 제조·수입·수리·판매 또는 임대한 경우

23. 이 법에 따라 허가를 받거나 신고를 한 소재지에 시설 또는 영업소가 없는 경우

24. 업무정지기간 중에 업무를 한 경우

25. 제49조제3항을 위반하여 제조허가등의 갱신을 받지 아니하고 제조허가등의 유효기간이 끝난 의료기기를 제조 또는 수입하거나, 같은 조 제4항에 따라 갱신할 때 부여된 조건을 이행하지 아니한 경우

② 제1항에도 불구하고 같은 항 제5호의5·제6호(재평가 결과 안전성 또는 유효성을 갖추지 못한 경우만 해당한다)의 경우 그 제조업자 또는 수입업자에게 귀책사유가 없고 그 의료기기의 원재료나 구조 등을 변경하면 그 허가, 인증 또는 신고의 목적을 달성할 수 있다고 인정하는 때에는 그 변경만을 명할 수 있다.〈개정 2015. 1. 28., 2018. 12. 11., 2021. 8. 17.〉

③ 식품의약품안전처장은 제2항에 따른 변경 명령을 이행하지 아니한 경우에도 제1항에 따른 행정처분을 할 수 있다.〈개정 2013. 3. 23.〉

④ 보건복지부장관은 제1항제18호의 경우에 대하여 식품의약품안전처장에게 허가 또는 인증의 취소, 영업소의 폐쇄, 품목류 또는 품목의 제조·수입·판매의 금지 또는 업무의 정지를 명하도록 요청할 수 있다.〈개정 2013. 3. 23., 2015. 1. 28.〉

⑤ 제1항부터 제3항까지의 규정에 따른 행정처분의 기준은 총리령으로 정한다.〈신설 2013. 3. 23.〉

[2021. 3. 23. 법률 제17978호에 의하여 헌법재판소에서 2020. 8. 28. 위헌 결정된 제36조 제1항 제14호 중 '제24조 제2항 제6호를 위반하여 의료기기를 광고한 경우' 부분은 삭제함]

[시행일: 2025. 2. 9.] 제36조

제37조(지정의 취소 등) ① 식품의약품안전처장은 제6조의2제5항, 제6조의4제1항, 제10조제3항, 제10조의

2제1항 또는 제28조제2항에 따라 지정을 받은 교육실시기관, 기술문서심사기관, 임상시험기관, 비임상시험실시기관 또는 품질관리심사기관이 다음 각 호의 어느 하나에 해당하면 그 지정을 취소하거나 6개월 이내의 기간을 정하여 그 업무의 정지를 명할 수 있다. 다만, 제1호·제2호 또는 제5호에 해당하면 그 지정을 취소하여야 한다. 〈개정 2013. 3. 23., 2013. 7. 30., 2015. 12. 29., 2021. 7. 20.〉

1. 거짓이나 그 밖의 부정한 방법으로 지정을 받은 경우
2. 고의 또는 중대한 과실로 거짓의 교육수료증, 기술문서심사결과통지서, 임상시험결과보고서, 비임상시험성적서를 작성 또는 발급하거나 품질관리심사결과서를 작성 또는 보고한 경우
3. 제6조의2제5항, 제6조의4제2항, 제10조제3항, 제10조의2제2항 또는 제28조제3항에 따른 지정 요건을 갖추지 아니한 경우
4. 제6조의2제6항, 제6조의4제3항, 제10조제5항, 제10조의2제3항 또는 제28조제4항에 따른 준수사항을 지키지 아니한 경우
5. 업무정지기간 중에 업무를 한 경우

② 제1항에 따라 지정취소처분을 받은 기관은 지정이 취소된 날부터 3년 이내에는 다시 지정을 받을 수 없다.

③ 제1항에 따른 행정처분의 기준은 총리령으로 정한다. 〈개정 2013. 3. 23.〉

제38조(과징금처분) ① 식품의약품안전처장 또는 특별자치시장·특별자치도지사·시장·군수·구청장은 제36조제1항 또는 제3항에 따라 업무정지처분을 명하여야 하는 경우로서 의료기기를 이용하는 자에게 심한 불편을 주거나 공익을 해칠 우려가 있는 경우에는 대통령령으로 정하는 바에 따라 업무정지처분을 갈음하여 10억원 이하의 과징금을 부과할 수 있다. 〈개정 2013. 3. 23., 2017. 12. 19., 2018. 12. 11.〉

② 제1항에 따라 과징금을 부과하는 위반행위의 종류와 위반 정도 등에 따른 과징금의 금액 및 징수방법 등에 관하여 필요한 사항은 대통령령으로 정한다.

③ 식품의약품안전처장 또는 특별자치시장·특별자치도지사·시장·군수·구청장은 과징금의 징수를 위하여 필요한 경우에는 다음 각 호의 사항을 적은 문서로 관할 세무관서의 장에게 과세정보의 제공을 요청할 수 있다. 〈개정 2013. 3. 23., 2017. 12. 19.〉

1. 납세자의 인적 사항
2. 사용목적
3. 과징금 부과기준이 되는 매출금액에 관한 자료

④ 식품의약품안전처장 또는 특별자치시장·특별자치도지사·시장·군수·구청장은 제1항에 따른 과징금을 내야 할 자가 납부기한까지 내지 아니하면 대통령령으로 정하는 바에 따라 제1항에 따른 과징금부과처분을 취소하고 제36조제1항 또는 제3항에 따른 업무정지처분을 하거나 국세 체납처분의 예 또는 「지방행정제재·부과금의 징수 등에 관한 법률」에 따라 과징금을 징수한다. 다만, 제14조에 따른 폐업 등으로 제36조제1항 또는 제3항에 따른 업무정지처분을 할 수 없을 때에는 국세 체납처분의 예 또는 「지방행정제재·부과금의 징수 등에 관한 법률」에 따라 징수한다. 〈개정 2013. 3. 23., 2013. 8. 6., 2017. 12. 19., 2020. 3. 24.〉

⑤ 제1항과 제4항에 따라 과징금으로 징수한 금액은 국가 또는 징수기관이 속한 지방자치단체에 귀속된다.

제38조의2(위해 의료기기 제조 등에 대한 과징금 부과 등) ① 식품의약품안전처장은 다음 각 호의 어느 하나에 해당하여 제36조제1항에 따라 허가·인증·신고 수리의 취소처분, 품목류 또는 품목의 제조·수입·판매 금지처분, 영업소의 폐쇄명령, 3개월 이상의 업무 전부정지명령 또는 6개월 이상의 업무 일부정지명령을 받은 의료기기 제조업자 또는 수입업자에 대하여 해당 품목의 판매금액의 2배 이하의 범위에서 과징금을 부과할 수 있다.

1. 제6조제2항 또는 제15조제2항을 위반한 경우

2. 거짓이나 그 밖의 부정한 방법으로 제6조제1항·제2항, 제12조제1항(제15조제6항에 따라 준용되는 경우를 포함한다) 또는 제15조제1항·제2항에 따른 허가·변경허가 또는 인증·변경인증을 받거나 신고·변경신고를 한 경우(제6조제6항 또는 제15조제5항에 따라 허가 또는 인증을 받거나 신고를 한 것으로 보는 경우를 포함한다)

3. 제26조(제6항과 제7항은 제외한다)를 위반한 경우

4. 거짓이나 그 밖의 부정한 방법으로 제49조제3항에 따른 갱신을 받은 경우

② 식품의약품안전처장은 제1항에 따른 과징금을 부과하는 경우 다음 각 호의 사항을 고려하여야 한다.

1. 위반행위의 내용 및 정도

2. 위반행위의 기간 및 횟수

3. 위반행위로 인하여 취득한 이익의 규모

③ 제1항 및 제2항에 따른 과징금의 부과기준 및 부과절차 등에 필요한 사항은 대통령령으로 정한다.

④ 식품의약품안전처장은 제1항에 따른 과징금을 내야 할 자가 납부기한까지 내지 아니하면 납부기한의 다음 날부터 체납된 과징금에 대하여 연 100분의 3에 해당하는 가산금을 징수한다.

⑤ 식품의약품안전처장은 제1항에 따른 과징금을 내야 할 자가 납부기한까지 내지 아니하면 기간을 정하여 독촉하고, 그 지정된 기간에 과징금과 제4항에 따른 가산금을 내지 아니하면 국세 체납처분의 예에 따라 징수한다.

⑥ 제1항에 따른 과징금의 부과·징수를 위하여 필요한 정보·자료의 제공 요청에 관하여는 제38조제3항을 준용한다.

[본조신설 2021. 7. 20.] [종전 제38조의2는 제38조의3으로 이동 〈2021. 7. 20.〉]

제38조의3(위반사실 공표) 식품의약품안전처장 또는 특별자치시장·특별자치도지사·시장·군수·구청장은 제36조부터 제38조까지의 규정에 따라 행정처분이 확정된 제조업자등 및 제37조에 따른 기관에 대한 처분 내용, 처분 대상자와 의료기기의 명칭 등 처분과 관련한 정보를 대통령령으로 정하는 바에 따라 공표할 수 있다.

[본조신설 2018. 12. 11.] [제38조의2에서 이동 〈2021. 7. 20.〉]

제39조(청문) 식품의약품안전처장 또는 특별자치시장·특별자치도지사·시장·군수·구청장은 다음 각 호에 따른 행정처분을 하려면 청문을 하여야 한다. 〈개정 2013. 3. 23., 2015. 1. 28., 2017. 12. 19., 2021. 7. 20.〉

1. 제36조에 따른 허가, 인증, 승인 또는 신고 수리의 취소, 영업소의 폐쇄, 품목류 또는 품목의 제조·수입·판매의 금지, 업무의 전부 또는 일부의 정지

2. 제37조에 따른 지정의 취소

제40조(의료기기 감시원) ① 제32조제1항 및 제34조제2항에 따른 관계 공무원의 직무를 집행하게 하기 위하여 보건복지부, 식품의약품안전처, 특별시·광역시·특별자치시·도·특별자치도, 시·군·구(자치구를 말한다. 이하 같다)에 의료기기 감시원을 둔다. 〈개정 2013. 3. 23., 2017. 12. 19.〉

② 제1항에 따른 의료기기 감시원은 보건복지부, 식품의약품안전처, 특별시·광역시·특별자치시·도·특별자치도, 시·군·구 소속 공무원 중에서 보건복지부장관, 식품의약품안전처장 또는 특별시장·광역시장·특별자치시장·도지사·특별자치도지사, 시장·군수·구청장이 임명한다.〈개정 2013. 3. 23., 2017. 12. 19.〉

③ 제1항과 제2항에 따른 의료기기 감시원의 자격·임명, 직무 범위 등에 관하여 필요한 사항은 보건복지부장관과 협의하여 총리령으로 정한다.〈개정 2013. 3. 23.〉

제40조의2(소비자의료기기감시원) ① 식품의약품안전처장 또는 특별시장·광역시장·도지사·특별자치도지사, 특별자치시장, 시장·군수·구청장은 안전한 의료기기관리를 위하여 의료기기에 관한 지식이 있는 자, 일정수준의 교육을 이수한 자, 의료기기 관련 협회·단체의 회원 및 직원 또는 「소비자기본법」 제29조에 따라 등록한 소비자단체의 임직원 중 해당 단체의 장이 추천한 자를 소비자의료기기감시원으로 위촉할 수

있다.
② 제1항에 따라 위촉된 소비자의료기기감시원(이하 "소비자의료기기감시원"이라 한다)의 직무는 다음과 같다.

  1. 제40조제1항에 따른 의료기기 감시원이 행하는 의료기기 등 감시 및 수거·검사 지원

  2. 유통 중인 의료기기가 표시·기재 기준에 부합하지 아니하거나 거짓·과대광고 금지 규정을 위반한 경우 관할 행정관청에 신고하거나 그에 관한 자료 제공

  3. 그 밖에 의료기기 관리에 관한 사항으로서 총리령으로 정하는 사항

③ 소비자의료기기감시원이 제2항 각 호에 규정된 직무를 수행하는 경우 그 권한을 남용하여서는 아니 된다.

④ 제1항에 따라 소비자의료기기감시원을 위촉한 식품의약품안전처장 또는 특별시장·광역시장·도지사·특별자치도지사, 특별자치시장, 시장·군수·구청장은 소비자의료기기감시원의 직무 수행에 필요한 교육을 실시하여야 한다.

⑤ 식품의약품안전처장 또는 특별시장·광역시장·도지사·특별자치도지사, 특별자치시장, 시장·군수·구청장은 소비자의료기기감시원이 다음 각 호의 어느 하나에 해당하는 때에는 소비자의료기기감시원을 해촉하여야 한다.

  1. 추천한 단체 등에서 퇴직하거나 해임된 경우

  2. 제2항 각 호에 규정된 직무와 관련하여 부정한 행위를 하거나 권한을 남용한 경우

  3. 질병·부상 등의 사유로 직무를 수행하기 곤란하게 된 경우

⑥ 소비자의료기기감시원이 제2항제1호의 직무를 수행하기 위하여 의료기기 판매업자 또는 임대업자의 영업소에 단독으로 출입하고자 하는 경우에는 미리 식품의약품안전처장 또는 특별시장·광역시장·도지사·특별자치도지사, 특별자치시장, 시장·군수·구청장의 승인을 받아야 한다.

⑦ 소비자의료기기감시원이 제6항에 따른 승인을 받아 판매업자 또는 임대업자의 영업소에 단독으로 출입하는 때에는 승인서와 그 신분을 표시하는 증표를 지니고 이를 관계인에게 보여 주어야 한다.

⑧ 소비자의료기기감시원의 자격, 직무 범위 및 교육 등에 관하여 필요한 사항은 총리령으로 정한다.

⑨ 식품의약품안전처장은 예산의 범위에서 소비자의료기기감시원 운영에 필요한 비용의 전부 또는 일부를 보조할 수 있다.

[본조신설 2015. 12. 29.]

제7장 보칙

제41조 삭제 〈2019. 4. 30.〉

제42조(한국의료기기안전정보원의 설립) ① 국내외의 신개발의료기기 동향 및 임상정보 등에 관한 종합적인 정보·기술의 지원과 의료기기 인증 등에 관한 업무를 하기 위하여 한국의료기기안전정보원(이하 "정보원"이라 한다)을 둔다. 〈개정 2015. 1. 28., 2018. 3. 13.〉

② 정보원은 법인으로 한다. 〈개정 2018. 3. 13.〉

③ 정보원의 정관에는 다음 각 호의 사항을 기재하여야 한다. 〈신설 2018. 12. 11.〉

  1. 목적

  2. 명칭

  3. 주된 사무소가 있는 곳

  4. 자산에 관한 사항

  5. 임원 및 직원에 관한 사항

  6. 이사회의 운영

  7. 사업범위 및 내용과 그 집행

8. 회계

9. 공고의 방법

10. 정관의 변경

11. 그 밖에 정보원의 운영에 관한 중요 사항

④ 정보원이 정관의 기재사항을 변경하려는 경우에는 식품의약품안전처장의 인가를 받아야 한다. 〈신설 2018. 12. 11.〉

⑤ 정보원에 관하여 이 법에서 규정한 사항 외에는 「민법」 중 재단법인에 관한 규정을 준용한다. 〈개정 2018. 3. 13., 2018. 12. 11.〉

⑥ 정보원의 운영 등에 필요한 사항은 대통령령으로 정한다. 〈개정 2018. 3. 13., 2018. 12. 11.〉

[제목개정 2018. 3. 13.]

제43조(정보원의 사업) ① 정보원은 다음 각 호의 사업을 한다. 〈개정 2013. 3. 23., 2015. 1. 28., 2018. 3. 13.〉

1. 의료기기의 기술 향상을 위한 국제규격 연구, 국내외 정보의 수집·분석 및 관리 등 의료기기에 관한 정보 또는 기술의 지원

2. 신개발의료기기를 제품화하기 위한 임상시험의 지원

3. 위험관리 등 품질관리체계 및 허가·인증·신고 관련 정보에 대한 교육·홍보 및 지원

4. 의료기기의 관리를 선진화하기 위한 기준규격의 국제화 등 지원

5. 의료기기 안전 관련 정책수립 지원을 위한 조사·연구

6. 의료기기 부작용의 인과관계 조사·규명

7. 의료기기로 인한 부작용 및 의료기기 제조허가·인증·신고 정보 등 의료기기 안전과 관련한 각종 정보(이하 "의료기기안전정보"라 한다)의 수집·관리·분석·평가 및 제공

8. 식품의약품안전처장이 제44조제2항에 따라 위탁한 업무

9. 그 밖에 식품의약품안전처장이 필요하다고 인정하는 의료기기의 정보 및 기술 지원과 관련되는 사업

② 식품의약품안전처장은 정보원이 수행하는 제1항의 사업에 대하여 재정 지원 등을 할 수 있다. 〈개정 2013. 3. 23., 2018. 3. 13.〉

③ 식품의약품안전처장은 정보원이 수행하는 제1항제7호의 사업을 지원하기 위하여 「의료법」 제3조제2항 제3호바목에 따른 종합병원을 의료기기안전정보 모니터링센터로 지정할 수 있다. 〈신설 2020. 4. 7.〉

④ 제3항에 따른 의료기기안전정보 모니터링센터의 지정, 사업범위, 운영 등에 필요한 사항은 총리령으로 정한다. 〈신설 2020. 4. 7.〉

[제목개정 2018. 3. 13.]

제43조의2(의료기기 제조허가 등의 취소) ① 식품의약품안전처장은 제6조제2항 또는 제15조제2항에 따라 허가 또는 인증을 받거나 신고한 의료기기가 다음 각 호의 어느 하나에 해당하는 경우에는 허가·인증 또는 신고 수리를 취소할 수 있다. 〈개정 2021. 7. 20.〉

1. 허가 또는 인증을 받거나 신고하여 제조하거나 수입한 의료기기의 품질 관리나 성능에 중대한 결함이 있는 경우

2. 그 밖에 국민보건에 위해를 끼쳤거나 끼칠 우려가 있는 경우 또는 그 효능이 없는 의료기기에 해당하는 경우

② 제1항에 따른 취소의 절차 및 방법 등에 필요한 사항은 총리령으로 정한다.

[본조신설 2015. 1. 28.] [제목개정 2021. 7. 20.]

제43조의3(정보원의 지도·감독 등) ① 식품의약품안전처장은 정보원에 대하여 감독상 필요한 때에는 그 업무에 관한 사항을 보고하게 하거나 자료의 제출, 그 밖에 필요한 명령을 할 수 있고, 소속 공무원으로 하여금 그 사무소에 출입하여 장부·서류 등을 검사하게 할 수 있다. 〈개정 2018. 3. 13.〉

② 제1항에 따라 출입·검사를 하는 공무원은 그 권한을 표시하는 증표를 지니고 이를 관계인에게 보여주어야 한다.

③ 식품의약품안전처장은 제44조제2항에 따라 위탁하는 업무 수행의 적정성 등을 확인하기 위하여 매년 지도·감독 계획을 수립·시행하여야 한다.

④ 그 밖에 정보원에 대한 지도·감독에 필요한 사항은 총리령으로 정한다. 〈개정 2018. 3. 13.〉

[본조신설 2015. 1. 28.] [제목개정 2018. 3. 13.]

제43조의4(자료제공의 요청) ① 정보원의 장(이하 "정보원장"이라 한다)은 의료기기안전정보의 수집·평가 등 업무상 필요하다고 인정하는 경우에는 다음 각 호의 기관 또는 사람에 대하여 의료기기안전정보에 관한 자료의 제공을 요청할 수 있다. 이 경우 요청을 받은 기관 또는 사람은 정당한 사유가 없으면 그 요청에 따라야 한다.

  1. 국가 또는 지방자치단체
  2. 공공기관 또는 공공단체
  3. 연구기관
  4. 의료기기취급자

② 정보원장은 제1항에 따라 필요한 자료의 제공을 요청하는 경우 「개인정보 보호법」 제23조에 따른 민감정보와 같은 법 제24조에 따른 고유식별정보(주민등록번호를 포함한다) 등의 개인정보가 포함된 자료의 제공을 요청할 수 있다. 이 경우 요청을 받은 기관 또는 사람은 개인식별이 가능한 부분을 삭제한 후 제공하여야 한다.

③ 제2항에도 불구하고 정보원장은 식품의약품안전처장이 복수의 기관 또는 사람이 보유한 자료를 통합하여 분석할 필요가 있다고 승인한 경우에는 개인식별이 가능한 부분을 포함한 자료를 제출받아 자료의 통합작업을 수행할 수 있다. 이 경우 자료를 통합한 후에는 지체 없이 개인식별이 가능한 부분을 삭제하고 복구 또는 재생되지 아니하도록 하여야 한다.

④ 제1항부터 제3항까지의 규정에 따라 제공된 자료는 그 제공을 요청한 목적 외의 용도로 이용하여서는 아니 된다.

⑤ 식품의약품안전처장은 정보원장이 제3항 및 제4항을 준수하는지를 정기적으로 점검하고 이를 위반한 경우에는 해임 등 필요한 조치를 할 수 있다.

[본조신설 2018. 3. 13.]

제43조의5(인과관계조사관) ① 정보원장은 제43조제1항제6호에 따른 사업을 수행하기 위하여 필요하다고 인정하는 경우에는 소속 직원 또는 관련 분야의 전문지식과 경험이 있는 사람 중에서 의료기기 부작용의 인과관계 조사·규명을 위하여 조사관(이하 "인과관계조사관"이라 한다)을 임명하거나 위촉할 수 있다.

② 정보원장은 인과관계조사관을 임명하거나 위촉하였을 때에는 지체 없이 식품의약품안전처장에게 보고하여야 한다.

③ 정보원장은 인과관계조사관으로 하여금 의료기관, 의료기기 등을 제조·저장 또는 취급하는 공장·창고·점포나 사무소, 그 밖에 조사의 필요성이 있다고 인정되는 장소에 출입하여 관련 장부나 서류, 그 밖의 물건을 조사하거나 관계인에게 질문을 하게 할 수 있다. 이 경우 인과관계조사관은 그 권한을 표시하는 증표 및 관계서류를 지니고 이를 관계인에게 내보여야 한다.

④ 제1항과 제3항에 따른 인과관계조사관의 자격 및 직무 범위, 증표 등에 관한 사항은 총리령으로 정한다.

⑤ 제3항에 따른 조사 또는 질문의 절차·방법 등에 관하여는 이 법에서 정하는 사항을 제외하고는 「행정조사기본법」에서 정하는 바에 따른다.

[본조신설 2018. 3. 13.]

제43조의6(보험가입 등) ① 대통령령으로 정하는 의료기기 제조업자·수입업자는 의료기기를 사용하는 도

중에 발생한 사망 또는 중대한 부작용 등으로 인하여 환자에게 발생한 피해를 배상하기 위하여 보험 또는 공제에 가입하여야 한다.

② 제1항에 따른 보험 또는 공제의 종류, 가입 대상, 보험금액 및 그 밖에 필요한 사항은 대통령령으로 정한다.

[본조신설 2021. 7. 20.]

제44조(권한의 위임 및 위탁) ①이 법에 따른 식품의약품안전처장의 권한은 대통령령으로 정하는 바에 따라 그 일부를 지방식품의약품안전청장, 특별시장·광역시장·특별자치시장·도지사·특별자치도지사, 시장·군수·구청장 또는 보건소장에게 위임할 수 있다. 〈개정 2013. 3. 23., 2015. 1. 28., 2017. 12. 19.〉

② 식품의약품안전처장은 이 법에 따른 의료기기의 인증 또는 신고에 관한 업무를 총리령으로 정하는 바에 따라 정보원에 위탁할 수 있다. 이 경우 식품의약품안전처장은 위원회의 심의를 거쳐 사용할 때 인체에 미치는 잠재적 위해성이 거의 없거나 낮은 의료기기 중 위탁 인증·신고 대상 및 범위 등에 관한 지침을 정하여 고시하여야 한다. 〈신설 2015. 1. 28., 2018. 3. 13., 2019. 4. 23.〉

[제목개정 2015. 1. 28.]

제44조의2(벌칙 적용에서 공무원 의제) 다음 각 호의 어느 하나에 해당하는 사람은 「형법」 제127조 및 제129조부터 제132조까지의 규정을 적용할 때에는 공무원으로 본다. 〈개정 2018. 3. 13., 2020. 4. 7.〉

1. 인과관계조사관
2. 제6조의4제1항에 따라 기술문서심사를 수행하는 기술문서심사기관의 임원 및 직원
3. 제28조제2항에 따라 시설과 제조 및 품질관리체계 심사를 수행하는 품질관리심사기관의 임원 및 직원
4. 제44조제2항에 따라 위탁한 업무에 종사하는 정보원의 임원 및 직원

[본조신설 2015. 1. 28.]

제45조(제출자료의 보호) ① 식품의약품안전처장은 제6조부터 제10조까지, 제11조, 제12조 또는 제15조에 따라 자료를 제출한 자가 자료의 보호를 문서로 요청하면 그 제출된 자료를 공개하여서는 아니 된다. 다만, 공익상 자료를 공개할 필요가 있다고 인정한 경우에는 자료를 공개할 수 있다. 〈개정 2013. 3. 23.〉

② 제1항에 따라 보호를 요청한 제출 자료를 열람·검토한 자는 그 내용을 외부에 공개하여서는 아니 된다.

제46조(동물용 의료기기에 대한 특례) 이 법에 따른 보건복지부장관 및 식품의약품안전처장의 소관 사항 중 동물용으로 전용할 것을 목적으로 하는 의료기기에 관하여는 농림축산식품부장관의 소관으로 하며, 이 법의 해당 규정 중 "보건복지부장관" 또는 "식품의약품안전처장"은 "농림축산식품부장관"으로, "총리령" 또는 "보건복지부령"은 "농림축산식품부령"으로 본다. 이 경우 농림축산식품부장관이 농림축산식품부령을 정할 때에는 미리 보건복지부장관 또는 식품의약품안전처장과 협의하여야 한다.

[전문개정 2013. 3. 23.]

제46조의2 삭제 〈2021. 3. 9.〉

제47조(제조업자등의 지위 승계 등) ① 제조업자등이 사망하거나 그 영업을 양도한 경우 또는 법인인 제조업자등이 합병한 경우에는 그 상속인, 영업을 양수한 자 또는 합병 후 존속하는 법인이나 합병으로 설립된 법인이 그 제조업자등의 지위를 승계한다. 다만, 영업을 양수한 자 또는 합병 후 존속하는 법인이나 합병으로 설립되는 법인이 다음 각 호의 어느 하나에 해당하는 경우에는 그러하지 아니하다.

1. 제조업자, 수입업자 또는 수리업자: 제6조제1항 각 호의 어느 하나에 해당하는 경우
2. 판매업자 또는 임대업자: 제6조제1항제2호·제4호 또는 제5호에 해당하는 경우

② 제1항에 따라 제조업자등의 지위를 승계한 상속인이 제1항 각 호의 어느 하나에 해당하는 경우에는 상속 개시일부터 6개월 이내에 다른 자에게 그 영업을 양도하여야 한다.

③ 제조업자 또는 수입업자가 제6조제2항·제6항 또는 제15조제2항·제5항에 따라 허가 또는 인증을 받

거나 신고한 의료기기에 대한 영업을 양도한 경우에 그 영업을 양수한 제조업자 또는 수입업자는 해당 품목류 또는 품목의 허가, 인증 또는 신고에 관한 제조업자 또는 수입업자의 지위를 승계한다. 〈개정 2015. 1. 28.〉

제47조(제조업자등의 지위 승계 등) ① 제조업자등 또는 의료기기 판촉영업자가 사망하거나 그 영업을 양도한 경우 또는 법인인 제조업자등 또는 의료기기 판촉영업자가 합병한 경우에는 그 상속인, 영업을 양수한 자 또는 합병 후 존속하는 법인이나 합병으로 설립된 법인이 그 제조업자등 또는 의료기기 판촉영업자의 지위를 승계한다. 다만, 영업을 양수한 자 또는 합병 후 존속하는 법인이나 합병으로 설립되는 법인이 다음 각 호의 어느 하나에 해당하는 경우에는 그러하지 아니하다. 〈개정 2023. 8. 8.〉
  1. 제조업자, 수입업자 또는 수리업자: 제6조제1항 각 호의 어느 하나에 해당하는 경우
  2. 판매업자 또는 임대업자: 제6조제1항제2호·제4호 또는 제5호에 해당하는 경우
  3. 의료기기 판촉영업자: 제6조제1항제2호(피성년후견인·피한정후견인인 경우로 한정한다)·제4호 또는 제5호에 해당하는 경우
② 제1항에 따라 제조업자등 또는 의료기기 판촉영업자의 지위를 승계한 상속인이 제1항 각 호의 어느 하나에 해당하는 경우에는 상속 개시일부터 6개월 이내에 다른 자에게 그 영업을 양도하여야 한다. 〈개정 2023. 8. 8.〉
③ 제조업자 또는 수입업자가 제6조제2항·제6항 또는 제15조제2항·제5항에 따라 허가 또는 인증을 받거나 신고한 의료기기에 대한 영업을 양도한 경우에 그 영업을 양수한 제조업자 또는 수입업자는 해당 품목류 또는 품목의 허가, 인증 또는 신고에 관한 제조업자 또는 수입업자의 지위를 승계한다. 〈개정 2015. 1. 28.〉
[시행일: 2025. 2. 9.] 제47조

제48조(행정제재처분 효과의 승계) 제47조에 따라 지위를 승계한 경우에 종전의 제조업자등에 대한 행정처분의 효과는 그 처분이 있은 날부터 1년간 양수인 또는 합병 후 존속하는 법인이나 합병으로 설립된 법인에 승계되며, 행정처분의 절차가 진행 중일 때에는 양수인 또는 합병 후 존속하는 법인이나 합병으로 설립된 법인에 대하여 행정제재처분의 절차를 속행(續行)할 수 있다. 다만, 새로운 제조업자등(상속에 의한 지위 승계는 제외한다)이 영업을 승계할 때에 그 처분 또는 위반사실을 알지 못한 경우에는 그러하지 아니하다.

제48조(행정제재처분 효과의 승계) 제47조에 따라 지위를 승계한 경우에 종전의 제조업자등 또는 의료기기 판촉영업자에 대한 행정처분의 효과는 그 처분이 있은 날부터 1년간 양수인 또는 합병 후 존속하는 법인이나 합병으로 설립된 법인에 승계되며, 행정처분의 절차가 진행 중일 때에는 양수인 또는 합병 후 존속하는 법인이나 합병으로 설립된 법인에 대하여 행정제재처분의 절차를 속행(續行)할 수 있다. 다만, 새로운 제조업자등 또는 의료기기 판촉영업자(상속에 의한 지위 승계는 제외한다)가 영업을 승계할 때에 그 처분 또는 위반사실을 알지 못한 경우에는 그러하지 아니하다. 〈개정 2023. 8. 8.〉
[시행일: 2025. 2. 9.] 제48조

제49조(제조허가등의 갱신) ① 제6조제2항에 따른 제조허가·제조인증·제조신고 및 제15조제2항에 따른 수입허가·수입인증·수입신고(이하 "제조허가등"이라 한다)의 유효기간은 허가·인증을 받거나 신고가 수리된 날부터 5년으로 한다. 다만, 수출만을 목적으로 생산하는 수출용 의료기기 등 총리령으로 정하는 의료기기의 경우에는 유효기간을 적용하지 아니한다.
② 제1항에도 불구하고 제8조에 따른 시판 후 조사 대상 의료기기에 대한 유효기간은 제8조의2에 따른 검토가 끝난 날부터 5년으로 한다. 〈개정 2021. 8. 17.〉
③ 제조업자 및 수입업자는 제1항 및 제2항에 따른 유효기간이 끝난 후에 계속하여 해당 의료기기를 제조 또는 수입하려면 그 유효기간이 끝나기 전에 식품의약품안전처장에게 제조허가등을 갱신받아야 한다.

④ 식품의약품안전처장은 제3항에 따라 갱신을 받으려는 의료기기에 대하여 안전성·유효성 유지를 위하여 필요하다고 인정하는 경우에는 당초 제조허가등의 내용에 대한 변경을 조건으로 해당 제조허가등을 갱신할 수 있다. 〈신설 2021. 8. 17.〉

⑤ 식품의약품안전처장은 의료기기의 안전성 또는 유효성에 중대한 문제가 있다고 인정하는 경우 또는 제조업자·수입업자가 제3항에 따른 갱신에 필요한 자료를 제출하지 아니하는 경우 등에는 해당 의료기기에 대한 제조허가등을 갱신하지 아니할 수 있다. 〈개정 2021. 8. 17.〉

⑥ 제조업자 및 수입업자는 제1항에 따른 유효기간 동안 제조 또는 수입되지 아니한 의료기기에 대해서는 제3항에 따라 제조허가등을 갱신받을 수 없다. 다만, 총리령으로 정하는 부득이한 사유로 제조 또는 수입되지 못한 의료기기의 경우에는 그러하지 아니하다. 〈개정 2021. 8. 17.〉

⑦ 제1항 및 제2항에 따른 유효기간의 산정방법과 제3항부터 제5항까지에 따른 제조허가등 갱신의 기준, 방법 및 절차 등에 관하여 필요한 사항은 총리령으로 정한다. 〈개정 2021. 8. 17.〉

[전문개정 2020. 4. 7.]

제50조(수수료) 다음 각 호의 어느 하나에 해당하는 자는 총리령으로 정하는 바에 따라 수수료를 내야 한다. 〈개정 2013. 3. 23., 2015. 1. 28., 2020. 4. 7., 2021. 8. 17., 2024. 2. 6.〉

1. 이 법에 따른 허가, 인증, 승인 또는 지정을 받거나 신고를 하려는 자
2. 이 법에 따른 허가, 인증, 승인, 지정 또는 신고 사항을 변경하려는 자
3. 이 법에 따라 기술문서, 안전성·유효성 등에 대한 심사 또는 신개발의료기기 등의 시판 후 조사 결과에 대한 검토를 받으려는 자
4. 제11조에 따라 사전 검토를 받으려는 자
5. 삭제〈2021. 3. 23.〉
6. 제49조제3항에 따라 제조허가등의 갱신을 받으려는 자

제8장 벌칙

제51조(벌칙) ① 다음 각 호의 어느 하나에 해당하는 자는 5년 이하의 징역 또는 5천만원 이하의 벌금에 처한다. 〈개정 2016. 12. 2., 2021. 7. 20., 2021. 8. 17.〉

1. 거짓이나 그 밖의 부정한 방법으로 제6조제1항·제2항 또는 제15조제1항·제2항에 따른 허가 또는 인증을 받거나 신고를 한 자
1의2. 거짓이나 그 밖의 부정한 방법으로 제8조제4항에 따른 보고를 한 자
1의3. 거짓이나 그 밖의 부정한 방법으로 제8조의2제1항에 따른 자료를 제출한 자
2. 제26조제1항을 위반한 자
3. 거짓이나 그 밖의 부정한 방법으로 제49조제3항에 따른 갱신을 받은 자
3의2. 제49조제3항을 위반하여 제조허가등의 갱신을 받지 아니하고 제조허가등의 유효기간이 끝난 의료기기를 제조 또는 수입한 자

② 제1항의 징역과 벌금은 병과(倂科)할 수 있다.

제52조(벌칙) ① 다음 각 호의 어느 하나에 해당하는 자는 3년 이하의 징역 또는 3천만원 이하의 벌금에 처한다. 〈개정 2016. 12. 2., 2018. 3. 13., 2021. 7. 20.〉

1. 제10조제1항·제2항 전단·제4항, 제12조제1항(제15조제6항 및 제16조제4항에서 준용하는 경우를 포함한다), 제13조제1항(제15조제6항에서 준용하는 경우를 포함한다), 제16조제1항 본문, 제17조제1항, 제24조제1항·제2항, 제26조제2항부터 제7항까지 또는 제45조제2항을 위반한 자
1의2. 거짓이나 그 밖의 부정한 방법으로 제10조제1항에 따른 승인 또는 변경승인을 받은 자
1의3. 거짓이나 그 밖의 부정한 방법으로 제12조제1항(제15조제6항, 제16조제4항 또는 제17조제3항

에 따라 준용되는 경우를 포함한다)에 따른 변경허가 또는 변경인증을 받거나 변경신고를 한 자

　1의4. 거짓이나 그 밖의 부정한 방법으로 제16조제1항 또는 제17조제1항에 따른 신고를 한 자

　2. 제34조제2항에 따라 관계 공무원이 행하는 폐기·봉함·봉인 등 그 밖에 필요한 처분을 거부·방해하거나 기피한 자

② 제1항의 징역과 벌금은 병과할 수 있다.

[2021. 3. 23. 법률 제17978호에 의하여 헌법재판소에서 2020. 8. 28. 위헌 결정된 제52조 제1항 제1호 중 '제24조 제2항 제6호를 위반하여 의료기기를 광고한 경우' 부분은 삭제함]

제52조(벌칙) ① 다음 각 호의 어느 하나에 해당하는 자는 3년 이하의 징역 또는 3천만원 이하의 벌금에 처한다. 〈개정 2016. 12. 2., 2018. 3. 13., 2021. 7. 20., 2023. 8. 8.〉

　1. 제10조제1항·제2항 전단·제4항, 제12조제1항(제15조제6항 및 제16조제4항에서 준용하는 경우를 포함한다), 제13조제1항(제15조제6항에서 준용하는 경우를 포함한다), 제16조제1항 본문, 제17조제1항, 제18조의2제1항, 제24조제1항·제2항, 제26조제2항부터 제7항까지 또는 제45조제2항을 위반한 자

　1의2. 거짓이나 그 밖의 부정한 방법으로 제10조제1항에 따른 승인 또는 변경승인을 받은 자

　1의3. 거짓이나 그 밖의 부정한 방법으로 제12조제1항(제15조제6항, 제16조제4항 또는 제17조제3항에 따라 준용되는 경우를 포함한다) 또는 제18조의2제1항에 따른 변경허가 또는 변경인증을 받거나 변경신고를 한 자

　1의4. 제13조제3항(제15조제6항에서 준용하는 경우를 포함한다)을 위반하여 경제적 이익등을 제공하거나 취득하게 한 자

　1의5. 제13조제4항(제15조제6항에서 준용하는 경우를 포함한다)을 위반하여 의료기기 판촉영업자가 아닌 자에게 의료기기 판매촉진 업무를 위탁한 자

　1의6. 거짓이나 그 밖의 부정한 방법으로 제16조제1항, 제17조제1항 또는 제18조의2제1항에 따른 신고를 한 자

　1의7. 제18조제2항을 위반하여 경제적 이익등을 제공하거나 취득하게 한 자

　1의8. 제18조제3항을 위반하여 의료기기 판촉영업자가 아닌 자에게 의료기기 판매 또는 임대 촉진 업무를 위탁한 자

　1의9. 제18조의2제1항을 위반하여 신고하지 아니하고 의료기기 판매 또는 임대 촉진 업무를 위탁받아 수행한 자

　2. 제34조제2항에 따라 관계 공무원이 행하는 폐기·봉함·봉인 등 그 밖에 필요한 처분을 거부·방해하거나 기피한 자

② 제1항의 징역과 벌금은 병과할 수 있다.

[2021. 3. 23. 법률 제17978호에 의하여 헌법재판소에서 2020. 8. 28. 위헌 결정된 제52조 제1항 제1호 중 '제24조 제2항 제6호를 위반하여 의료기기를 광고한 경우' 부분은 삭제함]

[시행일: 2025. 2. 9.] 제52조

제53조(벌칙) 제13조제3항(제15조제6항에서 준용하는 경우를 포함한다) 또는 제18조제2항을 위반한 자는 3년 이하의 징역 또는 3천만원 이하의 벌금에 처한다. 〈개정 2016. 12. 2.〉

제53조 삭제 〈2023. 8. 8.〉

[시행일: 2025. 2. 9.] 제53조

제53조의2(벌칙) 다음 각 호의 어느 하나에 해당하는 자는 1년 이하의 징역 또는 1천만원 이하의 벌금에 처한다. 〈개정 2016. 12. 2., 2021. 7. 20.〉

　1. 제10조제5항, 제10조의2제3항 또는 제28조제4항에 따른 임상시험결과보고서, 비임상시험성적서 또

는 품질관리심사결과서를 거짓으로 작성 또는 발급한 자

2. 제13조의2제1항(제15조제6항 또는 제18조제3항에서 준용하는 경우를 포함한다)을 위반하여 지출보 고서를 작성 또는 공개하지 아니하거나 해당 지출보고서와 관련 장부 및 근거 자료를 보관하지 아 니한 자

3. 제13조의2제1항(제15조제6항 또는 제18조제3항에서 준용하는 경우를 포함한다)에 따른 지출보고서 를 거짓으로 작성 또는 공개한 자

4. 제13조의2제2항(제15조제6항 또는 제18조제3항에서 준용하는 경우를 포함한다)에 따른 지출보고서 와 관련 장부 및 근거 자료의 제출 요구를 따르지 아니한 자

5. 제18조의2를 위반하여 봉함한 의료기기의 용기나 포장을 개봉하여 판매한 자

[본조신설 2015. 12. 29.]

제53조의2(벌칙) 다음 각 호의 어느 하나에 해당하는 자는 1년 이하의 징역 또는 1천만원 이하의 벌금에 처한다. 〈개정 2016. 12. 2., 2021. 7. 20., 2023. 8. 8.〉

1. 제10조제5항, 제10조의2제3항 또는 제28조제4항에 따른 임상시험결과보고서, 비임상시험성적서 또 는 품질관리심사결과서를 거짓으로 작성 또는 발급한 자

2. 제13조의2제1항(제15조제6항 또는 제18조제4항에서 준용하는 경우를 포함한다)을 위반하여 지출보 고서를 작성 또는 공개하지 아니하거나 해당 지출보고서와 관련 장부 및 근거 자료를 보관하지 아 니한 자

3. 제13조의2제1항(제15조제6항 또는 제18조제4항에서 준용하는 경우를 포함한다)에 따른 지출보고서 를 거짓으로 작성 또는 공개한 자

3의2. 제13조의2제2항을 위반하여 위탁계약서 및 관련 근거 자료를 보관하지 아니한 자

4. 제13조의2제3항(제15조제6항 또는 제18조제4항에서 준용하는 경우를 포함한다)에 따른 지출보고서 와 관련 장부 및 근거 자료의 제출 요구를 따르지 아니한 자

4의2. 제18조의4제1항을 위반하여 의료기기 판매 또는 임대 촉진 업무의 전부 또는 일부를 다시 위탁 한 사실을 해당 업무를 위탁한 제조업자, 수입업자, 판매업자 또는 임대업자에게 서면(「전자문서 및 전자거래 기본법」 제2조제1호에 따른 전자문서를 포함한다)으로 알리지 아니한 자

5. 제18조의5를 위반하여 봉함한 의료기기의 용기나 포장을 개봉하여 판매한 자

[본조신설 2015. 12. 29.]

[시행일: 2025. 2. 9.] 제53조의2

제54조(벌칙) 다음 각 호의 어느 하나에 해당하는 자는 500만원 이하의 벌금에 처한다. 〈개정 2015. 1. 28.〉

1. 제18조제1항, 제20조부터 제23조까지, 제30조제1항·제2항 또는 제31조제1항·제5항을 위반한 자

2. 제32조제1항 또는 제36조제1항·제2항에 따른 관계 공무원의 출입·수거·폐쇄 또는 그 밖의 처분 을 거부·방해하거나 기피한 자

3. 제33조, 제34조제1항, 제35조 또는 제36조제1항·제2항에 따른 검사, 회수, 폐기, 공표, 사용중지, 업무정지 등의 명령을 위반한 자

4. 제37조제1항제1호·제2호·제5호에 해당하는 위반행위를 한 자

제54조의2(벌칙) ① 제6조제7항(제15조제6항에서 준용하는 경우를 포함한다), 제6조의2제1항(제15조제6항 에서 준용하는 경우를 포함한다), 제13조제4항(제15조제6항에서 준용하는 경우를 포함한다)을 위반한 자 는 300만원 이하의 벌금에 처한다. 〈개정 2016. 12. 2.〉

② 다음 각 호의 어느 하나에 해당하는 자는 200만원 이하의 벌금에 처한다. 〈신설 2016. 12. 2., 2018. 3. 13., 2021. 7. 20.〉

1. 삭제〈2021. 7. 20.〉

2. 삭제〈2021. 7. 20.〉

3. 삭제〈2021. 7. 20.〉

4. 제25조의5를 위반하여 의료기기의 용기나 포장을 봉함하지 아니하고 판매한 자

5. 제43조의5제3항에 따른 인과관계조사관의 조사·질문 등을 거부·방해하거나 기피한 자

[본조신설 2014. 1. 28.]

제54조의2(벌칙) ① 6조제7항(제15조제6항에서 준용하는 경우를 포함한다), 제6조의2제1항(제15조제6항에서 준용하는 경우를 포함한다), 제13조제5항(제15조제6항에서 준용하는 경우를 포함한다)을 위반한 자는 300만원 이하의 벌금에 처한다. 〈개정 2016. 12. 2., 2023. 8. 8.〉

② 다음 각 호의 어느 하나에 해당하는 자는 200만원 이하의 벌금에 처한다.〈신설 2016. 12. 2., 2018. 3. 13., 2021. 7. 20.〉

1. 삭제〈2021. 7. 20.〉

2. 삭제〈2021. 7. 20.〉

3. 삭제〈2021. 7. 20.〉

4. 제25조의5를 위반하여 의료기기의 용기나 포장을 봉함하지 아니하고 판매한 자

5. 제43조의5제3항에 따른 인과관계조사관의 조사·질문 등을 거부·방해하거나 기피한 자

[본조신설 2014. 1. 28.] [시행일: 2025. 2. 9.] 제54조의2

제55조(양벌규정) 법인의 대표자나 법인 또는 개인의 대리인, 사용인, 그 밖의 종업원이 그 법인 또는 개인의 업무에 관하여 제51조부터 제54조까지의 어느 하나에 해당하는 위반행위를 하면 그 행위자를 벌하는 외에 그 법인 또는 개인에게도 해당 조문의 벌금형을 과(科)한다. 다만, 법인 또는 개인이 그 위반행위를 방지하기 위하여 해당 업무에 관하여 상당한 주의와 감독을 게을리하지 아니한 경우에는 그러하지 아니하다.

제56조(과태료) ① 다음 각 호의 어느 하나에 해당하는 자에게는 100만원 이하의 과태료를 부과한다. 〈개정 2014. 1. 28., 2015. 1. 28., 2016. 12. 2., 2018. 12. 11., 2020. 4. 7.〉

1. 제6조의2제2항(제15조제6항에서 준용하는 경우를 포함한다) 또는 제3항(제15조제6항에서 준용하는 경우를 포함한다)을 위반하여 교육을 받지 아니한 사람

1의2. 제13조제2항(제15조제6항에서 준용하는 경우를 포함한다)을 위반하여 의료기기의 생산실적, 수입실적 등을 보고하지 아니한 자

2. 제14조(제15조제6항·제16조제4항 및 제17조제3항에서 준용하는 경우를 포함한다)를 위반하여 폐업·휴업 등을 신고하지 아니한 자

2의2. 제31조의2제1항을 위반하여 의료기기 공급내역을 보고하지 아니하거나 거짓으로 보고한 자

2의3. 제31조의3제2항을 위반하여 의료기기통합정보시스템에 정보를 등록하지 아니한 자 또는 같은 조 제3항을 위반하여 의료기기통합정보관리기준을 준수하지 아니한 자

3. 제31조의5를 위반하여 이물 발견 사실을 보고하지 아니하거나 거짓으로 보고한 자

4. 삭제〈2021. 8. 17.〉

② 제1항에 따른 과태료는 대통령령으로 정하는 바에 따라 식품의약품안전처장 또는 특별자치시장·특별자치도지사·시장·군수·구청장이 부과·징수한다.〈개정 2013. 3. 23., 2017. 12. 19.〉

제56조(과태료) ① 다음 각 호의 어느 하나에 해당하는 자에게는 100만원 이하의 과태료를 부과한다. 〈개정 2014. 1. 28., 2015. 1. 28., 2016. 12. 2., 2018. 12. 11., 2020. 4. 7., 2023. 8. 8.〉

1. 제6조의2제2항(제15조제6항에서 준용하는 경우를 포함한다) 또는 제3항(제15조제6항에서 준용하는 경우를 포함한다)을 위반하여 교육을 받지 아니한 사람

1의2. 제13조제2항(제15조제6항에서 준용하는 경우를 포함한다)을 위반하여 의료기기의 생산실적, 수

2. 제14조(제15조제6항·제16조제4항 및 제17조제3항에서 준용하는 경우를 포함한다) 또는 제18조의
   2제2항을 위반하여 폐업·휴업 등을 신고하지 아니한 자

2의2. 제18조의3제1항을 위반하여 의료기기의 판매질서 등에 관한 교육을 받지 아니한 자

2의3. 제31조의2제1항을 위반하여 의료기기 공급내역을 보고하지 아니하거나 거짓으로 보고한 자

2의4. 제31조의3제2항을 위반하여 의료기기통합정보시스템에 정보를 등록하지 아니한 자 또는 같은
   조 제3항을 위반하여 의료기기통합정보관리기준을 준수하지 아니한 자

3. 제31조의5를 위반하여 이물 발견 사실을 보고하지 아니하거나 거짓으로 보고한 자

4. 삭제〈2021. 8. 17.〉

② 제1항에 따른 과태료는 대통령령으로 정하는 바에 따라 식품의약품안전처장 또는 특별자치시장·특
별자치도지사·시장·군수·구청장이 부과·징수한다.〈개정 2013. 3. 23., 2017. 12. 19.〉

[시행일: 2025. 2. 9.] 제56조

부칙
〈제20220호,2024. 2. 6.〉

제1조(시행일) 이 법은 공포 후 6개월이 경과한 날부터 시행한다. 다만, 제17조의 개정규정은 공포한 날부
터 시행한다.

제2조(안전관리종합계획 및 안전관리시행계획의 수립에 관한 적용례) 안전관리종합계획 및 안전관리시행계획
은 이 법 시행일이 속한 연도의 다음 연도부터 수립한다.

제3조(수수료에 관한 적용례) 제50조제1호 및 제2호의 개정규정은 이 법 시행 이후 제10조제1항에 따른
의료기기 임상시험계획 승인·변경승인 신청, 제10조제3항에 따른 임상시험기관 지정 신청 또는 제10조
의2제1항에 따른 비임상시험실시기관 지정·변경지정 신청을 하는 경우부터 적용한다.

의료기사 등에 관한 법률 (약칭: 의료기사법)

[시행 2020. 12. 15.] [법률 제17643호, 2020. 12. 15., 일부개정]

제1조(목적) 이 법은 의료기사, 보건의료정보관리사 및 안경사의 자격·면허 등에 관하여 필요한 사항을 정함으로써 국민의 보건 및 의료 향상에 이바지함을 목적으로 한다. 〈개정 2017. 12. 19.〉

[전문개정 2011. 11. 22.]

제1조의2(정의) 이 법에서 사용하는 용어의 뜻은 다음과 같다. 〈개정 2016. 5. 29., 2017. 12. 19.〉

1. "의료기사"란 의사 또는 치과의사의 지도 아래 진료나 의화학적(醫化學的) 검사에 종사하는 사람을 말한다.
2. "보건의료정보관리사"란 의료 및 보건지도 등에 관한 기록 및 정보의 분류·확인·유지·관리를 주된 업무로 하는 사람을 말한다.
3. "안경사"란 안경(시력보정용에 한정한다. 이하 같다)의 조제 및 판매와 콘택트렌즈(시력보정용이 아닌 경우를 포함한다. 이하 같다)의 판매를 주된 업무로 하는 사람을 말한다.

[본조신설 2011. 11. 22.]

제2조(의료기사의 종류 및 업무) ①의료기사의 종류는 임상병리사, 방사선사, 물리치료사, 작업치료사, 치과기공사 및 치과위생사로 한다. 〈개정 2016. 5. 29.〉

② 의료기사는 종별에 따라 다음 각 호의 업무 및 이와 관련하여 대통령령으로 정하는 업무를 수행한다. 〈신설 2016. 5. 29.〉

1. 임상병리사: 각종 화학적 또는 생리학적 검사
2. 방사선사: 방사선 등의 취급 또는 검사 및 방사선 등 관련 기기의 취급 또는 관리
3. 물리치료사: 신체의 교정 및 재활을 위한 물리요법적 치료
4. 작업치료사: 신체적·정신적 기능장애를 회복시키기 위한 작업요법적 치료
5. 치과기공사: 보철물의 제작, 수리 또는 가공
6. 치과위생사: 치아 및 구강질환의 예방과 위생 관리 등

[전문개정 2011. 11. 22.] [제목개정 2016. 5. 29.]

제3조(업무 범위와 한계) 의료기사, 보건의료정보관리사 및 안경사(이하 "의료기사등"이라 한다)의 구체적인 업무의 범위와 한계는 대통령령으로 정한다. 〈개정 2016. 5. 29., 2017. 12. 19.〉

[전문개정 2011. 11. 22.]

제4조(면허) ① 의료기사등이 되려면 다음 각 호의 어느 하나에 해당하는 사람으로서 의료기사등의 국가시험(이하 "국가시험"이라 한다)에 합격한 후 보건복지부장관의 면허를 받아야 한다. 〈개정 1997. 12. 13., 1999. 2. 8., 2003. 5. 15., 2008. 2. 29., 2010. 1. 18., 2011. 11. 22., 2016. 5. 29., 2017. 12. 19., 2018. 12. 11.〉

1. 「고등교육법」 제2조에 따른 대학·산업대학·전문대학(이하 "대학등"이라 한다)에서 취득하려는 면허에 상응하는 보건의료에 관한 학문을 전공하고 졸업한 사람. 다만, 보건의료정보관리사의 경우 「고등교육법」 제11조의2에 따른 인정기관(이하 "인정기관"이라 한다)의 보건의료정보관리사 교육과정 인증을 받은 대학등에서 보건의료정보 관련 학문을 전공하고 보건복지부령으로 정하는 교과목을 이수하여 졸업한 사람이어야 한다.
2. 삭제〈1999. 2. 8.〉
3. 삭제〈1999. 2. 8.〉
4. 외국의 제1호에 해당하는 학교(보건복지부장관이 정하여 고시하는 인정기준에 해당하는 학교를 말한다)와 같은 수준 이상의 교육과정을 이수하고 외국의 해당 의료기사등의 면허를 받은 사람

② 다음 각 호의 구분에 따른 사람으로서 6개월 이내에 졸업할 것으로 예정된 사람은 제1항제1호에 해당

하는 사람으로 본다. 다만, 그 졸업예정시기에 졸업하여야 면허를 받을 수 있다. ⟨신설 2020. 12. 15.⟩

1. 의료기사·안경사: 대학등에서 취득하려는 면허에 상응하는 보건의료에 관한 학문을 전공한 사람

2. 보건의료정보관리사: 인정기관의 보건의료정보관리사 교육과정 인증을 받은 대학등에서 보건의료정 보 관련 학문을 전공하고 보건복지부령으로 정하는 교과목을 이수한 사람

③ 제1항제1호 단서에도 불구하고 다음 각 호의 어느 하나에 해당하는 경우에는 보건의료정보관리사 국 가시험 응시자격을 갖춘 것으로 본다. ⟨개정 2020. 12. 15.⟩

1. 입학 당시 인정기관의 인증을 받은 대학등에 입학한 사람으로서 그 대학등에서 보건의료정보 관련 학문을 전공하고 보건복지부령으로 정하는 교과목을 이수하여 졸업하였으나 졸업 당시 해당 대학등 이 인정기관의 인증을 받지 못한 경우

2. 대학등이 인정기관의 인증을 처음 신청한 날부터 그 인증신청의 결과가 나오기 전까지의 기간 동안 해당 대학등에 입학한 사람이 그 대학등에서 보건의료정보 관련 학문을 전공하고 보건복지부령으로 정하는 교과목을 이수하여 졸업한 경우

[제목개정 2011. 11. 22.]

제4조(면허) ① 의료기사등이 되려면 다음 각 호의 어느 하나에 해당하는 사람으로서 의료기사등의 국가 시험(이하 "국가시험"이라 한다)에 합격한 후 보건복지부장관의 면허를 받아야 한다. ⟨개정 1997. 12. 13., 1999. 2. 8., 2003. 5. 15., 2008. 2. 29., 2010. 1. 18., 2011. 11. 22., 2016. 5. 29., 2017. 12. 19., 2018. 12. 11., 2023. 10. 31.⟩

1. 「고등교육법」 제2조에 따른 대학·산업대학·전문대학(이하 "대학등"이라 한다)에서 취득하려는 면 허에 상응하는 보건의료에 관한 학문을 전공하고 보건복지부령으로 정하는 현장실습과목을 이수하 여 졸업한 사람. 다만, 보건의료정보관리사의 경우 「고등교육법」 제11조의2에 따른 인정기관(이하 "인정기관"이라 한다)의 보건의료정보관리사 교육과정 인증을 받은 대학등에서 보건의료정보 관련 학문을 전공하고 보건복지부령으로 정하는 교과목을 이수하여 졸업한 사람이어야 한다.

2. 삭제⟨1999. 2. 8.⟩

3. 삭제⟨1999. 2. 8.⟩

4. 외국의 제1호에 해당하는 학교(보건복지부장관이 정하여 고시하는 인정기준에 해당하는 학교를 말 한다)와 같은 수준 이상의 교육과정을 이수하고 외국의 해당 의료기사등의 면허를 받은 사람

② 다음 각 호의 구분에 따른 사람으로서 6개월 이내에 졸업할 것으로 예정된 사람은 제1항제1호에 해 당하는 사람으로 본다. 다만, 그 졸업예정시기에 졸업하여야 면허를 받을 수 있다. ⟨신설 2020. 12. 15., 2023. 10. 31.⟩

1. 의료기사·안경사: 대학등에서 취득하려는 면허에 상응하는 보건의료에 관한 학문을 전공하고 보건 복지부령으로 정하는 현장실습과목을 이수한 사람

2. 보건의료정보관리사: 인정기관의 보건의료정보관리사 교육과정 인증을 받은 대학등에서 보건의료정 보 관련 학문을 전공하고 보건복지부령으로 정하는 교과목을 이수한 사람

③ 제1항제1호 단서에도 불구하고 다음 각 호의 어느 하나에 해당하는 경우에는 보건의료정보관리사 국 가시험 응시자격을 갖춘 것으로 본다. ⟨개정 2020. 12. 15.⟩

1. 입학 당시 인정기관의 인증을 받은 대학등에 입학한 사람으로서 그 대학등에서 보건의료정보 관련 학문을 전공하고 보건복지부령으로 정하는 교과목을 이수하여 졸업하였으나 졸업 당시 해당 대학등 이 인정기관의 인증을 받지 못한 경우

2. 대학등이 인정기관의 인증을 처음 신청한 날부터 그 인증신청의 결과가 나오기 전까지의 기간 동안 해당 대학등에 입학한 사람이 그 대학등에서 보건의료정보 관련 학문을 전공하고 보건복지부령으로 정하는 교과목을 이수하여 졸업한 경우

[제목개정 2011. 11. 22.] [시행일: 2024. 11. 1.] 제4조

제5조(결격사유) 다음 각 호의 어느 하나에 해당하는 사람에 대하여는 의료기사등의 면허를 하지 아니한다. 〈개정 1999. 2. 8., 2001. 12. 19., 2007. 10. 17., 2007. 12. 14., 2011. 11. 22., 2013. 6. 4., 2017. 9. 19., 2017. 12. 19.〉

  1. 「정신건강증진 및 정신질환자 복지서비스 지원에 관한 법률」 제3조제1호에 따른 정신질환자. 다만, 전문의가 의료기사등으로서 적합하다고 인정하는 사람의 경우에는 그러하지 아니하다.
  2. 「마약류 관리에 관한 법률」에 따른 마약류 중독자
  3. 피성년후견인, 피한정후견인
  4. 이 법 또는 「형법」 중 제234조, 제269조, 제270조제2항부터 제4항까지, 제317조제1항, 「보건범죄단속에 관한 특별조치법」, 「지역보건법」, 「국민건강증진법」, 「후천성면역결핍증 예방법」, 「의료법」, 「응급의료에 관한 법률」, 「시체해부 및 보존에 관한 법률」, 「혈액관리법」, 「마약류 관리에 관한 법률」, 「모자보건법」 또는 「국민건강보험법」을 위반하여 금고 이상의 실형을 선고받고 그 집행이 끝나지 아니하거나 면제되지 아니한 사람

[제목개정 2011. 11. 22.]

제6조(국가시험) ① 국가시험은 대통령령으로 정하는 바에 따라 해마다 1회 이상 보건복지부장관이 실시한다.
② 보건복지부장관은 대통령령으로 정하는 바에 따라 「한국보건의료인국가시험원법」에 따른 한국보건의료인국가시험원으로 하여금 국가시험을 관리하게 할 수 있다. 〈개정 2015. 6. 22.〉

[전문개정 2011. 11. 22.]

제7조(응시자격의 제한 등) ① 제5조 각 호의 어느 하나에 해당하는 사람은 국가시험에 응시할 수 없다.
② 부정한 방법으로 국가시험에 응시한 사람 또는 국가시험에 관하여 부정행위를 한 사람에 대하여는 그 시험을 정지시키거나 합격을 무효로 한다.
③ 보건복지부장관은 제2항에 따라 시험이 정지되거나 합격이 무효가 된 사람에 대하여 처분의 사유와 위반 정도 등을 고려하여 보건복지부령으로 정하는 바에 따라 그 다음에 치러지는 국가시험 응시를 3회의 범위에서 제한할 수 있다. 〈개정 2013. 6. 4.〉

[전문개정 2011. 11. 22.]

제8조(면허의 등록 등) ① 보건복지부장관은 의료기사등의 면허를 할 때에는 그 종류에 따르는 면허대장에 그 면허에 관한 사항을 등록하고 그 면허증을 발급하여야 한다.
② 제1항에 따른 면허의 등록과 면허증에 관하여 필요한 사항은 보건복지부령으로 정한다.

[전문개정 2011. 11. 22.]

제9조(무면허자의 업무금지 등) ① 의료기사등이 아니면 의료기사등의 업무를 하지 못한다. 다만, 대학등에서 취득하려는 면허에 상응하는 교육과정을 이수하기 위하여 실습 중에 있는 사람의 실습에 필요한 경우에는 그러하지 아니하다. 〈개정 2017. 12. 19.〉
② 의료기사등이 아니면 의료기사등의 명칭 또는 이와 유사한 명칭을 사용하지 못한다.
③ 의료기사등은 제4조에 따라 받은 면허를 다른 사람에게 대여하여서는 아니 된다. 〈개정 2020. 4. 7.〉
④ 누구든지 제4조에 따라 받은 면허를 대여받아서는 아니 되며 면허 대여를 알선하여서도 아니 된다. 〈신설 2020. 4. 7.〉

[전문개정 2011. 11. 22.]

제10조(비밀누설의 금지) 의료기사등은 이 법 또는 다른 법령에 특별히 규정된 경우를 제외하고는 업무상 알게 된 비밀을 누설하여서는 아니 된다.

[전문개정 2011. 11. 22.]

제11조(실태 등의 신고) ① 의료기사등은 대통령령으로 정하는 바에 따라 최초로 면허를 받은 후부터 3년

마다 그 실태와 취업상황을 보건복지부장관에게 신고하여야 한다.

② 보건복지부장관은 제20조의 보수교육을 받지 아니한 의료기사등에 대하여 제1항에 따른 신고를 반려할 수 있다.

③ 보건복지부장관은 대통령령으로 정하는 바에 따라 제1항에 따른 신고 업무를 전자적으로 처리할 수 있는 전자정보처리시스템(이하 "신고시스템"이라 한다)을 구축·운영할 수 있다.〈신설 2016. 5. 29.〉

[전문개정 2011. 11. 22.]

제11조의2(치과기공소의 개설등록 등) ① 치과의사 또는 치과기공사가 아니면 치과기공소를 개설할 수 없다.

② 치과의사 또는 치과기공사는 1개소의 치과기공소만을 개설할 수 있다.

③ 치과기공소를 개설하려는 자는 보건복지부령으로 정하는 바에 따라 특별자치시장·특별자치도지사·시장·군수·구청장(자치구의 구청장에 한한다. 이하 같다)에게 개설등록을 하여야 한다.〈개정 2011. 11. 22., 2013. 6. 4.〉

④ 제3항에 따라 치과기공소를 개설하고자 하는 자는 보건복지부령으로 정하는 시설 및 장비를 갖추어야 한다.

[본조신설 2011. 4. 28.]

제11조의3(치과기공사 등의 준수사항) ① 치과기공사는 제3조에 따른 업무(이하 "치과기공물제작등 업무"라 한다)를 수행할 때 치과의사가 발행한 치과기공물제작의뢰서에 따라야 한다.

② 치과기공물제작등 업무를 의뢰한 치과의사 및 치과기공소 개설자는 보건복지부령으로 정하는 바에 따라 치과기공물제작의뢰서를 보존하여야 한다.

③ 치과기공물제작등 업무를 의뢰한 치과의사는 실제 기공물 제작 등이 치과기공물제작의뢰서에 따라 적합하게 이루어지고 있는지 여부를 확인할 수 있으며 해당 치과기공소 개설자는 이에 따라야 한다.

[본조신설 2011. 4. 28.]

제12조(안경업소의 개설등록 등) ① 안경사가 아니면 안경을 조제하거나 안경 및 콘택트렌즈의 판매업소(이하 "안경업소"라 한다)를 개설할 수 없다.

② 안경사는 1개의 안경업소만을 개설할 수 있다.

③ 안경업소를 개설하려는 사람은 보건복지부령으로 정하는 바에 따라 특별자치시장·특별자치도지사·시장·군수·구청장에게 개설등록을 하여야 한다.〈개정 2013. 6. 4.〉

④ 제3항에 따라 안경업소를 개설하려는 사람은 보건복지부령으로 정하는 시설 및 장비를 갖추어야 한다.

⑤ 누구든지 안경 및 콘택트렌즈를 다음 각 호의 어느 하나에 해당하는 방법으로 판매 등을 하여서는 아니 된다.〈개정 2011. 11. 22., 2016. 5. 29.〉

  1. 「전자상거래 등에서의 소비자보호에 관한 법률」 제2조에 따른 전자상거래 및 통신판매의 방법

  2. 판매자의 사이버몰(컴퓨터 등과 정보통신설비를 이용하여 재화 등을 거래할 수 있도록 설정된 가상의 영업장을 말한다) 등으로부터 구매 또는 배송을 대행하는 등 보건복지부령으로 정하는 방법

⑥ 안경사는 안경 및 콘택트렌즈를 안경업소에서만 판매하여야 한다.〈신설 2011. 11. 22.〉

⑦ 안경사는 콘택트렌즈를 판매하는 경우 콘택트렌즈의 사용방법과 유통기한 및 부작용에 관한 정보를 제공하여야 한다.〈신설 2011. 11. 22., 2016. 5. 29.〉

[전문개정 2011. 11. 22.]

제13조(폐업 등의 신고) 치과기공소 또는 안경업소의 개설자는 폐업을 하거나 등록사항을 변경한 경우에는 보건복지부령으로 정하는 바에 따라 지체 없이 특별자치시장·특별자치도지사·시장·군수·구청장에게 신고하여야 한다. 〈개정 2013. 6. 4.〉

[전문개정 2011. 11. 22.]

제14조(과장광고 등의 금지) ① 치과기공소 또는 안경업소는 해당 업무에 관하여 거짓광고 또는 과장광고를 하지 못한다. 〈개정 2016. 5. 29.〉

② 누구든지 영리를 목적으로 특정 치과기공소·안경업소 또는 치과기공사·안경사에게 고객을 알선·소개 또는 유인하여서는 아니 된다.

③ 제1항 및 제2항에 따른 과장광고 등의 금지와 관련하여 필요한 사항은 「표시·광고의 공정화에 관한 법률」 및 「독점규제 및 공정거래에 관한 법률」에서 정하는 바에 따른다. 〈개정 2016. 5. 29.〉

[전문개정 2011. 11. 22.] [제목개정 2016. 5. 29.]

제15조(보고와 검사 등) ① 특별자치시장·특별자치도지사·시장·군수·구청장은 치과기공소 또는 안경업소의 개설자에게 그 지도·감독에 필요한 범위에서 보고를 명하거나 소속 공무원으로 하여금 업무 상황, 시설 등을 검사하게 할 수 있다. 〈개정 2013. 6. 4.〉

② 제1항의 경우에 소속 공무원은 그 권한을 나타내는 증표 및 조사기간, 조사범위, 조사담당자 및 관계 법령 등 보건복지부령으로 정하는 사항이 기재된 서류를 지니고 이를 관계인에게 보여주어야 한다. 〈개정 2016. 5. 29.〉

③ 소속 공무원이 제1항에 따라 업무 상황, 시설 등을 검사하는 경우 그 절차·방법 등에 관하여는 이 법에서 정하는 사항을 제외하고는 「행정조사기본법」에서 정하는 바에 따른다. 〈신설 2016. 5. 29.〉

[전문개정 2011. 11. 22.]

제16조(중앙회) ① 의료기사등은 대통령령으로 정하는 바에 따라 그 면허의 종류에 따라 전국적으로 조직을 가지는 단체(이하 "중앙회"라 한다)를 설립하여야 한다. 〈개정 2017. 12. 19.〉

② 중앙회는 법인으로 한다. 〈개정 2011. 11. 22., 2017. 12. 19.〉

③ 중앙회에 관하여 이 법에 규정되지 아니한 사항은 「민법」 중 사단법인에 관한 규정을 준용한다. 〈개정 2011. 11. 22., 2017. 12. 19.〉

④ 중앙회는 대통령령으로 정하는 바에 따라 특별시·광역시·도 및 특별자치도에 지부를 설치하여야 하며, 시·군·구(자치구를 말한다)에 분회를 설치할 수 있다. 다만, 그 외의 지부나 외국에 지부를 설치하려면 보건복지부장관의 승인을 받아야 한다. 〈신설 2017. 12. 19.〉

⑤ 중앙회가 지부나 분회를 설치한 때에는 그 지부나 분회의 책임자는 지체 없이 특별시장·광역시장·도지사·특별자치도지사 또는 시장·군수·구청장에게 신고하여야 한다. 〈신설 2017. 12. 19.〉

⑥ 각 중앙회는 제22조의2에 따른 자격정지 처분 요구에 관한 사항을 심의·의결하기 위하여 윤리위원회를 둔다. 〈신설 2017. 12. 19.〉

⑦ 제6항에 따른 윤리위원회의 구성, 운영 등에 필요한 사항은 대통령령으로 정한다. 〈신설 2017. 12. 19.〉

[제목개정 2017. 12. 19.]

제17조(설립 인가 등) ① 중앙회를 설립하려면 대통령령으로 정하는 바에 따라 정관과 그 밖에 필요한 서류를 보건복지부장관에게 제출하여 설립 인가를 받아야 한다. 중앙회가 정관을 변경하고자 하는 때에도 또한 같다.

② 보건복지부장관은 제1항에 따른 인가를 하였을 때에는 그 사실을 공고하여야 한다.

③ 중앙회의 업무, 정관에 기재할 사항 및 그 밖에 필요한 사항은 대통령령으로 정한다.

[본조신설 2017. 12. 19.]

제18조(협조 의무) 중앙회는 보건복지부장관으로부터 국민의 보건 및 의료 향상에 관한 협조 요청을 받으면 협조하여야 한다.

[본조신설 2017. 12. 19.]

제19조(감독) ① 보건복지부장관은 중앙회나 그 지부가 다음 각 호의 어느 하나에 해당하는 때에는 정관

의 변경 또는 시정을 명할 수 있다.

1. 정관이 정하는 사업 외의 사업을 한 때
2. 국민의 보건 및 의료향상에 장애가 되는 행위를 한 때
3. 제18조에 따른 요청을 받고 협조하지 아니한 때

② 보건복지부장관은 감독상 필요한 경우 중앙회나 그 지부에 대하여 그 업무에 관한 사항을 보고하게 할 수 있다.

[본조신설 2017. 12. 19.]

제20조(보수교육) ①보건기관·의료기관·치과기공소·안경업소 등에서 각각 그 업무에 종사하는 의료기사 등(1년 이상 그 업무에 종사하지 아니하다가 다시 업무에 종사하려는 의료기사등을 포함한다)은 보건복지 부령으로 정하는 바에 따라 보수(補修)교육을 받아야 한다. *〈개정 2016. 5. 29.〉*

② 제1항에 따른 보수교육의 시간·방법·내용 등에 필요한 사항은 대통령령으로 정한다. *〈신설 2016. 5. 29.〉*

[전문개정 2011. 11. 22.]

제21조(면허의 취소 등) ① 보건복지부장관은 의료기사등이 다음 각 호의 어느 하나에 해당하면 그 면허를 취소할 수 있다. 다만, 제1호의 경우에는 면허를 취소하여야 한다. *〈개정 1995. 12. 29., 1997. 12. 13., 1999. 2. 8., 2008. 2. 29., 2010. 1. 18., 2011. 4. 28., 2011. 11. 22., 2016. 5. 29., 2020. 4. 7.〉*

1. 제5조제1호부터 제4호까지의 규정에 해당하게 된 경우
2. 삭제 *〈1999. 2. 8.〉*
3. 제9조제3항을 위반하여 다른 사람에게 면허를 대여한 경우
3의2. 제11조의3제1항을 위반하여 치과의사가 발행하는 치과기공물제작의뢰서에 따르지 아니하고 치과 기공물제작등 업무를 한 때
4. 제22조제1항 또는 제3항에 따른 면허자격정지 또는 면허효력정지 기간에 의료기사등의 업무를 하거 나 3회 이상 면허자격정지 또는 면허효력정지 처분을 받은 경우

② 의료기사등이 제1항에 따라 면허가 취소된 후 그 처분의 원인이 된 사유가 소멸되는 등 대통령령으로 정하는 사유가 있다고 인정될 때에는 보건복지부장관은 그 면허증을 재발급할 수 있다. 다만, 제1항제 3호 및 제4호에 따라 면허가 취소된 경우와 제5조제4호에 따른 사유로 면허가 취소된 경우에는 그 취 소된 날부터 1년 이내에는 재발급하지 못한다. *〈개정 2011. 11. 22.〉*

[제목개정 2011. 11. 22.]

제22조(자격의 정지) ① 보건복지부장관은 의료기사등이 다음 각 호의 어느 하나에 해당하는 경우에는 6개 월 이내의 기간을 정하여 그 면허자격을 정지시킬 수 있다. *〈개정 1997. 12. 13., 2008. 2. 29., 2010. 1. 18., 2011. 4. 28., 2011. 11. 22.〉*

1. 품위를 현저히 손상시키는 행위를 한 경우
2. 치과기공소 또는 안경업소의 개설자가 될 수 없는 사람에게 고용되어 치과기공사 또는 안경사의 업 무를 한 경우
2의2. 치과진료를 행하는 의료기관 또는 제11조의2제3항에 따라 등록한 치과기공소가 아닌 곳에서 치 과기공사의 업무를 행한 때
2의3. 제11조의2제3항을 위반하여 개설등록을 하지 아니하고 치과기공소를 개설·운영한 때
2의4. 제11조의3제2항을 위반하여 치과기공물제작의뢰서를 보존하지 아니한 때
2의5. 제11조의3제3항을 위반한 때
3. 그 밖에 이 법 또는 이 법에 따른 명령을 위반한 경우

② 제1항제1호에 따른 품위손상행위의 범위에 관하여는 대통령령으로 정한다. *〈개정 2011. 11. 22.〉*

③ 보건복지부장관은 의료기사등이 제11조에 따른 신고를 하지 아니한 때에는 신고할 때까지 면허의 효

력을 정지할 수 있다.〈신설 2011. 11. 22.〉

④ 제1항에 따른 자격정지처분은 그 사유가 발생한 날부터 5년이 지나면 하지 못한다. 다만, 그 사유에 대하여「형사소송법」제246조에 따른 공소가 제기된 경우에는 공소가 제기된 날부터 해당 사건의 재판이 확정된 날까지의 기간은 시효기간에 산입하지 아니한다.〈신설 2016. 12. 2.〉

[제목개정 2011. 11. 22.]

제22조의2(중앙회의 자격정지 처분의 요구) 각 중앙회의 장은 의료기사등이 제22조제1항제1호에 해당하는 행위를 한 경우에는 제16조제6항에 따른 윤리위원회의 심의·의결을 거쳐 보건복지부장관에게 자격정지처분을 요구할 수 있다.

[본조신설 2017. 12. 19.]

제23조(시정명령) ①특별자치시장·특별자치도지사·시장·군수·구청장은 치과기공소 또는 안경업소의 개설자가 다음 각 호의 어느 하나에 해당되는 때에는 위반된 사항의 시정을 명할 수 있다. 〈개정 2011. 4. 28., 2011. 11. 22., 2013. 6. 4., 2016. 5. 29.〉

  1. 제11조의2제4항 및 제12조제4항에 따른 시설 및 장비를 갖추지 못한 때
  1의2. 제12조제7항을 위반하여 안경사가 콘택트렌즈의 사용방법과 유통기한 및 부작용에 관한 정보를 제공하지 아니한 경우
  2. 제13조에 따라 폐업 또는 등록의 변경사항을 신고하지 아니한 때

② 보건복지부장관은 제28조제2항에 따른 업무의 수탁기관이 제20조제2항에 따른 보수교육의 시간·방법·내용 등에 관한 사항을 위반하여 보수교육을 실시하거나 실시하지 아니한 경우에는 시정을 명할 수 있다.〈신설 2016. 5. 29.〉

[제목개정 2011. 11. 22.]

제24조(개설등록의 취소 등) ① 특별자치시장·특별자치도지사·시장·군수·구청장은 치과기공소 또는 안경업소의 개설자가 다음 각 호의 어느 하나에 해당할 때에는 6개월 이내의 기간을 정하여 영업을 정지시키거나 등록을 취소할 수 있다. 〈개정 2011. 4. 28., 2011. 11. 22., 2013. 6. 4., 2016. 5. 29.〉

  1. 제11조의2제2항 또는 제12조제2항을 위반하여 2개 이상의 치과기공소 또는 안경업소를 개설한 경우
  2. 제14조제1항을 위반하여 거짓광고 또는 과장광고를 한 경우
  3. 안경사의 면허가 없는 사람으로 하여금 안경의 조제 및 판매와 콘택트렌즈의 판매를 하게 한 경우
  4. 이 법에 따라 영업정지처분을 받은 치과기공소 또는 안경업소의 개설자가 영업정지기간에 영업을 한 경우
  5. 치과기공사가 아닌 자로 하여금 치과기공사의 업무를 하게 한 때
  6. 제23조에 따른 시정명령을 이행하지 아니한 경우

② 제1항에 따라 개설등록의 취소처분을 받은 사람은 그 등록취소처분을 받은 날부터 6개월 이내에 치과기공소 또는 안경업소를 개설하지 못한다.〈개정 2011. 11. 22.〉

③ 치과기공소 또는 안경업소의 개설자가 제22조에 따른 면허자격정지처분을 받은 경우에는 그 면허자격정지기간 동안 해당 치과기공소 또는 안경업소는 영업을 하지 못한다. 다만, 치과기공소의 개설자가 제22조제1항제2호의4 및 제2호의5에 따른 면허자격정지처분을 받은 경우로서 해당 치과기공소에 그 개설자가 아닌 치과의사 또는 치과기공사가 종사하고 있는 경우에는 그러하지 아니하다.〈개정 2011. 4. 28., 2011. 11. 22., 2013. 6. 4.〉

④ 제1항에 따른 치과기공소 및 안경업소의 업무정지처분의 효과는 그 처분이 확정된 치과기공소 및 안경업소를 양수한 자에게 승계되고, 업무정지처분절차가 진행 중인 때에는 양수인에 대하여 그 절차를 계속 진행할 수 있다. 다만, 양수인이 그 처분 또는 위반사실을 알지 못하였음을 증명하는 때에는 그러하지 아니하다.〈신설 2011. 4. 28.〉

⑤ 제1항에 따른 업무정지처분을 받았거나 업무정지처분의 절차가 진행 중인 자는 행정처분을 받은 사실

또는 행정처분 절차가 진행 중인 사실을 보건복지부령으로 정하는 바에 따라 양수인에게 지체 없이 통지하여야 한다.〈신설 2011. 4. 28.〉

[제목개정 2011. 11. 22.]

제25조(행정처분의 기준) 제21조부터 제24조까지의 규정에 따른 행정처분의 세부적인 사항은 보건복지부령으로 정한다.

[전문개정 2011. 11. 22.]

제26조(청문) 보건복지부장관 또는 특별자치시장·특별자치도지사·시장·군수·구청장은 다음 각 호의 어느 하나에 해당하는 처분을 하려면 청문을 하여야 한다. 〈개정 2013. 6. 4.〉

1. 제21조제1항에 따른 면허의 취소
2. 제24조제1항에 따른 등록의 취소

[전문개정 2011. 11. 22.]

제26조의2(자료 제공의 요청 등) 보건복지부장관은 이 법에 따른 업무를 수행하기 위하여 필요한 경우에는 지방자치단체의 장에게 치과기공소 또는 안경업소의 설치 및 운영 현황에 관한 자료 제공을 요청할 수 있다. 이 경우 요청을 받은 지방자치단체의 장은 특별한 사유가 없으면 이에 따라야 한다.

[본조신설 2013. 6. 4.]

제27조(수수료) 다음 각 호의 어느 하나에 해당하는 사람은 보건복지부령으로 정하는 바에 따라 수수료를 내야 한다.

1. 의료기사등의 면허를 받으려는 사람
2. 면허증을 재발급받으려는 사람
3. 국가시험에 응시하려는 사람

[전문개정 2011. 11. 22.]

제28조(권한의 위임 또는 위탁) ① 이 법에 따른 보건복지부장관의 권한은 그 일부를 대통령령으로 정하는 바에 따라 소속 기관의 장, 특별시장·광역시장·특별자치시장·도지사·특별자치도지사, 시장·군수·구청장 또는 보건소장에게 위임할 수 있다. 〈개정 2013. 6. 4.〉
② 보건복지부장관은 의료기사등의 실태 등의 신고 수리, 의료기사등에 대한 교육 등 업무의 일부를 대통령령으로 정하는 바에 따라 관계 전문기관 또는 단체 등에 위탁할 수 있다.

[전문개정 2011. 11. 22.]

제29조(다른 법률과의 관계) 이 법에 따른 안경업소의 등록 및 그 취소 등에 대하여는 「의료기기법」 제17조와 제36조를 적용하지 아니한다.

[전문개정 2011. 11. 22.]

제30조(벌칙) ① 다음 각 호의 어느 하나에 해당하는 사람은 3년 이하의 징역 또는 3천만원 이하의 벌금에 처한다. 〈개정 2011. 4. 28., 2011. 11. 22., 2016. 12. 2., 2020. 4. 7.〉

1. 제9조제1항 본문을 위반하여 의료기사등의 면허 없이 의료기사등의 업무를 한 사람
2. 제9조제3항을 위반하여 다른 사람에게 면허를 대여한 사람
2의2. 제9조제4항을 위반하여 면허를 대여받거나 면허 대여를 알선한 사람
3. 제10조를 위반하여 업무상 알게 된 비밀을 누설한 사람
4. 제11조의2제1항을 위반하여 치과기공사의 면허 없이 치과기공소를 개설한 자. 다만, 제11조의2제1항에 따라 개설등록을 한 치과의사는 제외한다.
5. 제11조의3제1항을 위반하여 치과의사가 발행한 치과기공물제작의뢰서에 따르지 아니하고 치과기공물제작등 업무를 행한 자
6. 제12조제1항을 위반하여 안경사의 면허 없이 안경업소를 개설한 사람

② 제1항제3호의 죄는 고소가 있어야 공소를 제기할 수 있다.〈개정 2011. 11. 22.〉

[제목개정 2011. 11. 22.]

제31조(벌칙) 다음 각 호의 어느 하나에 해당하는 자는 500만원 이하의 벌금에 처한다.〈개정 2011. 4. 28., 2011. 7. 14., 2011. 11. 22., 2016. 5. 29., 2016. 12. 2.〉

1. 제9조제2항을 위반하여 의료기사등의 면허 없이 의료기사등의 명칭 또는 이와 유사한 명칭을 사용한 자
1의2. 제11조의2제2항을 위반하여 2개소 이상의 치과기공소를 개설한 자
2. 제12조제2항을 위반하여 2개 이상의 안경업소를 개설한 자
2의2. 제11조의2제3항을 위반하여 등록을 하지 아니하고 치과기공소를 개설한 자
3. 제12조제3항을 위반하여 등록을 하지 아니하고 안경업소를 개설한 자
3의2. 제12조제5항을 위반한 사람
3의3. 제12조제6항을 위반하여 안경 및 콘택트렌즈를 안경업소 외의 장소에서 판매한 안경사
4. 제14조제2항을 위반하여 영리를 목적으로 특정 치과기공소·안경업소 또는 치과기공사·안경사에게 고객을 알선·소개 또는 유인한 자

[제목개정 2011. 11. 22.]

제32조(양벌규정) 법인의 대표자나 법인 또는 개인의 대리인, 사용인, 그 밖의 종업원이 그 법인 또는 개인의 업무에 관하여 제30조 또는 제31조의 위반행위를 하면 그 행위자를 벌하는 외에 그 법인 또는 개인에게도 해당 조문의 벌금형을 과(科)한다. 다만, 법인 또는 개인이 그 위반행위를 방지하기 위하여 해당 업무에 관하여 상당한 주의와 감독을 게을리하지 아니한 경우에는 그러하지 아니하다.

[전문개정 2011. 11. 22.]

제33조(과태료) ① 제23조제2항에 따른 시정명령을 이행하지 아니한 자에게는 500만원 이하의 과태료를 부과한다.〈신설 2016. 5. 29.〉
② 다음 각 호의 어느 하나에 해당하는 자에게는 100만원 이하의 과태료를 부과한다.〈개정 1999. 2. 8., 2011. 11. 22., 2016. 5. 29.〉

1. 제11조에 따른 실태와 취업 상황을 허위로 신고한 사람
2. 제13조에 따른 폐업신고를 하지 아니하거나 등록사항의 변경신고를 하지 아니한 사람
3. 제15조제1항에 따른 보고를 하지 아니하거나 검사를 거부·기피 또는 방해한 자
4. 삭제〈1999. 2. 8.〉
5. 삭제〈1999. 2. 8.〉

③ 제1항 및 제2항에 따른 과태료는 대통령령으로 정하는 바에 따라 다음 각 호의 자가 부과·징수한다.〈개정 2016. 5. 29.〉

1. 보건복지부장관: 제1항에 따른 과태료
2. 특별자치시장·특별자치도지사·시장·군수·구청장: 제2항에 따른 과태료

④ 삭제〈2011. 7. 14.〉
⑤ 삭제〈2011. 7. 14.〉

[제목개정 2011. 11. 22.]

부칙

〈제17643호,2020. 12. 15.〉

이 법은 공포한 날부터 시행한다.

국민건강증진법

[시행 2024. 2. 20.] [법률 제20325호, 2024. 2. 20., 일부개정]

제1장 총칙

제1조(목적) 이 법은 국민에게 건강에 대한 가치와 책임의식을 함양하도록 건강에 관한 바른 지식을 보급하고 스스로 건강생활을 실천할 수 있는 여건을 조성함으로써 국민의 건강을 증진함을 목적으로 한다.

제2조(정의) 이 법에서 사용하는 용어의 정의는 다음과 같다. 〈개정 2016. 3. 2., 2019. 12. 3.〉

1. "국민건강증진사업"이라 함은 보건교육, 질병예방, 영양개선, 신체활동장려, 건강관리 및 건강생활의 실천등을 통하여 국민의 건강을 증진시키는 사업을 말한다.
2. "보건교육"이라 함은 개인 또는 집단으로 하여금 건강에 유익한 행위를 자발적으로 수행하도록 하는 교육을 말한다.
3. "영양개선"이라 함은 개인 또는 집단이 균형된 식생활을 통하여 건강을 개선시키는 것을 말한다.
4. "신체활동장려"란 개인 또는 집단이 일상생활 중 신체의 근육을 활용하여 에너지를 소비하는 모든 활동을 자발적으로 적극 수행하도록 장려하는 것을 말한다.
5. "건강관리"란 개인 또는 집단이 건강에 유익한 행위를 지속적으로 수행함으로써 건강한 상태를 유지하는 것을 말한다.
6. "건강친화제도"란 근로자의 건강증진을 위하여 직장 내 문화 및 환경을 건강친화적으로 조성하고, 근로자가 자신의 건강관리를 적극적으로 수행할 수 있도록 교육, 상담 프로그램 등을 지원하는 것을 말한다.

[제목개정 2019. 12. 3.]

제3조(책임) ①국가 및 지방자치단체는 건강에 관한 국민의 관심을 높이고 국민건강을 증진할 책임을 진다.
② 모든 국민은 자신 및 가족의 건강을 증진하도록 노력하여야 하며, 타인의 건강에 해를 끼치는 행위를 하여서는 아니된다.

제3조의2(보건의 날) ① 보건에 대한 국민의 이해와 관심을 높이기 위하여 매년 4월 7일을 보건의 날로 정하며, 보건의 날부터 1주간을 건강주간으로 한다.
② 국가와 지방자치단체는 보건의 날의 취지에 맞는 행사 등 사업을 시행하도록 노력하여야 한다.

[본조신설 2014. 1. 28.]

제4조(국민건강증진종합계획의 수립) ①보건복지부장관은 제5조의 규정에 따른 국민건강증진정책심의위원회의 심의를 거쳐 국민건강증진종합계획(이하 "종합계획"이라 한다)을 5년마다 수립하여야 한다. 이 경우 미리 관계중앙행정기관의 장과 협의를 거쳐야 한다. 〈개정 2008. 2. 29., 2010. 1. 18.〉
② 종합계획에 포함되어야 할 사항은 다음과 같다.〈개정 2014. 3. 18.〉

1. 국민건강증진의 기본목표 및 추진방향
2. 국민건강증진을 위한 주요 추진과제 및 추진방법
3. 국민건강증진에 관한 인력의 관리 및 소요재원의 조달방안
4. 제22조의 규정에 따른 국민건강증진기금의 운용방안
4의2. 아동·여성·노인·장애인 등 건강취약 집단이나 계층에 대한 건강증진 지원방안
5. 국민건강증진 관련 통계 및 정보의 관리 방안
6. 그 밖에 국민건강증진을 위하여 필요한 사항

[전문개정 2006. 9. 27.]

제4조의2(실행계획의 수립 등) ①보건복지부장관, 관계중앙행정기관의 장, 특별시장·광역시장·특별자치시장·도지사·특별자치도지사(이하 "시·도지사"라 한다) 및 시장·군수·구청장(자치구의 구청장에 한한다. 이하 같다)은 종합계획을 기초로 하여 소관 주요시책의 실행계획(이하 "실행계획"이라 한다)을 매년 수립·시행하여야 한다. 〈개정 2008. 2. 29., 2010. 1. 18., 2017. 12. 30.〉
② 국가는 실행계획의 시행에 필요한 비용의 전부 또는 일부를 지방자치단체에 보조할 수 있다.
[본조신설 2006. 9. 27.]

제4조의3(계획수립의 협조) ①보건복지부장관, 관계중앙행정기관의 장, 시·도지사 및 시장·군수·구청장은 종합계획과 실행계획의 수립·시행을 위하여 필요한 때에는 관계 기관·단체 등에 대하여 자료 제공 등의 협조를 요청할 수 있다. 〈개정 2008. 2. 29., 2010. 1. 18.〉
② 제1항의 규정에 따른 협조요청을 받은 관계 기관·단체 등은 특별한 사유가 없는 한 이에 응하여야 한다.
[본조신설 2006. 9. 27.]

제5조(국민건강증진정책심의위원회) ①국민건강증진에 관한 주요사항을 심의하기 위하여 보건복지부에 국민건강증진정책심의위원회(이하 "위원회"라 한다)를 둔다. 〈개정 2008. 2. 29., 2010. 1. 18.〉
② 위원회는 다음 각 호의 사항을 심의한다.〈개정 2010. 3. 26., 2016. 5. 29.〉
  1. 종합계획
  2. 제22조의 규정에 따른 국민건강증진기금의 연도별 운용계획안·결산 및 평가
  3. 2 이상의 중앙행정기관이 관련되는 주요 국민건강증진시책에 관한 사항으로서 관계중앙행정기관의 장이 심의를 요청하는 사항
  4. 「국민영양관리법」 제9조에 따른 심의사항
  5. 다른 법령에서 위원회의 심의를 받도록 한 사항
  6. 그 밖에 위원장이 심의에 부치는 사항
[전문개정 2006. 9. 27.]

제5조의2(위원회의 구성과 운영) ①위원회는 위원장 1인 및 부위원장 1인을 포함한 15인 이내의 위원으로 구성한다.
② 위원장은 보건복지부차관이 되고, 부위원장은 위원장이 공무원이 아닌 위원 중에서 지명한 자가 된다. 〈개정 2008. 2. 29., 2010. 1. 18.〉
③ 위원은 국민건강증진·질병관리에 관한 학식과 경험이 풍부한 자, 「소비자기본법」에 따른 소비자단체 및 「비영리민간단체 지원법」에 따른 비영리민간단체가 추천하는 자, 관계공무원 중에서 보건복지부장관이 위촉 또는 지명한다.〈개정 2008. 2. 29., 2010. 1. 18.〉
④ 그 밖에 위원회의 구성·운영 등에 관하여 필요한 사항은 대통령령으로 정한다.
[본조신설 2006. 9. 27.]

제5조의3(한국건강증진개발원의 설립 및 운영) ① 보건복지부장관은 제22조에 따른 국민건강증진기금의 효율적인 운영과 국민건강증진사업의 원활한 추진을 위하여 필요한 정책 수립의 지원과 사업평가 등의 업무를 수행할 수 있도록 한국건강증진개발원(이하 이 조에서 "개발원"이라 한다)을 설립한다. 〈개정 2008. 2. 29., 2010. 1. 18., 2014. 1. 28.〉
② 개발원은 다음 각 호의 업무를 수행한다.〈개정 2014. 1. 28., 2015. 5. 18., 2019. 12. 3.〉
  1. 국민건강증진 정책수립을 위한 자료개발 및 정책분석
  2. 종합계획 수립의 지원
  3. 위원회의 운영지원
  4. 제24조에 따른 기금의 관리·운용의 지원 업무

5. 제25조제1항제1호부터 제10호까지의 사업에 관한 업무
6. 국민건강증진사업의 관리, 기술 지원 및 평가
7. 「지역보건법」 제7조부터 제9조까지에 따른 지역보건의료계획에 대한 기술 지원
8. 「지역보건법」 제24조에 따른 보건소의 설치와 운영에 필요한 비용의 보조
9. 국민건강증진과 관련된 연구과제의 기획 및 평가
10. 「농어촌 등 보건의료를 위한 특별조치법」 제2조의 공중보건의사의 효율적 활용을 위한 지원
11. 지역보건사업의 원활한 추진을 위한 지원
12. 그 밖에 국민건강증진과 관련하여 보건복지부장관이 필요하다고 인정한 업무
③ 개발원은 법인으로 하고, 주된 사무소의 소재지에 설립등기를 함으로써 성립한다.⟨신설 2014. 1. 28.⟩
④ 개발원은 다음 각 호를 재원으로 한다.⟨신설 2014. 1. 28.⟩
1. 제22조에 따른 기금
2. 정부출연금
3. 기부금
4. 그 밖의 수입금
⑤ 정부는 개발원의 운영에 필요한 예산을 지급할 수 있다.⟨신설 2014. 1. 28.⟩
⑥ 개발원에 관하여 이 법과 「공공기관의 운영에 관한 법률」에서 정한 사항 외에는 「민법」 중 재단법인에 관한 규정을 준용한다.⟨신설 2014. 1. 28.⟩
[본조신설 2006. 9. 27.] [제목개정 2014. 1. 28.]

제2장 국민건강의 관리

제6조(건강친화 환경 조성 및 건강생활의 지원 등) ①국가 및 지방자치단체는 건강친화 환경을 조성하고, 국민이 건강생활을 실천할 수 있도록 지원하여야 한다. ⟨개정 2019. 12. 3.⟩
② 국가는 혼인과 가정생활을 보호하기 위하여 혼인전에 혼인 당사자의 건강을 확인하도록 권장하여야 한다.
③ 제2항의 규정에 의한 건강확인의 내용 및 절차에 관하여 필요한 사항은 보건복지부령으로 정한다.⟨개정 1997. 12. 13., 2008. 2. 29., 2010. 1. 18.⟩
[제목개정 2019. 12. 3.]

제6조의2(건강친화기업 인증) ① 보건복지부장관은 건강친화 환경의 조성을 촉진하기 위하여 건강친화제도를 모범적으로 운영하고 있는 기업에 대하여 건강친화인증(이하 "인증"이라 한다)을 할 수 있다.
② 인증을 받고자 하는 자는 대통령령으로 정하는 바에 따라 보건복지부장관에게 신청하여야 한다.
③ 인증을 받은 기업은 보건복지부령으로 정하는 바에 따라 인증의 표시를 할 수 있다.
④ 인증을 받지 아니한 기업은 인증표시 또는 이와 유사한 표시를 하여서는 아니 된다.
⑤ 국가 및 지방자치단체는 인증을 받은 기업에 대하여 대통령령으로 정하는 바에 따라 행정적·재정적 지원을 할 수 있다.
⑥ 인증의 기준 및 절차는 대통령령으로 정한다.
[본조신설 2019. 12. 3.]

제6조의3(인증의 유효기간) ① 인증의 유효기간은 인증을 받은 날부터 3년으로 하되, 대통령령으로 정하는 바에 따라 그 기간을 연장할 수 있다.
② 제1항에 따른 인증의 연장신청에 필요한 사항은 보건복지부령으로 정한다.
[본조신설 2019. 12. 3.]

제6조의4(인증의 취소) ① 보건복지부장관은 인증을 받은 기업이 다음 각 호의 어느 하나에 해당하면 보건복지부령으로 정하는 바에 따라 그 인증을 취소할 수 있다. 다만, 제1호에 해당하는 경우에는 인증을 취

소하여야 한다.

   1. 거짓이나 그 밖의 부정한 방법으로 인증을 받은 경우

   2. 제6조의2제6항에 따른 인증기준에 적합하지 아니하게 된 경우

② 보건복지부장관은 제1항제1호에 따라 인증이 취소된 기업에 대해서는 그 취소된 날부터 3년이 지나지 아니한 경우에는 인증을 하여서는 아니 된다.

③ 보건복지부장관은 제1항에 따라 인증을 취소하고자 하는 경우에는 청문을 실시하여야 한다.

[본조신설 2019. 12. 3.]

제6조의5(건강도시의 조성 등) ① 국가와 지방자치단체는 지역사회 구성원들의 건강을 실현하도록 시민의 건강을 증진하고 도시의 물리적·사회적 환경을 지속적으로 조성·개선하는 도시(이하 "건강도시"라 한다)를 이루도록 노력하여야 한다.

② 보건복지부장관은 지방자치단체가 건강도시를 구현할 수 있도록 건강도시지표를 작성하여 보급하여야 한다.

③ 보건복지부장관은 건강도시 조성 활성화를 위하여 지방자치단체에 행정적·재정적 지원을 할 수 있다.

④ 그 밖에 건강도시지표의 작성 및 보급 등에 관하여 필요한 사항은 보건복지부령으로 정한다.

[본조신설 2021. 12. 21.]

제7조(광고의 금지 등) ①보건복지부장관은 국민건강의식을 잘못 이끄는 광고를 한 자에 대하여 그 내용의 변경 등 시정을 요구하거나 금지를 명할 수 있다. 〈개정 1997. 12. 13., 2008. 2. 29., 2010. 1. 18., 2016. 12. 2.〉

② 제1항의 규정에 따라 보건복지부장관이 광고내용의 변경 또는 광고의 금지를 명할 수 있는 광고는 다음 각 호와 같다. 〈신설 2006. 9. 27., 2008. 2. 29., 2010. 1. 18.〉

   1. 삭제〈2020. 12. 29.〉

   2. 의학 또는 과학적으로 검증되지 아니한 건강비법 또는 심령술의 광고

   3. 그 밖에 건강에 관한 잘못된 정보를 전하는 광고로서 대통령령이 정하는 광고

③ 삭제〈2016. 12. 2.〉

④ 제1항의 규정에 의한 광고내용의 기준, 변경 또는 금지절차 기타 필요한 사항은 대통령령으로 정한다.〈개정 2006. 9. 27.〉

[제목개정 2016. 12. 2.]

제7조(광고의 금지 등) ①보건복지부장관 또는 시·도지사는 국민건강의식을 잘못 이끄는 광고를 한 자에 대하여 그 내용의 변경 등 시정을 요구하거나 금지를 명할 수 있다. 〈개정 1997. 12. 13., 2008. 2. 29., 2010. 1. 18., 2016. 12. 2., 2024. 1. 30.〉

② 제1항에 따라 보건복지부장관 또는 시·도지사가 광고내용의 변경 또는 광고의 금지를 명할 수 있는 광고는 다음 각 호와 같다. 〈신설 2006. 9. 27., 2008. 2. 29., 2010. 1. 18., 2024. 1. 30.〉

   1. 삭제〈2020. 12. 29.〉

   2. 의학 또는 과학적으로 검증되지 아니한 건강비법 또는 심령술의 광고

   3. 그 밖에 건강에 관한 잘못된 정보를 전하는 광고로서 대통령령이 정하는 광고

③ 삭제〈2016. 12. 2.〉

④ 제1항의 규정에 의한 광고내용의 기준, 변경 또는 금지절차 기타 필요한 사항은 대통령령으로 정한다.〈개정 2006. 9. 27.〉

[제목개정 2016. 12. 2.]

[시행일: 2025. 7. 31.] 제7조

제8조(금연 및 절주운동등) ①국가 및 지방자치단체는 국민에게 담배의 직접흡연 또는 간접흡연과 과다한 음주가 국민건강에 해롭다는 것을 교육·홍보하여야 한다. 〈개정 2006. 9. 27.〉

② 국가 및 지방자치단체는 금연 및 절주에 관한 조사·연구를 하는 법인 또는 단체를 지원할 수 있다.

③ 삭제〈2011. 6. 7.〉

④ 「주류 면허 등에 관한 법률」에 의하여 주류제조의 면허를 받은 자 또는 주류를 수입하여 판매하는 자는 대통령령이 정하는 주류의 판매용 용기에 과다한 음주는 건강에 해롭다는 내용과 임신 중 음주는 태아의 건강을 해칠 수 있다는 내용의 경고문구를 표기하여야 한다.〈개정 2016. 3. 2., 2020. 12. 29.〉

⑤ 삭제〈2002. 1. 19.〉

⑥ 제4항에 따른 경고문구의 표시내용, 방법 등에 관하여 필요한 사항은 보건복지부령으로 정한다.〈개정 2002. 1. 19., 2007. 12. 14., 2008. 2. 29., 2010. 1. 18., 2011. 6. 7.〉

제8조의2(주류광고의 제한·금지 특례) ① 「주류 면허 등에 관한 법률」에 따라 주류 제조면허나 주류 판매업면허를 받은 자 및 주류를 수입하는 자를 제외하고는 주류에 관한 광고를 하여서는 아니 된다.

② 제1항에 따른 광고 또는 그에 사용되는 광고물은 다음 각 호의 사항을 준수하여야 한다.
  1. 음주자에게 주류의 품명·종류 및 특징을 알리는 것 외에 주류의 판매촉진을 위하여 경품 및 금품을 제공한다는 내용을 표시하지 아니할 것
  2. 직접적 또는 간접적으로 음주를 권장 또는 유도하거나 임산부 또는 미성년자의 인물, 목소리 혹은 음주하는 행위를 묘사하지 아니할 것
  3. 운전이나 작업 중에 음주하는 행위를 묘사하지 아니할 것
  4. 제8조제4항에 따른 경고문구를 광고와 주류의 용기에 표기하여 광고할 것. 다만, 경고문구가 표기되어 있지 아니한 부분을 이용하여 광고를 하고자 할 때에는 경고문구를 주류의 용기하단에 별도로 표기하여야 한다.
  5. 음주가 체력 또는 운동 능력을 향상시킨다거나 질병의 치료 또는 정신건강에 도움이 된다는 표현 등 국민의 건강과 관련하여 검증되지 아니한 내용을 주류광고에 표시하지 아니할 것
  6. 그 밖에 대통령령으로 정하는 광고의 기준에 관한 사항

③ 보건복지부장관은 「주세법」에 따른 주류의 광고가 제2항 각 호의 기준을 위반한 경우 그 내용의 변경 등 시정을 요구하거나 금지를 명할 수 있다.

[본조신설 2020. 12. 29.]

제8조의3(절주문화 조성 및 알코올 남용·의존 관리) ① 국가 및 지방자치단체는 절주문화 조성 및 알코올 남용·의존의 예방 및 치료를 위하여 노력하여야 하며, 이를 위한 조사·연구 또는 사업을 추진할 수 있다.

② 삭제〈2024. 1. 9.〉

③ 보건복지부장관은 5년마다 「정신건강증진 및 정신질환자 복지서비스 지원에 관한 법률」 제10조에 따른 실태조사와 연계하여 알코올 남용·의존 실태조사를 실시하여야 한다.

[본조신설 2020. 12. 29.]

제8조의4(금주구역 지정) ① 지방자치단체는 음주폐해 예방과 주민의 건강증진을 위하여 필요하다고 인정하는 경우 조례로 다수인이 모이거나 오고가는 관할구역 안의 일정한 장소를 금주구역으로 지정할 수 있다.

② 제1항에 따라 지정된 금주구역에서는 음주를 하여서는 아니 된다.

③ 특별자치시장·특별자치도지사·시장·군수·구청장은 제1항에 따라 지정된 금주구역을 알리는 안내표지를 설치하여야 한다. 이 경우 금주구역 안내표지의 설치 방법 등에 필요한 사항은 보건복지부령으로 정한다.

[본조신설 2020. 12. 29.]

제9조(금연을 위한 조치) ① 삭제 〈2011. 6. 7.〉

② 담배사업법에 의한 지정소매인 기타 담배를 판매하는 자는 대통령령이 정하는 장소외에서 담배자동판매기를 설치하여 담배를 판매하여서는 아니된다.

③ 제2항의 규정에 따라 대통령령이 정하는 장소에 담배자동판매기를 설치하여 담배를 판매하는 자는 보건복지부령이 정하는 바에 따라 성인인증장치를 부착하여야 한다.〈신설 2003. 7. 29., 2008. 2. 29., 2010. 1. 18.〉

④ 다음 각 호의 공중이 이용하는 시설의 소유자·점유자 또는 관리자는 해당 시설의 전체를 금연구역으로 지정하고 금연구역을 알리는 표지를 설치하여야 한다. 이 경우 흡연자를 위한 흡연실을 설치할 수 있으며, 금연구역을 알리는 표지와 흡연실을 설치하는 기준·방법 등은 보건복지부령으로 정한다.〈개정 2011. 6. 7., 2014. 1. 21., 2016. 12. 2., 2017. 12. 30., 2021. 12. 21.〉

1. 국회의 청사
2. 정부 및 지방자치단체의 청사
3. 「법원조직법」에 따른 법원과 그 소속 기관의 청사
4. 「공공기관의 운영에 관한 법률」에 따른 공공기관의 청사
5. 「지방공기업법」에 따른 지방공기업의 청사
6. 「유아교육법」·「초·중등교육법」에 따른 학교[교사(校舍)와 운동장 등 모든 구역을 포함한다]
7. 「고등교육법」에 따른 학교의 교사
8. 「의료법」에 따른 의료기관, 「지역보건법」에 따른 보건소·보건의료원·보건지소
9. 「영유아보육법」에 따른 어린이집
10. 「청소년활동 진흥법」에 따른 청소년수련관, 청소년수련원, 청소년문화의집, 청소년특화시설, 청소년야영장, 유스호스텔, 청소년이용시설 등 청소년활동시설
11. 「도서관법」에 따른 도서관
12. 「어린이놀이시설 안전관리법」에 따른 어린이놀이시설
13. 「학원의 설립·운영 및 과외교습에 관한 법률」에 따른 학원 중 학교교과교습학원과 연면적 1천제곱미터 이상의 학원
14. 공항·여객부두·철도역·여객자동차터미널 등 교통 관련 시설의 대기실·승강장, 지하보도 및 16인승 이상의 교통수단으로서 여객 또는 화물을 유상으로 운송하는 것
15. 「자동차관리법」에 따른 어린이운송용 승합자동차
16. 연면적 1천제곱미터 이상의 사무용건축물, 공장 및 복합용도의 건축물
17. 「공연법」에 따른 공연장으로서 객석 수 300석 이상의 공연장
18. 「유통산업발전법」에 따라 개설등록된 대규모점포와 같은 법에 따른 상점가 중 지하도에 있는 상점가
19. 「관광진흥법」에 따른 관광숙박업소
20. 「체육시설의 설치·이용에 관한 법률」에 따른 체육시설로서 1천명 이상의 관객을 수용할 수 있는 체육시설과 같은 법 제10조에 따른 체육시설업에 해당하는 체육시설로서 실내에 설치된 체육시설
21. 「사회복지사업법」에 따른 사회복지시설
22. 「공중위생관리법」에 따른 목욕장
23. 「게임산업진흥에 관한 법률」에 따른 청소년게임제공업소, 일반게임제공업소, 인터넷컴퓨터게임시설제공업소 및 복합유통게임제공업소
24. 「식품위생법」에 따른 식품접객업 중 영업장의 넓이가 보건복지부령으로 정하는 넓이 이상인 휴게음식점영업소, 일반음식점영업소 및 제과점영업소와 같은 법에 따른 식품소분·판매업 중 보건복지부령으로 정하는 넓이 이상인 실내 휴게공간을 마련하여 운영하는 식품자동판매기 영업소
25. 「청소년보호법」에 따른 만화대여업소
26. 그 밖에 보건복지부령으로 정하는 시설 또는 기관

⑤ 특별자치시장·특별자치도지사·시장·군수·구청장은 「주택법」 제2조제3호에 따른 공동주택의 거주

세대 중 2분의 1 이상이 그 공동주택의 복도, 계단, 엘리베이터 및 지하주차장의 전부 또는 일부를 금연구역으로 지정하여 줄 것을 신청하면 그 구역을 금연구역으로 지정하고, 금연구역임을 알리는 안내표지를 설치하여야 한다. 이 경우 금연구역 지정 절차 및 금연구역 안내표지 설치 방법 등은 보건복지부령으로 정한다.〈신설 2016. 3. 2., 2017. 12. 30.〉

⑥ 특별자치시장·특별자치도지사·시장·군수·구청장은 흡연으로 인한 피해 방지와 주민의 건강 증진을 위하여 다음 각 호에 해당하는 장소를 금연구역으로 지정하고, 금연구역임을 알리는 안내표지를 설치하여야 한다. 이 경우 금연구역 안내표지 설치 방법 등에 필요한 사항은 보건복지부령으로 정한다.〈신설 2017. 12. 30., 2023. 8. 16.〉

1. 「유아교육법」에 따른 유치원 시설의 경계선으로부터 30미터 이내의 구역(일반 공중의 통행·이용 등에 제공된 구역을 말한다)
2. 「영유아보육법」에 따른 어린이집 시설의 경계선으로부터 30미터 이내의 구역(일반 공중의 통행·이용 등에 제공된 구역을 말한다)
3. 「초·중등교육법」에 따른 학교 시설의 경계선으로부터 30미터 이내의 구역(일반 공중의 통행·이용 등에 제공된 구역을 말한다)

⑦ 지방자치단체는 흡연으로 인한 피해 방지와 주민의 건강 증진을 위하여 필요하다고 인정하는 경우 조례로 다수인이 모이거나 오고가는 관할 구역 안의 일정한 장소를 금연구역으로 지정할 수 있다.〈신설 2010. 5. 27., 2016. 3. 2., 2017. 12. 30.〉

⑧ 누구든지 제4항부터 제7항까지의 규정에 따라 지정된 금연구역에서 흡연하여서는 아니 된다.〈개정 2010. 5. 27., 2016. 3. 2., 2017. 12. 30.〉

⑨ 특별자치시장·특별자치도지사·시장·군수·구청장은 제4항 각 호에 따른 시설의 소유자·점유자 또는 관리자가 다음 각 호의 어느 하나에 해당하면 일정한 기간을 정하여 그 시정을 명할 수 있다.〈신설 2016. 12. 2., 2017. 12. 30.〉

1. 제4항 전단을 위반하여 금연구역을 지정하지 아니하거나 금연구역을 알리는 표지를 설치하지 아니한 경우
2. 제4항 후단에 따른 금연구역을 알리는 표지 또는 흡연실의 설치 기준·방법 등을 위반한 경우

[제목개정 2016. 12. 2.]

제9조의2(담배에 관한 경고문구 등 표시) ① 「담배사업법」에 따른 담배의 제조자 또는 수입판매업자(이하 "제조자등"이라 한다)는 담배갑포장지 앞면·뒷면·옆면 및 대통령령으로 정하는 광고(판매촉진 활동을 포함한다. 이하 같다)에 다음 각 호의 내용을 인쇄하여 표기하여야 한다. 다만, 제1호의 표기는 담배갑포장지에 한정하되 앞면과 뒷면에 하여야 한다. 〈개정 2015. 6. 22.〉

1. 흡연의 폐해를 나타내는 내용의 경고그림(사진을 포함한다. 이하 같다)
2. 흡연이 폐암 등 질병의 원인이 될 수 있다는 내용 및 다른 사람의 건강을 위협할 수 있다는 내용의 경고문구
3. 타르 흡입량은 흡연자의 흡연습관에 따라 다르다는 내용의 경고문구
4. 담배에 포함된 다음 각 목의 발암성물질
   가. 나프틸아민
   나. 니켈
   다. 벤젠
   라. 비닐 크롤라이드
   마. 비소
   바. 카드뮴
5. 보건복지부령으로 정하는 금연상담전화의 전화번호

② 제1항에 따른 경고그림과 경고문구는 담배갑포장지의 경우 그 넓이의 100분의 50 이상에 해당하는 크기로 표기하여야 한다. 이 경우 경고그림은 담배갑포장지 앞면, 뒷면 각각의 넓이의 100분의 30 이상에 해당하는 크기로 하여야 한다. 〈신설 2015. 6. 22.〉

③ 제1항 및 제2항에서 정한 사항 외의 경고그림 및 경고문구 등의 내용과 표기 방법·형태 등의 구체적인 사항은 대통령령으로 정한다. 다만, 경고그림은 사실적 근거를 바탕으로 하고, 지나치게 혐오감을 주지 아니하여야 한다. 〈개정 2015. 6. 22.〉

④ 제1항부터 제3항까지의 규정에도 불구하고 전자담배 등 대통령령으로 정하는 담배에 제조자등이 표기하여야 할 경고그림 및 경고문구 등의 내용과 그 표기 방법·형태 등은 대통령령으로 따로 정한다. 〈신설 2014. 5. 20., 2015. 6. 22.〉

[본조신설 2011. 6. 7.]

제9조의3(가향물질 함유 표시 제한) 제조자등은 담배에 연초 외의 식품이나 향기가 나는 물질(이하 "가향물질"이라 한다)을 포함하는 경우 이를 표시하는 문구나 그림·사진을 제품의 포장이나 광고에 사용하여서는 아니 된다.

[본조신설 2011. 6. 7.]

제9조의4(담배에 관한 광고의 금지 또는 제한) ① 담배에 관한 광고는 다음 각 호의 방법에 한하여 할 수 있다.

1. 지정소매인의 영업소 내부에서 보건복지부령으로 정하는 광고물을 전시(展示) 또는 부착하는 행위. 다만, 영업소 외부에 그 광고내용이 보이게 전시 또는 부착하는 경우에는 그러하지 아니하다.

2. 품종군별로 연간 10회 이내(1회당 2쪽 이내)에서 잡지[「잡지 등 정기간행물의 진흥에 관한 법률」에 따라 등록 또는 신고되어 주 1회 이하 정기적으로 발행되는 제책(製冊)된 정기간행물 및 「신문 등의 진흥에 관한 법률」에 따라 등록된 주 1회 이하 정기적으로 발행되는 신문과 「출판문화산업 진흥법」에 따른 외국간행물로서 동일한 제호로 연 1회 이상 정기적으로 발행되는 것(이하 "외국정기간행물"이라 한다)을 말하며, 여성 또는 청소년을 대상으로 하는 것은 제외한다]에 광고를 게재하는 행위. 다만, 보건복지부령으로 정하는 판매부수 이하로 국내에서 판매되는 외국정기간행물로서 외국문자로만 쓰여져 있는 잡지인 경우에는 광고게재의 제한을 받지 아니한다.

3. 사회·문화·음악·체육 등의 행사(여성 또는 청소년을 대상으로 하는 행사는 제외한다)를 후원하는 행위. 이 경우 후원하는 자의 명칭을 사용하는 외에 제품광고를 하여서는 아니 된다.

4. 국제선의 항공기 및 여객선, 그 밖에 보건복지부령으로 정하는 장소 안에서 하는 광고

② 제조자등은 제1항에 따른 광고를 「담배사업법」에 따른 도매업자 또는 지정소매인으로 하여금 하게 할 수 있다. 이 경우 도매업자 또는 지정소매인이 한 광고는 제조자등이 한 광고로 본다.

③ 제1항에 따른 광고 또는 그에 사용되는 광고물은 다음 각 호의 사항을 준수하여야 한다. 〈개정 2014. 5. 20.〉

1. 흡연자에게 담배의 품명·종류 및 특징을 알리는 정도를 넘지 아니할 것

2. 비흡연자에게 직접적 또는 간접적으로 흡연을 권장 또는 유도하거나 여성 또는 청소년의 인물을 묘사하지 아니할 것

3. 제9조의2에 따라 표기하는 흡연 경고문구의 내용 및 취지에 반하는 내용 또는 형태가 아닐 것

4. 국민의 건강과 관련하여 검증되지 아니한 내용을 표시하지 아니할 것. 이 경우 광고내용의 사실 여부에 대한 검증 방법·절차 등 필요한 사항은 대통령령으로 정한다.

④ 제조자등은 담배에 관한 광고가 제1항 및 제3항에 위배되지 아니하도록 자율적으로 규제하여야 한다.

⑤ 보건복지부장관은 문화체육관광부장관에게 제1항 또는 제3항을 위반한 광고가 게재된 외국정기간행물의 수입업자에 대하여 시정조치 등을 할 것을 요청할 수 있다.

[본조신설 2011. 6. 7.]

제9조의5(금연지도원) ① 시·도지사 또는 시장·군수·구청장은 금연을 위한 조치를 위하여 대통령령으로 정하는 자격이 있는 사람 중에서 금연지도원을 위촉할 수 있다.

② 금연지도원의 직무는 다음 각 호와 같다.

  1. 금연구역의 시설기준 이행 상태 점검

  2. 금연구역에서의 흡연행위 감시 및 계도

  3. 금연을 위한 조치를 위반한 경우 관할 행정관청에 신고하거나 그에 관한 자료 제공

  4. 그 밖에 금연 환경 조성에 관한 사항으로서 대통령령으로 정하는 사항

③ 금연지도원은 제2항의 직무를 단독으로 수행하려면 미리 시·도지사 또는 시장·군수·구청장의 승인을 받아야 하며, 시·도지사 또는 시장·군수·구청장은 승인서를 교부하여야 한다.

④ 금연지도원이 제2항에 따른 직무를 단독으로 수행하는 때에는 승인서와 신분을 표시하는 증표를 지니고 이를 관계인에게 내보여야 한다.

⑤ 제1항에 따라 금연지도원을 위촉한 시·도지사 또는 시장·군수·구청장은 금연지도원이 그 직무를 수행하기 전에 직무 수행에 필요한 교육을 실시하여야 한다.

⑥ 금연지도원은 제2항에 따른 직무를 수행하는 경우 그 권한을 남용하여서는 아니 된다.

⑦ 시·도지사 또는 시장·군수·구청장은 금연지도원이 다음 각 호의 어느 하나에 해당하면 그 금연지도원을 해촉하여야 한다.

  1. 제1항에 따라 대통령령으로 정한 자격을 상실한 경우

  2. 제2항에 따른 직무와 관련하여 부정한 행위를 하거나 그 권한을 남용한 경우

  3. 그 밖에 개인사정, 질병이나 부상 등의 사유로 직무 수행이 어렵게 된 경우

⑧ 금연지도원의 직무범위 및 교육, 그 밖에 필요한 사항은 대통령령으로 정한다.

[본조신설 2014. 1. 28.]

제10조(건강생활실천협의회) ①시·도지사 및 시장·군수·구청장은 건강생활의 실천운동을 추진하기 위하여 지역사회의 주민·단체 또는 공공기관이 참여하는 건강생활실천협의회를 구성하여야 한다.

② 제1항의 규정에 의한 건강생활실천협의회의 조직 및 운영에 관하여 필요한 사항은 지방자치단체의 조례로 정한다.

제11조(보건교육의 관장) 보건복지부장관은 국민의 보건교육에 관하여 관계중앙행정기관의 장과 협의하여 이를 총괄한다. *〈개정 1997. 12. 13., 2008. 2. 29., 2010. 1. 18.〉*

제12조(보건교육의 실시 등) ①국가 및 지방자치단체는 모든 국민이 올바른 보건의료의 이용과 건강한 생활습관을 실천할 수 있도록 그 대상이 되는 개인 또는 집단의 특성·건강상태·건강의식 수준등에 따라 적절한 보건교육을 실시한다. *〈개정 2016. 3. 2.〉*

② 국가 또는 지방자치단체는 국민건강증진사업관련 법인 또는 단체등이 보건교육을 실시할 경우 이에 필요한 지원을 할 수 있다.*〈개정 1999. 2. 8.〉*

③ 보건복지부장관, 시·도지사 및 시장·군수·구청장은 제2항의 규정에 의하여 보건교육을 실시하는 국민건강증진사업관련 법인 또는 단체 등에 대하여 보건교육의 계획 및 그 결과에 관한 자료를 요청할 수 있다.*〈개정 1997. 12. 13., 1999. 2. 8., 2008. 2. 29., 2010. 1. 18.〉*

④ 제1항의 규정에 의한 보건교육의 내용은 대통령령으로 정한다.*〈개정 1999. 2. 8.〉*

[제목개정 2016. 3. 2.]

제12조의2(보건교육사자격증의 교부 등) ① 보건복지부장관은 국민건강증진 및 보건교육에 관한 전문지식을 가진 자에게 보건교육사의 자격증을 교부할 수 있다. *〈개정 2008. 2. 29., 2010. 1. 18.〉*

② 다음 각호의 1에 해당하는 자는 보건교육사가 될 수 없다. *〈개정 2005. 3. 31., 2014. 3. 18.〉*

1. 피성년후견인
2. 삭제〈2013. 7. 30.〉
3. 금고 이상의 실형의 선고를 받고 그 집행이 종료되지 아니하거나 그 집행을 받지 아니하기로 확정되지 아니한 자
4. 법률 또는 법원의 판결에 의하여 자격이 상실 또는 정지된 자

③ 제1항의 규정에 의한 보건교육사의 등급은 1급 내지 3급으로 하고, 등급별 자격기준 및 자격증의 교부절차 등에 관하여 필요한 사항은 대통령령으로 정한다.

④ 보건교육사 1급의 자격증을 교부받고자 하는 자는 국가시험에 합격하여야 한다.

⑤ 보건복지부장관은 제1항의 규정에 의하여 보건교육사의 자격증을 교부하는 때에는 보건복지부령이 정하는 바에 의하여 수수료를 징수할 수 있다.〈개정 2008. 2. 29., 2010. 1. 18.〉

⑥ 제1항에 따라 자격증을 교부받은 사람은 다른 사람에게 그 자격증을 빌려주어서는 아니 되고, 누구든지 그 자격증을 빌려서는 아니 된다.〈신설 2020. 4. 7.〉

⑦ 누구든지 제6항에 따라 금지된 행위를 알선하여서는 아니 된다.〈신설 2020. 4. 7.〉

[본조신설 2003. 9. 29.]

제12조의3(국가시험) ① 제12조의2제4항의 규정에 의한 국가시험은 보건복지부장관이 시행한다. 다만, 보건복지부장관은 국가시험의 관리를 대통령령이 정하는 바에 의하여 「한국보건의료인국가시험원법」에 따른 한국보건의료인국가시험원에 위탁할 수 있다. 〈개정 2008. 2. 29., 2010. 1. 18., 2015. 6. 22.〉

② 보건복지부장관은 제1항 단서의 규정에 의하여 국가시험의 관리를 위탁한 때에는 그에 소요되는 비용을 예산의 범위안에서 보조할 수 있다.〈개정 2008. 2. 29., 2010. 1. 18.〉

③ 보건복지부장관(제1항 단서의 규정에 의하여 국가시험의 관리를 위탁받은 기관을 포함한다)은 보건복지부령이 정하는 금액을 응시수수료로 징수할 수 있다.〈개정 2008. 2. 29., 2010. 1. 18.〉

④ 시험과목·응시자격 등 자격시험의 실시에 관하여 필요한 사항은 대통령령으로 정한다.

[본조신설 2003. 9. 29.]

제12조의4(보건교육사의 채용) 국가 및 지방자치단체는 대통령령이 정하는 국민건강증진사업관련 법인 또는 단체 등에 대하여 보건교육사를 그 종사자로 채용하도록 권장하여야 한다.

[본조신설 2003. 9. 29.]

제12조의5(보건교육사의 자격취소) 보건복지부장관은 보건교육사가 제12조의2제6항을 위반하여 다른 사람에게 자격증을 빌려준 경우에는 그 자격을 취소하여야 한다.

[본조신설 2020. 4. 7.]

제12조의6(청문) 보건복지부장관은 제12조의5에 따라 자격을 취소하려는 경우에는 청문을 하여야 한다.

[본조신설 2020. 4. 7.]

제13조(보건교육의 평가) ①보건복지부장관은 정기적으로 국민의 보건교육의 성과에 관하여 평가를 하여야 한다. 〈개정 1997. 12. 13., 2008. 2. 29., 2010. 1. 18.〉

② 제1항의 규정에 의한 평가의 방법 및 내용은 보건복지부령으로 정한다.〈개정 1997. 12. 13., 2008. 2. 29., 2010. 1. 18.〉

제14조(보건교육의 개발등) 보건복지부장관은 정부출연연구기관등의설립·운영및육성에관한법률에 의한 한국보건사회연구원으로 하여금 보건교육에 관한 정보·자료의 수집·개발 및 조사, 그 교육의 평가 기타 필요한 업무를 행하게 할 수 있다. 〈개정 1997. 12. 13., 1999. 1. 29., 2008. 2. 29., 2010. 1. 18.〉

제15조(영양개선) ①국가 및 지방자치단체는 국민의 영양상태를 조사하여 국민의 영양개선방안을 강구하고 영양에 관한 지도를 실시하여야 한다.

② 국가 및 지방자치단체는 국민의 영양개선을 위하여 다음 각호의 사업을 행한다.⟨개정 1997. 12. 13., 2008. 2. 29., 2010. 1. 18.⟩

　1. 영양교육사업

　2. 영양개선에 관한 조사·연구사업

　3. 기타 영양개선에 관하여 보건복지부령이 정하는 사업

제16조(국민건강영양조사 등) ①질병관리청장은 보건복지부장관과 협의하여 국민의 건강상태·식품섭취·식생활조사등 국민의 건강과 영양에 관한 조사(이하 "국민건강영양조사"라 한다)를 정기적으로 실시한다. ⟨개정 1997. 12. 13., 2008. 2. 29., 2010. 1. 18., 2020. 8. 11., 2023. 3. 28.⟩

② 특별시·광역시 및 도에는 국민건강영양조사와 영양에 관한 지도업무를 행하게 하기 위한 공무원을 두어야 한다.⟨개정 2023. 3. 28.⟩

③ 국민건강영양조사를 행하는 공무원은 그 권한을 나타내는 증표를 관계인에게 내보여야 한다.⟨개정 2023. 3. 28.⟩

④ 국민건강영양조사의 내용 및 방법, 그 밖에 국민건강영양조사와 영양에 관한 지도에 관하여 필요한 사항은 대통령령으로 정한다.⟨개정 2023. 3. 28.⟩

[제목개정 2023. 3. 28.]

제16조의2(신체활동장려사업의 계획 수립·시행) 국가 및 지방자치단체는 신체활동장려에 관한 사업 계획을 수립·시행하여야 한다.

[본조신설 2019. 12. 3.]

제16조의3(신체활동장려사업) ① 국가 및 지방자치단체는 국민의 건강증진을 위하여 신체활동을 장려할 수 있도록 다음 각 호의 사업을 한다.

　1. 신체활동장려에 관한 교육사업

　2. 신체활동장려에 관한 조사·연구사업

　3. 그 밖에 신체활동장려를 위하여 대통령령으로 정하는 사업

② 제1항 각 호의 사업 내용·기준 및 방법은 보건복지부령으로 정한다.

[본조신설 2019. 12. 3.]

제17조(구강건강사업의 계획수립·시행) 국가 및 지방자치단체는 구강건강에 관한 사업의 계획을 수립·시행하여야 한다.

제18조(구강건강사업) ①국가 및 지방자치단체는 국민의 구강질환의 예방과 구강건강의 증진을 위하여 다음 각호의 사업을 행한다. ⟨개정 2003. 7. 29., 2024. 2. 20.⟩

　1. 구강건강에 관한 교육사업

　2. 수돗물불소농도조정사업

　3. 구강건강에 관한 조사·연구사업

　4. 아동·노인·장애인·임산부 등 건강취약계층을 위한 구강건강증진사업

　5. 기타 구강건강의 증진을 위하여 대통령령이 정하는 사업

② 제1항 각호의 사업내용·기준 및 방법은 보건복지부령으로 정한다.⟨개정 1997. 12. 13., 2008. 2. 29., 2010. 1. 18.⟩

[제목개정 2024. 2. 20.]

제19조(건강증진사업 등) ①국가 및 지방자치단체는 국민건강증진사업에 필요한 요원 및 시설을 확보하고, 그 시설의 이용에 필요한 시책을 강구하여야 한다.

② 특별자치시장·특별자치도지사·시장·군수·구청장은 지역주민의 건강증진을 위하여 보건복지부령이

정하는 바에 의하여 보건소장으로 하여금 다음 각호의 사업을 하게 할 수 있다.〈개정 1997. 12. 13., 2008. 2. 29., 2010. 1. 18., 2017. 12. 30., 2019. 12. 3.〉

1. 보건교육 및 건강상담
2. 영양관리
3. 신체활동장려
4. 구강건강의 관리
5. 질병의 조기발견을 위한 검진 및 처방
6. 지역사회의 보건문제에 관한 조사·연구
7. 기타 건강교실의 운영등 건강증진사업에 관한 사항

③ 보건소장이 제2항의 규정에 의하여 제2항제1호 내지 제5호의 업무를 행한 때에는 이용자의 개인별 건강상태를 기록하여 유지·관리하여야 한다.〈개정 2019. 12. 3.〉

④ 건강증진사업에 필요한 시설·운영에 관하여는 보건복지부령으로 정한다.〈개정 1997. 12. 13., 2008. 2. 29., 2010. 1. 18.〉

[제목개정 2019. 12. 3.]

제19조의2(시·도건강증진사업지원단 설치 및 운영 등) ① 시·도지사는 실행계획의 수립 및 제19조에 따른 건강증진사업의 효율적인 업무 수행을 지원하기 위하여 시·도건강증진사업지원단(이하 "지원단"이라 한다)을 설치·운영할 수 있다.

② 시·도지사는 제1항에 따른 지원단 운영을 건강증진사업에 관한 전문성이 있다고 인정하는 법인 또는 단체에 위탁할 수 있다. 이 경우 시·도지사는 그 운영에 필요한 경비의 전부 또는 일부를 지원할 수 있다.

③ 제1항 및 제2항에서 규정한 사항 외에 지원단의 설치·운영 및 위탁 등에 관하여 필요한 사항은 보건복지부령으로 정한다.

[본조신설 2021. 12. 21.]

제20조(검진) 국가는 건강증진을 위하여 필요한 경우에 보건복지부령이 정하는 바에 의하여 국민에 대하여 건강검진을 실시할 수 있다.〈개정 1997. 12. 13., 2008. 2. 29., 2010. 1. 18.〉

제21조(검진결과의 공개금지) 제20조의 규정에 의하여 건강검진을 한 자 또는 검진기관에 근무하는 자는 국민의 건강증진사업의 수행을 위하여 불가피한 경우를 제외하고는 정당한 사유없이 검진결과를 공개하여서는 아니된다.

제3장 국민건강증진기금

제22조(기금의 설치 등) ①보건복지부장관은 국민건강증진사업의 원활한 추진에 필요한 재원을 확보하기 위하여 국민건강증진기금(이하 "기금"이라 한다)을 설치한다.〈개정 1997. 12. 13., 2008. 2. 29., 2010. 1. 18.〉

② 기금은 다음 각호의 재원으로 조성한다.〈신설 2002. 1. 19.〉

1. 제23조제1항의 규정에 의한 부담금
2. 기금의 운용 수익금

[제목개정 2002. 1. 19.]

제23조(국민건강증진부담금의 부과·징수 등) ① 보건복지부장관은 「지방세법」 제47조제4호 및 제6호에 따른 제조자 및 수입판매업자가 판매하는 같은 조 제1호에 따른 담배(같은 법 제54조에 따라 담배소비세가 면제되는 것, 같은 법 제63조제1항제1호 및 제2호에 따라 담배소비세액이 공제 또는 환급되는 것은 제외한다. 이하 이 조 및 제23조의2에서 같다)에 다음 각 호의 구분에 따른 부담금(이하 "부담금"이라 한다)을

부과·징수한다. 〈개정 2011. 6. 7., 2014. 5. 20., 2014. 12. 23., 2017. 3. 21., 2017. 12. 30., 2021. 7. 27.〉

1. 궐련: 20개비당 841원
2. 전자담배
   가. 니코틴 용액을 사용하는 경우: 1밀리리터당 525원
   나. 연초 및 연초 고형물을 사용하는 경우:
      1) 궐련형: 20개비당 750원
      2) 기타 유형: 1그램당 73원
3. 파이프담배: 1그램당 30.2원
4. 엽궐련(葉卷煙): 1그램당 85.8원
5. 각련(刻煙): 1그램당 30.2원
6. 씹는 담배: 1그램당 34.4원
7. 냄새 맡는 담배: 1그램당 21.4원
8. 물담배: 1그램당 1050.1원
9. 머금는 담배: 1그램당 534.5원

② 제1항에 따른 제조자 및 수입판매업자는 매월 1일부터 말일까지 제조장 또는 보세구역에서 반출된 담배의 수량과 산출된 부담금의 내역에 관한 자료를 다음 달 15일까지 보건복지부장관에게 제출하여야 한다.〈개정 2008. 2. 29., 2010. 1. 18., 2011. 6. 7., 2014. 5. 20., 2021. 7. 27.〉

③ 보건복지부장관은 제2항에 따른 자료를 제출 받은 때에는 그 날부터 5일 이내에 부담금의 금액과 납부기한 등을 명시하여 해당 제조자 및 수입판매업자에게 납부고지를 하여야 한다.〈개정 2008. 2. 29., 2010. 1. 18., 2021. 7. 27.〉

④ 제1항에 따른 제조자 및 수입판매업자는 제3항에 따른 납부고지를 받은 때에는 납부고지를 받은 달의 말일까지 이를 납부하여야 한다.〈개정 2021. 7. 27.〉

⑤ 보건복지부장관은 부담금을 납부하여야 할 자가 제4항의 규정에 의한 납부기한 이내에 부담금을 내지 아니하는 경우 납부기한이 지난 후 10일 이내에 30일 이상의 기간을 정하여 독촉장을 발부하여야 하며, 체납된 부담금에 대해서는 「국세기본법」 제47조의4를 준용하여 가산금을 징수한다.〈개정 2008. 2. 29., 2010. 1. 18., 2016. 3. 2., 2019. 12. 3.〉

⑥ 보건복지부장관은 제5항의 규정에 의하여 독촉을 받은 자가 그 기간 이내에 부담금과 가산금을 납부하지 아니한 때에는 국세체납처분의 예에 의하여 이를 징수한다.〈개정 2008. 2. 29., 2010. 1. 18.〉

⑦ 제1항에 따른 담배의 구분에 관하여는 담배의 성질과 모양, 제조과정 등을 기준으로 하여 대통령령으로 정한다.〈신설 2014. 5. 20.〉

[전문개정 2002. 1. 19.]

제23조의2(부담금의 납부담보) ①보건복지부장관은 부담금의 납부 보전을 위하여 대통령령이 정하는 바에 따라 제23조제1항에 따른 제조자 및 수입판매업자에게 담보의 제공을 요구할 수 있다. 〈개정 2008. 2. 29., 2010. 1. 18., 2021. 7. 27.〉

② 보건복지부장관은 제1항에 따라 담보제공의 요구를 받은 제조자 및 수입판매업자가 담보를 제공하지 아니하거나 요구분의 일부만을 제공한 경우 특별시장·광역시장·특별자치시장·특별자치도지사·시장·군수 및 세관장에게 담배의 반출금지를 요구할 수 있다.〈개정 2008. 2. 29., 2010. 1. 18., 2021. 7. 27.〉

③ 제2항에 따라 담배의 반출금지 요구를 받은 특별시장·광역시장·특별자치시장·특별자치도지사·시장·군수 및 세관장은 이에 응하여야 한다.〈개정 2021. 7. 27.〉

[본조신설 2006. 9. 27.]

제23조의3(부담금 부과·징수의 협조) ①보건복지부장관은 부담금의 부과·징수와 관련하여 필요한 경우에는 중앙행정기관·지방자치단체 그 밖의 관계 기관·단체 등에 대하여 자료제출 등의 협조를 요청할 수

있다. 〈개정 2008. 2. 29., 2010. 1. 18.〉

② 제1항의 규정에 따른 협조요청을 받은 중앙행정기관·지방자치단체 그 밖의 관계 기관·단체 등은 특별한 사유가 없는 한 이에 응하여야 한다.

③ 제1항 및 제2항의 규정에 따라 보건복지부장관에게 제출되는 자료에 대하여는 사용료·수수료 등을 면제한다.〈개정 2008. 2. 29., 2010. 1. 18.〉

[본조신설 2006. 9. 27.]

제24조(기금의 관리·운용) ① 기금은 보건복지부장관이 관리·운용한다. 〈개정 1997. 12. 13., 2008. 2. 29., 2010. 1. 18.〉

② 보건복지부장관은 기금의 운용성과 및 재정상태를 명확히 하기 위하여 대통령령이 정하는 바에 의하여 회계처리하여야 한다.〈개정 1997. 12. 13., 2008. 2. 29., 2010. 1. 18., 2017. 12. 30.〉

③ 기금의 관리·운용 기타 필요한 사항은 대통령령으로 정한다.

제25조(기금의 사용 등) ① 기금은 다음 각호의 사업에 사용한다. 〈개정 2004. 12. 30., 2016. 3. 2., 2019. 12. 3.〉

1. 금연교육 및 광고, 흡연피해 예방 및 흡연피해자 지원 등 국민건강관리사업
2. 건강생활의 지원사업
3. 보건교육 및 그 자료의 개발
4. 보건통계의 작성·보급과 보건의료관련 조사·연구 및 개발에 관한 사업
5. 질병의 예방·검진·관리 및 암의 치료를 위한 사업
6. 국민영양관리사업
7. 신체활동장려사업
8. 구강건강관리사업
9. 시·도지사 및 시장·군수·구청장이 행하는 건강증진사업
10. 공공보건의료 및 건강증진을 위한 시설·장비의 확충
11. 기금의 관리·운용에 필요한 경비
12. 그 밖에 국민건강증진사업에 소요되는 경비로서 대통령령이 정하는 사업

② 보건복지부장관은 기금을 제1항 각호의 사업에 사용함에 있어서 아동·청소년·여성·노인·장애인 등에 대하여 특별히 배려·지원할 수 있다.〈신설 2004. 12. 30., 2008. 2. 29., 2010. 1. 18., 2011. 6. 7.〉

③ 보건복지부장관은 기금을 제1항 각호의 사업에 사용함에 있어서 필요한 경우에는 보조금으로 교부할 수 있다.〈개정 1997. 12. 13., 2008. 2. 29., 2010. 1. 18.〉

[제목개정 2019. 12. 3.]

제4장 보칙

제26조(비용의 보조) 국가 또는 지방자치단체는 매 회계연도마다 예산의 범위안에서 건강증진사업의 수행에 필요한 비용의 일부를 부담하거나 이를 수행하는 법인 또는 단체에 보조할 수 있다.

제27조(지도·훈련) ① 보건복지부장관 또는 질병관리청장은 보건교육을 담당하거나 국민건강영양조사 및 영양에 관한 지도를 담당하는 공무원 또는 보건복지부령으로 정하는 단체 및 공공기관에 종사하는 담당자의 자질향상을 위하여 필요한 지도와 훈련을 할 수 있다. 〈개정 1997. 12. 13., 2008. 2. 29., 2010. 1. 18., 2020. 8. 11., 2023. 3. 28.〉

② 제1항에 따른 훈련에 관하여 필요한 사항은 보건복지부령으로 정한다.〈개정 1997. 12. 13., 2008. 2. 29., 2010. 1. 18., 2023. 3. 28.〉

[제목개정 2023. 3. 28.]

제28조(보고·검사) ① 보건복지부장관, 시·도지사 및 시장·군수·구청장은 필요하다고 인정하는 때에는 제7조제1항, 제8조제4항, 제8조의2, 제9조제2항부터 제4항까지, 제9조의2, 제9조의4 또는 제23조제1항의 규정에 해당하는 자에 대하여 당해업무에 관한 보고를 명하거나 관계공무원으로 하여금 그의 사업소 또는 사업장에 출입하여 장부·서류 기타의 물건을 검사하게 할 수 있다. 〈개정 1997. 12. 13., 1999. 2. 8., 2008. 2. 29., 2010. 1. 18., 2011. 6. 7., 2020. 12. 29.〉

② 제1항의 규정에 의하여 검사를 하는 공무원은 그 권한을 나타내는 증표를 관계인에게 내보여야 한다.

제29조(권한의 위임·위탁) ①이 법에 따른 보건복지부장관의 권한은 대통령령으로 정하는 바에 따라 그 일부를 시·도지사에게 위임할 수 있다. 〈개정 1997. 12. 13., 2008. 2. 29., 2010. 1. 18.〉

② 보건복지부장관은 이 법에 따른 업무의 일부를 대통령령으로 정하는 바에 따라 건강증진사업을 행하는 법인 또는 단체에 위탁할 수 있다.〈개정 1997. 12. 13., 2008. 2. 29., 2010. 1. 18., 2023. 3. 28.〉

③ 이 법에 따른 질병관리청장의 권한은 대통령령으로 정하는 바에 따라 그 일부를 소속기관의 장에게 위임할 수 있다.〈신설 2023. 3. 28.〉

[제목개정 2023. 3. 28.]

제30조(수수료) ① 지방자치단체의 장은 건강증진사업에 소요되는 경비중 일부에 대하여 그 이용자로부터 조례가 정하는 바에 의하여 수수료를 징수할 수 있다.

② 제1항의 규정에 의하여 수수료를 징수하는 경우 지방자치단체의 장은 노인, 장애인, 생활보호법에 의한 생활보호대상자등에 대하여 수수료를 감면하여야 한다.

제5장 벌칙

제31조(벌칙) 제21조를 위반하여 정당한 사유 없이 건강검진의 결과를 공개한 자는 3년 이하의 징역 또는 3천만원 이하의 벌금에 처한다.

[본조신설 2014. 3. 18.] [종전 제31조는 제31조의2로 이동 〈2014. 3. 18.〉]

제31조의2(벌칙) 다음 각 호의 어느 하나에 해당하는 자는 1년 이하의 징역 또는 1천만원 이하의 벌금에 처한다. 〈개정 2001. 4. 7., 2006. 9. 27., 2007. 12. 14., 2011. 6. 7., 2014. 3. 18., 2015. 6. 22., 2020. 4. 7., 2020. 12. 29.〉

1. 정당한 사유 없이 제8조의2제3항에 따른 광고내용의 변경 등 명령이나 광고의 금지 명령을 이행하지 아니한 자
2. 제8조제4항을 위반하여 경고문구를 표기하지 아니하거나 이와 다른 경고문구를 표기한 자
3. 제9조의2를 위반하여 경고그림·경고문구·발암성물질·금연상담전화번호를 표기하지 아니하거나 이와 다른 경고그림·경고문구·발암성물질·금연상담전화번호를 표기한 자
4. 제9조의4를 위반하여 담배에 관한 광고를 한 자
5. 제12조의2제6항을 위반하여 다른 사람에게 자격증을 빌려주거나 빌린 자
6. 제12조의2제7항을 위반하여 자격증을 빌려주거나 빌리는 것을 알선한 자

[제31조에서 이동 〈2014. 3. 18.〉]

제32조(벌칙) 제7조제1항의 규정에 위반하여 정당한 사유없이 광고의 내용변경 또는 금지의 명령을 이행하지 아니한 자는 100만원 이하의 벌금에 처한다.

[전문개정 1999. 2. 8.]

제33조(양벌규정) 법인의 대표자나 법인 또는 개인의 대리인, 사용인 그 밖의 종업원이 그 법인 또는 개인의 업무에 관하여 제31조, 제31조의2 또는 제32조의 위반행위를 하면 그 행위자를 벌하는 외에 그 법인 또는 개인에게도 해당 조문의 벌금형을 과(科)한다. 다만, 법인 또는 개인이 그 위반행위를 방지하기 위하여 해당

업무에 관하여 상당한 주의와 감독을 게을리하지 아니한 경우에는 그러하지 아니하다. 〈개정 2014. 3. 18.〉

[전문개정 2010. 5. 27.]

제34조(과태료) ① 다음 각 호의 어느 하나에 해당하는 자에게는 500만원 이하의 과태료를 부과한다. 〈개정 1999. 2. 8., 2002. 1. 19., 2011. 6. 7., 2016. 12. 2., 2017. 12. 30., 2019. 12. 3.〉

　1. 거짓이나 그 밖의 부정한 방법으로 제6조의2제1항에 따른 인증을 받은 자

　1의2. 제6조의2제4항을 위반하여 인증표시 또는 이와 유사한 표시를 한 자

　1의3. 제9조제2항의 규정에 위반하여 담배자동판매기를 설치하여 담배를 판매한 자

　2. 제9조제9항에 따른 시정명령을 따르지 아니한 자

　3. 제9조의3을 위반하여 가향물질을 표시하는 문구나 그림·사진을 제품의 포장이나 광고에 사용한 자

　4. 제23조제2항의 규정에 위반하여 자료를 제출하지 아니하거나 허위의 자료를 제출한 자

② 다음 각호의 1에 해당하는 자는 300만원 이하의 과태료에 처한다. 〈신설 2002. 1. 19., 2003. 7. 29., 2011. 6. 7.〉

　1. 제9조제3항의 규정에 위반하여 성인인증장치가 부착되지 아니한 담배자동판매기를 설치하여 담배를 판매한 자

　2. 삭제 〈2011. 6. 7.〉

　3. 제28조의 규정에 의한 보고를 하지 아니하거나 허위로 보고한 자와 관계공무원의 검사를 거부·방해 또는 기피한 자

③ 다음 각 호의 어느 하나에 해당하는 자에게는 10만원 이하의 과태료를 부과한다. 〈신설 2010. 5. 27., 2016. 3. 2., 2017. 12. 30., 2020. 12. 29.〉

　1. 제8조의4제2항을 위반하여 금주구역에서 음주를 한 사람

　2. 제9조제8항을 위반하여 금연구역에서 흡연을 한 사람

④ 제1항부터 제3항까지의 규정에 따른 과태료는 대통령령으로 정하는 바에 따라 보건복지부장관, 시·도지사 또는 시장·군수·구청장이 부과·징수한다. 〈신설 2017. 12. 30.〉

⑤ 제3항에도 불구하고 과태료 납부 대상자가 대통령령으로 정하는 바에 따라 일정 교육 또는 금연지원 서비스를 받은 경우 시·도지사 또는 시장·군수·구청장은 과태료를 감면할 수 있다. 〈신설 2019. 12. 3.〉

[제목개정 2016. 12. 2.]

제35조 삭제 〈2017. 12. 30.〉

제36조 삭제 〈1999. 2. 5.〉

부칙
〈제20325호,2024. 2. 20.〉

이 법은 공포한 날부터 시행한다.

국민건강보험법

[시행 2024. 8. 21.] [법률 제20324호, 2024. 2. 20., 일부개정]

제1장 총칙

제1조(목적) 이 법은 국민의 질병·부상에 대한 예방·진단·치료·재활과 출산·사망 및 건강증진에 대하여 보험급여를 실시함으로써 국민보건 향상과 사회보장 증진에 이바지함을 목적으로 한다.

제2조(관장) 이 법에 따른 건강보험사업은 보건복지부장관이 맡아 주관한다.

제3조(정의) 이 법에서 사용하는 용어의 뜻은 다음과 같다.
1. "근로자"란 직업의 종류와 관계없이 근로의 대가로 보수를 받아 생활하는 사람(법인의 이사와 그 밖의 임원을 포함한다)으로서 공무원 및 교직원을 제외한 사람을 말한다.
2. "사용자"란 다음 각 목의 어느 하나에 해당하는 자를 말한다.
    가. 근로자가 소속되어 있는 사업장의 사업주
    나. 공무원이 소속되어 있는 기관의 장으로서 대통령령으로 정하는 사람
    다. 교직원이 소속되어 있는 사립학교(「사립학교교직원 연금법」 제3조에 규정된 사립학교를 말한다. 이하 이 조에서 같다)를 설립·운영하는 자
3. "사업장"이란 사업소나 사무소를 말한다.
4. "공무원"이란 국가나 지방자치단체에서 상시 공무에 종사하는 사람을 말한다.
5. "교직원"이란 사립학교나 사립학교의 경영기관에서 근무하는 교원과 직원을 말한다.

제3조의2(국민건강보험종합계획의 수립 등) ① 보건복지부장관은 이 법에 따른 건강보험(이하 "건강보험"이라 한다)의 건전한 운영을 위하여 제4조에 따른 건강보험정책심의위원회(이하 이 조에서 "건강보험정책심의위원회"라 한다)의 심의를 거쳐 5년마다 국민건강보험종합계획(이하 "종합계획"이라 한다)을 수립하여야 한다. 수립된 종합계획을 변경할 때도 또한 같다.
② 종합계획에는 다음 각 호의 사항이 포함되어야 한다.
1. 건강보험정책의 기본목표 및 추진방향
2. 건강보험 보장성 강화의 추진계획 및 추진방법
3. 건강보험의 중장기 재정 전망 및 운영
4. 보험료 부과체계에 관한 사항
5. 요양급여비용에 관한 사항
6. 건강증진 사업에 관한 사항
7. 취약계층 지원에 관한 사항
8. 건강보험에 관한 통계 및 정보의 관리에 관한 사항
9. 그 밖에 건강보험의 개선을 위하여 필요한 사항으로 대통령령으로 정하는 사항
③ 보건복지부장관은 종합계획에 따라 매년 연도별 시행계획(이하 "시행계획"이라 한다)을 건강보험정책심의위원회의 심의를 거쳐 수립·시행하여야 한다.
④ 보건복지부장관은 매년 시행계획에 따른 추진실적을 평가하여야 한다.
⑤ 보건복지부장관은 다음 각 호의 사유가 발생한 경우 관련 사항에 대한 보고서를 작성하여 지체 없이 국회 소관 상임위원회에 보고하여야 한다.
1. 제1항에 따른 종합계획의 수립 및 변경
2. 제3항에 따른 시행계획의 수립
3. 제4항에 따른 시행계획에 따른 추진실적의 평가

⑥ 보건복지부장관은 종합계획의 수립, 시행계획의 수립·시행 및 시행계획에 따른 추진실적의 평가를 위하여 필요하다고 인정하는 경우 관계 기관의 장에게 자료의 제출을 요구할 수 있다. 이 경우 자료의 제출을 요구받은 자는 특별한 사유가 없으면 이에 따라야 한다.

⑦ 그 밖에 제1항에 따른 종합계획의 수립 및 변경, 제3항에 따른 시행계획의 수립·시행 및 제4항에 따른 시행계획에 따른 추진실적의 평가 등에 필요한 사항은 대통령령으로 정한다.

[본조신설 2016. 2. 3.]

제4조(건강보험정책심의위원회) ① 건강보험정책에 관한 다음 각 호의 사항을 심의·의결하기 위하여 보건복지부장관 소속으로 건강보험정책심의위원회(이하 "심의위원회"라 한다)를 둔다. 〈개정 2016. 2. 3., 2024. 1. 9., 2024. 2. 6.〉

　1. 제3조의2제1항 및 제3항에 따른 종합계획 및 시행계획에 관한 사항(의결은 제외한다)
　2. 제41조제3항에 따른 요양급여의 기준
　3. 제45조제3항 및 제46조에 따른 요양급여비용에 관한 사항
　4. 제73조제1항에 따른 직장가입자의 보험료율
　5. 제73조제3항에 따른 지역가입자의 보험료율과 재산보험료부과점수당 금액
　5의2. 보험료 부과 관련 제도 개선에 관한 다음 각 목의 사항(의결은 제외한다)
　　가. 건강보험 가입자(이하 "가입자"라 한다)의 소득 파악 실태에 관한 조사 및 연구에 관한 사항
　　나. 가입자의 소득 파악 및 소득에 대한 보험료 부과 강화를 위한 개선 방안에 관한 사항
　　다. 그 밖에 보험료 부과와 관련된 제도 개선 사항으로서 심의위원회 위원장이 회의에 부치는 사항
　6. 그 밖에 건강보험에 관한 주요 사항으로서 대통령령으로 정하는 사항

② 심의위원회는 위원장 1명과 부위원장 1명을 포함하여 25명의 위원으로 구성한다.

③ 심의위원회의 위원장은 보건복지부차관이 되고, 부위원장은 제4항제4호의 위원 중에서 위원장이 지명하는 사람이 된다.

④ 심의위원회의 위원은 다음 각 호에 해당하는 사람을 보건복지부장관이 임명 또는 위촉한다.

　1. 근로자단체 및 사용자단체가 추천하는 각 2명
　2. 시민단체(「비영리민간단체지원법」 제2조에 따른 비영리민간단체를 말한다. 이하 같다), 소비자단체, 농어업인단체 및 자영업자단체가 추천하는 각 1명
　3. 의료계를 대표하는 단체 및 약업계를 대표하는 단체가 추천하는 8명
　4. 다음 각 목에 해당하는 8명
　　가. 대통령령으로 정하는 중앙행정기관 소속 공무원 2명
　　나. 국민건강보험공단의 이사장 및 건강보험심사평가원의 원장이 추천하는 각 1명
　　다. 건강보험에 관한 학식과 경험이 풍부한 4명

⑤ 심의위원회 위원(제4항제4호가목에 따른 위원은 제외한다)의 임기는 3년으로 한다. 다만, 위원의 사임 등으로 새로 위촉된 위원의 임기는 전임위원 임기의 남은 기간으로 한다.

⑥ 보건복지부장관은 심의위원회가 제1항제5호의2에 따라 심의한 사항을 국회에 보고하여야 한다.〈신설 2024. 1. 9.〉

⑦ 심의위원회의 운영 등에 필요한 사항은 대통령령으로 정한다.〈개정 2024. 1. 9.〉

제2장 가입자

제5조(적용 대상 등) ① 국내에 거주하는 국민은 건강보험의 가입자 또는 피부양자가 된다. 다만, 다음 각 호의 어느 하나에 해당하는 사람은 제외한다. 〈개정 2016. 2. 3., 2024. 1. 9.〉

　1. 「의료급여법」에 따라 의료급여를 받는 사람(이하 "수급권자"라 한다)
　2. 「독립유공자예우에 관한 법률」 및 「국가유공자 등 예우 및 지원에 관한 법률」에 따라 의료보호를

받는 사람(이하 "유공자등 의료보호대상자"라 한다). 다만, 다음 각 목의 어느 하나에 해당하는 사람은 가입자 또는 피부양자가 된다.

    가. 유공자등 의료보호대상자 중 건강보험의 적용을 보험자에게 신청한 사람

    나. 건강보험을 적용받고 있던 사람이 유공자등 의료보호대상자로 되었으나 건강보험의 적용배제신청을 보험자에게 하지 아니한 사람

② 제1항의 피부양자는 다음 각 호의 어느 하나에 해당하는 사람 중 직장가입자에게 주로 생계를 의존하는 사람으로서 소득 및 재산이 보건복지부령으로 정하는 기준 이하에 해당하는 사람을 말한다. 〈개정 2017. 4. 18.〉

  1. 직장가입자의 배우자

  2. 직장가입자의 직계존속(배우자의 직계존속을 포함한다)

  3. 직장가입자의 직계비속(배우자의 직계비속을 포함한다)과 그 배우자

  4. 직장가입자의 형제·자매

③ 제2항에 따른 피부양자 자격의 인정 기준, 취득·상실시기 및 그 밖에 필요한 사항은 보건복지부령으로 정한다.

제6조(가입자의 종류) ① 가입자는 직장가입자와 지역가입자로 구분한다.

② 모든 사업장의 근로자 및 사용자와 공무원 및 교직원은 직장가입자가 된다. 다만, 다음 각 호의 어느 하나에 해당하는 사람은 제외한다. 〈개정 2016. 5. 29.〉

  1. 고용 기간이 1개월 미만인 일용근로자

  2. 「병역법」에 따른 현역병(지원에 의하지 아니하고 임용된 하사를 포함한다), 전환복무된 사람 및 군간부후보생

  3. 선거에 당선되어 취임하는 공무원으로서 매월 보수 또는 보수에 준하는 급료를 받지 아니하는 사람

  4. 그 밖에 사업장의 특성, 고용 형태 및 사업의 종류 등을 고려하여 대통령령으로 정하는 사업장의 근로자 및 사용자와 공무원 및 교직원

③ 지역가입자는 직장가입자와 그 피부양자를 제외한 가입자를 말한다.

④ 삭제〈2018. 12. 11.〉

제7조(사업장의 신고) 사업장의 사용자는 다음 각 호의 어느 하나에 해당하게 되면 그 때부터 14일 이내에 보건복지부령으로 정하는 바에 따라 보험자에게 신고하여야 한다. 제1호에 해당되어 보험자에게 신고한 내용이 변경된 경우에도 또한 같다.

  1. 제6조제2항에 따라 직장가입자가 되는 근로자·공무원 및 교직원을 사용하는 사업장(이하 "적용대상사업장"이라 한다)이 된 경우

  2. 휴업·폐업 등 보건복지부령으로 정하는 사유가 발생한 경우

제8조(자격의 취득 시기 등) ① 가입자는 국내에 거주하게 된 날에 직장가입자 또는 지역가입자의 자격을 얻는다. 다만, 다음 각 호의 어느 하나에 해당하는 사람은 그 해당되는 날에 각각 자격을 얻는다.

  1. 수급권자이었던 사람은 그 대상자에서 제외된 날

  2. 직장가입자의 피부양자이었던 사람은 그 자격을 잃은 날

  3. 유공자등 의료보호대상자이었던 사람은 그 대상자에서 제외된 날

  4. 제5조제1항제2호가목에 따라 보험자에게 건강보험의 적용을 신청한 유공자등 의료보호대상자는 그 신청한 날

② 제1항에 따라 자격을 얻은 경우 그 직장가입자의 사용자 및 지역가입자의 세대주는 그 명세를 보건복지부령으로 정하는 바에 따라 자격을 취득한 날부터 14일 이내에 보험자에게 신고하여야 한다.

제9조(자격의 변동 시기 등) ① 가입자는 다음 각 호의 어느 하나에 해당하게 된 날에 그 자격이 변동된다.

1. 지역가입자가 적용대상사업장의 사용자로 되거나, 근로자·공무원 또는 교직원(이하 "근로자등"이라 한다)으로 사용된 날
2. 직장가입자가 다른 적용대상사업장의 사용자로 되거나 근로자등으로 사용된 날
3. 직장가입자인 근로자등이 그 사용관계가 끝난 날의 다음 날
4. 적용대상사업장에 제7조제2호에 따른 사유가 발생한 날의 다음 날
5. 지역가입자가 다른 세대로 전입한 날

② 제1항에 따라 자격이 변동된 경우 직장가입자의 사용자와 지역가입자의 세대주는 다음 각 호의 구분에 따라 그 명세를 보건복지부령으로 정하는 바에 따라 자격이 변동된 날부터 14일 이내에 보험자에게 신고하여야 한다.
   1. 제1항제1호 및 제2호에 따라 자격이 변동된 경우: 직장가입자의 사용자
   2. 제1항제3호부터 제5호까지의 규정에 따라 자격이 변동된 경우: 지역가입자의 세대주

③ 법무부장관 및 국방부장관은 직장가입자나 지역가입자가 제54조 제3호 또는 제4호에 해당하면 보건복지부령으로 정하는 바에 따라 그 사유에 해당된 날부터 1개월 이내에 보험자에게 알려야 한다.

제9조의2(자격 취득·변동 사항의 고지) 공단은 제96조제1항에 따라 제공받은 자료를 통하여 가입자 자격의 취득 또는 변동 여부를 확인하는 경우에는 자격 취득 또는 변동 후 최초로 제79조에 따른 납부의무자에게 보험료 납입 고지를 할 때 보건복지부령으로 정하는 바에 따라 자격 취득 또는 변동에 관한 사항을 알려야 한다.

[본조신설 2019. 1. 15.]

제10조(자격의 상실 시기 등) ① 가입자는 다음 각 호의 어느 하나에 해당하게 된 날에 그 자격을 잃는다.
   1. 사망한 날의 다음 날
   2. 국적을 잃은 날의 다음 날
   3. 국내에 거주하지 아니하게 된 날의 다음 날
   4. 직장가입자의 피부양자가 된 날
   5. 수급권자가 된 날
   6. 건강보험을 적용받고 있던 사람이 유공자등 의료보호대상자가 되어 건강보험의 적용배제신청을 한 날

② 제1항에 따라 자격을 잃은 경우 직장가입자의 사용자와 지역가입자의 세대주는 그 명세를 보건복지부령으로 정하는 바에 따라 자격을 잃은 날부터 14일 이내에 보험자에게 신고하여야 한다.

제11조(자격취득 등의 확인) ① 가입자 자격의 취득·변동 및 상실은 제8조부터 제10조까지의 규정에 따른 자격의 취득·변동 및 상실의 시기로 소급하여 효력을 발생한다. 이 경우 보험자는 그 사실을 확인할 수 있다.

② 가입자나 가입자이었던 사람 또는 피부양자나 피부양자이었던 사람은 제1항에 따른 확인을 청구할 수 있다.

제12조(건강보험증) ① 국민건강보험공단은 가입자 또는 피부양자가 신청하는 경우 건강보험증을 발급하여야 한다. 〈개정 2018. 12. 11.〉

② 가입자 또는 피부양자가 요양급여를 받을 때에는 제1항의 건강보험증을 제42조제1항에 따른 요양기관(이하 "요양기관"이라 한다)에 제출하여야 한다. 다만, 천재지변이나 그 밖의 부득이한 사유가 있으면 그러하지 아니하다.

③ 가입자 또는 피부양자는 제2항 본문에도 불구하고 주민등록증, 운전면허증, 여권, 그 밖에 보건복지부령으로 정하는 본인 여부를 확인할 수 있는 신분증명서(이하 "신분증명서"라 한다)로 요양기관이 그 자격을 확인할 수 있으면 건강보험증을 제출하지 아니할 수 있다.

④ 요양기관은 가입자 또는 피부양자에게 요양급여를 실시하는 경우 보건복지부령으로 정하는 바에 따라

건강보험증이나 신분증명서로 본인 여부 및 그 자격을 확인하여야 한다. 다만, 요양기관이 가입자 또는 피부양자의 본인 여부 및 그 자격을 확인하기 곤란한 경우로서 보건복지부령으로 정하는 정당한 사유가 있을 때에는 그러하지 아니하다.〈신설 2023. 5. 19.〉

⑤ 가입자·피부양자는 제10조제1항에 따라 자격을 잃은 후 자격을 증명하던 서류를 사용하여 보험급여를 받아서는 아니 된다.〈신설 2013. 5. 22., 2023. 5. 19.〉

⑥ 누구든지 건강보험증이나 신분증명서를 다른 사람에게 양도(讓渡)하거나 대여하여 보험급여를 받게 하여서는 아니 된다.〈신설 2013. 5. 22., 2023. 5. 19.〉

⑦ 누구든지 건강보험증이나 신분증명서를 양도 또는 대여를 받거나 그 밖에 이를 부정하게 사용하여 보험급여를 받아서는 아니 된다.〈개정 2013. 5. 22., 2023. 5. 19.〉

⑧ 제1항에 따른 건강보험증의 신청 절차와 방법, 서식과 그 교부 및 사용 등에 필요한 사항은 보건복지부령으로 정한다.〈개정 2013. 5. 22., 2018. 12. 11., 2023. 5. 19.〉

제12조(건강보험증) ① 국민건강보험공단은 가입자 또는 피부양자가 신청하는 경우 건강보험증을 발급하여야 한다.〈개정 2018. 12. 11.〉

② 가입자 또는 피부양자가 요양급여를 받을 때에는 제1항의 건강보험증을 제42조제1항에 따른 요양기관(이하 "요양기관"이라 한다)에 제출하여야 한다. 다만, 천재지변이나 그 밖의 부득이한 사유가 있으면 그러하지 아니하다.

③ 가입자 또는 피부양자는 제2항 본문에도 불구하고 주민등록증(모바일 주민등록증을 포함한다), 운전면허증, 여권, 그 밖에 보건복지부령으로 정하는 본인 여부를 확인할 수 있는 신분증명서(이하 "신분증명서"라 한다)로 요양기관이 그 자격을 확인할 수 있으면 건강보험증을 제출하지 아니할 수 있다.〈개정 2023. 12. 26.〉

④ 요양기관은 가입자 또는 피부양자에게 요양급여를 실시하는 경우 보건복지부령으로 정하는 바에 따라 건강보험증이나 신분증명서로 본인 여부 및 그 자격을 확인하여야 한다. 다만, 요양기관이 가입자 또는 피부양자의 본인 여부 및 그 자격을 확인하기 곤란한 경우로서 보건복지부령으로 정하는 정당한 사유가 있을 때에는 그러하지 아니하다.〈신설 2023. 5. 19.〉

⑤ 가입자·피부양자는 제10조제1항에 따라 자격을 잃은 후 자격을 증명하던 서류를 사용하여 보험급여를 받아서는 아니 된다.〈신설 2013. 5. 22., 2023. 5. 19.〉

⑥ 누구든지 건강보험증이나 신분증명서를 다른 사람에게 양도(讓渡)하거나 대여하여 보험급여를 받게 하여서는 아니 된다.〈신설 2013. 5. 22., 2023. 5. 19.〉

⑦ 누구든지 건강보험증이나 신분증명서를 양도 또는 대여를 받거나 그 밖에 이를 부정하게 사용하여 보험급여를 받아서는 아니 된다.〈개정 2013. 5. 22., 2023. 5. 19.〉

⑧ 제1항에 따른 건강보험증의 신청 절차와 방법, 서식과 그 교부 및 사용 등에 필요한 사항은 보건복지부령으로 정한다.〈개정 2013. 5. 22., 2018. 12. 11., 2023. 5. 19.〉

[시행일: 2024. 12. 27.] 제12조

제3장 국민건강보험공단

제13조(보험자) 건강보험의 보험자는 국민건강보험공단(이하 "공단"이라 한다)으로 한다.

제14조(업무 등) ① 공단은 다음 각 호의 업무를 관장한다. 〈개정 2017. 2. 8.〉

1. 가입자 및 피부양자의 자격 관리
2. 보험료와 그 밖에 이 법에 따른 징수금의 부과·징수
3. 보험급여의 관리
4. 가입자 및 피부양자의 질병의 조기발견·예방 및 건강관리를 위하여 요양급여 실시 현황과 건강검진

결과 등을 활용하여 실시하는 예방사업으로서 대통령령으로 정하는 사업

5. 보험급여 비용의 지급
6. 자산의 관리·운영 및 증식사업
7. 의료시설의 운영
8. 건강보험에 관한 교육훈련 및 홍보
9. 건강보험에 관한 조사연구 및 국제협력
10. 이 법에서 공단의 업무로 정하고 있는 사항
11. 「국민연금법」, 「고용보험 및 산업재해보상보험의 보험료징수 등에 관한 법률」, 「임금채권보장법」 및 「석면피해구제법」(이하 "징수위탁근거법"이라 한다)에 따라 위탁받은 업무
12. 그 밖에 이 법 또는 다른 법령에 따라 위탁받은 업무
13. 그 밖에 건강보험과 관련하여 보건복지부장관이 필요하다고 인정한 업무

② 제1항제6호에 따른 자산의 관리·운영 및 증식사업은 안정성과 수익성을 고려하여 다음 각 호의 방법에 따라야 한다.

1. 체신관서 또는 「은행법」에 따른 은행에의 예입 또는 신탁
2. 국가·지방자치단체 또는 「은행법」에 따른 은행이 직접 발행하거나 채무이행을 보증하는 유가증권의 매입
3. 특별법에 따라 설립된 법인이 발행하는 유가증권의 매입
4. 「자본시장과 금융투자업에 관한 법률」에 따른 신탁업자가 발행하거나 같은 법에 따른 집합투자업자가 발행하는 수익증권의 매입
5. 공단의 업무에 사용되는 부동산의 취득 및 일부 임대
6. 그 밖에 공단 자산의 증식을 위하여 대통령령으로 정하는 사업

③ 공단은 특정인을 위하여 업무를 제공하거나 공단 시설을 이용하게 할 경우 공단의 정관으로 정하는 바에 따라 그 업무의 제공 또는 시설의 이용에 대한 수수료와 사용료를 징수할 수 있다.

④ 공단은 「공공기관의 정보공개에 관한 법률」에 따라 건강보험과 관련하여 보유·관리하고 있는 정보를 공개한다.

제15조(법인격 등) ① 공단은 법인으로 한다.
② 공단은 주된 사무소의 소재지에서 설립등기를 함으로써 성립한다.

제16조(사무소) ① 공단의 주된 사무소의 소재지는 정관으로 정한다.
② 공단은 필요하면 정관으로 정하는 바에 따라 분사무소를 둘 수 있다.

제17조(정관) ① 공단의 정관에는 다음 각 호의 사항을 적어야 한다.

1. 목적
2. 명칭
3. 사무소의 소재지
4. 임직원에 관한 사항
5. 이사회의 운영
6. 재정운영위원회에 관한 사항
7. 보험료 및 보험급여에 관한 사항
8. 예산 및 결산에 관한 사항
9. 자산 및 회계에 관한 사항
10. 업무와 그 집행
11. 정관의 변경에 관한 사항

12. 공고에 관한 사항

② 공단은 정관을 변경하려면 보건복지부장관의 인가를 받아야 한다.

제18조(등기) 공단의 설립등기에는 다음 각 호의 사항을 포함하여야 한다.

1. 목적
2. 명칭
3. 주된 사무소 및 분사무소의 소재지
4. 이사장의 성명·주소 및 주민등록번호

제19조(해산) 공단의 해산에 관하여는 법률로 정한다.

제20조(임원) ① 공단은 임원으로서 이사장 1명, 이사 14명 및 감사 1명을 둔다. 이 경우 이사장, 이사 중 5명 및 감사는 상임으로 한다.

② 이사장은 「공공기관의 운영에 관한 법률」 제29조에 따른 임원추천위원회(이하 "임원추천위원회"라 한다)가 복수로 추천한 사람 중에서 보건복지부장관의 제청으로 대통령이 임명한다.

③ 상임이사는 보건복지부령으로 정하는 추천 절차를 거쳐 이사장이 임명한다.

④ 비상임이사는 다음 각 호의 사람을 보건복지부장관이 임명한다.

1. 노동조합·사용자단체·시민단체·소비자단체·농어업인단체 및 노인단체가 추천하는 각 1명
2. 대통령령으로 정하는 바에 따라 추천하는 관계 공무원 3명

⑤ 감사는 임원추천위원회가 복수로 추천한 사람 중에서 기획재정부장관의 제청으로 대통령이 임명한다.

⑥ 제4항에 따른 비상임이사는 정관으로 정하는 바에 따라 실비변상(實費辨償)을 받을 수 있다.

⑦ 이사장의 임기는 3년, 이사(공무원인 이사는 제외한다)와 감사의 임기는 각각 2년으로 한다.

제21조(징수이사) ① 상임이사 중 제14조제1항제2호 및 제11호의 업무를 담당하는 이사(이하 "징수이사"라 한다)는 경영, 경제 및 사회보험에 관한 학식과 경험이 풍부한 사람으로서 보건복지부령으로 정하는 자격을 갖춘 사람 중에서 선임한다.

② 징수이사 후보를 추천하기 위하여 공단에 이사를 위원으로 하는 징수이사추천위원회(이하 "추천위원회"라 한다)를 둔다. 이 경우 추천위원회의 위원장은 이사장이 지명하는 이사로 한다.

③ 추천위원회는 주요 일간신문에 징수이사 후보의 모집 공고를 하여야 하며, 이와 별도로 적임자로 판단되는 징수이사 후보를 조사하거나 전문단체에 조사를 의뢰할 수 있다.

④ 추천위원회는 제3항에 따라 모집한 사람을 보건복지부령으로 정하는 징수이사 후보 심사기준에 따라 심사하여야 하며, 징수이사 후보로 추천될 사람과 계약 조건에 관하여 협의하여야 한다.

⑤ 이사장은 제4항에 따른 심사와 협의 결과에 따라 징수이사 후보와 계약을 체결하여야 하며, 이 경우 제20조제3항에 따른 상임이사의 임명으로 본다.

⑥ 제4항에 따른 계약 조건에 관한 협의, 제5항에 따른 계약 체결 등에 필요한 사항은 보건복지부령으로 정한다.

제22조(임원의 직무) ① 이사장은 공단을 대표하고 업무를 총괄하며, 임기 중 공단의 경영성과에 대하여 책임을 진다.

② 상임이사는 이사장의 명을 받아 공단의 업무를 집행한다.

③ 이사장이 부득이한 사유로 그 직무를 수행할 수 없을 때에는 정관으로 정하는 바에 따라 상임이사 중 1명이 그 직무를 대행하고, 상임이사가 없거나 그 직무를 대행할 수 없을 때에는 정관으로 정하는 임원이 그 직무를 대행한다.

④ 감사는 공단의 업무, 회계 및 재산 상황을 감사한다.

제23조(임원 결격사유) 다음 각 호의 어느 하나에 해당하는 사람은 공단의 임원이 될 수 없다.

1. 대한민국 국민이 아닌 사람
2. 「공공기관의 운영에 관한 법률」 제34조제1항 각 호의 어느 하나에 해당하는 사람

제24조(임원의 당연퇴임 및 해임) ① 임원이 제23조 각 호의 어느 하나에 해당하게 되거나 임명 당시 그에 해당하는 사람으로 확인되면 그 임원은 당연퇴임한다.

② 임명권자는 임원이 다음 각 호의 어느 하나에 해당하면 그 임원을 해임할 수 있다.
1. 신체장애나 정신장애로 직무를 수행할 수 없다고 인정되는 경우
2. 직무상 의무를 위반한 경우
3. 고의나 중대한 과실로 공단에 손실이 생기게 한 경우
4. 직무 여부와 관계없이 품위를 손상하는 행위를 한 경우
5. 이 법에 따른 보건복지부장관의 명령을 위반한 경우

제25조(임원의 겸직 금지 등) ① 공단의 상임임원과 직원은 그 직무 외에 영리를 목적으로 하는 사업에 종사하지 못한다.

② 공단의 상임임원이 임명권자 또는 제청권자의 허가를 받거나 공단의 직원이 이사장의 허가를 받은 경우에는 비영리 목적의 업무를 겸할 수 있다.

제26조(이사회) ① 공단의 주요 사항(「공공기관의 운영에 관한 법률」 제17조제1항 각 호의 사항을 말한다)을 심의·의결하기 위하여 공단에 이사회를 둔다.

② 이사회는 이사장과 이사로 구성한다.

③ 감사는 이사회에 출석하여 발언할 수 있다.

④ 이사회의 의결 사항 및 운영 등에 필요한 사항은 대통령령으로 정한다.

제27조(직원의 임면) 이사장은 정관으로 정하는 바에 따라 직원을 임면(任免)한다.

제28조(벌칙 적용 시 공무원 의제) 공단의 임직원은 「형법」 제129조부터 제132조까지의 규정을 적용할 때 공무원으로 본다.

제29조(규정 등) 공단의 조직·인사·보수 및 회계에 관한 규정은 이사회의 의결을 거쳐 보건복지부장관의 승인을 받아 정한다.

제30조(대리인의 선임) 이사장은 공단 업무에 관한 모든 재판상의 행위 또는 재판 외의 행위를 대행하게 하기 위하여 공단의 이사 또는 직원 중에서 대리인을 선임할 수 있다.

제31조(대표권의 제한) ① 이사장은 공단의 이익과 자기의 이익이 상반되는 사항에 대하여는 공단을 대표하지 못한다. 이 경우 감사가 공단을 대표한다.

② 공단과 이사장 사이의 소송은 제1항을 준용한다.

제32조(이사장 권한의 위임) 이 법에 규정된 이사장의 권한 중 급여의 제한, 보험료의 납입고지 등 대통령령으로 정하는 사항은 정관으로 정하는 바에 따라 분사무소의 장에게 위임할 수 있다.

제33조(재정운영위원회) ① 제45조제1항에 따른 요양급여비용의 계약 및 제84조에 따른 결손처분 등 보험재정에 관련된 사항을 심의·의결하기 위하여 공단에 재정운영위원회를 둔다.

② 재정운영위원회의 위원장은 제34조제1항제3호에 따른 위원 중에서 호선(互選)한다.

제34조(재정운영위원회의 구성 등) ① 재정운영위원회는 다음 각 호의 위원으로 구성한다.
1. 직장가입자를 대표하는 위원 10명
2. 지역가입자를 대표하는 위원 10명
3. 공익을 대표하는 위원 10명

② 제1항에 따른 위원은 다음 각 호의 사람을 보건복지부장관이 임명하거나 위촉한다.

1. 제1항제1호의 위원은 노동조합과 사용자단체에서 추천하는 각 5명
2. 제1항제2호의 위원은 대통령령으로 정하는 바에 따라 농어업인 단체·도시자영업자단체 및 시민단체에서 추천하는 사람
3. 제1항제3호의 위원은 대통령령으로 정하는 관계 공무원 및 건강보험에 관한 학식과 경험이 풍부한 사람
③ 재정운영위원회 위원(공무원인 위원은 제외한다)의 임기는 2년으로 한다. 다만, 위원의 사임 등으로 새로 위촉된 위원의 임기는 전임위원 임기의 남은 기간으로 한다.
④ 재정운영위원회의 운영 등에 필요한 사항은 대통령령으로 정한다.

제35조(회계) ① 공단의 회계연도는 정부의 회계연도에 따른다.
② 공단은 직장가입자와 지역가입자의 재정을 통합하여 운영한다.
③ 공단은 건강보험사업 및 징수위탁근거법의 위탁에 따른 국민연금사업·고용보험사업·산업재해보상보험사업·임금채권보장사업에 관한 회계를 공단의 다른 회계와 구분하여 각각 회계처리하여야 한다. 〈개정 2018. 1. 16.〉

제36조(예산) 공단은 회계연도마다 예산안을 편성하여 이사회의 의결을 거친 후 보건복지부장관의 승인을 받아야 한다. 예산을 변경할 때에도 또한 같다. 〈개정 2016. 3. 22.〉

제37조(차입금) 공단은 지출할 현금이 부족한 경우에는 차입할 수 있다. 다만, 1년 이상 장기로 차입하려면 보건복지부장관의 승인을 받아야 한다.

제38조(준비금) ① 공단은 회계연도마다 결산상의 잉여금 중에서 그 연도의 보험급여에 든 비용의 100분의 5 이상에 상당하는 금액을 그 연도에 든 비용의 100분의 50에 이를 때까지 준비금으로 적립하여야 한다.
② 제1항에 따른 준비금은 부족한 보험급여 비용에 충당하거나 지출할 현금이 부족할 때 외에는 사용할 수 없으며, 현금 지출에 준비금을 사용한 경우에는 해당 회계연도 중에 이를 보전(補塡)하여야 한다.
③ 제1항에 따른 준비금의 관리 및 운영 방법 등에 필요한 사항은 보건복지부장관이 정한다.

제39조(결산) ① 공단은 회계연도마다 결산보고서와 사업보고서를 작성하여 다음해 2월 말일까지 보건복지부장관에게 보고하여야 한다.
② 공단은 제1항에 따라 결산보고서와 사업보고서를 보건복지부장관에게 보고하였을 때에는 보건복지부령으로 정하는 바에 따라 그 내용을 공고하여야 한다.

제39조의2(재난적의료비 지원사업에 대한 출연) 공단은 「재난적의료비 지원에 관한 법률」에 따른 재난적의료비 지원사업에 사용되는 비용에 충당하기 위하여 매년 예산의 범위에서 출연할 수 있다. 이 경우 출연금액의 상한 등에 필요한 사항은 대통령령으로 정한다.
[본조신설 2018. 1. 16.]

제40조(「민법」의 준용) 공단에 관하여 이 법과 「공공기관의 운영에 관한 법률」에서 정한 사항 외에는 「민법」 중 재단법인에 관한 규정을 준용한다.

제4장 보험급여

제41조(요양급여) ① 가입자와 피부양자의 질병, 부상, 출산 등에 대하여 다음 각 호의 요양급여를 실시한다.
1. 진찰·검사
2. 약제(藥劑)·치료재료의 지급
3. 처치·수술 및 그 밖의 치료
4. 예방·재활

5. 입원

6. 간호

7. 이송(移送)

② 제1항에 따른 요양급여(이하 "요양급여"라 한다)의 범위(이하 "요양급여대상"이라 한다)는 다음 각 호와 같다.〈신설 2016. 2. 3.〉

1. 제1항 각 호의 요양급여(제1항제2호의 약제는 제외한다): 제4항에 따라 보건복지부장관이 비급여대 상으로 정한 것을 제외한 일체의 것

2. 제1항제2호의 약제: 제41조의3에 따라 요양급여대상으로 보건복지부장관이 결정하여 고시한 것

③ 요양급여의 방법·절차·범위·상한 등의 기준은 보건복지부령으로 정한다.〈개정 2016. 2. 3.〉

④ 보건복지부장관은 제3항에 따라 요양급여의 기준을 정할 때 업무나 일상생활에 지장이 없는 질환에 대 한 치료 등 보건복지부령으로 정하는 사항은 요양급여대상에서 제외되는 사항(이하 "비급여대상"이라 한다)으로 정할 수 있다.〈개정 2016. 2. 3.〉

제41조의2(약제에 대한 요양급여비용 상한금액의 감액 등) ① 보건복지부장관은 「약사법」 제47조제2항의 위 반과 관련된 제41조제1항제2호의 약제에 대하여는 요양급여비용 상한금액(제41조제3항에 따라 약제별 요 양급여비용의 상한으로 정한 금액을 말한다. 이하 같다)의 100분의 20을 넘지 아니하는 범위에서 그 금 액의 일부를 감액할 수 있다. 〈신설 2018. 3. 27.〉

② 보건복지부장관은 제1항에 따라 요양급여비용의 상한금액이 감액된 약제가 감액된 날부터 5년의 범위 에서 대통령령으로 정하는 기간 내에 다시 제1항에 따른 감액의 대상이 된 경우에는 요양급여비용 상 한금액의 100분의 40을 넘지 아니하는 범위에서 요양급여비용 상한금액의 일부를 감액할 수 있다.〈신 설 2018. 3. 27.〉

③ 보건복지부장관은 제2항에 따라 요양급여비용의 상한금액이 감액된 약제가 감액된 날부터 5년의 범위 에서 대통령령으로 정하는 기간 내에 다시 「약사법」 제47조제2항의 위반과 관련된 경우에는 해당 약 제에 대하여 1년의 범위에서 기간을 정하여 요양급여의 적용을 정지할 수 있다.〈개정 2018. 3. 27.〉

④ 제1항부터 제3항까지의 규정에 따른 요양급여비용 상한금액의 감액 및 요양급여 적용 정지의 기준, 절 차, 그 밖에 필요한 사항은 대통령령으로 정한다.〈개정 2018. 3. 27.〉

[본조신설 2014. 1. 1.] [제목개정 2018. 3. 27.]

제41조의3(행위·치료재료 및 약제에 대한 요양급여대상 여부의 결정 및 조정) ① 제42조에 따른 요양기관, 치 료재료의 제조업자·수입업자 등 보건복지부령으로 정하는 자는 요양급여대상 또는 비급여대상으로 결정되 지 아니한 제41조제1항제1호·제3호·제4호의 요양급여에 관한 행위 및 제41조제1항제2호의 치료재료(이 하 "행위·치료재료"라 한다)에 대하여 요양급여대상 여부의 결정을 보건복지부장관에게 신청하여야 한다.

② 「약사법」에 따른 약제의 제조업자·수입업자 등 보건복지부령으로 정하는 자(이하 "약제의 제조업자등" 이라 한다)는 요양급여대상에 포함되지 아니한 제41조제1항제2호의 약제(이하 이 조에서 "약제"라 한 다)에 대하여 보건복지부장관에게 요양급여대상 여부의 결정을 신청할 수 있다.〈개정 2023. 5. 19.〉

③ 제1항 및 제2항에 따른 신청을 받은 보건복지부장관은 정당한 사유가 없으면 보건복지부령으로 정하 는 기간 이내에 요양급여대상 또는 비급여대상의 여부를 결정하여 신청인에게 통보하여야 한다.

④ 보건복지부장관은 제1항 및 제2항에 따른 신청이 없는 경우에도 환자의 진료상 반드시 필요하다고 보 건복지부령으로 정하는 경우에는 직권으로 행위·치료재료 및 약제의 요양급여대상의 여부를 결정할 수 있다.

⑤ 보건복지부장관은 제41조제2항제2호에 따라 요양급여대상으로 결정하여 고시한 약제에 대하여 보건복 지부령으로 정하는 바에 따라 요양급여대상 여부, 범위, 요양급여비용 상한금액 등을 직권으로 조정할 수 있다.〈신설 2023. 5. 19.〉

⑥ 제1항 및 제2항에 따른 요양급여대상 여부의 결정 신청의 시기, 절차, 방법 및 업무의 위탁 등에 필요한 사항, 제3항과 제4항에 따른 요양급여대상 여부의 결정 절차 및 방법, 제5항에 따른 직권 조정 사유·절차 및 방법 등에 관한 사항은 보건복지부령으로 정한다.〈개정 2023. 5. 19.〉

[본조신설 2016. 2. 3.] [제목개정 2023. 5. 19.]

제41조의4(선별급여) ① 요양급여를 결정함에 있어 경제성 또는 치료효과성 등이 불확실하여 그 검증을 위하여 추가적인 근거가 필요하거나, 경제성이 낮아도 가입자와 피부양자의 건강회복에 잠재적 이득이 있는 등 대통령령으로 정하는 경우에는 예비적인 요양급여인 선별급여로 지정하여 실시할 수 있다.
② 보건복지부장관은 대통령령으로 정하는 절차와 방법에 따라 제1항에 따른 선별급여(이하 "선별급여"라 한다)에 대하여 주기적으로 요양급여의 적합성을 평가하여 요양급여 여부를 다시 결정하고, 제41조제3항에 따른 요양급여의 기준을 조정하여야 한다.

[본조신설 2016. 3. 22.]

제41조의5(방문요양급여) 가입자 또는 피부양자가 질병이나 부상으로 거동이 불편한 경우 등 보건복지부령으로 정하는 사유에 해당하는 경우에는 가입자 또는 피부양자를 직접 방문하여 제41조에 따른 요양급여를 실시할 수 있다.

[본조신설 2018. 12. 11.]

제42조(요양기관) ① 요양급여(간호와 이송은 제외한다)는 다음 각 호의 요양기관에서 실시한다. 이 경우 보건복지부장관은 공익이나 국가정책에 비추어 요양기관으로 적합하지 아니한 대통령령으로 정하는 의료기관 등은 요양기관에서 제외할 수 있다.〈개정 2018. 3. 27.〉
   1. 「의료법」에 따라 개설된 의료기관
   2. 「약사법」에 따라 등록된 약국
   3. 「약사법」 제91조에 따라 설립된 한국희귀·필수의약품센터
   4. 「지역보건법」에 따른 보건소·보건의료원 및 보건지소
   5. 「농어촌 등 보건의료를 위한 특별조치법」에 따라 설치된 보건진료소
② 보건복지부장관은 효율적인 요양급여를 위하여 필요하면 보건복지부령으로 정하는 바에 따라 시설·장비·인력 및 진료과목 등 보건복지부령으로 정하는 기준에 해당하는 요양기관을 전문요양기관으로 인정할 수 있다. 이 경우 해당 전문요양기관에 인정서를 발급하여야 한다.
③ 보건복지부장관은 제2항에 따라 인정받은 요양기관이 다음 각 호의 어느 하나에 해당하는 경우에는 그 인정을 취소한다.
   1. 제2항 전단에 따른 인정기준에 미달하게 된 경우
   2. 제2항 후단에 따라 발급받은 인정서를 반납한 경우
④ 제2항에 따라 전문요양기관으로 인정된 요양기관 또는 「의료법」 제3조의4에 따른 상급종합병원에 대하여는 제41조제3항에 따른 요양급여의 절차 및 제45조에 따른 요양급여비용을 다른 요양기관과 달리할 수 있다.〈개정 2016. 2. 3.〉
⑤ 제1항·제2항 및 제4항에 따른 요양기관은 정당한 이유 없이 요양급여를 거부하지 못한다.

제42조의2(요양기관의 선별급여 실시에 대한 관리) ① 제42조제1항에도 불구하고, 선별급여 중 자료의 축적 또는 의료 이용의 관리가 필요한 경우에는 보건복지부장관이 해당 선별급여의 실시 조건을 사전에 정하여 이를 충족하는 요양기관만이 해당 선별급여를 실시할 수 있다.
② 제1항에 따라 선별급여를 실시하는 요양기관은 제41조의4제2항에 따른 해당 선별급여의 평가를 위하여 필요한 자료를 제출하여야 한다.
③ 보건복지부장관은 요양기관이 제1항에 따른 선별급여의 실시 조건을 충족하지 못하거나 제2항에 따른 자료를 제출하지 아니할 경우에는 해당 선별급여의 실시를 제한할 수 있다.

④ 제1항에 따른 선별급여의 실시 조건, 제2항에 따른 자료의 제출, 제3항에 따른 선별급여의 실시 제한 등에 필요한 사항은 보건복지부령으로 정한다.

[본조신설 2016. 3. 22.]

제43조(요양기관 현황에 대한 신고) ① 요양기관은 제47조에 따라 요양급여비용을 최초로 청구하는 때에 요양기관의 시설·장비 및 인력 등에 대한 현황을 제62조에 따른 건강보험심사평가원(이하 "심사평가원"이라 한다)에 신고하여야 한다.

② 요양기관은 제1항에 따라 신고한 내용(제45조에 따른 요양급여비용의 증감에 관련된 사항만 해당한다)이 변경된 경우에는 그 변경된 날부터 15일 이내에 보건복지부령으로 정하는 바에 따라 심사평가원에 신고하여야 한다.

③ 제1항 및 제2항에 따른 신고의 범위, 대상, 방법 및 절차 등에 필요한 사항은 보건복지부령으로 정한다.

제44조(비용의 일부부담) ① 요양급여를 받는 자는 대통령령으로 정하는 바에 따라 비용의 일부(이하 "본인일부부담금"이라 한다)를 본인이 부담한다. 이 경우 선별급여에 대해서는 다른 요양급여에 비하여 본인일부부담금을 상향 조정할 수 있다. 〈개정 2016. 3. 22.〉

② 본인이 연간 부담하는 다음 각 호의 금액의 합계액이 대통령령으로 정하는 금액(이하 이 조에서 "본인부담상한액"이라 한다)을 초과한 경우에는 공단이 그 초과 금액을 부담하여야 한다. 이 경우 공단은 당사자에게 그 초과 금액을 통보하고, 이를 지급하여야 한다. 〈신설 2016. 3. 22., 2023. 5. 19., 2024. 2. 20.〉

1. 본인일부부담금의 총액

2. 제49조제1항에 따른 요양이나 출산의 비용으로 부담한 금액(요양이나 출산의 비용으로 부담한 금액이 보건복지부장관이 정하여 고시한 금액보다 큰 경우에는 그 고시한 금액으로 한다)에서 같은 항에 따라 요양비로 지급받은 금액을 제외한 금액

③ 제2항에 따른 본인부담상한액은 가입자의 소득수준 등에 따라 정한다. 〈신설 2016. 3. 22.〉

④ 제2항 각 호에 따른 금액 및 합계액의 산정 방법, 본인부담상한액을 넘는 금액의 지급 방법 및 제3항에 따른 가입자의 소득수준 등에 따른 본인부담상한액 설정 등에 필요한 사항은 대통령령으로 정한다. 〈신설 2016. 3. 22., 2024. 2. 20.〉

제45조(요양급여비용의 산정 등) ① 요양급여비용은 공단의 이사장과 대통령령으로 정하는 의약계를 대표하는 사람들의 계약으로 정한다. 이 경우 계약기간은 1년으로 한다.

② 제1항에 따라 계약이 체결되면 그 계약은 공단과 각 요양기관 사이에 체결된 것으로 본다.

③ 제1항에 따른 계약은 그 직전 계약기간 만료일이 속하는 연도의 5월 31일까지 체결하여야 하며, 그 기한까지 계약이 체결되지 아니하는 경우 보건복지부장관이 그 직전 계약기간 만료일이 속하는 연도의 6월 30일까지 심의위원회의 의결을 거쳐 요양급여비용을 정한다. 이 경우 보건복지부장관이 정하는 요양급여비용은 제1항 및 제2항에 따라 계약으로 정한 요양급여비용으로 본다. 〈개정 2013. 5. 22.〉

④ 제1항 또는 제3항에 따라 요양급여비용이 정해지면 보건복지부장관은 그 요양급여비용의 명세를 지체 없이 고시하여야 한다.

⑤ 공단의 이사장은 제33조에 따른 재정운영위원회의 심의·의결을 거쳐 제1항에 따른 계약을 체결하여야 한다.

⑥ 심사평가원은 공단의 이사장이 제1항에 따른 계약을 체결하기 위하여 필요한 자료를 요청하면 그 요청에 성실히 따라야 한다.

⑦ 제1항에 따른 계약의 내용과 그 밖에 필요한 사항은 대통령령으로 정한다.

제46조(약제·치료재료에 대한 요양급여비용의 산정) 제41조제1항제2호의 약제·치료재료(이하 "약제·치료재료"라 한다)에 대한 요양급여비용은 제45조에도 불구하고 요양기관의 약제·치료재료 구입금액 등을 고려하여 대통령령으로 정하는 바에 따라 달리 산정할 수 있다.

제47조(요양급여비용의 청구와 지급 등) ① 요양기관은 공단에 요양급여비용의 지급을 청구할 수 있다. 이 경우 제2항에 따른 요양급여비용에 대한 심사청구는 공단에 대한 요양급여비용의 청구로 본다.

② 제1항에 따라 요양급여비용을 청구하려는 요양기관은 심사평가원에 요양급여비용의 심사청구를 하여야 하며, 심사청구를 받은 심사평가원은 이를 심사한 후 지체 없이 그 내용을 공단과 요양기관에 알려야 한다.

③ 제2항에 따라 심사 내용을 통보받은 공단은 지체 없이 그 내용에 따라 요양급여비용을 요양기관에 지급한다. 이 경우 이미 낸 본인일부부담금이 제2항에 따라 통보된 금액보다 더 많으면 요양기관에 지급할 금액에서 더 많이 낸 금액을 공제하여 해당 가입자에게 지급하여야 한다.

④ 공단은 제3항 전단에 따라 요양급여비용을 요양기관에 지급하는 경우 해당 요양기관이 제77조제1항제1호에 따라 공단에 납부하여야 하는 보험료 또는 그 밖에 이 법에 따른 징수금을 체납한 때에는 요양급여비용에서 이를 공제하고 지급할 수 있다.〈신설 2022. 12. 27.〉

⑤ 공단은 제3항 후단에 따라 가입자에게 지급하여야 하는 금액을 그 가입자가 내야 하는 보험료와 그 밖에 이 법에 따른 징수금(이하 "보험료등"이라 한다)과 상계(相計)할 수 있다.〈개정 2022. 12. 27.〉

⑥ 공단은 심사평가원이 제47조의4에 따라 요양급여의 적정성을 평가하여 공단에 통보하면 그 평가 결과에 따라 요양급여비용을 가산하거나 감액 조정하여 지급한다. 이 경우 평가 결과에 따라 요양급여비용을 가산하거나 감액하여 지급하는 기준은 보건복지부령으로 정한다.〈개정 2022. 6. 10., 2022. 12. 27.〉

⑦ 요양기관은 제2항에 따른 심사청구를 다음 각 호의 단체가 대행하게 할 수 있다.〈개정 2022. 12. 27.〉

1. 「의료법」 제28조제1항에 따른 의사회·치과의사회·한의사회·조산사회 또는 같은 조 제6항에 따라 신고한 각각의 지부 및 분회
2. 「의료법」 제52조에 따른 의료기관 단체
3. 「약사법」 제11조에 따른 약사회 또는 같은 법 제14조에 따라 신고한 지부 및 분회

⑧ 제1항부터 제7항까지의 규정에 따른 요양급여비용의 청구·심사·지급 등의 방법과 절차에 필요한 사항은 보건복지부령으로 정한다.〈개정 2022. 12. 27.〉

제47조의2(요양급여비용의 지급 보류) ① 제47조제3항에도 불구하고 공단은 요양급여비용의 지급을 청구한 요양기관이 「의료법」 제4조제2항, 제33조제2항·제8항 또는 「약사법」 제20조제1항, 제21조제1항을 위반하였거나, 「의료법」 제33조제10항 또는 「약사법」 제6조제3항·제4항을 위반하여 개설·운영되었다는 사실을 수사기관의 수사 결과로 확인한 경우에는 해당 요양기관이 청구한 요양급여비용의 지급을 보류할 수 있다. 이 경우 요양급여비용 지급 보류 처분의 효력은 해당 요양기관이 그 처분 이후 청구하는 요양급여비용에 대해서도 미친다.〈개정 2020. 12. 29., 2023. 7. 11.〉

② 공단은 제1항에 따라 요양급여비용의 지급을 보류하기 전에 해당 요양기관에 의견 제출의 기회를 주어야 한다.

③ 공단은 요양기관이 「의료법」 제4조제2항, 제33조제2항·제8항 또는 「약사법」 제20조제1항, 제21조제1항을 위반한 혐의나 「의료법」 제33조제10항 또는 「약사법」 제6조제3항·제4항을 위반하여 개설·운영된 혐의에 대하여 법원에서 무죄 판결이 선고된 경우 그 선고 이후 실시한 요양급여에 한정하여 해당 요양기관이 청구하는 요양급여비용을 지급할 수 있다.〈신설 2024. 2. 20.〉

④ 법원의 무죄 판결이 확정되는 등 대통령령으로 정하는 사유로 제1항에 따른 요양기관이 「의료법」 제4조제2항, 제33조제2항·제8항 또는 「약사법」 제20조제1항, 제21조제1항을 위반한 혐의나 「의료법」 제33조제10항 또는 「약사법」 제6조제3항·제4항을 위반하여 개설·운영된 혐의가 입증되지 아니한 경우에는 공단은 지급보류 처분을 취소하고, 지급 보류된 요양급여비용에 지급 보류된 기간 동안의 이자를 가산하여 해당 요양기관에 지급하여야 한다. 이 경우 이자는 「민법」 제379조에 따른 법정이율을 적용하여 계산한다.〈개정 2020. 12. 29., 2023. 7. 11., 2024. 2. 20.〉

⑤ 제1항 및 제2항에 따른 지급 보류 절차 및 의견 제출의 절차 등에 필요한 사항, 제3항에 따른 지급

보류된 요양급여비용 및 이자의 지급 절차 등에 필요한 사항은 대통령령으로 정한다.〈개정 2024. 2. 20.〉

[본조신설 2014. 5. 20.] [헌법불합치, 2018헌바433, 2023.3.23, 1. 구 국민건강보험법(2014. 5. 20. 법률 제12615호로 개정되고, 2020. 12. 29. 법률 제17772호로 개정되기 전의 것) 제47조의2 제1항 중 '의료법 제33조 제2항'에 관한 부분은 헌법에 합치되지 아니한다. 법원 기타 국가기관 및 지방자치단체는 위 법률조항의 적용을 중지하여야 한다. 2. 국민건강보험법(2020. 12. 29. 법률 제17772호로 개정된 것) 제47조의2 제1항 전문 중 '의료법 제33조 제2항'에 관한 부분은 헌법에 합치되지 아니한다. 위 법률조항은 2024. 12. 31.을 시한으로 개정될 때까지 계속 적용된다.]

제47조의3(요양급여비용의 차등 지급) 지역별 의료자원의 불균형 및 의료서비스 격차의 해소 등을 위하여 지역별로 요양급여비용을 달리 정하여 지급할 수 있다.

[본조신설 2020. 12. 29.]

제47조의4(요양급여의 적정성 평가) ① 심사평가원은 요양급여에 대한 의료의 질을 향상시키기 위하여 요양급여의 적정성 평가(이하 이 조에서 "평가"라 한다)를 실시할 수 있다.

② 심사평가원은 요양기관의 인력·시설·장비, 환자안전 등 요양급여와 관련된 사항을 포함하여 평가할 수 있다.

③ 심사평가원은 평가 결과를 평가대상 요양기관에 통보하여야 하며, 평가 결과에 따라 요양급여비용을 가산 또는 감산할 경우에는 그 결정사항이 포함된 평가 결과를 가감대상 요양기관 및 공단에 통보하여야 한다.

④ 제1항부터 제3항까지에 따른 평가의 기준·범위·절차·방법 등에 필요한 사항은 보건복지부령으로 정한다.

[본조신설 2022. 6. 10.]

제48조(요양급여 대상 여부의 확인 등) ① 가입자나 피부양자는 본인일부부담금 외에 자신이 부담한 비용이 제41조제4항에 따라 요양급여 대상에서 제외되는 비용인지 여부에 대하여 심사평가원에 확인을 요청할 수 있다.〈개정 2016. 2. 3.〉

② 제1항에 따른 확인 요청을 받은 심사평가원은 그 결과를 요청한 사람에게 알려야 한다. 이 경우 확인을 요청한 비용이 요양급여 대상에 해당되는 비용으로 확인되면 그 내용을 공단 및 관련 요양기관에 알려야 한다.

③ 제2항 후단에 따라 통보받은 요양기관은 받아야 할 금액보다 더 많이 징수한 금액(이하 "과다본인부담금"이라 한다)을 지체 없이 확인을 요청한 사람에게 지급하여야 한다. 다만, 공단은 해당 요양기관이 과다본인부담금을 지급하지 아니하면 해당 요양기관에 지급할 요양급여비용에서 과다본인부담금을 공제하여 확인을 요청한 사람에게 지급할 수 있다.

④ 제1항부터 제3항까지에 따른 확인 요청의 범위, 방법, 절차, 처리기간 등 필요한 사항은 보건복지부령으로 정한다.〈신설 2022. 6. 10.〉

제49조(요양비) ① 공단은 가입자나 피부양자가 보건복지부령으로 정하는 긴급하거나 그 밖의 부득이한 사유로 요양기관과 비슷한 기능을 하는 기관으로서 보건복지부령으로 정하는 기관(제98조제1항에 따라 업무정지기간 중인 요양기관을 포함한다. 이하 "준요양기관"이라 한다)에서 질병·부상·출산 등에 대하여 요양을 받거나 요양기관이 아닌 장소에서 출산한 경우에는 그 요양급여에 상당하는 금액을 보건복지부령으로 정하는 바에 따라 가입자나 피부양자에게 요양비로 지급한다.〈개정 2020. 12. 29.〉

② 준요양기관은 보건복지부장관이 정하는 요양비 명세서나 요양 명세를 적은 영수증을 요양을 받은 사람에게 내주어야 하며, 요양을 받은 사람은 그 명세서나 영수증을 공단에 제출하여야 한다.〈개정 2020. 12. 29.〉

③ 제1항 및 제2항에도 불구하고 준요양기관은 요양을 받은 가입자나 피부양자의 위임이 있는 경우 공단에 요양비의 지급을 직접 청구할 수 있다. 이 경우 공단은 지급이 청구된 내용의 적정성을 심사하여 준요양기관에 요양비를 지급할 수 있다.〈신설 2020. 12. 29.〉

④ 제3항에 따른 준요양기관의 요양비 지급 청구, 공단의 적정성 심사 등에 필요한 사항은 보건복지부령으로 정한다.〈신설 2020. 12. 29.〉

제50조(부가급여) 공단은 이 법에서 정한 요양급여 외에 대통령령으로 정하는 바에 따라 임신·출산 진료비, 장제비, 상병수당, 그 밖의 급여를 실시할 수 있다. 〈개정 2013. 5. 22.〉

제51조(장애인에 대한 특례) ① 공단은 「장애인복지법」에 따라 등록한 장애인인 가입자 및 피부양자에게는 「장애인·노인 등을 위한 보조기기 지원 및 활용촉진에 관한 법률」 제3조제2호에 따른 보조기기(이하 이 조에서 "보조기기"라 한다)에 대하여 보험급여를 할 수 있다. 〈개정 2019. 4. 23.〉
② 장애인인 가입자 또는 피부양자에게 보조기기를 판매한 자는 가입자나 피부양자의 위임이 있는 경우 공단에 보험급여를 직접 청구할 수 있다. 이 경우 공단은 지급이 청구된 내용의 적정성을 심사하여 보조기기를 판매한 자에게 보조기기에 대한 보험급여를 지급할 수 있다.〈신설 2020. 12. 29.〉
③ 제1항에 따른 보조기기에 대한 보험급여의 범위·방법·절차, 제2항에 따른 보조기기 판매업자의 보험급여 청구, 공단의 적정성 심사 및 그 밖에 필요한 사항은 보건복지부령으로 정한다.〈개정 2019. 4. 23., 2020. 12. 29.〉

제52조(건강검진) ① 공단은 가입자와 피부양자에 대하여 질병의 조기 발견과 그에 따른 요양급여를 하기 위하여 건강검진을 실시한다.
② 제1항에 따른 건강검진의 종류 및 대상은 다음 각 호와 같다.〈신설 2018. 12. 11.〉
  1. 일반건강검진: 직장가입자, 세대주인 지역가입자, 20세 이상인 지역가입자 및 20세 이상인 피부양자
  2. 암검진: 「암관리법」 제11조제2항에 따른 암의 종류별 검진주기와 연령 기준 등에 해당하는 사람
  3. 영유아건강검진: 6세 미만의 가입자 및 피부양자
③ 제1항에 따른 건강검진의 검진항목은 성별, 연령 등의 특성 및 생애 주기에 맞게 설계되어야 한다.〈신설 2018. 12. 11.〉
④ 제1항에 따른 건강검진의 횟수·절차와 그 밖에 필요한 사항은 대통령령으로 정한다.〈개정 2018. 12. 11.〉

제53조(급여의 제한) ① 공단은 보험급여를 받을 수 있는 사람이 다음 각 호의 어느 하나에 해당하면 보험급여를 하지 아니한다.
  1. 고의 또는 중대한 과실로 인한 범죄행위에 그 원인이 있거나 고의로 사고를 일으킨 경우
  2. 고의 또는 중대한 과실로 공단이나 요양기관의 요양에 관한 지시에 따르지 아니한 경우
  3. 고의 또는 중대한 과실로 제55조에 따른 문서와 그 밖의 물건의 제출을 거부하거나 질문 또는 진단을 기피한 경우
  4. 업무 또는 공무로 생긴 질병·부상·재해로 다른 법령에 따른 보험급여나 보상(報償) 또는 보상(補償)을 받게 되는 경우
② 공단은 보험급여를 받을 수 있는 사람이 다른 법령에 따라 국가나 지방자치단체로부터 보험급여에 상당하는 급여를 받거나 보험급여에 상당하는 비용을 지급받게 되는 경우에는 그 한도에서 보험급여를 하지 아니한다.
③ 공단은 가입자가 대통령령으로 정하는 기간 이상 다음 각 호의 보험료를 체납한 경우 그 체납한 보험료를 완납할 때까지 그 가입자 및 피부양자에 대하여 보험급여를 실시하지 아니할 수 있다. 다만, 월별 보험료의 총체납횟수(이미 납부된 체납보험료는 총체납횟수에서 제외하며, 보험료의 체납기간은 고려하지 아니한다)가 대통령령으로 정하는 횟수 미만이거나 가입자 및 피부양자의 소득·재산 등이 대통령령으로 정하는 기준 미만인 경우에는 그러하지 아니하다.〈개정 2018. 12. 11., 2024. 2. 6.〉
  1. 제69조제4항제2호에 따른 보수 외 소득월액보험료
  2. 제69조제5항에 따른 세대단위의 보험료

④ 공단은 제77조제1항제1호에 따라 납부의무를 부담하는 사용자가 제69조제4항제1호에 따른 보수월액 보험료를 체납한 경우에는 그 체납에 대하여 직장가입자 본인에게 귀책사유가 있는 경우에 한하여 제3항의 규정을 적용한다. 이 경우 해당 직장가입자의 피부양자에게도 제3항의 규정을 적용한다.〈개정 2019. 4. 23.〉

⑤ 제3항 및 제4항에도 불구하고 제82조에 따라 공단으로부터 분할납부 승인을 받고 그 승인된 보험료를 1회 이상 낸 경우에는 보험급여를 할 수 있다. 다만, 제82조에 따른 분할납부 승인을 받은 사람이 정당한 사유 없이 5회(같은 조 제1항에 따라 승인받은 분할납부 횟수가 5회 미만인 경우에는 해당 분할납부 횟수를 말한다. 이하 이 조에서 같다) 이상 그 승인된 보험료를 내지 아니한 경우에는 그러하지 아니하다.〈개정 2019. 4. 23.〉

⑥ 제3항 및 제4항에 따라 보험급여를 하지 아니하는 기간(이하 이 항에서 "급여제한기간"이라 한다)에 받은 보험급여는 다음 각 호의 어느 하나에 해당하는 경우에만 보험급여로 인정한다.〈개정 2019. 4. 23.〉

　1. 공단이 급여제한기간에 보험급여를 받은 사실이 있음을 가입자에게 통지한 날부터 2개월이 지난 날이 속한 달의 납부기한 이내에 체납된 보험료를 완납한 경우

　2. 공단이 급여제한기간에 보험급여를 받은 사실이 있음을 가입자에게 통지한 날부터 2개월이 지난 날이 속한 달의 납부기한 이내에 제82조에 따라 분할납부 승인을 받은 체납보험료를 1회 이상 낸 경우. 다만, 제82조에 따른 분할납부 승인을 받은 사람이 정당한 사유 없이 5회 이상 그 승인된 보험료를 내지 아니한 경우에는 그러하지 아니하다.

제54조(급여의 정지) 보험급여를 받을 수 있는 사람이 다음 각 호의 어느 하나에 해당하면 그 기간에는 보험급여를 하지 아니한다. 다만, 제3호 및 제4호의 경우에는 제60조에 따른 요양급여를 실시한다. 〈개정 2020. 4. 7.〉

　1. 삭제〈2020. 4. 7.〉

　2. 국외에 체류하는 경우

　3. 제6조제2항제2호에 해당하게 된 경우

　4. 교도소, 그 밖에 이에 준하는 시설에 수용되어 있는 경우

제55조(급여의 확인) 공단은 보험급여를 할 때 필요하다고 인정되면 보험급여를 받는 사람에게 문서와 그 밖의 물건을 제출하도록 요구하거나 관계인을 시켜 질문 또는 진단하게 할 수 있다.

제56조(요양비 등의 지급) 공단은 이 법에 따라 지급의무가 있는 요양비 또는 부가급여의 청구를 받으면 지체 없이 이를 지급하여야 한다.

제56조의2(요양비등수급계좌) ① 공단은 이 법에 따른 보험급여로 지급되는 현금(이하 "요양비등"이라 한다)을 받는 수급자의 신청이 있는 경우에는 요양비등을 수급자 명의의 지정된 계좌(이하 "요양비등수급계좌"라 한다)로 입금하여야 한다. 다만, 정보통신장애나 그 밖에 대통령령으로 정하는 불가피한 사유로 요양비등수급계좌로 이체할 수 없을 때에는 직접 현금으로 지급하는 등 대통령령으로 정하는 바에 따라 요양비등을 지급할 수 있다.

② 요양비등수급계좌가 개설된 금융기관은 요양비등수급계좌에 요양비등만이 입금되도록 하고, 이를 관리하여야 한다.

③ 제1항 및 제2항에 따른 요양비등수급계좌의 신청 방법·절차와 관리에 필요한 사항은 대통령령으로 정한다.

[본조신설 2014. 5. 20.]

제57조(부당이득의 징수) ① 공단은 속임수나 그 밖의 부당한 방법으로 보험급여를 받은 사람·준요양기관 및 보조기기 판매업자나 보험급여 비용을 받은 요양기관에 대하여 그 보험급여나 보험급여 비용에 상당하

는 금액을 징수한다. 〈개정 2020. 12. 29., 2023. 5. 19.〉

② 공단은 제1항에 따라 속임수나 그 밖의 부당한 방법으로 보험급여 비용을 받은 요양기관이 다음 각 호의 어느 하나에 해당하는 경우에는 해당 요양기관을 개설한 자에게 그 요양기관과 연대하여 같은 항에 따른 징수금을 납부하게 할 수 있다. 〈신설 2013. 5. 22., 2020. 12. 29., 2023. 7. 11.〉

1. 「의료법」 제33조제2항을 위반하여 의료기관을 개설할 수 없는 자가 의료인의 면허나 의료법인 등의 명의를 대여받아 개설·운영하는 의료기관
2. 「약사법」 제20조제1항을 위반하여 약국을 개설할 수 없는 자가 약사 등의 면허를 대여받아 개설·운영하는 약국
3. 「의료법」 제4조제2항 또는 제33조제8항·제10항을 위반하여 개설·운영하는 의료기관
4. 「약사법」 제21조제1항을 위반하여 개설·운영하는 약국
5. 「약사법」 제6조제3항·제4항을 위반하여 면허를 대여받아 개설·운영하는 약국

③ 사용자나 가입자의 거짓 보고나 거짓 증명(제12조제6항을 위반하여 건강보험증이나 신분증명서를 양도·대여하여 다른 사람이 보험급여를 받게 하는 것을 포함한다), 요양기관의 거짓 진단이나 거짓 확인(제12조제4항을 위반하여 건강보험증이나 신분증명서로 가입자 또는 피부양자의 본인 여부 및 그 자격을 확인하지 아니한 것을 포함한다) 또는 준요양기관이나 보조기기를 판매한 자의 속임수 및 그 밖의 부당한 방법으로 보험급여가 실시된 경우 공단은 이들에게 보험급여를 받은 사람과 연대하여 제1항에 따른 징수금을 내게 할 수 있다. 〈개정 2013. 5. 22., 2018. 12. 11., 2020. 12. 29., 2023. 5. 19.〉

④ 공단은 속임수나 그 밖의 부당한 방법으로 보험급여를 받은 사람과 같은 세대에 속한 가입자(속임수나 그 밖의 부당한 방법으로 보험급여를 받은 사람이 피부양자인 경우에는 그 직장가입자를 말한다)에게 속임수나 그 밖의 부당한 방법으로 보험급여를 받은 사람과 연대하여 제1항에 따른 징수금을 내게 할 수 있다. 〈개정 2013. 5. 22.〉

⑤ 요양기관이 가입자나 피부양자로부터 속임수나 그 밖의 부당한 방법으로 요양급여비용을 받은 경우 공단은 해당 요양기관으로부터 이를 징수하여 가입자나 피부양자에게 지체 없이 지급하여야 한다. 이 경우 공단은 가입자나 피부양자에게 지급하여야 하는 금액을 그 가입자 및 피부양자가 내야 하는 보험료 등과 상계할 수 있다. 〈개정 2013. 5. 22.〉

제57조의2(부당이득 징수금 체납자의 인적사항등 공개) ① 공단은 제57조제2항 각 호의 어느 하나에 해당하여 같은 조 제1항 및 제2항에 따라 징수금을 납부할 의무가 있는 요양기관 또는 요양기관을 개설한 자가 제79조제1항에 따라 납입 고지 문서에 기재된 납부기한의 다음 날부터 1년이 경과한 징수금을 1억원 이상 체납한 경우 징수금 발생의 원인이 되는 위반행위, 체납자의 인적사항 및 체납액 등 대통령령으로 정하는 사항(이하 이 조에서 "인적사항등"이라 한다)을 공개할 수 있다. 다만, 체납된 징수금과 관련하여 제87조에 따른 이의신청, 제88조에 따른 심판청구가 제기되거나 행정소송이 계류 중인 경우 또는 그 밖에 체납된 금액의 일부 납부 등 대통령령으로 정하는 사유가 있는 경우에는 그러하지 아니하다.

② 제1항에 따른 인적사항등의 공개 여부를 심의하기 위하여 공단에 부당이득징수금체납정보공개심의위원회를 둔다.

③ 공단은 부당이득징수금체납정보공개심의위원회의 심의를 거친 인적사항등의 공개대상자에게 공개대상자임을 서면으로 통지하여 소명의 기회를 부여하여야 하며, 통지일부터 6개월이 경과한 후 체납자의 납부이행 등을 고려하여 공개대상자를 선정한다.

④ 제1항에 따른 인적사항등의 공개는 관보에 게재하거나 공단 인터넷 홈페이지에 게시하는 방법으로 한다.

⑤ 제1항부터 제4항까지에서 규정한 사항 외에 인적사항등의 공개 절차 및 부당이득징수금체납정보공개심의위원회의 구성·운영 등에 필요한 사항은 대통령령으로 정한다.

[본조신설 2019. 12. 3.]

제58조(구상권) ① 공단은 제3자의 행위로 보험급여사유가 생겨 가입자 또는 피부양자에게 보험급여를 한 경우에는 그 급여에 들어간 비용 한도에서 그 제3자에게 손해배상을 청구할 권리를 얻는다.

② 제1항에 따라 보험급여를 받은 사람이 제3자로부터 이미 손해배상을 받은 경우에는 공단은 그 배상액 한도에서 보험급여를 하지 아니한다.

제59조(수급권 보호) ①보험급여를 받을 권리는 양도하거나 압류할 수 없다. 〈개정 2014. 5. 20.〉

② 제56조의2제1항에 따라 요양비등수급계좌에 입금된 요양비등은 압류할 수 없다.〈신설 2014. 5. 20.〉

제60조(현역병 등에 대한 요양급여비용 등의 지급) ① 공단은 제54조제3호 및 제4호에 해당하는 사람이 요양기관에서 대통령령으로 정하는 치료 등(이하 이 조에서 "요양급여"라 한다)을 받은 경우 그에 따라 공단이 부담하는 비용(이하 이 조에서 "요양급여비용"이라 한다)과 제49조에 따른 요양비를 법무부장관·국방부장관·경찰청장·소방청장 또는 해양경찰청장으로부터 예탁 받아 지급할 수 있다. 이 경우 법무부장관·국방부장관·경찰청장·소방청장 또는 해양경찰청장은 예산상 불가피한 경우 외에는 연간(年間) 들어갈 것으로 예상되는 요양급여비용과 요양비를 대통령령으로 정하는 바에 따라 미리 공단에 예탁하여야 한다. 〈개정 2014. 11. 19., 2017. 7. 26., 2018. 12. 11.〉

② 요양급여, 요양급여비용 및 요양비 등에 관한 사항은 제41조, 제41조의4, 제42조, 제42조의2, 제44조부터 제47조까지, 제47조의2, 제48조, 제49조, 제55조, 제56조, 제56조의2 및 제59조제2항을 준용한다.〈개정 2016. 3. 22., 2018. 12. 11.〉

[제목개정 2018. 12. 11.]

제61조(요양급여비용의 정산) 공단은 「산업재해보상보험법」 제10조에 따른 근로복지공단이 이 법에 따라 요양급여를 받을 수 있는 사람에게 「산업재해보상보험법」 제40조에 따른 요양급여를 지급한 후 그 지급 결정이 취소되어 해당 요양급여의 비용을 청구하는 경우에는 그 요양급여가 이 법에 따라 실시할 수 있는 요양급여에 상당한 것으로 인정되면 그 요양급여에 해당하는 금액을 지급할 수 있다.

제5장 건강보험심사평가원

제62조(설립) 요양급여비용을 심사하고 요양급여의 적정성을 평가하기 위하여 건강보험심사평가원을 설립한다.

제63조(업무 등) ① 심사평가원은 다음 각 호의 업무를 관장한다. 〈개정 2022. 6. 10.〉

1. 요양급여비용의 심사
2. 요양급여의 적정성 평가
3. 심사기준 및 평가기준의 개발
4. 제1호부터 제3호까지의 규정에 따른 업무와 관련된 조사연구 및 국제협력
5. 다른 법률에 따라 지급되는 급여비용의 심사 또는 의료의 적정성 평가에 관하여 위탁받은 업무
6. 그 밖에 이 법 또는 다른 법령에 따라 위탁받은 업무
7. 건강보험과 관련하여 보건복지부장관이 필요하다고 인정한 업무
8. 그 밖에 보험급여 비용의 심사와 보험급여의 적정성 평가와 관련하여 대통령령으로 정하는 업무

② 제1항제8호에 따른 보험급여의 적정성 평가의 기준·절차·방법 등에 필요한 사항은 보건복지부장관이 정하여 고시한다.〈개정 2022. 6. 10.〉

제64조(법인격 등) ① 심사평가원은 법인으로 한다.

② 심사평가원은 주된 사무소의 소재지에서 설립등기를 함으로써 성립한다.

제65조(임원) ① 심사평가원에 임원으로서 원장, 이사 15명 및 감사 1명을 둔다. 이 경우 원장, 이사 중

4명 및 감사는 상임으로 한다. 〈개정 2016. 2. 3.〉

② 원장은 임원추천위원회가 복수로 추천한 사람 중에서 보건복지부장관의 제청으로 대통령이 임명한다.

③ 상임이사는 보건복지부령으로 정하는 추천 절차를 거쳐 원장이 임명한다.

④ 비상임이사는 다음 각 호의 사람 중에서 10명과 대통령령으로 정하는 바에 따라 추천한 관계 공무원 1명을 보건복지부장관이 임명한다.

　　1. 공단이 추천하는 1명

　　2. 의약관계단체가 추천하는 5명

　　3. 노동조합·사용자단체·소비자단체 및 농어업인단체가 추천하는 각 1명

⑤ 감사는 임원추천위원회가 복수로 추천한 사람 중에서 기획재정부장관의 제청으로 대통령이 임명한다.

⑥ 제4항에 따른 비상임이사는 정관으로 정하는 바에 따라 실비변상을 받을 수 있다.

⑦ 원장의 임기는 3년, 이사(공무원인 이사는 제외한다)와 감사의 임기는 각각 2년으로 한다.

제66조(진료심사평가위원회) ① 심사평가원의 업무를 효율적으로 수행하기 위하여 심사평가원에 진료심사평가위원회(이하 "심사위원회"라 한다)를 둔다.

② 심사위원회는 위원장을 포함하여 90명 이내의 상근 심사위원과 1천명 이내의 비상근 심사위원으로 구성하며, 진료과목별 분과위원회를 둘 수 있다.〈개정 2016. 2. 3.〉

③ 제2항에 따른 상근 심사위원은 심사평가원의 원장이 보건복지부령으로 정하는 사람 중에서 임명한다.

④ 제2항에 따른 비상근 심사위원은 심사평가원의 원장이 보건복지부령으로 정하는 사람 중에서 위촉한다.

⑤ 심사평가원의 원장은 심사위원이 다음 각 호의 어느 하나에 해당하면 그 심사위원을 해임 또는 해촉할 수 있다.

　　1. 신체장애나 정신장애로 직무를 수행할 수 없다고 인정되는 경우

　　2. 직무상 의무를 위반하거나 직무를 게을리한 경우

　　3. 고의나 중대한 과실로 심사평가원에 손실이 생기게 한 경우

　　4. 직무 여부와 관계없이 품위를 손상하는 행위를 한 경우

⑥ 제1항부터 제5항까지에서 규정한 사항 외에 심사위원회 위원의 자격·임기 및 심사위원회의 구성·운영 등에 필요한 사항은 보건복지부령으로 정한다.

제66조의2(진료심사평가위원회 위원의 겸직) ① 「고등교육법」 제14조제2항에 따른 교원 중 교수·부교수 및 조교수는 「국가공무원법」 제64조 및 「사립학교법」 제55조제1항에도 불구하고 소속대학 총장의 허가를 받아 진료심사평가위원회 위원의 직무를 겸할 수 있다.

② 제1항에 따라 대학의 교원이 진료심사평가위원회 위원을 겸하는 경우 필요한 사항은 대통령령으로 정한다.

[본조신설 2023. 5. 19.]

제67조(자금의 조달 등) ① 심사평가원은 제63조제1항에 따른 업무(같은 항 제5호에 따른 업무는 제외한다)를 하기 위하여 공단으로부터 부담금을 징수할 수 있다.

② 심사평가원은 제63조제1항제5호에 따라 급여비용의 심사 또는 의료의 적정성 평가에 관한 업무를 위탁받은 경우에는 위탁자로부터 수수료를 받을 수 있다.

③ 제1항과 제2항에 따른 부담금 및 수수료의 금액·징수 방법 등에 필요한 사항은 보건복지부령으로 정한다.

제68조(준용 규정) 심사평가원에 관하여 제14조제3항·제4항, 제16조, 제17조(같은 조 제1항제6호 및 제7호는 제외한다), 제18조, 제19조, 제22조부터 제32조까지, 제35조제1항, 제36조, 제37조, 제39조 및 제40조를 준용한다. 이 경우 "공단"은 "심사평가원"으로, "이사장"은 "원장"으로 본다. 〈개정 2013. 5. 22.〉

제6장 보험료

제69조(보험료) ① 공단은 건강보험사업에 드는 비용에 충당하기 위하여 제77조에 따른 보험료의 납부의무자로부터 보험료를 징수한다.

② 제1항에 따른 보험료는 가입자의 자격을 취득한 날이 속하는 달의 다음 달부터 가입자의 자격을 잃은 날의 전날이 속하는 달까지 징수한다. 다만, 가입자의 자격을 매월 1일에 취득한 경우 또는 제5조제1항제2호가목에 따른 건강보험 적용 신청으로 가입자의 자격을 취득하는 경우에는 그 달부터 징수한다. 〈개정 2019. 12. 3.〉

③ 제1항 및 제2항에 따라 보험료를 징수할 때 가입자의 자격이 변동된 경우에는 변동된 날이 속하는 달의 보험료는 변동되기 전의 자격을 기준으로 징수한다. 다만, 가입자의 자격이 매월 1일에 변동된 경우에는 변동된 자격을 기준으로 징수한다.

④ 직장가입자의 월별 보험료액은 다음 각 호에 따라 산정한 금액으로 한다. 〈개정 2017. 4. 18., 2024. 2. 6.〉

  1. 보수월액보험료: 제70조에 따라 산정한 보수월액에 제73조제1항 또는 제2항에 따른 보험료율을 곱하여 얻은 금액

  2. 보수 외 소득월액보험료: 제71조제1항에 따라 산정한 보수 외 소득월액에 제73조제1항 또는 제2항에 따른 보험료율을 곱하여 얻은 금액

⑤ 지역가입자의 월별 보험료액은 다음 각 호의 구분에 따라 산정한 금액을 합산한 금액으로 한다. 이 경우 보험료액은 세대 단위로 산정한다. 〈개정 2024. 2. 6.〉

  1. 소득: 제71조제2항에 따라 산정한 지역가입자의 소득월액에 제73조제3항에 따른 보험료율을 곱하여 얻은 금액

  2. 재산: 제72조에 따라 산정한 재산보험료부과점수에 제73조제3항에 따른 재산보험료부과점수당 금액을 곱하여 얻은 금액

⑥ 제4항 및 제5항에 따른 월별 보험료액은 가입자의 보험료 평균액의 일정비율에 해당하는 금액을 고려하여 대통령령으로 정하는 기준에 따라 상한 및 하한을 정한다. 〈신설 2017. 4. 18.〉

제70조(보수월액) ① 제69조제4항제1호에 따른 직장가입자의 보수월액은 직장가입자가 지급받는 보수를 기준으로 하여 산정한다. 〈개정 2017. 4. 18.〉

② 휴직이나 그 밖의 사유로 보수의 전부 또는 일부가 지급되지 아니하는 가입자(이하 "휴직자등"이라 한다)의 보수월액보험료는 해당 사유가 생기기 전 달의 보수월액을 기준으로 산정한다.

③ 제1항에 따른 보수는 근로자등이 근로를 제공하고 사용자·국가 또는 지방자치단체로부터 지급받는 금품(실비변상적인 성격을 갖는 금품은 제외한다)으로서 대통령령으로 정하는 것을 말한다. 이 경우 보수 관련 자료가 없거나 불명확한 경우 등 대통령령으로 정하는 사유에 해당하면 보건복지부장관이 정하여 고시하는 금액을 보수로 본다.

④ 제1항에 따른 보수월액의 산정 및 보수가 지급되지 아니하는 사용자의 보수월액의 산정 등에 필요한 사항은 대통령령으로 정한다.

제71조(소득월액) ① 직장가입자의 보수 외 소득월액은 제70조에 따른 보수월액의 산정에 포함된 보수를 제외한 직장가입자의 소득(이하 "보수 외 소득"이라 한다)이 대통령령으로 정하는 금액을 초과하는 경우 다음의 계산식에 따른 값을 보건복지부령으로 정하는 바에 따라 평가하여 산정한다. 〈개정 2017. 4. 18., 2024. 2. 6.〉

> (연간 보수 외 소득 − 대통령령으로 정하는 금액) x 1/12

② 지역가입자의 소득월액은 지역가입자의 연간 소득을 12개월로 나눈 값을 보건복지부령으로 정하는 바

에 따라 평가하여 산정한다.〈신설 2024. 2. 6.〉

③ 제1항 및 제2항에 따른 소득의 구체적인 범위, 소득월액을 산정하는 기준, 방법 등 소득월액의 산정에 필요한 사항은 대통령령으로 정한다.〈개정 2024. 2. 6.〉

제72조(재산보험료부과점수) ① 제69조제5항제2호에 따른 재산보험료부과점수는 지역가입자의 재산을 기준으로 산정한다. 다만, 대통령령으로 정하는 지역가입자가 실제 거주를 목적으로 대통령령으로 정하는 기준 이하의 주택을 구입 또는 임차하기 위하여 다음 각 호의 어느 하나에 해당하는 대출을 받고 그 사실을 공단에 통보하는 경우에는 해당 대출금액을 대통령령으로 정하는 바에 따라 평가하여 재산보험료부과점수 산정 시 제외한다.〈개정 2017. 4. 18., 2019. 12. 3., 2024. 2. 6., 2024. 2. 20.〉

　　1.「금융실명거래 및 비밀보장에 관한 법률」제2조제1호에 따른 금융회사등(이하 "금융회사등"이라 한다)으로부터 받은 대출

　　2.「주택도시기금법」에 따른 주택도시기금을 재원으로 하는 대출 등 보건복지부장관이 정하여 고시하는 대출

② 제1항에 따라 재산보험료부과점수의 산정방법과 산정기준을 정할 때 법령에 따라 재산권의 행사가 제한되는 재산에 대하여는 다른 재산과 달리 정할 수 있다.〈개정 2024. 2. 6.〉

③ 지역가입자는 제1항 단서에 따라 공단에 통보할 때 「신용정보의 이용 및 보호에 관한 법률」제2조제1호에 따른 신용정보, 「금융실명거래 및 비밀보장에 관한 법률」제2조제2호에 따른 금융자산, 같은 조 제3호에 따른 금융거래의 내용에 대한 자료·정보 중 대출금액 등 대통령령으로 정하는 자료·정보(이하 "금융정보등"이라 한다)를 공단에 제출하여야 하며, 제1항 단서에 따른 재산보험료부과점수 산정을 위하여 필요한 금융정보등을 공단에 제공하는 것에 대하여 동의한다는 서면을 함께 제출하여야 한다. 〈신설 2019. 12. 3., 2022. 6. 10., 2024. 2. 6.〉

④ 제1항 및 제2항에 따른 재산보험료부과점수의 산정방법·산정기준 등에 필요한 사항은 대통령령으로 정한다.〈개정 2019. 12. 3., 2024. 2. 6.〉

[제목개정 2024. 2. 6.]

제72조의2 삭제 〈2024. 1. 9.〉

제72조의3(보험료 부과제도에 대한 적정성 평가) ① 보건복지부장관은 제5조에 따른 피부양자 인정기준(이하 이 조에서 "인정기준"이라 한다)과 제69조부터 제72조까지의 규정에 따른 보험료, 보수월액, 소득월액 및 재산보험료부과점수의 산정 기준 및 방법 등(이하 이 조에서 "산정기준"이라 한다)에 대하여 적정성을 평가하고, 이 법 시행일로부터 4년이 경과한 때 이를 조정하여야 한다. 〈개정 2024. 2. 6.〉

② 보건복지부장관은 제1항에 따른 적정성 평가를 하는 경우에는 다음 각 호를 종합적으로 고려하여야 한다.〈개정 2024. 1. 9.〉

　　1. 제4조제1항제5호의2나목에 따라 심의위원회가 심의한 가입자의 소득 파악 현황 및 개선방안

　　2. 공단의 소득 관련 자료 보유 현황

　　3.「소득세법」제4조에 따른 종합소득(종합과세되는 종합소득과 분리과세되는 종합소득을 포함한다) 과세 현황

　　4. 직장가입자에게 부과되는 보험료와 지역가입자에게 부과되는 보험료 간 형평성

　　5. 제1항에 따른 인정기준 및 산정기준의 조정으로 인한 보험료 변동

　　6. 그 밖에 적정성 평가 대상이 될 수 있는 사항으로서 보건복지부장관이 정하는 사항

③ 제1항에 따른 적정성 평가의 절차, 방법 및 그 밖에 적정성 평가를 위하여 필요한 사항은 대통령령으로 정한다.

[본조신설 2017. 4. 18.]

제73조(보험료율 등) ① 직장가입자의 보험료율은 1천분의 80의 범위에서 심의위원회의 의결을 거쳐 대통

령령으로 정한다.

② 국외에서 업무에 종사하고 있는 직장가입자에 대한 보험료율은 제1항에 따라 정해진 보험료율의 100분의 50으로 한다.

③ 지역가입자의 보험료율과 재산보험료부과점수당 금액은 심의위원회의 의결을 거쳐 대통령령으로 정한다.〈개정 2024. 2. 6.〉

제74조(보험료의 면제) ① 공단은 직장가입자가 제54조제2호부터 제4호까지의 어느 하나에 해당하는 경우(같은 조 제2호에 해당하는 경우에는 1개월 이상의 기간으로서 대통령령으로 정하는 기간 이상 국외에 체류하는 경우에 한정한다. 이하 이 조에서 같다) 그 가입자의 보험료를 면제한다. 다만, 제54조제2호에 해당하는 직장가입자의 경우에는 국내에 거주하는 피부양자가 없을 때에만 보험료를 면제한다.〈개정 2020. 4. 7.〉

② 지역가입자가 제54조제2호부터 제4호까지의 어느 하나에 해당하면 그 가입자가 속한 세대의 보험료를 산정할 때 그 가입자의 제71조제2항에 따른 소득월액 및 제72조에 따른 재산보험료부과점수를 제외한다.〈개정 2024. 2. 6.〉

③ 제1항에 따른 보험료의 면제나 제2항에 따라 보험료의 산정에서 제외되는 소득월액 및 재산보험료부과점수에 대하여는 제54조제2호부터 제4호까지의 어느 하나에 해당하는 급여정지 사유가 생긴 날이 속하는 달의 다음 달부터 사유가 없어진 날이 속하는 달까지 적용한다. 다만, 다음 각 호의 어느 하나에 해당하는 경우에는 그 달의 보험료를 면제하지 아니하거나 보험료의 산정에서 소득월액 및 재산보험료부과점수를 제외하지 아니한다.〈개정 2020. 4. 7., 2024. 2. 6.〉

1. 급여정지 사유가 매월 1일에 없어진 경우
2. 제54조제2호에 해당하는 가입자 또는 그 피부양자가 국내에 입국하여 입국일이 속하는 달에 보험급여를 받고 그 달에 출국하는 경우

제75조(보험료의 경감 등) ① 다음 각 호의 어느 하나에 해당하는 가입자 중 보건복지부령으로 정하는 가입자에 대하여는 그 가입자 또는 그 가입자가 속한 세대의 보험료의 일부를 경감할 수 있다.

1. 섬·벽지(僻地)·농어촌 등 대통령령으로 정하는 지역에 거주하는 사람
2. 65세 이상인 사람
3. 「장애인복지법」에 따라 등록한 장애인
4. 「국가유공자 등 예우 및 지원에 관한 법률」 제4조제1항제4호, 제6호, 제12호, 제15호 및 제17호에 따른 국가유공자
5. 휴직자
6. 그 밖에 생활이 어렵거나 천재지변 등의 사유로 보험료를 경감할 필요가 있다고 보건복지부장관이 정하여 고시하는 사람

② 제77조에 따른 보험료 납부의무자가 다음 각 호의 어느 하나에 해당하는 경우에는 대통령령으로 정하는 바에 따라 보험료를 감액하는 등 재산상의 이익을 제공할 수 있다.〈신설 2013. 5. 22., 2019. 4. 23., 2023. 5. 19.〉

1. 제81조의6제1항에 따라 보험료의 납입 고지 또는 독촉을 전자문서로 받는 경우
2. 보험료를 계좌 또는 신용카드 자동이체의 방법으로 내는 경우

③ 제1항에 따른 보험료 경감의 방법·절차 등에 필요한 사항은 보건복지부장관이 정하여 고시한다.〈개정 2013. 5. 22.〉

[제목개정 2013. 5. 22.]

제76조(보험료의 부담) ① 직장가입자의 보수월액보험료는 직장가입자와 다음 각 호의 구분에 따른 자가 각각 보험료액의 100분의 50씩 부담한다. 다만, 직장가입자가 교직원으로서 사립학교에 근무하는 교원이면 보험료액은 그 직장가입자가 100분의 50을, 제3조제2호다목에 해당하는 사용자가 100분의 30을, 국

가가 100분의 20을 각각 부담한다. 〈개정 2014. 1. 1.〉

1. 직장가입자가 근로자인 경우에는 제3조제2호가목에 해당하는 사업주
2. 직장가입자가 공무원인 경우에는 그 공무원이 소속되어 있는 국가 또는 지방자치단체
3. 직장가입자가 교직원(사립학교에 근무하는 교원은 제외한다)인 경우에는 제3조제2호다목에 해당하는 사용자

② 직장가입자의 보수 외 소득월액보험료는 직장가입자가 부담한다.〈개정 2024. 2. 6.〉

③ 지역가입자의 보험료는 그 가입자가 속한 세대의 지역가입자 전원이 연대하여 부담한다.

④ 직장가입자가 교직원인 경우 제3조제2호다목에 해당하는 사용자가 부담액 전부를 부담할 수 없으면 그 부족액을 학교에 속하는 회계에서 부담하게 할 수 있다.〈신설 2014. 1. 1.〉

제77조(보험료 납부의무) ① 직장가입자의 보험료는 다음 각 호의 구분에 따라 그 각 호에서 정한 자가 납부한다. 〈개정 2024. 2. 6.〉

1. 보수월액보험료: 사용자. 이 경우 사업장의 사용자가 2명 이상인 때에는 그 사업장의 사용자는 해당 직장가입자의 보험료를 연대하여 납부한다.
2. 보수 외 소득월액보험료: 직장가입자

② 지역가입자의 보험료는 그 가입자가 속한 세대의 지역가입자 전원이 연대하여 납부한다. 다만, 소득 및 재산이 없는 미성년자와 소득 및 재산 등을 고려하여 대통령령으로 정하는 기준에 해당하는 미성년자는 납부의무를 부담하지 아니한다.〈개정 2017. 4. 18.〉

③ 사용자는 보수월액보험료 중 직장가입자가 부담하여야 하는 그 달의 보험료액을 그 보수에서 공제하여 납부하여야 한다. 이 경우 직장가입자에게 공제액을 알려야 한다.

제77조의2(제2차 납부의무) ① 법인의 재산으로 그 법인이 납부하여야 하는 보험료, 연체금 및 체납처분비를 충당하여도 부족한 경우에는 해당 법인에게 보험료의 납부의무가 부과된 날 현재의 무한책임사원 또는 과점주주(「국세기본법」 제39조 각 호의 어느 하나에 해당하는 자를 말한다)가 그 부족한 금액에 대하여 제2차 납부의무를 진다. 다만, 과점주주의 경우에는 그 부족한 금액을 그 법인의 발행주식 총수(의결권이 없는 주식은 제외한다) 또는 출자총액으로 나눈 금액에 해당 과점주주가 실질적으로 권리를 행사하는 주식 수(의결권이 없는 주식은 제외한다) 또는 출자액을 곱하여 산출한 금액을 한도로 한다.

② 사업이 양도·양수된 경우에 양도일 이전에 양도인에게 납부의무가 부과된 보험료, 연체금 및 체납처분비를 양도인의 재산으로 충당하여도 부족한 경우에는 사업의 양수인이 그 부족한 금액에 대하여 양수한 재산의 가액을 한도로 제2차 납부의무를 진다. 이 경우 양수인의 범위 및 양수한 재산의 가액은 대통령령으로 정한다.

[본조신설 2016. 2. 3.]

제78조(보험료의 납부기한) ①제77조제1항 및 제2항에 따라 보험료 납부의무가 있는 자는 가입자에 대한 그 달의 보험료를 그 다음 달 10일까지 납부하여야 한다. 다만, 직장가입자의 보수 외 소득월액보험료 및 지역가입자의 보험료는 보건복지부령으로 정하는 바에 따라 분기별로 납부할 수 있다. 〈개정 2013. 5. 22., 2024. 2. 6.〉

② 공단은 제1항에도 불구하고 납입 고지의 송달 지연 등 보건복지부령으로 정하는 사유가 있는 경우 납부의무자의 신청에 따라 제1항에 따른 납부기한부터 1개월의 범위에서 납부기한을 연장할 수 있다. 이 경우 납부기한 연장을 신청하는 방법, 절차 등에 필요한 사항은 보건복지부령으로 정한다.〈신설 2013. 5. 22.〉

제78조의2(가산금) ① 사업장의 사용자가 대통령령으로 정하는 사유에 해당되어 직장가입자가 될 수 없는 자를 제8조제2항 또는 제9조제2항을 위반하여 거짓으로 보험자에게 직장가입자로 신고한 경우 공단은 제1호의 금액에서 제2호의 금액을 뺀 금액의 100분의 10에 상당하는 가산금을 그 사용자에게 부과하여 징

수한다.

1. 사용자가 직장가입자로 신고한 사람이 직장가입자로 처리된 기간 동안 그 가입자가 제69조제5항에 따라 부담하여야 하는 보험료의 총액

2. 제1호의 기간 동안 공단이 해당 가입자에 대하여 제69조제4항에 따라 산정하여 부과한 보험료의 총액

②제1항에도 불구하고, 공단은 가산금이 소액이거나 그 밖에 가산금을 징수하는 것이 적절하지 아니하다고 인정되는 등 대통령령으로 정하는 경우에는 징수하지 아니할 수 있다.

[본조신설 2016. 3. 22.]

제79조(보험료등의 납입 고지) ① 공단은 보험료등을 징수하려면 그 금액을 결정하여 납부의무자에게 다음 각 호의 사항을 적은 문서로 납입 고지를 하여야 한다.

1. 징수하려는 보험료등의 종류
2. 납부해야 하는 금액
3. 납부기한 및 장소

② 삭제〈2023. 5. 19.〉

③ 삭제〈2023. 5. 19.〉

④ 직장가입자의 사용자가 2명 이상인 경우 또는 지역가입자의 세대가 2명 이상으로 구성된 경우 그 중 1명에게 한 고지는 해당 사업장의 다른 사용자 또는 세대 구성원인 다른 지역가입자 모두에게 효력이 있는 것으로 본다.

⑤ 휴직자등의 보험료는 휴직 등의 사유가 끝날 때까지 보건복지부령으로 정하는 바에 따라 납입 고지를 유예할 수 있다.

⑥ 공단은 제77조의2에 따른 제2차 납부의무자에게 납입의 고지를 한 경우에는 해당 법인인 사용자 및 사업 양도인에게 그 사실을 통지하여야 한다.〈개정 2016. 2. 3.〉

제79조의2(신용카드등으로 하는 보험료등의 납부) ① 공단이 납입 고지한 보험료등을 납부하는 자는 보험료등의 납부를 대행할 수 있도록 대통령령으로 정하는 기관 등(이하 이 조에서 "보험료등납부대행기관"이라 한다)을 통하여 신용카드, 직불카드 등(이하 이 조에서 "신용카드등"이라 한다)으로 납부할 수 있다. 〈개정 2017. 2. 8.〉

② 제1항에 따라 신용카드등으로 보험료등을 납부하는 경우에는 보험료등납부대행기관의 승인일을 납부일로 본다.

③ 보험료등납부대행기관은 보험료등의 납부자로부터 보험료등의 납부를 대행하는 대가로 수수료를 받을 수 있다.

④ 보험료등납부대행기관의 지정 및 운영, 수수료 등에 필요한 사항은 대통령령으로 정한다.

[본조신설 2014. 5. 20.]

제80조(연체금) ① 공단은 보험료등의 납부의무자가 납부기한까지 보험료등을 내지 아니하면 그 납부기한이 지난 날부터 매 1일이 경과할 때마다 다음 각 호에 해당하는 연체금을 징수한다. 〈개정 2016. 2. 3., 2019. 1. 15.〉

1. 제69조에 따른 보험료 또는 제53조제3항에 따른 보험급여 제한 기간 중 받은 보험급여에 대한 징수금을 체납한 경우: 해당 체납금액의 1천500분의 1에 해당하는 금액. 이 경우 연체금은 해당 체납금액의 1천분의 20을 넘지 못한다.

2. 제1호 외에 이 법에 따른 징수금을 체납한 경우: 해당 체납금액의 1천분의 1에 해당하는 금액. 이 경우 연체금은 해당 체납금액의 1천분의 30을 넘지 못한다.

② 공단은 보험료등의 납부의무자가 체납된 보험료등을 내지 아니하면 납부기한 후 30일이 지난 날부터

매 1일이 경과할 때마다 다음 각 호에 해당하는 연체금을 제1항에 따른 연체금에 더하여 징수한다.〈개정 2016. 2. 3., 2019. 1. 15., 2024. 2. 6.〉

1. 제69조에 따른 보험료 또는 제53조제3항에 따른 보험급여 제한 기간 중 받은 보험급여에 대한 징수금을 체납한 경우: 해당 체납금액의 6천분의 1에 해당하는 금액. 이 경우 연체금(제1항제1호의 연체금을 포함한 금액을 말한다)은 해당 체납금액의 1천분의 50을 넘지 못한다.
2. 제1호 외에 이 법에 따른 징수금을 체납한 경우: 해당 체납금액의 3천분의 1에 해당하는 금액. 이 경우 연체금(제1항제2호의 연체금을 포함한 금액을 말한다)은 해당 체납금액의 1천분의 90을 넘지 못한다.

③ 공단은 제1항 및 제2항에도 불구하고 천재지변이나 그 밖에 보건복지부령으로 정하는 부득이한 사유가 있으면 제1항 및 제2항에 따른 연체금을 징수하지 아니할 수 있다.

제81조(보험료등의 독촉 및 체납처분) ① 공단은 제57조, 제77조, 제77조의2, 제78조의2, 제101조 및 제101조의2에 따라 보험료등을 내야 하는 자가 보험료등을 내지 아니하면 기한을 정하여 독촉할 수 있다. 이 경우 직장가입자의 사용자가 2명 이상인 경우 또는 지역가입자의 세대가 2명 이상으로 구성된 경우에는 그 중 1명에게 한 독촉은 해당 사업장의 다른 사용자 또는 세대 구성원인 다른 지역가입자 모두에게 효력이 있는 것으로 본다. 〈개정 2016. 2. 3., 2016. 3. 22., 2023. 5. 19.〉

② 제1항에 따라 독촉할 때에는 10일 이상 15일 이내의 납부기한을 정하여 독촉장을 발부하여야 한다.

③ 공단은 제1항에 따른 독촉을 받은 자가 그 납부기한까지 보험료등을 내지 아니하면 보건복지부장관의 승인을 받아 국세 체납처분의 예에 따라 이를 징수할 수 있다.

④ 공단은 제3항에 따라 체납처분을 하기 전에 보험료등의 체납 내역, 압류 가능한 재산의 종류, 압류 예정 사실 및 「국세징수법」 제41조제18호에 따른 소액금융재산에 대한 압류금지 사실 등이 포함된 통보서를 발송하여야 한다. 다만, 법인 해산 등 긴급히 체납처분을 할 필요가 있는 경우로서 대통령령으로 정하는 경우에는 그러하지 아니하다.〈신설 2018. 3. 27., 2020. 12. 29.〉

⑤ 공단은 제3항에 따른 국세 체납처분의 예에 따라 압류하거나 제81조의2제1항에 따라 압류한 재산의 공매에 대하여 전문지식이 필요하거나 그 밖에 특수한 사정으로 직접 공매하는 것이 적당하지 아니하다고 인정하는 경우에는 「한국자산관리공사 설립 등에 관한 법률」에 따라 설립된 한국자산관리공사(이하 "한국자산관리공사"라 한다)에 공매를 대행하게 할 수 있다. 이 경우 공매는 공단이 한 것으로 본다.〈개정 2018. 3. 27., 2019. 11. 26., 2022. 12. 27.〉

⑥ 공단은 제5항에 따라 한국자산관리공사가 공매를 대행하면 보건복지부령으로 정하는 바에 따라 수수료를 지급할 수 있다.〈개정 2018. 3. 27.〉

제81조의2(부당이득 징수금의 압류) ① 제81조에도 불구하고 공단은 보험급여 비용을 받은 요양기관이 다음 각 호의 요건을 모두 갖춘 경우에는 제57조제1항에 따른 징수금의 한도에서 해당 요양기관 또는 그 요양기관을 개설한 자(같은 조 제2항에 따라 해당 요양기관과 연대하여 징수금을 납부하여야 하는 자를 말한다. 이하 이 조에서 같다)의 재산을 보건복지부장관의 승인을 받아 압류할 수 있다.

1. 「의료법」 제33조제2항 또는 「약사법」 제20조제1항을 위반하였다는 사실로 기소된 경우
2. 요양기관 또는 요양기관을 개설한 자에게 강제집행, 국세 강제징수 등 대통령령으로 정하는 사유가 있어 그 재산을 압류할 필요가 있는 경우

② 공단은 제1항에 따라 재산을 압류하였을 때에는 해당 요양기관 또는 그 요양기관을 개설한 자에게 문서로 그 압류 사실을 통지하여야 한다.

③ 공단은 다음 각 호의 어느 하나에 해당할 때에는 제1항에 따른 압류를 즉시 해제하여야 한다.

1. 제2항에 따른 통지를 받은 자가 제57조제1항에 따른 징수금에 상당하는 다른 재산을 담보로 제공하고 압류 해제를 요구하는 경우

2. 법원의 무죄 판결이 확정되는 등 대통령령으로 정하는 사유로 해당 요양기관이 「의료법」 제33조제2항 또는 「약사법」 제20조제1항을 위반한 혐의가 입증되지 아니한 경우

④ 제1항에 따른 압류 및 제3항에 따른 압류 해제에 관하여 이 법에서 규정한 것 외에는 「국세징수법」을 준용한다.

[본조신설 2022. 12. 27.] [종전 제81조의2는 제81조의3으로 이동 〈2022. 12. 27.〉]

제81조의3(체납 또는 결손처분 자료의 제공) ① 공단은 보험료 징수 및 제57조에 따른 징수금(같은 조 제2항 각 호의 어느 하나에 해당하여 같은 조 제1항 및 제2항에 따라 징수하는 금액에 한정한다. 이하 이 조에서 "부당이득금"이라 한다)의 징수 또는 공익목적을 위하여 필요한 경우에 「신용정보의 이용 및 보호에 관한 법률」 제25조제2항제1호의 종합신용정보집중기관에 다음 각 호의 어느 하나에 해당하는 체납자 또는 결손처분자의 인적사항·체납액 또는 결손처분액에 관한 자료(이하 이 조에서 "체납등 자료"라 한다)를 제공할 수 있다. 다만, 체납된 보험료나 부당이득금과 관련하여 행정심판 또는 행정소송이 계류 중인 경우, 제82조제1항에 따라 분할납부를 승인받은 경우 중 대통령령으로 정하는 경우, 그 밖에 대통령령으로 정하는 사유가 있을 때에는 그러하지 아니하다. 〈개정 2023. 5. 19., 2023. 7. 11.〉

1. 이 법에 따른 납부기한의 다음 날부터 1년이 지난 보험료 및 그에 따른 연체금과 체납처분비의 총액이 500만원 이상인 자
2. 이 법에 따른 납부기한의 다음 날부터 1년이 지난 부당이득금 및 그에 따른 연체금과 체납처분비의 총액이 1억원 이상인 자
3. 제84조에 따라 결손처분한 금액의 총액이 500만원 이상인 자

② 공단은 제1항에 따라 종합신용정보집중기관에 체납등 자료를 제공하기 전에 해당 체납자 또는 결손처분자에게 그 사실을 서면으로 통지하여야 한다. 이 경우 통지를 받은 체납자가 체납액을 납부하거나 체납액 납부계획서를 제출하는 경우 공단은 종합신용정보집중기관에 체납등 자료를 제공하지 아니하거나 체납등 자료의 제공을 유예할 수 있다. 〈신설 2023. 5. 19.〉

③ 체납등 자료의 제공절차에 필요한 사항은 대통령령으로 정한다. 〈개정 2023. 5. 19.〉

④ 제1항에 따라 체납등 자료를 제공받은 자는 이를 업무 외의 목적으로 누설하거나 이용하여서는 아니 된다. 〈개정 2023. 5. 19.〉

[본조신설 2013. 5. 22.] [제81조의2에서 이동, 종전 제81조의3은 제81조의4로 이동 〈2022. 12. 27.〉]

제81조의4(보험료의 납부증명) ① 제77조에 따른 보험료의 납부의무자(이하 이 조에서 "납부의무자"라 한다)는 국가, 지방자치단체 또는 「공공기관의 운영에 관한 법률」 제4조에 따른 공공기관(이하 이 조에서 "공공기관"이라 한다)으로부터 공사·제조·구매·용역 등 대통령령으로 정하는 계약의 대가를 지급받는 경우에는 보험료와 그에 따른 연체금 및 체납처분비의 납부사실을 증명하여야 한다. 다만, 납부의무자가 계약대금의 전부 또는 일부를 체납한 보험료로 납부하려는 경우 등 대통령령으로 정하는 경우에는 그러하지 아니하다.

② 납부의무자가 제1항에 따라 납부사실을 증명하여야 할 경우 제1항의 계약을 담당하는 주무관서 또는 공공기관은 납부의무자의 동의를 받아 공단에 조회하여 보험료와 그에 따른 연체금 및 체납처분비의 납부여부를 확인하는 것으로 제1항에 따른 납부증명을 갈음할 수 있다.

[본조신설 2016. 2. 3.] [제81조의3에서 이동, 종전 제81조의4는 제81조의5로 이동 〈2022. 12. 27.〉]

제81조의5(서류의 송달) 제79조 및 제81조에 관한 서류의 송달에 관한 사항과 전자문서에 의한 납입 고지 등에 관하여 제81조의6에서 정하지 아니한 사항에 관하여는 「국세기본법」 제8조(같은 조 제2항 단서는 제외한다)부터 제12조까지의 규정을 준용한다. 다만, 우편송달에 의하는 경우 그 방법은 대통령령으로 정하는 바에 따른다. 〈개정 2023. 5. 19.〉

[본조신설 2019. 4. 23.] [제81조의4에서 이동 〈2022. 12. 27.〉]

제81조의6(전자문서에 의한 납입 고지 등) ① 납부의무자가 제79조제1항에 따른 납입 고지 또는 제81조제1항에 따른 독촉을 전자문서교환방식 등에 의한 전자문서로 해줄 것을 신청하는 경우에는 공단은 전자문서로 고지 또는 독촉할 수 있다. 이 경우 전자문서 고지 및 독촉에 대한 신청 방법·절차 등에 필요한 사항은 보건복지부령으로 정한다.

② 공단이 제1항에 따라 전자문서로 고지 또는 독촉하는 경우에는 전자문서가 보건복지부령으로 정하는 정보통신망에 저장되거나 납부의무자가 지정한 전자우편주소에 입력된 때에 납입 고지 또는 독촉이 그 납부의무자에게 도달된 것으로 본다.

[본조신설 2023. 5. 19.]

제82조(체납보험료의 분할납부) ① 공단은 보험료를 3회 이상 체납한 자가 신청하는 경우 보건복지부령으로 정하는 바에 따라 분할납부를 승인할 수 있다. *⟨개정 2018. 3. 27.⟩*

② 공단은 보험료를 3회 이상 체납한 자에 대하여 제81조제3항에 따른 체납처분을 하기 전에 제1항에 따른 분할납부를 신청할 수 있음을 알리고, 보건복지부령으로 정하는 바에 따라 분할납부 신청의 절차·방법 등에 관한 사항을 안내하여야 한다. *⟨신설 2018. 3. 27.⟩*

③ 공단은 제1항에 따라 분할납부 승인을 받은 자가 정당한 사유 없이 5회(제1항에 따라 승인받은 분할납부 횟수가 5회 미만인 경우에는 해당 분할납부 횟수를 말한다) 이상 그 승인된 보험료를 납부하지 아니하면 그 분할납부의 승인을 취소한다. *⟨개정 2018. 3. 27., 2019. 4. 23.⟩*

④ 분할납부의 승인과 취소에 관한 절차·방법·기준 등에 필요한 사항은 보건복지부령으로 정한다. *⟨개정 2018. 3. 27.⟩*

제83조(고액·상습체납자의 인적사항 공개) ① 공단은 이 법에 따른 납부기한의 다음 날부터 1년이 경과한 보험료, 연체금과 체납처분비(제84조에 따라 결손처분한 보험료, 연체금과 체납처분비로서 징수권 소멸시효가 완성되지 아니한 것을 포함한다)의 총액이 1천만원 이상인 체납자가 납부능력이 있음에도 불구하고 체납한 경우 그 인적사항·체납액 등(이하 이 조에서 "인적사항등"이라 한다)을 공개할 수 있다. 다만, 체납된 보험료, 연체금과 체납처분비와 관련하여 제87조에 따른 이의신청, 제88조에 따른 심판청구가 제기되거나 행정소송이 계류 중인 경우 또는 그 밖에 체납된 금액의 일부 납부 등 대통령령으로 정하는 사유가 있는 경우에는 그러하지 아니하다. *⟨개정 2019. 4. 23.⟩*

② 제1항에 따른 체납자의 인적사항등에 대한 공개 여부를 심의하기 위하여 공단에 보험료정보공개심의위원회를 둔다.

③ 공단은 보험료정보공개심의위원회의 심의를 거친 인적사항등의 공개대상자에게 공개대상자임을 서면으로 통지하여 소명의 기회를 부여하여야 하며, 통지일부터 6개월이 경과한 후 체납액의 납부이행 등을 감안하여 공개대상자를 선정한다.

④ 제1항에 따른 체납자 인적사항등의 공개는 관보에 게재하거나 공단 인터넷 홈페이지에 게시하는 방법에 따른다.

⑤ 제1항부터 제4항까지의 규정에 따른 체납자 인적사항등의 공개와 관련한 납부능력의 기준, 공개절차 및 위원회의 구성·운영 등에 필요한 사항은 대통령령으로 정한다.

제84조(결손처분) ① 공단은 다음 각 호의 어느 하나에 해당하는 사유가 있으면 재정운영위원회의 의결을 받아 보험료등을 결손처분할 수 있다.

1. 체납처분이 끝나고 체납액에 충당될 배분금액이 그 체납액에 미치지 못하는 경우
2. 해당 권리에 대한 소멸시효가 완성된 경우
3. 그 밖에 징수할 가능성이 없다고 인정되는 경우로서 대통령령으로 정하는 경우

② 공단은 제1항제3호에 따라 결손처분을 한 후 압류할 수 있는 다른 재산이 있는 것을 발견한 때에는 지체 없이 그 처분을 취소하고 체납처분을 하여야 한다.

제85조(보험료등의 징수 순위) 보험료등은 국세와 지방세를 제외한 다른 채권에 우선하여 징수한다. 다만, 보험료등의 납부기한 전에 전세권·질권·저당권 또는 「동산·채권 등의 담보에 관한 법률」에 따른 담보권의 설정을 등기 또는 등록한 사실이 증명되는 재산을 매각할 때에 그 매각대금 중에서 보험료등을 징수하는 경우 그 전세권·질권·저당권 또는 「동산·채권 등의 담보에 관한 법률」에 따른 담보권으로 담보된 채권에 대하여는 그러하지 아니하다.

제86조(보험료등의 충당과 환급) ① 공단은 납부의무자가 보험료등·연체금 또는 체납처분비로 낸 금액 중 과오납부(過誤納付)한 금액이 있으면 대통령령으로 정하는 바에 따라 그 과오납금을 보험료등·연체금 또는 체납처분비에 우선 충당하여야 한다. 〈개정 2019. 12. 3.〉

② 공단은 제1항에 따라 충당하고 남은 금액이 있는 경우 대통령령으로 정하는 바에 따라 납부의무자에게 환급하여야 한다. 〈개정 2019. 12. 3.〉

③ 제1항 및 제2항의 경우 과오납금에 대통령령으로 정하는 이자를 가산하여야 한다. 〈신설 2019. 12. 3.〉

제7장 이의신청 및 심판청구 등

제87조(이의신청) ① 가입자 및 피부양자의 자격, 보험료등, 보험급여, 보험급여 비용에 관한 공단의 처분에 이의가 있는 자는 공단에 이의신청을 할 수 있다.

② 요양급여비용 및 요양급여의 적정성 평가 등에 관한 심사평가원의 처분에 이의가 있는 공단, 요양기관 또는 그 밖의 자는 심사평가원에 이의신청을 할 수 있다.

③ 제1항 및 제2항에 따른 이의신청(이하 "이의신청"이라 한다)은 처분이 있음을 안 날부터 90일 이내에 문서(전자문서를 포함한다)로 하여야 하며 처분이 있은 날부터 180일을 지나면 제기하지 못한다. 다만, 정당한 사유로 그 기간에 이의신청을 할 수 없었음을 소명한 경우에는 그러하지 아니하다.

④ 제3항 본문에도 불구하고 요양기관이 제48조에 따른 심사평가원의 확인에 대하여 이의신청을 하려면 같은 조 제2항에 따라 통보받은 날부터 30일 이내에 하여야 한다.

⑤ 제1항부터 제4항까지에서 규정한 사항 외에 이의신청의 방법·결정 및 그 결정의 통지 등에 필요한 사항은 대통령령으로 정한다.

제88조(심판청구) ① 이의신청에 대한 결정에 불복하는 자는 제89조에 따른 건강보험분쟁조정위원회에 심판청구를 할 수 있다. 이 경우 심판청구의 제기기간 및 제기방법에 관하여는 제87조제3항을 준용한다.

② 제1항에 따라 심판청구를 하려는 자는 대통령령으로 정하는 심판청구서를 제87조제1항 또는 제2항에 따른 처분을 한 공단 또는 심사평가원에 제출하거나 제89조에 따른 건강보험분쟁조정위원회에 제출하여야 한다.

③ 제1항 및 제2항에서 규정한 사항 외에 심판청구의 절차·방법·결정 및 그 결정의 통지 등에 필요한 사항은 대통령령으로 정한다.

제89조(건강보험분쟁조정위원회) ① 제88조에 따른 심판청구를 심리·의결하기 위하여 보건복지부에 건강보험분쟁조정위원회(이하 "분쟁조정위원회"라 한다)를 둔다.

② 분쟁조정위원회는 위원장을 포함하여 60명 이내의 위원으로 구성하고, 위원장을 제외한 위원 중 1명은 당연직위원으로 한다. 이 경우 공무원이 아닌 위원이 전체 위원의 과반수가 되도록 하여야 한다. 〈개정 2014. 1. 1., 2018. 12. 11.〉

③ 분쟁조정위원회의 회의는 위원장, 당연직위원 및 위원장이 매 회의마다 지정하는 7명의 위원을 포함하여 총 9명으로 구성하되, 공무원이 아닌 위원이 과반수가 되도록 하여야 한다. 〈개정 2018. 12. 11.〉

④ 분쟁조정위원회는 제3항에 따른 구성원 과반수의 출석과 출석위원 과반수의 찬성으로 의결한다.

⑤ 분쟁조정위원회를 실무적으로 지원하기 위하여 분쟁조정위원회에 사무국을 둔다. 〈신설 2014. 1. 1.〉

⑥ 제1항부터 제5항까지에서 규정한 사항 외에 분쟁조정위원회 및 사무국의 구성 및 운영 등에 필요한 사항은 대통령령으로 정한다. 〈개정 2014. 1. 1.〉

⑦ 분쟁조정위원회의 위원 중 공무원이 아닌 사람은 「형법」 제129조부터 제132조까지의 규정을 적용할 때 공무원으로 본다. 〈신설 2016. 2. 3.〉

제90조(행정소송) 공단 또는 심사평가원의 처분에 이의가 있는 자와 제87조에 따른 이의신청 또는 제88조에 따른 심판청구에 대한 결정에 불복하는 자는 「행정소송법」에서 정하는 바에 따라 행정소송을 제기할 수 있다.

제8장 보칙

제91조(시효) ① 다음 각 호의 권리는 3년 동안 행사하지 아니하면 소멸시효가 완성된다. 〈개정 2016. 3. 22.〉

  1. 보험료, 연체금 및 가산금을 징수할 권리
  2. 보험료, 연체금 및 가산금으로 과오납부한 금액을 환급받을 권리
  3. 보험급여를 받을 권리
  4. 보험급여 비용을 받을 권리
  5. 제47조제3항 후단에 따라 과다납부된 본인일부부담금을 돌려받을 권리
  6. 제61조에 따른 근로복지공단의 권리

② 제1항에 따른 시효는 다음 각 호의 어느 하나의 사유로 중단된다.

  1. 보험료의 고지 또는 독촉
  2. 보험급여 또는 보험급여 비용의 청구

③ 휴직자등의 보수월액보험료를 징수할 권리의 소멸시효는 제79조제5항에 따라 고지가 유예된 경우 휴직 등의 사유가 끝날 때까지 진행하지 아니한다.

④ 제1항에 따른 소멸시효기간, 제2항에 따른 시효 중단 및 제3항에 따른 시효 정지에 관하여 이 법에서 정한 사항 외에는 「민법」에 따른다.

제92조(기간 계산) 이 법이나 이 법에 따른 명령에 규정된 기간의 계산에 관하여 이 법에서 정한 사항 외에는 「민법」의 기간에 관한 규정을 준용한다.

제93조(근로자의 권익 보호) 제6조제2항 각 호의 어느 하나에 해당하지 아니하는 모든 사업장의 근로자를 고용하는 사용자는 그가 고용한 근로자가 이 법에 따른 직장가입자가 되는 것을 방해하거나 자신이 부담하는 부담금이 증가되는 것을 피할 목적으로 정당한 사유 없이 근로자의 승급 또는 임금 인상을 하지 아니하거나 해고나 그 밖의 불리한 조치를 할 수 없다.

제94조(신고 등) ① 공단은 사용자, 직장가입자 및 세대주에게 다음 각 호의 사항을 신고하게 하거나 관계 서류(전자적 방법으로 기록된 것을 포함한다. 이하 같다)를 제출하게 할 수 있다. 〈개정 2013. 5. 22.〉

  1. 가입자의 거주지 변경
  2. 가입자의 보수·소득
  3. 그 밖에 건강보험사업을 위하여 필요한 사항

② 공단은 제1항에 따라 신고한 사항이나 제출받은 자료에 대하여 사실 여부를 확인할 필요가 있으면 소속 직원이 해당 사항에 관하여 조사하게 할 수 있다.

③ 제2항에 따라 조사를 하는 소속 직원은 그 권한을 표시하는 증표를 지니고 관계인에게 보여주어야 한다.

제95조(소득 축소·탈루 자료의 송부 등) ① 공단은 제94조제1항에 따라 신고한 보수 또는 소득 등에 축소 또는 탈루(脫漏)가 있다고 인정하는 경우에는 보건복지부장관을 거쳐 소득의 축소 또는 탈루에 관한 사항

을 문서로 국세청장에게 송부할 수 있다.

② 국세청장은 제1항에 따라 송부받은 사항에 대하여 「국세기본법」 등 관련 법률에 따른 세무조사를 하면 그 조사 결과 중 보수·소득에 관한 사항을 공단에 송부하여야 한다.

③ 제1항 및 제2항에 따른 송부 절차 등에 필요한 사항은 대통령령으로 정한다.

제96조(자료의 제공) ① 공단은 국가, 지방자치단체, 요양기관, 「보험업법」에 따른 보험회사 및 보험료율 산출 기관, 「공공기관의 운영에 관한 법률」에 따른 공공기관, 그 밖의 공공단체 등에 대하여 다음 각 호의 업무를 수행하기 위하여 주민등록·가족관계등록·국세·지방세·토지·건물·출입국관리 등의 자료로서 대통령령으로 정하는 자료를 제공하도록 요청할 수 있다. 〈개정 2014. 5. 20.〉

1. 가입자 및 피부양자의 자격 관리, 보험료의 부과·징수, 보험급여의 관리 등 건강보험사업의 수행

2. 제14조제1항제11호에 따른 업무의 수행

② 심사평가원은 국가, 지방자치단체, 요양기관, 「보험업법」에 따른 보험회사 및 보험료율 산출 기관, 「공공기관의 운영에 관한 법률」에 따른 공공기관, 그 밖의 공공단체 등에 대하여 요양급여비용을 심사하고 요양급여의 적정성을 평가하기 위하여 주민등록·출입국관리·진료기록·의약품공급 등의 자료로서 대통령령으로 정하는 자료를 제공하도록 요청할 수 있다.〈개정 2014. 5. 20.〉

③ 보건복지부장관은 관계 행정기관의 장에게 제41조의2에 따른 약제에 대한 요양급여비용 상한금액의 감액 및 요양급여의 적용 정지를 위하여 필요한 자료를 제공하도록 요청할 수 있다.〈신설 2018. 3. 27.〉

④ 제1항부터 제3항까지의 규정에 따라 자료 제공을 요청받은 자는 성실히 이에 따라야 한다.〈개정 2018. 3. 27.〉

⑤ 공단 또는 심사평가원은 요양기관, 「보험업법」에 따른 보험회사 및 보험료율 산출 기관에 제1항 또는 제2항에 따른 자료의 제공을 요청하는 경우 자료 제공 요청 근거 및 사유, 자료 제공 대상자, 대상기간, 자료 제공 기한, 제출 자료 등이 기재된 자료제공요청서를 발송하여야 한다.〈신설 2016. 3. 22., 2018. 3. 27.〉

⑥ 제1항 및 제2항에 따른 국가, 지방자치단체, 요양기관, 「보험업법」에 따른 보험료율 산출 기관 그 밖의 공공기관 및 공공단체가 공단 또는 심사평가원에 제공하는 자료에 대하여는 사용료와 수수료 등을 면제한다.〈개정 2016. 3. 22., 2018. 3. 27.〉

제96조의2(금융정보등의 제공 등) ① 공단은 제72조제1항 단서에 따른 지역가입자의 재산보험료부과점수 산정을 위하여 필요한 경우 「신용정보의 이용 및 보호에 관한 법률」 제32조 및 「금융실명거래 및 비밀보장에 관한 법률」 제4조제1항에도 불구하고 지역가입자가 제72조제3항에 따라 제출한 동의 서면을 전자적 형태로 바꾼 문서에 의하여 「신용정보의 이용 및 보호에 관한 법률」 제2조제6호에 따른 신용정보집중기관 또는 금융회사등(이하 이 조에서 "금융기관등"이라 한다)의 장에게 금융정보등을 제공하도록 요청할 수 있다. 〈개정 2022. 6. 10., 2024. 2. 6.〉

② 제1항에 따라 금융정보등의 제공을 요청받은 금융기관등의 장은 「신용정보의 이용 및 보호에 관한 법률」 제32조 및 「금융실명거래 및 비밀보장에 관한 법률」 제4조에도 불구하고 명의인의 금융정보등을 제공하여야 한다.〈개정 2022. 6. 10.〉

③ 제2항에 따라 금융정보등을 제공한 금융기관등의 장은 금융정보등의 제공 사실을 명의인에게 통보하여야 한다. 다만, 명의인이 동의한 경우에는 「신용정보의 이용 및 보호에 관한 법률」 제32조제7항, 제35조제2항 및 「금융실명거래 및 비밀보장에 관한 법률」 제4조의2제1항에도 불구하고 통보하지 아니할 수 있다.〈개정 2022. 6. 10.〉

④ 제1항부터 제3항까지에서 규정한 사항 외에 금융정보등의 제공 요청 및 제공 절차 등에 필요한 사항은 대통령령으로 정한다.〈개정 2022. 6. 10.〉

[본조신설 2019. 12. 3.] [제목개정 2022. 6. 10.] [종전 제96조의2는 제96조의3으로 이동 〈2020. 12. 29.〉]

제96조의3(가족관계등록 전산정보의 공동이용) ① 공단은 제96조제1항 각 호의 업무를 수행하기 위하여 「전자정부법」에 따라 「가족관계의 등록 등에 관한 법률」 제9조에 따른 전산정보자료를 공동이용(「개인정보 보호법」 제2조제2호에 따른 처리를 포함한다)할 수 있다.

② 법원행정처장은 제1항에 따라 공단이 전산정보자료의 공동이용을 요청하는 경우 그 공동이용을 위하여 필요한 조치를 취하여야 한다.

③ 누구든지 제1항에 따라 공동이용하는 전산정보자료를 그 목적 외의 용도로 이용하거나 활용하여서는 아니 된다.

[본조신설 2020. 12. 29.] [종전 제96조의3은 제96조의4로 이동 〈2020. 12. 29.〉]

제96조의4(서류의 보존) ① 요양기관은 요양급여가 끝난 날부터 5년간 보건복지부령으로 정하는 바에 따라 제47조에 따른 요양급여비용의 청구에 관한 서류를 보존하여야 한다. 다만, 약국 등 보건복지부령으로 정하는 요양기관은 처방전을 요양급여비용을 청구한 날부터 3년간 보존하여야 한다.

② 사용자는 3년간 보건복지부령으로 정하는 바에 따라 자격 관리 및 보험료 산정 등 건강보험에 관한 서류를 보존하여야 한다.

③ 제49조제3항에 따라 요양비를 청구한 준요양기관은 요양비를 지급받은 날부터 3년간 보건복지부령으로 정하는 바에 따라 요양비 청구에 관한 서류를 보존하여야 한다.〈신설 2020. 12. 29.〉

④ 제51조제2항에 따라 보조기기에 대한 보험급여를 청구한 자는 보험급여를 지급받은 날부터 3년간 보건복지부령으로 정하는 바에 따라 보험급여 청구에 관한 서류를 보존하여야 한다.〈신설 2020. 12. 29.〉

[본조신설 2013. 5. 22.] [제96조의3에서 이동 〈2020. 12. 29.〉]

제97조(보고와 검사) ① 보건복지부장관은 사용자, 직장가입자 또는 세대주에게 가입자의 이동·보수·소득이나 그 밖에 필요한 사항에 관한 보고 또는 서류 제출을 명하거나, 소속 공무원이 관계인에게 질문하게 하거나 관계 서류를 검사하게 할 수 있다.

② 보건복지부장관은 요양기관(제49조에 따라 요양을 실시한 기관을 포함한다)에 대하여 요양·약제의 지급 등 보험급여에 관한 보고 또는 서류 제출을 명하거나, 소속 공무원이 관계인에게 질문하게 하거나 관계 서류를 검사하게 할 수 있다.

③ 보건복지부장관은 보험급여를 받은 자에게 해당 보험급여의 내용에 관하여 보고하게 하거나, 소속 공무원이 질문하게 할 수 있다.

④ 보건복지부장관은 제47조제7항에 따라 요양급여비용의 심사청구를 대행하는 단체(이하 "대행청구단체"라 한다)에 필요한 자료의 제출을 명하거나, 소속 공무원이 대행청구에 관한 자료 등을 조사·확인하게 할 수 있다.〈개정 2022. 12. 27.〉

⑤ 보건복지부장관은 제41조의2에 따른 약제에 대한 요양급여비용 상한금액의 감액 및 요양급여의 적용 정지를 위하여 필요한 경우에는 「약사법」 제47조제2항에 따른 의약품공급자에 대하여 금전, 물품, 편익, 노무, 향응, 그 밖의 경제적 이익등 제공으로 인한 의약품 판매 질서 위반 행위에 관한 보고 또는 서류 제출을 명하거나, 소속 공무원이 관계인에게 질문하게 하거나 관계 서류를 검사하게 할 수 있다.〈신설 2018. 3. 27.〉

⑥ 제1항부터 제5항까지의 규정에 따라 질문·검사·조사 또는 확인을 하는 소속 공무원은 그 권한을 표시하는 증표를 지니고 관계인에게 보여주어야 한다.〈개정 2018. 3. 27.〉

⑦ 보건복지부장관은 제1항부터 제5항까지에 따른 질문·검사·조사 또는 확인 업무를 효율적으로 수행하기 위하여 대통령령으로 정하는 바에 따라 공단 또는 심사평가원으로 하여금 그 업무를 지원하게 할 수 있다.〈개정 2024. 1. 23.〉

⑧ 제1항부터 제6항까지에 따른 질문·검사·조사 또는 확인의 내용·절차·방법 등에 관하여 이 법에서 정하는 사항을 제외하고는 「행정조사기본법」에서 정하는 바에 따른다.〈신설 2024. 1. 23.〉

제98조(업무정지) ① 보건복지부장관은 요양기관이 다음 각 호의 어느 하나에 해당하면 그 요양기관에 대하여 1년의 범위에서 기간을 정하여 업무정지를 명할 수 있다. 이 경우 보건복지부장관은 그 사실을 공단 및 심사평가원에 알려야 한다. 〈개정 2016. 2. 3., 2024. 1. 23.〉

1. 속임수나 그 밖의 부당한 방법으로 보험자 · 가입자 및 피부양자에게 요양급여비용을 부담하게 한 경우
2. 제97조제2항에 따른 명령에 위반하거나 거짓 보고를 하거나 거짓 서류를 제출하거나, 소속 공무원의 검사 또는 질문을 거부 · 방해 또는 기피한 경우
3. 정당한 사유 없이 요양기관이 제41조의3제1항에 따른 결정을 신청하지 아니하고 속임수나 그 밖의 부당한 방법으로 행위 · 치료재료를 가입자 또는 피부양자에게 실시 또는 사용하고 비용을 부담시킨 경우

② 제1항에 따라 업무정지 처분을 받은 자는 해당 업무정지기간 중에는 요양급여를 하지 못한다.

③ 제1항에 따른 업무정지 처분의 효과는 그 처분이 확정된 요양기관을 양수한 자 또는 합병 후 존속하는 법인이나 합병으로 설립되는 법인에 승계되고, 업무정지 처분의 절차가 진행 중인 때에는 양수인 또는 합병 후 존속하는 법인이나 합병으로 설립되는 법인에 대하여 그 절차를 계속 진행할 수 있다. 다만, 양수인 또는 합병 후 존속하는 법인이나 합병으로 설립되는 법인이 그 처분 또는 위반사실을 알지 못하였음을 증명하는 경우에는 그러하지 아니하다.

④ 제1항에 따른 업무정지 처분을 받았거나 업무정지 처분의 절차가 진행 중인 자는 행정처분을 받은 사실 또는 행정처분절차가 진행 중인 사실을 보건복지부령으로 정하는 바에 따라 양수인 또는 합병 후 존속하는 법인이나 합병으로 설립되는 법인에 지체 없이 알려야 한다.

⑤ 제1항에 따른 업무정지를 부과하는 위반행위의 종류, 위반 정도 등에 따른 행정처분기준이나 그 밖에 필요한 사항은 대통령령으로 정한다.

제99조(과징금) ① 보건복지부장관은 요양기관이 제98조제1항제1호 또는 제3호에 해당하여 업무정지 처분을 하여야 하는 경우로서 그 업무정지 처분이 해당 요양기관을 이용하는 사람에게 심한 불편을 주거나 보건복지부장관이 정하는 특별한 사유가 있다고 인정되면 업무정지 처분을 갈음하여 속임수나 그 밖의 부당한 방법으로 부담하게 한 금액의 5배 이하의 금액을 과징금으로 부과 · 징수할 수 있다. 이 경우 보건복지부장관은 12개월의 범위에서 분할납부를 하게 할 수 있다. 〈개정 2016. 2. 3.〉

② 보건복지부장관은 제41조의2제3항에 따라 약제를 요양급여에서 적용 정지하는 경우 다음 각 호의 어느 하나에 해당하는 때에는 요양급여의 적용 정지에 갈음하여 대통령령으로 정하는 바에 따라 다음 각 호의 구분에 따른 범위에서 과징금을 부과 · 징수할 수 있다. 이 경우 보건복지부장관은 12개월의 범위에서 분할납부를 하게 할 수 있다. 〈신설 2014. 1. 1., 2018. 3. 27., 2021. 6. 8.〉

1. 환자 진료에 불편을 초래하는 등 공공복리에 지장을 줄 것으로 예상되는 때: 해당 약제에 대한 요양급여비용 총액의 100분의 200을 넘지 아니하는 범위
2. 국민 건강에 심각한 위험을 초래할 것이 예상되는 등 특별한 사유가 있다고 인정되는 때: 해당 약제에 대한 요양급여비용 총액의 100분의 60을 넘지 아니하는 범위

③ 보건복지부장관은 제2항 전단에 따라 과징금 부과 대상이 된 약제가 과징금이 부과된 날부터 5년의 범위에서 대통령령으로 정하는 기간 내에 다시 제2항 전단에 따른 과징금 부과 대상이 되는 경우에는 대통령령으로 정하는 바에 따라 다음 각 호의 구분에 따른 범위에서 과징금을 부과 · 징수할 수 있다. 〈신설 2018. 3. 27., 2021. 6. 8.〉

1. 제2항제1호에서 정하는 사유로 과징금 부과대상이 되는 경우: 해당 약제에 대한 요양급여비용 총액의 100분의 350을 넘지 아니하는 범위
2. 제2항제2호에서 정하는 사유로 과징금 부과대상이 되는 경우: 해당 약제에 대한 요양급여비용 총액의 100분의 100을 넘지 아니하는 범위

④ 제2항 및 제3항에 따라 대통령령으로 해당 약제에 대한 요양급여비용 총액을 정할 때에는 그 약제의 과거 요양급여 실적 등을 고려하여 1년간의 요양급여 총액을 넘지 않는 범위에서 정하여야 한다.〈신설 2014. 1. 1., 2018. 3. 27.〉

⑤ 보건복지부장관은 제1항에 따른 과징금을 납부하여야 할 자가 납부기한까지 이를 내지 아니하면 대통령령으로 정하는 절차에 따라 그 과징금 부과 처분을 취소하고 제98조제1항에 따른 업무정지 처분을 하거나 국세 체납처분의 예에 따라 이를 징수한다. 다만, 요양기관의 폐업 등으로 제98조제1항에 따른 업무정지 처분을 할 수 없으면 국세 체납처분의 예에 따라 징수한다.〈개정 2016. 3. 22., 2018. 3. 27.〉

⑥ 보건복지부장관은 제2항 또는 제3항에 따른 과징금을 납부하여야 할 자가 납부기한까지 이를 내지 아니하면 국세 체납처분의 예에 따라 징수한다.〈신설 2016. 3. 22., 2018. 3. 27.〉

⑦ 보건복지부장관은 과징금을 징수하기 위하여 필요하면 다음 각 호의 사항을 적은 문서로 관할 세무관서의 장 또는 지방자치단체의 장에게 과세정보의 제공을 요청할 수 있다.〈개정 2014. 1. 1., 2016. 3. 22., 2018. 3. 27.〉

  1. 납세자의 인적사항
  2. 사용 목적
  3. 과징금 부과 사유 및 부과 기준

⑧ 제1항부터 제3항까지의 규정에 따라 징수한 과징금은 다음 각 호 외의 용도로는 사용할 수 없다. 이 경우 제2항제1호 및 제3항제1호에 따라 징수한 과징금은 제3호의 용도로 사용하여야 한다.〈개정 2014. 1. 1., 2016. 3. 22., 2018. 1. 16., 2018. 3. 27., 2021. 6. 8.〉

  1. 제47조제3항에 따라 공단이 요양급여비용으로 지급하는 자금
  2. 「응급의료에 관한 법률」에 따른 응급의료기금의 지원
  3. 「재난적의료비 지원에 관한 법률」에 따른 재난적의료비 지원사업에 대한 지원

⑨ 제1항부터 제3항까지의 규정에 따른 과징금의 금액과 그 납부에 필요한 사항 및 제8항에 따른 과징금의 용도별 지원 규모, 사용 절차 등에 필요한 사항은 대통령령으로 정한다.〈개정 2014. 1. 1., 2016. 3. 22., 2018. 3. 27.〉

제100조(위반사실의 공표) ① 보건복지부장관은 관련 서류의 위조·변조로 요양급여비용을 거짓으로 청구하여 제98조 또는 제99조에 따른 행정처분을 받은 요양기관이 다음 각 호의 어느 하나에 해당하면 그 위반 행위, 처분 내용, 해당 요양기관의 명칭·주소 및 대표자 성명, 그 밖에 다른 요양기관과의 구별에 필요한 사항으로서 대통령령으로 정하는 사항을 공표할 수 있다. 이 경우 공표 여부를 결정할 때에는 그 위반행위의 동기, 정도, 횟수 및 결과 등을 고려하여야 한다.

  1. 거짓으로 청구한 금액이 1천 500만원 이상인 경우
  2. 요양급여비용 총액 중 거짓으로 청구한 금액의 비율이 100분의 20 이상인 경우

② 보건복지부장관은 제1항에 따른 공표 여부 등을 심의하기 위하여 건강보험공표심의위원회(이하 이 조에서 "공표심의위원회"라 한다)를 설치·운영한다.

③ 보건복지부장관은 공표심의위원회의 심의를 거친 공표대상자에게 공표대상자인 사실을 알려 소명자료를 제출하거나 출석하여 의견을 진술할 기회를 주어야 한다.

④ 보건복지부장관은 공표심의위원회가 제3항에 따라 제출된 소명자료 또는 진술된 의견을 고려하여 공표대상자를 재심의한 후 공표대상자를 선정한다.

⑤ 제1항부터 제4항까지에서 규정한 사항 외에 공표의 절차·방법, 공표심의위원회의 구성·운영 등에 필요한 사항은 대통령령으로 정한다.

제101조(제조업자 등의 금지행위 등) ① 「약사법」에 따른 의약품의 제조업자·위탁제조판매업자·수입자·판매업자 및 「의료기기법」에 따른 의료기기 제조업자·수입업자·수리업자·판매업자·임대업자(이하 "제

조업자등"이라 한다)는 약제·치료재료와 관련하여 제41조의3에 따라 요양급여대상 여부를 결정하거나 제46조에 따라 요양급여비용을 산정할 때에 다음 각 호의 행위를 하여 보험자·가입자 및 피부양자에게 손실을 주어서는 아니 된다. 〈개정 2016. 2. 3.〉

1. 제98조제1항제1호에 해당하는 요양기관의 행위에 개입
2. 보건복지부, 공단 또는 심사평가원에 거짓 자료의 제출
3. 그 밖에 속임수나 보건복지부령으로 정하는 부당한 방법으로 요양급여대상 여부의 결정과 요양급여비용의 산정에 영향을 미치는 행위

② 보건복지부장관은 제조업자등이 제1항에 위반한 사실이 있는지 여부를 확인하기 위하여 그 제조업자등에게 관련 서류의 제출을 명하거나, 소속 공무원이 관계인에게 질문을 하게 하거나 관계 서류를 검사하게 하는 등 필요한 조사를 할 수 있다. 이 경우 소속 공무원은 그 권한을 표시하는 증표를 지니고 이를 관계인에게 보여주어야 한다.

③ 공단은 제1항을 위반하여 보험자·가입자 및 피부양자에게 손실을 주는 행위를 한 제조업자등에 대하여 손실에 상당하는 금액(이하 이 조에서 "손실 상당액"이라 한다)을 징수한다. 〈신설 2016. 2. 3.〉

④ 공단은 제3항에 따라 징수한 손실 상당액 중 가입자 및 피부양자의 손실에 해당되는 금액을 그 가입자나 피부양자에게 지급하여야 한다. 이 경우 공단은 가입자나 피부양자에게 지급하여야 하는 금액을 그 가입자 및 피부양자가 내야하는 보험료등과 상계할 수 있다. 〈신설 2016. 2. 3.〉

⑤ 제3항에 따른 손실 상당액의 산정, 부과·징수절차 및 납부방법 등에 관하여 필요한 사항은 대통령령으로 정한다. 〈신설 2016. 2. 3.〉

제101조의2(약제에 대한 쟁송 시 손실상당액의 징수 및 지급) ① 공단은 제41조의2에 따른 요양급여비용 상한금액의 감액 및 요양급여의 적용 정지 또는 제41조의3에 따른 조정(이하 이 조에서 "조정등"이라 한다)에 대하여 약제의 제조업자등이 청구 또는 제기한 「행정심판법」에 따른 행정심판 또는 「행정소송법」에 따른 행정소송에 대하여 행정심판위원회 또는 법원의 결정이나 재결, 판결이 다음 각 호의 요건을 모두 충족하는 경우에는 조정등이 집행정지된 기간 동안 공단에 발생한 손실에 상당하는 금액을 약제의 제조업자등에게서 징수할 수 있다.

1. 행정심판위원회 또는 법원이 집행정지 결정을 한 경우
2. 행정심판이나 행정소송에 대한 각하 또는 기각(일부 기각을 포함한다) 재결 또는 판결이 확정되거나 청구취하 또는 소취하로 심판 또는 소송이 종결된 경우

② 공단은 제1항의 심판 또는 소송에 대한 결정이나 재결, 판결이 다음 각 호의 요건을 모두 충족하는 경우에는 조정등으로 인하여 약제의 제조업자등에게 발생한 손실에 상당하는 금액을 지급하여야 한다.

1. 행정심판위원회 또는 법원의 집행정지 결정이 없거나 집행정지 결정이 취소된 경우
2. 행정심판이나 행정소송에 대한 인용(일부 인용을 포함한다) 재결 또는 판결이 확정된 경우

③ 제1항에 따른 손실에 상당하는 금액은 집행정지 기간 동안 공단이 지급한 요양급여비용과 집행정지가 결정되지 않았다면 공단이 지급하여야 할 요양급여비용의 차액으로 산정한다. 다만, 요양급여대상에서 제외되거나 요양급여의 적용을 정지하는 내용의 조정등의 경우에는 요양급여비용 차액의 100분의 40을 초과할 수 없다.

④ 제2항에 따른 손실에 상당하는 금액은 해당 조정등이 없었다면 공단이 지급하여야 할 요양급여비용과 조정등에 따라 공단이 지급한 요양급여비용의 차액으로 산정한다. 다만, 요양급여대상에서 제외되거나 요양급여의 적용을 정지하는 내용의 조정등의 경우에는 요양급여비용 차액의 100분의 40을 초과할 수 없다.

⑤ 공단은 제1항 또는 제2항에 따라 손실에 상당하는 금액을 징수 또는 지급하는 경우 대통령령으로 정하는 이자를 가산하여야 한다.

⑥ 그 밖에 제1항에 따른 징수절차, 제2항에 따른 지급절차, 제3항 및 제4항에 따른 손실에 상당하는 금액의 산정기준 및 기간, 제5항에 따른 가산금 등 징수 및 지급에 필요한 세부사항은 보건복지부령으로 정한다. [본조신설 2023. 5. 19.]

제102조(정보의 유지 등) 공단, 심사평가원 및 대행청구단체에 종사하였던 사람 또는 종사하는 사람은 다음 각 호의 행위를 하여서는 아니 된다. 〈개정 2016. 3. 22., 2019. 4. 23.〉

1. 가입자 및 피부양자의 개인정보(「개인정보 보호법」 제2조제1호의 개인정보를 말한다. 이하 "개인정보"라 한다)를 누설하거나 직무상 목적 외의 용도로 이용 또는 정당한 사유 없이 제3자에게 제공하는 행위
2. 업무를 수행하면서 알게 된 정보(제1호의 개인정보는 제외한다)를 누설하거나 직무상 목적 외의 용도로 이용 또는 제3자에게 제공하는 행위

[제목개정 2016. 3. 22.]

제103조(공단 등에 대한 감독 등) ① 보건복지부장관은 공단과 심사평가원의 경영목표를 달성하기 위하여 다음 각 호의 사업이나 업무에 대하여 보고를 명하거나 그 사업이나 업무 또는 재산상황을 검사하는 등 감독을 할 수 있다. 〈개정 2022. 6. 10.〉

1. 제14조제1항제1호부터 제13호까지의 규정에 따른 공단의 업무 및 제63조제1항제1호부터 제8호까지의 규정에 따른 심사평가원의 업무
2. 「공공기관의 운영에 관한 법률」 제50조에 따른 경영지침의 이행과 관련된 사업
3. 이 법 또는 다른 법령에서 공단과 심사평가원이 위탁받은 업무
4. 그 밖에 관계 법령에서 정하는 사항과 관련된 사업

② 보건복지부장관은 제1항에 따른 감독상 필요한 경우에는 정관이나 규정의 변경 또는 그 밖에 필요한 처분을 명할 수 있다.

제104조(포상금 등의 지급) ① 공단은 다음 각 호의 어느 하나에 해당하는 자 또는 재산을 신고한 사람에 대하여 포상금을 지급할 수 있다. 다만, 공무원이 그 직무와 관련하여 제4호에 따른 은닉재산을 신고한 경우에는 그러하지 아니하다. 〈개정 2020. 12. 29., 2022. 12. 27.〉

1. 속임수나 그 밖의 부당한 방법으로 보험급여를 받은 사람
2. 속임수나 그 밖의 부당한 방법으로 다른 사람이 보험급여를 받도록 한 자
3. 속임수나 그 밖의 부당한 방법으로 보험급여 비용을 받은 요양기관 또는 보험급여를 받은 준요양기관 및 보조기기 판매업자
4. 제57조에 따라 징수금을 납부하여야 하는 자의 은닉재산

② 공단은 건강보험 재정을 효율적으로 운영하는 데에 이바지한 요양기관에 대하여 장려금을 지급할 수 있다. 〈신설 2013. 5. 22.〉

③ 제1항제4호의 "은닉재산"이란 징수금을 납부하여야 하는 자가 은닉한 현금, 예금, 주식, 그 밖에 재산적 가치가 있는 유형·무형의 재산을 말한다. 다만, 다음 각 호의 어느 하나에 해당하는 재산은 제외한다. 〈신설 2022. 12. 27.〉

1. 「민법」 제406조 등 관계 법령에 따라 사해행위(詐害行爲) 취소소송의 대상이 되어 있는 재산
2. 공단이 은닉사실을 알고 조사 또는 강제징수 절차에 착수한 재산
3. 그 밖에 은닉재산 신고를 받을 필요가 없다고 인정되어 대통령령으로 정하는 재산

④ 제1항 및 제2항에 따른 포상금 및 장려금의 지급 기준과 범위, 절차 및 방법 등에 필요한 사항은 대통령령으로 정한다. 〈개정 2013. 5. 22., 2022. 12. 27.〉

[제목개정 2013. 5. 22.]

제105조(유사명칭의 사용금지) ① 공단이나 심사평가원이 아닌 자는 국민건강보험공단, 건강보험심사평가원 또는 이와 유사한 명칭을 사용하지 못한다.

② 이 법으로 정하는 건강보험사업을 수행하는 자가 아닌 자는 보험계약 또는 보험계약의 명칭에 국민건강보험이라는 용어를 사용하지 못한다.

제106조(소액 처리) 공단은 징수하여야 할 금액이나 반환하여야 할 금액이 1건당 2천원 미만인 경우(제47조제5항, 제57조제5항 후단 및 제101조제4항 후단에 따라 각각 상계 처리할 수 있는 본인일부부담금 환급금 및 가입자나 피부양자에게 지급하여야 하는 금액은 제외한다)에는 징수 또는 반환하지 아니한다. 〈개정 2013. 5. 22., 2016. 2. 3., 2022. 12. 27.〉

제107조(끝수 처리) 보험료등과 보험급여에 관한 비용을 계산할 때 「국고금관리법」 제47조에 따른 끝수는 계산하지 아니한다.

제108조 삭제 〈2023. 6. 13.〉

제108조의2(보험재정에 대한 정부지원) ① 국가는 매년 예산의 범위에서 해당 연도 보험료 예상 수입액의 100분의 14에 상당하는 금액을 국고에서 공단에 지원한다.

② 공단은 「국민건강증진법」에서 정하는 바에 따라 같은 법에 따른 국민건강증진기금에서 자금을 지원받을 수 있다.

③ 공단은 제1항에 따라 지원된 재원을 다음 각 호의 사업에 사용한다.
  1. 가입자 및 피부양자에 대한 보험급여
  2. 건강보험사업에 대한 운영비
  3. 제75조 및 제110조제4항에 따른 보험료 경감에 대한 지원

④ 공단은 제2항에 따라 지원된 재원을 다음 각 호의 사업에 사용한다.
  1. 건강검진 등 건강증진에 관한 사업
  2. 가입자와 피부양자의 흡연으로 인한 질병에 대한 보험급여
  3. 가입자와 피부양자 중 65세 이상 노인에 대한 보험급여

[본조신설 2023. 6. 13.] [법률 제19445호(2023. 6. 13.) 제108조의2의 개정규정은 같은 법 부칙 제2조의 규정에 의하여 2027년 12월 31일까지 유효함]

제109조(외국인 등에 대한 특례) ① 정부는 외국 정부가 사용자인 사업장의 근로자의 건강보험에 관하여는 외국 정부와 한 합의에 따라 이를 따로 정할 수 있다.

② 국내에 체류하는 재외국민 또는 외국인(이하 "국내체류 외국인등"이라 한다)이 적용대상사업장의 근로자, 공무원 또는 교직원이고 제6조제2항 각 호의 어느 하나에 해당하지 아니하면서 다음 각 호의 어느 하나에 해당하는 경우에는 제5조에도 불구하고 직장가입자가 된다. 〈개정 2016. 3. 22.〉
  1. 「주민등록법」 제6조제1항제3호에 따라 등록한 사람
  2. 「재외동포의 출입국과 법적 지위에 관한 법률」 제6조에 따라 국내거소신고를 한 사람
  3. 「출입국관리법」 제31조에 따라 외국인등록을 한 사람

③ 제2항에 따른 직장가입자에 해당하지 아니하는 국내체류 외국인등이 다음 각 호의 요건을 모두 갖춘 경우에는 제5조에도 불구하고 지역가입자가 된다. 〈신설 2016. 3. 22., 2019. 1. 15.〉
  1. 보건복지부령으로 정하는 기간 동안 국내에 거주하였거나 해당 기간 동안 국내에 지속적으로 거주할 것으로 예상할 수 있는 사유로서 보건복지부령으로 정하는 사유에 해당될 것
  2. 다음 각 목의 어느 하나에 해당할 것
    가. 제2항제1호 또는 제2호에 해당하는 사람
    나. 「출입국관리법」 제31조에 따라 외국인등록을 한 사람으로서 보건복지부령으로 정하는 체류자격이 있는 사람

④ 제2항 각 호의 어느 하나에 해당하는 국내체류 외국인등이 다음 각 호의 요건을 모두 갖춘 경우에는 제5조에도 불구하고 공단에 신청하면 피부양자가 될 수 있다. 〈신설 2016. 3. 22., 2024. 1. 2.〉
  1. 직장가입자와의 관계가 제5조제2항 각 호의 어느 하나에 해당할 것

2. 제5조제3항에 따른 피부양자 자격의 인정 기준에 해당할 것

3. 국내 거주기간 또는 거주사유가 제3항제1호에 따른 기준에 해당할 것. 다만, 직장가입자의 배우자 및 19세 미만 자녀(배우자의 자녀를 포함한다)에 대해서는 그러하지 아니하다.

⑤ 제2항부터 제4항까지의 규정에도 불구하고 다음 각 호에 해당되는 경우에는 가입자 및 피부양자가 될 수 없다.〈신설 2016. 3. 22., 2019. 1. 15.〉

1. 국내체류가 법률에 위반되는 경우로서 대통령령으로 정하는 사유가 있는 경우

2. 국내체류 외국인등이 외국의 법령, 외국의 보험 또는 사용자와의 계약 등에 따라 제41조에 따른 요양급여에 상당하는 의료보장을 받을 수 있어 사용자 또는 가입자가 보건복지부령으로 정하는 바에 따라 가입 제외를 신청한 경우

⑥ 제2항부터 제5항까지의 규정에서 정한 사항 외에 국내체류 외국인등의 가입자 또는 피부양자 자격의 취득 및 상실에 관한 시기·절차 등에 필요한 사항은 제5조부터 제11조까지의 규정을 준용한다. 다만, 국내체류 외국인등의 특성을 고려하여 특별히 규정해야 할 사항은 대통령령으로 다르게 정할 수 있다.〈신설 2016. 3. 22.〉

⑦ 가입자인 국내체류 외국인등이 매월 2일 이후 지역가입자의 자격을 취득하고 그 자격을 취득한 날이 속하는 달에 보건복지부장관이 고시하는 사유로 해당 자격을 상실한 경우에는 제69조제2항 본문에도 불구하고 그 자격을 취득한 날이 속하는 달의 보험료를 부과하여 징수한다.〈신설 2016. 3. 22.〉

⑧ 국내체류 외국인등(제9항 단서의 적용을 받는 사람에 한정한다)에 해당하는 지역가입자의 보험료는 제78조제1항 본문에도 불구하고 그 직전 월 25일까지 납부하여야 한다. 다만, 다음 각 호에 해당되는 경우에는 공단이 정하는 바에 따라 납부하여야 한다.〈신설 2016. 3. 22., 2019. 1. 15.〉

1. 자격을 취득한 날이 속하는 달의 보험료를 징수하는 경우

2. 매월 26일 이후부터 말일까지의 기간에 자격을 취득한 경우

⑨ 제7항과 제8항에서 정한 사항 외에 가입자인 국내체류 외국인등의 보험료 부과·징수에 관한 사항은 제69조부터 제86조까지의 규정을 준용한다. 다만, 대통령령으로 정하는 국내체류 외국인등의 보험료 부과·징수에 관한 사항은 그 특성을 고려하여 보건복지부장관이 다르게 정하여 고시할 수 있다.〈신설 2016. 3. 22.〉

⑩ 공단은 지역가입자인 국내체류 외국인등(제9항 단서의 적용을 받는 사람에 한정한다)이 보험료를 체납한 경우에는 제53조제3항에도 불구하고 체납일부터 체납한 보험료를 완납할 때까지 보험급여를 하지 아니한다. 이 경우 제53조제3항 각 호 외의 부분 단서 및 같은 조 제5항·제6항은 적용하지 아니한다.〈신설 2019. 1. 15.〉

[헌법불합치, 2019헌마1165, 2023.9.26, 국민건강보험법(2019. 1. 15. 법률 제16238호로 개정된 것) 제109조 제10항은 헌법에 합치되지 아니한다. 위 조항은 2025. 6. 30.을 시한으로 입법자가 개정할 때까지 계속 적용된다.]

제110조(실업자에 대한 특례) ① 사용관계가 끝난 사람 중 직장가입자로서의 자격을 유지한 기간이 보건복지부령으로 정하는 기간 동안 통산 1년 이상인 사람은 지역가입자가 된 이후 최초로 제79조에 따라 지역가입자 보험료를 고지받은 날부터 그 납부기한에서 2개월이 지나기 이전까지 공단에 직장가입자로서의 자격을 유지할 것을 신청할 수 있다. 〈개정 2013. 5. 22., 2018. 1. 16.〉

② 제1항에 따라 공단에 신청한 가입자(이하 "임의계속가입자"라 한다)는 제9조에도 불구하고 대통령령으로 정하는 기간 동안 직장가입자의 자격을 유지한다. 다만, 제1항에 따른 신청 후 최초로 내야 할 직장가입자 보험료를 그 납부기한부터 2개월이 지난 날까지 내지 아니한 경우에는 그 자격을 유지할 수 없다.〈신설 2013. 5. 22.〉

③ 임의계속가입자의 보수월액은 보수월액보험료가 산정된 최근 12개월간의 보수월액을 평균한 금액으로 한다.〈개정 2013. 5. 22., 2018. 1. 16.〉

④ 임의계속가입자의 보험료는 보건복지부장관이 정하여 고시하는 바에 따라 그 일부를 경감할 수 있다. 〈개정 2013. 5. 22.〉

⑤ 임의계속가입자의 보수월액보험료는 제76조제1항 및 제77조제1항제1호에도 불구하고 그 임의계속가입자가 전액을 부담하고 납부한다.⟨개정 2013. 5. 22.⟩

⑥ 임의계속가입자가 보험료를 납부기한까지 내지 아니하는 경우 그 급여제한에 관하여는 제53조제3항·제5항 및 제6항을 준용한다. 이 경우 "제69조제5항에 따른 세대단위의 보험료"는 "제110조제5항에 따른 보험료"로 본다.⟨개정 2013. 5. 22.⟩

⑦ 임의계속가입자의 신청 방법·절차 등에 필요한 사항은 보건복지부령으로 정한다.⟨개정 2013. 5. 22.⟩

제111조(권한의 위임) 이 법에 따른 보건복지부장관의 권한은 대통령령으로 정하는 바에 따라 그 일부를 특별시장·광역시장·특별자치시장·도지사 또는 특별자치도지사에게 위임할 수 있다.

[전문개정 2024. 1. 2.]

제112조(업무의 위탁) ① 공단은 대통령령으로 정하는 바에 따라 다음 각 호의 업무를 체신관서, 금융기관 또는 그 밖의 자에게 위탁할 수 있다.

1. 보험료의 수납 또는 보험료납부의 확인에 관한 업무
2. 보험급여비용의 지급에 관한 업무
3. 징수위탁근거법의 위탁에 따라 징수하는 연금보험료, 고용보험료, 산업재해보상보험료, 부담금 및 분담금 등(이하 "징수위탁보험료등"이라 한다)의 수납 또는 그 납부의 확인에 관한 업무

② 공단은 그 업무의 일부를 국가기관, 지방자치단체 또는 다른 법령에 따른 사회보험 업무를 수행하는 법인이나 그 밖의 자에게 위탁할 수 있다. 다만, 보험료와 징수위탁보험료등의 징수 업무는 그러하지 아니하다.⟨개정 2016. 2. 3.⟩

③ 제2항에 따라 공단이 위탁할 수 있는 업무 및 위탁받을 수 있는 자의 범위는 보건복지부령으로 정한다.

제113조(징수위탁보험료등의 배분 및 납입 등) ① 공단은 자신이 징수한 보험료와 그에 따른 징수금 또는 징수위탁보험료등의 금액이 징수하여야 할 총액에 부족한 경우에는 대통령령으로 정하는 기준, 방법에 따라 이를 배분하여 납부 처리하여야 한다. 다만, 납부의무자가 다른 의사를 표시한 때에는 그에 따른다.

② 공단은 징수위탁보험료등을 징수한 때에는 이를 지체 없이 해당 보험별 기금에 납입하여야 한다.

제114조(출연금의 용도 등) ① 공단은 「국민연금법」, 「산업재해보상보험법」, 「고용보험법」 및 「임금채권보장법」에 따라 국민연금기금, 산업재해보상보험및예방기금, 고용보험기금 및 임금채권보장기금으로부터 각각 지급받은 출연금을 제14조제1항제11호에 따른 업무에 소요되는 비용에 사용하여야 한다.

② 제1항에 따라 지급받은 출연금의 관리 및 운용 등에 필요한 사항은 대통령령으로 정한다.

제114조의2(벌칙 적용에서 공무원 의제) 제4조제1항에 따른 심의위원회 및 제100조제2항에 따른 건강보험공표심의위원회 위원 중 공무원이 아닌 사람은 「형법」 제127조 및 제129조부터 제132조까지의 규정을 적용할 때에는 공무원으로 본다.

[본조신설 2019. 1. 15.]

제9장 벌칙

제115조(벌칙) ① 제102조제1호를 위반하여 가입자 및 피부양자의 개인정보를 누설하거나 직무상 목적 외의 용도로 이용 또는 정당한 사유 없이 제3자에게 제공한 자는 5년 이하의 징역 또는 5천만원 이하의 벌금에 처한다.⟨신설 2016. 3. 22., 2019. 4. 23.⟩

② 다음 각 호의 어느 하나에 해당하는 자는 3년 이하의 징역 또는 3천만원 이하의 벌금에 처한다.⟨개정 2016. 3. 22., 2019. 4. 23.⟩

1. 대행청구단체의 종사자로서 거짓이나 그 밖의 부정한 방법으로 요양급여비용을 청구한 자
2. 제102조제2호를 위반하여 업무를 수행하면서 알게 된 정보를 누설하거나 직무상 목적 외의 용도로

이용 또는 제3자에게 제공한 자

③ 제96조의3제3항을 위반하여 공동이용하는 전산정보자료를 같은 조 제1항에 따른 목적 외의 용도로 이용하거나 활용한 자는 3년 이하의 징역 또는 1천만원 이하의 벌금에 처한다.〈개정 2020. 12. 29.〉

④ 거짓이나 그 밖의 부정한 방법으로 보험급여를 받거나 타인으로 하여금 보험급여를 받게 한 사람은 2년 이하의 징역 또는 2천만원 이하의 벌금에 처한다.〈신설 2019. 4. 23., 2020. 12. 29.〉

⑤ 다음 각 호의 어느 하나에 해당하는 자는 1년 이하의 징역 또는 1천만원 이하의 벌금에 처한다.〈개정 2013. 5. 22., 2016. 3. 22., 2019. 4. 23., 2020. 12. 29., 2022. 12. 27.〉

　1. 제42조의2제1항 및 제3항을 위반하여 선별급여를 제공한 요양기관의 개설자
　2. 제47조제7항을 위반하여 대행청구단체가 아닌 자로 하여금 대행하게 한 자
　3. 제93조를 위반한 사용자
　4. 제98조제2항을 위반한 요양기관의 개설자
　5. 삭제〈2019. 4. 23.〉

제116조(벌칙) 제97조제2항을 위반하여 보고 또는 서류 제출을 하지 아니한 자, 거짓으로 보고하거나 거짓 서류를 제출한 자, 검사나 질문을 거부·방해 또는 기피한 자는 1천만원 이하의 벌금에 처한다.

제117조(벌칙) 제42조제5항을 위반한 자 또는 제49조제2항을 위반하여 요양비 명세서나 요양 명세를 적은 영수증을 내주지 아니한 자는 500만원 이하의 벌금에 처한다.

제118조(양벌 규정) ① 법인의 대표자나 법인 또는 개인의 대리인, 사용인, 그 밖의 종사자가 그 법인 또는 개인의 업무에 관하여 제115조부터 제117조까지의 규정 중 어느 하나에 해당하는 위반행위를 하면 그 행위자를 벌하는 외에 그 법인 또는 개인에게도 해당 조문의 벌금형을 과(科)한다. 다만, 법인 또는 개인이 그 위반행위를 방지하기 위하여 해당 업무에 관하여 상당한 주의와 감독을 게을리하지 아니한 경우에는 그러하지 아니하다.

제119조(과태료) ① 삭제 〈2013. 5. 22.〉

② 삭제〈2013. 5. 22.〉

③ 다음 각 호의 어느 하나에 해당하는 자에게는 500만원 이하의 과태료를 부과한다.〈개정 2016. 3. 22., 2018. 3. 27.〉

　1. 제7조를 위반하여 신고를 하지 아니하거나 거짓으로 신고한 사용자
　2. 정당한 사유 없이 제94조제1항을 위반하여 신고·서류제출을 하지 아니하거나 거짓으로 신고·서류제출을 한 자
　3. 정당한 사유 없이 제97조제1항, 제3항, 제4항, 제5항을 위반하여 보고·서류제출을 하지 아니하거나 거짓으로 보고·서류제출을 한 자
　4. 제98조제4항을 위반하여 행정처분을 받은 사실 또는 행정처분절차가 진행 중인 사실을 지체 없이 알리지 아니한 자
　5. 정당한 사유 없이 제101조제2항을 위반하여 서류를 제출하지 아니하거나 거짓으로 제출한 자

④ 다음 각 호의 어느 하나에 해당하는 자에게는 100만원 이하의 과태료를 부과한다.〈개정 2013. 5. 22., 2016. 3. 22., 2019. 12. 3., 2020. 12. 29., 2023. 5. 19.〉

　1. 삭제〈2016. 3. 22.〉
　2. 삭제〈2018. 12. 11.〉
　3. 제12조제4항을 위반하여 정당한 사유 없이 건강보험증이나 신분증명서로 가입자 또는 피부양자의 본인 여부 및 그 자격을 확인하지 아니하고 요양급여를 실시한 자
　4. 제96조의4를 위반하여 서류를 보존하지 아니한 자
　5. 제103조에 따른 명령을 위반한 자

6. 제105조를 위반한 자

⑤ 제3항 및 제4항에 따른 과태료는 대통령령으로 정하는 바에 따라 보건복지부장관이 부과·징수한다. 〈개정 2013. 5. 22.〉

부칙

〈법률 제19885호, 2024. 1. 2.〉

제1조(시행일) 이 법은 공포 후 6개월이 경과한 날부터 시행한다. 다만, 제109조제4항제3호의 개정규정은 공포 후 3개월이 경과한 날부터 시행한다.

제2조(국내체류 외국인등의 피부양자 자격 취득 요건에 관한 적용례) 제109조제4항제3호의 개정규정은 같은 개정규정 시행일 이후에 입국한 국내체류 외국인등부터 적용한다.

〈법률 제20092호, 2024. 1. 23.〉

이 법은 공포한 날부터 시행한다. 다만, 법률 제19885호 국민건강보험법 일부개정법률 제97조의 개정규정은 2024년 7월 3일부터 시행한다.

〈법률 제20211호, 2024. 2. 6.〉

이 법은 공포 후 3개월이 경과한 날부터 시행한다.

〈법률 제20324호, 2024. 2. 20.〉

제1조(시행일) 이 법은 공포 후 6개월이 경과한 날부터 시행한다. 다만, 제72조제1항의 개정규정은 공포 후 3개월이 경과한 날부터 시행한다.

제2조(공단이 부담하는 본인부담상한액의 초과 금액에 관한 적용례) 제44조제2항의 개정규정은 이 법 시행일이 속하는 해에 공단이 부담하여야 하는 본인부담상한액의 초과 금액을 산정한 경우에도 적용한다.

제3조(무죄판결 선고에 따른 요양급여비용의 지급에 관한 적용례) 제47조의2제3항의 개정규정은 이 법 시행 전에 법원에서 무죄 판결이 선고되어 이 법 시행일까지 그 판결이 확정되지 아니한 경우에도 적용한다.

제4조(지역가입자의 보험료 부과점수 산정에 관한 적용례) 제72조제1항의 개정규정 시행일 전에 같은 항 제2호의 개정규정에 해당하는 대출을 받은 경우에 대해서는 같은 개정규정 시행일부터 6개월 내에 그 사실을 공단에 통보하면 2022년 9월 1일에 통보한 것으로 보아 같은 개정규정을 적용한다. 다만, 해당 대출일이 2022년 9월 2일 이후인 경우에는 대출일을 통보일로 본다.

국민건강보험 요양급여의 기준에 관한 규칙 (약칭: 건강보험요양급여규칙)

[시행 2024. 3. 29.] [보건복지부령 제988호, 2023. 12. 28., 일부개정]

제1조(목적) 이 규칙은 「국민건강보험법」 제41조제3항 및 제4항에 따라 요양급여의 방법·절차·범위·상한 및 제외대상 등 요양급여기준에 관하여 필요한 사항을 규정함을 목적으로 한다. 〈개정 2005. 10. 11., 2012. 8. 31., 2016. 8. 4.〉

제1조의2(요양급여 대상의 여부 결정에 관한 원칙) 보건복지부장관은 의학적 타당성, 의료적 중대성, 치료효과성 등 임상적 유용성, 비용효과성, 환자의 비용부담 정도, 사회적 편익 및 건강보험 재정상황 등을 고려하여 요양급여대상의 여부를 결정해야 한다. 〈개정 2020. 10. 8.〉

[본조신설 2018. 12. 31.]

제2조(요양급여의 절차) ①요양급여는 1단계 요양급여와 2단계 요양급여로 구분하며, 가입자 또는 피부양자(이하 "가입자등"이라 한다)는 1단계 요양급여를 받은 후 2단계 요양급여를 받아야 한다.

② 제1항의 규정에 의한 1단계 요양급여는 「의료법」제3조의4에 따른 상급종합병원(이하 "상급종합병원"이라 한다)을 제외한 요양기관에서 받는 요양급여(건강진단 또는 건강검진을 포함한다)를 말하며, 2단계 요양급여는 상급종합병원에서 받는 요양급여를 말한다.〈개정 2005. 10. 11., 2010. 12. 23.〉

③ 제1항 및 제2항의 규정에 불구하고 가입자등이 다음 각호의 1에 해당하는 경우에는 상급종합병원에서 1단계 요양급여를 받을 수 있다.〈개정 2005. 10. 11., 2007. 12. 28., 2010. 12. 23.〉

1. 「응급의료에 관한 법률」 제2조제1호에 해당하는 응급환자인 경우
2. 분만의 경우
3. 치과에서 요양급여를 받는 경우
4. 「장애인복지법」 제32조에 따른 등록 장애인 또는 단순 물리치료가 아닌 작업치료·운동치료 등의 재활치료가 필요하다고 인정되는 자가 재활의학과에서 요양급여를 받는 경우
5. 가정의학과에서 요양급여를 받는 경우
6. 당해 요양기관에서 근무하는 가입자가 요양급여를 받는 경우
7. 혈우병환자가 요양급여를 받는 경우

④ 가입자등이 상급종합병원에서 2단계 요양급여를 받고자 하는 때에는 상급종합병원에서의 요양급여가 필요하다는 의사소견이 기재된 건강진단·건강검진결과서 또는 별지 제4호서식의 요양급여의뢰서를 건강보험증 또는 신분증명서(주민등록증, 운전면허증 및 여권을 말한다. 이하 같다)와 함께 제출하여야 한다.〈개정 2009. 7. 31., 2010. 12. 23.〉

제3조(요양급여의 신청) ①가입자등이 요양기관에 요양급여를 신청하는 때에는 건강보험증 또는 신분증명서를 제출하여야 한다. 이 경우 가입자등이 요양급여를 신청한 날(가입자등이 의식불명 등 자신의 귀책사유 없이 건강보험증 또는 신분증명서를 제시하지 못한 경우에는 가입자등임이 확인된 날로 한다)부터 14일 이내에 건강보험증 또는 신분증명서를 제출하는 경우에는 요양급여를 신청한 때에 건강보험증 또는 신분증명서를 제출한 것으로 본다. 〈개정 2009. 7. 31., 2015. 5. 29.〉

② 제1항에도 불구하고 가입자등이 건강보험증 또는 신분증명서를 제출하지 못하는 경우에는 가입자등 또는 요양기관은 「국민건강보험법」(이하 "법"이라 한다) 제13조에 따른 국민건강보험공단(이하 "공단"이라 한다)에 자격확인을 요청할 수 있으며, 요청을 받은 공단은 자격이 있는지의 여부를 확인하여 이를 별지 제1호서식의 건강보험자격확인통보서에 의하거나 전화, 팩스 또는 정보통신망을 이용하여 지체없이 해당 가입자등 또는 요양기관에 통보하여야 한다.〈개정 2009. 7. 31., 2010. 12. 23., 2012. 8. 31.〉

③ 제2항에 따라 자격확인을 통보받은 경우에는 자격확인을 요청한 때에 건강보험증 또는 신분증명서를 제출한 것으로 본다.〈개정 2009. 7. 31.〉

④ 요양기관은 건강보험증 또는 신분증명서를 제출하지 못하는 가입자등이 손쉽게 공단에 자격확인을 요청할 수 있도록 공단의 전화번호 등을 안내하거나 요양기관의 진료접수창구에 이를 게시하여야 한다. 〈개정 2009. 7. 31.〉

제3조의2(요양병원 입원진료 현황의 고지) ① 보건복지부장관은 「의료법」 제3조제2항제3호라목에 따른 요양병원(「장애인복지법」 제58조제1항제4호에 따른 의료재활시설로서 「의료법」 제3조의2의 요건을 갖춘 의료기관인 요양병원은 제외한다. 이하 이 조에서 같다)의 장에게 해당 요양병원에서 입원진료를 받는 가입자등의 입원·퇴원 일시 등 입원진료 현황을 공단에 알리도록 요구할 수 있다. 〈개정 2021. 3. 26.〉
② 제1항에 따른 입원진료 현황의 내용, 고지 방법 및 절차 등에 관한 구체적인 사항은 보건복지부장관이 정하여 고시한다.

[본조신설 2019. 10. 28.]

제4조(급여의 제한여부의 조회 등) ①요양기관은 가입자등이 법 제53조제1항·제2항 또는 법 제58조제2항에 해당되는 것으로 판단되는 경우에도 요양급여를 실시하되, 지체없이 별지 제2호서식에 의한 급여제한 여부조회서에 의하여 공단에 급여제한 여부를 조회하여야 한다. 〈개정 2012. 8. 31.〉
② 제1항에 따라 조회 요청을 받은 공단은 7일(공휴일을 제외한다. 이하 같다) 이내에 급여제한 여부를 결정한 후 요양기관에 별지 제2호의2서식의 급여제한 여부 결정통보서로 회신하여야 하며, 회신을 받은 요양기관은 공단의 결정내용을 요양급여를 개시한 날부터 소급하여 적용하여야 한다.〈개정 2014. 7. 1., 2015. 5. 29.〉
③ 제2항의 규정에 불구하고 회신이 있기 전에 요양급여가 종료되거나 회신 없이7일이 경과된 때에는 공단이 당해 요양기관에 대하여 요양급여를 인정한 것으로 본다.다만, 공단이 7일이 경과된 후에 급여제한을 결정하여 회신한 때에는 요양기관은 회신을 받은 날부터 공단의 결정에 따라야 한다.
④ 공단은 법 제53조제1항·제2항 또는 법 제58조제2항에 따라 요양급여를 제한하여야 함에도 불구하고 제3항의 규정에 의하여 요양급여를 받은 가입자등에 대하여는 법 제57조에 따라 부당이득에 해당되는 금액을 징수한다.〈개정 2012. 8. 31.〉
⑤ 요양기관은 법 제53조제2항의 한도를 초과하여 요양급여를 행한 경우에는 그날부터 7일 이내에 별지 제3호서식에 의한 요양급여적용통보서에 의하여 그 사실을 공단에 알려야 한다.〈개정 2012. 8. 31.〉

제4조의2(요양급여일수의 확인) 가입자등은 요양급여일수에 대한 확인을 공단에 요청할 수 있으며, 요청을 받은 공단은 요양급여비용이 청구되어 지급된 요양급여내역별 요양급여일수를 문서, 팩스 또는 정보통신망 등을 이용하여 지체 없이 해당가입자등에게 통보하여야 한다. 〈개정 2009. 7. 31.〉

[전문개정 2006. 1. 16.]

제5조(요양급여의 적용기준 및 방법) ①요양기관은 가입자등에 대한 요양급여를 별표 1의 요양급여의 적용기준 및 방법에 의하여 실시하여야 한다.
②제1항에 따른 요양급여의 적용기준 및 방법에 관한 세부사항은 의약계·공단 및 건강보험심사평가원의 의견을 들어 보건복지부장관이 정하여 고시한다.〈개정 2008. 3. 3., 2010. 3. 19., 2010. 12. 23., 2018. 9. 28.〉
③ 조혈모세포이식 및 심실 보조장치 치료술의 요양급여의 적용기준 및 방법에 관한 세부사항은 의약계·공단 및 건강보험심사평가원의 의견을 들어 보건복지부장관이 따로 정하여 각각 고시한다.〈신설 2018. 9. 28.〉
④ 제2항에도 불구하고 「국민건강보험법 시행령」(이하 "영"이라 한다) 별표 2 제3호마목에 따른 중증질환자(이하 "중증환자"라 한다)에게 처방·투여하는 약제중 보건복지부장관이 정하여 고시하는 약제에 대한 요양급여의 적용기준 및 방법에 관한 세부사항은 제5조의2에 따른 중증질환심의위원회의 심의를 거쳐 건강보험심사평가원장이 정하여 공고한다. 이 경우 건강보험심사평가원장은 요양기관 및 가입자

등이 해당 공고의 내용을 언제든지 열람할 수 있도록 관리하여야 한다.〈신설 2005. 10. 11., 2008. 3. 3., 2010. 3. 19., 2012. 8. 31., 2018. 9. 28.〉

⑤ 제2항부터 제4항까지의 규정에도 불구하고 다음 각 호의 어느 하나에 해당하는 경우로서 환자나 질병의 특성을 고려하여 요양급여의 적용기준 및 방법을 달리 적용할 필요가 있다고 보건복지부장관이 인정하여 고시하는 대상의 요양급여의 적용기준 및 방법에 관한 세부사항은 제5조의4에 따른 심사제도운영위원회의 심의를 거쳐 건강보험심사평가원장이 정하여 공고한다. 이 경우 건강보험심사평가원장은 요양기관 및 가입자등이 해당 공고의 내용을 언제든지 열람할 수 있도록 관리해야 한다.〈신설 2023. 12. 28.〉
1. 고혈압, 당뇨병 등 지속적인 관리가 필요한 만성질환(慢性疾患)의 경우
2. 감염성 또는 근골격계 질환 등 진료를 위한 의료자원의 효율적 활용이 요구되는 경우
3. 뇌졸중, 급성심근경색증 등 초기 적극적 치료가 필요한 의료적 중대성이 인정되는 경우

제5조의2(중증질환심의위원회) ①중증환자에게 처방·투여되는 약제에 대한 요양급여 적용기준 및 방법에 대하여 심의하기 위하여 건강보험심사평가원에 중증질환심의위원회를 둔다.
② 중증질환심의위원회는 보건의료분야에 관한 학식과 경험이 풍부한 45인 이내의 위원으로 구성하되, 중증질환심의위원회의 구성 및 운영 등에 관하여 필요한 사항은 건강보험심사평가원의 정관으로 정한다.
[본조신설 2005. 10. 11.]

제5조의3(동일성분 의약품의 중복 처방·조제 제한) 가입자등이 3개 이상의 요양기관을 방문하여 동일한 상병(傷病)으로 동일성분 의약품을 처방·조제 받을 수 있는 일수는 6개월 동안 215일 미만으로 한다. 이 경우 구체적인 인정기준과 관리 등 필요한 사항은 보건복지부장관이 정하여 고시한다. 〈개정 2010. 3. 19.〉
[본조신설 2009. 7. 31.]

제5조의4(심사제도운영위원회) ① 제5조제5항에 따른 요양급여 적용기준 및 방법에 대하여 심의하기 위하여 건강보험심사평가원에 심사제도운영위원회를 둔다.
② 심사제도운영위원회는 보건의료 분야에 학식과 경험이 풍부한 18명 이내의 위원으로 구성하되, 심사제도운영위원회의 구성 및 운영 등에 필요한 사항은 건강보험심사평가원장이 정한다.
[본조신설 2023. 12. 28.]

제6조(요양급여의 의뢰 및 가입자등의 회송 등) ①요양기관은 가입자등에게 적절한 요양급여를 행하기 위하여 필요한 경우에는 다른 요양기관에게 요양급여를 의뢰할 수 있다.
② 제1항의 규정에 의하여 요양급여를 의뢰받은 요양기관은 가입자 등의 상태가 호전되었을 때에는 요양급여를 의뢰한 요양기관이나 1단계 요양급여를 담당하는 요양기관으로 가입자등을 회송할 수 있다.
③ 요양기관이 제1항에 따라 요양급여를 의뢰하는 경우에는 별지 제4호서식에 따른 요양급여의뢰서를, 제2항에 따라 가입자등을 회송하는 경우에는 별지 제5호서식에 따른 요양급여회송서를 가입자등에게 발급해야 한다. 이 경우 요양급여를 의뢰하거나 가입자등을 회송하는 요양기관은 가입자등의 동의를 받아 진료기록의 사본 등 요양급여에 관한 자료를 요양급여를 의뢰받거나 가입자등을 회송받는 요양기관에 제공해야 한다.〈개정 2020. 6. 29.〉
④ 건강보험심사평가원은 요양급여의 의뢰 및 가입자등의 회송이 효율적으로 이루어질 수 있도록 진료 의뢰·회송 중계시스템을 설치하여 운영할 수 있다.〈신설 2020. 6. 29.〉
⑤ 제1항부터 제4항까지에서 규정한 사항 외에 요양급여의 의뢰, 가입자등의 회송, 진료 의뢰·회송 중계시스템의 운영 방법 등에 필요한 사항은 보건복지부장관이 정하여 고시한다.〈신설 2020. 6. 29.〉
[제목개정 2020. 6. 29.]

제7조(요양급여비용 계산서·영수증의 발급 및 보존) ①요양기관이 요양급여를 실시한 때에는 가입자등에게 다음 각호의 구분에 의한 계산서·영수증을 발급하여야 한다. 다만, 요양기관중 종합병원·병원·치과병원

· 한방병원 및 요양병원을 제외한 요양기관이 외래진료를 한 경우에는 별지 제12호서식의 간이 외래 진료비계산서·영수증을 발급할 수 있다. 〈개정 2003. 11. 10., 2004. 3. 30.〉

　　1. 입원 및 외래진료의 경우(한방의 경우를 제외한다) : 별지 제6호서식 또는 별지 제7호서식의 진료비 계산서·영수증

　　2. 한방입원 및 한방외래진료의 경우 : 별지 제8호서식 또는 별지 제9호서식의 한방진료비 계산서·영수증

　　3. 약국 및 한국희귀의약품센터의 경우 : 별지 제10호서식 또는 별지 제11호서식의 약제비 계산서·영수증

② 요양기관은 가입자등이 「소득세법」 제59조의4제2항에 따른 의료비공제를 받기 위하여 당해 연도의 진료비 또는 약제비 납입내역의 확인을 요청한 경우에는 별지 제12호의2서식의 진료비(약제비) 납입확인서를 발급하여야 한다. 〈신설 2003. 11. 10., 2005. 10. 11., 2014. 9. 1.〉

③ 요양기관은 가입자등이 제1항의 규정에 의한 계산서·영수증에 대하여 세부산정내역을 요구하는 경우에는 이를 제공하여야 한다. 이 경우 요양기관은 보건복지부장관이 정하여 고시하는 바에 따라 급여대상 및 비급여대상의 세부 항목별로 비용 단가, 실시·사용 횟수, 실시·사용기간 및 비용 총액 등을 산정하여 제공하되, 급여대상의 경우에는 세부 항목별로 본인부담금액과 공단부담금액을 구분하여 제공하여야 한다.〈개정 2001. 12. 31., 2002. 10. 24., 2003. 11. 10., 2005. 10. 11., 2012. 8. 31., 2015. 6. 30., 2017. 9. 1.〉

④ 요양기관은 제3항에도 불구하고 가입자등이 제8조제3항에 따라 질병군별로 하나의 포괄적인 행위로 고시된 요양급여를 받거나 제8조제4항에 따라 1일당 행위로 고시된 요양급여를 받는 경우에는 다음 각 호에 한정하여 세부내역을 제공하여야 한다. 이 경우 세부내역의 제공 방법에 관하여는 제3항 후단을 준용한다.〈신설 2015. 6. 30., 2017. 9. 1., 2023. 12. 28.〉

　　1. 별표 2 제6호 또는 제6호의2에 따른 비급여대상

　　2. 「국민건강보험법 시행규칙」(이하 "건강보험규칙"이라 한다) 별표 6 제1호자목 또는 차목에 따른 요양급여비용의 본인부담항목

　　3. 제8조제3항 후단 또는 제4항 후단에 따라 보건복지부장관이 정하여 고시하는 포괄적인 행위 또는 1일당 행위에서 제외되는 항목

⑤ 요양기관이 요양급여를 행한 경우에는 제1항의 규정에 의한 계산서·영수증 부본을 당해 요양급여가 종료된 날부터 5년간 보존하여야 한다. 다만, 요양기관이 별지 제13호서식에 의한 본인부담금수납대장을 작성하여 보존하는 경우에는 이를 계산서·영수증 부본에 갈음한다.〈개정 2001. 12. 31., 2002. 10. 24., 2003. 11. 10., 2015. 6. 30.〉

⑥ 제5항에 따른 계산서·영수증 부본 및 본인부담금수납대장은 「전자문서 및 전자거래 기본법」 제2조제1호에 따른 전자문서로 작성·보존할 수 있다.〈신설 2003. 11. 10., 2005. 10. 11., 2015. 5. 29., 2015. 6. 30.〉

[제목개정 2002. 10. 24.]

제8조(요양급여대상의 고시) ① 삭제 〈2016. 8. 4.〉

② 보건복지부장관은 법 제41조제2항에 따른 요양급여대상(이하 "요양급여대상"이라 한다)을 급여목록표로 정하여 고시하되, 법 제41조제1항 각 호에 규정된 요양급여행위(이하 "행위"라 한다), 약제 및 치료재료(법 제41조제1항제2호에 따라 지급되는 약제 및 치료재료를 말한다. 이하 같다)로 구분하여 고시한다. 다만, 보건복지부장관이 정하여 고시하는 요양기관의 진료에 대하여는 행위·약제 및 치료재료를 묶어 1회 방문에 따른 행위로 정하여 고시할 수 있다.〈개정 2001. 12. 31., 2008. 3. 3., 2010. 3. 19., 2012. 8. 31., 2016. 8. 4.〉

③ 보건복지부장관은 제2항에도 불구하고 영 제21조제3항제2호에 따라 보건복지부장관이 정하여 고시하는

질병군에 대한 입원진료의 경우에는 해당 질병군별로 별표 2 제6호에 따른 비급여대상, 건강보험규칙 별표 6 제1호다목에 따른 요양급여비용의 본인부담 항목 및 같은 표 제1호사목에 따른 이송처치료를 제외한 모든 행위·약제 및 치료재료를 묶어 하나의 포괄적인 행위로 정하여 고시할 수 있다. 이 경우 하나의 포괄적인 행위에서 제외되는 항목은 보건복지부장관이 정하여 고시할 수 있다. 〈개정 2001. 12. 31., 2005. 10. 11., 2008. 3. 3., 2010. 3. 19., 2012. 8. 31., 2014. 9. 1., 2015. 5. 29., 2015. 6. 30., 2017. 6. 29., 2023. 12. 28.〉

④ 보건복지부장관은 제2항에도 불구하고 영 제21조제3항제1호에 따른 요양병원의 입원진료나 같은 항 제3호에 따른 호스피스·완화의료의 입원진료의 경우에는 제2항의 행위·약제 및 치료재료를 묶어 1일당 행위로 정하여 고시할 수 있다. 이 경우 1일당 행위에서 제외되는 항목은 보건복지부장관이 정하여 고시할 수 있다. 〈신설 2007. 12. 28., 2008. 3. 3., 2010. 3. 19., 2012. 8. 31., 2015. 6. 30., 2017. 8. 4.〉

⑤ 보건복지부장관은 제2항부터 제4항까지의 규정에 따라 요양급여대상을 고시함에 있어 행위 또는 하나의 포괄적인 행위의 경우에는 영 제21조제1항부터 제3항까지의 규정에 따른 요양급여의 상대가치점수(이하 "상대가치점수"라 한다)를 함께 정하여 고시해야 한다. 〈개정 2007. 12. 28., 2008. 3. 3., 2010. 3. 19., 2012. 8. 31., 2021. 3. 26.〉

[제목개정 2016. 8. 4.]

제8조의2(의료연구개발기관의 임상연구에 대한 특례) ① 「첨단의료복합단지 육성에 관한 특별법」 제22조제1항에 따라 보건복지부장관이 지정한 의료연구개발기관(의료기관만 해당하며, 이하 이 조에서 "지정 의료연구개발기관"이라 한다)이 의료연구개발을 위하여 의약품, 의료기기 및 의료기술을 임상연구 대상자에게 사용하는 경우에는 이 규칙이 정하는 바에 따라 다음 각 호의 요양급여를 실시한다. 〈개정 2019. 11. 1.〉

  1. 진찰·검사
  2. 약제(藥劑)·치료재료의 지급
  3. 처치·수술 및 그 밖의 치료
  4. 재활
  5. 입원
  6. 간호

② 제1항에도 불구하고 다음 각 호의 어느 하나에 해당하는 경우에는 요양급여 대상에서 제외할 수 있다. 다만, 제1호 및 제2호에 해당하는 경우에는 요양급여 대상에서 제외하여야 한다.

  1. 별표 2에 따른 비급여대상에 해당하는 경우
  2. 임상연구로 인한 후유증에 해당한다고 보건복지부장관이 인정하는 경우
  3. 임상연구 대상자의 질병 및 질환의 특성·상태, 그 밖에 임상연구 대상자에게 행하는 행위·약제 또는 치료재료의 성격이나 내용 등에 비추어 요양급여를 실시하는 것이 현저히 곤란하다고 보건복지부장관이 인정하는 경우

③ 보건복지부장관은 제1항 및 제2항에 따른 요양급여 또는 비급여의 적정성 여부 등을 판단하기 위하여 지정 의료연구개발기관이나 그 밖의 관계 기관·단체에 필요한 자료나 의견의 제출을 요청할 수 있다.

[본조신설 2016. 6. 3.]

제8조의3(방문요양급여 실시 사유) 법 제41조의5에서 "질병이나 부상으로 거동이 불편한 경우 등 보건복지부령으로 정하는 사유에 해당하는 경우"란 다음 각 호의 어느 하나에 해당하여 의료기관을 방문하기 어려운 경우를 말한다.

  1. 「장애인 건강권 및 의료접근성 보장에 관한 법률」 제16조제1항에 따른 장애인 건강 주치의 제도의 대상이 되는 중증장애인
  2. 「호스피스·완화의료 및 임종과정에 있는 환자의 연명의료결정에 관한 법률」 제2조제3호에 따른 말기환자(末期患者)

3. 가정형 인공호흡기를 사용하는 등 일정 수준 이상의 의료적 요구가 있어 방문요양급여를 제공받을 필요가 있는 18세 미만 환자

4. 그 밖에 질병, 부상, 출산 등으로 거동이 불편하여 방문요양급여가 필요하다고 보건복지부장관이 정하여 고시하는 경우에 해당하는 사람

[본조신설 2019. 6. 12.]

제9조(비급여대상) ①법 제41조제4항에 따라 요양급여의 대상에서 제외되는 사항(이하 "비급여대상"이라 한다)은 별표 2와 같다. *〈개정 2012. 8. 31., 2016. 8. 4.〉*

② 삭제*〈2001. 12. 31.〉*

제9조의2(요양급여대상 · 비급여대상 여부 확인) ① 요양기관, 「의료법」 또는 「약사법」에 따른 의료인 단체, 의료기관 단체, 대한약사회 또는 대한한약사회(이하 "의약관련 단체"라 한다), 치료재료의 제조업자 · 수입업자(치료재료가 「인체조직안전 및 관리 등에 관한 법률」 제3조제1호에 따른 인체조직인 경우에는 같은 법 제13조에 따른 조직은행의 장을 말하며, 「의료기기법」 제15조의2제1항 각 호 외의 부분에 따른 희소 · 긴급도입 필요 의료기기인 경우에는 같은 법 제42조에 따른 한국의료기기안전정보원의 장을 말한다. 이하 같다)는 보건복지부장관에게 요양급여대상 또는 비급여대상 여부가 불분명한 행위에 대하여 「의료법」 제53조에 따른 신의료기술평가(이하 "신의료기술평가"라 한다) 및 「신의료기술평가에 관한 규칙」 제3조에 따른 신의료기술평가 유예 신청 전에 요양급여대상 또는 비급여대상 여부의 확인을 신청할 수 있다. 다만, 「의료기기법」 제6조제1항 및 제15조제1항에 따른 의료기기의 제조업자 · 수입업자가 「신의료기술평가에 관한 규칙」 제3조의2제1항 및 제2항에 따라 신의료기술평가를 신청하는 경우에는 요양급여대상 또는 비급여대상 여부의 확인도 함께 신청할 수 있다. *〈개정 2016. 7. 29., 2016. 8. 4., 2019. 6. 12., 2020. 4. 3.〉*

② 제1항에 따른 확인 신청은 그 확인을 신청하려는 자가 별지 제13호의2서식의 요양급여대상 · 비급여대상 여부 확인 신청서에 다음 각 호의 서류를 첨부하여 건강보험심사평가원장(제1항 단서에 따른 확인 신청은 식품의약품안전처장을 거쳐야 한다)에게 요양급여대상 · 비급여대상 여부의 확인 신청을 함으로써 이를 갈음한다. *〈개정 2016. 7. 29.〉*

1. 다음 각 목 중 해당 서류(제1항 본문에 따른 확인 신청만 해당한다)

　가. 소요 장비 · 재료 · 약제의 제조(수입) 허가증 · 인증서 · 신고증 및 관련 자료

　나. 「의료기기법 시행규칙」 제64조에 따라 자료 제공 협조를 요청한 경우 제조(수입)허가 · 인증 신청서 및 접수증

2. 요양급여대상 · 비급여대상 여부에 대한 의견서

3. 국내 · 국외의 연구논문 등 그 밖의 참고자료

③ 보건복지부장관은 제1항 및 제2항에 따라 확인 신청을 받은 경우에는 요양급여대상 · 비급여대상 여부를 확인하고, 정당한 사유가 없는 한 확인 신청을 접수한 날부터 30일 이내에 신청인(제1항 단서에 따른 확인 신청에 대해서는 식품의약품안전처장을 거쳐야 한다)과 「의료법」 제54조에 따른 신의료기술평가위원회에 그 결과를 통보해야 한다. 다만, 기존 결정 사례 등에 근거한 확인이 곤란하여 심층적 검토가 필요한 경우에는 30일의 범위에서 그 통보기간을 한 차례 연장할 수 있다.*〈개정 2016. 7. 29., 2017. 1. 24., 2019. 6. 12.〉*

④ 신청인은 제3항에 따른 결과에 이의가 있는 경우 통보받은 날부터 30일 이내에 보건복지부장관(제1항 단서에 따른 확인 신청 결과에 대해서는 식품의약품안전처장을 거쳐야 한다)에게 이의신청을 하여야 하며, 이 경우 제3항의 절차를 준용한다. *〈개정 2016. 7. 29.〉*

⑤ 보건복지부장관은 제3항에 따른 요양급여대상 · 비급여대상의 확인 또는 제4항에 따른 이의신청의 처리를 위하여 전문적 검토가 필요하다고 인정하는 경우에는 제11조제8항에 따른 전문평가위원회로 하여금 검토하게 할 수 있다. *〈신설 2017. 9. 1., 2018. 12. 31.〉*

[본조신설 2015. 9. 21.]

제10조(행위·치료재료의 요양급여 결정신청) ①요양기관, 의약관련 단체 또는 치료재료의 제조업자·수입업자는 법 제41조의3제1항에 따른 행위·치료재료(이하 "행위·치료재료"라 한다)에 대한 요양급여대상 여부의 결정신청을 하려는 경우에는 다음 각 호의 구분에 따른 날부터 30일 이내에 보건복지부장관에게 신청해야 한다. 〈개정 2001. 12. 31., 2005. 10. 11., 2006. 12. 29., 2007. 7. 25., 2008. 3. 3., 2009. 7. 31., 2010. 3. 19., 2013. 3. 23., 2015. 9. 21., 2016. 8. 4., 2019. 6. 12., 2020. 4. 3.〉

  1. 행위의 경우에는 다음 각 목에서 정한 날

    가. 「신의료기술평가에 관한 규칙」 제3조제5항에 따른 신의료기술평가의 유예 고시(이하 "평가 유예 고시"라 한다) 이후 가입자등에게 최초로 실시한 날

    나. 「신의료기술평가에 관한 규칙」제4조제2항에 따른 신의료기술의 안전성·유효성 등의 평가결과 고시(이하 "평가결과 고시"라 한다) 이후 가입자등에게 최초로 실시한 날

    다. 「신의료기술평가에 관한 규칙」 제4조제2항에 따른 혁신의료기술의 안전성 등의 평가결과 고시(이하 " 혁신의료기술 고시"라 한다) 이후 가입자등에게 최초로 실시한 날

  2. 치료재료의 경우에는 다음 각 목에서 정한 날

    가. 「약사법」 또는 「의료기기법」에 따른 품목허가·인증 또는 품목신고 대상인 치료재료인 경우에는 식품의약품안전처장으로부터 품목허가·인증을 받거나 품목신고를 한 날. 다만, 품목허가·인증 또는 품목신고 대상이 아닌 치료재료의 경우에는 해당 치료재료를 가입자등에게 최초로 사용한 날

    나. 「인체조직안전 및 관리 등에 관한 법률」 제3조제1호에 따른 인체조직(이하 "인체조직"이라 한다)의 경우에는 식품의약품안전처장으로부터 조직은행 설립허가를 받은 날. 다만, 다음의 어느 하나의 경우에는 그 해당하는 날

      1) 수입인체조직의 경우에는 식품의약품안전처장이 정하는 바에 따라 안전성에 문제가 없다는 통지를 받은 날

      2) 조직은행 설립허가 당시의 취급품목이 변경된 경우에는 식품의약품안전처장이 그 변경사실을 확인한 날

    다. 「의료기기법」 제15조의2제1항 각 호 외의 부분에 따른 희소·긴급도입 필요 의료기기(이하 "희소·긴급도입 필요 의료기기"라 한다)의 경우에는 식품의약품안전처장으로부터 공급 결정에 관한 통보를 받은 날

    라. 가목부터 다목까지의 규정에도 불구하고 신의료기술평가 대상이 되는 치료재료의 경우에는 제1호가목부터 다목까지에 따른 고시 이후 해당 치료재료를 가입자등에게 최초로 사용한 날

    마. 가목부터 다목까지의 규정에도 불구하고 제9조의2제1항 및 제2항에 따라 요양급여대상 또는 비급여대상 여부의 확인을 신청한 경우에는 같은 조 제3항에 따라 결과를 통보받은 날

  3. 삭제〈2006. 12. 29.〉

② 제1항에 따른 결정신청은 그 결정을 신청하려는 자가 다음 각 호의 구분에 따른 평가신청서에 해당 각 목의 서류를 첨부하여 건강보험심사평가원장에게 요양급여대상여부의 평가신청을 함으로써 이를 갈음한다. 다만, 치료재료에 대하여 「의료기기법」 제42조에 따른 한국의료기기안전정보원의 장이 결정신청을 하려는 경우에는 제3호다목부터 사목까지의 서류를 첨부하지 않아도 된다.〈개정 2001. 12. 31., 2005. 10. 11., 2007. 7. 25., 2008. 3. 3., 2009. 7. 31., 2010. 3. 19., 2010. 4. 30., 2015. 5. 29., 2015. 9. 21., 2016. 8. 4., 2019. 6. 12., 2020. 4. 3., 2021. 3. 26.〉

  1. 행위의 경우 : 별지 제14호서식의 요양급여행위평가신청서

    가. 신의료기술의 안전성·유효성 등의 평가 유예 고시, 평가결과 고시 또는 혁신의료기술 고시

    나. 상대가치점수의 산출근거 및 내역에 관한 자료

    다. 비용효과에 관한 자료(동일 또는 유사 행위와의 장·단점, 상대가치점수의 비교 등을 포함한다)

    라. 국내외의 실시현황에 관한 자료(최초실시연도·실시기관명 및 실시건수 등을 포함한다)

    마. 소요장비·소요재료·약제의 제조(수입) 허가증·인증서·신고증 및 관련 자료

    바. 국내외의 연구논문 등 그 밖의 참고자료

  2. 삭제〈2006. 12. 29.〉

  3. 치료재료의 경우: 별지 제16호서식의 치료재료평가신청서

    가. 제조(수입) 허가증·인증서·신고증 사본(품목허가·인증을 받거나 품목신고를 한 치료재료만 해당한다)

    나. 판매예정가 산출근거 및 내역에 관한 자료

    다. 비용효과에 관한 자료(동일 또는 유사목적의 치료재료와의 장·단점, 판매가의 비교 등을 포함한다)

라. 국내외의 사용현황에 관한 자료(최초사용연도·사용기관명 및 사용건수 등을 포함한다)

마. 구성 및 부품내역에 관한 자료 및 제품설명서

바. 국내외의 연구논문 등 그 밖의 참고자료

사. 임상적 유용성, 기술 혁신성 등을 증명할 수 있는 평가 근거 자료

아. 희소·긴급도입 필요 의료기기에 해당하는 치료재료의 경우 의료기기의 사용목적 및 식품의약품안전처장의 공급 결정사유에 관한 자료

자. 신의료기술평가 대상이 되는 치료재료의 경우 신의료기술의 안전성·유효성 등의 평가 유예 고시, 평가결과 고시 또는 혁신의료기술 고시

4. 인체조직의 경우: 별지 제16호의2서식의 인체조직평가신청서

가. 조직은행설립허가증 사본(기재사항 변경내역을 포함한다). 다만, 수입인체조직의 경우에는 식품의약품안전처장이 정하는 바에 따라 안전성에 문제가 없다는 사실을 증명하는 서류를 함께 첨부하여야 한다.

나. 인체조직가격 산출근거 및 내역에 관한 자료

다. 비용효과에 관한 자료(동일 또는 유사목적의 인체조직과의 장·단점, 가격 비교 등을 포함한다)

라. 국내외의 사용현황에 관한 자료(최초 사용연도, 사용기관명 및 사용건수 등을 포함한다)

마. 인체조직에 대한 설명서

바. 국내외의 연구논문 등 그 밖의 참고자료

사. 신의료기술평가 대상이 되는 치료재료의 경우 신의료기술의 안전성·유효성 등의 평가 유예 고시, 평가결과 고시 또는 혁신의료기술 고시

③ 제1항에도 불구하고 「신의료기술평가에 관한 규칙」 제3조제2항에 따라 신의료기술평가를 신청하려는 자가 이 조 제2항 각 호의 구분에 따른 평가신청서 및 해당 서류를 함께 제출하는 경우에는 신의료기술평가의 신청과 요양급여대상 여부의 결정신청을 함께 하는 것으로 본다. 다만, 해당 의료기술이 체외진단 검사 또는 유전자 검사가 아닌 경우에는 신의료기술평가 신청에 필요한 서류를 제출한 날부터 90일 이내에 이 조 제2항 각 호 구분에 따른 평가신청서 및 해당 서류를 제출할 수 있다.〈신설 2019. 7. 4.〉

[제목개정 2016. 8. 4.]

제10조의2(약제 요양급여의 결정신청 등) ① 법 제41조의3제2항에서 "「약사법」에 따른 제조업자·수입업자 등 보건복지부령으로 정하는 자"란 다음 각 호의 어느 하나에 해당하는 자를 말한다. 〈개정 2016. 8. 4., 2020. 10. 8.〉

1. 「약사법」 제31조제1항에 따른 약제의 제조업자

2. 「약사법」 제31조제3항에 따른 약제의 위탁제조판매업자

3. 「약사법」 제42조제1항에 따른 약제의 수입자

4. 「약사법」 제91조에 따른 한국희귀·필수의약품센터의 장(같은 조 제1항 각 호의 의약품으로서 「의약품 등의 안전에 관한 규칙」 제57조제1항제1호에 따라 식품의약품안전처장이 환자의 치료를 위하여 긴급한 도입이 필요하다고 인정한 품목만 해당한다)

② 삭제〈2016. 8. 4.〉

③ 법 제41조의3제2항에 따라 요양급여대상 여부의 결정신청을 하려는 자는 별지 제17호서식의 약제평가신청서에 다음 각 호의 구분에 따른 해당 서류를 첨부하여 건강보험심사평가원장에게 해당 약제의 경제성, 요양급여의 적정성 및 기준 등에 관한 평가신청을 함으로써 이를 갈음한다.〈개정 2010. 4. 30., 2013. 3. 23., 2013. 12. 31., 2014. 9. 1., 2016. 8. 4., 2020. 4. 3., 2020. 10. 8.〉

1. 제1항제1호부터 제3호까지의 규정에 따른 약제의 제조업자·위탁제조판매업자·수입자(이하 "약제의 제조업자·위탁제조판매업자·수입자"라 한다)의 경우

가. 제조(수입)품목 허가증(신고서) 사본 또는 「의약품등의 안전에 관한 규칙」 제12조의2에 따른 식품의약품안전처장의 안전성·유효성 검토결과 통보서(보건복지부장관이 따로 공고하는 약제만 해당한다)(품목허가를 받거나 품목신고를 한 약제만 해당한다)

나. 판매예정가 산출근거 및 내역에 관한 자료

다. 비용과 효과에 대한 자료(동일하거나 유사한 약제와의 장점·단점 및 판매가의 비교 등을 포함한다)

라. 국내외의 사용현황에 관한 자료(개발국, 허가국가, 최초허가연도, 국내 사용건수 및 금액 등을 포함한다)

마. 해당 약제의 예상 사용량, 요양급여비용의 예상 청구금액 및 그 근거에 관한 자료

바. 국내외의 연구논문 등 그 밖의 참고자료

2. 제1항제4호에 따른 한국희귀·필수의약품센터의 장(이하 "한국희귀·필수의약품센터의 장"이라 한다)의 경우

가. 식품의약품안전처장의 인정에 관한 서류

나. 판매예정가 산출근거 및 내역에 관한 자료

④ 건강보험심사평가원장은 법 제41조의2제1항 및 제2항에 따라 요양급여비용 상한금액이 감액되거나 이 규칙 제13조제4항에 따라 요양급여대상 여부 또는 상한금액이 조정된 약제의 제조업자·위탁제조판매 업자·수입자의 계열회사(「독점규제 및 공정거래에 관한 법률」에 따른 계열회사를 말한다)가 그 요양급 여비용이 감액되거나 요양급여대상 여부 또는 상한금액이 조정된 약제와 투여경로·성분·제형이 동일 한 약제에 대하여 제3항에 따른 평가신청을 한 경우에는 그 신청을 반려할 수 있다.⟨신설 2020. 10. 8., 2022. 10. 13.⟩

⑤ 건강보험심사평가원장은 제14조에 따라 보건복지부장관이 정하여 고시하는 약제 산정기준에 따라 상한 금액이 정해지는 약제(이하 "산정대상약제"라 한다)에 대하여 제3항에 따른 평가신청을 받은 경우에는 그 신청받은 내용을 보건복지부장관에게 보고하고, 공단 이사장에게 통보해야 한다.⟨신설 2020. 10. 8.⟩

⑥ 공단 이사장은 제5항에 따라 통보를 받은 경우에는 제11조의2제7항에 따라 협상을 명받기 전에 해당 약제의 평가 신청인과 같은 항 제2호부터 제4호까지의 규정에 해당하는 사항을 사전 협의할 수 있다. ⟨신설 2020. 10. 8.⟩

[본조신설 2006. 12. 29.] [제목개정 2020. 10. 8.]

제11조(행위·치료재료에 대한 요양급여의 결정) ①제10조에 따라 요양급여대상 여부의 결정신청을 받은 보 건복지부장관은 정당한 사유가 없는 한 결정신청일부터 100일(「신의료기술평가에 관한 규칙」 제3조제3항 에 따라 서류를 송부받은 경우에는 평가결과 고시 이후 30일) 이내에 법 제4조에 따른 건강보험정책심의 위원회(이하 "심의위원회"라 한다)의 심의를 거쳐 요양급여대상 또는 비급여대상에의 해당여부를 결정하여 고시해야 한다. 이 경우 요양급여대상으로 결정한 행위·치료재료에 대해서는 상대가치점수 또는 영 제22 조제1항에 따른 상한금액(이하 "상한금액"이라 한다)과 법 제41조의4제1항에 따른 선별급여(이하 "선별급 여"라 한다) 본인부담률(선별급여의 요양급여비용 중 선별급여를 받는 사람이 부담하는 비율을 말한다. 이 하 같다)을 함께 정하여 고시해야 한다. ⟨개정 2001. 12. 31., 2006. 12. 29., 2008. 3. 3., 2010. 3. 19., 2012. 8. 31., 2016. 8. 4., 2017. 1. 9., 2018. 12. 31., 2019. 7. 4., 2021. 3. 26.⟩

② 보건복지부장관은 행위·치료재료의 경제성 및 급여의 적정성 등에 대하여 제8항에 따른 전문평가위원 회(이하 "전문평가위원회"라 한다)의 평가를 거쳐, 행위·치료재료의 요양급여대상 여부를 결정한다. 이 경우 보건복지부장관은 법 제42조의2제1항에 따른 선별급여의 실시 조건(이하 "선별급여실시조건" 이라 한다)을 정하는 때에는 전문평가위원회의 평가 외에 제14조의2제1항에 따른 적합성평가위원회(이 하 "적합성평가위원회"라 한다)의 평가를 거치도록 할 수 있다.⟨개정 2001. 12. 31., 2008. 3. 3., 2010. 3. 19., 2011. 12. 2., 2013. 12. 18., 2016. 8. 4., 2017. 3. 23., 2019. 6. 12., 2021. 3. 26.⟩

③ 건강보험심사평가원장은 제2항에 따라 전문평가위원회에서 치료재료(인체조직은 제외한다)에 대하여 평 가한 경우에 평가가 끝난 날부터 15일 이내에 다음 각 호의 사항을 신청인에게 서면 또는 전자문서로 통보해야 한다.⟨신설 2011. 12. 2., 2018. 12. 31.⟩

1. 평가결과(평가 시 원용된 전문가 의견, 학술연구 내용 등 평가근거에 관한 정보를 포함한다)

2. 평가결과에 이견이 있으면 30일 이내에 재평가 또는 제13조의3에 따른 검토(이하 "독립적 검토"라

한다)를 거친 재평가를 신청할 수 있다는 내용

④ 제3항에 따른 통보를 받은 신청인은 통보받은 날부터 30일 이내에 재평가 또는 독립적 검토를 거친 재평가를 건강보험심사평가원장에게 신청할 수 있다. 이 경우 재평가(독립적 검토를 거친 재평가는 제외한다)는 다음 각 호의 어느 하나에 해당하는 경우에 신청할 수 있다. 〈신설 2011. 12. 2., 2018. 12. 31.〉

1. 치료재료에 관한 결정신청을 한 자가 전문평가위원회의 평가결과에 이견이 있는 경우로서 제10조제2항제3호 및 제4호에 따른 서류를 보완하여 제출하거나 그 밖의 자료를 제출하는 경우
2. 직권결정 대상 치료재료의 제조업자·수입업자가 전문평가위원회의 평가결과에 이견이 있는 경우로서 제10조제2항제3호 및 제4호에 따른 서류를 보완하여 제출하거나 그 밖의 자료를 제출하는 경우

⑤ 제4항에 따라 재평가의 신청을 받은 건강보험심사평가원장은 신청 받은 날부터 60일 이내에 전문평가위원회의 재심의를 거쳐 재평가하고 재평가가 끝난 날부터 15일 이내에 그 결과를 신청인에게 통보해야 한다. 〈개정 2018. 12. 31.〉

⑥ 제4항에 따라 독립적 검토를 거친 재평가의 신청을 받은 건강보험심사평가원장은 독립적 검토에 따른 보고서와 신청인의 의견(신청인이 의견을 제출한 경우만 해당한다)을 제출받아 전문평가위원회의 재심의를 거쳐 재평가하고 재평가가 끝난 날부터 15일 이내에 그 결과를 신청인에게 통보해야 한다. 〈신설 2018. 12. 31.〉

⑦ 제2항 후단 및 제3항부터 제6항까지의 절차에 걸리는 기간은 제1항 전단에 따른 처리기한의 산정에 포함하지 않는다. 〈신설 2011. 12. 2., 2013. 12. 18., 2018. 12. 31.〉

⑧ 제2항에 따른 행위·치료재료에 대한 평가를 효율적으로 수행하기 위하여 건강보험심사평가원에 행위 및 치료재료별로 전문평가위원회를 둔다. 〈개정 2001. 12. 31., 2006. 12. 29., 2011. 12. 2., 2016. 8. 4., 2018. 12. 31.〉

⑨ 제1항에 따른 행위·치료재료가 요양급여대상으로 결정되어 고시된 경우에 제10조제1항의 규정에 의한 신청기간 내에 신청하지 않은 요양기관에 대해서는 제10조제1항 각 호의 어느 하나에 해당하는 날부터 소급하여 요양급여대상으로 적용한다. 〈개정 2001. 12. 31., 2011. 12. 2., 2016. 8. 4., 2018. 12. 31.〉

⑩ 제1항에도 불구하고 평가 유예 신의료기술의 경우에는 「신의료기술평가에 관한 규칙」 제3조의4에 따른 신의료기술평가 결과 안전성·유효성을 고시한 이후 행위·치료재료에 대한 요양급여의 결정 절차를 진행한다. 〈신설 2015. 9. 21., 2016. 7. 29., 2016. 8. 4., 2018. 12. 31.〉

[제목개정 2016. 8. 4.]

제11조의2(약제에 대한 요양급여의 결정) ① 제10조의2제3항에 따라 약제에 대한 평가를 신청 받은 건강보험심사평가원장은 150일 이내(진료상 필수성, 대체약제의 유무 등을 고려하여 보건복지부장관이 정하는 약제는 해당하지 않는다)에 제14항에 따른 약제급여평가위원회(이하 "약제급여평가위원회"라 한다)의 심의를 거쳐 평가(산정대상약제는 전문적 검토가 필요한 경우를 제외하고는 약제급여평가위원회의 심의를 거치지 않고 평가한다)하고 평가가 끝난 날부터 15일 이내에 다음 각 호의 사항을 신청인에게 서면 또는 전자문서로 통보해야 한다. 〈개정 2010. 4. 30., 2011. 12. 2., 2013. 12. 18., 2015. 5. 29., 2017. 3. 23., 2017. 9. 1., 2020. 10. 8., 2021. 3. 26.〉

1. 평가결과(평가 시 원용된 전문가 의견, 학술연구 내용 등 평가근거에 관한 정보를 포함한다)
2. 평가결과에 이견이 있으면 30일 이내에 재평가 또는 독립적 검토를 거친 재평가를 신청할 수 있다는 내용
3. 약제급여평가위원회가 평가한 금액 이하를 경제성 있는 가격으로 하여 공단 이사장과의 협상절차를 진행할 수 있다는 내용(임상적 유용성은 있으나 판매예정가의 비용효과성을 입증하지 못한 경우만 해당한다)
4. 보건복지부장관이 정하여 고시하는 약가 협상의 생략을 위한 기준 금액(이하 "약가협상생략기준금

액"이라 한다)을 상한금액으로 하는 것에 동의하는 경우 상한금액 협상절차를 생략하여 진행할 수 있다는 내용(임상적 유용성은 있으나 판매예정가가 약가협상생략기준금액 보다 높은 경우만 해당한다)

② 제1항에 따른 통보를 받은 신청인은 통보받은 날부터 30일 이내에 건강보험심사평가원장에게 재평가 또는 독립적 검토를 거친 재평가를 신청하거나 다음 각 호의 어느 하나에 해당하는 통지를 할 수 있다.〈개정 2010. 4. 30., 2011. 12. 2., 2015. 5. 29.〉

  1. 제1항제3호에 따라 약제급여평가위원회가 평가한 금액 이하를 경제성 있는 가격으로 하여 공단 이사장과의 협상절차를 진행하는 것에 동의한다는 내용의 통지

  2. 제1항제4호에 따라 약가협상생략기준금액을 상한금액으로 하여 상한금액 협상절차를 생략하여 진행하는 것에 동의한다는 내용의 통지

③ 제2항에 따라 재평가신청을 받은 건강보험심사평가원장은 120일 이내에 약제급여평가위원회의 재심의를 거쳐 재평가(산정대상약제는 전문적 검토가 필요한 경우를 제외하고는 약제급여평가위원회의 재심의를 거치지 않고 재평가한다)하고 재평가가 끝난 날부터 15일 이내에 다음 각 호의 사항을 신청인에게 통보해야 한다.〈개정 2010. 4. 30., 2011. 12. 2., 2015. 5. 29., 2017. 9. 1., 2020. 10. 8.〉

  1. 재평가결과

  2. 약제급여평가위원회가 평가한 금액 이하를 경제성 있는 가격으로 하여 공단 이사장과의 협상절차를 진행할 수 있다는 내용(임상적 유용성은 있으나 판매예정가의 비용효과성을 입증하지 못한 경우만 해당한다)

  3. 약가협상생략기준금액을 상한금액으로 하는 것에 동의하는 경우 상한금액 협상절차를 생략할 수 있다는 내용(임상적 유용성은 있으나 판매예정가가 약가협상생략기준금액 보다 높은 경우만 해당한다)

④ 제2항에 따라 독립적 검토를 거친 재평가의 신청을 받은 건강보험심사평가원장은 독립적 검토에 따른 보고서와 신청인의 의견(신청인이 의견을 제출한 경우만 해당한다)을 제출받아 약제급여평가위원회의 재심의를 거쳐 재평가하고 재평가가 끝난 날부터 15일 이내에 다음 각 호의 사항을 신청인에게 통보하여야 한다.〈신설 2011. 12. 2., 2015. 5. 29.〉

  1. 재평가결과

  2. 약제급여평가위원회가 평가한 금액 이하를 경제성 있는 가격으로 하여 공단 이사장과의 협상절차를 진행할 수 있다는 내용(임상적 유용성은 있으나 판매예정가의 비용효과성을 입증하지 못한 경우만 해당한다)

  3. 약가협상생략기준금액을 상한금액으로 하는 것에 동의하는 경우 상한금액 협상절차를 생략할 수 있다는 내용(임상적 유용성은 있으나 판매예정가가 약가협상생략기준금액 보다 높은 경우만 해당한다)

⑤ 제3항제2호·제3호 또는 제4항제2호·제3호에 따른 통보를 받은 신청인은 통보받은 날부터 7일 이내에 건강보험심사평가원장에게 다음 각 호의 어느 하나에 해당하는 통지를 할 수 있다.〈개정 2010. 4. 30., 2011. 12. 2., 2015. 5. 29.〉

  1. 제3항제2호 또는 제4항제2호에 따라 약제급여평가위원회가 평가한 금액 이하를 경제성 있는 가격으로 하여 공단 이사장과의 협상절차를 진행하는 것에 동의한다는 내용의 통지

  2. 제3항제3호 또는 제4항제3호에 따라 약가협상생략기준금액을 상한금액으로 하여 상한금액 협상절차를 생략하여 진행하는 것에 동의한다는 내용의 통지

⑥ 건강보험심사평가원장은 제1항제1호에 따른 평가결과, 제3항제1호 또는 제4항제1호에 따른 재평가결과 및 제2항 또는 제5항에 따른 통지 사실을 보건복지부장관에게 보고하고, 공단 이사장에게 통보해야 한다. 이 경우 다음 각 호의 어느 하나에 해당하는 때에는 해당 약제에 대하여 제1항에 따라 약제급여평가위원회의 심의를 거쳐 평가를 마친 후 지체 없이 그 평가결과를 보건복지부장관에게 보고하고, 공단 이사장에게 통보해야 한다.〈개정 2020. 10. 8., 2022. 10. 13.〉

1. 신청인이 제2항제2호 또는 제5항제2호에 따른 통지를 하기 전에 약가협상생략기준금액을 상한금액으로 하여 상한금액 협상절차를 생략하는 것에 동의한 경우

2. 신청인의 판매예정가가 약가협상생략기준금액 이하인 경우

⑦ 보건복지부장관은 제6항에 따라 보고받은 약제 중 요양급여대상으로 하는 것이 적정하다고 평가 또는 재평가된 약제에 대하여 공단 이사장에게 다음 각 호의 어느 하나에 해당하는 사항을 해당 약제의 평가 또는 재평가 신청인과 60일의 범위에서 협상하도록 명해야 한다. 이 경우 협상이 지연되는 등의 사유로 공단 이사장이 요청할 때에는 추가로 60일의 범위에서 협상 기한을 연기하거나 협상을 일시적으로 정지하도록 명할 수 있다. 〈개정 2020. 10. 8.〉

1. 약제의 상한금액안(산정대상약제는 제외한다)

2. 요양급여비용의 예상 청구금액안

3. 해당 약제의 제조업자·위탁제조판매업자·수입자가 이행할 조건

4. 그 밖에 약제의 안정적인 공급 및 품질관리 등에 관한 사항

⑧ 제7항에 따라 협상을 명받은 공단 이사장은 건강보험 재정에 미치는 영향 및 약제급여평가위원회의 평가결과·재평가결과 등을 고려하여 약제의 평가 또는 재평가 신청인과 협상하고, 그 협상결과를 보건복지부장관에게 보고해야 한다. 이 경우 공단 이사장은 신청인별로 협상할 수 있다. 〈개정 2020. 10. 8.〉

⑨ 보건복지부장관은 제8항에 따라 보고받은 사항에 대하여 다음 각 호에 정하는 바에 따라 조치해야 한다. 〈개정 2008. 3. 3., 2010. 3. 19., 2011. 12. 2., 2015. 5. 29., 2020. 10. 8., 2020. 11. 2.〉

1. 제8항에 따른 협상 결과 합의가 이루어진 약제는 30일 이내에 심의위원회의 심의를 거쳐 요양급여 대상여부 및 약제의 상한금액을 결정하여 고시해야 한다. 이 경우 심의위원회 심의 사항·예정일 등 심의 관련 사항 및 고시 예정일·시행일 등을 신청인에게 서면 또는 전자문서로 통보할 수 있다.

2. 제8항에 따른 협상 결과 합의가 이루어지지 않은 약제 중 환자의 진료에 반드시 필요하다고 인정되는 약제는 협상결과를 보고받은 날부터 60일 이내에 제15항에 따른 약제급여조정위원회(이하 "약제급여조정위원회"라 한다)의 조정을 거친 후 심의위원회의 심의를 거쳐 요양급여대상 여부 및 약제의 상한금액을 결정하여 고시해야 한다.

3. 삭제 〈2020. 10. 8.〉

⑩ 보건복지부장관은 제9항제2호에 따라 약제급여조정위원회에서 조정한 경우에 조정이 끝난 날부터 15일 이내에 다음 각 호의 사항을 신청인에게 서면 또는 전자문서로 통보하여야 한다. 〈신설 2011. 12. 2.〉

1. 조정결과 및 그 근거

2. 조정결과에 이견이 있으면 30일 이내에 독립적 검토를 거친 재조정을 신청할 수 있다는 내용

⑪ 제10항에 따른 통보를 받은 신청인은 통보받은 날부터 30일 이내에 독립적 검토를 거친 재조정을 보건복지부장관에게 신청할 수 있다. 〈신설 2011. 12. 2.〉

⑫ 제11항에 따른 신청을 받은 보건복지부장관은 독립적 검토에 따른 보고서와 신청인의 의견(신청인이 의견을 제출한 경우만 해당한다)을 제출받아 약제급여조정위원회의 재조정을 거쳐야 한다. 〈신설 2011. 12. 2.〉

⑬ 제10항부터 제12항까지의 절차에 걸리는 기간은 제9항제2호에 따른 처리기한의 산정에 포함하지 아니한다. 〈신설 2011. 12. 2.〉

⑭ 약제에 대한 요양급여의 적정성 등을 효율적으로 평가하기 위하여 건강보험심사평가원에 약제급여평가위원회를 둔다. 이 경우 약제급여평가위원회의 구성, 운영, 평가기준 및 절차 등에 관하여 필요한 사항은 건강보험심사평가원장이 정한다. 〈개정 2011. 12. 2.〉

⑮ 약제에 대한 요양급여의 결정, 상한금액의 조정에 관한 사항을 심의하기 위하여 보건복지부에 약제급여조정위원회를 둔다. 이 경우 약제급여조정위원회의 구성, 운영 그 밖에 필요한 사항은 보건복지부장관이 정한다. 〈개정 2008. 3. 3., 2010. 3. 19., 2011. 12. 2.〉

[본조신설 2006. 12. 29.] [제목개정 2013. 12. 18.]

제12조(상대가치점수등의 조정 등) ①제10조제1항 및 제10조의2제1항에 따른 요양기관, 의약관련 단체, 약제·치료재료의 제조업자·위탁제조판매업자(약제의 경우만 해당한다)·수입자(치료재료가 인체조직인 경우에는 「인체조직 안전 및 관리 등에 관한 법률」 제13조에 따른 조직은행의 장을 말한다) 또는 가입자등은 이미 고시된 요양급여대상의 상대가치점수·상한금액, 요양급여대상·비급여대상의 조정을 보건복지부장관이 정하여 고시하는 바에 따라 보건복지부장관에게 신청할 수 있다. 〈개정 2001. 12. 31., 2006. 12. 29., 2008. 3. 3., 2009. 7. 31., 2010. 3. 19., 2010. 4. 30.〉

② 제1항에 따라 조정신청을 받은 보건복지부장관은 행위 및 치료재료의 경우에는 제11조(행위 및 인체조직의 경우에는 제11조제3항부터 제6항까지의 규정은 제외한다)의 절차를 준용하고, 약제의 경우에는 제11조의2의 절차를 준용하여 상대가치점수·상한금액, 요양급여대상·비급여대상을 조정하여 고시할 수 있다. 〈개정 2001. 12. 31., 2006. 12. 29., 2008. 3. 3., 2010. 3. 19., 2011. 12. 2., 2018. 12. 31., 2021. 3. 26.〉

③ 삭제〈2001. 12. 31.〉

제13조(직권결정 및 조정 등) ①보건복지부장관은 법 제41조의3제4항에 따라 다음 각 호의 어느 하나에 해당하는 행위·치료재료에 대해서는 직권으로 제11조(행위 및 인체조직의 경우에는 제11조제3항부터 제6항까지의 규정은 제외한다)의 절차를 준용하여 요양급여대상 또는 비급여대상으로 결정하여 고시하며, 요양급여대상으로 결정한 경우에는 상대가치점수 또는 상한금액과 선별급여 본인부담률을 함께 정하여 고시해야 한다. 이 경우 결정·고시된 요양급여대상은 제10조제1항 각 호의 어느 하나에 해당되는 날부터 소급하여 요양급여대상으로 적용한다. 〈개정 2001. 12. 31., 2006. 12. 29., 2007. 7. 25., 2008. 3. 3., 2010. 3. 19., 2011. 12. 2., 2016. 8. 4., 2018. 12. 31., 2019. 6. 12., 2021. 3. 26.〉

1. 대체가능한 진료·치료 방법이 없는 경우
2. 환자의 진료·치료를 위하여 긴급한 도입이 필요한 경우
3. 「의료기기법 시행령」 제13조의2제4항제1호에 따른 의료기기 중 보건복지부장관이 필요하다고 인정하는 의료기기
4. 그 밖에 행위·치료재료의 내용·금액과 환자에 대한 진료·치료 의 성격·경위 등에 비추어 보건복지부장관이 직권으로 요양급여대상 여부를 결정하는 것이 필요하다고 인정하는 경우

② 보건복지부장관은 법 제41조의3제4항에 따라 다음 각 호의 어느 하나에 해당하는 약제에 대해서는 직권으로 제11조의2의 절차를 준용하여 요양급여대상 여부 및 약제의 상한금액을 결정하고 고시한다. 〈개정 2016. 8. 4., 2017. 9. 1., 2020. 10. 8.〉

1. 다음 각 목의 요건을 모두 충족하는 경우
   가. 대체가능한 다른 약제 또는 치료법이 없는 경우
   나. 생명에 심각한 위해를 초래하는 질환에 사용되는 경우
   다. 임상적으로 유의미한 치료효과가 입증된 경우
2. 건강보험심사평가원장이 환자의 진료상 반드시 필요하다고 보건복지부장관에게 요청하는 경우

③ 보건복지부장관은 이미 고시된 행위 및 치료재료에 대한 상대가치점수·상한금액·선별급여 본인부담률, 요양급여대상·비급여대상에 대해서는 직권으로 제11조(행위 및 인체조직의 경우에는 제11조제3항부터 제6항까지의 규정은 제외한다)의 절차를 준용하여 조정하여 고시할 수 있다.〈개정 2001. 12. 31., 2006. 12. 29., 2008. 3. 3., 2010. 3. 19., 2011. 12. 2., 2018. 12. 31., 2021. 3. 26.〉

④ 보건복지부장관은 법 제41조의3제5항에 따라 다음 각 호의 어느 하나에 해당하면 이미 고시된 약제의 요양급여대상 여부, 범위 및 요양급여비용 상한금액을 직권으로 조정하여 고시할 수 있다.〈신설 2006. 12. 29., 2008. 3. 3., 2009. 1. 13., 2010. 3. 19., 2010. 4. 30., 2011. 12. 2., 2011. 12. 30., 2013. 12. 31., 2014. 9. 1., 2015. 5. 29., 2016. 8. 4., 2017. 6. 29., 2017. 9. 1., 2018. 9. 28., 2020. 10. 8., 2022. 10. 13., 2023. 10. 30.〉

1. 협상 결과 합의된 요양급여비용 예상 청구금액을 초과하여 사용된 경우

2. 직전년도 요양급여비용 청구금액과 비교하여 보건복지부장관이 정하는 비율이나 금액 이상 증가된 경우
3. 제5조제2항 및 제4항에 따른 요양급여의 적용기준 및 방법에 관한 세부사항의 개정 등으로 약제의 사용범위의 확대가 예상되는 경우
4. 제14조에 따라 보건복지부장관이 정하여 고시하는 약제 상한금액의 결정·조정 기준이 변경됨에 따라 보건복지부장관이 상한금액을 재평가할 필요가 있다고 인정하는 경우
5. 제11조의2에 따라 요양급여대상으로 결정된 약제와 투여경로·성분·제형이 동일한 약제가 제10조의2에 따라 결정신청된 경우
5의2. 제11조의2에 따라 요양급여대상으로 결정된 복합제(해당 복합제와 조성이 유사한 복합제로서 보건복지부장관이 고시하는 약제도 포함한다)의 가격산정의 기준이 되었던 품목(기준이 되었던 품목이 복합제인 경우에는 해당 복합제를 구성하는 개별 약제를 포함한다)과 투여경로·성분·제형이 동일한 약제가 제10조의2에 따라 결정신청된 경우
6. 제11조의2에 따라 요양급여대상으로 결정된 약제에 대한 개발목표제품(해당 약제의 품목허가를 위한 시험에서 비교대상으로 선택된 제품 중 주 약리작용을 나타내는 성분이 해당 약제와 같은 제품으로서 그 제품과 투여경로·성분·제형이 동일한 제제 중 가격산정의 기준이 되었던 품목을 말한다)과 투여경로·성분·제형이 동일한 약제가 제10조의2에 따라 결정신청된 경우
7. 환자의 진료에 반드시 필요하나 경제성이 없어 약제의 제조업자·위탁제조판매업자·수입자가 생산 또는 수입을 기피하는 약제로서 생산 또는 수입 원가의 보전이 필요한 경우
8. 최근 2년간 보험급여 청구실적이 없는 약제
8의2. 최근 3년간 생산실적 또는 수입실적이 없는 약제로서 그 유효기한 또는 사용기한이 도과된 경우
9. 건강보험심사평가원장이 경제성 또는 요양급여 적정성이 없거나 현저히 낮은 것으로 평가한 약제에 대하여 보건복지부장관에게 요청하는 경우
10. 약제의 제조업자·위탁제조판매업자·수입자 또는 한국희귀·필수의약품센터의 장이 급여목록표에서 삭제되기를 희망하는 약제. 다만, 보건복지부장관이 환자의 진료상 반드시 필요하다고 판단하는 약제는 예외로 한다.
11. 보건복지부장관이 정하여 고시한 바에 따른 약제 실거래가 조사결과 약제 상한금액 조정 대상이 된 약제
12. 「약사법」제31조 또는 제41조에 따라 의약품의 품목허가 또는 품목신고를 받은 자가 보건복지부장관이 정하여 고시하는 행정처분(「약사법」제76조에 따른 행정처분을 말한다)을 받은 경우
12의2. 「약사법」제31조 또는 제41조에 따라 의약품의 품목허가 또는 품목신고를 받은 자가 스스로 그 허가증 또는 신고증을 반납한 경우
13. 약사법령에 따른 일반의약품으로서 건강증진, 건강유지 및 치료를 목적으로 하며, 의사 또는 치과의사의 처방에 의하지 아니하더라도 인체에 미치는 부작용이 적어 안전성 및 유효성을 기대할 수 있는 약제
14. 제11조의2제8항에 따라 약제의 제조업자·위탁제조판매업자·수입자가 공단 이사장과 협상한 조건을 이행하지 아니하는 경우나 협상한 조건에서 정한 조정사유에 해당하는 경우
15. 약제의 주성분 등 「약사법」제31조에 따라 품목허가를 받은 사항이 변경되어 보건복지부장관이 요양급여대상 여부 또는 상한금액을 조정할 필요가 있다고 인정하는 경우
16. 「약사법」제31조제9항 및 제42조제1항에 따른 변경허가 또는 변경신고, 같은 법 제50조의6 및 제50조의9에 따른 의약품 판매금지와 관련하여 보건복지부장관이 요양급여대상 여부 및 상한금액을 조정할 필요가 있다고 인정하는 경우
17. 그 밖에 외국의 의약품 허가사항, 가격 및 보험등재 현황, 임상연구 관련 자료 등을 고려하여 보건

복지부장관이 요양급여대상 여부 및 상한금액을 조정할 필요가 있다고 인정하는 경우

⑤ 제4항에 따른 직권 조정에는 다음 각 호의 구분에 따른 절차를 준용한다.〈신설 2011. 12. 2., 2013. 12. 31., 2014. 9. 1., 2016. 7. 1., 2017. 9. 1., 2018. 12. 31., 2020. 10. 8., 2022. 10. 13.〉

1. 제4항제1호 및 제2호의 경우: 제11조의2제7항부터 제9항까지의 절차

2. 제4항제3호 및 제4호의 경우: 제11조의2제1항부터 제3항까지, 제6항부터 제9항까지의 절차. 다만, 이 조 제4항제3호의 경우로서 다음 각 목의 어느 하나에 해당하는 경우에는 제11조의2제1항부터 제9항까지의 절차를 준용한다.

　가. 제11조의2제8항에 따라 약제의 제조업자·위탁제조판매업자·수입자가 이행할 조건을 고려하여 상한 금액이 정해진 약제로서 해당 약제의 사용범위가 확대될 것으로 충분히 예상되는 경우

　나. 제4항제3호에 따른 약제의 사용범위 확대 예상에 따른 요양급여비용 예상 청구금액이 그 사용범위 확대 예상 이전의 요양급여비용 예상 청구금액보다 100억원 이상 증가할 것으로 예상되는 경우

2의2. 제4항제5호, 제5호의2 및 제6호의 경우: 제11조의2제1항부터 제3항까지, 제6항부터 제9항까지의 절차. 이 경우 제11조의2제7항 각 호 외의 부분 전단 및 후단 중 "60일"은 각각 "20일"로 본다.

3. 제4항제7호의 경우: 제11조의2제1항부터 제9항까지의 절차

4. 제4항제8호, 제8호의2, 제10호부터 제12호까지 및 제12호의2의 경우: 제11조의2제1항부터 제3항까지, 제6항 및 같은 조 제9항제1호의 절차

5. 제4항제9호 및 제13호의 경우: 제11조의2제1항부터 제6항까지 및 같은 조 제9항제1호의 절차

6. 제4항제14호의 경우: 다음 각 목의 구분에 따른 절차

　가. 제11조의2제8항에 따라 약제의 제조업자·위탁제조판매업자·수입자가 공단 이사장과 협상한 조건을 이행하지 않은 경우: 제11조의2제1항부터 제3항까지, 제6항 및 같은 조 제9항제1호의 절차

　나. 제11조의2제8항에 따라 약제의 제조업자·위탁제조판매업자·수입자가 공단 이사장과 협상한 조건에서 정한 조정사유에 해당하는 경우: 제11조의2제1항부터 제3항까지 및 제6항부터 제9항까지의 절차

7. 제4항제15호부터 제17호까지의 경우: 제11조의2제1항부터 제3항까지 및 제6항부터 제9항까지의 절차. 다만, 보건복지부장관이 직권 조정을 하기 위하여 필요하다고 인정하는 경우에는 제11조의2제1항부터 제3항까지, 제6항 및 같은 조 제9항제1호의 절차를 준용한다.

⑥ 제5항(같은 항 제4호, 제5호 및 제6호가목은 제외한다)에 따라 준용되는 제11조의2제6항에 따라 건강보험심사평가원장으로부터 평가결과 또는 재평가결과를 통보받은 공단 이사장은 보건복지부장관으로부터 같은 조 제7항에 따른 협상 명령을 받기 전부터 미리 조정 대상 약제의 제조업자·위탁제조판매업자·수입자 또는 한국희귀·필수의약품센터의 장과 같은 항 제4호의 사항에 관하여 협상에 필요한 사항을 협의할 수 있다.〈신설 2022. 10. 13.〉

⑦ 보건복지부장관은 이미 요양급여대상 여부 및 상한금액이 고시된 약제의 안정적인 공급 등을 위해 필요하다고 인정하는 경우에는 공단 이사장에게 해당 약제의 제조업자·위탁제조판매업자·수입자와 제11조의2제7항제4호의 사항에 대하여 협상하도록 명할 수 있다. 이 경우 제11조의2제7항부터 제9항까지를 준용한다.〈신설 2020. 10. 8., 2022. 10. 13.〉

⑧ 보건복지부장관은 제11조의2제7항제4호의 사항에 관한 협상이 필요한 경우로서 공단 이사장이 조정 대상 약제의 제조업자·위탁제조판매업자·수입자 또는 한국희귀·필수의약품센터의 장과 이미 같은 호의 사항에 관한 합의가 이루어져 있는 경우에는 제5항 및 제7항에도 불구하고 제11조의2제7항 및 제8항의 절차를 생략할 수 있다. 이 경우 제11조의2제9항제1호를 준용한다.〈신설 2022. 10. 13.〉

⑨ 보건복지부장관은 제5항(제4항제3호, 제5호, 제5호의2, 제6호 및 제7호는 제외한다) 또는 제7항에 따라 준용되는 제11조의2제9항에 따른 조치를 하기 전에 필요하다고 인정되는 경우 1회에 한정하여 공단 이사장에게 같은 조 제7항 및 제8항에 따라 재협상을 하게 할 수 있다.〈신설 2022. 10. 13.〉

⑩ 보건복지부장관은 제9항에 따라 재협상을 하게 하기 전에 재협상의 필요 여부에 관하여 약제급여평가위원회의 심의를 거칠 수 있다. 이 경우 건강보험심사평가원장은 약제급여평가위원회의 심의 결과를

보건복지부장관에게 보고해야 한다.〈신설 2022. 10. 13.〉

⑪ 보건복지부장관은 제5항 또는 제7항에 따라 준용되는 제11조의2제8항에 따른 협상(이 조 제9항에 따른 재협상을 한 경우에는 재협상을 말한다)의 결과 합의가 이루어지지 않은 약제 중 환자의 진료에 반드시 필요하다고 인정되는 약제가 아닌 약제에 대해서는 심의위원회의 심의를 거쳐 요양급여대상에서 제외할 수 있다.〈신설 2022. 10. 13.〉

[제목개정 2020. 10. 8.]

제13조의2(독립적 검토절차) ① 보건복지부장관은 치료재료(인체조직은 제외한다. 이하 이 조와 제13조의3에서 같다) 및 약제의 요양급여대상 여부 및 상한금액에 관하여 보건복지부, 국민건강보험공단 및 건강보험심사평가원으로부터 독립적으로 검토할 수 있는 절차를 마련하여야 한다.

② 보건복지부장관은 독립적 검토를 수행하게 하기 위하여 검토 절차를 총괄하는 1명의 책임자와 검토를 담당하는 30명 이내의 검토자를 위촉하여야 한다.

③ 책임자와 검토자는 치료재료 및 약제 분야의 학식과 경험이 풍부하고 보건복지부, 국민건강보험공단 및 건강보험심사평가원으로부터 독립적으로 검토를 할 수 있는 사람 중에서 위촉한다.

④ 책임자와 검토자의 자격, 임기, 위촉방법 등에 관한 사항은 보건복지부장관이 정한다.

[본조신설 2011. 12. 2.]

제13조의3(독립적 검토) ① 독립적 검토는 다음 각 호의 경우에 제11조제4항 및 제11조의2제2항·제11항(제12조 및 제13조에 따라 준용되는 경우를 포함한다)에 따라 신청할 수 있다.

1. 치료재료에 관한 결정신청을 한 자가 전문평가위원회의 평가결과에 이견이 있는 경우
2. 약제에 관한 결정신청을 한 자가 다음 각 목의 어느 하나의 결과에 이견이 있는 경우
   가. 약제급여평가위원회의 심의에 따른 평가결과
   나. 약제급여조정위원회의 조정결과
3. 치료재료에 관한 조정신청을 한 자가 전문평가위원회의 평가결과에 이견이 있는 경우
4. 약제에 관한 조정신청을 한 자가 다음 각 목의 어느 하나의 결과에 이견이 있는 경우
   가. 약제급여평가위원회의 심의에 따른 평가결과
   나. 약제급여조정위원회의 조정결과
5. 직권결정 대상 치료재료의 제조업자·수입업자가 전문평가위원회의 평가결과에 이견이 있는 경우
6. 직권결정 대상 약제의 제조업자·위탁제조판매업자·수입자가 다음 각 목의 어느 하나의 결과에 이견이 있는 경우
   가. 약제급여평가위원회의 심의에 따른 평가결과
   나. 약제급여조정위원회의 조정결과
7. 직권조정 대상 치료재료의 제조업자·수입업자가 전문평가위원회의 평가결과에 이견이 있는 경우
8. 직권조정 대상 약제(제13조제4항제7호, 제9호, 제10호 및 제13호의 경우만 해당한다)의 제조업자·위탁제조판매업자·수입자가 약제급여평가위원회의 심의에 따른 평가결과에 이견이 있는 경우

② 보건복지부장관 또는 건강보험심사평가원장은 제1항에 따른 신청을 받으면 지체 없이 다음 각 호의 구분에 따른 자료를 책임자에게 송부하여야 한다.

1. 제1항제1호 및 제2호의 경우: 결정신청 시 제출된 자료(같은 항 제2호나목의 경우에는 약제급여조정위원회의 조정 시 검토된 자료를 포함한다)
2. 제1항제3호 및 제4호의 경우: 조정신청 시 제출된 자료(같은 항 제4호나목의 경우에는 약제급여조정위원회의 조정 시 검토된 자료를 포함한다)
3. 제1항제5호부터 제8호까지의 경우: 직권 결정·조정을 위하여 검토된 자료(같은 항 제6호나목의 경우에는 약제급여조정위원회의 조정 시 검토된 자료를 포함한다)

③ 제2항에 따라 자료를 송부받은 책임자는 검토자 중 1명을 선정하여 검토를 의뢰하고 지체 없이 검토

자를 보건복지부장관 또는 건강보험심사평가원장에게 알려야 한다.

④ 제3항에 따라 검토를 의뢰받은 검토자는 제2항에 따른 자료의 범위에서 검토를 수행하여야 하고, 그 결과를 보고서로 작성하여 책임자에게 제출하여야 한다.

⑤ 제4항에 따라 보고서를 제출받은 책임자는 이를 지체 없이 보건복지부장관 또는 건강보험심사평가원장에게 제출하여야 한다.

⑥ 제1항에 따른 신청부터 제5항에 따른 보고서 제출에 걸리는 기간은 다음 각 호의 구분에 따른 기간을 넘어서는 아니 된다.

1. 제1항제1호, 제3호 및 제5호의 경우: 100일
2. 제1항제2호, 제4호 및 제6호의 경우: 150일
3. 제1항제7호 및 제8호의 경우: 45일

[본조신설 2011. 12. 2.]

제13조의4(신청인의 의견 제출) ① 제13조의3제5항에 따라 보고서를 제출받은 보건복지부장관 또는 건강보험심사평가원장은 제출받은 날부터 7일 이내에 보고서를 신청인에게 송부하여야 한다.

② 제1항에 따라 보고서를 송부받은 신청인은 보고서의 내용에 의견이 있으면 송부받은 날부터 30일 이내에 보건복지부장관 또는 건강보험심사평가원장에게 의견을 제출할 수 있다.

[본조신설 2011. 12. 2.]

제13조의5(재평가 등) ① 제13조의4제2항에 따른 의견을 제출받거나 의견이 없음을 확인한 보건복지부장관 또는 건강보험심사평가원장은 50일 이내에 제11조제6항 또는 제11조의2제4항 · 제12항에 따라 전문평가위원회의 재평가, 약제급여평가위원회의 재심의를 거친 재평가 또는 약제급여조정위원회의 재조정을 거쳐야 한다. *〈개정 2018. 12. 31.〉*

② 전문평가위원회, 약제급여평가위원회 또는 약제급여조정위원회는 재평가, 재심의 또는 재조정할 때에 독립적 검토에 따른 보고서와 신청인의 의견에 구속되지 아니한다.

③ 이 규칙에서 정한 사항 외에 독립적 검토절차의 운영에 필요한 사항은 보건복지부장관이 정한다.

[본조신설 2011. 12. 2.]

제14조(결정 및 조정 등의 세부사항) 상대가치점수 · 상한금액, 요양급여대상 · 비급여대상의 결정 · 조정, 요양급여대상 · 비급여대상 여부 확인 등에 필요한 세부사항과 제11조제8항에 따른 전문평가위원회의 종류 · 구성 · 운영, 평가의 내용 · 절차 · 방법 등에 관하여는 보건복지부장관이 정하여 고시한다. *〈개정 2008. 3. 3., 2010. 3. 19., 2011. 12. 2., 2015. 9. 21., 2018. 12. 31.〉*

[전문개정 2001. 12. 31.]

제14조의2(적합성평가위원회의 설치 등) ① 선별급여의 적합성 평가 및 선별급여실시조건 등에 필요한 사항을 심의하기 위하여 보건복지부장관 소속으로 적합성평가위원회를 둔다. *〈개정 2017. 3. 23., 2021. 3. 26.〉*

② 적합성평가위원회는 위원장 1명을 포함하여 20명 이내의 위원으로 구성한다. *〈개정 2021. 3. 26.〉*

③ 제1항 및 제2항에서 규정한 사항 외에 적합성평가위원회의 구성 및 운영 등에 필요한 사항은 보건복지부장관이 정하여 고시한다. *〈개정 2017. 3. 23., 2021. 3. 26.〉*

[본조신설 2013. 12. 18.] [제목개정 2021. 3. 26.] [제11조의3에서 이동 〈2017. 3. 23.〉]

제14조의3(선별급여의 실시조건) ① 선별급여실시조건의 내용은 다음 각 호의 사항을 고려하여 보건복지부장관이 정한다. *〈개정 2021. 3. 26.〉*

1. 진료과목의 범위 및 종류 등에 관한 사항
2. 의료인의 정원 및 자격 등에 관한 사항
3. 의료시설 및 의료장비 등에 관한 사항

4. 환자의 요건 및 기준 등에 관한 사항
5. 선별급여의 실시에 따른 요양기관의 준수사항
6. 선별급여를 받는 사람이 요양급여비용 외에 추가로 부담하는 비용
7. 그 밖에 제1호부터 제6호까지의 규정에 준하는 사항으로서 선별급여의 실시를 위하여 보건복지부장관이 특히 필요하다고 인정하는 사항
② 보건복지부장관은 선별급여실시조건을 정하거나 변경하기 위하여 필요하다고 인정하는 경우에는 보건의료 관련 법인·단체 또는 전문가 등에게 자료 또는 의견의 제출을 요청할 수 있다. 〈개정 2021. 3. 26.〉
③ 보건복지부장관은 선별급여실시조건을 정하거나 변경한 경우에는 보건복지부 인터넷 홈페이지에 게재하고, 의약관련 단체에 그 내용을 통보해야 한다. 〈개정 2021. 3. 26.〉
④ 법 제42조의2제1항에 따라 선별급여를 실시하려는 요양기관은 해당 선별급여를 실시하기 전에 선별급여실시조건의 충족 여부를 입증하는 서류를 건강보험심사평가원장을 거쳐 보건복지부장관에게 제출해야 한다. 〈개정 2021. 3. 26.〉
⑤ 제1항부터 제4항까지의 규정에 따른 선별급여실시조건의 내용, 협조 요청, 내용 통보 또는 입증서류 제출 등에 필요한 세부 사항은 보건복지부장관이 정하여 고시한다. 〈개정 2021. 3. 26.〉
[본조신설 2017. 3. 23.]

제14조의4(선별급여의 적합성평가를 위한 자료 제출) ① 법 제42조의2제1항에 따라 선별급여를 실시하는 요양기관(이하 "선별급여 실시기관"이라 한다)이 같은 조 제2항에 따라 제출하는 자료의 범위는 다음 각 호와 같다. 〈개정 2021. 3. 26.〉
1. 선별급여의 실시 현황에 관한 자료
2. 해당 선별급여와 대체가능한 요양급여로서 보건복지부장관이 정하여 고시하는 요양급여의 실시 현황에 관한 자료
3. 선별급여의 실시에 따른 요양급여비용의 청구에 관한 자료
4. 선별급여실시조건에 대한 현황자료 및 변경자료(변경자료는 변경이 있는 경우만 해당한다)
5. 그 밖에 제1호부터 제4호까지의 규정에 준하는 자료로서 보건복지부장관이 선별급여의 적합성평가를 위하여 특히 필요하다고 인정하는 자료
② 법 제42조의2제2항에 따라 선별급여 실시기관이 관련 자료를 제출하는 경우에는 보건복지부장관이 정하는 기준 및 절차에 따라 연 1회 이상 제출하여야 한다. 이 경우 선별급여 실시기관은 건강보험심사평가원장을 거쳐 보건복지부장관에게 제출하여야 한다.
③ 보건복지부장관은 법 제41조의4제2항에 따른 선별급여의 적합성평가를 위하여 필요하다고 인정하는 경우에는 선별급여 실시기관에 대하여 자료의 보완 또는 추가 자료의 제출 등을 요청할 수 있다.
④ 제1항부터 제3항까지의 규정에 따른 자료의 범위, 작성 방법, 제출 방법 또는 보완 요청 등에 필요한 세부 사항은 보건복지부장관이 정하여 고시한다.
[본조신설 2017. 3. 23.]

제14조의5(선별급여의 실시 제한) ① 보건복지부장관은 법 제42조의2제3항에 따라 선별급여의 실시 제한을 위하여 필요하다고 인정하는 경우에는 선별급여 실시기관에 대하여 관련 자료를 요구하거나 선별급여의 실시 현황을 확인·점검할 수 있다.
② 보건복지부장관은 선별급여 실시기관이 법 제42조의2제3항에 따른 선별급여의 실시 제한사유에 해당하는 경우에는 보건복지부장관이 정하는 바에 따라 일정한 기간을 정하여 그 시정을 명할 수 있다.
③ 보건복지부장관은 선별급여 실시기관이 제2항에 따른 시정명령을 이행하지 않는 경우에는 3개월의 범위에서 선별급여의 실시를 제한할 수 있다. 이 경우 위반행위의 내용·성격·결과 및 환자의 보호 등에 관한 사항을 종합적으로 고려하여 선별급여의 실시 제한기간을 정해야 한다. 〈개정 2021. 3. 26.〉

④ 선별급여 실시기관이 제3항에 따른 선별급여 실시 제한기간이 끝난 후에 다시 선별급여를 실시하려는 경우에는 선별급여실시조건의 충족 여부를 입증하는 서류를 건강보험심사평가원장을 거쳐 보건복지부장관에게 제출해야 한다. 〈개정 2021. 3. 26.〉

⑤ 제1항부터 제4항까지의 규정에 따른 자료요구, 확인·점검, 시정명령, 선별급여 실시 제한의 절차 및 방법 등에 필요한 세부 사항은 보건복지부장관이 정하여 고시한다.

[본조신설 2017. 3. 23.]

제15조(규제의 재검토) ①보건복지부장관은 별표 2 제4호가목 및 나목에 따른 비급여대상 기준에 대하여 2014년 7월 1일을 기준으로 3년마다(매 3년이 되는 해의 기준일과 같은 날 전까지를 말한다) 그 타당성을 검토하여 개선 등의 조치를 하여야 한다. 〈개정 2015. 1. 5.〉

② 보건복지부장관은 제2조에 따른 요양급여의 절차에 대하여 2021년 1월 1일을 기준으로 2년마다(매 2년이 되는 해의 1월 1일 전까지를 말한다) 그 타당성을 검토하여 개선 등의 조치를 해야 한다. 〈신설 2015. 1. 5., 2015. 6. 30., 2018. 12. 28., 2020. 12. 31.〉

  1. 삭제〈2020. 12. 31.〉

  2. 삭제〈2020. 12. 31.〉

[본조신설 2014. 9. 1.]

부칙

〈제988호,2023. 12. 28.〉

제1조(시행일) 이 규칙은 공포한 날부터 시행한다. 다만, 별표 2 제4호가목(1)(가) 및 (나)의 개정규정은 공포 후 3개월이 경과한 날부터 시행한다.

제2조(요양급여의 적용기준 및 방법의 세부사항에 관한 특례) 이 규칙 시행 이후 보건복지부장관이 인정하여 고시하는 대상의 요양급여의 적용기준 및 방법에 관한 세부사항에 대해서는 제5조제5항의 개정규정에 따라 건강보험심사평가원장이 공고하기 전까지는 종전의 규정에 따른다.

제3조(다른 법령의 개정) 의료급여법 시행규칙 일부를 다음과 같이 개정한다.

제6조제1항 중 "「국민건강보험 요양급여의 기준에 관한 규칙」 제5조제2항부터 제4항까지"를 "「국민건강보험 요양급여의 기준에 관한 규칙」 제5조제2항부터 제5항까지"로 한다.

노인장기요양보험법

[시행 2023. 6. 22.] [법률 제18610호, 2021. 12. 21., 일부개정]

제1장 총칙

제1조(목적) 이 법은 고령이나 노인성 질병 등의 사유로 일상생활을 혼자서 수행하기 어려운 노인등에게 제공하는 신체활동 또는 가사활동 지원 등의 장기요양급여에 관한 사항을 규정하여 노후의 건강증진 및 생활안정을 도모하고 그 가족의 부담을 덜어줌으로써 국민의 삶의 질을 향상하도록 함을 목적으로 한다.

제2조(정의) 이 법에서 사용하는 용어의 정의는 다음과 같다. 〈개정 2018. 12. 11.〉

1. "노인등"이란 65세 이상의 노인 또는 65세 미만의 자로서 치매·뇌혈관성질환 등 대통령령으로 정하는 노인성 질병을 가진 자를 말한다.
2. "장기요양급여"란 제15조제2항에 따라 6개월 이상 동안 혼자서 일상생활을 수행하기 어렵다고 인정되는 자에게 신체활동·가사활동의 지원 또는 간병 등의 서비스나 이에 갈음하여 지급하는 현금 등을 말한다.
3. "장기요양사업"이란 장기요양보험료, 국가 및 지방자치단체의 부담금 등을 재원으로 하여 노인등에게 장기요양급여를 제공하는 사업을 말한다.
4. "장기요양기관"이란 제31조에 따른 지정을 받은 기관으로서 장기요양급여를 제공하는 기관을 말한다.
5. "장기요양요원"이란 장기요양기관에 소속되어 노인등의 신체활동 또는 가사활동 지원 등의 업무를 수행하는 자를 말한다.

제3조(장기요양급여 제공의 기본원칙) ① 장기요양급여는 노인등이 자신의 의사와 능력에 따라 최대한 자립적으로 일상생활을 수행할 수 있도록 제공하여야 한다. 〈신설 2018. 12. 11.〉

② 장기요양급여는 노인등의 심신상태·생활환경과 노인등 및 그 가족의 욕구·선택을 종합적으로 고려하여 필요한 범위 안에서 이를 적정하게 제공하여야 한다. 〈개정 2018. 12. 11.〉

③ 장기요양급여는 노인등이 가족과 함께 생활하면서 가정에서 장기요양을 받는 재가급여를 우선적으로 제공하여야 한다. 〈개정 2018. 12. 11.〉

④ 장기요양급여는 노인등의 심신상태나 건강 등이 악화되지 아니하도록 의료서비스와 연계하여 이를 제공하여야 한다. 〈개정 2018. 12. 11.〉

제4조(국가 및 지방자치단체의 책무 등) ①국가 및 지방자치단체는 노인이 일상생활을 혼자서 수행할 수 있는 온전한 심신상태를 유지하는데 필요한 사업(이하 "노인성질환예방사업"이라 한다)을 실시하여야 한다.

② 국가는 노인성질환예방사업을 수행하는 지방자치단체 또는 「국민건강보험법」에 따른 국민건강보험공단(이하 "공단"이라 한다)에 대하여 이에 소요되는 비용을 지원할 수 있다.

③ 국가 및 지방자치단체는 노인인구 및 지역특성 등을 고려하여 장기요양급여가 원활하게 제공될 수 있도록 적정한 수의 장기요양기관을 확충하고 장기요양기관의 설립을 지원하여야 한다. 〈개정 2018. 12. 11.〉

④ 국가 및 지방자치단체는 장기요양급여가 원활히 제공될 수 있도록 공단에 필요한 행정적 또는 재정적 지원을 할 수 있다.

⑤ 국가 및 지방자치단체는 장기요양요원의 처우를 개선하고 복지를 증진하며 지위를 향상시키기 위하여 적극적으로 노력하여야 한다. 〈신설 2016. 5. 29.〉

⑥ 국가 및 지방자치단체는 지역의 특성에 맞는 장기요양사업의 표준을 개발·보급할 수 있다. 〈신설 2018. 12. 11.〉

제5조(장기요양급여에 관한 국가정책방향) 국가는 제6조의 장기요양기본계획을 수립·시행함에 있어서 노인뿐만 아니라 장애인 등 일상생활을 혼자서 수행하기 어려운 모든 국민이 장기요양급여, 신체활동지원서비

스 등을 제공받을 수 있도록 노력하고 나아가 이들의 생활안정과 자립을 지원할 수 있는 시책을 강구하여야 한다.

제6조(장기요양기본계획) ①보건복지부장관은 노인등에 대한 장기요양급여를 원활하게 제공하기 위하여 5년 단위로 다음 각 호의 사항이 포함된 장기요양기본계획을 수립·시행하여야 한다. 〈개정 2016. 5. 29.〉
  1. 연도별 장기요양급여 대상인원 및 재원조달 계획
  2. 연도별 장기요양기관 및 장기요양전문인력 관리 방안
  3. 장기요양요원의 처우에 관한 사항
  4. 그 밖에 노인등의 장기요양에 관한 사항으로서 대통령령으로 정하는 사항
② 지방자치단체의 장은 제1항에 따른 장기요양기본계획에 따라 세부시행계획을 수립·시행하여야 한다.

제6조의2(실태조사) ① 보건복지부장관은 장기요양사업의 실태를 파악하기 위하여 3년마다 다음 각 호의 사항에 관한 조사를 정기적으로 실시하고 그 결과를 공표하여야 한다.
  1. 장기요양인정에 관한 사항
  2. 제52조에 따른 장기요양등급판정위원회(이하 "등급판정위원회"라 한다)의 판정에 따라 장기요양급여를 받을 사람(이하 "수급자"라 한다)의 규모, 그 급여의 수준 및 만족도에 관한 사항
  3. 장기요양기관에 관한 사항
  4. 장기요양요원의 근로조건, 처우 및 규모에 관한 사항
  5. 그 밖에 장기요양사업에 관한 사항으로서 보건복지부령으로 정하는 사항
② 제1항에 따른 실태조사의 방법과 내용 등에 필요한 사항은 보건복지부령으로 정한다.
[본조신설 2016. 5. 29.]

제2장 장기요양보험

제7조(장기요양보험) ①장기요양보험사업은 보건복지부장관이 관장한다.
② 장기요양보험사업의 보험자는 공단으로 한다.
③ 장기요양보험의 가입자(이하 "장기요양보험가입자"라 한다)는 「국민건강보험법」 제5조 및 제109조에 따른 가입자로 한다.〈개정 2011. 12. 31.〉
④ 공단은 제3항에도 불구하고 「외국인근로자의 고용 등에 관한 법률」에 따른 외국인근로자 등 대통령령으로 정하는 외국인이 신청하는 경우 보건복지부령으로 정하는 바에 따라 장기요양보험가입자에서 제외할 수 있다.〈신설 2009. 3. 18., 2010. 1. 18.〉

제8조(장기요양보험료의 징수) ①공단은 장기요양사업에 사용되는 비용에 충당하기 위하여 장기요양보험료를 징수한다.
② 제1항에 따른 장기요양보험료는 「국민건강보험법」 제69조에 따른 보험료(이하 이 조에서 "건강보험료"라 한다)와 통합하여 징수한다. 이 경우 공단은 장기요양보험료와 건강보험료를 구분하여 고지하여야 한다.〈개정 2011. 12. 31.〉
③ 공단은 제2항에 따라 통합 징수한 장기요양보험료와 건강보험료를 각각의 독립회계로 관리하여야 한다.

제9조(장기요양보험료의 산정) ①장기요양보험료는 「국민건강보험법」 제69조제4항·제5항 및 제109조제9항 단서에 따라 산정한 보험료액에서 같은 법 제74조 또는 제75조에 따라 경감 또는 면제되는 비용을 공제한 금액에 같은 법 제73조제1항에 따른 건강보험료율 대비 장기요양보험료율의 비율을 곱하여 산정한 금액으로 한다. 〈개정 2011. 12. 31., 2021. 12. 21.〉
② 제1항에 따른 장기요양보험료율은 제45조에 따른 장기요양위원회의 심의를 거쳐 대통령령으로 정한다.
③ 제1항에도 불구하고 장기요양보험의 특성을 고려하여 「국민건강보험법」 제74조 또는 제75조에 따라

경감 또는 면제되는 비용을 달리 적용할 필요가 있는 경우에는 대통령령으로 정하는 바에 따라 경감 또는 면제되는 비용의 공제 수준을 달리 정할 수 있다. 〈신설 2021. 12. 21.〉

제10조(장애인 등에 대한 장기요양보험료의 감면) 공단은 「장애인복지법」에 따른 장애인 또는 이와 유사한 자로서 대통령령으로 정하는 자가 장기요양보험가입자 또는 그 피부양자인 경우 제15조제2항에 따른 수급자로 결정되지 못한 때 대통령령으로 정하는 바에 따라 장기요양보험료의 전부 또는 일부를 감면할 수 있다.

제11조(장기요양보험가입 자격 등에 관한 준용) 「국민건강보험법」 제5조, 제6조, 제8조부터 제11조까지, 제69조제1항부터 제3항까지, 제76조부터 제86조까지, 제109조제1항부터 제9항까지 및 제110조는 장기요양보험가입자·피부양자의 자격취득·상실, 장기요양보험료 등의 납부·징수 및 결손처분 등에 관하여 이를 준용한다. 이 경우 "보험료"는 "장기요양보험료"로, "건강보험"은 "장기요양보험"으로, "가입자"는 "장기요양보험가입자"로 본다. 〈개정 2011. 12. 31., 2021. 12. 21.〉

제3장 장기요양인정

제12조(장기요양인정의 신청자격) 장기요양인정을 신청할 수 있는 자는 노인등으로서 다음 각 호의 어느 하나에 해당하는 자격을 갖추어야 한다.

1. 장기요양보험가입자 또는 그 피부양자
2. 「의료급여법」 제3조제1항에 따른 수급권자(이하 "의료급여수급권자"라 한다)

제13조(장기요양인정의 신청) ①장기요양인정을 신청하는 자(이하 "신청인"이라 한다)는 공단에 보건복지부령으로 정하는 바에 따라 장기요양인정신청서(이하 "신청서"라 한다)에 의사 또는 한의사가 발급하는 소견서(이하 "의사소견서"라 한다)를 첨부하여 제출하여야 한다. 다만, 의사소견서는 공단이 제15조제1항에 따라 등급판정위원회에 자료를 제출하기 전까지 제출할 수 있다.

② 제1항에도 불구하고 거동이 현저하게 불편하거나 도서·벽지 지역에 거주하여 의료기관을 방문하기 어려운 자 등 대통령령으로 정하는 자는 의사소견서를 제출하지 아니할 수 있다.

③ 의사소견서의 발급비용·비용부담방법·발급자의 범위, 그 밖에 필요한 사항은 보건복지부령으로 정한다.

제14조(장기요양인정 신청의 조사) ①공단은 제13조제1항에 따라 신청서를 접수한 때 보건복지부령으로 정하는 바에 따라 소속 직원으로 하여금 다음 각 호의 사항을 조사하게 하여야 한다. 다만, 지리적 사정 등으로 직접 조사하기 어려운 경우 또는 조사에 필요하다고 인정하는 경우 특별자치시·특별자치도·시·군·구(자치구를 말한다. 이하 같다)에 대하여 조사를 의뢰하거나 공동으로 조사할 것을 요청할 수 있다. 〈개정 2013. 8. 13.〉

1. 신청인의 심신상태
2. 신청인에게 필요한 장기요양급여의 종류 및 내용
3. 그 밖에 장기요양에 관하여 필요한 사항으로서 보건복지부령으로 정하는 사항

② 공단은 제1항 각 호의 사항을 조사하는 경우 2명 이상의 소속 직원이 조사할 수 있도록 노력하여야 한다. 〈신설 2018. 12. 11.〉

③ 제1항에 따라 조사를 하는 자는 조사일시, 장소 및 조사를 담당하는 자의 인적사항 등을 미리 신청인에게 통보하여야 한다. 〈개정 2018. 12. 11.〉

④ 공단 또는 제1항 단서에 따른 조사를 의뢰받은 특별자치시·특별자치도·시·군·구는 조사를 완료한 때 조사결과서를 작성하여야 한다. 조사를 의뢰받은 특별자치시·특별자치도·시·군·구는 지체 없이 공단에 조사결과서를 송부하여야 한다. 〈개정 2013. 8. 13., 2018. 12. 11.〉

제15조(등급판정 등) ①공단은 제14조에 따른 조사가 완료된 때 조사결과서, 신청서, 의사소견서, 그 밖

에 심의에 필요한 자료를 등급판정위원회에 제출하여야 한다. 〈개정 2016. 5. 29.〉

② 등급판정위원회는 신청인이 제12조의 신청자격요건을 충족하고 6개월 이상 동안 혼자서 일상생활을 수행하기 어렵다고 인정하는 경우 심신상태 및 장기요양이 필요한 정도 등 대통령령으로 정하는 등급판정기준에 따라 수급자로 판정한다. 〈개정 2016. 5. 29.〉

③ 등급판정위원회는 제2항에 따라 심의·판정을 하는 때 신청인과 그 가족, 의사소견서를 발급한 의사 등 관계인의 의견을 들을 수 있다.

④ 공단은 장기요양급여를 받고 있거나 받을 수 있는 자가 다음 각 호의 어느 하나에 해당하는 것으로 의심되는 경우에는 제14조제1항 각 호의 사항을 조사하여 그 결과를 등급판정위원회에 제출하여야 한다. 〈신설 2018. 12. 11.〉

   1. 거짓이나 그 밖의 부정한 방법으로 장기요양인정을 받은 경우

   2. 고의로 사고를 발생하도록 하거나 본인의 위법행위에 기인하여 장기요양인정을 받은 경우

⑤ 등급판정위원회는 제4항에 따라 제출된 조사 결과를 토대로 제2항에 따라 다시 수급자 등급을 조정하고 수급자 여부를 판정할 수 있다. 〈신설 2018. 12. 11., 2020. 3. 31.〉

제16조(장기요양등급판정기간) ① 등급판정위원회는 신청인이 신청서를 제출한 날부터 30일 이내에 제15조에 따른 장기요양등급판정을 완료하여야 한다. 다만, 신청인에 대한 정밀조사가 필요한 경우 등 기간 이내에 등급판정을 완료할 수 없는 부득이한 사유가 있는 경우 30일 이내의 범위에서 이를 연장할 수 있다.

② 공단은 등급판정위원회가 제1항 단서에 따라 장기요양인정심의 및 등급판정기간을 연장하고자 하는 경우 신청인 및 대리인에게 그 내용·사유 및 기간을 통보하여야 한다.

제17조(장기요양인정서) ①공단은 등급판정위원회가 장기요양인정 및 등급판정의 심의를 완료한 경우 지체 없이 다음 각 호의 사항이 포함된 장기요양인정서를 작성하여 수급자에게 송부하여야 한다.

   1. 장기요양등급

   2. 장기요양급여의 종류 및 내용

   3. 그 밖에 장기요양급여에 관한 사항으로서 보건복지부령으로 정하는 사항

② 공단은 등급판정위원회가 장기요양인정 및 등급판정의 심의를 완료한 경우 수급자로 판정받지 못한 신청인에게 그 내용 및 사유를 통보하여야 한다. 이 경우 특별자치시장·특별자치도지사·시장·군수·구청장(자치구의 구청장을 말한다. 이하 같다)은 공단에 대하여 이를 통보하도록 요청할 수 있고, 요청을 받은 공단은 이에 응하여야 한다. 〈개정 2013. 8. 13.〉

③ 공단은 제1항에 따라 장기요양인정서를 송부하는 때 장기요양급여를 원활히 이용할 수 있도록 제28조에 따른 월 한도액 범위 안에서 개인별장기요양이용계획서를 작성하여 이를 함께 송부하여야 한다. 〈개정 2020. 12. 29.〉

④ 제1항 및 제3항에 따른 장기요양인정서 및 개인별장기요양이용계획서의 작성방법에 관하여 필요한 사항은 보건복지부령으로 정한다. 〈개정 2020. 12. 29.〉

제18조(장기요양인정서를 작성할 경우 고려사항) 공단은 장기요양인정서를 작성할 경우 제17조제1항제2호에 따른 장기요양급여의 종류 및 내용을 정하는 때 다음 각 호의 사항을 고려하여 정하여야 한다.

   1. 수급자의 장기요양등급 및 생활환경

   2. 수급자와 그 가족의 욕구 및 선택

   3. 시설급여를 제공하는 경우 장기요양기관이 운영하는 시설 현황

제19조(장기요양인정의 유효기간) ① 제15조에 따른 장기요양인정의 유효기간은 최소 1년이상으로서 대통령령으로 정한다.

② 제1항의 유효기간의 산정방법과 그 밖에 필요한 사항은 보건복지부령으로 정한다.

제20조(장기요양인정의 갱신) ①수급자는 제19조에 따른 장기요양인정의 유효기간이 만료된 후 장기요양급여를 계속하여 받고자 하는 경우 공단에 장기요양인정의 갱신을 신청하여야 한다.

② 제1항에 따른 장기요양인정의 갱신 신청은 유효기간이 만료되기 전 30일까지 이를 완료하여야 한다.

③ 제12조부터 제19조까지의 규정은 장기요양인정의 갱신절차에 관하여 준용한다.

제21조(장기요양등급 등의 변경) ①장기요양급여를 받고 있는 수급자는 장기요양등급, 장기요양급여의 종류 또는 내용을 변경하여 장기요양급여를 받고자 하는 경우 공단에 변경신청을 하여야 한다.

② 제12조부터 제19조까지의 규정은 장기요양등급의 변경절차에 관하여 준용한다.

제22조(장기요양인정 신청 등에 대한 대리) ①장기요양급여를 받고자 하는 자 또는 수급자가 신체적·정신적인 사유로 이 법에 따른 장기요양인정의 신청, 장기요양인정의 갱신신청 또는 장기요양등급의 변경신청 등을 직접 수행할 수 없을 때 본인의 가족이나 친족, 그 밖의 이해관계인은 이를 대리할 수 있다.

② 다음 각 호의 어느 하나에 해당하는 사람은 관할 지역 안에 거주하는 사람 중 장기요양급여를 받고자 하는 사람 또는 수급자가 제1항에 따른 장기요양인정신청 등을 직접 수행할 수 없을 때 본인 또는 가족의 동의를 받아 그 신청을 대리할 수 있다. ⟨개정 2019. 4. 23.⟩

  1. 「사회보장급여의 이용·제공 및 수급권자 발굴에 관한 법률」 제43조에 따른 사회복지전담공무원

  2. 「치매관리법」 제17조에 따른 치매안심센터의 장(장기요양급여를 받고자 하는 사람 또는 수급자가 같은 법 제2조제2호에 따른 치매환자인 경우로 한정한다)

③ 제1항 및 제2항에도 불구하고 장기요양급여를 받고자 하는 자 또는 수급자가 제1항에 따른 장기요양인정신청 등을 할 수 없는 경우 특별자치시장·특별자치도지사·시장·군수·구청장이 지정하는 자는 이를 대리할 수 있다. ⟨개정 2013. 8. 13.⟩

④ 제1항부터 제3항까지의 규정에 따른 장기요양인정신청 등의 방법 및 절차 등에 관하여 필요한 사항은 보건복지부령으로 정한다.

제4장 장기요양급여의 종류

제23조(장기요양급여의 종류) ①이 법에 따른 장기요양급여의 종류는 다음 각 호와 같다. ⟨개정 2011. 6. 7., 2015. 12. 29., 2018. 12. 11.⟩

  1. 재가급여

   가. 방문요양 : 장기요양요원이 수급자의 가정 등을 방문하여 신체활동 및 가사활동 등을 지원하는 장기요양급여

   나. 방문목욕 : 장기요양요원이 목욕설비를 갖춘 장비를 이용하여 수급자의 가정 등을 방문하여 목욕을 제공하는 장기요양급여

   다. 방문간호 : 장기요양요원인 간호사 등이 의사, 한의사 또는 치과의사의 지시서(이하 "방문간호지시서"라 한다)에 따라 수급자의 가정 등을 방문하여 간호, 진료의 보조, 요양에 관한 상담 또는 구강위생 등을 제공하는 장기요양급여

   라. 주·야간보호 : 수급자를 하루 중 일정한 시간 동안 장기요양기관에 보호하여 신체활동 지원 및 심신기능의 유지·향상을 위한 교육·훈련 등을 제공하는 장기요양급여

   마. 단기보호 : 수급자를 보건복지부령으로 정하는 범위 안에서 일정 기간 동안 장기요양기관에 보호하여 신체활동 지원 및 심신기능의 유지·향상을 위한 교육·훈련 등을 제공하는 장기요양급여

   바. 기타재가급여 : 수급자의 일상생활·신체활동 지원 및 인지기능의 유지·향상에 필요한 용구를 제공하거나 가정을 방문하여 재활에 관한 지원 등을 제공하는 장기요양급여로서 대통령령으로 정하는 것

  2. 시설급여 : 장기요양기관에 장기간 입소한 수급자에게 신체활동 지원 및 심신기능의 유지·향상을 위한 교육·훈련 등을 제공하는 장기요양급여

  3. 특별현금급여

   가. 가족요양비 : 제24조에 따라 지급하는 가족장기요양급여

나. 특례요양비 : 제25조에 따라 지급하는 특례장기요양급여

다. 요양병원간병비 : 제26조에 따라 지급하는 요양병원장기요양급여

② 제1항제1호 및 제2호에 따라 장기요양급여를 제공할 수 있는 장기요양기관의 종류 및 기준과 장기요양급여 종류별 장기요양요원의 범위·업무·보수교육 등에 관하여 필요한 사항은 대통령령으로 정한다.

③ 장기요양급여의 제공 기준·절차·방법·범위, 그 밖에 필요한 사항은 보건복지부령으로 정한다.

제23조(장기요양급여의 종류) ①이 법에 따른 장기요양급여의 종류는 다음 각 호와 같다. 〈개정 2011. 6. 7., 2015. 12. 29., 2018. 12. 11.〉

1. 재가급여

가. 방문요양 : 장기요양요원이 수급자의 가정 등을 방문하여 신체활동 및 가사활동 등을 지원하는 장기요양급여

나. 방문목욕 : 장기요양요원이 목욕설비를 갖춘 장비를 이용하여 수급자의 가정 등을 방문하여 목욕을 제공하는 장기요양급여

다. 방문간호 : 장기요양요원인 간호사 등이 의사, 한의사 또는 치과의사의 지시서(이하 "방문간호지시서"라 한다)에 따라 수급자의 가정 등을 방문하여 간호, 진료의 보조, 요양에 관한 상담 또는 구강위생 등을 제공하는 장기요양급여

라. 주·야간보호 : 수급자를 하루 중 일정한 시간 동안 장기요양기관에 보호하여 신체활동 지원 및 심신기능의 유지·향상을 위한 교육·훈련 등을 제공하는 장기요양급여

마. 단기보호 : 수급자를 보건복지부령으로 정하는 범위 안에서 일정 기간 동안 장기요양기관에 보호하여 신체활동 지원 및 심신기능의 유지·향상을 위한 교육·훈련 등을 제공하는 장기요양급여

바. 기타재가급여 : 수급자의 일상생활·신체활동 지원 및 인지기능의 유지·향상에 필요한 용구를 제공하거나 가정을 방문하여 재활에 관한 지원 등을 제공하는 장기요양급여로서 대통령령으로 정하는 것

2. 시설급여 : 장기요양기관에 장기간 입소한 수급자에게 신체활동 지원 및 심신기능의 유지·향상을 위한 교육·훈련 등을 제공하는 장기요양급여

3. 특별현금급여

가. 가족요양비 : 제24조에 따라 지급하는 가족장기요양급여

나. 특례요양비 : 제25조에 따라 지급하는 특례장기요양급여

다. 요양병원간병비 : 제26조에 따라 지급하는 요양병원장기요양급여

② 제1항제1호 및 제2호에 따라 장기요양급여를 제공할 수 있는 장기요양기관의 종류 및 기준과 장기요양급여 종류별 장기요양요원의 범위·업무·보수교육 등에 관하여 필요한 사항은 대통령령으로 정한다.

③ 장기요양기관은 제1항제1호가목에서 마목까지의 재가급여 전부 또는 일부를 통합하여 제공하는 서비스(이하 이 조에서 "통합재가서비스"라 한다)를 제공할 수 있다.〈신설 2024. 1. 2.〉

④ 제3항에 따라 통합재가서비스를 제공하는 장기요양기관은 보건복지부령으로 정하는 인력, 시설, 운영 등의 기준을 준수하여야 한다.〈신설 2024. 1. 2.〉

⑤ 장기요양급여의 제공 기준·절차·방법·범위, 그 밖에 필요한 사항은 보건복지부령으로 정한다.〈개정 2024. 1. 2.〉

[시행일: 2025. 1. 3.] 제23조

제24조(가족요양비) ①공단은 다음 각 호의 어느 하나에 해당하는 수급자가 가족 등으로부터 제23조제1항제1호가목에 따른 방문요양에 상당한 장기요양급여를 받은 때 대통령령으로 정하는 기준에 따라 해당 수급자에게 가족요양비를 지급할 수 있다. 〈개정 2019. 1. 15.〉

1. 도서·벽지 등 장기요양기관이 현저히 부족한 지역으로서 보건복지부장관이 정하여 고시하는 지역에 거주하는 자

2. 천재지변이나 그 밖에 이와 유사한 사유로 인하여 장기요양기관이 제공하는 장기요양급여를 이용하기가 어렵다고 보건복지부장관이 인정하는 자

3. 신체·정신 또는 성격 등 대통령령으로 정하는 사유로 인하여 가족 등으로부터 장기요양을 받아야 하는 자

② 제1항에 따른 가족요양비의 지급절차와 그 밖에 필요한 사항은 보건복지부령으로 정한다.

제25조(특례요양비) ①공단은 수급자가 장기요양기관이 아닌 노인요양시설 등의 기관 또는 시설에서 재가급여 또는 시설급여에 상당한 장기요양급여를 받은 경우 대통령령으로 정하는 기준에 따라 해당 장기요양급여비용의 일부를 해당 수급자에게 특례요양비로 지급할 수 있다. 〈개정 2019. 1. 15.〉

② 제1항에 따라 장기요양급여가 인정되는 기관 또는 시설의 범위, 특례요양비의 지급절차, 그 밖에 필요한 사항은 보건복지부령으로 정한다.

제26조(요양병원간병비) ①공단은 수급자가 「의료법」 제3조제2항제3호라목에 따른 요양병원에 입원한 때 대통령령으로 정하는 기준에 따라 장기요양에 사용되는 비용의 일부를 요양병원간병비로 지급할 수 있다. 〈개정 2009. 1. 30., 2011. 6. 7.〉

② 제1항에 따른 요양병원간병비의 지급절차와 그 밖에 필요한 사항은 보건복지부령으로 정한다.

제5장 장기요양급여의 제공

제27조(장기요양급여의 제공) ①수급자는 제17조제1항에 따른 장기요양인정서와 같은 조 제3항에 따른 개인별장기요양이용계획서가 도달한 날부터 장기요양급여를 받을 수 있다. 〈개정 2018. 12. 11., 2020. 12. 29.〉

② 제1항에도 불구하고 수급자는 돌볼 가족이 없는 경우 등 대통령령으로 정하는 사유가 있는 경우 신청서를 제출한 날부터 장기요양인정서가 도달되는 날까지의 기간 중에도 장기요양급여를 받을 수 있다.

③ 수급자는 장기요양급여를 받으려면 장기요양기관에 장기요양인정서와 개인별장기요양이용계획서를 제시하여야 한다. 다만, 수급자가 장기요양인정서 및 개인별장기요양이용계획서를 제시하지 못하는 경우 장기요양기관은 공단에 전화나 인터넷 등을 통하여 그 자격 등을 확인할 수 있다.〈신설 2018. 12. 11., 2020. 12. 29.〉

④ 장기요양기관은 제3항에 따라 수급자가 제시한 장기요양인정서와 개인별장기요양이용계획서를 바탕으로 장기요양급여 제공 계획서를 작성하고 수급자의 동의를 받아 그 내용을 공단에 통보하여야 한다. 〈신설 2018. 12. 11., 2020. 12. 29.〉

⑤ 제2항에 따른 장기요양급여 인정 범위와 절차, 제4항에 따른 장기요양급여 제공 계획서 작성 절차에 관한 구체적인 사항 등은 대통령령으로 정한다.〈개정 2018. 12. 11.〉

[제목개정 2018. 12. 11.]

제27조의2(특별현금급여수급계좌) ① 공단은 특별현금급여를 받는 수급자의 신청이 있는 경우에는 특별현금급여를 수급자 명의의 지정된 계좌(이하 "특별현금급여수급계좌"라 한다)로 입금하여야 한다. 다만, 정보통신장애나 그 밖에 대통령령으로 정하는 불가피한 사유로 특별현금급여수급계좌로 이체할 수 없을 때에는 현금 지급 등 대통령령으로 정하는 바에 따라 특별현금급여를 지급할 수 있다.

② 특별현금급여수급계좌가 개설된 금융기관은 특별현금급여만이 특별현금급여수급계좌에 입금되도록 관리하여야 한다.

③ 제1항에 따른 신청방법·절차와 제2항에 따른 특별현금급여수급계좌의 관리에 필요한 사항은 대통령령으로 정한다.

[본조신설 2016. 12. 2.]

제28조(장기요양급여의 월 한도액) ①장기요양급여는 월 한도액 범위 안에서 제공한다. 이 경우 월 한도액은 장기요양등급 및 장기요양급여의 종류 등을 고려하여 산정한다.

② 제1항에 따른 월 한도액의 산정기준 및 방법, 그 밖에 필요한 사항은 보건복지부령으로 정한다.

제28조의2(급여외행위의 제공 금지) ① 수급자 또는 장기요양기관은 장기요양급여를 제공받거나 제공할 경우 다음 각 호의 행위(이하 "급여외행위"라 한다)를 요구하거나 제공하여서는 아니 된다.

　　1. 수급자의 가족만을 위한 행위

　　2. 수급자 또는 그 가족의 생업을 지원하는 행위

　　3. 그 밖에 수급자의 일상생활에 지장이 없는 행위

② 그 밖에 급여외행위의 범위 등에 관한 구체적인 사항은 보건복지부령으로 정한다.

[본조신설 2018. 12. 11.]

제29조(장기요양급여의 제한) ① 공단은 장기요양급여를 받고 있는 자가 정당한 사유 없이 제15조제4항에 따른 조사나 제60조 또는 제61조에 따른 요구에 응하지 아니하거나 답변을 거절한 경우 장기요양급여의 전부 또는 일부를 제공하지 아니하게 할 수 있다. 〈개정 2020. 3. 31.〉

② 공단은 장기요양급여를 받고 있거나 받을 수 있는 자가 장기요양기관이 거짓이나 그 밖의 부정한 방법으로 장기요양급여비용을 받는 데에 가담한 경우 장기요양급여를 중단하거나 1년의 범위에서 장기요양급여의 횟수 또는 제공 기간을 제한할 수 있다.〈신설 2020. 3. 31.〉

③ 제2항에 따른 장기요양급여의 중단 및 제한 기준과 그 밖에 필요한 사항은 보건복지부령으로 정한다. 〈신설 2020. 3. 31.〉

[전문개정 2018. 12. 11.]

제30조(장기요양급여의 제한 등에 관한 준용) 「국민건강보험법」 제53조제1항제4호, 같은 조 제2항부터 제6항까지, 제54조 및 제109조제10항은 이 법에 따른 보험료 체납자 등에 대한 장기요양급여의 제한 및 장기요양급여의 정지에 관하여 준용한다. 이 경우 "가입자"는 "장기요양보험가입자"로, "보험급여"는 "장기요양급여"로 본다. 〈개정 2011. 12. 31., 2020. 3. 31.〉

제6장 장기요양기관

제31조(장기요양기관의 지정) ① 제23조제1항제1호에 따른 재가급여 또는 같은 항 제2호에 따른 시설급여를 제공하는 장기요양기관을 운영하려는 자는 보건복지부령으로 정하는 장기요양에 필요한 시설 및 인력을 갖추어 소재지를 관할 구역으로 하는 특별자치시장·특별자치도지사·시장·군수·구청장으로부터 지정을 받아야 한다. 〈개정 2013. 8. 13., 2018. 12. 11., 2020. 3. 31.〉

② 제1항에 따라 장기요양기관으로 지정을 받을 수 있는 시설은 「노인복지법」 제31조에 따른 노인복지시설 중 대통령령으로 정하는 시설로 한다.〈개정 2020. 3. 31.〉

③ 특별자치시장·특별자치도지사·시장·군수·구청장이 제1항에 따른 지정을 하려는 경우에는 다음 각 호의 사항을 검토하여 장기요양기관을 지정하여야 한다. 이 경우 특별자치시장·특별자치도지사·시장·군수·구청장은 공단에 관련 자료의 제출을 요청하거나 그 의견을 들을 수 있다.〈신설 2018. 12. 11., 2020. 3. 31., 2020. 12. 29.〉

　　1. 장기요양기관을 운영하려는 자의 장기요양급여 제공 이력

　　2. 장기요양기관을 운영하려는 자 및 그 기관에 종사하려는 자가 이 법, 「사회복지사업법」 또는 「노인복지법」 등 장기요양기관의 운영과 관련된 법에 따라 받은 행정처분의 내용

　　3. 장기요양기관의 운영 계획

　　4. 해당 지역의 노인인구 수 및 장기요양급여 수요 등 지역 특성

　　5. 그 밖에 특별자치시장·특별자치도지사·시장·군수·구청장이 장기요양기관으로 지정하는 데 필요하다고 인정하여 정하는 사항

④ 특별자치시장·특별자치도지사·시장·군수·구청장은 제1항에 따라 장기요양기관을 지정한 때 지체 없이 지정 명세를 공단에 통보하여야 한다.〈개정 2013. 8. 13., 2018. 12. 11.〉

⑤ 제23조제1항제1호에 따른 재가급여를 제공하는 장기요양기관 중 의료기관이 아닌 자가 설치·운영하는 장기요양기관이 방문간호를 제공하는 경우에는 방문간호의 관리책임자로서 간호사를 둔다. 〈신설 2018. 12. 11.〉

⑥ 장기요양기관의 지정절차와 그 밖에 필요한 사항은 보건복지부령으로 정한다. 〈개정 2018. 12. 11.〉

제31조(장기요양기관의 지정) ① 제23조제1항제1호에 따른 재가급여 또는 같은 항 제2호에 따른 시설급여를 제공하는 장기요양기관을 운영하려는 자는 보건복지부령으로 정하는 장기요양에 필요한 시설 및 인력을 갖추어 소재지를 관할 구역으로 하는 특별자치시장·특별자치도지사·시장·군수·구청장으로부터 지정을 받아야 한다. 〈개정 2013. 8. 13., 2018. 12. 11., 2020. 3. 31.〉

② 제1항에 따라 장기요양기관으로 지정을 받을 수 있는 시설은 「노인복지법」 제31조에 따른 노인복지시설 중 대통령령으로 정하는 시설로 한다. 〈개정 2020. 3. 31.〉

③ 특별자치시장·특별자치도지사·시장·군수·구청장이 제1항에 따른 지정을 하려는 경우에는 다음 각 호의 사항을 검토하여 장기요양기관을 지정하여야 한다. 이 경우 특별자치시장·특별자치도지사·시장·군수·구청장은 공단에 관련 자료의 제출을 요청하거나 그 의견을 들을 수 있다. 〈신설 2018. 12. 11., 2020. 3. 31., 2020. 12. 29., 2024. 1. 2.〉

1. 장기요양기관을 운영하려는 자의 장기요양급여 제공 이력
2. 장기요양기관을 운영하려는 자 및 그 기관에 종사하려는 자가 이 법, 「사회복지사업법」 또는 「노인복지법」 등 장기요양기관의 운영과 관련된 법에 따라 받은 행정처분의 내용
3. 장기요양기관의 운영 계획
4. 해당 지역의 노인인구 수, 치매 등 노인성질환 환자 수 및 장기요양급여 수요 등 지역 특성
5. 그 밖에 특별자치시장·특별자치도지사·시장·군수·구청장이 장기요양기관으로 지정하는 데 필요하다고 인정하여 정하는 사항

④ 특별자치시장·특별자치도지사·시장·군수·구청장은 제1항에 따라 장기요양기관을 지정한 때 지체 없이 지정 명세를 공단에 통보하여야 한다. 〈개정 2013. 8. 13., 2018. 12. 11.〉

⑤ 제23조제1항제1호에 따른 재가급여를 제공하는 장기요양기관 중 의료기관이 아닌 자가 설치·운영하는 장기요양기관이 방문간호를 제공하는 경우에는 방문간호의 관리책임자로서 간호사를 둔다. 〈신설 2018. 12. 11.〉

⑥ 장기요양기관의 지정절차와 그 밖에 필요한 사항은 보건복지부령으로 정한다. 〈개정 2018. 12. 11.〉

[시행일: 2024. 7. 3.] 제31조

제32조 삭제 〈2018. 12. 11.〉

제32조의2(결격사유) 다음 각 호의 어느 하나에 해당하는 자는 제31조에 따른 장기요양기관으로 지정받을 수 없다. 〈개정 2018. 3. 13., 2018. 12. 11.〉

1. 미성년자, 피성년후견인 또는 피한정후견인
2. 「정신건강증진 및 정신질환자 복지서비스 지원에 관한 법률」 제3조제1호의 정신질환자. 다만, 전문의가 장기요양기관 설립·운영 업무에 종사하는 것이 적합하다고 인정하는 사람은 그러하지 아니하다.
3. 「마약류 관리에 관한 법률」 제2조제1호의 마약류에 중독된 사람
4. 파산선고를 받고 복권되지 아니한 사람
5. 금고 이상의 실형을 선고받고 그 집행이 종료(집행이 종료된 것으로 보는 경우를 포함한다)되거나 집행이 면제된 날부터 5년이 경과되지 아니한 사람
6. 금고 이상의 형의 집행유예를 선고받고 그 유예기간 중에 있는 사람
7. 대표자가 제1호부터 제6호까지의 규정 중 어느 하나에 해당하는 법인

[본조신설 2015. 12. 29.]

제32조의3(장기요양기관 지정의 유효기간) 제31조에 따른 장기요양기관 지정의 유효기간은 지정을 받은 날부터 6년으로 한다.

[본조신설 2018. 12. 11.]

제32조의4(장기요양기관 지정의 갱신) ① 장기요양기관의 장은 제32조의3에 따른 지정의 유효기간이 끝난 후에도 계속하여 그 지정을 유지하려는 경우에는 소재지를 관할구역으로 하는 특별자치시장·특별자치도지사·시장·군수·구청장에게 지정 유효기간이 끝나기 90일 전까지 지정 갱신을 신청하여야 한다.

② 제1항에 따른 신청을 받은 특별자치시장·특별자치도지사·시장·군수·구청장은 갱신 심사에 필요하다고 판단되는 경우에는 장기요양기관에 추가자료의 제출을 요구하거나 소속 공무원으로 하여금 현장 심사를 하게 할 수 있다.

③ 제1항에 따른 지정 갱신이 지정 유효기간 내에 완료되지 못한 경우에는 심사 결정이 이루어질 때까지 지정이 유효한 것으로 본다.

④ 특별자치시장·특별자치도지사·시장·군수·구청장은 갱신 심사를 완료한 경우 그 결과를 지체 없이 해당 장기요양기관의 장에게 통보하여야 한다.

⑤ 특별자치시장·특별자치도지사·시장·군수·구청장이 지정의 갱신을 거부하는 경우 그 내용의 통보 및 수급자의 권익을 보호하기 위한 조치에 관하여는 제37조제2항 및 제5항을 준용한다.

⑥ 그 밖에 지정 갱신의 기준, 절차 및 방법 등에 필요한 사항은 보건복지부령으로 정한다.

[본조신설 2018. 12. 11.]

제32조의4(장기요양기관 지정의 갱신) ① 장기요양기관의 장은 제32조의3에 따른 지정의 유효기간이 끝난 후에도 계속하여 그 지정을 유지하려는 경우에는 소재지를 관할구역으로 하는 특별자치시장·특별자치도지사·시장·군수·구청장에게 지정 유효기간이 끝나기 90일 전까지 지정 갱신을 신청하여야 한다.

② 제1항에 따른 신청을 받은 특별자치시장·특별자치도지사·시장·군수·구청장은 갱신 심사에 필요하다고 판단되는 경우에는 장기요양기관에 추가자료의 제출을 요구하거나 소속 공무원으로 하여금 현장 심사를 하게 할 수 있다.

③ 제1항에 따른 지정 갱신이 지정 유효기간 내에 완료되지 못한 경우에는 심사 결정이 이루어질 때까지 지정이 유효한 것으로 본다.

④ 특별자치시장·특별자치도지사·시장·군수·구청장은 갱신 심사를 완료한 경우 그 결과를 지체 없이 해당 장기요양기관의 장에게 통보하여야 한다.

⑤ 특별자치시장·특별자치도지사·시장·군수·구청장이 지정의 갱신을 거부하는 경우 그 내용의 통보 및 수급자의 권익을 보호하기 위한 조치에 관하여는 제37조제2항 및 제5항을 준용한다.

⑥ 그 밖에 지역별 장기요양급여의 수요 등 지정 갱신의 기준, 절차 및 방법 등에 필요한 사항은 보건복지부령으로 정한다. *〈개정 2024. 1. 2.〉*

[본조신설 2018. 12. 11.]
[시행일: 2024. 7. 3.] 제32조의4

제33조(장기요양기관의 시설·인력에 관한 변경) ① 장기요양기관의 장은 시설 및 인력 등 보건복지부령으로 정하는 중요한 사항을 변경하려는 경우에는 보건복지부령으로 정하는 바에 따라 특별자치시장·특별자치도지사·시장·군수·구청장의 변경지정을 받아야 한다.

② 제1항에 따른 사항 외의 사항을 변경하려는 경우에는 보건복지부령으로 정하는 바에 따라 특별자치시장·특별자치도지사·시장·군수·구청장에게 변경신고를 하여야 한다.

③ 제1항 및 제2항에 따라 변경지정을 하거나 변경신고를 받은 특별자치시장·특별자치도지사·시장·군수·구청장은 지체 없이 해당 변경 사항을 공단에 통보하여야 한다.

[전문개정 2018. 12. 11.]

제33조의2(폐쇄회로 텔레비전의 설치 등) ① 장기요양기관을 운영하는 자는 노인학대 방지 등 수급자의 안전과 장기요양기관의 보안을 위하여 「개인정보 보호법」 및 관련 법령에 따른 폐쇄회로 텔레비전(이하 "폐쇄회로 텔레비전"이라 한다)을 설치·관리하여야 한다. 다만, 다음 각 호의 어느 하나에 해당하는 경우에는 그러하지 아니하다.

1. 제23조제1항제1호에 따른 재가급여만을 제공하는 경우
2. 장기요양기관을 운영하는 자가 수급자 전원 또는 그 보호자 전원의 동의를 받아 특별자치시장·특별자치도지사·시장·군수·구청장에게 신고한 경우
3. 장기요양기관을 설치·운영하는 자가 수급자, 그 보호자 및 장기요양기관 종사자 전원의 동의를 받아 「개인정보 보호법」 및 관련 법령에 따른 네트워크 카메라를 설치한 경우

② 제1항에 따라 폐쇄회로 텔레비전을 설치·관리하는 자는 수급자 및 장기요양기관 종사자 등 정보주체의 권리가 침해되지 아니하도록 다음 각 호의 사항을 준수하여야 한다.

1. 노인학대 방지 등 수급자의 안전과 장기요양기관의 보안을 위하여 최소한의 영상정보만을 적법하고 정당하게 수집하고, 목적 외의 용도로 활용하지 아니하도록 할 것
2. 수급자 및 장기요양기관 종사자 등 정보주체의 권리가 침해받을 가능성과 그 위험 정도를 고려하여 영상정보를 안전하게 관리할 것
3. 수급자 및 장기요양기관 종사자 등 정보주체의 사생활 침해를 최소화하는 방법으로 영상정보를 처리할 것

③ 장기요양기관을 운영하는 자는 폐쇄회로 텔레비전에 기록된 영상정보를 60일 이상 보관하여야 한다.

④ 국가 또는 지방자치단체는 제1항에 따른 폐쇄회로 텔레비전 설치비의 전부 또는 일부를 지원할 수 있다.

⑤ 제1항에 따른 폐쇄회로 텔레비전의 설치·관리 기준 및 동의 또는 신고의 방법·절차·요건, 제3항에 따른 영상정보의 보관기준 및 보관기간 등에 필요한 사항은 보건복지부령으로 정한다.

[본조신설 2021. 12. 21.]

제33조의3(영상정보의 열람금지 등) ① 폐쇄회로 텔레비전을 설치·관리하는 자는 다음 각 호의 어느 하나에 해당하는 경우를 제외하고는 제33조의2제3항의 영상정보를 열람하게 하여서는 아니 된다.

1. 수급자가 자신의 생명·신체·재산상의 이익을 위하여 본인과 관련된 사항을 확인할 목적으로 열람 시기·절차 및 방법 등 보건복지부령으로 정하는 바에 따라 요청하는 경우
2. 수급자의 보호자가 수급자의 안전을 확인할 목적으로 열람 시기·절차 및 방법 등 보건복지부령으로 정하는 바에 따라 요청하는 경우
3. 「개인정보 보호법」 제2조제6호가목에 따른 공공기관이 「노인복지법」 제39조의11 등 법령에서 정하는 노인의 안전업무 수행을 위하여 요청하는 경우
4. 범죄의 수사와 공소의 제기 및 유지, 법원의 재판업무 수행을 위하여 필요한 경우
5. 그 밖에 노인 관련 안전업무를 수행하는 기관으로서 보건복지부령으로 정하는 자가 업무의 수행을 위하여 열람시기·절차 및 방법 등 보건복지부령으로 정하는 바에 따라 요청하는 경우

② 장기요양기관을 운영하는 자는 다음 각 호의 어느 하나에 해당하는 행위를 하여서는 아니 된다.

1. 제33조의2제1항의 설치 목적과 다른 목적으로 폐쇄회로 텔레비전을 임의로 조작하거나 다른 곳을 비추는 행위
2. 녹음기능을 사용하거나 보건복지부령으로 정하는 저장장치 이외의 장치 또는 기기에 영상정보를 저장하는 행위

③ 장기요양기관을 운영하는 자는 제33조의2제3항의 영상정보가 분실·도난·유출·변조 또는 훼손되지 아니하도록 내부 관리계획의 수립, 접속기록 보관 등 대통령령으로 정하는 바에 따라 안전성 확보에 필요한 기술적·관리적·물리적 조치를 하여야 한다.

④ 국가 및 지방자치단체는 장기요양기관에 설치한 폐쇄회로 텔레비전의 설치·관리와 그 영상정보의 열람으로 수급자 및 장기요양기관 종사자 등 정보주체의 권리가 침해되지 아니하도록 설치·관리 및 열람 실태를 보건복지부령으로 정하는 바에 따라 매년 1회 이상 조사·점검하여야 한다.

⑤ 폐쇄회로 텔레비전의 설치·관리와 그 영상정보의 열람에 관하여 이 법에서 규정된 것을 제외하고는 「개인정보 보호법」(제25조는 제외한다)을 적용한다.

[본조신설 2021. 12. 21.]

제34조(장기요양기관 정보의 안내 등) ①장기요양기관은 수급자가 장기요양급여를 쉽게 선택하도록 하고 장기요양기관이 제공하는 급여의 질을 보장하기 위하여 장기요양기관별 급여의 내용, 시설·인력 등 현황자료 등을 공단이 운영하는 인터넷 홈페이지에 게시하여야 한다.

② 제1항에 따른 게시 내용, 방법, 절차, 그 밖에 필요한 사항은 보건복지부령으로 정한다.

제35조(장기요양기관의 의무 등) ①장기요양기관은 수급자로부터 장기요양급여신청을 받은 때 장기요양급여의 제공을 거부하여서는 아니 된다. 다만, 입소정원에 여유가 없는 경우 등 정당한 사유가 있는 경우는 그러하지 아니하다.

② 장기요양기관은 제23조제3항에 따른 장기요양급여의 제공 기준·절차 및 방법 등에 따라 장기요양급여를 제공하여야 한다.

③ 장기요양기관의 장은 장기요양급여를 제공한 수급자에게 장기요양급여비용에 대한 명세서를 교부하여야 한다.

④ 장기요양기관의 장은 장기요양급여 제공에 관한 자료를 기록·관리하여야 하며, 장기요양기관의 장 및 그 종사자는 장기요양급여 제공에 관한 자료를 거짓으로 작성하여서는 아니 된다.〈신설 2010. 3. 17., 2015. 12. 29.〉

⑤ 장기요양기관은 제40조제2항에 따라 면제받거나 같은 조 제4항에 따라 감경받는 금액 외에 영리를 목적으로 수급자가 부담하는 재가 및 시설 급여비용(이하 "본인부담금"이라 한다)을 면제하거나 감경하는 행위를 하여서는 아니 된다.〈신설 2013. 8. 13., 2018. 12. 11., 2021. 12. 21.〉

⑥ 누구든지 영리를 목적으로 금전, 물품, 노무, 향응, 그 밖의 이익을 제공하거나 제공할 것을 약속하는 방법으로 수급자를 장기요양기관에 소개, 알선 또는 유인하는 행위 및 이를 조장하는 행위를 하여서는 아니 된다.〈신설 2013. 8. 13.〉

⑦ 제3항에 따른 장기요양급여비용의 명세서, 제4항에 따라 기록·관리하여야 할 장기요양급여 제공 자료의 내용 및 보존기한, 그 밖에 필요한 사항은 보건복지부령으로 정한다.〈개정 2010. 3. 17., 2013. 8. 13.〉

[제목개정 2013. 8. 13.]

제35조(장기요양기관의 의무 등) ①장기요양기관은 수급자로부터 장기요양급여신청을 받은 때 장기요양급여의 제공을 거부하여서는 아니 된다. 다만, 입소정원에 여유가 없는 경우 등 정당한 사유가 있는 경우는 그러하지 아니하다.

② 장기요양기관은 제23조제5항에 따른 장기요양급여의 제공 기준·절차 및 방법 등에 따라 장기요양급여를 제공하여야 한다.〈개정 2024. 1. 2.〉

③ 장기요양기관의 장은 장기요양급여를 제공한 수급자에게 장기요양급여비용에 대한 명세서를 교부하여야 한다.

④ 장기요양기관의 장은 장기요양급여 제공에 관한 자료를 기록·관리하여야 하며, 장기요양기관의 장 및 그 종사자는 장기요양급여 제공에 관한 자료를 거짓으로 작성하여서는 아니 된다.〈신설 2010. 3. 17., 2015. 12. 29.〉

⑤ 장기요양기관은 제40조제2항에 따라 면제받거나 같은 조 제4항에 따라 감경받는 금액 외에 영리를 목적으로 수급자가 부담하는 재가 및 시설 급여비용(이하 "본인부담금"이라 한다)을 면제하거나 감경

하는 행위를 하여서는 아니 된다.〈신설 2013. 8. 13., 2018. 12. 11., 2021. 12. 21.〉

⑥ 누구든지 영리를 목적으로 금전, 물품, 노무, 향응, 그 밖의 이익을 제공하거나 제공할 것을 약속하는 방법으로 수급자를 장기요양기관에 소개, 알선 또는 유인하는 행위 및 이를 조장하는 행위를 하여서는 아니 된다.〈신설 2013. 8. 13.〉

⑦ 제3항에 따른 장기요양급여비용의 명세서, 제4항에 따라 기록·관리하여야 할 장기요양급여 제공 자료의 내용 및 보존기한, 그 밖에 필요한 사항은 보건복지부령으로 정한다.〈개정 2010. 3. 17., 2013. 8. 13.〉

[제목개정 2013. 8. 13.]

[시행일: 2024. 7. 3.] 제35조

제35조의2(장기요양기관 재무·회계기준) ① 장기요양기관의 장은 보건복지부령으로 정하는 재무·회계에 관한 기준(이하 "장기요양기관 재무·회계기준"이라 한다)에 따라 장기요양기관을 투명하게 운영하여야 한다. 다만, 장기요양기관 중 「사회복지사업법」 제34조에 따라 설치한 사회복지시설은 같은 조 제4항에 따른 재무·회계에 관한 기준에 따른다. 〈개정 2021. 12. 21.〉

② 보건복지부장관은 장기요양기관 재무·회계기준을 정할 때에는 장기요양기관의 특성 및 그 시행시기 등을 고려하여야 한다.

[본조신설 2016. 5. 29.]

제35조의3(인권교육) ① 장기요양기관 중 대통령령으로 정하는 기관을 운영하는 자와 그 종사자는 인권에 관한 교육(이하 이 조에서 "인권교육"이라 한다)을 받아야 한다.〈개정 2018. 12. 11.〉

② 장기요양기관 중 대통령령으로 정하는 기관을 운영하는 자는 해당 기관을 이용하고 있는 장기요양급여 수급자에게 인권교육을 실시할 수 있다.〈개정 2018. 12. 11.〉

③ 보건복지부장관은 제1항 및 제2항에 따른 인권교육을 효율적으로 실시하기 위하여 인권교육기관을 지정할 수 있다. 이 경우 예산의 범위에서 인권교육에 소요되는 비용을 지원할 수 있으며, 지정을 받은 인권교육기관은 보건복지부장관의 승인을 받아 인권교육에 필요한 비용을 교육대상자로부터 징수할 수 있다.

④ 보건복지부장관은 제3항에 따라 지정을 받은 인권교육기관이 다음 각 호의 어느 하나에 해당하면 그 지정을 취소하거나 6개월 이내의 기간을 정하여 업무의 정지를 명할 수 있다. 다만, 제1호에 해당하면 그 지정을 취소하여야 한다.

1. 거짓이나 그 밖의 부정한 방법으로 지정을 받은 경우
2. 제5항에 따라 보건복지부령으로 정하는 지정요건을 갖추지 못하게 된 경우
3. 인권교육의 수행능력이 현저히 부족하다고 인정되는 경우

⑤ 제1항 및 제2항에 따른 인권교육의 대상·내용·방법, 제3항에 따른 인권교육기관의 지정 및 제4항에 따른 인권교육기관의 지정취소·업무정지 처분의 기준 등에 필요한 사항은 보건복지부령으로 정한다.

[본조신설 2018. 3. 13.]

제35조의4(장기요양요원의 보호) ① 장기요양기관의 장은 장기요양요원이 다음 각 호의 어느 하나에 해당하는 경우로 인한 고충의 해소를 요청하는 경우 업무의 전환 등 대통령령으로 정하는 바에 따라 적절한 조치를 하여야 한다.

1. 수급자 및 그 가족이 장기요양요원에게 폭언·폭행·상해 또는 성희롱·성폭력 행위를 하는 경우
2. 수급자 및 그 가족이 장기요양요원에게 제28조의2제1항 각 호에 따른 급여외행위의 제공을 요구하는 경우

② 장기요양기관의 장은 장기요양요원에게 다음 각 호의 행위를 하여서는 아니 된다.

1. 장기요양요원에게 제28조의2제1항 각 호에 따른 급여외행위의 제공을 요구하는 행위
2. 수급자가 부담하여야 할 본인부담금의 전부 또는 일부를 부담하도록 요구하는 행위

[본조신설 2018. 12. 11.]

제35조의4(장기요양요원의 보호) ① 장기요양기관의 장은 장기요양요원이 다음 각 호의 어느 하나에 해당하는 경우로 인한 고충의 해소를 요청하는 경우 업무의 전환 등 대통령령으로 정하는 바에 따라 적절한 조치를 하여야 한다.

  1. 수급자 및 그 가족이 장기요양요원에게 폭언·폭행·상해 또는 성희롱·성폭력 행위를 하는 경우

  2. 수급자 및 그 가족이 장기요양요원에게 제28조의2제1항 각 호에 따른 급여외행위의 제공을 요구하는 경우

② 장기요양기관의 장은 장기요양요원에게 다음 각 호의 행위를 하여서는 아니 된다.

  1. 장기요양요원에게 제28조의2제1항 각 호에 따른 급여외행위의 제공을 요구하는 행위

  2. 수급자가 부담하여야 할 본인부담금의 전부 또는 일부를 부담하도록 요구하는 행위

③ 장기요양기관의 장은 보건복지부령으로 정하는 바에 따라 장기요양 수급자와 그 가족에게 장기요양요원의 업무범위, 직무상 권리와 의무 등 권익보호를 위한 사항을 안내할 수 있다.〈신설 2024. 1. 2.〉

④ 장기요양요원은 장기요양기관의 장이 제1항에 따른 적절한 조치를 하지 아니한 경우에는 장기요양기관을 지정한 특별자치시장·특별자치도지사·시장·군수·구청장에게 그 시정을 신청할 수 있다.〈신설 2024. 1. 2.〉

⑤ 제4항에 따른 신청을 받은 특별자치시장·특별자치도지사·시장·군수·구청장은 제1항에 따른 장기요양요원의 고충에 대한 사실확인을 위한 조사를 실시한 후 필요하다고 인정되는 경우에는 장기요양기관의 장에게 적절한 조치를 하도록 통보하여야 한다. 이 경우 적절한 조치를 하도록 통보받은 장기요양기관의 장은 특별한 사유가 없으면 이에 따라야 한다.〈신설 2024. 1. 2.〉

⑥ 제4항 및 제5항에 따른 시정신청의 절차, 사실확인 조사 및 통보 등에 필요한 사항은 대통령령으로 정한다.〈신설 2024. 1. 2.〉

[본조신설 2018. 12. 11.]

[시행일: 2024. 7. 3.] 제35조의4

제35조의5(보험 가입) ① 장기요양기관은 종사자가 장기요양급여를 제공하는 과정에서 발생할 수 있는 수급자의 상해 등 법률상 손해를 배상하는 보험(이하 "전문인 배상책임보험"이라 한다)에 가입할 수 있다.

② 공단은 장기요양기관이 전문인 배상책임보험에 가입하지 않은 경우 그 기간 동안 제38조에 따라 해당 장기요양기관에 지급하는 장기요양급여비용의 일부를 감액할 수 있다.

③ 제2항에 따른 장기요양급여비용의 감액 기준 등에 관하여 필요한 사항은 보건복지부령으로 정한다.

[본조신설 2019. 4. 23.]

제36조(장기요양기관의 폐업 등의 신고 등) ①장기요양기관의 장은 폐업하거나 휴업하고자 하는 경우 폐업이나 휴업 예정일 전 30일까지 특별자치시장·특별자치도지사·시장·군수·구청장에게 신고하여야 한다. 신고를 받은 특별자치시장·특별자치도지사·시장·군수·구청장은 지체 없이 신고 명세를 공단에 통보하여야 한다.〈개정 2013. 8. 13.〉

② 특별자치시장·특별자치도지사·시장·군수·구청장은 장기요양기관의 장이 유효기간이 끝나기 30일 전까지 제32조의4에 따른 지정 갱신 신청을 하지 아니하는 경우 그 사실을 공단에 통보하여야 한다.〈신설 2018. 12. 11.〉

③ 장기요양기관의 장은 장기요양기관을 폐업하거나 휴업하려는 경우 또는 장기요양기관의 지정 갱신을 하지 아니하려는 경우 보건복지부령으로 정하는 바에 따라 수급자의 권익을 보호하기 위하여 다음 각 호의 조치를 취하여야 한다.〈신설 2015. 12. 29., 2018. 12. 11., 2019. 4. 23., 2021. 12. 21.〉

  1. 해당 장기요양기관을 이용하는 수급자가 다른 장기요양기관을 선택하여 이용할 수 있도록 계획을 수립하고 이행하는 조치

2. 해당 장기요양기관에서 수급자가 제40조제1항 및 제3항에 따라 부담한 비용 중 정산하여야 할 비용이 있는 경우 이를 정산하는 조치

3. 그 밖에 수급자의 권익 보호를 위하여 필요하다고 인정되는 조치로서 보건복지부령으로 정하는 조치

④ 특별자치시장·특별자치도지사·시장·군수·구청장은 제1항에 따라 폐업·휴업 신고를 접수한 경우 또는 장기요양기관의 장이 유효기간이 끝나기 30일 전까지 제32조의4에 따른 지정 갱신 신청을 하지 아니한 경우 장기요양기관의 장이 제3항 각 호에 따른 수급자의 권익을 보호하기 위한 조치를 취하였는지의 여부를 확인하고, 인근지역에 대체 장기요양기관이 없는 경우 등 장기요양급여에 중대한 차질이 우려되는 때에는 장기요양기관의 폐업·휴업 철회 또는 지정 갱신 신청을 권고하거나 그 밖의 다른 조치를 강구하여야 한다. 〈개정 2015. 12. 29., 2018. 12. 11., 2019. 4. 23.〉

⑤ 특별자치시장·특별자치도지사·시장·군수·구청장은 「노인복지법」 제43조에 따라 노인의료복지시설 등(장기요양기관이 운영하는 시설인 경우에 한한다)에 대하여 사업정지 또는 폐지 명령을 하는 경우 지체 없이 공단에 그 내용을 통보하여야 한다. 〈개정 2013. 8. 13., 2015. 12. 29., 2018. 12. 11.〉

⑥ 장기요양기관의 장은 제1항에 따라 폐업·휴업 신고를 할 때 또는 장기요양기관의 지정 갱신을 하지 아니하여 유효기간이 만료될 때 보건복지부령으로 정하는 바에 따라 장기요양급여 제공 자료를 공단으로 이관하여야 한다. 다만, 휴업 신고를 하는 장기요양기관의 장이 휴업 예정일 전까지 공단의 허가를 받은 경우에는 장기요양급여 제공 자료를 직접 보관할 수 있다. 〈신설 2010. 3. 17., 2013. 8. 13., 2018. 12. 11.〉

[제목개정 2018. 12. 11.]

제36조의2(시정명령) 특별자치시장·특별자치도지사·시장·군수·구청장은 다음 각 호의 어느 하나에 해당하는 장기요양기관에 대하여 6개월 이내의 범위에서 일정한 기간을 정하여 시정을 명할 수 있다. 〈개정 2021. 12. 21.〉

1. 제33조의2에 따른 폐쇄회로 텔레비전의 설치·관리 및 영상정보의 보관기준을 위반한 경우
2. 제35조의2에 따른 장기요양기관 재무·회계기준을 위반한 경우

[본조신설 2016. 5. 29.]

제37조(장기요양기관 지정의 취소 등) ①특별자치시장·특별자치도지사·시장·군수·구청장은 장기요양기관이 다음 각 호의 어느 하나에 해당하는 경우 그 지정을 취소하거나 6개월의 범위에서 업무정지를 명할 수 있다. 다만, 제1호, 제2호의2, 제3호의5, 제7호, 또는 제8호에 해당하는 경우에는 지정을 취소하여야 한다. 〈개정 2013. 8. 13., 2015. 12. 29., 2018. 12. 11., 2020. 3. 31.〉

1. 거짓이나 그 밖의 부정한 방법으로 지정을 받은 경우
1의2. 제28조의2를 위반하여 급여외행위를 제공한 경우. 다만, 장기요양기관의 장이 그 위반행위를 방지하기 위하여 해당 업무에 관하여 상당한 주의와 감독을 게을리하지 아니한 경우는 제외한다.
2. 제31조제1항에 따른 지정기준에 적합하지 아니한 경우
2의2. 제32조의2 각 호의 어느 하나에 해당하게 된 경우. 다만, 제32조의2제7호에 해당하게 된 법인의 경우 3개월 이내에 그 대표자를 변경하는 때에는 그러하지 아니다.
3. 제35조제1항을 위반하여 장기요양급여를 거부한 경우
3의2. 제35조제5항을 위반하여 본인부담금을 면제하거나 감경하는 행위를 한 경우
3의3. 제35조제6항을 위반하여 수급자를 소개, 알선 또는 유인하는 행위 및 이를 조장하는 행위를 한 경우
3의4. 제35조의4제2항 각 호의 어느 하나를 위반한 경우
3의5. 제36조제1항에 따른 폐업 또는 휴업 신고를 하지 아니하고 1년 이상 장기요양급여를 제공하지 아니한 경우
3의6. 제36조의2에 따른 시정명령을 이행하지 아니하거나 회계부정 행위가 있는 경우
3의7. 정당한 사유 없이 제54조에 따른 평가를 거부·방해 또는 기피하는 경우

4. 거짓이나 그 밖의 부정한 방법으로 재가 및 시설 급여비용을 청구한 경우

5. 제61조제2항에 따른 자료제출 명령에 따르지 아니하거나 거짓으로 자료제출을 한 경우나 질문 또는 검사를 거부·방해 또는 기피하거나 거짓으로 답변한 경우

6. 장기요양기관의 종사자 등이 다음 각 목의 어느 하나에 해당하는 행위를 한 경우. 다만, 장기요양기관의 장이 그 행위를 방지하기 위하여 해당 업무에 관하여 상당한 주의와 감독을 게을리하지 아니한 경우는 제외한다.

　가. 수급자의 신체에 폭행을 가하거나 상해를 입히는 행위

　나. 수급자에게 성적 수치심을 주는 성폭행, 성희롱 등의 행위

　다. 자신의 보호·감독을 받는 수급자를 유기하거나 의식주를 포함한 기본적 보호 및 치료를 소홀히 하는 방임행위

　라. 수급자를 위하여 증여 또는 급여된 금품을 그 목적 외의 용도에 사용하는 행위

　마. 폭언, 협박, 위협 등으로 수급자의 정신건강에 해를 끼치는 정서적 학대행위

7. 업무정지기간 중에 장기요양급여를 제공한 경우

8. 「부가가치세법」 제8조에 따른 사업자등록 또는 「소득세법」 제168조에 따른 사업자등록이나 고유번호가 말소된 경우

② 특별자치시장·특별자치도지사·시장·군수·구청장은 제1항에 따라 지정을 취소하거나 업무정지명령을 한 경우에는 지체 없이 그 내용을 공단에 통보하고, 보건복지부령으로 정하는 바에 따라 보건복지부장관에게 통보한다. 이 경우 시장·군수·구청장은 관할 특별시장·광역시장 또는 도지사를 거쳐 보건복지부장관에게 통보하여야 한다. 〈개정 2013. 8. 13.〉

③ 삭제〈2018. 12. 11.〉

④ 삭제〈2018. 12. 11.〉

⑤ 특별자치시장·특별자치도지사·시장·군수·구청장은 제1항에 따라 장기요양기관이 지정취소 또는 업무정지되는 경우에는 해당 장기요양기관을 이용하는 수급자의 권익을 보호하기 위하여 적극적으로 노력하여야 한다. 〈신설 2019. 4. 23.〉

⑥ 특별자치시장·특별자치도지사·시장·군수·구청장은 제5항에 따라 수급자의 권익을 보호하기 위하여 보건복지부령으로 정하는 바에 따라 다음 각 호의 조치를 하여야 한다. 〈신설 2015. 12. 29., 2018. 12. 11., 2019. 4. 23.〉

1. 제1항에 따른 행정처분의 내용을 우편 또는 정보통신망 이용 등의 방법으로 수급자 또는 그 보호자에게 통보하는 조치

2. 해당 장기요양기관을 이용하는 수급자가 다른 장기요양기관을 선택하여 이용할 수 있도록 하는 조치

⑦ 제1항에 따라 지정취소 또는 업무정지되는 장기요양기관의 장은 해당 기관에서 수급자가 제40조제1항 및 제3항에 따라 부담한 비용 중 정산하여야 할 비용이 있는 경우 이를 정산하여야 한다. 〈신설 2019. 4. 23., 2021. 12. 21.〉

⑧ 다음 각 호의 어느 하나에 해당하는 자는 제31조에 따른 장기요양기관으로 지정받을 수 없다. 〈개정 2013. 8. 13., 2015. 12. 29., 2018. 12. 11., 2019. 4. 23.〉

1. 제1항에 따라 지정취소를 받은 후 3년이 지나지 아니한 자(법인인 경우 그 대표자를 포함한다)

2. 제1항에 따라 업무정지명령을 받고 업무정지기간이 지나지 아니한 자(법인인 경우 그 대표자를 포함한다)

⑨ 제1항에 따른 행정처분의 기준은 보건복지부령으로 정한다. 〈개정 2013. 8. 13., 2015. 12. 29., 2018. 12. 11., 2019. 4. 23.〉

제37조의2(과징금의 부과 등) ① 특별자치시장·특별자치도지사·시장·군수·구청장은 제37조제1항 각 호의 어느 하나(같은 항 제4호는 제외한다)에 해당하는 행위를 이유로 업무정지명령을 하여야 하는 경우로

서 그 업무정지가 해당 장기요양기관을 이용하는 수급자에게 심한 불편을 줄 우려가 있는 등 보건복지부장관이 정하는 특별한 사유가 있다고 인정되는 경우에는 업무정지명령을 갈음하여 2억원 이하의 과징금을 부과할 수 있다. 다만, 제37조제1항제6호를 위반한 행위로서 보건복지부령으로 정하는 경우에는 그러하지 아니하다. 〈개정 2018. 3. 13., 2018. 12. 11.〉

② 특별자치시장·특별자치도지사·시장·군수·구청장은 제37조제1항제4호에 해당하는 행위를 이유로 업무정지명령을 하여야 하는 경우로서 그 업무정지가 해당 장기요양기관을 이용하는 수급자에게 심한 불편을 줄 우려가 있는 등 보건복지부장관이 정하는 특별한 사유가 있다고 인정되는 경우에는 업무정지명령을 갈음하여 거짓이나 그 밖의 부정한 방법으로 청구한 금액의 5배 이하의 금액을 과징금으로 부과할 수 있다. 〈개정 2018. 12. 11.〉

③ 제1항 및 제2항에 따른 과징금을 부과하는 위반행위의 종류 및 위반의 정도 등에 따른 과징금의 금액과 과징금의 부과절차 등에 필요한 사항은 대통령령으로 정한다.

④ 특별자치시장·특별자치도지사·시장·군수·구청장은 제1항 및 제2항에 따라 과징금을 내야 할 자가 납부기한까지 내지 아니한 경우에는 지방세 체납처분의 예에 따라 징수한다.

⑤ 특별자치시장·특별자치도지사·시장·군수·구청장은 제1항 및 제2항에 따른 과징금의 부과와 징수에 관한 사항을 보건복지부령으로 정하는 바에 따라 기록·관리하여야 한다.

[본조신설 2013. 8. 13.]

제37조의3(위반사실 등의 공표) ① 보건복지부장관 또는 특별자치시장·특별자치도지사·시장·군수·구청장은 장기요양기관이 거짓으로 재가·시설 급여비용을 청구하였다는 이유로 제37조 또는 제37조의2에 따른 처분이 확정된 경우로서 다음 각 호의 어느 하나에 해당하는 경우에는 위반사실, 처분내용, 장기요양기관의 명칭·주소, 장기요양기관의 장의 성명, 그 밖에 다른 장기요양기관과의 구별에 필요한 사항으로서 대통령령으로 정하는 사항을 공표하여야 한다. 다만, 장기요양기관의 폐업 등으로 공표의 실효성이 없는 경우에는 그러하지 아니하다. 〈개정 2020. 3. 31.〉

1. 거짓으로 청구한 금액이 1천만원 이상인 경우
2. 거짓으로 청구한 금액이 장기요양급여비용 총액의 100분의 10 이상인 경우

② 보건복지부장관 또는 특별자치시장·특별자치도지사·시장·군수·구청장은 장기요양기관이 제61조제2항에 따른 자료제출 명령에 따르지 아니하거나 거짓으로 자료제출을 한 경우나 질문 또는 검사를 거부·방해 또는 기피하거나 거짓으로 답변하였다는 이유로 제37조 또는 제37조의2에 따른 처분이 확정된 경우 위반사실, 처분내용, 장기요양기관의 명칭·주소, 장기요양기관의 장의 성명, 그 밖에 다른 장기요양기관과의 구별에 필요한 사항으로서 대통령령으로 정하는 사항을 공표하여야 한다. 다만, 장기요양기관의 폐업 등으로 공표의 실효성이 없는 경우 또는 장기요양기관이 위반사실 등의 공표 전에 제61조제2항에 따른 자료를 제출하거나 질문 또는 검사에 응하는 경우에는 그러하지 아니하다. 〈신설 2020. 3. 31.〉

③ 보건복지부장관 또는 특별자치시장·특별자치도지사·시장·군수·구청장은 제1항 및 제2항에 따른 공표 여부 등을 심의하기 위하여 공표심의위원회를 설치·운영할 수 있다. 〈개정 2020. 3. 31.〉

④ 제1항 및 제2항에 따른 공표 여부의 결정 방법, 공표 방법·절차 및 제3항에 따른 공표심의위원회의 구성·운영 등에 필요한 사항은 대통령령으로 정한다. 〈개정 2020. 3. 31.〉

[본조신설 2013. 8. 13.]

제37조의4(행정제재처분 효과의 승계) ① 제37조제1항 각 호의 어느 하나에 해당하는 행위를 이유로 한 행정제재처분(이하 "행정제재처분"이라 한다)의 효과는 그 처분을 한 날부터 3년간 다음 각 호의 어느 하나에 해당하는 자에게 승계된다. 〈개정 2015. 12. 29., 2018. 12. 11.〉

1. 장기요양기관을 양도한 경우 양수인

2. 법인이 합병된 경우 합병으로 신설되거나 합병 후 존속하는 법인

3. 장기요양기관 폐업 후 같은 장소에서 장기요양기관을 운영하는 자 중 종전에 행정제재처분을 받은 자(법인인 경우 그 대표자를 포함한다)나 그 배우자 또는 직계혈족

② 행정제재처분의 절차가 진행 중일 때에는 다음 각 호의 어느 하나에 해당하는 자에 대하여 그 절차를 계속 이어서 할 수 있다.〈개정 2015. 12. 29.〉

1. 장기요양기관을 양도한 경우 양수인

2. 법인이 합병된 경우 합병으로 신설되거나 합병 후 존속하는 법인

3. 장기요양기관 폐업 후 3년 이내에 같은 장소에서 장기요양기관을 운영하는 자 중 종전에 위반행위를 한 자(법인인 경우 그 대표자를 포함한다)나 그 배우자 또는 직계혈족

③ 제1항 및 제2항에도 불구하고 제1항 각 호의 어느 하나 또는 제2항 각 호의 어느 하나에 해당하는 자(이하 "양수인등"이라 한다)가 양수, 합병 또는 운영 시에 행정제재처분 또는 위반사실을 알지 못하였음을 증명하는 경우에는 그러하지 아니하다.

④ 행정제재처분을 받았거나 그 절차가 진행 중인 자는 보건복지부령으로 정하는 바에 따라 지체 없이 그 사실을 양수인등에게 알려야 한다.

[본조신설 2013. 8. 13.]

제37조의5(장기요양급여 제공의 제한) ① 특별자치시장·특별자치도지사·시장·군수·구청장은 장기요양기관의 종사자가 거짓이나 그 밖의 부정한 방법으로 재가급여비용 또는 시설급여비용을 청구하는 행위에 가담한 경우 해당 종사자가 장기요양급여를 제공하는 것을 1년의 범위에서 제한하는 처분을 할 수 있다.

② 특별자치시장·특별자치도지사·시장·군수·구청장은 제1항에 따른 처분을 한 경우 지체 없이 그 내용을 공단에 통보하여야 한다.

③ 제1항 및 제2항에 따른 장기요양급여 제공 제한 처분의 기준·방법, 통보의 방법·절차, 그 밖에 필요한 사항은 보건복지부령으로 정한다.

[본조신설 2015. 12. 29.]

제7장 재가 및 시설 급여비용 등

제38조(재가 및 시설 급여비용의 청구 및 지급 등) ① 장기요양기관은 수급자에게 제23조에 따른 재가급여 또는 시설급여를 제공한 경우 공단에 장기요양급여비용을 청구하여야 한다.

② 공단은 제1항에 따라 장기요양기관으로부터 재가 또는 시설 급여비용의 청구를 받은 경우 이를 심사하여 그 내용을 장기요양기관에 통보하여야 하며, 장기요양에 사용된 비용 중 공단부담금(재가 및 시설 급여비용 중 본인부담금을 공제한 금액을 말한다)을 해당 장기요양기관에 지급하여야 한다.〈개정 2018. 12. 11., 2019. 1. 15.〉

③ 공단은 제54조제2항에 따른 장기요양기관의 장기요양급여평가 결과에 따라 장기요양급여비용을 가산 또는 감액조정하여 지급할 수 있다.

④ 공단은 제2항에도 불구하고 장기요양급여비용을 심사한 결과 수급자가 이미 낸 본인부담금이 제2항에 따라 통보한 본인부담금보다 더 많으면 두 금액 간의 차액을 장기요양기관에 지급할 금액에서 공제하여 수급자에게 지급하여야 한다.〈신설 2019. 1. 15.〉

⑤ 공단은 제4항에 따라 수급자에게 지급하여야 하는 금액을 그 수급자가 납부하여야 하는 장기요양보험료 및 그 밖에 이 법에 따른 징수금(이하 "장기요양보험료등"이라 한다)과 상계(相計)할 수 있다.〈신설 2019. 1. 15.〉

⑥ 장기요양기관은 지급받은 장기요양급여비용 중 보건복지부장관이 정하여 고시하는 비율에 따라 그 일부를 장기요양요원에 대한 인건비로 지출하여야 한다.〈신설 2016. 5. 29., 2019. 1. 15.〉

⑦ 공단은 장기요양기관이 정당한 사유 없이 제61조제2항에 따른 자료제출 명령에 따르지 아니하거나 질문 또는 검사를 거부·방해 또는 기피하는 경우 이에 응할 때까지 해당 장기요양기관에 지급하여야 할 장기요양급여비용의 지급을 보류할 수 있다. 이 경우 공단은 장기요양급여비용의 지급을 보류하기 전에 해당 장기요양기관에 의견 제출의 기회를 주어야 한다. 〈신설 2020. 3. 31.〉

⑧ 제1항부터 제3항까지 및 제7항의 규정에 따른 재가 및 시설 급여비용의 심사기준, 장기요양급여비용의 가감지급의 기준, 청구절차, 지급방법 및 지급 보류의 절차·방법 등에 관한 사항은 보건복지부령으로 정한다. 〈개정 2016. 5. 29., 2019. 1. 15., 2020. 3. 31.〉

[제목개정 2016. 5. 29.]

제39조(장기요양급여비용 등의 산정) ① 보건복지부장관은 매년 급여종류 및 장기요양등급 등에 따라 제45조에 따른 장기요양위원회의 심의를 거쳐 다음 연도의 재가 및 시설 급여비용과 특별현금급여의 지급금액을 정하여 고시하여야 한다. 〈개정 2021. 7. 27.〉

② 보건복지부장관은 제1항에 따라 재가 및 시설 급여비용을 정할 때 대통령령으로 정하는 바에 따라 국가 및 지방자치단체로부터 장기요양기관의 설립비용을 지원받았는지 여부 등을 고려할 수 있다.

③ 제1항에 따른 재가 및 시설 급여비용과 특별현금급여의 지급금액의 구체적인 산정방법 및 항목 등에 관하여 필요한 사항은 보건복지부령으로 정한다. 〈개정 2021. 7. 27.〉

[제목개정 2021. 7. 27.]

제40조(본인부담금) ① 제23조에 따른 장기요양급여(특별현금급여는 제외한다. 이하 이 조에서 같다)를 받는 자는 대통령령으로 정하는 바에 따라 비용의 일부를 본인이 부담한다. 이 경우 장기요양급여를 받는 수급자의 장기요양등급, 이용하는 장기요양급여의 종류 및 수준 등에 따라 본인부담의 수준을 달리 정할 수 있다. 〈개정 2021. 12. 21.〉

② 제1항에도 불구하고 수급자 중 「의료급여법」 제3조제1항제1호에 따른 수급자는 본인부담금을 부담하지 아니한다. 〈신설 2021. 12. 21.〉

③ 다음 각 호의 장기요양급여에 대한 비용은 수급자 본인이 전부 부담한다. 〈개정 2021. 12. 21.〉

1. 이 법의 규정에 따른 급여의 범위 및 대상에 포함되지 아니하는 장기요양급여
2. 수급자가 제17조제1항제2호에 따른 장기요양인정서에 기재된 장기요양급여의 종류 및 내용과 다르게 선택하여 장기요양급여를 받은 경우 그 차액
3. 제28조에 따른 장기요양급여의 월 한도액을 초과하는 장기요양급여

④ 다음 각 호의 어느 하나에 해당하는 자에 대해서는 본인부담금의 100분의 60의 범위에서 보건복지부장관이 정하는 바에 따라 차등하여 감경할 수 있다. 〈개정 2009. 5. 21., 2010. 3. 17., 2018. 3. 27., 2018. 12. 11., 2021. 12. 21.〉

1. 「의료급여법」 제3조제1항제2호부터 제9호까지의 규정에 따른 수급권자
2. 소득·재산 등이 보건복지부장관이 정하여 고시하는 일정 금액 이하인 자. 다만, 도서·벽지·농어촌 등의 지역에 거주하는 자에 대하여 따로 금액을 정할 수 있다.
3. 천재지변 등 보건복지부령으로 정하는 사유로 인하여 생계가 곤란한 자

⑤ 제1항부터 제4항까지의 규정에 따른 본인부담금의 산정방법, 감경절차 및 감경방법 등에 관하여 필요한 사항은 보건복지부령으로 정한다. 〈개정 2009. 5. 21., 2018. 3. 27., 2018. 12. 11., 2021. 12. 21.〉

[제목개정 2018. 12. 11.]

제41조(가족 등의 장기요양에 대한 보상) ①공단은 장기요양급여를 받은 금액의 총액이 보건복지부장관이 정하여 고시하는 금액 이하에 해당하는 수급자가 가족 등으로부터 제23조제1항제1호 가목에 따른 방문요양에 상당한 장기요양을 받은 경우 보건복지부령으로 정하는 바에 따라 본인부담금의 일부를 감면하거나 이에 갈음하는 조치를 할 수 있다. 〈개정 2018. 12. 11.〉

② 제1항에 따른 본인부담금의 감면방법 등 필요한 사항은 보건복지부령으로 정한다. 〈개정 2018. 12. 11.〉

제42조(방문간호지시서 발급비용의 산정 등) 제23조제1항제1호다목에 따라 방문간호지시서를 발급하는데 사용되는 비용, 비용부담방법 및 비용 청구·지급절차 등에 관하여 필요한 사항은 보건복지부령으로 정한다.

제43조(부당이득의 징수) ① 공단은 장기요양급여를 받은 자, 장기요양급여비용을 받은 자 또는 의사소견서·방문간호지시서 발급비용(이하 "의사소견서등 발급비용"이라 한다)을 받은 자가 다음 각 호의 어느 하나에 해당하는 경우 그 장기요양급여, 장기요양급여비용 또는 의사소견서등 발급비용에 상당하는 금액을 징수한다. 이 경우 의사소견서등 발급비용에 관하여는 「국민건강보험법」 제57조제2항을 준용하며, "보험급여 비용"은 "의사소견서등 발급비용"으로, "요양기관"은 "의료기관"으로 본다. 〈개정 2015. 12. 29., 2018. 12. 11., 2021. 12. 21.〉

1. 제15조제5항에 따른 등급판정 결과 같은 조 제4항 각 호의 어느 하나에 해당하는 것으로 확인된 경우
2. 제28조의 월 한도액 범위를 초과하여 장기요양급여를 받은 경우
3. 제29조 또는 제30조에 따라 장기요양급여의 제한 등을 받을 자가 장기요양급여를 받은 경우
4. 제37조제1항제4호에 따른 거짓이나 그 밖의 부정한 방법으로 재가 및 시설 급여비용을 청구하여 이를 지급받은 경우
4의2. 거짓이나 그 밖의 부정한 방법으로 의사소견서등 발급비용을 청구하여 이를 지급받은 경우
5. 그 밖에 이 법상의 원인 없이 공단으로부터 장기요양급여를 받거나 장기요양급여비용을 지급받은 경우

② 공단은 제1항의 경우 거짓 보고 또는 증명에 의하거나 거짓 진단에 따라 장기요양급여가 제공된 때 거짓의 행위에 관여한 자에 대하여 장기요양급여를 받은 자와 연대하여 제1항에 따른 징수금을 납부하게 할 수 있다.

③ 공단은 제1항의 경우 거짓이나 그 밖의 부정한 방법으로 장기요양급여를 받은 자와 같은 세대에 속한 자(장기요양급여를 받은 자를 부양하고 있거나 다른 법령에 따라 장기요양급여를 받은 자를 부양할 의무가 있는 자를 말한다)에 대하여 거짓이나 그 밖의 부정한 방법으로 장기요양급여를 받은 자와 연대하여 제1항에 따른 징수금을 납부하게 할 수 있다.

④ 공단은 제1항의 경우 장기요양기관이나 의료기관이 수급자 또는 신청인으로부터 거짓이나 그 밖의 부정한 방법으로 장기요양급여비용 또는 의사소견서등 발급비용을 받은 때 해당 장기요양기관 또는 의료기관으로부터 이를 징수하여 수급자 또는 신청인에게 지체 없이 지급하여야 한다. 이 경우 공단은 수급자 또는 신청인에게 지급하여야 하는 금액을 그 수급자 또는 신청인이 납부하여야 하는 장기요양보험료등과 상계할 수 있다. 〈개정 2019. 1. 15., 2021. 12. 21.〉

제44조(구상권) ① 공단은 제3자의 행위로 인한 장기요양급여의 제공사유가 발생하여 수급자에게 장기요양급여를 행한 때 그 급여에 사용된 비용의 한도 안에서 그 제3자에 대한 손해배상의 권리를 얻는다.

② 공단은 제1항의 경우 장기요양급여를 받은 자가 제3자로부터 이미 손해배상을 받은 때 그 손해배상액의 한도 안에서 장기요양급여를 행하지 아니한다.

제8장 장기요양위원회

제45조(장기요양위원회의 설치 및 기능) 다음 각 호의 사항을 심의하기 위하여 보건복지부장관 소속으로 장기요양위원회를 둔다.

1. 제9조제2항에 따른 장기요양보험료율
2. 제24조부터 제26조까지의 규정에 따른 가족요양비, 특례요양비 및 요양병원간병비의 지급기준
3. 제39조에 따른 재가 및 시설 급여비용
4. 그 밖에 대통령령으로 정하는 주요 사항

제46조(장기요양위원회의 구성) ①장기요양위원회는 위원장 1인, 부위원장 1인을 포함한 16인 이상 22인 이하의 위원으로 구성한다.

② 위원장이 아닌 위원은 다음 각 호의 자 중에서 보건복지부장관이 임명 또는 위촉한 자로 하고, 각 호에 해당하는 자를 각각 동수로 구성하여야 한다.

  1. 근로자단체, 사용자단체, 시민단체(「비영리민간단체 지원법」 제2조에 따른 비영리민간단체를 말한다), 노인단체, 농어업인단체 또는 자영자단체를 대표하는 자

  2. 장기요양기관 또는 의료계를 대표하는 자

  3. 대통령령으로 정하는 관계 중앙행정기관의 고위공무원단 소속 공무원, 장기요양에 관한 학계 또는 연구계를 대표하는 자, 공단 이사장이 추천하는 자

③ 위원장은 보건복지부차관이 되고, 부위원장은 위원 중에서 위원장이 지명한다.

④ 장기요양위원회 위원의 임기는 3년으로 한다. 다만, 공무원인 위원의 임기는 재임기간으로 한다.

제47조(장기요양위원회의 운영) ①장기요양위원회 회의는 구성원 과반수의 출석으로 개의하고 출석위원 과반수의 찬성으로 의결한다.

② 장기요양위원회의 효율적 운영을 위하여 분야별로 실무위원회를 둘 수 있다.

③ 이 법에서 정한 것 외에 장기요양위원회의 구성·운영, 그 밖에 필요한 사항은 대통령령으로 정한다.

제8장의2 장기요양요원지원센터 〈신설 2016. 5. 29.〉

제47조의2(장기요양요원지원센터의 설치 등) ① 국가와 지방자치단체는 장기요양요원의 권리를 보호하기 위하여 장기요양요원지원센터를 설치·운영할 수 있다. 〈개정 2018. 12. 11.〉

② 장기요양요원지원센터는 다음 각 호의 업무를 수행한다.

  1. 장기요양요원의 권리 침해에 관한 상담 및 지원

  2. 장기요양요원의 역량강화를 위한 교육지원

  3. 장기요양요원에 대한 건강검진 등 건강관리를 위한 사업

  4. 그 밖에 장기요양요원의 업무 등에 필요하여 대통령령으로 정하는 사항

③ 장기요양요원지원센터의 설치·운영 등에 필요한 사항은 보건복지부령으로 정하는 바에 따라 해당 지방자치단체의 조례로 정한다.

[본조신설 2016. 5. 29.]

제9장 관리운영기관

제48조(관리운영기관 등) ①장기요양사업의 관리운영기관은 공단으로 한다.

② 공단은 다음 각 호의 업무를 관장한다.〈개정 2010. 3. 17., 2018. 12. 11., 2019. 1. 15., 2020. 12. 29.〉

  1. 장기요양보험가입자 및 그 피부양자와 의료급여수급권자의 자격관리

  2. 장기요양보험료의 부과·징수

  3. 신청인에 대한 조사

  4. 등급판정위원회의 운영 및 장기요양등급 판정

  5. 장기요양인정서의 작성 및 개인별장기요양이용계획서의 제공

  6. 장기요양급여의 관리 및 평가

  7. 수급자 및 그 가족에 대한 정보제공·안내·상담 등 장기요양급여 관련 이용지원에 관한 사항

  8. 재가 및 시설 급여비용의 심사 및 지급과 특별현금급여의 지급

  9. 장기요양급여 제공내용 확인

  10. 장기요양사업에 관한 조사·연구 및 홍보

11. 노인성질환예방사업

12. 이 법에 따른 부당이득금의 부과·징수 등

13. 장기요양급여의 제공기준을 개발하고 장기요양급여비용의 적정성을 검토하기 위한 장기요양기관의 설치 및 운영

14. 그 밖에 장기요양사업과 관련하여 보건복지부장관이 위탁한 업무

③ 공단은 제2항제13호의 장기요양기관을 설치할 때 노인인구 및 지역특성 등을 고려한 지역 간 불균형 해소를 고려하여야 하고, 설치 목적에 필요한 최소한의 범위에서 이를 설치·운영하여야 한다.〈신설 2010. 3. 17., 2015. 12. 29.〉

④ 「국민건강보험법」 제17조에 따른 공단의 정관은 장기요양사업과 관련하여 다음 각 호의 사항을 포함· 기재한다.〈개정 2010. 3. 17., 2011. 12. 31.〉

1. 장기요양보험료

2. 장기요양급여

3. 장기요양사업에 관한 예산 및 결산

4. 그 밖에 대통령령으로 정하는 사항

제48조(관리운영기관 등) ①장기요양사업의 관리운영기관은 공단으로 한다.

② 공단은 다음 각 호의 업무를 관장한다.〈개정 2010. 3. 17., 2018. 12. 11., 2019. 1. 15., 2020. 12. 29., 2024. 1. 2.〉

1. 장기요양보험가입자 및 그 피부양자와 의료급여수급권자의 자격관리

2. 장기요양보험료의 부과·징수

3. 신청인에 대한 조사

4. 등급판정위원회의 운영 및 장기요양등급 판정

5. 장기요양인정서의 작성 및 개인별장기요양이용계획서의 제공

6. 장기요양급여의 관리 및 평가

7. 수급자 및 그 가족에 대한 정보제공·안내·상담 등 장기요양급여 관련 이용지원에 관한 사항

8. 재가 및 시설 급여비용의 심사 및 지급과 특별현금급여의 지급

9. 장기요양급여 제공내용 확인

10. 장기요양사업에 관한 조사·연구, 국제협력 및 홍보

11. 노인성질환예방사업

12. 이 법에 따른 부당이득금의 부과·징수 등

13. 장기요양급여의 제공기준을 개발하고 장기요양급여비용의 적정성을 검토하기 위한 장기요양기관의 설치 및 운영

14. 그 밖에 장기요양사업과 관련하여 보건복지부장관이 위탁한 업무

③ 공단은 제2항제13호의 장기요양기관을 설치할 때 노인인구 및 지역특성 등을 고려한 지역 간 불균형 해소를 고려하여야 하고, 설치 목적에 필요한 최소한의 범위에서 이를 설치·운영하여야 한다.〈신설 2010. 3. 17., 2015. 12. 29.〉

④ 「국민건강보험법」 제17조에 따른 공단의 정관은 장기요양사업과 관련하여 다음 각 호의 사항을 포함 ·기재한다.〈개정 2010. 3. 17., 2011. 12. 31.〉

1. 장기요양보험료

2. 장기요양급여

3. 장기요양사업에 관한 예산 및 결산

4. 그 밖에 대통령령으로 정하는 사항

[시행일: 2024. 7. 3.] 제48조

제49조(공단의 장기요양사업 조직 등) 공단은 「국민건강보험법」 제29조에 따라 공단의 조직 등에 관한 규정을 정할 때 장기요양사업을 수행하기 위하여 두는 조직 등을 건강보험사업을 수행하는 조직 등과 구분하여 따로 두어야 한다. 다만, 제48조제2항제1호 및 제2호의 자격관리와 보험료 부과·징수업무는 그러하지 아니하다. 〈개정 2011. 12. 31.〉

제50조(장기요양사업의 회계) ①공단은 장기요양사업에 대하여 독립회계를 설치·운영하여야 한다.
② 공단은 장기요양사업 중 장기요양보험료를 재원으로 하는 사업과 국가·지방자치단체의 부담금을 재원으로 하는 사업의 재정을 구분하여 운영하여야 한다. 다만, 관리운영에 필요한 재정은 구분하여 운영하지 아니할 수 있다.

제51조(권한의 위임 등에 관한 준용) 「국민건강보험법」 제32조 및 제38조는 이 법에 따른 이사장의 권한의 위임 및 준비금에 관하여 준용한다. 이 경우 "보험급여"는 "장기요양급여"로 본다. 〈개정 2011. 12. 31.〉

제52조(등급판정위원회의 설치) ①장기요양인정 및 장기요양등급 판정 등을 심의하기 위하여 공단에 장기요양등급판정위원회를 둔다.
② 등급판정위원회는 특별자치시·특별자치도·시·군·구 단위로 설치한다. 다만, 인구 수 등을 고려하여 하나의 특별자치시·특별자치도·시·군·구에 2 이상의 등급판정위원회를 설치하거나 2 이상의 특별자치시·특별자치도·시·군·구를 통합하여 하나의 등급판정위원회를 설치할 수 있다. 〈개정 2013. 8. 13.〉
③ 등급판정위원회는 위원장 1인을 포함하여 15인의 위원으로 구성한다.
④ 등급판정위원회 위원은 다음 각 호의 자 중에서 공단 이사장이 위촉한다. 이 경우 특별자치시장·특별자치도지사·시장·군수·구청장이 추천한 위원은 7인, 의사 또는 한의사가 1인 이상 각각 포함되어야 한다. 〈개정 2013. 8. 13.〉
  1. 「의료법」에 따른 의료인
  2. 「사회복지사업법」에 따른 사회복지사
  3. 특별자치시·특별자치도·시·군·구 소속 공무원
  4. 그 밖에 법학 또는 장기요양에 관한 학식과 경험이 풍부한 자
⑤ 등급판정위원회 위원의 임기는 3년으로 하되, 한 차례만 연임할 수 있다. 다만, 공무원인 위원의 임기는 재임기간으로 한다. 〈개정 2018. 12. 11.〉

제53조(등급판정위원회의 운영) ①등급판정위원회 위원장은 위원 중에서 특별자치시장·특별자치도지사·시장·군수·구청장이 위촉한다. 이 경우 제52조제2항 단서에 따라 2 이상의 특별자치시·특별자치도·시·군·구를 통합하여 하나의 등급판정위원회를 설치하는 때 해당 특별자치시장·특별자치도지사·시장·군수·구청장이 공동으로 위촉한다. 〈개정 2013. 8. 13.〉
② 등급판정위원회 회의는 구성원 과반수의 출석으로 개의하고 출석위원 과반수의 찬성으로 의결한다.
③ 이 법에 정한 것 외에 등급판정위원회의 구성·운영, 그 밖에 필요한 사항은 대통령령으로 정한다.

제53조의2(장기요양급여심사위원회의 설치) ① 다음 각 호의 사항을 심의하기 위하여 공단에 장기요양급여심사위원회(이하 "급여심사위원회"라 한다)를 둔다.
  1. 장기요양급여 제공 기준의 세부사항 설정 및 보완에 관한 사항
  2. 장기요양급여비용 및 산정방법의 세부사항 설정 및 보완에 관한 사항
  3. 장기요양급여비용 심사기준 개발 및 심사조정에 관한 사항
  4. 그 밖에 공단 이사장이 필요하다고 인정한 사항
② 급여심사위원회는 위원장 1명을 포함하여 10명 이하의 위원으로 구성한다.
③ 이 법에서 정한 것 외에 급여심사위원회의 구성·운영, 그 밖에 필요한 사항은 대통령령으로 정한다.
[본조신설 2024. 2. 6.]
[시행일: 2025. 2. 7.] 제53조의2

제54조(장기요양급여의 관리·평가) ①공단은 장기요양기관이 제공하는 장기요양급여 내용을 지속적으로 관리·평가하여 장기요양급여의 수준이 향상되도록 노력하여야 한다.

② 공단은 장기요양기관이 제23조제3항에 따른 장기요양급여의 제공 기준·절차·방법 등에 따라 적정하게 장기요양급여를 제공하였는지 평가를 실시하고 그 결과를 공단의 홈페이지 등에 공표하는 등 필요한 조치를 할 수 있다.〈개정 2016. 5. 29.〉

③ 제2항에 따른 장기요양급여 제공내용의 평가 방법 및 평가 결과의 공표 방법, 그 밖에 필요한 사항은 보건복지부령으로 정한다.〈개정 2016. 5. 29.〉

제54조(장기요양급여의 관리·평가) ①공단은 장기요양기관이 제공하는 장기요양급여 내용을 지속적으로 관리·평가하여 장기요양급여의 수준이 향상되도록 노력하여야 한다.

② 공단은 장기요양기관이 제23조제5항에 따른 장기요양급여의 제공 기준·절차·방법 등에 따라 적정하게 장기요양급여를 제공하였는지 평가를 실시하고 그 결과를 공단의 홈페이지 등에 공표하는 등 필요한 조치를 할 수 있다.〈개정 2016. 5. 29., 2024. 1. 2.〉

③ 제2항에 따른 장기요양급여 제공내용의 평가 방법 및 평가 결과의 공표 방법, 그 밖에 필요한 사항은 보건복지부령으로 정한다.〈개정 2016. 5. 29.〉

[시행일: 2024. 7. 3.] 제54조

제10장 심사청구 및 재심사청구 〈개정 2018. 12. 11.〉

제55조(심사청구) ①장기요양인정·장기요양등급·장기요양급여·부당이득·장기요양급여비용 또는 장기요양보험료 등에 관한 공단의 처분에 이의가 있는 자는 공단에 심사청구를 할 수 있다.〈개정 2018. 12. 11.〉

② 제1항에 따른 심사청구는 그 처분이 있음을 안 날부터 90일 이내에 문서(「전자정부법」 제2조제7호에 따른 전자문서를 포함한다)로 하여야 하며, 처분이 있은 날부터 180일을 경과하면 이를 제기하지 못한다. 다만, 정당한 사유로 그 기간에 심사청구를 할 수 없었음을 증명하면 그 기간이 지난 후에도 심사청구를 할 수 있다.〈개정 2018. 12. 11.〉

③ 제1항에 따른 심사청구 사항을 심사하기 위하여 공단에 장기요양심사위원회(이하 "심사위원회"라 한다)를 둔다.〈개정 2018. 12. 11.〉

④심사위원회의 구성·운영 및 위원의 임기, 그 밖에 필요한 사항은 대통령령으로 정한다.〈개정 2018. 12. 11.〉

[제목개정 2018. 12. 11.]

제55조(심사청구) ①장기요양인정·장기요양등급·장기요양급여·부당이득·장기요양급여비용 또는 장기요양보험료 등에 관한 공단의 처분에 이의가 있는 자는 공단에 심사청구를 할 수 있다. 〈개정 2018. 12. 11.〉

② 제1항에 따른 심사청구는 그 처분이 있음을 안 날부터 90일 이내에 문서(「전자정부법」 제2조제7호에 따른 전자문서를 포함한다)로 하여야 하며, 처분이 있은 날부터 180일을 경과하면 이를 제기하지 못한다. 다만, 정당한 사유로 그 기간에 심사청구를 할 수 없었음을 증명하면 그 기간이 지난 후에도 심사청구를 할 수 있다.〈개정 2018. 12. 11.〉

③ 제1항에 따른 심사청구 사항을 심사하기 위하여 공단에 장기요양심사위원회(이하 "심사위원회"라 한다)를 둔다.〈개정 2018. 12. 11.〉

④ 심사위원회는 위원장 1명을 포함한 50명 이내의 위원으로 구성한다.〈신설 2024. 2. 6.〉

⑤ 이 법에서 정한 것 외에 심사위원회의 구성·운영, 그 밖에 필요한 사항은 대통령령으로 정한다.〈개정 2018. 12. 11., 2024. 2. 6.〉

[제목개정 2018. 12. 11.]

[시행일: 2025. 2. 7.] 제55조

제56조(재심사청구) ① 제55조에 따른 심사청구에 대한 결정에 불복하는 사람은 그 결정통지를 받은 날부터 90일 이내에 장기요양재심사위원회(이하 "재심사위원회"라 한다)에 재심사를 청구할 수 있다. 〈개정 2018. 12. 11.〉

② 재심사위원회는 보건복지부장관 소속으로 두고, 위원장 1인을 포함한 20인 이내의 위원으로 구성한다. 〈개정 2018. 12. 11.〉

③ 재심사위원회의 위원은 관계 공무원, 법학, 그 밖에 장기요양사업 분야의 학식과 경험이 풍부한 자 중에서 보건복지부장관이 임명 또는 위촉한다. 이 경우 공무원이 아닌 위원이 전체 위원의 과반수가 되도록 하여야 한다. 〈개정 2018. 12. 11.〉

④ 재심사위원회의 구성·운영 및 위원의 임기, 그 밖에 필요한 사항은 대통령령으로 정한다. 〈개정 2018. 12. 11.〉

[제목개정 2018. 12. 11.]

제56조(재심사청구) ① 제55조에 따른 심사청구에 대한 결정에 불복하는 사람은 그 결정통지를 받은 날부터 90일 이내에 장기요양재심사위원회(이하 "재심사위원회"라 한다)에 재심사를 청구할 수 있다. 〈개정 2018. 12. 11.〉

② 재심사위원회는 보건복지부장관 소속으로 두고, 위원장 1인을 포함한 20인 이내의 위원으로 구성한다. 〈개정 2018. 12. 11.〉

③ 재심사위원회의 위원은 관계 공무원, 법학, 그 밖에 장기요양사업 분야의 학식과 경험이 풍부한 자 중에서 보건복지부장관이 임명 또는 위촉한다. 이 경우 공무원이 아닌 위원이 전체 위원의 과반수가 되도록 하여야 한다. 〈개정 2018. 12. 11.〉

④ 이 법에서 정한 것 외에 재심사위원회의 구성·운영, 그 밖에 필요한 사항은 대통령령으로 정한다. 〈개정 2018. 12. 11., 2024. 2. 6.〉

[제목개정 2018. 12. 11.]

[시행일: 2025. 2. 7.] 제56조

제56조의2(행정심판과의 관계) ① 재심사위원회의 재심사에 관한 절차에 관하여는 「행정심판법」을 준용한다.

② 제56조에 따른 재심사청구 사항에 대한 재심사위원회의 재심사를 거친 경우에는 「행정심판법」에 따른 행정심판을 청구할 수 없다.

[본조신설 2018. 12. 11.]

제57조(행정소송) 공단의 처분에 이의가 있는 자와 제55조에 따른 심사청구 또는 제56조에 따른 재심사청구에 대한 결정에 불복하는 자는 「행정소송법」으로 정하는 바에 따라 행정소송을 제기할 수 있다. 〈개정 2018. 12. 11.〉

제11장 보칙

제58조(국가의 부담) ①국가는 매년 예산의 범위 안에서 해당 연도 장기요양보험료 예상수입액의 100분의 20에 상당하는 금액을 공단에 지원한다. 〈개정 2019. 1. 15.〉

② 국가와 지방자치단체는 대통령령으로 정하는 바에 따라 의료급여수급권자의 장기요양급여비용, 의사소견서 발급비용, 방문간호지시서 발급비용 중 공단이 부담하여야 할 비용(제40조제2항 및 제4항제1호에 따라 면제 및 감경됨으로 인하여 공단이 부담하게 되는 비용을 포함한다) 및 관리운영비의 전액을 부담한다. 〈개정 2021. 12. 21.〉

③ 제2항에 따라 지방자치단체가 부담하는 금액은 보건복지부령으로 정하는 바에 따라 특별시·광역시·특별자치시·도·특별자치도와 시·군·구가 분담한다. 〈개정 2013. 8. 13.〉

④ 제2항 및 제3항에 따른 지방자치단체의 부담액 부과, 징수 및 재원관리, 그 밖에 필요한 사항은 대통령령으로 정한다.

제59조(전자문서의 사용) ①장기요양사업에 관련된 각종 서류의 기록, 관리 및 보관은 보건복지부령으로 정하는 바에 따라 전자문서로 한다. 〈개정 2013. 8. 13.〉

② 공단 및 장기요양기관은 장기요양기관의 지정신청, 재가·시설 급여비용의 청구 및 지급, 장기요양기관의 재무·회계정보 처리 등에 대하여 전산매체 또는 전자문서교환방식을 이용하여야 한다.〈개정 2016. 5. 29.〉

③ 제1항 및 제2항에도 불구하고 정보통신망 및 정보통신서비스 시설이 열악한 지역 등 보건복지부장관이 정하는 지역의 경우 전자문서·전산매체 또는 전자문서교환방식을 이용하지 아니할 수 있다.

제60조(자료의 제출 등) ① 공단은 장기요양급여 제공내용 확인, 장기요양급여의 관리·평가 및 장기요양보험료 산정 등 장기요양사업 수행에 필요하다고 인정할 때 다음 각 호의 어느 하나에 해당하는 자에게 자료의 제출을 요구할 수 있다. 〈개정 2021. 12. 21.〉

  1. 장기요양보험가입자 또는 그 피부양자 및 의료급여수급권자
  2. 수급자, 장기요양기관 및 의료기관

② 제1항에 따라 자료의 제출을 요구받은 자는 성실히 이에 응하여야 한다.

제61조(보고 및 검사) ① 보건복지부장관, 특별시장·광역시장·도지사 또는 특별자치시장·특별자치도지사·시장·군수·구청장은 다음 각 호의 어느 하나에 해당하는 자에게 보수·소득이나 그 밖에 보건복지부령으로 정하는 사항의 보고 또는 자료의 제출을 명하거나 소속 공무원으로 하여금 관계인에게 질문을 하게 하거나 관계 서류를 검사하게 할 수 있다. 〈개정 2013. 8. 13., 2020. 3. 31.〉

  1. 장기요양보험가입자
  2. 피부양자
  3. 의료급여수급권자

② 보건복지부장관, 특별시장·광역시장·도지사 또는 특별자치시장·특별자치도지사·시장·군수·구청장은 다음 각 호의 어느 하나에 해당하는 자에게 장기요양급여의 제공 명세, 재무·회계에 관한 사항 등 장기요양급여에 관련된 자료의 제출을 명하거나 소속 공무원으로 하여금 관계인에게 질문을 하게 하거나 관계 서류를 검사하게 할 수 있다.〈개정 2013. 8. 13., 2016. 5. 29., 2020. 3. 31., 2021. 12. 21.〉

  1. 장기요양기관 및 의료기관
  2. 장기요양급여를 받은 자

③ 보건복지부장관, 특별시장·광역시장·도지사 또는 특별자치시장·특별자치도지사·시장·군수·구청장은 제1항 및 제2항에 따른 보고 또는 자료제출 명령이나 질문 또는 검사 업무를 효율적으로 수행하기 위하여 필요한 경우에는 공단에 행정응원(行政應援)을 요청할 수 있다. 이 경우 공단은 특별한 사유가 없으면 이에 따라야 한다.〈신설 2020. 3. 31.〉

④ 제1항 및 제2항의 경우에 소속 공무원은 그 권한을 표시하는 증표 및 조사기간, 조사범위, 조사담당자, 관계 법령 등 보건복지부령으로 정하는 사항이 기재된 서류를 지니고 이를 관계인에게 내보여야 한다.〈개정 2015. 12. 29., 2020. 3. 31.〉

⑤ 제1항 및 제2항에 따른 질문 또는 검사의 절차·방법 등에 관하여는 이 법에서 정하는 사항을 제외하고는 「행정조사기본법」에서 정하는 바에 따른다.〈신설 2015. 12. 29., 2020. 3. 31.〉

⑥ 제3항에 따른 행정응원의 절차·방법 등에 관하여 필요한 사항은 대통령령으로 정한다.〈신설 2020. 3. 31.〉

제62조(비밀누설금지) 다음 각 호에 해당하는 자는 업무수행 중 알게 된 비밀을 누설하여서는 아니 된다. 〈개정 2013. 8. 13.〉

  1. 특별자치시·특별자치도·시·군·구, 공단, 등급판정위원회 및 장기요양기관에 종사하고 있거나 종

사한 자

2. 제24조부터 제26조까지의 규정에 따른 가족요양비·특례요양비 및 요양병원간병비와 관련된 급여를 제공한 자

제62조(비밀누설금지) 다음 각 호에 해당하는 자는 업무수행 중 알게 된 비밀을 누설하여서는 아니 된다. 〈개정 2013. 8. 13., 2024. 1. 2.〉

1. 특별자치시·특별자치도·시·군·구, 공단, 등급판정위원회, 장기요양위원회, 제37조의3제3항에 따른 공표심의위원회, 심사위원회, 재심사위원회 및 장기요양기관에 종사하고 있거나 종사한 자
2. 제24조부터 제26조까지의 규정에 따른 가족요양비·특례요양비 및 요양병원간병비와 관련된 급여를 제공한 자

[시행일: 2024. 7. 3.] 제62조

제62조의2(유사명칭의 사용금지) 이 법에 따른 장기요양보험 사업을 수행하는 자가 아닌 자는 보험계약 또는 보험계약의 명칭에 노인장기요양보험 또는 이와 유사한 용어를 사용하지 못한다.

[본조신설 2018. 12. 11.]

제63조(청문) 특별자치시장·특별자치도지사·시장·군수·구청장은 다음 각 호의 어느 하나에 해당하는 처분 또는 공표를 하려는 경우에는 청문을 하여야 한다. 〈개정 2015. 12. 29.〉

1. 제37조제1항에 따른 장기요양기관 지정취소 또는 업무정지명령
2. 삭제〈2018. 12. 11.〉
3. 제37조의3에 따른 위반사실 등의 공표
4. 제37조의5제1항에 따른 장기요양급여 제공의 제한 처분

[전문개정 2013. 8. 13.]

제64조(시효 등에 관한 준용) 「국민건강보험법」제91조, 제92조, 제96조, 제103조, 제104조, 제107조, 제111조 및 제112조는 시효, 기간의 계산, 자료의 제공, 공단 등에 대한 감독, 권한의 위임 및 위탁, 업무의 위탁, 단수처리 등에 관하여 준용한다. 이 경우 "보험료"를 "장기요양보험료"로, "보험급여"를 "장기요양급여"로, "요양기관"을 "장기요양기관"으로, "건강보험사업"을 "장기요양사업"으로 본다. 〈개정 2011. 12. 31.〉

제65조(다른 법률에 따른 소득 등의 의제금지) 이 법에 따른 장기요양급여로 지급된 현금 등은 「국민기초생활 보장법」제2조제9호의 소득 또는 재산으로 보지 아니한다. 〈개정 2021. 12. 21.〉

제66조(수급권의 보호) ① 장기요양급여를 받을 권리는 양도 또는 압류하거나 담보로 제공할 수 없다. 〈개정 2016. 12. 2.〉
② 제27조의2제1항에 따른 특별현금급여수급계좌의 예금에 관한 채권은 압류할 수 없다.〈신설 2016. 12. 2.〉

제66조의2(벌칙 적용에서 공무원 의제) 등급판정위원회, 장기요양위원회, 제37조의3제3항에 따른 공표심의위원회, 심사위원회 및 재심사위원회 위원 중 공무원이 아닌 사람은 「형법」제127조 및 제129조부터 제132조까지의 규정을 적용할 때에는 공무원으로 본다. 〈개정 2020. 3. 31.〉

[본조신설 2018. 12. 11.]

제66조의2(벌칙 적용에서 공무원 의제) 등급판정위원회, 장기요양위원회, 제37조의3제3항에 따른 공표심의위원회, 심사위원회 및 재심사위원회 위원 중 공무원이 아닌 사람은 「형법」제129조부터 제132조까지의 규정을 적용할 때에는 공무원으로 본다. 〈개정 2020. 3. 31., 2024. 1. 2.〉

[본조신설 2018. 12. 11.]
[시행일: 2024. 7. 3.] 제66조의2

제66조의3(소액 처리) 공단은 징수 또는 반환하여야 할 금액이 1건당 1,000원 미만인 경우(제38조제5항

및 제43조제4항 후단에 따라 각각 상계할 수 있는 지급금 및 장기요양보험료등은 제외한다)에는 징수 또는 반환하지 아니한다. 다만, 「국민건강보험법」 제106조에 따른 소액 처리 대상에서 제외되는 건강보험료와 통합하여 징수 또는 반환되는 장기요양보험료의 경우에는 그러하지 아니하다.

[본조신설 2019. 1. 15.]

제12장 벌칙

제67조(벌칙) ① 다음 각 호의 어느 하나에 해당하는 자는 3년 이하의 징역 또는 3천만원 이하의 벌금에 처한다. *⟨신설 2020. 12. 29., 2021. 12. 21.⟩*

1. 거짓이나 그 밖의 부정한 방법으로 장기요양급여비용을 청구한 자
2. 제33조의3제2항제1호를 위반하여 폐쇄회로 텔레비전의 설치 목적과 다른 목적으로 폐쇄회로 텔레비전을 임의로 조작하거나 다른 곳을 비추는 행위를 한 자
3. 제33조의3제2항제2호를 위반하여 녹음기능을 사용하거나 보건복지부령으로 정하는 저장장치 이외의 장치 또는 기기에 영상정보를 저장한 자

② 다음 각 호의 어느 하나에 해당하는 자는 2년 이하의 징역 또는 2천만원 이하의 벌금에 처한다. *⟨개정 2018. 12. 11., 2020. 12. 29., 2021. 12. 21.⟩*

1. 제31조를 위반하여 지정받지 아니하고 장기요양기관을 운영하거나 거짓이나 그 밖의 부정한 방법으로 지정받은 자
2. 제33조의3제3항에 따른 안전성 확보에 필요한 조치를 하지 아니하여 영상정보를 분실·도난·유출·변조 또는 훼손당한 자
3. 제35조제5항을 위반하여 본인부담금을 면제 또는 감경하는 행위를 한 자
4. 제35조제6항을 위반하여 수급자를 소개, 알선 또는 유인하는 행위를 하거나 이를 조장한 자
5. 제62조를 위반하여 업무수행 중 알게 된 비밀을 누설한 자

③ 다음 각 호의 어느 하나에 해당하는 자는 1년 이하의 징역 또는 1천만원 이하의 벌금에 처한다. *⟨개정 2015. 12. 29., 2018. 12. 11., 2019. 4. 23., 2020. 12. 29.⟩*

1. 제35조제1항을 위반하여 정당한 사유 없이 장기요양급여의 제공을 거부한 자
2. 거짓이나 그 밖의 부정한 방법으로 장기요양급여를 받거나 다른 사람으로 하여금 장기요양급여를 받게 한 자
3. 정당한 사유 없이 제36조제3항 각 호에 따른 권익보호조치를 하지 아니한 사람
4. 제37조제7항을 위반하여 수급자가 부담한 비용을 정산하지 아니한 자

④ 제61조제2항에 따른 자료제출 명령에 따르지 아니하거나 거짓으로 자료제출을 한 장기요양기관 또는 의료기관이나 질문 또는 검사를 거부·방해 또는 기피하거나 거짓으로 답변한 장기요양기관 또는 의료기관은 1천만원 이하의 벌금에 처한다. *⟨신설 2020. 3. 31., 2020. 12. 29., 2021. 12. 21.⟩*

[전문개정 2013. 8. 13.]

제68조(양벌규정) 법인의 대표자, 법인이나 개인의 대리인·사용인 및 그 밖의 종사자가 그 법인 또는 개인의 업무에 관하여 제67조에 해당하는 위반행위를 한 때에는 그 행위자를 벌하는 외에 그 법인 또는 개인에 대하여도 해당 조의 벌금형을 과한다. 다만, 법인 또는 개인이 그 위반행위를 방지하기 위하여 해당 업무에 관하여 상당한 주의와 감독을 게을리하지 아니한 경우에는 그러하지 아니하다. *⟨개정 2010. 3. 17.⟩*

제69조(과태료) ① 정당한 사유 없이 다음 각 호의 어느 하나에 해당하는 자에게는 500만원 이하의 과태료를 부과한다. *⟨개정 2010. 3. 17., 2013. 8. 13., 2015. 12. 29., 2018. 12. 11., 2020. 3. 31.⟩*

1. 삭제*⟨2013. 8. 13.⟩*
2. 제33조를 위반하여 변경지정을 받지 아니하거나 변경신고를 하지 아니한 자 또는 거짓이나 그 밖의

부정한 방법으로 변경지정을 받거나 변경신고를 한 자

2의2. 제34조를 위반하여 장기요양기관에 관한 정보를 게시하지 아니하거나 거짓으로 게시한 자

2의3. 제35조제3항을 위반하여 수급자에게 장기요양급여비용에 대한 명세서를 교부하지 아니하거나 거짓으로 교부한 자

3. 제35조제4항을 위반하여 장기요양급여 제공 자료를 기록·관리하지 아니하거나 거짓으로 작성한 사람

3의2. 제35조의4제2항 각 호의 어느 하나를 위반한 자

4. 제36조제1항 또는 제6항을 위반하여 폐업·휴업 신고 또는 자료이관을 하지 아니하거나 거짓이나 그 밖의 부정한 방법으로 신고한 자

4의2. 제37조의4제4항을 위반하여 행정제재처분을 받았거나 그 절차가 진행 중인 사실을 양수인등에게 지체 없이 알리지 아니한 자

5. 삭제〈2013. 8. 13.〉

6. 거짓이나 그 밖의 부정한 방법으로 수급자에게 장기요양급여비용을 부담하게 한 자

7. 제60조, 제61조제1항 또는 제2항(같은 항 제1호에 해당하는 자는 제외한다)에 따른 보고 또는 자료제출 요구·명령에 따르지 아니하거나 거짓으로 보고 또는 자료제출을 한 자나 질문 또는 검사를 거부·방해 또는 기피하거나 거짓으로 답변한 자

8. 거짓이나 그 밖의 부정한 방법으로 장기요양급여비용 청구에 가담한 사람

9. 제62조의2를 위반하여 노인장기요양보험 또는 이와 유사한 용어를 사용한 자

② 다음 각 호의 어느 하나에 해당하는 자에게는 300만원 이하의 과태료를 부과한다.〈신설 2021. 12. 21.〉

1. 제33조의2에 따른 폐쇄회로 텔레비전을 설치하지 아니하거나 설치·관리의무를 위반한 자

2. 제33조의3제1항 각 호에 따른 열람 요청에 응하지 아니한 자

③ 제1항 및 제2항에 따른 과태료는 대통령령으로 정하는 바에 따라 관할 특별자치시장·특별자치도지사·시장·군수·구청장이 부과·징수한다.〈신설 2013. 8. 13., 2021. 12. 21.〉

제69조(과태료) ①정당한 사유 없이 다음 각 호의 어느 하나에 해당하는 자에게는 500만원 이하의 과태료를 부과한다. 〈개정 2010. 3. 17., 2013. 8. 13., 2015. 12. 29., 2018. 12. 11., 2020. 3. 31., 2024. 1. 2.〉

1. 삭제〈2013. 8. 13.〉

2. 제33조를 위반하여 변경지정을 받지 아니하거나 변경신고를 하지 아니한 자 또는 거짓이나 그 밖의 부정한 방법으로 변경지정을 받거나 변경신고를 한 자

2의2. 제34조를 위반하여 장기요양기관에 관한 정보를 게시하지 아니하거나 거짓으로 게시한 자

2의3. 제35조제3항을 위반하여 수급자에게 장기요양급여비용에 대한 명세서를 교부하지 아니하거나 거짓으로 교부한 자

3. 제35조제4항을 위반하여 장기요양급여 제공 자료를 기록·관리하지 아니하거나 거짓으로 작성한 사람

3의2. 제35조의4제2항 각 호의 어느 하나를 위반한 자

3의3. 제35조의4제5항에 따른 적절한 조치를 하지 아니한 자

4. 제36조제1항 또는 제6항을 위반하여 폐업·휴업 신고 또는 자료이관을 하지 아니하거나 거짓이나 그 밖의 부정한 방법으로 신고한 자

4의2. 제37조의4제4항을 위반하여 행정제재처분을 받았거나 그 절차가 진행 중인 사실을 양수인등에게 지체 없이 알리지 아니한 자

5. 삭제〈2013. 8. 13.〉

6. 거짓이나 그 밖의 부정한 방법으로 수급자에게 장기요양급여비용을 부담하게 한 자

7. 제60조, 제61조제1항 또는 제2항(같은 항 제1호에 해당하는 자는 제외한다)에 따른 보고 또는 자료제출 요구·명령에 따르지 아니하거나 거짓으로 보고 또는 자료제출을 한 자나 질문 또는 검사를

거부·방해 또는 기피하거나 거짓으로 답변한 자

8. 거짓이나 그 밖의 부정한 방법으로 장기요양급여비용 청구에 가담한 사람

9. 제62조의2를 위반하여 노인장기요양보험 또는 이와 유사한 용어를 사용한 자

② 다음 각 호의 어느 하나에 해당하는 자에게는 300만원 이하의 과태료를 부과한다.〈신설 2021. 12. 21.〉

　　1. 제33조의2에 따른 폐쇄회로 텔레비전을 설치하지 아니하거나 설치·관리의무를 위반한 자

　　2. 제33조의3제1항 각 호에 따른 열람 요청에 응하지 아니한 자

③ 제1항 및 제2항에 따른 과태료는 대통령령으로 정하는 바에 따라 관할 특별자치시장·특별자치도지사·시장·군수·구청장이 부과·징수한다.〈신설 2013. 8. 13., 2021. 12. 21.〉

[시행일: 2024. 7. 3.] 제69조

제70조 삭제 〈2013. 8. 13.〉

부칙

〈제18610호,2021. 12. 21.〉

제1조(시행일) 이 법은 공포 후 6개월이 경과한 날부터 시행한다. 다만, 제9조제1항의 개정규정 중 「국민건강보험법」 제109조제9항 단서에 관한 부분, 제11조·제35조의2제1항·제65조의 개정규정은 공포한 날부터 시행하고, 제33조의2·제33조의3·제36조의2·제67조제1항 및 제2항, 제69조의 개정규정은 공포 후 1년 6개월이 경과한 날부터 시행한다.

제2조(장기요양보험료율에 관한 적용례) 제9조제1항의 개정규정은 이 법 시행일 이후 제45조에 따른 장기요양위원회가 심의하여 정하는 장기요양보험료율부터 적용한다.

제3조(의사소견서등 발급비용 부당이득 징수에 관한 적용례) 제43조제1항의 개정규정은 이 법 시행 후 거짓이나 그 밖의 부정한 방법으로 의사소견서등 발급비용을 청구하여 이를 지급받은 경우부터 적용한다.

제4조(폐쇄회로 텔레비전 설치에 관한 경과조치) 제33조의2의 개정규정 시행 당시 종전의 규정에 따라 장기요양기관을 운영하는 자는 같은 개정규정 시행일부터 6개월 이내에 같은 개정규정에 따른 폐쇄회로 텔레비전을 설치하여야 한다. 다만, 제33조의2제1항 단서의 개정규정에 따라 폐쇄회로 텔레비전을 설치하지 아니하거나 네트워크 카메라를 설치한 경우에는 그러하지 아니하다.

구강보건법

[시행 2024. 3. 29.] [법률 제19292호, 2023. 3. 28., 일부개정]

제1장 총칙 〈개정 2012. 10. 22.〉

제1조(목적) 이 법은 국민의 구강보건(口腔保健)에 관하여 필요한 사항을 규정하여 구강보건사업을 효율적으로 추진함으로써 국민의 구강질환을 예방하고 구강건강을 증진함을 목적으로 한다. 〈개정 2015. 5. 18.〉

[전문개정 2012. 10. 22.]

제2조(정의) 이 법에서 사용하는 용어의 뜻은 다음과 같다. 〈개정 2015. 5. 18., 2016. 12. 2., 2022. 6. 10.〉

1. "구강보건사업"이란 구강질환의 예방·진단, 구강건강에 관한 교육·관리 등을 함으로써 국민의 구강건강을 유지·증진시키는 사업을 말한다.
2. "수돗물불소농도조정사업"이란 치아우식증(충치)의 발생을 예방하기 위하여 상수도 정수장 또는 수돗물 저장소에서 불소화합물 첨가시설을 이용하여 수돗물의 불소농도를 적정수준으로 유지·조정하는 사업 또는 이와 관련되는 사업을 말한다.
3. "구강관리용품"이란 구강질환 예방, 구강건강의 증진 및 유지 등의 목적으로 제조된 용품으로서 보건복지부장관이 정하는 것을 말한다.
4. "초등학생 치과주치의사업"이란 초등학생의 구강건강관리를 위하여 구강검사, 구강질환 예방진료, 구강보건교육 등을 지원하는 사업을 말한다.

[전문개정 2012. 10. 22.]

제2조(정의) 이 법에서 사용하는 용어의 뜻은 다음과 같다. 〈개정 2015. 5. 18., 2016. 12. 2., 2022. 6. 10.〉

1. "구강보건사업"이란 구강질환의 예방·진단, 구강건강에 관한 교육·관리 등을 함으로써 국민의 구강건강을 유지·증진시키는 사업을 말한다.
2. "수돗물불소농도조정사업"이란 치아우식증(충치)의 발생을 예방하기 위하여 상수도 정수장 또는 수돗물 저장소에서 불소화합물 첨가시설을 이용하여 수돗물의 불소농도를 적정수준으로 유지·조정하는 사업 또는 이와 관련되는 사업을 말한다.
3. 삭제〈2023. 6. 13.〉
4. "초등학생 치과주치의사업"이란 초등학생의 구강건강관리를 위하여 구강검사, 구강질환 예방진료, 구강보건교육 등을 지원하는 사업을 말한다.

[전문개정 2012. 10. 22.]
[시행일: 2025. 6. 14.] 제2조

제3조(국가와 지방자치단체의 책무) 국가와 지방자치단체는 국민의 구강건강 증진을 위하여 필요한 계획을 수립·시행하고, 구강보건사업과 관련된 자료의 조사·연구, 인력 양성 등 그 사업 시행에 필요한 기술적·재정적 지원을 하여야 한다.

[전문개정 2012. 10. 22.]

제4조(국민의 의무) 국민은 구강건강증진을 위한 구강보건사업이 효율적으로 시행되도록 협력하여야 하며, 스스로의 구강건강 증진을 위하여 노력하여야 한다. 〈개정 2015. 5. 18.〉

[전문개정 2012. 10. 22.]

제4조의2(구강보건의 날) ① 구강보건에 대한 국민의 이해와 관심을 높이기 위하여 매년 6월 9일을 구강보건의 날로 정한다.
② 국가와 지방자치단체는 구강보건의 날의 취지에 부합하는 행사 등 사업을 시행할 수 있다.

[본조신설 2015. 5. 18.]

제2장 구강보건사업계획 수립 등 〈개정 2012. 10. 22.〉

제5조(구강보건사업기본계획의 수립) ① 보건복지부장관은 구강보건사업의 효율적인 추진을 위하여 5년마다 구강보건사업에 관한 기본계획(이하 "기본계획"이라 한다)을 수립하여야 한다. 〈개정 2015. 5. 18.〉

② 기본계획에는 다음 각 호의 사업이 포함되어야 한다.〈신설 2015. 5. 18., 2022. 6. 10.〉

  1. 구강보건에 관한 조사 · 연구 및 교육사업

  2. 수돗물불소농도조정사업

  3. 학교 구강보건사업(초등학생 치과주치의사업을 포함한다)

  4. 사업장 구강보건사업

  5. 노인 · 장애인 구강보건사업

  6. 임산부 · 영유아 구강보건사업

  7. 구강보건 관련 인력의 역량강화에 관한 사업

  8. 그 밖에 구강보건사업과 관련하여 대통령령으로 정하는 사업

③ 보건복지부장관은 기본계획을 수립하거나 변경하려는 경우에는 관계 중앙행정기관의 장과 미리 협의하여야 한다. 다만, 대통령령으로 정하는 경미한 사항을 변경하는 경우에는 협의를 하지 아니할 수 있다.〈신설 2015. 5. 18.〉

④ 기본계획의 수립절차 등에 필요한 사항은 보건복지부령으로 정한다.〈개정 2015. 5. 18.〉

[전문개정 2012. 10. 22.] [제목개정 2015. 5. 18.]

제6조(구강보건사업 세부계획 및 시행계획의 수립 · 시행) ① 특별시장 · 광역시장 · 특별자치시장 · 도지사 · 특별자치도지사(이하 "시 · 도지사"라 한다)는 매년 기본계획에 따라 구강보건사업에 관한 세부계획(이하 "세부계획"이라 한다)을 수립 · 시행하여야 한다.

② 시장 · 군수 · 구청장(자치구의 구청장을 말한다. 이하 같다)은 매년 기본계획 및 세부계획에 따라 구강보건사업에 관한 시행계획(이하 "시행계획"이라 한다)을 수립 · 시행하여야 한다.

③ 세부계획 및 시행계획을 수립 · 시행하는 경우 제5조제2항제3호에 따른 학교 구강보건사업에 관하여는 해당 교육감 또는 교육장과 미리 협의하여야 한다.

④ 제1항 및 제2항에 따른 세부계획과 시행계획의 수립 · 시행에 필요한 사항은 보건복지부령으로 정한다.

[전문개정 2015. 5. 18.]

제7조(구강보건사업의 시행) ① 보건복지부장관, 시 · 도지사 또는 시장 · 군수 · 구청장은 이 법에서 정하는 바에 따라 구강보건사업을 시행하여야 한다.

② 특별자치시 · 특별자치도 또는 시 · 군 · 구(자치구를 말한다)의 보건소(보건의료원을 포함한다. 이하 같다)에는 「지역보건법」 제16조에 따라 치과의사 및 치과위생사를 둔다.〈개정 2015. 5. 18.〉

③ 보건복지부장관, 시 · 도지사 또는 시장 · 군수 · 구청장은 구강보건사업의 시행을 위하여 필요하면 관계기관 또는 단체에 인력, 기술 및 재정 지원을 하거나 협조를 요청할 수 있다.

[전문개정 2012. 10. 22.]

제8조(구강보건사업 시행 결과의 평가) ① 시장 · 군수 · 구청장은 해당 시행계획의 시행 결과를 시 · 도지사에게 제출하여야 한다. 〈개정 2015. 5. 18.〉

② 시 · 도지사는 제1항에 따라 받은 시행 결과를 평가하고, 그 평가 결과와 해당 세부계획의 시행 결과를 보건복지부장관에게 제출하여야 한다.

③ 보건복지부장관은 제2항에 따라 받은 세부계획과 시행계획의 평가 및 시행 결과를 평가하여야 한다.〈개정 2015. 5. 18.〉

④ 제2항 및 제3항에 따른 평가의 방법·절차, 그 밖에 필요한 사항은 보건복지부령으로 정한다.〈개정 2015. 5. 18.〉

[전문개정 2012. 10. 22.]

제9조(구강건강실태조사) ① 질병관리청장은 보건복지부장관과 협의하여 국민의 구강건강상태와 구강건강의식 등 구강건강실태를 3년마다 조사하고 그 결과를 공표하여야 한다. 이 경우 장애인의 구강건강실태에 대하여는 별도로 계획을 수립하여 조사할 수 있다. 〈개정 2019. 4. 23., 2020. 8. 11.〉

② 질병관리청장은 제1항에 따른 구강건강실태조사를 위하여 관계 기관·법인 또는 단체의 장에게 필요한 자료의 제출 또는 의견의 진술을 요청할 수 있다. 이 경우 요청을 받은 자는 정당한 사유가 없으면 이에 협조하여야 한다.〈신설 2019. 4. 23., 2020. 8. 11.〉

③ 제1항에 따른 조사의 방법과 그 밖에 필요한 사항은 대통령령으로 정한다.〈개정 2019. 4. 23.〉

[전문개정 2012. 10. 22.]

제3장 수돗물불소농도조정사업 〈개정 2012. 10. 22.〉

제10조(수돗물불소농도조정사업의 계획 및 시행) ① 수돗물불소농도조정사업을 시행하려는 시·도지사, 시장·군수·구청장 또는 「한국수자원공사법」에 따른 한국수자원공사(이하 "한국수자원공사"라 한다) 사장은 다음 각 호의 사항이 포함된 사업계획을 수립하여야 한다.

1. 정수시설 및 급수 인구 현황
2. 사업 담당 인력 및 예산
3. 사용하려는 불소제제(弗素製劑) 및 불소화합물 첨가시설
4. 유지하려는 수돗물 불소농도
5. 그 밖에 보건복지부령으로 정하는 사항

② 시·도지사, 시장·군수·구청장 또는 한국수자원공사 사장은 공청회나 여론조사 등을 통하여 관계 지역주민의 의견을 적극 수렴하고 그 결과에 따라 수돗물불소농도조정사업을 시행 또는 중단할 수 있다.〈개정 2015. 5. 18.〉

③ 보건복지부장관은 제1항에 따른 사업계획의 수립·시행에 필요한 기술적·재정적 지원을 할 수 있다.

④ 제1항제3호 및 제4호의 세부 사항은 보건복지부령으로 정한다.

[전문개정 2012. 10. 22.]

제11조(수돗물불소농도조정사업의 관리) ① 수돗물불소농도조정사업을 시행하는 시·도지사, 시장·군수·구청장 및 한국수자원공사 사장(이하 "사업관리자"라 한다)은 다음 각 호의 사항을 관장(管掌)한다.

1. 불소화합물 첨가시설의 설치 및 운영
2. 불소농도 유지를 위한 지도·감독
3. 불소화합물 첨가 인력의 안전관리
4. 불소제제의 보관 및 관리에 관한 지도·감독

② 사업관리자는 수돗물불소농도조정사업과 관련된 업무 중 보건복지부령으로 정하는 업무를 「수도법」 제3조제19호에 따른 일반수도사업을 하는 사업소의 장 또는 보건소장으로 하여금 수행하게 할 수 있다.

[전문개정 2012. 10. 22.]

제4장 학교 구강보건사업 〈개정 2012. 10. 22.〉

제12조(학교 구강보건사업) ① 「유아교육법」 제2조제2호에 따른 유치원 및 「초·중등교육법」 제2조에 따른 학교(이하 "학교"라 한다)의 장은 다음 각 호의 사업을 하여야 한다. 〈개정 2015. 5. 18.〉

1. 구강보건교육

2. 구강검진
3. 칫솔질과 치실질 등 구강위생관리 지도 및 실천
4. 불소용액 양치와 치과의사 또는 치과의사의 지도에 따른 치과위생사의 불소 도포
5. 지속적인 구강건강관리
6. 그 밖에 학생의 구강건강 증진에 필요하다고 인정되는 사항

② 학교의 장은 학교 구강보건사업의 원활한 추진을 위하여 그 학교가 있는 지역을 관할하는 보건소에 필요한 인력 및 기술의 협조를 요청할 수 있다.

③ 제1항에 따른 사업의 세부 내용 및 방법 등에 관하여는 대통령령으로 정한다.

[전문개정 2012. 10. 22.]

제13조(학교 구강보건시설) ① 학교의 장은 학교 구강보건사업을 시행하기 위하여 보건복지부령으로 정하는 구강보건시설을 설치할 수 있다. 〈개정 2015. 5. 18.〉

② 국가와 지방자치단체는 제1항에 따른 구강보건시설을 설치하려는 학교의 장에게 필요한 비용의 전부 또는 일부를 지원할 수 있다.

[전문개정 2012. 10. 22.]

제5장 사업장 구강보건사업 등 〈개정 2012. 10. 22.〉

제14조(사업장 구강보건사업) 「산업안전보건법」에 따라 사업장의 사업주가 보건교육과 건강진단을 실시할 때에는 대통령령으로 정하는 바에 따라 구강보건교육과 구강검진을 함께 실시하여야 한다. 〈개정 2015. 5. 18.〉

[전문개정 2012. 10. 22.]

제15조(노인·장애인 구강보건사업 등) ① 국가와 지방자치단체는 「노인복지법」 제27조제1항에 따라 실시하는 건강진단과 보건교육에 구강검진과 구강보건교육을 포함하여야 한다. 〈개정 2015. 5. 18.〉

② 국가와 지방자치단체는 「노인복지법」에 따른 노인복지시설 및 「장애인복지법」에 따른 장애인복지시설을 이용하거나 입소하여 생활하는 노인 및 장애인 또는 재가(在家) 노인 및 장애인을 대상으로 구강보건사업을 실시하여야 한다. 〈개정 2015. 5. 18.〉

③ 국가와 지방자치단체는 홀로 사는 노인의 구강건강을 위하여 노력하여야 한다. 〈신설 2015. 5. 18.〉

[전문개정 2012. 10. 22.]

제15조의2(장애인구강진료센터의 설치 등) ① 보건복지부장관은 장애인의 구강보건 및 구강건강증진에 관한 다음 각 호의 업무를 수행하기 위하여 중앙장애인구강진료센터를 설치·운영하여야 한다.
1. 권역장애인구강진료센터 및 지역장애인구강진료센터의 진료지침 및 방향설정
2. 권역장애인구강진료센터 및 지역장애인구강진료센터와의 정보의 공유 및 협력
3. 장애인 구강환자의 진료

② 시·도지사는 장애인의 구강진료 등 구강보건 및 구강건강증진을 효율적으로 추진하기 위하여 권역장애인구강진료센터 및 지역장애인구강진료센터를 설치·운영할 수 있다. 이 경우 권역장애인구강진료센터는 각 시·도에 1개소 이상 설치·운영하여야 한다. 〈개정 2023. 3. 28.〉

③ 보건복지부장관과 시·도지사는 제1항 및 제2항에 따른 중앙장애인구강진료센터, 권역장애인구강진료센터 및 지역장애인구강진료센터의 설치·운영을 업무에 필요한 전문인력과 시설을 갖춘 기관에 위탁할 수 있다.

④ 보건복지부장관과 시·도지사는 제1항 및 제2항에 따른 중앙장애인구강진료센터, 권역장애인구강진료센터 및 지역장애인구강진료센터를 위탁·운영하는 자에게 위탁·운영에 필요한 경비의 전부 또는 일부를 보조할 수 있다.

⑤ 제1항 및 제2항에 따른 중앙장애인구강진료센터, 권역장애인구강진료센터 및 지역장애인구강진료센터의 설치·운영 및 제3항에 따른 위탁 등에 필요한 사항은 보건복지부령으로 정한다.

[본조신설 2015. 5. 18.]

제15조의3(장애인구강진료센터에 관한 정보 제공) 국가와 지방자치단체는 장애인이 장애인구강진료센터의 구강 진료를 쉽게 이용할 수 있도록 장애인에게 장애인구강진료센터에 관한 정보를 제공하여야 한다.

[본조신설 2015. 5. 18.]

제16조(모자·영유아 구강보건사업) ① 특별자치시장·특별자치도지사 또는 시장·군수·구청장은 「모자보건법」 제9조에 따라 모자보건수첩을 발급받은 임산부와 영유아를 대상으로 구강보건교육과 구강검진을 실시하고, 그 결과를 모자보건수첩에 기록·관리하여야 한다. *〈개정 2015. 5. 18.〉*
② 「영유아보육법」 제31조에 따라 실시하는 영유아의 건강진단에는 구강검진을 포함하여야 한다. *〈신설 2015. 5. 18.〉*
③ 제1항 및 제2항에 따른 구강보건교육과 구강검진 등에 필요한 사항은 보건복지부령으로 정한다. *〈개정 2015. 5. 18.〉*

[전문개정 2012. 10. 22.] [제목개정 2015. 5. 18.]

제17조 삭제 *〈2015. 5. 18.〉*

제17조의2(보건소의 구강보건시설 설치·운영) 특별자치시·특별자치도 또는 시·군·구(자치구를 말한다)의 보건소에는 구강질환 예방 및 진료를 위하여 보건복지부령으로 정하는 바에 따라 구강보건실 또는 구강보건센터를 설치·운영하여야 한다.

[본조신설 2015. 5. 18.]

제6장 보칙 *〈개정 2012. 10. 22.〉*

제18조(구강관리용품의 관리 등) ① 보건복지부장관은 국민의 구강건강 증진을 위하여 구강관리용품을 관리하여야 한다. *〈개정 2015. 5. 18.〉*
② 보건복지부장관은 구강관리용품 생산을 위한 연구·개발을 하는 기관, 단체 등에 재정적 지원을 할 수 있다. *〈개정 2015. 5. 18.〉*

[전문개정 2012. 10. 22.] [제목개정 2015. 5. 18.]

제18조(구강관리용품의 연구·개발 지원) 보건복지부장관은 「위생용품 관리법」 제2조제1호라목에 따른 구강관리용품의 생산을 위한 연구·개발을 하는 기관, 단체 등에 재정적 지원을 할 수 있다.

[전문개정 2023. 6. 13.]

[시행일: 2025. 6. 14.] 제18조

제18조의2(구강보건산업 진흥) 보건복지부장관은 구강보건을 위하여 불소를 포함하는 제품 등이 활성화될 수 있도록 지원을 할 수 있다.

[본조신설 2015. 5. 18.]

제19조(대한구강보건협회) ① 구강보건교육 및 홍보 등의 업무를 수행하기 위하여 대한구강보건협회(이하 "협회"라 한다)를 둔다.
② 협회의 회원이 될 수 있는 사람은 협회의 설립 취지와 그 사업에 찬성하는 사람으로 한다.
③ 협회는 법인으로 한다.
④ 협회에 관하여 이 법에서 규정된 사항을 제외하고는 「민법」 중 사단법인에 관한 규정을 준용한다.

[전문개정 2012. 10. 22.]

제20조(구강보건연구기관의 설치) 국가는 국민의 구강건강 증진을 위하여 구강보건에 관한 연구·조사를 하는 전문 연구기관을 설치 또는 지정·운영하여야 한다. 〈개정 2015. 5. 18.〉

[전문개정 2012. 10. 22.]

제21조(교육훈련) ① 보건복지부장관은 구강보건사업과 관련되는 인력의 역량강화를 위하여 교육훈련을 실시할 수 있다. 〈개정 2015. 5. 18.〉

② 보건복지부장관은 구강보건사업과 관련되는 인력의 교육훈련에 필요한 교육프로그램 및 업무지침을 마련하여 보급하여야 한다. 〈신설 2015. 5. 18.〉

③ 보건복지부장관은 제1항에 따른 교육훈련을 전문 관계 기관에 위탁할 수 있다. 〈개정 2015. 5. 18.〉

④ 제1항 및 제3항에 따른 교육훈련과 위탁에 필요한 사항은 보건복지부령으로 정한다. 〈개정 2015. 5. 18.〉

[전문개정 2012. 10. 22.]

제22조(권한의 위임·위탁) ① 이 법에 따른 보건복지부장관의 권한은 대통령령으로 정하는 바에 따라 그 일부를 시·도지사 또는 시장·군수·구청장에게 위임할 수 있다.

② 보건복지부장관은 이 법에 따른 업무의 일부를 대통령령으로 정하는 바에 따라 구강보건사업을 하는 관련 기관 또는 단체에 위탁할 수 있다.

③ 시·도지사 또는 시장·군수·구청장은 제1항에 따라 보건복지부장관으로부터 위임받은 사무의 일부를 대통령령으로 정하는 바에 따라 구강보건사업을 하는 관련 기관 또는 단체에 위탁할 수 있다.

④ 보건복지부장관, 시·도지사 또는 시장·군수·구청장은 제2항 또는 제3항에 따라 업무를 위탁하였을 때에는 수탁 기관 또는 단체에 그 비용의 전부 또는 일부를 보조할 수 있다. 〈개정 2015. 5. 18.〉

[전문개정 2012. 10. 22.]

부칙
〈제19292호,2023. 3. 28.〉

이 법은 공포 후 1년이 경과한 날부터 시행한다.

지역보건법

[시행 2024. 7. 3.] [법률 제19903호, 2024. 1. 2., 일부개정]

제1장 총칙

제1조(목적) 이 법은 보건소 등 지역보건의료기관의 설치·운영에 관한 사항과 보건의료 관련기관·단체와의 연계·협력을 통하여 지역보건의료기관의 기능을 효과적으로 수행하는 데 필요한 사항을 규정함으로써 지역보건의료정책을 효율적으로 추진하여 지역주민의 건강 증진에 이바지함을 목적으로 한다.

제2조(정의) 이 법에서 사용하는 용어의 뜻은 다음과 같다.
1. "지역보건의료기관"이란 지역주민의 건강을 증진하고 질병을 예방·관리하기 위하여 이 법에 따라 설치·운영하는 보건소, 보건의료원, 보건지소 및 건강생활지원센터를 말한다.
2. "지역보건의료서비스"란 지역주민의 건강을 증진하고 질병을 예방·관리하기 위하여 지역보건의료기관이 직접 제공하거나 보건의료 관련기관·단체를 통하여 제공하는 서비스로서 보건의료인(「보건의료기본법」 제3조제3호에 따른 보건의료인을 말한다. 이하 같다)이 행하는 모든 활동을 말한다.
3. "보건의료 관련기관·단체"란 지역사회 내에서 공중(公衆) 또는 특정 다수인을 위하여 지역보건의료서비스를 제공하는 의료기관, 약국, 보건의료인 단체 등을 말한다.

제3조(국가와 지방자치단체의 책무) ① 국가 및 지방자치단체는 지역보건의료에 관한 조사·연구, 정보의 수집·관리·활용·보호, 인력의 양성·확보 및 고용 안정과 자질 향상 등을 위하여 노력하여야 한다. 〈개정 2016. 2. 3.〉

② 국가 및 지방자치단체는 지역보건의료 업무의 효율적 추진을 위하여 기술적·재정적 지원을 하여야 한다.

③ 국가 및 지방자치단체는 지역주민의 건강 상태에 격차가 발생하지 아니하도록 필요한 방안을 마련하여야 한다.

제4조(지역사회 건강실태조사) ① 질병관리청장과 특별자치시장·특별자치도지사·시장·군수·구청장(구청장은 자치구의 구청장을 말하며, 이하 "시장·군수·구청장"이라 한다)은 지역주민의 건강 상태 및 건강 문제의 원인 등을 파악하기 위하여 매년 지역사회 건강실태조사를 실시하여야 한다. 〈개정 2023. 3. 28.〉

② 질병관리청장은 제1항에 따라 지역사회 건강실태조사를 실시할 때에는 미리 보건복지부장관과 협의하여야 한다. 〈신설 2023. 3. 28.〉

③ 제1항에 따른 지역사회 건강실태조사의 방법, 내용 등에 필요한 사항은 대통령령으로 정한다.〈개정 2023. 3. 28.〉

제5조(자료 또는 정보의 처리 및 이용 등) ① 보건복지부장관은 지역보건의료기관(「농어촌 등 보건의료를 위한 특별조치법」 제2조제4호에 따른 보건진료소를 포함한다. 이하 이 조에서 같다)의 기능 및 업무를 수행하는 데 필요한 각종 자료 및 정보의 효율적 처리(「개인정보 보호법」 제2조제2호의 처리를 말한다. 이하 이 조에서 같다)를 위하여 지역보건의료정보시스템을 구축·운영할 수 있다. 〈개정 2023. 3. 28.〉

② 보건복지부장관은 제1항에 따른 지역보건의료정보시스템을 구축·운영하는 데 필요한 자료로서 다음 각 호의 어느 하나에 해당하는 자료 또는 정보를 처리할 수 있으며, 관계 중앙행정기관, 지방자치단체, 관련 기관·단체·법인·시설 등에 필요한 자료의 제공을 요청할 수 있다. 이 경우 요청을 받은 중앙행정기관, 지방자치단체, 관련 기관·단체·법인·시설 등의 장은 정당한 사유가 없으면 그 요청에 따라야 한다. 〈개정 2023. 3. 28.〉
1. 제11조제1항제5호에 따른 지역보건의료서비스의 제공에 관한 자료
2. 제19조부터 제21조까지의 규정에 따른 지역보건의료서비스 제공의 신청, 조사 및 실시에 관한 자료

3. 그 밖에 지역보건의료기관의 기능을 수행하는 데 필요한 것으로서 대통령령으로 정하는 자료

③ 누구든지 정당한 접근 권한 없이 또는 허용된 접근 권한을 넘어 지역보건의료정보시스템의 정보를 훼손·멸실·변경·위조·유출하거나 검색·복제하여서는 아니 된다.

④ 보건복지부장관은 지역보건의료기관의 기능과 업무 수행에 필요한 각종 자료 및 정보의 효율적 처리를 위하여 제1항에 따른 지역보건의료정보시스템을 다음 각 호의 정보시스템과 전자적으로 연계하여 활용할 수 있다.〈신설 2023. 3. 28.〉

1. 「주민등록법」 제30조제1항에 따른 주민등록전산정보자료를 처리하는 정보시스템
2. 「사회보장기본법」 제37조제2항에 따른 사회보장정보시스템
3. 「사회보장급여의 이용·제공 및 수급권자 발굴에 관한 법률」 제24조의2제1항에 따른 사회서비스정보시스템
4. 「감염병의 예방 및 관리에 관한 법률」 제33조의4제1항에 따른 예방접종통합관리시스템
5. 「감염병의 예방 및 관리에 관한 법률」 제40조의5제1항에 따른 감염병관리통합정보시스템
6. 「건강검진기본법」 제3조제4호에 따른 건강검진자료를 처리하는 정보시스템
7. 「지방재정법」 제96조의2제1항에 따른 정보시스템
8. 「치매관리법」 제13조의2제1항에 따른 치매정보시스템
9. 그 밖에 대통령령으로 정하는 정보시스템

⑤ 보건복지부장관은 제1항에 따라 지역보건의료정보시스템을 통해 처리하는 자료 또는 정보를 지역주민의 건강 증진 및 질병의 예방·관리를 위하여 관계 중앙행정기관의 장과 특별시장·광역시장·도지사(이하 "시·도지사"라 한다) 또는 시장·군수·구청장에게 제공할 수 있다.〈신설 2023. 3. 28.〉

⑥ 시·도지사 또는 시장·군수·구청장은 필요한 경우 제5항에 따라 보건복지부장관으로부터 제공받은 자료 또는 정보를 제19조제2항에 따른 서비스대상자 및 부양의무자의 동의를 받아 제30조제3항에 따른 보건의료 관련기관·단체 또는 의료인에게 제공할 수 있다. 이 경우 이용 목적을 고려하여 필요 최소한의 정보를 제공하여야 한다.〈신설 2023. 3. 28.〉

⑦ 관계 중앙행정기관의 장, 시·도지사 또는 시장·군수·구청장이 제4항 및 제5항에 따라 지역보건의료정보시스템을 이용하거나 연계하고자 하는 경우에는 지역보건의료정보시스템을 이용하여 처리하고자 하는 자료 또는 정보와 그 범위, 처리 목적·방식, 해당 자료 또는 정보의 보유기관 등을 특정하여 보건복지부장관과 미리 협의하여야 한다.〈신설 2023. 3. 28.〉

⑧ 제7항에 규정된 사항 외에 지역보건의료정보시스템의 이용 범위·방법 및 절차 등은 대통령령으로 정한다.〈신설 2023. 3. 28.〉

[제목개정 2023. 3. 28.]

제6조(지역보건의료심의위원회) ① 지역보건의료에 관한 다음 각 호의 사항을 심의하기 위하여 특별시·광역시·도(이하 "시·도"라 한다) 및 특별자치시·특별자치도·시·군·구(구는 자치구를 말하며, 이하 "시·군·구"라 한다)에 지역보건의료심의위원회(이하 "위원회"라 한다)를 둔다.

1. 지역사회 건강실태조사 등 지역보건의료의 실태조사에 관한 사항
2. 지역보건의료계획 및 연차별 시행계획의 수립·시행 및 평가에 관한 사항
3. 지역보건의료계획의 효율적 시행을 위하여 보건의료 관련기관·단체, 학교, 직장 등과의 협력이 필요한 사항
4. 그 밖에 지역보건의료시책의 추진을 위하여 필요한 사항

② 위원회는 위원장 1명을 포함한 20명 이내의 위원으로 구성하며, 위원장은 해당 지방자치단체의 부단체장(부단체장이 2명 이상인 지방자치단체에서는 대통령령으로 정하는 부단체장을 말한다)이 된다. 다만, 제4항에 따라 다른 위원회가 위원회의 기능을 대신하는 경우 위원장은 조례로 정한다.

③ 위원회의 위원은 지역주민 대표, 학교보건 관계자, 산업안전·보건 관계자, 보건의료 관련기관·단체의 임직원 및 관계 공무원 중에서 해당 위원회가 속하는 지방자치단체의 장이 임명하거나 위촉한다.

④ 위원회는 그 기능을 담당하기에 적합한 다른 위원회가 있고 그 위원회의 위원이 제3항에 따른 자격을 갖춘 경우에는 시·도 또는 시·군·구의 조례에 따라 위원회의 기능을 통합하여 운영할 수 있다.

⑤ 제1항부터 제4항까지에서 규정한 사항 외에 위원회의 구성과 운영 등에 필요한 사항은 대통령령으로 정한다.

제2장 지역보건의료계획의 수립·시행

제7조(지역보건의료계획의 수립 등) ① 시·도지사 또는 시장·군수·구청장은 지역주민의 건강 증진을 위하여 다음 각 호의 사항이 포함된 지역보건의료계획을 4년마다 제3항 및 제4항에 따라 수립하여야 한다. 〈개정 2023. 3. 28.〉

　1. 보건의료 수요의 측정
　2. 지역보건의료서비스에 관한 장기·단기 공급대책
　3. 인력·조직·재정 등 보건의료자원의 조달 및 관리
　4. 지역보건의료서비스의 제공을 위한 전달체계 구성 방안
　5. 지역보건의료에 관련된 통계의 수집 및 정리

② 시·도지사 또는 시장·군수·구청장은 매년 제1항에 따른 지역보건의료계획에 따라 연차별 시행계획을 수립하여야 한다.

③ 시장·군수·구청장(특별자치시장·특별자치도지사는 제외한다. 이하 이 조에서 같다)은 해당 시·군·구(특별자치시·특별자치도는 제외한다. 이하 이 조에서 같다) 위원회의 심의를 거쳐 지역보건의료계획(연차별 시행계획을 포함한다. 이하 이 조에서 같다)을 수립한 후 해당 시·군·구의회에 보고하고 시·도지사에게 제출하여야 한다.

④ 특별자치시장·특별자치도지사 및 제3항에 따라 관할 시·군·구의 지역보건의료계획을 받은 시·도지사는 해당 위원회의 심의를 거쳐 시·도(특별자치시·특별자치도를 포함한다. 이하 이 조에서 같다)의 지역보건의료계획을 수립한 후 해당 시·도의회에 보고하고 보건복지부장관에게 제출하여야 한다.

⑤ 제3항 및 제4항에 따른 지역보건의료계획은 「사회보장기본법」 제16조에 따른 사회보장 기본계획, 「사회보장급여의 이용·제공 및 수급권자 발굴에 관한 법률」에 따른 지역사회보장계획 및 「국민건강증진법」 제4조에 따른 국민건강증진종합계획과 연계되도록 하여야 한다. 〈개정 2019. 1. 15.〉

⑥ 특별자치시장·특별자치도지사, 시·도지사 또는 시장·군수·구청장은 제3항 또는 제4항에 따라 지역보건의료계획을 수립하는 데에 필요하다고 인정하는 경우에는 보건의료 관련기관·단체, 학교, 직장 등에 중복·유사 사업의 조정 등에 관한 의견을 듣거나 자료의 제공 및 협력을 요청할 수 있다. 이 경우 요청을 받은 해당 기관은 정당한 사유가 없으면 그 요청에 협조하여야 한다.

⑦ 지역보건의료계획의 내용에 관하여 필요하다고 인정하는 경우 보건복지부장관은 특별자치시장·특별자치도지사 또는 시·도지사에게, 시·도지사는 시장·군수·구청장에게 각각 보건복지부령으로 정하는 바에 따라 그 조정을 권고할 수 있다.

⑧ 제1항부터 제7항까지에서 규정한 사항 외에 지역보건의료계획의 세부 내용, 수립 방법·시기 등에 관하여 필요한 사항은 대통령령으로 정한다.

제8조(지역보건의료계획의 시행) ① 시·도지사 또는 시장·군수·구청장은 지역보건의료계획을 시행할 때에는 제7조제2항에 따라 수립된 연차별 시행계획에 따라 시행하여야 한다.

② 시·도지사 또는 시장·군수·구청장은 지역보건의료계획을 시행하는 데에 필요하다고 인정하는 경우에는 보건의료 관련기관·단체 등에 인력·기술 및 재정 지원을 할 수 있다.

제9조(지역보건의료계획 시행 결과의 평가) ① 제8조제1항에 따라 지역보건의료계획을 시행한 때에는 보건복지부장관은 특별자치시·특별자치도 또는 시·도의 지역보건의료계획의 시행결과를, 시·도지사는 시·군·구(특별자치시·특별자치도는 제외한다)의 지역보건의료계획의 시행 결과를 대통령령으로 정하는 바에 따라 각각 평가할 수 있다.

② 보건복지부장관 또는 시·도지사는 필요한 경우 제1항에 따른 평가 결과를 제24조에 따른 비용의 보조에 반영할 수 있다.

제3장 지역보건의료기관의 설치·운영

제10조(보건소의 설치) ① 지역주민의 건강을 증진하고 질병을 예방·관리하기 위하여 시·군·구에 1개소의 보건소(보건의료원을 포함한다. 이하 같다)를 설치한다. 다만, 시·군·구의 인구가 30만 명을 초과하는 등 지역주민의 보건의료를 위하여 특별히 필요하다고 인정되는 경우에는 대통령령으로 정하는 기준에 따라 해당 지방자치단체의 조례로 보건소를 추가로 설치할 수 있다. 〈개정 2021. 8. 17.〉

② 동일한 시·군·구에 2개 이상의 보건소가 설치되어 있는 경우 해당 지방자치단체의 조례로 정하는 바에 따라 업무를 총괄하는 보건소를 지정하여 운영할 수 있다.

제11조(보건소의 기능 및 업무) ① 보건소는 해당 지방자치단체의 관할 구역에서 다음 각 호의 기능 및 업무를 수행한다. 〈개정 2016. 2. 3., 2019. 1. 15., 2019. 12. 3.〉

1. 건강 친화적인 지역사회 여건의 조성
2. 지역보건의료정책의 기획, 조사·연구 및 평가
3. 보건의료인 및 「보건의료기본법」 제3조제4호에 따른 보건의료기관 등에 대한 지도·관리·육성과 국민보건 향상을 위한 지도·관리
4. 보건의료 관련기관·단체, 학교, 직장 등과의 협력체계 구축
5. 지역주민의 건강증진 및 질병예방·관리를 위한 다음 각 목의 지역보건의료서비스의 제공
    가. 국민건강증진·구강건강·영양관리사업 및 보건교육
    나. 감염병의 예방 및 관리
    다. 모성과 영유아의 건강유지·증진
    라. 여성·노인·장애인 등 보건의료 취약계층의 건강유지·증진
    마. 정신건강증진 및 생명존중에 관한 사항
    바. 지역주민에 대한 진료, 건강검진 및 만성질환 등의 질병관리에 관한 사항
    사. 가정 및 사회복지시설 등을 방문하여 행하는 보건의료 및 건강관리사업
    아. 난임의 예방 및 관리

② 보건복지부장관이 지정하여 고시하는 의료취약지의 보건소는 제1항제5호아목 중 대통령령으로 정하는 업무를 수행할 수 있다. 〈신설 2019. 12. 3.〉

③ 제1항 및 제2항에 따른 보건소 기능 및 업무 등에 관하여 필요한 세부 사항은 대통령령으로 정한다. 〈개정 2019. 12. 3.〉

제12조(보건의료원) 보건소 중 「의료법」 제3조제2항제3호가목에 따른 병원의 요건을 갖춘 보건소는 보건의료원이라는 명칭을 사용할 수 있다.

제13조(보건지소의 설치) 지방자치단체는 보건소의 업무수행을 위하여 필요하다고 인정하는 경우에는 대통령령으로 정하는 기준에 따라 해당 지방자치단체의 조례로 보건소의 지소(이하 "보건지소"라 한다)를 설치할 수 있다.

제14조(건강생활지원센터의 설치) 지방자치단체는 보건소의 업무 중에서 특별히 지역주민의 만성질환 예방 및 건강한 생활습관 형성을 지원하는 건강생활지원센터를 대통령령으로 정하는 기준에 따라 해당 지방자

치단체의 조례로 설치할 수 있다.

제15조(지역보건의료기관의 조직) 지역보건의료기관의 조직은 대통령령으로 정하는 사항 외에는 「지방자치법」 제125조에 따른다. 〈개정 2021. 1. 12.〉

제15조(지역보건의료기관의 조직) ① 지역보건의료기관의 조직은 대통령령으로 정하는 사항 외에는 「지방자치법」 제125조에 따른다. 〈개정 2021. 1. 12., 2024. 1. 2.〉
② 보건소에 보건소장(보건의료원의 경우에는 원장을 말한다) 1명을 두되, 의사 면허가 있는 사람 중에서 보건소장을 임용한다. 다만, 의사 면허가 있는 사람 중에서 임용하기 어려운 경우에는 「의료법」 제2조제2항에 따른 치과의사ㆍ한의사ㆍ간호사ㆍ조산사, 「약사법」 제2조제2호에 따른 약사 또는 보건소에서 실제로 보건 등과 관련된 업무를 하는 공무원으로서 대통령령으로 정하는 자격을 갖춘 사람을 보건소장으로 임용할 수 있다. 〈신설 2024. 1. 2.〉

제16조(전문인력의 적정 배치 등) ① 지역보건의료기관에는 기관의 장과 해당 기관의 기능을 수행하는 데 필요한 면허ㆍ자격 또는 전문지식을 가진 인력(이하 "전문인력"이라 한다)을 두어야 한다.
② 시ㆍ도지사(특별자치시장ㆍ특별자치도지사를 포함한다)는 지역보건의료기관의 전문인력을 적정하게 배치하기 위하여 필요한 경우 「지방공무원법」 제30조의2제2항에 따라 지역보건의료기관 간에 전문인력의 교류를 할 수 있다.
③ 보건복지부장관과 시ㆍ도지사(특별자치시장ㆍ특별자치도지사를 포함한다)는 지역보건의료기관의 전문인력의 자질 향상을 위하여 필요한 교육훈련을 시행하여야 한다.
④ 보건복지부장관은 지역보건의료기관의 전문인력의 배치 및 운영 실태를 조사할 수 있으며, 그 배치 및 운영이 부적절하다고 판단될 때에는 그 시정을 위하여 시ㆍ도지사 또는 시장ㆍ군수ㆍ구청장에게 권고할 수 있다.
⑤ 제1항에 따른 전문인력의 배치 및 임용자격 기준과 제3항에 따른 교육훈련의 대상ㆍ기간ㆍ평가 및 그 결과 처리 등에 필요한 사항은 대통령령으로 정한다.

제16조의2(방문건강관리 전담공무원) ① 제11조제1항제5호사목의 방문건강관리사업을 담당하게 하기 위하여 지역보건의료기관에 보건복지부령으로 정하는 전문인력을 방문건강관리 전담공무원으로 둘 수 있다.
② 국가는 제1항에 따른 방문건강관리 전담공무원의 배치에 필요한 비용의 전부 또는 일부를 보조할 수 있다.
[본조신설 2019. 1. 15.]

제17조(지역보건의료기관의 시설ㆍ장비 등) ① 지역보건의료기관은 보건복지부령으로 정하는 기준에 적합한 시설ㆍ장비 등을 갖추어야 한다.
② 지역보건의료기관의 장은 지역주민이 지역보건의료기관을 쉽게 알아볼 수 있고 이용하기에 편리하도록 보건복지부령으로 정하는 표시를 하여야 한다.

제18조(시설의 이용) 지역보건의료기관은 보건의료에 관한 실험 또는 검사를 위하여 의사ㆍ치과의사ㆍ한의사ㆍ약사 등에게 그 시설을 이용하게 하거나, 타인의 의뢰를 받아 실험 또는 검사를 할 수 있다.

제18조의2(지역보건의료기관 협의회) ① 지역보건의료기관은 2개 이상의 지방자치단체에 관련된 보건의료사업과 감염병 업무에 공동으로 대응하고, 관계 중앙행정기관 및 지역보건의료기관 상호 간에 소통과 업무의 효율성을 증진하기 위하여 지역보건의료기관 협의회를 구성할 수 있다.
② 지역보건의료기관의 장은 제1항에 따른 협의회를 구성하려면 관계 지역보건의료기관 간의 협의에 따라 규약을 정하여 전국 단위 협의회인 경우에는 보건복지부장관에게, 시ㆍ도(특별자치시ㆍ특별자치도를 포함한다) 단위 협의회인 경우에는 특별자치시장ㆍ특별자치도지사 또는 시ㆍ도지사에게 이를 보고하여야 한다.

③ 제1항 및 제2항에 따른 협의회의 구성과 운영 등에 필요한 사항은 보건복지부령으로 정한다.
[본조신설 2023. 6. 13.]

제4장 지역보건의료서비스의 실시

제19조(지역보건의료서비스의 신청) ① 지역보건의료서비스 중 보건복지부령으로 정하는 서비스를 필요로 하는 사람(이하 "서비스대상자"라 한다)과 그 친족, 그 밖의 관계인은 관할 시장·군수·구청장에게 지역보건의료서비스의 제공(이하 "서비스 제공"이라 한다)을 신청할 수 있다.

② 시장·군수·구청장이 제1항에 따른 서비스 제공 신청을 받는 경우 제20조에 따라 조사하려 하거나 제출받으려는 자료 또는 정보에 관하여 서비스대상자와 그 서비스대상자의 1촌 직계혈족 및 그 배우자(이하 "부양의무자"라 한다)에게 다음 각 호의 사항을 알리고, 해당 자료 또는 정보의 수집에 관한 동의를 받아야 한다.

1. 법적 근거, 이용 목적 및 범위
2. 이용 방법
3. 보유기간 및 파기방법

③ 서비스 제공의 신청인은 서비스 제공 신청을 철회하는 경우 시장·군수·구청장에게 조사하거나 제출한 자료 또는 정보의 반환 또는 삭제를 요청할 수 있다. 이 경우 요청을 받은 시장·군수·구청장은 특별한 사유가 없으면 그 요청에 따라야 한다.

④ 제1항부터 제3항까지의 규정에 따른 서비스 제공의 신청·철회 및 고지·동의 방법 등에 관하여 필요한 사항은 보건복지부령으로 정한다.

제20조(신청에 따른 조사) ① 시장·군수·구청장은 제19조제1항에 따라 서비스 제공 신청을 받으면 서비스대상자와 부양의무자의 인적사항·가족관계·소득·재산·사회보장급여 수급이력·건강상태 등에 관한 자료 및 정보에 대하여 조사하고 처리할 수 있다. 다만, 서비스대상자와 부양의무자에 대한 조사가 필요하지 아니하거나 그 밖에 대통령령으로 정하는 사유에 해당하는 경우는 제외한다. 〈개정 2023. 3. 28.〉

② 시장·군수·구청장은 제1항에 따른 조사에 필요한 자료를 확보하기 위하여 서비스대상자 또는 그 부양의무자에게 필요한 자료 또는 정보의 제출을 요구할 수 있다.

③ 시장·군수·구청장은 제1항에 따른 조사를 위하여 주민등록전산정보·가족관계등록전산정보·금융·국세·지방세, 토지·건물·건강보험·국민연금·고용보험·산업재해보상보험·보훈급여 등 대통령령으로 정하는 관련 전산망 또는 자료를 이용하고자 하는 경우에는 관계 중앙행정기관, 지방자치단체, 관련 기관·단체·법인·시설 등에 협조를 요청할 수 있다. 이 경우 자료의 제출을 요청받은 중앙행정기관, 지방자치단체, 관련 기관·단체·법인·시설 등은 정당한 사유가 없으면 이에 따라야 한다.〈개정 2023. 3. 28.〉

④ 시장·군수·구청장은 제1항의 사항을 확인하기 위하여 필요한 경우 그 권한을 표시하는 증표 및 조사기간, 조사범위, 조사담당자, 관계 법령 등이 기재된 서류를 제시하고 거주지 및 사실 확인에 필요한 관련 장소를 방문할 수 있다.〈신설 2023. 3. 28.〉

제21조(서비스 제공의 결정 및 실시) ① 시장·군수·구청장은 제20조에 따른 조사를 하였을 때에는 예산상황 등을 고려하여 서비스 제공의 실시 여부를 결정한 후 이를 서면이나 전자문서로 신청인에게 통보하여야 한다.

② 시장·군수·구청장은 제1항에 따른 서비스 제공의 실시 여부를 결정할 때 제20조제2항부터 제4항까지에 따라 조사한 자료·정보의 전부 또는 일부를 통하여 평가한 서비스대상자와 그 부양의무자의 소득·재산 수준 및 건강상태가 보건복지부장관이 정하는 기준 이하인 경우에는 관련 조사의 일부를 생략하고 서비스 제공의 실시를 결정할 수 있다.〈신설 2021. 7. 27., 2023. 3. 28.〉

③ 시장·군수·구청장은 서비스대상자에게 서비스 제공을 하기로 결정하였을 때에는 서비스 제공기간 등

을 계획하여 그 계획에 따라 지역보건의료서비스를 제공하여야 한다. 〈개정 2021. 7. 27.〉

제22조(정보의 파기) ① 시장·군수·구청장은 제20조에 따라 조사하거나 제출받은 정보 중 서비스대상자가 아닌 사람의 정보는 5년을 초과하여 보유할 수 없다. 이 경우 시장·군수·구청장은 정보의 보유기한이 지나면 지체 없이 이를 파기하여야 한다.

② 시장·군수·구청장은 제1항에 따른 정보가 지역보건의료정보시스템 또는 「사회보장기본법」 제37조제2항에 따른 사회보장정보시스템에 수집되어 있는 경우 보건복지부장관에게 해당 정보의 파기를 요청할 수 있다. 이 경우 보건복지부장관은 지체 없이 이를 파기하여야 한다. 〈개정 2023. 3. 28.〉

③ 시·도지사, 시장·군수·구청장, 보건의료 관련 기관·단체 또는 의료인은 제5조제5항 및 제6항에 따라 제공받은 자료 또는 정보를 5년이 지나면 파기하여야 한다. 〈신설 2023. 3. 28.〉

제23조(건강검진 등의 신고) ① 「의료법」 제27조제1항 각 호의 어느 하나에 해당하는 사람이 지역주민 다수를 대상으로 건강검진 또는 순회 진료 등 주민의 건강에 영향을 미치는 행위(이하 "건강검진등"이라 한다)를 하려는 경우에는 보건복지부령으로 정하는 바에 따라 건강검진등을 하려는 지역을 관할하는 보건소장에게 신고하여야 한다.

② 의료기관이 「의료법」 제33조제1항 각 호의 어느 하나에 해당하는 사유로 의료기관 외의 장소에서 지역주민 다수를 대상으로 건강검진등을 하려는 경우에도 제1항에 따른 신고를 하여야 한다.

③ 보건소장은 제1항 및 제2항에 따른 신고를 받은 경우에는 그 내용을 검토하여 이 법에 적합하면 신고를 수리하여야 한다. 〈신설 2019. 1. 15.〉

제5장 보칙

제24조(비용의 보조) ① 국가와 시·도는 지역보건의료기관의 설치와 운영에 필요한 비용 및 지역보건의료계획의 시행에 필요한 비용의 일부를 보조할 수 있다.

② 제1항에 따라 보조금을 지급하는 경우 설치비와 부대비에 있어서는 그 3분의 2 이내로 하고, 운영비 및 지역보건의료계획의 시행에 필요한 비용에 있어서는 그 2분의 1 이내로 한다.

제25조(수수료 등) ① 지역보건의료기관은 그 시설을 이용한 자, 실험 또는 검사를 의뢰한 자 또는 진료를 받은 자로부터 수수료 또는 진료비를 징수할 수 있다.

② 제1항에 따른 수수료와 진료비는 보건복지부령으로 정하는 기준에 따라 해당 지방자치단체의 조례로 정한다.

제26조(지역보건의료기관의 회계) 지역보건의료기관의 수수료 및 진료비의 수입은 「지방회계법」 제26조에 따른 수입 대체 경비로 직접 지출할 수 있으며, 회계 사무는 해당 지방자치단체의 규칙으로 정하는 바에 따라 간소화할 수 있다. 〈개정 2016. 5. 29.〉

제27조(보고 등) 보건복지부장관은 지방자치단체에 대하여 보건복지부령으로 정하는 바에 따라 지역보건의료기관의 설치·운영에 관한 사항을 보고하게 하거나 소속 공무원으로 하여금 지역보건의료기관에 대하여 실태조사 등 지도·감독을 할 수 있다.

제28조(개인정보의 누설금지) 지역보건의료기관(「농어촌 등 보건의료를 위한 특별조치법」 제2조제4호에 따른 보건진료소를 포함한다)의 기능 수행과 관련한 업무에 종사하였거나 종사하고 있는 사람 또는 지역보건의료정보시스템을 구축·운영하였거나 구축·운영하고 있는 자(제30조제3항 및 제5항에 따라 위탁받거나 대행하는 업무에 종사하거나 종사하였던 자를 포함한다)는 업무상 알게 된 다음 각 호의 정보를 업무 외의 목적으로 사용하거나 다른 사람에게 제공 또는 누설하여서는 아니 된다. 〈개정 2023. 3. 28.〉

1. 보건의료인이 진료과정(건강검진을 포함한다)에서 알게 된 개인 및 가족의 진료 정보
2. 제5조에 따라 수집·관리·보유하거나 제공받은 자료 또는 정보

3. 제20조에 따라 조사하거나 제출받은 다음 각 호의 정보

　　가. 금융정보(「국민기초생활 보장법」 제21조제3항제1호의 금융정보를 말한다. 이하 같다)

　　나. 신용정보 또는 보험정보(「국민기초생활 보장법」 제21조제3항제2호·제3호의 신용정보 및 보험정보를 말한다. 이하 같다)

4. 제1호부터 제3호까지에 따른 자료 또는 정보를 제외한 개인정보(「개인정보 보호법」 제2조제1호의 개인정보를 말한다. 이하 같다)

제29조(동일 명칭 사용금지) 이 법에 따른 보건소, 보건의료원, 보건지소 또는 건강생활지원센터가 아닌 자는 각각 보건소, 보건의료원, 보건지소 또는 건강생활지원센터라는 명칭을 사용하지 못한다.

제30조(권한의 위임 등) ① 이 법에 따른 보건복지부장관의 권한은 대통령령으로 정하는 바에 따라 그 일부를 시·도지사 또는 시장·군수·구청장에게 위임할 수 있다.

② 이 법에 따른 질병관리청장의 권한은 대통령령으로 정하는 바에 따라 그 일부를 소속 기관의 장에게 위임할 수 있다. 〈신설 2023. 3. 28.〉

③ 시·도지사 또는 시장·군수·구청장은 이 법에 따른 지역보건의료기관의 기능 수행에 필요한 업무의 일부를 대통령령으로 정하는 바에 따라 보건의료 관련기관·단체에 위탁하거나, 「의료법」 제2조에 따른 의료인에게 대행하게 할 수 있다. 〈개정 2023. 3. 28.〉

④ 시·도지사 또는 시장·군수·구청장은 제3항에 따라 업무를 위탁한 경우에는 그 비용의 전부 또는 일부를 보조할 수 있고, 의료인에게 그 업무의 일부를 대행하게 한 경우에는 그 업무수행에 드는 실비(實費)를 보조할 수 있다. 〈개정 2023. 3. 28.〉

⑤ 보건복지부장관은 지역보건의료정보시스템의 구축·운영 등에 관한 업무를 대통령령으로 정하는 바에 따라 「공공기관의 운영에 관한 법률」 제4조에 따른 공공기관에 대행하게 할 수 있다. 〈개정 2023. 3. 28.〉

⑥ 보건복지부장관은 제4항에 따라 업무를 대행하게 한 경우에는 예산의 범위에서 그에 필요한 비용을 보조할 수 있다. 〈개정 2023. 3. 28.〉

제31조(「의료법」에 대한 특례) 제12조에 따른 보건의료원은 「의료법」 제3조제2항제3호가목에 따른 병원 또는 같은 항 제1호나목·다목에 따른 치과의원 또는 한의원으로 보고, 보건소·보건지소 및 건강생활지원센터는 같은 호에 따른 의원·치과의원 또는 한의원으로 본다.

제6장 벌칙

제32조(벌칙) ① 다음 각 호의 어느 하나에 해당하는 자는 5년 이하의 징역 또는 5천만원 이하의 벌금에 처한다. 〈개정 2017. 9. 19., 2023. 3. 28.〉

1. 제5조제3항을 위반하여 정당한 접근 권한 없이 또는 허용된 접근 권한을 넘어 지역보건의료정보시스템의 정보를 훼손·멸실·변경·위조 또는 유출한 자

2. 제28조를 위반하여 같은 조 제1호부터 제4호까지의 어느 하나에 해당하는 정보를 사용·제공·누설한 자 및 그 사정을 알면서도 영리 목적 또는 부정한 목적으로 해당 정보를 제공받은 자

② 삭제〈2017. 9. 19.〉

③ 제5조제3항을 위반하여 정당한 접근 권한 없이 또는 허용된 접근 권한을 넘어 지역보건의료정보시스템의 정보를 검색 또는 복제한 자는 3년 이하의 징역 또는 3천만원 이하의 벌금에 처한다. 〈개정 2017. 9. 19.〉

1. 삭제〈2017. 9. 19.〉

2. 삭제〈2017. 9. 19.〉

제33조(양벌규정) 법인의 대표자나 법인 또는 개인의 대리인·사용인, 그 밖의 종업원이 그 법인 또는 개인의 업무에 관하여 제32조의 위반행위를 하면 그 행위자를 벌하는 외에 그 법인 또는 개인에게도 해당

조문의 벌금형을 과(科)한다. 다만, 법인 또는 개인이 그 위반행위를 방지하기 위하여 해당 업무에 관하여 상당한 주의와 감독을 게을리하지 아니한 경우에는 그러하지 아니하다.

제34조(과태료) ① 제22조제3항을 위반하여 정보 또는 자료를 파기하지 아니한 자에게는 3천만원 이하의 과태료를 부과한다. 〈신설 2023. 3. 28.〉

② 다음 각 호의 어느 하나에 해당하는 자에게는 300만원 이하의 과태료를 부과한다. 〈개정 2023. 3. 28.〉

　1. 제23조에 따른 신고를 하지 아니하거나 거짓으로 신고하고 건강검진등을 한 자

　2. 제29조를 위반하여 동일 명칭을 사용한 자

③ 제1항 및 제2항에 따른 과태료는 해당 지방자치단체의 조례에서 정하는 바에 따라 해당 시장·군수·구청장이 부과·징수한다. 〈개정 2023. 3. 28.〉

부칙
〈제19465호,2023. 6. 13.〉

이 법은 공포 후 6개월이 경과한 날부터 시행한다.

〈법률 제19903호, 2024. 1. 2.〉

제1조(시행일) 이 법은 공포 후 6개월이 경과한 날부터 시행한다.

제2조(보건소장 임용에 관한 적용례) 제15조제2항의 개정규정은 이 법 시행 이후 보건소장을 임용하는 경우부터 적용한다.

농어촌 등 보건의료를 위한 특별조치법 (약칭: 농어촌의료법)

[시행 2024. 8. 21.] [법률 제20326호, 2024. 2. 20., 일부개정]

제1장 총칙 〈개정 2012. 10. 22.〉

제1조(목적) 이 법은 농어촌 등 보건의료 취약지역의 주민 등에게 보건의료를 효율적으로 제공함으로써 국민이 고르게 의료혜택을 받게 하고 국민의 보건을 향상시키는 데에 이바지함을 목적으로 한다.

[전문개정 2012. 10. 22.]

제2조(정의) 이 법에서 사용하는 용어의 뜻은 다음과 같다.
1. "공중보건의사"란 공중보건업무에 종사하게 하기 위하여 「병역법」 제34조제1항에 따라 공중보건의사에 편입된 의사·치과의사 또는 한의사로서 보건복지부장관으로부터 공중보건업무에 종사할 것을 명령받은 사람을 말한다.
2. "공중보건업무"란 제5조의2제1항 각 호에 따른 기관 또는 시설에서 수행하는 보건의료업무를 말한다.
3. "보건진료 전담공무원"이란 제19조에 따른 의료행위를 하기 위하여 보건진료소에 근무하는 사람을 말한다.
4. "보건진료소"란 의사가 배치되어 있지 아니하고 계속하여 의사를 배치하기 어려울 것으로 예상되는 의료 취약지역에서 보건진료 전담공무원으로 하여금 의료행위를 하게 하기 위하여 시장·군수가 설치·운영하는 보건의료시설을 말한다.

[전문개정 2012. 10. 22.]

제2장 공중보건의사 〈개정 2012. 10. 22.〉

제3조(공중보건의사의 신분) ① 공중보건의사는 「국가공무원법」 제26조의5에 따른 임기제공무원으로 한다. 〈개정 2012. 12. 11.〉
② 공중보건의사가 제5조제1항에 따라 보건복지부장관의 종사명령을 받은 경우에는 「국가공무원법」 제26조의5에 따른 임기제공무원으로 임용된 것으로 본다.〈개정 2012. 12. 11.〉

[전문개정 2012. 10. 22.]

제3조의2(결격사유) 「국가공무원법」 제33조 각 호의 어느 하나에 해당하는 사람은 공중보건의사로 임용될 수 없다.

[전문개정 2012. 10. 22.]

제3조의3(공중보건의사의 수급관리 및 실태조사) ① 보건복지부장관은 국방부장관과 협의하여 공중보건의사의 적정 수급을 위한 정책을 수립·시행하여야 한다.
② 보건복지부장관은 제1항에 따른 정책을 수립하는 경우 공중보건의사의 신규 편입 현황 등을 고려한 장기적인 인력수요 전망을 반영하여야 한다.
③ 보건복지부장관은 공중보건의사의 실태 및 특성을 파악하기 위하여 3년마다 다음 각 호의 사항에 관하여 실태조사를 실시하고, 그 결과를 공표하여야 한다.
  1. 공중보건의사 공급 현황
  2. 의료취약지 등 공중보건의사 배치 현황
  3. 공중보건의사의 근무형태, 근무여건 및 처우, 근무만족도 등 근무환경 및 복지 등에 관한 사항
  4. 그 밖에 공중보건의사의 실태 및 특성 파악에 필요한 사항으로서 보건복지부장관이 정하는 사항
④ 보건복지부장관은 제1항에 따른 정책의 수립 및 제3항에 따른 실태조사 등을 위하여 필요한 경우 관계 중앙행정기관의 장, 지방자치단체의 장, 공공기관(「공공기관의 운영에 관한 법률」 제4조에 따른 공

공기관을 말한다)의 장, 관련 기관 및 단체의 장에게 필요한 자료 또는 정보의 제공을 요청할 수 있다. 이 경우 자료 또는 정보의 제공을 요청받은 자는 정당한 사유가 없으면 자료 또는 정보를 제공하여야 한다.

⑤ 제3항에 따른 실태조사의 내용·방법 및 공표 등에 필요한 사항은 보건복지부령으로 정한다.

[본조신설 2024. 2. 20.]

제4조(공중보건의사의 명단 통보) 병무청장은 「병역법」 제34조제1항에 따라 공중보건의사에 편입된 의사·치과의사 또는 한의사의 명단을 보건복지부장관에게 통보하여야 한다.

[전문개정 2012. 10. 22.]

제5조(종사명령 등) ① 보건복지부장관은 제4조에 따른 명단 통보를 받으면 지체 없이 해당 의사·치과의사 또는 한의사에 대하여 근무할 지역·기관 또는 시설을 정하여 공중보건업무에 종사할 것을 명하고, 이를 해당 광역시장·특별자치시장·도지사·특별자치도지사(이하 "시·도지사"라 한다) 또는 배치기관의 장(보건복지부장관이 직접 배치한 기관의 장을 말한다. 이하 같다) 및 병무청장에게 통보하여야 한다.

② 시·도지사는 제1항에 따른 명단 통보를 받으면 지체 없이 해당 공중보건의사를 소집하여 공중보건업무 수행에 필요한 직무교육을 한 후 근무할 지역·기관 또는 시설을 지정하고, 그 결과를 지체 없이 보건복지부장관에게 보고하여야 한다.

③ 보건복지부장관은 국민보건의료를 위하여 특히 필요하다고 인정할 때에는 직접 직무교육을 할 수 있다.

④ 제2항 및 제3항의 직무교육의 기간은 제7조제1항에 따른 의무복무기간에 산입(算入)한다.

⑤ 시·도지사는 제2항에 따라 공중보건의사가 근무할 지역·기관 또는 시설을 지정할 때에는 군 보건소와 읍·면의 보건지소에 공중보건의사가 우선 배치되도록 하여야 한다.

⑥ 제1항의 종사명령과 제2항 및 제3항의 직무교육에 필요한 사항은 보건복지부령으로 정한다.

[전문개정 2012. 10. 22.]

제5조의2(공중보건의사의 배치기관 및 배치시설) ① 제5조제1항 및 제2항에 따라 보건복지부장관 또는 시·도지사가 공중보건의사를 배치할 수 있는 기관 또는 시설은 다음 각 호와 같다.

 1. 보건소 또는 보건지소
 2. 국가·지방자치단체 또는 공공단체가 설립·운영하는 병원으로서 보건복지부장관이 정하는 병원(이하 이 조에서 "공공병원"이라 한다)
 3. 공공보건의료연구기관
 4. 공중보건사업의 위탁사업을 수행하는 기관 또는 단체
 5. 보건의료정책을 수행할 때에 공중보건의사의 배치가 필요한 기관 또는 시설로 대통령령으로 정하는 기관 또는 시설

② 제1항에 따른 보건소 및 공공병원은 특별시·광역시(광역시의 관할구역에 있는 군 지역은 제외한다) 외의 지역에 있는 기관 및 시설로 한정한다.

[전문개정 2012. 10. 22.]

제6조(근무지역 등의 변경) ① 보건복지부장관은 필요하다고 인정하면 공중보건의사의 근무지역 또는 근무기관·근무시설을 변경할 수 있다. 다만, 같은 광역시·특별자치시·도·특별자치도(이하 "시·도"라 한다) 내 또는 같은 시·군·구(자치구를 말한다. 이하 같다) 내에서의 변경은 해당 시·도지사 또는 시장·군수·구청장(자치구의 구청장을 말한다. 이하 같다)이 한다.

② 제1항 단서에 따라 공중보건의사의 근무지역 또는 근무기관·근무시설을 변경한 시·도지사 또는 시장·군수·구청장은 그 결과를 지체 없이 보건복지부장관에게 보고하여야 한다.

[전문개정 2012. 10. 22.]

제6조의2(파견근무) ① 보건복지부장관은 감염병 또는 재해 발생 등의 사유로 의료 인력이 긴급히 필요하다고 인정할 때에는 공중보건의사를 다른 지역·기관 또는 시설에 파견하여 근무하게 할 수 있다. 다만, 같은 시·도 내 또는 같은 시·군·구 내의 파견은 해당 시·도지사 또는 시장·군수·구청장이 한다.

② 제1항 단서에 따라 공중보건의사의 파견을 명령한 시·도지사 또는 시장·군수·구청장은 그 결과를 지체 없이 보건복지부장관에게 보고하여야 한다.

③ 제1항에 따른 파견근무는 제5조의2에 따른 배치기관 또는 배치시설이 아닌 경우에도 할 수 있다. 이 경우 시·도지사 또는 시장·군수·구청장은 보건복지부장관의 승인을 받아야 한다.

[전문개정 2012. 10. 22.]

제7조(의무복무기간) ① 공중보건의사의 의무복무기간은 「병역법」 제55조에 따라 받는 군사교육소집기간 외에 3년으로 한다. 〈개정 2016. 5. 29.〉

② 제1항에 따른 의무복무기간을 마친 공중보건의사에 대하여는 「병역법」 제34조제2항에 따라 사회복무요원 복무를 마친 것으로 본다.〈개정 2013. 6. 4.〉

③ 보건복지부장관은 제1항에 따른 의무복무기간을 마친 공중보건의사의 명단을 병무청장에게 통보하여야 한다.

[전문개정 2012. 10. 22.]

제8조(직장 이탈 금지) ① 공중보건의사는 해당 특별자치시장·특별자치도지사·시장·군수·구청장 또는 배치기관의 장의 허가 없이 근무시간에 직장을 이탈하여서는 아니 된다.

② 보건복지부장관, 시·도지사 또는 시장·군수·구청장은 다음 각 호의 어느 하나에 해당할 때에는 그 관할구역에 있는 공중보건의사에게 근무지역의 이탈 금지를 명할 수 있다.

  1. 해당 관할구역의 응급환자 진료를 위하여 필요할 때

  2. 해당 관할구역에 「의료법」 제3조에 따른 의료기관(이하 "의료기관"이라 한다)이 없거나 야간 또는 공휴일에 진료를 하는 의료기관이 없는 다음 각 목의 지역으로 주민들의 건강보호를 위하여 필요할 때

    가. 「도서개발 촉진법」 제2조에 따른 도서

    나. 「접경지역 지원 특별법」 제2조제1호에 따른 접경지역

  3. 감염병 및 재해 등으로 많은 환자가 발생하거나 그 밖에 이에 준하는 사유가 발생한 경우

③ 제2항에 따른 근무지역의 범위는 보건복지부령으로 정한다.

④ 시·도지사, 시장·군수·구청장은 제2항에 따라 공중보건의사에 대한 근무지역 이탈 금지를 명하였을 때에는 지체 없이 이를 보건복지부장관에게 보고하여야 한다.

[전문개정 2012. 10. 22.]

제9조(공중보건의사의 복무) ① 공중보건의사는 의무복무기간 동안 공중보건업무에 성실히 종사하여야 하며, 제5조제1항에 따라 부여받은 공중보건업무 외의 업무에 종사하여서는 아니 된다.

② 보건복지부장관은 공중보건의사가 제8조제1항 및 제2항에 따른 명령을 위반하여 의무복무기간 중 통틀어 7일 이내의 기간 동안 직장을 이탈하거나 근무지역을 이탈하였을 때에는 그 이탈일수의 5배의 기간을 연장하여 근무할 것을 명할 수 있다.

③ 보건복지부장관은 공중보건의사가 제1항을 위반하여 공중보건업무 외의 업무에 종사하였을 때에는 그 업무에 종사한 일수의 5배의 기간을 연장하여 근무할 것을 명할 수 있다.

④ 보건복지부장관은 공중보건의사가 장기입원 또는 요양 등 직무 외의 사유로 1개월 이상 근무하지 못한 경우에는 그 기간만큼 연장하여 근무할 것을 명할 수 있다.

⑤ 보건복지부장관은 제2항부터 제4항까지의 규정에 따라 의무복무기간 연장을 명할 때에는 미리 상대방에게 의견을 진술할 기회를 주어야 한다.

⑥ 공중보건의사가 제2항부터 제4항까지의 규정에 따라 보건복지부장관의 근무기간 연장 명령을 받은 경

우에는 채용계약 기간이 연장된 것으로 본다.

⑦ 공중보건의사가 「병역법」 제35조제2항 및 제4항에 따라 편입이 취소되거나 제12조제1항에 따라 전공의(專攻醫) 수련이 허가된 경우에는 채용계약이 해지된 것으로 본다.

⑧ 공중보건의사의 복무에 관하여는 이 법에서 규정한 사항을 제외하고는 「국가공무원법」에 따른다.

[전문개정 2012. 10. 22.]

제9조의2(신분 상실 및 박탈) ① 공중보건의사가 다음 각 호의 어느 하나에 해당하는 경우에는 공중보건의사의 신분을 상실한다.

1. 「국가공무원법」 제33조 각 호의 어느 하나에 해당하는 경우. 다만, 「국가공무원법」 제33조제5호의 경우에는 같은 법 제69조 단서에 따른다.

2. 의사·치과의사·한의사의 자격을 상실하거나 정지당한 경우

② 보건복지부장관은 공중보건의사가 다음 각 호의 어느 하나에 해당하면 직권으로 신분을 박탈할 수 있다. 다만, 제1호 및 제2호 중 어느 하나에 해당하는 경우에는 신분을 박탈하여야 한다. *〈개정 2021. 8. 17.〉*

1. 정당한 사유 없이 제5조제2항 및 제3항의 직무교육에 응하지 아니한 경우

2. 정당한 사유 없이 제8조제1항을 위반하여 의무복무기간 중 통틀어 8일 이상의 기간 동안 직장을 이탈하거나 같은 조 제2항의 명령을 위반하여 통틀어 8일 이상의 기간 동안 근무지역을 이탈한 경우

3. 신체적·정신적 장애로 1년 이내 또는 생사나 행방을 알 수 없게 된 후 3개월 이내에 직무에 복귀할 수 없거나 직무를 감당할 수 없는 경우

4. 이 법 또는 이 법에 따른 명령이나 그 밖의 직무상 의무를 위반하거나 근무성적이 극히 불량하여 공중보건의사의 신분을 가지는 것이 부적당한 경우

[전문개정 2012. 10. 22.]

제9조의3(청문) 보건복지부장관은 제9조의2제2항에 따라 공중보건의사 신분 박탈의 처분을 하려는 경우에는 청문을 하여야 한다.

[본조신설 2021. 8. 17.]

제10조(신분조치 통보) 보건복지부장관은 공중보건의사가 제9조의2에 따라 신분을 상실하거나 박탈당하였을 때에는 지체 없이 그 명단을 병무청장에게 통보하여야 한다.

[전문개정 2012. 10. 22.]

제11조(보수 등) ① 보건복지부장관은 공중보건의사에게 군인보수의 한도에서 보수를 지급한다. 다만, 제5조의2제1항제5호의 기관 또는 시설 중 「의료법」 제3조에 따라 개설된 민간 의료기관에 배치된 공중보건의사의 보수는 해당 민간 의료기관의 장이 지급한다.

② 공중보건의사의 수당 및 직무 수행에 필요한 여비 등은 보건복지부장관이 정하는 바에 따라 공중보건의사를 배치받은 기관 또는 시설의 장이 지급한다. 다만, 불성실 근무자에 대하여는 보건복지부장관이 정하는 바에 따라 수당을 제한할 수 있다. *〈개정 2016. 2. 3.〉*

③ 보건복지부장관은 제1항 단서 및 제2항에 따라 공중보건의사를 배치받은 기관 또는 시설의 장이 지급하는 보수, 수당 및 직무 수행에 필요한 여비 등(이하 "보수등"이라 한다)에 관하여 현황조사를 실시할 수 있다. *〈신설 2021. 7. 27.〉*

④ 보건복지부장관은 제3항에 따른 현황조사를 실시하는 경우 필요한 자료를 해당 기관 또는 시설의 장에게 요청할 수 있다. 이 경우 요청을 받은 기관 또는 시설의 장은 정당한 사유가 없으면 이에 따라야 한다. *〈신설 2021. 7. 27.〉*

⑤ 보건복지부장관은 제3항에 따른 현황조사 결과 공중보건의사를 배치받은 기관 또는 시설의 장이 공중보건의사에게 정당한 사유 없이 보수등의 전부 또는 일부를 지급하지 아니한 경우 해당 기관 또는 시설에 대하여 공중보건의사의 배치를 취소하거나 감축하는 등 필요한 조치를 하여야 한다. *〈신설 2021. 7. 27.〉*

⑥ 제1항에 따른 보수의 기준은 대통령령으로 정한다.〈개정 2021. 7. 27.〉

[전문개정 2012. 10. 22.]

제12조(공중보건의사의 수련) ① 보건복지부장관은 공중보건의사에 대하여 1년의 범위에서 전공의 수련을 허가할 수 있다.

② 제1항에 따른 수련기간은 제7조제1항에 따른 의무복무기간에 산입하지 아니한다.

③ 공중보건의사의 수련허가신청 등에 필요한 사항은 보건복지부령으로 정한다.

[전문개정 2012. 10. 22.]

제13조 삭제 〈2000. 1. 12.〉

제14조(복무 감독) 특별자치시장·특별자치도지사·시장·군수·구청장 또는 배치기관의 장은 공중보건의사의 복무에 관하여 관할지역 또는 해당 기관에 근무하는 공중보건의사를 지도·감독한다.

[전문개정 2012. 10. 22.]

제14조의2 삭제 〈2014. 1. 28.〉

제14조의3(공중보건의사 배치의 적정성 평가) ① 보건복지부장관은 공중보건의사를 효율적으로 활용하기 위하여 공중보건의사 배치의 적정성을 평가하고 그 결과를 다음 연도의 배치에 반영할 수 있다.

② 보건복지부장관은 제1항에 따른 평가를 관계 전문기관에 위탁할 수 있다.〈개정 2014. 1. 28.〉

③ 보건복지부장관은 제1항에 따른 공중보건의사 배치의 적정성을 평가하기 위하여 필요한 경우에는 현장 조사를 하거나 관계자의 의견을 들을 수 있다.

[전문개정 2012. 10. 22.]

제3장 보건진료소 및 보건진료 전담공무원 〈개정 2012. 10. 22.〉

제15조(보건진료소의 설치·운영) ① 시장[도농복합형태(都農複合形態)의 시의 시장을 말하며, 읍·면 지역에서 보건진료소를 설치·운영하는 경우만 해당한다] 또는 군수는 보건의료 취약지역의 주민에게 보건의료를 제공하기 위하여 보건진료소를 설치·운영한다. 다만, 시·구의 관할구역의 도서지역에는 해당 시장·구청장이 보건진료소를 설치·운영할 수 있으며, 군 지역에 있는 보건진료소의 행정구역이 행정구역의 변경 등으로 시 또는 구 지역으로 편입된 경우에는 보건복지부장관이 정하는 바에 따라 해당 시장 또는 구청장이 보건진료소를 계속 운영할 수 있다.

② 보건진료소에 보건진료소장 1명과 필요한 직원을 두되, 보건진료소장은 보건진료 전담공무원으로 보한다.

③ 보건진료소의 설치기준은 보건복지부령으로 정한다.

[전문개정 2012. 10. 22.]

제16조(보건진료 전담공무원의 자격) ① 보건진료 전담공무원은 간호사·조산사 면허를 가진 사람으로서 보건복지부장관이 실시하는 24주 이상의 직무교육을 받은 사람이어야 한다.

② 제1항의 직무교육에 필요한 사항은 보건복지부령으로 정한다.

[전문개정 2012. 10. 22.]

제17조(보건진료 전담공무원의 신분 및 임용) ① 보건진료 전담공무원은 지방공무원으로 하며, 특별자치시장·특별자치도지사·시장·군수 또는 구청장이 근무지역을 지정하여 임용한다.

② 특별자치시장·특별자치도지사·시장·군수 또는 구청장은 보건진료 전담공무원이 다음 각 호의 어느 하나에 해당하는 경우에는 그 보건진료 전담공무원을 징계할 수 있다.

　1. 정당한 이유 없이 지정받은 근무지역 밖에서 의료행위를 한 경우

　2. 제19조에 따른 범위를 넘어 의료행위를 한 경우

3. 제20조에 따른 관할구역 이탈금지 명령을 위반하여 허가 없이 연속하여 7일 이상 관할구역을 이탈한 경우

③ 제2항에 따른 징계의 절차·방법, 그 밖에 필요한 사항은 「지방공무원법」에 따른다.

[전문개정 2012. 10. 22.]

제18조(보건진료 전담공무원의 보수교육) ① 보건복지부장관은 보건진료 전담공무원의 자질 향상을 위하여 필요하다고 인정하면 보수교육(補修教育)을 받을 것을 명할 수 있다.

② 제1항의 보수교육의 기간·내용과 그 밖에 필요한 사항은 보건복지부령으로 정한다.

[전문개정 2012. 10. 22.]

제19조(보건진료 전담공무원의 의료행위의 범위) 보건진료 전담공무원은 「의료법」 제27조에도 불구하고 근무지역으로 지정받은 의료 취약지역에서 대통령령으로 정하는 경미한 의료행위를 할 수 있다.

[전문개정 2012. 10. 22.]

제20조(보건진료 전담공무원의 관할구역 이탈금지) ① 특별자치시장·특별자치도지사·시장·군수 또는 구청장은 다음 각 호의 어느 하나에 해당하는 경우 해당 관할구역의 보건진료 전담공무원에 대하여 관할구역 이탈금지를 명할 수 있다.

  1. 해당 관할구역의 응급환자 처치를 위하여 필요한 때
  2. 해당 관할구역에 「의료법」 제3조에 따른 의료기관이 없는 다음 각 목의 지역으로 주민들의 건강보호를 위하여 필요한 때
    가. 「도서개발 촉진법」 제2조에 따른 도서
    나. 「접경지역 지원 특별법」 제2조제1호에 따른 접경지역
  3. 감염병 및 재해 등으로 많은 환자가 발생하거나 그 밖에 이에 준하는 사유가 발생한 경우

② 제1항에 따른 관할구역의 범위는 조례로 정하며, 관할구역 이탈금지에 관한 세부적인 사항은 보건복지부령으로 정한다.

③ 특별자치시장·특별자치도지사·시장·군수 또는 구청장은 보건진료 전담공무원이 해당 보건진료소의 관사에 거주하는 경우에는 예산의 범위에서 관사운영비를 지원할 수 있다.

[전문개정 2012. 10. 22.]

제21조(보건진료소운영협의회) ① 보건진료소 운영을 원활히 하기 위하여 보건진료소가 설치되어 있는 지역마다 주민으로 구성되는 보건진료소운영협의회를 둔다.

② 보건진료소운영협의회는 다음의 업무를 수행한다.

  1. 보건진료소의 운영 지원
  2. 보건진료소 운영에 관한 건의

③ 보건진료소운영협의회의 조직과 운영에 필요한 사항은 해당 지방자치단체의 조례로 정한다.

[전문개정 2012. 10. 22.]

제22조(보조금 지급 및 조세 감면) ① 국가·도 및 특별자치도는 시(도농복합형태의 시를 말하며, 읍·면 지역에서 보건진료소를 설치·운영하는 경우만 해당한다)·군에 보건진료소의 설치비와 부대비의 일부를 보조한다. 이 경우 국고보조금은 설치비와 부대비의 3분의 2 이내로 하고, 도비보조금(道費補助金)은 설치비와 부대비의 3분의 1 이내로 한다.

② 국가 또는 지방자치단체는 제26조제2항에 따라 공중보건업무의 일부를 위탁받은 민간 보건의료시설에 그 운영비의 일부를 보조할 수 있다. 이 경우 그 보조 범위는 보건복지부령으로 정한다.

③ 국가 또는 지방자치단체는 제2항에 따른 시설에 대하여는 「조세특례제한법」, 「지방세법」 등 조세 관계 법령에서 정하는 바에 따라 세제상의 지원을 할 수 있다.

[전문개정 2012. 10. 22.]

제23조(지도ㆍ감독) ① 특별자치시장ㆍ특별자치도지사ㆍ시장ㆍ군수 또는 구청장은 보건진료소의 업무를 지도ㆍ감독한다.

② 특별자치시장ㆍ특별자치도지사ㆍ시장ㆍ군수 또는 구청장은 해당 보건소장 또는 보건지소장에게 보건진료 전담공무원의 의료행위를 지도ㆍ감독하게 할 수 있다.

[전문개정 2012. 10. 22.]

제24조(보건진료 전담공무원의 복무) 보건진료 전담공무원의 복무에 관하여는 이 법에서 규정한 사항을 제외하고는 「지방공무원법」에 따른다.

[전문개정 2012. 10. 22.]

제25조(진료비) 보건진료소의 진료수가기준(診療酬價基準)은 보건복지부장관이 정하는 바에 따른다.

[전문개정 2012. 10. 22.]

제4장 보칙 〈개정 2012. 10. 22.〉

제26조(권한의 위임 또는 업무의 위탁) ① 이 법에 따른 보건복지부장관, 시ㆍ도지사 또는 시장ㆍ군수ㆍ구청장의 권한은 대통령령으로 정하는 바에 따라 그 일부를 시ㆍ도지사, 시장ㆍ군수ㆍ구청장, 배치기관의 장 또는 보건소장에게 위임하거나 위탁할 수 있다.

② 보건복지부장관은 대통령령으로 정하는 바에 따라 공중보건업무의 일부를 민간 보건의료시설에 위탁할 수 있다.

[전문개정 2012. 10. 22.]

부칙

〈제20326호,2024. 2. 20.〉

이 법은 공포 후 6개월이 경과한 날부터 시행한다.

정신건강증진 및 정신질환자 복지서비스 지원에 관한 법률 (약칭: 정신건강복지법)

[시행 2024. 7. 24.] [법률 제20113호, 2024. 1. 23., 일부개정]

제1장 총칙

제1조(목적) 이 법은 정신질환의 예방·치료, 정신질환자의 재활·복지·권리보장과 정신건강 친화적인 환경 조성에 필요한 사항을 규정함으로써 국민의 정신건강증진 및 정신질환자의 인간다운 삶을 영위하는 데 이바지함을 목적으로 한다.

제2조(기본이념) ① 모든 국민은 정신질환으로부터 보호받을 권리를 가진다.

② 모든 정신질환자는 인간으로서의 존엄과 가치를 보장받고, 최적의 치료를 받을 권리를 가진다.

③ 모든 정신질환자는 정신질환이 있다는 이유로 부당한 차별대우를 받지 아니한다.

④ 미성년자인 정신질환자는 특별히 치료, 보호 및 교육을 받을 권리를 가진다.

⑤ 정신질환자에 대해서는 입원 또는 입소(이하 "입원등"이라 한다)가 최소화되도록 지역 사회 중심의 치료가 우선적으로 고려되어야 하며, 정신건강증진시설에 자신의 의지에 따른 입원 또는 입소(이하 "자의입원등"이라 한다)가 권장되어야 한다.

⑥ 정신건강증진시설에 입원등을 하고 있는 모든 사람은 가능한 한 자유로운 환경을 누릴 권리와 다른 사람들과 자유로이 의견교환을 할 수 있는 권리를 가진다.

⑦ 정신질환자는 원칙적으로 자신의 신체와 재산에 관한 사항에 대하여 스스로 판단하고 결정할 권리를 가진다. 특히 주거지, 의료행위에 대한 동의나 거부, 타인과의 교류, 복지서비스의 이용 여부와 복지서비스 종류의 선택 등을 스스로 결정할 수 있도록 자기결정권을 존중받는다.

⑧ 정신질환자는 자신에게 법률적·사실적 영향을 미치는 사안에 대하여 스스로 이해하여 자신의 자유로운 의사를 표현할 수 있도록 필요한 도움을 받을 권리를 가진다.

⑨ 정신질환자는 자신과 관련된 정책의 결정과정에 참여할 권리를 가진다.

제3조(정의) 이 법에서 사용하는 용어의 뜻은 다음과 같다. *(개정 2020. 3. 4., 2024. 1. 2.)*

1. "정신질환자"란 망상, 환각, 사고(思考)나 기분의 장애 등으로 인하여 독립적으로 일상생활을 영위하는 데 중대한 제약이 있는 사람을 말한다.
2. "정신건강증진사업"이란 정신건강 관련 교육·상담, 정신질환의 예방·치료, 정신질환자의 재활, 정신건강에 영향을 미치는 사회복지·교육·주거·근로 환경의 개선 등을 통하여 국민의 정신건강을 증진시키는 사업을 말한다.
3. "정신건강복지센터"란 정신건강증진시설, 「사회복지사업법」에 따른 사회복지시설(이하 "사회복지시설"이라 한다), 학교 및 사업장과 연계체계를 구축하여 지역사회에서의 정신건강증진사업 및 제33조부터 제38조까지의 규정에 따른 정신질환자 복지서비스 지원사업(이하 "정신건강증진사업등"이라 한다)을 하는 다음 각 목의 기관 또는 단체를 말한다.
   가. 제15조제1항부터 제3항까지의 규정에 따라 국가 또는 지방자치단체가 설치·운영하는 기관
   나. 제15조제6항에 따라 국가 또는 지방자치단체로부터 위탁받아 정신건강증진사업등을 수행하는 기관 또는 단체
4. "정신건강증진시설"이란 정신의료기관, 정신요양시설 및 정신재활시설을 말한다.
5. "정신의료기관"이란 다음 각 목의 어느 하나에 해당하는 기관을 말한다.
   가. 「의료법」에 따른 정신병원
   나. 「의료법」에 따른 의료기관 중 제19조제1항 후단에 따른 기준에 적합하게 설치된 의원
   다. 「의료법」에 따른 병원급 의료기관에 설치된 정신건강의학과로서 제19조제1항 후단에 따른 기준에 적합한 기관
6. "정신요양시설"이란 제22조에 따라 설치된 시설로서 정신질환자를 입소시켜 요양 서비스를 제공하는 시설을 말한다.

7. "정신재활시설"이란 제26조에 따라 설치된 시설로서 정신질환자 또는 정신건강상 문제가 있는 사람 중 대통령령으로 정하는 사람(이하 "정신질환자등"이라 한다)의 사회적응을 위한 각종 훈련과 생활지도를 하는 시설을 말한다.

8. "동료지원인"이란 정신질환자등에 대한 상담 및 교육 등의 역할을 수행할 수 있도록 정신질환자이거나 정신질환자이었던 사람 중 보건복지부령으로 정하는 동료지원인 양성과정을 수료한 사람을 말한다.

제3조(정의) 이 법에서 사용하는 용어의 뜻은 다음과 같다. *⟨개정 2020. 3. 4., 2024. 1. 2.⟩*

1. "정신질환자"란 망상, 환각, 사고(思考)나 기분의 장애 등으로 인하여 독립적으로 일상생활을 영위하는 데 중대한 제약이 있는 사람을 말한다.

2. "정신건강증진사업"이란 정신건강 관련 교육·상담, 정신질환의 예방·치료, 정신질환자의 재활, 정신건강에 영향을 미치는 사회복지·교육·주거·근로 환경의 개선 등을 통하여 국민의 정신건강을 증진시키는 사업을 말한다.

3. "정신건강복지센터"란 정신건강증진시설, 「사회복지사업법」에 따른 사회복지시설(이하 "사회복지시설"이라 한다), 학교 및 사업장과 연계체계를 구축하여 지역사회에서의 정신건강증진사업 및 제33조부터 제38조까지, 제38조의2·제38조의3에 따른 정신질환자 복지서비스 지원사업(이하 "정신건강증진사업등"이라 한다)을 하는 다음 각 목의 기관 또는 단체를 말한다.

   가. 제15조제1항부터 제3항까지의 규정에 따라 국가 또는 지방자치단체가 설치·운영하는 기관
   나. 제15조제6항에 따라 국가 또는 지방자치단체로부터 위탁받아 정신건강증진사업등을 수행하는 기관 또는 단체

4. "정신건강증진시설"이란 정신의료기관, 정신요양시설 및 정신재활시설을 말한다.

5. "정신의료기관"이란 다음 각 목의 어느 하나에 해당하는 기관을 말한다.

   가. 「의료법」에 따른 정신병원
   나. 「의료법」에 따른 의료기관 중 제19조제1항 후단에 따른 기준에 적합하게 설치된 의원
   다. 「의료법」에 따른 병원급 의료기관에 설치된 정신건강의학과로서 제19조제1항 후단에 따른 기준에 적합한 기관

6. "정신요양시설"이란 제22조에 따라 설치된 시설로서 정신질환자를 입소시켜 요양 서비스를 제공하는 시설을 말한다.

7. "정신재활시설"이란 제26조에 따라 설치된 시설로서 정신질환자 또는 정신건강상 문제가 있는 사람 중 대통령령으로 정하는 사람(이하 "정신질환자등"이라 한다)의 사회적응을 위한 각종 훈련과 생활지도를 하는 시설을 말한다.

8. "동료지원인"이란 정신질환자등에 대한 상담 및 교육 등의 역할을 수행할 수 있도록 정신질환자이거나 정신질환자이었던 사람 중 보건복지부령으로 정하는 동료지원인 양성과정을 수료한 사람을 말한다.

[시행일: 2026. 1. 3.] 제3조제3호

제4조(국가와 지방자치단체의 책무) ① 국가와 지방자치단체는 국민의 정신건강을 증진시키고, 정신질환을 예방·치료하며, 정신질환자의 재활 및 장애극복과 사회적응 촉진을 위한 연구·조사와 지도·상담 등 필요한 조치를 하여야 한다.

② 국가와 지방자치단체는 정신질환의 예방·치료와 정신질환자의 재활을 위하여 정신건강복지센터와 정신건강증진시설, 사회복지시설, 학교 및 사업장 등을 연계하는 정신건강서비스 전달체계를 확립하여야 한다.

③ 국가와 지방자치단체는 정신질환자등과 그 가족에 대한 권익향상, 인권보호 및 지원 서비스 등에 관한 종합적인 시책을 수립하고 그 추진을 위하여 노력하여야 한다.

④ 국가와 지방자치단체는 정신질환자등과 그 가족에 대한 모든 차별 및 편견을 해소하고 차별받은 정신질환자등과 그 가족의 권리를 구제할 책임이 있으며, 정신질환자등과 그 가족에 대한 차별 및 편견을 해소하기 위하여 적극적인 조치를 하여야 한다.

⑤ 국가와 지방자치단체는 정신질환자등의 적절한 치료 및 재활과 자립을 지원하기 위하여 정신질환자등

과 그 가족에 대하여 정신건강증진사업등에 관한 정보를 제공하는 등 필요한 시책을 강구하여야 한다.〈신설 2019. 4. 23.〉

⑥ 국가와 지방자치단체는 국민에게 영·유아, 아동, 청소년, 중·장년, 노인 등 생애주기(이하 "생애주기"라 한다)에 따른 정신건강서비스를 제공하고, 우울·불안·고독 등의 정신건강상 문제와 관련하여 상담을 제공하는 등 국민의 정신건강 증진을 위하여 필요한 시책을 강구하여야 한다.〈신설 2024. 1. 2.〉

제5조(국민의 의무) 모든 국민은 정신건강증진을 위하여 국가와 지방자치단체가 실시하는 조사 및 정신건강증진사업등에 협력하여야 한다.

제6조(정신건강증진시설의 장의 의무) ① 정신건강증진시설의 장은 정신질환자등이 입원등을 하거나 사회적응을 위한 훈련을 받으려고 하는 때에는 지체 없이 정신질환자등과 그 보호의무자에게 이 법 및 다른 법률에 따른 권리 및 권리행사 방법을 알리고, 그 권리행사에 필요한 각종 서류를 정신건강증진시설에 갖추어 두어야 한다. 이 경우 정신질환자등과 그 보호의무자에게 알릴 권리 및 권리행사 방법과 권리행사에 필요한 서류는 정신질환자등이 이해하기 쉬운 형태로 작성되거나 고지되어야 한다.〈개정 2024. 1. 2.〉

② 정신건강증진시설의 장은 정신질환자등이 퇴원 및 퇴소(이하 "퇴원등"이라 한다)를 하려는 때에는 정신질환자등과 그 보호의무자에게 정신건강복지센터의 기능·역할 및 이용 절차 등을 알리고, 지역사회 거주 및 치료에 필요한 정보를 제공하는 정신보건수첩 등 각종 서류를 정신건강증진시설에 갖추어 두어야 한다.〈신설 2019. 4. 23.〉

③ 정신건강증진시설의 장은 정신질환자등의 치료, 보호 및 재활과정에서 정신질환자등의 의견을 존중하여야 한다.〈개정 2019. 4. 23.〉

④ 정신건강증진시설의 장은 입원등 또는 거주 중인 정신질환자등이 인간으로서의 존엄과 가치를 보장받으며 자유롭게 생활할 수 있도록 노력하여야 한다.〈개정 2019. 4. 23.〉

⑤ 제1항 및 제2항에 따라 정신질환자등과 그 보호의무자에게 알릴 권리의 종류·내용, 고지방법 및 서류 비치 등에 관하여 필요한 사항은 보건복지부령으로 정한다.〈개정 2019. 4. 23.〉

제2장 정신건강증진 정책의 추진 등

제7조(국가계획의 수립 등) ① 보건복지부장관은 관계 행정기관의 장과 협의하여 5년마다 정신건강증진 및 정신질환자 복지서비스 지원에 관한 국가의 기본계획(이하 "국가계획"이라 한다)을 수립하여야 한다.

② 특별시장·광역시장·특별자치시장·도지사·특별자치도지사(이하 "시·도지사"라 한다)는 국가계획에 따라 각각 특별시·광역시·특별자치시·도·특별자치도(이하 "시·도"라 한다) 단위의 정신건강증진 및 정신질환자 복지서비스 지원에 관한 계획(이하 "지역계획"이라 한다)을 수립하여야 한다. 이 경우 해당 지역계획은 「지역보건법」 제7조에 따른 지역보건의료계획과 연계되도록 하여야 한다.

③ 국가계획 또는 지역계획에는 다음 각 호의 사항이 포함되어야 한다.〈개정 2024. 1. 2., 2024. 1. 23.〉

1. 정신질환의 예방, 상담, 조기발견, 치료 및 재활을 위한 활동과 각 활동 상호 간 연계
2. 생애주기 및 성별에 따른 정신건강증진사업
3. 정신질환자의 조기퇴원 및 사회적응
4. 적정한 정신건강증진시설의 확보 및 운영
5. 정신질환에 대한 인식개선을 위한 교육·홍보, 정신질환자의 법적 권리보장 및 인권보호 방안
6. 전문인력의 양성 및 관리
7. 정신건강증진을 위한 교육, 주거, 근로환경 등의 개선 및 이와 관련된 부처 또는 기관과의 협력 방안
8. 정신건강 관련 정보체계 구축 및 활용
9. 정신질환자와 그 가족의 지원
10. 정신질환자의 건강, 취업, 교육 및 주거 등 지역사회 재활과 사회참여

11. 정신질환자에 대한 복지서비스의 연구·개발 및 평가에 관한 사항

12. 정신질환자에 대한 복지서비스 제공에 필요한 재원의 조달 및 운용에 관한 사항

13. 우울·불안·고독 등으로 정신건강이 악화될 우려가 있는 사람의 발견 및 정신건강서비스 제공

14. 재난 심리지원

15. 언론의 정신질환보도에 대한 권고기준 수립 및 이행확보 방안(국가계획에 한정한다)

16. 그 밖에 보건복지부장관 또는 시·도지사가 정신건강증진을 위하여 필요하다고 인정하는 사항

④ 보건복지부장관과 시·도지사는 국가계획 및 지역계획의 수립·시행에 필요한 자료의 제공 및 협조를 관계 행정기관, 정신건강증진시설 및 관련 기관·단체 등에 요청할 수 있다. 이 경우 요청받은 기관·시설·단체 등은 자료의 제공이 법령에 위반되거나 정상적인 업무수행에 뚜렷한 지장을 초래하는 등의 정당한 사유가 없으면 그 요청에 따라야 한다.

⑤ 국가계획 및 지역계획을 수립할 때에는 「장애인복지법」 제10조의2에 따른 장애인정책종합계획과 연계되도록 하여야 한다.

⑥ 보건복지부장관은 5년마다 정신질환자의 인권과 복지증진 추진사항에 관한 백서를 발간하여 공표하여야 한다.

⑦ 국가계획 및 지역계획의 수립 절차 등에 관하여 필요한 사항은 보건복지부령으로 정한다.

제8조(시행계획의 수립·시행 등) ① 보건복지부장관과 시·도지사는 각각 국가계획과 지역계획에 따라 매년 시행계획을 수립·시행하여야 하고, 시장·군수·구청장(자치구의 구청장을 말한다. 이하 같다)은 매년 관할 시·도의 지역계획에 따라 시행계획을 수립·시행하여야 한다. 다만, 시·도지사나 시장·군수·구청장이 지역계획의 시행계획 내용을 포함하여 「지역보건법」 제7조제2항 및 제8조에 따라 연차별 시행계획을 수립·시행하는 경우에는 본문에 따른 시행계획을 별도로 수립·시행하지 아니할 수 있다.

② 보건복지부장관은 국가계획 및 지역계획의 시행 결과를, 시·도지사는 해당 지역계획의 시행 결과를 각각 대통령령으로 정하는 바에 따라 평가할 수 있다.

③ 제1항에 따른 시행계획의 수립·시행에 필요한 자료의 제공 및 협조에 관하여는 제7조제4항을 준용한다. 이 경우 "보건복지부장관과 시·도지사"는 "보건복지부장관과 시·도지사 및 시장·군수·구청장"으로, "국가계획 및 지역계획"은 "국가계획 및 지역계획의 시행계획"으로 본다.

④ 제1항에 따른 시행계획의 수립절차 등에 관하여 필요한 사항은 보건복지부령으로 정한다.

제9조(정신건강증진 관련 주요정책의 심의) 보건복지부장관은 다음 각 호의 사항에 관하여 「국민건강증진법」 제5조에 따른 국민건강증진정책심의위원회의 심의를 받아야 한다.

1. 국가계획의 수립

2. 정신건강증진 및 정신질환자 복지서비스 지원 체계와 제도의 발전

제10조(실태조사) ① 보건복지부장관은 5년마다 다음 각 호의 사항에 관한 실태조사를 하여야 한다. 다만, 정신건강증진 정책을 수립하는 데 필요한 경우 수시로 실태조사를 할 수 있다. 〈개정 2019. 12. 3., 2023. 6. 13., 2024. 1. 2.〉

1. 정신질환의 인구학적 분포, 유병률(有病率) 및 유병요인

2. 성별, 연령 등 인구학적 특성에 따른 정신질환의 치료 이력, 정신건강증진시설 이용 현황

3. 정신질환으로 인한 사회적·경제적 손실

4. 정신질환자의 취업·직업훈련·소득·주거·경제상태 및 정신질환자에 대한 복지서비스

5. 정신질환자 가족의 사회·경제적 상황

6. 정신질환자 및 그 가족에 대한 차별 실태

7. 우울·불안·고독 등 정신건강 악화가 우려되는 문제

8. 그 밖에 정신건강증진에 필요한 사항으로서 보건복지부령으로 정하는 사항

② 제1항에 따른 실태조사(이하 "실태조사"라 한다)와 정신건강증진 관련 지도업무를 수행하기 위하여 시·도에 담당 공무원을 둘 수 있다.〈개정 2019. 12. 3.〉

③ 보건복지부장관은 실태조사를 하는 데 필요한 자료를 제공하도록 정신건강증진시설 및 대통령령으로 정하는 관련 기관·단체 등에 요청할 수 있다. 이 경우 요청받은 정신건강증진시설 및 관련 기관·단체 등은 자료의 제공이 법령에 위반되거나 정상적인 업무수행에 뚜렷한 지장을 초래하는 등의 정당한 사유가 없으면 그 요청에 따라야 한다.

④ 실태조사는 필요한 경우「장애인복지법」제31조에 따른 장애 실태조사와 함께 실시할 수 있다.

⑤ 실태조사를 실시하면 그 결과를 공표하여야 한다.〈신설 2019. 12. 3.〉

⑥ 실태조사의 시기, 방법, 절차 및 공표 등에 관하여 필요한 사항은 보건복지부령으로 정한다.〈개정 2019. 12. 3.〉

제11조(정신건강상 문제의 조기발견 등) ① 보건복지부장관, 시·도지사 및 시장·군수·구청장은 정신질환의 원활한 치료와 만성화 방지를 위하여 정신건강복지센터, 정신건강증진시설 및 의료기관을 연계한 정신건강상 문제(우울·불안·고독 등 정신건강 악화가 우려되는 문제를 포함한다. 이하 이 조에서 같다)의 조기발견 체계를 구축하여야 한다.〈개정 2024. 1. 2.〉

② 보건복지부장관, 시·도지사 및 시장·군수·구청장은 생애주기 및 성별 정신건강상 문제의 조기발견·치료를 위한 교육·상담 등의 정신건강증진사업을 시행한다.

③ 국가와 지방자치단체는 조기치료가 필요한 정신건강상 문제가 있는 사람에 대하여 예산의 범위에서 치료비를 지원할 수 있다.〈신설 2021. 6. 8.〉

④ 제2항에 따른 생애주기 및 성별 정신건강상 문제의 조기발견·치료를 위한 정신건강증진사업의 범위, 대상 및 내용 등과 제3항에 따른 조기치료비 지원의 대상 및 내용 등은 대통령령으로 정한다.〈개정 2021. 6. 8.〉

제12조(국가와 지방자치단체의 정신건강증진사업등의 추진 등) ① 보건복지부장관은 제7조제3항 각 호에 관한 전국 단위의 정신건강증진사업등을 수행하고, 제2항 및 제3항에 따른 지방자치단체의 지역별 정신건강증진사업등을 총괄·지원한다.

② 시·도지사는 관할 구역에서의 제7조제3항 각 호에 관한 정신건강증진사업등, 시·군·구(자치구를 말한다. 이하 같다) 간 연계체계 구축 및 응급 정신의료 서비스 제공 등 광역 단위의 정신건강증진사업등을 수행하며, 시장·군수·구청장이 제8조제1항 본문에 따른 지역계획의 시행계획이나 같은 항 단서에 따른 지역보건의료계획의 시행계획에 따른 정신건강증진사업등을 총괄·지원한다.

③ 시장·군수·구청장은 관할 구역에서의 제7조제3항 각 호에 관한 정신건강증진사업등을 수행한다.

④ 보건복지부장관, 시·도지사 및 시장·군수·구청장은 제1항부터 제3항까지의 규정에 따른 정신건강증진사업등을 시행하는 경우에 정신건강복지센터, 정신건강증진시설, 사회복지시설, 학교 및 사업장의 관련 활동이 서로 연계되도록 하여야 한다.

⑤ 제1항에 따른 정신건강증진사업등에 관하여 자문·지원하기 위하여 보건복지부장관 소속으로 중앙정신건강복지사업지원단을 두고, 제2항에 따른 정신건강증진사업등에 관하여 자문·지원하기 위하여 시·도지사 소속으로 지방정신건강복지사업지원단을 둔다.

⑥ 제5항에 따른 중앙정신건강복지사업지원단 및 지방정신건강복지사업지원단의 운영 등에 필요한 사항은 대통령령으로 정한다.

제13조(학교 등에서의 정신건강증진사업 실시) ① 다음 각 호에 해당하는 기관·단체·학교의 장 및 사업장의 사용자는 구성원의 정신건강에 관한 교육·상담과 정신질환 치료와의 연계 등의 정신건강증진사업을 실시하도록 노력하여야 한다.

1. 국가 및 지방자치단체의 기관 중 업무의 성질상 정신건강을 해칠 가능성이 높아 정신건강증진사업을 실시할 필요가 있는 기관으로서 대통령령으로 정하는 기관
2. 「초·중등교육법」 및 「고등교육법」에 따른 학교 중 대통령령으로 정하는 학교
3. 「근로기준법」에 따른 근로자 300명 이상을 사용하는 사업장
4. 그 밖에 업무의 성질이나 근무자 수 등을 고려하여 정신건강증진사업을 실시할 필요가 있는 기관·단체로서 대통령령으로 정하는 기관·단체

② 보건복지부장관은 제1항에 따른 정신건강증진사업의 효율적인 시행을 위하여 그 구체적 내용 및 방법 등에 관한 지침 시행, 정보 제공, 그 밖의 필요한 사항의 권고를 할 수 있다.

③ 보건복지부장관은 제1항 각 호의 기관·단체·학교 및 사업장 중 구성원의 정신건강 증진을 위하여 적극적으로 노력한 기관 등을 선정·공표할 수 있으며, 해당 기관·단체·학교 및 사업장에 대하여 지원을 할 수 있다.

제14조(정신건강의 날) ① 정신건강의 중요성을 환기하고 정신질환에 대한 편견을 해소하기 위하여 매년 10월 10일을 정신건강의 날로 하고, 정신건강의 날이 포함된 주(週)를 정신건강주간으로 한다.

② 국가와 지방자치단체는 정신건강의 날 취지에 적합한 행사와 교육·홍보사업을 실시할 수 있다.

③ 제2항에 따른 정신건강의 날 행사 등에 관하여 필요한 사항은 보건복지부령으로 정한다.

제15조(정신건강복지센터의 설치 및 운영) ① 보건복지부장관은 필요한 지역에서의 제12조제1항에 따른 소관 정신건강증진사업등의 제공 및 연계 사업을 전문적으로 수행하게 하기 위하여 정신건강복지센터를 설치·운영할 수 있다.

② 시·도지사는 관할 구역에서의 제12조제2항에 따른 소관 정신건강증진사업등의 제공 및 연계 사업을 전문적으로 수행하게 하기 위하여 광역정신건강복지센터를 설치·운영할 수 있다.

③ 시장·군수·구청장은 관할 구역에서의 제12조제3항에 따른 소관 정신건강증진사업등의 제공 및 연계 사업을 전문적으로 수행하게 하기 위하여 「지역보건법」에 따른 보건소(이하 "보건소"라 한다)에 기초정신건강복지센터를 설치·운영할 수 있다.

④ 정신건강복지센터의 장은 정신건강증진사업등의 제공 및 연계사업을 수행하기 위하여 정신질환자를 관리하는 경우에 정신질환자 본인이나 제39조에 따른 보호의무자(이하 "보호의무자"라 한다)의 동의를 받아야 한다.

⑤ 보건복지부장관은 제2항 및 제3항에 따른 정신건강복지센터의 설치·운영에 필요한 비용의 일부를 부담한다.

⑥ 보건복지부장관은 대통령령으로 정하는 바에 따라, 시·도지사 및 시장·군수·구청장은 조례나 규칙으로 정하는 바에 따라 소관 정신건강증진사업등을 정신건강에 관한 전문성이 있는 기관·단체에 위탁하여 수행할 수 있다.

⑦ 시·도지사는 소관 광역정신건강복지센터의 운영 현황 및 정신건강증진사업등의 추진 내용을, 시장·군수·구청장은 관할 시·도지사를 통하여 소관 기초정신건강복지센터의 운영 현황 및 정신건강증진사업등의 추진 내용을 각각 반기별로 보건복지부장관에게 보고하여야 한다.

⑧ 보건복지부장관, 시·도지사 및 시장·군수·구청장은 수시로 신고를 받을 수 있는 정신건강상담용 긴급전화를 설치·운영하여야 한다. 〈신설 2019. 4. 23.〉

⑨ 제1항부터 제7항까지에서 규정한 사항 외에 정신건강복지센터의 설치·운영에 필요한 사항 및 제8항에 따른 긴급전화의 설치·운영에 필요한 사항은 대통령령으로 정한다. 〈개정 2019. 4. 23.〉

제15조의2(국가트라우마센터의 설치·운영) ① 보건복지부장관은 다음 각 호의 어느 하나에 해당하는 사람의 심리적 안정과 사회 적응을 지원(이하 이 조에서 "심리지원"이라 한다)하기 위하여 국가트라우마센터를 설치·운영할 수 있다. 〈개정 2020. 12. 29.〉

1. 재난이나 그 밖의 사고로 정신적 피해를 입은 사람과 그 가족
2. 재난이나 사고 상황에서 구조, 복구, 치료 등 현장대응업무에 참여한 사람으로서 정신적 피해를 입은 사람
② 국가트라우마센터는 다음 각 호의 업무를 수행한다. 〈개정 2020. 12. 29., 2024. 1. 2.〉
1. 심리지원을 위한 지침의 개발·보급
2. 제1항 각 호의 어느 하나에 해당하는 사람에 대한 심리평가, 심리상담, 심리치료
3. 트라우마에 관한 조사·연구
4. 심리지원 관련 기관 간 협력 및 연계 체계의 구축
5. 트라우마 극복에 관한 대국민 교육 및 홍보
6. 심리지원 전문인력에 대한 교육 및 훈련
7. 재난이나 사고 이후 정신건강상태에 대한 측정도구 개발
8. 그 밖에 심리지원을 위하여 보건복지부장관이 정하는 업무
③ 보건복지부장관은 국가트라우마센터의 업무를 지원하기 위하여 권역별 트라우마센터를 설치·지정 및 운영할 수 있다. 〈신설 2020. 12. 29.〉
④ 권역별 트라우마센터는 다음 각 호의 업무를 수행한다. 〈신설 2024. 1. 2.〉
1. 국가트라우마센터의 업무 지원
2. 해당 권역에 거주하는 제1항 각 호의 어느 하나에 해당하는 사람에 대한 심리상담 및 심리치료
3. 해당 권역의 심리지원 관련 기관 간 협력체계의 구축
4. 그 밖에 심리지원을 위하여 보건복지부장관이 정하는 업무
⑤ 보건복지부장관은 대통령령으로 정하는 바에 따라 국가트라우마센터 및 권역별 트라우마센터의 설치·지정 및 운영을 그 업무에 필요한 전문인력과 시설을 갖춘 기관에 위임 또는 위탁할 수 있다. 〈개정 2020. 12. 29., 2024. 1. 2.〉
⑥ 제1항부터 제5항까지에서 규정한 사항 외에 국가트라우마센터 및 권역별 트라우마센터의 설치·지정 및 운영에 필요한 사항은 대통령령으로 정한다. 〈개정 2020. 12. 29., 2024. 1. 2.〉
[본조신설 2018. 6. 12.]

제15조의3(중독관리통합지원센터의 설치 및 운영) ① 보건복지부장관 또는 지방자치단체의 장은 알코올, 마약, 도박, 인터넷 등의 중독 문제와 관련한 종합적인 지원사업을 수행하기 위하여 중독관리통합지원센터를 설치·운영할 수 있다.
② 제1항에 따른 중독관리통합지원센터(이하 "중독관리통합지원센터"라 한다)는 다음 각 호의 사업을 수행한다.
1. 지역사회 내 중독자의 조기발견 체계 구축
2. 중독자 대상 상담, 치료, 재활 및 사회복귀 지원사업
3. 중독폐해 예방 및 교육사업
4. 중독자 가족에 대한 지원사업
5. 그 밖에 중독 문제의 해소를 위하여 필요한 사업
③ 보건복지부장관은 제1항에 따른 지방자치단체의 중독관리통합지원센터 설치·운영에 필요한 비용의 전부 또는 일부를 부담할 수 있다.
④ 보건복지부장관 또는 지방자치단체의 장은 중독관리통합지원센터의 설치·운영을 그 업무에 관한 전문성이 있는 기관·단체에 위탁할 수 있다.
⑤ 중독관리통합지원센터의 설치·운영 및 위탁 등에 필요한 사항은 보건복지부령으로 정한다.
[본조신설 2018. 12. 11.]

제15조의4(동료지원쉼터의 설치·운영) ① 국가와 지방자치단체는 일시적 정신건강 위기를 겪는 정신질환자 등에 대하여 임시로 보호하면서 동료지원인 상담 등을 제공하는 동료지원쉼터를 설치·운영할 수 있다.

② 제1항에 따른 동료지원쉼터의 설치·운영 및 인력기준 등에 관한 사항은 보건복지부령으로 정한다.

[본조신설 2024. 1. 2.]

[시행일: 2026. 1. 3.] 제15조의4

제16조(정신건강연구기관 설치·운영) 보건복지부장관은 다음 각 호의 업무 수행을 위하여 국립정신건강연구기관을 둘 수 있다.

1. 뇌(腦)신경 과학에 관한 연구
2. 정신질환 치료 및 재활을 위한 중개(仲介)·임상 연구
3. 정신건강증진 서비스 전달체계 개선에 관한 연구
4. 정신질환과 관련된 정보·통계의 수집·분석 및 제공
5. 정신건강증진 전문가 양성 및 정신건강증진시설 종사자 훈련
6. 국가계획의 수립 및 실태조사의 지원
7. 국가정신건강정책의 수행을 위한 국립정신병원의 지원
8. 그 밖에 대통령령으로 정하는 업무

제17조(정신건강전문요원의 자격 등) ① 보건복지부장관은 정신건강 분야에 관한 전문지식과 기술을 갖추고 보건복지부령으로 정하는 수련기관에서 수련을 받은 사람에게 정신건강전문요원의 자격을 줄 수 있다.

② 제1항에 따른 정신건강전문요원(이하 "정신건강전문요원"이라 한다)은 그 전문분야에 따라 정신건강임상심리사, 정신건강간호사, 정신건강사회복지사 및 정신건강작업치료사로 구분한다. 〈개정 2020. 4. 7.〉

③ 보건복지부장관은 정신건강전문요원의 자질을 향상시키기 위하여 보수교육을 실시할 수 있다.

④ 보건복지부장관은 제3항에 따른 보수교육을 국립정신병원, 「고등교육법」 제2조에 따른 학교 또는 대통령령으로 정하는 전문기관에 위탁할 수 있다.

⑤ 정신건강전문요원은 다른 사람에게 자기의 명의를 사용하여 정신건강전문요원의 업무를 수행하게 하거나 정신건강전문요원 자격증을 빌려주어서는 아니 된다. 〈신설 2019. 4. 23.〉

⑥ 누구든지 정신건강전문요원 자격을 취득하지 아니하고 그 명의를 사용하거나 자격증을 대여받아서는 아니 되며, 명의의 사용이나 자격증의 대여를 알선하여서도 아니 된다. 〈신설 2019. 4. 23.〉

⑦ 보건복지부장관은 정신건강전문요원이 다음 각 호의 어느 하나에 해당하는 경우에는 그 자격을 취소하거나 6개월 이내의 기간을 정하여 자격의 정지를 명할 수 있다. 다만, 제1호 또는 제2호에 해당하면 그 자격을 취소하여야 한다. 〈개정 2019. 4. 23.〉

1. 자격을 받은 후 제18조 각 호의 어느 하나에 해당하게 된 경우
2. 거짓이나 그 밖의 부정한 방법으로 자격을 받은 경우
3. 제5항을 위반하여 다른 사람에게 자기의 명의를 사용하여 정신건강전문요원의 업무를 수행하게 하거나 정신건강전문요원 자격증을 빌려준 경우
4. 고의 또는 중대한 과실로 제8항에 따라 대통령령으로 정하는 업무의 수행에 중대한 지장이 발생하게 된 경우

⑧ 제1항부터 제3항까지의 규정에 따른 정신건강전문요원 업무의 범위, 자격·등급에 관하여 필요한 사항은 대통령령으로 정하고, 수련과정 및 보수교육과 정신건강전문요원에 대한 자격증의 발급 등에 관하여 필요한 사항은 보건복지부령으로 정한다. 〈개정 2019. 4. 23.〉

제18조(정신건강전문요원의 결격사유) 다음 각 호의 어느 하나에 해당하는 사람은 정신건강전문요원이 될 수 없다. 〈개정 2018. 12. 11., 2020. 4. 7.〉

1. 피성년후견인

2. 이 법이나 다음 각 목의 어느 하나에 해당하는 법을 위반하여 금고 이상의 형을 선고받고 그 집행이 끝나지 아니하거나 집행을 받지 아니하기로 확정되지 아니한 사람
　　가. 「농어촌 등 보건의료를 위한 특별조치법」
　　나. 「마약류 관리에 관한 법률」
　　다. 「모자보건법」
　　라. 「보건범죄 단속에 관한 특별조치법」
　　마. 「사회보장급여의 이용·제공 및 수급권자 발굴에 관한 법률」
　　바. 「사회복지사업법」
　　사. 「시체 해부 및 보존 등에 관한 법률」
　　아. 「약사법」
　　자. 「응급의료에 관한 법률」
　　차. 「의료기사 등에 관한 법률」
　　카. 「의료법」
　　타. 「지역보건법」
　　파. 「혈액관리법」
　　하. 「후천성면역결핍증 예방법」
　　거. 「형법」 중 제233조, 제234조(제233조의 죄에 의하여 작성된 허위진단서등을 행사한 사람만 해당한다. 이하 같다), 제235조(제233조 및 제234조의 미수범만 해당한다), 제269조, 제270조제2항·제3항, 제317조제1항 및 제347조(거짓으로 진료비를 청구하여 환자나 진료비를 지급하는 기관·단체를 속인 경우만 해당한다)
3. 「성폭력범죄의 처벌 등에 관한 특례법」 제2조에 따른 성폭력범죄 또는 「아동·청소년의 성보호에 관한 법률」 제2조제2호에 따른 아동·청소년대상 성범죄를 저질러 금고 이상의 형 또는 치료감호를 선고받고 그 집행이 끝나지 아니하거나 집행을 받지 아니하기로 확정되지 아니한 사람

제3장 정신건강증진시설의 개설·설치 및 운영 등

제19조(정신의료기관의 개설·운영 등) ① 정신의료기관의 개설은 「의료법」에 따른다. 이 경우 「의료법」 제36조에도 불구하고 정신의료기관의 시설·장비의 기준과 의료인 등 종사자의 수·자격에 관하여 필요한 사항은 정신의료기관의 규모 등을 고려하여 보건복지부령으로 따로 정한다.
② 다음 각 호의 어느 하나에 해당하는 행위로 금고 이상의 형을 선고받고 그 형의 집행이 끝나거나 집행을 받지 아니하기로 확정된 후 5년이 지나지 아니한 사람 또는 그 사람이 대표자로 있는 법인은 정신의료기관을 개설하거나 설치할 수 없다.
1. 제41조제2항, 제42조제2항 본문, 제43조제7항·제9항 본문, 제47조제4항 또는 제62조제1항 후단을 위반하여 정신질환자를 퇴원이나 임시 퇴원을 시키지 아니한 행위
2. 제68조제1항을 위반하여 정신건강의학과전문의의 대면(對面) 진단에 의하지 아니하고 정신질환자를 정신의료기관에 입원을 시키거나 입원의 기간을 연장한 행위
③ 보건복지부장관은 정신질환자에 대한 지역별 병상 수급 현황 등을 고려하여 정신의료기관이 다음 각 호의 어느 하나에 해당하는 경우에 그 정신의료기관의 규모를 제한할 수 있다.
1. 300병상 이상의 정신의료기관을 개설하려는 경우
2. 정신의료기관의 병상 수를 300병상 미만에서 기존의 병상 수를 포함하여 300병상 이상으로 증설하려는 경우
3. 300병상 이상의 정신의료기관을 운영하는 자가 병상 수를 증설하려는 경우
④ 시·도지사 또는 시장·군수·구청장은 정신의료기관이 다음 각 호의 어느 하나에 해당하는 경우에는 1년의 범위에서 기간을 정하여 시정명령을 할 수 있다.
1. 제1항 후단에 따른 정신의료기관의 시설·장비의 기준과 의료인 등 종사자의 수·자격에 미달하게

된 경우

2. 제41조제2항, 제42조제2항 본문, 제43조제7항·제9항 본문, 제47조제4항 또는 제62조제1항 후단을 위반하여 정신질환자를 퇴원이나 임시 퇴원을 시키지 아니한 경우

3. 제59조제1항제1호부터 제6호까지(제61조제2항에서 준용하는 경우를 포함한다) 또는 제66조제4항에 따른 명령에 따르지 아니한 경우

4. 정당한 사유 없이 제66조제1항에 따른 보고를 하지 아니하거나 거짓으로 보고를 하는 경우, 관계 서류를 제출하지 아니하거나 거짓의 서류를 제출하는 경우 또는 관계 공무원의 검사를 거부·방해 또는 기피하는 경우나 같은 조 제2항에 따른 관계 공무원과 정신건강심의위원회 위원의 심사를 거부·방해 또는 기피한 경우

5. 제68조제1항을 위반하여 정신건강의학과전문의의 대면 진단에 의하지 아니하고 정신질환자를 입원시키거나 입원 기간을 연장한 경우

⑤ 시·도지사 또는 시장·군수·구청장은 정신의료기관이 제4항의 시정명령에 따르지 아니한 경우 보건복지부령으로 정하는 바에 따라 1년의 범위에서 사업의 정지를 명령하거나 개설허가의 취소 또는 시설의 폐쇄를 명령할 수 있다.

⑥ 제4항 및 제5항에 따른 행정처분의 세부적인 기준은 그 위반행위의 유형과 위반의 정도 등을 고려하여 보건복지부령으로 정한다.

⑦ 정신의료기관에 관하여는 이 법에서 규정한 것을 제외하고는 「의료법」에 따른다.

제20조(과징금처분) ① 시·도지사 또는 시장·군수·구청장은 정신의료기관이 제19조제5항에 해당하여 사업의 정지를 명하여야 하는 경우로서 그 사업의 정지가 이용자에게 심한 불편을 주거나 그 밖에 공익을 해칠 우려가 있는 경우에는 사업의 정지 처분을 갈음하여 1억원 이하의 과징금을 부과할 수 있다. 〈개정 2019. 1. 15.〉

② 제1항에 따른 과징금을 부과하는 위반행위의 유형 및 위반 정도 등에 따른 과징금의 금액과 그 밖에 필요한 사항은 대통령령으로 정한다.

③ 시·도지사 또는 시장·군수·구청장은 제1항에 따른 과징금을 내야 할 자가 납부기한까지 과징금을 내지 아니하면 「지방행정제재·부과금의 징수 등에 관한 법률」에 따라 징수한다.〈개정 2020. 3. 24.〉

제21조(국립·공립 정신병원의 설치 등) ① 국가와 지방자치단체는 국립 또는 공립의 정신의료기관으로서 정신병원을 설치·운영하여야 한다.

② 국가와 지방자치단체가 정신병원을 설치하는 경우 그 병원이 지역적으로 균형 있게 분포되도록 하여야 하며, 정신질환자가 지역사회 중심으로 관리되도록 하여야 한다.

③ 제1항에 따른 정신병원은 제12조제1항부터 제3항까지에 따른 정신건강증진사업을 수행하고 정신건강증진사업 인력에 대한 교육·훈련을 담당한다.

제21조의2(공립 정신병원의 운영 등) ① 보건복지부장관은 보건복지부령으로 정하는 바에 따라 공립 정신병원에 대한 운영평가를 실시하여야 한다. 다만, 보건복지부장관이 필요하다고 인정하는 경우에는 지방자치단체의 장으로 하여금 운영평가를 하게 할 수 있다.

② 지방자치단체의 장은 공립 정신병원 운영의 전문성과 효율성을 제고하기 위하여 필요한 경우에는 보건복지부령으로 정하는 법인·단체 또는 개인에게 그 운영을 위탁할 수 있다.

③ 제2항에 따라 공립 정신병원의 운영을 위탁하려는 경우에는 이를 공고하여 경쟁입찰에 부쳐야 한다. 다만, 공립 정신병원의 설치·운영에 필요한 부지 또는 건물 등으로서 보건복지부령으로 정하는 재산을 기부채납한 자에게 위탁하는 경우에는 수의계약을 할 수 있다.

④ 공립 정신병원 운영의 위탁기간은 그 위탁을 받은 날부터 5년으로 하며, 지방자치단체의 장은 제1항에 따른 운영평가 결과를 고려하여 5년 단위로 위탁계약을 갱신할 수 있다.

⑤ 지방자치단체의 장은 제2항에 따라 공립 정신병원의 운영을 위탁받은 자(이하 "수탁자"라 한다)가 공립 정신병원을 위법 또는 부당하게 운영하거나 위탁계약을 위반한 사실이 있는 경우 그 시정을 요구할 수 있다.

⑥ 지방자치단체의 장은 수탁자가 다음 각 호의 어느 하나에 해당하는 경우 위탁계약을 해지할 수 있다. 다만, 제1호에 해당하는 경우에는 위탁계약을 해지하여야 한다.

1. 거짓이나 그 밖의 부정한 방법으로 위탁계약을 체결한 경우
2. 부도, 파산, 해산, 의료인의 면허자격 정지 또는 취소, 의료업에 관한 허가 정지 또는 취소 등의 사유로 공립 정신병원의 위탁 운영이 곤란하다고 인정되는 경우
3. 제1항에 따른 운영평가를 정당한 사유 없이 거부·방해 또는 기피한 경우
4. 제5항에 따른 지방자치단체의 장의 시정 요구를 정당한 사유 없이 이행하지 아니한 경우
5. 그 밖에 위탁계약 내용에 포함된 계약 해지 사유가 발생한 경우

⑦ 지방자치단체의 장은 제6항에 따라 위탁계약을 해지하려면 수탁자에게 미리 의견진술의 기회를 주어야 한다.

[본조신설 2020. 4. 7.]

제22조(정신요양시설의 설치·운영) ① 국가와 지방자치단체는 정신요양시설을 설치·운영할 수 있다.

② 「사회복지사업법」에 따른 사회복지법인(이하 "사회복지법인"이라 한다)과 그 밖의 비영리법인이 정신요양시설을 설치·운영하려는 경우에는 해당 정신요양시설 소재지 관할 특별자치시장·특별자치도지사·시장·군수·구청장의 허가를 받아야 한다.

③ 다음 각 호의 어느 하나에 해당하는 행위로 금고 이상의 형을 선고받고 그 형의 집행이 끝나거나 집행을 받지 아니하기로 확정된 후 5년이 지나지 아니한 사람 또는 그 사람이 대표자로 있는 법인은 정신요양시설을 설치할 수 없다.

1. 제41조제2항, 제42조제2항 본문, 제43조제7항·제9항 본문, 제47조제4항을 위반하여 정신질환자를 퇴소나 임시 퇴소를 시키지 아니한 행위
2. 제68조제1항을 위반하여 정신건강의학과전문의의 대면 진단에 의하지 아니하고 정신질환자를 정신요양시설에 입소시키거나 입소의 기간을 연장한 행위

④ 제2항에 따라 허가를 받은 자가 허가받은 사항을 변경하려는 경우에는 특별자치시장·특별자치도지사·시장·군수·구청장에게 신고하여야 한다. 다만, 입소 정원을 변경하려는 경우에는 변경허가를 받아야 한다.

⑤ 특별자치시장·특별자치도지사·시장·군수·구청장은 제4항 본문에 따른 신고를 받은 경우 그 내용을 검토하여 이 법에 적합하면 신고를 수리하여야 한다. 〈신설 2019. 1. 15.〉

⑥ 보건복지부장관, 시·도지사 및 시장·군수·구청장은 정신요양시설의 장에게 정신질환자의 요양생활에 지장이 없는 범위에서 지역주민·사회단체·언론사 등이 정신요양시설의 운영상황을 파악할 수 있도록 그 시설의 개방을 요구할 수 있다. 이 경우 정신요양시설의 장은 정당한 사유가 없으면 그 요구에 따라야 한다. 〈개정 2019. 1. 15.〉

⑦ 정신요양시설의 설치기준·수용인원, 종사자의 수·자격 및 정신요양시설의 이용·운영에 필요한 사항은 보건복지부령으로 정한다. 〈개정 2019. 1. 15.〉

제23조(정신건강의학과전문의의 자문) 정신요양시설의 장은 정신요양시설에서 요양 서비스를 제공할 때 의료와 관련된 부분은 대통령령으로 정하는 바에 따라 정신건강의학과전문의에게 자문하여야 한다.

제24조(정신요양시설의 폐지·휴지·재개 신고) 정신요양시설을 설치·운영하는 자가 그 시설을 폐지·휴지(休止)하거나 재개(再開)하려는 경우에는 보건복지부령으로 정하는 바에 따라 미리 특별자치시장·특별자치도지사·시장·군수·구청장에게 신고하여야 한다. 이 경우 특별자치시장·특별자치도지사·시장·군수·

구청장은 그 내용을 검토하여 이 법에 적합하면 신고를 수리하여야 한다. 〈개정 2019. 1. 15.〉

제25조(정신요양시설 사업의 정지, 설치허가 취소 등) ① 특별자치시장·특별자치도지사·시장·군수·구청장은 정신요양시설이 다음 각 호의 어느 하나에 해당하는 경우에는 1년의 범위에서 기간을 정하여 시정명령을 할 수 있다. 〈개정 2019. 1. 15.〉

1. 제22조제4항을 위반하여 신고하지 아니하거나 변경허가를 받지 아니한 경우
2. 제22조제7항에 따른 설치기준, 수용인원, 종사자의 수·자격 또는 이용·운영에 관한 사항을 위반한 경우
3. 제41조제2항, 제42조제2항 본문, 제43조제7항·제9항 본문, 제47조제4항을 위반하여 정신질환자를 퇴소 또는 임시 퇴소를 시키지 아니한 경우
4. 제59조제1항제1호부터 제6호까지(제61조제2항에서 준용하는 경우를 포함한다) 또는 제66조제4항에 따른 명령에 따르지 아니한 경우
5. 정당한 사유 없이 제66조제1항에 따른 보고를 하지 아니하거나 거짓으로 보고를 하는 경우, 관계 서류를 제출하지 아니하거나 거짓의 서류를 제출하는 경우 또는 관계 공무원의 검사를 거부·방해 또는 기피하는 경우나 같은 조 제2항에 따른 관계 공무원과 정신건강심의위원회 위원의 심사를 거부·방해 또는 기피한 경우
6. 제68조제1항을 위반하여 정신건강의학과전문의의 대면 진단에 의하지 아니하고 정신질환자를 입소시키거나 입소 기간을 연장한 경우

② 특별자치시장·특별자치도지사·시장·군수·구청장은 정신요양시설이 제1항의 시정명령에 따르지 아니한 경우에는 보건복지부령으로 정하는 바에 따라 1개월의 범위에서의 사업의 정지 또는 정신요양시설의 장의 교체를 명령하거나 설치허가를 취소할 수 있다.

③ 특별자치시장·특별자치도지사·시장·군수·구청장은 정신요양시설을 설치·운영하는 사회복지법인 또는 비영리법인의 설립허가가 취소되거나 법인이 해산된 경우에는 설치허가를 취소하여야 한다.

④ 제1항 및 제2항에 따른 행정처분의 세부적인 기준은 그 위반행위의 유형과 위반의 정도 등을 고려하여 보건복지부령으로 정한다.

⑤ 정신요양시설에 관하여는 이 법에서 규정한 것을 제외하고는 「사회복지사업법」에 따른다.

제26조(정신재활시설의 설치·운영) ① 국가 또는 지방자치단체는 정신재활시설을 설치·운영할 수 있다.

② 국가나 지방자치단체 외의 자가 정신재활시설을 설치·운영하려면 해당 정신재활시설 소재지 관할 특별자치시장·특별자치도지사·시장·군수·구청장에게 신고하여야 한다. 신고한 사항 중 보건복지부령으로 정하는 중요한 사항을 변경할 때에도 신고하여야 한다.

③ 특별자치시장·특별자치도지사·시장·군수·구청장은 제2항에 따른 신고를 받은 경우 그 내용을 검토하여 이 법에 적합하면 신고를 수리하여야 한다. 〈신설 2019. 1. 15.〉

④ 정신재활시설의 시설기준, 수용인원, 종사자 수·자격, 설치·운영신고, 변경신고 및 정신재활시설의 이용·운영에 필요한 사항은 보건복지부령으로 정한다. 〈개정 2019. 1. 15.〉

⑤ 국가 또는 지방자치단체는 필요한 경우 정신재활시설을 사회복지법인 또는 비영리법인에 위탁하여 운영할 수 있다. 〈개정 2019. 1. 15.〉

⑥ 제4항에 따른 위탁운영의 기준·기간 및 방법 등에 관하여 필요한 사항은 보건복지부령으로 정한다. 〈개정 2019. 1. 15.〉

제27조(정신재활시설의 종류) ① 정신재활시설의 종류는 다음 각 호와 같다.

1. 생활시설: 정신질환자등이 생활할 수 있도록 주로 의식주 서비스를 제공하는 시설
2. 재활훈련시설: 정신질환자등이 지역사회에서 직업활동과 사회생활을 할 수 있도록 주로 상담·교육·취업·여가·문화·사회참여 등 각종 재활활동을 지원하는 시설

3. 그 밖에 대통령령으로 정하는 시설

② 제1항 각 호에 따른 정신재활시설의 구체적인 종류와 사업 등에 관하여 필요한 사항은 보건복지부령으로 정한다.

제28조(정신재활시설의 폐지·휴지·재개신고) 제26조제2항에 따라 정신재활시설을 설치·운영하는 자가 그 시설을 폐지·휴지하거나 재개하려면 보건복지부령으로 정하는 바에 따라 미리 특별자치시장·특별자치도지사·시장·군수·구청장에게 신고하여야 한다. 이 경우 특별자치시장·특별자치도지사·시장·군수·구청장은 그 내용을 검토하여 이 법에 적합하면 신고를 수리하여야 한다. 〈개정 2019. 1. 15.〉

제29조(정신재활시설의 폐쇄 등) ① 특별자치시장·특별자치도지사·시장·군수·구청장은 정신재활시설이 다음 각 호의 어느 하나에 해당하는 경우에는 1년의 범위에서 기간을 정하여 시정명령을 할 수 있다. 〈개정 2019. 1. 15.〉

1. 제26조제2항 후단에 따른 변경신고를 하지 아니한 경우
2. 제26조제4항에 따른 정신재활시설의 시설기준, 수용인원, 종사자 수·자격, 설치·운영신고, 변경신고 또는 이용·운영에 관한 사항을 위반한 경우

② 특별자치시장·특별자치도지사·시장·군수·구청장은 정신재활시설이 제1항의 시정명령에 따르지 아니한 경우에는 보건복지부령으로 정하는 바에 따라 1년의 범위에서의 사업의 정지 또는 정신재활시설의 폐쇄를 명령할 수 있다.

③ 특별자치시장·특별자치도지사·시장·군수·구청장은 정신재활시설을 설치·운영하는 사회복지법인 또는 비영리법인의 설립허가가 취소되거나 법인이 해산된 경우에는 시설의 폐쇄를 명하여야 한다.

제30조(기록보존) ① 정신건강증진시설의 장은 다음 각 호의 사항에 관한 기록을 보건복지부령으로 정하는 바에 따라 진료기록부 등에 작성·보존하여야 한다. 〈개정 2020. 4. 7.〉

1. 입원등 당시의 대면 진단 내용
2. 제41조제3항 및 제42조제4항에 따른 퇴원등의 의사 확인
3. 제42조제2항에 따른 퇴원등의 신청 일시 및 퇴원등의 거부 사유
4. 제43조제6항에 따른 입원등의 기간 연장에 대한 심사 청구 및 결과
5. 투약 등의 치료 내용을 적은 진료기록
6. 제73조에 따른 특수치료에 관한 협의체의 회의 내용
7. 제74조에 따른 통신과 면회의 자유 제한의 사유 및 내용
8. 제75조에 따른 격리시키거나 묶는 등의 신체적 제한의 사유 및 내용
9. 제76조에 따른 작업치료의 내용 및 결과
10. 그 밖에 보건복지부령으로 정하는 사항

② 정신건강증진시설의 장은 입원등을 한 사람이 제1항에 따른 기록의 열람·사본발급 등 그 내용확인을 요구하면 그 요구에 따라야 한다.

③ 정신건강증진시설의 장은 「의료법」 제21조에도 불구하고 보호의무자가 입원등을 한 사람의 동의서와 보호의무자임을 확인할 수 있는 서류를 제출하고 제1항에 따른 기록의 열람·사본발급 등 그 내용확인을 요구하면 그 요구에 따라야 한다. 다만, 입원등을 한 사람이 사망하거나 의사능력이 미흡하여 보호의무자가 입원등을 한 사람의 동의를 받을 수 없는 경우에는 보건복지부령으로 정하는 서류로 그 동의서를 갈음할 수 있다.

④ 정신건강증진시설의 장은 제3항에도 불구하고 입원등을 한 사람에게 해가 되는 경우로서 대통령령으로 정하는 경우에는 제3항에 따른 보호의무자의 요구에 따르지 아니할 수 있다.

제31조(정신건강증진시설의 평가) ① 보건복지부장관은 정기적으로 정신건강증진시설에 대한 평가(이하 "정신건강증진시설평가"라 한다)를 하여야 한다. 다만, 「의료법」 제58조에 따른 의료기관 인증 또는 「사회복

지사업법」제43조의2에 따른 사회복지시설평가로 정신건강증진시설평가를 갈음할 수 있다.

② 정신건강증진시설의 장은 정당한 사유가 있는 경우를 제외하고는 정신건강증진시설평가를 받아야 한다.

③ 보건복지부장관은 정신건강증진시설평가에 관한 업무를 관계 전문기관 또는 단체에 위탁할 수 있다.

④ 보건복지부장관은 정신건강증진시설평가의 결과를 공표하여야 한다.

⑤ 보건복지부장관은 정신건강증진시설평가 결과가 우수한 정신건강증진시설에 행정적·재정적 지원을 할 수 있다.

⑥ 제1항부터 제4항까지의 규정에 따른 정신건강증진시설평가의 주기·범위·절차, 정신건강증진시설평가 업무의 위탁, 평가결과의 공표 등에 필요한 사항은 보건복지부령으로 정한다.

제32조(청문) 보건복지부장관, 시·도지사 또는 시장·군수·구청장은 다음 각 호의 행정처분을 하려면 청문을 하여야 한다. 〈개정 2019. 4. 23.〉

1. 제17조제7항에 따른 정신건강전문요원의 자격취소
2. 제19조제5항에 따른 정신의료기관의 개설허가의 취소 또는 시설 폐쇄명령
3. 제25조제2항에 따른 정신요양시설의 설치허가의 취소
4. 제29조제2항에 따른 정신재활시설의 폐쇄명령
5. 제70조제4항에 따른 인권교육기관의 지정 취소

제4장 복지서비스의 제공

제33조(복지서비스의 개발) ① 국가와 지방자치단체는 정신질환자가 정신질환에도 불구하고 잠재적인 능력을 최대한 계발할 수 있도록 정신질환자에게 적합한 서비스를 적극적으로 개발하기 위한 연구지원체계를 구축하기 위하여 노력하여야 한다.

② 제1항에 따른 연구지원체계 구축에 필요한 사항은 보건복지부령으로 정한다.

제34조(고용 및 직업재활 지원) ① 국가와 지방자치단체는 정신질환자가 자신의 능력을 최대한 활용하여 직업생활을 영위할 수 있도록 일자리 창출, 창업지원 등 고용촉진에 필요한 조치를 강구하여야 한다.

② 보건복지부장관은 정신질환자의 능력과 특성에 적합한 직업훈련, 직업지도 등을 지원하기 위하여 필요한 조치를 강구하여야 한다.

③ 제1항 및 제2항의 고용촉진 및 직업훈련 등에 필요한 사항은 보건복지부령으로 정한다.

제35조(평생교육 지원) ① 국가와 지방자치단체는 정신질환자에게 「교육기본법」 제3조 및 제4조에 따른 평생교육의 기회가 충분히 부여될 수 있도록 특별자치시장·특별자치도지사·시장·군수·구청장별로 「평생교육법」 제2조제2호의 평생교육기관을 지정하여 정신질환자를 위한 교육과정을 적절하게 운영하도록 조치하여야 한다.

② 국가와 지방자치단체는 제1항에 따라 지정된 평생교육기관에 대하여 예산의 범위에서 정신질환자를 위한 교육과정 운영에 필요한 경비의 전부 또는 일부를 지원할 수 있다.

③ 제1항에 따른 평생교육기관의 지정기준과 절차, 정신질환자를 위한 교육과정의 기준, 교육제공인력의 요건 등은 교육부장관이 보건복지부장관과 협의하여 정한다.

제36조(문화·예술·여가·체육활동 등 지원) 국가와 지방자치단체는 이 법에서 정한 지원 외에 문화·예술·여가·체육활동 등의 영역에서 정신질환자에게 필요한 서비스가 지원되도록 최대한 노력하여야 한다.

제37조(지역사회 거주·치료·재활 등 통합 지원) ① 국가와 지방자치단체는 정신질환자의 지역사회 거주 및 치료를 위하여 필요한 시책을 강구하여야 한다.

② 국가와 지방자치단체는 정신건강증진시설에서의 퇴원등이 필요한 정신질환자에 대한 지역사회 재활 지원 등 지역사회 통합 지원을 위하여 노력하여야 한다. 〈개정 2019. 4. 23.〉

③ 제1항 및 제2항에 따른 지역사회 거주·치료·재활 등 통합 지원을 위하여 필요한 사항은 보건복지부령으로 정한다.

제38조(가족에 대한 정보제공과 교육) ① 국가와 지방자치단체는 정신질환자의 가족이 정신질환자의 적절한 회복과 자립을 지원하는 데 필요한 정보를 제공하거나 관련 교육을 실시할 수 있다.

② 제1항에 따라 제공하는 정보와 교육의 내용·방법 등에 필요한 사항은 보건복지부령으로 정한다.

제38조의2(절차조력) ① 국가 및 지방자치단체는 정신질환자등이 정신건강증진시설에 입원등을 하거나 정신건강증진시설에서 퇴원등을 할 때 정신질환자등의 의사가 충실히 전달되고 반영될 수 있도록 도와주는 절차조력서비스를 제공할 수 있다.

② 절차조력인은 정신질환자등의 입원등 및 퇴원등의 과정에서 정신질환자등의 동의를 받아 다음 각 호의 행위를 할 수 있다.

  1. 입원등 또는 퇴원등 절차와 관련한 서류작성 및 정신질환자등의 의견개진 보조

  2. 입원적합성심사, 퇴원등 또는 처우개선 심사 등 입원등·퇴원등 관련 심사에 참여하여 정신질환자등의 의사소통 조력 및 의견개진 보조

  3. 제55조에 따른 퇴원등 또는 처우개선 심사의 청구, 「인신보호법」에 따른 구제청구 등 각종 신청행위의 보조

  4. 정신질환자등의 통신 및 면회 보조

  5. 정신질환자등의 의료나 그 밖의 신상에 관한 자료 열람 및 수령. 이 경우 의료에 관한 자료를 열람하거나 수령할 때에는 「의료법」 제21조제3항제2호에 따른 요건에 해당하는 경우로 한정하며, 그 밖의 신상에 관한 자료를 열람하거나 수령할 때에는 명시적인 위임을 받은 경우로 한정한다.

  6. 그 밖에 정신질환자등의 의사결정지원과 권리보장을 위하여 보건복지부령으로 정하는 행위

③ 정신건강증진시설의 장은 모든 입원등을 하는 정신질환자등에게 절차조력서비스를 받을 수 있다는 것과 절차조력서비스의 이용방법 등 구체적인 내용을 알려야 한다.

④ 국가 및 지방자치단체는 절차조력서비스에 관한 업무를 관계 전문기관 또는 단체에 위탁할 수 있다.

⑤ 절차조력인의 자격, 절차조력서비스 제공 절차·방법, 절차조력서비스에 관한 업무의 위탁, 그 밖에 필요한 사항은 보건복지부령으로 정한다.

[본조신설 2024. 1. 2.]

[시행일: 2026. 1. 3.] 제38조의2

제38조의3(성년후견제 이용지원) ① 지방자치단체의 장은 성년인 정신질환자등이 다음 각 호의 어느 하나에 해당하여 후견인을 선임할 필요가 있음에도 불구하고 자력으로 후견인을 선임하기 어렵다고 판단되는 경우에는 그를 위하여 「민법」에 따라 가정법원에 성년후견개시, 한정후견개시 또는 특정후견의 심판을 청구할 수 있다.

  1. 일상생활에서 의사를 결정할 능력이 충분하지 아니하거나 매우 부족하여 의사결정의 대리 또는 지원이 필요하다고 볼 만한 상당한 이유가 있는 경우

  2. 정신질환자등의 권리를 적절하게 대변하여 줄 가족이 없는 경우

  3. 별도의 조치가 없으면 권리침해의 위험이 상당한 경우

② 지방자치단체의 장이 제1항에 따라 성년후견개시, 한정후견개시 또는 특정후견의 심판을 청구할 때에는 대통령령으로 정하는 요건을 충족하는 사람 또는 법인을 후견인 후보자로 하여 그 사람 또는 법인을 후견인으로 선임하여 줄 것을 함께 청구하여야 한다.

③ 국가와 지방자치단체는 제1항 및 제2항에 따라 선임된 후견인의 후견사무의 수행에 필요한 비용의 일부를 예산의 범위에서 보건복지부령으로 정하는 바에 따라 지원할 수 있다.

④ 제1항부터 제3항까지에 따른 성년후견제 이용지원의 요건, 후견인 후보자의 추천 절차, 후견인 후견사

제5장 보호 및 치료

제39조(보호의무자) ① 「민법」에 따른 후견인 또는 부양의무자는 정신질환자의 보호의무자가 된다. 다만, 다음 각 호의 어느 하나에 해당하는 사람은 보호의무자가 될 수 없다.

1. 피성년후견인 및 피한정후견인
2. 파산선고를 받고 복권되지 아니한 사람
3. 해당 정신질환자를 상대로 한 소송이 계속 중인 사람 또는 소송한 사실이 있었던 사람과 그 배우자
4. 미성년자
5. 행방불명자
6. 그 밖에 보건복지부령으로 정하는 부득이한 사유로 보호의무자로서의 의무를 이행할 수 없는 사람

② 제1항에 따른 보호의무자 사이의 보호의무의 순위는 후견인·부양의무자의 순위에 따르며 부양의무자가 2명 이상인 경우에는 「민법」 제976조에 따른다.

제40조(보호의무자의 의무) ① 보호의무자는 보호하고 있는 정신질환자가 적절한 치료 및 요양과 사회적응훈련을 받을 수 있도록 노력하여야 한다.

② 보호의무자는 보호하고 있는 정신질환자가 정신의료기관 또는 정신요양시설(이하 "정신의료기관등"이라 한다)에 입원등을 할 필요가 있는 경우에는 정신질환자 본인의 의사를 최대한 존중하여야 하며, 정신건강의학과전문의가 정신의료기관등에서 정신질환자의 퇴원등이 가능하다고 진단할 경우에는 퇴원등에 적극 협조하여야 한다.

③ 보호의무자는 보호하고 있는 정신질환자가 자신이나 다른 사람을 해치지 아니하도록 유의하여야 하며, 정신질환자의 재산상의 이익 등 권리보호를 위하여 노력하여야 한다.

④ 보호의무자는 보호하고 있는 정신질환자를 유기하여서는 아니 된다.

제41조(자의입원등) ① 정신질환자나 그 밖에 정신건강상 문제가 있는 사람은 보건복지부령으로 정하는 입원등 신청서를 정신의료기관등의 장에게 제출함으로써 그 정신의료기관등에 자의입원등을 할 수 있다.

② 정신의료기관등의 장은 자의입원등을 한 사람이 퇴원등을 신청한 경우에는 지체 없이 퇴원등을 시켜야 한다.

③ 정신의료기관등의 장은 자의입원등을 한 사람에 대하여 입원등을 한 날부터 2개월마다 퇴원등을 할 의사가 있는지를 확인하여야 한다.

제42조(동의입원등) ① 정신질환자는 보호의무자의 동의를 받아 보건복지부령으로 정하는 입원등 신청서를 정신의료기관등의 장에게 제출함으로써 그 정신의료기관등에 입원등을 할 수 있다.

② 정신의료기관등의 장은 제1항에 따라 입원등을 한 정신질환자가 퇴원등을 신청한 경우에는 지체 없이 퇴원등을 시켜야 한다. 다만, 정신질환자가 보호의무자의 동의를 받지 아니하고 퇴원등을 신청한 경우에는 정신건강의학과전문의 진단 결과 환자의 치료와 보호 필요성이 있다고 인정되는 경우에 한정하여 정신의료기관등의 장은 퇴원등의 신청을 받은 때부터 72시간까지 퇴원등을 거부할 수 있고, 퇴원등을 거부하는 기간 동안 제43조 또는 제44조에 따른 입원등으로 전환할 수 있다.

③ 정신의료기관등의 장은 제2항 단서에 따라 퇴원등을 거부하는 경우에는 지체 없이 환자 및 보호의무자에게 그 거부 사유 및 제55조에 따라 퇴원등의 심사를 청구할 수 있음을 서면 또는 전자문서로 통지하여야 한다.

④ 정신의료기관등의 장은 제1항에 따라 입원등을 한 정신질환자에 대하여 입원등을 한 날부터 2개월마

다 퇴원등을 할 의사가 있는지를 확인하여야 한다.

제43조(보호의무자에 의한 입원등) ① 정신의료기관등의 장은 정신질환자의 보호의무자 2명 이상(보호의무자 간 입원등에 관하여 다툼이 있는 경우에는 제39조제2항의 순위에 따른 선순위자 2명 이상을 말하며, 보호의무자가 1명만 있는 경우에는 1명으로 한다)이 신청한 경우로서 정신건강의학과전문의가 입원등이 필요하다고 진단한 경우에만 해당 정신질환자를 입원등을 시킬 수 있다. 이 경우 정신의료기관등의 장은 입원등을 할 때 보호의무자로부터 보건복지부령으로 정하는 바에 따라 입원등 신청서와 보호의무자임을 확인할 수 있는 서류를 받아야 한다.

② 제1항 전단에 따른 정신건강의학과전문의의 입원등 필요성에 관한 진단은 해당 정신질환자가 다음 각 호의 모두에 해당하는 경우 그 각각에 관한 진단을 적은 입원등 권고서를 제1항에 따른 입원등 신청서에 첨부하는 방법으로 하여야 한다.

  1. 정신질환자가 정신의료기관등에서 입원치료 또는 요양을 받을 만한 정도 또는 성질의 정신질환을 앓고 있는 경우

  2. 정신질환자 자신의 건강 또는 안전이나 다른 사람에게 해를 끼칠 위험(보건복지부령으로 정하는 기준에 해당하는 위험을 말한다. 이하 같다)이 있어 입원등을 할 필요가 있는 경우

③ 정신의료기관등의 장은 정신건강의학과전문의 진단 결과 정신질환자가 제2항 각 호에 모두 해당하여 입원등이 필요하다고 진단한 경우 그 증상의 정확한 진단을 위하여 2주의 범위에서 기간을 정하여 입원하게 할 수 있다.

④ 정신의료기관등의 장은 제3항에 따른 진단 결과 해당 정신질환자에 대하여 계속 입원등이 필요하다는 서로 다른 정신의료기관등에 소속된 2명 이상의 정신건강의학과전문의(제21조 또는 제22조에 따른 국립·공립의 정신의료기관등 또는 보건복지부장관이 지정하는 정신의료기관등에 소속된 정신건강의학과전문의가 1명 이상 포함되어야 한다)의 일치된 소견이 있는 경우에만 해당 정신질환자에 대하여 치료를 위한 입원등을 하게 할 수 있다.

⑤ 제4항에 따른 입원등의 기간은 최초로 입원등을 한 날부터 3개월 이내로 한다. 다만, 다음 각 호의 구분에 따라 입원등의 기간을 연장할 수 있다.

  1. 3개월 이후의 1차 입원등 기간 연장: 3개월 이내

  2. 제1호에 따른 1차 입원등 기간 연장 이후의 입원등 기간 연장: 매 입원등 기간 연장 시마다 6개월 이내

⑥ 정신의료기관등의 장은 다음 각 호의 모두에 해당하는 경우에만 제5항 각 호에 따른 입원등 기간의 연장을 할 수 있다. 이 경우 정신의료기관등의 장은 입원등 기간을 연장할 때마다 관할 특별자치시장·특별자치도지사·시장·군수·구청장에게 대통령령으로 정하는 기간 이내에 그 연장에 대한 심사를 청구하여야 한다.

  1. 서로 다른 정신의료기관등에 소속된 2명 이상의 정신건강의학과전문의(제21조 또는 제22조에 따른 국립·공립의 정신의료기관등 또는 보건복지부장관이 지정하는 정신의료기관등에 소속된 정신건강의학과전문의가 1명 이상 포함되어야 한다)가 입원등 기간을 연장하여 치료할 필요가 있다고 일치된 진단을 하는 경우

  2. 제1항에 따른 보호의무자(이하 "신청 보호의무자"라 한다) 2명 이상(제1항에 따른 입원등 신청 시 신청 보호의무자가 1명만 있었던 경우에는 1명으로 한다)이 제5항에 따른 입원등의 기간 연장에 대한 동의서를 제출한 경우

⑦ 정신의료기관등의 장은 제6항에 따른 입원등 기간 연장의 심사 청구에 대하여 특별자치시장·특별자치도지사·시장·군수·구청장으로부터 제59조(제61조제2항에서 준용하는 경우를 포함한다)에 따라 퇴원등 또는 임시 퇴원등(일시적으로 퇴원등을 시킨 후 일정 기간이 지난 후 다시 입원등 여부를 결정하는

조치를 말한다. 이하 같다) 명령의 통지를 받은 경우에는 해당 정신질환자를 지체 없이 퇴원등 또는 임시 퇴원등을 시켜야 한다.

⑧ 정신의료기관등의 장은 제1항이나 제3항부터 제5항까지의 규정에 따라 입원등을 시키거나 입원등의 기간을 연장하였을 때에는 지체 없이 입원등을 한 사람 및 보호의무자에게 그 사실 및 사유를 서면으로 통지하여야 한다.

⑨ 정신의료기관등의 장은 입원등을 한 사람 또는 보호의무자가 퇴원등을 신청한 경우에는 지체 없이 그 사람을 퇴원등을 시켜야 한다. 다만, 정신의료기관등의 장은 그 입원등을 한 사람이 제2항 각 호에 모두 해당하는 경우에는 퇴원등을 거부할 수 있다.

⑩ 정신의료기관등의 장은 제9항 본문에 따라 입원등을 한 사람을 퇴원등을 시켰을 때에는 지체 없이 보호의무자에게 그 사실을 서면으로 통지하여야 하고, 제9항 단서에 따라 퇴원등을 거부하는 경우에는 지체 없이 정신질환자 본인과 퇴원등을 신청한 보호의무자에게 그 거부사실 및 사유와 제55조에 따라 퇴원등의 심사를 청구할 수 있다는 사실 및 그 청구 절차를 서면으로 통지하여야 한다.

⑪ 제4항 및 제6항제1호에 따른 서로 다른 정신의료기관등에 소속된 2명 이상의 정신건강의학과전문의의 진단은 해당 지역의 정신의료기관등 또는 정신건강의학과전문의가 부족한 사정이 있는 경우에는 보건복지부령으로 정하는 바에 따라 구체적인 시행방안을 달리 정하여 진단하도록 할 수 있다.

제44조(특별자치시장·특별자치도지사·시장·군수·구청장에 의한 입원) ① 정신건강의학과전문의 또는 정신건강전문요원은 정신질환으로 자신의 건강 또는 안전이나 다른 사람에게 해를 끼칠 위험이 있다고 의심되는 사람을 발견하였을 때에는 특별자치시장·특별자치도지사·시장·군수·구청장에게 대통령령으로 정하는 바에 따라 그 사람에 대한 진단과 보호를 신청할 수 있다.

② 경찰관(「국가공무원법」 제2조제2항제2호에 따른 경찰공무원과 「지방공무원법」 제2조제2항제2호에 따른 자치경찰공무원을 말한다. 이하 같다)은 정신질환으로 자신의 건강 또는 안전이나 다른 사람에게 해를 끼칠 위험이 있다고 의심되는 사람을 발견한 경우 정신건강의학과전문의 또는 정신건강전문요원에게 그 사람에 대한 진단과 보호의 신청을 요청할 수 있다.

③ 제1항에 따라 신청을 받은 특별자치시장·특별자치도지사·시장·군수·구청장은 즉시 그 정신질환자로 의심되는 사람에 대한 진단을 정신건강의학과전문의에게 의뢰하여야 한다.

④ 정신건강의학과전문의가 제3항의 정신질환자로 의심되는 사람에 대하여 자신의 건강 또는 안전이나 다른 사람에게 해를 끼칠 위험이 있어 그 증상의 정확한 진단이 필요하다고 인정한 경우에 특별자치시장·특별자치도지사·시장·군수·구청장은 그 사람을 보건복지부장관이나 지방자치단체의 장이 지정한 정신의료기관(이하 "지정정신의료기관"이라 한다)에 2주의 범위에서 기간을 정하여 입원하게 할 수 있다.

⑤ 특별자치시장·특별자치도지사·시장·군수·구청장은 제4항에 따른 입원을 시켰을 때에는 그 사람의 보호의무자 또는 보호를 하고 있는 사람에게 지체 없이 입원 사유·기간 및 장소를 서면으로 통지하여야 한다.

⑥ 제4항에 따라 정신질환자로 의심되는 사람을 입원시킨 정신의료기관의 장은 지체 없이 2명 이상의 정신건강의학과전문의에게 그 사람의 증상을 진단하게 하고 그 결과를 특별자치시장·특별자치도지사·시장·군수·구청장에게 서면으로 통지하여야 한다.

⑦ 특별자치시장·특별자치도지사·시장·군수·구청장은 제6항에 따른 진단 결과 그 정신질환자가 계속 입원할 필요가 있다는 2명 이상의 정신건강의학과전문의의 일치된 소견이 있는 경우에만 그 정신질환자에 대하여 지정정신의료기관에 치료를 위한 입원을 의뢰할 수 있다.

⑧ 특별자치시장·특별자치도지사·시장·군수·구청장은 제7항에 따른 입원 의뢰를 한 때에는 보건복지부령으로 정하는 바에 따라 그 정신질환자와 보호의무자 또는 보호를 하고 있는 사람에게 계속하여 입

원이 필요한 사유 및 기간, 제55조에 따라 퇴원등 또는 처우개선의 심사를 청구할 수 있다는 사실 및 그 청구 절차를 지체 없이 서면으로 통지하여야 한다.

⑨ 특별자치시장·특별자치도지사·시장·군수·구청장은 제3항과 제4항에 따라 정신질환자로 의심되는 사람을 진단하거나 입원을 시키는 과정에서 그 사람이 자신의 건강 또는 안전이나 다른 사람에게 해를 끼칠 위험한 행동을 할 때에는 「119구조·구급에 관한 법률」 제2조에 따른 119구급대의 구급대원(이하 "구급대원"이라 한다)에게 호송을 위한 도움을 요청할 수 있다.

⑩ 지정정신의료기관의 지정기준, 지정취소 및 지정취소 기준, 지정 및 지정취소 절차 등에 관하여 필요한 사항은 보건복지부령으로 정한다.

제45조(입원등의 입원적합성심사위원회 신고 등) ① 제43조 또는 제44조에 따라 입원등을 시키고 있는 정신의료기관등의 장은 입원등을 시킨 즉시 입원등을 한 사람에게 입원등의 사유 및 제46조에 따른 입원적합성심사위원회에 의하여 입원적합성심사를 받을 수 있다는 사실을 구두 및 서면으로 알리고, 입원등을 한 사람의 대면조사 신청 의사를 구두 및 서면으로 확인하여야 한다.

② 제1항에 따른 정신의료기관등의 장은 입원등을 한 날부터 3일 이내에 제46조에 따른 입원적합성심사위원회에 입원등을 한 사람의 주민등록번호를 포함한 인적사항, 입원등 일자, 진단명, 입원등 필요성, 대면조사 신청 여부 및 그 밖에 대통령령으로 정하는 사항을 신고하여야 한다.

제46조(입원적합성심사위원회의 설치 및 운영 등) ① 보건복지부장관은 제43조 및 제44조에 따른 입원등의 적합성을 심사하기 위하여 제21조에 따른 각 국립정신병원 등 대통령령으로 정하는 기관(이하 "국립정신병원등"이라 한다) 안에 입원적합성심사위원회를 설치하며, 각 국립정신병원등의 심사대상 관할 지역은 대통령령으로 정한다.

② 입원적합성심사위원회는 입원심사소위원회를 설치하여 제43조 및 제44조에 따른 입원등에 대한 적합성 여부를 심사하여야 한다.

③ 입원적합성심사위원회는 위원장을 포함하여 10명 이상 30명 이내의 위원으로 구성하고, 위원장은 각 국립정신병원등의 장으로 하며, 위원은 위원장의 추천으로 보건복지부장관이 임명 또는 위촉하되 다음 각 호에 해당하는 사람 중 각각 1명 이상을 포함하여야 한다.

1. 정신건강의학과전문의
2. 판사·검사 또는 변호사의 자격이 있는 사람
3. 정신건강복지센터 소속 정신건강전문요원
4. 정신질환자의 보호와 재활을 위하여 노력한 정신질환자의 가족
5. 다음 각 목의 어느 하나에 해당하는 사람으로서 정신건강에 관한 전문지식과 경험을 가진 사람
    가. 정신건강증진시설의 설치·운영자
    나. 「고등교육법」 제2조에 따른 학교에서 심리학·간호학·사회복지학 또는 사회사업학을 가르치는 전임강사 이상의 직에 있는 사람
    다. 정신질환을 치료하고 회복한 사람
    라. 그 밖에 정신건강 관계 공무원, 인권전문가 등 정신건강과 인권에 관한 전문지식과 경험이 있다고 인정되는 사람

④ 입원심사소위원회는 5명 이상 15명 이내의 위원으로 구성하고, 입원적합성심사위원회 위원 중 위원장이 임명 또는 위촉한다.

⑤ 입원적합성심사위원회 및 입원심사소위원회는 월 1회 이상 회의를 개최하여야 한다. 다만, 심사 사항이 없는 달에는 그러하지 아니하다.

⑥ 입원적합성심사위원회 및 입원심사소위원회의 위원의 임기는 2년으로 하되, 연임할 수 있다.

⑦ 입원적합성심사위원회에는 간사 1명을 두되, 간사는 위원장이 해당 국립정신병원등 소속 직원 중에서 지명한다.

⑧ 입원적합성심사위원회 및 입원심사소위원회의 구성, 운영 등에 필요한 사항은 대통령령으로 정한다.

제47조(입원적합성심사위원회의 심사 및 심사결과 통지 등) ① 입원적합성심사위원회의 위원장은 제45조제2항에 따라 신고된 입원등을 입원심사소위원회에 회부하여야 하고, 입원등을 한 사람이 피후견인인 경우에는 관할 가정법원에 입원 사실 등을 통지하여야 한다.

② 입원심사소위원회는 제1항에 따라 회부된 입원등의 적합 또는 부적합 여부를 심사하여 그 심사결과를 입원적합성심사위원회의 위원장에게 보고하여야 한다. 이 경우 입원등을 한 사람은 입원심사소위원회에 의견을 진술할 수 있다. 〈개정 2024. 1. 2.〉

③ 입원적합성심사위원회의 위원장은 최초로 입원등을 한 날부터 1개월 이내에 정신의료기관등의 장에게 입원등의 적합 또는 부적합 여부를 서면으로 통지하여야 한다. 이 경우 통지의 방법과 절차 등에 필요한 사항은 보건복지부령으로 정한다.

④ 정신의료기관등의 장은 제3항에 따라 입원등의 부적합 통지를 받은 경우에는 해당 입원등을 한 사람을 지체 없이 퇴원등을 시켜야 한다.

⑤ 제1항 및 제2항에 따른 입원심사소위원회의 개최·심사·보고 등에 필요한 사항은 대통령령으로 정한다.

제48조(입원적합성의 조사) ① 입원적합성심사위원회의 위원장은 제47조제1항에 따라 입원심사소위원회에 회부하기 전에 입원등을 한 사람이 대면조사를 신청하거나 입원등의 적합성이 의심되는 등 대통령령으로 정하는 사유가 있는 경우에는 직권으로 그 국립정신병원등의 소속 직원(이하 "조사원"이라 한다)에게 해당 정신의료기관등을 출입하여 입원등을 한 사람을 직접 면담하고 입원등의 적합성, 퇴원등의 필요성 여부를 조사하게 할 수 있다.

② 제1항에 따라 조사를 수행하는 조사원은 해당 정신의료기관등의 장에게 다음 각 호의 사항을 요구할 수 있다. 이 경우 정신의료기관등의 장은 대통령령으로 정하는 특별한 사정이 없으면 이에 협조하여야 한다.

　1. 정신의료기관등에 입원등을 한 사람 및 정신의료기관등의 종사자와의 면담

　2. 정신의료기관등에 입원등을 한 사람의 진료기록 및 입원등의 기록의 제출

　3. 정신의료기관등에의 출입 및 현장확인

　4. 그 밖에 입원등 적합성을 확인하기 위하여 필요한 사항으로서 대통령령으로 정하는 사항

③ 제1항 및 제2항에 따라 조사를 수행하는 조사원은 권한을 나타내는 증표를 지니고 이를 조사대상자에게 보여주어야 한다.

④ 제1항 및 제2항에 따른 조사원의 자격, 정신의료기관등에의 출입, 면담 등 조사 방법 및 절차 등에 필요한 사항은 대통령령으로 정한다.

제49조(입원적합성심사위원회 위원 등의 제척) 제46조 및 제47조에 따른 입원적합성심사위원회 및 입원심사소위원회의 입원등의 심사에서 심사 대상이 되는 사람이 입원등을 하고 있는 정신의료기관등에 소속된 위원은 제척(除斥)된다.

제50조(응급입원) ① 정신질환자로 추정되는 사람으로서 자신의 건강 또는 안전이나 다른 사람에게 해를 끼칠 위험이 큰 사람을 발견한 사람은 그 상황이 매우 급박하여 제41조부터 제44조까지의 규정에 따른 입원등을 시킬 시간적 여유가 없을 때에는 의사와 경찰관의 동의를 받아 정신의료기관에 그 사람에 대한 응급입원을 의뢰할 수 있다.

② 제1항에 따라 입원을 의뢰할 때에는 이에 동의한 경찰관 또는 구급대원은 정신의료기관까지 그 사람을 호송한다.

③ 정신의료기관의 장은 제1항에 따라 응급입원이 의뢰된 사람을 3일(공휴일은 제외한다) 이내의 기간 동안 응급입원을 시킬 수 있다.

④ 제3항에 따라 응급입원을 시킨 정신의료기관의 장은 지체 없이 정신건강의학과전문의에게 그 응급입원

한 사람의 증상을 진단하게 하여야 한다.

⑤ 정신의료기관의 장은 제4항에 따른 정신건강의학과전문의의 진단 결과 그 사람이 자신의 건강 또는 안
전이나 다른 사람에게 해를 끼칠 위험이 있는 정신질환자로서 계속하여 입원할 필요가 있다고 인정된
경우에는 제41조부터 제44조까지의 규정에 따라 입원을 할 수 있도록 필요한 조치를 하고, 계속하여
입원할 필요가 없다고 인정된 경우에는 즉시 퇴원시켜야 한다.

⑥ 정신의료기관의 장은 제3항에 따른 응급입원을 시켰을 때에는 그 사람의 보호의무자 또는 보호를 하고
있는 사람에게 입원이 필요한 사유·기간 및 장소를 지체 없이 서면으로 통지하여야 한다.

제51조(신상정보의 확인) ① 정신건강증진시설의 장은 정신건강증진시설에 입원등을 하거나 시설을 이용하
는 사람의 성명, 주소, 보호의무자 등의 신상정보를 확인하여야 하며, 신상정보가 확인되지 아니하는 경우
에는 보건복지부령으로 정하는 바에 따라 특별자치시장·특별자치도지사·시장·군수·구청장에게 신상정
보의 조회를 요청하여야 한다.

② 특별자치시장·특별자치도지사·시장·군수·구청장은 제1항에 따라 조회 요청을 받은 경우 그 대상자
의 신상정보를 확인하고 그 결과를 정신건강증진시설의 장에게 통보하여야 한다.

③ 특별자치시장·특별자치도지사·시장·군수·구청장은 제2항에 따라 조회 요청 대상자의 신상정보를
확인하기 어려운 경우 관할 경찰서장에게 신상정보의 확인을 요청할 수 있다.

제52조(퇴원등의 사실의 통보) ① 정신의료기관등의 장은 제41조부터 제44조까지 또는 제50조에 따라 정
신의료기관등에 입원등을 한 사람이 퇴원등을 할 때에는 보건복지부령으로 정하는 바에 따라 본인의 동의
를 받아 그 퇴원등의 사실을 관할 정신건강복지센터의 장(관할 지역에 정신건강복지센터가 없는 경우에는
보건소의 장을 말한다. 이하 이 조에서 같다)에게 통보하여야 한다. 다만, 정신건강의학과전문의가 퇴원등
을 할 사람 본인의 의사능력이 미흡하다고 판단하는 경우에는 보호의무자의 동의로 본인의 동의를 갈음할
수 있다. 〈개정 2019. 4. 23.〉

② 제1항에도 불구하고 정신의료기관등의 장은 정신병적 증상으로 인하여 자신 또는 다른 사람의 생명이
나 신체에 해를 끼치는 행동으로 입원등을 한 사람이 퇴원등을 할 때 정신건강의학과전문의가 퇴원등
후 치료가 중단되면 증상이 급격히 악화될 우려가 있다고 진단하는 경우에는 그 퇴원등의 사실을 관할
정신건강복지센터의 장에게 통보하여야 한다. 〈신설 2019. 4. 23.〉

③ 정신의료기관등의 장은 퇴원등의 사실을 관할 정신건강복지센터의 장에게 통보하기 전에 미리 그 사실
을 본인 또는 보호의무자(정신건강의학과전문의가 퇴원등을 할 사람 본인의 의사능력이 미흡하다고 판
단하는 경우만 해당한다. 이하 이 조에서 같다)에게 알려야 한다. 〈신설 2019. 4. 23.〉

④ 정신의료기관등의 장은 본인 또는 보호의무자가 제3항에 따라 고지받은 퇴원등의 사실 통보를 거부하
는 경우에는 제2항에 따른 통보를 할 수 없다. 다만, 제54조제2항에 따른 정신건강심사위원회의 심사
를 거친 경우에는 그러하지 아니하다. 〈신설 2019. 4. 23.〉

⑤ 제1항 및 제2항에 따른 퇴원등의 사실 통보, 제3항에 따른 퇴원등의 사실 통보 사전 고지 및 제4항에
따른 퇴원등의 사실 통보 여부 심사절차에 관한 사항은 보건복지부령으로 정한다. 〈신설 2019. 4. 23.〉

⑥ 제1항·제2항 또는 제4항에 따라 퇴원등의 사실을 통보받은 정신건강복지센터의 장은 해당 퇴원등을
할 사람 또는 보호의무자와 상담하여 그 사람의 재활과 사회적응을 위한 지원방안을 마련하여야 한
다. 〈개정 2019. 4. 23.〉

제6장 퇴원등의 청구 및 심사 등

제53조(정신건강심의위원회의 설치·운영) ① 시·도지사와 시장·군수·구청장은 정신건강에 관한 중요한
사항을 심의 또는 심사하기 위하여 시·도지사 소속으로 광역정신건강심의위원회를 두고, 시장·군수·구
청장 소속으로 기초정신건강심의위원회를 둔다. 다만, 정신의료기관등이 없는 시·군·구에는 기초정신건

강심의위원회를 두지 아니할 수 있다.

② 광역정신건강심의위원회는 다음 각 호의 사항을 심의 또는 심사한다. 다만, 특별자치시 및 특별자치도에 두는 광역정신건강심의위원회에서는 다음 각 호의 사항 외에 제3항 각 호의 사항을 심의 또는 심사한다.

1. 정신건강증진시설에 대한 감독에 관한 사항

2. 제60조에 따른 재심사의 청구

3. 그 밖에 보건복지부령으로 정하는 사항

③ 기초정신건강심의위원회는 다음 각 호의 사항을 심의 또는 심사한다. 〈개정 2019. 4. 23.〉

1. 제43조제6항에 따른 입원등 기간 연장의 심사 청구

1의2. 제52조제4항 및 제66조제8항에 따른 퇴원등의 사실 통보 여부 심사

2. 제55조제1항에 따른 퇴원등 또는 처우개선의 심사 청구

3. 제62조제2항에 따른 입원 기간 연장의 심사

4. 제64조에 따른 외래치료 지원

5. 그 밖에 보건복지부령으로 정하는 사항

④ 광역정신건강심의위원회는 10명 이상 20명 이내의 위원으로 구성하고, 기초정신건강심의위원회는 6명 이상 12명 이내의 위원으로 구성하며, 위원의 임기는 각각 2년으로 하되, 연임할 수 있다. 다만, 공무원인 위원의 임기는 그 직위에 재직하는 기간으로 한다. 〈개정 2019. 4. 23.〉

⑤ 광역정신건강심의위원회 및 기초정신건강심의위원회(이하 "정신건강심의위원회"라 한다)의 위원은 시·도지사 및 시장·군수·구청장이 각각 임명 또는 위촉하되, 다음 각 호에 해당하는 사람 중 각각 1명 이상을 포함하여야 한다. 다만, 제5호나목부터 라목까지의 어느 하나에 해당하는 사람의 경우 광역정신건강심의위원회에는 3명 이상을, 기초정신건강심의위원회에는 2명 이상을 포함하여야 한다.

1. 정신건강의학과전문의

2. 판사·검사 또는 변호사의 자격이 있는 사람

3. 정신건강복지센터 소속 정신건강전문요원

4. 정신질환자의 보호와 재활을 위하여 노력한 정신질환자의 가족

5. 다음 각 목의 어느 하나에 해당하는 사람으로서 정신건강에 관한 전문지식과 경험을 가진 사람

   가. 정신건강증진시설의 설치·운영자

   나. 「고등교육법」 제2조에 따른 학교에서 심리학·간호학·사회복지학 또는 사회사업학을 가르치는 전임강사 이상의 직에 있는 사람

   다. 정신질환을 치료하고 회복한 사람

   라. 그 밖에 정신건강 관계 공무원, 인권전문가 등 정신건강과 인권에 관한 전문지식과 경험이 있다고 인정되는 사람

⑥ 정신건강심의위원회는 정신질환자에 대한 인권침해 행위를 알게 되었을 때에는 국가인권위원회에 조사를 요청할 수 있다.

⑦ 정신건강심의위원회는 심의 또는 심사를 위하여 월 1회 이상 회의를 개최하여야 한다. 다만, 심의 또는 심사 사항이 없는 달에는 그러하지 아니하다.

⑧ 정신건강심의위원회의 구성·운영 등에 필요한 사항은 대통령령으로 정한다.

제54조(정신건강심사위원회의 설치·운영) ① 정신건강심의위원회의 업무 중 심사와 관련된 업무를 전문적으로 수행하기 위하여 광역정신건강심의위원회 안에 광역정신건강심사위원회를 두고, 기초정신건강심의위원회 안에 기초정신건강심사위원회를 둔다.

② 광역정신건강심사위원회 및 기초정신건강심사위원회(이하 "정신건강심사위원회"라 한다)는 정신건강심의위원회의 위원 중에서 시·도지사 또는 시장·군수·구청장이 임명한 5명 이상 9명 이내의 위원으

로 구성한다. 이 경우 위원은 제53조제5항제1호에 해당하는 사람, 같은 항 제2호에 해당하는 사람 및 같은 항 제3호에 해당하는 사람 중에서 각각 1명 이상, 같은 항 제5호나목부터 라목까지의 어느 하나에 해당하는 사람 2명 이상을 포함하여야 한다.

③ 정신건강심사위원회는 월 1회 이상 위원회의 회의를 개최하여야 한다. 다만, 심사 사항이 없는 달에는 그러하지 아니하다.

④ 정신건강심사위원회의 구성·운영 등에 필요한 사항은 대통령령으로 정한다.

제55조(퇴원등 또는 처우개선 심사의 청구) ① 정신의료기관등에 입원등을 하고 있는 사람 또는 그 보호의무자는 관할 특별자치시장·특별자치도지사·시장·군수·구청장에게 입원등을 하고 있는 사람의 퇴원등 또는 처우개선(제76조에 따른 작업치료의 적정성 여부를 포함한다. 이하 같다)에 대한 심사를 청구할 수 있다. 〈개정 2020. 4. 7.〉

② 제1항에 따른 청구절차 등에 관하여 필요한 사항은 대통령령으로 정한다.

제56조(정신건강심의위원회에의 회부) 특별자치시장·특별자치도지사·시장·군수·구청장은 제43조제6항 및 제55조제1항에 따른 심사 청구를 받았을 때에는 지체 없이 그 청구 내용을 소관 정신건강심의위원회 회의에 회부하여야 한다.

제57조(퇴원등 또는 처우개선의 심사) ① 정신건강심의위원회가 제56조에 따른 회부를 받았을 때에는 지체 없이 이를 정신건강심사위원회에서 심사하여 그 결과를 특별자치시장·특별자치도지사·시장·군수·구청장에게 보고하여야 한다.

② 정신건강심사위원회가 제1항에 따라 심사를 할 때에는 심사 대상자 및 심사 대상자가 입원등을 하고 있는 정신의료기관등의 장의 의견을 들어야 한다. 다만, 제55조제1항에 따른 처우개선에 관한 사항의 심사를 할 때에는 그 의견을 듣지 아니할 수 있다. 〈개정 2024. 1. 2.〉

③ 정신건강심사위원회가 제1항에 따라 심사를 할 때에는 「의료법」 제21조에도 불구하고 정신의료기관등의 장이나 심사 대상자 또는 그 보호의무자에게 진료기록부와 제30조제1항 각 호에 해당하는 기록의 제출을 요구할 수 있다.

제58조(정신건강심사위원회 위원의 제척·기피·회피) ① 제57조에 따른 정신건강심사위원회의 입원등 기간의 연장과 퇴원등 또는 처우개선의 심사에서 그 사람의 입원등을 결정하였던 위원과 그 사람이 입원등을 하고 있는 정신의료기관등에 소속된 위원은 제척된다.

② 입원등 기간의 연장, 퇴원등 또는 처우개선의 심사를 청구한 자는 정신건강심사위원회의 위원에게 공정한 심사를 기대하기 어려운 사정이 있는 경우에는 위원회에 기피 신청을 할 수 있고, 위원회는 이를 결정한다. 이 경우 기피 신청의 대상인 위원은 그 심사에 참여하지 못한다.

③ 제1항에 따른 제척 사유에 해당하는 위원은 스스로 해당 안건의 심사에서 회피(回避)하여야 한다.

제59조(퇴원등 명령의 통지 등) ① 제57조제1항에 따라 정신건강심의위원회로부터 보고를 받은 특별자치시장·특별자치도지사·시장·군수·구청장은 심사 청구를 접수한 날부터 15일 이내에 다음 각 호의 어느 하나에 해당하는 명령 또는 결정을 하여야 한다. 이 경우 제4호 또는 제5호의 명령 또는 결정은 심사 대상자인 입원등을 하고 있는 사람의 청구 또는 동의가 있는 경우에 한정하여 할 수 있다. 〈개정 2019. 4. 23.〉

1. 퇴원등 또는 임시 퇴원등 명령
2. 처우개선을 위하여 필요한 조치 명령
3. 3개월 이내 재심사
4. 다른 정신의료기관등으로의 이송
5. 제41조의 자의입원등 또는 제42조의 동의입원등으로의 전환
6. 제64조에 따른 외래치료 지원

7. 입원등 기간 연장 결정

8. 계속 입원등 결정

② 제1항 각 호 외의 부분 후단에 따른 입원등을 하고 있는 사람의 청구 또는 동의는 정신건강의학과전문의가 그 사람의 의사능력이 미흡하다고 판단하는 경우에는 보호의무자의 청구 또는 동의로 갈음할 수 있다.

③ 특별자치시장·특별자치도지사·시장·군수·구청장은 제1항에도 불구하고 부득이한 사유로 같은 항 각 호 외의 부분 전단에 따른 기간 내에 명령 또는 결정을 하지 못할 때에는 10일의 범위에서 그 기간을 연장할 수 있다.

④ 특별자치시장·특별자치도지사·시장·군수·구청장은 제43조제6항 및 제55조제1항에 따른 심사 청구를 한 사람, 해당 정신질환자 및 해당 정신의료기관등의 장에게 지체 없이 제1항에 따른 명령 또는 결정의 내용을 서면으로 통지하여야 한다. 다만, 제3항에 해당하는 경우에는 기간 연장의 사유와 그 기간을 통지하여야 한다.

제60조(재심사의 청구 등) ① 제43조제6항에 따른 심사 청구의 대상인 정신질환자와 그 보호의무자, 제55조제1항에 따른 심사 청구를 한 사람, 제64조제3항에 따른 외래치료 지원 결정 및 같은 조 제8항에 따른 외래치료 지원 연장 결정을 받은 정신질환자 및 그 보호의무자는 다음 각 호의 어느 하나에 해당하는 경우에 시·도지사에게 재심사를 청구할 수 있다. 〈개정 2019. 4. 23.〉

1. 제59조제4항에 따라 통지받은 심사 결과에 불복하거나 심사 기간 내에 심사를 받지 못한 경우

2. 제64조제3항에 따른 외래치료 지원 결정에 불복하는 경우

3. 제64조제8항에 따른 외래치료 지원 연장 결정에 불복하는 경우

② 제1항에 따른 재심사 청구의 절차 등에 관하여 필요한 사항은 대통령령으로 정한다.

제61조(재심사의 회부 등) ① 시·도지사가 제60조제1항에 따른 재심사의 청구를 받았을 때에는 즉시 그 청구 내용을 광역정신건강심의위원회의 회의에 회부하여야 한다.

② 광역정신건강심의위원회의 심사에 관하여는 제57조를, 위원의 제척·기피·회피에 관하여는 제58조를, 시·도지사의 퇴원등 명령의 통지 등에 관하여는 제59조를 준용한다. 이 경우 "특별자치시장·특별자치도지사·시장·군수·구청장"은 "시·도지사"로 본다.

③ 제2항에서 준용하는 제57조에 따라 특별자치시·특별자치도의 광역정신건강심사위원회에서 재심사 청구를 심사하기 위하여 그 광역정신건강심사위원회를 구성하는 경우에 당초 제57조에 따라 심사에 참여하였던 위원을 제외한 해당 광역정신건강심의위원회 위원으로 재심사를 위한 광역정신건강심사위원회를 다시 구성한다. 이 경우 제54조제2항 후단은 적용하지 아니한다.

제62조(특별자치시장·특별자치도지사·시장·군수·구청장에 의한 입원의 해제) ① 특별자치시장·특별자치도지사·시장·군수·구청장은 제44조제7항에 따라 입원한 정신질환자에 대하여 최초로 입원을 한 날부터 3개월 이내에 입원을 해제하여야 하며, 입원의 해제 사실을 그 정신질환자가 입원하고 있는 정신의료기관의 장에게 서면으로 통지하여야 한다. 이 경우 그 정신의료기관의 장은 지체 없이 그 정신질환자를 퇴원시켜야 한다.

② 제1항에도 불구하고 특별자치시장·특별자치도지사·시장·군수·구청장은 2명 이상의 정신건강의학과전문의가 진단하고 소관 정신건강심사위원회에서 심사한 결과 그 정신질환자가 퇴원할 경우 정신질환으로 인하여 자신의 건강 또는 안전이나 다른 사람에게 해를 끼칠 위험이 명백하다고 인정되는 경우에는 다음 각 호의 구분에 따라 입원등의 기간을 연장할 수 있다.

1. 제1항에 따른 3개월 이후의 1차 입원 기간 연장: 3개월 이내

2. 제1호에 따른 1차 입원 기간 연장 이후의 입원 기간 연장: 매 입원 기간 연장 시마다 6개월 이내

③ 특별자치시장·특별자치도지사·시장·군수·구청장은 제2항에 따라 입원 기간을 연장하여 정신질환자

를 입원시켰을 때에는 그 정신질환자와 보호의무자 또는 그 사람을 보호를 하고 있는 사람에게 입원기간의 연장이 필요한 사유와 기간을 서면으로 통지하여야 한다.

제63조(임시 퇴원등) ① 제43조 또는 제44조에 따라 정신질환자를 입원등을 시키고 있는 정신의료기관등의 장은 2명 이상의 정신건강의학과전문의가 진단한 결과 정신질환자의 증상에 비추어 일시적으로 퇴원등을 시켜 그 회복 경과를 관찰하는 것이 필요하다고 인정되는 경우에는 3개월의 범위에서 해당 정신질환자를 임시 퇴원등을 시키고 그 사실을 보호의무자 또는 특별자치시장·특별자치도지사·시장·군수·구청장에게 통보하여야 한다.

② 특별자치시장·특별자치도지사·시장·군수·구청장은 제1항의 경우 또는 제59조(제61조제2항에서 준용하는 경우를 포함한다)에 따라 임시 퇴원등 명령의 통지를 한 경우에는 그 정신질환자가 임시 퇴원등을 한 후의 경과를 관찰할 수 있다.

③ 특별자치시장·특별자치도지사·시장·군수·구청장은 제2항에 따라 관찰한 결과 증상의 변화 등으로 인하여 다시 입원등을 시킬 필요가 있다고 인정되는 경우에는 2명의 정신건강의학과전문의의 의견을 들어 임시 퇴원등을 한 정신질환자를 재입원 또는 재입소(이하 "재입원등"이라 한다)를 시킬 수 있다. 이 경우 재입원등의 기간은 재입원등을 한 날부터 3개월을 초과할 수 없다.

제64조(외래치료 지원 등) ① 정신의료기관의 장은 제43조와 제44조에 따라 입원을 한 정신질환자 중 정신병적 증상으로 인하여 입원을 하기 전 자신 또는 다른 사람에게 해를 끼치는 행동(보건복지부령으로 정하는 행동을 말한다. 이하 이 조에서 같다)을 한 사람에 대해서는 특별자치시장·특별자치도지사·시장·군수·구청장에게 외래치료 지원을 청구할 수 있다. 〈개정 2019. 4. 23.〉

② 정신의료기관의 장 또는 정신건강복지센터의 장은 정신질환자 중 정신병적 증상으로 인하여 자신 또는 다른 사람에게 해를 끼치는 행동을 하여 정신의료기관에 입원한 사람 또는 외래치료를 받았던 사람으로서 치료를 중단한 사람을 발견한 때에는 특별자치시장·특별자치도지사·시장·군수·구청장에게 그 사람에 대한 외래치료의 지원을 청구할 수 있다. 〈신설 2019. 4. 23.〉

③ 특별자치시장·특별자치도지사·시장·군수·구청장은 제1항 및 제2항에 따른 외래치료 지원의 청구를 받았을 때에는 소관 정신건강심사위원회의 심사를 거쳐 1년의 범위에서 기간을 정하여 외래치료를 받도록 정신질환자를 지원할 수 있다. 〈개정 2019. 4. 23.〉

④ 특별자치시장·특별자치도지사·시장·군수·구청장은 제3항에 따라 외래치료 지원 결정을 한 때에는 지체 없이 정신질환자 본인 및 그 보호의무자와 외래치료 지원을 청구한 정신의료기관의 장, 정신건강복지센터의 장 및 외래치료 지원을 하게 될 정신의료기관의 장에게 그 사실을 서면으로 통지하여야 한다. 〈개정 2019. 4. 23.〉

⑤ 특별자치시장·특별자치도지사·시장·군수·구청장은 제3항에 따라 외래치료 지원 결정을 받은 사람이 그 외래치료 지원 결정에 따르지 아니하고 치료를 중단한 때에는 그 사람이 자신의 건강 또는 안전이나 다른 사람에게 해를 끼칠 위험이 있는지를 평가하기 위하여 그 사람에게 지정정신의료기관에서 평가를 받도록 명령할 수 있다. 이 경우 해당 명령을 받은 사람은 명령을 받은 날부터 14일 이내에 지정정신의료기관에서 평가를 받아야 한다. 〈개정 2019. 4. 23.〉

⑥ 특별자치시장·특별자치도지사·시장·군수·구청장은 제5항에 따라 외래치료 지원 결정을 받은 사람에게 평가를 받도록 명령하는 경우 구급대원에게 그 사람을 정신의료기관까지 호송하도록 요청할 수 있다. 〈개정 2019. 4. 23.〉

⑦ 특별자치시장·특별자치도지사·시장·군수·구청장은 제5항에 따라 평가한 결과 외래치료 지원 결정을 받은 사람이 자신의 건강 또는 안전이나 다른 사람에게 해를 끼칠 위험이 없다고 인정되는 경우에는 외래치료 지원 결정을 철회하고, 자신의 건강 또는 안전이나 다른 사람에게 해를 끼칠 위험이 있다고 인정되는 경우에는 다음 각 호의 어느 하나에 해당하는 조치를 하여야 한다. 〈개정 2019. 4. 23.〉

1. 제41조에 따라 자의입원등을 신청하게 하는 것

2. 제42조에 따라 동의입원등을 신청하게 하는 것

3. 보호의무자에게 제43조제1항에 따른 입원등 신청을 요청하는 것

4. 제44조제7항에 따라 입원하게 하는 것(제1호부터 제3호까지의 조치에 따르지 아니하는 경우만 해당한다)

⑧ 특별자치시장·특별자치도지사·시장·군수·구청장은 제3항에 따라 외래치료 지원 결정을 받은 사람에 대하여 정신건강의학과전문의가 치료 기간의 연장이 필요하다고 진단하는 경우에는 소관 정신건강심사위원회의 심사를 거쳐 1년의 범위에서 기간을 정하여 외래치료 지원을 연장할 수 있다.〈신설 2019. 4. 23.〉

⑨ 국가와 지방자치단체는 외래치료 지원에 따라 발생하는 비용의 전부 또는 일부를 부담할 수 있다.〈개정 2019. 4. 23.〉

⑩ 제1항 및 제2항에 따른 외래치료 지원의 청구절차와 방법 및 제4항에 따른 외래치료 지원 결정의 집행절차 등은 보건복지부령으로 정한다.〈신설 2019. 4. 23.〉

[제목개정 2019. 4. 23.]

제65조(무단으로 퇴원등을 한 사람에 대한 조치) ① 정신의료기관등의 장은 입원등을 하고 있는 정신질환자로서 자신의 건강 또는 안전이나 다른 사람에게 해를 끼칠 위험이 있는 사람이 무단으로 퇴원등을 하여 그 행방을 알 수 없을 때에는 관할 경찰서장 또는 자치경찰기구를 설치한 제주특별자치도지사에게 다음 각 호의 사항을 통지하여 탐색을 요청하여야 한다.〈개정 2019. 4. 23.〉

1. 퇴원등을 한 사람의 성명·주소·성별 및 생년월일

2. 입원등의 날짜·시간 및 퇴원등의 날짜·시간

3. 증상의 개요 및 인상착의

4. 보호의무자 또는 보호를 하였던 사람의 성명·주소

② 경찰관은 제1항에 따라 탐색 요청을 받은 사람을 발견한 때에는 즉시 그 사실을 해당 정신의료기관등의 장에게 통지하여야 한다.

③ 제2항에 따라 통지를 받은 정신의료기관등의 장은 즉시 정신질환자를 인도받아야 한다. 다만, 그 정신질환자를 즉시 인도받을 수 없는 부득이한 사정이 있는 경우 경찰관은 그 정신질환자를 인도할 때까지 24시간의 범위에서 그 정신질환자를 경찰관서·의료기관·사회복지시설 등에 보호할 수 있다.

제66조(보고·검사 등) ① 보건복지부장관, 시·도지사 및 시장·군수·구청장은 정신건강증진시설의 설치·운영자의 소관 업무에 관하여 지도·감독을 하거나 보건소로 하여금 지도·감독을 하도록 하여야 하며, 연 1회 이상 그 업무에 관하여 보고 또는 관계 서류의 제출을 명하거나, 관계 공무원으로 하여금 해당 시설의 장부·서류 또는 그 밖의 운영상황을 검사하게 하여야 한다.

② 시·도지사와 시장·군수·구청장은 대통령령으로 정하는 바에 따라 관계 공무원과 정신건강심의위원회의 위원으로 하여금 정신건강증진시설에 출입하여 입원등을 한 사람을 직접 면담하여 입원등의 적절성 여부, 퇴원등의 필요성 또는 처우에 관하여 심사하게 할 수 있다. 이 경우 심사를 한 관계 공무원과 정신건강심의위원회의 위원은 그 심사 결과를 지체 없이 시·도지사 또는 시장·군수·구청장에게 보고하여야 한다.

③ 제1항 및 제2항에 따른 검사·심사를 하는 관계 공무원과 정신건강심의위원회의 위원은 그 권한을 나타내는 증표를 지니고 이를 관계인에게 보여주어야 한다.

④ 시·도지사 또는 시장·군수·구청장은 제2항에 따른 심사 결과에 따라 정신건강증진시설의 장에게 그 정신질환자를 퇴원등을 시키도록 명령하거나 처우개선을 위하여 필요한 조치를 하도록 명령할 수 있다.

⑤ 정신건강증진시설의 장은 제4항에 따라 퇴원등을 시키는 경우에는 보건복지부령으로 정하는 바에 따라

관할 보건소장과 정신건강복지센터의 장에게 그 사실을 통보하여야 한다. 다만, 정신질환자나 보호의무자(정신건강의학과전문의가 퇴원등을 할 사람 본인의 의사능력이 미흡하다고 판단하는 경우만 해당한다. 이하 이 조에서 같다)가 통보하는 것에 동의하지 아니하는 경우에는 그러하지 아니하다.〈개정 2019. 4. 23.〉

⑥ 제5항 단서에도 불구하고 정신건강증진시설의 장은 정신병적 증상으로 인하여 자신 또는 다른 사람의 생명이나 신체에 해를 끼치는 행동으로 입원등을 한 사람이 퇴원등을 할 때 정신건강의학과전문의가 퇴원등 후 치료가 중단되면 증상이 급격히 악화될 우려가 있다고 진단하는 경우에는 그 퇴원등의 사실을 관할 정신건강복지센터의 장과 보건소의 장에게 통보하여야 한다.〈신설 2019. 4. 23.〉

⑦ 정신건강증진시설의 장은 퇴원등의 사실을 관할 정신건강복지센터의 장과 보건소의 장에게 통보하기 전에 미리 그 사실을 본인 또는 보호의무자에게 알려야 한다.〈신설 2019. 4. 23.〉

⑧ 정신건강증진시설의 장은 본인 또는 보호의무자가 제7항에 따라 고지받은 퇴원등의 사실 통보를 거부하는 경우에는 제6항에 따른 통보를 할 수 없다. 다만, 정신건강심사위원회의 심사를 거친 경우에는 그러하지 아니하다.〈신설 2019. 4. 23.〉

⑨ 제5항 및 제6항에 따른 퇴원등의 사실 통보, 제7항에 따른 퇴원등의 사실 통보 사전 고지 및 제8항에 따른 퇴원등의 사실 통보 여부 심사절차에 관한 사항은 보건복지부령으로 정한다.〈신설 2019. 4. 23.〉

제67조(입·퇴원등관리시스템) ① 보건복지부장관은 정신의료기관등의 입원등 및 퇴원등을 관리하기 위하여 입·퇴원등관리시스템을 구축·운영하여야 한다.

② 정신의료기관등의 장은 제1항에 따른 입·퇴원등관리시스템에 제45조제2항에 따라 신고한 내용 및 대통령령으로 정하는 퇴원등의 사항을 등록하여야 한다.

③ 제2항에 따라 입·퇴원등관리시스템에 등록된 정보는 입원등 및 퇴원등의 심사와 관련된 경우 등 대통령령으로 정하는 경우를 제외하고는 「개인정보 보호법」 제2조에 따른 처리를 하여서는 아니 된다.

④ 보건복지부장관은 정신질환자가 퇴원등을 한 후에 제1항에 따른 입·퇴원등관리시스템에 등록되어 있는 본인 기록의 전부 또는 일부에 대하여 삭제를 요청하는 경우 지체 없이 해당 기록을 삭제하고 그 사실을 본인에게 서면 또는 전자문서로 통지하여야 한다.

⑤ 보건복지부장관은 제1항에 따른 입·퇴원등관리시스템의 구축·운영에 관한 사항을 대통령령으로 정하는 기관에 위탁할 수 있다.

제7장 권익보호 및 지원 등

제68조(입원등의 금지 등) ① 누구든지 제50조에 따른 응급입원의 경우를 제외하고는 정신건강의학과전문의의 대면 진단에 의하지 아니하고 정신질환자를 정신의료기관등에 입원등을 시키거나 입원등의 기간을 연장할 수 없다.

② 제1항에 따른 진단의 유효기간은 진단서 발급일부터 30일까지로 한다.

제69조(권익보호) ① 누구든지 정신질환자이거나 정신질환자였다는 이유로 그 사람에 대하여 교육, 고용, 시설이용의 기회를 제한 또는 박탈하거나 그 밖의 불공평한 대우를 하여서는 아니 된다.

② 누구든지 정신질환자, 그 보호의무자 또는 보호를 하고 있는 사람의 동의를 받지 아니하고 정신질환자에 대하여 녹음·녹화 또는 촬영하여서는 아니 된다.

③ 정신건강증진시설의 장은 입원등을 하거나 정신건강증진시설을 이용하는 정신질환자에게 정신건강의학과전문의의 지시에 따른 치료 또는 재활의 목적이 아닌 노동을 강요하여서는 아니 된다.

제69조의2(동료지원인 양성 및 활동지원) ① 국가 및 지방자치단체는 동료지원인을 양성하고 활동을 지원할 수 있다.

② 보건복지부장관은 동료지원인 양성 및 보수교육 과정을 개발할 수 있다.

③ 보건복지부장관은 보건복지부령으로 정하는 바에 따라 동료지원인 양성과정을 수료한 동료지원인에게 수료증을 배부하고, 명부를 관리하여야 한다.

④ 보건복지부장관은 동료지원인 양성 및 보수교육을 전문적으로 수행하기 위하여 동료지원인 양성 및 보수교육 기관(이하 이 조에서 "교육훈련기관"이라 한다)을 지정하여 교육훈련의 실시를 위탁할 수 있다. 이 경우 보건복지부장관은 교육훈련을 위탁받은 교육훈련기관에 그 경비의 일부 또는 전부를 지원할 수 있다.

⑤ 제4항에 따라 교육훈련기관을 지정하여 위탁하는 경우에는 정신질환자 단체의 의견을 청취할 수 있다.

⑥ 국가 및 지방자치단체는 동료지원인의 취업 및 고용안정을 지원할 수 있다.

⑦ 그 밖에 동료지원인 양성 및 활동지원과 관련하여 필요한 사항은 보건복지부령으로 정한다.

[본조신설 2024. 1. 2.]

[시행일: 2026. 1. 3.] 제69조의2

제70조(인권교육) ① 정신건강증진시설의 장과 종사자는 인권에 관한 교육(이하 "인권교육"이라 한다)을 받아야 한다.

② 보건복지부장관은 인권교육을 하기 위하여 인권교육기관을 지정할 수 있다.

③ 보건복지부장관은 제2항에 따라 지정한 인권교육기관에 교육과정의 운영에 드는 비용의 일부를 예산의 범위에서 보조할 수 있으며, 제2항에 따라 지정을 받은 인권교육기관은 보건복지부장관의 승인을 받아 교육에 필요한 경비를 교육대상자로부터 징수할 수 있다.

④ 보건복지부장관은 제2항에 따라 지정을 받은 인권교육기관이 다음 각 호의 어느 하나에 해당하면 그 지정을 취소하거나 6개월 이내의 기간을 정하여 업무를 정지할 수 있다. 다만, 제1호에 해당하면 그 지정을 취소하여야 한다.

1. 거짓이나 그 밖의 부정한 방법으로 지정을 받은 경우

2. 제5항에 따라 보건복지부령으로 정하는 지정요건을 갖추지 못하게 된 경우

3. 인권교육의 수행능력이 현저히 부족하다고 인정되는 경우

⑤ 인권교육의 시간·대상·내용·방법, 제2항에 따른 인권교육기관의 지정요건 등 지정 및 제4항에 따른 인권교육기관의 지정취소·업무정지 처분의 기준 등에 필요한 사항은 보건복지부령으로 정한다.

제70조의2(정신질환보도 권고기준 준수 협조요청) ① 보건복지부장관은 정신질환보도로 인한 정신질환 및 정신질환자에 대한 편견과 차별 유발을 방지하기 위하여 방송·신문·잡지 및 인터넷 신문 등 언론에 대하여 제7조제3항제15호에 따른 정신질환보도에 대한 권고기준을 준수하도록 협조를 요청할 수 있다.

② 언론은 제1항에 따른 협조요청을 적극 이행하도록 노력하여야 한다.

[본조신설 2024. 1. 23.]

제71조(비밀누설의 금지) 정신질환자 또는 정신건강증진시설과 관련된 직무를 수행하고 있거나 수행하였던 사람은 그 직무의 수행과 관련하여 알게 된 다른 사람의 비밀을 누설하거나 공표하여서는 아니 된다.

제72조(수용 및 가혹행위 등의 금지) ① 누구든지 이 법 또는 다른 법령에 따라 정신질환자를 보호할 수 있는 시설 외의 장소에 정신질환자를 수용하여서는 아니 된다.

② 정신건강증진시설의 장이나 그 종사자는 정신건강증진시설에 입원등을 하거나 시설을 이용하는 사람에게 폭행을 하거나 가혹행위를 하여서는 아니 된다.

제73조(특수치료의 제한) ① 정신의료기관에 입원을 한 사람에 대한 전기충격요법·인슐린혼수요법·마취하최면요법·정신외과요법, 그 밖에 대통령령으로 정하는 치료(이하 "특수치료"라 한다)는 그 정신의료기관이 구성하는 협의체에서 결정하되, 본인 또는 보호의무자에게 특수치료에 관하여 필요한 정보를 제공하고, 본인의 동의를 받아야 한다. 다만, 본인의 의사능력이 미흡한 경우에는 보호의무자의 동의를 받아야

한다.

② 제1항에 따른 협의체는 2명 이상의 정신건강의학과전문의와 대통령령으로 정하는 정신건강증진에 관한 전문지식과 경험을 가진 사람으로 구성하며, 그 운영 등에 필요한 사항은 대통령령으로 정한다.

제74조(통신과 면회의 자유 제한의 금지) ① 정신의료기관등의 장은 입원등을 한 사람에 대하여 치료 목적으로 정신건강의학과전문의의 지시에 따라 히는 경우가 아니면 통신과 면회의 자유를 제한할 수 없다.

② 정신의료기관등의 장은 치료 목적으로 정신건강의학과전문의의 지시에 따라 통신과 면회의 자유를 제한하는 경우에도 최소한의 범위에서 하여야 한다.

제75조(격리 등 제한의 금지) ① 정신의료기관등의 장은 입원등을 한 사람에 대하여 치료 또는 보호의 목적으로 정신건강의학과전문의의 지시에 따라 하는 경우가 아니면 격리시키거나 묶는 등의 신체적 제한을 할 수 없다.

② 정신의료기관등의 장은 치료 또는 보호의 목적으로 정신건강의학과전문의의 지시에 따라 입원등을 한 사람을 격리시키거나 묶는 등의 신체적 제한을 하는 경우에도 자신이나 다른 사람을 위험에 이르게 할 가능성이 뚜렷하게 높고 신체적 제한 외의 방법으로 그 위험을 회피하는 것이 뚜렷하게 곤란하다고 판단되는 경우에만 제1항에 따른 신체적 제한을 할 수 있다. 이 경우 격리는 해당 시설 안에서 하여야 한다.

제76조(작업치료) ① 정신의료기관등의 장은 입원등을 한 사람의 치료, 재활 및 사회적응에 도움이 된다고 인정되는 경우에는 그 사람의 건강상태와 위험성을 고려하여 보건복지부령으로 정하는 작업을 시킬 수 있다.

② 제1항에 따른 작업은 입원등을 한 사람 본인이 신청하거나 동의한 경우에만 정신건강의학과전문의가 지시하는 방법에 따라 시켜야 한다. 다만, 정신요양시설의 경우에는 정신건강의학과전문의의 지도를 받아 정신건강전문요원이 작업의 구체적인 방법을 지시할 수 있다.

③ 제1항에 따른 작업의 시간, 유형 또는 장소 등에 관한 사항은 보건복지부령으로 정한다.

[제목개정 2020. 4. 7.]

제77조(직업훈련 지원) 국가 또는 지방자치단체는 정신질환으로부터 회복된 사람이 그 능력에 따라 적당한 직업훈련을 받을 수 있도록 노력하고, 이들에게 적절한 직종을 개발·보급하기 위하여 노력하여야 한다.

제78조(단체·시설의 보호·육성 등) 국가 또는 지방자치단체는 정신질환자의 사회적응 촉진과 권익보호를 목적으로 하는 단체 또는 시설을 보호·육성하고, 이에 필요한 비용을 보조할 수 있다.

제79조(경제적 부담의 경감 등) 국가 또는 지방자치단체는 정신질환자와 그 보호의무자의 경제적 부담을 줄이고 정신질환자의 사회적응을 촉진하기 위하여 의료비의 경감·보조나 그 밖에 필요한 지원을 할 수 있다.

제80조(비용의 부담) ① 국가 또는 지방자치단체는 제44조 및 제50조에 따른 진단과 치료에 드는 비용의 전부 또는 일부를 부담할 수 있다. 〈개정 2021. 6. 8.〉

② 제1항에 따른 비용의 부담에 필요한 사항은 대통령령으로 정한다.

제81조(비용의 징수) 정신요양시설과 정신재활시설의 설치·운영자는 그 시설을 이용하는 사람으로부터 보건복지부장관이 정하여 고시하는 비용징수 한도액의 범위에서 시설 이용에 드는 비용을 받을 수 있다.

제81조의2(상속인 없는 재산의 처리) ① 정신요양시설과 정신재활시설의 설치·운영자는 그 시설에 입소 중인 사람이 사망하고 그 상속인의 존부가 분명하지 아니한 경우 「민법」 제1053조부터 제1059조까지의 규정에 따라 사망한 사람의 재산을 처리한다. 다만, 사망한 사람의 잔여재산이 「사회복지사업법」 제45조의2제1항 단서에 따른 금액 이하인 경우에는 관할 시장·군수·구청장에게 잔여재산 목록을 작성하여 보고하는 것으로 그 재산의 처리를 갈음할 수 있다.

② 제1항 단서에 따른 보고를 받은 시장·군수·구청장은 상속인, 일반상속채권자, 유증받은 자, 기타 상속재산에 대하여 권리를 주장하려는 자가 있으면 6개월 내에 그 권리를 주장할 것을 3개월 이상 공고하여야 한다.

③ 제2항에 따른 기간 내에 상속재산에 대하여 권리를 주장하는 자가 있는 때에는 시장·군수·구청장이 「민법」 제1034조에 따라 그 기간 내에 신고한 채권자들 간에 배당하여 변제하여야 한다.

④ 제2항에 따른 기간이 경과하여도 상속재산에 대하여 권리를 주장하는 자가 없는 때에는 상속재산은 지방자치단체에 귀속된다.

⑤ 제1항부터 제4항까지에서 규정한 사항 외에 상속인 없는 재산의 처리에 관한 세부절차는 보건복지부령으로 정한다.

[본조신설 2020. 12. 29.]

제82조(보조금 등) ① 국가는 지방자치단체가 설치·운영하는 정신건강증진시설에 대하여 그 설치·운영에 필요한 비용을 보조할 수 있다.

② 국가는 지방자치단체가 수행하는 제12조제2항 및 제3항에 따른 정신건강증진사업등, 제53조 및 제54조에 따른 정신건강심의위원회와 정신건강심사위원회 운영 및 제66조제1항에 따른 지도·감독을 하는 데에 드는 비용을 보조할 수 있다.

제83조(권한의 위임 및 업무의 위탁) ① 이 법에 따른 보건복지부장관 또는 시·도지사의 권한은 대통령령으로 정하는 바에 따라 그 일부를 시·도지사, 제16조에 따른 국립정신건강연구기관의 장, 국립정신병원 등의 장 또는 시장·군수·구청장에게 위임할 수 있다.

② 보건복지부장관은 이 법에 따른 업무의 일부를 대통령령으로 정하는 바에 따라 정신건강 관련 기관 또는 단체에 위탁할 수 있다.

제8장 벌칙

제84조(벌칙) 다음 각 호의 어느 하나에 해당하는 자는 5년 이하의 징역 또는 5천만원 이하의 벌금에 처한다.

1. 제40조제4항을 위반하여 정신질환자를 유기한 자
2. 제41조제2항, 제42조제2항, 제43조제9항 또는 제47조제4항을 위반하여 정신질환자를 퇴원등을 시키지 아니한 자
3. 제43조제7항을 위반하여 퇴원등의 명령 또는 임시 퇴원등의 명령에 따르지 아니한 자
4. 제45조제2항을 위반하여 입원적합성심사위원회에 신고하지 아니한 자
5. 제59조제1항제1호(제61조제2항에서 준용하는 경우를 포함한다)에 따른 퇴원등의 명령 또는 임시 퇴원등의 명령에 따르지 아니한자
6. 제62조제1항 후단을 위반하여 정신질환자를 퇴원시키지 아니한 자
7. 제66조제4항에 따른 퇴원등의 명령에 따르지 아니한 자
8. 제67조제3항을 위반하여 정보를 처리한 자
9. 제68조제1항을 위반하여 정신건강의학과전문의의 대면 진단에 의하지 아니하고 정신질환자를 입원 등을 시키거나 입원등의 기간을 연장한 자
10. 제72조제1항을 위반하여 정신질환자를 이 법 또는 다른 법령에 따라 정신질환자를 보호할 수 있는 시설 외의 장소에 수용한 자
11. 제72조제2항을 위반하여 정신건강증진시설의 장 또는 그 종사자로서 정신건강증진시설에 입원등을 하거나 시설을 이용하는 사람에게 폭행을 하거나 가혹행위를 한 사람
12. 제73조제1항을 위반하여 협의체의 결정 없이 특수치료를 하거나 정신의료기관에 입원을 한 사람

또는 보호의무자의 동의 없이 특수치료를 한 자

제85조(벌칙) 다음 각 호의 어느 하나에 해당하는 자는 3년 이하의 징역 또는 3천만원 이하의 벌금에 처한다.

1. 제19조제5항 또는 제29조제2항에 따른 사업의 정지명령 또는 시설의 폐쇄명령을 위반한 자
2. 제25조제2항에 따른 사업의 정지명령 또는 정신요양시설의 장의 교체명령을 위반한 자
3. 제26조제2항 전단을 위반하여 신고를 하지 아니하고 정신재활시설을 설치·운영한 자
4. 제67조제4항을 위반하여 기록을 삭제하지 아니한 자
5. 제69조제3항을 위반하여 입원등을 하거나 정신건강증진시설을 이용하는 정신질환자에게 노동을 강요한 자
6. 제71조를 위반하여 직무수행과 관련하여 알게 된 다른 사람의 비밀을 누설하거나 공표한 사람
7. 제74조제1항을 위반하여 입원등을 한 사람의 통신과 면회의 자유를 제한한 자

제86조(벌칙) 다음 각 호의 어느 하나에 해당하는 자는 1년 이하의 징역 또는 1천만원 이하의 벌금에 처한다. 〈개정 2019. 4. 23.〉

1. 제17조제5항을 위반하여 다른 사람에게 자기의 명의를 사용하여 정신건강전문요원의 업무를 수행하게 하거나 정신건강전문요원 자격증을 빌려준 사람
1의2. 제17조제6항을 위반하여 정신건강전문요원의 명의를 사용하거나 그 자격증을 대여받은 사람
1의3. 제17조제6항을 위반하여 정신건강전문요원의 명의의 사용이나 자격증의 대여를 알선한 사람
1의4. 제30조를 위반하여 기록을 작성·보존하지 아니하거나 그 내용확인을 거부한 자
2. 제41조제3항 또는 제42조제4항을 위반하여 퇴원등을 할 의사가 있는지 여부를 확인하지 아니한 자
3. 제43조제1항 후단을 위반하여 입원등 신청서나 보호의무자임을 확인할 수 있는 서류를 받지 아니한 자
4. 제43조제6항을 위반하여 입원등 기간 연장에 대한 심사 청구기간을 지나서 심사 청구를 하거나, 심사 청구를 하지 아니하고 입원등 기간을 연장하여 입원등을 시킨 자
5. 제50조제5항을 위반하여 즉시 퇴원시키지 아니한 자
6. 제51조제1항을 위반하여 신상정보의 확인이나 조회 요청을 하지 아니한 자
7. 제59조제1항제2호부터 제6호까지(제61조제2항에서 준용하는 경우를 포함한다)에 따른 결정·명령을 따르지 아니한 자 또는 제66조제4항에 따른 처우개선을 위하여 필요한 조치 명령을 따르지 아니한 자
8. 제67조제2항을 위반하여 입·퇴원등관리시스템에 제45조제2항에 따른 신고 내용 및 퇴원등의 사항을 등록하지 아니한 자
9. 제69조제2항을 위반하여 동의를 받지 아니하고 정신질환자에 대하여 녹음·녹화 또는 촬영을 한 자
10. 제75조제1항을 위반하여 정신건강의학과전문의의 지시에 따르지 아니하고 신체적 제한을 한 자
11. 제76조제2항을 위반하여 입원등을 한 사람의 신청 또는 동의 없이 작업을 시키거나 정신건강의학과전문의나 정신건강전문요원이 지시한 방법과 다르게 작업을 시킨 자

제87조(벌칙) 제22조제6항 후단을 위반하여 정당한 사유 없이 시설 개방 요구에 따르지 아니한 자는 500만원 이하의 벌금에 처한다. 〈개정 2019. 1. 15.〉

제88조(양벌규정) 법인의 대표자나 법인 또는 개인의 대리인, 사용인, 그 밖의 종업원이 그 법인 또는 개인의 업무에 관하여 제84조부터 제87조까지의 어느 하나에 해당하는 위반행위를 하면 그 행위자를 벌하는 외에 그 법인 또는 개인에게도 해당 조문의 벌금형을 과(科)한다. 다만, 법인 또는 개인이 그 위반행위를 방지하기 위하여 해당 업무에 관하여 상당한 주의와 감독을 게을리하지 아니한 경우에는 그러하지 아니하다.

제89조(과태료) ① 다음 각 호의 어느 하나에 해당하는 자에게는 100만원 이하의 과태료를 부과한다. 〈개

정 2019. 4. 23.〉

1. 제6조제1항을 위반하여 권리 및 권리행사방법을 알리지 아니하거나 권리행사에 필요한 서류를 정신 건강증진시설에 갖추어 두지 아니한 자
1의2. 제6조제2항을 위반하여 정신건강복지센터의 기능·역할 및 이용 절차 등을 알리지 아니하거나 정신보건수첩 등의 서류를 정신건강증진시설에 갖추어 두지 아니한 자
2. 제24조에 따른 신고를 하지 아니하거나 거짓으로 신고를 한 자
3. 제28조에 따른 신고를 하지 아니하거나 거짓으로 신고를 한 자
4. 제42조제3항을 위반하여 퇴원등 거부사유 및 퇴원등 심사를 청구할 수 있음을 통지하지 아니한 자
5. 제43조제8항을 위반하여 입원등 또는 입원등 기간 연장의 사실 및 사유를 통지하지 아니한 자
6. 제43조제10항을 위반하여 퇴원등 거부 사실 및 사유나 퇴원등 심사를 청구할 수 있다는 사실 및 그 청구절차를 통지하지 아니한 자
7. 제48조제2항 후단을 위반하여 입원적합성심사위원회의 조사에 협조하지 아니한 자
8. 제63조제1항을 위반하여 임시 퇴원등 사실을 통보하지 아니한 자
9. 제66조제1항 및 제2항을 위반하여 보고를 하지 아니하거나 거짓으로 보고를 한 자, 관계 서류를 제출하지 아니하거나 거짓 서류를 제출한 자 또는 관계 공무원이나 정신건강심의위원회 위원의 검사·심사를 거부·방해 또는 기피한 자
10. 제69조제1항을 위반하여 교육, 고용, 시설이용의 기회를 제한 또는 박탈하거나 그 밖의 불공평한 대우를 한 자

② 제1항에 따른 과태료는 대통령령으로 정하는 바에 따라 보건복지부장관, 시·도지사 또는 시장·군수·구청장이 부과·징수한다.

부칙

〈제20113호,2024. 1. 23.〉

이 법은 공포 후 6개월이 경과한 날부터 시행한다.

후천성면역결핍증 예방법 (약칭: 에이즈예방법)

[시행 2020. 9. 12.] [법률 제17472호, 2020. 8. 11., 타법개정]

제1장 총칙 〈개정 2013. 4. 5.〉

제1조(목적) 이 법은 후천성면역결핍증의 예방·관리와 그 감염인의 보호·지원에 필요한 사항을 정함으로써 국민건강의 보호에 이바지함을 목적으로 한다는.

[전문개정 2013. 4. 5.]

제2조(정의) 이 법에서 사용하는 용어의 뜻은 다음과 같다.
1. "감염인"이란 인체면역결핍바이러스에 감염된 사람을 말한다.
2. "후천성면역결핍증환자"란 감염인 중 대통령령으로 정하는 후천성면역결핍증 특유의 임상증상이 나타난 사람을 말한다.

[전문개정 2013. 4. 5.]

제3조(국가·지방자치단체 및 국민의 의무) ① 국가와 지방자치단체는 후천성면역결핍증의 예방·관리와 감염인의 보호·지원을 위한 대책을 수립·시행하고 감염인에 대한 차별 및 편견의 방지와 후천성면역결핍증의 예방을 위한 교육과 홍보를 하여야 한다.
② 국가와 지방자치단체는 국제사회와 협력하여 후천성면역결핍증의 예방과 치료를 위한 활동에 이바지하여야 한다.
③ 국민은 후천성면역결핍증에 관한 올바른 지식을 가지고 예방을 위한 주의를 하여야 하며, 국가나 지방자치단체가 이 법에 따라 하는 조치에 적극 협력하여야 한다.
④ 제1항부터 제3항까지의 경우에 국가·지방자치단체 및 국민은 감염인의 인간으로서의 존엄과 가치를 존중하고 그 기본적 권리를 보호하며, 이 법에서 정한 사항 외의 불이익을 주거나 차별대우를 하여서는 아니 된다.
⑤ 사용자는 근로자가 감염인이라는 이유로 근로관계에 있어서 법률에서 정한 사항 외의 불이익을 주거나 차별대우를 하여서는 아니 된다.

[전문개정 2013. 4. 5.]

제4조 삭제 〈2009. 12. 29.〉

제2장 신고 및 보고 〈개정 2013. 4. 5.〉

제5조(의사 또는 의료기관 등의 신고) ① 감염인을 진단하거나 감염인의 사체를 검안한 의사 또는 의료기관은 보건복지부령으로 정하는 바에 따라 24시간 이내에 진단·검안 사실을 관할 보건소장에게 신고하고, 감염인과 그 배우자(사실혼 관계에 있는 사람을 포함한다. 이하 같다) 및 성 접촉자에게 후천성면역결핍증의 전파 방지에 필요한 사항을 알리고 이를 준수하도록 지도하여야 한다. 이 경우 가능하면 감염인의 의사(意思)를 참고하여야 한다. 〈개정 2018. 3. 27.〉
② 학술연구 또는 제9조에 따른 혈액 및 혈액제제(血液製劑)에 대한 검사에 의하여 감염인을 발견한 사람이나 해당 연구 또는 검사를 한 기관의 장은 보건복지부령으로 정하는 바에 따라 24시간 이내에 질병관리청장에게 신고하여야 한다. 〈개정 2018. 3. 27., 2020. 8. 11.〉
③ 감염인이 사망한 경우 이를 처리한 의사 또는 의료기관은 보건복지부령으로 정하는 바에 따라 24시간 이내에 관할 보건소장에게 신고하여야 한다. 〈개정 2018. 3. 27.〉
④ 제1항 및 제3항에 따라 신고를 받은 보건소장은 특별자치시장·특별자치도지사·시장·군수 또는 구청장(자치구의 구청장을 말한다. 이하 같다)에게 이를 보고하여야 하고, 보고를 받은 특별자치시장·특별

자치도지사는 질병관리청장에게, 시장·군수·구청장은 특별시장·광역시장 또는 도지사를 거쳐 질병관리청장에게 이를 보고하여야 한다.〈개정 2020. 8. 11.〉

[전문개정 2013. 4. 5.]

제6조 삭제 〈2008. 3. 21.〉

제7조(비밀 누설 금지) 다음 각 호의 어느 하나에 해당하는 사람은 이 법 또는 이 법에 따른 명령이나 다른 법령에서 정하고 있는 경우 또는 본인의 동의가 있는 경우를 제외하고는 재직 중에는 물론 퇴직 후에도 감염인에 대하여 업무상 알게 된 비밀을 누설하여서는 아니 된다.

1. 국가 또는 지방자치단체에서 후천성면역결핍증의 예방·관리와 감염인의 보호·지원에 관한 사무에 종사하는 사람
2. 감염인의 진단·검안·진료 및 간호에 참여한 사람
3. 감염인에 관한 기록을 유지·관리하는 사람

[전문개정 2013. 4. 5.]

제3장 검진 〈개정 2013. 4. 5.〉

제8조(검진) ① 질병관리청장, 특별시장·광역시장·특별자치시장·도지사 또는 특별자치도지사(이하 "시·도지사"라 한다), 시장·군수·구청장은 공중(公衆)과 접촉이 많은 업소에 종사하는 사람으로서 제2항에 따른 검진 대상이 되는 사람에 대하여 후천성면역결핍증에 관한 정기검진 또는 수시검진을 하여야 한다. 〈개정 2020. 8. 11.〉

② 질병관리청장, 시·도지사, 시장·군수·구청장은 후천성면역결핍증에 감염되었다고 판단되는 충분한 사유가 있는 사람 또는 후천성면역결핍증에 감염되기 쉬운 환경에 있는 사람으로서 다음 각 호의 어느 하나에 해당하는 사람에 대하여 후천성면역결핍증에 관한 검진을 할 수 있다.〈개정 2020. 8. 11.〉

1. 감염인의 배우자 및 성 접촉자
2. 그 밖에 후천성면역결핍증의 예방을 위하여 검진이 필요하다고 질병관리청장이 인정하는 사람

③ 해외에서 입국하는 외국인 중 대통령령으로 정하는 장기체류자는 입국 전 1개월 이내에 발급받은 후천성면역결핍증 음성확인서를 질병관리청장에게 보여주어야 한다. 이를 보여주지 못하는 경우에는 입국 후 72시간 이내에 검진을 받아야 한다.〈개정 2020. 8. 11.〉

④ 후천성면역결핍증에 관한 검진을 하는 자는 검진 전에 검진 대상자에게 이름·주민등록번호·주소 등을 밝히지 아니하거나 가명을 사용하여 검진(이하 "익명검진"이라 한다)할 수 있다는 사실을 알려 주어야 하고, 익명검진을 신청하는 경우에도 검진을 하여야 한다.

⑤ 제4항에 따른 검진을 하는 자는 검진 결과 감염인으로 밝혀진 사람이 있는 경우에는 보건복지부령으로 정하는 바에 따라 관할 보건소장에게 신고하여야 한다. 이 경우 감염인의 정보는 익명으로 관리하여야 한다.

[전문개정 2013. 4. 5.]

제8조의2(검진 결과의 통보) ① 후천성면역결핍증에 관한 검진을 한 자는 검진 대상자 본인 외의 사람에게 검진 결과를 통보할 수 없다. 다만, 검진 대상자가 군(軍), 교정시설 등 공동생활자인 경우에는 해당 기관의 장에게 통보하고, 미성년자, 심신미약자, 심신상실자인 경우에는 그 법정대리인에게 통보한다.

② 제1항에 따른 검진 결과 통보의 경우 감염인으로 판정을 받은 사람에게는 면접통보 등 검진 결과의 비밀이 유지될 수 있는 방법으로 하여야 한다.

③ 사업주는 근로자에게 후천성면역결핍증에 관한 검진결과서를 제출하도록 요구할 수 없다.

[전문개정 2013. 4. 5.]

제9조(혈액·장기·조직 등의 검사) ① 「혈액관리법」 제2조제3호의 혈액원(血液院)과 같은 조 제8호의 혈액제제[혈액과 혈장(血漿)을 포함한다. 이하 같다]를 수입하는 자는 해당 혈액원에서 채혈된 혈액이나 수입 혈액제제에 대하여 보건복지부령으로 정하는 바에 따라 인체면역결핍바이러스의 감염 여부를 검사하여야 한다. 다만, 인체면역결핍바이러스에 감염되어 있지 아니하다는 해당 제품 수출국가의 증명서류가 첨부되어 있는 수입 혈액제제로서 질병관리청장이 그 검사가 필요 없다고 인정하는 경우에는 그러하지 아니하다. 〈개정 2020. 8. 11.〉

② 의사 또는 의료기관은 다음 각 호의 어느 하나에 해당하는 행위를 하기 전에 보건복지부령으로 정하는 바에 따라 인체면역결핍바이러스의 감염 여부를 검사하여야 한다.

  1. 장기(인공장기를 포함한다. 이하 같다)·조직의 이식

  2. 정액의 제공

  3. 그 밖에 인체면역결핍바이러스 감염의 위험이 있는 매개체(이하 "매개체"라 한다)의 사용

③ 제1항과 제2항에 따른 검사를 받지 아니하거나 검사를 한 결과 인체면역결핍바이러스에 감염된 것으로 나타난 혈액·수입 혈액제제·장기·조직·정액·매개체는 이를 유통·판매하거나 사용하여서는 아니 된다.

[전문개정 2013. 4. 5.]

제10조(역학조사) 질병관리청장, 시·도지사, 시장·군수·구청장은 감염인 및 감염이 의심되는 충분한 사유가 있는 사람에 대하여 후천성면역결핍증에 관한 검진이나 전파 경로의 파악 등을 위한 역학조사를 할 수 있다. 〈개정 2020. 8. 11.〉

[전문개정 2013. 4. 5.]

제11조(증표 제시) 제8조에 따른 검진 및 제10조에 따른 역학조사를 하는 사람은 그 권한을 나타내는 증표를 지니고 이를 관계인에게 보여주어야 한다.

[전문개정 2013. 4. 5.]

제12조(증명서 발급) 제8조에 따른 검진 및 제10조에 따른 역학조사를 받은 사람에게는 보건복지부령으로 정하는 바에 따라 그 결과를 나타내는 증명서를 발급하여야 한다.

[전문개정 2013. 4. 5.]

제4장 감염인의 보호·지원 〈개정 2008. 3. 21.〉

제13조(전문진료기관 등의 설치) ① 질병관리청장은 후천성면역결핍증의 예방·관리와 그 감염인의 보호·지원 또는 치료를 위하여 필요한 전문진료기관 또는 연구기관을 설치·운영할 수 있다. 〈개정 2020. 8. 11.〉

② 제1항에 따른 전문진료기관 또는 연구기관의 설치 및 운영에 필요한 사항은 대통령령으로 정한다.

[전문개정 2013. 4. 5.]

제14조(치료 권고) 질병관리청장, 시·도지사 또는 시장·군수·구청장은 인체면역결핍바이러스의 전염을 방지하기 위하여 감염인 중 다른 사람에게 감염시킬 우려가 있는 사람 등 다음 각 호로 정하는 감염인에게 제13조에 따른 전문진료기관 또는 제16조에 따른 요양시설에서 치료를 받거나 요양을 하도록 권고할 수 있다. 〈개정 2020. 8. 11.〉

  1. 검진 결과 감염인으로 판명된 사람으로서 검진을 받아야 할 업소에 종사하거나 종사할 가능성이 높은 감염인

  2. 주의 능력과 주위 환경 등으로 보아 다른 사람에게 감염시킬 우려가 있다고 인정되는 감염인

  3. 생계유지 능력이 없고, 다른 사람에 의하여 부양 또는 보호를 받고 있지 아니한 감염인

[전문개정 2013. 4. 5.]

제14조의2 삭제 〈1999. 2. 8.〉

제15조(치료 및 보호조치 등) ① 질병관리청장, 시·도지사 또는 시장·군수·구청장은 제14조에 따른 치료 권고에 따르지 아니하는 감염인 중 감염인의 주의 능력과 주위 환경 등으로 보아 다른 사람에게 감염시킬 우려가 높다고 인정되는 감염인에 대하여는 치료 및 보호조치를 강제할 수 있다. 〈개정 2020. 8. 11.〉

② 제1항에 따라 강제할 경우 이를 집행하는 사람은 그 권한을 나타내는 증표를 지니고 이를 관계인에게 보여주어야 한다.

[전문개정 2013. 4. 5.]

제16조(요양시설 등의 설치·운영) ① 질병관리청장 또는 시·도지사는 감염인의 요양 및 치료 등을 위한 시설(이하 "요양시설"이라 한다)과 감염인에 대한 정보 제공, 상담 및 자활 등을 위한 시설(이하 "쉼터"라 한다)을 설치·운영할 수 있다. 〈개정 2020. 8. 11.〉

② 요양시설 및 쉼터의 설치·운영에 필요한 사항은 보건복지부령으로 정한다.

[전문개정 2013. 4. 5.]

제17조 삭제 〈1999. 2. 8.〉

제17조의2(예방치료기술의 확보 등) ① 질병관리청장은 후천성면역결핍증의 예방과 치료를 위한 의약품 및 기술을 확보하기 위하여 노력하여야 한다. 〈개정 2020. 8. 11.〉

② 질병관리청장은 제1항에 따른 의약품 및 기술 확보를 위한 연구 사업을 지원할 수 있다.〈개정 2020. 8. 11.〉

[전문개정 2013. 4. 5.]

제18조(취업의 제한) ① 감염인은 제8조제1항에 따라 그 종사자가 정기검진을 받아야 하는 업소에 종사할 수 없다.

② 제8조제1항에 따른 업소를 경영하는 자는 감염인 또는 검진을 받지 아니한 사람을 그 업소에 종사하게 하여서는 아니 된다.

[전문개정 2013. 4. 5.]

제19조(전파매개행위의 금지) 감염인은 혈액 또는 체액을 통하여 다른 사람에게 전파매개행위를 하여서는 아니 된다.

[전문개정 2013. 4. 5.]

제5장 보칙 〈개정 2013. 4. 5.〉

제20조(부양가족의 보호) 특별자치시장·특별자치도지사·시장·군수 또는 구청장은 감염인 중 그 부양가족의 생계유지가 곤란하다고 인정할 때에는 대통령령으로 정하는 바에 따라 그 부양가족의 생활보호에 필요한 조치를 하여야 한다.

[전문개정 2013. 4. 5.]

제21조(협조 의무) ① 질병관리청장은 후천성면역결핍증의 예방·관리와 그 감염인의 보호·지원에 필요한 협조를 관계 기관의 장에게 요구할 수 있다. 〈개정 2020. 8. 11.〉

② 제1항에 따른 요구를 받은 기관의 장은 적극적으로 이에 협조하여야 하며 정당한 사유 없이 그 요구를 거부할 수 없다.

[전문개정 2013. 4. 5.]

제22조(비용 부담) 다음 각 호의 어느 하나에 해당하는 비용은 대통령령으로 정하는 바에 따라 국가 또는 지방자치단체가 부담하거나 그 전부 또는 일부를 보조한다.

1. 제8조에 따른 검진 비용
2. 제10조에 따른 역학조사 비용
3. 제13조에 따른 전문진료기관 또는 연구기관의 설치·운영 비용
4. 제13조에 따른 전문진료기관에서의 진료 비용
5. 제20조에 따른 생활보호 비용
6. 제23조제2항에 따라 위탁받은 단체 또는 기관의 후천성면역결핍증 예방을 위한 교육과 홍보 비용
7. 제23조제3항에 따라 위탁받은 단체 또는 기관의 요양시설 및 쉼터의 설치·운영 비용

[전문개정 2013. 4. 5.]

제23조(권한의 위임·위탁) ① 이 법에 따른 질병관리청장의 권한은 그 일부를 대통령령으로 정하는 바에 따라 시·도지사 또는 국립검역소장에게 위임할 수 있다. *〈개정 2020. 8. 11.〉*

② 질병관리청장 또는 지방자치단체의 장은 대통령령으로 정하는 바에 따라 제3조제1항에 따른 예방을 위한 교육과 홍보를 민간단체 또는 관계 전문기관에 위탁할 수 있다. *〈개정 2020. 8. 11.〉*

③ 질병관리청장 또는 시·도지사는 대통령령으로 정하는 바에 따라 요양시설 및 쉼터의 설치·운영을 민간단체 또는 관계 전문기관에 위탁할 수 있다. *〈개정 2020. 8. 11.〉*

[전문개정 2013. 4. 5.]

제24조 삭제 *〈2008. 3. 21.〉*

제6장 벌칙 *〈개정 2013. 4. 5.〉*

제25조(벌칙) 다음 각 호의 어느 하나에 해당하는 사람은 3년 이하의 징역에 처한다.
1. 제9조제3항을 위반하여 혈액·수입 혈액제제·장기·조직·정액 또는 매개체를 유통·판매하거나 사용한 사람
2. 제19조를 위반하여 전파매개행위를 한 사람

[전문개정 2013. 4. 5.]

제26조(벌칙) 다음 각 호의 어느 하나에 해당하는 자는 3년 이하의 징역 또는 3천만원 이하의 벌금에 처한다. *〈개정 2017. 4. 18.〉*
1. 제7조를 위반하여 비밀을 누설한 사람
2. 제9조제1항 또는 제2항을 위반하여 검사를 하지 아니한 자
3. 제18조제2항을 위반하여 감염인을 해당 업소에 종사하도록 한 자

[전문개정 2013. 4. 5.]

제27조(벌칙) 다음 각 호의 어느 하나에 해당하는 자는 1년 이하의 징역 또는 1천만원 이하의 벌금에 처한다. *〈개정 2017. 4. 18.〉*
1. 제5조를 위반하여 신고를 하지 아니하거나 거짓으로 신고를 한 자
2. 제8조에 따른 검진 또는 제10조에 따른 역학조사에 응하지 아니한 사람
3. 제8조의2제1항 및 제2항을 위반하여 검진 결과를 통보하거나 같은 조 제3항을 위반하여 검진결과서 제출을 요구한 자
4. 제15조제1항에 따른 치료 및 보호조치에 응하지 아니한 사람
5. 제18조제1항을 위반하여 취업이 제한되는 업소에 종사한 사람 또는 같은 조 제2항을 위반하여 검진을 받지 아니한 사람을 해당 업소에 종사하도록 한 자

[전문개정 2013. 4. 5.]

제28조(양벌규정) 법인의 대표자나 법인 또는 개인의 대리인, 사용인, 그 밖의 종업원이 그 법인 또는 개

인의 업무에 관하여 제26조 또는 제27조의 위반행위를 하면 그 행위자를 벌하는 외에 그 법인 또는 개인에게도 해당 조문의 벌금형을 과(科)하고, 제25조제1호의 위반행위를 하면 그 행위자를 벌하는 외에 그 법인 또는 개인을 3천만원 이하의 벌금에 처한다. 다만, 법인 또는 개인이 그 위반행위를 방지하기 위하여 해당 업무에 관하여 상당한 주의와 감독을 게을리하지 아니한 경우에는 그러하지 아니하다. 〈개정 2017. 4. 18.〉

[전문개정 2013. 4. 5.]

부칙
〈제17472호,2020. 8. 11.〉
(정부조직법)

제1조(시행일) 이 법은 공포 후 1개월이 경과한 날부터 시행한다. 다만, ···〈생략〉···, 부칙 제4조에 따라 개정되는 법률 중 이 법 시행 전에 공포되었으나 시행일이 도래하지 아니한 법률을 개정한 부분은 각각 해당 법률의 시행일부터 시행한다.

제2조 및 제3조 생략

제4조(다른 법률의 개정) ①부터 ㉔까지 생략

㉕ 후천성면역결핍증 예방법 일부를 다음과 같이 개정한다.

제5조제2항·제4항, 제8조제1항, 같은 조 제2항 각 호 외의 부분, 같은 항 제2호, 같은 조 제3항 전단, 제9조제1항 단서, 제10조, 제13조제1항, 제14조 각 호 외의 부분, 제15조제1항, 제16조제1항, 제17조의2제1항·제2항, 제21조제1항 및 제23조제1항부터 제3항까지 중 "보건복지부장관"을 각각 "질병관리청장"으로 한다.

㉖부터 〈33〉까지 생략

제5조 생략

호스피스·완화의료 및 임종과정에 있는 환자의 연명의료결정에 관한 법률

(약칭: 연명의료결정법)

[시행 2022. 3. 22.] [법률 제18627호, 2021. 12. 21., 일부개정]

제1장 총칙

제1조(목적) 이 법은 호스피스·완화의료와 임종과정에 있는 환자의 연명의료와 연명의료중단등결정 및 그 이행에 필요한 사항을 규정함으로써 환자의 최선의 이익을 보장하고 자기결정을 존중하여 인간으로서의 존엄과 가치를 보호하는 것을 목적으로 한다.

제2조(정의) 이 법에서 사용하는 용어의 뜻은 다음과 같다. 〈개정 2018. 3. 27.〉

1. "임종과정"이란 회생의 가능성이 없고, 치료에도 불구하고 회복되지 아니하며, 급속도로 증상이 악화되어 사망에 임박한 상태를 말한다.

2. "임종과정에 있는 환자"란 제16조에 따라 담당의사와 해당 분야의 전문의 1명으로부터 임종과정에 있다는 의학적 판단을 받은 자를 말한다.

3. "말기환자(末期患者)"란 적극적인 치료에도 불구하고 근원적인 회복의 가능성이 없고 점차 증상이 악화되어 보건복지부령으로 정하는 절차와 기준에 따라 담당의사와 해당 분야의 전문의 1명으로부터 수개월 이내에 사망할 것으로 예상되는 진단을 받은 환자를 말한다.

   가. 삭제〈2018. 3. 27.〉
   나. 삭제〈2018. 3. 27.〉
   다. 삭제〈2018. 3. 27.〉
   라. 삭제〈2018. 3. 27.〉
   마. 삭제〈2018. 3. 27.〉

4. "연명의료"란 임종과정에 있는 환자에게 하는 심폐소생술, 혈액 투석, 항암제 투여, 인공호흡기 착용 및 그 밖에 대통령령으로 정하는 의학적 시술로서 치료효과 없이 임종과정의 기간만을 연장하는 것을 말한다.

5. "연명의료중단등결정"이란 임종과정에 있는 환자에 대한 연명의료를 시행하지 아니하거나 중단하기로 하는 결정을 말한다.

6. "호스피스·완화의료"(이하 "호스피스"라 한다)란 다음 각 목의 어느 하나에 해당하는 질환으로 말기환자로 진단을 받은 환자 또는 임종과정에 있는 환자(이하 "호스피스대상환자"라 한다)와 그 가족에게 통증과 증상의 완화 등을 포함한 신체적, 심리사회적, 영적 영역에 대한 종합적인 평가와 치료를 목적으로 하는 의료를 말한다.

   가. 암
   나. 후천성면역결핍증
   다. 만성 폐쇄성 호흡기질환
   라. 만성 간경화
   마. 그 밖에 보건복지부령으로 정하는 질환

7. "담당의사"란 「의료법」에 따른 의사로서 말기환자 또는 임종과정에 있는 환자(이하 "말기환자등"이라 한다)를 직접 진료하는 의사를 말한다.

8. "연명의료계획서"란 말기환자등의 의사에 따라 담당의사가 환자에 대한 연명의료중단등결정 및 호스피스에 관한 사항을 계획하여 문서(전자문서를 포함한다)로 작성한 것을 말한다.

9. "사전연명의료의향서"란 19세 이상인 사람이 자신의 연명의료중단등결정 및 호스피스에 관한 의사를 직접 문서(전자문서를 포함한다)로 작성한 것을 말한다.

제3조(기본 원칙) ① 호스피스와 연명의료 및 연명의료중단등결정에 관한 모든 행위는 환자의 인간으로서의 존엄과 가치를 침해하여서는 아니 된다.

② 모든 환자는 최선의 치료를 받으며, 자신이 앓고 있는 상병(傷病)의 상태와 예후 및 향후 본인에게 시행될 의료행위에 대하여 분명히 알고 스스로 결정할 권리가 있다.

③ 「의료법」에 따른 의료인(이하 "의료인"이라 한다)은 환자에게 최선의 치료를 제공하고, 호스피스와 연명의료 및 연명의료중단등결정에 관하여 정확하고 자세하게 설명하며, 그에 따른 환자의 결정을 존중하여야 한다.

제4조(다른 법률과의 관계) 이 법은 호스피스와 연명의료, 연명의료중단등결정 및 그 이행에 관하여 다른 법률에 우선하여 적용한다.

제5조(국가 및 지방자치단체의 책무) ① 국가와 지방자치단체는 환자의 인간으로서의 존엄과 가치를 보호하는 사회적·문화적 토대를 구축하기 위하여 노력하여야 한다.

② 국가와 지방자치단체는 환자의 최선의 이익을 보장하기 위하여 호스피스 이용의 기반 조성에 필요한 시책을 우선적으로 마련하여야 한다.

제6조(호스피스의 날 지정) ① 삶과 죽음의 의미와 가치를 널리 알리고 범국민적 공감대를 형성하며 호스피스를 적극적으로 이용하고 연명의료에 관한 환자의 의사를 존중하는 사회 분위기를 조성하기 위하여 매년 10월 둘째 주 토요일을 "호스피스의 날"로 한다.

② 국가와 지방자치단체는 호스피스의 날의 취지에 부합하는 행사와 교육·홍보를 실시하도록 노력하여야 한다.

제7조(종합계획의 시행·수립) ① 보건복지부장관은 호스피스와 연명의료 및 연명의료중단등결정의 제도적 확립을 위하여 관계 중앙행정기관의 장과 협의하고, 제8조에 따른 국가호스피스연명의료위원회의 심의를 거쳐 호스피스와 연명의료 및 연명의료중단등결정에 관한 종합계획(이하 "종합계획"이라 한다)을 5년마다 수립·추진하여야 한다. 〈개정 2020. 4. 7.〉

② 종합계획에는 다음 각 호의 사항이 포함되어야 한다.

1. 호스피스와 연명의료 및 연명의료중단등결정의 제도적 확립을 위한 추진방향 및 기반조성
2. 호스피스와 연명의료 및 연명의료중단등결정 관련 정보제공 및 교육의 시행·지원
3. 제14조에 따른 의료기관윤리위원회의 설치·운영에 필요한 지원
4. 말기환자등과 그 가족의 삶의 질 향상을 위한 교육프로그램 및 지침의 개발·보급
5. 제25조에 따른 호스피스전문기관의 육성 및 전문 인력의 양성
6. 다양한 호스피스 사업의 개발
7. 호스피스와 연명의료 및 연명의료중단등결정에 관한 조사·연구에 관한 사항
8. 그 밖에 호스피스와 연명의료 및 연명의료중단등결정의 제도적 확립을 위하여 필요한 사항

③ 보건복지부장관은 종합계획을 수립할 때 생명윤리 및 안전에 관하여 사회적으로 심각한 영향을 미칠 수 있는 사항에 대하여는 미리 「생명윤리 및 안전에 관한 법률」 제7조에 따른 국가생명윤리심의위원회와 협의하여야 한다.

④ 보건복지부장관은 종합계획에 따라 매년 시행계획을 수립·시행하고 그 추진실적을 평가하여야 한다.

⑤ 보건복지부장관은 종합계획을 수립하거나 주요 사항을 변경한 경우 지체 없이 국회에 보고하여야 한다.

제8조(국가호스피스연명의료위원회) ① 보건복지부는 종합계획 및 시행계획을 심의하기 위하여 보건복지부장관 소속으로 국가호스피스연명의료위원회(이하 "위원회"라 한다)를 둔다.

② 위원회는 위원장을 포함한 15인 이내의 위원으로 구성한다.

③ 위원장은 보건복지부차관이 된다.

④ 위원은 말기환자 진료, 호스피스 및 임종과정에 관한 학식과 경험이 풍부한 다양한 분야의 전문가들 중에서 보건복지부장관이 임명 또는 위촉한다.

⑤ 그 밖에 위원회의 조직 및 운영에 필요한 사항은 대통령령으로 정한다.

제2장 연명의료중단등결정의 관리체계

제9조(국립연명의료관리기관) ① 보건복지부장관은 연명의료, 연명의료중단등결정 및 그 이행에 관한 사항을 적정하게 관리하기 위하여 국립연명의료관리기관(이하 "관리기관"이라 한다)을 둔다.

② 관리기관의 업무는 다음 각 호와 같다.

1. 제10조에 따라 등록된 연명의료계획서 및 제12조에 따라 등록된 사전연명의료의향서에 대한 데이터베이스의 구축 및 관리

2. 제11조에 따른 사전연명의료의향서 등록기관에 대한 관리 및 지도·감독

3. 제17조제2항에 따른 연명의료계획서 및 사전연명의료의향서 확인 조회 요청에 대한 회답

4. 연명의료, 연명의료중단등결정 및 그 이행의 현황에 대한 조사·연구, 정보수집 및 관련 통계의 산출

5. 그 밖에 연명의료, 연명의료중단등결정 및 그 이행과 관련하여 대통령령으로 정하는 업무

③ 관리기관의 운영 등에 필요한 사항은 대통령령으로 정한다.

제10조(연명의료계획서의 작성·등록 등) ① 담당의사는 말기환자등에게 연명의료중단등결정, 연명의료계획서 및 호스피스에 관한 정보를 제공할 수 있다.

② 말기환자등은 의료기관(「의료법」 제3조에 따른 의료기관 중 의원·한의원·병원·한방병원·요양병원 및 종합병원을 말한다. 이하 같다)에서 담당의사에게 연명의료계획서의 작성을 요청할 수 있다.

③ 제2항에 따른 요청을 받은 담당의사는 해당 환자에게 연명의료계획서를 작성하기 전에 다음 각 호의 사항에 관하여 설명하고, 환자로부터 내용을 이해하였음을 확인받아야 한다. 이 경우 해당 환자가 미성년자인 때에는 환자 및 그 법정대리인에게 설명하고 확인을 받아야 한다.

1. 환자의 질병 상태와 치료방법에 관한 사항

2. 연명의료의 시행방법 및 연명의료중단등결정에 관한 사항

3. 호스피스의 선택 및 이용에 관한 사항

4. 연명의료계획서의 작성·등록·보관 및 통보에 관한 사항

5. 연명의료계획서의 변경·철회 및 그에 따른 조치에 관한 사항

6. 그 밖에 보건복지부령으로 정하는 사항

④ 연명의료계획서는 다음 각 호의 사항을 포함하여야 한다.

1. 환자의 연명의료중단등결정 및 호스피스의 이용에 관한 사항

2. 제3항 각 호의 설명을 이해하였다는 환자의 서명, 기명날인, 녹취, 그 밖에 이에 준하는 대통령령으로 정하는 방법으로의 확인

3. 담당의사의 서명 날인

4. 작성 연월일

5. 그 밖에 보건복지부령으로 정하는 사항

⑤ 환자는 연명의료계획서의 변경 또는 철회를 언제든지 요청할 수 있다. 이 경우 담당의사는 이를 반영한다.

⑥ 의료기관의 장은 작성된 연명의료계획서를 등록·보관하여야 하며, 연명의료계획서가 등록·변경 또는 철회된 경우 그 결과를 관리기관의 장에게 통보하여야 한다.

⑦ 연명의료계획서의 서식 및 연명의료계획서의 작성·등록·통보 등에 필요한 사항은 보건복지부령으로 정한다.

제11조(사전연명의료의향서 등록기관) ① 보건복지부장관은 대통령령으로 정하는 시설·인력 등 요건을 갖춘 다음 각 호의 기관 중에서 사전연명의료의향서 등록기관(이하 "등록기관"이라 한다)을 지정할 수 있다. 〈개정 2021. 12. 21.〉

    1. 「지역보건법」 제2조에 따른 지역보건의료기관

    2. 의료기관

    3. 사전연명의료의향서에 관한 사업을 수행하는 비영리법인 또는 비영리단체(「비영리민간단체 지원법」 제4조에 따라 등록된 비영리민간단체를 말한다)

    4. 「공공기관의 운영에 관한 법률」 제4조에 따른 공공기관

    5. 「노인복지법」 제36조제1항제1호에 따른 노인복지관

② 등록기관의 업무는 다음 각 호와 같다.

    1. 사전연명의료의향서 등록에 관한 업무

    2. 사전연명의료의향서에 관한 설명 및 작성 지원

    3. 사전연명의료의향서에 관한 상담, 정보제공 및 홍보

    4. 관리기관에 대한 사전연명의료의향서의 등록·변경·철회 등의 결과 통보

    5. 그 밖에 사전연명의료의향서에 관하여 보건복지부령으로 정하는 업무

③ 등록기관의 장은 제2항에 따른 업무 수행의 결과를 기록·보관하고, 관리기관의 장에게 보고하여야 한다.

④ 국가와 지방자치단체는 등록기관의 운영 및 업무 수행에 필요한 행정적·재정적 지원을 할 수 있다.

⑤ 등록기관의 장은 등록기관의 업무를 폐업 또는 1개월 이상 휴업하거나 운영을 재개하는 경우 보건복지부장관에게 신고하여야 한다.

⑥ 등록기관의 장은 등록기관의 업무를 폐업 또는 1개월 이상 휴업하는 경우 보건복지부령으로 정하는 바에 따라 관련 기록을 관리기관의 장에게 이관하여야 한다. 다만, 휴업하려는 등록기관의 장이 휴업 예정일 전일까지 관리기관의 장의 허가를 받은 경우에는 관련 기록을 직접 보관할 수 있다.

⑦ 등록기관의 지정 절차, 업무 수행 결과 기록·보관 및 보고, 폐업 등의 신고절차에 관하여 필요한 사항은 보건복지부령으로 정한다.

제12조(사전연명의료의향서의 작성·등록 등) ① 사전연명의료의향서를 작성하고자 하는 사람(이하 "작성자"라 한다)은 이 조에 따라서 직접 작성하여야 한다.

② 등록기관은 작성자에게 그 작성 전에 다음 각 호의 사항을 충분히 설명하고, 작성자로부터 내용을 이해하였음을 확인받아야 한다.

    1. 연명의료의 시행방법 및 연명의료중단등결정에 대한 사항

    2. 호스피스의 선택 및 이용에 관한 사항

    3. 사전연명의료의향서의 효력 및 효력 상실에 관한 사항

    4. 사전연명의료의향서의 작성·등록·보관 및 통보에 관한 사항

    5. 사전연명의료의향서의 변경·철회 및 그에 따른 조치에 관한 사항

    6. 그 밖에 보건복지부령으로 정하는 사항

③ 사전연명의료의향서는 다음 각 호의 사항을 포함하여야 한다. 〈개정 2018. 3. 27.〉

    1. 연명의료중단등결정

    2. 호스피스의 이용

    3. 작성 연월일

    4. 그 밖에 보건복지부령으로 정하는 사항

④ 등록기관의 장은 사전연명의료의향서를 제출받을 때 본인의 작성 여부를 확인한 후 작성된 사전연명의

료의향서를 등록 · 보관하여야 한다.

⑤ 등록기관의 장은 제4항에 따른 등록 결과를 관리기관의 장에게 통보하여야 한다.

⑥ 사전연명의료의향서를 작성한 사람은 언제든지 그 의사를 변경하거나 철회할 수 있다. 이 경우 등록기관의 장은 지체 없이 사전연명의료의향서를 변경하거나 등록을 말소하여야 한다.

⑦ 등록기관의 장은 제6항에 따라 사전연명의료의향서가 변경 또는 철회된 경우 그 결과를 관리기관의 장에게 통보하여야 한다.

⑧ 사전연명의료의향서는 다음 각 호의 어느 하나에 해당하는 경우 그 효력이 없다. 다만, 제4호의 경우에는 그 때부터 효력을 잃는다.

1. 본인이 직접 작성하지 아니한 경우

2. 본인의 자발적 의사에 따라 작성되지 아니한 경우

3. 제2항 각 호의 사항에 관한 설명이 제공되지 아니하거나 작성자의 확인을 받지 아니한 경우

4. 사전연명의료의향서 작성 · 등록 후에 연명의료계획서가 다시 작성된 경우

⑨ 사전연명의료의향서의 서식 및 사전연명의료의향서의 작성 · 등록 · 보관 · 통보 등에 필요한 사항은 보건복지부령으로 정한다.

제13조(등록기관의 지정 취소) ① 보건복지부장관은 등록기관이 다음 각 호의 어느 하나에 해당하는 경우 그 지정을 취소할 수 있다. 다만, 제1호에 해당하는 경우에는 그 지정을 취소하여야 한다.

1. 거짓이나 그 밖의 부정한 방법으로 지정을 받은 경우

2. 제11조제1항에 따른 지정기준에 미달하는 경우

3. 제11조제2항 각 호의 업무를 정당한 사유 없이 이행하지 아니한 경우

4. 정당한 사유 없이 제34조제3항에 따른 명령 · 조사에 응하지 아니한 자

② 제1항에 따라 지정이 취소된 등록기관은 지정이 취소된 날부터 2년 이내에 등록기관으로 지정받을 수 없다.

③ 등록기관의 장은 제1항에 따라 지정이 취소된 경우 대통령령으로 정하는 바에 따라 보관하고 있는 기록을 관리기관의 장에게 이관하여야 한다.

제14조(의료기관윤리위원회의 설치 및 운영 등) ① 연명의료중단등결정 및 그 이행에 관한 업무를 수행하려는 의료기관은 보건복지부령으로 정하는 바에 따라 해당 의료기관에 의료기관윤리위원회(이하 "윤리위원회"라 한다)를 설치하고 이를 보건복지부장관에게 등록하여야 한다.

② 윤리위원회는 다음 각 호의 활동을 수행한다.

1. 연명의료중단등결정 및 그 이행에 관하여 임종과정에 있는 환자와 그 환자가족 또는 의료인이 요청한 사항에 관한 심의

2. 제19조제3항에 따른 담당의사의 교체에 관한 심의

3. 환자와 환자가족에 대한 연명의료중단등결정 관련 상담

4. 해당 의료기관의 의료인에 대한 의료윤리교육

5. 그 밖에 보건복지부령으로 정하는 사항

③ 윤리위원회의 위원은 위원장 1명을 포함하여 5명 이상으로 구성하되, 해당 의료기관에 종사하는 사람으로만 구성할 수 없으며, 의료인이 아닌 사람으로서 종교계 · 법조계 · 윤리학계 · 시민단체 등의 추천을 받은 사람 2명 이상을 포함하여야 한다.

④ 윤리위원회 위원은 해당 의료기관의 장이 위촉하고, 위원장은 위원 중에서 호선한다.

⑤ 제1항에도 불구하고 보건복지부령으로 정하는 바에 따라 다른 의료기관의 윤리위원회 또는 제6항에 따른 공용윤리위원회와 제2항 각 호의 업무의 수행을 위탁하기로 협약을 맺은 의료기관은 윤리위원회를 설치한 것으로 본다.

⑥ 보건복지부장관은 의료기관이 제2항 각 호의 업무의 수행을 위탁할 수 있도록 공용윤리위원회를 지정할 수 있다.

⑦ 그 밖에 윤리위원회 및 공용윤리위원회의 구성 및 운영 등에 필요한 사항은 보건복지부령으로 정한다.

제3장 연명의료중단등결정의 이행

제15조(연명의료중단등결정 이행의 대상) 담당의사는 임종과정에 있는 환자가 다음 각 호의 어느 하나에 해당하는 경우에만 연명의료중단등결정을 이행할 수 있다.

　1. 제17조에 따라 연명의료계획서, 사전연명의료의향서 또는 환자가족의 진술을 통하여 환자의 의사로 보는 의사가 연명의료중단등결정을 원하는 것이고, 임종과정에 있는 환자의 의사에도 반하지 아니하는 경우

　2. 제18조에 따라 연명의료중단등결정이 있는 것으로 보는 경우

제16조(환자가 임종과정에 있는지 여부에 대한 판단) ① 담당의사는 환자에 대한 연명의료중단등결정을 이행하기 전에 해당 환자가 임종과정에 있는지 여부를 해당 분야의 전문의 1명과 함께 판단하고 그 결과를 보건복지부령으로 정하는 바에 따라 기록(전자문서로 된 기록을 포함한다)하여야 한다. 〈개정 2018. 3. 27.〉

② 제1항에도 불구하고 제25조에 따른 호스피스전문기관에서 호스피스를 이용하는 말기환자가 임종과정에 있는지 여부에 대한 판단은 담당의사의 판단으로 갈음할 수 있다. 〈신설 2018. 3. 27.〉

제17조(환자의 의사 확인) ① 연명의료중단등결정을 원하는 환자의 의사는 다음 각 호의 어느 하나의 방법으로 확인한다.

　1. 의료기관에서 작성된 연명의료계획서가 있는 경우 이를 환자의 의사로 본다.

　2. 담당의사가 사전연명의료의향서의 내용을 환자에게 확인하는 경우 이를 환자의 의사로 본다. 담당의사 및 해당 분야의 전문의 1명이 다음 각 목을 모두 확인한 경우에도 같다.

　　가. 환자가 사전연명의료의향서의 내용을 확인하기에 충분한 의사능력이 없다는 의학적 판단

　　나. 사전연명의료의향서가 제2조제4호의 범위에서 제12조에 따라 작성되었다는 사실

　3. 제1호 또는 제2호에 해당하지 아니하고 19세 이상의 환자가 의사를 표현할 수 없는 의학적 상태인 경우 환자의 연명의료중단등결정에 관한 의사로 보기에 충분한 기간 동안 일관하여 표시된 연명의료중단등에 관한 의사에 대하여 환자가족(19세 이상인 자로서 다음 각 목의 어느 하나에 해당하는 사람을 말한다) 2명 이상의 일치하는 진술(환자가족이 1명인 경우에는 그 1명의 진술을 말한다)이 있으면 담당의사와 해당 분야의 전문의 1명의 확인을 거쳐 이를 환자의 의사로 본다. 다만, 그 진술과 배치되는 내용의 다른 환자가족의 진술 또는 보건복지부령으로 정하는 객관적인 증거가 있는 경우에는 그러하지 아니하다.

　　가. 배우자

　　나. 직계비속

　　다. 직계존속

　　라. 가목부터 다목까지에 해당하는 사람이 없는 경우 형제자매

② 담당의사는 제1항제1호 및 제2호에 따른 연명의료계획서 또는 사전연명의료의향서 확인을 위하여 관리기관에 등록 조회를 요청할 수 있다.

③ 제1항제2호나 제3호에 따라 환자의 의사를 확인한 담당의사 및 해당 분야의 전문의는 보건복지부령으로 정하는 바에 따라 확인 결과를 기록(전자문서로 된 기록을 포함한다)하여야 한다. 〈개정 2018. 3. 27.〉

제18조(환자의 의사를 확인할 수 없는 경우의 연명의료중단등결정) ① 제17조에 해당하지 아니하여 환자의 의사를 확인할 수 없고 환자가 의사표현을 할 수 없는 의학적 상태인 경우 다음 각 호의 어느 하나에 해당할 때에는 해당 환자를 위한 연명의료중단등결정이 있는 것으로 본다. 다만, 담당의사 또는 해당 분야

전문의 1명이 환자가 연명의료중단등결정을 원하지 아니하였다는 사실을 확인한 경우는 제외한다. 〈개정 2018. 12. 11.〉

1. 미성년자인 환자의 법정대리인(친권자에 한정한다)이 연명의료중단등결정의 의사표시를 하고 담당의사와 해당 분야 전문의 1명이 확인한 경우
2. 환자가족 중 다음 각 목에 해당하는 사람(19세 이상인 사람에 한정하며, 행방불명자 등 대통령령으로 정하는 사유에 해당하는 사람은 제외한다) 전원의 합의로 연명의료중단등결정의 의사표시를 하고 담당의사와 해당 분야 전문의 1명이 확인한 경우
   가. 배우자
   나. 1촌 이내의 직계 존속·비속
   다. 가목 및 나목에 해당하는 사람이 없는 경우 2촌 이내의 직계 존속·비속
   라. 가목부터 다목까지에 해당하는 사람이 없는 경우 형제자매
② 제1항제1호·제2호에 따라 연명의료중단등결정을 확인한 담당의사 및 해당 분야의 전문의는 보건복지부령으로 정하는 바에 따라 확인 결과를 기록(전자문서로 된 기록을 포함한다)하여야 한다.〈개정 2018. 3. 27.〉

제19조(연명의료중단등결정의 이행 등) ① 담당의사는 제15조 각 호의 어느 하나에 해당하는 환자에 대하여 즉시 연명의료중단등결정을 이행하여야 한다.
② 연명의료중단등결정 이행 시 통증 완화를 위한 의료행위와 영양분 공급, 물 공급, 산소의 단순 공급은 시행하지 아니하거나 중단되어서는 아니 된다.
③ 담당의사가 연명의료중단등결정의 이행을 거부할 때에는 해당 의료기관의 장은 윤리위원회의 심의를 거쳐 담당의사를 교체하여야 한다. 이 경우 의료기관의 장은 연명의료중단등결정의 이행 거부를 이유로 담당의사에게 해고나 그 밖에 불리한 처우를 하여서는 아니 된다.
④ 담당의사는 연명의료중단등결정을 이행하는 경우 그 과정 및 결과를 기록(전자문서로 된 기록을 포함한다)하여야 한다.〈개정 2018. 3. 27.〉
⑤ 의료기관의 장은 제1항에 따라 연명의료중단등결정을 이행하는 경우 그 결과를 지체 없이 보건복지부령으로 정하는 바에 따라 관리기관의 장에게 통보하여야 한다.

제20조(기록의 보존) 의료기관의 장은 연명의료중단등결정 및 그 이행에 관한 다음 각 호의 기록을 연명의료중단등결정 이행 후 10년 동안 보존하여야 한다.

1. 제10조에 따라 작성된 연명의료계획서
2. 제16조에 따라 기록된 임종과정에 있는 환자 여부에 대한 담당의사와 해당 분야 전문의 1명의 판단 결과
3. 제17조제1항제1호 및 제2호에 따른 연명의료계획서 또는 사전연명의료의향서에 대한 담당의사 및 해당 분야 전문의의 확인 결과
4. 제17조제1항제3호에 따른 환자가족의 진술에 대한 자료·문서 및 그에 대한 담당의사와 해당 분야 전문의의 확인 결과
5. 제18조제1항제1호·제2호에 따른 의사표시에 대한 자료·문서 및 그에 대한 담당의사와 해당 분야 전문의의 확인 결과
6. 제19조제4항에 따라 기록된 연명의료중단등결정 이행의 결과
7. 그 밖에 연명의료중단등결정 및 그 이행에 관한 중요한 기록으로서 대통령령으로 정하는 사항

제4장 호스피스·완화의료

제21조(호스피스사업) ① 보건복지부장관은 호스피스를 위하여 다음 각 호의 사업을 실시하여야 한다.

1. 말기환자등의 적정한 통증관리 등 증상 조절을 위한 지침 개발 및 보급
2. 입원형, 자문형, 가정형 호스피스의 설치 및 운영, 그 밖에 다양한 호스피스 유형의 정책개발 및 보급
3. 호스피스의 발전을 위한 연구·개발 사업
4. 제25조에 따른 호스피스전문기관의 육성 및 호스피스 전문 인력의 양성
5. 말기환자등과 그 가족을 위한 호스피스 교육프로그램의 개발 및 보급
6. 호스피스 이용 환자의 경제적 부담능력 등을 고려한 의료비 지원사업
7. 말기환자, 호스피스의 현황과 관리실태에 관한 자료를 지속적이고 체계적으로 수집·분석하여 통계를 산출하기 위한 등록·관리·조사 사업(이하 "등록통계사업"이라 한다)
8. 호스피스에 관한 홍보
9. 그 밖에 보건복지부장관이 필요하다고 인정하는 사업

② 보건복지부장관은 제1항 각 호에 따른 사업을 대통령령으로 정하는 바에 따라 관계 전문기관 및 단체에 위탁할 수 있다.

제22조(자료제공의 협조 등) 보건복지부장관은 제21조제1항제7호에 따른 등록통계사업에 필요한 경우 관계 기관 또는 단체에 자료의 제출이나 의견의 진술 등을 요구할 수 있다. 이 경우 자료의 제출 등을 요구받은 자는 정당한 사유가 없으면 이에 따라야 한다.

제23조(중앙호스피스센터의 지정 등) ① 보건복지부장관은 다음 각 호의 업무를 수행하게 하기 위하여 보건복지부령으로 정하는 기준을 충족하는 「의료법」 제3조제2항제3호마목에 따른 종합병원(이하 "종합병원"이라 한다)을 중앙호스피스센터(이하 "중앙센터"라 한다)로 지정할 수 있다. 이 경우 국공립 의료기관을 우선하여 지정한다. *〈개정 2018. 3. 27.〉*
1. 말기환자의 현황 및 진단·치료·관리 등에 관한 연구
2. 호스피스사업에 대한 정보·통계의 수집·분석 및 제공
3. 호스피스사업 계획의 작성
4. 호스피스에 관한 신기술의 개발 및 보급
5. 호스피스대상환자에 대한 호스피스 제공
6. 호스피스사업 결과의 평가 및 활용
7. 그 밖에 말기환자 관리에 필요한 사업으로서 보건복지부령으로 정하는 사업

② 보건복지부장관은 중앙센터가 제1항 각 호의 사업을 하지 아니하거나 잘못 수행한 경우에는 시정을 명할 수 있다.
③ 보건복지부장관은 중앙센터가 다음 각 호의 어느 하나에 해당하는 경우에는 그 지정을 취소할 수 있다.
1. 제1항에 따른 지정 기준에 미달한 경우
2. 제1항 각 호의 사업을 하지 아니하거나 잘못 수행한 경우
3. 제2항에 따른 시정명령을 따르지 아니한 경우

④ 제1항 및 제3항에 따른 중앙센터 지정 및 지정취소의 기준·방법·절차 및 운영에 관하여 필요한 사항은 보건복지부령으로 정한다.

제24조(권역별호스피스센터의 지정 등) ① 보건복지부장관은 다음 각 호의 업무를 수행하게 하기 위하여 보건복지부령으로 정하는 기준을 충족하는 종합병원을 권역별호스피스센터(이하 "권역별센터"라 한다)로 지정할 수 있다. 이 경우 국공립 의료기관을 우선하여 지정한다. *〈개정 2018. 3. 27.〉*
1. 말기환자의 현황 및 진단·치료·관리 등에 관한 연구
2. 해당 권역의 호스피스사업의 지원
3. 해당 권역의 호스피스전문기관들에 관한 의료 지원 및 평가

4. 호스피스대상환자의 호스피스 제공

5. 해당 권역의 호스피스사업에 관련된 교육·훈련 및 지원 업무

6. 해당 권역의 호스피스에 관한 홍보

7. 말기환자 등록통계자료의 수집·분석 및 제공

8. 그 밖에 말기환자 관리에 필요한 사업으로서 보건복지부령으로 정하는 사업

② 보건복지부장관은 권역별센터가 제1항 각 호의 사업을 하지 아니하거나 잘못 수행한 경우에는 시정을 명할 수 있다.

③ 보건복지부장관은 권역별센터가 다음 각 호의 어느 하나에 해당하는 경우에는 그 지정을 취소할 수 있다.

1. 제1항에 따른 지정 기준에 미달한 경우

2. 제1항 각 호의 사업을 하지 아니하거나 잘못 수행한 경우

3. 제2항에 따른 시정명령을 따르지 아니한 경우

④ 제1항 및 제3항에 따른 권역별센터 지정 및 지정취소의 기준·방법·절차 및 운영에 관하여 필요한 사항은 보건복지부령으로 정한다.

제25조(호스피스전문기관의 지정 등) ① 보건복지부장관은 호스피스대상환자를 대상으로 호스피스전문기관을 설치·운영하려는 의료기관 중 보건복지부령으로 정하는 시설·인력·장비 등의 기준을 충족하는 의료기관을 입원형, 자문형, 가정형으로 구분하여 호스피스전문기관으로 지정할 수 있다. 〈개정 2018. 3. 27.〉

② 제1항에 따라 지정을 받으려는 의료기관은 보건복지부령으로 정하는 바에 따라 보건복지부장관에게 신청하여야 한다.

③ 보건복지부장관은 제1항에 따라 지정받은 호스피스전문기관(이하 "호스피스전문기관"이라 한다)에 대하여 제29조에 따른 평가결과를 반영하여 호스피스사업에 드는 비용의 전부 또는 일부를 차등 지원할 수 있다.

④ 제1항 및 제2항에서 규정한 사항 외에 호스피스전문기관의 지정에 필요한 사항은 보건복지부령으로 정한다.

제26조(변경·폐업 등 신고) ① 호스피스전문기관의 장은 보건복지부령으로 정하는 인력·시설·장비 등 중요한 사항을 변경하려는 경우 보건복지부장관에게 그 변경사항을 신고하여야 한다.

② 호스피스전문기관의 장은 호스피스사업을 폐업 또는 휴업하려는 경우 보건복지부장관에게 미리 신고하여야 한다.

③ 제1항 및 제2항에 따른 신고의 절차 등에 필요한 사항은 보건복지부령으로 정한다.

제27조(의료인의 설명의무) ① 호스피스전문기관의 의료인은 호스피스대상환자나 그 가족 등에게 호스피스의 선택과 이용 절차에 관하여 설명하여야 한다. 〈개정 2018. 3. 27.〉

② 호스피스전문기관의 의사 또는 한의사는 호스피스를 시행하기 전에 치료 방침을 호스피스대상환자나 그 가족에게 설명하여야 하며, 호스피스대상환자나 그 가족이 질병의 상태에 대하여 알고자 할 때에는 이를 설명하여야 한다. 〈개정 2018. 3. 27.〉

제28조(호스피스의 신청) ① 호스피스대상환자가 호스피스전문기관에서 호스피스를 이용하려는 경우에는 호스피스 이용동의서(전자문서로 된 동의서를 포함한다)와 의사가 발급하는 호스피스대상환자임을 나타내는 의사소견서(전자문서로 된 소견서를 포함한다)를 첨부하여 호스피스전문기관에 신청하여야 한다. 〈개정 2018. 3. 27.〉

② 호스피스대상환자가 의사결정능력이 없을 때에는 미리 지정한 지정대리인이 신청할 수 있고 지정대리인이 없을 때에는 제17조제1항제3호 각 목의 순서대로 신청할 수 있다. 〈개정 2018. 3. 27.〉

③ 호스피스대상환자는 언제든지 직접 또는 대리인을 통하여 호스피스의 신청을 철회할 수 있다. 〈개정 2018. 3. 27.〉

④ 호스피스의 신청 및 철회 등에 필요한 사항은 보건복지부령으로 정한다.

제28조의2(호스피스종합정보시스템의 구축·운영) ① 보건복지부장관은 호스피스전문기관의 정보 및 호스피스의 신청 등 호스피스에 관한 업무를 전자적으로 처리할 수 있도록 호스피스종합정보시스템(이하 "종합정보시스템"이라 한다)을 구축·운영할 수 있다.

② 보건복지부장관은 종합정보시스템의 구축·운영에 관한 사무를 수행하기 위하여 불가피한 경우 「개인정보 보호법」 제24조에 따른 고유식별정보가 포함된 자료를 처리할 수 있다. 이 경우 보건복지부장관은 「개인정보 보호법」에 따라 해당 정보를 보호하여야 한다.

③ 보건복지부장관은 기관 간 정보 공유 및 협력체계 구축을 위하여 중앙센터, 권역별센터 및 호스피스전문기관과 필요한 정보연계를 위한 조치를 할 수 있다. 이 경우 정보연계 목적의 범위에서 해당 센터 및 기관은 종합정보시스템을 통하여 연계된 정보를 이용할 수 있다.

④ 종합정보시스템의 구축·운영, 종합정보시스템을 통한 호스피스의 이용 신청 등에 필요한 사항은 보건복지부령으로 정한다.

[본조신설 2023. 6. 13.]

제29조(호스피스전문기관의 평가) ① 보건복지부장관은 호스피스의 질을 향상시키기 위하여 호스피스전문기관에 대하여 다음 각 호의 사항을 평가할 수 있다.

1. 시설·인력 및 장비 등의 질과 수준
2. 호스피스 질 관리 현황
3. 그 밖에 보건복지부령으로 정하는 사항

② 호스피스전문기관의 평가 시기·범위·방법·절차 등에 필요한 사항은 보건복지부령으로 정한다.

③ 보건복지부장관은 제1항에 따른 평가결과를 보건복지부령으로 정하는 바에 따라 공개할 수 있으며, 지원 및 감독에 반영할 수 있다.

④ 보건복지부장관은 제1항에 따른 평가업무를 대통령령으로 정하는 바에 따라 관계 전문기관 또는 단체에 위탁할 수 있다.

제30조(호스피스전문기관의 지정 취소 등) ① 보건복지부장관은 호스피스전문기관이 다음 각 호의 어느 하나에 해당하는 경우 그 지정을 취소하거나, 6개월 이내의 기간을 정하여 호스피스 업무의 정지를 명할 수 있다. 다만, 제1호에 해당하는 경우에는 그 지정을 취소하여야 한다.

1. 거짓이나 그 밖의 부정한 방법으로 지정을 받은 경우
2. 제25조제1항에 따른 지정 기준에 미달한 경우
3. 정당한 사유 없이 제29조에 따른 평가를 거부한 경우

② 제1항에 따른 호스피스전문기관 지정 취소의 기준·방법·절차 및 운영에 필요한 사항은 보건복지부령으로 정한다.

③ 제1항에 따라 지정이 취소된 호스피스전문기관은 지정이 취소된 날부터 2년 이내에는 호스피스전문기관으로 지정받을 수 없다.

제5장 보칙

제31조(민감정보 및 고유식별정보의 처리) 관리기관, 등록기관, 의료기관, 중앙센터, 권역별센터, 호스피스전문기관, 담당의사 및 해당 분야 전문의는 이 법에서 정한 연명의료의 결정 및 호스피스에 관한 사무를 수행하기 위하여 불가피한 경우 「개인정보 보호법」 제23조에 따른 건강에 관한 정보 및 같은 법 제24조에 따른 고유식별정보가 포함된 자료를 처리할 수 있다. 〈개정 2018. 3. 27.〉

[제목개정 2018. 3. 27.]

제32조(정보 유출 금지) 관리기관, 등록기관, 의료기관, 중앙센터, 권역별센터 및 호스피스전문기관에 종사

하거나 종사하였던 사람은 연명의료중단등결정 및 그 이행 또는 호스피스 업무상 알게 된 정보를 유출하여서는 아니 된다. 〈개정 2018. 3. 27.〉

제33조(기록 열람 등) ① 환자가족(이 조에서는 연령을 제한하지 아니한다)은 보건복지부령으로 정하는 바에 따라 관리기관의 장 또는 해당 의료기관의 장에게 환자의 연명의료중단등결정 또는 그 이행에 관한 기록의 열람을 요청할 수 있으며, 이 경우 요청을 받은 자는 정당한 사유가 없으면 사본을 교부하거나 그 내용을 확인할 수 있도록 하여야 한다.
② 제1항에 따른 기록 열람의 범위와 절차 및 열람 거부 등에 관하여 필요한 사항은 보건복지부령으로 정한다.

제34조(보고 · 조사 등) ① 보건복지부장관 또는 관리기관의 장은 연명의료중단등결정의 이행 또는 호스피스 등과 관련하여 필요하다고 인정하는 경우 등록기관 또는 의료기관의 장 및 그 종사자에게 그 업무에 관하여 필요한 명령을 하거나, 보고 또는 관련 서류의 제출을 명할 수 있다.
② 보건복지부장관 또는 관리기관의 장은 제1항에 따른 관련 서류 등을 관계 공무원에게 조사하게 할 수 있다. 이 경우 조사를 담당하는 관계 공무원은 그 권한을 표시하는 증표를 지니고 이를 내보여야 한다.
③ 등록기관 또는 의료기관의 장 및 그 종사자는 제1항 및 제2항에 따른 명령 · 조사에 정당한 사유가 없으면 응하여야 한다.

제35조(청문) 보건복지부장관은 다음 각 호의 어느 하나에 해당하는 처분을 하고자 하는 경우에는 청문을 하여야 한다.
1. 제13조에 따른 등록기관의 지정 취소
2. 제30조에 따른 호스피스전문기관의 지정 취소

제36조(유사명칭의 사용금지) 이 법에 따른 관리기관, 등록기관, 중앙센터, 권역별센터 또는 호스피스전문기관이 아니면 국립연명의료관리기관, 사전연명의료의향서 등록기관, 중앙호스피스센터, 권역별호스피스센터, 호스피스전문기관 또는 이와 유사한 명칭을 사용하지 못한다. 〈개정 2018. 3. 27.〉

제37조(보험 등의 불이익 금지) 이 법에 따른 연명의료중단등결정 및 그 이행으로 사망한 사람과 보험금수령인 또는 연금수급자를 보험금 또는 연금급여 지급 시 불리하게 대우하여서는 아니 된다.

제38조(연명의료 결정 등 비용의 부담) 제10조에 따른 연명의료계획서 작성, 제16조에 따른 임종과정에 있는 환자인지 여부에 대한 판단 및 제28조에 따른 호스피스의 신청을 위한 의사소견서 발급 및 호스피스의 이용 등에 따른 비용은 「국민건강보험법」에서 정하는 바에 따른다. 다만, 「국민건강보험법」에서 규정하지 아니한 비용은 보건복지부령으로 정하는 바에 따른다.

제6장 벌칙

제39조(벌칙) 다음 각 호의 어느 하나에 해당하는 자는 3년 이하의 징역 또는 3천만원 이하의 벌금에 처한다.
1. 삭제〈2018. 3. 27.〉
2. 제20조 각 호에 따른 기록을 허위로 기록한 자
3. 제32조를 위반하여 정보를 유출한 자

제40조(벌칙) ① 다음 각 호의 어느 하나에 해당하는 자는 1년 이하의 징역 또는 1천만원 이하의 벌금에 처한다. 〈개정 2018. 3. 27.〉
1. 제11조제1항을 위반하여 보건복지부장관으로부터 지정받지 아니하고 사전연명의료의향서의 등록에 관한 업무를 한 자

2. 임종과정에 있는 환자에 대하여 제17조에 따른 환자의 의사 또는 제18조에 따른 연명의료중단등결 정에 반하여 연명의료를 시행하지 아니하거나 중단한 자

② 제20조 각 호에 따른 기록을 보존하지 아니한 자는 300만원 이하의 벌금에 처한다.

제41조(자격정지의 병과) 이 법을 위반한 자를 유기징역에 처할 경우에는 7년 이하의 자격정지를 병과할 수 있다.

제42조(양벌규정) 법인의 대표자나 법인 또는 개인의 대리인, 사용인, 그 밖의 종업원이 그 법인 또는 개인 의 업무에 관하여 제39조 또는 제40조의 어느 하나에 해당하는 위반행위를 하면 그 행위자를 벌하는 외에 그 법인 또는 개인에게도 해당 조문의 벌금형을 과(科)한다. 다만, 법인 또는 개인이 그 위반행위를 방지하 기 위하여 해당 업무에 관하여 상당한 주의와 감독을 게을리하지 아니한 경우에는 그러하지 아니하다.

제43조(과태료) ① 다음 각 호의 어느 하나에 해당하는 자에게는 500만원 이하의 과태료를 부과한다.
　1. 제14조제1항을 위반하여 윤리위원회를 설치하지 아니한 자
　2. 제19조제5항을 위반하여 연명의료중단등결정의 이행 결과를 관리기관의 장에게 알리지 아니한 자
② 다음 각 호의 어느 하나에 해당하는 자에게는 300만원 이하의 과태료를 부과한다.
　1. 제11조제3항을 위반하여 업무 수행 결과를 기록·보관 또는 보고하지 아니한 자
　2. 제34조제3항에 따른 명령에 정당한 사유 없이 응하지 아니한 자
③ 다음 각 호의 어느 하나에 해당하는 자에게는 200만원 이하의 과태료를 부과한다. 〈개정 2018. 3. 27.〉
　1. 제11조제5항 및 제26조를 위반하여 폐업 또는 휴업 등의 변경 사항을 신고하지 아니한 자
　2. 제11조제6항 및 제13조제3항에 따른 기록이관 의무를 하지 아니한 자
　3. 제36조를 위반하여 국립연명의료관리기관, 사전연명의료의향서 등록기관, 중앙호스피스센터, 권역별 호스피스센터, 호스피스전문기관 또는 이와 유사한 명칭을 사용한 자
④ 제1항부터 제3항까지의 규정에 따른 과태료는 대통령령으로 정하는 바에 따라 보건복지부장관이 부과 ·징수한다.

부칙
〈법률 제19466호, 2023. 6. 13.〉

이 법은 공포 후 1년이 경과한 날부터 시행한다.

한국국제보건의료재단법

[시행 2023. 9. 14.] [법률 제19717호, 2023. 9. 14., 일부개정]

제1조(목적) 이 법은 한국국제보건의료재단을 설립하여 개발도상국가를 비롯한 외국, 군사분계선 이북지역(이하 "북한"이라 한다), 재외동포 및 외국인근로자등에 대한 보건의료지원사업을 수행하게 함으로써 국제협력 증진과 인도주의의 실현에 기여함을 목적으로 한다.

제2조(정의) 이 법에서 사용하는 용어의 정의는 다음 각 호와 같다. 〈개정 2019. 1. 15.〉
1. "재외동포"라 함은 「재외동포의 출입국과 법적 지위에 관한 법률」 제2조에 따른 재외동포를 말한다.
2. "외국인근로자등"이라 함은 대한민국의 국적을 가지지 아니한 자로서 국내에 소재하고 있는 사업장에서 근로를 제공하고 있는 자 그 밖에 대통령령이 정하는 자를 말한다.

제3조(법인격) 한국국제보건의료재단(이하 "재단"이라 한다)은 법인으로 한다.

제4조(설립) ①재단은 그 주된 사무소의 소재지에서 설립등기를 함으로써 성립한다.
② 제1항의 규정에 따른 설립등기사항은 다음과 같다.
1. 목적
2. 명칭
3. 주된 사무소
4. 임원의 성명과 주소
5. 공고의 방법
③ 설립등기 외의 등기에 관하여는 「민법」 중 재단법인의 등기에 관한 규정을 준용한다.

제5조(사무소의 설치) ①재단의 주된 사무소의 소재지는 정관으로 정한다.
② 재단은 필요한 때에는 보건복지부장관의 승인을 얻어 국내·외에 지부를 설치할 수 있다.〈개정 2008. 2. 29., 2010. 1. 18.〉

제6조(정관) ①재단의 정관에는 다음 각 호의 사항을 기재하여야 한다.
1. 목적
2. 명칭
3. 주된 사무소 및 지부에 관한 사항
4. 사업에 관한 사항
5. 재산 및 회계에 관한 사항
6. 임원 및 직원에 관한 사항
7. 이사회에 관한 사항
8. 정관의 변경에 관한 사항
9. 내부규정의 제정 및 개폐에 관한 사항
10. 공고에 관한 사항
② 재단이 정관을 변경하고자 할 때에는 보건복지부장관의 인가를 받아야 한다.〈개정 2008. 2. 29., 2010. 1. 18.〉

제7조(재단의 사업) 재단은 제1조의 목적을 달성하기 위하여 다음 각 호의 사업을 행한다. 〈개정 2007. 5. 25.〉
1. 개발도상국가를 비롯한 외국 및 북한 등의 보건의료수준의 향상을 위한 다음 각 목의 사업
    가. 보건의료시설의 지원 및 현대화
    나. 의료물품 및 의약품 등의 지원
    다. 보건의료 인력의 초청 및 연수
    라. 보건의료 인력의 파견
    마. 보건의료 분야의 관련 원조단체 및 기관에 대한 지원

바. 재해 또는 재난 발생에 따른 의료인력, 의료장비 및 의약품 등의 긴급지원

사. 그 밖에 보건의료수준의 향상을 위한 지원사업

2. 재외동포 및 외국인근로자등의 보건의료수준의 향상을 위한 다음 각 목의 사업

　　가. 진료 및 질병예방서비스 등의 지원

　　나. 관련 원조단체 및 기관에 대한 지원

　　다. 보건의료서비스 향상을 위한 조사·연구 및 제도개발

3. 보건의료 분야의 국제협력을 위한 다음 각 목의 사업

　　가. 보건의료 분야의 교류·협력을 위한 각종 행사의 주관·지원 및 참가

　　나. 보건의료 분야의 교류·협력을 위한 인사의 파견 및 초청

　　다. 보건의료의 국제협력에 관한 조사·연구 및 결과의 보급

　　라. 그 밖에 보건의료분야의 국제협력의 증진을 위하여 필요한 사업

4. 정부로부터 위탁받은 사업

5. 인류의 건강증진과 질병퇴치에 크게 공헌한 자에 대한 기념사업

6. 제1호 내지 제3호의 사업에 따른 교육, 홍보 및 그 밖의 부대사업

제8조(임원) ①재단에 이사장 1인을 포함한 15인 이내의 이사와 감사 1인을 둔다. 〈개정 2016. 2. 3.〉

② 이사장 및 사무총장을 겸임하는 이사를 제외한 임원은 비상근으로 한다.〈개정 2016. 2. 3., 2023. 9. 14.〉

③ 재단의 이사장은 보건복지부장관의 제청에 의하여 대통령이 임명한다.〈개정 2008. 2. 29., 2010. 1. 18., 2016. 2. 3.〉

④ 이사는 대통령령이 정하는 5인 이내의 당연직 이사를 제외하고는 이사장의 추천에 의하여 보건복지부장관이 임명한다.〈개정 2008. 2. 29., 2010. 1. 18., 2016. 2. 3.〉

⑤ 사무총장은 이사 중에서 이사장이 이사회의 동의를 얻어 임명한다.〈개정 2016. 2. 3.〉

⑥ 감사는 보건복지부장관이 임명한다.〈개정 2008. 2. 29., 2010. 1. 18.〉

⑦ 이사장 및 이사의 임기는 3년으로 하고, 연임할 수 있다.〈개정 2016. 2. 3.〉

⑧ 감사의 임기는 3년으로 하되, 1차에 한하여 연임할 수 있다.

제9조(임원의 결격사유) 다음 각 호의 어느 하나에 해당하는 자는 재단의 임원이 될 수 없다. 〈개정 2016. 2. 3.〉

1. 피성년후견인 또는 피한정후견인

2. 파산선고를 받은 자로서 복권되지 아니한 자

3. 금고 이상의 실형의 선고를 받고 그 집행이 종료(집행이 종료된 것으로 보는 경우를 포함한다)되거나 집행이 면제된 날부터 3년이 경과되지 아니한 자

4. 금고 이상의 형의 집행유예 선고를 받고 그 유예기간 중에 있는 자

5. 법원의 판결 또는 다른 법률에 의하여 자격이 상실 또는 정지된 자

제10조(임원의 직무) ①이사장은 재단을 대표하고 재단의 업무를 통합하며, 소속 직원을 지휘·감독한다. 〈개정 2016. 2. 3.〉

② 감사는 재단의 회계와 업무집행상황 및 재산상황을 감사하며, 그 결과를 이사회와 보건복지부장관에게 보고하여야 한다.〈개정 2008. 2. 29., 2010. 1. 18.〉

제11조(직원의 겸직제한) 재단의 직원은 그 직무 외의 영리를 목적으로 하는 업무에 종사하지 못하며, 이사장의 허가 없이 다른 직무를 겸할 수 없다. 〈개정 2016. 2. 3.〉

제12조(이사회) ① 재단에 그 업무에 관한 중요사항을 심의·의결하기 위하여 이사회를 둔다.

② 이사회는 이사장 및 이사로 구성한다.〈개정 2016. 2. 3.〉

③ 이사장은 이사회를 소집하고 그 의장이 된다.〈개정 2016. 2. 3.〉

④ 이사장은 재적이사 3분의 1 이상이 회의목적을 명시하여 이사회의 소집을 요구한 때에는 이사회를 소

집하여야 한다.〈개정 2016. 2. 3.〉

⑤ 감사는 이사회에 출석하여 의견을 진술할 수 있다.

제13조(직원의 임면) 재단의 직원은 정관이 정하는 바에 따라 이사장이 임면한다. 〈개정 2016. 2. 3.〉

제14조(사무조직) 재단의 업무를 처리하기 위하여 사무총장 1인과 필요한 직원 및 기구를 둔다.

제15조(공무원의 파견) ① 재단은 그 설립목적을 달성하기 위하여 특히 필요한 때에는 보건복지부장관을 거쳐 국가기관에 대하여 공무원의 파견을 요청할 수 있다. 〈개정 2008. 2. 29., 2010. 1. 18.〉

② 제1항의 규정에 따라 파견요청을 받은 기관의 장은 그 소속 공무원을 재단에 파견할 수 있다.

제15조의2(외국 파견인력의 사업수행을 위한 협의) 보건복지부장관은 재단이 개발도상국가 등에 직원을 파견하여 제7조제1호·제2호에 따른 사업을 수행하게 하는 경우 그 직원이 해당 사업을 안전하고 원활하게 수행할 수 있도록 필요한 행정적 지원에 관하여 관계 행정기관의 장과 협의할 수 있다.

[본조신설 2019. 1. 15.]

제16조(운영재원) 재단은 정부의 출연금 및 보조금, 제18조의 규정에 따른 기부금품, 제19조의 규정에 따른 차입금 그 밖의 수입금으로 운영한다.

제17조(출연금) ①정부는 재단의 설립·운영에 소요되는 경비에 충당하기 위하여 예산의 범위 안에서 출연할 수 있다.

② 제1항의 규정에 따른 출연금의 교부·사용 등에 관하여 필요한 사항은 대통령령으로 정한다.

제18조(기부금품의 접수) ① 재단은 자발적으로 기탁되는 금품을 사업목적에 부합하는 범위에서 접수할 수 있다.

② 제1항에 따른 기부금품의 접수절차 등에 관하여 필요한 사항은 대통령령으로 정한다.

[전문개정 2016. 2. 3.]

제19조(자금의 차입) 재단은 보건복지부장관의 승인을 얻어 제7조의 사업을 위하여 필요한 자금을 차입(국제기구·외국정부 또는 외국인으로부터의 차입을 포함한다)할 수 있다. 〈개정 2008. 2. 29., 2010. 1. 18.〉

제20조(국유재산 등의 무상대부 등) ①정부는 재단의 설립과 운영을 위하여 필요한 때에는 「국유재산법」 및 「물품관리법」의 규정에 불구하고 국유재산과 물품을 재단에 무상으로 대부하거나 사용·수익하게 할 수 있다. 〈개정 2007. 5. 25.〉

② 국가는 재단의 운영을 위하여 필요한 경우 「물품관리법」의 규정에 불구하고 물품을 재단에 무상으로 양여할 수 있다.〈신설 2007. 5. 25.〉

제21조(사업연도) 재단의 사업연도는 정부의 회계연도에 따른다.

제22조(사업계획 및 예산의 승인) ①재단은 대통령령이 정하는 바에 따라 매 사업연도의 사업계획과 예산안을 작성하여 보건복지부장관의 승인을 얻어야 한다. 이를 변경하고자 할 때에도 또한 같다. 〈개정 2008. 2. 29., 2010. 1. 18.〉

② 제1항의 규정에 따라 보건복지부장관이 사업계획과 예산안을 승인하거나 변경하고자 할 때에는 미리 관계 중앙행정기관의 장과 협의를 거쳐야 한다.〈개정 2008. 2. 29., 2010. 1. 18.〉

제23조(결산서 및 사업성과보고서의 제출) 재단은 매 사업연도의 세입세출결산서 및 사업성과보고서를 작성하여 다음 사업연도 2월 말일까지 보건복지부장관에게 제출하여야 한다. 〈개정 2008. 2. 29., 2010. 1. 18.〉

제24조(업무의 지도·감독 등) ①보건복지부장관은 재단을 지도·감독한다. 〈개정 2008. 2. 29., 2010. 1. 18.〉

② 보건복지부장관은 제7조의 사업수행에 대한 지도·감독과 관련하여 필요하다고 인정하는 경우에는 미리 관계 중앙행정기관의 장과 협의하여야 한다.〈개정 2008. 2. 29., 2010. 1. 18.〉

③ 보건복지부장관은 재단에 대하여 업무·회계 및 재산에 관하여 필요한 사항을 보고하게 하거나, 자료의 제출을 명할 수 있다. 〈개정 2008. 2. 29., 2010. 1. 18.〉

④ 보건복지부장관은 소속 공무원으로 하여금 재단의 장부·서류 그 밖의 물건을 검사하게 할 수 있다. 이 경우 검사를 하는 공무원은 그 권한을 표시하는 증표를 지니고 이를 관계인에게 내보여야 한다. 〈개정 2008. 2. 29., 2010. 1. 18.〉

⑤ 보건복지부장관은 제1항 내지 제4항의 규정에 따른 지도·감독 결과 이 법 또는 정관에 위반된다고 인정하는 때에는 시정 등 필요한 조치를 명할 수 있다. 〈개정 2008. 2. 29., 2010. 1. 18.〉

제25조(임원의 해임 등) ①임원은 제9조 각 호의 어느 하나에 해당하는 때에는 그 임원은 당연히 퇴임한다.

② 대통령은 이사장이 다음 각 호의 어느 하나에 해당하는 때에는 이사장을 해임할 수 있다. 〈개정 2008. 2. 29., 2010. 1. 18., 2016. 2. 3.〉

1. 현저한 불법행위 또는 회계부정 등이 발견된 때
2. 재단의 주요 업무에 관하여 보건복지부장관에게 허위로 보고하거나 허위의 자료를 제출한 때
3. 고의 또는 중과실로 재단의 명예를 훼손하거나 재산상 손해를 끼친 때
4. 그 밖에 이 법에 따른 보건복지부장관의 명령을 정당한 사유 없이 이행하지 아니한 때

③ 보건복지부장관은 이사장이 제2항 각 호의 어느 하나에 해당하는 때에는 대통령에게 이사장의 해임을 건의할 수 있다. 〈개정 2008. 2. 29., 2010. 1. 18., 2016. 2. 3.〉

④ 보건복지부장관은 임원(이사장 및 제8조제4항의 규정에 따른 당연직 이사를 제외한다)이 제2항 각 호의 어느 하나에 해당하는 때에는 그 임원을 해임할 수 있다. 〈개정 2008. 2. 29., 2010. 1. 18., 2016. 2. 3.〉

제26조(비밀엄수 의무) 재단의 임원이나 직원 또는 그 직에 있었던 자는 그 직무상 알게 된 비밀을 누설하여서는 아니 된다.

제27조(유사명칭의 사용금지) 이 법에 따른 재단이 아닌 자는 한국국제보건의료재단 또는 이와 유사한 명칭을 사용하지 못한다.

제28조(「민법」의 준용) 재단에 관하여 이 법에 규정한 것을 제외하고는 「민법」 중 재단법인에 관한 규정을 준용한다.

제29조(벌칙 적용에서의 공무원 의제) 재단의 임원 및 직원은 「형법」 제129조 내지 제132조의 적용에 있어서는 이를 공무원으로 본다.

제30조(벌칙) 제26조의 규정을 위반한 자는 2년 이하의 징역 또는 2천만원 이하의 벌금에 처한다. 〈개정 2017. 3. 21.〉

제31조(과태료) ①제27조의 규정을 위반한 자는 500만원 이하의 과태료에 처한다.

② 제1항의 규정에 따른 과태료는 대통령령이 정하는 바에 따라 보건복지부장관이 부과·징수한다. 〈개정 2008. 2. 29., 2010. 1. 18.〉

③ 삭제 〈2019. 1. 15.〉

④ 삭제 〈2019. 1. 15.〉

⑤ 삭제 〈2019. 1. 15.〉

부칙

〈제19717호,2023. 9. 14.〉

제1조(시행일) 이 법은 공포한 날부터 시행한다.

제2조(적용례) 제8조제2항의 개정규정은 이 법 시행 후 최초로 임명되는 이사장부터 적용한다.

전공의의 수련환경 개선 및 지위 향상을 위한 법률 (약칭: 전공의법)

[시행 2024. 8. 21.] [법률 제20330호, 2024. 2. 20., 일부개정]

제1조(목적) 이 법은 전공의의 수련환경 개선 및 지위 향상을 위하여 필요한 사항을 규정함으로써 전공의의 권리를 보호하고 환자안전과 우수한 의료인력의 양성에 이바지함을 목적으로 한다.

제2조(정의) 이 법에서 사용하는 용어의 뜻은 다음과 같다. 〈개정 2019. 1. 15.〉

1. "전공의(專攻醫)"란 「의료법」 제5조에 따른 의사면허를 받은 사람으로서 같은 법 제77조에 따라 전문의(專門醫) 자격을 취득하기 위하여 수련을 받는 사람을 말한다.
2. "수련병원등"이란 전공의를 수련시키기 위하여 제13조에 따라 지정된 의료기관, 의과대학, 의학전문대학원 및 그 밖의 보건관계기관을 말한다.
3. "지도전문의"란 수련병원등의 장으로부터 제12조제1항에 따른 지정을 받은 사람으로서 수련병원등의 장의 지정에 따라 전공의 수련을 지도하는 사람을 말한다.
4. "수련환경"이란 전공의 수련을 위한 시설·인력·장비·진료실적 등 수련병원등 및 수련전문과목의 지정기준에 해당하는 사항, 수련시간·휴식시간 등 수련규칙 사항, 전공의 수련 교과 과정 및 보수 등 전공의 처우에 관한 사항 등을 말한다.

제3조(국가의 지원) ① 국가는 전공의 수련환경 개선을 위하여 필요한 제도적 장치를 마련하고 이에 따른 시책 추진에 노력하여야 한다.

② 국가는 전공의 육성, 수련환경 평가 등에 필요한 행정적·재정적 지원을 할 수 있다. 이 경우 제13조에 따른 수련전문과목 중 특히 수련환경 개선이 필요하다고 인정하여 대통령령으로 정하는 수련전문과목의 육성에 우선적으로 지원하여야 한다. 〈개정 2024. 2. 20.〉

제4조(수련병원등의 장과 전공의의 책무 등) ① 수련병원등의 장과 전공의는 수련환경 개선을 위한 국가의 시책에 협조하여야 한다.

② 수련병원등의 장과 전공의는 제9조에 따른 수련규칙을 준수하고, 수련계약을 성실하게 이행할 의무가 있다.

제5조(전공의종합계획의 수립 등) ① 보건복지부장관은 수련환경 개선 및 전공의 지위 향상을 위하여 제15조에 따른 수련환경평가위원회의 심의를 거쳐 전공의종합계획을 5년마다 수립·시행한다.

② 제1항에 따른 종합계획은 「보건의료기본법」 제15조에 따른 보건의료발전계획과 연계하여 수립한다.

제6조(다른 법률과의 관계) 이 법은 수련환경에 관하여 다른 법률에 우선하여 적용한다.

제7조(수련시간 등) ① 수련병원등의 장은 전공의에게 4주의 기간을 평균하여 1주일에 80시간을 초과하여 수련하게 하여서는 아니 된다. 다만, 교육적 목적을 위하여 1주일에 8시간 연장이 가능하다.

② 수련병원등의 장은 전공의에게 연속하여 36시간을 초과하여 수련하게 하여서는 아니 된다. 다만, 응급상황이 발생한 경우에는 연속하여 40시간까지 수련하도록 할 수 있다.

③ 수련병원등의 장은 전공의에게 대통령령으로 정하는 연속수련 후 최소 10시간의 휴식시간을 주어야 한다.

제7조(수련시간 등) ① 수련병원등의 장은 전공의에게 4주의 기간을 평균하여 1주일에 80시간 이내의 범위에서 보건복지부령으로 정하는 시간을 초과하여 수련하게 하여서는 아니 된다. 다만, 교육적 목적을 위하여 1주일에 8시간 연장이 가능하다. 〈개정 2024. 2. 20.〉

② 수련병원등의 장은 전공의에게 연속하여 36시간 이내의 범위에서 보건복지부령으로 정하는 시간을 초과하여 수련하게 하여서는 아니 된다. 다만, 응급상황이 발생한 경우에는 연속하여 40시간 이내의 범위에서 보건복지부령으로 정하는 시간까지 수련하도록 할 수 있다. 〈개정 2024. 2. 20.〉

③ 수련병원등의 장은 전공의에게 대통령령으로 정하는 연속수련 후 최소 10시간의 휴식시간을 주어야 한다.

[시행일: 2026. 2. 21.] 제7조

제8조(임산부의 보호) ① 여성전공의에 대한 출산전후휴가 및 유산·사산 휴가에 관하여는 「근로기준법」 제74조제1항부터 제4항까지를 따른다.

② 제1항에 따라 발생하는 추가 수련에 관한 사항은 제15조에 따른 수련환경평가위원회에서 정하는 바에 따른다.

제9조(수련규칙의 작성 등) ① 보건복지부장관은 다음 각 호의 사항에 대한 전공의 수련 및 지도·감독에 관한 규칙(이하 "수련규칙"이라 한다)의 표준안을 작성하여 수련병원등의 장에게 제공하여야 한다.

  1. 주간(週間) 수련시간의 상한(上限)
  2. 연속하여 할 수 있는 수련시간의 상한
  3. 응급실에서 연속하여 할 수 있는 수련시간의 상한
  4. 주간 평균 당직일수의 상한
  5. 당직 수당의 산정방법
  6. 수련 간 휴식시간의 하한(下限)
  7. 휴일 및 휴가
  8. 수련시간 계산 및 기록 방법
  9. 그 밖에 수련환경과 관련하여 보건복지부령으로 정하는 사항

② 수련병원등의 장은 제1항의 표준안에서 제시한 기준에 따라 수련규칙을 작성하고, 이를 보건복지부장관에게 제출하여야 한다. 제출한 수련규칙을 변경한 경우에도 또한 같다.

③ 보건복지부장관은 제1항의 수련규칙 표준안에서 제시한 기준에 미달하는 수련규칙에 대하여는 수련병원등의 장에게 그 변경을 명할 수 있다. 이 경우 수련병원등의 장은 그 명령에 따라야 한다.

④ 수련병원등의 장은 제2항에 따라 작성한 수련규칙을 전공의가 열람할 수 있도록 수련병원등에 비치하여야 한다.

제10조(수련계약 등) ① 수련병원등의 장은 전공의와 수련에 관한 계약을 체결할 때 전공의에게 해당 수련병원등의 수련규칙, 보수 및 그 밖에 대통령령으로 정하는 사항을 구체적으로 명시하여야 한다. 수련계약을 변경하는 경우에도 또한 같다.

② 수련병원등의 장은 수련계약을 체결 또는 변경한 경우에 수련계약서 2부를 작성하여 1부는 보관하고 1부는 전공의에게 주어야 한다.

③ 수련병원등의 장은 제1항에 따른 수련계약 체결 시 전공의의 자유의사에 따라 공정하게 이루어지도록 하여야 한다.

제11조(안전 및 보건대책 등) 수련병원등의 장은 전공의의 안전 및 보건을 위한 대책을 마련하고 이를 성실히 이행하여야 한다.

제11조의2(폭행등 예방 및 대응지침) ① 보건복지부장관은 전공의의 수련 및 지도·감독 과정에서 전공의에 대한 폭행·폭언·성폭롱·성폭력 등(이하 "폭행등"이라 한다)을 예방하고 폭행등이 발생한 경우 신속한 처리와 피해 전공의 보호를 위하여 제15조에 따른 수련환경평가위원회의 심의를 거쳐 수련병원등의 장이 준수하여야 할 지침(이하 "폭행등 예방 및 대응지침"이라 한다)을 정하여 고시할 수 있다. 이 경우 성폭롱·성폭력에 관해서는 별도의 지침으로 고시할 수 있다.

② 제1항에 따른 폭행등 예방 및 대응지침에는 다음 각 호의 사항이 포함되어야 한다.

  1. 폭행등에 대한 신고체계 마련 및 안내

2. 폭행등이 발생한 경우 조사 및 피해 전공의 보호

3. 폭행등이 발생한 경우 가해자에 대한 징계

4. 폭행등 예방 및 대응을 위한 수련병원 내 전담부서 지정

5. 제15조에 따른 수련환경평가위원회에 대한 사후 보고

6. 그 밖에 폭행등 예방 및 대응을 위하여 보건복지부령으로 정하는 사항

[본조신설 2019. 1. 15.]

제12조(지도전문의의 지정) ① 수련병원등의 장은 다음 각 호의 요건을 모두 갖춘 사람을 지도전문의로 지정할 수 있다.

1. 「의료법」 제77조제1항에 따른 전문의일 것

2. 제12조의3제1항제1호에 따른 기초교육을 받았을 것

② 제12조의2제1항에 따른 보건복지부장관의 명령에 따라 지정이 취소된 날부터 3년이 지나지 아니한 사람은 제1항에 따른 지정을 받을 수 없다.

③ 제1항에 따른 지정의 절차·방법, 그 밖에 필요한 사항은 보건복지부령으로 정한다.

[본조신설 2019. 1. 15.] [종전 제12조는 제12조의3으로 이동 〈2019. 1. 15.〉]

제12조의2(지도전문의의 지정취소 등) ① 보건복지부장관은 지도전문의가 다음 각 호의 어느 하나에 해당하는 경우 제15조에 따른 수련환경평가위원회의 심의를 거쳐 그 지정을 취소(제2호에 해당하는 경우는 제외한다)하거나 3년의 범위에서 그 업무를 정지하도록 명할 수 있다. 이 경우 수련병원등의 장은 그 명령에 따라야 한다.

1. 전공의에게 폭행등을 행사하여 신체적 또는 정신적 손해를 입힌 경우

2. 제12조의3제1항제2호에 따른 정기교육을 최초로 받은 연도를 기준으로 3년마다 8시간 이상 받지 아니한 경우

3. 그 밖에 지도전문의로서의 자질이 현저히 부족하다고 인정되는 경우

② 제1항에 따른 지정취소 및 업무정지의 절차·방법, 그 밖에 필요한 사항은 보건복지부령으로 정한다.

[본조신설 2019. 1. 15.]

제12조의3(지도전문의에 대한 교육) ① 수련병원등의 장은 지도전문의가 되려는 사람 또는 지도전문의가 전공의 수련에 관한 전문지식 및 교육자로서의 자질 향상을 위하여 다음 각 호의 구분에 따른 교육을 받도록 하여야 한다. 〈개정 2019. 1. 15.〉

1. 지도전문의가 되려는 사람: 기초교육

2. 지도전문의: 정기교육

② 제1항에 따른 기초교육 및 정기교육의 내용·방법·시기 등에 필요한 사항은 보건복지부령으로 정한다. 〈개정 2019. 1. 15.〉

[제12조에서 이동 〈2019. 1. 15.〉]

제13조(수련병원등 및 수련전문과목의 지정) ① 보건복지부장관은 전문의 수련을 위하여 「의료법」에 따른 의료기관, 의과대학, 의학전문대학원 또는 보건관계기관 중에서 수련병원등을 지정하여야 한다. 이 경우 수련병원등이 운영할 수 있는 수련전문과목을 함께 지정하여야 한다. 〈개정 2019. 1. 15.〉

② 보건복지부장관은 수련병원등이 다음 각 호의 어느 하나에 해당하는 경우 제1항에 따른 수련병원등 또는 수련전문과목의 지정을 취소할 수 있다. 〈개정 2019. 1. 15.〉

1. 거짓이나 그 밖의 부정한 방법으로 지정을 받은 경우

2. 수련병원등이 지정 취소를 원하는 경우

3. 제17조에 따른 시정명령을 정당한 사유 없이 이행하지 아니한 경우

4. 제12조의2제1항에 따른 지도전문의의 지정취소 또는 업무정지 명령을 정당한 사유 없이 따르지 아

니한 경우

    5. 제13조의2제1항에 따른 이동수련 조치 명령을 정당한 사유 없이 따르지 아니한 경우

    6. 그 밖에 수련병원등의 지위를 유지할 수 없거나 수련전문과목을 운영할 수 없다고 인정되는 경우로 서 대통령령으로 정하는 경우

③ 수련병원등 및 수련전문과목의 지정 또는 지정취소의 기준·절차·방법 및 그 밖에 필요한 사항은 대통령령으로 정한다. 〈개정 2019. 1. 15.〉

[제목개정 2019. 1. 15.]

제13조의2(이동수련 조치) ① 보건복지부장관은 다음 각 호의 어느 하나에 해당하는 사유가 발생한 경우 해당 수련병원등의 장으로 하여금 소속 전공의가 다른 수련병원등으로 소속을 옮겨 수련(이하 "이동수련"이라 한다)을 받는 데 필요한 조치를 하도록 명할 수 있다. 이 경우 수련병원등의 장은 그 명령에 따라야 한다.

    1. 제13조제2항에 따라 수련병원등 또는 수련전문과목의 지정이 취소된 경우

    2. 제15조에 따른 수련환경평가위원회가 폭행등 및 그 밖에 대통령령으로 정하는 부득이한 사유로 전공의가 해당 수련병원등에서 수련을 계속 받기 어렵다고 인정한 경우

② 수련병원등의 장은 이동수련 조치 결과를 제15조에 따른 수련환경평가위원회에 보고하여야 한다.

③ 그 밖에 이동수련 조치의 내용·절차·방법 및 제2항에 따른 보고의 내용·절차·방법 등에 관하여 필요한 사항은 대통령령으로 정한다.

[본조신설 2019. 1. 15.]

제14조(수련환경평가) ① 보건복지부장관은 매년 수련병원등별로 제13조에 따른 수련병원등 및 수련전문과목의 지정기준 유지 여부, 제9조에 따른 수련규칙 이행 여부, 제11조의2에 따른 폭행등 예방 및 대응지침의 준수 여부, 의료법령에 따른 전공의 수련 교과 과정 제공 여부 등 보건복지부령으로 정하는 항목에 관한 평가(이하 "수련환경평가"라 한다)를 실시하여야 한다. 〈개정 2019. 1. 15.〉

② 보건복지부장관은 수련환경평가를 위하여 수련병원등 관계 기관·단체의 장에게 필요한 자료의 제출 또는 의견의 진술을 요청할 수 있다. 이 경우 요청을 받은 자는 정당한 사유가 없으면 이에 따라야 한다.

③ 국가는 수련환경평가의 결과에 따라 수련병원등별로 행정적·재정적 지원을 달리 할 수 있다. 이 경우 그 세부기준은 보건복지부령으로 정한다. 〈개정 2019. 1. 15.〉

④ 보건복지부장관은 제13조에 따라 수련병원등 및 수련전문과목을 지정하는 경우에 수련환경평가의 결과를 반영하여야 한다. 〈개정 2019. 1. 15.〉

⑤ 보건복지부장관은 수련환경평가 결과를 공표하여야 한다. 〈개정 2020. 4. 7.〉

⑥ 수련환경평가의 기준·방법 및 수련환경평가 결과의 공표 시기·내용·방법 등에 관하여 필요한 사항은 보건복지부령으로 정한다. 〈신설 2020. 4. 7.〉

제15조(수련환경평가위원회) ① 보건복지부장관은 수련환경에 관한 다음 각 호의 사항을 심의하게 하기 위하여 보건복지부에 수련환경평가위원회(이하 "위원회"라 한다)를 둔다. 〈개정 2019. 1. 15.〉

    1. 수련환경 개선 및 전공의의 지위 향상을 위한 정책 및 제도에 관한 사항

    2. 전공의종합계획에 관한 사항

    3. 전문의 자격 인정 및 수련 교과 과목에 관한 사항

    4. 제9조에 따른 수련규칙 항목 및 표준안에 관한 사항

    4의2. 제11조의2에 따른 폭행등 예방 및 대응지침에 관한 사항

    5. 제8조제2항에 관한 사항

    5의2. 제12조의2제1항에 따른 지도전문의의 지정취소 및 업무정지에 관한 사항

    6. 제13조에 따른 수련병원등 및 수련전문과목의 지정 및 제14조에 따른 수련환경평가에 관한 사항

7. 전공의의 파견 수련 및 이동수련 등에 관한 사항

8. 그 밖에 전공의 수련과 관련하여 위원회에서 심의가 필요하다고 보건복지부장관이 인정하는 사항

② 위원회는 위원장 1명을 포함하여 15명 이내의 위원으로 구성한다.

③ 위원회의 위원은 다음 각 호에 해당하는 사람 중에서 보건복지부장관이 임명 또는 위촉하고, 위원장은 위원 중에서 호선한다.

    1. 「의료법」 제28조제1항에 따른 의사회에서 추천하는 자

    2. 「의료법」 제52조에 따른 의료기관단체에서 추천하는 자

    3. 「의료법」 제28조제1항에 따른 의사회에서 추천하는 전공의 대표자

    4. 전공의 수련 교과 과정 내용의 조직·편성을 담당하는 의료 관련 법인에서 추천하는 자

    5. 보건의료정책 관련 업무를 담당하고 있는 보건복지부 소속 5급 이상의 공무원

    6. 수련환경평가에 관한 전문가로서 보건복지부장관이 지정하는 자

④ 보건복지부장관은 위원회에 대하여 예산의 범위에서 필요한 재정 지원 등을 할 수 있다

⑤ 위원회의 효율적인 운영을 위하여 분과위원회를 둘 수 있다.

⑥ 위원회 및 분과위원회의 구성·운영 등에 필요한 사항은 대통령령으로 정한다.

제16조(보고 및 조사 등) ① 보건복지부장관은 이 법의 시행을 위하여 필요하다고 인정하는 경우 보건복지부령으로 정하는 바에 따라 수련병원등의 장에 대하여 보고, 관련 서류의 제출 및 협조를 요청할 수 있으며, 소속 공무원으로 하여금 수련병원등에 출입하여 관계인에게 질문하거나 관련 장부·서류 등을 조사 또는 검사하게 할 수 있다.

② 제1항에 따라 조사·검사를 하는 공무원은 그 권한을 표시하는 증표를 지니고 이를 관계인에게 내보여야 한다.

제17조(시정명령) ① 보건복지부장관은 이 법을 위반한 수련병원등의 장에게 시정을 명할 수 있다.

② 시정명령의 기준·방법·절차 및 그 밖에 필요한 사항은 보건복지부령으로 정한다.

제18조(업무의 위탁) 보건복지부장관은 다음 각 호의 업무를 대통령령으로 정하는 바에 따라 관련 기관에 위탁할 수 있다. 〈개정 2019. 1. 15., 2021. 3. 23.〉

    1. 제9조제2항에 따른 수련규칙 제출의 접수

    2. 제12조제1항 및 제12조의2제1항에 따른 지도전문의 지정, 지정취소 및 업무정지의 현황 관리

    3. 제13조에 따른 수련병원등 및 수련전문과목의 지정 및 제14조에 따른 수련환경평가를 위한 자료조사

    4. 제15조의 수련환경평가위원회 운영 지원을 위한 업무

제18조의2(벌칙 적용에서 공무원 의제) 위원회의 위원 중 공무원이 아닌 사람은 「형법」 제127조 및 제129조부터 제132조까지의 규정을 적용할 때에는 공무원으로 본다.

[본조신설 2019. 1. 15.]

제19조(과태료) ① 다음 각 호의 어느 하나에 해당하는 자에게는 500만원 이하의 과태료를 부과한다. 〈개정 2019. 1. 15.〉

    1. 제7조제1항부터 제3항까지의 어느 하나를 위반한 수련병원등의 장

    2. 제9조제2항을 위반하여 수련규칙을 제출하지 아니한 수련병원등의 장

    3. 제9조제3항을 위반하여 명령에 따르지 아니한 수련병원등의 장

    4. 제11조의2제1항을 위반하여 폭행등 예방 및 대응지침을 준수하지 아니한 수련병원등의 장

    5. 제12조의2제1항을 위반하여 지도전문의 지정취소 또는 업무정지 명령에 따르지 아니한 수련병원등의 장

    6. 제13조의2제1항을 위반하여 이동수련 조치 명령에 따르지 아니한 수련병원등의 장

② 다음 각 호의 어느 하나에 해당하는 자에게는 300만원 이하의 과태료를 부과한다.
  1. 제4조제2항을 위반하여 제9조제2항에 따라 작성한 수련규칙(제7조제1항부터 제3항까지의 규정에 따른 수련시간에 관한 수련규칙은 제외한다)을 준수하지 아니한 수련병원등의 장
  2. 제14조제2항의 자료를 제출하지 아니하거나 거짓으로 작성하여 제출한 수련병원등의 장
③ 제16조제1항에 따른 보고를 하지 아니하거나 조사·검사를 거부·방해 또는 기피한 자에게는 200만원 이하의 과태료를 부과한다.
④ 다음 각 호의 어느 하나에 해당하는 자에게는 100만원 이하의 과태료를 부과한다. 〈개정 2019. 1. 15.〉
  1. 제10조제2항을 위반하여 수련계약서 1부를 전공의에게 교부하지 아니한 수련병원등의 장
  2. 제12조의3제1항을 위반하여 지도전문의에게 필요한 정기교육을 받게 하지 아니한 수련병원등의 장
⑤ 제1항제1호에도 불구하고 제7조에 따른 의무위반에 대하여 환자보호, 응급상황 등 대통령령으로 정하는 정당성이 인정되는 경우에는 그 처분을 감경하거나 면제할 수 있다.
⑥ 제1항부터 제4항까지의 규정에 따른 과태료는 대통령령으로 정하는 바에 따라 보건복지부장관이 부과·징수한다.

부칙
〈법률 제20330호, 2024. 2. 20.〉

제1조(시행일) 이 법은 공포 후 2년이 경과한 날부터 시행한다. 다만, 제3조제2항의 개정규정은 공포 후 6개월이 경과한 날부터 시행한다.

제2조(수련규칙에 관한 경과조치) 수련병원등의 장은 이 법 시행일부터 6개월 이내에 이 법에 적합하도록 수련규칙을 변경하고 변경한 수련규칙을 보건복지부장관에게 제출하여야 한다.

제3조(수련계약에 관한 경과조치) 수련병원등의 장과 전공의는 이 법 시행일부터 6개월 이내에 이 법 및 부칙 제2조에 따라 제출한 수련규칙에 적합하도록 수련계약을 변경하여야 한다.

전문간호사 자격인정 등에 관한 규칙

[시행 2022. 4. 19.] [보건복지부령 제881호, 2022. 4. 19., 일부개정]

제1조(목적) 이 규칙은 「의료법」 제78조에 따라 전문간호사의 자격 구분, 자격 기준, 자격 시험, 자격증, 업무 범위, 그 밖에 자격인정에 관하여 필요한 사항을 규정함을 목적으로 한다. *〈개정 2022. 4. 19.〉*

제2조(자격구분) 전문간호사 자격은 보건·마취·정신·가정·감염관리·산업·응급·노인·중환자·호스피스·종양·임상 및 아동분야로 구분한다.

제3조(업무 범위) 전문간호사는 「의료법」 제78조제3항에 따라 다음 각 호의 구분에 따른 분야별 업무 범위에서 해당 업무를 수행하여야 한다.
  1. 보건
     가. 처치·주사 등 보건 진료에 필요한 업무 중 의사, 치과의사 또는 한의사의 지도하에 수행하는 업무
     나. 보건전문간호 제공을 위한 협력과 조정
     다. 보건전문간호 분야의 교육, 상담, 관리 및 연구 등 전문성 향상
     라. 그 밖에 지역사회 질병 예방, 보건교육, 건강 증진을 위한 활동 등 보건전문간호에 필요한 업무
  2. 마취
     가. 처치·주사 등 마취환자 진료에 필요한 업무 중 의사 또는 치과의사의 지도하에 수행하는 업무
     나. 마취전문간호 제공을 위한 협력과 조정
     다. 마취전문간호 분야의 교육, 상담, 관리 및 연구 등 전문성 향상
     라. 그 밖에 마취 준비, 마취 후 회복 관리 등 마취전문간호에 필요한 업무
  3. 정신
     가. 처치·주사 등 정신질환자 진료에 필요한 업무 중 의사 또는 한의사의 지도하에 수행하는 업무
     나. 정신전문간호 제공을 위한 협력과 조정
     다. 정신전문간호 분야의 교육, 상담, 관리 및 연구 등 전문성 향상
     라. 그 밖에 정신질환자 등에 대한 간호, 환자·가족·지역사회 등의 정신건강 증진을 위한 활동 등 정신전문간호에 필요한 업무
  4. 가정
     가. 「의료법 시행규칙」 제24조에 따른 가정간호
     나. 가정전문간호 제공을 위한 협력과 조정
     다. 가정전문간호 분야의 교육, 상담, 관리 및 연구 등 전문성 향상
     라. 그 밖에 환자의 간호요구에 대한 관찰 등 가정전문간호에 필요한 업무
  5. 감염관리
     가. 처치·주사 등 감염관리 진료에 필요한 업무 중 의사, 치과의사 또는 한의사의 지도하에 수행하는 업무
     나. 감염관리전문간호 제공을 위한 협력과 조정
     다. 감염관리전문간호 분야의 교육, 상담, 관리 및 연구 등 전문성 향상
     라. 그 밖에 감염 예방·감시·관리, 감염관리 교육 등 감염관리전문간호에 필요한 업무
  6. 산업
     가. 처치·주사 등 산업보건 진료에 필요한 업무 중 의사, 치과의사 또는 한의사의 지도하에 수행하는 업무
     나. 산업전문간호 제공을 위한 협력과 조정
     다. 산업전문간호 분야의 교육, 상담, 관리 및 연구 등 전문성 향상
     라. 그 밖에 근로자 건강관리, 산업재해 예방, 작업환경 개선 등 산업전문간호에 필요한 업무
  7. 응급
     가. 처치·주사 등 응급환자 진료에 필요한 업무 중 의사의 지도하에 수행하는 업무
     나. 응급전문간호 제공을 위한 협력과 조정
     다. 응급전문간호 분야의 교육, 상담, 관리 및 연구 등 전문성 향상

라. 그 밖에 응급환자 중증도 분류, 응급환자에 대한 처치·관리 등 응급전문간호에 필요한 업무
　8. 노인
　　가. 처치·주사 등 노인환자 진료에 필요한 업무 중 의사, 치과의사 또는 한의사의 지도하에 수행하는 업무
　　나. 노인전문간호 제공을 위한 협력과 조정
　　다. 노인전문간호 분야의 교육, 상담, 관리 및 연구 등 전문성 향상
　　라. 그 밖에 노인 질환 관리 및 건강 증진에 필요한 활동 등 노인전문간호에 필요한 업무
　9. 중환자
　　가. 처치·주사 등 중환자 진료에 필요한 업무 중 의사의 지도하에 수행하는 업무
　　나. 중환자전문간호 제공을 위한 협력과 조정
　　다. 중환자전문간호 분야의 교육, 상담, 관리 및 연구 등 전문성 향상
　　라. 그 밖에 중환자 상태 변화의 감시 등 중환자전문간호에 필요한 업무
　10. 호스피스
　　가. 처치·주사 등 호스피스 진료에 필요한 업무 중 의사 또는 한의사의 지도하에 수행하는 업무
　　나. 호스피스전문간호 제공을 위한 협력과 조정
　　다. 호스피스전문간호 분야의 교육, 상담, 관리 및 연구 등 전문성 향상
　　라. 그 밖에 호스피스 전환기 환자 관리 및 임종 간호, 환자 가족을 위한 상담 등 호스피스전문간호에 필요한 업
　　　무
　11. 종양
　　가. 처치·주사 등 종양환자 진료에 필요한 업무 중 의사, 치과의사 또는 한의사의 지도하에 수행하는 업무
　　나. 종양전문간호 제공을 위한 협력과 조정
　　다. 종양전문간호 분야의 교육, 상담, 관리 및 연구 등 전문성 향상
　　라. 그 밖에 종양 환자의 증상 관리, 암 생존자 관리 등 종양전문 간호에 필요한 업무
　12. 임상
　　가. 처치·주사 등 임상 진료에 필요한 업무 중 의사, 치과의사 또는 한의사의 지도하에 수행하는 업무
　　나. 임상전문간호 제공을 위한 협력과 조정
　　다. 임상전문간호 분야의 교육, 상담, 관리 및 연구 등 전문성 향상
　　라. 그 밖에 질환·합병증 등 임상증상 수집, 치료를 위한 간호 등 임상전문간호에 필요한 업무
　13. 아동
　　가. 처치·주사 등 아동 환자 진료에 필요한 업무 중 의사, 치과의사 또는 한의사의 지도하에 수행하는 업무
　　나. 아동전문간호 제공을 위한 협력과 조정
　　다. 아동전문간호 분야의 교육, 상담, 관리 및 연구 등 전문성 향상
　　라. 그 밖에 아동·가족의 건강력 수집, 아동의 건강문제 관리 및 건강증진을 위한 간호 등 아동전문간호에 필요
　　　한 업무
[전문개정 2022. 4. 19.]

제4조(전문간호사 교육과정) ① 「의료법」 제78조제2항제1호에 따라 전문간호사 교육과정은 보건복지부장관
이 지정하는 전문간호사 교육기관이 실시하고 그 교육기간은 2년 이상으로 한다. 〈개정 2010. 3. 19., 2022.
4. 19.〉
② 전문간호사 교육과정을 신청할 수 있는 자는 교육을 받기 전 10년 이내에 별표 1에 따른 해당분야의
　기관에서 3년 이상 간호사로서의 실무경력이 있는 자로 한다.
③ 보건복지부장관은 전문간호사 교육과정을 체계적·효율적으로 실시하기 위하여 필요하다고 인정하는
　경우에는 제1항에 따른 전문간호사 교육과정 관리 업무의 일부를 간호 분야에 전문성을 갖춘 기관으
　로서 보건복지부장관이 지정하는 기관으로 하여금 대행하게 할 수 있다.〈신설 2022. 4. 19.〉

제5조(교육기관 지정의 기준 및 절차) ① 제4조제1항에 따른 전문간호사 교육기관으로 지정받을 수 있는
기관은 다음 각 호의 어느 하나의 기관으로서 별표 2의 전문간호사 교육기관 지정기준에 맞아야 한다.

  1. 대학원 과정을 두고 있는 간호학과가 있는 대학

  2. 간호학 전공이 있는 특수대학원 또는 전문대학원

② 제1항에 따른 전문간호사 교육기관으로 지정받으려는 자는 별지 제1호서식의 전문간호사 교육기관 지정 신청서에 다음 각 호의 서류를 첨부하여 보건복지부장관에게 제출하여야 한다. 〈개정 2010. 3. 19.〉

  1. 교수요원(전공전임교수 및 실습지도 겸직교수)의 성명과 이력이 적혀 있는 서류

  2. 실습협약기관 현황 및 협약 약정서

  3. 교육계획서 및 교과과정표

  4. 해당 전문간호사 교육과정에 사용되는 시설 및 장비 현황

③ 보건복지부장관은 제2항에 따른 신청이 있는 경우 제1항의 지정기준에 맞다고 인정하면 전문간호사 교육기관으로 지정하고, 별지 제2호서식의 전문간호사 교육기관 지정서를 발급하여야 한다. 〈개정 2010. 3. 19.〉

제6조(교육생 정원) ① 보건복지부장관은 제5조제3항에 따라 전문간호사 교육기관을 지정하는 경우에는 제2조에 따른 분야(이하 "전문분야"라 한다)별로 교육생 정원을 정하여 지정하여야 한다. 〈개정 2010. 3. 19.〉

② 전문간호사 교육기관의 장은 제1항에 따라 정하여진 전문분야별 교육생 정원을 변경하려는 경우에는 별지 제3호서식의 정원변경 신청서에 제5조제2항 각 호의 서류를 첨부하여 보건복지부장관에게 제출하여야 한다. 〈개정 2010. 3. 19.〉

③ 보건복지부장관은 제2항의 정원변경 신청이 있는 경우 제5조제1항의 지정기준에 맞다고 인정하면 정원변경을 승인하고 지정서를 재발급하여야 한다. 〈개정 2010. 3. 19.〉

제7조(전문간호사 교육과정의 과목 및 수료증 발급) ① 전문간호사 교육과정의 과목은 공통과목, 전공이론과목 및 전공실습과목으로 구분하고, 과목별 이수학점 기준은 별표 3과 같다.

② 전문간호사 교육기관의 장은 전문간호사 교육과정을 마친 자에게 별지 제4호서식의 수료증을 발급하여야 한다.

제7조의2(전문간호사 교육생 모집현황 및 수료현황 보고) ① 전문간호사 교육기관의 장은 교육과정 등록마감일부터 30일 이내에 별지 제4호의2서식의 전문간호사 교육생 모집현황 보고서에 전문과목별 교육생 명단 각 1부를 첨부하여 보건복지부장관에게 제출하여야 한다.

② 전문간호사 교육기관의 장은 전문간호사 교육과정 수료일부터 30일 이내에 별지 제4호의3서식의 전문간호사 교육생 수료현황 보고서에 전문과목별 수료생 명단 각 1부를 첨부하여 보건복지부장관에게 제출하여야 한다.

[본조신설 2012. 3. 19.]

제7조의3(지정취소 등) 보건복지부장관은 제5조제3항에 따라 전문간호사 교육기관으로 지정받은 기관이 다음 각 호의 어느 하나에 해당하면 지정을 취소하거나 시정을 명할 수 있다. 이 경우 지정을 취소하려면 청문을 하여야 한다.

  1. 제5조제1항에 따른 전문간호사 교육기관의 지정기준에 미달된 경우

  2. 제6조제1항에 따른 전문분야별 교육생 정원을 초과하여 교육생을 선발한 경우

[본조신설 2012. 3. 19.]

제8조(자격시험의 시행 및 공고) ① 보건복지부장관은 매년 1회 이상 자격시험을 시행하여야 한다. 다만, 의료인력 수급 등을 고려하여 시험을 시행하는 것이 적절하지 아니하다고 인정하는 경우에는 해당 전문분야에 한정하여 자격시험을 시행하지 아니할 수 있다. 〈개정 2010. 3. 19.〉

② 보건복지부장관은 자격시험의 실시와 관리를 보건복지부장관이 지정하는 기관으로 하여금 대행하게 한다. 〈개정 2010. 3. 19.〉

③ 제2항에 따라 자격시험을 실시하는 자격시험관리기관은 보건복지부장관의 승인을 받아 자격시험의 일시, 시험장소, 시험과목, 시험방법, 응시원서, 서류접수 및 응시수수료의 반환기준 등 시험을 시행하는 데에 필요한 사항을 정하고 이를 시험 실시 30일 전까지 일간신문, 관보, 인터넷 홈페이지나 그 밖의 효과적인 방법으로 공고해야 한다. 〈개정 2010. 3. 19., 2011. 4. 7., 2021. 1. 7.〉

제9조(자격시험의 응시자격 및 응시절차) ① 자격시험에 응시할 수 있는 자는 「의료법」 제78조제2항 각 호의 어느 하나에 해당하는 자로 한다. 〈개정 2022. 4. 19.〉

② 제1항에도 불구하고 전문간호사 자격의 전문분야가 신설되는 경우 다음 각 호의 어느 하나에 해당하는 자는 그 신설 분야의 전문간호사 교육과정을 이수한 자가 처음으로 응시하는 자격시험일부터 3년 이내의 기간 중 1회에 한하여 그 분야의 자격시험에 응시할 수 있다. 〈개정 2010. 3. 19.〉

1. 신설 분야의 전문간호사 교육과정이 시작되기 이전에 신설분야와 동일하거나 유사한 분야의 석사학위를 취득하였거나 취득을 위한 과정에 있는 자(최초 응시원서 접수일 이전에 석사학위를 취득하는 자만 해당한다)로서 자격시험의 최초 응시원서 접수일 이전에 제4조제2항에 따른 실무경력을 갖춘 자. 이 경우 유사한 분야의 범위는 보건복지부장관이 정한다.

2. 신설 분야의 전문간호사 교육과정의 교수요원으로서 자격시험의 최초 응시원서 접수일 이전 10년 이내에 대학 또는 전문대학에서 간호학 분야의 전임강사 이상의 직에 4년 이상 재직한 경력이 있는 자

③ 자격시험에 응시하려는 자는 별지 제5호서식의 응시원서(전자문서로 된 응시원서를 포함한다)를 자격시험관리기관의 장에게 제출하여야 한다. 〈개정 2016. 12. 30.〉

④ 자격시험에 응시하려는 자는 자격시험관리기관의 장이 보건복지부장관의 승인을 받아 결정한 응시수수료를 내야 한다. 〈개정 2010. 3. 19., 2011. 4. 7.〉

⑤ 제4항에 따른 응시수수료는 다음 각 호의 구분에 따라 반환한다. 〈신설 2011. 4. 7.〉

1. 응시수수료를 과오납한 경우: 그 과오납한 금액의 전부
2. 시험시행기관의 귀책사유로 시험에 응하지 못한 경우: 납입한 응시수수료의 전부
3. 응시원서 접수기간 내에 접수를 취소하는 경우: 납입한 응시수수료의 전부
4. 시험 시행일 20일 전까지 접수를 취소하는 경우: 납입한 응시수수료의 전부
5. 시험 시행일 10일 전까지 접수를 취소하는 경우: 납입한 응시수수료의 100분의 50

제10조(시험과목 및 시험방법 등) ① 자격시험은 1차시험과 2차시험으로 구분하되, 1차시험은 필기시험으로 하고 2차시험은 실기시험으로 한다.

② 2차시험은 1차시험에 합격한 자가 응시할 수 있고, 1차시험에 합격한 자에 대하여는 다음 회의 시험에 한하여 1차시험을 면제한다.

③ 자격시험의 합격자는 1차시험과 2차시험에서 각각 총점의 60퍼센트 이상을 득점한 자로 한다.

④ 자격시험의 출제방법, 배점비율, 그 밖에 시험 시행에 관하여 필요한 사항은 자격시험관리기관의 장이 정한다.

제11조(합격자 발표 등) ① 자격시험관리기관의 장은 합격자를 결정하여 발표한다.

② 제1항의 합격자는 다음 각 호의 서류를 합격자 발표일부터 10일 이내에 자격시험관리기관의 장에게 제출하여야 한다. 〈개정 2016. 12. 30.〉

1. 제7조제2항에 따른 수료증 사본 또는 외국의 전문간호사 자격증 사본
2. 간호사 면허증 사본
3. 응시원서의 사진과 같은 사진(가로 3.5센티미터, 세로 4.5센티미터) 3장

③ 자격시험관리기관의 장은 다음 각 호의 서류를 합격자 발표일부터 15일 이내에 보건복지부장관에게 제출하여야 한다. 〈개정 2010. 3. 19., 2016. 12. 30., 2017. 3. 28.〉

1. 합격자의 성명·생년월일·간호사면허번호 및 면허연월일·수험번호 등이 적혀 있는 합격자 대장

2. 제7조제2항에 따른 수료증 사본 또는 외국의 전문간호사 자격증 사본

3. 응시원서의 사진과 같은 사진(가로 3.5센티미터, 세로 4.5센티미터) 1장

제12조(자격증 발급) 보건복지부장관은 자격시험관리기관의 장으로부터 시험실시 결과보고를 받은 경우에는 전문간호사 자격인정대장에 다음 각 호의 사항을 적고, 합격자에게 별지 제6호서식의 전문간호사 자격증을 발급하여야 한다. 〈개정 2010. 3. 19.〉

1. 성명 및 주민등록번호

2. 전문간호사 자격인정번호 및 자격인정 연월일

3. 전문간호사 자격시험 합격 연월일

4. 간호사 면허번호 및 면허 연월일

제13조(준용 규정) 이 규칙에 정한 것 외에 자격증의 발급·갱신·재발급 및 수수료 등에 관하여는 「의료법 시행규칙」 중 간호사의 면허증에 관한 규정을 준용한다.

제14조 삭제 〈2022. 4. 19.〉

부칙

〈제881호,2022. 4. 19.〉

이 규칙은 공포한 날부터 시행한다.

간호조무사 및 의료유사업자에 관한 규칙 (약칭: 간호조무사등규칙)

[시행 2024. 2. 26.] [보건복지부령 제999호, 2024. 2. 26., 일부개정]

제1조(목적) 이 규칙은 「의료법」 제80조, 제80조의2, 제80조의3 및 제81조에 따라 간호조무사·접골사(接骨士)·침사(鍼士) 및 구사(灸士)의 자격과 업무의 한계 등에 필요한 사항을 규정함을 목적으로 한다. 〈개정 2016. 12. 30.〉

제2조(간호조무사 등의 업무 한계) ① 삭제 〈2016. 12. 30.〉
② 접골사는 뼈가 부러지거나[골절] 관절이 삐거나 겹질린 환자의 환부(患部)를 조정(調整)하고 회복시키는 응급처치 등 접골 시술행위(施術行爲)를 하는 것을 업무로 한다.
③ 침사는 환자의 경혈(經穴)에 침 시술행위를 하는 것을 업무로 한다.
④ 구사는 환자의 경혈에 구(灸 : 뜸질) 시술행위를 하는 것을 업무로 한다.
⑤ 접골사, 침사, 구사(이하 "의료유사업자"라 한다)는 환자에 대하여 외과수술을 하거나 약품을 투여하여서는 아니 된다.

제3조(간호조무사 국가시험) ① 삭제 〈2016. 12. 30.〉
② 삭제〈2016. 12. 30.〉
③ 간호조무사 국가시험의 실시방법과 실시일자는 보건복지부장관이 정한다.〈개정 2010. 3. 19., 2016. 12. 30.〉
④ 「의료법」(이하 "법"이라 한다) 제80조의3에서 준용하는 법 제9조에 따라 「한국보건의료인국가시험원법」에 따른 한국보건의료인국가시험원(이하 "시험관리기관"이라 한다)이 간호조무사 국가시험을 실시하는 경우에는 보건복지부장관의 승인을 받아 다음 각 호의 사항을 시험 실시 90일 전에 공고하여야 한다. 다만, 시험 장소는 시험실시 30일 전까지 공고할 수 있다. 〈개정 2010. 4. 23., 2013. 4. 1., 2016. 12. 30.〉
  1. 시험의 일시 및 장소
  2. 응시원서의 제출기간 및 접수 장소
  3. 시험과목
  4. 응시자격
  5. 합격자 발표의 예정일 및 방법
  6. 부정행위자의 기준 및 그에 대한 조치
  7. 응시자 주의사항
⑤ 삭제〈2010. 4. 23.〉
[제목개정 2016. 12. 30.]

제3조의2 삭제 〈2016. 12. 30.〉

제4조(간호조무사 국가시험의 응시자격) ①법 제80조제1항 각 호 외의 부분 전단에서 "보건복지부령으로 정하는 교육과정"이란 다음 각 호의 과정을 말한다. 〈개정 2022. 4. 8., 2024. 2. 26.〉
  1. 법 제80조제2항 전단에 따라 보건복지부장관의 지정을 받은 간호조무사 교육훈련기관(이하 "간호조무사 교육훈련기관"이라 한다)에서 실시하는 740시간 이상의 이론교육 과정
  2. 간호조무사 교육훈련기관의 장이 실습교육을 위탁한 의료기관(조산원은 제외한다) 또는 보건소에서 실시하는 780시간 이상의 실습교육 과정. 이 경우 보건복지부장관이 정하여 고시하는 요건을 갖춘 간호조무사 교육훈련기관에서 실시하는 실습교육 과정으로 234시간까지 이를 대체할 수 있으며, 법 제3조제2항제3호에 따른 병원이나 종합병원에서의 실습교육 과정이 400시간 이상이어야 한다.
② 보건복지부장관은 제1항에도 불구하고 「재난 및 안전관리 기본법」 제38조에 따른 주의 이상의 재난 위기경보 발령으로 교육을 정상적으로 실시하는 것이 현저히 곤란한 경우에는 보건복지부장관이 정하

여 고시하는 바에 따라 제1항에 따른 교육 과정의 일부를 달리 운영할 수 있다.〈신설 2022. 4. 8.〉

③ 간호조무사가 되려는 사람은 제1항 또는 제2항의 교육과정을 모두 이수하여야 한다. 다만, 법 제80조 제1항제5호 및 제6호에 해당하는 사람은 해당 교육과정을 모두 이수한 것으로 본다.〈개정 2022. 4. 8.〉

[전문개정 2016. 12. 30.]

제5조(간호조무사 국가시험 과목 등) 간호조무사 국가시험의 시험과목 및 출제범위는 별표와 같다. 〈개정 2016. 12. 30.〉

[전문개정 2013. 4. 1.] [제목개정 2016. 12. 30.]

제6조(간호조무사 국가시험의 응시원서 등) ① 간호조무사 국가시험에 응시하려는 자는 별지 제1호서식의 응시원서(전자문서로 된 응시원서를 포함한다)를 시험관리기관에 제출하여야 한다. 〈개정 2010. 4. 23., 2016. 12. 30.〉

② 삭제〈2010. 4. 23.〉

③ 제1항에 따라 응시원서를 제출할 때에는 보건복지부장관의 승인을 받아 시험관리기관이 정한 수수료를 현금 또는 정보통신망을 이용한 전자화폐·전자결제 등의 방법으로 시험관리기관에 내야 한다.〈개정 2010. 4. 23.〉

[제목개정 2016. 12. 30.]

제7조(간호조무사 국가시험의 합격자 결정) ①간호조무사 국가시험의 합격자는 매 과목 만점의 40퍼센트 이상, 전 과목 총점의 60퍼센트 이상 득점한 자로 한다. 〈개정 2010. 4. 23., 2016. 12. 30.〉

② 시험관리기관의 장은 제1항에 따라 합격자를 결정하면 이를 발표하고, 보건복지부장관에게 합격자의 인적 사항을 통보하여야 한다.〈신설 2010. 4. 23., 2013. 4. 1., 2016. 12. 30.〉

[제목개정 2016. 12. 30.]

제8조(부정행위자에 대한 조치) 제6조에 따른 간호조무사 국가시험의 응시원서에 응시자격에 관한 사항을 거짓으로 적거나 시험을 보는 도중에 부정행위를 한 자에 대하여는 그 시험의 응시를 정지시키거나 시험을 무효로 하고, 그 처분이 있던 날 다음에 치러지는 간호조무사 국가시험에서 두번 응시자격을 정지한다. 〈개정 2010. 4. 23., 2016. 12. 30.〉

제9조(간호조무사자격증 발급) ① 간호조무사 국가시험에 합격한 자는 다음 각 호의 서류를 보건복지부장관에게 제출하여야 한다. 〈개정 2013. 4. 1., 2016. 12. 30.〉

1. 최종학교 졸업증명서(졸업예정증명서를 포함한다) 또는 학력 인정서
2. 국공립간호조무사양성소의 장 및 간호조무사 교습과정을 운영하는 학원의 장이 발행한 별지 제2호서식의 간호조무사 교육과정 이수증명서(법 제80조제1항제2호 및 제4호의 경우에만 해당한다)
3. 실습 의료기관의 장이 발행한 별지 제3호서식의 간호조무사 의료기관 실습이수증명서(법 제80조제1항제1호부터 제4호까지의 경우에만 해당한다)
4. 「의료법」 제8조제1호 및 제2호에 해당하는 자가 아님을 증명하는 의사의 진단서
5. 외국의 대학 또는 전문대학 졸업증명서 및 외국의 간호사 면허증 사본(법 제80조제1항제6호에 따른 법 제7조제1항제2호의 경우에만 해당한다)
6. 외국의 간호조무사 교육과정 이수증명서 및 외국의 간호조무사 자격증 사본(법 제80조제1항제5호 경우에만 해당한다)
7. 사진(제출일 기준 6개월 이내에 모자를 벗은 상태에서 배경 없이 촬영된 상반신 컬러사진으로 규격은 가로 3.5센티미터, 세로 4.5센티미터로 한다. 이하 같다) 3장

② 보건복지부장관은 간호조무사 국가시험에 합격한 자가 제1항 각 호에 따른 서류를 제출한 날부터 30일 이내에 별지 제4호서식의 자격증을 발급하여야 한다.〈개정 2016. 12. 30.〉

[전문개정 2010. 4. 23.]

제10조(등록대장) 보건복지부장관 또는 특별시장·광역시장·특별자치시장·도지사 또는 특별자치도지사(이하 "시·도지사"라 한다)는 별지 제5호서식의 등록대장에 따라 간호조무사 또는 의료유사업자별로 등록대장을 관리하여야 한다.

[전문개정 2016. 12. 30.]

제11조(재발급 및 등록 사항의 정정) ① 간호조무사나 의료유사업자가 자격증이 헐어 못쓰게 되거나 자격증을 잃어버려 이를 재발급받거나 자격증명 또는 자격증 기재사항을 정정하려는 경우에는 별지 제6호서식의 신청서에 다음 각 호의 서류를 첨부하여 보건복지부장관 또는 시·도지사에게 자격증의 재발급, 자격증명 또는 자격증 기재사항의 정정을 신청하여야 한다. 〈개정 2010. 4. 23., 2016. 12. 30.〉

  1. 헐어 못쓰게 된 경우 : 자격증 원본
  2. 등록 사항을 정정하려는 경우 : 등록 사항을 정정할 필요가 있음을 증명하는 자료
  3. 사진 2장

② 제1항에 따른 자격증 재발급 또는 자격증명을 신청하는 경우에는 다음 각 호의 구분에 따라 수수료를 수입인지·수입증지로 내거나 정보통신망을 이용하여 전자화폐·전자결제 등의 방법으로 내야 한다. 〈개정 2016. 12. 30.〉

  1. 간호조무사의 경우: 다음 각목의 구분에 따른 금액
    가. 자격증 재발급: 2,000원
    나. 등록증명: 500원(정보통신망을 이용하여 발급받은 경우는 제외한다)
  2. 의료유사업자의 경우: 특별시·광역시·도 또는 특별자치도의 조례로 정하는 금액

③ 보건복지부장관 또는 시·도지사는 제1항에 따른 자격증 재발급 신청을 받으면 별지 제5호서식의 등록대장에 그 사유를 적고 별지 제4호서식의 자격증을 재발급하여야 한다. 〈신설 2010. 4. 23., 2016. 12. 30.〉

제12조(간호조무사 교육훈련기관의 평가·지정) ① 법 제80조제1항제1호부터 제4호까지 규정에 따라 간호조무사 교육훈련기관이 보건복지부장관의 지정을 받기 위한 평가·지정 기준은 다음 각 호와 같다.

  1. 교육 운영과정 및 교육 내용의 적절성
  2. 교육인력, 교육시설 및 교육장비의 적절성
  3. 재정 여건 및 교육훈련 능력의 수준
  4. 교육 운영 실적의 수준
  5. 제1호부터 제4호까지의 기준에 준하는 것으로서 교육훈련기관의 평가·지정을 위하여 보건복지부장관이 특히 필요하다고 인정하는 사항

② 교육훈련기관은 법 80조제2항에 따라 간호조무사 교육훈련기관의 평가·지정을 받으려는 경우에는 별지 제7호서식의 간호조무사 교육훈련기관 지정신청서(전자문서로 된 신청서를 포함한다)에 다음 각 호의 서류(전자문서로 된 서류를 포함한다)를 첨부하여 보건복지부장관에게 제출하여야 한다.

  1. 해당기관의 설치 또는 설립 등에 관한 증빙 서류
  2. 제1항 각 호의 평가·지정 기준에 관한 증명자료

③ 보건복지부장관은 제2항에 따라 간호조무사 교육훈련기관 지정을 위한 평가를 하는 경우에는 해당 평가에 드는 실비(實費)를 납부하게 할 수 있다.

④ 보건복지부장관은 제2항에 따른 평가·지정을 위하여 필요한 경우에는 관계 기관·법인·단체 및 개인 등에 대하여 필요한 자료의 제출이나 의견의 진술을 요청할 수 있다.

⑤ 보건복지부장관은 제2항에 따른 간호조무사 교육훈련기관의 평가·지정 신청에 대하여 평가를 완료한 경우에는 그 평가결과, 지정여부 및 지정기간 등을 신청인에게 알려야 한다.

⑥ 보건복지부장관은 제5항에 따른 평가결과에 따라 간호조무사 교육훈련기관을 지정한 경우에는 별지 제

8호서식의 간호조무사 교육훈련기관 지정서를 발급하고, 그 지정에 관한 사항을 보건복지부 홈페이지 등에 게재하여야 한다.

⑦ 제6항에 따라 지정서를 발급받은 간호조무사 교육훈련기관은 교육생이 그 지정 사실을 알 수 있도록 지정서를 비치하거나 기관 홈페이지에 게시하는 등 필요한 조치를 하여야 한다.

⑧ 제1항부터 제7항까지 규정한 사항 외에 평가·지정 기준, 평가·지정 절차, 평가·지정 방법 및 결과 통보 등에 필요한 세부 사항은 보건복지부장관이 정한다.

[본조신설 2016. 12. 30.] [종전 제12조는 제17조로 이동 〈2016. 12. 30.〉]

제13조(간호조무사의 취업상황 등 신고) ① 법 제80조제4항에 따라 간호조무사가 그 실태와 취업상황 등을 신고하려면 제9조에 따라 자격증을 발급 받은 날부터 매 3년이 되는 해의 12월 31일까지 보건복지부장관에게 신고하여야 한다. 다만, 법률 제13658호 의료법 일부개정법률 부칙 제4조에 따라 신고하는 경우에는 그 신고를 한 날부터 매 3년이 되는 해의 12월 31일까지 신고하여야 한다.

② 간호조무사가 제1항에 따른 신고를 하려는 경우에는 별지 제9호서식의 간호조무사 취업상황 등 신고서(전자문서로 된 신고서를 포함한다)에 법 제80조제5항에 따른 보수교육의 이수, 유예 또는 면제를 증빙하는 서류를 첨부하여 보건복지부장관에게 제출하여야 한다.

③ 보건복지부장관은 법 제80조제4항에 따른 실태와 취업상황 등의 신고 업무를 효율적으로 처리하기 위하여 필요하다고 인정하는 경우에는 해당 업무를 전자적으로 처리할 수 있는 정보처리시스템을 구축·운영할 수 있다.

[본조신설 2016. 12. 30.]

제14조(보수교육) ① 법 제80조제5항에 따른 간호조무사의 보수교육(이하 "보수교육"이라 한다)은 다음 각 호의 구분에 따라 실시한다.

1. 보수교육의 대상: 간호조무사의 자격을 가지고 해당 자격과 관련된 업무에 종사하고 있는 사람
2. 보수교육의 내용: 다음 각 목의 사항
   가. 직업윤리에 관한 사항
   나. 업무 전문성 향상 및 업무 개선에 관한 사항
   다. 의료 관계 법령의 준수에 관한 사항
   라. 그 밖에 보건복지부장관이 보수교육에 특히 필요하다고 인정하는 사항
3. 보수교육의 방법: 대면교육 또는 정보통신망을 활용한 온라인 교육
4. 보수교육의 시간: 매년 8시간 이상. 다만, 1년 이상 간호조무사의 업무에 종사하지 아니하다가 다시 그 업무에 종사하려는 사람의 경우 그 종사하려는 연도의 교육시간에 관하여는 다음 각 목의 구분에 따른다.
   가. 1년 이상 2년 미만 그 업무에 종사하지 아니한 사람: 12시간 이상
   나. 2년 이상 3년 미만 그 업무에 종사하지 아니한 사람: 16시간 이상
   다. 3년 이상 그 업무에 종사하지 아니한 사람: 20시간 이상

② 보건복지부장관은 법 제80조제5항에 따라 보수교육을 받은 사람에게 별지 제10호서식의 간호조무사 보수교육 이수증을 발급하여야 한다.

③ 제1항 및 제2항에 따른 보수교육의 대상·방법·내용 및 시간 등에 필요한 세부 사항을 보건복지부장관이 정하여 고시한다.

[본조신설 2016. 12. 30.]

제15조(보수교육 면제·유예) ① 보건복지부장관은 다음 각 호의 어느 하나에 해당하는 간호조무사에 대해서는 해당 연도의 보수교육을 면제한다.

1. 법 제7조제1호에 따른 간호학을 전공하는 대학이나 전문대학(구제 전문학교와 간호학교를 포함한다) 재학생

2. 제9조에 따른 신규 자격 취득자

3. 보건복지부장관이 보수교육에 상응하는 교육을 받았다고 인정하는 사람 등 보건복지부장관이 정하여 고시하는 사람

② 보건복지부장관은 본인의 질병이나 그 밖의 불가피한 사유로 보수교육을 받기가 곤란하다고 인정하는 사람에 대해서는 해당 연도의 보수교육을 유예할 수 있다. 이 경우 보수교육이 유예된 사람은 유예사유가 해소(解消)된 후 유예된 보수교육을 추가로 받아야 한다.

③ 제1항 또는 제2항에 따라 보수교육을 면제받거나 유예받으려는 사람은 별지 제11호서식의 보수교육 면제·유예 신청서(전자문서로 된 신청서를 포함한다)에 보수교육 면제 또는 유예의 사유를 증명할 수 있는 서류(전자문서로 된 서류를 포함한다)를 첨부하여 보건복지부장관에게 제출하여야 한다.

④ 보건복지부장관은 제3항에 따른 신청에 대하여 보수교육 면제 또는 유예 여부를 결정한 경우에는 신청인에게 그 결정내용을 알려야 한다. 이 경우 보수교육 면제 또는 유예 대상자에 대해서는 별지 제12호서식의 보수교육 면제·유예 확인서를 발급하여야 한다.

[본조신설 2016. 12. 30.]

제16조(보수교육 관계 서류의 보존) 보건복지부장관은 보수교육과 관계된 다음 각 호의 사항에 대한 서류를 3년 동안 보존하여야 한다.

1. 보수교육 대상자 및 이수자

2. 보수교육 면제·유예자

3. 그 밖에 교육 이수자가 교육을 이수하였다는 사실을 확인할 수 있는 서류

[본조신설 2016. 12. 30.]

제17조(준용규정) 이 규칙에 규정된 것 외에 의료유사업자에 대하여는 「의료법 시행령」 중 제11조부터 제15조까지 및 제32조와 「의료법 시행규칙」 중 제6조제2항, 제15조, 제17조, 제20조부터 제24조까지, 제30조, 제40조, 제47조 및 제78조를 준용한다. 이 경우 "보건복지부장관"은 "시·도지사"로 한다. 〈개정 2010. 3. 19., 2016. 12. 30.〉

[제12조에서 이동 〈2016. 12. 30.〉]

부칙

〈제999호,2024. 2. 26.〉

제1조(시행일) 이 규칙은 공포한 날부터 시행한다.

제2조(간호조무사 국가시험의 응시자격에 관한 적용례) 제4조제1항제2호 후단의 개정규정은 이 규칙 시행 이후 보건복지부장관이 정하여 고시하는 요건을 갖춘 간호조무사 교육훈련기관에서 실시하는 실습교육 과정부터 적용한다.

◈ 편저 이 창 범 ◈
- 경희대 법률학과 졸업
- 전(前) 서울지방경찰청 근무
- 전(前) 동대문 수사과 근무
- 전(前) 대형법무법인 사무국장 여임
- 의약실무법률편찬연구소(수석연구원)

◈ 감수 김 태 균 ◈
1989 서울 용산고등학교 졸업
1993 고려대학교 철학과 졸업
2001 제43회 사법시험 합격
2004 사법연수원 수료(제33기)
2004 변호사 개업(인천회)
2004 법무법인 겨레 변호사
인천 소청 심사위원회 위원

저서 : 민사소송실무총람
       형벌법대전
       수사서류작성요해
       교통사고 예방과 대책 등
       병의원·약국실무법전(공저)
       의료사고 해법과 예방

최신 개정된 의료법 및 서식·사례에 의한

의료 민사·형사 소송총람

定價 180,000원

2025年 1月 15日 2판 인쇄
2025年 1月 20日 2판 발행

편 저 : 이 창 범
감 수 : 김 태 균
발행인 : 김 현 호
발행처 : 법률미디어
공급처 : 법문 북스

서울특별시 구로구 경인로54길 4 구로유통상가 B동 308호
TEL : 2636-2911~3, FAX : 2636~3012
Home : www.lawb.co.kr

등록일자 1979년 8월 27일
등록번호 제5-22호

ISBN 978-89-5755-283-4(93360)

정가 180,000원